宁夏农业农村志
（1996—2020）

上　册

《宁夏农业农村志》编修委员会　编著

中国农业出版社
北　京

图书在版编目（CIP）数据

宁夏农业农村志：1996—2020 /《宁夏农业农村志》编修委员会编著. -- 北京：中国农业出版社，2025.3. -- ISBN 978-7-109-33276-8

Ⅰ. F329.43

中国国家版本馆 CIP 数据核字第 2025LN3903 号

中国农业出版社出版

地址：北京市朝阳区麦子店街 18 号楼

邮编：100125

责任编辑：刘 伟 王森鹤 刘晓婧

版式设计：杨 婧 责任校对：吴丽婷

印刷：北京通州皇家印刷厂

版次：2025 年 3 月第 1 版

印次：2025 年 3 月北京第 1 次印刷

发行：新华书店北京发行所

开本：889mm×1194mm 1/16

印张：80.25 插页：36

字数：2580 千字

总定价：660.00 元（上、下册）

ISBN 978-7-109-33276-8

《宁夏农业农村志（1996—2020）》编修委员会

主　任：王　建　滑志敏　王　刚

副主任：王静戟　冯永东　林　栋　常学文　柴育东　宋稳成

　　　　王洪波　张岫岩　曹凯龙　王生林　晁向阳　李　辉

　　　　赖伟利　罗全福　杨明红　宿文军　罗晓瑜　金韶琴

　　　　马新民　王宝庄　虞景龙　许学禄　康　波　郑　戈

　　　　郭德宝　张和平　王美云　康进喜　王仍春　吴旭东

委　员：（按姓氏笔画顺序）

　　　　王　林　王登科　牛彦文　毛　勇　亢建斌　田进国

　　　　田志龙　冯　前　朱学锋　刘　超　刘志军　闫向军

　　　　苏　林　杜　杰　李小龙　李晓莉　李晓燕　李润军

　　　　杨　发　杨少军　何仲双　张　金　张　钧　张　涛

　　　　张延平　张雪峰　虎维军　郑岚萍　赵世华　南子强

　　　　哈矿武　俞风娟　洪　龙　贺学斌　耿进东　柴向东

　　　　席永平　唐　亮

《宁夏农业农村志（1996—2020）》编修委员会办公室

主　任：王洪波

副主任：刘维华

成　员：田恩平　胡文奇

《宁夏农业农村志（1996—2020）》编写人员

总　编

王洪波　刘维华　孙国斌　田恩平

插图整理

田恩平　孙国斌　刘维华

大事记

主　　编：常学文　康　波　杨明红

副 主 编：何仲双

参编人员：金　鑫　马春兰　李　昊　金　波

第一篇　农业自然资源和农业分区

主　　编：柴育东　宿文军

副 主 编：耿　燕　田建民

参编人员：陶家声　尹建国　杨凤宝　刘文玲　刘永进　孙玉荣

第二篇　农业发展规划与农业项目

主　　编：柴育东　宿文军

副 主 编：耿　燕　田建民

参编人员：陶家声　尹建国　吕　峰　刘文玲　冯海东　谢春梅　宿文虎　拜亚红

第三篇　农业农村经济与改革

主　　编：常学文　康波　罗全福

副 主 编：牛彦文　张延平

参编人员：马　戈　杨兴勇　沙　龙　马莉莉　刘　青　买世瑜　朱雪清　刘向鹏

白亚东　王　霞　白　茹　张　宁　周　婷　王秀春　陈丽如　王　禅

吴如茵　张　霞　李海强　张巧丽　杨　宁　杨娟娟　朱继梅　杨金龙

张　栎　张颖华

第四篇　农业法规

主　　编：柴育东　康　波　郭德宝　王宝庄

副 主 编：贺学斌　牛彦文

参编人员：李玉香　田文婧　张　霞　王学文　蔡建平　刘文帅　杨月菊　冯　静

高　飞　刘长海

第五篇　种植业

主　　编：常学文　柴育东　赖伟利

副 主 编：亢建斌　康波

参编人员：俞风娟　吴琪洪　贾志俊　亢建斌　薛克孝　姬宇翔　周兴隆　盛　海

普正菲　马晓燕　赵保收　海永强　袁　婧　吕鸿钧　王　华　马自清

王明国　杨明进　杨俊丽　田恩平　杨晓婉　杨　飞　朱志明　陈晓军

刘春光　崔　勇　杨金娟　郭军成　耿　荣　尹学红　魏固宁　王旭敏

马　景　刘　媛　李健荣　梁晓宇　蒋旭东　于　丽　刘学琴　李喜红

王晓媛　蒋学勤　刘晓娇　赵　玮　温学萍　梁　朴　王继涛　徐苏萌

李培贵　周　蓉　沈　静　李玉红　余晓慧　王　佳　梁　超　苗萌萌

孙　婕　罗海敏

第六篇　畜牧业

主　　编：柴育东　郑　戈　罗晓瑜

副 主 编：洪　龙　张和平

参编人员：吴彦虎　温　万　张凌青　杜　杰　封　元　刘占发　厉　龙　牛文智
　　　　　吴瑞琴　黄霞丽　黄红卫　脱征军　邵怀峰　王　瑜　刘统高　王　倩
　　　　　朱继红　王健林　李　勇　杨　冲　田　佳　张建勇　蒋秋斐　巫　亮
　　　　　张　宇　张　瑞　张慧宁　罗应国　毛春春　吴　爽　艾　琦　张　坤
　　　　　肖爱萍　刘　超　王　琨　李委奇　张伟新

第七篇　兽医事业

主　　编：柴育东　罗晓瑜

副 主 编：洪　龙　张和平

参编人员：杨　奇　王晓亮　罗　锐　武占银　谭　倩　王玉梅　李靖宁　白庚辛
　　　　　刘泽东　吴春燕　陈　娟　马　荣

第八篇　渔业

主　　编：王洪波

副 主 编：唐　亮　吴旭东　李　斌

参编人员：苟金明　张朝阳　郭财增　郑岚萍　刘　巍　戴明云　白富瑾　王英斌
　　　　　陈东华　连总强　周　磊　汪宏伟　李　勇　黄晓晨　樊向东　于金山
　　　　　周学林　范金成　余学辉　孙　辉　肖　伟　金满洋　刘　欣　邱文杰
　　　　　孙红玲　苏志宏　张随成　郭文瑞　贾春艳　刘　波　赵常山　张永科
　　　　　罗应国　张惠霞

第九篇　葡萄酒产业

主　　编：黄思明　曹凯龙

副　主　编：康　波　赵世华　李　毅　马永明　陈自军　徐玉波

参编人员：苏　丽　冯彦彪　娄少华　崔　萍　李文超　章　冉　李媛媛　李如意
　　　　　李瑞鹏　殷雪鹏

第十篇　农业科技教育

主　　编：宋稳成　康　波　晁向阳

副　主　编：杨　发　闫向军　康进喜

参编人员：吴名慧　周海宁　王彦琪　崔淑丽　沈忠其　田　野　杨进波　杨斌斌
　　　　　丁　苒

第十一篇　农业机械化

主　　编：宋稳成　柴育东　赖伟利

副　主　编：闫向军　康进喜

参编人员：苏　明　程晋辉　张华峰　王紫瑜　周建东　陈峰江　肖学祥　陈　磊
　　　　　伏海中　胡文奇　李　翔　赵　鑫　段亚莉　李　磊　陈莉君　段罗佳
　　　　　李进福　张　增　李原秀

第十二篇　农业产业化

主　　编：柴育东　王生林　罗全福

副　主　编：张　金

参编人员：王　苗　程晋辉　张　军　王荣辉　刘师贤　陈彩云　张静芳　李世忠
　　　　　王　霞　王　蕾　吴　薪　白云霞　王　超

第十三篇　农业产业扶贫

主　　编：柴育东　王生林　罗全福

副　主　编：张　金

参编人员：王　苗　程晋辉　张　军　张静芳　刘师贤

第十四篇　农村社会事业

主　　编：柴育东　康　波　金韶琴

副 主 编：李润军　苏　林

参编人员：黄小华　王君梅　陈建国　贺军君　张　源　何海霞　曹彦龙　邱　龙
　　　　　倪世鹏　姚金库　曹　瑾　罗　锐　纳　静　樊海宁

第十五篇　农田建设与农业综合开发

主　　编：常学文　王生林　许学禄

副 主 编：李小龙　王登科

参编人员：万　平　王新立　陈　亮　韦　伟　刘晓峰　孙丽娟　王正平　段海涛
　　　　　刘　宾　马　成　吴焜玥　陈　瑛　赵　雁　肖庆红

第十六篇　农业品牌、农产品市场与农业信息化

主　　编：常学文　杨明红

副 主 编：哈矿武　王仍春

参编人员：毛　勇　张加梅　宋婷婷　张亿一　张　力　刘思凡　毛文俊　兰进宝
　　　　　杜婧含

第十七篇　农产品质量安全

主　　编：常学文　杨明红

副 主 编：郑岚萍　张　涛　朱学锋

参编人员：李永庆　唐　亮　赵　越　胡　涛　曹丽莉　吴秀玲　杨俊华　严　莉
　　　　　郭　鹏　秦培伦　顾志锦　常跃智　田晓龙　李　昊　任　乐

第十八篇　农业国际交流与合作

主　　编：常学文　杨明红

副 主 编：李　欣　洪　龙

参编人员：马春兰　杜海东　赵　平　丁逸菲　王　瑞　李　静　刘晓珺　虎秀玲
　　　　　顾子韵　张立军　李　昊　申　超　韩　江　王兆鹏　路　明

第十九篇　农业环境与农村能源

主　　编：宋稳成　康　波　晁向阳

副 主 编：杨　发　康进喜　闫向军

参编人员：马建军　米湘胜　饶永华　李　虹　黄　岩　马京军　申立志　王　丽
　　　　　王晓蕾　李世忠

第二十篇　农业机构与农业人物

主　　编：林　栋　杨明红　晁向阳

副 主 编：李晓燕　刘　超　王　林

参编人员：赵　健　段鹏帅　樊高峰　马红武　刘　婧　沈　雯　李　磊　周月君
　　　　　吴名慧　刘一鹤　安泓霏　裴小龙　魏丁瑞　吴　凡　刘　畅

领 导 调 研

■ 自治区党委书记黄璜（右二）调研畜牧业生产（1997 年）

■ 自治区党委书记毛如柏（右一）调研畜禽品种改良（1998 年）

■ 自治区农牧厅党组书记、厅长赵永彪（前排）主持国家旱作节水农业
示范区（同心）建设启动仪式（2006 年）

■ 自治区农牧厅党组书记、厅长张柱（前排左二）在隆德县
调研指导设施农业建设工作（2014 年）

■ 自治区农牧厅党组书记、厅长王文宇（前排中）在平罗县
调研指导农业高效节水工作（2017年）

■ 自治区农业农村厅党组书记、厅长王刚（前排中）
调研葡萄酒产业发展情况（2020年）

种 植 业

■ 裘志新（左一）培育的宁春4号小麦品种（1996年）

■ 宁粳43号水稻品种（2011年）

马铃薯脱毒试管苗繁育（2002 年）

宁夏灌区小麦套种玉米（2000 年）

■ 宁南山区玉米覆膜种植（2001 年）

■ 水稻测土配方施肥土壤测试与田间试验（2008 年）

马铃薯高效节灌（2012 年）

小麦病虫害统防统治（2014 年）

■ 水稻病虫害无人机防治（2019年）

■ 跨区机收农机车队（2013年）

■ 小麦机械化联合收割（2000 年）

■ 青贮玉米联合收割（2019 年）

■ 标准化日光温室（2001年）

■ 蔬菜工厂化育苗（2009年）

■ 日光温室蔬菜种植（2016 年）

■ 硒砂瓜种植（2006年）

■ 蔬菜病虫害机械化防治（2017年）

蔬菜产品质量安全检测（2015 年）

畜 牧 业

■ 苜蓿机收打捆（2010 年）

■ 玉米秸秆机收打捆（2013 年）

苜蓿包膜青贮（2010 年）

玉米秸秆带棒青贮（2008 年）

■ 饲料生产线（2003 年）

■ 荷斯坦奶牛种牛群（1997 年）

■ 西门塔尔牛种公牛（1998 年）

■ 滩羊设施养殖（2010 年）

■ 山羊放牧（1997 年）

■ 奶牛规模化养殖（2019 年）

肉牛规模化养殖（2014 年）

蛋鸡规模化养殖（2013 年）

■ 特种养殖（1998 年）

■ 转盘式机械化挤奶（2019 年）

兽 医 事 业

肉羊免疫注射（2008 年）

兽医实验室疫病诊断检测（2012 年）

■ 农业部检查宁夏春季动物防疫工作（2012 年）

■ 高致病性禽流感疫情扑灭验收会（2008 年）

■ 宁夏消灭马传染性贫血部级验收会（2003 年）

■ 奶牛产地检疫申报点（2017 年）

■ 肉羊屠宰检疫（2020 年）

全区兽医大比武知识竞赛（2012 年）

兽药饲料检测大型精密仪器（2020 年）

渔 业

■ 水产苗种繁育（2010 年）

■ 池塘养殖（2010 年）

■ 稻渔综合种养（2017 年）

■ 渔菜共作（2020 年）

■ 鱼病实验室诊断（2009 年）

■ 池塘捕捞（2008 年）

■ 渔业资源增殖放流（2012 年）

葡萄酒产业

■ 酿酒葡萄种苗培育（2011 年）

■ 酿酒葡萄种条繁育（2013 年）

宁夏贺兰山东麓酿酒葡萄基地（2019 年）

■ 酿酒葡萄采摘（2016 年）

■ 宁夏贺兰山东麓葡萄酒庄（2017 年）

葡萄酒酿造车间（2018 年）

宁夏贺兰山东麓葡萄酒窖（2018 年）

农 田 建 设

农业综合开发农田引水渠治理（2011 年）

农业综合开发农田排水沟治理（2011 年）

■ 农业高效节水蓄水池（2020 年）

■ 旱作梯田（2000 年）

农产品加工、品牌与销售

■ 优质大米生产线（2019 年）

■ 滩羊肉分割生产线（2018 年）

■ 液体奶生产线（2020 年）

■ 中国驰名商标——"涝河桥"肉制品（2012 年）

中国驰名商标——"夏进"乳制品（2008 年）

宁夏枸杞、滩羊、甘草、硒砂瓜、马铃薯"五大之乡"全国推荐会（2018 年）

宁夏区域公用品牌·农产品地理标志登记保护产品

抓实『六特』产业

服务乡村振兴

■ 宁夏部分农产品区域公用品牌和地理标志登记保护产品（2020年）

■ 中国西部（重庆）国际农产品交易会宁夏特色优质农产品展示展销（2018年）

■ 全国知名蔬菜销售商走进宁夏活动（2019 年）

■ 单家集肉牛集市贸易（2011 年）

■ 宁夏物美蔬菜超市（2013 年）

■ 宁夏农村电商综合服务平台（2020 年）

农业交流与合作

省部共建签字仪式（2013 年）

闽宁对口扶贫协作联席会议（2020 年）

■ 宁夏与苏丹农业合作签约仪式（2011年）

■ 中国（宁夏）与阿根廷安格斯牛良种繁育中心建设项目奠基仪式（2017年）

■ 宁夏与美国牧草专家交流苜蓿种植加工技术（2007年）

■ 宁夏与"一带一路"国家渔业合作签约仪式（2018年）

■ 中法葡萄酒设备技术展览会（2015年）

农　业　法　治

■ 自治区政府颁布的部分政府规章（2020 年）

■ 自治区人大颁布的部分地方法规（2020 年）

■ 农资打假执法检查（2010 年）

■ 黄河禁鱼期渔政执法（2012 年）

■ 动物卫生监督执法（2011 年）

■《宁夏动物防疫条例》宣传月启动仪式（2012年）

■ 宁夏农牧系统"七五"普法动员及"六五"普法表彰大会（2016年）

■ 土地信用合作社成立大会（2011 年）

■ 农村集体资产清产核资（2018 年）

■ 企业沼气工程（2018 年）

■ 农村光伏能源（2019 年）

■ 宁夏农村环境连片整治示范项目启动大会（2010年）

■ 农村污水处理厂（2010年）

■ 农村垃圾分类（2020 年）

■ 农田残膜回收利用（2017 年）

农村社会事业

■ 农村住房改善（1997 年，2017 年）

■ 农村饮水条件改善（1997 年，2020 年）

■ 农村电网建设（2019 年）

■ 山区公路（2019 年）

■ 农村"厕所革命"（2020年）

■ 移民开发区永宁县闽宁镇中学（2016年）

■ 乡村综合文化站（2018 年）

■ 乡村文化大院慰问演出（2015 年）

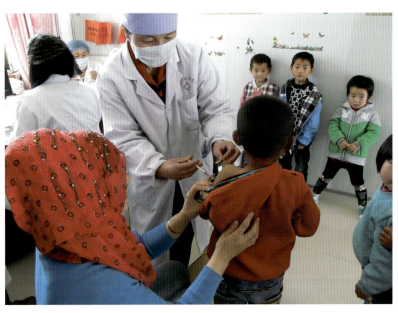

■ 乡镇医务人员为农村儿童接种疫苗（2014 年）

其　　他

■ 自治区农业农村厅关于组织编修宁夏农业志续志的部分文件（2024 年）

■ 自治区农业农村厅召开宁夏农业志续志评审会议（2024年）

■ 宁夏农业志续志部分编写人员与评审专家合影（2024年）

序

　　盛世修志，志载盛世。修志是一项保存历史、传承文明、服务当代、惠泽后世的重要事业。《宁夏农业农村志》是在承接1999年版《宁夏农业志》记述内容的基础上，完善修编的一部重要志书，全区农业农村系统420余名领导干部、专家学者、技术人员等先后参加编撰，历经5年的艰辛打磨，终于众手成书、出版面世，为全区各族同胞和农业战线同仁献上了一份弥足珍贵的历史长卷，也为宁夏地方史志续写了精彩而辉煌的一页，是宁夏农业历史上的一件大事、喜事，具有里程碑式的重要意义。值此志书付梓出版，谨向所有关心支持宁夏"三农"事业发展的各级领导、同志们以及辛勤笔耕《宁夏农业农村志》的全体人员，表示诚挚的敬意和衷心的感谢！

　　农为邦本，本固邦宁。我国自古以农立国，历朝历代的当政者无不把农业当作国家大事。在中国共产党百年奋斗历程中，"三农"问题始终是革命、建设、改革各个时期关乎全局的重大问题，特别是党的十八大以来，坚持把解决好"三农"问题作为全党工作的重中之重，推动"三农"工作取得了一系列重大历史性成就、历史性变革。宁夏地区农业历史悠久，在中国农业史上有着重要地位，从3万年前旧石器时代人类在这里繁衍生息，到五六千年前这里的先民创造和孕育了原始农业，再到新中国成立后，经历了一系列农村社会主义改造和农村经济改革，宁夏农业农村由原始走向了文明，由落后走向了繁荣，由贫穷走向了富裕。

　　继古开今，续史存志。《宁夏农业农村志》收集整理了大量翔实可靠的历史资料，用21篇、73章、261节、258万字的庞大篇幅，全面、客观、真实、准确记述了 1996 年至 2020 年 25 年间宁夏农业农村发展历程，这 25 年是全区农业农村改革发展取得辉煌成就的关键时期，在宁夏农业发展史上留下了浓墨重彩的一笔。**这是宁夏"三农"事业迅猛腾飞的 25 年，**2016 年 7 月、2020 年 6 月，习近平总书记两次亲临宁夏考察并作出重要指示批示。25 年间，自治区党委、政府历届领导班子坚定不移沿着总书记指引的方向，坚决贯彻落实党中央关于"三农"各项决策部署，推动全区"三农"工作迅猛推进、蓬勃发展。全区农林牧渔业总产值由 1996 年的 69.2 亿元增加到 2020 年的 703.1 亿元，增长了 9.2 倍，年均增长 10.1%；农民人均可支配收入由 1397.8 元增加到 13889.4 元，增长了 8.9 倍，年均增长 10%。**这是宁夏脱贫攻坚取得历史性胜利的 25 年，**宁夏农业扶贫开发历经"双百"扶贫攻坚（1996 年至 2000 年）、千村扶贫整村推进（2001 年至 2010 年）、百万贫困人口扶贫攻坚战略（2011 年至 2015 年）、决战决胜脱贫攻坚（2016 年至 2020 年）四个阶段，举全区之力全面打赢了脱贫攻坚战，80.3 万贫困人口整体脱贫、9 个贫困县全部摘帽、1100 个贫困村全部出列，历史性解决了绝对贫困问题。特别是 1996 年 10 月，在党中央东西部结对帮扶战略部署下，福建和宁夏建立起对口扶贫协作关系，"闽宁村"破土动工，开创了全国东西部对口扶贫协作移民之先河，25 年间两省（自治区）不断深化协作交流，推动昔日"干沙滩"变成了"金沙滩"。**这是宁夏特色农牧业大踏步、跨越式发展的 25 年，**通过实施政策支农、科技兴农、龙头带农、质量兴农、品牌强农等一系列战略措施，现代农业产业、生产、经营"三大体系"初步构建，葡萄酒、枸杞、牛奶、肉牛、滩羊、冷凉蔬菜等特色农牧业驶入了高质量发展的快车道，实现了从传统农业向现代农业、偏重规模扩张向质量效益并重、一家一户分散种养向规模化集约化生产、自产自销为主向卖全国卖全球转变等一系列重要变革。25 年间，全区粮食总产从 1996 年的 250 万吨增产到 2020 年的 380 万吨，增长了 52%，截至 2020 年实现"十七连丰"；葡萄酒产业迅速发展崛起，从 1997 年成立葡萄产业协调办公室开始大力发展，到 2012 年被国际葡萄与葡萄酒组织（OIV）列为中国第一个省级观察员，再到 2020 年全区酿酒葡萄基地规模达到 49.2 万亩，占全国的四分之一；畜牧业、瓜菜产业成为农业农村经济发展和促农增收的支柱产业，奶牛存栏、肉牛和肉羊饲养量分别由 1996 年的 6.7 万头、

54.6 万头、442.4 万只跃升至 2020 年的 57.4 万头、192.6 万头、1221.2 万只，增长了 7.6 倍、2.5 倍、1.8 倍，瓜菜面积由 55 万亩跃升至 298 万亩，增长了 4.4 倍，先后获批设立全国牛奶优势产区、牛羊优势产区、黄土高原夏秋蔬菜生产优势区和设施农业生产优势区。**这是宁夏农村生产生活水平发生翻天覆地变化的 25 年**，社会主义新农村、美丽乡村建设成效显著，农村人居环境整治三年行动圆满完成，截至 2020 年，全区累计改造农村危窑危房 88.95 万户，解决了 252.4 万农村人口饮水安全问题，实现了所有建制村通硬化路、通客车和所有建制村覆盖互联网的目标，农村义务教育走在西部前列，新型农村合作医疗制度全面覆盖，卫生户厕普及率突破 40%，广大乡村的基础设施完备度、公共服务便利度和人居环境舒适度大幅提升。

以史鉴今，资政育人。《宁夏农业农村志》坚持以"资治、教化、存史"为使命，承载历史的深厚积淀，饱含前人的智慧结晶，揭示发展的经验教训，为世人了解、认识、宣传宁夏农业农村，提供了十分宝贵的"农情书""农业资料库"和"农业农村大全"，对新时代新征程推动乡村全面振兴、加快农业农村现代化具有极其重要的历史意义和历史价值。

当前，宁夏正处于建设社会主义美丽新宁夏的重要历史节点和战略机遇期，全区广大"三农"干部和各族农民群众要坚决落实习近平总书记"学史明理、学史增信、学史崇德、学史力行"的重要指示精神，把握历史规律，汲取历史智慧，增强历史思维，以铸牢中华民族共同体意识为主线，以黄河流域生态保护和高质量发展先行区建设为牵引，以国家农业绿色发展先行区建设为抓手，深入学习运用"千万工程"经验，统筹推进新型工业化、新型城镇化和乡村全面振兴，千方百计推动农业增效益、农民增收入、农村增活力，加快建设乡村全面振兴样板区，为建设美丽新宁夏、奋力谱写中国式现代化宁夏篇章作出"三农"贡献！

宁夏回族自治区农业农村厅党组书记、厅长
宁夏回族自治区乡村振兴局局长
宁夏回族自治区党委农村工作领导小组办公室主任

凡例

一、**指导思想**。本志编修以马克思列宁主义、毛泽东思想、邓小平理论、"三个代表"重要思想、科学发展观和习近平新时代中国特色社会主义思想为指导，运用辩证唯物主义和历史唯物主义立场、观点和方法，坚持实事求是，体现行业特色和时代特点，全面、客观、真实、准确地记述宁夏全区农业农村改革发展历程和取得的历史性成就。

二、**时间断限**。本志系中华人民共和国成立后首部《宁夏农业志》的续编。首部《宁夏农业志》时间下限是 1995 年。本志时间上限一般起自 1996 年，下限统一截至 2020 年。对前志未设之篇章上限不定，从远古或事物发端写起。

三、**记述范围**。本志记述地域范围以 1996 年至 2020 年期间宁夏回族自治区行政区划为准。其间撤销的地区和划转的单位，记述至撤销或划转时间；其间并入的地区和合并的单位，简要述写并入合并前，突出记述并入合并后。

四、**文体体例**。本志"述、记、志、图、表、录"等体裁并用，以"志"为主。根据行业、产业、专业分类实际，按照"以类相从"或"突出地方特色"原则，以篇、章、节、目横分门类，节、目、子目以下纵述史实。采用现代语体文，使用规范简化字和标点符号。卷首分设图片、序、凡例、概述、大事记，卷末附后记。

五、**行文规则**。本志统一以《地方志质量规定》为标准，行文力求符合现代汉语语法规范。使用公元纪年，采用第三人称记述。涉及机构、会议、文件、职衔、地名等，均按当时称谓，首次出现用全称，后用简称。计量单位原则执行国家出版物相关规定，引用历史资料时习用的计量单位照录其旧，统一不做换算；尊重多数读者阅读习惯，全志对"亩"不做统一换算。数字按国家规定的统一标准书写，凡表示年代、时间、年龄、数量、百分比的一律用阿拉伯数字，习惯用语、专门名称中的数字则用汉字。

六、**资料来源**。本志资料来自全区农业农村系统和涉农部门档案、总结、报告、刊物、专辑、实地调查等，同时参考采纳了有关方志、年鉴、书籍、报刊、口述资料等。

七、**大事记**。本志大事记以编年体为主，以记事本末体为辅，依年、月、日顺序排列。

八、**人物收录**。本志人物收录坚持"生不立传"原则，以事系人，写真记实。按照身份性质和职务职级归类，分别采用简历、名录、表录等形式介绍。

总目录

上册目录

➤ 第四篇　农业法规 ◆

➤ 第五篇　种　植　业 ◆

�➤ 第六篇　畜　牧　业 ➤

概　　述

　　《宁夏农业志》由宁夏人民出版社于 1999 年出版，全书包括 15 篇 55 章及大事记和附录，记载了 1840—1995 年间宁夏农业发展的历史与现状，是宁夏史志文献的重要组成部分，在存史、资治、教化、科研、检索等方面发挥了重要作用。

　　《宁夏农业农村志》断限为 1996—2020 年（除个别篇章外），全书包括农业自然资源和农业分区、农业发展规划与农业项目、农业农村经济与改革、农业法规、种植业、畜牧业、兽医事业、渔业、葡萄酒产业、农业科技教育、农业机械化、农业产业化、农业产业扶贫、农村社会事业、农田建设与农业综合开发、农业品牌、农产品市场与农业信息化、农产品质量安全、农业国际交流与合作、农业环境与农村能源、农业机构与农业人物共 20 篇 72 章，以及大事记和后记，较为全面、系统、客观、真实地记述了 1996 年至 2020 年 25 年间宁夏农业产业发展成就、农业产业发展支撑条件提升和农村社会事业发展成果的历史脉络。

一、农业产业发展

（一）种植业

　　1996 年后，宁夏在稳定粮食生产的基础上，大力发展优质粮、蔬菜、瓜果等特色优势产业，种植业经历了"九五"到"十三五"粮食上台阶、扩大抗旱优势作物、大力发展特色产业及设施农业、规模化标准化品牌化产业化生产、肥药减量绿色生产的发展历程。

　　"九五"期间（1996—2000 年），宁夏大力发展粮食生产，组织实施了"1236"扬黄扩灌工程和粮食上台阶"四个一"工程，新增有效灌溉面积 60 多万亩，粮食生产实现跨越式发展，确保了全区粮食安全。除油料作物面积不断减少外，蔬菜、瓜果和牧草种植面积不断扩大。

　　"十五"期间（2001—2005 年），种植业由增产粮食为主转向增产增收并重，扩大玉米、马铃薯优势作物面积和瓜菜作物种植面积，提高增收能力。2002年全区粮食总产首次突破300万吨，达到301.9万吨。

"十一五"期间（2006—2010年），全区种植业在保持粮食增产的同时，大力发展以设施农业为主的瓜菜产业，实施"三个百万亩"工程，推广优新品种和优化品种结构，提高粮食品质，扩大经济作物和牧草种植，突出特色产业。

"十二五"期间（2011—2015年），全区种植业以稳定粮食、促进农民增收为目标，以效益为导向，以特色作物产业化经营为抓手，大力发展优质、高产、高效、特色农业。在粮食生产上，不断扩大规模化、机械化种植，提高产业化经营规模。在瓜菜生产上，鼓励各类经营主体建设永久性蔬菜生产基地，配套建设预冷库、地头市场，积极拓展外埠市场。在牧草种植上，大幅扩大种植面积。粮食种植占比减少，经济作物和牧草种植占比增加。

"十三五"期间（2016—2020年），全区种植业随着本地各类经营主体发展壮大和外地企业的引进，土地向经营大户流转，规模化、标准化、绿色化种植不断扩展，种植业进入全面提升品质和"一产、二产、三产"融合发展期。在粮食生产上，优新品种面积不断扩大，配套栽培技术到位率显著提高，促进了粮食单产水平提高，使粮食在总播面积呈逐年减少的情形下，总产保持了稳定。在瓜菜生产上，大力推进标准化生产，强化品牌建设，为市场提供绿色、有机瓜菜产品，保障了瓜菜市场有效供给。

截至2020年底，全区农作物种植面积1867万亩，其中粮食作物（小麦、水稻、玉米、马铃薯、小杂粮）种植总面积1023.8万亩，粮食总产380.9万吨，实现连年丰收；经济作物（包括油料、蔬菜、瓜类、药材及其他特色作物）面积498.4万亩，其中蔬菜面积198.1万亩，蔬菜总产量560.0万吨；牧草作物面积350万亩。粮经饲比54∶29∶14，与2015年的61∶33∶6相比，粮食作物和经济作物占比均缩小，牧草占比大幅增加。

（二）畜牧业

改革开放后，宁夏畜牧业坚持以商品生产为主体，以产品加工和流通商贸为两翼，以市场需求为导向，围绕增加畜产品有效供给和农民收入开展工作，实现了"六五"恢复性发展、"七五"突破性发展和"八五"商品性发展，完成了农本型畜牧业向商品型畜牧业的过渡。

"九五"期间，宁夏畜牧业开始由偏重数量增长向质量效益并重的方向转变，将畜牧业作为全区农村经济的支柱产业，大力发展草产业和草食型、节粮型畜牧业。畜牧业总产值25.75亿元，占农业总产值的33.1％，首次实现"三分天下有其一"。

"十五"期间，宁夏畜牧业借助国家西部大开发战略的实施，特别是《宁夏优势特色农产品区域布局及发展规划》的实施，进入优势特色产业发展阶段。

"十一五"期间，是宁夏畜牧业实现由传统农业向现代农业转变的重要时期。全区形成了以银川、吴忠为核心区的奶牛产业带，以引黄灌区肉牛肉羊杂交改良区、中部滩羊生产区、环六盘山肉牛生产区为主的牛羊肉产业带，以卫宁青隆为核心区的生猪产业带，以引黄灌区粮草兼用、中部干旱带旱作草地、南部山区退耕种草为主的优质牧草产业带的畜牧业优势特色产业格局，羊、奶牛、肉牛、生猪优势产区的产量分别占全区总产量的96％、83％、73％和66％。

"十二五"期间，宁夏畜牧业生产以扩量、提质、增效为重点，推进产业转型升级和草原生态建设，畜牧业得到较快发展。采取收购、代养、托管、入股等方式，出户入场、整村推进，加快规模养殖场、养殖园区、家庭牧场建设，主体多元、协调互补、多种养殖模式共同发展的产业格局初步形成。

"十三五"期间，宁夏大力推进畜牧业转型升级和现代畜牧业开拓创新，全区畜牧业生产形势持续向好，布局结构不断调整优化，优势特色产业快速发展，畜牧业增长方式从规模数量型粗放增长转向质量效率型集约增长。

截至2020年年底，全区牛饲养量250.0万头，其中存栏178.0万头，奶牛存栏57.4万头，羊饲养量1221.2万只，生猪饲养量188.6万头，家禽饲养量2568.5万只；肉类总产量33.8万吨，牛奶产量215.3万吨，禽蛋产量13.9万吨。畜牧业总产值246.6亿元，占农业总产值的35.1％。

（三）渔业

"九五"期间，宁夏渔业坚持生态优先、市场导向、科技支撑、政策引领、项目带动，重点建设水产苗种生产体系、设施渔业基地和名特优新示范基地，初步形成银北地区集约化主养和围垦精养、银川市城郊名特优新生产、银南地区生态渔业和宁南山区冷水性鱼类养殖四大渔业基地。

"十五"期间，宁夏以生态渔业为核心开展新一轮渔业开发，重点实施灌区商品鱼基地基础配套改造、低洼盐碱荒地以渔改碱生态渔业、湖泊湿地以鱼养水、灌区设施渔业科技四大工程。发展池塘主养和多形式的池塘套混养，培植渔业主导产业，形成了各具特色的优势水产品产业带。同时各地因地制宜地发展湖泊水产养殖、水生种植、水禽养殖、水上旅游的"四水产业"。

"十一五"期间，宁夏把以水产养殖为主，水生植物种植、水上休闲旅游等协调发展的"适水产业"作为现代渔业发展的重要突破口，转变渔业增长方式，大力发展适销对路的优质水产品，积极发展土著及名优品种养殖，进一步提高水产养殖的质量和效益，示范推广稻田养蟹，扩大水生植物规模化种植，加快发展休闲观光渔业，渔业开始由单纯的生产型产业向生态型产业、旅游文化型产业延伸和拓展。

"十二五"期间，宁夏渔业主要以"一优三高"（即优良品种、高新技术、高端市场、高效益）为引领，以"黄河金岸"宜渔低洼盐碱荒地合理开发、湖泊湿地科学利用为重点，以适水产业基地建设、标准化养殖基地改造、休闲渔业基地创建为抓手，着力打造了"黄河金岸"生态渔业产业带，推进百万亩适水产业建设，加大渔业新技术、新装备的示范应用力度，加快推进宁夏现代渔业发展步伐，进一步转变渔业发展方式，宁夏渔业向精品渔业、优质渔业、高效渔业迈出了坚实步伐。

"十三五"期间，宁夏渔业以绿色、生态、节本、高效为主线，大力推行池塘养殖提档升级与水稻种植有机结合的立体养殖模式，大水面生态养殖模式，以设施渔业为主的名优品种健康养殖和池塘河蟹生态养殖模式，全区渔业呈现出多元化发展格局。同时，在重要湖泊、水库、国家级水产种质资源保护区，开展水生生物资源增殖放流，实施水生生物资源养护工程，利用水生植物和滤食性动物改善和治理水域生态环境，促进了渔业生态和生产协调发展。

截至 2020 年，宁夏渔业水域面积稳定在 50 万亩，水产品产量 16.15 万吨，占西北五省（自治区）总量的 28.2%；人均水产品占有量 23.45 千克，是西北五省（自治区）平均值的 4.8 倍；更加巩固了宁夏作为西北地区商品鱼生产基地和水产品集散中心的地位。渔业总产值 40 亿元，池塘养殖平均产值超过 7500 元/亩（按平均单产 684.5 千克/亩、单价 11 元/千克计算）。累计创建国家级水产健康养殖示范场 77 个，辐射养殖水面 16.38 万亩；在黄河宁夏段主河道及重点湖泊河流等水域增殖放流经济鱼类约 5.57 亿尾。全区产地水产品抽检合格率持续保持在 98% 以上，水产品质量安全、渔业生态安全和渔业生产安全长期保持稳定。

（四）葡萄酒产业

宁夏葡萄酒产业起步于 20 世纪 80 年代。1982 年玉泉营农场建立了宁夏第一个大型葡萄农场。1984 年，宁夏建设第一家葡萄酒厂——玉泉营葡萄酒厂（西夏王酒业公司前身）。1994 年，全国第四次葡萄科学讨论会在宁夏召开。1997 年，自治区人民政府将葡萄酒产业列为宁夏六大支柱产业之一，葡萄酒产业走上了规模化、现代化发展道路。

2001 年，宁夏葡萄产业协会成立，为中国第一家省级葡萄产业协会。2003 年，国家质量监督检验检疫总局正式批准对贺兰山东麓葡萄酒实施原产地域保护。这是中国实施原产地域产品保护之后第三个获得"原产地域保护产品"的产品。同年，自治区制定《宁夏优势特色农产品区域布局及发展规划》。2004 年，自治区人民政府出台了《关于加快宁夏葡萄产业发展的实施意见》，将葡萄产业列入宁夏农业产业化发展纲要。2011 年，贺兰晴雪酒庄"加贝兰 2009"获得品醇客世界葡萄酒大赛（Decanter World Wine Awards）10 英镑以上波尔多风格红葡萄酒国际大奖，开启宁夏葡萄酒走向世界的征程。2012 年，自治区人民政府印发了《中国（宁夏）贺兰山东麓葡萄产业及文化长廊发展总体规划》（宁政发〔2012〕88 号），规划出贺兰山东麓发展百万亩葡萄文化长廊的蓝图，制定了"一廊、一心、三城、五群、十镇、百庄"〔建设 1 个百万亩葡萄文化长廊、1 个葡萄酒文化发展中心、3 个葡萄酒城、10 个各具特色的葡萄主题小镇和 100 个以上的酒庄（堡）〕的发展规划，宁夏葡萄酒产业进入快速发展阶段。同年，宁夏被国际葡萄与葡萄酒组织（OIV）吸收为中国第一个省级观察员；中国第一个葡萄酒产区地方性法规《宁夏贺兰山东麓葡萄酒产区保护条例》颁布；召开了首届贺兰山东麓葡萄酒节。2013 年，宁夏大学葡萄酒学院挂牌成立，成为中国第一所建在葡萄酒产区的葡萄酒学院。《贺兰山东麓葡萄酒酒庄列级暂行管理办法》发布实施，贺兰山东麓进入酒庄列级管理时代。2018 年，宁夏推出中国第一套产区葡萄酒推广教程，即《宁夏贺兰山东麓产区葡萄酒初阶教程》和《宁夏贺兰山东麓产区葡萄酒初阶讲师教程》，开启了宁夏葡萄酒社会化教育。在 2018 年联合国中国美食节暨宁夏贺兰山东麓葡萄酒走进联合国活动上，宁夏贺兰山东麓葡萄酒产区 21 家酒庄走进联合国进行推介，得到各国驻联合国代表的高度称赞。"贺兰红"等 20 款葡萄酒被联合国代表餐厅选作 2019 年采购用酒，产区大单品"贺兰红"葡萄酒被评为"25 国冠军侍酒师联合推荐——中国消费者最喜欢的葡萄酒"。2019 年，宁夏葡萄酒产业开始进入高质量品牌化发展阶段。宁夏贺兰山东麓产区获得中国最佳葡萄酒旅游产区称号，代表中国参加国际葡萄酒旅游产区投票选举活动。中国（宁夏）贺兰山东麓葡萄酒旅游智库落户宁夏。"贺兰山东麓葡萄酒"被纳入中欧地理标志协定附录。

截至 2020 年底，宁夏酿酒葡萄基地规模达到 49.2 万亩，占全国的 1/4，建成、在建酒庄 211 家，其中列级酒庄 47 家，获准使用贺兰山东麓葡萄酒地理标志的酒庄企业共计 20 家，年产葡萄酒 1.3 亿瓶，综合产值达到 261 亿元。有 65 家酒庄的葡萄酒在品醇客葡萄酒国际大奖赛（简称 DWWA）、布鲁塞尔国际葡萄酒大赛（简称 CMB）、国际葡萄酒挑战赛（简称 IWC）、宁夏贺兰山东麓国际葡萄酒博览会等国内外知名葡萄酒大赛中共获得 1601 项大奖，其中 509 项大金奖或金奖，比例约 32%，银奖及铜奖获奖比例约 63%。已备案出口葡萄酒生产企业 30 家，葡萄酒产品已出口到法国、加拿大和澳大利亚等20多个国家和地区。

二、农业产业支撑

（一）农业产业政策

在农业产业政策方面，宁夏按照政府引导、多元投入，分类施策、区别支持，突出重点、科技引领，联农带农、促进融合，绩效考评、扶优扶先，稳步增长、持续支持的原则，采取直接补贴、贷款担保、贷款风险补偿、贷款贴息、实物租赁、农业保险、引导基金的形式，制定实施了一系列促进农业特色优势产业发展的政策意见，在全区大力发展枸杞、优质牛羊肉、牛奶、马铃薯、瓜菜五大战略性主导产业，优质粮食、淡水鱼、葡萄、红枣、农作物制种、优质牧草六大区域性特色优势产业和苹果、道地中药材两个地方性特色产业，组织实施以小麦套玉米为主的吨粮田栽培技术100万亩，以旱育稀植为主的水稻综合增产技术100万亩，以脱毒种薯为主的马铃薯综合增产技术100万亩，以地膜玉米为主的玉米综合增产技术100万亩的粮食上台阶"四个一"工程。建立起了更加符合宁夏区情和县域经济发展实际的特色优势产业体系。

截至2020年年底，全区粮食产量实现"十七连丰"，总产达380.9万吨，奶牛存栏57.4万头，肉牛、肉羊饲养量分别达182.3万头、1221.3万只，瓜菜种植面积298万亩，总产达748.2万吨，产值203.8亿元。特色产业占农业总产值的比重达87.6%。

（二）农业农村改革

1. 稳定土地承包

1999年，宁夏在全区全面铺开新一轮土地承包工作。截至2008年年底，全区实行家庭承包经营的农户86万户，家庭承包经营耕地面积1108.9万亩；有83.9万农户与集体经济组织签订了土地家庭承包经营合同，有83.8万户农户领取了农村土地承包经营权证，分别占应签农户和应领证农户的97.5%和97.4%。

2. 农村土地承包经营权确权

2012年，宁夏在平罗县和利通区进行了农村土地承包经营权确权登记试点工作。截至2016年年底，全区完成农村土地承包经营权确权面积1568.9万亩，签订承包合同89万户，颁发农村土地承包经营权证87.6万户。

3. 农村土地承包经营权流转

1998年年底，宁夏参与流转承包地的农户1591户，流转面积1.2万亩。2015年年底，全区参与流转农户 33.7 万户，流转总面积 282.8 万亩，并逐步形成了转包、转让、互换、出租、入股等多种流转形式并存的格局。截至 2020 年年底，全区流转面积 311.5 万亩，参与流转农户 38.2 万户。

4. 农村集体产权制度改革

2013 年，宁夏开始农村集体产权制度改革试点；2016 年在全区全面推进农村集体产权制度改革工作；2018 年完成对村集体经营性资产和非经营性资产的全面清查核实。全区农村集体账面总资产 79.03 亿元，核实资产总额 104.47 亿元。截至 2019 年年底，全区 2070 个建制村已完成集体产权制度改革，2066 个村集体经济组织在农业农村部门赋码登记。界定集体经济组织成员身份 412.4 万人。

（三）农业分区

长期以来宁夏农业分区主要采取按农业地理分区的二分法，即以地形地貌为依据划分为南部山地农林牧区（山区）和引黄灌溉农业区（川区）。南部山地农林牧区包括原固原地区的 6 个县（固原、西吉、海原、隆德、泾源和彭阳）及同心、盐池两县全部，中卫的香山，中宁的陈麻子井，灵武的山区；引黄灌溉农业区包括青铜峡、永宁、银川市、贺兰、平罗、吴忠、陶乐、石嘴山市及中卫、中宁、灵武 3 县的引黄灌溉区部分。"十一五"期间，自治区党委、政府不断深化对区情和资源禀赋转化规律的再认识，积极调整发展思路，将农业区域划分两分法调整为三分法，即引黄灌区、中部干旱带和南部山区。引黄灌区范围和包括的行政区域同二分法的范围和行政区域完全一致；中部干旱带行政区域包括盐池县、海原县、同心县、红寺堡区、原陶乐县的全部和原固原县东八乡，灵武市、利通区、中宁县、中卫县的山区部分；南部山区的范围涉及中部干旱带以南的四县一区，即固原市原州区、西吉县、隆德县、彭阳县和泾源县。从不同区域的农业基础条件、生态环境和资源特点出发，因地制宜，分类指导，突出特色，发挥优势。提出了在引黄灌区建设现代农业示范区，在中部干旱带建设旱作节水农业示范区，在南部山区建设生态农业示范区的发展方略，对宁夏农业农村经济健康、快速、高质量发展具有重大的现实意义和深远的历史意义。

（四）农业发展规划和发展项目与资金

1. 农业发展规划

自治区人民政府先后于 1998 年、2003 年、2006 年、2012 年、2017 年发布了《宁夏回族自治区 1998—2002 年农业产业化发展规划纲要》《宁夏优势特色农产品区域布局及发展规划（2003—2008 年）》《宁夏回族自治区农业和农村经济发展"十一五"规划（2006—2010 年）》《宁夏回族自治区农业和农村经济发展"十二五"规划（2011—2015 年）》《宁夏回族自治区现代农业"十三五"发展规划（2016—2020 年）》，这些规划对其规划期的农业发展目标、发展重点与布局和重点工程等做了明确规定，对指导全区农业发展发挥了极重要的作用。

2. 发展项目与资金

"九五"期间中央财政支持宁夏农业建设发展的资金每年平均 1764 万元，支持范围主要为农作物种子和商品粮基地建设，动植物防疫及农业技术推广等。"十五"至"十三五"期间，中央财政支持范围不断扩大，覆盖范围涉及农业农村的多个领域，在继续支持农业基本建设、农业抗灾救灾和农业四项补贴（粮食直补、农资综合补贴、农作物良种补贴和农机购置补贴）的同时，不断加大对宁夏"1＋4"战略主导产业和 13 个特色优势产业发展、农业资源和生态保护、动物防疫、农田基本建设、壮大农村集体经济和人居环境建设等方面的投入，支持资金额度也大幅增加。"十五"期间累计投资 67039 万元，年均 13408 万元；"十一五"期间累计投入资金 660400 万元，年均 132080 万元；"十二五"期间累计投入资金 1030550 万元，年均 206110 万元；"十三五"时期累计资金投入 1203999 万元，年均 240800 万元。

"九五""十五""十一五""十二五"和"十三五"时期，自治区级财政支农专项资金分别为 3394 万元、30771 万元、153700 万元、268258 万元和 526925 万元，年均分别为 679 万元、6154 万元、30740 万元、53652 万元和 105385 万元。自治区财政投入资金主要为中央财政投入项目与资金做配套。

（五）农业科技

宁夏农业科技重点围绕全区农业特色优势产业和农村经济发展中综合性、全局性、关键性科技问题组织攻关，推进农业科技创新和科技成果转化，提供重大科技成果和先进适用技术，为促进全区农业发展、农村进步、农民增收提供科技支撑。

"九五"期间，宁夏农业科技重点围绕研究和推广水稻节水高产控灌、机插秧、抛秧、地膜玉米等农业新技术、新产品，提高粮食作物产量和品质，实现了水稻品种的第六次更新，使宁夏水稻产量和品质迅速提高，平均单产 588.5 千克；推广麦套玉米为主体的吨粮田 301.4 万亩，平均亩产 1019.6 千克。

"十五"期间，围绕提高农业综合生产能力加大科技攻关和示范，推进农业产业化经营，集成示范了 30 项重大农业新技术，建立了枸杞、肉羊、奶牛、马铃薯、淡水鱼、蔬菜、优质玉米、牧草、优质稻麦和酿酒葡萄等 10 个自治区级农业科技示范园区，解决了农业 10 大优势产业发展的关键技术。全区农作物优良新品种应用率达到 90%，农业新技术推广覆盖率超过 75%，畜禽改良率达到 90% 以上。

"十一五"期间，围绕增加农民收入，发展现代农业，推进农业产业化经营，大力推进特色优势产业生产技术、设施农业技术、现代畜牧水产技术、覆膜保墒集雨补灌旱作节水技术、扬黄补灌高效节水技术和适水产业技术等。设施农业面积发展到 105.8 万亩，覆膜保墒集雨补灌旱作节水农业发展到 130.35 万亩，畜牧水产业取得了突破性进展，农业农村经济保持了持续、健康、良好的发展态势。

"十二五"期间，围绕深化改革创新支撑引领现代农业快速发展，启动现代农业科技创新工程，实施农业物联网技术、现代生物技术、高效节水技术、农产品高值化加工技术等，带动特色产业转型升级。

"十三五"期间，围绕自治区农业特色优势产业发展需求，聚焦瓶颈、重点突破，组织开展产业关键技术攻关与主推技术推广，取得了滩羊全产业链技术体系、日光温室模块化建造技术和国产化番茄精准智慧生产管理系统等一批标志性技术成果，实现了枸杞 2 次、水稻 7 次、小麦 6 次、玉米 5 次品种更新换代。

（六）农业机械化

1996 年，宁夏农机总动力为 255.99 万千瓦，全区机耕面积 632.97 万亩，占总耕地面积的 51.9%，机耕水平 51.87%；机播面积 519.95 万亩，占总播种面积的 35.4%，机播水平 35.45%；机收面积 66.72 万亩，占播种面积的 4.55%，机收水平 4.55%。之后，全区农机装备水平快速提升，大中型拖拉机、小型及手扶拖拉机、联合收割机的数量持续大幅增加，2000 年末全区农机总动力 380.63 万千瓦，2005 年 555.144 万千瓦，2010 年 729.125 万千瓦，2015 年 831.26 万千瓦。截至 2020 年末，全区农业机械化总动力达到 644.09 万千瓦（从 2016 年起，全区三轮汽车、低速载货汽车的农机总动力移交公安交通管理部门管理与统计），全区种植业机械、农产品初加工机械、畜牧养殖机械、渔业机械、林果业机械快速增长，农机装备呈现多元化发展趋势。全区主要农作物耕种收综合机械化水平达到 80%，高于全国 9 个百分点以上。其中，全区机耕面积 1612.6 万亩，占总耕地面积的 89.5%，机耕率 94.15%，高于全国 8.66 个百分点；机播面积 1348.67 万亩，占总播种面积的 83.6%，机播率 76.57%，高于全国 17.59 个百分点；机收面积 1115.54 万亩，占播种面积的 63.35%，机收水平 64.71%，与全国持平。

2005 年，宁夏开始实施农机购置补贴政策，当年中央财政和自治区财政安排农机购置补贴资金 900 万元，补贴购置各类农业机械 8536 台（件）。之后，中央财政和自治区财政每年均安排农机购置补贴专项资金。2020 年，中央财政和自治区财政农机购置补贴专项资金 1.7246 亿元，补贴购置各类农机具 31862 台（套）。

（七）农田建设与农业综合开发

1. 高标准农田建设

2008 年后，宁夏高标准农田建设重点实施了土地开发整治重大工程和高标准农田建设工程。

土地开发整治重大工程包括宁夏中北部土地开发整理重大工程项目和宁夏"十二五"生态移民土地整治工程。宁夏中北部土地开发整理重大工程项目是自治区成立后实施的最大的涉农投资项目，主要建设内容为"田、水、路、林"的综合整治，计划整理土地 338.25 万亩，新增耕地 87.45 万亩，预算投资 400712.86 万元。截至 2015 年 8 月底，所有子项目均通过了自治区级验收审查，共实际完成规模 338.89 万亩，实际完成新增耕地 79.8 万亩，实际完成投资 355500 万元。宁夏"十二五"生态移民土地整治工程，计划整理土地 36.67 万亩，新增耕地 5.35 万亩，资金规模 65900 万元。截至 2017 年 11 月，34 个子项目有 32 个子项目通过了自治区级验收，实际建设规模 34.63 万亩，新增耕地 4.87 万亩，完成投资 55800 万元。

高标准农田建设工程：2012—2014 年，宁夏共完成高标准农田建设项目 128 个，完成面积 302.06 万亩，总投资 406300 万元；2016—2018 年完成高标准农田建设项目 443 个，完成面积 291.53 万亩，总投资 391600 万元；2019 年高标准农田建设开工项目 243 个，完成面积 139.5 万亩；2020 年全年建成高标准农田 108.3 万亩。

2. 宁夏农业综合开发

宁夏农业综合开发主要围绕土地治理项目、农业产业化项目和部门项目开展。

土地治理项目始于 1989 年，止于 2018 年。1989—2018 年，共投入资金 631291.07 万元，改造中低产田 637.34 万亩，建设高标准农田 194.01 万亩，生态综合治理 39.37 万亩，实施中型灌区节水配套改造项目 15 个。新增主要农产品生产能力：粮食 89349.74 万千克，蔬菜 739.69 万千克，油料 568.61 万千克，糖料 1844.00 万千克，饲料作物 2479.16 万千克，干草 715.44 万千克，其他农产品 8944.20 万千克。

农业产业化发展项目始于 1995 年，重点扶持规模经营，提高支农资金使用效能，集中力量推进特色优势产业集聚升级。截至 2018 年，累计投入农业产业化资金 36.07 亿元，共扶持农业产业化项目 1191 项。1995—2018 年宁夏农业综合开发产业化发展项目累计新增粮食 75414.59 万千克，油料 385.05 万千克，糖料 1844.00 万千克，干鲜果品 603.85 万千克，蔬菜 8950.41 万千克，药材 2.50 万千克，肉 5306.87 万千克，蛋 341.00 万千克，奶 32979.56 万千克，水产品 407.18 万千克，加工转化农产品 81915.16 万千克；累计新增总产值 953.38 亿元，新增增加值 349.77 亿元，新增利税 22.54 亿元，新增其他农产品产值 39.15 亿元。

部门项目包括农业部门（1994—2018 年）实施的秸秆养畜、良种繁育、优势特色种养、循环经济示范等项目，水利部门（1999—2018 年）实施的中型灌区节水配套和水土保持项目，国土资源部门（2002—2008 年）实施的土地复垦项目；林业部门（1993—2018 年）实施的防沙治沙示范项目，供销社部门（2010—2018 年）实施的新型合作示范和产销对接项目，共计 352 个项目，总投资 240686.6 万元。

（八）兽医事业

1949 年，新中国成立后，宁夏兽医事业获得了新生。党和政府非常重视兽医工作和畜牧业发展，建立了自治区、市、县、乡四级兽医防治机构，全面开展了动物疫病防治工作，消灭了牛瘟，宁夏兽医事业得到了空前发展，取得了重大成就。

1978 年，改革开放后，宁夏兽医事业焕发了青春。全区全面完成了畜禽疫病普查并编纂出版了《宁夏畜禽疫病志》，摸清并记述了宁夏近半个世纪畜禽疫病发生和流行历史，总结了新中国成立后宁夏畜禽防疫工作的基本经验。着力加大了动物防疫制度改革和创新，出台了一系列兽医法规规章和规范性文件。重点控制了口蹄疫、禽流感、猪瘟、鸡新城疫等重大动物疫病，消灭了牛肺疫和马鼻疽。

21 世纪以来，宁夏兽医事业进入了有史以来发展速度最快、成绩最突出、效果最显著的历史时期。全区全面完成了兽医管理体制改革，构建了自治区、市、县三级兽医行政管理、行政执法和技术支撑三大工作体系；健全和完善了乡镇兽医站工作体系和村级防疫员体系；建立和完善了官方兽医、执业兽医和乡村兽医制度。建立和完善了动物及动物产品卫生质量安全追溯体系。全面完成了兽药 GMP 认证及兽药 GSP 改造和验收，稳步推进兽药 GUP 工作。完成了自治区、市、县、乡四级动物防疫体系基础设施建设。兽医科研、技术推广和对外合作与交流全方位开展，取得了一系列重大成果。口蹄疫、禽流感等重大动物疫病得到有效控制；炭疽、结核病等常见疫病得到稳定控制；消灭了马传染性贫血。兽医工作对畜牧业生产安全、畜产品质量安全、公共卫生安全和生态安全的综合保障能力显著提升。

2016 年 5 月出版的《宁夏兽医志》，着重记述了新中国成立以来，特别是改革开放以来宁夏兽医事业发展的历程，包括概况、兽医工作、动物传染病防治、动物寄生虫与寄生虫病防治、动物普通病防治、中兽医、兽医科技教育、兽医学术交流和兽医人员等，共9篇51章，全书203万字。该志是一部全面、系统、客观地反映宁夏兽医事业发展历史与现状的专业志书，也是全国31个省（直辖市、自治区）中唯一公开出版的全面系统反映兽医事业发展的专业志籍。

（九）农产品质量安全

1996—2020年，宁夏农产品质量安全监管主要体现在农业投入品质量安全监管和农业产出品质量安全监管方面。

1. 农业投入品质量安全监管

重点对种子、化肥、农药、兽药、饲料和饲料添加剂等主要农业投入品进行质量安全监管。种子监管，紧盯品种、企业、市场、基地四个重点环节，严查主要农作物种子生产经营资质、种子质量等违法违规行为。化肥监管，围绕规范化肥市场秩序和经营主体经营行为，严厉打击各种生产、销售假冒伪劣化肥产品等坑农害农行为。农药监管，重点清理和打击生产、销售、使用国家明令禁止的农药和假冒伪劣及过期农药品种，提升农药产品质量，控制农药残留。兽药监管，重点整顿和打击生产、销售、使用国家明令禁止的兽药和假冒伪劣及过期的兽药，推行兽药休药期证明制度，加强兽药休药期管理。饲料和饲料添加剂监管，重点查处假冒伪劣饲料和饲料添加剂，严厉打击蛋白饲料原料添加和养殖环节使用"瘦肉精""三聚氰胺"等违禁添加物的违法行为。

2. 农业产出品质量安全监管

重点对农作物产品（蔬菜、水果）、畜禽产品（肉类、禽蛋、鲜奶）和水产品（鱼类）进行质量安全监管。

农作物产品监管，重点对果蔬生产基地和各大农贸市场鲜菜水果农残（农药残留）含量进行例行监测和监督抽查，并根据监测和抽查结果，采取相应处理措施。2020年，全区农产品质量安全例行监测4次，抽检蔬菜、水果1320批次，覆盖全区5市22个县区，合格率为99.3%；农产品质量安全监督抽查3次，抽检蔬菜600批次，合格率为98.2%。

畜禽产品监管，重点对规模化畜禽养殖场和各大农贸市场、超市销售的畜禽肉类、禽蛋及奶牛场、奶站的生鲜奶药残（兽药残留）含量进行例行监测和监督抽查，并根据结果进行相应处置。2020年，全区畜禽产品质量安全例行监测4次，抽检畜禽产品314批次，合格率98.7%；畜禽产品质量安全监督抽查3次，抽检畜禽产品401批次，合格率达到99.2%；生鲜乳质量安全监测1336批次，合格率100%。

水产品监管，重点对水产苗种生产，以及成鱼养殖过程中氯霉素、硝基呋喃类药物、孔雀石绿、喹乙醇等兽药残留含量进行例行监测和监督抽查，并依据结果进行处置。2020年，全区水产品质量安全例行监测4次，抽检水产品200批次，合格率达到97.5%；水产品质量安全监督抽查3次，抽检水产品184批次，合格率达到100%。

（十）农业环境保护

1. 农业环境监测与调查

重点进行了全区基本农田保护区土壤与农产品环境质量监测、扬黄灌溉区土壤与农产品环境质量监测、农村土壤环境质量监测、污水灌溉区水环境质量监测、农村水环境质量监测、入黄排水沟水环境质量监测、农业野生植物资源监测和农业面源污染调查、农业外来入侵生物调查等。基本摸清了宁夏农业生产环境情况底数及动态变化情况，为农业环境保护，特别是农业面源污染防治提供了可靠的决策依据。

2. 农业环境保护

重点开展了农业土壤环境和水环境污染防治，化肥、农药减量增效，农用残膜回收利用，畜禽粪污资源化利用，农作物秸秆综合利用，以及渔业尾水达标排放等农业面源污染防治工作，全区农业环境治理和修复得到了明显改善，发生了历史性、转折性、全局性变化，高质量发展的可持续性稳步增强。根据2020年全国农业农村污染治理工作进展排名，宁夏农村环境整治已完成建制村比例100%，在沿黄九省（自治区）位居第一；化肥利用率39.4%，位居第二；农药利用率40.2%，位居第一位；农用残膜回收率84%，位居第四；畜禽粪污综合利用率90%，位居第二；农作物秸秆综合利用率86%，位居第六，整体水平处于沿黄九省（自治区）中上。2020年，在全区10个县（区）开展的25个地表水监测断面（点位）中，水质达到或优于地表水Ⅲ类标准的断面（点位）有13个，占52.0%；Ⅳ类水质断面（点位）7个，占28%；Ⅴ类水质断面（点位）1个，占4.0%；劣Ⅴ类水质断面（点位）4个，占16.0%。

（十一）农业品牌与农业信息化

1. 农业品牌

2007年，宁夏开启名牌农产品认定工作。农业品牌以农产品区域公用品牌、特色农产品品牌和企业品牌为核心，加快推进农产品区域公用品牌建设，打造区域特色农产品品牌和企业品牌，改造提升传统名优品牌，将"品牌"建设不断推到新的高度。中宁枸杞、盐池滩羊入选"消费者最喜爱的 100 个中国农产品区域公用品牌";宁夏大米入选"中国十大大米区域公用品牌";宁夏冷凉蔬菜成为港澳市场"高品质蔬菜"的代表;宁夏牛奶被誉为"全国奶业优质安全发展的一面旗帜";"盐池滩羊肉"被列为 G20 杭州峰会、厦门金砖五国峰会、青岛上合峰会和 2019 夏季达沃斯论坛指定供应食材;贺兰山东麓葡萄酒在世界顶级葡萄酒博览会上屡获大奖,贺兰山东麓成为世界公认的酿酒葡萄最佳产区之一,被誉为"东方波尔多"。截至 2020 年,创建中国特色农产品优势区 7 个,累计培育盐池滩羊、香山硒砂瓜、中宁枸杞、六盘山马铃薯、贺兰山东麓葡萄酒、宁夏大米等农产品区域公用品牌 20 个,绿色、有机、地标农产品达到 377 个,116 家农业企业的 280 个产品获得中国绿色食品发展中心绿色食品认证,24 家农业企业的 35 个产品获得中绿华夏有机产品认证中心有机农产品认证,60 个产品获得农业农村部农产品地理标志登记保护,27 个产品被纳入农业农村部全国名特优新农产品名录,逐步形成贺兰山东麓葡萄酒、中宁枸杞、盐池滩羊、宁夏牛奶、六盘山牛肉等特色地域名片。

2. 农业信息化

2005 年,宁夏开始进行电话、电视、电脑"三电合一"农业信息服务试点工作,大力推进农业信息进村入户。2006 年后,先后在全区范围内开通了"三农呼叫中心""12316"农业公益服务热线、"联通农业新时空""移动农信通"等信息服务系统,实施了"三电合一""金农工程"等,采用热线电话、短信平台、视频语音、农专互动及"专家坐席"等方式为农民提供信息服务。2017 年开始大力推进农村电子商务,2019 年建设了"农业农村电商综合服务平台"和"乡味宁夏"公众号等。截至 2019 年年底,全区共建成村级信息服务站 1096 个,覆盖率达到 68%;通过"宁夏12316三农综合信息服务平台"发布服务信息 12.6 万条,语音咨询人数 5.8 万人次。2020 年,向农业农村部"全国农业信息联播"栏目报送信息 503 条,采用 213 条,通过微信公众号发布消息 784 条,微博发布 1000 余条,在门户网站、微信公众号和微博上发布各类政务公开类信息 386 条。2020 年全年共监测分析各类涉及"三农"的信息 57 万余条,编报网络舆情通报 200 余期,舆情分析报告 24 期,极大提高了农业信息指导生产、引导市场和农业电子政务工作水平。

三、农村社会事业发展

(一)农村基础设施建设

1. 农村住房

2005 年,宁夏启动实施"危窑危房改造工程"和"塞上农民新居"建设。2009—

2020 年，全区累计完成农村危窑危房改造 85.8 万户；2005—2012 年，全区共建成"塞上农民新居"示范新村 389 个，整治改造旧村超过 1500 个，新建农宅 3 万多户。"塞上农民新居"被住房和城乡建设部列为全国农村住房改造示范地区，在全国进行推广。

2. 农村饮水

20 世纪 90 年代中期，宁夏在中部干旱带和南部山区建设了一批集雨工程，解决了近 5 万人的饮水问题。2000—2020 年，投资 31.73 亿元先后实施了农村饮水解困工程、农村饮水安全工程和农村饮水安全巩固提升工程，解决了 97 万人饮水困难问题和316.4 万人的饮水安全问题，巩固提升了 156.24 万人的饮水安全水平。截至 2020 年，全区农村集中供水率达到 98.5％，自来水普及率达到 95.8％，252.4 万农村居民喝上放心水。

3. 农村电力

1998 年，国家电网在宁夏启动第一轮（1998—2003 年）农村电网改造工程，投资20.74 亿元；2006 年实施了"户户通电"工程，投资 0.27 亿元，使宁夏农户通电率达到了 100％，成为全国第三、西部第一完成"户户通电"工程的省份；2005—2009 年实施了农村电网继续完善工程，投资 8.94 亿元；2016—2020 年实施了新一轮农村电网改造升级工程。截至 2020 年年底，宁夏农村电网供电可靠率 99.824％，综合电压合格率99.935％，户均配变容量 2.35 千伏安。

4. 农村公路

1994 年，宁夏开始实施交通扶贫攻坚项目。截至 2000 年年底，农村公路总里程11454 千米，全区"三纵六横"干线公路基本达到三级以上，实现了县乡（镇）通油路，建制村通公路的目标。2010 年，全区农村公路里程 17386 千米，基本解决了农村无路可走和有路难行的问题。2015 年，全区农村公路总里程达到 2.6 万千米，全区建制村通客（班）车率达到 98.3％，超过全国平均水平。截至 2020 年年底，全区农村公路通车里程达 2.85 万千米，实现了所有建制村通硬化路，所有乡镇、建制村通客车目标，全区 20户及以上自然村通硬化路率达到 98.8％。

5. 农村人居环境整治

宁夏农村人居环境整治，重点进行了农村厕所革命、农村污水治理和农村生活垃圾治理三个方面的工作。1996 年全区开始进行农村改厕；2006 年开始农村生活污水治理；2010 年开始在总结农村生活垃圾收集处置经验的基础上，逐步推广农村生活垃圾分类投放、收集、运输和处理。截至 2018 年年底，全区存量农村卫生厕所 31 万座，农村卫生厕所普及率为 32%。截至 2020 年年底，全区共建设污水终端治理设施 218 座，铺设管网 2000 千米以上，一二类县农村生活污水治理率达到 30%，三类县 15%；全区有生活垃圾收集点的建制村达到 1912 个，占总数的 98.76%，对生活垃圾进行处理的建制村 1865 个，占总数的 96.33%。

6. 农村能源

1996 年后，在开发利用生物质能方面，宁夏主要发展了以生物质燃料、沼气为主的两大生物质能类型；在太阳能利用方面，主要开发推广实施了太阳能热水器、太阳灶、太阳房三大类型。2003—2010 年，共建成户用沼气池 232943 座，建设联户沼气池 240 座，涉及全区所有市、县（区）及乡镇，占到农业总户数的 34%。1997—2015 年，全区农村共安装太阳灶 399351 台。1998—2018 年先后在全区实施了"阳光工程"和"宁夏阳光沐浴工程"，共安装太阳能热水器 96.31 万台，使宁夏成为全国第一个省级全域乡村农户太阳能热水器使用全覆盖地区。

（二）农村公共教育与文化事业

1. 农村公共教育

1994 年，宁夏正式开始"两基"（基本普及九年制义务教育、基本扫除青壮年文盲）攻坚。1997 年，宁夏川区所有 16 个县（市、区）实现了普及九年义务教育目标；2000 年，宁夏南部山区各县基本完成了扫除青壮年文盲的目标任务；2006 年，宁夏全面实现"两基"目标，小学入学率、初中毛入学率分别达到 99.64% 和 104.45%，全区"两基"人口覆盖率达到 100%。

2. 农村文化事业

1996 年后，宁夏农村文化事业主要经历了文化体制改革、文化产业发展和文化事业全面深化改革三个发展阶段。截至 2020 年年底，乡镇（街道）文化站为 245 个，建制村（社区）综合文化活动室为 2638 个；有 4 部文艺精品荣获中宣部"五个一工程奖"，2 部剧目获文化部"文华大奖"和"文化新剧目奖"；农民群众基本文化权益得到切实保障。

（三）农村公共卫生与社会保障

1. 农村公共卫生

从 20 世纪 90 年代起，宁夏农村公共卫生发展主要围绕改善农村卫生条件进行，重点支持"三项建设"工程，即农村乡镇卫生、卫生防疫、妇幼保健设施建设工程。截至2020 年，全区乡镇卫生院共有 205 个，乡镇卫生院人员总数 6040 人，乡镇卫生院基本建设、设备配置、人员达标率均为 100%；全区村卫生室共有 2172 个，在岗乡村医生 3282人，村卫生室基本建设达标率 99.58%、设备配置达标率 99.7%、人员配置达标率 99.86%。

2. 农村社会保障

2004 年，宁夏开始在 5 个县进行新型农村合作医疗制度（新农合制度）试点。2007年，全区 18 个农业县（市、区）全部实施新农合制度。2010 年，全区新农合参合率达到95.9%，政策范围内住院费用报销比例达到 69.4%。2017—2020 年，宁夏连续 4 年实现贫困人口基本医疗保险参保率 100%。2009 年，宁夏正式建立新型农村养老保险制度（新农保制度），通过制度创新、养老金整合，实现新农保与老农保制度的衔接。截至2020 年，全区参加城乡居民基本养老保险的农村居民参保人数 238.65 万人，领取养老金人数 47.95 万人。

（四）农村扶贫攻坚

1996—2020 年，宁夏农村扶贫主要实施了"双百"扶贫攻坚计划（1996—2000年），千村扶贫整村推进工程（2001—2010 年），百万贫困人口扶贫攻坚纲要（2011—2015 年）和决战决胜脱贫攻坚规划（2016—2020 年）。截至 2000 年年底，开发土地 40万亩，安置移民 30 万人，基本解决了贫困群众的温饱问题。2010 年年底，人均纯收入1196 元以下的贫困人口由 2000 年的 30.5 万减少到 10.2 万，贫困面由 13.9% 下降到4.9%，贫困地区生产生活条件得到有效改善，自我发展能力进一步增强。2015 年年底，建档立卡贫困户人口由 2010 年的 101.5 万人下降至 58.12 万人，贫困发生率由2010 年的 25.6% 下降到 14.5%。中南部 9 县（区）农村居民人均可支配收入由 2010年的 3612 元提高到 2015 年的 6818 元，年均增长 13.55%，增幅高于全区平均水平1.35 个百分点。到 2020 年年底，全区 80.3 万贫困人口全部脱贫，9 个贫困县全部摘帽，1100 个贫困村全部出列，历史性解决了绝对贫困问题，与全国同步全面建成小康社会。

（五）农村人口与农民收入

1996 年，宁夏农村居民人口 251.4 万人，占全区总人口 521.2 万人的 48.2%；农村就业人口 168.7 万人，占农村人口总数的 67.1%。农村居民人均可支配收入 1397.8 元。

2020 年，宁夏农村居民人口 252.6 万人，占全区总人口 720.9 万人的 35.0%；农村就业人口 198.0 万人，占农村人口总数的 78.4%。农村居民人均可支配收入 13889.4元。

大 事 记

1996 年

1月2日　《宁夏日报》报道，宁夏回族自治区（简称宁夏或自治区）农业厅、监察厅、财政厅联合发出通知，决定自1996年开始在全区农村统一实行农民负担监督卡制度。

1月30日　全区农业暨种子工作会议在银川召开。会上提出1996年自治区粮食总量要达到210万吨，油料7.5万吨，糖料60万吨，水产品1.9万吨，瓜菜基本满足城乡人民生活需要，农民人均纯收入按现价计算突破1200元。

是月　自治区人民政府决定从1996年开始实施"水上小康工程"，即建设四大商品鱼基地，推广10项渔业致富技术，建立8项渔业基础工程。四大商品鱼基地：一是银北地区商品鱼基地；二是银川市"城郊型"商品鱼基地；三是银南地区渔、农、牧多种组合形式的生态渔业基地；四是山区虹鳟生产基地。10项渔业致富技术：一是池塘主养鲤高产模式化养殖技术；二是生态渔业技术；三是大水面小网箱集约化养鱼技术；四是农田排水沟流水养鱼技术；五是大面积低洼荒地、荒水湖沼围垦精养技术；六是人工控温工厂化养殖甲鱼技术；七是湖泊养蟹技术；八是黄河鲇人工繁殖及养殖技术；九是异育银鲫繁殖及养殖技术；十是虹鳟集约化养殖技术。8项渔业基础工程：一是灌区生态渔业示范区；二是改造旧池塘667公顷；三是建设水产良种场1座；四是建设大型水产品加工厂1座；五是建设现代化甲鱼养殖场2座；六是建设水产品批发中心1座；七是建设水产技术综合服务中心1座；八是建设年产鱼用饲料5000吨的加工厂1座。8项基础工程总投资1.2亿元。

2月　宁夏农业部门经过调查研究和论证，提出在1996年和"九五"期间分川区、山区重点推广十二大农业项目。其中川区推广六大项目：小麦机械覆膜穴播技术、"吨粮田"栽培技术、种子包衣技术、水稻小弓棚旱育稀植技术、水稻抛秧技术、日光温室及高效配套栽培技术。山区推广六大项目：玉米综合增产增效技术、马铃薯综合增产增效技术、集流蓄水节灌技术、节能日光温室及高效配套栽培技术、小麦机械覆膜穴播和旱地沟播技术、区域性优势作物等地膜覆盖栽培技术。

3月4日　国务院决定从1995年到20世纪末，对贫困地区实施"温饱工程"，进行专项补贴。国家补贴宁夏"温饱工程"资金24万元。其中地膜玉米6万元，每亩补贴1元。国家分配宁夏扶持人均占有粮食不足300千克的贫困县6个，每县补助3万元。鉴于宁夏南部山区八县连续四年干旱，人均粮食产量都在300千克以下，补助计划由6县调整为8县。

3月20日　全区乡镇企业工作会议在银川召开。"九五"期间乡镇企业的奋斗目标是"突出根本转变"，打好深化改革、增量升质、促进川区大发展和山区快发展、科技兴企、增加农民收入等五个方面的硬仗，提供给农民的人均收入增加到650元。

是月　根据国务院要求，自治区决定从1996年起国家订购的小麦、稻谷、玉米3种粮食中等收购价格分别为春小麦每50千克72元，粳稻每50千克78元，玉米每50千克56元，平均调价幅度41.2%。

4月3日　灌区春播总结及夏粮生产安排会议在平罗县召开。总结春耕生产的基本情况和经验启示，安排部署下一步重点工作。

4月5日　自治区人民政府发出关于实施"东西合作工程"的政策规定共30条，其中规定：凡来宁夏从事农、林、牧、渔业开发的，自受益年度起免征农业税和农林特产税6年。在山区八县及陶乐县进行扶贫开发项目，可免征农业税和农林特产税10年。

4月13日　共青团自治区委员会印发《关于在加强农村基层团组织建设中实施"服务千村百点脱贫致富奔小康行动"的规划》的通知。"服务千村百点脱贫致富奔小康行动"的实施是自治区共青团组织服务于党和政府在农村中心工作的重要行动，也是自治区团组织带领农村青年脱贫致富奔小康的务实之举。

是月　宁夏回族自治区农业勘察设计院承担的"灌淤土形成性态与类型研究"通过自治区科技成果鉴定委员会鉴定，该研究成果被《中国土壤系统分类方案》采纳。

是月　全区农业机械化工作会议在银川召开。会议传达贯彻中央农业和农机化工作会议以及全区农业工作会议精神，总结"八五"工作并安排部署1996年的农机化工作。

5月14日　自治区政府发布关于《宁夏回族自治区实施基本农田保护条例细则》的通知，共5章44条，强化对全区耕地控制和管理，切实做好耕地保护工作，促进全区国民经济持续、快速、健康发展。

6月18日　自治区党委、人民政府在固原地区召开宁南山区窖水节灌现场会。实地观摩了固原、彭阳、隆德、西吉4个县的打井打窖、地膜玉米、基本农田示范点。自上年8月至本年5月底，山区各县新打水窖4.73万眼，土圆井8800眼，地膜玉米增加到25万亩，新修高标准旱作基本农田26万多亩。

6月25—30日　中国农业科学院副院长许越先率领中国农业科学院专家考察组一行7人对自治区扶贫扬黄灌溉工程开发区、银南引黄灌区、银北中低产地区进行考察。与自治区人民政府、扶贫扬黄灌溉工程指挥部领导及自治区科委（科学技术委员会）、农业厅等单位部门的专家领导就宁夏扶贫扬黄开发、农村经济发展、"两高一优"农业发展中需要解决的重大科技问题进行座谈交流，初步形成中国农业科学院在宁夏进行科技开发的"三点一面十项技术"框架意见。

7月2日　自治区召开纪念《农业法》《农业技术推广法》颁布实施三周年座谈会。会议强调要继续深入抓好《农业法》宣传教育工作，加快农业法配套法规的立法进程并强化农业行政执法，加强农业行政执法的监督检查工作。

7月10日　《中华人民共和国渔业法》（以下简称《渔业法》）实施十周年，自治区组织宣传、贯彻《渔业法》和《宁夏回族自治区〈渔业法〉实施细则》，并决定将7月20日至8月20日确定为自治区《渔业法》宣传月。

8月6日　宁夏河套灌区农业综合开发工作会议在吴忠市召开，提出把农业综合开发项目区建设成全区农业科技推广的"试验田"和"示范区"。

8月12—16日　自治区粮援项目领导小组办公室召开"加强'4071'项目财务管理工作会议"。"4071"项目即世界粮食计划署（WFP）援助自治区"山区三县扶贫和环境改良"项目（固原、彭阳、隆德三县小流域农业综合治理）。"4071"项目自1994年实施后效果显著，取得阶段性成果。此次会议传达学习农业部《世界粮食计划署援华项目管理办法》，听取固原、彭阳、隆德三县1996年项目工程实施进度情况汇报，讨论项目执行中的有关问题并通报项目第一次审计情况。

8月20日　自治区农业厅出台《宁夏回族自治区农业发展"九五"计划和2010年远景规划》（以下简称《规划》）。《规划》结合宁夏农业和农村经济发展实际，制定宁夏农业和农村经济发展的目标和任务，提出加快发展政策措施。

8月25—28日　1996年度西北五省（区）农村合作经济经营管理协作会议在银川召开。会议总结交流"八五"期间农经业务工作，重点为农村财务管理、审计监督和农村合作基金等方面。

9月5日　灌区农业生产形势分析暨重大科技推广项目观摩会议在银川召开。此次会议以检验重大技术推广项目的落实成效为主线，分析秋粮形势，现场观摩重大农业科技推广项目，交流新形势下推动农业科技进步的新经验。

9月16日　《宁夏日报》报道，自治区人民政府决定实施粮食上台阶的"四个一"工程。即到20世纪末，在引黄灌区建设吨粮田100万亩，推广以旱育稀植为主的水稻综合高产田100万亩，南部山区发展玉米100万亩（其中地膜玉米50万亩），推广脱毒种薯100万亩。

是月　根据自治区农调部门测产，自治区夏粮总产达到9.72亿千克，比1995年增长30.1％。其中灌区夏粮6.03亿千克，比1995年增长5.3％，创历史新高。山区3.69亿千克，比1995年增长112.8％，是仅次于1991年和1993年的第三个丰收年。

10月3日　自治区党委、人民政府召开全区冬季高效农业生产会议。提出一年打基础，两年迈大步，三年见大效，到"九五"末，全区冬季高效农业产值占全区农业产值的1/3，农民从中获得收入占人均收入的1/3。此次会议是对传统农业生产的一场变革，对发展农业和农村经济具有方向性和战略性意义。

10月30日　《宁夏日报》报道，固海扬黄灌区10年来发展迅速，灌溉面积已达到62.7万亩，粮食产量超过1.2亿千克，农林牧总产值达到13.5亿元，人均收入增加到1689元，各种果树种植达到5万多亩，年产各种果品3000多万千克。

11月11日　自治区"百井扶贫"工程竣工大会在固原西郊乡大明城举行。宁夏军区给水团已在南部山区8个县51个乡镇97个村成井100眼，日总涌水量达到10万余米^3，可解决20万人口和200万头牲畜饮水问题，并浇灌34000亩土地。

11月20日　《宁夏日报》报道，截至10月底，中卫县宣和镇养鸡已达到117万只，产值1.2亿元，纯收入达到2980万元，人均870元，成为宁夏和西北养鸡第一镇。

是日　《宁夏日报》报道，宁夏引黄灌溉面积1995年达到550多万亩，比1990年净增50万亩，年用水量仍保持在"七五"期间的32亿米^{3}左右，年节约水用量3.2亿米^3。南部山区通过节水扩灌，恢复灌溉面积达到10万亩，新增灌溉面积6万亩。

11月27日　全区农业信息工作会议在银川召开。会议传达学习全国农村经济信息工作会议精神，讨论"关于进一步加强农业信息工作的决定"和"农业信息工作办法"。会议指出自治区粮食生产总产达到79亿千克，比上年增产5.46亿千克，再创历史最高水平。

12月12日　为贯彻落实中共中央、国务院《关于"九五"时期和今年农村工作主要任务和政策措施》，自治区人民政府在永宁县召开全区农业乡站"三定"工作座谈会。研究并议定当前乡镇各类农业技术服务站"三定"（定性、定编、定员）工作所面临的问题，要求按照中央和自治区规定的要求尽快完成"三定"工作。从1997年开始，自治区在3年内每年安排300万元，用于农业社会化服务体系建设，落实"三定"工作。

是月　小麦机械覆膜穴播栽培技术被列入"九五"期间农业重大技术推广项目之一组织实施。自治区在全区各市县建立示范点，进行示范推广。

是年　全区粮食总产达到257.9万吨，完成计划的122.8％，比1995年增产54.6万吨，增长26.9％，结束了20世纪90年代以后在200万吨水平徘徊的局面。油料总产量达到7780万千克，比1995年增长39.4％。

1997 年

1月3日　宁夏西吉县与福建莆田县"马铃薯淀粉加工合作项目"签字仪式在银川国际饭店举行。项目总投资为3亿元人民币，到1998年形成加工250万吨马铃薯、6万吨淀粉、4万吨预混饲料的生产能力。项目建成后，预计年产值达到5亿元，利润500万元，对宁南山区脱贫致富具有重要意义。

1月15日 《宁夏日报》刊登《1996年我区农业和农村十件大事》：一是全区粮食产量突破25亿千克，上了一大台阶；二是南部山区56万人脱贫；三是引黄灌区1/3的建制村基本实现小康；四是宁夏扶贫扬黄灌溉工程开工建设；五是引黄灌区又涌现出一批亿元乡镇；六是盐环定扬黄工程建成通水；七是乡镇企业收入突破70亿元大关；八是科技兴农有了突破性进展；九是宁夏与福建结成帮扶对子；十是冬季高效农业取得了重大进展。

1月17—19日 全区农业工作会议在银川召开。会议学习贯彻中央农村会议精神，总结1996年全区农业工作，交流农业工作典型经验以及部署1997年农业和农村经济工作，表彰奖励粮食增产先进，兑现1996年农业重大技术项目与山区地膜玉米推广奖。

1月23日 自治区党委扶贫开发工作会议在银川召开。会议提出用4年或更短的时间基本解决现有76万农村贫困人口温饱问题。

1月27日 遵照农业部指示，中国农业科学院到宁夏开辟农业科技主战场，配合自治区推进"两高一优"农业示范区建设，圆满完成大示范区规划的前期调研工作。

1月30日 全区农业基点调查及物价信息工作会议在银川召开。会议主要学习传达农业部《关于布置1997年农业统计报表制度的通知》（农市发〔1996〕6号）精神，总结1996年基点调查与物价信息工作，并表彰1996年度农业基点调查和物价信息先进集体和先进个人。

2月24日 自治区人民政府在固原主持召开宁南山区春耕生产座谈会。会议分析当年宁南山区春耕的形势、特点和存在问题，解决备耕生产中的突出问题，进一步安排部署春耕工作。

2月25日 全区水产工作会议在贺兰县召开。会议学习贯彻国务院批转农业部《关于进一步加快渔业发展的意见》（以下简称《意见》），研究自治区贯彻落实《意见》的主要措施，并就1997年全区水产工作进行安排和部署。

3月7日 全区灌区春播生产总结与夏播生产安排会议在贺兰县召开。会议全面了解掌握灌区各地春播生产情况，分析当前农业生产形势并安排部署夏播生产。

3月24日 宁夏回族自治区人民代表大会常务委员会通过并发布《宁夏回族自治区乡镇企业条例》，共5章41条。自1997年5月1日起施行。

是日 《宁夏日报》报道，全区采用节能日光温室新技术种植蔬菜面积已发展到1.67万亩。

4月12日 《宁夏日报》报道，自治区自1995年起用6年时间投资1000万元在宁夏平原灌区实施"兴果富民工程"以来，已新植名、优、新经济果林3.4万多亩，成活率98%以上，改造低质果树51.3万株。初步形成"两高一优"果品生产基地。

4月22日 全区农村经济经营管理站（局）长工作会议在青铜峡市召开。会议强调，要继续深入持久地抓好农民负担监督管理工作；要继续加强农村集体经济承包合同的管理；要认真搞好农村财务会计培训，积极开展农村集体资产管理工作；要切实规范和大力发展农村合作基金会。

是日 《宁夏日报》报道，全区农机总动力已达到256万千瓦，农用拖拉机拥有量达到12.35万台，每万亩拥有农机动力2000千瓦，高于全国平均水平，机械化综合水平达到50%以上。

5月12—18日 全区开展第七次"安全生产周"活动。此次活动是为了贯彻落实吴邦国副总理在1996年12月全国安全生产电视电话会议上的讲话精神，活动主题为"加强管理，保障安全"。

5月15日 首次全国农机产品展览会在银川开幕，全国各省（自治区、直辖市）150多家农机厂300多件农机产品参展。

6月5日 宁夏"两高一优"农业示范区领导小组办公室召开第一次全体会议。

6月2—11日 为贯彻落实《中共中央、国务院关于"九五"时期和1996年农村工作的主要任务和政策措施》（中发〔1996〕2号）和农业部《关于落实乡镇推广机构"三定"工作有关问题的通知》（农人发〔1996〕8号）文件精神，对全区乡镇农业四站"三定"工作进行全面检查验收。达到落实标准（评分90分以上）的有：平罗、永宁、贺兰、青铜峡、中卫、吴忠、彭阳、隆德、陶乐、中宁、西吉、固原12个县（市）；达到基本落实标准（评分80～90分）的有：海原、泾源、大武口、惠农、灵武、同心、银川市郊区、盐池8个县、市（区）。

6月20日　全区种子产业化工程会议在银川召开，标志着自治区"种子工程"正式启动，会议部署了自治区"种子工程"第一期项目实施方案，安排1997年项目的投资计划。

6月21日　《宁夏日报》报道，宁夏优质品牌枸杞基地正式启动建设。总规模2.5万亩，包括中宁、固原、海原、同心、平罗、惠农、陶乐、银川郊区7县1区，自治区农林科学院枸杞科学研究所和农垦事业管理局南渠农场，总投资5500多万元，计划4年建成。

6月23日　全区"四个一"工程引黄灌区现场观摩会议在平罗县召开，旨在促进"四个一"工程的实施，了解掌握重大农业科技推广项目的落实情况，分析当前农业生产形势及安排部署下半年工作。

6月30日　《宁夏科技报》报道，为确保2000年全区粮食增产4亿千克的目标，自治区财政厅、农业厅立项实施"宁夏种子产业化工程"。计划总投资9056万元，第一期计划投资1200万元，分3年完成。

7月10日　《宁夏日报》报道，全区蜜蜂饲养量已达到20多万群（含外省常来宁夏蜂群），相当于40多亿只蜜蜂。年产蜂蜜5000吨，利润达到2500多万元，人均蜂蜜占有量为西北五省（自治区）之最。

7月12日　《宁夏日报》报道，自治区畜牧业连年丰收，畜牧业产值在整个农村经济中"三分天下有其一"，科技进步对畜牧业的贡献率达到35%，平罗、灵武、永宁、中卫4个县（市）已跻身全国秸秆养牛、养羊示范县（市）行列。"黄牛冷配改良技术推广"获全国农牧渔业一等奖。全区良种覆盖率达到70%，良种鸡覆盖率达到80%，牛杂交改良率达到60%。

7月14日　全区灌区小麦套种模式机械化收获现场观摩会在平罗召开。总结各地在促进农机和农艺相结合方面的经验及做法，研究探讨下阶段提高农业机械化作业水平和改进农业机械以适应农业发展需要方面的问题。

7月21日　《宁夏日报》报道，粮食上台阶"四个一"工程示范县泾源马铃薯脱毒化生产建设正式启动。自1985年以来，已初步建设起县、乡、村三级脱毒薯繁殖、推广体系。已生产马铃薯脱毒原种200万千克左右，每年向周边地区供种20万千克。

8月21日　粮食上台阶"四个一"工程南部山区现场观摩会议召开，其基本内涵是：以面积为基础，以产量为效益目标，以大力推广增产增收的关键技术为主导要素，针对主要作物、抓住关键技术、强调综合配套、突出目标效益。

是日　自治区第七届人民代表大会常务委员会第26次会议审议通过《宁夏回族自治区农业机械安全监督管理条例》，共5章28条，从1997年10月1日起施行。

8月27日　自治区人民政府发出关于推进引黄灌区农业产业化的意见，要求加快引黄灌区建设步伐，把引黄灌区建设成为国家级"两高一优"大农业示范区。

是月　永宁县同农业部种子公司联合成立的"中国种子集团公司永宁良种繁育场"（万亩种子基地）建设项目正式开工实施。

9月8日　灌区秋季农业生产形势分析会议在灵武市召开。主要分析当年秋粮生产形势、预计粮油产量，讨论落实"沃土计划"实施方案的具体措施等。

9月9日　北方农牧业厅局长暨办公室主任、人事处处长工作经验交流会议在银川召开。会议研究探讨加快农技推广体制改革，转变推广机制，交流农技推广工作适应市场经济发展规律的新经验和新做法。

9月26日　自治区人民政府发布《宁夏回族自治区农业机械事故处理办法》和《宁夏回族自治区农业机械驾驶操作人员违章处罚办法》。

10月10日　农业部农业司与自治区种子总公司签订1997年度国家救灾备荒种子储备合同。

1997 年度自治区实际承储各类救灾备荒种子 90 万千克，共用收储资金 300 万元。

10 月 16 日　世界银行正式批准中国秦巴山区扶贫贷款项目生效执行。项目覆盖四川、陕西、宁夏三省（自治区）26 个贫困县，受益人口 230 万人，项目总投资 29.9 亿元，其中利用世界银行贷款 1.8 亿美元，项目建设期为 6 年。宁夏项目区有西吉、海原、同心、泾源 4 个县。

10 月 24 日　宁夏消灭马鼻疽工作通过农业部验收。

10 月 31 日　《宁夏日报》报道，经 40 年努力，继消灭牛瘟、牛肺疫之后，又消灭了危害马属动物的主要传染病马鼻疽，使自治区成为消灭 3 种病害的唯一省（自治区、直辖市）。

11 月 19 日　自治区在永宁县召开全区小麦机械覆膜穴播栽培技术推广项目总结会议。

12 月 16 日　自治区畜牧局在银川举行"实施《中华人民共和国动物防疫法》座谈会"。

1998 年

1 月 4 日　全区农业工作会议在银川召开。会议全面贯彻党的十五大和中央、自治区经济工作会议、全国农业工作会议精神，会议围绕粮食生产"菜篮子"、农民收入和扶贫等工作进行全面部署，明确 1998 年农业工作要紧紧围绕农业增产、农民增收、农村稳定 3 个方面，抓好推进农业产业化、农业科技革命和农业生态建设，落实农村政策、深化农村改革、加强农业法制建设。

1 月 10 日　自治区决定 1998 年在全区全面贯彻落实中共中央《关于切实做好减轻农民负担工作的决定》。

2 月 20 日　自治区党委、人民政府发布《关于加快解决山区农村贫困人口温饱问题的意见》，提出到 20 世纪末基本解决宁夏南部山区贫困人口温饱问题的方针、任务和主要措施。

2 月 21—25 日　日本著名蔬菜园艺专家伊东正等一行 2 人到宁夏，进行为期 5 天的中日合作黄土沙漠节水技术开发项目座谈交流和讲学活动。伊东正等参观了银川郊区部分日光温室，并以"设施蔬菜高产优质品种及栽培技术"为题进行学术讲座，自治区蔬菜生产管理、研究推广部门 100 余名人员参加学习。

3 月 6 日　自治区政府在固原召开宁南山区抗旱保春播会议。会议强调要加强对春播的领导和具体指导，紧紧围绕扶贫攻坚和抗旱保春播工作，确保农用物资落实到位和各项措施有效落实，以保证实现粮食总产稳定在 5.5 亿千克以上，争取再创历史最好水平。

3 月 8 日　农垦事业管理局在沙湖宾馆举行宁夏农垦企业集团有限公司挂牌仪式，标志宁夏农垦体制改革迈出实质性一步。

3 月 24 日　《宁夏日报》全文刊载《宁夏回族自治区 1998—2002 年农业产业化发展规划纲要》。总体目标为：到 2002 年全区农业总产值达到 105 亿元，农产品综合商品率达到 60%，农业总产值与农副产品加工业产值之比达到 1∶0.8，农民人均收入达到 2400 元，使农副产品加工业成为本区国民经济的重要支柱产业。

4 月 6—17 日　中国农业科学院副院长许越先等专家组一行 6 人在宁夏考察。专家考察组就中国农业科学院在宁夏创建《宁夏回族自治区"两高一优"农业大示范区规划》的编制、下一步工作计划等情况向自治区有关领导进行汇报和讨论。

是月　冬小麦在银川地区试种成功，打破宁夏引黄灌区多年小麦品种单一的局面，同时避开热干风对小麦的危害。

5 月 1 日　中国著名农业气象学家、作物模式专家、中国农业环球消息网创办人高亮之在宁夏讲学并指导工作。围绕"计算机信息技术与农业"主题，在自治区科委和宁夏农学院做了报告，并进行 RCSODS（水稻栽培模拟模型）等系统演示。

5 月 20 日　自治区贺兰山东山麓沿线所有山洪沟及同心县下流水、中卫市黄河南岸诸沟、陶乐县红崖子等山洪沟暴发山洪，对自治区贺兰、青铜峡、中卫、陶乐、平罗、盐池等 12 个县（市）的

21个乡镇、40多个建制村和农垦系统的8个国有农场影响严重。累计受灾15万人，死亡9人，失踪3人，被洪水围困多达6100人。灾情发生后，自治区党委书记毛如柏和自治区主席马启智前往灾区检查灾情，慰问受灾群众，安排部署抗洪救灾工作。

是月 宁夏渔业综合开发利用韩国政府贷款项目签字仪式在北京举行。该项目作为自治区"九五"重点项目，利用韩元折人民币1660万元，贷款期30年，建设水产养殖场8座，改造中低产田15000亩，开挖鱼池4000.5亩，建设鱼苗早繁中心1座，建设池塘499.5亩，其中塑棚池100.5亩，年产各类鱼苗8.5亿尾。

6月12日 《宁夏日报》报道，贺兰县洪广乡农民盛光贤研制的盛达牌多功能联合收割机各项技术居国内领先水平，并获3项专利。

6月18日 灌区夏粮生产形势分析及现场观摩会在银川召开。会议总结半年来贯彻落实全区农业和农村工作会议精神情况，交流各地组织实施粮食上台阶"四个一"工程和重大农业科技推广项目的经验，分析夏粮及全年农业生产形势并研究部署下半年农业工作。

7月15日 《宁夏日报》报道，宁夏河套区农业综合开发项目，经自治区农业综合开发办公室批准正式立项。项目完成后新增粮食4190万千克、油料43万千克、糖料3400万千克。

是日 自治区实施"绿色证书工程"，并开展农民技术职称评定工作。共评定农民技术人员411人，累计培训学员1900人。

8月22日 宁南山区扶贫到村到户工作会议在固原召开。会议指出，对山区农业形势不能估计过高，对扶贫攻坚难度不能估计过低。

8月26日 《宁夏日报》报道，全区夏粮喜获丰收，总产首次突破100万吨大关，比历史最高水平的1996年增产4.38万吨。

8月26—27日 灌区秋粮形势分析及现场观摩会议在灵武市召开。会议围绕重大农业科技推广项目，针对部分示范项目进行安排部署。

9月2—3日 宁南山区秋粮形势分析及现场观摩会议在泾源县召开。会议分析1998年宁南山区秋粮生产形势，预计山区秋粮产量5.18亿千克，比上年增加1.31亿千克，增长34.1%，全区粮食总产将突破29亿千克，比上年增产3.38亿千克，增长13%，比历史最高年份1996年增加12%以上。会议对1998年农业生产中出现的问题做全面分析，并对当前和秋冬农业生产工作安排部署。

9月8日 全区渔业现场观摩会在石嘴山市召开。全区渔业生产已进入稳定增加总量、提高养殖总体效益的新阶段。1998年是自治区渔业生产结构调整力度大、养殖品种丰富、渔业发展快的一年。

10月13日 《宁夏日报》报道，目前全区拥有各类水产养殖户7000多户，从事渔业生产的农民达到4万多人，经营水面、水产品占全区总量90%以上，从渔农民人均纯收入2800元，高出全区平均水平近1倍。养殖方式发展为多品种池塘主养、多形式池塘套养与混养等，基本上实现了区域化布局、基地化生产、规模化经营、集约化管理的产业发展格局。

10月15日 《宁夏回族自治区农业机械安全监督管理条例》（简称《案例》）实施一周年。全区共挂牌入户农用车3.5万辆，占社会保有量的76%；拖拉机11万台，占社会保有量的90%；联合收割机入户率达98%。农用车入户率由《条例》颁布施行前的22.2%提高到76%，持证驾驶率由85%提高到95%。

11月5日 农业部印发《关于表彰全国农村合作经济经营管理工作先进集体、先进个人的通报》，宁夏平罗县、中卫县和青铜峡市分别获得先进集体，宁夏共17人获得先进个人表彰。

11月17日 全区农业信息工作会议在银川召开。会议贯彻党的十五届三中全会精神，总结交流1998年度农业信息工作经验，安排部署1999年度农业信息工作，表彰奖励1998年度农业信息先进集体、优秀信息员和"好信息"获得者。

是月 农业部公布1998年全国农牧渔业丰收奖获奖项目，宁夏申报的4个项目全部获奖。"水稻旱育稀植及配套增产技术""良种肉牛及饲养配套技术"分别获得二等奖，"糖料作物新良种及增产配套技术""机械化调蓄水旱作农业增产增收技术"分别获得三等奖。

12月2日 《宁夏日报》报道,灵武市全面实施养殖"四个一"工程,全市目前牛、羊、猪、鸡饲养量达90万头(只),比上年净增36万头(只),农民人均畜产品收入达到1568元,比1997年净增320多元。灵武市先后被列为全国秸秆养牛示范市、全区养羊示范市。

12月10日 自治区政府在香港展览中心召开中国宁夏投资贸易洽谈新闻发布会。自治区政府秘书长陈守信在新闻发布会上全面介绍宁夏的农业发展前景、能源优势、投资环境和自治区党委、政府确定的对外开放优惠政策等内容,引起香港社会各界的广泛关注。

12月13日 彭阳地膜玉米示范县、泾源马铃薯脱毒种植示范县、青铜峡和灵武麦套玉米吨粮示范市等四县(市)因在实施"四个一"工程中取得成绩显著,自治区政府给予每个示范县(市)5万元奖励。

12月17日 《宁夏日报》在题为《历史性跨越》报道中说,宁夏粮食总产量从1978年的117万吨,提高到1998年的294.86万吨,连续登上四个台阶,翻了一番多,人均占有粮食达到495千克,高于全国平均水平。

12月27日 《宁夏日报》报道,由自治区农技推广总站引进的旱地小麦垄盖膜际精播技术在宁南山区小面积试验获得成功,增幅达到23%~89%。

12月28日 自治区灌区农业工作座谈会在贺兰召开。自治区党委书记毛如柏在会上指出,适应市场需求、调整优化产业结构、提高农产品质量、增加农民收入是明年和今后一段时间农业工作的重点。

是年 宁夏回族自治区水产品总产量达到2.64万吨,比1978年增长92倍,渔业总产值1.58亿元,人均占有水产品4.9千克,使渔业从一项副业发展成为宁夏农业和农村经济中重要的基础产业和优势产业,使宁夏成为西北地区重要的水产品生产基地。

1999 年

1月5日 自治区党委印发《关于健全和完善县乡党委抓农村基层组织建设责任制的暂行规定》(以下简称《规定》)。《规定》指出,党的农村基层组织是党在农村全部工作和战斗力的基础,加强和改善农村基层党组织的领导,必须下大功夫把农村党的基层组织建设好。

1月7日 河套灌区农业综合开发工作会议在银川举行。自治区副主席周生贤出席会议并讲话。会议安排部署第四期农业综合开发任务,强调以改造中低产田为突破口,以增加农民收入为核心,把农业综合开发提高到一个新水平。

1月8—9日 全区畜牧业产业化经营工作会议在银川召开,提出把兴牧促农作为指导自治区农村经济发展的长远方针。

1月16日 自治区党委八届二次全体会议通过《自治区党委关于进一步做好新时期农业和农村工作的决定》,对今后农业和农村工作的目标任务与基本原则、深化农村改革、农业生产建设、结构调整、科教兴农等作出10项40条规定。

1月20日 全区农业工作会议在银川举行。会议要求农业和农村经济要以质量和效益为中心,在总结上年工作情况的基础上对1999年农业工作进行部署,并对1998年重大农业技术推广项目、优质水稻生产基地及南部山区温饱工程先进县进行表彰奖励。自治区农业厅、农建委(农业建设委员会)分别与各县市签订了1999年实施"四个一"工程和温饱工程责任书。

1月27日 自治区人民政府发出关于建立全区农村最低生活救助制度的通知。农村最低生活标准暂定为:每人每年200千克粮食、100元,救助原则上为年人均差额补助200元。各地可根据本地实际情况,确定自己的救助标准,但不得低于自治区规定标准。

2月2日 全区农业发展银行行长会议在银川召开。会议指出,农业发展银行肩负着确保粮食收购资金封闭运行、推进国家粮食流通体制改革顺利实施的重担，必须加强管理、完善机制、提高效益，切实发挥农发行支持农业、服务农业的作用。

2月11日　《宁夏日报》报道，全区第一个亿元村中卫县东园村通过自治区、吴忠市有关部门验收，成为全区东西合作的又一典范。

2月16日　新华社银川电，宁夏已连续12年耕地面积净增，共净增耕地面积40余万亩。

2月23日　《宁夏日报》报道，自去年9月中旬以来，全区大部地区降水偏少，平均值不足15毫米，干旱带土壤含水率仅6%～8%，干土层厚度为15～20厘米。区内中、小水库，塘坝蓄水仅1768万米³，比历年平均减少46%左右；山区26万眼水窖将近16万眼干涸，另10万眼存水不足，窖空30%；冬麦区129万亩冬麦普遍受旱，其中有20亩因干旱出苗不全，35万亩返青较差；有20多万人吃水困难，15万头大家畜、40万只羊饮水紧缺；草原受旱面积1700万亩。

2月25日　自治区主席马启智一行到宁夏牛胚胎生物工程中心调研。马启智指出畜牧业是宁夏的优势，对推动宁夏农业的发展、增加农民收入有很重要的作用，一定要克服困难，加快优势产业、特色产业的发展。

2月26日　全区农业和农村工作先进集体表彰大会在银川举行。会议表彰1998年自治区涌现的奔小康、扶贫攻坚、增加农民收入等方面先进县市（单位），要求农业战线上的干部、职工要进一步深入贯彻落实党的十五届三中全会和中央农村工作会议精神。自治区党委书记毛如柏，自治区主席马启智、副主席刘仲出席会议。

是月　全区第一个跨地区水产养殖生产经营联合体——宁夏灵汉渔业联合社在银川成立。

3月1日　《宁夏日报》报道，中卫县成为全区高产养鱼第一县。水产养殖积达到7138亩，其中成鱼面积5010亩，总产量2510吨，亩产突破500千克。

3月4日　自治区政府在固原组织召开宁南山区抗旱保春播现场会。根据自治区党委、政府确定的灌区增产增收，以川补山，山区力争少减产、不减收的指导思想和要求，针对当前山区旱情持续发展的严峻形势，明确提出灌区增产途径和山区抗旱减灾、保粮增收的措施。

3月9日　自治区党委、人民政府发布《创建国家级"两高一优"农业示范区规划纲要》，提出在宁夏引黄灌区（包括自流、扬黄灌区）要强化开发，率先突破，努力建成国家级"两高一优"农业示范区。

3月10日　自治区农业厅召开1999年优质稻品种布局及有苗头优质稻新品种生产示范座谈会。1999年优质稻基地的品种布局仍以宁粳16号为主，基地市县优质稻品种布局要相对集中，种子必须由种子部门统一供种，质量必须达到国标二级以上。

3月17日　自治区主席马启智带领自治区农业厅、农建委、外办（外事工作委员会办公室）和银川市、贺兰县的领导及农业专家赴北京永乐店农场，考察中国和以色列合作建设、两国专家共同管理的示范农场，参观现代化塑料大棚和改造的传统温室蔬菜、花卉栽培及无土育苗等。考察结束后与以色列驻华使馆的官员和农业专家举行座谈，并就双方农业技术合作事宜进行洽谈。

3月28日　自治区农业银行与自治区农机公司联合支持宁夏华西村农民一次购买35辆农用车，已有90%的农户解决了温饱，18%的农户步入小康。

4月2日　宁南山区抗旱新技术推广工作会议在固原召开。会议传达学习自治区党委书记毛如柏、自治区主席马启智关于推广抗旱新技术的批示精神和自治区政府召开的宁南山区抗旱保春播现场会议精神。

4月8日　宁夏回族自治区八届人大常委会六次会议通过并颁布《宁夏回族自治区农民负担监督管理条例》，共6章48条。

4月9日　灌区春播生产总结及夏播生产安排会议在银川召开。会议分析当前灌区及全区农业生产形势，汇报交流当前小麦出苗、玉米播种、农资市场检查、节水控灌、优米基地建设等情况，讨论当前生产中出现的问题、原因及解决措施。

4月17日　自治区分别在青铜峡小坝乡张岗村、利通区上桥乡罗渠村和中宁县东华乡洼路村举行全区"千户农宅建设示范工程"开工典礼。自治区将每年投入100万元支持工程建设。2000年年底在全区15个县市建成27个农民住宅示范点，1300户高标准农宅工程。

4月27日　自治区农业厅召开宁南山区小麦垄盖膜际条播抗旱栽培技术现场观摩会，这项技术经秋、冬、春三季严重干旱考验，其越冬保苗率仍达100%，示范面积已达到3000多亩。

5月5—6日　全区农村信用合作社工作会议在银川召开。自治区副主席王全诗在会上要求要坚持合作制方向，努力办好农村合作金融事业。

5月13日　自治区主席马启智率领宁夏政府代表团前往匈牙利进行访问学习。匈牙利农业和地区发展部国务秘书长托马什·卡洛伊会见宁夏政府代表团，双方就良种选育、滴水灌溉、果酒酿造等领域的合作交换意见。

6月10日　《宁夏日报》报道，自治区先后投资1000万元建成的宁夏牛胚胎生物工程中心广纳科研人才，推广高新技术，形成集科研、开发、推广、生产、商贸为一体的生物工程产业链。已引进移植国外两种牛冷冻胚胎141枚，移植受胎率达到50.34%，技术水平处于国内领先水平。同时，选育夏洛莱、利木赞、西门塔尔和荷斯坦种牛共66头，并建立了500多头的试验牛群。

6月23日　全区畜牧养殖观摩座谈会在吴忠召开。自治区党委书记毛如柏主持会议并强调，要大力发展畜牧养殖业，拓宽农民增收路子。

6月27日　宁南山区隆德、固原、彭阳、同心、海原五县遭受冰雹袭击，引黄灌溉区中卫、中宁两县及部分国有农场发生特大暴雨、山洪和冰雹。截至6月27日，宁夏南部山区330万亩农作物遭受严重干旱，夏粮作物中有270多万亩小麦遭受病虫危害，受灾农作物面积达64.9万亩，损失粮食1.5亿千克，油料300多万千克，种植业直接经济损失达2.7亿元。自治区党委、政府及有关部门对灾情高度重视，安排部署抢险救灾工作，落实救灾物资，加强对受灾作物田间管理的技术指导工作。

是日　"21世纪粮食安全与农业保护问题国际研讨会"第一阶段会议在银川召开。

6月30日　全区夏粮生产形势分析及现场观摩会议在吴忠市利通区召开。会议分析夏粮生产形势、预测产量，总结交流调整结构、增加农民收入的经验和做法，现场观摩"吨粮田"栽培模式、优质稻基地建设、各类温棚瓜菜及小麦全蚀病防治等，安排部署下半年工作。

7月2日　全区农业新技术推广及夏粮现场观摩会议在银川召开。交流各地在调整优化结构、落实重大技术项目、发展高产优质高效农业、促进农民增收方面的经验和做法。

7月4日　自治区党委书记毛如柏在银川会见前来中国出席"21世纪粮食安全与农业保护问题国际探讨会"的13位外国专家，并就农业、生态环境等问题进行座谈。

7月6日　自治区主席马启智等带队到宁夏枸杞企业（集团）公司等企业调研考察，马启智强调要加快自治区农业产业化进程，根据培育特色、发挥优势的原则，争取在3～5年内培育出一批上档次、有规模的宁夏名牌产业。

是日　自治区人民政府召开全区防制牲畜口蹄疫紧急电话会议。传达毛如柏书记、马启智主席关于防制牲畜口蹄疫工作的指示精神，通报了全区牲畜口蹄疫防控形势，安排部署了下一步全区防控工作。

7月12日　自治区主席马启智等带领财政、民政、农业、水利等部门的负责同志深入遭遇冰雹袭击的平吉堡农场、平罗县等地了解灾情，慰问群众，要求尽快稳定群众情绪，全力以赴开展抗灾自救。

是月　固原县通过全国生态农业试点县建设验收。自1993年固原县被确定为全国生态农业试点县以来，经5年建设，规划中的9大工程项目中的17个子项目经济指标全部达标。5年累计投资19559万元，完成规划目标的103.7%。到1998年底全县旱作水平梯田面积达到84万亩，水浇地30.5万亩，分别比工程项目实施前的1993年新增35万亩和4.7万亩，农民人均占有稳产、高产基本农田 1.9 亩。林木总面积达到 83.5 万亩，林木覆盖率为 11.3％，平均增长 0.5 个百分点。粮食总产量达到 15800 万千克，人均有粮 365 千克，农民人均收入 1030 元，提前一年实现了全县基本解决温饱目标。

8月2日　全区农业行政综合执法试点工作会议在银川召开，研究自治区开展农业行政综合执法试点工作问题。

8月10日　自治区政府要求各市县（区）从 1999 年正式开通"中国农产品供求信息网"，收集和发布农产品供求信息，同时增加农产品市场价格分析、供求预测分析、地方名优特新农产品介绍以及其他有关农业农村经济信息。

8月23日　《宁夏日报》报道，渠口农场试种冬小麦获得成功，平均亩产达到 625.5 千克，最高亩产 655.5 千克，创全区最高纪录。

8月24日　自治区扶贫领导小组在固原召开南部山区市（县）闽宁扶贫工作座谈会，会议决定从现在起用 3 年时间建成 300 个闽宁温饱示范村。

8月31日　《宁夏日报》报道，西吉县被农业部确定为机械化旱作农业示范区项目县。

9月10日　自治区政府在银川召开全区贯彻落实国务院农村"三项政策"工作会议。自治区副主席刘仲在会上强调，必须不折不扣地贯彻落实国务院文件精神，坚决遏制农民负担上升势头，实现农民增收、保持农村稳定。

9月11日　自治区党委、政府在银川举行座谈会，听取中国科学院"西北五省区干旱半干旱区可持续发展的农业问题"咨询项目组对宁夏农业可持续发展的建议和意见。自治区党委书记毛如柏出席并讲话。

9月16日　全区秋季农业生产形势分析会议在彭阳县召开。会议要求各部门以种植结构调整为重点，制定调整方案和实施意见。会议现场观摩小麦机械垄盖膜际条播演示，分析秋粮及全年粮食生产形势。

9月19日　全区渔业现场观摩会议在贺兰县召开。会议主要总结 1999 年全区渔业工作，现场观摩灌区重点市县名特优新水产养殖场，交流各市县实施渔业丰收计划重点示范、推广项目典型经验。会议上预计全区水产品总产达到 33400 吨，渔业总产值在 1998 年基础上净增 5000 万元，实现年度计划目标。

10月4—6日　自治区党委书记毛如柏到青铜峡市的两乡三村进行蹲点调研。毛如柏强调要进一步增强搞好农村基层党组织建设的紧迫感，特别要建设一个好班子、选一个好带头人，在加快发展农村经济和小康建设中，不断壮大集体经济实力。

10月7日　《宁夏日报》报道，泾源县马铃薯脱毒种植示范县建设项目，历时 3 年人均种植脱毒薯面积达到 0.5 亩。全县脱毒薯种植面积已占到马铃薯总播面积的 84％以上，成为全区马铃薯脱毒第一县。

10月14日　《宁夏日报》报道，世界粮食计划署无偿援助固原地区三县（固原、彭阳、隆德）扶贫和环境改良项目（4071 项目）实施 5 年来，累计完成工程投资 3533.8 万元，占已下达投资计划的 94.56％，已累计新增水平梯田 65460 亩、水浇地 25995 亩，人均梯田和水浇地面积分别是实施前的 4 倍和 2 倍；人均产粮 492.7 千克，人均纯收入 1119.7 元；土壤侵蚀模数由 1993 年 6000 吨/（千米^2·年）降为 5100 吨/（千米^2·年），森林覆盖率由 1991 年的 6.5％上升为 13.2％，项目区 5.7 万人基本摆脱靠天吃饭的被动局面。

10月19日　自治区欧盟技术援助工程办公室在永宁县增岗乡，举行欧盟援助宁夏土地改造项目机械铺设排水暗管现场会。项目由欧盟提供无偿技术援助，在宁夏永宁、青铜峡、中卫、中宁 4 个县市进行土地改良试验示范推广。

10月26日　《宁夏日报》发表题为《面向新世纪创造新业绩》的社论，热烈庆祝自治区成立四十周年。社论中说，全区农业总产值从 1957 年的 2.09 亿元增加到 1997 年的 72.5 亿元，年均递增

4.1%。粮食产量增加到 25.5 亿千克，比 1957 年增长 3.6 倍，人均占有粮食居全国第五位。

10 月 30 日 《宁夏科技报》报道，自治区建成投资 1000 万元，具国内一流水准的宁夏牛胚胎生物工程中心。引进的先进设备，每小时可生产良种家畜冻精 1.2 万枚，并可进行 DNA 测定、动物干细胞培养、家畜体外受精及动物克隆等高技术研究。

11 月 4 日 自治区党委书记毛如柏带队到宁夏扶贫扬黄工程红寺堡开发区检查指导工作。毛如柏指出，扶贫扬黄工程的新灌区开发要有新思路、新机制，要根据市场需求，重视生态环境建设，把新灌区建设成为高效农业示范园区。

11 月 11 日 自治区人民政府办公厅转发自治区农业厅等部门《关于切实做好当前减轻农民负担工作意见的通知》，要求不折不扣地落实国务院办公厅转发农业部等部门《关于做好当前减轻农民负担工作意见的通知》（国办发〔1999〕65 号）文件精神，切实减轻农民负担。

11 月 25—26 日 自治区党委书记毛如柏对石嘴山市的 17 个农业、工业企业和城市建设项目进行实地考察，听取相关汇报并对该市的产业结构调整优化提出要求。

11 月 28 日 《宁夏日报》报道，自治区制定"以粮代赈退耕还林（草）实施规划"，10 年退耕619 万亩，概算投资 87.4 亿元。按照"五年初见成效，十年大见成效"的总体目标分两期实施。第一阶段 2000—2004 年，退耕 323 万亩；第二阶段 2005—2009 年完成退耕 296 万亩。

12 月 28 日 《宁夏日报》报道，自治区渔业生产基本形成外向型格局。水产品总量连年攀升，品种已达到 30 多个，每年有 70% 的水产品运销甘肃、陕西、内蒙古、青海、西藏、新疆等省（自治区），宁夏成为西北地区重要渔业生产基地和水产品集散中心。

是年 《宁夏日报》报道，宁夏华西村 4 年来搬迁移民 4000 多人，开发土地 8600 多亩，种树12 万株，1999 年产粮 125 万千克。95% 的村民解决了温饱，30% 的农户成为余粮户，吸收投资 1.97亿元，建成各类企业 34 家，年总产值达到 6000 万元，300 名村民就业，走出一条扶贫开发新路子。

是年 全区蔬菜种植面积达到 52.5 万亩，总产量 114 万吨，日光温室蔬菜面积 4.2 万亩，品种已达到 50 多种，已建专业批发和零售综合市场 34 个，产地批发市场 15 个，流通中介组织 35 个，贩运大户及经纪人 1500 多人，蔬菜加工企业 60 家，年消化鲜菜 12 万吨，年加工脱水蔬菜产品 1 万吨。

是年 中国农业科学院农业气象研究所等单位完成的"八五"国家科技攻关项目，抗旱型种子复合包衣剂和新型抑制蒸腾剂，可大大增强作物从种子到生长发育期间抵御干旱的能力。这两项成果一并通过专家鉴定。作为闽宁合作扶贫工程之一，宁夏华西中天新材料有限公司在中国农业科学院气象减灾研究所的指导下，将抗旱型种衣剂进行改造进而形成稀土抗旱型种衣剂，该产品已被国家科学技术部列入星火计划项目。

2000 年

1 月 17 日 全区农业工作会议在银川召开。会议强调 2000 年全区农业以调整优化农业结构为重点，大力发展好特色农业，加强基础设施建设和生态农业建设，总结交流了各地、各行业在推动农业和农村经济发展中的经验和做法。

是日 全区畜牧工作会议在银川召开。

是日 全区粮食产业化"订单农业"会议在银川召开。自治区副主席马骏廷出席会议。

3 月 6 日 宁夏回族自治区人民政府关于印发《2000 年实施西部大开发战略工作部署》的通知（宁政发〔2000〕24 号），提出着力推进经济结构战略性调整，抓好"四大结构"的调整优化，其中，强调要以增加农民收入为核心，调整农村产业、产品结构，力争第一产业增加值增长 3%。

是日 自治区人民政府办公厅转发自治区农业厅《关于全面完成新一轮土地承包工作进一步稳定和完善土地承包关系的意见》（宁政办发〔2000〕24 号）指出，全区已有 2482 个村完成了新一轮土地承包工作，占全区总村数的 95.8%，有 74.7 万农户与集体经济组织签订了土地承包合同，并领取了30年的"土地经营权证书",占应签合同总农户数的95％。

3月23日　全区农村电网建设与改造工作会议在银川召开。

4月3日　自治区主席马启智、副主席陈进玉带领自治区有关部门负责人,实地察看宁夏扶贫扬黄灌溉工程一泵站、红寺堡开发区隆德县移民点黄芪种植户、泾源县移民点桑树种植户和规划建设中的红寺堡县城后,在宁夏扶贫扬黄灌溉工程指挥部召开主席办公会议。

4月14日　《宁夏日报》报道,中宁县康滩乡田滩村以"种植三分口粮田、管好七分枸杞园"被国家评为全国"百强"特色村。人均收入达到1760元。

4月26日　自治区党委在银川召开引黄灌区"富民工程"座谈会,自治区党委书记毛如柏强调,要进一步提高认识,深入推进"富民工程",努力增加农民收入。

4月27日　宁夏农业银行支持银川郊区建设10万间高效节能日光温棚1亿元贷款授信合作协议在银川签约。自治区主席马启智出席签字仪式。

5月7日　中共中央政治局常委、国家副主席胡锦涛到宁夏考察。胡锦涛指出,宁夏要牢牢抓住实施西部大开发战略的历史机遇,要适应农业发展新阶段的要求,把结构调整作为农业和农村工作的中心任务来抓,切实解决好农产品卖难、农民增收缓慢等突出问题,提高农业和农村经济的整体素质和效益。

5月25日　自治区党委书记毛如柏等一行到平罗县调研考察,毛如柏听取平罗县关于乡镇科局开展集中"三讲"教育情况的汇报,并指出要从减轻农民负担、维护群众利益的高度,加强基层干部作风建设,在调整农业和农村经济结构、实施"富民工程"等问题方面提出可实施对策。

5月30日　自治区党委书记毛如柏,会见在宁夏考察的美国得克萨斯州农业大学教授麦克沃特和麦克克伦两位教授。双方就农牧业发展现状、经验进行交谈,探讨了双方可行性培训合作项目。

是月　机构改革中,将原农业厅、畜牧局、乡镇企业局合并组建自治区农牧厅。设办公室、人劳处、计划处、科教处、农经处、法规处、老干部处、种植业处、兽医处、畜牧局、农机局、乡镇企业局、水产局、机关党委、纪检监察室。内设机构由原24个减少为15个,人员编制由原141人减为79人,其中厅级领导职数由原13名减为7名,处级由原68名减为49名。

6月15日　自治区政府在银川召开引黄灌溉区节水灌溉现场会。会议指出,在连年大旱的情况下,自治区节水效果显著:与1999年同期相比,干渠减少引水3.12亿米^3,占引黄同期总量的9.5％,支斗渠减少用水2.58亿米^3,节约水费支出300万元。青铜峡市节水达21.1％,永宁、银川郊区、农垦系统节水均超过15％,地处灌区下游的平罗县节水达10.2％。

6月18日　第十六届南北方蔬菜种子协作会在银川召开。中国科协副主席、中国科学院院士、著名遗传育种专家李振声和中国工程院院士、著名蔬菜育种专家侯锋等10位国内知名学者以及全国各地700多名蔬菜、农资行业工作者参加会议。会议就蔬菜新品种选育等进行广泛交流,会议于20日结束。

6月22日　全国第三届菌草技术扶贫研讨会在银川召开。全区已发展菇农1300户、建菇棚3万多米^2,实际栽培面积5万米^2,户均收入3000多元,最高收入近万元。

7月6日　自治区政府与国家粮食局联合举办2000年全国粮油精品展示交易会,大会总成交金额13.2亿元,其中合同资金7.7亿元。

8月10—13日　中央政策研究室主任滕文生、中央外办(中央外事工作委员会办公室)主任刘华秋在宁夏调研,就实施西部大开发战略、企业改革与发展、县级改革和农业、农村、农民问题等广泛听取意见。自治区党委书记毛如柏、自治区主席马启智分别陪同调研。

8月16日　自治区党委、政府联合下发《关于切实做好当前农业和农村几项工作的通知》。

9月1日　自治区主席马启智等会见应邀前来参观考察并指导工作的中国农业专家咨询团成员,与专家团就农业结构调整等方面的问题进行探讨。

9月4日　应自治区政府邀请,中国著名农业科学家、中国工程院院士卢良恕在宁夏宾馆礼堂作

"面向新世纪的农业与农业科技发展趋势与展望"学术报告。

9月16日　宁夏农垦创建50周年庆典在宁夏人民会堂隆重举行。自治区党委书记毛如柏、自治区主席马启智等自治区领导及农业部农垦局局长魏克佳到会祝贺。

9月22日　《宁夏日报》报道，2000年宁夏农行共安排农业开发贷款2.3亿元，已有61％的贷款投放到引黄灌区12个市县农户手中，支持发展养羊57.8万只，养牛1.7万头，养鱼蟹5750亩，种植枸杞3万亩，建设蔬菜温棚1.2万亩。有效促进了灌区产业结构调整和农民收入的增加。

10月17日　吴忠市利通区被中国农业科学院正式授予"全国农业科技综合示范县"称号。自治区主席马启智为此发贺信表示祝贺。

11月1日　宁夏国家级肉用种羊场挂牌仪式成功举办。

11月13日　自治区党委办公厅和区政府办公厅发布《关于切实做好当前农业和农村几项工作的通知》，要求贯彻党中央、国务院转发国家发展计划委关于当前农村经济发展中几个主要问题和对策措施意见的通知精神，在稳定粮食收购价格、有效增加农民收入、全面推进税费改革、减轻农民负担、确保国家粮食安全等方面抓紧抓好落实工作。

11月17日　全区蔬菜产业化工作会议在银川召开。自治区党委书记毛如柏、自治区主席马启智等自治区领导出席会议。

11月19日　《宁夏日报》报道，宁夏冬麦种植受到匈牙利布达佩斯举行的第六届国际小麦大会关注。宁夏冬小麦种植范围由北纬35°北移到39°，引黄灌区4000亩冬麦返青达到90％～97.6％，使宁夏粮食生产一年一熟可变为一年两熟。

12月11日　自治区主席马启智在自治区经济工作会议上强调，要将发展特色农业作为突破口，把调整优化农业结构作为中心环节，加大推进农业科技进步的力度，努力提高农业产业化水平。

12月20日　全区计划会议在银川召开。会议指出自治区农业综合生产能力逐步提高，粮食产量由1978年的11.7亿千克增加到1999年的29.3亿千克，人均粮食产量由329千克增加到540千克，实现由长期短缺到自给有余的历史性转折。

12月30日　宁夏回族自治区人民政府第23号令发布《宁夏回族自治区生猪屠宰管理办法》，自发布之日起施行。

2001 年

1月7日　自治区党委书记毛如柏在永宁县调研农村经济发展、农村产业结构调整和农民增收等情况。

1月11日　全区牲畜口蹄疫防控工作座谈会在中卫县召开。安排部署下一步牲畜口蹄疫防控要点工作。

1月20日　自治区政府授予农垦事业管理局"2000年度推进农业产业化发展先进单位"荣誉称号。

2月2—6日　全区农村工作会议在银川举行。会议贯彻落实中央农村工作会议精神，总结全区农业和农村工作，表彰先进，交流经验，并安排部署2001年农业和农村工作。

2月6—7日　自治区党委、政府在银川召开全区农村税费改革试点工作会议。

2月7日　自治区党委书记毛如柏一行到银川市畜牧科技企业调研考察。

2月10日　农业部、中国农业科学院和中国农业大学的农业专家，在银川与全区各地、市县主管农业的百余位主要负责人，围绕加入WTO后，宁夏农业经济、农业产业机构调整、农业增效、农民增收等问题进行深入研讨。

2月25日　自治区党委书记毛如柏一行在青铜峡市调研春耕生产。

3月15日　宁夏"粮食订单"产销衔接洽谈会在银川开幕。此次活动共签订购销合同80份，成交粮食总量达 44.8 万吨，成交额近 5 亿元。

是日　自治区政府发布《关于对贺兰山国家自然保护区实施禁牧封育的通告》。

3 月 28 日　自治区人大常委会在银川举行第十八次会议。会议决定停止施行《自治区农民负担监督管理条例》等地方性法规中有关征收"三提五统"的规定。

4 月 8—16 日　全国农村"三个代表"重要思想学习教育活动联系会议督查组对自治区农村"三个代表"学习教育活动进展情况进行督查。

4 月 27 日　自治区政府在银川召开全区动物防疫工作电视电话会议。

4 月 29 日　自治区党委书记毛如柏一行到红寺堡就农业农村工作进行考察调研。

5 月 10 日　自治区政府在银川召开全区农业产业化"三个十工程"命名大会，对十大农业科技示范园区、十大优质农产品基地和十大农业产业化龙头企业予以命名。

6 月 4 日　全国政协副主席钱正英到宁夏，对全区水资源配置、土地荒漠化治理、农业结构调整等工作进行考察。

6 月 26 日　自治区主席马启智等到贺兰山农牧场调研，决定在贺兰山农牧场建立紫花苜蓿种植和科研服务示范基地。

7 月 15 日　应对"WTO"发展高效农业西部论坛高峰会在银川举行。来自全国 19 个省、自治区和直辖市的 150 名代表出席会议。自治区副主席陈进玉出席会议并讲话。

7 月 16 日　自治区政府在银川召开全区夏粮收购工作电视电话会议。会议确定自治区新的粮改政策：保留订购制度，放开粮食市场，采取政府补贴办法，做到优质优价，保护农民种粮积极性，取消超储费用补贴，变暗补为明补，使粮食企业真正实现顺价销售。

7 月 20 日　按照自治区政府《关于军队保障性企业交接工作有关问题的通知》将 84908 部队吴忠 201 农场和宁夏军区后勤部简泉农场交付自治区农垦事业管理局。交接后，201 农场更名为宁夏国有二道湾农场，简泉农场更名为宁夏国有简泉园林场。

8 月 1—2 日　全国农业和农村经济形势分析座谈会在银川召开。来自全国 24 个省、自治区、直辖市的 60 名代表出席会议。

8 月 29 日—9 月 1 日　固原山区苜蓿大面积染病，自治区农牧厅、科技厅立即组织自治区草原工作站、自治区农林科学院植物保护研究所、宁夏农学院农学系成立专家联合调查组，对苜蓿病虫害发生情况进行实地调查，并召开情况汇报会，提出具体意见措施。

9 月 8 日　全区农业科学技术大会在银川隆重召开。这是自治区成立以来召开的第一次全区农业技术大会。

9 月 17 日　全区农村精神文明建设经验交流会议在平罗县召开。会议总结党的十四届六中全会以来特别是近年来自治区农村精神文明建设的经验，表彰先进，推广典型。

10 月 18 日　国家科技部批准吴忠为第一批国家农业科技园（试点）。自治区主席马启智等自治区领导出席吴忠国家农业科技园区建设正式启动大会。

10 月 22 日　全区传达贯彻落实全国农业结构调整经验交流会精神电视电话会议在银川召开，会议传达学习全国交流会会议精神。

11 月 2 日　由自治区农牧厅争取和实施的 WFP/IFAD 联合投资"宁夏中部干旱带扶贫和环境改良项目"，通过 WFP 和 IFAD 两家农业可持续发展系统机构提供无偿粮食援助与高度优惠贷款。以斯蒂芬·里尔为团长的世界粮食计划署（WFP）和国际农业发展基金会（IFAD）联合项目投资代表团一行 11 人到宁夏，对"宁夏中部干旱带扶贫和环境改良项目"进行为期半个月的实地设计。

11 月 5 日　自治区政府召开会议，通过《宁夏回族自治区农业机械管理条例（草案）》。

11 月 8 日　国务院召开全国农田水利基本建设电视电话会议。自治区副主席马骏廷在银川分会场结合会议精神和自治区实际强调，要加强领导、突出重点、因地制宜、扎扎实实抓好今冬明春的农田水利基本建设，为 2002 年全区农业增产、农民增收奠定坚实的基础。

11月23日　宁夏农林科学院与上海实业医药科技（集团）有限公司成功合资组建宁夏上实保健品有限公司，并被自治区命名为农业产业化"三个十工程"项目龙头企业。

12月23日　自治区党委、政府在银川召开全区乡镇企业工作会议。自治区主席马启智等自治区领导出席会议。

12月31日　自治区党委、政府制定《关于加快新时期农垦改革与发展的意见》。在充分肯定近年来工作的基础上，提出加快农垦产业化步伐、构建农垦特色经济和全面推进农垦改革、建立现代企业制度，并赋予十条优惠政策，极大地改善了农垦政策环境。

是年　农业部印发《关于宁夏回族自治区动物疫病控制和诊断中心项目可行性研究报告的批复》（农计函〔2001〕132号），同意宁夏回族自治区动物疫病控制和诊断中心项目建设，总投资1128万元，其中中央投资800万元。

2002 年

1月8—10日　青铜峡市畜牧局、卫生局、公安局，青铜峡市动物防疫监督所、公共卫生监督所查处青铜峡市豫中肉联厂收购、加工病死动物案件，共查处销毁病死动物猪胴体650个、16.25吨，分割肉块（卷）260块、6.5吨。

1月16日　自治区党委书记毛如柏在灵武调研时强调，要坚定不移地推进农业和农村经济结构的调整，提高农业整体素质和效益，促进农民收入持续稳定增长。

2月24日　自治区政府在银川召开千村扶贫开发工程试点工作座谈会。

3月6—8日　联合国粮农组织西部农业发展战略考察团一行6人到宁夏考察。

3月25日　自治区党委书记陈建国到固原地区深入农村调研社情民意，看望山区干部群众和贫困户。

4月18日　全区农村税费改革工作会议在银川召开。自治区主席马启智在会上提出，要进一步规范农村税费制度，完善试点方案，深化配套改革，从根本上治理对农民的乱收费，促进农村经济健康发展和农村社会长期稳定。

4月24日　联合国世界粮食计划署和国际农业发展基金会"宁夏/山西环境敏感性扶贫项目"评估团一行在宁夏调研，双方就项目筹备情况进行交谈。

4月30日　全区整治农用车违章载客工作会在银川召开。要求各级政府和有关部门必须严格农用车管理制度和安全生产责任追究制度，倾力遏制重特大恶性交通事故的发生，为自治区农村社会经济发展创造良好的安全生产氛围。

5月13—19日　全国政协副主席钱正英率领全国政协和中国工程院考察团到宁夏考察。

5月18日　自治区党委书记陈建国在西湖农场考察时指出：西湖农场湿地是银川市乃至自治区一块风水宝地，邀请区外高水平专家参与考察论证、规划，本着保护开发的原则，生产旅游相结合的思路，将西湖建设成银川市近郊最美丽、最漂亮的生态旅游开发区。

5月26日　自治区主席马启智带队到自治区渔业养殖基地进行调研。

7月10—11日　宁夏扶贫扬黄工程红寺堡灌区开发与可持续发展研究课题审定及成果鉴定会在银川召开。自治区党委书记陈建国会见中国农业大学原校长，中国工程院、中国科学院院士石元春等专家。

7月20日　全区农村"三个代表"重要思想学习教育活动总结表彰会议在银川召开。自治区党委书记陈建国指示，自治区党委组织部要严格把好表彰对象的审查关，确保质量和标准。

7月22日　宁夏唯一的牧业县——盐池县人民政府作出决定，全县将从当年11月1日起全面禁牧封育，禁牧方式分为全年禁牧、季节禁牧和划区轮牧，全年禁牧、划区轮牧的期限为三年，季节禁牧的时间为每年4月1日至10月1日。

7月24日　自治区第93次政府常务会议，审议通过《宁夏回族自治区饲料添加剂管理办法》《宁夏回族自治区自然保护区管理办法》《宁夏回族自治区国土资源监察办法》《关于加快中部干旱带草地生态建设与发展畜牧业的意见》。

8月14日　自治区党委、政府在盐池县召开宁夏中部干旱带生态建设工作会议。自治区党委书记陈建国、自治区主席马启智等自治区领导出席会议。

8月15日　全国政协副主席、全国供销合作总社理事会主任白立忱带队在宁夏考察。

8月23日　"杂交水稻之父"、中国工程院院士袁隆平率领水稻栽培、育种专家一行4人来宁夏考察。

8月25日　"杂交水稻之父"、中国工程院院士袁隆平被自治区政府聘为政府顾问，自治区主席马启智为袁隆平颁发聘书。

8月26日　全区搞活流通、助农增收工作会议在银川召开。

9月10日　自治区党委、政府联合印发《关于加快中部干旱带生态环境建设与大力发展草畜产业的意见》。

10月15日　农业部部长杜青林来宁夏考察奶产业和水产业发展情况。

10月17日　自治区主席马启智与农业部部长杜青林、联合国粮农组织驻华代表处高级官员徐及在银川出席世界粮食日纪念大会。

10月19日　自治区主席马启智在银川主持召开主席办公会议。研究解决自治区优质大米发展问题，马启智要求在优特强上做文章。

11月1日　自治区政府印发《关于做好封育禁牧后发展山区畜牧业的通知》。

11月25日　自治区主席马启智主持召开办公会议。会议指出，要积极探索农民增收新思路，把乡镇企业"二次创业"作为增收的重要形式，大力发展无公害农产品，提高农副产品竞争力。

12月18日　自治区主席马启智带领自治区有关厅局领导到中宁、中卫调研。马启智指出，中宁、中卫两县枸杞产业已初步形成。中宁积极实施种粮大县向枸杞、畜牧大县转移的战略，全面推进枸杞基地标准化建设，开发培育宁夏红、中宁红、枸杞香等一批品牌产品，并远销国内外市场，成为西北地区的一个主要枸杞集散地。

12月23日　全区经济工作会议在银川召开。自治区党委书记陈建国、自治区主席马启智出席会议并讲话。陈建国在会上强调，解决好"三农"问题，是全面建设小康社会的重大任务。

12月27日　全区在银川召开引黄灌区抗旱打井动员会。会议对2003年春灌形势进行分析并部署灌区抗旱打井、调整种植结构等工作。

是年　全区粮食总产量创历史最高水平，达到301.9万吨，比上年增加27.1万吨，增长9.9%。其中山区粮食总产首次超过100万吨，比上年增长41.3%。

2003 年

1月21日　全区农村工作会议在银川召开。会议传达学习中央农村工作会议精神，研究部署全区农业和农村工作。自治区党委书记陈建国、自治区主席马启智等出席会议。

是月　国家纪委、农业部安排宁夏退牧还草第一批计划，中央预算内投资安排资金3096万元，实施草原围栏260万亩。

2月21日　国家重点建设项目宁夏扶贫扬黄一期工程2003年建设计划基本确定。

是日　山西晋北和宁夏中部农村综合开发项目贷款协定签字仪式在联合国国际农业发展基金会总部驻意大利首都罗马举行。此综合开发项目将覆盖山西、宁夏两地的12个县，近147万农民直接受益。

是日　自治区农牧厅印发《关于银川等四市马传染性贫血防治达到消灭标准的通知》（宁农（医）

发〔2003〕45号），银川市、石嘴山市、吴忠市、固原市已达到农业部消灭马传染性贫血标准，颁发马传染性贫血防治消灭标准证书。

3月16日—4月16日　自治区开展宁夏无公害食品行动计划宣传月活动。

3月31日　优质水稻产业化协会成立暨优质稻工程项目工作会议在银川召开。

4月4日　自治区农牧厅印发《关于实施牛、羊、猪免疫标识制度有关问题的紧急通知》（宁农（医）发〔2003〕112号），规定从2003年6月1日起在全区牛、羊、猪中首次全面推行免疫标识制度。

4月7日　自治区政府发布《关于黄河宁夏段实行休渔的通告》，决定从2003年期每年5月1日—7月31日，对黄河宁夏段实行休渔。

4月9—12日　中共中央政治局常委、全国政协主席贾庆林在宁夏考察调研。贾庆林指出自治区要鼓励发展畜牧养殖，调整农业产业化结构，增加农民收入，这是农民有效的致富途径。

4月15日—5月15日　自治区农牧厅组织开展全区动物防疫宣传月活动。

4月23日　宁夏回族自治区党委、人民政府印发《宁夏回族自治区党委、人民政府关于加快发展现代畜牧业的意见》（宁党发〔2003〕19号）。

5月6日　自治区主席马启智在全国农村非典型肺炎防治工作电视电话会议宁夏分会场上强调，农村"非典"防治工作要坚持属地原则，层层建立责任制，严防死守，确保不发生"非典"疫情。

5月9日　"10万贫困户养羊工程"在彭阳县嵝岘乡正式启动。该工程总投资3500万元，是自治区党委、政府为实现3年内完成退耕还林草任务作出的重要举措。

6月5日　全区农民增收座谈会在银川召开，会上分析当前农业和农村经济面临的形势和问题，研究部署今后一段时间农民增收的对策和办法。

7月24日　中共中央政治局委员、国务院副总理曾培炎在宁夏考察调研。曾培炎强调，一定要把生态环境建设与当地经济发展、农牧民增收结合起来，退耕还林、退牧还草不仅能明显改善生态环境，还能促进草畜产业发展，使农牧民真正得到实惠。

7月25日　宁夏农垦企业（集团）公司与北京首都旅游集团战略合作签约仪式暨首都万名市民游宁夏、游沙湖活动启动仪式隆重举行。

8月18—21日　民政部部长李学举到宁夏，针对海原县紫花苜蓿减灾、银川市"星光计划"等项目进行调研。

9月5日　全国政协副主席、全国供销合作总社理事会主任白立忱在宁夏视察。白立忱指出，供销社要以农业生产资料和日用消费品连锁经营为重点，运用现代经营方式对传统流通网络进行大规模改造重组，在服务"三农"中不断发展壮大自身实力。

9月8—12日　首届银川名特优农产品及加工品博览会在银川市举办。

10月10日　根据农业部《关于下达2003年948项目和经费的通知》，为宁夏回族自治区马铃薯特色专用品种和种薯技术及产业化下达补助经费30万元人民币。

10月11—13日　福建省党政代表团一行到宁夏南部山区进行考察。代表团表示，要巩固已有扶贫成果，抓好闽宁扶贫协作第六次联席会议确定的各事项的落实，实施本次联席会议确定的扶贫协作任务。

10月26日　西夏集团银川灵武啤酒厂、宁夏灵农畜牧发展有限公司、银川佳味食品工贸有限公司、吴忠市雪泉乳品厂、宁夏原州酒业有限公司和维维北塔乳业股份有限公司6家食品企业被中国食品工业协会授予"2003年度全国食品安全示范单位"称号。

11月4日　全区农业和粮食工作会议在银川召开。会议传达贯彻国务院农业和粮食工作会议精神。

11月11日　首届中国国际农产品交易会在北京全国农业展览馆举行。宁夏12家企业参加宁夏枸杞及特色产品推介会活动。

11 月 28 日　自治区人民政府召开电视电话会议，决定从 2003 年起充分利用冬春农闲时间，在全区农村开展"百万农民培训工程"。

12 月 11 日　国家"十五"重大科技攻关项目——宁夏半干旱退化山区生态农业建设技术与示范项目通过国家验收。

12 月 12 日　农业部印发《关于河南等 6 省（区）达到马传染性贫血消灭标准的通知》（农牧发〔2003〕20 号）。《通知》公布，经农业部考核，河南、河北、甘肃、宁夏、四川、青海等 6 省（自治区）达到马传染性贫血消灭标准。

12 月 28 日　宁夏优势特色农产品区域布局肉羊肉牛主导产业项目启动仪式在自治区家畜繁育中心举行。

是年　盐池县被正式命名为"中国滩羊之乡"。

是年　全区实现国内生产总值 385 亿元，同比增长 12.2%；完成地方财政一般预算收入 30 亿元，同比增长 16.3%；农民人均纯收入 2043.3 元，同比增长 6.6%，城镇居民人均可支配收入 6530元，同比增长 7.6%。

2004 年

1 月 15 日　宁夏"百万农民培训工程"实施 40 天。全区共培训农民 82 万多人次，举办培训班、现场指导 1.45 万场（次）。

1 月 16 日　自治区党委、政府联合印发《关于实行粮食补贴方式改革的意见（试行）》。自治区将取消粮食定购和保护价收购制度，全面放开粮食收购价格，放开和搞活粮食市场。

1 月 17 日　自治区政府和中国农业科学院在北京联合举办宁夏（西海固）马铃薯产业发展规划高层研讨会，中央和国务院有关部门领导和专家学者就此展开深入研讨，并针对制约马铃薯产业发展的瓶颈问题提出建设性意见和建议。

2 月 1 日　自治区防治高致病性禽流感指挥部召开紧急会议，传达国务院关于《全国防治高致病性禽流感工作会议》精神和高致病性禽流感防治预案，传达自治区党委关于落实国务院有关会议精神，部署加强宁夏防治工作的具体措施。

2 月 12 日　全区粮食补贴方式改革工作会在银川召开。从 4 月 1 日起，自治区将全面放开粮食购销市场；确保政府宏观调控所需粮食储备规模；将安全保护价敞开收购农民余粮的间接补贴，调整为生产环节粮食优良品种和科学种田进行补贴，直接补给农民、农工；停止政府对粮食购销企业的经营性补贴，加快推进国有粮食购销企业改革，实现粮食购销市场化。

3 月 4 日　宁夏枸杞产业集团有限公司（原宁夏香山集团）博士后工作站在该公司正式挂牌成立。宁夏首家民营企业博士后工作站成立。

3 月 18 日　宁夏首家股份制农机服务机构——盐池县田野农业机械服务有限责任公司和农业机械作业服务协会成立并举行揭牌仪式。

3 月 25 日　自治区政府常务会议决定：采取 8 项措施贯彻落实中央一号文件精神，提高农民种粮积极性，保证粮食稳产增产。

3 月 29 日　国务院西部地区开发领导小组办公室、国家发展和改革委员会、农业部等部委下达了 2004 年全国退牧还草任务 9000 万亩，其中安排宁夏 450 万亩，全部执行禁牧饲料粮补助标准。

4 月 11 日　自治区党委组织部召开选派年轻干部到贫困、后进村工作的动员会，安排 100 名年轻干部到贫困、后进村工作，以推动农村全面建设小康社会。

4 月 13 日　全区扶贫开发工作会议在银川召开。会上提出宁夏扶贫开发工作的总体目标是到 2005 年"千村扶贫开发工程"第一批 411 个重点村，90% 以上的农户人均纯收入达到 850 元以上，基本解决温饱问题。

4月24日　由马来西亚综合集团董事局主席邹恒武率领的经贸团一行10人到宁夏访问。主要考察宁夏的畜牧业发展情况，商讨活畜、农副产品出口等相关事宜。

5月27—31日　全国人大常委会副委员长兼秘书长盛华仁先后到吴忠、中卫、固原和银川等地市，就"三农"问题进行实地考察。

6月8日　全区抓好粮食生产促进农民增收现场会在青铜峡市召开。会上提出把解决好"三农"问题作为全部工作的重中之重，不折不扣地落实中央和自治区加强农业和鼓励粮食生产的各项政策措施，大力发展粮食生产，努力增加农民收入。

6月26日　宁夏扶贫扬黄灌溉工程、退耕还林工程、天然林资源保护工程、陕甘宁长庆油气田开发工程4个项目被国家发展和改革委员会列为2004年国家重点建设项目。

7月4日　由自治区供销社发起创办的宁夏农村合作经济组织联合会正式挂牌成立。

7月14日　全区粮食流通体制改革工作会议在银川召开。自治区主席马启智出席会议并讲话。

7月19日　根据农业部《关于农业科技示范场项目验收有关问题的通知》要求，对2001、2002年度被农业部评为农业科技示范场优良等次的灵武市崇兴镇、中卫市东园乡等7个农业科技示范场授予"农业部农业科技示范场"称号。

7月31日　宁夏农垦贺兰山肉羊产业集团肉羊加工线在宁夏农垦现代化农牧生态产业科技示范区内正式投产。

8月13日　全区农业产业化暨农村专业合作组织经验交流会在中卫市召开。

8月25日　自治区政府通过自治区农牧厅编制的《宁夏南部山区小杂粮产业开发规划（2004—2008年）》。

9月6日　新西兰前农业部部长、国际知名奶牛养殖专家洛克顿和新西兰国际人力资源开发中心董事长道格拉斯，对吴忠市奶牛养殖进行考察并开展技术培训。

9月10—13日　国务院新型农村合作医疗部级联席会议办公室主任李长明率领国务院检查评估组一行5人在宁夏考察。

10月12日　第二届中国国际农产品交易会在北京全国农业展览馆举办，宁夏16家龙头企业参加，交易会上宁夏展团签订意向性合同，现场交易销售额近5万元。

11月1日　全区建立鲜活农产品运销"绿色通道"。凡整装（运输量达到核定载重量80％）运输区内鲜活农产品的货车通过宁夏时，除高速公路以外的所有一、二级公路和桥梁、隧道收费站一律减半收取通行费，以确保农产品流通顺畅，促进农业增效、农民增收。

11月9日　自治区政府党组（扩大）会议在银川召开。自治区主席马启智在会上强调，农业和农村工作要突出农民增收和粮食增产两大重点目标。引黄灌区要加快由传统农业向现代农业的转变，南部山区要加快以粮为主向以草畜产业为主的转变。

11月25日　全区深化农村信用社改革试点动员大会在银川召开。

11月27日　"陕甘蒙宁晋五省区动物防疫联系会议"在银川召开。会议听取了五省区口蹄疫防控工作情况汇报，讨论了联防协作相关事宜，安排部署了防控工作。

12月5日　全区国有粮食企业收购粮食4亿千克，同比增长30％，收购价格同比增长33％，农民由此增加现金收入1亿多元。

是年　农垦系统长山头、渠口、南梁、简泉四个农场共计调整和开发耕地22500亩，建立移民点14处。

是年　宁夏"淡水鱼类工厂化苗种繁育系统工艺技术"重大攻关研究已形成年产2亿尾鱼苗（育苗）能力，良种覆盖率由30％提高到60％。贺兰、永宁、西夏区集中养殖区域套养成活率达到60％，亩增收267元。

2005 年

1月10日　自治区党委、政府授予自治区农垦事业管理局"2004年度推进农业产业化先进单位"荣誉称号。

是日　美国佐治亚州华商代表团与宁夏经济合作签字仪式在银川举行。美国亚特兰大公司与宁夏农垦贺兰山肉羊产业（集团）有限公司签署"贺兰山"羔羊肉销售合作备忘录。

1月11日　自治区政府新闻办（新闻办公室）在银川举行发布会。自治区党委、政府决定自2005年起在全区所有市、县（区）免征农业税及其附加，这标志着宁夏将提前1年完成2004年12月份中央经济工作会议确定的2006年全部免征农业税的目标，实现农业税"零税率"。

2月10日　卫生部将"亿万农民健康促进行动示范县（区）"的桂冠授予全国23个县（区），银川市金凤区成为宁夏唯一获此殊荣的县（区）。

2月20—24日　中国国际工程咨询公司项目部副主任何军率领的专家组一行10人到宁夏，对自治区政府、中国国际工程咨询公司和中国农业大学联合向国务院提交的《西北生态与现代农业省域示范区建设项目规划》进行考察论证。

3月1日　全区加快发展劳务产业工作会议在银川召开。

3月8日　自治区中部干旱带生态建设暨产业开发工作会议在红寺堡开发区召开。

3月18日　宁夏成立首家由百余家从事粮食收购、加工、销售的企业和大户组成的利通区粮食行业协会的县级粮食协会。

4月8日　《宁夏日报》报道，2004年宁夏农垦40万亩粮食作物平均单产达555.98千克，名列全国农垦系统第一名。

5月19日　以乌干达外交部国际司司长穆古梅为团长的非洲高级外交官团一行到宁夏，考察自治区农村脱贫和项目开发工作，了解西部大开发中宁夏的经济、社会发展等情况。自治区副主席刘仲在银川会见外交官团一行。

6月4日　爱尔兰众议院议长奥汉伦率爱尔兰议会代表团一行11人到宁夏访问，主要考察宁夏农业、水利工程、农村脱贫、抗旱、节水、治沙、项目开发和教育发展等情况。

7月29日　自治区党委、政府组织召开关于深化农村税费改革试点工作电视电话会议。

8月17日　农业部授予宁夏回族自治区银川市农牧局、中宁县畜牧局、宁夏中卫山羊选育场3家单位"全国农业系统信访工作先进集体"称号。

9月1日　中国名牌产品暨中国世界名牌产品表彰大会在北京人民大会堂召开。宁夏夏进乳业集团股份有限公司生产的夏进牌液体奶，被国家质量监督检验检疫总局授予"中国名牌产品"称号。

9月8日　宁夏有133个农产品通过全国无公害农产品认证，数量位居西北之首。

9月7—10日　"全国动物防疫体系建设指导意见研讨会"在银川举办，全国畜牧兽医总站副站长李明主持开幕式并讲话，会议讨论了《全国动物防疫体系建设指导意见》，宁夏、辽宁、安徽、河南、河北、四川等6省（自治区）做大会交流。宁夏、湖南等16个省（直辖市、自治区）代表及农业部有关司局站领导100余人参加研讨会。

9月11日　鲁宁农业科技再度"牵手"，签订"玉米新品种引进区试""奶牛良种繁育技术合作""设施水果引进实验项目""水果蔬菜保鲜设施技术引进""小麦垄作栽培技术研究项目"等10个项目的合作协议。

是月　由农业部、自治区政府主办的首届农产品加工企业西部（宁夏）行暨产品展销、贸易洽谈活动在银川举办。

10月12日　《新消息报》报道，国家发展和改革委员会和水利部将安排专项资金3800万元，用于宁夏农村饮水安全项目建设。这些专项资金主要用于农村饮水安全应急建设，解决宁夏农村饮水问题。

10月18日　固原市首届马铃薯节在西吉县开幕。国务院副总理回良玉，自治区党委和政府分别发来贺信，对马铃薯节的举办表示热烈祝贺。当天西吉县与客商签订马铃薯产业项目协议11份，总资金3.14亿元。

10月21日　第三届中国国际农产品交易会落幕。宁夏展团获得设计金奖和最佳组织奖，有4家企业的15种产品荣获畅销产品奖。

11月30日　自治区面向全区下达高致病性禽流感防治计划经费预算137万元。

12月7日　宁夏历经30年研究实施的"枸杞新品种选育及配套技术研究与应用"科技攻关项目，经国务院批准，获2005年国家科技进步奖二等奖。

12月26日　盐池滩羊肉首家配送中心开业暨"盐池滩羊"证明商标使用权授牌仪式在银川举行。区内外29家企业和个体工商户取得"盐池滩羊"产地证明商标准用证书。

是年　宁夏全面启动实施十大农业工程。十大农业工程分别是：优质粮产业工程、大力实施龙头企业振兴工程、退耕还草及现代畜牧业生态工程、科技入户工程、农村剩余劳动力转移工程、重大疫病疫情防治工程、农业机械化示范工程、农村社会化服务体系建设工程、农村专业合作经济组织示范工程、新能源工程。

2006 年

1月12日　自治区党委、政府出台《关于推进社会主义新农村建设做好2006年农业和农村工作的意见》（宁党发〔2006〕4号）。

1月15日　全区农村工作会议在银川召开。会议强调要确保自治区社会主义新农村建设开好局、起好步。

1月21日　自治区政府决定投入1.23亿元继续对引黄灌区和扬黄灌区农民实施粮食补贴，其中：直补8357万元，良种补贴1400万元，化肥补贴2500万元。直补标准从每亩10元提高到15元。

2月5日　自治区出台奖励优质农产品政策，创中国驰名商标或自治区名牌产品企业，分别给予50万元和20万元奖励。

2月16日　自治区人民政府决定，向广大农民公开承诺，办理直接与广大农民切身利益密切相关的12件实事：强化支农政策，大力发展劳务产业，加强农田水利建设，加快农村安全饮水工程建设，加大农村基础设施建设力度，切实解决农民和农民子女上学问题，着力解决农民看病难、看病贵问题，改善农村人居环境，加快农村文化和广播电视发展，改革和加强基层农业科技服务体系建设，加大扶贫开发力度，严格控制农资价格。

2月28日　自治区党委、政府发布《关于加快基层农业科技服务体系改革与建设的意见》。

3月5—8日　自治区种子管理站与山东省农业科学院玉米研究所在济南就《鲁宁农业科技合作协议》和《鲁宁农业科技合作实施方案》框架下玉米新品种引进试点项目具体事宜进行洽谈，"鲁宁合作"玉米新品种引进自治区试验项目开局良好。

3月11日　自治区决定从2006年起，在宁南山区全面实施草畜建设工程，计划到2010年，使南部山区畜牧业总产值达到40亿元，产值比重达到40%以上，农民人均畜牧业收入达到1800元以上。

3月27日　自治区政府印发《关于推进兽医管理体制改革的实施意见》。

4月2日　自治区财政拨付1750万元，继续对化肥和水稻、玉米、专用马铃薯种子实施补贴。

4月9日　2006年自治区财政安排农业支出40264万元，比上年增长27.8%，占自治区本级财政一般预算支出的8.17%，财政支农资金稳定增长。

4月10—14日　全国人大和水利部调研组到宁夏，对宁夏中部干旱带农村饮水安全问题进行深入调研。

5月6—7日　中共中央政治局常委、国务院总理温家宝到宁夏中部干旱带视察抗旱救灾工作。

5月10日　中部干旱带工作会议在银川召开。会议传达学习温家宝总理视察中部干旱带抗旱救灾工作时的重要讲话，研究贯彻落实意见，安排部署抗旱工作。

5月17日　由平罗县农机、农艺方面专业技术人员，农机大户，机插秧能手等136人组成的平罗县水稻机插秧协会正式成立，成为自治区第一家水稻机插秧协会。

5月18日　国内首个枸杞科技馆在银川开馆。科技馆由成果室、标本室、科技厅3个展厅组成，收藏了300余份科技文献，43个成果证书，6类40余种枸杞深加工产品，陈列着60余张展板和200多份枸杞标本。

5月21日　经国务院批准，宁夏成为全国第一个农村小康行动计划示范省区。

5月23日　宁夏唯一的农资专业市场——西北农资城正式落户银川。西北农资城是西北最大的集商贸物流、信息、会议展示、仓储、商务办公五种功能于一体的农资市场，是宁夏唯一的农资物流专业市场。

5月31日　自治区开始实施农机补贴政策，中央和自治区财政投入900万元，带动农民对农机投入3641万元。

6月1日　宁夏"贺玉"牌精品干红和"贺兰山"牌干红在第二届亚洲葡萄酒质量评比大赛中荣获金奖。

6月15日　国家首席兽医师、农业部兽医局局长贾幼陵在宁夏视察指导工作，自治区副主席赵廷杰陪同，先后深入银川市金凤区、中卫市沙坡头区考察动物防疫工作。

7月17—18日　自治区主席马启智等先后深入隆德县、泾源县、原州区，对危房改造、太阳能灶、沼气在农村的推广使用情况、种草养牛、农村医疗卫生站建设以及旅游业发展等情况进行深入调研，并主持召开现场办公会议，听取泾源县工作汇报，研究解决泾源肉牛基地培育、山区危房改造和西峡会议中心建设存在的困难和问题。

7月18日　中国农业科学院、日本国际协力机构（JICA）以及中日项目终期评估调查团的专家莅临银川，对"中国可持续农业技术研究发展计划"——宁夏银川水稻综合试验示范基地项目进行检查验收。

8月11日　全区农业特色产业现场观摩会在银川召开。会上指出全区优势特色产业科技贡献率高达48%。

8月31日　农业部下发《关于表彰"十五"全国农机化管理工作先进单位和先进个人的通报》。自治区青铜峡市农机局、彭阳县农机局荣获"先进单位"称号，自治区农机局赵晓俊、盐池县农机局何永沛荣获"先进个人"称号。

9月7—10日　由农业部和自治区政府共同主办的"第二届中国西部（宁夏）特色农业合作洽谈会"在银川隆重召开。全国人大常委会副委员长盛华仁、自治区主席马启智等出席。农洽会经贸科技共签约333个项目，签约总额104亿元。

9月12日　2006年全国奶牛良种项目补贴座谈会在银川召开。宁夏被确定为2006年全国奶牛良种补贴项目区，可获得直补资金360万元。据测算有2万奶农直接受益，其中项目补贴改良奶牛12万头、冻精24万支。

9月23日　首届中国灵武长枣及羊绒节在灵武开幕。

10月1日　自治区防治重大动物疫病指挥部在中宁县召开全区禽流感防控工作紧急会议。通报国内外禽流感防控情况，安排部署全区禽流感防控工作。

10月27日　自治区机构编制委员会下发《关于全区兽医管理体制改革有关机构编制问题的通知》。

11月16日　自治区编办（自治区机构编制委员会办公室）印发《自治区机构编制委员会关于印

发自治区动物疾病预防控制中心机构编制方案的通知》（宁编发〔2006〕562 号），宁夏回族自治区动物防疫站更名为"宁夏回族自治区动物疾病预防控制中心"，为自治区农牧厅所属正处级事业单位。自治区编办印发《自治区机构编制委员会关于印发自治区动物卫生监督所机构编制方案的通知》（宁编发〔2006〕570 号），宁夏回族自治区动物防疫监督所更名为"宁夏回族自治区动物卫生监督所"，为自治区农牧厅所属正处级事业单位。自治区编办印发《自治区机构编制委员会关于印发自治区兽药饲料监察所机构编制方案的通知》（宁编发〔2006〕573 号），"宁夏回族自治区兽药饲料监察所"挂"宁夏回族自治区动物食品质量安全检测中心"牌子，为自治区农牧厅所属正处级事业单位。

11 月 13 日　自治区政府召开第 84 次常务会。决定农机部门不再行使对农用运输车及驾驶员的监督管理职责，停止对农用运输车及驾驶员办证入户，农机部门按程序办理向公安部门移交工作。移交后，已办理挂牌入户的农用车免缴车辆购置税，新入户的农用车购置税一律减半，让利于民。

11 月 24 日　平罗县、青铜峡市、灵武市被国土资源部确定为全国基本农田保护示范区。

11 月 26 日　农业部乡镇企业局和中国乡镇企业协会对一批在建新农村建设实践中作出突出贡献的企业进行表彰。宁夏红枸杞产业集团获"全国新农村建设百强示范企业"荣誉称号。

11 月 30 日　中央及自治区财政决定拨付 5996 万元奖励产粮大县，奖励额度比上年增加 63.5％，进一步调动自治区产粮大县发展粮食生产的积极性。

12 月 8 日　惠泽自治区中部干旱带百万群众项目——国家旱作节水农业示范区建设项目在同心县正式启动。

12 月 18 日　自治区百万农民培训工程领导小组办公室召开首席专家座谈会，明确专家组的培训职责、培训任务、培训方式和培训考核，126 名自治区级专家分赴各市县开展农民培训。

是年　自治区启动实施"宁南山区草畜产业建设工程"，自治区投入财政、扶贫、以工代赈等资金 5200 万元，以建设泾源县为核心区的环六盘山肉牛基地、中部干旱带滩羊生产基地和优质牧草生产基地为主要目标，在宁南山区和中部干旱带的 14 个市、县（区）开展了良种繁育、饲草料生产、动物疫病控制、服务网络、综合配套技术等一系列工作。

2007 年

1 月 4 日　自治区农牧厅与宁夏电信有限公司在银川签署"农业信息服务合作框架协议"，正式启动开通宁夏"12316"农业系统公益服务专用号码。

1 月 8 日　全区农村工作会议在银川召开。会议强调要大力发展现代农业，扎实推进社会主义新农村建设。

2 月 8 日　自治区财政厅、农牧厅下达化肥、良种及技术等补助资金 1822 万元。

3 月 1 日　《中华人民共和国农民专业合作社法》宣传月活动启动仪式在永宁县举行。

3 月 14 日　9 县 10 个农产品生产基地经农业部批准，宁夏成为全国率先建成"全国绿色食品原料标准化生产基地"的省份之一。这 10 个基地分别为：中卫市城区 14.6 万亩压砂西瓜、中宁县 14 万亩压砂西瓜、中宁县 10.4 万亩枸杞、永宁县 16.6 万亩玉米、吴忠市区 13 万亩玉米、青铜峡市 10.4 万亩水稻、灵武市 12 万亩水稻、贺兰县 13 万亩水稻、盐池县 12 万亩荞麦、西吉县 32 万亩马铃薯种植基地。

3 月 21 日　2006 年度全国农村青年农民创业致富带头人评选活动揭晓，贺兰县常信乡四十里店村青年农民张力获此殊荣。

3 月 30 日　农业部表彰了 2006 年在农业科技推广中涌现出的一批先进个人，吴忠市农业科学研究所张建宁等 4 人获"全国农业科技推广标兵"称号。

4 月 9 日　自治区 2007 年度农机购置补贴工作会议在银川召开。会议明确全区安排农机购置补贴资金 2500 万元，其中中央财政安排 1000 万元，自治区财政配套资金 1500 万元。

4月11—14日　中共中央总书记、国家主席、中央军委主席胡锦涛来宁夏视察工作，自治区领导陈建国、马启智等陪同。胡锦涛深入中卫、固原、吴忠、银川四个市的车间、厂矿和农户家中，就贯彻落实科学发展观、构建社会主义和谐社会和加强党的建设进行调查研究。

4月17日　农业部命名宁夏新华百货夏进乳业集团股份有限公司等8家企业为第三批国家重点农业产业化龙头企业。

4月23日　农业部绿色食品管理办公室和中国绿色食品发展中心公布，青铜峡市10.4万亩水稻进入全国绿色食品原料标准化行列。

4月26日　由宁夏大学等多家单位承担的国家"十五"科技攻关项目（西部专项）"新型牛羊全日粮复合秸秆成型饲料开发与示范"获自治区科技进步一等奖。

5月1日　农业部印发《关于确定全国农业机械化示范区的通知》，青铜峡市、暖泉农场被列为全国农机化示范区。

6月14日　在首届中国农产品品牌大会上，"中宁枸杞"获"全国十佳区域公用品牌"称号，成为全国十佳农产品品牌之一。

6月18—21日　农业部全国乡镇企业统计会议在银川召开，全国各省（直辖市、自治区）及农业部乡镇企业局负责人出席会议。

6月27日　自治区农作物品种审定委员会、小麦专业委员会委员现场观摩自治区小麦新品种宁春39号繁种示范基地，一致认为宁春39号可望成为自治区小麦的主推品种。

7月7日　自治区决定投资9000万元，在中部干旱带建设优势产业制种及育苗中心。

7月23—25日　农业部农机鉴定总站在银川召开全国农机产品质量投诉监督交流会。全国25个省（直辖市、自治区）的30多名代表参加会议。

8月2日　自治区农牧厅、国土资源厅、监察厅、民政厅、宁夏回族自治区农村工作领导小组办公室、自治区纠风办、信访局等七部门联合下发《关于成立全区农村土地突出问题专项治理领导小组的通知》和《关于开展全区农村土地突出问题专项治理的实施意见》。

8月6日　自治区代主席王正伟主持召开政府常务会议。会上决定在中部干旱带和南部山区发展50万亩设施农业，形成无公害绿色食品产业带和旱作节水特色产业，建设多时节供应的硒甜瓜生产基地和夏季设施蔬菜、水果、食用菌优势区。

8月20—22日　全区旱作节水农业新技术现场观摩会议在银川召开。与会代表到原州区玉米秋覆膜撮种试验和"一膜两季"示范、同心县秋覆膜综合试验示范和秋覆黑色膜种植马铃薯、国家旱作节水农业示范基地建设项目同心县雨水集蓄补灌、盐池县移动补灌及半固定式滴灌等8个旱作节水农业新技术示范点进行观摩。

8月24—25日　国际马铃薯中心专家对西吉县将台堡马铃薯高产示范点进行检查验收。

8月26日　黄河宁夏段渔业资源增殖放流活动仪式在银川举行，共向黄河放流苗种150万尾。

9月10日　全国首个农业领域企业国家重点实验室——宁夏种苗生物工程国家重点实验室建设计划通过了科技部组织的专家论证，实现了宁夏国家重点实验室零的突破。

9月11日　国家农业综合开发办公室验收考评小组在银川听取宁夏2004—2006年度农业综合开发情况汇报。国家农业综合开发办公室3年共批复宁夏农业综合开发项目108个，计划总投资15.69亿元。

9月14—17日　自治区政府与农业部农业产业化领导小组在银川联合举办第三届中国西部特色农业（宁夏）展示合作洽谈会。洽谈会共签约363个项目，总额163.16亿元，引进资金70.3亿元。

9月15日　第三届中国西部特色农业（宁夏）展示合作洽谈会在银川开幕，1500余名嘉宾参会参展。自治区政府与中国农业科学院举行科技合作签约仪式。

9月28—29日　农业部部长在自治区党委书记陈建国、自治区代主席王正伟的陪同下，对自治区农业生产和农村经济社会发展情况进行深入调研。

9月30日　"宁夏特色优势农产品网上展厅"正式开通，成为自治区特色优势农产品首个"网络品牌店"。

10月4日　首届中国（宁夏）六盘山黄牛节在泾源县举行。本届黄牛节以"展示成果、扩大影响、推动产业"为主题，通过举办产业论坛、良种肉牛评比、牛肉产品展示等一系列活动来吸引投资，为六盘山区草畜产业实现跨越式发展、带动肉牛产业升级以及增加农民收入带来契机。

10月5日　彭阳县获得"全国退耕还林先进县"称号。

10月10日　全国首个农业领域企业国家重点实验室——种苗生物工程国家重点实验室建设计划，通过科技部组织的专家论证，实现自治区国家重点实验室零突破。

10月12日　由农业部农产品质量安全中心、中国绿色食品发展中心专家组成的无公害农产品、绿色食品、有机农产品专项检查组对宁夏无公害农产品、绿色食品和有机农产品的认证管理、生产经营、产品质量和标志使用等情况进行专项检查。专家组认为宁夏"三品"认证管理规范质量良好。

10月24日　优质玉米新品种"宁单11号"通过自治区农作物品种审定委员会审定，单种亩产达950千克，告别宁夏多年玉米品种无自主知识产权的历史。

11月2日　由宁夏农林科学院枸杞研究所（有限公司）制定的《有机枸杞生产技术规程》经自治区质量技术监督局批准，正式发布实施。此项规程填补了自治区和全国枸杞生产地方标准的空白。

11月9日　《宁夏回族自治区奶产业发展条例》经自治区九届人大第三十一次会议通过，于2008年1月1日起施行。

11月27日　自治区农牧厅、科技厅、林业局、宁夏农林科学院和宁夏大学联合制定《开展设施农业科技服务工作实施方案》，成立由自治区设施农业、旱作农业、果树方面的专家组成的农业专家服务团。

12月19日　农业部农产品质量安全监督检验测试中心（银川）被中国绿色食品发展中心授权为宁夏第一家绿色食品产品质量检测机构。

12月26日　宁夏黄河卫宁段兰州鲇国家级水产种质资源保护区和黄河青石段大鼻鲍国家级水产种质资源保护区经农业部审定，被列为第一批国家级水产种质资源保护区。

2008 年

1月10日　自治区首批40辆"农业科技服务车"和"科技入户直通车配置到乡镇"首发仪式在银川悦海宾馆举行。

1月11日　全区农村工作会议在银川召开。会议强调要打牢基础，强农惠农，着力构建城乡经济社会发展一体化格局。

1月17日　全区农业工作会议在银川召开。提出2008年自治区农业工作的总体要求、奋斗目标和主要任务。

1月18日　宁夏回族自治区党委、人民政府印发《关于加强农业基础建设促进农业发展农民增收的意见》（宁党发〔2008〕5号）。

2月3日　自治区设施农业专家服务团座谈会在银川召开。会上总结交流2007年专家服务队工作，讨论《全区设施瓜菜茬口安排及作物布局指导意见》及《宁夏蔬菜出口外销基地建设规划纲要》。

2月15日　自治区政府召开常务会议。会议指出，宁夏要利用3年时间，建设和完善"万村千乡市场工程"，解决农民买难卖难的问题。

2月16日　全区设施农业发展暨春耕生产电视电话会议在银川召开。会议贯彻落实党中央、国务院关于抗灾减灾和灾后重建的一系列决策部署，对发展设施农业、春耕备耕工作和灾后农业生产进行全面部署。

2月25日　中国绿色食品发展中心、中绿华夏有机食品认证中心正式批准成立中绿华夏有机食品认证中心宁夏分中心。

3月26—28日　农业部设施农业灾后重建专家组一行赴宁夏中部干旱带和南部山区指导设施农业灾后重建。

3月28日　在全国农业和粮食生产工作会议上，宁夏河套灌区小麦、水稻被纳入国家良种补贴范围。

4月18日　全区农机购置补贴工作会议在银川召开。会上提出2008年自治区落实农机购置补贴4200万元，其中中央补贴3000万元，自治区补贴1200万元。

5月7日　自治区财政厅、农牧厅联合印发《关于农业生产救灾补助资金预算指标的通知》，紧急下拨农业生产救灾补助资金500万元。

5月8日　500名大中专毕业生服务设施农业动员大会在银川召开。新招募的500名涉农专业的毕业生将奔赴山区农业生产第一线，开展为期两年的设施农业服务工作。

是日　首届宁夏园艺节农业机械展示演示现场会在银川召开。本届设施园艺节的主题为"打造中国西部四季鲜果之乡品牌，实现永宁和谐发展合作共赢"，重点是龙头企业与产地对接、特色农产品展示、投资洽谈。

5月22日　银川市西北农资城被农业部确定为首批30家农业部定点农资市场。

6月15日　全区设施农业观摩会议在青铜峡市召开。自治区农牧厅厅长赵永彪就今后农业工作进行安排部署。

6月23日　自治区农牧厅、财政厅、商务厅、农垦事业管理局、出入境检验检疫局、农业综合开发办公室联合发起成立宁夏蔬菜出口外销协会并正式挂牌。

7月2日　农业部办公厅印发《关于2008年度春季全国重大动物疫病免疫工作检查结果的通报》。宁夏高致病性禽流感、口蹄疫、高致病性猪蓝耳病、猪瘟、新城疫免疫密度达到90％以上；口蹄疫、禽流感、猪瘟、新城疫免疫抗体合格率达到70％以上，总体情况名列全国前茅。

7月11日　自治区政府印发《中部干旱带生态移民规划区土地权属处置的若干政策意见》，明确重新签订农民土地承包合同。

7月22日　由农业部农产品质量安全中心、中国绿色食品发展中心举办的全国首批农产品地理标志颁证仪式在银川举行。贺兰螺丝菜、中宁硒砂瓜、彭阳辣椒、西吉马铃薯获得全国首批地理标志认证。

8月12日　农业部批复宁夏回族自治区21个县（市、区）的132个乡镇兽医站基础设施建设项目，总投资1800万元，其中中央投资1565万元，地方配套235万元；8个县级动物防疫基础设施建设项目，总投资500万元，其中中央投资417万元，地方配套83万元。

8月18日　中共中央政治局常委、国务院总理温家宝在宁夏视察。温家宝指出通过专业协作办了一家一户没法办的事情，这是农民致富的一条好路子。

8月19日　贺兰山东麓10万亩葡萄基地开工仪式在永宁县举行。标志着自治区"六个百万亩"林业工程建设战略再次迈出坚实一步。

8月28日　宁夏特色产业发展国际研讨会在吴忠市召开，会议由自治区政府外债管理工作领导小组办公室和宁夏财政厅共同举办，邀请西北农林科技大学副校长李华、中国酿酒工程协会葡萄酒分会秘书长王祖明、王朝葡萄酿酒有限公司副总工程师张春娅等20余位国内外著名葡萄产业专家进行座谈交流。

9月10日　由农业部和自治区政府主办的"第四届中国西部特色农业（宁夏）展示合作洽谈会"在银川举行。

9月11日　第四届中国西部特色农业（宁夏）展示合作洽谈会项目举行签约仪式。本次洽谈会共落实来宁夏投资置业、开展农产品贸易等签约项目140个，合同与协议投资贸易总额达158.5亿元。

9月20日　宁夏农垦集团与马来西亚大同工业集团现代农业战略合作项目签约仪式在银川举行。

10月4日　国务院决定再次延长"三西"农业建设专项补助资金使用期限，即从2009年起至2015年，并将资金总量从每年2亿元增加到3亿元。

10月13日　宁夏回族自治区第二次全国农业普查工作总结电视电话会议在银川召开。会议就第二次全国农业普查工作做了总结通报，并表彰了第二次全国农业普查工作中涌现出的先进集体和个人。

是日　中国农业科学院兰州兽医研究所与宁夏动物疾病预防控制中心"院地共建合作交流洽谈会"在贺兰县举行。

10月28日　第六届中国国际农产品交易会开幕，宁夏参展的农产品贸易总额达6000万元。

11月27日　在广西南宁举行的中国农业国际交流协会第二次会员代表大会上，宁夏农业国际合作项目管理中心成为副会长单位。

11月28日　《宁夏回族自治区农业机械化促进条例》经自治区第十届人大常委会第六次会议通过，2009年1月1日起施行。

12月16日　宁夏农业国际合作项目管理中心被国家外国专家局和宁夏外国专家局分别命名为"国家引智成果示范推广基地"和"自治区级引进国外智力成果示范推广基地"。

是日　亚洲最大的羊肉加工项目——江苏雨润集团150万只肉羊屠宰加工基地落户宁夏平罗县。

12月17日　农业部总经济师张玉香率领北京、上海、湖南、浙江、广西等8地24家全国重点农产品批发市场的总经理会聚宁夏，就固原马铃薯销售问题实地考察对接，切实解决当前马铃销售难的问题，促进宁夏马铃薯产业的持续稳定发展。

12月26日　自治区政府与农业部签署共同推进现代农业建设合作备忘录。自治区主席王正伟、农业部部长出席签字仪式。

截至2008年年底，全区累计秋播冬小麦面积67.72万亩，其中2008年秋播（2009年收获）31.7万亩。冬小麦平均亩产482.4千克，比春麦亩增产154.6千克，增47.2%，其中2004年后平均亩产500千克，比春麦增产50.3%，实现了小麦亩产重大突破。冬小麦比春小麦早熟10～15天，冬小麦套种玉米、套（复）青贮玉米、复种蔬菜、油葵等作物，亩均增收都比春麦后套（复）种大幅度提高。据项目测算，累计增收2亿元以上。促进了灌区耕作制度改革和农业结构调整，缓解了粮食、经济、饲料作物争地矛盾，延长了绿色覆盖时间，有利于改善生态环境，促进种植业和畜牧业协调发展。

2009 年

1月10日　全区农村工作会议在银川召开。会议总结2008年宁夏农业农村工作，分析当前农业农村工作形势，研究《自治区党委、人民政府关于贯彻落实党的十七届三中全会〈决定〉加快农业发展促进农民增收的意见》，部署宁夏2009年农业农村工作。

1月25日　自治区党委印发《关于加强农业和农村科技工作的意见》，提出今后5年农业科技对农业增长的贡献率达到55%。

2月1日　自治区人民政府办公厅印发《关于做好农民工工作促进农民持续增收的通知》（宁政办发〔2009〕4号），采取重点工程项目优先安置10万多名本地农民工和扩大农民工在工农业生产领域的就业容量等10项措施，帮助农民工克服金融危机带来的返乡务工难等困难，实现持续增收。

2月6日　自治区兽药饲料监察所被农业部农产品质量安全中心授予"全国农产品地理标志产品品质鉴定检测机构资质证书"。

2月16日　自治区政府发布2009年对种粮农民粮食和农资补贴的公告，对粮食主产区，每亩补贴15元；农资补贴水地每亩56.7元，旱地15.1元；补贴资金通过"一卡通"直接发放到农民手中。

2月25日　自治区政府命名宁夏大北农科技实业有限公司等138家企业为第五批自治区农业产业化重点龙头企业。

3月4日　农业部授予自治区吴忠市利通区古城镇左营村、灵武市崇兴镇农村会计服务中心、中宁县余丁乡永兴村、银川市兴庆区大新乡燕鸽村、平罗县城关乡老户村等5个村为"第二批全国农村集体财务管理规范化示范单位"。

3月21日　宁夏园艺产业园暨农产品物流中心在贺兰县开工建设。自治区党委书记陈建国、自治区主席王正伟出席开工仪式。

4月9日　十一届全国人大二次会议确定8项重点建议，关于支持宁夏建设马铃薯种薯基地的建议名列其中。

4月11日　宁夏蔬菜产销对接洽谈会在中卫举行。会上签约合同136个，签约总金额达到19亿元。

5月4日　自治区政府印发《农业产业化龙头企业升级工程实施意见》。

5月6日　农业部印发《农业部关于宁夏2009年县级动物防疫基础设施建设续建项目可行性研究报告的批复》。批复宁夏10个县级动物防疫基础设施建设续建项目，总投资600万元，其中中央投资523万元，地方配套77万元。

5月7日　自治区主席王正伟视察自治区国家肉牛产业技术体系综合试验站——中卫夏华肉牛综合试验站。

5月9日　中宁枸杞产业发展瓶颈问题列入国家863项目扶持解决。

5月19—20日　自治区党委副书记于革胜一行到原州区、西吉县、隆德县、海原县20多个设施农业、特色产业示范点和生态移民新村等进行调研。

6月2—3日　农业部全国生鲜乳收购站大检查第二督察组对自治区生鲜乳收购站规范化建设和标准化管理工作进行督察、检查。

6月8日　自治区主席王正伟会见农业部副部长危朝安、农业部总经济师杨绍品带领的全国人大重点建议"支持宁夏建设马铃薯种薯基地"调研组一行。会后，调研组分四组前往中部干旱带和南部山区进行考察。

6月14—16日　国务院副总理王岐山在宁夏重点对自治区农村金融工作进行调研。

6月26日　自治区政府与荷兰就共同开展农产品贸易合作、花卉和蔬菜产业合作、脱水蔬菜合作、奶产业合作、枸杞产业合作和马铃薯产业合作签署6项合作协议。

7月17日　全区现代农村市场体系建设工程启动仪式在吴忠市隆重举行。自治区主席王正伟出席启动仪式。

7月22日　"黄河鲶鱼繁育和基因工程育种"项目获得"自治区2008年度科技进步一等奖"，《宁夏水生经济动植物原色图文集》获"西部地区优秀图书一等奖"。

8月4—9日　农业部渔业科技入户首席专家、上海海洋大学教授、博士生导师王武在宁夏指导渔业生产工作。

8月25日　自治区主席王正伟主持召开政府常务会议，审议通过《关于进一步加强农业和农村基础设施建设的意见》。未来10年自治区将投资千亿元，建立功能完备、支撑全面建设小康社会需求的农业农村基础设施体系。

9月23日　自治区召开全区适水产业工作会议。

是日　由农业部和自治区政府主办的"2009年宁夏渔业资源增殖放流行动"在石嘴山市星海湖隆重举行。

10月9日　"首届中国（宁夏）园艺博览会暨第五届中国西部特色农业（宁夏）展示合作洽谈会"新闻发布会在自治区政府举行。

10月10日　由农业部和自治区政府主办的"首届中国（宁夏）园艺博览会暨第五届中国西部特

色（农业）展示合作洽谈会"在银川隆重举行，国务院副总理回良玉向博览会发来贺电。

10月13日　农业部授予袁隆平等100名农业人才队伍中的优秀知识分子和杰出代表为新中国成立60周年"三农"模范人物，王洪兴获评宁夏唯一的"三农"模范人物。

11月11日　2009年农业部农产品质量安全中心对自治区银川小任果业等17个单位的36个无公害农产品，吴忠涝河桥等23个单位的24个无公害畜产品进行监督抽查，60个抽检样品全部合格，合格率100％。

12月14—18日　自治区防治重大动物疫病指挥部办公室、发展和改革委员会、卫生厅、商务厅、林业局等指挥部成员单位组成4个考核组，对各市县政府2009年动物防疫目标管理责任制落实情况进行年度考核。

12月22日　农业部办公厅印发《农业部办公厅关于宁夏动物疾病预防控制中心和兽药饲料监察所（综合实验楼）建设项目初步设计的批复》。

2010 年

1月18日　全区农业工作会议在银川召开。会议贯彻落实中央农村工作会议、全国农业工作会议和自治区农村会议精神，总结2009年全区农业农村经济工作，分析农业农村经济面临的新形势和新任务，安排部署2010年农业工作。

1月21日　自治区党委、政府印发《关于加快农村土地承包经营权流转的意见》，推动全区农村土地承包经营权流转有序稳步进行。

2月9日　自治区政府召开2010年春耕备耕生产新闻发布会，数据显示：2010年全区安排农业支出10.6亿元，增40％，加上中央专项资金，全年支农资金达到34亿元。

2月16日　农业部信息中心评估"中宁枸杞"品牌价值30亿元。

2月25—27日　中共中央政治局常委、国务院副总理李克强深入自治区各地，着重就西部大开发中如何加快发展、改善民生等工作进行深入调研。

3月17日　自治区黄河金岸农业综合开发土地治理项目建设大会在永宁县开幕。

3月21—23日　中共中央总书记、国家主席、中央军委主席胡锦涛在宁夏考察工作。胡锦涛视察时勉励企业在发展现代农业、带动农民增收上作出更大成绩。

3月22日　农业部命名宁夏塞北雪面粉有限公司等13家企业为第四批国家农业产业化重点龙头企业。

3月30日　自治区人大常委会视察组对"四个百万亩"工程建设情况进行检查测评，满意率为95.2％。

4月29日　自治区政府与以色列外交部、农业部签署引进大型节水技术的合作备忘录。

5月4日　自治区防治重大动物疫病指挥部召开自治区防治重大动物疫病指挥部会议。

5月5日　全区农业"百日科技服务行动"启动仪式在青铜峡市陈袁滩镇沙坝湾村举行。

5月15日　全区口蹄疫防治技术培训班暨防控工作部署会议在银川举行。会议邀请中国农业科学院兰州兽医研究所研究员、国家口蹄疫参考实验室主任刘湘涛博士做口蹄疫防控形势分析专题报告。

5月25日　全区农机化暨农机购置补贴工作会议在银川召开。会议提出2010年宁夏实施农机购置资金2.1365亿元，其中中央财政安排1.7亿元，自治区财政配套资金4365万元。

6月7日　自治区质量技术监督局发布由自治区农牧厅与自治区标准化院、财政厅、林业局、供销社、工商局等部门共同制定的《宁夏农民专业合作社规范》《宁夏农民专业合作社示范社创建标准》，以规范农民专业合作社发展与运营和农民专业合作社示范社创建。

6月12日　宁夏2009年县级动物防疫基础设施建设项目通过自治区级验收。该项目涉及自治区

18 个县（市、区），总投资 1080 万元，其中中央投资 940 万元，地方配套 140 万元。

6 月 28 日　全国农产品加工业投资贸易洽谈会在河南省驻马店市召开。宁夏 18 家企业参加展示展销，17 家企业参加优质产品的奖项角逐。宁夏获得 2 个金奖，14 个优质奖产品，奖项比例高达 13%，仅次于河南省位列全国第二。

7 月 3 日　由农业部批复立项，总投资 4500 多万元，建筑面积 2000 多米^2 的"宁夏动物疾病预防控制中心和兽药饲料监察所综合实验楼建设项目"开工建设。

7 月 13 日　自治区政府在北京召开"宁夏优质大米推介暨新闻发布会"。

7 月 29 日　"首届中国宁夏甘草产业发展论坛"在银川举办。

8 月 6 日　由农业部、自治区政府主办的"第二届中国（宁夏）园艺博览会"在宁夏园艺产业园隆重开幕，农业部副部长陈晓华和自治区党委书记张毅、自治区主席王正伟、中华全国供销合作总社党组书记、理事会主任李成玉共同为"第二届中国（宁夏）园艺博览会"启幕。

8 月 30 日　自治区纪委、监察厅、财政厅、农牧厅共同制定印发《关于开展村级集体资金资产资源清理工作的实施意见》，启动为期 3 个月的全区村级集体资金资产资源清理工作。

9 月 15 日　自治区人民政府印发《关于加快推进城乡统筹发展的实施意见》（宁政发〔2010〕137 号）。

9 月 18—20 日　由中国畜牧业协会、全国畜牧总站与国家绒毛用羊产业技术体系联合主办的"第七届中国羊业发展大会"在灵武市召开。

9 月 26—28 日　第一届中国-阿拉伯国家经贸论坛宁夏农业经贸合作洽谈研讨会在银川举办。来自约旦、也门等国家的政府官员、农业企业近 180 人参会。参会国家驻华使馆官员分别就各自国家的农业发展、农产品贸易状况及开展合作领域进行推介。其间，开展了以民族、特色农产品为主的商贸展示活动，展出产品涉及牛羊肉、枸杞及其深加工制品等 11 个大类上千个品种。

9 月 27 日　宁夏首届"六盘山——龙平杯"马铃薯机械化收获技能大赛在西吉县举办。大赛由南部山区九县各选派一个农机合作社及山区三个农机作业公司分别组队参赛。

10 月 20—23 日　农业部党组成员、中央纪委驻农业部纪检组组长朱保成，带领中央扩大内需项目检查组到宁夏，重点检查自治区扩大内需中央投资农业项目落实情况。

10 月 22 日　在郑州召开的第八届中国国际农产品交易会上，宁夏"兴唐"大米、"沙湖"大鱼头等 8 个产品获评金奖农产品；宁夏展区以出色的组织和新颖独特的展位设计，获得最佳组织奖和展区设计金奖。

11 月 20—23 日　由农业部、工业和信息化部共同主办的"2010 信息化与现代农业博览会"在北京隆重举行。"宁夏农业信息化模式"获得评委会颁发的"优秀设计奖"和"推广应用奖"。

11 月 25 日　宁夏西吉震湖特有鱼类国家级水产种质资源保护区被农业部批准为第四批国家级水产种质资源保护区。

12 月 4 日　全国设施葡萄科技研讨会在甘肃省张掖市举行。宁夏红提葡萄喜获"全国设施晚熟葡萄"评比金奖。

12 月 24 日　自治区政府印发《宁夏回族自治区清理化解村级债务实施方案》，正式启动全区村级债务化解工作。

2011 年

1 月 13 日　全区农村经营管理工作会议在银川召开。会议强调认真贯彻落实全区农村、农业工作会议精神，切实做好 2011 年农经工作。

1 月 14 日　全区种植业大会在银川召开。会议贯彻落实"十二五"自治区种植业发展思路，力争全区粮食播种面积稳定在 1200 万亩以上，总产保持在 330 万吨以上。

3月10日　全区农产品质量监管工作会议在银川召开。会议安排部署2011年全区农产品质量安全工作，进一步推进自治区农产品质量安全监管。

3月20日　灌区冬麦头水灌溉协商大会在青铜峡市召开。会议就灌区冬麦种植区域、渠系分布、冬麦返青情况和灌水形式进行分析与交流，安排部署冬麦头水灌溉工作。

3月22日　全区农机化暨农机购置补贴工作会议在银川召开。会议发布2011年宁夏农机购置补贴政策，首批农机补贴达1.4亿元。

3月31日—4月1日　自治区党委书记张毅到银川市、石嘴山市和农垦集团，就发展农业产业、促进农牧增收问题进行专题调研。

5月7日　全区创建现代农业示范基地工作会议在银川召开。会上为自治区政府命名的47个现代农业示范基地进行授牌，并发布2011年在全区推广应用的86个主导品种和69项主推技术。

5月17日　第三届中国（宁夏）园艺博览会项目签约仪式在银川举行。自治区党委副书记于革胜出席签约仪式。此次园博会24家国内企业与宁夏企业现场签订合作项目，签约总金额36.38亿元。

6月17日　自治区党委、政府召开全区禁牧封育工作会议。

是月　吴忠市人民政府、吴忠市农牧局与美国威斯克（WESCO）国际牧草公司正式签署《孙家滩牧草调制中心建设项目合作意向书》。威斯克公司投资1亿元人民币，建设现代化的牧草加工调制中心和2000亩优质牧草示范基地。

6月17—18日　农业部"兽药GMP培训会议（西北片区）"在银川召开。来自陕西、甘肃、宁夏、青海、新疆、新疆生产建设兵团的全国GMP检查员共60余人参加了本次培训。

7月13—14日　农业部党组书记、部长韩长赋带领农业部有关人员在宁夏考察农业农村工作。

7月19—23日　由自治区政府、中国马铃薯专业委员会主办，农业部种植业司、中国农业科学院协办的中国马铃薯（2011年·宁夏）大会在银川举办。本届大会的主题是"马铃薯产业与科技扶贫"。大会期间举行主题报告会和"贫困地区马铃薯主产县产业发展与科技扶贫"专题研讨会，来自全国的参会人员共商马铃薯产业发展大计。

8月18日　中国（宁夏）六盘山第三届黄牛节暨苗木、旅游产业推介会在泾源县举办。此次黄牛节以"生态、绿色、开放、共赢"为主题，由赛牛大会、六盘山特色苗木推介会、旅游精品线路推介会、六盘山黄牛论坛、六盘山友好交流与绿色经济合作论坛等11项特色活动组成，旨在通过产业推介会和系列论坛，交流宁夏旅游文化，展现宁夏（泾源）肉牛产业项目启动以来取得的丰硕成果，加大对泾源苗木、旅游特色产业的宣传力度。

8月23日　香港渔农自然护理署在永宁县望洪镇举行授牌仪式，授予鸿霖和万丰两家供港蔬菜生产基地"信誉农场"称号。至此，自治区共有8家蔬菜基地被授予"信誉农场"称号。

9月20—22日　第二届中国-阿拉伯国家经贸论坛宁夏农业经贸合作洽谈研讨会在银川举办，来自也门、埃及等国家政府官员、农业企业代表近180人参会。农业部农业贸易促进中心信息网络处负责人及丝绸之路国际商务（北京）有限公司总裁等进行主旨演讲、交流研讨。宁夏回族自治区农牧厅与苏丹签署"中国（宁夏）-苏丹农业领域合作备忘录"。

10月24日　自治区农牧厅、物价局、商务厅联合印发《关于稳定蔬菜市场价格的实施意见》，加大蔬菜价格调控力度，确保节日期间市场蔬菜价格稳定。

11月6—10日　农业部2011年秋季重大动物疫病防控工作检查组一行3人在宁夏检查秋防工作。检查组实地检查自治区本级和石嘴山市及平罗县秋季重大动物疫病防控情况。

是年　自治区粮食生产工作按照"一优三高"的总体要求和"稳定面积、调整结构、优化品质、主攻单产"发展思路，2011年全区粮食总产量达358.9万吨，再创历史新高，实现"八连增"。

2012 年

2月8日　自治区政府召开第 111 次常务会议，审议通过《宁夏农业和农村经济发展"十二五"规划（送审稿）》。该规划提出，到 2015 年，宁夏农业总产值达 419 亿元以上，农民人均纯收入达到 8200 元，年均增长 12％以上。

2月10日　自治区农村工作会议在银川召开。自治区领导张毅、王正伟、崔波等出席会议。大会表彰奖励了灵武市等 9 个 2011 年度社会主义新农村建设先进集体，利通区等 10 个 2011 年度农民增收先进集体，永宁县等 8 个 2011 年度农业招商引资先进集体，金凤区等 3 个 2011 年度统筹城乡发展试点先进集体，灵武市等 9 个 2011 年度农业科技进步先进集体。

3月26日　自治区党委、自治区人民政府印发《关于加快推进农业科技创新与推广的若干意见》（宁党发〔2012〕9 号）。

是日　自治区农牧厅印发《关于下达 2011 年草原生态保护补助奖励机制资金兑付奖励资金预算指标的通知》，共下达补助奖励资金兑付奖励资金 320 万元。

4月8日　由北京中地种畜有限公司投资建设的贺兰中地万头奶牛示范基地在贺兰县洪广镇举行奠基仪式。

5月9日　农业部国际合作司与宁夏回族自治区农牧厅、自治区葡萄花卉产业发展局签订了《宁夏贺兰山东麓葡萄产业带和文化长廊建设战略合作框架协议书》。

是日　全区水稻插秧及稻田养蟹现场会在银川市贺兰县举行。提出要大力示范推广稻蟹生态种养技术，力争 2012 年稻田养蟹面积达到 12 万亩。

5月29日　自治区党委书记张毅考察吴忠市盐池县花马池扶贫开发整村推进村农业生产、利通区五里坡生态移民点等地区产业扶贫工作情况，自治区党委副书记崔波、自治区副主席郝林海陪同调研。

6月21日　自治区农牧厅印发《关于下达 2011 年能繁母猪补贴计划和资金的通知》，补贴标准为每头 100 元，中央财政根据农业部提供的自治区 2010 年底能繁母猪的存栏量补助 60％，自治区补贴 40％。共下达能繁母猪补贴计划和资金 1181.7 万元。

7月1日　全区上半年农业农村经济形势分析会在银川召开。会议认真贯彻落实自治区第十一次党代会和全区勤政警示教育大会精神，分析当前农业农村经济形势，总结交流上半年工作并研究部署今后重点工作。

7月17日　2012 年黄河渔业资源增殖放流活动在黄河银川贺兰段举行。

7月24—27日　东北亚园艺产业研讨会在银川举办，由宁夏回族自治区人民政府和东北亚地区地方政府联合会主办，宁夏农牧厅具体承办。来自日本、韩国、俄罗斯，以及中国宁夏、辽宁等国内 22 个省（直辖市、自治区）的农业官员、园艺专家和企业代表近 200 人参会。

7月25—28日　全国水产技术推广总站站长魏宝振一行到宁夏，对自治区稻田养蟹进行巡回指导。

8月1日　由国家蜂产业技术体系研发中心主办的国家蜂产业技术体系 2012 年中期总结会议在银川召开。

8月14—17日　全区种植业"十项推广计划"观摩会议灌区分会召开。会议旨在通过观摩考察和经验交流，检验和验收自治区 2012 年初部署的各项农技推广工作落实情况，进一步强化秋粮后期田间管理措施，确保秋粮全面丰收。

8月22日　蒙古国动物检验检疫局 Nyandorj 一行 5 人到宁夏考察种禽养殖和防疫情况。

8月30日　由农业部、国家林业局、国家工商总局、国家质检总局、自治区政府联合举办的首届贺兰山东麓葡萄酒节暨第四届中国（宁夏）园艺博览会在宁夏园艺产业园开幕。全国政协副主席白立忱，国家工商总局党组成员、副局长付双建，农业部国家首席兽医师于康震，国家质检总局总检验师项玉章，国家林业局副局长张永利出席开幕式。

9月1日　首届贺兰山东麓葡萄酒节、葡萄及葡萄酒专题推介会和项目签约仪式在宁夏园艺产业园举行。此次葡萄酒节共签约15个项目，签约资金达147.4亿元。

9月11—15日　第三届中国-阿拉伯国家经贸论坛宁夏农业经贸合作洽谈研讨会在银川举办。邀请毛里塔尼亚、加纳等国家政府官员、农业企业代表近230人参会。南苏丹农业部副部长贝达·马夏尔·丁格（BedaMacharDeng）等11位中外官员及企业代表就农业经贸投资进行交流发言。

9月25日　自治区政协九届五次会议重点提案办理工作座谈会在红寺堡召开。会议强调要进一步加大对中南部旱作节水农业的投资支持力度，建议制定相关政策鼓励支持残膜回收利用和回收机械研发，大力推广生物降解地膜。

9月26日　国家统计局宁夏调查总队、自治区统计局、宁夏农林科学院、农垦事业管理局、国家统计局吴忠调查队等有关部门对吴忠市利通区马莲渠乡水稻高产攻关田进行实打验收。其中：种植户马生林种植的1.54亩新品系优育41号，实打总产1730.0千克，现场测定水分24.5%，经折合标准亩产（水分14.5%）达947.5千克，创宁夏水稻单产历史最高纪录。

10月11日　全国农机安全监管技术演示暨2012年农机具移动式安全检测装备配发仪式在平罗举行。

10月17日　自治区人大十届六次会议第95号重点建议现场办理座谈会在中卫召开。会议重点督办"关于建设蔬菜制种基地建议"的落实情况。

10月19日　西部牛羊产业技术发展论坛在贺兰县举行。

10月24日　农业部动物卫生监督执法能力考核评价工作会议在银川举行。

是月　在由农业部等国家部委主办的第十届中国国际农产品交易会金奖产品评选活动中，自治区"兴唐大米""塞北雪面粉"等16个宁夏农产品获得"金奖农产品"称号。

是月　在第二届中国粮油榜榜单中，宁夏昊王米业有限公司和宁夏塞北雪面粉有限公司荣登中国百佳粮油企业榜单。

11月1日　国内最大豆制品生产项目——年产8万吨豆制品生产线在宁夏天人和豆制品股份有限公司建成投产。

11月24日　应农业部邀请，苏丹畜牧资源与渔业部部长法赛尔·哈桑·易卜拉罕（Faisal Hassan Ibrahim）率领11人代表团到宁夏进行考察，农业部对外经济合作中心主任杨易、自治区有关领导陪同考察。

11月26日　宁夏-苏丹农业、畜牧和渔业领域合作备忘录签约仪式在银川举行。这一行动是落实中国-苏丹农业合作行动计划的具体体现，为加强中国和苏丹在农业、畜牧业、渔业领域的务实合作奠定基础。

11月27日　自治区主席王正伟在银川会见法国波尔多大学葡萄与葡萄酒科学院院长丹尼斯·杜德。

11月29日　宁夏首家万头奶牛示范牧场——宁夏天宁牧业在中宁县建成投产。

12月14日　2012年中国绿色食品博览会在上海国际展览中心举办，宁夏展团在本届博览会荣获"组织奖"，参展的宁夏中宁早康枸杞、宁夏黄河峰源有机米、宁夏塞外香大米、宁夏西夏王葡萄酒四种农产品获"产品畅销奖"。

12月30日　自治区质量技术监督局、发展和改革委员会、农牧厅等7家单位联合印发《关于加快推进自治区品牌建设的指导意见》，按照《中华人民共和国国民经济和社会发展第十二个五年规划纲要》，要求各部门结合本地实际，认真开展品牌建设工作，以品牌建设促地区经济发展。

是年　吴忠市人民政府、吴忠市农牧局与美国威斯克国际牧草公司合作，在吴忠市孙家滩开发区建立集新品种引进、集约化种植、病虫害防治、加工调制为一体的国际化首蓿草试验示范基地。

2013 年

1月8日　全区农业工作会议在银川召开。会议强调要实现粮食总产稳定在350万吨以上，农业增加值增长5%，农民人均纯收入增幅达到12%以上的目标。

是日　全区种植业工作会议在银川召开。会议安排部署2013年全区种植业工作。

1月17日　自治区政府副秘书长孔平主持召开关于援建项目实施和残膜回收利用工作协调会。根据会议精神，农牧厅与财政厅联合制定《2013年地膜招标采购和供应方案》。

1月27日　自治区党委、自治区人民政府印发《关于推进农业经营体制创新增强农村发展活力的若干意见》（宁党发〔2013〕10号）。

2月20日　自治区政府第129次常务会议审议通过下发《加快推进农业特色优势产业发展若干政策意见》。

3月1日　自治区党委、政府联合下发《关于开展万名干部下农村送政策促发展活动》的通知。

3月9日　2013年全区畜牧兽医工作会议在银川召开。会议表彰奖励2012年全区畜牧兽医工作先进集体和先进个人，总结2012年全区畜牧兽医工作，安排部署2013年工作。

3月19日　自治区农牧厅会同商务厅、银川综合保税区管委会有关人员、肉牛产业体系专家、肉牛养殖加工企业、饲料生产企业代表召开关于宁夏肉牛产业发展探讨会。

4月1—30日　自治区根据农业部《关于开展2013年草原普法宣传月活动的通知》精神，决定在全区农牧系统开展以"贯彻实施草原司法解释打击草原违法犯罪行为"为主题的"草原普法宣传月"活动。

4月2日　自治区人民政府办公厅印发《自治区人民政府办公厅关于印发宁夏回族自治区中长期动物疫病防治规划（2012—2020年）的通知》（宁政办发〔2013〕47号）。该规划包括面临的形势、指导思想和基本原则、总体策略、防治病种和防治目标、动物疫病防治区域化布局、重点任务、能力建设、保障措施等8个部分。

4月4日　自治区防治重大动物疫病指挥部办公室《关于开展H7N9亚型禽流感防控工作的紧急通知》（宁防重指办发〔2013〕6号），对全区H7N9亚型禽流感防控工作做了安排部署。

4月24日　美国百事食品（中国）有限公司在宁夏出席中美薯片加工型马铃薯种植试验示范基地开工仪式，并与自治区农牧厅签署《薯片加工型马铃薯合作协议书》。

5月7—10日　日本协力财团专务理事秋山进（秋山進）、常务理事渡边光哲和理事川崎隆史一行3人在宁夏出席"神内宁夏品牌肉牛产地形成综合援助项目"第六次项目联席会议。

5月19—22日　以色列驻华使馆派国际合作、科技和农业参赞尤博恩（Eitan Neubauer）在宁夏考察，针对宁夏提出的建设"宁夏-以色列旱作节水示范基地项目"的必要性和可行性进行初步确定。尤博恩表示愿意通过资金、技术等方面的帮助，加快发展旱作节水水肥一体化农业技术的引进和推广。

6月4日　美国威斯康星州农业、贸易与消费者权益保护厅副厅长黎杰夫（Jeffrey Lyon）一行在宁夏考察。

6月20日　中央电视台新闻联播和财经频道对宁夏西吉县农用残膜污染及回收利用有关情况进行播报，并对宁夏残膜回收工作给予肯定。

6月26日　中国宁夏·平罗第二届种业博览会在宁夏平罗县文化展览中心举行。本次博览会以"科技、品种、品牌、共赢"为主题，吸引了北京、上海、河北、贵州、山东、浙江等地92家企业参展，开展了种子、种苗新优品种展示、交易、种业高峰论坛及信息发布等一系列活动。

7月6日　宁夏现代农业发展学术研讨会在银川召开。会议主要探讨交流促进宁夏现代农业发展，创新农业经营体制机制，进一步增强农村发展活力，提升科技创新能力和推广服务水平。

7月　《兽医法规汇编》由中国农业出版社出版。本书收录了2012年12月31日前我国现行的兽医及相关法律22件、行政法规16件、部门规章23件、地方性法规和规章10件、规范性法律文件56件、技术规范和标准66件，共193件，175.8万字，内容比较全面地涵盖了兽医工作所涉及的法律、法规、规章和规范性法律文件及技术规范和标准，是目前收录比较全面的一部兽医法律工具书。本书由自治区农牧厅兽医局、自治区动物卫生监督所、自治区动物疾病预防控制中心、自治区兽药饲料监察所的有关人员历时3年编写而成。

8月10日　农业部和自治区政府联合主办的2013年中国（宁夏）第三届园艺博览会在银川市宁夏园艺产业园举行。

8月12—14日　以色列外交部国际合作中心大使乔拉·比彻（Giora Becher）、项目官员丹尼尔·沃纳（Daniel Werner）和参赞尤博恩（Eitan Neubauer）访问宁夏，进一步考察调研与自治区合作开展的旱作节水示范项目，确定合作领域及方式。

8月14日　农业部与自治区政府签署《共同推进内陆开放型经济试验区农业特色优势产业发展合作备忘录》，共同推进宁夏现代农业产业聚集升级。

9月14日　由12个非洲国家组成的"非洲法语国家农业水资源利用与管理研修班"在宁夏进行考察学习，并参观考察宁夏农业节水灌溉示范点。

9月15—19日　第一届中国-阿拉伯国家博览会农业板块活动在银川举办。来自巴勒斯坦等35个国家、地区和国际机构的代表，以及150多家区内外农业企业代表，共计280人参会。

9月25日　由自治区政府主办的2013年第四届中国欧洲农业研讨会在银川举行，来自荷兰、英国、罗马尼亚、乌克兰、德国、丹麦、法国等7个国家及其驻京相关企业的嘉宾，以及部委、西部5省（自治区）的专家，共150多名嘉宾参加会议。围绕"农业、可持续发展与农产品安全体系建设"主题，中欧双方嘉宾共同研讨现代农业产业可持续发展的新模式、新途径和农产品安全。

10月10日　覆膜暨残膜回收利用工作会议在固原市召开。会议强调要抓好中南部地区今冬明春覆膜及农用残膜回收利用工作。

12月18日　自治区粮食生产实现"十连丰"，预计2013年农民人均纯收入将达到6946元，同比增长12.4%。

12月20日　宁夏马铃薯产业协会正式成立。会长由自治区现代农业集团总经理徐光荣担任，随后召开第一次会员代表大会。

2014 年

1月3日　自治区主席刘慧签署宁夏回族自治区人民政府令第63号，公布《宁夏回族自治区无规定动物疫病区管理办法》，自2014年3月1日起施行。该办法包括总则、无规定动物疫病区建设、无规定动物疫病的预防与控制、检疫与监督、法律责任、附则共6章28条。

1月8日　自治区政府组织召开中部干旱带农业结构调整产业优化升级规划（2013—2017年）工作会议。

1月26日　自治区主席刘慧主持召开农用残膜治理工作专题会议。

2月11日　自治区党委、政府印发《关于表彰2013年度社会主义新农村建设先进集体的决定》，授予平罗县、盐池县"社会主义新农村建设先进集体一等奖"，各奖励以奖代补资金人民币300万元；授予灵武市、永宁县、贺兰县、彭阳县、隆德县、农垦西夏王实业有限公司"社会主义新农村建设先进集体二等奖"，各奖励以奖代补资金人民币150万元；授予利通区、青铜峡市、兴庆区、原州区、西吉县、前进农场、玉泉营农场、灵武农场8个单位"社会主义新农村建设先进集体三等奖"，各奖励以奖代补资金人民币50万元。

是日　宁夏-以色列农业技术合作项目实施方案讨论协调会议在银川召开。

2月13日　自治区农村工作暨扶贫开发工作会议召开，会议贯彻落实中央农村工作和全国扶贫工作座谈会精神，部署了 2014 年和今后一个时期农业农村和扶贫开发工作。自治区政府与各县（市、区）签订了 2014 年扶贫开发工作目标管理责任书。会议提出，全区农业农村和扶贫开发工作要围绕农业强、农民富、农村美这个目标，统筹推进全区"三农"和扶贫开发工作。会议强调要以农民增收为核心，以发展现代农业为目标，以深化农村改革为动力，紧紧抓住产业优化升级这条主线，加快推进农业结构调整、农业科技进步和农村经营体制机制创新。

2月14日　国内首个葡萄酒庄列级管理制度——《宁夏贺兰山东麓葡萄酒产区列级酒庄评定管理（暂行）办法》正式施行，标志着宁夏葡萄酒产区进入列级管理时代。

2月19日　自治区党委、政府印发《关于深化农村改革的实施意见》，对深化农村改革作了全面部署。《意见》提出要推进农村产权制度改革，强化农业支持保护制度，健全农业社会化服务体系，推进农村金融服务创新，健全城乡发展一体化体制机制，健全农村生态环境建设，建立和完善农业节水机制，创新扶贫开发和生态移民工作机制，完善乡村治理机制等。

3月1日　自治区党委、政府联合开展的全区进村入户"送政策"活动正式启动。

4月1—30日　全区农牧系统开展"依法保护草原，建设生态文明"为主题的草原普法宣传月活动。

4月16日　全区地市产业发展座谈会在银川召开。会议强调要坚持走"一特三高"之路，聚焦"五百三千"发展计划，围绕冷凉菜、草畜等重点产业，在标准化、优质高效、科学化上做文章。

5月9日　2014 年（第三届）中国乳业技术创新与可持续发展大会在银川召开，与会专家就国内外乳业形势及中国乳业国际化发展的问题与趋势进行研讨。

5月22—24日　全区 7 家有机食品企业参加在上海举办的第八届中国国际有机食品博览会，在本次展会上，宁夏绿色食品办公室被评为最佳组织奖，银川市黄河峰源有机稻种植专业合作社、宁夏裕稻丰生态农业科技有限公司、宁夏市外淘园农业开发有限公司 3 个企业参展产品被评为金奖产品，宁夏承润食用油有限公司等 4 家企业参展产品获得优秀产品奖。

6月8—10日　国务院扶贫办党组书记、主任刘永富带领国务院扶贫办第一督查调研组一行深入固原、中卫、吴忠、银川，对宁夏扶贫开发工作进行调研，并在银川召开座谈会，听取自治区扶贫办的汇报及自治区扶贫开发领导小组成员单位、固原市的意见建议。

6月18日　为期 3 天的 2014 年中法葡萄酒设备技术展览会在宁夏园艺产业园会展中心举行。法国、德国、西班牙、意大利等国内外 150 余家企业参展。其间，举行以葡萄产业机械化发展为主题的"贺兰山东麓葡萄产业机械化应用""法国代表团技术展示"等 4 场专业性论坛。

6月26日　自治区党委、政府印发《关于进一步深化农垦改革发展的实施意见》，提出要按照政企分开、事企分开的原则，通过深化农垦管理体制改革和农垦事业单位改革、推进农垦集团公司内部改革和农垦职工房屋产权制度改革，巩固农垦改革发展成果，激发农垦发展活力，发挥农垦对全区现代农业的引领示范和对全区经济社会发展的积极作用。

是月　宁夏-以色列农业技术国际培训中心挂牌仪式在宁夏农垦平吉堡中国科学院试验站举行。

7月14日　2014 上海最大规模的葡萄酒节——WINE100 葡萄酒大赛榜单揭晓，宁夏 13 款葡萄酒分别获得大赛银奖和铜奖，占获奖中国葡萄酒的 62%。

7月15日　全区马铃薯疫病防治现场会在固原召开。现场观摩马铃薯晚疫病各种机载药械和视博无人机等植保药械防治演练。

7月25日　由农业部和自治区政府共同主办的第六届中国（宁夏）园艺博览会暨六盘山冷凉蔬菜节在固原市举办。园博会共签约项目 61 个，项目总投资 96.3 亿元，其中合同项目 39 个，总投资 66.97 亿元。

7月30日　在由国际园艺学会、农业部、中国科学院等单位共同主办的 2014 北京延庆世界葡萄大会葡萄酒巅峰挑战赛上，贺兰山东麓产区获得"新兴产国之星"大奖，另有 5 款葡萄酒获得银奖、铜奖和单项奖，成为国内获奖最多的葡萄酒产区。

是月　按照国务院办公厅《关于改善农村人居环境指导意见》的部署和要求，自治区党委、自治区人民政府立足宁夏农村发展实际，出台《宁夏美丽乡村建设实施方案》，确定以城乡一体化为战略方向，积极构建布局合理、功能完善、质量提升的美丽乡村发展体系，大力实施规划引领、农房改造、收入倍增、基础配套、环境整治、生态建设、服务提升、文明创建八大工程，统筹推进美丽乡村建设。

是月　自治区政府办公厅印发《自治区农牧厅主要职责内设机构和人员编制规定通知》（宁政办发〔2014〕116号），成立自治区农牧厅农产品质量安全管理局，负责全区农产品质量安全监管工作。

9月1日　2014年全区"质量月"活动正式启动。

9月9日　首届宁夏家庭农场经理人高级研修班在东北农业大学举办。

9月21—23日　中共中央政治局委员、国务院副总理汪洋深入永宁、贺兰等地，围绕农业农村、扶贫开发、农业科技、水利工程建设等工作展开考察调研。

9月26—30日　宁夏园艺产业园展览展示活动暨美丽乡村建设成就及农民文化艺术展活动在宁夏（贺兰）园艺产业园举办。

9月29日　西部首家国际葡萄酒交易博览中心落户宁夏。

10月1日　国家《西部地区鼓励类产业目录》正式实施。该目录保留宁夏优质葡萄酒酿造、枸杞加工、绿色食品、新能源、煤化工等31条，基本涵盖宁夏所有的优势产业。

10月17日　农业部公布2014年"中国最美休闲乡村"和"中国美丽田园"评选结果。西吉县龙王坝村、隆德县红崖村入选"中国最美休闲乡村"，中卫市腾格里沙漠湿地、中卫市沙坡头薰衣草景观、隆德县麦田景观入选"中国最美田园"。

10月17—23日　全区绿色、有机食品展销订货会在宁夏园艺产业园召开。

10月23—26日　2014中国（宁夏）国际牛羊肉产品及设备展览会在宁夏银川举办。本届展会展览面积10000米²，展览内容主要包括牛羊肉产品（包括冷鲜和冻鲜牛羊肉）、屠宰、加工、包装设备及仓储、冷链物流、信息服务、乳制品及葡萄酒等。展会期间举办国际牛羊肉产业发展论坛、中外牛羊肉冷链物流研讨会、中外企业对接会、宁夏牛羊肉生产企业考察等系列活动。

10月31日　宁夏已争取到农业部等国家各类项目资金24.48亿元，比上年增长40.17%。其中粮食直补、农资综合直补、农作物良种补贴、农机购置补贴、草原生态补助奖励等政策性农业补贴项目资金15.93亿元，增长19.55%；中央财政支农专项资金5.89亿元，增长153%；国家农业基本建设项目资金2.65亿元，增长46.8%。

11月20日　第三届世界低碳生态经济大会暨第七届中国绿色食品博览会、宁夏优质农产品推介会在北京召开。

12月9日　全区农牧系统行政审批联席会议在银川召开。

12月15—18日　自治区开展禽畜屠宰质量安全专项整治检查工作。

12月17日　自治区农牧厅印发《关于印发〈宁夏回族自治区奶牛、羊布鲁氏菌病免疫实施方案〉的通知》，决定自2015年1月1日起对全区奶牛、羊进行布鲁氏菌病计划免疫。

12月18日　自治区妇女联合会和自治区国土资源厅等6个厅局联合印发《关于在农村土地承包经营权、宅基地使用权、房屋所有权确权登记颁证工作中依法维护妇女权益的意见》。

2015 年

1月6日　自治区接洽引进"全国垂直生鲜第一商"顺丰速运公司，与其及旗下食品电商顺丰优选、门店顺丰嘿客达成合作，共同构建地方农产品流通和推广新型模式。

是日　宁夏大米蒸煮食用品质感官评价会在银川召开。"兴唐1号"排名第一，成为宁夏大米的代表。

1月27日　自治区党委常委会议传达学习中央农村工作会议精神，研究贯彻意见。会议原则同意自治区党委农村工作领导小组提出的贯彻意见，召开自治区农村工作暨扶贫开发工作会议，研究出台宁夏关于做好农业农村工作的意见，对2014年度社会主义新农村建设先进集体进行表彰。

1月29日　自治区农村工作暨扶贫开发工作会议在银川召开。会议贯彻落实中央农村工作会议精神，安排部署了2015年全区"三农"和扶贫开发工作。表彰奖励了2014年度社会主义新农村建设先进集体，表彰奖励了生态移民及扶贫开发工作先进集体。自治区主席刘慧在会上讲话时强调指出，务农重本，国之大纲，要进一步提升各项具体工作的质量和水平，夯实特色产业基础，因地制宜，实事求是，大力拓宽农民增收渠道，有针对性地引导农村富余劳动力向园区和服务业转移，增加工资性收入。

2月8日　自治区党委、政府印发《关于贯彻落实中央一号文件精神做好2015年农业农村工作的意见》，指出要全面深化改革，增添农村发展活力；要推进特色优势产业提质增效，加快农业现代化；要创新支农方式，完善政策支撑体系；要健全工作机制，深入推进扶贫开发；要推进新农村建设，促进城乡发展一体化；要完善乡村治理机制，推进农村依法治理；要立足长远，谋划好"十三五"农业农村工作。

2月10日　加强村级财务和民主自治情况专题会议在银川召开。

3月6日　全区农村改革暨农村土地承包经营权确权登记颁证工作会议在沙坡头区召开。

3月20日　全区农业领域非法集资风险专项排查活动正式启动。

3月27日　农业部印发《关于报送2016年国家救灾备荒种子储备计划的通知》，安排宁夏回族自治区承担国家救灾备荒种子储备计划任务90万千克。

是日　《宁夏日报》报道，宁夏贺兰山东麓葡萄酒产区在2015年中国葡萄酒市场"金羊奖"评选中获得2015年中国葡萄酒市场"大金羊奖"及"金羊奖"3个首奖，总计获得37个奖项，占奖项的52%。

4月27日　自治区气象局与自治区农牧厅联合下发《关于2015年农业与气象联合为农服务工作方案》，重点强调扎实做好为农服务工作，深入贯彻落实中央一号文件。

4月28日　全区马铃薯主粮化综合展览展示宣传月活动启动会议在银川召开。

4月30日　自治区主席刘慧主持召开第45次政府常务会议，审核通过《关于进一步促进融资性担保行业发展的若干意见》，破解小微企业和"三农"融资难、融资贵的问题。

是月　宁夏、陕西、甘肃、青海、新疆五省（自治区）检验检疫局签署《西北五省（区）检验检疫认证执法监管区域合作联动机制建设备忘录》，标志着西北五省（自治区）检验检疫认证执法监管工作区域合作全面启动。

5月11日　自治区农牧厅与自治区林业厅联合印发《关于进一步加强禁牧封育工作的通知》，出台"10条措施"全面强化禁牧封育工作。

5月12日　夏播生产现场观摩会在灵武召开。会议现场进行"冬牧70"机械收获、打捆、包膜等作业演示，自治区副主席屈冬玉出席会议。

5月26—27日　国土资源部党组书记、部长姜大明在平罗等地调研土地流转、土地整理和农村宅基地制度改革情况。

5月28日　2015年中阿博览会-中国（宁夏）国际节水展览暨高效节水农业发展论坛在宁夏银川国际会展中心举办。

6月9日　全区渔业技术创新推广现场观摩和培训会议在自治区水产研究所贺兰基地召开。

6月24日　粮食烘干设备展示现场会在平罗县召开。会议重点展示宁夏虹晟农业机械有限公司生产的地笼式通风降湿设备、宁夏新大众机械有限公司生产的热风烘干设备，同时介绍台湾三久集团生产的粮食烘干设备和安徽牧阳生产的粮食烘干设备。

7月1日　中国科学技术协会海智特聘专家、比利时金海农业集团总裁、安徽大浦现代农业研究院院长高继明到宁夏，就"中欧现代农业发展情况"举办专题讲座，与会代表围绕现代农业工作进行交流与讨论。

7月8日　全区农村电子商务专题培训会在银川举办，正式叩启宁夏农村电商试点大门。

8月25—28日　宁夏扶贫扬黄灌溉一期工程农业、移民工程竣工验收会议在银川举行。

9月11日　由农业部与自治区政府联合主办的2015中国-阿拉伯国家农业高端研讨会在银川召开。研讨会以"建立中阿农业科技合作机制，共同推进农业可持续发展"为主题，邀请来自阿尔及利亚等16个国家的驻华外交官、埃及等40个国家的农业官员、企业代表和8个国际机构的代表等，共计525人参会。

9月17日　2015年黄河渔业资源增殖放流活动在中卫市举行。

是日　山区秋粮产量分析会议在固原市召开。会议重点分析山区秋粮生产特点和增减产原因。

是月　由农业部和宁夏回族自治区人民政府合作设立"中国-阿拉伯国家农业技术转移中心"，旨在加强与阿拉伯国家及"一带一路"沿线重点国家农业交流与合作。在阿拉伯国家及"一带一路"沿线重点国家设立海外分中心，建立以农业技术转移、人才交流、农业企业培育、国内外农业资源对接为目标的开放型服务平台。

10月13日　全区草畜产业节本增效科技示范培训交流暨现场观摩会在石嘴山市举办。会议传达全国现代畜牧业建设工作会议精神并通报前三季度全区畜牧业发展情况。

10月16日　自治区农牧厅与中国水产科学研究院在银川举行科技合作框架协议签约仪式。

10月26日　以色列外交部国际合作中心与宁夏回族自治区农牧厅在银川签署了首期《宁夏-以色列灌溉试验田的谅解备忘录》，双方将在宁夏共建200亩现代农业示范区，标志着宁夏与以色列农业合作进入实质阶段。

11月20日　全国禽畜屠宰行业管理系统正式上线。

11月30日　2015年阳光沐浴工程圆满完成。共为20万户农户安装太阳能热水器20万套，完成计划任务的100%；完成投资43108.1万元，完成计划投资的119.74%。

12月4日　全区马铃薯产业发展暨农企对接座谈会在宁夏誉景食品有限公司召开。

2016 年

1月7日　全区脱贫攻坚誓师大会以视频会议形式召开。会议提出，按照三年集中攻坚、两年巩固提高的要求，举全区之力，坚决打赢脱贫攻坚战，提前两年实现"两个确保"脱贫目标。5个地级市和部分贫困县（区）党政一把手签订了脱贫攻坚责任书。自治区扶贫办和固原市等市、县及镇、村负责人发言。

1月14日　自治区党委、政府印发《关于表彰2015年度社会主义新农村建设先进集体的决定》和《关于深化供销合作社综合改革的意见》。

1月19日　农业部办公厅印发《农业电子商务试点方案》，将于2016年在北京、河北、吉林、宁夏等10省（自治区、直辖市）开展农业电子商务试点。

1月20日　全区农村工作会议在银川召开。会议贯彻落实中央农村工作会议精神，总结"十二五"、部署"十三五"全区农业农村工作。提出要坚持"创新、协调、绿色、开放、共享"理念，把促进农民增收作为中心任务，把推进农业现代化作为主攻方向，把改革创新作为持续动力，把全面建成小康社会作为战略目标，促进农业稳定发展、农民持续增收、农村和谐美丽。

1月28日　自治区党委、政府印发《关于力争提前两年实现"两个确保"脱贫目标的意见》，提出力争到2018年实现现行标准下的58.12万农村贫困人口脱贫、800个贫困村全部销号、9个贫困县（区）全部摘帽。

2月1—2日　中共中央政治局常委、国务院总理李克强在宁夏考察。李克强在考察时强调，要把贫困人口从自然条件恶劣的地方搬出去，是精准扶贫、拔掉穷根的重要方式，搬出去天地就宽了，就医、出行、上学的条件更好，可以生出好日子的"新根"。消除绝对贫困是"十三五"时期务必打赢的攻坚战，是必须补上的"短板"，要横下一条心，憋足一股劲，啃下这块硬骨头，不让贫困群众在全面小康路上掉队。

2月3日　自治区人民政府办公厅印发《自治区人民政府办公厅关于建立病死畜禽无害化处理机制的实施意见》（宁政办发〔2016〕24号），该《意见》包括总体思路、落实无害化处理责任、加强无害化处理体系建设、建立和完善配套保障措施、加强宣传教育、严厉打击违法犯罪行为、加强组织领导等七个部分。

2月6日　自治区党委、政府印发《关于加快农业现代化实现全面小康目标的意见》，提出到2020年，"1＋4"特色产业（优质粮食和草畜、蔬菜、枸杞、葡萄产业）基本实现现代化，"一特三高"农业（指特色优势产业和高品质、高端市场、高效益）产值占农业总产值比重达90％以上，农业现代化总体水平处于西部前列；农村居民人均可支配收入达14100元；新农村建设水平进一步提高，农民素质和农村文明程度显著提升，城乡一体化发展体制机制基本形成，乡村社会治理机制进一步完善；现行标准下农村贫困人口全部脱贫，农村居民与全国全区人民同步进入全面小康社会。

2月27日　中阿技术转移项目签约仪式在银川举行。我国的椰枣产业综合治理技术等5项实用技术实现了向阿拉伯国家的技术转移。

2月28—29日　自治区主席刘慧带领宁夏党政代表团到天津考察学习，宁夏和天津两地代表在天津签署《重点领域项目合作协议》，达成一系列务实合作，包括采取"飞地经济园区"模式，利用滨海新区、天津自贸区开放优势，合作建设出口优质牛羊肉屠宰加工交易集散基地；发挥中阿博览会平台作用，鼓励两地企业"走出去"，抱团实施中阿合作项目，共同建设中阿产业园区。

3月2日　"开放的中国：从宁夏到世界"外交部省区市全球推介活动首场推介会在外交部南楼蓝厅举行。与会领导和各国使节参观了"宁夏优势特色产品展"。推介会后举行"'一带一路'——连接宁夏与世界"圆桌讨论会，与会嘉宾就"一带一路"当前进展，宁夏参与"一带一路"的优势和潜力，中国与中东和欧亚地区对接合作等问题展开讨论。

3月18日　自治区政府常务会议通过《关于开展全区土地管理专项整治实施方案》，将用9个月时间以市、县（区）政府自查整改为主，整治土地利用总体规划执行不严格等8个方面的问题。

4月28日　宁夏引黄灌区水稻机械化生产示范园区现场推进会在贺兰县兴农种养业技术服务协会示范基地（常信乡丁北村）召开。

5月12日　作为全球滴灌技术的发明者以及领导者——以色列耐特菲姆公司（NETAFIM）在银川国际工厂全面投产。

5月30日　自治区政府在银川国际会展中心举办"中阿博览会-2016中国（宁夏）国际节水展览会"。

5月　《宁夏兽医志》在中国农业出版社出版。该书记述时间下限为2013年，上限不定，内容包括概况、兽医工作、动物传染病防治、动物寄生虫与寄生虫病防治、动物普通病防治、中兽医、兽医科技教育、兽医学术交流和兽医人员等9篇51章和大事记、图片及4个附录，共203万字。

6月4日　阿根廷英肃德集团、北京科佳矿业公司与自治区农牧厅签订中国（宁夏）-阿根廷安格斯牛引进及生产基地建设战略合作协议。

6月24日　中国（宁夏）奶业转型升级研讨会暨婴幼儿配方奶粉研发中心揭牌仪式在银川悦海宾馆会议中心举行。

是月　中国、以色列两国农业部召开第一次农业合作工作组机制会议，将中国（宁夏）-以色列现代农业合作示范项目正式纳入两国农业部共同支持的合作项目。

7月19日　日本财团专务理事秋山进（秋山進）和常务理事渡边光哲一行到宁夏，出席自治区政府与日本国际协力财团合作实施的"神内宁夏品牌肉牛产地形成综合援助项目"第十次联席会议。

7月25日　第一届"全国知名蔬菜销售商走进宁夏"开展产销对接洽谈会在银川拉开帷幕。活动邀请全国十多个省（自治区、直辖市）农产品批发市场负责人、蔬菜销售商80多人走进宁夏，与自治区规模以上蔬菜生产企业、合作社等开展产销对接。会议期间签订一批针对性和互补性强的基地建设、产销合作协议，协议总金额达到10亿元。

8月19日　按照《农业部关于表扬2015年度专项工作延伸绩效管理试点工作优秀单位的通报》，加强重大疫病防控延伸绩效管理试点工作共有11家省级农业部门被评为优秀，宁夏回族自治区农牧厅榜上有名。

8月24日　自治区政府与西北农林科技大学签署合作协议，双方重点在草畜、酿酒葡萄、设施农业、特色瓜菜、优质粮食以及生态环境治理等优势产业和技术领域加强科技合作。

8月25日　中国（宁夏）-以色列农业技术培训中心、中国（宁夏）-以色列现代农业技术合作示范基地在平吉堡揭牌成立。

9月8日　第五届贺兰山东麓国际葡萄酒博览会在宁夏园艺博览园举办，300余人出席了开幕式。主会期间举办了2016中美葡萄酒文化旅游论坛、中美（贺兰山东麓）葡萄健康休闲交流体验活动、第五届贺兰山东麓国际葡萄酒博览会颁奖晚会暨"贺兰山东麓"杯中国青年侍酒师之夜等多项活动和葡萄酒及衍生产品展览展示。

9月22日　"品味宁夏"——聚焦贺兰山东麓葡萄文化长廊中央及省级主要媒体大型采访活动启幕，自治区党委常委、宣传部部长蔡国英出席启动仪式。

9月　"盐池滩羊肉"通过层层筛选，凭借其优良的品质入选G20杭州峰会接待食材，为盐池和宁夏优质农产品争得荣誉，扩大了影响力。

10月9—14日　全区产业发展和重点工作现场交流会对五市和宁东能源化工基地的36个重点项目进行现场观摩，并于15日在银川召开总结大会。

10月28—30日　2016中国（厦门）第九届国际休闲渔业博览会成功举办。此次博览会上宁夏获"最佳展台设计奖"。

11月2日　宁夏九三零农牧有限公司被农业部认定为"国家级良种扩繁推广基地"。至此，自治区已有两家种雏、种蛋生产企业入选为国家蛋鸡良种扩繁推广基地，占据全国16家中的2席。

11月5日　宁夏盐池县鑫海食品有限公司"宁鑫"牌滩羊肉和宁夏余聪食品有限公司"裕丰昌"牌滩羊肉获得第十四届中国国际农产品交易会参展农产品金奖。品牌知名度提升带动滩羊肉价格上涨20％以上，盐池滩羊肉品牌价值达到67亿元。

11月11日　宁夏·上海经济技术合作交流座谈会在上海召开，并举行沪宁商务合作签约仪式暨贺兰山东麓葡萄酒品鉴推介会，双方签订36.2亿元意向性合作协议。

12月1日　在北京举行的中国农产品地理标志申报会上，"中宁枸杞"和"灵武长枣"成功申报中国农产品地理标志。

12月4日　首届中国大米品牌大会在北京举行。大会授予五常大米、响水大米、庆安大米、盘锦大米、宁夏大米、宣汉桃花米、遮放贡米、射阳大米、兴化大米、罗定稻米"2016中国十大大米区域公用品牌"称号。

12月19日　自治区农牧厅印发《关于开展2017年全区农作物种子质量监督检查行动的通知》，标志着2017年全区农作物种子质量监督检查行动正式启动。

12月21日　自治区农林科学院与中国农业科学院签署合作备忘录。双方将在农业科技创新联盟建设、人才交流和培养、创新平台共建共享等5个方面展开交流合作。

是年　在闽宁对口扶贫协作20周年之际，宁夏特色优质农产品推介展销活动在泉州中骏世界城拉开帷幕。宁夏100多家农业产业化龙头企业进行展示展销、宣传推介、洽谈对接等。展销内容以宁夏"一特三高"特色优势农产品、"1+4"特色优势产业为主，针对闽南地区的消费需求，集中展示优质粮油、马铃薯、蔬菜、优质牛羊肉、枸杞及衍生品、葡萄酒类等500多种特色优质农产品。

2017 年

1月3日　自治区西吉县和平罗县被农业部确定为国家级第一批区域性良种繁育基地。

1月15日　自治区党委、人民政府印发《关于深入推进农业供给侧结构性改革加快培育农业农村发展新动能的实施意见》（宁党发〔2017〕1号）。提出要加快发展特色优势产业，着力推进农业提质增效；拓展农业多种功能，发展壮大新产业新业态；强化农业科技创新驱动，加快培育发展新动能；深化农村改革，激活农业农村发展内生动力；夯实农业农村基础条件，按照宜居宜业目标推进新农村建设；推进绿色生产方式，增强持续发展后劲。

1月16日　自治区农村工作会议在银川召开。会议深入贯彻中央经济工作会议、中央农村工作会议和自治区党委十一届九次全会精神，总结成绩，表彰先进，交流经验，分析形势，研究部署2017年"三农"工作。会议通报了2016年度农业现代化和农村全面小康建设综合考评情况，表彰奖励了2016年度农业现代化和农村全面小康建设先进集体、2016年度农村全面小康建设进位单位。贺兰县、盐池县、原州区、平罗县、利通区、沙坡头区万齐农业集团有关负责人做了交流发言。

2月3日　全区春耕备耕形势会商会在银川召开。会议对全区气象、墒情、水情、农资储备和病虫害发生趋势进行通报，共同研判全区春耕备耕形势，全力打好春耕生产第一仗。

2月10日　自治区脱贫攻坚电视电话推进会传达学习全国扶贫开发工作会议精神，提出要紧盯目标不放松，集中力量补短板，坚决打赢脱贫攻坚战。

2月20日　农业部调查组一行到自治区青铜峡市开展"百乡万户"调查工作，随后在青铜峡市召开首次见面座谈会。

2月22日　宁夏2017年农机购置补贴暨警示教育工作会议在银川市召开。会上自治区农牧厅农机局局长、农机监理总站站长分别与各市县区农机中心（站、所）、负责人、农机监理所负责人签订《2017农机购置补贴实施暨廉政风险防控工作责任书》《2017农机安全目标考核责任书》。

3月27日　全区农村经营管理工作现场会议在中卫市召开。

3月28日　由自治区农牧厅提出，自治区兽药饲料监察所借鉴美国、丹麦等国生鲜牛乳质量评估的理念，综合分析宁夏生鲜牛乳质量安全状况和营养品质指标检测获取的大量实验数据，结合宁夏奶产业发展实际制定的《生鲜牛乳质量分级》（DB64/T 1263—2016），2016年12月28日经宁夏质量技术监督局发布，2017年3月28日实施。该标准是我国第一个关于《生鲜牛乳质量分级》的省级地方标准。

3月31日　全区农业产业化龙头企业培训班在银川开班。

4月2日　中国（宁夏）-阿根廷安格斯牛良种繁育中心建设项目奠基仪式在宁夏贺兰县洪广镇隆重举行。

4月4日　第二十届莫斯塔尔经贸博览会在波黑历史名城莫斯塔尔开幕。根据农业部部署，农牧厅组团与宁夏葡萄产业发展局、贺兰山东麓葡萄与葡萄酒国际联合会共同出访本届博览会。

4月10日　全球首条枸杞糖肽生产线在中宁上线投产。

4月18日　自治区农牧厅印发《宁夏休闲农业发展"十三五"规划（2016—2020）》。该规划是宁夏第一部关于休闲农业发展的五年规划。

4月22日—5月31日　首届宁夏·银川春季农业嘉年华陆续在宁夏森森生态旅游区、宁夏源石酒庄等地相继展开。

5月12日　宁夏引黄灌区夏播生产暨龙头企业带动产业融合发展现场推进会在贺兰县举行。会议对宁夏引黄灌区夏播夏管、推进龙头企业带动产业融合发展等工作安排部署。

6月4日　全国畜牧总站在宁夏银川市举办2017年草原生态补奖信息管理师资培训班。

6月7日　银川正式启动全国"平安农机"示范市创建工作，力争到2017年年底，拖拉机、联合收割机上牌率、检验率及驾驶人持证率达到86％以上，县（市、区）全国"平安农机"示范县（市、区）达到50％以上。

6月13—15日　第六届国际葡萄酒设备技术暨葡萄、果蔬种植展在银川国际会展中心举办。展会集中展示涵盖从葡萄种植到葡萄酒灌装的全产业链设备与技术以及果蔬种植相关农机及物资。宁夏国际葡萄酒交易博览中心（有限公司）与法国圣哥安橡木桶制造公司签约购进该公司生产的优质橡木桶1000只，以租代售的方式租借给宁夏贺兰山东麓葡萄酒产区酒庄使用，标志着宁夏国际葡萄酒交易博览中心（有限公司）为该产区全面提供金融服务，融资租赁业务工作的全面开始。

6月16日　2017中国国际现代渔业暨渔业科技博览会在合肥滨湖国际会展中心开幕。宁夏渔业协会、宁夏水产学会以及贺兰广银米业公司等9家单位及公司出席博览会，共荣获各项奖项10项。

6月29日　自治区政府出台《关于加快推进产业扶贫的指导意见》。该《意见》提出，将通过加大财政、金融、保险等支持力度，积极发展特色优势产业，依托新型农业经营主体带动，激发贫困群众内生动力，实现贫困人口持续稳定脱贫。

6月　宁夏盐池滩羊养殖系统入选第四批中国重要农业文化遗产，获2017年最受消费者喜爱的中国农产品区域公用品牌。

7月13日　"第二届全国知名蔬菜销售商走进宁夏"活动在中卫市举办。活动期间，全国知名蔬菜商实地观摩了中宁县鸣沙乡二道沟硒砂瓜生产基地、沙坡头区镇罗镇设施蔬菜示范基地、沙坡头区常乐镇九晟蔬菜示范基地，并召开了中卫市蔬菜产销对接会。来自陕西、重庆、四川等地的10多家蔬菜销售商与中卫市蔬菜种植合作社及公司签订了蔬菜产销合作协议书，现场签约瓜菜订单2万余吨。

7月15日　"2017年国际奶牛新技术大会暨首届中国全株玉米青贮饲料质量评鉴大赛"在山东泰安召开。自治区吴忠市利牛畜牧科技发展有限公司、富源牧业吴忠牧场分别获得金奖和银奖。

7月16日　农业部与自治区政府在银川联合举办"黄河宁夏银川段水生生物增殖放流活动"。共向黄河放流黄河鲤、黄河鲇、黄河甲鱼1000万尾。

8月22日　宁夏特色优质农业品牌评选推介活动在银川举办。宁夏大米、中宁枸杞、西吉马铃薯、盐池滩羊肉、香山硒砂瓜、贺兰山东麓葡萄酒6个品牌被评为"宁夏农产品区域公用品牌"。

是月　陕甘宁晋四省（自治区）旱作农业协作会议在宁夏回族自治区固原市召开。农业部种植业管理司、全国农业技术推广服务中心有关领导和专家出席了会议。与会领导、专家现场观摩了固原市原州区、西吉县、隆德县旱作农业示范园区、冷凉蔬菜高效节水种植基地、农用残膜回收及加工企业和农业社会化综合服务站建设和运行情况；座谈交流了陕甘宁晋四省（自治区）旱作农业发展情况，并就进一步加强陕甘宁晋四省（自治区）旱作农业可持续发展、粮食作物绿色高产高效创建、农用残膜回收利用等共同关注问题达成共识。

8月28日　自治区党委、政府印发《关于切实加强耕地保护和改进占补平衡的实施意见》。

8月28—31日　由自治区党委宣传部、宁夏贺兰山东麓葡萄产业园区管委会、国际葡萄与葡萄酒组织（OIV）共同主办的第六届宁夏贺兰山东麓国际葡萄酒博览会在北京、上海、江苏、福建、宁夏5个省（自治区、直辖市）同时举办，博览会以"品牌·健康·生态"为主题。其间举办了葡萄酒与健康产业高峰论坛、葡萄酒电影电视艺术节、"一带一路"国家侍酒师大赛等系列活动。

9月6日　2017中国-阿拉伯国家农业合作论坛在银川市国际交流中心召开。

9月7日　由中华人民共和国农业部、宁夏回族自治区政府主办的2017中国-阿拉伯国家现代农业展暨中国（宁夏）园艺博览会在银川开幕。

是日　宁夏回族自治区农牧厅与毛里塔尼亚畜牧部共同签署《中国（宁夏）-毛里塔尼亚共建农业技术合作中心协议》，成立中阿农业技术转移中心宁夏-毛里塔尼亚农业技术合作海外分中心。与吉尔吉斯斯坦共和国楚河州政府共同签署《中国（宁夏）吉尔吉斯斯坦共建农业技术合作中心协议》，共同组建中阿农业技术转移中心宁夏-吉尔吉斯斯坦农业技术合作海外分中心。

9月12日　贺兰县成为宁夏唯一入围创建国家现代农业产业园的一个县。

9月29日　2017中国·盐池滩羊美食文化旅游节专题推介会暨项目签约仪式在盐池县举行。以"走进多彩盐池·品味滩羊美食·共谋品牌发展"为主题，开展了滩羊选美、滩羊肉地方十大金牌菜评选、中国羊肉产品区域公用品牌暨盐池滩羊品牌发展高峰论坛、"滩羊之乡·多彩盐池"专题推介会及项目签约仪式、"醉美哈巴湖"美食音乐节、"跟着马斌去盐池"大型网络直播活动等。

10月12日　2017年中国农业机械化信息网信息员培训班在宁夏银川举办，旨在加强农机化信息队伍建设，全面提升农机化信息宣传水平和服务能力。

是月　农业部公布2017年农产品地理标志示范创建资格名单，宁夏"泾源黄牛肉"成功入选，这是继"盐池滩羊肉"后宁夏第二个入选的农产品地理标志产品。

11月3日　自治区以"加强草原管护推进生态文明建设"为主题的"大美草原守护行动"在盐池县举行启动仪式。

11月9日　首届全国"互联网＋"现代农业新技术和新农民创业创新博览会在苏州召开。宁夏展团被大会组委会评为最佳组织奖和展区最佳设计奖，贺兰县政府、西部电子商务有限公司、贺兰中地生态牧场、万齐农业发展集团、宁夏天朗现代农业有限公司等五家企业被授予2017年"全国农业农村信息化示范基地"称号。

11月13日　农业部公布40个第一批国家农业可持续发展试验示范区名单，青铜峡市成为宁夏唯一入围的县级市。

11月23日　在农业部办公厅开展的全国休闲农业和乡村旅游示范县、市、区创建工作中，宁夏隆德县喜获"全国休闲农业与乡村旅游示范县"殊荣。

11月30日　全区农村承包地确权登记颁证总结会暨深化农业农村改革工作会议召开，宁夏在全国率先完成农村承包地确权登记颁证工作。截至2016年年底，自治区农村承包地确权登记颁证工作基本完成，确权面积1568.9万亩，确权率达到96.5％，已颁证农户87.6万户，占总户数的93.9％。

12月3日　全国畜牧总站公布2017年基层畜牧（草原）技术推广示范站名单。宁夏同心县草原工作站榜上有名，成为全国2017年51个基层草原技术推广示范站之一。

12月11日　全国基层畜牧（草原）技术推广示范站养殖书屋建设年终总结会在北京召开，宁夏固原市原州区草原工作站副站长吴志刚被评为"全国养殖书屋建设优秀基层工作人员"。

是年　自治区农牧厅对2013—2016年饲草加工调制和利用工作总结凝练，上报的"宁夏牛羊优质饲草高效利用关键技术示范推广"项目，获全国农牧渔业丰收奖二等奖。

是年　"盐池滩羊"被列入第四批中国重要农业物质文化遗产名录；"盐池滩羊肉"荣获中国百强农产品区域公用品牌，成功创建中国农产品地理标志示范样板，商标入选"商标富农和运用地理标志精准扶贫十大典型案例"；盐池滩羊养殖系统入选第四批中国重要农业文化遗产。

2018 年

1月2日　自治区党委常委会召开会议，传达学习中央农村工作会议精神，研究贯彻意见。自治区党委书记石泰峰主持会议并讲话。

1月12日　据统计，自治区粮食播种总面积1172.8万亩，较上一年增加5.3万亩，其中：小麦播种198.8万亩，增加9.6万亩；水稻播种112.5万亩，与上一年基本持平；玉米播种438.6万亩，减少 6.7 万亩；马铃薯播种 254.3 万亩，增加 1 万亩；小杂粮播种 168.6 万亩，增加 1.6 万亩；粮食总产量 370 万吨左右，实现"十四连丰"。全区粮食生产绩效考核获农业部通报表彰。

1 月 16 日　2017 年，全区共落实农机购置补贴资金 18332 万元。已实施农机补贴资金 14000 万元，完成资金总额的 76%，补贴各类农机具 1.28 万台（套），受益农户 0.9 万户，大幅度提升农机化装备水平和农机化作业能力。

2 月 5 日　自治区农村工作会议在银川召开。会议强调，要深入学习贯彻习近平新时代中国特色社会主义思想，全面贯彻落实中央农村工作会议精神，大力实施乡村振兴战略，奋力开创新时代"三农"发展新局面。

2 月 6 日　2018 年脱贫攻坚工作会议在银川召开。会议指出，2017 年宁夏有 19.3 万贫困人口脱贫，贫困地区农民人均可支配收入同比增长 11.2%。强调 2018 年要坚持精准稳定可持续脱贫路径，建立稳定脱贫长效机制，在产业扶贫、金融扶贫、就业扶贫上精准发力，做到脱贫进度与质量有机统一。

2 月 7 日　全区农业工作会议在银川召开。会议总结 2017 年及过去五年农业农村工作，安排部署实施乡村振兴战略及 2018 年重点任务。

是日　自治区粮食生产功能区划定工作领导小组办公室组织举办全区粮食生产功能区划定工作培训会。

2 月 13 日　自治区党委、自治区人民政府发布《关于实施乡村振兴战略的意见》（宁党发〔2018〕1 号），把实施乡村战略作为新时代"三农"工作总抓手，提出 11 个方面 37 条政策措施，大力推进乡村全面振兴。

3 月 8—9 日　中央农广校齐国副校长一行到西吉县龙王坝村农村实用人才培训基地、宁夏向丰循环农业集团、宁夏佳立马铃薯产业园区等新型经营主体调研农业产业发展、农村实用人才和新型职业农民培训基地建设情况，考察中组部农业部农村实用人才和大学生村官培训贺兰县新平培训基地。

3 月 10 日　灌区全面完成春播生产任务，春小麦计划播种面积 78 万亩，实际播种面积达到 84.1 万亩，比上年增加 6.5 万亩，增幅 8.38%，灌区春小麦面积进一步恢复性增长，为全年农业生产奠定良好基础。

3 月 21 日　由以色列驻华使馆、以色列经济产业部和宁夏农牧厅共同主办的中国（宁夏）-以色列现代农业科技合作交流对接会在银川举办，13 家以色列企业与宁夏 130 多家企业分别进行项目交流对接。

3 月 24 日　自治区全面深化改革领导小组召开第二十八次会议，审议通过《关于深入推进农村集体产权制度改革的实施意见》。

4 月 3 日　第十四届固原六盘山山花节暨第六届"梯田花海·生态彭阳"山花旅游文化节开幕，标志着自治区休闲农业提升年活动正式启动。

是日　全区休闲农业提升年活动启动仪式在彭阳县悦龙山广场举行。启动仪式结束，与会人员先后深入金鸡坪景观梯田公园、贞爱花峪等休闲农业示范点进行实地考察，同时出席金鸡坪休闲农业度假山庄揭牌活动。

4 月 28 日　第六届成都国际都市现代农业博览会在成都世纪城新国际会展中心举办。宁夏展团获得"最佳组织奖""优秀信息员""优秀参展企业奖"。

是月　自治区党委办公厅、人民政府办公厅发布《宁夏农村人居环境综合整治三年行动实施方案（2018—2020 年）》（宁党办〔2018〕43 号），以农村人居环境整治统领美丽乡村建设，全面启动新一轮农村人居环境整治，计划到 2020 年培育创建 100 个以上农村人居环境整治示范村，建成一批农村人居环境整治示范县（市、区），进一步提升美丽乡村建设质量和成效。

是月　自治区农牧厅核增行政编制 8 名，用于承担行政职能事业单位改革试点工作。调整后，自治区农牧厅机关行政编制 87 名。

5月23日　由联合国粮农组织、农业农村部渔业渔政管理局、中国水产科学研究院等共同主办，主题为"开放创新共享发展"的"一带一路"现代绿色水产养殖技术研讨会在银川举行。

是月　自治区制定《宁夏动物诊疗行业专项整治行动实施方案》，从2018年6月至11月开展为期6个月的专项整治行动。

6月5日　全国"放鱼日"宁夏同步增殖放流活动在银川市鸣翠湖举行。350多人出席放流活动，共向鸣翠湖放流草鱼、花鲢、白鲢3万多尾，共计10078千克。

6月15日　宁夏动物与动物卫生监管信息系统平台正式开通"外省入境A证查询"系统，从而实现跨省调运入境动物检疫证明信息在线查询。

6月27日　宁夏（海原）第三届高端肉牛大赛在海原县举行。大赛开展了优质牧草机械化收割、动物疫病防控演示，"一主三特"产业成就展示、科技咨询服务、特色农产品展示，华润基础母牛、育肥架子牛比赛，以及犊牛回购活动等。

是日　宁夏农机购置补贴手机APP服务正式上线运行。

7月11日　全国知名蔬菜销售商走进宁夏活动在固原市成功举办。全国15个省（直辖市、自治区）及香港、台湾地区重点农产品批发市场、大型连锁超市、电商等70家单位120余名客商，区内各级农牧、商务部门相关领导、蔬菜经营主体等共300余人参加了活动。活动现场共签订协议40项，其中产销协议34项，基地共建协议6项，总销售量预计16.74万吨，签约金额3.4亿元。

7月13日　自治区召开脱贫攻坚推进会，传达学习习近平总书记关于打赢脱贫攻坚战三年行动的重要指示精神和李克强总理批示精神，通报全区上半年脱贫攻坚进展情况、存在问题及国家考核反馈问题整改进展情况，安排部署做好全年脱贫攻坚工作。

7月19日　全区农业特色产业发展暨产业扶贫现场推进会在银川召开。会议全面落实党中央、国务院关于实施乡村振兴战略和打赢脱贫攻坚战的决策部署，安排部署自治区农业特色产业发展和产业扶贫工作。

8月7日　全区非洲猪瘟防治工作视频会议在银川召开。会议全面部署自治区非洲猪瘟防控工作。

8月15日　由国家畜牧科技创新联盟、中国农业科学院北京畜牧兽医研究所、全国畜牧总站、中国奶业协会、吴忠市人民政府、宁夏回族自治区畜牧工作站联合主办的2018年国际奶牛新技术大会暨粮改饲与奶牛绿色提质增效技术集成模式研究与示范项目大会在吴忠市成功召开。

8月31日　"2018年宁夏农业行业农机驾驶操作员和修理工技能培训暨竞赛——全国农业行业职业技能大赛"选拔赛在银川市举行。45名优秀农机操作员和农机修理工，代表全区农机工作者同场切磋技艺、比试技能。

9月13日　第七届贺兰山东麓国际葡萄酒博览会在银川开幕，来自25个国家的葡萄酒专家、学者及葡萄酒爱好者共同把脉宁夏葡萄酒产业发展，开展深入交流合作。

9月23日　宁夏首届"中国农民丰收节"主会场启动仪式在银川市贺兰县稻渔空间休闲农业园区举行。与此同时，宁夏中宁县、盐池县、西吉县、永宁县（闽宁镇）、平罗县五个分会场和兴庆区掌政镇等地也同步开展欢庆活动。

9月29日　根据《中共中央办公厅　国务院办公厅印发〈关于建立贫困退出机制的意见〉的通知》精神，经盐池县人民政府申请，吴忠市扶贫开发领导小组初审，自治区扶贫开发领导小组核查，国务院扶贫开发领导小组委托第三方评估机构专项评估检查，吴忠市盐池县符合贫困县脱贫退出条件。经自治区政府第19次常务会议研究决定，同意盐池县退出贫困县序列。盐池县成为宁南山区9个贫困县区中第一个脱贫"摘帽"的县区。

10月11日　由农业农村部农产品质量安全检测中心和自治区相关单位专家组成的验收组，到泾源县对"泾源黄牛肉"国家级农产品地理标志示范样板创建工作进行验收。

是月　自治区联合9个厅局出台《全区特色产业脱贫攻坚三年行动方案》，力争通过大力实施特色产业提质增效、新型经营主体示范带动、农产品产销对接提升、产业融合转化增值、农业科技支撑、农村改革促农增收等产业扶贫六大行动，实现产业扶贫"三有五到户"，即贫困村有脱贫致富产业、有龙头企业或农民合作社带动、有技术帮扶组帮扶，贫困户产业项目、技术培训、小额信贷、帮扶措施、农业保险"五到户"，确保到 2020 年，23.9 万农村贫困人口如期脱贫。

11 月 1 日　盐池滩羊代表宁夏品牌农产品入选由农业农村部、湖南省人民政府、湖南卫视联合举办的第十六届中国国际农交会全国品牌农产品推介活动"乡人乡味"晚会，来自盐池县奋林农畜交易中心（有限公司）的强奋林和青岛上合组织峰会国宴总指挥、厨师长唐卓为盐池滩羊肉站台推介。

是月　在由农业农村部、黑龙江省人民政府共同主办的中国首届国际大米节上，通过大米品质鉴定和现场盲品米饭，宁夏兴唐米业集团有限公司获得"中国十大好吃米饭"第一名。

11 月 9 日　自治区党委常委会召开会议，研究《宁夏乡村振兴战略规划（2018—2022 年）》。

11 月 12 日　自治区宁夏沃福百瑞枸杞产业股份有限公司、宁夏万齐农业发展集团有限公司被评定为农业产业化国家重点龙头企业。至此，自治区农业产业化国家重点龙头企业已达 19 家。

11 月 15 日　由农业农村部、江苏省政府主办的"新希望杯"第二届全国农村创业创新项目创意大赛总决赛在南京落下帷幕。宁夏固原市彭阳县三泰物流有限责任公司的"乡村物流一突破最后一公里"项目，荣获总决赛初创组三等奖。

是日　在全国新农村新技术创业创新博览会上，自治区农业农村厅与马沙夫-以色列国际发展合作中心签订《共建中国（宁夏）-以色列现代农业（二期）合作备忘录》，双方将在农业领域，特别在推广以色列灌溉技术方面加强合作与技术交流。

11 月 26 日　自治区 2018 年下达粮食产业项目资金 2.24 亿元，落实农业支持保护补贴资金 7.82 亿元。创建粮食绿色高质高效示范县 19 个、山区冬小麦免费供种 10 万亩、龙头企业带动创建水稻"五优"基地 7.5 万亩、马铃薯种薯繁育及主食化专用品种示范 12 万亩。

12 月 7 日　第十九届中国绿色食品博览会暨第十二届中国国际有机食品博览会在厦门国际会展中心举办。宁夏 9 个特色农产品获得产品金奖，2 个产品获得优秀产品奖，3 家企业获得优秀商务奖。本次展会宁夏展团现场销售 150 万元。

12 月 12 日　"粮改饲"试点项目实施四年，自治区累计争取中央资金 2.33 亿元，拉动地方配套资金超过 7 亿元，项目试点县由 2015 年的 3 个增加到 2018 年的 14 个，青贮玉米种植面积由 29.1 万亩增加到 77 万亩，全株玉米青贮加工量由 86.3 万吨增加到 231 万吨，全区优质饲草供应能力明显提升，种养经济效益显著提高，草畜配套生产模式初步建立。

12 月 25 日　全区 2287 个农村集体经济组织的清产核资工作严格按照清查、评估处置、登记、核实、公示、确认、上报"七个步骤"全面完成。所有清查数据经区、市、县、乡"四级"审核后已录入全国农村集体资产清产核资管理系统，是全国第一家整省完成农业农村部系统录入的省（自治区、直辖市）。

是年　全区建立农业特色优势产业发展"两组一会"推进机制，每个产业建立由厅级干部担任组长的产业指导组，由首席专家、技术人员组成的技术服务组，以企业为主体的产业协会，开展全方位服务。

2019 年

1 月 7 日　自治区党委政府印发《关于印发〈自治区农业农村厅职能配置内设机构和人员编制规定〉的通知》，自治区农牧厅正式改名为自治区农业农村厅。

1 月 8 日　自治区圆满完成县级养殖水域滩涂规划编制发布工作，提前一个月完成农业农村部下达的任务。宁夏也是全国率先完成此项工作的 3 个省（自治区）之一，得到农业农村部副部长于康震的批示表扬。

1 月 19 日　2018 中国绿色农业发展年会暨《中国绿色农业发展报告（2018）》蓝皮书首发仪式

在北京召开。会议对 2018 年全国粮油、果品、蔬菜等六大行业十佳地标品牌和 10 个"最具影响力地标品牌"进行颁奖，自治区盐池滩羊肉荣获十大"最具影响力地标品牌"。

1 月 24 日　全区农业农村局长会议在银川召开。会议深入学习贯彻党的十九大和十九届二中、三中全会精神，贯彻落实中央经济工作会议、中央农村工作会议、自治区党委十二届六次全会和全区农村工作会议各项部署，立足新形势新机构新职能新要求，坚持农业农村优先发展，围绕实施乡村振兴战略，对标决胜全面小康社会硬任务，总结 2018 年工作，安排 2019 年重点任务。

是月　自治区"大棚房"问题专项清理整治行动工作推进会后，自治区举办全区"大棚房"问题专项整治行动再排查再清理工作培训班，编印下发《工作手册》和《工作人员通讯录》。抽调自治区农业农村厅、自然资源厅及相关成员单位 100 名干部和专业技术人员，由 5 名厅级领导带队，成立 5 个协调指导组和 24 个工作组，会同国家自然资源督察西安局业务人员，深入各市、县（区）及农垦集团指导落实再排查再清理和全面彻底整治工作，确保 3 月底前全面完成整治任务。

是月　自治区农业农村厅成立，将宁夏回族自治区党委农村工作领导小组办公室、自治区农牧厅的职责，以及自治区发展和改革委员会的农业投资项目、自治区财政厅的农业综合开发项目、自治区国土资源厅的农田整治项目、自治区水利厅的农田水利建设项目等管理职责进行整合。内设办公室、人事与老干部处、规划财务处、法规处、农村改革与经济指导处、乡村产业发展处、农村社会事业促进处、市场信息与对外合作交流处、科技教育处、农产品质量安全监管处、种植业管理处、畜牧兽医局、渔业渔政管理局、农业机械化管理处、农田建设管理处等 15 个处（局、办）和机关党委。机关设置行政编制 90 名，其中：厅长 1 名，副厅长 3 名；正处级领导职数 20 名，副处级领导职数 20 名。

2 月 10 日　自治区农业农村厅和宁夏气象局在银川联合召开春耕生产形势会商分析会，对全区春播工作进行科学研判部署。

2 月 21 日　自治区党委、人民政府出台关于《坚持农业农村优先发展切实做好"三农"工作的实施意见》（宁党发〔2019〕1 号）。

是月　宁夏在全国率先全面完成农村集体资产清产核资工作，利通区、沙坡头区国家级农村集体产权制度改革试点任务基本完成，石嘴山市、灵武市、隆德县国家级试点任务有序推进。全区成立村集体股份经济合作社 404 家、经济合作社 185 家，确定村集体经济组织成员 65 万人。

3 月 4 日　由农民日报组织全国 31 个省（自治区、直辖市）1243 家农业产业化国家重点龙头企业出席发展评价研究和排行工作揭晓，进入国家 2019 农业产业化龙头企业 500 强企业名单发布，自治区伊品科技以营业收入 43.2 亿元，名列 119 位，夏进乳业集团以营业收入 13 亿元，名列 330 位，携手入围 500 强。

3 月 19 日　全区农村人居环境整治村庄清洁行动"春季战役"工作会议在银川召开。会议全面贯彻中央和自治区农村人居环境决策部署，总结交流各地村庄清洁行动"春节（春季）战役"经验做法，安排部署"春季战役"，提出要进一步增强实施村庄清洁行动责任感和使命感，在思想认识上再提高，在工作作风上再转变，在工作方法上再改进，聚焦重点任务，层层压实责任，广泛宣传动员，健全长效机制，为确保实现全年农村人居环境整治目标打牢基础、赢得主动。

3 月 28 日　全国农业农村科技创新工作会议在宁夏银川市召开。会议总结 2018 年农业农村科技工作，部署 2019 年农业农村科技创新重点任务，要求推动农业农村科技创新，创新驱动乡村振兴发展。

4 月 1 日　农业农村部在银川滨河新区黄河外滩湿地公园举行"中国渔政亮剑 2019"黄河流域禁渔期执法暨宁夏专项执法活动，对黄河实施全域禁渔。

4 月 15 日　黄河农村商业银行与自治区农业农村厅联合举办"支持产业扶贫服务农村改革推动乡村振兴合作协议"签约仪式。协议双方将本着"平等互信、优势互补"的原则，按照"整合、撬动"的理念，以帮助农民、提高农民、富裕农民为目标，努力构建双方合作发展的新平台、新机制，将本地金融资源与产业政策、财政政策、扶贫政策有效对接，加大对产业扶贫、新型农业经营主体、农业产业发展、农村改革等方面的支持力度，打通金融服务"三农"各个环节，提升金融服务"三农"水平，有效解决自治区农业融资难、融资贵的问题，为实施乡村振兴战略注入新动能，添加新活力。

4月17日　在全国农业机械化工作会议上，农业农村部颁发2018年"全国主要农作物生产全程机械化示范县"及"平安农机示范县"奖牌。自治区永宁县获2018年"全国主要农作物生产全程机械化示范县"称号。

4月30日　华夏有机农业研究院将有机农业（葡萄酒加工）试验站铜牌授予宁夏立兰酒庄有限公司，标志着中国首家葡萄酒加工有机农业试验站成立。

5月20日　财政部下达宁夏2019年农田建设中央财政补助资金112456万元，支持建设104万亩高标准农田，其中高效节水灌溉56万亩。这是农业农村部门统一履行农田建设和耕地质量管理职责后，中央财政安排自治区的第一笔农田建设补助资金。

5月23日　自治区政协主席崔波访问以色列，与以色列企业在设施农业水肥一体化、大田节水灌溉农业、畜牧养殖等领域签署合作协议。农业农村部、自治区政府提出宁夏要发挥好与以色列已有的合作基础和优势，不断将农业合作引向深入。

5月31日　自治区科技厅、农业农村厅联合主办的以"发展智慧农业·引领转型升级"为主题的2019智慧农业发展高峰论坛在银川举行。启动仪式上，自治区科技厅开通宁夏智慧农业云服务平台，向智慧农业科技成果示范企业颁发牌匾，并邀请专家做主题报告。

6月13日　第八届（2019）中国首蓿发展大会在宁夏固原隆重召开。这届大会由中国畜牧业协会和国家草产业科技创新联盟主办，中国畜牧业协会草业分会、宁夏回族自治区政府驻北京办事处、宁夏回族自治区农业农村厅以及固原市人民政府联合承办。

6月28日　中卫市沙坡头区发生非洲猪瘟疫情，自治区立即调动党员干部投身非洲猪瘟防控工作。

7月6日　自治区农业农村厅携手阿里健康共同打造的宁夏农村电商综合服务平台暨宁夏原产地商品官方旗舰店上线运营。

7月19日　宁夏伊品生物科技股份有限公司李德发院士专家工作站建成揭牌，成为继宁夏大北农科技实业有限公司之后建成的自治区第二个饲料和饲料添加剂院士专家工作站。

7月22日　2019年全国知名蔬菜销售商走进宁夏活动在银川隆重举行。此次活动邀请广东、上海、浙江、江苏、福建、湖北、湖南、重庆、四川、山东、天津、北京、河北、云南、陕西、甘肃、内蒙古、辽宁、黑龙江等19个省（自治区、直辖市）和香港特区、台湾地区，广州江南、深圳海吉星、成都农产品中心、上海西郊、上海江桥、重庆双福、长沙大河西等7个大型批发市场，上海壹佰米、厦门夏商民兴、杭州联华、上海策嘉等4家连锁商超及46家全国蔬菜营销企业共123名客商出席，签订产销合作、基地共建、生产订单等协议89项，预计销售、投资金额12.32亿元。

7月30日　2019年上半年全区农村居民人均可支配收入4732.6元，同比增长9.2%，增速比全区一季度快0.2个百分点，比全国同期快0.3个百分点，比全区上年同期快0.3个百分点。

8月8日　自治区农业农村厅、发改委等9厅委联合发布《关于推进奶业高质量发展的实施意见》，明确自治区奶业高质量发展的目标任务和推进措施，力争到2022年，自治区奶牛存栏达到60万头以上，生鲜乳总产量达到260万吨以上，100头以上规模养殖比重达到99%以上，养殖粪污综合利用率达到92%，产品监督抽检合格率达到99%以上，奶源基地、乳品质量和产业竞争力达到全国领先水平。

8月20日　自治区党委农办（农村工作领导小组办公室）研究制定《宁夏乡村振兴战略规划（2018—2022年）任务分工方案》，将战略规划细化为807项具体工作，分别由全区46个部门和27个市、县（区）负责落实，对切实落实好自治区乡村振兴战略作出具体分工和阶段计划，建立台账，明确时间表和责任单位。

8月29日　自治区人民政府印发《宁夏回族自治区种畜禽经营许可证审核发放管理办法》（宁政办规发〔2019〕8号），对全区种畜禽生产经营管理证审核发放管理做明确规定。

9月5—8日　第四届中国-阿拉伯国家博览会农业板块活动在银川举行，主要包括现代农业展、企业对接洽谈会、农业产业合作对话会和农业高级官员圆桌会等。在农业产业合作对话会上，共签约合作项目23个。活动期间首次举办中阿农业高级官员圆桌会，巴基斯坦等国家及企业代表共24人出席，围绕"提升农业综合生产能力、深化农业多双边合作"主题，进行交流研讨并达成合作共识11条。

9月6日　宁夏回族自治区农业农村厅与中非发展基金有限公司、宁夏晓鸣农牧股份有限公司，签署《共同推进宁夏晓鸣农牧股份有限公司在肯尼亚禽蛋产业开发合作框架协议》。

9月16日　海原县推出的"华润基础母牛银行"模式被列为全国产业扶贫典型范例。全县建档立卡贫困人口由2014年的32613户122495人下降到5099户17533人，其中通过发展产业带动脱贫18589户69822人，占全县总脱贫人口的66.52%。

9月29日　全区秋冬农田水利基本建设启动会在平罗县召开。自治区副主席、自治区农田水利基本建设指挥部总指挥王和山宣布"2019年全区农田水利基本建设工作全面启动"。

9月　红寺堡区天源良种羊繁育养殖有限公司获评农业农村部"国家肉羊核心育种场"称号并接受授牌，这是该公司继2015年获得农业部"肉羊标准化示范场"、2017年获得"国家动物疫病净化创建场"后，荣获的第三个国字号荣誉。

10月14—16日　中央农村集体产权制度改革第三督查组到宁夏，对自治区农村集体产权制度改革工作进行实地督查。督查组认为，宁夏农村集体产权制度改革领导重视、思路清晰、措施到位、成效显著，特别是先行先试、主动作为、敢于担当、锐意创新的精神值得向全国推介学习。

10月22日　西吉县农业综合行政执法大队正式挂牌成立，这是全区22个县（市、区）中第一个成立的县级农业综合行政执法大队。

10月24日　全国农机安全监理法规知识竞赛决赛在广西南宁举行。宁夏代表队荣获三等奖，是西北地区唯一获奖的省级代表队。

11月3—8日　由农业农村部委托的福建农林大学专家组一行对自治区石嘴山市（所辖三县区）、灵武市、隆德县农村集体产权制度改革试点（第三批）工作开展第三方评估。评估组指出，宁夏试点市、县（区）农村集体产权制度改革有六个特点：一是领导重视、高位推进；二是宣传到位、人人皆知；三是程序严谨、规范有序；四是改革发展、融合联动；五是成效显著、亮点较多；六是工作扎实、资料齐全。

11月13日　全区乡村产业振兴（产业扶贫、农民合作社和家庭农场高质量发展）农村人居环境整治（厕所革命）暨美丽河湖建设推进会在银川召开。会上提出全区乡村产业振兴、产业扶贫成效明显。前三季度，全区农村居民人均可支配收入增长9%，农村人居环境整治、"厕所革命"等工作有序推进。

是日　2019中国水产学会范蠡学术大会暨第四届范蠡科学技术奖颁奖活动在广西南宁举行，现场颁发第四届范蠡科学技术奖荣誉证书。宁夏水产技术推广站主持的"宁夏稻鱼综合种养新技术新模式示范推广"荣获技术推广类二等奖、"宁夏优质水产品标准化健康养殖技术"荣获科学普及类优秀奖（获得此次科学普及类优秀奖的仅有2家单位）。

12月5日　宁夏昊王米业集团、晓鸣农牧公司、九三零生态农牧、玺赞庄园枸杞、固原宝发农牧等5家农业企业被农业农村部、发改委、财政部等9部委认定为农业产业化国家重点龙头企业，至此自治区农业产业化国家重点龙头企业总数达到24家。

12月16日　自治区农村集体产权制度改革覆盖1408个建制村，比上月增加626个，增长80.3%，占自治区建制村的61.7%，其中登记赋码股份经济合作社506个，经济合作社902个；确认村集体经济组织成员身份界定358.74万人，比上月增加151.76万人，增长73%；量化经营性资产 37.1 亿元，比上月增加 3.16 亿元，增长 9%。

2020 年

1月2日　自治区人民政府印发《关于推进农业高质量发展促进乡村产业振兴的实施意见》（宁政发〔2020〕1 号）。意见指出，要坚持"一特三高"现代农业发展方向，以提高发展质量和效益为中心，以优质粮食、枸杞、草畜、瓜菜、酿酒葡萄"五大特色优势产业"为重点，调优种养结构、调强加工能力、调大经营规模、调长产业链条，统筹推进布局区域化、经营规模化、生产标准化、发展产业化，着力促进产业化和品牌化深度融合。

1月19日　自治区党委、人民政府印发《关于抓好"三农"领域重点工作确保如期实现全面小康的实施意见》（宁党发〔2020〕1 号）。

是日　自治区农田水利基本建设指挥部印发《关于表彰 2019 年度全区农田水利基本建设"黄河杯"竞赛获奖单位的决定》（宁农建指发〔2020〕1 号），对 2019 年农田水利基本建设"黄河杯"竞赛中获得一、二、三等奖的 18 个市、县（区）予以表彰，奖励以奖代补资金 2920 万元。

1月20日　自治区党委农村工作暨脱贫攻坚工作电视电话会议在银川召开，总结全区 2019 年农业农村和脱贫攻坚工作，表彰 2019 年度实施乡村振兴战略、脱贫攻坚工作先进单位，安排部署 2020 年农业农村和脱贫攻坚工作。

1月21日　全区农业农村局长会议在银川召开。会议以习近平新时代中国特色社会主义思想为指导，深入贯彻落实党的十九大和十九届二中、三中、四中全会及中央农村工作会议、全国农业农村厅局长会议精神，全面贯彻落实自治区党委十二届八次、九次全会，自治区"两会"及自治区党委农村工作暨脱贫攻坚工作要求，总结 2019 年工作，安排部署 2020 年重点任务。

是日　全区农业特色产业良种繁育基地颁证授牌仪式在银川举行，标志着宁夏 13 个良种繁育基地建设工作全面启动。

5月5日　新希望乳业 17.11 亿元全资收购宁夏夏进乳业股份有限责任公司，标志着新希望乳业正式开拓西北市场，全面实行"1＋N"的品牌战略。

5月8日　自治区人民政府办公厅印发《关于切实加强高标准农田建设提升国家粮食安全保障能力的实施意见》（宁政办发〔2020〕20 号），针对高标准农田建设工作总体要求、构建"五统一"管理新体制、强化资金投入和机制创新以及保障措施等方面提出具体要求和意见。

5月13日　宁夏回族自治区政府与伊利集团签订战略合作框架协议，共同打造宁夏伊利千亿元奶产业链集群项目。

5月21日　农业农村部、财政部下发《关于公布 2020 年优势特色产业集群建设名单的通知》，确立固原市 5 县（区）和海原县"宁夏六盘山地区肉牛优势特色产业集群"项目，中央专项扶持资金 1 亿元，以六盘山区"一山五河"区域的 34 个乡镇为核心，按照适度规模、种养平衡、产业融合、集群发展的思路，全力打造特色鲜明、结构合理、链条完整、融合发展的肉牛优势特色产业集群，推进宁夏肉牛产业集聚发展。

5月26日　宁夏被农业农村部办公厅列为全国首批 6 个试点省份之一，试点无纸化出具动物检疫合格证明（B 证）。

6月2日　自治区农业农村厅发布并实施《宁夏兴办动物养殖场等场所选址动物防疫风险评估暂行办法》。该办法旨在通过场所环境、天然屏障、疫情状态等因素进行风险评估，暂停执行《动物防疫条件审查办法》中场所距离刚性要求，破解养殖用地紧缺矛盾。

6月8—10日　中共中央总书记、国家主席、中央军委主席习近平来宁夏考察，自治区党委书记陈润儿、自治区政府主席咸辉陪同。先后赴吴忠市红寺堡区红寺堡镇弘德村考察脱贫攻坚工作，在银川市贺兰县稻渔空间乡村生态观光园听取宁夏现代农业发展、农业合作社带动农民增收致富运营模式等情况汇报，观看宁夏特色农产品展示，了解稻渔种养业融合发展的创新做法等。

7月8—9日　自治区农业农村厅在银川组织召开自治区耕地土壤环境质量分类划分成果验收会，邀请农业农村部生态与资源保护总站、河北省农业环境保护监测总站、山东省农业环境保护和能源总站、宁夏生态环境监测站、宁夏回族自治区农林科学院、宁夏大学生态中心、宁夏农业勘查设计院等单位的专家，对全区耕地土壤环境质量类别划分成果进行验收。专家组一致同意通过宁夏回族自治区耕地土壤环境质量类别划分成果验收。至此，宁夏回族自治区省级和22个县（市、区）耕地土壤环境质量类别划分工作全面完成。

7月16日　2020全国特色农产品经销商宁夏行活动在中卫启动。来自全国各地的200名经销商走进中卫，实地考察、对接洽谈，助推宁夏更多特色农产品走向市场。本次活动由自治区农业农村厅牵头举办，为期6天。活动期间，在海原县、西吉县、中宁县、红寺堡区、盐池县和贺兰山东麓葡萄酒产区等地举办6场产销对接会，围绕肉牛、葡萄酒、奶牛、冷凉蔬菜、枸杞、黄花菜等特色产业开展主题推介，并实地观摩特色产业生产基地。全国农产品经销商与宁夏农业企业、合作社、家庭农场等主体进行了深入交流洽谈并达成合作意向，共落实农产品销售签约金额15.62亿元。

7月26日　第七届宁夏种业博览会在平罗县种子小镇泰金种业产业园举办。博览会以"自主、共享、高效、发展"为主题，采取线上线下联合办会的方式，全国200余家种子企业参与网上直播活动，区内300余家企业现场参展，参展品种达4800余个。来自区内外的13家企业达成了8项农业合作协议，签约项目总投资额达到6.4亿元。

7月28日　第五届全国知名蔬菜销售商走进宁夏云推介活动在银川市举办。活动采取"云推介发布会＋基地网红直播带货"形式，多维度宣传宁夏特色产品，市（县、区）11个生产基地网红直播带货同步进行。本次活动共签订协议146项，销售金额10.86亿元，市（县、区）生产基地网红直播带货活动当天在线销售3.7万单，累计销售金额达98万元，粉丝点击观看量高达550万。

8月7日　自治区党委出台《中共宁夏回族自治区委员会贯彻落实〈中国共产党农村工作条例〉实施办法》（宁党发〔2020〕19号）。该办法包括总则、组织领导、主要任务、队伍建设、保障措施、考核监督、附则等7章33条内容。

9月1日—10月15日　以"庆丰收、迎小康"为主题的宁夏2020年中国农民丰收节在五市同步举办。与会领导、嘉宾参观名特优新农产品展销、农产品包装设计大赛、喝牛奶比赛、乡味宁夏美食节等互动展览展示活动。

9月3日　自治区党委和政府召开建设黄河流域生态保护和高质量发展先行区第一次推进会，强调奶产业要壮大主体、保障品质、提升效益，努力打造高端奶之乡。

9月7日　全区乡村治理暨扶持壮大村级集体经济现场观摩推进培训会在吴忠市利通区召开。

是日　全国农田建设工作现场会在河南省周口市召开，各省、自治区、直辖市农业农村部门分管负责人、农田建设处室负责人及农业农村部、国家发展和改革委员会、财政部、审计署四部委（署）相关负责人120余人参加会议。农业农村部副部长刘焕鑫出席会议并讲话，河南、江西、广东、安徽、甘肃省发言交流，宁夏等进行了高标准农田建设经验书面交流。

9月8日　由全国畜牧总站和中国农业科学院北京畜牧兽医研究所举办的"第四届中国青贮饲料评鉴大赛"，宁夏组织46家养殖场参加了大赛，9家入围决赛，分获金奖2名、银奖2名、优秀奖5名。

9月9日　宁夏代表队在2020年全国行业职业技能竞赛暨第三届全国农业行业职业技能大赛（动物检疫检验员）中获得团体第十一名，其中银川市李发万荣获"全国农业技术能手"称号，中卫市王波华被评为竞赛"优秀选手"。

9月10日　自治区农田水利基本建设指挥部在同心县下马关镇召开全区秋冬农田水利基本建设启动暨高效节水灌溉现场推进会，各市、县（区）政府分管领导、农业农村局及水务局负责人、自治区相关部门负责人共120余人参加会议。

9月22日　宁夏农垦集团与蒙牛在灵武市举行蒙牛乳业灵武公司股东协议签约仪式，蒙牛集团投资近15亿元建设灵武乳制品加工项目（蒙牛占股80%，宁夏农垦占股20%），共同打造百亿级产业集群。

是日　由农业农村部、中国农业银行联合主办的"农行杯"第四届全国农村创新创业项目创意大赛总决赛在南京溧水区开赛。宁夏"点砂成金做黄河流域高质量发展践行者——中卫金银花"项目位列初创组第四名、获得大赛二等奖，自治区农业农村厅获得大赛优秀组织奖。

9月27日　农业农村部农田建设管理司针对国际农业发展基金贷款项目区合作社发展、合作社规范运行、农民专业合作社的政策机遇和经营能力建设等内容，在固原市举办国际农业发展基金贷款优势特色产业发展示范项目现场观摩交流会。农业农村部农田建设管理司、国际农业发展基金项目中国代表处工作人员，科研院校专家教授，四川、宁夏两省（自治区）国际农业发展基金项目管理人员，以及新闻媒体记者等，共70余人参加了现场观摩交流活动。

是月　平罗县、贺兰县被中央农办（中央农村工作领导小组办公室）、农业农村部确定为第二批全国农村宅基地制度改革试点县。

10月11日　全区绿色食品产业高质量发展现场观摩推进会在吴忠市利通区召开。自治区农业农村厅通报了全区绿色食品产业高质量发展情况，自治区党委、人大、政府、政协办公厅，以及自治区相关厅局（单位）、中央驻宁夏有关单位和部分绿色食品加工企业代表，共116人参加会议。

10月18—25日　闽宁特色产品展示展销嘉年华活动在银川国际会展中心举办，由福建和宁夏农业农村厅、商务厅、文化和旅游厅、扶贫办主办。活动以"丰富宁夏人民生活消费、推动闽宁协作深入发展"为主题，围绕福建和宁夏两地特色产品、文化旅游、闽宁扶贫协作24年成果进行宣传推介和展示展销。本次活动共邀请福建省250余家企业和区内近100家企业参展，累计参展人数近8万人次，初步统计实现销售额近7130万元。

11月3日　由自治区农业综合开发中心承担建设管理的利用日元贷款植树造林项目荣获项目后评估A级，日本国际协力机构（JICA）中国事务所张阳先生专程来宁夏向自治区农业综合开发中心颁发了项目后评估证书。利用日元贷款植树造林项目在宁夏中北部的13个市、县（区）开展造林和生态环境建设，共计完成治理沙化土地87.58万亩，共计利用日本政府优惠贷款79.77亿日元。

12月3日　农业农村部、发改委、科技部、财政部、自然资源部、生态环境部、水利部、国家林业和草原局等八部委下发《关于同意宁夏回族自治区建设国家农业绿色发展先行区的函》（农规函〔2020〕5号），批复同意宁夏建设国家农业绿色发展先行区。

12月18日　自治区农业农村厅分别与浙江网商银行股份有限公司、阿里云计算有限公司、邮政储蓄银行宁夏分行、中国银行宁夏区分行、交通银行宁夏分行、中国太平洋财产保险宁夏分公司等6家金融机构就农业农村金融、数字农业农村、推进农民合作社（家庭农场）高质量发展等方面签署合作协议，积极探索支农、惠农、联农、助农新机制、新模式，推动宁夏优势特色产业高质量发展。

12月31日　自治区党委办公厅、人民政府办公厅出台《关于印发自治区九大重点产业高质量发展实施方案的通知》（宁党办〔2020〕88号），文件中明确《奶产业高质量发展实施方案》《肉牛产业高质量发展实施方案》《滩羊产业高质量发展实施方案》《绿色食品产业高质量发展实施方案》的总体目标、重点任务、工作要求等。

是月　宁夏获得2020年全国土壤墒情监测工作省级考评前10名，获农业农村部种植业管理司通报表扬。通过加大墒情远程物联网自动监测网点建设，新增墒情监测自动设备80套（台），实现了全区自动墒情监测组网和线上运行，为农业生产决策提供技术支撑。

第一篇

农业自然资源和农业分区

　　宁夏回族自治区（简称宁夏或自治区）自古就有"塞上江南"之美称，农业自然资源优势是宁夏三大资源优势之一。农业自然资源，包括土地资源、水资源、气候资源、生物资源。农业分区，主要以农业自然资源禀赋为依据，结合农业不同历史时期的发展要求划分。土地是自然、历史的产物，是人类赖以生存和发展的物质基础，是最重要的生产资料，是编制国民经济、社会发展规划和制定相关政策的重要依据。

　　1984—1996年根据国务院〔国发（1984）70号〕文件精神，自治区人民政府开展了宁夏土地利用现状调查（即第一次全区土地现状调查），并出版了《宁夏土地资源》（1998年），查清了宁夏土地总面积51954.67千米^{2}及各类土地利用面积。2006—2010年，按照国务院〔国发（2006）38号〕文件精神，宁夏又组织完成了全区第二次土地调查，宁夏土地面积51947.84千米^2，其中耕地面积1935.15万亩（截至2016年）。2018—2019年按国务院统一部署，宁夏开展了第三次国土资源调查，2019年宁夏耕地面积1797.64万亩。

　　注重保护耕地和节约集约用地是我国基本国策。深入实施藏粮于地，藏粮于技战略，确保国家粮食安全，既要严守耕地红线，又要努力提高耕地质量。2006—2008年，完成了农用地分等定级工作，共分8级，其中1~4自然质量等级耕地面积为1097.64万亩，占耕地总面积的56.7%。2019年又完成了新一轮耕地质量等级调查评价工作，共分10级，其中1~5级共计624.36万亩，占耕地总面积的34.7%。

　　宁夏是全国水资源最少的省区之一。1956—2000年期间年平均地表水资源量9.493亿米^3，折合径流约18.31毫米，是黄河流域平均值的1/3，是全国平均值的1/5。水资源量少、质差、时空分布不匀是宁夏水资源的突出特点。《宁夏农业志》记载宁夏每年从黄河引水都在70亿米^{3}以上。2000年全区农业取用黄河水量78.36亿米^3，2010年农业取黄河水量为64.599亿米^3，2014—2020年，农业灌溉从黄河取水56.298亿~63.683亿米^3。优化水资源配置，建设节水型社会已成为广泛共识，大力推进节水灌溉技术和农业节水工作，配合水价改革和水权转让等综合管理措施，农业灌溉面积逐年增加，而农业耗水量逐年减少。

　　宁夏气候资源总的特征是，太阳辐射强，日照时间长，光热资源丰富，有利于农作物生长，但宁夏主要气候要素光、热和降水分布极不平衡，降水不足，限制了农业气候资源利用效率。且气象灾害尤以干旱最为频繁，影响面广、损失严重。因势利导，调整农业产业结构和作物布局，大力推行抗灾防灾工程措施和农艺措施，最大限度减少气候灾害对农业造成的损失。

　　宁夏生物资源呈过渡性和多样性特征，森林植被草地具有生态和经济的重要功能，是我国西北重要的生态屏障。自治区党委和政府认真贯彻党中央和国务院关于退耕还林还草的决定。2000—2006年累计完成退耕还林（草）1192万亩，全区森林面积由退耕前的544.35万亩增加到909.60万亩。2008年，实施了六个百万亩生态防护林工程建设，2020年全区林地面积达到1149.66万亩。从2003年开始，先后在全区实行禁牧封育政策和基本草原划定工作，近20年来，由于大规模基础设施建设等因素的影响，全区草原面积呈缓慢减少态势。

　　宁夏农业地理分区在20世纪之前一直沿用《宁夏农业地理》的分区，将宁夏划分为南部山区和引黄灌区两个一级区。1986年出版的《宁夏综合农业区划》在宁夏地理分区基础上将全区划分为五个农业一级区，即贺兰山林区、引黄灌溉农林牧渔区、盐同香山牧区、西海固牧农林区和六盘山牧农林区。

　　1991年全国农业区划委员会《关于进一步加强农业区划工作的报告》指出，农业区划工作要在优化和调整农业产业结构和布局、编制农业区域综合开发方面发挥作用。自治区政府参事崔永庆等人在2002—2003年完成的《宁夏中部干旱带生态环境建设与农牧业发展研究》中提出，将生态理念引入宁夏农业地理分区重要依据中，将中部干旱带从南部山区分出，独立为一个农业区，即将原来南部山区和引黄灌区"二分法"变为南部山区、中部干旱带和引黄灌区"三分法"。

第一章

农业自然资源

第一节 土地资源

一、地形地貌

（一）地位地形

宁夏的地理坐标为东经 104°17′—107°40′，北纬 35°14′—39°23′，东西相距约 250 千米，南北端长约 456 千米。位于西北地区东部，黄河上中游，与甘肃省、内蒙古自治区和陕西省毗邻。

宁夏地处黄土高原与蒙古高原的过渡地带，地势南高北低。海拔从北部银川平原的 1100 米左右到南部山区黄土丘陵的 2000 米左右。各自然地理要素自南向北呈现较明显的纬向变化，气温和蒸发量递增，降水量递减。相应地，气候和水文呈现半湿润区-半干旱区-干旱区变化；植被呈现森林草原-干草原-荒漠草原-荒漠的变化；地貌由水流侵蚀地貌向干燥剥蚀地貌过度；土壤呈现由黑垆土-灰钙土-灰漠土的变化，呈现规律明显的纬向分布。而东西之间的经向变化不明显。在上述自然地理要素水平分布格局的基础上，贺兰山（主峰海拔 3556 米）、六盘山（主峰海拔 2931 米）、罗山（主峰海拔 2624 米）等海拔较高、比高较大的山地，气候、地貌、植被、土壤等都呈现程度不等的垂向分异，形成一定的垂直带谱。平原上的低洼地区发育隐域性的植被和土壤。水平地带性、垂直地带性、非地带性因素错综交织，形成了自然条件的过渡性特征和复杂性、多样性、地域不平衡性以及资源开发利用中的约束性。

（二）地貌

宁夏的地貌格局以西北走向的牛首山—青龙山断裂带为界，呈明显的南北差异。断裂带以北，呈现贺兰山山地、银川平原、盐灵台地自西而东依次排列，平行展布，组成带状地带格局。断裂层以南，北面是东西走向的卫宁北山，东面是由罗山、青龙山、窑山、云雾山组成的南北向山地。中部呈现山地与其间的平原相间分布的地貌景观。

（三）土地类型

宁夏分为四个地貌区，即北部的贺兰山山地和银川平原，中部的卫宁北山、香山、牛首山、罗山山地和卫宁、清水河下游、韦州、红寺堡等山间平原，东部鄂尔多斯台地西南隅的盐灵台地，南部的西吉、固海同彭黄土丘陵和六盘山山地。《中国自然资源丛书》（宁夏卷）将宁夏地貌分为 6 个地貌区，即贺兰山山地、银川平原、盐灵台地、宁中山地与山间平原、宁南黄土丘陵和六盘山山地。1998年出版的《宁夏土地资源》分为 4 大类，即山地、丘陵、平原和风沙地。同时将山地续分为亚高山、中山和低山 3 小类；丘陵续分为黄土丘陵、近山丘陵、缓坡丘陵 3 小类；将平原续分为黄河平原、黄土川地、间山平原 3 小类。山地为急剧上升地貌，相对高度在 200 米以上，山地面积 1607.4 万亩，占全区土地总面积的 20.7%；丘陵相对高度小于 200 米，呈现不规则片状分布，丘陵面积 3150.5 万亩，占全区土地总面积的 40.5%；平原总面积 2115.4 万亩，占全区土地总面积的 27.2%；风沙地总面积 896.7 万亩，占全区土地总面积的 11.5%。详见表 1-1-1。

表 1-1-1　宁夏各类地貌面积

地貌类型	面积（万亩）	占比（%）	备注
合计	7770.0	100	
山地	1607.4	20.7	
亚高山	640.6		
贺兰山	295.4		不含大小关山间的丘陵
六盘山	321.2		
南华山	24.0		
中山	194.6		
大罗山	9.2		
月亮山	163.1		
西华山	22.3		
低山	772.2		
丘陵	3150.5	40.5	
黄土丘陵	2053.3		含塬地 15.9 万亩，不含川地，
近山丘陵	409.8		未记内部风沙地 646.8 万亩
缓坡丘陵	687.4		
平原	2115.4	27.2	未记内部风沙地 65.7 万亩
黄河平原	1237.6		
黄土川地	527.9		
清水河川地	234.9		
葫芦河川地	19.2		
渝河川地	7.6		
红河川地	7.8		
茹河川地	9.4		
其他	249.0		
间山平原	349.9		
红寺堡平原	117.4		
韦州平原	153.8		
兴仁堡平原	65.6		
西安州平原	13.1		
风沙地	896.7	11.5	含黄河平原中的风沙地 66.7 万亩和缓坡丘陵中的风沙地 646.8 万亩

二、土壤类型

宁夏土壤大多在草原或荒漠草原生物气候条件下形成，成土母质以黄土或黄土状物质为主，多数为石灰性物质。自然地理条件复杂，农耕历史悠久，土壤类型多样，按全国第二次土壤普查的土壤分类标准，宁夏土壤共有 10 个土纲，17 个土类，37 个亚类。

（一）水平地带性土壤

自南而北，随着降水减少、积温升高和植被由森林草原向干草原、荒漠草原、荒漠化变化，土壤的淋溶作用和有机质积累过程逐渐减弱，相继分布黑垆土、灰钙土和灰漠土等地带性土壤。黑垆土分布于宁夏南部草原地带的黄土塬地、平梁顶及川地，黑垆土面积为491.7万亩，占全区土壤总面积的6.3%。黑垆土有比较深厚的黑垆土层，有机质含量较高，一般为20克/千克左右，质地多为壤土，是优质的农用土壤。灰钙土分布于黑垆土之北，是在荒漠草原生物气候条件下形成的，灰钙土总面积1977.2万亩，占全区土壤总面积的25.4%。灰钙土土壤有机质含量较少，一般为5~10克/千克，碳酸钙沉积加重。灰钙土大部分见于放牧草场，在灌溉条件下有很大发展潜力。灰漠土分布于北端荒漠地带，面积很小，属砾质土，有机质含量在5克/千克以下，灰漠土面积1.1万亩，占全区土壤总面积的0.1%以下。

（二）垂直地带性土壤

山地随着高度上升，生物气候条件发生变化，土壤类型也相应地变化，这些土壤称为垂直地带性土壤。贺兰山自基带淡灰钙土向上，呈现粗骨灰褐土、石灰性灰褐土、普通灰褐土，最高处为亚高山草甸土。六盘山自基带黑垆土向上，阴坡林地为石灰性灰褐土、普通灰褐土或淋溶灰褐土，草坡为暗灰褐土，最高处为亚高山草甸土。罗山因海拔不高，无最高处的亚高山草甸土。灰褐土宜于森林生长，暗灰褐土地区可放牧大牲畜，条件好的也可造林，亚高山草甸土地区可用于大牲畜夏季放牧。灰褐土面积405.6万亩，占全区土壤总面积的5.2%，亚高山草甸土面积仅的1.5万亩，占全区土壤总面积的0.1%以下。

（三）人为土壤

人为土壤主要指灌淤土。引黄灌区的农田，经长期灌水落淤与耕种施肥交迭作用，在原地母土之上覆盖了厚度等于或大于50厘米的灌淤土层，便形成了新的土壤类型——灌淤土。一般说，灌淤土熟化土层深厚，质地均匀，有机质含量一般为10~20克/千克。灌淤土面积418.5万亩，占全区土壤总面积的5.4%。

（四）非地带性土壤

1. 初育土壤

初育土壤包括黄绵土、红黏土、新积土、风沙土、粗骨土和石质土，皆属于没有明显发育的土壤。黄绵土面积1807.6万亩，红黏土面积7.7万亩，新积土面积556.3万亩，风沙土面积896.7万亩，粗骨土面积317.8万亩，石质土面积105.9万亩。

黄绵土分布于黄土丘陵区，基本上为黄土母质状态，土层深厚，为粉质壤土，土壤侵蚀严重，有机质含量一般为10~15克/千克。在加强水土保持的条件下，坡度较小的，可用于农业；坡度较大的，宜作林（以灌木林为主）、草用地。

红黏土分布于侵蚀严重的丘陵或山麓，部分为水蚀搬运后的次生红土，质地黏重，为重壤土或黏土，有的红黏土含盐分较多。红黏土有机质含量一般为10~15克/千克，部分可用于农业。

新积土为洪积或冲积作用新近沉积形成的土壤，质地层次变化大，有机质与速效养分含量受其源土影响而有较大的变化，有机质含量一般为10~15克/千克。除土层浅薄或质地不良的土壤外，一般可用于农业。

风沙土为风积细沙土，常与灰钙土插花分布，有机质含量一般为5克/千克左右。在有灌溉条件，低矮的丘状半固定或固定风沙土可以农用。

粗骨土和石质土分布于山地或丘陵，为岩石风化残积物，不适于农用。

2. 水成半水成土壤

水成半水成土壤主要包括有潮土、沼泽土和泥炭土三类。潮土面积196.6万亩，沼泽土面积7.6

万亩，泥炭土面积 3.4 万亩。

潮土分布于低平地，地下水位高，受地下水影响，土壤剖面中下部有锈纹锈斑，并含有一定数量的还原物质，有机质含量一般为 10 克/千克左右。潮土多为农田。

沼泽土与泥炭土分布于积水湖泊，因地面长期淹水，有强还原作用。沼泽土和泥炭土可培植芦苇，用于生态产业开发，也可放养鱼虾。

3. 盐成土壤

盐成土壤包括盐土和碱土，盐土面积 205.5 万亩，碱土面积 23.8 万亩。

盐土多分布于地下水位较高的低洼地，积累有大量的易溶盐分，0～20 厘米土层含盐量等于或大于 10 克/千克，有机质含量一般为 5～10 克/千克。经排水洗盐和采取综合措施进行土壤改良，盐土可垦为农田，是宁夏平原重要的耕地后备资源。

碱土是苏打盐化后，经脱盐化而形成的，以平罗西大滩分布面积最大。碱土碱化度高，大于 10%，pH 高达 9 以上，有机质含量一般为 5 克/千克左右，改良难度较大。

以上资料来源于第二次土壤普查成果之一——《宁夏土壤》。详见表 1-1-2。

表 1-1-2　宁夏土壤类型及面积

土壤类型			
土类	亚类	面积（万亩）	占比（%）
合计		7770.0	100.0
黑垆土		491.7	6.3
	普通黑垆土	491.2	
	潮黑垆土	0.5	
灰钙土		1977.2	25.4
	普通灰钙土	792.2	
	淡灰钙土	1157.9	
	草甸灰钙土	25.4	
	盐化灰钙土	1.7	
灰漠土		1.1	<0.1
	钙质灰漠土	1.1	
黄绵土		1807.6	23.3
	黄绵土	1807.6	
红黏土		7.7	0.1
	红黏土	7.7	
新积土		556.3	7.2
	新积土	551.9	
	冲积土	4.4	
风沙土		896.7	11.5
	风沙土	896.7	
粗骨土		317.8	4.1
	钙质粗骨土	317.8	
石质土		105.9	1.4
	钙质石质土	105.9	
潮土		196.6	2.5
	普通潮土	39.1	
	湿潮土	25.0	
	盐化潮土	57.5	
	表锈潮土	26.5	
	灌淤潮土	48.5	

（续）

土壤类型			
土类	亚类	面积（万亩）	占比（%）
沼泽土		7.6	0.1
	沼泽土	6.8	
	腐泥土	0.8	
泥炭土		3.4	<0.1
	低位泥炭土	3.4	
盐土		205.5	2.6
	草甸盐土	150.1	
	沼泽盐土	6.7	
	残余盐土	48.7	
碱土		23.8	0.3
	龟裂碱土	6.1	
	盐渍龟裂碱土	17.7	
灌淤土		418.5	5.4
	普通灌淤土	27.0	
	潮灌淤土	137.9	
	表锈灌淤土	200.5	
	盐化灌淤土	53.1	
	肥熟灌淤土	少量	
灰褐土		405.6	5.2
	普通灰褐土	28.5	
	淋溶灰褐土	29.1	
	石灰性灰褐土	31.0	
	草甸灰褐土	0.4	
	暗灰褐土	316.6	
亚高山草甸土	亚高山草甸土	1.5	<0.1
城镇、河、湖、滩等		345.7	4.4

三、土地利用

（一）土地总面积

根据全国行政区划，1996 年公布的宁夏土地总面积为 6.64 万千米^2，占全国土地总面积的 0.69%。1959 年自治区测绘部门依据宁夏行政区划图测量宁夏土地总面积为 5.44 万千米^2。1982 年国家测绘局测绘科学研究所在自治区测绘局协助下，利用卫星图像进行量算，测得宁夏土地总面积为 51798.1 千米^2。1979—1989 年，由宁夏农业区划办主持，以宁夏农业勘查设计院为主完成了宁夏第二次土壤普查，同时完成了宁夏土地利用现状概查，成果经全国第二次土壤普查专家组验收合格，宁夏土地总面积为 51788.721 千米^2。1989 年 8 月 26 日 自治区农业区划委员会召开自治区直属 20 多个部门和单位参加的宁夏土地资源调查数据协调会，决定采用 5.18 万千米^2 为宁夏土地面积（参见《宁夏测绘志》）。

按照国务院发（1984）70 号文件的部署，由宁夏土地管理局主持，1984—1993 年，完成了宁夏土地利用现状分县级调查，随后每年进行补调，形成以 1996 年底土地数据为基础的《宁夏土地资源》。1998 年 8 月，经国土资源部土地利用现状调查成果验收委员会审定，通过部级验收。宁夏土地总面积为 51954.67 千米^2。其中：银川市为 3549.40 千米^2，占 6.8%；石嘴山市为 4438.15 千米^2，占 8.5%；银南地区为 27191.45 千米^2，占 52.3%；固原地区为 16775.67 千米^2，占 32.3%。详见表 1-1-3。

表 1-1-3 宁夏土地总面积（1996 年）

行政区	辖区面积（公顷）	占比（%）
全区	5195466.9	
银川市	354939.7	6.8
银川市郊区	128903.0	
永宁县	100824.7	
贺兰县	125212.0	
石嘴山市	443815.2	8.5
石嘴山市辖区	55407.8	
平罗县	205046.5	
陶乐县	89591.6	
惠农县	93769.3	
银南地区	2719145.4	52.3
吴忠市	101434.0	
青铜峡市	174116.5	
中卫县	459938.2	
中宁县	246995.5	
灵武市	362183.2	
盐池县	677797.7	
同心县	696680.3	
固原地区	1677566.6	32.3
固原县	388626.3	
海原县	548917.4	
西吉县	313010.5	
隆德县	99091.4	
泾源县	75679.6	
彭阳县	252241.4	

注：本表所列辖区面积为土地利用现状调查的工作面积，不做勘界依据。

根据《国务院关于开展第二次全国土地调查的通知》（国发〔2006〕38 号）的要求，宁夏第二次土地调查领导小组办公室组织完成了宁夏第二次土地调查，由宁夏国土测绘院、宁夏基础测绘院、宁夏农业院勘查设计院等 10 余家单位共同完成。调查从 2006 年 7 月 1 日开始，到 2009 年 6 月 15 日止，以后每年进行变更调查。到 2010 年年底，宁夏土地总面积为 52047.84 千米^2。详见表 1-1-4。

表 1-1-4 宁夏土地总面积（2010 年）

单位：公顷

行政区	国家行政区划面积	调查面积
全区	6640000	5204784
银川市	956020	694286
兴庆区	82750	64808
金凤区	34720	27027

（续）

行政区	国家行政区划面积	调查面积
西夏区	112970	88384
灵武市	453340	300904
贺兰县	153160	119757
永宁县	119080	93406
石嘴山市	520860	407447
大武口区	121430	94989
惠农区	136170	106479
平罗县	263260	205979
吴忠市	2073240	1675759
利通区	131380	110667
盐池县	855160	655379
青铜峡市	244100	190757
红寺堡区	255320	275622
同心县	587280	443334
中卫市	1744160	1375014
沙坡头区	687610	538042
中宁县	419160	338017
海原县	637390	498955
固原市	1345720	1052278
原州区	352000	273901
彭阳县	323940	253349
泾源县	144260	112867
西吉县	398550	312940
隆德县	126970	99221

注：本表调查面积均为根据《宁夏回族自治区第二次土地调查图集》的资料汇总而来。

第二次土地调查，根据《第二次全国土地调查规程》，结合宁夏实际制定了《宁夏第二次土地调查方案》和《宁夏第二次土地调查技术补充规定》。采用了"3S"等先进技术，以正射影像图为基础，逐地块实地调查土地的类型和面积。2019年12月31日完成了宁夏第三次土地调查，2021年12月2日发布了《宁夏回族自治区第三次国土调查主要数据公布》。

（二）土地利用类型

1984—1996年完成宁夏土地利用现状调查，根据全国农业区划委员会《全国土地利用现状调查技术规程》和《宁夏土地利用现状调查技术规程》，宁夏土地利用共分8个一级类、46个二级类和18个三级类。详见表1-1-5。

全区土地总面积5195467公顷，其中：耕地1268520公顷，园地27952公顷，林地267211公顷，牧草地2467200公顷，居民点及工矿用地158136公顷，交通用地33646公顷，水域149499公顷，未利用地823303公顷。

2007—2010年（包含变更），完成宁夏第二次土地调查，并出版《宁夏回族自治区第二次土地调查图集》（2012年）。

全区土地总面积5194784公顷，其中：耕地1290103公顷，占总面积的25％；园地52376公顷，占土地总面积的1％；林地777515.41公顷，占土地总面积的15％；草地2118370.31公顷，占土地总面积的41％；村镇及工矿用地236923公顷，占土地总面积的5％；交通运输用地70844公顷，占土地总面积的1％；水域及水利设施用地180370.46公顷，占土地总面积的3％；其他用地474341公顷，占土地总面积的9％。详见表1-1-6。

表1-1-5　土地利用一级分类面积汇总（1996年）

单位：公顷

行政区	辖区面积	1. 耕地	2. 园地	3. 林地	4. 牧草地	5. 居民点及工矿用地	6. 交通用地	7. 水域	8. 未利用土地
全区	5195466.9	1268520.2	27952.0	267210.7	2467200.3	158136.2	33645.6	149498.8	823303.1
银川市	354939.7	100483.8	5269.6	25289.0	89637.2	22685.7	5022.7	36161.5	70390.2
银川市郊区	128903.0	30329.9	1581.4	11064.6	32454.0	12304.2	1765.6	12391.2	27012.1
永宁县	106824.7	33095.9	1825.2	4700.1	22429.3	5189.3	1684.5	10386.0	21514.4
贺兰县	125212.0	37058.0	1863.0	9524.3	34753.9	5192.2	1572.6	13384.3	21863.7
石嘴山市	443815.2	76073.6	2955.6	9901.9	151091.1	19084.3	2794.7	36543.9	145370.1
石嘴山市辖区	55407.8	1391.2	655.8	548.5	0.7	5094.6	697.2	864.9	46154.9
平罗县	205046.5	50245.1	1058.6	8223.9	61710.9	9789.8	1222.1	16508.4	56287.7
陶乐县	89591.6	7139.2	705.6	958.5	39992.9	1146.9	279.7	10675.6	28693.2
惠农县	93769.3	17298.1	535.6	171.0	49386.6	3053.0	595.7	8495.0	14234.3
银南地区	2719145.4	446743.6	15525.0	62695.8	1711576.8	66773.8	13047.2	54079.6	348703.6
吴忠市	101434.0	26570.5	1784.0	459.6	45579.0	7614.6	1620.8	9433.2	8372.3
青铜峡市	174116.5	31088.7	3806.1	2930.4	107716.2	12823.4	1635.3	8311.4	5805.0
中卫县	459938.2	37779.7	1419.7	18841.7	268824.5	6593.9	2171.2	9374.6	114932.9
中宁县	246995.5	23948.8	3774.5	3983.4	148806.7	5524.6	1277.5	14316.2	45363.7
灵武市	362183.2	31133.4	3213.2	5439.2	256570.5	7092.9	1279.0	8880.6	48574.4
盐池县	677797.8	96050.7	705.2	17611.8	496965.6	12357.4	2048.6	1041.7	51016.8
同心县	696680.3	200171.8	822.3	13429.7	387114.0	14767.0	3014.8	2721.9	74638.5
固原地区	1677566.6	645219.2	4201.8	169324.0	514895.2	49592.4	12781.0	22713.8	258839.2
固原县	388626.3	168654.6	633.1	24886.3	105042.0	12943.4	4130.0	5588.9	66747.8
海原县	548917.4	179675.3	332.9	14537.7	265989.1	11141.8	2889.5	6394.3	67956.8
西吉县	313010.5	116083.0	74.6	61740.0	76669.2	9811.3	2250.1	6205.0	40177.3
隆德县	99091.4	44031.5	120.9	20315.7	9097.5	3795.2	959.1	1312.9	19458.6
泾源县	75679.6	20535.4	32.9	31760.2	12029.6	1479.4	402.9	616.3	8822.9
彭阳县	252241.4	116239.4	3007.4	16084.1	46067.6	10421.3	2149.4	2596.4	55675.8
灌区十二县	2143422.2	327078.3	22222.7	66845.2	1068225.2	81419.4	15801.3	123021.4	43880.6

表1-1-6　宁夏各县（市、区）土地利用一级分类面积汇总（2010年）

单位：公顷

行政区	耕地	园地	林地	草地	村镇及工矿用地	交通运输用地	水域及水利设施用地	其他用地
全区	1290102.86	52376.18	777515.41	2118370.31	236923.06	70843.67	180370.46	474341.26

（续）

行政区	耕地	园地	林地	草地	村镇及工矿用地	交通运输用地	水域及水利设施用地	其他用地
银川市	144321.71	17385.20	66678.11	267070.08	55046.91	15061.08	64847.45	69875.15
兴庆区	14545.05	621.48	2075.57	18329.02	7724.44	1232.54	11115.30	9164.11
金凤区	10280.33	862.76	1066.34	1348.17	6935.06	1162.88	4480.94	890.51
西夏区	17813.68	4369.62	11829.86	21957.52	9763.21	2200.69	6539.47	13909.83
灵武市	23667.69	4504.00	26273.15	179978.38	13913.65	5514.25	9996.36	37056.83
贺兰县	43775.50	1126.18	19538.64	19103.10	8339.40	2465.86	18689.96	6718.44
永宁县	34239.46	5901.16	2894.55	26353.89	8371.15	2484.86	11025.42	2135.43
石嘴山市	84340.13	2841.60	26487.48	107726.41	37677.89	6603.66	48198.28	93571.17
大武口区	5508.32	861.83	1630.29	30100.52	12604.26	1577.76	4809.02	37897.28
惠农区	19835.86	1128.78	2242.30	48260.29	9866.20	2233.87	9434.94	13476.44
平罗县	58995.95	850.99	22614.89	29365.60	15207.43	2792.03	33954.32	42197.45
吴忠市	345112.19	13142.31	198764.30	875515.44	57318.03	19139.39	32548.66	134277.65
利通区	31031.20	1844.46	1579.67	46730.18	8794.11	2208.70	7373.58	11104.99
盐池县	99787.78	1089.20	91665.57	387949.74	14265.45	5376.72	1816.01	53428.80
青铜峡市	38070.59	6676.60	3495.12	103585.32	9313.48	3553.51	14967.58	11094.81
红寺堡区	36876.34	1800.20	44371.70	161590.65	9153.95	3489.48	4473.29	13865.95
同心县	139346.28	1731.85	57652.24	175609.55	15791.04	4510.98	3909.15	44783.10
中卫市	306287.95	17124.71	104179.28	739458.64	41693.69	16107.45	26612.39	113549.98
沙坡头区	71310.87	5699.27	27187.79	338100.11	14029.84	6216.61	10179.93	65317.53
中宁县	67088.92	9976.60	7184.21	196575.77	11359.75	5425.15	12950.78	17456.16
海原县	167888.16	1448.84	69807.28	204782.76	16304.10	4465.69	3481.68	30776.29
固原市	410040.88	1882.36	381406.24	128599.74	45186.54	13932.09	8163.68	63067.31
原州区	105308.62	1321.83	65537.64	67548.79	13964.55	4051.89	2136.52	14031.61
彭阳县	83253.48	329.28	123128.44	21128.28	11052.84	3461.43	2012.16	8983.48
泾源县	17717.0	125.06	79838.32	9049.93	2968.79	1104.68	377.27	1685.93
西吉县	163116.52	19.98	69545.92	28152.82	12863.80	4149.59	2461.95	32629.85
隆德县	40645.26	86.21	43355.92	2719.92	4336.56	1164.50	1175.78	5736.44

注：2010年第二次土地调查数据。

　　土地利用现状基本构成分为3大类，即农用地、建设用地和未利用地。农用地面积3825560.49公顷，占土地总面积的74%；建设用地273818.91公顷，占土地总面积的5%；未利用地面积1091630.39公顷，占土地总面积的21%。详见表1-1-7。

表1-1-7　宁夏土地利用现状基本构成面积汇总（2010年）

单位：公顷、%

行政区域	农用地	占比	建设用地	占比	未利用地	占比
全区	38255604.9	74	273818.91	5	1091630.39	21
银川市	458429.80	66	64718.89	9	170370.59	25
兴庆区	28776.21	44	8454.31	13	27576.99	43

（续）

行政区域	农用地	占比	建设用地	占比	未利用地	占比
金凤区	15951.22	59	7684.26	28	3391.51	13
西夏区	41858.08	47	12094.77	14	34431.03	39
灵武市	216217.64	72	18044.02	6	66642.65	22
贺兰县	92756.28	77	9467.29	8	17533.51	15
永宁县	62870.37	68	9740.54	10	20794.90	22
石嘴山市	144629.29	35	41120.70	10	221696.63	55
大武口区	11093.15	12	13826.43	15	70069.70	73
惠农区	30475.91	29	11199.46	11	64803.31	60
平罗县	103068.23	50	16911.81	8	86000.62	42
吴忠市	1199441.86	72	66277.53	4	407031.57	24
利通区	82488.41	74	9854.81	9	18323.62	17
盐池县	572793.99	87	17180.61	3	65404.73	10
青铜峡市	116407.57	61	10861.44	6	63488.03	33
红寺堡区	161402.25	59	11117.59	4	103101.72	37
同心县	269357.64	61	17263.08	4	156713.47	35
中卫市	1129717.12	83	49894.89	3	185402.08	14
沙坡头区	434664.35	81	16932.57	3	86445.03	16
中宁县	280640.50	86	14277.30	4	33099.54	10
海原县	414412.27	83	18685.02	4	65857.51	13
固原市	893342.42	85	51806.90	5	107129.52	10
原州区	211169.06	77	15914.07	6	46818.32	19
彭阳县	218725.08	86	11923.84	5	22700.47	9
泾源县	100648.02	89	3489.62	3	8729.34	8
西吉县	271936.16	87	15662.48	5	25341.79	8
隆德县	90864.10	91	4816.89	5	3539.60	4

注：资料来自《宁夏回族自治区第二次土地调查图集》。

2018—2019年完成了宁夏第三次土地调查，自治区自然资源厅于2021年12月2日发布《宁夏回族自治区第三次国土调查主要数据公布》。

全区主要地类数据如下：

(1) 耕地1198427.85公顷（1797.64万亩），含隆德飞地2988.35公顷（4.48万亩）。 其中，水田154110.84公顷（231.17万亩），占12.86%；水浇地382096.24公顷（573.14万亩），占31.88%；旱地662220.77公顷（993.33万亩），占55.26%。宁夏67%的耕地分布在中部干旱带和南部山区。海原县、西吉县、盐池县、同心县、原州区、平罗县等6个县（区）耕地面积较大，占宁夏耕地的55%。

位于年降水量600毫米以上（含600毫米）地区的耕地6811.74公顷（10.22万亩），占宁夏耕地的0.57%；位于年降水量400～600毫米（含400毫米）地区的耕地299102.75公顷（448.65万亩），占24.96%；位于年降水量200～400毫米（含200毫米）地区的耕地518754.11公顷（778.13万亩），占43.28%；位于年降水量200毫米以下地区的耕地373759.25公顷（560.64万亩），占31.19%。

位于北部绿色发展区的耕地406384.27公顷（609.58万亩），占宁夏耕地的33.91％；位于中部封育保护区的耕地461804.53公顷（692.71万亩），占宁夏耕地的38.53％；位于南部水源涵养区的耕地330239.05公顷（495.36万亩），占宁夏耕地的27.56％。

位于2°以下坡度（含2°）的耕地607709.39公顷（911.56万亩），占宁夏耕地的50.71％；位于2～6°坡度（含6°）的耕地219000.83公顷（328.50万亩），占18.27％；位于6°～15°坡度（含15°）的耕地238598.63公顷（357.90万亩），占19.91％；位于15°～25°坡度（含25°）的耕地125480.88公顷（188.22万亩），占10.47％；位于25°以上坡度的耕地7638.12公顷（11.46万亩），占0.64％。

（2）园地91585.87公顷（137.38万亩），含隆德飞地51.63公顷（0.08万亩）。其中，果园68387.04公顷（102.58万亩），占74.67％；其他园地23198.83公顷（34.80万亩），占25.33％。园地主要分布在沙坡头区、中宁县、红寺堡区、永宁县、青铜峡市、同心县等6个市、县（区）占全区园地的71％。

（3）林地953727.07公顷（1430.59万亩），含隆德飞地1142.63公顷（1.71万亩）。其中，乔木林地219678.60公顷（329.52万亩），占23.03％；灌木林地518558.25公顷（777.84万亩），占54.37％；其他林地215490.22公顷（323.24万亩），占22.60％。宁夏44％的林地分布在降水量400毫米（含400毫米）以上地区。盐池县、彭阳县、泾源县、原州区、沙坡头区、西吉县等6个县（区）占宁夏林地的60％。

（4）草地2031030.83公顷（3046.55万亩），含隆德飞地60.28公顷（0.09万亩）。其中，天然牧草地1449378.30公顷（2174.07万亩），占71.36％；人工牧草地10966.99公顷（16.45万亩），占0.54％；其他草地570685.54公顷（856.03万亩），占28.10％。草地主要分布在盐池县、沙坡头区、海原县、同心县、中宁县、灵武市、红寺堡区等7个市、县（区），占宁夏草地的75％。

（5）湿地24884.34公顷（37.33万亩）。湿地是"第三次国土调查"新增的一级地类。其中，灌丛沼泽426.37公顷（0.64万亩），占1.71％；沼泽草地488.06公顷（0.73万亩），占1.96％；内陆滩涂15861.87公顷（23.79万亩），占63.75％；沼泽地8108.04公顷（12.16万亩），占32.58％。青铜峡市、中宁县、贺兰县等3个县（市）湿地面积占宁夏湿地的47％。

（6）城镇村及工矿用地297508.51公顷（446.26万亩），含隆德飞地411.18公顷（0.62万亩）。其中，城市用地45219.98公顷（67.83万亩），占15.20％；建制镇用地45397.88公顷（68.10万亩），占15.26％；村庄用地174334.15公顷（261.50万亩），占58.60％；采矿用地21682.86公顷（32.52万亩），占7.29％；风景名胜及特殊用地10873.64公顷（16.31万亩），占3.65％。

（7）交通运输用地94177.49公顷（141.27万亩），含隆德飞地131.56公顷（0.20万亩）。其中，铁路用地8695.54公顷（13.04万亩），占9.23％；公路用地36946.22公顷（55.42万亩），占39.23％；农村道路用地47474.61公顷（71.21万亩），占50.41％；机场用地981.50公顷（1.47万亩），占1.04％；港口码头用地2.91公顷（0.01万亩），占0.01％；管道运输用地76.71公顷（0.12万亩）占0.08％。

（8）水域及水利设施用地168755.14公顷（253.13万亩），含隆德飞地78.68公顷（0.12万亩）。其中，河流水面31770.66公顷（47.66万亩），占18.83％；湖泊水面11749.81公顷（17.62万亩），占6.96％；水库水面9397.76公顷（14.10万亩），占5.57％；坑塘水面29844.49公顷（44.77万亩），占17.69％；沟渠82563.29公顷（123.84万亩），占48.92％；水建筑用地3429.13公顷（5.14万亩），占2.03％。平罗县、贺兰县、青铜峡市、中宁县、灵武市5个县（市）水域面积占全区水域面积的48％。

四、耕地

(一) 耕地类型面积

1995 年宁夏耕地总面积 1210.8 万亩，其中水田与水浇地 410.0 万亩。人均耕地 2.36 亩，人均水田与水浇地 0.81 亩。1956—1995 年这 40 年间基本稳定在 1200 万～1400 万亩，到 1996 年耕地面积增加到 1994 万亩，一直保持到 1999 年。2000—2004 年耕地面积又从 1932 万亩减少到 1655 万亩，并保持到 2013 年，一直稳定在 1650 万～1660 万亩。2014 年开始逐步增加，到 2018 年，耕地面积达到 1900 万亩以上，2019 年和 2020 年又降至 1800 万亩左右。详见表 1-1-8。

表 1-1-8　宁夏耕地年度面积

单位：万亩

年份	耕地面积					
	合计	灌溉水田	水浇地	旱地	菜地	其他
1996	1994.4					
1997	1994.4					
1998	1994.4					
1999	1994.4					
2000	1932.15		515.25	1341.60		75.30
2001	1935.45	70.90	519.55	1339.90	5.10	
2002	1857.45	70.80	519.75	1261.80	5.10	
2003	1717.80	70.80	520.50	1121.70	4.80	
2004	1654.89	67.94	523.93	1058.12	4.90	
2005	1649.83	67.27	529.56	1048.20	4.80	
2006	1652.77	68.08	532.88	1047.08	4.73	
2007	1659.51	67.64	532.88	1054.02	4.97	
2008	1660.59	67.29	534.52	1053.62	5.16	
2009	1660.59	67.29	534.52	1053.62	5.16	
2010	1659.60	64.48	546.25	1048.87		
2011	1657.03	62.79	551.88	1042.36		
2012	1655.23	60.70	554.85	1039.68		
2013	1655.23	60.70	554.85	1039.68		
2014	1933.77	281.42	480.19	1172.16		
2015	1938.58	280.62	485.78	1172.18		
2016	1938.03	279.17	486.36	1172.50		
2017	1939.86	278.27	489.23	1172.36		
2018	1955.13	278.34	500.05	1176.74		
2019	1797.00	230.00	573.00	994.00		
2020	1801.50	230.00	576.00	995.50		

注：资料来自《宁夏统计年鉴》。

(二) 耕地质量

宁夏农用地分等定级工作从 2006 年 6 月开始，到 2008 年完成，并通过国土资源部验收。宁夏农用地分等定级工作是根据国土资源部《关于部署开展 2006 年度农用地分等定级与估价工作的通知》（国土资发〔2006〕78 号）要求和《宁夏回族自治区人民政府关于开展全区农用地分等定级与估价工作的通知》（宁政办发〔2006〕164 号）的具体部署，依据《农用地分等规程》（TDT 1004—2003）、《农用地定级规程》（TD/T 1005—2003），并参考 2010 年 9 月出版的《中国耕地质量等级调查与评定》（宁夏卷）进行的。

农用地分等，总的技术方法可概括为：依据《农用地分等规程》提供的宁夏各地标准耕作制度和指定作物的光温（气候）生产潜力指数，按照"指定作物-分等因素-自然质量分的记分规则"计算自然质量分，对农用地自然质量进行逐级订正，综合评定农用地等级，也就是综合"天、地、人"三方面的多种因素，用因素法进行农用地等级科学划分，并采用"3S"软件建立宁夏农用地分等数据库和成果图件，并进行各等级面积量算和查询统计分析。详见表 1-1-9。

表 1-1-9　宁夏农用地自然质量记分规则

指标名称	农用地指标区					
	北部平原农业区		中部台地丘陵区		南部黄土丘陵区	
	水稻记分权重	春玉米记分权重	春小麦记分权重	春玉米记分权重	春玉米记分权重	马铃薯记分权重
剖面构型	0.15	0.15	0.17	0.17	0.20	
土壤类型	0.12	0.12				0.11
表层土壤质地	0.13	0.13	0.17	0.17	0.17	0.11
土壤有机质含量	0.12	0.12	0.15	0.15	0.17	0.11
土壤盐渍化程度	0.23	0.23	0.27	0.27	0.21	
排水条件	0.25	0.25				
灌溉水源			0.24	0.24	0.25	
地形坡度						0.31
有效土层厚度						0.20
土壤侵蚀状况						0.16
合计	1.00	1.00	1.00	1.00	1.00	1.00

注：根据《中国耕地质量等级调查与评定》（宁夏卷）汇总编辑。

宁夏农用地共划分 8 个等级。其中，1 等地面积 14.62 万亩，占耕地总面积的 0.85%；2 等地 388.90 万亩，占耕地总面积的 22.59%；3 等地 306.78 万亩，占耕地总面积的 17.82%；4 等地 387.3 万亩，占耕地总面积的 22.50%；5 等地 315.81 万亩，占耕地总面积的 18.34%；6～8 等地 308.37 万亩，占耕地总面积的 17.91%。详见表 1-1-10。

2005 年以来，先后实施测土配方施肥、耕地质量保护与提升等项目，根据耕地土壤养分现状建立全区耕地质量数据库。由宁夏农业技术推广总站按照《耕地地力调查与质量评价技术规程》（行业标准），利用"3S"技术和大数据技术完成宁夏耕地质量等级评价。以 2016 年年底宁夏耕地总量 129 万公顷为基础，分为 10 个等级，其中：一等地 1.80 万公顷，二等地 5.61 万公顷，三等地 6.28 万公顷，四等地 13.18 万公顷，五等地 14.76 万公顷，六等地 17.09 万公顷，七等地 28.38 万公顷，八等地 18.81 万公顷，九等地 16.65 万公顷，十等地 6.44 万公顷。详见表 1-1-11。

表 1-1-10　宁夏农用地自然质量等级分县面积统计

单位：公顷

市县名称	1 等地	2 等地	3 等地	4 等地	5 等地	6 等地	7 等地	8 等地	总计
银川市			343.3	10040.09	44647.21	70445.67	2815.41	195.82	128487.50

（续）

市县名称	1等地	2等地	3等地	4等地	5等地	6等地	7等地	8等地	总计
兴庆区	—	—	7.94	1254.12	6681.17	2275.51	868.19	—	11086.93
金凤区	—	—	—	1270.76	6549.12	362.71	—	—	8182.59
西夏区	—	—	—	2231.04	9880.17	3435.92	—	—	15547.13
永宁县	—	—	—	—	4273.00	26763.27	1062.76	195.82	32294.85
贺兰县	—	—	335.36	4441.30	8470.00	23196.15	873.18	—	37315.99
灵武市	—	—	—	842.87	8793.75	14412.11	11.28	—	24060.01
石嘴山市			24.24	5931.73	24196.50	47823.08			77975.55
大武口区	—	—		1218.19	2918.18	777.07	—	—	4913.44
惠农区	—	—	24.24	2748.69	8114.24	7390.73	—	—	18277.90
平罗县	—	—		1964.85	13164.08	39655.28	—	—	54784.21
吴忠市	8901.53	199950.12	12881.03	14829.36	78451.67	13603.90	31036.41		359654.02
利通区				1992.21	10508.88	4129.32	11246.50		27876.91
盐池县	—	64436.57	12881.03	6284.01	53935.81	—	—	—	137537.42
青铜峡市				152.46	3379.67	9474.58	19789.91		32796.62
同心县	8901.53	135513.55	—	6400.68	10627.31	—	—	—	161443.07
中卫市	847.33	58445.57	104091.40	1845.05	22899.65	33196.42	4471.94		225797.36
沙坡头区	1.72	11453.03		859.13	8308.63	16800.84	—	—	37423.35
中宁县	737.30	14852.19		153.13	5975.92	13512.70	4471.94	—	39703.18
海原县	108.31	32140.35	104091.40	832.79	8615.10	2882.88			148670.83
固原市		873.10	87177.63	225581.77	40345.30	1989.79			355967.59
原州区	—	48.23	14360.74	90463.12	17596.81	1989.79			124458.69
西吉县	—	302.52	66900.43	37215.19	11775.05	—	—	—	116193.19
隆德县			3600.39	22144.85	5371.29				31116.53
泾源县	—	522.35	2261.56	14536.16	—	—	—	—	17320.07
彭阳县		—	54.51	61222.45	5602.15				66879.11
合计	9748.86	259268.79	204517.60	258228.00	210540.33	167058.86	38323.76	195.82	1147882.02

表 1-1-11　宁夏各县市耕地等级面积统计

单位：公顷

市县	合计	一级地	二级地	三级地	四级地	五级地	六级地	七级地	八级地	九级地	十级地
全区	1290103.03	17951.41	56136.06	62758.67	131842.14	147550.73	170937.49	283840.40	188149.39	166532.66	64404.08
石嘴山市	84340.16	5.07	2029.40	3999.07	18595.87	21773.14	14812.54	11293.27	3049.93	4853.07	3928.80
惠农区	19835.88				184.27	4350.87	6963.60	4541.47	899.87	1935.33	960.47
平罗县	58995.94	5.07	2029.40	3999.07	17856.13	17073.00	6910.47	4879.60	1640.13	2086.87	2516.20
大武口市	5508.34				555.47	349.27	938.47	1872.20	509.93	830.87	452.13
银川市	144321.95	5479.67	25617.79	30704.06	47337.47	19608.93	10285.40	3013.14	312.34	646.47	1316.68
贺兰县	43775.48	1573.60	10704.60	10174.67	15096.53	4039.20	1771.27	107.87	39.40	228.27	40.07
兴庆区	14545.15	1254.07	1059.73	1738.33	6059.47	2132.47	1454.07	681.47	16.87	122.60	26.07
金凤区	10280.39	284.60	1460.93	2993.80	4995.93	500.53	44.60				

（续）

市县	合计	一级地	二级地	三级地	四级地	五级地	六级地	七级地	八级地	九级地	十级地
西夏区	17813.66	103.33	160.60	1152.20	7259.47	6572.93	2054.73	305.67	73.80	85.53	45.40
永宁县	34239.46	874.60	9189.33	9565.73	6686.00	2373.20	4283.73	823.53	108.20	170.67	164.47
灵武市	23667.81	1389.47	3042.60	5079.33	7240.07	3990.60	677.00	1094.60	74.07	39.40	1040.67
吴忠市	345112.06	4228.00	18406.67	17509.54	29625.07	33773.66	40902.54	71606.73	61144.99	34551.53	33363.33
利通区	31031.21	3353.47	6979.00	4764.27	5467.20	7130.40	1475.67	491.93	409.27	832.27	127.73
青铜峡市	38070.52	874.53	11427.67	10827.47	9623.53	3417.80	1133.33	254.80	229.13	233.93	48.33
盐池县	99787.73				4876.60	3950.93	6555.87	23892.13	26467.73	14794.27	19250.20
同心县	139346.26			1917.80	9058.27	12500.73	19018.60	39385.20	32597.33	15929.33	8939.00
红寺堡区	36876.34				599.47	6773.80	12719.07	7582.67	1441.53	2761.73	4998.07
中卫市	306287.94	8238.67	10082.20	10546.00	26154.20	32331.60	33972.34	58952.07	56827.53	50443.06	18740.27
沙坡头区	71310.86	505.00	7050.73	6664.67	5742.20	10474.20	11053.67	14739.73	5363.13	5816.93	3900.60
中宁县	67088.87	7733.67	3031.47	3881.33	13065.00	11258.40	5911.20	5985.47	2861.73	6602.33	6758.27
海原县	167888.21				7347.00	10599.00	17007.47	38226.87	48602.67	38023.80	8081.40
固原市	410040.92				10129.53	40063.40	70964.67	138975.19	66814.60	76038.53	7055.00
原州区	105308.60				47.53	22829.87	24859.47	35275.93	9125.33	12638.60	531.87
西吉县	163116.53				4199.00	5390.00	9989.40	51796.33	43843.27	43517.13	4381.40
彭阳县	83253.53				623.93	6316.73	15091.27	33040.27	8914.00	18580.80	686.53
隆德县	40645.26				5259.07	4780.87	14585.73	11528.73	3532.20	469.33	489.33
泾源县	17717.00					745.93	6438.80	7333.93	1399.80	832.67	965.87

注：根据自治区农业技术推广总站（宁夏耕地质量现状）2019 年数据汇总，统计。

■ 第二节 气候资源

宁夏跨东部季风区域和西北干旱区域，西南靠近青藏高寒区域，处在我国三大自然区域的交会过渡地带，形成了复杂多样的自然与气候条件。20 世纪 60 年代和 80 年代，自治区气象局气象科学研究所分别进行了两次全面的农业气候资源调查与区划。1986 年出版了《宁夏气候与农业》和《农林牧结构及合理布局的综合农业气候区划》。2000 年自治区气象局气象科学研究所组织实施了第三次农业气候区划，采用了现代"3S"技术，对近 45 年的气候资料和卫星遥感信息进行了区域范围内农业气候资源分析评价，2008 年出版了《宁夏农业气候资源及其分析》一书。2021 年自治区气象科学研究所张晓煜主编出版了《宁夏农业气候区划》，对 1981—2020 年气象资料进行了系统分析，分析了宁夏 40 年年均光照、热能、水分、风等农业气候资源和不同保证率下农业气候资源的数量、强度、分布以及气候要素多年变化趋势。

一、光能资源

宁夏太阳年总辐射量为 5800 兆～6100 兆焦耳/米²，仅次于有太阳城之称的西藏拉萨（8300 兆焦耳/米²），比同纬度的华北平原多 40 兆焦耳/米²，比江南地区多 1200 兆焦耳/米²。宁夏太阳辐射的地理分布，北部大于南部，平原大于山地，平原普遍达到 5923 兆～6095 兆焦耳/米²，其中最大值在石嘴山市的石炭井地区，辐射总量达到 6146 兆焦耳/米²。南部山区一般在 5200 兆焦耳/米² 以下，泾源 4963 兆焦耳/米²。

宁夏太阳总辐射有明显的季节变化，冬季最小，春季升高，夏季最大，秋季下降。12 月为最低值，平均为 275 兆焦耳/米²。3 月就猛增到 472 兆焦耳/米²。5—7 月是最高值的时段，各月的辐射量普遍达到 643 兆～675 兆焦耳/米²。8—9 月太阳总辐射逐渐回落到 480 兆～580 兆焦耳/米²。4—9 月为秋作物生长季，此期间全区总辐射量为3019兆～3890兆焦耳/米²，占全年总辐射量的60%～64%。南部山区大部分为3019兆～3890兆焦耳/米²，中部干旱带为3329兆～3737兆焦耳/米²，北部引黄灌区为3788兆～3894兆焦耳/米²。冬季（10月至翌年5月），总辐射量一般为2800兆～3500兆焦耳/米²，北部引黄灌区为3500兆～3600兆焦耳/米²。

各地总辐射的年度变化都具有相近的单曲线形式，5—7月为最高值，8月以后随着气温降低和降水量增大，总辐射量随之降低，尤以隆德、泾源县及六盘山区总辐射量降低最明显。辐射呈垂直分布规律，4—12月期间，海拔每增高100米，辐射量降低80.13兆焦耳/米²。

光合有效辐射，也就是能被植物有效接受的太阳辐射波长在380～710纳米之间的辐射。宁夏平原光合有效辐射量为2700兆焦耳/米²，最大值在石炭井地区，达到2900兆焦耳/米²。南部山区都为2600兆焦耳/米²以下，隆德县最低，为2300兆焦耳/米²。

根据宁夏23个气象观测站点1981—2020年资料综合分析，宁夏各地年日照时数为2111.3～3346.6小时。石嘴山市各地多在2800小时以上，日照百分率为65%～70%，石炭井日照时数最多达3069.8小时。银川地区为2784.8～2990.5小时，日照百分率为63%～68%。银南地区为2846.6～3024.2小时，日照百分率为65%～69%。固原地区年日照时数为2285.1～2672.1小时，日照百分率为52%～61%。

日照时数从季节分布来看，1月多在181.7～231.9小时，南北差异为50小时，日照百分率多为50%～70%，北部多在60%以上。4月日照时数在201.3～265.8小时，南北差异在60小时以上，日照百分率规律同1月。7月各地日照时数多在209.7～298.6小时，南北差异为80小时以上，中南部地区日照百分率为40%～60%，北部大都在60%以上。10月，各地日照时数多在168.1～252.5小时，南北差异为80小时以上，中南部地区日照百分率为40%～60%，北部多在60%～70%。

从作物生长期4—9月来看，全区日照时数为1100～1700小时，北部在1500小时以上，为植物生长发育创造了非常有利的光热条件。

详见表1-1-12和表1-1-13。

二、热量资源

宁夏热量资源比较丰富，但由于地形地貌、大气环流等条件的不同，形成了热量时空分布上的较大差异。1981—2020年宁夏23个气象观察站40年平均气温在5.9～10.3℃，呈北高南低分布，六盘山、贺兰山海拔较高，年均气温为-0.64～1.3℃。气温年较差比较大，最冷的1月平均气温为-9.9～-3.1℃，贺兰山区可低至-13℃，最热的7月平均气温为14.9～24.8℃。1981—2020年年平均气温总的趋势是在波动中不断上升，2006年全区平均气温9.77℃，是有气象记录以来最高年份。详见表1-1-14。

宁夏各地多年平均无霜期（气温≥2℃）为128～176天，北部平原平均为150～176天。各地无霜期的年际变化也有很大差异，最长无霜期为128～193天，而最短无霜期为81～138天。详见表1-1-13。

宁夏最冷的1月与最热的7月平均气温差值为20.3～33.0℃，气温日较差平均为7.8～21.9℃，年平均最高气温为11.0～16.4℃（不含贺兰山、六盘山），年平均最低气温为-7.2～4.3℃，极端最高温银川地区为38℃以上，灵武高达41.4℃，极端最低气温兴仁地区为-30.7℃，贺兰山为-32.6℃。

宁夏≥0℃积温大都在2732.2～4186.0℃，初日在2月23日，终日在11月18日；≥5℃积温大都在2503.4～4022.6℃，初日在3月16日，终日在10月28日；≥10℃积温大都在1993.2～3658.7℃，初日在4月13日，终日在10月11日；≥15℃积温大都在975.0～3035.2℃之间，初日在5月6日，终日在9月21日。详见表1-1-13。

单位：小时

表1-1-12 1996—2020全区市县日照时数（1）

年份	银川市	永宁县	贺兰县	石嘴山市	平罗县	陶乐县	惠农县	吴忠市	青铜峡市	中卫县	中宁县	灵武市	盐池县	同心县	固原县	海原县	西吉县	隆德县	泾源县	彭阳县	平均
1996	2842.4	2866.3	3002.9	2717.8	3033.8	2811.8	2909.9	2964.9	3127.0	2987.4	2876.5	3024.7	2838.2	2712.6	2659.4	2597.9	2423.2	2318.1	2418.2		2656.65
1997	2965.1	3112.6	3202.1	3079.1	3153.6	3145.6	3146.0	3351.2	3401.9	3287.1	3219.7	3264.6	3124.0	3143.4	2704.6	2773.1	2485.6	2357.3	2582.6		2874.96
1998	2678.1	2780.6	3013.6	2864.9	2958.3	2986.5	2884.3	3088.2	3214.3	3007.9	2934.5	2973.2	2969.8	2906.7	2663.9	2669.2	2454.8	2442.4	2560.5		2702.59
1999	2751.6	2900.2	3140.8	3042.4	3346.6	3183.3	3030.6	3265.5	3192.6	3184.5	3080.6	3049.6	3073.0	2916.2	2617.0	2614.3	2260.4	2409.3	2431.6	2360.5	2892.53
2000	2759.3	2955.0	3060.0	2973.4	3171.2	3109.7	3006.3	3191.7	3192.6	3150.1	3040.1	2987.6	2969.9	2974.0	2646.7	2735.8	2364.2	2557.0	2458.0	2465.0	2888.39
2001	2869.9	2834.8	2992.3	2784.6	2958.6	2962.6	2953.3	3153.2	3161.5	3001.8	2967.8	2968.3	2908.6	2990.7	2530.1	2897.8	2329.1	2479.4	2425.1	2390.5	2827.99
2002	2734.6	2803.2	3020.4	2897	2905.3	3002	2974.0	3175.7	3072.4	3022.2	2970.2	3016	2911.6	2924.1	2762.4	2928	2541.4	2578.1	2560.4	2520.9	2865.99
2003	2568.7	2764.5	2992.1	2664.3	3042.2	2929.5	3002.0	3127.4	2978.7	2981.8	3014.4	2893.9	2613.9	2834.3	2474.8	2832.4	2077.1	2297.3	2296.4	2397.0	2739.14

单位：小时

表1-1-12 1996—2020全区市县日照时数（2）

年份	银川市	永宁县	贺兰县	灵武市	石嘴山市	平罗县	惠农区	吴忠市	青铜峡市	盐池县	同心县	红寺堡区	中卫市	中宁县	海原县	固原市	西吉市	隆德县	泾源县	彭阳县	平均
2004	2851.6	2772.1	2997.3	3181.0	2658.4	3149.1		3171.2	3091.4	2854.2	3208.6		3070.8	3110.3	3153.9	2651.7	2478.7	2502.9	2424.0	2746.9	2590.66
2005	2813.4	2753.4	2946.4	3224.4	3356.0	3041.6		3164.5	2939.0	2779.7	3172.4		3061.0	3147.4	3055.1	2516.4	2230.6	2337.7	2260.0	2558.3	2703.01
2006	2665.8	2687.9	2754.8	3068.6	2691.2	3124.6	2915	3002.1	2764.1	2640.6	3042.1		2881.3	2980.4	2908.9	2622.9	2396.5	2503.8	2394.9	2612.4	2771.47
2007	2529.8	2756.6	2745.8	2806.3	2649.1	2927.3	2700.6	2827.8	2887.4	2613.0	3039.8		2809.0	2879.6	2671.5	2370.2	2263.1	2280.7	2221.9	2476.7	2655.59
2008	2824.2	2911.9	2736.6	2835.0	2716.9	2950.5	2743.9	2820.7	2941.8	2760.2	3118.8		2928.4	2990.0	2929.5	2557.7	2422.9	2469.2	2320.2	2602.1	2767.39
2009	2830.6	2670.2	2886.1	2818.4	2777.4	2709.1	3151.7	2843.7	3006.9	2835.4	2960.4		3014.1	2875.7	2572.7	2562.7	2379.6	2343.5	2153.3	2342.1	2722.82
2010	2759.3	2828.4	2959.0	2980.1	2758.0	3009.2	3130.8	2924.2	3302.8	2939.6	3177.8		3006.0	2985.9	2796.1	2563.0	2403.5	2342.3	2295.7	2388.0	2818.41
2011	2558.0	2687.1	2641.0	2700.2	2785.6	2945.8	3106.6	2768.0	3071.1	2711.3	2842.5		2899.5	2798.2	2553.5	2340.9	2111.3	2195.1	2195.1	2778.2	2667.84
2012	2725.2	3019.7	2969.0	2896.1	2881.2	2993.4	3102.6	2999.7	3143.0	2908.2	2942.0		3109.8	2975.7	2790.7	2481.1	2140.0	2117.1	2157.6	2436.9	2778.37
2013	2693.5	2989.9	2743.2	2826.0	2875.4	2888.8	2999.4	2898.7	2807.7	2896.4	3088.5		2947.9	2899.8	2655.3	2622.6	2197.6	2265.7	2295.9	2395.0	2736.17
2014	2738.9	2922.5	2793.2	2968.7	2819.2	2741.1	2984.9	2939.9	3086.1	2804.9	2821.2		2947.4	2907.0	2625.9	2651.3	2071.1	2169.1	2168.4	2892.7	2739.65

（续）

年份	地区																				平均
	银川市	永宁县	贺兰县	灵武市	石嘴山市	平罗县	惠农区	吴忠市	青铜峡市	盐池县	同心县	红寺堡区	中卫市	中宁县	海原县	固原市	西吉县	隆德县	泾源县	彭阳县	
2015	2841.9	2951.4	2779.6	3209.4	2759.3	2854.7	3037.8	2997.9	3181.7	2767.5	3012.0		3028.0	2931.7	2623.9	2482.9	2156.4	2126.8	2163.2	2281.6	2746.72
2016	2845.7	2990.4	2734.1	3191.0	2815.8	2958.4	3175.7	3080.9	3230.1	2873.6	3182.8		3106.7	3066.7	2778.7	2599.4	2537.4	2219.1	2185.0	2249.1	2832.66
2017	2894.5	3005.1	2959.0	2952.7	2970.5	2980.9	3245.8	2957.7	3018.1	2758.1	2978.2		3028.7	3017.4	2413.4	2383.6	2278.0	2197.3	2056.9	2094.6	2746.87
2018	2800.1	2864.7	2800.2	2961.8	2896.9	2744.9	2995.6	2882.8	2705.4	2659.3	2826.8		2997.3	2916.2	2324.7	2477.2	2222.3	2158.8	1984.4	2157.8	2651.43
2019	2659.3	2858.1	2669.1	2720.5	3612.7	2870.0	2888.5	2614.7	2519.7	2479.6	2750.8		2628.6	2627.2	3480.3	2020.4	2125.4	3177.4	1979.8	2728.6	2410.3
2020	2633.3	2977.5	2726.9	3094.9	2568.3	2891.5	2849.3	2763.4	2556.9	3265.0	2572.1		2679.2	2572.4	2536.5	2193.9	2088.3	2728.1	2794.3	1972.9	2656.04

注：1. 本表数据来自自治区气象局。

2. 银川市、石嘴山市、吴忠市、固原市和中卫市分别以政府所在地金凤区、大武口区、利通区、原州区和沙坡头区为代表。

表1-1-13　1981—2020年主要气候资源要素年平均值

序号	站点	平均气温（℃）	日照时数（小时）	日照百分率（%）	日照差（℃）	无霜期日数（天）	生长季日数（天）	积温（℃·d）			
								≥0℃	≥5℃	≥10℃	≥15℃
1	石炭井	8.6	3069.8	70	11.7	154	206	3757.2	3573.7	3186.0	2522.0
2	石嘴山	10.0	2872.1	65	13.2	165	218	4186.0	4022.6	3658.7	3035.2
3	惠农	9.6	3009.3	69	13.1	163	214	4068.4	3910.8	3539.5	2944.5
4	平罗	9.5	3005.0	69	13.3	163	216	4008.7	3840.3	3482.0	2864.3
5	陶乐	9.2	2982.3	68	13.7	158	211	3991.0	3823.6	3483.4	2863.2
6	贺兰	9.6	2942.3	67	13.0	166	217	4015.3	3857.8	3487.3	2839.0
7	银川	9.8	2784.8	63	12.5	171	221	4076.9	3914.5	3526.4	2905.8
8	灵武	9.4	2990.5	68	14.3	150	211	3925.3	3750.3	3370.3	2704.6
9	永宁	10.0	2901.5	66	12.9	169	222	4089.5	3922.1	3518.5	2894.8
10	青铜峡	9.9	3024.2	69	12.9	164	218	4030.4	3867.2	3459.2	2777.1
11	吴忠	10.3	2983.0	68	12.5	176	227	4161.6	3997.3	3584.3	2955.8
12	中宁	10.3	2967.7	68	13.2	169	222	4153.3	3995.4	3586.0	2862.2
13	中卫	9.5	2964.1	68	13.8	163	216	3932.3	3780.0	3392.3	2619.7
14	韦洲	9.6	2854.1	65	12.6	161	216	3923.9	3729.2	3308.3	2549.0

（续）

序号	站点	平均气温（℃）	日照时数（小时）	日照百分率（%）	日照差（℃）	无霜期日数（天）	生长季日数（天）	积温（℃·d）			
								≥0℃	≥5℃	≥10℃	≥15℃
15	盐池	8.7	2846.6	65	13.6	150	208	3772.4	3588.0	3190.6	2466.9
16	同心	9.7	2925.9	67	13.3	168	220	3991.8	3826.6	3419.6	2683.7
17	兴仁	7.6	2940.5	67	14.2	144	203	3431.5	3244.2	2820.5	2022.1
18	海原	7.9	2672.1	61	10.8	155	208	3329.8	3101.1	2634.1	1722.7
19	固原	7.2	2553.7	59	11.7	144	201	3176.4	2964.3	2499.3	1620.9
20	西吉	6.0	2301.2	53	12.7	130	195	2877.8	2669.2	2213.5	1288.0
21	隆德	5.9	2285.1	52	11.0	128	195	2732.2	2503.4	1993.2	975.0
22	泾源	6.4	2286.6	53	10.6	142	199	2826.7	2579.2	2056.2	1013.4
23	彭阳	8.3	2367.3	54	13.3	145	211	3481.5	3290.5	2853.8	2023.1

表1-1-14 1996—2020年宁夏各地年均气温（1）

单位：℃

年份	地区																				平均
	银川市	永宁县	贺兰县	石嘴山市	平罗县	陶乐县	惠农县	吴忠市	青铜峡市	中卫县	中宁县	灵武市	盐池县	同心县	固原县	海原县	西吉县	隆德县	泾源县	彭阳县	
1996	8.9	8.8	9.1	9.9	8.7	8.6	8.7	9.4	9.3	8.5	9.3	8.7	8.2	9.0	6.3	7.0	5.2	5.1	5.6	8.1	7.72
1997	9.9	9.6	10.0	10.9	9.6	9.3	9.4	10.2	10.1	9.1	10.2	9.5	9.2	10.1	7.2	8.3	6.0	6.0	6.5	8.1	8.56
1998	10.5	10.5	10.9	11.7	10.5	10.3	10.3	11.2	11.1	10.0	11.0	10.5	10.0	10.6	8.0	8.9	6.8	6.6	7.1	8.2	9.33
1999	10.3	10.3	10.5	11.5	10.4	10.0	10.2	10.9	10.9	9.8	10.7	10.2	9.7	10.4	7.5	8.3	6.4	6.2	6.8	8.1	9.46
2000	9.8	11.5	9.8	10.8	9.7	9.2	9.3	10.1	10.9	9.3	10.2	9.5	9.1	10.0	7.5	8.0	6.3	6.0	6.5	8.0	9.08
2001	10.3	9.9	10.2	11.2	10.3	9.7	9.8	10.6	10.7	9.6	10.5	9.7	9.4	10.2	7.6	8.2	6.3	6.0	6.4	8.1	9.24
2002	10.1	10.1	10.3	10.5	10.5	9.8	9.9	10.9	10.9	9.7	10.5	9.8	9.7	10.2	7.9	8.3	6.5	6.3	6.9	8.2	9.35
2003	9.8	9.6	9.9	9.8	10.0	9.3	9.5	10.4	10.6	9.4	10.1	9.4	8.1	9.4	7.2	7.8	6.3	5.8	6.4	7.9	8.84

表1-1-14 1996—2020年宁夏各地年均气温（2）

单位：℃

年份	银川市	永宁县	贺兰县	灵武市	石嘴山市	平罗县	惠农区	吴忠市	红寺堡区	青铜峡市	盐池县	同心县	中卫市	中宁县	海原县	固原市	西吉县	隆德县	泾源县	彭阳县	平均
2004	10.2	10.3	10.1	9.6	10.0	10.3		10.6		10.9	8.0	9.7	9.7	10.2	7.8	7.7	6.3	6.0	6.7	8.2	8.54
2005	10.1	10.0	9.6	9.4	8.5	9.3		10.5		10.0	7.9	9.8	9.5	10.1	7.9	7.4	6.2	5.7	6.4	8.0	8.23
2006	10.9	11.0	10.2	10.2	10.5	11.1	10.3	11.7		11.0	9.1	10.4	10.6	10.9	8.9	8.5	7.2	6.8	7.5	8.8	9.77
2007	10.4	11.5	9.6	9.6	10.1	10.8	10.0	11.0		10.0	8.7	9.9	9.9	10.4	8.3	8.1	6.7	6.4	7.1	8.5	9.32
2008	9.9	11.0	9.1	9.1	9.3	9.9	9.5	10.3		9.5	7.8	9.0	9.1	9.8	7.8	7.4	5.9	5.6	6.5	7.7	8.64
2009	10.5	11.4	9.5	9.8	9.7	10.4	10.1	11.1		10.3	8.6	10.1	10.2	10.8	8.4	8.0	6.6	6.2	7.2	8.5	9.34
2010	10.3	10.6	9.5	10.0	9.4	9.2	9.8	11.0		10.3	8.8	9.9	10.0	11.0	8.2	8.0	6.5	6.1	6.9	8.4	9.15
2011	9.9	10.0	9.2	9.4	9.0	8.9	9.7	10.7		9.7	8.1	9.3	9.6	10.6	7.2	7.2	6.1	5.9	5.8	7.8	8.64
2012	9.8	10.0	9.0	9.0	8.6	8.6	9.5	10.5		9.5	8.1	9.0	9.4	10.5	7.2	7.1	5.8	5.4	6.0	7.4	8.44
2013	11.2	11.4	10.1	10.3	9.9	9.8	10.7	11.7		9.4	10.3	10.8	10.6	11.7	8.8	8.6	6.8	6.7	7.6	8.7	9.74
2014	10.7	10.9	9.5	10.0	9.8	9.5	10.7	11.3		10.3	9.3	10.0	10.2	11.1	8.0	8.1	6.3	6.3	6.7	10.2	9.42
2015	10.7	11.0	9.8	9.9	10.2	9.8	10.8	11.4		10.2	9.4	10.6	10.4	11.3	8.6	8.2	6.7	6.7	6.8	8.8	9.54
2016	10.7	11.1	9.9	9.9	9.9	9.6	10.6	11.5		10.2	9.4	10.8	10.5	11.5	8.7	8.4	6.9	7.0	6.9	8.9	9.60
2017	10.9	11.3	10.1	10.0	10.1	9.8	10.9	11.6		10.4	9.4	10.6	10.5	11.5	8.4	8.2	6.7	6.7	6.6	8.8	9.61
2018	10.6	11.1	9.8	9.9	9.7	9.5	10.6	11.1		10.1	9.3	10.4	10.3	11.3	8.0	7.8	6.4	6.5	6.6	8.4	9.33
2019	10.90	11.2	10.00	9.9	9.8	9.7	10.8	11.3		10.1	9.4	10.5	10.3	11.4	8.2	7.9	6.7	6.6	6.5	8.4	9.45
2020	10.6	11.0	10.0	9.5	9.5	9.5	10.4	11.4		10.1	9.0	10.5	10.2	11.4	8.2	7.6	6.6	6.4	6.5	8.4	9.31

三、农业气象灾害

宁夏是中国气候变率较大的地区之一，气象灾害频繁发生，干旱、暴雨、干热风、低温冷害、大风和沙尘暴、冰雹、霜冻是宁夏农业气象主要灾害。2000年前50多年间共发生干旱41次、洪涝灾害34次、39次冰雹灾害、40多次大风灾害、30多次霜冻。干旱最严重的1995年及1999年，造成旱作农作物绝收80%，每年减少粮食2.5亿～4.0亿千克。2004年5月3—4日，出现全区性的霜冻，495万亩农作物受不同程度的影响，农业直接经济损失3.4亿元。据民政部门统计，1994—2003年受气象灾害影响损失粮食40多亿千克。2006年"7·14"暴雨使29个乡镇、67个建制村和246个自然村遭暴雨洪水袭击，死亡3人，造成各种设施和农作物受灾，损失约2.5亿元。

干旱呈现频繁性、持续性、周期性和季节性的特点。宁夏民间广泛流传有"三年两头旱"的说法。据统计，1996—2000年，平均1.2年就发生一次旱灾，这一时期出现过1997年和2000年两次大的旱灾。干旱的持续时间可达数月，甚至数年。春旱出现的频率为28%，有"十年九春旱"之说。夏旱发生频率为25%。秋旱不易发生，一旦发生其影响就比较严重，不仅当年秋作物受害，还造成翌年夏作物失种或减产。

暴雨一般发生在4—10月，特别是6—9月频率为98%。1996—2000年，平均1.5年就发生一次暴雨灾害，50～100毫米暴雨频率为98%，≥100毫米为2%。1998年5月18日，沿贺兰山一带12小时降水量达160毫米以上，为银北地区贺兰县百年不遇的特大洪水，直接经济损失3.2亿元。2006年全区共出现14次暴雨天气，7月14日宁夏北部出现历史罕见的区域性暴雨，银川降水量104毫米，石嘴山惠农区降水量达92.5毫米。2016年8月21日贺兰山发生特大暴雨，暴雨中心在贺兰山东麓苏峪口，12小时降水量239.5毫米，洪灾风险为Ⅰ级，转移安置5000余人。2018年7月22日贺兰山发生大暴雨，最大洪峰每秒流量1500米³，12万亩农田受灾。

干热风是宁夏灌区小麦生产中的主要农业气象灾害，主要发生在6月上旬至7月上旬，发生最多的地区为盐同干旱地区和大武口区，其次是惠农、中宁和西海固干旱区。1996—2007年12年间，平均每个观察站出现2.4次，且呈增多趋势。

水稻低温冷害主要发生在7—8月，冷害较重的年份可减产10%～20%。

大风和沙尘暴是宁夏较频繁的气象灾害，多年统计平均大风（6级以上）日数为30天左右，最多年份达到50天。在地理分布上，北部多于南部，山顶、峡口多于盆地。大风分布季节：春季（3—5月）占41.5%，夏季和冬季分别占20%和22%，秋季（9—11月）占16.5%。最大风速曾达到34米/秒，主要分布在银川和中卫地区。沙尘暴以盐池、同心最多，引黄灌区次之。

冰雹一般发生于3月中旬至10月下旬，主要集中在6—9月，重量一般不超过3克，直径5毫米左右。冰雹地理分布南多北少，山区多，丘陵和平原少；迎风坡多，背风坡少。

霜冻一般出现在9月下旬，结束于5月下旬。2004年5月3—4日，出现宁夏全域性的霜冻和重霜冻，农作物受灾面积469.5万亩，农业直接经济损失3.4亿元。

■ 第三节　水　资　源

一、降水

宁夏各地 1981—2020 年平均年降水量为 172～647 毫米，北少南多，地域差异明显。宁夏南部六盘山地区、原州区南部年平均降水量 500 毫米以上；中部干旱带以及固原地区的彭阳县和原州区的北部年平均降水量 300～500 毫米；北部引黄灌区年平均降水量 150～300 毫米，银北部分地区甚至少于 150 毫米。1996—2020 年全区平均年降水量 199.5～389.1 毫米，详见表 1-1-15。

二、地表水

宁夏境内地表水系主要有黄河及其支流，黄河自中卫南长滩入境，至石嘴山市惠农区麻黄滩出境，区内全长 397 千米，占黄河总长的 7.3％，多年平均过境水量 302.1 亿米³。根据 1987 年国务院批准的黄河水资源分配方案，在南水北调工程实施生效之前，宁夏每年可利用黄河水资源量为 40 亿米³（包括宁夏当地地表水资源可利用量 2.97 亿米³）。清水河水量 1.923 亿米³。葫芦河（宁夏境内）水量 1.593 亿米³。泾河（宁夏境内）3.383 亿米³。此外，红柳滩、苦水河、祖历河等小河滩年水量都在 0.1 亿米³ 左右。

宁夏自 1958 年以来，在清水河、葫芦河、泾河等河流的干、支流上先后修建了中小型水库 260 余座，除部分报废或降级为塘坝外，至 2000 年年底有 195 座［中型 14 座、小（一）型 84 座、小（二）型 97 座］，总库容量为 10.3123 亿米³，当年蓄水量 2926 万米³。2010 年只有 185 座，蓄水量 3677 万米³。2020 年宁夏全区有水库 228 座，总库容量 14.1207 亿米³，当年蓄水量 8718 亿米³。根据《宁夏水资源公报》，2000—2020 年宁夏部分年度农业和农村人畜饮水取地表水量为 54.86 亿～79.31 亿米³。详见表 1-1-16。

宁夏农业和农村人畜饮水年取用地表水量 2000—2020 年基本呈现逐年递减态势，2000 年为 79.31 亿米³，2010 年为 65.35 亿米³，2020 年 56.18 亿米³。农业和农村人畜饮水取地表水量最多的为吴忠市，约占全区总量的 25％。其次为银川市，占全区总量约 24％。固原市最少，仅占约 1％。详见表 1-1-16。

三、地表径流

宁夏地表径流具有总量少，地区变化大，年内分配不均，年际变化大的特点。1956—2000 年，宁夏径流量平均为 9.49 亿米³，折合径流深 18.3 毫米，是黄河流域平均值的 1/3，全国平均值的 1/5。

2000 年、2005 年、2010 年及 2014—2020 年，宁夏地表水径流量为 5.88 亿～11.96 亿米³，五市中以固原市径流量最多，占宁夏总径流量的 43.5％～54.7％。径流量最少的为石嘴山市，仅占宁夏地表水径流量的 6.8％～12.4％。详见表 1-1-17。

表1-1-15 1996—2020年宁夏平均年降水量

单位：毫米

年份	地区																				平均
	银川市	永宁县	贺兰县	石嘴山市	平罗县	陶乐县	惠农县	吴忠市	青铜峡市	中卫县	中宁县	灵武市	盐池县	同心县	固原县	海原县	西吉县	隆德县	泾源县	彭阳县	
1996	153.2	211	184.6	115.8	132.8	179.3	130.9	204.9	188.9	187.1	229.8	193.9	348.5	357.2	465.7	499.1	354.5	529.4	665		280.61
1997	156.4	110	154	128.5	160	103.9	120.9	146	146.1	165.7	135.3	116.9	256.4	209.7	345.3	300.2	267.8	395.4	371.9		199.49
1998	211	195.1	196.7	185.2	240.2	238.4	174.4	195.6	209.8	232.1	231.1	176.7	365.1	356	454.9	363.9	389.7	349	600.3		282.38
1999	165.1	143.4	132.3	127	154.9	133.3	120	176.7	168.2	200	193	251.8	294.2	231.4	327.9	347.5	357	473.1	555.6	408.1	248.03
2000	133.8	110	114.5	126.6	158	138.2	91.3	183.9	168.2	122.1	161.9	173	160.8	214	406.2	327.9	402.2	400.5	572.8	342	225.40
2001	163.2	202.1	155.7	133.4	160.7	215.5	160.1	206.5	240.6	223.4	243.9	219.1	387.7	298	404.7	371.2	348.2	527.7	724.3	420.5	290.33
2002	303.6	259.3	251.5	222.2	250.4	245.7	209.4	247.9	292	235.5	252.8	257.6	399.1	280	401.9	456.2	335.2	420.4	641.5	474.2	321.82
2003	194.8	203	225	212.8	180	154.7	179.8	192.7	197.5	283.4	221.2	206.9	293.9	281.7	605.1	453	433.2	670	850.6	544.9	329.21
2004	144	122.3	132.1	141.8	154	208.8		148.9		143.6	262	194.5	125.5	162.6	169.8	385.4	472.1	539.5	584.3	341.2	246.24
2005	74.9	83.4	72.6	80.4	119.5	82.9		64.8		59.8	180	119.4	56.8	78.5	134.7	372.2	393.2	591.1	681.2	476.9	206.79
2006	195.8	168.4	143.2	155.5	168.5	198.2	232.6	156.4		156.9	212.1	224.3	152	126	255.2	426.2	329.3	435.4	608.8	355.2	247.37
2007	214.7	207.9	206.4	222.5	237.7	187.7	178.4	189.5		185.5	284.1	307.2	263.6	293.8	444.3	350.6	366	488.7	579.4	314.5	290.66
2008	194.6	189.1	194.2	205.4	196.9	212.5	210	186.2		185.8	266.7	191.7	131.1	130	283.4	373.6	315.7	399.5	497.2	390.5	250.22
2009	180	181.5	185.5	185.7	185.3	147.9	186.8	190.8		170.5	280.7	176.9	148.6	148.1	277.7	357.1	255.4	403.3	549.7	353.5	240.26
2010	206.3	168.9	181.1	176.5	176.4	173.2	212.7	188.6		181.2	248.4	202.9	138	192.3	353.5	458.3	410.7	430	609.3	615.4	280.19
2011	166.2	188.7	145	184	152	117.1	117.5	220		249.6	402.8	218	189.3	204.9	345.7	393.8	314	500.1	738.9	429	277.72
2012	292.7	295.1	312.5	241.1	228	243.4	185.8	244.6		321	308	285.7	252.5	243.5	430.7	449.6	377.9	482	639	457.2	331.07
2013	148.8	148.3	180.2	133.3	108.3	173.3	146.1	116.1		288.2	248.6	113.3	111.2	208.9	422.4	706.2	592.2	766	919	653.5	325.47

（续）

年份	银川市	永宁县	贺兰县	石嘴山市	平罗县	陶乐县	惠农县	吴忠市	青铜峡市	中卫县	中宁县	灵武市	盐池县	同心县	固原县	海原县	西吉县	隆德县	泾源县	彭阳县	平均
2014	169.1	196.1	218.3	228.6	171.3	178.1	164.1	217.4		178.5	346.9	424.3	233.1	270.8	507.5	589.4	544.7	544.8	626	143	313.26
2015	227.1	195.5	235.1	223	191.1	226.4	214.1	207.5		184.6	365.6	238.3	155.2	175.6	338.3	377.6	382.8	457.2	690.4	489.6	293.42
2016	264.9	241.9	208.3	264.4	148.9	171.9	156.4	288.7		289.3	347.7	212.7	229.9	205.4	449.8	465.2	300.5	406.8	520.3	416.7	294.19
2017	211.3	205.3	218.9	213.8	250.2	184.3	163.8	217		218	393.3	346.8	238	205.2	527	504.5	478.1	585.3	669.4	458.6	330.99
2018	280.2	256.3	202.3	193.7	344.6	301.9	260.3	199.8		162.3	385.5	265.4	238.1	234.2	493.3	659.2	639.1	626.6	994.3	655.6	389.09
2019	145.5	177.2	147.0	193.29	165.9	141.1	137.9	205.0		200.9	323.1	291.4	270.3	212.6	564.3	709.5	573.0	717.4	1019.8	756.9	349.81
2020	182.6	178.0	200.5	192.9	160.7	187.9	235.6	230.7		169.3	205.2	298.3	187.5	168.2	424.1	488.2	445.4	648.3	890.8	561.5	318.7

表1-1-16 2000—2020年全区农业和农村人畜饮水取地表水量

单位：亿米³

地区	2000年			2010年			2014年			2015年		
	小计	农业用水	农村人畜饮水	小计	农业用水	农村人畜饮水	小计	农业用水	农村人畜饮水	小计	农业用水	农村人畜饮水
银川市	24.31	24.31		21.62	21.62		14.98	14.98		15.91	15.91	
石嘴山市	11.83	11.83		10.64	10.64		9.18	9.18		9.52	9.53	
吴忠市	41.59	41.58	0.01	18.38	18.34	0.04	15.97	15.92	0.05	16.03	15.98	0.048
固原市	1.58	1.54	0.04	0.65	0.58	0.07	0.71	0.65	0.06	0.79	0.73	0.058
中卫市				14.06	14.04	0.02	11.26	11.24	0.02	10.88	10.86	0.022
农垦系统							6.82	6.82		7.32	7.32	
宁东												
其他							3.2	3.2		2.09	2.09	
合计	79.31	79.26	0.05	65.35	65.22	0.13	62.12	61.99	0.13	62.54	62.42	0.128

（续）

地区	2016 年			2017 年			2018 年			2019 年			2020 年		
	小计	农业用水	农村人畜饮水	小计	农业用水	农村人畜饮水	小计	农业用水	农村人畜饮水	小计	农业用水	农村人畜饮水	小计	农业用水	农村人畜饮水
银川市	13.73	13.73		13.14	13.14		12.45	12.45		17.41	17.41		16.91	16.91	
石嘴山市	8.44	8.44		8.49	8.49		9.22	9.22		10.42	10.42		10.01	10.01	
吴忠市	14.18	14.1	0.08	14.28	14.2	0.08	14.7	14.63	0.07	16.69	16.61	0.08	16.33	16.33	
固原市	0.76	0.63	0.13	0.76	0.64	0.12	0.67	0.54	0.13	0.50	0.38	0.12	0.48	0.48	
中卫市	10.94	10.93	0.01	10.23	10.22	0.01	10.12	10.11	0.01	12.45	12.44	0.01	12.45	12.45	
农垦系统	6.16	6.16		5.54	5.54		6.07	6.07							
宁东	0.14	0.14		0.16	0.16		0.15	0.15							
其他	2.3	2.3		2.43	2.43		1.48	1.48							
合计	56.65	56.43	0.22	55.03	54.82	0.21	54.86	54.65	0.21	57.47	57.26	0.21	56.18	56.18	

注：2020 年,《宁夏水资源公报》中无农村人畜饮水数据。

表 1-1-17　宁夏全区各地年径流量

单位：亿米³、毫米

地区	2000 年		2005 年		2010 年		2014 年		2015 年	
	径流量	径流深	径流量	径流深	径流量	径流深	径流量	径流深	径流量	径流深
银川市	0.45	12.9	0.5	6.6	0.79	10.4	0.73	9.6	0.70	9.2
石嘴山市	0.56	12.6	0.45	11.0	0.58	14.1	0.56	13.6	0.64	15.6
吴忠市	0.65	4.8	0.46	2.9	0.92	5.8	1.02	6.4	0.95	6.0
固原市	3.61	21.5	4.92	43.5	3.87	36.6	4.48	42.3	3.61	34.1
中卫市	0.61	0.50	0.55	4.2	0.83	6.1	1.38	10.1	1.19	8.7
合　计	5.88	11.3	6.88	13.3	6.99	13.5	8.17	15.8	7.09	13.7

地区	2016 年		2017 年		2018 年		2019 年		2020 年	
	径流量	径流深	径流量	径流深	径流量	径流深	径流量	径流深	径流量	径流深
银川市	1.25	16.6	0.98	13.0	1.35	19.4	0.76	10.9	0.73	10.5
石嘴山市	0.56	13.6	0.82	20.1	1.48	36.6	0.53	13.2	0.62	15.2
吴忠市	1.11	6.9	1.08	6.7	1.30	7.8	1.07	6.4	0.86	5.1
固原市	3.25	30.7	4.65	43.9	6.54	61.5	6.82	64.1	5.56	52.3
中卫市	1.31	9.6	1.13	8.3	1.29	9.6	1.16	8.5	1.20	8.9
合　计	7.48	14.4	8.66	16.7	11.96	23.1	10.34	20.0	8.97	17.3

四、地下水

宁夏地下水资源缺乏，据宁夏水文总站多年统计资料表明，全区地下水资源量为 29.8 亿米³。南部山区 4.10 亿米³，占 13.8%。北部平原区 25.7 亿米³，占宁夏地下水资源量的 86.2%。其中：吴忠市（含引黄灌区和倾斜平原，下同）12.6 亿米³，银川市 8.5 亿米³，石嘴山市 4.6 亿米³。灌区地下水位在灌溉季节上升，非灌溉季节持续下降，2—6 月为最低水位，一般为 2.5～3 米；7—8 月地下水位为 1.8～2.0 米。南部山区地下水矿化度较高，部分为苦咸水。

五、水力资源

宁夏水力资源主要为黄河干流水能点，其次是泾河水系和灌溉渠道水能点。大柳树位于黄河黑山峡峡谷河段，河段长 71 千米，跨甘肃、宁夏两地，上距兰州 350 千米，下距银川 160 千米。按勘察规划，大柳树水利枢纽工程正常蓄水位 1377 米，校核洪水位 1380 米，总库容 114.8 亿米³，装机容量 200 万千瓦，保证出力 70.96 万千瓦，年发电量 77.86 亿千瓦时。

沙坡头水利枢纽位于中卫市沙坡头区，上距大柳树枢纽 12.1 千米，下距青铜峡枢纽 122 千米。总库容 0.27 亿米³，装机容量 12.15 万千瓦，保证出力 5.1 万千瓦，年发电量 6.06 亿千瓦时。

青铜峡水利枢纽位于青铜峡市黄河青铜峡出口处，设计水位 1156 米，总库容 7.35 亿米³，装机容量 30.2 万千瓦，保证出力 9.3 万千瓦，年发电量 11.26 亿千瓦时。

泾河水系分布有多个小水能点，装机容量 2921 千瓦，年发电量 480.1 万千瓦时。

宁夏灌溉渠道水能点有沙坡头南干渠枣林、角渠及申滩三处，装机容量为 0.2 万～0.3 万千瓦，发电量为 500 万～700 万千瓦时。此外，七星渠泉眼山电站装机容量 0.32 万千瓦，年发电量 1459 万千瓦时，还有唐徕渠陡坡电站，装机容量 0.7 万千瓦，年发电量 1800 万千瓦时。

六、农业节水

宁夏是全国水资源严重匮乏地区之一，大力实施节水农业是解决水资源制约瓶颈的根本途径。实施机深翻和"以肥调水"的模式发展旱作节水农业，并逐步把补灌农业、设施农业、保护性耕作、结构调整和特色种植等技术集合起来，形成宁夏节水农业技术体系。1989—1998 年先后实施了三期宁夏河套灌区农业综合开发项目。1998 年开始实施了引黄灌区续建配套工程。2000 年以后开始进行了大规模土地整理和高标准农田建设，主要以工程为主，实施了渠系防渗、激光平田整地、大田改小畦、推广管道输水、喷滴微灌和设施灌溉技术。

1995 年按照农业部《关于开展我国部分粮食生产区节水农业规划的通知》，在自治区农业厅主导下，由宁夏农业勘查设计院完成的《宁夏回族自治区节水农业规划》（1996—2000 年），是宁夏第一个节水农业五年规划。根据农业部节水农业规划分区指标体系，结合宁夏地形、气候、水资源、农业生产及经济发展等实际情况，按地理位置、地貌形态、气候特征、缺水程度、灌区类型五个因素，定量和定性分析相结合，将全区分为 4 个节水农业分区，即：Ⅰ河套平原干旱极缺水引黄灌区，Ⅱ盐同丘陵风沙干旱极缺水提水灌区，Ⅲ西海固黄土丘陵半干旱缺水蓄、井、提水灌区，Ⅳ六盘山半阴湿微缺水蓄水灌区。

Ⅰ区主要涉及宁夏平原、黄河左岸山丘及倾斜平原。Ⅱ区主要涉及清水河中下游、苦水河及盐池内陆。Ⅲ区主要涉及祖历河、葫芦河流域西侧、清水河流域上游以及红河、茹河、蒲河流域。Ⅳ区主要涉及泾河流域和葫芦河流域东侧。除规划工程节水外，还规划了膜上膜下灌，温棚温室微、滴灌，水稻节水控灌等农业节水工程措施。宁夏农业勘查设计院先后按农业部要求，在自治区农牧厅组织下，编写完成了《宁夏坡耕地治理和旱作节水农业规划》、宁夏"十五"节水农业规划和旱作节水农业规划。

2004 年自治区制定《宁夏建设节水型社会规划纲要》，到 2010 年和 2020 年农业用水比例由 93％下降到 88％和 80％，灌溉水综合利用系数由 0.36 提高到 0.45 和 0.53。2006 年启动实施了国家旱作节水农业示范基地建设项目。2007 年自治区党委、政府作出了建设"三个百万亩"高效节水农业的重大决策，并制定了《宁夏中部干旱带和南部山区覆膜保墒集雨补灌旱作节水农业建设规划》，确定 2008—2012 年每年推广地膜覆盖保墒 100 万亩，降水利用率提高 10％～15％，水分生产效率由 0.3～0.45 提高到 0.45～0.60 以上，补水效益达到 10～15 元/米^3。2008 年国家发展和改革委员会和农业部共同制定了《全国旱作节水农业发展建设规划》（2008—2015 年），规划将宁夏中南部列为西北区丘陵风沙类型区，并确定了发展模式。自治区农牧厅以"三大农业示范区"建设为契机，组织农技推广和农业科教等单位合作，大力推进节水农业各项工作全面开展。先后开展"灌区水稻控制灌溉技术应用研究与示范推广""宁夏干旱地区节水灌溉关键技术研究与应用""宁夏优势特色产业作物及灌区旱作物灌溉制度研究"等，取得了一系列节水农业技术成果，并制定了《宁夏回族自治区农业用水定额标准》。

在南部山区和中部干旱带集成和推广覆膜保墒集雨补灌旱作节水技术，形成和完善了以地膜覆盖、集水补灌、压砂补灌、有限补灌、设施灌水、特色种植为主体的旱作节水农业技术体系。围绕"水源、特色、高效"，在无水源地区、有地下水地区和扬水地区分别形成了"集雨场＋蓄水窖＋地膜覆盖"集雨补灌节水技术模式，"库、井、塘、池水＋移动滴灌节水技术模式"和"水窖（蓄水池）＋大小拱棚或日光温室设施滴灌节水技术模式"等，形成了以玉米、马铃薯、瓜菜作物为主，以"四膜"（即秋覆膜、早春覆膜、一膜两季、留膜留茬越冬）、三补（集雨补灌、扬黄延伸补灌、压砂补灌）、一集（微集水技术）为主的 8 种旱作节水农业技术。

在宁夏中南部地区推广玉米、马铃薯、瓜菜等作物集雨补灌高效节水技术，2010 年达到 130 万亩，2011 年达到 140 万亩，2013 年达到 206 万亩。宁夏中南部地区扬黄补灌节水，在不增加取水量的前提下，扩大补灌面积 115 万亩。2012 年全区建成设施农业 130 万亩。同时推广保护性耕作（即秸秆覆盖、以松带翻、免耕播种、化学除草）和工程措施，如修建集雨场、蓄水窖（池），铺设输水管道，配套水泵、注水枪、滴灌/喷灌和移动补水灌溉设施设备，形成特色产业和工程、农艺、生物技术为一体的旱作农业技术体系。据《宁夏农村科技》（2013 年）中徐润邑、田恩平等发表的《宁夏农业理论与实践》报道，2006—2011 年，宁夏中南部旱作农业区粮食产量对全区粮食总产量的贡献份额由 32％提高到 38％，2012 年这个比例又提高到 40％。旱作节水农业已成为宁夏粮食安全的增长点，旱作节水技术支撑的玉米、马铃薯等作物亩均增产粮食达 96 千克。2016 年，宁夏中南部旱作农业区粮食产量对全区粮食总产量的贡献份额提高到 40％。

在宁夏引黄灌区重点推广了水稻旱育稀植，调整作物结构和种植布局，调减水稻种植面积到 100 万亩以内，压缩小麦单种面积，扩大玉米单种面积，从时间上避开 4—6 月用水高峰期，缓解水资源时间调配压力。推广水稻控灌技术，较大水漫灌平均节水每亩 400 米³ 以上。小麦、玉米等作物应用滩畦灌技术，经果林采用小管出水技术，设施农业发展滴、喷、微灌技术。

截至 2020 年，宁夏高标准农田面积达到 780 万亩（2020 年政府工作报告），其中高效节水灌溉面积 400 万亩，农田灌溉水综合利用系数达到 0.551，农业灌溉用水占全区用水比例降到 78.4％，超过或接近达到《宁夏建设节水型社会规划纲要》的指标。

在推广工程、农艺、生物等农业节水技术的同时，也重视农业用水的管理，一是加强节水宣传，二是改革用水收费制度，三是成立农民用水者协会，制定相关规章制度，确保农业节水可持续发展。

2009 年 8 月 20 日新华网报道，宁夏大规模实施节水工程，全区年引水量由最高 89 亿米³ 下降至 65 亿米³，总耗水量减少近 6 亿米³。2018 年 9 月 3 日，宁夏广播新闻中心报道，宁夏农业节水灌溉不断提速，通过 10 年努力，实现年节水 5 亿米³。根据《宁夏水资源公报》，2014—2017 年的 4 年间，全区农业耗水量从 31.528 亿米³ 降至 28.505 亿米³，降幅达 9.6％，年耗水量减少 3.023 亿米³。灌溉面积由 2014 年的 859.9 万亩增加到 2017 年的 901.7 万亩，亩均耗水由 367 米³ 降至 316 米³，降幅达 13.9％。2018 年和 2019 年，农业耗水量有所反弹，分别达到 29.727 亿米³ 和 30.779 亿米³，农业灌溉亩均耗水量为 318 米³ 和 336 米³。据《宁夏水资源公报》反映 2018 年和 2019 年两年宁夏气温总体偏高。2020 年农业耗水量为 30.478 亿米³，农业灌溉亩均耗水量 305 米³，亩均耗水量呈逐年下降趋势。

■ 第四节　生物资源

一、森林资源

1995 年宁夏开展全区森林资源连续清查第一次复查，1996 年全区森林地面积 36.78 万公顷，其中：有林地 14.64 万公顷，灌木林 22.14 万公顷，森林覆盖率为 7.08％。1996—1999 年宁夏森林面积稳定在 36.78 万公顷，森林覆盖率为 7.08％。2000—2020 年全区森林面积呈逐年上升态势，由 27.68 万公顷增加到 82.06 万公顷，森林覆盖率从 8.4％升至 15.8％。详见表 1 - 1 - 18。

表 1 - 1 - 18　1996—2020 年全区森林面积

单位：万公顷、%

年份	合计	有林地	灌木林	其他	森林覆盖率
1996	36.78	14.64	22.14		7.08
1997	36.78	14.64	22.14		7.08
1998	36.78	14.64	22.14		7.08

（续）

年份	合计	有林地	灌木林	其他	森林覆盖率
1999	36.78	14.64	22.14		7.08
2000	27.68	11.91	15.77		8.4
2001	28.89	12.05	5.16	11.68	
2002	35.82	12.16	5.16	18.5	
2003	53.16	12.24	8.17	32.75	
2004	59.45	12.16	9.76	37.53	
2005	60.37	12.16	10.18	38.03	10.5
2006	60.64	12.15	10.45	38.04	
2007	60.64	12.16	10.45	38.03	
2008	60.61	12.16	10.44	38.01	
2009	60.61	12.16	10.44	38.01	
2010	61.80	16.59	45.21		11.89
2011	60.44	12.14	10.36	37.94	
2012	60.36	12.13	10.31	37.92	
2013	60.36	12.13	10.31	37.92	
2014	60.36	12.13	10.31	37.92	
2015	76.78	16.52	31.59	28.67	12.63
2016	76.79	16.53	31.59	28.67	
2017	76.72	16.51	31.56	28.65	
2018	76.64	16.49	31.53	28.62	
2019	79.28				15.3
2020	82.06				15.8

二、草场资源

　　1979—1988 年由宁夏畜牧局主持，以宁夏农业勘查设计院和宁夏农学院为主完成了全区植被和草场调查。宁夏植被具有以下基本特征：一是植物区系成分简单，种类比较贫乏。已知维管植物 128 科 609 属 1839 种，平均每科只有 14.3 种植物，为全国平均数的 19％，每属只有 3.0 种植物，为全国平均数的 35％。二是植物区系的地理成分具有温带性质。主要建群植物和优势植物约 120 余种，其中温带种类占 79.4％。三是植被具有明显的旱生态学性质。干草原中旱生草本植物占 70％以上，荒漠草原中旱生草本及其他旱生植物占 80％以上。四是宁夏植被具有过渡性。植被以草原为主，且以旱生性质为主，在荒漠草原植被中常有荒漠群落嵌入其间。

　　宁夏植被有 9 个植被型，30 个亚型，132 个群系。植被总面积 403.65 万公顷，占全区土地总面积的 77.9％。其中，自然植被 306.46 万公顷，占植被总面积的 75.9％。自然植被中有森林、灌丛、草甸、草原、荒漠、沼泽和水生植被等基本类型。其中以草原植被为主体，面积为 182.23 万公顷，占自然植被的 59.5％，荒漠草原和干旱草原共有 173.93 万公顷，占草原植被的 95.4％。详见表 1-1-19。

表 1-1-19　宁夏自然植被面积

单位：万公顷

序号	植被型	面积	占比（%）
1	针叶林	1.65	0.5
2	阔叶林	4.62	1.5
3	灌丛	23.07	7.5
4	草甸	7.49	2.4
5	草原	182.23	59.5
6	草原带沙生植被	54.39	17.7
7	荒漠	32.21	10.5
8	沼泽	0.77	0.3
9	水生植被	0.03	

根据自治区统计局年鉴资料，1996—2020 年，全区草地总面积由 260.02 万公顷降至 2020 年的 208.3 万公顷。详见表 1-1-20。

表 1-1-20　1996—2020 年宁夏草地面积

单位：万公顷

年份	天然草地	改良草地	人工草地	合计
1996				260.02
1997				260.02
1998				260.02
1999				260.02
2000	237.11			237.11
2001	236.16	0.21	6.04	242.41
2002	234.40	0.21	6.15	240.76
2003	225.51	0.21	7.67	233.39
2004	221.78	0.21	7.36	229.35
2005	220.31	0.19	7.34	227.84
2006	219.89	0.19	7.34	227.42
2007	219.19	0.19	7.34	226.72
2008	218.90	0.19	7.33	226.42
2009	218.90	0.19	7.33	226.42
2010	218.16		7.52	225.68
2011	217.97	7.99	7.78	233.74
2012	217.80	7.80	7.49	233.09
2013	217.80	7.80	7.49	233.09
2014	146.24	60.17	3.54	209.95
2015	145.84	59.92	3.57	209.33
2016	145.67	59.76	3.58	209.01
2017	145.60	59.63	3.57	208.80
2018	145.35	59.23	3.45	208.03

（续）

年份	天然草地	改良草地	人工草地	合计
2019	145.35	59.23	3.45	208.03
2020	145.35	59.23	3.45	208.03

2017—2018 年，按照农业部《全国草地资源清查总体工作方案》要求，由宁夏草原工作站主持，宁夏农业勘查设计院参加，依照《草地分类》（NY/T 2997—2016），进行了宁夏草原第二次调查，全区草地面积 208.80 万公顷。其中天然草地 145.60 万公顷，人工牧草地 3.57 万公顷，其他草地 59.63 万公顷。草原综合植被覆盖度达到 55.43%。宁夏的草地可分为以下四类。

（一）山地草甸类

山地草甸类主要分布在湿润度＞1.0，年降水量＞500 毫米的温性山地，以多年生中生草本植物为优势种的草原。本草原类主要分布于六盘山及其支脉瓦亭梁山、小黄峁山，以及月亮山、南华山、罗山、贺兰山等山地阳坡、半阳坡，面积 5.95 万公顷。由于本区保留较好的草甸草原多在阴湿、半阴湿山地，一般草层生长茂密，草层高 35～50 厘米，盖度 67%～95%，每平方米平均有植物 35 种，主要建群种为长芒草、牛尾蒿、异穗薹草、甘青针茅等。以长芒草、牛尾蒿为优势种的中旱生草本组占本类总面积的 49.5%。本草地类共有薹草型等 16 个草地型。

（二）温性草原类

温性草原类主要分布在湿润度 0.13～1.00，年降水量 300～500 毫米的温带干旱、半干旱和半湿润地区，以多年生旱生草本植物为主，有一定数量旱中生或强旱生植物的天然草地。主要分布于中部干旱带和南部的黄土丘陵地区，其北界为东自盐池县青山乡营盘台沟，向西经大水坑、青龙山东南，沿大罗山南麓，经窑山李旺以南，至海原庙山以北、甘盐池北山三眼井一线，以此线与北部的温性荒漠类为界，面积为 45.63 万公顷。由旱生多年生草本植物或旱生蒿类半灌木、小半灌木为建群种组成的草原类，丛生禾草在群落中占据优势。主要建群种有长芒草、硬质早熟禾、百里香、风毛菊、紫苞风毛菊、星毛萎陵菜、冷蒿、漠蒿、短花针茅、大针茅、蒙古冰草、糙隐子草，包括长芒草、百里香、风毛菊、冷蒿等 32 个草地型。

（三）温性荒漠类

在湿润度＜0.13，年降水量＜150 毫米的温带极干旱或强干旱地区，以超旱生或强旱生灌木和半灌木为优势种，有一定数量旱生草本或半灌木的草原类型，主要分布于中部干旱带和引黄灌区，包括海原县北部，同心、盐池县中北部，中卫香山、沙坡头区北部，中宁县北部，青铜峡市西部，以及贺兰山南北两端的浅山及大部分洪积扇山前倾斜平原。西北以贺兰山为界，向北直达石嘴山市落石滩。就生境而言，分布在北部鄂尔多斯地台、宁中山间盆地、剥蚀中低山丘陵地、强砾石质、石质、沙质或盐渍化等生境，是宁夏面积最大的地带性草原，面积 155.16 万公顷；主要建群种有短花针茅、糙隐子草、刺旋花、猫头刺、沙蒿、耆状亚菊、老瓜头、牛枝子、甘草、苦豆子、荒漠锦鸡儿、柠条锦鸡儿、狭叶锦鸡儿、中亚白草、赖草、芨芨草、黑沙蒿、珍珠猪毛菜、红砂、木本猪毛菜、小禾草型等，包括短花针茅、半灌木型、刺叶柄棘豆、中亚白草、赖草、红砂、藏青锦鸡儿等 70 个草地型。

（四）低地草甸类

在河岸低阶地、河漫滩、湖盆边缘、丘间低地、谷地、冲积扇边缘等区域，受地表径流、地下水或季节性积水影响而形成的，以多年生湿中生、中生或湿生草本植物为优势种的草地。主要分布在黄河、清水河等低阶地以及湖泊湿地、沼泽周边；低地草甸以禾本科草类假苇拂子茅、芦苇、香蒲等，以及蒙山莴苣、蒲公英、扁秆藨草等为优势种群，还包括一年生禾草、湿生杂类草等，总面积 2.06 万公顷。本类草场一般盖度为 30～90%，平均草层高度 30～90 厘米，包括假苇拂子茅、芦苇、香蒲、蒙山莴苣等 12 个草地型。

三、野生植物资源

（一）木本植物

据《宁夏通志·农业卷》（2009 年版），宁夏约有 520 多种木本植物，分属 63 科，154 属，其中乔木 117 种、灌木 384 种、藤木 19 种。又据《宁夏林业草原志》（1996—2020 年）记载，宁夏木本植物资源包括乔木、小乔木、灌木、半灌木、枝藤木等，共有 70 科 177 属 537 种。其中乔木、小乔木 134 种，灌木、半灌木 384 种，藤木 19 种。野生草本植物优势科和建群种共 61 科 234 属 494 种。重点集中在菊科 30 属 68 种，禾本科 32 属 60 种，豆科 16 属 57 种，唇形科 16 属 29 种和毛茛科 9 属 28 种。

宁夏的野生木本植物主要分布在贺兰山、罗山、六盘山等天然次生林区，盐池、灵武、陶乐、中卫、固原地区各县也有分布。贺兰山面积最大的乔木有青海云杉、油松、山杨，面积小的有杜松、灰榆等；面积较大、分布较广的灌木主要有蒙古扁桃、丁香、忍冬等。罗山的树种与贺兰山相似。六盘山的树种，面积大的有山杨、白桦、红桦、辽东栎、沙棘、箭竹等。在盐池、灵武、陶乐等县的沙区，天然分布的柠条、白刺、沙蒿面积最大。中卫的香山、米缸山分布有灌木，平罗、陶乐有小面积的胡杨。青铜峡库区分布有旱柳、毛柳、柽柳等。

（二）药用植物

《宁夏通志·农业卷》记载，宁夏有药用植物 917 种，其中国家重点普查的常用中药用植物 157 种，已开发利用的 120 余种。主要有甘草、麻黄、覆盆子、地榆、柴胡、黄芩、芦根等。经济价值较高的药用植物主要有枸杞、甘草、银柴胡、锁阳、党参、黄芩、秦艽、麻黄、大黄等。

（三）重点保护植物

《宁夏通志·农业卷》记载，宁夏有国家一、二级重点保护植物类 20 种，大多数分布在贺兰山和六盘山。主要有麻黄科麻黄属的斑子麻黄、中麻黄、草麻黄；石竹科裸果属的裸果木；小檗科山荷叶属的南方山荷叶、桃儿七；藜科梭梭属的梭梭；驼绒藜属的华北驼绒藜；薯蓣科薯蓣属的穿就薯蓣；胡颓子科沙棘属的沙棘（黑刺）；胡桃科胡桃属的野胡桃；豆科沙冬青属的沙冬青；木樨科白蜡树属的水曲柳、沙拐枣属的沙拐枣；蔷薇科蔷薇属的玫瑰；李属的蒙古扁桃；茜草科野丁香属的羽叶丁香；木兰科五味子属的北五味子；茄科枸杞属的黄果枸杞；蒺藜科四合木属的四合木。

《宁夏林业草原志》记载，截至 2020 年宁夏有国家 I 级重点保护植物一种，即发菜。国家 II 重点保护植物 25 种，具体见表 1-1-21。自治区人民政府公布的宁夏地方保护植物 11 种，分别是蕨菜、木贼麻黄、短角藿阳藿、盐生肉苁蓉、油松、青杨、毛山楂、西北委陵菜、稠李、毛稠李、文冠果。

表 1-1-21　在宁夏分布的国家重点保护野生植物名录

科名	种名	分布地点	保护等级
一、念珠藻科 Nostocaceae	（1）发状念珠藻（发菜）	同心县、中卫市、盐池县	国 I
二、麻黄科 Ephedraceae	（2）斑子麻黄	贺兰山国家级自然保护区	国 II

（续）

科名	种名	分布地点	保护等级
三、小檗科 Berberidaceae	（3）桃儿七	六盘山国家级自然保护区、泾源县	国Ⅱ
四、蔷薇科 Rosaceae	（4）蒙古扁桃	贺兰山国家级自然保护区、香山林场	国Ⅱ
五、豆科 Fabaceae	（5）沙冬青	白芨滩、贺兰山国家级自然保护区	国Ⅱ
	（6）甘草	盐池县、灵武市	国Ⅱ
	（7）野大豆	贺兰山国家级自然保护区	国Ⅱ
六、蒺藜科 Zygophyllaceae	（8）四合木	贺兰山国家级自然保护区、惠农区	国Ⅱ
七、猕猴桃科 Actinidiaceae	（9）软枣猕猴桃	六盘山国家级自然保护区	国Ⅱ
八、半日花科 Cistaceae	（10）半日花	青铜峡市、贺兰山国家级自然保护区	国Ⅱ
九、木樨科 Oleaceae	（11）水曲柳	六盘山国家级自然保护区、泾源县	国Ⅱ
十、茄科 Solanaceae	（12）黑果枸杞	贺兰山国家级自然保护区、惠农县	国Ⅱ
十一、菊科 Asteraceae	（13）革苞菊	贺兰山国家级自然保护区	国Ⅱ
十二、锁阳科 Cynomoriaceae	（14）锁阳	盐池县、灵武市、平罗县	国Ⅱ
十三、禾本科 Poaceae	（15）阿拉善披碱草	贺兰山、贺兰山国家级自然保护区	国Ⅱ
	（16）黑紫披碱草	罗山国家级自然保护区	国Ⅱ
	（17）毛披碱草	六盘山国家级自然保护区	国Ⅱ
	（18）紫芒披碱草	六盘山国家级自然保护区	国Ⅱ
	（19）沙芦草	白芨滩国家级自然保护区、盐池县、同心县	国Ⅱ
十四、百合科 Liliaceae	（20）七叶一枝花	六盘山国家级自然保护区	国Ⅱ
	（21）四叶重楼	六盘山国家级自然保护区	国Ⅱ
	（22）榆中贝母	六盘山国家级自然保护区	国Ⅱ
	（23）手参	六盘山国家级自然保护区	国Ⅱ
十五、兰科 Orchidaceae	（24）黄花杓兰	六盘山国家级自然保护区	国Ⅱ
	（25）毛杓兰	六盘山国家级自然保护区	国Ⅱ
	（26）紫点杓兰	六盘山国家级自然保护区	国Ⅱ

（四）经济植物

《宁夏通志·农业卷》记载油料作物有华山松、油松、胡桃、野胡桃、侧柏、毛榛、虎榛子、小叶朴、春榆、山桃、李、杏、大扁杏、沙棘、稠李、文冠果、漆树、卫矛、膀胱果等。

纤维植物有芦苇、马兰、祖师麻、荨麻、大麻、亚麻、松、杉、山杨、华椴等。

水保植物有沙棘、达乌里胡枝子、川榛子、白刺花、芨芨草、沙蒿、怪柳、沙柳、白刺、柠条、沙拐枣等。

芳香植物有百里香、玫瑰、丁香、薄荷、牛奶子、香薷等。

淀粉植物有中华槲蕨、穿龙薯蓣、圆穗蓼、珠芽蓼、委陵菜、榛子等。

四、野生动物资源

（一）分类和分布

《宁夏林业志》（2001年版）记载，宁夏共有野生脊椎动物415种，分属5纲，29目，82科，247属，其中鸟纲285种，哺乳纲74种，鱼纲31种，两栖纲6种，爬行纲19种。宁夏的野生动物主要分布于贺兰山、六盘山、罗山、南华山、哈巴湖、白芨滩、沙坡头、云雾山等已设立为自然保护区的地域，以及宁夏黄河段干支流、湖泊湿地等处。

《宁夏林业草原志》（1996—2020年）记载，截至2020年宁夏野生脊椎动物共5纲32目98科575种（含亚科）其中：鱼纲5目13科48种、两栖纲2目4科8种、爬行纲2目8科26种、鸟纲17目55科395种、哺乳纲6目18科98种。

宁夏中北部引黄灌区是宁夏平原传统农耕区，河渠纵横，湖泊星布，是鱼类和两栖类野生动物栖息、繁衍的理想场所，更是鸟类迁徙、停歇、觅食的重要通道。

中部干旱带大面积的草原和沙漠地区孕育着独特的沙生、旱生植被群落，为爬行类、啮齿类、鸟类、小型兽类等野生动物提供了独特的生存环境。

贺兰山、六盘山是动物地理古北界与东洋界过渡地带，这一地区的野生动物无论是物种多样性还是种群数量，比宁夏其他地区有较为明显的优势。六盘山具有完整的生态系统，植被丰富且具有多种植被型，为多种野生动物提供了多样的栖息环境，能为华北豹等大型猫科动物提供广阔的领域和种类丰富、数量充足的猎捕物；贺兰山山势险峻，生态系统完整，植被丰富，垂直分布典型，能为大型食草动物如马鹿、岩羊、牦牛等提供充足的食物，是健康、完整的生态系统。

（二）主要野生经济动物

主要野生经济动物129种，其中：

1. 两栖类

主要有青蛙和花脊蟾鱼，对农林生产有益，且有药用价值。

2. 爬行类

主要有鳖、沙蜥、麻蜥、壁虎和蛇类等10余种。鳖分布于黄河干流区，因捕捞过多，数量骤减，现以人工饲养为主；沙蜥、麻蜥多分布于中北部的沙地，捕食害虫，又是肉食鸟类的食饵。

3. 哺乳类

有30多种，主要有黄羊、麝、马鹿、岩羊、青羊、盘羊野猪等，石貂、兔狲、艾虎、狗獾等数量不多，大多数为国家重点保护动物。

4. 鸟类

有食肉益鸟161种（含亚种），食虫益鸟105种（含亚种）。

5. 野生鱼类

2019年10月18日，中宁县首次发现野生大鲵（又称野生娃娃鱼，是我国重点保护水生野生动物），并成功放流到中卫市腾格里湖。

（三）珍贵稀有动物

宁夏林业厅于1996—2000年对野生动物和重点稀有动物进行了调查，已查明国家级保护珍贵稀有濒危野生动物51种。其中一级保护动物8种。绝大部分分布于贺兰山、六盘山等林区内。

宁夏境内还分布有《中日候鸟保护协定》中所列保护品种42种，《中澳候鸟保护协定》中所列保护品种9种。

2019 年 10 月 22 日和 11 月 2 日分别在平罗黄河边和银川黄河边首次拍摄到 4 只卷羽鹈鹕和 1 只疣鼻天鹅。卷羽鹈鹕是全球性易危鸟类，国家Ⅱ级保护动物，已列入世界濒危鸟类红皮书，该鸟类东亚种群量不足 100 只。疣鼻天鹅是一种大型的游禽。截至 2020 年年底，新记录的种类共有 151 种，各地新记录的种主要有遗鸥（吴忠市太阳山）、卷羽鹈鹕（银川黄河段）、长尾鸭（灵武黄河段）、白额雁（沙湖）、凤头峰鹰（贺兰山）、毛脚鵟（沙湖）、褐耳鹰（银川黄河段）、短趾雕（贺兰山）、黄爪隼（沙湖）、白翅浮鸥（青铜峡库区）、领角鸮（贺兰山）蓝额红尾鸲（银川）、太平鸟（沙湖）、白冠攀雀（贺兰山）、雪豹（贺兰山）、普氏原羚（贺兰山）、鹅喉羚（罗山）等。其中以六盘山自然保护区、泾源县等新记录的种类最多，主要有黄嘴白鹭、黄臀鹎、自头鹎、斑背噪鹛、灰翅鸫、棕腹柳莺、橙斑翅柳莺、灰喉柳莺、冕柳莺、比氏鹟莺、画眉、绣胸蓝姬鹟、棕胸岩鹨、长尾雀、蓝鹀、大鹰鹃、虎头海雕、斑背噪鹛、白领凤鹛、红肋绣眼鸟、黑喉歌鸲、沙色朱雀、蓝枕八色鸫、绿翅短脚鹎、花脸鸭、黄喉貂、毛冠鹿、赤鹿、鬣羚、豪猪、六盘山蝮蛇等百余种。详见表 1-1-22。

表 1-1-22 宁夏重点保护野生动物名录（2020 年）

纲、种	主要分布地点	保护等级		备注
		国家	区级	
硬骨鱼纲				
北方铜鱼	黄河水系	Ⅰ		
大鼻吻鮈	黄河水系	Ⅱ		
似鮈高原鳅	黄河水系	Ⅱ		
厚唇裸重唇鱼	黄河水系	Ⅱ		
两栖纲				
花北蟾蜍	全区各地		○	
中国林蛙	六盘山、中卫		○	
六盘齿突蟾	六盘山、泾源		○	
大鲵	沙湖、泾源	Ⅱ		新纪录
爬行纲				
乌龟	黄河及周边水系	Ⅱ		
红沙蟒	罗山	Ⅱ		
鸟纲				
角鹏鹧	银川市各湿地	Ⅱ		
黑颈鹏鹧	沙湖、白芨滩	Ⅱ		
凤头鹏鹧	全区各地湿地		○	
斑嘴鹈鹕	白芨滩、哈巴湖	Ⅰ		
卷羽鹈鹕	银川滨河湿地	Ⅰ		新纪录
黑鹳	哈巴湖、六盘山、沙湖	Ⅰ		
苍鹭	全区各地湿地		○	
大白鹭	全区各地湿地		○	
白鹭	全区各地湿地		○	
黄嘴白鹭	沙湖、六盘山	Ⅰ		新纪录
鸿雁	沙湖、白芨滩、哈巴湖	Ⅱ		
豆雁	沙湖、白芨滩、哈巴湖	Ⅱ	○	
灰雁	沙湖、白芨滩、哈巴湖		○	

（续）

纲、种	主要分布地点	保护等级		备注
		国家	区级	
大天鹅	沙湖、白芨滩、哈巴湖	Ⅱ		
小天鹅	沙湖、白芨滩、哈巴湖	Ⅱ		
鸳鸯	沙湖、白芨滩、六盘山	Ⅱ		
翘鼻麻鸭	沙湖、哈巴湖		○	
赤麻鸭	全区各地湿地		○	
花脸鸭	沙湖、哈巴湖、六盘山	Ⅱ		
罗纹鸭	沙湖、白芨滩、哈巴湖		○	
绿头鸭	沙湖、白芨滩、哈巴湖		○	
斑嘴鸭	沙湖、白芨滩、哈巴湖		○	
琵嘴鸭	六盘山、沙湖、白芨滩		○	
青头潜鸭	沙湖、六盘山	Ⅰ		
凤头潜鸭	沙湖、哈巴湖		○	
斑头雁	全区各地湿地		○	
白额雁	沙湖、白芨滩、哈巴湖	Ⅱ		新纪录
鹊鸭	沙湖、白芨滩		○	
斑头秋沙鸭	沙湖、中卫、银川	Ⅱ		
中华秋沙鸭	沙湖、青铜峡	Ⅰ		
乌雕	罗山	Ⅰ		
灰林鸮	六盘山、泾源	Ⅱ		
凤头蜂鹰	贺兰山	Ⅱ		新纪录
黑鸢	六盘山、南华山	Ⅱ		
苍鹰	沙湖、贺兰山、白芨滩	Ⅱ		
雀鹰	沙湖、贺兰山、六盘山	Ⅱ		
松雀鹰	沙湖、贺兰山	Ⅱ		
褐耳鹰	银川、永宁	Ⅱ		新纪录
毛脚鵟	沙湖、永宁	Ⅱ		新纪录
大鵟	全区各地	Ⅱ		
普通鵟	贺兰山、六盘山	Ⅱ		新纪录
棕尾鵟	贺兰山	Ⅱ		新纪录
金雕	哈巴湖、六盘山、贺兰山	Ⅰ		
白尾海雕	沙湖、星海湖	Ⅰ		
虎头海雕	六盘山、沙湖	Ⅰ		新纪录
玉带海雕	沙湖、银川	Ⅰ		新纪录
秃鹫	贺兰山、南华山	Ⅰ		
高山兀鹫	贺兰山、六盘山	Ⅱ		新纪录
胡兀鹫	贺兰山、六盘山	Ⅰ		
鹊鹞	贺兰山、六盘山	Ⅱ		新纪录
草原鹞	贺兰山、六盘山	Ⅱ		新纪录

（续）

纲、种	主要分布地点	保护等级		备注
		国家	区级	
白头鹛	沙湖、石嘴山	II		新纪录
白尾鹛	白芨滩、哈巴湖、沙湖	II		
短趾雕	贺兰山、白芨滩	II		新纪录
兀鹫	六盘山	II		
鹗	贺兰山、哈巴湖	II		
草原雕	中北部地区	I		
猎隼	白芨滩、哈巴湖、南华山	I		
游隼	六盘山、罗山、贺兰山	II		
燕隼	沙湖、白芨滩、六盘山	II		
红脚隼	银川、贺兰山	II		
灰背隼	六盘山、罗山、银川	II		新纪录
黄爪隼	沙湖、贺兰山	II		新纪录
红隼	六盘山、贺兰山、哈巴湖	II		
西红脚隼	六盘山、贺兰山、哈巴湖	II		
雉鸡	全区各地		○	
蓝马鸡	贺兰山	II		
大石鸡	六盘山、贺兰山	II		
勺鸡	六盘山、贺兰山	II		
红腹锦鸡	六盘山	II		
蓑羽鹤	哈巴湖	II		
灰鹤	白芨滩、平罗、哈巴湖、惠农区	II		
大鸨	白芨滩、沙湖、哈巴湖	I		
小鸨	白芨滩、平罗、哈巴湖	I		
黑水鸡	全区各湿地		○	
骨顶鸡	全区各湿地		○	
白腰杓鹬	六盘山、永宁、沙湖	II		新纪录
鹬嘴鹬	六盘山	II		
遗鸥	灵武、太阳山	I		新纪录
黑浮鸥	银川、永宁、青铜峡	II		
大杜鹃	全区均有分布		○	
中杜鹃	银川、沙湖		○	
领角鸮	贺兰山	II		
雕鸮	贺兰山、六盘山、哈巴湖	II		
纵纹腹小鸮	全区均有分布	II		
长耳鸮	白芨滩、沙湖、哈巴湖、南华山	II		
红角鸮	沙湖、哈巴湖	II		
短耳鸮	沙湖、六盘山	II		
普通夜鹰	六盘山、贺兰山		○	

（续）

纲、种	主要分布地点	保护等级 国家	保护等级 区级	备注
普通楼燕	全区均有分布		○	
白腰雨燕	贺兰山、六盘山		○	
大斑啄木鸟	哈巴湖、六盘山、沙湖		○	
星头啄木鸟	六盘山、沙湖		○	
蚁鴷	沙湖、哈巴湖、六盘山		○	
黑枕绿啄木鸟	六盘山、固原、同心		○	
岩燕	白芨滩、贺兰山		○	
家燕	全区均有分布		○	
金腰燕	六盘山、银川		○	
白腹毛脚燕	六盘山、泾源		○	
红尾伯劳	全区均有分布		○	
灰背伯劳	全区均有分布		○	
牛头伯劳	六盘山、泾源		○	
长尾灰伯劳	全区均有分布		○	
贺兰山岩鹨	贺兰山、沙湖	II		
贺兰山红尾鸲	贺兰山	II		特有种
红肋绣眼鸟	六盘山	II		新纪录
画眉	六盘山	II		
橙翅噪鹛	六盘山	II		
斑背噪鹛	六盘山	II		新纪录
北朱雀	贺兰山、中卫、六盘山	II		
红交嘴雀	贺兰山、罗山、六盘山	II		
蓝鹀	六盘山	II		新纪录
绿胸八色鸫	六盘山	II		新纪录
白眶鸦雀	六盘山、泾源	II		
黑尾地鸦	沙坡头	II		
红喉歌鸲	罗山	II		
蓝喉歌鸲	沙坡头	II		
蒙古百灵	哈巴湖	II		
云雀	沙坡头、哈巴湖	II		
哺乳纲				
狼	贺兰山、六盘山、云雾山	II		
赤狐	白芨滩、六盘山、哈巴湖	II		
豹	六盘山、泾源	I		
沙狐	白芨滩、沙湖、哈巴湖	II		
石貂	贺兰山、盐池、哈巴湖	II		
香鼬	六盘山、西吉		○	
艾鼬	六盘山、沙湖、哈巴湖		○	

（续）

纲、种	主要分布地点	保护等级		备注
		国家	区级	
水獭	沙湖	II		新纪录
狗獾	全区各地		○	
黄鼬	全区各地		○	
猪獾	全区各地		○	
黄喉貂	六盘山	II		新纪录
野猫	贺兰山	II		
荒漠猫	白芨滩、贺兰山、哈巴湖	I		
华北豹	六盘山	I		
豹猫	泾源、隆德、贺兰山	II		
猞猁	贺兰山、六盘山	II		
雪豹	贺兰山	I		新纪录
高山麝	贺兰山	I		
林麝	六盘山、贺兰山	I		
狍	六盘山		○	
毛冠鹿	六盘山	II		新纪录
马鹿	贺兰山	II		
赤麂	六盘山	II		新纪录
牦牛	贺兰山	I		
黄羊	贺兰山、六盘山、南华山	I		
鹅喉羚	沙坡头、贺兰山、罗山	II		新纪录
斑羚	贺兰山、六盘山	II		
普氏原羚	南华山	I		新纪录
岩羊	贺兰山、南华山	II		
盘羊	贺兰山	II		
鬣羚	六盘山	II		新纪录
野猪	六盘山、南华山、泾源		○	
贺兰山鼠兔	贺兰山	II		

（四）有害动物

根据《宁夏啮齿动物地理区系区划及分类管理》（2019 年版），宁夏共有啮齿动物 40 种。宁夏有害动物主要有 36 种，分属 2 目（兔形目和啮齿目），全区都有分布，且有增多之势，其中长爪沙鼠、阿拉伯黄鼠、大仓鼠、五趾跳鼠、甘肃鼢鼠等吃盗大量粮食，损坏青苗，啃食草根、草茎，导致草场衰败，农作物受损减产。有些鼠类，如沼泽田鼠、甘肃鼢鼠、中华鼢鼠、斯氏鼢鼠、五趾跳鼠等喜食杨、柳、油松等树木的皮、根及果实，严重影响造林成活率和树木的成长发育。六盘山地区甘肃鼢鼠较多，危害严重。蒙古兔、达乌里鼠主要分布于中部和北部地区，喜食树皮，对幼树危害极大。

（五）天敌动物

宁夏有天敌动物 200 余种，其中捕食鼠类和兔类的天敌动物有 50 余种，主要有沙狐、赤狐、狐狸、石貂、荒漠猫、艾虎、苍鹰、雀鹰、猫头鹰、鸢、大鹰、红隼、草原雕、鸮类、鸥类。捕食有害昆虫的天敌动物有 150 余种，主要有蟾蜍、林蛙、沙蜥、燕类、黄鹂、山鸦、大山雀、长尾山雀、河鸟、点颏、红尾鸲、杜鹃、伯劳、灰喜鹊、红尾斑鸠、黄腹柳莺、大山雀、大杜鹃等。

五、菌蕨类资源

贺兰山和六盘山分布有紫丁香蘑、蘑菇、口蘑、小白蘑菇等野生食用菌，南部山区的阴湿地区，在阴坡生长有蕨类植物；同心县下流水和中宁喊叫水地区有发菜分布。

第二章

农 业 分 区

■ 第一节　农业地理分区

　　1973 年开始，由宁夏回族自治区革委会（革命委员会）农办主持，自治区科委、计委（计划委员会）、农林局、气象局、水电局及中国科学院地理研究所共同编写《宁夏农业地理》，并于 1976 年 12 月出版。该书将宁夏分为南部山地农林牧区（通称南部山区或山区）、引黄灌溉农业区（通称引黄灌区）2 个一级区和 6 个二级区，即南部山地农林牧区的六盘山阴湿农林区、西海固半干旱粮油区、盐同香山干旱农牧区和引黄灌溉农业区的卫宁灌区、河东灌区、河西灌区。

　　南部山地农林牧区包括固原地区的 5 个县（固原、西吉、海原、隆德和泾源）以及同心、盐池两县全部，中卫的香山，中宁的陈麻子井，灵武的山区，共 134 个公社。引黄灌溉农业区包括青铜峡、永宁、银川市、贺兰、平罗、吴忠、陶乐、石嘴山市以及中卫、中宁、灵武 3 县的引黄灌溉区部分，计 106 个公社及 20 个国营农林牧区。

　　2002—2003 年，自治区政府参事崔永庆等人完成了《中部干旱带生态环境建设与农牧业发展研究》调研报告，第一次提出了"中部干旱带"的概念。引入生态理念，将宁夏长期以来主要以地形地貌为划分农业地理分区依据的二分法（即山区和川区，也就是南部山地农林牧区和引黄灌溉农业区），改变为以生态环境和自然地理条件相结合的三分法。将宁夏划分为南部黄土丘陵区（简称南部山区）、中部风沙干旱区（简称中部干旱带）和引黄灌区 3 个分区。该调研报告指出中部干旱带是宁夏干旱频繁危害最严重的地带、水资源极度短缺的地带、土地荒漠化最严重的地带，也是经济发展落后的贫困地带。中部干旱带的范围包括鄂尔多斯台地南缘、黄土高原北缘和腾格里沙漠的东南边缘地区。行政区域包括盐池县、海原县、同心县、红寺堡、原陶乐县的全部和固原县东八乡，灵武市、利通区、中宁县、中卫县的山区部分。土地总面积 30347 千米^2。引黄灌区范围和包括的行政区域同二分法的范围和行政区域完全一致。南部山区的范围涉及中部干旱带以南的四县一区，即固原市原州区、西吉县、隆德县、彭阳县和泾源县，土地面积 1.13 万千米^2。调研报告将中部干旱带细分为 3 个二级区，即年降水量为 250～350 毫米，基本为沙漠缓坡丘陵地貌的风沙干旱区；年降水量在 350 毫米以上，基本为黄土丘陵地貌的黄土丘陵干旱半干旱区；基本处于风沙干旱地区的扬黄灌溉和少量的井库灌溉的绿洲农业区。

　　"三分法"农业地理分区逐步被自治区政府和社会认可并采用。《宁夏回族自治区农业和农村经济发展"十一五"规划》《宁夏回族自治区农业和农村经济发展"十二五"规划》和《宁夏回族自治区现代农业"十三五"发展规划》均按照南部山区、中部干旱带、引黄灌区三个分区进行规划。《宁夏农业气候资源及其分析》（2008 年版）一书也将宁夏划分为宁夏平原、中部干旱带和南部山区。自治区主席王正伟在崔永庆编著的《顾所来径》一书序文中提出"以三大示范区建设为抓手"，并指出《宁夏中部干旱带生态环境建设与农牧业发展研究》成果对新形势下重新审视宁夏区情变化并采取相应对策起到了重要参考作用。2008 年《国务院关于进一步促进宁夏经济社会发展的若干意见》中提到"加快建设北部引黄灌区现代农业示范区、中部干旱带和南部黄土丘陵区生态农业示范区"。

■ 第二节 农业综合分区

1979年，国务院批转《全国农业自然资源调查和农业区划会议纪要》同时下达108项重点科研任务，其中第一项为《农业自然资源和农业区划研究》。宁夏农业勘查设计院完成了《宁夏种植业区划》《宁夏果树区划》，以及平罗县等多个县市级农业区划。1986年宁夏畜牧局完成了《宁夏畜牧业区划》。1991年《关于进一步加强农业区划工作的报告》中明确指出，要优化生产力要素配置，合理调整农村农业产业结构和布局，促进农业区域化、专业化、现代化发挥重大作用。在《宁夏回族自治区1998—2002年农业产业化发展规划纲要》和《宁夏优势特色农产品区域布局及发展规划》中就对自治区特色优势产业进行了区域布局（区域布局在第二篇相关章节中叙述）。根据国务院《关于建立粮食生产功能区和重要农产品生产保护区的指导意见》（国发〔2017〕24号）和农业部、国土资源部、国家发展和改革委员会《关于做好粮食生产功能区和重要农产品生产保护区划定工作的通知》（农计发〔2017〕99号）精神，由宁夏农牧厅主导完成宁夏粮食生产功能区划定任务，为640万亩，其中水稻100万亩，小麦190万亩，玉米350万亩。实际划定643.89万亩。详见表1-2-1。

表1-2-1　宁夏各县（市、区）粮食生产功能区划定任务完成情况

单位：万亩

县（市、区）	任务面积	划定面积	水稻		小麦		玉米		高标准基本农田	
			任务	划定	任务	划定	任务	划定	划入	占比（%）
兴庆区	6	6.03	6	6.03					3.60	59.70
永宁县	33	33.04	10	10.02	10	10.00	13	13.02	25.34	76.69
贺兰县	32	32.06	17	17.01	8	8.01	7	7.04	27.05	84.37
灵武市	22	22.02	10	10.01	2	2.01	10	10.00	8.89	40.37
惠农区	12	12.82			2	2.16	10	10.66	7.50	58.50
平罗县	64	64.12	20	20.05	14	14.03	30	30.04	45.02	70.21
利通区	28	28.08	8	8.03	5	5.01	15	15.04	28.06	99.93
红寺堡区	18	18.49			3	3.06	15	15.43	4.23	22.88
盐池县	17	17.31			2	2.01	15	15.30		
同心县	65	65.05			30	30.05	35	35.00	19.76	30.38
青铜峡市	40	40.09	10	10.01	10	10.03	20	20.05	10.47	26.12
原州区	34	34.02			14	14.02	20	20.00	2.31	6.79
西吉县	55	55.26			35	35.04	20	20.22	1.20	2.17
隆德县	17	17.12			7	7.09	10	10.03		
泾源县	6	6.39					6	6.39		
彭阳县	39	39.01			20	20.01	19	19.00	2.78	7.13
沙坡头区	29	29.12	5	5.04	4	4.05	20	20.03	10.09	34.65
中宁县	41	41.11	2	2.06	4	4.01	35	35.04	31.15	75.77
海原县	39	39.73			19	19.12	20	20.61	18.83	47.39
农垦集团	43	43.02	12	12	1	1.01	30	30.01	39.68	92.24
合计	640	643.89	100	100.26	190	190.72	350	352.91	285.96	44.41

第二篇

农业发展规划与农业项目

中国共产党（以下简称"党"）十五大和十五届五中全会报告提出，要坚持把农业放在经济工作的首位，特别是要巩固和加强农业基础地位，积极调整农业结构，发展高产、优质、高效农业，积极发展农业产业化经营，提出农业向商品化、专业化、现代化转变。自治区党委、政府认真贯彻落实党的"十五"大报告精神，结合宁夏实际制定了《宁夏回族自治区1998—2002年农业产业化发展规划纲要》，同时发布了《宁夏回族自治区农业产业化行业发展规划》。党的十六大报告和十六届五中全会报告要求推进现代农业建设，积极发展有特色的优势产业，推进重点区域开发。按照中央和自治区政府要求，根据农业部《优势农产品区域布局规划》和《关于西部地区特色农业发展的意见》，结合宁夏实际，由自治区农牧厅会同自治区有关部门起草编制了《宁夏优势特色农产品区域布局及发展规划》。宁夏从"十一五"开始，农业和农村经济发展规划作为自治区国民经济和社会发展规划的行业规划一直延续至"十三五"。

《宁夏乡村振兴战略规划（2018—2022年）》由自治区发展和改革委员会（发改委）和西部大开发办公室委托宁夏农业勘查设计院起草，自治区农业农村厅等相关厅局提供资料协助编写，从2018年2月到7月用了半年时间完成了初稿。自治区党委农办和发改委组织自治区各有关厅局委共同完善修改。

实施乡村振兴战略，是党的十九大作出的重大决策部署，是决胜全面建成小康社会，全面建设社会主义现代化国家的重大历史任务，是新时代坚持农业农村优先发展总方针，做好"三农"工作的总抓手。

2018年11月，自治区党委批准了《宁夏乡村振兴战略规划（2018—2022年）》。该规划围绕产业兴旺、生态宜居、乡风文明、治理有效、生活富裕的总要求和自治区第十二次党代会确立的实施创新驱动、脱贫富民、生态立区三大战略，坚定不移走中国特色社会主义乡村振兴道路，努力实现经济繁荣、民族团结、环境优美、人民富裕，确保与全国同步建成全面小康社会，谱写新时代宁夏乡村振兴新篇章。

宁夏和全国一样，自新中国成立以后一直到改革开放初期，都在执行农村支援城市、农业支援工业的宏观政策模式。中央财政和自治区财政在农业事业费、农业基本建设和粮食生产能力、西海固三西扶贫开发和吊庄移民、宁夏河套农业综合开发等方面给予支持，实施了一批重点工程项目，为保障全区粮食安全和扶贫工作发挥了重要作用。2003年，中共中央、国务院发布了《关于推进社会主义新农村建设的若干意见》，首次提出了"以工促农、以城带乡"和"多予、少取、放活"的总方针，开启了工业反哺农业的新时期。先后出台了"四减免"（即农业税、牧业税、农业特色税和屠宰税）和"四补贴"（即种粮直补、农资综合补贴、农作物良种补贴和农机具购置补贴）。从2004年起至2020年，中央以"三农"为主题发布了17个"中央一号文件"，坚持强调"三农"问题是中国社会主义现代化的重中之重和出台强化了各项支农政策。

自治区党委和政府认真贯彻落实党中央和国务院关于"三农"精神，及时地制定了加快"三农"发展、促进宁夏农业现代化建设的政策措施。2013年自治区人民政府出台了《关于加快推进农业特色优势产业发展的若干政策意见》和2014年《关于加快产业转型促进现代农业发展的意见》，并同时制定具体财政支持办法。这一时期国家财政支农资金由"九五"期间的每年平均2442万元到"十三五"时期的每年平均34.62亿元，增幅达100多倍。财政支农范围不断扩大，覆盖领域涉及农业农村的多个领域，从政策层面上把财政支农重点由促进生产发展转向促进农业农村全面发展，在继续支持农业基本建设、农业抗灾救灾和农业四项补贴的同时，不断加大对宁夏"1＋4"战略主导产业和13个特色优势产业发展、农业资源和生态保护、动物防疫、农田基本建设、壮大农村集体经济和人居环境建设等方面的支持。不断创新财政支农资金投入机制，以"四两拨千斤"的方式引导和撬动社会资金投入农业农村发展，促进宁夏财政支农效益的极大发挥。

财政支农项目是推动宁夏农业农村发展，实现宁夏与全国同步全面建成小康社会的坚实基础，使宁夏农业总体水平上了一个台阶。截至2020年，宁夏粮食总产量达到380.5万吨，农民人均纯收入达到13889元，分别比1995年的203万吨和1037元增加了87％和12倍多。

第一章

农业发展规划

■ 第一节 农业发展五年规划

一、宁夏回族自治区 1998—2002 年农业产业化发展规划纲要

该规划纲要由自治区农业产业化办公室编制，1998 年 5 月自治区人民政府发布了《宁夏回族自治区 1998—2002 年农业产业化发展规划纲要》。

该规划纲要以党的"十五大"精神为指导，以奔小康纵览全局，以市场为导向，以科技为支撑，以增加农民收入为核心，以龙头企业为突破口，加强基地建设，突出区域特色，构筑农业产业化新格局。

规划总体目标是到 2002 年，全区农业总产值达到 105 亿元，农产品综合商品率达到 60%，农业总产值与农副产品加工业产值之比达到 1∶0.8，农民人均纯收入达到 2400 元。发展规划针对粮食产业、肉奶产业、水产果产业、绒毛皮产业、葡萄酿酒业、生物制药业六大优势产业群制定了发展目标、任务和保障措施。

（一）粮食产业

1. 现状

1997 年全区粮食总产量 25.62 亿千克，粮食加工能力 1.17 亿千克，外销玉米 3.5 亿千克，种植面积 1174 万亩。

2. 目标

到 2000 年，粮食总产量达到 27.5 亿千克，全区粮食加工能力达到 10.57 亿千克（其中小麦 6.04 亿千克，水稻 1.99 亿千克，玉米饲料 2.54 亿千克）。人均粮食占有量和人均粮食收入水平进入全国第五名。

3. 任务和布局

认真实施粮食增产的"四个一"工程，加快国家商品粮基地建设。大力发展粮食加工业，积极组建企业集团，扩大生产规模。加大对粮食精深加工技术改造的投入，区、市、县各级财政每年投入 1000 万元，专业银行每年有 4000 万元借贷投入。发挥名牌效应，增加市场占有率，力争三年内有一个面粉品牌、一个大米品牌打出国门，三个品牌打向全国，把引黄灌区建设成为西北地区重要的商品粮生产基地。

（二）肉奶产业

1. 现状

1997 年肉类总产量 14 万吨，奶总产量 20 万吨，人均肉、奶占有量分别为 25.3 千克和 36.3

千克。

2. 目标

到 2002 年肉、奶总产量分别达到 22 万吨和 35 万吨，牛饲养量 100 万头。其中，奶牛 8.5 万头，年出栏肉牛 30 万头；羊只饲养量 560 万只，出栏 210 万只，存栏 350 万只；生猪饲养量 250 万头，出栏 130 万头，存栏 120 万头；鸡饲养量 3000 万只，出栏肉鸡 1600 万只，存栏 1400 万只。畜牧业产值达到 40 亿～50 亿元，占农业总产值的比重达到 50%，肉奶加工产值达到 25 亿元以上。组建 2～3 个产值上亿元、利润过 1000 万元的集团企业。

3. 任务和布局

以养牛大县和秸秆养牛示范县为中心，建立灌区肉牛生产基地；以六盘山区为中心建立南部山区肉牛生产基地；以永宁秸秆养羊示范县和银川郊区工厂化肉羊育肥基地为中心建立农区肉羊生产基地，以陶乐为中心建立种羊引进和繁育基地。以中卫、中宁、青铜峡和银川为中心建立瘦肉型猪生产基地和家禽养殖基地。以吴忠和银川两市为重点建立两高一优奶业生产基地和示范区。

组建以天天食品集团公司为龙头，盘活泾河肉联厂的资产，开发"泾河牛肉系列"；以石嘴山肉联厂为龙头，开发"宁夏滩羊系列"；以吴忠肉联厂为龙头，开发"高档牛羊肉系列"；以夏进乳品公司为龙头，开发"夏进乳品系列"；加快泾源县黄牛专业市场、平罗宝丰-惠农礼和活畜市场、中宁生猪交易中心、中卫县宣和禽蛋集散地及灵武崇兴、涝河桥、银川纳家户-南关寺、西吉兴隆-单家集牛羊肉批发市场建设。

（三）水产、果、菜业

1. 水产

（1）现状　1997 年全区水产品总量 22118 吨（其中外销 16000 吨），渔业产值 1.3 亿元，水产养殖面积 16 万亩。

（2）目标　到 2002 年，全区水产养殖面积达到 25 万亩，水产品总量达到 5 万吨，渔业总产值 5 亿元。

（3）任务和布局　建设银川、银北、银南和宁南山区四大渔业基地。依托"2814"渔业基地，建设银川城郊型名特优渔业基地 14 万亩；建设银北以集约化主养和围垦精养为主的渔业基地 5 万亩；建设银南生态渔业基地 3 万亩；建设宁南山区、中卫虹鳟及大银鱼养殖基地 3 万亩。加强鱼苗、鱼种生产体系建设，2002 年全区自繁水花鱼苗 10 亿尾以上，鱼种自给率提高 80% 以上。推进银川、平罗、青铜峡、中卫四大水产品专业批发市场建设。调整渔业生产结构，实施名牌战略，大力推广彭泽鲫、大口鲇、胡子鲇、罗非鱼、武昌鱼、河蟹、青虾等近 20 个名特优新水产品种。发展设施渔业，培育渔业新的增长点，实现全年生产，四季均衡上市。

2. 果品

（1）现状　1997 年全区经果面积 80.5 万亩，年总产量 1.8 亿千克，其中苹果 1.4 亿千克。

（2）目标　紧紧围绕基地建设、保鲜贮藏、加工和市场营销四大环节，全面推进果品产业化建设。到 2002 年总面积达到 130 万亩，年总产量 5 亿千克，年总产值 8 亿元，果品保鲜贮藏能力和果品加工能力分别达到果品总量的 20% 和 15%。

（3）任务和布局　发展经济林 50 万亩，建成以金冠苹果为主的银南 50 万亩优质苹果基地、引（扬）黄灌区 10 万亩优质枸杞基地、宁南山区 50 万亩两杏基地及 10 万亩红枣、5 万亩梨、5 万亩杂果基地。建设 8～10 座空调保鲜库和 400 个微型节能保鲜库，鼓励农户自建土窑贮藏窖 8 万吨。建设 10 套隧道式热风烘干设备和 7000 吨浓缩果汁、4100 吨杏脯、2000 吨红枣饮料、酒枣等加工设施。

3. 蔬菜

（1）现状　1997 年全区蔬菜种植面积 48.3 万亩，保护地中各类温棚 2.49 万亩，节能日光温棚 2.35 万亩。蔬菜总产量 97.3 万吨，产值 5.19 亿元。蔬菜加工企业 60 余家，加工能力 3500 余吨。

（2）目标　围绕市场营销、产品加工基地建设和保鲜储运等环节做好工作，到 2002 年全区蔬菜种植面积达到 70 万亩，其中温棚 5 万亩、日光温室 4 万亩，蔬菜总产量 170 万吨，产值 10 亿元。

（3）任务和布局　建设六大蔬菜基地，即城郊蔬菜、脱水菜、番茄加工、食用菌、外销菜、山野菜及酱腌菜加工等生产基地。争取兴建 11 个气调储藏库，改造和新建一批产品适销对路的加工企业。积极发展多种形式的初级市场，重点发展区域性批发市场，积极探索产销直接联销经营、配送中心等新的流通方式。加强市场建设和信息工作，积极争取银川蔬菜批发市场列入农业部全国"菜篮子"定点鲜活农产品批发市场。加强蔬菜技术推广，调整品种结构和布局，加强蔬菜种子繁育体系建设，把陶乐县建设成为全国有影响的蔬菜种子繁育基地。

（四）绒毛皮产业

1. 现状

1997 年全区羊只存栏 340.1 万只，生产羊绒 230 吨。全区已形成了同心、灵武、涝河桥、平罗宝丰和城关四个羊绒集散地市场，实际交易量在 1700 吨左右。宁夏泾河、灵武涝河桥、平罗宝丰和西吉单家集等市场年交易羊皮 100 万张以上，牛皮 1 万张以上。宁夏圣雪绒羊绒衫荣获 1996 年国际金奖，年出口创汇 2000 万美元。

2. 目标

到 2002 年全区羊绒产量达到 400 吨，羊绒产业总销售额达 14 亿元，出口创汇 1 亿美元。

3. 任务和布局

培养壮大龙头企业，确定宁夏圣雪绒国际企业集团为宁夏羊绒产业化龙头企业。支持宁夏亚湾铝业公司与宁夏万利来制革公司接收固原皮革厂，实现资产重组，成为宁夏制革龙头企业，巩固提高羊绒企业发展水平。鉴于羊绒市场低迷的现状，不再建新项目，以提高产品质量、改善品种结构、提高效益为主。加快建设盐、同、灵和贺兰山东麓绒毛皮产业基地建设，培育和规范银川毛皮制品市场成为中国裘皮生产交易基地，重点发展灵武涝河桥和平罗宝丰两个原皮市场。

（五）葡萄酿酒业

1. 现状

宁夏贺兰山东麓地区是国内公认的优质酿酒葡萄最佳生态区之一，该区域有 120 万亩适宜发展葡萄种植的土地。

2. 目标

按照"原料基地化、种植加工一体化、生产规模化、产品系列化、市场网格化的发展战略和合理布局，积极稳妥、大胆突破、协调发展的方针"，到 2002 年，基地发展到 10 万亩，葡萄酒生产能力 5 万吨。

3. 任务和布局

发展以玉泉营农场、广夏集团、宁河民族化工集团、四新农业试验中心为主的规模化种植基地，发展万吨葡萄酒龙头企业 2～3 户。要按照高起点、高质量、高科技含量的"三高"要求，原料生产基地必须明确地域范围，种苗必须是世界优质的酿酒葡萄品种，必须是国内外先进的栽培和管理技术，从而实现产地品种、栽培技术科学结合，并初步确定亩产 1000 千克的"限定产量，保证品质"的试行方案。加快建设贺兰山东麓葡萄生产基地。

（六）生物制药业

1. 现状

截至 1997 年，中药种植面积达到 3.9 万亩，医药总产值 1.819 亿元，全区医药企业 29 家，具有原料药 1150 吨、中药饮片 100 吨的年生产能力。

2. 目标

到 2002 年化学原料药达到 2100 吨，中成药 800 吨，中药饮片 150 吨。

3. 任务和布局

依托相关生物工程技术企业，建成西北牛胚胎生物工程中心；建成国家级微生物发酵工程示范基地、西北最大酶产品开发基地、中国苦豆子系列医药产品生产基地、世界最大的四环素生产基地、麻黄素产品生产基地及枸杞基地，建成南部山区 35 万亩药材生产基地。

二、宁夏优势特色农产品区域布局及发展规划（2003—2008 年）

2003 年，按照农业部《优势农产品区域布局规划》和《关于西部地区特色农业发展的意见》，自治区农牧厅会同发展和改革委员会、林业厅等部门编制了《宁夏优势特色农产品区域布局及发展规划》，并经自治区人民政府常务会议审议通过，2003 年 12 月 8 号以宁政发〔2003〕115 号文件发布。

（一）总体目标

经过 3 年努力，形成 3~5 个在国内外市场上有明显竞争力的优势特色农产品；培育 5~10 个初具规模、品质优、市场稳、科技含量高的优势产区；扶持壮大 5~10 个在国内市场有较强竞争力的龙头企业；打造一批区内外知名品牌，基本形成现代农业产业体系。

（二）区域布局

1. 战略性主导产品

（1）枸杞优势区域　卫宁核心区，清水河流域区，贺兰山东麓区。

（2）牛羊肉优势区域　盐同灵滩羊主产区，引黄灌区肉羊肉牛杂交改良区，六盘山阴湿草地肉牛区。

（3）牛奶区域　吴忠奶牛核心区和银川奶牛发展区。

（4）马铃薯优势区域　南部山区淀粉马铃薯产区和中部干旱带及引黄灌区常用马铃薯产区。

2. 区域性优势产品

（1）淡水鱼优势区域　银北草鱼河蟹养殖区，银川鲫和团头鱼养殖区，银南黄河鲤和鲇养殖区。

（2）蔬菜区域　石嘴山市脱水蔬菜核心区及永宁、固原辐射区，银川、吴忠露地和设施蔬菜区。

（3）牧草及秸秆饲料区域　南部山区旱作草地农业区，中部干旱带退耕种草区，引黄扬黄灌区粮草轮作区。

（4）玉米区域　引黄灌区优质专用玉米和彭阳、原州粮饲兼用玉米区。

（5）优质稻麦优势区域　引黄灌区优质稻麦区。

（6）酿酒葡萄优势区域　以玉泉营地区为核心的贺兰山东麓产区。

3. 地方性特色产品

主要包括中卫禽蛋，中卫香山、海原兴仁和高崖、同心王团和予旺等地的西（甜）瓜，灵武长枣和玉皇杏子。

（三）优势特色农产品发展规划

优势特色农产品分为战略主导产品、区域性优势产品和地方性特色产品三类。

1. 战略主导产品

（1）枸杞　宁夏枸杞已获原产地保护。2003 年种植面积 26 万亩，干果产量突破 3 万吨，商品量占国内市场 50%，出口量占全国 60%，枸杞加工能力为 2000 吨。主攻方向为推行标准化、无公害生产，培育壮大龙头企业，大力发展精深加工。到 2006 年，枸杞种植面积达到 50 万亩，干果产量 8 万吨，商品量占国内市场 60％以上，出口占全国 70％以上，精深加工率达到 30％。

（2）羊（牛）肉　宁夏羊肉已被农业部《优势农产品区域布局规划》确定为全国重点发展的 11 种优势农产品之一。2003 年全区羊只饲养量 909 万只，羊肉产量 5.6 万吨。肉牛饲养量 96 万头，牛肉产量 5 万吨。宁夏优质牛羊肉加工销售企业已达 40 多家，外销羊肉近 3 万吨。已形成银川纳家户、灵武涝河桥、平罗宝丰、西吉单家集等区内外颇有影响的牛羊肉批发市场。主攻方向是积极引进国外良种牛羊种质资源，健全杂交改良和纯种繁育体系，推行舍饲技术。大力培育强势龙头企业，打造品牌产品。到 2006 年，肉羊饲养量达到 1500 万只，出栏 800 万只（含羔羊 400 万只）。肉牛饲养量达到 120 万头，出栏 50 万头。

（3）牛奶　2003 年全区奶牛存栏 12 万头，鲜奶产量 40 万吨。全区 19 家乳品加工企业，日处理鲜奶能力 1385 吨。培育了"新华夏进""维维北塔"等企业，新华夏进乳品饮料公司为国家级农业产业化龙头企业。主攻方向为加快良种引进与良种繁育，提高奶牛品质，扩大优质奶源基地。加快奶牛"出户入园"进程，建立规模养殖、集中挤奶、统一收购的生产体制，整合加工，做大龙头，发展"公司＋规模养殖场"的新奶源模式，提升产业化经营水平。到 2006 年，奶牛存栏达到 25 万头，鲜奶产量 85 万吨，成母奶牛年均单产达到 5800 千克以上，奶牛全部进入养殖园区和规模奶牛场，全面推行机械挤奶，夏进乳业进入全国十强。

（4）马铃薯　2003 年种植面积 131.4 万亩，总产 113 万吨，平均亩产 859 千克。年加工淀粉和粉条 17 万吨，消化鲜薯 60 万吨。主攻方向为建立健全马铃薯良种脱毒繁育推广体系，积极引进优质专用品种，提高产量和品质，建立加工型优质专用马铃薯生产基地。加快技术改造，优化组合小型加工企业，扩大规模。大力发展马铃薯保鲜贮藏、分级包装和储运销售服务。到 2006 年，种植面积发展到 200 万亩，产量 200 万吨，加工马铃薯淀粉类产品 15 万吨。培育 4～6 个加工龙头企业，脱毒化、标准化栽培面积达 90％以上，淀粉及其衍生物加工率达 80％。

2. 区域性优势产品

（1）淡水鱼　2003 年全区水产养殖面积 22 万亩，水产品总量 5.2 万吨，单产 396.2 千克/亩（全国平均为 343.7 千克/亩），水产品产值 2.6 亿元，70％销往区外。主攻方向是推广"大水面围垦养殖"和"上农下渔"等生态、无公害养殖。加快种苗繁育体系建设，发展名、特、优、新水产品生产，调整品种结构和布局，不断开拓区外市场。到 2006 年建设优势水产品基地 11 万亩，总产量 6.4 万吨，其中无公害绿色水产品达 50％。水产品苗种自给率达 70％以上，良种覆盖率达 80％，水产品外销率 80％以上。

（2）蔬菜　2003 年全区蔬菜种植面积达 90.4 万亩，总产 246.3 万吨。其中设施蔬菜面积 13.5 万亩，产量 53.9 万吨，占区内市场 70％份额。脱水菜加工能力 1.4 万吨，加工企业 103 家，年出口近万吨，培育了"夏绿脱水菜企业集团"等龙头企业。主攻方向是扩大生产规模，优化品种结构，开拓区外市场，扶持壮大脱水菜龙头企业，打造名牌产品。推行无公害种植，标准化加工，不断提高产品质量，努力把宁夏建成全国重要的脱水菜出口基地。到 2006 年"夏绿脱水菜集团"辐射带动脱水菜基地 30 万亩，年加工脱水菜 3 万吨，出口 80％，设施蔬菜面积达到 20 万亩。建成一批工厂化育苗中心和蔬菜科技产业园，蔬菜外销售率达 30％。

（3）牧草及秸秆饲料　2003 年全区以紫花苜蓿为主的多年生豆科牧草留床面积 460 万亩，一年生牧草 120 万亩，牧草种子基地 5 万亩。全泉、绿海、贺兰山茂盛三家草产品加工企业年加工能力 10 万吨，产品出口日本和韩国，销往上海、天津、西安等地。玉米青贮饲料 55 万吨，秸秆利用量 40 万吨，秸秆利用率达 28％。主攻方向是大力发展以紫花苜蓿为主的生态型草产业，适度发展草产品加工，加强种子基地建设。大力推广玉米全株青贮和秸秆微贮、酶贮技术，推行青贮和秸秆饲料统一制作、集中配送、产业化模式。到 2006 年，苜蓿种植面积达到 800 万亩，年产草 400 万吨。牧草种子基地发展到 10 万亩，年产种子 350 万～400 万千克。年加工销售苜蓿草产品 50 万吨。

（4）玉米 2003年全区玉米种植面积264.5万亩，总产119万吨。主攻方向是优化品种结构，推行标准化、专用化和区域化种植。提高玉米就地转化和多层次加工增值率，加快发展"玉米经济"。到2006年优质专用玉米种植面积达到140万亩。

（5）优质稻麦 宁夏平原是全国优质粳稻最佳生态区，种植面积一直稳定在100万亩左右，亩产600千克左右。现有4家大米加工企业，年加工销售大米8万吨。小麦年加工能力为60万吨，塞北雪是国家级重点龙头企业。主攻方向是水稻面积控制在100万亩左右，走"少而精"的产业发展之路，不断提高"宁夏大米"品牌知名度。小麦要推广高产、优质、节水技术。到2006年小麦实现品种优质化、产品标准化，年加工高档专用面粉10万吨以上。

（6）葡萄酿酒 贺兰山东麓是中国酿酒葡萄最佳生态区之一，有中国"波尔多"之说，2003年被国家确定为地理标志产品保护区。2003年已建成基地8.5万亩，其中酿酒葡萄6.5万亩，年酿酒2万吨，培育了"西夏王""御马"知名品牌，"西夏王"葡萄酒已获国际金奖。主攻方向是抓好原料基地建设，精选品种，精心栽培，大力发展优质葡萄基地。引进国内外大型企业，改造提升企业的技术水平和经济实力，力争把贺兰山东麓建成全国知名的优质酿酒葡萄生产加工基地。到2006年优质酿酒葡萄基地发展到15万亩，年产干红、干白高档葡萄酒10万吨，西夏王、御马品牌叫响国内市场。

3. 地方性特色产品

地方性特色产品主要有中卫禽蛋，中卫香山、海原兴仁和高崖、同心王团和予旺等地的西（甜）瓜，灵武长枣和玉皇李子。这些产品地方特色明显，发展潜力较大，具有较强的竞争力，对区域内农民增收具有重要作用。

三、宁夏回族自治区农业和农村经济发展"十一五"规划（2006—2010年）

该规划由自治区发展和改革委员会牵头，会同自治区农牧厅、林业厅、水利厅、农建委等部门编制，2006年9月12日，自治区人民政府以宁改发〔2006〕115号文件发布了《宁夏回族自治区农业和农村经济发展"十一五"规划》。

该规划以党的十六届五中全会精神为指导，落实科学发展观，贯彻"重中之重"战略思想和统筹城乡发展方略，坚持以工促农，以城带乡和"多予、少取、放活"方针。按照"产业发展、生活宽裕、乡风文明、村容整洁、管理民主"的总要求，以建设社会主义新农村为统领，以农业增效、农民增收、农村繁荣为目标，以转变农业增长方式，增强农业综合生产能力和优势特色农产品的竞争力为主攻方向。力争到2010年灌区初具现代农业产业体系，中部干旱带完成特色产业构建，南部山区实现生态农业良性循环。

（一）发展现状

"十五"以来，宁夏认真贯彻党中央国务院各项农业和农村经济政策，推动了农村经济发展和社会进步，取得了较好成绩，圆满完成了"十五"规划指标。

1. 农业和农村经济增长较快

"十五"末全区农林牧渔业总产值达到139亿元，年均增长7.1%，农业增加值达到69.8亿元，年均增长4.4%。农业结构进一步优化，畜牧水产业产值占农林牧渔业总产值比重比"九五"期间提高了2.6个百分点，达到了36.2%。

2. 农业综合生产能力显著提高

"十五"期间全区新增水浇地70万亩，改造中低产田120万亩，新增高标准基本农田175万亩，粮食总产增加16.3万吨。肉、奶、水产品分别达到25.8万吨、57.9万吨和12.2万吨。

3. 区域优势特色主导产业初具规模

"十五"末，全区枸杞种植面积达到38万亩，干果产量5万吨；马铃薯种植面积达到220万亩，总产 250 万吨；羊饲养量 1000 万只以上，肉牛饲养量超过 100 万头，羊牛肉总产量 11.6 万吨；人工种植牧草留床面积 617 万亩，青贮玉米秸秆 80 万吨；奶牛存栏 22.4 万头，鲜奶产量 57.9 万吨；西甜瓜种植面积 37 万亩，产量 60 万吨；优质葡萄种植面积 14 万亩，其中酿酒葡萄 8 万亩，产量 3 万吨；蔬菜种植面积 100 万亩，其中设施蔬菜 12 万亩；水产养殖面积 25.5 万亩。

4. 生态环境进一步改善

"十五"时期，全区造林 1583.6 万亩，其中人工造林 1245.1 万亩，飞播造林 74.1 万亩，封山育林 264.4 万亩，沙漠化土地减少了 38.1 万亩，完成天然草场围栏 1360 万亩。

5. 农民收入稳步增长

"十五"末农民人均收入 2508.9 元，其中川区人均 3587 元，山区人均 1687 元。农民人均税费只有 2.6 元，全区贫困人口减少到 10 万人，贫困发生率下降到 5%。

6. 农业科技推广成效显著

"十五"期间全区实现了水稻品种第六次更新，玉米品种第五次更新，马铃薯品种第四次更新，农作物良种覆盖率达到 90%，畜禽良种改良率 90% 以上，农业新技术推广覆盖率超过了 75%。

（二）发展目标

1. 粮食生产

全区粮食播种面积 1200 万亩，粮食综合生产能力 350 万吨，其中灌区 250 万吨，山区 100 万吨。

2. 农民收入

全区农民人均收入到达 3250 元，年均增长 5% 以上，其中川区农民人均收入 4800 元，山区农民人均收入 2000 元以上。

3. 农业综合生产能力建设

发展有效灌溉面积 100 万亩，兴建旱作基本农田 150 万亩，改造中低田 100 万亩。

4. 农业经济发展

农林牧渔业总产值达到 170 亿元，年均增长 5%，畜牧渔业产值占农业总产值的比重 45%，农业增加值 85 亿元，年均增长 4%，农产品加工产值 230 亿元。

5. 生态建设

新增造林面积 1197 万亩，新增治理水土面积 5000 千米^2，新增围栏草场面积 1440 万亩。

6. 农村社会发展

解决农村 100 万人安全饮水，80% 建制村通油路，山区全面普及九年义务教育，川区基本普及高中阶段教育，新型农村合作医疗覆盖率达到 100%。

（三）重点任务

1. 粮食生产和优势特色产业

稳定粮食种植面积，调整种植结构。全区粮食种植面积稳定在 1200 万亩，其中小麦种植面积 370 万亩，水稻种植面积稳定在 100 万亩，玉米种植面积 300 万亩，马铃薯种植面积 400 万亩。依靠科技进步提高粮食单产水平，灌区春麦单产 350 千克，山区冬麦和春麦平均单产 150 千克，水稻平均单产 700 千克以上，套种玉米和单种玉米单产分别达到 500 千克和 750 千克以上，马铃薯平均单产达到 1350 千克。扩大优势特色产业带，枸杞干果总产量 9.6 万吨，瓜菜种植面积 240 万亩，其中设施蔬菜 50 万亩，硒砂瓜 100 万亩，建设优质葡萄基地 30 万亩，其中酿酒葡萄 20 万亩。

2. 畜牧业

大力推行规模化饲养及标准化养殖小区建设。到"十一五"末全区奶牛存栏 50 万头，成母牛年均产奶量由"十五"末 5700 千克提高到 6500 千克以上。苜蓿留床面积 800 万亩，牧草种子生产基地发展到 10 万亩。肉牛、肉羊饲养量分别达到 200 万头和 1500 万只，畜牧业总产值 90 亿元。

3. 水产业

加快渔业新技术推广，重点建设湖泊湿地生态渔业基地和"四水产业"（水产养殖、水生植物种植、水禽养殖、水上旅游）基地。全区水产养殖面积 50 万亩，水产品产量 12 万吨以上，水产养殖良种化率 70％以上。

4. 农业产业化

依托优势特色种养业，发展壮大 10 个年产值过 10 亿元的龙头企业，培育 10 个自治区级农产品行业协会和 50 家上规模、上档次、带动力强的农村专业合作经济组织，产业化经营组织带动的农户占总农户数 50％以上。提高农产品精深加工和综合利用能力，主要农产品初加工和深加工转化率达30％～40％，农产品加工产值与农业总产值之比超过 1.5：1。

5. 农业综合服务体系

建成 15～20 个现代农业示范园区，适度规模化标准化养殖奶牛 80％、肉牛肉羊 50％、生猪70％、蛋鸡 80％，科技进步贡献率提高 10％。85％以上农产品达到无公害农产品标准，绿色农产品数量翻一番。"十一五"末全区农机总动力达到 650 万千瓦，大中型拖拉机与机具配套比 1：2.5，主要粮食作物综合机械化水平 45％以上。

（四）重点工程

1. 农业产业化实施十项重点工程

包括枸杞产业化建设项目、奶产业化建设项目、优质牛羊肉产业化建设项目、马铃薯产业化建设项目、葡萄产业化建设项目、硒沙瓜产业化建设项目、优质牧草产业化建设项目、优质粮食产业化建设项目、蔬菜产业化建设项目、西北生态与现代农业省域示范区建设项目试点工程。

2. 水利实施十七个重点工程

包括"581"工程、引黄灌区续建配套与节水改造工程、宁夏农村饮水安全项目（含中部干旱带农村引水工程）、扶贫扬黄灌溉一期工程、宁南山区水库建设与病险水库改造项目、沙坡头南北干渠及灌区续建配套与节水改造工程、青铜峡灌区唐西灌区及汉惠干渠合并改造工程、西夏渠工程、固原市东山坡引水工程、宁南山区水土流失综合治理工程、陕甘宁盐环定扬黄续建工程、固扩 11～12 泵站人畜饮水及节水高效灌区项目、山区基本农田建设、红墩子灌区开发工程、黄河宁夏段治理二期工程、银川市防洪工程、石嘴山市防洪工程。

3. 生态建设实施九个重点建设工程

包括六盘山生态经济圈建设、退耕还林工程、退牧还草工程、"三北"防护林体系建设工程、黄河上中游地区天然林资源保护工程、野生动植物保护及自然保护区建设工程、银西生态防护林体系工程、宁夏黄河湿地保护工程、农村沼气建设工程。

4. 农业综合服务体系实施六个重点建设工程

包括动植物良种工程、动物防疫体系建设项目、农业技术推广服务体系建设项目、农村专业合作经济组织建设、人工影响天气建设项目、农业科研开发试验基地建设项目。

5. 农村社会事业实施六个重点建设工程

包括农村寄宿制学校建设工程、塞上农民新居及南部山区特困灾民危房危窑改造工程、农村公路建设项目、农村医疗卫生服务体系建设项目、农村广播电视村村通工程、全区县乡级计划生育服务设施建设项目。

四、宁夏回族自治区农业和农村经济发展"十二五"规划（2011—2015 年）

该规划由自治区党委农办组织农牧厅、水利厅、林业局和扶贫办等单位联合编制。2012 年 4 月 13日自治区政府以宁政发〔2012〕57 号文发布了《宁夏回族自治区农业和农村经济发展"十二五"规划》。

《宁夏回族自治区农业和农村经济发展"十二五"规划》按照《国务院关于进一步促进宁夏经济社会发展的若干意见》和自治区党委《关于制定国民经济和社会发展"十二五"规划建议》及《自治区国民经济和社会发展"十二五"规划纲要》编写，以建设"三大示范区"为载体，以13个农业特色优势产品提质增效为主要内容，着力在优良品种、高新技术、高端市场、高效益（即"一优三高"）上取得新突破，以打造120个现代农业示范基地为平台，着力加快农业科技创新能力建设，着力推动农业发展方式转变，切实推动现代农业发展和农民收入再上新台阶。

（一）"十一五"发展成就

"十一五"期间，党和国家进一步加强对"三农"工作的指导，连续出台了五个中央一号文件，强农惠农政策体系基本形成。自治区制定实施了一系列推动农业和农村经济跨越式发展，促进农民持续增收的政策措施。这一时期成为全区农业和农村经济发展最快、农民得到实惠最多、农村面貌发生变化最大的历史时期。

1. 农业农村经济整体素质明显提高

2010年，全区完成农业总产值306亿元，比"十五"末增长1.2倍。实现农业增加值159亿元，是"十五"末的2.3倍。农民人均纯收入4675元，年均增长13.3%。粮食播种面积1266万亩，总产量达到357万吨。

2. 特色优势农产品产业带基本形成

2010年，全区枸杞种植面积达到70万亩，设施瓜菜105万亩，马铃薯400万亩，硒砂瓜100万亩，苹果60万亩，红枣80万亩，葡萄37.5万亩，肉牛189万头，肉羊1300万只，奶牛43.2万头，水产养殖面积65万亩。特色优势农产品呈现区域化布局、规模化生产、产业化经营格局，特色优势产业产值占农业总产值的比重达到82%以上。

3. 农业产业化经营迈上新台阶

2010年全区农业产业化组织发展到2380家，其中国家级龙头企业13家，自治区级龙头企业138家，规模以上农产品加工企业430家，其中年销售10亿元以上3家，5亿～10亿元7家，1亿～5亿元40家。全区主要农产品加工转化率达到52%。

4. 农业科技创新和推广应用步伐加快

加快了小麦、水稻、玉米新品种选育推广步伐，马铃薯良种化率、脱毒化率分别为65%和25%。肉牛、肉羊良种化率分别为65%、46%。水产良种化率达到58%以上。农机综合作业水平达到54%。水稻旱育稀植、"冬麦北移"、测土配方施肥、"三元"高效种植、工厂化育苗、覆膜保墒、旱作节水农业、畜禽标准化规模养殖、饲草料加工调剂、水产健康养殖、稻蟹生态种养、保护性耕作等高新技术和实用技术全面推广，农业科技贡献率达到50%。

5. 生态建设取得阶段性成果

实行了全面封山禁牧和封山育林，天然草场围栏2280万亩，退耕还草500万亩，多年生人工牧草留床面积660万亩，草原植被覆盖度达到38.4%。启动了林业建设"六个百万亩工程"和全国防沙治沙示范区建设，累计完成退耕还林1258万亩，补植造林48.7万亩，森林覆盖率达到11.4%。

6. 扶贫开发取得历史性成就

坚持开发式扶贫，累计搬迁移民16.08万人，贫困人口减少了48.3万人。

7. 农业基础设施和新农村建设取得重大进展

修建高标准基本农田160万亩，新建水窖和砼集雨场10万处。率先在全国实现了村村通宽带，引黄灌区20万农户住进了"塞上农民新居"，中南部山区10万农户危窑、危房得到改造，解决了177万农村人口的饮水安全问题，62%的农村人口饮上了自来水，27万农户用上了沼气、太阳灶和太阳能热水器。

8. 农村综合改革不断深化

全面免除农业税，实行粮食直补、农资综合补贴、农机购置补贴和农作物良种补贴、退耕还林还草补贴等惠农政策。农村土地经营权流转有序开展，土地适度规模经营面积达到 100 万亩，农民专业合作社 1802 个，直接带动农户 35 万户。全面化解了乡镇债务和村级义务教育债务。

（二）发展目标

1. 农业农村经济持续发展

农业总产值达到 419 亿元，农业增加值 213 亿元，年均增长分别为 6.5％和 6％。

2. 主要农产品供给能力显著增强

粮食播种面积稳定在 1250 万亩以上，总产稳定在 350 万吨以上，肉、蛋、奶、水产品总产量分别达到 48 万吨、13 万吨、260 万吨和 25 万吨。

3. 农业农村经济进一步优化

进一步优化农业结构，畜牧、水产产值分别占农业总产值 45％和 9％。特色优势农产品产值占农业总产值比重达到 85％以上，农产品加工产值 650 亿元，农产品加工转化率 70％以上。

4. 生态环境明显改善

森林覆盖率达到 15％，草原植被度 47.5％。

5. 农民收入较快增加

农民人均纯收入 8200 元，达到全国农民平均水平，新脱贫人口 60 万人。

6. 农业科技进步和社会化服务水平进一步提高

高标准建成 120 个现代农业示范基地，30 个农业科技园区，农业科技进步贡献率达到 60％以上，主要农作物综合农机化作业水平达到 70％以上。

（三）发展重点和布局

以建设农业"三大示范区"为载体，以 13 个农业特色优势产业提质增效为主，打造 120 个现代农业示范基地。

1. 建设北部引黄灌区现代农业示范区

按照优质、高产、高效、生态、安全的要求，重点建设 6 个 10 万亩设施农业产业大县和贺兰山东麓葡萄产业长廊。加快发展优质粮食、枸杞、牛羊肉、奶业、淡水鱼、农作物制种、苹果等优势产业。努力提高农业水利化、机械化、标准化、信息化水平。加快发展现代高效农业、休闲观光农业、城郊体验农业，形成黄河金岸特色农业经济带，率先把引黄灌区建成引领西北、示范周边、面向全国的现代农业示范区。

2. 建设中部干旱带旱作节水农业示范区

以资源的合理利用与开发为重点，做好水源、特色、生态、转移四篇文章。在四大扬黄灌区和库井灌区大力推广覆膜保墒、集雨补灌、坐水种等旱作节水农业技术，重点发展覆膜玉米、马铃薯、压砂瓜以及红枣、油料、小杂粮、中药材等耐旱作物和以滩羊为主的草畜产业。把中部干旱带打造成我国西部重要的绿色、有机旱作节水高效农业示范区。

3. 建设南部黄土丘陵区生态农业示范区

坚持生态优先，草畜为主，特色种植，产业开发。以"三河源"水源涵养保护为重点，加快生态恢复和农田水利基础设施建设。大力发展草畜、马铃薯、劳务三大产业，加快发展小杂粮、油料、中药材、食用菌、冷凉蔬菜等特色农产品。在河谷川道库井灌区发展以大中拱棚为主的设施农业。以实施退耕还林、退牧还草工程为重点，加快培育壮大生态建设后续产业，把南部山区建成全国重要生态农业示范区。

4. 建设十三个特色产业带

到 2015 年，基本形成以引黄、扬黄灌区为重点的 600 万亩优质粮食产业带；以引黄灌区肉牛、肉羊杂交改良区，中部干旱带滩羊生产区和六盘山麓肉牛生产区为核心，形成 250 万头肉牛和 1600 万只肉羊的牛羊肉产业带；以吴忠市和银川市为核心区，辐射石嘴山市和中卫市 80 万头奶牛产业带；以引黄灌区粮草兼用、中部干旱带旱作草地和南部山区退耕还草为主的 810 万亩优质牧草产业带；以中卫环香山 100 万亩硒砂瓜、固原地区 110 万亩冷凉菜和 150 万亩设施蔬菜为主的瓜菜产业带；以沿黄河、艾依河为主的 100 万亩淡水鱼产业带；以西吉、海原为核心的 400 万亩马铃薯产业带；以引黄、扬黄灌区为主的 40 万亩农作物制种产业带；以中宁为主，以贺兰山东麓和清水河流域为两翼的 100 万亩枸杞产业带；以贺兰山东麓为主的 80 万亩葡萄产业带；以灵武、同心、中宁、沙坡头为主的 150 万亩红枣产业带；以利通区、青铜峡、中宁为主的 100 万亩苹果产业带；以盐池、灵武、红寺堡为主的 100 万亩中药材产业带；促进农业特色优势产业集群发展。

（四）重点工程

1. 农业实施十大工程

包括粮食产能建设工程、"四个百万亩"提质增效工程、现代畜牧业提质增效工程、农产品加工提质增效工程、现代农业示范基地创建工程、农业农村公共服务设施建设工程、新型农民培训工程、农业资源环境保护工程、农产品质量安全监管和市场体系建设工程、生态移民区产业配套工程。

2. 林业实施五大工程

包括继续加大退耕还林和荒山人造林工程、推进防沙治沙综合示范区建设工程、湿地建设与保护工程、自然保护区建设工程、移民区生态恢复工程。

3. 水利实施四大工程

包括农田水利建设工程、水资源节约保护工程、水土保持和生态修复工程、农村安全饮水工程。

4. 扶贫实施七大重点工程

包括生态移民特色产业工程、土地治理工程、扶贫开发整村推进工程、民生水利工程、"一事一议"农村小型公益事业建设工程、塞上农民新居工程、危房危窑改造工程。

五、宁夏内陆开放型经济试验区现代农业发展规划（2013—2020 年）

该规划由宁夏回族自治区农牧厅、农业部计划司、中国农业科学院农业资源与农业区划研究所共同编制。

为了全面推进宁夏内陆开放型经济试验区建设，把宁夏打造成内陆开放型现代农业示范样板、外向型特色农业生产基地、节水型农业科技交流平台和优质食品集散中心，促进我国以优质品牌为引领、向西开放、面向世界的外向型农业特色优势产业主体功能区形成，努力开启新的丝绸之路，根据《宁夏内陆开放型经济试验区规划》和《全国现代农业发展规划（2011—2015 年）》，特制定本规划。

（一）农业发展现状

1. 农业综合生产能力显著提高

2012 年全区粮食总产量 375.03 万吨，实现连续九年增产，蔬菜总产量 490 万吨，牛羊肉总产量 24.5 万吨，鲜奶总产 146 万吨。

2. 农业综合效益持续增长

2012 年农业增加值 200.2 亿元，增长 8.0%。农民人均纯收入连续七年实现两位数增长，2012 年达到 6180 元，比上年增长 14.2%。

3. 农业基础装备技术水平明显增强

2012 年全区农田有效灌溉面积达到 700 万亩。其中高效节水灌溉面积达到 125 万亩，灌溉水利用率提高到 0.45，耕种收综合机械化水平达到 61%，农业科技进步贡献率达到 54.0%。

4. 农业产业化经营水平显著提升

全区建成 19 个农业部定点农产品批发市场，53 个产地批发市场，培育农业品牌 300 多个。其中，"中国驰名商标" 19 个。"三品一标"农产品产量占全区农产品总量的 40％以上，蔬菜药残监测平均合格率达到 99.3％，畜禽产品达到 98.9％，水产品达到 100％。

5. 生态环境得到明显改善

2012 年，森林覆盖率提高到 14.3％，草原植被覆盖度达到 58％。

6. 外向型农业比重显著提高

枸杞、果汁、脱水蔬菜等产品出口 30 多个国家和地区，设施农产品 70％销往周边及南方省（自治区、直辖市），并成功进入俄罗斯、蒙古、中亚等国家和地区市场；水产品 70％以上外销周边省（自治区、直辖市）。借助中阿友好合作形成的独特地缘优势和人文条件，宁夏成功举办了多届中阿博览会、中国西部园博会和中国马铃薯大会等。

（二）发展思路

以科学发展观为指导，以党的十八大和十八届三中全会精神为指引，坚持城乡统筹发展方略，以优质食品引领向西开放的外向型特色农业产业为主题，以转变农业发展方式为主线，以促进农民增收为核心，以"三大示范区"基础设施建设和全面提升产业级为重点，加快宁夏发展现代农业，向西开放、面向阿拉伯世界的外向型宁夏特色农产品产业，努力开启新的丝绸之路。

（三）发展目标

1. 创建西部现代农业样板，充分发挥宁夏独特的地理位置和农业地形特征，涵盖西部农业生产的多种模式，宁夏多种农业产业，多类特色农业产品的优势。

2. 打造外向型特色农业示范基地，借助银川保税区、第五航权试点区域，将试验区建设成为外向型特色农业生产基地。

3. 构建节水型农业科技交流平台，有效利用宁夏黄河灌区、山区旱作农业的多种节水农业技术，将试验区建设成为节水型农业科技交流平台，带动阿拉伯国家节水农业提质升级。

4. 形成优质有机食品集散中心，依托宁夏良好的生态环境和农业生产技术工艺，将试验区建成我国优质型有机食品集散中心。

5. 主要经济指标，到 2017 年农业总产值达到 516 亿元，年均增长 4％（不变价格）；农业增加值达到 268 亿元，年均增长 4％（不变价格）。粮食稳定在 360 万吨以上，肉、蛋、奶、水产品、果品分别达到 50 万吨、13 万吨、300 万吨、25 万吨、120 万吨。到 2020 年农业总产值达到 580 亿元，农业增加值达到 301 亿元。

（四）规划布局

1. 区域分布

坚持区域化布局、标准化生产、集约化经营，突出"一特三高"（特色产业、高品质、高端市场、高效益），全面实现农业产业转型升级。

（1）北部引黄灌区以发展现代农业为目标，以农业综合生产能力建设和节水型灌区建设为重点，形成以优质粮食、枸杞、葡萄、奶产业和适水产业为主的现代农业产业体系。

（2）中部干旱带以水资源的合理利用与开发为重点，因水布局，依水种养，变被动抗旱为主动调整，形成以优质牛羊肉产业、特色种植为主的旱作农业产业体系。

（3）南部黄土丘陵区坚持生态优先、草畜先行、特色种植、产业开发，加快生态恢复和农田水利基础设施建设，培育壮大生态特色产业，形成以冷凉蔬菜、马铃薯、草畜、苗木为主的生态农业产业体系。

2. 产业布局

根据各区域产业现状特点及宁夏建设内陆开放型经济试验区现代农业发展的客观需求，重点发展优质牛羊肉、奶业、瓜菜园艺、酿酒葡萄、枸杞、马铃薯、优质粮食、适水产业、优质牧草、农作物制种、红枣、苹果、中药材等 13 个产业，到 2017 年实现如下目标：

(1) 肉牛饲养量 300 万头，肉羊饲养量 2000 万只，牛羊肉产量 30 万吨以上。

(2) 奶牛存栏量 100 万头，鲜奶产量 300 万吨以上。

(3) 设施蔬菜 105 万亩，露地蔬菜 110 万亩，露地瓜 120 万亩，瓜菜总产量 750 万吨以上。

(4) 酿酒葡萄种植面积 85 万亩，葡萄总产量 35 万吨以上。

(5) 枸杞 100 万亩，干果产量 18 万吨以上。

(6) 马铃薯 330 万亩，总产量 400 万吨以上。

(7) 优质粮食 600 万亩，优质粮食产量 290 万吨以上。

(8) 适水水产品 100 万亩，总产量 25 万吨以上。

(9) 优质牧草 1000 万亩，苜蓿产量 300 万吨以上。

(10) 农作物制种 80 万亩，生产各类农作物种子 7.5 亿千克以上。

(11) 红枣 100 万亩，总产量 25 万吨以上。

(12) 苹果 80 万亩，总产量 70 万吨以上。

(13) 中药材 150 万亩，总产量 13 万吨以上。

（五）重点工程

满足项目的选择，秉承以下三方面的形势要求：一是满足自身发展，宁夏所能的重大项目，促进宁夏现代农业发展；二是满足国家所需的重大项目，提升宁夏在国家现代农业布局中的重要作用；三是相关阿拉伯国家所急和宁夏共建的重大项目，促进国家向西开放政策特别是发展优质特色农产品产业的落实。

1. 高效节水农业示范工程

围绕"三大示范区"建设，继续深入开展农田水利基本建设、农业综合开发和大中型灌区节水改造工程建设。到 2017 年，高效节水灌溉面积达到 300 万亩，高标准基本农田达到 365 万亩，覆膜保墒集雨补灌旱作节水农业达到 260 万亩。

2. 推进现代种业工程

新建国家级区域试验站、质量检测分中心、良种繁育中心、救灾备荒种子贮备库等 40 处。

(1) 大力实施"马铃薯脱毒一级种薯推广计划"，每个县至少要在 10～15 个建制村推广示范，2017 年马铃薯一级种薯总规模达到 30 万亩。

(2) 建设农作物标准化制种基地，在引黄灌区 8 个县（市、区）及农垦集团建设万亩以上的标准化水稻制种基地 3 个，小麦制种基地 2 个，玉米制种基地 6 个，蔬菜制种基地 2 个。2017 年农作物制种总规模达到 38 万亩。

3. 现代畜禽良种工程

强化奶牛、肉牛、肉羊、生猪、鸡等良种繁育体系，加大引进推广良种力度，加快良种畜禽场、质量检测中心建设。

(1) 奶牛良种项目　提升奶牛单产和乳品质量，8000 千克以上高产奶牛比例达到 50％以上。

(2) 肉牛肉羊良种项目　改建区级肉羊生产繁育场 3 个，提高肉用种羊繁育能力，年生产推广肉用种公羊 5000 只。肉牛、肉羊改良率分别达到 75％和 65％。2 周岁肉牛、1 周岁肉羊平均胴体重分别达到 350 千克和 20 千克。

4. 农产品加工提升工程

围绕重点产业，大力发展农产品加工业，到 2017 年，重点打造年产值 20 亿元以上的 10 大农产品加工基地。农业产业化龙头企业达到 350 家，其中销售收入过亿元的 100 家，过 10 亿元的 20 家，过 50 亿元的 3 家。全区订单农业覆盖面达到 50％以上。

（1）优质牛羊肉加工　培育优质牛羊肉加工龙头企业 25 家以上，加工牛羊肉 20 万吨。

（2）乳品加工　培育乳品加工龙头企业 20 家以上，加工生产各类乳品 286 万吨。

（3）葡萄酒加工　加工龙头企业 20 家以上，加工葡萄酒 19 万吨。

（4）枸杞加工　培育枸杞加工龙头企业 30 家以上，年精深加工枸杞 3 万吨以上。

（5）粮油加工　培育粮油加工龙头企业 50 家以上，加工优质粮 355 万吨。

（6）马铃薯加工　培育马铃薯加工龙头企业 20 家以上，加工马铃薯 150 万吨，生产淀粉 25 万吨。

5. 特色优势产品仓储物流示范工程

依托全区 7 个农产品专业批发市场、22 个县级农产品综合市场，构筑多层次、多类型、多功能、多业态并举的十大农产品物流平台。

（1）加快培育流通主体　培育各类骨干型流通企业 100 家，流通型农民专业组织 200 家。

（2）加强市场基础建设　冷藏保鲜库达到 4 万米^2 以上，鲜活冷藏日运输能力达到 5000 吨。

（3）创新市场营销模式　大力发展连锁经营、物流配送、电子商务等现代流通方式和新型流通业态，建设宁夏绿色农产品电子商务物流平台，发展农产品网上交易，不断拓宽宁夏特色农产销售渠道。到 2017 年，枸杞、葡萄酒、优质大米等特色产品网上交易额达到 5 亿元以上。

（4）大力开拓高端市场　通过设立专卖店、展销中心等方式完善区外销地市场，提升品牌农产品知名度和市场竞争力。到 2017 年，国内外建设宁夏特色农产品外销窗口 100 个，全区特色农产品出口额达到 50 亿元以上。

6. 农业科技创新工程

（1）农业科技创新示范项目　坚持按照"一个产业一个指导组、一支技术服务团队、一个产业协会"的要求，优化专家团队结构，高标准地打造现代农业示范基地。

（2）农业信息化项目　加快建立宁夏数字"三农"信息库，形成纵横相连、上下贯通的"三农"信息交流平台。组建"宁夏遥感监测中心"，以信息化推动农业现代化。

（3）农机化推进项目　以现代农业新技术为重点，高起点、高标准推进特色优势产业全程机械化示范园区建设。

（4）建立健全农业服务支撑保障体系、农产品质量安全保障体系、农牧业有害生物防控体系、现代农业社会化服务体系、农业避灾减灾抗灾体系。

7. 农业标准化生产示范工程

全区创建国家级农业标准化示范县 15 个，"三品一标"认证达到特色产业生产总规模的 80％以上，绿色食品达到 300 个，有机农产品达到 50 个，主要农产品监测合格率均高于国家 95％的控制指标。

（1）优质粮食标准化生产示范基地　着力打造 600 万亩"高产、高效、优质、可持续"的优质粮食产业带。每年创建粮油高产示范面积 100 万亩以上。到 2017 年，优质粮总产达到 285 万吨。

（2）蔬菜标准化生产示范基地　每年建设改造设施农业 5 万亩以上，高标准供港蔬菜 10 万亩以上，冷凉蔬菜 20 万亩以上，创建蔬菜标准园 20 个，发展示范面积 4 万亩。

（3）畜禽标准化示范基地　每年新建肉牛肉羊养殖示范村 100 个，标准化肉牛养殖场 100 个，肉羊养殖场 100 个，奶牛养殖场 50 个，全区畜牧标准化规模养殖比重达到 65％以上。

（4）生态渔业健康养殖示范基地　在沿黄河和爱伊河两线形成涵盖水产养殖、水禽养殖、水生植物种植、水上休闲旅游和稻田养蟹等功能的"生态渔业产业集群"。建设低洼盐碱地"三水（水产、水禽和水生植物）"一体的生态渔业基地，发展稻田养蟹。

8. 农业生态保护与建设工程

（1）优质牧草基地　全区人工草地面积达到 800 万亩，其中紫花苜蓿为主的多年生牧草留床面积

600 万亩，一年生牧草种植 200 万亩以上；建设牧草种子繁育基地 5 万亩，苜蓿等优质牧草的良种化率达到 80％以上。南部山区域优质牧草面积发展到 600 万亩。中部干旱带建设 200 万～300 万亩的优质半人工割草地。开拓饲草资源，加快以柠条为主的优质饲用灌木的开发利用。北部引黄灌溉区力争建设 50 万亩以苜蓿为主的优质生产基地。

（2）农村清洁能源示范　提高农村户用沼气使用率，加快普及太阳灶、太阳房、太阳能热水器、秸秆气化炉和秸秆成型燃料等农村清洁能源。

（3）农业环境保护与建设　每年补播改良退化草原 100 万亩。完成营造林达到 630 万亩。全区市民休闲森林公园 29 个，湿地公园 25 个，森林覆盖率达到 16％。

9. 中阿农业科技示范园区

根据相关阿拉伯国家的技术需求，重点建设农业节水技术展示园、现代农业物流展示园、现代农机装备展示园、科技培训园、文化创意产业园及管理中心等。

六、宁夏回族自治区现代农业"十三五"发展规划（2016—2020 年）

该规划由自治区农牧厅编制，自治区人民政府以宁政发〔2017〕26 号文件发布了《宁夏回族自治区现代化农业"十三五"发展规划》。"十三五"时期，是全面深化改革，加快产业转型升级，全面建成小康社会的关键时期和决胜阶段。为切实加快转变农业发展方式，深入推进农业现代化建设，促进农业农村各项事业全面发展，根据《全国农业现代化规划（2016—2020 年）》《宁夏回族自治区空间发展战略规划》和《宁夏回族自治区国民经济和社会发展第十三个五年规划纲要》，编制了《宁夏回族自治区现代农业"十三五"发展规划》。

（一）"十二五"发展成就

1. 农业农村经济实力增强

2015 年，全区农业总产值 483.02 亿元，年均增长 5.2％，农业增加值 251.68 亿元，年均增长 5.3％，农村居民人均可支配收入 9119 元，年均增长 12.2％。

2. 粮食生产连创新高

"十二五"末粮食总产达到 372.6 万吨，实现"十二连丰"，粮食人均占有量达到 576 千克。

3. 特色产业快速发展

坚定不移走特色产业、高品质、高端市场、高效益的"一特三高"发展路子，特色产业发展势头强劲。"十二五"末全区奶牛存栏量 58.5 万头，肉牛饲养量 250 万头，肉羊饲养量 1700 万只，瓜菜种植面积 307.5 万亩，枸杞面积 90 万亩，葡萄面积 60 万亩，适水产业面积 77.4 万亩，特色优势产业产值占农业总产值的比重达到 86.3％。

4. 产业化经营水平提高

自治区级以上农业产业化龙头企业 289 家，其中国家级农业产业化龙头企业 19 家；规模以上农产品加工企业 462 家，其中销售亿元以上的企业 50 家；主要农产品加工转化率达到 60％；培育各类农业商标、品牌 300 多个，其中"中国驰名商标"21 个。

5. 科技支撑能力提升

全区小麦、玉米、水稻均实现新一轮品种更新换代。粮食、奶牛、肉牛、肉羊、枸杞良种化率分别到 89％、100％、90％、93％和 90％。科技贡献率达到 57％，农业机械化综合作业水平达到 69％。

6. 农产品质量保障有力

农产品质量安全水平稳步提升，蔬菜监测合格率 97％，畜禽产品监测合格率 99％，水产品监测合格率 99.1％，主要农产品合格率高出国家控制指标 3.6 个百分点。全区累计认证无公害农产品 911 个，绿色食品 205 个，有机食品 49 个，地理标志农产品 52 个，"三品一标"产品种植面积占全区种植总面积的 78%。

7. 生态保护成效明显

"十二五"完成草原补播改良 730 万亩，土地荒漠化面积减少 165 万亩，草原植被覆盖度达到 52%；累计完成营造林面积 685 万亩，林地保有量增加到 2701 万亩，森林覆盖率达到 12.63%；治理沙化土地 250 万亩，完成水土流失综合治理面积 5547 千米^2，全区水土流失治理程度达到 46%；建成 22 个美丽乡镇和 44 个美丽中心村生态示范点。

8. 农业基础条件持续改善

建设高标准农田 269 万亩，新增耕地 47 万亩，新增灌溉面积 55 万亩，发展高效节水农业 172 万亩，农田灌溉水有效利用系数提高到 0.48。

9. 农村改革全面推进

农村土地承包经营确权 1607 万亩，土地流转面积 291.4 万亩，占承包耕地总面积 26.3%。农民专业合作社发展到 4726 家，家庭农场 179 家，带动全区 53% 的农户参与产业化经营。完成集体林权确权 1444.7 万亩，确权率 100%。

10. 农村扶贫开发成效显著

全区建档立卡贫困人口由 101.5 万人下降到 58.1 万人，贫困发生率由 25.6% 降至 14.5%。中南部山区 9 个贫困县（区）农村居民人均可支配收入由 4193 元提高到 6818 元。

（二）总体思路

按照"四个全面"战略布局，牢固树立"创新、协调、绿色、开放、共享"的发展理念，紧紧围绕"农业强、农村美、农民富"的目标，坚持以发展现代化农业为主攻方向，以促进农民增收为核心，以推进农业供给侧结构性改革为主线，以深化农村改革为动力，聚焦优质粮食和草畜、蔬菜、枸杞、葡萄"1+4"特色产业，加快转变农业发展方式，拓宽农业功能，加大产业扶贫，促进农村一二三产业深度融合，着力构建现代化农业产业体系、生产体系、经营体系，着力培养农业农村发展新动能，全面提升"一特三高"现代农业发展水平，走产出高效、产品安全、资源节约、环境友好的现代农业发展道路。

（三）发展目标

到 2020 年，全区现代农业建设取得明显进展，农业质量效益显著提高，农产品市场竞争力显著增强，农民生活达到全面小康水平，引黄灌区及国家现代农业示范区率先实现农业现代化，中南部地区基本实现农业现代化。

1. 保障供给水平

全区粮食播种面积稳定在 1200 万亩，总产保持在 370 万吨左右。蔬菜种植面积稳定在 320 万亩。奶牛存栏量达到 80 万头，鲜奶总产量 154.4 万吨。肉牛饲养量 300 万头，肉羊饲养量 2000 万只，优质饲草基地面积 1000 万亩，肉类总产 37.6 万吨，禽蛋总产 11.8 万吨。枸杞面积 100 万亩，枸杞干果 25 万吨以上。葡萄面积 70 万亩，葡萄酒年产量达到 1.5 亿升以上。水产养殖面积稳定在 80 万亩，总产 20.5 万吨。

2. 质量效益水平

全区农业总产值达到 606.9 亿元，农业增加值 295.7 亿元。主要农产品加工转化率 70%，农产品加工值与农业总产值之比提高到 2:1。特色优势产业产值占农业总产值的比重为 90%，农产品质量监测合格 98% 以上，农村居民人均可支配收入达到 14000 元。

3. 可持续发展水平

全区耕地保有量 1900 万亩，永久基本农田稳定在 1400 万亩。新建营造林面积 500 万亩，森林抚育面积 150 万亩，全面建成 26 个市民休闲森林公园，全区森林覆盖率 15.8%。治理荒漠沙化土地面积 450 万亩，草原植被覆盖率达到 56%。改造中低产田 150 万亩，新建高标准农田 77 万亩，高效节水灌溉面积达到 400 万亩，农田有效灌溉面积 969 万亩。覆膜保墒集雨补灌旱作节水农业面积 200 万亩以上，农业灌溉水有效利用系数提高到 0.55，化肥、农药使用总量实现零增长，农膜回收率 80% 以上。

4. 技术装备水平

小麦、水稻、玉米等主要粮食作物良种化率达到 95%，畜禽及葡萄、枸杞良种化率 90% 以上，农业科技贡献率 63%，耕种收综合机械化率 80%，培育新型职业农民 6.5 万人。

5. 产业化规模经营水平

自治区级以上农业产业化龙头企业达到 380 家，农业专业合作组织 6500 家，家庭农场 3000 家，葡萄酒庄 300 家以上。土地适度规模经营比重 40%，畜禽规模化养殖比重 70%，水产健康养殖面积比例 70%。

6. 支持保障水平

农林水事务财政支出占农林牧渔增加值比重达到 70%，农业保险深度 1.5%。

（四）布局和结构

依据三大区域资源禀赋条件、经济发展水平、产业发展现状和农业发展基础等因素，大力发展优质粮食和草畜、蔬菜、枸杞、葡萄"1+4"特色优势产业，因地制宜，分类指导，宜粮则粮，宜经则经，宜草则草，扎实推进区域布局和产业结构升级，着力打造优势突出、特色鲜明、效益显著的产业集群。

引黄灌区以发展现代化农业为目标，以农业综合能力建设和节水型灌区建设为重点，推进产业规模化、种养集约化、生产标准化、产出高效化，促进产加销一体化经营，形成以优质粮食、草畜、蔬菜、枸杞、葡萄等为主的现代产业体系，打造一批产业大县及农产品加工园区，引黄灌区农业率先实现现代化。

中部干旱带以水资源的合理利用与开发为重点。在扬黄灌区，优化粮经饲三元结构，扩大粮饲兼用型玉米和苜蓿种植面积。积极发展肉羊、肉牛养殖。在旱作区，推广集雨补灌、覆膜保墒旱作高效节水技术，挖掘覆膜玉米、马铃薯、硒砂瓜规模增收潜力。做大做强以滩羊为主的牛羊肉产业，形成特色种养为主的旱作农业产业集群，中部干旱带基本实现现代化。

南部山区坚持生态优先，种养循环，加快生态恢复和农田水利基础设施建设，培育壮大生态特色产业。在库井灌区及河谷川道区重点发展大中规模设施农业、冷凉蔬菜种植。在雨养农业区，推广覆膜保墒旱作节水技术。实施生态移民迁出区生态修复及退耕还林还草工程。重点发展以肉牛为主的草畜、马铃薯产业，形成以草畜、马铃薯、冷凉蔬菜、小杂粮、油料、苗木为主的生态产业体系，南部山区农业基本实现现代化。

（五）重点工程

1. 现代农业建设十大工程

包括粮食产能保障工程、现代草畜产业体系建设工程、奶产业提质增效工程、蔬菜产业提质增效工程、现代渔业提升工程、农业科技创新与循环农业示范工程、农村一二三产业融合工程、农业机械化推进工程、农业信息化推进工程、新型农业经营主体培养工程。

2. 农村水利八大工程

包括农田灌排设施系统整治工程、智能化高效节水灌溉工程、大型灌区续建配套与节水改造工程、大中型灌排泵站更新改造工程、六盘山片区扶贫开发水资源高效利用工程、抗旱应急水源工程、引黄灌区盐碱地改良工程、农村饮水安全巩固提升工程。

3. 林业生态九大工程

包括枸杞产业基地提升工程、生态修复工程、防沙治沙工程、天然草原生态爱护工程、灌区绿网工程、城乡增绿工程、湿地爱护工程、自然爱护区能力建设工程、南部山区水土流失综合防治工程。

4. 葡萄酒产业现代化五大工程

包括贺兰山东麓产区品牌塑造工程、葡萄酒科技创新与人才技术支撑工程、推进酒庄与基地一体化经营工程、试验示范区酒庄集群建设工程、专业化服务体系工程。

七、"十三五"发展成就

"十三五"时期，全区上下坚持以习近平新时代中国特色社会主义思想为指导，认真贯彻落实中央及自治区党委和人民政府关于"三农"发展的决策部署，始终坚持把解决好"三农"问题作为各项工作重中之重，扎实推进农业农村现代化，农业农村发展取得历史性成就。粮食连年丰产丰收，重要农产品供给保障能力稳中有升。全面落实耕地和永久基本农田保护制度，累计建成高标准农田780万亩，划定粮食生产功能区644万亩。持续推进绿色高质高效创建，粮食播种面积稳定在1016万亩以上，2020年全区粮食产量达到380.49万吨，实现"十七连丰"，单产水平位居西北地区第2位。重要农产品供给稳步提升，全面恢复生猪生产，生猪饲养量达到188.6万头，比"十二五"末增长7.7%，完成国家下达生产保供任务的115%。家禽饲养量达到2567万只。肉、蛋、奶总产量分别达到34.1万吨、13.8万吨和215.34万吨。持续抓好蔬菜生产，全区蔬菜面积稳定在300万亩左右，产量达到568.61万吨。稳步推进水产品生产，渔业养殖面积稳定在50万亩左右，水产品产量达到16.16万吨。

农业供给侧结构性改革成效显著，特色优势产业高质量发展。大力发展枸杞、葡萄酒、奶产业、肉牛、滩羊等特色优势产业。全区酿酒葡萄种植面积49万亩，年产葡萄酒近10万吨，综合产值达到261亿元。贺兰山东麓已成为全国最大的酿酒葡萄集中连片种植区和酒庄酒产区，也是国内最佳、国际知名的葡萄酒产区之一。枸杞种植面积35万亩，年产干果9.8万吨，综合产值达到210亿元。奶牛存栏57.38万头，比"十二五"末增长51.4%，居全国第8位，生鲜乳人均占有量居全国第1位。肉牛、滩羊饲养量分别达到192.6万头和1221万只，比"十二五"末分别增长43.75%、13.87%，人均牛肉占有量是全国平均水平的3倍，"盐池滩羊"品牌价值达到88.17亿元。认证绿色食品283个、有机农产品30个、良好农业规范（GAP）9家，全区绿色食品加工企业达到1331家，农产品加工转化率达到69%。大力推进粮改饲，全年饲草产量达到1569万吨。加快发展电子商务、"互联网＋"、大数据等新业态新模式，打造宁夏农村电商综合服务平台，农产品全年网上销售额达到27.2亿元。农村产业融合步伐加快，休闲农业和乡村旅游业年营业收入达到10.6亿元，带动农民就业超过2.6万人。

农业现代化建设稳步推进，产业发展基础显著增强。大力发展现代种业，建设现代良种繁育基地12个，主要农作物良种覆盖率达到96%。技术装备支撑能力显著增强，取得了一批优秀科技成果，培育了一批小麦、水稻新品种和农机农艺融合新技术，高效节水灌溉面积达470万亩，农田灌溉水有效利用系数达到0.551，农作物耕种收综合机械化率达到80%。新型经营主体不断发展壮大，农业产业化龙头企业、农民合作社、家庭农场分别达到385家、6166家、15615家。农业绿色发展成效明显，测土配方施肥覆盖率达到93%，化肥、农药利用率分别达到40.1%、40.8%，畜禽粪污综合利用率、秸秆综合利用率、农用残膜回收率分别达到90%、87.6%和85%。品牌影响力不断扩大，创建6个中国特色农产品优势区，贺兰山东麓葡萄酒、中宁枸杞、盐池滩羊、宁夏大米等8个区域公用品牌入选"中国百强区域公用品牌"。

乡村振兴开局良好，农村社会呈现新面貌。农村人居环境整治成效显著，危房改造动态清零，农村卫生厕所普及率达到58%，农村生活垃圾、生活污水治理率分别达到90%、20.5%。农村基础设施和公共服务明显改善，建制村全部实现通硬化路、通客车，农村自来水普及率达到91%，4G网络覆盖达到98%。农村教育质量显著提升，医疗卫生服务体系不断健全，社会保障覆盖范围不断扩大。

农村改革持续深化，农村土地确权颁证高质量完成，土地"三权分置"改革、农村宅基地制度改革试点稳步推进，农村集体产权制度改革整省试点任务全面完成，多形式持续发展壮大村集体经济，全方位推进乡村治理体系建设，创造了农村改革"宁夏经验"。乡村文化蓬勃发展，村综合文化服务中心实现全覆盖，农民文化生活日益丰富。

脱贫攻坚全面胜利，农民生活显著改善。脱贫攻坚目标任务全面完成，9 个贫困县全部摘帽，1100 个贫困村全部出列，62.4 万农村贫困人口全部脱贫，实现"两不愁三保障"目标。深入实施"四个一"示范带动工程，扎实推进产业扶贫"六项行动"，华润基础母牛银行等 4 个案例入选全国产业扶贫和产业振兴典型范例。创业创新活力增强，农村创业创新人数达到 1.25 万人。2020 年，全区农村居民人均可支配收入达到 13889 元，五年间年均增速 8.8%，增速连续 11 年高于城镇居民，城乡居民收入差距由 2015 年的 2.76∶1 缩小到 2020 年的 2.57∶1。

■ 第二节　乡村振兴战略规划（2018—2022 年）*

按照党的十九大战略部署，根据中共中央国务院关于实行乡村振兴战略的意见、自治区党委和政府关于实施乡村振兴战略的意见，科学把握乡村发展规律和趋势，对宁夏实施乡村振兴战略作出阶段谋划，明确目标任务，部署重点工程、重点计划、重点行动，细化落实政策保障措施，确保乡村振兴战略扎实推进。

一、规划背景

党的十八大以来，自治区党委和政府坚持把解决好"三农"问题作为全区工作重中之重，践行新发展理念，深入推进农业供给侧结构性改革，出台了一系列强农惠农富农政策，不断加大城乡统筹发展力度，农业农村发展取得了历史性成就。农业综合生产能力显著增加，粮食总产连年丰收。特色优势产业量效齐增，产值占农业总产值的比重达到 86.7%。农业物资装备技术条件持续改善，高效节水灌溉面积达到 300 万亩以上，主要农作物耕种收机械化水平超过 70%。农业科技进步贡献率达到 58.67%。农业产业化经营蓬勃发展，新型农业经营主体大批涌现。"五大之乡"名片越加靓丽，原字号、老字号、宁字号农产品享誉国内外。农业农村改革不断深化，全区农村土地承包经营权确权登记颁证全面完成，22 个县（市）建成了农村产权流转交易平台，农业农村发展活力显著增强。农民生产生活条件明显改善，300 多万群众喝上了自来水，危房、危窑改造 40 余万户，城乡统一的居民基本养老医疗保险制度基本建立。2017 年农民人均可支配收入突破 1 万元，脱贫攻坚取得决定性进展，贫困发生率降至 6%。

二、阶段要求

到 2020 年，主要特色优势产业现代化雏形基本形成，"一特三高"现代农业发展机制更趋完善。农民增收渠道得到实质性拓展，农民收入增幅持续高于城镇居民收入增幅，城乡居民收入差距逐步缩小，现行标准下农村贫困人口实现脱贫，贫困县全部摘帽。农村人居环境明显改善，城乡融合发展机制初步建立，基础设施能力和服务水平持续提升，自治法治德治相结合的乡村治理体系初步形成。党管农村工作，领导体制和工作机制进一步健全。强农惠农政策全面落实，农村经济社会发展更有活力。

---

* 本节内容为宁夏乡村振兴战略规划（2018—2022 年）摘选。

三、构建乡村振兴新格局

（一）统筹城乡发展空间

1. 强化国土空间管控

优化空间布局，推动"三区三线"判定及精准落地，推进山水林田湖草整体保护、系统修复、综合治理。

2. 完善城乡布局结构

优化城镇布局，建设1个区域中心城市，4个地区中心城市，10个县域中心城市和127个镇，构建大中小城市和小城镇协调发展的城镇格局。

3. 推进城乡统一规划

统筹产业发展基础设施、公共服务资源、能源生态环境等布局，强化县域空间规划引导约束作用，科学安排县域乡村布局和资源利用设施配置和村庄整治。

（二）优化乡村发展布局

1. 统筹利用生产空间

落实农业功能区制度，建设"二区三园"，科学合理划定粮食生产功能区，统筹推进农业产业园、科技园、创业园区建设，严格保护农业生产空间，实现集约高效利用。

2. 合理布局生活空间

坚持集约节约用地，遵循乡村传统肌理和格局，划定空间管控边界。规划保留村、中心村和建制镇，合理确定基础设施用地范围、布局、规模和建设标准，合理配置公共服务设施，引导生活空间尺度适宜、布局协调、功能齐全，强化生活空间人性化、多样化，构建"一公里生活圈""10分钟服务圈"和"快速便捷商业圈"。

3. 严格保护生态空间

统筹生态建设和经济发展，以"三山一河"为骨架，以"四湖"为依托，以北部平原绿洲生态区、中部荒漠草原防沙治沙区、南部黄土丘陵水土保持区三大功能区为主体，构建"三屏一带五区"生态空间格局。

（三）分类推进镇村建设

1. 重点推进集镇建设

发展中心镇，兼顾一般镇，创新建设理念，培育优势产业，突出产业融合、产村融合、产城融合、产旅融合，加快建设一批工业重镇、旅游名镇、商贸集镇、文化古镇、康养小镇等特色小镇。

2. 提升集聚类村庄

现有规模较大的中心村和仍将存续的一般村庄占乡村类型大多数，也是发展的重点。完善基础设施和公共服务，促进人口、产业向中心村集中，提升村庄聚集能力。

3. 城郊融合类村庄

要加快城乡融合发展，基础设施互联互通，公共服务共建共享。增强城郊村庄产业和人口承载功能，增强服务城市发展，承接城市功能外溢能力，满足城市消费需求能力。

4. 特色保护类村庄

传统村落，少数民族特色村，要统筹保护利用和发展，形成特色资源保护和村庄发展的良性互促机制。

5. 搬迁合并类村庄

对不具有保留价值的空心村、零星散居、房屋空置率超过40%的自然村和列入易地扶贫搬迁计划的村庄进行搬迁合并。

（四）坚决打好精准扶贫攻坚战

1. 深入推进精准扶贫精准脱贫

（1）强化精准措施　按照扶贫对象精准、措施到户精准、项目安排精准、资金使用精准、因村派人精准、脱贫成效精准要求，提高扶贫措施的精准度和有效性。

（2）健全脱贫机制　落实脱贫责任制，强化"五级书记"和定点帮扶驻村工作队第一书记责任。建立多元投入机制和全社会共同帮扶机制，坚持督查考核问责机制。

2. 集中打好深度贫困地区脱贫攻坚战

（1）改善生产生活条件　聚焦"五县一片"，实施基础设施提升工程，2020年前全部改善贫困户住房条件，推进县乡村三级卫生服务标准化建设，全面改善义务教育办学条件。

（2）培育脱贫增收产业　实施产业扶贫示范工程，确保每个贫困村有1～2个增收产业项目，投资新建扶贫车间，力争每个贫困村有1个扶贫车间。深化"百企帮百村"行动，每个村有1个企业帮扶，开展精准技能培训。

（3）加大政策倾斜扶持　财政专项扶贫资金的三分之二重点用于深度贫困地区，扩大深度贫困地区扶贫小额贷惠及面。

3. 深化帮扶协作

（1）深化闽宁协作　推进结对帮扶由市县向乡村延伸，引导福建企业开展村企共建，加强闽宁产业园建设，推动闽宁协作向更高层次发展。

（2）实化定点帮扶　落实定点帮扶工作责任，强化区市县三级单位定点帮扶，加大驻村工作队选派力度，选准配强帮扶责任人。

（3）强化社会帮扶　持续深化中央单位定点扶贫，拓宽合作领域，拓展帮扶空间，引导社会组织参与脱贫攻坚，依托涉农科研院校组建扶贫技术团队和专家组为扶贫村户提供技术服务。

4. 巩固脱贫攻坚成果

（1）激发内生动力　增强贫困人口自强自立争先脱贫的精神风貌，引导贫困群众通过自己辛勤劳动脱贫致富。

（2）筑牢防贫返贫长效机制　建立和完善缓解贫困的政策体系和工作机制，培育提升贫困群众发展生产和务工经商的基本能力。

（3）提升易地扶贫搬迁成效　加强搬迁地区后续产业发展和转移就业，每户至少有一个劳动力稳定就业，确保"搬得出，稳得住，能致富"。

（五）大力推进农业现代化

乡村振兴，产业兴旺是重点。坚持质量兴农，绿色兴农，品牌强农。深化农业供给侧结构性改革，加快构建现代农业产业体系、生产体系、经营体系。

1. 夯实现代农业发展基础

（1）稳步提高耕地综合生产能力　全面落实基本农田特殊保护制度，坚守耕地红线，强化用途管制，科学合理划定小麦、水稻、玉米生产功能区。

（2）推进农机农艺融合　重点突破枸杞和葡萄采摘、埋藤、起藤等环节机械化技术瓶颈。大力发展智能化高端农机装备，推进作物品种栽培技术和机械装备集成融合。

（3）大力发展数字农业　搭建农业农村大数据平台，建立共享数据体系，推进农业大数据监测和应用。

2. 推动农业高质量发展

（1）优化农业区域布局　引黄灌区以优质粮食、奶产业、设施蔬菜、花卉为重点，大力发展都市农业、观光农业、创意农业、智慧农业。扬黄灌区以肉牛肉羊、滩羊、枸杞、中药材为重点，大力发展高效节水农业。中部干旱带以优质牧草、滩羊、肉牛和马铃薯为重点，大力发展旱作节水农业。六盘山地区以肉牛肉羊、冷凉蔬菜为重点，大力发展生态农业。贺兰山东麓以打造世界级优质葡萄产区为主，大力发展"葡萄酒+"产业。创建10个国家级特色农产品优势区，建设100万亩设施农业、100万亩冷凉蔬菜、100万亩硒砂瓜、100万亩枸杞、100万亩葡萄产业长廊"五个百万亩"基地。

（2）做实做强特色产业　实施蔬菜产业提质增效行动，建设一批永久性蔬菜基地和产业大县；实施草畜产业节本增效行动，打造全国优质乳品和高端牛羊肉生产加工基地；实施再造枸杞产业新优势行动，提升宁夏枸杞品质和市场占有率；实施贺兰山东麓葡萄酒产业转型升级工程，打造酒庄基地销售一体化的领军企业；实施产业兴村强镇行动，发展地方特色产业。

（3）全面推进标准化生产　完善产业关键技术标准，加快制定修订农产品质量标准体系，推进宁夏枸杞安全标准上升为国家标准，健全农产品质量安全监管和追溯体系。

（4）提升"宁字号"农产品美誉度　积极打造以地理标志为重点的区域公用品牌，提升"五大之乡"品牌价值，重点推介"宁夏枸杞""贺兰山东麓葡萄酒""盐池滩羊""六盘山肉牛"和宁夏大米、六盘山马铃薯、香山硒砂瓜、宁夏菜心等"宁字号"名优农产品。

（5）实施农业产业"走出去"战略　实施农产品出口提升行动，扩大农产品出口份额，拓宽宁夏农产品国际市场。

3. 建立现代农业经营体系

（1）培育壮大农业新型经营主体　实施新型农业经营主体提升工程，发展多种形式适度规模经营，培育种养大户、家庭农场和农业产业化龙头企业。

（2）完善农业社会化服务体系　建立蔬菜、奶牛、枸杞、冷凉蔬菜、马铃薯、葡萄酒等产业综合服务中心和服务站。

（3）促进小农户与现代农业有机衔接　制定小农户与现代农业有机衔接的实施办法，加强小农户与现代市场衔接，提升小农户组织化程度。实施龙头企业带动一二三产业融合发展，鼓励新型农业经营主体与小农户建立契约型、股权型利益联结机制，维护小农户权益。

4. 强化农业科技支撑

（1）提升农业科技创新水平　支持农业科研院校和公益性农技推广机构以及龙头企业组建农业产业技术创新战略联盟，重点突破50项关键核心技术筛选，推广20项重大农业先进实用技术。

（2）打造农业科技创新平台　增加农业科技园区、现代农业示范区、农业重点实验室和技术创新中心等科技创新研发能力。推进中国枸杞研究院、中国葡萄酒产业技术研究院、中国宁夏奶业研究院建设。支持和完善首席专家创新团队平台。

（3）加快农业科技推广转化应用　加快农业新品种、新技术、新装备、新模式示范推广，加强基层农技推广队伍建设，健全公益性农技推广体系。

（六）发展壮大乡村产业

深入发掘农业多种功能，培育新产业、新业态、新模式，推进农村一二三产业交叉融合发展，激活乡村发展新功能。

1. 推动农村产业深度融合

（1）推动农业"接二连三"　实施农产品加工业提升行动，大力发展优质牛羊肉、乳制品、枸杞精深加工，提升加工转化增值和综合利用水平。实施休闲农业和乡村旅游精品工程，推动农业和旅游、文化和康养产业深度融合发展。

（2）大力发展农村电商　深化农村电商示范县创建，巩固15个电子商务进农村综合示范县（区），培育一批特色电商镇、电商村，加快培育一批农产品电商平台和企业，创建一批电商产业园、电商物流园、电商创业园。

（3）搭建农村产业新载体　推动现代农业产业园、农业科技园、农产品加工园区成为农村三产融合的重要载体，以产业化龙头企业为引领，打造一批产加销一体的全产业链企业集群。加快培育一批农字号特色小镇，推动产业发展与新型城镇化相结合。

2. 千方百计增加农民收入

（1）完善利益联结机制　推动农民与专业合作社联合社建立紧密利益共同体和多种利益联结方式，引导龙头企业多方式与农户、农民合作社、家庭农场建立利益连接机制，引导农民积极参与农村产业融合发展，推行财政支农惠农扶持资金折股量化让农民参与分红。

（2）深化政策扶持引导　更好地发挥政府扶持资金作用，探索将新型农业经营主体带动农户数量和成效作为安排财政支持资金的重要参照依据。对农户土地经营权入股探索农户负盈不负亏的分配机制，多渠道增加农民收入。

（3）增强农民就业能力　实施更加积极的就业政策，拓宽农民就业空间，推行终身职业技能培训制，实施农民工职业技能提升计划，促进农村富余劳动转移就业，实施就业援助行动，促进农村劳动力有序外出就业。

3. 激发农村创业创新活力

（1）培育壮大创业新群体　深入实施"引凤还巢"工程，培育一批返乡下乡创业示范乡镇、示范园区、示范项目。实施农村创业促进行动，设立返乡下乡人员创业扶持基金。

（2）建立创业创新激励机制　实施返乡下乡创业专项行动，将现有支持"双创"相关财政政策措施向返乡下乡创新创业拓展，实施贷款担保。村庄建设用地、返乡下乡创业园用水用电、相关税费优惠政策等向创新创业倾斜。

（七）建设美丽乡村

牢固树立和践行绿水青山就是金山银山理念，统筹山水林田湖草系统治理，大力实施生态立区战略，建设美丽乡村。

1. 改善农村人居环境

（1）加快推进"两治理一改进"　大力推进农村人居环境整治三年行动，实施"百村示范，千村整治"，开展农村生活垃圾治理专项行动。持续推进厕所革命。

（2）整治村容村貌　推进实用型村庄规划编制实施，保持村庄整体风貌与自然环境相协调。加大乡村公共空间和庭院环境整治，推动架空线路整治，完善公共照明设施。实施村庄增绿工程，建设一批乡村公园。综合提升田水路林风貌，塑造"塞上田园"风光，每年绿化美化 200 个村。

（3）健全村庄整治长效机制　建立有制度、有标准、有队伍、有经费、有督查的农村人居环境建设管护长效机制，落实自治区财政统筹补助，地级市统筹投入，县（市、区）主体负责，乡镇组织实施，村委会自治管理，群众投工投劳，运行管理单位运营维护责任，形成政府补贴与市场运作相结合的运行机制。

2. 推进农业绿色发展

（1）强化农业资源保护与节约利用　实行最严格耕地保护制度，严格控制未利用地开垦，降低耕地开发利用强度。严格控制超过或接近分配水指标的县（市、区）新增灌溉面积，合理利用水资源。加强枸杞、滩羊、水稻等动植物种质资源保护和利用。

（2）推进农业清洁生产　持续推进"一控两减三基本"，全面推广测土配方施肥技术。推进病虫害统防统治和绿色防控，统防统治覆盖面积达到 60%。推进畜禽粪污资源化利用，加大秸秆综合利用力度，完善农业投入品废弃物回收机制，推行水产健康养殖。

（3）整治农业突出环境问题　实施引黄灌区盐碱地改良，推进贺兰山东麓地下水超采区治理，加强农村饮用水水源地保护，坚持封山禁牧和草原治理，加强荒漠半荒漠草原生态系统修复和保护，推动环境监测执法向农村延伸。

3. 加强乡村生态保护和修复

（1）实施"三山一河"生态保护 加大贺兰山国家级自然保护区综合整治，加强六盘山自然保护区水源涵养保护，加强罗山国家级自然保护区封山育林。打响黄河保卫战，加强黄河宁夏段河湖库水系综合治理。

（2）实施大规模国土绿化行动 实施六盘山重点生态功能区、南华山外围区域、平原绿洲生态区、生态经济林和防沙治水示范区四大生态工程；持续推进天然林保护、三北防护林生态建设，实施退耕还林还草和生态移民迁出区生态修复，推进矿山和采煤塌陷区生态修复，持续开展全民义务植树活动，鼓励公民每年至少种活1棵树。

（3）健全重要生态系统保护制度 完善天然林和公益林保护制度，健全草原生态监管调查制度，建立中部荒漠生态保护制度，全面推行河湖长制。加强六盘山和罗山水源涵养区、贺兰山区蓄滞洪区、沿黄湿地保护。完善重点领域生态保护补偿机制，建立健全用水权、排污权、碳排放权、交易制度，探索建立黄河流域上下游补偿机制，落实草原生态保护补助奖励政策。

（4）发挥自然资源的多重效益 大力发展乡村"生态＋"产业，打造乡村生态旅游产业链。深化林权改革，扩大商品林经营自主权，发展林下经济。

（八）繁荣发展乡村文化

坚持社会主义核心价值观。继承和发扬优秀传统乡土文化，不断完善乡村公共文化体系，大力实施文化振兴计划，推动形成文明乡风、良好家风、淳朴民风，建设邻里守望、诚信重礼、勤俭节约的文明乡村。

1. 加强思想道德建设

（1）践行社会主义核心价值观 实施社会主义核心价值观铸魂工程，深入推进社会主义核心价值观"六进"活动，深入实施时代新人培养工程，把社会主义核心价值观融入法治建设。

（2）深化民族团结进步教育 贯彻落实民族区域自治制度，筑牢"三个离不开思想"，深入开展"五个认同"教育和"四进"宗教场所活动，依法治理违法违规宗教活动，广泛开展民族团结进步创建活动，扎实推进"585"创建行动计划。

2. 弘扬优秀传统文化

（1）保护乡村传统文化 实施传统文化浸润工程，加大引黄古灌溉工程物质文化遗产保护宣传，建设农耕文化科普基地，提升西北农耕博物馆和宁夏移民博物馆水平，实施乡村传统工艺保护振兴计划。

（2）重塑乡村文化生态 建立优秀传统乡土文化数据库，制定重点保护传承项目清单，实施历史文化遗产保护修复工程，推进历史文化名镇名村申报，提升历史文化名城发展质量和社会效益。

（3）发展乡村特色文化产业 支持传统工艺美术、技艺提升水平，引导社会投身乡村文化产业，打造一批旅游"宁夏礼物"，推动文旅融合发展。

3. 丰富乡村文化生活

（1）完善乡村公共文化服务体系 推进乡村文化设施网络建设，实施乡村公共文化体育设施提升工程，乡镇文化服务机构、村综合文化中心、建制村体育设施全覆盖。

（2）丰富乡村公共文化供给 深入实施文化惠民工程，推动公共文化重点向乡村倾斜。

（3）开展喜闻乐见的文化活动 鼓励支持乡村广泛开展文化体育活动，实施乡村文化人才提升工程。

（九）提升现代乡村治理能力

加强农村基层基础工作，坚持自治法治德治相结合，大力实施乡村组织振兴计划，打造共建共治共享的乡村治理新格局，确保乡村社会充满活力、和谐有序。

1. 加强农村基层党组织建设

（1）强化基层党组织核心地位　深入开展"三大三强"促脱贫攻坚、促乡村振兴行动，深化"五联五促"发挥基层党组织的坚强领导，健全以党组织为核心的农村组织体系。

（2）实施"两个带头人"工程　开展村党组织带头人和致富带头人整体优化提升行动。

（3）全面推进基层从严治党　加强农村党员队伍建设，强化党员教育、管理和监督，严格落实党风廉政建设"两个责任"。

2. 健全乡村治理体系

（1）深入推进村民自治　完善基层党组织领导、村民委员会负责、各类协商主体共同参与的基层民主协商工作机制，做实村民代表会议制度，健全村务监督机制。

（2）推动乡村依法治理　加强农村法治宣传教育，完善乡村公共法律服务体系，提高执法能力和水平。

（3）大力弘扬农村德治　发挥中华传统文化、伦理道德的教化滋养作用，提升村民文明行动准则和道德标准，引导农民群众摒弃陈规旧习，树立文明新风。

（4）建设平安乡村　健全社会治安综合治理领导责任制，完善县乡村三级综合治理中心建设。

3. 提升乡镇服务能力

（1）加强乡镇政权建设　合理配备人力资源，加强乡镇领导班子建设。

（2）提高农村基层公共服务水平　扩大服务管理权限，全面推行农村社区网格化服务管理。

（十）强化水资源支撑保障

加快推进乡村水利建设和服务支持能力，构建政府主导、市场调节、公众参与的水安全保障体制。

1. 夯实水利基础设施

（1）实施基础水网升级行动，强化水资源配置　实施地表水、地下水、非常规水资源统一调配，对乡村生活、生产、生态用水统筹配置。加快实施盐环定、红寺堡、固海扩灌三大扬水更新改造工程。

（2）巩固提升农村饮水安全　实施农村供水工程升级改造，完成中南部地区城乡供水后续工程。启动实施银川都市圈城乡供水工程，加快推进吴忠、中卫城乡备用水源供水工程建设，改造提升刘家滩水库、南坪水库。

（3）构建防洪减灾体系　全面建成黄河宁夏段二期防洪工程，加强贺兰山东麓和中南部地区山洪灾害防治。

2. 提高水利保障能力

（1）深化农村水利改革　按照"定额供水、计量收费、梯级计价、节水奖补"原则，加快推进以水权交易和农业水价综合改革为重点的水利改革，落实农业用水精准补贴和节水奖励制度，推动水权交易，促进乡村水源节约高效利用。

（2）建设现代化节水灌区　加快实施大中型灌区续建配套节水改造，实施农业节水行动，建设节水型乡村。发展引黄灌区规模化高效节水灌溉，积极推广滴灌、喷灌等高效节水灌溉。

（3）加强乡村水环境治理　全面推行河（湖）长制向乡村一级延伸，加强乡村河湖管理保护。开展生态清洁小流域建设，加强乡村水生态和河塘清淤，改善农村水环境，建设优美乡村水环境。

（十一）保障和改善民生

加快补齐农村民生短板，提高农民生活保障水平，着力增强农民群众的获得感、幸福感、安全感。

1. 完善农村基础设施

（1）提升农村交通设施水平　全面推进"四好农村公路建设"。

（2）健全农村物流配送体系　加快构建农村物流基础设施骨干网络和末端网络，提升设施设备和拓展物流服务功能，支持特色农产品储藏、冷链物流建设。

（3）推动农村能源革命　大力发展太阳能综合利用，实施农村"屋顶能源"计划，加快新一轮农村电网升级改造，实施煤改电、煤改气工程，因地制宜建设农村分布式清洁能源网络，提高畜禽废弃物、农作物秸秆能源化利用率。

（4）夯实乡村信息基础　实施新一代信息基础设施建设工程，推进乡村信息化综合服务系统建设。

2. 推进城乡公共服务均等化

（1）优先发展农村教育　实施"全面改薄"和教育现代化推进工程，实施优质教育资源城乡共享制度。每个乡镇至少办好1所公办中心幼儿园，村单独或联村设置完全小学。特级教师、自治区骨干教师评选向乡村教师倾斜。

（2）建设健康乡村　加强乡镇卫生院、村卫生所标准化建设和设备提档升级，推进城市优质医疗资源下沉和加强乡村医师队伍建设。广泛开展健康教育活动和爱国卫生运动。

（3）健全多层次社会保障体系　进一步完善城乡居民基本养老保险制度。

（4）提升农村养老服务能力　支持以失能半失能老年人为主的农村养老服务设施建设，开发农村健康养老产业项目。

（5）增强农村灾害防御和救灾能力　全面提升灾害监测预报、防御、应急救援能力，完善应对灾害的政策支持体系和灾后重建工作机制。

（十二）推进城乡融合发展

建立健全城乡融合发展体制机制，优化配置城乡公共服务资源，优化农村外部发展环境，激发农村内部活力，为乡村振兴注入新动能。

1. 推动农村转移人口政策接续

健全落户制度，全面实行居住证制度。推进农业转移人口在就业地落户，保障农民工在流入地享有城镇基本公共服务，将农业转移人口纳入城镇医疗、养老和住房保障体系。健全激励机制，加快推动城乡生产要素、公共服务资源流动和配置。

2. 培育多层次乡村人才

加快培育新型职业农民，提高农民专业化素质，加强农村专业人才队伍建设，建立健全基层专业技术人才评价制度，鼓励社会人才投身乡村建设，建立健全促进各类人才服务乡村振兴激励机制，优化乡村人才发展环境，落实基层专业技术人才政策措施。

3. 深化农村改革

落实第二轮土地承包到期后再延长30年政策。探索扩大"三权分置"和土地征收、入市、宅基地等改革试验，推进以产权制度为重点的各项改革，探索农村集体经济新的实现形式和农民财产性收入增长机制，培育壮大村集体经济。

4. 健全多元投入保障机制

坚持把农业农村作为财政保障和预算安排的优先领域。发挥财政资金的引导和杠杆作用，引导和撬动金融资本和社会资本投向农业农村。创新金融服务机制，加强农村金融服务和产品创新，形成多样化农村金融服务主体，撬动社会资本支持乡村振兴。

（十三）推进城乡融合发展

实行自治区负总责、市县落实、乡村抓推进的工作机制，坚持乡村振兴"四个优先"原则，强化各级党委和政府职责，扎实有序推进乡村振兴。

1. 加强组织领导

加强和完善党对农业农村工作的领导，确保党在农村工作中的核心地位。强化地方党委和政府的主体责任，认真落实农业农村优先发展。打造一批"懂农业、爱农村、爱农民"的过硬工作队伍，全面提升"三农"队伍能力水平。

2. 营造良好环境

发挥立法在乡村振兴中的保障和推动作用，研究制定促进乡村振兴的地方性法规。加强宣传引导，营造良好社会环境。加强实施考核监督和激励约束。

3. 有序推进乡村振兴

坚持统筹协调，突出重点，循序渐进，不搞齐步走，一刀切。强化典型带动，以点带面，点面结合，推动全区乡村振兴健康有序进行。调动群众积极性，凝聚乡村振兴合力，形成实施乡村振兴战略的强大合力。

第二章

农 业 项 目

■ 第一节　中央财政支农专项

中央财政支农专项"九五"时期5年合计8818万元，平均每年约1764万元，支持的范围主要是农作物种子和商品粮基地建设、动植物防疫及农业技术推广等，投入资金超过100万元的项目有7个。宁夏中卫国家级稻麦原种场建设项目中央财政投资890万元，宁夏种子质量监督检测中心建设中央投资300万元，同心牧区示范开发工程中央投资200万元，宁夏粮食自给工程中央资金180万元，宁夏备荒种子储备库建设中央投资162万元，宁夏水产良种繁育场项目中央投资100万元，种子工程中央贴息105万元。

"十五"时期，除2001年外，2002—2005年每年中央财政为宁夏农业投入都在1亿元以上，投资范围也在"九五"基础上有所扩大。农村沼气、水产、奶牛养殖以及退牧还草和果树、苗木等相关方面的项目也开始列入支持范围，中小项目越来越多，超过500万元的大项目达十多个。宁夏原种场小麦良种繁育基地中央投资600万元，固原小杂粮良种繁育基地中央投资600万元，宁夏动物防疫冷链体系建设中央投资960万元，宁夏农业有害生物预警与防控区域站建设（中宁、利通区、原州区等县）中央投资1980万元，宁夏基层动物监督基础设施建设中央投资1180万元，宁夏退牧还草补播改良和草畜工程（10县）中央投资18570万元，宁夏中宁杂交玉米制种基地项目中央投资550万元，宁夏回族自治区种奶牛场扩建项目中央投资500万元，宁夏渔业病害防治环境监测和质量检测中心中央投资510万元，宁夏马铃薯种薯脱毒中心项目和专用马铃薯推广中央投资520万元，宁夏农村沼气国债项目中央投资5826万元，宁夏灵武水稻良种繁育基地项目中央投资580万元，宁夏果树良种苗木繁育场项目中央资金580万元。"十五"期间中央累计投资达67039万元，平均每年投入约13408万元。

"十一五"期间中央财政支农资金额度大幅提高，支持领域进一步扩大，政策性直补开始实施，耕地质量提升，农业资源和生态保护，农村劳动力转移培训阳光工程，动物疫病防控，以及农村沼气项目的支持力度大幅提高，1000万元以上大项目（含组合项目类）增加较多。农村沼气项目中央预算内专项资金12876万元，测土配方施肥示范县建设项目中央投资5840万元，宁夏沙湖湿地保护区建设项目中央投资2380万元，禽流感、口蹄疫等动物疫病防控和扑杀项目中央补助资金10729万元，固原、彭阳、西吉等县马铃薯繁育基地建设项目中央投资1040万元，后备奶牛和母牛补贴中央投资4080万元，奶牛保险补助中央资金1584万元，农业救灾中央资金3155万元，农村劳动力转移培训阳光工程中央资金5877万元，农业有害生物预警与控制区域站建设项目（灵武、青铜峡、吴忠等县）中央投资1310万元。"十一五"期间中央财政支农资金累计达到660400万元，平均每年投入高达132080万元，是"十五"时期的近10倍。

"十二五"时期中央财政支农投入按项目大类划分为蔬菜产业项目、草畜产业项目、农业产业化项目等。草畜产业项目中央投资24395万元，动物保护项目中央财政投资2472万元，粮油高产建设项目中央财政补助资金1280万元，高产优质苜蓿示范项目中央财政投资3600万元，草原生态保护补助奖励项目中央投资 24383 万元（其中禁牧补助 15509 万元，牧户生产资料综合补贴 8874 万元），草原生态保护补助奖励绩效评价奖励项目中央投资 1260 万元，畜牧良种补贴项目中央资金 1867 万元，农产品加工项目中央补助资金 2000 万元，基层农业技术推广改革建设项目中央补助资金 2200 万元，基层动物防疫工作中央补助资金 1080 万元。"十二五"期间中央财政支农资金累计达到 1030550 万元，平均每年投资高达 206110 万元，比"十一五"时期每年投资增长了 56% 以上。

"十三五"时期，中央财政支农专项投资按项目大类划分，投资超 4000 万元的项目有耕地地力保护与质量提升项目中央补助资金，从 2017 年起至 2020 年四年分别为 78476 万元、78476 万元、78476 万元和 80082 万元。草原生态保护补助奖励项目中央资金 19493 万元，草原生态修复与治理项目中央补助 11467 万元，动物保护和防疫项目中央资金 17532 万元，粮改饲中央补助资金 32843 万元，旱作农业技术推广项目中央补助资金 27867 万元，农产品初加工中央补助资金 5120 万元，农村土地承包经营确权登记项目中央补助资金 5000 万元，农业组织化产业化经营及农民合作社发展中央补助资金 16063 万元，高产优质苜蓿示范基地建设 15091 万元，农村人居环境整治整村推进奖励补助资金 7344 万元，壮大村集体经济补助资金 19400 万元，草原禁牧补助及草畜平衡奖励中央补助资金 38985 万元，农田基本建设中央投资 198856 万元，青铜峡、西吉县农业制种大县奖励资金 4000 万元，新型农民职业培训 5159 万元，绿色循环优质高效特色农业促进项目中央投资 5487 万元。"十三五"时期，中央财政支农资金累计达到 1203999 万元，平均每年投资约 240800 万元，比"十二五"时期的 206110 万元增加 34690 万元，每年投资增长 16.8%。2020 年中央财政支农项目明细详见表 2-2-1，1996—2020 年财政支农项目年度资金详见表 2-2-2。

表 2-2-1　2020 年中央财政支农项目明细

单位：万元

项目	投资	项目	投资
一、农业生产发展	79633	二、农业资源保护修复与利用	24059
（一）果菜茶有机肥替代化肥	1500	（一）畜禽粪污资源化利用	1851
（二）现代农业产业园创建	3000	（二）农作物秸秆综合利用	1230
（三）优势特色产业集群建设	10000	（三）耕地质量保护	1300
（四）绿色高质高效创建	223	（四）牧民实施补助奖励	19492.55
（五）基层农机推广体系改革与建设	656	（五）渔业资源及生态保护项目	185.45
（六）农机深松整地	1891	三、动物防疫	4752
（七）高效发展养殖业	19090	四、农村厕所革命	2029
（八）地理标志农产品保护与发展	1834	五、农田建设	86400
（九）农业生产托管服务	3311		
（十）推广旱作节水农业技术	4000		
（十一）新型农业经营主体	7853		
（十二）产业强镇建设	3000		
（十三）宁夏农机购置补贴项目	16296		
（十四）高素质农民培训	5037		
（十五）推进农业生产托管为主的社会化服务	900		
（十六）农机推广体系改革与建设	1042	合计	196873

表 2-2-2　1996—2020 年财政支农项目年度资金

单位：万元

年份	合计	资金数	
		中央财政	地方财政
1996	550	255	295
1997	1677	535	1142
1998	5941	4982	959
1999	2834	2501	333
2000	1210	545	665
小计	12212	8818	3394
2001	12483	8460	4023
2002	25002	21099	3903
2003	22611	11837	10774
2004	17645	13340	4305
2005	20069	12303	7766
小计	97810	67039	30771
2006	87900	69600	18300
2007	121400	95200	26200
2008	185900	152600	33300
2009	220400	178800	41600
2010	198500	164200	34300
小计	814100	660400	153700
2011	205242	162484	42758
2012	226799	186906	39893
2013	266041	218064	47977
2014	300260	232405	67855
2015	300466	230691	69775
小计	1298808	1030550	268258
2016	293198	222938	70260
2017	332901	238310	94591
2018	330736	234668	96068
2019	449607	311210	138397
2020	324472	196873	127599
小计	1730914	1203999	526915
总计	3953845	2970806	983039

■ 第二节　自治区财政支农专项

"九五"时期自治区财政支农资金投入国家商品粮基地县、农业技术推广、种子产业化工程、农村水产和科技三项经费等项目，大部分项目是与中央投资相配套的，有的项目是自治区单独支持的。"九五"期间单独由自治区财政支持的支农项目超过100万元的有：农业技术推广项目（包括麦套玉米吨粮田、小麦机械覆膜穴播、水稻旱育稀植技术）自治区投资390万元，工厂化育苗科技示范项目自治区投资140万元，自治区优质稻基地建设210万元，农村水产补贴资金270万元，马铃薯新品种调运和抗旱技术推广补助110万元。与中央投资配套的项目有：商品粮基地县建设和粮食自给项目总资金461万元，其中自治区资金261万元；海原旱作农业示范基地项目总投资175万元，自治区配套资金105万元；同心县、海原县牧区开发示范工程总投资600万元，自治区财政资金200万元。"九五"时期自治区财政支农专项资金共计3394万元，平均每年约679万元。

"十五"时期自治区财政支农资金30771万元，平均每年约6154万元。比"九五"时期年平均投资增加5475万元，增加了8倍多。自治区重点支农投资项目涵盖了种子项目、畜禽良种工程、水产良种工程、植保工程、动物保护工程、水生生物保护工程、农产品质量和科技等方面。投资超过500万元以上的项目和项目组合大类有：宁夏南部山区草产业工程项目资金1800万元，天然草原恢复与建设项目总投资3890万元（其中自治区财政投入1520万元），畜禽良种工程总投资2887万元（其中自治区财政资金1217万元），种子工程项目总投资2635万元（其中自治区财政资金700万元），沼气国债项目自治区财政投资689万元，马铃薯脱毒种薯和专用马铃薯良种繁育推广项目自治区财政资金801万元，动物防疫（含口蹄疫防控）自治区财政补助资金1263万元，宁南山区生态养牛工程自治区补贴资金600万元，中部干旱带草畜产业项目自治区财政资金1200万元，中部干旱带抗旱保育补贴资金540万元。

"十一五"时期自治区财政支农项目资金153700万元，平均每年投入财政资金30740万元，比"十五"时期平均每年投资增加了24586万元，增长约4倍。自治区财政支农项目或项目组合超过1000万元以上大项目有：农业产业化类项目资金35080万元，设施农业资金39450万元，动物疫病防治6427万元，马铃薯脱毒种薯繁育项目资金1817万元，奶牛良种补助资金2550万元，宁夏南部山区草畜产业项目3719万元，奶业扶持资金2480万元（31万头，每头补助80元），农业产业化龙头企业合格项目资金补助1445万元，农民专业合作组织项目资金1790万元，百万农民培训工程资金1556万元。

"十二五"期间自治区财政支农资金268258万元，平均每年投入资金约53652万元。比"十一五"时期平均每年投资增加了22912万元，增加了74.5%。自治区财政支农项目或项目组合超过1000万元的有：农业产业化项目资金52341万元，设施农业项目资金40814万元，农业新品种引进技术推广资金6800万元，水稻大棚育秧项目资金2940万元，农村土地确权百村试点项目资金5732万元，稳定家禽生产补助资金1643万元，动植物病虫害防治资金8016万元，马铃薯脱毒种薯三级繁育项目补助资金4011万元，中南部山区设施养殖项目2320万元，国债沼气项目自治区财政配套资金2647万元。

"十三五"时期自治区财政支农投入的财政资金达526915万元，平均每年105383万元。比"十二五"时期年均投资增加了51731万元，增加了96.4%。自治区财政支农资金超过10000万元的大类项目有：农业产业发展类项目自治区财政支持力度达到178041万元，2016—2020年分别为27610万元、32300万元、31640万元、30500万元和55991万元，农业资源保护与利用项目类（主要为农村阳光沐浴工程）投入资金59822万元，农业科技创新与推广类项目资金17543万元，动植物病虫害防治项目资金13544万元，农业资源环境监测与保护类项目28202万元，银北盐碱地改良工程农艺措施项目资金15955万元，农作物秸秆综合利用项目资金15600万元，马铃薯良种繁育及主食化品种推广项目资金17800万元，高标准设施农业项目40858万元，农业综合开发资金36057万元，支持农业特色产业资金16300万元。1996—2020年自治区财政支农项目资金明细详见表2-2-2，2020年自治区财政支农项目明细详见表2-2-3。

表 2-2-3　2020 年自治区财政支农项目明细

单位：万元

项　目	投　资	项　目	投　资
一、农业生产发展	55990.5	四、质量安全监管	594
（一）农业特色优势产业发展	20496	五、农业执法与监督	280
（二）2019 年农业产业补助项目	3163.7	六、农产品加工促销	2253
（三）肉牛见犊补母	13000	（一）农业国际交流与合作项目	120
（四）设施农业项目	4000	（二）特色农产品品牌建设	840
（五）马铃薯种薯繁育及主食化专用品种示范推广项目	3000	（三）农产品市场信息	53
（六）农机购置补贴项目	950	（四）宁夏农业大数据检测中心	760
（七）农机农艺融合示范园区	300	（五）特色农产品走出去	480
（八）农业新机械引进与研究	126	七、病虫害控制	2524
（九）国际农业发展基金贷款优势特色产业发展示范项目	5000	（一）动物保护	1871
（十）畜牧业新技术推广	540.8	（二）生猪屠宰环节病害猪无害化处理	81
（十一）渔业新技术推广	414	（三）畜禽定点屠宰监管	76
（十二）现代农业产业园创建	5000	（四）农作物病虫害监测及防控示范	496
二、农业科技转化与推广	2838	八、农业资源保护修复与利用	7942
（一）种植业优先技术示范推广	1610	九、统计监测与经济服务	1376
（二）农作物现代种业提升工程	1000	十、专项业务费	1007.3
（三）农机新技术推广	129	十一、农村社会事业	25000
（四）原种场麦稻原良种繁育	99	十二、农田建设	26000
三、新型农业职业培训	430	十三、其他农业农村支出	1346
		合计	127580.8

第三节　农业基本建设项目

　　农业基本建设项目是由中央和地方财政投资建设的农业公益性、基础性和示范引导性的农业项目，并形成固定资产和农业生产能力的建设项目。2004 年，农业部要求全面推进七大农业体系建设，即：种业体系、农业科技推广体系、动植物保护体系、农产品质量安全体系、农业信息和农产品市场体系、农业资源与生态环境保护体系、农业社会化服务和管理体系建设。

一、种业体系

　　种业体系包括种植业、畜牧业和水产养殖业。

（一）种植业种子工程

　　1996—2000 年，农业基本建设重点放在粮食生产方面，主要投资建设项目有：宁夏中卫国家级稻麦原种场建设投资 1780 万元，宁夏种子质量监督检测中心建设项目投资 602 万元，国家级备荒种子库建设投资 323 万元，国家农作物品种区域站建设投资 200 万元。

　　2001—2010 年，种植业种子工程重大农业基本建设有：宁夏原种场小麦良种繁育基地建设总投资 900 万元，固原小杂粮良种繁育基地建设总投资 750 万元，宁夏灵武水稻良种繁育基地投资 580 万元，中宁玉米杂交制种基地建设总投资 830 万元，国家农作物小麦改良中心银川分中心建设项目总投资 499 万元，永宁小麦良繁基地建设投资 583 万元，宁夏马铃薯脱毒快繁中心建设（自治区种子站建设）总投资 690 万元，国家马铃薯改良中心固原分中心建设项目总投资 623 万元，南部山区和中部干旱带各县区这一时期先后都建设了马铃薯种薯脱毒良种三级繁育基地，总投资超过 4000 万元。

2011—2020 年，马铃薯脱毒良种繁育及其示范推广项目中央和自治区财政资金投资达 24000 万元。

（二）畜牧和禽类种业工程

1996—2000 年，农业基本建设对畜禽类种业工程牛胚胎生物工程中心建设总投资 100 万元。2001—2010 年这十年间，投资幅度大大增加，重点农业基本建设有：宁夏种公牛站（宁夏家禽繁育中心项目）项目总投资 800 万元，自治区种奶牛场扩建项目投资 755 万元，宁夏奶牛 DHI 检测中心项目投资 277 万元，宁夏肉用种羊繁育中心（四正生物工程技术中心项目）投资 272 万元，盐池滩羊场畜牧站改造项目投资 180 万元，自治区牧草种子基地建设投资 400 万元。

2011—2020 年畜牧业重点种业工程基本建设主要有：盐池滩羊良繁基地建设项目投资 400 万元，中卫山羊保种场扩建项目总投资 205 万元，晓鸣蛋种鸡场建设项目投资 338 万元，红寺堡区天源种羊繁育场建设项目投资 630 万元，灵武金昊达奶牛良种繁育场建设项目总投资 753 万元，宁夏畜禽品种质量检测中心投资 392 万元，宁夏农垦中蓿三号苜蓿种子繁育基地建设项目总投资 378 万元。2020 年实施六盘山地区肉牛产业集群建设优质苜蓿制种基地，引进良种肉牛冻精和良种母牛，中央财政资金 9600 万元。同时对滩羊和中卫山羊选育优秀种公羊中央投资 760 万元。

（三）水产业种业工程

2001—2010 年，主要水产业种业工程有：自治区水产良种繁育项目（自治区水产站项目）总投资 470 万元，灵武黄河鲇良种场建设项目总投资 157 万元，水产业良种引种中心建设项目总投资 405 万元。

2011—2020 年期间，水产业种业体系基本建设项目主要有：平罗县水产良种场建设项目投资 229 万元，永宁县水产良种场建设项目投资 287 万元，永宁水产苗种繁育基地建设项目投资 367 万元，石嘴山市水产良种场建设项目投资 256 万元，黄河鲤良种场建设项目投资 212 万元。

（四）其他

宁夏果树良种苗木繁育场建设项目（陶灵园艺场项目）投资 880 万元。

二、农业科技推广体系

农业科技推广体系主要包括农业技术推广体系、畜牧技术推广体系和水产技术推广体系以及农机化技术推广体系。

1996—2000 年，农业科技推广基本建设工程主要有：平罗县巩固和完善商品粮及优质大豆示范基地项目建设投资 100 万元，吴忠市农业技术推广综合服务项目建设投资 90 万元。1997—1999 年，市县农业技术服务体系建设项目资金 723 万元。宁夏农机鉴定检测推广服务中心建设投资 160 万元，自治区农技推广总站工厂化育苗科技示范基地建设项目投资 140 万元。

2001—2010 年，农业科技推广基本建设项目主要有：平罗、惠农旱作节水农业示范基地建设投资 250 万元，灵武市和平罗县"三元结构"种植示范基地建设投资 325 万元，固原市农业科学研究所基本建设投资 190 万元，贺兰县、平罗县、永宁县水产技术服务中心建设投资 80 万元，中央测土配方施肥示范县建设投资 1080 万元，农业科技服务体系建设项目投资 1500 万元，农业科技入户及科技示范场项目资金 194 万元,宁夏乡镇兽医基础设施建设投资 1800 万元。

2011—2020 年,农业技术推广基本建设项目有:基层农技推广体系改革与建设投资 3242 万元,石嘴山市水产技术推广站建设投资 80 万元,蔬菜新技术集成示范园区(13 个县点设备投资)投资 200 万元,粮食机械化烘干技术示范推广项目总投资 700 万元,畜牧技术服务站建设投资 180 万元。

三、动植物保护体系

(一)动物疫病防治体系

1996—2000 年重点动物疫病防治农业基本建设项目有:自治区动物疫情监测中心投资 100 万元,宁夏水产养殖病害防治中心项目投资 160 万元。

2001—2010 年,宁夏渔业病害防治与环境监测中心项目投资 338 万元,青铜峡水生动物疫病防治站建设项目投资 79 万元,宁夏县级水生动物疫病防治站建设项目投资 240 万元,宁夏动物疫病控制与诊断中心(防疫站项目)总投资 1127 万元,全区动物防疫及冷链体系建设投资 990 万元,宁夏基层动植物检疫站(17 县)建设投资 1360 万元,宁夏县级动物防疫基础设施建设投资 141 万元。

2011—2020 年,病死动物掩埋场建设项目投资 1100 万元,宁夏动物防疫站建设投资 2705 万元,宁夏兽药饲料监察所兽药检测体系建设投资 1015 万元。

(二)农作物病虫害防控体系

1996—2020 年,农作物病虫害防控基本建设项目主要有:宁夏区域重点植物检疫中心项目建设投资 105 万元;中卫重点植物检疫实验室建设投资 75 万元;自治区农业有害生物预警与控制区域站,从 2005 年起,全区市县先后陆续建成并投入使用,每站投资为 200 万～500 万元,市站和农业大县投资较多;宁夏农药残留与质量检测中心项目投资 406 万元。

四、农产品质量安全体系

农产品质量安全体系基本建设是从 2003 年开始的,初期在宁夏农业勘查设计院土肥和农药监测中心的基础上建设了宁夏农产品质量安全检测中心,总投资 200 万元。2008 年又改扩建完成了宁夏农产品质量安全监督检验测试中心,项目总投资 2386 万元,其中中央财政 1906 万元,地方配套 480 万元。2014 年,扩建风险监测能力,增强农产品质量安全预测防控检测能力投资 629 万元,其中中央投资 503 万元,地方配套 126 万元。2014 年投资建设了农业部枸杞产品质量安全监督检验测试中心(自治区农林科学院实施),总投资 630 万元,其中中央资金 504 万元,自治区配套 126 万元。2004—2013 年,自治区各市县相继投资兴建了市县级农产品质量安全检测中心,每个市县投资额度一般为 300 万～1000 万元,石嘴山市农产品质量安全检测站投资 1004 万元,中卫市农产品质量安全检测中心投资 1020 万元。

五、农业信息和农产品市场体系

"十五"期间,农业部安排宁夏产地市场项目 7 个,宁夏北环农产品批发市场建设投资 200 万元,中宁枸杞产地批发市场建设投资 198 万元,涝河桥牛羊肉市场、平罗宝丰牛羊肉批发市场、永宁纳家户牛羊肉市场、同心和固原牛羊肉市场各 20 万元。

"十一五"期间,农业部安排宁夏农业市场信息网络体系建设(省级 1 个、市级 5 个、县级 22

个）投资 225 万元，其网络延伸工程又投资 130 万元，农业信息网络 50 万元，农业部批发市场信息发布体系建设 80 万元。2016 年和 2017 年，连续两年自治区财政资金投入农业物联网基地建设项目 600 万元。

六、农业资源与生态环境保护体系

2001 年盐池等县市草原恢复和建设国债项目投资 3890 万元，2008 年沙湖湿地保护区建设投资 2990 万元（中央财政 2380 万元，自治区配套 610 万元），陶林园艺场生态治理节水灌溉项目投资 272 万元，盐池县、贺兰县小麦野生近缘植物原生环境保护投资 258 万元，北方铜鱼种植资源保护投资 221 万元，黄河段濒危水生动物救护中心建设投资 656 万元，石嘴山星海湖自然保护区建设投资 355 万元，中卫蒙古扁桃原生境保护项目投资 150 万元，自治区农林科学院作物基因资源与种质资源创新及宁夏科学观测试验站建设投资 395 万元，自治区农林科学院永宁农业环境科学实验站建设投资 395 万元，西吉、中宁、青铜峡、贺兰、红寺堡、灵武等多县（市）都先后投资建设秸秆养畜示范项目，每个县中央财政投资 70 万～100 万元，区县配套资金 70 万～100 万元。2017—2019 年，银北盐碱改良农艺项目，3 年共投资 15955 万元，其中秸秆培肥改良投资 5644 万元。2020 年渔业资源及生态保护投资 185 万元。

七、农业社会化服务和管理体系

2011 年，土地流转服务体系建设投资 1600 万元。2013—2014 年，土地承包经营纠纷仲裁设施建设投资 1375 万元（22 个县，每县 62.5 万元），农牧厅大楼工程投资决算 14417.94 万元，云雾山国家级自然保护区草原防火站建设投资 668 万元，宁夏草原防火指挥中心建设投资 340 万元。（中部干旱带和南部山区各县都从 2010 年起先后投资建设了草原防火站，一般每个站投资 200 万元左右，同心县草原防火站投资为 396 万元。）2020 年农业生产经营项目中央投资 5111 万元，布局 19 个县（市、区）。

2018—2020 年连续实施农作物秸秆综合利用项目，共投资 26728 万元（其中，中央补助 4268 万元，自治区财政 22460 万元）。2018 年 7800 万元，2019 年 9756 万元，2020 年 9172 万元。通过项目实施，2019 年秸秆资源化利用总量达 390 万吨，综合利用率达 87.6%。2020 年全区农作物秸秆综合利用率为 88.59%。2020 年农业生产经营项目中央财政支农投资 5111 万元，布局在 19 个县（市、区）。

■ 第四节　政策性补贴项目

农业政策性补贴有四项：粮食直接补贴、农资综合补贴、农作物良种补贴和农机购置补贴。从 2017 年开始，前三项补贴合并为耕地地力保护补贴。

粮食直接补贴：2006 年 8430 万元，2007 年 8643 万元，2008 年 8697 万元，2009 年 8697 万元，2010 年 8697 万元，2011 年 8580 万元，2012 年 8576 万元，2013 年 8461 万元，2014 年 8421 万元，2015 年 8421，2016 年 3854 万元。11 年共计 89477 万元。

农资综合补贴：2008—2016 年分别为 4681 万元、5517 万元、10050 万元、11340 万元、58230 万元、78548 万元、79285 万元、80277 万元和 64222 万元，9 年共计 392150 万元。

农作物良种补贴：2005—2007 年这 3 年补贴资金较少，分别只有 1400 万元、601 万元和 372 万元。从 2008 年开始大幅增加，2008—2016 年农作物良种补贴分别为 14619 万元、14203 万元、8416 万元、12680 万元、8814 万元、8657 万元、8689 万元、7279 万元和 8000 万元。

农机购置补贴：从 2005 年开始，2005 年 900 万元。"十一五"期间补贴总额为 47289 万元，其中：2006 年 1500 万元，2007 年 2289 万元，2008 年 4200 万元，2009 年 18000 万元，2010 年 21300 万元。"十二五"期补贴总额为 113500 万元，5 年分别为 19600 万元、21500 万元、22000 万元、26300 万元、24100 万元。"十三五"期间补贴总额为 89845 万元，5 年分别为 24690 万元、18749 万元、17460 万元、12650 万元和 16296 万元。

耕地地力保护补贴：从 2017 年开始，2017—2020 年分别为 78476 万元、78476 万元、78476 万元和 80082 万元。

■ 第五节　部门预算

农业农村厅部门预算分为人员经费、业务费和专项费三类。1997 年厅级部门预算为 1300.5 万元，其中：人员经费 713.5 万元，业务经费 209.7 万元，专项费 377.3 万元。1998 年预算为 1710 万元，其中：人员经费 855.6 万元，业务费 212.3 万元，专项费 642.1 万元。1999 年预算为 1743.1 万元，其中：人员经费 859.1 万元，业务费为 217.5 万元，专项费为 666.5 万元。"十五"期间预算达到 1 亿元左右，"十一五"期间达到 2 亿元左右，"十二五"时期为 5 亿左右。"十三五"时期前 2 年（2016 年和 2017 年）每年为 10 亿元上下，2018 年达到 16.5 亿元，2019 年 11.83 亿元，2020 年 13.55 亿元。"十五"以后农牧厅部门预算按照农牧厅各部门和下属事业单位进行预算。例如，2013 年的农牧厅部门预算详见表 2-2-4。农牧厅部门预算中收入来源分为经费拨款、中央资金和其他三部分。详见 2-2-5。

表 2-2-4　2013 年农牧厅部门预算

部门	人员基本情况					总收入（万元）						总支出（万元）
	编制（个）	控编（个）	在职（名）	离休（名）	退休（名）	合计	一般预算拨款					
							经费拨款	行政收费款	中央资金	事业收入	事业经营收入	
农牧厅	1352	94	1322	40	1180	63508.83	40906.83	5	22497		100	63508.83
计财处						49947	27450		22497			49947
办公室	87		85	21	101	1948.2	1948.2					1948.2
饲料工业办公室	5		3			35.81	35.81					35.81
机关服务中心	17	2	18		6	162.4	162.4					162.4
农业技术推广总站	49	1	49	2	25	629.39	629.39					629.39
农业勘查设计院	122	6	120	4	77	1547.78	1447.78				100	1547.78
种子工作站	31	1	23	2	20	344.3	344.3					344.3
农村经营管理站	34	2	34	2	17	393.78	393.78					393.78
宣传教育管理中心	16	4	19		9	195.74	195.74					195.74
信息中心	7	2	9		1	75.55	75.55					75.55
农业广播学校	18	1	19		9	226.94	224.94	2				226.94
农村能源工作站	22	3	25		4	247.56	247.56					247.56
农业环境保护监测站	15		14		5	162.49	162.49					162.49
国际合作项目中心	14	1	15		2	135.36	135.36					135.36
动物疾病预防控制中心	35		34	2	14	384.64	384.64					384.64

（续）

部门	人员基本情况						总收入（万元）					总支出（万元）
	编制（个）	控编（个）	在职（名）	离休（名）	退休（名）	合计	一般预算拨款					
							经费拨款	行政收费款	中央资金	事业收入	事业经营收入	
畜牧工作站	30	2	32		18	399.22	399.22					399.22
草原工作站	38	2	38	1	8	396.28	396.28					396.28
兽药饲料监察所	28	2	29		8	330.33	330.33					330.33
动物卫生监督所	22	3	24		7	272.12	272.12					272.12
固原云雾山保护区管理处	22	2	21		4	198.77	198.77					198.77
农业产业化办公室	12		12			114.66	114.66					114.66
生态工程研究中心	5		4			35.81	35.81					35.81
农业机械化技术推广站	39	1	38		27	481.94	481.94					481.94
农业安全监理站	15		14	3	14	256.58	256.58					256.58
水产技术推广站	32	3	34		10	333.8	330.8	3				333.8
水产研究所				2	64	389.32	389.32					389.32
乡镇企业服务中心	30	1	30		12	316.63	316.63					316.63
农产品质量安全中心	18	1	17		3	168.35	168.35					168.35
原种场	332	41	357	1	419	1585.92	1585.92					1585.92
宁夏大学实验农场	100		52		48	331.91	331.91					331.91
盐池滩羊选育场	60	7	63		83	520.72	520.72					520.72
中卫山羊选育场	85	6	78		123	699.36	699.36					699.36
宁夏种禽场	12		12		18	107.41	107.41					107.41
四正生物工程技术中心					24	132.76	132.76					132.76

表 2 - 2 - 5　有完整资料记载的 2012—2014 年三年的经费来源

单位：万元

年份	合计	经费拨款	中央资金	其他
2012	41789.79	26193.79	15587.00	9.00
2013	63536.24	40934.24	22497.00	105.00
2014	53374.21	43488.82	4927.00	4958.39

第三篇

农业农村经济与改革

随着农村改革进程的加快，农业农村经济发展进入新阶段，农村土地制度改革、农村宅基地制度改革、农村产权制度改革等各项改革工作不断推进。农业综合生产能力不断提高，农村基础设施建设得到加强，农民增收渠道加以拓宽，农村实用人才队伍建设和农村人力资源开发着力推进，支农、惠农政策得到巩固完善和加强，对农业农村投入力度不断加大，农业科技创新能力建设继续加强。

第一章

农业农村经济

■ 第一节　农村行政区划

一、市、县（区）行政区划调整

1996—2020年，全区行政区划历经3次设市4次设区，形成现在的5个地级市、22个县级单位（9个市辖区、2个县级市、11个县）的行政建制。

1996年，全区辖2个地级市、2个地区（合计4个地级行政单位）、24个县级行政单位（6个市辖区、3个县级市、15个县），241个乡、58个镇、2586个村。1998年，经国务院批准，撤销银南地区和县级吴忠市，设立地级吴忠市，吴忠市设立利通区。吴忠市辖原银南地区的中卫、中宁、盐池、同心4个县和新设立的利通区，原银南地区的青铜峡市和灵武市由自治区直辖。全区辖3个地级市、1个地区（合计4个地级行政单位）、24个县级行政单位（7个市辖区、2个县级市、15个县），较1996年减少2个乡，增加2个镇、16个村。2001年，经国务院批准，撤销固原地区和固原县，设立地级固原市，固原市设立原州区。固原市辖原固原地区的西吉县、海原县、隆德县、泾源县、彭阳县和新设立的原州区，全区辖4个地级市、24个县级行政单位（8个市辖区、2个县级市、14个县），较1998年减少6个乡、2个镇，增加130个村。2003年，经国务院批准，撤销中卫县，设立地级中卫市，中卫市设沙坡头区。中卫市辖从吴忠市划入的中宁县、从固原市划入的海原县和新设立的沙坡头区，全区辖5个地级市、24个县级行政单位（8个市辖区、2个县级市、14个县），较2001年减少137个乡，增加34个镇，减少105个村。2009年，经国务院批准，设立吴忠市红寺堡区，以红寺堡镇、太阳山镇、大河乡、南川乡的行政区域为其行政区域，全区辖5个地级市、22个县级行政单位（9个市辖区、2个县级市、11个县），较2003年减少3个乡，增加6个镇，减少308个村。详见表3-1-1。

表3-1-1　1996—2020年全区农业行政区划统计

单位：个

年份	市（地区）	县（市、区）	乡（镇）			建制村
			合计	镇	乡	
1996	4	24	299	58	241	2586
1997	4	24	299	60	239	2592
1998	4	24	299	60	239	2602
1999	4	24	299	61	238	2607
2000	4	24	309	64	245	2692
2001	4	24	291	58	233	2732
2002	4	24	293	59	234	2664
2003	5	24	188	92	96	2627

（续）

年份	市（地区）	县（市、区）	乡（镇）			建制村
			合计	镇	乡	
2004	5	22	188	93	95	2527
2005	5	22	191	94	97	2382
2006	5	22	187	94	93	2362
2007	5	22	191	98	93	2311
2008	5	22	191	98	93	2308
2009	5	22	191	98	93	2319
2010	5	22	192	99	93	2319
2011	5	22	192	100	92	2283
2012	5	22	192	101	91	2289
2013	5	22	193	101	92	2265
2014	5	22	193	102	91	2260
2015	5	22	192	102	90	2271
2016	5	22	193	103	90	2276
2017	5	22	193	103	90	2260
2018	5	22	193	103	90	2257
2019	5	22	193	103	90	2240
2020	5	22	193	103	90	2233

数据来源：《宁夏统计年鉴》。

二、县（区）、乡（镇）行政区划调整

1996—2004 年，按照党的十六大加快城镇化进程的重要精神，自治区决定全面开展乡镇行政区划调整，累计撤并 105 个乡（镇）、137 个村。1996 年，经国务院批准，撤销灵武县，设立灵武市（县级），以原灵武县的行政区域为灵武市的行政区域。2002 年，经国务院批准，撤销银川市城区、新城区和郊区，设立银川市西夏区、金凤区和兴庆区；撤销石嘴山市石炭井区，划归大武口区管辖，将平罗县的隆湖吊庄乡及崇岗乡的长胜、九泉、潮湖 3 个村划归大武口区管辖；将灵武市由吴忠市代管变更为由银川市代管。2003 年，经国务院批准，撤销石嘴山市惠农县和石嘴山区，设立石嘴山市惠农区，撤销石嘴山市陶乐县，将原陶乐县的红崖子乡、高仁乡、马太沟镇划归平罗县管辖，月牙湖乡划归银川市兴庆区管辖。同年，自治区政府决定将固原市原州区的大湾乡、蒿店乡、什字路镇整建制划归泾源县管辖，撤销什字路镇、蒿店乡，合并设立六盘山镇，将同心县的喊叫水乡划归中宁县管辖。2004 年，撤销石嘴山市大武口乡，将吴忠市利通区的陈袁滩乡划归青铜峡市管辖，并撤销陈袁滩乡，设立陈袁滩镇。

2005—2020 年，累计撤销撤并 5 个乡（镇）、268 个村。2005 年，经自治区政府第 60 次政府常务会议决定，银川市西夏区芦花镇更名为镇北堡镇，灵武市磁窑堡镇更名为宁东镇，吴忠市红寺堡开发区撤销沙泉乡，设立太阳山镇。2007 年，吴忠市利通区撤销胜利、金星、古城、上桥 4 个街道，设立胜利、金星、古城、上桥 4 个镇。2008 年，经自治区政府批复，海原县兴仁镇、蒿川乡划归中卫市沙坡头区管辖，徐套乡划归中宁县管辖，兴隆乡划归同心县管辖；固原市原州区黑城镇划归海原县管辖，七营镇、甘城乡划归海原县管辖。2011 年 4 月，经自治区人民政府（宁政函〔2011〕70 号）批复，同意撤销固原市原州区清河镇、官厅乡，以原清河镇、官厅乡行政区域合并设立官厅镇；同意

设立黄铎堡镇，将三营镇西部黄铎堡、农科、黄湾、白河、张家山、羊圈堡、北庄、南城、老庄、金堡、曹堡、何沟 12 个村和头营镇陈庄、山岔、穆滩、铁沟 4 个村地域划归新设立的黄铎堡镇管辖。2011 年 5 月，自治区人民政府（宁政函〔2011〕83 号）批复，同意调整中宁县徐套、喊叫水两乡镇行政区划，将喊叫水乡新庄子、下流水、大台子、上流水、大滩川、田家滩、白圈子 7 个建制村及周家沟村小部分地域划归徐套乡管辖。2011 年 11 月，经自治区人民政府（宁政函〔2011〕186 号）批复，同意将红寺堡区太阳山镇西部地域划出，设立柳泉乡，同意将红寺堡区南川乡更名为新庄集乡。又经自治区人民政府（宁政函〔2011〕187 号）批复，同意中卫市撤销中宁县大战场乡。2014 年，经自治区政府（宁政函〔2014〕98 号）批准，彭阳县撤销红河乡，设立红河镇。2015 年，经自治区政府（宁政函〔2015〕190 号）批准，沙坡头区撤销蒿川乡，蒿川乡行政区域划归沙坡头区兴仁镇。2017 年，经自治区人民政府（宁政函〔2017〕18 号）批准，中宁县设立太阳梁乡，西吉县撤销将台乡，设立将台堡镇。

第二节 乡村就业人员

1996—2020 年，乡村就业人员占乡村人口比重从 67.1% 增加到 78.4%，增加 11.3 个百分点，年均增长 0.47%。

1996—2020 年，宁夏乡村就业人员由 1687083 人增加到 1980408 人，增长 293325 人，增长 17.4%，年均增长 0.7%。其中，男性乡村就业人员由 885106 人增加至 1079440 人，增长 194334 人，增长 22%，年均增长 0.8%；女性乡村就业人员由 801977 人增加至 900968 人，增长 98991 人，增长 12.3%，年均增长 0.5%。男性乡村就业人员占乡村就业人员比重由 52.5% 增加到 54.5%，增长 2 个百分点。女性乡村就业人员占乡村就业人员比重由 47.5% 下降到 45.5%，下降 2 个百分点。乡村就业人员按照增速可分为三个阶段：第一阶段为快速增长期（1996—2002 年），年均增长 5.1%，其中 2001 年宁夏深入实施西部大开发战略和"千村扶贫开发工程"，带动了就业增长，乡村就业人员增速达到 9%；第二阶段为稳步增长期（2003—2011 年），年均增长 0.6%；第三阶段为缓慢下降期（2012—2020 年），年均下降 1%。详见表 3-1-2。

表 3-1-2 1996—2020 年全区农村人口就业统计

单位：人、%

年 份	乡村人口	乡村就业人员	乡村就业人员占乡村人口比重	男性乡村就业人员	女性乡村就业人员	男性乡村就业人员比重	女性乡村就业人员比重
1996	2513981	1687083	67.1	885106	801977	52.5	47.5
1997	2512069	1765858	70.3	924490	841368	52.4	47.6
1998	2542665	1811661	71.3	951043	860618	52.5	47.5
1999	2577903	1865154	72.4	1017345	847809	54.5	45.5
2000	3739359	1979117	52.9	1030471	948646	52.1	47.9
2001	3755558	2157431	57.4	1050519	1106912	48.7	51.3
2002	3760717	2205431	58.6	1061159	1144272	48.1	51.9
2003	3659575	2084846	57.0	1089837	995009	52.3	47.7
2004	3491022	2099335	60.1	1099325	1000010	52.4	47.6
2005	3441283	2119845	61.6	1105616	1014229	52.2	47.8
2006	3443679	2119891	61.6	1108714	1011177	52.3	47.7

（续）

年　份	乡村人口	乡村就业人员	乡村就业人员占乡村人口比重	男性乡村就业人员	女性乡村就业人员	男性乡村就业人员比重	女性乡村就业人员比重
2007	3415965	2145829	62.8	1127558	1018271	52.5	47.5
2008	3398709	2187344	64.4	1150221	1037123	52.6	47.4
2009	3369930	2184155	64.8	1152847	1031308	52.8	47.2
2010	3293898	2180276	66.2	1147579	1032697	52.6	47.4
2011	3208975	2185736	68.1	1144385	1041351	52.4	47.6
2012	3192271	2142942	67.1	1137595	1005347	53.1	46.9
2013	3139182	2161723	68.9	1146275	1015448	53.0	47
2014	3068873	2161044	70.4	1150754	1010290	53.2	46.8
2015	2989795	2157628	72.2	1149366	1008262	53.3	46.7
2016	2950249	2147293	72.8	1147654	999639	53.4	46.6
2017	2864562	2107437	73.6	1131632	975805	53.7	46.3
2018	2829518	2064635	73.0	1112243	952392	53.9	46.1
2019	2788470	2029301	72.8	1103353	925948	54.4	45.6
2020	2526300	1980408	78.4	1079440	900968	54.5	45.5

■ 第三节　农林牧渔业产值

一、农林牧渔业总产值

　　1996—2020 年，宁夏农林牧渔业总产值由 691690 万元增加到 7030717 万元，增长了 9.2 倍，年均增长 10.1%。其中，农业总产值由 486073 万元增加到 3979069 万元，增长了 7.2 倍，年均增长 9.2%；林业总产值由 13844 万元增加到 109207 万元，增长了 6.9 倍，年均增长 9%；牧业总产值由 179824 万元增加到 2465937 万元，增长了 12.7 倍，年均增长 11.5%；渔业总产值由 11949 万元增加到 189775 万元，增长了 14.9 倍，年均增长 12.2%；农林牧渔服务业总产值由 2004 年的 32000 万元增加到 2020 年的 286728 万元，增长了近 8 倍，年均增长 14.7%。1996—2020 年宁夏农林牧渔业总产值按照增速可分为两个阶段：第一阶段（1996—2003 年）为低速增长期，年均增速为 6.5%；第二阶段（2004—2020 年）为高速增长期，年均增速为 11.4%。2004 年，自治区采用"一卡通"方式，在全国率先兑现粮食直接补贴，制定实施化肥、良种、山区基本农田补贴和降低农业税率为主要内容的八项扶持粮食生产的政策措施，有力地促进了粮食增产和农民增收。

　　2004—2020 年，中共中央连续十七年发布以"三农"（农业、农村、农民）为主题的中央一号文件，提出了一系列促进农业产业发展的重要举措。随着农村经济的发展，农业产业结构发生了新的变化，农业内部结构由种植业为主向农林牧渔业全面发展。在农林牧渔业总产值中，农业总产值占农林牧渔业总产值的比重从 70.3% 下降到 56.6%，下降了 13.7 个百分点；林业总产值占农林牧渔业总产值的比重从 2% 下降到 1.6%，下降了 0.4 个百分点；牧业总产值占农林牧渔业总产值的比重从 26% 上升至 35.1%，上升了 9.1 个百分点；渔业总产值占农林牧渔业总产值的比重从 1.7% 上升到 2.7%，上升了 1 个百分点；农林牧渔服务业总产值占农林牧渔业总产值的比重从 2004 年的 2.5% 上升到 2020 年的 4.1%，上升了 1.6 个百分点。详见表 3-1-3。

表 3 - 1 - 3　1996—2020 年宁夏农林牧渔业总产值统计

单位：万元、%

年份	农林牧渔业总产值	其中									
		农业总产值	占比	林业总产值	占比	牧业总产值	占比	渔业总产值	占比	农林牧渔服务业总产值	占比
1996	691690	486073	70.3	13844	2.0	179824	26.0	11949	1.7		
1997	728176	494774	67.9	13382	1.8	206623	28.4	13397	1.8		
1998	787404	539850	68.6	10019	1.3	222043	28.2	15492	2.0		
1999	779492	512953	65.8	25524	3.3	225662	28.9	15353	2.0		
2000	777525	469905	60.4	31137	4.0	257488	33.1	18995	2.4		
2001	852989	493901	57.9	34999	4.1	302896	35.5	21193	2.5		
2002	924917	528801	57.2	51391	5.6	320370	34.6	24355	2.6		
2003	1005247	541303	53.8	74569	7.4	363502	36.2	25873	2.6		
2004	1255202	712966	56.8	61978	4.9	412390	32.9	35868	2.9	32000	2.5
2005	1379973	789410	57.2	55645	4.0	459969	33.3	39781	2.9	35168	2.5
2006	1481763	905542	61.1	50245	3.4	419817	28.3	41159	2.8	65000	4.4
2007	1830775	1106796	60.5	56894	3.1	538499	29.4	51586	2.8	77000	4.2
2008	2277375	1300985	57.1	74756	3.3	746458	32.8	60376	2.7	94800	4.2
2009	2440588	1450391	59.4	83828	3.4	729724	29.9	70456	2.9	106189	4.4
2010	3064355	1920607	62.7	86774	2.8	857156	28.0	80377	2.6	119441	3.9
2011	3556200	2191965	61.6	93206	2.6	1029469	28.9	102370	2.9	139190	3.9
2012	3864607	2347867	60.8	97655	2.5	1127133	29.2	133627	3.5	158325	4.1
2013	4321343	2618259	60.6	98366	2.3	1293196	29.9	132177	3.1	179345	4.2
2014	4481771	2653703	59.2	100039	2.2	1380818	30.8	149264	3.3	197947	4.4
2015	4844582	3000361	61.9	116320	2.4	1352834	27.9	157679	3.3	217388	4.5
2016	4962659	2997108	60.4	101064	2.0	1465460	29.5	169739	3.4	229288	4.6
2017	5174168	3089621	59.7	96885	1.9	1556804	30.1	186235	3.6	244623	4.7
2018	5757748	3446305	59.9	92177	1.6	1761134	30.6	197481	3.4	260651	4.5
2019	5848469	3307806	56.6	111687	1.9	1978170	33.8	174172	3.0	276634	4.7
2020	7030717	3979069	56.6	109207	1.6	2465937	35.1	189775	2.7	286729	4.1

二、农林牧渔业增加值

1998—2020 年宁夏农林牧渔业增加值由 486869 万元增加到 3562289 万元，增长了 6.3 倍，年均增长 9%。其中，农业增加值由 365367 万元增加到 2228313 万元，增长了 5.1 倍；林业增加值由 5221 万元增加到 38693 万元，增长了 6.4 倍；牧业增加值由 108736 万元增加到 1040854 万元，增长了 8.6 倍；渔业增加值由 7545 万元增加到 72711 万元，增长了 8.6 倍；农林牧渔服务业增加值由 2004 年的 21000 元增加到 2020 年的 181717 万元，增长了 7.7 倍。在农林牧渔业增加值中，农业增加值占农林牧渔业增加值的比重从 75% 下降到 62.6%，下降了 12.4 个百分点；林业增加值占农林牧渔业增加值的比重保持在 1.1% 左右；牧业增加值占农林牧渔业增加值的比重从 22.3% 上升至 29.2%，上升了 6.9 个百分点；渔业增加值占农林牧渔业增加值的比重从 1.5% 上升到 2.0%，上升了 0.5 个百分点；农林牧渔服务业增加值占农林牧渔业增加值的比重从 2004 年的 3.1％上升到 2020 年的 5.1％，上升了 2.0 个百分点。详见表 3-1-4。

表 3-1-4　1996—2020 年宁夏农林牧渔业增加值统计

单位：万元、%

年份	农林牧渔业增加值	其中									
		农业增加值	占比	林业增加值	占比	牧业增加值	占比	渔业增加值	占比	农林牧渔服务业增加值	占比
1996											
1997											
1998	486869	365367	75.0	5221	1.1	108736	22.3	7545	1.5		
1999	480053	355890	74.1	14262	3.0	101951	21.2	7950	1.7		
2000	459478	303291	66.0	15628	3.4	131024	28.5	9535	2.1		
2001	495689	315064	63.6	15611	3.1	154321	31.1	10693	2.2		
2002	528354	341610	64.7	19165	3.6	156271	29.6	11308	2.1		
2003	555065	348739	62.8	26932	4.9	168901	30.4	10493	1.9		
2004	672590	442558	65.8	21117	3.1	173157	25.7	14758	2.2	21000	3.1
2005	722417	463478	64.2	20770	2.9	198719	27.5	16761	2.3	22689	3.1
2006	796919	528746	66.3	19093	2.4	188918	23.7	17064	2.1	43098	5.4
2007	978879	644598	65.9	20960	2.1	242487	24.8	20830	2.1	50004	5.1
2008	1190414	749996	63.0	27328	2.3	327966	27.6	24064	2.0	61060	5.1
2009	1272517	831831	65.4	30215	2.4	314787	24.7	27617	2.2	68067	5.3
2010	1590665	1087832	68.4	30849	1.9	364549	22.9	30993	1.9	76442	4.8
2011	1839129	1240433	67.4	33079	1.8	437113	23.8	39423	2.1	89081	4.8
2012	1991571	1326760	66.6	34493	1.7	477635	24.0	51433	2.6	101250	5.1
2013	2221794	1474958	66.4	34693	1.6	546566	24.6	50868	2.3	114709	5.2
2014	2295743	1492953	65.0	35527	1.5	583299	25.4	57354	2.5	126610	5.5
2015	2507294	1695311	67.6	40682	1.6	571450	22.8	60810	2.4	139041	5.5
2016	2556665	1690174	66.1	35507	1.4	619171	24.2	65137	2.5	146676	5.7
2017	2662746	1742644	65.4	33899	1.3	657712	24.7	72005	2.7	156486	5.9
2018	2960643	1941220	65.6	32585	1.1	743719	25.1	76381	2.6	166738	5.6
2019	2976358	1855415	62.3	39567	1.3	837308	28.1	67107	2.3	176961	5.9
2020	3562289	2228313	62.6	38693	1.1	1040854	29.2	72711	2.0	181717	5.1

■ 第四节　农民可支配收入和农民支出

一、农村居民人均可支配收入

1996—2020 年，宁夏农村居民人均可支配收入由 1397.8 元增加到 13889.4 元，增长了 8.9 倍，年均增长 10％。详见表 3-1-5。25 年间农村居民人均可支配收入增长有三个明显的发展阶段。

（一）增速大幅波动阶段（1996—2003 年）

1996—2000 年是"九五"计划实施的五年，也是农业结构调整进入以市场为导向、以效益为中心、以增加农民收入为目标的新阶段，随着农业结构调整步伐加快，农村居民人均可支配收入增速波动明显。1998 年农村居民人均可支配收入增速达 14.6%，2000 年农村居民人均可支配收入增速又降至 −1.1%。2001 年起农村居民人均可支配收入增速波动减小，步入平稳增长阶段。到 2003 年农村居民人均可支配收入 2043 元，比 1996 年增长 46.1%。详见表 3-1-5。

（二）高速增长阶段（2004—2012 年）

从 2004 年起，自治区倡导通过发展县域经济，引导农民进入二、三产业，增加农民收入；从 2006 年起，农业税全面取消，农民负担进一步减轻，全区农民收入进入高速增长阶段。2012 年农村居民人均可支配收入 6675.7 元，比 2004 年增长了 174.2%，平均每年增长 13.4%。详见表 3-1-5。

（三）稳步持续增长阶段（2013—2020 年）

党的十八大以来，中央和自治区仍将解决好农业农村农民问题作为全党工作重中之重，统筹城乡发展，城乡居民收入差距逐步缩小。农村基本经营制度进一步完善，强农惠农富农政策力度进一步加大，农村人均可支配收入进入稳步增长阶段。2013 年农村人均可支配收入 7598.7 元，2013 年和 2014 年增速均超过 10%；之后增速趋稳，2020 年农村人均可支配收入增长至 13889.4 元，平均每年增长 9%。详见表 3-1-5。

表 3-1-5　1996—2020 年宁夏农村居民人均可支配收入统计

单位：元

年份	农村人均可支配收入		
	全区	沿黄地区	中南部地区
1996	1398	2056	967
1997	—	—	—
1998	1734	2701	1114
1999	1779	2719	1171
2000	1724	2701	987
2001	1873	2940	1140
2002	1987	3033	1274
2003	2043	3080	1293
2004	2435	3527	1573
2005	2651	3710	1784
2006	2760	3883	1883
2007	3411	4523	2316
2009	4405	5445	3084
2011	5931	7149	4193
2012	6776	8143	4856
2013	7599	9104	5550
2014	8410	10023	6227
2015	9119	10821	6818
2016	9852	11661	7505
2017	10738	12661	8347
2018	11708	13712	9298

（续）

年份	农村人均可支配收入		
	全区	沿黄地区	中南部地区
2019	12858	14859	10415
2020	13889	16014	11623

数据来源：历年《宁夏统计年鉴》。

二、农村居民人均可支配收入构成

（一）工资性收入

1996—2020 年，工资性收入从 205.9 元增长至 5150 元，增加了 24 倍；1996 年工资性收入占农村居民人均可支配收入的比重 14.7%，2014 年突破 40%，达到 40.3%，之后比重稳定在 38% 左右。详见表 3-1-6。

（二）经营净收入

1996 年经营净收入 1137.1 元，占农村居民人均可支配收入的 81.3%；2020 年经营净收入 5549.4 元，占农村居民人均可支配收入的 40.0%。25 年间，经营净收入逐年增加，但所占比重逐年下降。详见表 3-1-6。

（三）财产净收入和转移净收入

1996—2020 年转移净收入由 54.8 元增加到 2796.5 元，年均增长 17.8%，是农村居民人均可支配收入年均增速的 1.8 倍。受农村土地征占用补偿水平提高、农村土地流转和房屋出租增多等因素影响，农民获得的财产性收入不断增长。1998—2020 年，农村居民人均财产净收入由 29.1 元增加至 393.5 元，占农村居民人均可支配收入的比重由 1.7% 增加至 2.8%。详见表 3-1-6。

表 3-1-6　1996—2020 年宁夏农村居民人均可支配收入构成及占比统计

单位：元、%

年份	可支配收入	一、工资性收入	占可支配收入比重	二、经营净收入	占可支配收入比重	三、财产净收入	占可支配收入比重	四、转移净收入	占可支配收入比重
1996	1397.8	205.9	14.7	1137.1	81.3	—	0.0	54.8	3.9
1997	1512.5	257.1	17.0	1204.5	79.6	—	0.0	50.9	3.4
1998	1734.0	386	22.3	1284.7	74.1	29.1	1.7	34.2	2.0
1999	1778.8	466	26.2	1236.9	69.5	15.2	0.9	60.7	3.4
2000	1759.7	494.5	28.1	1147	65.2	77.5	4.4	40.7	2.3
2001	1873.2	541.4	28.9	1213.9	64.8	60	3.2	57.9	3.1
2002	1983.7	542.7	27.4	1309.6	66.0	54.3	2.7	77.1	3.9
2003	2128.7	611.7	28.7	1303.3	61.2	64.2	3.0	149.5	7.0
2004	2434.8	640.8	26.3	1572.5	64.6	48.4	2.0	173.1	7.1
2005	2651.5	728.6	27.5	1634.9	61.7	44.6	1.7	243.4	9.2
2006	2937.8	858	29.2	1749.5	59.5	48.4	1.6	281.9	9.6
2007	3411.0	1071.5	31.4	1974.9	57.9	52.3	1.5	312.3	9.2

（续）

年份	可支配收入	一、工资性收入	占可支配收入比重	二、经营净收入	占可支配收入比重	三、财产净收入	占可支配收入比重	四、转移净收入	占可支配收入比重
2008	3977.5	1324.2	33.3	2161	54.3	58.4	1.5	433.9	10.9
2009	4405.3	1603.9	36.4	2258.4	51.3	55.6	1.3	487.4	11.1
2010	5125.4	1894.9	37.0	2609.9	50.9	83.4	1.6	537.2	10.5
2011	5931.2	2297.9	38.7	2948.9	49.7	98.5	1.7	585.9	9.9
2012	6675.7	2656.7	39.8	3306.2	49.5	85.7	1.3	727.1	10.9
2013	7598.6	3030.9	39.9	3481	45.8	111.9	1.5	974.8	12.8
2014	8409.9	3391	40.3	3644.6	43.3	148.9	1.8	1225.4	14.6
2015	9118.7	3614.3	39.6	3837	42.1	189.9	2.1	1477.5	16.2
2016	9851.7	3906.1	39.6	3937.5	40.0	291.8	3.0	1716.3	17.4
2017	10737.8	4224	39.3	4252	39.6	323.8	3.0	1938	18.0
2018	11707.6	4547.8	38.8	4638.5	39.6	362.8	3.1	2158.5	18.4
2019	12858.4	4963	38.6	4976.1	38.7	388.2	3.0	2531.1	19.7
2020	13889.4	5150	37.1	5549.4	40.0	393.5	2.8	2796.5	20.1

数据来源：历年《宁夏统计年鉴》。

三、农村居民支出

1981—1999 年，农民的恩格尔系数为 50%～59%，2000—2009 年，农民的恩格尔系数为 40%～50%；2010 年以后，农民的恩格尔系数降到 40% 以下。2020 年农村居民人均生活消费支出 11724.3 元，较 1996 年增加 10488.6 元，增长了 8.5 倍。人均主食支出占食品支出的比重由 1979 年的 63.8%，下降到 2017 年的 23.0%，降低了 40.8 个百分点。2017 年宁夏农村居民人均分别消费肉、蛋、奶 19.4 千克、4.08 千克和 7.54 千克，分别比 1995 年增加 11.13 千克、3.01 千克和 7.25 千克，增长 1.35 倍、2.81 倍和 25 倍。2017 年，人均衣着消费支出 719 元，比 1996 年的人均 95 元增长了 6.6 倍，年均递增 10.6%。农村居民人均年末住房面积由 1996 年的 16.12 米^2，增加到 2017 年的 32.3 米^2，增长 1 倍。2017 年，砖木结构和钢筋混凝土结构住房面积达到 31.8 米^2，占住房面积的 96.5%；2018 年，平均每平方米住房价值达到 924.6 元，全区 96.0% 的农户住房拥有取暖设备，89.7% 的农户使用炊事清洁燃料，90.5% 的农户饮用安全卫生水，63.8% 的农户住宅外有水泥或柏油路面。2019 年，全区农村卫生厕所普及率达到 44.5%，其中川区达到 66.3%；川区污水处理率达到 30%。到 2017 年年底，农民家庭每百户耐用消费品拥有量：电冰箱 95 台，洗衣机 102 台，热水器 83 台。2017 年，宁夏农民人均交通通信、文教娱乐和医疗保健支出达 4018.9 元，比 1996 年的人均 165.8 元增长 23.2 倍。其中，2017 年交通通信支出 1675.3 元，1996 年为 31.4 元；2017 年文教娱乐支出 1212.4 元，1996 年为 78.9 元；2017 年医疗保健支出 1131.2 元，1996 年为 55.5 元。据全国第三次农业普查数据显示，到 2016 年年底，全区农民家庭每百户小汽车、摩托车（电瓶车）、彩电、冰箱、电脑和手机拥有量分别达到 23.6 辆、96.5 辆、104.1 台、81.1 台、13.0 台和 231.9 部。2018 年，每百户农民家庭拥有家用汽车 32 辆、摩托车 63.7 辆、助力车 68.2 辆、电脑 23.2 台、移动电话 288 部。详见表 3-1-7。

表3-1-7　1996—2020年宁夏农村居民家庭总支出情况统计

单位：元/人

年份	全年总支出	生活消费支出									生产经营费用支出							
		合计	食品	衣着	居住	家庭设备、用品及服务	交通和通讯	文教娱乐	医疗保健	其他商品和服务	合计	农业生产支出	林业生产支出	牧业生产支出	渔业生产支出	工业生产支出	建筑业支出	其他支出*
1996	2190.5	1235.7	730.9	94.6	156.5	66.8	31.4	78.9	55.5	21.1	741.5	432.4	0.4	248.2	12.2	7.4	1.3	
1997	2247	1249.6	670.5	102.5	196.1	62.4	38.1	94.3	66.1	19.6	732.8	386.3	0.5	284.1	10.1	9.3	1.2	
1998	2422.7	1331.5	708.6	104.7	204.2	70	49.6	96.1	79.6	18.7	786.2	403.9	1.7	286.6	27	8	0.5	
1999	2374.7	1276.6	672.3	99.6	177.9	73.5	37.5	122.9	70.3	22.6	762.2	393.4	1.1	274.1	36.5	10.2	2.3	
2000	2582.6	1429	692.5	97.9	222.6	63.5	80.2	156.6	89.9	25.8	837.9	380.1	7.9	319.7	19.4	18.6	0.5	
2001	2672.1	1404.1	653.3	99.3	215.6	62.8	96.7	147.1	100.5	28.8	911.2	379	3.9	405.1	29.3	24.6	1.1	
2002	2777.6	1437.6	632.4	99.4	194.8	72.9	111.6	169.8	126.7	30	918.5	400.5	3.3	401	34.5	20.1	0.2	
2003	3029.8	1664.7	680.5	112.2	269.9	59.2	172	212.3	120.4	38.2	969.6	429.8	7	410.4	14.3	29.1	0.2	
2004	3535.5	1965.3	806.2	126.2	302	69.5	156.3	267.4	194.8	42.9	1122	533.7	1.7	477.2	5.6	32.4	0.6	
2005	4126.9	2142.4	925.8	149.3	319.6	83.8	181	226.1	209.9	46.9	1418.4	637	0.7	607.3	32.7	44.9	1.8	
2006	4358.6	2305.3	936.6	167.8	379.9	115.5	231	221.9	200.1	52.5	1551.2	689	1.1	678.4	60.2	31.9	1.3	
2007	5050.7	2602.1	1026.1	195.2	407.4	122.2	271.1	260.9	257.1	62.1	1769.9	754.9	4.1	795.1	64.5	66	0.5	
2008	6095	3194.8	1305.5	233.1	522.7	141.2	307.7	271.6	347.5	65.5	2194.4	935.8	1.7	1069	68.7	54.5	0.4	
2009	6411	3466	1402.5	274.5	442.5	193.9	373.3	314.5	388	76.8	2214.2	887.1	2.8	1092.5	67	60.1	0.1	
2010	7191.6	4167.9	1563.7	329.2	679.6	220.5	458.2	364.3	462.5	89.9	2244.6	1002.3	1.6	1011	18.1	56.6	0.1	
2011	8669.9	4908.8	1773.5	412.8	801.6	312.5	495.5	506.8	491.5	114.6	2584.5	1182.8	20.8	1163.5	11	13.6	4.5	
2012	9988.8	5557.5	1893.2	504.1	870.5	362.7	634	601	544.9	147.1	2851.2	1338.8	17.5	1264.3	8.9	7	34.8	
2013	10988.8	6739.9	2027	496.5	1172.2	462.5	847.4	735	785.5	213.8	3275.7	1317.8	36.2	1630.4		2.4	8.4	
2014	16883.7	7676.3	2296	602	1388.1	496.1	961.4	866.6	856.9	209.2	3666.2	1637.6	26	1689.3	11.9	6.2	7.2	
2015	18280.7	8414.9	2452.7	664	1561.2	571.8	1070.9	995.4	926	172.9	3628.5	1783	23.2	1065.7		29.3	41.5	
2016	21077.6	9138.4	2419.1	672.9	1631.4	578.6	1509.6	1077.5	1040.6	208.7	4623	1742.9	18.9	1611.8	47.8	50.1	43.4	
2017	22513.1	9982.1	2522.2	718.6	1958.7	574.4	1675.3	1212.4	1131.2	189.3	4439.8	1487.8	21.1	1643.2	89.6	30.1	138	
2018	25131.8	10789.6	2949.9	752.2	1867.8	673.5	1818.7	1295.8	1248.6	183.1	5484	1830.6	48.2	2535		71.6	158.9	
2019	27057.7	10707.1	2387.2	745	1985.2	696.3	1784.4	1378.8	1448.3	281.9	5856.7	2059.2	60.4	2836.4		33.3	29.1	
2020	27897.0	11724.3	3331.1	656	2197.5	626.4	2022.4	1179.6	1478.0	233.3	6818.5	1854.4	38.5	3846.8		15.7	52.9	

注：* 其他支出未进行详细统计。

第二章

农业农村改革

■ 第一节　农村土地承包经营管理

一、稳定土地承包关系

1994 年起宁夏第一轮土地承包陆续到期，按照中央土地承包期再延长 30 年的要求，各地陆续开展了土地承包延期工作。1997 年 8 月 27 日，中共中央、国务院办公厅《关于进一步稳定和完善农村土地承包关系的通知》（中办发〔1997〕16 号），明确提出"在第一轮土地承包到期后，土地承包期再延长30 年"。1997 年，自治区党委、人民政府印发《关于认真贯彻落实〈中共中央办公厅　国务院办公厅关于进一步稳定和完善农村土地承包关系的通知〉的通知》（宁党发〔1997〕23 号）。自治区农业厅下发《关于认真贯彻落实〈关于进一步稳定和完善农村土地承包关系的通知〉的通知》（宁农（经）发〔1997〕219 号），对全区开展农村二轮土地承包工作提出具体要求，全区土地延包工作全面铺开。1999年，自治区党委下发《关于进一步做好新时期农业和农村工作的决定》（宁党发〔1999〕1 号），对宁夏贯彻中央文件精神，搞好新一轮土地承包工作作出整体部署。至此，全区新一轮土地承包工作全面铺开。在具体过程中，绝大多数地区采取顺延的办法，即：对原承包办法没有异议的，经村民代表大会讨论后直接顺延，签订 30 年的土地承包合同，向农户颁发土地经营权证书；对个别人地矛盾突出的农户，本着"大稳定、小调整"的原则进行调整。2000 年自治区人民政府办公厅下发《关于全面完成新一轮土地承包工作进一步稳定和完善土地承包关系的意见》（宁政办发〔2000〕24 号），针对延包工作中存在的一些历史遗留问题，提出具体解决措施，全区整体上完成土地延包，土地承包三十年不变的政策得到了全面落实。主要采取两种方式：第一种是在第一轮土地承包合同到期后，直接续签 30 年的土地承包合同，并颁发了由县（市、区）人民政府盖章的农村土地承包经营权证书；第二种是在第一轮土地承包合同到期后，进行适当小调整，再与农户签订 30 年的土地承包合同，并颁发农村土地承包经营权证书。

至 2000 年年底，全区已有 95.8% 的村完成新一轮土地承包工作，95% 的农户与集体经济组织签订 30 年的土地承包合同，领取土地经营权证书，承包耕地面积 1059.2 万亩，占全区总耕地面积的96.6%。至 2005 年 12 月底，全区有 80.55 万农户与集体经济组织签订土地承包合同，有 80.17 万户农户领取了《农村土地承包经营权证书》，分别占应签农户和应领证农户的 95.65% 和 95.26%。至2008 年年底，全区实行家庭承包经营的农户 86 万户，家庭承包经营耕地面积 1108.9 万亩；有 83.9万农户与集体经济组织签订了土地家庭承包经营合同，有 83.8 万户农户领取《农村土地承包经营权证书》，分别占应签农户和应领证农户的 97.5% 和 97.4%。

二、农村土地承包经营权确权

2009 年 7 月农业部印发《农村土地承包经营权登记试点工作方案》，2011 年 2 月农业部、财政部、国土资源部、中央农办、国务院法制办（法制办公室）、国家档案局联合印发《关于开展农村土地承包经营权登记试点工作的意见》，在全国开展土地承包经营权登记试点。2012年宁夏在平罗县和利通区进行农村土地承包经营权确权登记试点工作。2013年4月，自治区人民政府办公厅印发《宁夏农村土地承包经营权确权登记百村试点工作方案》，在平罗县和利通区开展农村土地承包经营权登记试点的基础上继续扩大试点范围，在全区各县、市、区选择107个村开展确权登记"百村试点"工作，共完成80.5万亩确权登记。2013年，盐池县、惠农区、利通区被确定为全国农村土地承包经营权登记试点地区。2014年2月，自治区党委办公厅、人民政府办公厅印发《关于全面开展农村土地承包经营权确权登记工作的通知》，自治区农村土地承包经营权确权登记工作领导小组办公室6次制定下发涉及全区性农村土地确权登记有关政策的统一性意见和补充意见37条，全区22个县（市、区）共制定出台280多条有针对性、操作性的县域统一口径的政策意见。制定测绘技术服务单位准入标准、技术细则和档案、财务、保密管理等规定，规范并统一技术操作和管理要求；制定《宁夏回族自治区农村土地承包经营权确权登记颁证成果检查验收细则》。中央财政安排宁夏农村土地确权登记补助资金1.67亿元，自治区下拨各县（市、区）补助资金2.02亿元。至2016年年底，全区完成农村土地承包经营权确权面积1568.9万亩，占计划的96.5%；签订承包合同89万户，占计划的95.4%；颁发承包经营权证87.6万户，占计划的93.9%。详见表3-2-1。

表3-2-1　全区各市、县（市、区）农村土地承包经营权确权发证统计

县、区	面积			合同签订			证书发放		
	计划确权面积数（亩）	实际确权面积（亩）	比例（%）	计划数（户）	已签订（户）	比例（%）	计划数（户）	已发证（户）	比例（%）
全区合计	16260393	15689272	96.5	933286	890425	95.4	933286	876113	93.9
兴庆区	180835	173686	96.0	16336	16000	97.9	16336	14152	86.6
金凤区	39891	36882	92.5	5009	4050	80.9	5009	3807	76.0
西夏区	44650	42864	96.0	4821	4812	99.8	4821	4730	98.1
永宁县	445000	427867	96.1	36430	33552	92.1	36430	33552	92.1
贺兰县	486589	455934	93.7	39520	35963	91.1	39520	33033	83.6
灵武市	272415	254956	93.6	38632	36216	93.7	38632	34310	88.8
大武口区	53864	51451	95.5	6197	6011	97.0	6197	6011	97.0
惠农区	295767	289862	98.0	15330	15118	98.6	15330	15118	98.6
平罗县	1100000	1014248	92.2	67230	65598	97.6	67230	65598	97.6
利通区	300000	295844	98.6	51526	50426	97.9	51526	50426	97.9
青铜峡市	518778	497349	95.9	52302	51285	98.1	52302	51090	97.7
红寺堡区	561276	550913	98.2	26393	25141	95.3	26393	25141	95.3
盐池县	1812858	1812858	100.0	36426	36077	99.0	36426	36077	99.0
同心县	1271328	1175696	92.5	50345	44354	88.1	50345	44354	88.1
原州区	1080000	1054660	97.7	64000	58112	90.8	64000	57900	90.5
西吉县	2200000	2200000	100.0	85112	84012	98.7	85112	83912	98.6
隆德县	478600	468890	98.0	36097	34817	96.5	36097	34817	96.5
泾源县	212000	204787	96.6	20266	18485	91.2	20266	18485	91.2
彭阳县	1100000	1095600	99.6	53357	50795	95.2	53357	50700	95.0
沙坡头区	596642	543642	91.1	69957	67159	96.0	69957	66704	95.4
中宁县	1031900	1030000	99.8	78000	76800	98.5	78000	74100	95.0
海原县	2178000	2011283	92.3	80000	75642	94.6	80000	72096	90.1

数据来源：《宁夏农经统计》。

三、农村土地承包经营权流转

截至 1998 年年底，全区参与流转承包地的农户只有 1591 户，占家庭承包总农户的 0.2％；流转面积 1.2 万亩，占家庭承包耕地面积的 0.1％。到 2001 年年底，参与农户为 2.1 万户，面积为 16.8 万亩，占比分别达 2.6％和 1.6％，流转面积比 1998 年增 1.5 个百分点。

2001—2009 年，中共中央印发《关于做好农户承包地使用权流转的通知》（中发〔2001〕18 号），农业部印发关于贯彻落实《中共中央关于做好农户承包地使用权流转的通知》；2005 年，农业部制定《农村土地承包经营权流转管理办法》（中华人民共和国农业部第 47 号令）。至 2008 年年底，全区农村土地承包经营权流转面积为 65.6 万亩，参与流转的农户 8.5 万户，分别占家庭承包土地总面积和家庭承包经营农户的 5.9％和 9.9％，流转面积比 2002 年增 41.1 万亩，增 1.67 倍。其中，转包 39 万亩，涉及农户 3.4 万户，分别占流转面积和流转农户总数的 59.5％和 40％；出租 19.3 万亩，涉及农户 3.8 万户，分别占流转面积和流转农户总数的 29.4％和 44.7％；转让、互换和入股共 7.2 万亩，涉及农户 1.3 万户，分别占流转面积和流转农户总数的 11.0％和 15.3％。

2010—2015 年，自治区党委、人民政府印发《关于加快农村土地承包经营权流转的意见》，中共中央办公厅、国务院办公厅印发《关于引导农村土地经营权有序流转发展农业适度规模经营的意见》（中办发〔2014〕61 号），自治区党委办公厅、政府办公厅印发《关于规范农村土地经营权流转的实施意见》（宁党办〔2015〕44 号），农牧厅印发《农村土地经营权流转工作流程和合同示范文本》（宁农（经）发〔2015〕9 号），农业部等四部委印发《关于加强对工商资本租赁农地监管和风险防范的意见》，自治区农牧厅、党委农办、国土资源厅、工商局联合下发《关于加强对工商资本租赁农地监管和风险防范的意见》（宁农（经）发〔2015〕8 号）。这些《意见》的出台进一步规范了宁夏农村土地经营权流转行为。至 2015 年年底，全区家庭承包耕地流转总面积已达到 282.8 万亩，占家庭承包经营耕地面积的 25.5％；参与土地流转的农户 33.7 万户，占家庭承包总农户的 39.6％；签订土地流转合同 29.5 万份，流转合同签订率达 87.5％。逐步形成了转包、转让、互换、出租、入股等多种流转形式并存的格局，其中：出租 211.2 万亩，转包 51.4 万亩，互换 9.3 万亩，转让 8.1 万亩，股份合作和其他流转形式 2.7 万亩，分别占流转总面积的 74.7％、18.2％、3.3％、2.9％和 1.0％。全区家庭承包耕地流转总面积中流转入农户的面积 109.1 万亩，流转入企业的面积 89.1 万亩，流转入农民合作组织的面积 66.2 万亩，流转入其他主体的面积 18.3 万亩，分别占流转土地的 38.6％、31.5％、23.4％和 6.5％。流转入农户、企业和合作社的面积比 2010 年分别增长 40.35％、4.9 倍和 5 倍。详见表 3-2-3 和表 3-2-4。

2016—2020 年，自治区党委、政府出台《加强全区农村产权流转服务的实施意见》（宁党办〔2016〕45 号），对服务机构设置、运行、服务平台、方式及工作程序作出进一步的规范。自治区农牧厅印发《关于进一步加强全区农村土地规范流转工作十条措施的通知》（宁农（经）发〔2017〕6 号），中央农办、农业农村部印发《关于做好整村流转农户承包地风险防范工作的通知》（农明字〔2019〕第 36 号），自治区农业农村厅印发《关于加强整村流转农户承包地风险防范工作的通知》（宁农办通〔2019〕90 号）。至 2020 年 12 月底，全区农村土地承包经营权流转面积 311.5 万亩，同比减少 4.4 万亩，减幅 1.4％，占家庭承包经营耕地面积的 19％；参与土地流转的农户 38.2 万户，同比增加 1.8 万户，增幅 5％，占家庭承包总农户的 38.2％；流转合同签订率达 94.8％。流转入企业的面积 111.3 万亩，流转入农户（含专业大户）的面积 73.4 万亩，流转入新型农业经营主体（含农民合作社、家庭农场）的面积 117.8 万亩，流转入其他主体的面积 9 万亩，分别占流转土地面积的 35.7％、23.6％、37.8％和 2.9％。农村土地流转的形式逐步向转包、出租、入股等转变，出租（转包）296.3 万亩，股份合作 11.6 万亩，转让 3.7 万亩，分别占流转总面积的 95.1％、3.7％、1.2％。详见表 3-2-2、表 3-2-3 和表 3-2-4。

表 3－2－2　农村土地流转统计

单位：亩、户、%

年份	家庭承包经营耕地面积	家庭承包经营的农户数	流转总面积	流转总农户数	流转面积占家庭承包经营耕地面积比重	流转户数占家庭承包经营农户数比重
1996	/	/	/	/	/	/
1997	/	/	/	/	/	/
1998	11095649	791868	12184	1591	0.1	0.2
1999	10900848	795035	22581	2709	0.2	0.3
2000	10986012	815008	20781	2584	0.2	0.3
2001	10416444	826199	167994	21119	1.6	2.6
2002	10865772	860311	245575	31001	2.3	3.6
2003	10523553	853595	247821	41345	2.4	4.8
2004	10771715	869087	233930	38707	2.2	4.5
2005	10855600	857328	238974	36971	2.2	4.3
2006	10864386	858000	243836	34730	2.2	4.0
2007	10948257	858219	340867	52734	3.1	6.1
2008	11088817	859713	656479	84787	5.9	9.9
2009	11337336	863784	820288	111147	7.2	12.9
2010	11305063	867743	1095506	132514	9.7	15.3
2011	11321059	867399	1548909	182517	13.7	21.0
2012	11160084	858846	1874785	218264	16.8	25.4
2013	11122839	855843	2331699	266038	21.0	31.1
2014	11092560	855614	2551148	304019	23.0	35.5
2015	11081068	853093	2827674	337496	25.5	39.6
2016	11068130	848926	2992441	352039	27.0	41.5
2017	10995550	849057	3040657	349268	27.7	41.1
2018	11023764	851663	3043258	353393	27.6	41.5
2019	16335392	995419	3158741	363977	19.3	36.6
2020	16398305	1001653	3115175	382312	19.0	38.2

数据来源：《宁夏农经统计》。

表 3－2－3　农村土地流转类型统计

单位：亩、%

年份	流转总面积	转包面积	转包占流转总面积比重	转让面积	转让占流转总面积比重	互换面积	互换占流转总面积比重	出租面积	出租占流转总面积比重	入股面积	入股占流转总面积比重	其他形式面积	其他形式占流转总面积比重
1998	12184	/	/	/	/	/	/	/	/	/	/	/	/
1999	22581	/	/	/	/	/	/	/	/	/	/	/	/
2000	20781	/	/	/	/	/	/	/	/	/	/	/	/
2001	167994	/	/	/	/	/	/	/	/	/	/	/	/
2002	245575	159272	64.9	35183	14.3	12953	5.3	30962	12.6	1000	0.4	6205	2.5
2003	247821	148116	59.8	30302	12.2	17167	6.9	36749	14.8	1210	0.5	14277	5.8

（续）

年份	流转总面积	转包面积	转包占流转总面积比重	转让面积	转让占流转总面积比重	互换面积	互换占流转总面积比重	出租面积	出租占流转总面积比重	入股面积	入股占流转总面积比重	其他形式面积	其他形式占流转总面积比重
2004	233930	143125	61.2	31125	13.3	16094	6.9	36464	15.6	1200	0.5	5922	2.5
2005	238974	140658	58.9	35986	15.1	13507	5.7	45437	19.0	1200	0.5	2186	0.9
2006	243836	148691	61.0	32374	13.3	10646	4.4	48745	20.0	1450	0.6	1930	0.8
2007	340867	202811	59.5	24218	7.1	18456	5.4	85083	25.0	1454	0.4	8845	2.6
2008	656479	390333	59.5	33765	5.1	38301	5.8	193036	29.4	19	0.0	1025	0.2
2009	820288	357052	43.5	45141	5.5	57063	7.0	345930	42.2	2067	0.3	13035	1.6
2010	1095506	435332	39.7	144418	13.2	54092	4.9	444425	40.6	12240	1.1	4999	0.5
2011	1548909	469757	30.3	158243	10.2	58309	3.8	825152	53.3	32449	2.1	4999	0.3
2012	1874785	477550	25.5	118695	6.3	86707	4.6	1147029	61.2	39453	2.1	5351	0.3
2013	2331699	477189	20.5	119713	5.1	89613	3.8	1605695	68.9	34831	1.5	4658	0.2
2014	2551148	459917	18.0	78145	3.1	88606	3.5	1887635	74.0	32298	1.3	4547	0.2
2015	2827674	513950	18.2	80678	2.9	93470	3.3	2112338	74.7	16225	0.6	11013	0.4
2016	2992441	506550	16.9	79425	2.7	93363	3.1	2281860	76.3	24296	0.8	6947	0.2
2017	3040657	408527	13.4	41543	1.4	0	0.0	2531679	83.3	53433	1.8	5475	0.1
2018	3043258	380331	12.5	41547	1.4	0	0.0	2536125	83.3	81324	2.7	3931	0.1
2019	3158741	360077	11.4	40918	1.3	0	0.0	2660268	84.2	93013	2.9	4465	0.1
2020	3115175	0	0.0	36661	1.2	0	0.0	2962608	95.1	115906	3.7	0	0

数据来源：《宁夏农经统计》。

表3-2-4　农村土地流转去向统计

单位：亩、%

年份	流转总面积	流转入农户面积	流转入农户面积占流转总面积比重	流转入专业合作社面积	流转入专业合作社占流转总面积比重	流转入企业面积	流转入企业面积占流转总面积比重	流转入其他主体面积	流转入其他主体占流转总面积比重
2009	820288	571879	69.7	52566	6.4	111872	13.6	83971	10.2
2010	1095506	777675	71.0	110307	10.1	150939	13.8	56585	5.2
2011	1548909	808694	52.2	206152	13.3	345983	22.3	188080	12.1
2012	1874785	804026	42.9	364209	19.4	514425	27.4	192125	10.2
2013	2331699	998716	42.8	437803	18.8	671249	28.8	223931	9.6
2014	2551148	975266	38.2	610024	23.9	758660	29.7	207198	8.1
2015	2827674	1091473	38.6	661990	23.4	891257	31.5	182954	6.5
2016	2992441	1137277	38.0	740706	24.8	926298	31.0	188160	6.3
2017	3040657	1132509	37.2	758667	25.0	959341	31.6	190140	6.3
2018	3043258	1030902	33.9	819878	26.9	1023089	33.6	169389	5.6
2019	3158741	968108	30.6	889531	28.2	1079301	34.2	221801	7.0
2020	3115175	734336	23.6	1177748	37.8	1112595	35.7	90496	2.9

数据来源：《宁夏农经统计》。

四、农村土地纠纷调处

2009年6月，《中华人民共和国农村土地承包经营纠纷调解仲裁法》颁布后，各地建立起乡村调解、县（市、区）仲裁、司法保障的农村土地承包经营纠纷调解仲裁体系，有仲裁委员会组成人员336人，其中农民代表62人；仲裁委员会日常工作机构人员104人，其中专兼职工作人员43人。全区成立农村土地承包经营纠纷仲裁委员会20个，聘用农村土地承包经营纠纷仲裁员466名，平均每个仲裁委员会聘任仲裁员约23名。有固定仲裁场所的有16个，其余4个仲裁委员会以农经站为工作场所开展纠纷调解工作，并配备了相应的办公办案设备。各地坚持属地管理的原则，依法、及时调处农村土地承包经营纠纷，切实维护农民合法权益。至2020年全区共发生各类土地纠纷1078件，涉及妇女承包权益的16件；其中土地承包纠纷793件，土地流转纠纷231件，其他纠纷54件。纠纷调处1057件，调处率98.1％；其中乡村调解953件，仲裁委员会调解104件。详见表3-2-5。

表3-2-5 农村土地承包经营纠纷及调处仲裁情况统计

单位：件数

| 年份 | 合计 | 土地承包纠纷 | | | 土地流转纠纷 | | | | 其他纠纷数 | 调处纠纷 |
		合计	属家庭承包方式	属其他方式承包	合计	农户之间	农户与村组集体之间	农户与其他主体之间		
1996	1236									990
1997										
1998	859									633
1999	1291								1159	
2000	2382									1889
2001	1185									1038
2002	661									637
2003	465									454
2004	450								398	
2005	510									417
2006	446									385
2007	377									363
2008	111									111
2009	64	17	16	1	25	24	0	1	22	60
2010	36	8	7	1	12	10	2		16	28
2011	10	4	4	0	5	3	1	1	1	10
2012	128	64	64		64	59		5		125
2013	144	110	110	0	32	28	0	4	2	144
2014	1045	674	666	8	340	323	4	13	31	1018
2015	2011	1538	1522	16	469	438	13	18	4	2011
2016	1078	771	770	1	222	145	4	73	85	1048
2017	979	776	725	51	166	154		12	37	883
2018	1643	1369	1358	11	270	200	66	4	4	1619
2019	1598	1295	1286	9	292	208	79	5	11	1520
2020	1078	793	779	14	231	187	16	28	54	1057
合计	19787	7419	7307	112	2128	1779	185	164	267	17997

数据来源：《宁夏农经统计》。

■ 第二节　农村集体产权制度改革

一、清产核资

1995 年国务院下发《关于加强农村集体资产管理工作的通知》（国发〔1995〕35 号），1996—1998 年自治区重点围绕"清查资产、界定产权、核实资产、登记产权、建章立制"等内容开展农村集体资产管理试点工作，完成 119 个乡、1058 个村的清产核资，盘盈固定资产 2.3 亿元，是清查前固定资产原值的 1.5 倍。

2011 年，自治区农牧厅联合自治区纪委、监察厅、财政厅联合印发《关于开展村级集体资金资产资源清理工作的实施意见》，集中 3 个月时间在全区开展农村集体"三资"清理工作，完成全区 2299 个建制村的集体"三资"清理工作，共清理集体资金 21.9 亿元，村均 95.3 万元。

2014 年，按照自治区第二批党的群众路线教育专项整治行动要求，在全区范围内开展农村集体资产专项整治。经查全区村级集体经济组织共有各类资产 45.76 亿元，债务总额 10.02 亿元，占资产总额 21.9%，所有者权益总额 30.54 亿元，总收入 32558.12 万元；全区资源性资产总面积 4337.64 万亩。

2017 年，按照农业部等九部委《关于全面开展农村集体资产清产核资工作的通知》（农经发〔2017〕11 号）、自治区《全区农村集体资产清产核资工作实施方案》（宁党厅字〔2018〕7 号）和《关于深入推进农村集体产权制度改革的实施意见》（宁党发字〔2018〕14 号），重点对村集体经营性资产和非经营性资产进行全面清查核实。经清查，全区农村集体账面总资产 79.03 亿元，核实资产总额 104.47 亿元。其中：经营性资产账面数为 37.50 亿元，核实数为 40.32 亿元；非经营性资产账面数为 41.53 亿元，核实数为 64.15 亿元；资源性资产中集体土地总面积 4493.3 万亩，其中：农用地面积为 4120.4 万亩，建设用地为 241.4 万亩，未利用地为 131.4 万亩。详见表 3 - 2 - 6 和表 3 - 2 - 7。

表 3 - 2 - 6　全区农村集体经济组织资产负债汇总

单位：万元

资产	账面数	核实数	负债和所有者权益	账面数	核实数
一、流动资产合计	325323.1	321694.3	一、流动负债合计	169105.1	159421.5
货币资金	173965.4	173464.1	短期借款	33852.2	30625.3
短期投资	5341.2	4962.4	应付款项	134736.3	128062.8
应收款项	96366.6	94109.2	应付工资	358.3	449.1
存货	49649.9	49158.6	应付福利费	158.3	284.3
二、农业资产合计	729.4	2300.4	二、长期负债合计	76209.4	75047.3
牲畜（禽）资产	324.1	682.5	长期借款及应付款	24763.7	23590.2
林木资产	405.3	1617.9	一事一议资金	5408.5	5057.5
三、长期资产合计	30643.5	31241.1	专项应付款	46037.2	46399.6
长期投资	30643.5	31241.1	其中：征地补偿费	15227.5	15305.7
其中：长期股权投资	5812.4	7288.5	三、所有者权益合计	544975.9	810248.8
四、固定资产合计	430035.9	686556.1	资本	184549.2	239032.5
固定资产原值	267960.2	549156.1	其中：政府拨款等形成资产转增资本	8849.9	25891.1
减：累计折旧	4205.4	3212.4	公积公益金	343296.2	535912.9

（续）

资产	账面数	核实数	负债和所有者权益	账面数	核实数
固定资产净值	263754.9	545943.6	其中：征地补偿费转入	89199.7	95248.9
其中：经营性固定资产	108564.4	143366.2	未分配收益	17130.5	35303.4
固定资产清理	1121.9	1212.1	**负债和所有者权益合计**	790290.4	1044717.6
在建工程	165159.1	139400.4	附报：		
其中：经营性在建工程	97660.2	90456.2	1. 经营性资产	374983.5	403235.3
五、其他资产	3558.5	2925.7	2. 非经营性资产	415306.9	641482.3
无形资产	3101.5	2431.6	3. 待界定资产	378.8	9305.8
资产总计	790290.4	1044717.6	4. 全资子公司所有者权益	9749.6	9619.4

注：2020 年年底数据。

表 3-2-7　全区集体经济组织资源性资产清查登记

单位：亩、米³

项目	面积	项目	面积
集体土地总面积	44932784.92	（二）建设用地	2414025.13
（一）农用地	41204382.86	工矿仓储用地	147231.04
1. 耕地	17685854.51	商服用地	6769.05
其中：未承包到户面积	1121029.71	农村宅基地	1301554.00
2. 园地	217450.48	公共管理与公共服务用地	143292.75
其中：未承包到户面积	53401.17	交通运输和水利设施用地	575419.69
3. 林地	7822268.00	其他建设用地	239758.60
其中：未承包到户面积	935364.47	（三）未利用地	1314376.93
4. 草地	13487946.13		
其中：未承包到户面积	3809020.04	"四荒"地	1589441.57
5. 农田水利设施用地（沟渠）	647238.62	待界定土地	571845.53
6. 养殖水面（坑塘水面）	93071.82	1. 待界定农用地	550778.23
其中：未承包到户面积	65965.10	2. 待界定建设用地	14599.68
7. 其他农用地	1250553.30	3. 待界定未利用地	6467.62
		林木	64737177.08
		1. 公益林（米³）	64737149.58
		2. 商品林（米³）	27.50

注：2020 年年底数据。

二、成员身份界定

以县为单位制定出台《农村集体经济组织成员身份界定确认指导意见》，按照"尊重历史、兼顾现实、程序规范、群众认可"的原则，统筹考虑户籍关系、出生年月、土地承包关系、对村集体积累的贡献和特殊身份等因素，指导集体经济组织在群众民主协商基础上，制定《农村集体成员身份界定确认管理细则》或《农村集体成员身份界定确认办法》，做好各类人群的成员身份界定确认工作，全区界定集体经济组织成员身份 412.4 万人。

三、股份合作制改革

至 2019 年年底，全区 2070 个建制村已完成集体产权制度改革，2066 个村集体经济组织在农业农村部门赋码登记，其中登记成立村经济合作社 828 个、股份经济合作社 1238 个，在工商部门登记成立公司的 4 个，改革涉及人口 433.1 万人，有 82 个村实现集体经济股份分红，经营性收益分红总额 1.03 亿元。详见表 3－2－8。

表 3－2－8　农村集体产权制度改革情况

指标名称	计量单位	合计数	组级	村级	镇级
一、完成产权制度改革单位数	个	2070		2070	
（一）在农业农村部门登记赋码的单位数	个	2066		2066	
（二）在市场监督管理部门登记的单位数	个	4		4	
（三）其他	个	0		0	
二、改革时点量化资产总额	万元	511963.95		511963.95	
其中：量化经营性资产总额	万元	349639.1		349639.1	
三、股东总数	个	2299984		2299984	
其中：成员股东数	个	2298915		2298915	
集体股东数	个	1069		1069	
四、股本总额	万元	350594.3		350594.3	
其中：成员股本金额	万元	275952.1		275952.1	
集体股本金额	万元	74642.2		74642.2	
1. 试点单位下辖组、村、镇数	个	2259		2259	
2. 改革涉及的农户数	户	1278488		1278488	
3. 改革涉及的人口数	人	4330830		4330830	
4. 实行股权静态管理的单位数	个	2070		2070	

注：2019 年年底数据。

■ 第三节　新型经营主体培育

一、农民合作社发展

2007 年《中华人民共和国农民专业合作社法》颁布施行，宁夏农民合作社进入快速发展轨道，合作社功能逐渐走向综合化，组织行为和管理运行逐步规范。

2010 年，宁夏发布《农民专业合作社规范》，规范农民专业合作社的发展与运营。同时发布《农民专业合作社示范社创建标准》，明确农民专业合作社示范社的创建标准。全区累计培育各类专业合作社 1827 个，入社成员 15.7 万户，带动非成员农户 36.1 万户，分别占农户总数的 14.7% 和 33.9%。

2011 年，全区累计培育各类农民专业合作组织 2411 个，入社成员 21.9 万户，带动非成员农户 47.1 万户，分别占农户总数的 19.6% 和 43.8%。其中：各类专业合作社 2261 个，入社成员 20.0 万户，带动非成员农户 39.8 万户，分别占农户总数的 18.6% 和 37%。

2012 年，全区累计培育各类农民专业合作组织 2924 个，入社成员 22.6 万户，带动非成员农户 53.7 万户，分别占农户总数的 21% 和 49.9%。其中：各类专业合作社 2787 个，入社成员 22.4 万户，带动非成员农户 46.2 万户，分别占农户总数的 20.8% 和 42.9%。

2013 年，自治区党委、人民政府印发《推进农业经营体制创新增强农村发展活力的若干意见》（宁党发〔2013〕10 号），提出培育壮大一批专业大户、家庭农（牧、林）场、农民专业合作社和农业产业化龙头企业。全区累计培育各类农民专业合作组织 3538 个，入社成员 24 万户，带动非成员农户 54.5 万户，分别占农户总数的 21.6% 和 49.1%。其中：各类专业合作社 3410 个，入社成员 22.2 万户，带动非成员农户 48.1 万户，分别占农户总数的 20% 和 43.3%。

2014 年，中国人民银行银川中心支行与自治区农牧厅联合印发《金融支持宁夏新型农业经营主体加快发展的意见》（宁银发〔2014〕66 号），支持现代农业加快发展和促进农民持续增收，对金融支持宁夏新型农业经营主体加快发展提出具体意见。全区各类农民合作社发展到 4187 个，其中：种植业 1548 个，占总数的 37%；畜牧业 1580 个，占总数的 37.7%；林业 472 个，占总数的 11.3%；渔业 72 个，占总数的 1.7%；服务业 306 个，占总数的 7.3%；其他 209 个，占总数的 5%。入社成员 24.5 万户，带动非成员农户 54.7 万户，分别占农户总数的 21.3% 和 47.5%。

2015 年，全区农民合作社发展到 4726 个，同比增加 539 个，增长 12.9%；成员总数 25.3 万户，同比增加约 0.8 万户，增长 3.3%。以种植业和畜牧业为主的支柱产业发展优势明显。在 4726 个农民合作社中，种植业 1705 个，占总数的 36.1%；畜牧业 1845 个，占总数的 39%；林业 546 个，占总数的 11.6%；渔业 86 个，占总数的 1.8%；服务业 329 个，占总数的 7%；其他 215 个，占总数的 4.5%。创办加工实体的农民合作社 342 个，同比增加 26 个，增长 8.2%。

2016 年，全区农民合作社发展到 5371 个，种植业、林业、畜牧业、渔业、服务业、其他类合作社占合作社比重分别为 35.2%、11.5%、40.7%、1.8%、6.6%、4.4%。其中：种植业 1888 个，畜牧业 2185 个，林业 617 个，渔业 95 个，服务业 352 个，其他 234 个。农民牵头领办的有 5139 个，占合作社总数 95.7%，其中村组干部牵头领办 208 个，占农民牵头的 4%；企业牵头领办的有 75 家，占总数的 1.4%；基层农技服务组织牵头成立的有 41 家，占总数的 0.8%；社会团体及其他牵头成立的有 116 家，占总数的 2.2%。被农业主管部门认定为示范社的有 1371 个，占总数的 25.5%，同比增加 153 个，增长 12.6%。

2017 年，全区合作社总数发展到 6056 家，较上年增加了 685 个，增 12.8%；合作社成员数 27.3 万户，增加约 1.2 万户，增 4.4%；合作社带动非成员农户数 59.5 万户，增加 0.9 万户，增 1.5%；成员数及带动非成员农户数分别占全区总农户数的 22.1% 和 48.1%。其中，种植业 2112 个、林业 660 个、畜牧业 2539 个、渔业 101 个、服务业 376 个、其他 268 个，分别占合作社总数的 34.9%、10.9%、41.9%、1.7%、6.2%、4.4%。

2018 年，自治区党委办公厅、人民政府办公厅印发《关于加快构建政策体系培育新型农业经营主体的实施意见》（宁党办〔2018〕21 号），大力培育新型农业经营主体，推进家庭经营、集体经营、合作经营、企业经营共同发展，加快形成以农户家庭经营为基础、合作与联合为纽带、社会化服务为支撑的立体式复合型现代农业经营体系，引领农业适度规模经营发展，带动农民就业增收，增强全区农业农村发展新动能。全区合作社总数发展到 6466 家，同比增长 6.8%，合作社成员数 27.6 万户，同比增长 1.1%，合作社带动非成员农户数 59.5 万户，与上年持平，成员数及带动非成员农户数分别占全区总农户数的 21.8% 和 47%。在 6466 个农民合作社中，从事种植业合作社 2288 个、林业 675 个、畜牧业 2724 个、渔业 105 个、服务业 385 个、其他 289 个，分别占合作社总数的 35.4%、10.4%、42.1%、1.6%、6.0%、4.5%。种植业和畜牧业合作社数量总和占全区合作社总数的

77.5%。农民专业合作社成员中普通农户数 26.8 万个，占成员总数的 97.2%；企业成员数 46 个，其他团体成员数 55 个。

2019 年，全区合作社 6162 家，合作社成员数 19.97 万户；其中被农业主管部门认定为示范社的有 1783 家，占合作社总数的 28.9%。在各类合作社中，从事种植业及相关的有 2330 家、林业及相关的有 583 家、畜牧业及相关的有 2534 家、渔业及相关的有 103 家、服务业的有 428 家、其他的有 184 家，分别占合作社总数的 37.8%、9.5%、41.1%、1.7%、6.9%、3%。农民专业合作社成员中普通农户数 19.4 万户，占成员总数的 97.1%，带动建档立卡贫困户 4751 户；家庭农场成员数 5172 户，占总数的 2.6%；企业成员数 130 户，占总数的 0.07%；其他成员数 249 户，占总数的 0.12%。按照中央农办、农业农村部等十一部委《关于印发〈开展农民专业合作社"空壳社"专项清理工作方案〉的通知》（中农发〔2019〕3 号）精神，对 2925 家合作社进行了清理，其中被市场监管部门列入经营异常名录的合作社 2924 家，群众举报违法违规线索的合作社 1 家，引导其自愿注销 2010 家，指导完善管理制度，规范办社 1743 家。全区共创建认定国家级示范社 211 家，自治区级示范社 517 家。

2020 年，自治区党委农办等十四厅局印发《关于推进家庭农场和农民合作社高质量发展的实施意见（2020—2022 年）的通知》（宁党农办发〔2020〕11 号）。按照"一年规范、两年提升、三年实现高质量发展"的目标要求，农民合作社运行管理制度更加健全，民主管理水平进一步提升，支持政策更加完善。全区共培育各类农民合作社 6116 家（2020 年清理了 343 家），合作社成员数 19.7 万户；其中被农业主管部门认定为示范社的 1907 家，占合作社总数的 31.2%。在各类农民合作社中，从事种植业及相关的有 2356 家、畜牧业及相关的有 2464 家、林业及相关的有 560 家、渔业及相关的有 99 家、服务业的有 410 家、其他的有 227 家，分别占农民合作社总数的 38.5%、40.3%、9.2%、1.6%、6.7%、3.7%。种植业和畜牧业合作社占全区各类农民合作社总数的 78.8%，处于合作发展的主导地位，发展优势十分明显。详见表 3-2-9。

二、家庭农场

2013 年，自治区党委农村工作领导小组关于印发《促进家庭农场发展的指导意见》（宁党发〔2013〕4 号），鼓励和引导普通农户向家庭农场转变，稳步提高农民组织化程度，推进特色优势产业提质增效和集聚升级。自治区农牧厅制定《宁夏回族自治区家庭农场经营规模起点标准》，全区家庭农场发展到 581 家，其中县级以上示范家庭农场 88 家。其中，种植农场 314 家，家庭牧场 91 家，家庭渔场 13 家，农林牧渔混合农场或休闲农场 94 家，其他农场 69 家。

2014 年，在工商部门注册登记或经农牧部门认定的家庭农场达到 1279 家，其中：注册为个体工商户的有 1150 家，被县级以上农业部门认定为示范性家庭农场 279 家。其中：种植业 654 家，占总数的 51.1%；畜牧业 283 家，占总数的 22.1%；渔业 32 家，占总数的 2.5%；种养结合 186 家，占总数的 14.5%；其他 124 家，占总数的 9.7%。在种植农场中，粮食农场有 560 家，其中：经营土地面积 200～500 亩的有 210 家，经营土地面积 1000 亩以上的有 94 家。2014 年年底，家庭农场年销售农产品总值 82817 万元，平均 64.8 万元。年销售农产品总值在 100 万以上的有 268 家，占家庭农场总数的 21%；年销售农产品总值在 50 万～100 万元的有 318 家，占家庭农场总数的 25%；年销售农产品总值在 50 万元以下的有 693 家，占家庭农场总数的 54%。购买农业生产投入品总值达 44455 万元，平均 34.8 万元。从事家庭农场的劳动力有 6135 个，其中：家庭成员劳动力是 4079 个，占劳动力人数的 66.5%；常年雇工劳动力是 2056 个，占劳动力人数的 33.5%。

表3-2-9 全区农民合作社发展情况

年度	农民专业合作社基本情况			农民专业合作社分类情况						农民专业合作社经营服务情况		农民专业合作社盈余分配情况		
	农民专业合作社数（个）	农民专业合作社成员数（户）	普通农户数（户）	种植业（个）	林业（个）	畜牧业（个）	渔业（个）	服务业（个）	其他（个）	统一组织销售农产品总值（万元）	统一组织购买农业生产投入品总值（万元）	可分配盈余（万元）	其他分配盈余（万元）	按股分红总额（万元）
2007年	620	93413	93098	305	20	199	13	39	44	128368.22	5402.38	2899.45		143.05
2008年	936	115020	114142	466	37	275	13	91	54	138137.40	11357.70	3674.97		176.56
2009年	1354	134652	133597	638	55	442	27	107	85	181959.70	14425.40	5370.60		566.50
2010年	1827	157324	154387	798	99	613	27	174	116	239924.20	20920.30	10483.90		1142.70
2011年	2261	199735	185635	936	162	792	33	192	146	274470.50	25344.20	12348.00		1339.80
2012年	2787	223846	203151	1110	237	1001	46	230	163	349659.47	57743.70	16775.16		2353.76
2013年	3410	221930	202075	1310	331	1278	57	245	189	448542.30	82451.36	25413.06		3801.22
2014年	4187	245163	240432	1548	472	1580	72	306	209	497368.79	86957.43	32069.45		4354.82
2015年	4726	252787	248057	1705	546	1845	86	329	215	514430.93	114172.96	38864.41		3729.09
2016年	5371	261333	255493	1888	617	2185	95	352	234	466188.94	124506.37	38055.15		4425.24
2017年	6056	272937	263120	2112	660	2539	101	376	268	506532.51	136254.86	46063.58		5102.99
2018年	6466	275850	268200	2288	675	2724	105	385	289	515593.48	139922.30	51054.30		5412.97
2019年	6162	199668	194117	2330	583	2534	103	428	184	428863.60	131607.23	49591.21		5461.31
2020年	6116	197482	191794	2356	560	2464	99	410	227	443101.54	144737.44	55824.06		6221.57

数据来源：《宁夏农经统计》。

2015 年，全区家庭农场 1791 家，比上年增加 512 家，增 40.0％。其中：种植业 922 家，占总数的 51.5％；畜牧业 457 家，占总数的 25.5％；渔业 38 家，占总数的 2.1％；种养结合 261 家，占总数的 14.6％；其他 113 家，比上年减 11 家，占总数的 6.3％。家庭农场年销售农产品总值 113708 万元，比上年增 30891 万元，增 37.3％，平均每个农场年销售农产品总值 63.5 万元。年销售农产品总值在 100 万以上的有 304 家，占家庭农场总数的 17％；年销售农产品总值在 50 万～100 万元的有 403 家，占家庭农场总数的 22.5％；年销售农产品总值在 50 万元以下的有 777 家，占家庭农场总数的 43.4％；年销售农产品总值在 10 万元以下的有 307 家，占家庭农场总数的 17.1％。从事家庭农场的劳动力有 8130 个，其中：家庭成员劳动力是 5638 个，占劳动力人数的 69.3％；常年雇工劳动力是 2492 个，占劳动力人数的 30.7％。

2016 年，全区家庭农场共 2244 家，比上年增加 453 家，增 25.3％。其中：种植业 1101 家，占总数的 49.1％；畜牧业 664 家，占总数的 29.6％；渔业 46 家，占总数的 2.0％；种养结合 319 家，占总数的 14.2％；其他 114 家，占总数的 5.1％。在种植农场中，粮食农场有 861 家，占种植农场的 78.2％。年销售农产品总值 113311 万元。家庭成员劳动力 6853 个，占劳动力人数的 70.2％，平均每个农场家庭劳动力 3.1 个；常年雇工劳动力 2910 个，占劳动力人数的 29.8％，平均每个农场有 1.3 个雇工劳动力。

2017 年，全区家庭农场共 2706 家，比上年增加 462 家，增 20.6％。其中：被县级以上农业部门认定为示范性家庭农场 653 家，比上年增 113 家，增 20.9％。其中：种植业 1201 家，占总数的 44.4％；畜牧业 912 家，占总数的 33.7％；渔业 62 家，占总数的 2.3％；种养结合 402 家，占总数的 14.9％；其他 129 家，占总数的 4.8％。其中：粮食及畜牧养殖农场数占总数的 67.1％，种植、畜牧、种养结合占总数达 93％。家庭农场年销售农产品总值 126872 万元，比上年增 13561 万元，增 11.97％，平均每个农场年销售农产品总值 46.9 万元。家庭农场的劳动力有 10830 个，平均每个农场有 4 个劳动力，常年雇工劳动力 2981 个，占劳动力人数的 27.5％，平均每个农场有 1.1 个雇工劳动力。

2018 年，自治区党委办公厅、人民政府办公厅印发《关于加快构建政策体系培育新型农业经营主体的实施意见》（宁党办〔2018〕21 号），按照多元化、多路径、多模式、多形式的经营发展模式，完善政策扶持体系，大力培育新型农业经营主体，推进家庭经营、集体经营、合作经营、企业经营共同发展，加快形成以农户家庭经营为基础、合作与联合为纽带、社会化服务为支撑的立体式复合型现代农业经营体系，引领农业适度规模经营发展，带动农民就业增收，增强全区农业农村发展新动能。全区家庭农场共 3060 家，比上年增加 354 家，增 13.1％，其中：种植业 1290 家，畜牧业 1117 家，渔业 59 家，种养结合 460 家，其他 134 家，同比分别增加 7.4％、22.5％、－4.8％、14.4％和 3.9％。围绕主导优势产业的粮食及畜牧养殖农场数占总数的 78.7％，种植、畜牧、种养结合占总数达 93.7％。被县级以上农业农村部门认定为示范性家庭农场 732，占家庭农场近 1/4。家庭农场年销售农产品总值 134537.5 万元，同比增加 7665.5 万元，增 6％，平均每个农场年销售农产品总值 44 万元。从事家庭农场的劳动力有 11704 个，平均每个农场有 3.8 个劳动力，常年雇工劳动力是 3121 个，占劳动力人数的 26.7％，平均每个农场有 1 个雇工劳动力。

2019 年，全区家庭农场共 3358 家，比上年增加 298 家，增幅 9.7％。其中：种植业 1381 家、畜牧业 1265 家、渔业 58 家、种养结合 531 家、其他 123 家，同比分别增加 7.1％、13.2％、－1.7％、15.4％和－8.2％。家庭农场年销售农产品总值 146775.5 万元，比上年增加 12238 万元，增幅 9.1％，平均每个农场年销售农产品总值 43.7 万元。从事家庭农场的劳动力为 12156 个，平均每个农场有 3.6 个劳动力，常年雇工劳动力 3192 个，占劳动力总数的 26.3％。

2020 年，自治区党委农办等十四厅局《关于推进家庭农场和农民合作社高质量发展的实施意见（2020—2022 年）的通知》（宁党农办发〔2020〕11 号），按照“一年规范、两年提升、三年实现高质量发展”的目标要求，支持家庭农场发展的政策基本建立，管理制度更加健全，指导服务机制逐步完善，经营管理更加规范，经营产业更加多元，发展模式更加多样。全区家庭农场发展到15615家，比上年增加12257家，增幅365％。其中：种植业7950家、林业134家、畜牧业4749家、渔业262家、种养结合2381家、其他139家，同比分别增加475.67％、100％、275.42％、351.72％、348.40％和13％。家庭农场年销售农产品总值384195.62万元，比上年增加237420.12万元，增幅161.76％；平均每个农场年销售农产品总值24.6万元。详见表3-2-10。

表3-2-10 全区家庭农场发展情况

年度	家庭农场基本情况				家庭农场行业分布情况						家庭农场经营情况	
	家庭农场数量	示范性家庭农场	家庭农场经营土地面积	家庭农场劳动力数量	种植业	畜牧业	林业	渔业	种养结合	其他	年销售农产品总值	购买农业生产投入品总值
	（个）	（个）	（亩）	（个）	（个）	（个）	（个）	（个）	（个）	（个）	（万元）	（万元）
2013年	581	88	262430	2985	314	91	/	13	94	69	52611	30676
2014年	1279	279	557848	6135	654	283	/	32	186	124	82817	44455
2015年	1791	393	669567	8130	922	457	/	38	261	113	113708	66637
2016年	2244	540	758387	9763	1101	664	/	46	319	114	113311	64628
2017年	2706	653	811755	10830	1201	912	/	62	402	129	126872	74102
2018年	3060	732	809898	11704	1290	1117	/	59	460	134	134537.5	80953
2019年	3358	791	826581	12156	1381	1265	/	58	531	123	146775.5	86490
2020年	15615	759	1899581		7950	4749	134	262	2381	139	384195.62	/

数据来源：《宁夏农经统计》。/表示无统计数据。

第四节　农村集体资产管理

一、农村"三资"管理

按照国务院《关于加强农村集体资产管理工作的通知》（国发〔1995〕35号文件）要求，自治区制定出台了《宁夏回族自治区农村集体资产管理条例》，并于1998年12月公布实施，2015年自治区人大又对《宁夏回族自治区农村集体资产管理条例》进行了修订。

1997年，根据农业部、监察部印发的《村集体经济组织财务公开暂行规定》，宁夏在全区积极推行财务公开和民主理财，规范农村财务管理工作。至1999年年底，全区已有2377个建制村实行财务公开和民主管理制度，占全区总村数的91.6％。

2011年自治区党委、政府出台《关于加强农村集体资金资产资源管理的意见》，2012年自治区农牧厅制定20项村集体经济组织"三资"（资金、资产、资源）管理制度和资产台账、资源登记簿，2014年制定全区统一的"三资"管理流程图，为推动农村集体"三资"管理和财务管理规范化提供了制度保障。2015年，自治区农牧厅印发《关于进一步加强和规范全区村级财务管理工作的通知》，进一步规范全区农村集体经济组织的财务行为，促进农村集体经济的健康发展。在2019年推进农村集体产权制度进程中又研究出台农村集体经济组织资产登记、保管、使用、处置、监督管理、年度清查和定期报告等6项制度，规范农村集体经济组织行为，加强农村财务管理。

为规范农村集体财务管理，强化村集体经济组织会计工作，深入推进农村党风廉政建设。2010—2020年，全区大力推行村级会计委托代理服务，全区205个乡镇2262个建制村全部实行了村级会计委托代理服务。建立宁夏农村集体"三资"管理平台，构建起区、市、县、乡的村级财务管理四级网络监管。截至2020年年底，全区2262个村全部实现集体"三资"网络化管理。

二、农村税费改革

自治区农村税费改革试点工作从 2000 年开始，按照中央决策部署，自治区党委和政府下发《关于进行农村税费改革试点工作的通知》（宁党发〔2000〕31 号），决定在中卫县和彭阳县进行改革试点前的调查摸底和测算工作。

2001 年，按照"积极稳妥、量办而行、分步实施"的原则，选择中卫、彭阳、永宁、平罗、惠农、青铜峡、利通七个县（市、区）进行试点。2002 年初，国务院办公厅《关于做好 2002 年农村税费改革试点工作的通知》（国办发〔2002〕25 号）批准宁夏全面进行改革试点。

2003 年，按照《国务院关于全面推行农村税费改革试点工作的意见》（国发〔2003〕12 号）、全国农村税费改革试点工作电视电话会议精神和《国务院农村税费改革工作小组关于近期农村税费改革试点工作若干问题的紧急通知》（国农改明电〔2003〕1 号）要求，全区农村税费改革试点工作不断深化。按照《国务院农村税费改革工作小组办公室关于清收农业税费尾欠有关问题的复函》要求，及时制止了乡村向农民清收历年税费尾欠行为。按照国务院《关于加强非典防治期间农民负担监督的紧急通知》，加大对农民负担专项和农民群众来信来访反映问题的检查力度，防止农民负担反弹。各市县针对农村税费改革试点工作，逐层开展"回头看"活动，重点检查税费改革后农民的负担、生产费用、中小学收费情况和农村税费改革转移支付的使用情况。

2004 年，按照《中共中央 国务院关于促进农民增加收入若干政策的意见》（中发〔2004〕1 号）和《国务院关于做好 2004 年深化农村税费改革试点工作的通知》（国发〔2004〕21 号）精神，开始以降低农业税税率为主要内容的深化农村税费改革试点工作。根据财政部、农业部、国家税务总局《关于 2004 年降低农业税税率和在部分粮食主产区进行免征农业税改革试点有关问题的通知》（财税〔2004〕77 号文件）精神，按照自治区党委、政府的要求，全区降低农业税税率实行山川有别的政策。灌区在 2002 年农业税及附加税率的基础上，降低 1.2 个百分点。山区八县（包括红寺堡、中宁县的喊叫水乡）按降低 1.2 个百分点计算，每亩减少不足 1 元的，按 1 元减少，超过 1 元的，按 1.2 个百分点降。各地严格按照 2002 年自治区批复的计税面积、农业税及附加任务进行试点，全区农业税税率平均降低 1.37 个百分点，共减少农业税及附加 2312 万元，亩均减少 5.5 元，降幅为 25%。山区平均降低 1.73 个百分点，川区平均降低 1.21 个百分点。截至 2004 年年底，全区农业税率由 5.41%降为 4.04%（包括农业税附加）。

2005 年，国务院农村税费改革工作小组印发《关于组织开展全国 2005 年深化农村税费改革试点专项检查的通知》（国农改〔2005〕15 号），自治区农村税费改革工作领导小组办公室下发《关于开展 2005 年深化农村税费改革试点工作检查的通知》（宁农税改字〔2005〕6 号），在全区开展深化农村税费改革试点工作检查。按照《国务院关于 2005 年深化农村税费改革试点工作有关题的通知》（国发〔2005〕24 号）和《国务院办公厅关于坚决制止乡村发生新的债务的通知》（国办发〔2005〕39 号）要求，自治区人民政府下发《关于 2005 年深化农村税费改革试点工作有关问题的通知》（宁政发〔2005〕97 号），对 2005 年深化农村税费改革提出具体要求。自治区有关部门先后制定下发《关于规范收费管理促进农民增加收入的意见》《关于发布全区涉农收费和价格公示内容的通知》《关于切实做好当前减轻农民负担工作的通知》等，对减轻农民负担提出具体要求，完善对农民负担监督管理的各项工作制度。自治区继续加大对涉农收费的清理规范力度，将保留的 46 项、取消的 25 项、免收的 8 项涉农收费项目向社会进行公示。全面推行"三费合一，一费开票到户，一票收费到户，农民用水者协会管理"的新型水费收费制度，有效减轻农民灌溉用水负担。完善粮食直接补贴政策，提高对产粮大县的亩补贴标准。至 2005 年年底，全区免征农业税政策全面落实，减少农民负担 1.05 亿元，人均减负 26 元，比 2004 年减负 95%。2006 年起，全区免征农业税。

三、乡村债务化解

按照国务院办公厅《关于坚决制止发生新的乡村债务有关问题的通知》（国办发〔2005〕39号）精神和《国务院农村综合改革工作小组关于开展制止发生新的乡村债务专项检查工作的通知》（国农改〔2005〕34号）要求，自治区人民政府办公厅印发《关于坚决制止发生新的乡村债务有关问题的通知》（宁政办〔2005〕179号）、《关于对乡镇举债行为实行责任追究的行办法》（宁党办〔2006〕20号），并在《宁夏日报》等新闻媒体上公布，认真做好化解乡镇债务工作。

自治区审计、财政、农牧部门组织人员对截至2005年12月31日前的乡村债务进行审计核实，锁定全区乡村债务，为化解任务提供可靠依据。全区乡村债务总额为148770.8万元，其中：乡镇债务总额为99259万元，主要是生产性债务17207万元、公益性支出53506万元、基层政权建设10572万元、人员工资592万元、公用开支3283万元、农村小流域治理992万元、其他13107万元；全区村级债务49511.8万元，其中经营支出债务3647.9万元，兴办集体企业债务7953.6万元，教育、卫生、计划生育、军烈属和五保户困难补助、基础设施建设等债务31903万元，管理性债务4251.9万元，其他1755.4万元。为了彻底解决乡村债务较重这一历史遗留问题，扎实推进农村综合改革，巩固农村税费改革成果，防止农民负担反弹，自治区人民政府出台《宁夏回族自治区人民政府批转农牧厅关于防止和化解村级债务意见的通知》（宁政发〔2005〕103号）、《宁夏回族自治区人民政府关于切实化解乡镇债务的若干意见》（宁政发〔2006〕74号）、《宁夏回族自治区化解乡镇债务考核奖励暂行办法》。自治区财政、发改、教育、交通、民政、水利、计生、农牧等部门已分别提出化解乡村债务的具体实施意见。

2007年，正式启动了化解乡镇债务工作，当年川区的中宁县与山区9县（区）全部完成化解任务。自治区财政、教育、交通、水利、民政、计生等部门积极调整支出结构，筹集资金，先后出台支持市（县）化解乡镇债务的实施意见，采取以奖代补的方式引导市县积极化解债务。

2008年完成9个县（区）的化解任务，自治区两年共补助市（县）化解乡镇债务资金2.82亿元，其中：财政1.54亿元、教育7063万元、交通4420万元、民政193万元、计生88万元、水利1060万元。以2005年7月底前形成的乡镇债务为界点，逐乡（镇）、逐笔进行全面审计锁定，最后锁定全区乡镇债务7.38亿元，剔除乡镇不实债务2.52亿元。

四、壮大村级集体经济

2016年，财政部将宁夏列为全国开展扶持村级集体经济发展试点之一，自治区财政厅按照财政部《关于印发扶持村级集体经济发展试点的指导意见的通知》（财农〔2015〕197号）要求，稳步推进试点工作。2016年在全区选择80个村、2017年选择98个村、2018年选择120个村，实施扶持壮大村级集体经济试点。共争取中央财政奖补资金3亿元，自治区按照1∶1的比例安排省级配套资金，共计下达补助资金6亿元，按照村均200万元的补助标准，采取以奖代补的形式予以扶持。

2018年中共中央组织部、财政部、农业农村部联合印发《关于坚持和加强农村基层党组织领导扶持壮大村级集体经济的通知》（中组发〔2018〕18号），决定从2018年至2022年，中央财政资金在全国范围内扶持10万个左右建制村发展壮大村级集体经济，基本消除集体经济空壳村、薄弱村，逐步实现村村都有稳定的集体经济收入，进一步增强村级自我保障和服务群众能力，提升农村基层党组织的组织力。按照《通知》要求，自治区组织部、农村工作领导小组办公室等七委办（厅）联合印发《关于我区发展壮大村级集体经济的规划（2018—2020年）》（宁农（经）发〔2018〕20号），按照"提升富裕村、壮大一般村、扶持薄弱村、消除空壳村"的发展思路，通过盘活存量资产，挖掘资源性收入、提高经营性收入、增加服务性收入，开展招商引资、整合村级资金、引导村企合作等多种形式发展村集体经济，力争到2020年全区村级集体经济年经营收益明显增强，村级集体经济内生发展活力显著提升。

2019年，自治区党委组织部、财政厅、农业农村厅联合印发《宁夏扶持壮大村集体经济项目管理办法》（宁农规发〔2019〕2号），加强扶持壮大村级集体经济项目管理，切实提高资金使用效益。同年自治区党委组织部等六部（厅、办）印发《关于印发坚持和加强农村基层党组织领导扶持壮大村集体经济实施方案的通知》（宁组通〔2019〕11号），决定在全区选择388个村实施壮大村级集体经济项目。各地坚持宜农则农、宜工则工、宜商则商，立足当地产业实际，紧紧围绕地域特点和产业优势，新上一批种养业、初加工、乡村旅游、冷链物流等项目，采取自主经营、委托经营、合作经营、投资入股等方式，创新集体经营模式，拓宽集体经济发展渠道，促推产业转型升级，为农民提供了就业增收空间。

2020年自治区党委农村工作领导小组办公室印发《关于建立宁夏回族自治区扶持壮大村级集体经济工作联席协调机制的通知》（宁党农发〔2020〕12号），建立以自治区党委组织部、农村工作领导小组办公室、财政厅、农业农村厅、审计厅、扶贫开发办公室为参加单位的工作联席协调机制，明确各参加单位的人员组成及主要职责，协调、指导、推动在农村基层党组织领导下发展壮大村级集体经济。同年自治区党委组织部等六部（厅、办）印发《关于2020年全区扶持壮大村级集体经济有关事项的通知》（宁组通〔2020〕16号），决定继续在全区选择388个村实施壮大村级集体经济项目。

2019—2020年，中央和自治区财政累计投入15.52亿元，扶持1552个建制村发展壮大村级集体经济，其中：中央投入7.76亿元，自治区按1∶1配套。各市、县（区）配套资金1.3亿元，村级自筹0.98亿元，撬动社会资金1.5亿元。2020年，全区2262个村级集体经济组织总收入16.22亿元，总收益3.83亿元。经营性收益在100万元以上的村39个，占比1.7%；50万～100万元的村84个，占比3.7%；10万～50万元的村916个，占比40.5%；5万～10万元的村787个，占比34.8%；5万元以下的集体经济薄弱村436个，占比19.3%。详见表3-2-11。

表3-2-11 2011—2020年全区农村集体经济组织收益情况

单位：个

年份	全区总村数	无经营收益村	有经营收益村	其中				
				5万元以下的村	5万～10万元的村	10万～50万元的村	50万～100万元的村	100万元以上的村
2011	2326	1696	630	308	185	103	14	20
2012	2278	1624	654	327	157	127	19	24
2013	2271	1633	638	290	165	127	30	26
2014	2272	1715	557	221	124	153	27	32
2015	2272	1739	533	248	122	108	25	30
2016	2276	1793	483	252	99	87	20	25
2017	2274	1474	800	384	240	127	22	27
2018	2279	683	1596	880	353	285	40	38
2019	2259	300	1959	727	784	382	31	35
2020	2262	194	2068	242	787	916	84	39

第四篇

农业法规

　　自治区农业法规工作紧紧围绕现代农业发展和农民持续增收，通过建立农业法律咨询服务团队、"三农"大讲堂、法制培训等手段，大力开展法制宣传教育，加快推进依法治农进程。20多年间，自治区先后颁布实施《宁夏回族自治区实施〈中华人民共和国农业技术推广法〉办法》《宁夏回族自治区农村集体资产管理条例》《宁夏回族自治区农村集体经济审计条例》《宁夏回族自治区农业机械安全监督管理条例》《宁夏回族自治区禁牧封育条例》《宁夏回族自治区动物防疫条例》《宁夏回族自治区实施〈中华人民共和国农产品质量安全法〉办法》《宁夏回族自治区畜禽屠宰管理条例》等。特别是在全国较早实施了农机免费管理，宁夏农机上牌率、年度检验率、机手持证率均大幅度提高，农机安全形势明显好转。《宁夏回族自治区禁牧封育条例》实施后，宁夏草原草产量比禁牧封育前提高了近3倍，植被平均覆盖度由26%提高到67%，全区草原生态环境逐步好转。加强农业综合执法规范化建设，截至2020年年底，全区16个市（县、区）基本形成了机构队伍健全、执法行为规范的农业综合执法体系，农业执法队伍已成为维护农业生产经营秩序、保障农产品质量安全和保护农民权益的主力军。全区农业农村系统不断深化"放管服"改革，优化农业营商环境，实现了"一窗受理、一网通办、限时办结"及"不见面，马上办"的行政审批等政务服务新模式，以踏实的工作作风、规范的政务服务、快捷的服务效能赢得了社会各界广泛的赞誉和好评。

第一章

农 业 立 法

　　1997年9月，党的十五大提出依法治国，建设社会主义法治国家，确定了社会主义法律体系的重大任务。依据1993年7月颁布实施的《中华人民共和国农业法》《中华人民共和国农业技术推广法》等，自治区农业农村主管部门积极争取立法资源，根据农业发展新形势、新阶段和新要求、将农业农村的政策、措施制度化、规范化、法制化，有计划地推进"三农"领域亟须的法规规章制修订，补上位法短板和空白，加快推进农业农村重点领域立法。在自治区人大、自治区政府法制办（法制办公室）的指导下，围绕中心服务大局，强化重点领域立法。按立法程序，完成了一系列农业农村地方法规、地方政府规章及规范性文件等制修订，开展了涉农法律、法规及行政规范性文件的清理、评估工作，充分发挥了地方性法规规章实施性、补充性、试验性作用，以"小切口"切实解决"三农"发展过程中的难点、痛点、堵点问题，为农业增效、农民增收和农村稳定提供了法治保障。截至2020年年底，农业农村方面现行有效的自治区地方性法规13件，地方政府规章4件，行政规范性文件26件（详见表4-1-1、表4-1-2、表4-1-3和表4-1-4）。

■ 第一节　地方性法规

　　截至2020年年底，现行有效的地方性法规有13部，分别为《宁夏回族自治区实施〈中华人民共和国渔业法〉办法》（1989年）、《宁夏回族自治区农村集体经济承包合同管理条例》（1994年）、《宁夏回族自治区实施〈中华人民共和国农业技术推广法〉办法》（1995年）、《宁夏回族自治区农业机械安全监督管理条例》（1997年）、《宁夏回族自治区农村集体资产管理条例》（1998年）、《宁夏回族自治区农村集体经济审计条例》（2000年）、《宁夏回族自治区农业机械化促进条例》（2008年）、《宁夏回族自治区实施〈中华人民共和国农产品质量安全法〉办法》（2003年）、《宁夏回族自治区动物防疫条例》（2003年）、《宁夏回族自治区畜禽屠宰管理条例》（2017年）、《宁夏回族自治区奶产业发展条例》（2018年）、《宁夏回族自治区草原管理条例》（2005年）、《宁夏回族自治区禁牧封育条例》（2011年）。详见表4-1-1。

表4-1-1　1996年以来自治区现行有效的农业地方性法规及施行时间

序号	地方性法规名称	立法机关、发布时间及施行时间
1	宁夏回族自治区实施《中华人民共和国渔业法》办法	1989年8月26日宁夏回族自治区第六届人民代表大会常务委员会第八次会议通过；2004年7月29日宁夏回族自治区第九届人民代表大会常务委员会第十一次会议修订；根据2015年5月20日宁夏回族自治区第十一届人民代表大会常务委员会第十七次会议《关于修改〈宁夏回族自治区建筑管理条例〉等五件地方性法规的决定》修正，自公布之日起施行
2	宁夏回族自治区农村集体经济承包合同管理条例	1994年6月16日宁夏回族自治区第七届人民代表大会常务委员会第七次会议通过；根据2015年5月20日宁夏回族自治区第十一届人民代表大会常务委员会第十七次会议《关于修改〈宁夏回族自治区农村集体经济承包合同管理条例〉等三件地方性法规的决定》修正，自公布之日起施行

（续）

序号	地方性法规名称	立法机关、发布时间及施行时间
3	宁夏回族自治区实施《中华人民共和国农业技术推广法》办法	1995 年 12 月 13 日宁夏回族自治区第七届人民代表大会常务委员会第十六次会议通过，根据 2006 年 3 月 31 日宁夏回族自治区第九届人民代表大会常务委员会第二十一次会议《关于修改〈宁夏回族自治区矿产资源管理条例〉等十二件地方性法规的决定》修正。根据 2021 年 11 月 30 日宁夏回族自治区第十二届人民代表大会常务委员会第三十次会议《关于修改〈宁夏回族自治区行政执法监督条例〉等四件地方性法规的决定》第二次修正，自公布之日起施行
4	宁夏回族自治区农业机械安全监督管理条例	1997 年 8 月 21 日宁夏回族自治区第七届人民代表大会常务委员会第二十六次会议通过；2011 年 1 月 7 日宁夏回族自治区第十届人民代表大会常务委员会第二十二次会议修订，自 2011 年 3 月 1 日起施行
5	宁夏回族自治区农村集体资产管理条例	1998 年 12 月 4 日宁夏回族自治区第八届人民代表大会常务委员会第四次会议通过，根据 2015 年 3 月 31 日宁夏回族自治区第十一届人民代表大会常务委员会第十六次会议《关于修改〈宁夏回族自治区农村集体资产管理条例〉的决定》修正，自发布之日起施行
6	宁夏回族自治区农村集体经济审计条例	2000 年 3 月 29 日宁夏回族自治区第八届人民代表大会常务委员会第十二次会议通过，根据 2015 年 3 月 31 日宁夏回族自治区第十一届人民代表大会常务委员会第十六次会议《关于修改〈宁夏回族自治区农村集体经济审计条例〉的决定》修正，自 2000 年 7 月 1 日起施行
7	宁夏回族自治区农业机械化促进条例	2008 年 11 月 28 日宁夏回族自治区第十届人民代表大会常务委员会第六次会议通过，自 2009 年 1 月 1 日起施行。2019 年 9 月 27 日宁夏回族自治区第十二届人民代表大会常务委员会第十五次会议《关于修改〈宁夏回族自治区农业机械化促进条例〉等 5 件地方性法规的决定》修正
8	宁夏回族自治区实施《中华人民共和国农产品质量安全法》办法	2011 年 12 月 1 日宁夏回族自治区第十届人民代表大会常务委员会第二十七次会议通过，自 2012 年 1 月 1 日起施行
9	宁夏回族自治区动物防疫条例	2003 年 4 月 10 日宁夏回族自治区第九届人民代表大会常务委员会第二次会议通过 2012 年 6 月 20 日宁夏回族自治区第十届人民代表大会常务委员会第三十次会议修订 根据 2021 年 11 月 30 日宁夏回族自治区第十二届人民代表大会常务委员会第三十次会议《关于修改〈宁夏回族自治区行政执法监督条例〉等四件地方性法规的决定》修正，自 2012 年 8 月 1 日起施行
10	宁夏回族自治区畜禽屠宰管理条例	2017 年 11 月 30 日宁夏回族自治区第十一届人民代表大会常务委员会第三十四次会议通过，自公布之日起施行
11	宁夏回族自治区奶产业发展条例	2018 年 9 月 14 日宁夏回族自治区第十二届人民代表大会常务委员会第五次会议通过，自 2008 年 1 月 1 日起实施
12	宁夏回族自治区草原管理条例	1994 年 12 月 15 日宁夏回族自治区第七届人民代表大会常务委员会第十次会议通过 2005 年 11 月 16 日宁夏回族自治区第九届人民代表大会常务委员会第十九次会议修订，自 2006 年 1 月 1 日起实施
13	宁夏回族自治区禁牧封育条例	2011 年 1 月 7 日宁夏回族自治区第十届人民代表大会常务委员会第二十二次会议通过

一、《宁夏回族自治区实施〈中华人民共和国渔业法〉办法》

（一）立法目的

为了加强渔业资源的保护、增殖、开发和合理利用，发展水产养殖业，保障渔业生产者的合法权益，根据《中华人民共和国渔业法》，结合自治区实际，制定本办法。

（二）发布与修（订）正

1989 年 8 月 26 日宁夏回族自治区第六届人民代表大会常务委员会第八次会议通过，2004 年 7 月 29 日宁夏回族自治区第九届人民代表大会常务委员会第十一次会议修订，根据 2015 年 5 月 20 日宁夏回族自治区第十一届人民代表大会常务委员会第十七次会议《关于修改〈宁夏回族自治区建筑管理条例〉等五件地方性法规的决定》修正。

（三）主要内容

《办法》共5章34条。其中，第一章总则（6条）、第二章水产养殖（14条）、第三章渔业资源的增殖和保护（7条）、第四章法律责任（6条）、第五章附则（1条）。

二、《宁夏回族自治区农村集体经济承包合同管理条例》

（一）立法目的

为稳定和完善以家庭承包经营为基础、统分结合的双层经营体制，加强农村集体经济承包合同的管理，保护合同双方的合法权益，促进农村生产力的发展，根据《中华人民共和国农业法》等法律法规，结合自治区实际，制定本条例。

（二）发布与修正

1994年6月16日宁夏回族自治区第七届人民代表大会常务委员会第七次会议通过，根据2015年5月20日宁夏回族自治区第十一届人民代表大会常务委员会第十七次会议《关于修改〈宁夏回族自治区农村集体经济承包合同管理条例〉等三件地方性法规的决定》修正。

（三）主要内容

《条例》共9章29条。其中，第一章总则（4条）、第二章发包和承包（4条）、第三章承包合同的订立（3条）、第四章承包合同的变更和解除（5条）、第五章无效承包合同的确认（2条）、第六章违反承包合同的责任（3条）、第七章承包合同的调解与仲裁（3条）、第八章承包合同的管理（3条）和第九章附则（2条）。

三、《宁夏回族自治区实施〈中华人民共和国农业技术推广法〉办法》

（一）立法目的

根据《中华人民共和国农业技术推广法》，结合自治区实际，制定本办法。

（二）发布与修正

1995年12月13日宁夏回族自治区第七届人民代表大会常务委员会第十六次会议通过，根据2006年3月31日宁夏回族自治区第九届人民代表大会常务委员会第二十一次会议《关于修改〈宁夏回族自治区矿产资源管理条例〉等十二件地方性法规的决定》修正。根据2021年11月30日宁夏回族自治区第十二届人民代表大会常务委员会第三十次会议《关于修改〈宁夏回族自治区行政执法监督条例〉等四件地方性法规的决定》第二次修正。

（三）主要内容

《办法》共6章38条。其中，第一章总则（6条）、第二章农业技术推广体系（8条）、第三章农业技术的推广与应用（7条）、第四章农业技术推广的保障措施（11条）、第五章奖励和处罚（5条）、第六章附则（1条）。

四、《宁夏回族自治区农业机械安全监督管理条例》

(一) 立法目的

为加强对农业机械以及驾驶操作人员的安全监督管理，预防和减少农业机械事故，保障人民生命财产安全，根据国务院《农业机械安全监督管理条例》和有关法律、法规的规定，结合自治区实际，制定本条例。

(二) 发布与修正

1997 年 8 月 21 日宁夏回族自治区第七届人民代表大会常务委员会第二十六次会议通过，2011 年 1 月 7 日宁夏回族自治区第十届人民代表大会常务委员会第二十二次会议修订。

(三) 主要内容

《条例》条例共 7 章 38 条。其中，第一章总则（6 条）、第二章登记与使用管理（10 条）、第三章操作人员管理（5 条）、第四章事故处理（5 条）、第五章监督检查（3 条）、第六章法律责任（8 条）和第七章附则（1 条）。

五、《宁夏回族自治区农村集体资产管理条例》

(一) 立法目的

为加强农村集体资产管理，保护农村集体经济组织资产所有者和经营者的合法权益，促进农村集体经济发展，根据国家有关法律、法规，结合自治区实际，制定本条例。

(二) 发布与修正

1998 年 12 月 4 日宁夏回族自治区第八届人民代表大会常务委员会第四次会议通过，根据 2015 年 3 月 31 日宁夏回族自治区第十一届人民代表大会常务委员会第十六次会议《关于修改〈宁夏回族自治区农村集体资产管理条例〉的决定》修正。

(三) 主要内容

《条例》共 6 章 31 条。其中，第一章总则（8 条）、第二章集体资产产权（4 条）、第三章集体资产经营（6 条）、第四章集体资产管理（6 条）、第五章法律责任（5 条）和第六章附则（2 条）。

六、《宁夏回族自治区农村集体经济审计条例》

(一) 立法目的

为加强对农村集体经济的审计监督，保护农村集体经济组织和农民的合法权益，促进农村经济的发展，根据国家有关法律、法规，结合自治区实际，制定本条例。

(二) 发布与修正

2000 年 3 月 29 日宁夏回族自治区第八届人民代表大会常务委员会第十二次会议通过，根据 2015 年 3 月 31 日宁夏回族自治区第十一届人民代表大会常务委员会第十六次会议《关于修改〈宁夏回族自治区农村集体经济审计条例〉的决定》修正。

（三）主要内容

《条例》共 5 章 24 条。其中，第一章总则（6 条）、第二章审计范围和职权（4 条）、第三章审计程序（7 条）、第四章法律责任（5 条）和第五章附则（2 条）。

七、《宁夏回族自治区农业机械化促进条例》

（一）立法目的

为鼓励、扶持农民和农业生产经营组织使用先进适用的农业机械，促进农业机械化，建设现代农业，根据《中华人民共和国农业机械化促进法》和有关法律、行政法规的规定，结合自治区实际，制定本条例。

（二）发布与修正

2008 年 11 月 28 日宁夏回族自治区第十届人民代表大会常务委员会第六次会议通过，自 2009 年 1 月 1 日起施行。2019 年 9 月 27 日宁夏回族自治区第十二届人民代表大会常务委员会第十五次会议，根据《关于修改（宁夏回族自治区农业机械化促进条例）等 5 件地方性法规的决定》修正。

（三）主要内容

《条例》共 7 章 40 条。其中，第一章总则（6 条）、第二章科研推广（5 条）、第三章质量保障（8 条）、第四章社会化服务（6 条）、第五章扶持措施（7 条）、第六章法律责任（7 条）和第七章附则（1 条）。

八、宁夏回族自治区实施《中华人民共和国农产品质量安全法》办法

（一）立法目的

为保障农产品质量安全，维护公众健康，促进农业和农村经济科学发展，根据《中华人民共和国农产品质量安全法》和有关法律、行政法规的规定，结合自治区实际，制定本办法。

（二）发布与修正

2011 年 12 月 1 日宁夏回族自治区第十届人民代表大会常务委员会第二十七次会议通过，自 2012 年 1 月 1 日起施行。

（三）主要内容

《办法》共 8 章 50 条。其中，第一章总则（6 条）、第二章农产品产地（8 条）、第三章农业投入品（6 条）、第四章农产品生产（7 条）、第五章农产品包装和标识（5 条）、第六章监督检查（9 条）、第七章法律责任（8 条）和第八章附则（1 条）。本办法自 2012 年 1 月 1 日起施行。

九、《宁夏回族自治区动物防疫条例》

（一）立法目的

为加强对动物防疫活动的管理，预防、控制和扑灭动物疫病，促进养殖业发展，保护人民身体健康，维护公共卫生安全，根据《中华人民共和国动物防疫法》和有关法律、行政法规的规定，结合自治区实际，制定本条例。

（二）发布与修订

2003 年 4 月 10 日宁夏回族自治区第九届人民代表大会常务委员会第二次会议通过，2012 年 6 月 20 日宁夏回族自治区第十届人民代表大会常务委员会第三十次会议修订，根据 2021 年 11 月 30 日宁夏回族自治区第十二届人民代表大会常务委员会第三十次会议《关于修改〈宁夏回族自治区行政执法监督条例〉等四件地方性法规的决定》修正。

（三）主要内容

《条例》共 8 章 50 条。其中，第一章总则（6 条）、第二章动物疫病的预防（9 条）、第三章动物疫病的控制和扑灭（14 条）、第四章动物和动物产品的检疫（7 条）、第五章动物诊疗（5 条）、第六章动物防疫监督（3 条）、第七章法律责任（5 条）、第八章附则（1 条）。

十、《宁夏回族自治区畜禽屠宰管理条例》

（一）立法目的

为加强畜禽屠宰管理，保证畜禽产品质量安全，保障人民身体健康，根据有关法律、行政法规的规定，结合自治区实际，制定本条例。

（二）发布与修正

2017 年 11 月 30 日宁夏回族自治区第十一届人民代表大会常务委员会第三十四次会议通过。

（三）主要内容

《条例》共 6 章 48 条。其中，第一章总则（7 条）、第二章规划与设立（9 条）、第三章屠宰与检疫检验（14 条）、第四章监督管理（6 条）、第五章法律责任（11 条）和第六章附则（1 条）。

十一、《宁夏回族自治区奶产业发展条例》

（一）立法目的

为促进奶产业健康发展，规范奶产业生产经营行为，保证乳品质量安全，根据《中华人民共和国畜牧法》《中华人民共和国农产品质量安全法》和有关法律、法规的规定，结合自治区实际，制定本条例。

（二）发布与修正

2018 年 9 月 14 日宁夏回族自治区第十二届人民代表大会常务委员会第五次会议通过。

（三）主要内容

《条例》共 6 章 46 条。其中，第一章总则（6 条）、第二章奶牛养殖（11 条）、第三章生产（11 条）、第四章服务与监督（11 条）、第五章法律责任（6 条）和第六章附则（1 条）。

十二、《宁夏回族自治区草原管理条例》

（一）立法目的

为保护、建设和合理利用草原，改善生态环境，维护生物多样性，发展现代畜牧业，促进经济和社会的可持续发展，根据《中华人民共和国草原法》（以下简称《草原法》）和其他法律、法规的规定，结合自治区实际，制定本条例。

（二）发布与修正

1994 年 12 月 15 日宁夏回族自治区第七届人民代表大会常务委员会第十次会议通过 2005 年 11 月 16 日宁夏回族自治区第九届人民代表大会常务委员会第十九次会议修订。

（三）主要内容

《条例》共 8 章 52 条。其中，第一章总则（5 条）、第二章草原权属（7 条）、第三章草原规划和建设（7 条）、第四章草原利用（8 条）、第五章草原保护（11 条）、第六章监督管理（3 条）、第七章法律责任（10 条）和第八章附则（1 条）。

十三、《宁夏回族自治区禁牧封育条例》

（一）立法目的

为保护和培育林草植被，改善生态环境，维护生态安全，实现经济社会和生态环境的协调发展，根据《中华人民共和国草原法》《中华人民共和国森林法》和有关法律、法规的规定，结合自治区实际，制定本条例。

（二）发布与修正

2011 年 1 月 7 日宁夏回族自治区第十届人民代表大会常务委员会第二十二次会议通过。

（三）主要内容

《条例》共 5 章 27 条。其中，第一章总则（7 条）、第二章保护和管理（11 条）、第三章监督和检查（3 条）、第四章法律责任（5 条）、第五章附则（1 条）。

2001 年 3 月，自治区人大通过决定，停止施行《宁夏回族自治区农民负担监督管理条例》《宁夏回族自治区农村集体资产管理条例》《宁夏回族自治区集体经济承包合同管理条例》《宁夏回族自治区农村集体经济审计条例》等地方性法规中有关征收"三提五统"的规定。

2016 年 3 月，《宁夏回族自治区农民负担监督管理条例》《宁夏回族自治区乡镇企业条例》《宁夏回族自治区农业环境保护条例》废止。

■ 第二节　地方政府规章

截至 2020 年年底，现行有效的地方政府规章有 4 部，分别为《宁夏回族自治区村务公开办法》（2006 年）、《宁夏回族自治区农作物有害生物预测预报办法》（2007 年）、《宁夏回族自治区农业废弃物处理与利用办法》（2012 年）、《宁夏回族自治区无规定动物疫病区管理办法》（2013 年）。详见表 4 - 1 - 2。

表 4 - 1 - 2　1996—2020 年自治区发布的农业农村方面现行有效的政府规章的公布、施行时间

序号	政府规章名称	立法机关、公布时间及施行时间
1	宁夏回族自治区村务公开办法	2006 年 12 月 29 日宁夏回族自治区人民政府令第 93 号公布，自 2007 年 1 月 1 日起施行
2	宁夏回族自治区农作物有害生物预测预报办法	2007 年 7 月 30 日宁夏回族自治区人民政府令第 98 号公布，自 2007 年 9 月 1 日起施行

（续）

序号	政府规章名称	立法机关、公布时间及施行时间
3	宁夏回族自治区农业废弃物处理与利用办法	2012年9月19日宁夏回族自治区人民政府令第48号公布，自2012年11月1日起施行
4	宁夏回族自治区无规定动物疫病区管理办法	2014年1月3日宁夏回族自治区人民政府令第63号公布，自2014年3月1日起施行

一、《宁夏回族自治区村务公开办法》

（一）立法目的

为健全和完善村务公开制度，推进村务公开工作和农村基层组织廉政建设，促进社会主义新农村建设，根据《中华人民共和国村民委员会组织法》和国家有关规定，制定本办法。

（二）发布与修正

2006年12月13日自治区人民政府第84次常务会议讨论通过，2006年12月29日以宁夏回族自治区人民政府令第93号公布。

（三）主要内容

《办法》共6章34条。其中，第一章总则（4条）、第二章村务公开的内容（6条）、第三章村务公开的实施（7条）、第四章村务民主决策（4条）第五章民主理财措施（6条）、第六章罚则（7条）。

二、《宁夏回族自治区农作物有害生物预测预报办法》

（一）立法目的

为加强农作物有害生物预测预报工作，准确、及时地发布农作物有害生物预报，防御农作物有害生物灾害，保护农作物生产安全，根据《中华人民共和国农业法》《中华人民共和国农业技术推广法》《中华人民共和国气象法》和其他有关法律法规的规定，结合自治区实际，制定本办法。

（二）发布与修正

2007年7月20日自治区人民政府第96次常务会议讨论通过，2007年7月30日以宁夏回族自治区人民政府令第98号公布。

（三）主要内容

《办法》共25条。

三、《宁夏回族自治区农业废弃物处理与利用办法》

（一）立法目的

为促进农业废弃物的处理与利用，保护和改善生态环境，建设资源节约型、环境友好型社会，根据《中华人民共和国农业法》《中华人民共和国环境保护法》等有关法律、法规的规定，结合自治区实际，制定本办法。

（二）发布与修正

2012 年 9 月 19 日自治区人民政府第 123 次常务会议讨论通过，以宁夏回族自治区人民政府令第 48 号公布。

（三）主要内容

《办法》共 6 章 32 条。其中，第一章总则（6 条）、第二章鼓励与扶持（4 条）、第三章处理与利用（6 条）、第四章服务与监督（6 条）第五章罚则（5 条）和第六章附则（1 条）。

四、《宁夏回族自治区无规定动物疫病区管理办法》

（一）立法目的

为加强无规定动物疫病区建设和管理，有效预防、控制和扑灭重大动物疫病，促进畜牧业持续健康发展，保护人体健康，根据《中华人民共和国动物防疫法》《宁夏回族自治区动物防疫条例》等法律法规，结合自治区实际，制定本办法。

（二）发布与修正

2013 年 12 月 20 日自治区人民政府第 17 次常务会议讨论通过，2014 年 1 月 3 日以宁夏回族自治区人民政府令第 63 号公布。根据 2022 年 1 月 18 日《自治区人民政府关于废止和修改部分政府规章的决定》修正。

（三）主要内容

《办法》共 6 章 29 条。其中，第一章总则（6 条）、第二章无规定动物疫病区建设（5 条）、第三章规定动物疫病的预防、控制和扑灭（6 条）、第四章检疫与监督（6 条）、第五章法律责任（5 条）、第六章附则（1 条）。

已废止的地方政府规章有 13 部。详见表 4-1-3。

表 4-1-3 1996—2020 年自治区发布的农业方面已废止的政府规章的公布、施行及废止时间

序号	政府规章名称	立法机关、公布时间及废止时间
1	宁夏回族自治区兽药管理办法	1995 年 12 月 20 日宁政发〔1995〕110 号发布。根据 1997 年 12 月 29 日宁政发〔1997〕129 号修正。根据《宁夏回族自治区人民政府关于废止和宣布失效部分自治区人民政府规章的决定》，2010 年 11 月 4 日废止
2	宁夏回族自治区农业机械事故处理办法	1997 年 10 月 8 日宁政发〔1997〕92 号发布。根据《宁夏回族自治区人民政府关于废止和修改部分政府规章的决定（2017）》，2017 年 11 月 2 日废止
3	宁夏回族自治区农业机械驾驶操作人员违章处罚办法	1997 年 10 月 8 日宁政发〔1997〕93 号发布。根据《宁夏回族自治区人民政府关于废止和修改部分政府规章的决定》，2017 年 11 月 2 日废止
4	宁夏回族自治区农药管理办法	1999 年 12 月 28 日宁夏回族自治区人民政府令第 14 号公布，根据 2006 年 3 月 1 日《自治区人民政府关于修改〈宁夏回族自治区农药管理办法〉等 5 件规章的决定》第一次修正。根据 2016 年 6 月 15 日《自治区人民政府关于废止和修改部分政府规章的决定》第二次修正。2017 年 11 月 2 日废止
5	宁夏回族自治区牲畜口蹄疫防治办法	2002 年 7 月 1 日宁夏回族自治区人民政府令第 45 号公布，自 2002 年 9 月 1 日起施行。根据《宁夏回族自治区人民政府关于废止和宣布失效部分自治区人民政府规章的决定》，2010 年 11 月 4 日废止
6	宁夏回族自治区饲料和饲料添加剂管理办法	2002 年 8 月 15 日宁夏回族自治区人民政府令第 49 号公布，自 2002 年 11 月 1 日起施行。根据《宁夏回族自治区人民政府关于废止和宣布失效部分自治区人民政府规章的决定》，2010 年 11 月 4 日废止

（续）

序号	政府规章名称	立法机关、公布时间及废止时间
7	宁夏回族自治区动物诊疗管理办法	2004年12月28日宁夏回族自治区人民政府令第71号公布，自2005年2月1日起施行。根据《宁夏回族自治区人民政府关于废止和宣布失效部分自治区人民政府规章的决定》，2010年11月4日废止
8	宁夏回族自治区实施《种畜禽管理条例》办法	2002年1月4日宁夏回族自治区人民政府令第38号公布，根据2006年3月1日宁夏回族自治区人民政府令第89号修正。根据《自治区人民政府关于废止和修改部分政府规章的决定宁夏回族自治区人民政府令第101号》，2018年9月29日废止
9	宁夏回族自治区农作物有害生物预测预报办法	2007年7月30日宁夏回族自治区人民政府令第98号公布，自2007年9月1日起施行。根据《宁夏回族自治区人民政府关于废止和修改部分政府规章的决定（宁夏回族自治区人民政府令第120号）》，2022年9月21废止
10	宁夏回族自治区农药管理办法	1999年12月28日宁夏回族自治区人民政府令第14号公布，根据2006年3月1日《自治区人民政府关于修改〈宁夏回族自治区农药管理办法〉等5件规章的决定》第一次修正。根据2016年6月15日《自治区人民政府关于废止和修改部分政府规章的决定》第二次修正，2017年11月2日废止
11	宁夏回族自治区牛羊屠宰管理办法	2011年12月26日宁夏回族自治区人民政府令第43号公布。根据《宁夏回族自治区人民政府关于废止和修改部分政府规章的决定》，2017年11月2日废止
12	宁夏回族自治区家禽屠宰管理办法	2011年12月26日宁夏回族自治区人民政府令第43号公布。根据《宁夏回族自治区人民政府关于废止和修改部分政府规章的决定》，2017年11月2日废止
13	宁夏回族自治区生猪屠宰管理办法	2011年12月26日宁夏回族自治区人民政府令第44号公布。根据《宁夏回族自治区人民政府关于废止和修改部分政府规章的决定》，2017年11月12日废止

■ 第三节　行政规范性文件及其合法性审核

自治区农业农村厅立足全区农业发展实际，坚持面向农村、服务农民，围绕畜禽屠宰、动物疾病防治、农业技术推广、农村改革等具体领域，制定了《鼓励基层农技人员面向新型农业经营主体开展服务的暂行办法》《宁夏回族自治区动物及动物产品休药期承诺书管理办法》《宁夏扶持壮大村级集体经济项目管理办法》等几十件行政规范性文件，有力促进了农业升级、农村进步和农民发展。

2016年，为贯彻落实《宁夏回族自治区规范性文件制定和备案规定》和《自治区人民政府办公厅关于实施行政规范性文件"三统一"和有效期制度的通知》等，加强行政规范性文件的监督管理，自治区农业农村厅制定印发《宁夏回族自治区农牧厅规范性文件制定和报备制度（试行）》（宁农（经）发〔2016〕22号）、《宁夏回族自治区农业农村厅行政规范性文件制备办法》（宁农（法）发〔2021〕5号），明确规范性文件制定的原则和起草、审定、发布、备案等程序，进一步规范了规范性文件制定行为，为提高规范性文件效率和质量提供可靠保障。

一、行政规范性文件合法性审核的主要内容

规范性文件合法性审核的主要内容主要有6个方面：一是，是否超越制定机关的权限；二是，是否同有关法律、法规、规章相抵触，是否与上级机关的规范性文件相违背；三是，是否设定行政许可、行政处罚、行政强制和政府基金、行政事业性收费、集资等事项；四是，是否设定减损公民、法人和其他组织合法权益或者增加其义务的规范；五是，是否就同一事项的规定与其他规范性文件相矛盾；六是，是否符合规范性文件的制定程序和要求。

二、行政规范性文件审核标准

规范性文件审核标准主要有 12 个方面：一是主体合法；二是未超越制定机关法定权限；三是与上位法和国家政策规定一致；四是未违法设定行政许可、行政处罚等事项；五是未违法增加义务、限制权利；六是未违法设定评比达标表彰示范创建；七是未违反公平竞争规定；八是未违反机构编制管理规定；九是未违反市场准入负面清单管理制度；十是未违反诚信建设规定；十一是未违规设定税收优惠；十二是未违反法不溯及既往原则。

三、行政规范性文件的合法性审核情况

据不完全统计，2016—2020 年，自治区农牧厅（农业农村厅）法规处的法制审核人员先后审查至少 30 余件规范性文件。截至 2020 年年底，现行有效的规范性文件有 26 件。详见表 4-1-4。

表 4-1-4　自治区农业农村厅现行有效的规范性文件统计

序号	文件名称	发文字号
1	关于印发《宁夏回族自治区畜禽屠宰肉品品质检验人员考试考核办法》的通知	宁农（屠宰办）发〔2016〕9 号
2	关于印发《宁夏回族自治区兽医经营质量管理规范实施细则》等 4 个文件的通知	宁农（医）发〔2015〕13 号
3	关于印发《宁夏回族自治区兽药生产许可行政审批办事指南》《宁夏回族自治区兽医生产质量管理规范检查验收办法》的通知	宁农（医）发〔2015〕22 号
4	关于印发《宁夏回族自治区重大动物疫病疫苗管理暂行办法》的通知	宁农（医）发〔2012〕371 号
5	关于印发《宁夏回族自治区兽药使用质量规范管理》的通知	宁农（医）发〔2012〕556 号
6	关于印发《动物诊疗许可证申办暂行规定》《乡村兽医登记管理暂行规定》的通知	宁农（医）发〔2009〕356 号
7	关于印发《宁夏回族自治区兽用处方药与非处方药分类管理暂行办法》（试行）的通知	宁农（医）发〔2009〕366 号
8	关于印发《宁夏规模养禽场安全隔离区建设标准》《宁夏规模养禽场生物安全隔离区技术规程》《宁夏规模养禽场生物安全隔离区考核验收办法》的通知	宁农（医）发〔2009〕248 号
9	关于印发《宁夏回族自治区兽药经营质量管理规范（GPS）检查验收办法》的通知	宁农（医）发〔2010〕280 号
10	关于印发《农业系统行政处罚自由裁量权细化标准》及《宁夏农业系统规范行政许可裁量权使用适用规则》的通知	宁农（法）发〔2012〕561 号
11	关于印发《畜禽屠宰厂（场）监督检查内容要求》的通知	宁农（屠宰办）发〔2016〕5 号
12	关于印发《宁夏小型生猪屠宰场（点）管理办法》的通知	宁农（屠宰办）发〔2016〕10 号
13	关于印发《宁夏回族自治区畜禽定点屠宰环节病害畜禽（肉）无害化处理管理办法（暂行）》的通知	宁农（屠宰办）发〔2016〕13 号
14	《关于规范畜禽定点屠宰厂企业肉品品质检验相关证章管理使用的通知》	宁农办通〔2018〕109 号
15	关于印发《鼓励基层农技人员面向新型农业经营主体开展服务的暂行办法》的通知	宁农（科）发〔2016〕13 号
16	关于印发《关于推进全区政府购买兽医社会化服务工作的指导意见》的通知	宁农（医）发〔2017〕5 号
17	《关于畜禽定点屠宰厂（场）设立颁证变更有关事项的函》	宁农（医）发〔2018〕2 号
18	关于遏制重特大农机事故全面加强农机安全生产源头管控和安全准入工作的指导意见	宁农（办）通〔2017〕173 号
19	关于印发《宁夏回族自治区农业机械购置补贴产品违规经营行为处理办法（试行）》的通知	宁农（机）发〔2017〕3 号
20	关于加快农业产业化联合体发展的意见	宁农（产）发〔2018〕4 号
21	宁夏回族自治区动物及动物产品休药期承诺书管理办法	宁农（医）发〔2018〕6 号
22	宁夏回族自治区主要农作物品种试验管理办法	宁农规发〔2018〕1 号

（续）

序号	文件名称	发文字号
23	宁夏回族自治区主要农作物品种引种备案管理办法	宁农规发〔2018〕1号
24	宁夏农作物新品种选育择优补助办法	宁农规发〔2018〕1号
25	宁夏回族自治区蔬菜种苗生产经营许可证核发管理办法	宁农规发〔2019〕1号
26	宁夏扶持壮大村级集体经济项目管理办法	宁农规发〔2019〕2号

（续）

第二章

农 业 执 法

■ 第一节 农业执法机构与队伍

一、农业执法机构

全区农业执法机构分为自治区、设区的市和县级三级。截至2020年年底,自治区一级在农业农村厅法规处加挂农业综合执法监督局牌子。厅本级执法职责主要由8个厅机关内设机构和12个厅属事业单位承担。8个厅机关内设机构包括法规处(农业综合执法监督局)、农村改革与经济指导处、科技教育处(农业转基因生物安全管理办公室)、农产品质量安全监管处、种植业管理处(农药管理处)、畜牧兽医局、渔业渔政管理局、农业机械管理处;事业单位12个,包括畜禽定点屠宰工作站、饲料工作站、农业技术推广总站、种子工作站、畜牧工作站、农村经营管理站、动物卫生监督所、兽药饲料监察所、农机安全监理总站、水产技术推广站、农业机械化技术推广站、农产品质量安全中心。

自治区27个市、县(区)共组建执法机构16个,其中,石嘴山市组建了执法支队,其他县(区)组建执法大队。银川市辖三区及吴忠市利通区、红寺堡区按照跨部门跨领域试点要求,没有单独设置农业综合执法机构。

二、农业执法队伍

截至2020年年底,厅本级有执法人员81人,其中公务员4人,参公人员3人,事业编制人员74人。

各市、县(区)在编在岗执法人员320人,其中:银川市135人,石嘴山市49人,吴忠市40人,固原市61人,中卫市35人。行政编制7人,事业编制313人。

■ 第二节 农业执法内容

因机构改革、职能调整,各阶段的农业执法内容进行了相应的调整。主要分三个阶段,各个阶段的执法内容有所不同。

一、第一阶段(1996—2000年)自治区畜牧局、自治区乡镇企业管理局、自治区农业厅农业执法内容

(一)自治区畜牧局执法内容

根据自治区人民政府办公厅关于印发《自治区畜牧局职能配置、内设机构和人员编制方案的通

知》（宁政办发〔1995〕99 号），自治区畜牧局以强化宏观指导和行业管理为主要内容，把工作重点放在对畜牧业经济的"引导、支持、保护、调控"上来。从三个方面转变职能；对畜牧业生产由微观的直接管理转为宏观的间接管理与调控；从过去主要依靠行政手段管理转为主要依靠经济的、法律的和必要的行政手段管理；由单一的生产管理转为搞好社会化服务，引导畜牧业进入市场。同时，强化政策法规、监督管理、市场信息、经济技术交流等方面的职能。

自治区畜牧局内设政策法规处，其职责是参与研究制定发展畜牧业生产和农村畜牧业经济的各项重大方针政策，组织起草畜牧业地方性法规并监督实施，参与制定畜牧业经济体制改革方案，审核其他部门起草的法规规章中有关畜牧业和畜牧业经济的条款；监督检查畜牧业法规、规章的执行情况，承担行政复议工作局领导和各级政府法制部门交办的有关政策、法制方面的事务。

（二）自治区乡镇企业管理局执法内容

根据自治区人民政府办公厅关于印发《自治区乡镇企业局职能配置、内设机构和人员编制方案的通知》（宁政办发〔1996〕47 号），自治区乡镇企业局适应社会主义市场经济体制需要，转变职能，理顺关系，精兵简政，提高效率，实行政企、政事分开。加强规划、指导、管理、监督、协调、服务职能。

自治区乡镇企业管理局内设综合法规处，其职责是负责起草、修改有关全区乡镇企业的法规、条例和政策性文件，并监督检查落实情况，负责有关乡镇企业政策法规的解释；咨询办理涉及本行业的人大、政协提案、议案，负责乡镇企业的舆论宣传和报道工作。

（三）自治区农业厅执法内容

根据自治区人民政府办公厅关于印发《自治区农业厅职能配置、内设机构和人员编制方案的通知》（宁政办发〔1996〕88 号），自治区农业厅切实把工作重点转移到加强对农村经济的"引导、支持、保护、调控"上来，按照政企、政事职责分开的原则，完善管理体制，改变工作方法，落实职能转变。从微观管理转向宏观管理，从主要依靠行政手段转向主要依靠经济、法律和表情，通过调控市场指导农村经济发展。从对生产的管理转向对产前，产中，产后全过程的服务和管理，从主要指导农渔业转向对整个农村经济的综合管理。逐步取消农渔业指令性生产计划和企业更新改造、留利分配等微观管理手段。同时，加强商品粮基地菜篮子工程建设，大力推进农科教结合，提高农业科技含量，强化政策法规监督，管理农业产业、农业投入品和农业产出品市场信息、资源环境、质量标准、对外经济合作、技术交流及指导农村经济组织健康发展等方面的工作。

自治区农业厅内设政策体改法规处，其职责是研究制定全区农业和农村经济发展及农民奔小康相关政策，制定全区农村经济体制改革方案并组织实施，组织起草、论证和修订主管产业相关的地方性法规、规章和规范性文件，负责有关法规的执法检查工作，承担农业行政复议工作；负责全区农业系统政策法规人员的培训和法律法规的宣传教育工作。

二、第二阶段（2000—2018 年）自治区农牧厅农业执法内容

根据自治区人民政府办公厅关于印发《自治区农牧厅职能配置、内设机构和人员编制规定》（宁政办发〔2000〕86 号），组建自治区农牧厅。将草原野生动物保护的职能交给自治区林业局。将村镇建设规划的职能交给自治区建设厅。将农业环境保护的职能交给自治区环境保护局。将自治区农业厅、自治区畜牧局、自治区乡镇企业局和自治区农机化总公司承担的行政职能划入自治区农牧厅。

自治区农牧厅内设产业政策与法规处，其职责是贯彻执行农业产业政策，引导农业产业结构的合理调整、农业资源的合理配置和产品品质的改善；承办农业各产业地方性法规、规章的起草和监督检查工作，对其他部门起草的规章中有关农业和农村经济的条款提出审核意见；指导农业行政执法体系

建设和农业法制宣传教育，承担农业行政复议工作。

2014年，根据《宁夏回族自治区人民政府办公厅关于印发自治区农牧厅主要职责内设机构和人员编制规定的通知》（宁政办发〔2014〕116号），将法规处、农村经营管理处合并，设置了农村经营管理与法规处，同时加挂行政审批办公室。自治区农牧厅执法内容相应做了调整，主要承担机关规范性文件审核工作；负责行政审批的相关工作；牵头组织农业立法、普法、综合执法工作，指导行业执法；负责行政复议等事务。

三、第三阶段（2018—2020年）自治区农业农村厅农业执法内容

2019年，按照宁党办〔2019〕6号文件要求，组建自治区农业农村厅。加强农产品质量安全和相关农业生产资料、农业投入品的监督管理，坚持最严谨的标准、最严格的监管、最严厉的处罚、最严肃的问责，严防、严管、严控质量安全风险，让人民群众吃得放心、安心。进一步明确了农业村厅职责：一是负责食用农产品从种植养殖环节到进入批发、零售市场或生产加工企业前的质量安全监督管理；二是负责动植物疫病防控、畜禽屠宰、生鲜乳收购环节质量安全的监督管理。

自治区农业农村厅内设法规处（农业综合执法监督局）*，其职责是组织起草农业农村有关地方性法规、政府规章草案，承担执法监督工作；指导农业行政执法体系建设，组织全区农业执法检查活动，查处重大违法问题；承担农业行政审批、行政复议、行政应诉和规范性文件合法性审查工作；组织普法宣传工作。

■ 第三节 农业综合执法

一、试点起步阶段

为贯彻落实农业部《关于进一步开展农业行政综合执法试点工作的意见》，1999年，自治区农业厅印发《农业厅关于我区开展农业综合执法试点工作的实施意见》（宁农法发〔1999〕83号文件），正式拉开全区农业行政执法改革试点的序幕。永宁县、利通区作为试点县区，按照试点要求，结合自身实际，成立农业行政综合执法机构，整合执法人员，经资格培训合格后，取得农业行政执法证。其中，永宁县成立农业管理站，专职负责农药、化肥、种子、植物检疫等执法工作；利通区成立种子、农药执法科专职从事农药、化肥、种子等执法工作。两个试点县成立农业综合执法机构后，加强农药、化肥、种子、植物检疫等执法工作，不断净化市场。在试点经验基础上，贺兰县也将农药、化肥的监督管理合并于种子管理站，实行农业行政综合执法。银川市、银川市原郊区等市县农业（牧）局积极申请成立农业行政综合执法机构，农业行政综合执法试点取得良好开端，并得到农业部表彰。同年，自治区农业厅印发《关于加快推进依法治农进程的意见》（宁农法发〔1999〕80号），为提高农业干部法治意识，规范农业执法行为，提高依法治农水平，提供政策保障，并在当年召开的全区农业工作会议上首次就农业法治工作做专题报告。

二、稳步推进阶段

2000年8月，自治区召开全区依法行政工作会议，指出各级政府和政府各部门要以政府机构改革为契机，理顺执法体制，相对集中行使行政处罚权，清理整顿行政执法队伍，建立执法责任制和评

---

* 宁编办发〔2022〕21号《关于调整优化自治区农业农村厅内设机构职责的通知》法规处增加"负责重大案件查处和跨区域执法的组织协调职责"。

议考核制。2004 年 8 月，自治区人民政府批转自治区农牧厅拟定的《关于加强农业行政综合执法体系建设的意见》，要求贯彻落实十六届三中全会精神和国务院《全面推进依法行政实施纲要》，加快农业行政执法体制的改革，大力推进全区农业行政综合执法体系建设，为农业增效、农民增收和农村稳定提供可靠的法制保障。全区各级农业（牧）部门认真贯彻意见要求，扎实推进农业行政综合执法体系建设，取得积极成效。

（一）职责整合方面

各市、县（市）、区农业（牧）部门整合法律、法规、规章赋予农业行政主管部门的有关农药、种子、肥料、兽药、农业环保、种畜禽、草原、基本农田保护、乡镇企业、农业转基因生物安全、植物新品种保护、野生动植物保护、饲料、渔政监督、动植物检疫等的行政处罚及行政许可等职权，并统一由综合执法机构集中行使。

（二）制度建设方面

自治区农牧厅先后制定印发《宁夏回族自治区农业行政执法责任制（试行）》《宁夏回族自治区农业行政执法程序规定》《宁夏回族自治区农业行政处罚取证制度》《农业综合执法规范化建设标识标志应用规范》《宁夏回族自治区农牧厅行政处罚裁量标准》《宁夏回族自治区农业行政执法证件管理办法（试行）》《宁夏回族自治区农业行政执法公示制度（试行）》等 15 项制度规定，为规范农业执法行为提供制度保障。

（三）人员选配方面

严格落实持证上岗制度，经岗前培训、考核合格，持自治区人民政府核发的行政执法证的农业行政执法人员才能够从事农业行政执法工作。加强执法人员培训，定期开展各种形式的学法、用法活动，提高执法人员的政治素质和办案水平，做到依法办事，公正执法，服务"三农"。

（四）资金保障方面

自治区财政每年下拨 100 余万元专项资金，用于购置执法记录仪、笔记本电脑、录音笔等执法办案装备，改善基层执法办案条件。

（五）执法监督方面

为规范农业执法行为，提高执法人员办案能力和文书制作水平，推进农业法治建设，自 2010 年以来，每年组织开展全区农业行政处罚案卷评选，对获得优秀的案卷进行通报表扬，并上报农业部参与全国评选。截至 2020 年年底，共有 6 卷行政处罚案卷被农业农村部评为全国农业行政处罚优秀案卷。优秀案卷获奖单位和获奖时间分别是：青铜峡市农牧局办理的经营假农药案（2012 年），石嘴山市农牧局办理的经营、推广应当审定未经审定杂交玉米种子案（2016 年），永宁县农牧局办理的经营假兽药案（2016 年），石嘴山市惠农区农牧水务局办理的经营未按规定备案玉米杂交种子案（2017 年），青铜峡市农业农村局办理的经营涂改标签的农作物种子案（2019 年），中宁县农业农村局办理的经营假农药案（2020 年），彭阳县农业综合执法大队办理的销售应当审定未经审定农作物种子案（2021 年），固原原州区农业综合执法大队办理的销售包装上标签残缺不清的肥料产品案（2022 年）。

三、巩固提升阶段

2018 年，中共中央办公厅、国务院办公厅印发《关于深化农业综合行政执法改革的指导意见》（中办发〔2018〕61 号）。按照自治区党委、政府主要领导批示要求，自治区农业农村厅牵头制定

《关于深化农业综合行政执法改革的实施意见》。截至 2019 年年底，全区农业综合行政执法改革取得积极进展。

（一）机构设置方面

自治区农业农村厅成立法规处，加挂农业综合行政执法监督局牌子，主要负责监督指导、重大案件查处和跨区域执法的组织协调工作。各市、县（区）共成立 16 支农业综合行政执法支（大）队，其中副处级 1 支、副科级 7 支、不定级别 8 支。银川市、吴忠市作为跨区域、跨部门综合行政执法改革试点，市辖区的农业行政执法职责统一划归市辖区综合执法局集中统一行使，相关人员也一并转隶。

（二）制度规范方面

自治区农牧厅印发《关于全面推行行政执法公示制度执法全过程记录制度重大执法决定法制审核制度的实施方案》，制定行政执法"三项制度"实施细则，修订了农业行政处罚自由裁量权基准，起草《行政执法人员清单》《音像记录事项清单》《重大执法决定法制审核目录清单》《农业行政执法案卷管理制度》等 16 项制度规定，压实执法责任，规范执法行为。

（三）素质提升方面

2018—2020 年，自治区农业农村厅每年举办 3 期农业执法培训班，对全区农业执法骨干进行轮训。截至 2020 年年底，已对全区 400 余名农业执法人员进行轮训，提升执法能力水平。探索组建全区农业综合执法办案专家指导小组，协助指导实地办案，发挥传帮带作用，并得到农业农村部肯定。

（四）装备保障方面

2018 年以来共下拨 300 余万元专项经费，用于基层执法机构购买执法记录仪、录音笔、快速检测仪等执法装备，不断提高执法保障水平。

（五）示范创建方面

2019 年，自治区农业农村厅印发《关于组织开展全国农业综合行政执法示范创建活动的实施方案》，组织开展全国农业综合行政执法示范创建，石嘴山市农业综合行政执法支队（2019 年）、平罗县农业综合执法大队（2020 年）被农业农村部评为全国农业综合执法"示范窗口"。青铜峡市农业农村局被评为 2019 年全国农业综合行政执法"示范单位"。

■ 第四节　农业执法案件查处

全区各农业执法机构依法履职尽责，严厉打击坑农害农行为，依法保障农民合法权益和农业产业健康持续发展。自治区本级通过授权委托，发挥行业管理部门专业优势，保障依法开展执法工作；每年开展农资打假专项执法行动，保护春耕备耕；按照农业部部署，开展"中国渔政亮剑"暨黄河流域禁渔期专项执法；联合公安、工商、质检等九部门开展"绿剑护农"专项执法行动。通过委托执法、专业执法、联合执法，打击坑农害农行为，依法保护农民群众的合法权益和市场秩序，促进农业产业持续健康发展。

2018—2020 年，全区农业综合行政执法机构共计立案 350 余件，行政处罚 120 万余元，为农民群众挽回经济损失 2000 余万元。

一、经营假农药案

2011 年 8 月，青铜峡市农牧局执法人员与自治区农药肥料检定管理所工作人员，根据农业部农药抽检要求，依法对某农资服务部进行农药质量抽检，随机抽取当事人店内正在经营的霜霉威盐酸盐（722 克/升水剂）、阿维·甲氰（1.8％乳油）、毒死蜱（480 克/升乳油）、毒·辛（48％乳油）各 2 瓶。经农业部农药质量监督检验测试中心（天津）检验该批次霜霉威盐酸盐（722 克/升水剂）、阿维·甲氰（1.8％乳油）、毒死蜱（480 克/升乳油）、毒·辛（48％乳油）四种农药有效成分含量、未登记成分不符合国家标准和农药登记资料的规定。经查实，当事人购进霜霉威盐酸盐（722 克/升水剂）10 瓶，阿维·甲氰（1.8％乳油）20 瓶，毒死蜱（480 克/升乳油）20 瓶，毒·辛（48％乳油）10 瓶。至案发，霜霉威盐酸盐（722 克/升水剂）以 10.0 元/瓶售出 4 瓶，用于抽样 2 瓶，剩余 4 瓶，获得违法所得 40.00 元；阿维·甲氰（1.8％乳油）以 9.0 元/瓶售出 6 瓶，用于抽样 2 瓶，剩余 12 瓶，获得违法所得 54.00 元；毒死蜱（480 克/升乳油）以 7.0 元/瓶售出 4 瓶，用于抽样 2 瓶，剩余 14 瓶，获得违法所得 28.00 元；毒·辛（48％乳油）以 7.0 元/瓶售出 5 瓶，用于抽样 2 瓶，剩余 3 瓶，获得违法所得 35.00 元。销售上述四种农药产品，当事人共获得违法所得 157.00 元。依据《中华人民共和国农药管理条例》规定，作出如下处罚决定：没收该批次农药霜霉威盐酸盐（722 克/升水剂）4 瓶；阿维·甲氰（1.8％乳油）12 瓶；毒死蜱（480 克/升乳油）14 瓶；毒·辛（48％乳油）3 瓶；没收违法所得人民币 157.00 元；处违法所得 10 倍罚款人民币 1570.00 元。

二、生产假种子案

2012 年 7 月，农业部夏季种子生产基地巡查组对青铜峡市杂交玉米种子生产基地进行巡查。巡查组检查了青铜峡市四家种子生产企业的种子生产档案、生产许可证办理及生产质量控制措施落实情况，对制种亲本的真实性进行了抽样检测。2012 年 9 月，青铜峡农牧局接到自治区种子管理站《关于查处套牌种子生产企业的通知》文件（宁农种管发〔2012〕30 号），文件中指出被抽检的宁夏某良种繁育经销中心制种的"元玉 3 号"玉米亲本样品存在品种真实性问题，要求依法严肃查处。同时文件附件《农业部夏季种子生产基地巡查品种真实性检测结果》标明：检测样品品种名称"元玉 3 号"疑似仿冒科玉 2 号，违反了《中华人民共和国种子法》的规定，认定为假种子。通过调查核实，2012 年宁夏某良种繁育经销中心种植的"元玉 3 号"玉米品种，制种地点在青铜峡市大坝镇利民村，实际制种 900.2 亩，籽粒产量为 78225 千克。截至 2012 年 12 月 18 日，78225 千克制种玉米全部由青铜峡市农业农村局监督封存进行转商处理。依据《中华人民共和国种子法》对 78225 千克制种玉米进行封存，监督转商处理，并处以罚款。

三、未取得主要农作物种子生产许可证生产种子案

2014 年 9 月，青铜峡市农牧局接到群众电话举报，称自治区某种子公司在青铜峡市瞿靖镇瞿靖村、蒯桥村无种子生产许可证生产杂交玉米种子。2014 年 9 月 26 日，青铜峡市农牧局接案后，执法人员对该公司的违法行为进行了调查。经调查，当事人无种子生产许可证生产杂交玉米种子。经调查核实，2014 年 4 月 6 日，该公司与青铜峡市瞿靖镇瞿靖村、蒯桥村及农户签订了玉米制种合同并委托生产，落实制种面积共计 1150 亩，制种品种名称及代号为 V198（正大 999），制种农户 113 户。同时查明，该公司 2014 年在生产杂交玉米种子期间，未申请办理主要农作物种子生产许可证，未取得宁夏农牧厅核发的主要农作物种子生产许可证，就生产主要农作物玉米种子，该公司对无种子生产许可证生产杂交玉米种子的行为也予以承认。2014 年 12 月，青铜峡市农牧局执法人员对涉案的种子

保管地点和生产数量进行了调查：自治区某种子公司无证生产杂交玉米种子 V198（正大 999）818663 千克（鲜穗），其中一部分收购后，调运到灵武农场 3 队晒场进行了脱粒、包装，计 825 袋，每袋 50 千克，共计 41250 千克（籽粒），其余收购后调运到甘肃省张掖市。青铜峡市农牧局执法人员现场依法对调运到灵武农场 3 队晒场的玉米种子 V198（正大 999）进行了证据登记保存和样品扦样，制作了现场勘验笔录，对现场进行了拍照取证。当事人对上述违法事实均予认可。依据《中华人民共和国种子法》，青铜峡市农牧局责令该公司立即停止无主要农作物种子生产许可证生产玉米种子的行为，作出没收违法生产品种代号为 V198 的玉米种子 41250 千克，并处人民币 30000 元罚款的决定。

四、生产假种子案

2014 年 10 月，青铜峡市农牧局接到自治区种子工作站《关于移交正大 999 假种子案件的函》（宁种函〔2014〕5 号），称其受襄阳正大农业科技有限公司委托，对四川某农业科技有限公司在青铜峡市瞿靖镇毛桥村马寨 3 队生产的杂交玉米种子"益玉 1 号"进行品种真实性检测。经北京玉米种子检测中心检测，2014 年 10 月 17 日出具检测报告，判定抽取的样品为"正大 999"杂交玉米品种，因此判定为假种子案，要求青铜峡市农牧局立案调查。经查，四川某农业科技有限公司来青铜峡市进行杂交玉米制种，委托授权宁夏某种业有限公司负责人进行生产管理。2014 年 3 月，宁夏某种业有限公司负责人与青铜峡市瞿靖镇毛桥村马寨 49 户农户签订了玉米制种合同，约定制种面积 280 亩，约定产值是 80％的制种面积达到 2350 元。2014 年 7 月，该公司申请办理了主要农作物生产许可证（b（宁）农种生字（2014）第 0011 号），许可证标明：品种名称：益玉 1 号；生产地点：青铜峡市瞿靖镇毛桥村马寨 3 队。实际上，该公司在该地点生产的玉米品种是"正大 999"，实际制种面积 390 亩，涉及农户 55 户。按合同约定价格估算，该公司生产的假种子数量在 10 万千克以上，涉案货值金额达 85 万元以上。四川某农业科技有限公司在青铜峡市瞿靖镇毛桥村马寨 3 队申请许可生产"益玉 1 号"杂交玉米品种而实际生产的是"正大 999"杂交玉米品种的行为，违反了《中华人民共和国种子法》的有关条款，根据《中华人民共和国行政处罚法》第七条、国务院《行政执法机关移送涉嫌犯罪案件的规定》第三条、《中华人民共和国种子法》第五十九条的规定，青铜峡市农牧局将该案件移送青铜峡市公安局，该局受理、立案并追究相关刑事责任。

五、涂改标签种子案

2019 年 2 月，青铜峡市农业农村局执法人员在春季种子市场检查中，依法对当事人经营的青铜峡市瞿靖镇某农资店进行了检查。在该农资店种子仓库发现当事人经营的一批水稻种子，在完整的种子包装袋标签上，原印刷的水稻品种名称"宁粳 50 号"（花 117）被人为地用黑色记号笔涂抹掉、改为用黑色记号笔书写的"G-19"（宁粳 57 号），为涂改标签水稻种子。现查明，当事人经营的涂改标签宁粳 50 号水稻种子的标签是自己私自涂改的。调取的该水稻种子进货票据标明：进货数量为 1000 千克，50 千克/袋，共计 20 袋，至案发时该水稻种子库存为 20 袋，没有销售。

青铜峡市农业农村局认为当事人经营涂改标签种子的行为违反了《中华人民共和国种子法》的有关条款，作出罚款 2000 元的行政处罚决定。

六、生产、销售不符合食品安全标准的食品案

2020 年 2 月，石嘴山市农业农村局执法人员接到群众匿名举报，称有人在大武口区星海镇果园村从事生猪屠宰、加工、销售活动。考虑到春节刚过不久，新冠疫情防控形势严峻，石嘴山市农业农村局及时将举报信息向市场监管部门、公安部门进行了通报。随后，农业农村、市场监管、公安等部

门执法人员立即赶赴现场，展开联合执法检查。

根据举报人提供的线索，执法人员来到了星海镇果园村的一处民房，该民房以前长期闲置，后出租给当事人刘某某使用。执法人员在其中一间平房内发现两个冰柜，柜内存放有大量猪肉及猪头、猪蹄等动物产品，经现场称重，冰柜内贮藏的猪肉和动物产品共计300余千克。在另外一间平房发现多件加工肉品用的铁桶、盆、案板、刀等工具。当事人刘某某也承认了租用民房贮藏、加工猪肉及动物产品的行为事实。石嘴山市农业农村局委托官方兽医对查获的猪肉、猪脏器进行了现场检查和病理剖检，官方兽医依据检验情况，出具了认定结论。经官方兽医现场检查及病理剖检发现：该批次猪肉有未褪去的猪毛，表皮有出血点和瘀血斑块，表皮风干，肌肉变质呈黑红色、脂肪红染；猪头、猪蹄及猪脏器颜色呈黑红色。官方兽医认定：该批次猪肉为"病死或死因不明猪肉"。当事人刘某某的行为涉嫌违反了《中华人民共和国动物防疫法》的有关条款。经请示本机关负责人批准，对当事人刘某某加工、贮藏病死或者死因不明猪肉的行为依法立案调查。经执法人员调查询问得知，刘某某加工好的熟肉制品由其妻子訾某某以走乡串户的形式售卖到了附近乡村。冰柜中存放的猪肉及头蹄等动物产品是刘某某从大武口区长胜街道办事处潮湖村吴新院养殖场收购的病猪、死猪，经过屠宰加工而来的。

2020年2月，依据刘某某的供述，石嘴山市农业农村、公安、市场监管、大武口区动物卫生监督等部门联合对吴新院养殖场开展执法检查。现场检查的情况令人触目惊心。养殖场环境脏乱差，死亡的仔猪随意丢弃在院子里，猪圈里的仔猪精神萎靡、目光呆滞。经大武口区动物卫生监督所官方兽医现场对死亡仔猪进行剖检认定：该仔猪系患病死亡。当事人吴某某也承认，其于2020年1月24日将一头病死母猪和一头患病母猪卖给刘某某。

在经过深入调查，取得大量物证、书证、当事人陈述、鉴定结论等证据后，石嘴山市农业农村局经过集体讨论，认为当事人吴某某、刘某某、訾某某经营死因不明猪肉的行为涉嫌构成犯罪。依据《中华人民共和国行政处罚法》的规定，违法行为构成犯罪的，行政机关必须将案件移送司法机关，依法追究刑事责任。2020年2月17日，石嘴山市农业农村局会同石嘴山市市场监督管理部门将该案移送石嘴山市公安机关。

2020年7月，经石嘴山市大武口区人民法院审理，作出如下判决：被告人吴某某犯生产、销售不符合安全标准食品罪，判处拘役六个月，并处罚金人民币6000元；被告人刘某某犯生产、销售不符合安全标准食品罪，判处拘役四个月，并处罚金人民币5000元；被告人訾某某犯生产、销售不符合安全标准食品罪，判处拘役三个月，缓刑四个月，并处罚金人民币3000元。

七、运输依法应当检疫而未经检疫的动物案

2020年7月，京藏高速平罗南检查站动物防疫工作人员拦截一辆拉运生猪车辆，工作人员要求当事人王某提供检疫证明、调运审批手续及非洲猪瘟病毒检测报告，当事人王某不能提供以上相关证明，因此电话举报至平罗县城关派出所，在平罗县城关派出所民警询问当事人王某期间，驾驶员张某某以给生猪冲水为由，驾驶车辆开出检查站，向大武口区石炭井方向行驶，被平罗县公安部门拦截至大武口区头石路（原石炭井技校门口）。7月7日21时40分电话举报至石嘴山市农业农村局，石嘴山市农业农村局执法人员立即赶赴现场。经执法人员现场清点及询问驾驶员张某某，车上载有生猪102头，均无耳标，临床健康状况良好，执法人员要求驾驶员张某某提供检疫证明、调运审批手续及非洲猪瘟病毒检测报告，驾驶员张某某不能提供以上相关证明，石嘴山市农业农村局执法人员将车辆暂扣在局院内，当事人王某被平罗县城关派出所移送到大武口区人民路派出所留置接受调查。当日经本机关负责人批准依法立案，执法人员依法制作了现场检查笔录，对运输的车辆、生猪进行拍照和录像，同时提取了当事人王某身份证复印件，所有提取的证据材料均有当事人王某签字确认。

2020年7月7日，当事人王某通过经纪人白某某在内蒙古自治区巴彦淖尔市临河区的两家养殖场以每千克36.2元的价格，购买了17065千克的生猪，合计共617753元，共计102头生猪，生猪出

场时均没有耳标。购买后由其父亲在家中通过网银转账转给了经纪人郝某某，当事人王某没有在当地申请办理动物检疫合格证明（动物 A）证、调运审批手续及非洲猪瘟病毒检测报告，就租用张某某驾驶的货车计划往西安销售该批生猪。经执法人员查询，该货车已备案。被查获后，2020 年 7 月 8 日石嘴山市畜牧水产技术推广服务中心工作人员对生猪及车辆进行了动物疫病检验，收检 60 份样品，经荧光 PCR 检测，结果均为非洲猪瘟阴性，并出具了动物疫病诊断（检验）报告书。2020 年 7 月 8 日 18 时 40 分，石嘴山市农业农村局执法人员按照农业农村部《应对非洲猪瘟疫情联防联控工作机制关于印发〈非洲猪瘟防控强化措施指引〉的通知》（农明字〔2020〕50 号）和《自治区农业农村厅、交通运输厅、公安厅关于印发〈违法违规调运生猪百日专项打击行动实施方案〉的通知》（宁农（牧）发〔2020〕17 号）文件要求，将该批 100 头活猪运往平罗县寿江生猪定点屠宰场进行屠宰，由平罗县动物卫生监督所负责监督实施，死亡的 2 头生猪由平罗县动物卫生监督所做无害化处理。

当事人王某运输依法应当检疫而未经检疫的动物的行为，依照《中华人民共和国动物防疫法》相关规定，结合农业农村部公告第 180 号《规范农业行政处罚自由裁量权办法》之规定。责令当事人王某停止运输依法应当检疫而未经检疫的动物的行为，并作出罚款处罚。

八、在禁渔区使用电鱼的方法进行捕捞案

2020 年 11 月 25 日，石嘴山市农业农村局接到群众举报，称有人在黄河惠农段石嘴山黄河大桥附近电鱼。经审批立案调查，当事人牛某和其邻居董某某于 2020 年 11 月 25 日 12 时 10 分驾驶轻型栏板货车，来到黄河惠农段石嘴山黄河大桥以北 1 千米水文站东面 30 米处，车上载有冲锋舟一艘，JS-多功能超强智能电源一台，蓄电池两块、电抄子一个和一个用来装渔获物的白色圆柱形塑料桶等捕捞工具。由当事人牛某驾驶冲锋舟，董某某使用电抄子下河实施电鱼捕捞，至当日 17 时 20 分被执法人员现场查获时，2 人共通过电鱼捕捞的方法在黄河惠农段非法捕捞鲤和鲫共计肆拾千克（共计：40 千克）。依照《国家级水产种质资源保护区名单（第一批 40 处）》（农业部公告第 947 号）之规定，认定当事人牛某和董某某实施电鱼捕捞的地点处于黄河青石段大鼻吻鲌水产种质资源保护区内，依法属于禁渔区。

当事人牛某在禁渔区使用电鱼这种破坏渔业资源的方法进行捕捞的违法行为，违反了《中华人民共和国渔业法》第三十条第一款和《宁夏实施〈中华人民共和国渔业法〉办法》第二十七条第一款之规定。石嘴山市农业农村局责令当事人牛某立即改正在禁渔区使用电鱼方法进行捕捞的违法行为，并作出罚款处罚。

九、运输依法应当检疫而未经检疫的动物产品案

2020 年 9 月 22 日，惠农区动物卫生监督所执法人员在惠农区红果子收费站进行动物防疫监督检查时，查获一辆白色厢式货车，车内装有冷冻的猪头、猪蹄。经调查，2020 年 9 月 19 日陈某某委托黄某从安徽省马鞍山市和县将冷冻的猪头、猪蹄 4125 千克运往惠农区。2020 年 9 月 22 日抵达京藏高速惠农区红果子收费站出口时，陈某某未能提供有效的肉品品质检验合格证明和非洲猪瘟检测报告。2020 年 9 月 24 日石嘴山市畜牧水产技术推广服务中心对该批冷冻的猪头、猪蹄进行了采样，共采样 34 份，送宁夏回族自治区动物疫病预防控制中心对 34 份样品进行动物疫病检测。宁夏回族自治区动物疫病预防控制中心经荧光 PCR 检测，出具了动物疫病诊断（检验）报告书。在这批动物产品样本中，非洲猪瘟病毒呈阳性样本 3 份，非洲猪瘟病毒呈阴性样本 31 份。按照非洲猪瘟处置技术规范要求，石嘴山市农业农村局会同惠农区相关部门于 2020 年 9 月 24 日在惠农区畜禽无害化处理掩埋场依法对非洲猪瘟病毒阳性动物产品进行无害化处理。

鉴于陈某某涉嫌运输依法应当检疫而未经检疫、染疫的动物产品和使用无效的动物产品检疫证明的违法行为，依据《中华人民共和国行政处罚法》和《行政执法机关移送涉嫌犯罪案件的规定》的相关规定，认为陈某某的违法行为构成了妨害动植物防疫、检疫罪，故将此案移交司法机关处理。

此外，自治区农业农村厅还积极做好执法监督，认真处理来信来访和行政复议、诉讼工作，依法有效地化解了矛盾纠纷。自2015年以来，共办理信访64件，接待信访人员290多人次，解答土地承包政策13起；办理行政复议2件、行政诉讼19件。

■ 第五节　农业行政审批

行政审批事项包括行政许可、行政审核、同意、行政登记、登记初审、行政审定项目、行政资质认定、行政备案等事项，是农业农村部门行政执法的主要内容之一。

一、农牧厅窗口

2008年2月，自治区政务服务中心开始建设，是自治区政府面向社会及公众集中提供政务服务的窗口，是集审批与收费、信息与咨询、管理与协调、投诉与监督为一体的政务综合服务大厅。同年5月12日正式运行。农牧厅是首批进驻自治区政务服务中心的34个厅局之一，在自治区政务服务中心A区设有2个服务窗口，第一批8名工作人经过2次15天的集中统一培训后进驻大厅受理办理农牧厅的62项行政许可事项。

二、行政审批服务

2009年，按照合法、合理、效能、责任、监督原则，自治区农牧厅对行政审批事项开展第七次清理。清理后实际执行的行政许可项目由82项减少到64项，非许可审批项目3项。采取合并、取消、改变管理方式等减少了18个行政许可项目，比清理前减少21%。对清理的行政审批事项办理流程进行了优化。

2010年，自治区农牧厅与政务服务中心联合印发《农牧厅进驻政务服务中心行政审批事项工作流程的通知》（宁农（法）〔2010〕103号），明确每个行政审批项目工作流程及承诺办理时限，最长的7个审批环节减少到3个，从最长的审批时限90天缩短到13个工作日（包括专家审核、现场评分工作时间），平均每件减少7个工作日。将13个限期办结件转为即办件，当场办结。同年，印发《农牧厅"便民服务年"活动实施方案》（宁农（法）发〔2010〕192号），提出"便利窗口，服务群众"的活动口号，上下联动，多措并举，力促全厅系统政务服务上台阶。印制"宁夏农牧厅行政审批专用"资料袋和信封。资料袋和信封有政务服务中心的徽标、地址、咨询联系电话、农牧厅优化后的办理流程、申办事项等。对符合国家产业政策支持的项目，对种畜禽生产经营许可证的办理、测土配方肥料定点生产企业肥料登记等，开辟"绿色审批通道"，加快审批速度。

2011年，为规范和改进农牧系统政务服务窗口工作，推进政务服务信息化、标准化、体系化建设，提升服务效能，提高服务质量，构建服务优良、高效便捷、运行规范的公共服务平台，农牧厅制定了《基层农牧系统政务服务窗口标准化建设工作实施方案》（宁农（法）发〔2011〕145号）。该方案要求各级农牧部门务必高度重视，加强组织领导，全力保障窗口人员、经费到位。解放思想，转变观念，以务实的态度、扎实的作风，全面推进标准化建设工作，确保实现运行模式标准化、管理模式标准化、行政审批标准化、人员配备标准化的目标。

2012年，为改进和提升服务水平，自治区农牧厅开展行政审批大回访活动。农牧厅窗口工作人员对已取得行政许可证或批准文号的企业、单位等开展形式多样的回访工作。截至2012年年底，共通过信函回访 66 家，电话回访 10 家，实地回访 18 家。回访中收到企业反馈的各类意见建议 50 余条。

2013 年，按照自治区党委、政府提出的 2013 年年底行政审批事项清理压减 30%、2014 年上半年清理压减 50% 的目标，主动加压，自动"对表"，采取取消、下放管理层级、合并同类等方式，压减行政审批事项。到 2013 年 12 月底取消或调整的行政审批事项 33 项，占农牧厅审批事项总数（57 项）的 58%。结合"两区"建设和宁夏实际，研究提出拟提请国务院取消和下放行政审批的事项 58 项。承诺办理期限整体上比法定办理期限压缩 51%。积极参加政务服务中心组织的"优服务、转作风、创一流"岗位大练兵活动，进一步强化人员责任意识，提高服务素质。制定双休日便民服务、回访制度，强化主动服务，开展延时服务、预约服务，为群众企业提供高效便捷服务。

2014 年，出台《农牧厅窗口工作人员轮换方案》，在窗口开展强素质，创佳绩，树形象，人人争当优秀"五员"活动。以"争先创优"活动为抓手，加强窗口行政审批队伍建设，窗口工作人员以争当优秀"五员"为荣。"五员"即当好讲解员，将国家政策和法律法规学好用好，为群众做好政策咨询解答工作；当好便民服务员，换位思考，微笑服务，为群众提供最便捷、高效的审批服务；当好办事员，认真受理、办理进驻中心的每一项行政审批事项；当好宣传员，把窗口作为宣传强农惠农和西部大开发政策的主阵地；当好监督员，对已发放行政许可证的企业回访，了解企业生产经营状况，帮助解决困难，同时对回访中发现的问题，要求限时整改。贯彻落实自治区政府《关于取消和调整一批行政审批事项的通知》精神，把涉及农牧厅 24 项行政审批项目（包括下放管理层级 5 项，转交行业组织自律管理 1 项，合并 6 项，不列入行政审批 12 项）以文件形式印发给各单位，积极做好 24 项行政审批事项的取消和下放后续工作。对自治区本级执行的 57 项行政审批事项办理流程进行自查优化，现行行政审批事项的承诺期限比法定办理期限减少 570 个工作日，比法定办理期限缩减了 49%，审批要件减少了 46 项，审批环节减少 33 个，提高了行政审批效率。

2015 年，为认真贯彻落实《宁夏回族自治区人民政府关于印发进一步推进自治区行政审批集中服务工作方案的通知》（宁政发〔2015〕13 号）精神，农牧厅出台《进一步推进宁夏回族自治区行政审批集中服务意见》，紧紧依托自治区政务服务系统，丰富"旗舰店"内容，建好"互联网＋政务服务"一张网审批服务平台。印发《2015 年农业行政审批制度改革延伸绩效管理实施方案》（宁农计发〔2016〕77 号），在全区农牧系统全面开展农业行政审批制度改革延伸绩效管理工作。召开全区农业行政审批联席会议，部署全区农牧系统行政审批工作，加强内部协同，上下联动，指导市县建好审批服务平台，引导办事企业更好利用审批服务平台实现网上咨询、网上申报，让信息多跑路、群众少跑腿，实现最多跑一次，不见面马上办。

2016 年，为提升农牧厅窗口工作人员的工作积极性，出台《关于选派宁夏回族自治区政务服务中心农业农村厅服务窗口工作人员的通知》（宁农办通〔2018〕3 号），要求厅属有关单位高度重视政务服务窗口工作人员的选派工作，重点选派政治过硬、综合素质强、具有一定文字功底和熟练计算机操作的人员。明确窗口工作经历视同基层工作经历；对连续 3 年获得政务服务中心考核优秀的工作人员，应列为后备干部人选，在干部任用、职称评定、评先评优时应向窗口优秀工作人员倾斜；提拔任用窗口工作人员时，将其窗口工作经历和表现作为考核考察的内容之一，听取政务服务中心的评价和意见等。

2017 年，自治区农牧厅清理、规范、公示行政审批中介服务事项及收费标准。清理 8 项中介服务事项，分别是："饲料添加剂产品主成分指标检测方法验证结论""兽药安全性评价试验报告""项目使用草原可行性报告""主要农作物品种抗逆性鉴定""品质检测、DNA 指纹检测、转基因检测""申请登记的产品安全性证明""产品（床土调酸剂产品登记）适宜土壤区域田间试验报告""肥料质检报告"。同时，按照中介服务事项名称、涉及的审批事项项目名称、中介服务设定依据、中介服务实施机构，在宁夏农业信息网和自治区政务服务门户网上公布。

2018 年，按照《自治区人民政府办公厅关于进一步做好证明事项清理工作的通知》（宁政办发〔2018〕74 号）要求，农牧厅对涉农证明事项进行清理。经清理，保留证明事项 9 项，取消证明事项 4 项。

2019 年，自治区政府办公厅公开发布《宁夏回族自治区种畜禽生产经营许可证审核发放管理办法》，自 9 月 29 日起，全区实行种畜禽祖代场、原种场（一级扩繁场）、保种场、生产遗传材料养殖场的生产经营许可证由自治区畜牧兽医主管部门审核发证，父母代场（二级扩繁场）、奶牛场、孵化场、经营遗传材料单位和个人的生产经营许可证由县（区）级畜牧兽医主管部门审核发证。该行政审批权限的下放为养殖户办理种畜禽生产经营许可证简化了程序、节省了时间、缩短了路程，申请材料由原来的 7 个减少到 5 个，有利于各县（区）根据畜牧业发展实际，结合区域优势、资源条件和产业基础，科学规划本区域畜禽良繁体系建设重点，推动生产发展。

根据《国务院关于取消和下放一批行政许可事项的决定》（国发〔2019〕6 号）要求，取消"饲料添加剂预混合饲料、混合型饲料添加剂产品批准文号核发""新兽药临床试验审批"等 2 项行政许可事项。

2020 年，农业农村厅在全区农业农村系统全面推开"证照分离"改革。为确保"证照分离"改革全覆盖试点落地见效，农业农村厅制定《宁夏回族自治区农业农村厅开展"证照分离"改革全覆盖试点工作的实施方案》，对"饲料、饲料添加剂生产企业审批""农作物种子、食用菌菌种生产经营许可证核发""动物防疫条件核发"等审批事项涉及的法律法规和规范性文件进行全面梳理，逐一提出了具体的改革方式和改革举措，抓好落实；积极开展证照清理培训，及时完成证照清理。清理后，保留"证照分离"改革事项 3 项，保留证明事项 9 项，取消证明事项 4 项。通过清理，办事效率、办事透明度进一步提高，通过线上、线下各种途径公开办事程序和所需材料，为群众和企业办事带来便利。

2008—2020 年，自治区农牧厅（农业农村厅）事项受理、办结、下放情况见表 4-2-1。

表 4-2-1　2008—2020 年自治区农牧厅（农业农村厅）事项受理、办结、下放情况

年份	重要事件	受理（件）	办结（件）	下放/上调
2008	首批进驻 70 项，其中行政许可类 66 项、非许可类 4 项。农牧厅系统被确认进入政务服务中心的许可事项 62 项	209	189	无
2009	根据农业部《关于征求对农业部及地方农业行政主管部门现有行政许可事项意见的通知》，组织人员对行政许可事项的设定依据进行核查	17624	17625	无
2010	制定实施农牧厅行政审批工作制度，内容包括农牧厅集中行政审批工作制度、农牧厅行政审批专用章管理制度、农牧厅行政审批首问责任制度、农牧厅行政审批限时办结制度、农牧厅行政审批一次性告知制度、农牧厅行政审批服务承诺制度、农牧厅行政审批责任追究制度（试行）、宁夏农牧厅工作人员失职追究制度、农牧厅行政审批窗口岗位责任制度、农牧厅行政审批 AB 岗工作制度、农牧厅行政审批窗口工作人员考勤制度、农牧厅行政审批信息工作制度、农牧厅行政窗口档案管理制度（试行）、农牧厅行政审批例会制度、农牧厅行政审批工作人员学习制度、农牧厅行政审批回访制度（试行）	8362	8358	无
2011	经自治区人民政府审定，农牧厅先后行政审批事项 68 项，为切实提高行政审批效率，现特授予农业农村厅现任首席代表田黛君同志从 2011 年 6 月 20 日起，对序号 1 到 13 事项使审批上报权，对序号 14 到 68 号事项使审批决定权，授权至本机关停止田黛君同志任首席代表之日止，授权人赵永彪	201	201	按照自治区农牧厅关于印发《基层农牧系统政务服务窗口标准化建设年活动工作实施方案》（宁农（法）发〔2011〕145 号）文件精神，统计报送基层农牧系统政务服务窗口建设情况，内容包括基层服务窗口建设情况总结和基层农牧系统政务服务窗口建设情况调查表，并于 7 月 30 日前完成摸底调查和情况通报。目前全区执行的农牧行政审批项目，自治区级为 67 项，其中区、市、县三级共同执行的 16 项，市、县（区）两级共同执行 7 项

（续）

年份	重要事件	受理（件）	办结（件）	下放/上调
2012	为了落实《自治区人民政府关于进一步加强政务服务工作意见》（宁政发〔2012〕31 号文件）精神，大力推进全区农牧系统政务服务体系化、标准化、集中服务、主动服务和监督管理等各项工作，自治区农牧厅行政审批办公室研究决定于 8 月份至年底开展标准化建设督察工作，督察涉及 19 项标准和制度建设，27 项建设要点	52828	52406	清理压减至 60 项，其中行政许可事项 57 项、非行政许可事项 3 项。取消的行政审批事项有 5 项，分别是农牧技术人员专业等级证书核发、农村会计人员会计证颁发及职称评定、种畜禽场建立审批、畜禽新品种配套系中间试验及引进畜禽品种改良试验审批、畜禽专业配种（包括人工授精）人员资格证书审核发放。清理取消非行政许可事项有 1 项，即渔业船舶船员考试发证。合并的行政审批事项 1 项，农作物种子检验员考核和食用菌菌种质量检验员考核，合并为种子（含食用菌菌种）质量检验员考核。重新设置办理条件的有 4 项，分别是农作物种子生产许可、农作物种子经营许可、草种生产许可、草种经营许可。更改名称的有 1 项，即动物检疫员资格认可名称更改为官方兽医资格认可
2013	根据自治区政务服务中心有关规定和要求，经研究决定，现对自治区农牧厅驻政务服务中心窗口首席代表李钊授权。经自治区人民政府审定，农牧厅现有行政审批事项 60 项。为切实提高行政审批效率，特授予李钊同志从 2013 年 6 月 17 日起，对序号 1 到 50 项行使审批决定权，对序号 1 到 60 事项行使审核上报权，授权至本机关停止李钊同志任首席代表之日止	2063	2050	经自治区九次清理规范，目前全区农牧系统行政审批事项总数 65 项，其中：行政许可 63 项（区、市、县三级执行 11 项，自治区级执行 44 项，市、县二级执行 8 项）；非行政许可审批 2 项，为自治区级执行。农牧厅实施的 57 项审批事项全部进入政务大厅，"集中、统一、公开"办理
2014	按照国务院和自治区政府简政放权要求，农牧厅取消和调整、承接了一批行政审批事项，优化办事流程。截至 12 月底，本级保留的行政审批事项为 21 项（其中行政许可 20 项，即：自治区级执行 14 项，区、市、县三级执行 6 项；非行政许可 1 项，为自治区级执行）。厅本级行政审批事项共减少审批申报材料 46 项、审批环节 33 个，审批时限由 1164 个工作日压缩为 594 个工作日，压缩了 49%。在全区开展农业行政审批制度改革延伸绩效管理，从"服务保障、服务质量、服务岗位"三个方面查问题、找不足，提对策，推进行政审批标准化建设。发放区政务服务中心《窗口标准化建设工作手册》，指导基层窗口开展标准化建设	517	463	按照《自治区政务服务中心关于抓紧完善单项行政审批流程优化资料的函》（宁政服函〔2014〕14 号）要求，农牧厅对区本级执行的 34 项（其中行政许可 33 项，即：自治区级执行项 25 项，三级执行项 8 项；非行政许可审批 1 项，为自治区级执行）行政审批事项办理流程进行了自查优化。对国务院下放的 14 个涉农事项积极做好承接工作，并对新增的 6 个行政审批事项补充了流程优化资料
2015	经自治区人民政府审定，自治区农牧厅现有政务服务事项 48 项，经农牧厅党组 2015 年第十四次（扩大）会议研究，为切实提高审批效率，现特授予窗口首席代表李钊同志从 2015 年 8 月 24 日起，对序号 1 到 28 项行使审批决定权，对序号 29 到 48 项行使审批上报权，授权至本机关决定停止李钊同志任首席代表之日止	211763	210052	第 27 项渔业船员二级、三级培训机构资格认定；第 28 项从国外引进和向国外提供菌（毒）种或者样本初审；第 120 项对农业部负责的农药分装登记初审；第 121 项对农业部负责的农药田间试验审批初审；第 122 项农药续展登记初审；第 123 项对农业部负责的兽药产品批准文号审批初审；第 124 号对农业部负责的农业转基因生物试验审批初审

（续）

年份	重要事件	受理（件）	办结（件）	下放/上调
2016	按照《自制求人民政府办公厅关于进一步规范政务服务实行的通知》的要求，依据自治区政务服务中心所发"关于确定政务服务事项基本目录的函"，11月20日已经整理形成《自治区农牧系统政务服务事项基本目录（初稿）》。经梳理，自治区农牧系统区、市、县三级政务服务事项20项（办理项97项），其中行政许可13项（办理项90项）、行政确认3项、其他行政权力4项	2930	2929	一是做好国务院下放事项的承接，及时制定"兽药生产许可证核发"办事指南、审批流程，确保下放事项无缝衔接。二是认真贯彻落实新修订的《农业机械试验鉴定办法》，明确将"农业机械推广鉴定证书发放"不再列入行政审批事项，调整为由农机鉴定机构直接发放。三是更新28个委托授权事项的办理流程，提高审批服务效能
2017		526	510	
2018	农业农村厅大力推进优化审批政务服务，在全区农牧系统开展以减环节、减材料、减时限提升行政服务效能的"三减一提升"专项活动，成效显著。经梳理，在自治区第十二次党代会召开前，农业农村厅本级执行的80项行政审批事项，法定办理时限总计为1700工作日，承诺办理时限为1010工作日，在"三减一提升"后，承诺办理时限为680工作日；累计减少18个环节，在"三减一提升"后，累计减少7个环节；申报材料数量554个，在"三减一提升"后申报材料数量488个，减少66个	2485	2482	2017年6月1日，新《农药管理条例》正式实施。调整后的《农药管理条例》赋予自治区农业行政许可类职权事项3项：农药生产许可、限制使用农药经营许可、农药经营许可，这3个事项也正式成为"行政许可类家族"的成员之一
2019	自治区政府办公厅公开发布《宁夏回族自治区种畜禽生产经营许可证审核发放管理办法》，自9月29日起，全区实行种畜禽祖代场、原种场（一级扩繁场）、保种场、生产遗传材料养殖场的生产经营许可证由自治区畜牧兽医主管部门审核发证，父母代场（二级扩繁场）、奶牛场、孵化场、经营遗传材料单位和个人的生产经营许可证由县（区）级畜牧兽医主管部门审核发证。该行政审批权限的下放为养殖户办理种畜禽生产经营许可证简化了程序、节省了时间、缩短了路程，申请材料由原来的7个减少到5个，有利于各县（区）根据畜牧业发展实际，结合区域优势、资源条件和产业基础，科学规划本区域畜禽良繁体系建设重点，推动生产发展	1515	1513	根据《国务院关于取消和下放一批行政许可事项的决定》（国发〔2019〕6号）要求，取消"饲料添加剂预混合饲料、混合型饲料添加剂产品批准文号核发""新兽药临床试验审批"等2项行政许可事项
2020	对照《国家政务服务事项基本目录》和《宁夏回族自治区行政权力清单指导目录》，梳理核对了农业农村厅系统"四级四同"政务服务事项的128个项目，按照不同情形，准确填报《宁夏政务服务事项目录》，逐项编制、完善政务服务事项实施清单，明确受理条件、申请材料、办理时限等200个要素内容，编制简洁清晰、操作便捷的网上办事流程，实现办事要件和办事指南标准化、规范化，确保网上公开的事项信息全面、准确、规范	1394	1394	农业农村部下放"出口国家重点保护的农业野生植物或进出口中国参加的国际公约限制进出口的农业野生植物审批"由省级承接
总计		302417	300372	

三、自治区、市、县三级农业农村行业主管部门主要承担行政许可事项及办理情况

（一）种植业

1. 种子

实施行政许可 7 项。分别是：

（1）农作物种子生产经营许可证核发　其中：自治区级农业主管部门受理申请，核发主要农作物杂交种子及其亲本种子的生产经营许可证。县级以上地方农业主管部门受理申请，核发主要农作物常规种子和非主要农作物种子生产经营许可证。

（2）食用菌菌种生产经营许可证核发　其中：自治区级农业主管部门受理申请，核发母种和原种食用菌菌种生产经营许可证（由企业所在地县级农业主管部门审核），县级人民政府农业行政主管部门受理申请，核发栽培种食用菌菌种生产经营许可证。

（3）农作物种子质量检验机构资格认定　由自治区级人民政府农业行政主管部门负责认定。

（4）食用菌菌种质量检验机构资格认定　由自治区级人民政府农业行政主管部门负责办理。

（5）食用菌菌种进出口审批　由自治区级人民政府农业行政主管部门依法批准。

（6）国家重点保护的天然种质资源的采集、采伐批准　由自治区级人民政府农业行政主管部门批准。

（7）向国外申请农业植物新品种权审批　由自治区级人民政府农业主管部门审批。

办理情况是：

（1）自治区级办理情况　截至 2020 年年底，由自治区农业主管部门核发的有效期内农作物种子生产经营许可证有 23 个；母种和原种食用菌菌种生产经营许可证，仅有个别企业咨询办证条件，未正式提出办理申请；在农作物种子质量检验机构资格认定方面，2015 年以来没有办理；在食用菌菌种质量检验机构资格认定、食用菌菌种进出口审批、国家重点保护的天然种质资源的采集、采伐批准和向国外申请农业植物新品种权审批等 4 项事项方面，没有相关机构申请办理。

（2）县级办理情况　2020 年，县级农业主管部门核发的有效期内农作物种子生产经营许可证有 155 个，其中，主要农作物常规种子和非主要农作物种子生产经营许可证 98 个，蔬菜种苗生产经营生产经营许可证 57 个。

2. 肥料

行使对本行政区域内的复混肥、配方肥（不含叶面肥）、精制有机肥、床土调酸剂的登记审批、登记证发放和公告工作。截至 2020 年年底，登记证在有效期内的肥料产品 283 个。

3. 农药

（1）行政许可 2 项　一是农药生产许可证核发。自治区级农业主管部门按照《农药生产许可管理办法》，落实农药生产许可"一企一证"管理，组织技术审核与现场核查。受理、审查农药生产企业提交的申请资料，经现场核查论证合格后核发农药生产许可证。二是农药经营许可证核发。其中：自治区级农业主管部门受理、核发农药经营许可证（限制使用农药）（由企业所在地县级农业主管部门审核），县级农业行政主管部门受理、核发农药经营许可证（一般性农药）。

（2）办理情况　一是自治区级办理情况。由自治区农业主管部门核发的有效期内农药生产许可证 9 个，涉及 81 个产品；核发的有效期内限制使用农药经营许可证（限制使用）69 个。二是县级办理情况。截至 2020 年年底，县级农业主管部门核发的有效期内农药经营许可证（一般性）1330 个。

4. 植物检疫

自治区、市、县三级农业主管部门共实施行政许可 2 项，第一项是农业植物及其产品调运检疫及植物检疫证书签发，第二项是国外 31 种检疫。调运植物检疫工作由设区的市县级农业技术推广部门

负责。2018—2020 年，全区共签发省间调运检疫证书 8789 批，省内调运检疫证书 390 批。国外引种检疫审批由自治区农业行政主管部门负责。按照农业农村部《国外引种检疫审批管理办法》的规定，引种数量在限量内的，由自治区农业行政主管部门审批，予以许可的，颁发《国（境）外引进农业种苗检疫审批单》；不予许可的，作出不予许可书面决定。超限量的，由自治区农业行政主管部门审核，报农业农村部审批。

（二）畜牧兽医

1. 行政许可事项

自治区、市、县三级行政许可共 12 项，分别是种畜禽生产经营许可，培育新的畜禽品种、配套系进行中间试验的批准，执业兽医资格证书核发，兽药生产许可证核发，兽药经营许可证核发，跨省引进乳用、种用动物及其精液、胚胎、种蛋审批，兽药广告审批，省内运输高致病性病原微生物菌（毒）种或者样本许可，从事高致病性或疑似高致病性病原微生物实验活动审批，动物防疫条件合格证核发，生鲜乳收购许可，生鲜乳准运许可，动物、动物产品、捕获的野生动物的检疫。

2. 自治区级行政许可事项办理情况

行政许可办理（有效）情况：种畜禽生产经营许可 32 件；执业兽医资格证书核发 768 件；兽药生产许可证核发 15 件；跨省引进乳用、种用动物及其精液、胚胎、种蛋审批，2017 年共办理 29 批次（其中奶牛 3320 头、种猪 3115 头、种羊 500 只），2018 年共办理 15 批次（其中奶牛 3210 头、种羊 450 只、奶山羊 290 只、冻精 60 万支），2019 年共办理 20 批次（其中奶牛 3561 头、种猪 105 头、冻精 112 万支）。

（三）渔业

行政许可办理情况。截至 2020 年年底，办理行政许可（有效）情况：水域滩涂养殖证核发 465 本（市、县级）；水产苗种生产许可证核发 10 本，其中区级核发 5 本、市县级核发 5 本；因养殖、科研等特殊需要在禁渔期、禁渔区作业或捕捞名贵水生动物特批 2 件（区级）；经营利用国家二级保护水生野生动物及其制品审批 2 家（区级）。其余项目均未收到过办理申请。

（四）农产品质量安全

截至 2019 年年底（农业领域）：绿色食品 282 个，有机农产品 35 个，地理标志农产品 60 个；国家级绿色食品标准化原料基地 14 个，有机农产品标准化示范基地 2 个；自治区级绿色食品标准化示范基地 16 个，有机农产品标准化示范基地 8 个。

（五）农业转基因试验

2019 年年底，全区涉及农业转基因试验的单位有 5 家，分别是中国农业大学（玉米）、宁夏农林科学院作物研究所（水稻）、红寺堡区天源良种羊繁育有限公司、宁夏冠瑞种业科技有限公司、宁夏科丰种业有限公司。2018 年查处非法玉米制种 530 亩，全部铲除。

（六）农业机械

自治区、市、县三级行政许可共 4 项，分别为拖拉机和联合收割机驾驶证核发、年审，拖拉机和联合收割机注册登记、安全技术检验。截至 2019 年年底，全区共完成拖拉机、联合收割机注册登记、挂牌 4423 台（辆）；完成拖拉机、联合收割机检验 110223 台（辆）；完成驾驶证核发、年审 30667 人。

（七）饲料

自治区级行政许可 2 项，分别为饲料和饲料添加剂生产许可、饲料添加剂批准文号许可。截至

2020 年年底，办理许可证（有效）123 件，其中饲料和饲料添加剂生产许可审批 66 件、饲料添加剂批准文号许可 57 件。

（八）畜禽定点屠宰

市级行政许可 1 项。2019 年年底全区共有定点屠宰企业 41 家。依据屠宰企业分级管理办法和评分标准，认定屠宰企业一星级 20 家，二星级 15 家，三星级 6 家。依据屠宰企业分级管理办法和评分标准，创建标准化示范厂 7 家。取缔不合格企业 47 家。

四、农业行政审批与政务服务获奖情况

2008 年，农牧厅"窗口"被政务服务中心评为"红旗窗口"。

2009 年，农牧厅"窗口"被自治区政府办公厅评为"优化行政审批工作流程先进单位"。

2010 年，农牧厅"窗口"被自治区政务服务中心评为"便民服务先进单位"。

2013 年，农牧厅"窗口"农牧厅窗口被区直机关团委授予"区直机关青年文明号"称号。

2016 年，农牧厅被农业部考核评定为 2016 年农业行政审批延伸绩效管理工作"先进单位"。

2017 年，农牧厅"窗口"被自治区政务服务中心考核评定为二、三季度"红旗窗口"。

2020 年，农业农村厅"窗口"被自治区政府办公厅评为"先进单位"。

第三章

农 业 普 法

■ 第一节 "三五"普法

1996—2000年为"三五"普法时期。

1996年6月下旬，自治区党委、政府召开全区"三五"普法动员部署大会。自治区农业、畜牧、乡镇企业系统在认真总结"二五"普法工作、表彰奖励"二五"普法先进单位和个人的同时，组织力量认真编制"三五"普法规划。7月31日，农业厅召开全厅系统科以上干部大会，动员部署"三五"普法工作，畜牧、乡镇企业主管部门也相继召开了"三五"普法动员大会。至此，"三五"普法工作在全区农业系统全面启动。

为有效推动"三五"普法工作的顺利实施，提高农业系统干部职工的法律知识水平和依法管理、依法行政能力，农业厅党组于1997年10月24日，以宁农党发〔1997〕39号文件印发《农业系统干部职工学法用法安排意见》，要求对干部职工的学法用法情况，必须登记造册，建立"学法用法登记卡"，由单位将考核和考试成绩如实填写，按干部、职工管理权限分级送人事部门存档，并作为干部职工年度考核、晋级、提拔、使用和评议的依据之一。

1998年12月1日，自治区农业厅下发《关于全面落实"三五"普法规划工作的通知》（宁农（法）发〔1998〕262号），强调在普法教育中要"认真抓好学法用法、依法治理工作，通过普法学习，提高干部职工的法制意识和法律知识水平，增强依法维护自身合法权益、依法同犯罪行为做斗争的自觉性，要依法建立健全单位的各项规章制度，不断完善各项管理机制，使单位的各项工作有章可循，走上法制化轨道"。这是农业系统开展普法依法治理工作以来自治区农业厅首次以文件形式提出了依法治理的具体内容和目标。

1999年10月13日，自治区农业厅印发《自治区农业厅依法治理规划》（宁农（法）发〔1999〕第228号），对普法依法治理工作提出明确的指导思想和总体目标，规定"从现在起到2010年，要达到农业行政执法和各项农业生产及农村经济管理工作有法可依、有章可循；干部职工的法律观念、法制意识明显增强；领导干部依法决策、依法行政、依法办事、依法管理的水平和能力明显提高；农业行政执法机构健全，体系完善、运转协调，行为规范；法律监督机制比较完善，农业部门内部法制监督作用得到充分发挥；依法治理工作全面展开，治理成效显著；各项工作走上法制化轨道"。为了保证规划目标的实现，同时成立农业厅依法治理领导小组，组长由农业厅厅长、党组书记担任，副组长由副厅长、纪检组长担任，成员由法规处、办公室相关处室负责同志等13人组成。法规处处长兼任领导小组办公室主任。这是开展普法依法治理工作以来第一次提出明确的指导思想和工作目标，也是自治区农业厅第一次组建依法治理工作机构。

1997年初到1999年底，是"三五"普法实施的时期，农业系统各单位按照《农业系统干部职工学法用法安排意见》，认真制定了阶段工作安排和年度普法计划，并结合各自工作实际，确定了各阶段具体的学习任务。据不完全统计，在此期间，全区农业系统共举办各类普法培训班74次，培训普法骨干 5156 人次，举办专题法制讲座 98 次，参加人数 14871 人次；另外，还举办广播电视讲座 74 次，普法文艺演出 7 次，举办法律知识竞赛活动 8 次。多种形式的法制宣传教育，对推动普法教育深入开展、取得实效，起到了很好的作用。

1999 年 11 月，自治区政府机构改革，自治区农业厅、自治区乡镇企业管理局、自治区畜牧局"三厅"合并组建为自治区农牧厅。2000 年 6 月 20 日至 7 月 10 日，机构改革后新组建的农牧厅对原农业、畜牧、乡镇企业系统的"三五"普法工作按自治区规定的考核验收标准进行了认真考核验收。经考核，全系统 48 个行政、事业、企业单位中最高得分 98.4 分，最低得分 72.4 分，全部达到合格标准。自治区区直机关"三五"普法考核验收小组对农牧厅系统的普法工作进行了严格的考核和抽查，整体验收合格。

2000 年底，"三五"普法结束，农牧厅普法工作进入"四五"普法时期。

■ 第二节 "四五"普法

2001—2005 年为"四五"普法时期。

2001 年 11 月，自治区农牧厅成立"四五"普法和依法治理领导小组，组长由厅长担任，副组长由其他厅领导担任，成员由办公室、产业政策与法规处等相关处局负责同志 12 人组成，领导小组下设办公室，由产业政策与法规处具体负责日常普法工作。印发《农业系统"四五"法制宣传教育规划》，明确普法"四五"目标和工作任务。召开全厅系统"四五"普法依法治理动员大会，"四五"普法和依法治理领导小组组长做了动员讲话，副组长在会上对"三五"普法做了总结并对"四五"普法工作做了安排部署。

2001 年 12 月 4 日，农牧厅组织厅直属十多个单位参加全国第一个法制宣传日活动。此后，每年的 12 月 4 日，农牧厅均组织开展形式多样的法制宣传活动。

2002 年 1 月，农牧厅制定工作目标责任制，其中将"四五"普法工作列入目标考核。"四五"普法时期，农牧厅分别以厅发〔2002〕21 号文件、〔2003〕195 号、〔2005〕25 号文件等下发年度普法工作安排，对农业系统普法工作进行安排布置。

2003 年 3 月 28 日，《宁夏农业机械管理条例》经自治区第八届人民代表大会常务委员会第二十四次会议审议通过，7 月 1 日实施。围绕着《宁夏农业机械管理条例》的颁布实施，也为了庆祝《宁夏农机安全监督条例》颁布实施五周年，自治区农机监理总站在全区农机系统开展文艺演出活动和农机法律知识竞赛活动。

2003 年 7 月 22 日，农牧厅制定并印发《宁夏农业和农村经济第十个五年计划》，将加强农业法制建设，大力推进依法治农列入十五计划目标。同年年底，按照自治区依法治区领导小组的统一安排，自治区农牧厅组织厅机关和厅直属的 33 个在银川单位的干部职工参加 2002 年度全区干部职工法律知识考试。本次考试应考人数 850 人，实考人数 830 人，占应考人数的 97.6%，考试及格率达 100%。

2004 年 3 月，农牧厅印发《关于全面落实"四五"普法依法治理规划，做好考核验收工作的通知》，要求各单位做好查漏补漏工作，做好"四五"普法考核验收。

2004 年 3 月，农牧厅成立贯彻实施《中华人民共和国行政许可法》（以下简称《行政许可法》）领导小组，成员由 11 个处、室（局）的负责人组成。6 月 19 日至 20 日，农牧厅举办《中华人民共和国宪法》（以下简称《宪法》）《行政许可法》培训班，邀请自治区党校教授黄振东和自治区政府法制办主任任高民做培训讲解。6 月 26 日，按照自治区人事厅、法制办"统一安排、统一时间、统一命题、分级组织、分级负责、注重效果"的要求，农牧厅贯彻实施《行政许可法》领导小组组织厅机关公务员和依照公务员制度管理的单位除工勤以外的工作人员 75 人参加《行政许可法》知识考试。6 月 29 日，农牧厅组织人员参加《行政许可法》宣传咨询日活动。8 月 14 日，农牧厅参加全区公务员服务承诺与政务公开宣传咨询日活动。向社会公开农牧厅公务员服务承诺、否定报备、一次性告知、工作人员失职追究、首问责任制、限时办结、效能考评七项制度和经政府批准的第一批47项农牧厅行政许可事项。2004年10月，为庆祝新中国成立55周年，宣传党和国家的农业政策，展示农业战线广大职工的风采，农牧厅组织农牧系统26个市县进行全区文艺汇演。

"四五"普法时期，农牧厅先后举办审计人员、会计人员、WTO与农业发展、饲料行业行政执法人员等培训班。组织人员参加全区财政法规知识竞赛暨电视大赛。

2005年6月对"四五"普法总结验收工作等进行安排布置。印发农牧厅"四五"普法验收方案和验收标准，对厅属单位进行验收。

"四五"普法工作中，农牧厅较好地完成各项普法目标任务。农牧厅分别被自治区和农业部评为"四五"普法优秀单位和先进集体，全区农牧系统有10人被评为全国农业"四五"普法先进个人，1人被评为自治区先进个人。

■ 第三节　"五五"普法

2006—2010年为"五五"普法时期。

2006年11月，农牧厅召开"四五"普法总结表彰暨"五五"普法动员大会。会议贯彻落实了全区"四五"普法总结表彰暨"五五"普法动员大会精神，总结了农牧厅"四五"普法工作的成绩和经验，表彰"四五"普法先进单位和先进个人，动员部署"五五"普法工作。

2007年4月，农牧厅印发《农牧厅2007年普法依法治理工作要点》，把普法和执法检查结合起来，促进依法治农。2008年10月，为配合自治区成立50周年宣传活动，增强全社会的法治意识，加快农牧厅推进依法行政、建设法治政府的进程，自治区政府编印了《宁夏法制建设二十年》宣传画册。利用画册4个版面宣传展示农业法治建设成就。

2009年10月，按照自治区依法治区领导小组办公室《关于评选命名第二批"全区依法治理示范单位"的通知》（宁法治办〔2009〕15号）要求，自治区农牧厅推荐的自治区农业技术推广总站和自治区动物卫生监督所被评为全区第二批"全区依法治理示范单位"。

2009年11—12月，农牧厅组织全区农牧系统干部职工参加了司法部、国务院新闻办（国务院新闻办公室）、全国普法办（全国普及法律常识办公室）联合在全国开展的"2009年百家网站法律知识竞赛"活动。通过这次竞赛活动，广大干部职工切实提高了法律素质，增强了法制观念，提高了依法办事能力。

2010年，农牧厅被评为金凤区"五五"普法先进单位。

■ 第四节　"六五"普法

2011—2015年为"六五"普法时期。

2011年是"六五"普法启动年。6月7日，自治区党委、政府召开全区"五五"普法总结表彰暨"六五"普法启动大会。农业部下发农业"六五"普法规划。7月4日，农牧厅召开全区农业"六五"普法启动动员暨依法行政工作会议，全面部署农牧系统"六五"普法和农业依法行政工作。农牧厅制定《全区农牧系统法制宣传教育第六个五年规划（2011—2015年）》，成立自治区农牧厅"六五"普法依法治理领导小组，全面推进"六五"普法工作。农牧厅普法办（普法办公室）先后订购《"六五"普法法律知识读本》《农业领导干部学法用法读本》《中华人民共和国宪法》等书籍，编印了《宁夏回族自治区农牧系统法律法规汇编》《宁夏回族自治区农资打假法律法规汇编》等资料5000余册，全面启动"六五"普法工作。

2011年8月开始，为全面推动全区农牧系统法制宣传教育工作的深入开展，根据自治区和农业部"六五"普法工作安排部署，农牧厅普法办启动全区农牧系统法律知识系列讲座，截至2011年11月24日共举办了五期法律知识讲座及培训。

2011年12月3日，根据自治区依法治区工作领导小组的安排，农牧厅统一组织开展公务员法律知识考试，以考促学，进一步提升公务员依法决策，依法行政、依法办事的能力。

2011年6月起，农牧厅普法办结合政风行风建设，政务公开、效能建设等项活动的开展，积极推进普法依法治理工作。制定《自治区农牧厅领导干部学法制度》《宁夏回族自治区农业行政执法证件管理办法》《宁夏回族自治区农业行政执法责任制》等十四项农业行政执法制度，保障了农业行政执法工作的顺利开展；建立健全农牧厅服务承诺、一次性告知、限时办结、失职追究、效能考评等机制，规范办事程序，提高办事效率；制定《自治区农牧厅重大决策集体决定制度（试行）》《自治区农牧厅重大行政决策听取意见制度（试行）》等制度，进一步健全重大决策决定规则和程序，做到按章办事、依法办事。

2012年6月13日，为认真贯彻落实自治区依法治区工作领导小组《法律六进暨依法治理示范单位主题实践活动主要内容》的通知精神，农牧厅在全区农牧系统开展"依法治理示范单位"创建活动，制定《全区农牧系统开展"依法治理示范单位"创建活动实施方案》，全区农牧系统通过深入开展"依法治理示范单位"创建活动，提升普法效果，使干部职工的学法用法意识明显增强，依法办事的自觉性明显提高，努力创建"依法治理示范单位"。

2012年8月，农牧厅在泾源县举办全区农业行政综合执法大比武活动。制定《2012年全区农业行政综合执法"绿剑卫士"技能比武大赛实施方案》，通过大比武活动，展示农业普法成果，展现综合执法风采，推动农业行政综合执法人员提高法律素质和执法技能，提升农业执法形象，促进农业综合执法工作深入开展，为净化农业生产经营环境、保障农业生产安全、增加农民收入提供坚强的法治保障。同月，自治区农牧厅在平罗县举行《宁夏回族自治区动物防疫条例》宣传月启动仪式，全区近200人参加。

2013年12月，自治区农牧厅组织开展全区农牧系统"六五"普法知识考试活动。厅机关公务员以及厅属事业单位副科级以上人员共计380人参加"六五"普法知识考试。考试内容涉及现行农业法律法规以及《刑法》《行政处罚法》《农产品质量安全法》《侵权责任法》等内容。

2015年4月，农牧厅聘请北京大成律师事务所银川分所律师金帅及金世永业律师事务所律师李铎为农牧厅法律顾问，并从本系统选拔出7名法律专业毕业并通过国家司法考试的职工组成法律咨询组，与法律顾问共同处理农牧厅法律事务，有效提升全区农牧系统执法水平和履职能力。

2011—2015年每年春耕期间，借助乡镇集市、科技赶集、农民培训等契机积极开展送法下乡活动，大力宣传农产品质量安全、动物防疫、农药、种子、肥料、农机安全等法律法规知识，提高农民科技知识水平和依法保护自身权益的能力；除每年参加"12·4全国法治宣传日"外，还开展了"法治文化建设年""守法好公民"等法制宣传活动；与宁夏广播电视总台联合举办"大华农杯"宁夏兽医大比武活动知识竞赛，举办"清凉宁夏"专场演出，录制"六五"普法专题片等节目并在宁夏电视台播出；组织农业技术推广干部进乡村培训农民群众100多期10000余人次，发放宣传图册30000余份；组织农资经营人员培训、印发技术资料、发布服务信息等。通过不同的宣传活动，提高农牧队伍素质和形象，提高社会各界对农业工作的认知度，营造良好的法治宣传氛围。

2011—2015年，共组织干部职工法律知识考试5次，参考人数近1400人次；利用"下基层"活动深入企业、农村、机关、社区开展普法8次，组织"三农大讲堂""党员讲党课"等宣传活动20余期，组织干部职工观看《领导干部法治思维和法治方式系列讲座》《大理寺》等宣传教育专题片6次。结合"阳光工程"等农民培训工作，开展农药管理、肥料登记、草原法治培训近200场次，培训农民近30000人次；组织全区农牧系统执法人员考试9次，参考人数500余人次。

经过"六五"普法，农牧厅在全区政风行风评议工作中名列前茅，在自治区效能目标考核中取得了"三连冠"的好成绩。政务服务中心农牧厅窗口先后被评为"红旗窗口""优化行政审批工作流程先进单位"和"便民服务先进单位"。

■ 第五节 "七五"普法

2016—2020年为"七五"普法时期。

2016年1月1日，新修订《种子法》正式实施。农牧厅印发《〈中华人民共和国种子法〉宣传月活动实施方案》，开展种子法宣传月活动，增强种子生产经营、管理、品种选育者的法治观念和守法意识，努力营造种子行业依法经营、公平竞争的市场环境。

2016年7月，农牧厅在全区农牧系统开展"六五"普法先进集体和先进个人评选工作，评出先进集体10个、先进个人20名。

2016年10月，农牧厅召开"七五"普法启动大会，总结表彰"六五"普法先进集体和先进个人，印发《宁夏农业系统"七五"普法依法治理实施方案》，成立农牧厅"七五"普法领导小组，全面推进"七五"普法各项工作落实。

2016年11月，农业部产业政策与法规司在宁夏召开了全国农业法治工作座谈会，31个省（自治区、直辖市）政法处处长和8个省（自治区、直辖市）农业综合执法总队队长参加。会议系统总结了近年来农业法治建设的成就，深入分析了近年来农业依法行政面临的新形势、新要求；与会代表围绕贯彻党中央、国务院关于推进依法治国、依法行政的要求，就完善农业法律法规、强化农业综合执法、做好行政复议和应诉工作等问题进行了座谈交流研讨。农牧厅作了《加大依法治农力度，促进现代农业发展》的专题交流发言。

2016年12月，在金凤万达广场组织开展"依法维护权益　合法表达诉求"法治宣传教育主题实践活动和农业等法治宣传工作。

2017年6月，自治区农牧厅举办《农药管理条例》宣传月启动暨培训会议，邀请农业农村部专家为全区农药生产企业和农药经营企业负责人解读《农药管理条例》，及时安排部署《农药管理条例》宣传培训及贯彻落实工作，全面启动宣传月活动。宣传月期间全区张贴悬挂各类标语口号150条，设立现场咨询27个，发放宣传材料40000份，开展电视、广播宣传20次，接待咨询人数6500人次。

2017年12月，按照自治区党委宣传部、自治区司法厅、自治区依法治区领导小组普法办公室《关于开展2017年"12·4"国家宪法日系列宣传活动的通知》要求，农牧厅利用"宁夏法制"微信平台，在全厅系统组织开展以"学习贯彻党的十九大精神，全面推进法治宁夏建设"为主题，以党的十九大精神、《宪法》为主要内容的法律知识竞答活动。

2018年3月，农牧厅制定印发《全区农牧系统贯彻落实普法责任制实施意见》《自治区农牧厅普法责任制考核评价办法》《自治区农牧厅普法责任清单》，细化各业务处、室（局）重点宣传的法律法规及规章，进一步明确普法职责任务，形成了部门分工负责、各司其职、齐抓共管的普法工作格局；与此同时，农牧系统各部门、单位把普法融入农业行政管理、执法监督和公共服务的各环节、全过程，有计划、有组织地开展了形式多样的农业法治宣传活动。同时，建立普法考核机制，把"七五"普法工作作为全厅系统年度效能考核的重点内容，做到有计划、有总结、有检查。

2018年6月，农牧厅在全区农牧系统征集了13个农业行政处罚典型案例，在"宁夏法治"微信公众号集中宣传、以案释法。2018年8月，根据《关于组织开展"七五"普法中期检查督导的通知》（宁普法办〔2018〕13号）要求，农牧厅及时由厅领导带队成立了三个检查组，对全厅系统"七五"普法工作情况进行全面自查。对发现的问题，要求及时整改；对所有单位进行现场打分。通报表彰了普法工作好的单位，批评了工作差的单位。2018年9月，自治区"七五"普法中期督导组对全厅"七五"普法中期工作进展情况进行检查督导。

2018年12月，农牧厅制定《自治区农业农村厅2018年"12·4"国家宪法日宣传周系列宣传活动实施方案》，组织开展进一步提升尊崇《宪法》的内发性，学习《宪法》的积极性，遵守《宪法》

的自觉性，维护《宪法》的主动性，运用《宪法》的规范性。

2019年，农业农村厅调整完善系统各业务部门普法责任清单，继续严格落实"谁执法、谁普法""谁管理、谁普法""谁审批、谁普法""谁服务、谁普法"的普法责任制。全区农牧系统结合农时季节和关键节点，利用乡镇集市、科技赶集、农民培训等时机，积极开展送法下乡活动，大力宣传农产品质量安全、动物防疫、农药、种子、肥料和植物检疫等农业法律法规，不断增强农民的维权意识和鉴别假冒伪劣农业投入品的能力，依法维护自身合法权益。

2020年4月，为充分发挥法治宣传教育服务脱贫攻坚、助力乡村振兴战略的作用，根据自治区党委全面依法治区委员会办公室《"助力脱贫攻坚和乡村振兴"法治宣传主题教育实践活动方案》要求，结合工作实际，农业农村厅制定《自治区农业农村厅"助力脱贫攻坚和乡村振兴"法治宣传主题教育实践活动方案》，以"宪法进万家""法律进乡村"为载体，抓住"宪法宣传周"、中国农民丰收节、全国扶贫日等重要节日和时间节点，推动《宪法》学习宣传常态化，着力激发贫困群众脱贫内生动力和自我发展能力。

2020年5月，自治区农业农村厅召开全区农药管理能力提升培训暨《农作物病虫害防治条例》《植物检疫条例》宣传月启动会。邀请全国农业技术推广服务中心刘万才处长解读《农作物病虫害防治条例》，对《农作物病虫害防治条例》宣传培训及贯彻落实进行全面安排部署，同时邀请农业农村部专家开展农药科学使用技术、蔬菜主要病虫识别、草地贪夜蛾监测与防控技术、农作物重大检疫性有害生物监测与防控技术培训。

2020年8月，农业农村厅举办了以"法润三农 你我同行"为主题的"七五"普法知识竞赛。竞赛活动共有6支代表队参加比赛，比赛设置个人必答题、团体必答题、抢答题、风险题、观众互动等环节，内容涵盖《宪法》涉农法律法规等法律知识。

2020年9月初，为加强农业农村厅领导干部和工作人员日常学法和以案释法工作，进一步健全完善国家工作人员日常学法制度，自治区农业农村厅制定印发《关于推动国家工作人员旁听庭审活动常态化制度化的实施方案》，以推动国家工作人员旁听庭审活动常态化、制度化。

2020年9月22日是第三个"中国农民丰收节"。自治区各市、县农业综合执法人员利用丰收节举办地点摆放展板、发放普法宣传资料，开展《宪法》《中华人民共和国民法典》和涉农法律法规宣传。农业农村厅普法办联合永宁县农业综合执法大队在自治区"中国农民丰收节"主会场——闽宁镇发放普法宣传品，开展法律咨询服务。

第五篇

种植业

1996—2020 年，自治区加大对农业基础设施建设力度，认真落实中央及自治区强农惠农富农政策，强力推进科技进步，进行种植结构调整，种植业呈现出良好的发展态势。

生产条件不断改善。结合大中型灌区续建配套、小型农田水利、农业综合开发、国土整治、高标准农田、现代化灌区等项目建设，先后对唐徕、惠农、西干、秦汉 10 条引黄干渠进行节水改造，完成固海扬水、盐环定扬水、红寺堡扬水三大扬水工程和中卫南山台子、吴忠市扁担沟、平罗县陶乐等 8 处中型扬水灌区的更新改造，持续开展农田水利基本建设"黄河杯"竞赛活动，北部引黄灌区灌溉排水条件得到全面改善，中部干旱带高效节水农业整区域推进，南部山区坡改梯大规模实施，累计建成高标准农田 680 万亩，新增灌溉面积 124 万亩，建设高效节水灌溉 408 万亩，全区耕地面积达到 1940 万亩。大力实施耕地质量提升工程，坚持机深翻（松）、秸秆还田、增施有机肥，土壤有机质由 1996 年的 13 克/千克提高到 2020 年 14.14 克/千克，提高 9%，耕地 1～4 等地面积达到 403 万亩，5～7 等地面积 903 万亩，高、中产田占比逐年扩大；农机总动力由 256 万千瓦提高到 632 万千瓦，全自动化的大型农机具占比扩大，农业生产由半机械化向全面机械化转变。

政策支持有力。2004 年以来，中央每年出台一号文件，从加强农田水利建设、改善农村环境、提高农机装备水平、调整种植业结构、加强种业建设等各方面不断加大政策支持力度，实施农机购置补贴、粮食生产直补、良种补贴、农资综合补贴等政策，引导农业生产从单纯地追求粮食产量向质量与产量、效益并重迈进。自治区认真落实中央相关政策，于 2005 年率先取消农业税，自治区人民政府、财政厅、农牧厅、中国人民银行银川支行相继出台了关于创新财政支农方式加快发展农业特色优势产业的意见、扶持政策暨实施办法及加快发展农业特色优势产业贷款担保基金管理办法等一系列政策措施，加大对特色农业产业化、农业科技、设施农业的财政、金融支持力度。坚持项目推进、突出重点、特色发展的路子，组织实施粮食上台阶"四个一"工程、促进农民增收"三个百万亩"工程等重大项目，促进粮食生产、特色产业等各方面长足发展。

科技支撑加强。结合重大工程的实施，大面积推广小麦套种玉米吨粮田、水稻旱育稀植和精量播种、玉米一增三改、马铃薯脱毒种植、水肥一体化、旱作覆膜保墒集雨节灌、设施农业绿色高效栽培等技术。自 2005 年以后，全区实施"沃土工程"，大力推广测土配方施肥技术，2015 年启动化肥、农药零增长行动，大力推广化肥、农药减量增效技术，实现 2016 年以后连续 3 年全区化肥、农药使用量零增长，主要粮食作物化肥、农药利用率达 40%，高于全国平均水平，施肥、施药方式由粗放向精准转变。在优新品种推广上，全区上下完成种子管理和经营体制改革，提升供种保障、品种管理、质量监督、种业服务四个能力，主要农作物良种覆盖率达到 94.8%，小麦、水稻、玉米三大作物品种分别实现了第五、第六、第七次更新换代，马铃薯脱毒种薯三级繁育体系建设居全国领先水平。特别是随着农业产业化推进，各类龙头企业、农业经营主体、综合服务组织（站）发展壮大，提高了农业生产组织化程度，扩大了耕地规模化经营，提高了技术到位率，有效支撑了种植业高效发展。

种植结构优化。根据生态类型和资源禀赋，全区逐步形成三大种植区域，北部引黄灌区优质粮食、特色经济作物、设施及露地蔬菜种植区，中部干旱带特色小杂粮、西甜瓜种植区，南部山区粮油、冷凉蔬菜种植区。各地因地制宜，统筹粮经饲种植，优化种植结构和布局，粮、经、饲比由 2000 年的 80.5∶14∶5.5 调整为 2020 年 57∶29∶14，种植业由以粮为主的粮经二元结构向粮经饲三元结构同步发展。在粮食种植上，通过压夏增秋，扩大玉米、马铃薯等优势作物种植，使粮食生产保持持续稳定增长。在特色产业上，大力发展蔬菜、瓜果、牧草等特色产业和种草养畜，形成了设施蔬菜、供港蔬菜、冷凉蔬菜、硒砂瓜、中药材五大特色产业格局，以及"宁夏大米""西吉马铃薯""硒砂瓜""西吉西芹"等一批"宁字号""原字号"特色农产品品牌，提高农产品附加值。

综合生产能力稳步提高。通过政策支农、科技兴农、"龙头"带农、品牌强农，宁夏种植业驶入产业化绿色发展的快车道。全区粮食总产在 1996 年突破 250 万吨，2002 年突破 300 万吨，2010 年突破 350 万吨，到 2020 年全区粮食总产达到 380.5 万吨，实现了 2003 年后"十七连丰"，人均粮食占有量 537.2 千克，居全国第 8 位；2020 年全区瓜菜面积达 430 万亩，其中设施农业 19.5 万亩，瓜菜总产值达 116.96 亿元；中药材 74 万亩，总产值 15 亿元。种植业增加值达到 186 亿元，占农业增加值的 62.5%；来自种植业的农民收入人均达到 4200 元，占农民人均收入的 34%。

第一章

种植业区划与结构

■ 第一节　种植业区划

一、历史沿革

宁夏农业综合区划主要经历了四次演替过程：1958 年宁夏回族自治区成立后，按照地貌特点和灌溉条件，习惯上将宁夏分为引黄灌区和南部山区两部分，南部山区根据降水量又划分为干旱区、半干旱区、阴湿区 3 个分区。1976 年《宁夏农业地理》根据气候、土壤、水文因素，把全自治区划分为宁夏平原灌区，盐池、同心干旱区，西吉、海原、固原、彭阳半干旱区，六盘山阴湿区 4 个农业区。1986 年《宁夏综合农业区划》遵循条件类似性、行政区界完整性等四条原则，将全区共划分为 5 个一级农业区、17 个二级区，其中：5 个一级区从北到南依次为贺兰山林区、引黄灌溉农林牧渔区、盐同香山牧区、西海固牧林农区、六盘山林牧农区。2006 年以来，根据气候、地形地貌、水资源条件、土地资源及农业发展水平，按降水等值线结合区域地貌单元，将全区划分为三大区域，即北部引黄灌区（降水量＜200 毫米）、中部干旱风沙区（简称中部干旱带，降水量 200～400 毫米）和南部黄土丘陵区（简称南部山区，降水量＞400 毫米）。为保持与大农业生产区域划分的一致性，在"三分法"大背景下，可将全区种植业划分为三大布局区域。

二、农作物区域布局

（一）北部平原灌区粮食及经济作物种植区

宁夏北部平原灌区包括青铜峡灌区和卫宁灌区，北起惠农区，南止沙坡头区，灌溉便利、土壤肥沃，日照时间长，昼夜温差大，降水量小于 200 毫米。适宜小麦、玉米、水稻、胡麻等粮食、油料作物及蔬菜种植，耕地面积 800 万亩。根据地势、土壤肥力、灌溉条件可分为 5 个亚区。

1. 银北麦、稻、玉米、蔬菜种植区

包括平罗、惠农、贺兰等银川以北地区，该区地势低洼，地下水位较高，土壤有轻度、中度、重度不同程度的次生盐渍化现象，且肥力相对较低，宁夏平原灌区大部分中低产田分布在这一地区。粮食以种植小麦、水稻、玉米为主，有少量胡麻种植；蔬菜种植除茄子、辣椒、番茄、梅豆外，白菜、洋葱、辣椒、籽瓜、萝卜在这一地区种植较多，螺丝菜、香瓜在贺兰县已形成了特色种植。耕作制度以麦后复种蔬菜或青饲草，常年水稻，小麦、蔬菜轮作，以设施蔬菜为主。小麦、蔬菜分布在地势较高的农田，水稻种植主要集中在沿黄河地势较低的农田和新开垦的河滩地。

2. 银南麦、稻、玉米、蔬菜种植区

包括永宁、灵武、青铜峡、利通等银川以南地区，该区地势较高，土层深厚，地下水位较低，灌排水利设施配套完善，土壤肥力较高。粮食以种植小麦、水稻、玉米为主，有少量大豆、胡麻种植；

蔬菜种植有茄子、辣椒、番茄、白菜、萝卜等，番茄种植是永宁县一大特色，远销俄罗斯等东欧、西亚地区。耕作制度以麦后复种蔬菜、青饲草，小麦、蔬菜轮作，以稻旱轮作为主。

3. 卫宁麦、稻、玉米、蔬菜种植区

包括中宁、沙坡头等地。该区光热资源丰富，土壤肥沃，灌溉便利。粮食种植以小麦、水稻、玉米为主，有少量大豆种植；蔬菜种植有茄子、辣椒、番茄、梅豆、白菜、萝卜等，辣椒、大蒜、韭菜在这一地区种植较多。耕作制度以麦后复种蔬菜、青饲草，小麦、蔬菜轮作，以稻旱轮作为主。

4. 西干渠麦、稻、玉米种植区

包括农垦农场（前进农场、暖泉农场）、大武口区隆德吊庄等地，土壤肥力较低、有不同程度的盐渍化。粮食种植以小麦、玉米、水稻为主，有少量饲草料、胡麻、油葵种植区。水稻多以常年种植为主。

5. 城市近郊蔬菜、花卉种植区

包括银川平原各市县城郊地区，栽培蔬菜历史悠久，技术水平高，蔬菜种类多，设施种植面积大。2000年后银川市兴庆区、金凤区种植花卉面积不断扩大。

（二）中部干旱带粮油、西甜瓜、蔬菜种植区

包括盐池、同心、红寺堡、海原及沙坡头、中宁南部等宁夏中部地区，土壤瘠薄，日照时间长，昼夜温差大，降水量小于300毫米。适宜马铃薯、小麦、玉米、瓜菜、油料种植，分为3个亚区：

1. 中部干旱带扬黄灌区

主要分布在同心、海原、盐池、红寺堡、原州县（区），到2020年共有扬黄灌溉面积360万亩，主要作物有玉米、马铃薯、油葵、黄花菜、蔬菜、西甜瓜、葡萄等，其中盐池、红寺堡种植的黄化菜、葡萄品质、品相俱佳。

2. 河谷川道库井灌区

包括盐池、海原、红寺堡、原州库井灌区，光热资源较充足，种植作物有小麦、玉米、胡麻，因供水期短，蔬菜仍以耐旱性强的叶菜、果菜及瓜类为主，种类有茏葱及甘蓝、南瓜等。

3. 中部干旱带旱作区

包括沙坡头区南部、中宁县南部和同心、海原、西吉、原州丘陵旱作区。主要作物有马铃薯、糜谷荞、豌豆、胡麻、油葵等，以及以香山为中心的丘陵地区压砂地种植西甜瓜和大中拱棚种植甜瓜。

（三）南部山区粮油、蔬菜种植区

包括西吉、原州、彭阳、隆德、泾源等宁夏南部山区，土壤有机质含量低，降水量在400毫米以上。适宜马铃薯、玉米、冬（春）小麦、小杂粮、中药材、食用菌种植，分为3个亚区：

1. 河谷川道库井灌区

主要作物有小麦、玉米、蔬菜、糜、谷、胡麻区等。

2. 丘陵、塬地半干旱区

种植作物有马铃薯、玉米、糜、谷、小麦、荞麦、燕麦、芸芥等。一是红茹河流域旱地马铃薯、冬麦、玉米、胡麻区，二是葫芦河流域旱地马铃薯、春冬麦、糜子、胡麻区，三是祖历河流域旱地马铃薯、麦、糜、胡麻区。

3. 六盘山、月亮山阴湿区

包括隆德、泾源六盘山区和西吉、海原月亮山区，土层深厚，土壤有机质含量较高，气温冷凉，日照时间长，昼夜温差大，降水量是大于400毫米。适宜喜冷凉、湿润气候的作物种植，是全国马铃薯种植最适宜区之一，种植作物有马铃薯、玉米、小麦、小杂粮、蔬菜、胡麻、中药材等。马铃薯、小麦产量相对较高且稳定；中药材品质较好，品种有黄芪、柴胡等；蔬菜以耐旱、耐寒、喜冷凉菜为主，种类有芹菜、甘蓝、萝卜等。

第二节　种植业结构

1996 年后，宁夏在稳定粮食生产的基础上，大力发展优质粮、蔬菜、瓜果等特色优势产业，种植业结构调整经历了"九五"到"十三五"粮食上台阶、扩大抗旱优势作物、大力发展特色产业及设施农业、规模化标准化品牌化产业化生产、肥药减量绿色生产的发展历程。

"九五"期间（1996—2000 年），全国大宗农产品尤其是粮食供给仍处于紧平衡状态。为大力发展粮食生产，确保粮食安全，自治区实施"1236"扬黄扩灌工程，新增有效灌溉面积 60 多万亩。同时结合国家粮食自给工程的实施，组织实施粮食上台阶"四个一"工程，即到 1999 年在灌区推广以小麦套玉米为主的吨粮田栽培技术 100 万亩，推广以旱育稀植为主的水稻综合增产技术 100 万亩；在宁南山区推广以脱毒种薯为主的马铃薯综合增产技术 100 万亩，推广地膜玉米为主的玉米综合增产技术 100 万亩，在全区大搞创建"吨粮田"示范村、示范乡、示范县活动。在行政加技术双重推动下，粮食生产实现跨越式发展：1995—2000 年，全区粮食播种面积逐年增加，由 1142.7 万亩扩大到 1210.4 万亩，粮食总产由 203.4 万吨提高到 252.9 万吨，单产由 178 千克/亩提高到 208.8 千克/亩。其间各类经济作物有升有降：蔬菜、瓜果生产受市场需求拉动，并随着地膜覆盖、小拱棚、加热温室、移动式大棚、节能日光温室等新技术的推广，面积不断扩大，由 1995 年 55.4 万亩扩大到 2000 年的 91.5 万亩；油料作物因灌区部分地区胡麻被效益好的瓜菜等作物替代，面积不断减少，由 1995 年 151.4 万亩减少到 117.7 万亩；甜菜 1996 年有 12 万亩种植面积，因银川、平罗、青铜峡糖厂相继倒闭，面积大幅减少，到 2000 年仅零星种植；大麦 1996 年种植有 6.7 万亩，因宁沈、西夏、大窑啤酒厂相继关停并转，面积减少到 2000 年的 3.5 万亩。牧草包括青贮玉米、紫花苜蓿及其他禾草种植等则受畜牧业发展拉动，种植面积增加，由 1995 年的 57.4 万亩增加到 2000 年的 83.2 万亩。由于经济作物、饲草作物占比小，种植结构基本上保持着以粮为主的粮经二元结构。详见表 5-1-1。

"十五"期间（2001—2005 年），种植业由增产粮食为主转向增产增收并重，扩大玉米、马铃薯优势作物面积，提高抗旱能力；扩大瓜菜作物种植面积，提高增收能力。2001 年、2002 年，全区粮食生产继续保持了较好的发展的势头，2002 年粮食总产首次突破 300 万吨，达到 301.9 万吨。2003 年受厄尔尼诺气象影响，全区发生 50 年一遇的严重干旱，自治区政府作出了稳定小麦、压减水稻、增加玉米、马铃薯种植的对策，当年小麦种植 478.9 万亩，较上年减少 77.4 万亩，减 13.9%；水稻 70.1 万亩，较上年减少 44.5 万亩，减 38.8%；玉米 264.6 万亩，较上年增加 32 万亩，增 13.8%；马铃薯 131.5 万亩，较上年增加 17.7 万亩，增 15.6%；粮食总产 270.2 万吨，较上年减少 31.7 万吨，减 10.5%。2004 年后水稻面积恢复性增长，玉米、马铃薯面积保持增长态势，小麦呈减少态势，到 2005 年全区粮食作物总播面积 1164.1 万亩，较 2000 年减少 46.3 万亩，其中小麦 414 万亩，减少 24.7 万亩；水稻 106.9 万亩，减少 8.2 万亩；玉米 267.6 万亩，增加 71 万亩；马铃薯 175.9 万亩，增加 62.1 万亩；小杂粮 199.7 万亩，减少 146.5 万亩。2005 年粮食总产达到 298.4 万吨，较 2000 年增产 45.5 万吨，增 18.0%。其间积极推广小麦套种玉米复种蔬菜、牧草，小麦（冬麦）复种蔬菜、牧草等三元种植模式，同时大力推广节能日光温室种植技术，扩大瓜菜、牧草种植面积。种植业仍然为以粮为主的粮经二元结构。详见表 5-1-1。

"十一五"期间（2006—2010 年），种植业在保持粮食增产势头的同时，发展瓜菜产业，促进农民收入增加。推广水稻旱育稀植、马铃薯脱毒种植、秋（早春）覆膜等技术，保持稳定增产势头，2010 年粮食种植面积 1266 万亩，总产 356.5 万吨。在稳定粮食生产同时，推广优新品种，提高粮食品质，鼓励法福来、兴唐米业、西夏贡米等粮食加工龙头企业实行基地加农户、优质优价订单收购优质粮食，促进粮食品质提高。2010 年优质小麦永良 4 号、宁春 39 号种植面积 76.5 万亩，占灌区小麦种植面积的 52%；优质水稻宁粳 43 号、宁粳 41 号、宁粳 38 号、吉粳 105、宁粳 40 号种植 70.6 万亩，占水稻种植面积的 56.6%；玉米沈单 16 号、中玉 9 号等优新品种种植面积达到 181.6 万亩，占玉米种植面积的 54.2%，并采取水稻早收提高大米品质、玉米延迟收获促进后熟提高籽粒品质。大力发展以设施农业为主的瓜菜产业，自 2005 年自治区政府确立为战略性主导性产业之一后，2007 年又出台了大力发展"三个百万亩"（百万亩设施农业、百万亩压砂西甜瓜、百万亩旱作节水农业）相关政策，在全区推广新型节能日光温室和新型拱棚及配套栽培技术，在中部干旱带大力建设压砂地种植西甜瓜，在中部干旱带和南部山区推广集雨节灌和全覆膜等旱作种植技术，粮食生产能力得以提高，蔬菜和压砂西甜瓜种植迅猛发展，到 2010 年，瓜菜面积达到 319.6 万亩，其中中部干旱带的压砂西甜瓜种植发展到 79.5 万亩，实现年生产总值 17.4 亿元，成为中部干旱带增加农民收入的主导产业。其间青饲牧草面积也有所扩大。农作物种植结构呈现出以粮为主，扩大经济作物和牧草种植，品种结构优化，特色产业凸现。详见表 5-1-1。

"十二五"期间（2011—2015 年），我国农业进入以工促农、以城带乡、发展现代农业的阶段，自治区政府加快转变农业发展方式，以稳定粮食、促进农民增收为目标，以效益为导向，以特色作物产业化经营为抓手，发展优质、高产、高效、特色农业。在粮食生产上，随着经营大户的兴起，土地向种植大户流转，产业化经营规模不断扩大，规模化、机械化种植不断扩大，小麦套种玉米、水稻旱育稀植等劳动密集型种植方式逐年减少，同时受市场、劳动力外出等影响，小麦、马铃薯面积减少，水稻保持稳定，玉米面积增加。在瓜菜生产上，鼓励各类经营主体建设永久性蔬菜生产基地，配套建设预冷库、地头市场，拓展外埠市场。引外地知名企业自营或与本地企业联合、参股建设产销一体化配送基地，推进瓜菜产业化；在牧草种植上，受畜牧业发展拉动，牧草种植也大幅扩大。2015 年全区粮食总播面积 1155.6 万亩，粮食总产 372.7 万吨，呈稳定增长态势。油料、瓜菜、中药材等经济作物面积也不断扩大。从种植业内部比例结构看，粮食种植占比减少，经济作物和牧草种植占比增加。详见表 5-1-1。

"十三五"期间（2016—2020 年），随着本地各类经营主体发展壮大和外地企业的引进，土地向经营大户流转，规模化、标准化、绿色化种植不断扩展，种植业进入全面提升品质和"三产"融合发展期。粮食生产在龙头企业及新型经营主体、社会化服务组织辐射带动下，优新品种及配套栽培技术推广面积不断扩大，技术到位率显著提高，有力地促进粮食单产水平提高，在粮食总播面积呈逐年减少的情形下，总产保持稳定的态势。到 2020 年全区粮食作物种植面积 1023.8 万亩，粮食总产 380.9 万吨，实现连年丰收。优质小麦、水稻、玉米品种种植面积进一步扩大，种植面积占比均在 60% 以上；马铃薯优质品种青薯 168、青薯 9 号、克新 1 号、冀张薯 8 号种植面积占比达 46% 以上；小杂粮优新品种张杂谷 3 号、农家甜荞种植面积 40 万亩以上。"宁夏大米"品牌知名度进一步提高。详见表 5-1-1。

在瓜菜生产上，积极培育壮大本地企业，引进外地知名企业，做好产地市场到销地市场信息共享，完善分拣、包装、预冷、冷藏运输、可追溯产业链，大力推进标准化生产，强化品牌建设，努力为市场提供绿色、有机瓜菜产品。到 2020 年，全区瓜菜面积达到 298 万亩；瓜菜总产值达到 116.9 亿元。其中蔬菜总面积达到 198.1 万亩；蔬菜总产量达到 560 万吨。中部干旱带的压砂西甜瓜种植 77.7 万亩，实现年生产总值 17.4 亿元，成为中部干旱带增加农民收入的主导产业。详见表 5-1-1。

表 5-1-1 主要年份粮食生产情况统计

年份	播种面积（万亩）	粮食总产（万吨）	小麦		水稻		籽粒玉米		马铃薯		小杂粮	
			面积（万亩）	总产（万吨）	面积（万亩）	总产（万吨）	面积（万亩）	总产（万吨）	面积（万亩）	总产（万吨）	面积（万亩）	总产（万吨）
1995	1142.7	203.4	441.5	68.9	93.2	46.2	142.5	60.9	79.2	8.4	386.3	19.0
2000	1210.4	252.9	438.7	74.5	115.1	62.4	196.6	82.0	113.8	21.2	346.2	12.8
2005	1164.1	298.4	414.0	79.4	106.9	61.1	267.6	121.1	175.9	27.5	199.7	9.3
2010	1266.0	356.5	361.5	70.33	124.5	70.0	334.5	165.8	331.5	42.5	114.0	7.9

（续）

年份	播种面积（万亩）	粮食总产（万吨）	小麦		水稻		籽粒玉米		马铃薯		小杂粮	
			面积（万亩）	总产（万吨）	面积（万亩）	总产（万吨）	面积（万亩）	总产（万吨）	面积（万亩）	总产（万吨）	面积（万亩）	总产（万吨）
2015	1155.6	372.7	183.7	39.6	111.5	60.8	452.7	226.9	255.8	37.2	151.9	8.2
2018	1103.5	392.6	192.9	41.6	117.0	66.6	466.2	234.6	164.9	36.4	162.5	13.4
2020	1023.8	380.9	139.4	27.8	91.2	49.4	484.1	249.1	142.7	41.5	166.4	13.1

中药材发展较快，2020年种植面积达到88万亩，药材总产量11万吨，中药材产业总产值达到11亿元，形成了南部六盘山区、中部干旱风沙区和北部引黄灌区三个特色鲜明的地道中药材种植带，建成了8大产业示范基地，中药材栽培品种扩展到包括甘草、银柴胡、麻黄、黄芪、小茴香、菟丝子、党参等38种。

2015—2019年，油料生产由于种植效益低，呈减少趋势。到2020年呈恢复性增加趋势，油料总播面积达到70.4万亩，总产8.62万吨。

牧草种植受畜牧业的强劲发展的拉动，苜蓿、冬牧70及青贮玉米大幅扩大，2020年牧草种植面积达到350万亩。其中青贮玉米种植270万亩，占青饲草料作物种植面积的77%。

从种植结构看，2020年全区农作物播种面积1867万亩，其中粮食作物种植面积1023.8万亩，经济作物（包括油料及蔬菜、瓜类、药材及其他特色作物）456.4万亩，青饲料（青贮玉米、苜蓿及其他青草）种植350万亩与过去相比，粮食占比缩小，经济作物保持稳定态势、牧草占比大幅增加。

第二章

粮 食 作 物

■ 第一节 小 麦

一、产区分布、面积与产量

在小麦的布局上，宁夏可划分为冬麦、冬春麦混作、春麦三个区域。冬麦区包括泾源、彭阳、隆德、原州区四县（区）全境；冬春麦混作区包括西吉、同心、盐池等地；春麦区包括平罗、贺兰、永宁、灵武、利通、青铜峡、中宁、沙坡头等引黄灌区全境。

在小麦种植面积和产量上，1996—2020年，经历了先上升后下降过程（表5-2-1），2002年小麦面积556.3万亩，总产96.1万吨，达到历史峰值，小麦成为当时第一大粮食作物；2003年后，小麦面积和总产逐步减少，到2020年，小麦面积139.39万亩，下降为第三作物；比历史峰值（2002年）减少416.91万亩，减74.9%。其中，灌区小麦40.45万亩，比2002年减少132.45万亩，减76.6%；山区小麦98.94万亩，比2002年减少284.57万亩，减74.2%。在面积减少的情况下，各地大力推广应用绿色高质高效技术，小麦单产稳定在200千克左右。2020年，全区小麦平均亩产199.0千克，较"十二五"末（2015年）亩减16.8千克，减7.8%；总产27.79万吨，较"十二五"末减11.81万吨，减29.8%。

表5-2-1 1996—2020年宁夏小麦面积和产量统计

单位：万亩、吨

年份	面积	总产	年份	面积	总产
1996	417.5	863000	2009	327.7	736000
1997	468.89	808000	2010	361.5	703300
1998	475.3	946000	2011	303.2	630000
1999	401.3	807000	2012	268.5	620000
2000	438.7	745000	2013	223.2	463100
2001	448.9	836000	2014	191.2	405000
2002	556.3	961000	2015	183.7	396000
2003	478.9	756000	2016	189.3	409000
2004	418.5	804000	2017	198.8	409000
2005	414.0	794140	2018	192.9	415800
2006	341.2	757000	2019	161.7	346000
2007	350.6	616000	2020	139.39	277900
2008	306.4	641000			

二、品种变迁

1988—2000 年，宁夏先后审定了 15 个春小麦品种（宁春 10～24 号）。品种类型包括大穗（宁春 13 号）、多粒（宁春 19 号）、抗病（宁春 16、15、23 号）、早熟（宁春 22 号、西农 1376、铁春 1 号等）、大粒（宁春 18 号）、矮秆抗倒（94N4364）等。进入 21 世纪后，立足于专用型、优质高产多抗的多目标品种选育，先后育成并审定了宁春 39 号、宁春 47 号、宁春 50 号、宁春 55 号等春小麦品种。同时，在冬小麦品种引进和选育上，也取得了很大进展，先后选育引进、示范推广了明丰 5088、宁冬 10 号、宁冬 11 号等品种。2010 后，北部引黄灌区在主推宁春 4 号的基础上，推广了宁春 50 号、宁春 53 号、宁春 55 号、宁春 39 号等春小麦品种；在南部山区主推了兰天 26 号、兰天 32 号、陇育 5 号、宁冬 11 号、宁冬 14 号、宁冬 16 号等冬小麦品种。2015 年以后，每年自治区本级财政补贴 800 万元，在南部山区、中部干旱带的重点县实施冬小麦免费供种，以提高山区小麦种子统供率，到 2020 年统一供种覆盖面积累计达到 40 多万亩，有效地破解山区冬小麦以粮代种和新品种更新换代滞后的难题。

三、小麦品质

在小麦品质方面，在农业部种植业管理司发布的《2016 中国小麦质量报告》中，宁夏抽送检样品 19 个，有 8 个样品达到标准，达标率为 42.1%。其中，利通区提供的宁春 50 号达到《郑商所（原）期货用优质强筋小麦标准》（Q/ZSJ 001—2003）一等标准；利通区提供的宁春 4 号、宁春 50 号、宁春 51 号等 4 个样品达到《郑商所（原）期货用优质强筋小麦标准》（Q/ZSJ 001—2003）二等标准。《2017 中国小麦质量报告》显示，宁夏抽送检样品 21 个，有 7 个样品达到标准，达标率为 33.3%，其中，贺兰县提供的宁春 50 号 2 个样品达到《郑商所（原）期货用优质强筋小麦标准》（Q/ZSJ 001—2003）一等标准；平罗县提供的 1 个宁春 4 号样品达到《郑商所（原）期货用优质强筋小麦标准》（Q/ZSJ 001—2003）二等标准。从结果看，宁夏春小麦品种：宁春 4 号、宁春 50 号、宁春 51 号品质优良，属于中强筋小麦，在全国位于中等偏上水平。在收获质量方面，据自治区粮食局（2018 年 11 月 13 日更名为自治区粮食和物资储备局）每年对全区 170～210 份小麦样品的容重、不完善粒、硬麦比例、千粒重等收获指标调查分析结果显示整体质量良好。其中，2015 年引黄灌区小麦样品一等比例超过四成，为 42.9%，中等以上的占 98.1%；2017 年引黄灌区新收获小麦样品容重为近年来最好，容重平均值为 789 克/升，一等比例超过五成，为 53.8%，中等以上占 95.9%；2018 年小麦整体质量好于正常年景，中等及以上的小麦占 98.8%，硬麦比例 98.8%，千粒重较上年增加 4g，呈现"四高一低"，即三等品及以上占比高，容重高，千粒重高，硬麦比例高，不完善粒含量低。

四、栽培技术

（一）测土配方施肥

20 世纪 90 年代后，宁夏小麦生产中农家肥使用量逐年减少，化肥使用量逐年增加。灌区农田逐步形成了以化肥为主，辅以各种生长素和调节剂。部分田块平均基施化肥折合纯氮达 16～20 千克，有的头水追肥达 15～20 千克尿素，甚至高达 20～23 千克尿素，造成小麦长势过旺、倒伏及减产。通过试验示范总结，在施肥技术方面，确定了重施基肥，广用种肥，早期追肥；改基肥春施、撒施为秋施、深施、条施；农家肥与化肥搭配以及氮肥与磷肥配合施用等。2003 年以后，在全区推广测土施肥技术，小麦按照施肥建议卡进行施肥，亩增施有机肥 50 千克，于 4 月初机播旱追肥或结合头水亩追尿素 10～15 千克，长势旺田块酌情减量，抽穗前结合防治病虫害同时加入以氮素为主的叶面肥，以增加穗长、结实小穗数、穗粒数。宁夏中南部山区在掌握土壤养分基础上，目标产量 200 千克/亩，施养分总 $N\text{-}P_2O_5\text{-}K_2O$ 为 9.7-3.4-0，目标产量 250 千克/亩，施养分总 $N\text{-}P_2O_5\text{-}K_2O$ 为 12.2-4.2-0，配方肥施麦田普遍表现出耐旱、抗倒、抗病、成熟落黄好等优良农艺性状。

（二）小麦间作套种

20 世纪 80 年代以后，以小麦套种玉米为主要技术模式，其种植规格为：小麦种 12 行，幅宽 120～133 厘米；玉米种 2 行，幅宽 60～70 厘米，或玉米种 3 行，幅宽 120～133 厘米，小麦套种玉米三行模式被称为"吨粮田"模式。其他模式主要有：小麦套种玉米间作大豆，小麦套种玉米间作苏子，小麦套种马铃薯，小麦套种葵花，小麦间作甜菜，小麦套种玉米间作蔬菜，小麦套种玉米混种胡萝卜，小麦套种甘蓝、辣椒、芹菜，麦田混种芹菜等。2005 年和 2006 年小麦套种玉米面积达到高峰期，分别为 135.85 万亩和 134 万亩，麦套玉米面积占玉米总面积的 72.8％和 74.8％。之后，种植面积逐渐减少，到 2017 年，小麦套种玉米种植面积为 27.1 万亩，占玉米总面积的 11.8％；2020 年麦套玉米面积为 9.5 万亩，仅占玉米总面积的 1.96％。

（三）麦后复种

2012 年以后，宁夏引黄灌区大力推广麦后复种"一年两熟"模式。即春小麦在 7 月上中旬、冬小麦在 6 月底 7 月初收获后，争时抢墒播种或免耕播种。主要有以下模式：

（1）粮菜模式　7 月上中旬小麦收获后，及时整地争时抢墒复种黄瓜、西葫芦、白菜、甘蓝、西芹、大葱、韭葱、青萝卜、胡萝卜、盘菜等蔬菜作物。

（2）粮饲模式　7 月上中旬小麦收获后，及时整地争时抢墒复种燕麦草等饲料作物。

（3）粮粮模式　7 月上中旬小麦收获后，及时整地争时抢墒复种糜子等作物。

（4）粮油模式　7 月上中旬小麦收获后，及时整地争时抢墒复种油用向日葵等油料作物。

（四）冬小麦全膜覆土穴播技术

2012 年以来，在南部山区原州区、彭阳县等地试验了小麦全膜覆土穴播技术，取得了较好效果。选用厚度 ≥0.01 毫米，幅宽 70 厘米或 120 厘米的高强度地膜全地面覆盖，采用覆膜覆土穴播一体机，一次性完成全程作业。播种深度 5 厘米，70 厘米宽的地膜覆盖后，垄面上均匀播种 4 行，行距 12.5 厘米；120 厘米宽的地膜覆盖后，垄面上均匀种植 7 行，行距 14.5 厘米。亩播量一般为 10～12.5 千克，每穴播籽 6～10 粒，密度为 3 万～3.5 万穴/亩。小麦亩产可达 420.2～461.4 千克，比常规露地种植增产 65～85.8 千克，增 18.3％～22.8％。

（五）小麦立体匀播技术

2016 年以来，针对条播播种不够均匀、深浅不一致、植株个体间差异较大等问题，引黄灌区示范推广了小麦立体匀播技术。小麦立体匀播就是使小麦种子相对均匀合理地分布在土壤中的立体空间内，出苗后无行无垄，均匀分布。播种时应用小麦立体匀播机，集施肥、旋耕、播种、第 1 次镇压、覆土、第 2 次镇压，6 道工序一次作业完成。小麦立体匀播，实行了多项工序联合作业，减少单独施肥、单独旋耕、单独镇压等工序，2018 年，宁夏回族自治区农垦事业管理局农林牧推广服务中心示范田春小麦匀播实打亩产 622.8 千克，采用小麦立体匀播机用种量每亩地可减少 2.5 千克。

（六）"一喷多防"病虫害防治技术

进入 21 世纪，为有效防治小麦病虫害，采用"一喷多防"技术。小麦抽穗至灌浆期是赤霉病、条锈病、白粉病、叶锈病、麦蚜、吸浆虫等多种病虫同时发生危害的关键期，选用合适的杀菌剂、杀虫剂、生长调节剂、叶面肥（磷酸二氢钾）科学混用，综合施药，药肥混喷，防治多种病虫害及干热风，一喷多效。

五、引黄灌区冬麦北移及技术

1996年农业部牵头成立"冬麦北移联合攻关协作组"，启动实施了冬麦北移项目。为配合农业部冬麦北移计划的实施，1998—2001年，宁夏回族自治区农业技术推广总站组织灌区各县开展了冬麦北移技术的播期、播量、播深以及施肥灌水的试验和小面积示范。2002年自治区科技厅把冬麦北移技术列为全区"8613"农业科技工程的重大推广项目，由宁夏回族自治区农业技术推广总站和宁夏农林科学院作物研究所主持，组织宁夏回族自治区农垦事业管理局、吴忠市、灵武市、贺兰县、青铜峡市等市县农技推广部门实施，实施期8年。2002—2009年，以宁冬6号、明丰5088品种为主，累计种植冬麦面积119.72万亩（其中2009年种植冬麦52万亩），冬麦面积占项目区小麦总面积的比重由立项前2001年的2.4%，增加到2009年37.3%和2009年秋的45.3%，分别增加了34.9个百分点和42.9个百分点。冬麦平均亩产为485.0千克，较同期春麦平均亩产344.8千克增产140.2千克，增长40.7%。比立项前的2001年冬麦平均亩产407.3千克，亩增产77.7千克，增长了19.1%。

通过多年试验和生产实践，组装集成冬麦及套复种后作品种、栽培、农机、灌溉、施肥等关键技术，形成了冬麦套种玉米超高产粮粮模式、冬麦复种蔬菜粮菜模式、冬麦复种油葵粮油模式和冬麦复种青贮四大技术模式。在播种期上，提出了冬小麦适宜播期为9月20日至10月10日，最佳播期为9月25日至10月5日；在播量上，结合灌区冬春季节土壤墒情不足和干旱等制约因素，提出了适宜播量为14～21千克/亩，10月5日以前播种的亩播量宜在14～17.5千克，10月5日后播种的亩播量宜在17.5～21千克；在播种深度上，冬麦播深以5～7厘米最为适宜；应用复合型种衣剂进行对种子包衣可明显提高越冬存活率；在施肥上，引黄灌区冬小麦施肥，基、追肥比例在5∶5～6∶4产量最好，肥力较好的高产田以4∶6至5∶5最好；追肥以返青期＋拔节期两次追肥产量最高；在整地技术上，采用旋耕机整地和激光平地技术；在播种机具上，引进、改进和筛选出了液压悬挂式圆盘开沟播种机（2BFT-12）、免耕施肥覆盖播种机（2BMFS-5/10和2BMFS-6/12B），适用于旱茬和稻茬地播种作业，实现短期内高效播种。

■ 第二节　水　　稻

一、产区分布、面积与产量

20世纪90年代以前，宁夏水稻种植集中于引黄灌区的中卫、中宁、利通、青铜峡、灵武、永宁、银川、贺兰等县（市、区）。1996后，宁夏水稻种植逐步向北扩展，新增水稻种植面积主要集中在平罗、贺兰2县黄河滩涂新开垦地和隆湖吊庄新开垦地，水稻面积从90万亩左右增加到100万亩以上。2003年因黄河流域严重干旱和水利部黄河水利委员会分配给宁夏引水量比历年减少近40%，造成当年水稻种植面积减少到70.1万亩，总产37万吨，为最低产量年份。2004年后水稻又恢复增长，2012年达到126.5万亩，总产达到71.3万吨，为产量最高年份。之后几年水稻面积一直保持在110万亩以上。2019年受黄河引水限制，自治区政府要求部分河滩地退出水稻种植，水稻种植面积下降到102万亩左右（表5-2-2）。

表5-2-2　1996—2020年宁夏水稻种植面积、产量统计

单位：万亩、吨

年份	面积	总产	年份	面积	总产
1996	96.1	539928	1997	101.8	599529

（续）

年份	面积	总产	年份	面积	总产
1998	99.7	628558	2010	124.5	699862
1999	106.3	657493	2011	125.9	707553
2000	115.1	623764	2012	126.5	713259
2001	111.3	618530	2013	123.2	688949
2002	114.6	656686	2014	117.1	618346
2003	70.1	370423	2015	111.5	607535
2004	95.6	524620	2016	112.6	629995
2005	106.9	610580	2017	112.9	639375
2006	122.5	709368	2018	117.02	665500
2007	115.5	605003	2019	102.1	550918
2008	120.4	663810	2020	91.2	493940
2009	117.4	645538			

二、品种更新

1996—2020 年，宁夏自育审定的水稻品种从宁粳 15 号到宁粳 57 号共 43 个，引进审定品种 10 多个。1995 年通过审定的宁粳 16 号（宁粳-16）全生育期 150 天左右，苗期耐寒性能好、生长旺盛、灌浆快、成熟落黄好，种植面积迅速扩大，到 2000 年种植面积 66.31 万亩，占水稻面积的 57.6%，成为主栽品种。2002 年审定的富源 4 号（96D10），早熟品种，生育期 142 天，成为直播稻主栽品种，高峰年份种植面积 30 万亩以上，2020 年种植面积 10.5 万亩。2003 年审定的宁粳 28 号（花 9115），苗期抗低温能力较强、返青快，幼苗长势旺，株型紧凑，耐肥抗倒，全生育期 150 天，高峰年份种植面积 25 万亩以上，为插秧、保墒旱直播种植的主要品种，2020 年种植面积在 7 万亩左右。2009 年审定的宁粳 43 号（294），米质达国标优质 1 级，在 2009 年全国优质粳稻食味评比会上，独占鳌头，高峰年份种植面积 15 万亩，但因其易感稻瘟病，穗颈瘟发生严重，2015 年后面积下降。2020 年水稻种植面积较大的有富源 4 号（10.5 万亩）、宁粳 50 号（9.4 万亩）、宁粳 57 号（8.11 万亩）、宁粳 28 号（7.0 万亩）。

三、种植方式及栽培技术

宁夏水稻种植方式分为插秧和直播两种方式。

（一）插秧稻

20 世纪 90 年代初，宁夏水稻种植方式以育秧、插秧为主，插秧稻种植面积占水稻种植面积的 87% 左右。1995 年以前，水稻育秧以坑式育秧为主，由于控温控湿难度较大，秧苗素质差。1995—2000 年推广小弓棚开闭式育秧、旱育稀植技术，插秧面积高峰期达百万亩。"育秧井、小弓棚、移栽灵"的大力推广，地膜打孔、配置营养土、床土消毒、旱育稀播、旱育早插、合理稀植等技术得到了贯彻落实。秧苗素质提高、早育早插得到落实，水稻插秧面积增加，主要宁夏农垦事业管理局所属各农场也开始育秧插秧，高峰期水稻插秧面积占种植面积的 90%。1998—1999 连续两年全区水稻平均单产达到 600 千克以上。其间，1995—1998 年累计推广抛秧 16 万亩，平均亩产比插秧亩增产 3.3%。

2001—2004年，聘请黑龙江省方正县科学委员会刘汉学在宁夏开展规范化旱育稀植栽培技术推广，采用秧田培肥、降低播量（大田每亩用种2～3千克）、去掉打孔地膜和床面地膜、见绿通风、减少秧田灌水次数、合理稀植（插秧行距9寸*以上、每穴2～4苗），降氮稳磷补钾全层施肥等技术措施。累计推广87.2万亩。

2011年从黑龙江农垦建三江垦区（2018年6月28日改为北大荒农垦集团有限公司建三江分公司）引进工厂化大棚育秧插秧技术，标准棚长60米、宽6.7米，高2.2米，每标准棚摆2200盘秧盘，采用微喷灌水、电动卷帘控温通风，种子应用自动催芽机催芽、机械流水作业育秧，机械插秧。高峰期2015年建设育秧大棚3012栋，插秧15.5万亩。

插秧栽培技术：选用中、晚熟水稻品种，适宜的品种有宁粳28号、宁粳43号、宁粳48号、宁粳50号、宁粳51号和宁粳52号等。4月5—15日育秧，秧本比1∶60，每盘播干种子100～110克，大田每亩用35盘左右。采用机插，行穴距30×10厘米（9寸×3寸），每穴4～6苗，每亩2.2万穴，每亩基本苗11万。6月下旬至7月上旬预防叶瘟和节瘟；7月下旬至8月上旬预防穗颈瘟。全生育期每亩施纯氮（N）16～18千克，五氧化二磷（P_2O_5）8～9千克，氧化钾（K_2O）6千克。

（二）直播稻

20世纪90年代初，直播稻种植面积占水稻种植面积的13％左右，主要分布在宁夏农垦事业管理局所属各农场，农村零星种植。随着农村劳动力价格上升、新农业机械（激光平地仪）、新农药（除草剂）的出现，直播稻生产方式简单、省工、成本低的优势显现，其种植面积不断扩大，而插秧面积不断下降。2008年全区种植水稻120.4万亩，插秧60万亩，直播稻60.4万，插秧稻与直播稻面积相当；2009年全区种植水稻117.4万亩，插秧稻52.3万亩，直播稻65.1万亩，直播稻面积超过插秧稻面积。随着直播稻播种机械改进、栽培技术不断完善，单产水平不断提高，直播稻种植面积继续扩大，到2020年全区种植水稻91.22万亩，插秧稻2.2万亩，占水稻种植面积的2.4％；直播稻种植面积89.02万亩，占水稻种植面积的97.6％。

直播稻又分为保墒旱直播和播后上水旱直播。

保墒旱直播：此项技术应用在稻旱轮作地段，选用中、晚熟水稻品种，适宜的品种有宁粳28号、宁粳43号、宁粳47号、宁粳48号、宁粳50号、宁粳51号和宁粳52号等。利用冬灌蓄水保墒旱播种，苗期旱长，三叶期后间歇灌溉管理。整地：秋平田，秋翻冬灌，春季耙糖保墒。一般在3月底至4月15日播种。采用机播，每亩播种量为18～22千克，行距20厘米，播深3～5厘米，播后镇压或磨平以确保土壤墒情。6月下旬至7月上旬预防叶瘟和节瘟；7月下旬至8月上旬预防穗颈瘟。全生育期每亩施纯氮（N）16～18千克，五氧化二磷（P_2O_5）8～9千克，氧化钾（K_2O）5千克。

播后上水旱直播：此项技术应用在低洼地、盐碱地段，选用早、中熟水稻品种，适宜的品种有富源四号、宁粳31号等。秋季犁地结束，利用冬春季进行激光平地，达到单位灌面高低差小于3厘米，播种前对种子脱芒、去枝梗，同时实施包衣，在4月下旬开始，最迟5月10日前播种完。一般行距20厘米左右，穴距10～12厘米，穴粒数10～15粒。播种量为20～25千克/亩。旱整地、旱播种，播后立即建立水层，大水浸种、浅水催芽、干干湿湿扎根。6月下旬至7月上旬预防叶瘟和节瘟；7月下旬至8月上旬预防穗颈瘟。全生育期每亩施纯氮（N）16～18千克/亩、五氧化二磷（P_2O_5）4～8千克/亩、氧化钾（K_2O）0～5千克/亩。其中：氮肥基施40％～50％、追施50％～60％，磷钾肥全部基施。

---

* 寸为非法定计量单位，1寸＝3.33厘米。——编者注

第三节 玉 米

一、产区分布、面积与产量

随着小麦套种玉米和地膜玉米种植技术大面积推广,全区玉米种植面积快速增长,至1996年,玉米总面积达到182.5万亩,总产83万吨;1997年总面积197.7万亩,总产达到86.2万吨,超过小麦总产。至2012年,全区玉米种植面积368.8万亩,平均亩产突破500千克,达到518.3千克,总产达到191.2万吨。至2020年全区种植玉米面积484.1万亩,总产249.1万吨,占全区粮食总产量的61.8%(表5-2-3)。

表5-2-3 1996—2020年宁夏玉米种植面积及产量

年份	面积(万亩)	总产(万吨)
1996	182.5	83.0
1997	197.7	86.2
1998	214.8	100.1
1999	244.1	116.6
2000	196.6	82.0
2001	221.6	94.7
2002	232.6	104.3
2003	264.6	119.0
2004	281.8	117.7
2005	267.6	121.1
2006	261.8	121.5
2007	309.0	146.6
2008	312.8	149.9
2009	322.6	156.4
2010	334.5	165.8
2011	346.6	172.4
2012	368.8	191.2
2013	393.0	191.2
2014	433.1	224.1
2015	452.7	226.9
2016	445.3	221.5
2017	435.5	214.9
2018	466.2	234.6
2019	449.7	230.5
2020	484.1	249.1

二、品种推广

20世纪90年代,引黄灌区引进紧凑型玉米品种掖单19号、掖单13号等,宁南山区加大中单2号综合配套技术推广。2000—2004年期间,引黄灌区以沈单16为主,搭配有登海3号、永玉3号等，扬黄灌区以迪卡 656、掖单 19 号为主，宁南山区地膜玉米以登海 1 号、承 706、中单 2 号为主，青贮玉米品种主要有高油 647、中北 410、中原单 32。2010 年代，引黄灌区套种玉米以正大 12 为主，搭配品种有沈单 16 号、宁单 11 号、宁单 13 号等，引、扬黄灌区单种玉米以先玉 335 为主，搭配品种有郑单 958、沈玉 21、迪卡 656、辽单 565，宁南山区以承 706 为主，搭配品种有长城 799、登海 1 号、中单 5485 等，青贮玉米以青贮 67 为主，搭配品种有中原单 32 等。

三、栽培方式

(一) 单种

2006 年后单种面积逐年增加，到 2020 年，单种玉米面积 484.1 万亩，占玉米播种面积的 98.04%。

(二) 春小麦套种玉米

1996—1999 年宁夏将麦套玉米技术列入自治区粮食上台阶"四个一"工程之一，随后迅速发展，2005—2006 年小麦套种玉米面积达到高峰期，分别为 135.85 万亩和 134 万亩，麦套玉米面积占玉米总面积的 507.7% 和 51.18%，2006 年以后逐渐减少，到 2019 年套种玉米面积为 11.81 万亩，占玉米播种面积的 2.63%（表 5 - 2 - 4）。

主要套种方式有："122（12 行小麦、2 行玉米）""123（12 行小麦、3 行玉米）""153（15 行小麦、3 行玉米）""203（20 行小麦、3 行玉米）"等多种套种模式。20 世纪 90 年代，主要采用"122"模式，总带宽 2.40 米，其中小麦净带宽 1.65 米，种 12 行，行距 0.15 米；玉米带宽 0.75 米，种植玉米 2 行，行距 0.25 米，玉米与小麦之间间作大豆；2005 年以后改为"123"模式，即种 12 行小麦、3 行玉米，幅宽 120～133 厘米，不间作大豆，小麦套种玉米两种模式被称为"吨粮田"模式。

表 5 - 2 - 4　1995—2020 年宁夏历年套种玉米面积

单位：万亩、%

年份	面积（万亩）		
	总计	其中套种	
		数量	占总计比例
1995	142.5	112.59	79.0
1998	214.8	151.5	70.5
1999	244.1	162	66.4
2000	196.6	133.6	69
2001	221.6		
2002	232.6	95.2	40.93
2003	264.6	79.4	30.01
2004	281.8		0.00
2005	267.6	135.85	50.77
2006	261.8	134	51.18
2007	309.0	116.69	37.76
2008	312.8	118.78	37.97
2009	322.6	119.96	37.19
2010	334.5	109.96	32.87
2011	346.6	100.82	29.09
2012	368.8	85.76	23.25

（续）

年份	面积（万亩）		
	总计	其中套种	
		数量	占总计比例
2013	393.0	61.45	15.64
2014	433.1	40.35	9.32
2015	452.7	30.42	6.72
2016	445.3	34.76	7.81
2017	435.5	27	6.20
2018	466.2	16.51	3.54
2019	449.7	11.81	2.63
2020	484.1	9.5	1.96

（三）玉米地膜覆盖栽培

1995 年，宁南山区示范种植地膜玉米 5.66 万亩，亩产 435.4 千克。1997—1999 年宁夏将地膜覆盖技术列入自治区粮食上台阶"四个一"工程之一，加快了地膜玉米发展。2005 年以后，从甘肃引进玉米全膜双垄集雨沟播技术，宁南山区地膜覆盖技术由传统的播前半膜覆盖栽培逐步发展为目前的秋季覆膜、早春（顶凌）覆膜的全膜覆盖双垄集雨沟播栽培，到 2020 年宁南山区全膜双垄沟播玉米面积 158.8 万亩，占山区旱作玉米播种面积的 90.4%。

四、栽培技术

（一）玉米"一增四改"技术

2006 年开始，套种玉米逐步由单种玉米代替，紧凑型品种逐渐代替平展型品种，实施玉米"一增四改"技术。"一增"：增加种植密度。根据品种特性和生产条件，因地制宜地适当增加玉米种植密度，在原有密度偏稀的地区和地块将种植密度普遍增加 500～1000 株/亩。"四改"：改种耐密型品种，加大耐密高产品种选育和推广力度；改套种为单种，逐步将引扬黄灌区的套种玉米改为单种玉米，并适当延迟收获；改粗放用肥为测土配方施肥；改人工种植为机械化作业，逐步扩大机耕、机种、机收等全程机械作业比例。

（二）灌区玉米培肥增密控灌技术

2000 年后针对灌区盐碱地和玉米低产问题，总结提出了玉米培肥增密控灌技术，即增施有机肥培肥地力，机械化精量播种，合理密植，控灌第一水促苗期生长，重施穗肥，推迟收获和机械收获等技术。

（三）山区全膜双垄沟播栽培技术

2005 年后受甘肃等地经验启发，针对传统地膜半覆盖方式单产水平较低问题，宁南山区开始改播期覆膜为秋季或早春覆膜、改半膜覆盖为全膜覆盖，改膜上平种为沟垄种植，改人工覆膜为机械覆膜，采取坐水点种、分株点浇、移动注水等补灌技术。

（四）水肥一体化栽培技术

2010 年以后，灌区适应供水紧迫矛盾，通过田间配套节水、施肥设施设备，配合科学灌水施肥制度，按需供给，灌水施肥同步进行，提高水资源、肥料利用率，降低劳动成本。技术关键：玉米全生育期灌水量 200～250 米³，灌水次数 8～10 次，每次灌水量 20～25 米³；施肥量根据目标产量具体确定，通常纯氮（N）22～28 千克/亩，五氧化二磷（P₂O₅）6～9 千克/亩，氧化钾（K₂O）3～4 千克/亩。

（五）玉米一次性施肥技术

2010 年以后，采用配方 47%（30-12-5）或 45%（28-12-5）、以硝酸铵作为氮素来源的玉米专用控释肥，每亩用量 80～95 千克/亩（目标产量 900～1000 千克/亩），全部作基肥，用施肥机械及时将肥料施入土壤中，或采取"种、肥同播"方式，用播种施肥一体机械全部施入土壤中，施肥深度 10～15 厘米，种肥同播肥料与玉米种子保持 5 厘米的安全距离。

■ 第四节　马　铃　薯

一、产区分布、面积与产量

1996—2020 年，马铃薯种植面积变化主要经历先上升后下降的过程。20 世纪 90 年代以后，由于农业结构调整、淀粉加工业带动和气候变化影响，宁南山区马铃薯种植面积迅速扩大。2003 年，在自治区党委、政府召开的第一次"固原工作会议"上，明确提出将马铃薯作为固原市优先发展的四大支柱产业之一。2009 年全国人大常委会重点建议将宁夏建成西部地区脱毒马铃薯种薯生产基地，农业部、发改委、财政部给予大力支持。宁夏各级党委、政府再次把马铃薯产业列为扶持农民脱贫的支柱产业，从政策导向与资金规模上给予重点倾斜和大力支持，实施百万亩扶贫工程，2006 年种植面积首次突破 200 万亩，达到 280.4 万亩，总产量达 32.5 万吨；2007—2013 年种植面积均在 300 万亩以上，总产稳定在 39.1 万吨以上，其中 2011 年总产为 44.5 万吨，达到历史峰值。2014 年后，马铃薯种植面积逐年下降，2020 年种植面积为 142.7 万亩，较"十二五"末减少 113.07 万亩，减 44.21%，但马铃薯单产水平明显提高，2020 年亩产折主粮 291 千克/亩，较"十二五"末亩增产 145.6 千克，增 100.1%（表 5-2-5）。

表 5-2-5　1996—2020 年宁夏马铃薯种植

年份	面积（万亩）	总产（吨）	年份	面积（万亩）	总产（吨）
1996	109.7	148000	2009	326.5	391000
1997	113.4	141000	2010	331.5	425000
1998	146.1	204000	2011	336.8	445000
1999	185.3	250000	2012	323.6	422000
2000	113.8	212000	2013	323.13	439966
2001	121.7	199000	2014	266.03	421101
2002	113.8	162000	2015	255.77	371950
2003	131.5	226000	2016	253.27	354169
2004	155.35	264219	2017	242.83	366461
2005	175.9	275000	2018	164.89	363800
2006	280.4	325000	2019	139.07	394329
2007	301	414000	2020	142.7	415400
2008	349.9	423000			

二、品种变迁

1998—2020 年，先后自育审定了 12 个宁薯系列品种（宁薯 7～18 号）。2010 年以来从青海省农林科学院等地引进青薯 9 号、青薯 168、陇薯 3 号、庄薯 3 号、冀张薯 8 号、青薯 9 号等品种。

淀粉加工薯主栽品种包括宁薯 4 号、宁薯 8 号、内薯 7 号、陇薯 3 号、晋薯 7 号、青薯 9 号、庄薯 3 号、陇薯 6 号等，主要分布在西吉中北部、彭阳县北部，原州区东部和隆德县北部半干旱区；中晚熟菜用薯品种以青薯 168、冀张薯 8 号、中心 24、中心 22、台湾红皮、美国 5 号为主，主要分布在泾源县、隆德县、海原县、盐池县、同心县公路沿线交通方便且适宜种植的区域；早熟菜用薯品种以克新系列（克新 1 号）、虎头、费乌瑞它、大西洋为主，主要分布在原州区清水河流域川灌区、海原、同心、盐池扬黄灌区；主食化全粉加工薯品种有大西洋、夏波蒂等，主要分布于全区马铃薯高产示范基地。

为了解决马铃薯退化问题，宁夏将马铃薯脱毒种薯作为粮食上台阶"四个一"工程措施之一大力推广，1997 年在泾源县建立第一个马铃薯脱毒中心，之后相继在原州、西吉、宁夏农垦事业管理局、隆德、海原建设了马铃薯脱毒中心。截至 2018 年，繁育脱毒原原种总计 1.3 亿粒，生产品种主要有青薯 9 号、克新 1 号、庄薯 3 号、冀张薯 8 号、青薯 168、陇薯 3 号、陇薯 6 号、费乌瑞它、大西洋、夏波蒂等。有 25 家企业、70 余家合作社从事马铃薯原种、一级种薯繁育，建设原种基地 2 万亩、一级种基地 8 万亩，年生产原种 3.2 万吨、一级种薯 14.4 万吨。

三、栽培技术

（一）马铃薯抗旱节水栽培技术

中部干旱带和南部山区无补水条件地区采用秋覆膜、早春覆膜，覆黑色地膜，膜上覆土，施足底肥，选用优质种薯，合理确定播种密度，加强田间管理，防治病虫草害，适时收获。有补灌条件的，采用滴灌（膜下滴灌）、喷灌、水肥一体化、全程机械化等技术，增施钾肥，进行病虫害综合防治。

（二）马铃薯膜上覆土技术

该技术于马铃薯播种后约半个月时，选用机械动力 30～40 马力、轮距 1.1～1.2 米的轮式拖拉机，配套作业幅宽对应的垄面覆土机进行膜上覆土作业，覆土厚度 3 厘米，防止烧苗，节省放苗用工。

（三）马铃薯水肥一体化技术

适用于大型喷灌或滴灌条件下栽培。前作收获后结合秋耕施足底肥。底肥以有机肥为主、化肥为辅配合使用。选用适宜品种的优质脱毒种薯，于 4 月中下旬机械化一次起垄播种。垄高 30 厘米，行距 90 厘米、株距 18 厘米，播种密度 4000 株/亩左右。及时铺设滴灌，现蕾后采取水肥一体化管理，适时防治病、虫危害，适时机械收获。

（四）设施拱棚马铃薯栽培技术

选用生育期为 70 天左右的早熟菜用型品种，3 月中下旬适时早播，起垄覆膜，宽、窄行高垄栽培，垄上种 2 行，行距 30 厘米，垄间行距 70 厘米，种植密度 4000～4500 株/亩。测土配方施肥。注意破膜放苗，防治病、虫危害。依土壤墒情灌水 5～6 次，收获前 7～10 天停止灌水。根据市场行情适时早收。

（五）马铃薯脱毒种薯技术

针对马铃薯产量降低、品质退化，1997 年以后宁夏开始实施马铃薯脱毒种薯技术，马铃薯脱毒后恢复了原品种的特征特性，达到了复壮的目的，有效提高了马铃薯产量和品质。脱毒种薯技术：选择田间生长健壮、品种特性典型一致的马铃薯植株块茎，自然度过休眠期或人工打破休眠后，将薯块在室内催芽、消毒；在超净工作台无菌条件下，切取茎尖分生组织，移植于试管中培养成试管苗；试管苗经过病毒检测，鉴定出不带病毒的脱毒苗；再经过切段快繁、脱毒微型薯（原原种）的诱导、原种、良种繁育。

（六）马铃薯种薯处理技术

种薯播前 20 天出窖，在 10～15℃下晾晒，种薯幼芽萌动后切块种植，每块 30～50 克。亩用 80％克菌丹可湿性粉剂 100 克＋35％甲霜灵干粉剂 40 克＋滑石粉 2 千克，拌 100～150 千克种薯，拌后在室内摊凉，一周内播完。

四、贮藏加工

宁夏马铃薯贮藏主要以传统窖和新型窖两种贮藏方式为主，全区贮藏能力约 330 万吨，其中传统窖 150 万吨、新型窖 180 万吨，农户贮藏能力 200 万吨，经销户（包括合作组织、销售协会、批发市场等）贮藏能力 80 万吨。2006 年开始大规模建设马铃薯贮藏窖，2018 年，全区贮藏马铃薯 89.41 万吨，其中农户贮藏 57％、企业及合作组织贮藏 23％、经销户贮藏 20％。

截至 2020 年，全区符合环保要求及卫生达标且有一定规模淀粉加工企业 27 家，精淀粉生产能力达到 40 万吨、粗淀粉加工能力 5 万吨，"三粉"（粉丝、粉皮、粉条）年生产量 6 万吨。有马铃薯主食开发试点企业 8 家，主要研发生产马铃薯馒头、包子、撒子、麻花、挂面、米粉、饼干、面包、薯饼等 4 大类 100 多个主食化产品。

■ 第五节 小 杂 粮

一、谷子

（一）产区分布

主要种植在干旱半干旱区的同心县、海原县和盐池县，原州区和西吉县也有一定的种植面积。

（二）面积与产量

谷子种植面积 2020 年为 23.87 万亩。亩产 2020 年达到 110 千克，比 2002 年增长了近 2 倍（表 5－2－6）。

表 5－2－6 2002—2020 年谷子生产情况

年份	面积（万亩）	总产（吨）
2002	22.95	9000
2003	1.68	9000
2004	1.47	8000
2005	12.9	5000

（续）

年份	面积（万亩）	总产（吨）
2010	19.8	15200
2018	14.30	16000
2019	15.56	19342
2020	23.87	26340

（三）主栽品种

主要包括晋谷系列、大同 29 号（国品鉴谷 2005008）、冀谷 20 号（国品鉴谷 2005001）、冀谷 21号（国品鉴谷 2005002）、甘粟 2 号、陇谷 11 号、张杂谷系列、晋谷黄金苗、小红谷等。

（四）栽培技术

以豆茬（绿肥）、麦茬、玉米茬等较为适宜，结合秋耕或在播种前结合整地施入基肥；抽穗前15～20 天的孕穗阶段，追施纯氮 5 千克/亩；南部山区在 4 月 20 日前后播种，最迟不能晚于 5 月下旬。中部干旱带在 4 月下旬至 6 月 20 日适墒适期播种；在出苗至 2～3 片叶及时进行镇压，3 叶期前后进行查苗，5～7 叶期及时进行间苗定苗；在幼苗期、拔节期和孕穗期进行中耕除草，一般 3～4次。在腊熟末期或完熟期收获。

二、糜子

（一）产区分布

宁夏糜子以粳性为主，主要分布在南部山区的盐池、同心、海原、彭阳、西吉等县及原州区。

（二）面积与产量

糜子种植面积自 1997 年达到 124.37 万亩后逐渐缩减，2006 年仅为 46.05 万亩，减少 63%（表 5-2-7）。 2007—2020 年数据不详。

表 5-2-7 1996—2006 年糜子生产情况

年份	面积（万亩）	总产（吨）
1996	94.58	45317
1997	124.37	25178
1998	82.80	35037
1999	54.26	41046
2000	64.56	42626
2005	40.20	18119
2006	46.05	17346

（三）主栽品种

包括宁糜 10 号、宁糜 14 号、宁糜 15 号、固糜 21 号、固糜 22 号、大黄糜子、大红糜子、紫杆红、紫杆大日月、大黄糜子等。

（四）栽培技术

整地坚持"二不三早一倒"的原则，"二不"指"干不停，湿不耕"，"三早"指早耕、早耱、早镇压，"一倒"主要指犁地和翻土的方向要内外交替进行，犁地的走向应相互交叉。基肥以有机肥为主，施农家肥 2 吨/亩以上，结合播种施用磷酸二铵 7～10 千克/亩做种肥；晒种、浸种和拌种三种方式进行种子处理；地温稳定在 12℃以上播种，生育期短的早、中熟品种可适当晚播或夏播。及时采用耙耱等措施疏松表土，幼苗长到一叶一心时进行镇压增苗，在 4～5 片叶时间苗定苗。糜子生育期间中耕 2～3 次，结合中耕进行除草和培土。在穗基部籽粒用指甲可以划破时收获为宜，保证在早霜来临前及时收获。

三、荞麦

（一）产区分布

主要分布在吴忠市的盐池县、同心县，固原市的西吉县、彭阳县、原州区以及中卫市的海原县。

（二）面积与产量

1996—2006 年，宁夏荞麦种植面积和产量见表 5 - 2 - 8。2007—2020 年数据不详。

表 5 - 2 - 8　1996—2006 年荞麦生产情况

年份	面积（万亩）	总产（吨）
1996	43.88	13808
1997	49.23	9190
1998	35.15	9747
1999	40.97	15458
2000	84.95	25144
2004	31.95	14000
2005	27.75	9569
2006	38.67	12062

（三）主栽品种

包括北海道、榆荞 2 号、美国甜荞、岛根、宁荞 1 号、宁荞 2 号、九江苦荞、榆 6-21、黔黑荞 1 号、西农 9920 等。

（四）栽培技术

前作收获后抓紧深耕，耕深 20～25 厘米。重施基肥，结合深耕，撒施或沟施腐熟农家肥 750～1000 千克/亩，尿素 10 千克/亩加过磷酸钙 11.5 千克/亩，或碳铵 20 千克/亩加过磷酸钙 15 千克/亩。追施尿素等速效氮肥 5 千克/亩左右，旱地甜荞选择在阴雨天气进行。选择在 5 月中下旬至 6 月中旬，适当晚播。条播、点播和撒播三种方式播种，沙质土和旱地可适当深播但不能超过 6 厘米，黏质土壤适当浅播，一般 4～5 厘米为宜，甜荞适宜播种量为 2.5～3 千克/亩，一般留苗以 5 万株/亩为宜。采取破除板结、补苗等保苗措施保全苗。中耕除草 1～2 次。三片真叶进行第一次中耕除草，现蕾期进行第二次中耕除草，第二次中耕除草可结合培土。在荞麦全株 70％籽粒成熟（全株中下部籽粒呈成熟色，上部籽粒呈青绿色，顶部还在开花）时收获。

四、豆类

（一）豌豆

1. 产区分布

宁夏山、川均有种植，但主要分布在吴忠市的盐池县、红寺堡区、中卫市的海原县以及固原市的彭阳县、西吉县、原州区、隆德县。

2. 面积、产量及品种

种植面积较大的县为西吉、海原、同心和盐池，2005 年实地调查总面积 52 万亩，单产水平 80～100 千克/亩。种植品种包括固原白豌豆、固原麻豌豆、定豌 1 号、中豌 4 号、"手拉手"、宁豌 1 号、宁豌 2 号、宁豌 3 号、宁豌 4 号。

3. 栽培技术

豌豆忌连作，在茬口选择上应实行 3 年以上的长周期轮作，除豆类外，其他作物均可作为其前茬。播前耙耱，在施肥方式上以秋施肥和基肥为主，一般不追肥，不宜用化肥作种肥。在施农家肥 1.5～2 吨/亩的基础上，加施磷酸二铵 10～20 千克/亩，或普通过磷酸钙 20～30 千克/亩、尿素 5～10 千克/亩即可。晒种及药剂拌种。播种时间正常情况下为 3 月下旬到 4 月上旬，可延迟到 4 月下旬到 5 月上旬，播量 15 千克/亩左右。大部叶片脱落，茎、荚变成黄白色，大部分籽粒与荚壳分离，并复原呈本品种形状和颜色时即可收获。

（二）蚕豆

1. 产区分布

主要分布在六盘山、南华山等阴湿地区部分川水地，引黄灌区普遍以田埂上点种为主。

2. 面积、产量及品种

2005 年实地调查总面积 13.05 万亩，2010 年实地调查总面积 13 万亩，平均单产 123.8 千克/亩。蚕豆种植面积最大的是隆德县，品种有固原蚕豆、临夏大蚕、临蚕 2 号、临蚕 6 号、临蚕 8 号、青蚕 3 号、青蚕 9 号、青蚕 10 号、青蚕 11 号、青蚕 13 号、青蚕 14 号等。

3. 栽培技术

蚕豆忌连作，在茬口选择上应实行 3 年以上的长周期轮作。一般在施农家肥 1.5～2 吨/亩的基础上，加施磷酸二铵 10～20 千克/亩，或普通过磷酸钙 30 千克/亩，施肥方法以基肥为主，可在播前犁地时施入，也可利用行距较宽的特点，播种时与种子分行顺犁沟施入。播前晒种 1～2 天，再用 25％的粉锈宁或钼酸铵拌种。4 月下旬到 5 月初播种。行距 20～25 厘米，株距 15 厘米，播深 10 厘米左右，播后耙耱、保墒。保苗 1.1 万～1.5 万株/亩为宜，每亩播种大粒种子 25 千克左右，小粒种子 20 千克左右。在苗高 10 厘米左右，进行第一次锄草、松土，第二次在开花前，锄草带培土。蚕豆是无限花序，当主茎第 10 层花出现时，可人工摘去顶端生长点。当植株大部叶片变黄、豆荚变黑色时即可收获。为促进后熟，提高品质，收获连同茎秆一起收割，晾晒干燥后打碾（脱粒）。

五、燕麦（莜麦）

（一）产区分布

主要分布在六盘山东西两侧的半干旱和半阴湿地区，即固原市的彭阳县、西吉县、原州区、隆德县、泾源县五县（区）。

（二）面积与产量

20世纪六七十年代，燕麦（莜麦）是宁南山区农民的主粮之一，80年代是主要备荒作物，90年代前期面积有所下降，90年代后期种植面积有所回升。2004年、2005年种植面积分别为1.5万亩、3.75万亩，总产分别为1000吨、2000吨，亩产分别为66.7千克、53.4千克。

（三）主栽品种

包括宁莜1号、蒙燕7314、蒙燕7304、高719、定燕2号等。

（四）栽培技术

莜麦不宜连作，采用草田轮作，其主要方式有：草田-莜麦-豆类或马铃薯-莜麦-草田，草田-胡麻-豆类或马铃薯-莜麦-草田。秋深耕，耕翻深度22～25厘米，前作收获早，应进行浅耕灭茬并及早进行秋深耕；前茬收获较晚，可不先灭茬而直接进行深耕。耙糖土地，镇压提墒。增施农家肥，合理施用化肥。药剂拌种。莜麦喜凉怕热，宁夏莜麦区的适宜播期，一般应在春分到清明前后，最迟不宜超过谷雨。高水肥土地，播量8.5～9.5千克/亩；中水肥地7.5～8.5千克/亩；旱薄地播量为6千克/亩左右。在推迟播种的情况下，播量适当增加2～3千克/亩。耧播、犁播和机播方式播种。一般播种深度3厘米，黑钙土和半干旱区4～5厘米，特别干旱时可到5～6厘米，播后镇压。早锄、浅锄。早追肥，深中耕，细管理。当穗下部籽粒进入蜡熟中期即应开始进行收获，如果延迟至全熟收获，上部籽粒容易脱落造成损失。

六、高粱

（一）产区分布

主要分布在宁夏中部干旱带和南部山区各县区。

（二）面积与产量

宁夏高粱历年种植较少，面积多在1.5万亩以下，2004年以后缩减明显，2006年仅为3870亩（表5-2-9）。2007—2020年数据不详。

表5-2-9　1996—2006年高粱生产情况

年份	面积（万亩）	总产（吨）
1996	1.18	5811
1997	1.37	5428
1998	1.18	4123
1999	1.16	4096
2000	1.55	5973
2002	1.35	6000
2003	1.35	4000
2004	0.15	1000
2005	0.15	810
2006	0.39	1732

（三）主栽品种

种植品种包括晋杂5号、忻杂7号、忻杂12号、忻杂52号、豫粱5号、四杂42、哲杂125号、晋杂 101、辽杂 21 号、辽杂 23 号、平杂 8 号、辽甜 1 号、苏波丹等。

（四）栽培技术

高粱忌重茬和迎茬，良好前茬有豆类作物、玉米、小麦等。常见的轮作方式有：小麦→夏粮（豆类、胡麻等）→高粱→玉米→谷子（糜子），豆类→高粱→谷子，豌豆→玉米→高粱等。秋耕要在秋收后及早进行，耕深以 20～25 厘米为宜，秋耕后及时进行耙耱。一般以土壤 5 厘米处地温稳定在10～12℃，气温在 14～15℃时播种为宜，播种深度以 3～5 厘米为宜。密度一般为 6000～8000 株/亩，播量以 1.5 千克/亩左右为宜，采用精量播种机播种时，播种量以 0.75 千克/亩为宜。出苗后展开 3～4 叶时进行间苗，5～6 叶时定苗。苗期进行二次中耕除草，第一次出苗后结合定苗时进行，在拔节前进行第二次中耕。拔节到抽穗阶段，可结合追肥、灌水进行 1～2 次中耕。蜡熟末期的高粱籽粒中干物质含量达最高值，适宜收获。

第三章

经 济 作 物

■ 第一节 油 料

一、胡麻

（一）产区分布

以宁夏南部山区和中部干旱带为主要种植区域，分布在固原市的原州区、彭阳县、西吉县、隆德县、泾源县，吴忠市的同心县、盐池县、红寺堡区，中卫市的沙坡头区、海原县等地。灌区多为零星种植。

（二）面积及产量

详见表5-3-1。

表5-3-1 1996—2020年胡麻生产情况

年份	面积（万亩）	总产（吨）	年份	面积（万亩）	总产（吨）
1996	95.97	48496	2009	57.42	42991
1997	92.24	35729	2010	58.12	51418
1998	95.7	50912	2011	41.22	53821
1999	91.19	53925	2012	48.45	49866
2000	61.04	25190	2013	42.65	43902
2001	90	36900	2014	39.63	41669
2002	100.39	60300	2015	35.61	42585
2003	126.41	64300	2016	30.14	33657
2004	119.72	67600	2017	29.13	29929
2005	83.84	57738	2018	36.82	35097
2006	60.35	38142	2019	38.79	35241
2007	37.55	24032	2020	39.38	37588
2008	50.36	37566			

（三）品种类型

宁夏胡麻主产区域自育的品种占有主导地位，20世纪90年代，主要为固原市农业科学研究所（2015年2月更名为宁夏农林科学院固原分院）选育出的宁亚14、15号，近些年生产中主要以宁亚16

号、宁亚 17 号、宁亚 19 号、宁亚 20 号、宁亚 21 号、宁亚 22 号及固亚 8 号为主。宁亚 17 号丰产抗病，宁亚 19 号属于早熟品种，宁亚 20 号属于抗旱一级品种，宁亚 21 号丰产和固亚 8 号属抗倒伏品种。

（四）栽培技术

旱地胡麻提倡 3 年以上的轮作，轮作模式为豆类→小麦→胡麻或小麦→燕麦（或糜子、谷子）→豆类→胡麻。选择前茬以小麦、豆类等夏茬地为好。前茬作物收获后，及时深耕灭茬，耕深 20～25 厘米，遇雨浅耕收耱；越冬后于 3 月上中旬顶凌耙耱。以机械整地方式为宜。在早春土壤解冻、平均气温稳定通过 5℃后，适当早播，一般以 3 月下旬至 4 月上旬为播种适期；一般亩播量 4 千克～5 千克，相应可形成每亩 25 万～30 万株的田间密度。播种方法：实行条播，行距 15 厘米，播深 3～4 厘米，播种、收耱等作业连续完成。每亩用农家肥 2500～3000 千克、磷酸二铵 20～25 千克作底肥；用磷酸二铵 4 千克左右作种肥；在生育期间可结合降雨追施尿素 1～2 次，每次追施量 3～5 千克。胡麻株高 10 厘米左右时进行第一次中耕，做到浅锄灭草不伤根；株高 16～20 厘米时进行第二次中耕，做到深锄细锄拔大草。化学除草：苗高 5～10 厘米时用 20％拿扑净（主要成分为草甘膦）200～300 克加 70％的二甲四氯 50～70 克兑水 30～40 千克喷施，可防除田间杂草。

胡麻下部叶片变黄、部分叶片脱落、50％～60％蒴果发黄、个别变成褐色、只有少数籽粒微有黏感时，即可收获。

二、向日葵

（一）产区分布

分三大区域：一是宁南山区清水河流域上中游次生盐渍化地段和东部黄土丘陵种植区，包括盐池中南部、同心东部、原州东北部和彭阳北部；二是宁夏中部干旱带扬黄灌溉种植区，涉及红寺堡、盐池、同心、海原等地；三是引黄灌区水浇地、盐碱低洼地和河滩地种植区，涉及平罗县、惠农区和宁夏农垦事业管理局下属各农场等。

（二）面积、品种与产量水平

1990—2000 年年平均 30 万亩左右。2001—2010 年，随着油食葵杂交种的推广和广泛种植，年平均种植面积 45 万亩。2011 年至今，受市场影响种植面积逐年萎缩，平均年种植面积 35 万亩左右。20 世纪 90 年代以前种植品种有"先进工作者"、内杂 2 号等；90 年代至今种植的油葵品种主要有 G101、诺葵 212、利马 349、KWS203、KWS303、S31、康地 5 号、S606、T562 等。2000 年以前，食葵种植品种主要为常规品种，主要有三道眉、星火花葵和固原地方农家品种为主。2000 年后，美葵系列食葵杂交种的引入，使食葵杂交种种植得到了迅速推广，主栽品种为 LD5009。截至 2020 年，生产上推广种植的向日葵新品种有 SH363、SH361、JK601，其中：食葵约占 1/3，平均亩产约 160 千克；油葵约占 2/3，平均亩产约 200 千克。

（三）栽培技术

1. 选地整地

选择 3～5 年没有种植过向日葵的壤土或沙壤土耕地，不宜选择低洼易涝、重盐碱地和跑风地，不宜选择甜菜、深根性牧草、马铃薯作为前茬。提倡秋季整地，没有进行秋季整地的在早春进行整地，结合整地（起垄）施入底肥。早春化冻后，及时耙耱保墒，达到地平、土碎、墒好，创造上虚下实的播种条件。

2. 科学选种

要选用在当地经过试验能够正常成熟的品种，提倡使用杂交种，种子质量要符合国家规定的标准。为防治地下害虫及促进前期生长，种子要进行包衣处理。

3. 适期播种

一般地表 5～10 厘米的地温稳定在 8～10℃时即可播种，宁夏中南部山区适宜播种时间是 4 月上中旬。食葵常规种要早播，杂交种要适期晚播，油葵参照食葵杂交种的播种时间，高海拔或山地可适当提早。

4. 合理密植

播种深度 3～5 厘米，每穴播 1～2 粒，行距 60 厘米。食用向日葵种植密度 3000～3500 株/亩，油葵 3500～3800 株/亩。

5. 田间管理

施肥：原则是有机肥无机肥相结合，施足底肥，用好种肥，配合微肥。磷钾肥做种肥施入，氮肥 1/3 做种肥，2/3 做追肥。底肥一般亩施优质农家肥 2000～3000 千克，磷酸二铵 7～10 千克，尿素 10～20 千克，硫酸钾 5～15 千克。种肥以磷酸二铵、尿素或复合肥为主，一般亩施磷酸二铵 10 千克，尿素 5～10 千克，或含量在 40% 以上的复合肥 15 千克。硼肥随种肥一起施入或在生育前期喷施。苗期管理：查苗补苗，早间苗、早定苗（1 对真叶时间苗，2 对真叶时定苗）；中耕除草：向日葵全生育期进行 2～3 次人工或机械中耕除草，时间分别在苗期结合间定苗、生长前期和封垄前；追肥浇水：向日葵追肥的适宜时间为现蕾期，结合浇水，亩施尿素 5～20 千克。

6. 病虫害防治

主要为菌核病、向日葵螟、棉铃虫害等。

7. 适时收获

植株茎秆变黄，花盘舌状花干枯或脱落，茎秆下部叶片枯死，中上部叶片变黄下垂，大部分花盘背面变为黄褐色，托叶变为褐色，籽粒变硬并呈现固有色泽时即可收获。

三、大豆

（一）产区分布

主要分布在引黄灌区各市县和宁南山区的彭阳县、原州区等地。引黄灌区是宁夏大豆种植的主要区域。引黄灌区大豆种植的主要方式为春播单种及间套种大豆，间套作模式有"小麦套种大豆""西瓜套种大豆""经果林套种大豆"等；宁南山区主要种植方式为间套作，主要为"玉米间作大豆""胡麻套种大豆""向日葵套种大豆"及"马铃薯套种大豆"。

（二）面积及产量

详见表 5－3－2。

表 5－3－2　1996—2020 年大豆生产情况

年份	面积（万亩）	总产（吨）	年份	面积（万亩）	总产（吨）
1996	57.47	28887	2003	30.30	20000
1997	61.76	33145	2004	30.74	15000
1998	70.20	37531	2005	28.06	10982
1999	60.75	27542	2006	27.76	15786
2000	56.39	30226	2007	11.7	6474
2001			2008	33.17	9994
2002	50.23	33000	2009	24.57	9977

（续）

年份	面积（万亩）	总产（吨）	年份	面积（万亩）	总产（吨）
2010	24.56	9546	2016	15.05	8835
2011	18.76	7318	2017	12.47	7300
2012	23.67	8302	2018	10.35	8900
2013	16.73	5687	2019	7.34	6237
2014	16	6807	2020	6.8	5780
2015	15.05	7156			

（三）主要品种

经宁夏审定通过的有：宁豆1号、宁豆2号、宁豆3号、宁豆4号、宁豆5号、宁豆6号、晋豆19、承豆6号、晋豆23（又名汾豆50）、晋遗30、邯豆3号、邯豆7号等；经过国家审定可以在宁夏灌区种植的品种有：中黄30、辽首2号、冀豆12、铁丰35、铁丰30、辽豆22、辽豆24、吉育95、汾豆65、汾豆56、晋遗30等品种；在冬小麦和春小麦后夏播复种早熟品种（生育期85天左右）有：垦丰6号、垦丰7号、垦丰18、垦丰8号，以及合丰、黑河等系列品种。截至2020年生产上推广的主导品种有：宁豆6号、晋豆19、承豆6号、中黄30等。

（四）栽培技术

1. 选地

前茬为小麦、玉米、水稻等，避免重茬。

2. 种子处理

大豆根瘤菌接种。

3. 整地与施肥

整地：头年平田整地并秋深翻，耕深20厘米以上，灌足冬水。4月中旬结合施基肥用旋耕机浅耕1遍。基肥：每亩基施优质农家2500～3000千克、磷酸二铵10～15千克、尿素20千克。亩施磷酸二铵5千克、硫酸钾2.5～3千克。

4. 适期播种

4月15日至5月10日播种；播种方式：条播或穴播；播种深度：播深3～5厘米，播后覆土一致并及时镇压；播种量及密度：一般每亩播种量3.5～4.0千克，播种行距45～50厘米，株距8～10厘米。每亩田间保苗1.2万～15万株。

5. 田间管理

中耕除草：大豆第一片复叶展开时，结合除草进行第一次中耕；株高25～30厘米时，结合除草进行第二次中耕，封垄前进行第三次中耕。

间苗、定苗：大豆第一个三出复叶展开前，一次性间苗、定苗。

追肥、灌水：大豆初花期结合灌水进行追肥，每亩追施尿素5～10千克。大豆开花结荚期、鼓粒期各灌水一次。

芽前封闭：播后苗前可选用90%的乙草胺乳油，每亩用药100～130毫升；或72%异丙甲草胺乳油，每667亩用药100～150毫升兑水喷雾。

复叶期：大豆3片复叶期间，每亩用25%氟磺胺草醚50～60毫升加精吡氟禾草灵70毫升兑水30千克喷雾。9月下旬至10月上旬当大豆茎叶及豆荚变黄，落叶达到80%以上时收获。

四、油菜

（一）产区分布

主要在固原市泾源、隆德、彭阳等县种植，冬油菜种植区域主要集中在地处六盘山国家森林公园及老龙潭风景区的泾河源镇龙潭、冶家等 20 个建制村。

（二）面积、产量及品种

1996—2008 年两县主要以种植春油菜为主，每年种植面积约 2500 亩，种植品种主要为青油 3 号、青杂 7 号和门油 3 号等，平均产量约 95 千克/亩。2009 年结合种植业结构调整，泾源县开始冬油菜种植，并于 7 月上旬收获后进行复种，2009—2020 年泾源县冬油菜种植面积稳定在 1 万亩左右，种植品种主要为陇油 6 号、陇油 7 号和陇油 8 号，平均产量约 230 千克/亩。2018 年隆德县为配合旅游产业发展，开始较大面积种植春油菜，2018 年种植面积 15000 亩，平均产量 160 千克。2020 年种植面积 10000 亩，平均产量 62.51 千克，种植品种主要为圣光 401、圣光 402 及福油 2 号。

（三）栽培技术

1. 春油菜栽培技术

精细整地，适时早播。播深≤5 厘米，播量每亩 0.35～0.4 千克，行距 15 厘米。及时间苗、定苗。出苗后 10 天左右有 2 片真叶时，及时间苗；4～5 片真叶时定苗，每亩留足基本苗 7.5 万～8.0 万株。整地时施腐熟的农家肥 1500～2000 千克/亩，氮肥 5～10 千克/亩，磷肥 40～50 千克/亩，钾肥 5 千克/亩，硼砂 0.75～1.25 千克/亩。整个生育期根据油菜的需肥特点及长势一般追肥 2 次，第一次于苗期追施尿素 25～30 千克/亩，第二次于蕾苔期追施尿素 10 千克/亩，硫酸钾 5 千克/亩。在出苗—摆盘期主要以防治潜叶蝇和菜青虫为主，中后期主要防治蚜虫和菌核病。当全株 2/3 角果呈枇杷黄色，即全田 80％成熟时收割。

2. 冬油菜栽培技术

在墒情充足的条件下，用旋耕机旋耕 1～2 遍，耱平。前茬为非十字花科作物，避免重茬和迎茬。播种方式：采用油菜精量播种机播种，等行距种植，行距 20 厘米，株距 6～7 厘米。山区台地撒播时，每亩用尿素 2.5 千克与种子混匀，分两次交叉撒匀，撒种后用耙子轻抓进行覆盖。播期 8 月 15 日至 8 月 30 日。播深 3～4 厘米。播量每亩 0.35～0.4 千克。密度每亩 50000～55000 株。基肥结合播前旋耕施入，每亩施尿素 7.5 千克，磷酸二铵 15～20.0 千克，硼肥 1～2 千克；追肥于返青时结合灌水施入或借雨追施，亩用尿素 5～7.5 千克。3～4 片真叶时进行间、定苗，除掉小苗、弱苗，留大苗、壮苗。定苗前中耕 1 次，同时清除田间杂草。病虫害防治主要为菜青虫、潜叶蝇、蚜虫、黑缝叶甲。全田 80％角果变黄即可收获。

■ 第二节　中药材

一、产区分布

形成三大区域：一是以枸杞、菟丝子为主的北部引黄灌区中药材生产区，主要分布在中宁县、沙坡头区、平罗县等地；二是以甘草、银柴胡、小茴香等为主的中部沙旱生中药材生产区，主要分布在盐池县、同心县等地；三是以黄芪、党参、黄芩、柴胡、秦艽等药材为主的南部六盘山道地药材优势产区，主要分布在原州区、隆德县等地区。

二、面积及产量

2016年以来，中药材种植面积稳定在130万亩以上，其中山桃、山杏面积70万亩。产量稳定在60万吨以上。详见表5-3-3。

表5-3-3　1996—2020年中药材种植情况

年份	面积（万亩）	产量（万吨）	产值（亿元）
2016	145.53	63.65	79.58
2017	143.33	62.69	87.80
2018	146.81	60.95	85.56
2019	135.75	63.07	93.55
2020	137.13	64.03	90.80

三、种植品种

种植品种包括枸杞、甘草、银柴胡、麻黄、黄芪、小茴香、菟丝子、柴胡、胡卢巴、肉苁蓉、秦艽、大黄、板蓝根、黄芩、党参、郁李仁、当归、苦杏仁、牛蒡子、铁棒锤、金莲花、芍药、菊花、独活、射干、酸枣、山药、草红花、木香、防风、地黄、白芷、桔梗、甘遂、莱菔子、沙苑子、苦参、艾草38种。

四、推广模式

坚持"适地适药、生态种植"原则，结合药材的生长习性和立地类型，按照"黄芪、党参入川，柴胡、秦艽上山，黄芩可川可山"原则，在土壤肥力较好的河川台地开展黄芪、黄芩药材种苗繁育；在相对平整，耕种历史较长的梯田台地上移栽黄芪、黄芩和种植覆膜板蓝根、金莲花；在移民迁出区的弃耕地上实施黄芩、柴胡、秦艽、大黄的仿野生原生态种植。主要推广大田种植、林药间作、粮药间（套）种、药药套种、草药共生、野生抚育、原生态种植等7种模式。

五、栽培技术要点

（一）甘草

1. 整地施肥

选择有多年耕种史，无病虫或严重草害史，熟化土层厚，土壤肥力较好的沙壤或壤土地，且处于种植区或靠近种植区，交通方便，有防风林网的区域。机械深翻20～30厘米，精细耙耱。同时结合整地均施腐熟农家肥3～5米³/亩，磷酸二铵或复合肥30～50千克/亩。

2. 种子处理

通常用谷物碾米机处理法，即调整机器磨片到合适间隙，碾磨1～2遍，以划破种皮且不碾碎种子为宜；硫酸拌种法：1千克甘草种子用98％浓硫酸30毫升充分拌种20～30分钟，清水冲洗干净，阴干留置。水地或墒情较好的育苗地，播前10小时左右，用60～70℃热水倒入种子内，边倒边搅拌至常温，再浸泡2～3小时，滤干水分放置8小时左右即可播种。

3. 适时播种

适宜时间为 5 月中下旬，6 月上旬至 8 月上旬亦可播种，但当年不能出圃移植，宜翌年出圃。播量为 6～10 千克/亩。也可视发芽率情况，加大播量。播前先浇水，干后浅耕播种，正常播深为 1～3 厘米。

4. 田间管理

采用宽幅育苗，膜宽 240～400 厘米，平铺，膜的两侧埋入土中，踩实。同时应在膜面上每隔 2～3 米，拦腰覆土，为防止大风揭膜。出苗后及时放风练苗，以避免放风不及时或放风过急而造成生理性死苗。苗出齐后灌第二水，苗高 10 厘米时灌第三水，后期若干旱灌第四水。结合灌水每次追施复合肥 20～25 千克/亩，全年 2～3 次。

5. 病虫害防治

主要为立枯病、猝倒病、白粉病、根腐病、甘草胭脂蚧、蚜虫等。

6. 采挖时期

直播种植 3 年后采挖，采挖季节应在秋季。

（二）黄芪

1. 选地整地

选择土层较深厚、疏松、砂质壤土，播种前应深翻并施足基肥，每亩施农家肥 3000～5000 千克，翻后耙细，人工拣去作物根、残地膜等杂物。

2. 选种与种子处理

播种前将种子风选或水选，剔去瘪粒、虫粒及杂物等，从中选出饱满褐色而有光泽的种子。播种前进行催芽处理，将种子用 40℃温水泡 12～24 小时，捞出装入布袋内催芽，种子芽为白点为宜，而后播种。

3. 适期播种

春播在 3 月中下旬，秋播在 11 月封冻前进行，以秋播为好。一般用条播法，按行距 25～30 厘米开浅沟约 2 厘米，把种子均匀地撒在沟内，覆土稍镇压，每亩播种量 2 千克。若采用穴播，按行距约 30 厘米，株距 15～18 厘米，开 2 厘米深的小穴，每穴点种子 5～6 粒，覆薄土镇压，10～12 天出苗。

4. 田间管理

黄芪苗长到 4～5 厘米时，及时松土保墒、除草。苗高 7～8 厘米时，进行第二次中耕除草，苗高 10～12 厘米时，按行距 8～10 厘米进行定苗，然后进行第三次中耕除草，以后根据情况进行。每年可结合中耕除草施肥 1～2 次，每亩可施农家肥 1000 千克左右，如施化肥，以磷、钾肥为主。播种后如遇干旱，应及时灌水。

5. 病虫害防治

主要为根腐病、白粉病、地老虎、蝼蛄、豆荚螟等。

6. 采收

2～3 年以后采挖，采挖时要挖深，防止挖断主根和侧支，挖出后除去根头空心部分、芦头和须根，抖净泥土，晒至八成干后，分选大小，定量两头扎成捆，放在通风干燥处晾干。以主根粗大，无侧根，不带芦头，外皮灰白或灰黄色，内部淡黄色，味甜者为佳。

（三）菟丝子

1. 选地整地

选择土质疏松、肥沃、排水良好的沙质壤土种植，播前整平耙细，做到"齐、平、松、碎、净、墒"，有利种子萌发出苗，生长健壮。

2. 种子处理

播前用50℃温水浸泡3~4小时，捞出后用少量呋喃丹拌种，防止虫食。

3. 适时播种

播期于5月下旬至6月上中旬。菟丝子种植模式分黄豆单种和小麦套种黄豆模式。菟丝子播种期为小麦灌二水时期，基本上为5月下旬至6月上旬。待大豆株高20厘米上下，即可播种菟丝子，每亩播种量0.5千克。菟丝子种子须播种在大豆植株旁，越靠近大豆植株越好。还可将菟丝子种子与细沙混拌均匀，然后均匀撒在地表，并用工具或脚踩实保墒，也可用耙子人工轻耙，宜浅不宜深，或人工撒播在大豆带内的土壤缝隙。播后须保持土壤湿润，以利全苗。

4. 田间管理

菟丝子缺苗断垄时，利用菟丝子藤茎繁殖的习性，灌水前1天或者灌水后进行人工辅助补苗。小麦灌溉第一水时追施尿素或水溶性好的复合肥10千克/亩，灌第二水时根据小麦长势酌情追肥，一般追施尿素水溶性好的复合肥5千克/亩。大豆出苗前亩用2,4-D丁酚8~10克兑水10~15千克，于土壤表面喷雾进行封闭除草，大豆出苗后，进行1次中耕除草，中耕宜浅，避免伤根。

5. 病虫害防治

主要为蚜虫、红蜘蛛等。

6. 采收

每年10月中下旬，当有1/3以上的豆棵枯萎时，菟丝子果壳也已变黄，然后连同豆棵一起割下，晒干，脱粒，用竹筛将菟丝子种子筛出，去净果壳及杂质，晒干即成商品。

第四章

瓜 菜 作 物

■ 第一节　瓜菜产业发展

20世纪80年代前，宁夏蔬菜产业仅属经济作物类的小产业。1988年"菜篮子"工程实施，宁夏蔬菜产业开始快速发展。1995年第二轮"菜篮子工程"实施，生产规模、生产技术和生产能力登上了一个新台阶。进入21世纪之后，全区蔬菜种类品种及周年供给需求趋向多元化，集聚形成了适度规模专业化、标准化蔬菜产区。到"十三五"末，全区基本构建出设施蔬菜、供港蔬菜、越夏冷凉蔬菜、露地西甜瓜四大生产格局，成为全国越夏冷凉蔬菜产业带特色优势区域。

一、起步发展阶段（1980—1995年）

1985年以前，宁夏蔬菜生产基本为露地生产，主要供应夏秋季节，冬春季节蔬菜消费以储藏菜、腌制菜为主。1985年以后简易设施栽培兴起，蔬菜杂交品种、地膜覆盖技术、塑料拱棚开始推广应用，提早了蔬菜上市期；农民创新建造的"半面棚日光温室"以粗毛竹为前屋面骨架材料，后墙和东西山墙采用土坯砌筑，塑料薄膜覆盖前屋面，成为冬季加温温室的主要形式，用于蔬菜育苗、冬春季节韭菜、油菜等耐寒绿叶蔬菜生产，春季黄瓜、番茄、西葫芦等喜温蔬菜生产。1988年开始，宁夏农业科研单位和推广部门开始了日光温室改造研究工作，研发设计了"2/3式""银川型""89型"和宁夏第一代日光温室，蔬菜种植时间春季提前到了2月底、秋季延后到了12月下旬，栽培时间延长，配套加温设施，冬季可生产茄果类、黄瓜、西葫芦等喜温蔬菜，丰富了蔬菜种类，延长了供应时间，生产效益显著。

其间，以惠农县为主的脱水蔬菜兴起，1982年，石嘴山市轻工局（轻工业局）组织园艺乡、尾闸乡、庙台乡从上海引进蔬菜制干脱水加工技术，成立5家脱水厂，建设了10条热烘干风道，主要加工青甜椒（茄门一号）、四季豆角、洋葱等蔬菜，通过自治区外贸公司出口欧美，至80年代末脱水蔬菜种植面积达1万余亩；1992—1993年，私营企业开始兴起，改进升级加工设备，引进不锈钢槽，应用蒸汽锅炉进行热风烘干，加工蔬菜种类拓展到芹菜、韭葱、番茄、菠菜等蔬菜。

1995年，全区蔬菜播种面积55.4万亩，总产量87.6万吨，其中以一代日光温室为主导的设施蔬菜面积近3万亩，平均亩产4000千克以上，亩产值达到6000元以上。

二、初具规模阶段（1996—2005年）

"九五"期间，自治区党委、政府大力发展"两高一优"农业，把蔬菜产业作为种植业结构调整的关键举措，把发展设施农业作为冬季高效农业的重点，坚持以政策为引导、规划为引领，先后出台了《宁夏回族自治区农业发展"九五"计划和2010年远景规划》《宁夏回族自治区"两高一优"农业示范区建设规划》《关于加快蔬菜产业发展的意见》，设施转型升级，工厂化育苗启动，高效配套栽培技术集成推广，生产能力和产量显著提高，蔬菜供给基本满足自治区城乡人民生活需要。

1995年以来，宁夏农业技术推广总站参加农业部日光温室课题攻关项目，研究成功了宁夏二代节能日光温室，设计了宁夏二代温室Ⅰ、Ⅱ、Ⅲ、Ⅳ等多个型号，日光温室室内外温差可达到25℃以上，实现了冬季不加温可以生产果类蔬菜，在全区大面积推广应用。

1997年，宁夏农业厅在银川郊区八里桥蔬菜园艺场成立了宁夏天缘农业高新技术开发中心，建设了全区第一个工厂化育苗科技示范基地，占地50亩，建设二代高效节能日光温室23栋11520米²，塑料大棚7栋2880米²，冷库及包装分拣车间50米²，采用塑料穴盘和基质进行工厂化无土育苗，为周边农户提供商品种苗，实现了蔬菜种苗生产专业化和商品化。引进种植了樱桃番茄、水果黄瓜、西甜瓜、油桃、彩椒、美国西芹等优新品种，研究推广滴灌节水、反光幕、二氧化碳施肥、EVA高保温复合棚膜等新技术，丰富了蔬菜种类，新技术水平大幅提高，实现了蔬菜周年生产，四季供应，日光温室平均亩产值达到1万元以上，比露地蔬菜高7倍以上。在宁夏天缘农业高新技术开发中心的带动下，全区掀起示范园区建设的高潮，建成设施农业示范园区50余个，带动蔬菜生产向名特优新方向发展。

1998年，全区农业工作会议明确将日光温室作为宁夏冬季设施农业发展的重点之一，计划每年增加3000亩以上。自此，日光温室建设得到各级政府重视，面积连年扩大。同年，石嘴山市首家私营企业申报脱水蔬菜出口经营许可证获得国家商务部批准。

1999年，宁夏天缘农业高新技术开发中心与宁夏圣宝公司合作，研究开发了第一张国产蔬菜育苗穴盘，实现育苗穴盘国产化，价格是进口穴盘的30%，加快了宁夏及全国蔬菜集约化育苗进程；研究完善了番茄、茄子、辣椒、西瓜、甜瓜、甘蓝、芹菜等工厂化育苗技术，制定了技术规程，提供全产业链服务，产前提供种苗和物资，产中提供技术服务，产后与合作组织联合提供产品销售服务；引进示范推广台湾农友小番茄千禧、礼品西瓜小玲等新品种，推广嫁接育苗、立体吊蔓等新技术，创新配套卷帘机等新设备；培养蔬菜育苗技术骨干80多人，培养大中专实习生60多人，培训农民5000多人。全区蔬菜种植面积63.2万亩，日光温室蔬菜面积超过3万亩，有力缓解了冬春季鲜菜供应短缺问题。

2000年，自治区人民政府办公厅印发《关于我区当前调整农业生产结构的意见》，明确"在保证粮食供需平衡的前提下，积极发展饲用作物生产，适度发展油料、马铃薯等经济作物，大力发展瓜菜等园艺作物"。7月自治区党委、政府联合下发《关于贯彻中共中央国务院〈关于加强技术创新，发展高科技，实现产业化的决定〉的若干意见》，明确发展设施化、工厂化农业，提高农业现代化水平。11月全区蔬菜产业化工作在银川召开，自治区党委、政府主要领导参加会议，安排部署蔬菜产业发展工作，研究出台了《关于加快蔬菜产业发展的意见》。同年，宁夏农业银行支持银川郊区建设10万间高效节能日光温棚1亿元贷款授信合作协议在银川签约；宁夏中房实业集团股份有限公司、宁夏昆仑房地产开发有限公司等企业投资农业，建设日光温室1100余亩；银川市实施"放心菜"工程，颁布了《银川市无公害蔬菜、放心菜产销管理暂行办法》，加强对无公害蔬菜、放心菜的依法管理。2000年，全区蔬菜种植面积91.49万亩，总产量178.4万吨。全区脱水菜加工企业增加到126家，脱水蔬菜种植面积15万亩以上，年加工干品1.5万吨左右，脱水蔬菜加工初具规模。

"十五"期间，自治区政府坚持将蔬菜产业发展作为种植业结构调整的重要举措，将蔬菜产业作为自治区农业"十大产业重点产业"之一，相继出台一系列意见和规划，系统谋划和部署全区蔬菜产业化发展措施，提出由以种植业为主的传统农业向特色产业转变。

2001年自治区党委、人民政府出台《关于加快农业和农村经济结构战略性调整的意见》，提出"提高设施农业比重，加快发展农产品加工业，积极培植优质名牌产品"。按照专业化分工、规模化生产和社会化服务的方式，构建设施农业体系，更新品种，增加单产，努力提高种植效益；加快发展蔬菜的加工、保鲜、储运；将温棚无公害蔬菜种植区作为十大农业科技示范园区之一、将优质脱水菜基地作为自治区十大优质农产品基地之一予以重点扶持。5月10日自治区政府在银川召开全区农业产业化"三个十工程"命名大会。

2002年，自治区第九次党代会和自治区第九届三次全委会提出要调整优化农业和农村经济结构，推进农业标准化生产，大力发展无公害农业和设施农业，提高农产品市场竞争力。脱水菜逐步形成农村特色产业优势。

2003年，自治区人民政府出台《宁夏优势特色农产品区域布局及发展规划（2003—2007年）》，将蔬菜产业列为自治区六大区域性特色产业。针对设施蔬菜专业化、规模化生产水平低，生产小而散，品种多而杂，生产成本较高，地方特色产品"青红椒"病害严重，未能真正形成外销优势，脱水菜加工企业数量多规模小、产品档次低、原料供给不足等实际问题，提出扩大生产规模，优化品种结构，加强综合配套技术推广，培育经纪人队伍，建立"绿色"通道，开拓区外市场；扶持壮大脱水蔬菜龙头企业，打造名优产品；露地蔬菜和设施蔬菜推行无公害种植、标准化加工，脱水蔬菜主攻病害防治，不断提高产品质量，把自治区建成全国重要的脱水菜出口基地；优化区域布局，建设银川、吴忠露地和设施蔬菜区，石嘴山市脱水蔬菜核心区，永宁、固原辐射带动区。

2004年，自治区党委、政府在《关于做好农业和农村工作的意见》，明确提出将蔬菜产品作为自治区六大区域性特色产品和若干地方性特色产品，进一步扩大设施蔬菜区域布局，加快建设中部干旱带西甜瓜产业带。同年，中卫市委、市政府将发展设施蔬菜产业和砂地西甜瓜产业作为增加农民收入、加快中部干旱带生态建设的区域特色主导产业，提出到2010年，建设10万亩无公害设施蔬菜产业经济区和100万亩硒砂瓜产业经济带。

2005年，全区瓜菜总面积达到115.2万亩，总产量达到221.7万吨。蔬菜产品质量有了明显提高，无公害生产面积达到27.8万亩，无公害产地认证79个，无公害产品认证148个，实现了蔬菜从保障内供转入外向型发展。全区脱水蔬菜加工企业保持在100家左右，种植面积10万亩以上，主要加工芹菜、韭葱、青红椒、番茄、菠菜、甘蓝、韭菜、香菜、白皮洋葱、黄瓜、西兰花等20余种，年加工干货1万余吨，产品远销欧美、日本、俄罗斯等地区和国家。

三、蓬勃发展阶段（2006—2015年）

"十一五"期间，自治区将设施农业作为重点产业，坚持政策引导、规划引领、项目推进、产业化建设，加大设施农业生产基础条件和流通体系建设力度，促进蔬菜产业快速发展。

2006年，自治区党委九届十四次全委会提出：大力推进和发展以银川、吴忠、中卫为主的设施农业、花卉、特色果品产业带，以石嘴山市为主的脱水蔬菜产业带，以中卫环香山地区为主的压砂西瓜产业带。会议首次提出"冬菜北上、夏菜南下"战略，支持各地冬季发展设施蔬菜，供应内蒙古、甘肃、青海、新疆等北方市场；夏季发展露地越夏蔬菜，供应广州、上海、福建、长沙等南方市场。同年，香港优之菜公司入驻宁夏连湖农场，流转土地1500亩，种植菜心、芥蓝，产品经过预冷、分级、包装，空运至香港，优良的品质迅速得到市场认可和市民青睐，香港市民称宁夏生产的菜心为"飞机菜"。香港、广东、福建等地的客商纷纷到宁夏投资建设基地，供港蔬菜的生产模式被誉为"连湖模式"在全区各地迅速推广，宁夏供港蔬菜生产就此拉开序幕。全区设施蔬菜面积达到20万亩，其中日光温室15万亩，移动棚、小拱棚5万亩，外销蔬菜30％以上。建成了一批工厂化育苗中心和蔬菜科技产业园，以"夏绿脱水菜集团"为引领，带动脱水蔬菜生产30万亩，年加工脱水蔬菜3万吨，产品80％出口。

2007年，自治区党委、政府制定《宁夏百万亩设施农业发展建设规划》和《宁夏中部干旱带及南部山区设施农业发展建设规划》，按照"面向大市场、建设大基地、形成大产业"的外向型发展战略，规划到2012年，全区建成设施农业100万亩以上，其中：引黄灌区50万亩，中部干旱带23万亩，南部山区27万亩；温室（包括阴阳棚、食用菌棚）45万亩，拱棚55万亩。设施农产品总产量达到600万吨，质量全部达到无公害标准，90％以上实现外销。通过5年时间，把引黄灌区建成西北地区重要的高效、节水型设施农业产业带，实现由传统农业向现代农业转变；把中部干旱带和南部山区建成以旱作设施农业为主的特色避灾农业产业带，实现由被动抗旱向主动调整转变。自治区政府印发《推进特色优势产业促进产业化发展的若干政策意见》，提出扩张规模和提高单产效益并重，明确支持政策，对新建日光温室每亩补助3000元，大中拱棚每亩补助1000元，小拱棚每亩补助200元，种苗繁育基地每亩补助8000元。自治区农牧厅、科技厅、林业局、宁夏农林科学院和宁夏大学联合制定《开展设施农业科技服务工作实施方案》，成立了自治区设施农业、旱作农业专家服务团，解决中部干旱带及南部山区设施农业发展中存在的生产技术水平低、科技基础薄弱、农民科技文化素质不高等问题，为产业发展提供技术支撑。"宁夏特色优势农产品网上展厅"正式开通，自治区农产品网上推介步入正轨。

2008年，自治区人民政府办公厅印发《宁夏农业特色优势产业发展规划（2008—2012年）》，将瓜菜产业升级为自治区"五大"战略性主导产业之一，提出实施"冬菜北上、夏菜南下"战略，坚持外向型发展。设施农业主攻扩大规模和提质增效，加强设施建设、集约化育苗中心、冷链体系建设和水电路等基础设施配套，集成应用新品种、新技术、新材料、新工艺，提高科技水平。硒砂瓜主攻新品种、新技术研发示范与推广，推行标准化生产，完善物流营销体系，打造名优品牌，提高市场知名度和竞争力。自治区农牧厅、科技厅、林业局、宁夏农林科学院、宁夏大学等五部门联合开展了"宁夏设施农业科技指导山川结对帮扶活动"，成立了厅级领导带队的指导组8个，组织了引黄灌区8个县（区）设施农业技术人员和自治区相关部门专家50多人，对口南部山区、中部干旱带8个县（区），包县驻点、进村入户，从技术、人才、市场等方面进行"一对一"帮扶，推动了山区设施农业的起步发展。

2009年，自治区财政厅、科技厅、农牧厅等部门联合，邀请国内专家调研论证，提出建设宁夏园艺产业园，打造全国设施农业样板区，带动宁夏乃至西北设施园艺产业发展目标，聘请农业部规划设计研究院设计了宁夏园艺产业园建设方案。3月21日，宁夏园艺产业园暨农产品物流中心在贺兰县开工建设。10月10日，由农业部和自治区人民政府主办的"首届中国（宁夏）园艺博览会暨第五届中国西部特色（农业）展示合作洽谈会"在宁夏园艺产业园隆重举办，博览会会以"绿色、现代、合作、发展"为主题，以贸易、投资洽谈为重点，集中展示了宁夏园艺产品、生产技术、设施装备、农机农资等投入品以及农业特色优势产业、名特优新产品。中共中央政治局委员、国务院副总理回良玉专门为大会发来贺信，农业部副部长陈晓华及财政部、科技部等国家部委领导参加会议，中国农业科学院、中国农业大学等11个全国知名农业科研机构、院校，北京、天津、上海等27个省（自治区、直辖市）代表团，以及美国、荷兰、智利、以色列、马来西亚、安哥拉等13个国家政府和企业派代表团出席会议。会议的成功举办，提升了宁夏特色优势农产品知名度，扩大了区域经济协作和交流，为国内外进一步了解宁夏、关注宁夏、宣传宁夏、投资宁夏提供了重要的平台。10月11日，全国蔬菜集约化育苗技术培训研讨会在银川召开。10月30日，农业部全国蔬菜标准园创建活动启动仪式在银川举行。同年，农业部《蔬菜茶叶梨重点区域发展规划（2009—2015年）》，将宁夏列入全国黄土高原夏秋蔬菜重点区域。

2010年8月6日，农业部和自治区人民政府联合举办了"第二届中国（宁夏）园艺博览会"。12月，自治区人民政府下发《关于进一步促进蔬菜生产保障供应和价格基本稳定的通知》，强化"菜篮子"市长负责制。全区瓜菜生产总面积272.63万亩，总产量530.38万吨。其中，设施蔬菜面积105万亩，露地西甜瓜（含压砂瓜）121.5万亩，脱水加工蔬菜种植14.77万亩。

"十二五"期间，自治区坚持政策扶持，加大标准化生产基地、品牌培育、市场营销体系等建设力度，强化科技支撑，创新推进机制，蔬菜产业步入整体提质增效发展阶段。

2011年5月15日，"第三届中国（宁夏）园艺博览会"在宁夏园艺产业园举办。国家发改委、农业部发布《全国蔬菜产业发展规划（2011—2020年）》，将宁夏列为黄土高原夏秋蔬菜优势区域，平罗县、贺兰县、永宁县、利通区、青铜峡市、沙坡头区、中宁县、海原县、原州区、西吉县、彭阳县 11 个县区被确定为全国蔬菜产业发展重点县。8 月 23 日，香港渔农自然护理署在永宁县望洪镇举行授牌仪式，授予鸿霖优质蔬菜（宁夏）有限公司和香港新届万丰蔬菜有限公司生产基地"信誉农场"称号，至此，全区共有 8 家蔬菜基地被授予"信誉农场"称号。同年，宁夏设施农业总面积达到 120 万亩，尤其是中部干旱带和南部山区，设施农业由 2006 年的不足 1.05 万亩发展到 51 万亩，实现了户均一亩菜，真正成为山区农民群众增收致富的新兴产业和主导产业。供港蔬菜的生产模式和高效益受到自治区领导和客商的高度关注，种植区域从连湖农场扩大到了整个引黄灌区，同时辐射带动了南部山区，全区供港蔬菜面积 7.03 万亩。

2012 年，自治区党委政府先后出台《关于扶持农业特色优势产业发展的意见（2012—2015 年）》《加快推进农业特色优势产业发展若干政策意见》《关于加快产业转型升级促进现代农业发展的意见》。8 月 15 日，首届宁夏·平罗种业博览会暨特色农产品推介会在平罗县举办。8 月 30 日—9 月 1 日，首届贺兰山东麓葡萄酒节暨第四届中国（宁夏）园艺博览会在宁夏园艺产业园举办。10 月 17 日，自治区人大十届六次会议第 95 号重点建议现场办理座谈会在中卫召开，重点督办"关于建设蔬菜制种基地建议"的落实情况。

2013 年 6 月 26 日，第二届中国宁夏种业博览会在平罗县举办。8 月 10 日，中国（宁夏）第五届园艺博览会宁夏园艺产业园举办。

2014 年，自治区人民政府出台《加快推进农业特色优势产业发展若干政策意见实施细则》，对设施园艺基地、工厂化集中育苗、提质增效关键技术、高标准外销蔬菜基地、永久性蔬菜生产基地建设等新增扶持政策，明确对自治区认定的永久性蔬菜生产基地、二代节能日光温室每亩追加补贴 2000元，重点支持配套保温被、卷帘机、通风及滴灌设备；大中拱棚（全钢架结构，不可移动）每亩追加补贴 1000 元，重点支持配套滴灌设施；标准化露地生产基地每亩补贴 300 元，重点支持配套滴喷灌设施、病虫害绿色防控。4 月 16 日全区地市产业发展座谈会在银川市召开，会议强调要坚持走"一特三高"之路，聚焦"五百三千"发展计划，提出围绕冷凉菜等重点产业，在标准化、优质高效、科学化上做文章。7 月 18 日，由宁夏农业技术推广总站起草制定的《宁夏 NXW 系列温室建造技术规程》发布。9 月和 10 月，宁夏园艺产业园展览展示活动暨美丽乡村建设成就展、农民文化艺术展、全区绿色有机食品展销订货会先后在宁夏园艺产业园召开。

2015 年，自治区党委、政府先后制定了《关于贯彻落实中央一号文件精神做好 2015 年农业农村工作的意见》以及《2015 年加快推进农业特色优势产业发展若干政策意见实施细则》等。2 月，自治区机构编制委员会办公室制定下发《关于西北生态与现代农业工程研究中心办公室更名等有关事项的通知》，将西北生态与现代农业工程研究中心办公室更名，筹备成立宁夏回族自治区园艺技术推广站。7 月 10 日，第三届平罗种业博览会开幕，来自 16 个省（自治区）60 多家种子企业参会。全区瓜菜种植面积 322.93 万亩，总产量 665.23 万吨，其中：露地蔬菜 97.6 万亩，设施蔬菜 89.7 万亩，露地西甜瓜 106.6 万亩，供港蔬菜 13.6 万亩，脱水蔬菜 8 万亩。蔬菜播种面积占农作物播种面积的10.2%，产值占种植业总产值的 29.94%，占农业总产值的 19.28%，农民年人均来自蔬菜产业的纯收入达到为 1211 元。

"十一五"至"十二五"期间，宁夏蔬菜产业技术体系日趋完善，设施建造技术，集约化育苗及嫁接技术，高效节水灌溉技术，增施二氧化碳，无土（基质）栽培技术，多层覆盖保温节能技术，反光幕应用，高效低毒及生物农药利用等技术全面推广，产业技术水平和科技创新能力大幅提高。宁夏NXW 系列标准二代节能日光温室的研发和推广，温室冬季室内外温差达到 25℃ 以上，实现了冬季不加温生产喜温果类蔬菜。以宁夏天缘农业高新技术开发中心为龙头，在全区率先示范推广工厂化（集约化）塑料穴盘无土育苗、滴灌水肥一体化等新技术，创新了农业技术推广的新路子，加快了宁夏蔬菜生产主推技术普及率和应用率。

四、高质高效阶段（2016—2020 年）

"十三五"期间，坚持政策持久发力，以规模化园区建设为重点，加大设施园艺基地、高标准外销基地、永久性蔬菜基地建设力度，不断优化区域布局，着力调整产业结构、蔬菜品种结构，突出绿色高质量发展，全产业链打造蔬菜产业"三大体系"，蔬菜产业进入了高质高效发展时期。蔬菜产业成为全区发展现代农业的重要载体和促进农民增收致富脱贫攻坚的支柱产业之一。

2016 年 2 月，自治区人民政府出台《关于创新财政支农方式加快发展农业特色优势产业的意见》，促进优质粮食、草畜、蔬菜、枸杞、葡萄等特色优势产业提质增效，加大对永久性蔬菜生产基地建设、新建蔬菜生产设施等蔬菜产业链各个环节进行政策扶持。3 月 7 日，自治区农牧厅、财政厅出台《宁夏农业特色优势产业扶持政策暨实施办法》。6 月 6 日，宁夏回族自治区园艺技术推广站正式挂牌成立，主要职责：参与制定并组织实施全区园艺技术推广规划、计划；开展园艺技术和新品种引进、试验、示范、转化应用；开展园艺技术咨询、培训、宣传和普及工作；承担园艺产业发展国内外科技合作与交流以及园艺产业建设相关信息收集、统计分析及效益监测等工作。同年，自治区启动实施"蔬菜产业增供增收双百工程"，通过巩固提升百万亩设施农业生产基地，配套完善百万亩越夏冷凉蔬菜生产基地，提升自治区蔬菜标准化生产水平和供应保障能力，打造西部地区重要的"菜篮子"生产基地。7 月 24—27 日，自治区农牧厅举办了"第一届全国知名蔬菜销售商走进宁夏"活动，邀请全国十多个省（自治区、直辖市）农产品批发市场负责人、蔬菜销售商 80 多人走进宁夏，与自治区规模以上蔬菜生产企业、合作社等开展产销对接，签订基地建设、产销合作协议 10 亿元。当年建设永久性蔬菜基地 60 个，创建蔬菜标准园 19 个，全区蔬菜生产总面积 329.33 万亩，总产量 673.37 万吨，产值 103.6 亿元。

2017 年 1 月 16 日，全区农业工作会议强调，要聚焦"1＋4"特色优势产业，突出"一特三高"，坚定不移推进特色优势产业发展。5 月，自治区人民政府办公厅《关于加快推进宁夏特色优质农产品品牌建设的意见》指出，主攻"1＋4"特色优势产业，统筹推进标准化规模化集约化发展，提升"宁夏菜心""香山硒砂瓜"已有区域公用品牌的价值和地位，充分挖掘农业历史文化，新培育"六盘山冷凉菜"等一批宁夏农产品区域公用品牌。7 月 13—15 日，自治区农牧厅、商务厅联合主办了"第二届全国知名蔬菜销售商走进宁夏活动"，邀请全国 16 个省（直辖市）、14 家大型批发市场、63 家单位 108 名客商走进宁夏，感受自然环境和风土人情，实地考察生产基地，进行产销对接，共签订蔬菜销售协议 52 项，签约金额 7.5 亿元。7 月 28 日，中国宁夏·石嘴山第四届种业博览会开幕，共有区内外 78 家种子企业参会，首次在种博会上展示国内外先进农业机械 53 台（套）。

2018 年 4 月，自治区农业农村厅印发《2018 年全区种植业结构调整指导意见》，提出大力发展蔬菜产业提质增效行动，坚持"设施与露地并重、内供与外销协调、请进来与走出去结合"，深化产销衔接。大力推广标准化建设、秸秆生物反应堆、集约化育苗、测土配方施肥与水肥一体化、病虫害绿色防控等绿色生产技术，集成示范高质高效、资源节约、生态环保的标准化绿色高效技术模式。坚持优化供给、提质增效，指导各地合理优化产业布局，强化产销对接，大力推广供港蔬菜闭环模式和绿田园"风险共担、利益共享、合作共建基地"的宁夏安品模式，完成新建设施 2.1 万亩，建设永久性蔬菜基地 50 个，全区建成集中连片蔬菜基地 562 个（露地 200～500 亩基地 107 个、500～1000 亩基地 42 个、千亩以上基地 74 个；设施 200～500 亩基地 185 个、500～1000 亩基地 97 个、千亩以上基地 57 个）；建立蔬菜水肥一体化示范基地 20 个，集成推广新技术 43 项；农业部将宁夏蔬菜标准化规模化集约化发展做法和经验向全国推广。8 月 4 日，第五届宁夏种业博览会开幕，吸引墨西哥、俄罗斯、埃及等国家和地区 10 多家企业、国内 627 家、本区 14 家中资企业参会，签约项目 22 项，签订繁种面积 1.3 万亩，订单销售各类种子 340 万千克，建立院士工作站 1 个，分子育种合作项目 1 个。平罗县被农业部认定为全国第一批十二个蔬菜区域性良种繁育基地县之一。"宁夏菜心"获农业部批准，实施农产品地理标志登记保护。7月，"第三届全国知名蔬菜销售商走进宁夏暨固原市原州区冷凉蔬菜节"活动在固原市举办，发布"宋小菜"等5大产销平台，签订协议65项，其中产销协议52项、基地共建协议13项，总销售量54.19万吨，签约金额12.67亿元。全年蔬菜价格保持中高位运行，为促进农民增收发挥了积极作用。

2019年1月29日，自治区"大棚房"问题专项清理整治行动工作推进会后，自治区举办全区"大棚房"问题专项整治行动再排查再清理工作培训班。抽调自治区农业农村厅、自然资源厅及相关成员单位100名干部和专业技术人员，成立5个协调指导组和24个工作组，会同国家自然资源督察西安局业务人员，深入各市、县（区）及农垦集团指导落实再排查再清理和全面彻底整治工作。7月16—18日，中国蔬菜协会、自治区农业农村厅共同主办了"2019中国蔬菜产业大会暨全国知名蔬菜销售商走进宁夏活动"，农业农村部马有祥总畜牧师、中国蔬菜协会薛亮会长、自治区政府王和山副主席出席开幕式并致辞；农业农村部相关司（中心）领导、商务部相关司领导，全国各地知名蔬菜销售商，各省（自治区、直辖市）农业（蔬菜）主管部门负责人，全国蔬菜生产重点县农业主管部门负责人，科研、教学单位负责人，国家大宗蔬菜产业技术体系专家；自治区有关部门领导，各市、县（区）农业农村、商务部门、农技中心负责人和区内蔬菜种植与销售企业、合作社、种植大户代表、新闻媒体记者，共800余人参加了活动。自治区农业农村厅聘请了5名"宁夏蔬菜产业特聘专家"、5名"宁夏蔬菜产业品牌营销顾问"；上海蔬菜集团为全区10家"上海市外蔬菜主供应基地"企业、合作社授牌，活动签订协议89项，产品销售投资金额12.3亿元。7月22日，"第四届全国知名蔬菜销售商走进宁夏活动"在银川举办，邀请广东等19个省（自治区、直辖市），香港、台湾等地7个大型批发市场，上海壹佰米科技等4家连锁商超，以及46家全国蔬菜营销企业，共123名客商参加。7月27日，第六届宁夏种业博览会开幕，来自国外15家企业，国内550余家企业参会，其中27家企业与平罗县制种企业达成14项合作协议，签约金额9.86亿元。8月，宁夏与广东建立粤-宁大湾区"菜篮子"合作机制，宁夏14个基地入选粤港澳大湾区"菜篮子"首批认定基地。

2020年7月27日，第七届种业博览会开幕，全国200多家种子企业参与网上直播活动，区内100多家企业参展，展示国内外150家种子企业8大类4000多个品种。7月28日，自治区农业农村厅与商务厅联合举办了"第五届全国知名蔬菜销售商走进宁夏云推介活动"，采取"云推介发布会＋网红基地直播带货"的方式，线上推介销售宁夏的特色农产品和优质瓜菜，共签订协议146项，预计销售金额10.86亿元。

截至2020年，全区形成了设施蔬菜、供港蔬菜、露地冷凉蔬菜、露地西甜瓜四大产业格局，建成了以银川、吴忠、中卫为主的现代设施蔬菜、供港蔬菜生产优势区，以中卫环香山地区为主的硒砂瓜生产优势区，以固原市为主的冷凉蔬菜优势区。瓜菜生产总面积298.39万亩，总产量724.02万吨，其中：设施蔬菜51.7万亩、供港蔬菜47.8万亩、露地冷凉蔬菜120.39万亩（黄花菜18.3万亩）、露地西甜瓜78.5万亩。蔬菜产值达到203.8亿元。全区建成集中连片蔬菜基地1137个，其中露地千亩以上基地116个，设施千亩以上基地55个。全区集约化育苗场173家，年育苗能力15.58亿株。蔬菜生产种类主要有茄果类、瓜类、根菜类、叶菜类、豆类等，包括番茄、辣椒、菜心、芹菜、韭菜、西兰花、甘蓝、大白菜、黄瓜、茄子、西葫芦、白菜花、胡萝卜、黄花菜、西瓜、甜瓜等二十多个品种。全区70%的瓜菜产品销往国内各大市场，并成功进入俄罗斯、蒙古、中亚等市场。"宁夏菜"成为香港市民的"首选菜"，宁夏番茄、中卫硒砂瓜、盐池黄花菜、西吉西芹、彭阳辣椒等优质特色农产品的知名度、影响力逐步提升。

全区供港蔬菜生产基地133个，其中集中连片2000～5000亩的基地49个，5000亩以上的基地6个；生产企业97家，香港渔农自然护理署授予"信誉农场"9家，粤港澳大湾区"菜篮子"基地19个。品种以菜心为主，搭配种植芥蓝、江门、雪斗、娃娃菜、西兰花、甜玉米、结球生菜、菠菜、香菜、番茄、胡萝卜等二十几个蔬菜品种，其中菜心种植面积占总面积的70%以上、芥蓝占15%左右。主要销往粤港澳、珠三角、长三角、北京、西安等市场。

全区黄花菜主要分布在中部干旱带盐池、红寺堡、同心三个县（区）的扬黄灌溉区，种植留床面积 18.3 万亩，可采摘面积 9 万亩，年产鲜花约 5.1 万吨，干花 0.71 万吨，产值达 4 亿元左右，成为全区中部干旱带农民增收致富的主导产业之一。核心产区主要分布在中部干旱带盐池县、红寺堡区和同心县的扬黄灌溉区。

全区栽培食用菌起步于 20 世纪 80 年代，青铜峡市和银川市周边最早推广种植双孢菇、平菇、凤尾菇，食用菌产业逐渐兴起。1996 年，中央扶贫开发工作会议确定福建对口帮扶宁夏，福建成立对口帮扶宁夏领导小组，菌草技术被列为闽宁对口扶贫协作项目。随着闽宁交流合作不断深化，食用菌栽培作为扶贫开发项目重点在南部山区各市、县（区）推广，福建技术人员带品种、带技术，深入山区，指导农民发展食用菌生产，同时跑流通、拓市场，帮助农民把产品销往南方地区，食用菌生产规模逐渐扩大，2012 年全区食用菌栽培面积达到 6296 亩，规模达到最高。随着福建、河北、河南等地工厂化栽培兴起，凭借其生产周期短、运输距离近、产品新鲜度高等优势，逐步占领食用菌市场份额，加之全国食用菌出口量缩减，2013—2020 年全区食用菌规模增长放缓，呈现震荡起伏状态，栽培面积在 1700～3700 亩之间波动。截至 2020 年，全区食用菌生产面积 1769 亩，栽培种类有平菇、香菇、双孢菇、杏鲍菇、金针菇等，其中主栽品种为平菇和香菇，约占栽培面积的 71%。种植面积相对较大的县、市（区）有兴庆区、贺兰县、青铜峡市、海原县、原州区、彭阳县等。食用菌销售除供应本地市场外，主要销往兰州、西安、西宁，以及内蒙古及陕西周边市场，夏季供应上海、福州、广州、深圳、成都等地，部分产品出口国外市场。

"十三五"期间，宁夏农业科研院所、各级农业技术推广部门引进、研发、推广了三十多个瓜菜优良品种，十余项优新技术、高效模式，充分发挥技术叠加效应，打造新品种展示园，建设蔬菜综合社会化服务站，实施重大农技推广项目，主推设施标准化建造、秸秆生物反应堆、水肥一体化、集约化育苗、病虫害绿色防控、蚯蚓生物、农机农艺融合等绿色提质增效技术，技术贡献率逐年提升。

"十三五"期间，连续五年举办"全国知名蔬菜销售商走进宁夏活动"，先后邀请全国 23 个省（直辖市、自治区）438 名客商走进宁夏，达成协议 367 项，实现贸易总额 53.38 亿元。五年的持续推进，引进品种，引进标准，引进市场，拓宽外销渠道，与全国各大市场、蔬菜经销商建立紧密的合作关系，建设供粤、供深、供沪、供渝蔬菜基地 158 个，形成"订单生产、风险共担、利益共享"的协作机制，构建市场与基地紧密衔接的全产业链条。设施蔬菜、冷凉蔬菜、硒砂瓜三大产业区域布局更加鲜明，规模化建设、标准化生产、品牌化销售、产业化经营水平大幅提升，"宁夏菜"在粤港澳大湾区、长三角经济带等大市场声誉鹊起，品牌优势逐步提升。

■ 第二节　瓜菜生产

一、茄果类

（一）番茄

1. 种植面积

番茄又称西红柿、洋柿子。2000—2007 年，宁夏设施农业逐渐发展，到 2007 年番茄种植面积 15.8 万亩；2007 年后设施农业快速发展，2013 年番茄种植面积达到 44.3 万亩；2014 年以后种植面积逐渐下降，到 2020 年种植面积为 19.7 万。番茄在宁夏全区各地均有种植，兴庆区、金凤区、贺兰县、永宁县、灵武市、平罗县、青铜峡市、沙坡头区等地面积较大。

2. 主推品种

2020 年以前主要种植品种为大果型番茄，其中：1996—2000 年期间种植品种有毛粉 802、西粉 3 号、合作 903、合作 906 等。2000 年后主要引进荷兰、以色列、日本等国外品种，以硬质红果、硬质粉果等耐运输的番茄为主。2020年日光温室主栽品种有齐达利、大红3号、卓玛A6、1816、罗拉、粉宴1号、博瑞1号、4224、美粉869等；拱棚番茄主栽品种有丰收128、粉宴1号、黄金606；露地番茄主栽品种有丰收128、欧盾、瑞芬、途锐、卓越。2020年樱桃番茄陆续开始种植，品种主要有碧娇、千禧、香妃3号、香妃12号等。加工番茄品种主要有屯河9号等。

3. 栽培技术

（1）露地栽培　采用育苗覆膜栽培，一般每年3月上中旬育苗，晚霜过后4月下旬至5月上旬定植，垄距140厘米，垄面宽80厘米，沟宽60厘米，垄高20～25厘米，采用宽窄行定植，畦面上行距50厘米，株距35～40厘米。6月下旬至7月上旬收获。

（2）日光温室栽培　主要有早春茬、秋冬茬、冬春一大茬三种茬口类型。早春茬栽培：每年1月上中旬定植，4月中下旬开始上市，7月中旬拉秧，如市场销售价格高，此茬口可作越夏栽培；秋冬茬栽培：每年7月上中旬定植，10月上旬开始上市，12月下旬或翌年1月上旬拉秧；冬春一大茬栽培：每年8月底或9月上旬定植，11月上中旬开始上市，翌年7月上旬拉秧，生育期长达11个月以上，采收期近9个月。

（3）大中拱棚栽培　采用起垄覆膜栽培，垄距150厘米起垄，垄面宽80厘米，垄沟宽70厘米，垄高30厘米，垄上铺设2条滴灌带，上覆地膜。每年4月上中旬定植。采用双行定植，每亩栽植2000～2200株。

4. 贮藏加工

20世纪90年代番茄一般采取自然堆放贮藏、充氮快速降氧气体贮存，自然堆放可贮藏40天左右，损失率20%，充氮快速降氧气体贮存可贮藏120天，保存率为50%。"十三五"期间多采用大型专业化低温冷库贮藏。20世纪90年代城乡居民多在番茄大量上市季节熬制番茄酱留作冬春食用。20世纪90年代后，灵武等地陆续建设番茄加工生产基地生产番茄酱向外省销售并出口。

（二）辣椒

1. 种植面积

2000年之前，露地辣椒在宁夏平原普遍种植，总面积近10万亩，品种主要是干鲜两用的羊角椒和牛角椒，平罗县、惠农县、中卫县、彭阳县（主要是做脱水用的甜椒茄门一号）是主要栽培区域，占栽培面积的70%以上，其他县均有少量种植。之后由于病毒病、疫病的日趋严重，露地栽培日趋缩减，到2010年前后，栽培面积不到3万亩，且多为干椒采收。2000—2007年宁夏设施农业逐渐发展，到2007年以日光温室和塑料拱棚为主的设施辣椒种植面积8.8万亩。2007年后设施农业快速发展，到2013年设施辣椒种植面积达到24.96万亩，其中：以"彭阳辣椒"为代表的"拱棚辣椒"占60%以上，日光温室生产占30%，其他为露地生产。2014年因连作障碍、季节性区域性生产过剩等因素，种植面积开始逐渐下降。到2020年种植面积为10.8万亩，主要分布在北部引黄灌区和南部山区，引黄灌区约占40%，主要为日光温室越冬或春提早、秋延后栽培，少量露地栽培；南部山区约占60%，主要为拱棚和简易日光温室生产，少量露地。品种方面，外销型的牛角椒约占70%，内销为主的羊角椒约占30%。

2. 主推品种

主要种植羊角椒和牛角椒，栽培的品种有亨椒1号、陇椒3号、洋大帅、航椒5号、航椒8号、长剑、娇龙7号、朗悦206、川崎秀美等。线椒种植较少，主要品种有黑线至尊、娇龙。

3. 栽培技术

（1）露地栽培　采用育苗覆膜移栽，一般每年3月上中旬育苗，4月中下旬起垄、覆膜，5月上旬定植，垄距120厘米，垄面宽70厘米，垄高15～20厘米。膜宽130厘米为宜，畦上行株距50厘米，株距30～35厘米。

（2）拱棚栽培　采用育苗覆膜移栽，一般每年1月中下旬在日光温室育苗，4月上中旬定植，垄面宽 80 厘米，垄沟距 60 厘米，垄高 25 厘米，株距 35～40 厘米，行距 70 厘米。

（3）日光温室栽培　主要有春提前茬、早春茬、秋冬茬三种茬口类型。春提前茬栽培：每年 11 月中下旬至翌年 1 月中旬定植，2 月中下旬始收，采收至 7 月中旬，如植株长势好，可延续采收至 9 月；早春茬栽培：每年 1 月下旬至 2 月初定植，3 月中旬前后始收；秋冬茬栽培：每年 8 月中下旬至 9 月中下旬开始定植，11 月至翌年 2 月采收供应市场需求。

4. 贮藏加工

采用大型专业化冷库贮藏。辣椒可加工成辣面、脱水辣椒、辣糊、辣豆酱等，也可腌制成咸菜或制作辣酱。

（三）茄子

1. 种植面积

1996—2000 年，茄子在宁夏平原已普遍栽培，宁南山区各县仅有零星种植。2000—2007 年宁夏设施农业逐渐发展，到 2007 年茄子种植面积 5.29 万亩，2007 年后设施农业快速发展，到 2014 年茄子种植面积达到 8.72 万亩，2014 年后种植面积持续增加，到 2020 年种植面积为 2.27 万亩。主要分布在贺兰县、永宁县、平罗县、青铜峡市、沙坡头区等川区和中部干旱带。

2. 主推品种

主要种植品种有大茇茄、二茇茄、黑宝、保莱 2 号、布里塔长茄等。

3. 栽培技术

（1）露地栽培　栽培地要进行 7～8 年以上轮作，每年 2 月下旬日光温室育苗，3 月下旬至 4 月上旬做垄，定植前将沟土刨晒 2～3 次，5 月上旬定植，6 月下旬至 7 月初收获。露地栽培的 5 月中旬定植，7 月中旬收获。

（2）日光温室栽培　日光温室栽培有冬春一大茬、早春茬两种茬口类型。冬春一大茬栽培：部分采用嫁接育苗，每年 9 月下旬至 10 月上旬定植，11 月底至 12 月初开始采收，翌年 5 月下旬拉秧；早春茬栽培：每年 2 月中旬定植，3 月下旬开始采收，连续采收至 7 月末。

4. 贮藏加工

20 世纪 90 年代贮藏方法有自然堆放和气调贮存两种。前者可贮存 30～40 天，后者可贮存 60～70 天，损失率 30％～40％。"十三五"期间多采用大型专业化冷库贮藏，温度控制在 10～12℃。

二、瓜类

（一）西甜瓜

1. 种植面积

压砂瓜：1995 年为农民自发的小规模种植行为，种植面积不足 600 亩；2004 年中卫建市，政府引导农民开始大规模种植硒砂瓜，面积达 31.2 万亩；2004—2008 年，硒砂瓜种植面积每年以 14 万亩左右的速度增长，2008 年种植面积 102 万亩；2012 年压砂瓜种植面积连续 5 年稳定在 100 万亩以上，形成了硒砂瓜产业区域化、规模化格局；2020 年硒砂瓜种植面积压减至 69.9 万亩。露地地膜瓜：1995—2000 年，种植面积不到 10 万亩，受硒砂瓜品牌的影响，种植面积逐步扩大，到 2006 年地膜瓜种植面积达 18.6 万亩，2013 年种植面积 21.8 万亩，2013 年以后种植面积逐年降低，到 2020 年种植面积为 8.8 万亩，主要分布在川区与中部干旱带。设施西甜瓜：1995—2007 年日光温室西甜瓜零星种植，2008 年宁夏设施农业快速发展，日光温室西甜瓜面积逐年扩大，2013 年种植面积达到 2.2 万亩，到 2020 年种植面积降至 10300 亩，主要分布在金凤县、贺兰县、永宁县、沙坡头区种植；2008 年以前大拱棚西甜瓜在全区零星种植，2013 年种植面积达 2.9 万亩，2014 年增加到 3.6 万亩，2019 年 1.8 万亩，到 2020 年种植面积为 1.1 万亩，主要分布在灵武市、红寺堡区、盐池县、海原县等地。

2. 主推品种

(1) 压砂瓜 2003—2013 年西瓜主要栽培品种为金城 5 号、黑美人、新金兰、黑友、抗旱王、陇抗 9 号、秦红 208 等，2014—2020 年主要为金城 5 号、西农八号、沙漠风暴、甘浓宝、金城红金五等；2003—2014 年甜瓜主要栽培品种为玉金香和早黄蜜、银帝王、宁农科 1 号、银玉 3 号、玉女、龙蜜，2015—2020 年主栽玉金香、西州蜜系列、银帝等品种。

(2) 露地地膜瓜 地膜西瓜以大型晚熟品种为主，2006—2015 年主要种植金城 1 号、西农八号，2016—2020 年以金城 1 号、金城 5 号、甜王、绿宝 60 为主；地膜甜瓜在 2013 年之前以早黄蜜、早香蜜、玉金香为主，2014—2020 年以花姑娘、虎爪子、旺源 3 号为主。

(3) 设施西甜瓜 2013 年西瓜种植品种有金城 1 号、黑牡丹、甘浓 1 号、黑美人、金美人、宝冠、华铃、秀丽、小玲、京欣、小兰等，甜瓜品种有京都雪宝、No.1、处留香、蜜世界、伊丽莎白、玉女等；2020 年西瓜主要有小玲、华铃、新金兰、黄金宝、早甜王、美都等，2020 年甜瓜主要种植丰雷、蜜世界、早香蜜、花姑娘、甜蜜脆梨、香妃蜜等品种。

3. 栽培技术

(1) 压砂瓜 每年进行 3 次松砂 2 次施肥，每亩施入腐熟的优质农家肥（羊粪、牛粪等）500 千克，秋耕松砂使用生物菌剂，每次 50 千克。2004 年以前采用干籽直播，并加盖小塑料碗保温，2004 年开始推广 4 月上旬至 5 月中旬移栽种植，种植密度 185～205 株/亩。对旱情较严重的田块进行补水，在第 2～3 雌花节位留瓜，果实膨大期进行追肥。

(2) 地膜瓜 结合整地施入腐熟有机肥，干籽直播 4 月上旬进行，育苗移栽 5 月初定植，亩定植 800 株左右，采用双蔓、三蔓整枝方式，在第二朵雌花留瓜，坐瓜后掐蔓并追施复合肥，于 7 月初上市。

(3) 设施西甜瓜 定植前结合整地每亩施入腐熟有机肥 3000～3500 千克。日光温室早春茬 1 月中旬至 2 月初定植，亩定植 2000～2200 株，缓苗至坐瓜前不浇水，待坐瓜鸡蛋大小时，灌水并追施复合肥，蔓秧第 12～16 节留瓜，5 月中旬上市。拱棚西甜瓜 4 月中下旬定植，小拱棚亩定植 800～1000 株，大中拱棚亩定植 1000 株左右，吊蔓栽培双蔓整枝，12～16 节留瓜，爬地栽培三蔓整枝，主蔓第二雌花授粉留瓜，6 月中上旬上市。

（二）黄瓜

1. 种植面积

1996—2000 年，黄瓜在宁夏各地均有少量种植。2000—2007 年宁夏设施农业逐渐发展，黄瓜开始大规模种植，到 2007 年黄瓜种植面积 5.5 万亩，2007 年后设施农业快速发展，种植面积逐渐增大，到 2013 年种植面积达到 11.87 万亩，2014 年开始种植面积逐渐下降，到 2020 年种植面积为 3.31 万亩，主要分布在兴庆区、贺兰县、永宁县、平罗县、青铜峡市、同心县、红寺堡、沙坡头区、原州区、彭阳县等。

2. 主推品种

20 世纪 90 年代主要栽培品种为津杂 3 号、4 号，以及津春 1 号、2 号、3 号、4 号。2020 年主要栽培品种为德尔 88、德尔 100、津优 607、博美 626 等。

3. 栽培技术

日光温室栽培黄瓜主要有早春茬和秋冬茬两种茬口。早春茬每年 1 月下旬定植，2 月下旬至 3 月上市，7 月下旬拉秧；秋冬茬每年 9 月上中旬定植，10 月上中旬上市，翌年 1 月上中旬拉秧。

4. 贮藏加工

黄瓜可加工成酱黄瓜、甜酱黄瓜、韭花黄瓜、糖醋黄瓜。

（三）西葫芦

1. 种植面积

西葫芦又名荚瓜。1996—2000 年在宁夏平原和宁南山区均有少量种植。随着 2000—2007 年宁夏设施农业逐渐发展，西葫芦种植面积逐渐增加，2007—2013 年种植面积保持在 2 万多亩，2014 年开始种植面积逐渐下降，到 2020 年种植面积为 5.24 万亩，主要分布在贺兰县、红寺堡区、彭阳县等。

2. 主推品种

1996—2010 年主要种植品种为荚瓜一代杂种早青、杂种一代西葫芦、阿太杂种一代西葫芦。2010—2018 年主要栽培品种为早春系列、凯旋系列、超玉、冬玉等。2020 年主要栽培品种为超玉 1 号、珍玉系列、凯旋系列等。

3. 栽培技术

日光温室栽培西葫芦主要有秋冬茬、越冬茬、冬春茬、早春茬四种种植茬口。秋冬茬每年 8 月下旬至 9 月上旬定植，10 月中旬上市；越冬茬每年 10 月上旬定植，12 月初上市；冬春茬每年 12 月上中旬定植，2 月初上市；早春茬每年 2 月下旬定植，4 月上旬至 6 月初上市。

（四）南瓜

南瓜俗名倭瓜，分红、绿、黄三种色。南瓜在宁夏贺兰县、灵武市、同心县等县区零星种植。

1. 主推品种

南瓜品种有中国南瓜和印度南瓜两种类型，属中国南瓜类型的品种有银川八瓣瓜、烟脖子南瓜、鹅蛋黄南瓜、杭州十姐妹、上海黄狼南瓜等，属印度南瓜类型的品种有橙黄面瓜、八棱面瓜、灰皮面瓜、白金瓜、红皮绿皮面瓜等。2001 年引进台湾东升、一品南瓜，成为主推品种。2015 年以来，陆续引进种植成功贝贝南瓜、贵族南瓜、板栗南瓜等高品质南瓜。

2. 栽培技术

谷雨前后播种，出苗后到结瓜前以中耕为主，1～2 片真叶时开沟灌水施入基肥，方法与西葫芦相同。主蔓长 1.6 米摘心，使其产生子蔓结瓜，每株留瓜 1～2 个，每隔 2～3 节压蔓，9 月下旬收获。

三、豆类

（一）菜豆

1. 种植面积

菜豆俗称梅豆。1996—2000 年在宁夏平原各地均有少量种植。2000 年后，随着宁夏设施农业的发展，菜豆种植面积逐渐增大，2008—2020 年年种植面积在 4 万多亩，主要分布在兴庆区、贺兰县、永宁县、平罗县、青铜峡市、中宁县、海原县、原州区等。

2. 主推品种

主要栽培的品种有双丰架豆、绿龙架豆、架豆王、老来少、王中王等。

3. 栽培技术

日光温室菜豆主要有早春茬和秋延后两种茬口类型。早春茬栽培一般在每年 1 月中旬播种，3 月上旬前后采收至 6 月底，秋延后栽培每年 7 月下旬播种，9 月中旬开始上市到 11 月底结束。

4. 贮藏加工

2000 年以前菜豆一般采用土窖或通风窖贮藏，后来多采用大型专业化冷库贮藏。宁夏农村常腌制成咸菜，城市居民多用泡菜坛泡制。

（二）豇豆

豇豆在宁夏平罗、中卫等地有零星种植。

1. 主推品种

种植的品种主要有夏宝 1 号、2 号，双丰 1、2、3、6、12 号，以及白粒豇豆。

2. 栽培技术

豇豆的栽培技术与菜豆相似，一般每年 3 月播种，5—6 月收获。

3. 贮藏加工

2000 年以前豇豆一般采用土窖或通风窖贮藏，"十三五"期间多采用大型专业化冷库贮藏。宁夏农村常腌制成咸菜，城市居民多用泡菜坛泡制。

四、叶菜类

（一）白菜

1. 种植面积

白菜包括大白菜和娃娃菜两种，其中大白菜是宁夏露地蔬菜主要栽培品种之一，1996—2000 年大白菜在宁夏平原各地均有种植，娃娃菜只在少数地区零星种植。2000—2007 年宁夏蔬菜产业逐渐发展，到 2007 年大白菜种植面积达 8.7 万亩，2007 年后蔬菜产业快速发展，到 2015 年大白菜种植面积达到 13.6 万亩，娃娃菜的种植面积约为 2 万亩。2016 年后大白菜的种植面积陆续减少，娃娃菜种植面积略有上升，到 2020 年大白菜种植面积为 8.5 万亩，娃娃菜的种植面积为 5.4 万亩。主要分布在贺兰县、永宁县、平罗县、青铜峡市、原州区、西吉县等引黄灌区和南部山区。

2. 主推品种

1996—2015 年大白菜以种植鲁白 1 号为主，搭配品种有天津青麻叶、山东 4 号、小杂 56 号等。2015—2018 年主要种植品种有鲁白 1 号、易和秋、山东 4 号、秋珍白、丰抗、胶白、四季王等；2020 年主要种植的品种有鲁白 1 号、鲁白 6 号、秋珍白 6 号、小义和秋、三新白菜、春晓、丰抗 3500、秦白系列等。娃娃菜主要种植的品种有春玉皇、黄宝宝、金皇后、金黄后、西悦、韩童等。

3. 栽培技术

（1）春大白菜　每年 4 月初阳畦或温室育苗，4 月底或 5 月初定植露地，行株距 0.6 米×0.4 米。定植后到结球前以中耕松土为主，结球期每亩追施尿素 20 千克，6 月中下旬采收。

（2）秋大白菜　选择麦茬或收获早的蔬菜茬、避免连作、灌排方便、肥力较高的土地。施足基肥，精细整地，土壤消毒，作成高垄栽培。每年 7 月 22—28 日播种，生长期 90 天的品种要早播，生长期 80～85 天的品种适当迟播。生育期加强肥水管理工作，及时清除杂草和防治病虫危害。

（3）娃娃菜　每年 4 月初整地、作畦、施肥，南部山区播期在 4 月下旬至 7 月下旬，引黄灌区播期在麦收后 7 月中旬至 8 月上旬，直播和移栽均可，点种直播每垄双行，垄上行距 28～30 厘米，穴间距 20～25 厘米，每亩点 8000～1000 穴。育苗移栽的行株距略高于点播，亩定植 8000～9000 株，每穴 1 株。

4. 贮藏加工

白菜贮藏有菜窖贮藏、露地阳畦埋藏、大型专业化低温冷库贮藏三种。白菜可加工成酸白菜、腌白菜等。

（二）甘蓝

1. 种植面积

1996—2000 年甘蓝在宁夏平原各地均有少量种植。2000—2007 年宁夏设施农业逐渐发展，甘蓝种植面积为 2 万～4 万亩，2007 年后设施农业快速发展，2014—2019 年种植面积稳定在 7 万亩左右，2020 年面积达到 8.9 万亩，主要分布在兴庆区、西夏区、贺兰县、永宁县、大武口区、惠农区、利通区、青铜峡市、同心县、中宁县、隆德县、西吉县等。

2. 主推品种

早熟甘蓝种植品种主要有中甘 11 号、中甘 21 号等；中熟甘蓝以京丰一号为主，搭配种植的还有西安平头甘蓝等；晚熟品种宁南山区种植较多，主要有固原平头甘蓝、高秆甘蓝、隆德红叶甘蓝、泾源甘蓝等。

3. 栽培技术

（1）育苗栽培　早熟品种温室每年 1 月上旬播种育苗，阳畦 12 月中旬播种育苗，2 月下旬移植阳畦，3 月下旬定植露地，行株距 0.4 米×0.4 米或 0.4 米×0.3 米；中熟甘蓝的育苗时间和方式同早熟甘蓝，每年 4 月上旬定植露地，行株距 0.5 米×0.5 米，7 月上中旬采收；晚熟品种多在每年 4 月上旬育苗，6 月上旬定植，行株距 0.8 米×0.5 米，宁夏平原 11 月上旬收获，宁南山区 10 月上旬收获。

（2）地膜覆盖栽培　采用高畦，宽 0.8 米，高 0.15 米，每畦定植 2 行，5 月下旬至 6 月上旬采收。

（3）日光温室栽培　早熟甘蓝每年 8 月至翌年 1 月播种，12 月至翌年 3、4 月收获。

4. 贮藏加工

晚熟甘蓝可窖藏，也可用阳畦埋藏，"十三五"期间多采用大型专业化低温冷库贮藏，方法同大白菜。宁夏农村常腌制成酸菜，城市居民多用泡菜坛泡制。

（三）花椰菜

1. 种植面积

花椰菜包括白菜花、西兰花、松花菜三种。1996—2015 年仅宁夏平原少数县（区）种植。2015 年后宁夏露地蔬菜快速发展，2016 年花椰菜种植面积达 4.6 万亩，到 2020 年种植面积达到 8.4 万亩，主要分布在贺兰县、灵武市、青铜峡市、原州区、西吉县等。

2. 主推品种

白菜花主要种植品种百领、吉雪 7、巴黎雪。西兰花主要种植品种有耐寒优秀、炎秀、绿秀、中青 9 号、中青 11 号等。松花菜主要种植品种至尊 70、清丰 70、浙江青梗松花系列。

3. 栽培技术

采用露地育苗移栽，南部山区一般在每年 3 月上旬育苗，4 月下旬定植，7 月上旬收获；引黄灌区每年 6 月下旬育苗，7 月下旬定植，10 月上中旬收获。

4. 贮藏加工

花椰菜一般在花球长成、花梗未伸长、花蕾尚未开放前及时采收。采收时把花蕾簇连其基部肥嫩的活茎约 10 厘米一起割下。采收后立即预冷至 0℃，然后采用泡沫箱封装，在 0℃下贮藏。

（四）菜心

1. 种植面积

菜心又名菜薹，十字花科芸薹属，一、二年生草本植物，是"供港蔬菜"的主要种类之一。2006 年香港优之菜公司在宁夏永宁县连湖农场开始试种菜心 1500 亩，因种植菜心品质优良，很快得到香港市民的青睐，2007 年后宁夏其他县区也开始大规模种植菜心，到 2010 年生产面积达 3.21 万亩，到 2020 年面积达到 25.7 万亩，生产区域从连湖农场扩大到了整个引黄灌区，同时辐射带动了南部山区，销售范围从香港市场扩展到了东南亚、广东、福建、北京等市场。

2. 主推品种

菜心种植品种分为早熟、中熟和晚熟等类型，其中早熟类型主要品种有四九菜心、萧岗菜心等，中熟类型主要品种有一刀齐菜心、青柳叶菜心等，晚熟类型主要品种有大花球菜心、三月青菜心、柳叶晚菜心等。

3. 栽培技术

菜心喜温暖湿润气候，根系浅，须根多，移栽易成活。菜心均采用起垄种植，垄面宽 160 厘米、垄高 20 厘米，垄沟宽 35～40 厘米、垄间距 180～200 厘米。菜心播种方式以直播为主。不同类型品种播种时期不同，正常情况下一年可种植四茬，不同品种错期播种，分批采收，播期为每年 3—9 月，5—10 月陆续上市。其中早熟品种一般于 3 月初至 5 月下旬播种，播后 45～60 天开始收获，采收供应期为 5 月初至 6 月；中熟种一般 5 月下旬至 7 月中旬播种，播后 30～35 天收获，采收供应期 6—8 月；晚熟品种一般 7 月下旬至 9 月中旬播种，播后 45 天左右开始收获，采收供应期 8—10 月。

4. 贮藏加工

菜心以"齐口期（主薹顶部蓓蕾与叶片等高）"为收获标准，早熟品种多数只采收主苔，采收好的菜薹摆放整齐入筐，3 小时内入冷库预冷，处理 24 小时后，倒箱加工，用泡沫箱封装后，登记装运或－2℃入库贮藏。

（五）芹菜

1. 种植面积

1996—2000 年芹菜在宁夏各地均有零星种植。2000 年以来，种植面积逐年扩大，尤以海原县、原州区、西吉县等宁南山区为盛，2001—2020 年种植面积由 1 万亩扩展到 12.3 万亩，为露地蔬菜主要栽培品种之一。

2. 主推品种

主要种植品种有文图拉、加州王、金皇后、圣地亚哥、法国皇后等。

3. 栽培技术

（1）露地栽培　每年 3 月中下旬播种，出苗后注意间苗，及时松土除草、追肥灌水、防治病虫危害，6 月中下旬收获。育苗栽培的，3 月中旬至 5 月上旬均可育苗，3 月中旬育苗，6 月上旬定植，5 月中旬育苗，7 月中下旬定植，每穴栽 3～4 株，幼苗成活后及时松土除草。7—10 月均可收获。

（2）温室栽培　每年 6 月上中旬播种育苗，8 月中旬定植温室内，行距 18～20 厘米，株距 15 厘米，穴栽 2～3 株，幼苗成活后及时中耕除草，9—10 月灌水追肥，采收期经常保持土壤湿润，追肥配合灌水进行，每 15～20 天 1 次，浇水在晴天上午气温高时进行。11 月至翌年 2 月可采收。

（3）露地育苗移栽　每年 5 月上中旬定植，一般大棵西芹行株距 40 厘米×33 厘米，亩栽苗 5000 株；小棵西芹行株距 15 厘米×18 厘米，亩栽苗 2 万株。

（4）露地覆膜穴播压砂栽培　2010 年以来，南部山区多采用覆膜穴播压砂栽培，播种前选择前茬为非伞形科作物，秋耕施肥、冬灌，每亩准备 1.5 方水洗砂。整地一般做成 1～2 分地的小畦，畦宽 5 米，畦埂宽 40 厘米，高 30 厘米。在畦内按 1.6 米宽幅的农膜种植三幅，两幅之间留空隙 10 厘米，在农膜上每隔 15 厘米打直径 2 厘米的播种孔。一般每年 3 月中旬到 5 月上旬播种，播种时将打好穴的农膜在地头铺好，三人一组，两人点种，一人用水洗砂将播种穴封好，每穴 10 粒，亩用量 0.5 千克。

（六）菠菜

1. 种植面积

1996—2000 年仅宁夏平原少数县（区）零星种植。2000 年以来，种植面积逐年扩大，到 2020 年种植面积达到 3.9 万亩，春菠菜亩产 1000～1500 千克，秋菠菜亩产 1500～2000 千克。主要分布在贺兰县、惠农区、平罗县、沙坡头区、海原县、原州区、彭阳县等，其中惠农区种植的菠菜以脱水蔬菜为主，主要销往欧美等地。

2. 主推品种

1996—2000 年种植品种主要有尖叶菠菜、圆叶菠菜、大叶菠菜等。2020 年种植品种有黑美人、韩国大叶、圆叶、菲德罗、帝沃 9 号、武迪、夏绿、绿旋风、越夏 928 等。

3. 栽培技术

春菠菜每年 3 月中旬播种，5 月中旬收获；秋菠菜每年 8 月上旬播种，10 月下旬至 11 月上旬收获；日光温室种植早春菠菜，每年 4 月中上旬即可上市。

（七）生菜

宁夏贺兰县、永宁县、利通区、沙坡头区等县区有少量种植，亩产 2500～3000 千克。

1. 主推品种

主要品种有射手 101、绿贝、万胜 118、三环、大将等。

2. 栽培技术

以露地育苗移栽为主，春季栽培每年 2 月中旬育苗，4 月上旬至中旬定植，6 月初收获。

（八）芫荽

芫荽又称香菜，也称胡荽。在宁夏惠农区、平罗县、中宁县等县区有少量种植，亩产 1000～1500 千克。

1. 主推品种

主要有意大利大叶、美国大叶、澳洲香叶、澳洲大叶等。

2. 栽培技术

以露地栽培为主，春季栽培每年 3 月中旬播种，秋季栽培每年 8 月上旬播种。生长期间要及时灌水，保持土壤湿润。春播 5 月下旬至 6 月上旬收获，秋播 10 月下旬至 11 月上旬收获。

五、葱蒜类

（一）大葱

1. 种植面积

1996—2010 年仅在同心县、海原县等少数县（区）零星种植。2010 年以来，随着宁夏蔬菜产业的不断发展，到 2016 年种植面积达 4.88 万亩，2016 年后露地蔬菜迅速发展，大葱的种植面积逐年扩大，到 2020 年面积达到 8.9 万亩，主要分布在惠农区、平罗县、青铜峡市、盐池县、同心县、海原县、彭阳县、西吉县等。

2. 主推品种

主要种植的品种有山东大葱、高脚白、章丘大葱、长白大葱、商丘大葱、红葱等。

3. 栽培技术

采用露地育苗移栽，一般每年 9 月上旬育苗播种，以幼苗越冬，翌年 6 月下旬至 7 月中旬定植，10 月上旬收获。

4. 贮藏加工

收获后晾晒 1～2 天，捆成 4～5 千克 1 捆，贮藏在冷凉的室内或菜窖内，也可采用大型专业化冷库贮藏。

（二）韭菜

1. 种植面积

1996—2000 年，韭菜在宁夏各地已普遍种植。2000 年的种植面积为 3 万～4 万亩，2000—2007

年宁夏设施农业逐渐发展，到 2007 年种植面积约 5 万亩，2007 年后设施农业快速发展，到 2013 年种植面积达到 12.5 万亩，2014 年开始种植面积逐渐下降，到 2020 年种植面积为 7.7 万亩，主要分布在贺兰县、永宁县、灵武市、平罗县、红寺堡区、同心县、沙坡头区、海原县等。

2. 主推品种

1996—2000 年栽培的韭菜品种有银川紫梗韭菜、兰州马兰韭、盐池线叶韭菜、固原毛韭、方堡韭菜和同心县韦州韭菜。2001—2020 年日光温室韭菜栽培的主要品种有顶丰一号、顶丰九号、平丰六号、平丰八号等，拱棚韭菜栽培的品种主要有独根红、791 优系、平韭 4 号、汉中冬韭、嘉兴雪韭等。

3. 栽培技术

（1）温室栽培　日光温室韭菜采用温室育苗和旱育苗两种育苗方式。温室育苗，每年 2 月上中旬播种；旱育苗，采用撒播的方式，每年 5 月中下旬移栽定植，10 月上中旬割去当年老韭菜，收割 3～4 茬，养根壮秧。

（2）拱棚栽培　采用东西向做畦栽培，畦面宽 200 厘米，畦宽 80～100 厘米，畦高 20～30 厘米，每年 3 月底到 4 月底均可播种，南北向开沟，行距 30 厘米，沟深 1.5 厘米左右，均匀撒播，细沙覆土，地膜平盖畦面。在扣膜后 45～50 天收第一刀，第二次采收间隔 60 天左右，凋萎前 50～60 天停止采收。

4. 贮藏加工

宁夏农村常将韭菜腌制成咸菜。

（三）洋葱

洋葱，俗称海蒜、葱头，在宁夏平原各县零星种植，有黄皮和紫皮两种。

1. 栽培技术

洋葱栽培一般每年 3 月中旬直播，条播，鳞茎膨大后，每 7～10 天灌水 1 次，结合每亩施尿素 15 千克，直播的洋葱 9 月中下旬收获，育苗栽培很少，一般在每年 12 月中下旬阳畦或于翌年 1 月上旬在塑料温室育苗，4 月上旬定植露地。移栽的 7 月中下旬收获。

2. 贮藏加工

贮藏的洋葱要充分晒干外皮，剪去葱叶，装筐贮入菜窖码垛，下部要垫高以利通风，也可采用大型专业化冷库贮藏。

（四）大蒜

宁夏海原县、原州区、西吉县、隆德县、彭阳县等县区有少量种植，亩产量 1200～1300 千克。

1. 主推品种

主要品种有紫皮蒜、大红皮蒜等。

2. 栽培技术

以秋季露地覆膜栽培为主，每年 10 月定植，一般采用开沟播种的方式，即用锄头开一条浅沟，将种蒜瓣点播土中，覆土厚度 2 厘米左右。翌年 6—7 月收获。

（五）沙葱

沙葱是沙漠草甸植物的伴生植物，一般主要生长在沙丘、沙质草地。近年来，宁夏平罗县等县区有少量人工种植，亩产 500 千克左右。

1. 栽培技术

以拱棚直播栽培为主，每年 10 月播种，翌年 3 月初出苗，4 月上旬至中旬开始采收，至 11 月可采收 4～5 茬。

2. 贮藏加工

凉拌或腌制均可。新鲜沙葱可直接冰箱冷藏，也可焯水后冷冻，贮藏时间较短。腌制好的沙葱可以保存 3~6 个月。

六、根茎菜类

（一）萝卜

1. 种植面积

1996—2000 年，萝卜在宁夏平原各地已普遍栽培，面积为 3 万~4 万亩。2001 年以后，随着宁夏设施农业的快速发展，蔬菜种植种类增多，居民购买的蔬菜品种越来越丰富，萝卜的消费需求逐渐减少，种植面积也不断下降，到 2020 年种植面积为 1.9 万亩，主要分布在永宁县、平罗县、盐池县、红寺堡区、同心县、原州区、彭阳县、泾源县等。

2. 主推品种

种植的品种有 901、漏头青、花樱、791 青皮等。

3. 栽培技术

萝卜以露地栽培为主，秋萝卜一般每年 7 月中旬播种，播前作垄，播后立即从垄沟灌水，4~5 片真叶时定苗，10 月下旬至 11 月上旬收获，冬萝卜一般每年 4 月上中旬播种，10 月上中旬收获。

4. 贮藏加工

萝卜可窖藏，也可埋藏。"十三五"期间多采用大型低温冷库贮藏。萝卜可加工成五香萝卜条、辣萝卜条、酱萝卜条、酱萝卜丝、京味萝卜丝、青龙萝卜丝等。

（二）胡萝卜

1. 种植面积

1996—2000 年，胡萝卜在宁夏部分县区零星种植，除部分菜用外，多作牲畜饲料。2000 年以来，随着宁夏蔬菜产业的发展，种植面积不断增大，到 2013 年种植面积达 5.7 万亩，2014 年后面积略有下降，到 2020 年种植面积为 3.4 万亩，主要分布在永宁县、平罗县、海原县、原州区、西吉县等中部干旱带和南部山区。

2. 主推品种

1996—2010 年主要品种有五寸参、五寸红、七寸参、透白红、黑田等。2011—2020 年主要种植品种有顶上盛夏、七寸参、七寸红、新黑田、五寸参、诺利红、春美丽等。

3. 栽培技术

套种在小麦行间的，多在每年 5 月中旬小麦灌水前播入，单种的每年 6 月上中旬播种，宁南山区每年 5 月中下旬播种，多单种，水浇地也在小麦行间套种，采用条播或撒播。播种前将种子用清水浸种 1~2 天，播种时晾干再掺入适量沙子和少量小白菜种子拌匀后播种，小白菜出苗快，可遮阴。种后要保持土壤湿润，一般连续灌水 2~3 次以利出苗，间苗结合除草松土 1~2 次，苗高 6~7 厘米时定苗。宁夏平原 10 月下旬至 11 月上旬收获，宁南山区 10 月上中旬收获。

4. 贮藏加工

胡萝卜出土后应立即覆土贮藏，或采用窖藏、通风库或大型专业化冷库贮藏。胡萝卜可加工成甜酱萝卜丝或作八宝菜的配料。

（三）草石蚕

1. 种植面积

草石蚕又称螺丝菜、甘露子、宝塔菜，宁夏本地也称为地溜子，是唇形科水苏属中能形成地下块茎的栽培种，多年生草本植物。1996—2005 年在宁夏灌区零星种植，2004 年以后种植面积逐年扩大，形成了以贺兰县为主，平罗县、青铜峡市、盐池县、红寺堡区、中卫市为辅的生产区，是全国草石蚕产业重要的核心产区，年种植面积 5 万亩左右。2008 年贺兰螺丝菜获得了国家首批农产品地理标志登记；2015 年以来，受土地流转面积增加、机械应用率低、收获人工强度大等因素影响，种植面积逐渐降低，年种植面积 3 万亩左右。

2. 主推品种

草石蚕认定的栽培品种有地蚕和地藕两类。宁夏种植的品种为地蚕类型的地方自留农家品种，称为银川地溜子，2016 年前后，也选用从甘肃等地外运来的品种，解决本地品种退化问题。

3. 栽培技术

草石蚕与小麦套种方式为主，也可单种，每年 3 月上中旬春小麦播种结束后播种。套种采用宽窄行种植，宽行 40 厘米、窄行 10 厘米，小麦宽行内人工开沟点播 2 行，播深 5～7 厘米，亩播种量 140 千克左右。草石蚕前期的茎叶生长是后期块茎形成和膨大的基础，套种与小麦共生期灌水以小麦需水规律为主，追肥以速效氮肥为主。苗期人工中耕除草 2～3 遍，麦收后人工除草 1～2 遍，9 月底至 10 月上旬地上部枯萎，地下块茎形成后即可采收。

4. 贮藏加工

草石蚕可加工成酱地溜子、甜酱地溜子、糖地溜子或作八宝菜的配料。

（四）球茎甘蓝

球茎甘蓝又名苤蓝，宁夏贺兰县、平罗县、青铜峡市等县区有少量种植，亩产量可以达到 3500 千克左右。

1. 主推品种

主要品种有克沙克（俗称"水果苤蓝"）、青苤 3 号等。

2. 栽培技术

一般在麦收后采用育苗移栽，6 月初至 6 月中旬育苗，7 月中旬移栽定植，9 月底收获。

（五）山药

宁夏贺兰县、永宁县、平罗县等县区有少量种植，亩产 2000～5000 千克，因山药品种不同，产量差异较大。

1. 主推品种

主要品种有铁棍山药、白玉山药、西施山药等。

2. 栽培技术

以露地开沟起垄栽培为主，每年 3 月下旬开始繁育种苗，翌年 3 月下旬开始定植种苗，9 月下旬至 10 月初收获。

七、黄花菜

1. 种植面积

黄花菜又称金针菜、萱草。1996—2005 年在贺兰县、灵武市、中宁县、彭阳县等地试种。2006—2010 年盐池县、红寺堡区开始陆续引入黄花菜种植，效益颇好，2010 年开始规模化种植，到 2020 年宁夏黄花菜种植面积达到 18.3 万亩，主要集中分布在盐池县、红寺堡区和同心县。

2. 主推品种

20 世纪 90 年代，黄花菜主要种植品种是小黄花菜（野生种），湖南邵冬县、祁东县等地的中球花、权子花，以及甘肃平凉黄花菜等。2020 年种植的早熟品种有湖南四月花，中熟品种有江苏大乌嘴、浙江仙居花、蟠龙花、茶子花、猛子花等，晚熟品种有荆州花、长嘴子花和茄子花。

3. 栽培技术

黄花菜具有喜温喜光、好湿润、微酸碱、怕黏渍的特性。春秋两季均可栽植，春季以 3 月下旬至 4 月上旬为宜，秋季 8 月下旬，秋栽比春栽发苗早、苗旺。在栽植前结合整地，深翻 30 厘米，耙平糖细，对种苗进行修剪，除去短缩茎下面的黑蒂和肉质根上的纺锤根，剪短根系、苗叶，除去残叶，将种苗投入药液浸种，再进行栽植。栽植行距为 80～85 厘米、穴距 40～45 厘米，每穴 2～3 株为一丛，每亩保苗 3200～4000 株；套种每亩保苗 2000～2500 株；田边地埂栽植的每亩保苗 3500～4000 株，栽植深度为 10～15 厘米。栽植后分别追施春苗肥、催苔肥和催蕾肥，追肥与灌水、中耕、除草紧密配合。黄花菜在花蕾开放前 1～2 小时为采摘适期，旱地每亩产干菜 40～150 千克，水地每亩产干菜 150～260 千克。

4. 贮藏加工

黄花菜花蕾采摘后立即蒸制，蒸好出锅后使其自然冷却，再出笼晾晒、烘干。黄花菜可加工成泡菜、罐头，还可作为药材、保健品等。

八、食用菌

（一）平菇

1. 种植面积

20 世纪 60—80 年代，青铜峡市和银川市周边最早开始推广种植；90 年代后期，宁夏南部山区各市、县（区）开始推广。2000 年后，随着闽宁合作不断深入，生产规模逐渐扩大，截至 2020 年，全区平菇种植面积 814 亩，年产量 0.71 万吨，主要分布在兴庆区、贺兰县、大武口区、平罗县、利通区、青铜峡市、海原县、原州区、彭阳县等地。

2. 主推品种

主要品种有抗病 3 号、灰美 2 号、春栽 1 号、庆丰 518、庆丰 615、农平 18 号、农平 20 号、袖珍菇 1672、平菇 650、平菇 696、平菇 615 等。

3. 栽培技术

以袋装墙式栽培为主，主要包括场所准备、消毒、培养料的准备、培养料的发酵、装袋灭菌、接种培养、出菇管理等技术环节。

（二）香菇

1. 种植面积

20 世纪 60—80 年代，青铜峡市和银川市周边最早开始推广种植；90 年代后期，宁夏南部山区各市、县（区）开始推广。2000 年后，随着闽宁合作不断深入，生产规模逐渐扩大，截至 2020 年，全区香菇种植面积 642 亩，年产量 0.35 万吨，主要分布在兴庆区、贺兰县、大武口区、平罗县、青铜峡市、海原县、原州区、彭阳县等地。

2. 主推品种

主要品种花菇、武香 1 号、冬菇 808、秋香 2 号等。

3. 栽培技术

香菇栽培方式有椴木栽培和代料栽培等。宁夏主要是以架式代料栽培为主，主要包括场所准备、消毒、备料、拌料、装袋、灭菌、接种等环节。香菇菌包接种完毕后，要经历养菌期、转色期和出菇期三个阶段，才能采摘。香菇有不同的生长特点，不同时期须采用取不同的管理方法。

(三)杏鲍菇

1. 种植面积

20世纪60—80年代，青铜峡市和银川市周边最早开始推广种植；90年代后期，宁夏南部山区各市、县（区）开始推广。2000年后，随着闽宁合作不断深入，生产规模逐渐扩大，截至2020年，全区杏鲍菇种植面积200亩，年产量0.014万吨，主要分布在贺兰县、青铜峡市、海原县、原州区、彭阳县等地。

2. 主推品种

主要品种有杏鲍菇9号等。

3. 栽培技术

以立架墙式栽培为主，主要包括场所准备、菌种制作、栽培袋制作、出菇管理等技术环节。

(四)双孢菇

1. 种植面积

20世纪90年代后期，宁夏闽宁镇和南部山区各市、县（区）开始推广种植。2000年后，随着闽宁合作不断深入，生产规模逐渐扩大，截至2020年，全区双孢菇种植面积358亩，年产量0.15万吨，主要分布在青铜峡市、海原县、原州区、彭阳县等地。

2. 主推品种

主要品种有AS2796。

3. 栽培技术

以工厂化栽培为主，栽培技术环节有选种、备料、生产管理三项。生产管理有预湿、建堆、二次发酵、播种与覆土、催蕾和出菇管理、越冬管理、采收、转潮与养菌八个环节。

九、野生菜类

宁夏地处黄土高原与内蒙古高原的过渡地带，境内有较为高峻的山地和广泛分布的丘陵，也有由于地层断陷又经黄河冲积而成的冲积平原，还有台地和沙丘，地表形态复杂多样，蕴藏着丰富的野生菜资源。据相关文献记载，宁夏野生菜类有39种42个品种。

(一)分布区域

宁夏依南北地形、气候、自然条件划分，野生菜的分布可分为贺兰山区、六盘山区和宁夏平原3个区域。

1. 贺兰山区

贺兰山区多分布在阴坡、半阴坡草地、乔木及灌木丛里。在西坡海拔2000米以下、东坡海拔1500米以下的山麓地带，野生菜有沙葱、蒲公英、车前、地软等，在有排灌条件的沟口和山麓低处的田埂、沟谷内、水沟旁，有野苋菜、灰条、苦苣菜、甜苦菜、扫帚菜、艾蒿等；海拔1500～2400米的低山以草被为主，野生菜有野苋菜、面灰条、车前、苦苣菜、甜苦菜、扫帚菜、蒲公英、山丹、艾、多根葱、崖葱、山蒜、㷉麻等；海拔3600米的阴坡，野生菜主要有多根葱、崖葱、贺兰山玄参麻等。

2. 六盘山区

该区雨量多，高寒阴湿，土地较肥沃。海拔2100～2600米内，野生菜有多根葱、鹿耳韭、蕨菜、酸溜溜、山韭菜、薄荷、花椒、蒲公英等；海拔1700～2300米内，有野葱、花椒、百合、车前、艾蒿、蕨菜、水芹菜、石芥菜、野苋菜、灰条、苦苣菜、蒲公英、野锦葵、鹿耳韭、三棱韭菜、野韭菜、卷叶黄精、轮叶黄精、玉竹、狼牙棒、萱草等。

3. 宁夏平原

多数生长在田间，有苦苣菜、灰条、野苋菜、扫帚菜、薄荷、马齿苋、冬寒菜、田旋花等，少数生长在荒田、野地、沙滩等处，如蒲公英、酸模叶蓼、獐牙菜、皱叶酸模、沙葱等。

（二）开发利用

1. 蕨菜

蕨菜以幼嫩叶片及叶柄供食用，主要分布在六盘山、罗山、南华山、月亮山等海拔 2100～2600 米的阴坡。20 世纪 90 年代固原等地区开始建设蕨菜加工厂，开展蕨菜加工，加工盐渍半成品出口，每年 6—7 月是收购旺季，每千克鲜蕨菜收购价 0.45～0.5 元，主要销往日本及东南亚等地。1996 年，固原地区加工出口蕨菜 3200 吨。

2. 苦苣菜

主要生长在田间、田埂、渠旁等地，春夏秋均可采幼嫩茎叶食用。20 世纪 90 年代固原地区开始建设加工厂，年收购量 100 多吨，生产半成品销往外省（直辖市、自治区）。

3. 艾

幼嫩茎叶可食，最宜用面粉拌后蒸食。

4. 马齿苋

嫩秧、嫩茎均可食，全草含维生素 A、B 族维生素、维生素 C 及树脂。

5. 水芹菜

主要分布在六盘山、华山、罗山、月亮山等地的水湿地或水沟旁，幼嫩叶可食用。

6. 其他野生菜

野生菜的种类很多，但因有些品种分布地区较窄或资源较少，仅附近居民零星采食。

第五章

耕 作 制 度

■ 第一节 耕作制度概况

一、引黄灌区

中华人民共和国成立前，宁夏平原农作物种子主要是农家品种，农民自选自用，作物栽培上基本是以小麦为主的一年一熟制，部分小麦等夏作收获后复种小糜子、荞麦或小麦套种黄豆。20世纪50年代后，广泛推广一年两熟和一年三熟（多种多收）等，1950年宁夏平原麦、糜两熟面积12万亩，麦豆两熟面积8万亩。到1981年，宁夏平原麦、糜两熟面积达到30万亩，麦、豆两熟面积23万亩，占小麦播种面积的35%。70年代开始试验推广"两粮一肥""两粮一豆"，一般亩产小麦250～300千克，玉米250～300千克，绿肥1000千克以上。1981年宁夏平原七市县〔中卫县、中宁县、吴忠县、灵武县（1996年更名为灵武市）、青铜峡市、贺兰县、永宁县〕示范推广"两粮一肥"面积15万亩，其中复种绿肥箭舌豌豆2.3万亩，苜蓿与草木樨1.6万亩。1985年小麦套种玉米面积达43万亩，平均玉米亩产265千克，其中复种绿肥仅4922亩。1995年小麦套种玉米面积达112.6万亩，玉米亩产427.5千克，总产达6.20亿千克，玉米由过去的捎带庄稼上升到三大作物之一，与此同时，小麦套种苏子、小麦套种甜菜也有一定的发展。2000年以后，小麦套种玉米得到了空前发展，为粮食逐年上台阶发挥了重要作用。

二、宁南山区

1996年以来，受农村劳动力转移、机械化应用水平提高、作物之间效益变化及适应气候变化因素等影响，宁南山区以夏粮小麦为主的一年一熟制逐步演变为小麦、玉米和马铃薯并行的一年一熟制。小麦套种、复种面积逐步萎缩，演变为小麦当年收获后夏秋歇茬。玉米由露地为主的种植方式演变为地膜覆盖为主。2005年前玉米地膜覆盖以半覆膜为主，之后，从甘肃引进玉米全膜双垄集雨沟播技术，宁南山区地膜覆盖技术由传统的播前半膜覆盖栽培逐步发展为目前的秋季覆膜、早春（顶凌）覆膜的全膜覆盖双垄集雨沟播栽培。同时，地膜覆盖种植瓜菜、经济作物、小麦等也有一定发展。马铃薯以露地种植为主，高产地区部分有地膜覆盖，大部分地区长年连作现象突出。原有的小麦套种玉米、套种马铃薯、套种向日葵、小麦间作杂豆、杂豆套种马铃薯等立体复种种植逐步萎缩，2020年仅少量种植。

■ 第二节 轮 作

一、引黄灌区

长期以来，宁夏引黄灌区形成了以水稻和小麦为主的稻旱轮作制，主要的稻旱轮作方式有 2 年二段轮作制、3 年三段轮作制、4 年四段轮作制等。2 年二段轮作制：1 年稻作 1 年旱作，2 年为一个周期；3 年三段轮作制：2 年旱作 1 年稻作，或 2 年稻作 1 年旱作，三年为一轮作周期；4 年四段轮作制：2 年稻作 2 年旱作，或 3 年旱作 1 年稻作，四年为一轮作周期。

2003—2006 年之前，2 年二段轮作制、4 年四段轮作制、四年轮作制等相互并存，之后，受小麦套种玉米减少、单种玉米增加，特别是 2003 年后黄河供水减少影响，2 年二段轮作制和 4 年四段轮作制逐步减少，逐步转向 3 年三段轮作制或多年旱作＋1 年稻作为主，同时，引黄灌区稻旱轮作制地段面积由 2/3 变到不到 1/2。

主要轮作方式如下：

（1）3 年三段轮作制 2 年旱作 1 年稻作，或 2 年稻作 1 年旱作，三年为一轮作周期。

2 年旱作 1 年稻作：玉米→玉米→水稻，或小麦复种→小麦复种→水稻，或蔬菜→蔬菜→水稻。主要集中在渠系供水中上段。

2 年稻作 1 年旱作：水稻→水稻→玉米，主要集中在渠系供水下段。

（2）多年旱作＋1 年稻作 玉米→玉米→玉米→水稻，主要集中在渠系供水上段。

（3）1996—2005 年存在的轮作制 三段轮作制：水稻→小麦套玉米或间大豆或复种蔬菜或晒茬→小麦套玉米或复种蔬菜。

二段轮作制：一年稻作 1 年旱作，两年为一轮作周期，曾经是宁夏引黄灌区主要轮作制度。其方式为：水稻→小麦套玉米间大豆或复种糜子、蔬菜等。

二、宁南山区

（一）干旱地区轮作方式

1. 山区坡梁地

歇地或小麦→谷子、糜子、芸芥→糜子、芸芥，撂荒（5～6 年）→糜子（2～3 年），糜子→糜子→马铃薯、荞麦，歇地（豆类）→小麦或马铃薯、糜谷、胡麻、芸芥，歇地（豆类）→糜子或谷子、小麦、马铃薯、糜子→荞麦。

2. 川塬、盆、沟台地

歇地→小麦→小麦套糜子、糜子套麻子、马铃薯→糜子，歇地（豆类）→谷子或糜子、小麦、马铃薯→荞麦。

3. 洪漫地

歇地（洪漫地）→小麦套麻子→糜子或歇地。

4. 水浇地（小型区）

小麦（2～5 年）→胡麻或糜子、大麦→谷子，小麦→糜子或马铃薯。

5. 扬黄灌区

小麦（连作）或胡麻→小麦收后复种绿肥或耕犁晒田；小麦间套大豆或玉米。

以歇地（休闲）轮作小麦、糜、谷、油料等作物，轮作周期大部分为 4 年，在雨量多的南部，轮作周期更长些。以歇地为主的轮作，占山旱地面积的 25％～30％。个别地区，如盐池县采用撂荒（多年休闲）的办法恢复地力。

（二）半干旱地区轮作方式

1. 川、塬、塘、沟坝地

歇地→小麦→芸芥或谷子、糜子、荞麦，歇地→小麦→小麦→马铃薯，扁豆或豌豆→小麦（1～2年）→糜、谷、马铃薯等，小麦→小麦→油料或麻、谷、马铃薯等，苜蓿（5～6年）→小麦→糜子（莜麦）→油料等方式。

2. 水浇地

糜子或小油菜→小麦（3～5年）→大麻或谷子，小麦（3年）→胡麻，小麦＋豆（绿肥）→玉米→玉米→小麦，小麦＋豆→小麦→小麦→胡麻。

3. 山坡、梁峁地

主要有：豆→麦→麦→油，豆→麦→油或秋粮，歇地→冬麦→冬麦→胡麻。

半干旱地区的山坡、梁峁、平旱地，在轮作过程中，夏秋作物的比例为6∶4。夏作物以小麦、豌豆、扁豆等为主，秋作物以糜谷、马铃薯等为主，油料作物以胡麻、芸芥为主，川旱地以种豆类和半休闲为主，轮作周期大部分为3～4年。

（三）阴湿地区轮作方式

阴湿山区雨量多，人多地少，在轮作中很少歇地。小麦、豆类和马铃薯茬为上等茬，荞麦、糜子和大燕麦为中等茬，莜麦和胡麻为下等茬。通过种植蚕豆、豌豆来提高土壤肥力，作为小麦前茬。宜以热茬（如小麦、糜子、大燕麦、莜麦等）与凉茬（如豆类、胡麻、荞麦等）相互轮作倒茬为佳。胡麻、马铃薯、莜麦等作物不宜"重茬"与"对茬"（即隔年重种）。阴湿地区轮作方式中，主要通过种植蚕豆、豌豆来恢复地力。

■ 第三节　间套复种

一、引黄灌区

宁夏引黄灌区间复套种以小麦间套复种为主，主要有小麦套种玉米和小麦复种、黑麦复种三种方式。

（一）小麦套种玉米

20世纪80—90年代小麦套种玉米兴起，2000年以后，小麦套种玉米得到了空前发展，2005、2006年小麦套种玉米面积达到高峰期，分别为135.85万亩和134万亩，麦套玉米面积占玉米总面积的72.8％和74.8％，引黄灌区复种指数达到了149％和150％，土地利用率较高。2006年之后，小麦套种玉米面积逐渐减少，到2012年，套种玉米种植面积85.76万亩，占玉米总面积的45％，单种面积首次超过套种面积；2017年套种玉米27万亩，占玉米总面积的11.8％；2018年麦套玉米面积为16.5万亩，占玉米总面积的7.7％；2020年套种玉米面积为9.5万亩，占玉米播种面积的1.95％。

（二）小麦复种

2000年以来，常年复种面积为30万～50万亩。2012年以来，为推进耕作制度改革，引黄灌区大力推广麦后复种"一年两熟"制模式。主要有四种复种模式：粮菜模式：7月上中旬小麦收获后，及时整地争时抢墒复种黄瓜、西葫芦、白菜、甘蓝、西芹、大葱、韭葱、青萝卜、胡萝卜、盘菜等蔬菜作物；粮饲模式：7月上中旬小麦收获后，及时整地争时抢墒复种燕麦草等饲料作物；粮粮模式：

7月上中旬小麦收获后，及时整地争时抢墒复种糜子等作物；粮油模式：7月上中旬小麦收获后，及时整地争时抢墒复种油用向日葵等油料作物。

（三）黑麦复种

2014—2018年宁夏引黄灌区示范推广以冬牧70黑麦为主的复种两熟制模式，每年面积约5万亩。主要模式有两种：复种水稻：冬麦70黑麦翌年5月中下旬收获后复种移栽水稻；复种玉米：冬麦70黑麦翌年5月中下旬收获后复种籽粒玉米、青贮玉米和鲜食玉米。

二、宁南山区

受农村劳动力转移、机械化应用水平提高、作物之间效益变化及适应气候变化因素等影响，宁南山区以夏粮小麦为主的一年一熟制逐步演变小麦、玉米和马铃薯并行的一年一熟制。小麦套种、复种面积逐步萎缩，演变为小麦当年收获后夏秋歇茬。其他形式的套复种面积也萎缩。

间套形式主要有：马铃薯间套蚕豆、小麦间套葵花、小麦间套马铃薯、小麦间套西瓜、小麦间套豌豆、小麦间套玉米、玉米间套胡麻、玉米间套茭瓜、玉米间套蚕豆、小麦间套甘蓝、小麦间套大豆、玉米间套豌豆、小麦间套西红柿。固海扬水工程建成，灌溉面积增加，同心海原的扬黄灌区小麦间套玉米、小麦间套大豆日益增多，一般小麦亩产300千克左右，玉米亩产250～300千克，大豆亩产25～30千克，比小麦单种亩增产200～300千克，增加收入100元以上。随着地膜覆盖栽培技术在山区的应用，宁南山区的间套复种又有所发展。

第六章

旱 作 农 业

■ 第一节 旱作农业发展

宁夏旱作农业区共涉及吴忠、固原、中卫等3个地级市，盐池县、同心县、红寺堡区、原州区、西吉县、隆德县、泾源县、彭阳县、沙坡头区、中宁县、海原县等11个县区、84个乡镇；区域总面积4.85万千米²，占全自治区国土总面积的73%；现有耕地1200多万亩，约占全区耕地总面积的65%，其中旱耕地面积占总耕地面积的86%。

宁夏旱作农业区自然资源的基本特征：一是水资源十分短缺，大部分地区年降水量为300～500毫米，不到全国平均水平的10%。虽降水稀少蒸发却十分强烈，年蒸发量1085.6～2086.9毫米，是降水量的3～10倍。降水量年际变幅大，季节分布不均。降水量年际变幅可达5倍以上，7、8、9三个月降水量占年降水量的70%～80%，并多以暴雨形式出现。每亩水资源占有量仅50米³，分别为黄河流域和全国平均值的1/6和1/8；人均水资源占有量仅190米³，分别为黄河流域和全国平均值的1/6和1/28。二是干旱形势严峻，由于降水稀少且蒸发强烈，植被覆盖度低，水土流失严重，使干旱成为宁夏旱作农业区分布最广、发生次数最多、影响面积最大、危害最严重的气候灾害。干旱发生的年度概率为65%，尤其春旱、夏旱几乎年年皆有，群众中广泛流传着"三年两头旱，五年一小旱，十年一大旱"的说法。干旱造成农作物大面积减产甚至绝产，特别是春末夏初干旱往往造成大面积农作物播种受阻、出苗困难、生长发育迟缓乃至停滞。三是多种自然灾害频发，堪称"五灾"俱全，除旱灾外，雹灾、冻害、风灾、病害发生也十分严重。冰雹灾害年年都有发生，年平均降雹4～5天，多的年份达到7～11天，轻则减产，重则绝产。无霜期短，初霜来得早，对秋作物正常成熟危害最大，终霜结束迟，常常对春播作物幼苗造成冻害。年大风（风速≥17米/秒）天数31天，年平均风速3.3米/秒，大风沙尘天气常使土地遭受风蚀，土壤严重失墒，作物茎叶倒伏、籽粒脱落。宁夏旱作农业区的自然资源存在以上严重不利因素的同时，也具备一定的有利条件。光热资源较为充足，年日照时数2200～3000小时，日照百分率50%～65%，光照充足；年均温5～8℃，≥10℃积温1925～3149℃，热量相对丰富；无霜期120～150天，属于典型的两季不足、一季有余的气候条件；土地与土壤资源相对广阔，人均占有耕地4.8亩，比全区人均耕地多1倍以上，主要土壤类型有黑垆土和黄绵土。

根据我国旱作农业分区指标，可以将宁夏旱作农业区划分为三个类型区。一是中部半干旱偏旱区，年降水量200～250毫米、干燥度（蒸发量/降水量）3.0～3.49，含同心全县、盐池全县、红寺堡全区及中宁南部、沙坡头南部、原州北部、海原北部区域，宁夏区内通常称为中部干旱带。区域面积2.82万千米²，占宁夏旱作农业区总面积的58.2%，人均耕地在宁夏旱作农业区属最多。生态条件极其脆弱，水资源十分匮乏，风多沙大和瘠薄的土壤，造成农业结构单一，农田生产力水平低下。二是南部半干旱区，年降水量250～400毫米、干燥度1.6～2.99，含西吉全县、原州中南部、隆德北部、彭阳大部及海原中南部。区域面积1.55万千米²，占宁夏旱作农业区总面积的31.9%，人均耕地在宁夏旱作农业区属居中。降水变率大，水土流失严重，土地垦殖率高，干旱发生频繁，农业发展缓慢。三是南端半湿润偏旱区，年降水量 400～500 毫米、干燥度 1.3～1.59，即六盘山麓地区，含泾源全县、原州西部、隆德中南部和彭阳西南部区域。区域面积 0.48 万千米²，占宁夏旱作农业区总面积的 9.9%，人均耕地在宁夏旱作农业区属最少。境内多为土石质山地，海拔高，土层薄，水土流水严重；气候冷凉，光热不足，无霜期短，农作物收获系数低。

21 世纪以来，宁夏广大旱农科技工作者和农民群众在与干旱抗争的过程中，坚持走"梯田、培肥、调整、良种、覆膜、补灌"的综合发展道路，主攻"用水、保水、蓄水、拦水、截水"集成技术创新，千方百计蓄住天上水、保住土壤水、用好地表水，有效缓解水资源供需矛盾，初步构建起了抗旱减灾增收的长效机制。坚持良种与良法相结合、农艺与农机相结合、生物技术与工程技术相结合、农技与农业环境相结合，围绕作物集成技术，具有宁夏特色的旱农综合耕作栽培技术体系不断完善，其主要内容包括：积极调整种植业结构，实行压夏扩秋、压粮扩经，加快引育和大力推广节水、耐旱、抗灾品种，实现从对抗性农业向适应性农业转变；增施有机肥，实行秋施肥，推广测土配方施肥，坚持合理轮作，提高耕地地力和质量，以肥调水；调整覆膜时间，创新覆膜方式，主推秋覆膜、全膜双垄沟播、全膜覆土穴播等覆膜保墒技术模式，实现秋雨春用、春旱秋抗，变被动抗旱为主动避灾；建设集雨场窖拦蓄径流，推广坐水点种、移动补水、根际注水、膜下滴灌等节水补灌技术，解决春旱无法下种和"卡脖子"干旱问题，实现限量补偿供水高效利用；加快耕作改制，提高复种指数，扩大间作套种，提高光、温、水、土利用效率，增强抗旱减灾回旋余地；以地表覆盖代替裸露休闲、以深松耕代替铧式犁翻耕、以少免耕代替多犁多耱，实行保护性耕作，保水保土、促效增收；重视应用土壤保墒、种子包衣、叶面抑蒸等化学调控产品和技术，实现逆境成苗和抑蒸减耗；加快农田残膜回收利用，减少农业面源污染。

■ 第二节　抗旱作物及抗旱品种

宁夏中南部旱作农业区种植的夏作物有冬小麦、春小麦、大麦、黑麦、豌豆、扁豆、白芸豆、芸芥、胡麻等，种植的秋作物有马铃薯、玉米、蚕豆、莜麦、糜子、谷子、荞麦、小麻子（油用大麻）等。各种作物对干旱逆境的适应能力有较大差异，若以丰水年的产量为 100，则各种作物在严重干旱年的产量份额为：

夏作物：黑麦（68）-扁豆（68）-豌豆（63）-春小麦（58）-冬小麦（56）。

秋作物：马铃薯（76）-莜麦（65）-荞麦（57）-糜子（55）-谷子（51）-玉米（39）。

近年来，在宁夏中南部旱作农业区示范推广的农作物抗旱耐旱品种主要有：

冬小麦：适应半湿润偏旱区种植的宁冬 7 号、兰天 26 号、宁冬 14 号、宁冬 15 号、晋麦 79 号等；适应半干旱区种植的兰天 32 号、宁冬 13 号、宁冬 16 号、宁冬 17 号、陇育 5 号、兰天 28 号、陇育 8 号等。

豌豆：宁豌豆 1 号（草原 224）、宁豌豆 4 号、宁豌豆 5 号、中豌 4 号（GS-4）等。

扁豆：定选 1 号（C87）、宁扁 1 号（6980-1）等。

蚕豆：临蚕 2 号、青海 9 号、青海 11 号、青海 12 号等。

胡麻：宁亚 11 号、宁亚 14 号、宁亚 15 号、宁亚 17 号、宁亚 19 号、宁亚 20 号、宁亚 21 号、宁亚 22 号等。

马铃薯：鲜食菜用型品种克新 1 号、中薯 3 号、青薯 168、冀张薯 8 号等；淀粉加工型品种宁薯 4 号、陇薯 3 号、庄薯 1 号、庄薯 3 号、青薯 2 号、陇薯 6 号、青薯 9 号、天薯 11 号等。

玉米：适应 1900～2100 米高海拔地区种植的早熟品种垦玉 10 号、元华 116 等，适应 1700～1900 米中海拔地区种植的中早熟品种富农 340、吉单 27、广德 77、金凯 1493、先正达 203 等，适应 1700 米以下低海拔地区种植的中晚熟品种先正达 408（F10-08）、西蒙 6 号、大丰 30、先玉 335、中地 9988、甘鑫 217 等。

莜麦：宁莜 1 号、燕科 1 号、白燕 2 号等。

糜子：宁糜 9 号、宁糜 13 号、宁糜 14 号、宁糜 16 号、宁糜 17 号、陇糜 10 号等。

谷子：陇谷 11 号、晋谷 21 号、晋谷 29 号、晋谷 40 号、晋谷 43 号（大同 29 号）、张杂谷系列等。

荞麦：宁荞麦 1 号、信农 1 号等。

■ 第三节　蓄水与保墒

一、增加土壤蓄水

（一）"五墒"耕作法

"五墒"耕作法的具体内容包括"早耕深耕多蓄墒，过伏合口保底墒，雨后耙耱少耗墒，冬春打碾防跑墒，适时早播用冻墒"，其核心是适墒耕作。

1. 早耕深耕多蓄墒

早耕的时间要在夏作物（小麦、豌豆、扁豆等）收获后的 7 月中下旬进行，也称为伏耕。通过早耕能疏松土壤，充分蓄积雨水，同时还能尽早灭除杂草，防止其消耗水分和养分。"伏天耕地一碗水，秋天耕地半碗水，春天耕地没有水"的农谚恰如其分地说明早耕、伏耕在旱农耕作体系中的重要地位。深耕的耕地深度需达到 25 厘米以上，一般不得超过 40 厘米。深耕能较好地解决土壤水、肥、气、热的矛盾，增加农田通透性，提高土壤蓄水性能，加速土壤熟化，促进作物生长，提高产量。详见表 5－6－1。

表 5－6－1　深耕对土壤容重、含水量及作物产量的影响

耕深（厘米）	容重（克/厘米³）		播前含水量（%）		小麦		豌豆	
	0～10	10～20	0～10	10～20	（千克/亩）	（%）	（千克/亩）	（%）
深耕 35	1.12	1.03	11.7	15.2	150.5	24.8	122.4	27.1
深耕 30	1.20	1.04	10.7	13.9	144.8	20.1	112.3	16.6
深耕 25	1.15	1.06	10.2	11.4	140.7	16.6	110.3	14.6
深耕 20	1.17	1.09	9.6	10.7	128.6	6.7	106.3	10.4
耕深 15	1.23	1.20	7.1	8.3	120.6		96.2	

从表 5－6－1 可以看出，旱作农田深耕 30 厘米与浅耕 15 厘米相比，0～20 厘米耕层平均土壤容重降低 0.09 克/厘米³，相对降低 7.4%，土壤含水量增加 4.6 个百分点，相对提高 59.7%，后茬小麦增产 24.2 千克/亩，增幅 20.1%，豌豆增产 16.1 千克/亩，增幅 16.7%。

2. 过伏合口保底墒，雨后耙耱少耗墒

通过耙、耱等措施压紧耕作层，疏松表土，减少蒸发，保住土中墒，充分发挥土壤水库的蓄水作用。耙、耱地是旱作农业区蓄水抗旱耕作的一项主要措施，具体包括四种形式：第一种是夏茬地深耕后不立即耙耱，以晒土熟化，促进土壤养分分解，下雨后及时耙耱地保墒；秋茬地边深耕边耱，碎土保墒。9 月上旬"白露"时夏茬地再次耕翻，边耕边耱收墒，使其形成上松下实的土壤耕层，减少土壤水分蒸发。第二种是冻前消后耱地，即在封冻前和消冻后趁雨雪地表面松软时，用闭口耱重耱 1～2 次，以保墒提高土壤水分。第三种是播后耱地，大多数地区春作物播种后均需收耱。第四种是出苗前后耱地，在作物出苗前，遇雨及时耱地破除板结，以碎土保墒、保苗。

3. 冬春打碾防跑墒

冬春打碾是利用重力作用于土壤表层的耕作措施，其作用在于碎土保墒，提墒润土。冬春地常出

现裂缝，土壤水汽很快从裂缝中蒸发，通过打碾镇压，土壤由松变紧，土坷垃由粗变细，从而使细土填充了裂缝，防止土壤水汽蒸发。据在固原市彭阳县调查，冬春打碾的冬麦田早春土壤表层含水量为13.5%，冬小麦越冬率为67.4%，未打碾的冬麦田土壤表层含水量为10.0%，冬小麦越冬率为57.1%，小麦亩成穗增加5.1%，增产3.3%。对现犁现种的地块进行打碾，使土壤变得紧实，防止作物吊苗，保证全苗，减轻病害，糜子在苗期镇压，能防止钻心虫的危害。

4. 适时早播用冻墒

宁夏中南部旱作农业区一般在2月开始气温上升，土壤逐渐解冻，蒸发量逐渐增多，土壤水分主要以毛管水运动到表层而气化，使表层土壤保持湿润，这种现象通俗的称为返潮。此时土壤表层含水量较高，之后由于春季天气干燥、风力大，土壤水分消耗很快，干土层逐渐加厚，因此春小麦、豆类等夏粮作物在适期播种范围内要趁土壤返潮期及时播种，播种时表土消融5～10厘米，种子播在冻土上，也叫"顶凌播种"。据调查，春小麦3月10日播种比3月20日播种可增产5%。

（二）保护性耕作

21世纪以来，全区广大旱农科技工作者在消化吸收国内外技术、总结提炼农民经验和参考借鉴生产实践的基础上，经过系统深入试验研究和示范熟化，着力深化保墒抗旱、保水保土，防风固土、节本增效效果验证和农艺农机融合，最终形成了一批针对宁夏旱作农业区气候特点、适应作物种植和轮作制度的保护性耕作典型技术模式，即：覆膜玉米留膜留茬越冬、膜侧小麦留膜留茬越冬、一膜两季栽培、秋覆膜春播种、小麦免耕施肥播种、露地密植作物根茬固土越冬。

留膜留茬越冬保护性耕作在当季作物收获时不揭残膜、不清根茬、不整地，农田留膜留茬越冬后待下茬作物播前边揭旧膜、边整地、边覆新膜。与传统翻耕方式相比，实现了地膜延期利用，达到了以地膜覆盖代替休闲裸露、以少免耕代替铧式犁翻耕的目的，具有改善土壤水分状况、改变土壤墒情垂直分布、抑制土壤风蚀、提高土壤温度、改善土壤结构、提高土壤养分有效性、促进作物出苗、改善生长发育状况、促进增产等综合效果，节本增收作用显著。2000年前后，宁夏旱作农业区地膜玉米收获后实行留膜留茬越冬的比例已达85%以上。

一膜两季栽培是指在前茬覆膜作物收获后不揭膜、不整地，保护好地膜，第二年在保留地膜上直接播种下茬作物。其主要功效：一是抑制了秋、冬、春三季土壤水分的无效蒸发；二是减少了地膜投资和整地等费用，节本增效；三是从源头上减轻了残膜污染。据试验，采用一膜两年用技术，每亩可减少地膜和劳动力投入150元左右，产量（在施好追肥的基础上）与当年覆新膜相当。宁夏旱作农业区一膜两年用主要方式，一是地膜玉米后茬种植玉米、马铃薯、向日葵等多种作物，二是地膜小麦后茬种植冬小麦、胡麻、谷子、油菜及其他经济作物。确保"一膜两茬用"条件下作物产量水平的关键是最初覆膜前要一次性施足底肥，特别要增施农家肥，第二茬作物生育期间及时多次追肥。

同时将传统的压砂种植与覆膜栽培相结合，形成了新的保护性耕作技术，其覆盖地膜方式：第一种是播后坑式穴覆地膜，即在播种穴上部直径大约为15厘米的漏斗状小坑上覆盖略大于穴口的块状地膜；第二种是条覆膜，即在整个播种行覆盖地膜。两种覆膜方式表现增温、保墒效果好，出苗率高，成熟早，增产，效益增加。

（三）合理休闲

休闲又叫歇地，这是一项有效地增加土壤蓄水达到稳产增产的措施，在宁夏主要适宜于年降水量350毫米以下的半干旱偏旱区采用。休闲的直接作用体现在蓄水保墒、恢复地力和防虫杀草三个方面。宁夏旱作农业区休闲轮作有两种形式：一种为种一年歇一年的绝对休闲，另一种为以豆代歇，即早春种一季豆类后休闲半年的半休闲。

二、减少地面蒸发

(一)秋季覆膜技术

秋季覆膜可有效抑制冬、春两季土壤水分的无效蒸发，最大限度保蓄农田贮水，真正达到"秋雨春用"的效果。自治区农技部门在中南部旱作农田多年多点试验，秋季覆膜可使玉米比播期覆膜平均亩增产92千克，增幅25.5%；马铃薯比露地种植平均亩增产鲜薯274千克，增幅19.5%，比播期覆膜平均亩增产鲜薯124千克，增幅11.8%。

在全区中南部旱作农业区实施秋季覆膜，适宜覆膜时期一般在秋雨集中期过后的10月中下旬至11月上旬，其技术关键是要在覆膜前一次性施足底肥，满足作物生长发育的养分需求，另外，应使用0.01毫米以上厚度的强力耐候地膜。

(二)早春顶凌覆膜技术

该技术模式能够有效控制春季土壤蒸发，改善作物播种和苗期水分供应条件。据自治区农技部门多年多点试验，早春覆膜可使玉米比播期覆膜平均亩增产48千克，增幅10.5%；马铃薯比露地种植平均亩增产鲜薯200千克，增幅14.2%，比播期覆膜平均亩增产鲜薯103千克，增幅6.9%。

在全区中南部旱作农业区实施早春覆膜，适宜覆膜时间应掌握在土壤昼消夜冻的2月下旬至3月上旬。该区域需要实行早春覆膜的区域，一是冬、春多风沙的盐池中北部及红寺堡大部分地区，二是秋季降水频繁的泾源大部分地区、隆德南部及原州西部等不适宜实行秋季覆膜的区域。

(三)全膜双垄沟播技术

该项技术是全地面覆盖地膜、双垄面集流、沟垄种植、宽窄行播种等单项技术的创新集成，适合在年降水量250～550毫米的干旱、半干旱区推广应用。自治区农技部门在中南部旱作农田多年多点试验示范表明，全膜双垄沟播玉米可比半膜平铺栽培提早成熟10～15天，由此使适种海拔提高200米左右，平均亩增产120千克，增幅23.6%；全膜双垄沟播马铃薯比露地对照平均亩增产340千克，增幅19.5%；全膜双垄沟播向日葵比露地对照平均亩增产60千克，增幅26.4%。

全膜双垄沟播技术最适合种植玉米，也可在对播种方式进行适当改进后种植马铃薯、谷子、向日葵等其他作物。发挥其增产效果的关键：一是种植玉米应选用比传统半膜覆盖栽培生育期长约半个月的品种，并提早播期一周左右；二是实行增密栽培，比传统半膜覆盖栽培可增加种植密度10%左右，在年降水量300～350毫米区种植玉米亩密度以3000～3500株为宜，年降水量350～400毫米地区以3500～4000株为宜，年降水量400～450毫米地区以4000～4500株为宜，年降水量450～500毫米地区以4500～5000株为宜，即年降水量每增加50毫米，亩密度增加500株；三是保证覆膜前施足施好底肥和覆膜后及时在沟内打好渗水孔。

(四)全膜覆土穴播技术

该项技术集全膜覆盖、膜上覆土、开穴播种、"一膜两用"（一次覆膜，两年种植）为一体，不仅适合种植小麦，还可以在胡麻、蚕豆、谷子等其他密植作物上示范推广。据自治区农技部门试验示范，在2012年山区降水条件较好的情况下，全膜覆土穴播小麦比露地对照亩均增产80千克，增幅37.8%，比传统覆膜穴播处理亩均增产39千克，增幅18.5%；全膜覆土穴播谷子比露地对照亩均增产106千克，增幅42.2%；全膜覆土穴播胡麻比露地对照亩均增产23千克，增幅25%。

相对于20世纪90年代自治区曾经引进示范的小麦覆膜穴播栽培方式，全膜覆土穴播栽培技术成功实现了"三改"：一是改半膜覆盖为全膜覆盖，最大限度减少了土壤水分蒸发；二是改膜面裸露为膜上覆土，对地膜起到固定压实作用，克服了因播种时地膜松动发生的苗孔错位现象；三是改一膜一年用为留膜免耕、多茬种植，大大减少了购膜、铺膜、整地等成本投入，经济效益显著。该项技术适宜在年降水量 300~600 毫米的半干旱、半湿润偏旱地区推广应用。其技术关键是实行地膜全地面覆盖，在膜面上覆盖厚度 1 厘米左右细土，用穴播机进行穴播。同时，应尽量扩大"一膜两季"应用，实行小麦-小麦、小麦-胡麻、小麦-谷子、小麦-蚕豆等接茬种植方式，以发挥节本增收效果。

（五）起垄覆膜覆土技术

该项技术是地膜覆盖栽培在旱地马铃薯上应用的具体形式。其特点：一是应用黑色地膜进行覆盖；二是采取起垄覆膜、垄作种植方式；三是马铃薯播后 10~15 天在膜面覆盖土层，厚度 3 厘米左右。

相比白色地膜，黑色地膜覆盖种植马铃薯能够避免地温过高影响薯块膨大、抑制田间杂草及防止薯块见光变绿。相比平种或沟播，垄作种植能够使马铃薯结薯层土层深厚，有利于薯块膨大和提高商品薯率。膜面上覆土可以减少放苗用工，防止放苗不及时发生烧苗。自治区试验示范结果表明，黑色地膜覆盖全膜垄作侧播马铃薯比露地对照亩均增产鲜薯 439 千克，增幅 28.4%，比白色地膜覆盖亩均增产鲜薯 348 千克，增幅 22.5%。据调查，全膜覆盖条件下黑膜比白膜每亩增加投膜成本 10 元左右。

■ 第四节 培肥土壤以肥调水

试验研究表明，影响宁夏旱作农业区旱地作物产量的各因子作用效应：温度为 50.1%，水分为 70.5%，肥力为 14.7%，水分的产量效应最大，温度次之。光、温、水是难变因子，降水的多少难以改变，而肥力则是易变因子，发挥人的主观能动性余地最大，由于土壤肥力瘠薄使光能利用率下降最多，肥力限制就使可能实现的气候生产潜力下降约 85%。基于这一认识，增施肥料，培肥地力既能提高土壤的供肥能力、又能提高水的有效利用率，增强作物的抗旱性能，达到"以肥调水"稳产增产的目的。

多年来，研究总结并推广实施了有机肥与无机肥结合、增施有机肥、化肥培肥、粮豆及粮草轮作培肥、留高茬及秸秆覆盖还田培肥、深耕培肥等措施，起到了"以肥调水"的作用，达到了提高水分生产效率、增产增收的效果。据试验，采取有机肥与氮磷化肥配合施用，五年后土壤有机质由原来的 9.00 克/千克增加到 11.20 克/千克，全氮由 0.65 克/千克增加到 0.88 克/千克，全磷由 0.33 克/千克增加到 1.66 克/千克，种植玉米产量比单施氮、磷化肥增产 19.20%。"豆→麦→麦→油（胡麻）"四年轮作制条件下用地与养地结合，高产稳产性能突出，同"麦→麦→油→秋（粮）"轮作制相比，轮作周期整体水分利用效率提高 27.1%。小麦留高茬 20cm 连续还田，三年后比平茬处理土壤容重减轻 0.14 克/厘米³，孔隙度增加 3.7 个百分点，土壤有机质、全氮、全磷、全钾、速氮、速磷、速钾依次提高 9.19%、8.33%、5.22%、6.06%、56.7%、16.7%、22.4%，微生物总数多 88.7%，作物增产 18.7%。秸秆覆盖还田定位试验第三年测定，覆盖还田比空白区 0~10 厘米土壤容重低 0.24~0.33 克/厘米³，10~20 厘米土壤容重低 0.14~0.19 克/厘米³，0~20 厘米孔隙度增加 6.5 个百分点，有机质增加 2.5 克/千克，全氮增加 0.2 克/千克，全磷增加 0.23 克/千克，速氮增加 18.7 毫克/千克，速磷增加 1.83 毫克/千克。同时，围绕化学肥料施用，改春施肥为秋施肥、改浅施肥为深施肥，改重氮轻磷为稳氮增磷，推广氮、磷配合，都有利于提高肥料利用率。

2005 年以后，宁夏开展了测土配方施肥技术的研究与推广，在摸清耕地养分家底的基础上，经过试验研究，验证建立了测土施肥专家推荐系统，研究制定出了主要作物小麦、玉米、马铃薯、谷子、糜子、莜麦、荞麦、蚕豆、向日葵、油菜、豌豆、胡麻、菊芋等 13 种作物，山地、川地不同产量水平的施肥配方，并研制了相应的配方肥，达到了增肥、增效的目的。

针对旱作农业区推广以秋覆膜、全膜双垄沟播为主的覆膜保墒栽培技术后，出现追肥人工成本高、常规施肥后期易出现脱肥早衰等问题，经过大量的试验研究，提出了一项以控释肥为载体的一次性施肥技术。该技术的核心是控释型的氮肥和磷、钾肥组合成控释配方肥，在覆膜前一次性基施，满足作物生育期对养分的需求，解决了作物追肥的困难，不仅节约成本，而且提高了肥料利用率。相继筛选出了适合旱作农业区玉米、马铃薯、谷子等作物的控释肥配方。证实应用树脂包膜控释尿素为原料的配方肥一次基施，对作物种子十分安全，不影响出苗保苗；可一次性基施释放期90天以上的控释肥或不同释放期组合的控释肥，后期不早衰，保产增产，玉米增产幅度为3%～34.3%，马铃薯为8.2%～58.4%。在同一目标产量下控释型的配方肥氮肥施用量与常规氮肥施用量相比减少10%～20%，不会造成减产，化肥利用率明显提高；一次性施肥技术简化了农事操作环节，操作简单，减少了施肥劳动力的投入，节约了成本。

■ 第五节　覆膜保墒集雨补灌旱作节水农业建设

2008年宁夏开始在中南部旱作农业区进行百万亩覆膜保墒集雨补灌旱作节水农业建设，并制定出台了《宁夏中部干旱带和南部山区覆膜保墒集雨补灌旱作节水农业建设规划（2008—2012年）》。截至2012年，中南部山区旱作农田累计推广以秋覆膜和全膜双垄沟播为主的覆膜保墒技术621.9万亩，其中：2008年45万亩，2009年105.9万亩，2010年130.35万亩，2011年142.65万亩，2012年198万亩。累计改造新建用于生产的蓄水窖14万眼，蓄水池5.6万座，集雨场11万个1650万米^2，配套水泵2360台，累计推广集雨补灌面积210万亩。旱作节水技术支撑发展玉米、马铃薯等特色作物种植，平均每亩增产粮食96千克，增幅33.2%，取0.85缩值系数计算，共增产粮食50.8万吨，带动项目区每年平均每亩增收238元，受益农民人均增收210元。

2012年后，覆膜保墒技术推广成为宁夏发展旱作节水农业的重要抓手，连年坚持不懈。到2020年，以秋覆膜、早春覆膜、全膜双垄沟播、起垄覆膜覆土、压砂地条覆膜等模式为主的覆膜保墒技术累计推广面积达到458.75万亩，占到全区旱耕地总面积50%左右，亩均增产粮食81千克（马铃薯每5千克鲜薯折合1千克粮食），实现了"两个"带动效果，一是带动中南部旱作农业区粮食产量对全自治区粮食总产的贡献份额由2010年的32%提高到45%，二是带动中南部旱作农业区受益农民人均年增收237.4元。

第七章
品种管理与良种推广

■ 第一节　品种资源

一、种质资源普查、收集与保存

（一）西北地区抗逆农作物种质资源普（调）查

2011—2016年，由自治区农林科学院牵头实施了"西北地区抗逆农作物种质资源普（调）查与收集项目"宁夏子项目，项目县包括：同心县、盐池县、红寺堡区、中宁县、原州区、海原县、彭阳县、西吉县、泾源县和隆德县。重点普查了1985—2010年10县（区）农业生产情况、农作物品种资源的变化情况，形成了《宁夏回族自治区作物种质资源调查报告》。

1. 普查县（区）农作物种植情况

1985—2010年，普查各县（区）大宗作物种植面积整体呈增长趋势。1985年前，以小麦为主，以玉米、马铃薯为辅。1985年之后，小麦面积逐渐缩减，玉米、马铃薯面积增大。2010年，形成了小麦、玉米、马铃薯均衡发展的局面。食用豆种植面积同心县、红寺堡区、泾源县和隆德县略微增加，其余各县均呈下降趋势。胡麻种植面积同心县、盐池县、原州区、彭阳县、隆德县呈下降趋势，红寺堡区、中宁县、海原县、西吉县，泾源县呈增长趋势。蔬菜种植面积呈增长趋势，尤其是2005年以后，各县（区）蔬菜种植面积均有较大幅度增长。

2. 大面积应用品种更替情况

1985—2010年，普查县（区）玉米、马铃薯、蔬菜作物大面积应用品种更新较快，地方品种在生产上应用较少，基本上全部被育成品种或杂交品种取代，小麦、胡麻、食用豆等作物品种更新慢，地方品种在生产中仍有一定面积的应用。

3. 作物种质资源调查收集

系统调查了盐池县、同心县、彭阳县、西吉县、海原县和其他5个县（区）的重点区域。收集宁夏干旱区抗逆农作物地方种质资源617份，隶属19科57属78种，其中：粮食作物3科20属26种；蔬菜9科15属21种；果树5科14属22种；经济作物8科9属9种。从中获得56份（次）抗逆农作物种质资源。调查的粮食作物有小麦、谷子、黍稷（糜子）、大麦、莜麦、燕麦、玉米、高粱、扁豆、豌豆、蚕豆、大豆、甜荞、苦荞；蔬菜有菠菜、甜菜、韭菜、葱、萱草、苦荬菜、萝卜、茭瓜、面瓜、菜瓜、葫芦、芫荽等；规模种植的果树有大枣、枸杞、杏；经济作物有胡麻、芸芥、小茴香等。收集的小麦地方品种有：老冬麦、老春麦、秃毛冬麦、红芒春麦、大熟麦、小熟麦、白麦、榆林8号、定西15、中引6号、永良4号等；谷子有：红谷子、草谷子、白谷子、酒谷子、米谷子、大谷子、黄谷子、驴缰绳、毛谷子等；黍稷（糜子）有：黑糜子、山北糜子、软糜子、红糜子等。在同心县收集到特有品种灯笼辣椒，盐池县麻黄山收集到特有品种十棱瓜，同心县发现一棵200多年树龄的圆枣树。

调查组收集小麦近缘野生资源 10 份，主要有蒙古冰草、赖草、普通冰草、披碱草、鹅观草、无芒鹅观草等；野生胡麻种质资源 8 份；野生大豆资源 47 份；蔷薇科野生资源 10 份，主要有毛樱桃、毛桃、野生樱桃资源扁桃（马茹子）。在贺兰山、南华山、六盘山、罗山、隆德县奠安乡杨沟村孟沟、山河乡崇安村大漫坡等地进行宁夏野生树莓种质资源调查收集，采集到 12 批次、200 余份野生树莓种质资源；在海原县西安乡园河村、西吉县震湖乡等原生境采集到野生苦果枸杞植株和浆果，驯化移栽成活 30 余株。

（二）第四次全国中药资源普查宁夏（试点）

2013 年，自治区普查办组织开展了第四次全国中药资源普查宁夏（试点）项目，在全区 19 个县（区）采集到药用植物资源 800 余种，分属 132 科 608 属，其中中药文献记载的宁夏传统地道药材有宁夏枸杞子、银州银柴胡、西正甘草、陶乐草麻黄、宁夏（左旗）苁蓉、陶乐锁阳、海原小茴香、原州黄芪、平罗菟丝子、中宁地产（胡卢巴）、隆德柴胡。2014 年，宁夏农林科学院对盐池县、同心县、红寺堡区、灵武市等区域田间杂草中的药用植物进行了普查。2016 年，对六盘山地区隆德县中药材基地田间杂草中的药用植物进行了普查。普查到《中华人民共和国药典》收录的药用植物 36 种：萹蓄、马齿苋、葶苈子、远志、地锦草、菟丝子、苍耳、蒲公英、猪毛蒿、芦苇、益母草、甘草、薄荷、王不留行、银柴胡、苘麻、天仙子、小天仙子、木贼、大麻、大黄、石竹、瞿麦、地服、芥菜、播娘蒿、独行菜、薪蓂、龙芽草、委陵菜、蒺藜、冬葵、黄花蒿、艾蒿、刺儿菜、旋覆花。

（三）第三次全国农作物种质资源普查与收集行动

2015—2020 年，农业农村部、中国农业科学院牵头组织实施第三次全国农作物种质资源普查与收集行动。宁夏普查与收集行动于 2020 年启动，由宁夏农业农村厅、宁夏农林科学院组织实施，按照"应收尽收、应保尽保"的要求，覆盖全区 22 个县（市、区）。普查与收集行动从 1956 年、1981 年、2014 年三个时间节点普查了粮食作物、经济作物、蔬菜、果树、牧草绿肥五大类农作物种质资源演变更替，征集古老品种、地方品种资源样本 442 份；在普查基础上，系统调查平罗县、贺兰县、灵武市、永宁县、青铜峡市 5 个重点县农作物种质资源，抢救性收集濒危、珍稀、野生近缘植物资源样本 417 份。共向国家种质资源库（圃）提交资源样本 859 份，分属 27 科 98 属 138 种，其中粮食作物 370 份、经济作物 56 份、蔬菜 275 份、果树 12 份、牧草绿肥 146 份。粮食作物有：小麦、玉米、糜子（黍稷）、谷子、高粱、荞麦、燕麦、大麦、黑麦、豌豆、蚕豆、大豆、小扁豆、鹰嘴豆、小豆等；经济作物有：胡麻、芸芥、苏子、小麻子、油菜、油葵、白麻、棉花、甜菜、烟草、红瓜籽等；蔬菜有：白菜、甘蓝等叶菜类资源 73 份，食用菜豆类资源 56 份，萝卜、胡萝卜等根茎类资源 46 份，南瓜、西葫芦等瓜菜类资源 28 份，葱蒜类资源 37 份，番茄、辣椒等茄果类资源 22 份，西甜瓜资源 13 份；果树资源：收集核桃样本 4 份，桑树样本 5 份，小圆枣、野花椒、野枸杞样本各 1 份；栽培牧草资源：收集样本 54 份，其中紫花苜蓿样本 16 份，燕麦草、苏丹草、红豆草等其他资源样本 38 份，野生资源收集样本 92 份，主要来自盐池、灵武等天然草原牧场。野生牧草资源中含赖草、偃麦草、披碱草等小麦野生近缘植物 11 份。

二、农作物种质资源保存

截至 2020 年，宁夏农林科学院种质资源库、育种科研课题组保存小麦、水稻、玉米、大豆品种资源近 2 万份；枸杞种质资源圃收集保存了 60 多个品种（系）、2000 余份中间材料，其中：红果类 1500 份、黄果类 120 份、黑果类 300 多份、其他 150 份；宁夏农林科学院固原分院种质资源库保存冬小麦、马铃薯、胡麻、荞麦、糜子、谷子、食用豆等作物种质资源 5800 多份。宁夏进入国家农作物种质资源库保存的农作物种质资源有 1770 份，其中：小麦 255 份、水稻 52 份、玉米 28 份、大豆

107 份、马铃薯 5 份、黍稷（糜子）307 份、谷子 85 份、荞麦 20 份、豌豆、蚕豆等豆类 265 份，瓜、果、蔬菜 491 份，其他作物 155 份。国家标准样本库保存宁夏审定、登记的农作物品种标准样 308 份。其中：小麦 34 份，水稻 24 份，玉米 140 份，大豆 12 份；番茄、西瓜、甜瓜、辣椒、马铃薯、豌豆、胡麻、向日葵、大白菜等非主要农作物 98 份。

三、农作物种质资源研究与利用

小麦。1996 年，先后与墨西哥国际玉米小麦改良中心等十多家国际机构和国家建立了合作交流关系，引进小麦资源 3 万余份。到 20 世纪末，宁夏利用墨麦材料及其衍生系培育小麦品系 18 个，其中 14 个通过审定。2008 年，利用国内外冬小麦种质资源杂交选育出宁冬 10 号、宁冬 11 号两个适宜灌区栽培的新品种。2011 年，农业部作物基因资源与种质创制宁夏科学观测实验站成立，种质资源由数量型收集与保存向质量型评价与利用突破，开展重要性状表现型与基因型精确评价，构建种质创新新理论与利用新体系。

水稻。20 世纪 90 年代，宁粳 9 号、宁粳 10 号、宁粳 11 号、宁粳 12 号、宁粳 16 等晚熟、耐低温、耐盐碱自育品种成为主栽品种。2000 年以来，综合应用复合杂交与田间性状鉴别、室内测评技术，积累了一批抗逆、抗病、优质性状资源，培育了以宁粳 24 号、宁粳 27 号、宁粳 43 号、宁粳 44 号、宁粳 45 号、宁粳 50 号为代表的优质品种，以宁粳 23 号、宁粳 28 号、宁粳 48 号为代表的高产稳产品种，以宁粳 47 号、宁粳 52 号为代表的高产优质品种。2014—2020 年，与中国农业科学院作物科学研究所及黑龙江省、辽宁省、吉林省多家水稻研究单位合作交流，引进水稻资源 1440 份，加快适宜直播的早熟、优质品种及香稻、彩色稻、糯稻等特异性状品种的研究利用。

玉米。1996 年以来，玉米育种结合当时灌区套种、中南部单种的种植制度，确立两个方向并重的育种目标，利用杂种优势群构建理论和划分成果，引进优良种质材料改良基础群体，进行品质转育，选育一批优良自交系，组配宁单 7 号、8 号、9 号等杂交品种。2010—2020 年，种子企业与区内外科研机构合作开展商业化育种，审定推广自育杂交品种 76 个，其中籽粒玉米 56 个、鲜食玉米 11 个、青贮玉米 9 个。

2020 年，全区玉米种植面积 484.1 万亩，应用品种 60 多个，以先玉系列、宁单系列、登海系列为主。全区青贮玉米种植面积 154 万亩，应用的青贮玉米品种有金刚 50、强盛 30、银玉 238、宁单 34 号、宁单 36 号、铁研 53、宁单 46 号、兴贮 88 等，用于青贮的普通玉米品种有正大 12 号、先玉 1225、宁单 40、种星 618、种星 619、科河 699、京科 968、西蒙 798、宁单 33 号等。鲜食玉米品种主要有：中夏糯 68、京科糯 2000、申糯 8 号、香糯 5 号、香糯 9 号、京科糯 2016、彩糯 208 等。

大豆。2008 年国家大豆产业体系在宁夏建立银川综合试验站，以有性杂交、系统选育、轮回选择、技术改良创新种质，引进含有 msl 雄性不育基因的基础群体，通过加入来自不同生态区域的品种材料，建立了适合宁夏地区生态条件的轮回选择基础群体，自主选育宁豆系列新品种 14 个。2020 年，生产上应用品种有承豆 6 号、宁豆 6 号、宁京豆 7 号、宁豆 5 号、晋豆 19 号、中黄 30、中黄 318 等；鲜食大豆品种有晋豆 39、浙鲜 4 号、8 号等。

马铃薯。1996 年以来，全区逐步建成马铃薯脱毒种薯三级繁育体系，不同生态种植区形成品种布局。中部干旱带扬黄灌区和南部山区有灌溉条件地区，主栽克新 1 号、克新 18 号、冀张薯 8 号等早熟菜用品种；南部山区半干旱、半阴湿区主栽陇薯 3 号、庄薯 3 号、陇薯 6 号等淀粉加工品种；南部山区阴湿区主栽青薯 9 号、青薯 168 等晚熟菜用品种；主食加工品种有大西洋、夏波蒂、费乌瑞它等。

向日葵。1996 年以来，全区种植的油葵品种主要有 G101、诺葵 212、利马 349、KWS203、KWS303、S31、康地 5 号、S606、T562 等，其中 G101、S606 和 T562 种植面积较大。引入美葵系列食葵杂交种，主栽品种有 LD5009。至 2020 年，生产上推广种植的抗黄萎病新品种有 X3939、

JK601、JK103 等。

胡麻。20 世纪 90 年代，胡麻丰产抗病（抗枯萎病）品种宁亚 14 号、宁亚 15 号大面积推广。2000—2020 年，主栽高产高抗品种宁亚 16、宁亚 17、宁亚 20、宁亚 21、宁亚 22 等。

杂粮杂豆。荞麦燕麦：荞麦以甜荞为主，种植品种有固原甜荞、北海道、美国甜荞、稻根荞麦、宁荞 1 号、信农 1 号、宁荞 2 号、黔黑荞 1 号；苦荞品种有九江苦荞、榆 6-21、西农 9920、西农 9940 等；燕麦有燕科 1 号。谷子糜子：谷子主栽品种有张杂谷 3 号、陇谷 11 号、晋谷 9 号等，糜子主栽品种有固糜 21、固糜 22、宁糜系列（8～17 号）。杂豆：2019 年生产上主要应用的食用豆品种有：白豌豆、麻豌豆、中豌 4 号、固原草豌豆、青海 14 号（蚕豆）、宁扁 1 号（扁豆）、科鹰 1 号（鹰嘴豆）等。

中药材。2018 年，全区中药材栽培种类 38 种。六盘山区半冷凉、半阴湿地区地道药材以秦艽、柴胡、黄芪、黄芩、板蓝根、大黄、党参为主，中部干旱带沙生中药材以甘草、银柴胡、黄芪、黄芩、板蓝根等为主，银北地区以菟丝子为主。

■ 第二节　品种审定与登记

一、品种区域试验

参加区域试验的品种必须是已完成同一生态类型区 2 个生产周期以上、每年不少于 5 个点品种比较试验的品种。区域试验时间不少于两个生产周期，同一生态类型区试验点不少于 5 个。对区域试验表现优秀的品种，还要按照当地主要生产方式，在接近大田生产条件下再进行不少于一个生产周期的生产试验，同一生态类型区试验点数量不少于区域试验点，每一个品种在一个试验点的种植面积不少于 300 米^2，不大于 3000 米^2。1979—2008 年区域试验和生产试验一般由各市县种子公司、原良种场、农技站以及国有农场的基点承担。2009—2020 年区域试验和生产试验，灌区一般由自治区有试验能力的私营种子企业、自治区原种场、自治区农作物研究所、农垦系统农场承担，山区主要由各县（区）种子管理站承担。1998 年农业部国家种子工程项目安排建设了自治区原种场和中宁良繁场两个国家级农作物品种区域试验站，随后又先后投资建设了平罗县良繁场、中卫市良繁场、自治区农作物研究所三个国家级农作物品种区试站，自治区种子产业化工程项目安排建设了隆德、西吉良种场两个自治区级农作物品种区域试验站。试验站主要承担国家和自治区各类农作物品种区域试验和生产试验、生产示范，成为多种作物的综合品种试验基点，区域试验标准化程度大大提高。

1989—2000 年，品种试验审定步入依法管理阶段。1989 年 5 月 1 日由国务院颁布的《中华人民共和国种子管理条例》正式实施，标志着我国农作物品种管理工作开始走上了依法管理的轨道。根据该条例，自治区于 1992 年初首次以公告的形式发布了第八批审定结果，涉及 6 类作物 9 个品种。1989—1995 年参试的农作物有粮食、油料、糖料、绿肥等 20 种，增加了蔬菜、瓜类等。1996—2000 年，增加国家西北春小麦、冬小麦、北方水稻、西北玉米、大豆等作物 8 组试验，调减了区内部分试验点。2000 年全区安排各类作物区域试验 31 组 333 个品种 94 点次，生产试验 14 组 52 个品种 40 点次，生产示范 7 个品种 19 个点次 31600 亩。

2001—2020 年，品种区域试验审定改革发展规范阶段。2000 年年底，《中华人民共和国种子法》实施，品种区域试验审定进入依法快速发展阶段，2002 年，自治区出台了《宁夏回族自治区农作物品种审定办法》，2018 年印发《宁夏回族自治区主要农作物品种试验管理办法》《宁夏回族自治区主要农作物品种引种备案管理办法》《宁夏回族自治区农作物新品种选育择优补助办法》。2001—2016 年，参试的农作物有粮食、蔬菜、瓜类、油料等 23 类，增加了经济作物、杂粮杂豆、牧草等。其间，2004 年引进了 3 个棉花品种，以新陆早 16 号为对照，在平罗、中卫、固原、彭阳等 7 个点试验；2004—2012 年增加青贮玉米试验组别，灌区设 4 个试验点，2013 年全区设 8 个试验点，2015 年试验点增加到 10 个，筛选出中夏玉 4 号、超单青贮 12、宁禾 0709、昊青贮 68、XM798 等 14 个表现优良的青贮玉米品种；2017 年青贮玉米分为灌区组和山区组，试验点灌区 7 个，山区 5 个，解决了由于生态类型跨度大选品种难的问题，使试验布局更加科学、合理；2014—2016 年根据宁夏党委副书记崔波、政府副主席屈冬玉批示，从新疆引进耐盐渍植物进行试验，为改良盐碱地奠定基础；2016—2020 年增加了玉米、水稻联合体试验以及鲜食玉米自主试验，参试品种从最初的 31 个增加到 70 个，试验点次从 40 点次增加到 90 点次；2017—2020 年，根据新修订《种子法》，参试作物有玉米、小麦、大豆、水稻四类主要农作物，年均开展区域试验 30 组 400 个品种 200 点次，生产试验 15 组 40 个品种 100 点次。2020 年为支持推进优化产业结构，大力发展高效种养业，根据自治区农业农村厅《关于商讨适宜南部山区种植的青贮玉米品种专题会会议纪要》精神，增设了宁夏南部山区优质高产青贮玉米品种扩区试验，该组试验开展三年，快速审定了一批适宜南部山区种植的优质、高产青贮玉米品种。

二、主要农作物品种审定

(一) 品种审定

1996—2020 年自治区农作物品种审定委员会召开了第十二次至第三十一次全体委员会议，共 20 次，分别于 1998 年、2000 年、2009 年、2013 年、2015 年、2017 年六次调整组成人员，2020 年 8 月成立了宁夏第九届农作物品种审定委员会，修订了品种审定办法、区试管理办法，制定了品种审定标准。审定通过 30 种作物 501 个品种，其中春小麦 39 个、冬小麦 24 个、水稻 62 个、玉米 218 个、豆类 38 个、马铃薯 19 个、向日葵 30 个、胡麻 9 个、糜子 6 个、谷子 1 个、荞麦 8 个、莜麦 2 个、蔬菜 22 个、西甜瓜 6 个、药材 1 个、甜菜 4 个、苜蓿 9 个、花生 1 个、蓖麻 2 个。通过审定的品种，得到迅速推广，部分优秀品种在适宜种植区域内成为主栽品种。

紧凑型玉米品种掖单 13 号比中单 2 号增产 12.5%～37.8%，于 1990 年审定推广，是宁夏平原麦套玉米种植吨粮田的主要品种，1996 年达到 114 万亩，占宁夏平原玉米总面积的 83%；沈单 16 号比掖单 13 号增产 10.1%，于 2002 年审定推广，2008 年达到 76 万亩；正大 12 号既适合单种，也适合套种，比沈单 16 号增产 7.7%，于 2006 年审定推广，2011 年达到 71.7 万亩；先玉 335 比沈单 16 号增产 13.8%，于 2008 年审定推广，2015 年达到 183.9 万亩，至 2019 年种植面积一直稳居第一位，是宁夏引、扬黄灌区单种的主要品种，占宁夏引、扬黄灌区玉米总面积的 61.3%。

1981 年通过审定的春小麦品种宁春 4 号，截至 2020 年种植面积依然最大。从 1991 年开始，特别是 2002 年以来，虽然小麦面积逐年减少，由原来的第一大作物下降到第三大作物，但宁春 4 号种植面积在 2010 年以前依然稳定在 100 万亩以上，2011 年之后面积减少到了 100 万亩以下，最少年份 40 万亩；宁春 50 号表现为丰产稳产，抗逆性、抗病性强，品质优良，于 2010 年审定推广，面积从 2012 年的 6.5 万亩增加到了 2016 年的 21.1 万亩。冬小麦品种兰天 26 号、兰天 32 号，比中引 6 号分别增产 21.6%、18.3%，于 2015 年审定推广，面积达 20 万亩左右，占宁南山区冬小麦总面积的 27%；2018 年审定推广的冬小麦品种陇育 5 号、兰天 28 号种植面积达 30 万亩左右，占宁南山区冬小麦总面积的 34%。

水稻品种宁粳 16 号比宁粳 9 号增产 12.4%～16.0%，于 1995 年审定推广，1999 年达到 64 万亩，占水稻总面积的 63%，2000 年宁粳 16 号、宁粳 7 号、秋光、秀优 57 和宁稻 216 被自治区农业厅确定为品质较好的水稻品种；宁粳 19 号在中国农垦北方稻作协会 1996 年组织的北方水稻新品种（组合）高产竞赛中以亩产 893.79 千克获常规品种第一名，1997 年在中宁康滩村建立千亩水稻旱育稀植示范方上，种植的宁粳 19 号高产品种取得了平均亩产 823 千克的好收成，创宁夏大面积高产纪录，于 1998 年审定推广；宁粳 23 号平均亩产 865.5 千克，比宁粳 16 号增产 16.6%，产量居第一位，于 2002 年审定推广。早熟品种富源 4 号比宁粳 9 号增产 5.5%～6.7%，于 2002 年审定推广，2008

年达到 53 万亩，占水稻总面积的 45%；宁粳 43 号是自治区选育的水稻品种中唯一的米质达到了国标优质米 1 级的品种，于 2009 年审定推广，同年 9 月在天津召开的第七届粳稻发展论坛上获全国优良食味粳稻品评一等奖。2010 年 7 月由农业部、自治区人民政府举办，以重塑贡米之首品牌、再现稻米王者底蕴、构筑高端营销平台为主题的"宁夏优质大米推介暨新闻发布会"在北京召开，主推宁粳 43 号。宁粳 43 号在 2013 年获宁夏科技进步二等奖，在 2019 年 10 月第二届中国·黑龙江国际大米节获银奖，2010 年面积 7.98 万亩，2011 年达到 33 万亩，占全区水稻种植面积的 25.8%。

（二）撤销审定

2001 年 2 月 13 日农业部发布《主要农作物品种审定办法》，第二十六条"审定通过的品种，在使用过程中如发现有不可克服的缺点，由原专业委员会或者审定小组提出停止推广建议，经主任委员会审核同意后，由同级农业行政主管部门公告"，对品种退出提出了规定；2014 年新修订的《主要农作物品种审定办法》第六章增加了品种退出；2016 年农业部修订的《主要农作物品种审定办法》将品种退出修改为撤销审定。宁夏农作物品种审定委员会办公室在 2008 年 1 月 30 日就进一步加强品种管理，建立品种退出机制召开了座谈会。2008—2020 年，宁夏农作物品种审定委员会根据《主要农作物品种审定办法》，对在使用过程中出现不可克服严重缺陷的、种性严重退化或失去生产利用价值的、未按要求提供品种标准样品的 248 个品种，经第二十一次至二十七次会议审议撤销审定，其中春小麦 63 个、冬小麦 26 个、水稻 66 个、玉米 64 个、大豆 7 个、豌豆 2 个、马铃薯 15 个、胡麻 5 个。撤销审定的品种自撤销审定公告发布之日起停止生产、广告，自撤销审定公告发布一个生产周期后停止推广、销售。

（三）引种备案

2016 年农业部新修订的《主要农作物品种审定办法》第六章规定，通过省级审定的品种属于同一类型生态区可开展引种备案。2018 年宁夏颁布《宁夏回族自治区主要农作物品种引种备案管理办法》。根据《主要农作物品种审定办法》，自治区从 2017 年开展同一生态类型区引种备案工作，截至 2020 年年底，共引种备案玉米、水稻品种 250 个，其中适宜引扬黄灌区种植的籽粒玉米品种 161 个、适宜宁南山区种植的玉米品种 75 个、适宜引扬黄灌区种植的青贮玉米品种 8 个、适宜宁南山区种植的青贮玉米品种 1 个、水稻品种 5 个。引种备案玉米品种先玉 1225 田间表现抗青枯、耐密植、高产、持绿性好，比先玉 335 早熟 3 天左右，平均亩产 1100 千克，比先玉 335 增产 5%～8%；2018 年灌区种植面积 10 万亩，2019 年种植面积 30 万亩，2020 年灌区种植面积 46 万亩，成为自治区种植面积最大的一个玉米品种，2018 年、2019 年、2020 年被遴选为全区农业特色优势产业主导品种。种星 618、种星 619 两个适宜引扬黄灌区种植的玉米品种田间表现根系发达、抗倒伏、持绿性好，籽粒平均亩产 850 千克左右，青贮全株亩产可达 4.5 吨左右，2018—2020 年种星 618 累计种植面积 5.7 万亩，种星 619 累计种植面积 6.5 万亩。引种备案品种是审定品种的有效补充，进一步加快了全区种植业产业结构调整和品种更新换代的步伐。

三、非主要农作物品种登记

非主要农作物是指水稻、小麦、玉米、棉花、大豆五种主要农作物以外的其他农作物。2015 年 11 月 4 日《中华人民共和国种子法》修订，规定主要农作物实行品种审定制度，非主要农作物实行登记制度。2017 年《非主要农作物品种登记办法》发布，同年 5 月 1 日起实施，自治区于 2017 年 6 月 20—22 日举办了宁夏非主要农作物品种登记培训班，至此，自治区非主要农作物品种登记工作拉开了序幕。截至 2020 年年底，自治区共完成番茄、西瓜、甜瓜、辣椒、马铃薯、豌豆、胡麻、向日葵、大白菜 9 类非主要农作物 119 个品种登记，取得了农业部（农业农村部）颁发的品种登记证书。

完成登记的品种中除向日葵品种 LD1003、LD67、KF366、凯葵 5 号是外省品种外，其余均为自治区自育品种。为支持、鼓励和促进全区农作物新品种的选育工作，加速农作物品种更新换代，提高农产品的品质和产量，促进农业增产增收，根据 2018 年印发的《宁夏回族自治区农作物新品种选育择优补助办法》，从自治区种业提升工程育种创新项目中安排资金，对完成国家登记的本区自育品种给予每个品种 0.5 万元的补助。至 2020 年，已分四批对 102 个完成国家登记的品种补助资金 51 万元。宁夏巨丰种苗有限公司完成登记的自育的番茄丰收 128、美粉 869、卓玛 A7、香妃 3 号等品种，红禾种业有限公司自育的番茄粉印二号、粉印三号、粉印六号等品种种植面积占全区番茄总面积的 60% 以上，并外销甘肃、内蒙古、吉林、黑龙江等地。中卫市金城种业有限责任公司申请登记的西瓜品种金城 5 号是宁夏压砂瓜主栽品种，年种植面积达 40 万亩左右。

■ 第三节 良种繁育

一、良种繁育体系

20 世纪 90 年代，在生产专业化、质量标准化、加工机械化、布局区域化和以县为单位统一供种的种子工作方针下，种子繁育体系建立比较完善，各市（县）均建立了种子公司，农业行政部门不再下达指导性计划，由自治区种子公司按照生产需要统一组织协调，各市（县）种子公司根据区域布局，按市场需求向良种场、国有农场、种子基地进行合同预约生产良种种子。繁育的主要优良小麦品种有"永良 4 号""永良 15""宁春 15"，优良水稻品种有"宁粳 16 号""宁粳 7 号""宁稻 216"，优良玉米品种有"登海 1 号""掖单 13 号""中原单 32"等。

1996 年根据中共中央、国务院《关于"九五"时期和今年农村工作的主要任务和政策措施》中"各级政府要把实施种子工程作为依靠科技进步发展农业的一件大事，安排专项资金，组织专门力量，确保种子工程的顺利实施"的指示精神，自治区积极争取立项，至 2003 年国家批复宁夏农作物良种繁育基地建设项目 7 项（表 5-7-1）。这些项目建成后，每年水稻、小麦、玉米等作物良种生产达到 859 万千克，马铃薯微型薯生产 300 万粒，种子加工能力由 1996 年前的 922 万千克增加到 1672 万千克，项目区的供种水平由 30% 提高到 50%，良种在增产中贡献率提高 6～8 个百分点，增产 5346 万千克。

表 5-7-1　宁夏"种子工程"良种繁育基地建设项目情况

项目名称	建设单位	建设规模	实际投资（万元）	立项时间
中卫县国家级原种场建设项目	中卫县良繁场	小麦三圃田和原原种田 580 亩、小麦原种田 4000 亩、玉米杂交亲本田 150 亩、水稻三圃田和原原种田 55 亩、水稻原种田 500 亩。包括农田水利工程、种子仓库晒场、种子加工车间及成套加工设备、种子检验室和检验仪器设备、农机具等	1624.56	1997
杂交玉米制种基地建设项目	中宁县良繁场	杂交玉米制种基地 17000 亩。包括种子库房、晒场、加工车间、种子加工成套设备、检验仪器、农田建设等	754.62	2001
马铃薯脱毒快繁中心项目	农牧厅项目办公室	快繁中心组培楼、储藏室、晒场、日光温室、组培设备等	821.3327	2001
小麦良种繁育基地建设项目	自治区原种场	种子库、种子加工车间、晒场、农田改良、种子加工检验仪器设备	731.63	2002
水稻新品种原原种扩繁基地项目	自治区原种场	种子库房、晒场、农田建设、种子加工检验仪器设备等	142.46	2002
优质水稻良种繁育基地建设项目	灵武市良繁场	农田基本建设、种子库房、加工车间、晒场、种子加工设备、检验仪器、农机具等	300	2003

（续）

项目名称	建设单位	建设规模	实际投资（万元）	立项时间
固原市小杂粮良种繁育基地建设项目	固原市种子管理站、西吉县种子管理站、泾源县种子管理站、海原县种子管理站、彭阳县种子公司、原州区种子公司、隆德县沙塘良种场、固原市黑城良种场	种子检验仪器及加工设备、农田建设工程、土建工程（种子库、加工车间、检验室、种子晒场等）、农田作业机械等	796.6	2003

1999 年根据农业部有关深化种子管理体制改革的精神和自治区种子市场状况，开始进行种子行政管理和种子经营彻底分开的改革。到 2002 年自治区种子公司正式从自治区农牧厅剥离，实现了人、财、物的彻底分开，宁南山区的同心县、盐池县、海原县、隆德县、泾源县、原州区等种子公司，因业务量少，经营规模小，致使经营职能逐渐剥离，整体转化为种子管理站，不再从事种子生产经营活动，其他市县，如永宁县、贺兰县等也完成了事企脱钩。

2000 年 12 月 1 日《中华人民共和国种子法》正式实施以后，规范了种子生产、经营、使用行为，自治区加强对水稻、小麦、玉米制种基地质量监管，开始开展农作物种子质量检测工作。

2006—2010 年，按照《宁夏农业和农村经济发展"十一五"规划》确定的建设任务，重点在青铜峡、惠农、平罗和南部山区发展玉米、瓜菜、马铃薯制（繁）种业，改善种植、收获、晾晒、包衣、贮藏等设施条件，建立完善繁制种技术规程，强化种子质量检验检测。2010 年全区农作物制种面积约 39 万亩，玉米、水稻、小麦、马铃薯制种面积分别为 12 万亩、4.45 万亩、6.1 万亩、16 万亩；制种总产量达到 24307 万千克，玉米、水稻、小麦、马铃薯产量分别为 4418 万千克、1754 万千克、2135 万千克、16000 万千克。

2011—2015 年，自治区被农业部列入"十二五"良种繁育基地发展规划，加大繁制种扶持力度，强化基地管理，打造西北黄金制种区。玉米种子生产基地以青铜峡市、惠农区、平罗县、贺兰县、沙坡头区、农垦农场为主；稻麦种子生产基地以平罗县、贺兰县、永宁县、利通区为主；马铃薯脱毒种薯繁育基地以固原市为中心，在中南部半干旱区和六盘山阴湿山区 9 个区县，建立脱毒种薯一级繁育基地。另外，在海南省三亚市建设 50 亩宁夏农作物南繁科研及鉴定基地，为"育繁推"一体化企业提供平台，提升品种研发水平。到 2015 年繁制种各类农作物种子面积 50 万亩左右，其中，稻麦繁制种 10 万亩，玉米杂交制种 10 万亩，马铃薯种薯生产 25.5 万亩，小杂粮等其他作物 3 万亩。

"十一五"和"十二五"期间，依托农垦、国营种子公司及良（育）繁场（所）等单位，共建设稻麦、马铃薯、小杂粮良繁基地 23 个，面积约 16.05 万亩，配套了一批基础设施和生产机械，以及加工、检验设施设备。随着现代种业发展，种子市场化进程加快，私营种子企业异军突起，引进了一批如山东登海、敦煌先锋、北京凯福瑞、金色种业等企业，出现了"企业＋基地＋农户""企业＋订单＋村委会""企业＋基地"等种子生产基地类型，制种产业得到了大力发展。

2017 年，青铜峡市、平罗县、西吉县被认定为国家种子基地。2020 年制繁种面积 61.3 万亩，生产各类农作物种子 56926.5 万千克，制种产值 12.2 亿元，小麦、水稻、玉米商品化率分别为 58%、92%、100%。水稻主要繁种品种为富源 4 号、宁粳 28 号、宁粳 41 号等，小麦主要为宁春 4 号、宁春 50 号、宁春 39 号。保障全区生产 370 万吨粮食的用种需求。优质粮食比例提高，全区主要农作物良种覆盖率达到 95.3%。全区建成国家级制种基地（玉米）1 个，区域性良种繁育基地（蔬菜、小杂粮、马铃薯）3 个，带动周边农户 100 万，直接参与农民近 10 万人，每亩用工 1.5 个左右，直接吸纳农村剩余劳动力 91.2 万人次，劳务收入达 1.1 亿元，为农民增收发挥了积极作用。青铜峡市被认定为国家级杂交玉米制种基地，西吉县被认定为国家级区域性马铃薯良种繁育基地，平罗县被认定为国家级区域性蔬菜良种繁育基地，盐池县被认定为国家级区域性杂粮杂豆良种繁育基地。

二、南繁工作

宁夏育种企业（单位）从 20 世纪 70 年代开始进入海南三亚市开展育种和繁制种，经过多年建设发展，管理服务体系日趋完善，成立了由自治区政府统一领导，农牧厅牵头，发改委、科技厅、财政厅、自然资源厅配合的宁夏南繁工作领导小组，制订了《宁夏落实国家南繁基地（海南）建设规划实施方案》和《宁夏南繁科研育种海南南滨基地管理办法》，进一步推进南繁工作健康有序发展。2020 年，宁夏南繁单位已发展到 17 家，其中，科研教学单位 2 家、种子企业 15 家，每年约有 100 多名科研人员、2700 多名雇工在海南开展育繁种工作，育种作物由最初的玉米发展到水稻、向日葵、大豆等 10 余种农作物，空间聚集效益日益显著。2014 年自治区财政投资 1600 多万元，建设宁夏农林科学院南繁基地 114.2 亩。2018 年按照国家发改委和农业部文件要求，宁夏积极谋划，多方筹措资金，落实了三亚市南滨农场 225.75 亩土地作为南繁育种新基地。2019 年自治区种子工作站与国家南繁管理办公室、海南省南繁科技有限公司正式签订土地流转合同，流转期限 15 年，总投入 1012.5 万元，新基地于 2022 年投入使用。

■ 第四节 良种示范与推广

一、良种示范

2009 年，启动农作物新品种展示示范园区建设，在主导产业重点市、县（区）集中展示示范已审定的农作物新品种，从中遴选推介优良品种，配套示范栽培技术，依托园区开展技术培训，为主导品种选择和推广应用提供科学依据。首批建设园区 14 个，展示示范小麦、玉米、水稻、大豆、马铃薯、杂粮、蔬菜作物新品种 300 多个。2019 年，全区农作物新品种展示示范园区达到 30 个，平均每年展示示范农作物品种 700 多个，展示示范范围由主要农作物扩展到瓜菜、杂粮、马铃薯、向日葵、中药材、青贮玉米等各类农作物，每年遴选推介主导品种 50 多个，配套栽培技术 40 多项。

二、良种推广

（一）粮食作物

1. 小麦

（1）春小麦 "十一五"期间，宁春 4 号仍然是春小麦主导品种，推广面积一直稳定在 100 万亩以上。2005 年宁春 39 号通过审定，成为除宁春 4 号外推广面积较大的一个品种。宁春 35 号、宁春 45 号、宁春 47 号也有较少面积推广。2010 年，全区共推广优新小麦品种 76.5 万亩，占灌区小麦种植面积的 52%，实现了小麦的第五次更新换代。

"十二五"期间，宁春 4 号推广面积占比仍在 30% 左右，宁春 50 号有 10 万亩左右的推广面积，宁春 15 号、宁春 47 号等品种在灌区也有一定面积的推广。

"十三五"期间，宁春 4 号仍然是春小麦主导品种，到 2020 年宁春 4 号的推广面积占全区春小麦总面积的 64%。2016 年，宁春 50 号的推广面积达到 21 万亩，从 2017 年开始，面积逐年下降，从 9.3 万亩下降至 4 万亩左右。

从 1996 年到 2013 年，定西 35 号和红芒麦是宁南山区春小麦主导品种。定西 35 号是西吉县种子公司于 1998 年引进的，推广面积最高超过 30 万亩，2006 年开始逐年减少；红芒麦 2006 年达到 50 万亩，2011 年开始缩减，2013 年宁春系列品种开始在宁南山区推广，定西 35 号和红芒麦在宁南山区停止推广。2013—2020 年，宁春 4 号、宁春 39 号和宁春 50 号成为宁南山区春小麦主导品种，推广面积超过宁南山区春小麦种植面积的 90%。

（2）冬小麦　"九五"期间，冬小麦推广品种以榆 8 号、宁冬 1 号、宁冬 3 号、中引 6 号、秦麦 4 号、西峰 16 号为主。"十五"期间，主导品种仍然是宁冬 1 号、榆 8 号和中引 6 号，推广总面积在 40 万亩以上；宁冬系列的其他品种每年的面积也在 10 万亩左右。"十一五"期间，榆 8 号和中引 6 号的推广面积与"十五"期间相差不大；2010 年，宁冬 10 号和宁冬 11 号推广面积 40 万亩。"十二五"期间，榆 8 号和中引 6 号每年的推广总面积仍在 25 万亩以上；宁冬 9 号、宁冬 10 号、宁冬 11 号每年的推广总面积也在 20 万亩以上。2016—2020 年，榆 8 号仍然是推广面积最大的冬小麦品种，推广面积仍在 20 万亩左右，主要集中在同心、盐池和红寺堡；2016 年，为促进宁南山区冬小麦提纯复壮，全区开始实施"冬小麦免费供种项目"，每年安排项目资金 800 万元，筛选出适合宁南山区种植的兰天 26 号、兰天 28 号、兰天 32 号和陇育 5 号 4 个品种，通过连续 4 年的实施，这 4 个品种的推广总面积从 2016 年的 21 万亩扩大到 2020 年的 50.8 万亩。

2. 水稻

1997 年，宁夏农林科学院农作物研究所育成的宁粳 16 号，搭配种植宁稻 216、引进的藤系 747（吉引 86-11）等品种，使水稻单产水平稳定在 600～650 千克，实现了水稻品种的第六次更新换代。

2002 年富源 4 号引进宁夏后，成为宁夏推广面积最大的品种。2008 年推广面积达到了 53 万亩、占比 44%，至今在宁夏仍然有 15 万亩以上的面积。2003 年宁粳 28 号通过审定，成为继富源 4 号后，在宁夏推广时间最长的水稻品种。2007 年吉粳 105 引入宁夏，到 2010 年，宁粳 43 号、宁粳 41 号、宁粳 38 号、吉粳 105、宁粳 40 号等优质水稻品种在全区的推广面积达 70.6 万亩，占全区水稻种植面积的 56.6%，实现了水稻品种的第七次更新换代。

2015 年宁粳 50 号通过审定后，在自治区的推广面积也逐年增长，逐渐成为自治区水稻面积最大的品种，2020 年的推广面积达到 14.8 万亩，成为当年推广面积第一的主导品种。宁粳 28 号、宁粳 43 号、宁粳 41 号、宁粳 48 号、宁粳 57 号等优质水稻品种也均有一定面积的推广。

3. 玉米

2001 年，从山东引进的掖单 13 号和掖单 19 号在灌区的推广面积超过了 100 万亩，宁单 8 号、掖单 19 号和中单 2 号在宁南山区的推广面积达 44.7 万亩。2004 年以登海 3 号、屯玉 1 号、高油 647、宁单 9 号等为主的 20 个优质、专用玉米新品种的推广面积达到 219.76 万亩，占宁夏玉米播种面积的 83.2%，代替了种植多年的掖单系列品种，实现了玉米品种第五次更新换代。

2010 年，沈丹 16 号、中玉 9 号、正大 12、宁单 11、承 706、金穗 9 号成为宁夏主推品种，推广面积达到 181.6 万亩，占玉米种植面积的 54.2%，玉米实现了第六次更新换代。

2008 年先玉 335 引入宁夏，2015 年推广面积达到了 183 万亩，占玉米种植面积的 40%。2016 年，《种子法》修订后，对主要农作物开始实行同一适宜生态区品种引种备案，玉米品种激增，市场竞争较为激烈，先玉 335 的推广面积开始逐年下降，但仍然具有较强的竞争力。据不完全统计，2020 年宁夏市场销售玉米品种 140 余个，以先玉 335、先玉 1225 为代表的先玉系列品种在宁夏的推广面积超过 120 万亩，以强盛 16 号为主的强盛系列和以西蒙 6 号为主的西蒙系列品种均有 30 万亩左右推广面积，宁夏宁单系列、润丰 1601、昊玉 22 等自育品种推广面积占比仅为 10% 左右。

4. 马铃薯

2000 年，青薯 168、宁薯 4 号、宁薯 8 号、克新 1 号、中心 24 号、白洋芋等 6 个优质马铃薯品种占主导地位，青薯 168、克新 1 号和宁薯 8 号从 2003 年到 2010 年一直是马铃薯推广面积最大的品种。2012 年，青薯 9 号和庄薯 3 号开始在宁夏推广，青薯 9 号连续几年超过 100 万亩。庄薯 3 号在宁夏的推广面积 2015 年超过了 50 万亩，之后连年下降。2020 年，推广面积最大的是青薯 9 号，种植面积占比超过马铃薯总种植面积的 60%，陇薯 7 号、克新 1 号、冀张薯 8 号、陇薯 3 号和夏波蒂等品种也有一定面积的推广。

5. 豆类

（1）大豆 1996—2003年，宁豆2号、宁豆3号和铁丰8号是大豆主推品种。2003年承豆6号引进宁夏，承豆6号和宁豆3号成为宁夏推广时间最长并且面积最大的品种。2010年宁夏从辽宁引进审定了铁丰31，2018年宁夏自育的宁豆6号通过审定，2019年宁夏自育的宁京豆7号通过审定，逐步替代了铁丰8号和宁豆3号。2020年，大豆种植面积5.2万亩，品种以承豆6号、铁丰31、宁豆6号和宁京豆7号为主。

（2）豌豆 20世纪末，白豌豆、麻豌豆和宁豌1号是宁夏豌豆的主推品种，推广面积超过26万亩。近年来，种植面积不大，品种有固原草豌豆、中豌4号、白豌豆和宁豌2号。

（3）蚕豆 从21世纪初到2018年，青海3号和青海9号是主要品种。2020年，青海3号、青海9号、青海14号和临蚕2号在宁夏仍有较少面积的种植。

6. 小杂粮

（1）荞麦 从20世纪末到2019年，荞麦种植面积先降后升，2003年种植面积最小，是20.75万亩，2020年的种植面积为89.4万亩。从1996年到2020年农家甜荞的种植面积最大，基本占荞麦种植面积的50%。2008年信农1号引入宁夏，推广面积每年在20万亩左右。2009年苦荞黔黑荞1号引入宁夏，推广面积不大，每年在2万亩左右。信农1号和黔黑荞1号也是宁夏救灾备荒储备的主要品种。

（2）糜子 1996—2015年，糜子种植的品种主要是大黄糜子、黑糜子、红糜子、紫杆红和宁糜系列的品种。2018—2020年，紫杆红品种已不再种植，推广的主要品种是大黄糜子、黑糜子、红糜子、固糜21号和宁糜系列部分品种。

（3）谷子 谷子种植主要集中在宁南山区，小黄谷、蝇头子、辽东黄是种植时间最长的品种，小黄谷和蝇头子的面积占比较大。2020年，张杂谷3号、张杂谷11号、张杂谷13号、晋谷28号、晋谷40号都有一定面积的推广，以张杂谷3号的面积最大，超过5万亩，以晋谷40号的面积最小，仅有1400亩。

（4）莜麦 莜麦的种植面积保持在3万亩左右，宁夏审定推广的品种是宁莜1号和燕科1号。

（5）高粱 从2000年开始，高粱的种植面积就开始大幅缩减。近年来，高粱在宁夏的种植面积始终在1万亩以内，品种主要是美国大力士和娃娃头。

（二）油料作物

胡麻。1999—2010年，胡麻的种植面积起伏变化比较大，最高达到2003年的126.29万亩，最低缩减至2002年的37.55万亩。从2011年开始，面积逐年下降，2016—2020年，面积稳定在30万亩左右。从1990年到2020年，宁亚10号和宁亚11号一直是主推品种，宁亚12号、宁亚15号、宁亚17号、宁亚18号通过审定后均有一定面积的推广，但未能超越宁亚10号和宁亚11号的整体优势。

■ 第五节 种子经营与管理

一、种子经营

1996年以前，自治区种子公司、农垦种子公司及19个县（市、区）国有种子公司负责农作物种子生产经营。各种子公司依据1989年3月13日国务院发布的《中华人民共和国种子管理条例》规定，取得农作物种子生产、经营的资质。到1999年，19家县（市、区）国有种子企业共有职工529人，资产总额10365万元，年营业额最大1100万元，最小100万元；从事生产经营活动的人员529人，年经营水稻、小麦、玉米等各类农作物种子约1500万千克。经营小麦、水稻、玉米种子主要品种是宁春 4 号、永良 15 号、宁冬 1 号、宁冬 2 号，宁粳 16 号、宁粳 24 号、宁粳 27 号、吉引 86-11、掖单 13 号、掖单 19 号、登海 1 号、登海 3 号等。全区种子企业管理与经营一体，均为事业单位。

2000 年，《中华人民共和国种子法》颁布施行。种子经营逐步从计划性经营走向市场化经营道路。《种子法》施行前，全区只有 19 家国有种子公司，既承担种子经营，又从事种子管理。《种子法》施行后，除自治区种子公司和平罗县种子公司两家改为企业外，县级 17 个种子公司均为事业单位，企业管理，实行差额工资分配制。到 2004 年底，全区种子经营企业 90 家，注册资本 3.4 亿元。持有省级农业主管部门核发的种子经营许可证 59 家，市县级农业主管部门核发的种子经营许可证 31 家。注册资本 500 万元以上的 42 家，500 万元以下的 48 家。经营主要农作物杂交种子及原种的 42 家，经营非主要农作物种子的经营企业 48 家（经营牧草种子的 13 家）。经营种子企业类型有四种：一是以各市县国有种子公司为主体的经营类型占 19 家，二是以农垦系统为主的种子经营企业 8 家，三是以原（良）繁种场和种子科研部门为主的种子经营企业 7 家，四是民营及其他成分的 56 家，基本上打破了国有种子公司垄断经营的局面，全区种子市场主体多元化的格局显现。种子经营形式有两种，一种是各国有种子公司设立的乡级供种站，全区 19 个国有种子公司共设 90 个供种站，另一种是民营企业设立的种子代销点，共有代销点 2220 个。各种子企业经营的主要作物以水稻、小麦、玉米等为主，水稻、小麦品种主要是宁夏农林科学院农作物研究所、永宁小麦育繁所选育的宁粳 16 号、96D10、宁春 4 号、永良 15 号等常规品种，由各企业在本县域自行生产。农业生产中应用的沈单 16、屯玉 1 号、登海 3 号等玉米品种主要依赖辽宁、山西、山东等区外科研单位选育，杂交种子需从外省种子企业调进。

种子经营价格受计划经济的影响，每年在小麦、水稻和玉米种子销售前，由自治区物价部门会同农业主管部门，组织部分县市种子管理部门和种子企业负责人，召开农作物种子市场价格座谈会，确定水稻、小麦收购指导价并公布。例如，2004 年 10 月 26 日，公布普通稻种收购价格为 0.97 元/500克、优质稻种收购价格 1.03 元/500 克，上下浮动幅度为 3%，包装费、运杂费按实际费用计加。同年，小麦主栽品种宁春 4 号种子收购价 1.69 元/千克，销售价 2.13 元/千克，较 2003 年每千克上涨 0.17 元、0.14 元；水稻主栽品种宁粳 16 号种子销售价 2.28 元/千克，较 2003 年每千克上涨 0.13 元；玉米沈单 16 号种子销售价 6.76 元/千克，每千克较 2003 年下降 0.54 元。当年，全区三大作物种子供种量 1550 万千克，其中小麦种子 450 万千克，玉米种子 500 万千克，水稻种子 600 万千克。2014 年，国家取消政府部门制定种子收购与销售指导价政策，种子价格随行就市，市场供需决定种子价格。

2002—2011 年，是全区种子企业数量与质量不断优化的阶段。在此期间，累计 171 家次种子企业获得自治区级农业主管部门核发的种子经营许可证。2011 年，《农作物种子生产经营许可证管理办法》修订后，提高种子市场准入条件，持证种子企业数量显著下降，种子企业竞争实力逐步增强，国有种子公司全面推向市场，建立产权清晰、权责明确、政企分开、管理科学的现代种子企业制度。2004 年山东登海兼并惠农县、青铜峡市种子公司，山东冠锐公司落户青铜峡市，山区国有种子公司人员全部转换为事业单位工作人员，南部山区无国有种子公司。

2015 年，《种子法》修订施行，改革种子市场准入制度，取消先证后照制度（即农作种子经营许可证、营业执照），设定两证合一，由主要农作物种子生产许可证与农作物种子经营许可证两证合并为农作物种子生产经营许可证，取消注册资本的规定。截至 2020 年年底，全区共办理农作物种子生产经营许可证 177 个，其中自治区农业主管部门核发的有效期内农作物种子生产经营许可证有 23 个，县级农业主管理部门核发的有效期内农作物种子生产经营许可证有 154 个（包括主要农作物常规种子和非主要农作物种子生产经营许可证 97 个，蔬菜种苗生产经营生产经营许可证 57 个）。从经营的作物看，有 102 家企业持有农作物种子（包括马铃薯种薯）生产经营许可证 120 个，57 家企业持有蔬菜种苗生产经营生产经营许可证 57 个。全区有经自治区审核，农业农村部核发马铃薯种薯、蔬菜种子进出口经营许可证的企业 2 家。

到 2020 年年底，全区共有种子经销网点 4368 个，累计销售各类农作物种子（种薯）1.01 亿千克，销售总额 6.42 亿元，其中自销商品种子 3.87 亿元，代销商品种子 1.26 亿元，代制繁种子销售 1.29 亿元。企业种子销售成本 5.79 亿元，企业净利润 6257.9 万元。

宁夏种子从 20 年前开始，除满足本区种植外，小麦种子宁春 4 号，从宁夏走向甘肃、内蒙古、新疆等地，青铜峡市被列为国家级杂交玉米制种基地，玉米种子从外调引入变为输出，蔬菜种子从进口走向出口美国、东南亚等国家和地区，西吉县被列为国家级马铃薯良种繁育基地，种薯走入云南、贵州、四川、内蒙古、陕西、甘肃。

二、种子管理

1996 年，自治区机构编制委员会《关于成立自治区种子管理站和自治区种子总公司的通知》（宁编事发〔1996〕46 号），按照政企分开的原则，撤销自治区种子公司，分别成立自治区种子管理站和自治区种子总公司。自治区种子管理站为自治区农业厅下属正处级事业单位。主要负责全区种子品种管理、质量监督管理等工作。核定事业编制 18 名（从原自治区种子公司划转），内设办公室、品种管理科、监督检验科。1997 年，宁夏回族自治区农业厅发布《关于成立自治区种子管理站和自治区种子总公司的通知》（宁农（人）发〔1997〕52 号），自治区种子管理站主要负责全区种子品种管理、质量监督管理，授权签发和管理种子生产许可证、种子经营许可证、种子质量合格证等工作。自治区种子检验站设在自治区种子管理站。至此，种子管理与种子经营彻底分开，改变了既当裁判员又当运动员的局面。

我国种业从 2000 年开始进入市场，党中央、国务院和自治区政府高度重视现代农作物种业发展，先后出台《国务院办公厅关于推进种子管理体制改革加强市场监管的意见》（国办发〔2006〕40 号）、《国务院关于加快推进现代农作物种业发展的意见》（国发〔2011〕8 号）、《国务院办公厅关于深化种业体制改革提高创新能力的意见》（国办发〔2013〕109 号）。宁夏先后出台《自治区人民政府关于加快推进现代农作物种业发展的实施意见》（宁政发〔2012〕46 号）、《自治区人民政府办公厅关于印发深化种业体制改革提高创新能力实施意见的通知》（宁政办发〔2014〕109 号），强化农作物种业基础性公益性研究，加强农作物种业人才培养，逐步建立商业化育种体系，培育壮大种子企业，加强种子生产基地建设，完善种子储备调控制度，严格品种审定和保护，强化种子市场监督管理。

农作物种子质量监督管理主要有两个方面：一方面是依据国家《产品质量检验机构计量认证管理办法》《农作物种子质量监督抽查管理办法》，开展种子质量监督检验；另一方面是依据《种子法》及其配套规章，开展种子市场监督检查。

1981 年 7 月，宁夏回族自治区人民政府（宁政办〔1981〕39 号文件）批准建立宁夏回族自治区种子检验站（以下简称检验站）。1997 年 3 月，根据宁夏机构编制委员会宁编事发〔1996〕46 号文件精神、宁夏农业厅（宁农（人）发〔1997〕52 号文件）通知，成立宁夏种子管理站，决定"检验站设在宁夏种子管理站"。2006 年 11 月，宁夏机构编制委员会（宁编发〔2006〕571 号文件）批准"宁夏回族自治区种子管理站"挂"宁夏回族自治区种子检验站"牌子。2012 年自治区机构编制委员会印发《关于调整自治区农牧厅部分所属事业单位机构编制事项的通知》（宁编发〔2012〕38 号），"将自治区种子管理站并入自治区马铃薯产业发展局更名为自治区种子管理局"。在 2014 年机构改革中，自治区编制委员会《关于设置自治区种子工作站的通知》（宁编发〔2014〕20 号）"同意设置自治区种子工作站，为自治区农牧厅所属正处级事业单位"。

种子质量检验资格由质量监督部门采取计量认证与审查认可的方式来确认。检验站成立后，通过了自治区质量监督局组织的计量认证、审查认可评审和复评审，获得双"认证"资格，受质量监督部门委托，具备对外出具种子质量检验数据结果的资质。

2000 年《中华人民共和国种子法》规定，农业主管部门可以委托种子质量检验机构对种子质量进行检验，并经省级以上人民政府有关主管部门考核合格。2009 年，宁夏回族自治区种子检验站通过农业部组织的能力验证、现场考评、文件审查三个环节的考核，获得"中华人民共和国农作物种子质量检验机构合格证书"，也是全区唯一一家具有开展农作物种子质量监督检验检测资格的机构。

从 1996 到 2013 年，农业部三次投资新建、改建自治区种子管理检验办公楼，购置仪器设备。1996 年国家实施"种子工程"，1997 年宁夏种子管理站（现宁夏种子工作站）依托农业部及自治区财政投资 602 万元，新建了办公大楼，完成建设综合检验办公楼和低温种子样品库等 2636.33 米²；2008 年农业部下达农作物种子质量监督检测中心改扩建项目资金 260 万元，完成检验室改建及建设田间改良鉴定圃等；2013 年农业部下达农作物种子质量分子检测改扩建项目，投资 285 万元改造建设实验室和标准样品库、购置分子检测仪器，改善种子质量检测软硬件设施环境。

2010—2020 年，开展种子企业、种子市场质量监督抽查 29 次，检测水稻、小麦、玉米、向日葵、瓜菜等各类农作物种子样品 1696 份，代表种子量 1750 万千克，种子合格率达 97.8%，较前十年提高 10 个百分点。对 387 家次企业生产经营的 426 个杂交玉米品种，抽检种子品种纯度小区种植鉴定样品 604 份，小区累计种植面积超过 100 亩；对 226 家次杂交玉米种子企业的生产基地 624 个次品种组合，开展玉米花期田间质量检查，检查面积 46.1 万亩，占总面积 61.2 万亩的 75.3%，淘汰不合格种子田 4839 亩；抽检水稻种子生产企业 61 家次 75 个次品种，抽检面积 10.5 万亩，占总面积 11.7 万亩的 89.7%；抽检小麦种子生产企业 63 家次 47 个次品种，抽检面积 7.1 万亩，占总面积 10.9 万亩的 65.1%；抽检玉米种子转基因检测样品 1753 份，检测玉米制种基地苗期样品 1729 份，铲除非法转基因玉米制种基地 426 亩。

自 1996 年自治区物价局、财政厅下发《宁夏回族自治区产品质量检验收费暂行办法的通知》（宁价费发〔1996〕75 号）以来，接受公安、工商、企业等部门委托检验种子类别 20 多种上千份样品；按照规定，对委托检验样品征收一定的委托检验费。2014 年自治区财政厅、物价局《关于取消、免征和降低一批行政事业性收费项目及标准的通知》（宁财（综）发〔2014〕1059 号），降低了农作物种子委托检验收费标准，按原标准的 70% 收取。2017 年自治区财政厅《停征的行政事业性收费》（财税〔2017〕20 号、宁财（综）发〔2017〕193 号），取消农作物委托检验费。

种子管理不断加强队伍建设和业务能力提升，种子管理机构伴随着国家机构改革变化不断发展。全区多数种子管理部门与农业综合执法部门两块牌子一套人马。2019 年，在新一轮机构改革中，各级部门加强农业综合执法队伍建设，县级种子管理部门被分设为农业综合执法队。全区拥有农作物种子扦样员、室内检验员、田间检验员资格证的技术人员 565 人次，先后培训业务技术人员近 4000 人次。2010—2020 年，累计查处种子案件 328 起，查处违法种子 17.4 万千克，罚款 111 万元，挽回农民经济损失 989 万元。受理农民投诉事件 1276 起，开展田间现场鉴定 191 起，挽回经济损失 678 万元。多年来，种子质量检验与质量管理为农业行政监督、行政执法、商品种子贸易流通、种子质量纠纷解决等活动提供了多方位的技术支撑和技术服务，为保障农业生产用种安全、粮食丰收作出积极贡献。

第八章

耕地质量与科学施肥

■ 第一节　耕地质量监测调查与评价

一、耕地质量监测与调查

宁夏耕地质量监测工作开始于 1997 年，是全国第二次土壤普查工作的延续。耕地质量监测调查工作经历了以引黄灌区为主的起步摸索（1997—2003 年）、全区规范发展（2003—2010 年）和稳步推进提升（2010—2020）三个阶段。

1997 年，在农业部支持下，宁夏先期在引黄灌区的平罗县、惠农县、贺兰县、银川郊区、永宁县、利通区、青铜峡市、中宁县、中卫县等地共设立耕地质量监测点 36 个，在中部干旱带同心县设立耕地质量监测点 2 个，在南部旱作区原州区设立耕地质量监测点 2 个。耕地质量监测主要涉及灌淤土、潮土、黑垆土、灰钙土等耕地土壤类型。耕地质量监测内容包括设点时的基础监测内容、年度监测内容及五年监测内容。其中，设点时的基础监测内容包括立地条件、自然属性、田间基础设施及农业生产概况等；年度监测内容包括田间作业情况、作物产量、施肥等农事操作活动和土壤理化性状；五年监测内容主要包括土壤中微量元素、重金属元素及土壤全磷全钾。通过 2 年时间，宁夏初步建立主要覆盖引黄灌区兼顾中南部旱作农业区的耕地质量监测网络。

2003 年，为提高全区耕地质量监测样点代表性，建立健全耕地质量监测网络，扩大耕地质量监测覆盖面，自治区农业技术推广总站根据全区农业生产发展需要，扩大耕地质量监测调查的范围和区域，同期开展耕地质量监测调查和土壤墒情监测，在原来以引黄灌区为主的基础上，新增耕地质量监测点 58 个，新增监测地域包括盐池县、海原县、西吉县、隆德县、彭阳县，监测点新增了黄绵土、新积土、风沙土等土壤类型，基本建成覆盖全区及主要粮食作物和主要耕地土壤类型的耕地质量监测网络。为更好服务旱作区农业生产，自 2003 年起在南部旱作农业区 9 县设立土壤墒情监测点 50 个，于每年春季化冻后到秋季土壤封冻前，每月定期开展墒情监测工作，发布墒情信息，为旱作区抗旱减灾和保障生产提供及时、准确的墒情与旱情信息。为确保全区耕地质量监测顺利开展，自治区农业技术推广总站制定《宁夏耕地土壤监测管理办法（试行）》和《宁夏耕地土壤监测技术规程（试行）》，并于 2003 年 2 月以正式文件印发各县（市、区）农业技术推广服务中心，以规范各地耕地质量监测调查工作；自治区农业技术推广总站组织专业技术力量分赴各县开展新增样点耕地质量监测调查技术指导，并对每个新增样点采集土壤剖面样品标本，建立宁夏耕地质量监测调查土壤标本库。随着 2005 年农业部在全国范围内启动实施测土配方施肥项目，促进全区耕地质量监测调查工作，全区建立了稳定的耕地质量监测调查技术队伍，每个县都由专业技术人员开展耕地质量监测调查工作，每年发布耕地质量监测调查技术报告，为全区耕地质量建设管理提供理论数据支撑。

2010 年后，全区耕地质量监测工作围绕耕地质量提升和农户科学施肥要求，在做好监测调查的同时更加注重服务生产的能力，监测点在原有基础上又新增泾源县、红寺堡区、大武口区。截至2019年年底，全区现有长期耕地质量监测点410个，其中国家级耕地质量监测点17个，自治区级耕地质量监测点83个，县级耕地质量监测点310个，实现全区22个县级行政区全覆盖。耕地质量监测代表规模覆盖全区1950万亩（2019年年底）耕地，监测样点涵盖全区耕地8个土壤类型，年度耕地质量监测技术报告成为各级农业农村部门耕地质量发展决策的重要依据。与此同时，加快推进耕地质量与土壤墒情信息化建设，提高监测时效性和数据准确性。自2015年开始，充分挖掘测土配方施肥数据资源，以耕地空间信息为基础建设宁夏农技云信息服务平台，同时开发手机移动App，实现了包括墒情、耕地质量、农业技术咨询、社会化服务、农资线上交易、农业政策发布等在内的农业信息实时服务。

二、耕地质量评价

开展耕地质量评价，建立健全耕地质量评价及信息发布制度，借助地理信息技术、计算机技术等开展耕地质量评价，建立科学完善的耕地质量评价指标体系，有助于对全区耕地质量现状进行科学评价，提出有针对性的耕地质量建设措施，保障全区耕地可持续发展和利用，促进全区农业绿色高质量发展。21世纪初，在农业部安排下，宁夏首次开展耕地地力评价工作，主要收集当时全区土地利用现状详查资料、各县土壤普查报告、河套开发土壤监测数据、全区土壤肥力监测数据、《宁夏土种志》《宁夏土壤》《宁夏回族自治区基本农田保护条例》、宁夏农垦耕地土壤养分调查报告汇编、宁夏扶贫扬黄灌溉工程一期工程固海扩灌区土壤及其理化性质研究、宁夏河套农业综合开发工程项目土壤肥力及作物产量监测阶段总结报告等文献资料，以耕地土壤的立地条件、土壤理化性状、农田基础设施条件及土壤培肥等为评价指标，结合主要粮食作物产量水平，建立宁夏回族自治区耕地地力等级框架体系，最后形成《宁夏回族自治区耕地类型区、耕地地力等级划分》（DB64/T 253—2003），这是宁夏在借鉴已有各类成果资料的基础上，首次应用科学的方法对耕地地力水平进行客观评价。根据耕地基础地力所构成的生产能力，将宁夏耕地分为8个地力等级，其粮食单产水平为小于100千克/亩至大于700千克/亩；将全区确立为两个耕地类型区的地力等级范围，分别是黄土高原黄土型耕地类型区和内陆灌漠（淤）土耕地类型区，其中黄土高原黄土型耕地类型区将耕地划分为5个等级，其对应的国家耕地地力等级分别是六等、七等、八等、九等和十等；内陆灌漠（淤）土耕地类型区将耕地划分为8个等级，其对应的国家耕地地力等级分别是三等、四等、五等、六等、七等、八等、九等、十等。

随着2005年全国启动测土配方施肥项目，宁夏开展了大量的耕地土壤田间调查与采样工作，2010年底完成全区22个县（市、区）和14个国有农垦农场的取土化验工作，在此基础上，宁夏启动第二轮耕地地力评价工作。本轮耕地地力评价以县域为单位，前后历时10年，对全区各县耕地资源现状和耕地地力属性进行了系统的梳理和研究。这一时期的耕地地力评价建立了宁夏耕地土壤数字化一张图，研究了不同耕地类型理化性状及变异特征，建立了适合新时期宁夏农业生产发展需求的耕地地力评价指标体系，研究了宁夏中低产田自然属性及分布特征和宁夏耕地土壤盐渍化时空变化规律。第二轮的宁夏耕地地力评价，突出了县域耕地资源特征和农业产业特色，以宁夏第二次土壤普查1/50000土壤图为依据，绘制完成全区耕地土壤数字矢量图，建立宁夏耕地土壤数字化空间和属性数据库，并以此为基础，结合宁夏农田灌溉分区图、宁夏降水量等值线图、宁夏耕地地形图等专业图件，应用多元统计、AHP决策分析、模糊数学、灰色理论等方法，选取土壤有机质含量、有效磷含量、速效钾含量、盐渍化等级、耕地质地、质地构型、剖面构型、田面坡度、土层厚度、降水量、灌溉条件等11个指标构成宁夏耕地地力评价指标体系，通过构建耕地地力评价层次分析模型，将宁夏全区耕地划分为133408个耕地评价单元，采用耕地地力综合指数法，结合累计曲线分级法，将宁夏耕地地力划分为十个等级，首次在宁夏农业行业实现了耕地地力评价由人工管理向计算机管理的转变。

2015 年以后，种植业进入新时代高质量发展阶段，农业生产对耕地的要求也发生相应的变化，宁夏耕地地力评价在关注耕地自然属性和生产能力的基础上，同时也关注耕地健康质量和生态环境质量。为适应新时代农业农村发展需要，耕地地力评价也升级为耕地质量评价，评价内容除了关注耕地土壤自然属性及基础设施建设外，也关注了耕地健康属性和环境属性，新一轮耕地质量评价严格按照《耕地质量等级》国家标准执行。根据全国农业综合发展区划，将宁夏全区划分为国家一级农业区黄土高原区和甘新区，并在此基础上划分出晋陕甘黄土丘陵沟壑牧林农区和蒙宁甘农牧区两个二级农业区，其中固原市原州区、西吉县、隆德县、泾源县、彭阳县，中卫市海原县，吴忠市红寺堡区、同心县和盐池县等 9 个县（区）均划入晋陕甘黄土丘陵沟壑牧林农区宁夏中南部旱作农业区，石嘴山市大武口区、惠农区和平罗县，银川市兴庆区、金凤区、西夏区、贺兰县、永宁县、灵武市，吴忠市利通区、青铜峡市，中卫市沙坡头区、中宁县等 13 个县（市、区）划入蒙宁甘农牧区宁夏北部引黄灌区，耕地质量评价方法和程序依然沿用地力评价的方法和程序，但新一轮耕地质量评价严格按照农业农村部耕地质量监测保护中心要求执行。全区耕地质量指标由基础性指标和区域补充性指标构成。其中，基础性指标包括地形部位、有效土层厚度、土壤有机质含量、耕层质地、土壤容重、质地构型、土壤养分状况、生物多样性、清洁程度、障碍因素、灌溉能力、排水能力、农田林网化等 13 个指标；旱作农业区补充性指标包括土壤酸碱度（pH）、海拔高度，北部引黄灌区补充性指标包括盐渍化程度、耕层厚度、地下水埋深。所有层次模型及指标隶属度和隶属函数均由国家规定，本轮耕地质量评价按照《耕地质量等级》国家标准和区域耕地质量评价方法与流程执行，最终将全区 1938 万亩（2017 年底）耕地质量划分为 10 个等级，全区耕地质量平均等级为 6.85 等，其中北部引黄灌区 658 万亩耕地质量平均等级为 4.86 等，南部旱作农业区 1280 万亩耕地质量平均等级为 7.97 等。详见表 5-8-1 和表 5-8-2。

■ 第二节 耕地质量建设与管理

一、耕地质量与利用

20 世纪 90 年代以来，随着化肥大面积推广施用，宁夏各地农作物产量水平不断提升，耕地土壤肥力主要指标也发生明显变化，耕地综合生产能力不断提高，为全区粮食安全作出积极贡献。2003 年根据宁夏农业技术推广总站组织制定的《宁夏回族自治区耕地类型区、耕地地力等级划分》（DB 64/T 253—2003），将全区 1934.73 万亩耕地按《全国耕地地力类型区 耕地地力等级划分》行业标准对应的 10 等耕地，划分为 3~10 等共八个等级，其中三等地 178.1 万亩，四等地 46.47 万亩，五等地 97.77 万亩，六等地 86.82 万亩，七等地 92.3 万亩，八等地 56.34 万亩，九等地 563.59 万亩，十等地 813.34 万亩。同时，将各生态区域耕地依据作物产量水平划分为高、中、低产田三类。其中，黄土高原黄土型耕地类型区，六、七级为当地高产田，分布在河流的一、二级阶地，依靠库井扬黄灌溉，土壤有机质大于 10 克/千克，有效磷在 8 毫克/千克以上，主要作物有小麦、玉米、蔬菜等；八、九级农田为中产田，灌溉条件稍次；十级农田为低产田，多属瘠薄培肥型和坡改梯型，少部分为干旱灌溉型。中部干旱带内陆灌漠（淤）土耕地类型区灰钙土、风沙土耕地类型亚区内，五、六级为高产农田，主要分布在河流两侧阶地和较宽阔的盆谷地，主要在扬黄和井灌区，灌溉条件较好，保证率高，产量水平较高；七、八级为中产田，与高产田相比灌溉少 2~3 次/年；九、十级为低产田，属瘠薄培肥型、干旱灌溉型及沙化耕地型。北部引黄灌区灌淤土耕地类型亚区内，三、四级为高产区，面积为 224.57 万亩，麦套玉米两茬合计亩产 700~1000 千克/亩，单种水稻一般 600 千克/亩以上，这两级耕地土种为厚层灌淤土，熟化层一般大于 80 厘米，土壤有机质大于 13 克/千克，有效磷大于 15 毫克/千克，灌水方便，排水通畅，耕层含盐量（春灌前）多数小于 1 克/千克；五至七级农田为中产田，面积为 189.03 万亩，主要障碍原因是排水不畅，次生盐化较重；八至十级农田为低产田，主要

表 5-8-1 北部引黄灌区耕地质量等级

单位：亩

县（市、区）名称	耕地面积	耕地质量等级 1	2	3	4	5	6	7	8	9	10	平均
全区												
大武口区	80429.70	0.00	0.00	0.00	0.00	16823.10	17850.60	9267.90	26332.35	10115.55	40.20	6.94
惠农区	327694.65	0.00	0.00	0.00	2215.50	76686.30	116342.40	121298.55	9112.05	2039.85	0.00	6.20
平罗县	910580.10	0.00	0.00	26711.25	74354.85	609091.35	146211.15	46043.70	8167.80	0.00	0.00	5.15
利通区	449392.20	20873.85	35808.15	104269.20	117306.45	55184.55	56448.45	59501.55	0.00	0.00	0.00	4.24
青铜峡市	577414.05	312.75	240131.85	223758.00	73782.30	6320.55	16588.65	16519.95	0.00	0.00	0.00	2.93
贺兰县	652569.90	4707.45	36074.10	167414.40	290194.35	118433.40	23488.95	4499.55	7757.70	0.00	0.00	3.93
金凤区	142161.90	12737.70	34.95	51.75	13872.45	55295.85	3755.40	9834.75	37602.90	8869.20	106.95	5.75
灵武市	360238.35	41844.30	115503.15	102754.35	30536.25	32320.50	28882.80	8397.00	0.00	0.00	0.00	3.05
西夏区	245213.10	0.00	0.00	22863.45	16134.00	44974.50	43437.30	34423.35	39754.50	33957.45	9668.55	6.44
兴庆区	204863.70	56607.60	55807.65	49678.95	2145.00	379.80	3292.50	36952.20	0.00	0.00	0.00	2.96
永宁县	520112.40	263915.40	94774.20	18434.70	41095.05	15837.60	34999.95	26759.70	17887.95	1837.20	4570.65	2.61
沙坡头区	1097054.40	237978.90	125837.55	73727.25	95496.15	33998.70	31465.20	30643.20	19546.80	11404.20	436956.45	5.74
中宁县	1010599.35	78829.05	106809.00	114151.80	91105.80	110851.20	168812.90	62730.15	89247.60	58009.95	132051.90	5.49

表 5-8-2 南部旱作农业区耕地质量等级

单位：亩

县（区）名称	耕地面积	耕地质量等级 1	2	3	4	5	6	7	8	9	10	平均
泾源县	263222.94	0.00	0.00	0.00	6227.25	20295.36	25855.77	32561.51	108952.10	54359.30	14971.64	7.67
隆德县	600373.50	0.00	0.00	0.00	21584.05	60500.07	53895.94	16700.57	131988.86	250477.16	65226.84	7.98
彭阳县	1254522.94	0.00	0.00	828.87	32377.47	29322.53	107481.66	44342.44	546261.13	492130.95	1777.89	8.01
西吉县	2441085.33	0.00	0.00	0.00	95518.57	114595.60	99523.59	367570.29	1434933.66	293672.19	35271.44	7.62
原州区	1550534.79	0.00	0.00	10558.59	95830.38	111136.19	74786.69	374498.31	336916.65	451213.59	95594.39	7.58
红寺堡区	611975.63	0.00	0.00	0.00	0.00	5839.89	52451.96	146288.11	192614.67	87635.87	127145.14	8.12
同心县	2087969.37	0.00	0.00	5239.22	22439.43	133786.56	195454.71	177120.38	247463.51	753825.90	552639.66	8.37
盐池县	1561465.57	0.00	0.00	0.00	0.00	0.00	25631.62	21270.56	223526.66	381564.38	909472.35	9.36
海原县	2431853.62	0.00	0.00	19574.06	148215.18	171451.95	167140.03	559917.33	1013411.10	322293.65	29850.33	7.29

分布在低阶地、湖泊周围、渠间洼地，除了土壤次生盐化较重外，灌淤熟化层较薄，土体有漏沙、隔黏层等障碍层次，该类型亚区中低产田类型主要为盐碱耕地型。

2008年以来，应用计算机技术、地理信息技术、遥感技术、大数据应用技术等现代信息技术手段，以《耕地质量等级》国家标准和《耕地地力调查与质量评价技术规程》农业行业标准为指导，根据宁夏耕地现状开展了全区耕地质量等级调查与评价工作。截至2019年，完成了全区22个县（市、区）耕地质量等级评价和自治区级耕地质量等级评价，建成22个县（市、区）和自治区级耕地质量资源数据库，形成了22个县（市、区）和自治区级耕地质量等级评价成果。同时，在此基础上开展了全区同一尺度的耕地质量评价工作，将全区1935.16万亩耕地分为10个等级，其中一等地26.93万亩，主要分布在中宁县、利通区、青铜峡市、灵武市、永宁县、兴庆区、贺兰县等地；二等地84.20万亩，主要分布在青铜峡市、永宁县、贺兰县、沙坡头区、利通区等地；三等地94.14万亩，主要分布在青铜峡市、永宁县、贺兰县、沙坡头区、平罗县、中宁县、灵武市等地；四等地197.76万亩，主要分布在平罗县、贺兰县、中宁县、青铜峡市、同心县、海原县、灵武市、永宁县等地；五等地221.33万亩，主要分布在原州区、平罗县、同心县、中宁县、海原县、沙坡头、红寺堡区等地；六等地256.41万亩，主要分布在原州区、同心县、海原县、红寺堡区、彭阳县、隆德县、西吉县、泾源县等地；七等地425.76万亩，主要分布在西吉县、海原县、同心县、原州区、彭阳县、盐池县、沙坡头区、泾源县、惠农区等地；八等地282.22万亩，主要分布在海原县、西吉县、同心县、盐池县、原州区、彭阳县等地；九等地249.80万亩，主要分布在西吉县、海原县、同心县、盐池县、彭阳县等地；十等地96.61万亩，主要分布在盐池县、同心县、海原县、中宁县等地。

二、耕地质量保护与提升

21世纪以来，党和国家高度重视耕地质量建设，连续多年的中央一号文件都关注耕地质量建设与提升。2000年以来，宁夏先后在全区开展大量的肥料田间试验示范和新技术推广工作。2005年启动了全区测土配方施肥技术推广，在全区范围内掀起一场耕地质量建设与科学施肥的高潮。截至2020年年底，全区累计投入测土配方施肥项目资金1.37亿元，推广各类测土配方施肥技术1.28亿亩次，总增产244.48万吨（亩增产19.1千克），累计增加产值53.7亿元（每千克粮食按2.2元计），极大地促进了耕地质量的提升。

为推进农户施肥方式转变，提高耕地综合生产能力，从2010年起农业部支持宁夏开展耕地质量提升，全区各级农业技术推广部门在自治区农业技术推广总站的统一安排下，针对宁夏耕地土壤瘠薄、耕层板结、次生盐渍化等主要障碍因素，对自2000年以来开展的2025个各类土肥田间试验进行系统分析总结，建立主要粮食作物秸秆资源量测算的方法和原理，提出宁夏主要粮食作物谷秆比和百千克籽粒产量养分吸收量参数；同时，围绕水稻、玉米秸秆直接还田利用，以及有机肥施用等开展各类田间试验研究152项次，建立水稻、玉米秸秆还田技术标准，形成了宁夏不同生态类型区耕地土壤培肥改良技术模式3套，建立了5套适合不同生态类型区推广的耕地土壤培肥改良利用集成技术，累计在全区推广各类土壤培肥改良技术4000万亩次，累计增产粮食70余万吨，减少农业生产成本支出近5亿元，促进农民增收15.18亿元。项目实施以来，全区耕地土壤水溶性盐含量下降了2%，土壤有机质、碱解氮、有效磷和速效钾含量分别提高9.07%、33.96%、82.45%和18.2%，形成的全民参与机制带动发展有机肥生产企业77家，全区有机肥生产能力突破200万吨。

为加快推进中低产田改良利用，自治区财政加大银北地区盐碱地农艺改良培肥支持力度，2017—2019年连续三年投入项目资金1.6亿元，支持银北地区各县开展以秸秆粉碎还田、有机肥施用、磷石膏改碱、土壤调理剂应用为主要内容的盐碱地农艺改良培肥技术推广，在银北地区建立盐碱地农艺改良核心技术攻关区9个，主要开展了磷石膏改良应用、秸秆培肥改良、有机肥和土壤调理剂应用等农艺改良技术试验研究，累计在银北地区推广各类盐碱地农艺改良培肥技术309.9万亩次。其中，秸秆粉碎直接还田 209.73 万亩，累计还田农作物秸秆 59.7 万吨；商品有机肥应用面积 82 万亩，共采购商品有机肥 10.6 万吨，亩均施用有机肥 146 千克；在碱化耕地上示范磷石膏应用 5.25 万亩，亩均施用量 1.6 吨。与项目实施之初比，银北地区总体脱盐率 15.1%，土壤有机质含量平均提高了 5.8%；项目实施 3 年后银北地区非盐渍化耕地增加了 20.73 万亩，非盐渍化耕地比例较项目实施前提高了约 10 个百分点；银北地区盐渍化耕地比例从项目实施前的 60.5% 下降到 50.7%，其中轻盐渍化耕地减少 14.71 万亩，由项目实施前的 35.7% 下降到 28.8%，中盐渍化耕地减少 0.58 万亩，由项目实施前的 15.3% 下降到 14.6%，重盐渍化耕地减少 5.44 万亩，由项目实施前的 9.7% 下降到 7.3%。不论是盐渍化耕地面积，还是盐渍化程度，均有不同程度下降，分布区域也随着项目持续推进发生明显变化，银北地区耕地质量水平稳步提高，盐渍化耕地结构和比例明显优化。

■ 第三节　肥　　料

一、宁夏肥料发展

自 1949 年以来，农作物施肥种类、用量及使用技术都有了新的发展，肥料发展进入化肥时代，当时主要使用的是尿素、硫酸铵、碳酸氢铵等单质肥料。那个时候我国还不具备大批量工业化生产的能力，主要依靠进口。回顾我国化肥发展历程，从单质肥起步到复合肥在全国兴起，发展顺序是氮肥→磷肥→钾肥→复合（混）肥→复合肥与新型肥料并进发展。宁夏的肥料发展基本遵循着全国肥料产业发展的主流趋势，特别是自 1996 年之后，向高浓度、配方化、高效、高利用率、生态环保方向迈进。施肥由以前氮、磷配合发展到有机肥与氮、磷、钾及微量元素配合施用阶段。

通过问卷及市场调查，截至 2020 年，宁夏肥料市场结构主要表现为单质氮磷钾肥占比 29%，二元复合肥占比 19%，三元复混（合）肥占比 21.9%，有机肥料占比 14%，水溶肥料占比 5%，微生物肥料占比 5%，缓控释肥等长效肥料占比 3.2%，土壤调理剂占比 2.9%。

宁夏化肥需要总量为 105 万吨左右，本区企业自主供应占 64%，每年外省肥料企业进入宁夏市场肥料产品占比 36%，主要来自肥料生产大省山东、湖北、江苏、云南等，销售的肥料产品主要有尿素、磷酸二铵、磷酸一铵、三元复合肥、二元复合肥、水溶肥料、微生物肥料、缓/控释肥料等。

截至 2020 年，宁夏化肥的格局是：氮肥自给自足，磷肥少量靠进口和外省（自治区）企业调入，钾肥主要从外省（自治区）调入，复混（合）肥和高效新型肥料来自本区生产企业生产和外省（自治区）调入。

（一）无机肥料发展

20 世纪 90 年代，随着施肥水平提高和施肥技术的改进，无机肥料发展进入复混（合）肥料发展期，如磷酸二铵、磷酸一铵、钙镁磷肥以及随后出现的同时含有氮磷钾三大营养元素的复合肥料。1999 年随着鲁西化工宁夏化肥有限公司年产 6 万吨丰叶牌磷酸二铵生产能力的正式启动，结束了宁夏高效复合磷肥完全依赖自治区外调入或进口的历史。同年，宁夏金丰集团平罗复合肥厂建厂成立，设计产能 2 万吨，标志着宁夏复混肥料有了本土生产企业，之后陆续有宁夏宁化工业企业公司复合肥厂、中卫农药化工厂、宁夏金牛化工集团钾肥有限公司建厂成立。这期间，各类叶面肥也开始零星施用。在全区较大面积施用的叶面肥有垦原丰素、欣欣活力素、促丰宝、植物动力 2003 等。

2000 年以后，施肥技术有了更进一步提高，此期肥料发展的特点是多元化、配方化、专用化、高效化，特别是自 2005 年国家启动测土配方施肥项目以来，复混（合）肥的发展更具针对性和专用性。为加快全区测土配方施肥技术推广，支持、引导和鼓励合格的肥料企业进入测土配方施肥领域，2006 年自治区农业厅下发了《关于印发〈宁夏回族自治区测土配方施肥定点企业认定与配方肥生产推广管理办法〉（试行）的通知》，此时，宁夏境内仅有 4 家复混（合）肥料生产企业，经过企业申报和专家评审，认定宁夏金牛集团化肥有限责任公司为宁夏第一批配方肥定点生产企业，之后不到 4 年时间，宁夏复混肥料生产企业迅速成长为 19 家，仅 2008 年一年建厂生产企业就达 11 家。为深入推进测土配方施肥工作，确保农民用上质量优良、配方科学、价格合理的肥料。2008 年启动了宁夏第二批配方肥定点生产企业认定工作，通过企业申报、现场考核和专家评审，确定中国石油天然气股份有限公司宁夏分公司、宁夏中农金合农业生产资料有限责任公司测土配方肥料厂、银川市宝庆肥业有限公司、宁夏天瑞鸣钟农化有限公司、宁夏鲁西化工化肥有限公司、银川建衡肥业有限公司、银川市金谷丰肥业有限公司为宁夏第二批测土配方施肥配方肥定点生产企业。在测土配方施肥定点企业的带动下，针对不同作物不同区域的配方肥在市场上大放异彩，如引黄灌区玉米专用配方肥 $N+P_2O_5+K_2O \geqslant 46\%$（20-18-8），插秧稻专用配方肥 $N+P_2O_5+K_2O \geqslant 49\%$（20-20-9），旱直播水稻专用配方肥 $N+P_2O_5+K_2O \geqslant 50\%$（11-28-11）等。到 2010 年，针对 11 种作物，自治区共开发研制基施型、基追组合型、基追通用型 3 种类型 55 种专用配方肥，由自治区公开认定的 8 家配方肥定点企业加工生产，4 年间（2006—2010 年）共生产专用配方肥 13.06 万吨，配方肥应用面积 326.5 万亩。

2010 年以后，随着市场的发展和竞争，部分复混肥企业转产或关停，陆续有新办企业建厂生产，截至 2020 年全区正常运营的复混肥生产企业 15 家，以宁夏四丰农资集团有限公司、宁夏巨泰农业科技发展有限公司、宁夏新天地生物科技有限公司和宁夏荣华生物质新材料科技有限公司等为代表，年产各类复混（合）肥 30 万吨以上，主要供应宁夏及周边市场。氮肥生产企业有 5 家。其中：尿素生产企业 2 家，以中国石油宁夏石化公司和宁夏和宁化学有限公司为代表，年产尿素 100 万吨以上，宁夏需求量 50 万吨左右，除供应宁夏市场外，还外销甘肃、青海、内蒙古、新疆等地；碳酸氢铵生产企业 2 家，以宁夏大地化工有限公司和宁夏兴尔泰化工有限公司为代表，年产碳酸氢铵 15 万吨左右；硫酸铵生产企业 1 家，以宁夏美嘉丰肥业有限公司为代表，年产硫酸铵 1 万吨以上，基本上供应区内市场。

（二）新型肥料发展

新型肥料是针对传统化学肥料而言发展起来的一类产品，是在绿色农业、生态农业、可持续发展农业、精准农业大气候下孕育发展起来的一类肥料业。与传统肥料相比，主要表现在技术新、功能新、用途新和材料新，新型肥料的特点是高效化、专用化、长效化、功能化。主要产品有缓控释肥、生物肥、水溶肥（包含氨基酸、腐植酸、中微量元素）、土壤调理剂等，主要应用于经济高附加值、规模化、集约化生产的作物品种。

20 世纪 90 年代中期，宁夏第二代高效节能日光温室被列入自治区"九五"期间十大高新技术进行示范推广。随着设施栽培的兴起，大家开始使用灌溉设施浇水施肥，新型肥料在自治区开始施用，施肥方式主要是叶面喷施和随水灌根，全区较大面积施用的叶面肥有垦原丰产素、欣欣活力素、促丰宝、植物动力 2003 等。

2000 年以后，全区蔬菜产业发展进入快车道，全区蔬菜种植面积不断扩大，由 2000 年的 90.5 万亩增加到 2005 年的 153 万亩，各种叶面肥、冲施肥进入快速发展期，随着水溶肥的大量、长期施入，设施温棚土壤次生盐渍化问题导致作物根系状况不佳、叶片黄化等现象逐渐显现，人们对农作物的品质要求越来越高，各类微生物肥料、氨基酸、腐植酸、土壤调理剂等新型肥料开始发展。这一时期新型肥料没有国家标准或行业标准，基本依靠进口或外省（自治区）调入。2006 年，为提高水溶肥产品质量，促进行业健康发展，农业部发布了《大量元素水溶肥料》（NY 1107—2006）和《含腐植酸水溶肥料》（NY 1106—2006），在微生物肥料方面，农业部和国家质量监督检验检总局、中国国家标准化管理委员会分别发布了《微生物肥料术语》（NY/T 1113—2006）和《农用微生物菌剂》（GB 20287—2006）；2007 年农业部发布了《微量元素水溶肥料》（NY 1428—2007）和《含氨基酸水溶肥料》（NY 1429—2007）等，从标准入手，不断规范水溶肥料行业，结束了新型肥料无行业标准的局面。

2008年宁夏首家水溶肥料生产企业宁夏天瑞鸣钟农化有限公司建厂成立，结束了宁夏新型肥料依靠进口和外省引进的历史，宁夏新型肥料发展进入崛起阶段。2009年宁夏先后有4家水溶肥料生产企业建厂成立。2013年新型肥料进入快速发展期，各类水溶肥料、缓控释肥、生物菌肥、土壤调理剂等产品成为肥料新的品类增长点。截至2020年，宁夏共有新型肥料企业28家。其中，各类水溶肥料生产企业13家，产能14万吨；水溶肥料和缓控释肥料生产企业1家；各类生物肥料生产企业12家，产能20万吨；土壤调理剂生产企业2家，产能10万吨。2020年全区高效新型肥料施用总量6.59万吨，应用面积148.02万亩。

（三）有机肥发展

中国作为农业大国，在肥料发展史上，有机肥料一直占据重要地位。在古代，我国农民就已经开始使用畜禽粪便、秸秆绿植及死猫死狗等作为肥料来提升地力，这就是我们通常说的农家肥。中国近代，除了延续历史上施用粪肥可获得好收成外，对施用秸秆和人畜粪便混合发酵的堆肥也有了更为广泛的认知。新中国成立初期到20世纪70年代末，农业废弃物资源满足不了制肥需求，加上受施用无机化肥获得高产的利益驱使，堆肥的制作和施用一度曾处于低潮，由此形成了施用无机化肥的农田面积和数量远远大于自产自用堆肥的局面。80年代，农户开始自产自用堆肥和无机化肥兼用的农耕方式，催生出发酵有机肥产业化生产的形成和发展。1996年宁夏首家有机肥厂宁夏玉泉营化工厂建场成立，之后陆续有宁夏田丰生物肥研究所、绿泰有机肥厂建厂成立。2002年农业部发布了《有机肥料》（NY 525—2002），标志我国有机肥行业开始迈入成长期，此时全区有机肥生产企业发展为5家，到2010年有机肥生产企业发展到28家。2012年宁夏实施农业部耕地质量有机质提升项目，以培肥地力为目的，加快有机肥资源综合利用，支持农民还田秸秆，种植绿肥，增施有机肥，推动宁夏有机肥企业发展进入快车道，仅2015年就有9家有机肥厂开工投产，截至2020年，全区有机肥生产企业74家，设计产能211.4万吨。根据企业问卷调查统计，2020年全区共生产各类商品有机肥90.8万吨，在宁夏境内共销售施用商品有机肥20.98万吨。据全区农技推广部门统计，2020年全区有机肥施用面积588.8万亩，累计施用各类有机肥515.3万吨，亩均施用量875千克。

二、宁夏肥料种类

（一）无机肥料

无机肥料也称为化学肥料，简称化肥。在宁夏主要的化肥生产企业有中国石油天然气股份有限公司宁夏石化分公司、宁夏金牛集团化肥有限责任公司、宁夏四丰农资集团有限公司、宁夏荣和绿色科技有限公司、宁夏巨泰农业科技发展有限公司等20多家化肥生产企业。化肥生产均执行国家标准，其中尿素执行GB/T 2440—2017，碳酸氢铵执行GB 3559—2001，磷酸一铵、磷酸二铵执行GB/T 10205—2009，掺混肥料（BB肥）执行GB/T 21633—2020，有机无机复混肥料执行GB/T 18877—2020，农业用硫酸钾执行GB/T 20406—2017，过磷酸钙执行GB/T 20413—2017等。

全区化肥使用量由1996年的67.8万吨（实物量）增加到2020年的99.1万吨，其中复合肥和钾肥分别增加了2.2倍和21倍，宁夏历年化肥使用量见表5-8-3。

表5-8-3 1996—2020年宁夏主要化肥施用量

年份	化肥施用量（万吨）				
	合计	氮肥	磷肥	钾肥	复合肥
1996	67.8	43.7	15.8	0.2	8.1
1997	69.2	43.9	16.1	0.2	9

（续）

年份	化肥施用量（万吨）				
	合计	氮肥	磷肥	钾肥	复合肥
1998	74.5	46.2	18.1	0.4	9.8
1999	75.5	46.5	17.8	0.5	10.7
2000	76.9	46.9	18.3	0.6	11.1
2001	78.4	48.2	17.8	0.8	11.6
2002	79.5	48.8	18	0.8	11.8
2003	80.1	47	15.6	1.1	12.5
2004	84.2	47.9	19.5	1.6	15.2
2005	86.9	46	20.2	1.8	18.9
2006	90.6	48.2	21.4	2.2	18.8
2007	95.5	50.1	22	2.4	21.1
2008	95.9	50.2	22.8	2.9	20.1
2009	96.7	50.2	22	3.4	21.1
2010	102.6	53.5	22.7	3.4	22.9
2011	103.3	53.3	23.2	3.7	23.1
2012	106.6	54.7	24.1	3.5	24.3
2013	108.9	55.9	24.3	3.8	24.9
2014	106.9	53.8	24.6	4	24.5
2015	107	52.2	24.8	4.2	25.8
2016	107.8	52.5	24.3	4.2	26.8
2017	107.5	52.3	23.8	4.4	27
2018	101	49.3	22.2	4.4	25.1
2019	100.7	48.8	21.9	4.3	25.7
2020	99.1	47.7	21.2	4.3	25.9

注：化肥用量为实物量。

宁夏施用的无机肥料按养分种类可分为以下几类：

1. 氮肥

只含氮养分，常用的有尿素（含 N 46%）、硫酸铵（又称硫铵、肥田粉，含 N 20.5%～21%）、氯化铵（含 N 25%）、碳酸氢铵（碳铵，含 N 17%）、硝酸铵（硝铵，含 N 34%）等。

2. 磷肥

只含磷养分，常用的有过磷酸钙（普钙，含 P_2O_5 16%～18%）、重过磷酸钙（重钙，含 P_2O_5 40%～50%）、钙镁磷肥（含 P_2O_5 16%～20%）等。一般做基肥，过磷酸钙亩用量 40～80 千克，重过磷酸钙亩用量 20～40 千克。

3. 钾肥

含钾养分，常用的氯化钾（含 K_2O 60%，商品肥含 K_2O 50%～60%）、硫酸钾（含 K_2O 48%～52%，含 S 18%）、磷酸二氢钾（含 P_2O_5 52%，含 K_2O 约 34%）、硝酸钾（含硝态 N 13.5%，含 K_2O 46%）。一般做基肥，粮食作物亩用量 0～8 千克，经济作物亩用量 10～30 千克。

4. 复合肥料

经化学合成而得，含有两种或两种以上营养元素的肥料，常用品种有磷酸二铵（含 N 18%，含 P_2O_5 46%）、磷酸二氢钾（含 P_2O_5 52%，含 K_2O 34%）等。磷酸二铵一般做基肥和追肥施用，施用量 10～50 千克/亩。磷酸二氢钾施用方法多样，可进行叶面喷施、冲施灌根、蘸根移栽、浸种拌种、基施等，不同作物施用适期也不尽相同，施用量 1～2 千克/亩。

5. 复混肥料

氮、磷、钾三种养分中，至少有两种养分标明量的、由化学方法和（或）物理方法加工制成的肥料。按总养分含量分为高浓度（总养分含量≥40.0％）、中浓度（总养分含量≥30.0％）、低浓度（总养分含量≥25.0％）三档。一般施用 20～40 千克/亩。

6. 掺混肥料

又称 BB 肥、干混肥料。氮、磷、钾三种养分中，至少有两种养分标明量的、由干混方法制成的颗粒状肥料。总养分含量不低于 35.0％。一般施用 20～40 千克/亩。

7. 微量元素肥料

通常简称为微肥，是指含有微量营养元素的肥料，包含锌、硼、铜、锰、钼、铁等营养元素，对农作物的生长发育能够起到重要作用。当作物缺乏这些元素时，其生长会受到明显影响，比如产量降低、品质下降等。可基施、追施，也可叶面喷施。

8. 水溶肥料

水溶性肥料是指经水溶解或稀释，用于灌溉施肥、叶面施肥、无土栽培、浸种灌根等用途的液体或固体肥料，主要包括大量元素水溶肥料、微量元素水溶肥料和中量元素水溶肥料等。

采用水肥同施、以水带肥的方式，能被作物的根系和叶面直接吸收利用，与传统的磷酸二铵、造粒复合肥等品种相比，水溶性肥料具有明显的优势，其主要特点是用量少、使用方便、作物吸收快、营养成分利用率极高，可解决高产作物快速生长期的营养需求，符合科学施肥、设施施肥的要求。

（1）大量元素水溶肥料　主要以大量元素氮、磷、钾为主要成分，配合添加适量的中量元素与微量元素的液体与固体水溶肥料。执行标准为 NY/T 1107—2020，技术指标见表 5 - 8 - 4。

表 5 - 8 - 4　大量元素水溶肥料产品技术指标

项　　目		固体产品	液体产品
大量元素含量		≥50.0％	≥400 克/升
水不溶物含量		≤1.0％	≤10 克/升
水分（H$_2$O）含量		≤3.0％	/
缩二脲		≤0.9％	
氯离子含量	未标"含氯"产品	≤3.0％	≤30 克/升
	标识"含氯（低氯）"的产品	≤15.0％	≤150 克/升
	标识"含氯（中氯）"的产品	≤30.0％	≤300 克/升

施肥方式为灌根或叶面喷施，灌根亩用量为 40～80 千克，叶面喷施稀释倍数 500～800 倍，亩用量 150～200 克。

（2）微量元素水溶肥料　是由铜、铁、锰、锌、硼、钼微量元素按所需比例制成的或单一微量元素制成的液体或固体水溶肥料。尽管作物对微量营养元素的需要量很少，但其所起的生理功能却很重要，如果土壤缺乏这些元素，则会影响植物的正常生长。液体产品的微量元素含量不得低于 100 克/升，固体产品的微量元素含量不得低于 10％，执行标准为 NY 1428—2010。

作物对微量元素的需要量很少，而且从适量到过量的范围很窄，要防止微肥用量过大。通常各种微肥溶液的适宜喷施浓度为：硼酸或硼砂 0.05％～0.25％，钼酸铵 0.02％～0.05％，硫酸锌 0.05％～0.2％，硫酸铜 0.01％～0.02％，硫酸锰 0.05％～0.1％，硫酸亚铁 0.5％～1％。若确实需要高浓度，以不超过规定浓度的 20％为限。施肥方式为灌溉施肥、叶面喷施、无土栽培、浸种蘸根等。

（3）中量元素水溶肥料　是以中量元素钙、镁为主要成分的固体或液体水溶肥料，产品至少含有钙、镁两种元素中的一种，含量不低于 1.0％（或 10 克/升），与大量元素肥料搭配使用，预防作物因缺中量元素而引起的生理病害，使作物吸收更全面的营养，是大量元素 N、P、K 的黄金搭档，执行标准为 NY 2266—2012。该肥料广泛适用于粮食作物、经济作物、花卉、水果、蔬菜等，可撒施、滴灌、冲施、喷施，速溶无残留。蔬菜及果类每亩 15～30 千克，大田作物每亩 30～40 千克，滴灌和喷施建议 800～1000 倍水稀释后施用，或依据当地农技部门指导施用。

9. 缓释肥、控释肥

缓释肥、控释肥是指通过添加特殊材料或由特殊工艺制成的，使肥料氮、磷、钾养分在设定时间缓慢释放的肥料。其特点是在土壤溶液中具有微溶性，能够延缓养分释放速率或者被有限制地释放其养分，使农作物在整个生长期内持续吸收利用肥料，使得肥料对作物的肥效具有缓效性和长效性，从而提高化肥利用率、减少肥料使用量和施肥次数、降低生产成本、减少环境污染、提高农作物产品品质等。在国内外，该肥被大力推广使用，被誉为"21 世纪的新型环保肥料"。2012—2016 年，宁夏农业技术推广总站针对缓控释肥的特点，筛选宁夏荣和绿色科技有限公司提供的控释肥料，在全区的 14 个县（市、区）的 8 种作物上进行 96 项试验研究，发现：通过撒施后旋耕或在种植行侧沟施等方法施肥，对出苗均无影响，一次性全量施肥和减量 15％均可实现稳产增产。

（二）有机肥料

1. 有机肥

主要来源于植物和（或）动物，经过发酵腐熟的含碳有机物料，施于土壤以改善土壤肥力，提供植物营养，提高作物品质。有机肥肥源广，可就地取材，就地利用。宁夏有机肥可分为农家肥和商品有机肥两种。农家肥主要有人畜禽粪尿、绿肥、厩肥、堆肥、沤肥、沼气肥和油料渣等。商品有机肥原料来源主要来自畜禽粪便和动植物残体，经过工厂化集中堆腐发酵，进行无害化处理，养分指标达到行业标准 NY 525—2002 的规定：有机质≥30％，$N+P_2O_5+K_2O≥$ 4％。2012 年对有机肥标准进行了修订，形成 NY 525—2012，要求有机质≥45％，$N+P_2O_5+K_2O≥5$％。

经过宁夏多点试验，小麦和水稻增施商品有机肥 175 千克/亩（或充分腐熟农家肥 500～1000 千克/亩），可减少化肥用量 10％～20％；玉米增施商品有机肥 200 千克/亩（或充分腐熟农家肥 500～1000 千克/亩），可减少化肥用量 10％～20％；马铃薯增施商品有机肥 200 千克/亩（或充分腐熟农家肥 500～1000 千克/亩），可减少化肥用量 10％～25％。有机肥施肥在秋末雨季结束后，结合最后一次耕翻收耱将底肥（包括有机肥、化肥）施入土壤中；春施结合春播整地一次翻收耱或旋耕施入土壤中。

2. 有机无机复混肥料

有机无机复混肥料是指含有一定量有机肥料的复混肥料，其特点是既含有机质，又含适量化肥，既有无机化肥肥效快的长处，又具备有机肥料改良土壤的优势。有机无机复混肥是对粪便、动植物残体、农产品加工下脚料等有机物料，通过微生物发酵腐熟，进行无害化处理后，添加适量化肥，经过造粒或直接掺混而制得。2002 年的国家标准就对有机无机复混肥标准进行了规定：有机无机复混肥有机质含量不少于 20％，氮磷钾养分总量（$N+P_2O_5+K_2O$）不少于 15％，等等。一般亩施 100～150 千克，可以作为基肥，也可以作为追肥和种肥。施肥方式一般作为基肥结合整地施用，亩用量为 40～80 千克/亩。

3. 有机水溶肥

有机水溶肥包括含腐植酸水溶肥料、含氨基酸水溶肥料及其他有机水溶肥料三种。有机水溶肥的兴起，促成了速效与长效、单效与多效的有机结合，开创了水溶肥技术创新的新路径。

（1）含腐植酸水溶肥料　含腐植酸水溶肥料是以矿物源腐植酸为原料，按合适植物生长所需比例，添加适量氮、磷、钾大量元素或铜、铁、锰、锌、硼、钼等微量元素而制成液体或固体水溶肥料。

经水溶解或稀释，用于灌溉施肥、叶面施肥、无土栽培、浸种灌根等。按添加大量、微量营养元素类型，将含腐植酸水溶肥料分为大量元素型和微量元素型，其中，大量元素型产品分为固体和液体两种剂型，微量元素型产品仅为固体剂型。执行标准为 NY 1106—2010，具体产品技术指标见表 5-8-5、表 5-8-6。

表 5-8-5　含腐植酸水溶肥料（大量元素型）产品技术指标

项目		固体指标（%）	液体指标（克/升）
腐植酸含量	≥	3	30
大量元素含量	≥	20	200
水不溶物含量	≤	5	50
pH（1∶250 倍稀释）		4.0～10.0	

表 5-8-6　含腐植酸水溶肥料（微量元素型）产品技术指标

项目		固体指标（%）
腐植酸含量	≥	3
微量元素含量	≥	6
水不溶物含量	≤	5
pH（1∶250 倍稀释）		4.0～10.0
水分（H_2O）	≤	5

施用方法：灌根亩用量 6 千克，整个生育期施用 2～3 次；叶喷稀释 500～800 倍液，亩用量 150～200 克（毫升），整个生育期喷 2～3 次。

（2）含氨基酸水溶肥料　含氨基酸水溶肥料是以游离氨基酸为主体，按合适植物生长所需比例，添加适量钙、镁中量元素或铜、铁、锰、锌、硼、钼微量元素而制成的液体或固体水溶肥料。按添加中量、微量营养元素类型，可分为含氨基酸水溶肥料（微量元素型）和含氨基酸水溶肥料（中量元素型）。执行标准为 NY 1429—2010，产品技术指标见表 5-8-7 和表 5-8-8。

表 5-8-7　含氨基酸水溶肥料（微量元素型）产品技术指标

项目		固体指标（%）	液体指标（克/升）
游离氨基酸含量	≥	10.0	100
微量元素含量	≥	2.0	20
水不溶物含量	≤	5.0	50

表 5-8-8　含氨基酸水溶肥料（中量元素型）产品技术指标

项目		固体指标（%）	液体指标（克/升）
游离氨基酸含量	≥	10.0	100
中量元素含量	≥	3.0	30
水不溶物含量	≤	5.0	50
pH（1∶250 倍稀释）		3.0～9.0	

施用方法：灌根亩用量 6 千克，整个生育期施用 2～3 次；叶喷稀释 500～800 倍液，亩用量 150～200 克（毫升），整个生育期喷 2～3 次。

（3）其他有机水溶肥料　是以有机质为主要原料，按特定配方和工艺加工成的有机水溶肥料。有机水溶肥料暂无行业标准，由企业自行制定标准，所用原料和工艺符合国家要求。施用方法同含氨基酸水溶肥料和含腐植酸水溶肥料。

（三）微生物肥料

由于长期施用化肥和不合理轮作方式导致土壤中微生物减少、活性降低，有机质含量下降，伴随着这些问题的出现，微生物肥料应运而生。微生物肥料是指一类含有活的微生物并在使用中能获得特定肥料效应，能增加作物产量或提高品质的生物制剂。一般来讲的微生物肥料，其实是一类菌剂，是一类微生物群体。比如ETS菌群，这类微生物菌剂能够提供一种或多种对作物生长有益的微生物群落。由于农业上应用的微生物菌剂常常和草炭、泥炭、有机肥料等有机质含量较高的基质混合在一起，习惯上把微生物菌剂称为微生物肥料，人们俗称为"菌肥"。微生物肥料由肥料生产企业研制生产，符合行业或企业标准，含有机肥料、无机物、微生物菌剂或兼有上述成分，经物理、化学、生物方法加工处理而制成，可有效改善传统肥料利用率低、过量施用等造成的一系列问题，正确施用，可提高肥料利用率，达到增效增产、减量降污的目的，是发展高效、绿色、可持续农业的必然要求。

微生物肥料主要有生物有机肥、农用微生物菌剂、复合微生物肥料等。在宁夏均有较大面积施用，通过田间试验验证，均有不同程度的增产作用。生产企业有宁夏农垦贺兰山生物肥料有限责任公司、宁夏共享生物化工有限公司等29家微生物肥料生产企业。

1. 生物有机肥

指特定功能微生物与主要以动植物残体（如畜禽粪便、农作物秸秆等）为来源并经无害化处理、腐熟的有机物料复合而成的一类兼具微生物肥料和有机肥效应的肥料。执行标准NY 884—2012，产品技术指标为有效活菌数≥0.20亿/克，有机质≥25.0%。施用方法：亩用量50～100千克，结合基肥施用。

2. 农用微生物菌剂

指目标微生物（有效菌）经过工业化生产扩繁后加工制成的活菌制剂。按内含的微生物种类或功能特性可分为根瘤菌菌剂、固氮菌菌剂、解磷类微生物菌剂、硅酸盐微生物菌剂、光合细菌菌剂、有机物料腐熟剂、促生菌剂、促根菌剂、生物修复菌剂等。执行标准GB 20287—2006，农用微生物菌剂产品的技术指标见表5-8-9，其中有机物料腐熟剂产品的技术指标见表5-8-10。施用方法：亩用量10～50千克，结合基肥施用。

表5-8-9 农用微生物菌剂产品技术指标

项目		剂型		
		液体	粉剂	颗粒
有效活菌数（cfu）[a] ［亿/克（毫升）］	≥	2.0	2.0	1.0
霉菌杂菌数 ［个/克（毫升）］	≤	3.0×10⁶	3.0×10⁶	3.0×10⁶
杂菌率（%）	≤	10.0	20.0	30.0
水分（%）	≤	—	35.0	20.0
细度（%）	≥	—	80	80
pH		5.0～8.0	5.5～8.5	5.5～8.5
保质期[b]	≥	3个月	6个月	

注：a 复合菌剂，每一种有效菌的数量不得少于0.01亿/克（毫升）；以单一的胶质芽孢杆菌（*Bacillus mucilaginosus*）制成的粉剂产品中有效活菌数不少于1.2亿/克。

b 此项仅在监督部门或仲裁双方认为有必要时检测。

表 5-8-10 有机物料腐熟剂产品技术指标

项目		剂型		
		液体	粉剂	颗粒
有效活菌数（cfu）〔亿/克（毫升）〕	≥	1.0	0.50	0.50
纤维素酶活[a]〔国际单位/克（毫升）〕	≥	30.0	30.0	30.0
蛋白酶活[b]〔国际单位/克（毫升）〕	≥	15.0	15.0	15.0
水分（%）	≤	—	35.0	20.0
细度（%）	≥	—	70	70
pH		5.0～8.5	5.5～8.5	5.5～8.5
保质期[c]	≥	3 个月	6 个月	

注：a 以农作物秸秆类为腐熟对象测定纤维素酶活。

b 以畜禽粪便类为腐熟对象测定蛋白酶活。

c 此项仅在监督部门或仲裁双方认为有必要时检测。

3. 复合微生物肥料

指特定微生物与营养物质复合而成，能提供、保持或改善植物营养，提高农产品产量或改善农产品品质的活体微生物制品。执行标准 NY/T 798—2015。产品剂型分为液体和固体剂型，具体产品技术指标见表 5-8-11。施用方法：亩用量 40～120 千克，基肥，与有机肥混匀施用。

表 5-8-11 复合微生物肥料产品技术指标

项目	剂型	
	液体	固体
有效活菌数（cfu）[a]〔亿/克（毫升）〕	≥0.50	≥0.20
总养分（N+P$_2$O$_5$+K$_2$O)[b]，%	6.0～20.0	8.0～25.0
有机质（以烘干基计）（%）	—	≥20.0
杂菌率（%）	≤15.0	≤30.0
水分（%）	—	≤30.0
pH	5.5～8.5	5.5～8.5
有效期[c]	≥3 个月	≥6 个月

注：a 含两种以上有效菌的复合微生物肥料，每一种有效菌的数量不得少于 0.01 亿/克（毫升）。

b 总养分应为规定范围内的某一确定值，其测定值与标明值正负偏差的绝对值不应大于 2.0；各单一养分值应不少于总养分含量的 15.0%。

c 此项仅在监督部分或仲裁双方认为有必要时才检测。

三、宁夏肥料登记管理

（一）肥料登记起步阶段

宁夏肥料登记管理始于 1994 年，1994 年 2 月 19 日农业部发布《关于批准肥料、土壤调理剂、植物生长调节剂检验登记发证产品的通知（修正）》，同年宁夏农业厅出台了《宁夏回族自治区关于农业用肥料、土壤调理剂、植物生长调节剂检验登记的实施办法》。起初，该项工作，由农业厅农业处负责，1996 年起，此项工作逐渐移交给宁夏农业技术推广总站（宁夏农技总站）土肥科具体办理。1998 年宁夏农业厅以宁农（人）发〔1998〕44 号发布《关于在自治区农业技术推广总站成立自治区农药肥料检定管理所的通知》，在宁夏农技总站内部不增加编制的情况下，委托宁夏农技总站成立"农药肥料检定管理所"，具体负责全区农药、肥料管理工作。按照农业部《关于进一步做好肥料、土壤调理剂、植物生长调节剂检验登记工作的通知》相关规定，制定了一套工作程序，规定了申请肥料登记提交的资料为企业营业执照、产品准产证或生产许可证、登记产品执行标准、产品近期质检报告（有认证资格的）、县以上农技部门出具的田间试验报告。截至 2000 年上半年，全区共有 15 家企业、

26 个产品办理了临时登记，2 个产品办理了正式登记，6 个产品办理了续展登记。

（二）肥料登记发展阶段

2000 年 6 月 23 日农业部令第 32 号公布《肥料登记管理办法》，1997 年修订的《中华人民共和国农业部关于肥料、土壤调理剂及植物生长调节剂检验登记的暂行规定》同时废止。宁夏本着公开透明、依法办事、便民利民、廉洁高效的原则，认真做好肥料登记审批和管理工作，具体办理机构为宁夏农业技术推广总站。2008 年宁夏回族自治区政务服务中心成立，肥料登记纳入宁夏政务服务中心实行集中受理。程序为企业申请→政务大厅农业厅窗口集中受理→宁夏农业技术推广总站对申请的肥料登记资料进行技术审核→种植业处审核签批→宁夏农业厅行政审批办公室审批发证→信息公开。截至 2015 年共办理肥料登记 785 个，33 个肥料产品通过初审办理农业部肥料登记证。

（三）肥料登记改革阶段

2015 年以来，为贯彻落实国务院关于深化行政审批制度改革的部署和要求，优化服务流程、提高服务质量，进一步规范肥料登记行政审批工作，农业部对肥料登记进行了三次大的改革，深入推进简政放权、放管结合、优化服务，加快政府职能转变。

1. 对农业部受理的企业肥料产品申请登记材料及登记肥料产品的监管进行改革

自 2015 年 9 月 6 日起，企业登记肥料产品的申请由农业部行政审批综合办公大厅集中受理，对企业申请肥料登记提交的资料实施网上申请和纸质材料申请并行。同时按照简政放权的要求，对肥料登记材料进行简化，取消了"三项规定"：取消提交肥料样品的规定，省级农业行政主管部门在肥料登记初审时不再抽取肥料样品；取消质量复核性检测的规定；取消肥料残留试验、肥料田间示范试验资料的规定。要求加强登记肥料产品的监管，定期组织开展肥料产品质量和标签抽查。

2. 取消外省肥料登记备案核准

按照 2000 年 6 月 23 日农业部令第 32 号公布《肥料登记管理办法》第三十二条规定：省、自治区、直辖市农业行政主管部门登记的肥料产品只能在本省销售使用，如要在其它省区销售使用的，须由生产者、销售者向销售使用地省级农业行政主管部门备案。截至 2015 年 10 月，全区共办理肥料产品备案登记近 900 个。2015 年 10 月 14 日国务院公布《关于第一批取消 62 项中央指定地方实施行政审批事项的决定》（国发〔2015〕57 号）文件，取消了"外省肥料登记产品备案核准"，为外省取得登记的肥料产品进入宁夏销售提供了方便之门，极大地方便了企业，提高了工作效率。截至 2015 年年底，全区共有 787 个肥料产品已办理登记证。

3. 取消肥料安全性评价试验和质量检测

2015 年 11 月 11 日国务院发布《关于第一批清理规范 89 项国务院部门行政审批中介服务事项的决定》，取消了农业部对登记产品在审批中要求申请人委托相关机构开展肥料质量复核性检测的规定。2016 年 2 月 3 日国务院发布了《关于第二批清理规范 192 项国务院部门行政审批中介服务事项的决定》，取消了农业部对登记产品要求提交肥料安全性评价试验（包括毒性试验、抗爆性能试验、菌种毒理学报告和产品毒性报告编制、肥料菌种鉴定）及开展所有肥料登记提供肥料产品检测报告的规定，改由审批部门委托有关机构开展肥料安全性评价试验和肥料产品质量检测。此次行政改革减轻了企业负担，企业办理登记提交的肥料安全性评价试验和肥料产品检测由企业自主付费转变为政府买单，为企业节约了成本，促进了中介服务等第三方机构公平竞争和健康发展。

4. 取消肥料临时登记

《肥料登记管理办法》规定肥料登记分为临时登记和正式登记两个阶段。截至 2016 年，全区共办理肥料临时登记证 284 个。为进一步深入推进政府职能转变和深化行政审批制度改革的部署和要求，2017 年 1 月 12 日，国务院发布了第三批取消项中央指定地方实施的行政许可事项目录，共计 39 项。取消肥料临时登记，农业行政主管部门直接受理肥料登记申请，要求各地区、各部门加大肥料打假力度，对肥料产品质量开展"双随机"抽查，并将抽查结果向社会公布。

5. 肥料登记改备案

2020 年，为贯彻落实《国务院关于取消和下放一批行政许可的决定》，农业农村部决定针对大量元素水溶肥料、中量元素水溶肥料、微量元素水溶肥料、农用氯化钾镁、农用硫酸钾镁肥料，不再由农业农村部登记，改为备案。复混肥料、掺混肥料不再由省级农业部门登记，改为备案。至此，由农业部门办理的肥料登记只保留含有机质成分和微生物成分的肥料产品。

■ 第四节　科学施肥

一、施肥的发展历程

1996—2020 年，宁夏施肥发展历程可分为平衡施肥时期、测土配方施肥时期和化肥减量增效时期三个阶段。

（一）平衡施肥时期（1996—2004 年）

1996 年是"九五"计划实施第一年，农业部在全国范围内组织实施"沃土计划"，自治区党委和政府将"沃土计划"列为政府重点工作之一，在全区启动"沃土计划"，制定《宁夏沃土计划》实施方案，确定宁南山区彭阳县和引黄灌区高产区吴忠市（利通区）两个不同类型生态区为"沃土计划"示范县，推行秋深翻和秋施肥、秸秆还田、农家肥积造、种植绿肥等技术培肥地力。"沃土计划"的实施带动了全区配方施肥技术的研究与新肥料的应用。1997 年，配方施肥示范县永宁县辐射带动推广平衡配套施肥技术，为实施全区"两高一优"农业和"吨粮田"提供技术支撑。全区有机肥和氮、磷配合施肥面积覆盖率达到播种面积的 70%，其中根据测土和试验结果推荐施肥量即优化配方施肥的面积达到 170 万亩，其中小麦 60 万亩、玉米 60 万亩、水稻 50 万亩。经测算，优化配方施肥每亩平均增产 34 千克，每亩增加收益 50 元，累计增粮 5780 万千克，增收 8500 万元。以试验结果为依据，在全区主要作物上推广氮磷钾复合肥合理搭配，辅以微肥的施肥技术，磷钾肥施用量明显增加，化肥施用趋于合理。其间，生物有机无机复合肥和长效碳铵等新型肥料试验示范，作物产量效果显著，如露地大白菜亩施生物有机无机复合肥 80 千克，与常规施肥比增产 1334 千克/亩，水稻施用长效碳铵与等氮量普通碳铵比常规施肥增产 55.6 千克/亩，玉米等价施用长效碳铵（比普通碳铵每亩少施 15 千克）增产 19.7 千克/亩。2000 年以后，农业部在全国范围内组织实施"百县千村"示范工程，宁夏永宁、西吉两县被列入，按照全国平衡施肥示范县技术规程的具体要求，基于不同土壤及土壤养分含量状况，不同作物及作物需肥特性，开展耕地养分调查等基础研究工作，进一步加强平衡施肥技术推广。通过平衡施肥试验研究，提出相关粮食作物施肥组合，小麦以亩施纯氮（N）15 千克、P_2O_5 12 千克，不施钾肥为最优组合。豌豆以亩施纯氮（N）3 千克、P_2O_5 16 千克，不施钾肥为最优组合。地膜玉米以亩施纯氮（N）12 千克、P_2O_5 12 千克、K_2O 4 千克为最优组合。马铃薯以亩施纯氮（N）10 千克、P_2O_5 8 千克、K_2O 7 千克为最优组合。

（二）测土配方施肥时期（2005—2014 年）

2005 年按照农业部关于开展测土配方施肥的要求，自治区各级政府和农业部门高度重视，积极行动。一方面，确定永宁县为全国测土配方施肥试点和自治区测土配方施肥示范县，另一方面，根据宁夏耕作制度、作物布局、地力水平、施肥现状等生产实际，本着突出重点、分区示范、全面实施的原则，重点在引黄灌区粮食作物主产区全面启动测土配方施肥工作，示范推广测土配方施肥技术 171万亩，节本增收 8279.18 万元。到 2009 年全面实现宁夏全域 22 个市县测土配方施肥技术全覆盖，测土配方施肥面积 700 万亩，节本增收 27881.85 万元。围绕"测、配、产、供、施"五个中心环节，共采集土壤样品 130302 个，植株样品 2544 个，土壤样品分析化验 103.1 万项次，植株样品化验 20352 项次，田间基本情况调查 107781 块，施肥现状农户调查 17357 户，开展田间试验 3367 项次，制定施肥配方 2789 个，应用配方肥 41.8 万吨。

在摸清耕地养分家底的基础上，依据试验结果，研究制定出主要作物水稻、小麦、玉米、马铃薯、谷子、糜子、莜麦、荞麦、蚕豆、向日葵、油菜、豌豆、胡麻、菊芋、大宗蔬菜等 20 多种作物，灌区、山地、川地不同产量水平的专用配方肥配方 74 种，开发了自治区测土配方施肥专家推荐施肥软件、自治区测土配方施肥查询决策触摸屏系统及自治区测土配方施肥专家推荐施肥系统网络版，完善宁夏粮油作物和优势特色作物施肥指标体系，建立"统一测配、定点生产、连锁供应、指导服务"的"技物、技企"双结合运行模式。编写并出版了《宁夏测土配方施肥技术》《宁夏测土配方施肥技术实用手册》《宁夏测土配方施肥技术问答》等系列丛书。改变了宁夏农作物化肥施用水平低、氮磷肥配比不协调、施肥不规范的状况，实现增肥、增效的目的。全区农作物亩均化肥用量由 2005 年的 52.71 千克增加到 2014 年的 63.24 千克，增加了 0.2 倍；化肥总使用量由 2005 年的 86.9 万吨（实物量）增加到 2014 年的 106.9 万吨。

2011 年开始，随着耕地质量提升项目的实施，宁夏在推动粪肥腐熟还田的基础上，加大补贴资金，加快商品有机肥部分替代化肥绿色生产示范县和粮食等绿色标准化生产示范区建设，强化有机肥替代化肥技术示范，集成推广"有机肥＋配方肥""有机肥＋水肥一体化"等有机无机施肥技术模式，完善配方施肥技术体系。

（三）化肥减量增效时期（2015—2020 年）

2015—2020 年为化肥减量增效时期。为贯彻落实农业部化肥施用量零增长的部署，2015 年制定实施了《宁夏回族自治区到 2020 年化肥使用量零增长行动工作落实方案》，2016 年中宁县为农业部化肥减量增效试点县，主要探索化肥减量增效技术模式和工作机制。2017 年永宁县、利通区、青铜峡市、银川市为耕地质量提升和化肥减量增效示范县。2018—2019 年沙坡头区、原州区、泾源县、灵武市、中宁县、同心县、隆德县和平罗县相继建设化肥减量增效示范县，以提高农户科学施肥水平和耕地综合生产能力为目标，以绿色、生态发展为导向，以服务新型经营主体为抓手，以建设化肥减量增效和耕地质量提升示范区为重点，围绕粮食生产功能区、重要农产品生产保护区及入黄十二条排水沟周边进行合理布局，充分调动新型经营主体参与耕地质量提升与化肥减量增效示范区建设。通过集成示范推广测土配方施肥、水肥一体化、机械深施、秸秆还田、有机肥替代、一次性施肥等技术，初步建立科学施肥管理和技术体系，科学施肥技术水平有了一定的提升，肥料用量呈现逐年降低趋势。按照"调整肥料使用结构、改进施肥方式、扩大施用有机肥、培肥地力、实施有机与无机相结合、提高肥水利用率、减量控污"的技术路径，推广测土配方、种肥同播、机械深施等科学施肥技术。截至 2020 年年底，宁夏回族自治区境内登记的肥料生产企业：有机肥料 74 家，复合（混）肥料 18 家，有机无机复混肥料 6 家，水稻苗床调理剂 2 家。化肥使用量由 2016 年的 107.8 万吨（实物量）减少到 2020 年的 99.08 万吨，其中氮肥和磷肥分别降低了 9.1% 和 12.8%。

另根据统计数据，2020 年宁夏化肥用量为 99.08 万吨，同比减少 1.62 万吨，降幅为 1.61%。其中，氮肥、磷肥、钾肥和复合肥使用量分别为 47.73 万吨、21.17 万吨、4.28 万吨和 25.90 万吨，与 2015 年相比，氮肥使用量减少 8.56%、磷肥使用量减少 14.66%、钾肥使用量增加 1.98%、复合肥使用量增加 0.38%。

二、科学施肥技术模式

肥料是农业生产中重要的农业投入品，科学施用肥料可以达到提高化肥利用率、保护环境、提高地力、持续增产、高产等目的，从而实现农业增效、农民增收。宁夏农业技术推广总站汇总多年的试验结果，按照土壤肥力、作物需要、施肥时期、施肥方法、施肥方式、施肥量及施肥方法等，集成总结推广主要粮食作物一次性施肥、有机肥替代化肥减量增效、水肥一体化和测土配方施肥化肥减量增效等关键技术模式，使全区化肥用量连续 4 年负增长，2020 年化肥使用量较 2018 年减少 1.9 万吨，减幅 1.9％，较 2015 年减少 7.9 万吨，减幅 7.4％。肥料利用率显著提升，2020 年全区主要粮食作物化肥利用率 40.1％，较 2018 年提高 1.4 个百分点，较 2015 年提高了 5.5 个百分点。施肥结构明显优化，高效新型肥料和一次性施肥技术规模逐年上升，应用面积 148 万亩，施用量 6.6 万吨，有机肥应用面积 588.8 万亩。施肥方式加速转变，施肥品种由单一的氮、磷、钾三要素肥料向氮、磷、钾＋中微量元素肥料转变，主要粮食作物机械施肥面积 830 万亩，水肥一体化面积 148 万亩。

（一）一次性施肥技术模式

1. 春小麦

灌区目标产量 400～500 千克/亩，需亩施纯氮（N）14.2～18 千克，磷（P_2O_5）5.7～7.9 千克，钾（K_2O）3.1～4 千克。在亩施充分腐熟的农家肥 1000～1500 千克或商品有机肥 40～80 千克或生物有机肥 25～40 千克的基础上，如果选择带种肥，施 50％（33-9-8）的缓控释配方肥 39～50 千克/亩，带种肥磷酸二铵 8 千克；如果选择不带种肥，施 50％（33-9-8）的缓控释肥 46～58 千克/亩。施肥方式采用机械深施或播种时同步侧深施肥，施肥深度 7～15 厘米。小麦前茬为水稻需再增施磷肥，亩基施施普钙（主要成分为磷酸二氢钙）40～80 千克/亩。

2. 水稻

插秧稻目标产量为 600～800 千克/亩，需亩施纯氮（N）13.1～18.7 千克，磷（P_2O_5）5.9～8.4 千克，钾（K_2O）2.5～3.6 千克。在亩施充分腐熟的农家肥 1000～1500 千克或商品有机肥 40～80 千克或生物有机肥 25～40 千克的基础上，施 51％（32-13-6）的缓控释配方肥 42～60 千克/亩。播后上水水稻目标产量为 550～650 千克/亩，需亩施纯氮（N）12.4～15.1 千克，磷（P_2O_5）5～6.1 千克，钾（K_2O）2.3～2.8 千克。在亩施充分腐熟的农家肥 1000～1500 千克或商品有机肥 40～80 千克或生物有机肥 25～40 千克的基础上，施 51％（32-13-6）的缓控释配方肥 39～47 千克/亩。幼苗旱长水稻目标产量为 600～700 千克/亩，需亩施纯氮（N）14.2～17.1 千克，磷（P_2O_5）5.8～6.9 千克，钾（K_2O）2.7～3.2 千克。在亩施充分腐熟的农家肥 1000～1500 千克或商品有机肥 40～80 千克或生物有机肥 25～40 千克的基础上，施 51％（32-13-6）的缓控释配方肥 44～53 千克/亩。施肥方法：于整地平田时采用机播或撒肥后旋耕。插秧稻返青较慢时或直播稻幼苗期，亩追施尿素 2 千克＋硫酸铵 5 千克（或尿素 3～4 千克），幼苗发育正常的，可不追肥。

3. 玉米

（1）灌区　自流灌区目标产量 700～1000 千克/亩，需亩施纯氮（N）16.3～28.1 千克，磷（P_2O_5）6.6～11.4 千克，钾（K_2O）3.1～3.3 千克。在亩施充分腐熟的农家肥 1000～1500 千克或商品有机肥 40～80 千克或生物有机肥 25～40 千克的基础上，施 51％（32-13-6）的缓控释配方肥 51～88 千克/亩。扬黄灌区目标产量 700～1000 千克/亩，需亩施纯氮（N）17.4～28.9 千克，磷（P_2O_5）7.1～11.7 千克，钾（K_2O）3.3～5.4 千克。在亩施充分腐熟的农家肥 1000～1500 千克或商品有机肥 40～80 千克或生物有机肥 25～40 千克的基础上，施 51％（32-13-6）的缓控释配方肥 54～90 千克/亩。

（2）宁南山区　水浇地目标产量 600～800 千克/亩，需亩施纯氮（N）13.4～18.7 千克，磷（P_2O_5）6.7～9.4 千克，钾（K_2O）2.2～3.1 千克。在亩施充分腐熟的农家肥 1000～1500 千克或商品有机肥 40～80 千克或生物有机肥 25～40 千克的基础上，施 50％（30-15-5）-S 的缓控释配方肥 45～62 千克/亩。川旱地目标产量 500～700 千克/亩，需亩施纯氮（N）11.8～17.2 千克，磷（P_2O_5）5.9～8.6 千克，钾（K_2O）2～2.9 千克。在亩施充分腐熟的农家肥 1000～1500 千克或商品有机肥 40～80 千克或生物有机肥 25～40 千克的基础上，施 50％（30-15-5）-S 的缓控释配方肥 39～57 千克/亩。山旱地目标产量 300～600 千克/亩，需亩施纯氮（N）7.7～16.2 千克，磷（P_2O_5）3.9～8.1 千克，钾（K_2O）1.3～2.7 千克。在亩施充分腐熟的农家肥 1000～1500 千克或商品有机肥 40～80 千克或生物有机肥 25～40 千克的基础上，施 50%（30-15-5）-S 的缓控释配方肥 26～54 千克/亩。施肥方法为撒施后旋耕或犁翻、机械播施，施肥深度 10～15 厘米，采用种肥同播施肥方式，种子与肥料间隔 4～5 厘米。

4. 宁南山区马铃薯

水浇地目标产量 2000～3500 千克/亩，需亩施纯氮（N）12.4～23.7 千克，磷（P_2O_5）6～11.4 千克，钾（K_2O）3.4～6.5 千克。在亩施充分腐熟的农家肥 1000～1500 千克或商品有机肥 40～80 千克或生物有机肥 25～40 千克的基础上，施 51%（29-14-8）-S 的缓控释配方肥 43～82 千克/亩。川旱地目标产量 1500～3000 千克/亩，需亩施纯氮（N）9.4～21.6 千克，磷（P_2O_5）4.5～10.4 千克，钾（K_2O）3.4～6.5 千克。在亩施充分腐熟的农家肥 1000～1500 千克或商品有机肥 40～80 千克或生物有机肥 25～40 千克的基础上，施 50%（30-15-5）-S 的缓控释配方肥 32～74 千克/亩。山旱地目标产量 800～2000 千克/亩，需亩施纯氮（N）5.7～15.2 千克，磷（P_2O_5）2.8～7.3 千克，钾（K_2O）1.6～4.2 千克。在亩施充分腐熟的农家肥 1000～1500 千克或商品有机肥 40～80 千克或生物有机肥 25～40 千克的基础上，施 50%（30-15-5）-S 的缓控释配方肥 20～52 千克/亩。施肥方法为：播种时，将种薯与肥料间隔 6～8 厘米，窜施或人工穴施，施肥深度 10～15 厘米。

（二）有机肥替代化肥减量增效技术模式

1. "有机肥＋配方肥"技术模式

在小麦和水稻上主推"有机肥＋配方肥"技术。小麦和水稻增施商品有机肥 175 千克/亩（或充分腐熟畜禽粪便等农家肥 500～1000 千克/亩），化肥减量 20%。化肥施肥量：小麦目标产量 450 千克/亩，亩施尿素 22.6 千克、磷酸二铵 13.4 千克、硫酸钾 5.6 千克。水稻目标产量 600 千克/亩，亩施尿素 19.2～20.3 千克、磷酸二铵 8.7～10.4 千克、硫酸钾 4.2 千克。有机肥和磷钾肥全部基施，氮肥小麦基施约 1/2，追施约 1/2，水稻基施约 1/3，追施约 2/3。

2. "有机肥＋一次性施肥"技术模式

在马铃薯上主推"有机肥＋一次性施肥"技术。马铃薯增施商品有机肥 200 千克/亩（或充分腐熟农家肥 500～1000 千克/亩），化肥减量 25%。化肥施肥量：山区水浇地目标产量 3000 千克/亩，可选择 N-P_2O_5-K_2O（29-14-8）（硫基）的缓控释掺混肥 48.2 千克；山区川旱地目标产量 2500 千克/亩，可选择 N-P_2O_5-K_2O（29-14-8）（硫基）的缓控释掺混肥 42.8 千克。播种整地前将有机肥撒施旋耕，缓控释掺混肥窜施或人工穴施一次性施入，施肥深度 10～15 厘米。

（三）玉米水肥一体化技术模式

在有水源、喷滴灌带等田间管网等基础条件好的地点实施。目标产量 1000 千克/亩。种肥：结合机械播种作业，基施磷酸二铵 10 千克/亩。追肥：苗期：结合灌水施水溶肥配方 50%（32-10-8）1 次，用量为 8～10 千克/亩，灌水定额为 15～18 米^3/亩。拔节期：结合灌水施水溶肥配方 50%（32-10-8）2 次，用量为 24～30 千克/亩，滴灌 2～3 次，灌水定额为 15～18 米^3/亩。抽穗期：施水溶肥配方 50%（25-10-15）1 次，用量 16.0～20.0 千克/亩，滴灌 3 次，灌水定额为 15～18 米^3/亩。灌浆期：玉米抽穗至灌浆期，0～40 厘米土壤含水量低于田间持水量的 70% 时及时灌水，滴灌 3 次，灌水定额为 16～18 米^3/亩，不施肥。

（四）测土配方施肥化肥减量增效技术模式

1. 春小麦

灌区（包括引黄灌区和扬黄灌区）目标产量 350～500 千克/亩，需亩施纯氮（N）15.0～21.2 千克，磷（P_2O_5）5.7～7.9千克，钾（K_2O）0～2.4千克。山区目标产量100～300千克/亩，需亩施纯氮（N）5.3～11.2千克，磷（P_2O_5）1.8～3.9千克，钾（K_2O）0千克。基肥：在亩施充分腐熟的农家肥1000～1500千克或商品有机肥40～80千克或生物有机肥25～40千克的基础上，施用氮、磷、钾肥40～65千克，施肥深度7～15厘米。追肥：拔节期追施尿素14.6～20千克，追肥结合灌水进行，撒肥后及时灌水。

2. 冬小麦

灌区（包括引黄灌区和扬黄灌区）目标产量400～650千克/亩，需亩施纯氮（N）17.3～28.2千克，磷（P_2O_5）5.6～9.9千克，钾（K_2O）1.9～5.5千克。山区目标产量100～300千克/亩，需亩施纯氮（N）5.3～11.2千克，磷（P_2O_5）1.8～3.9千克，钾肥可不施。基肥：在亩施充分腐熟的农家肥1000～1500千克或商品有机肥40～80千克或生物有机肥25～40千克的基础上，施用氮、磷、钾肥51～88千克，基肥施肥深度7～15厘米。追肥：拔节期追施尿素14.6～34千克，追肥结合灌水进行，追肥后及时灌水。

3. 水稻

水稻栽培方式有育苗插秧、播后上水、幼苗旱长三种。目标产量550～800千克/亩，需亩施纯氮（N）13～21.9千克，磷（P_2O_5）5.2～8.5千克，钾（K_2O）1.6～3.9千克。基肥：在亩施充分腐熟的农家肥1000～1500千克或商品有机肥40～80千克或生物有机肥25～40千克的基础上，施用氮、磷、钾肥40～60千克，施肥深度7～15厘米。追肥：分别于苗期、分蘖期和孕穗期追施尿素4.8～9.4千克/亩、7.2～18.5千克/亩、3.2～6.45千克/亩。后期长势良好，可不必进行穗肥追施。在高产情况下需配施2～4千克钾肥。具体施肥量可根据土壤肥力与渗漏性、水稻长势等情况进行适量增减。

4. 玉米

灌区（包括引黄灌区和扬黄灌区）目标产量700～1100千克/亩，需亩施纯氮（N）18.7～36.0千克，磷（P_2O_5）7.2～13.0千克，钾（K_2O）0～7.4千克。山区目标产量300～800千克/亩，需亩施纯氮（N）8.2～20.1千克，磷（P_2O_5）3.7～9.0千克，钾（K_2O）0～1.9千克。基肥：在亩施充分腐熟的农家肥1000～1500千克或商品有机肥40～80千克或生物有机肥25～40千克的基础上，施用氮、磷、钾肥35～66千克，施肥深度为7～15厘米。追肥：灌区于拔节期和孕穗期分别追施尿素14.2～29.9千克/亩、8～16.8千克/亩；山区于拔节期追施尿素5.9～18千克/亩，追肥次数依据目标产量而定，亩产900千克以下追施1～2次，900千克以上追施2次。

5. 马铃薯

马铃薯是宁南山区优势作物，目标产量1000～3500千克/亩，需亩施纯氮（N）9.4～25.5千克，磷（P_2O_5）3.1～11.5千克，钾（K_2O）0～7.0千克。基肥：在亩施充分腐熟的农家肥1500～2000千克或商品有机肥50～100千克或生物有机肥25～40千克的基础上，施用氮、磷、钾肥30～85千克/亩，施肥深度为7～15厘米，可采用随犁沟溜施、撒肥后旋耕或犁翻、机械播施等方法。追肥：依据长势选择追肥次数，追1次，于现蕾期追施尿素7～24.8千克/亩，追2次，分别于现蕾期和盛花期追施尿素4.9～17.3千克/亩、2.1～7.4千克/亩，追肥方式为结合培土将肥料埋入土中。

第九章

农作物病虫害及植物保护

第一节 农业有害生物发生防治

宁夏农业生产上曾成灾的病害有小麦条锈病、腥黑穗病、黄矮病、全蚀病、赤霉病、白粉病，水稻白叶枯病、稻瘟病，玉米霜霉病、茎腐病、大小斑病等，甜菜丛根病、根腐病，糜子黑穗病，马铃薯晚疫病、病毒病、环腐病，豌豆根腐病；辣椒疫病、病毒病，黄瓜霜霉病，番茄灰霉病、叶霉病等。害虫有小麦吸浆虫、麦蚜、黏虫、稻蝗、玉米螟、糜子吸浆虫、豆银纹夜蛾、亚麻细卷蛾、金龟子、地老虎、蝼蛄；枸杞实蝇、蚜虫、木虱、瘿螨、锈螨、瘿蚊、红蜘蛛、负泥虫；林木果树上的害虫有光肩星天牛、杨黄星天牛、木蠹蛾、蚧类、食心虫、梨蟓、星毛虫等。地下害虫在宁夏各地均有分布，主要有地老虎类、金针虫类、蝼蛄类和金龟类等。地老虎类：小地老虎和黄地老虎危害蔬菜、甜菜、亚麻、高粱、玉米等。同心县等地的糜谷受黄地老虎危害严重，还有警纹地老虎、白边地老虎等。金针虫类：细胸金针虫，在宁夏平原危害玉米、向日葵等幼苗。在固原地区有宽背金针虫，危害小麦。六盘山阴湿区有褐纹金针虫等危害农作物及林木，但不成灾。蝼蛄类：有华北蝼蛄和非洲蝼蛄两种，危害麦类、糜谷等多种作物苗根。金龟类：有华北大黑金龟子、阔胸金龟子、无翅黑金龟子、黑绒金龟子等，以成虫或幼虫危害农作物和林木、果树。此外，还有小云斑金龟子、云斑金龟子、白鳃金龟子、网目沙潜、蒙古沙潜、冬麦叶蛾、棕色鳃金龟子、黄褐丽金龟子等。

一、粮食作物主要病虫害

（一）小麦主要病虫害

1. 小麦条锈病

1996—2020 年间，只有 2002 年在中宁以南地区大流行，发生面积 500 万亩，损失小麦 4500 万千克，累计防治面积 350 多万亩，挽回小麦产量 17500 万千克，其余年份均为偏轻至中等发生。20世纪以来各地落实"发现一点、防治一片"的预防措施，及时控制发病中心，并选用三唑酮、烯唑醇、戊唑醇、氟环唑、己唑醇、丙环唑、醚菌酯等药剂适期防治，有效控制该病的发生危害。2000年发生面积 11.14 万亩，防治面积 7.43 万亩；2005 年发生面积 152.70 万亩，防治面积 108.70 万亩；2010 年发生面积 98.03 万亩，防治面积 119.43 万亩；2015 年发生面积 65.70 万亩，防治面积73.48 万亩；2020 年发生面积 25.86 万亩，防治面积 33.90 万亩。

2. 小麦散黑穗病

20 世纪 80 年代后经过多年的药剂拌种，此病逐年减轻，各地偏轻发生。1996 年发生面积 99.05万亩，防治面积 44.20 万亩；2000 年发生面积 42.80 万亩，防治面积 14 万亩；2005 年发生面积58.10 万亩，防治面积 11.03 万亩；2010 年发生面积 138.32 万亩，防治面积 186.42 万亩；2015 年发生面积 5.31 万亩，防治面积 1 万亩；2020 年发生面积 1.62 万亩，防治面积 1.6 万亩。

3. 小麦全蚀病

1996—2000 年间，每年发病面积为 40 万～60 万亩，以常年旱田发生严重，损失率一般 10％～30％，严重的田块减产 50％～80％，麦田从零星发病到成片死亡。2000—2020 年间，轻发生，每年发病面积在 3 万～10 万亩。生产中多采用轮作倒茬、选用抗病品种及拌种进行控制。

4. 小麦黄矮病

以小麦二叉蚜为传染媒介的病毒病。1999 年黄矮病流行发生，发生面积 140 万亩以上，防治面积 110 万亩，挽回损失 1930 万千克。非流行年份零星发生，一般为 0.5％～5％。随着选育抗病品种、加强栽培管理，同时推广治蚜防病技术，此病得到控制。2000—2020 年间，轻发生，每年发病面积 2 万～10 万亩。

5. 小麦红矮病

以条斑叶蝉为媒介的一种病毒病，主要发生在宁南冬麦区。20 世纪 80 年代后，选用抗红矮病的小麦品种，并加强栽培管理及苗期叶蝉防控，此病轻发生。20 世纪 90 年代至 21 世纪 20 年代各地大多为零星发生。

6. 小麦赤霉病

20 世纪 90 年代各地采取春播前清除水稻、玉米根茬，减少小麦赤霉病越冬菌源，并在小麦抽穗扬花期结合防蚜虫选用甲基托布津、多菌灵杀菌剂与杀虫剂混用，有效控制流行。1996 年发生面积 46.92 万亩，防治面积 30.12 万亩；2000 年发生面积 42.63 万亩，防治面积 34.18 万亩；2005 年发生面积 13.08 万亩，防治面积 8.5 万亩；2010 年发生面积 12.41 万亩，防治面积 29.03 万亩；2015 年发生面积 2.2 万亩，防治面积 5.1 万亩；2020 年发生面积 2.61 万亩，防治面积 9.41 万亩。

7. 小麦白粉病

20 世纪 90 年代，由于加强耕作管理水平和防治措施，发生面积大幅度下降，但自 2002 年以来，该病的发生程度再度加重，连续几年偏重发生，2003 年发生面积 315.4 万亩、2005 年发生面积 205.95 万亩。2010 年后，随着小麦一喷三防技术的推广应用，发生面积逐年减少。2010 年发生面积 113.71 万亩，防治面积 179.26 万亩；2015 年发生面积 94.5 万亩，防治面积 114.53 万亩；2020 年发生面积 41.32 万亩，防治面积 52.96 万亩。

8. 小麦蚜虫

主要有二叉蚜、长管蚜、无网长管蚜和缢管蚜 4 种。其中，二叉蚜传播病毒造成间歇性、暴发性的小麦黄矮病发生。20 世纪 90 年代以来，开展预测预报，确定防治时间、防治次数，适时集中播种，加强栽培管理，利用自然天敌防治，筛选菊酯类等高效低毒的新农药，并引进、推广使用机动喷雾机进行超低容量喷雾的施药方法，降低了蚜虫基数，减轻了发生程度。1996—2019 年间，1996 年、1997 年、2000 年、2017 年为偏重发生，1999 年为大发生，其余年份为中等发生。1996 年发生面积 382.98 万亩，防治面积 239.29 万亩；2000 年发生面积 275.92 万亩，防治面积 34.18 万亩；2005 年发生面积 308.20 万亩，防治面积 380.30 万亩；2010 年发生面积 208.89 万亩，防治面积 279.11 万亩；2015 年发生面积 155.48 万亩，防治面积 153.38 万亩；2020 年发生面积 106.06 万亩，防治面积 93.29 万亩。

9. 麦红吸浆虫

主要发生于宁夏平原及西吉县川水地。1997 年全区大发生，面积达到 40.1 万亩，自治区及有关县拨专款 67 万元，经防治，小麦穗、粒被害率分别下降 55.3 和 60.2 个百分点，亩挽回小麦 50 千克以上。2000 年发生面积 22.04 万亩，防治面积 33.41 万亩。2005 年在惠农、平罗、贺兰、中宁、西吉等县危害严重，全区发生面积达 60 万亩，后经连续 3 年的联防，危害得到控制。2010 年发生面积 27.94 万亩，防治面积 17.35 万亩；2015 年发生面积 6.75 万亩，防治面积 4.58 万亩；2020 年发生面积 4.4 万亩，防治面积 2.2 万亩。

10. 麦蜘蛛

以麦长腿蜘蛛为主，是南部山区的常发性害虫。一般年份减产 10％左右，严重发生年份减产

20%左右。20世纪90年代以来，发生程度变轻，发生面积减小。1996年发生面积18.20万亩，防治面积5.25万亩；2000年发生面积17.60万亩，防治面积0.9万亩；2005年发生面积35万亩，防治面积11.6万亩；2010年发生面积24.5万亩，防治面积8.2万亩；2015年发生面积14万亩，防治面积11.5万亩；2020年发生面积17.2万亩，防治面积7.4万亩。

11. 黏虫

黏虫的幼虫咬食叶片形成缺刻，5～6龄达暴食期，严重时将叶片吃光形成光秆，造成严重减产，甚至绝收。1996年发生面积56.54万亩，防治面积14.52万亩；2000年发生面积16.34万亩，防治面积21.29万亩；2005年发生面积67.34万亩，防治面积52.67万亩；2010年发生面积20.15万亩，防治面积17.19万亩；2015年发生面积13.11万亩，防治面积6.77万亩；2020年发生面积7.62万亩，防治面积6.53万亩。

其他病虫害还有根腐病、叶枯病、细菌性条斑病、大麦坚（散）黑穗病、燕麦散（坚）黑穗病、黑毒病、球毒病、秆枯病、立枯病、斑枯病、秆黑粉病、丛矮病、麦秆蝇、麦圆蜘蛛、绿眼秆蝇、瑞典蝇、条斑叶蝉、灰飞虱、麦黑潜叶蝇、西北麦蜷、麦根蜷、麦茎叶甲、黄麦叶蜂、小麦穗蓟马等。

（二）水稻主要病虫害

1. 稻瘟病

宁夏水稻的常发性病害。宁夏地方品种白皮稻极易感病，流行年份一般减产二三成，严重田达五六成以上，甚至颗粒无收。20世纪90年代以来，1999年为偏重发生年份，发生面积79.09万亩，政府拨专款80万元用于防治，挽回损失2863万千克。21世纪以来，2006年、2007年偏重发生，2006年发生面积57.86万亩，2007年发生面积64.92万亩，其余年份偏轻发生。2010年发生面积44.07万亩，防治面积102.48万亩；2015年发生面积76.52万亩，防治面积112.6万亩；2020年发生面积105.05万亩，防治面积242.19万亩。防治以控制发病中心为关键，普防叶瘟，兼治穗颈瘟。每亩用40%稻瘟灵乳油75～100毫升或20%三环唑可湿性粉剂75～80克或25%咪鲜胺乳油20毫升，兑水40～50千克喷雾，可有效控制该病蔓延。

2. 白叶枯病

一旦发生，一般会减产10%左右，严重的可减产50%～60%，甚至90%。20世纪90年代以来，通过采取控制疫区、防止病原扩散等措施，有效防治此病扩散蔓延。进入21世纪，此病零星发生。2010年发生面积0.13万亩，防治面积0.3万亩；2010年以后未发生。

3. 恶苗病

21世纪以来，推广25%咪鲜胺乳油2000～3000倍液浸种24～36小时，晾干后播种，使此害发生程度减轻，发生面积减小。2010年发生面积12.38万亩，防治面积32.48万亩；2015年发生面积10.92万亩，防治面积23.81万亩；2020年发生面积8.38万亩，防治面积21.4万亩。

4. 稻飞虱

成虫、若虫群集于稻丛下部刺吸汁液；雌虫产卵时，用产卵器刺破叶鞘和叶片，易使稻株失水或感染菌核病。排泄物常导致霉菌滋生，影响水稻光合作用和呼吸作用，严重的稻株干枯，颗粒无收。20世纪90年代，稻飞虱零星危害。21世纪，稻飞虱偏轻发生。防治：清除田边、沟边杂草，及时耕翻落谷苗，消灭越冬虫源，在越冬代2～3龄若虫盛发时喷洒10%吡虫啉可湿性粉剂1500倍液或2.5%溴氰菊酯乳油2000倍液。2000年发生面积0.2万亩，防治面积0.5万亩；2005年发生面积20.25万亩，防治面积23.70万亩；2010年发生面积30.46万亩，防治面积38.42万亩；2015年发生面积30.71万亩，防治面积33.46万亩；2020年发生面积13.97万亩，防治面积18.82万亩。

5. 中华稻蝗

成虫盛期在8—9月间。突击防治，当中华稻蝗进入3～4龄后常转入大田，当百株有虫10只以上时,应及时喷洒 20%氰戊菊酯乳油、2.5%氯氰菊酯乳油 1000～2000 倍液。大面积发生时应使用飞机防治。20 世纪 90 年代以来,偏轻发生。1996 年发生面积 1.81 万亩,防治面积 3.2 万亩;2000 年发生面积 3.83 万亩,防治面积 34.18 万亩;2005 年发生面积 11.96 万亩,防治面积 8.31 万亩;2010 年发生面积 17.08 万亩,防治面积 11.0 万亩;2015 年发生面积 6.52 万亩,防治面积 8.6 万亩;2020 年发生面积 11.4 万亩,防治面积 11.4 万亩。

6. 黏虫

21 世纪后,开始调查该虫在水稻上的危害。2000 年发生面积 40.07 万亩,防治面积 41.49 万亩;2005 年发生面积 0.24 万亩,未防治;2010—2015 年未发生危害;2020 年发生面积 2.01 万亩,防治面积 2.32 万亩。

水稻的其他病虫害还有胡麻斑病、干尖线虫病、稻苗绵腐病、白背飞虱、灰飞虱、稻水螟、稻简螟、稻水蝇、稻潜叶蝇、稻金翅夜蛾、稻摇蚊等。

(三)玉米主要病虫害

1. 玉米螟

20 世纪 90 年代以来,坚持及时处理玉米秸秆,压低越冬虫源基数,实施大喇叭口期施药及"一防两控"措施,大大减轻了危害。近 30 年来轻发生,1996 年发生面积 94.87 万亩,防治面积 64.0 万亩;2000 年发生面积 91.06 万,防治面积 69.34 万亩;2005 年发生面积 102.11 万亩,防治面积 94.15 万亩;2010 年发生面积 49.69 万亩,防治面积 48.31 万亩;2015 年发生面积 57.87 万亩,防治面积 34.75 万亩;2020 年发生面积 85.42 万亩,防治面积 38.40 万亩。

2. 玉米叶螨

20 世纪 90 年代,玉米叶螨由次要害虫上升为主要害虫,特别是 90 年代末为害加剧,造成大面积玉米早衰,对产量影响较大,减产 20%～30%。1997—2001 年连续 5 年大发生,叶片被害率为 40.8%～70.4%。2000 年之前主要以朱砂叶螨为害为主,之后则以朱砂叶螨和二斑叶螨混合危害,截形叶螨发生相对较少。近年通过及时清除田边地头杂草,消灭早期叶螨栖息场所,点片发生时选用哒螨灵、噻螨酮、克螨特、阿维菌素等喷雾或合理混配喷施,重点喷洒田块周边玉米植株中下部叶片背面等措施,降低了叶螨的发生程度。1997 年发生面积 96.37 万亩;2000 年发生面积 279.6 万亩,防治面积 167.3 万亩;2006 年发生面积 230 万亩;2010 年发生面积 219.82 万亩,防治面积 241.53 万亩;2015 年发生面积 339.02 万亩,防治面积 279.46 万亩;2020 年发生面积 337.18 万亩,防治面积 306.17 万亩。

3. 蚜虫

在宁夏山川各地均有发生,可为害玉米、小麦及多种禾本科杂草,是宁夏玉米的主要害虫之一。20 世纪在宁夏玉米上发生为害较轻,2000 年后对宁夏玉米为害逐年加重,灌区重于山区。采用噻虫嗪、吡虫啉、呋虫胺、溴氰菊酯等药剂可减轻其危害。2005 年发生面积 80.0 万亩,防治面积 65.0 万亩;2010 年发生面积 271.39 万亩,防治面积 252.78 万亩;2015 年发生面积 327.87 万亩,防治面积 263.08 万亩;2020 年发生面积 316.78 万亩,防治面积 230.3 万亩。

4. 黏虫

黏虫在宁夏不能越冬,虫源系华中河南一代虫区迁飞而来,第一代成虫 4 月上旬出现,幼虫在 6 月下旬至 7 月初为害玉米、小麦。第二代成虫 7 月底至 8 月上旬出现,幼虫 8 月下旬为害秋作物,轻发生。20 世纪 90 年代后防治力度加大,宁夏黏虫发生为害程度减轻,大发生的频率明显降低。但 1996 年大发生,出现农村道路、农田渠被黏虫覆盖,发生面积 71.02 万亩,防治面积 75.30 万亩。2010 年之后,通过适期防治,重点防治二代初龄幼虫,诱杀成虫,选用高效氯氰菊酯、三氟氯氰菊酯、溴氰菊酯等菊酯类药剂进行防治,此虫发生程度降低,仅在 2017 年偏重发生,发生面积 144.69 万亩,在盐池县、同心县、红寺堡区局地玉米田大发生,平均百株虫量 1000～3000 只,最高 4000 只。2020

年发生面积 161.41 万亩，防治面积 129.01 万亩。

5. 棉铃虫

2000 年以前，棉铃虫在宁夏发生为害不重而缺乏记载。随着栽培改制、玉米复种面积扩大，棉铃虫为害玉米有加重趋势。2005 年以来在番茄等蔬菜上发现为害，但总体程度不严重。2017 年，棉铃虫在宁夏小麦、玉米、水稻、马铃薯、向日葵、大豆、蔬菜等多种作物上同时或相继发生为害，且在局地小麦、玉米等作物上大发生，且二代、三代、四代虫均有发生。2017 年玉米上棉铃虫发生面积 325.95 万亩次，防治面积 219.9 万亩次。2017 年之后发生较轻。棉铃虫的防治：在幼虫 3 龄以前，选用 1.8％阿维菌素乳油 2000 倍液，或 10％高效氯氰菊酯乳油 6000 倍液，或 50％辛硫磷 1000 倍液等均匀喷雾，可有效控制其危害。2020 年发生面积 101.74 万亩，防治面积 87.01 万亩。

6. 玉米大小斑病

在宁夏引黄灌区发生相对普遍，从幼苗到成株期均可发生，叶片被害后使叶绿组织受损，影响光合机能，导致减产，严重年份可造成减产达 10％以上，近年来发生相对较轻。1996 年发生面积 20.1 万亩，防治面积 2.4 万亩；2000 年发生面积 68.88 万亩，防治面积 76.47 万亩；2005 年发生面积 38.96 万亩，防治面积 34.25 万亩；2010 年发生面积 13.92 万亩，防治面积 9.93 万亩；2015 年发生面积 193.69 万亩，防治面积 119.82 万亩；2020 年发生面积 194.23 万亩，防治面积 105.65 万亩。

玉米的其他病虫害还有玉米霜霉病、瘤黑粉病、丝黑穗病、茎基腐病、锈病、矮花叶病毒病、弯孢叶斑病、灰斑病、双斑萤叶甲、直纹稻弄蝶、地老虎、蝼蛄、蛴螬、金针虫等。

（四）马铃薯主要病虫害

1. 马铃薯晚疫病

主要分布于宁南山区，1996—2009 年未大面积流行发生，中等发生。2010 年以来，通过引进、优化比利时 CARAH 晚疫病预警模型，集成了"抗晚疫病品种＋药剂拌种＋健身栽培措施＋晚疫病监测预警防控决策＋全生育期科学用药"的技术模式，已基本控制了此病的流行和危害，降低了危害率。2012 年、2018 年偏重发生。2012 年发生面积 239 万亩，防治面积 190 万亩；2018 年发生面积 169.21 万亩，防治面积 85.32 万亩。2020 年发生面积 48.17 万亩，防治面积 39.76 万亩。

2. 马铃薯早疫病

马铃薯早疫病在宁夏发生早，田间发病普遍，局地危害重。一般年份造成的损失为 5％～10％，重发生田块危害损失 30％以上。防治上采取选用早熟耐病品种，增施有机肥，推行配方施肥等农业措施，发病前喷洒 80％代森锰锌可湿性粉剂、72％霜脲·锰锌可湿性粉剂、687.5 克/升氟菌·霜霉威悬浮剂、59％烯酰·霜霉威水剂、34％氟啶·嘧菌酯悬浮剂等化学措施。1996—2009 年发生较轻。2010 年发生面积 265.97 万亩，防治面积 136.35 万亩；2015 年发生面积 220.94 万亩，防治面积 105.82 万亩；2020 年发生面积 102.85 万亩，防治面积 82.66 万亩。

3. 马铃薯环腐病

20 世纪 70 年代在固原地区各县曾大流行，发病率 39.4％，亩产仅 100～150 千克。1996—2009 年发生较轻。近年来采取选用抗病品种，建立无病留种田，选小而整的种薯播种，晾种，选种切片消毒与药剂浸种等措施，防治效果明显。2010 年发生面积 88.96 万亩，防治面积 61.00 万亩；2015 年发生面积 34.32 万亩，防治面积 20.40 万亩；2020 年发生面积 2.19 万亩，防治面积 0.1 万亩。

4. 马铃薯病毒病

本病是轻型花叶病、条斑花叶病、卷叶病、重型花叶病、皱缩花叶病等的总称，一般发病率 30％以上，严重地区可达到 60％～70％。每年因各类病毒病造成损失鲜薯 1 亿～2 亿千克，蚜虫特别是桃蚜是病毒的传染媒介。20 世纪 90 年代以后此病偏轻发生，发生面积为 20 万～50 万亩。2010 年发生面积 98.32 万，防治面积 46.34 万亩；2015 年发生面积 46.75 万亩，防治面积 22.65 万亩；2020 年发生面积 28.53 万亩，防治面积 21.91 万亩。

5. 马铃薯黑胫病

通过采取选用抗病品种，选用无病种薯，采用小整薯播种，切片消毒，轮作 1 年以上，噻菌酮或噻霉酮药剂浸泡种薯或拌种和灌根处理等防控措施，此病发生面积逐渐减小，20 世纪 90 年代以后偏轻发生。2010 年发生面积 32.70 万亩，防治面积 17.0 万亩；2015 年发生面积 31.2 万亩，防治面积 10.8 万亩；2020 年发生面积 6.57 万亩，防治面积 5.12 万亩。

马铃薯的其他病虫害还有青枯病、软腐病、疮痂病、粉痂病、干腐病、枯萎病、立枯丝核菌病、茎线虫病、尾孢菌叶斑病、二十八星瓢虫、蚜虫、甲虫、地老虎、蛴螬、蝼蛄、金针虫等。

（五）杂粮主要病虫害

1. 豌豆根腐病

2000 年以后由于豌豆种植面积缩小，现已不见本病危害。

2. 糜子吸浆虫

分布于平罗县、贺兰县、青铜峡市、永宁县、吴忠市、固原市、灵武市等地。20 世纪 70 年代后期由于糜种植面积缩小，现已不见本虫危害。

3. 谷子白发病

谷子从萌芽到抽穗后，在各生育阶段，陆续表现出不同症状。可采用合理轮作、甲霜灵拌种和种植抗病品种等综合措施进行防治。1996 年以来发生较轻。2010 年发生面积 0.3 万亩，未防治；2015 年发生面积 0.03 万亩，未防治；2020 年发生面积 4.6 万亩，防治面积 5.08 万亩。

4. 大豆白粉病

主要为害叶片。病斑圆形，具暗绿色晕圈，不久长满白粉状菌丛，即病菌的分生孢子梗和分生孢子，后期在白色霉层上长出球形、黑褐色闭囊壳。采用抗病性品种，合理施用肥料，保持植株健壮，兼在发病初期及时喷洒 25％多菌灵 500～700 倍液，能减轻发病。1996 年以来发生较轻。2010 年发生面积 0.8 万亩，防治面积 1.5 万亩；2015 年未发生；2020 年发生面积 1.87 万亩，防治面积 2.35 万亩。

杂粮的其他病虫害还有高粱丝黑穗病、粟粒黑粉病、大豆锈病、霜霉病、紫斑病、细菌性角斑病、蚕豆根腐病、花豆斑枯病、粟茎跳甲、粟秆蝇、粟绿蝽、鳞斑叶甲、赤须盲蝽、褐须盲蝽、荞麦沟蛾、豆蚜、大豆食心虫、黄草地螟、豌豆长管蚜、豆小卷蛾、斑绿豆粉蝶、银纹夜蛾、苜蓿紫叶蛾、豆芫菁等。

二、经济作物病虫害

（一）甜菜主要病虫害

1. 甜菜象甲

平罗县一带发生较重。幼虫在 6 月取食甜菜根部造成死苗。2000 年以后由于甜菜种植面积缩小，现已不见危害。

2. 甜菜褐斑病

甜菜种植区均有发生，一般减产 10％～20％，降低含糖量 1～2 度，严重的减产 40％以上，含糖量降低 3～4 度。采用 40％多菌灵或 70％甲基托布津防治效果显著。1999 年发生面积 3.87 万亩，防治面积 0.65 万亩。2000 年以后由于甜菜种植面积缩小，现已不见危害。

3. 甜菜丛根病

属病毒病害，由甜菜多黏菌将病毒传播到甜菜体内。病毒侵入后首先引起甜菜生活力下降，叶片退绿，次生侧根丛生，维管束变褐，木质化。若根腐菌复合感染，会导致块根腐烂，甚至全株死亡。轻者减产 30％，含糖量降低 3 度，严重者减产 70％，含糖量下降 5 度左右。大田防治时，通过处理种子培育壮苗、平衡施肥、轮作、封闭丛根病重病区等措施，可减缓该病蔓延，提高产量和质量。

2000 年以后由于甜菜种植面积缩小，现已不见危害。

（二）枸杞主要病虫害

1. 枸杞蚜虫

4—9 月间密集在新梢嫩枝和幼果上危害，常造成严重减产。使用高效氯氰菊酯、吡虫啉、苦参碱、藜芦碱，可有效控制其危害。1996 年以来发生程度逐渐减轻。2010 年发生面积 26.79 万亩，防治面积 156.97 万亩；2015 年发生面积 25.41 万亩，防治面积 161.74 万亩；2020 年发生面积 64.51 万亩，防治面积 151.16 万亩。

2. 枸杞木虱

20 世纪 70 年代以前危害严重，暂没有登记用来防控木虱的药剂，可使用广谱性杀虫剂螺虫乙酯、阿维菌素、噻虫胺防控其危害。90 年代发生较轻。2010 年发生面积 3.91 万亩，防治面积 10.05 万亩；2015 年发生面积 16.19 万亩，防治面积 114.86 万亩；2020 年发生面积 44.16 万亩，防治面积 104.06 万亩。

3. 枸杞炭疽病

青果染病初期，在果面上生小黑点或不规则褐斑，遇连阴雨，病斑不断扩大，半果或整果变黑，干燥时果实皱缩；湿度大时，病果上长出很多橘红色胶状小点。20 世纪 90 年代发生较轻。2010 年发生面积 3.41 万亩，防治面积 6.64 万亩；2015 年发生面积 17.50 万亩，防治面积 34.40 万亩；2020 年发生面积 20.23 万亩，防治面积 38.82 万亩。

4. 枸杞红瘿蚊

幼虫蛀食花器形成虫瘿，严重时减产 40% 以上。20 世纪 90 年代以来发生较轻。2010 年发生面积 7.80 万亩，防治面积 19.70 万亩；2015 年发生面积 5.2 万亩，防治面积 14.3 万亩。2019 年宁夏农业技术推广总站承担宁夏林业和草原局项目，开展枸杞用药登记试验，暂没有登记防控该虫的药剂。2020 年发生面积 27.03 万亩，防治面积 73.54 万亩。

5. 枸杞瘿螨

常发性害螨，枸杞产区均有分布。侵入叶组织危害，使叶、果畸形，呈瘤痣。喷 20% 乙螨唑、20% 哒螨灵、28% 唑螨酯等可有效控制其危害。20 世纪 90 年代以来，发生面积减小。2010 年发生面积 7.08 万亩，防治面积 18.57 万亩；2015 年发生面积 21.54 万亩，防治面积 129.0 万亩；2020 年发生面积 27.29 万亩，防治面积 83.74 万亩。

此外，还有枸杞流胶病、霜霉病、根腐病、黑盲蝽、龟甲、跳甲、绢蛾、蛀梢蛾、蛀果蛾等多种病虫害。

（三）黄花菜主要病虫害

主要以蓟马危害为主。黄花菜于 2016 年开始大规模种植，引起此虫发生危害。成虫和若虫锉吸植株幼嫩组织（枝梢、叶片、花、果实等）汁液，被害的嫩叶和嫩梢变硬、卷曲、枯萎，植株生长缓慢，节间缩短；嫩叶受害后使叶片变薄，叶片中脉两侧出现灰白色或灰褐色条斑，表皮呈灰褐色，出现变形、卷曲，生长势弱。2016 年以来，每年发生面积 6 万亩左右，且呈加重趋势。使用噻虫胺、噻虫嗪、噻虫·咯菌腈、乙基多杀菌素等可有效控制其危害。此外，还有蚜虫、叶螨、根腐病、叶斑病、锈病等多种病虫害危害。

（四）果树主要病虫害

1. 苹果腐烂病

主要发生于主干和大枝，苹果进入盛果期极易感病，发病严重时枝条枯死，甚至全株死亡。采用增强树势、减少着果量及刮除病斑后涂喹啉酮、丁香菌酯、甲基硫菌灵等农药，能控制此病流行。

1996 年发生面积 3.38 万，防治面积 2.94 万亩；2000 年发生面积 2.46 万亩，防治面积 1.75 万亩；2005 年发生面积 1.0 万亩，防治面积 1.4 万亩；2010 年发生面积 3.29 万亩，防治面积 3.6 万亩；2015 年发生面积 4.09 万亩，防治面积 5.35 万亩；2020 年发生面积 3.94 万亩，防治面积 3.52 万亩。

2. 桃小食心虫

果树产区均有，危害苹果、梨、桃、枣等，一年发生一代。严重时，虫果率 80% 以上，用溴氰菊酯、氯氰菊酯、高效氯氟氰菊酯等可有效控制其危害。1996 年以来，发生较轻。2010 年发生面积 2.16 万亩，防治面积 4.26 万亩；2015 年发生面积 1.24 万亩，防治面积 3.24 万亩；2020 年发生面积 14.28 万亩，防治面积 21.48 万亩。

3. 苹果叶螨

苹果产区均有，近年来使用乙唑螨腈、阿维菌素、阿维·哒螨灵等药剂，可有效控制其危害。1996 年发生面积 6.7 万亩，防治面积 13.4 万亩；2000 年发生面积 11.4 万亩，防治面积 23.1 万亩；2005 年发生面积 8.1 万亩，防治面积 12.9 万亩；2010 年发生面积 11.94 万亩，防治面积 18.64 万亩；2015 年发生面积 11.82 万亩，防治面积 26.26 万亩；2020 年发生面积 16.76 万亩，防治面积 24.12 万亩。

4. 葡萄霜霉病

叶片被害，初生淡黄色水渍状边缘不清晰的小斑点，以后逐渐扩大为褐色不规则形或多角形病斑，数斑相连，变成不规则形大斑。天气潮湿时，于病斑背面产生白色霜霉状物，即病菌的孢囊梗和孢子囊。发病严重时，病叶早枯早落。施用波尔多液、烯酰·吡唑酯、嘧菌酯等药剂可控制其危害。1996 年以来，零星发生。2015 年发生面积 6.31 万亩，防治面积 12.54 万亩；2020 年发生面积 11.57 万亩，防治面积 17.66 万亩。

果树病虫害还有苹果炭疽病、白粉病、锈果病、锈病、轮纹病、黑斑病、葡萄黑痘病、白粉病、褐斑病、桃缩叶病、细菌性穿孔病，以及梨（李）小食心虫、中国绿刺蛾、小黄卷叶蛾、苹果粉蚧、苹果黄蚜、梨眼天牛、六星吉丁虫、小蠹、树粉蝶、天幕毛虫、梨星毛虫、桃天蛾、桃瘤蚜、大青叶蝉等。

（五）蔬菜瓜类病虫害

1. 白菜霜霉病

主要危害白菜、甘蓝、油菜、萝卜等。病害流行年份常造成死苗和严重减产。选用抗病品种、合理轮作、加强田间管理和用丙森锌、百菌清、代森铵等农药防治，能控制为害。1996 年发生面积 0.59 万亩，防治面积 0.37 万亩；2000 年发生面积 1.98 万亩，防治面积 1.74 万亩；2005 年发生面积 4.97 万亩，防治面积 6.0 万亩；2010 年发生面积 1.07 万亩，防治面积 1.90 万亩；2015 年发生面积 1.86 万亩，防治面积 4.54 万亩；2020 年发生面积 7.56 万亩，防治面积 6.42 万亩。

2. 白菜软腐病

宁夏平原发病严重，危害白菜、番茄、辣椒、黄瓜、萝卜、甘蓝和洋葱等。为害期长，在田间和贮运中引起腐烂，造成重大损失。选用抗病品种，采用高畦栽培，喷施春雷霉素、氯溴异氰尿酸、枯草芽孢杆菌等可控制病害。1996 年发生面积 0.78 万亩，防治面积 0.98 万亩；2000 年发生面积 2.02 万亩，防治面积 2.23 万亩；2005 年发生面积 3.87 万亩，防治面积 3.99 万亩；2010 年发生面积 1.75 万亩，防治面积 3.04 万亩；2015 年发生面积 1.56 万亩，防治面积 2.79 万亩；2020 年发生面积 5.35 万亩，防治面积 6.02 万亩。

3. 瓜类炭疽病

宁夏各地均有，危害黄瓜、西瓜、甜瓜、南瓜、冬瓜、丝瓜等，生长期和贮运期均可造成为害。可使用 50% 多菌灵或 80% 代森锰锌等化学农药防治。1996 年发生面积 1.63 万亩，防治面积 2.42 万亩；2000 年发生面积 5.84 万亩，防治面积 8.21 万亩；2005 年发生面积 4.06 万亩，防治面积 4.26

万亩；2010 年发生面积 37.95 万亩，防治面积 44.79 万亩；2015 年发生面积 40.12 万亩，防治面积 46.12 万亩；2020 年发生面积 20.51 万亩，防治面积 27.11 万亩。

4. 瓜类霜霉病

危害黄瓜、南瓜、冬瓜、丝瓜等。塑料大棚等保护地高温高湿栽培更易发病。通风透光可减轻发病，使用多抗霉素等抗生素或百菌清、瑞毒霜霉灵、甲霜酮等化学农药可控制该病。通过起垄、轮作、间作、合理施肥、灌水及土壤施药，可减轻为害。1996 年发生面积 0.7 万亩，防治面积 2.21 万亩；2000 年发生面积 2.14 万亩，防治面积 4.78 万亩；2005 年发生面积 6.53 万亩，防治面积 11.97 万亩；2010 年发生面积 4.95 万亩，防治面积 14.33 万亩；2015 年发生面积 7.62 万亩，防治面积 15.55 万亩；2020 年发生面积 7.70 万亩，防治面积 11.55 万亩。

5. 瓜类枯萎病

重茬田发生严重，造成 50％以上死苗。防治以嫁接为主，以化学防治为辅，播前药剂浸根、处理苗床、定植时蘸根或灌根，发生后病部涂药。1996 年发生面积 4.59 万亩，防治面积 5.98 万亩；2000 年发生面积 8.06 万亩，防治面积 10.21 万亩；2005 年发生面积 23.06 万亩，防治面积 27.98 万亩；2010 年发生面积 9.67 万亩，防治面积 22.23 万亩；2015 年发生面积 21.94 万亩，防治面积 39.08 万亩；2020 年发生面积 5.18 万亩，防治面积 9.15 万亩。

6. 灰霉病

由葡萄孢属真菌引起的一类病害，保护地普遍发生。叶菜类、果菜类蔬菜均被为害，严重发生可致绝产。叶菜类防治前，应清除病残体并妥善处理。果菜类防治，果实被害可采取靶位用药措施，把杀菌剂喷在花和果上，亦可与生长素涂花同时使用，在苗期将杀菌剂与草木灰混合撒施在幼苗上，有杀菌和降湿双重作用。1996 年以来，发生较轻。2010 年发生面积 6.74 万亩，防治面积 16.63 万亩；2015 年发生面积 12.23 万亩，防治面积 16.45 万亩；2020 年发生面积 7.95 万亩，防治面积 22.02 万亩。

7. 蔬菜苗期猝倒病和立枯病

宁夏各地均有发生，主要发生于苗床，以果类和茄果类幼苗受害严重。育苗时床土混拌多菌灵或 150 倍液多抗霉素等农药消毒土壤，可减轻该病发生。20 世纪 90 年代以来，发生较轻。

8. 疫病

以辣椒、黄瓜、冬瓜、苦瓜、西瓜、南瓜、番茄等受害严重，流行年份造成的损失轻则 15％～30％，重则 50％以上，甚至绝收。1996 年发生面积 2.35 万亩，防治面积 4.32 万亩；2000 年发生面积 2.27 万亩，防治面积 4.22 万亩；2005 年发生面积 16.6 万亩，防治面积 33.8 万亩；2010 年发生面积 15.39 万亩，防治面积 38.71 万亩；2015 年发生面积 13.91 万亩，防治面积 24.08 万亩；2020 年发生面积 6.41 万亩，防治面积 9.15 万亩。

9. 种蝇类

葱蝇（为害葱、蒜）、菜根蝇（为害白菜、萝卜）害情较重。20 世纪 90 年代使用阿维菌素等，2010 年之后使用甲维盐减轻了大面积白菜害情，发生面积逐年减少。

10. 白粉虱

危害白菜、甘蓝、萝卜、油菜及其他十字花科蔬菜。使用速灭杀丁、敌杀死、鱼滕精等农药，防治效果 95％以上。20 世纪 90 年代用烟剂，已试验应用生物制剂防治。药剂主要有菊酯类和有机磷类，推广使用 22％敌敌畏烟剂薰杀。2010 年发生面积 34.05 万亩，防治面积 84.49 万亩；2015 年发生面积 35.82 万亩，防治面积 51.39 万亩；2020 年发生面积 31.62 万亩，防治面积 43.76 万亩。

11. 菜青虫

咬食寄主叶片，2 龄前仅啃食叶肉，留下一层透明表皮，3 龄后蚕食叶片孔洞或缺刻，严重时叶片全部被吃光，只残留粗叶脉和叶柄，造成绝产，易引起白菜软腐病的流行。1996 年发生面积 14.92 万亩，防治面积 15.67 万亩；2000 年发生面积 18.20 万亩，防治面积 27.94 万亩；2005 年发生面积 17.38 万亩，防治面积 23.68 万亩；2010 年发生面积 32.29 万亩，防治面积 57.08 万亩；2015 年发生面积 25.30 万亩，防治面积 42.83 万亩；2020 年发生面积 34.61 万亩，防治面积 44.49 万亩。

12. 菜蚜

又叫菜缢管蚜、萝卜蚜。寄生在白菜、油菜、萝卜、芥菜、青菜、菜薹、甘蓝、花椰菜、芜菁等十字花科蔬菜，偏嗜白菜及芥菜型油菜。1996 年发生面积 12.76 万亩，防治面积 17.80 万亩；2000 年发生面积 32.59 万亩，防治面积 54.56 万亩；2005 年发生面积 44.74 万亩，防治面积 67.72 万亩；2010 年发生面积 83.83 万亩，防治面积 182.46 万亩；2015 年发生面积 68.87 万亩，防治面积 112.0 万亩；2020 年发生面积 88.45 万亩，防治面积 133.11 万亩。

危害蔬菜的病虫害还有白锈病、黑斑病、白斑病、番茄早疫病、茄子枯萎病、菌核病、菜蚜、葱潜叶蝇、跳甲、芜菁叶蜂（山区）等。

三、仓储类害虫

仓储类害虫主要有麦蛾、米黑虫、玉米象、绿豆象、红斑皮蠹、日本蛛甲、裸蛛甲、大谷盗、锯谷盗、杂拟谷盗、土耳其扁谷盗、白腹皮蠹、黑皮蠹、红圆皮蠹、白袋圆皮蠹、四纹露尾甲、黄斑露尾甲、赤拟谷盗、药材甲、米扁虫、黄蛛甲、毛衣鱼、书虱、印度谷螟、中华真地鳖、紫斑谷螟、四点谷蛾、幕衣蛾、长翅谷蛾、红家蚁等，是宁夏粮食、家庭食品、皮毛和药材仓库的成灾害虫。在 20 世纪以前发生危害较重，进入 21 世纪以后随着仓储条件的改善发生危害减轻。

四、农田杂草

（一）草害发生

2009 年宁夏农业技术推广总站在《农田主要杂草识别与防除技术》一书中记载宁夏农田常见杂草有 108 种，恶性杂草和区域性恶性杂草 30 种，其中旱田杂草 16 种，即藜、灰绿藜、萹蓄、刺儿菜、猪殃殃、野燕麦、狗尾草、苣荬菜、荠菜、田旋花、小叶独行菜、卷茎蓼、细穗密花香薷、米瓦罐（麦瓶草）、打碗花、问荆；水田杂草 14 种，即稗草、牛毛毡、扁秆藨草、异型莎草、水莎草、野慈姑、矮慈姑、浮萍、眼子菜、鸭舌草、水绵（青苔）、芦苇、蒲草、泽泻等。

根据宁夏农业生态条件，将宁夏杂草分布划分为引黄灌区、中部干旱带、南部山区 3 个农业草害区。

1. 引黄灌区农业草害区

这一地区包括中宁县、沙坡头区、利通区、青铜峡市、兴庆区、金凤区、西夏区、永宁县、贺兰县、灵武市、大武口区、惠农区、平罗县，共 13 个县（市、区）。该地区的突出特点是气候干燥，年降水量 180～200 毫米，无霜期 145～150 天，$\geqslant 10℃$的积温 3000～3400℃，是典型的灌溉农业区，主产小麦、水稻、玉米，麦稻轮作面积较大，小麦种植面积 150 万亩左右，占全区小麦面积的 48%。这一地区的主要杂草有野燕麦、藜科杂草、萹蓄、苣荬菜、田旋花、狗尾草、大蓟、反枝苋等。

旱田恶性杂草群落为：

小麦田以藜（灰绿藜）、野燕麦、田旋花、萹蓄、猪殃殃、酸模叶蓼、苣荬菜等为主。

玉米田以藜（灰绿藜）、刺儿菜、狗尾草、无芒稗等为主。

水田恶性杂草群落以稗草、三棱草、眼子菜、鸭舌草、牛毛毡、青萍、泽泻等为主。

旱播水稻田恶性杂草群落：主要有灰绿藜、酸模叶蓼、萹蓄、打碗花、田旋花、苣荬菜、刺儿菜、猪殃殃等，同时田间还有稻田稗草、鸭舌草、牛毛毡、水莎草、矮慈姑、节节菜、异型莎草等。

2. 中部干旱带农业草害区

包括同心、盐池、红寺堡、海原 4 县（区）全部，灵武、中宁、沙坡头 3 县（市、区）山区部分。这一地区的突出特点是干旱多风，年干燥度＞3.50，年降水量 200 毫米以下，≥10℃的积温 2500～3000℃，无霜期 125～140 天，粮食作物以小麦、玉米、糜谷为主。杂草群落为：野燕麦、苦荬菜、赖草、猪毛菜、打碗花、绳虫实、藜、萹蓄、苣荬菜、田旋花、狗尾草、大蓟等。

小麦田以藜（灰绿藜）、田旋花、苦荬菜、赖草、打碗花等为主。

玉米田以藜（灰绿藜）、刺儿菜、狗尾草、稗草、打碗花等为主。

3. 南部山区农业草害区

包括彭阳、原州区、西吉、隆德、泾源、海原大部，年降水量300～400毫米，无霜期130天左右，≥10℃的积温1500～2000℃。种植作物主要有小麦、玉米、马铃薯、蔬菜等。杂草群落主要为：小麦田以野燕麦、小藜、田旋花、苦荬菜、卷茎蓼、萹蓄、打碗花、猪殃殃、独行菜等为主，玉米田以小藜、刺儿菜、狗尾草、稗草、打碗花等为主。

1996—2000 年宁夏农田杂草中等发生，年均发生面积在 600 万～700 万亩。2000 年起，农田杂草发生逐步加重，2001 年、2002 年、2003 年、2004 年、2005 年农田杂草发生面积分别为 613.16 万亩、728.17 万亩、662.59 万亩、740.12 万亩和 875.28 万亩。

2006—2010 年宁夏农田杂草总体中等发生，总发生面积 4414.17 万亩，较"十五"期间总的发生面积 3619.32 万亩，增加 22%。小麦杂草一般偏重发生，年发生面积 200 万亩左右；水稻田杂草一般偏重发生，年发生面积 120 万亩左右；玉米杂草一般偏重发生，年发生面积 260 万亩左右；蔬菜杂草一般偏轻发生，年发生面积 100 万亩左右；大豆、苜蓿、油料等其他杂草一般轻发生，年发生面积 200 万亩左右。2006 年、2007 年、2008 年、2009 年、2010 年农田杂草发生面积分别为 854.3 万亩、880.11 万亩、899.72 万亩、877.57 万亩和 902.47 万亩。

21 世纪 20 年代，农田杂草年均发生面积在 1000 万亩左右，其中稻田杂草发生 100 万～150 万亩，麦田杂草发生 120 万亩左右，玉米田杂草发生 400 万亩左右，农田杂草发生总面积较 2010 年增加 100 万亩左右。2011 年在全国农业技术推广中心的统一安排部署下，全区 9 个县市区开展了杂草稻普查工作，共调查 46 个乡镇 146 个建制村，杂草稻的乡镇分布率为 97.78%，发生频率为 73.43%，平均面积发生率为 38.68%。2011 年、2012 年、2013 年、2014 年、2015 年农田杂草发生面积分别为 911.87 万亩、1079.58 万亩、1193.65 万亩、1087.81 万亩和 974.65 万亩。2020 年农田杂草发生面积 1052.58 万亩，防治面积 1012.85 万亩。

（二）草害防治

草害给农作物造成损失，一般减产 10%～15%，在地多人少的地区尤为突出，如野燕麦严重的减产 50% 以上，甚至拆翻毁种、颗粒无收，水田三棱草为害严重的地区草苗齐长，不见秧苗，也常造成严重减产或绝收。农田杂草的防除，传统的方法是轮作倒茬、耕作栽培及人工拔除，农民付出艰辛繁重的体力劳动，常因防除不及时造成草荒。宁夏每年因草害损失粮食 2000 余万千克。

21 世纪初，宁夏逐步完善农田化学除草剂技术，提高化学除草的效果和安全性，引进、试验、示范适用于宁夏农田化学除草剂品种，推广化学除草新技术，农田杂草化学防除技术基本成熟，农田杂草危害得到有效控制。2001—2005 年农田杂草中等发生，化学除草总面积 3086 万亩次，挽回粮食损失 53 万吨，较 1996—2000 年增加 749 万亩次。2006—2010 年农田杂草化学除草总面积 3970.46 万亩次，挽回粮食损失 53 万吨，较 2001—2005 年增加 884.46 万亩次。其间，宁夏农业技术推广总站引进和推广 30 多种适用于宁夏农田化学除草的除草剂品种。小麦主要推广苯磺隆、精噁唑禾草灵、禾草灵、甲基碘磺隆钠盐·甲基二磺隆、氯氟吡氧乙酸、唑草酮、苯磺隆、异丙隆、双氟·滴辛酯等；水稻主要推广五氟磺草胺、噁唑酰草胺、双草醚、嘧草醚、二氯喹啉酸、苄嘧磺隆、吡嘧磺隆、苄·二氯、苯噻酰·苄、噁草酮、苄·禾、莎稗磷、丙草胺等；玉米主要推广硝磺草酮、莠去津、烟嘧磺隆、乙草胺·异丙甲草胺、百草枯等；果园主要推广草甘膦、百草枯等；蔬菜主要推广氟乐灵、仲丁灵等。

2006—2007年宁夏农业技术推广总站开展水稻轻型栽培田除草技术研究，得出除草技术方案：土壤封闭加苗期施药，播前采用48％仲丁灵每亩100～150毫升兑水45千克喷雾处理；或播后苗前，极限施药时间在水稻立针距离土面1厘米时每亩用20％百草枯水剂200～300毫升兑水45升喷雾处理。之后，在稗草2～3叶期，亩用五氟磺草胺60毫升＋苄嘧磺隆10克喷雾。2009年开展了小麦套种玉米田除草剂防除适期试验研究，使用2,4-滴丁酯、苯磺隆、二甲·辛酰溴、双氟·滴辛酯等常用麦田除草剂，在小麦头水前用药和头水后用药，确定麦田除草防治适期。

2020年，全区化学除草防治面积增加到900万亩次左右。农田杂草抗药性上升，除草剂使用量逐步增加，同时，化学防治次数增加，小麦田2～4叶期施药1次，玉米田播前封闭除草1次、茎叶处理1次，水稻田根据不同播种方式化学除草施药2次以上。宁夏农技推广总站为促进农药减量，开展除草药剂筛选试验，筛选出除草剂组合。小麦田：播种前选用仲丁灵乳油进行土壤封闭除草，苗后除草选择苯磺隆或炔草酯＋2,4-滴异辛酯＋农药减量助剂茎叶喷雾，除草剂减量30％。水稻田：在播前或播后24小时内用仲丁灵或苄嘧·丙草胺或噁草酮进行封闭。保墒旱直播田在水稻出苗前选用草胺磷＋2,4-滴异辛酯喷雾；苗后茎叶喷雾除草：2004—2013年主要以五氟磺草胺为主，2014—2020年主要以氰氟草酯为主。玉米田：播后苗前土壤封闭选用乙·莠·滴辛酯等兑水喷雾土壤表面；苗后茎叶喷雾防除：在玉米3～5叶期，单子叶杂草1.5～2.5叶期，双子叶杂草2～4叶期，选用硝·烟·莠去津或烟嘧·莠去津或苯唑氟草酮等减量30％加农药减量助剂兑水喷雾防治，防治效果达到80％～90％。

五、农业鼠害

（一）鼠害发生

20世纪90年代以来，由于气候条件、耕作制度和栽培技术的改革，农田鼠害频繁发生，危害程度呈不断上升趋势。在宁夏主要是在南部山区及引黄灌区新开垦荒地发生为害，一些地区的鼠密度都已接近或超过大发生年份。1996—2000年，宁南山区每年发生面积都在300万亩次以上。2003—2004年组织全区开展鼠类调查，在宁夏危害鼠种共有38种，其中农田危害以长爪沙鼠、草原黄鼠、五趾跳鼠、褐家鼠、小家鼠、黑线仓鼠、大仓鼠、中华鼢鼠等为优势种，农舍主要以褐家鼠、小家鼠为优势种。2005年起宁夏农业技术推广总站组织各市、县（区）农技中心（站）在全区范围内开展农区鼠情普查工作，要求每月上报一次。2006年鼠害中等发生，发生面积346万亩，为害鼠种以长爪沙鼠、小仓鼠、五趾跳鼠、小家鼠、褐家鼠为优势鼠种，主要在宁夏南部山区及中部干旱带发生为害。2007年鼠害局部地区中等发生，个别地区轻发生，全区农区鼠害发生面积350万亩，农户30万户。农田鼠密度平均为7.1％，农舍鼠密度平均为6.3％。农户优势种依然以小家鼠、褐家鼠为主，农田以黄鼠、跳鼠、沙鼠、中华鼢鼠为优势种。2009年宁夏农业技术推广总站在《农区鼠害识别与防治》一书中记载宁夏农区鼠形动物25种，隶属于2目6科20属25种。啮齿目有23种。其中，仓鼠科有4亚科（仓鼠亚科、沙鼠亚科、鼢鼠亚科、田鼠亚科）8属14种，占宁夏啮齿动物种类的52％；鼠科有4属5种；松鼠科有2属2种；跳鼠科有2亚科2属2种。兔形目有2种，其中兔科1属1种、鼠兔科1属1种。

按照宁夏各地的自然条件可将农区害鼠划分3个区。

南部阴湿半阴湿地区：包括西吉、隆德、泾源、彭阳、原州、海原南部等。农田鼠类优势种主要有五趾跳鼠、大仓鼠、甘肃鼢鼠等；黑线姬鼠、长尾仓鼠、三趾跳鼠、草兔、达乌尔鼠兔、北社鼠、小家鼠、褐家鼠、达乌尔黄鼠、洮州绒鼠、花鼠等为常见种；岩松鼠数量较少，为少见种。

中部干旱带：包括同心、海原、盐池、红寺堡，主要包括黄土高原丘陵区。农田鼠类优势种主要有长爪沙鼠、达乌尔黄鼠、五趾跳鼠、子午沙鼠等；草兔、三趾跳鼠、小毛足鼠、小家鼠、褐家鼠、达乌尔鼠兔、中华鼢鼠、黑线仓鼠、大仓鼠、灰仓鼠等为数量较多的种群；鼹形田鼠数量较少。家鼠以小家鼠、褐家鼠为优势种。

北部平原：卫宁平原及银川平原，包括中卫、中宁、利通区、青铜峡、灵武、永宁、银川、贺兰、平罗、惠农、石嘴山等地。农田优势种有长爪沙鼠、达乌尔黄鼠、东方田鼠、灰仓鼠；五趾跳鼠、三趾跳鼠、子午沙鼠、黑线仓鼠、小家鼠、褐家鼠、小毛足鼠为常见种；黄胸鼠、麝鼠、短尾仓鼠、蒙古羽尾跳鼠等数量较少，为少见种。小家鼠、褐家鼠为家鼠优势种。

2009 年后，宁夏鼠害发生逐渐减轻。2009 年农区鼠害发生面积 182.60 万亩次。2011、2012 年年鼠害总体轻发生，发生特点依然是山区重于川区，农田重于农户，山地重于川地。发生较重的地区是宁南山区各县，中部地区的同心县、海原县、盐池县、中宁县等县局部发生较重。2011 和 2012 年全区农区鼠害发生面积分别为 48.8 万亩和 43.5 万亩，农户 15.4 万户和 13.5 万户。2013、2014、2015、2016、2017、2018、2019、2020 年全区农区鼠害发生面积分别为 94.98、66.65、94.92、112.40、104.64、112.36、75.07、107.43 万亩。

（二）危害情况

20 世纪初，年农田鼠害发生面积近 1000 万亩，损失粮食约 3000 万千克，经济损失约 4500 万元。鼠跟人争粮，与畜争草的问题突出。一般情况，鼠害能使粮食减产 5%～10%，严重地段绝收；鼠害使草地载畜量下降 30%～50%，同时引起土地沙漠化。

长爪黄鼠：属仓鼠科。有贮粮习性，在草原上主要贮存草籽和茎叶，在田间则刨食下种后的种子，为害青苗、嫩茎叶、幼穗，作物成熟时，拉穗贮食，一窝一般贮穗 2.5～3 千克，多则 10～15 千克。耐冻怕热，早晚活动，主要危害粮食、油料作物、灰蓬、沙蒿碱草和狗尾草等。

中华鼢鼠：属仓鼠科。每天寻食 2 次（早晨 8 时及下午 4 时），畏光怕风，遇雨就"感冒"。为了防风吹和其他外力侵害，它经常出来堵洞。危害马铃薯、小麦、豌豆、蚕豆、糜子、谷子、荞麦、胡麻、芸芥、当归、林木幼苗及各种牧草。

小家鼠：春天下种后，小家鼠由室内迁到田间；秋天庄稼上场后，由田间迁到场上。粮食入库后，由场地迁到室内筑窝越冬。凡用土堵住洞口的是母鼠洞，内有幼鼠，或洞口的虚土陈旧，旁边又有新虚土的，洞内也有幼鼠。洞外掉有枯草的，也可作为内有幼鼠的一条线索。危害小麦、糜子、谷子及各种贮粮。

黑线仓鼠：属仓鼠科。鼠窝多筑在田埂草多的地方，尤其干燥豆田、高粱田和地势较高的田埂上。洞口多开在田埂两侧，洞外虚土呈蛋形，产仔后由哨眼出入，若哨眼口光滑，证明有幼鼠。有贮粮习性，从夏粮成熟到秋天粮食收完，都盗粮食，仓内可贮粮 5～10 千克。危害豆类、糜子、谷子、高粱等作物，以豆类较重。

达乌利黄鼠：危害小麦、糜子、谷子、荞麦、莜麦等作物，在干旱山区及贺兰山一带未开垦的荒山草地常见。

（三）鼠害防治

1996—2002 年，农业部门没有专项资金用于鼠害的防治，主要由草原部门和卫生部门开展防治，在中央财政的大力支持下，年均防治 60 多万亩，积累了鼠害防治的技术和经验。1996 年在同心县建立一个鼠情监测点并成为全国监测网点，开展对鼠情的监测和防治试验研究。1997 年以来采用下夹捕打、捕鼠笼、毒饵站、挖鼠洞、枪击、弓箭打、药物毒杀等方法，对宁夏农区啮齿类动物进行了防治。

在鼠害防治技术上，1996—2002 年间多次引进、试验并推广高效、低毒、安全、无二次中毒、残留期短、易分解的灭鼠药物，引进、推广生物制剂灭鼠，使草原鼠害防治基本达到环保、高效、无公害化。"十五"期间，针对鼠类危害的特点和发生的趋势，自治区草原工作站在农业部的支持下开始实施"草原无鼠害示范区"建设工作。同时承担了自治区科技厅"十五"重点科研课题"农田草地鼠害防治综合技术研究"，为实现草原鼠害高效防治探索新的方法和途径。

采用烟熏、烟炮熏等方法灭鼠。烟熏：用一个直径18厘米左右、长30厘米的铁罐或废坩锅，在锅底中间开一个5厘米大小的入气口，罐内塞满草，点燃后将罐口对准鼠洞埋好，然后用羊皮胎或风箱对准入气口吹烟，可把鼠熏死在洞内，消灭沙鼠。同心、海原一带烟熏杀鼠效果在90%以上，烟熏时间以3～5分钟最好，还可用磷化铝、磷化钙熏杀。烟炮熏：用特制的杀鼠烟炮，点燃后每个鼠洞放2～3个，可熏死害鼠。海原、同心等地使用烟炮，杀鼠效果达86%。此外，还有用捕鼠器、黏鼠胶捕杀和水灌、弓箭射、堵塞、坑陷、挖打、绳套鞭打等方法灭鼠。

2003年以来，自治区以全国农区统一灭鼠示范县为重点，在其他各县均建立了万亩灭鼠示范点，示范带动全区农区灭鼠工作。2004年开展了"溴敌隆"等杀鼠剂药效比较和投饵方式对比试验等药效试验、示范工作。2005年自治区财政下拨资金15万元，用于建设农区鼠害防治示范园区，示范区内开展"五统一""五不漏"防治技术模式，推广生物、物理灭鼠和生态控鼠等综合技术措施，重点推广"毒饵站"灭鼠技术，每个示范区农田灭鼠10万亩，示范农户1万户，有效控制了示范区的鼠害，也取得了很好的示范带动效果。2006—2010年共建立全国农区统一灭鼠示范区10个，开展统一示范灭鼠110万亩，农户灭鼠90万户，示范带动全区农田灭鼠580万亩次，农户灭鼠420万户，挽回粮食损失1.2亿千克。通过连续灭鼠，鼠害的发生面积及鼠密度明显下降。2003年全区鼠害发生面积高达1100万亩，2009年下降到182万亩；鼠害高峰期（10月份）农田鼠密度从2006年的16.3%下降到2009年的8.7%，农户鼠密度从2006年的14.7%下降到2009年的7.3%。2010年6月监测农田平均鼠密度为6.5%，比2006年同期鼠密度11.9%，下降了5.4个百分点；农户平均鼠密度为3.3%，比2006年同期6.6%下降了3.3个百分点，鼠害危害程度减轻。

2009年宁夏农业技术推广总站在《农田鼠害识别与防治》一书记载了鼠害四类防治方法，即生态控制、生物防治、物理防治、化学防治与毒饵站灭鼠技术。生态控制包括断绝鼠粮、建筑防鼠、农田环境改造等；生物防治包括利用天敌、肉毒梭菌毒素等；物理防治包括捕鼠夹、捕鼠笼、灭鼠雷、电捕鼠器、浮糠水淹等；常用的杀鼠剂品种有敌鼠钠盐、杀鼠灵、杀鼠醚、溴敌隆、溴鼠灵、氟鼠灵等。同年，按照农业部灭鼠防灾、防病、保粮、保安全、保生态的"两防三保"工作目标，在惠农区和中宁县实施了农区统一灭鼠示范项目。2011年农业部安排宁夏农村（区）统一灭鼠示范区2个，宁夏结合实际分别在贺兰县和中卫市实施，全区农区农田鼠害防治面积为15.4万亩，农户鼠害防治5.3万户，防治效果平均为83.6%，挽回粮食损失164万千克，直接经济效益360万元。2012年在彭阳县和同心县建立农村（区）统一灭鼠示范区，带动全区鼠害防治，全区农区农田鼠害防治面积为13.5万亩，农户鼠害防治4.8万户，防治效果平均为85.4%，挽回粮食损失179万千克，直接经济效益400万元。2013、2014、2015、2016、2017、2018、2019、2020年全区农区鼠害防治面积分别为34.52、31.28、45.55、63.80、39.02、46.52、23.99、22.04万亩。

2019年引进鼠类物联网智能信息采集仪，推进鼠害监测自动化、智能化，探索鼠情监测智能化发展方向，在同心县韦州镇闫圈村安装鼠类物联网智能信息采集仪，在预旺镇南塬村安装TBS鼠害监测系统。严格按照《全国农区鼠害监测办法（试行）》的要求，加强鼠情动态监测，提高预报的准确率。在同心县和彭阳县建立了2个鼠情监测点和2个农区鼠害防治示范区，采用鼠类物联网智能信息采集仪、TBS围栏监测灭鼠和毒饵站灭鼠技术，防治面积23.99万亩，农舍鼠害防治16.2万户，挽回粮食损失556.2万千克。

六、专业化统防统治

2000年在惠农县试点开展大面积的联防工作，购进机动喷雾器20台，组成植保机防队，完成防治任务2万多亩，防治效果显著。2001年起，自治区财政每年投入资金支持病虫草害综合防治示范园区和重大病虫应急防治队建设。一方面，在小麦、水稻、玉米、蔬菜、枸杞等作物种植区建立综合示范园区，示范区内严格按照农药安全使用规程，实行"统一技术、统一农药供应、统一安全间隔期、统一喷药"的四统一防治技术，从农药品种、施药时间、施药方法、施药次数等方面进行示范推广，起到示范一点、带动一片、辐射一地的作用。另一方面，各地利用自治区政府统一采购的机动喷雾器，成立了重大病虫应急防治队，并采取不同形式对重大病虫害开展统防统治。2002—2005年每年统防统治面积达到60万～80万亩，在全区农作物病虫害防治工作中发挥了显著的示范带动作用，全区农业有害生物应急防治能力明显增强。2006年起，全区农作物重大病虫害统防统治能力明显提升。在不同作物防治关键时期，各地充分发挥技术优势和机防队的作用，采取送药械、送技术的办法，有组织、有计划、有重点，上下联动，示范带动群众开展大面积统防统治，取得了显著成效。2006年全区农作物重大病虫害统防面积达225万亩，带动开展群防群治3000多万亩次，对防止虫害暴发和病害大流行起到了关键作用。2007—2009年农作物重大病虫害统防统治面积均在200多万亩次以上。2010年自治区农牧厅制定了《2010年宁夏农作物病虫害专业化统防统治实施方案》，明确了中宁县作为国家级示范县，平罗、惠农等7个县（市、区）作为国家级示范区，贺兰县等14个县（区）作为自治区级示范区的示范任务，并明确要求，"国家级示范县实施全程承包统防统治面积5万亩以上；国家级示范区及自治区级示范县示范面积1万亩以上""各示范县、示范区要严格按照'五统一'标准开展工作""示范区内重点推广以绿色防控为主的无害化技术措施，充分发挥示范区的示范带动作用"。在全区各地的共同努力下，全区在农作物重大病虫害统防统治中共出动车载式喷雾机8000多台次、背负式机动喷雾器6000多台次、手动喷雾器10万多台次，开展统防统治318.5万亩次（其中全程承包统防统治面积48.8万亩）。在实施专业化统防统治的作物上，粮食作物主要以水稻和小麦为主，经济作物主要以枸杞、压砂瓜和蔬菜为主；在示范的过程中，重点推广了以绿色防控为主的无害化技术措施，在准确虫情调查的基础上，确定防治适期，对症下药，积极采用以预防为主的综合防治措施，确保达到最佳防治效果。同时，针对不同季节，不同的防治对象，提出不同的防治措施。在进行防治作业时，要求操作人员严格药剂配制剂量，严格农药配制程序，严格大田操作技术，确保雾化均匀，上下一致，杜绝在大田作业中人为造成迟喷、误喷、漏喷、重喷事故的发生。2010年全区有各类农作物病虫害专业化防治组织80个，在2009年的基础上新增了10个。专门从事专业化防治工作的人员达2199人。全区拥有各类防治器械约18000多台，其中专业化防治组织自己拥有大中型施药机械约1094台、背负式机动喷雾器4930台，各市县区农技中心所有大中型植保机械约2000多台（大部分放到专业化防治组织或示范园区使用），全区农作物病虫害专业化防治组织呈现出快速发展的好势头。

2011年起，各地财政支持农作物重大病虫害防控资金逐渐增加。2011年、2012年、2013年、2014年、2015年防控经费分别为400万元、700万元、1560万元、1225万元、1800多万元，用于开展农作物重大病虫害防控；全区专业化统防统治面积分别为420万亩次、220万亩次、225万亩次、210万亩次、273万亩次。2015年全区植保机械保有量35271台，其中背负式手动电动喷雾器33375台、大型器械721台。2016年全区植保专业化统防统治的服务能力和服务水平较过去有明显提升，农用植保无人机开始用于农作物病虫害统防统治。2016年全区共建立自治区级以上专业化统防统治及绿色防控融合示范区34个，示范面积超过40万亩，带动农作物病虫害专业化统防统治和绿色防控面积602万亩次。全区共组建专业化防治组织230家，拥有高效植保机械2808台，其中农用植保无人机30多架。2017年、2018年、2019年、2020年农作物病虫害专业化统防统治面积分别为603.3万亩次、618.87万亩次、763.97万亩次、805.64万亩次，其中无人机作业面积分别为190.97万亩、210.77万亩、392.75万亩、460.22万亩。2020年，全区专业化防治组织469家，大型施药机械社会保有量2462台，其中植保无人机674架，自走式高效率植保机械及无人机等日作业面积达到50万亩以上，全区主要农作物病虫害专业化统防统治覆盖率达47.67%。

■ 第二节　病虫预测预报

一、测报体系

宁夏共 5 个地级市，下辖 9 个市辖区、2 个县级市、11 个县（区）。各市、县（区）病虫测报机构均为本级农业技术推广服务中心内设机构，隶属同级农业农村主管部门，承担病虫监测与防治等职能。1996—2020 年，全区已形成以自治区农业技术推广总站植保科为龙头、地级市农业技术推广服务中心植保站（组）为纽带、县级农业技术推广服务中心植保站（组）为骨干、乡镇农业技术推广机构技术人员为基础的四级植物保护运行体系。全区共有县级以上植物保护机构（病虫测报机构）28个，其中自治区级 1 个、地市级 5 个、县区级 22 个，乡镇级农业技术推广机构 171 个。截至 2020 年统计，全区专（兼）职测报人员 291 人。植保机构的完善、条件的改善和队伍的发展，为做好重大迁飞性害虫和流行性病害的监测预报发挥了重要的、不可替代的作用，取得了显著的经济、社会和生态效益。

二、测报对象与方法

1996 年，宁夏农业技术推广总站确定小麦条锈病、小麦白粉病、小麦赤霉病、小麦黄矮病、小麦蚜虫、小麦吸浆虫、黏虫、稻瘟病、马铃薯晚疫病、小地老虎、黄瓜霜霉病、草地螟、玉米螟、黑绒金龟甲等 14 种为测报重点对象。2010 年增加了麦蜘蛛、稻飞虱、玉米大斑病、玉米小斑病、玉米叶螨、玉米蚜虫、蔬菜早疫病、晚疫病、灰霉病、叶霉病、霜霉病、白粉病、软腐病、斑枯病、斑潜蝇、菜青虫、小菜蛾、蓟马、粉虱、蛞蝓、西瓜蚜虫、西瓜枯萎病、二十八星瓢虫、马铃薯早疫病 24 种，共 38 种测报对象。2018 年、2019 年分别增加了棉铃虫和草地贪夜蛾为测报对象，共 40 种测报对象。区域测报站按照三固定四统一（固定测报人员、观测点、测报对象，按照统一始测时间、观测时间、上报时间和取样标准）的测报办法开展测报工作。2010 年、2012 年先后修改了《宁夏回族自治区农作物病虫预测预报工作考核细则》，加强测报站的管理。

三、测报工作法制化、数字化管理

《宁夏回族自治区农作物有害生物预测预报办法》于 2007 年 7 月 20 日自治区人民政府第 96 次常务会议讨论通过，自 2007 年 9 月 1 日起施行。该办法的施行实现了对全区农作物病虫害测报工作的法制化管理，对确保和促进该项事业的发展，提高农作物病虫害预测预报水平，保护农作物生产安全具有重要的意义。随着计算机技术的普及和应用，2005 年 12 月，全国农业技术推广服务中心建成了"中国农作物有害生物监控信息系统"，并从 2007 年 4 月开始，在全国 31 个省级植保机构 600 个国家级区域站投入使用。宁夏于 2009 年建成了"宁夏农作物有害生物信息监控系统"，初步实现了测报数据的网络传输、查询、汇总、统计分析，以及病虫情报、病虫电视预报和技术规范等信息的网络化发布。2014 年建成了"宁夏农作物病虫害数字化监测预警系统"，2015 年建设了"马铃薯晚疫病监测预警系统"。自治区实现了病虫监测预警网络化管理。

四、预报发布方式

1996—2000 年病虫预报主要以纸质形式进行发布。2000 年以后，增加了广播、电视、互联网、手机短信等发布渠道，2015 年以后又增加了微信等发布形式，提高了信息的入户到位率。通过完善测报网络，加强病虫监测和现代科学技术在病虫测报上的应用以及对病虫害发生流行规律的深入研究，重大病虫测报准确率进一步提高，全区重大病虫长期预报准确率提高到 85％以上，中短期预报准确率提高到 95％以上，为各级农业主管部门制定防治决策、有效组织防控，起到了重要的信息支撑作用。

■ 第三节　农药使用与农药管理

一、农药使用

（一）农药使用种类与使用量

1. 农药使用种类

农药的使用以化学农药为主。受防效慢、价格高等因素影响，植物源和微生物源农药使用量仍较低。随着 5 种高毒有机磷农药的禁止使用，以及宁夏农药市场监管力度的加大，科学安全用药意识的深入，禁用农药被严禁，限用农药也严格按照作物范围使用，高毒高残留农药已逐渐被高效低毒低残留农药、生物农药所替代，现以高效低毒低残留农药为主。

宁夏农药使用种类主要有杀虫剂、杀螨剂、杀菌剂、除草剂、植物生长调节剂、杀鼠剂。杀虫剂、杀螨剂主要集中在有机磷类、新烟碱类、拟除虫菊酯类、植物源类、微生物源类；杀菌剂主要集中在三唑类、苯并咪唑类、甲氧基丙烯酸酯类、生防微生物及抗生素类；除草剂主要集中在磺酰脲类、酰胺类、三酮类；植物生长调节剂主要是芸苔素内酯、赤霉酸等一些促进作物抗逆性的药剂。宁夏主打的农药品种杀虫剂主要有：阿维菌素、吡虫啉、菊酯类、辛硫磷、毒死蜱、定虫脒、哒螨灵、乐果等；杀菌剂主要有：多菌灵、三唑酮、三环唑、甲基硫菌灵、三乙磷酸铝、甲霜灵、霜霉威、烯酰吗啉、咪鲜胺、稻瘟灵、丙环唑、百菌清、代森类、己唑醇等；除草剂主要品种有：草甘膦、硝磺草酮．莠去津、2,4-滴丁酯、五氟磺草胺、二氯喹啉酸、敌稗、禾草敌、苯磺隆、乙草胺等；杀鼠剂主要品种有：溴敌隆、杀鼠醚、敌鼠钠盐等。

2. 农药使用量

2010 年以前全区农药使用量（制剂量）基本稳定在 2000 吨左右。从 2011 年开始，随着种植业结构的调整、气候的变化、病虫草害发生危害程度加重，农药使用量逐年上升，至 2015 年达到 3000 多吨。从 2016 年开始我国实施到 2020 年农药使用量零增长行动，宁夏积极响应，通过实施技术减量、行政措施减量、宣传引导减量、统防统治服务减量等措施，全区农药使用量逐年开始下降，2020 年全区农药实际用量 2570.25 吨，实现"五连降"，农药利用率 40.8％，实现"四连增"。详见表 5 - 9 - 1。

表 5 - 9 - 1　1996—2020 年宁夏农药使用量（商品量）统计

单位：吨

年份	总量	杀菌剂	杀虫剂	杀螨剂	除草剂	杀鼠剂	植物生长调节剂
1996	1670.56	263.09	845.93	—	537.27	24.27	
1997	1838.43	261.8	916.76	—	618.87	41	—
1998	1826.08	342.26	958.62	—	457.96	67.24	
1999	2276.47	321.54	1222.53	—	524.46	207.94	
2000	1703.41	341.54	858.65	—	457.63	45.59	
2001	1479.23	263.74	753.81	—	434.13	27.55	—

（续）

年份	总量	杀菌剂	杀虫剂	杀螨剂	除草剂	杀鼠剂	植物生长调节剂
2002	2006.65	385.98	917.18	—	618.87	84.62	—
2003	2339.36	375.89	1197.85	—	674.41	91.21	—
2004	2624.30	450.85	1283.75	—	804.1	85.6	—
2005	2114.67	461.2	888.94	—	564.46	200.07	—
2006	2132.8	472	986.3	—	589.5	85	—
2007	2143.59	492	973.34	—	597	81.25	—
2008	2176.37	468.36	789.39	316	492.62	72	38
2009	2050	393	1010	26	538	57	26
2010	1970	312	675	248	668	52	15
2011	1970	312	675	248	668	52	15
2012	2240.8	342	921.8	282	636	50	9
2013	3229	479	1349	360	929	97	15
2014	3152.1	494	1277.8	311	947	99.8	22.5
2015	3596	466.08	1417.21	616.12	980.25	97.3	19.04
2016	2918.22	508.17	1151.07	331.1	840.18	68.4	19.3
2017	2916.9	491.21	1174.32	336.52	843.3	52	19.55
2018	2882.3	565.3	974.8	319.3	938	57	27.9
2019	2649.93	539.1	785.11	353.67	934.63	8.72	28.7
2020	2570.25	576.89	719.43	334.41	912.05	5.41	22.06

注："—"表示没有统计。

从各农药品种使用量来看，杀虫杀螨剂＞除草剂＞杀菌剂＞植物生长调节剂，这主要与全区近年来种植业结构调整、病害相对较轻、虫害加重及杂草抗药性增强有关。按照地域，引黄灌区用药较南部山区多，山区用药以除草剂和杀菌剂为主，杀虫剂用量较少，杀菌剂主要用于防治小麦条锈病、白粉病和马铃薯晚疫病等。

3. 各类作物农药使用情况

（1）主要粮食作物用药情况　小麦一个生长周期平均施药2～3次，分别为种子药剂处理、苗后茎叶喷雾除草、防治病虫害。种子药剂处理以杀虫剂和杀菌剂复配为主，亩用40毫升，苗后除草剂亩用10～20毫升，一喷三防以杀虫杀菌剂复配并混配植物生长调节剂为主，亩用10～50毫升。水稻一个生长周期平均施药4～5次，分别为种子药剂处理1次，苗前封闭除草1次，苗后茎叶喷雾除草1次，适期防控稻瘟病1～2次。种子药剂处理以杀菌剂为主，亩用200毫升，苗前封闭除草剂亩用150～250毫升，苗后除草剂亩用200～300毫升，防稻瘟病亩用药70～150毫升。玉米一个生长周期平均施药3～4次，分别为种子药剂处理、苗前封闭、苗后茎叶喷雾除草、一防两控防病虫等。种子药剂处理以杀虫剂和杀菌剂为主，亩用40毫升，苗前封闭除草剂亩用60～200毫升，苗后茎叶喷雾除草剂亩用80～150毫升，一防两控防病虫以杀虫杀菌剂混配为主，亩用10～50毫升。马铃薯一个生长周期平均施药3～4次，分别为药剂拌种、苗后除草、病虫害综合防控等。药剂拌种以杀虫剂和杀菌剂为主，亩用40～50毫升，除草剂亩用30～50毫升，杀菌剂亩用20～100毫升，杀虫剂亩用20～30毫升。

（2）瓜菜作物用药情况　硒砂瓜一个生长周期平均施药3～4次，分别为不同生育期预防枯萎病、炭疽病、果斑病等病害和蚜虫等虫害,杀菌剂亩用 40 毫升,杀虫剂亩用 20～100 毫升,植物生长调节剂亩用 2～5 毫升。露地蔬菜一个生长周期平均施药 3～4 次,分别为不同时期预防霜霉病、白粉病等病害和菜青虫、蚜虫、蓟马等虫害,杀菌剂亩用 30～40 毫升,杀虫剂亩用 30～50 毫升,植物生长调节剂亩用 2～5 毫升。设施蔬菜一个生长周期平均施药 6～7 次,分别为不同生育期预防霜霉病、白粉病等病害和菜青虫、蚜虫、蓟马等虫害,杀菌剂亩用 30～40 毫升,杀虫剂亩用 30～50 毫升,植物生长调节剂亩用 2～5 毫升。苜蓿一个生长周期平均施药 2～3 次,分别为封闭除草剂 100～150 毫升,苗后除草剂 100～120 毫升,防治蚜虫、蓟马等害虫 30～50 毫升。

（3）主要饲草用药情况 饲草主要以青贮玉米、苜蓿为主。青贮玉米用药情况和籽粒玉米一致,一个生长周期平均施药 3～4 次,分别为种子药剂处理、苗前封闭、苗后茎叶喷雾除草、一防两控。种子药剂处理以杀虫剂和杀菌剂为主,亩用 40 毫升,苗前封闭除草剂亩用 60～200 毫升,苗后茎叶喷雾除草剂亩用 80～150 毫升,一防两控以杀虫杀菌剂混配为主,亩用 10～50 毫升。苜蓿一个生长周期平均施药 2～3 次,分别为封闭除草剂 100～150 毫升,苗后除草剂 100～120 毫升,防治蚜虫、蓟马等害虫 30～50 毫升。

（4）主要林果用药情况 枸杞一个生长周期平均施药 6～7 次,分别为防控蚜虫、木虱、瘿螨等虫害和炭疽病等病害,杀虫剂 2000～2500 倍液喷施,杀菌剂 1000～1500 倍液喷施,植物生长调节剂亩用 2～5 毫升。葡萄一个生长周期平均施药 4～5 次,分别为不同生育期防控瘿螨、蓟马等虫害和霜霉病等病害,杀虫剂 2000～3000 倍液喷施,杀菌剂 700～800 倍液喷施,植物生长调节剂亩用 2～5 毫升。其他果树一个生长周期平均施药 6～7 次,分别为防控蚜虫、叶螨等虫害和炭疽病等病害,杀虫剂 1000～2000 倍液喷施,杀菌剂 500～1000 倍液喷施,植物生长调节剂亩用 2～5 毫升。

（二）农药利用率

宁夏从 2017 年开始开展农药利用率测算工作,2017 年、2018 年、2019 年、2020 年小麦、玉米和水稻三大粮食作物总体农药利用率分别为 38.66%、39.16%、40.2%、40.8%。

（三）农药中毒情况

随着高毒农药的禁限用和安全用药意识的提高,农药中毒事故逐年减少。详见表 5-9-2。

表 5-9-2 1996—2020 年宁夏农药中毒情况统计

单位:人

年份	中毒人数			死亡人数		
	合计	生产性	非生产性	合计	生产性	非生产性
1996	8	3	5	6	0	6
1997	62	2	60	0	0	0
1998	70	5	65	2	0	2
1999	41	7	34	4	1	3
2000	35	14	21	8	0	8
2001	18	8	10	2	0	2
2002	36	17	19	6	0	6
2003	35	12	23	5	0	5
2004	41	23	18	4	0	4
2005	52	22	30	7	0	7
2006	0	0	0	0	0	0
2007	30	20	10	1	0	1

（续）

年份	中毒人数			死亡人数		
	合计	生产性	非生产性	合计	生产性	非生产性
2008	24	0	24	2	0	2
2009	5	3	2	1	0	1
2010	2	2	0	0	0	0
2011	0	0	0	0	0	0
2012	0	0	0	0	0	0
2013	4	2	2	0	0	0
2014	7	5	2	0	0	0
2015	9	8	1	0	0	0
2016	5	5	0	0	0	0
2017	4	4	0	0	0	0
2018	7	7	0	0	0	0
2019	3	3	0	0	0	0
2020	2	2	0	0	0	0

（四）施药器械情况

宁夏农药施药器械在2010年以前主要以手动喷雾器为主，占喷雾器使用量的60%以上，其次为背负式喷雾机。2010年以后，小型机动药械和大型机动药械逐渐增多，到2016年，大型自走式喷杆喷雾机、植保无人机在全区逐年加量推广使用，受价格高、性能不稳定等因素的影响，大型施药器械使用的比率仍不高。到2020年全区高效植保机械社会保有量达到近1万台，尤其是无人机在2015年尚属空白，2020年全区达到639架，防治面积达到460.22万亩次。详见表5-9-3。

表5-9-3　1996—2020年宁夏植保机械使用情况统计

计量单位：台或架

年份	社会保有量	手动喷雾器	背负式机动药械	小型机动药械	大型机动药械	手持电动式	无人机
1996	175882	167211	8333	248	5	85	0
1997	180302	146339	29051	4722	100	90	0
1998	184668	149792	29971	4700	115	90	0
1999	170455	164066	1673	4700	16	0	0
2000	168108	161492	1953	4550	20	93	0
2001	189464	183303	2299	3762	20	80	0
2002	240420	238191	1499	115	500	115	0
2003	232290	230118	1447	135	510	80	0
2004	301750	299361	1700	462	227	0	0
2005	392747	389070	2392	480	805	0	0
2006	403153	398764	2652	502	1230	5	0
2007	442434	437175	3085	717	1447	10	0
2008	480847	473240	5079	842	1641	45	0

（续）

年份	社会 保有量	手动喷 雾器	背负式 机动药械	小型机动 药械	大型机动 药械	手持 电动式	无人机
2009	439517	428437	7879	873	2229	99	0
2010	462498	451574	7280	1860	1685	99	0
2011	515916	498587	12872	2548	1310	599	0
2012	547303	527579	15176	3130	565	853	0
2013	429169	409532	11226	6844	420	1147	0
2014	472230	430489	26683	7530	1420	6108	0
2015	513647	459334	28223	11134	1984	12972	0
2016	460141	405440	23213	11368	903	19186	31
2017	528142	397591	44044	9914	2403	74052	138
2018	855808	396328	195505	263240	385	0	350
2019	535266	328127	192972	11550	2105	0	512
2020	590924	304162	271769	11892	2462	0	639

二、农药管理

1997 年国务院颁布实施首部《中华人民共和国农药管理条例》（以下简称《条例》），该《条例》的颁布实施标志着农药管理工作进入了有法可依的阶段。《条例》第五条中明确规定，国务院农业行政主管部门负责全国的农药登记和农药监督管理工作；省、自治区、直辖市人民政府农业行政主管部门协助国务院农业行政主管部门做好本行政区域内的农药登记，并负责本行政区域内的农药监督管理工作；县级人民政府和设区的市、自治州人民政府的农业行政主管部门负责本行政区域内的农药监督管理工作；县级以上各级人民政府其他有关部门在各自的职责范围内负责有关的农药监督管理工作。根据《条例》，宁夏回族自治区农业厅负责全区农药登记及农药监督管理工作。

1999 年，在《条例》的基础上，宁夏回族自治区人民政府颁布实施《宁夏回族自治区农药管理办法》，加强宁夏农药管理工作。《宁夏回族自治区农药管理办法》第三条规定，宁夏回族自治区农业行政主管部门负责全区农药的监督管理工作，并协助国务院农业行政主管部门做好全区的农药登记工作；县（区）人民政府、设区的市人民政府及行署农业行政主管部门负责本行政区域内的农药监督管理工作。行署及县级以上人民政府农业行政主管部门，可以委托符合法定条件的组织实施农药监督管理的具体工作。宁夏回族自治区化学工业行政管理部门负责全区农药生产的监督管理工作。县级以上人民政府其他有关行政管理部门，在各自的职权范围内负责有关的农药监督管理工作。第七条规定，宁夏回族自治区实行农药登记制度。农药登记管理的具体工作由宁夏回族自治区农业行政主管部门所属的农药检定机构负责。在此期间，全区农药监督管理工作由农业厅负责，主要依据《中华人民共和国农药管理条例》《宁夏回族自治区农药管理办法》开展相关工作，宁夏回族自治区农业技术推广总站承担农药登记管理等相关工作。2006 年，自治区编办批复自治区农业技术推广总站成立农药检定科，对接农业部农药检定管理所相关工作，具体开展农药登记管理工作。

2017 年，《条例》修订实施，将农药登记、生产、经营、使用管理职责统一划归农业主管部门。修订后的《条例》第三条规定，国务院农业主管部门负责全国的农药监督管理工作；县级以上地方人民政府农业主管部门负责本行政区域的农药监督管理工作；县级以上人民政府其他有关部门在各自职责范围内负责有关的农药监督管理工作。第七条规定，国务院农业主管部门所属的负责农药检定工作的机构负责农药登记具体工作；省、自治区、直辖市人民政府农业主管部门所属的负责农药检定工作的机构协助做好本行政区域的农药登记具体工作。

2018 年，在自治区农业农村厅种植业管理处加挂农药管理处牌子，行使农药行政管理职能，自治区农业技术推广总站负责农药登记、农药使用具体工作。全区农药管理工作有了更完善的法律体系、更完备的管理体系，农药管理工作进入了新的阶段。

自《条例》修订实施以后，全区各级农业部门高度重视，紧紧围绕履行新职能、健全机构、落实工作任务等重点，全面抓好《条例》及配套规章制度的贯彻落实，切实加强农药行业管理工作，取得了阶段性成效。截至 2020 年，全区已登记农药品种 115 个，其中杀虫剂 40 个、杀菌剂 26 个、除草剂 43 个、植物生长调节剂 6 个。全区有登记在册的农药生产企业 14 家，分布于惠农区、大武口区、平罗县、贺兰县、宁东能源化工基地、青铜峡市、沙坡头等 7 个地市级以上工业园区。全区登记在册的农药经营门店（企业）1478 家，其中普通农药经营门店（企业）1402 家，限制使用农药经营门店（企业）76 家。农药质量抽检合格率稳定在 94％以上。

■ 第四节　宁夏农业植物检疫

一、植物检疫机构

1983 年宁夏植物检疫业务归属宁夏农业技术推广总站，对外称中华人民共和国银川植物检疫所，对内称宁夏回族自治区植物检疫站，一套人马两个牌子，内检外检一手抓。1998 年以后宁夏对外植物检疫业务划归宁夏出入境检验检疫局，中华人民共和国银川植物检疫所撤销，保留宁夏植物检疫站负责全区内植物检疫工作。1995—2020 年期间全区共进行了 8 次专职检疫员调整，截至 2020 年底全区共有农业专职植物检疫员 161 名。

二、植物检疫对象

1996 年 6 月修订发布宁夏检疫对象补充名单：水稻白叶枯病、水稻干尖线虫、小麦粒线虫病、小麦腥黑穗病（网腥、光腥）、玉米干腐病、玉米霜霉病、马铃薯粉痂病、甘薯黑斑病、向日葵霜霉病、苹果黑星病、黄瓜黑星病、马铃薯黑胫病、棉花枯萎病、苹果根癌病、桑细菌性枯萎病、桑黄化萎缩病、豌豆象、绿豆象、蚕豆象、苹果小吉丁虫、苜蓿广肩小蜂、赤拟谷盗、亚麻毒麦、向日葵列当等 24 种。2010 年根据宁夏实际情况重新制定颁布《宁夏回族自治区农业植物补充检疫对象名单》，确定为 6 种，分别是玉米干腐病、小麦腥黑穗病、向日葵霜霉病、马铃薯粉痂病、水稻白叶枯、菟丝子属。

三、植物检疫工作

（一）检疫性有害生物调查与防控

2000—2002 年，宁夏农业有害生物疫情普查工作发现全国性有害生物 2 种，宁夏补充检疫对象 8 种，全国重点普查病虫草 16 种。2006 年在全区开展了宁夏重点农业植物检疫性有害生物专项普查、监测。2008 年全区农业有害生物监测调查发现苹果蠹蛾、瓜类果斑病、苹果黑星病菌、黄瓜黑星病菌、菟丝子、列当、豌豆象等 7 种有害生物。2009 年全区农业植物检疫性有害生物监测调查发现苹果蠹蛾、瓜类果斑病菌、黄瓜黑星病菌、列当等 4 种全国检疫性有害生物。

1996—2020 年按照农业部（农业农村部）和全国农业技术推广服务中心的部署与要求，宁夏先后开展了红火蚁、美洲斑潜蝇、扶桑棉粉蚧、葡萄根瘤蚜、梨枯梢病、葡萄花翅小卷蛾、马铃薯帚顶病毒等外来有害生物专项普查监测工作。2020年宁夏在出口番茄种子中首次检出番茄褐色皱纹果病毒，并对种子进行了销毁。

截至2020年年底，宁夏共发生全国检疫性有害生物5种：瓜类果斑病、黄瓜绿斑驳花叶病毒、苹果蠹蛾、稻水象甲、黄瓜黑星病。

1. 瓜类果斑病

2006年8月首次在中宁县喊叫水乡宁夏农林科学院甜瓜试验田发现，对种子种苗、果实全部进行了销毁。2008年4月，在海原县高崖乡甜瓜拱棚中再次发现瓜类果斑病，面积4000余亩，对发病病株、果实及剩余种子进行销毁，及时进行了化学药剂防治。2019年在沙坡头区、中宁县、海原县3个县（区）发生，面积9980亩。2019年共抽检种子种苗样品1816个，检出带毒种子（苗）样品36个，依法封存带毒种子1686.4千克，销毁种苗1702.6万株，挽回农民直接经济损失2369.85万元。截至2020年12月底，在沙坡头区、中宁县、海原县3个县（区）先后发生面积10000亩。

主要采取的防控措施：加大对瓜类种子种苗的检疫监管，实施全覆盖抽样检测；加强综合防控，通过种子消毒、拌种、浸种、嫁接消毒、药剂防治、田间管理、倒茬轮作等方法，堵截疫情的传播蔓延。

2. 黄瓜绿斑驳花叶病毒

2018年9月，在中卫市沙坡头区、中宁县硒砂瓜上首次发现，面积5200亩，造成损失870万元。经中卫市政府多方协调，由相关企业和个人对农户进行了赔付。截至2020年12月底，在3个县（市、区）（沙坡头区、中宁县、海原县）先后发生面积5200亩。

主要采取的防控措施：一是全覆盖抽样检测工作，加强植物检疫，重点抓好瓜类种子种苗检疫监管。二是与供种源头甘肃省进行对接，形成双方联防协作机制。三是要求所有销售到宁夏的瓜类种子必须进行干热消毒处理，从源头上堵截黄瓜绿斑驳花叶病毒的传播蔓延。四是做好田间管理和化学防治。

3. 苹果蠹蛾

2008年5月，在宁夏中卫市沙坡头区首次诱到苹果蠹蛾成虫，发病面积20余亩。截至2020年12月底，苹果蠹蛾在12个县（市、区）（西夏区、贺兰县、永宁县、灵武市、大武口区、平罗县、惠农区、利通区、青铜峡市、盐池县、沙坡头区、中宁县）先后发生面积59515亩。

主要采取的防控措施：一是实行系统监测与定点监测相结合，重点加强交通要道沿线果园、果汁厂、收费站附近果园等疫情发生高风险区的监测。二是所布设的诱捕器责任到人，实行定人、定点、定期调查统计，每月调查2次，从4月中旬开始至10月上旬结束。三是按照农林分工职责，各市县区及时将监测数据报送当地林业主管部门，相互配合，以林业部门为主开展综合防治。

4. 稻水象甲

2014年8月首次在灵武市新华桥镇水稻田发现。截至2020年12月底，稻水象甲在10个县（市、区）（兴庆区、金凤区、西夏区、贺兰县、永宁县、灵武市、利通区、青铜峡市、中宁县、沙坡头区）先后发生面积97112亩。

主要采取的防控措施：一是化学防控。针对不同的防治时期和虫态，选择施药技术。二是物理防治。在越冬成虫回迁及危害期，利用诱虫灯诱杀成虫。三是生物防治。在发生程度较轻的地区，采用牧鸭防虫、白僵菌及绿僵菌等生物防治措施。四是农业防治。加强水肥管理，通过晒田使稻田泥浆硬化，抑制幼虫危害，对发生区大田，收割后进行秋翻晒垡灭茬，铲除稻田周边杂草，破坏稻水象甲的越冬场所。

5. 黄瓜黑星病

2020年2月，在原州区发现黄瓜黑星病疫情，发生面积63.5亩。

主要采取的防控措施：一是对供苗企业、种子经销商开展追溯调查，封存带病种苗。二是对发病植株和果实及时拔除、掩埋销毁。三是及时开展化学防治。

（二）产地检疫

1995—2020 年，全区累计实施种苗产地检疫 364.0052 万亩，涉及小麦、水稻、玉米、苹果、枸杞、蔬菜等 20 余种作物。

（三）调运检疫

1995—2020 年共办理国内调运检疫 226912 批次，调运植物及植物产品 1.2 亿吨；检疫办理出境货物 325 批次，8223.5 吨。

（四）国外引种审批

1995—2020 年共完成审批 350 批次，种子 6062.972 吨，150100 株，主要包括向日葵、苜蓿、番茄、燕麦、辣椒、甜菜、玉米、葡萄苗等品种。

（五）马铃薯病毒检测

自 2003 年开展宁夏马铃薯脱毒种薯病毒检测工作以来，共检测马铃薯品种 170 批次，检测样品 4286 个，提高了全区马铃薯脱毒种薯的质量。

（六）宣传培训

1996 年在新的《植物检疫条例》颁布 4 周年之际，宁夏开展了为期 40 天的植物检疫宣传月活动。此后检疫宣传作为一种常态化的日常工作。2012—2020 年期间按照农业部（农业农村部）要求，在全区开展了全国检疫宣传周（月）活动。从 1996 年开始，全区每年选派 2～3 名检疫技术干部和新增检疫人员参加全国农业技术推广服务中心在浙江大学举办的检疫干部培训班；2005 年，在浙江大学专门举办了为期一周的宁夏植物检疫人员培训班。2007 年、2009 年先后两次组织全区重点市县检疫人员赴甘肃、新疆、山西、辽宁、天津等地进行检疫性有害生物实地培训，同时邀请国内专家来宁夏举办关于苹果蠹蛾、瓜类果斑病、稻水象甲、黄瓜绿斑驳花叶病毒等检疫的十多场次专项培训班。

（七）市场检查

2006 年首次开展宁夏试验、示范、区试种苗专项检查工作，检查农业科研院所、推广结构、种苗经营公司 11 家，试验示范种苗 1100 多个。1995—2020 年全区累计出动执法人员 2500 多人次，检查种苗企业、经营户 3436 家，查处违法违规行为 783 件（立案查处 2 件），查获违法种子 3.3468 万千克。

（八）南繁检疫检查

2016 年起，宁夏各级植物检疫机构开始参加全国南繁产地检疫联合巡查，共检查宁夏南繁企业 60 家，主要涉及玉米、水稻、蔬菜、瓜类等制种作物，总面积 3500 亩。截至 2020 年 12 月底未，发现检疫性有害生物。

第六篇

畜牧业

宁夏畜牧业历史悠久。约公元前 30000 年前，今宁夏境内的"畜牧业"以狩猎为主，"伐木杀兽"是主要生产生活方式，狩猎动物以野驴、野马、羚羊、鹿等为主。公元前 7000—5000 年，由于弓箭和火的逐渐普及，人类开始了居有定所的稳定生活，今宁夏境内除了狩猎外，有了原始畜牧业——驯养家畜，动物种类除野驴、野马、羚羊、鹿等外，同时有了猪、牛、羊等家畜。

夏商至春秋时代，由于宁夏地处农牧交错带，北部仍以游牧为主，南部地区有了相对稳定的舍饲家畜，马、牛、羊等畜种数量大幅度增加。

自秦至民国时期，宁夏是全国有名的"水甘草丰""牛马衔尾、羊群塞道"的牧区。同一时期，猪、马、牛、羊、鸡等主要家畜家禽普遍得到饲养。自汉代至清中叶，宁夏是全国马政建设的主要地区之一，最多时马匹饲养量达到 30 多万匹。马政建设成为畜牧业的重要组成部分。

滩羊大约于汉代基本形成，到了清代得到了极大发展。《宁夏府志》记载：乾隆年间，宁夏中卫、灵州、平罗"畜牧之利尤广"。清代中叶，宁夏所产滩羊、中卫山羊裘皮已远销欧洲，使其在全国裘皮贸易行列中呈一枝独秀，与水稻、盐、枸杞并称四大"最著物产"。

1949 年至今，宁夏畜牧业管理和技术服务机构变化沿革大体情况如下。

1949 年 9 月 23 日，宁夏和平解放。同年 10 月 25 日宁夏省建设厅设立兽医防治处、畜牧科与宁夏家畜禽诊疗所。同月，将原家畜诊疗所改为银川兽医门诊部。

1950 年 3 月成立畜牧示范站。

1951 年 9 月，省建设厅将畜牧科与兽医防治处合并为畜牧兽医处，下设畜牧工作队、防疫队。同时，扩充（增设）了宁夏盐池滩羊选育场等 9 个配种场（站）。

1953 年 1 月，宁夏省畜牧厅成立，内设"三队"，即畜牧工作队、防疫工作队、电影工作队。

1958 年 10 月 25 日宁夏回族自治区成立，于 10 月 29 日设立宁夏回族自治区农业厅，农业厅下设畜牧工作大队、兽医防治大队和草原工作大队。直至 1983 年，机构设置与名称随时有变化，但大体稳定沿革。

1984 年，畜牧局从自治区农业厅析出，成立宁夏回族自治区畜牧局（与农业厅并列为正厅级）。

1985 年 2 月，撤销总站，分设畜牧、兽医、动检、草原工作站。同年 7 月，增设兽药饲料检查检验所，并于次月更名为兽药饲料监察所。宁夏已经形成了较完善的自治区、地（市）、县（市、区）、乡（镇）四级畜牧业管理机构和技术服务体系。

1986 年 1 月，自治区经济委员会成立饲料工业办公室，2006 年 11 月划归农牧厅，2017 年更名为宁夏回族自治区饲料工作站。

2000 年，将自治区农业厅、畜牧局、乡镇企业管理局和农机化总公司合并为宁夏农牧厅，下设畜牧局和兽医局，技术推广服务机构未做变动。

2001 年，自治区国内贸易办公室成立宁夏回族自治区畜禽定点屠宰领导小组办公室，2002 年划归商务厅，2014 年划归农牧厅，2017 年更名为宁夏回族自治区畜禽定点屠宰工作站。

2018 年，撤销宁夏回族自治区农牧厅，成立宁夏回族自治区农业农村厅，合并畜牧局与兽医局为畜牧兽医局，除自治区草原工作站、云雪山国家级自然保护区管理局划归宁夏林业和草原局外，其他技术服务机构未做变动。

1949 年至今，宁夏畜牧业生产和技术水平得到了长足发展。20 世纪 50 年代初期，宁夏各级畜牧兽医机构，组织防疫队伍，培训技术力量，贯彻"预防为主"的兽疫防制方针，基本消灭牛瘟，控制炭疽、羊寄生虫病、口蹄疫等严重疫病。同时，大力扶持民桩（民营配种户）并引进优良种畜，首先对马、猪开展了杂交改良工作。同时，认真执行"鼓励、保护和奖励繁殖耕畜""牧主、牧民两利"等恢复和发展畜牧业的政策，各类牲畜迅速恢复和发展。1956 年底牲畜总头数达到 265.79 万头，比 1949 年的 131.32 万头，增长 102.4%，年均递增率高达 10.6%，大牲畜、羊、猪的年递增率分别为 8.1%、11.7% 和 8%。

1978 年，党的十一届三中全会以后，逐步取消对农民限养禁养畜禽的规定，畜牧业开始了向专业化、商品化生产过渡的新阶段。到 1984 年底，全区有大牲畜 67.60 万头（牛 18.88 万头、马 5.08 万头、驴 27.25 万头、骡 16.01 万头、驼 0.38 万峰），比 1978 年增长 26％。其中，奶牛由 1861 头发展到 5757 头，增长 2 倍多；羊 269.57 万只（绵羊 199.48 万只，山羊 70.09 万只），虽然由于受灾下降 8.9％，但羊群中适龄母羊比重从 41.4％提高到 58％，绵羊比重从 61％提高到 74％，羊只出栏率（不包括宰羔）从 8.9％提高到 21.4％，只均胴体重 12.7 千克，提高 33.7％；猪存栏 49.59 万头，减少 31.1％，而出栏率从 49.4％提高到 69.2％，头均胴体重 57.3 千克，提高 53.8％，猪肉产量增长近一倍。

2000 年，全区肉类总产量 18.5 万吨、禽蛋 7.6 万吨、牛奶 23.6 万吨，分别较改革开放前的 1978 年增长 15.5 倍、17.4 倍和 60.5 倍。人均占有肉、蛋、奶的水平分别达到 33.5 千克、13.8 千克和 42.8 千克，其中鲜奶人均占有量是全国平均水平的 5.9 倍，居全国第三位。

随着全区畜牧业结构调整和畜牧业产业化的发展，到 2020 年，全区奶牛存栏 57.4 万头，家禽饲养量 2568.5 万只，肉牛饲养量 192.6 万头，羊饲养量 1221.2 万只，生猪饲养量 188.6 万头；肉、蛋、奶总产量分别达到 34.1 万吨、13.9 万吨和 215.3 万吨。人均肉蛋奶占有量分别达到 47.3 千克、19.3 千克和 298.9 千克。畜牧业产值 246.6 亿元，占农业总产值的 34.98％。

第一章

畜 牧 业 发 展

■ 第一节　历史沿革

商周时期，宁夏固原已为畜牧区，先民逐水草而居，以牧业为主。秦朝初年，商人兼牧主保，畜牧之多竟用山谷估量。汉代，"天子为伐胡，盛养马。"汉政权始以官方经营方式大兴军马场。汉文帝元年至景帝后元元年（前179—前143年），在北地、安定、上郡设管理军马机构"牧师苑"6个，有军马场36所，牧工3万，养马30余万匹。元鼎五年，汉武帝号召民间养马，促进畜牧业发展。安定诸郡出现"沃野千里，谷稼殷积，土宜产畜，牛马衔尾，群羊塞道"的繁荣局面。东汉永初七年（公元113年），境内羌族大起义，损失驴、骡、骆驼、马、牛、羊2万余头（只）。建宁元年（公元168年），东汉与羌军战于逢义山（须弥山），羌军大败，损失牛、羊20余万头（只）。

魏晋南北朝时期，鲜卑、柔然、敕勒等游牧民族先后生息境内。前秦时期，设有高平牧官都尉，专司畜牧。建五十一年（公元345年），后赵石虎征发民间牛2万头，归朔州牧官（设固原）管理。建初八年（公元393年），柔然族万余人游牧于清水河谷地区。弘始四年（公元402年），北魏与后秦战于境内，获取马4万余匹，骆驼、牦牛3000余头，牛羊9万余头（只）。北魏世祖平定秦陇后，"以河西水草善，乃为牧地，畜产滋养，马至200余万匹，骆驼将半之，牛羊则无数"。

隋朝，炀帝大业三年（公元607年），于陇右置马牧24个，设总监、副监、丞统管诸牧（场）。同时，设专门繁殖良马的"骅骝牧"，又在原州境内设置羊牧、驼牛牧及皮毛监等专营畜牧机构。

唐朝马政最盛，境内为重要养马基地，又为西北马政的管理中心，贞观时，于原州设置陇右群监牧，由原州刺史兼任群监牧使，下辖4使。至麟德时（公元664年），陇右群监牧累计养马70.6万匹，地跨陇西、金城、平凉、天水4郡。开元十三年（公元725年），陇右诸监牧养马45万匹，牛5万头，羊28.6万只。天宝间（公元742—755年），陇右群监牧统辖的4使共有5监（原州境内有36监），其中南使18监，西使16监，北使7监，东使9监。监牧地东西约600里，南北约400里。天宝十二年（公元753年），陇右群监牧共养马31.9万匹（内骒马11.3万匹）。

唐代监牧管理较为严格，监分为上、中、下三等，养马5000匹为上监、3000匹为中监、1000匹为下监。唐初，马仅一种。开元年间，与胡马杂交，品种大有改良。至德元年（公元756年），肃宗李享为避"安史之乱"，亡命途经平凉郡（原州），得公私马群万匹。至德年间吐蕃族侵占陇右，监牧废弃。宝应初年，始将牧地分给贫民耕垦养牧，盛极一时的马政走向衰败。

宋朝推行"省国费而养马于民"的"保甲养马"制度，境内民间除养马外，养羊业也很兴盛，羊毛毡被列为贡品。

金朝，仍采取"悉从民牧"，以备官府随时征用。

元朝，境内为蒙古军的基地，大兴军屯，设屯田总管府于开成，除驻军牧马外，又调集2.5万余民军士牧垦于六盘山地区，另外又将部分牧地赐给蒙古族及番僧牧耕。

明朝，除恢复牧官制度外，又将部分土地封给肃、楚、韩、沐四藩王为牧地，境内以官养为主的畜牧业再次兴起。洪武二十七年（公元 1394 年），设群牧千户所，三十年设陕、甘行太仆寺（专理马政事宜），定牧马草场。永乐四年（公元 1406 年），设陕西苑马寺，领长乐、灵武二监。长乐监驻固原城，领开成、安定二宁二苑。正统四年（公元 1439 年），移甘肃苑马寺牧恩军于黑水口（今黑城子），归长乐监；移民武监的清平、万安二苑于开成县；此时，开成县内各苑共养马数万匹。成化十三年（公元 1477 年），黑水口牧恩军改设黑水苑，之后马政衰落，监苑屡裁。

弘治十七年（公元 1504 年），朝廷派御史杨一清来固原督理马政，"肃振纪纲，增署官属，搜括垦田，益市民马"。以开成、安定二苑水泉便利，可各容马万匹，定为上苑；万安可容马 5000 匹，广宁 4000 匹，定为中苑；黑水草场逼峡，可容马 1000 匹，清平地峡土瘠，可容马 2000 匹，定为下苑。督修马营 19 处（境内现存的头营至八营古城均是此时修建），屋宇 4100 间，新招牧丁 3343 人，清出牧地 1280 亩。至正德三年（公元 1508 年），境内各苑养马 13800 匹。

据嘉靖《平凉府志》《固原州志》记载：开成苑驻今头营，设园长 3 员，领头营至八营 8 个马营，共有马间 639 间，草场 8 所，草场马圈 13 处，有荒、熟地 364.7 万亩，养马 2622 匹，牧丁 700 人；广宁苑驻固原城，设园长 2 员，领巩昌、青州、临洮、平凉 4 马营，共有马房 454 间，草场 4 所，草场马圈 36 处，有荒、熟地 258.8 万亩，养马 1224 匹；黑水苑驻今黑城子，设园长 2 员，马间 397 间，草场 2 所，草场马圈 9 处，辖地东至红城子，南至深沟民地，北至乱堆沟，共有荒、熟地 116.2 万亩，与民地相交，养马 969 匹；清苑驻地不详，辖地当今彭阳县草庙、孟塬一带，共有荒、熟地 259.1 万亩，养马 2667 匹，牧丁 542 人；万安苑（驻今环县万安），辖地当今彭阳县小岔、罗洼及环县部分地，共有荒、熟地 217.1 万亩，养马 2669 匹，牧丁 476 人。万历十年，升苑为监，每监设监正 1 员，俸秩与县官同；原长乐、灵武二监撤销。明代境内监苑牧地、藩王牧地及军屯地占总土地的 70%～80%，民间畜牧甚微。

清朝，军马多来源于蒙古、青海等地，固原养马基地逐渐放弃。清康熙四年（公元 1665 年），境内监牧撤销，原 1216 万亩牧地，除少数划给驻军屯牧外，绝大部分牧地招民租赁耕牧，结束了境内以官养马匹为主的历史，民养牛羊为主的畜牧业再次兴起。

民国时期，境内畜牧仍以牛羊为主。民国九年（1920 年）大地震，民国十八年（1929 年）大灾荒以及军阀、土匪浩劫，疫病流行，畜牧损失惨重，起伏较大。据民国三十年（1941 年）调查，固原有牛 21800 头，驴骡 10004 条，马 930 匹，骆驼 97 峰，羊 136000 只。

中华人民共和国的成立揭开了中国历史的新篇章，宁夏畜牧业获得了新的发展机遇，特别是改革开放以后，连续 40 多年持续、稳定发展，畜牧业已成为宁夏民族经济的主要支柱产业之一。

■ 第二节 发展历程

1949 年，宁夏牲畜存栏 131.31 万头只（牛 14.32 万头，马属动物 19.09 万头，生猪 8.98 万头，羊 88.92 万只），畜牧业总产值 2412.6 万元，占农业总产值的 22.3%。1949—2020 年，在中国共产党和各级人民政府的领导下，宁夏畜牧业经历了三个发展阶段，即 1950—1978 年的曲折发展时期，1979—1995 年的改革开放快速发展时期，1996—2020 年的转型升级发展时期。

一、畜牧业曲折发展时期

1950—1957 年，中共宁夏和甘肃省委、省人民政府为了尽快恢复和发展畜牧业，按照中央的统一部署，土改中在牧区"坚持不划阶级成分，对牧主不斗不分，实行牧工牧主两利"。1950 年 3 月，省建设厅保送 30 名优秀青年赴兰州国立兽医学院学习，这是新中国成立后宁夏首次自己培养技术干部；1950 年 4 月，决定成立"宁夏兽疫防治处"，从事全省畜牧兽医行政和技术工作，这是新中国成立后宁夏首次建立的全省性上下统属的畜牧兽医机构；1950 年 12 月，省建设厅报经省人民委员会批准，在银川八里桥建立"宁夏畜牧示范场"，下设平罗、永宁、八里桥三个配种站，从西安、陕北等地购进荷兰牛、撒南山羊、关中黄牛、铜川绵羊、绥米驴开展畜种改良。1951年，省委决定在永宁成立"宁夏农业学校"，设农艺、森林和畜牧三个专业，开创了新宁夏畜牧兽医教育的历史。1950—1952年，宁夏省委、省人民委员会先后制定、颁布《禁止宰杀耕牛的布告》《宁夏省家畜选种及畜群饲养管理评比暂行办法》《宁夏省奖励牲畜繁殖及保护牲畜暂行办法》《宁夏省检疫鼻疽病畜试行办法》《宁夏省防治口蹄疫实施办法》《宁夏省牧业税征收办法》和《宁夏省屠宰税稽征实施办法及宁夏省特种消费行为税稽征实施办法》等条例、条令和命令，推行贷款扶持农民购畜等一系列促进发展的政策措施，采用发放贷款和役畜保险的办法解决牧业投入不足问题，贯彻"预防为主"的兽医防治方针，建立国营农场。

1953年1月，宁夏省委决定成立宁夏省畜牧厅，随后各县市相继成立畜牧主管部门，从此宁夏畜牧业开始了上下一致的归口管理。1953年6月，宁夏省人民委员会第12次主席联合办公会议通过《盐池县封沙育草护林暂行办法》，实行草原划管。1953年7月，省畜牧厅召开宁夏第一次畜牧业互助合作会议。1954年9月，宁夏省制撤销，全部并入甘肃省。1953—1957年，宁夏省委、省人民委员会及后来的甘肃省委、省人民委员会先后制定《关于家畜饲养管理的意见》《关于民畜改良工作的意见》《关于兽疫防治工作的意见》《甘肃省保护耕牛暂行办法》《银川专区关于发展民猪生产的意见》等政策性文件，《宁夏日报》发表《紧急行动起来，防治牲畜死亡，增进牲畜繁殖》《重视大家畜配种工作、努力完成牲畜繁殖任务》《发动农民群众大量养猪》等社论。据《宁夏统计年鉴（2001）》，1957年各类牲畜存栏发展到259.90万头只（牛23.42万头，马属动物33.16万头，生猪21.58万头，羊181.74万只），相比1949年的131.31万头只增长近1倍，年均递增8.91%。

1958年10月25日，成立宁夏回族自治区。人民公社化时，大家畜及羊只、生猪归生产大队所有。1960年，提倡大力发展养猪，实行集体、个人并举。1961年，固原县对社员个人养猪1头者，旱山地区划给饲料地1~1.5亩，阴湿及旱川地区划给0.8~1.2亩（不得超过2头）。1962—1965年，宁夏回族自治区党委和政府认真贯彻中央"调整、巩固、充实、提高"方针，认真贯彻《农村人民公社工作条例修正草案（六十条）》，贯彻"人民公社三级所有，队为基础"的政策，牲畜下放生产队经营，实行包户饲养，繁殖奖励，并增加社员养畜饲料地，畜牧业再次呈现较快发展。至1965年，全区牲畜存栏436.10万头只（牛26.57万头，马属动物31.32万头，生猪43.86万头，羊334.35万只），相比1949年增加2.3倍，年均递增7.79%。畜牧业总产值5012.8万元，占农业总产值的16.4%。

1966—1976年"文化大革命"期间，大家畜从之前的包养到户，被收回大圈饲养。1973年，规定汉族群众个人养羊不超过3只，回族群众不超过5只；社员养猪饲料地每头猪调整为2分地（只限3头）。1976年，开始强调以养猪为中心发展畜牧业。宁夏畜牧主管部门认真贯彻农林部《关于牧区人民公社基本核算单位对畜群生产组实行定产、定工、超产奖励的制度》，组织实施自治区革委会制定的《宁夏回族自治区家畜家禽及其产品运输检疫暂行办法》《关于认真落实生猪政策的规定》等文件，宁夏畜牧业又缓慢回升。1978年，全区牲畜存栏421.57万头只（牛17.87万头，马属动物35.77万头，生猪71.98万头，羊295.95万只），相比1949年增加2.21倍，年均递增4.10%。畜牧业总产值8713.6万元，占农业总产值的18.1%。

二、畜牧业改革开放快速发展时期

1978年12月，党的十一届三中全会以后，宁夏农村撤销了人民公社，恢复乡镇建制。恢复、健全和重建各级畜牧兽医行政和技术管理机构。充实人员，落实政策。畜牧业完成了从"公有公养"向"分户承包饲养"到"私有私养"的过渡。党的十一届六中全会明确"我国还是社会主义初级阶段"，进一步放宽经济政策，取消了畜产品统购派购。1979—1982年，自治区人民政府先后批准成立"宁夏回族自治区兽医药品检验所""宁夏农林科学院畜牧兽医研究所"和"中华人民共和国银川动物检疫站"等单位，制定《关于加快发展畜牧业若干问题的规定》《关于发展家禽、鲜鱼和杂畜议价议销的规定》《国营种畜场工作暂行条例》及《宁夏回族自治区牧业税征收暂行办法》等优惠政策和地方性规章，为宁夏畜牧业发展创造了良好条件。

改革开放以后，宁夏畜牧业坚持以商品生产为主体，以产品加工和流通商贸为两翼，以市场需求为导向，围绕增加畜产品有效供给和农民收入开展工作。本着立法为畜牧经济服务的原则，先后制定、颁布和实施《宁夏回族自治区草原管理试行条例》《宁夏回族自治区保护甘草资源的规定》《宁夏回族自治区关于固定草原使用权的规定》《宁夏回族自治区草原承包经营责任制暂行规定》《宁夏回族自治区兽药管理办法》《宁夏回族自治区良种畜禽推广管理办法》《宁夏回族自治区野生动物保持实施办法》等一系列地方性法规和规章。各级政府增加对畜牧业的投入，加强基础设施和草原建设；建立、健全和完善畜禽良种繁育、畜禽保护、疫病防治、技术推广等服务体系；建立奶牛、肉牛、猪、鸡、肉羊五个"两高一优"示范区，创建平罗、泾源、灵武三个国家级秸秆养牛、养羊示范县，吴忠、泾源、盐池三个种草养畜示范县，发展区域性畜牧业生产；加大科技投入，实施科教兴牧战略，组织开展绒山羊杂交改良、黄牛杂交改良、绵羊杂交改良、塑膜暖棚养畜等科技攻关和技术推广项目；从扩大母畜比例、提高种畜品质、增加出栏、加快周转、发展专业户、扩大养殖规模等方面不断调整畜牧业产业结构，坚持稳定生猪生产，发展以牛羊等草食动物为主的节粮型畜牧业，使宁夏畜牧业跨越"六五"恢复性发展、"七五"突破性发展和"八五"商品性发展三个阶段，完成农本型畜牧业向商品型畜牧业的过渡。

1995 年，自治区政府提出"尽快发展农业产业化是实现小康的必由之路"的产业发展思路，产业化发展成为宁夏畜牧业发展的主攻方向。自治区《政府工作报告》提出，在山区认真实施"双百扶贫攻坚计划"，即在西海固地区近 100 个贫困乡（镇）、100 多万农村贫困人口中实施有计划、有组织和大规模的扶贫攻坚，发展豆类、油料、经果林、药材、养牛、养羊等 6 大农副产品生产基地，加快建立扶贫支柱产业；在川区加快建设各类高产优质高效农业示范区，发展粮食、蔬菜、啤酒原料、水果、养牛、养羊、养猪、养禽、养鱼、桑蚕等 10 大主导产业，建设农副产品生产基地。培育龙头企业，推行种加养、产加销、贸工农一体化经营，形成"公司（企业）＋农户"的产业实体。1995 年，全区牲畜存栏 474.23 万头只（牛 51.90 万头，马属动物 37.76 万头，生猪 91.87 万头，羊 292.70 万只），是 1949 年的 3.61 倍；与 1978 年相比增长 12.5%。其中，牛存栏由 17.87 万头增长到 51.90 万头，增长 190.43%。全区肉类总产 12.06 万吨，是 1978 年 1.23 万吨的 9.80 倍；奶类总产 14.04 万吨，是 1978 年 0.37 万吨的 37.95 倍；禽蛋总产 3.9 万吨，是 1978 年 0.44 万吨的 8.86 倍；蜂蜜总产 552 吨，羊毛总产 4306 吨，羊绒总产 165 吨。畜牧业总产值达到 16.29 亿元，占农业总产值的 28.80%，较 1949 年增长 6.50 个百分点，较 1978 年增长 10.70 个百分点。

三、畜牧业转型升级发展时期

九五期间，宁夏畜牧业发展开始由偏重数量增长向质量效益并重的方向转变。

1997 年，自治区提出"大力推进农业产业化，要坚持以市场为导向、以科技为支撑，以增加农民收入为核心，按照市场牵龙头，龙头带基地，基地连农户"的发展思路。1998 年，自治区提出"科教兴宁"战略，《政府工作报告》提出："养殖业要积极扩大草食型、节粮型畜禽养殖，加快发展农区畜牧业，大力发展饲料工业，改进饲养方法，优化畜禽品种，实现畜牧产业化升级"。1999 年 5 月，自治区党委、自治区人民政府召开"全区加快畜牧业发展会议"；7 月出台《自治区党委、自治区人民政府关于进一步加快畜牧业发展的意见》，指出畜牧业发展要"以推进产业化统揽畜牧工作全局，以提高经济效益和整体素质为目标，坚持市场导向、科技支撑、项目带动，积极发展牧区畜牧业，加快发展农区畜牧业；优化配置各种生产要素，大力开拓畜产品市场，实行区域化布局、专业化生产、集约化经营，形成牧工贸一体化、产加销一条龙的经营格局，把畜牧业发展成为强民富民的重要产业"。2000年，是西部大开发的起步之年。《政府工作报告》提出，"要大力发展畜牧业，巩固现有畜禽生产，加快发展草食性、节粮型和特种养殖，发展饲料工业和以紫花苜蓿为主的草产业，加强畜禽疫病防治，使畜牧业成为最具经济增长优势的支柱产业"。把畜牧业作为全区农村经济的支柱产业，加大草食型、节粮型畜牧业发展和发展草产业的发展思路，这一在思想认识上的跨越，为今后全区畜牧业特别是肉牛肉羊和奶产业的快速发展提供了政策等方面的坚实保障。据《宁夏统计年鉴（2001）》，2000年全区牲畜存栏619.26万头只（牛60.50万头，马属动物31.60万头，生猪132.89万头，羊394.27万只），相比1995年增长30.6%。全区肉类总产19.0万吨，相比1995年增长57.5%，其中，猪肉9.3万吨、牛肉3.3万吨、羊肉3.3万吨；奶类总产23.64万吨，相比1995年增长68.4%；禽蛋产量7.57万吨，相比1995年增长94.1%；羊毛总产5418吨，相比1995年增长38.3%；羊绒总产364吨，相比1995年增长1.2倍。人均肉蛋奶占有量分别达到34.3千克、13.7千克和42.7千克，其中鲜奶人均占有量是全国平均水平的5倍，居全国第三位。畜牧业总产值25.75亿元，占农业总产值的33.1%，首次达到"三分天下有其一"。

"十五"期间，宁夏畜牧业借助国家西部大开发战略的实施，尤其是《宁夏优势特色农产品区域布局发展规划》的实施，发展迅速，四大战略性主导产业和六大区域性优势特色产业规模和效益稳定提高，畜牧业发展步入优势特色产业发展阶段。

2002年8月，自治区党委和政府在盐池县召开宁夏中部干旱带生态建设工作会议，决定宁夏在全国率先实行全面封山禁牧。从2003年5月1日起，全区实行全面封育禁牧政策，启动"十万贫困户养羊工程"，全区各级政府加快落实草原承包责任制，将全区2700多万亩草原、草地、草滩承包到5万多农户和联户，370万只羊下山入圈。实行草原承包、封育禁牧，发展种草舍饲圈养。尽管封育禁牧给畜牧业发展带来了饲料、圈舍等短缺的暂时影响，但2003年宁夏畜牧业仍然保持持续增长，畜牧业总产值达到36.35亿元，占农业总产值的36.2%。全区已形成银川纳家户、灵武涝河桥、平罗宝丰、西吉单家集等在西北乃至全国颇有影响的牛羊肉批发市场，牛羊肉加工、营销企业达40多家，年外销羊肉近3万吨，"黄渠桥羊羔肉""纳氏肥牛"等在区内外已享有一定的声誉。农业部发布的《优势农产品区域布局规划》中，宁夏羊肉被确定为全国重点发展的11种优势农产品之一。全区奶牛存栏量12万头，鲜奶产量近40万吨。各类乳品加工企业19家，日处理鲜奶能力1385吨，培育了"新华夏进""维维北塔"等龙头企业，新华百货夏进乳品饮料公司被列为国家级农业产业化龙头企业。

2003年12月8日，自治区人民政府发布《宁夏优势特色农产品区域布局及发展规划》，牛羊肉、牛奶被列入宁夏农业五大战略性主导产品。《宁夏优势特色农产品区域布局及发展规划》的发布与实施，为宁夏畜牧业特别是牛羊肉产业和奶产业的快速发展提供了政策、科技支撑和资金扶持，也为宁夏形成畜牧业优势特色产业带提供了发展思路。据《宁夏统计年鉴（2006）》，2005年，全区牲畜存栏744.4万头只（牛98.15万头，马属动物18.19万头，生猪122.71万头，羊505.35万只），相比2000年增长20.2%；家禽存栏1127.9万只。全区肉类总产25.85万吨，相比2000年增长36.1%。其中，猪肉10.7万吨、牛肉5.2万吨、羊肉6.4万吨、禽肉3.2万吨；奶类总产57.85万吨，相比2000年增长了144.7%；禽蛋产量7.83万吨，相比2000年增长3.4%；羊毛总产9455吨，相比2000年增长74.5%；羊绒总产253吨。当年畜牧业总产值46.0亿元，占农业总产值的33.3%。

"十一五"是宁夏畜牧业实现由传统农业向现代农业转变的重要时期。自治区党委政府先后制定出台《关于加快中部干旱带草地生态建设与发展畜牧业的意见》《关于加快发展现代畜牧业的意见》《关于完善草原承包经营责任制的通知》等政策，自治区产业办（农业产业化办公室）制定《宁夏农业特色优势产业发展规划（2008—2012年）》，根据每年工作重点制定并执行《推进特色优势产业发展的政策意见》，实施现代畜牧业提质增效的一系列项目政策。

宁夏的奶牛、肉牛、生猪逐步纳入国家畜禽良种补贴试点，全区建成良种畜禽繁育场44家，人工授精站（点）736 个，奶牛生产测试中心 1 个。奶牛、肉牛、绵羊和生猪良种覆盖率分别达到 100%、45%、90%、80%。成年母牛年产奶量由"九五"末的 5000 千克增长到 6400 千克，远高于全国平均水平 4100 千克以上，居全国第 4 位。5 年累计落实自治区项目资金 1235 万元，支持建设了 45 个饲草料加工配送中心，示范推广了包膜青贮技术，全区秸秆利用率达到 55% 以上；实施草原围栏工程 2280 万亩，补播改良严重退化草场 408 万亩；争取中央国债投资 3.39 亿元，累计向农户兑现饲料粮补助 5.02 亿元。此外，落实重大动物疫病强制免疫补助政策，强制免疫疫苗购置全部由国家财政承担（中央财政 80%，自治区财政 20%）。从 2008 年开始，中央财政每年拨付 900 万元，用于基层动物防疫工作补助经费。2010 年，中央财政拨付疫苗采购经费 2189 万元，自治区财政配套 547.25 万元，对因重大动物疫病扑杀染病畜禽实行扑杀补贴政策。全区累计建设标准化、规模化养殖园区（场）3734 个，奶牛、肉牛、肉羊、生猪等规模养殖场的比例分别达到 60%、29%、38.6% 和 62.4%。畜牧产业化经营迈上新台阶，全区有乳品加工企业 27 家，日处理鲜奶能力 4000 吨；规模以上牛羊肉加工企业 21 家，年加工能力 5.87 万吨；草产品加工企业 8 家，加工能力达到 25 万吨；羊绒加工企业 58 家。蒙牛、伊利、旺旺、娃哈哈、雨润等一批知名企业集团纷纷投资宁夏畜牧业，培育出"夏进"乳品，"涝河桥""穆和春""金福来"牛羊肉，"雄鹰"皮草等一批知名品牌。

全区形成以银川、吴忠为核心区的奶牛产业带，以引黄灌区肉牛肉羊杂交改良区、中部滩羊生产区、环六盘山肉牛生产区为主的牛羊肉产业带，以卫宁青隆为核心区的生猪产业带，以引黄灌区粮草兼用、中部干旱带旱作草地、南部山区退耕种草为主的优质牧草产业带的畜牧业优势特色产业布局，羊、奶牛、肉牛、生猪优势产区的产量分别占全区总产量的 96%、83%、73% 和 66%。据《宁夏统计年鉴（2011）》，2010 年，全区牛饲养量 142.8 万头，其中存栏 90.7 万头；羊饲养量 898.4 万只，其中存栏 473.1 万只；生猪饲养量 193.7 万头，其中存栏 73.7 万头；家禽饲养量 1940.1 万只，其中存栏 805 万只。牛、羊、生猪、家禽存栏分别比 2005 年增长 -7.6%、-6.4%、-39.9% 和 -28.6%。全区肉类总产量 25.7 万吨，牛奶产量 84.5 万吨，禽蛋产量 7.2 万吨，分别比 2005 年增长 -0.6%、46.1% 和 -8.0%。全区人均肉蛋奶占有量分别达到 40.6 千克、11.4 千克和 133.5 千克。全区工业饲料产量 76.9 万吨，比 2005 年增长 54%。畜牧业总产值达到 82.13 亿元，占农业总产值的 26.8%。

"十二五"期间，自治区畜牧业生产以扩量、提质、增效为重点，推进产业转型升级和草原生态建设，畜牧业得到较快发展。采取收购、代养、托管、入股等方式，出户入场、整村推进，加快规模养殖场、养殖园区、家庭牧场建设，主体多元、协调互补、多种养殖模式共同发展的产业格局初步形成。据业务部门统计，全区各类规模养殖场（园区）6215 个，其中奶牛 268 个、肉牛 1073 个、滩（肉）羊 4575 个，规模养殖比例分别达到了 84%、38% 和 47%，较"十一五"末分别提高 24 个、9 个和 8.4 个百分点。良种繁育体系不断健全，建立区、县、乡、村四级畜禽改良站（点）736 个、良种繁育场 47 家，生产性能检测（测定）中心 2 个。累计推广优质奶牛冻精 193 万支、肉牛冻精 128 万支、种公羊 6.25 万只，改良奶牛 107.2 万头、肉牛 57 万头、羊 180 万只。奶牛、肉牛、肉羊良种覆盖率分别达到 100%、80%、90%。草畜加工能力不断增强，全区规模以上乳制品加工企业 19 家，牛羊肉加工企业 9 家，草产品加工企业 8 家，培育出"夏进""涝河桥""穆和春"等知名品牌，蒙牛、伊利、中地、中牧、皓月、万家灯火等知名企业集团陆续落户宁夏。科技支撑能力显著增强，以规模养殖场和养殖园区为平台，以重大推广项目为抓手，引进、示范、推广高效繁殖、精准化养殖、粗饲料加工、智能化管理等一大批先进技术，畜牧科技支撑产业发展能力显著提高。奶牛平均单产 7200 千克，比全国平均水平高 1000 千克以上，居全国第 4 位；高档牛肉生产和母牛低成本养殖技术达到国内先进水平；规模养羊场 75% 以上繁殖母羊实现了"两年三产"。苜蓿青贮、柠条加工和非常规饲料开发利用技术取得突破，秸秆加工利用率达到 65% 以上。全面落实草原生态保护补助奖励政策，做好天然草原退牧还草、补播改良和优质牧草生产，强化草原防火和鼠虫病害防治工作，优质牧草生产能力逐年提高，草原生态环境得到显著改善。全区草原植被综合覆盖度达到 53.5%，比"十一五"末提高 10 个百分点；天然草原理论产草量达到 195 万吨，比"十一五"末增长 10.9％。人工草地由 700 万亩增加到 850 万亩。据《宁夏统计年鉴（2016）》，2015 年，全区牛饲养量 171.97 万头，其中存栏 107.57 万头，奶牛存栏 35.44 万头；羊饲养量 1167.46 万只，其中存栏 587.78 万只；生猪饲养量 156.93 万头，其中存栏 65.47 万头；家禽饲养量 1952.90 万只，其中存栏 933.90 万只。牛、羊、生猪、家禽饲养量分别比 2010 年增长 20.4％、29.9％、－19.0％和 0.7％。全区肉类总产量 29.22 万吨，牛奶产量 136.53 万吨，禽蛋产量 8.78 万吨，分别比 2010 年增长 13.7％、61.6％、21.9％。畜牧业总产值达到 122.90 亿元，占农业总产值的 25.4％。

"十三五"期间，自治区大力推进畜牧业转型升级和现代畜牧业开拓创新，全区畜牧业生产形势持续向好，布局结构不断调整优化，优势特色产业快速发展。

各地围绕自治区畜牧业优势产业带布局，推进产业结构优化调整，合理定位发展方向，强化区域融合发展。依托北部引黄灌区农业产区优势，形成以银川市和吴忠市为核心、石嘴山市和中卫市为两翼的奶产业带；依托南部山区生态及优质牧草资源优势，形成中南部地区和引黄灌区两个优质肉牛产区；依托中部干旱带滩羊种质资源优势，形成中部干旱带滩羊核心区、引黄灌区及固原地区滩羊改良区。畜牧业增长方式从规模数量型粗放增长转向质量效率型集约增长。全区备案的规模化养殖场达到 4600 个，创建标准化规模养殖示范场 190 个，其中国家级和自治区级标准化示范场分别达到 82 个和 108 个。奶牛、肉牛和滩（肉）羊的规模化养殖比重分别达到 98％、46％、52％，比"十二五"末分别提高 14 个、8 个和 5 个百分点。健全良种繁育体系，建设自治区级种畜禽场 90 个，建立区、县、乡、村四级畜禽改良站（点）736 个、良种繁育场 47 家，生产性能检测（测定）中心 2 个。滩羊核心群存栏 2.4 万只，中卫山羊核心群存栏 2400 只；静原鸡种群存栏 6000 只；西吉驴核心区存栏量 12506 头。实施优质高产奶牛选育重大专项，建设开放式选育群场 31 个，选育核心群 1.71 万头，305 天产奶量达到 11.2 吨。奶牛、肉牛、肉羊、生猪和家禽良种覆盖率分别达到 100％、80％、90％、90％和 100％。全面落实草原生态补助奖励机制政策，禁牧草原 2599 万亩，人工种草留床面积 540 万亩。实施"粮改饲""优质高产苜蓿创建"等重大项目，推进饲草料种植和养殖配套衔接，发展青贮玉米、苜蓿等优质牧草种植，示范推广"饲用小黑麦＋青贮玉米"等一年两茬高效复种模式。2020 年，全区青贮玉米 270 万亩、优质高产苜蓿 68 万亩、一年生禾草 110 万亩，工业饲料年产量 172 万吨，较"十二五"末增长 24.6％。以规模养殖场和养殖园区为平台，以自治区重大育种专项"优质高产奶牛选育"、安格斯牛营养调控暨差异化育肥技术研究、滩羊本品种选育与基因编辑育种等重大项目为抓手，引进、研究、示范、推广高效繁殖、精准化养殖、全混合日粮饲喂、智能化管理等 22 项国内外先进实用新技术。向全区发布畜牧业主导品种 40 多个，发布主推技术近 50 项。奶牛平均单产 9000 千克，比全国平均水平高 1400 千克，居全国第 3 位。高档牛肉生产和母牛低成本养殖技术达到国内先进水平。规模养羊场 75％以上繁殖母羊实现了"两年三产"，小群饲养户全部实现"一年两产"。苜蓿青贮、柠条加工和非粮饲料开发利用技术取得突破，秸秆加工利用率达到 65％以上。自治区政府出台了《关于进一步加强农业招商引资工作的意见》。围绕优质牛羊肉和牛奶生产，重点引进中地乳业、科佳集团、天山生物等一批龙头企业。成立了宁夏肉牛肉羊产业信息预警分析团队，正式启动自治区肉牛肉羊 40 个点的定期定点调查工作。重点在利通、贺兰等 2 县（区）开展奶业大县种养结合整县推进试点、在泾源、贺兰等 2 县开展畜牧业绿色发展示范县创建，促进全区现代畜牧业发展。

据《宁夏统计年鉴（2021）》，2020 年，全区牛饲养量 250.0 万头，其中存栏 178.0 万头，奶牛存栏 57.4 万头；羊饲养量 1221.2 万只，其中存栏 596.1 万只；生猪饲养量 188.6 万头，其中存栏 90.0 万头；家禽饲养量 2568.5 万只，其中存栏 1181.8 万只。牛、羊、生猪、家禽饲养量分别比 2015 年增长 45.4％、4.6％、20.2％和 31.5％。全区肉类总产量 33.8 万吨，牛奶产量 215.3 万吨，禽蛋产量 13.9 万吨，分别比 2015 年增长 15.7％、57.7％、58.3％。畜牧业总产值 246.6 亿元，占农业总产值的 35.1％。

第二章
畜牧业资源与利用

■ 第一节　畜禽品种资源

一、地方品种和品种保护

（一）滩羊

滩羊属轻裘皮用型绵羊地方品种，被誉为宁夏的"白宝"，以所产二毛裘皮光泽悦目、轻暖美观而著称于世，且毛、肉品质俱佳，2000年被农业部确定为国家级畜禽遗传资源保护品种。

滩羊原产于宁夏贺兰山东麓的洪广营地区，分布于宁夏及其与陕西、甘肃、内蒙古相毗邻的地区。滩羊产区位于北纬35°35′—39°40′、东经104°50′—107°50′，目前主要分布在宁夏中部干旱带盐池、同心、红寺堡、灵武、海原等县区，散布于甘肃环县、会宁、靖原、皋兰、白银、景泰以及陕西定边、内蒙古的左旗等县（市、旗）。

宁夏养殖滩羊历史悠久，追溯古籍，至少有300多年的历史。清雍正六年至乾隆元年（1736年）编的《甘肃通志》记载："花毯，宁夏出者佳""花毯，宁夏特佳"。据此，可认为滩羊作为一个轻裘皮用品种，至少在乾隆时期以前就已经形成了。清乾隆二十年（公元1755年）《银川小志》记载，"宁夏各州，俱产羊皮，灵州出长毛穗（禾遂）"。"长毛麦穗"是当时人们对滩羊花穗的形象称呼，正如产区人民和养羊行业内人士把滩羊花穗叫作"麦穗花"一样，也就是常说的"串字花"之类。由此可见，早在乾隆时期以前，不仅有了滩羊，而且有了花穗的名称。清代中叶，滩羊裘皮、水稻、盐和枸杞并称为宁夏四大"最著物产"。清末，滩羊裘皮已成为我国裘皮之冠。光绪三十四年《甘肃新通志》记载："裘，宁夏特佳"。《朔方道志》写道：裘，羊皮狐皮皆可作裘，而洪广（今贺兰县洪广镇）的羊皮最佳，俗称"滩皮"。将滩羊裘皮与狐裘相提并论。

中共中央和中央人民政府对滩羊品种非常重视。1956年5月农业部签发的《全国绵羊发展方向规划初步意见》中规定："滩羊是我国珍贵的裘皮羊品种""应该进行本品种选育，向裘皮羊方向发展"。宁夏党委和政府认真贯彻中央方针，及时纠正对滩羊的杂交；将宁夏北部和中部11个县（市）划为滩羊区；组织畜牧部门对滩羊本品种资源和种质特性进行深入细致的调查研究。1951—1954年，周风禄、沙恒君等第一次对滩羊资源进行调查。1959年2—9月，宁夏农业厅畜牧局、宁夏农业科学研究所和中国农业科学院西北畜牧研究所进一步作较全面、系统的调查。1979年由宁夏畜牧局、农林科学院畜牧兽医研究所、宁夏农学院及产区有关单位共同组成调查组，又进行补充调查，并将滩羊作为首选品种列入《宁夏畜禽品种志》。

宁夏滩羊本品种选育工作起始于20世纪50年代中期。1955年3月，甘肃省国有农牧场工作会议上明确灵武羊场以选育滩羊、提高品质、生产毛皮为主。为贯彻《全国绵羊发展方向规划初步意见》，1959年3月，在滩羊优质产区洪广营和集中产区盐池县分别建立两处滩羊选育场。当年贺兰县首先选择1500余只滩羊进行选育。

1960年，自治区科委把滩羊选育列为自治区重点研究课题，宁夏农业科学研究所畜牧系、暖泉农场和贺兰山军马场等相继组建了滩羊选育站或选育群，入选羊只共1.5万只，选育方向确定为"以提高裘皮品质为主，兼顾毛肉生产性能"。1964年自治区畜牧局发布《滩羊鉴定标准试行草案》，在全区开始实行。

1973年4月，自治区畜牧局、宁夏农业科学研究所畜牧系、农学院、农垦事业管理局及产区畜牧部门共同组成了宁夏滩羊、沙毛山羊育种协作组，开展滩羊选育工作。1974年修订发布《滩羊鉴定标准》。1979年，宁夏畜牧局、自治区农林科学院畜牧所受农业部委托，起草《滩羊》国家标准，报国家标准局批准发布（标准号GB/T 2033—1980），于1981年1月施行。

从新中国成立初期至20世纪80年代初，以宁夏滩羊场为重点，对滩羊做了大量的本品种选育等工作。到20世纪70年代末，滩羊串字花型二毛裘皮、一级裘皮盖羊的比例分别由当初的14.04%、2.4%提高到64.38%、9.54%。

1986年以来，自治区畜牧站在盐池、同心、平罗和灵武等县建立4个滩羊监测点，组织开展自选自育种公羊串换，到1993年四县共组建选育核心群29群，一般选育群192群，核心群羊只5500只，鉴定选育盖羊近万只，共调剂、串换种公羊372只。1995年，自治区畜牧局和宁夏农学院联合在盐池滩羊选育场开展"提高滩羊总体经济效益的研究"，当年组建了两群体大型基础群共400只，主要采用表型与系谱相结合的方法进行本品种选育。

1996—2002年，全区滩羊饲养数量总体呈现逐年增长的趋势，但从2003年全区实行封山禁牧后，存栏量减少。"十五"期间，在滩羊保护区，开展了滩羊优良品种选育，建立了滩羊纯种繁育体系，调配种公羊2300只。"十一五"期间，加大滩羊保种开发力度，建立了宁夏中部干旱带滩羊核心产区。针对全区"封山禁牧"后滩羊饲养管理粗放、品种退化等问题，以实施特色优势产业等项目为契机，在滩羊核心产区，建设滩羊种羊选育场、养殖园区与示范村，探索出示范村（场）带动、技术集成配套、典型农户示范、集中规模养殖、产加销一体化的产业化技术推广模式和滩羊本品种选育→组建核心群→纯繁、扩群→推广的开放式良种繁育体系，创新滩羊保种开发机制，大面积开展滩羊本品种选育，使滩羊生产水平、品种质量与数量不断提高。

2005年，进一步规范滩羊选育工作，串换滩羊种公羊2300只，其中盐池县1000只，灵武市、同心县各600只，红寺堡开发区100只。2006年，滩羊本品种选育工作全面启动，在组织专家对滩羊资源深入调查的基础上，提出了"加强选育，保护开发，扩大规模，提高效益"的工作方针，制订完善了滩羊选育方案，在盐池、灵武、同心、海原、红寺堡滩羊主产区完成3000只滩羊种公羊鉴定、建档立卡及调换任务，建立开放式滩羊核心选育群1万只，建立了优质滩羊种公羊和基础母羊核心群系谱档案，为滩羊本品种选育工作打下了良好基础。2006年，全区滩羊存栏191.5万只。

2007年，在盐-同-灵-海滩羊保护区，以规模养殖场（户）为主体，建立滩羊开放式核心选育群，选育推广优质滩羊种公羊4500只，建立开放式滩羊核心选育群16000只。开展了滩羊鉴定、建档、登记和选种选配工作，初步建立科学、规范的系谱登记、体型外貌鉴定、生产性能测定等滩羊本品种选育技术体系，使滩羊群体质量得到逐步恢复与提高，核心区串字花型裘皮比例达到55%以上，一级裘皮达到10%左右。

2008年，选育推广优秀滩羊种公羊6100只，建立开放式滩羊基础母羊核心群31200只。滩羊保种选育在县域之间调换优秀滩羊种公羊341只，在盐池县、同心县等县域内调换滩羊种公羊3409只，选育基础母羊核心群14000只。2008年，滩羊饲养量达到410万只。

2009年，在滩羊主产区，加大滩羊本品种选育，建立起滩羊串字花、软大花品系，推广滩羊种公羊7000只，组建滩羊基础母羊核心群2万只。

2011年，在盐池滩羊场开展滩羊本品种选育1000只。到2012年，全区3个滩羊种羊场（盐池2个，红寺堡1个）推广种公羊1万只。

"十三五"期间，自治区加强滩羊繁育体系建设，提高滩羊良种繁育水平，建成 3 家滩羊良种繁育场（盐池滩羊选育场、红寺堡天源公司、盐池朔牧滩羊繁育公司），组建保种及选育群 2.7 万只，其中核心群 1.3 万只，每年选育推广种公羊约 1 万只，对本品种提纯复壮发挥了重要作用。据业务统计，2020 年，全区羊饲养量 1221.2 万只，其中滩羊饲养量约 400 万只，约占全区羊饲养量的 33％。

（二）中卫山羊

中卫山羊属"名、优、特、稀"家畜良种，是我国独特而珍贵的裘皮山羊品种，因其优良的裘皮特性而驰名中外，是世界上唯一生产白色裘皮的山羊品种。由于手捻粗毛有沙沙之音，故得名"沙毛山羊"，20 世纪 70 年代改名为"中卫山羊"。2000 年被农业部确定为国家级畜禽遗传资源保护品种。中卫山羊产于腾格里沙漠南缘，黄河两岸的山区，其中心产区位于宁夏中卫香山一带，分布于毗邻的宁夏中宁县、同心县、海原县，甘肃省的皋兰、靖远、会宁、白银、景泰以及内蒙古阿拉善左旗的部分地区。该区位于东经 104°—106°，北纬 36°—38°，面积约为 12480 千米²，地形复杂，地势高峻，山峦起伏，沟壑纵横，海拔 1300～2000 米，降雨稀少，气候干燥，年降水量 200 毫米左右，蒸发量 1800～2700 毫米。中卫香山地区历属优良品种中心产区，品种质量随远离香山而变化，裘皮品质因生态条件不同而异，其中以南长滩所产为最佳，羊毛、绒产量以红泉为多。全区中卫山羊总数约占甘肃、内蒙古、宁夏三省（自治区）中卫山羊总数的 35％。

中卫山羊毛色多纯白，极少纯黑。体格中等，近方形，头部清秀，鼻梁平直，颌须较长，额部丛生长毛，背腰平阔，各部位结合良好，四肢端正，蹄质坚实。公羊均有向上朝外伸展的捻曲状大角，长 35～48 厘米；母羊多有向后朝上弯曲的镰刀形细角。被毛由表及里由 24.8～27.9 厘米长的粗毛和 6.6～6.8 厘米长的绒毛组成。初生羔羊被覆波浪形弯曲毛股，白者色泽如玉，黑者油乌发亮，毛股随年龄增长渐松散去，弯曲亦消失。

中卫山羊养殖历史悠久，明洪武二十六年（1393 年），香山一带牧草丰茂，香山被分封为庆王牧场，载牧大量牲畜。清雍正三年（1725 年）后，香山牧地划归县营牧，遂以皮毛、肉食为用途的草原畜牧业得到发展，牲畜饲养数量增多。清乾隆中后期，香山地区养羊业具有一定规模，往后香山羊皮闻名四方，与宁夏特产枸杞齐名。道光《续修中卫县志》竹枝词中"污遍羔裘色染裳，烘烘暖气胜披裘"诗句，表明香山羊皮早已被人们踩制作裘。清代佚名诗又云："香岩沙毛宇内祈，蒙茸九曲貌姑衣。旐裘列里承嘉拜，京兆王家见亦稀。"更表明中卫山羊沙毛裘皮之名贵。《朔方道志》载："貗狸羊名曰沙羊，亦名山羊，爬山便捷，肉亦鲜美，毛曰沙毛，有黑白两种。"这说明该品种在不断发展提高。纵观史实，中卫山羊由来已久，品种形成距今至少有 200 年。

1956 年，由张松萌主持，中国畜牧兽医学会兰州分会、西北畜牧兽医学院、兰州畜牧兽医研究所和中卫县畜牧站共同对中卫山羊品种资源进行首次调查，调查认为中卫山羊不仅是我国的珍贵羊种，也是世界上最优良的羔皮品种之一。1961 年至 1962 年底，宁夏大学畜牧系四次深入产区对中卫山羊进行了较深入全面的调查。1979 年为编写《宁夏畜禽品种志》，宁夏畜牧局又组织有关单位对其作出了补充调查。对中卫山羊的调查中，对其种质特性也做了大量的研究，为中卫山羊本品种选育技术体系的建立健全起到了极大促进作用。1979 年由自治区畜牧局起草，经农业部组织审定上报的《中卫山羊》国家标准由国家标准局于 1983 年 8 月 10 日发布（标准号：GB 3823—1983），从 1984 年 5 月 1 日起施行，这是我国第一个山羊品种的国家标准。

中卫山羊的本品种选育工作和滩羊选育基本同期起步，但范围较小，主要在集中产区中卫县进行。1951 年，全国举办各地特产展览会，北京首次展出中卫山羊沙毛皮，国内外学者普遍关注。从此，中卫山羊逐渐外调，遍布全国各地，沙毛裘皮畅销国际市场。中卫山羊除在宁夏各地推广外，先后被四川、广西、云南等地引进推广，用于纯种繁殖或改良当地粗毛山羊种，均收到良好效果。

1957 年，农牧渔业部及甘肃省政府明确提出中卫山羊"在本品种内选种选配，向沙毛羔皮用羊方向发展，不断提高裘皮质量"。据此，中卫县人民委员会向全县发出相应通知。中卫县于 1958 年成立了中卫县地方国营山羊场（1964年更名为中卫沙毛山羊选育场），并于1959年首次开展中卫山羊的选育工作，初步确立选育群27个，分别建立系谱，根据后裔品质选种选配，提纯复壮。至1960年，普遍按毛色和性别分群，全面鉴定种公羊，淘汰劣质和花杂羊，制定统一标准，开展群众性"多选羊、选好羊"评比竞赛活动。从20世纪60年代开始至80年代末，按黑白分群，公母分群，开展选种选配，严格淘汰花杂羊及粗毛羔羊，重视体型外貌的选择，提高中卫山羊的质量。1973年，中卫县成立育种协作组织，此后多次举办选育技术培训班，总结交流民间"选种先看父母好，近亲繁殖不能搞，后代不好淘汰掉，臊翔口老不能要"的选育经验，确定红泉牧场、三和村为选育示范点，按照统一的选育标准，提倡并组织社与社、队与队、群与群之间互换种羊，巡回配种，使群体近亲系数和衰退现象明显降低。对核心群种羊及其后裔重新建立系谱的工作于1975年完成，当年共鉴定种羊7391只，按系谱分级组群，至1977年育成纯种公羊105只，重建选育点8处，选育群增加到24个。经过选育的羔羊花穗分布整齐，毛股弯曲数增加，花杂羊减少，一、二级羔羊明显增加。中卫县经常举办选育学习班或召开会议交流选育经验，通过各种形式向群众传授羊只选育知识，每个选育点都培养了一名农民技术员，选育群的羔羊每年逐只鉴定、登记造册，为选择优秀种公羊、淘汰三级以下劣质羊提供了可靠依据。1978年，中卫山羊产区选育工作会议在中卫召开后，选育工作列为畜牧技术主要内容，注重种羊场、选育点和选育典型建设，大力推广人工授精技术。至1982年中卫县建成选育点8处，山区各大队均建有1～2个核心群，沙毛山羊繁殖基本实现良种化，中卫山羊选育场一级羔羊由1966年的20%增加到41.2%，三级羔羊由25%下降到19%，良种不断供应外地。1983年10月，中卫山羊通过国家验收，正式确定为优良品种。截至1984年进行初生、够毛两鉴定的羔羊达2万余只。1978年组建以75～79号公羊为系祖的裘皮品系，开展品系繁育。1984年以82～535号公羊为主力公羊，选择羊毛细度在60微米以下的基础母羊144只，开展了细毛品系繁育。1986年，香山被宁夏回族自治区人民政府列为自治区中卫山羊草原化荒漠自然保护区，选育工作继续得到加强，重新按年龄、等级、性别组建核心群。这一阶段，除体重外，中卫山羊主要经济性状均有不同程度的提高，累计向全国二十多个省、自治区、直辖市提供优良种羊2万余只，为当时产区农牧民改善生活条件发挥了重要作用。

中卫山羊选育场采取定期鉴定整群、选种选配、加强选择强度、提高优良种羊利用率、重视羔羊培育等措施，使羊群质量不断提高。1988年与1973年相比，花杂羊从7.3%降至3.4%，特一级羊从26%提高到42.9%，二毛期羔羊股部平均毛股弯曲数从3.59个提高到4.07个；另据调查分析，选育群山羊羊毛细度从1981年平均53.76微米降到1987年的49.82微米。

1986—1993年，自治区畜牧站在中卫设立了中卫山羊监测点，在积极开展羔羊鉴定工作的基础上，指导农户实施羊只选育和种公羊培育，组织种公羊串换等工作，这对羊只承包到户后开展群众性大群选育起到了积极的作用。1989年，中卫县建成中卫山羊选育群11个，核心群6个，存栏种羊1119只，并设置个体检测点7处，固定牧民检测点1处。据抽测，羔羊一二级率达到90%以上。1992年起，自治区畜牧技术部门以中卫山羊选育场为重点，建立固定监测点和选育群，定期监测羊群结构、质量和选育效果。1993年，选育群羊只600只，组织鉴定羔羊300只，选育种羊80只，组织农户串换种公羊52只。选育后的中卫山羊，花穗分布整齐，毛股弯曲增加，具有发育良好、胸深背阔、外貌端正、毛长绒厚等特点。

1992—2002年，中卫山羊存栏量总体呈现逐年增长趋势。1993年末，存栏56301只，比1950年增长2.47倍，占中卫县羊只存栏的35.14%，均分布于香山及西山一带。1995年，中卫山羊存栏20万只，占宁夏山羊存栏总数的22.4%，其中中心产区约有10万只。至20世纪90年代末，全区有中卫山羊7.8万只。

2003年，自治区实施封山禁牧后，羊只的饲养方式从传统的放牧方式全部转为舍饲圈养。由于山羊是放牧动物，舍饲以后不仅繁殖率低（60%～90%），而且羔羊死亡率高（20%），生长发育缓慢，加之舍饲以后饲养成本高，导致群体数量锐减。同时，皮毛市场逐渐疲软，中卫山羊"名而不贵"，在市场利益驱动下，产区内羊只因受绒山羊杂交改良影响，致使中卫山羊优良基因纯合度下降，品种退化流失现象越来越严重。

2003年、2010年和2013年实施了《宁夏中卫山羊选育场扩建项目》等项目，投资建成了标准化饲养圈舍、青贮池、饲草料房、消毒室等相关设施，配套购置了冰箱、生物显微镜和人工授精器械等仪器设备，为中卫山羊的保种工作打下了坚实的基础。2005年开始，宁夏中卫山羊选育场与宁夏大学合作相继完成了"中卫山羊舍饲适应性及生产潜质开发利用""中卫山羊不同生理阶段营养需要的研究"和"中卫山羊种质特性及品种优化保护综合技术研究"三个自治区科技攻关项目，在保持中卫山羊独特品质的前提下，全面提升中卫山羊的品种质量和生产性能，均获自治区科技进步三等奖，"中卫山羊营养需要与舍饲适应性研究"获得中华农业科技奖三等奖，使中卫山羊这一珍贵品种在保护中获得提高和发展，为进一步完善中卫山羊保种方案提供了理论依据。

"十一五"以来，根据《畜禽遗传资源保种场保护区和基因库管理办法》中"羊的数量要求为母羊250只以上，公羊25只以上，三代之内没有血缘关系的家系数不少于6个"的规定，宁夏中卫山羊保种场在核心群中优选组建保种群，一个家系与另一个家系的公羊产地尽可能相距遥远，以避免有较近的血缘关系。公羊保留2个家系，1个白色家系，1个黑色家系，新组建7个家系350只左右的保种群，对羊只佩戴耳号、登记造册、建立系谱，并按照《中卫山羊》国家标准于初生、够毛、周岁、成年时进行生产性能个体鉴定。每年根据实际情况制定年度选种选配计划，在保持裘皮性状的基础上，有意识地向体大型和高繁殖率方向选择。保种群采用家系等量留种法选留优秀个体，各家系在每个世代中，公母羊各留1只同性别后代，即"一公留一子，一母留一女"，尽量保持每个世代群体规模一致，保种过程中尽可能避免全同胞或半同胞的不完全随机交配，产羔后对后代进行性能鉴定，选留优秀继承者。家系后代母羔成年后，有计划地与另个家系主力公羊交配，逐代轮换使用不同血统的保种公羊配种，逐渐扩大保种公母羊后代数量，达到整体优秀基因集中表达，保种性状不丢失，以及羊群优秀基因纯合化、质量提高的目的。

截至2006年年底，宁夏核心产区存栏中卫山羊4.5万只，其中繁殖母羊2.97万只、后备母羊1.2万只、公羊1800只、后备公羊1500只。2007年，按照国家畜禽遗传资源委员会办公室的安排，对中卫山羊品种资源进行调查，结果显示，中卫山羊本品种选育工作已中断多年，封山禁牧以来饲养量急剧下降，核心产区存栏由2001年的39.8万只减少到4.46万只，减少了88.8%，仍呈减少趋势，对品种资源保护构成严重威胁。为逐步缓解中卫山羊下降趋势，在主产区建立了1500只中卫山羊保种群、2万只的核心繁育群，对保种群和核心繁育群进行重点选育，以防止近亲交配，促使中卫山羊发展进入良性循环。据业务统计，到2012年，中卫山羊年饲养量约3万只，其中中卫山羊场有核心保种群2000只，加之周边地区，共存栏约2万只。

2019年，宁夏中卫山羊选育场委托中国农业科学院北京畜牧兽医研究所对全场48只种公羊进行了50K芯片扫描和种质资源构成情况分析，同时与其他两个国家级山羊保护品种样本进行了比较。结果表明，宁夏中卫山羊场的中卫山羊品种纯度高，群体近交系数低（0.017），ROH短片段较多，有效群体含量较高，群体内亲缘关系个体较少，遗传多样性较高。难能可贵的是，中卫山羊保种群家系数多达17个，远高于国家级保种场最低6个不同家系的要求。

2020年，宁夏中卫山羊存栏9.3万只，其中能繁母羊6.4万只，主要分布于中卫市沙坡头区、中宁县、海原县，以及吴忠市同心县、红寺堡区。宁夏中卫山羊选育场核心选育群达到3435只，其中核心群2100只，一级以上母羊达80%，一级以上种公羊达95%，每年向周边县区推广优质种公羊500只以上。

（三）静原鸡

1. 品种分布

静原鸡（Jingyuan chicken）又名固原鸡、静宁鸡，属兼用型地方品种。1982—1983年，《中国家禽品种志》编委会通过产区实地调查核实,与上报单位讨论座谈、征求意见后,将宁夏固原鸡和甘肃静宁鸡统一名称为静原鸡,并收录于《中国家禽品种志》。2005 年中国农业大学动物科技学院李显耀、张龙超、曲鲁江、杨宁等利用 26 个微卫星标记对甘肃静宁鸡和宁夏固原鸡进行分析,计算两群体中各标记的等位基因数、有效等位基因数、杂合度以及群体间的 Nei 氏遗传距离、遗传相似系数和分化系数。结果表明,两群体具有相似的血缘、相似的遗传基础。后被收录于《中国畜禽遗传资源志·家禽志》中。

静原鸡产地位于北纬 36°34′—36°38′,东经 105°58′—106°57′,海拔 1300~2900 米,属于黄土高原丘陵沟壑区,地势南高北低。原产地为宁夏回族自治区固原市,中心产区为宁夏固原市的彭阳县、原州区。

2. 品种特性与特征

静原鸡体型中等,多为平头,凤头较少。喙多呈灰色。冠型以单冠居多,少数为玫瑰冠。冠、肉髯、耳叶呈红色。虹彩多呈橘黄色。皮肤呈白色,胫呈灰色,少数个体有胫羽。

公鸡头颈高昂,尾上翘,羽色以红色和黑红色居多,少数为白色、芦花等。红羽公鸡颈羽、鞍羽呈棕红色,主翼羽、主尾羽呈黑色,腹部羽毛呈黑褐色,镰羽发达,并有绿色光泽。母鸡羽色较杂,以黄羽和麻羽居多,也有黑羽、白羽等。黄羽母鸡颈背面及两侧羽毛黑色镶黄边,腹羽呈浅黄色,主翼羽、尾羽呈黑色;麻羽母鸡腹羽呈浅黄色,主翼羽、尾羽呈黑色或麻褐色。少数个体有胡须。雏鸡绒毛多呈黄色或麻色,头顶及背部两侧有深褐色条带。

3. 生产性能

1981 年宁夏畜牧局组织进行品种资源调查,群体数量大约为 50 万只。1989 年收录于《中国家禽品种志》,1996 年宁夏在固原市建立静原鸡保种场。2006 年 6 月,静原鸡被列入《国家畜禽遗传资源保护名录》。2006 年,根据《全国畜禽遗传资源调查工作要求》(畜资委〔2006〕8 号),宁夏畜禽遗传资源调查工作由宁夏回族自治区畜牧工作站主持,在彭阳县畜牧技术推广服务中心和原州区畜牧技术推广服务中心的协助下,按照调查提纲的要求,于 2006 年 11 月 8—10 日分别在静原鸡的中心产区彭阳县的小岔乡、冯庄乡、王洼乡和原州区的官厅乡、河川乡 5 个点的农户(散养条件)中收集静原鸡,每个点各收集成年公母鸡各 6 只,共 60 只(公 30 只、母 30 只),由宁夏回族自治区畜牧站、彭阳县畜牧技术推广服务中心、原州区畜牧技术推广服务中心进行测定。具体测定数据见表 6-2-1。肉用性能:2005 年 6 月 18 日至 2006 年 10 月 20 日固原市畜牧工作站在舍饲、笼养条件下,对 467 只静原鸡(公鸡 78 只,母鸡 389 只)进行体重、屠宰性能测定,详见表 6-2-2 和表 6-2-3。蛋品质:静原鸡鸡蛋品质测定结果见表 6-2-4。

表 6-2-1 静原鸡成年鸡体重和体尺测定

单位:克、厘米

性别	体重	体斜长	胸宽	胸深	龙骨长	骨盆宽	胫长	胫围
公	2289±286	19.03±2.0	8.9±0.7	11.0±0.9	12.7±0.81	8.11±0.8	10.8±0.8	4.5±0.4
母	1775±252	18.05±1.8	8.0±0.5	10.1±0.5	10.8±0.79	7.9±0.7	9.2±0.8	4.1±0.3

表 6-2-2 静原鸡生长期不同阶段体重测定

单位:克

性别	同龄													
	初生	1	2	3	4	5	6	7	8	9	10	11	12	13
公	38.2	79.5	143.8	203.2	271.7	378.1	477.3	569.4	649.4	873.2	958.2	1064.5	1157.2	1306.0
母	38.0	59.0	108.5	177.8	247.2	344.6	442.3	537.8	621.9	840.7	923.0	1003.9	1131.0	1215.9

表6-2-3 静原鸡屠宰性能测定

单位：克、%

性别	宰前活重	屠体重	屠宰率	半净膛率	全净膛率	腿肌率	胸肌率	腹脂率
公	2289	2011	87.9	79.9	66.3	20.5	12.9	0.96
母	1775	1566	88.2	76.2	62.9	17.1	14.2	3.12

表6-2-4 静原鸡鸡蛋品质测定

蛋重（克）	蛋型指数	蛋壳强度（千克/厘米²）	蛋壳厚度（毫米）	蛋壳色泽	哈氏单位	蛋黄比率（%）
58.9	1.33	3.88	0.34	浅褐色	75.2	30.5

（四）八眉猪

1. 分布特点

八眉猪是陕西、甘肃、宁夏、青海四省（自治区）的主要地方猪种，属华北型猪，曾是全国重点保存的几大地方品种之一，1994年被定为国家三级家畜品种。八眉猪以其繁殖力高、贮积脂肪能力强、耐粗放管理、遗传性能稳定、抗逆性强、适应地域广而著称，曾因分布区域广阔而有多种不同名称，在全区因地域不同被分别称为"固原猪"和"隆德猪"。

宁夏八眉猪原分布全区。20世纪50年代初开始不断大量引入国内外猪种与其杂交，到70年代纯种八眉猪在灌区已绝迹。仅在固原市的原州、隆德、彭阳等区、县集中分布。1995年底八眉猪存栏1万头。1995年，国营固原县种猪场改制解体，种猪场解散，种猪流向社会，八眉猪保种工作停止。继而固原市大量引进推广瘦肉型猪品种，八眉猪存栏迅速锐减，隆德、彭阳县的八眉猪相继于1997年前后绝迹。2000年原州区八眉猪存栏2000头，2003年存栏800头，2005年仅存362头。2006年品种资源调查，大八眉由于生长发育慢，经济成熟晚，饲养用粮多，已灭绝。小伙猪由于生长发育慢，个体小，亦已灭绝。部分农户饲养着二八眉猪，但纯种母猪的比例低于80%，公猪已寻觅不到踪迹，品种已濒临灭绝。1996年以来八眉猪数量变化见表6-2-5。

表6-2-5 1996年以来八眉猪数量变化

单位：万头

年份	存栏	年份	存栏
1996年	1.0	2002年	0.1
1997年	0.7	2003年	0.08
1998年	0.5	2004年	0.05
1999年	0.4	2005年	0.0362
2000年	0.2	2006年	
2001年	0.15	2006年后	几乎绝迹

注：统计数据由原州区畜牧技术服务中心提供。

2. 品种形成

八眉猪是在西北地区艰苦的自然生态环境和社会经济条件下，由劳动人民长期精心选育而成的，逐渐成为适应西北黄土高原广大地区，耐寒和耐粗放管理的猪种。

3. 品种特性与特征

体型外貌：头较狭长，耳大下垂，额有纵行"八"字皱纹。被毛黑色，按体型外貌和生产特点分为大八眉、二八眉和小伙猪三种类型。据2006年品种资源调查显示，大八眉和小伙猪已灭绝。二八眉猪，体型为中等大小，体侧似长方形。被毛黑色，鬃坚硬呈黑色，鬃长10.5厘米左右，肤色呈黑色。头较狭长，额具"八"字纹，纹细而浅，腹大下垂，尻斜。大腿欠丰满，四肢较粗壮，后肢多卧系。有效奶头 6 对（最多 7 对）。由于多年来没有进行系统的选育，个体外貌特征差异性很大。2006年 11 月，宁夏畜牧工作站对 30 头八眉母猪进行了个体调查，其外貌性状统计见表 6-2-6。

体尺和体重：八眉猪生长发育缓慢，且公猪比母猪更慢些。1990 年 7 月固原县种猪场《八眉猪的保种及利用》一文记载了成年公猪和成年母猪的体尺、体重。2006 年 11 月调查时，八眉猪公猪已寻觅不到成年个体，没有测到数据。在原州区彭堡镇、张易镇的申庄、臭水沟、驼巷、陈庄等村，宁夏回族自治区畜牧站、原州区畜牧技术推广服务中心对 30 头成年母猪（三胎或以上）进行调查测定，具体数据详见表 6-2-7。

表 6-2-6 八眉猪成年母猪外貌及毛色等性状统计

外貌性状	占比（%）
毛色	黑色 100
头	大 50 中 33.33 小 16.67 额有皱纹 96.67
嘴筒	长 73.3 中 20 短 6.7
耳形	大 30 中 46.7 小 6.7 下垂 80 前倾 50
乳头	中等 43.3 细 36.7 排列整齐 80 排列对称 73.3
四肢	正常 23.3 卧系 76.7
肢势	正常 90 外展 3.3
尾根	粗 23.3 细 43.3

表 6-2-7 八眉猪（二八眉）成年猪体尺、体重调查统计

单位：厘米、千克

年份	性别	体长	胸围	体高	体重
1990 年	公	125	111	65	88
	母	112	99	58	75
2006 年	公	—	—	—	—
	母	114.3（二八眉成年母猪）	97.33（二八眉成年母猪）	59.93（二八眉）	72.83（二八眉成年母猪）

注：2006 年数据源自调查统计。

4. 生产性能

繁殖性能：八眉猪是性早熟品种，公、母猪 2~3 月龄即有性欲或开始发情。公猪 110 日龄左右性成熟，一般 10 月龄开始配种，体重达 40 千克，可利用年限一般为 4~5 年。母猪 4 月龄已达性机能成熟阶段，性成熟日龄为 126±13.9 天，发情周期一般为 18~19（18.7±1.4）天，初次配种日龄 137±12.7 天，妊娠期一般为 113（113.46±3.3）天，窝产仔数 10.5±1.6 头，窝产活仔数 9.9±1.32 头，一般断奶日龄平均 38±2.9 天，断奶仔猪成活数 9.2±1.27 头，仔猪成活率 92%~93%（92.9%）。

肥育性能：在山区农村较差的饲养条件下，八眉猪 10~14 月龄出栏，活重 75~80 千克。在精料充足、集中短期育肥时，从 5 月龄开始增重加快，平均日增重可达 470 克。当精料水平较低时，增重速度在 6 月龄才逐渐加快，平均日增重 390 克左右，8 月龄增重速度达到高峰，平均日增重 557 克。在中等饲养水平下育肥，8 月龄活重 70~88 千克，平均屠宰率 66%~70%；育肥到 10 月龄，屠宰率可达 71%。

胴体品质：八眉猪肉质很好，色鲜红，呈大理石状，肉嫩、味香，含水率低，胴体瘦肉含水率为 58.67%，含蛋白质 22.56%，眼肌 pH 为 6.71。

（五）西吉驴

1. 分布特点

西吉驴是宁夏回族自治区的优良地方品种，主要分布在西吉县、原州区、海原县、隆德县以及与甘肃静宁、会宁等接壤区域。它的形成与西吉县山大沟深、交通不便、气温偏低、降水量较少的自然条件有关，是西吉县及周边群众长期辛勤饲养及选种培育的结果。

2. 品种特性与特征

1963 年，由宁夏畜牧局、宁夏大学畜牧系、宁夏畜牧兽医学会和西吉县畜牧站共同组成调查队，对西吉驴形成的因素及其生理指标和生产性能做了较为系统的调查。西吉驴体型较大（属于中型驴品种），形成基础毛色为黑、黑褐、灰、青色四种，体型方正、体质紧凑、结构匀称、性情温顺、役用性能好、行动敏捷、善于攀登山路、采食量少、耐粗饲、适应性强、遗传性稳定、抗病力强、好管理等特点，从而被山区人民所喜爱。据测定：山地驮运，公、骟驴 70～80 千克，母驴 60～70 千克；耕地能力，一驾一对拉山地步犁可耕地 1.5～2 亩；最大载重（架子车）为 450 千克；成年公驴体重157.9 千克，成年母驴体重 158.6 千克。据《西吉县畜牧志》（1987 年编印）记载，20 世纪 50—90年代，西吉驴的存栏数一直都徘徊在 3 万头左右。

3. 生产性能

随着社会经济快速发展，农业机械化水平不断提高，乡村公路改善和道路建设推进，以及人民生活水平的提高，驴作为农业生产役用家畜的驮、乘、运、耕等性能逐渐退出历史舞台，西吉驴也转变为肉用家畜。2006 年根据自治区农牧厅畜牧局《关于组织开展宁夏畜禽遗传资源普查摸底工作的通知》精神，自治区畜牧工作站成立"西吉驴遗传资源调查组"，在西吉驴中心产区的 5 个乡镇，完成西吉驴个体调查测定 120 头。调查显示，经过当地群众几十年培育，西吉驴成年公驴体重达到 213.7千克，成年母驴体重也增加到 216 千克，屠宰率 48.20％、净肉率 37.56％。调查了 50 头成年母驴的繁殖力性能，平均性成熟 23.36 月龄，配种月龄 33.33 月龄，发情周期 20.90 天，妊娠期 365.00 天。

2009 年 10 月，宁夏农牧厅畜牧局向国家畜禽遗传资源委员会提出申请，对西吉驴遗传资源进行鉴定，经调查鉴定，专家组成员一致同意确认西吉驴为我国重要的遗传资源，并报国家家畜遗传资源委员会。然而，由于没有西吉驴种公驴站，没有开展品种登记、生化或分子遗传测定，没有通过地方品种认定。据统计，截至 2019 年年底，西吉驴存栏达到 2.1 万头。

二、培育品种

（一）宁夏黑猪

宁夏黑猪是中华人民共和国成立后宁夏育成的第一个，也是唯一通过鉴定验收的畜禽新品种。宁夏黑猪的培育始于 20 世纪 50 年代初期，是以小型八眉猪为母本，以苏大白、巴克夏猪分别为第一父本和第二父本，在以青粗饲料为主、适当搭配精料的条件下开展培育的。在自治区有关单位协作下，以灵武、连湖、巴浪湖三个国有农场为基地，经过长期选育育成适应灌区条件的新猪种，1982 年 8月通过全国与西北五省（自治区）猪育种协作组的专家技术鉴定，确认为宁夏"地方当家的新猪种"。1983 年获自治区科技进步一等奖。培育建立了"灵农""连农""巴农"三个品系。"灵农"型宁夏黑猪成年猪（24 月龄）体重：公猪 200 千克，母猪 150 千克；肥猪 10 月龄平均活重 111.25 千克，平均日增重 355 克，肉料比为 1∶（2.5～3.5），屠宰率 68％～72.5％，二胎经产母猪平均活产仔9.19 头。

宁夏黑猪被毛全黑。属肉脂兼用型，具有体质结实、繁殖率高、生长发育较快、结构匀称等优点。适于在灌区作为经济杂交的母本利用。据调查，青铜峡、吴忠、银川、贺兰、永宁等县市农村中饲养的宁夏黑猪与宁乡、内江、巴克夏等品种的公猪进行杂交，普遍取得较好效果，增重量一般比当地猪提高 10％～20％，个别高达 30％～40％。1995 年，为满足市场和瘦肉型猪肉的需求，进一步提高宁夏黑猪的利用率，灵武农场制定《宁夏黑猪新母系选育方案》，采用零世代导入杂交一至四世代闭锁横交固定的方式，选育宁夏黑猪新母系。汉普夏公猪配宁黑母猪，所产杂交一代猪，肥育 95 天，平均活重 90.81 千克，日增重 639 克，肉料比 1∶3.33，屠宰率 71.42％，瘦肉率 54.78％；三元杂交猪育肥 118 天，活重达 90.6 千克，平均日增重 577 克，肉料 1∶2.73，屠宰率 73.29％，瘦肉率 58.13％，膘厚 2.97 厘米。2003 年，宁夏黑猪保种经费被取消，同时消费市场对瘦肉型猪肉的需求不断增加，"杜长大"三元杂交市场需求不断扩张，宁夏黑猪作为种猪销售的潜力严重不足，2004 年宁夏黑猪种猪消失。

（二）中华蜜蜂（中蜂）

中华蜜蜂又称中华蜂、土蜂，蜜蜂科蜜蜂属东方蜜蜂的一个亚种，是中国独有的蜜蜂当家品种，是以杂木树为主的森林群落及传统农业的主要传粉昆虫，有利用零星蜜源植物、采集力强、利用率较高、采蜜期长、适应性强、抗螨抗病能力强、消耗饲料少等意大利蜂、卡尼鄂拉蜂等西方蜜蜂无法比拟的优点，非常适合中国山区定点饲养。宁夏中华蜜蜂是我国中华蜜蜂种质资源中最优良的地理种之一，也是全国 9 个中华蜜蜂类型之一的北方中蜂，集中分布在宁南山区固原市四县一区和中卫市海原县的部分乡镇，其他各市县区均没有中华蜜蜂的分布，核心分布区域为固原市沿六盘山一带的山区乡镇，为宁南山区蜜蜂养殖的当家品种。2014 年，吉林蜜蜂研究所结合有关项目，完成六盘山区中华蜜蜂种质资源调查，并经筛选，固原六盘山区中华蜜蜂进入国家蜜蜂资源基因库。宁夏中华蜜蜂工蜂个头较大，其头部为黑色，盖有灰黄色绒毛，腹背部有 5 个黑色环与深浅不一的黄色环相间，这一体色随工蜂年龄有一定变化，青年蜂黄色环纹鲜艳，老年蜂绒毛脱落，躯体变小，黄色环纹变黑，趋向黑色；宁夏中华蜜蜂雄蜂全身呈黑色；蜂王体色黑，头胸部呈黑褐色，腹节有明显的黑色环，整个腹部呈黑色，体上布满灰色绒毛。宁夏中华蜜蜂体重、体尺为：蜂王体重约为 150 毫克，体长 12～15 毫米；工蜂体重约 80 毫克，体长 10～13 毫米；雄蜂体重约为 150 毫克，体长 12～15 毫米。蜂王每天可产卵 900～1400 粒。

中蜂养殖在宁夏有悠久的历史。《汉书》记载："鸟胸之地，有飞虫曰蜂者，营巢酿蜜"。清乾隆年间，对养蜂较为重视，凡民间养蜂百窝的，由地方官奏朝廷，皇帝颁诏，赐"飞福之家"牌匾。1949 年新中国成立时，全区只有中蜂 4300 窝。至 1957 年前，中华蜜蜂依旧是宁夏唯一养殖蜜蜂品种，且蜂群数量突破万群。1974 年至 20 世纪末，由于受到囊状幼虫病的严重危害，加之西方蜜蜂的推广，中华蜜蜂养殖逐渐被边缘化，中蜂养殖基本处于停滞不前的状态，蜂群数量基本稳定在 1.5 万群，且以宁南山区偏远地区零散原生态饲养为主。21 世纪初至"十二五"期间，在国家蜂产业技术体系的大力支持下，中蜂养殖逐渐成为宁南山区主要养殖品种，活框饲养技术逐渐应用到中蜂科学养殖生产中。"十三五"期间，中蜂养殖逐渐呈现产业化发展态势，在各级党委、政府的高度重视下，在国家蜂产业技术体系的大力支持下得到了全面发展，健康高效养殖和农作物蜜蜂授粉等蜂产业发展新技术、新成果已在全区农业、林业和生态治理等多领域示范和利用，以企业带动养蜂专业合作社和养蜂基地、企业与蜂农互促共赢的产业化发展格局初步形成，蜂群数量从"十一五"末的 2.8 万群突增到 2020 年末的 7.8 万群，养蜂生产效益突破亿元大关，群均收入达到 1200 元左右。

三、引进品种

（一）奶牛的品种引进

荷斯坦牛

原产于德国西北部和荷兰北部接壤处的大型乳用牛，毛色以黑白花为主，间或有红白花或黄白花。该品种被各国引进并形成了以各国命名的荷斯坦牛，如美国荷斯坦、德国荷斯坦等，是世界分布最广的奶牛品种。中国自19世纪中叶开始引进荷斯坦奶牛，到了20世纪70年代，中国荷斯坦牛群已具有一定规模，各项育种工作逐步规范，这一时期的主要工作是在高代荷斯坦牛杂种牛群中进行系统选育，开展品种登记和性能测定工作，并根据需要有计划地引入国外优秀公牛和冷冻精液对牛群进行改良杂交，以提高牛群的产奶性能和体型结构。经过多年的育种工作，培育的奶牛群生产性能达到一定水平，体型结构明显改善，特征一致性良好，1985年经农牧渔业部审定，正式命名为"中国黑白花奶牛"品种。为了与国际接轨，1992年经农业部批准将"中国黑白花奶牛"正式更名为"中国荷斯坦牛"。

2003年，宁夏家畜繁育中心引进美国荷斯坦活体种公牛22头、万千克母牛35头。该批种公牛年生产优质冻精50万支以上，销售到宁夏乃至周边省（自治区）进行奶牛群改良。同时，应银川市金凤区和兴庆区奶产业发展需求，宁夏奶业协会组织从澳大利亚引进澳大利亚荷斯坦青年母牛，2003年首批50头进口牛运抵上陵牧业信旺奶牛场，2004年2月初，2103头澳大利亚荷斯坦青年牛安全运抵宁夏银川市金凤区、兴庆区等地。2004年以来，据不完全统计，宁夏从澳大利亚、新西兰等国引进荷斯坦青年母牛约15万头（表6-2-8）。据奶牛DHI测定中心测定数据显示，2008年引进的澳大利亚荷斯坦牛平均日产奶量29.6千克，305天产奶量达9.2吨。对引进的澳大利亚荷斯坦母牛，应用美加系荷斯坦优秀种公牛冻精冷配改良，2020年牛群繁育后代年均单产在10吨以上，贺兰中地生态牧场有限公司奶牛场年均单产达到12吨以上。

表6-2-8 2004—2020年宁夏引进荷斯坦牛明细

单位：头

引进市县区	引进地	引进数量	引进时间	备注
兴庆区	澳大利亚、新西兰	3000	2004—2017	
金凤区	乌拉圭、澳大利亚	3200	2003—2004	
西夏区	澳大利亚、新西兰	1779	2004—2015	
永宁县	新西兰、澳大利亚	2530	2013—2020	
贺兰县	新西兰、美国、澳大利亚	10947	2003—2020	
灵武市	新西兰、澳大利亚	11719	2017—2020	
青铜峡市	新西兰、澳大利亚	7818	2013—2020	
吴忠市利通区	新西兰、澳大利亚	12200	2013—2020	
吴忠市孙家滩	新西兰、澳大利亚	13200	2013—2020	
盐池县	澳大利亚	2926	2015—2019	
中卫市沙坡头区	乌拉圭、新西兰、美国、澳大利亚	23700	2012—2019	
中宁县	新西兰、澳大利亚	8020	2005—2019	
海原县	澳大利亚	3657	2019—2020	
石嘴山市惠农区	澳大利亚、新西兰、智利	2914	2012—2020	
平罗县	澳大利亚、新西兰、智利	5121	2004—2020	
农垦系统	乌拉圭、新西兰、澳大利亚	35162	2012—2020	
合计		147893		

（二）肉牛的品种引进

1. 西门塔尔牛

原产于瑞士西部山区，属乳、肉、役兼用品种。宁夏1974年从黑龙江调入苏系西门塔尔牛，在青铜峡县配种站采用人工授精方法改良当地黄牛。1981年从吉林省购入西德肉用西门塔尔牛在青铜峡县草台子家畜繁殖场饲养繁殖。1978年自治区种公牛站从内蒙古通辽等地调入俄系西门塔尔牛，1995年饲养种公牛7头，向全区推广冻精改良黄牛。宁夏四正生物工程技术有限公司于2008年从澳大利亚引进西门塔尔种公牛10头，2012年从新疆呼图壁种牛场引进西门塔尔种公牛15头。2016年，青铜峡市恒源林牧有限公司从澳大利亚引进母牛350头，中卫市沐沙畜牧科技有限公司从澳大利亚引进母牛400头。2009—2020年，自治区分别从宁夏四正生物工程技术有限公司、河南省鼎元种牛育种有限公司、河南省许昌市夏昌种畜禽有限公司、河南省洛阳市洛瑞牧业有限公司、河北品元畜禽育种有限公司、黑龙江省博瑞遗传有限公司、吉林省四平市兴牛牧业服务有限公司、吉林省白城市翔牧肉奶牛中心、吉林省德信生物工程有限公司、安徽天达畜牧科技有限责任公司、新疆天山畜牧科技有限责任公司，共引进推广西门塔尔牛冻精437.71万支（表6-2-9）。据调查，全区西门塔尔牛及其改良牛约占全区肉牛群体的65%。

表6-2-9　宁夏引进推广西门塔尔牛冻精明细

单位：万支

引进推广时间	推广数量
2009 年	37.3
2010 年	21
2011 年	31
2012 年	27
2013 年	18
2014 年	16.5
2015 年	16.55
2016 年	36.05
2017 年	63.9
2018 年	55.81
2019 年	48.6
2020 年	66
合计	437.71

2. 利木赞牛

利木赞牛起源于法国中部利木赞高原，是法国第二大肉牛品种。在欧洲大陆型牛品种中属中等体型的牛种。宁夏1994年开始从法国引进利木赞牛2头，1995年从内蒙古通辽引进种公牛3头，饲养于自治区家畜改良站，向全区推广冻精。1996年，宁夏家畜改良站与内蒙古家畜改良站合作，进口加拿大胚胎，应用胚胎移植技术，先后移植胚胎150余枚，繁育利木赞种公牛、种子母牛70余头。2009年，宁夏四正生物工程技术有限公司引进利木赞种公牛3头。2009—2011年，自治区从宁夏四正生物工程技术有限公司、河南鼎元种牛育种有限公司、黑龙江省博瑞遗传有限公司、洛阳市洛瑞牧业有限公司引进推广利木赞牛冻精9.8万支。

3. 安格斯牛

安格斯牛原产于苏格兰东北部的阿伯丁、安格斯、班芙和金卡丁等郡，并因此得名。我国于1974年开始陆续从英国、澳大利亚引进安格斯牛，与本地黄牛杂交。2001年，宁夏四正生物工程技术有限公司通过胚胎移植技术，繁育种公牛2头。2014年，自治区先后从澳大利亚引进安格斯母牛3.8万头。2009—2020年，自治区从宁夏四正生物工程技术有限公司、新疆天山畜牧昌吉生物工程有限责任公司、河南省鼎元种牛育种有限公司、河南省洛阳市洛瑞牧业有限公司、河南省许昌市夏昌种畜禽有限公司、河北省品元畜禽育种有限公司、安徽天达畜牧科技有限责任公司，共引进推广安格斯牛冻精 40.89 万支（表 6 - 2 - 10）。

表 6 - 2 - 10　宁夏引进推广安格斯牛冻精明细

单位：万支

引进推广时间	推广数量
2009 年	3.3
2010 年	
2011 年	4
2012 年	3
2013 年	2
2014 年	3.5
2015 年	3.45
2016 年	3.95
2017 年	6.1
2018 年	4.19
2019 年	3.4
2020 年	4
合计	40.89

（三）羊的品种引进

20 世纪 50 年代初至 80 年代初，自治区绵羊改良以毛用为重点，因此，引进品种主要有新疆细毛羊、高加索羊、阿斯卡尼羊、茨盖羊、罗姆尼羊、林肯羊等，新疆细毛羊曾是固原地区杂交改良当地绵羊的当家品种，其他品种引进数量少，利用率也很低。进入 20 世纪 90 年代，由于我国开始重视肉羊生产，自治区将以毛用为主的羊产业结构调整为以肉用为主，加之产区草地生态环境日益恶化，因营养供给不足和近亲繁殖，品种内部普遍产生退化现象，从遗传学角度讲有特征基因漂变现象。为加快产区发展，羊的引进品种发生较大变化，引进国内品种如小尾寒羊，国外品种如萨福克羊、杜泊羊等在产区进行杂交繁育。

1. 小尾寒羊

小尾寒羊起源于古代北方蒙古羊。历代人民在迁移过程中把蒙古羊引入自然生态环境和社会经济条件较好的中原地区，经过长期选择和培育，逐渐形成具有多胎高产的肉、皮兼用型优良绵羊品种，即小尾寒羊。小尾寒羊被毛白色，极少数羊在眼圈、两颊或四肢有黑色斑点，异质、有少量干死毛；体质结实，体格高大，结构匀称；鼻梁隆起，耳大下垂，胸部宽深；公羊头大颈粗，有发达的螺旋形角，角根粗硬；前躯发达，四肢粗壮；母羊头小、颈长，大都有小角或角基，极少数无角；短脂尾，尾呈椭圆形，尾尖上翻，尾长不超过飞节。小尾寒羊具有早熟、多胎、生长快、体格大、遗传性稳定和适应性强等特点，年产 2 胎或两年 3 胎，胎产 2～6 只，平均产羔率每胎达 260% 以上；早期生长发育快，易肥育，适于早期屠宰；肉用性能优良，在良好的饲养条件下，3 月龄公羔断奶体重达 26 千克，屠宰胴体重 12.5 千克，6 月龄公羊体重可达 46 千克，胴体重 23.6 千克，6 月龄母羊体重可达 42 千克，胴体重 21.9 千克。小尾寒羊肉质细嫩，肌间脂肪呈大理石纹状，肥瘦适度，鲜美多汁。小尾寒羊成年公羊年剪毛量 5.1 千克，母羊 2.4 千克，毛纤维长、油汗低、净毛率高，以细绒毛和两型毛为主。小尾寒羊适宜舍饲养殖，生长快、繁殖率高，对日粮营养需求量较高，舍饲条件下要加强种公羊和种母羊的运动。

1981 年，宁夏畜牧局孙永昌赴山东省接运奶公羊时首次购回小尾寒羊 33 只，其中公羊 3 只，饲养于吴忠种畜场并将其与滩羊进行杂交，进行提高滩羊双羔率试验。1984 年李学智赴吴忠市视察工作时，见到小尾寒羊体型大、产羔多，即指示区畜牧局要组织引入该品种，以解决宁夏回族人民的肉食问题。当年秋季，区畜牧局赴山东省菏泽等地区选购小尾寒羊 328 只，分配给陶乐县 91 只，石嘴山市郊区 59 只，银川郊区、吴忠市各 50 只，青铜峡市 39 只，平罗县 32 只，灵武县 5 只，畜牧兽医研究所 2 只；区农垦事业管理局组织引进 290 只。1984 年 11 月 8 日至 9 日，自治区畜牧局在平罗县主持召开小尾寒羊饲养管理座谈会，与会专家提出"滩羊是我国珍贵的裘皮品种，属于保护对象。这次引进的小尾寒羊，分配的市县较多，有的还在滩羊优质产区，不利于滩羊保种。""应将小尾寒羊的发展控制在一定区域内，不能盲目从事。"因政府号召发展寒羊，并在资金上予以扶持，1985 年，贺兰、石嘴山、盐池、中宁、西吉、海原、自治区劳改局（劳动改造工作管理局）等又从山东引进 400多只，其中盐池县从山东梁山县引入小尾寒羊 70 只，利用其多胎性改良本地滩羊的繁殖性能，由于影响二毛裘皮品质，后来未大面积推广，在北部苏步井乡一带农户有少量饲养。当时，小尾寒羊作为种羊出售价格比滩羊高出一倍以上，群众对发展小尾寒羊的积极性很高。除区内互相调剂外，1986年仍陆续从山东省购入。1986 年 6 月由区畜牧局牵头，邀请了区科委、农学院、农垦事业管理局等单位的领导、专家和有关市、县的科技人员，召开了小尾寒羊引种、布局及发展座谈会。与会者在充分肯定小尾寒羊的优点之后，提出"引进小尾寒羊应该通过科学实验，慎重、稳妥地在适宜其生长的农区饲养。划定盐池、同心、灵武山区五乡和贺兰县洪广、金山等地作为滩羊保护区（约有滩羊 100万只）；陶乐、石嘴山郊区、平罗、吴忠、永宁等其他地区可以饲养小尾寒羊""在滩羊保护区严禁引入小尾寒羊和其他羊种，对已引入的要说服动员群众限期处理，严格控制小尾寒羊公羊与滩母羊交配，如用作经济杂交，其杂种公羊一律去势，以栈羊饲养，解决肉食（问题）"。1987 年 8 月，区畜牧站对全区小尾寒羊生产情况进行了调查，小尾寒羊的饲养已越过原来的区划。1988 年 2 月 1—2日，区畜牧局主持召开了第三次小尾寒羊生产论证会，重新明确划区。仅 1989 年春，自治区养殖业扶贫综合开发公司先后购入三批，共 350 只小尾寒羊出售给农民；银川、吴忠等地有不少私人集资赴山东运回小尾寒羊贩卖，累计购入 3000 只左右。1989 年，由自治区计划委员会投资 70 万元在陶乐县建立小尾寒羊纯繁场，截至 1989 年 6 月，全区小尾寒羊存栏约 5 万只，分布于陶乐、平罗、惠农、石嘴山、贺兰、银川郊区、永宁、吴忠等地，其中，以陶乐县数量最多。1984—1987 年先后引进3654 只，到 1987 年底累计出售种羊 5160 只，存栏 4950 只。

小尾寒羊虽然有其优点，但也存在着裘皮质量差，干死毛多，不能适应干旱草原放牧饲养等缺陷，其饲养管理要求较滩羊高。1990 年开始，小尾寒羊作为种质出售开始降温。1992 年初，小尾寒羊母羊价格甚至低于滩羊母羊，小尾寒羊饲养量也迅速减少。1992 年后，河北、山东、山西、甘肃等地把小尾寒羊作为畜牧业扶贫的首选羊种，上述地区来宁夏调运小尾寒羊。宁夏部分地区农民又自发从外地调入种羊。至 1995 年全区存栏纯种小尾寒羊约 1 万只，杂种羊 4 万只。2003 年开始，宁夏畜牧工作站制定《宁夏肉羊杂交生产技术路线》，规范全区肉羊杂交改良生产，同时还为南部山区采购小尾寒羊 3 万只，以推动"十万贫困户养羊工程"。到 2004 年底，向山区调运小尾寒羊 5.5 万只。"十一五"到"十三五"期间，自治区陆续调购小尾寒羊多批，将小尾寒羊繁殖力高和滩羊肉品质好等优点结合开展杂交改良，全区滩寒杂羊比例达到 70% 左右，为实现肉羊良种化进程打下基础。

2. 萨福克羊

萨福克羊原产英国东部和南部丘陵地，是由南丘公羊和黑面有角诺福克母羊杂交，在后代中经严格选择和横交固定育成，以萨福克郡命名，是世界公认的用于终端杂交的优良父本品种。萨福克羊体格大，肌肉丰满，后躯发育良好，生长发育快。头短而宽，鼻梁隆起，耳大，公、母羊均无角，颈长、深且宽厚，胸宽，背、腰和臀部长宽而平。体躯主要部位被毛白色，头和四肢为黑色。产肉性能好、瘦肉率高，是生产大胴体和优质羔羊肉的理想品种，多作为生产肉羔的终端父本品种。成年公羊体重 100～136 千克，母羊 70～96 千克。抗逆性强，适应性好，早熟，繁殖率高，产羔率140%～157%。

20 世纪 90 年代后期，盐池县四墩子基地引入肉用无角陶赛特羊（精液）和肉用型萨福克羊，以改良本地滩羊的肉用性能。

2000 年以后，通过引进良种肉羊、推广人工授精技术，生产肉羊杂种羔羊，杂种羔羊在全舍饲条件下的育肥效果明显，增重比小尾寒羊提高 30％以上，且杂交后代表现出良好的适应性和抗病力。

2003 年，由自治区政府投资 450 万元，从新西兰引进无角陶赛特羊、萨福克羊、新多福羊、德克塞尔等 4 个肉羊品种 1087 只；实施了农业部 948 项目，引进高产肉用绵羊品种 133 只。据统计，2004 年底，全区共引进和纯繁萨福克羊等 6 个国外良种肉羊品种达 3000 余只，其中，种公羊 1000 余只。2007 年，全区共引进国外良种肉羊 1700 多只，向肉羊优势生产区推广良种肉用种公羊 2793 只，改良肉羊产肉性能比小尾寒羊增加 90.3％。

从 2009 年开始，国家绵羊良种补贴项目在改良区推广萨福克羊、陶赛特羊、特克萨尔羊等肉羊品种，与本地羊开展二元或三元杂交。2009—2013 年累计补贴投放肉羊种公羊 2900 只。2014 年之后，为推进滩羊本品种选育和滩羊基础母羊核心群组建，自治区取消肉羊种公羊良种补贴政策，引进肉羊杂交改良呈现市场化发展的趋势。

3. 杜泊羊

杜泊羊是由英国有角陶赛特公羊与南非波斯黑头母羊杂交，经选择和培育而成的肉用绵羊品种。2001 年我国首次从澳大利亚引进。杜泊羊按毛色有两种类型：一种为头颈黑色，体躯和四肢为白色；另一种全身均为白色。一般无角，颈短粗，前胸丰满，后躯肌肉发达。成年公羊体重 100～120 千克，母羊 70～80 千克，产羔率 140％～180％；早期发育快，胴体瘦肉率高，特别适于肥羔生产；舍饲育肥条件下体重可达 70 千克以上；肥羔屠宰率 55％，净肉率 46％。

杜泊羊食草性广，耐粗饲，抗病力较强，能广泛适应多种气候条件和生态环境。遗传性很稳定，无论纯繁后代，还是改良后代，都表现出极好的生产性能与适应能力，与我国地方绵羊品种杂交，一代增重速度较快，产肉性能明显提高，可作为生产优质肥羔的终端父本和培育肉羊新品种的育种素材。2002 年，宁夏农垦贺兰山牛羊产业集团良种繁育中心引进杜泊羊等优良品种。2005 年，场内存栏杜泊羊 121 只。2008 年以后，中卫市引进以杜泊羊、萨福特羊等为主的优质肉种羊改良本地羊只。2017 年杜泊羊列入自治区主推肉羊品种，在南部山区和引黄灌区肉羊生产基地推广。杜泊羊杂交改良后代生长发育、适应性、抗逆性等表现良好，一般出栏时间在 6 月龄左右，出栏胴体重为 25～30 千克，日增重可达 300 克以上，屠宰率达到 50％以上。据调研，以杜泊羊为第一父本、萨福克羊为第二父本，有生产雪花羊肉的潜力。

4. 湖羊

湖羊是中国特有的羔皮用绵羊品种，主要产于浙江嘉兴和太湖地区。其最大优势是繁殖率高、母性良好，相比小尾寒羊，产羔率高（每胎可产羔 3～4 只），泌乳和带羔能力强，且肉质相对细腻鲜嫩。随着对湖羊优良品质特性的不断了解，湖羊已引至国内大部分省（自治区）。

2013 年开始，宁夏农林科学院畜牧研究所联合宁羊等企业实施自治区农业育种专项滩羊品系选育项目，开展湖羊和滩羊杂交试验，首次引进湖羊 200 余只。试验结果表明，以湖羊为父本、滩羊为母本进行杂交利用，后代分化现象严重，但是以滩羊为父本、湖羊为母本进行杂交利用，遗传性能稳定，后代滩羊特征较明显，杂交一代繁殖成活率达 180％～190％，杂交二代达到 150％，产肉率比滩羊提高10％，内脂降低 7％～8％。惠农丰草田园公司等企业主要以澳洲白绵羊作终端父本，湖羊做母本，杂交后代体型、生长速率、肉品质等表现良好，出栏时间 6～8 月龄，出栏胴体重 23 千克左右，屠宰率约 50％。“十三五”期间，随着湖羊品种受热捧和宁夏畜牧研究所项目引进带动，隆德、惠农等县区养殖湖羊数量逐年增多，全区湖羊达到 9 万只。隆德正荣公司存栏湖羊 4000 余只。2019 年向甘肃省供种 8000 余只。惠农丰草田园公司存栏湖羊及澳湖杂交羊 3000 余只，年可供种 1 万余只。

5. 辽宁绒山羊

辽宁绒山羊是在当地特定自然条件下，经过长期的自然选择和人工选育而形成的，中心产区分布于辽宁省东部山区及辽东半岛。被毛全白，体质健壮，结构匀称、紧凑，头轻小，额顶有长毛，颌下有髯，公羊角粗大，向后斜上方两侧螺旋式伸展，母羊角向后斜上方两侧捻曲伸出，颈宽厚，与肩部结合良好，背腰平直，四肢粗壮，肢蹄结实，短瘦尾，尾尖上翘。辽宁绒山羊产绒量高，种公羊平均产绒量1368克，母羊产绒量740克；净绒率高，达到70%以上；绒纤维细，据2001—2002年辽宁省纤维检验局抽样鉴定，辽宁绒山羊平均细度15.37微米，符合国家标准《山羊绒》（GB 18267—2000）中的细型一等；羊绒强力大，拉伸度好。辽宁绒山羊不仅产量高，产肉性能也较好，而且肉质优良。一般当年公羔生长到7～8月龄，体重都能达到30～35千克，羯羊能达到35～40千克，平均日增重为150克左右。

1987年，石嘴山市畜牧兽医工作站引进辽宁（盖县）绒山羊冻精，开展与本地山羊的杂交试验。1987年10月，贺兰山农牧场引进辽宁绒山羊42只。1988—1989年灵武、盐池、同心、彭阳、海原、固原、贺兰、陶乐等县共购入辽宁绒山羊1327只，主要是陕西省甘泉县繁殖的辽宁绒山羊。这些羊被引入后，除用于杂交改良本地山羊外，灵武、盐池、海原、同心等县还集中设场进行纯种繁殖。1989年，宁夏农林科学院畜牧兽医研究所承担自治区科委下达的绒山羊杂交本地山羊的研究课题，从辽宁购入绒山羊冻精，又从辽宁绒山羊原种场引入公羊13只、母羊10只，在镇北堡林草试验站进行杂交试验。1989年5月，召开绒山羊改良现场会，辽宁绒山羊成年公羊抓绒780克，2岁母羊平均抓绒555克，一岁杂交一代母羊平均产绒327.5克，比同龄本地母山羊（产绒145克）增长一倍多。

20世纪90年代，自治区畜牧站与畜牧兽医研究所联合主持，在盐池、同心、灵武、海原、平罗、惠农等地，结合农业特色产业，规划盐池、同心、灵武绒山羊改良基地建设，大面积开展绒山羊改良技术推广工作，推广引进辽宁绒山羊5万余只。2003年，实行封山禁牧后，因山羊舍饲养殖经济效益不高等原因，引进辽宁绒山羊改良本地山羊日趋减少，平罗等地养殖辽宁绒山羊基本以短期育肥型为主，辽宁绒山羊改良基本呈现市场化的趋势。据业务统计，2020年辽宁绒山羊及其改良群体规模约30万只，占山羊总数的25%左右。

6. 内蒙古绒山羊

内蒙古绒山羊是在当地特定自然条件下，经过长期的自然选择和人工选育而形成的，中心产区在鄂尔多斯西部鄂托克旗。内蒙古绒山羊被毛全白，分内外两层，外层为光泽良好的粗毛，内层为柔软纤细的绒毛；体躯呈长方形，体质结实，结构匀称，体格中等，头清秀，额顶有长毛，颌下有髯；公、母羊均有角，公羊角扁粗大，向后方两侧螺旋式伸展，母羊角细小，向后方伸出；颈宽厚，胸宽而深，背腰平直，四肢端正，尾短小，尾向上翘；对荒漠半荒漠草原有较强适应能力。内蒙古绒山羊属绒肉兼用型，产绒量高，绒毛纤细，成年种公羊产绒量平均1014克，成年母羊产绒量平均670克，成年种公羊绒厚7厘米，成年母羊绒厚6厘米；成年种公羊绒纤维直径16.0微米，成年母羊绒纤维直径15.0微米，净绒率65%；产肉性能好，体重大，成年种公羊抓绒后体重65千克以上，成年母羊抓绒后体重45千克以上；肉质鲜美，屠宰率45%；母羊繁殖率高达150%。

1985—1986年，石嘴山市畜牧兽医工作站分别从内蒙古鄂托克旗和阿拉善左旗引进阿尔巴斯绒山羊90只、阿拉善左旗白绒山羊102只，组成两个纯种繁育群进行饲养观察，同时利用多余的公羊与本地山羊进行杂交试验。20世纪90年代中期，为了追求经济效益，各地纷纷引进辽宁绒山羊、内蒙古绒山羊进行养殖或杂交改良，提高羊绒产量。2003年，实行封山禁牧后，由于山羊舍饲养殖经济效益下滑等原因，引进绒山羊改良本地山羊日趋减少，平罗等地养殖绒山羊基本以短期育肥型为主。"十二五"以来，绒山羊改良基本呈现市场化的趋势，灵武等地由于纺织要求和生产工艺升级，又开始引进阿尔巴斯绒山羊改良，以改进羊绒品质，满足高档羊绒制品生产需求。据业务统计，2020年内蒙古绒山羊及其改良群体规模约50万只，占山羊总数的40%左右。

（四）猪的品种引进

自治区最早于1968年首次引进长白猪。20世纪80年代初期，随着人们对瘦肉型猪肉需求量的不断提高，区内重点示范推广培育瘦肉型猪。1983 年开始引入杜洛克猪，主要用作山区商品瘦肉型猪生产的父本。1990 年引进大约克夏猪纯繁推广，在川区商品瘦肉型猪生产中发挥了重要作用。据统计，1995 年年底，全区长白猪纯繁群存栏 73 头，各配种站（点）共饲养 554 头；大约克夏猪纯繁存栏 75 头，各配种站（点）共饲养 155 头；杜洛克猪纯繁存栏 42 头，各配种站（点）共饲养 34 头。1996 年之后，生猪养殖逐渐向三元杂交过渡，长白猪也从杂交父本转为三元杂交母本。大约克夏猪因其三元杂交配套系生产性能好等优势凸显，被大量引进。"十一五"之后，宁夏生猪养殖主要以"三元杂交"配套系为主，规范化三元杂交商品猪占出栏猪的 78.7%。2010 年中卫正通牧业因 PIC 配套系产仔数高等特点，首次引进 PIC 祖代种猪 300 头，公猪 22 头。目前主要在中卫市沙坡头区养殖。截至 2020 年年底，全区取得种畜禽生产经营许可证的生猪养殖场共有 5 家，存栏母猪 1.196 万，其中纯种母猪 0.271 万头，二元母猪 0.925 万头。PIC 配套系祖代种猪 2047 头，其中公猪 47 头。

1. 长白猪

长白猪产于丹麦，是世界上分布最广的品种之一。宁夏于 1968 年首次引入长白猪，但由于饲养管理条件等因素而被淘汰。1985 年再次引入长白猪，主要饲养于中宁种猪场和农垦科研所种猪场，并作为生产商品瘦肉型猪的主要父本向全区推广。1996 年之后，生猪养殖逐渐向三元杂交过渡，长白猪也从杂交父本转为三元杂交母本。

长白猪颜面直，耳大前倾，颈肩部较轻，背腰长，体侧长深，腹线平直不松弛，臀部稍倾斜，大腿丰满充实。被毛白色且浓密柔软，皮薄，骨细而结实。在较好饲养条件下，6 月龄公、母猪体重分别为 85 千克和 83 千克，成年公、母猪体重分别为 246.2 千克和 218.7 千克。母猪初情期 170～200 日龄，适宜配种的日龄 230～250 天，体重 120 千克以上。母猪总产仔数，初产 9 头以上，经产 10 头以上；21 日龄窝重，初产 40 千克以上，经产 45 千克以上。育肥期日增重可达 933 克，瘦肉率 64.4%。

2. 大约克夏猪

大约克夏猪又称大白猪，18 世纪育成于英国北部约克郡及其附近地区，是现在世界上分布最广的品种之一，被欧洲誉为"世能品种"。自治区自 1990 年开始引进大约克夏猪纯繁推广，并在川区商品瘦肉型猪生产中发挥了重要作用。1996 年之后大约克夏猪因其三元杂交配套系生产性能好等优势凸显，被大量引进。

大约克夏猪体格大，体型匀称，呈长方形，头长面宽且微凹，耳直立，背腰多微弓，四肢较高，毛色全白，少数额角皮上有暗斑。在良好饲养条件下，后备猪生长发育迅速，6 月龄体重可以达 100 千克左右，成年公猪体重 250～300 千克，成年母猪体重 230～250 千克。在营养良好、自由采食的条件下，日增重可达 700 克以上。体重 90 千克时屠宰率 71%～73%，胴体瘦肉率 60%～65%。经产母猪产仔数 11 头，乳头 7 对以上，8.5～10 月龄开始配种。三元杂交中大约克夏猪常作为第一父本或母本。

3. 杜洛克猪

杜洛克猪原产美国东部，是美国目前分布最广的品种。宁夏 1983 年开始引入，1996 年之前主要用作山区商品瘦肉型猪生产的父本，之后三元杂交配套技术引入后，主要用作终端父本。

杜洛克猪耳中等大小，耳尖下垂，颜面微凹，体躯广深，肌肉丰满，肢长粗壮。毛色为红棕色，从金黄色到暗红色，深浅不一。成年公猪体重为 340～450 千克，成年母猪体重为 300～390 千克。杜洛克猪生长速度快，屠宰率和瘦肉率高。据测定，育肥猪达 90 千克体重时，平均日增重 651 克，瘦肉率 62.3%。杜洛克猪适应性强，对饲料要求较低，但对高温耐力较差。在杂交组合中，多用作终端父本，尤其以三元杂交中作为第二父本较好。

（五）家禽的品种引进

1955—1984 年，银川种鸡场、贺兰山农牧场芦花台鸡场、吴忠县金银滩农场和银川鸡鸭场先后从北京双桥鸡场、上海新杨鸡场、广州等地引进来航鸡、芦花鸡、澳洲黑、洛岛红、红考尼斯、白考尼斯、白洛克、星波罗、尼克、星杂288、京白鸡、北京鸭、狮头鹅等鸡、鸭、鹅品种。

1984年宁夏种禽场建成，截至1993年先后从北京市、甘肃省引进三系配套京白祖代鸡16000套、四系配套星杂579祖代鸡8000套、星波罗祖代鸡2000套、宝星祖代鸡8000套、明星祖代肉种鸡7866只、星杂288祖代蛋种鸡6989只、星杂579祖代蛋种鸡3580只、京白祖代种蛋1万枚、巴布考克B-300祖代种蛋2500枚、巴布祖代鸡1220只、父母代4230只、海兰父母代2640只、京红父母代1510只、AA父母代6690只，分别在宁夏种禽场、大武口鸡场饲养。

1984—1994年，宁夏贺兰山农牧场鸡场、大武口鸡场、贺兰山农牧场沙城祖代鸡场、中卫县种鸡场先后引进艾维茵祖代鸡1150套、父母代6600套、星杂288祖代蛋种鸡3360只、宝星祖代肉种鸡2070只、京白904祖代蛋种鸡4200只、艾维茵父母代5740只、海赛克斯褐父母代8460只、亚发褐四系配套父母代3000只。1993年贺兰山农牧场沙城祖代鸡场从美国引进AA祖代鸡2215只。

1995年灵武县种鸡场、长庆石油综合养殖场种鸡场、宁夏畜牧兽医研究所种禽场、贺兰县种鸡场、宁夏种禽场等11家引进亚发褐、海兰褐、海赛褐父母代种鸡共计52000只；宁夏种禽场、宁夏供销社种鸡场、贺兰县种鸡场、大武口养鸡场、宁夏粮油总公司养殖场引进AA、艾维茵父母代肉种鸡共计15000只。

1996年，宁夏九三零生态农牧有限公司、宁夏恒泰源种禽有限公司分别从山东益生种畜股份有限公司和北京爱拔益加家禽育种有限公司、北京京垦祖代鸡场累计引进海兰、罗曼父母代蛋种鸡21万套和AA+、海赛克斯父母代种鸡4万只进行繁育推广；2001年，两家公司分别引进海兰、罗曼父母代蛋种鸡41万套和父母代肉种鸡AA+、罗斯308、艾维茵15万只，父母代蛋种鸡海兰褐、罗曼褐20万只；2006年分别累计引进海兰、罗曼父母代蛋种鸡50万套，父母代肉种鸡AA+、罗斯308、岭南黄、艾维茵30万只，父母代蛋种鸡海兰褐、罗曼褐、伊莎褐20万只；2011年宁夏九三零生态农牧有限公司累计引进海兰、罗曼父母代蛋种鸡270万套。

2010年，宁夏晓鸣农牧股份有限公司分别从美国、西班牙、加拿大累计引进海兰褐、海兰白祖代鸡23.5万只，繁育父母代种鸡，面向全国推广商品代雏鸡。

自20世纪80年代开始引进良种鸡推广以来，自治区先后引进蛋鸡品种10多个，白羽肉鸡品种7个。进入2000年以后，自治区主要引进的蛋种鸡有海兰褐、罗曼褐、伊莎褐等品种，其中以海兰褐市场占有率最高，占70%以上，肉鸡品种以AA+、罗斯308、科宝500为主。

（六）西方蜜蜂

西方蜜蜂起源于欧洲、非洲和中东，主要的西方蜜蜂亚种有意大利蜂、卡尼鄂拉蜂、高加索蜜蜂、欧洲黑蜂、突尼斯蜜蜂、东非蜜蜂和安纳托利亚蜜蜂等。由于欧洲移民和商业交往，从而将西方蜜蜂引入世界各地。目前，西方蜜蜂已成为世界各国主要饲养的、用于生产的蜂种。相比中华蜜蜂，西方蜜蜂三型蜂大小区别明显，工蜂体长12~14毫米，体重约100毫克，雄蜂体长15~17毫米，体重约220毫克，蜂王体长15~17毫米，体重约180毫克。西方蜜蜂蜂王每天可产卵1500~2500粒，工蜂由于相比中蜂个体大，造就了其更强的采集能力。

自秦汉到1957年，宁夏蜜蜂生产上的蜂种资源，只有中蜂一种。1957年，中卫县引进意大利蜂和卡尼鄂拉蜂试养，首次打破了宁夏只养中蜂的历史。1964年，灵武农场、灵武园艺场和银川中山公园引进意大利蜂为果树授粉。1973年，海原、固原两县引进意大利蜂330群，由11名养蜂员办起四个蜂场，从此，开创了宁夏创办蜂场饲养西方蜜蜂的历史。1974—2010年，西方蜜蜂逐渐成为宁夏尤其川区四市主要养殖蜂种。在此阶段，1974年，为落实中发〔1972〕22号文件精神，农林部从畜牧总局和中国农业科学院养蜂研究所抽出13名干部和科技人员，组成养蜂科技队，来到固原地区，帮助发展养蜂。当年，农林部、商业部、自治区和各县共投资98.1万元，办起县、社、队"三级养蜂场"，养蜂科技队在宁夏工作七年，他们同宁夏养蜂管理干部、技术人员和蜂农结合在一起，为宁夏养蜂业作出巨大贡献。

1978年，农林部拨专款在固原建立固原地区养蜂试验站及固原、西吉、海原、隆德四县养蜂管理站。固原地区养蜂试验站成立以后，在自治区畜牧局和固原地委行署领导下，完成了宁夏蜜粉源植物调查和宁夏种蜂资源普查等工作。在西方蜜蜂饲养管理技术方面，结合西方蜜蜂"定地越冬＋小转地生产"管理模式，总结提炼出"三抓"管理和技术"四关"经验，通过开展宁夏蜂病及其防治技术、蜜蜂人工授精技术、蜂产品开发利用技术及养蜂专业户经营情况调查等研究，取得了一批在生产上有指导意义的成果。1979年"三级蜂场"发展到217个，养蜂员724人，蜜蜂29100群（中蜂10049群，西方蜜蜂19051群），蜂产品从单一蜜蜂发展到蜜蜂、蜂王浆、蜂花粉、蜂蜡、蜂胶等多种产品；养蜂总产值达到394.9万元，与1974年比蜂群增加39％（西方蜜蜂增加2.4倍），产值增加7倍。1974—1979年是宁夏西方蜜蜂饲养管理技术和产业发展直线上升时期。

1980年以后，"三级蜂场"逐步过渡为私有私养的蜂场，饲养西方蜜蜂的区域由固原地区向引黄灌区扩展。彭阳、贺兰、中卫、同心、盐池等地县畜牧部门都抽出专人负责管理养蜂工作。

1980—1989年，由于自然灾害、蜂产品价格低而不稳（1981年蜂王浆38元/千克还没人购买）等原因，宁夏养蜂呈曲线发展。1990—1995年，对私人蜂场管理松弛，西方蜜蜂养蜂员年龄老化、蜂群数量不断减少，蜂蜜、王浆等蜂产品产量不断减少，虽然产品价格大幅度上升，但西方蜜蜂养蜂效益却不能真正体现为助推农民增收。由于宁夏蜜粉资源丰富，20世纪70年代以来，每年夏天，浙江、河南、四川、湖北、江苏等省的西方蜜蜂蜂群，大量转地到宁夏追花夺蜜（70年代中到80年代末，每年达10万群），这些蜂群生产的蜂产品和产值，是宁夏蜂群生产效益的数十倍。

1996—1997年，固原市养蜂试验站全面完成了"蜜蜂主要病虫害诊断及综合防治技术研究"项目。1998年，固原市养蜂试验站组织"蜜蜂主要病虫害诊断及综合防治技术研究"项目鉴定、申报及评奖。1999年，固原市养蜂试验站与自治区畜牧站、中国农业科学院蜜蜂研究所组成"蜂药推广应用工程"项目小组，重点针对宁夏蜜蜂发生的疾病推广使用新型高效蜂药，先后使用螨净、优白净、抗病毒862等药物，使全地区1.05万群西方蜜蜂疫病得到了有效控制。加之2000年固原地区完成第4轮换种后，西方蜜蜂综合生产能力明显提高，蜂农蜂产品收入明显提高。

1996年，固原市成立宁夏六盘山蜂业综合开发公司，开设蜂产品综合门市部，实施"蜂产品收购、储运经销、加工开发"项目，把实施蜂产品开发项目与办好公司融为一体。本项目到位资金50万元，组织收购蜂蜜150吨以及蜂王浆、蜂蜡、蜂花粉各200千克。在项目实施过程中，开展蜂产品包装改进，设计无毒塑料蜂王浆瓶2种、蜂蜜小包装瓶1种、蜂蜜包装箱2种，制作蜂蜜和蜂王浆标签，并积极组织参加蜂产品销售交流活动，为宁夏蜂产品品牌化销售迈出了第一步。2001年，自治区人民政府刘正语、王禹门等参事在固原市调研蜂业发展现状，形成《关于宁夏养蜂业调查报告》，固原行署6月份向自治区人民政府上报了《关于扶持发展固原地区养蜂业基地建设项目进行立项的报告》，自治区人民政府马锡广和陈进玉副主席高度重视，并对该项目作出重要批示，农牧厅高万里厅长和李志仁副厅长提出修改完善意见，固原行署专员马金虎作出重要指示。

2002—2004年，结合科技部向中国农业科学院下达的"蜜蜂高效低残留蜂药防治技术的研究与推广"项目，中国农业科学院在固原建立高效低残留蜂药防治蜜蜂病虫害示范基地，对全市蜂病发生情况进行全面调查，采集蜜蜂病样12种，鉴定5种。

2005—2007年，主要针对固原市西方蜜蜂发生的大小蜂螨、死蛹病、爬蜂病、白垩病、孢子虫病和中蜂囊状幼虫病等蜜蜂疾病，通过药物防治试验、抗病蜂种选育等综合措施，有效防止了蜜蜂病虫害的流行与蔓延。2008年，开展中国农业科学院蜜蜂研究所"不同蜜蜂生产区抗逆增产技术体系研究与示范"子专题"宁夏主要蜜粉源植物调查与现状分析"项目，调查全区境内蜜粉源植物500多种，发现在生产和繁殖发展中有价值的重要蜜粉源植物50多种。开展枸杞开花泌蜜规律及授粉配套技术研究与示范前期准备工作，中国农业科学院蜜蜂研究所罗术东博士来固原参与此项工作。经积极推荐，灵武市西方蜜蜂养蜂员龙九畴在杭州召开的第九届亚洲养蜂大会上被评为"亚洲优秀蜂农"。

2009 年，积极配合中国农业科学院蜜蜂研究所在固原市和中卫市开展蜜蜂枸杞授粉试验研究项目。2010 年至今，宁夏川区四市广大蜂农主要以饲养西方蜜蜂为主。其中以意大利蜂、卡尼鄂拉蜂及卡意杂交蜂为主。

引入的主要西方蜜蜂蜂种：

（1）意大利蜂　意大利蜂性情温顺，便于管理。母蜂产卵力和工蜂哺育力强，分蜂性弱，容易维持强群，生产多种产品。善于采集流蜜时间长的大蜜源。但越冬性能差，饲料消耗多，容易发生盗蜂和迷巢。

（2）卡尼鄂拉蜂　卡尼鄂拉蜂性情温顺，采集能力强，母蜂产卵力强。巢内清洁，耐寒性较强，春季繁蜂快，善于利用春季及初夏蜜源。但分蜂性较强。

（3）卡意杂交蜂　除具有杂交的特性外，产品生产上充分表现出杂种优势。

■ 第二节　饲草资源

自治区饲草资源主要有天然草原、人工饲草地、农作物秸秆和非常规饲料。天然草原实行全境禁牧封育，人工饲草地以苜蓿、青贮玉米、一年生饲草为主，农作物秸秆主要有玉米、水稻、小麦等秸秆，非常规饲料主要有柠条、马铃薯淀粉渣、果渣等。

2020 年，全区人工饲草地总面积 929.8 万亩。其中，苜蓿留床面积 549.6 万亩，青贮玉米 270 万亩，一年生禾草 110.2 万亩。据业务统计，全区饲草总产量 1569.4 万吨。其中，生产加工青贮玉米 1034.3 万吨、一年生禾草 50.6 万吨、苜蓿 123.9 万吨，加工利用农作物秸秆 235.2 万吨、非常规饲料及杂草等 125.4 万吨。

一、草原

（一）天然草原资源情况

根据 20 世纪 80 年代中期全国第一次草原资源普查结果，全区天然草原面积为 4521 万亩，占自治区国土总面积的 47.2％。2001 年资源普查结果，天然草原面积 3665 万亩，二十年间草原面积减少了 856 万亩。有饲用植物 1290 种，可利用鲜草产量约 26.7 亿千克，理论载畜量 183.2 万个羊单位。境内天然草原具有明显的水平分布规律，从南到北依次分布着森林草原、草甸草原、干草原、荒漠草原、草原化荒漠等 11 个草地类和 353 个草地型。2018 年，自治区草原站草原资源清查数据为 3189.41 万亩，由南向北依次分布有温性草甸草原类、温性草原类、温性荒漠草原类、温性草原化荒漠类、温性荒漠类、山地草甸类等 6 个大类 41 个草原组 145 个草原型。

1. 温性草甸草原类

在山地中等湿润的生境，以中旱生植物占优势的草原类型，主要建群种有风毛菊、紫苞风毛菊、小型莎草、异穗苔、蕨、紫羊茅、牛尾蒿、蒙古蒿等。面积 41.86 万亩，主要分布在六盘山及其支脉、小黄峁山、瓦亭梁山、月亮山、南华山等山地，在海拔 1800～1900 米以上为阴坡、半阴坡、半阳坡。另外，也分布在黄土丘陵南部的森林草原带，出现在丘陵阴坡，在这里与阳坡的干草原呈复区存在。包括蕨、杂类草型，以及具蒿草的鬼箭锦鸡儿、苔草型等 14 个型。相比 20 世纪 80 年代减少 39.67 万亩，主要是国土绿化变为林地。

2. 温性草原类

由旱生多年生草本植物或有时为旱生蒿类半灌木、小半灌木为建群种组成的草原类，常有丛生禾草在群落中占据优势。面积 684.38 万亩，主要建群种有长芒草、硬质早熟禾、铁杆蒿、牛枝子、百里香、阿尔泰狗娃花、星毛委陵菜、冷蒿、漠蒿、甘草、短花针茅、菱蒿、大针茅、荒漠锦鸡儿、蒙古冰草、糙隐子草。分布于南部广大的黄土丘陵地区。其北界为：东自盐池县青山乡营盘台沟，向西经大水坑、青龙山东南，沿大罗山南麓，经窖山李旺以南，至海原庙山以北。甘盐池北山三个井一线，以此线与北部的荒漠草原为界。包括长芒草、百里香型，白莲蒿、冷蒿型，以及茭蒿、长芒草型等22个草原型。相比20世纪80年代减少399.49万亩，主要是开垦为农田、退耕还林、国土绿化变为林地、建设用地占用等。

3. 温性荒漠草原类

以强旱生多年生草本植物与强旱生小半灌木、小灌木为优势种的草原类。面积2002万亩，自治区中北部占优势的地带性草场。主要建群种有短花针茅、糙隐子草、刺旋花、猫头刺、漠蒿、耆状亚菊、老瓜头、牛枝子、甘草、苦豆子、荒漠锦鸡儿、柠条锦鸡儿、狭叶锦鸡儿、中亚白草、赖草、茭茭草、黑沙蒿等。分布于本区中北部地区，包括海原县北部，同心、盐池县中北部，以及引黄灌区各县的大部分地区。就地貌而言，占据了鄂尔多斯地台边缘部分，同心间山盆地和包括中卫香山在内的各个剥蚀中低山地，黄河冲积平原阶地，以及贺兰山南北两端的浅山及大部分洪积扇山前倾斜平原，西北以贺兰山为界，向北直达石嘴山市落石滩。包括短花针茅、半灌木型，具刺叶柄棘豆的短花针茅、红砂型，以及藏青锦鸡儿、刺叶柄棘豆型等70个草原型。相比20世纪80年代减少489万亩，主要是开垦为农田、退耕还林、国土绿化变为林地、建设用地占用。

4. 温性草原化荒漠类

以强旱生、超旱生的小灌木、小半灌木或灌木为优势种，并混生相当数量的强旱生多年生草本植物和多量一年生草本植物的草原类，建群种有短花针茅、糙隐子草、刺旋花、猫头刺、川青锦鸡儿、冷蒿、漠蒿、耆状亚菊、珍珠猪毛菜、红砂、木本猪毛菜等。面积325.37万亩，分布于中卫市沙坡头区北部、中宁县北部，青铜峡市西部，也局部分散于自永宁县至石嘴山市西部的贺兰东麓洪积扇地区以及河东的利通区、灵武市、平罗县陶乐局部地区，在这些过渡地带里，往往与荒漠草原类草场镶嵌存在，分布在干燥的丘陵、山地阴坡强砾石质、石质、沙质或盐渍化的生境。包括刺叶柄棘豆、红砂型，红砂、小禾草型，以及松叶猪毛菜、红砂型等17个草原型。相比20世纪80年代减少67.51万亩，主要是国土绿化变为林地、建设用地占用。

5. 温性荒漠类

在极端严酷的生境条件下形成的典型荒漠草原。有盐爪爪、西伯利亚白刺、茭茭草、白沙蒿等植被建群种。面积46.45万亩，分布在贺兰山洪积扇、盐池惠安堡、青铜峡西部，灵武东部、南部、沙坡头、陶乐的沙区草地，以局部生境盐渍化，呈隐域性出现。包括白沙蒿型，茭茭草、西伯利亚白刺型，以及盐爪爪型等10个草原型。相比20世纪80年代减少36.11万亩，主要是根据新的分类标准，有些温性荒漠类划分到温性荒漠草原类、建设用地占用。

6. 山地草甸类

在山地中等湿润的生境，以中旱生植物占优势的草原类型，主要建群种有风毛菊、紫苞风毛菊、小型莎草、异穗苔、蕨、紫羊茅、牛尾蒿、蒙古蒿等。面积89.35万亩，主要分布在本区六盘山及其支脉瓦亭梁山，小黄峁山，以及月亮山、南华山、大罗山、贺兰山等山地。大都在森林分布带内，往往因为森林遭到破坏而次生成为各种山地草甸草场，在六盘山发育完好，直达山脉的峰巅。在贺兰山则几乎与蒿、苔草高寒草甸相混交。包括蕨、杂类草型，具蒿草的鬼箭锦鸡儿、苔草型等14个型。相比20世纪80年代增加2.27万亩，主要是根据新的分类标准，有些温性草甸草原类划分到山地草甸类。

（二）草原保护和建设取得的成绩

20世纪80年代中期至2000年以来，由于长期过度放牧、滥采乱挖乱垦等不合理的生产经营活动，全区草原遭受不同程度地退化，产草量平均下降24.4%左右。按同期理论载畜量计算，天然草原载畜量超载79.8%，与80年代相比，超载量上升了18%。为进一步加强草原生态管理，改善和提升全区及周边地区生态环境质量，自治区人民政府决定自2003年5月1日起在全区范围内推行天然草原禁牧封育，制定印发了《关于加快中部干旱带生态建设和草畜业发展的意见》，长期依赖天然草原放牧的 380 万只羊全部实现舍饲圈养，降低放牧对草原的破坏。2006 年 1 月 1 日，《宁夏回族自治区草原管理条例》施行，将草地生态与畜牧业安全生产建设纳入法制化管理轨道。党的十八大以来，自治区党委、政府认真贯彻落实习近平新时代中国特色社会主义思想，牢固树立抓生态建设就是抓发展的理念，把草原工作放在前所未有的重要位置，全面加强草原保护管理，推动草原事业发展取得新的成就。

2019 年，全区草原综合植被盖度达到 56.23%，比 2011 年增加 7.53 个百分点，连续 8 年保持在 50% 以上；天然草原鲜草总产量达到 459.44 万吨，比 2011 年增加 68.46 万吨；草原承包面积 2600 万亩，占草原总面积的 83%，有效调动了广大农民保护、建设草原的积极性，宁夏草原事业进入全新发展阶段。

1. 草原保护管理制度体系基本建立

经过长期的探索，草原管理形成较为完善的制度体系。2005 年 11 月颁布《宁夏草原管理条例》，随后相继出台《宁夏禁牧封育条例》《宁夏生态保护红线管理条例》《草原征占用审核审批管理办法》等法规，为依法保护管理草原提供了法治保障。同时，草原承包经营制度全面落实，把草原生态纳入党政领导干部离任审计，开展草原承包经营确权试点工作，划定草原生态保护红线，草原禁牧制度取得明显成效。

2. 草原生态保护修复积极推进

在积极完善制度体系的同时，逐步开展草原生态保护修复。2003 年，开始实施退牧还草工程，草原投资不断增加。2011—2020 年中央累计安排宁夏草原生态建设项目 33.27 亿元，形成了以退牧还草、退耕还草、已垦草原治理、退化草原人工种草生态修复为主体，以草原防火防灾、监测预警、草种基地建设等为支撑的草原工程体系，有力促进了草原生态保护修复。积极推进草原生态保护研究和先进技术推广。2003 年，由自治区草原站牵头，宁夏固原云雾山草原自然保护区管理处负责实施，在宁夏固原云雾山草原自然保护区实验区建立狐狸野化基地，根据生态学原理，利用分级野化训练银黑狐控制草原鼠害的技术，经过 4 年的实验，共野化驯养试验用狐狸 4 批 200 多只，向盐池县、灵武市、彭阳县、同心县等 10 个试验区投放野化狐狸 123 只，逐步摸索出一套对生态环境有利、符合狐狸生理学特性的饲养和分级野化训练控制鼠害的技术。据对投放区的调查，各投放区鼠害普遍下降，海原县南华山区 2003 年 5 月黄鼠等地面鼠密度为 69 只/公顷，鼢鼠密度为 14 只/公顷。2004 年 4 月地面鼠密度下降为 3 只/公顷，鼢鼠密度下降为 8 只/公顷。十二年来，成功野化银黑狐 498 只，先后投放到宁夏、内蒙古、青海、陕西、四川等区内外不同类型草原（森林）区，控制鼠害效果显著，取得了良好的生态效益。此项技术已被农业部列入全国草原鼠害防治与持续控制新技术推广计划，并在内蒙古、甘肃、青海等草原省（自治区）推广 200 万亩。2019 年，全区草原鼠害、虫害面积比 2011 年分别减少 84% 和 80%，鲜草产量提高 34% 以上。

3. 草原资源利用水平逐步提高

多年来，通过推行家庭承包经营责任制，对承包经营农民给予政策扶持，引导科学利用草原。特别是 2016 年以来，通过实施国家草原生态保护补奖政策，禁牧制度得到落实和巩固，全区落实奖补政策面积 2600 万亩，惠及 36 万户农户。同时，大力发展人工种草，面积达到 830 万亩，缓解了天然草原的保护压力。

二、人工种草

1. 历年人工种草情况

2001 年，宁夏回族自治区政府主席马启智亲自部署，从美国农业部草原与饲草研究院、美国犹他州立大学、美国杨百翰大学引进牧草品种 85 个（其中多年生禾本科牧草品种 49 个、苜蓿品种 16

个、菊科 9 个、藜科 11 个），在干旱半干旱地区开展牧草品种适应性试验和天然草原改良技术研究，筛选出适宜宁夏荒漠草原补播的牧草品种 5 个，适宜半干旱雨养农业区种植的牧草品种 7 个，建立耐旱牧草种质资源圃 100 亩，半干旱地区混播草地 300 亩，荒漠草原改良试验示范区 3000 亩，累计推广面积 5.3 万亩，填补了宁夏天然草原补播牧草品种和关键技术领域空白。

2002 年自治区党委和政府下发了《关于加快中部干旱带生态环境建设和大力发展草畜产业的意见》，决定从 2003 年 5 月 1 日起全区草原实行全面禁牧封育，同年启动了百万亩人工种草工程和百万农牧民技术培训工程。自治区财政、农牧、发改委、扶贫、林业、科技、农科院等七厅、局、委联合下发了《关于全面推进宁南山区草畜产业发展的若干意见》和《关于全面推进宁南山区草畜产业发展的若干意见实施细则》，随后又出台了《推进特色优势产业促进农业产业化发展的若干政策意见》。

自 2003 年开始，自治区人民政府实施百万亩人工种草工程和宁南山区草畜产业建设项目，安排专项资金重点扶持发展人工草地，补助标准每亩 20 元（2005—2009 年以后 15 元），帮助禁牧农牧民补贴牧草种子、购置饲草加工机械，以解决禁牧后饲草料短缺、饲草料加工设备购置等困难和问题。这项举措有效地保障了天然草原禁牧政策的推行，促使宁夏畜牧业发展由过去严重依赖天然草原放牧的粗放型生产转向舍饲、园区化的集约型经营方向，宁夏草原生态建设和草畜产业步入良性发展轨道，初步形成"草原绿起来、产业强起来、农牧民富起来"的互动机制。宁夏多年生牧草留床面积达到 665.48 万亩左右。其中，2003 年完成 195.6 万亩，2004 年完成 165.69 万亩，2005 年 130.9 万亩，2006 年 23.63 万亩，2007 年 52.66 万亩，2008 年 48 万亩，2009 年 49 万亩。

2. 多年生草地保留面积

截至 2008 年，多年生牧草累计保留 521.16 万亩，比统计上报的 631.4 万亩减少了 110.24 万亩。2009 年新种多年生牧草 49.04 万亩（未经验收），一年生牧草 264.33 万亩。

3. 多年生草地退化老化情况

截至 2009 年年底，留床的多年生苜蓿 541.85 万亩，其中水地 27.39 万亩、旱地 514.46 万亩。根据产草量划分：300 千克以下水地 0.3 万亩，旱地 145.52 万亩；300～500 千克水地 5.15 万亩，旱地 267.12 万亩；501～1000 千克水地 14.99 万亩，旱地 72.42 万亩；1000 千克以上水地 6.95 万亩，旱地 29.4 万亩。在退化老化的人工草地面积中，2003 年以前种植的有 215.44 万亩（含 2003 年），2004 年种植的有 60.74 万亩，2005 年种植的有 42.67 万亩。

4. "十二五"期间更新复壮及新增

根据全区人工草种现状和自治区草畜产业发展的需要，2010 年更新面积 75 万亩，新增面积 30 万亩，累计面积达到 570 万亩，全区牛羊饲养量达到 1041.2 万只；2011 年更新面积 75 万亩，新增面积 30 万亩，累计面积达到 600 万亩，全区牛羊饲养量达到 2535 万只；2012 年更新面积 75 万亩，新增面积 30 万亩，累计面积达到 630 万亩，全区牛羊饲养量达到 2977 万只；2013 年更新面积 75 万亩，新增面积 30 万亩，累计面积达到 660 万亩，全区牛羊饲养量达到 3200 万只；2014 年更新面积 75 万亩，新增面积 30 万亩，累计面积达到 690 万亩，全区牛羊饲养量达到 3460 万只；2015 年更新面积 75 万亩，新增面积 30 万亩，累计面积达到 720 万亩，全区牛羊饲养量达到 1339.43 万只。

5. "十三五"期间天然草原修复情况

"十三五"期间，完成草原生态修复 131.9 万亩，有害生物防治 1555.38 万亩，草原面积达 3132 万亩，全区草原植被综合盖度达 56.5%，连续 5 年保持在 50% 以上，通过全面保护、系统修复，有效地遏制了草原退化、沙化和盐渍化，生态环境较"十二五"末有明显提升。启动"大美草原守护行动"，2020 年，宁夏有 2 处草原自然公园入选首批国家草原自然公园建设试点。

三、农作物秸秆

宁夏地处我国西北内陆，是唯一全境属于黄河流域的省份，主要分为北部引黄（河）灌区、中部干旱带和南部山区三大区域，有"塞上江南""西部粮仓"和中国十大"新天府"等美誉，农作物秸秆资源丰富。据测算，1996年全区农作物秸秆总产量189万吨，其中小麦秸（冬、春小麦）68万吨，占总量的33.5%；玉米秸62万吨，占总量的30%；水稻秸47万吨，占总量的23%；豆类秸5万吨，占总量的2.5%，其他（谷、糜、荞等）7万吨，占总量的11%。2007年宁夏秸秆加工利用总量达到175万吨，秸秆加工调制利用率达到38%。按每加工6吨秸秆就节约一吨粮食计算，相当于节约粮食29万吨，占全区粮食总产量的9.4%。2008年全区加工调制秸秆192万吨，其中全株玉米青贮80万吨，秸秆加工调制利用率提高10个百分点，达到48%，节约粮食32万吨，占全区粮食总产量的10%。

2008—2012年秸秆资源量维持在300万吨左右水平。2019年，全区粮食作物播种面积1016.1万亩，粮食总产量373.1万吨，农作物秸秆资源总量328.4万吨，有效饲用量约230万吨。其中，籽粒玉米种植面积449.7万亩，秸秆237.2万吨；小麦种植面积161.7万亩，秸秆31.7万吨；水稻种植面积102.1万亩，秸秆49.1万吨；小杂粮等作物种植面积163.6万亩，秸秆10.4万吨。玉米、小麦和水稻三大作物秸秆318.0万吨，占农作物秸秆的96.8%。自治区全面推进农作物秸秆综合利用，推广应用秸秆机械化捡拾打捆、加工调制饲用、还田利用、生物质燃料等，解决了秸秆"站岗"和焚烧秸秆污染空气的现象，实现变废为宝、化害为利，全区农作物秸秆饲用率达到70%，综合利用率达到86%以上。

■ 第三节 饲 料

一、发展历程

（一）兴起创业阶段（1958—1992年）

1958年后，宁夏农村、城市近郊和传统集镇出现以人民公社、生产大队兴办从事饲料加工的独立企业。机械动力开始用于豆类、玉米、高粱等粮食作物的粉碎和农作物秸秆草粉（豆类、荞麦、水稻、糜子秸秆等）饲料的加工，主要为农民生产服务，企业不直接从事生产后销售，饲料业发展缓慢。

1978年以前，宁夏农村饲料加工以草粉和粮食粉碎加工为主，多为供自建养殖场的自配料，产品单一，经济效益低。

1979年后，全区各地开始兴建配合饲料加工企业（粮食、农垦等国营系统，乡村集体，农户个体等筹资兴办），配合饲料从供应畜禽向水产养殖场（户）延伸，饲料产品成为商品进入市场销售，宁夏饲料工业发端于此。

1984—1986年，自治区粮食局共安排平价粮3572万千克，用于饲料生产。

1986—1990年，全区共安排饲料加工企业技术改造项目92个，对中卫县、中宁县、青铜峡市、灵武县、永宁县、贺兰县、平罗县、银川市饲料公司及农垦贺兰山农牧场等11个国营饲料加工企业进行整体改造。对吴忠市饲料公司等10个国营饲料加工企业进行部分改造。

1987年，自治区人民政府批拨饲料工业周转金65万元。

1987—1991年自治区计划委员会共安排90万美元外汇，为饲料业购进口鱼粉。

1988年宁夏农学院增设动物营养和饲料加工专业。

（二）快速增长阶段（1993—2008年）

国营、集体饲料企业进行了股份制等经营体制改革，个体独资、股份制企业发展较快。此期，畜禽、水产动物规模化养殖，增加了商品饲料的市场需求，饲料需求增加拉动企业产能扩张，同时也带动了标准化规模养殖业发展。

1986—1995 年，自治区先后制定施行《宁夏回族自治区饲料管理暂行办法》《宁夏回族自治区饲料产品质量管理暂行办法》《宁夏回族自治区饲料原料标准》《宁夏回族自治区饲料工业企业升级标准》等地方法规和规章。全区共安排饲料工业建设项目 166 个，总投资 2437 万元，其中自治区财政厅安排无偿投资 120 万元，占总投资的 4.9%；有偿资金 193 万元，占 7.9%；贴息贷款 1242 万元，占 51%。1981—1995 年，自治区饲料科研项目 23 个，其中获得奖励 15 项。全区 23 个饲料加工企业建立了化验室，10 个企业建立了养殖饲喂试验场。

2005 年、2006 年、2007 年、2008 年全区饲料（包括配合饲料、浓缩饲料和预混料）产量分别为51.19 万吨、53.67 万吨、61.09 万吨和 65.32 万吨。

（三）调整规范阶段（2009—2016 年）

2009 年，配合国务院《饲料和饲料添加剂管理条例》修订，宁夏针对饲料生产原料来源杂、流通渠道广、加工环节多、精度要求高，涉及化工、医药、机械、食品等多个领域，诱发产品质量安全和生产安全隐患的不确定因素不断增多等问题，进一步规范饲料和饲料添加剂管理：一是明确了市县人民政府、饲料管理部门以及生产经营者的质量安全责任，建立各负其责的责任机制。二是完善生产经营环节的质量安全控制制度，解决生产经营者在生产经营过程中不遵守质量安全规范的问题。三是规范饲料的使用，解决养殖者不按规定使用饲料、在养殖过程中擅自添加禁用物质的问题。四是完善监督管理措施，加大对违法行为的处罚力度，提高违法成本。五是严格禁止企业使用《饲料原料目录》《饲料添加剂品种目录》以外的原料生产饲料，按照软硬件条件要求，切实抓好饲料生产、经营、使用三个环节的质量监管工作。六是规范"企业标准"和"产品标签"制定使用。

2012 年起，配合实施农业部《饲料和饲料添加剂生产许可管理办法》，宁夏针对中小饲料生产企业加工设备落后、产品同质化严重、饲料产品中铜锌等微量元素超标等问题，严格要求新建配合饲料厂每小时加工能力必须达到 10 吨以上，中控智能化管理，配备相应的检化验仪器，实现全程质量控制，实行反刍饲料分线生产，推动企业设备更新和技术改造，对软硬件条件达不到国家标准的饲料企业，坚决不予颁发生产许可证。

（四）高质量发展阶段（2017 年以后）

2017 年 12 月和 2018 年 7 月在宁夏大北农和伊品生物科技公司分别设立李德发院士专家工作站各 1 个。全区累计建成国家级企业技术工程中心 2 个、自治区级 3 个，自治区饲料质量检测机构 3 家；获发明专利 81 件，获实用新型专利 16 项，一批优秀论文刊发、专利产品获批、试验技术获奖。新获证企业均采用国内外先进饲料机械设备和生产工艺，配合饲料转化率持续提高。自治区饲料工作站着力抓好市县饲料监管人员、企业技术人员、自治区饲料审核专家委员会和饲料技术服务组 4 支队伍建设。2019 年全区饲料企业职工 8171 人，其中博士 22 人、硕士 100 人、大本 1302 人、大专 2620 人、其他 4127 人；大专以上人员占人数的 49.5%，其中特有工种 928 人，占总人数 11.4%。

面对非洲猪瘟等养殖生产波动加剧、豆粕等国内外大宗原料价格不断攀升等不利因素冲击，宁夏广大饲料生产企业积极研发饲料精准配制技术和玉米高效替代技术，引导养殖场精准配料、精准用料。申报成立"自治区饲料产业技术服务组"，自 2017 年起每年配套项目经费 35 万～59 万元。该小组制定了"奶牛、牛肉、肉羊、生猪、家禽、水产养殖环节饲料安全使用规范"一套 7 个宁夏地方标准，在全区各类规模养殖场推行，开展"非粮资源饲料化技术集成与推广应用"课题研究，获 2019 年全国农牧渔业丰收成果三等奖。自治区饲料工作站与宁夏恒泰元种禽公司开展白羽肉鸡无抗饲料饲喂试验，在宁夏湖城万头猪场开展育肥猪低蛋白质饲料饲喂试验，取得初步成果。

2018 年，《宁夏回族自治区人民政府办公厅关于加强饲料用粮供应保障促进饲料产业持续健康发展的实施意见》出台，于 2019 年 4 月 17 日以宁政办发〔2019〕28 号文件印发施行。全区各级政府加强饲料和饲料用粮的供应保障，推动豆粕减量替代，强化饲料科技创新、质量提升和绿色环保。饲料企业工业化属性不断强化，机械智能化、管理规范化、产销数据化持续推进，企业间联合互补发展态势明显，与全区经济发展的互动关系进一步增强。

二、饲料生产

（一）饲料生产企业发展

在国家饲料法规和科技进步推动下，经过对饲料企业国营、集体所有制经营体制的改制，股份制和个体独资企业逐步成为主体。1998年之后，国内外饲料集团公司看重宁夏独特的水土光热资源条件和发展畜牧水产业的优势，相继在宁夏投资（入股改制）建厂，先后建成宁夏大北农、银川正大、新希望反刍、康地反刍、银川通威、大成永康、昊胜傲农、伊康元等饲料企业，以及宁夏紫光天化、京城天宝等饲料添加剂生产企业，借助集团公司在资本、管理、技术、人才等方面的优势，新建企业在增强发展能力、融入养殖大产业、打造全产业链方面开始尝试。

全区饲料产业集中度逐步提高、产品质量稳定向好。2010年、2015年、2019年全区饲料企业总数分别为187个、49个、67个，其中配合饲料企业分别为166个、30个、38个；饲料添加剂企业分别为6个、10个、14个；单一饲料企业分别为15个、9个、19个。宁夏饲料企业中有2家被评为国家级农业产业化龙头企业，自治区级10家。

1. 配合饲料企业（含添加剂预混合饲料、浓缩饲料、精料补充料）

2019年全区有配合饲料企业38家，年饲料产销量达到10万吨以上的企业2家、3万吨以上的企业7家、1万吨以上企业16家。重点企业有宁夏大北农科技实业有限公司、银川正大有限公司、宁夏正旺农科产业发展集团有限责任公司、宁夏新希望反刍动物营养食品有限公司、宁夏隆昌饲料有限公司、银川东方希望动物营养食品有限公司、宁夏大成永康营养技术有限公司、宁夏昊胜傲农饲料科技有限公司、宁夏伊康元生物科技有限公司、银川康地反刍动物营养科技有限公司等。此外，宁夏顺宝现代农业股份公司、中卫市正通饲料有限公司、宁夏犇牛饲料有限公司等企业生产的蛋禽、生猪、奶牛饲料大部分供本企业养殖场使用。

2. 饲料添加剂企业

2010—2015年全区饲料添加剂出口情况见表6-2-11。自2016年宁夏紫光天化蛋氨酸项目投产后，宁夏饲料添加剂年出口量稳定在10万～12万吨，出口额12亿元左右。2019年全区饲料添加剂企业有14家，饲料添加剂总产量达到1万吨以上企业4家，主要产品有氨基酸（赖氨酸、苏氨酸、色氨酸、蛋氨酸）、矿物质（氧化锌）、维生素等。主要企业有宁夏伊品生物科技股份有限公司、宁夏紫光天化蛋氨酸有限责任公司、宁夏京成天宝饲料添加剂有限公司、宁夏启元药业有限公司等。

表6-2-11　2010—2015年全区饲料添加剂出口情况统计

单位：万吨、亿元

项目	2010年	2011年	2012年	2013年	2014年	2015年
出口量	0.62	3.49	3.49	3.34	4	8.58
出口额	7.37	4.55	4.54	4.4	4.2	8.16

3. 单一饲料企业

2019年有企业19家，主要产品为氨基酸渣、喷浆玉米皮、玉米蛋白粉、发酵果渣、腐植酸钠等。单一饲料年产销量过1万吨的企业主要有宁夏伊品生物科技股份有限公司、宁夏玉蜜淀粉有限公司、宁夏泰和润生物科技有限公司等。

（二）饲料企业产能和产量

1995 年，全区各类饲料加工企业 184 个，年单班生产能力 24 万吨。其中年生产能力 4000 吨以上的企业 14 个，占 7.6％；2000～4000 吨的企业 31 个，占 16.85％；2000 吨以下的企业 139 家，占 75.54％。按地区分，银川市、石嘴山市、银南地区、固原地区饲料加工企业分别为 44 个、22 个、76 个、42 个，年产能分别为 10 万吨、2.77 万吨、6.61 万吨、4.62 万吨。按系统分，粮食系统、畜牧系统、农垦系统、其他（专业户）饲料加工企业分别为 19 个、129 个、11 个、25 个，年单班产能分别为 10 万吨、8.4 万吨、2.3 万吨、3.6 万吨。

2019 年，全区饲料企业总产能达到 72.42 万吨，比 1985 年增长 3.39 倍。详见表 6－2－12、表 6－2－13。

表 6－2－12　1985—1995 年全区饲料产量产值统计

单位：万吨、亿元

项目	1985 年	1986 年	1987 年	1988 年	1989 年	1990 年	1991 年	1992 年	1993 年	1994 年	1995 年
饲料产量	5	7	8	9.7	13.7	9.5	8.9	9.3	18.3	12.7	16.5
饲料产值	0.12	0.24	0.35	0.4	0.5	0.66	0.67	0.81	1.08	1.25	2.87

表 6－2－13　重要年份全区饲料产品结构统计

单位：万吨、亿元

项目	2006 年	2010 年	2015 年	2019 年
饲料总产量	53.6	72	37	72.42
饲料总产值	12.9	18.7	13	22.15
配合饲料产量	45.93	59.96	29.3	49.21
浓缩料产量	6.58	10.1	6	21.81
添加剂预混合饲料产量	1.17	1.94	1.7	1.41

（三）饲料产品结构

1995 年、2010 年、2015 年、2019 年全区生产的配合饲料中猪料分别占 15％、18％、12％、16.3％，蛋禽料分别占 30％、14.3％、22％、8.9％，肉禽料分别占 20％、18.1％、11.7％、6.2％，反刍（牛羊）料分别占 15％、38.6％、42.1％、68.6％，水产料分别占 20％、11％、12.2％、5％。

全区商品饲料中，配合料、浓缩料、添加剂预混合饲料产销量在不同年份有明显变化。详见表 6－2－13。

三、饲料管理

（一）自治区级饲料监管

1. 机构沿革

1984 年成立自治区饲料工业领导小组（宁政发〔1984〕37 号）。1986 年 1 月 28 日成立宁夏回族自治区饲料工业办公室（宁编发〔1986〕11 号）（以下简称"自治区饲料办"），隶属于宁夏回族自治区经济委员会，为自治区人民政府饲料工业领导小组的办事机构，负责统筹规划、协调管理全区饲料工业工作，核定为正处级，定编 5 人。1998 年并入自治区畜牧局。2000 年机构改革，并入自治区农牧厅，为农牧厅所属正处级参公管理事业单位，核定编制5人（宁编发〔2006〕563号）。自治区（宁人审发〔2002〕23号）重新界定自治区饲料工业办公室依照国家公务员制度进行管理，编制与职能不变。2017年12月自治区编办将其更名为"宁夏回族自治区饲料工作站"（宁编发〔2017〕50号），隶属自治区农牧厅。

2. 职能任务

宁政办发〔2000〕86号文件：自治区饲料办组织实施饲料资源的保护工作；负责饲料及饲料添加剂进出口的审核工作；指导饲料行业布局调整和结构调整，负责饲料生产和产品监测工作；审核发放饲料生产许可证。宁编发〔2006〕563号文件：自治区饲料办指导全区饲料行业布局和结构调整；参与饲料及饲料添加剂生产企业设立登记和审核工作；参与饲料产品的检测工作；完成自治区农牧厅交办的与其业务相关的其他工作任务。宁编发〔2017〕50号文件：同意将自治区饲料工业办公室承担的"参与饲料及饲料添加剂生产企业设立登记和审核工作"等行政职能剥离划归畜牧局承担。

3. 饲料监管与行政执法

自治区、市、县三级饲料管理部门建立了政策法规、行政许可、产品质量、技术信息、违法查处公开公示制度。建立完善"检、打"联动工作机制，采取联合执法、专项整治等方式加强执法监管，对检查出的问题，限期跟踪整改。2017—2019年，宁夏查处2家企业无证违法生产饲料案件及1家经销店经营不合格饲料产品，共无害化销毁违法饲料产品33吨，罚款13.925万元，吊销丰农公司生产许可证。主要采取的措施是：一是制定饲料质量安全监管监测计划。以严厉打击违禁添加物为重点，长期坚持开展饲料产品质量安全、饲料质量安全追溯、饲料使用环节违禁添加物、反刍动物饲料中牛羊源性成分等4项监测。2005年、2006年、2007年、2008年、2009年、2010年，饲料产品抽样检测分别为457个、785个、1064个、2726个、1634个、1700个批次样品，检测合格率分别为92.6％、98.1％、96.7％、99.7％、99.9％、98.7％，6年共计抽检8366批次，合格率98.46％。"十二五""十三五"期间抽检合格率均为98.1％以上，未发生饲料重大质量安全事故。二是审核饲料和饲料添加剂生产许可证。把实施《饲料质量安全管理规范》、质量检测与行政许可结合起来，推行每2年调整三分之一自治区饲料生产许可审核专家、专家例会、现场审核、责任追究等制度，生产许可实现网上申报、网上审批。2010—2015年，按照《饲料和饲料添加剂生产许可管理办法》要求，淘汰企业138家。2016—2019年新增企业18家。2019年饲料产能达到72.42万吨。三是发放饲料添加剂批准文号。按照农办牧〔2019〕32号规定，2019年4月起宁夏将饲料添加剂预混合饲料、混合型饲料添加剂批准文号由审批制改为企业网上备案制，推进"放管服"改革。四是实施《饲料质量安全管理规范》。宁夏启动"全区实施饲料质量安全规范化管理行动计划"（2016—2018年），开展创建部级和自治区级饲料质量安全管理规范示范企业活动，推进从原料入厂到成品出厂的全过程质量安全控制。宁夏大北农、荣华、大成永康、银川正大、昊胜傲农、正旺生物等6家企业成功创建部级饲料质量安全管理规范示范企业，新希望反刍、蜀佳、东方希望、平罗隆昌、银川通威5家公司被命名为自治区级示范企业，另外22家配合饲料企业实施《饲料质量安全管理规范》全覆盖。新建申报发（换）证企业必须通过验收。五是服务与培训。宁夏饲料行业职业技能鉴定指导站自2007年7月设立至2017年12月撤销，分别于2001年、2002年、2004年、2007年、2013年、2014年、2016年、2017年8次开展饲料行业化验员、中控工、维修工职业技能（初、中、高级工）培训、鉴定和考核工作，合计培训548人次，经考试合格由农业部颁发职业技能证书457人，充实了饲料企业关键岗位专业人员。自治区饲料办每年举办市县饲料管理部门和企业管理人员政策法规及业务知识培训班各1期。每年组织宁夏企业参加中国饲料工业博览会等展销洽谈会。自治区饲料办印制了《饲料和饲料添加剂生产许可申报指南》分发新申报企业，推荐专家到新建（换证）企业辅导实施《饲料质量安全管理规范》和修改申报材料，提醒避免低层次重复建设，方便了企业，确保了建厂质量。2017年以来，以"中国饲料工业统计系统"月报数据为依据，做好宁夏企业网上年度备案工作，统计数据及形成的饲料产业分析报告，为各级党委政府制定发展规划、提出政策意见提供了第一手资料。

（二）市县级饲料管理部门及职责

2012 年以来，自治区进一步明确了市县人民政府、饲料管理部门以及生产经营者的质量安全责任，要求各市县（区）设立饲料执法监管机构，由农牧局确定一个事业单位承办饲料监管业务。至 2017 年，共有 5 个地级市饲料管理部门，其中 2 个设在农业综合执法支队、2 个设在畜牧水产中心、1 个设在动物疾病预防控制中心；共有 22 个县级饲料管理部门，其中 12 个设在动物卫生监督所、6 个设在农业综合执法大队、3 个设在畜牧水产中心、1 个设在动物疾病预防控制中心。市县饲料管理部门明确年度重点任务、监管目标、检测责任等，突出法规、规划、技术、监测四个引导。健全监管工作机制，强化日常监督管理，全面推行饲料生产企业检查记录、经销店检查记录、饲料产品购销台账和"经销店规范化管理公示栏"制度，实行"痕迹化"管理，每年组织开展 2 次饲料质量安全和安全生产全覆盖检查。加强对饲料经销店的监督管理，经销店由 2015 年的 365 家下降到 2018 年的 155 家。

■ 第四节　畜牧产业布局

一、"九五"产业布局

在稳定发展养猪业的同时，大力发展节粮型畜牧业。重点抓好六盘山肉牛、灌区育肥羊、盐池-同心-灵武及贺兰山东麓绒山羊、银川市及中卫-中宁-青铜峡-灵武瘦肉型猪、固原养蜂等基地建设，建立和健全良种繁育、疫病防治、饲料工业体系，积极发展畜产品流通服务体系，开发绒毛、乳制品、蜂产品、皮革制品、饲料及牛羊肉深加工等系列产品。重视草原保护和改良，继续进行人工种草。

二、"十五"产业布局

根据市场需求和资源分析，按照"因地制宜、发挥优势、突出特色"的原则，对全区畜牧业进行合理布局。

（一）盐池-同心-海原滩羊生产基地

以宁夏盐池滩羊场为龙头，积极开展滩羊保种、选育工作，提高供种能力。在盐池、同心、海原 3 县建立滩羊保护开发区和滩羊基础母羊繁育基地。

（二）灌区肉羊育肥基地

在平罗、银川郊区、灵武等 11 个县（市）和山区的河谷川道区，积极引进萨福克羊、特克萨尔羊等优良肉羊品种，建立肉用羊繁育场和优质肉羊繁育基地。

（三）银吴平原优质奶牛带

以利通区和银川郊区为重点，建设高标准奶牛养殖园区，并逐步带动青铜峡、灵武市及永宁县的奶牛生产。

（四）中卫-中宁-青铜峡-灵武商品瘦肉型猪基地

以中卫、中宁、青铜峡 3 县（市）和灵武农场为重点，通过适度规模饲养，加快品种改良步伐，提高饲养管理水平，推进优质瘦肉型猪生产。

（五）优质家禽生产基地

以中卫县、银川郊区、平罗县为重点，利用 3 个县（区）基础条件较好、交通方便、消费量大等优势，大力发展集约化和规模化养殖。

（六）六盘山肉牛生产带

以固原地区为重点，进一步加强肉牛带建设，大力推广人工授精、胚胎移植等技术，改良本地黄牛，逐步扩大规模、提高质量。

（七）优质牧草生产区

以南部山区和扬黄灌区为重点区域，建立紫花苜蓿种子基地和优质牧草生产基地。

三、"十一五"产业布局

在贯彻落实《优势特色农产品区域布局及发展规划》的基础上，进一步优化畜牧业重点产区布局，即奶牛是银-吴奶牛产业带，肉羊是盐-同-灵滩羊主产区及中部干旱带和引黄灌区肉羊改良区，肉牛是宁南山区肉牛改良区，瘦肉型猪是卫-宁-青-隆基地，区域特色养殖主要是中卫城区蛋鸡、中部干旱带和固原地区滩鸡和蜜蜂。

（一）优质牛羊肉产业主攻方向

1. 产业带建设环节

发展规模化养殖，推进专业化生产，完善社会化服务体系，提高农民组织化程度，发展产业化经营，培育产业集群。

2. 技术支持环节

加强良种繁育推广，大力推广冷配（或人工授精）改良技术、饲草料加工调制技术和疫病程序化防控技术，推行舍饲养殖技术规程，建立完善群体改良登记管理制度及信息化管理体系，建立完善质量安全标准及检验检测体系。

3. 加工销售环节

一是发展精深加工，引导鲜肉制品向预冷肉、小包装、细分割方向发展；加强熟制品开发，向多品种、系列化、精包装、易储存、易食用方向发展。二是培育强势龙头企业，打造知名品牌，推行品牌带动战略。建立完善市场体系，重点开发全国大中城市中高档消费市场，积极开发中亚各国和中东阿拉伯国家市场。

（二）奶产业主攻方向

1. 主产区建设

加快奶牛"出户入园"进程，大力普及机械化挤奶，加强奶牛疫病防控和饲料配送等服务体系和生产合作组织建设，逐步建立"规模养殖、集中挤奶、统一服务、统一收购、统一管理"的生产体制。发展"公司＋园区或规模养殖场"的奶源模式，建立完善奶农与乳品加工企业的利益联结机制。

2. 技术支撑环节

进一步引进推广优质冻精，开展选种选配，完善良种登记和信息化管理应用体系建设；建立完善奶牛高效饲养管理和程序化疫病防治技术规程，示范推广 TMR 等日粮调制技术，推进奶牛生产标准化；建立牛奶质量检验检测体系。

3. 产品加工环节

进一步提升龙头企业实力，主要发展灭菌奶、酸乳、含乳饮料等液态奶产品，适度发展奶粉并提高质量和档次，加强开发奶酪等新产品。推行品牌带动战略，强化市场营销。鼓励整合小型加工企业，提升产品档次和企业经营管理水平。

（三）草产业主攻方向

1. 南部山区旱作草地农业区

优化种草结构，推广机械收割和加工贮藏，促进种养结合，提高转化利用效率，加快发展草畜循环经济。

2. 中部干旱带草地及退耕种草区

一是加大天然草原补播改良力度，大力推进草原围栏和划区轮牧；二是稳步发展多年生牧草，扩大种植一年生禾草，合理调整牧草结构，提高就地转化利用效果，实现生态建设与经济效益"双赢"目标。

3. 引黄灌区粮草轮作区

一是推行草田轮作，大力发展青贮玉米饲草和优质牧草倒茬种植，建立以奶牛和优质肉羊舍饲为主的草业种植结构；二是大力发展青贮等草业加工调制及配送服务体系，推进草业生产专门化和服务社会化。

（四）瘦肉型猪主攻方向

1. 基地建设

加强良种繁育体系建设，推广标准化和规模化养殖，改进生产工艺，强化疫病防控和兽医卫生管理，转变生产方式。

2. 技术支撑环节

加强良种引进，推广规范化三元杂交技术，建立完善标准化饲养管理技术规程和程序化疫病防治规程，大力示范推广无公害养猪技术。

（五）区域特色产业主攻方向

1. 中卫蛋鸡

加强规范化园区建设，推广"出户入园"或规模场养殖模式，加强疫病防控，推广无公害生产，积极开展鸡粪无害化处理。

2. 中部干旱带和固原地区的滩鸡养殖

推广适度规模放养，建立完善规范化饲养管理技术和程序化疫病防治技术，开展适宜良种筛选或选育推广。大力发展滩鸡屠宰加工和营销企业，推进产业化经营。

3. 蜂产业

对西方蜜蜂，以提高杂种优势利用率为目标，开展西方蜜蜂良种引进工作，分区域建立西方蜜蜂良种卵虫输送推广蜂场，开展优质种蜂王推广，切实提高杂种优势利用效果；对中华蜜蜂，以筛选、提纯地方良种为目标，建立六盘山区中华蜜蜂地方良种选育基地，提高优质种用蜂王的利用率，加强宁南山区中华蜜蜂地方良种繁育保种工作。

四、"十二五"产业布局

围绕发展目标，重点打造五个产业带，加速优质牛羊肉产业集群和黄河金岸奶牛-乳品加工产业集群发展进程。

（一）打造提升以"银川-吴忠"为核心的奶牛产业带

抓住国家加快实施《奶业整顿和振兴计划纲要》的有利时机，大力推进奶牛良种化、奶牛出户入园和奶业"提质增效"行动计划，提升整体素质和核心竞争力。到2015年，以银川-吴忠为核心，以石嘴山和中卫为两翼的奶牛产业带奶牛生产基本实现"出户入园，规范饲养，机械挤奶，优质优价"，依托蒙牛、伊利、塞尚、夏进等龙头企业，进一步开发中高端新产品。全面建成"种植饲料玉米-饲养高产奶牛-加工系列乳品"高效循环的现代农业产业链。

（二）打造提升沿黄城市优质牛羊肉产业带

适应自治区着力打造沿黄城市带这一新形势的需要，加快良种肉牛、肉羊引进与改良步伐，大力发展工厂化肉牛肉羊育肥，加速"奶牛公犊"育肥，大力推行肉羊"两年三胎"快繁技术、肉羊杂交技术、复合秸秆成型饲料应用技术等。

（三）打造提升"盐-灵-同-红-海"滩羊产业带

加强滩羊保种区建设，开展滩羊本品种选育和提纯复壮，加大滩羊种公羊调换和基础母羊群建设力度；大力推行"人工种草，刈割栈养"和"以草定畜，划区轮牧"相结合的现代牧业生产方式；加快人工种草步伐，加强人畜饮水工程、棚圈设施和饲草料加工机械配套建设；加大滩羊"两年三产"和"秸秆调制，舍饲养羊"技术的推广力度，实施滩羊保护性开发。在盐池-灵武-同心-红寺堡-海原一线，打响"滩羊之乡"的品牌，使中部干旱带成为全国具有"地理标识"的滩羊生产基地。

（四）打造提升环六盘山草畜产业带

大力实施"南部山区草畜产业工程"和"中南部设施养殖发展意见"，加大退牧还草和天然草山改良力度，大力推行"粮草轮作、复种禾草"耕作制度，大力推行"人工种草、刈割栈养"的牧业生产方式和"小规模，大群体"的经营模式；健全市、县、乡、村四级品种改良体系，加快肉牛品种改良和自主知识产权肉牛品种（品系）选育步伐，大力推广"生态养牛"和肉牛规范化饲养新技术，积极推进高档肉牛生产体系建设，打造环六盘山草畜产业带。

（五）打造提升卫-宁-青-隆现代化养猪产业基地

以沙坡头区、中宁县、青铜峡市、隆德县为重点，大力推行"生态养猪"新技术，加快大中型养猪场和农村养猪大户圈舍生态化改造，大幅度提高健康养殖水平；以良种繁育为主线，大幅度提高二元母猪比例，大力推广"三元"瘦肉型猪生产，积极开展能繁母猪保险和生猪免疫标识制度，建立生猪产业持续稳定健康发展的长效机制，打造现代化养猪产业基地。

五、"十三五"产业布局

在"十二五"产业带建设的基础上，进一步优化产业布局，统筹好产业定位和发展方向。

（一）奶产业

区域布局：进一步巩固银川-吴忠奶业核心区中卫和石嘴山奶业发展区优势，重点建设兴庆、西夏、贺兰、灵武、利通、青铜峡、沙坡头、中宁、惠农等产业大县。

发展方向：加快高产奶牛核心群建设，持续提高奶牛群体遗传品质；提高产业集中度，加快推进标准化规模养殖；深入开展节本增效，大力推广高效繁殖、生产性能测定、精准饲养和信息化管理等技术，构建精准化健康养殖技术体系；积极引进培育知名企业，开发高端乳制品，打造宁夏优质乳制品品牌，提升产业竞争力，打造良种奶牛繁育和优质奶源生产"两个基地"，构建种养一体、农牧结合、粪污资源化利用的循环奶业体系。

（二）肉牛产业

区域布局：加快环六盘山优质肉牛产业带和引黄灌区肉牛产业带产业升级，重点发展西吉、彭阳、原州、隆德、泾源、同心、平罗、永宁等产业大县。

发展方向：加大养殖场、家庭农场等新型经营主体培育，扩大养殖规模，提高标准化规模养殖和基础母畜比例；加快品种改良与新品种（系）培育；深化节本增效，加大高效养殖、全混合日粮饲喂、信息化管理等技术推广，构建优质（高档）肉牛生产技术体系；积极发展以高端牛肉为主的牛肉加工生产、品牌培育，促进优质牛肉与高端牛肉生产协同发展。

（三）滩（肉）羊产业

区域布局：做精做优中部干旱带滩羊核心区和引黄灌区及环六盘山区肉羊杂交改良生产基地，重点建设盐池、同心、红寺堡、海原等滩羊产业大县和灵武、平罗、西吉、原州等肉羊产业大县。

发展方向：开展滩羊本品种选育和提纯复壮，加快新品种（系）选育，加大肉羊杂交改良；加强标准化养殖场示范创建；深化节本增效，加快开展两年三产、全混合日粮精准饲喂、优质羊肉生产和分级加工等技术推广，构建优质优价生产体系，打造全国高端优质羊肉生产基地。

（四）优质饲草产业

加快建设宁南山区优质牧草种养结合产业区、中部干旱带优质饲草生产区、引黄灌区高产优质饲草产业区，打造优质饲料生产加工基地。

1. 宁南山区优质牧草种养结合产业区

区域布局：固原市各县区及海原县南部6乡镇。

发展方向：建立南部黄土丘陵区粮草轮作饲草基地，提供优质丰富的饲草资源，就地转化，使种养紧密结合，适度发展草捆、草粉和草颗粒等草产品。主攻苜蓿产量和品质提升，开展苜蓿机械收割、病虫害高效防治等综合服务体系建设。加强牧草种子基地建设，创建高产栽培示范区，推进优质牧草产业提质增效。加大适合本地区新型饲草收割、加工的农机的研发和示范推广，使牧草收割的机械化率达到60%以上、牧草加工的机械化率达到100%。

2. 中部干旱带优质饲草生产区

区域布局：盐池县、同心县、红寺堡、海原县北部13乡镇。

发展方向：建设中部旱作节水饲草生产基地。稳定现有多年生草地面积，大力发展一年生禾草。科学利用天然草原，加快以柠条为主的优质饲用灌木的开发利用，广辟饲草来源，提高饲草供应能力，有效缓解禁牧封育压力。推广退化草原补播改良技术，在机械作业和草种选择方面有新进展。

3. 引黄灌区高产优质饲草产业区

区域布局：大武口、惠农、平罗、贺兰、永宁、灵武、兴庆区、利通区、青铜峡、孙家滩、中宁、沙坡头区和自治区农垦集团有限公司。

发展方向：创建引黄灌区奶牛-苜蓿优质牧草生产基地。围绕服务奶牛产业，以高产优质苜蓿示范基地建设为重点，主推"粮、经、饲"三元种植模式，大力发展青绿饲料。推行引草入田、草田轮作制度，提高复种指数。建立完善种养有机结合、高效转化利用的草畜生产模式，加快发展草畜循环经济，通过家庭牧场和养殖园区示范带动，实现草畜一体化。打造品种良种化、经营集约化、生产机械化的现代优质牧草示范基地。

4. 优质饲料生产加工基地

区域布局：以固原市各县区和同心、海原、红寺堡、盐池县为加快发展区，加快发展浓缩料、精料补充料和全混合日粮，提高商品饲料入户率。以吴忠市利通区、青铜峡市、中卫市沙坡头区、中宁县和石嘴山市各县区为稳定发展区。加快发展安全-高效-环保配合饲料和浓缩饲料、精料补充料和全价饲料产品。以银川市各县区为适度发展区。调整优化饲料结构，研发生物饲料新产品。

发展方向：以提高质量、效益和竞争力为中心，围绕饲料生产、经营、使用，强化质量安全监督管理，推进技术、产品和经营模式创新。推动全产业链融合发展，促进产业加快转型升级，构建管理规范、产品优质安全、资源高效利用的现代饲料工业体系。

（五）蜂产业

区域布局：根据蜂业资源分布情况，按照"因地制宜、发挥优势、突出特色"的原则，将全区养蜂业按三个区域进行布局。

南部六盘山区中华蜜蜂饲养区。本区域包括固原市四县一区和中卫市的海原县。主要蜜源植物有紫花苜蓿、小茴香、密花香薷、荞麦等。本区域是宁夏中蜂集中分布区域，也是宁夏养蜂的重点区域。该区域内以饲养中蜂为主，在沿六盘山一带的中蜂资源集中分布区形成了中蜂资源饲养区，本区域内应禁止引进和迁入其他外来蜂种和蜂群，尤其要禁止在保护区内饲养西方蜜蜂，但可在没有中蜂的河谷川道区积极发展饲养西方蜜蜂。有计划地建立六盘山优质蜂产品生产基地，蜜蜂优质高效养殖技术试验示范基地，大田茴香、牧草蜜蜂授粉示范基地，设施农业蜜蜂授粉示范基地，以及小流域治理生态保护与改善蜜蜂授粉示范基地。

中部干旱带蜜蜂饲养区。本区域包括吴忠市盐池、同心两县和红寺堡区的大部分地区，中卫市沙坡头和中宁县及银川市灵武等地的沿山部分，以及包银铁路以西沿贺兰山一带。主要蜜源植物有老瓜头、苦豆子、甘草、刺叶丙棘豆等。本区域有自治区"沙漠蜜库"的美称，是区内外西方蜜蜂转地放蜂的主要蜜源场地之一。该区域内以发展养蜂生产与蜜蜂授粉维护和改善生态环境为主。在当地农民群众发展养蜂的同时，在蜜源植物花期前也吸引大量外地转地蜂农前来放蜂，为维护荒漠半荒漠生态建设起到了积极推动作用。

北部黄灌区蜜蜂饲养区。本区域北起宁夏最北端的石嘴山市惠农区，南至中卫市沙坡头区。包括大武口、平罗、兴庆、金凤、西夏、永宁、贺兰、灵武、利通、青铜峡、中宁等市县区。主要蜜源植物有刺槐、枸杞、枣树、沙枣、向日葵、苹果、紫花苜蓿等，适宜西方蜜蜂定地结合小转地饲养。该区域内以发展西方蜜蜂标准化规模化饲养为主，可建立和完善西方蜜蜂蜂产品安全和标准化生产管理体系；同时，通过加大蜜蜂为设施农业和大田作物授粉的技术推广力度，有计划地分别建立优质枸杞和枣花蜂蜜生产基地，蜜蜂优质高效养殖技术试验示范基地，大田枸杞、向日葵、苹果蜜蜂授粉示范基地，设施农业蜜蜂授粉示范基地，以及蜂产品质量可追溯技术研究与示范基地。

发展方向：宁夏蜂产业今后应坚持高产、优质、高效、生态、安全的蜂业发展理念，以提高养蜂生产能力和推广普及蜜蜂授粉增产技术为重点，转变蜂业生产方式，优化区域布局，着力提升蜂业标准化、组织化和产业化发展水平，积极推动养蜂生产和促进农业增产、生态保护的良性互动，努力实现全区蜂业又好又快发展。

第三章

畜禽良种繁育

■ 第一节　良种繁育

一、奶牛

为了促进宁夏奶牛品种改良工作，1976 年在贺兰县建立了宁夏种公牛站，1982 年引进丹麦荷斯坦母牛并繁育种公牛，生产颗粒冻精，成立宁夏家畜改良站。1982 年，宁夏畜牧工作站组织在全区初步建立种公牛站＋区市县乡四级良种繁育体系，推广奶牛群体遗传改良技术。1996 年，牛冷冻精液配种改良技术为促进全区牛群改良起到了积极的作用，"牛冷冻精液配种改良技术推广"获自治区科技进步二等奖。

20 世纪中后期，宁夏通过北京、上海、西安、广州等地种公牛站引进德系、美系和加系荷斯坦种公牛冻精，用于改良宁夏奶牛群。1998 年，在宁夏家畜改良站的基础上成立了宁夏家畜繁育中心、宁夏牛胚胎生物工程中心，并于 2003 年引进美国荷斯坦活体种公牛 22 头，生产优质细管冻精，进行奶牛群改良。

2002—2006 年，宁夏实施了"奶牛品种改良"项目。宁夏畜牧工作站组织在全国重点种公牛站筛选引进优质荷斯坦种公牛冻精，建立和完善牛群系谱档案，完善冷配改良站（点），强化配种技术人员管理，建成了较为完善的良种繁育技术服务体系。制定了全区统一的"宁夏奶牛谱系"卡片，制订并完善了《宁夏回族自治区中国荷斯坦牛牛只编号办法》，在国内首次编制完成《全国重点种公牛站公牛血缘关系图》，统一采购发放奶牛专用耳标 26.21 万套，印制"宁夏奶牛谱系"卡片 26 万张，完成 254412 头奶牛佩戴耳标和建档立卡工作。研发了"宁夏登记牛管理系统"，为宁夏 18 个市、县（区）配备奶牛档案管理与良种登记专用计算机 19 台，完成 177821 头奶牛系谱档案资料的录入，为奶牛群体改良体系的建立和选种选配工作的开展提供了第一手基础资料，更新补充冷配改良点液氮罐 96 个。购置冷配改良器械 75 套（输精枪、开膣器等），液氮运输车 3 辆。每年对从事奶牛冷配改良的技术人员进行专项培训和考核，实行持证上岗和年检制度。项目实施县（市、区）制定了《奶牛良种补贴项目冷配点及冻精发放管理办法》等管理规范。2005 年，国家奶牛良种补贴项目开始实施，宁夏在全国率先以省为单位，全面开展奶牛选育工作，建立了完善的冷配改良体系，奶牛良种覆盖率达到 100%，选育工作实现了统一编号、统一佩戴耳标、统一建档立卡、统一采购冻精、统一选育方案、统一实行智能化管理的"六统一"。

2004—2005 年，在大力健全冷配改良体系的同时，由宁夏四正生物工程技术研究中心（有限公司）牵头，依托 863 国际科技合作项目"优质高产奶牛胚胎产业化合作开发"和自治区 8613 科技攻关项目"奶牛优质高产综合配套技术开发"，开展了奶牛胚胎移植技术示范应用。

2013—2016 年，先后在宁夏农垦贺兰山奶业有限公司、贺兰中地生态牧场有限公司、贺兰县汇丰源牧业有限公司、宁夏金宇浩兴农牧业有限公司、青铜峡市华牧奶牛养殖专业合作社、宁夏兴宁奶业服务公司、宁夏青铜峡市美加农牧业发展有限公司、中卫市沐沙畜牧科技有限公司、中卫现代飞翔大漠生态农业有限公司等开展胚胎移植项目，期间累计使用胚胎18000枚，移植受体14236头，受胎7800头。组织贺兰县汇丰源牧业有限公司、中卫市沐沙奶牛养殖合作社等3家企业，从甘肃省引进美国性控胚胎繁育荷斯坦母牛1656头。其中，贺兰县汇丰源牧业有限公司引进506头牛。据测定，头胎平均日产奶35千克，乳脂率3.9%、乳蛋白率3.3%，305天产奶量10吨以上，高于全区成年母牛单产3吨以上。二、三胎奶牛305天产奶量超过11吨，达到国内领先水平。银川市农牧局通过政府招标的形式采购性控胚胎3500枚，在银川市所管辖的月牙湖奶牛养殖园区、中地牧场、汇丰源牧场、兴泾镇等区域进行胚胎移植，共计移植胚胎4001枚，移植受体3000头，受胎1505头。2013—2016年累计移植胚胎27765枚，受胎11939头，受胎率43%以上，母犊率97%以上，流产率7%以内，累计出生母犊10769头。

2013—2017年，宁夏实施了农业育种专项——"优质高产奶牛选育"项目。建立核心群选育群示范场31个，存栏7.15万头。选育组建开放式核心群1.7万头，305天产奶量11.2吨。建立奶牛育种基础数据库4个，完成DHI测定19.86万头，体型线性鉴定3.2万头，良种登记9.5万头，种公牛数据库录入46.8万头；采用随机回归模型估计宁夏荷斯坦奶牛头胎测定日产奶量遗传参数，评估泌乳母牛5.6万头；构建宁夏地区奶牛选择指数（SINX）；筛选引进优秀种公牛冻精15.2万支，开展精准化选配，选配的后代平均产奶量育种值约提高489千克。建立宁夏荷斯坦奶牛育种技术体系。筛选奶牛产奶和健康性状遗传标记8个，组建宁夏β-酪蛋白A2A2纯合基因型奶牛资源群，应用全基因组选择技术5批次评估青年母牛2512头，5批次奶牛基因组性能指数（GCPI）分别为283.32、438.30、589、593.43、910.46，初步建立宁夏荷斯坦青年母牛早期选育技术体系。建立宁夏荷斯坦奶牛主要繁殖障碍性传染病的检测与监测体系。依据EBV和GCPI排名选择供体母牛1165头，遴选9头优秀验证种公牛进行选配，创建宁夏荷斯坦奶牛性控胚胎移植繁育、供体母牛全基因组早期选育和供体母牛遗传评估选择技术体系。该项目由宁夏畜牧工作站牵头完成，2020年获自治区科技进步一等奖。

二、肉牛

本地黄牛为役肉兼用的蒙古牛型黄牛，成年犏牛平均体高115.7±5.9厘米，体长134.6±7.9厘米，胸围160.1±10.6厘米，管围16.8±1.1厘米，体重338.8±62.8千克。宁夏黄牛改良工作始于20世纪50年代初期。1951—1956年，先后引入秦川牛、渤海黑牛、南阳牛、短角牛、海福特牛、安格斯牛、荷斯坦牛和延边牛等500余头，以民桩本交和人工辅助本交为主，少量进行人工授精。1957—1958年，全区建成配种站（点）563个，形成初具规模的配种网络。1957—1965年，引入秦川牛、渤海黑牛、南阳牛、短角牛和草原红牛等244头。应用人工授精技术大规模开展黄牛改良。

1976年，建成"宁夏回族自治区种公牛站"（1982年更名为"宁夏回族自治区家畜改良站"），当年生产冻精6354粒。从此，宁夏黄牛品种改良进入了有计划推广和开展以人工授精为主的黄牛改良阶段。

20世纪80年代开始，自治区加强了基层冷配站（点）基础设施和技术队伍建设，配备完善了相关设备、车辆，培训了冷配技术人员。到1995年年底，全区冷配改良点达226个，已覆盖全区73.3%的乡镇，冷配普及率达31.6%，冷配改良在黄牛改良中已占主导地位。1996年，宁夏畜牧工作站组织实施的"黄牛冷配改良技术推广"项目获全国农牧渔业丰收奖一等奖。

1996年，宁夏家畜改良站进口加拿大肉牛胚胎，采用胚胎移植技术，以奶牛为受体群，开展胚胎移植工作，将北美优质的种质资源引进全区，先后移植胚胎150余枚，受胎率达到45%以上，繁育优质利木赞、西门塔尔、夏洛莱种公牛及种子母牛70余头。

1998年，宁夏家畜改良站进行了改扩建，搬迁了新址，更名为宁夏家畜繁育中心，新建了办公楼、实验室、种公牛舍、冻精生产与检测室，全套引进了法国卡苏牛冻精生产设备。提高了冻精产量及质量，每头种公牛年产冻精平均达到2.5万～2.8万剂，全年冻精产量达到50万剂左右。

2000年，宁夏家畜繁育中心与上海中路生物工程技术研究中心实施资产重组和股份制改革，由事业单位性质整体改制为股份制公司，成立宁夏四正生物工程中心，同时挂"宁夏牛胚胎工程技术研究中心"的牌子。自此开始，在全区内开展牛胚胎移植技术研究与推广。同时，进口优质肉牛胚胎和种牛，加强种子核心群建设，重点利用利木赞牛和西门塔尔牛进行肉牛改良。1999—2003年，通过实施农业部"948"项目——引进国外良种牛胚胎和细管冻精项目，宁夏四正生物工程中心引进并组建了种公牛群和母牛核心群360头。其中，采精肉用种公牛32头，优秀肉用种子母牛核心群68头，冻精和胚胎的年生产能力分别达到120万只和1000枚。2000—2003年，累计推广牛冷冻精液83.13万只，冷配改良母牛33.25万头。2002年9月，自治区主席马启智在宁夏四正生物工程中心召开现场办公会议，确定宁夏四正生物工程中心为自治区牛羊种子工程龙头企业。2003—2012年间，通过从国外引进活体，应用胚胎移植技术移植方式，培育利木赞、夏洛莱、西门塔尔等优秀肉用种公牛48头，每年生产优质细管冻精150万支。2015年，宁夏四正生物工程技术有限公司因为改制后经营主体多次发生变更，加上多年连续亏损，于2015年年底停止运营。

2001年，自治区党委、政府出台《关于加快农业和农村经济结构调整的意见》，在黄牛改良和奶牛生产上，加大了基层改良站点的基础设施建设，共配备各类人工授精器械100台套，液氮运输车8辆，完成黄牛改良4.14万头（固原地区黄牛改良1.5万头）。同年，自治区农牧厅、财政厅通过农业种子科技示范基地建设项目、宁南山区生态养牛工程等项目，增设黄牛冷配改良点，促进肉牛产业发展。2003年，自治区出台《加快发展现代畜牧业的意见》。大力实施畜牧种子工程，加快畜禽品种改良。引进美国种公牛27头，国内优质冻精9万支，冷配改良黄牛8.5万头。2003年，固原市实施"固原市黄牛冷配改良科技示范基地续建项目"，通过黄牛改良促进"六盘山草地肉牛带"建设，完成冷配改良黄牛6.4万头，牛群结构以利木赞牛为主导品种。举办各类黄牛冷配技术培训班5期，培训技术人员120余名，对培训考核的116人颁发了牛冷冻精液人工授精技术员证。截至2004年年底，全区存栏肉牛68.7万头，其中良种及改良肉牛存栏40.1万头，占存栏肉牛的58.4%。

2005—2006年，自治区启动实施"宁南山区生态养牛工程建设规划项目"，政府采购推广优质冻精50万支，改良黄牛25万头。同时，加强区、县、乡、村（冷配点）四级牛改良网络建设，建成肉牛冷配改良站（点）398个，覆盖全区80%以上的建制村。

2007—2009年，自治区农业产业化资金支持肉牛品种改良项目，累计补贴资金217.4万元，推广优质冻精108.7万支。2009年，国家畜牧良种补贴项目将肉牛良种推广纳入补贴范围，宁夏作为试点省（自治区）。2009—2020年，宁夏在全区范围内实施肉牛良种补贴项目，每年由政府采购冻精，开展肉牛品种改良，覆盖所有养殖户、养殖场，已累计推广国产优质冻精488.4万支。

2015年，根据国务院发布的《种畜禽管理条例》《种畜禽管理条例实施细则》和《种畜禽生产经营许可证管理办法》，为规范肉牛种畜场管理，自治区畜牧局和畜牧站组织专家组制定了《种肉牛场验收标准》，对全区7家肉牛场进行现场检查验收，验收合格的，发放种肉牛场合格证。2015—2017年，共为7家企业核发种肉牛场合格证。

2016—2020年，先后引进阿根廷和北美优秀验证安格斯种公牛冻精7.6万支，开展安格斯牛纯种繁育。

三、羊

宁夏滩羊本品种选育工作起始于20世纪50年代。1951年9月，省建设厅将畜牧科与兽医防治处合并为畜牧兽医处，同时，扩充（增设）了宁夏盐池滩羊选育场等9个配种场（站）。1959年成立盐池县滩羊选育场，为盐池县直属单位，场部设在大水坑乡孙儿庄西侧，主要担负滩羊选育工作。1974年归属自治区畜牧局。滩羊选育场的建立，加快了滩羊选育步伐。1960年盐池县成立人工授精站，1965年在惠安堡公社杨儿庄大队上台子生产队办起第一个人工授精点，当年配种羊600余只。

1969年盐池县滩羊场成立，场址在柳杨堡乡十六堡生产队，主要担负滩羊选育，向各社队输送种公羊工作。坚持"选育点"与提供优良种公羊进行杂交的"群选群育"两条腿走路的方针，大力推广人工授精。1973年人工授精点扩大到大水坑的向阳、新桥大队，城郊的四墩子、长城大队，麻黄山的何新庄大队，青山的猫头梁大队，以及高沙窝的长流墩、南梁大队。1978年，人工授精点扩大到15个乡、42个大队、43个点。1980年，盐池县配种母羊5万余只，先后从基地引进种公羊1200多只，加快了滩羊选育步伐，滩羊品质明显提高。

宁夏滩羊选育工作，坚持以国营场站为骨干与开展群众性选育相结合，专题研究与大群生产相结合，建立健全育种制度和育种档案，积极培育和推广优良种公羊，逐步建立健全良种繁育体系。1977年，成立了陕西、甘肃、宁夏、内蒙古四省（自治区）滩羊选育协作组，逐步完善了羔羊鉴定与培育、后备羊培育、种羊选择与选配等一系列选育措施。1979年全区已建滩羊选育点104处，选育群300个，入选羊3.8万只。到20世纪80年代中期，全区滩羊的三级良种繁育体系已初具规模。1988年，已建成区一级（自治区级）选育场2处（国营盐池滩羊选育场和暖泉农场），有优良种羊8500余只（繁殖母羊6500只，每年可推广种羊600只）；二级（县级）选育场或核心群5处（盐池、同心、灵武、中卫、平罗），存栏滩羊4500只（繁殖母羊2600只）；三级（乡级）专业户选育群参加选育基础母羊共1.68万只。到1995年，一、二级种羊场（群）共推广优良种公羊8214只。同时，大力组织羊群间的种公羊串换，以防止近亲繁殖。据测定，专业户选育群滩羊的裘皮品质有了明显的提高，二毛羔羊上等级的占79%，毛股弯曲数平均5.1个，比一般生产群分别提高44%和一个弯曲，花杂羊减少29%。

盐池县为自治区主要滩羊保种区。1978年，绵羊人工授精点扩大到盐池县15个乡、43个点。截至1980年，盐池县累计配种母羊5万余只。实行联产承包责任制后，滩羊的选育工作在更大范围内继续开展。1983—1987年，盐池县畜牧局每年从自治区滩羊场引进良种公羊200~300只，为各乡选育点提供良种，同时选择优良羊只组建核心群，进行群选群育，广泛开展人工授精，鼓励群众异地串换公羊，开展群众性的选育选配工作，每年群众异地兑换公羊达100多只。在选育的过程中，推广"三高一快"措施，不断优化畜群结构，将滩年比例由1983年的57%提高到1986年的70%，适龄母羊比例由1983年的48%提高到1990年的66%以上。20世纪90年代，滩羊的选育工作进入稳步发展阶段。到1993年，中卫县建成滩羊核心群6个、选育群11个，选育改良面积扩大，收效显著。经过选育改良的滩羊，二毛皮穗花分布整齐，弯曲数量增加，花杂羊减少，每只成年羊年产毛由1965年的1.35千克提高到2千克，羊毛细度由原来48支增加到70支，屠宰率达到45%以上。1996年盐池县在大水坑滩羊场组建2个滩羊繁殖核心群，共有基础母羊390只，种公羊10只。

2000年以来，滩羊选育已发展成为群众性的选育，滩羊的品种选育方向由20世纪80年代的以提高裘皮品质为主逐步向提高滩羊的肉用性能方向转变。养殖户自发购进或兑换优良种羊，以提高滩羊后代的品质。2000年末，全区累计建成种羊场12家，存栏种羊9645只。

"十五"期间，在灌区肉羊杂交改良区，重点扶持建成宁夏四正生物工程技术研究中心（有限公司）、宁夏农垦宁鲁小尾寒羊繁育中心、宁夏肉用种羊场、宁夏农垦贺兰山种羊场和灵武力德牧原公司5个原种肉羊繁育场，主要引进繁育无角陶赛特、萨福克、特克萨尔等优良肉羊品种，建设肉羊人工授精配种点82个。到2004年，宁夏四正生物工程技术研究中心（有限公司）、宁夏肉用种羊场、宁夏农垦贺兰山种羊场和灵武力德牧原公司等4个原种肉羊繁育场存栏种羊2680只，已具备年提供种公羊1000只的生产能力，在此基础上，以小尾寒羊或滩羊母羊为母本，以陶赛特羊、萨福克羊、特克萨尔羊等为父本，开展二元、三元经济杂交，初步确立了宁夏肉羊杂交改良技术路线和配套技术。

2005 年，以宁夏盐池滩羊选育场为核心，联合滩羊主产区规模养殖场和养殖大户，建立核心基因保护群、核心育种群和良种繁育群三级繁育体系，开展滩羊本品种选育和利用，从根本上改变滩羊由于近亲繁殖所带来的繁殖能力低、个体产肉量小、花穗图案质量下降等现象，选育出具有稳定遗传性能的优良种群，选育优良基础母羊 2000 只，其中核心基因保护群 500 只、核心育种群 500 只、良种繁育群 1000 只。

"十一五"期间，建成滩羊种羊选育场 3 家，存栏滩羊基础母羊 5000 多只，初步建立区、县、乡、村四级良种繁育体系，供种能力和生产水平显著提高。在滩羊核心产区，开展滩羊本品种选育，调购优秀滩羊种公羊 2.38 万只，组建滩羊基础母羊核心群 6.2 万只。

2006 年，加强滩羊本品种选育，在组织专家对滩羊资源深入调查的基础上，提出"加强选育，保护开发，扩大规模，提高效益"的工作方针，制订完善滩羊选育方案，在盐池、灵武、同心、海原、红寺堡等滩羊主产区完成 3000 只滩羊种公羊鉴定、建档立卡及调换任务，建立开放式滩羊核心选育群 1 万只，建立优质滩羊种公羊和基础母羊核心群系谱档案，为滩羊本品种选育工作打下良好基础。

2007 年，全区有进口肉用种羊纯繁场 5 家，存栏原种和纯繁良种肉羊 3868 只，年可供优秀良种肉用种公羊 1000 多只。优质肉用种羊除满足本区需要外，已辐射周边省（自治区）。

2006—2010 年，为完善和提高畜禽良种信息化管理与服务体系建设，编制印发了《宁夏羊只编号实施办法》，统一编印了系谱档案卡片，与北方民族大学、南京丰顿信息咨询有限公司联合研发了良种羊登记管理信息系统，初步建立了全区良种化信息管理平台，实现了个体信息在线查询统计、数据分析及在线咨询等功能。2006 年，建成 42000 只滩羊基础母羊核心群、13800 只滩羊优秀种公羊、2170 只肉用种公羊基础信息数据库，对实现规范化、标准化、信息化管理发挥了重要作用。

2008 年，选育推广优秀滩羊种公羊 6100 只，其中产业化项目 4000 只，各县（市、区）推广 2100 只；建立开放式滩羊基础母羊核心群 31200 只，其中产业化项目 16000 只，各县（市、区）组建 15200 只。肉羊优势产区组建二元基础母羊核心群 21000 只。

2009 年起，通过国家绵羊良种补贴项目，在改良区推广引进萨福克羊、陶赛特羊、特克萨尔羊等肉羊品种，当年下达肉用种公羊 1200 只，由于受市场种公羊价格较高影响，自治区农牧厅和财政厅结合宁夏羊产业发展现状，后调整为 900 只。至 2013 年累计补贴肉羊种公羊 2900 只，对每只羊，国家补贴 800 元、自治区农业特色优势产业项目补助 2200 元。

2010 年，在中部干旱带滩羊优势产区，完成国家绵羊良种补贴滩羊种公羊推广 3000 只。良种繁育场每年可向市场提供 2000 余只种羊，全区绵羊良种覆盖率达到 90%。

"十二五"期间，3 个滩羊种羊繁育场供种能力、种羊质量、管理水平均有大幅度提高，年提供优秀种公羊 12000 多只，比"十一五"增长了 19.4%。组建滩羊、肉羊基础母羊核心群 60 万只。

2011 年，实施国家和自治区畜禽良种工程项目，调购种公羊 12500 只，其中滩羊种公羊 11700 只、肉用种公羊 600 只、中卫山羊 200 只，绵羊良种覆盖率达到 90%。

2012 年，在滩羊主产区组建基础母羊核心繁育群 10000 只、生产示范群 7 万只，选育优秀滩羊种公羊 5000 只，绵羊良种覆盖率达到 90%。

2013 年，开展基础肉羊建档立卡、在线管理，落实二级以上滩羊种母羊补贴政策，建档登记滩羊种母羊 15 万只。

2014 年以后，为推进滩羊本品种选育和组建滩羊基础母羊核心群，良种补贴项目取消了引进肉羊种公羊补贴，调整为以补贴滩羊为主。实施"滩羊育种专项"，完成 1000 只育种核心群组建及选种选配等工作。开展滩羊种母羊群建设，进一步完善养殖场（户）档案，开展新增滩羊母羊的鉴定、登记和建档立卡，在盐池、同心、海原和红寺堡等滩羊养殖核心区建立二级以上优质滩羊种母羊群 20 万只。

2015 年，完成 450 只"肉用型"羊育种核心群组建工作。2016 年，为提高良种繁育能力和标准化生产水平，制订了《羊良种繁育场管理技术规范》等地方标准。

"十三五"期间，自治区加强滩羊繁育体系建设，提高滩羊良种繁育水平，建成良种繁育场 7 家，其中滩羊 3 家（宁夏盐池滩羊选育场、红寺堡天源公司、盐池朔牧滩羊繁育公司）、中卫山羊及肉羊 4 家（中卫山羊选育场、中牧亿林公司、灵武力德牧原公司、正荣肉羊繁育公司）。3 家滩羊良种繁育场组建保种及选育群 2.7 万只，其中核心群 1.3 万只，每年选育推广种公羊 1 万只左右，对本品种提纯复壮发挥了重要作用。加强滩羊本品种选育技术研究示范，实施自治区农业育种专项——滩羊品系选育项目，开展滩羊肉裘兼用品系、串字花品系和多胎品系培育技术研究，组建核心选育群 9100 只。实施国家羊良种补贴项目，累计选种选配优秀滩羊种公羊 49700 只，统一调购中卫山羊 800 只。实施滩羊基因编辑育种技术研究与集成示范项目，开展滩羊生长发育、多胎等多个性状的基因编辑技术研究，培育基因编辑羊核心群 850 只以上，裘肉兼用品系生产性能高于亲本 50% 以上，多胎品系双羔率达 60%，达到了国内先进水平。实施滩羊多胎基因导入选育示范项目，开展开放式核心群继代选育技术研究，培育多胎品系。

自治区实施了农业育种专项——"滩羊品系选育"，项目由宁夏农林科学院动物科学研究所牵头，联合宁夏回族自治区盐池滩羊选育场、宁夏朔牧盐池滩羊繁育有限公司、红寺堡天源良种羊养殖繁育有限公司等自治区内涉及滩羊育种的各级保种场，开展滩羊肉裘兼用品系、串字花品系和多胎品系选育。在宁夏回族自治区盐池滩羊选育场建立滩羊串字花品系选育核心群，应用灰色关联度分析对参配公羊进行了评价，对舍饲滩羊体重和二毛裘皮性状遗传力进行估算，通过选种选配，滩羊出生体重提高 10.82%，二毛体重提高 11.94%，出生弯曲数达到 5.68±0.91 个，二毛弯曲数达到 6.50±1.14 个，出栏体重提高 8%，群体规模 2065 只，群体近交系数低于 3%。在宁夏朔牧盐池滩羊繁育有限公司、红寺堡天源良种羊养殖繁育有限公司建立肉裘选育核心群，按照滩羊国标特一级种羊标准选择优秀个体 1197 只，开展同质选配选留（裘皮弯曲 4 个以上），选育肉裘兼用品系个体，选育三世代个体 9 月龄体重 42.62±5.41 千克，较选育初期提高 19.19%，选育效果显著，核心群存栏 5036 只，制定了综合选择指数。通过多胎基因导入技术创制多胎品系创制群，引进湖羊母本 3202 只，导入湖羊基因进行滩羊多胎品系培育，开展滩湖 F1 代和 F2 代的生长发育、裘皮性状、繁殖性能、产肉力、肉品质风味等性状研究，F1 代产羔率为 178.3%，二毛羔羊弯曲数 2.71 个，6 月龄胴体重 15.67 千克，较同期滩羊提高 7.56%；F2 代产羔率为 150%，弯曲数 3.21 个，6 月龄胴体重 20.2 千克，较同期滩羊提高 12.97%，F2 代肉品质风味与滩羊无显著差异。建立滩湖 FecB 基因分型方法，利用 B＋基因型的滩湖二代组建核心群，进行横交固定，选育核心群存栏 2055 只。在常规选育的同时，针对滩羊种质独特性和资源群体内、脂肪沉积、裘皮等重要表型的变异问题，采用大规模基因组测序、胚胎期单细胞测序和大数据整合分析策略，发掘控制滩羊肌肉生长、脂肪沉积、皮毛品质等重要经济性状的关键功能基因，解析滩羊特有优异性状的遗传调控机制，筛选重要经济性状功能基因，建立分子育种体系，鉴定有效的分子标记或有利基因型个体，建立分子档案，作为开展选种选配的参考依据，通过后裔鉴定评价选择效果，为滩羊早期选育提供技术支撑，加快育种进程。截至 2019 年，育种核心群存栏 9155 只，累计向社会提供优质滩羊种公羊 7.82 万只，有效解决了滩羊产区优秀种公羊短缺的突出问题。

2014 年，西北农林科技大学与红寺堡区天源良种羊繁育养殖有限公司合作，开展了基因编辑（CRISPR/Cas9）培育滩羊新品系技术研究与集成示范项目，对抑制肌肉生长发育基因（MSTN）进行了编辑研究，共移植基因编辑的受体试验羊 87 只，翌年生产 MSTN 基因编辑羔羊 52 只，阳性率达到 30% 以上。

2016 年，自治区农牧厅（现农业农村厅）将"基因编辑培育滩羊新品系技术研究与集成示范"列为重大科研示范项目，由自治区畜牧工作站、西北农林科技大学、红寺堡区天源良种羊繁育养殖有限公司合作开展研究示范，扩大研究示范内容，开展了多胎基因（FecB）等多个性状基因编辑研究。

2017 年，基因编辑羊通过农业部（现农业农村部）中试审批。

2017 年，实施"滩羊基因编辑育种技术研究与应用"项目，组建基因编辑供体羊群 89 只，受体羊群 168 只，培育基因编辑羊核心群 141 只，初生重、毛股平均自然长度、串字花弯曲数等各项指标高于亲本 30％以上，6 月龄、12 月龄、18 月龄体重分别达到 45 千克、70 千克和 90 千克，高于亲本 50％以上，双胎基因编辑取得初步成果，整体生产水平已达到国外引进专用肉羊品种生产水平。截至 2020 年年底，累计创制、扩繁基因编辑滩羊新品系群 856 只，其中基因编辑 MSTN 型（裘肉兼用型）品系群 770 只，FecB 型（多胎型）滩羊 71 只，MSTN 和 FecB 聚合育种新品系 15 只。基因（MSTN）编辑羊与亲本羔羊相比，初生重、体尺等性能指标平均高出 30％以上，初生重平均达到 4.5 千克，是滩羊标准初生重的 1.5 倍，后期培育公羊 6 月龄、12 月龄和 18 月龄平均活重分别达到 41.8 千克、69.8 千克、83.7 千克，母羊分别达到 38.3 千克、62.6 千克、70.3 千克，在完全保留了滩羊优良遗传特性的同时，具备了肉用羊生长发育特点；基因（FecB）编辑羊平均产羔率 161％，三羔率 103％；建立完善了滩羊基因编辑育种技术体系。

2018 年，宁夏中牧亿林畜产股份有限公司入选国家肉羊育种核心场，成为我国杜泊羊、萨福克羊等优质种源基地。在宁夏中牧亿林畜产股份有限公司开展滩寒杂母羊选育，组建核心群 1000 只，制定了等级鉴定标准、饲养管理及防疫规程。

2019 年，红寺堡区天源良种繁育公司入选国家肉羊核心育种场，存栏基础母羊 4700 只、核心育种群 1100 只，选育推广优质滩羊种公羊 2000 只以上。

2020 年，按照自治区良种繁育基地建设"十一个一"工作要求，制定了《滩羊良种繁育基地建设方案》，明确繁育技术路线，对全区良繁体系建设发挥了重要指导作用。至 2020 年年底，宁夏取得种畜禽生产经营许可证的养羊企业有 7 家，分别为宁夏盐池滩羊选育场、宁夏中卫山羊选育场、红寺堡天源良种繁育养殖有限公司、宁夏中牧亿林畜产股份有限公司、宁夏朔牧盐池滩羊繁育有限公司、灵武力德牧原公司、隆德正荣肉羊繁育公司，在全区羊良种选育、扩繁推广、技术研发、产业带动上发挥了有力支撑作用。

四、生猪

"九五"期间，在生猪良种繁育方面，开始建设以引进的长白猪、大白猪为父本，以本地黑猪为母本的"土洋三元"杂交配套体系，推广瘦肉型猪三元杂交生产技术。

"十五"期间，区内原有的八眉猪地方品种和"宁黑"地方培育品种已逐步被淘汰，全区猪杂交生产模式逐步转变为以长白猪、大白猪、杜洛克猪为主的"洋三元"杂交模式，自治区财政于 2001—2002 年投入资金 118 万元，支持引进长白猪、大白猪、杜洛克种猪 470 头。

"十一五"之后，各级财政和畜牧部门多方筹集资金，加大种猪的引进力度，加强猪的良种繁育体系建设。2005—2009 年，自治区财政每年安排支农专项资金，先后统一采购引进推广瘦肉型种猪 1190 头，投放到主产区和养猪业发展态势较好的县（市、区），对养猪业的发展起到了很好的示范带动作用。同时，全区种猪养殖场通过不同方式，筹集资金引进种猪 7000 多头，扩大了种猪存栏。同时，种猪扩繁场得到迅速发展。2009 年，全区共有取得生产经营资质的种猪扩繁场 31 家，存栏种母猪 9822 头，种公猪 958 头。通过实行纯种繁育和开展长大、大长二元杂交，当年 31 家种猪扩繁场年生产销售种猪 17212 头，其中，纯种猪 7076 头、二元母猪 10136 头。全区存栏二元母猪 9.74 万头，占适龄母猪的 63.68％，规范化三元杂交商品猪占出栏猪的 78.7％。

"十二五"期间生猪良种繁育体系进一步巩固提高，种猪引进及人工授精技术推广应用取得新突破。农业部和自治区先后投入资金 1380 万元（其中中央财政 1030 万元、地方财政 350 万元），引进瘦肉型原种猪 1375 头。2009 年启动实施了国家生猪良种补贴项目，在中卫沙坡头区、中宁县、青铜峡市新建县级供精站 4 个。到 2015 年，累计完成猪人工授精配种 26.75 万头，猪人工授精技术已在养猪主产区普及推广。中卫沙坡头区、中宁县、青铜峡市三县（市、区）的猪人工授精普及率达到75%，比 2005 年提高了 50 多个百分点。2015 年全区共有种猪扩繁场 14 个、种公猪站 6 个，存栏种猪 3563 头。全区存栏二元母猪 11.2 万头，占适龄母猪存栏总数的 70%，规范化三元杂交商品猪占出栏猪的 72%。育肥猪饲养期缩短了 10～15 天，料肉比由 3.0∶1 降到 2.8∶1 以下。出栏率达到 142.1%，瘦肉率达到 63% 以上。

"十三五"期间，国家生猪良种补贴项目停止实施，自治区生猪种子工程项目取消，生猪良种繁育转向市场化调节和运作，由种猪场自行投入和生猪养殖主产区地方政府引导支持。其间，生猪项目扶持、政策支持较少，种猪供种能力逐步削弱。全区没有原种猪场，2019 年种猪扩繁场仅有 5 家，存栏纯种猪 2200 多头。全区每年需从区外调购纯种猪上千头，二元母猪上万头，三元商品仔猪 20 万头以上。

五、家禽

20 世纪 50 年代，全区仅有银川鸡鸭场一家，饲养着少量的来航鸡。长期以来，副食品供应匮乏。到了 70 年代初，为解决禽蛋的供给，自治区畜牧局在芦花台建立了银川种鸡场，同时，银川、吴忠、石嘴山等县市也相继建立了鸡场，饲养的主要品种为来航、芦花、洛岛红、白洛克、新汉县、澳洲黑等纯种鸡。1976 年，全区各地县市和国有农牧场建立了饲养规模千只以上的养鸡场 14 个，养鸡 5 万余只，社队办场 275 个。1977 年 12 月，自治区畜牧局所属的芦花台银川种鸡场划归贺兰山农牧场，并改名为贺兰山农牧场种鸡场。

进入 80 年代，北京、上海等地种鸡场从国外引进配套系良种鸡，良种鸡开始在国内普及推广，自治区养鸡专业户也应运而生，良种雏鸡供不应求。1984 年自治区畜牧站提出了"三级建场、四级养鸡、连片推广、分期实施"的繁育体系建设方案，并首先在银川、银南引黄灌区 6 县市（吴忠县、中卫县、中宁县、灵武县、青铜峡县、同心县）实施，然后在银北地区 5 县市实施。1984 年，经自治区计划委员会批准，投资 130 万元，新建设施较先进的宁夏种禽场，采取网上育雏、种鸡大笼饲养、商品鸡三阶梯笼养的饲养工艺。到 1986 年，全区共有祖代鸡场 2 家、父母代种鸡场 18 家、种鸡户 133 户，孵化点 271 个，饲养祖代蛋种鸡 8630 只，父母代蛋种鸡 86203 只。1984—1986 年累计推广良种鸡 857.3 万只，全区除固原地区外，良种鸡比例由 1983 年的 51.6% 提高到 91.14%。

宁夏肉鸡良种繁育体系始建于 1988 年。当年宁夏种禽场从兰州原种鸡场引进五系配套明星祖代肉种鸡 2000 套进行繁育，为县级父母代场提供父母代种雏（蛋）；1992 年、1993 年贺兰山农牧场畜禽公司沙城祖代鸡场从美国引进四系配套 AA 祖代鸡 2500 套进行繁育，为县级父母代场提供父母代种雏（蛋）。到 1994 年，全区从事祖代种鸡饲养的有宁夏种禽场、贺兰山农牧场畜禽公司沙城祖代鸡场、大武口鸡场三家，从事父母代种鸡饲养的有 21 家。

"九五"期间（1996—2000 年），全区鸡的良种繁育体系建成，形成了"祖代-父母代-商品代"三级繁育体系。到 1996 年全区有种鸡场 15 家，其中祖代场 3 家、父母代场 12 家，存栏蛋种鸡 5.52 万套、肉种鸡 2.66 万套，饲养祖代蛋鸡品种有巴布考克 B-300、北京白鸡 904，祖代肉种鸡品种有 AA；父母代蛋鸡品种有巴布考克 B-300、北京白鸡 904、海赛克斯褐、海兰褐、亚发褐，父母代肉种鸡品种有 AA、艾维茵。

这一时期的种鸡场分别隶属于各级畜牧局、粮食局、供销社、农垦事业管理局、民政厅、石油系统、宁夏农林科学院畜牧所、兰州军区 105 农场等部门。随着市场经济的发展，事业单位改革，种鸡场由全额事业拨款单位变为差额拨款单位，后改为企业，由个人承包经营。"九五"末期，由于经营不善，大部分种鸡场倒闭。

"十五"以来，宁夏晓鸣农牧股份有限公司、宁夏九三零生态农牧有限公司、宁夏恒泰源种鸡有限公司凭借灵活的经营方式、优质的产品质量、良好的售后服务，逐渐在市场中站稳脚跟，不断发展壮大。2006 年，宁夏晓鸣生态农牧有限公司（宁夏晓鸣农牧股份有限公司前身）在永宁县闽宁镇投资兴建了"闽宁 50 万套种鸡生态养殖基地"。2010 年宁夏九三零生态农牧有限公司在贺兰山东麓新建 70 万只现代化蛋种鸡繁育基地。2012 年宁夏晓鸣农牧股份有限公司建设"青铜峡百万蛋种鸡生态养殖基地"以及"兰考 5000 万羽健母雏"孵化基地，形成了"种鸡集中养殖、分散孵化、面向全国"的战略布局。两大公司产品不仅满足区内市场的需求，还面向全国 28 个省股份有限公司，宁夏晓鸣农牧股份有限公司还向蒙古国出口商品代雏鸡（蛋）。宁夏恒泰源种鸡有限公司以饲养父母代肉种鸡为主，存栏种鸡 40 万只左右。2014 年，宁夏晓鸣农牧股份有限公司入选全国蛋鸡良种扩繁基地，并在"新三板"正式挂牌。2016 年，宁夏晓鸣农牧股份有限公司在河南兰考建成投产了二期年产 4000 万羽健母雏的孵化场、兰考孟寨年出栏 100 万羽育成鸡示范场；2017 年在永宁县闽宁镇投资"闽宁智慧农业扶贫产业园项目"，在内蒙古阿拉善左旗投资"阿拉善百万蛋种鸡生态养殖基地项目"，成立晓鸣农牧兰考家禽技术研究院；2018 年在永宁县闽宁镇建成投产年产 500 万羽父母代健母雏和年产 5000 万羽商品代健母雏孵化场各 1 座，年产 20 万吨消毒饲料加工厂 1 座；2019 年"阿拉善百万蛋种鸡生态养殖基地项目"建成投产，9 月成立"中阿农业技术转移中心肯尼亚分中心"。

截至 2020 年年底，全区具有种畜禽生产经营许可证的场 5 家，分别是宁夏晓鸣农牧股份有限公司、宁夏九三零生态农牧有限公司、宁夏恒泰源种鸡有限公司、大地（宁夏）数字科技有限公司和宁夏万升实业有限责任公司。

此外，固原市种禽场建于 1996 年，1998 年开始组建基础群，进行扩繁和群体选育，主要是通过表型进行选择，使静原鸡的体型外貌基本上趋于一致，并向群众提供雏鸡。2004 年开始组建家系，进行家系选择，重点是生产性能的选育，主要根据蛋重、生长发育速度等，组建 2 个品系，38 个家系，对体尺体重、产蛋性能等进行测定。到 2007 年 4 月，共进行 2 个世代的繁育，其中白色羽系年均产蛋量 71 枚，麻色羽系年均产蛋量 156 枚，平均蛋重 58.92 克。2007 年 5 月，固原市种禽场用地被政府征用，静原鸡转交彭阳县彭阳鸡扩繁场。

彭阳县彭阳鸡扩繁场建于 2003 年，在交通不便的小岔和王洼等偏僻乡村农户中收集种蛋，进行孵化，组建基础群进行保种。到 2016 年底存栏种鸡 6000 多只。2017 年，彭阳县彭阳鸡扩繁场因城市扩建拆除，静原鸡移交给宁夏万升实业有限公司代养，开展静原鸡保种工作；2019 年，正式移交给宁夏万升实业有限公司，开始家系保种，对鸡群进行全基因组测序，组建家系（零世代）。截至 2020 年底，静原鸡存栏 8000 只，其中保种场 500 只，扩繁场 3000 只。

种畜禽管理。根据农牧渔业部（85）农牧字第 94 号《关于加强良种家禽产销管理工作的通知》要求，1987 年 2 月，自治区畜牧局组织专家验收组，对全区 13 个种鸡场进行现场检查验收，验收合格的，发放种鸡场合格证和种蛋种鸡出售许可证。为规范种鸡场管理，根据国务院发布的《种畜禽管理条例》，1995 年自治区畜牧站起草制定了《宁夏回族自治区良种鸡管理办法》，并由自治区人民政府发布实施（宁政发〔1995〕109 号），进一步推动了自治区种鸡饲养的依法、依规管理。

六、家畜繁殖员职业技能鉴定

宁夏回族自治区农业 47003253 站（简称农业-253 站）于 2000 年 1 月经原国家劳动和社会保障部批准（劳社培就司发〔2000〕1 号）成立，鉴定范围为家畜繁殖工、家畜饲养工、家禽繁殖工、家禽饲养工、牧草工、动物疫病防治员、动物防疫检验员和兽药技术人员等。2010 年 10 月，农业-253 站工作由宁夏农牧厅畜牧局移交宁夏回族自治区畜牧工作站。截至 2020 年，累计培训鉴定家畜繁殖工 1000 余人，90％以上取得了国家职业资格证书，为培育区、市、县三级奶牛、肉牛人工授精技术人才，推进畜禽良种繁育体系建设，促进农村经济发展起到了重要支撑作用。

■ 第二节 品种改良

一、奶牛品种改良

1996—2000 年，奶牛品种改良工作基本由奶牛养殖场（户）自发从北京、上海、西安、黑龙江及宁夏改良站等种公牛站引进美加系、德系荷斯坦种公牛冻精进行冷配改良。2000 年以来，依托相关奶业扶持政策，有计划地组织开展了奶牛群遗传改良。

2000—2001 年，在吴忠市利通区、银川郊区、永宁县和贺兰县实施了农业部"奶牛高产综合技术推广"项目，新建冷配改良点 8 个，引进国内优秀荷斯坦牛冻精 39983 支，冷配改良母牛 26497 头，完成 1.07 万头奶牛建档立卡工作，应用加拿大九分制体型鉴定方法鉴定奶牛 3850 头，选育高产基础核心母牛 2249 头，高产种子母牛 816 头。到 2001 年底，项目区成年母牛年均单产 5412.5 千克，比 1999 年成年母牛单产（4790 千克）提高 622.5 千克，增长 13%。项目实施期间，共测产奶牛 3883 头，测定结果：平均胎次 2.98 胎，平均泌乳天数 335.6 天，乳脂率 3.35%。该项目获 2002 年全国农牧渔业计划丰收奖二等奖。

2002—2004 年，宁夏畜牧工作站组织实施了自治区 8613 农业科技工程重点项目——奶牛高产技术示范推广项目，在宁兰垦牧有限公司、吴忠市利通区金银滩镇和银川市兴庆区掌政乡，对 11 个示范场（园区）的 1~4 胎 2571 头泌乳牛进行了体型线性鉴定，并分别制定了选种选配方案。根据奶牛生产性能测定（DHI）结果，针对需要重点改良的性状（乳房结构和尻部），本着保留优点、改进缺陷的原则，引进国内外优质冻精 2 万支（其中加拿大冻精 1000 支），选配改良示范牛场（园区）母牛 8600 头，繁育高产奶牛后代 3452 头。改良后代生长发育良好，体型外貌改良效果显著。

2002 年以来，宁夏实施了"宁夏奶牛品种改良"项目。2006 年又在吴忠市区等 8 个县区启动实施了国家"奶牛良种补贴"项目。2002—2015 年采取财政补贴方式，累计投资 6958.1 万元，统一筛选引进国内外优质荷斯坦牛冻精 440.34 万支（表 6-3-1），补贴发放到全区各规模奶牛场（园区）、冷配站（点），累计改良奶牛 238.92 万头。据统计，截至 2016 年年底，参加奶牛生产性能测定的场牛群 305 天产奶量 9543.75 千克、日平均产奶量 31.45 千克。305 天产奶超过 1 万千克的奶牛场有 13 个，9000~10000 千克的奶牛场 16 个，参测牛场牛群平均乳脂率 3.79%，平均蛋白率 3.3%，体细胞数 28.87 万/毫升，体细胞数长期低于 20 万/毫升的牛场 8 个，体细胞数 20 万~30 万/毫升的牛场 22 个，生鲜乳质量显著提高，达到国内先进水平。通过项目的实施，创新了奶牛群体改良模式，在国内率先以省为单位全面开展了奶牛改良和良种补贴，探索、建立了农户养殖条件下开展选种选配、提高奶牛群体生产水平的有效途径。该模式已得到农业部认可，一些主要做法已在全国奶牛良种补贴项目实施中推广应用。同时，配套推广应用了一批先进实用的饲养管理技术，促进了奶牛群饲养进一步规范化、科学化、标准化，示范带动了全区奶牛整体生产水平的提高，实现了优质、高产的目标。对全区奶牛进行普查鉴定，建档立卡，开展线性鉴定、DHI 测定（生产性能测定）及信息网络建设，提高管理水平。在已建成的规模化奶牛养殖场全面推广 DHI 测定、奶牛生产信息智能化管理、全混合日粮（TMR）饲养、牛群保健、奶牛场粪污无害化处理与资源化利用、生鲜乳质量安全控制等技术，进一步优化牛群结构，快速提高牛群生产性能，为奶牛群体生产性能的提高打下了坚实的基础。

表 6-3-1 2002—2015 年奶牛良补情况

单位：万支、万元

年度	冻精	资金
2002	5.91	175.5

（续）

年度	冻精	资金
2003	12.75	225
2004	18.48	280
2005	20.64	285
2006	30.16	436.6
2007	33.2	528
2008	42.6	699
2009	41.8	687
2010	41.8	687
2011	41.8	687
2012	37.8	567
2013	37.8	567
2014	37.8	567
2015	37.8	567
合计	440.34	6958.1

注：2016年以后无数据资料。

2015年以来，宁夏组织实施了奶牛节本增效技术示范，宁夏畜牧技术推广部门重点示范推广了9项综合配套技术。其中，在节本增效奶牛场示范推广了奶牛良种选育技术，自国家良种补贴项目停止以来，择优选择荷斯坦种公牛冻精，通过确定改良目标，依据牛群系谱资料、生产性能测定和体型线性鉴定结果，对奶牛场在群牛的血统、以往使用过的公牛、胎次产奶量、乳脂率、乳蛋白率和体型外貌的主要优缺点等进行分析。以持续提高产奶量和乳蛋白率等生产性状为主要改良目标，兼顾乳房结构、肢蹄、繁殖力和生产寿命等性状，确定示范场牛群生产性能和体型外貌方面普遍存在的需要改良提高的性状。选择相关性状预期传递力高或女儿平均305天产奶量高于本场牛群1000千克、乳蛋白率高于本场牛群0.2%～0.3%，乳房结构和肢蹄有明显改良效果的验证种公牛进行选配改良。截至2019年年底，DHI测定牛群数据显示，平均日产奶量达到34.29千克，平均305天产奶量10052.49千克，突破10吨，生产性能位居国内前列。

二、肉牛品种改良

1996—2008年，肉牛品种改良工作由自治区出台相关政策支持。

"九五"期间，自治区以牛胚胎生物工程中心为龙头，进口优质肉牛胚胎和种牛，先后移植胚胎150余枚，受胎率达到45%以上，繁育优质利木赞、西门塔尔、夏洛莱种公牛及种子母牛70余头。

1999—2003年，通过实施农业部"948"项目——引进国外良种牛胚胎和细管冻精项目，宁夏四正生物工程中心（简称"四正中心"）引进并组建了种公牛群和母牛核心群。饲养国外引进和胚胎移植优秀种公牛360头，其中采精肉用种公牛32头，优秀肉用种子母牛核心群68头，冻精和胚胎年生产能力分别达到120万只和1000枚。2000—2003年底，四正中心累计推广牛冷冻精液83.13万只，冷配改良母牛33.25万头。

2001—2004年，自治区农牧厅、财政厅在固原实施"农业种子科技示范基地建设"和"黄牛改良科技示范基地建设"项目,推广优质冻精22.8万支,改良黄牛11.88万头。截至2004年年底,全区存栏肉牛68.7万头,其中良种及改良肉牛存栏40.1万头,占存栏肉牛的58.4%。

2005—2006年,自治区启动实施"宁南山区生态养牛工程建设规划"项目和"宁南山区草畜产业"项目,推广优质冻精50万支,改良黄牛25万头。

2007—2009年,自治区农业产业化资金支持肉牛品种改良项目,补贴资金217.4万元,推广优质冻精108.7万支。2009年,国家畜牧良种补贴项目将肉牛良种推广纳入补贴范围,宁夏作为试点省(自治区)。2009年起,宁夏在全区范围内实施肉牛良种补贴项目,每年由政府统一采购冻精,开展肉牛品种改良,覆盖所有养殖户、养殖场。2007年以来,全区累计推广国产优质冻精572万支,补贴资金2809.2万元,改良母牛286万头,全区肉牛良种率达到87%。主推品种为西门塔尔牛和安格斯牛。2020年,改良后代育肥平均胴体重达到320千克。

2008—2012年,自治区畜牧工作站同日本国际协力财团合作实施"宁夏高档肉牛生产综合配套技术集成示范"项目,推广安格斯牛、和牛冻精2200支,冷配改良秦川牛和秦杂母牛1100头,繁育安格斯牛、和牛改良犊牛807头。

2011—2012年,自治区畜牧工作站承担实施全国畜牧总站"德系西门塔尔乳肉兼用牛区域试验示范推广"项目,累计推广德系西门塔尔牛冻精2150支,冷配改良母牛1181头,繁殖杂交改良后代1086头。

2011—2013年,自治区畜牧工作站实施"优质高档肉牛生产技术示范推广项目",推广和牛冻精3000支,冷配改良秦川牛和安秦杂母牛1600头;引进推广德系西门塔尔牛冻精11700支,累计改良基础母牛5050头以上。

2016—2020年,自治区畜牧工作站实施"草原生态保护补助奖励绩效评价资金项目""安格斯牛核心群建设"等项目,推广国外验证优秀安格斯牛冻精7.6万支,德系西门塔尔牛冻精6000支。

三、羊品种改良

20世纪50年代初至80年代初,全区绵羊改良以毛用为重点,因此,引进品种主要有新疆细毛羊、高加索羊、阿斯卡尼羊、茨盖羊、罗姆尼羊、林肯羊等。新疆细毛羊是固原地区杂交改良当地绵羊的当家品种,其他品种引进数量少,利用率也很低。

(一)绵羊品种改良

宁夏绵羊改良工作始于1940年,当年4月,民国西北羊毛改进处成立,总场设在甘肃岷县(后迁至兰州)。1942年,甘肃省科学教育部赠宁夏兰布里公羊,宁夏开始杂交改良本地滩羊。1946年,民国西北羊毛改进处与宁夏农林处合作在中宁县设立羊毛改进推广站,并划定中宁、中卫两县为改良区,引入兰哈羊改良当地滩羊。1948年,民国西北羊毛改进处又在海原县甘盐池设立陇东推广站(该站1950年改称为甘盐池羊场),调进兰哈羊杂交改良本站所饲养的母羊,起初采用本交方式配种,之后采用人工授精方法配种。1952年,西北行政委员会畜牧部甘盐池羊场调入考力代种羊数十只,因不适应当地条件死亡较多,后调往贵州省。1952年、1953年,宁夏畜牧示范场分别在盐池县和同心县设立绵羊改良站,并采用人工授精技术对盐池、同心、灵武三县部分地区的滩羊进行改良。为了保护滩羊品种,1954年西北畜牧部指示宁夏停止对滩羊进行杂交。

为了明确滩羊发展区和细毛羊改良区,1960年宁夏农林厅向农业部畜牧局提出报告,"拟划定中卫、同心以北包括固原县和海原县北部各三个公社为滩羊发展区,以南为细毛羊改良区……"。当年农业部畜牧局即函复同意。这一区划以后基本上没有大的变动。

1960年起,中卫县普遍按滩羊、山羊或黑白或公母分群,全面鉴定种公羊,淘汰花杂羊,至1965年羊群体尺、产毛量有所增加。同时,在产区举办培训班,推广"毛质优良为一级,特级公羊来选配；毛质较差为二级，优良公羊把种配；体小色杂为三级，逐年淘汰要根除"经验，确定红泉牧场、三和村为示范点，分级组群，建立核心群和生产群，一方面提倡群与群串换，另一方面从贺兰、盐池、暖泉等地引进良种，设立人工授精点，致使大面积选育改良进程加快，逆转多年来近亲繁殖造成的品种衰退问题。

分布于固原地区的绵羊裘皮品质差，生产性能低，群众称为"二滩羊"。1958年后，固原地区引进新疆细毛种公羊54只、高加索细毛种公羊80只，建立绵羊改良中心站3处，绵羊改良输精站32处，流动输精组12个，培训人工授精员144人，开始以本交和人工授精方法进行绵羊改良。1962年，引进考力代种公羊。1966年，引进新疆细毛种公羊303只，母羊1000只，在550个生产队进行重点绵羊改良，设配种点61个，培训配种员195人，归并绵改羊群398群，母羊24219只，集中进行改良，到1966年年底，已有各代杂种羊13万只。1976年引进茨盖半细毛种公羊，1978年引进罗姆尼半细毛种公羊，1980年引进林肯半细毛种公羊，试图使固原地区向半细毛羊方向发展，但结果并不理想。1979—1988年，固原地区选留和调入细毛种公羊7800余只。1981年，引进新疆细毛特级、一级种公羊与本地被毛同质母羊进行杂交改良，提高杂种羊生产性能。据统计，1981—1983年，引进以新疆细毛羊为主的种公羊1784只，至1983年固原地区繁育细毛杂种羊约10万只。1981—1987年，选择同质白色细毛杂种羊进行横交固定试验。经鉴定，横交羊体格结实，结构及被毛闭合性好，能适应当地较恶劣的生态环境和较低的饲养管理条件，生产性能表现较好。1990年，固原地区设人工授精点34个，共改良配种细毛羊53952只，占适龄母羊的50.62%，其中人工授精14660只，占改良配种数的27.17%，受胎率95.4%。年末存栏细毛杂种羊46165只，占固原地区存栏绵羊总数的30.37%。为改进新疆细毛羊羊毛长度、油脂等方面缺陷，还曾调入澳洲美利奴、中国美利奴进行导入杂交试验。1989年，全区共有细毛、半细毛及其改良羊14.5万只，占羊总数的5.7%，其中，固原地区12.3万只，占该地区绵羊总数（81.69万只）的15.06%。20世纪90年代以后，固原地区再没有引入细毛种公羊。1995年，固原县官厅种羊场解散，细毛种公羊来源缺乏，改良处于停顿状态。2000年以后，由于自治区羊产业结构的大力调整，羊的引进品种母本以小尾寒羊为主，父本以陶赛特羊、萨福克羊、特克萨尔羊等为主，杂种后代生长发育快，产肉性能改良效果明显。

"十五"期间，杂交改良肉羊20万只，6月龄肉杂一代羔羊平均体重达到36.5千克，周岁活重65千克，6月龄和周岁胴体重分别达到18千克和35千克，比小尾寒羊和本地羊高出5～10千克。经过品种改良，全区改良羊比重达到了60%以上。

2001—2004年，石嘴山市开展肉羊杂交改良，先后引进种公羊93只，共改良绵羊25794只，产杂种羔羊16455只，平均受胎率和产羔率分别达到152%和140%，建成人工授精点52个。2002—2003年，石嘴山市以宁夏四正公司为技术依托，在惠农、平罗2县采用同期发情技术进行集中配种，在养羊专业村和园区建设人工授精点并培训人工授精员，采取"种公羊承包、技术指标考核、羔羊落地兑现奖励"的模式，使人工授精点运作逐步走向正轨。2004年改良点改良肉羊316只，情期受胎率91%，产活羔394只。

为了加快培育山区草畜产业，结合国家退牧还草工程的实施，2003年，启动羊产业发展行动计划，印制"宁夏肉羊杂交生产技术示意图"，规范全区肉羊杂交改良生产，以推动"十万贫困户养羊工程"。到2004年底，向南部山区调运扶贫羊6.3万只，其中小尾寒羊5.5万只，为实现肉羊良种化进程打下牢固基础。

2004年，实施了无公害肉羊生产基地建设项目，并开展提高滩羊繁殖性能及肉羊杂交改良技术研究。在圣雪绒肉羊基地，建设人工授精点1处，完成肉羊人工授精2739只，完成胚胎移植56枚；在平罗县无公害肉羊基地，引进肉用种羊10只，建立肉羊人工授精改良点5个，每个改良点投放种公羊2只，配套建设标准化肉羊人工授精室，完成肉羊杂交改良6132只。

"十一五"期间，为推进畜禽品种改良，统一调购优秀肉用种公羊3470只，组建二元肉用基础母羊核心繁育群2.95万只，改良肉羊120多万只，生产杂交改良后代190万只，改良一代周岁肉羊体重比滩羊增加 137.8％，比小尾寒羊增加 90.3％，全区肉羊良种覆盖率达到了 90％以上。宁夏畜牧兽医研究所开展了肉羊杂交改良技术研究，提出了宁夏肉羊杂交改良技术路线，开展了级进杂交和多元杂交改良试验，杂种羔羊 6 月龄活重达到 38.1 千克，胴体重 19.4 千克，周岁杂种羊平均活重 68.2 千克，胴体重 34.5 千克，周岁杂一代肉羊胴体重比滩羊增加 137.8％。开展萨福克羊与滩羊和小尾寒羊杂交试验，在相同饲养管理条件下，断奶前肉杂一代羔羊平均日增重 243.5 克，断奶重 25 千克，分别比滩羊纯繁羔羊和小尾寒羊纯繁羔羊平均日增重提高 26％和 32％，5～6 月龄肉杂一代羔羊平均体重达到 36.5 千克。

2006 年，对自治区 5 个肉用种羊场 640 只肉用种公羊进行鉴定，推广肉用种公羊 603 只。在中宁县、平罗县、原州区和灵武市建立二元肉用母羊繁育群 3000 只，杂交改良肉羊 4.7 万只。

2007 年，推广肉用种公羊 600 只，选育二元杂交改良基础母羊 5000 只。经过连续多年的肉羊杂交改良，改良肉羊基础母羊存栏达到 20 万只，初步建立了以平罗、惠农、中宁、中卫为主的引黄灌区肉羊生产基地。

2008 年，组装配套肉羊"二元"或"三元"杂交改良，建立二元母羊基础群，推广以专用肉羊品种萨福克羊、陶赛特羊为第一父本，滩羊体大系或小尾寒羊作母本，以特克萨尔羊为第二父本的三元杂交组合，推广肉用种公羊 743 只，其中产业化项目 500 只，各县（市、区）引进 243 只，示范村（点）"二元"或"三元"改良覆盖率达到 100％。

2009 年开始，自治区启动实施绵羊良种补贴项目，推广以引进萨福克羊、陶赛特羊等肉羊品种为主，与本地羊开展二元或三元杂交，当年调购补贴肉用种公羊 900 只。至 2013 年，该项目累计补贴肉羊种公羊 2900 只，每只国家补贴 800 元、自治区农业特色优势产业项目补助 2200 元。

2013—2014 年，在固原市原州区、西吉县、平罗县 18 个肉羊规模养殖场（合作社、户）示范乡，示范推广肉羊改良与高效养殖技术，开展了"三元杂交、多胎高产"等技术推广工作，组建基础母羊核心群 5200 只。示范点繁殖母羊"两年三产"比例达到 97％，因病死亡率降到 2％以下，在相同饲养管理条件下，杂交后代平均体重 45.6 千克（同龄滩羊 29.5 千克），屠宰率平均达到 51.7％（滩羊 46.1％），各项经济指标显著提高。

2015 年，在肉羊产业大县平罗县、原州区、西吉县等地选择 13 个肉羊改良及高效养殖技术推广示范点，组建"二元"或"三元"基础母羊核心群 6300 只，生产示范群 3.2 万只。

"十三五"期间，为推进滩羊本品种选育和组建滩羊基础母羊核心群，取消引进肉羊种公羊良种补贴，引进肉羊杂交改良呈现市场化发展趋势。

（二）山羊品种改良

1. 引进中卫山羊对土种山羊改良

全区的土种山羊属蒙古山羊，为绒皮肉兼用型，其体格小，体质健壮，全身各部位结合良好，被毛粗，毛股少，毛长 10 厘米左右，毛色多为黑、银灰、白色。春季产绒，产绒量 100～400 克，羊绒有紫、白、杂色之分，以白色为贵，是制呢的上好原料。土种山羊性情活泼，耐粗饲，繁殖快，喜攀高，抗病能力和采食能力强。20 世纪 70 年代以前，宁夏本地山羊占山羊总数的 90％左右，群众称为"狗毛山羊"，在全区各地均有分布，以山区居多，其体重小，产绒量低，而且绝大部分是青、灰等杂色，生产性能和经济效益都很低。20 世纪 70 年代初开始，不少市、县先后引进中卫山羊改良本地土种山羊，开展最早、成绩较好的是盐池县、灵武和石嘴山市。盐池县大水坑公社向阳大队于 1972 年引入中卫山羊与三群本地母山羊进行杂交，到 1975 年，全大队的 1567 只本地母山羊全部用中卫山羊杂交配种。据测定，杂交一代羔羊平均毛股弯曲 2.08 个，纯白色个体占 76.6％，二代羔羊平均毛股弯曲 2.78 个，最高有 4 个，纯白色个体占 95.1％，杂交一代羊（1.5 岁）平均产毛 236 克、产绒 175.5 克，比同龄本地山羊分别增加 39.5 克和 12 克，只均收入提高 65.5％。石嘴山市郊区于 1973 年引进中卫山羊首先在燕子墩公社宝闸大队试点，对三群本地母山羊进行改良，1975 年扩大到汪家庄大队和大武口公社的大武口、简泉大队，繁殖杂种羊 2114 只，一代杂种羊毛股弯曲数平均 2 个，最高 3 个，二代羔羊平均有弯曲 2.5 个，最高 4 个，被毛大部分为白色，毛股紧实，花案清晰，已具有沙毛裘皮的优良特点。银川市于 1976 年首次引进中卫山羊改良当地土种山羊，每只羊平均产绒 100 克左右，产粗毛 400 克左右，是高级呢绒制品原料。1976 年石嘴山市决定把贺兰山玉泉沟以南划为中卫山羊改良区，本地公山羊全部阉割，引进中卫山羊公羊 261 只，对改良区内的 1.2 万只母山羊进行人工授精和本交改良。

在 1974 年 5 月召开的全区第二次滩羊、沙毛山羊育种协作会议上，要求除阿拉善左旗（当时属宁夏）北部、中部发展白绒山羊外，其他地方都要发展中卫山羊。1979 年后，国家对畜产品收购价格逐步实行调整或放开，与其他畜产品价格相比，中卫山羊产品的收购价格显得过低，影响了群众发展中卫山羊的积极性。20 世纪 70 年代末开始，引进中卫山羊改良本地山羊工作基本停止。许多地方对引进中卫山羊改良本地山羊这一工作采取放任自流的态度。

2. 绒山羊改良

本地土种山羊产绒量低，只均产绒 154 克，且多为紫绒或杂绒，经济价值较低。1985 年开始绒改工作。

1985—1986 年，石嘴山市畜牧兽医工作站分别从内蒙古鄂托克旗和阿拉善左旗引进阿尔巴斯绒山羊 90 只、阿拉善左旗白绒山羊 102 只，组成两个纯种繁育群进行饲养观察，同时利用多余的公羊与本地山羊进行杂交试验。1987 年引进辽宁（盖县）绒山羊冻精，开展与本地山羊的杂交试验。1987 年 10 月，贺兰山农牧场引进辽宁绒山羊 42 只。1988—1989 年灵武、盐池、同心、彭阳、海原、固原、贺兰、陶乐等县共购入白绒山羊 1327 余只，主要是陕西省甘泉县繁殖的辽宁绒山羊。将这些羊引入后，除杂交改良本地山羊外，灵武、盐池、海原、同心等县还集中设场进行纯种繁殖。1989 年，宁夏农林科学院畜牧兽医研究所承担自治区科委下达的绒山羊杂交本地山羊的研究课题，从辽宁购入绒山羊冻精，又从辽宁绒山羊原种场引入公羊 13、母羊 10 只，在镇北堡林草试验站进行杂交试验。辽宁绒山羊与本地山羊的一岁杂交一代母羊平均产绒 327.5 克，比同龄本地母山羊（产绒 145 克）增长一倍多。

1987—1988 年，先后引进过安哥拉山羊冻精，在中卫山羊场进行杂交改良试验，以改善和提高中卫山羊的产毛性能，以生产马海毛为目的。到 1996 年，此项工作停止，以后就一直坚持采取本品种保种和选育措施。

1991 年，宁夏科委科技兴农办公室下达"绒山羊改良技术推广"项目，由区畜牧站及畜牧兽医研究所联合主持，在盐池、同心、灵武、海原、平罗、惠农、石嘴山等地，结合盐池-同心-灵武绒山羊基地建设，大面积开展绒山羊改良技术推广工作。至 1995 年，项目区累计存栏 1～3 代杂种羊 26.4 万只，只均增加产绒 190 克，白色率达到 90.8%，绒毛长度提高 36.8%，净绒率提高 7.25 个百分点，只均产肉增加 3.1 千克，新增纯收益 9131 万元，取得了显著的经济效益和社会效益。

1992 年，中卫县引进安哥拉山羊纯种 4 只，对部分中卫山羊进行杂交改良试验，向马海毛方向发展，收到一定效果。

1996 年，盐池县再次从盖县引进白绒山羊 100 多只，以高沙窝乡、王乐井乡、鸦儿沟乡、萌城乡为重点改良区进行级进杂交改良，3 年内建成纯繁场 1 个，200 只规模的纯繁群 1 个，人工授精点 100 多处。在开展级进杂交的同时，利用优良的杂种后代进行横交固定。另外，还将经鉴定符合改良要求的杂二、杂三代公羊，投放在重点改良区，进行经济杂交，每年杂改 1 万只土种山羊。经测定，杂一代平均产绒 234.45 克，比土种 1 岁山羊产绒量 162.32 克提高 44.4%。1997—1998 年，盐池县又引进辽宁白绒山羊 240 只、内蒙古阿尔巴斯白绒山羊 100 只，开展二元、三元杂交，其中辽宁种公羊 30 只投放在柳杨堡、高沙窝、王乐井、鸦儿沟、惠安堡、萌城等乡镇。将母山羊在惠安堡镇林小庄村、柳杨堡乡沙边子村和城郊乡十六堡村组成 3 个纯繁群，每年可提供后备公羊 100 只左右。至 1997 年年底，盐池县共杂交改良土种山羊 7 万多只。1999—2000 年，再次引进辽宁系白绒山羊种公羊150只、内蒙古阿尔巴斯白绒山羊种公羊100只，继续推广绒改技术。1999年年底，盐池县杂改山羊达11.5万只，60%的土种山羊得到改良，杂种山羊平均产绒量达283克，比土种山羊高121克，只均增加收入50元左右。

20世纪90年代中后期，由于本地山羊生产性能的限制，山羊生产者为了追求更大的经济效益，转向了以绒用为主的山羊养殖业，各地纷纷引进辽宁、内蒙古绒山羊进行养殖或杂交改良，全区山羊养殖数量逐年增加。到2001年，全区山羊存栏达到历史最高146万只。

2003年，实行封山禁牧后，引进内蒙古和辽宁绒山羊改良本地山羊日趋减少，平罗等地养殖绒山羊基本以短期育肥为主。此后，绒山羊改良基本呈现市场化的趋势，灵武等地由于纺织要求和生产工艺升级，又开始引进阿尔巴斯绒山羊进行改良，以改进羊绒品质，满足高档羊绒制品生产需求。据业务统计，2020年全区内蒙古绒山羊、辽宁绒山羊及其改良群体规模约80万只，占山羊总数的65%左右。

3. 奶山羊引种

宁夏引黄灌区养殖一些奶山羊，主要是从陕西省流入的关中奶山羊、萨能奶山羊及其杂交后代。1978年数量约1万只。20世纪70年代后期，农牧渔业部推广陕西、山东等省发展奶山羊的经验，自治区领导也指示畜牧部门引入奶山羊。为此，区畜牧局、乡镇企业局和部分县、市都利用各种资金和不同方式扶持农民饲养奶山羊。1979年、1980年两年先后从陕西、山东两省共引进奶山羊9293只，绝大部分是产奶多、含脂率高的关中奶山羊、萨能高代杂种奶山羊。到1980年年底，除泾源、盐池两县外，其他市、县都有一定数量的奶山羊，总数达2.9万余只，其中，银川郊区有7909只、贺兰县6232只、永宁县5188只、青铜峡约2500只、隆德和平罗县各约2000只。为了解决引入奶山羊的配种和提高质量问题，1981年区畜牧局又从陕西、山东和西北农学院引入优良奶公羊110只，分配给银川、永宁、贺兰、吴忠、青铜峡、隆德和陶乐等七个县、市。奶山羊发展后，羊奶的收购和销售问题却一直得不到妥善解决，挫伤了农民饲养奶山羊的积极性，又纷纷出售、淘汰。银川市奶山羊存栏量从1980年的1.91万只到1985年降至1300余只。1985年，固原市从陕西省富平、三原两县引进奶山羊2023只（内有种公羊23只），在黄锋堡、三营乡饲养，并设人工授精点2个，配奶山羊母羊1431只，受胎率91%。此后，全区奶山羊的发展基本处于放任自流局面。

四、蜜蜂品种改良

（一）中华蜜蜂

对中华蜜蜂，以筛选、提纯地方良种为目标。"十二五"期间，自治区结合国家蜂产业技术体系在固原市建立了固原综合试验站，以六盘山区为中心，建立六盘山区中华蜜蜂地方良种选育基地，开展优质种用蜂王的利用率研究，加强宁南山区中华蜜蜂地方良种繁育保种工作。"十三五"期间，在固原市确定2个"六盘山区中华蜜蜂地方良种选育基地"，主要开展在保持蜜蜂遗传多样性的前提下，以抗病、维持强群、蜂蜜高产为主要性状，保留与选育具有六盘山区区域特点的中华蜜蜂地方良种工作。2014年，国家蜂产业技术体系岗位科学家、全国著名蜜蜂育种专家、吉林省科学养蜂蜂研究所所长薛运波研究员团队对宁夏中蜂资源、示范基地建设及蜜粉源等情况进行了深入调查，其间采集当地中华蜜蜂雄蜂精液和工蜂样品进行形态鉴定和DNA分析，使全区中华蜜蜂首次存入国家中华蜜蜂基因库，这对自治区中蜂资源保护和促进当地蜂业健康可持续发展具有十分重要的意义。

（二）西方蜜蜂

1957年自治区首次引进西方蜜蜂，主要引进品种为意大利蜂和卡尼鄂拉种2个蜂种。在引种过程中，主要以提高杂种优势利用率为目标，开展 2 个西方蜜蜂品种的良种引进工作。长期以来，自治区在固原市县两级养蜂站的努力下分区域建立西方蜜蜂良种卵虫输送推广蜂场，开展优质种蜂王推广，切实提高杂种优势利用效果。1996 年以来，依托自治区农牧厅（现农业农村厅）项目资金支持，每年度引进优质种蜂王（以意大利种蜂王和卡尼鄂拉种蜂王为主），分别在全区部分县区建立西方蜜蜂良种卵虫输送推广蜂场，通过优质种蜂王的引进，开展次代优质生产蜂王的培育，提高全区西方蜜蜂良种化水平。截至 2019 年，共引进种蜂王 1454 只，培育生产用卡意杂蜂蜂王 106600 只，蜂群生产性能始终保持高产量，大转地蜂场蜂群年产蜂蜜达到 50 千克/群以上。

第四章

畜牧业技术推广

■ 第一节 奶牛养殖技术推广

一、"九五"期间（1996—2000 年）

自治区奶产业发展较快，已成为推动全区农村经济发展和增加农民收入的特色产业。奶牛良种繁育体系初步形成。人工授精技术得到全面普及，标志着全区人工繁殖技术跃上新台阶，在冷精普及率、繁殖成活率和直肠把握输精等方面达到了国内先进水平，奶牛胚胎移植技术在规模场开始应用，通过胚胎生物工程技术引进国外优良品种牛改良中低产奶牛，加快了全区品种改良步伐。1999 年，宁夏平吉堡奶牛场开始实行分群饲养，推广应用全混合日粮（TMR）饲喂技术，实行人工搅拌混合（由于缺乏搅拌设备），在生产中取得了一定效果。同年，宁夏参与实施中国-加拿大奶牛综合育种合作项目，由平吉堡奶牛场采集奶样运送到西安进行测定并出具分析报告，开始了奶牛生产性能测定（DHI）试点工作。

二、"十五"期间（2001—2005 年）

按照自治区确定的《奶产业发展规划》，积极开展高产奶牛的选育，胚胎移植、体外受精、早期性别鉴定、体型线性鉴定和生产性能测定等先进技术的应用，为全区奶牛产业的快速发展提供了技术保障。2000—2001 年，依托"奶牛高产综合技术推广项目"，在项目区规模养殖户中开展奶牛体型线性鉴定工作，对 1～4 胎泌乳牛进行鉴定，共鉴定泌乳牛 3850 头，其中体型评分在 75 分以上的牛只有 2249 头，78 分以上的 816 头。2001 年宁夏夏进乳业公司筹建了 DHI 测定实验室，引进美国 BENLTEY-150 型乳成分·体细胞测定连体机，在宁夏平吉堡奶牛场等 8 个奶牛场启动实施 DHI 测定。2001—2005 年共测定奶牛 6523 头，累计测定奶样 44499 头份。通过阶段的试点工作，宁夏奶牛养殖者对 DHI 技术有了初步的认识，参加 DHI 的牛场取得了一定的成效，牛奶产量、质量和经济效益均有较大提高。2002—2004 年，依托"奶牛高产技术示范推广项目"，按照加拿大 9 分制鉴定方法，对 11 个示范场（园区）的 1～4 胎 2571 头泌乳牛进行了体型线性鉴定，鉴定平均分为 75.12 分。根据体型线性鉴定结果，项目组分别制定了各示范奶牛场（园区）的选种选配方案。针对需要重点改良的性状（乳房结构和尻部），结合奶牛生产性能测定结果，本着保留优点、改进缺陷的原则，引进国内外优质冻精 20000 支（其中加拿大冻精 1000 支），选配改良示范牛场（园区）母牛 8600 头，繁育高产奶牛后代 3452 头，改良后代生长发育良好、体型外貌改良效果显著。同期，宁夏畜牧工作站等单位先后与北京奶牛中心、宁夏四正生物工程中心、新疆天康畜牧生物技术股份有限公司、澳大利亚西澳洲大力畜牧育种公司进行了技术合作，用黄牛作受体，在吴忠市金银滩奶牛核心区、银川市兴庆区和平吉堡奶牛场开展了奶牛胚胎移植工作，累计移植胚胎 696 枚。2002—2005 年，启动实施了

"奶牛品种改良"项目，统一采购国内外优质冻精改良奶牛，在全区范围内，建立了科学统一、运行规范的良种冻精引进和推广应用体系。2002—2005年，依托"奶业重大关键技术研究与产业化技术集成示范项目"，与宁夏平吉堡奶牛场、上海益民科技有限公司合作，编制完成了适合宁夏奶牛编号办法和谱系卡片要求的《宁夏登记牛管理系统》V3.0版管理软件，完成了12.3万头奶牛数据的录入，并在核心示范区应用与中国农业大学李胜利博士合作开发的《奶牛多功能管理分析系统》，建立育种资料和日粮原料数据库。

三、"十一五"期间（2006—2010年）

推广了品种改良、奶牛全混合日粮（TMR）饲喂、生产性能测定（DHI）、分群饲养、营养调控等高效综合配套技术，示范应用了奶牛场（园区）信息化、规范化、标准化等饲养管理新模式，转变了奶牛养殖传统养殖方式，生产水平和规模化养殖比率显著提高。引进国内外优质荷斯坦种公牛冻精206.2万支（国外验证公牛冻精11.71万支），冷配改良奶牛102.3万头，良种覆盖率100%。全混合日粮饲养技术已在100多个规模奶牛场（园区）推广应用，辐射奶牛群6万头。2008年11月农业部和财政部联合下发了《关于下达2008年奶牛生产性能项目实施方案的通知》农办财〔2008〕150号文件，在北京、天津、河北等18个项目区实施奶牛生产性能测定项目，宁夏奶牛生产性能测定中心被列为全国18个测定中心之一，奶牛生产性能测定技术覆盖50个规模奶牛场（园区），累计测定泌乳牛3.6万头，奶牛养殖已实现了由定性管理向定量管理的转变。2010年全区成年母牛平均单产6400千克，居全国第4位，良种覆盖率、机械化挤奶技术覆盖面均达100%，其中，核心选育群平均单产8506千克，乳脂率3.8%、乳蛋白3.37%。编制完善了《宁夏回族自治区中国荷斯坦牛编号办法》，研发了奶牛在线登记软件及奶牛生产性能测定分析软件。由自治区畜牧站牵头组织实施"奶业关键技术研究（集成）与产业化示范课题"，其成果获2008年度自治区科技进步一等奖。

四、"十二五"期间（2011—2015年）

依托北部引黄灌区农业产业优势，着力打造奶牛优势产业带，实施奶业"提质增效"行动计划，优势区奶牛存栏和产奶量分别占到全区的93%和99%，以规模养殖场和养殖园区为平台，以重大推广项目为抓手，引进、示范、推广了高效繁殖、精准化养殖、粗饲料加工、智能化管理等一大批先进技术，大力发展奶牛标准化规模养殖，实施振兴奶业苜蓿发展行动，推行奶牛遗传改良计划。累计推广优质奶牛冻精193万支，改良奶牛107.2万头，奶牛覆盖率分别达到100%，奶牛平均单产7200千克，居全国第4位，比全国平均水平高1200千克。机械化挤奶率达到95%，规模牧场全部实现机械化挤奶。规模场全混合日粮饲养技术普及率达到70%。参加奶牛生产性能测定的牧场达到53个，参测泌乳牛群4万头左右，2015年参测牛群平均305天产奶量达到9吨。2011年，依托"奶牛精准化健康养殖技术推广项目"，在宁夏农垦贺兰山奶业有限公司、银川市西夏区先锋奶牛养殖场等10个重点示范场推广应用了奶牛场管理系统（DMS3.0）。软件具备智能预警、牛群管理、繁殖管理、产奶管理、DHI管理、兽医保健、饲料配方与营养、物资管理、决策支持和系统管理功能，可实现与奶牛DHI中心数据库CNDHI系统数据共享。2012年以后，随着计算机的普及应用，国内外相关计算机软件公司相继研发了CNDHI、"奶业之星"等多个牛场管理软件和"奥特"发情探测器等多个物联网设备，奶牛场信息智能化管理技术进入了大数据时代。2013年，自治区农业育种专项"优质高产奶牛选育"项目开始实施，项目第一期共5年，每年依据最新发布的国际公牛排名和各性状育种值，以及公牛总性能指数TPI平均值及项目示范场TPI均值，结合奶牛群遗传评估育种值、生产性能及体型鉴定数据，为示范场制定个体精准化选配方案。

五、"十三五"期间（2016—2020 年）

围绕奶产业提质增效，打造全国优质奶牛和优质奶源"两个基地"的目标，重点实施了优质高产奶牛选育、奶牛生产性能测定（DHI）、奶牛养殖节本增效、奶牛绿色养殖与优质生鲜乳生产体系研究与示范等项目，全面推广良种选育、高效繁殖、生产性能测定、全混合日粮饲喂、精准化饲喂、信息化管理、粪污资源化利用等 10 项技术，全区规模养殖场奶牛良种率、机械挤奶率、青贮饲喂率均达到 100%。2017 年，建成了宁夏奶牛生产性能测定吴忠分中心实验室，年测定能力达到 6 万头。2018 年，宁夏奶牛生产性能测定中心被全国畜牧总站和中国奶业协会评选为一级奶牛生产性能测定中心，作为全国 10 个一级测定中心之一，标志着宁夏奶牛生产性能测定中心已步入全国标准实验室前列。参加奶牛生产性能测定的牧场达到 45 个，参测泌乳牛群 5 万头左右。2019 年，参测牛群平均 305 天产奶量突破 10 吨，达到了欧美等发达国家水平。2020 年，奶牛生产性能测定技术应用研究获宁夏回族自治区科学技术成果证书（登记号：9642020Y169）。启动实施的优质高产奶牛选育重大专项一期项目顺利结题，项目建成了宁夏优质高产奶牛选育体系，建设开放式选育群场 31 个，选育核心群 1.71 万头，305 天产奶量达到 11.2 吨。首次建立了宁夏地区荷斯坦奶牛开放式选育核心群，组建了宁夏地区 β-酪蛋白 A2A2 纯合基因型奶牛种质资源群，建立了宁夏地区荷斯坦青年母牛早期选育技术体系，构建了宁夏地区荷斯坦牛遗传评估及选择指数，用随机回归模型估计宁夏地区荷斯坦牛头胎测定日产奶量遗传参数，筛选了宁夏地区荷斯坦奶牛产奶性状遗传标记 4 个、乳房健康遗传标记 4 个，完善了宁夏高产奶牛快速扩繁技术体系，以宁夏农垦贺兰山奶业有限公司下属的奶牛场和贺兰中地生态牧场有限公司等 10 个育种示范场为重点，建立了宁夏地区供体母牛全基因组早期选育技术体系和供体母牛遗传评估选择技术体系。引进优质验证荷斯坦奶牛性控冻精，生产（引进）优质高产奶牛性控胚胎 2091 枚，移植受体牛 1929 头。研究和示范奶牛高效繁殖等技术 25 项，30 个示范场平均胎间距由 2012 年的 417.53 天缩短至 2017 年的 391.83 天。同时，建立了宁夏奶牛信息化管理体系，应用云计算、物联网、大数据等互联网＋技术手段，建成集遗传育种数据收集、在线牧场管理及选种选配、物联网应用为一体的宁夏奶牛信息化管理平台；开发了基于云技术的宁夏奶牛场管理系统，建立完善宁夏奶牛育种综合信息数据库，集成国内外 46.8 万头种公牛数据、9.5 万多头良种母牛基础信息、87.29 万条 DHI 记录、2.9 万头奶牛线性鉴定数据，为开展宁夏地区奶牛遗传评估、推进奶牛"大数据"育种，提供了有力支撑。项目获 2019 年自治区科技进步一等奖。自 2017 年以来，还依托"畜牧养殖大县种养结合整县推进""畜禽粪污资源化利用"等项目的实施，在全区大面积示范推广了奶牛场粪便资源化利用技术。推广粪污全量收集生态还田利用、固体粪便堆肥发酵利用、沼气能源利用等模式，形成了"规模养殖场＋粪污收集处理中心＋有机肥加工点"粪污处理利用网络。建成了一批高标准奶牛粪污资源化利用养殖基地，完成了奶牛规模养殖场粪污处理设施建设和升级改造，形成了一批畜禽粪污资源化利用典型。例如，宁夏贺兰山奶业公司平吉堡三分场利用粪污厌氧发酵处理模式，建设沼气站、有机肥生产车间等，粪污经干湿分离处理后用于制作有机肥及沼气生产。宁夏天宁牧业发展有限公司利用污水清洁回用、粪便垫料利用模式，与中国社科院合作，采用独特的微生物发酵专有技术，每年将污水、废水、牛尿调制成 30 万吨左右有机肥水；配套建设宁夏益回循环农业有限公司，将牛粪堆积发酵，喷入发酵菌将牛粪除臭，年生产 3 万吨左右固态有机肥，无害化处理工艺及综合利用有效解决了牧场生产过程中每天产生的 1000 吨左右的液态粪水及 100 吨左右的固态牛粪。

■ 第二节 肉牛养殖技术推广

一、"九五"期间（1996—2000 年）

"九五"期间，结合"六盘山商品牛基地"和"灌区养牛工程"等项目的实施，加大了技术培训、技术示范、技术服务力度，推广肉牛品种改良、配合饲料饲养、秸秆"三贮一化"、暖棚养牛、疫病防控等实用技术，农民依靠技术养牛意识增强。

二、"十五"期间（2001—2005 年）

"十五"期间，推广应用黄牛冷配改良、秸秆加工调制、暖棚优质高效养殖、动物疫病控制、无公害生产、节本增效等一批实用技术。在宁南山区推广了肉牛规范化养殖技术，原州区和彭阳县开展了玉米、高粱（糜草）、苜蓿等饲草的青贮和混贮试验。举办黄牛人工授精技术培训班 25 期，培训技术人员 643 余名，考核颁发牛冷冻精液人工授精技术员证书 379 个。

三、"十一五"期间（2006—2010 年）

主要实施了宁夏高档肉牛生产综合配套技术集成示范、神内宁夏品牌肉牛产地形成综合援助项目等肉牛养殖技术研究示范项目和中南部设施养殖技术推广与培训服务、现代畜牧业示范基地建设等技术推广与服务项目，在全区推广应用肉牛标准化棚圈建设、青贮池建设、品种改良、母牛高效养殖、犊牛早期断奶、全混合日粮饲喂、高效育肥、日粮调制、微量元素添加、代谢病防治、高档肉牛生产等技术。

2007—2010 年，实施自治区科技攻关"宁夏高档肉牛生产综合配套技术集成示范"项目，在宁夏夏华肉食品股份有限公司等养殖企业首次开展高档肉牛育肥技术，并首次开展全混合日粮饲喂技术研究示范，育肥高档肉牛 429 头，头均活重 706.7 千克，胴体重 447.4 千克，屠宰率 63.4％，净肉率 56.7％，肉质等级全部达到 A 级以上，其中 A3 以上等级 35％。平均日增重提高 11.4％，头均纯收入增加 243 元。

2009 年，自治区农牧厅印发了《关于印发〈中部干旱带和南部山区设施养殖（肉牛）示范村和养殖园区建设技术方案（试行）〉的通知》，成立了技术专家组，开展技术培训与服务，示范肉牛规范化、高效养殖和高档肉牛生产技术，探索建立了夏华模式和泾源模式，并在全区范围内示范推广。

四、"十二五"期间（2011—2015 年）

围绕肉牛高效生产技术攻关和推广，实施了肉牛产业关键技术研究与示范、优质（高档）肉牛生产技术示范推广等项目，示范推广了高效繁殖、精准化养殖、粗饲料加工、非常规饲料资源开发利用、智能化管理、高档牛肉生产等技术。

2011—2013 年，实施优质高档肉牛生产技术示范推广项目，推广乳肉兼用德系西门塔尔牛冻精 5000 支，改良基础肉牛 2200 头，母牛繁殖率 85％以上，农户饲养高档肉牛头均增收 1500 元以上，规模场育肥高档肉牛头均产值 3.2 万元以上。

2013 年，在引黄灌区和奶业发展新区同心、沙坡头等县（区）10 个养殖场开展乳肉兼用牛繁育示范，组建西门塔尔杂交基础母牛群 3200 头，推广使用乳肉兼用德系西门塔尔牛冻精 5200 支，选配西杂母牛 2300 头，探索应用乳肉兼用西门塔尔母牛代哺荷斯坦公犊高效养殖模式，每头母牛年均代哺奶公犊 3 头，实现纯收入 3000 元以上。

2012—2015 年，自治区实施科技支撑计划"肉牛产业关键技术研究与示范项目"。其中，优质（高档）肉牛新品种（系）选育课题开展了选种选配、生产性能测定、主效基因检测分析等研究，选用优质西门塔尔牛、安格斯肉牛冻精 14000 支，选配良种母牛 8400 头，组建母牛选育群 6200 头，核心群 2500 头，建立良种肉牛繁育场 20 个，完成 1200 头选育后代生长发育、肉用性能测定分析，在自治区首次应用基因检测技术对与生长发育相关的主效基因进行了多态性及其关联性研究，发现与宁夏西门塔尔牛生长速度相关的基因 5 个、SNP 9 个；肉牛高效养殖关键技术研究与示范课题，示范推广肉牛高效育肥、母牛带犊标准化饲养管理、非常规饲料资源开发利用、特色风味牛肉生产等技术，建立肉牛高效育肥示范场 16 个，累计示范育肥牛 25300 头，头均新增纯收入 480 元以上，母牛带犊规范化饲养示范场 22 个，累计示范母牛群 38500 头，头均新增纯收入约 300 元，建立了柠条、马铃薯淀粉渣、葵花盘营养价值表 3 个。

五、"十三五"期间（2016—2020 年）

主要实施了自治区草畜产业节本增效科技示范、肉牛产业关键技术研究与重大实用技术推广、安格斯牛核心群建设等项目。

2015—2019 年，实施草畜产业节本增效科技示范推广项目，在全区累计建立肉牛节本增效示范点 722 个，集成示范推广肉牛杂交改良、全混合日粮饲喂、繁殖母牛低成本养殖、优质犊牛培育及肉牛快速育肥等主推技术。

2016—2018 年，自治区实施农业物联网技术示范推广，项目年支持建设物联网示范点 5 个，开展视频监控、智能化发情监测、全混合日粮饲喂监测、智能化称重、牧场信息化管理等肉牛养殖物联网技术示范。

2016—2019 年，启动实施农业关键技术研究与重大实用技术推广项目，依托自治区肉牛产业专家服务团队，实施安格斯牛营养调控暨差异化育肥技术研究与示范、肉牛精准化高效养殖技术研究、肉牛标准化饲养技术示范推广、优质肉牛生产示范推广等项目，开展安格斯中高端牛肉生产、全株玉米青贮加工调制、安格斯母牛分阶段饲养、优质犊牛培育等技术研究，示范推广了母牛规范化饲养、母牛分阶段饲养与高效繁殖、优质肉牛生产、肉牛高效育肥、全混合日粮饲喂、物联网智能化管理等标准化养殖技术。累计示范牛群达到 4.6 万头，全混合日粮技术应用率 100%，母牛繁殖率达到 85%，犊牛成活率 95% 以上，育肥牛日增重 1.5 千克以上，辐射带动肉牛养殖场 30 个。

2016—2020 年，实施安格斯牛核心群建设项目，建设项目示范场 10 个，引进美国、阿根廷等国外优秀安格斯验证种公牛冻精，累计组建安格斯母牛及其纯繁后备母牛群 16483 头，筛选核心群 3005 头。

■ 第三节　羊养殖技术推广

"九五"期间（1996—2000 年），宁夏先后建设了中部干旱带滩羊核心产区和"六盘山区""引黄灌区"肉羊杂交改良区，重点推广了畜禽良种化、配合饲料、秸秆饲料开发利用、暖棚养畜等实用技术。

"十一五"期间（2006—2010 年），推广了肉羊三元杂交、羔羊早期断奶、肉羊标准化快速育肥等技术，使羔羊日增重提高 20% 以上，6 月龄体重达到 37.5 千克，胴体重 19.1 千克，满足了加工企业对优质羊肉的生产要求。开展滩羊本品种选育，示范推广了两年三产、羔羊早期补饲、滩羊常见病防治等舍饲养殖综合配套技术，滩羊出栏率达到 95.5%，出栏二毛裘皮羔羊 69.7 万只。开发了滩羊羔羊代乳料、颗粒补饲料，使滩羊饲料转化利用率提高了 10%。制定了《滩羊常见病防治与操作规程》，使滩羊发病死亡率控制在3％以内。自治区畜牧工作站承担了农业部、科技部和自治区科研项目5项，与中国农业大学、西北农林科技大学、中国农业科学院北京畜牧兽医研究所和宁夏大学等单位合作实施了农业部"948""滩羊选育及养殖配套技术研究与示范推广项目"和科技部西部专项"新型牛羊复合秸秆成型饲料研究与示范"等项目。

"十一五"至"十三五"期间（2006—2020年），在滩羊核心产区，示范推广了滩羊本品种选育、全混合日粮饲喂、两年三产、饲草料合理搭配利用、繁殖母羊分阶段饲喂、早期补饲、适时出栏等滩羊舍饲养殖综合配套技术，使滩羊生产效益在短期内有了明显提高，规模化养殖场60％以上实现了"两年三产"，小群养殖场90％以上实现了"两年三产"，繁殖成活率达到145.2％。滩羊核心群串字花型裘皮比例达到55％以上，一级二毛裘皮比例达到10％左右。在全舍饲条件下，出栏胴体重22.29千克。裘皮羔羊出栏时间由60天缩短到30～45天，出栏胴体重13.5千克，增加了0.9千克，滩羊核心区养殖数量稳定达到400万只。开展了滩羊标准化饲养、肉质营养调控、圈舍环境监测、新饲草料资源（桑叶等）开发利用等试验，初步建立了适宜于主产区资源条件的饲草料高效利用模式和滩羊屠宰、肉品分割、分级技术标准，进一步完善了滩羊肉生产技术体系。组织实施节本增效科技示范、特色优质滩羊肉生产等技术示范以及滩羊基因鉴定技术等攻关。滩羊"两年三产"普及率达到75％以上，繁殖成活率近110％；二毛羔羊出栏重达到18千克，核心群串字花型裘皮比例达到55％以上，7～8月龄出栏羊胴体重达到18～20千克。推广饲草适时收获及玉米青贮、柠条揉丝、苜蓿制粒等加工调制技术，在滩羊核心区种植优质饲草270万亩以上，其中青贮玉米20万亩以上、苜蓿200万亩以上、一年生牧草50万亩以上。

在肉羊改良区，制定了宁夏肉羊杂交改良技术路线和配套技术路线，开展了以小尾寒羊或滩羊母羊为母本，以萨福克羊、陶赛特羊等为父本，肉羊二元、三元经济杂交改良。累计改良肉用羊90多万只，生产杂交后代100万只以上，杂交羔羊6月龄活重达到38.1千克，胴体重19.4千克，周岁杂种羊平均活重68.2千克。在固原市原州区、西吉县、平罗县18个肉羊规模养殖场（合作社、户）示范推广"三元杂交、多胎高产"、繁殖母羊全混合日粮加工调制及饲喂、羔羊早期补饲等技术，组建基础母羊核心群5200只，推广全混合日粮2100吨、包膜青贮苜蓿510吨、羔羊早期补饲料500吨。通过技术推广，繁殖母羊"两年三产"比例达到100％，病死率降到2％以下。累计示范规模达到3.2万只（繁殖母羊），每只繁殖母羊年纯收入达到600元以上。

"十一五"至"十三五"期间实施的主要项目：

（1）国家羊良种补贴项目 2006—2015年，累计选种选配优秀滩羊种公羊23800只，统一调购萨福克羊、陶赛特羊等优秀肉用种公羊3470只。

2016—2020年，累计选种选配优秀滩羊种公羊49700只，统一调购中卫山羊800只。羊良补项目覆盖15个县（区），受益养殖场（户）近万个，开展滩羊、中卫山羊选种选配与良种扩繁，对提纯复壮本品种、提高繁育水平和促进农民增收发挥了重要作用。

（2）自治区农业产业化项目 组建滩羊基础母羊核心群62000只，组建二元肉用基础母羊核心繁育群29500只。

（3）滩羊选育及养殖配套技术研究与示范推广项目 与西北农林科技大学合作开展项目，取得良好成果。一是完成了遗传位点多胎基因检测，初步确定了滩羊多胎基因存在的基因位点。二是初步探明了滩羊泌乳规律及提高泌乳性能的综合配套技术。三是初步总结了不同季节35日龄断奶后滩羊发情规律及诱导发情技术，并用于指导滩羊"两年三产"等技术推广与实践，缩短产羔间隔，提高滩羊养殖经济效益。四是初步研究总结了滩羊羔羊蛋白质与能量需求。五是进行了滩羊羔羊补饲与滩羊复合营养型舔砖和饲料产品的研究，提出了滩羊复合营养型舔砖产品配方、产品加工工艺的技术参数。

（4）农业科技重大推广示范项目 2012—2015年，由自治区财政厅支持，连续3年组织实施了农业科技重大推广示范项目"滩羊选育与舍饲高效养殖技术产业化示范推广""肉羊改良及高效养殖技术示范推广"。

（5）国家绒毛用羊产业技术体系建设　2013年12月，国家绒毛用羊产业技术体系在宁夏建设了"国家绒毛用羊产业技术体系宁夏滩羊综合实验站"，并以此为依托，开展了滩羊品种（系）选育及创新利用，滩羊舍饲高效养殖关键技术研究与示范，饲草料资源评价及轻简化技术研究应用，滩羊遗传资源评价、挖掘与繁育新技术研究遗传改良，疾病防控（治）关键技术研究与示范，生产与环境控制关键技术研究与示范，以及绒毛质量控制关键技术研究与示范。

（6）草畜产业节本增效技术示范推广　2015年以来，按照"主攻单产、提高品质、降低成本、提升效率"的要求，对照国内外先进技术和指标，积极推动奶牛、肉牛和肉羊等产业节本增效行动，截至2019年，分级建立肉（滩）羊节本增效示范点679个，其中自治区级示范场29个、市级106个、县级544个。在示范点集成示范推广肉（滩）羊杂交改良、全混合日粮加工饲喂、繁殖母羊分段饲喂等主推技术，示范场（点）肉羊繁殖母羊繁殖率150％以上，羔羊成活率93％，只均实现增收90元，育肥羊只均日粮成本控制在3.5元，日增重约260克，只均增收80元以上。

（7）基因编辑（CRISPR/Cas9）培育滩羊新品系（种）技术研究及集成示范　2014年，由自治区农牧厅支持，开展基因编辑（CRISPR/Cas9）培育滩羊新品系（种）技术研究及集成示范，先后开展了抑制肌肉生长基因（MSTN）、一胎多羔基因（FecB）、β-胡萝卜素-9，10-双加氧脱氢酶2基因（BCO2）、毛色控制基因（ASIP）编辑和滩羊基因编辑的脱靶效应、滩羊细胞水平和个体水平的基因编辑打靶效率研究示范，并取得重大突破。基因编辑裘肉兼用型品系群初生重平均4.75千克，成年公羊平均重97千克，成年母羊平均重85千克；FecB（多胎型）平均产羔率163％。建立了滩羊基因编辑技术体系，形成了技术规范1套（CRISPR/Cas9技术制备基因编辑滩羊）；建立了基因编辑羊表型测定方法和评估指标（暂行）；建立了滩羊快速扩繁技术体系，形成了1套技术规范；建立了基因编辑滩羊生物安全评价与管理体系。

（8）营养调控生产雪花（大理石花纹）滩羊肉关键技术研究与应用　2016—2018年，由自治区农牧厅支持，实施了营养调控生产雪花（大理石花纹）滩羊肉关键技术研究与应用项目。探明了雪花（大理石花纹）滩羊肉形成机理；确立了雪花（大理石花纹）滩羊肉生产技术和测定方法；制定了《雪花（大理石花纹）滩羊肉生产技术规范》（地方标准）；确立了雪花（大理石花纹）滩羊肉示范推广模式；建立了（大理石花纹）滩羊肉示范推广基地；创建"三又佳羊"高档滩羊肉品牌1个，是目前国内外唯一具有自主知识产权的雪花（大理石花纹）高档羊肉。

（9）自治区农业育种专项滩羊品系选育　项目自2013年启动以来，选育三世代（G3）个体500只，存栏总数5036只，三世代个体9月龄体重42.62±5.41千克，较选育G0提高19.19％；多胎品系选育，组建F2育种核心场2个，群体规模达1500只以上，持续开展多胎主效基因FecB检测辅助选择育种，F2代B+个体占67％，选育群多羔率150％左右；开展滩羊基因组重测序，发现相关功能基因41个，初步定位到控制毛色、尾脂、背膘厚功能基因3个。首次在滩羊串字花品系扩增到KAP20-2和KAP28基因，初步验证KAP20-B型条带与绵羊的毛细度相关。三个育种核心场向社会提供优秀种公羊4200余只。

（10）肉羊基础母羊选育群建设项目　自2016年以来，自治区农牧厅连续5年安排专项资金270万元，支持开展滩寒杂羊的新品种培育。截至2020年，整个种群维持在1100只左右，累计繁育后代羔羊2400余只，累计选留1300余只。在农牧厅畜牧局、金凤区农牧局的支持和自治区畜牧工作站专家的技术指导下，滩寒杂肉羊基础母羊选育群项目已处于F2代核心群的组建中。本项目采用开放式群体继代选育法进行选育，即F1代群体组建完毕后，将逐步淘汰原代核心基础母羊，组建的滩寒杂羊后代无论是生产性能，还是繁殖性能，都较宁夏本地滩羊有极为显著的提升。

■ 第四节　生猪养殖技术推广

1995年以来，全区推广瘦肉型猪三元杂交配套技术、生物环保养猪技术、生猪人工授精技术、生猪标准化综合养殖技术、生猪高效绿色设施化养殖技术等一系列实用技术，从根本上改变了生猪传统落后的饲养方式，逐步步入商品生产和产业化道路。

商品瘦肉型猪生产综合新技术示范与推广。 该项目是 1994 年由自治区科技领导小组和自治区科委下达的自治区科技兴农重点推广项目，并列为 1994 年自治区十大科技兴农项目之一。1994—1996年由自治区畜牧局主持，自治区畜牧局科教处和中宁县畜牧站承担，在中宁县组织实施。通过项目实施，形成了一整套行之有效的商品瘦肉型猪生产综合新技术，包括品种良种化，繁育体系化，饲养标准化，管理科学化，防疫卫生制度化，圈舍建筑规范化，饲养规模适度化，粪便处理利用综合化，产销一体化、经济化，以及乡站服务系列化等技术，发布实施了《塑膜暖棚猪圈》（DB64/T 133—1995）、《猪常温人工授精技术规程》（DB64/T 159—1996）、《商品瘦肉型猪基地县标准》（DB64/T 162—1996）和《商品瘦肉型猪生产综合技术标准》（DB64/T 187—1996）地方标准。三年累计出栏商品瘦肉型猪 326194 头，头均获纯收入 167.8 元，累计纯收入 5473.5 万元，其中采用综合技术养猪较常规养猪头均新增纯收入 69.4 元，累计新增纯收入 2263.8 万元。

瘦肉型猪三元杂交配套技术。 2001—2002 年瘦肉型猪三元杂交配套技术作为重点农业技术推广项目之一，在中卫、中宁、青铜峡、隆德四县市实施。通过优良种猪的引进、选育与推广，扩大二元母猪群的饲养规模，开展三元杂交商品猪瘦肉型猪生产，完善与三元杂交相适应的良种繁育体系，推广应用配合饲料、暖棚饲养、人工授精配种、母猪高床产仔、仔猪网上培育、科学免疫程序、肉猪笼养等综合配套技术。截至 2003 年初，四县（市）年末存栏生猪 58.83 万头，完成计划任务的106.96%，两年累计出栏商品瘦肉型猪 174.49 万头，其中二元商品猪 77.55 万头、三元商品猪96.94 万头，分别完成计划任务的 109.06%、119.31%和 102.04%。二元商品猪料肉比为 3.56：1、三元商品猪料肉比为 3.10：1，二元商品猪 175 日龄出栏，三元商品猪 171 日龄出栏，二元商品猪胴体瘦肉率为 57.07%、三元商品猪胴体瘦肉率为 61.65%。新增产值 9321.32 万元，新增纯收入7056.32 万元，投入产出比为 4.12：1。

生物环保养猪技术推广。 该项目是 2008 年宁夏农牧厅下达的新技术引进示范推广项目，2009 年列入自治区农业产业化项目，支持扩大推广应用覆盖范围。重点示范推广发酵床制作、发酵垫料尾产物肥效测评等技术，范围辐射中宁县、中卫市沙坡头区、隆德县、青铜峡市、灵武市、贺兰县、永宁县、西夏区、兴庆区、平罗县、盐池县和原州区等 12 个县（市、区）。项目实施三年，改建、新建生物环保养猪场（户）262 家，建成发酵床猪舍 45.45 万米³，累计出栏生猪 153.41 万头，提供优质猪肉 11.5 万吨，减少粪便污水排放 613.6 万吨，减少用水量 161 万吨，新增经济效益 8200.61 万元，年增经济效益 2733.54 万元。

生猪人工授精技术推广。 2009 年宁夏被列入国家生猪良种补贴项目范围，重点示范推广猪的人工授精技术和瘦肉型猪"杜长大"规范化三元杂交模式，对全区良种猪品种改良起到重要作用。截至2016 年，国家共补贴资金 1661 万元，生产供应优良种公猪精液 166.1 万剂（每剂 80 毫升），完成能繁母猪人工授精 42 万多头。生猪良种补贴项目的实施，建立健全了人工授精服务网络，2015 年共建立种猪供精站 6 个，存栏种公猪 250 多头，建立精液配送中心 40 多个。2016 年三个项目县建立种猪供精站 4 个，存栏种公猪 150 头，建立精液配送中心 40 个，项目县区猪人工授精覆盖率达 85%以上，瘦肉型猪"杜长大"规范化三元杂交的商品猪占出栏商品猪的 85%以上。项目县（市、区）年减少种公猪 1500 多头，减少种公猪饲养及引种费 1200 多万元，节省饲料 150 多万千克。母猪养殖场（户）年节省配种费 180 多万元。母猪情期受胎率普遍在 85%以上，窝均产仔 12 头左右，窝均产活仔 11 头左右，平均提高窝产仔 1 头，项目区年多产仔猪近 10 万头，增加经济效益 2000 多万元。

生猪标准化综合养殖技术示范推广。 2015—2017 年自治区累计补贴生猪标准化综合养殖技术示范推广资金 108 万，在中宁县、青铜峡市、沙坡头区和隆德县等养猪主产区和地方特色板块养猪产业大县示范推广优良种猪繁育技术、自动化饲喂及母猪规范化养殖技术、猪人工授精技术、疫病综合防控技术、猪场粪污无害化处理综合利用技术等。建立标准化养猪示范点 19 个，生猪良种化率达到

100%，猪人工授精技术推广应用 100%，受胎率达到 90% 以上，仔猪成活率达到 90% 以上，能繁母猪年产仔猪 2.22 胎，年提供断奶仔猪 23 头。示范带动年出栏生猪千头以上规模猪场 210 个以上，累计出栏生猪 71 万头以上。

生猪高效绿色设施化养殖技术示范推广。 2018—2019 年自治区累计补贴生猪高效绿色设施化养殖技术示范推广资金 85 万，在中宁县、沙坡头区、青铜峡市、灵武市、隆德县和彭阳县示范推广自动化饲养管理技术、母猪高效养殖技术、粪污资源化利用技术和疫病防控净化技术，辐射带动规模养殖场，推动建立高效、绿色养猪技术模式。建立高效绿色设施化技术应用示范点 11 个，示范猪场母猪年繁殖 2.3 胎，年提供断奶仔猪 24 头，仔猪断奶成活率达到 96% 以上，育肥猪日增重 808 克以上，153 日龄出栏重达到 127.2 千克，料肉比低于 2.7：1，粪污处理设施配套率和综合利用率分别达到 100%。累计示范猪群 10 万头以上，辐射带动了千头以上规模猪场 90 多个、猪群 50 多万头。

第五节　家禽养殖技术推广

20 世纪 80 年代，随着国外引进的良种鸡在国内推广，全区也开始引进良种鸡进行推广。到 1988 年，全区良种覆盖率达到 80% 以上，引黄灌区基本实现了良种化。

1995 年宁夏科技兴农领导小组办公室下达科技兴农项目"笼养蛋鸡技术推广"，由自治区畜牧工作站主持，在中卫县、中宁县、银川郊区、贺兰县实施。项目主推技术：一是饲养品种良种化。推广海赛克斯褐、海兰褐、亚发褐为主的优良蛋鸡品种。二是鸡舍设计与设备选型。根据自治区饲养状况与实际，鸡舍设计主要以半开放式鸡舍为主，自然通风、自然采光加人工补光、冬季加温，鸡笼以三阶梯为主，乳头式自动饮水线，人工清粪。三是饲养管理规范化。围绕育雏、育成、产蛋期的饲养管理制定技术操作规程，大力推广全价配合饲料。四是加强疫病防控。两年累计推广笼养蛋鸡 573.62 万只，只均年产蛋量 14.43 千克，地面平养提高 2.52 千克，减少耗料 1.61 千克，全程死亡率降低 15.03 个百分点，提高劳动效率和鸡舍利用率 1 倍以上。1997 年获农牧渔业丰收奖三等奖。

2005—2013 年（2010 年未实施）自治区农牧厅、财政厅农业产业化项目"生态鸡新品种引进示范实施项目"启动，按照项目要求，制定了项目实施方案。自治区先后下达项目资金 184 万元，由自治区畜牧站实施。项目先后从无锡市祖代鸡场有限公司、扬州市翔龙禽业有限公司、广州市江丰实业有限公司、西安市高陵祖代鸡场、河南省固始鸡发展有限公司、宁夏九三零种鸡有限公司、宁夏恒泰源种鸡有限公司引进太湖鸡、苏禽黄鸡、江村黄鸡、萨索鸡、固始鸡、红羽王鸡等 8 个品种，共引进投放雏鸡 52.3 万只，全部投放到灵武市、盐池县、隆德县、彭阳县、青铜峡市、兴庆区、金凤区、西夏区、贺兰县、永宁县、红寺堡区、平罗县 12 个县市实施，开展引进品种适应性及生产性能测定。推广集中育雏技术、过渡期补饲技术和放牧期放养方式、放养训导、补饲等饲养管理技术以及疫病防控技术。据测定，农户饲养一只生态鸡纯收入在 20 元以上，同时在果园、林带放养生态鸡，每年每亩可减少人工除草费 30 元以上。2014 年，制定了宁夏回族自治区地方标准《生态鸡饲养管理技术规程》。

2008 年，为落实农业部、财政部办公厅《关于印发蛋鸡标准化规模养殖场改造以奖代补项目实施方案的通知》（农财办〔2008〕145 号）文件精神，推进自治区蛋鸡生产健康发展，按照实施方案的要求，制定了《宁夏 2008 年蛋鸡标准化规模养殖场改造以奖代补项目实施方案》以及《宁夏蛋鸡标准化规模养殖场（小区）建设验收评分标准》。并于 2009 年 2 月 5 日至 13 日由自治区农牧厅畜牧局组织有关专家，对上报养殖规模在 1 万只以上的 83 个蛋鸡养殖场、户（小区），通过逐一入户实地核查养殖数量、查阅技术资料、提出质疑、综合评审打分等方式进行检查验收，综合评定，对 28 家场（户）进行奖励，总奖励资金 115 万元，其中对养鸡规模为 10000～19999 只的养鸡户每户奖励 3 万元，共奖励 15 户，共计 45 万元；对养殖规模在 20000～29999 只的每户奖励 5 万元，共奖励 11 户，共计 55 万元；对养殖规模在 30000～39999 只的每户奖励 7 万元，共奖励 1 户，共计 7 万元；对养殖规模在 4 万只以上的养殖户奖励 8 万元，共奖励 1 户，共计 8 万元。

2010—2016 年实施畜禽养殖标准化示范创建活动。为贯彻农业部《关于加快畜禽标准化规模养殖的意见》，自治区制定了《宁夏畜禽养殖标准化示范创建活动工作方案》，严格按照"畜禽良种化、养殖设施化、生产规范化、防疫制度化、粪污无害化"要求，精心组织，认真安排，通过集中培训、专家指导、现场考核等措施，7 年共创建国家级蛋鸡标准化示范场 6 家、肉鸡标准化示范场 2 家，自治区级肉鸡标准化示范场 2 家。据统计，到 2016 年底，全区蛋鸡 2000 只以上规模养殖比重由 2010 年的 37.38％提高到 64.98％，提高了 27.6 个百分点；肉鸡年出栏 2000 只以上规模养殖比重由 2010 年的 43.68％下降到 42.14％，下降了 1.54 个百分点。规模鸡场蛋鸡年产蛋量达 19 千克以上、料蛋比 2.2：1、死淘率 8％以下，指标略高于全国平均水平；白羽肉鸡出栏日龄为 42 日龄、出栏体重 2.0 千克、料肉比 2：1，主要生产指标均低于全国平均水平。

■ 第六节 饲草加工调制技术推广

宁夏自 1985 年开始在引黄灌区示范秸秆加工调制技术，当年加工总量仅为 1 万多吨，主要以半干玉米秸秆青贮（黄贮）和稻麦草氨化处理技术为主。1998—2000 年自治区财政厅投资近 400 万元，实施"工厂化秸秆养畜脱贫致富工程"项目，在全区开展了秸秆"三贮一化"（青贮、酶贮、微贮和氨化）新技术示范，这项技术对全区推行舍饲养牛、羊育肥生产发挥了巨大的推动作用，为有效增加农民收入、改善生态环境起到了积极的示范作用。

自 2000 年起，自治区大力推广了全株玉米青贮技术，每年全株玉米青贮的数量都在大幅增加，使自治区青贮玉米和秸秆处理利用已由单纯的技术推广向产业化方向发展。2006 年，宁夏畜牧工作站先后在宁南山区的原州区、泾源、隆德和彭阳等地，以示范村为重点，开展了优质饲料玉米新品种引种筛选、饲草加工调制贮存、全混合日粮科学配制与饲喂和肉牛养殖综合配套技术示范等全方位的技术推广服务工作，取得了良好进展。一是规范了青贮池建设，完善了宁南山区青贮池建设模式。在青贮池的建设样式上进行了优化设计和改进，示范推广了用地上式青贮池制作青贮饲料。二是全方位推广全株玉米青贮、秸秆微贮和酶贮等多种方式的饲草料加工调制技术，在全株玉米青贮技术推广方面取得了突破性进展，示范村农户已普遍认识到了青贮饲料的优越性，并积极制作全株玉米青贮。三是创新补贴兑现机制，将青贮池建设补助与实际贮存数量相挂钩，避免了只建池子而不贮草，减少了空池率，提高了青贮池的利用率。四是抓好青贮饲草的科学利用，示范了全混合日粮饲喂技术。同时，针对宁南山区情况，筛选出了适合半阴湿地区种植的佳禾 2 号和木兰 1 号两个籽粒型品种，适合固原北川地带种植的"青贮 67 号"全株青贮专用型和沈单 16 号、沈玉 18 号兼用型玉米新品种，这些品种每亩生物产量达到 6～8 吨，比当地原有品种多 3 吨以上，兼用型玉米新品种不仅玉米籽粒产量优于当地品种（600 千克/亩以上），而且籽粒成熟后秆叶仍青绿多汁，可收获用于加工青贮的鲜秆叶 2200 千克/亩以上。这四个品种经过两年的试验和示范，已得到当地农民的认可和欢迎，为宁南山区调整饲草结构，实施饲草加工调制技术推广打下了很好的物质基础。宁夏秸秆养畜技术推广项目获 2004 年度全国农牧渔业丰收奖二等奖。

2008 年，自治区农业产业化项目安排专项资金 390 万元用于标准化"三贮一化"池建设，安排 135 万元用于采购秸秆加工调制添加剂，各县（市、区）也都加大了资金扶持力度，安排专项资金对秸秆加工工作进行扶持。同年，自治区农牧厅、财政厅共同制定了《宁夏 2008 年农作物秸秆加工调制利用山川互动实施方案》，开展"山川对口帮扶"活动，组织秸秆加工利用工作开展较好的川区县市，采取技术承包的形式，对口帮扶技术力量相对较弱的山区县市，深入各乡（镇）、村和农户家中开展秸秆加工调制技术培训与技术指导服务，使广大农户普遍了解和掌握了多项技术，提高了农民开展秸秆加工调制的积极性和主动性。

2009 年，宁夏启动饲草加工配送中心建设规划。饲草加工配送中心通过与种植农户和养殖户签订原料收购与饲料配送双向合同，实行订单服务，实现种植业和养殖业的有机结合，也有力地带动了全区秸秆加工调制任务的顺利完成，自治区饲草料加工调制基本实现了规范化、标准化和规模化。初步形成了"种植户＋饲草加工配送中心＋养殖户"饲草料加工调制利用模式。

2011年以来，全区饲草加工调制工作取得了快速发展，先后在全区推广了苜蓿半干青贮（窖贮）、包膜青贮饲料生产技术（2011年），秸秆饲料、苜蓿青贮和非常规饲料加工贮存与利用技术（2014年），冬牧70黑麦草加工调制技术试验和示范（2015年），以及全株玉米青贮技术（2017年）等先进技术，奶牛场全株玉米青贮普及率达到100％，全株玉米青贮普及率和青贮饲料品质达到国内领先水平。先后制定地方标准10项，获得知识产权2项，"优质饲草及非常规饲料资源开发利用技术研究与产业化示范"获得2012年度宁夏科技进步奖三等奖，"宁夏粗饲料生产技术研究与产业化示范"获得2012年度农业部中华农业科技奖三等奖，"宁夏牛羊优质饲草高效利用关键技术示范推广"获得2016年度农业部农牧渔业丰收奖二等奖。

2019年，在宁夏西贝农林牧生态科技有限公司饲草社会化服务站开展一年生优质饲草新品种引进与示范作，引进饲用甜高粱、燕麦和小黑麦（越冬）等优质饲草新品种，开展新品种筛选和种植试验。在平罗县、惠农区、利通区和青铜峡市推广种养结合、"一年两熟"模式，筛选种植冬牧70黑麦、小黑麦（晋饲1号）等新品种，通过调整优化种植业耕作制度，提高了土地利用率，实现了"粮＋经＋饲"三元结构向"粮＋经＋饲＋草"四元结构转变，开辟了农民增收的新途径。

■ 第七节　中蜂养殖技术推广

中蜂活框饲养技术源自西方蜜蜂养殖技术，1954年自治区首次引进西方蜜蜂品种以后，相比中蜂"墙洞式"一年一次取蜜且存在"杀鸡取卵"毁灭蜂群风险的原生态饲养方式，西方蜜蜂活框饲养因其易操作、不伤蜂、产蜜量高、效益明显等特点，逐渐开始应用到中蜂生产过程中，尤其在1974年以后，全区在中蜂分布饲养集中的固原地区各县都组织人员推广中蜂活框饲养技术。1976年自治区爆发中蜂囊状幼虫病，使中蜂损失惨重，严重影响了中蜂活框饲养技术的推广。进入八九十年代，中蜂囊状幼虫病的肆虐虽然不像1976年第一次爆发那样具有毁灭性，但间隔3～5年又会重复发生，加之广大蜂农蜜蜂养殖重心逐渐转向西方蜜蜂养殖，又由于蜜源缺乏期西方蜜蜂和中华蜜蜂相互争夺蜜源而引起相互残杀，导致西方蜜蜂饲养区的中蜂几乎绝迹，严重影响了中蜂的发展和活框饲养技术的推广，这个阶段中蜂活框饲养技术推广处于停滞阶段。

"十五"至"十一五"期间，中蜂重点养殖地区（宁南山区）技术成熟的蜂农因年龄结构逐渐老化而逐渐退出养蜂事业，新生代蜂农短缺，且活框饲养技术存在过箱技术、管理技术等问题，严重影响了中蜂活框饲养技术的大力推广。

"十二五"至"十三五"期间，中蜂养殖获得国家蜂产业技术体系、自治区农牧厅支持。固原市养蜂水产技术推广服务中心组建技术服务团队和技术服务小分队，建立了68个中华蜜蜂活框健康高效养殖示范蜂场，全面推广中华蜜蜂活框饲养技术，通过近十年的全面推广，中华蜜蜂主养区宁南山区广大蜂农基本掌握了该项技术。截至2020年，活框饲养技术推广覆盖率在宁南山区达到95％以上，取蜜次数从1次增加到2次以上，蜂蜜产量翻倍提高，群均经济效益增加500元以上。

针对全国蜂业生产效率低、劳动强度大、蜂种退化、产品质量差、蜜蜂授粉普及率低等问题，国家蜂产业技术体系将"蜜蜂健康高效养殖技术研究与示范"作为重点任务之一，明确了全国养蜂生产技术的发展方向。国家蜂产业技术体系固原综合试验站，在吴杰、周冰峰、胥保华、李建科、吴黎明和郭媛等专家的支持指导下，结合当地养蜂技术水平较低等情况，积极开展了"中华蜜蜂健康高效养殖技术试验与示范"项目。

"十二五"期间，隆德县建立了柳文秀蜂场，西吉县建立了马有忠蜂场，达到人均饲养规模120群的水平，经济效益显著提高。

　　"十三五"期间，发展泾源县冶连荣，彭阳县陈泽恩、周万仓，原州区张得宝，隆德县杨忠权、杨阜、郝治理，以及西吉县杨天齐等示范蜂场，示范推广中华蜜蜂健康高效养殖技术，各示范蜂场的饲养规模均达到150群以上，经济效益成倍增加。通过示范蜂场的示范、引领和辐射带动作用，充分调动了广大农民群众饲养中蜂的积极性，并掀起了饲养中蜂的高潮。结合中蜂生物学习性，集成《蜜蜂健康高效养殖技术》专著1本，涉及"蜜蜂生物学""蜂场建设与规划""蜂群常规操作与管理""蜂群四季饲养管理""中蜂人工育王""蜜蜂健康养殖与病敌害防控""蜜蜂高效养殖与优质蜂蜜生产""蜂产品市场营销策略""蜜粉源植物生理与开花泌蜜预测预报"九个方面的内容。

　　"中华蜜蜂健康高效养殖技术试验与示范"项目在隆德县、泾源县、彭阳县、西吉县共建立示范蜂场58个，示范蜂场饲养规模均达到150群以上，示范蜂群0.8万群，推广蜂群6.8万群。蜂群群均增产2～3千克，经济效益提高300～500元。

第五章

畜 牧 业 生 产

■ 第一节 奶 业

宁夏奶业是与宁夏回族自治区共同成长起来的。1958 年，自治区成立时奶业非常薄弱，全区仅有 7 个奶牛场，饲养黑白花奶牛及杂种黄牛共有 524 头，每头年均单产仅有 1200 千克。1968 年，自治区成立十周年时，全区各类奶牛场（队）发展到 21 处，分布在 11 个县、市，有各类奶牛 1500 头，为全区奶牛群的形成及发展打下了基础，成年母牛年均单产徘徊在 2000~2500 千克。1973 年，自治区参加了中国北方地区黑白花奶牛育种科研协作组，翌年成立了宁夏奶牛育种协作组（1983 年更名为宁夏奶牛协会），开始有组织地对黑白花奶牛进行培育，提高了牛群质量。1983—1988 年，为提高牛群质量和牛奶品质，先后多次从丹麦进口及新疆、黑龙江、浙江等地调入奶牛分配给银川、青铜峡、吴忠、盐池、固原、彭阳等市县和家畜改良站及宁夏农科院等单位，为改善牛群质量起到一定作用。1990 年，逐步发展到 1.9 万头奶牛，到 1995 年全区奶牛存栏 6 万头，逐渐进入了规模化、产业化升级发展阶段。

"九五"期间（1996—2000 年），自治区认真贯彻落实党的十五届三中全会和自治区党委八届三次全体会议精神，进一步解放思想，更新观念，提高认识，把发展畜牧业放在了农业和农村工作的突出位置。自治区党委政府召开加快畜牧业发展会议，把研究、解决畜牧业发展的问题提到各级党委政府工作的议事日程，相继出台了诸多优惠政策，在土地利用总体规划和年度计划中，优先安排奶牛养殖户的用地，奶牛养殖数量和牛奶产量快速提高。2000 年，农村个体奶牛养殖逐渐成为宁夏奶牛业的主体，存栏 10 头以上 715 户，50 头以上 57 户，其中，利通区宁夏垦牧公司奶牛场存栏达 680 头，位居全区首位。与此同时，奶牛养殖小区和奶源基地建设开始起步，饲养管理水平有了一定的提高，奶牛良种繁育体系和社会化服务体系初步形成，人工授精技术得到全面普及，配合饲料、青贮饲料得到一定程度的应用。2000 年末，全区奶牛存栏 7.8 万头，居全国第 13 位；鲜奶总产量 23.6 万吨，居全国第 10 位；人均鲜奶占有量 40.8 千克，是全国人均占有量的 5.1 倍，居全国第三；全区奶牛业产值达 4 亿元，占全区畜牧业产值的 16.7％。详见表 6-5-1。已形成吴忠利通区和银川市两个奶牛相对集中的地区，这两个地区奶牛存栏量分别占全区总数的 81.63％和 80.91％。

奶牛业的发展带动了乳品加工业的迅速发展，2000 年全区共有乳品加工企业 29 家，其中利通区 14 家，银川市 7 家，灵武市 2 家，中宁、中卫、青铜峡、平罗、惠农和盐池各 1 家，日处理鲜奶能力达 990 吨。同时涌现出夏进乳品饮料有限公司和银川乳品饮料总公司这两个规模较大、起点较高、辐射面较广、带动力较强的龙头企业，年加工能力达到 6 万吨，设备水平和产品质量都达到了国内一流，"夏进"牌液体奶和"北塔"牌奶粉在国内占领了一定的市场，具有较强的竞争能力。夏进乳品饮料有限公司被农业部等七部委列为百家农业产业化国家重点龙头企业和中国学生奶定点企业。自治区农业银行出台了《关于支持引黄灌区发展适度规模养殖业的指导意见》，支持银川市乳品饮料总公司、夏进乳品饮料有限公司等 4 个龙头企业发展，先后共为企业争取投资和贷款 5700 多万元，为规模养殖与企业经营注入了新的活力，宁夏奶产业生产、加工、销售一体化、产业化发展格局初具雏形。

表 6 - 5 - 1　1996—2000 年宁夏奶业数据统计

单位：万头、万吨、千克

年度	奶牛存栏	牛奶产量	平均单产
1996	6.7	18.4	2747.1
1997	7.3	20.1	2766.51
1998	5.7	16.9	2972.05
1999	6.6	20.5	2990.78
2000	7.8	23.6	2996.09

"十五"期间（2001—2005 年），宁夏以推进西部大开发为契机、以增加农民收入为主导，大力实施农业产业化"三个十工程"；加快畜牧业基地和科技示范园区建设；充分发挥市场以及龙头企业的带动作用，使畜牧业经济取得了持续稳定的发展。

2001 年实施农业产业化"三个十工程"，即十大科技示范园区、十大优质农产品基地、十大龙头企业，使农业结构调整的步伐明显加快，畜牧业结构进一步优化。自治区党委、政府在全区农村工作会议上明确提出："大力发展畜牧业要突出发展羊和牛，大力发展牛羊肉加工业和乳制品加工业"，特别提出要加快建设银川、吴忠奶牛带，奶产业步入快速发展的快车道。2001 年末，全区奶牛存栏 7.6 万头，牛奶产量 27.6 万吨。2002 年是全面推进农业和农村经济结构战略性调整的重要一年，为了实现畜牧业的持续稳定发展，尽快做大做强奶产业，使之成为强区富民的支柱产业。2002 年 6 月 26 日，自治区人民政府印发并实施了《宁夏奶产业发展行动计划（2002—2005）》宁政发〔2002〕51号，提出调整优化畜牧业产业结构，加强发展奶产业的要求，把奶产业放在优先发展的地位。为了把各项工作落到实处，自治区农业产业化办公室、财政厅和农牧厅先后在全区范围内开展实施了农业产业化"三个十工程""畜禽种子工程"和"工厂化秸秆养畜工程"等三个项目，实施了"宁夏奶牛品种改良"项目，从政策、资金和人员等方面给予大力支持，为之后奶产业示范基地的发展打下了良好的基础。2002 年末，全区奶牛存栏 10.2 万头，牛奶产量 30.8 万吨。2003 年自治区编印了《宁夏奶牛优势区域规划》《草产业发展规划》及《宁夏畜禽种质资源保护规划和宁夏秸秆养畜发展规划》等规划，为进一步加强宏观调控，实行优化区域布局，规模化生产、标准化建设、产业化经营奠定基础。2003 年末，全区奶牛存栏 13.0 万头，牛奶产量 38.7 万吨；2004 年，全区奶牛存栏 18.6 万头，牛奶产量 46.9 万吨。自治区党委、政府召开畜牧水产工作会议，提出要突出发展畜牧业，使之成为农村经济最具活力的支柱产业，并出台了《加快发展现代畜牧业的意见》。自治区将奶产业列入优先发展的优势产业，从良种引进、园区建设、龙头企业、技术培训等方面加大了扶持力度，奶产业持续成为农村经济的热点产业。

2004 年后，宁夏农牧厅、工商局和质量技术监督局联合制定了《宁夏回族自治区生鲜牛奶收购质量监督管理办法》，对原料奶的生产、加工、运输和销售各环节监管做了明确规定，各地相应成立了联合执法大队，科学设置原料奶收购市场准入条件，严厉打击无证经营、掺杂使假、恶意竞争等不法行为。

2005 年后，宁夏启动实施了"奶牛出户入园工程"，示范和带动了分散户养向集中规模化养殖模式的转变，形成了以个体奶牛养殖户为主体，国有奶牛场、民营规模奶牛场及个体奶牛养殖户共同发展的格局，带动了全区奶牛业向规模养殖发展，全区奶牛存栏 100 头以上的奶牛场达 50 多个，最大的奶牛场存栏达到 800 多头。通过"奶牛出户入园工程"的实施，不仅显著改善了奶牛饲养管理水平，而且提高了牛奶产量和质量，保证了奶农收益，也适应了加工企业对优质奶源的需求，为产业化示范基地建设奠定了基础。2005 年末，全区奶牛存栏 23.4 万头，居全国第 11 位；鲜奶总产量 57.9

万吨，居全国第 13 位；人均鲜奶占有量 97.36 千克，居全国第 3 位；成年母牛年平均单产 5700 千克，高于全国平均水平；全区共有乳品加工企业 28 个，日处理鲜奶能力达到 2850 吨。新华夏进、维维北塔两个国家级和自治区级农业产业化企业的龙头地位和作用日益突出，品牌知名度、市场竞争力和占有率逐年提高，日加工鲜奶数量已占宁夏总产量的 40% 以上，龙头企业稳步发展，带动作用越来越明显。详见表 6-5-2。

表 6-5-2　2001—2005 年宁夏奶业数据统计

单位：万头、万吨、千克

年度	奶牛存栏	牛奶产量	平均单产
2001	7.6	27.6	3176.41
2002	10.2	30.8	5200
2003	13.0	38.7	5443
2004	18.6	46.9	5563
2005	23.4	57.9	5700

"十一五"期间（2006—2010 年），宁夏奶业在自治区党委、政府的高度重视和支持下，坚持区域化布局、规模化生产、产业化经营的发展思路，通过采取加快奶牛品种改良、推进规模化及标准化养殖、优化饲草料供给、扶持乳品加工龙头企业发展、加快科技成果转化等一系列措施，奶业的生产方式、组织形式和产品结构发生了新的变化，奶牛养殖规模、鲜奶总产量、单产水平、产品质量不断提高，成为农业和农村经济发展新的增长点。

2006 年以来，先后制定了《宁夏奶业提质增效行动计划》（2007—2010）、《宁夏奶业发展规划》（2008—2012）、《宁夏奶业管理办法》（2008 年 1 月 1 日实施）、《宁夏农业特色优势产业发展规划（2008—2012）》（宁政办发〔2008〕204 号）、《宁夏回族自治区奶产业发展条例》《宁夏奶站发展规划》（2008—2012）等一系列奶业相关规划及管理办法，明确了全区奶产业发展目标、主攻方向、主要建设项目及措施，进一步加强生鲜乳质量安全监管，为宁夏原料奶收购市场的规范创造了良好的法制环境，对奶牛养殖、品种改良和疫病防控进行了明确的规范，对鲜奶生产、加工、储运和销售各环节实行全程管理，加大对乳品加工企业、奶农合作社、养殖基地和奶站建设等方面的扶持力度，促进了宁夏奶产业的快速发展。2006 年，全区奶牛存栏 26.0 万头，牛奶产量 63.7 万吨；2007 年，全区奶牛存栏 26.1 万头，牛奶产量 80.9 万吨；2008 年，全区奶牛存栏 27.1 万头，牛奶产量 93.1 万吨。

2009 年，自治区人民政府下发了《自治区人民政府办公厅关于促进奶业持续健康发展的通知》，采取 12 个项措施，全面推进全区奶业持续健康发展，在自治区党委、政府的高度重视和大力支持下，按照区域化布局、规模化养殖、产业化经营的发展思路，通过加快奶牛品种改良、推进规模化及标准化养殖、优化饲草料供给、规范原奶收购、扶持乳品加工龙头企业发展等一系列措施，奶产业发展进入加快转型期，标准化规模养殖加快推进，科技支撑体系日趋完善，社会化服务能力不断增强，产业发展保持良好的发展势头。奶产业已成为宁夏农村经济发展的支柱产业和农民增收的重要途径。2009 年，全区奶牛存栏 27.2 万头，牛奶产量 84.7 万吨。

到 2010 年，全区奶牛存栏 26.9 万头，居全国第 13 位；鲜奶总产量 88.3 万吨，居全国第 9 位；人均鲜奶占有量 134.4 千克，居全国第 2 位；成年母牛年平均单产 6400 千克，居全国第 4 位；全区共有乳品加工企业 20 个，日处理鲜奶能力达到 3595 吨；奶牛养殖小区和标准化规模养殖场 383 个，奶牛存栏 16 万头；机械化挤奶达到 95%；形成了以银川、吴忠两市为核心区的奶牛产业带。全区奶业优势产区初步形成，奶牛养殖集约化、规模化水平不断提高。详见表 6-5-3。

表 6-5-3　2006—2010 年宁夏奶业数据统计

单位：万头、万吨、千克

年度	奶牛存栏	牛奶产量	平均单产
2006	26.0	63.7	5945
2007	26.1	80.9	6053
2008	27.1	93.1	6100
2009	27.2	84.7	6150
2010	26.9	88.3	6400

"十二五"期间（2011—2015 年），宁夏奶业生产以扩量、提质、增效为重点，加快推进产业转型升级。奶牛综合生产能力大幅提高，产业布局进一步优化，规模养殖快速发展，良种繁育体系不断健全。2011 年，全区奶牛存栏 29.8 万头，牛奶产量 100.2 万吨。自治区相继制定了《宁夏回族自治区加快推进奶产业发展实施方案》《宁夏回族自治区关于进一步加强乳品质量安全工作的实施意见》（宁政办发〔2011〕17 号），并下发了《关于对标准化奶牛养殖场（小区）建设实施"以奖代补"财政政策的通知》，提出"十二五"宁夏奶产业发展思路和目标，以提高奶牛生产性能和标准化、规模化养殖水平，促进新技术推广为重点，全面推进全区奶业持续健康发展；采取"先建后补、以奖代补"的方式，推动宁夏奶牛饲养方式转变，整合国家现代农业资金，支持养殖园区改造项目，提高奶牛标准化、规模化养殖水平；全力保障生鲜乳与乳制品质量安全，严格生产经营监督管理，强化检验检测和监测评估，完善乳品追溯制度，严格婴幼儿配方乳粉监管，严厉打击惩处非法生产经营乳品行为。

2012 年实施了中央财政现代农业生产发展资金项目，采取"先建后补、以奖代补"的方式，对企业（个人）或合作组织新建并投入使用、符合《标准化奶牛养殖场（小区）建设规范》（DB64/T759—2012）的标准化规模养殖场，按照养殖规模分别一次性补助 65 万～160 万元。有关市、县（区）通过招商引资，成功引进伊利、蒙牛、重庆天友、中地种畜等一大批国内知名龙头企业投资建设规模化牧场，蒙牛、伊利、夏进等加工企业采取借款、担保贷款等形式支持其奶源基地建设。2012 年，全区奶牛存栏 32.9 万头，牛奶产量 108.0 万吨。

2013 年，加快奶牛"出户入场"进程，支持企业、农户新建奶牛标准化规模养殖场，并通过收购、托管、租赁、入股等方式接纳散养奶牛入场，完善奶企利益联结机制。打造种子奶牛（成年母牛年均单产 9000 千克以上）繁育基地。对种子母牛存栏达到 300 头以上的奶牛场，每场一次性补助 10 万元。开展乳肉兼用牛新品种养殖示范：支持扬黄灌区、奶业新发展区规模肉牛养殖场，开展乳肉兼用牛新品种养殖示范，对新建的乳肉兼用牛新品种示范场，基础母牛存栏达到 200 头以上，每个示范场一次性补助 20 万元，主要用于引进乳肉兼用牛种公牛冻精、配套挤奶设备、完善基础设施等。2013 年末，全区奶牛存栏 34.1 万头，牛奶产量 108.8 万吨。

2014 年，全区奶牛存栏 37.4 万头，牛奶产量 141.7 万吨。针对奶价下跌的情况，自治区政府通过建立牛奶价格风险补偿基金、提高奶业竞争力等多项措施，积极协调相关部门，抓好落实。在奶业核心区的银川、吴忠设立奶业发展风险基金方案，重点扶持奶牛养殖和乳品加工企业。协调吴忠市与伊利集团多次对接洽谈，达成了辖区 21 家新建牧场生鲜乳购销协议，涉及奶牛 2.4 万头。

到 2015 年，全区奶牛存栏 35.4 万头，居全国第 9 位；鲜奶总产量 142.5 万吨，居全国第 9 位；人均鲜奶占有量 204.4 千克，居全国第 2 位；成年母牛年平均单产 7200 千克，居全国第 5 位；全区共有乳品加工企业 20 个，其中，日加工处理鲜奶能力 200 吨以上的企业 8 家，年加工能力 195 万吨。依托北部引黄灌区农业产业优势，着力打造奶牛优势产业带，优势区奶牛存栏和产奶量分别占全区的 93％和 99％，规模养殖比例达到了 84％。2015 年奶业出现的新情况给调整产业结构、加快发展标准化规模养殖提供了机遇。自治区政府通过建立奶牛业产业发展基金、奶业风险基金及提高奶业竞争力等多项措施，积极协调相关部门，抓好落实。积极引导散户出户入场，推进标准化规模养殖场建设。扶持新建存栏 200 头以上标准化规模养殖场，按棚圈建设面积每平方米补贴 200 元。详见表 6-5-4。

表 6-5-4　2011—2015 年宁夏奶业数据统计

单位：万头、万吨、千克

年度	奶牛存栏	牛奶产量	平均单产
2011	29.8	100.2	6515
2012	32.9	108.0	6700
2013	34.1	108.8	6800
2014	37.4	141.7	6900
2015	35.4	142.5	7200

"十三五"期间（2016—2020 年），宁夏出台了《关于加快农业现代化实现全面小康目标的意见》和《关于创新财政支农方式加快发展农业特色优势产业的意见》，提出：在农业产业发展上，围绕实现农业现代化总目标，奶业已成为宁夏推进农业现代化建设和促进农民增收的战略性主导产业，全面推进优势基地、优质奶牛、优质牛奶、优质牧草和优质乳制品"五优"基地建设，宁夏奶业步入向现代化奶业发展期。2016 年，全区奶牛存栏 39.8 万头，牛奶产量 145.6 万吨。2017 年，全区奶牛存栏 40.8 万头，牛奶产量 160.1 万吨。2018 年，全区奶牛存栏 40.1 万头，牛奶产量 168.0 万吨。2019 年，全区奶牛存栏 43.7 万头，牛奶产量 183.4 万吨。2020 年，全区奶牛存栏 57.4 万头，牛奶产量 215.3 万吨，居全国第 5 位；人均鲜奶占有量 265.3 千克，居全国第 1 位；成年母牛年平均单产 9000 千克，居全国第 3 位；生鲜乳乳脂率达 3.7% 以上，乳蛋白率达 3.2% 以上，违禁添加物抽检合格率连续保持 100%，主要指标优于国内平均水平，达到欧盟标准。宁夏成为全国重要的优质高端乳制品原料生产基地。全区共有乳品加工企业 20 个，其中日加工处理鲜奶能力 200 吨以上的企业 8 家，年加工能力 195 万吨。详见表 6-5-5。

表 6-5-5　2016—2020 年宁夏奶业数据统计

单位：万头、万吨、千克

年度	奶牛存栏	牛奶产量	平均单产
2016	39.8	145.6	7400
2017	40.8	160.1	7500
2018	40.1	168.0	8000
2019	43.7	183.4	8500
2020	57.4	215.3	9000

启动实施宁夏草畜产业项目，整合资金大力发展奶业，在贺兰县、利通区开展奶牛养殖大县种养结合整县推进试点，通过试点，建设奶牛配套饲草料基地，提高养殖场标准化规模化养殖水平和养殖场粪污处理利用率；在已建成的规模化奶牛养殖场全面推广 DHI 测定、奶牛生产信息智能化管理、全混合日粮饲养、牛群保健、奶牛场粪污无害化处理与资源化利用、生鲜乳质量安全控制等技术，进一步优化牛群结构，快速提高牛群生产性能；实施养殖大县种养结合整县推进试点和畜禽粪污资源化利用等项目，重点配套完善奶牛粪污收集、存储、处理、利用等设施设备，奶牛场主要采取粪污厌氧发酵（沼气工程）、污水清洁回用及粪便垫料利用、粪污全量还田种养结合等粪污处理模式。同时，出台多个支持政策：一是对收购该区生鲜奶 10 万吨以上的乳品加工企业扩大生鲜乳收购，日新增收购生鲜奶 200 吨以上，每吨补贴 100 元；鼓励新投产的乳品加工企业扩大生鲜乳收购，日收购鲜奶 200 吨以上，每吨补贴 100 元。二是对具有婴幼儿配方奶粉生产资质的乳品加工企业，支持其拓展婴

幼儿配方奶粉市场，每生产销售 1 吨婴幼儿配方奶粉补贴 1000 元。三是支持存栏成年母牛 1000 头以上的奶牛养殖企业开展粪污资源化利用，验收达标的，按照成年母牛实际存栏量，每头一次性补贴 500 元，补贴资金主要用于奶牛养殖企业新建或改造粪污处理设施设备。四是实施畜牧业物联网项目，1000 头以上的规模化奶牛场引进、示范发情监测、全混合日粮饲喂信息化管理系统，经验收合格后，给予以奖代补资金 25 万。

■ 第二节　肉　　牛

宁夏素有养牛的习惯，1949 年以前多为农耕之余兼而养之，数量不多。大牲畜只有在失去役用能力后，才允许屠宰。中华人民共和国成立后，中共宁夏回族自治区党委和人民政府根据中央政策和宁夏实际，大力发展畜牧业，宁夏畜牧业生产进入新的发展时期。据《中国畜牧业年鉴》《中国畜牧业统计》《宁夏统计年鉴》等不同资料记载，到 1995 年末全区家畜饲养量达到 1279 万个羊单位，其中牛从 20.4（1978 年）万头增加到 61.4 万头；全区肉类总产量达到 12.06 万吨，其中牛肉较 1978 年增长了 79 倍。畜牧业总产值从 1949 年的 3139.9 万元发展到 1995 年的 94173 万元。

"九五"期间，自治区认真贯彻落实党的十五届三中全会和自治区党委八届三次全体会议精神，把发展畜牧业放在了农业和农村工作的突出位置。1998—2000 年是"九五"实施的关键三年，也是农业结构调整进入以市场为导向、以效益为中心、以增加农民收入为目标的新阶段。

1999 年 5 月 20—22 日，自治区党委和政府第一次主持召开了全区加快畜牧业发展会议，会后（1999 年 7 月 7 日）出台了《自治区党委政府关于进一步加快畜牧业发展的意见》（宁党发〔1999〕34 号），规定：要加快发展肉奶产业，大力发展牛羊在畜牧业产业结构中的比重，加快牛羊品种改良步伐，抓好秸秆养畜，提高生产性能和肉奶品质。同时规定，从 1999 年起，5 年内自治区财政每年在原有 100 万元的基础上再增加专项资金 200 万元，用于畜牧业技术服务体系、种子工程建设等；农业综合开发资金用于发展优质、高效畜牧业项目的比例不少于 20%；对集体、个人从事开发性畜牧业生产及创办、联办一定规模养殖场、畜产品加工流通企业，自治区将在税收、土地、资金等方面给予优惠政策支持。各地市县结合当地实际，制定了相应的具体政策措施，加大畜牧业发展资金投资力度。

中央和地方用于畜牧业的各类项目投资 1.5 亿元，信贷资金 3.1 亿元，重点加强了种子工程、动物疫病防治、草地生态建设、技术推广服务体系等项目建设。建设了"六盘山商品牛基地"，实施了"灌区养牛工程"，平罗、灵武、永宁、中卫、西吉等县市被列为国家级秸秆养牛示范县。畜牧业由发展传统牧区畜牧业向农区畜牧业和牧区畜牧业结合转变，灌区畜牧业得到了长足发展，提供的肉蛋奶占全区的 86% 以上，饲养的畜禽占全区的 95% 以上，创造的畜牧业产值是全区的 72%。

建成了宁夏家畜繁育中心（宁夏四正生物工程中心）和一批扩繁场，形成了以原种场-扩繁场-园区和基地为主体，以地、县、乡三级改良站（人工授精点）为依托，育种、繁育、推广和应用相配套的畜禽良繁体系。本着"改良品种、提高品质、扩大规模、稳步推进"的原则，先后从国外引进良种牛胚胎 384 枚，移植胚胎 214 头，累计改良黄牛 40 多万头。

畜牧专业技术队伍不断壮大，建立了区、市、县、乡四级畜牧兽医技术推广体系，设置畜牧兽医等技术推广单位 392 个，农业院校 3 所，农科院（所）2 个，畜牧兽医从业人员 4131 多人，其中科技人员 1887 人（高级技术人员 243 名，中级 652 人）。推广了牛胚胎移植等畜禽改良技术、暖棚养殖技术、配合饲料饲养技术、动物疫病控制技术，畜牧业科技贡献率达到了 43%，畜牧业科技成果转化率达到 56%。畜产品结构进一步优化，牛羊肉在肉类结构中的比重由 20 世纪 90 年代初的 26.3% 提高到 2000 年的 34.6%。一大批养殖业合作社、养殖专业协会和以贩运大户为主的农民经纪人队伍，同平罗宝丰、灵武涝河桥、银川纳家户、西吉单家集牛羊肉批发市场，中卫禽蛋批发市场，以及同心皮毛绒流通试验区共同构成了自治区畜产品市场体系和市场结构。

2000 年，全区肉牛饲养量达到 80.6 万头，其中存栏 52.4 万头，出栏 28.2 万头。全区牧业总产值达到 25.7 亿元，占农业总产值比重达到 33.0％，全区人均牧业收入为 581.4 元，占农民人均家庭经营收入的 26.8％。详见表 6-5-6。

表 6-5-6　1996—2000 年宁夏肉牛生产情况

单位：万头、万吨、万元

年份	饲养量	存栏	出栏	牛肉产量	农业总产值	牧业产值
1996	54.6	42.3	12.3	2.40	69.17	17.98
1997	57.4	42.8	14.6	2.47	72.82	20.66
1998	63.3	46.7	16.6	2.63	78.80	22.40
1999	68.6	48.5	20.1	2.98	77.95	22.57
2000	80.6	52.4	28.2	3.30	77.80	25.70

注：农业总产值及牧业产值按当年价格计算。

"十五"期间，自治区党委和政府出台了《关于加快农业和农村经济结构调整的意见》，指出：要把畜牧业作为农业结构调整的主攻方向，走特色路，尽快把自治区建成全国优质牛羊肉重要生产基地。同时，作出了实施农业产业化"三个十工程"的重大举措，各地把发展畜牧业作为增加农民收入的突破口来抓，按照"因地制宜、发挥优势、突出特色、科技支撑"的原则，采取措施，加大以牛羊为主的产业结构调整力度。2005 年全区畜牧业产值 46.00 亿元，占农林牧渔产业的 33.3％以上；肉牛饲养量 112.9 万头，其中存栏 75.3 万头，出栏 37.6 万头；肉类总产量 24.35 万吨，比"九五"末增长 36.1％，其中牛肉产量 5.2 万吨。详见表 6-5-7。

2001 年末，六盘山肉牛基地*肉牛饲养量已达到 32 万头，其中出栏 6.9 万头。2003 年自治区召开了全区畜牧水产工作会议，出台了《加快发展现代畜牧业的意见》，围绕"奶牛、牛羊肉和草产业"三大产业，实施畜牧种子工程、退牧还草、人工种草、饲草料加工调制和畜牧科技示范推广等工作。宁南山区肉牛产业发展迅速，2005 年，肉牛饲养量达到 72.7 头，其中存栏 51.2 万头，饲养量和存栏数分别占全区 112.9 万头和 75.3 万头的 64.4％和 68.0％（饲养量和存栏数为当年行业数字，详见表 6-5-7）；能繁母牛存栏比例达到 50.6％，比 2000 年提高了 7.5 个百分点。从县域发展情况看，西吉、原州、彭阳、同心、海原、泾源 6 县（区）饲养量分别达到 12.3 万头、12.2 万头、10.3 万头、8.9 万头、8.2 万头、7.5 万头。2005 年，宁南山区 12 个县实现牧业产值 23 亿元，农民人均纯收入净增部分来自畜牧业收入约占 40％。其中，养牛经济收入 4.5 亿元，农民人均来自牛羊的收入 139 元。

随着舍饲圈养和出户入园工程的不断深入，自治区畜牧业逐步向适度规模转变，全区培育肉牛规模养殖户 2500 户，年出栏肉牛 7 万头。培育了一批畜产品加工龙头企业和畜牧合作经济组织，推进了养殖基地建设、产业化程度。共培育牛羊肉加工企业 9 家，年加工能力 5.87 万吨，2005 年实际加工 1.7 万吨；成立畜禽养殖协会、合作社等中介组织 186 个，入社农户达 5 万户；通过认定的绿色畜产品有 19 个，认证无公害畜产品 32 个，认定无公害产地 75 个，无公害畜禽产地规模达到 2300 万头（只）。

表 6-5-7　2001—2005 年宁夏肉牛生产情况

单位：万头、万吨、万元

年份	饲养量	存栏	出栏	牛肉产量	农业总产值	牧业产值
2001	65.5	46.9	18.6	2.51	85.30	30.30

* 1997 年由区计划委员会批复立项的重点畜牧业生产基地之一，包括固原地区 6 县 56 个乡（镇）629 个建制村 2943 个自然村，共有 15.13 万户农户，78.38 万人。

（续）

年份	饲养量	存栏	出栏	牛肉产量	农业总产值	牧业产值
2002	90.7	57.3	33.4	4.23	92.49	32.04
2003	88.1	57.5	30.6	3.74	100.52	36.35
2004	101.5	67.0	34.5	4.66	125.52	41.24
2005	112.9	75.3	37.6	5.20	138.00	46.00

注：农业总产值及牧业产值按当年价格计算。

"十一五"期间，自治区围绕"三大示范区"建设和提质、扩量、增效的总体要求，推进优势特色产业发展。2010 年，农业部开展畜禽标准化示范场创建活动，自治区创建国家级标准化示范场 13家，其中肉牛示范场 1 家（中卫市夏华肉牛羊繁育示范基地有限公司）。据《中国畜牧业统计》数据，2010 年全区肉牛饲养量 115.9 万头，其中存栏 63.8 万头，出栏 52.1 万头；肉类总产量 25.41 万吨，其中牛肉产量 7.5 万吨；畜牧业产值 82.13 亿元，占农林牧渔产值的 26.8%。详见表 6-5-8。

表 6-5-8　2006—2010 年宁夏肉牛生产情况

单位：万头、万吨、万元

年份	饲养量	存栏	出栏	牛肉产量	农业总产值	牧业产值
2006	126.8	81.1	45.7	5.6	148.17	41.98
2007	115.9	70.25	45.6	6.5	182.95	53.28
2008	86.8	39.1	47.7	6.8	227.20	73.07
2009	92.6	41.7	50.9	7.3	243.50	70.67
2010	115.9	63.8	52.1	7.5	305.94	82.13

注：农业总产值及牧业产值按当年价格计算。

2006 年，自治区制定《宁夏特色优势农产品区域布局及发展规划》《关于推进宁南山区草畜产业发展的若干意见》。宁南山区重点开展良种繁育体系、基础设施、饲草料基地、重点技术推广和服务体系等方面工作，并在泾源县 2 个乡（镇）3 个建制村成立了技术专家组，专家组长期蹲点负责泾源县肉牛产业的技术指导和服务。在固原市举办了宁夏首届黄牛节，邀请国内知名专家举办了黄牛高层论坛。宁南山区肉牛饲养量达到 91 万头，占自治区的 69.3%，同比增长 23.8%。

2007 年自治区继续实施草畜产业工程、畜禽良种工程，共落实中央和自治区项目资金 1.04 亿元。补贴农户购置铡草机、粉碎机 1 万台（套），建设棚圈 28 万米^2、"三贮一化"池 5 万米^3，建设草畜循环经济示范户 2000 户，完成青贮秸秆加工处理 150 万吨。

2008 年，自治区各地认真贯彻落实《国务院关于进一步促进宁夏经济社会发展若干意见》，确定了建设"三大农业示范区"的决策部署，提出"以奶牛、牛羊肉产业为重点，充分发挥资源优势和区域优势，加快四大产业带建设，不断提高畜牧业综合生产能力，增强市场竞争力，加快建设现代畜牧业"的发展思路。

2009 年自治区制定了《关于加快中部干旱带和南部山区设施养殖业发展的意见》，计划利用 4 年时间，通过健全良繁体系，发展规模经营，实行整村推进，在中南部建成出栏肉牛 70 万头、肉羊（滩羊）500 万只的牛羊肉生产基地。全区各级农牧部门认真落实意见要求，在宁南山区重点加强了良种繁育体系、基础设施、饲草料基地、重点技术推广和服务体系等六方面工作。以整村推进为重点，发展规模养殖村、养殖大户和养殖小区。扶持建设 500 头以上的肉牛养殖村 100 个，建设棚圈160 万米^2；建设出栏肉牛 300 头以上、肉羊 1000 只以上的养殖大户或小区 50 个，全区肉牛规模养殖场（小区）达 349 个，肉牛规模化养殖比例达到 29%；积极推广"泾源模式"，取得了显著效果。初步建立起以引黄灌区肉牛肉羊杂交改良区、环六盘山和罗山肉牛生产区三大区域的优质牛羊肉产业带，肉牛产量占自治区总产量的97.3%。

2010年在自治区农业产业化项目安排畜牧业发展资金1200万元的基础上，按照自治区党委、政府提出的加快发展中部南部设施养殖业的决策部署，通过多渠道整合资金2000万元，用于中南部设施养殖业发展。

"十二五"期间，自治区进一步优化了产业布局，建立了以环六盘山肉牛生产区为主的优质牛羊肉产业带；继续实施"中部干旱带和南部山区设施养殖业建设项目"，在中南部积极推广"泾源模式"，以整村推进为重点，支持建设肉牛养殖示范村100个，建设高标准示范村60个。自治区农业产业化协调领导小组办公室印发了《2011年推进特色优势产业促进农业产业化发展的若干政策意见》，对肉牛标准化规模养殖场（小区）建设、中南部基础母牛扩量和现代农业机械装备等方面进行重点扶持。2015年全区畜牧业产值122.9亿元，占农林牧渔产业的25.4%；肉牛饲养量136.5万头，其中存栏72.1万头，出栏64.4万头；全区肉类总产量49.7万吨，其中牛肉产量9.75万吨。详见表6-5-9。全区共创建标准化示范场42个，国家级标准化示范场5家，其中肉牛示范场1家（宁夏壹泰牧业有限公司）；各类规模养殖场（小区）达到5902个，其中肉牛规模养殖场（户）达到1073家，规模养殖比例达到38%，比"十一五"末提高9个百分点。建成优质牛羊肉加工企业21家、草产品加工企业28家，年加工牛肉6.8万吨、饲草40万吨。

2012年，自治区各级政府及有关部门按照牛羊肉产业发展推进方案，以肉牛产业提质增效为中心，推进养殖方式转变，自治区财政设立标准化肉牛养殖场（园区）建设以奖代补资金，对2011—2013年建成投入使用，符合宁夏地方标准《标准化肉牛场建设规范》要求，养殖规模300头、500头、800头和1000头以上的肉牛养殖场（园区），分别给予20万～65万元的一次性补助。在中部干旱带和南部山区建设60个高标准肉牛示范村。自治区农牧厅等部门联合印发了《2012年宁夏农业特色优势产业扶持方案》，对肉牛品种改良、现代农业示范基地创建、农业产业化龙头企业发展等方面重点扶持。

2014年，自治区提出"五百三千"发展计划，力争用5年左右时间，实现优质饲草料基地稳定在1000万亩，发展肉牛肉羊专业村1000个、标准化规模养殖场1000个的目标，制定并实施《全区草畜产业优化升级推进方案》，进一步整合项目，整合资金，采取"权利、责任、任务、资金"四到县的扶持机制，切块下达扶持资金3.73亿元，重点支持奶牛、肉牛、肉羊标准化规模养殖场建设，肉牛肉羊养殖专业村（养殖大户）建设，基础母畜扩量，以及优质饲草料基地建设等环节。

自治区先后出台了《加快推进农业特色优势产业发展若干意见的通知》（宁政发〔2013〕11号）和《加快产业转型升级促进现代农业发展的意见》（宁政发〔2014〕43号），安排财政资金8.98亿元，对基础设施、良种繁育、优质饲草生产、畜产品加工、品牌培育、市场销售等实行全产业链扶持。2015年支持建设奶牛、肉牛、肉羊（滩羊）规模养殖场237个，肉牛养殖专业村91个。

表6-5-9　2011—2015年宁夏肉牛生产情况

单位：万头、万吨、万元

年份	饲养量	存栏	出栏	牛肉产量	农业总产值	牧业产值
2011	114.0	62.0	52.0	7.50	354.68	97.60
2012	118.5	61.5	57.0	7.90	385.15	105.72
2013	121.2	61.7	59.5	8.70	430.00	120.01
2014	124.5	65.8	58.7	8.79	445.47	126.78
2015	136.5	72.1	64.4	9.75	483.02	122.90

注：农业总产值及牧业产值按当年价格计算。

"十三五"期间，统筹协调中央、自治区政策项目资金4.6亿元，实施肉牛肉羊品种改良、肉牛"见犊补母"、粮改饲、养殖节本增效等项目，充分发挥龙头企业、家庭牧场、养殖大户等新型经营主体的联农带农作用，通过"华润母牛银行"等模式，加强面向小农户的产加销一体化服务，示范带动农民增收致富。2020 年，自治区出台了《关于印发自治区九大重点产业高质量发展实施方案的通知》（宁党办〔2020〕88 号），明确了肉牛产业到 2025 年的总体目标、重点任务。2020 年，全区肉牛饲养量 192.6 万头，比"十二五"末增长 41.1%。肉牛存栏 120.6 万头，其中基础母牛存栏 57.0 万头，占存栏总数的 47.3%，比全国平均水平高 12 个百分点；肉牛出栏 72.0 万头，牛肉产量 11.4 万吨，占全区肉类总产量的 34.2%，比"十二五"末提高 1.7 个百分点；人均牛肉占有量 16.5 千克，是全国平均水平的 3 倍多，居全国第 5 位；牛肉产值 57.6 亿元，占畜牧业总产值的 23.2%，占农业总产值的 8.1%。详见表 6-5-10。

2016 年，根据自治区党委和人民政府《关于加快农业现代化实现全面小康目标的意见》（宁党发〔2016〕1 号）精神，为保障农业农村投入，推进农业结构性改革，自治区人民政府制定了《关于创新财政支农方式加快发展农业特色优势产业的意见》（宁政发〔2016〕237 号），明确了财政支持特色产业化发展的方向和重点；自治区农牧厅、财政厅印发了《创新财政支农方式加快发展农业特色优势产业的扶持政策暨实施办法的通知》（宁农（产）发〔2016〕1 号），明确了"十三五"期间财政支农政策扶持的重点和环节；自治区农牧厅制定了宁夏草畜产业"十三五"发展规划，明确了"十三五"期间肉牛产业发展的思路、目标、重点任务等。固原市制定了《固原市肉牛产业全产业链提质增效实施方案（2016—2020）》，确定了固原市肉牛产业发展的整体思路与目标，围绕良种繁育、优质饲草料生产基地建设、科技支撑、精深加工、融合发展等方面，推进固原市肉牛产业提质增效。

表 6-5-10　2016—2020 年宁夏肉牛生产情况

单位：万头、万吨、万元

年份	饲养量	存栏	出栏	牛肉产量	农业总产值	牧业产值
2016	144.6	76.4	68.2	10.42	493.60	131.71
2017	148.5	77.5	71.0	10.92	517.42	155.68
2018	159.3	84.5	74.8	11.52	575.77	176.11
2019	169.1	97.1	72.0	11.46	583.50	197.13
2020	192.6	120.6	72.0	11.44	703.07	246.60

注：农业总产值及牧业产值按当年价格计算。

■ 第三节　羊

养羊业一直是宁夏经济发展的支柱产业之一。新中国成立之前，养羊以放牧为主，放牧和管理方式南北有所区别。银北地区牧民放羊的习惯和经验是：4—5 月份将羊在靠近农区的渠岸两沿或渠间三大片荒地放牧，谓之"抢青"。6—7 月份上滩地剪毛，入伏后将羊移至贺兰山上、山沟或山坡地带，使其吃鲜草、饮清水，谓之"避暑"。9 月份靠近山坡放牧剪毛，然后入农区放牧，谓之"抢茬"。10 月后农区灌冬水，除养少数羊的农户，白天入田埂放牧，早晚给羊补饲农作物副产品，达到积肥的目的。大群放牧户或集小群为大群户，将羊移入贺兰山坡、山沟或避风湾内过冬。

在盐池、同心、灵武等牧区，羊的放牧，首要任务是抓膘。滩羊抓膘期一年有两个高峰，即 6 月份羊吃饱青，9—10 月份抓秋膘。根据滩羊抓膘的规律，采取"抓两头、促中间"的放牧方法，即抢好青，使羊迅速恢复底膘，在 9—10 月份抓好秋膘，沉积较多的脂肪，保证羊安全过冬。这就是"春抓底膘、夏抓肉膘、秋抓油膘、冬保原膘"。放牧技术包括：一是控制羊群队形，其一日变化为"早出一条鞭，中午满天星，晚归簸箕掌"，按季节变化为冬春以一条鞭为主，夏季以满天星为主。二是利用"领羊、捎羊、抗羊、折羊"等方法控制好羊群，选择好草路、水路。

中华人民共和国成立后，政府采取一系列措施来保障养羊业的发展。1951 年，组织移牧抢槎，解决个别地区羊多草少的问题；打草储料；灵武利用贷款设立草料供应站；修盖棚圈，改善圈舍卫生条件；组织打狼队 280 个，开展打狼。当年共打狼 942 只、豹子 59 只，减少兽害；栽培牧草，种植苜蓿 15356 亩。1952 年，省政府发布《宁夏奖励牲畜繁殖及保护牲畜暂行办法》。1955 年，各地普遍推行"三勤""六净"、月查、季评、年奖励。

1958 年，农民的羊折价归社。自治区党委规定 3 只以下的社员自留羊不得折价归社。1959 年冬，各县社普遍办牧场，平调了大队的一部分羊，影响了社队的积极性。贯彻《中共中央关于农村人民公社当前政策问题的紧急指示信》后，进行了纠正。此间羊的经营管理，大部分大队实行"三包一奖"和"二定一包"的办法，即定繁殖任务，定羊及其产品交售任务，包交产品及收益。在完成给国家交售任务和给大队上交的产品收益后，其余均归生产队进行分配。1961 年，各级党委配备了专管或兼管畜牧的书记。羊的数量增长很快。至 1961 年 6 月，全区存栏羊 260 万只，比 1957 年底存栏数净增 80 多万只，增长 44.4%，年均递增 7.6%。

20 世纪 60 年代，自治区组织开展了草原勘察和规划，以及打井、打窖、修涝池、草原划管、草原灭鼠等工作。1965 年，羊只存栏达到历史最高水平，为 334.35 万只。从 1956 到 1976 年，以存栏量作为衡量畜牧业生产的指标，羊只数量增加了 48.02%，但商品率仅增加 0.33%。

20 世纪 80 年代初，推广"三专一联"生产责任制，即在生产资料归集体所有，坚持按劳分配，坚持以队为基础统一核算的前提下，采用了有利于抗灾保畜的生产责任制和包养、代养、寄养等多种饲养形式，并逐渐推广畜群作业组或"一家班"（专业户）饲养形式。羊的饲养方式仍以放牧为主，草畜矛盾日渐突出。

为解决草原畜牧业生产中存在的"两退化"（草原退化、畜种退化）现象，提高草原的生产能力，1976—1980 年，宁夏农学院和盐池草原站的王宁、王育才等从改进经营管理方法和调整畜群结构入手，开展滩羊总增高、质量高、商品率高和周转快的"三高一快"试验研究。提出：一是尽快提高繁殖母羊比例，即从 40% 左右提高到 60% 以上；二是狠抓适时淘汰，即早春（严重缺草前期）大量淘汰二毛羔羊及晚秋淘汰 10 月龄羔羊；三是通过严格执行春乏期的补饲制度等措施，提高羊的商品率。此项研究成果获 1978—1980 年度宁夏重要科技成果三等奖，80 年代初期在全区广泛推广。

从 20 世纪 80 年代开始，各县（市）利用农区作物秸秆、甜菜渣等饲草料资源，以舍饲或半舍饲为主，开展肉羊育肥生产，称之为"站羊"或"栈羊"生产。其形式为：一是冬春季节时将怀羔待淘汰母羊进行育肥，待母羊产羔后，羔羊以二毛宰杀，母羊继续育肥 2~3 个月出栏。二是夏秋季节利用天然草场育羔，秋末补饲育肥，开展当年羔羊生产。三是秋末冬初从内蒙古、甘肃、陕西等地购入淘汰羊，进行短期强度育肥出栏等，逐渐形成了山区繁育、川区育肥的饲养形式。逐步实施"三推、四改"技术。"三推"就是推广模式化科学管理，从选羊、驱虫、健胃、饲草料搭配等方面抓好技术工作；推广适度规模经营，即每批育肥羊以 20~50 只（育肥期 2~3 个月）为佳；推广氨化秸秆、玉米秸秆半干青贮及秸秆微贮等技术饲喂栈羊。"四改"就是改单一饲草料为配（混）合饲料；改长期育肥为集中强度育肥；改放牧育肥为全舍饲育肥；改"吊架子"育肥为"一条龙"式的直线育肥。饲养管理上推广了"一栓、二先、三期、四定、五净"的办法。一栓：养羊少的户把育肥后期的羊栓喂，以减少其活动，促进增重；二先：先粗后精，先喂后饮；三期：将育肥过程分成前、中、后期，一般育肥期 60 天，前期 10 天，每天补料 0.2 千克，中期 20 天，每天补料 0.4 千克，后期 30 天，每天补料 0.6 千克，全期每只羊平均补料 28 千克左右；四定：饲料定配方，饲喂定时、定量、定饮水；五净：草、料、水、圈舍、用具保持干净。至 1995 年，年末羊只存栏达到 2927007 只，全年出栏大羊 1073716 只，宰杀羊羔 367884 只，出栏率达到 49.2%。

"九五"期间，1996 年，全区羊只饲养量 442.4 万只，存栏 346.4 万只，出栏 96.0 万只，全区羊肉总产量 2.0 万吨，占全区肉类总量的 15.3%。2000 年末，全区羊只饲养量 614.8 万只，存栏 394.3 万只，出栏 220.5 万只，全区羊肉总产量 3.3 万吨，占全区肉类总量的 17.8%。详见图 6-5-1 至图 6-5-3。

"十五"期间，在自治区党委、政府的领导下，各市、县（区）认真贯彻落实中央农村工作会议精神和国务院办公厅转发农业部《关于加快畜牧业发展的意见》以及《国务院关于加强草原保护与建设的若干意见》等文件精神，坚持以市场为导向，以提高畜产品质量为目标，以增加农民收入为中心，把区域化布局、标准化生产、产业化经营作为畜牧业发展的重点，使畜牧业生产速度、质量和效益实现了同步增长，成为农林牧渔各业中发展最快的产业，实现了由传统的家庭副业向农村经济主导产业的转变，并成为促进农民增收、农村社会进步和自治区经济发展的重要支柱产业。

随着西部大开发战略的实施，宁夏立足民族特色，把畜牧业作为整个农业结构调整的主攻方向。在发展环境上，自治区党委政府十分重视畜牧业发展，出台了一系列优惠政策，加大资金投入。在发展重点上，坚持草畜并举的方针，突出发展奶业、牛羊肉和草产业，加强草原保护与建设；在技术上，以良种繁育推广为重点，应用现代畜牧高新技术和传统技术，加快良种化进程；在动物防疫上，建立控制和扑灭重大动物疫病的地方法规、政府规章和规范性文件，通过建立目标管理责任制，防、监、检结合，保证全区畜牧业经济健康稳定发展。

根据农业部优势农产品区域布局规划和《宁夏养羊规划》的要求，尽快提升宁夏养羊业，增强国内外市场竞争力，农牧厅畜牧局组织三市二县的畜牧局局长再次赴山东、内蒙古和北京郊区进行考察，学习和借鉴了外省（自治区）在养羊产业化方面的先进经验和做法，针对全区羊产业发展中面临的困难和制约因素，完成了《学习外省区经验，推进宁夏肉羊产业化发展的考察报告》；开始启动"羊产业发展行动计划"；自治区农牧厅印发了《宁夏肉羊杂交生产技术示意图》《无公害肉羊生产示范场建设实施方案》《无公害肉羊生产技术规范》等，为大规模开展无公害羊肉生产提供了技术保障。及时召开了宁夏肉羊产业化高级研讨会，区内外有关专家学者共同研究宁夏肉羊产业发展的技术路线和关键措施，提出了进一步做好羊产业更加具体和可操作性强的意见建议，为大规模开展无公害羊肉生产提供了技术保障和政策支持。

从 20 世纪 80 年代至 2003 年全面禁牧前，羊的饲养方式以舍饲或半舍饲为主，以放牧为辅。全面禁牧后，羊的饲养方式全部为舍饲，规模化舍饲养殖技术全面推广应用。2003 年，宁夏回族自治区党委、政府高度重视畜牧业发展，召开全区畜牧水产工作会议，出台了《加快发展现代畜牧业的意见》。围绕奶牛、优质牛羊肉和草产业三大产业，各地立足优势，制定规划，落实责任，增加投入，启动羊产业升级行动计划，完成了禁牧封育和草原承包责任制，开创了全区畜牧业工作的新局面。为确保禁牧不减收，全区启动了南部山区草产业工程、十万贫困户养羊工程、30 万公顷退牧还草工程和中部干旱带种草养畜工程，共落实资金 1.26 亿元。截至 2003 年 5 月，全区 380 万只依赖天然草原放牧的羊只全部下山，实现了舍饲圈养。当年年底，全区紫花苜蓿累计留床面积达到 480 万亩，年产干草近 300 万吨，为禁牧封育后羊产业发展提供了必需的饲草准备。

2004 年，围绕自治区确定的奶牛、牛羊肉和优质牧草与农作物秸秆三大优势特色产业，一手抓基地建设，一手抓综合配套技术推广，累计培育肉羊规模养殖户 2.3 万户，全区羊只饲养量 864.2 万只，羊只存栏 493.5 万只，出栏 370.7 万只，羊肉产量 6.1 万吨。详见图 6-5-1、图 6-5-2。

随着封山禁牧、舍饲圈养和出户入园工程的不断深入，全区畜牧业逐步实现了由千家万户的庭院散养向专业化、规模化集中养殖的历史性跨越，养殖小区和适度规模养殖场快速发展。羊群结构趋于合理，饲养管理更加科学，成活率、出栏率、商品率得到明显提高。2005 年底，全区羊只饲养量894.6 万只，羊只存栏 505.4 万只，出栏 389.2 万只，羊肉产量达到 6.4 万吨。全区肉羊养殖小区276 个，大部分都集中在优势区域内。详见图 6-5-1、图 6-5-2。

"十一五"期间，自治区转变畜牧业生产方式，创新发展思路，加大扶持力度，出台了《关于推进特色优势产业发展的政策意见》《关于全面推进宁南山区草畜产业发展的若干意见》等一系列产业扶持政策，从基础设施、服务体系、龙头企业带动、合作经济组织等方面进行全方位的规范和引导，同时，争取落实中央投资 7433 万元。2006 年，全区羊饲养量 865.4 万只，同比下降 3.26%。详见图 6-5-1。滩羊主产区滩羊饲养量达到 300 万只以上，其中盐池县滩羊饲养量突破 100 万只。为扩大滩羊的影响力，在盐池县举办了中国首届滩羊节，提升了滩羊品牌效应。先后组织市县 40 人次参加全国畜牧专业学术论坛会议，4 人到国外考察学习。邀请国外专家 16 人、国内著名畜牧专家 20 多人来宁夏讲学和指导，传授现代畜牧业管理理念和高新养殖技术，提高了各级技术人员的业务素质和技术水平。全区举办不同层次、不同形式技术培训班 320 期，培训县、乡技术人员 4000 人次，培训养殖户 4 万人次，印发《肉羊生产实用技术》等教材 3 万册。

2000—2007 年期间，建成标准化养殖羊舍 409 万米^2，建成青贮氨化池 480 多万米^3，推广饲料粉碎机 2.6 万台、铡草机 2.7 万台，全区基本实现了舍饲养殖。同时，加大"盐池滩羊"品牌培育，注册了"盐池滩羊"商标，举办了"滩羊节"，形成"盐池滩羊""贺兰山""沙漠王子""伊思来"等多个注册羊肉产品品牌，滩羊品牌效应明显，羊肉产品销往北京、上海等十几个省（直辖市、自治区），并且出口到东南亚和中东。建成肉羊交易市场 26 个，年活羊交易近 200 万只，羊肉交易量 2.2 万多吨。建成金福来、夏华、余聪等牛羊肉产品加工龙头企业 7 家，年屠宰加工羊只设计能力 400 万只。2007 年，全区羊只饲养量 714.5 万只，其中出栏 329.3 万只，羊肉产量 5.7 万吨，出栏肉羊 50 只以上的规模养殖场（户）达到 2.9 万个。详见图 6-5-1、图 6-5-2。主产区滩羊饲养量已从封山禁牧时（2003 年）的 337.8 万只增加到 399.42 万只，创历史最高纪录。盐池荣宝和余聪肉食品有限公司生产滩羊肉全部远销北京、深圳等地，销售价格达到 48 元/千克。

2008 年，自治区认真贯彻落实中央、自治区关于扶持畜牧业发展的有关政策精神，尤其是《国务院关于进一步促进宁夏经济社会发展若干意见》下发后，全区上下行动迅速，按照意见要求，抢抓机遇，制定规划，狠抓落实，加快发展。全区肉羊饲养量 803.6 万只，其中存栏 461.7 万只，出栏 341.9 万只。详见图 6-5-1。

2009 年，畜牧业以提质增效为中心，进一步优化结构布局，切实落实各项扶持政策措施，着力推进基础设施建设，大力发展标准化规模健康养殖。全区羊只饲养量 865.5 万只，其中存栏 470.2 万只，出栏 395.3 万只。详见图 6-5-1。全区规模养殖场达到 922 个，规模化养殖比例达到 38.6%。

2010 年，自治区以转变畜牧业发展方式为主线，以畜牧业提质增效为核心，不断优化产业结构和布局，强化服务体系和畜产品质量安全体系建设，认真落实各项扶持畜牧业发展政策措施。羊只饲养量 898.8 万只，其中存栏 473.7 万只，出栏 425.1 万只，规模养殖场（园区）达到 1025 个，规模养殖比例达到 38.6%。详见图 6-5-1。

"十二五"期间，自治区党委、政府提出建设"三大示范区"战略部署和提质、扩量、增效的总体要求，立足畜牧业发展实际，明确了"以奶牛、牛羊肉产业为重点，充分发挥资源优势和区位优势，加快四大产业带建设，不断提高畜牧业综合生产能力，增强市场竞争力，加快建设现代畜牧业"的发展思路，组织实施了"草畜产业工程"，制定了《关于加快中南部设施养殖业发展的意见》《推进特色优势产业促进农业产业化发展的若干政策意见》。2011 年，自治区政府召开了全区畜牧业工作会议，制定印发了《自治区人民政府关于加快发展现代畜牧业的意见》（征求意见稿），进一步明确了以促进农民增收、农牧业增效为核心，以加快转变发展方式为主线，以优良品种、高新技术、高端市场、高效益为引领，着力强化基础母畜、基础设施和优质饲草料基地建设，着力提升畜禽良种繁育、饲草料综合开发利用、科学饲养、重大动物疫病防控能力，着力推进畜牧业品种特色化、基地规模化、生产标准化、经营产业化、投入科技化，推动畜牧业发展再上新台阶，把宁夏早日建成西部乃至全国有影响的现代畜牧业生产基地的指导思想，促进全区现代畜牧业发展的政策措施不断明晰。各市、县（区）也出台相关扶持政策，促进区域优势产业发展。灵武市制定出台了《灵武市羊产业发展规划》和《羊产业铸龙系统工程的实施意见》，按照一个产业规划、一套扶持政策、一支研发队伍、一个龙头企业、一个物流体系建设的"五个一"发展模式，全面实施羊产业铸龙系统工程，建成规模化养羊园区（场）95 个。

2012 年，认真贯彻落实各项扶持政策，扩规模、提质量、增效益、促转变，畜牧业生产能力稳步提高，标准化规模养殖加快推进。全年羊饲养量 981.3 万只，出栏 474.9 万只，羊肉产量 8.5 万吨。详见图 6-5-1、图 6-5-2。羊出栏 100 只以上的规模养殖比例达到 39.6%。

2013 年，自治区以促进牛羊、奶牛和优质饲草三大产业提质扩量增效为重点，全力推进现代畜牧业发展，畜牧业保持了稳定发展的态势。全年羊饲养量 1091.5 万只，出栏 521.4 万只，羊肉产量 9.0 万吨。详见图 6-5-1、图 6-5-2。加快标准化规模养殖场建设，建设标准化规模肉羊养殖场 265 个，余聪、鑫海等龙头企业通过羊肉分割加工、品牌营销，有效开拓了滩羊肉高端市场。建立规模场备案登记制度，备案登记出栏 300 只以上的羊场 744 家，制（修）订《滩羊舍饲技术规程》《羔羊育肥技术规程》等地方标准。开展标准化养殖示范场创建工作，加大标准化规模杨建设管理力度，完善基础设施，规范饲养管理，推进畜禽良种化、养殖设施化、生产规范化、防疫制度化、粪污处理无害化。

2014 年，自治区全年羊饲养量 1164.0 万只，其中存栏 612.0 万只，出栏 552.0 万只，羊肉产量 9.5 万吨。详见图 6-5-1、图 6-5-2。

2015 年，自治区全年羊饲养量 1167.5 万只，其中存栏 587.8 万只，出栏 579.7 万只，羊肉产量 10.1 万吨。详见图 6-5-1、图 6-5-2。

"十三五"期间，宁夏以推进畜牧业供给侧结构性改革为主线，狠抓各项扶持政策落地和项目资金支持，通过创新服务方式，强化责任落实，因场施策，对标管理，高效繁殖、精细化管理等多项"节本增效"措施，推进畜牧业转型升级。完善"盐池滩羊"商标使用管理办法，盐池滩羊肉成为 G20 峰会专用羊肉，"盐池滩羊"成功入选第四批中国重要农业文化遗产名录，并进入商标富农和运用地理标志精准扶贫典型案例评选前 10 名。借助宁夏盐池滩羊肉成为 G20 峰会专用羊肉的有利机遇，宁夏先后在杭州、深圳、天津、上海等大中城市举行盐池滩羊品牌宣传和推介会，成功举办中国·盐池滩羊美食文化旅游节，宁夏盐池滩羊知名度进一步提高。

2017 年，全区肉羊饲养量 1066.6 万只，出栏 560.0 万只，肉羊胴体重达到 18.2 千克，羊肉产量 9.9 万吨。详见图 6-5-1、图 6-5-2。

2019 年，全区羊饲养量 1148.2 万只，其中存栏 568.5 万只，出栏 579.7 万只；羊肉产量 10.4 万吨，人均羊肉占有量 14.4 千克。详见图 6-5-1、图 6-5-2。滩羊核心区（盐池县、同心县、红寺堡区、灵武市、海原县）羊饲养量 641 万只，占全区的 55.8%。滩羊改良区（平罗县、利通区、中宁县、惠农区、沙坡头、西吉县、原州区、彭阳县等）羊饲养量 507.1 万只，占全区的 44%。养殖规模不断提升，全区年出栏 100 只以上的规模养殖场（户）14665 个，规模养殖比例达 46.5%，高于全国水平 8.5 个百分点，居全国第 7 位。滩羊核心区年出栏羊 100 只以上的规模养殖场（户）7182 个，规模养殖比例达 53%，分别高于全国、全区水平 15 和 6.6 个百分点。

2020 年，全区羊饲养量 1221.2 万只，同比增长 6.3%，其中存栏 596.1 万只，同比增长 4.9%，出栏 625.1 万只，同比增长 7.8%；羊肉产量 11.1 万吨，位居全国第 13 位；人均羊肉占有量 15.9 千克，位居全国第 5 位。产区优势日益凸显，滩羊核心区羊饲养量 701 万只，同比增长 9.4%，占全区饲养量的 57.4%；滩羊改良区羊饲养量 520 万只，占全区的 42.6%。详见图 6-5-1、图 6-5-2。全区培育建成养殖合作社、家庭农场等新型经营主体 1554 家，滩羊养殖示范村 136 个、养殖园区 329 个，多形式、多途径提高了产业规模化生产水平。全区滩羊养殖场（户）达到 183865 个，年出栏 100 只以上的规模养殖场（户）19427 个，全区规模化养殖比例达到 51% 以上，核心区规模化养殖比例达到 59%。培育提升滩羊屠宰加工企业 22 家，屠宰加工能力达 580 万只，精深加工和中高端市场营销滩羊肉 13800 吨，精深加工比例达 11%，平均销售价格 90 元/千克。统一打造"盐池滩羊"区域公用品牌，"盐池滩羊"入选中国驰名商标、中国百强农产品区域公用品牌、国家农产品地理标志示范样板、全国商标富农案例以及国家重要农业物质文化遗产，盐池滩羊肉先后入选 G20 杭州峰会、金砖国家领导人厦门会晤、上合组织青岛峰会、大连"达沃斯论坛"等重大会议国宴专用食材，品牌价值突破 70 亿元。培育"昫盐""宁鑫"等企业商标 32 个，开发滩羊肉系列产品 84 种，形成了较完整的滩羊产业链加工营销体系。

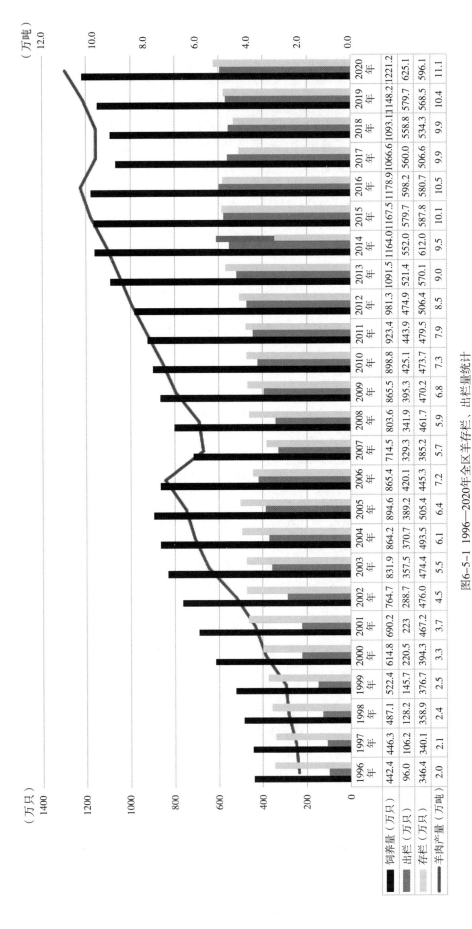

图6-5-1 1996—2020年全区羊存栏、出栏量统计

	1996年	1997年	1998年	1999年	2000年	2001年	2002年	2003年	2004年	2005年	2006年	2007年	2008年	2009年	2010年	2011年	2012年	2013年	2014年	2015年	2016年	2017年	2018年	2019年	2020年
饲养量（万只）	442.4	446.3	487.1	522.4	614.8	690.2	764.7	831.9	864.2	894.6	865.4	714.5	803.6	865.5	898.8	923.4	981.3	1091.5	1164.0	1167.5	1178.9	1066.6	1093.1	1148.2	1221.2
出栏（万只）	96.0	106.2	128.2	145.7	220.5	223	288.7	357.5	370.7	389.2	420.1	329.3	341.9	395.3	425.1	443.9	474.9	521.4	552.0	579.7	598.2	560.0	558.8	579.7	625.1
存栏（万只）	346.4	340.1	358.9	376.7	394.3	467.2	476.0	474.4	493.5	505.4	445.3	385.2	461.7	470.2	473.7	479.5	506.4	570.1	612.0	587.8	580.7	506.6	534.3	568.5	596.1
羊肉产量（万吨）	2.0	2.1	2.4	2.5	3.3	3.7	4.5	5.5	6.1	6.4	7.2	5.7	5.9	6.8	7.3	7.9	8.5	9.0	9.5	10.1	10.5	9.9	9.9	10.4	11.1

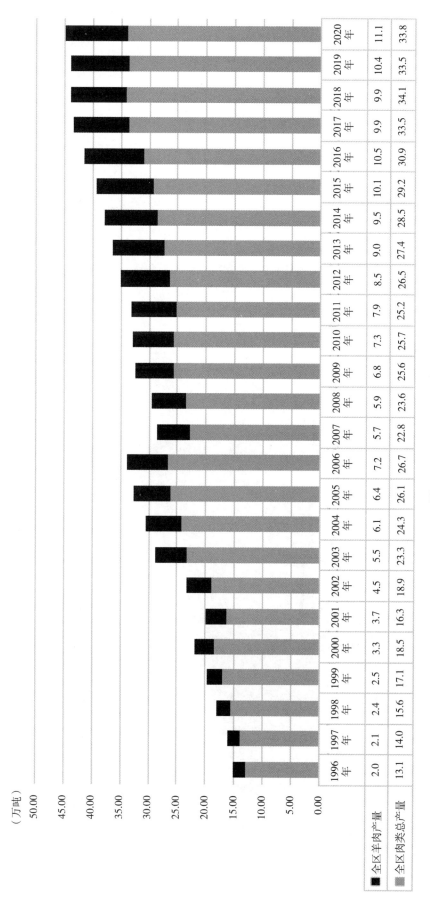

	1996年	1997年	1998年	1999年	2000年	2001年	2002年	2003年	2004年	2005年	2006年	2007年	2008年	2009年	2010年	2011年	2012年	2013年	2014年	2015年	2016年	2017年	2018年	2019年	2020年
全区羊肉产量	2.0	2.1	2.4	2.5	3.3	3.7	4.5	5.5	6.1	6.4	7.2	5.7	5.9	6.8	7.3	7.9	8.5	9.0	9.5	10.1	10.5	9.9	9.9	10.4	11.1
全区肉类总产量	13.1	14.0	15.6	17.1	18.5	16.3	18.9	23.3	24.3	26.1	26.7	22.8	23.6	25.6	25.7	25.2	26.5	27.4	28.5	29.2	30.9	33.5	34.1	33.5	33.8

图6-5-2 1996—2020年全区羊肉产量统计

（万吨）

■ 全区羊肉产量
　 全区肉类总产量

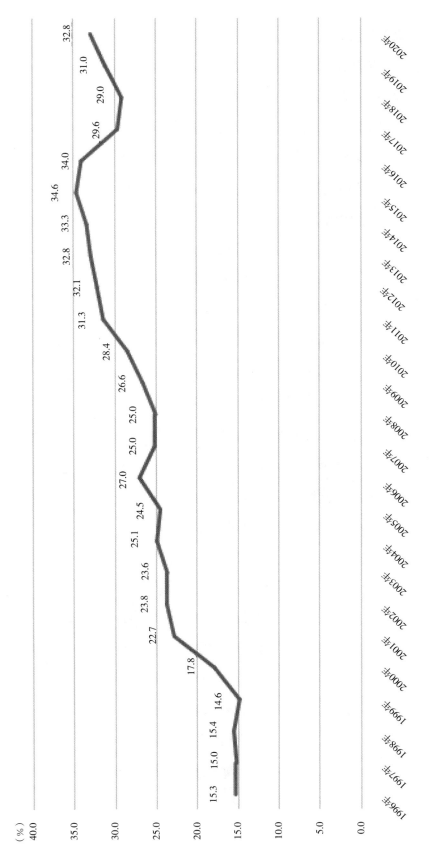

图6-5-3 1996—2020年全区羊肉产量占肉类总产量比重

■ 第四节 生 猪

1949 年,自治区生猪存栏不足 9 万头。经过 1950—1952 年三年国民经济恢复,生猪生产开始复苏,1952 年年底生猪存栏上升至 12.42 万头,较 1949 年增长 38.3%。第一个五年建设计划时期,生猪生产得到了大力发展,1957 年年底,生猪存栏达到 21.58 万头,较 1949 年增长 12.6 万头,年均递增 11.6%,较 1952 年增长 73.8%。1958—1978 年,我国经历了十年探索和十年"文化大革命"及徘徊时期,宁夏生猪生产和经营经历了艰难曲折的发展道路。1960 年全区生猪存栏较 1957 年下降 40.3%,猪肉供应紧张。1962—1965 年,中共中央、国务院调整了农村政策,落实了饲料地,奖售饲料粮和生猪预购定会,推动了养猪业的发展。"文化大革命"后,中共中央发出《积极发展集体养猪,继续鼓励社员养猪》的指示,宁夏党委、革委会制定了社员交粪肥计工分、落实饲料地、对集体养猪留足饲料粮等政策,使生猪生产得到发展。1978 年全区生猪存栏 71.98 万头,较 1957 年增长 233.5%,生猪生产逐渐好转。十一届三中全会以后,随着农村经济政策的落实和家庭联产承包责任制的不断完善,生猪生产稳步发展,市场供应进一步好转。1981—1985 年,中共中央连续发出五个一号文件,极大地调动了农牧民的生产积极性,加之集贸市场的开放,生猪生产得到长足发展。到"七五"末,全区生猪饲养量 125.08 万头,较"六五"末增长 25.7%。

1984 年宁夏开始在中卫、中宁等县示范推广瘦肉型猪人工授精工作,当年推广瘦肉型种公猪 34 头,输配母猪 4000 多头。1985 年开始大面积推广,在永宁、中卫新建瘦肉型猪统一供精站 2 处,供精点 25 处,输精点 48 处,输配良种母猪 1.5 万头,受胎率达 85%,窝产仔 8～12 头。1986 年自治区畜牧局立项开展"商品瘦肉型猪生长基地建设",在中卫、中宁、青铜峡三县(市)建立产、加、销一体化的商品瘦肉型猪生产基地。1987 年 3 月,农业部正式批准将中卫、中宁、青铜峡三县(市)列为全国商品瘦肉型猪基地。经过三年建设,1989 年,基地出栏瘦肉型猪 12.27 万头,占生猪出栏的 71%,猪肉产量占全区同期总量的 34.5%。在"卫宁青"商品瘦肉型猪基地建设的带动下,全区瘦肉型猪人工授精推广工作迅速扩展。"七五"末,全区共建立县级统一供精站 6 处,乡级统一供精站(点)40 处,输精点 104 个,配备专业技术人员 25 人,人工授精普及面达 11 县、91 乡、738 村,占全区建制村的 31%,当年完成人工授精配种 3.14 万头,平均受胎率达 91%,瘦肉型猪出栏占生猪出栏的比重 30% 以上。

"八五"时期,畜牧业生产出现商品化发展的好势头,规模养殖高潮迭起,瘦肉型猪生产技术、暖棚养猪技术、配合饲料饲喂技术等一系列实用技术已在自治区推广普及,从根本上改变了生猪传统落后的饲养方式,尤其是瘦肉型猪生产技术,成为规模养猪场发展和提高养猪生产效益的基本技术,重点养猪县逐步步入商品生产和产业化道路。1995 年年底,全区生猪存栏 91.87 万头,出栏 88.42 万头,猪肉产量 6.31 万吨,猪肉产量较 1990 年增长 54.66%。详见表 6-5-11。

"九五"时期,自治区养猪业稳定发展,猪肉的消费量明显增加,养猪业发展优势明显。2000 年年底,自治区生猪养殖存栏 120.3 万头,能繁母猪 11.5 万头,出栏 133.5 万头,猪肉人均占有量 15.88 千克,较"八五"时期分别增长 30.9%、42%、51% 和 29.1%。

"十五"期间,自治区组织实施《宁夏优势特色农产品区域布局与发展规划》,进一步加快经济结构战略性调整,不断优化产业结构和布局。在"发展牛羊、稳定猪禽"的指导思想下,前期发展势头强劲,后期受市场和政策的制约,呈逐步下降趋势。2002 年生猪存栏达到近 20 年养猪存栏的最高峰,之后又下降。2005 年全区生猪存栏 122.7 万头,出栏 163.08 万头,猪肉产量 10.67 万吨,分别比 2000 年增长 2.0%、22.2% 和 21.3%。其中,中卫、中宁、青铜峡在全区养猪发展中的位置依然突出,生猪饲养量占全区的 47.9%。

"十一五"期间,自治区加快推进农业结构战略性调整,在确定农牧业战略性主导产业和优势农产品区域布局规划时,将畜牧工作的重心转移到了优质牛羊肉和奶产业上,弱化了对养猪业发展的扶持和引导，在一定程度上影响了养猪产业的优化升级和发展，生猪饲养量呈持续下降态势。2010年生猪存栏、出栏及猪肉产量较2005年分别下降39.9%、26.4%和20.1%。

"十二五"期间，自治区继续加快农业产业优化调整，印发《全区农业结构调整产业优化升级实施方案》的通知。该通知明确提出，按照"一特三高"要求，大力发展优质牛羊肉产业和奶产业等特色优势产业，稳定生猪产业。2015年生猪存栏73.05万头，出栏102.05万头，能繁母猪存栏8.58万头，分别较"十一五"末下降0.9%、14.9%和3.6%。

"十三五"期间，自治区生猪饲养量基本呈稳定态势，生猪每年内销量65万头左右，外销量近45万头，初步形成了自给有余、适度外销的生产格局。截至2020年，全区生猪存栏90.0万头，出栏98.6万头；猪肉产量8.0万吨，占全区肉类总产量的23.7%，猪肉人均占有量11.1千克，比全国人均占有量少18千克；生猪产业产值33.6亿，占畜牧业总产值的13.6%。详见表6-5-12。

表6-5-11　1949—1995年生猪产业发展情况

单位：万头、万吨

年份	饲养量	存栏	能繁母猪	出栏	猪肉产量
1949	8.98	8.98			
1950	10.08	10.08			
1951	10.52	10.52			
1952	12.42	12.42			
1953	12.44	12.44			
1954	10.88	10.88			
1955	13.18	13.18			
1956	15.41	15.41			
1957	21.58	21.58			
1958	17.11	17.11			
1959	16.96	16.96			
1960	12.88	12.88			
1961	14.00	14.00			
1962	27.75	23.21	2.29	4.55	0.17
1963	36.39	28.12	2.07	8.27	0.31
1964	36.60	36.60	2.55		
1965	43.86	43.86			
1966	41.20	41.20			
1967	37.12	37.12			
1968	34.99	34.99			
1969	32.24	32.24			
1970	35.80	35.80			
1971	54.75	54.75			
1972	56.89	56.89			
1973	48.83	48.83			
1974	47.78	47.78			
1975	58.57	58.57	5.15		
1976	70.31	70.31	7.34		

（续）

年份	饲养量	存栏	能繁母猪	出栏	猪肉产量
1977	99.50	71.30	6.49	28.21	1.05
1978	97.74	71.98		25.77	0.96
1979	93.39	64.90		28.49	1.22
1980	88.64	55.92	2.73	32.71	1.49
1981	82.77	51.80	2.78	30.97	1.59
1982	80.51	48.10	3.06	32.41	1.69
1983	80.39	47.88	3.38	32.51	1.70
1984	82.73	49.59	4.13	33.14	1.90
1985	99.52	60.43	5.42	39.09	2.43
1986	109.79	65.79	4.72	44.00	2.79
1987	108.11	59.89	3.39	48.22	3.08
1988	106.74	57.81	4.66	48.93	3.39
1989	119.21	65.38	5.40	53.83	3.73
1990	125.08	66.00	4.70	59.08	4.08
1991	126.62	66.82	4.96	59.80	4.21
1992	133.65	70.72	6.47	62.93	4.58
1993	148.32	79.42	6.74	68.90	5.06
1994	160.63	84.53	7.11	76.10	5.59
1995	180.29	91.87	8.12	88.42	6.31

表 6 - 5 - 12　1996—2016 年生猪产业发展情况

单位：万头、万吨、亿元、%、千克

年份	生猪存栏	能繁母猪	生猪出栏	猪肉产量	生猪产业产值	畜牧业产值	生猪产业产值/畜牧业产值	人均占有量
1996	82.6	8.3	86.1	6.6		17.98	0.00	12.66
1997	100.6	9.8	98.8	7.15		20.66	0.00	13.52
1998	121.1	13.4	114.2	8.24	7.56	22.4	33.75	15.36
1999	122.1	11.5	127.9	8.79	7.26	22.57	32.17	16.18
2000	120.3	11.5	133.5	8.8	8.23	25.7	32.02	15.88
2001	110.6	11.3	120.2	7.6		30.3	0.00	13.5
2002	126.2	12.8	138.2	8.79		32	0.00	15.5
2003	125.1	12.6	165.1	10.66	9.28	36.35	25.53	18.5
2004	117.6	10.2	155.66	10.16		41.2	0.00	17.4
2005	122.7	12	163.08	10.67	10.9	46	23.70	18.1
2006	117.1		111.86	10.5	9.9	41.98	23.58	17.38
2007	82.64		115.3	8.3		53.85	0.00	13.6
2008	89	12.9	118	8.5	16	74.65	21.43	13.8
2009	91.7	13.7	127.2	9.16	14	72.97	19.19	14.7
2010	73.7	8.9	119.98	8.53	14	85.72	16.33	13.6

（续）

年份	生猪存栏	能繁母猪	生猪出栏	猪肉产量	生猪产业产值	畜牧业产值	生猪产业产值/畜牧业产值	人均占有量
2011	68.3	8.3	99.68	7.32	16	102.95	15.54	11.5
2012	69.5	9.6	103.34	7.67	15.6	112.71	13.84	11.9
2013	79.55	10.69	100.97	7.49	14.2	129.32	10.98	10.9
2014	81.89	9.65	109.87	8.31	13.2	138.08	9.56	11.6
2015	73.05	8.58	102.05	7.9	12.9	135.28	9.54	10.7
2016	79.08	9.11	110.27	8.56	16.8	146.55	11.46	11.1
2017	81.0	9.4	113.7	8.9	17.0	155.7	10.9	13.1
2018	73.8	8.1	112.5	8.8	16.1	176.1	9.1	12.9
2019	73.4	8.8	96.6	7.8	21.3	197.8	10.8	11.3
2020	90.0	11.6	98.6	8.0	33.6	246.6	13.6	11.1

注：数据主要来自国家统计局和《畜牧业数据统计》《宁夏农业统计资料》等统计资料，以及通过测算所得。

■ 第五节　蛋　　禽

养鸡生产起步较晚，从 20 世纪 50 年代到 70 年代中期，养鸡存栏一直在 100 万只以下，饲养的品种以地方鸡种为主，饲养方式为散养，年产蛋量 100 枚左右。1976 年，全区各地市和国有农牧场及其他部门办起养鸡场 14 个，社队养鸡场 275 个，养鸡约 5 万只，引进来航鸡、洛岛红、白洛克等纯种鸡进行饲养繁育，开始了良种鸡引进与推广。十一届三中全会以后，随着农村经济各项政策的落实，促进了家庭养鸡业的发展。1980 年，全区养鸡存栏达到 198 万只，良种普及率达 40%，只均年产蛋量 150 枚以上。20 世纪 80 年代以后，养鸡专业户、重点户成为自治区养鸡业发展的热点和重点。据 1982 年统计，全区养鸡户和重点户（以下称"两户"）约有 2000 户，养鸡 25.5 万只，户养规模也有原来的几十只、几百只发展到上千只，养鸡业逐步由家庭副业向专业户方向转变，特别是在专业大户的带动下，使"两户"连片发展，其中中卫县"两户"多达 300 户，自治区畜牧站在中卫县召开了"全区养鸡专业户座谈会"，各级畜牧部门为促进"两户"发展制定了一些优惠政策，对良种鸡引进进行补贴。同时，积极开展技术服务，针对生产需要，自治区畜牧站举办了多期各种形式的学习班，在良种推广、育雏育成、饲养管理、配合饲料及疾病防治等方面进行培训。到 1988 年，自治区农村养鸡特别是引黄灌区已基本实现了良种化，只均年产蛋量达 180 枚，较 1979 年提高了 20%。1990 年年底全区养鸡存栏 522 万只，其中养鸡专业户 1481 户，养鸡 63 万只。

1984 年开始，自治区引进白羽肉鸡进行饲养，首先在中卫县、吴忠市、永宁县、贺兰县、平罗县等饲养，到 90 年代已逐步发展到引黄灌区各市县养殖户进行规模饲养。

"九五"时期，是自治区养鸡业快速发展时期。2000 年，全区家禽饲养量 3450.98 万只，年末存栏 1591.49 万只，禽肉产量 2.8 万吨，禽蛋产量 7.6 万吨，人均禽肉、禽蛋占有量分别达到 5.05 千克、13.72 千克。家禽业产值达到 2.35 亿元，占畜牧业总产值的 9.14%。主要推广以海赛克斯褐、海兰褐、亚发褐为主的优良蛋鸡品种，鸡舍设计与设备选型，乳头式自动饮水线，人工清粪，以及全价配合饲料，提高劳动效率和鸡舍利用率 1 倍以上。

"十五"期间，自治区家禽业的发展基本保持在一个相对平稳的发展时期。在这一时期，由于养鸡行业中的佼佼者在经历了市场的大风大浪的磨砺后，完成了一定的资本积累，在饲养规模、基础设施上都有提高。其他行业资本也进入养鸡领域，一般采取三阶梯或四阶梯笼养、自动引水、自动喂料、自动清粪设备，单栋全进全出饲养方式，饲养规模在10万只以上。宁夏顺宝现代农业有限公司是自治区建起的第一个规模化商品蛋鸡场，设计规模35万只，并于2005年11月取得农业部农产品质量安全中心颁发的"塞上一宝"鸡蛋无公害农产品证书。2005年，全区家禽饲养量2976.01万只，年末存栏1127.9万只，禽肉产量3.2万吨，禽蛋产量7.8万吨，人均禽肉禽蛋占有量分别达到5.4千克、13.2千克。家禽业产值达到7.1亿元，占畜牧业总产值的15.43%，家禽业产值较"九五"提高了202.12%，产值占比提高了6.29个百分点。

"十一五"期间，自治区家禽业在经历了2006年禽流感疫情、禽产品价格大幅波动、饲料原料价格上涨等影响后，经过几年的调整，家禽业得到全面恢复。到2010年年底，家禽饲养量、年末存栏、禽肉产量和禽蛋产量分别达到1940.1万只、805万只、2万吨和7.2万吨，家禽业产值达到8亿元，占畜牧业总产值的9.33%。蛋鸡养殖规模在500只以上的规模户2516户，年底存栏708.6万只，占全区存栏总数的82.05%，与"十五"末相比，蛋鸡养殖规模在500只以上的规模户减少了1651户，占全区存栏数总数提高了12.30个百分点；肉鸡年出栏在2000只以上养殖户1094户，年出栏肉鸡781万只，占全区出栏总数的70.85%，与"十五"末相比，肉鸡年出栏在500只以上的规模户减少了878户，肉鸡规模养殖占全区出栏数总数提高了32.1个百分点。

示范推广了网上立体育雏、阶梯式笼养设备、程序化免疫、全价配合饲料饲喂等现代化养鸡设备和技术，养鸡生产基本上实现了"养鸡良种化、配合饲料全价化、蛋鸡饲养笼养化、肉鸡饲养网上平养化"，良种率达到90%以上，蛋鸡产蛋量达到16千克以上，料蛋比2.3∶1，肉鸡料肉比2.1∶1，技术指标超过全国平均水平。发展快大型肉鸡（主要以艾维茵、AA为主）和优质鸡生态养殖，通过推广优良品种、集中育雏、过渡期饲养、放牧期补饲等技术，优质鸡90天出栏体重2.0千克，料肉比2.5∶1，成活率95%以上。自治区养鸡生产方式发生了重大转变，基本实现了以农户散养为主向适度规模化、集约化、标准化养殖为主的转变，适度规模养殖比重显著上升。

十二五期间，自治区养鸡业得到了较大改善，引进推广了国内、外一些先进的养鸡技术，一些大的规模场户应用了人工智能系统控制环境温湿度、光照等；同时，采用鸡蛋自动收集及分级设备、自动喂料系统、自动饮水系统、自动除粪系统等。2015年年底，全区家禽饲养量3024.93万只，年末存栏1446.54万只，禽肉产量3.0万吨，禽蛋产量13.59万吨，人均禽肉、禽蛋占有量分别达到2.9千克、13.2千克。家禽业产值达到9.6亿元，占畜牧业总产值的7.10%。

"十三五"时期，自治区养鸡业发展相对平稳，各项先进技术在养鸡业得到广泛应用，规模化、标准化、管理水平、技术水平得到较大提高。截至2020年年底，全区家禽饲养量2568.5万只，年末存栏1181.8万只，禽肉产量2.9万吨，禽蛋产量13.9万吨，人均禽肉、禽蛋占有量分别达到4.0千克、19.2千克。家禽业产值达到9.6亿元，占畜牧业总产值的7.1%。详见表6-5-13。

种禽产业发展迅速，"十三五"末，全区取得种畜禽生产经营许可证的蛋种鸡场2家，分别为宁夏晓鸣农牧股份有限公司、宁夏九三零生态农牧有限公司，两家存栏蛋种鸡271万套（其中祖代6万套，父母代265万套），占全国蛋种鸡存栏的16.12%。全年可提供蛋雏鸡产能为2.5亿羽，占全国蛋雏鸡需求量的25%左右。其中，宁夏晓鸣农牧股份有限公司产能为1.5亿羽，宁夏九三零生态农牧有限公司产能为1亿羽，宁夏晓鸣农牧股份有限公司、宁夏九三零生态农牧有限公司年产能分别位居行业第二、第四位，在国内蛋种鸡行业处于第一梯队。

种肉鸡场有2家，均为白羽肉种鸡场，其中祖代场1个、父母代场2个，饲养品种主要为AA和罗斯肉鸡。存栏祖代白羽肉种鸡2万套，父母代110万套，年可提供商品代肉雏鸡3.05亿只。其中，大地（宁夏）数字科技有限公司产能为2.10亿只，宁夏恒泰元农牧有限公司产能为0.95亿只。

地方鸡种主要为静原鸡，在彭阳县建成静原鸡选育扩繁场1个，在建保种场1个，培育"朝那"品牌1个，组建家系90个，核心群4759只，带动建设林下养殖基地3300余亩，累计饲养量达到100万只以上，成为彭阳县脱贫致富的地方特色产业之一，被纳入彭阳县地方特色产业发展"十四五"规划。

表 6 - 5 - 13　1996—2020 年家禽生产统计

单位：万只、万吨、亿元、％、千克

年份	家禽存栏	家禽出栏	禽肉产量	禽蛋产量	家禽业产值	家禽业产值/占畜牧业产值	禽肉人均占有量	禽蛋人均占有量
1996	1093.6	1128.1	1.92	4.66		0.00	3.68	8.94
1997	2422.9	1326.63	2.04	5.56		0.00	3.86	10.51
1998	1161.4	1454.61	2.15	6.53	1.65	7.37	4.01	12.17
1999	1303.35	1587.5	2.44	7.08	1.93	8.55	4.49	13.03
2000	1591.49	1859.49	2.8	7.6	2.35	9.14	5.05	13.72
2001		1267.4	2.14	8.7		0.00	3.8	15.45
2002	954.4	1475.14	2.3	9.04		0.00	4.1	15.9
2003	1055.1	1692.5	2.7	8.71	5.96	16.40	4.6	14.8
2004	1130.6	1498.4	2.4	7.81		0.00	4.1	13.4
2005	1127.9	1848.11	3.2	7.8	7.1	15.43	5.4	13.2
2006	750.7	1239.25	2.4	5.17	5.6	13.34	3.97	12.7
2007	1220.49	1115.32	3.1	5.65		0.00	5.08	9.26
2008	892	1184	2.1	6.4	7	9.38	3.4	10.36
2009	863.6	1102.1	2	7.5	8	10.96	3.2	12
2010	805	1135.1	2	7.2	8	9.33	3.8	11.4
2011	884.5	1148	2.1	7.3	10	9.71	3.3	11.5
2012	779.5	1141	2.1	6.2	8.3	7.36	3.3	9.6
2013	1340.82	1702.89	3.1	10.46	9.8	7.58	3.4	11.4
2014	1523.17	1776.98	3.3	12.25	11.4	8.26	3.4	12.6
2015	1446.54	1578.39	3.0	13.59	9.6	7.10	2.9	13.2
2016	1730.85	1769.65	3.4	15.7	10.6	7.23	3.1	14.4
2017	1150.7	1796.0	3.4	15.3	16.0	10.3	5.0	22.5
2018	1143.1	1848.7	3.6	14.4	19.2	10.9	5.2	21.0
2019	1284.4	1723.9	3.6	13.9	20.0	10.11	5.2	20.0
2020	1181.8	1386.7	2.9	13.9	16.7	6.77	4.0	19.2

注：数据主要来自国家统计局和《畜牧业数据统计》《宁夏农业统计资料》等统计资料，以及通过测算所得。

■ 第六节　中　　蜂

中蜂产业是宁夏南部山区具有地方特色优势的传统养殖业之一。2010 年，宁夏中蜂饲养量为 2.86 万群左右，90％以上的农户都采用传统饲养方法，一般饲养量 3～5 群。"十二五"以来，蜂产业在各级党委、政府的高度重视下，在国家蜂产业技术体系支持下，初步形成以企业带动养蜂专业合作社和养蜂基地、企业与蜂农互促共赢的产业化发展格局。2016 年以来，固原市蜂产业坚持"优质、高效、生态、安全、绿色"的蜂业发展理念，按照"中蜂为主、西蜂为辅，政府扶持，规模发展，品牌经营"的发展思路，采取与国内大中专院校和科研院所紧密合作，"走出去、请进来"的技术提升模式，建立辖区中蜂养殖技术支撑体系，推广普及蜜蜂授粉增产技术，推动发展养蜂生产和农业增产、生态保护的良性互动，探索"蜂旅结合""林蜂结合"等产业融合发展模式，推广"企业＋示范蜂场＋建档立卡户"的产业扶贫机制，逐步实现"蜂业促农业、蜂业保生态、互促互保、协调发展"和一二三产业联动发展的蜂产业生态发展新业态。

在技术支撑方面，固原市依托国家蜂产业技术体系固原综合试验站这一平台，整合全市养蜂技术力量和现有人才，建立了市、县、乡、村四级技术服务平台。市级聘请5名对接岗位科学家为固原市蜂产业发展技术指导团队，整合全市主要专业技术服务人员8名成立市级技术服务团队，整合部分专业技术人员、土专家、田秀才为市级阶段性服务小分队；县级以市县级示范基地为基础，充分发挥技术引领与试验、示范和推广作用，辐射带动周边群众；乡级在部分重点乡镇设立专家服务基地，指导开展蜜蜂健康高效养殖技术；村级在项目支持已建示范蜂场的基础上，结合人品、技术等因素，充分发挥"土专家、田秀才"的基层服务作用。同时，固原市成立固原市蜂业协会，泾源县、彭阳县成立蜂业协会，各县区开通蜂农微信平台等，均能发挥技术服务作用。固原市成立了6个以县级技术人员和"土专家、田秀才"为成员的蜂业技术服务指导小分队，开展季节性、即时性进村入户技术指导。

固原市及所辖各县（区）采取政府引导、项目扶持、示范引领等措施，支持中蜂产业发展，相继出台中蜂产业发展和扶贫配套政策。泾源县把中蜂养殖纳入该县第四大产业予以促发展，采取"大手联骨干拉小手"的产业带动模式助推脱贫攻坚；隆德县确定养蜂为发展林下经济的主要抓手；原州区重点扶持农村残疾人再就业脱贫致富；西吉县出台《西吉县特色养殖项目实施方案》，对蜂产业予以支持；彭阳县在孟塬、小岔等乡镇着力打造"特色养蜂名乡"。

2017—2019年自治区农业农村厅下达资金750万元支持固原市中蜂产业发展。截至2019年年底，全市蜜蜂饲养量达到7.5万群，共涉及60个乡镇的587个建制村7162户，其中建档立卡户养蜂3481户，占总养蜂户数的48.6％，蜂业总产值1.5亿元，建成蜜蜂健康高效示范蜂场68个、"蜂旅结合"示范点2个，养蜂合作社、家庭农场等经济实体105家，蜂产品加工、销售企业和个体户15家，全市蜂产品商标达到30个以上，并形成地方特色公用品牌"黄甫蜜""六盘山土蜂蜜"两个，辐射带动蜂产品加工企业3个，初步形成了集产、供、销为一体的产业链。详见表6-5-14。

表6-5-14 1974—2020年蜂业发展统计

年份	合计（群）	中蜂（群）	西蜂（群）	蜂蜜（吨）	蜂王浆（吨）	蜂蜡（吨）	花粉（吨）	养蜂总产值（万元）
1974	20968	15418	5550	134.0	0.065	0.43		49.2
1975	21328	10828	10500	344.0	0.18	0.97		113.2
1976	21081	9081	12000	233.0	0.29	0.65		169.4
1977	24404	12382	12022	890.0	0.95	0.72	0.12	299.9
1978	25725	9781	15944	638.0	1.50	0.88	0.42	363.8
1979	29100	10049	19051	800.0	2.71	1.13	1.73	394.9
1980	29795	10725	19070	426.0	2.69	1.27	1.80	169.5
1981	27846	9749	18097	369.4	3.34	1.33	1.27	145.6
1982	22100	12982	9118	163.5	2.71	0.94	1.34	410.0
1983	23600	13809	9791	436.4	1.60	0.98	1.97	488.1
1984	31268	20520	10487	157.2	2.46	1.34	3.27	214.2
1985	31355	21144	10212	177.9	1.16	1.27	4.35	160.9

（续）

年份	合计（群）	中蜂（群）	西蜂（群）	蜂蜜（吨）	蜂王浆（吨）	蜂蜡（吨）	花粉（吨）	养蜂总产值（万元）
1986	31687	21652	10035	494.2	2.20	1.88	5.77	433.6
1987	29544	18013	11531	389.6	2.82	1.42	4.22	339.6
1988	27170	17338	9832	390.2	2.74	1.31	3.24	231.4
1989	27939	17304	10653	434.5	2.20	0.93	1.08	145.1
1990	30212	20733	9478	516.9	1.10	0.77	0.49	131.9
1991	24992	16672	8320	596.0	0.92	0.63	3.27	117.8
1992	18582	10794	7788	400.0	0.87	0.56	2.83	101.2
1993	27971	19022	8949	336.0	0.72	0.43	3.79	132.5
1994	27355	20000	7355	766.0	1.13	0.84	3.35	140.3
1995	32700	24110	8590	552.0	1.27	0.81	4.01	141.5
1996	34400	22600	11800	760.6	6.00	6.00	7.84	160.0
1997	35000	22000	13000	200	5.00	6.00	6.00	160.0
1998	35000	22000	13000	200	5.00	6.00	6.00	160.0
1999	35000	22000	13000	656.6	4.56	4.20	7.84	170.0
2000	37744	25415	12509	750.0	2.60	19.50	12.5	353.8
2001	39600	24400	15200	630.0	2.70	13.00	13.3	415.6
2002	39800	24500	15300	800.0	3.80	15.50	14.5	591.4
2003	39800	25415	12509	750.0	2.60	19.50	12.5	353.8
2004	30700	22660	8070	519.6	4.03	3.31	8.08	280.51
2005	32500	27380	8120	500	4	5	8	460
2006	35200	27000	8200	610	4.3	9	8.1	540
2007	36200	27890	8300	666	5.8	9.8	8.2	625
2008	35600	27300	8300	800.0	6.60	9.80	8.00	735.00
2009	36000	28000	8000	820.0	5.00	11.00	8.00	780.00
2010	36600	28600	8000	750.0	3.00	13.00	6.00	760.00
2011	31900	23000	8900	800.0	1.12	16.00	8.00	800.00
2012	32200	23300	8900	840.0	1.15	20.00	9.00	850.00
2013	32200	23600	8600	700.0	0.95	20.00	5.00	750.00
2014	32500	24000	8500	850.0	0.50	15.00	5.00	2000.00
2015	33000	25000	8000	700.0	0.40	12.00	1.50	3500.00
2016	41000	33000	8000	965.0	0.40	12.00	1.50	7500.00

（续）

年份	合计（群）	中蜂（群）	西蜂（群）	蜂蜜（吨）	蜂王浆（吨）	蜂蜡（吨）	花粉（吨）	养蜂总产值（万元）
2017	51600	44600	7000	800.0	0.36	14	1.42	8200.00
2018	59400	52400	7000	860	0.3	14.5	1.53	12000.00
2019	75000	68000	7000	950.0	0.35	16	1.6	15000.00
2020	85200	78700	6500	857	0.15	12	0.8	15500.00

■ 第七节 饲草产业

粮改饲试点工作

1. "粮改饲"工作实现全覆盖

宁夏是农业农村部安排的第一批"粮改饲"项目试点省（自治区）。2015—2020年，农业部（农业农村部）支持自治区粮改饲项目资金从2015年的3000万元增加到2020年的12610万元，自治区及各县区累计整合投入资金3.4亿元。农业部（农业农村部）下达的"粮改饲"面积从2015年的15万亩增加到2020年的74.3万亩，自治区实际种植面积由2015年的29.1万亩增加到2020年的154.9万亩，加工全株玉米青贮由2015年的65.8万吨增加到2020年的550.8万吨。自治区"粮改饲"工作实施县区由2015年的3个试点县区增加至21个县区，实现了全覆盖。涉及畜种也由奶牛为主向肉牛、肉羊全面推广，奶牛场全株玉米青贮普及率达到100%，肉牛场普及率近70%，肉羊场普及率达到40%以上。

2. 种养结合迈上新台阶

宁夏始终把推进种养结合，构建新型种养关系，作为深入推进粮改饲的主要方向。一是支持规模养殖场（户）、饲草收贮服务企业等新型经营主体采取流转土地、订单种植等形式，新型经营主体通过流转土地自种面积占到收贮总面积的25.2%、订单收购占60.9%、市场化收购占13.9%。其中，通过流转土地自种的新型经营主体906家，收贮全株玉米青贮89.3万吨。建立种养一体化基地，全力构建"饲草种植＋青贮加工＋牛羊养殖＋粪肥还田"的绿色循环发展模式。2020年全区实施"粮改饲"154.9万亩，其中实施种养一体化模式的养殖场（户）约占40%，同比提高了81.8%。二是示范推广优质苜蓿青贮和"青贮玉米＋饲用小黑麦"一年两茬种植模式。2019年推广优质苜蓿青贮18万吨，品质达到国产一级以上；推广饲用小黑麦、冬牧70黑麦复种近5万亩，较单一种植青贮玉米增收400元以上，有效提高了"粮改饲"实施效果。三是在固原市等肉牛养殖规模较大的养殖示范乡村，推广以青贮玉米为主导的种养一体循环发展隆德杨河整乡推进模式、合作社（公司）＋农户（贫困户）带动西吉模式和配送中心集中收贮分户配送的泾源模式等，积极建立农民适度规模种养一体化养牛模式，促进肉牛产业真正成为农民脱贫致富的主导产业。

3. 青贮技术创新取得新成效

为保障粮改饲工作取得实效，自治区畜牧工作站着力在提高青贮质量和饲喂效果上下功夫：一是组织区、市、县三级技术骨干成立了4个粮改饲技术服务组，包片包点加强青贮收贮等技术指导，落实"粮改饲"任务，做到了任务到点、责任到人、技术到位。二是组织实施优质青贮行动计划，制定了《优质全株玉米青贮技术手册》，加强种、收、贮各环节的技术集成和示范推广，并组织开展全区青贮饲料质量评鉴工作，着力提升全株玉米青贮品质。引黄灌区青贮玉米达到"双30"，优于国家一级标准，南部山区青贮玉米达到"双28"，优于国家二级标准，全株青贮玉米质量全国排名第一，高于美国平均水平。在连续四届中国青贮饲料质量评鉴大赛中，获得金奖7个、银奖4个、优秀奖

9 个。三是提高青贮饲喂技术水平。把提高青贮饲喂效果作为推进粮改饲工作、促进草畜产业节本增效的关键技术，不断强化技术培训和精准饲喂技术示范推广。先后制定印发《粮改饲技术手册》《全区青贮主推品种和主推技术》和青贮技术挂图等技术资料，开展了青贮全混合日粮配方研究示范，举办全株玉米、苜蓿半干青贮等培训班 10 余期，培训基层和养殖场（户）技术人员 1500 余人次。

4. "粮改饲" 提质增效助推脱贫攻坚

2015—2020 年，"粮改饲" 项目实施 5 年，对宁夏草畜产业提质增效起到了明显促进作用。项目区覆盖奶牛 39.7 万头、肉牛 16.1 万头、肉羊 13.8 万只。通过调整奶牛日粮配方，增加全株玉米青贮饲喂量，减少苜蓿干草精饲料的饲喂量，日粮综合成本下降 5%，每千克奶成本下降 0.15 元；肉牛和肉羊在饲喂全株玉米青贮后，日增重显著提高，出栏时间缩短 20 天左右，日粮综合成本下降，育肥期饲喂成本分别节约 260 元、30 元左右，基础母牛和母羊日均饲喂成本分别降低 0.8 元、0.15 元。灌区农户种植青贮玉米每亩收入达到 1600 元，每亩收入较种植籽实玉米增加 260 元；南部山区农户种植青贮玉米每亩收入达到 1200 元，每亩收入较种植籽实玉米增加 210 元。项目区农民在种植环节累计增收 8.7 亿元，在养殖环节累计节本增效 20 亿元以上。特别是在肉牛养殖上，"粮改饲" 促进种养结合，带动农户适度规模养殖，为宁夏南部山区农民脱贫致富作出了突出贡献。西吉县自 2017 年开始实施 "粮改饲" 项目，县政府将实施 "粮改饲" 作为产业扶贫重点政策，多渠道整合扶持资金，3 年累计投入 12822.5 万元，项目实施农户由 4150 户发展到 14470 户，种植青贮玉米由 8 万亩增加到 20 万亩，肉牛、肉羊饲养量分别由 34 万头、86 万只增加到 40 万头、100万只。

5. 推进草牧业高质量发展

"粮改饲" 项目带动了宁夏草牧业发展，一年生优质牧草种植面积逐步扩大，"小黑麦＋青贮玉米" 等一年两茬优质饲草高效复种生产利用模式成效明显，种植业结构进一步优化，全区享受项目补贴的青贮玉米种植面积占全区玉米种植总面积的 23.4%，以养定种、调整优化种植结构取得初步成效。2020 年，全区优质高产苜蓿留床面积 67.3 万亩、一年生优质牧草 110.2 万亩、青贮玉米 270 万亩，生产优质苜蓿干草 29.3 万吨、一年生青干草 50.6 万吨，加工制作全株玉米青贮 1034.3 万吨；奶牛存栏 57.4 万头，同比增长 31.2%；肉牛、肉羊饲养量分别达到 192.6 万头、1221.2 万只，同比分别增长 13.9%、6.4%；生鲜乳产量 215.3 万吨，同比增长 17.4%；牛羊肉产量 22.53 万吨，同比增长 2.9%，"引草入田、立草为业、种养结合" 的理念普遍增强，饲草产业高产高效夯实了现代畜牧业发展基础，为宁夏畜牧业高质量发展提供了物质保障。

6. 振兴奶业苜蓿发展行动

2012—2018 年，宁夏农牧厅按照国家实施 "振兴奶业苜蓿发展行动" 要求，在农业部、财政部下达自治区高产优质苜蓿示范建设项目任务后，按照 "集中连片建设，按单元补贴" 的原则（以 3000 亩为一个单元，按每亩 600 元标准补贴，部分年份以 1000 亩为一个单元），以 "县级组织申报，自治区组织核查、验收" 的形式，有序开展项目建设。到 2018 年，累计有 137 家草业生产企业（合作社）实施该项目，共建成高产优质苜蓿示范饲草基地 38.869 万亩，补贴资金 2.622 亿元。详见表 6-5-15。2020 年，国家下达宁夏优质高产苜蓿建设项目任务 9.2 万亩，依据新的补贴原则，宁夏按照旱地 600 亩、水浇地 300 亩为基础集中连片建设，以 "县级组织申报、核查，市级组织验收，自治区级抽验" 的形式开展项目建设，完成 16.56 万亩。

表 6-5-15　2012—2018 年高产优质苜蓿示范项目建设情况

年度	建设单位（家）	建设单元（个）	建设面积（亩）	补贴资金（万元）	留床面积（亩）
2012	18	19	61920	3480	19200
2013	26	26	78110	4680	23750

（续）

年度	建设单位（家）	建设单元（个）	建设面积（亩）	补贴资金（万元）	留床面积（亩）
2014	22	23	75370	4500	28300
2015	19	20	67190	3960	66400
2016	22	22	66000	3960	59360
2017	17	19	63500	3480	63500
2018	13	15	36000	2160	36000
合　计	137	144	388690	26220	322730

通过"振兴奶业苜蓿发展行动"实施高产优质苜蓿示范基地建设，宁夏形成了产业规模优势明显、示范带动作用较强的苜蓿产业区域化发展布局，对自治区农业种植业结构调整，发展现代草畜产业发挥了很好的示范引领作用，成效显著。一是全面推行苜蓿良种，实行标准化生产。通过推广优良品种、根瘤菌接种、精量播种、测土配方施肥、病虫害监测防控、机械化适时收获和加工贮藏利用等丰产关键技术，示范片区苜蓿产量和质量明显提高。据测定，水地苜蓿干草产量900千克/亩以上、旱地500千克/亩以上，粗蛋白（CP）含量16%～22%，主要指标达到国内较高水平。二是保障优质饲草料供给，促进了自治区奶产业转型升级。每年为本地养殖企业提供优质苜蓿草30万吨，加快优质饲草就地消化，促进了养殖质量和效益的提升。全区生鲜乳平均乳脂率3.7%、乳蛋白率3.15%，体细胞数小于29万/毫升，细菌数小于5万/毫升，均显著优于国内平均水平，主要指标达到欧盟标准。宁夏已成为全国重要的优质奶源生产基地。同时，也使宁夏南部雨养区人工种草从单一的生态建设向生态效益型转变，形成种植业与养殖业互相促进协调发展的良性循环，有效解决了饲草短缺的矛盾，保证了畜产品质量安全。三是促进了全区饲草种植、加工产业化稳步发展。据统计，2020年，全区优质饲草料留床面积929.8万亩，其中，以紫花苜蓿为主的多年生牧草留床面积549.6万亩，可生产苜蓿干草1239万吨；种植一年生牧草110.2万亩，制作青干草50.6万吨；种植青贮玉米270万亩，制作全株玉米青贮1034万吨。四是饲草生产加工多样化。截至2020年，全区有草产品生产加工企业（合作社）共计89家，年加工生产能力142万吨。主要产品以草捆为主，兼有草块、草颗粒、草粉等产品。同时，推广应用苜蓿半干青贮制作技术，制作方式由窖贮、堆贮向适合全程机械化、商品化生产的大型裹包青贮发展。五是苜蓿草产品质量显著提高。自治区地处国家优质苜蓿产业带的中心，随着国家振兴奶业苜蓿发展行动、高产优质示范基地建设项目的实施，以及宁夏草业协会和宁夏奶业协会提出并在农垦贺兰山奶业全力推行苜蓿干草捆按质论价收购办法，自治区特别是灌区苜蓿干草捆生产者提质增效积极性得以激发，苜蓿干草捆质量得到显著提升，多数企业生产的产品质量指标达到了国家二级以上，最高收购价可达2700元/吨，苜蓿成为收益较高的农作物（详见表6-5-16）。苜蓿干草品质显著提高，北部灌区生产的苜蓿干草捆粗蛋白达到18%以上，相对饲喂价值（RFV）达到140以上，平均产量1000千克/亩以上，普遍达到国家二级以上质量标准；中南部地区干草捆质量以三级为主或接近二级，粗蛋白含量16%～18%，相对饲喂价值（RFV）120～140，产量400～600千克/亩，从经济和生态上真正发挥了"牧草之王"的作用。宁夏从南到北苜蓿的生产环境、立地条件、规模化程度、管理水平等差异较大，形成了贺兰山东麓引黄灌区优质商品苜蓿生产，中东部扬黄补灌区和环六盘山雨养区以自用为主、商品生产为辅的不同的产业格局及经管模式。依托奶牛场标准化示范建设，按照"种养结合、草畜配套、农牧循环"的要求，构建"种好草，养好牛，产好奶"的绿色发展模式，像抓粮食生产一样抓优质饲草生产，大面积推广种植紫花苜蓿、燕麦草、冬牧70黑麦等优质牧草生产。构建配套完善的优质饲草料生产加工体系，推进以"种养结合、草畜一体化"为主的奶牛场优质牧草有效供给模式的建立。同时，结合宁夏不同地域和不同生产条件的实际，建立与优质牛羊肉产业配套的优质饲草生产供应模式。

表 6 - 5 - 16   宁夏部分企业苜蓿草产品（草捆）质量调查统计

调查单位	年产量（吨）	市场价格（元/吨）	粗蛋白（CP）含量（%）	酸洗纤维（ADF）含量（%）	中性洗涤纤维（NDF）含量（%）	相对饲喂价值（RFV）	灰分含量（%）	杂质含量（%）	国家等级
茂盛草业公司	10500	2100	19.2	35	39	146.9	10.6	11	准一级
宁夏千叶青	7000	1850	18.5	33	40	145	10	5	二级
中卫市沐沙	5200	2200	18.32	33.52	44.6	141		2	二级
宁夏荟峰	8000	1750	18.3	32.8	41.7	141.5	7	11	二级
彭阳荣发	1200	1450	14	33	43	136.7	11.2	1	三级
隆德县滕发	3670	1400	13.8	41.02	48.93	115	9	15	准三级

第八节 特种养殖

一、草食类动物

1. 兔

1958 年贺兰、中宁、吴忠等灌区县曾引进青紫兰兔和日本大耳白兔等兼用品种。1966 年全区兔的饲养量达 10 万余只。1975—1978 年，调入德国巨型兔、法国"大公羊"兔、加利福尼亚兔等纯种和杂种兔数批，主要用于扶持固原地区发展养兔生产。1978—1979 年全区养兔达到高峰，年饲养量 100 余万只。1980 年因活兔收购问题，兔的饲养量迅速下降。1983 年从美国进口獭兔 82 只，饲养于青铜峡草台子畜牧场，向各地推广种兔。1985 年后，又引入比利时兔、加利福尼亚兔、法比兔、丹麦白兔等肉用种兔。1979—1981 年引入长毛兔 3500 只，主要分配给银川、永宁、贺兰、青铜峡、平罗、吴忠、大武口等市县。1989 年全区饲养量为 74.31 万只左右，其中皮肉兔约占 95%，以银川郊区、西吉、隆德养殖最多。1995 年，宁夏兄弟兔业有限公司在西夏区平吉堡投资 150 万元，建成集科研、生产、服务于一体的集约化工厂化养殖体系，从山东省引入珍珠长毛种兔 3000 余只（其中用于繁种及科技试验用兔达 1000 余只），到 2000 年达到有效笼位 1 万个、种兔 3000 只的生产规模，每年向社会提供种兔 3 万只，生产优质兔毛 5000 千克，创产值 400 万元，实现社会经济 3000 万元。随着社会经济发展和饮食结构改变，兔的皮毛价值减弱，以肉用性能为主，养殖数量较多的为兴庆区和隆德县。2020 年 7 月，隆德县奠安乡旧街村、雷王村等 5 个村村集体从陕西哈妹兔业科技有限公司引入伊高乐肉兔父母代 4450 只。2020 年 11 月，隆德县城关镇宁夏千峰兔业有限公司从青岛康大兔业发展有限公司引进祖代伊拉肉兔 420 只，其中 A 系公兔 5 只、B 系母兔 15 只、C 系公兔 20 只、D 系母兔 380 只。据 2021 年第三次全国畜禽资源普查和数据调查显示，全区存栏兔达到 100 万只以上，主要以伊拉、伊普吕、伊高乐肉兔为主，90% 以上销往重庆和四川等地。

2. 骆驼

骆驼是我国荒漠和半荒漠地区的特有畜种，特别是其役用性能，在边陲地区交通运输中发挥着特殊的功能，素有"沙漠之舟"之称。新中国成立后，西北养驼地区贯彻民族区域自治政策，发展民族经济，采取增畜保畜措施，养驼生产也和其他畜牧业生产一样，得到了长足的发展。特别是 20 世纪 70—80 年代，有关骆驼科学的研究也被提上日程，形成了一股"骆驼热"。1979—1990 年，先后召开了 6 次全国骆驼育种会议，会上互通情报，宣读学术论文，交流养驼育种经验。宁夏、内蒙古成功地进行了骆驼人工授精和冷冻精液配种试验。宁夏农学院、内蒙古农牧学院合编了《养驼学》教材，大大丰富了骆驼科学的内容，人们对骆驼的认知也进一步提高。1989 年全区约有骆驼 3985 峰，主要分布于石嘴山市和银南地区，全部为双峰驼，其中陶乐县饲养最多，约 1700 峰。因骆驼繁殖周期和成熟周期都较长，繁殖周期为 3 年 2 胎，且为单胎，幼驼的成熟周期为 5 年，养殖成本高等特点，且骆驼的役用功能已被逐步取代，骆驼的养殖数量逐年减少。2021 年调查结果显示，全区骆驼数量已骤减至 398 峰，养殖品种为阿拉善双峰驼，主要分布在兴庆区、西夏区、惠农区、利通区、同心县、彭阳县、沙坡头、海原县等 8 县（区），其中沙坡头、沙湖、黄沙古渡等旅游景区占比达到 90% 以上，主要供游客乘骑，增加旅游收入。

3. 鹿

梅花鹿全身都是宝，鹿茸、鹿血、鹿肉等对人体具有滋补和养护作用。1960—1965 年贺兰山林管所捕捉马鹿羔 32 只（其中公羔 13 只），进行圈养繁殖，1966 年末存栏 43 头，后移交给暖泉农场鹿场，后又自繁自养马鹿 126 头，经济收入非常可观。另外，中卫东园鹿场饲养 18 头，贺兰山自然保护管理局饲养 13 头。2007 年开始，固原市原州区、泾源县、隆德县、彭阳县、海原县、沙坡头区、贺兰县等多地先后引进吉林梅花鹿开展自繁自育。泾源县泾河源冶家村于 2008 年引进吉林梅花鹿 13 头，开展自繁自养，2021 年全部出栏售出。集中饲养群体规模较大的主要位于贺兰县。2018 年 4 月，贺兰县南梁台子管委会隆源村宁夏茸源养殖发展有限公司，从吉林省长春市双阳区吉林忠信鹿业有限公司引进吉林梅花鹿，类型主要为双阳梅花鹿，群体数量 1800 余头。另外，固原市原州区头营镇养殖双阳梅花鹿 45 头。2021 年调查结果显示，全区鹿饲养量达到 5000 头左右，全区各县区均有分布。

二、特禽类动物

1. 鸭、鹅

宁夏鸭、鹅饲养主要集中在引黄灌区各县，以银川郊区、永宁、贺兰等县数量较多。引入品种有北京鸭、狮头鹅、浙江青鸭、浙江绍鸭、灰鹅、樱桃谷鸭、狄高鸭等。1989 年全区鸭饲养量 7.58 万只、鹅 1.39 万只。"十三五"以来，随着六轴、七廊、八通道的国家综合立体交通网的主骨架空间已初步形成，宁夏积极与南方供销商紧密合作，通过"内引外联"等模式，形成了肉鸭北养南消的格局，进一步促进了鸭养殖业的发展。2021 年调查结果显示，全区鸭饲养量在 5 万余只、鹅 2300 只左右。

2. 鹌鹑

1983—1988 年，中卫、石嘴山、吴忠、青铜峡、银川等地先后引入鹌鹑。1989 年存栏 6 万余只，品种有北京系和朝鲜龙城系鹌鹑、法国肉用鹌鹑和"自别雌雄"品种。2009 年 7 月，固原市原州区头营镇养鹌鹑专业户引进商品代鹌鹑雏 5000 只。2019 年，平罗县红崖子乡建设标准化鹌鹑养殖棚 20 栋，养殖鹌鹑 12.9 万只，采取"企业＋农户＋基地"的运行模式，带动当地 20 户移民参与养殖，2021 年鹌鹑饲养量 16 万只，主要为餐饮业提供鹌鹑蛋。2021 年调查结果显示，全区鹌鹑饲养量达到 41 万只左右，主要分布于贺兰县、灵武市、平罗县、利通区、中宁县等县（市、区）。

3. 火鸡

火鸡以其体型大、抗病性强、瘦肉率高，以及鲜美的口感和极高的营养价值，备受消费者青睐。1985 年贺兰山农牧场引入美国尼古拉、法国贝蒂纳火鸡父母代种蛋各 200 枚，开始孵化试养。同年 7 月灵武县种火鸡场先后引入美国尼古拉火鸡种蛋 4700 枚、种雏 1300 只，法国贝蒂纳种雏 1200 只。1985—1987 年灵武种火鸡场向区内外提供种火鸡 1.1 万只。后来，由于产品销路不畅，贺兰山农牧场不久即把火鸡全部淘汰，灵武县种火鸡场也于 1987 年停产。此后，再无较大规模饲养。"十二五"以来，随着休闲农业和乡村旅游的快速发展，西夏区、平罗县、沙坡头区及固原市各县（区）大力发展特色养殖，火鸡养殖数量逐步增加。2021 年调查结果显示，全区火鸡饲养量超过 2 万只，主要分布于西夏区、灵武市、贺兰县、平罗县等县（市、区）。

4. 肉鸽

鸽肉质细嫩鲜美，具有较高的营养价值和药用价值，素有"一鸽赛九鸡"的美誉。吴忠市种鸡场引入数量较多，该农场于 1986 年 10 月引入美国落地王种鸽 100 对，1989 年上半年存栏 400 对。此外，长庆油田（盐池县大水坑）、石井矿务局和青铜峡、银川市的个别养殖专业户也曾引入，但数量很少。"十一五"之前，自治内生产的乳鸽以外贸出口为主，少量供国内中高档饭店消费。"十二五"之后，随着人民生活水平的日益提高，乳鸽进入普通家庭餐桌，有取代部分鸡鸭的趋势。"十三五"以来，银川市西夏区、金凤区、利通区、隆德县等地先后建成多家肉鸽饲养场，以肉鸽养殖、种鸽培育和鸽蛋销售为主，平罗、永宁等多个县区建有活禽交易市场，肉鸽交易日趋增多。隆德县凤岭乡齐兴村把肉鸽养殖作为村集体经济发展壮大的主导产业，2019 年 6 月成立齐兴村股份经济合作社，采取"村党支部＋合作社＋农户"的发展方式，带动群众增收致富和村集体壮大，2021 年存栏种鸽 1400 对，肉鸽 8000 多对，年销售乳鸽 4000 余只、鸽蛋 1500 多盒。2021 年调查结果显示，全区肉鸽饲养量 7.9 万只左右。

5. 珍珠鸡

1989 年 3 月，吴忠市种鸡场引入法国品系珍珠鸡育成雏 100 只，进行试养阶段，并未推广。2013 年，珍珠鸡养殖被列为宁夏西吉县扶贫产业之一，由当地创业者从广州引进珍珠鸡，经整村推进和精准扶贫项目扶持扩大珍珠鸡养殖规模，该县珍珠鸡饲养量最高达到 25 万只左右。后来，由于珍珠鸡水土不服和后续管理不到位等原因，珍珠鸡病死率高达 63.5%，加上回购渠道不畅，最终成活的珍珠鸡多数被直接食用，未能给贫困户带来经济收益。但"十二五"以来，随着林下经济快速发展，珍珠鸡养殖规模呈现稳步增长态势，珍珠鸡肉和蛋作为高端礼品馈赠亲友。2021 年调查结果显示，全区珍珠鸡饲养量 3 万只左右，主要分布于红寺堡区、同心县、海原县及固原市等地。

6. 七彩山鸡

七彩山鸡因其体型大、羽毛美、成熟早、生长快、产蛋多、肉质鲜美、营养丰富，而且具有补脾补肾、补肝明目等功效，深受人们喜爱。宁夏七彩山鸡养殖最早可追溯至 1992 年。1992 年 4 月，宁夏林业厅苗木场从吉林省左家特产研究所购进七彩山鸡种蛋 400 枚，孵出雏山鸡 320 只，同年 9 月贺兰山林管局从该研究所购进 4 月龄七彩山鸡种鸡 150 只，逐年繁育并向外供种。至 1995 年，全区年饲养量 1000 只以上的有 6 户，养殖经济效益明显，固原地区已将七彩山鸡养殖列为抗旱自救、脱贫致富的主要产业。目前在红寺堡区、中宁县、海原县及固原地区饲养有 1 万余只。

三、杂食类动物

貂、狐、熊、貉等。自治区水貂饲养最早可追溯至 20 世纪 70 年代末，在银川新城双渠口建成宁夏第一家水貂饲养场；1982 年贺兰山农牧场开始饲养水貂 100 余只，1989 年饲养量最大的中卫县饲养 1241 只。20 世纪 80 年代末宁夏大学引进银狐进行繁殖，推销给个人饲养繁殖。长庆油田综合养殖场饲养银狐 307 只。80 年代，宁夏农学院、宁夏畜牧兽医研究所共饲养熊 22 头，主要用于教学科研工作。此外，贺兰县 3 户农民饲养 10 余头。1988 年宁夏农垦科学研究所引进貉 20 只，用于饲养观察。2010—2011 年开始，永宁县、惠农区等县（区）先后引进引入国外银黑狐（非食用）、北极狐（非食用）和国内培育品种吉林白貉进行自繁自养，养殖狐、貉类获得皮毛，主要作为生产裘皮大衣的原材料，一张皮售价可达 1000 余元，副产物主要用于生产肉骨粉，当作动物饲料使用。2021 年调查结果显示，全区狐狸饲养量达到 1.17 万只左右，其中永宁县望洪镇养殖银黑狐、北极狐各 1400 余只，永宁县黄羊滩农场养殖银黑狐 700 只、北极狐 48 只，惠农区尾闸镇养殖银黑狐 2136 只；貉饲养量 1280 只，主要分布在永宁县。

■ 第九节 毛、绒、皮加工

宁夏羊绒业在基地、流通、加工方面基本形成了三个相互联系、相互促进的发展体系。一是以贺兰山东麓、中卫香山、灵武、同心和盐池为中心的山羊绒生产基地，2003 年全区山羊饲养量约 200 余万只，其中绒山羊约 120 万只，羊绒产量 444 吨。随着绒山羊改良工作的不断深入，山羊绒产量逐步提高。宁夏山羊绒品质极佳，是织造羊绒服饰精品的上等原料。二是以同心和灵武为基地的羊绒集散地，年集散交易羊绒 3000～5000 吨，成为宁夏羊绒加工业的主要原料渠道。同心县还拥有一支约 1.5 万人的羊绒收购、贸易队伍，足迹遍布国内外山羊主产区，使同心县成为我国三大羊绒集散地之一。三是以银川、灵武和同心为中心的加工出口基地，以灵武和同心羊绒工业园区为载体呈现集群特点，已成为国内重要羊绒加工基地之一。2003 年加工无毛绒 2500 吨，实现工业总产值 22.2 亿元，羊绒流通量和无毛绒分梳量约占全国 1/3。2005 年羊绒加工企业 58 家，其中重点企业 8 家，梳绒机 1200 台，年生产能力达到了 4000 吨。羊绒产业原料主要来源有两部分：一是来自本地，是灵武、同心等地饲养的改良绒山羊，二是通过同心县的羊绒贸易购入，年交易量 3000 吨以上。

宁夏羊绒加工、贸易企业基本上都是民营企业，体制、机制灵活，市场应变能力强，企业生产效率高，发展速度快。羊绒加工企业主要分布在灵武市和同心县。灵武市羊绒工业园区以羊绒精深加工为主，洽谈入园项目 90 个，协议总投资 16.8 亿元，落实项目 30 个，引进项目总投资 7.4 亿元，2003 年灵武羊绒企业实现产值 6.6 亿元。同心羊绒工业园区充分发挥国内主要羊绒集散地优势，筛选吸纳了 32 家羊绒企业入园，2003 年同心县羊绒企业实现产值 2.65 亿元。全区年羊绒交易量 3000～5000 吨，年分梳羊绒 4000 吨左右，加工无毛绒 2000 吨左右，并已形成绒条加工能力 200 吨，绒纱生产能力 520 吨，羊绒衫生产能力近 110 万件。据海关统计，2004 年，加工二毛皮 100 万张，羊绒 1500 吨，全区无毛绒出口量 503 吨，出口总值 2699 万美元。羊绒产业已成为宁夏轻纺行业第一大产业，圣雪绒羊绒制品有限公司、中银绒业公司、阿尔法绒业公司等骨干羊绒企业加工的无毛绒达到了世界一流水平，80%出口欧洲市场。2003 年规模以上羊绒企业实现工业总产值 22.2 亿元，实现利润总额 8189 万元，分别占宁夏规模以上轻工业的 28.4%和 33.3%。2005 年自治区羊绒加工企业共有 58 家，其中有 26 家具有自营进出口权。

宁夏工业羊绒整体效益低于全国平均水平，但羊绒加工产业经济效益突出，不仅远高于宁夏工业平均效益，而且也高于全国平均经济效益水平，羊绒单项效益指标高，综合竞争力较强。

自治区绒山羊杂交改良及绒山羊饲养管理技术比较成熟，科技力量较强。规模较大的企业一般设有技术部及新产品开发研究室，遇到技术疑难问题时，通过聘请外地羊绒纺织专家的方式来解决。

宁夏通过推行绒毛用羊品种杂交改良和科学饲养提高羊绒产量，充分发挥了宁夏羊绒品质、产量优势，已成为全国主要优质精品羊绒原料基地之一。

2010 年宁夏全区羊毛产量 7424 吨，其中绵羊毛 6889 吨、山羊毛 535 吨，绵羊毛中含细羊毛 374 吨、半细羊毛 1827 吨，山羊毛中含羊绒 378 吨。2020 年宁夏全区羊毛产量 9752.4 吨，其中绵羊毛 8429.8 吨、山羊毛 1322.6 吨，绵羊毛中含细羊毛 1734.5 吨、半细羊毛 3813.8 吨，山羊毛中含羊绒 446 吨。详见图 6-5-4、图 6-5-5、图 6-5-6。

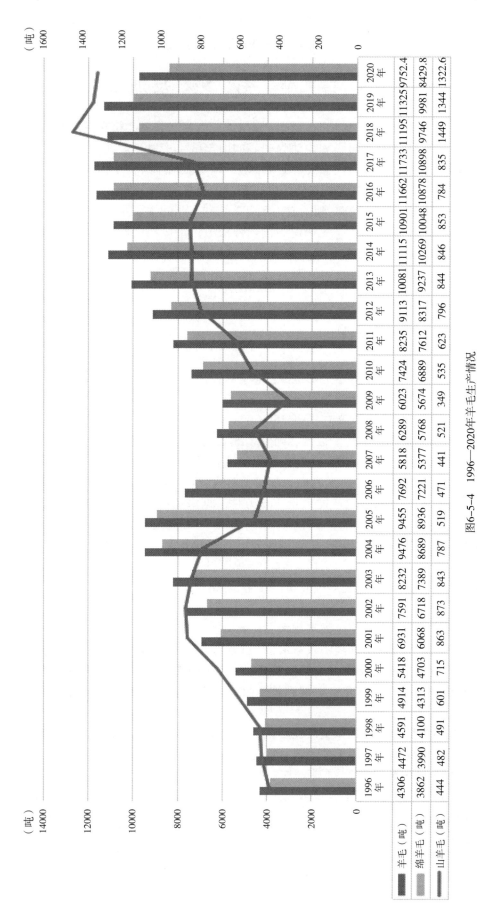

图6-5-4 1996—2020年羊毛生产情况

	1996年	1997年	1998年	1999年	2000年	2001年	2002年	2003年	2004年	2005年	2006年	2007年	2008年	2009年	2010年	2011年	2012年	2013年	2014年	2015年	2016年	2017年	2018年	2019年	2020年
羊毛（吨）	4306	4472	4591	4914	5418	6931	7591	8232	9476	9455	7692	5818	6289	6023	7424	8235	9113	10081	11115	10901	11662	11733	11195	11325	9752.4
绵羊毛（吨）	3862	3990	4100	4313	4703	6068	6718	7389	8689	8936	7221	5377	5768	5674	6889	7612	8317	9237	10269	10048	10878	10898	9746	9981	8429.8
山羊毛（吨）	444	482	491	601	715	863	873	843	787	519	471	441	521	349	535	623	796	844	846	853	784	835	1449	1344	1322.6

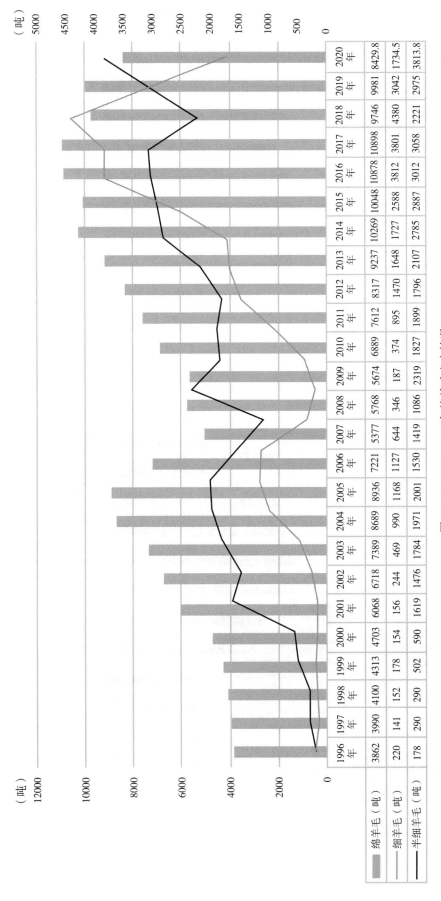

	1996年	1997年	1998年	1999年	2000年	2001年	2002年	2003年	2004年	2005年	2006年	2007年	2008年	2009年	2010年	2011年	2012年	2013年	2014年	2015年	2016年	2017年	2018年	2019年	2020年
绵羊毛（吨）	3862	3990	4100	4313	4703	6068	6718	7389	8689	8936	7221	5377	5768	5674	6889	7612	8317	9237	10269	10048	10878	10898	9746	9981	8429.8
细羊毛（吨）	220	141	152	178	154	156	244	469	990	1168	1127	644	346	187	374	895	1470	1648	1727	2588	3812	3801	4380	3042	1734.5
半细羊毛（吨）	178	290	290	502	590	1619	1476	1784	1971	2001	1530	1419	1086	2319	1827	1899	1796	2107	2785	2887	3012	3058	2221	2975	3813.8

图6-5-5　1996—2020年绵羊毛生产情况

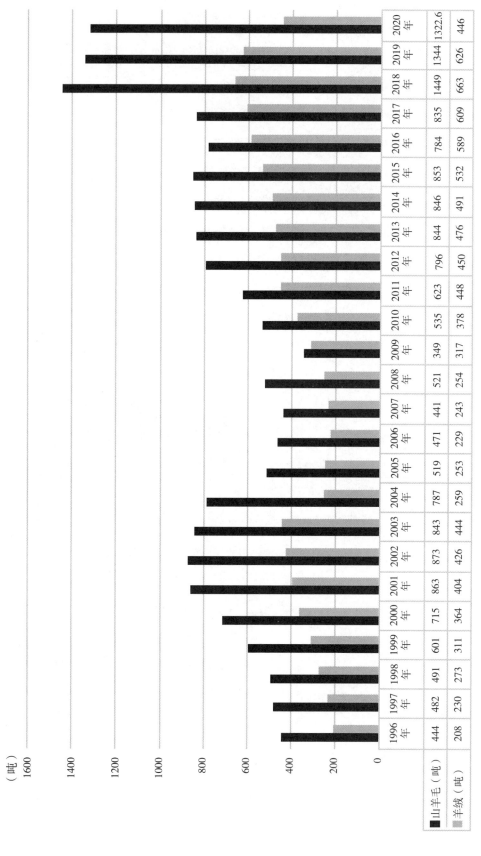

图6-5-6　1996—2020年山羊毛、羊绒生产情况

■ 第十节　行业协会

一、宁夏奶业协会

宁夏奶业协会（原名宁夏奶牛协会）成立于1983年4月，第一届理事长由宁夏农牧厅党组成员、顾问周凤禄担任，副理事长分别是赵玉琪、严纪彤、华世坚，秘书长路勤道。会员有行业行政主管部门、科研院校及奶牛养殖单位和个人。2001年10月25日更名为宁夏奶业协会，宁夏农牧厅厅长高万里当选宁夏奶业协会第一届理事会会长，农牧厅副厅长李志仁、农垦事业管理局副局长何宗先等12人为副会长，农牧厅畜牧局局长虞景龙为副会长兼秘书长，副秘书长由罗晓瑜、温万担任。

宁夏奶业协会是在宁夏回族自治区农牧厅直接领导下，由全区牛奶生产、加工、销售、科研、教学、推广机构和有关领导、专家、技术人员及养牛业工作者、养牛生产经营户主动自愿参加的地方性非营利社会组织。成立之初由挂靠单位宁夏畜牧工作站管理。2013年12月20日召开了第二届会员代表大会，换届选举了毛荣业为会长，罗晓瑜、宁小波等12人为副会长，罗晓瑜兼任秘书长，副秘书长由温万、洪龙和周吉清担任。根据2014年10月自治区民政厅《关于开展全区性行业协会商会与业务主管单位脱钩试点工作》会议要求，宁夏奶业协会于2015年1月23日召开了"2014年度年会"，会长毛荣业做了2014年度协会工作报告，会议免去了兼任协会职务的公务人员37人，包括副会长兼秘书长罗晓瑜、副秘书长温万和洪龙等人，增补张志前为副会长，宁晓波为秘书长，以及其他常务理事及理事36人，从此宁夏奶业协会移交给宁夏农垦事业管理局奶业公司管理。

宁夏奶业协会是宁夏畜牧行业成立较早的集奶牛养殖和乳品加工为一体的社会团体组织。通过全体理事会成员和会员单位的共同努力，宁夏奶业协会成为党和政府联系奶业生产企业、科技人员、广大奶农和消费者的桥梁和纽带，按照协会章程规定的职能，充分发挥协调和服务作用，在政策宣传咨询、技术培训服务、合作交流和科技支撑等方面做了大量卓有成效的工作，努力推进奶业转型和奶源基地建设，规范乳品市场，提升生鲜乳及乳品质量安全水平，为宁夏奶产业的健康稳步发展作出了积极贡献。1984年6月在平吉堡奶牛场召开"甜菜渣与稻草、麦草混合青贮饲喂奶牛效果现场会"。1987年选派平吉堡奶牛场技术员杨久海为赴日研修生，学习日本先进的畜牧饲养技术。1990年9月宁夏奶牛协会承办"中国奶牛协会第五次繁殖技术交流会"。1999—2002年，组织乳品加工企业等会员单位，在世界牛奶日（5月第3周的星期二），采取电视、广播、展板、传单和咨询等形式，广泛宣传牛奶与健康知识，提高群众鲜奶消费意识。2003年宁夏奶业协会先后协助许多成员单位从澳大利亚、新西兰引进5400多头荷斯坦牛，以满足广大奶牛养殖户饲养优质荷斯坦牛的迫切需求。2015年8月7—9日在宁夏银川召开"2015年国际奶牛新技术大会"。2016年以后，创建了宁夏奶业协会微信平台，吸引区内知名专家、教授、行家里手参与互动，提供产业相关信息、技术、销售等方面的服务。2019年3月30日至4月1日在银川国际会展中心举办"国际奶业展览会、农牧机械展览会"。2020年7月17—19日在银川国际会展中心举办"第二届银川国际奶业暨农牧机械展览会"等。这些都对聚焦国际奶业技术前沿，推广奶牛养殖新技术，提高中国奶牛生产水平，促进中国奶业健康发展产生了较大影响。

二、牛羊产业协会

2005年6月5日，宁夏牛羊肉产业协会成立，主要职能是指导、协调、组织会员单位引进推广牛羊优良品种和先进饲养技术；促进我区牛羊产业区域资源整合、能力重组、资本运营、集团化发展、产业化经营；沟通政府与企业的联系；为会员企业产品促销和宣传提供服务；帮助企业搞好标准制定、产品检验、检测和质量认证，加快促进会员企业与国际市场对接；提供培训服务。

2013年，宁夏牛羊肉产业协会第二届会员代表大会，选举西夏区鑫荣养殖合作社、西夏区伊兴肉牛场、海原县红古养殖合作社等37个单位为理事单位，宁夏盐池滩羊选育场、宁夏中卫山羊选育场、宁东鑫源肉牛场等9个单位为常务理事单位，宁夏涝河桥肉食品有限公司为会长单位，宁夏夏华食品有限公司、宁夏余聪食品有限公司、盐池鑫海肉食品有限公司、宁夏农林科学院草畜中心、宁夏单家集牛羊产业有限公司、宁夏金福来羊产业有限公司等6个单位为副会长单位。选举理事89名，常务理事21名，周学河任会长，张文华、余聪、陈海、李颖康、赵守沛、张洪恩为副会长。

三、宁夏家禽业协会

1993年6月5日，宁夏家禽业协会在银川宾馆成立，召开了第一次会员代表大会，会员共56人，会员包括行政、事业、养鸡企业的有关领导、技术人员，会议讨论通过了《宁夏家禽业协会章程》，选举产生第一届理事会，协会挂靠宁夏畜牧工作站。协会选举宁夏回族自治区畜牧局副局长田中人为理事长，宁夏畜牧工作站副站长马玉秀任秘书长。截至1997年，共发展团体会员18个，个人会员178人。其间，协会组织会员参加了由中国家禽业协会举办的第七届（1993年）、第八届（1994年）、第九届（1995年）、第十届（1997年）中国家禽交易会。1996年4月17日—19日在银川主办"在银宁夏家禽交易会"，全区养鸡企业、畜牧技术干部、专业户以及来自区外8个省（自治区）的种禽企业、机械设备企业的等102名代表参加了交易会，据统计交易会，成交额达100多万元，会议还开展了信息发布、技术讲座和经验交流等活动。1993年6月15日协会创办了《宁夏禽业简讯》，组织开展产业调研、技术服务，及时收集、传递区内外家禽业发展信息，截至1999年共发行20期，800多份。同时受宁夏畜牧局的委托，对全区种鸡场进行验收认证工作。1994年6月，与北京家禽育种有限公司在银川联合举办了"肉鸡技术座谈会"，参加座谈会的有全区畜牧技术人员、各种鸡场和专业户代表60多人。后来，因原组织机构人员发生变动，协会多年未能改选、注册，于2005年5月注销。

四、固原市蜂业协会

固原市蜂业协会成立于2017年3月20日，由隆德县六盘花香养蜂专业合作社、宁夏通蜂农业有限公司、固原市信得蜂业有限公司、泾源县泾六盘蜂业专业合作社和固原市小蜜蜂产业有限公司五家蜂业企业作为发起单位申请成立。选举理事71名，常务理事19名，梁斌任理事长，王文彩任秘书长。全区先后成立了泾源县中华蜜蜂协会、彭阳县中华蜜蜂产业协会、孟塬乡中蜂养殖协会。

固原市蜂业协会的主要职责是：宣传国家、区（市）关于发展蜂产业的方针、政策；组织开展会员单位之间技术协作和经济协作；组织推动会员单位之间的联系，促进蜂产业化进程，促进蜂业经营机制和经济增长方式两个转变；反映养殖者和产品经营者的愿望与需求，维护本行业合法权益，协助政府部门规范行业自我管理行为，促进企业公平竞争等。

五、宁夏草业协会

宁夏草业协会成立于2013年11月，是经宁夏回族自治区民政厅批准成立并注册的省级一级协会，具有独立法人资质。目前有各类会员130多个，也是中国畜牧业协会草业分会常务理事单位。

按照《宁夏草业协会章程》规定，"协会是由从事牧草产业发展的企业、合作社法人、科技教育工作者及广大种植与加工的个人与单位、社会志愿者自愿组成，经依法登记成立的非营利性社会组织"。协会坚持服务于从事牧草产业的广大会员单位和全体个人会员，并为他们构建联系桥梁，搭建交流平台；努力做好各级政府指导草产业发展的助手，为构建和谐的草业发展环境做贡献；坚持以促进草业经济发展为中心，为提升会员单位的发展能力和科技创新为目标，真正解决牧草产业发展与科技紧密结合等问题，推动宁夏牧草产业科技进步，提高产业化程度；积极开展牧草种植与加工科普活动，努力提高从事牧草种植与加工单位与个人的专业知识。

以协会章程为宗旨，先后制定了《宁夏草业协会会员管理办法》《宁夏草业协会会费收缴管理办法》和《宁夏草业协会租车管理办法》等管理办法；建立了会长会、常务理事会、理事会和会员大会等制度；建立了比较完善的议事决策制度，为协会科学民主决策提供了保障。

协会正对自身特点，发挥自身优势，主要开展了以下主要工作。

从 2014 年起，连续召开了四届牧草产品产销对接大会，除宁夏外，陕西、山西、内蒙古、甘肃、河南、北京、吉林、黑龙江等地的企业也前来参加对接交流。中国畜牧业协会草业分会、中国农业大学、甘肃农业大学、中国农业科学院等单位领导、专家应邀来授课做报告，提高了协会的知名度和影响力。

2016 年在北京正道科技有限公司的支持下，组织会员单位到美国进行 2 周的牧草生产加工利用等技术的考察培训；在中国畜牧业协会草业分会的引荐下，2015 年去"中国草都"内蒙古阿鲁科尔沁旗考察学习。

2017 年，协会承担了由宁夏农牧厅委托的全区高产优质苜蓿示范基地建设项目终期验收工作，验收结果得到建设单位和委托部门的高度认可。

在协会会员单位开展了草业"骨干企业"遴选工作，经过申报、初选、考核、认定等环节，遴选出了 6 家宁夏草业行业骨干企业，并进行了挂牌任命。

2019 年 6 月 13—15 日，在固原市组织协办了以"创新发展　提质增效"为主题的第八届（2019）中国苜蓿发展大会。来自全国草业相关领域的专家、高等院校和科研院所的学者教授、企业家、政府管理者约 600 人参加了本次大会。大会讨论了新形势下国家草产业发展、优质乳工程、奶业振兴、苜蓿产业新品种、新技术等问题，并就优化农业产业结构，夯实草产业基础，提高苜蓿在制种、种植、机械收割、精深加工等方面的关键技术，提升草畜产业水平，引导产业融合发展，全面推进我国苜蓿产业进程，加快构建现代农业产业体系、生产体系、经营体系，不断提高农业创新力、竞争力和全要素生产率等进行探讨。

六、固原市六盘山草业协会

固原市六盘山草业协会成立于 2014 年 10 月 28 日，登记管理机关为固原市民政局，业务主管单位为固原市农业畜牧局。第一届会员代表大会选举，宁夏荟峰农副产品有限公司总经理邱雪峰为会长（兼法定代表），固原市荣发饲草有限公司马志荣总经理为秘书长（兼副会长），共设立事理 20 名（其中常务理事 12 名），共吸纳个人会员 64 人，单位会员 53 家，是自治区唯一一家地市级草业行业协会。

协会成立以来，以服务为核心，以更深层次地挖掘固原市草畜产业的发展潜力和增加农民收入为目标，重点围绕"六盘山"这一知名农产品品牌，将资源优势转变为市场优势，把生产和经营结合起来，为广大会员积极开展全程的配套服务，促进草业生产基地建设和规模化种植，带动整个产业的发展。协会逐步成为草业生产新品种展示、新技术传播和推广的重要载体，活跃在产业和经营的各个环节。针对种植方面存在的问题，定期或不定期的聘请专家给种植户进行技术指导；促进地方标准的制定和无公害产品的发展；以协会为平台，从组建机械化作业队伍、信息共享、会员间帮扶等方面建立服务机制，提高组织化程度；研究市场，协助企业和个人会员根据市场需求以订单的方式运作，生产出品质优、效益高的草业产品，提高产品竞争力，形成品质好、规模大的市场优势，进一步拓宽市场，降低成本，规避市场风险，保护种植户的利益。2019 年 6 月 13—15 日，在固原市组织协办了以"创

新发展　提质增效"为主题的第八届（2019）中国苜蓿发展大会。

七、宁夏饲料工业协会

1986年2月17日，自治区饲料工业协会成立。2009年12月23日协会换届，名称改为"宁夏饲料企业联合会"，第一届会长为郝廷藻；2014年12月30日协会换届，第二届会长为邢泽光；2019年6月19日，协会换届，更名为"宁夏饲料工业协会"。第三届会长为邢泽光。协会主要职责：履行行业代表、自我教育、自我管理职责，团结带领协会企业和科研理事单位，认真贯彻国家和自治区饲料法规规章，强化普法学法守法用法；倡导各饲料生产企业和经销店严守行业自律、依法经营；规避违法添加、偷减含量行为；稳定产品价格，维护饲料市场秩序。组织宁夏企业参加全国饲料博览会、经贸洽谈会，举办西北地区饲料产业高峰论坛；促进企业改制重组、招商引资，推进建立现代企业制度，实施规范化管理。

第七篇

兽医事业

　　1949 年，新中国成立后，党和政府非常重视兽医工作和畜牧业发展，建立了自治区、市、县、乡四级兽医防治机构，全面开展了动物疫病防治工作，消灭了牛瘟；大批兽医科技工作者和大专院校毕业生从祖国四面八方支边来到宁夏从事兽医工作，宁夏兽医事业得到了空前发展，取得了重大成就。

　　1978 年，改革开放后，宁夏兽医事业又取得了全面发展，全区完成了畜禽疫病普查并编纂出版了《宁夏畜禽疫病志》，摸清并记述了宁夏近半个世纪畜禽疫病发生和流行历史，总结了新中国成立40 年宁夏畜禽防疫工作的基本经验。着力加大了动物防疫制度改革和创新，出台了一系列兽医法规规章和规范性文件。重点控制了猪瘟、鸡新城疫等重大动物疫病，消灭了牛肺疫和马鼻疽。

　　21 世纪以来，宁夏兽医事业进入了发展速度最快、成绩最突出、效果最显著的历史时期，全区全面完成了兽医管理体制改革，构建了自治区、市、县三级兽医行政管理、行政执法和技术支撑三大工作体系；健全和完善了乡镇兽医站工作体系及村级动物防疫员体系；建立和完善了官方兽医、执业兽医、乡村兽医制度。制定和颁布了 1 部兽医地方法规、7 部政府规章及 20 多部规划、计划、办法、标准、规范、规程等；建立和完善了动物及动物产品卫生质量安全追溯体系。全面完成了兽药 GMP认证和兽药 GSP 改造及验收，稳步推进兽药 GUP 工作。畜禽屠宰完成国营食品系统肉联厂、畜禽屠宰放开、依法定点屠宰三个阶段的转变。完成了自治区、市、县、乡四级动物防疫体系基础设施建设。兽医科研、技术推广和对外合作与交流全方位开展，取得了一系列重大成果。口蹄疫、禽流感等重大动物疫病得到有效控制；炭疽、结核病等常见动物疫病得到稳定控制；消灭了马传染性贫血。兽医工作对畜牧业生产安全、畜产品质量安全、公共卫生安全和生态安全的综合保障能力显著提升。

第一章

主 要 动 物 疫 病

■ 第一节 传 染 病

一、人畜及多种动物共患传染病

（一）口蹄疫

宁夏流行的口蹄疫为 O、A、亚洲 I 型三型口蹄疫。

牛口蹄疫：2006 年 1 月 5 日，中卫市城区宣和镇赵滩村七队一养殖户黄牛发生亚洲 I 型口蹄疫疫情，发病 2 头，死亡 1 头，扑杀病牛及同群牛 6 头。2011 年 10 月 8 日，海原县甘城乡双井村发生黄牛 O 型（泛亚毒株）口蹄疫疫情，发病 26 头，扑杀病牛及同群畜 682 头（只）。2012 年 2 月 17 日，彭阳县古城镇任河村黄牛发生 O 型口蹄疫（新泛亚毒株）疫情，发病 8 头，扑杀病牛及同群牛 43 头，同群羊 7 只。2018 年，兴庆区确诊牛 O 型口蹄疫疫情，发病 14 头，无死亡。2019—2020 年无发生该病疫情报告。

猪口蹄疫：2005 年，中宁县舟塔乡潘营六队发生猪口蹄疫疫情，发病 60 头，无死亡。2006—2020 年无发生该病疫情报告。

（二）流行性感冒

禽流感：也称真性鸡瘟或欧洲鸡瘟。危害最大的是高致病性禽流感。高致病性禽流感是由 H5 和 H7 亚型毒株（以 H5N1 和 H7N7 为代表）引起的疾病。

2005 年 11 月 17 日，自治区动物防疫站诊断银川市兴庆区大新镇上前城村 5 组一养殖户的肉鸡发生疑似 H5 高致病性禽流感疫情，扑杀和无害化处理病鸡及同群禽 1453 只。11 月 21 日，被国家禽流感参考实验室确诊为 H5N1 亚型高致病性禽流感疫情。同日，完成疫区禽类 95584 只的扑杀工作，其中鸡 74995 只、鹅 305 只、鸭 1245 只、鸽 1205 只、鹌鹑 6000 只、火鸡 6 只、欧洲雁 971 只、鹦鹉 4 只。2006 年 6 月 25 日，宁夏中卫市城区宣和镇第二养鸡园区确诊发生鸡 H5N1 亚型高致病性禽流感疫情。截至 7 月 3 日，累计扑杀家禽 58.1 万只。2006 年 10 月 3 日，宁夏银川市西夏区贺兰山农牧场确诊发生鸡 H5N1 亚型高致病性禽流感疫情，发病 35000 只，死亡 1000 只，疫区内共扑杀 72930 只。2008 年 5 月 17 日，原州区头营镇杨郎村确诊发生鸡高致病性禽流感疫情，扑杀阳性鸡和同群鸡 15842 只。2012 年 4 月 18 日，原州区头营镇杨郎村确诊发生鸡 H5N1 亚型高致病性禽流感疫情，发病 4000 多只，死亡 3000 多只，疫区扑杀 9.5 万只。2018 年原州、同心先后确诊发生 H7N9 亚型高致病性禽流感疫情，发病 4200 只，病死 2795 只。2019—2020 年无发生该病疫情报告。

猪流感：1957 年灵武农场猪发病，发病率达 100%，但死亡率很低，此后陆续在惠农、贺兰、中宁、隆德等多个县区发生猪流感疫情。1998 年，惠农县发生猪流感，发病 20 头。2011 年，宁夏动物疾病预防控制中心采用血凝抑制试验对宁夏 22 个县（市、区）43 个规模猪场、10 个屠宰场、197 个散养户的 1710 份猪血清样品进行了猪流感病毒 H1、H3 亚型抗体的检测。结果显示，H1 亚型抗体阳性率为 11.81％，H3 亚型抗体阳性率为 0.46％，H1＋H3 亚型抗体阳性率为 0.35％。2012—2020 年无发生该病疫情报告。

马流感： 1993 年 5 月至 1994 年 1 月，马流感先后在中国内蒙古、黑龙江、辽宁、吉林、宁夏、陕西、甘肃、山西、河北、北京、河南 11 个省（直辖市、自治区）的 249 个县暴发流行，病马 137 万匹，死亡 1.9 万匹。1994 年 1—3 月，西吉县偏城等 11 个乡镇 60 个村 214 个村民小组发生马属动物流感，发病 5150 匹，死亡 103 匹。

（三）狂犬病

1949 年以前，狂犬病在宁夏流行很广泛，对人畜危害甚大。1949 年、1950 年、1953 年、1954 年、1985 年、1991 年隆德、中卫、盐池、灵武、惠农、平罗等 6 县（市、区）散发狂犬病，共计 134 只犬发病，全部死亡，致死率 100％。1985 年 8 月下旬盐池县鸦儿沟官滩村的南方养蜂人携带的家犬发病，咬伤 6 人，其中东狼沟村被咬者 1 人，于 1986 年 1 月 12 日死亡。灵武县新华桥龙三村农民简吉云，1985 年 6 月从盐池买回 1 只犬，8 月犬发病，其被咬伤，于 11 月 6 日死于狂犬病。1985 年盐池、灵武 2 县共发现 5 只疯狗，咬伤猪 19 头，死亡 17 头，咬伤驴 8 头，死亡 2 头，咬伤并致死羊 1 只。疫情发生后，在疫区原有犬 1938 只，捕杀 1862 只。

1991 年 1—12 月，平罗、惠农 2 县共发现疯狗 117 只，咬伤人 137 名，死亡 3 人；咬伤猪 36 头，死亡 12 头；咬伤驴 8 头，死亡 5 头；咬伤羊 9 只，死亡 4 只；咬伤鸡 2 只，死亡 2 只。1992 年 5 月，盐池县高沙窝、青山、苏步井、牙儿沟乡发生狂犬病疫情，扑杀犬 1215 只。被疯狗咬伤 10 人、猪 15 头（死亡发病 3 头）、驴 4 头、骡 1 头（发病死亡）。

（四）布鲁氏菌病

牛布鲁氏菌病： 1963 年由宁夏农林科学院兽医系从病牛体内分离获得 14 株牛型菌，从病羊体内分离获得牛型菌 4 株，经鉴定属牛 1、3、4、5、6、7 型，其中牛 5 型为国内首次分离。从病牛体内还分离到 1 株羊型菌，鉴定为羊 2 型菌。20 世纪 60 年代的平均感染率为 6.8％；70 年代的平均感染率为 3.18％；80 年代的平均感染率为 1.21％。2013—2020 年，宁夏发生牛布鲁氏菌病 5 起，发病牛 11 头，其中贺兰县（2013 年）、原州区（2014 年）、隆德县（2020 年）、泾源县（2019 年、2020 年）各 1 次。2018 年全区监测牛血清样品 21402 份，其中免疫抗体监测 10265 份，阳性数 1445 份，阳性率 14.08％；非免疫抗体监测 11137 份，阳性率 1.54％。2019 年对 572 个场点 20805 头牛开展布鲁氏菌病（非免疫抗体）监测，其中奶牛场 104 个，奶牛 9644 头，阳性奶牛 4 头，个体阳性率 0.041％，阳性奶牛场 2 个，场阳性率 1.923％；其他牛场 468 个，牛 11161 头，阳性牛 2 头，个体阳性率 0.018％，阳性牛场 2 个，场阳性率 0.427％。2020 年对 442 个场点 11300 头牛开展布鲁氏菌病（感染抗体）监测，其中奶牛场 89 个，奶牛 6350 头，肉牛场 325 个，肉牛 4578 头，其他牛场 28 个，牛 372 头，均无检测阳性报告。

羊布鲁氏菌病： 1954 年海原甘盐池羊场用血清学方法检验出阳性羊。1957 年西北军区李纯价来银川调查布鲁氏菌病时，从羊流产胎儿体内分离出羊型布鲁氏菌 1 株，为区内首次分离获得。2002—2012 年，全区用血清学方法检测羊 77696 只，检出阳性 215 只。2013—2020 年，宁夏共发生羊布鲁氏菌病 13 起，发病 374 只，其中盐池县（2013—2020 年）8 次，彭阳县（2014 年）、西吉县（2014 年）、金凤区（2016 年）、平罗县（2016 年）、同心县（2020 年）各 1 次。

2018 年全区监测羊血清样品 21823 份，其中免疫抗体监测 10152 份，阳性数 1503 份，阳性率 14.80％；非免疫抗体监测 11671 份，阳性数 55 份，阳性率 0.47％。2019 年对 547 个场点的 19131 只羊开展布鲁氏菌病（非免疫抗体）监测，阳性 59 只，个体阳性率 0.308％，阳性场 5 个，场阳性率 0.914％。2020 年对 472 个场点的 20697 只羊开展布鲁氏菌病（感染抗体）监测，阳性 13 只，个体阳性率 0.06％，阳性场点 3 个，场阳性率 0.64％。

（五）结核病

牛结核病以奶牛最为易感，黄牛次之。2002—2012 年，全区累计用结核菌素变态反应方法检疫奶牛 339600 头，检出阳性牛 434 头，扑杀 292 头。2003 年 7 月，灵武大泉乡、崇兴村发生牛结核病疫情，共 3 户 4 头牛发病；同年，灵武兴胜奶牛场 26 头牛发生结核病，全部扑杀。2013 年灵武确诊牛结核病，发病 11 头。2014—2020 年无发生该病疫情报告。

（六）炭疽

牛炭疽：据《隆德县志》记载："民国十五年（1926）牛害硬癀（炭疽），病死一空，人不能以犁耕"。1949—1989 年，牛炭疽在区内呈地方散发，同心、盐池、灵武、青铜峡、永宁、银川郊区、贺兰、平罗、惠农、西吉、固原、海原、隆德等 13 个县市郊区均有流行。1990—2019 年，宁夏发生牛炭疽 18 起，发病 62 头，死亡 52 头，其中西吉县（1992、1994 和 2002 年）、原州区（1991、2014、2019 年）各发生 3 次，隆德县（2001、2003 年）、泾源县（1998、2002 年）、海原县（2009、2018 年）各发生 2 次，青铜峡市（1990 年）、平罗县（2005 年）、惠农县（2006 年）、兴庆区（2008 年）、沙坡头区（2009 年）、永宁县（2016 年）各发生 1 次。2020 年无发生该病疫情报告。

羊炭疽：1951—1990 年，宁夏发生羊炭疽 40 起，发病羊 11447 只，死亡羊 7176 只。1990—2018 年，宁夏发生羊炭疽 10 起，发病羊 115 只，死亡 59 只，扑杀同群羊 254 只，其中同心县（2008 年、2016 年）、海原县（2003 年、2018 年）各 2 次，大武口区（1997 年）、平罗县（2001 年）、西吉县（2002 年）、海原县（2003 年）、金凤区（2010 年）、原州区（2014 年）各 1 次。2019—2020 年无发生该病疫情报告。

猪炭疽：1950—1989 年，先后有同心、固原、中宁、吴忠、盐池、平罗、贺兰、青铜峡、海原、西吉等 10 县的 70 个乡（次）80 个村（次）累计发病 431 头，发病率 4.39%，死亡 324 头。2008 年中宁县发生猪炭疽，发病 18 头，死亡 18 头。2010 年泾源县发生猪炭疽，发病 2 头，死亡 2 头，扑杀同群猪 202 头。2011—2020 年无发生该病疫情报告。

其他动物炭疽：1997 年银川动物园 1 只金钱豹、1 只猞猁和 3 只猪獾发生炭疽死亡。2005 年，银川市兴庆区迎宾广场发生鹿炭疽，发病 1 头，死亡 1 头，扑杀同群鹿 22 头；同年原州区貂场发生炭疽，貂发病 10 只，死亡 25 只，扑杀同群貂 212 只。2006 年，大武口区鹿场发生炭疽疫情，发病 1 头，死亡 1 头。2012 年西夏区西部影视城鹿场发生炭疽，发病 1 头，死亡 1 头。

（七）破伤风

牛破伤风：宁夏牛破伤风年均发病为 1 头，最高年份发病 5 头。1987—1989 年，固原、西吉、彭阳、隆德、吴忠、青铜峡等 6 县市的 13 个乡 13 个村的 14 头牛患破伤风，死亡 12 头。1990—2020 年无发生该病疫情报告。

羊破伤风：1949—2012 年羊破伤风累计发病 1113 只，死亡 1002 只，致死率 90.03%。2013—2020 年无发生该病疫情报告。

猪破伤风：1952 年和 1959 年分别在固原县的张易乡、银川郊区的红花乡发病 6 头，死亡 6 头。1960—1989 年先后在银川郊区、青铜峡、固原、中宁、彭阳、海原、吴忠、西吉、石嘴山等县市发生，累计发 282 头，死亡 266 头。1990—2020 年无发生该病疫情报告。

马破伤风：马属动物最常发生于鞍伤、蹄系部损伤，以及断脐、去势后。1998 年，陶乐县马发病 2 匹，死亡 1 匹，扑杀 1 匹；平罗县马属动物发病死亡 2 匹；泾源县马属动物发病 4 匹，死亡 3 匹。2003 年 4 月 2 日，西吉县苏堡乡孟湾村张某的 1 头骡子因犁地时不慎将后蹄用犁铲烂而感染破伤风，经治疗痊愈。2004 年 7 月 3 日，西吉县马建乡马建村周某的 1 头驴因放牧时不慎被小孩用铲子将驴臀部铲烂而感染破伤风，经治疗痊愈。2005—2020 年无发生该病疫情报告。

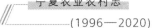
（八）巴氏杆菌病

牛出血性败血病：1953年，西吉县在本区首次报道发生牛巴氏杆菌病。1954—1989年，区内有24个年份发生牛巴氏杆菌病。主要发生在西吉、隆德、固原、彭阳、泾源、海原6个山区县，共有765头牛发病，死亡210头，致死率为27.455%。1990—2019年无发生该病疫情报告。2020年原州区、惠农区、大武口区报告发生牛出血性败血病4起，发病6头，病死4头，治愈2头，紧急免疫592头。

羊出血性败血病：最早于1958年发生在固原县什字乡和尚铺村，150只羊先后发病，死亡102只。从20世纪60年代初到80年代末，先后在固原县的什字、红庄、中河、程儿山、官亭、黑城、彭堡、寨科等8个乡发生，累计发病羊3388只，死亡1188只。2003年7月，平罗县崇岗镇暖泉二队从平吉堡调入绒山羊230只，发病80只、死亡5只。2004—2020年无发生该病疫情报告。

猪肺疫：1951年固原市就有该病发生。其后各地每年均有发生该病的记载。20世纪50年代共计发病7387头，60年代发病25696头，70年代发病14486头，80年代发病7937头。90年代无该病发病记载。2001—2020年宁夏猪肺疫疫情发生情况见表7-1-1。

表7-1-1　宁夏猪肺疫疫情发生情况统计（2001—2020年）

时间	发病地点	发病数（头）	死亡数（头）
2001年	惠农县、石嘴山市直属区	37	25
2002年	原州区	19	5
2003年	灵武市	15	4
2004年	灵武市、隆德县、贺兰县	46	18
2005年	灵武市、隆德县	22	13
2006年	贺兰县、利通区、平罗县	5	5
2007年	平罗县、青铜峡市、原州区、隆德县	76	27
2008年	青铜峡市、平罗县	32	9
2009年	青铜峡市	75	65
2010年	青铜峡市、中宁县	140	119
2011年	青铜峡市、隆德县	6	5
2012年	青铜峡市	16	8
2013年	青铜峡市	14	6
2014年	青铜峡市、沙坡头区	78	23
2015年	青铜峡市，平罗县，隆德县	37	10
2016年	青铜峡市	55	5
2018年	原州区	8	2
2020年	青铜峡市	5	2

禽霍乱：2015年永宁县发生一起禽霍乱，发病1900只，病死160只。2016年沙坡头区、隆德县、永宁县发生5起禽霍乱，发病597只，病死234只。

兔出血性败血病：2000年4月，固原某养兔场饲养肉兔1260只，发病332只，病死291只。2001年7月20日，固原县彭堡乡一农户经营的兔场发病，半月之内共死亡兔185只，发病率为25%。2002年2月20日，利通区某兔场发病，半月之内共死亡幼兔234只，发病率为45%。2006年9月2日，灵武市某兔场发病86只，死亡8只。

鹿巴氏杆菌病：2001 年 6 月，中卫某鹿场从甘肃某鹿场调入 45 只鹿，8 月又从同一鹿场调入 79 只鹿，结果发生巴氏杆菌和魏氏梭菌混合感染，156 只马鹿和梅花鹿群中陆续有不同年龄的鹿发病，死亡 23 只，死亡率达 14.7％。

二、牛传染病

(一) 牛瘟

据甘肃《华平（今泾源）县志》记载，民国五年（1916 年）6 月，"天大旱，牛瘟流行"。1925 年，该病在泾源县暴发流行，造成"十栏九空"的悲惨景象。1930 年，隆德县山河镇一带发生牛瘟，传播迅速，死亡严重。据《宁夏资源志》（民国）记载："宁夏因僻外边隅，农村一般农民对于家畜卫生类多不事请求，牛瘟时有所闻，故牛之死亡率较高，就二十七年（1938 年）贺兰通昌（今潘昶乡新渠村）牛瘟调查，其死亡率多达百分之九十，平常年间牛之死亡率，亦达百分之二十"。1943—1944 年，陕甘宁边区牛瘟流行，西吉县乐峰等地农村发生牛瘟，造成百余头牛死亡。《宁夏民国日报》报道："牛瘟在本省（不包括今固原市）内普遍流行，死亡甚多，为害巨大，民众对之极为恐怖"。1950—1953 年，牛瘟在隆德、海原、西吉、泾源、利通、盐池、中卫、永宁、贺兰、平罗等 10 县区发生，发病疫点 151 个，发病牛 995 头，死亡牛 838 头。1954 年后再无发生。该病已于 20 世纪 50 年代在中国被消灭，宁夏在 1954 年消灭该病。

(二) 牛流行热

1949 年后，宁夏有三次大流行。第一次是 1957—1958 年，1957 年 9 月同心县首先发生，全县 16 个乡 172 个村均有发病，发病牛 1130 头，发病率为 15.31％，死亡 14 头。由银川行署兽医诊断室经血液接种做动物感染试验而确诊。随后疫情传入中卫、西吉、泾源等地，共发病 1196 头，死亡 41 头。第二次是 1963—1967 年，在贺兰、吴忠、西吉、彭阳、泾源、惠农等 6 个县 49 个乡发生，发病 19495 头，死亡 497 头。第三次是在 1976 年 7—9 月，疫情波及全区各市、县，共计发病 11766 头，发病率 46.14％，死亡牛 460 头。宁夏牛流行热除三次大流行外，其余年份为地方流行性或散发。据不完全统计，1957—1989 年，宁夏共发病 53440 头，死亡 1196 头。1987—1989 年，彭阳、泾源、中宁 3 县 19 个乡的 53 个村散发该病，发病 1329 头，死亡 10 头。1989 年后，宁夏再无该病统计报道。

(三) 牛传染性胸膜肺炎（牛肺疫）

据《宁夏新农政》记载，1949 年前和 20 世纪 50 年代，宁夏曾有防治牛肺疫和接种疫苗的记载，但疫区范围、发病死亡数量等情况不详。1965 年后宁夏再未发生牛肺疫疫情。1968 年，宁夏停止牛肺疫菌苗注射。

1992 年 12 月，宁夏畜牧局印发《宁夏消灭牛肺疫实施方案》。1993—1994 年全区进行了牛肺疫流行病学调查和血清学检测。据 1994 年宁夏兽医工作站对 11 个县（市、区）和 3 个国有农牧场复查的不完全统计，共临床检查牛 14965 头，未发现疑似牛肺疫疫情和疑似病牛，经补体结合反应抽检未检出阳性。1994 年 12 月，农业部消灭牛肺疫考核验收组对宁夏牛肺疫防控工作进行了考核，通过查阅资料、座谈、听取汇报、实地检查等方式，考核组认为"该自治区消灭牛肺疫措施得力，材料齐全，数据充分，按照农业部〔1992〕农牧字第 13 号文件规定，已达到消灭牛肺疫标准"。这是宁夏继 1954 年消灭牛瘟以来，消灭的第二个畜间传染病。

(四) 牛支原体肺炎

2008 年 11 月 6 日，宁夏固原市原州区三营镇宏达肉牛养殖场从山东嘉祥县黄孩村调来肉牛 41 头发病，经宁夏动物疾病预防控制中心通过酶联免疫吸附试验确诊为牛支原体肺炎，对发病及同群的 39 头牛全部进行了扑杀及无害化处理。2010 年 6 月 19 日和 26 日，彭阳县分 2 次从山东省济宁市梁山县新富良种牛养殖场调入良种基础母牛 190 头，7 月 6 日起相继出现发病症状，至 7 月 14 日，发病 23 头，死亡 5 头；投放 51 户农户中，农户自养牛 96 头，隔离分圈饲养和混群饲养的全部发病，至 7 月 18 日共无害化处理发病及死亡牛 201 头。2010 年 10 月 25 日，海原县西安镇一牲畜贩运户私自从山东菏泽市购进无任何检疫免疫证明的黄牛 40 头，第二天发现牛有不同程度的临床症状，随即死亡 1 头，经宁夏动物疾病预防控制中心通过酶联免疫吸附试验确诊为牛支原体肺炎，扑杀病牛及同群饲养牛 32 头，并进行无害化处理。2010 年 10 月 31 日，红寺堡镇兴旺村养殖户牛发病 28 头，11 月 6 日对病牛及同群畜全部进行了扑杀和无害化处理，共计扑杀牛 89 头、羊 11 只。2012 年 9 月 11 日，宁夏中卫市移民新村养殖户从外省调入 4～6 月龄肉牛 86 头，调入后 7 头牛出现咳嗽、鼻孔流淡红色黏液，至 9 月 25 日死亡 9 头。综合临床症状、病原分离鉴定及反转录聚合酶链式反应（RT-PCR）检测，确诊为牛支原体肺炎。2013—2020 年无发生该病疫情报告。

（五）牛产气荚膜梭菌病

1990 年宁夏泾源县最先发现。1990—1995 年，先后在宁夏西吉、固原、隆德、彭阳、同心、中卫、平罗、惠农、吴忠、青铜峡、永宁、贺兰、银川郊区等 15 个县（市、区）发生，死亡牛只达千头以上，其中泾源县流行最为严重，累计死亡牛 700 余头，以突然死亡为主要特征，又称"牛猝死症"。

1996 年，宁夏兽医工作站对宁夏"牛猝死症"进行了系统的调查和试验研究，经对从泾源县等 11 个县（市、区）采集的 31 份病料（牛 26、驴 4、羊 1）进行培养鉴定，在 29 份病料中查出了产气荚膜梭菌（即魏氏梭菌）肠毒素，定型结果为：A 型 14 份，C 型 5 份，D 型 5 份，5 份未能定型。经厌氧培养后，选择 6 株代表菌株进行生化鉴定，A 型产气荚膜梭菌为 4 株，C 型、D 型各 1 株。证实了宁夏"牛猝死症"主要由 A 型产气荚膜梭菌所致。据不完全统计，宁夏 1996—2011 年共发病牛 1315 头，死亡 668 头。2013—2018 年宁夏共发生 14 起牛产气荚膜梭菌病，发病 93 头，病死 51 头，其中同心 4 次（2015、2016、2017、2018 年），泾源 3 次（2014、2016、2018 年），原州 2 次（2013、2016 年），贺兰 2 次（2013、2014 年），海原 2 次（2015、2016 年），平罗 1 次（2014 年）。2020 年青铜峡市、海原县共发生 5 起牛产气荚膜梭菌病，发病 19 头，病死 15 头，治愈 4 头，紧急免疫 760 头。

（六）牛结节性皮肤病

2020 年 11 月，平罗县、盐池县和利通区发生输入性牛结节性皮肤病，这是宁夏首起牛结节性皮肤病疫情，发病 729 头，病死 1 头，无害化处理 729 头，紧急免疫 6838 头。

三、羊传染病

（一）小反刍兽疫

2014 年 2 月，宁夏盐池县花马池镇深井村两养殖户的羊确诊小反刍兽疫疫情，发病 116 只，死亡 32 只，这是宁夏发生的首起小反刍兽疫疫情。2016 年西夏区确诊 1 起小反刍兽疫疫情，发病羊 78 只，病死 28 只。2018 年 2 月，宁夏贺兰山国家森林自然保护区发现野生岩羊不明原因死亡，经自治区动物疾病预防控制中心检测为小反刍兽疫病毒核酸阳性，确诊为小反刍兽疫疫情。

（二）羊痘

绵羊痘在宁夏存在已久，民间称"羊出花"。最早有文字记载是 1948 年在永宁县和陶乐县发生。山羊痘有文字记载始于 1960 年，发生在中卫县和惠农县。

1948年到20世纪50年代末，宁夏只有绵羊痘发生，十年间传遍除隆德县外全区21个市县，发病385596只，死亡25161只。20世纪60年代，进入了羊痘的高发期，宁夏22个市县均有该病发生记载，每年都有至少10个以上的县发生该病。其间，发病475582只，死亡24612只。20世纪70年代，该病呈点状散发，推广羊痘疫苗免疫达30%以上，其间，发病147625只，死亡7575只。20世纪80年代，免疫数量较70年代有所下降，发病的县乡村数都较70年代大幅上涨，全区几乎每个县都有发生疫情，发病362956只，死亡19015只。20世纪90年代，羊痘主要发生在盐池、贺兰、同心和灵武4个县，青铜峡、吴忠、永宁、中卫、西吉、中卫、固原等7个县（市）十年间也曾发生过疫情，累计发病13657只，死亡1118只。

2000—2013年，每年都有5个以上县有发病记载，累计发病251496只，死亡16411只。根据2002—2003年宁夏农林科学院畜牧兽医研究所对平罗县、贺兰县、永宁县、银川郊区、盐池县、青铜峡市、中卫市、中宁县及宁夏农垦事业管理局基础母羊在300～1000只以上的28家规模羊场进行的常见传染病调查，结果显示所有被调查规模羊场都有该病发生，发病羊只3800只，为危害最严重的病种之一。2000年11月至2001年10月，盐池15个乡镇滩羊不同程度发生羊痘，共发病1345只，其中成年羊821只，羔羊524只；死亡562只，其中成年羊41只，羔羊521只。2013—2019年，宁夏共发生57起羊痘，发病2456只，病死410只，主要分布在兴庆、金凤、贺兰、永宁、灵武、大武口、惠农、利通、青铜峡、盐池、同心、原州、彭阳、西吉、泾源、海原等县（市、区）。2020年平罗县、惠农区、贺兰县、青铜峡市、利通区、兴庆区、西吉县、盐池县和金凤区共报告发生18起羊痘，发病97只，病死15只，紧急免疫837只。

（三）羊传染性脓疱

最早记载是1950年在盐池县大水坑乡发生，之后迅速传播到该县的王乐井、惠安堡、城郊、鸦儿沟、柳杨堡、苏步井、冯记沟、马儿庄、红井子、高沙窝等10个乡。1995年，灵武市发生了一起疫情，发病24只。2000年3—5月，盐池县羊传染性脓疱流行严重，两个不相邻的自然村先后有1161只山羊、绵羊发病，其中大羊325只，死亡8只，羔羊836只，死亡711只。2012年，隆德县22只羊发病。截至2013年12月，盐池、海原、原州、中宁、陶乐、彭阳、沙坡头、灵武、隆德和甘盐池羊场、巴浪湖农场有发病记载。2016年、2017年盐池县发生2起，发病羊26只，病死1只。2020年同心县、盐池县、彭阳县、金凤区、隆德县报告发生7起，发病122只，病死16只。

（四）羊梭菌性疾病

羊梭菌性疾病在宁夏发病流行历史久远，且流行区域广，全区各市县（区）都有发生。自1946年惠农县尾闸乡西河桥村一户农民家羊发生该病以来，直到2019年每年都有该病的发生。1963—1989年一直在全区大范围流行，每年都有10个以上的市（县）有发病记载。1991、1992、1993、1996、1998、1999年，贺兰、盐池、石嘴山、惠农、同心、平罗6个县（区）1878只羊发病，死亡546只。2001—2013年先后有大武口、盐池、贺兰、利通、同心、平罗、灵武、中宁、青铜峡、泾源、沙坡头、金凤、海原、西吉、惠农和红寺堡等16个县（区）5590只羊发病，死亡1528只。2013—2019年，宁夏共发生15起羊产气荚膜梭菌病，发病391只，病死284只，其中盐池4次（2014年、2017年、2018年、2019年），红寺堡4次（2015年、2016年、2017年、2018年），平罗3次（2013年、2014年、2019年），贺兰（2014年）、中宁（2016年）、金凤（2017年）、大武口（2019年）各1次。2013—2019年同心、惠农、红寺堡、海原、贺兰、利通、盐池、大武口、平罗、青铜峡、西吉县共有1067只羊发生羊肠毒血症，病死羊487只。2020年平罗县、中宁县、同心县、盐池县、海原县、西夏区共报告发生11起羊产气荚膜梭菌病，发病79头，病死62头，紧急免疫2666头；大武口区、同心县、红寺堡区、惠农区、西夏区、贺兰县、利通区、沙坡头区、西吉县共有89只羊发生羊肠毒血症，病死53只，紧急免疫2320只。

（五）羊传染性胸膜肺炎

民间俗称"烂肺病""山羊咔咔病"。1949 年，中宁县和盐池县有该病发生记载。20 世纪 50 年代呈地方流行性，60 年代以后则呈零星散发，在贺兰山麓、灵武、盐池、同心及中宁、中卫两县山区和西海固地区的山羊发病较多。20 世纪 80—90 年代发病记载很少。2002 年，随着封山禁牧、舍饲圈养及频繁从外省调入补栏，该病出现了新的流行。据盐池县统计，2002—2013 年，发病 10250 只，病死 3650 只，主要分布在冯记沟、花马池、青山、王乐井四个乡镇的部分规模养殖场（户）。2002—2003 年宁夏农林科学院畜牧兽医研究所对全区分布在平罗县、贺兰县、永宁县、银川郊区、盐池县、青铜峡市、中卫市、中宁县及宁夏农垦事业管理局的基础母羊在 300～1000 只以上的 28 家规模羊场进行了常见传染病调查，结果显示被调查规模羊场都有该病发生，发病羊只 3800，为危害最严重的病种。2014—2019 年发生 10 起，发病 362 只，病死 201 只，其中惠农 5 次（2014、2015、2016、2018、2019 年），平罗 2 次（2014、2018 年），原州（2015 年）、盐池（2015 年）、大武口（2015 年）各 1 次。2020 年大武口区、惠农区、平罗县报告发生 5 起，发病 21 只，病死 9 只，紧急免疫 1309 只。

（六）羔羊痢疾

1949 年同心县就有发病记载。20 世纪 50—70 年代，在养羊地区都有发生，1976—1978 年间，该病发病乡村和死亡率达到了高峰，三年中羊羔死亡 39221 只，是往常年份发病数的 3 倍。1980—1989 年，海原县发生 8 次疫情，主要发生在甘盐池羊场，饲养羔羊 19415 只，发病 5461 只，死亡 1495 只。1987—1989 年，该病在青铜峡、吴忠、中宁、灵武、同心、石嘴山、海原、西吉及农垦农场发生，三年累计发病 10472 只，死亡 2252 只，致死率为 21.50％。盐池县每年都有该病发生，1992—2013 年，累计发病 19603 只，死亡 9033 只。2010—2012 年，石嘴山市平罗县、惠农区和大武口区开展羔羊痢疾防治技术研究科技攻关，调查 15 户具有代表性的养羊规模户（两年产羔 5059 只），2010 年发生羔羊痢疾 1587 只，死亡 507 只，2011 年发生羔羊痢疾 1574 只，死亡 510 只。2014—2020 年无发生该病疫情报告。

四、猪传染病

（一）猪瘟

民间俗称"烂肠瘟"。1939—1940 年，隆德县流行猪瘟，死猪 2000 余头。1957 年该病在宁夏各地相继出现蔓延传播。20 世纪 70 年代末，加强了对猪瘟的免疫接种。1980 年起，全区建立了疫苗冷藏贮运体系，推行以"两瘟"为主的防疫经费包干制，猪发病死亡开始下降。1987—1989 年，有 17 个市（县）零星散发，共计发病 8432 头，占疫区（点）饲养量的 4.71％，死亡 7580 头。2009 年以后，发病范围、数量显著下降。1998—2018 年，猪瘟疫情发生情况见表 7-1-2。2019—2020 年无发生该病疫情报告。

表 7-1-2　宁夏猪瘟发生情况统计（1998—2018 年）

时间	发病地点	发病数（头）	死亡数（头）	扑杀和无害化处理数（头）	紧急免疫（头）
1998 年	中卫县、中宁县、石嘴山市、永宁县、吴忠市、盐池县、陶乐县、灵武县、青铜峡市、贺兰县	2362	1343		
1999 年	贺兰县等 16 个县区	820	513	25	
2000 年	中宁县等 10 个县区	47	20		99

（续）

时间	发病地点	发病数（头）	死亡数（头）	扑杀和无害化处理数（头）	紧急免疫（头）
2001 年	贺兰县、平罗县、彭阳县、灵武县、陶乐县、盐池县、青铜峡市、中卫县、隆德县、利通区、石嘴山市、中宁县	868	529		
2003 年	中宁县、陶乐县、灵武县、石嘴山区、利通区、平罗县、永宁县、隆德县、大武口区	408	112	14	
2004 年	中宁县、陶乐县、平罗县、青铜峡市、中卫城区、贺兰县	134	40	34	
2005 年	中宁县、惠农县、平罗县、青铜峡市、中卫城区、灵武市	241	117		
2006 年	中宁县、惠农区、平罗县、青铜峡市、中卫城区、灵武市	289	83	18	
2007 年	灵武市、平罗县、大武口区、中卫城区、中宁县、青铜峡市、盐池县	4708	2439	559	
2008 年	中宁县、海原县、盐池县、青铜峡市、同心县、灵武市、大武口区、平罗县、惠农区	2461	626	198	
2009 年	大武口区、平罗县、贺兰县、吴忠市区、青铜峡市、中宁县	203	50	6	
2010 年	平罗县、贺兰县、利通区、青铜峡市、中宁县	297	149	119	
2011 年	青铜峡市	7	1		
2016 年	原州区、利通区	25	7		
2018 年	原州区	8	8		

（二）非洲猪瘟

2019 年 1 月 19 日，银川市永宁县望远镇板桥村发生宁夏首起非洲猪瘟疫情，发病养殖户存栏生猪 57 头、发病 26 头、死亡 13 头。2019 年 5 月 21 日，石嘴山市惠农区确诊发生宁夏第二起非洲猪瘟疫情，发病养殖户存栏生猪 40 头、发病 4 头、死亡 3 头。2019 年 6 月 27 日，中卫市沙坡头区鸿嘉生猪屠宰场发现 1 头非洲猪瘟病死猪，追溯来自沙坡头区东园镇一养猪户，该屠宰场待宰 60 头生猪和发病养猪户存栏 258 头生猪均被扑杀和无害化处理。2019 年 9 月 10 日，银川市兴庆区掌政镇强家庙村宁夏荣颖养殖专业合作社发生疫情，存栏生猪 226 头，发病 13 头，死亡 13 头；溯源调查发现灵武市梧桐乡洪桥村一队 3 家养猪户发病 10 头，均由同一猪贩子贩运生猪导致。2020 年对全区 493 个场点 15661 份样品开展非洲猪瘟血清学与病原学监测，均为阴性。

（三）猪繁殖与呼吸综合征

俗称"蓝耳病"。2001 年，该病首次传入中卫县和中宁县，并经国家参考实验室确诊为美洲型猪繁殖与呼吸综合征，随后在青铜峡市、永宁县、盐池县、银川郊区等县区流行，累计在上述 6 个县（市、区）的 19 个乡镇发病，发病数 37055 头，死亡 5661 头。2002 年中卫县和中宁县累计发病 3818 头，死亡 548 头。2003 年中卫县和灵武市累计发病 431 头，死亡 27 头。2004—2006 年，在中卫城区和青铜峡市流行，累计发病 1434 头，累计死亡 269 头。2006 年，中国南方部分省（直辖市、自治区）开始流行一种所谓的"猪高热病"，猪无论营养状况好坏，都会突然发病，且高热不退，母猪大批死亡。最终经中国动物疫病预防控制中心田克恭等人确诊为猪繁殖与呼吸综合征变异毒株，命名为"高致病性猪蓝耳病"。2007 年，高致病性猪蓝耳病传入宁夏，在平罗县、青铜峡市、红寺堡区、盐池县、中卫城区、中宁县、原州区等 7 个县（市、区）广泛流行，累计发病 6924 头，死亡 2318 头。2008 年，盐池县、中宁县、平罗县、大武口区发病 633 头，死亡 558 头。2009 年，青铜峡市和盐池县发病 69 头，死亡 49 头。2010 年，中宁县和盐池县发病 130 头，死亡 51 头。2011—2019 年，无发生该病疫情报告。2020 年原州区发生 1 起高致病性猪蓝耳病疫情，发病 6 头，病死 6 头，紧急免疫 260 头。

(四) 猪伪狂犬病

1998 年，宁夏畜牧兽医研究所应用斑点酶联免疫吸附试验对宁夏 4 个规模养猪场进行了猪伪狂犬病血清学调查，平均阳性率为 28.81%，但未见到临床发病病例。1997 年 1 月，永宁一猪场由北京引入母猪 52 头，妊娠期间发生流产 3 胎，早产 2 胎，产出死胎 6 胎，初生仔猪发病 18 窝 162 头、死亡 155 头。经宁夏农学院根据流行病学、临床症状、病理变化和血清学检验以及动物接种试验确诊为猪伪狂犬病。2009 年，中宁县猪发病 7 头，死亡 2 头。2010 年，利通区和同心县猪发病 9 头，无死亡。2014—2019 年，发生 5 起，发病 89 头，病死 57 头，其中青铜峡 2 次（2017、2018 年），隆德（2014 年）、海原（2015 年）、灵武（2019 年）各 1 次。2020 年无发生该病疫情报告。

(五) 猪传染性胃肠炎

1963 年，吴忠巴浪湖农场猪发病 58 头，死亡 26 头。1968 年银川食品公司双渠口猪场和北门猪场猪发病，发病数不详。1969 年银川牧场湖东猪场 101 头猪发病，死亡 21 头。1975—1989 年，吴忠市、惠农县、青铜峡市、银川市、中宁县、贺兰县、平罗县等地猪场生猪相继发病，共发病 14187 头，死亡 2005 头。1989 年以前，对该病的诊断，各地均依据流行特点和剖检变化，未进行过实验室诊断。1998—2020 年猪传染性胃肠炎疫情发生情况见表 7-1-3，表明该病在宁夏养猪主要县区一直存在散发流行。

表 7-1-3 宁夏猪传染性胃肠炎发生情况统计（1998—2020 年）

时间	发病地点	发病数（头）	死亡数（头）	扑杀和无害化处理数（头）	紧急免疫（头）
1998 年	石嘴山市、吴忠市、同心县	172	28		204
2004 年	青铜峡市	11	5		900
2005 年	原州区	120	14		161
2006 年	原州区	714	121		161
2007 年	平罗县、青铜峡市、中卫城区、中宁县	399	64		
2008 年	中卫城区、中宁县、青铜峡市、原州区、平罗县	687	80		
2009 年	惠农区、平罗县、西夏区、灵武市、青铜峡市、沙坡头区、中宁县	1225	262		
2010 年	利通区、隆德县、青铜峡市、沙坡头区、中宁县	2041	229		
2011 年	沙坡头区、青铜峡市、灵武市、海原县、原州区	394	0		258
2012 年	中宁县、沙坡头区、青铜峡市、利通区、灵武市、大武口区	182	54	5	
2013 年	中宁县、青铜峡市、沙坡头区、彭阳县	1272	135	135	5596
2014 年	中宁县、青铜峡市、沙坡头区、金凤区	972	94	94	29
2015 年	青铜峡市、灵武市、沙坡头区、中宁县、盐池县	175	50	50	20
2016 年	青铜峡市、灵武市、平罗县、中宁县	180	50	50	
2017 年	中宁县、青铜峡市、泾源县、海原县、沙坡头区	121	32	32	19
2018 年	青铜峡市、大武口区、灵武市、中宁县、海原县	206	120	120	
2019 年	中宁县、青铜峡市、大武口区、兴庆区	82	12	12	
2020 年	利通区、青铜峡市、平罗县、沙坡头区、兴庆区、永宁县、惠农区、海原县	337	13	11	167

（六）猪流行性腹泻

1975年、1977年和1983年，青铜峡县有3个乡17个村发生该病，共发病3526头，发病率10.59%，死亡476头。2004年以后该病主要见于区内养猪大县（表7-1-4）。

表7-1-4　宁夏猪流行性腹泻发生情况统计（2004—2020年）

时间	发病地点	发病数（头）	死亡数（头）	扑杀和无害化处理数（头）
2004年	平罗县	9	0	
2005年	平罗县	269	12	
2006年	平罗县	442	51	
2007年	青铜峡市、中卫城区、中宁县	256	32	
2008年	中卫城区、中宁县、海原县、青铜峡市、平罗县	431	109	13
2009年	惠农区、平罗县、灵武市、青铜峡市、沙坡头区、中宁县	953	136	
2010年	西夏区、灵武市、沙坡头区、中宁县	477	44	
2011年	中宁县、利通区、西吉县、沙坡头区、西夏区	179	34	
2012年	利通区、沙坡头区、中宁县、红寺堡区、原州区	196	24	
2013年	彭阳县	90	20	
2014年	中宁县、灵武市、沙坡头区、兴庆区	126	25	25
2015年	利通区、青铜峡市、灵武市、西吉县、中宁县	205	32	32
2016年	利通区、灵武市、大武口区、沙坡头区、兴庆区、西吉县、中宁县	168	38	38
2017年	盐池县、西吉县、惠农区	136	4	4
2018年	青铜峡市、西吉县	42	22	21
2019年	西吉县、隆德县	36	5	5
2020年	永宁县、灵武市	47	7	7

（七）猪丹毒

宁夏猪丹毒疫情以急性败血型为主。1961年6月，银川酒粉厂一头苏大白猪突然发病死亡，经宁夏畜牧局诊断室剖检和细菌培养鉴定，诊断为猪丹毒。20世纪60年代，银川郊区、中卫县、中宁县、固原地区、西吉县、隆德县、泾源县等14个县、区生猪发病32321头，死亡22429头；70年代该病的发生与死亡有所下降，与60年代相比，累计减少发病16685头，减少死亡14388头；80年代与70年代相比，疫区（点）减少164个，发病、死亡分别减少6283头和4239头。

1998—2020年宁夏猪丹毒疫情发病、死亡情况见表7-1-5。

表7-1-5　宁夏猪丹毒发生情况统计（1998—2020年）

时间	发病地点	发病数（头）	死亡数（头）	扑杀和无害化处理数（头）
1998年	中卫县、石嘴山市	101	25	
1999年	中宁县	12	1	
2000年	平罗县	7	1	
2001年	永宁县、惠农县、石嘴山市	10	0	

（续）

时间	发病地点	发病数（头）	死亡数（头）	扑杀和无害化处理数（头）
2002 年	中卫县、陶乐县、永宁县	24	8	
2003 年	中卫县、惠农县、利通区、平罗县、青铜峡市、中宁县、灵武市、兴庆区、石嘴山区	35	3	7
2004 年	中卫市城区、惠农县、灵武市、利通区、永宁县、大武口区、盐池县、陶乐县、中宁县、平罗县	82	16	
2005 年	贺兰县、利通区、平罗县	57	25	
2006 年	中卫市城区、利通区、平罗县、同心县、原州区	62	23	1
2007 年	贺兰县、平罗县、中卫市城区、中宁县、彭阳县	35	11	2
2008 年	中卫市城区、中宁县、灵武市、青铜峡市、惠农区	36	20	
2009 年	青铜峡市	5	4	
2010 年	中宁县	16	4	
2011 年	贺兰县、中宁县、青铜峡市、隆德县	29	6	1
2012 年	青铜峡市	23	2	
2013 年	盐池县、青铜峡市	70	61	
2014 年	沙坡头区	12	10	10
2015 年	中宁县	30	9	9
2016 年	青铜峡市	3	0	0
2017 年	青铜峡市	1	0	0
2020 年	大武口区、隆德县	4	1	1

（八）猪链球菌病

1956 年，青铜峡县邵岗乡就有发生，一直到 1989 年连年发病。1956—1989 年宁夏累计发病 5504 头，死亡 841 头。

2001—2020 年宁夏猪链球菌病发病、死亡情况见表 7-1-6。

表 7-1-6　宁夏猪链球菌病发生情况统计（2001—2020 年）

时间	发病地点	发病数（头）	死亡数（头）
2001 年	灵武市、惠农区	6	2
2002 年	灵武市	11	2
2003 年	中宁县	62	9
2004 年	灵武市、隆德县	45	18
2006 年	平罗县、隆德县	6	0
2007 年	青铜峡市	12	0
2008 年	青铜峡市	87	20
2009 年	灵武市、青铜峡市	57	26
2010 年	西夏区、青铜峡市	12	11
2011 年	青铜峡市、灵武市	15	13

（续）

时间	发病地点	发病数（头）	死亡数（头）
2013 年	青铜峡市、灵武市	11	9
2014 年	青铜峡市	1	1
2015 年	灵武市	14	11
2017 年	灵武市	69	40
2018 年	灵武市、青铜峡市	34	13
2019 年	青铜峡市	3	1
2020 年	青铜峡市、西夏区、灵武市	36	13

（九）猪传染性萎缩性鼻炎

1967 年 3 月 6 日，中宁县食品公司等单位从辽宁省五四猪场、三八猪场及新金猪场调入种猪时将该病带入宁夏。1990—2003 年，宁夏除了 1996 年宁夏农垦科学研究所报道该所猪场发生该病外，其他各市、县均无该病的发病报告。

2004—2019 年宁夏猪传染性萎缩性鼻炎发病、死亡情况见表 7-1-7。2020 年无发生该病疫情报告。

表 7-1-7 宁夏猪传染性萎缩性鼻炎疫情发生情况统计（2004—2019 年）

时间	发病地点	发病数（头）	死亡数（头）	紧急免疫数（头）
2004 年	青铜峡市	20	12	800
2006 年	中宁县	8	0	520
2007 年	原州区	2	0	
2008 年	青铜峡市	42	0	258
2009 年	青铜峡市、中宁县	6	4	
2010 年	青铜峡市	2	0	
2011 年	西吉县	8	0	
2013 年	青铜峡市	2	0	0
2015 年	青铜峡市	86	0	0
2016 年	青铜峡市	76	0	0
2019 年	青铜峡市	38	5	5

（十）猪支原体肺炎

1956 年，固原县黑城农场从外省调入种猪 120 头，发病 70 头，死亡 50 头。20 世纪 60 年代初，全区各地先后有该病疫情报告。1960—1969 年，先后有银川郊区、永宁县、惠农县、吴忠地区、中卫县、固原县、隆德县、同心县、贺兰县、中宁县、青铜峡市、灵武县、石嘴山区等 13 个县、市发病 8003 头，死亡 3027 头。20 世纪 70 年代初，该病在宁夏暴发流行，70 年代发病 36235 头，死亡 9907 头。80 年代该病的发病率和死亡率逐年下降，发病 3311 头，死亡 782 头。

2001 年以来，多地散发流行，发病、死亡情况见表 7-1-8。

表 7-1-8　宁夏猪支原体肺炎发生情况统计（2001—2020 年）

时间	发病地点	发病数（头）	死亡数（头）	紧急免疫数（头）
2001 年	隆德县	7		
2002 年	隆德县	1		
2003 年	中卫县、隆德县	142		200
2004 年	中卫市城区、隆德县	42	12	
2009 年	灵武市、中卫城区	58	33	1350
2010 年	西夏区、青铜峡市	29	15	
2011 年	沙坡头区	4	4	
2012 年	灵武市	27	5	
2013 年	沙坡头区、彭阳县和隆德县	2109	84	389
2014 年	沙坡头区	80	26	5031
2015 年	隆德县	78	10	
2016 年	青铜峡市、沙坡头区	38	10	
2017 年	隆德县、沙坡头区	49	3	
2018 年	灵武市	31	3	
2019 年	惠农区、隆德县	49	12	
2020 年	灵武市、隆德县、彭阳县	89	16	

（十一）猪副伤寒

1949 年，永宁县杨和乡发病 30 头，死亡 27 头，其后各地均有不同程度的发生和流行。1998 年在贺兰县、石嘴山区、大武口区、永宁县、中宁县的 15 个乡出现发病，发病数 1201 头，死亡 365 头。2003—2020 年发病、死亡情况见表 7-1-9。

表 7-1-9　宁夏猪副伤寒发生情况统计（2003—2020 年）

时间	发病地点	发病数（头）	死亡数（头）	扑杀和无害化处理数（头）
2003 年	中卫县、惠农区、金凤区、灵武市、同心县、利通区	247	63	
2004 年	中卫城区、平罗县、青铜峡市、永宁县、惠农县	36	9	
2005 年	中卫城区、平罗县、青铜峡市、永宁县、惠农县	360	54	16
2006 年	大武口区、平罗县、永宁县、中卫城区	109	36	
2007 年	永宁县、平罗县、惠农区、青铜峡市、中卫城区、中宁县	233	54	1
2008 年	中卫城区、中宁县、青铜峡市、平罗县、惠农区	149	54	1
2009 年	平罗县、金凤区、西夏区、灵武市、青铜峡市、沙坡头区、中宁县	356	317	
2010 年	利通区、西夏区、青铜峡市、沙坡头区	192	170	
2011 年	沙坡头区、兴庆区、西夏区、隆德县	159	55	
2012 年	利通区	2	0	
2013 年	红寺堡区、隆德县、沙坡头区	881	80	13
2014 年	沙坡头区、隆德县、彭阳县	126	25	25

（续）

时间	发病地点	发病数（头）	死亡数（头）	扑杀和无害化处理数（头）
2015 年	金凤区	175	50	50
2016 年	平罗县	1	0	1
2020 年	彭阳县、红寺堡区	3	3	1

五、家禽传染病

（一）鸡新城疫

鸡新城疫在宁夏主要侵害鸡。此外，青铜峡市、石嘴山市曾发生鹌鹑新城疫。1936—1947 年，在隆德等县就有发生，死亡鸡 12128 只。20 世纪 50—60 年代常呈地方流行性；80 年代以来发现在鸡新城疫免疫鸡群中多发生非典型性新城疫。1991—2000 年，宁夏共有 90 个县次发生新城疫，发病数 132108 只，死亡数 18472 只。2002 年，鸡新城疫在贺兰、灵武、陶乐、中宁、石嘴山、同心、中卫、利通区 8 个县（区）56 个自然村和 2 个规模场发生，发病 14695 只（其中散养 13095 只，规模场发病 1600 只），死亡 3906 只（散养死亡数 3476 只，规模场死亡 430 只）。2003 年，该病在陶乐、中卫、惠农、利通、平罗、青铜峡、中宁、灵武、兴庆区等 9 个市（县、区）发生，共发病 18392 只，2143 只死亡，本次发病主要集中在 77 个自然村和 6 个规模场，散养户发病 18009 只，规模场发病 383 只，散养户死亡 2047 只，规模场死亡 96 只。2004 年，该病在陶乐、中卫城区、惠农、利通区、平罗、青铜峡市、同心、大武口区等 8 个市（县、区）发生，共发病 53079 只，死亡 2920 只，其中，中卫城区 3 个镇的 1 个园区、7 个村有 30300 只鸡发病。

2005 年 1 月至 2006 年 5 月，在中卫市城区的 6 个乡镇 25 村 3 个养殖园区 57 户 59 批存栏 109043 只鸡中，发病 83422 只，死亡 37760 只。2006 年至 2012 年，全区共有 21 个县次发生新城疫疫情，共发病 67592 只，死亡 22588 只。2013 年兴庆区发生新城疫疫情，发病 27 只，病死 6 只。2016 年，利通区发生新城疫疫情，发病 580 只，病死 350 只。2020 年中宁县报告发生 1 起，发病 230 只，病死 20 只，无害化处理 20 只，紧急免疫 2990 只。

（二）传染性法氏囊病

1986 年，宁夏饲料公司试验鸡场 11 周龄京白商品代蛋鸡发病 1967 只，继发鸡新城疫，死亡 261 只。20 世纪 90 年代至 2010 年，该病已成为区内家禽最常见疾病之一。1994—2000 年，该病在区内的 22 个县次发病，发病 77319 只，死亡 8059。2001—2011 年，全区共发病 191833 只，死亡 20016 只。2010 年 5 月，宁夏农垦前进农场二站饲养海兰褐雏鸡 2000 只，35 日龄时出现发病，几天内死亡 550 只。2013—2020 年，宁夏共发生 17 起传染性法氏囊病，共有 3685 只鸡发病，病死 958 只，其中同心 5 起（2013、2014、2015、2016、2017 年），红寺堡 5 起（2013、2014、2015、2016、2017 年），青铜峡 4 起（2014、2017、2018、2019 年），大武口 3 起（2013、2014 年、2020 年）。

（三）鸡传染性支气管炎

1987 年，惠农县尾闸乡 13096 只鸡，发病 368 只，死亡 35 只。1998 年，分别在同心、中卫、中宁、永宁、固原等 5 个地区发生该病，累计发病 3583 只，死亡 409 只。2001—2005 年，全区累计发病 169627 只，死亡 29228 只。其中，2002 年该病的发病范围有所扩大，在永宁、石嘴山、中卫、同心、银川郊区、惠农、灵武、盐池、陶乐、中宁共计 10 个地区发病，发病 53175 只，死亡 10453 只。2006—2012 年，全区累计发病 36152 只，死亡 6500 只。2013—2019 年，在利通、灵武、大武口、原州、兴庆、永宁、同心、红寺堡、金凤、沙坡头、惠农、贺兰、泾源共计发生 41 起鸡传染性支气管炎，共发病 10972 只，病死 2129 只。2020 年永宁县、同心县、红寺堡区、海原县、青铜峡市、灵武市、兴庆区、沙坡头区共报告发生 20 起鸡传染性支气管炎，发病 1997 只，病死 586 只，无害化处理 534 只，紧急免疫 74371 只。

（四）鸡马立克氏病

宁夏最早于 1978 年在隆德县好水乡发现该病。1978—1989 年，全区发病 36655 只，死亡 8395 只。1991—1993 年，宁夏共有 6 个县次发生该病，范围波及 6 个乡镇的 48 个自然村，发病鸡 8146 只，死亡鸡 3085 只。1998—2004 年，共有 20 个县次发生鸡马立克氏病，发病鸡 28698 只，死亡 10175 只。2005—2013 年，共有 11 个县次发生该病，发病 5513 只，死亡 1909 只。2013 年，彭阳发生马立克氏病，发病 810 只，病死 637 只。2013 年 12 月初，永宁个体特禽养殖基地饲养 4 月龄的 1400 只肉仔鸡发生该病，共死亡 800 只。2014—2020 年无发生该病疫情报告。

（五）鸡白痢

1954 年，中宁县恩和、新堡等乡（镇）养鸡 8129 只，发病 458 只，死亡 265 只。1954—1989 年，全区发病 1676716 只，死亡 464292 只。随着 20 世纪 80 年代后期到 90 年代区内养鸡业的兴起，该病已成为家禽常见疾病之一。2009 年，宁夏大学农学院通过鸡白痢血清平板凝集试验对 2007—2009 年，宁夏不同规模鸡场和农户的 1702 份鸡血清进行检测，检出阳性血清 110 份，平均阳性率 6.46％。2013—2019 年，宁夏共发生鸡白痢 62 起，发病 17382 只，病死 3609 只，主要分布在兴庆、金凤、西夏、永宁、贺兰、灵武、大武口、惠农、利通、青铜峡、同心、红寺堡、西吉、隆德、泾源、彭阳、沙坡头、中宁、海原等县（市、区）。2020 年原州区、永宁县、海原县、西夏区、青铜峡市、灵武市、兴庆区、金凤区和隆德县共报告发生 28 起，发病 950 只，病死 276 只，无害化处理 238 只，紧急免疫 2154 只。

宁夏晓鸣农牧股份有限公司多年来致力于鸡白痢净化工作。2018 年开展鸡白痢血清学抗体检测 11016 份，阳性 31 份，阳性率 0.28％；病原学肛拭子检测 2493 份，阳性 1 份，阳性率 0.04％。2019 年开展鸡白痢血清学抗体检测 11792 份，阳性 17 份，阳性率 0.14％；病原学肛拭子检测 13178 份，阳性 0 份。2020 年开展鸡白痢血清学抗体检测 8642 份，病原学肛拭子 10963 份，检测结果均为阴性。

（六）禽大肠杆菌病

1976 年，贺兰山农牧场饲养 35 日龄肉仔鸡 1110 只，发病 450 只，死亡 30 只。1984—1989 年，吴忠市 13 个乡（场）5429 只鸡发生该病，死亡 540 只，致死率 9.95％。1986 年 5 月贺兰县丰登乡永丰五队一养鸡户饲养罗斯鸡 210 只，5 日龄开始发病 80 只，死亡 30 只。1987—1989 年全区累计发生鸡的大肠杆菌病 4822 只，死亡 729 只。随着 20 世纪 80 年代后期到 90 年代区内养鸡业的兴起，禽大肠杆菌病已成为家禽常见疾病之一，常伴发腹水症。2013—2019 年，宁夏共发生 16 起禽大肠杆菌病，发病禽 10124 只，病死禽 4262 只，其中红寺堡 4 起（2014、2015、2016、2017 年），利通 3 起（2013、2015、2019 年），海原 2 起（2014、2015 年），永宁 2 起（2014、2019 年），沙坡头 1 起（2015 年），同心 1 起（2017 年），平罗 1 起（2017 年），青铜峡 1 起（2018 年），贺兰 1 起（2019 年）。2020 年利通区、红寺堡区、永宁县分别报告发生 1 起，发病 1304 只，病死 407 只，无害化处理 407 只。

■ 第二节 寄生虫病

一、多种动物共患寄生虫病

（一）棘球蚴病

棘球蚴病又称"包虫病"，是家畜放牧地区常见的一种人畜共患寄生虫病。宁夏是棘球蚴病的高发区，主要流行细粒棘球蚴病和多房棘球蚴病（泡状棘球蚴病）两型。1949—1962年，全区棘球绦虫感染犬2.79万只，1963—1976年感染犬3.14万只，发病率0.4%。1989年宁夏兽医工作站在盐池县调查发现犬包虫病感染率达56.5%，绵羊感染率为84.8%～93.1%，每年发病死亡羊只2万只。2001年5月底，灵武市独木桥乡海子村某养殖户从内蒙古锡林郭勒盟引进78只山羊育肥，至7月底先后有52只发病、死亡。2006—2008年，西吉县对人、犬进行包虫病调查，累计调查7344人，发现可疑人数123例，调查犬33500只，采集家犬及野生动物粪便1554份，检测牛脏器166份、羊脏器425份，发现牛包虫病变样本16份，羊包虫病变样本23份。2016、2018和2019年，西吉县发病羊26只，病死4只。2020年西吉县发生一起羊棘球蚴病，发病2只，病死1只。

2009—2011年，宁夏动物疾病预防控制中心在部分县（区）开展了牛羊包虫病调查，结果见表7-1-10。自2016年起在全区开展牛羊包虫病调查，结果见表7-1-11。

表7-1-10 宁夏部分县（区）牛羊包虫病调查情况统计（2009—2011年）

时间	调查范围	调查样品	调查数量（只/份）	阳性数（只/份）	阳性率（%）
2009年	西吉县羊屠宰场	羊	2258	702	31.1
	盐池县羊屠宰场	羊	3536	697	19.7
2010年	西吉县、盐池县、同心县、隆德县	羊脏器	389	74	19.02
		牛脏器	275	19	6.90
		犬粪	480	105	21.88
2011年	盐池县、同心县、西吉县、银川市	犬粪	660	85	12.88

表7-1-11 宁夏全区牛羊包虫病调查情况统计（2016—2020年）

时间	调查项目	检测数量（份）	阳性数（份）	阳性率（%）
2016年	犬粪抗原检测	4767	191	4.01
	牛包囊感染	1842	39	2.12
	羊包囊感染	5213	238	4.57
2017年	犬粪抗原检测	4604	94	2.04
	牛包囊感染	1700	10	0.59
	羊包囊感染	7226	89	1.23
2018年	犬粪抗原检测	4735	135	2.85
	牛包囊感染	2292	6	0.26
	羊包囊感染	7991	81	1.01
2019年	犬粪抗原检测	6106	86	1.40
	牛包囊感染	2705	2	0.07
	羊包囊感染	6131	50	0.82

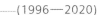

（续）

时间	调查项目	检测数量（份）	阳性数（份）	阳性率（％）
2020 年	抗体监测	886	1	0.11
	病原学监测	6008	15	0.25

（二）弓形虫病

1978 年，吴忠良繁场种猪群发生以无名高热为主要症状的疾病，引起猪急性死亡，共发病 521 头，发病率 68.7％，死亡 386 头。经吴忠市畜牧站从病死猪体内分离虫体，确诊为弓形虫病。1986—1990 年，宁夏畜牧兽医研究所等单位通过间接血凝试验共检验宁夏各种家养动物血清 5676 份，阳性 216 份。2013 年，宁夏动物疾病预防控制中心开展了区内弓形虫监测，具体情况见表 7 - 1 - 12。

表 7 - 1 - 12　宁夏弓形虫监测情况统计（2013 年）

监测方法	监测范围	监测样品	监测数量（份）	阳性数（份）	阳性率（％）
间接血凝试验	16 个规模场、61 个散养户	猪血清	510	98	19.22
IgG 抗体 ELISA				117	22.94
间接血凝试验	宁夏区内 23 个规模场、89 个散养户	羊血清	580	12	2.07
	宁夏区内 21 个规模场、71 个散养户	牛血清	660	8	1.21
	宁夏区内	犬血清	70	12	17.14

（三）附红细胞体病

1981 年 7 月 22 日，青铜峡蒋顶公社畜牧站从患病驴、马的血液中发现附红细胞体，将一组病料送上海市医学科研测试中心和畜牧兽医所电镜观察，并经中国农业科学院上海血吸虫研究所、北京大学专家进行鉴定，确认为附红细胞体。

2004 年，中宁县鸣沙、宁安两乡 4 个村 8 个养猪户饲养的猪陆续发生不明疫病，共发病 74 头，病死率 100％。经区动物防疫站现场进行流行病学调查和血液学检查，确诊为猪附红细胞体病。截至 6 月 10 日，全区累计发病猪 354 头，死亡猪 306 头，病死率 86.44％。2004 年 5 月，宁夏某县养猪大户陆续从四川调入 50 日龄仔猪，仔猪进圈后 3～5 天发病，在贩运的 400 头仔猪中，先后有 213 头发病，死亡 53 头，经宁夏畜牧兽医研究所诊断为附红细胞体病。2009 年 5—10 月，中宁县某猪场复发该病，饲养母猪 150 头，公猪 12 头，仔猪 268 头，育肥猪 582 头。经中宁县动物疾病预防控制中心实验室血片压检确诊为附红细胞体感染。据不完全统计，2004—2013 年，宁夏共有 16 个县（市、区）发病猪 1847 头，死亡 614 头。2016、2018 年，沙坡头发病猪 272 头，病死 58 头。2019—2020 年无发生该病疫情报告。

二、牛寄生虫病

（一）牛环形泰勒虫病

20 世纪 50 年代初，每年 5—8 月，宁夏银川平原的犊牛和从陕北新购入的牛常发病死亡。1954 年 6 月，灵武农场的牛陆续发病 154 头，死亡 46 头，经制作血液涂片送西北畜牧兽医学院检测，确诊为牛环形泰勒虫病。据 1953—1988 年统计，宁夏累计牛发病 8565 头，死亡 2539 头，死亡率为 29.64％。20 世纪 50、60 年代疫点分别为 245、193 处，发病 2179 头、4042 头，死亡 1154 头、841 头，死亡率 52.96％、20.81％。70、80 年代，疫点分别为 220、96 处，发病 1500 头、839 头，死亡

425 头、120 头，死亡率 28.33%、14.30%。1997 年 12 月中旬，引黄灌区某奶牛场一群成年母牛在 1 周内不同程度出现食欲欠佳、精神差、瘤胃蠕动减弱、体温升高等症状，经宁夏四正公司实验室血抹片检查诊断为环形泰勒虫感染，共发病 12 例，治愈 11 例，死亡 1 例。2004 年，利通区有 4 头牛发病。2005—2020 年无发生该病疫情报告。

（二）牛锥虫病

1952 年，永宁县仁存乡有 224 头牛感染锥虫病，死亡 46 头。1954 年，银川行署兽医诊断室确诊该病。此后永宁县的仁存、望洪、杨和、望远、增岗、李俊等乡散发，有 15 个年份发生疫情，累计发病 408 头牛，死亡 83 头。1975 年，平罗县发现 1 头病牛。1986—1990 年，全区进行牛锥虫普查，利用补体结合反应检查奶牛 458 头，无阳性牛检出，可疑 6 头，可疑率 1.31%；检查黄牛 220 头，阳性牛 7 头，阳性率 3.18%，可疑牛 2 头，可疑率 0.91%。

三、羊寄生虫病

（一）羊消化道线虫病

羊消化道线虫呈全区性分布，感染率 100%，是养羊地区的常发病，但不同地区优势虫种和感染强度差异很大。1960 年，宁夏农业科学研究所对银川平原 8 市县羊只进行了调查，其优势虫种为捻转血矛线虫、细颈线虫。1980 年固原地区农业科学研究所对固原地区 5 县羊只的调查结果表明，其优势种为仰口线虫、奥特氏线虫、马歇尔线虫、捻转血矛线虫。

2001 年 9 月 10 日，灵武一农牧场从山东嘉祥调入 6 月龄小尾寒羊 254 只，发生捻转血矛线虫病死亡 86 只。2005 年 4—12 月，灵武市畜牧局兽医工作站在灵武市白土岗乡三泵站、马家滩镇马家滩村、梧桐树乡沙坡头村、东塔镇力德牧原羊场的 4 个羊场进行了封山禁牧后舍饲羊只寄生虫变化调查，结果发现羊只由放牧转为舍饲后，体外寄生虫感染率为 61.68%，体内寄生虫感染率为 100%，平均感染强度为 159 条（1～514 条）。其中山羊感染率 100%，感染强度 238 条（1～514 条）；绵羊感染率 100%，感染强度 135 条（1～503 条）。与禁牧前放牧条件下寄生虫感染情况相比，羊只舍饲后，体外寄生虫感染率有增高趋势，体内寄生蠕虫虫种和平均感染强度虽有所下降，但感染率仍为 100%，且在优势种上发生了新的变化。2005—2020 年无发生该病疫情报告。

（二）羊肝片吸虫病

羊肝片吸虫病在全区各地普遍存在，但以引黄灌区，特别是在湖泊、沼泽周围放牧的羊只尤为严重。1949—1962 年，宁夏共发病 36.76 万只，死亡 1.76 万只；1963—1976 年，发病 78.48 万只，死亡 3.93 万只；1977—1989 年，发病 57.21 万只，死亡 2.11 万只。1987—1989 年，全区调查羊肝片吸虫感染率为 11.66%，感染强度 41.7 条。1982 年，永宁县通桥、增岗两地陆续死亡羊只 1000 余只，有的全群覆灭。经诊断，死亡原因主要是肝片吸虫危害所致。2012 年 9 月，宁夏盐池县青山乡某养殖户饲养的 300 只滩羊有 20 只发病，经流行病学调查、临床症状检查、剖检等综合诊断为肝片吸虫病。经过治疗，除 4 只症状较严重的羊只死亡外，其余羊只均治愈。2017、2019 年盐池县发生羊肝片吸虫病，发病羊 32 只，病死 8 只。2020 年泾源县、彭阳县、贺兰县报告发生 4 起羊肝片吸虫病，发病 19 只，病死 14 只。

（三）羊脑包虫病

全区均有发生，发病率与养犬数量呈正相关。据统计，1949—1989 年共有 79770 只羊发病，死亡 76802 只。1990 年 4 月，宁夏农林科学院园林场 314 只小尾寒羊羔羊发病死亡 36 只，死亡率 11.46%。其中第一生产队有羔羊 76 只，死亡 32 只，死亡率 42.11%，平均感染强度 5～7 个，最多达 19 个包囊。1992—2004 年，盐池县有 10667 只羊发病，死亡 4161 只。2005—2013 年，盐池县有 66 只羊发病，死亡 34 只。2009 年青铜峡 12 只羊发病，死亡 3 只，死亡率 25.0%。2014—2020 年无发生该病疫情报告。

（四）羊螨病

各县均有发生，对羊只的危害十分严重，尤其是山羊螨病常致大批死亡，因此民间流传"山羊瘙、隔墙撂"。1949—1990 年，全区累计发病 133.80 万只，死亡 10.29 万只。发病死亡较严重的县、市有贺兰、灵武、银川郊区、盐池、同心、中宁、中卫、彭阳等。进入 20 世纪 90 年代羊螨病危害依然未减。2011—2012 年泾源县、惠农区发病 26 只，死亡 16 只。2013—2019 年，泾源县、海原县、原州区、青铜峡市发病 81 只，病死 2 只。2020 年无发生该病疫情报告。

四、猪寄生虫病

（一）猪囊虫病

多以隐性感染形式存在，一般经屠宰后方能检验确诊。1955—1989 年，银川市肉联厂屠宰检验统计，共检猪胴体 2806586 头，检出囊虫病猪胴体 52348 头，平均感染率 1.87%。据资料统计分析，除泾源、同心、西吉县民族地区少见外，其余各县均有猪囊虫病发生。至 1991 年，全区累计调查统计，猪囊虫病感染率平均为 1.90%，每年至少有 11000 头猪感染。

随着农村猪圈连茅厕散养方式的转变和专业化养猪的发展，该病呈显著下降趋势，已经很少能够见到。1998 年 9 月，银川市动物检疫站在银川市北门屠宰检疫时，检出 1 头猪体内寄生囊虫，在脂肪、淋巴结内均找到囊尾蚴。1998—2000 年，中卫市所辖 3 个县发病 5 头，死亡 3 头。2002 年，永宁县发生猪囊尾蚴病 2 头。2003—2020 年无发生该病疫情报告。

（二）猪蛔虫病

猪蛔虫病全区广泛存在，发病率无地区差异，仔猪感染普遍。尤其是对 4 月龄以内的仔猪危害严重，常引起咳嗽、贫血、消瘦、发育不良或停滞成为僵猪，严重时直接引起死亡。1957 年，赵玉琪等对金银滩农场等地的不同年龄猪体内寄生虫进行了调查，其中猪蛔虫感染率为 29.2%～63.6%。1960 年 3 月宁夏农业科学研究所在芦花台园林试验场对 202 头体重 6～15 千克、年龄 5～7 月龄的猪进行了蛔虫病调查，其结果阳性 59 头，阳性率 29.2%，感染强度为 1～19 条。1975 年，自治区畜牧局先后在银川郊区、中宁、青铜峡、固原调查不同年龄仔猪 75221 头，蛔虫感染率为 29.2%～63.3%。又在吴忠金银滩农场调查 130 头 4～5 月龄猪，蛔虫感染率为 30% 以上。1978 年，石嘴山畜牧站在西永固、庙台、礼和 3 个公社 14 个大队 121 个生产队对 6656 头猪进行了调查，蛔虫感染率为 37.1%。1976—1978 年，石嘴山、平罗、青铜峡、中卫、中宁、固原猪蛔虫平均感染率为 30%。1987 年西吉县在寄生虫普查中，共剖检 42 头猪，其中猪蛔虫感染猪 25 头，感染率为 59.52%。1988 年中宁县猪蛔虫发病猪 418 头，死亡 6 头，死亡率 1.44%。猪蛔虫感染的年代差异不具规律性，但从危害程度看，80 年代后有所减轻。20 世纪 90 年代至 2020 年无发生该病疫情报告。

五、鸡寄生虫病

（一）鸡绦虫病

鸡绦虫病呈全区性分布。1982—1983 年，宁夏畜牧局李维新等对全区鸡寄生虫进行了调查，在引黄灌区的中宁、平罗、陶乐县共剖检鸡 150 只，其中绦虫感染率 36.0%，感染强度 1～183 条；在南部山区的盐池、同心、海原、固原、泾源、隆德、西吉县共剖检鸡 226 只，绦虫感染率 62.5%，感染强度 1～235 条。1985 年隆德县沙塘乡养鸡专业户饲养 2～4 月龄雏鸡 500 只，共发病 296 只，发病率 59.20%，死亡 250 只，死亡率 50.0%。1985 年 4—8 月，西吉县畜牧兽医站对全县鸡的寄生虫进行了区系调查，共剖检鸡 120 只，检得寄生蠕虫 6921 条，感染率 97.5%，平均感染强度 59.15（2～517）条，其中绦虫感染率 62.5%，平均感染强度 27.25（1～235）条。优势虫种为棘沟赖利绦虫和膜壳绦虫。1986 年 11 月，贺兰县鸡场饲养京白成年鸡 708 只，发病 10 只，发病率 1.41%，死亡 3 只，死亡率 0.42%。1988 年秋季，隆德县张程乡和沙塘乡的两村养鸡 721 只，发病 81 只，发病率 11.23%，死亡 48 只，死亡率 6.66%。2013 年 6 月，中卫沙坡头区宣和镇规模养殖场发生鸡绦虫病，发病率为 20.0%～40.0%。2014—2020 年无发生该病疫情报告。

（二）鸡球虫病

1969 年，吴忠高糜子湾部队鸡发病 360 只，死亡 145 只。固原地区畜牧兽医研究所调查发现，固原每年 4—6 月常发生鸡球虫病，大多为 2～8 周龄雏鸡，发病率为 30.0%～50.0%，死亡率为 10.0%～35.0%，高者可达 50.0%。经鉴定，固原鸡寄生球虫主要有 5 种：柔嫩艾美耳球虫、巨型艾美耳球虫、堆型艾美耳球虫、和缓艾美耳球虫和哈氏艾美耳球虫。据不完全统计，1969—1989 年共发病 106.7 万只，发病率 1.55%，死亡 24.20 万只，死亡率 22.68%。2001—2013 年，全区共有 98 个县（市、区）59973 只鸡发病，死亡 7876 只。2014—2019 年，沙坡头、中宁、同心、泾源、红寺堡、利通、青铜峡、永宁、灵武、海原、隆德等县（市、区）发生鸡球虫病，发病鸡 11873 只，病死 1623 只。2020 年灵武市、沙坡头区、中宁县、同心县、红寺堡区、隆德县共报告发生 12 起鸡球虫病，发病 1268 只，病死 256 只，无害化处理 256 只。

（三）禽组织滴虫病

1993 年 3 月 11 日，海原县养鸡专业户余某从银川市购进海赛克斯褐蛋雏鸡 2500 只，4 月 23 日鸡群突然发病，共死亡 466 只，经检查确诊为鸡组织滴虫病。1993 年 5 月 8 日、6 月 10 日，银川中山公园相继死亡绿孔雀 2 只，10 月 7 日又死亡珍珠鸡 2 只。贺兰山林管局饲养的七彩山鸡在 1993 年 8—10 月反复发病，常看不到明显的临床症状而发生连续死亡，经宁夏动物检疫站实验室诊断为组织滴虫引起的盲肠肝炎。1997 年 5 月，宁夏固原地区农业科学研究所试验鸡场孵化出 F1 代乌骨鸡 981 只，饲养至 3 月龄后开始发病，共死亡 16 只。2000 年，贺兰山农牧场养鸡专业户饲养的 1000 只小公鸡发病 100 只，死亡 7 只。2002 年 8 月 10 日，宁夏某个体肉鸽场，发病 50 只，死亡 28 只。2003 年 2 月，宁夏某养鸡户地面散养 1000 只小公鸡，从 50 日龄起发病，并有零星死亡，共发病 100 只，死亡 7 只，经宁夏动物防疫站实验室诊断为组织滴虫病。2004—2020 年，无发生该病疫情报告。

第二章

动物疫病防控

第一节 动物疾病诊断检验

一、创建与初步发展阶段

1949 年前，只有少数民间兽医固定开展门诊，大多数走乡串户，对动物疫病只能根据临床症状和流行情况进行诊断，认识的传染病、寄生虫病种类较少。

1951 年 11 月，宁夏省建设厅首次成立兽医诊断室，开展本省畜禽疫病的诊断检验。1953 年 1 月，宁夏省畜牧厅成立，附属设立兽医诊断实验研究室。1954 年 9 月，宁夏省与甘肃省合并，省兽医诊断实验研究室改编为银川专署兽医诊断室。同一时期，各市县相继成立兽疫防治站，至宁夏撤省前，演变发展为畜牧兽医工作站，开展辖区畜禽传染病、寄生虫病以及常见普通病的诊断治疗等技术工作。

1956 年，农业部发出《关于建立畜牧兽医工作站的通知》，地、县级兽医业务机构的兽医诊断室和科研教育系统的兽医实验室相继建立。同年，银川专署兽医诊断室以鸡胚接种法分离到鸡新城疫病毒，并经动物感染、血凝试验和血凝抑制试验确诊了本区的鸡新城疫疫情；通过鸡胚接种法和本动物感染试验，确诊鸡传染性喉气管炎。

1958 年 10 月，宁夏回族自治区成立，自治区农业厅畜牧局下设兽医诊断室。地、县级兽医诊断工作在当地畜牧兽医工作站的裁撤和恢复中，时断时续。

20 世纪 50—70 年代，自治区、地（市）、县（区）兽医诊断化验室仅有普通显微镜、干燥箱、恒温培养箱、高压灭菌锅等设备，只具备开展一般实验室诊断检验的条件，通过涂片镜检、细菌分离培养鉴定及动物接种试验等方法来诊断畜禽传染病和寄生虫病。除自治区兽医诊断室配备专门人员开展诊断化验工作外，地县级兽医诊断检验多无固定人员。"文化大革命"期间，兽医技术干部被下放劳动，兽医诊断工作基本停滞。

二、提升与加速发展阶段

党的十一届三中全会后，确立了以家庭联产承包责任制为主体的农村生产经营方式，作为重要生产力的农耕畜，以及畜禽养殖得到了极大发展。随着各地市县兽医机构逐步恢复、健全，兽医诊断检验工作进入全面发展阶段。1980 年后，全区开展兽医实验室升级改造，部分实验室购置了高倍显微镜、超净工作台、光电比色计、电动离心机、分析天平、酶标仪等精密设备。多数县级实验室具备开展兽医细菌学、免疫学、寄生虫学等诊断检验条件，并配备了 2~3 名专职技术人员。

1987 年，自治区兽医工作站诊断检验中心建成，建筑面积 1400 米^2，配有荧光显微镜、高速冷冻离心机、超净工作台等 26 台大中型仪器设备，面向全区开展细菌学、病毒学、免疫学、寄生虫学、病理学、中毒分析等诊断化验和畜禽疫病监测工作，实验室检测疫病的种类和能力大幅提升。

1986—1990年，按照农业部安排部署，宁夏通过流行病学调查、搜集整理相关历史资料，结合实验室检验进行了全区畜禽疫病普查。实验室检验在两地两市选择了中卫、惠农、贺兰、西吉4县及13个种畜禽场的畜禽进行了抽样检查；在全区或部分县市对布鲁氏菌病、马传染性贫血、牛羊蓝舌病、牛白血病、牛病毒性腹泻、牛结核病等进行了检验，共计检验畜禽传染病43种228317头次（份），其中检验血清200327头（份），采集羽髓检查鸡白血病617例，开展马鼻疽、羊结核、副结核病、禽结核病变态反应检测27373例。根据普查结果，最终编纂完成《宁夏回族自治区畜禽疫病志》。

20世纪80年代中期以后，随着市场开放、流通搞活，全区畜禽养殖专业户、规模场逐渐发展起来，同时，畜禽疫病也随着养殖方式改变、养殖密度增高、畜禽调运频繁而逐渐增多，特别是猪、鸡病呈现发病病种多、发病次数多等显著变化。各级兽医诊断实验室主要通过病理剖检开展疫病诊断，为广大养殖场户提供便捷高效的诊断服务，自治区兽医工作站及部分市县兽医工作站诊断室还开展了病原菌分离鉴定与药敏试验，为养殖场户提供精准治疗方案。1993—2001年，自治区兽医工作站诊断室试验生产了传染性法氏囊炎高免卵黄液、新城疫传染性法氏囊炎二联高免卵黄液，治疗成效显著。内蒙古、甘肃、陕西邻近地区的养殖场户也来宁夏进行畜禽疫病诊断检验。

1990年，宁夏建立法定动物传染病疫情报告及反馈系统，动物传染病疫情发生后，基层动物疫病防疫机构按照程序，首先报告给上一级动物防疫机构，然后逐级报告，直至上报给农业部，进行汇总。除动物传染病疫情报告之外，还包括饲养动物相关资料的收集和分析，动物疫病监测信息报告的定期编制等。全区依托自治区兽医工作站、固原市兽医工作站、吴忠市兽医工作站、中卫县兽医工作站的4个动物疫情测报站，构筑了以4个动物疫情测报站为主、其余市县兽医工作站为辅的全区动物疫情诊断监测网络。到1996年，全区已基本建立畜禽疫情监测、调查、报告、处理和登记卡制度，全区县级以上实验室积极开展畜禽疫病诊断检验工作，共计收检病料1707份，检测血清样品1695份，做病理切片260张，检出各类畜禽疫病24种。1997年，全区累计检验病死畜禽4613例。

在开展零散病例诊断检验的同时，宁夏还承担农业部部署的猪繁殖与呼吸综合征流行病学调查（1997年）、牛海绵状脑病监测计划（2000年）等疫病监测工作。自2001年起，又相继制定了牛瘟、牛肺疫和小反刍兽疫等疫病的监测计划。2003年，根据农业部办公厅《关于开展重点动物疫病调查的通知》，定期进行马传染性贫血、马鼻疽、布鲁氏菌病、结核病、炭疽病、狂犬病常规性调查，抽样调查猪附红细胞体病、猪圆环病毒病、猪繁殖与呼吸综合征。

2003年，自治区动物防疫站购置了反转录聚合酶链式反应仪、凝胶成像仪、电泳仪等仪器设备，构建了猪繁殖与呼吸综合征、禽流感、口蹄疫等重大动物疫病病原聚合酶链式反应检验技术，宁夏从此开始了畜禽疫病病原分子生物学检验，为重大动物疫情的快速诊断和确诊提供了技术支持。

2006年，宁夏完成43万仔猪口蹄疫和近千万只家禽禽流感排查工作，对全区5个市22个县（市、区）进行了口蹄疫和禽流感病原学及抗体水平监测，对疫情发生地区活禽交易市场和养猪场、野禽迁徙路线上野禽栖息地、水网密集区域（点）水禽场定期进行监测和流行病学调查，动物疫病监测频次和数量持续增加。

2007年，宁夏农牧厅制定《2007年宁夏重大动物疫病监测工作计划》，进一步健全完善疫情监测、报告体系。各市、县（区）每月进行口蹄疫、禽流感、猪瘟、新城疫免疫抗体水平监测和病原学样品送检，宁夏动物疾病预防控制中心全年开展全区畜禽免疫抗体监测。全区根据抗体监测结果对各市、县（区）重点动物疫病免疫效果进行评价，摸索抗体水平消长规律，为制定有效的免疫程序提供科学依据。

2008年，宁夏动物疾病预防控制中心全年进行春秋两次集中免疫抗体和病原学检测监测，将监测结果作为考核防疫工作的重要手段，把监测工作延伸到乡镇，监测面达到100%。基于各市、县（区）每月送检样品，全区全年完成口蹄疫、禽流感、猪瘟、新城疫免疫抗体水平日常监测样品19388份。根据抗体水平监测和病原学监测结果，进一步提高免疫密度和免疫抗体水平，揭示出部分地区牛存在口蹄疫隐性带毒、养猪相对集中区域普遍存在猪蓝耳病隐性带毒现象。

2009 年，开展 A 型口蹄疫和畜间 N1H1 流感监测工作。在全区采集 7333 份样品进行了 A 型口蹄疫病原学监测，监测出 12 份奶牛阳性样品，疫情排查和流行病学调查未发现 A 型口蹄疫临床症状；在全区采集鼻拭子样品 969 份进行猪流感监测，全部为阴性，疫情排查和流行病学调查未发现猪流感疑似病例。

2009 年开始，自治区动物疾病预防控制中心按照《全区动物防疫工作目标管理考核办法》，对全区市、县级兽医实验室工作进行考核。主要考核内容包括实验室管理、常规诊断检验、专项监测工作、重大动物疫病免疫效果抽检、实验室报表及样品报送情况、附加项等六部分。通过考核，5 个市级、20 个县级兽医诊断实验室在动物疫病诊断检验、监测工作上较往年均有不同程度提高，基本能够完成动物疫病初步诊断、免疫抗体水平监测、样品采送及上级业务部门下达的专项工作任务。各级政府、兽医行政主管部门进一步提高对兽医实验诊断，尤其是重大动物疫病抗体水平监测的重视程度，为兽医实验室配备专职工作人员，开展各种业务能力及操作技能培训。

三、标准化与规范化发展阶段

2009 年农业部印发《兽医系统实验室建设标准》，对省、市、县三级兽医实验室选址、布局、设施设备、人员、管理和环境等作出了明确规定，标志着兽医系统实验室进入标准化建设、诊断检验步入规范化管理阶段。

2010 年，按照农业部办公厅《兽医系统实验室考核工作实施方案》，自治区农牧厅下发《宁夏市县级兽医系统实验室考核工作实施方案》，对全区市、县级兽医系统实验室考核工作做了具体安排。根据《农业部办公厅关于开展 2011 年兽医系统实验室检测能力比对工作的通知》，按照"以考促建、规范管理、提升能力"的要求，自治区防治重大动物疫病指挥部办公室和宁夏动物疾病预防控制中心，将兽医实验室检测能力比对纳入动物防疫目标管理考核内容之中。各级政府、兽医行政主管部门和业务部门高度重视兽医系统实验室检测能力考核工作。当年，银川市、吴忠市 2 个市级，原州区、永宁县、彭阳县、泾源县、灵武市、海原县、盐池县、同心县、利通区等 9 个县（区、市）级兽医实验室通过了考核工作，通过比例达到 40.7%（11/27）。

2012 年，宁夏动物疾病预防控制中心大楼竣工，实验室区域约 2000 米^2。实验室配置两套分子生物学实验室，并按照反应液配制、核酸提取、PCR 扩增、产物检测进行了严格分区。实验区入口处设置标有危害级别的生物危害标志，所有高温、高速、贵重仪器设备和菌种样品保存处以及有毒有害物品，均设有醒目警示标识。配备了酶标仪、普通 PCR 仪、梯度 PCR 仪、荧光 PCR 仪、多功能电泳仪、细菌鉴定仪、自动组织脱水机、石蜡包埋机、自动染色机、凝胶成像与分析系统等仪器设备 203 台（套、件）。建立了与检测相适应的、包括《质量手册》《程序文件》《仪器操作规程》《检验检测工作操作规程》《实验室生物安全管理手册》《实验室生物安全标准操作规程》等 11 个文件性材料在内的质量管理体系和生物安全管理体系。同年，自治区动物疾病预防控制中心实验室通过农业部专家组的实验室考核，标志着自治区动物疾病预防控制中心兽医实验室具备了承担农业部各项检测任务的资质。

2013 年，自治区动物疾病预防控制中心兽医实验室通过了宁夏质量技术监督局考核的中国计量认证（CMA）。5 个地市级和 19 个县级生物安全一级兽医实验室配备有细菌过滤器、自动菌落计数器、组织匀浆机、微量振荡器、超净工作台、Ⅱ级生物安全柜、酶标仪、荧光显微镜等实验仪器设备 810 台（套），能够对口蹄疫、高致病性禽流感、高致病性猪蓝耳病、猪瘟、鸡新城疫等重大动物疫病和其他动物疫病应用血凝（HA）和血凝抑制试验（HI）、酶联免疫吸附试验（ELISA）、琼脂凝胶免疫扩散试验（AGID）等多种诊断方法开展实验室血清学检测工作。5 个市级兽医实验室中有 3 个建立了病原微生物分子生物学检测能力。详见表 7-2-1。全区兽医实验室第一轮考核于 2013 年完成，有 26 个市县级实验室通过考核，通过比例为 96.3%（26/27）。兴庆区和金凤区因办公地点不固定未进行考核。

2014 年，开展全区兽医实验室监测诊断能力"提升年"活动，自治区级监测根据全区畜牧产业布局、重点区域、重点畜种和重点疫病情况，在全区 14 个县（区）设置了 25 个自治区级牛、羊、猪、鸡固定监测点，分别进行口蹄疫、禽流感、猪蓝耳病、猪瘟、鸡新城疫等血清学和病原学监测。每个市在本辖区县（区）内设置了 10 个固定监测点，加上金凤区、西夏区、兴庆区、大武口区、红寺堡区设置的 5 个市级固定监测点，共 55 个市级固定监测点，分别进行重点动物疫病血清学和常规动物疾病病原学诊断工作。每个县（区）在辖区内设置了 10 个县级固定监测点，分别进行重点动物疫病血清学监测和常规动物疫病病原学初步诊断工作。主要以质量记录为抓手，规范实验室管理；以"计量认证"为契机，提升实验室管理水平。加强技术培训，提高实验室诊断检测水平。

表 7-2-1　全区兽医实验室人员、面积及检测能力状况（2013 年）

层级	人员状况	实验室面积	检测能力
自治区	总计 33 人，专业技术人员 28 人，其中农业技术推广研究员 5 人、高级兽医师 10 人、兽医师 5 人、助理兽医师 8 人；从事实验室工作专职人员 17 人，技术人员占 100%，其中高级技术人员 8 人、中级技术人员 2 人、初级技术人员 7 人；硕士 5 人，本科 11 人，大专 1 人	2200 米²，其中 BSL-2 实验室 1200 米²。实验室内设接样及解剖室、细菌室、寄生虫室、病理室、血清学室、分子生物学室、仪器室、小动物饲养室	能够对口蹄疫、高致病性禽流感、H7N9 流感、高致病性猪蓝耳病、猪瘟、猪流感、鸡新城疫等重大动物疫病和其他动物疫病应用 RT-PCR、细菌分离与鉴定、寄生虫分离和鉴定、病理组织及免疫组化、血凝和血凝抑制试验、酶联免疫吸附试验、免疫荧光技术、琼脂凝胶免疫扩散试验等方法开展实验室诊断、监测工作
市级	全区 5 个市级动物疾病预防控制机构有从事实验室工作的专业技术人员 24 人，其中高级兽医师 10 人、兽医师 11 人、助理兽医师以下人员 2 人、其他 1 人；技术人员占总人数的 95.8%。硕士 1 人，本科 16 人，大专 6 人，其他人员 1 人；高级兽医师 10 人、兽医师 11 人，助理兽医师以下人员 2 人，其他 1 人	1326.76 米²，其中生物安全级别实验室 925 米²。实验室内设接样室、解剖室、样品保存室、血清学实验室、细菌学实验室、洗涤消毒室、档案室、仪器室等	能够对口蹄疫、高致病性禽流感、高致病性猪蓝耳病、猪瘟、鸡新城疫等重大动物疫病和其他动物疫病应用血凝和血凝抑制试验、酶联免疫吸附试验、琼脂凝胶免疫扩散试验等多种诊断方法开展实验室血清学检测工作；同时具备了分子生物学监测能力，有 3 个实验室能够开展 PT-PCR 检验工作
县级	全区县级实验室总人数 92 人：高级兽医师 26 人、兽医师 36 人、助理兽医师 25 人、其他 5 人；技术人员 87 人，占总人数的 94.6%。硕士 3 人，本科 69 人，大专 17 人，其他人员 3 人	5467.20 米²，实验室内设接样室、准备室、样品保存室、血清学实验室、细菌学实验室、洗涤消毒室、档案室、仪器室、病理解剖室等	对口蹄疫、高致病性禽流感、高致病性猪蓝耳病等重大动物疫病和其他动物疫病应用血凝和血凝抑制试验、酶联免疫吸附试验、琼脂凝胶免疫扩散试验进行检测；都能够应用平板凝集试验、琼脂扩散试验、环状沉淀试验和试管凝集试验

2015 年，全区开展兽医实验室"服务年"活动，按照"服务基层、服务社会、服务养殖场户"的原则，积极开展动物疫病定点监测工作。按照宁夏特色优势产业布局，在重点地区、重点环节设置区级重大动物疫病固定监测点 220 个，自治区、市、县三级动物疾病预防控制机构依托监测体系定位，每月进行病原学监测。同时，对监测数据进行分析评估，并形成监测分析报告，原则上每季度一次，应急情况时随时进行，为兽医行政主管部门掌握疫情动态、制定防控措施、作出防控决策提供依据。

"十二五"期间，自治区动物疾病预防控制中心兽医实验室通过了农业部兽医实验室考核和自治区市场监管局 CMA 认证，连续五年在全国省级兽医实验室检测能力比对中，符合率和准确率达到 100%。全区 27 个市县级兽医实验室有 25 个通过农业部兽医系统实验室考核，2 个通过自治区计量认证。自治区级实验室具备分子生物学、血清学、细菌学、病理学、寄生虫学检测能力；五市及部分县级实验室逐步建立了重大动物疫病分子生物学检验方法和酶联免疫吸附试验（ELISA）、血凝试验（HA）、血凝抑制试验（HI）、反向凝集试验（RHA）等检验方法，能够开展免疫抗体监测、动物疫病诊断和寄生虫病诊断工作。制定了随机采集畜禽血样，监测免疫抗体，用检出率和合格率分别评价密度和质量的评价方法。重大动物疫病免疫密度、免疫质量连续多年被农业部评为甲类省（直辖市、自治区）。

2016年，全区对小反刍兽疫流行状况进行全面排查监测和防控状况评估，同时调研全区兽医实验室诊断能力。各级诊断实验室在编人员123人，按学历分有硕士12人、本科92人、大专17人、中专2人，按职称分有研究员1人、高级兽医师55人、兽医师34人、助理兽医师33人。区域内实验室均配备专职管理和技术人才，人员数量和专业技术人员比例均符合国家要求。自治区动物疾病预防控制中心诊断实验室符合生物安全二级标准，其余27个市县诊断实验室符合生物安全一级标准。

2017年，各市县开始兽医实验室考核5年有效期续展工作。自治区动物疾病预防控制中心在全区农牧、大专院校、科研等机构遴选专家建立"宁夏市县级兽医系统实验室考核专家库"。入选专家原则上具有副高以上技术职称，从事动物疫病教学、科研、诊断、监测、检测或相关工作5年以上，并经培训合格。至2019年，吴忠市、石嘴山市、隆德县、西吉县、青铜峡市、永宁县、平罗县、原州区、盐池县等市、县（区）的9个兽医实验室通过了考核续展。

2018年，根据《农业农村部办公厅关于开展2018年全国动物病原微生物实验室生物安全专项检查工作的通知》，组织开展动物病原微生物实验室生物安全专项检查。通过实验室自查和集中抽查的形式，对全区从事动物病原学微生物实验活动的实验室，包括兽医系统、教学科研单位、出入境检验检疫部门、兽用生物制品生产企业及动物诊疗机构等相关实验室进行了检查。检查内容包括实验室建设和运行，生物安全组织机构，生物安全管理责任制和有关规章制度，生物安全防护措施，从事高致病性动物病原微生物实验活动，应急预案制定和实施，菌（毒）种和样本保存、销毁，工作人员生物安全知识培训，以及实验室各类记录和档案等落实情况。经检查，全区1个自治区级、5个市级、21个县（区）级兽医实验室（金凤区无县级兽医实验室）各项管理制度健全，能够按照各自实验室质量管理体系、生物安全体系等规章制度开展各类实验。

"十三五"期间，自治区动物疾病预防控制中心实验室通过了农业农村部兽医实验室考核和CMA认证，应用实验室信息管理系统（LIMS）进行相关管理。在全国省级兽医实验室检测能力比对中，连续十年符合率和准确率达到100%，被中国动物疫病预防控制中心确定为全国16个"国家动物疫病净化协作实验室"和9个"国家动物疫病标准物质定值合作实验室"之一。全区发挥4个疫情测报站和各级兽医实验室功能，采取"平时监测和集中监测相结合、全面监测和定点监测相结合"的监测方式，全面提升监测工作深度和广度。全面推进"定点、定期、定量、定性"四定监测模式，每月开展监测工作，保证监测工作的持续性。自治区、市、县（区）三级进一步强化和规范监测分析和评估工作，每季度上报本辖区动物疫情与监测总结分析报告，进一步发挥兽医实验室诊断、监测和预警预报功能。

■ 第二节　动物疾病防治

一、初始艰难发展阶段（1949—1979年）

1950年，宁夏省建设厅按照中央人民政府农业通讯通知精神，向全省发出"改善牲畜饲养管理，防止流行疫病发生"的指示。1951年，农业部提出"防止兽疫、保护和发展畜牧业"方针，宁夏省根据实际，提出"全面增值、重点改进、防疫为主、治疗为辅"工作原则。20世纪50年代初期，筹建了省、地、县、乡各级兽医机构，充实专业技术人员，基本形成了全省范围的畜禽疫病防治体系，并组织培训基层兽医干部，学习先进防治技术，提高兽疫防治人员业务素质。

1956年，国务院印发《关于加强民间兽医工作的指示》后，民间中兽医被广泛组织利用。1956年，农业部发出《关于建立畜牧兽医工作站的通知》，宁夏恢复和建立地县畜牧兽医工作站。针对当时兽疫流行普遍、危害严重的局面，全省突出防治牛瘟、炭疽、猪瘟等传染病，开展以羊捻转血矛线虫为优势虫种的肠道线虫病和羊疥癣、牛泰勒虫病等寄生虫病的诊治、驱虫、药浴等试验推广工作。省、县、区、乡、村自上而下成立了各级保畜委员会、保畜小组，宣传兽疫防治知识，发动和依靠群众，广泛深入开展环境卫生和圈舍消毒工作。这一时期共防治各种大小家畜233.6万头（只）次，短短几年内卓有成效地控制了主要传染病的流行，消灭了牛瘟，减轻了家畜体内外寄生虫病的危害。

20世纪50年代末，一些县、社兽医机构被并转或撤销。1963年，国务院发出《关于民间兽医工作的决定》，农业部发出《关于整顿和充实畜牧兽医站的指示》，全区兽医机构再度恢复。分配来到宁夏的区内外兽医大中专毕业生陆续走上工作岗位，兽医队伍不断壮大，专业素质逐步提升，同时开展宁夏畜禽疫病防治试验研究工作。宁夏农业厅畜牧局制订宁夏兽疫防治工作总任务是："1963年起三年内消灭猪瘟，五年内消灭羊痘，十年内消灭羊疥癣，十年至十五年内控制炭疽、马鼻疽、布氏杆菌病和内寄生虫病。"1964年专门编印《宁夏回族自治区主要家畜传染病及寄生虫病防治历》，提出"检疫畜群，封锁疫区，隔离病畜，消毒，预防注射，治疗病畜，扑杀病畜，处理尸体"等八项兽疫防治措施，要求进一步贯彻"预防为主、防重于治"方针，加强联防，在已定疫区范围内进行全面防疫注射，达到"头头注射、个个免疫"，寄生虫严重感染地区达到"头头灌药、个个驱虫"，并按月份列出了防治对象和防治重点，以及疫病防治具体操作规程和大面积预防注射的注意事项。

自治区、地、县兽医诊断实验室逐步建立，确诊了家畜东毕吸虫病、骆驼锥虫病、炭疽、羊寄生虫病、猪瘟、猪丹毒等危害严重的疫病，并制定出较为科学的防制措施，逐步控制了这些疫病的危害，保护了畜牧业的发展。

1966年后的十年间，全区兽医机构再度被撤销或并转，兽医人员下放，兽疫防治设施闲置，甚至遭到散失，许多防疫计划已不能很好完成，有些已控制疫病又有抬头蔓延之势。当时国家实行免费防病和无偿服务政策，全区继续推行"头头注射，个个免疫"。兽疫防治所需生物药品和驱虫药的品种和数量均能保证供应，对防疫灭病起到了很大的推动作用。此后即使境内某一处或邻近省份发生某种疫情，均要进行全区性预防免疫。由于检疫人员缺少，机构不健全，由外省份引进畜禽及其产品带入一些疫病，致使免疫任务逐年加大，造成免疫对象越来越多，接种面越来越大，每年用于防疫的生物药品多达10余种，甚至20余种。

到1979年全区兽防生物药品经费高达37.75万元，每头（只）畜禽平均一年注射疫苗达4.31种。全区80%的兽医力量投入到免疫工作，但因生物药品冷藏体系尚未健全，动物防疫药品保存不当和使用不合理，药品利用率只有50%，人、物、财力浪费巨大，兽医工作其他方面因受免疫工作牵制而无力进行。鉴于上述情况，宁夏畜牧局在1979年5月编印的全区主要畜禽传染病及寄生虫病防检历中，强调指出要"提高防疫密度，注意防疫质量"。

二、改革探索发展阶段（1980—1996年）

1980年后，针对盲目免疫、重点不突出等倾向，宁夏畜牧局提出"兽医生物药品经费包干"的防疫改革办法，除危害较大的猪瘟、鸡新城疫继续全面预防外，其他非重点疫病分期、分片逐步停止预防注射，待疫情暴露，重新诊断、划定疫区、再行防疫。1980年首先在贺兰县试点。1986年8月进一步提出畜禽疫病分级管理，全区以猪瘟、鸡新城疫为防疫重点，其他畜禽疫病"因病设防"。在深化改革中，将生物药品管理改革扩展为畜禽防疫改革，改一年两次春秋突击防疫为常年防疫，实施科学的免疫程序；推行防疫承包责任制，从自治区到乡逐级签订承包合同，对每年的畜禽防疫都提出具体要求，明确规定病死率、防疫密度、疫苗利用率等指标。自治区兽医工作站每年进行畜禽防疫检查，对完成防疫包干任务的县、乡，从包干经费中给予重奖，检查验收不合格的，则从包干经费中倒扣。

畜禽防疫改革使责、权、利紧密结合，调动了各级兽疫防治人员的积极性，促进和完善了岗位责任制的目标管理，加强了对生物药品的冷藏保管，疫苗利用率从 1979 年的 50% 左右提高到 1989 年的 83.35%。由于突出防疫重点，有的放矢进行防疫，提高了猪瘟、鸡新城疫及羊梭菌病的防疫密度。据抽查验收，猪瘟、鸡新城疫防疫密度由 1984 年的 79.2%、63.7% 分别提高到 1989 年的 95.4%、93.8%，猪、鸡因病死亡率分别由 5.9%、16.4% 下降到 1.32%、6.5%，畜禽因病死亡率均未超过规定指标。防疫改革带来了显著的社会和经济效益。

1985 年 2 月国务院发布《家畜家禽防疫条例》，宁夏公布施行《宁夏回族自治区家畜家禽防疫实施办法》，并以附件形式颁布宁夏《家畜家禽防疫收费标准》与《猪瘟和鸡新城疫的免疫程序》等配套法规，使全区畜禽疫病防治工作逐步走上程序化、标准化、法制化轨道。

1987 年后，生物药品及运杂管理费大幅度提价，畜禽防疫经费紧缩。至 1988 年年底，防疫承包责任制已难以继续，除重点防猪瘟、鸡新城疫、羊梭菌病外，其他因病设防的经费已无着落。

1989 年，中卫、中宁两县尝试"有偿服务，统一收费"，实行畜禽防疫集团承包试点，畜禽防疫费由乡、村统一收取，按比例分成。一年后试点区域畜禽防疫扭亏为盈，解决了当时畜禽防疫经费的不足，调动了防疫人员以及乡、村干部和群众的积极性。1990 年中卫、中宁在全县范围内推广了这一承包办法。

20 世纪 90 年代初，农业部推广"畜禽防疫双轨目标管理责任制"，即由各级政府负责动物防疫安排部署、发动组织、劳务报酬、防疫收费；业务部门负责动物防疫技术措施、具体实施办法及防疫效果，把各项疫病防制任务纳入政府和业务部门领导岗位责任制中，定目标、下任务，逐级签约，层层落实，检查验收，奖惩兑现，作为政府、业务部门领导政绩考核的一项内容，制定防疫效果考核验收标准，加强畜禽防疫宏观管理。1992 年 1 月 24 日，宁夏畜牧局制定了《推行"畜禽防疫双轨目标管理责任制"改革试点方案》，同年在中宁县召开全区畜禽防疫管理改革工作会议，部署了"八五"期间在全区推行"双轨制"的工作。

1995 年，宁夏建立自治区、地、县、乡四级动物防疫机构，建成动物疫病诊断防治及生物药品冷链储藏体系，拥有一支开展防、检、治等各项工作的兽医队伍。动物防疫由"头头注射、个个免疫"发展到"突出重点、因疫设防、依法治疫"模式。形成了养（加强饲养管理）、免（预防注射）、检（检疫）、监（疫情监测、监督检查）、诊（诊断）、驱（驱虫药浴）、治（治疗病畜）、隔（隔离病畜）、封（封锁疫点、疫区）、消（消毒、防虫灭鼠）、处（处理病死畜及染疫畜产品）、培（培育健康后代）等疫病综合防制技术措施。掌握了全区各种畜禽疫病的分布状况、流行规律、危害程度；消灭了牛肺疫，扑灭了传入宁夏的猪传染性水疱病；布鲁氏菌病、马达到部分控制标准。基本控制炭疽、羊梭菌病、羊痘、猪瘟、猪肺疫、猪丹毒、猪喘气病、鸡新城疫等危害严重的疫病。畜禽因病死亡率大幅下降。

三、依法防控发展阶段（1997 以后）

1997 年，《中华人民共和国动物防疫法》颁布。通过立法明确了动物防疫机构职责和动物防疫管理相对人义务，依法实施重大动物疫病强制免疫，开展动物疫情监测工作。

从 2000 年开始，自治区防治重大动物疫病指挥部办公室每年向各市县政府印发《全区动物防疫目标管理考核办法》，由自治区农牧厅向各市县农牧部门印发《全区兽医工作目标管理考核办法》，进一步明确了各市县政府和业务部门动物防疫工作的职责和年度工作重点。

2001 年，国务院下发《关于进一步加强动物防疫工作的通知》，明确动物免疫要作为一项强制性措施来施行，重大动物疫病免疫应按国家要求达到规定的免疫密度，并建立免疫档案。宁夏动物防疫站采取先行试点、全面推进的做法，在全区开始推行免疫耳标溯源管理；市县动物检疫站把免疫耳标佩戴作为家畜产地检疫的必要条件之一。2002 年，自治区农牧厅出台《动物检疫管理办法》，明确把"养殖档案相关记录和畜禽标识符合农业部规定"作为检疫出证条件，促进了动物防疫与动物检疫的衔接和"以检促防"。

针对国内口蹄疫、禽流感疫情暴露出的动物防疫体系存在的问题，按照2005年《国务院关于推进兽医管理体制改革的若干意见》，2006年3月自治区人民政府印发《关于推进兽医管理体制改革的实施意见》，全面建立和健全全区省、市、县三级兽医行政管理、监督执法和技术支持三大工作体系。自治区农牧厅设立副厅级首席兽医师岗位，成立了正处级兽医局。各县严格按照一村一人设置村级动物防疫员，养殖数量多的村设置1～4名村级动物防疫员，养殖数量少的村几个村设置1名村级动物防疫员。经过公开选拔聘用的村级动物防疫员，由畜牧部门培训合格后颁发动物防疫员资格证，按一年一聘原则持证上岗。全区村级动物防疫员队伍2832人，其中，兽医专业人员占17％，大专学历以上人员占3％，50岁以下占87％。乡镇畜牧兽医机构和村级动物防疫网络的建立，奠定了全区基层动物防疫的组织基础。

2007年，国务院下发《关于促进生猪生产发展稳定市场供应的意见》，要求对国家一类动物疫病和高致病性猪蓝耳病实行免费强制免疫。当年修订的《中华人民共和国动物防疫法》第十三条明确规定，国家对严重危害养殖业生产和人体健康的动物疫病实施强制免疫。2008年，通过监测、流行病学调查和调研发现全年主要发生疫病有猪炭疽、猪瘟、猪传染性胃肠炎、猪流行性腹泻、猪丹毒、猪细小病毒病、仔猪副伤寒、鸡新城疫、鸡传染性喉气管炎、鸡传染性法氏囊病、鸡球虫病、鸡白痢、羊痘、羊肠毒血症、牛炭疽、牛梭菌病，这些常规动物疫病造成死亡等损失比较严重，远远超过口蹄疫、禽流感等重大动物疫病造成的损失。针对严峻的防治形势，宁夏动物疾病预防控制中心在继续安排监测任务的基础上，先行对全区奶牛布鲁氏菌病、结核病（以下简称"两病"）的防治工作开展实地调研，并向自治区政府上报《关于宁夏奶牛布鲁氏菌病和结核病防控情况的紧急报告》，同时结合国家有关"两病"防控政策，上报《宁夏奶牛布鲁氏菌病和结核病防治规划》和《宁夏奶牛布鲁氏菌病和结核病防治工作实施方案》，呼吁政府部门和业务机构重视常规动物疫病防控。结合国家有关奶牛"两病"防控政策，做好发现"两病"阳性畜扑杀和无害化处理。

2009年，自治区农牧厅启动了"通过无线射频识别（RFID）技术构建宁夏动物卫生及动物产品质量安全信息可追溯系统"试点工作，与银川奥特新技术有限公司合作，分别在灵武农场和平吉堡奶牛场开展猪、牛电子标识及疫病可追溯RFID技术试点工作，同时，在红寺堡壹加壹农牧公司肉牛养殖生产管理中试点应用RFID技术，采集动物生产、屠宰及动物产品加工、销售等整个链条的信息。农牧、商务、工商、质检、卫生等政府部门可以通过互联网按各自权限进入系统查看整个流程的运行状况及与本部门相关的动物及动物产品的信息数据，并按各部门的用户权限对供应链上各环节进行在线监管。

2014年，宁夏动物疾病预防控制中心在贺兰县、青铜峡市部分乡镇开展畜禽标识佩带及畜禽档案管理试点工作，将猪、牛、羊标识佩戴由新生幼畜30天内加施畜禽标识暂缓至产地检疫环节集中佩戴标识。村级动物防疫员负责强制免疫以及免疫过程中档案登记册的填写。养殖户（场）在出售家畜时提前3天告知辖区防疫员，防疫员在1个工作日内对该养殖者出售、转移动物的种类、日龄、数量进行详细核对，仔细查阅免疫档案，对确在免疫保护期内的家畜出售时佩戴标识。对未免疫或无档案记载以及无法证明已实施免疫的家畜，及时进行补免，免疫15天后，方可申报检疫。标识一经佩戴，要翔实登记所佩戴耳标编码，为动物疫病防控溯源建立信息基础。官方兽医实施动物产地检疫时，村级动物防疫员配合官方兽医做好耳标号录入，结合产地检疫电子出证工作，翔实登记动物耳标号，做到证畜相符。

2016年，自治区农牧厅兽医局组织2个调研组分别到广东、山东、贵州、江苏进行专项调研，并初步形成《关于推进全区政府购买兽医社会化服务工作指导意见》和《宁夏动物饲养场重大动物疫病强制免疫"先打后补"实施方案》。同时，平罗县、利通区、隆德县、西夏区等积极开展政府向兽医社会化服务组织购买强制免疫服务试点工作。

2017年，根据农业部、财政部《关于调整完善动物疫病防控支持政策的通知》，自治区农牧厅组织制定《宁夏动物饲养场重大动物疫病强制免疫"先打后补"实施方案》（试行），经商自治区财政厅同意，在全区牛、羊、猪、禽规模饲养场开展重大动物疫病强制免疫疫苗直接补贴工作，使所有符合条件的动物饲养场享受到重大动物疫病强制免疫"先打后补"补贴资金。全区将生猪存栏300头以上，蛋（种）鸡存栏10000只以上、肉鸡存栏10000只以上、奶牛存栏200头以上、肉牛存栏100头以上、肉羊存栏500只以上的规模养殖场纳入重大动物疫病强制免疫"先打后补"范围。根据国家和宁夏重大动物疫病强制免疫政策规定，全区对高致病性禽流感、口蹄疫、猪瘟、小反刍兽疫、羊布鲁氏菌病等强制免疫病种实施补助。实行"先打后补"的规模化畜禽养殖场于每年11月15日前向当地县级畜牧兽医主管部门提出年度疫苗经费补助申请并提交相关材料。县级畜牧兽医主管部门、财政部门根据实施方案确定的疫苗补贴原则及审核材料内容要求，对实行"先打后补"的规模化畜禽养殖场重大动物疫病强制免疫疫苗使用数量、采购疫苗备案情况、补贴畜禽数量、县（市）级动物疾病预防控制机构出具的《免疫抗体检测报告》、动物检疫合格证明、动物防疫条件合格证等进行审核合格后，在当地相关媒体向社会进行公示。经公示无异议后，以县级农牧局和财政局联合文件向自治区农牧厅和财政厅申请动物饲养场强制免疫疫苗补助资金。自治区兽医局接到县级资金补助申请后，将"先打后补"经费编入下一年度自治区本级财政预算，并于下一年初下达各县区。县级财政部门将疫苗经费补助按照规定拨付到相应的动物饲养场。

同年，按照《农业部关于推进兽医社会化服务发展的指导意见》，自治区农牧厅先后印发《关于推进全区政府购买兽医社会化服务指导意见》《关于进一步做好兽医社会化服务推进工作的通知》等文件，要求各地兽医主管部门根据辖区兽医服务需求，有序引导社会力量参与兽医服务供给。一是扶持原村级动物防疫员牵头成立农民专业合作社，承接辖区内畜禽动物疫病强制免疫、采样、排查等工作任务；二是鼓励乡镇兽医站或兽药经营企业牵头成立兽医技术服务公司，为养殖场提供服务；三是鼓励畜牧行业龙头企业成立畜牧兽医技术服务公司，带动周边养殖户共同致富。原有村级动物防疫员队伍由新成立的兽医服务组织进行统一培训、考核，根据年龄、专业技术能力和服务范围，在新成立的兽医社会化服务机构中予以聘任，工作任务、待遇、管理均按照合作社（公司）章程进行规范化管理；四是将村级动物防疫员从季节性用工，转变为全职兽医技术服务人员，在顺利完成强制免疫工作的同时，提升经营和技术服务能力，提高整体收入水平。对于超龄、能力不足，不能在新成立兽医组织中继续聘任的村级动物防疫员，由县级兽医主管部门视担任村级动物防疫员时间长短予以一次性补偿。

2019年，自治区人民政府办公厅印发《关于加强非洲猪瘟防控稳定生猪生产工作的通知》，进一步夯实各级政府和相关部门职责，为生猪稳产保供奠定基础。

2020年，自治区农牧厅制定了《宁夏回族自治区兽医实验室考核督查管理办法》，进一步加强对全区兽医系统、高校和科研机构、诊疗机构和养殖场兽医实验室质量管理和生物安全管理。

■ 第三节　重大动物疫病防控机制

一、强制免疫机制

2001年，国务院下发《国务院关于进一步加强动物防疫工作的通知》，首次明确提出动物免疫要作为一项强制性的措施来施行，重大动物疫病的免疫密度应达到国家要求，并建立免疫档案和免疫标识制度。

2005年，国务院颁布实施《重大动物疫情应急条例》，明确重大动物疫情应急工作应当坚持"加强领导、密切配合，依靠科学、依法防治，群防群控、果断处置"的方针，要求县级以上地方人民政府根据本地实际情况，制定本行政区域重大动物疫情应急预案。

2007年，根据《中华人民共和国动物防疫法》和国务院文件精神，财政部先后制定了《关于颁发〈牲畜口蹄疫防治经费管理的若干规定〉的通知》《关于印发高致病性禽流感防治经费管理暂行办法》《关于应对猪肉价格上涨促进生猪产业健康发展的通知》，明确了强制免疫疫苗经费中央和地方分担比例以及经费使用监督管理有关规定。

2007—2020年，农业部（农业农村部）先后以"两个千方百计"（千方百计保持粮食产量稳定在1万亿斤*以上，千方百计保持农民收入增长在6%以上）、"两个努力确保"（努力确保不发生区域性重大动物疫情，努力确保不发生重大农产品质量安全事件）为目标要求，每年制定全年强制免疫计划，召开会议部署春秋季集中免疫工作，每年6月份和11月份组织开展全国集中免疫工作（交叉）大检查，年底开展动物防疫绩效延伸考核，督促各地落实以强制免疫为主的综合防控措施。宁夏各级兽医主管部门按照"政府保密度、业务部门保质量"的免疫工作责任制，制定强制免疫工作实施方案，明确免疫病种，落实分解强制免疫工作任务。一是各级兽医主管部门科学制定强制免疫计划。根据辖区内动物数量、免疫病种、免疫程序等落实强制免疫任务，逐级下达免疫计划。二是组织开展免疫工作督查。根据上户抽查养殖户畜禽免疫记录、免疫标记与乡镇防疫员免疫台账符合情况，考核免疫密度。三是开展免疫抗体监测工作。自治区农牧厅（农业农村厅）组织开展春秋季防疫检查（市级交叉评估）和免疫抗体检测，即安排市级兽医主管部门负责人抽检其他市的动物疫病防控情况，并负责采样到自治区动物疾病预防控制中心进行免疫抗体监测，有效避免部分地方弄虚作假的现象。

2011年前，重大动物疫病疫苗招标采购均为货物招标，于年初测算所需经费和数量，在春秋重大动物疫病集中免疫前按照上半年60%、下半年40%的比例进行招标采购。2011年，自治区防治重大动物疫病指挥部办公室和农牧厅、财政厅组成调研组赴陕西、河南等省份就定点招标方式采购重大动物疫病免疫疫苗在宁夏应用的可行性进行了专题调研。调研组对两个省疫苗管理情况，特别是疫苗招标、订购、储运发放、资金结算等进行了详细调研，与财政部门就采用定点招标方式采购重大动物疫病疫苗达成共识。2012—2013年，对当年重大动物疫病疫苗进行资质招标，确定全年疫苗供应资质，根据各县（区）疫苗申请情况调运疫苗。2014年，对2014—2016年重大动物疫病疫苗进行资质招标，确定中标单位后，根据各县（区）疫苗申请和实际使用情况按照下浮10%的比例进行调整后调运疫苗。2017年后，对重大动物疫病疫苗每年进行资质招标，在招标过程中只确定供应商和单价，年底根据实际使用数量进行资金支付。历年来，宁夏政府采购疫苗种类见表7-2-2。

表7-2-2 宁夏政府采购疫苗种类（2008—2020年）

序号	年度	疫苗名称
1	2008年	重组禽流感H5N1二价灭活疫苗（Re-5＋Re-4株）、羊O型-亚洲Ⅰ型口蹄疫双价疫苗、牛O型-亚洲Ⅰ型口蹄疫双价疫苗、猪O型口蹄疫灭活疫苗、猪高致病性蓝耳病疫苗、猪瘟脾淋疫苗
2	2009年	重组禽流感H5N1二价灭活疫苗（Re-5＋Re-4株）、羊O型-亚洲Ⅰ型口蹄疫双价疫苗、牛O型-亚洲Ⅰ型口蹄疫双价疫苗、猪口蹄疫疫苗、猪高致病性蓝耳病疫苗、猪瘟脾淋疫苗
3	2010年	禽流感-新城疫重组二联活疫苗、重组禽流感H5N1二价灭活疫苗（Re-5＋Re-4株）、羊O型-亚洲Ⅰ型口蹄疫双价疫苗、牛O型-亚洲Ⅰ型口蹄疫双价疫苗、猪口蹄疫疫苗、A型口蹄疫疫苗、猪高致病性蓝耳病疫苗、猪高致病性蓝耳病疫苗、猪瘟脾淋疫苗
4	2011年	牛O型-亚洲Ⅰ型口蹄疫二价灭活疫苗、羊O型-亚洲Ⅰ型口蹄疫二价灭活疫苗、重组禽流感病毒H5亚型二价灭活疫苗、高致病性猪蓝耳病活疫苗、猪瘟活疫苗、猪O型口蹄疫灭活疫苗、A型口蹄疫灭活疫苗、禽流感-新城疫重组二联活疫苗
5	2012年	重组禽流感病毒H5亚型二价灭活疫苗、猪O型口蹄疫灭活疫苗、牛O型-亚洲Ⅰ型口蹄疫二价灭活疫苗、A型口蹄疫灭活疫苗、羊O型-亚洲Ⅰ型口蹄疫二价灭活疫苗、高致病性猪蓝耳病活疫苗、猪瘟活疫苗
6	2013年	口蹄疫二价灭活疫苗、口蹄疫三价灭活疫苗、A型口蹄疫疫苗、猪口蹄疫疫苗、禽流感H5亚型疫苗、猪蓝耳病疫苗、猪瘟疫苗

---

* 斤为非法定计量单位，1斤＝500克。——编者注

（续）

序号	年度	疫苗名称
7	2014 年	O 型-亚洲 I 型-A 型口蹄疫三价灭活疫苗、O 型-亚洲 I 型口蹄疫二价灭活疫苗、A 型口蹄疫灭活疫苗、猪 O 型口蹄疫灭活疫苗、重组禽流感病毒 H5 亚型二价灭活疫苗、高致病性猪蓝耳病活疫苗、猪瘟活疫苗、小反刍兽活疫苗
8	2015 年	O 型-亚洲 I 型-A 型口蹄疫三价灭活疫苗、O 型-亚洲 I 型口蹄疫二价灭活疫苗、A 型口蹄疫灭活疫苗、猪 O 型口蹄疫灭活疫苗、重组禽流感病毒 H5 亚型二价灭活疫苗、高致病性猪蓝耳病活疫苗、猪瘟活疫苗、小反刍兽活疫苗、布鲁氏菌病活疫苗（S2 株）
9	2016 年	O 型-亚洲 I 型-A 型口蹄疫三价灭活疫苗、O 型-亚洲 I 型口蹄疫二价灭活疫苗、A 型口蹄疫灭活疫苗、猪 O 型口蹄疫灭活疫苗、重组禽流感病毒 H5 亚型二价灭活疫苗、高致病性猪蓝耳病活疫苗、猪瘟活疫苗、小反刍兽活疫苗、布鲁氏菌病活疫苗（S2 株）
10	2017 年	O 型-亚洲 I 型-A 型口蹄疫三价灭活疫苗、猪 O 型口蹄疫灭活疫苗、A 型口蹄疫灭活疫苗、重组禽流感病毒 H5 亚型二价灭活疫苗、猪瘟活疫苗、小反刍兽活疫苗、布鲁氏菌病活疫苗（S2 株）
11	2018 年	重组禽流感病毒 H5 亚型二价灭活疫苗、猪瘟活疫苗、猪 O 型口蹄疫灭活疫苗、猪 O 型口蹄疫合成肽疫苗、A 型口蹄疫疫苗、O 型-A 型口蹄疫二价灭活疫苗、O 型-A 型口蹄疫二价灭活疫苗、小反刍兽疫活疫苗、布鲁氏菌病活疫苗（S2 株）
12	2019 年	重组禽流感病毒 H5 亚型三价灭活疫苗、猪瘟活疫苗、猪 O 型口蹄疫灭活疫苗、猪 O 型口蹄疫合成肽疫苗、猪口蹄疫 O 型、A 型双价灭活疫苗、牛 O 型-A 型口蹄疫二价灭活疫苗、羊口蹄疫 O 型灭活疫苗、小反刍兽疫活疫苗、狂犬病疫苗、II 号炭疽芽孢疫苗、猪乙型脑炎活疫苗、包虫病疫苗、布鲁氏菌病活疫苗（S2 株）
13	2020 年	重组禽流感病毒（H5＋H7）三价灭活疫苗、口蹄疫 O 型、A 型二价灭活疫苗（用于牛）、口蹄疫 O 型灭活疫苗（用于羊）、猪口蹄疫 O 型、A 型二价疫苗、猪瘟活疫苗、小反刍兽疫活疫苗、布鲁氏菌病活疫苗（S2 株）、II 号炭疽芽孢疫苗、羊棘球蚴（包虫）病基因工程亚单位疫苗、猪乙型脑炎活疫苗、狂犬病灭活疫苗

二、应急处置机制

2003 年，自治区人民政府办公厅发布《宁夏回族自治区重大动物疫病防治应急预案》。自治区政府各相关部门按照该预案规定，做好重大动物疫病所需经费、物资、技术等储备工作。一旦发生重大动物疫情，各级人民政府动员社会各方面力量，按照应急预案的规定，遵循"早、快、严、小"原则，立即采取预防、控制等措施，尽快控制和扑灭疫情。全区建立了区、市、县三级重大动物疫病防控指挥系统，制定应急预案，组建应急预备队，强化免疫、消毒、监测、隔离、封锁、扑杀及无害化处理等措施，及时扑灭了口蹄疫、禽流感、高致病性猪蓝耳病等重大动物疫病。

为规范预防、控制和扑灭重大动物疫病，农业部总结重大动物疫病防控工作经验教训，从 2007 年开始，陆续发布口蹄疫、高致病性禽流感、高致病性猪蓝耳病、猪瘟、新城疫、小反刍兽疫等动物疫病防治技术规范，严格规定疫情诊断、疫情报告、疫情处置、疫情监测、免疫、检疫监督、保障措施等方面技术要求，为全国各地重大动物疫病防控提供技术支持。宁夏在重点动物疫情防控活动中，严格执行重大动物疫病防治技术规范，严格落实疫点疫区划分、封锁隔离期限、解封验收、无害化处理等技术措施，确保依法依规有效处置重大动物疫病。

2007 年，自治区人民政府办公厅发布《宁夏回族自治区突发重大动物疫情应急预案》（以下简称《预案》）。各市县区制定相应应急预案，成立相应指挥部及办公室，设立技术指导组、专家鉴定组、边界堵疫组、物资保障组、科技宣传组和重大动物疫情应急预备队。以自治区、市、县、乡四级动物防疫机构为基础形成应急框架，基本建立动物疫情网络化数据传输系统，设立村级动物疫情观察员，通过疫情观察员直接报送和电话报告疫情；政府相关部门和成员单位建立应急信息通报机制。

2009 年，自治区及各市、县（市、区）防治重大动物疫病指挥部及办公室修订了重大动物疫病防治应急预案及相关制度，进一步提高突发重大动物疫情快速反应能力。各地农牧部门针对国内发生的高致病性禽流感疫情、奶牛 A 型口蹄疫疫情、H1N1 流感等，加强了物资储备和应急值守等应急工作，强化了动物疫情的报告和排查。

2010年，自治区防治重大动物疫病指挥部办公室制定《宁夏回族自治区重大动物疫病防控应急物资储备库建设标准》，明确了应急物资储备库建筑标准和物资储备标准。应急物资储备库面积，省级不小于100米^2，市级不小于30米^2，县级不小于50米^2。储备物资金额，省级不少于100万元，市级不少于15万元，县级不少于20万元。储备物资包括诊断试剂、疫苗、消毒药、防护用品、运输工具、通信工具、封锁设备等。规定了储备物资的使用、核销和补充流程。

2011年9月，自治区防治重大动物疫病指挥部办公室和农牧厅，在石嘴山市大武口区举办全区突发重大动物疫情应急演练。演练主要包括疫情报告诊断和先期处置、应急响应与应急处置、应急响应终止与善后处置三方面的内容，由疫情报告，疫情诊断，样品采集，宣布启动应急预案，封锁、关闭市场，扑杀、消毒、无害化处理，紧急免疫和疫情监测，高危人群监测，以及解除疫情封锁8个科目组成，共150人参加了现场演练。

2015年，自治区农牧厅于10月30日在灵武市举行全区非洲猪瘟防控应急演练。演练假定宁夏灵武市突发非洲猪瘟疫情，自治区农牧厅和灵武市政府及时启动应急响应，相关部门及时按要求开展疫情处置。演练包括疫情报告，疫情诊断、采样检测，启动应急预案，划定疫点、疫区、受威胁区并对疫区实施封锁，扑杀和无害化处理，疫情排查和消毒，关闭周边市场、屠宰场，疫情监测，疫情验收，以及解除疫情封锁等10个科目的演练内容，模拟了非洲猪瘟从发现到扑灭的全过程。参演人员达130余人。

三、区域联防机制

（一）西北五省（自治区）联防

1958年，由农业部牵头，以大行政区为单位建立兽疫联防协作区，宁夏隶属西北联防区，并与内蒙古比邻盟、旗建立了联防关系。1959年2月，宁夏、陕西、甘肃、青海、新疆5省（自治区）在兰州制定《西北五省（区）消灭兽疫协作方案》。1984年，农牧渔业部要求西北五省（自治区）从当年起，恢复"文化大革命"中中断的大行政区联防组织，深入开展畜禽疫病联防联控工作，每年召开联防联控会议。根据农牧渔业部畜牧局有关指示，西北五省（自治区）畜禽疫病联防会成立大会暨第一次会议在西安召开，各省（区）互通疫情情报，交流防制经验，讨论通过《西北五省（区）畜禽疫病联防章程》。1985年12月10—12日，西北五省（自治区）畜禽疫病联防会在兰州召开了碰头会，来自陕西、宁夏、青海、新疆、甘肃5省（自治区）有关厅、局、处、站及单位的负责人参加了会议。中国农业科学院兰州兽医研究所、农牧渔业部兰州生物药厂、兰州军区后勤部应邀派代表出席了会议。各省份代表汇报交流近期防疫情况和经验，讨论今后工作要点。

1986年，西北五省（自治区）畜禽疾病联防会议在宁夏银南地区吴忠县召开，会议形成共识：在动物疾病防控上，西北五省（自治区）将从两方面进行协作：在信息共享上，加强协调，及时向联防省（自治区）通报动物疫情，以求在第一时间形成防控合力，建立免疫带；在流通监管上，相互合作，尤其是在省际交界处加强监测，确保疫情不出省，及时扑灭。

2008年7月，"宁甘青新藏五省区重大动物疫病防控定点联系工作会议"在银川召开。会议通报农业部对五省（自治区）2008年上半年重大动物疫病防控工作检查情况，听取五省（自治区）动物防疫工作汇报，安排部署下半年动物防疫工作。

2014—2020年，陕西、甘肃、宁夏、青海、新疆等地轮流举办西北片区联防联控会议，会议内容以交流疫病防控状况、提出疫病防控存在问题和建议为主。

（二）毗邻区域联防

1995年8月，由平罗县畜牧中心主办，邀请宁蒙晋陕四省（自治区）及毗邻地区、市、县农牧局、畜牧局、畜牧中心负责人等参加兽医联防会，重点强调联防联控原则与目标，搭建技术业务交流平台，培训技术人员；解决长期以来交界地区防疫薄弱、责任不清、相互推诿等突出问题，降低"三不管"地区重大动物疫情发生风险；定期召开联防会议，研究改进联防联控工作措施，交流动物疫病防控经验。

2002年2月，宁夏固原市召开"固原市、平凉市、庆阳市动物疫病联防协作会议"，固原市农牧局、平凉市农牧局、庆阳市农牧局达成《固原、平凉、庆阳三市重大动物疫病联防协作协议书》。

2010—2013年，银川市针对动物疫情突发性、信息不对称等特点，在全区动物防疫部门范围内率先实施"银川与毗邻地区动物防疫联防联控机制体系建设项目"。该项目实现了与石嘴山、吴忠、阿拉善盟、鄂托克前旗、阿拉善左旗、盐池、平罗、青铜峡等十余个毗邻市县的动物防疫工作对接。签订动物防疫联防联控责任书，建立动物防疫联防联控机制，主要内容：一是联系紧密，积极营造联防联控、群防群控的良好氛围，形成边界地区动物疫病防控工作合力，构建联防联控工作长效机制；二是进一步深入推进"定点定期定量定性"监测模式，保证监测工作持续性、真实性和科学性，真正落实和发挥"四定"监测模式作用，不断完善监测机制；三是落实好联防联控机制体系建设；四是定期组织召开疫情分析评估会，做到"早预警、早防控、早发现、早处理"，实现无区域性重大动物疫情发生和流行。

2011年，石嘴山市动物疾病预防控制中心主办毗邻地区动物防疫联防联控会议，参会人员有毗邻市、县农牧局主管领导、动物疾病预防控制中心主任等。要求各市县积极营造联防联控、群防群控良好氛围，形成边界地疫病防控工作合力，构建联防联控工作长效机制，务必做到"应免尽免、不留空当"和"真苗、真打、真有效"。

2013年8月5日，第四届毗邻地区动物防疫联防联控机制体系建设会议在银川召开，来自阿拉善盟、阿拉善左旗、鄂托克前旗、石嘴山市、吴忠市、利通区、盐池县、青铜峡市、西夏区、永宁县、灵武市、贺兰县、平罗县等地农牧局、动物疾病预防控制中心、畜牧兽医工作站的代表参加了会议，旨在创建毗邻地区动物防疫联防联控机制，强化疫情通报和信息交流，力争在动物疫病联防联控工作方面取得实质性突破。各参会单位之间签订了《2013年银川市毗邻地区动物防疫联防联控机制建设合作意向书》，从指导思想、联防联控原则与目标、联防联控体系实施范围、联防联控机制组织领导、联防联控工作职责、具体工作内容六方面制定了合作意向。

（三）区域定点联系

2008年起，自治区防治重大动物疫病指挥部办公室建立动物疫情区域联防联控机制，将全区分为三个区域，由农牧厅兽医局、自治区动物疾病预防控制中心、自治区动物卫生监督所负责人任组长，具体负责区域内疫情防控工作，定期召开区域联防联控会议，研究部署防控工作，协调解决区域内存在的问题。

2010年4月，为进一步加强对全区动物防疫工作的督导检查和指导，确保各项防控措施落实到位，根据农业部办公厅《重大动物疫病防控定点联系制度管理规定》，结合宁夏动物防疫工作实际，自治区农牧厅下发《关于建立动物防疫定点联系制度的通知》，建立动物防疫定点联系制度。一是建立了自治区动物防疫定点联系制度工作组。根据动物防疫工作实际，结合行政区划，将全区划分为三个动物防疫区域，即银川和石嘴山，吴忠市，固原市和中卫市。抽调自治区农牧厅兽医局和自治区动物疾病预防控制中心、动物卫生监督所负责人、专业技术人员组成自治区动物防疫定点联系制度工作组，开展定点联系工作。二是明确自治区动物防疫定点联系制度工作组职责。包括及时了解本组所联系区域动物防疫情况，特别是重大动物疫病防控情况，重点掌握动物疫情发生情况，防疫物资储备，以及免疫进展、疫情监测、流行病学调查、动物卫生监督、兽医医政药政、兽医管理体制改革进展等情况；督促落实动物防疫有关政策措施，按照国家、自治区关于防控高致病性禽流感、口蹄疫等重大动物疫病有关部署，对所联系地区开展督促检查，确保各项防控措施落实到位；指导扑灭动物疫情，按《中华人民共和国动物防疫法》《重大动物疫情应急条例》等有关规定，指导疫区县（市、区）按照有关疫情处置技术规范要求采取各项扑疫措施，对疫区疫情处置情况和疫情发生发展态势进行评估并提出有关措施建议等；负责业务指导，指导动物防疫、动物疫情监测及动物疫情预警、动物检疫、动物卫生监督执法、兽医医政、药政管理工作和动物防疫培训等工作；承担农牧厅安排的其他督查任务。

截至 2020 年，宁夏动物疫病防控取得如下成效：

（1）完全消灭疫病　1954 年消灭了牛瘟。1994 年、1997 年和 2003 年，宁夏消灭牛肺疫、马鼻疽和马传染性贫血分别通过了农业部考核验收。

（2）稳定控制疫病　1949—1989 年间，稳定控制了猪传染性萎缩性鼻炎、猪喘气病、猪炭疽、猪肺疫、猪丹毒、羊炭疽、牛气肿疽、牛炭疽、马鼻疽、马炭疽、马传染性贫血、牛东毕吸虫病、牛焦虫病等 13 种家畜疫病，控制了羔羊痢疾、羊布鲁氏菌病、猪瘟、猪布鲁氏菌病、牛肺疫、鸡新城疫、兔瘟、羊东毕吸虫病、牛羊胃肠道线虫病 9 种畜禽疫病。除禽病外，家畜疫病的发病数与死亡数呈现逐年下降，甚至大幅度下降的趋势，有效地保障了畜牧业生产的健康发展，获得了显著的经济效益和社会效益。

1990—2013 年，猪瘟、鸡新城疫、布鲁氏菌病、炭疽、兔出血症、狂犬病等一些严重危害畜牧业生产和人民身体健康的动物传染病已得到较好的控制。

2014—2020 年，口蹄疫、高致病性禽流感、猪瘟、布鲁氏菌病、小反刍兽疫等动物疫病群体免疫密度常年保持在 90% 以上，其中应免畜禽免疫密度均达到 100%。口蹄疫、高致病性禽流感、猪瘟和小反刍兽疫免疫抗体合格率均达到国家规定的 70% 以上。完成盐池、同心等 6 县（区）重点区域 40 多万只新生母羔羊的包虫病免疫。生猪、家禽、牛、羊发病率分别保持在 5%、6%、4%、3% 以下。

（3）局部净化疫病　2015 年，宁夏晓鸣农牧股份有限公司黄羊滩养殖基地被确定为"禽白血病净化示范场"，成为全国首批通过国家"动物疫病净化示范场"评估验收的 2 个种禽场之一；宁夏盐池滩羊选育场、宁夏天宁牧业发展有限公司被确定为"动物疫病净化创建场"，进入全国首批通过国家"动物疫病净化创建场"评估验收的 31 个养殖场行列。2016 年，红寺堡天源良种羊繁育有限公司被确定为第二批"国家级动物疫病净化创建场"。2018 年，宁夏正荣肉羊繁育有限公司被确定为第三批"国家级动物疫病净化创建场"。根据持续疫情监测数据和专家组评估，宁夏祖代以上种鸡场（宁夏晓鸣农牧股份有限公司黄羊滩闽宁生态养殖基地）禽白血病达到净化示范标准；原种羊场（宁夏盐池滩羊选育场、红寺堡天源良种羊繁育有限公司）布鲁氏菌病达到净化创建标准；奶牛场（宁夏天宁牧业发展有限公司）布鲁氏菌病达到净化创建标准。2020 年，宁夏晓鸣农牧股份有限公司闽宁蛋种鸡养殖基地和青铜峡蛋种鸡养殖基地无高致病性禽流感、新城疫小区通过农业农村部国家级评估。宁夏盐池滩羊选育场、宁夏中卫山羊场、宁夏朔牧盐池滩羊繁育有限公司、红寺堡区天源良种羊繁育养殖有限公司被确定为省级和国家级布鲁氏菌病（非免疫）净化场，宁夏犇旺生态农业有限公司、宁夏农垦乳业股份有限公司平吉堡奶牛三场、宁夏农垦乳业股份有限公司平吉堡第六奶牛场、海原县新希望牧业有限公司被确定为省级和国家级牛结核病净化场。

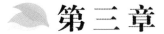

第三章

动物卫生监督

■ 第一节 动物防疫监督

一、动物防疫条件审查监督

自1985年国务院《家畜家禽防疫条例》颁布以后，我国开始逐步探索建立完善的动物防疫条件审查制度，历经实施《肉品卫生检验试行规程》、兽医卫生合格证、动物防疫合格证、动物防疫条件合格证阶段。

一是实施《肉品卫生检验试行规程》阶段。1959年11月，农业部、卫生部、商业部、对外贸易部（称4部委）联合发布的《肉品卫生检验试行规程》，是宁夏最早对屠宰厂（场）的动物防疫条件进行规范的行政、技术规范性文件，其第八条、第九条规定，屠宰厂（场）应设有健畜圈、疑似病畜圈、病畜圈和急宰间。在当时的计划经济条件下，屠宰厂（场）都是国有企业，除乡镇食品公司经营的屠宰厂（场）以外，县以上屠宰厂（场）基本都能按照《肉品卫生检验试行规程》的要求建有健畜圈、疑似病畜圈、病畜圈和急宰间等。由于缺乏进一步的政策支持，当时只有动物防疫条件规定，而没有审核制度。此项规定一直延续到20世纪80年代。随着市场经济的发展，肉品计划供给制度的退出，国有食品公司屠宰厂如银川市肉联厂、石嘴山肉联厂、中卫县食品公司肉联厂、固原地区外贸公司冷库、泾河肉联厂先后倒闭和转行，动物防疫条件规定随之停止执行。

二是实施兽医卫生合格证阶段。1985年，国务院颁布实施的《中华人民共和国家畜家禽防疫条例》规定，"畜禽饲养场、仓库、屠宰厂、加工厂和种畜场的建设，必须符合防疫要求"，这是最早提出动物防疫要求的行政法规。各地在实行过程中，将符合动物防疫要求的场所扩展至畜禽饲养场、仓库、屠宰厂、加工厂和种畜场。但因《家畜家禽防疫条例》的规定过于宽泛，缺乏可操作性，宁夏基本没有执行此项规定。1988年农牧渔业部颁布《关于畜禽检疫工作的规定》，首次提出兽医卫生合格证的概念，并将从事屠宰家畜的单位和个人取得兽医卫生合格证作为办理工商营业执照的前置条件。同时颁布的《兽医卫生合格证发放管理办法》，明确了发放范围，并详细规定了各类生产经营主体的兽医卫生条件。《兽医卫生合格证发放管理办法》的颁布实施，标志着我国动物防疫（兽医卫生）条件审核制度的正式确立，并进入了实际操作阶段。该时期动物防疫条件审核的主体是县级农牧行政部门，审核形式为发放兽医卫生合格证，监督管理主体是兽医卫生监督检验所。但在实际工作中，由于宣传不到位，兽医卫生概念模糊，合格证格式各异，普遍存在着发放对象不接受、不重视等问题。1993年，农业部下发了《关于启用农业部统一设计，统一监制的"兽医卫生合格证"的通知》，对"兽医卫生合格证"进行全国统一。

三是实施动物防疫合格证阶段。1998年1月1日，首部《中华人民共和国动物防疫法》开始施行，明确了动物饲养、贮存场所，屠宰厂、肉类联合加工厂及其他定点屠宰场（点）、动物产品冷藏场所及其生产经营活动所具备的动物防疫条件和动物防疫要求。2002年农业部公布《动物防疫条件审核管理办法》（农业部令第 15 号），规定了对动物防疫条件的审核管理实行动物防疫合格证制度，明确各级人民政府所属的动物防疫监督机构实施本行政区域内动物防疫条件的审核、监督。兽医卫生条件过渡为动物防疫条件，兽医卫生合格证过渡为动物防疫合格证。初步规范了动物防疫条件审核工作。

四是实施动物防疫条件合格证阶段。2008 年，新修订的《中华人民共和国动物防疫法》规定了动物饲养场（养殖小区）和隔离场所、动物屠宰加工场所以及动物和动物产品无害化处理场所应当具备相关动物防疫条件。2010 年农业部修订了《动物防疫条件审核管理办法》，发布《动物防疫条件审查办法》（农业部令第 7 号），将原来的动物防疫合格证更名为动物防疫条件合格证，明确县级以上地方人民政府设立的动物卫生监督机构负责本行政区域内的动物防疫条件监督执法工作。自《动物防疫条件审查办法》发布实施以后，宁夏加大动物防疫条件审核监督力度，对兴办动物饲养场（养殖小区）、动物屠宰加工场所、动物隔离场所、动物和动物产品无害化处理场所的，严格按照"申请、审核、审批"程序受理发放"动物防疫条件合格证"，将审核关前移到立项初期，把"动物防疫条件合格证"的发放作为工商部门注册的前置条件。对取得动物防疫条件合格证的场所，实行合格证一年一检制度。2013 年，宁夏农牧厅印发《关于进一步加强动物养殖场（户）动物卫生监管工作的通知》（宁农（医）发〔2013〕158 号），在全区范围内实行养殖场动物疫病风险评估和分级量化管理，对存栏生猪 100 头以上、牛 50 头以上、羊 300 只以上和家禽、兔等小畜禽 3000 只以上的养殖场，按 A、B、C、D 四个等级进行动物卫生安全风险评估，确定监督频次，实行量化监督，动态监管。截至 2020 年年底，全区 1150 家规模养殖场，划分 A 级 190 家、B 级 280 家、C 级 234 家、D 级 440 家，未分级 6 家，并全部建立了电子档案登记。全区动物防疫条件合格证颁证 1044 家，其中银川市 231 家、石嘴山市 97 家、吴忠市 420 家、固原市 153 家、中卫市 143 家。规模场（含小规模场）颁证率仅为 60.1%。

二、动物防疫检查站建设发展

（一）公路动物防疫监督检查站发展阶段

1. 设立过程

2002 年 4 月 10 日，自治区人民政府印发《宁夏回族自治区人民政府关于同意设立省界公路动物防疫监督检查站的批复》（宁政函〔2002〕28 号），同意在海原县兴仁堡等 11 处设立宁夏省界公路动物防疫监督检查站，统一挂"宁夏回族自治区 XXX 公路动物防疫监督检查站"牌子。随着防控重大动物疫病的需要，2003 年 6 月 5 日，自治区人民政府印发《自治区人民政府关于同意增设省界公路动物防疫监督检查站的批复》（宁政函〔2003〕74 号），同意增设"宁夏石嘴山落石滩公路动物防疫监督检查站"和"宁夏陶乐红崖子公路动物防疫监督检查站"，使全区固定公路动物防疫监督检查站达到 13 处。2004 年 12 月 21 日，自治区人民政府印发《宁夏回族自治区人民政府关于同意增设宁夏西吉玉桥等 15 处临时公路动物防疫监督检查站的批复》（宁政函〔2004〕168 号），同意在西吉玉桥、西吉平峰、原州寨科、原州杨郎、隆德山河、彭阳红河、彭阳罗洼、泾源新民、海原西安、同心桃山、盐池麻黄山、灵武白土岗、中宁胜金关、青铜峡井沟、石嘴山石炭井等 15 处增设临时公路动物防疫监督检查站，统一挂"宁夏回族自治区 XXX 临时公路动物防疫监督检查站"牌子。13 个固定公路动物防疫监督检查站和 15 个临时公路动物防疫监督检查站，均与当地动物防疫监督机构实行一套人马，不再增设新的机构，不增加人员编制，检查站的人、财、物均由所在市（县、区）农牧行政主管部门管理，业务上接受宁夏回族自治区动物防疫监督所指导，执行对公路运输的动物及其产品进行查证、验证、验货、消毒、补充检疫和处理病、死动物等任务。2002 年以后，宁夏人民政府先后 5 次批复设置了 31 个公路动物防疫监督检查站，其中 13 个固定公路动物防疫监督检查站、15 个临时公路动物防疫监督检查站和 3 个高速公路防控高致病性禽流感检查消毒站。详见表 7-3-1 和表 7-3-2。

2. 基础建设项目

2000年，自治区发改委下达了第一期"宁夏省界公路动物防疫监督检查站建设项目计划任务书"。2001—2002年，在海原县兴仁堡、固原县蒿店、盐池县县城、惠农县黄河大桥（续建）、中卫县迎水桥建设5处固定省界公路动物防疫监督检查站，在盐池县惠安堡、彭阳县草庙、西吉县田坪、隆德县联财、银川市三关口、灵武市临河建设6处流动省界公路动物防疫监督检查站，建设范围覆盖公路109、110、201、307、309、312六条国道及省道。项目设计总投资157.6万元，其中自治区发改委投资基础建设资金131.6万元（另配置10辆动物防疫监督专用车）、自治区农牧厅仪器设备配套26万元。在自治区动物防疫监督所的协调下，各市县在规定时间如期完成建设项目，并于2004年7月，由自治区发改委、农牧厅组织对项目进行了验收。项目建成后实际完成投资236.58万元，其中自治区发改委投资203万元、自治区农牧厅33.58万元，相关市、县（区）实际配套土地21亩。

2004年，农业部对宁夏公路动物防疫监督检查站进行基础建设二期投资。项目总投资100万元，主要用于石嘴山落石滩、盐池惠安堡、海原兴仁、彭阳草庙等10处省界公路动物防疫监督检查站购置检疫监督、执法取证等设备。公路动物防疫监督检查站建成后，各级动物卫生监督部门认真履行"查证验物、严格把关"岗位职责，进一步规范了运输环节动物防疫监督工作，有效降低了外源性动物疫情传入，为防控重大动物疫病发挥了积极作用。

表7-3-1　宁夏13个固定公路动物防疫监督检查站（2003年）

序号	名称	位置
1	宁夏中卫迎水桥公路动物防疫监督检查站	201省道中卫县迎水桥火车站编组站南侧
2	宁夏海原县兴仁堡公路动物防疫监督检查站	109国道海原县兴仁堡处
3	宁夏盐池城关公路动物防疫监督检查站	307国道盐池县县城处
4	宁夏惠农黄河桥公路动物防疫监督检查站	109国道惠农县黄河桥处
5	宁夏固原杨庄公路动物防疫监督检查站	312国道固原县杨庄处
6	宁夏盐池惠安堡公路动物防疫监督检查站	307国道盐池县惠安堡处
7	宁夏银川三关口公路动物防疫监督检查站	贺兰山东麓三关口处
8	宁夏灵武临河公路动物防疫监督检查站	银古公路灵武市临河处
9	宁夏彭阳草庙公路动物防疫监督检查站	309国道彭阳县草庙处
10	宁夏西吉田坪公路动物防疫监督检查站	309国道西吉县田坪处
11	宁夏隆德联财公路动物防疫监督检查站	312国道隆德县联财处
12	宁夏石嘴山落石滩公路动物防疫监督检查站	110国道石嘴山区落石滩处
13	宁夏陶乐红崖子公路动物防疫监督检查站	301省道37千米处

表7-3-2　宁夏15个临时公路动物防疫监督检查站（2004年）

序号	名称	位置
1	宁夏灵武白土岗临时公路动物防疫监督检查站	西峰至吴忠公路灵武市白土岗处
2	宁夏中宁胜金关临时公路动物防疫监督检查站	中宁201省道中宁县胜金关处
3	宁夏青铜峡井沟临时公路动物防疫监督检查站	左旗至青铜峡市新井煤矿井沟处
4	宁夏同心桃山临时公路动物防疫监督检查站	109国道同心县桃山口处
5	宁夏海原西安临时公路动物防疫监督检查站	靖远至海原公路海原县西安处
6	宁夏原州寨科临时公路动物防疫监督检查站	环县至固原公路固原市原州区寨科处
7	宁夏固原原州区杨郎临时公路动物防疫监督检查站	西安至银川公路固原市原州区杨郎公路收费站处
8	宁夏西吉玉桥临时公路动物防疫监督检查站	静宁至西吉公路西吉县玉桥处

（续）

序号	名称	位置
9	宁夏西吉平峰临时公路动物防疫监督检查站	会宁至西吉公路西吉县平峰处
10	宁夏隆德山河临时公路动物防疫监督检查站	庄浪至固原公路隆德县山河处
11	宁夏彭阳红河临时公路动物防疫监督检查站	平凉至固原公路彭阳县红河处
12	宁夏彭阳罗洼临时公路动物防疫监督检查站	西峰至固原公路彭阳县罗洼处
13	宁夏泾源新民临时公路动物防疫监督检查站	平凉至泾源公路泾源县新民处
14	宁夏石嘴山石炭井三矿临时公路动物防疫监督检查站	大武口至乌达公路三矿处
15	宁夏盐池麻黄山临时公路动物防疫监督检查站	盐池至环县公路麻黄山处

（二）动物及动物产品指定通道发展阶段

随着动物及动物产品跨省（自治区）运输日趋频繁，动物疫病和畜产品质量安全事件发生的风险和隐患也不断加大，输入性重大动物疫情和畜产品质量安全事件时有发生。2014 年，自治区人民政府印发了《自治区人民政府办公厅关于印发宁夏回族自治区动物及动物产品指定通道建设规划和宁夏回族自治区病害动物及动物产品无害化处理基础设施建设规划》（宁政办发〔2014〕220 号），利用 3 年时间，在全区规划建设 10 条动物及动物产品指定通道，主要依托于原公路动物防疫监督检查站设立，每条指定通道配套设置一个指定通道监督检查站、动物隔离场（动物产品隔离室）、消毒场、冷库、快速检测室。动物及动物产品指定通道是指允许省（自治区）境外的动物及动物产品进入本省（自治区）的通道。2016 年，自治区动物卫生监督所起草制定了《宁夏回族自治区动物及动物产品指定通道建设方案及验收标准》，积极争取自治区产业化项目资金 300 万元，为 10 个指定通道所在市、县（市、区）各配备了 1 台快速检测车，分别配置各类监督执法设备 53 台（套）。2017 年，根据国家发改委农经司、农业部发展计划司联合下发的《关于做好动植物保护能力提升工程项目前期工作的通知》，自治区动物卫生监督所牵头，在充分考虑当前宁夏跨省公路运输动物及动物产品特点的基础上，组织拉运动物及动物产品频次高、数量大且方便贩运人员申报的中卫市和盐池县 4 条通道申报"动物防疫指定通道改扩建项目"，并获得宁夏发改委项目批复。该投资总 200 万元，每条通道投资 50 万元，其中央投资 45 万元、地方配套 5 万元。2018 年，自治区动物卫生监督所继续组织银川市、彭阳县、西吉县 3 条通道申报"动物防疫指定通道改扩建项目"，并获得宁夏农业农村厅项目批复，该项目总投资 150 万元。截至 2019 年年底，10 条动物及动物产品指定通道通过项目建设，除西吉县土地调规未解决外，已有 6 条通道完成了基础设施改扩建和相关仪器设备采购工作，累计配备检疫消毒、取证出证设备 371 台（套）。

在非洲猪瘟防控期间，宁夏强化跨省调运管控，及时启动 10 条动物及动物产品指定通道检疫工作，指导各市县设置临时边境公路、道路检查站。从 2019 年初的 81 个公路检查站中保留了 37 个（10 条动物防疫指定通道、13 条省界公路临时检查站、8 个高速公路出入口检查站、6 个区内公路临时检查站），建立查验台账，联合公安、交通等部门，坚持 24 小时值班和检查工作日报制。2018 年 8 月至 2020 年 12 月 31 日，累计查验畜禽 1260.58 万头（只）、畜禽产品 9.03 万吨，劝返跨省调运生猪 1400 头、销毁 110 头；劝返跨省调运生猪产品 250.03 吨，销毁 27.45 吨；立案查处违规调运 78 起。

三、病死畜禽无害化处理

1991 年，自治区政府办公厅牵头，召集商业、卫生、畜牧、工商等部门下发《宁夏贯彻生猪"三统一分"（即统一屠宰、统一检疫、统一纳税，分散经营）补充规定》，在宁夏部分地区开始实施"定点屠宰，集中检疫"，要求凡在宁夏市场销售的猪肉，一律在指定的屠宰场（点）屠宰加工，进行宰前、宰后检疫检验后方可上市，对检出的病害肉进行无害化处理。1996 年，银川市人民政府对改善和增加屠宰点病害肉无害化处理设施投资 11 万元，在新城和城区北门屠宰场建立两座大型焚尸炉，结束了银川市无专业病害肉无害化处理设施的局面。多年来，各地逐步加强病死畜禽无害化处理工作，截至 2013 年年底，全区已建成无害化处理场（点）及配套设施设备 208 个（套），其中，焚烧炉 186 个、化尸池 12 个、指定掩埋场 1 个、锅炉 9 台。各市、县（区）对病害动物和动物产品主要采用焚烧、深埋、集中消毒的方式进行无害化处理。

2014 年，自治区人民政府印发《自治区人民政府办公厅关于印发宁夏回族自治区动物及动物产品指定通道建设规划和宁夏回族自治区病害动物及动物产品无害化处理基础设施建设规划》，计划 5 年时间在全区建立 11 个病死畜禽无害化处理厂、8 个掩埋场、8 个收集点和 1430 个处理池。2015 年 1 月 8 日至 2 月 8 日，以普及病死畜禽无害化处理相关政策法规和技术知识，提高人民群众对非法抛弃病死畜禽和加工、出售病死畜禽产品等违法行为的认识，提高生产经营者处理病死畜禽的自觉性，提高动物卫生监督人员法律意识和依法行政水平为主旨，在全区范围内开展为期一个月的"病死禽畜无害化处理宣传月活动"，制作和印发无害化处理知识宣传手册 10000 份，张贴宣传标语 2998 条，举办无害化处理专题培训班 8 期。2016 年，为全面推进病死畜禽无害化处理工作，自治区人民政府办公厅印发《自治区人民政府办公厅关于建立病死畜禽无害化处理机制的实施意见》，就建立全区病死畜禽无害化处理机制提出具体要求。自治区动物卫生监督所起草制定了《宁夏回族自治区动物及动物产品无害化处理掩埋场建设方案及验收标准》，督促和指导各县（市、区）完成 22 个无害化处理掩埋场选址、布局、前期筹备、建设施工、设备采购等方面工作。根据宁夏经济社会发展现状和自然地理状况，积极争取自治区产业化项目资金 1100 万元，全区 22 个县（市、区）建成符合公共卫生和环保要求，并符合动物防疫条件的病害动物和动物产品无害化处理掩埋场 20 个（贺兰、灵武未建），配备小型装载机、病死动物尸体拉运车和消毒设施设备。全区实行"定点收集、集中处理"，初步构建了病死动物集中无害化处理体系，从源头上遏制病死动物流向市场。

2017 年，各地积极创新病死畜禽无害化处理模式，银川市兴庆区推进病死畜禽无害化处理工厂化处理方式，招商引资银川仁达公司投资建成宁夏首家病死畜禽无害化处理厂，利用生物化尸机，将病死畜禽切割、绞碎，添加农作物秸秆和耐高温生物酵素进行生物发酵、后熟发酵、高温灭菌、烘干等工艺流程，通过生物降解制成有机肥，实现了病死畜禽无害化处理与资源化利用。该厂于 2017 年 12 月开始试运行，2018 年 2 月正式启用，构建了病死动物集中无害化处理新型体系。自治区动物卫生监督所在该厂举办了全区病死畜禽无害化处理现场观摩促进会，将兴庆区的经验做法向全区推广示范，并由新华网进行了报道。2018 年 5—10 月，针对宁夏病死畜禽无害化处理水平偏低，随意处置，安全隐患较高的现状，自治区动物卫生监督所重点围绕病死畜禽无害化处理机制建立、无害化处理体系建设、配套保障政策执行、保险联动机制创新及农牧部门监督责任落实等情况开展专题调研，全面摸清底数。对照《国务院办公厅关于建立病死畜禽无害化处理机制的意见》《自治区人民政府办公厅关于建立病死畜禽无害化处理机制的实施意见》，全面分析掌握属地政府负总责、部门具体负责的"定点收集、集中处理"机制建立、体系建设、保障政策、保险联动、监督管理现状，厘清监管职责，明晰工作思路，按照"及时处理、清洁环保、合理利用"工作目标提出指导建议，并被农业农村厅选送自治区党委、政府参考。7 月 24—29 日，农业农村部调研组赴宁夏就病死畜禽专业无害化处理体系建设、养殖环节无害化处理补助政策落实、屠宰环节病害猪无害化处理补助政策落实情况，以及存在的问题和意见建议等开展专题调研。2019 年，继续落实养殖场（户）主体责任和部门监管职责，指导县区制定辖区病死畜禽无害化处理工作制度，完善病死畜禽无害化处理财政补助与保险联动流程，推行病死畜禽无害化处理社会化服务改革。2020 年，全区无害化处理病死畜禽 8.65 万头（只、匹），处理动物产品 10.11 吨，详见表 7-3-3。

表 7-3-3　全区病死畜禽无害化处理情况一览表（2010—2020 年）

单位：万头（只、匹）、吨

年份	处理动物	处理动物产品
2010	2.64	5.25
2011	2.06	2.84
2012	2.67	1.77
2013	2.49	1.39
2014	3.48	14.29
2015	2.82	0.74
2016	10.9	16.93
2017	4.75	3.37
2018	5.02	7.44
2019	5.89	6.78
2020	8.65	10.11

四、监督执法办案

自《中华人民共和国动物防疫法》颁布实施以来，宁夏坚持以法律为准绳，以保障畜牧业健康有序发展为目标，从宣传教育和普及活动入手，建立健全各项规章制度，完善自治区、市、县三级执法体系，规范执法行为，加大执法力度，推进动物卫生监督执法工作不断迈向新进程。2008 年以来，自治区动物卫生监督所在全区范围内组织开展了宁夏"动监雷霆"行动、动物卫生监督执法规范年活动、动物卫生监督领域集中整治和预防职务犯罪活动等，以专项活动强化执法办案。2008—2020 年底，全区各级动物卫生监督机构共办理行政处罚案件 6889 件（其中简易程序 4032 件、一般程序 2857 件）。案件类型主要包括拒绝强制免疫、拒绝接受监督检查、不按规定处理病害动物及其产品、未经检疫即销售或运输动物及动物产品、不凭证运输、不符合防疫条件、拒绝接受检疫等。2009 年，宁夏在动物卫生监督执法工作中以案卷评查为突破口，建立案件评查制度，开展有针对性地点评、答疑、专题讲解等活动，进一步规范执法行为，提高执法办案技巧。为建立健全动物卫生监督行政执法案卷评查工作长效机制，制定了《宁夏动物卫生监督行政执法案卷评查制度》和《宁夏动物卫生监督行政执法案卷评查标准》，每年 7—8 月组织开展一次案卷评查活动。自 2009 年以来，已连续 11 年在全区开展动物卫生监督执法案卷评查活动，共评选出 104 件优秀案卷，不断提升动物卫生监督执法办案水平和队伍素质。2018 年，首次在全区开展动物卫生监督执法办案能手评选活动，采取各县（市、区）推选、五市推荐，自治区动物卫生监督所评选的方式，从符合"五大条件"的执法办案人员中评选推出"全区十佳办案能手"。

■ 第二节　动物检疫监督

一、市场检疫

20 世纪 80 年代以前，宁夏的肉类几乎全部由国营食品公司供应，市场不设检疫员，全区畜产品的购销、调存业务由自治区供销畜产公司经营。该公司内设兽医储运科，后改为检疫科，专门负责皮张、绒毛类的消毒、检疫。宁夏市场环节的牲畜交流和动物检疫监督可追溯到 1961 年。宁夏银川市举办牲畜物资交流大会，11 个省（自治区、直辖市）代表参加大会，兽医机构配合完成牲畜物资交流大会兽医卫生检疫任务。1962年银川地区兽医队陆续在辖区开始了上市肉食和畜禽的检疫，并通过兽医检疫查处病畜肉。1963年，宁夏回族自治区人民委员会提出"宁夏放开牲畜交易市场"，活跃农村集贸经济，兽医人员对成交的活畜进行现场检疫工作。"文化大革命"时期，农贸市场活畜交易和肉品市场交易基本停止。1970年，永宁县开始对杨和镇和李俊镇牲畜交易集散地进行市场检疫监管。1980年，贺兰县和永宁县相继对习岗、立岗等6大市场开展了连续性的检疫工作。

20世纪80年代初开始，中国初步取消了城乡居民的肉食及其他农副产品凭票供应制度，屠宰户、肉贩摊点应运而生，大大地促进了商品肉的生产和流通。但上市的肉品，特别是投放集贸市场的肉品，来源复杂，卫生质量差，食用安全性无保障，易造成畜禽传染病、人畜共患病的传播。1984年底，全区上下以贯彻《中华人民共和国食品卫生法》为契机，各级地方人民政府全面加强兽医检疫工作。1985年，自治区动物检疫站决定先在全区县级以上城镇和较大乡镇的市场派驻兽医卫生检疫员开展检疫工作。银川市动物检疫站率先组织检疫人员进入各集贸市场开展市场检疫工作。1986—1988年，为提高市场检疫人员业务素质，自治区动物检疫站采取请进来、走出去的方式，举办各类动物检疫、检验学习班，同时先后派出业务人员到发达省（自治区、直辖市）学习。到1988年，宁夏市场检疫由原来88处增加到124处，流通环节检疫监督工作逐步走向正轨。1989年12月，自治区动物检疫站会同自治区工商局联合下发《关于加强春节期间上市肉品管理和兽医卫生检验的通知》，加强市场肉食检疫和兽医卫生管理工作，制止市场检疫和管理的混乱局面。1993年，自治区动物检疫站派专人前往甘肃、西安等地购回快速诊断箱，在银川市进行快速诊断箱使用的试点工作，共采集猪、牛、羊肉270余份进行硫酸铜肉汤反应、纳氏试剂氨反应、挥发性盐基氮测定、过氧化物酶反应、细菌内毒素呈色反应等五种试验。经过半年多的实践，认为硫酸铜肉汤、纳氏试剂氨反应、挥发性盐基氮三种试验能比较客观地反映肉品新鲜度，具有良好的可重复性，且准确性高，与感官检验结果相符率高。同年10月，在试点的基础上，自治区动物检疫站于银川举办"全区肉类市场检疫快速诊断学习班"，向全区推广快速检疫诊断技术，确定在市场上推广、应用以硫酸铜肉汤反应、纳氏试剂氨反应和挥发性盐基氮测定为主，以过氧化物酶反应和细菌内毒素呈色反应为参考方法，作为测定肉品新鲜度的主要方法。1995年，市、县、乡三级市场检疫机制陆续建立，全区283个农贸市场中，已有184个开展市场检疫。

1998年《中华人民共和国动物防疫法》开始施行后，动物检疫逐步向产地检疫转变，宁夏陆续停止对市场销售畜禽产品的检疫收费，市场动物检疫行为由市场退出，转变为市场检疫监督行为。2005年，自治区动物防疫监督所赴四川考察仔猪交易管理，并结合宁夏实际制定出台《仔猪交易市场检疫监督管理办法》。依据《宁夏回族自治区动物免疫标识管理办法》相关规定，在全区范围内推行以查验动物免疫标识为核心和以"一证一标"（产地检疫证、免疫标识）为重点的活畜市场准入制度（家畜查证验标、禽类查证），严禁无证无免疫标识的家畜和无证家禽进入市场交易。2006年，全区242个活畜及其产品交易市场，全部悬挂"动物防疫监督提示牌"，并在新闻媒体和交易市场显著位置上公布监督举报电话。2008年7月，自治区动物卫生监督所组织召开了活畜交易市场监管模式暨全区动物卫生监督执法工作经验现场交流会，以监管动物饲养、屠宰、经营、诊疗以及动物产品生产、经营、加工、贮藏等环节，病死和死因不明动物及其产品处置为中心，加强运输环节的监管，确保上市动物产品安全。2009年，强化市场监督，严管活畜禽市场凭检疫合格证明及免疫标识上市交易，推动了全区实施畜禽免疫二维码耳标工作，为推行动物疫病可追溯体系建设奠定基础。

2015年，根据《农业部　国家食品药品监督管理总局关于进一步加强畜禽屠宰检验检疫和畜禽产品进入市场或者生产加工企业后监管工作的意见》有关规定，明确食用农产品质量安全分段管理，地方各级畜牧兽医部门负责动物疫病防控和畜禽屠宰环节的质量安全监督管理。地方各级动物卫生监督机构负责对屠宰畜禽实施检疫，依法出具检疫证明，加施检疫标志；对检疫不合格的畜禽产品，监督货主按照国家规定进行处理。地方各级食品药品监管部门负责监督食品生产经营者在肉及肉制品生产经营活动中查验动物检疫合格证明和猪肉肉品品质检验合格证明，严禁食品生产经营者采购、销售、加工不合格的畜禽产品，至此，农牧部门彻底退出市场检疫监督。

二、运输检疫

20世纪50年代，宁夏运输检疫工作由银川公署下属的兽医防疫部门代行。60年代初，银川市、石嘴山市、固原县、中卫县建立动物检疫站，与当地畜牧兽医工作站合署办公，着重开展活畜进出境的检疫工作。70年代，宁夏根据铁道部、农林部《关于加强毛、兽骨等畜禽产品检疫消毒的通知》，成立银川、中卫、石嘴山铁路检疫站，负责经铁路运输的畜禽产品及进出境蜂群的检疫、消毒和换证工作。1974年7月4日，《宁夏回族自治区家畜家禽及其产品运输检疫办法》发布。70年代后期，宁夏养蜂业迅速发展，自治区农林局、兰州铁路局银川分局、自治区交通局拟定《宁夏回族自治区铁路、公路运输蜜蜂检疫暂行规定》和《蜜蜂检疫实施细则（草案）》。80年代，宁夏外贸、供销、畜产公司等经营畜产品主要为皮毛，自治区动物检疫站负责对皮毛进行检疫。畜禽及其产品的铁路运输检疫，由自治区动物检疫站派驻在银川、石嘴山、中卫火车站的铁路兽医检疫机构承担，1980年4月起自治区动物检疫站与银川铁路分局协商制定统一带有铁路徽的铁路动物检疫证，对于调入和调出的畜禽产品，凭产地检疫证换证放行。1986年，经铁路运输的畜禽及其产品必须持有县以上畜牧（农牧）部门的动物检疫证书，由银川市铁路动物检疫站、石嘴山市动物检疫站、中卫县动物检疫站换证放行。对畜产品，经消毒处理后签证。对皮毛采用环氧乙烷消毒。针对外贸、畜产、供销公司等大批经营畜产品的单位，直接派人上门检疫消毒。1989年4月1日起更换由宁夏回族自治区动物检疫站与银川铁路分局协商制定统一带有铁路徽的铁路运输检疫证。1993年，宁夏回族自治区畜牧局与兰州铁路局银川铁路分局联合发文，从2月1日起，在宁夏境内凡经铁路运输的畜禽及畜禽产品，托运人必须持有银川、石嘴山、中卫铁路兽医卫生检疫站签章的由农业部监制的"畜禽运输检疫证明""畜禽产品检疫（验）证明"，发站方可承运。1995年5月5日，自治区畜牧局和兰州铁路局银川铁路分局联合发文，在同心、固原、中宁、青铜峡、平罗等市县开展铁路兽医卫生监督工作。进入2000年，随着公路运输业的兴起，大量动物及动物产品转由公路运输，铁路动物检疫站业务量急剧下降，银川铁路检疫站被撤回。

2008年4月，自治区动物卫生监督所印发《关于异地引进乳用动物、种用动物及其精液、胚胎、种蛋实行审批、报验制度的通知》，凡是从自治区外引进乳用动物、种用动物及其精液、胚胎、种蛋的，必须向自治区动物卫生监督所办理检疫审批手续，并提交申请书，以及引出地省级动物卫生监督机构出具的最近三个月非疫区证明和相关检测报告。猪必须有口蹄疫O型、高致病性猪蓝耳病免疫监测报告；肉牛、奶牛须有口蹄疫免疫监测报告和结核、布鲁氏菌病阴性检测报告；禽必须有禽流感免疫监测报告；精液、胚胎、种蛋等应有原生产种群相应的检测报告。从2009年1月1日起，从外省（自治区、直辖市）调入种用乳用动物、种用动物及其精液、胚胎、种蛋的，由市、县（区）动物卫生监督机构审核，自治区动物卫生监督所审批。从外省（自治区、直辖市）调入商品动物由县级动物卫生监督机构审核备案，并于每月10日前将上月调入动物情况报市级动物卫生监督所和自治区动物卫生监督所。凡未经检疫审批、备案调入的动物，一律不准进入自治区，由自治区省界公路动物防疫监督检查站劝返。已经调入的，各级动物卫生监督机构依照法律法规规定进行处理。调入动物运抵目的地后，必须立即向辖区动物卫生监督机构报验，隔离15天无疫病后方可混群饲养。

三、产地检疫

（一）雏形期（1949—1997年）

1949—1986年，尤其是在《家畜家禽防疫条例》实施前，在我国计划经济体制下，兽医卫生检疫监督以行政命令为主导开展工作。这一阶段农牧系统没有专门的兽医检疫队伍，自治区、市（地）、县（区）在兽医防疫队伍内设检疫组从事动物检疫监督工作，主要进行动物防疫日常监督管理，对屠宰或上市交易牲畜进行检疫，在产地环节对牲畜结核病、布鲁氏菌病、马鼻疽、马传染性贫血等疫病实施检疫净化，扑杀阳性畜。据《宁夏回族自治区畜禽疫病志》记载，对以上动物疫病实施检疫净化，扑杀阳性畜，是产地环节检疫监督开展最早的形式。

1991年，农业部举办"全国兽医卫生监督暨20届动检联防会"，明确指出全国动物检疫工作的重心由市场检疫向基层产地检疫转移，宁夏动物检疫工作逐步开始由市场检疫向产地检疫转移。1997年7月3日，《中华人民共和国动物防疫法》颁布，1998年1月1日起开始施行。

（二）依法起始期（1998—2003年）

1998年，动物产地检疫监督工作真正做到了有法可依。同年10月1日起，宁夏实行新的动物检疫证明，分为动物产地检疫合格证明、动物产品检疫合格证明、出县境动物检疫合格证明、出县境动物产品检疫合格证明、动物及动物产品运载工具消毒证明五种。1999年，自治区动物检疫站印发《深化产地检疫工作的意见》《关于进一步加强检疫工作的通知》，要求各地区研究探讨做好产地检疫的具体办法和措施，全区不搞统一模式。川区各市、县要先行一步，特别是商品生产流通发达的地区要率先推行产地检疫证制度，做到凭证运输、屠宰和上市交易。当年底，自治区动物检疫站在中宁县开展产地检疫试点工作，对出栏的生猪实行产地检疫，取得了良好效果。2000年，自治区畜牧局印发《宁夏回族自治区动物产地检疫实施意见》（宁牧局发〔2000〕第22号），在全区范围内全面推进动物产地检疫监督工作。

2001年，自治区农牧厅出台《宁夏回族自治区动物产地检疫管理办法》（宁农（法）发〔2001〕168号），原《宁夏回族自治区动物产地检疫实施意见》同时废止。当年全区乡（镇）、村建立动物产地检疫报检点420个，聘用动物检疫协检员500余人。2002年，农业部提出产地检疫是控制、消灭动物疫病于生产源头，促进畜牧业健康发展、增加农民收入的重要措施，要把动物产地检疫作为战略目标向基层转移。2003年，宁夏又充实了279名动物检疫员，69名动物防疫监督员。产地检疫的具体要求是检疫申报、临床健康、免疫有效期内、猪牛羊佩戴免疫耳标等。但全区大部分地区动物产地检疫工作开展面仍然较小，数量较少；监督执法工作尚不规范，对产地环节违法行为立案查处少，主要采取劝说、教育、补检、重检等形式取而代之。

（三）全面发展期（2004—2010年）

2004—2006年，是宁夏产地环节检疫监督向全面发展阶段过渡，各市、县（区）积极探讨产地检疫监督的不同管理模式。中宁县探索以出栏生猪为代表的产地检疫监督模式，青铜峡市探索以出栏仔猪为代表的产地检疫监督模式，初步形成了以生猪、仔猪为主的川区产地检疫监督模式。但产地检疫监督工作整体开展度不高，上市交易动物持证率较低，山区产地检疫监督率更低。为加强动物产地检疫监督工作，宁夏要求凡进入屠宰场屠宰的畜禽必须实施产地检疫，严格查验动物产地检疫合格证明再经活体检疫后方可屠宰。各地还将报检程序、检疫员姓名与证号、产地检疫程序、消毒制度、无害化处理等制度上墙公示。2006年，宁夏实行外调牲畜逐级审批制度。各县（市、区）从外省（自治区、直辖市）调入牲畜者，由自治区动物防疫监督所进行审批。凡未经审批，一律由省界公路动物防疫监督检查站劝返；对形成一定规模调入动物者，由所在地动物防疫监督所派员随同前往调出地，在查验免疫档案的基础上，再进行一次强化免疫，并隔离观察15天以后才能运抵宁夏，到达宁夏后再集中观察7天以上，方可与其他动物混群饲养。2007年，宁夏制定《宁夏动物产地检疫报检制度》，实行产地检疫报检制度，设立报检点实施检疫监督，并在中宁县和隆德县开展动物标识及疫病可追溯体系试点工作。2009年，自治区动物卫生监督所印发《关于2009年全区动物检疫工作安排的通知》，全区全面实行报检制度。各地根据养殖量、道路分布、地理环境等情况，合理设置报检点，每个乡镇不少于3个。当年，全区乡、村两级共建动物产地检疫报检点760个，产地检疫开展面达到100%，产地检疫的出证率达到95%以上。

（四）规范提升期（2011—2020年）

2011年，自治区农牧厅印发《全区进一步推进动物产地检疫工作实施方案》，成立"宁夏推进动物产地检疫工作活动领导小组"，领导小组办公室设在自治区动物卫生监督所，负责全区推进动物产地检疫活动具体工作。从6月1日起，全区全面实行动物产地检疫申报制度，全面实施新版动物检疫合格证明，即动物检疫合格证明（动物A）（即跨省调运动物检疫证明）、动物检疫合格证明（动物B）、动物检疫合格证明（产品A）（即跨省调运动物产品检疫证明）、动物检疫合格证明（产品B）。7月1日起，实行新的动物检疫申报表和检疫工作记录，保存期限为12个月以上。

2012年9月10日至10月31日，自治区农牧厅和自治区总工会联合举办全区兽医大比武活动，自治区动物卫生监督所指派专业技术人员作为观察员，对各市县产地检疫技能比武进行工作指导和技术评判，共有39人获得产地检疫能手称号。2013年，自治区动物卫生监督所印发《宁夏回族自治区动物检疫出证管理暂行规定》，对跨省输出动物及动物产品检疫出证实行旬报制，对宁夏省境内动物及动物产品检疫出证实行月报制。印发《关于进一步加强动物检疫工作的通知》，明确只有经公布的官方兽医人员具有出证权限，严禁非公布人员出具动物检疫合格证明。2015—2016年，宁夏积极推广动物产地检疫全程监管模式，建立了官方兽医派驻包片制度，开展了养殖情况摸底调查和规模养殖场电子档案登记工作，实行了产地检疫全程监管，逐步提高动物产地检疫率。

2017年，针对动物产地检疫工作把关不严、出证不规范等问题，自治区动物卫生监督所组织开展了动物产地检疫工作专项检查，重点对检疫申报点工作开展、动物检疫电子出证工作落实、执行农业部"六条禁令"（即严禁只收费不检疫、严禁不检疫就出证、严禁重复检疫收费、严禁倒卖动物卫生证章标志、严禁不按规定实施饲料兽药质量监测、严禁发现违法行为不查处），以及变造和伪造、倒卖动物检疫证明、违规收费、履行检疫职责不作为、慢作为、乱作为等行为，进行了专项督导检查，进一步规范了动物检疫出证工作，切实维护了动物检疫的公正性和权威性。为进一步做好家禽H7N9流感防控，自治区动物卫生监督所组织开展了"全区跨省调运活禽卫生监督百日专项整治行动"，对跨省调运活禽提出"三个必须"（即各级动物卫生监督机构受理检疫时必须严格查验H7N9检测报告；检测报告必须由县级以上动物疾病预防控制机构实验室或具备H7N9流感检测资质的实验室出具；检测样品必须为家禽血清学样品和病原学样品）的工作要求，切实保障了全区养禽业生产安全、动物产品质量安全和公共卫生安全。针对新疆维吾尔自治区动物卫生监督所在其省界边卡站连续发现多起病牛调运入新疆问题，宁夏回族自治区动物卫生监督所积极协调沟通，制定下发《关于进一步规范动物产地检疫工作的通知》，要求全区各级动物卫生监督机构严格依据检测报告规范出具检疫合格证明，凡是跨省调运入新疆的牛羊必须附有检疫合格证明和口蹄疫、小反刍兽疫、布鲁氏菌病实验室检测报告，进一步明确了出证条件，落实了工作责任，确保跨省调运动物安全。

2018年，自治区动物卫生监督所组织开展全区动物检疫大比武活动，各市县开展产地检疫比武27场次、屠宰检疫比武25场次。筛选优秀选手3名代表宁夏参加全国首届动物检疫检验员技能竞赛，取得团体第12名，个人二等奖、三等奖、优秀奖各1名的优异成绩。全区竞赛活动由宁夏电视台、宁夏日报、银川电视台等媒体进行了专题新闻报道。2018—2020年，依据《动物检疫申报点建设管理规范》《宁夏动物检疫申报点建设管理规范实施细则》，宁夏开展动物检疫申报点规范化建设和管理，各市、县根据实际发展现状制定辖区建设规划。截至2020年年底，全区检疫申报点255个，累计完成规范化建设115个，规范化建设率45.1%，改善工作条件，提升服务形象，提高服务效能。2020年，全区畜禽产地检疫数4862.44万头（只），检出病畜禽数2.29万头（只），详见表7-3-4。

表 7-3-4　宁夏畜禽产地检疫情况一览表（2010—2020 年）

单位：万头（只）、万张、万辆

年份	检疫数	检出病畜禽数	免疫证回收数	运载工具消毒数
2010	512.81	0.33	57.43	8.01
2011	560.88	0.41	45.69	5.92
2012	523.54	0.54	51.63	6.10
2013	503.67	0.44	83.04	5.59
2014	444.99	0.35	66.68	6.97
2015	625.34	0.31	100.66	10.55
2016	863.28	0.32	113.22	11.42
2017	648.99	1.12	145.62	17.67
2018	2459.486	0.18	363.64	8.84
2019	4196.34	1.16	216.15	11.26
2020	4862.44	2.29	179.25	9.66

四、屠宰检疫

（一）特殊发展阶段

新中国成立初期，宁夏基本上没有建立起屠宰环节的兽医卫生检疫监督机制。宁夏的生猪屠宰检疫开始于 1953 年，从银川市食品公司成立，投资兴建第一座国营屠宰厂银川市生猪肉类联合加工厂开始，到 1985 年 30 余年的时间内，除农民自宰自食部分外，均由国家食品部门按计划收购，由国营屠宰场或肉联厂统一屠宰、检疫。宁夏牛羊定点屠宰检疫起步较晚，1982 年银川市食品公司新建冷库，统一负责银川市牛羊肉的购销业务。

伴随管理机构的调整变动，屠宰加工环节兽医卫生检疫监督管理权也经过了长期且复杂的调整变动。1985 年《中华人民共和国家畜家禽防疫条例》颁布实施，明确了检疫管辖权范围，"屠宰厂、肉类联合加工厂有自检权，两厂之外的单位、个人屠宰家畜，由当地畜禽防疫机构或其委托单位实施检疫"。经自治区畜牧局批准，银川市食品公司新城肉联厂、中卫县食品公司肉联厂、石嘴山市肉联厂、固原外贸公司冷库肉联厂获自检权，并接受自治区兽医检疫机构监督检查。1987 年，国家工商行政管理局和农牧渔业部联合下发《关于加强城乡集贸市场畜禽及其肉类管理、检疫的通知》（农牧〔1987〕第 22 号），明确各地农牧部门兽医人员进行宰前检疫、宰后检验。1990 年，银川市人民政府发布《关于对生猪实行定点屠宰集中检疫统一纳税分散经营管理的通告》，8 月率先在城区北门、保伏桥、新城肉联厂、新市区氮肥厂设立 4 个生猪定点屠宰场，正式开展生猪定点屠宰、集中检疫监督工作，由银川市动物检疫站负责。1991 年，自治区人民政府办公厅牵头，召集商业、卫生、畜牧、工商等部门下发《宁夏贯彻生猪"三统一分"补充规定》，在宁夏部分地区开始实施"定点屠宰，集中检疫"，要求凡在宁夏市场销售的猪肉，一律在指定的屠宰场（点）屠宰加工，进行宰前、宰后检疫检验后方可上市，并对检出的病害肉进行无害化处理。1993 年，由于场点布局不合理、点少不方便、服务跟不上等原因，生猪"定点屠宰、集中检疫"名存实亡。

1994 年，自治区兽医卫生监督检验所与自治区糖酒副食品总公司联合召开有关地、市、县兽医卫生监督检验所、动检站、食品公司及"两厂"（即肉联厂和屠宰厂）领导座谈会，形成《会议纪要》。双方商定"从 1994 年 3 月开始，银川、石嘴山、中卫、固原四个肉联厂和吴忠、平罗两个屠宰厂对本厂加工的畜禽产品负责自检，启用统一规定的检验专用章，出具检验证明。所需畜禽产品检疫检验证明、运载工具消毒证明由当地兽医卫生监督机构提供。农牧部门所属兽医卫生监督检验所，有权对'两厂'加工的畜禽产品实施抽检和不定期技术监测。"同年9月，农业部、国家工商行政管理局联合下发《关于加强畜禽屠宰管理完善肉类卫生检疫检验工作的通知》，对定点屠宰的原则、检疫权归属及监督管理问题作出详细规定。1995年，国务院办公厅印发《关于畜禽屠宰管理工作有关问题的通知》，明确全国畜禽屠宰加工冷藏行业管理由国内贸易部为主会同农业部负责；畜禽屠宰防疫检疫仍按《家畜家禽条例》规定严格执行，小型屠宰场不得实行自宰自检；各地人民政府负责组织实施生猪"定点屠宰，集中检疫，统一纳税，分散经营"。1996年，自治区人民政府成立生猪屠宰管理领导小组，指导全区县级城镇开展生猪"定点屠宰、集中检疫"工作。是年，自治区动物检疫站首次在银川、石嘴山、灵武和中卫生猪定点屠宰场开展旋毛虫检验，采集猪膈肌脚肉样639份，压片镜检未发现旋毛虫，采猪血液样品627份，经血清酶联免疫吸附试验检测，全部为阴性。

（二）规范化发展时期

1998年，《中华人民共和国动物防疫法》开始施行，明确检疫管辖权范围为国务院畜牧兽医行政管理部门、商品流通行政管理部门协商确定范围内的屠宰厂、肉类联合加工厂，按照实际情况而实行自行检疫屠宰，检疫自检权的具体办法授权国务院制定，之外的其他厂（场）的屠宰检疫由动物防疫监督机构实施。随后，农业部下发《关于贯彻〈中华人民共和国动物防疫法〉加强动物检疫工作的通知》，取消1985年《家畜家禽防疫条例》设置的屠宰厂、肉联厂（简称"两厂"）自检制度，明确规定检疫由动物防疫监督机构按照《中华人民共和国动物防疫法》第三十条实施。当年，全区85%的市（县）开展了以生猪为主的定点屠宰检疫工作，上市肉品的检疫率达90%以上。银川、石嘴山、吴忠市市区上市肉品检疫率达100%，固原地区各县县城上市肉品检疫率达80%左右。部分市县动检站会同有关部门探索开展牛、羊定点屠宰工作，平罗宝丰镇、灵武涝河桥、永宁纳家户牛羊定点屠宰已初具规模，上市牛、羊肉检疫率达90%，检疫合格率100%。2000年，自治区人民政府令第23号公布的《宁夏回族自治区生猪屠宰管理办法》明确规定，"定点屠宰厂（场）屠宰的生猪，应当具有产地动物卫生监督机构的检疫合格证明和畜禽标识，动物卫生监督机构在屠宰现场依法进行检疫，并对生猪产品加盖动物卫生监督机构统一使用的验讫印章。"2003年，《宁夏回族自治区动物防疫条例》规定，对猪、牛、羊等动物实行"定点屠宰、集中检疫"制度，进一步明确检疫管辖权范围。县级以上动物防疫监督机构按照国家标准、行业标准和检疫规程依法对动物、动物产品实施检疫，并对检疫结果负责。2004年，银川市动物检疫站采用胶体金试纸条法、虎红平板凝集试验对鸡马立克氏病、鸡传染性法氏囊病、禽流感、猪瘟、猪布鲁氏菌病等进行快速检测，同时采用旋毛虫投影仪对所屠宰的家畜开展猪旋毛虫病快速检测。

2007年新修订的《中华人民共和国动物防疫法》完全排除两厂自检权，自此，两厂自检权正式退出历史舞台。2008年，自治区动物卫生监督所建立完善屠宰场检疫检验员上岗制度、检疫检验工作联络员制度和检疫检验产品无害化处理制度，实行检疫检验记录档案制度，严格执行农业部《畜禽屠宰卫生检疫规范》，进行同步检疫。2010年，农业部制定下发《生猪屠宰检疫规程》《家禽屠宰检疫规程》《牛屠宰检疫规程》《羊屠宰检疫规程》。2011年，在全区范围内开展"规范屠宰检疫行为"活动，按照国家发改委、财政部的要求，降低本区动物及动物产品检疫收费标准。2012年，新修订的《宁夏回族自治区动物防疫条例》明确规定，在屠宰动物之前，货主应当向当地动物卫生监督机构申报检疫。全区开展生猪定点屠宰场"瘦肉精"抽检，抽检覆盖面达到100%。

2013年，农业部和商务部联合召开以"加强畜禽屠宰行业管理保障动物产品安全"为主题的全国畜禽屠宰行业管理视频会议，提出"认清形势、加强监管、打击违法、平稳交接"的工作要求，按照《国务院机构改革和职能转变方案》规定，农业部负责农产品质量安全监督管理，将商务部的生猪定点屠宰监督管理职责划入农业部，结束了我国长期存在的生猪屠宰和检疫监督分属两个部门管理的历史。

2015年，建立全区定点屠宰场电子档案，对定点屠宰场法人、地址、电话、动物防疫条件合格证等主要信息进行电子登记备案，完善屠宰检疫各项制度。2016年，自治区动物卫生监督所在盐池宗源和鑫海、吴忠涝河桥、同心阿依河4家定点屠宰龙头企业安装了视频监控探头，重点对入场关、待宰关、同步检疫关、宰后处理关进行视频监控，将视频资料与省级网络视频中心对接，实现了视频资料适时网络传输及共享，创新了监管方式，提升了监管能力。

2017年开始，根据《农业部关于支付2017年农产品质量安全监管专项经费等项目资金的通知》，全面开展屠宰环节"瘦肉精"快速检测和监督检查工作。2019年，自治区农业农村厅组织开展畜禽定点屠宰场专项整治，重点对三证是否齐全进行审核。经整治审核，关停2家生猪屠宰场，全区共有41个畜禽定点屠宰场（猪14个、牛羊22个、家禽5个），全部设立了检疫申报点，定点屠宰场检疫申报受检率100%。开展猪、牛、羊屠宰检疫技术实操培训3次，规范屠宰检疫操作，严格入场查验、同步检疫、出场监督。2020年全区畜禽屠宰检疫数528.52万头（只），检出病害动物数1.24万头（只），详见表7-3-5。

表7-3-5　全区畜禽屠宰检疫情况一览表（2010—2020年）

单位：万头（只）、万张、万个

年份	检疫数	检出病害动物数	持证数	畜禽标识回收数
2010	642.45	1.41	634.65	118.81
2011	688.57	1.20	683.48	122.68
2012	630.38	1.82	629.32	113.21
2013	561.90	0.88	561.86	104.12
2014	608.17	2.43	602.55	138.40
2015	602.98	1.53	599.14	156.10
2016	583.40	1.48	582.08	165.11
2017	513.64	0.96	512.07	157.26
2018	521.32	1.61	520.75	145.56
2019	514.61	1.65	514.59	146.98
2020	528.52	1.24	528.52	160.12

五、官方兽医

1986年9月，宁夏畜牧局设立首批兽医卫生监督员49人，由农牧渔业部颁发兽医卫生监督员证书。1987年3月，宁夏畜牧局设立首批兽医卫生检疫员57人。1988年3月国务院出台《家畜家禽防疫条例》，当时农牧渔业部同时出台《关于畜禽检疫工作通知》《兽医卫生合格证发放管理办法》《兽医卫生监督员管理办法》三个配套规章，明确了动物检疫制度、检疫员工作职责、监督员相关要求，开创了改革开放大环境下动物检疫监督工作新局面。1988年起宁夏大部分市县恢复并新建了动物检疫站，在动物检疫站内设兽医卫生监督管理小组，负责辖区内兽医卫生监督管理工作，并配备了兽医卫生监督员。截至1990年，全区公布兽医卫生监督员122名、兽医卫生检疫员274名。自1991年开始，兽医卫生监督员和兽医卫生检疫员（简称"两员"）从初期的授予制调整为考试制，名称也调整为动物卫生监督员和动物卫生检疫员，由自治区畜牧局组织全区各市县工作人员进行考试，考试合格颁发证书。宁夏"两员"制度一直延续至2011年，截至2011年12月31日，全区共有动物卫生监督员、动物检疫员431名。

2007年我国开始确立了官方兽医制度。《中华人民共和国动物防疫法》明确规定，官方兽医具体实施动物、动物产品检疫。官方兽医制度是指由国家兽医行政管理部门授权的兽医，对涉及动物健康和人类安全的动物、动物产品、生物制品等进行兽医卫生监督管理，并承担相应责任的一种制度。官方兽医制度的主要特征是由国家考核任命和授权的兽医官作为动物卫生监督执法主体，通过实行全国的或省级的垂直管理，对动物疫病防治及动物产品生产实施独立、公正、科学和系统的兽医卫生监控，保证动物及动物产品符合兽医卫生要求，切实降低疫病和有害物质残留风险，确保畜牧业生产和食品安全，维护人类和动物健康。官方兽医制度已成为评价一个国家动物卫生管理能力的主要指标，是畜产品安全监管能力国际认可度的重要标志。

2012年，自治区农牧厅根据《农业部关于做好动物卫生监督执法人员官方兽医资格确认工作的通知》（农医发〔2011〕25号）要求，正式实行官方兽医制度，在全区动物、动物产品检疫和其他有关动物卫生监督管理执法岗位工作的编制内人员中，对符合官方兽医资格的874名（含2011年已确认的431名）动物卫生监督执法人员进行了确认和公布，取代了长期以来实行的动物检疫员和动物卫生监督员制度。2013年，对符合官方兽医资格的180名动物卫生监督执法人员进行了确认和公布。2017年，对符合官方兽医资格的156名动物卫生监督执法人员进行了确认和公布。2018年对符合官方兽医资格的147名动物卫生监督执法人员进行了确认和公布。2019年对符合官方兽医资格的48名动物卫生监督执法人员进行了确认和公布。

全区官方兽医实行动态管理，每年根据人员岗位变动进行新增和清理。截至2020年12月31日，全区共确认和公布官方兽医1218名，清理核销官方兽医294名。

六、动物检疫信息化监管

（一）开展动物检疫电子出证

2013—2014年，宁夏动物卫生监督所与北京宝讯科技有限公司联合研发动物检疫合格证明电子出证系统，由自治区农牧厅投资240万元，给各市县动物卫生监督机构配置600台电脑，并与农业部中央数据平台对接，实现检疫证明关键数据信息互联互通。2014年12月1日起，宁夏在全国率先实现以省为单位辖区所有22个县（市、区）检疫申报点电子出证整体全覆盖，同时废止手写出证，实时在线监控全区动物检疫出证行为，严控违规出证风险。平台端可进行多维度查询和数据统计，根据耳标号查询佩戴、存栏、出证注销、超龄注销状态。以电子出证系统为核心，设置官方兽医电子出证权限，以及区、市、县级动物卫生监督机构管理权限。2019年，自治区动物卫生监督所制定动物检疫电子出证管理制度，下发《进一步规范全区官方兽医电子出证工作的通知》，强化电子出证监督管理，严格审定出证权限，清理、整顿官方兽医出证账号授权不清、权限不明、一人多号、调离或退休离岗官方兽医仍在出证等乱象，核查、确认、公示全区官方兽医出证账号685个，保障具有出证资质的官方兽医合法合规出证，规范了检疫出证秩序。及时升级宁夏"智慧动监"系统，在全区动物检疫电子出证全覆盖基础上，提升检疫信息大数据解析和利用能力，有效实施全区动物检疫出证行为实时在线监控，实时开展检疫出证统计分析、动物及其产品调运流向分析，预判动物疫情风险，严控违规出证风险，显著提升了动物疫病追溯管理和动物卫生监督信息化管理水平。2020年底，共设置动物检疫电子出证点255个，其中产地动物检疫电子出证点207个、屠宰检疫电子出证点48个。2014—2020年，全区通过电子出证系统累计出具动物检疫合格证明65.76万张，检疫畜禽2.57亿头只；出具动物产品检疫合格证明372.66万张，检疫畜禽产品267.5万吨。

（二）探索防疫信息智能追溯

2017年，在盐池县、隆德县所有乡镇和其余20个县（市、区）的各一个乡镇开展了动物标识及疫病可追溯体系建设，累计发放识读设备和SIM卡612部（张），通过动物标识及疫病可追溯体系建设，提升了信息化管理水平。经过实践和探索，开发盐池滩羊饲养、免疫、用药等信息上传与识读设备，实现利用手机和大数据平台对滩羊产地养殖、防疫等信息的适时查询和统计；通过比选，创新研发出电子耳标信息高频谱智慧识读通道，实现了畜群电子耳标信息的高效、快捷、批量识读，提高了动物检疫耳标查验效率，贯通了盐池滩羊从养殖、出栏报检，到屠宰加工、产品销售各环节信息智能追溯路径，为保护和发展宁夏地方优势特色地理标志产品"盐池滩羊"提供技术支持。

（三）推行动物检疫微信申报

2019年在全区各市县全面推行养殖者微信检疫申报、免疫申报，避免人工书写填报差错，在电子出证系统的基础上，进一步实现了基于微信申报信息的动物检疫快捷出证与检疫票证电子化。电子出证系统平台按照微信申报、检疫出证流程，同步自动生成检疫申报单、动物检疫合格证明，全面奠定检疫出证无纸化技术基础。

（四）在线监控畜禽跨省调运

开展全区动物饲养场、诊疗机构、隔离场所、屠宰加工场所、无害化处理场所、活畜禽贩运经纪人等六类监管对象"智慧动监"基础数据建档入库。开辟宁夏"智慧动监"动物检疫证明A证查询功能，利用农业农村部中央数据库推送的各省份跨省调运畜禽检疫关键数据信息，实时掌控外省（自治区）调入宁夏的动物及动物产品动向，及时发现和提早劝阻违规调运，在非洲猪瘟防控堵疫中，构筑起了第一道封堵线，发挥了重要作用。

（五）实施生猪运输车辆备案

贯彻2019年农业农村部79号公告，在全国首创生猪运输车辆微信备案申请，生猪运输者可通过手机微信关注"智慧动监"进行在线备案申报。通过审核后，由平台自动生成并推送给生猪运输者带有与二维码关联的防伪编号、农业农村部统一的生猪运输车辆备案表电子表，纸质备案表由县市区兽医主管部门打印并加盖公章，交由生猪运输者塑封存留。截至2020年年底，已通过审核登记了389辆生猪运输车基础信息。对跨县境运输车辆加装与"智慧动监"关联的GPS定位跟踪系统，实现了对生猪运输车辆运行轨迹和住泊位置的在线跟踪监控。

第四章

动 物 诊 疗

第一节 诊疗机构

一、初期发展

1949 年前，宁夏民间兽医人数较少，仅有少数固定设点开展门诊诊疗，大多数则走乡串户，主要以治疗病畜、实施骟割手术维持生计。20 世纪 40 年代末，宁夏有中兽医和骟匠 110 多名。

1949 年 8 月，兰州解放，中国人民解放军接管国民政府农林部西北兽医防治处。宁夏省人民政府建设厅成立，下设畜牧科，宁夏省农林处家畜诊疗所更名宁夏兽医门诊部。民间兽医大约有 220 人，其中固定开药铺坐诊的约 20 人，走乡串户行医或栽桩看病的约 50 人，农医结合、阉割治病的约 150 人。

20 世纪 50 年代，宁夏畜禽疫病防治逐步进入全面防疫阶段。1950 年 3 月，宁夏省建设厅按照中央人民政府农业通讯通知精神，向全省发出"改善牲畜饲养管理，防止流行疫病发生"的指示。1951 年农业部提出"防止兽疫、保护和发展畜牧业"的兽医工作方针，宁夏省根据本省实际，提出"全面增殖，重点改进、防疫为主、治疗为辅"的要求。

1956 年，农业部发出《关于建立畜牧兽医工作站的通知》，要求年内建立县级畜牧兽医站，有条件的可建立区（乡）站。当年，民间兽医以公社为单位实行集体联营，成立公社兽医站，从事门诊治疗和疫病防治。1954—1958 年，宁夏成立公私合营或私人联营兽医联合诊疗所（家畜诊疗部、兽医保健所、保畜所）77 个，人员 308 人。人民公社化后，各地在兽医联合诊疗所的基础上，逐步成立了集体所有、独立核算、自负盈亏的公社兽医站或家畜病院，生产大队一般都培训了村畜禽防疫员，有的还建立了大队兽医站。这些兽医站除承担门诊治疗外还执行政府下达的畜禽防疫任务。1962 年，宁夏有县市家畜病院 10 所，公社畜牧兽医站 139 个，乡村联营兽医院 11 所，兽医人员 276 人（其中中兽医 258 人），大队畜牧兽医站 59 个，兽医人员 80 名（其中中兽医 78 人），县办农牧场、繁殖场内一般都设有兽医室或配备兽医人员，开展本场的动物防疫和诊疗工作。1966 年，宁夏有公社兽医站 212 个，人员 675 人。

二、规范发展

1978 年中国共产党十一届三中全会后，宁夏各地乡镇畜牧兽医站业务人员得到充实，宁夏动物诊疗工作出现了欣欣向荣的局面，动物诊疗服务主要以诊治猪、马、驴、骡、牛、羊为主，多采用中西医结合的方法对病畜进行治疗，电针疗法、激光疗法、超声波疗法及磁场疗法等动物诊疗新技术也在乡镇畜牧兽医站进行推广。1979 年，宁夏 19 个县市有公社畜牧兽医站 258 个，人员 964 人。1980 年，公社畜牧兽医站改为乡（镇）畜牧兽医站。1989 年宁夏有县级家畜病院 19 个，乡镇畜牧兽医站

281 个。

进入 20 世纪 90 年代后，生产用农机具的使用逐步替代农耕畜，役用农耕畜数量急剧下降，各乡镇畜牧兽医站的门诊量迅速减少。饲养动物也由散养逐步转变为规模化饲养，各乡镇畜牧兽医站的业务由防疫、门诊服务转向以防疫为主，县级家畜病院转包，并逐步撤销。随着城乡人民生活水平的提高，犬、猫等宠物逐步进入百姓家庭，宠物诊疗服务应运而生，开办宠物门诊部的数量也逐渐增多。

2016 年以来，全区组织开展了多次动物诊疗行业专项整治行动，严格许可审查，严厉打击无证经营、非法行医、执业失范，进一步规范了动物诊疗活动和兽医从业行为。截至 2020 年年底，全区共有动物诊疗机构 69 家，其中动物医院 23 家、动物诊所 46 家，基本上全部是位于城市里的宠物诊疗机构，而家畜家禽的治疗则主要由规模养殖场驻场兽医、乡村兽医承担。

第二节　诊疗人员

一、执业兽医

2008 年 11 月 26 日农业部令第 18 号发布《执业兽医管理办法》，2013 年 9 月 28 日农业部令 2013 年第 3 号、2013 年 12 月 31 日农业部令 2013 年第 5 号对部分内容进行了修订。该办法明确了执业兽医，包括执业兽医师和执业助理兽医师，规定了国家实行执业兽医资格考试制度。考试由农业部组织，全国统一大纲、统一命题、统一考试，分兽医综合知识和临床技能两部分。具有兽医、畜牧兽医、中兽医（民族兽医）或者水产养殖专业大学专科以上学历的人员，可以参加执业兽医资格考试。取得执业兽医师或执业助理兽医师资格证书，从事动物诊疗活动或动物诊疗辅助活动的，应当向注册机关申请兽医执业注册或备案方可从业。执业兽医师可以从事动物疾病的预防、诊断、治疗和开具处方、填写诊断书、出具有关证明文件等活动；执业助理兽医师在执业兽医师指导下协助开展兽医执业活动，但不得开具处方、填写诊断书、出具有关证明文件。执业兽医不得同时在两个或者两个以上动物诊疗机构执业，但动物诊疗机构间的会诊、支援、应邀出诊、急救除外。经注册和备案专门从事水生动物疫病诊疗的执业兽医师和执业助理兽医师，不得从事其他动物疫病诊疗。

2009 年，中国首次举行全国执业兽医资格考试。农业部先在吉林省、河南省、广西壮族自治区、重庆市和宁夏回族自治区开展执业兽医资格考试试点。宁夏作为试点省（自治区、直辖市）之一，积极筹备资格考试（试点）相关工作，建立健全执业兽医资格考试各项规章制度，发放宣传材料 12000 份，张贴布告 500 余张，为宁夏执业兽医资格考试（试点）工作顺利开展保驾护航。当年，全区共有 732 名考生报名，开设考场 25 个，最终有 636 人参加了考试，取得执业兽医师资格证 33 人、执业助理兽医师资格证 151 人。

自 2010 年全面推行林业兽医资格考试以来至 2020 年，宁夏已成功举办全国执业兽医资格考试 12 场次，重点抓好宣传发动、考务培训、网上报名、考场选址、组织考试、考后试卷销毁和答题卡寄送等各个环节工作。同时，自治区保密局和农业农村厅纪检监察组均派专人对试卷的保管、运送进行全程监督，严格保密制度。自组织考试以来，宁夏未发生违规违纪现象，保质保量完成了全国执业兽医资格考试宁夏考区考务工作。2019 年，农业农村部在天津、辽宁、吉林、上海、江苏、安徽、江西、山东、河南、广东、广西、海南、重庆、四川、陕西、甘肃、宁夏等 17 个考区试点全国执业兽医资格考试计算机考试。根据农业农村部统一部署，宁夏制定了《2019 年宁夏执业兽医资格考试计算机考试试点工作方案》《宁夏考区执业兽医资格考试计算机考试应急预案》《宁夏考区执业兽医资格考试计算机考试突发应急事件处置预案》，组织机考考前预演，充分做好考前准备；考试过程组织严谨，考场秩序井然、纪律良好，得到了农业农村部巡视组的肯定。当年，全区网上报名 553 人，实际参考 341 人。12 年间宁夏累计报考人数 4642 人（次），实考人数 3352 人（次），取得执业兽医资格 853 人，其中取得执业兽医师资格 451 人，执业助理兽医师资格 402 人，有 206 人注册为执业兽医师，63 人备案为助理执业兽医师。详见表 7-4-1。

表 7-4-1　宁夏执业兽医资格考试情况统计（2009—2020 年）

年度	报考人数	实考人数	取得执业兽医师资格人数	取得执业助理兽医师资格人数
2009	732	636	33	151
2010	333	250	34	41
2011	263	192	24 含水产兽医师 3 名	12 含水产助理兽医师 2 名
2012	222	152	18	20
2013	247	168	32	11
2014	260	181	30	22
2015	345	245	29 含水产兽医师 1 名	22
2016	339	249	15	20
2017	396	314	30	22 含水产助理兽医师 1 名
2018	413	285	36	22
2019	553	349	49	22 含水产助理兽医师 1 名
2020	539	331	32	37
合计	4642	3352	451	402

二、乡村兽医

2008 年 11 月 26 日，农业部令第 17 号发布《乡村兽医管理办法》，2019 年 4 月 25 日农业部令 2019 年第 2 号对部分条款予以修改。该规章规定了国家实行乡村兽医登记制度，明确了乡村兽医是指尚未取得执业兽医资格，经登记在乡村从事动物诊疗服务活动的人员。符合以下条件之一的：一是取得中等以上兽医、畜牧（畜牧兽医）、中兽医（民族兽医）或水产养殖专业学历的，二是取得中级以上动物疫病防治员、水生动物病害防治员职业技能鉴定证书的，三是在乡村从事动物诊疗服务连续 5 年以上的，四是经县级人民政府兽医主管部门培训合格的，可以向县级人民政府兽医主管部门申请乡村兽医登记。乡村兽医只能在本乡镇从事动物诊疗服务活动，不得在城区从业。2010 年，宁夏开始实行乡村兽医登记制度。2016 年 5 月，宁夏将乡村兽医信息管理和动物诊疗机构信息管理两个子系统纳入全国兽医队伍管理系统并正式上线运行，积极督促市县及时更新录入信息，建立电子档案，实行动态管理。截至 2020 年年底，宁夏完成乡村兽医人员登记 734 名，年内注销 76 人。登记范围主要包括宁夏回族自治区境内符合条件的、尚未取得执业兽医师资格证书，在乡村动物饲养场、乡镇畜牧兽医站等从事动物诊疗服务活动的人员和村级动物防疫员，其中担任村级动物防疫员的有 280 名。登记的乡村兽医全部在乡镇从事动物诊疗服务，80％以上乡村兽医被聘用为基层动物防疫员负责基础免疫工作。

■ 第三节　诊疗监管

一、立法沿革

2003 年 4 月 10 日，宁夏回族自治区人民代表大会常务委员会公告第 1 号发布《宁夏回族自治区动物防疫条例》，自 2003 年 6 月 1 日起施行。该条例第三十二、三十三条对从事动物诊疗活动的单位和个人应具备的条件和履行的义务作出了具体规定。2004 年 12 月 28 日《宁夏回族自治区动物诊疗管理办法》（自治区人民政府令第 71 号）颁布，自 2005 年 2 月 1 日起施行。该办法明确规定宁夏实行动物诊疗许可制度，并对动物诊疗许可证办理条件、程序和动物诊疗活动范围、内容、要求、义务及畜牧兽医行政管理部门对动物诊疗的监督管理、处罚等作了具体规定。2005 年 4 月，自治区农牧厅制定并出台了《宁夏回族自治区动物诊疗许可证管理办法》和《宁夏回族自治区动物诊疗档案管理规范》，前者主要对动物诊疗许可证的审核发放程序及其管理做明确规定；后者主要对动物诊疗机构的档案管理，包括表、册、处方笺的管理及诊疗档案的管理作了明确规定。2007 年修订的《中华人民共和国动物防疫法》增加了动物诊疗一章（共八条）。2008 年 11 月 26 日农业部令第 19 号发布《动物诊疗机构管理办法》，国家实行动物诊疗许可制度，进一步加强动物诊疗机构管理，规范动物诊疗行为。2009 年，为规范动物诊疗行业管理，严格动物诊疗许可和乡村兽医登记工作，宁夏农牧厅兽医局制定印发了《宁夏回族自治区动物诊疗许可证申办暂行规定》和《宁夏回族自治区乡村兽医登记办理暂行规定》，要求从事动物诊疗活动的机构必须取得动物诊疗许可证，从事动物诊疗活动的乡村兽医应当取得乡村兽医登记证书。同时，明确了动物诊疗许可证申办条件、申办程序及申办时限和乡村兽医申请登记条件、办理程序及乡村兽医开展动物诊疗活动应遵守的规定。2012 年 6 月 20 日，宁夏回族自治区第十届人民代表大会常务委员会第三十次会议审议通过了《宁夏回族自治区动物防疫条例（修订）》。该条例将动物诊疗独立成章（第五章），对从事动物诊疗活动的单位和个人的活动条件、内容、范围、要求和动物防疫与诊疗质量技术鉴定及动物诊疗监管等作了明确规定。

二、发展进程

自治区动物诊疗机构的行政管理工作由宁夏回族自治区农牧厅兽医局负责，监督管理工作由宁夏回族自治区动物卫生监督所负责具体实施。2008 年 7 月 15 日至 8 月 31 日，自治区动物卫生监督所下发了《关于开展全区动物诊疗情况调查的通知》，成立调研督查小组，对从事动物诊疗活动的单位和个人的诊疗场所、设施设备、仪器及药品使用情况进行专题调研，并提出五条建议：一是要制定动物诊疗机构设置标准，二是要加强动物诊疗从业人员的培训，三是要进一步完善动物诊疗许可审批制度，四是要制定动物诊疗统一收费标准，五是要逐步建立动物诊疗培训机构和动物诊疗纠纷仲裁机构。2009 年 2 月，自治区动物卫生监督所下发了《关于印发 2009 年全区动物诊疗监管工作安排的通知》，要求全区各级动物卫生监督机构进一步完善动物诊疗监管及动物诊疗场所规章制度，严格动物诊疗许可申办条件和办理程序，严厉打击动物诊疗违法违纪案件查处，加强兽医从业人员管理。6 月，宁夏农牧厅兽医局印发了《关于规范全区动物诊疗机构名称的通知》，对全区动物诊疗机构命名作出了统一规定，要求各市、县（区）兽医主管部门在审核发放动物诊疗许可证、进行乡村兽医登记证时，必须遵照通知中规定的命名原则进行命名。同年，根据《中华人民共和国动物防疫法》的相关规定，自治区动物卫生监督所对全区从事动物诊疗和动物保健等经营活动的兽医人员进行深入摸底调研，全面掌握全自治区兽医从业人员状况，为实行执业兽医制度做好准备。

2010—2012 年，自治区动物卫生监督所按照"严格把关，分类指导，循序推进，全面规范"的原则，成熟一个市、县（市、区），规范一个，对宁夏动物诊疗机构开展了专项整治活动，取消了一批达不到动物诊疗许可条件的动物诊疗机构。2011 年，自治区农牧厅兽医局下发了《关于开展全区动物诊疗机构示范点创建活动的通知》，要求每个市、县（市、区）创建 1～2 个动物诊疗管理规范、诚信守法、服务信誉好、示范性较强的"动物诊疗机构示范点"。按照《全区动物诊疗机构示范点评选标准》考核验收，最后确定银川市爱康动物医院、宁夏农林科学院畜牧兽医研究所（有限公司）动物医院、银川市福瑞动物诊所、大武口区周府祥动物诊所、惠农区亚北宠物诊所5家动物诊疗机构为"全区动物诊疗机构示范点"，由宁夏农牧厅兽医局为5家动物诊疗机构颁发了"全区动物诊疗机构示范点"牌匾。同年，自治区动物卫生监督所开展了创建"乡村兽医诊疗服务示范点"活动。全区共确定了28个服务规范、诚信守法、服务信誉好和示范性较强的"乡村兽医诊疗服务示范点"，其中银川市5个、石嘴市3个、中卫市2个、吴忠市8个、固原市10个。

2012年5月，自治区动物卫生监督所下发了《关于加强动物诊疗机构管理工作的通知》，强化动物诊疗机构日常监管，督促动物诊疗机构做到收费标准公开、监督电话公示、执业兽医信息上墙等。2013年6—8月，自治区动物卫生监督所下发了《关于认真做好迎接农业部在全国开展动物诊疗机构专项执法检查工作的通知》，在全区开展了一次动物诊疗专项执法检查活动，对全区推进执业兽医制度建设情况、城市宠物诊疗机构动物诊疗活动情况和执业兽医从业活动情况进行专项检查。宁夏农牧厅兽医局印发《宁夏回族自治区兽医队伍诚信体系建设工作方案》，以官方兽医、执业兽医、乡村兽医履行法定义务和岗位职责等为主要内容，要求市级兽医主管部门组织人员于每年11月15日前对兽医人员进行一次诚信评估，确定诚信等级，不断规范官方兽医、执业兽医、乡村兽医职业道德。

2015年，在全区范围内开展了动物诊疗机构专项整治行动，累计取缔4家非法动物诊疗机构，保留75家动物诊疗机构。在2016年全区动物诊疗行业专项整治行动中，严格许可审查，严厉打击无证经营、非法行医、执业失范，进一步规范了动物诊疗活动和兽医从业行为；针对执业兽医考试情况、执业兽医从业现状和社会需求、动物诊疗机构分类和管理问题等相关内容，在全区开展执业兽医制度建设专题调研。2017年以开展兽医处方专项整治行动为抓手，强化动物诊疗机构管理；组织开展"全区兽医处方专项整治行动"，安排资金12.9万元，印制和发放"兽医处方笺"5万本，督促动物诊疗机构严格落实兽医处方及各项管理制度；各地开展执法138次，出动执法人员563人次，下发整改通知书24份，进一步提高全区动物诊疗行业服务能力，规范兽医执业行为。2018年动物诊疗行业专项整治行动中，查办动物诊疗违法案件9起，注销官方兽医179人、执业兽医师10人、执业助理兽医师5人、乡村兽医24人，依法加强从业准入管理，规范做好动物诊疗行业管理。2019年全区集中开展执法298次，出动执法人员1164人次，坚决清理关闭不符合动物诊疗许可条件的动物诊疗机构21家，注销执业兽医师16人、执业助理兽医师13人、乡村兽医45人。经过整治，宁夏从事动物疫病诊疗的机构共有73家，其中动物医院26家、动物诊所47家，全部符合相关许可条件，并规范了从业信息公示。

2018年，自治区动物卫生监督所组织开展全区动物诊疗机构评星定级活动，积极引导动物诊疗机构自主申报星级评定，促进行业诚信自律和升级上档。全区77家诊疗机构有53家参加了评定活动，共评出星级动物诊疗机构46家，其中四星级3家、三星级6家、二星级7家、一星级30家。2019年，自治区动物卫生监督所向四星级、三星级动物诊疗机构颁发了星级牌匾。截至2020年年底，全区共有诊疗机构69家，其中星级诊疗机构46家。详见表7-4-2和表7-4-3。

表7-4-2 宁夏动物诊疗机构评星定级评分

序号	项目	评分标准
1	开办动物诊疗机构年限（5分）	办理动物诊疗许可年限满一年加0.5分，至5分为止
2	经营场所面积、布局、功能区划分（10分）	动物医院建筑面积不少于100米²；动物诊所建筑面积不少于40米²；具有布局合理的接诊区、诊疗区、简易手术室、药房等基础设施；得5分。经营场所面积每增加10米²，加0.5分；有固定的诊疗室、手术室的，每增加一项得0.5分，至10分为止
3	诊疗仪器及设备（10分）	具有常规诊断、手术、消毒、冷藏、常规化验等器械设备，得5分；具有手术台、X光机、B超检查、血液分析、生化分析、肾功能检测等器械设备，有一项加1分，至10分为止

（续）

序号	项目	评分标准
4	机构从业人员资质（10分）	动物医院有3名注册执业兽医师和2名护理技术人员；动物诊所有1名注册执业兽医师和1名护理技术人员，得5分。每增加1名执业兽医师得1分；增加1名执业助理兽医师得0.5分；每增加1名护理技术人员（本科以上）得0.3分，（大中专）得0.2分。至10分为止
5	制度建设及落实情况（10分）	具有诊疗从业人员岗位责任制、疫情报告、卫生消毒、兽药处方、医疗废弃物及医用废水处理、就诊登记、处方管理、兽药采购使用登记、精神药品保管与使用等管理制度并落实的，有一项得1分，至8分为止；收费标准、执业人员公示的，加2分。至10分为止
6	诊疗服务能力（10分）	能正常开展常见病诊治，处理外伤、轻度骨折等小手术，得5分。可以做动物颅腔、胸腔、腹腔、复杂骨科等手术的，有一项加1分，至10分为止
7	日均诊疗数量（12分）	诊所日均10例，医院日均20例，得5分。每增加5例加1分，至12分为止。以随机抽查1个月诊疗记录，使用的兽医处方笺平均数为准
8	诊疗记录、病历档案及兽医处方管理（10分）	有较完备诊疗记录、病历档案、诊疗协议、兽医处方使用规范的，得6分。建立诊疗电子档案的加2分；诊疗档案保存2年以上的加2分。至10分为止
9	兽药购入及使用情况（8分）	购入兽药来源清楚，药品保存符合要求，使用兽药规范的，得6分。有特殊药品专储专管的，加2分
10	诊疗废弃物及废水排放情况（8分）	与危险废物和医疗垃圾处置机构签订《医疗废物安全处置委托协议》，规范收集、存放危险废物和医疗垃圾并合理处置，定期交付处置机构的，得4分。诊疗过程中产生的污水经消毒后排放的得2分，有专业污水处理设施的得2分
11	诊疗示范点创建情况（7分）	有创建示范点意愿的（以提出申请报告为准），得4分；诚信守法、信誉良好、创建成功的得7分
12	扣分项	因动物诊疗事故遭投诉的，每次扣2分；违反法律法规被立案查处的，每次扣3分

表7-4-3　宁夏四星三星级动物诊疗机构名单（2020年）

动物诊疗机构名称	地址	星级
宁夏农林科学院畜牧兽医研究所动物医院（兴庆区）	银川市兴庆区湖滨西街240号	四星
兴庆区福瑞动物医院	银川市兴庆区上海路云开苑18-4号营业房	四星
金凤区爱康动物医院	银川市金凤区正源南街401号	四星
兴庆区伴侣动物诊所	银川市兴庆区北京东路在水一方A区30-9号	三星
兴庆区阳光宠物诊所	银川市兴庆区海宝路103号	三星
兴庆区望康动物医院	银川市兴庆区民族南街247号	三星
西夏区爱心动物医院	银川市西夏区兴州北街95号	三星
金凤区爱琪动物医院	银川市金凤区北京中路485号	三星
贺兰县关爱宠物医院	贺兰县居安东街林业局东侧150米	三星

第五章

兽 医 药 品

■ 第一节 兽药生产

一、实施 GMP 之前的宁夏兽药生产

1959 年，宁夏兽医生物药品制造厂筹建，1981 年停产撤厂，年平均产量 2894.32 万毫升（头份），主要生产羊三联苗、猪肺疫氢氧化铝菌苗、鸡新城疫Ⅰ系和Ⅱ系苗。1980 年宁夏农林科学院畜牧兽医研究所建立牛焦虫苗中试车间，生产牛环形泰勒焦虫裂殖体胶冻细胞 1 号苗。

1985—2005 年，宁夏兽药生产企业增加到 17 家（其中，宁夏兽医生物药品制造厂、宁夏富康兽药有限公司分别于 1981、1999 年停产），主要生产化学药品和中兽药，其中原料药生产企业有一家。制剂厂家主要生产片剂、散剂、水针剂和静脉注射液。多数企业生产设备简陋，规模小，品种单一，生产线混杂，兽药、添加剂均有生产。详见表 7-5-1。

2002 年农业部发布《兽药生产质量管理规范》（简称兽药 GMP），要求在 2005 年 12 月 31 日前兽药生产企业全部达到兽药 GMP 要求。2006 年 1 月，全区有 15 家兽药生产企业因基础条件差、生产规模小、技术含量低、管理水平落后，未实施兽药 GMP 改造，退出兽药生产行业；有 3 家按照兽药 GMP 实施了改造。自治区农牧厅下发《关于撤销兽药标准、生产许可证、批准文号的通知》，共撤销《宁夏兽药地方标准》26 个，生产许可证 15 个，兽药批准文号 266 个。

表 7-5-1 实施 GMP 之前宁夏兽药生产企业一览表（2005 年）

企业名称	成立时间	关停时间	主要生产品种
宁夏兽医生物药品制造厂	1959 年	1981 年	羊三联苗、猪肺疫氢氧化铝菌苗、鸡新城疫Ⅰ系和Ⅱ系苗等 6 种生物药品
宁夏农林科学院畜牧兽医研究所牛焦虫苗中试车间	1980 年	2005 年	牛环形泰勒焦虫裂殖体胶冻细胞 1 号苗
宁夏牧工商联合公司	1985 年	2005 年	丙硫咪唑片、喹乙醇片、痢特灵片、氯苯胍片、土霉素片、醋酸泼尼松片、阿莫西林胶囊等
宁夏农林科学院畜牧兽医研究所中试车间	1985 年	2005 年	灭焦敏注射液、牛焦虫片
宁夏化工实验厂	1985 年	2005 年	丙硫咪唑粉剂和片剂
宁夏中宁化工厂	1989 年	2005 年	二氯异氰尿酸消毒剂
宁夏同心精心化工厂	1991 年	2005 年	"757" 灭菌晶
银川郊区动物药品厂	1991 年	2005 年	丙硫苯咪唑片
宁夏富康兽药有限公司	1995 年	1999 年	禽喘宁、畜禽泻痢停
宁夏科技经贸公司	1995 年	2005 年	丙硫苯咪唑片

（续）

企业名称	成立时间	关停时间	主要生产品种
宁夏康益乐生化科技有限公司（黄河兽药厂）	1998年	2005年	精制敌百虫粉、丙硫苯咪唑混悬液、催情散、高锰酸钾、三氯异氰脲酸粉、葡萄糖粉等
宁夏益农牧业科技有限公司	1998年	2005年	催情散、肥猪王等
银川中农华威药业有限公司	1998年	2005年	阿维菌素注射液、伊维菌素预混剂、阿维菌素浇泼剂、胖嘟嘟散、丙硫苯咪唑混悬剂、蛋嘟嘟散、双链季铵盐络合碘、复方氯氰碘硫胺钠注射液
吴忠市动物保健品厂	1998年	2005年	人工盐、无水硫酸钠、甲醛、二嗪农溶液（螨净Ⅰ号）等
银川润牧兽药厂	2000年	2005年	催情散、葡萄糖氯化钠注射液、葡萄糖酸钙注射液等
宁夏平罗县强大腐植酸钠厂	2001年	2005年	腐植酸钠添加剂
宁夏龙州兽药制造有限公司	2001年	2005年	富氯U、三氯异氰脲酸粉、二溴海因粉、溴氯海因粉、富溴等

二、实施 GMP 之后的宁夏兽药生产

截至 2008 年 5 月，全区通过兽药 GMP 验收的企业有 8 家，分别为宁夏多维药业有限公司、宁夏多维泰瑞制药有限公司、宁夏太平洋生物制药有限公司、宁夏大北农科技实业有限公司、宁夏天净海珑药业有限公司、宁夏金牧动物药业有限公司、宁夏永昌动物营养保健科学研究所、宁夏百草神农兽药有限公司。8 家兽药生产企业总投资约 5.6 亿元，投资最多的生产企业宁夏多维泰瑞制药有限公司约 4 亿元，投资最少的生产企业宁夏永昌动物营养保健科学研究所约 300 万元。8 家兽药生产企业共有 22 条生产线通过 GMP 认证，其中原料药生产线 3 条，粉剂/预混剂/散剂生产线 6 条，片剂生产线 3 条，颗粒剂生产线 1 条，最终灭菌小容量注射剂生产线 2 条，口服液剂生产线 2 条，最终灭菌大容量注射剂（静脉注射）生产线 1 条，消毒剂（固体、液体）生产线 3 条，杀虫剂生产线 1 条。8 家企业中有 3 家企业生产兽药原料药，5 家生产兽药制剂，所持兽药产品文号 168 个。

2011 年 6 月，宁夏多维药业有限公司退出兽药生产行业。

2012 年 1 月，宁夏启元药业有限公司新建的兽用硫氰酸红霉素原料药生产线通过了兽药 GMP 验收。2012 年 12 月，宁夏泰瑞制药股份有限公司在贺兰德胜工业园区新建了贺兰分公司，生产非无菌原料药替米考星。同年，宁夏大北农科技实业有限公司、宁夏天净海珑药业有限公司、宁夏永昌动物营养保健科学研究所等 3 家企业因兽药 GMP 证书和生产许可证到期未再申请复验，自动退出兽药生产行业。全区兽药生产企业仅剩 6 家。

2013 年新建宁夏太平洋生物科技有限公司（贺兰暖泉工业园区）、宁夏智弘生物科技有限公司、宁夏大漠药业有限公司 3 家兽药生产企业。2013 年 4 月，宁夏太平洋生物制药有限公司（生产氟苯尼考原料药）退出兽药生产行业。

截至 2013 年年底，全区有 8 家兽药生产企业，分别是：宁夏多维泰瑞制药有限公司（宁夏泰瑞制药股份有限公司）、宁夏泰瑞制药股份有限公司贺兰分公司、宁夏金牧动物药业有限公司、宁夏百草神农兽药有限公司、宁夏太平洋生物科技有限公司、宁夏智弘生物科技有限公司、宁夏启元药业有限公司、宁夏大漠药业有限公司。共有 26 条生产线通过兽药 GMP 验收，其中原料药生产线 8 条，最终灭菌小容量注射剂生产线 1 条，最终灭菌大容量非静脉注射剂（含中药提取）生产线 1 条，口服溶液剂（含中药提取）生产线 1 条，粉剂/预混剂/散剂生产线 8 条，片剂生产线 3 条，固体、液体消毒剂生产线 4 条；所持兽药产品文号 58 个，其中兽用原料药产品批准文号 8 个、兽药制剂产品批准

文号 50 个。

2014 年 1 月，宁夏大漠药业有限公司通过农业部兽用非无菌原料药（阿苯达唑）生产线 GMP 验收。当年宁夏太平洋生物科技有限公司更名为宁夏泰益欣生物科技有限公司。全区 8 家兽药生产企业全部取得了兽药生产许可证、GMP 证书。

2015 年 5—9 月，宁夏泰益欣生物科技有限公司原址改扩建的 5 条非无菌原料药（红霉素、酒石酸泰乐菌素、磷酸泰乐菌素、替米考星、泰乐菌素）生产线、丽珠集团新北江制药有限公司盐霉素预混剂（发酵工艺）生产线、宁夏泰益欣生物科技有限公司原址改扩建的非无菌原料药（盐酸林可霉素）生产线通过自治区农牧厅兽药 GMP 检查验收。2015 年底全区有兽药生产企业 9 家，拥有批准文号 208 个，产值 13.03 亿元。

2016 年 2 月、4 月，宁夏泰益欣生物科技有限公司原址改扩建的非无菌原料药（阿维菌素）生产线、宁夏智弘生物科技有限公司增加的最终灭菌子宫注入剂（含中药提取）/最终灭菌乳房注入剂（含中药提取）生产线分别通过自治区农牧厅 GMP 验收；3 月、11 月宁夏泰瑞制药股份有限公司 11 条生产线、宁夏启元药业有限公司非无菌原料药（硫氰酸红霉素）生产线分别通过自治区农牧厅 GMP 到期复验。当年 4 月，宁夏泰瑞制药股份有限公司贺兰分公司申请退出兽药生产行业。2016 年底全区有兽药生产企业 8 家，拥有批准文号 266 个，产值 20.59 亿元。

2017 年 1 月，宁夏百草神农兽药有限公司 2 条散剂、片剂生产线通过了兽药 GMP 到期复验；3 月、7 月丽珠集团新北江制药有限公司原址改扩建非无菌原料药（盐酸林可霉素）生产线、宁夏泰益欣生物科技有限公司原址改扩建 4 条非无菌原料药（替米考星、磷酸替米考星、伊维菌素、乙酰氨基阿维菌素）生产线分别通过 GMP 验收。2017 年底，全区有 8 家兽药生产企业，拥有批准文号 253 个，产值 21.1 亿元。

2018 年 8 月、10 月，宁夏泰益欣生物科技有限公司 11 条非无菌原料药（硫氰酸红霉素、红霉素、酒石酸泰乐菌素、磷酸泰乐菌素、泰乐菌素、盐酸林可霉素、阿维菌素、替米考星、伊维菌素、乙酰氨基阿维菌素、磷酸替米考星）生产线，宁夏智弘生物科技有限公司 9 条片剂（含中药提取）/颗粒剂（含中药提取）、最终灭菌小容量注射剂（含中药提取）/最终灭菌大容量非静脉注射剂（含中药提取）/口服溶液剂（含中药提取）、最终灭菌子宫注入剂（含中药提取）/最终灭菌乳房注入剂（含中药提取）、消毒剂（固体）、消毒剂（液体）/杀虫剂（液体）生产线，分别通过 GMP 到期复验。当年，宁夏金牧动物药业有限公司因长期停产被注销兽药生产许可证。12 月，宁夏泰瑞制药股份有限公司在贺兰暖泉工业园区异地扩建的粉剂、预混剂生产线通过了 GMP 验收，增加了新的生产地址；宁夏启元药业有限公司由于环保原因停产超过 6 个月，自治区农业农村厅收回了兽药生产许可证和 GMP 证书。当年年底，实际生产企业 6 家，拥有批准文号 277 个，产值 15.7 亿元。

2019 年 4 月，宁夏泰益欣生物科技有限公司原址改扩建非无菌原料药（酒石酸泰乐菌素、酒石酸泰万菌素）生产线、宁夏大漠药业有限公司非无菌原料药（阿苯达唑）生产线，分别通过了自治区农业农村厅 GMP 验收、GMP 到期复验。当年底，全区有 6 家兽药生产企业，宁夏泰瑞制药股份有限公司位于永宁望远工业园区的生产线因环保原因停产，仅位于贺兰暖泉工业园区的粉剂、预混剂生产线进行生产。当年 6 家生产企业拥有批准文号 351 个，产值 7.68 亿元。

2020 年，丽珠集团（宁夏）制药有限公司预混剂（盐霉素）、非无菌原料药（盐酸林可霉素）2 条生产线通过了自治区农业农村厅兽药 GMP 到期复验。

截至 2020 年，实施 GMP 之后宁夏兽药生产企业见表 7-5-2。

表 7-5-2　实施 GMP 之后宁夏兽药生产企业

企业名称	成立时间	关停时间	主要生产品种
宁夏永昌动物营养保健科学研究所	1998 年	2012 年	土霉素片、氟苯尼考粉、硫酸新霉素可溶性粉、磷酸泰乐菌素预混剂

（续）

企业名称	成立时间	关停时间	主要生产品种
宁夏泰瑞制药股份有限公司	2000 年		泰乐菌素、泰妙菌素、替米考星、金霉素系列原料药及粉剂、预混剂
宁夏大北农科技实业有限公司	2001 年	2012 年	安乃近注射液、白头翁散、地克珠利预混剂、磺胺氯吡嗪钠可溶性粉、荆防败毒散、三氯异氰脲酸粉
宁夏百草神农兽药有限公司	2001 年		大黄末、健胃散、三子散、伊维菌素片、阿维菌素片
宁夏启元药业有限公司	2001 年	2018 年	硫氰酸红霉素原料药
宁夏泰瑞制药股份有限公司贺兰分公司	2003 年	2016 年	替米考星原料药
宁夏金牧动物药业有限公司	2006 年	2018 年	阿苯达唑片、烟酸诺氟沙星可溶性粉、三氯异氰脲酸粉、扶正解毒散、阿苯达唑伊维菌素预混剂、健胃散
宁夏天净海珑药业有限公司	2006 年	2012 年	甲酚皂溶液、硫酸庆大霉素注射液、葡萄糖注射液、高锰酸钾、碘甘油
宁夏泰益欣（太平洋）生物科技有限公司	2010 年		硫氰酸红霉素、红霉素、泰乐菌素、酒石酸泰乐菌素、磷酸泰乐菌素、替米考星、盐酸林可霉素、阿维菌素、伊维菌素、乙酰氨基阿维菌素、磷酸替米考星、酒石酸泰万菌素原料药
宁夏大漠药业有限公司	2012 年		非无菌原料药阿苯达唑
宁夏智弘生物科技有限公司	2013 年		聚维酮碘溶液、稀葡萄糖酸氯己定溶液、盐酸头孢噻呋注射液、维生素 ADE 注射液、过硫酸氢钾复合物粉
丽珠集团（宁夏）制药有限公司	2015 年		盐霉素预混剂、非无菌原料药盐酸林可霉素

三、宁夏兽药生产市场影响

宁夏兽药生产企业较少，但原料药生产产能较大，特别是发酵类兽用抗生素原料药生产在全国兽药行业有一定影响力。

宁夏泰瑞制药股份有限公司的泰乐菌素、泰妙菌素、泰乐碱、替米考星、金霉素等原料药系列产品生产线，通过了国际标准化组织（ISO）制定的环境管理体系标准 ISO9000-14001 认证、美国食品药品监督管理局（FDA）认证、欧盟欧洲药典适用性（CEP）认证，以及波兰、德国、比利时等多个国家和地区的重点企业质量审计认证，销售网络辐射国内 30 多个中心城市，以及巴西、印度、德国等 80 多个国家和地区，成为全球具有一定影响力的兽药原料知名生产企业和全国兽药原料药十强企业，年产值 16 亿元以上，"泰瑞"商标荣获"中国驰名商标"称号。

宁夏泰益欣生物科技有限公司生产的泰乐菌素、替米考星等系列产品，先后通过了美国 FDA、欧盟 CEP 认证和多个国家和地区重点企业质量审计认证，以全球 120 多个国家和地区为稳定的销售网络，不断打开国门、走向世界。

宁夏大漠药业有限公司生产的阿苯达唑原料药（化工合成工艺），2014 年销售金额达 4100 万元，销量位居同类产品全国第一，"大漠"品牌知名度在业内声名鹊起，成为国内重要的阿苯达唑原料药指定供应商。

宁夏智弘生物科技有限公司 2015 年获批 70 个兽药批准文号，以宁夏地区为核心区开拓销售市场，辐射区域有江苏、山东、黑龙江等地区，同时对吉尔吉斯斯坦、伊拉克、俄罗斯等 15 个国家和地区市场进行了有力开拓；2019 年与蒙牛乳业、伊利乳业、光明乳业、圣牧高科、卫岗乳业、现代牧业、东营澳亚牧业、前进牧业及宁夏农垦牧业等各大集团合作，产品销往全国各地，部分产品销往俄罗斯、乌克兰、伊拉克等国家和地区。

第二节 兽药经营

一、实施 GSP 之前的宁夏兽药经营

1983 年以前，宁夏兽医药械一直由兽医主管机构统一协调供应，逐级下拨。随着宁夏畜牧业的发展，兽药经营企业发展很快，1991 年全区兽药经营单位 236 家，经营品种 820 多种，其中自治区级兽药经营单位 15 家，经营品种 566 余种，核换发兽药经营许可证 224 个。1993 年渔药经营企业 25 家，其中自治区级经营单位 3 家，专营 14 家、兼营 11 家，个体 9 家、国营 16 家，经营品种 8 种，包括消毒剂、杀虫剂、添加剂三类。

1993 年，对区内 6 家大的兽药经营单位进行了全面调查，普查品种 168 种，兽药来自 60 家生产企业，其中外埠生产企业 58 家，占 96.7%，本区企业 2 家，占 3.3%。这 58 家外埠生产企业来自 9 个省（直辖市、自治区），其中来自江苏、陕西两省生产企业的兽药超过 100 种，占外埠药的 60%。168 种兽药中，化药类 48 种，占 28.6%；抗生素类 39 种，占 23.2%；维生素类 18 种，占 10.7%；添加剂类 27 种，占 16.1%，其他种类 36 种，占 21.4%。

2002 年年底全区兽药经营企业 625 家，其中银川市 42 家、贺兰县 23 家、银川市郊区 20 家、永宁县 38 家、灵武市 18 家、石嘴山市 12 家、平罗县 48 家、惠农县 21 家、陶乐县 12 家、利通区 47 家、青铜峡市 23 家、盐池县 5 家、同心县 6 家、中宁县 48 家、中卫县 38 家、固原县 82 家、西吉县 30 家、海原县 28 家、彭阳县 27 家、泾源县 13 家、隆德县 44 家。经营性质有国营、个体和乡镇畜牧兽医站。

二、实施 GSP 之后的宁夏兽药经营

2010 年，全区试点推进兽药经营质量管理规范（简称兽药 GSP）工作。全区 651 家兽药经营企业，实施兽药 GSP 改造的达 120 余家，通过兽药 GSP 检查验收的企业 71 家，年内劝导退市的经营企业 97 家。2011 年全面推进兽药 GSP，全区有 231 家通过了兽药 GSP 验收，山川各县、乡镇都有通过 GSP 验收的兽药经营企业。

农业部兽药经营企业清理规范行动要求 2012 年 3 月 1 日前，未通过兽药 GSP 认证的兽药经营企业必须全部予以关闭。2012 年，全区 840 家兽药经营企业中，有 359 家企业通过兽药 GSP 验收；303 家企业主动调整发展方向，退出兽药经营市场；148 家未进行兽药 GSP 改造的企业于 3 月 1 日全部关闭；其余 30 家继续进行兽药 GSP 改造。在实施 GSP 改造过程中，依法陆续注销了 481 家兽药经营企业兽药经营许可证，其中取缔无证经营企业 12 家，并及时向工商管理部门通报了兽药经营许可证注销信息，实现了兽药经营企业改造升级与有序退市的平稳过渡。通过兽药经营市场整治，兽药 GSP 企业配备了兽药质量负责人，建立了质量管理体系，开展供应商评估和兽药产品合法性审查，提高假劣药鉴别能力，签订兽药质量保证书；针对兽药进、存、销三大环节，完善兽药储存设施、生物制品冷链，规范记录进存销档案。兽药经营店面整洁，商品摆放整齐，处方药、非处方药分区销售，库房分类分区明确。全区兽药经营行业整体水平、公司化集约化经营水平显著提升，散乱小差（夫妻店、家庭经营）、兽药合格率低的局面彻底改观。

2013—2018 年，全区兽药经营企业稳定在 300 家左右，公司化经营企业比例进一步提高，兽药经营行业人员中，畜牧兽医专业人员比例和学历层次大幅提升，并出现了药品配送、售后服务、科技培训、兽药超市等多种销售服务模式。山区部分县区（隆德、西吉）乡镇兽药店与本县有实力的兽药经营企业（总店）实行质量连锁经营，总店建立完整的质量管理体系，配备专业的兽药质量管理人员，开展购进兽药质量审核和验收，负责进货和质量把关，乡村连锁店与总店签订《质量连锁经营协

议》，只负责分销，既保障了兽药质量，又确保了山区农村群众养殖用药需求。

截至 2020 年，全区兽药经营企业 305 家。其中，银川市 80 家，石嘴山市 33 家，吴忠市 86 家，固原市 62 家，中卫市 44 家。

■ 第三节　兽药使用

一、实施 GUP 之前的宁夏兽药使用

20 世纪 50 年代，全区相继成立人民公社兽医站，兽药使用以中药材为主，配以少量的化学药品，药品供应渠道为国营药材公司。60—70 年代，兽药使用逐步向中西医结合方向转变，化学药品和中成药逐渐增加。1978 年家庭联产承包制以后，牲畜归家庭所有，农户自行购药用药，兽药使用以中西兽药结合为主。进入 80 年代，兽药使用以各类化学药品为主，以及部分中药散剂。90 年代以后，随着畜牧业生产向专业化、规模化、集约化生产方式转变和市场经济快速发展，兽药使用以生物制品、化学药品为主，中药散剂为辅，兽药使用品种和数量逐渐增大，并涌现出许多兽药经营店。随着老一代中兽医逐步退出诊疗行业，传统中药材和各种单方、验方的使用几乎绝迹，除国家计划免疫的疫苗由畜牧兽医主管部门统一组织分发外，其他兽药使用较为混乱，养殖场用药大多凭经验用药，或以民间兽医诊断或兽药经营企业介绍推荐为主，加之市场上存在假劣兽药，养殖环节因兽药存储使用不当、滥用抗生素、不合理用药、不执行休药期等造成的畜产品兽药残留超标等问题逐步显现，兽药使用和畜产品质量安全引起全社会高度关注。

二、实施 GUP 之后的宁夏兽药使用

2004 年，国务院发布《兽药管理条例》，明确了规范兽药使用记录，禁止使用假劣兽药、人用药、禁用药、原料药，以及执行休药期等管理要求。农业部相继发布一系列禁用药公告，养殖环节用药逐步开始规范。2012 年自治区农牧厅发布《宁夏兽药使用质量管理规范》（简称兽药 GUP），统一制定《宁夏兽药使用档案样表》。自 2013 年以后，在全区有条件的规模养殖场推行兽药 GUP。规模养殖场相继建立起独立的药房，配备兽药技术人员或执业兽医师，建立兽药使用质量管理制度，开展供应商评估和兽药产品合法性审查，提高假劣药鉴别能力，针对兽药进、存、用三大环节，完善储存设施设备，规范记录兽药使用档案，落实休药期管理规定。

在宁夏的乳品龙头企业积极探索兽药使用管理方式。对奶源基地奶牛场使用的兽药集中进行质量审核管理，确定一批质量信誉好的兽药厂家及产品，要求供货厂家所供的每批兽药必须随货携带厂家出厂检验报告。销售模式采取第三方自主经营、自主配送方式，在全区选择几个经营管理及售后服务水平高的兽药经营企业作为定点供应商，依据奶牛场订单进行配送。这种"质量审查、招标采购、定点供应，统一配送"的质量管控模式，从源头上强化了兽药使用质量管理，降低了养殖环节兽药使用质量风险。定点供应商积极开展各种形式的售后技术服务和技术培训，提高广大奶牛养殖户的饲养管理、防病治病、安全用药技术水平，保障全区生鲜乳质量安全水平。

截至 2020 年年底，全区 1300 余家规模养殖场都建立了兽药使用管理制度，对兽药使用、违禁药品控制、休药期管理等进行了规定，全部使用全区统一的《兽药使用档案》，按照执业兽医师处方使用兽用处方药，其中，通过兽药 GUP 验收合格的各类规模养殖场及动物诊所达到 494 家，覆盖全区 22 个县区。

■ 第四节 兽药质量检验

一、兽药质量标准制修订

（一）宁夏兽药地方标准制修订

兽药质量检验必须依据兽药质量标准进行。兽药国家标准包括由中国兽药典委员会拟定的、国务院兽医行政管理部门发布的《中华人民共和国兽药典》和其他兽药质量标准。

中国最早正式发布的兽药质量检验标准为1978年《兽药规范》。1996、1999年，农业部相继发布了《兽药质量标准》第一册、第二册。在国家修编兽药质量标准的同时，各省（直辖市、自治区）根据本地区兽药生产现状，制定发布了地方兽药质量标准。1991年，宁夏畜牧局成立"宁夏兽药评审小组"，1992改为"宁夏回族自治区兽药评审委员会"，负责制定、修订、审批、发布宁夏兽药地方标准。1991年发布了第一个兽药地方标准《"757"灭菌晶质量标准》。至2002年，全区共制定发布了26个兽药地方标准。详见表7-5-3。

表7-5-3 宁夏制定的兽药地方标准（1991—2002年）

年份	兽药地方标准名称
1991	"757"灭菌晶质量标准
1992	鱼速康质量标准
1999	强力灭螨灵质量标准
2000	伊维菌素片质量标准、丙硫苯咪唑混悬液（10%）质量标准、丙硫苯咪唑质量标准、伊维菌素混悬液质量标准、胖嘟嘟质量标准、复方伊维菌素片质量标准
2001	泰磺肥素质量标准、氯嗪苯乙氰饮水剂质量标准、洁力消毒王质量标准、氯氰碘柳胺钠质量标准、丙硫苯咪唑复方片质量标准、复方氯氰碘柳胺钠注射液质量标准、蛋嘟嘟质量标准、洁力水产保护神质量标准
2002	复方利巴韦林可溶性粉质量标准、强力弓焦灵可溶性粉质量标准、痢菌净预混剂质量标准、痢菌净粉质量标准、二溴海因质量标准、富氯U质量标准、三氯异氰尿酸质量标准、溴氯海因质量标准、复方金刚烷可溶性粉质量标准

至2005年，全国兽药地方标准多达1.5万个。由于全国兽药地方标准数量庞大，质量参差不齐，农业部于2003—2006年组织开展兽药地方标准清理工作与兽药地方标准上升国家标准工作，分批颁布了新的《兽药国家标准 兽药地方标准上升国家标准》（2003年版、2006年版）。宁夏制定的26个兽药地方标准在兽药地方标准清理工作中全部被清理。

（二）兽药国家标准制修订与复核

宁夏兽药饲料监察所从2008年开始承担兽药国家标准制修订、复核任务。2008—2020完成中国兽药典委员会下达的《中国兽药典》《兽药质量标准》中部分兽药产品检验标准的制修订工作，共完成标准50个。其中标准制定6个，复核26个，标准对照18个。在标准制修订过程中，注重加强与国外国内药典的比对研究，注重国际成熟技术标准的借鉴和转化，不断扩大成熟检测技术在兽药质量控制中的应用，进一步提高检测方法的灵敏度、专属性、适用性和可靠性，并对兽药有关物质等安全性指标进行深入研究。2012—2014年，完成《中国兽药典》（2015版）拟收载的磺胺二甲嘧啶钠注射液、对乙酰氨基酚注射液等5个质量标准的制修订工作，成绩突出，荣获中国兽医药品监察所颁发的2014年度标准研究先进集体。

二、兽药质量检验资质认证

1985年，宁夏兽药饲料监察所成立，开始承担全区兽药质量检验职能。1990年，首次通过宁夏质量技术监督局计量认证/授权认可，正式开始开展全区兽药质量检验。2001年，首次通过农业部省级兽药监察所资格认证；2007年通过农业部省级兽药监察所资格复评审。2012年，宁夏兽药饲料监察所实施省级兽药监察所建设项目，购置超高效液相色谱仪、高效液相质谱仪等精密检测仪器，全面改善兽药质量检验工作条件。2015年，实施"农业部西北畜禽产品质量安全监督检验中心"建设项目，为适应兽药国家标准有关检验条件规定，新购紫外分光光度计、显微镜成像系统、全自动电位测定仪、微生物鉴定系统等检验仪器，进一步提高了兽药质量检验的承检能力。

宁夏兽药饲料监察所先后通过宁夏质量技术监督局多次计量认证复评审，是全区唯一具有兽药质量检验资质的专业机构。2009年，参加国家认监委（CNS）组织的红霉素原料含量测定比对，成绩良好。2010年开始参加中国兽医药品监察所组织的全国省级兽药监察所实验室间检测项目能力考核，2010—2020年共参加能力考核8次，均获优异成绩，其中2015年参加首届全国省级兽药监察所实验室间中兽药"清翁败毒散"显微鉴别检测能力考核，正确鉴别出散剂中各味药材7种、非处方药材2种、添加物1种，顺利通过了考核，成绩优秀。

三、兽药质量检验

（一）兽药质量抽检

1990—2001年，宁夏兽药饲料监察所对全区兽药经营市场进行了兽药质量抽检（表7-5-4）。起初每年抽检几十批次，之后逐渐扩大兽药抽检覆盖面，检验批次增至百余批次。抽检的兽药品种为片剂、注射剂、原料药等，检验参数依据兽药国家标准及兽药地方标准，主要是性状、鉴别、干燥失重、含量测定、pH等。由于兽药检验刚起步，受检验设备、场所和人员的限制，检验参数少，检验兽药品种比较单一。检验结果显示，当时宁夏兽药市场兽药产品合格率偏低，检验不合格原因多集中在含量和鉴别上，反映出生产企业质量意识淡薄，违法生产兽药，采取低限投料或少投、不投某种原料，生产质次价廉的商品；产品工艺不成熟，产品稳定性差，在有效期内发生变性、变质；企业缺乏有力的质量控制能力，原辅料入厂和产品出厂把关不严，甚至套用其他生产企业兽药批准文号。经营企业兽药进货渠道杂乱，或者为了利益故意销售不合格兽药产品；兽药质量监督力量相对薄弱，假劣兽药查处时效性差，使非法企业非法产品有一定的存在空间，兽药产品质量难控制。

表7-5-4　宁夏经营环节兽药质量抽检结果（1990—2001年）

年份	抽检数（批）/合格数（批）	总合格率（%）
1990	7/6	85.7
1991	30/29	96.7
1992	26/25	96.2
1993	46/34	73.9
1994	51/38	74.5
1995	54/43	79.6
1996	99/62	62.6
1997	78/53	67.9

（续）

年份	抽检数（批）/合格数（批）	总合格率（%）
1998	158/95	60.1
1999	121/71	58.7
2000	133/69	51.9
2001	155/106	68.4

（二）兽药监督抽检

为切实加强兽药质量安全监管工作，提高兽药产品质量安全水平，有效保障养殖业生产安全和动物产品质量安全，从 2002 年开始，自治区农牧厅兽医处（局）和宁夏兽药饲料监察所承担农业部组织开展的兽药质量监督抽检计划任务。自治区农牧厅兽医局每年制定全区兽药质量监督抽检计划并组织实施；按照农业部计划任务数量，对等配套本区检验任务数量；负责对监督抽检疑似假兽药和检验不合格产品标称生产企业的跟踪抽样；负责对假兽药和不合格兽药产品的查处工作。宁夏兽药饲料监察所承担全区监督抽检产品的检验工作，依据兽药国家标准，按时效要求完成检验任务。

监督抽检实行抽样和监督检查相结合，由宁夏兽药饲料监察所实施抽样，市县区农牧部门兽药监督管理机构实施现场监督检查。发现列入农业部发布的禁止使用的药品和化合物清单（禁用兽药清单）的产品、标准已经废止的产品、未经批准的产品、过期失效产品、改变标准或改变处方产品、近两年列入农业部发布的兽药质量通报同一批号的假劣产品，以及已被通报为非法企业的所有产品，由辖区兽医行政管理部门依法实施收缴销毁，立案查处，不再进行抽样。2016 年 7 月 1 日起生产的、未赋二维码的兽药产品，依据《兽药管理条例》《兽药标签和说明书管理办法》等有关规定进行处理，不再进行抽样。

监督检验抽样活动严格执行农业部《兽药质量监督抽样规定》。抽样时按照规定程序实施，完整填报抽样单信息，核对产品储存要求和实际储存条件、清点所抽取产品的库存数量，并在抽样单上标注储存条件和数量。从经营、使用环节抽样时，抽样前对抽取样品来源和购销情况进行现场核实，包括二维码追溯情况、购买方式、供货单位、人员和联系电话、进货时间、进货数量等，在抽样单上标注，并经抽样单位、被抽检单位双方人员签字认可。同时，收集购货发票复印件等相关购货凭证留存备查。

2009 年开始实行兽药抽检产品确认制度，即向被抽检到产品的标称兽药生产企业发送兽药产品信息确认函，由标称生产企业确认该抽检兽药产品是否为其生产产品。对标称生产企业不确认的兽药不进行检验，直接由抽样所在地兽医行政管理部门的兽药监督管理机构进行查处。2016 年以来，我国充分利用互联网技术和信息化监管平台，推行生产企业兽药二维码赋码管理措施，建立国家兽药信息追溯系统，强化流通领域跟踪督查，对抽检兽药产品进行扫码确认，不再进行函告确认。

根据抽样产品情况确定检测项目，对兽药国家标准规定了鉴别、有关物质和含量测定项的产品，原则上进行鉴别、有关物质和含量测定项全部检验，并上报结果。检验结果不符合兽药国家标准的、涉嫌改变处方添加其他药物成分的、含量无法测定的以及添加违禁药物的样品判定为不合格。

监督抽检检验遵循当季抽样、当季完成检验和按时上报结果的工作原则，分次检验和上报结果的工作方式，保证产品的储存条件和有效期满足检验、复检要求。

检验工作完成后，宁夏兽药饲料监察所将检验报告及时报送自治区农牧厅兽医局。将不合格检验结果通知辖区市县畜牧兽医行政管理部门。市县畜牧兽医行政管理部门在收到兽药检验结果确认单当日，将不合格检验结果转交被抽样单位，并做好记录、留存凭证。被抽样单位收到检验结果通知之日起 7 个工作日内未提出异议的，视为认可检验结果；对检验结果有异议的，自收到检验结果通知之日起 7 个工作日内，向宁夏兽药饲料监察所申请复检。按照复检申请，宁夏兽药饲料监察所及时组织对抽样留存样品进行复检，将复检结果以书面形式通知被抽检单位，并报送自治区农牧厅兽医局。

2002 年以来，随着检测技术不断提升，检验仪器更新换代，宁夏兽药承检能力逐步增强，兽药检测面不断扩大。全区兽药检验合格率逐年提高，2017 年以后兽药合格率一直保持在 90% 以上，反映出全区开展兽药监督抽检"检打联动"、兽药专项整治行动，推行兽药生产经营使用规范管理，实施兽药二维码赋码等工作已见成效。检出的不合格兽药中，化药和抗生素主要是含量过高或过低；中兽药主要是性状、鉴别、pH 不合格，并存在处方外非法添加现象。中兽药产品成分复杂，定量测定有效成分较为困难，多数用显微镜定性鉴别。由于贵重药材价格上涨等因素，偷工减料、蒙混过关的情形时有发生，致使中兽药合格率较低，中兽药依然是监督抽检的重点。

2002—2020 年宁夏兽药监督抽检结果见表 7-5-5。

表 7-5-5　宁夏兽药监督抽检结果（2002—2020 年）

年度	总批数	兽药种类									总合格率（%）
		化药			中兽药			抗生素			
		抽检批数（批）	合格批数（批）	合格率（%）	抽检批数（批）	合格批数（批）	合格率（%）	抽检批数（批）	合格批数（批）	合格率（%）	
2002	343	230	137	59.6	37	23	62.2	76	43	56.6	59.2
2003	307	176	115	65.3	69	47	68.1	62	39	62.9	65.5
2004	442	/	/	68.7	/	/	68.8	/	/	51.4	63.3
2005	357	/	/	69.5	/	/	62.1	/	/	69.4	67.5
2006	514	/	/	/	/	/	/	/	/	/	67.9
2007	326	/	/	/	/	/	/	/	/	/	77.6
2008	299	161	96	59.6	85	50	58.8	53	29	54.7	58.5
2009	241	120	89	74.2	57	31	54.4	64	37	57.8	65.1
2010	257	146	116	79.5	80	61	76.3	31	27	87.1	79.4
2011	262	127	98	77.2	86	51	59.3	49	35	71.4	70.2
2012	231	101	72	71.3	55	42	76.4	75	60	80.0	75.2
2013	243	132	113	85.6	57	41	71.9	54	39	72.2	79.4
2014	248	130	116	89.2	87	71	81.6	31	27	87.1	86.3
2015	231	102	97	95.1	81	70	86.4	48	42	87.5	90.5
2016	288	75	73	97.3	111	90	81.1	102	91	89.2	88.2
2017	301	120	113	94.2	91	76	83.5	90	88	97.8	92.0
2018	335	122	122	100.0	102	90	88.2	111	100	90.1	93.1
2019	303	79	73	92.4	94	82	87.2	130	121	93.1	91.1
2020	323	72	71	98.6	131	120	91.6	120	117	97.5	95.4

（三）兽药风险监测

2018 年，农业部下达兽药监督抽检计划的同时，下达兽药风险监测计划。宁夏兽药风险监测任务由宁夏兽药饲料监察所承担。风险监测遵循当季抽样、当季完成检验和按时上报结果的工作原则，按农业部要求开展重点项目质量监测，主要针对使用范围广、用量大、风险高的兽药，突出监测兽药非法添加物，确定风险因子，开展隐患排查。风险监测结果实行季报制度，根据风险监测结果对兽药质量情况进行风险预警，为制定兽药质量监管措施提供技术依据。针对监测不合格的情形，及时报告宁夏农牧厅，必要时实施跟踪监督抽检。

2018 年，兽药风险监测涉及 8 类兽药制剂中非法添加物 12 种。主要检测板蓝根注射液、穿心莲注射液、盐酸林可霉素注射液、盐酸林可霉素可溶性粉、氟苯尼考粉中非法添加对乙酰氨基酚、安乃近、地塞米松、地塞米松磷酸钠 4 种药物的测定；黄连解毒散、白头翁散中非法添加喹乙醇、乙酰甲喹 2 种药物的测定；氟苯尼考粉中非法添加氧氟沙星、诺氟沙星、恩诺沙星、环丙沙星 4 种药物的测定；黄芪多糖注射液中非法添加对乙酰氨基酚、安乃近、氨基比林、安替比林 4 种药物的测定。全年共检测 68 批，未检出非法添加物。

2019 年，风险监测共 139 批。其中，飞行时间质谱仪检测 104 批，检出 9 类兽药有疑似非法添加物，但由于检测技术受限，无法确证；高效液相色谱—二极管阵列检测器检测 35 批，主要检测黄芪多糖注射液中非法添加解热镇痛类、抗病毒类、抗生素类、氟喹诺酮类等药物，恩诺沙星注射液、伊维菌素注射液、盐酸林可霉素注射液、阿莫西林可溶性粉等兽药中非法添加磺胺类药物，结果均未检出。

2020 年，风险监测 106 批。共使用检查方法 7 个，涉及 5 类兽药制剂中非法添加物 12 种。其中采用氟苯尼考粉和氟苯尼考预混剂中非法添加氧氟沙星、诺氟沙星、环丙沙星、恩诺沙星检查方法 13 批，阿莫西林可溶性粉中非法添加解热镇痛类药物检查方法 8 批，盐酸林可霉素制剂中非法添加对乙酰氨基酚、安乃近检查法 7 批，中兽药散剂中非法添加喹乙醇、乙酰甲喹检查法 21 批，液相色谱—二极管阵列法（农业部 169 号公告）16 批，结果均未检出。采用麻杏石甘口服液、杨树花口服液中非法添加黄芩苷检查法 17 批，检出 1 批；氟喹诺酮类制剂中非法添加乙酰甲喹、喹乙醇等化学药物检查方法 24 批，检出 1 批。

■ 第五节　兽药质量监督管理

一、监管体制与机制

（一）兽药监督管理体制

1985 年，自治区兽药饲料监察所成立，自治区畜牧局委托自治区兽药饲料监察所负责兽药监管工作。2000 年，自治区农牧厅成立后，继续委托自治区兽药饲料监察所负责兽药监管工作。2004 年国务院《兽药管理条例》第四十四条明确兽药管理职责为县级以上人民政府兽医行政管理部门。2001—2007 年，各市县（区）兽药监管工作主要由畜牧兽医工作站负责。2008 年以后，各市县兽药监管工作由当地农牧局委托下属动物卫生监督所、农业执法大队、动物疾病预防控制中心等不同单位承担。2018 年 10 月，自治区农业农村厅挂牌成立。截至 2020 年，全区兽药监管工作仍由自治区兽药饲料监察所代表自治区农业农村厅承担，各市县（区）兽药监管工作由市、县畜牧兽医行政管理部门委托所属的动物卫生监督所、农业综合执法大队、动物疾病预防控制中心等机构负责承担，代表当地畜牧兽医行政管理部门开展日常行政检查、技术指导服务、违法案件查处、兽药质量监督抽检（抽样）、GSP 技术审查及现场检查验收等相关工作，并协助开展兽药经营行政许可有关工作。

（二）兽药管理考核机制

2001—2013 年，兽药管理工作纳入《全区兽医工作目标管理考核办法》，考核分值占到 20%，内容包括：兽药监管机制及工作部署、兽药经营质量管理、兽药使用质量管理、兽药市场监督管理、兽药执法案件查处五部分。2014 年，在《全区重大动物疫病防控延伸绩效评估表》中兽药监管工作分值占 6%，内容包括：执行处方药与非处方药管理办法、执行兽药产品标签说明书管理规定、规模养殖场执行兽药休药期规定和兽药使用记录完整性、组织查处农业部和自治区公布的假劣兽药及案卷质量情况。2015 年，在《全区重大动物疫病防控延伸绩效评估标准》中兽药监管工作分值占到 20%，内容包括：兽药市场整治、兽药 GSP 管理、养殖环节兽药使用管理、处方药和非处方药管理、兽药标签说明书再规范行动。2016 年，在《宁夏 2016 年度重大动物疫病防控延伸绩效管理指标体系》中兽药监管工作分值占到 12%，内容包括：畜禽产品兽药残留监测及追溯管理情况、落实兽药（抗菌药）综合治理五年行动实施方案、开展兽药质量抽检、检打联动工作情况、兽用抗菌药物专项整治情况、落实兽药质量管理规范情况。2017—2020 年，在《宁夏重大动物疫病防控延伸绩效管理指标体系》中兽药监管工作分值占 9%，内容包括：兽药质量抽检、检打联动、兽用抗菌药专项整治、兽药经营环节"二维码"追溯、兽用抗菌药减量化行动试点等工作。

二、兽药质量规范化管理

1987 年，国务院发布《兽药管理条例》，对兽药生产企业和经营企业提出了基本条件和要求。1988 年，农业部发布实施《兽药管理条例实施细则》，实行兽药生产和经营行政许可制度。1989 年，农业部发布施行《兽药批准文号规定》《兽药生产许可证》《兽药经营许可证》和《兽药制剂许可证管理办法》。1990 年起，试行农业部《兽药生产质量管理规范（试行）》，由此开始了兽药生产质量规范化管理和产品批准文号管理进程。

1995 年 12 月 20 日，自治区畜牧局发布实施《宁夏回族自治区兽药管理办法》。1997 年 3 月 28 日，自治区畜牧局发布《宁夏回族自治区兽药生产企业（车间）验收评审办法》和《宁夏回族自治区兽药经营企业验收评审办法》。依据《兽药管理条例》，相继对全区 17 家兽药生产企业核发了生产许可证，批准兽药产品文号 266 个，产品 217 个，颁发兽药地方标准 26 个。

（一）兽药生产质量规范化管理

2003 年，按照农业部规定兽药生产企业在 2005 年 12 月 31 日前全部达到兽药 GMP 要求的期限，宁夏在全区兽药生产企业实施《兽药生产质量管理规范》（简称兽药 GMP）。生产企业严格执行《兽药标签和说明书编写规则》的规定，将草拟产品标签和说明书草案报送农业部兽药审评委员会办公室审查，审查合格后报农业部畜牧兽医局批准。截至 2005 年 5 月，全区通过兽药 GMP 验收的企业有 8 家。同时，全区组织开展清理兽药产品批准文号、整治兽药生产秩序活动，对全区兽药生产厂家的产品进行了清理登记。

2004 年以前，兽药经营单位、诊疗机构和个体兽医为满足兽药使用需求，可以用人用药品弥补兽药不足品种，采购的人用药品必须是国家兽药标准、农业部专业标准收载的品种，并加盖"兽用"标志。同年，农业部发布《兽药产品批准文号管理办法》，取消人药兽用。

2005—2015 年 5 月，兽药 GMP 申报资料受理和审查、组织现场检查验收、兽药 GMP 检查员培训与管理由农业部兽药 GMP 工作委员会办公室（"兽药 GMP 办公室"）承担，自治区兽医主管部门只负责兽药 GMP 上报资料审核及当地兽药 GMP 日常监管工作，委托自治区兽药饲料监察所具体执行。

按照《国务院关于取消和调整一批行政审批等事项的决定》，"兽药生产许可证核发"事项自 2015 年 2 月 24 日起下放至省级人民政府兽医行政主管部门。2015 年 5 月 25 日，农业部发布《兽药生产质量管理规范检查验收办法》，明确省级兽医主管部门负责本辖区兽药 GMP 检查验收申报资料的受理和审查、组织现场检查验收、省级兽药 GMP 检查员培训和管理，以及企业兽药 GMP 日常监管工作。2015 年 12 月 3 日，农业部发布新版《兽药产品批准文号管理办法》，赋予省级兽医行政管理部门开展除新兽药、生物制品类兽药外的兽药产品批准文号的资料审查、现场核查、产品复核检验工作。2015—2020 年，宁夏开展本区 7 家兽药生产企业 GMP 申报资料的受理审查、现场检查验收共 17 次，完成本区兽药生产企业申请的兽药产品批准文号资料审查、现场核查及抽样、复核检验共 131 个。宁夏泰瑞制药股份有限公司在全国率先试点兽药二维码赋码印制，2016 年以后，全区所有兽药生产企业的兽药产品全部赋码出厂。

（二）兽药经营质量规范化管理

20 世纪 80 年代起，随着畜牧业快速发展，兽药经营企业快速兴起。1988 年起，兽药经营实行行政许可。1991 年，对全区兽药生产、经营情况进行检查、调查、指导和对假劣药进行清查，换发兽药生产许可证、兽药经营许可证、兽药制剂许可证及批准文号，对各类兽药进行抽检化验，对兽药新产品进行鉴定、审定，并开展人员培训。同时，与自治区工商局协调，将换发、核发兽药生产许可证、兽药经营许可证、兽药制剂许可证作为营业执照发放的前置条件。1991 年，全区兽药经营单位236 家，经营品种 820 多种，核换发兽药经营许可证 224 个。2000 年，明确宁夏兽药饲料监察所负责本辖区渔药产品质量监督检验工作，渔药行政主管部门负责对水产养殖、水产技术推广等单位和个人的渔药使用情况进行监督检查。2004 年开始，要求兽医诊疗机构和养殖场（户）建立兽药使用记录，严格执行停药期规定。2009 年，自治区农牧厅根据农业部关于实施兽药经营质量管理规范的安排部署，制定并印发了《宁夏兽药经营质量管理规范检查验收暂行办法》《宁夏兽药 GSP 检查员管理暂行办法》《宁夏兽药经营质量管理规范试点实施意见》《宁夏兽药 GSP 现场检查评定标准及评定项目》，举办了宁夏首届兽药 GSP 检查员培训班，启动了宁夏兽药 GSP 试点工作。2010 年 1 月 4 日，农业部发布《兽药经营质量管理规范》（简称兽药 GSP），要求 2012 年 3 月 1 日前，未通过兽药 GSP 认证的兽药经营企业必须全部予以关闭。2010 年，全区全面推进兽药经营质量管理规范工作，宁夏兽药饲料监察所设自治区兽药 GSP 办公室，负责全区兽药 GSP 具体工作，受理全区兽药经营企业的申请并组织开展 GSP 检查验收工作，验收合格并公示后，颁发兽药 GSP 证书，自治区农牧厅、县区农牧局以此分别办理兽用生物制品、其他普通兽药的兽药经营许可证。2011 年，通过举办培训班、县际观摩、现场指导、书面告知、科普宣传等方式，分区域培训兽药经营者，共举办兽药 GSP 专项培训班28 期，培训兽药管理及经营人员 260 余人次，组织县际观摩 10 余次，技术人员现场指导 50 余次，送达书面时限告知书 700 余份，印发宣传资料 1.7 万份。2012 年，全面完成兽药 GSP 改造验收及兽药经营企业清理和规范工作，实现兽药经营企业改造升级与有序退市的平稳过渡，当年全区 840 家兽药经营企业中，有 359 家企业通过了兽药 GSP 验收并被核发兽药经营许可证，依法陆续注销了 481家兽药经营企业的兽药经营许可证，其中取缔无证经营企业 12 家，并及时向工商管理部门通报了兽药经营许可证注销信息。各级兽药管理单位加强对已通过兽药 GSP 企业的后续监管，建立平时巡查督查机制，加强对企业落实质量管理文件情况以及药品的进、存、销记录档案等进行监督。

2015 年，自治区农牧厅重新修订并发布《宁夏兽药经营质量管理规范实施细则及 4 个规范性文件》，将兽药 GSP 检查验收下放到市县，全区建立并执行兽药经营企业季度巡查督查机制，依据兽药 GSP 管理规定，对辖区经营企业质量管理制度落实情况进行检查督查，开展"兽药 GSP 回头看"等工作。2016 年下发《对〈宁夏回族自治区兽药经营质量管理规范实施细则〉进行补充说明》，进一步明确兽药 GSP 受理、审查、验收、公示等标准和程序。2017 年下半年将兽用生物制品经营企业 GSP 受理验收下放到市级。2018 年 5 月下发《关于全面推行兽药经营环节产品追溯管理工作的通知》，要求在 5 月底前全区所有兽药经营企业和市、县级兽药监管部门全面完成在国家兽药追溯系统的注册和审核。全区相继举办多期追溯技术操作培训班，开展 5 个市轮训和 22 个县区逐县培训，279 家兽药经营企业全部进行注册并通过了审核。开发"宁夏兽药信息化监管平台"省级监管平台，全区所有兽药经营企业上线注册使用，大大提高了兽药监管工作效率。

2019 年，以推行宁夏兽药信息化监管平台为重点，全面推进兽药经营环节追溯管理，不断提升优化宁夏兽药信息化监管平台建设，完成宁夏平台在国家追溯系统备案和数据交换，开发了手机App，并完成宁夏平台迁址到宁夏政务云等技术工作。

2020 年，举办 2020 年全区兽药监管培训班，培训执法人员、兽药经营及使用企业人员 100 人；举办全区兽药行业高素质农民培训班，培训兽药生产、经营和使用企业人员 100 人；组织全区兽药监管人员参加"全国兽药管理法规政策视频培训班"，全区五个市设分会场，94 人参加了培训。协调平台维护企业优化升级宁夏平台功能，研发了宁夏平台手机 App 和技术操作视频。

（三）兽药使用质量规范化管理

2012 年年底，自治区农牧厅发布《宁夏兽药使用质量管理规范》（简称兽药 GUP），在全国率先建立起覆盖兽药使用进、存、用全过程的管理规范，配套《宁夏兽药使用档案样表》。2013 年以来，此记录表格在全区所有规模养殖场全面推广使用。截至 2020 年年底，全区 1300 余家规模养殖场都建立了兽药使用管理制度，全部使用全区统一的《兽药使用档案》，通过兽药 GUP 验收合格的各类规模养殖场及动物诊所达到 494 家，覆盖全区 193 个乡镇和 48 个街道。

（四）特殊兽医药品规范管理

1980 年 11 月 20 日农业部、卫生部、国家医药管理总局联合发布《兽用麻醉药品的供应、使用、管理办法》。1984 年 5 月 4 日自治区卫生厅、公安厅、农牧厅、医药管理局、工商行政管理局联合下发《关于认真贯彻卫生部等五部局〈关于进一步加强对'安钠咖'管理的通知〉和〈自治区关于加强对'安钠咖'管理的补充规定〉的通知》，制订宁夏《关于加强对"安钠咖"管理的补充规定》。1994 年 10 月 7 日确认宁夏畜牧兽医药械供应站是宁夏安钠咖定点调拨经营单位。1999 年 3 月 22 日农业部公布《兽用安钠咖管理规定》。2006 年 6 月 12 日宁夏畜牧兽医药械供应站被确定为宁夏兽用盐酸氯胺酮、复方氯胺酮、安钠咖注射液定点组织供应单位，承担全区各级兽医诊疗机构的统一组织供应工作。

2001 年 3 月自治区农牧厅发布实施《宁夏回族自治区兽用预防用生物制品管理办法》。2007 年 3 月 29 日农业部第 3 号令发布《兽用生物制品经营管理办法》，明确只允许经营非强制免疫用兽药生物制品，强制免疫用兽用生物制品实行政府集中采购，各级动物疾病预防控制机构组织分发的政策。

三、兽药专项整治行动

（一）兽药"检打联动"机制

落实"检打联动"机制。兽药质量抽检是兽药质量监管的重要手段，每年全区兽药质量抽检 300 批左右，抽检样品来自本区生产企业、经营企业和养殖环节，实现了全区所有县区、所有生产厂家全覆盖，质量检验由宁夏兽药饲料监察所承担。对检验不合格产品，及时向当地兽药监管部门发送"检验报告"，对相关被检单位开展假劣兽药查处，并将相关质量抽检通报信息转发全区，在全区范围内对同产品、同批号的产品进行清缴，精准打击和清除假劣兽药，同时向全区发布全国抽检的假劣兽药信息，在经营企业质量信息栏进行公告，指导广大消费者有效甄别、合理选购兽药，避免购买假劣兽药。2011—2020 年，全区各市县办理兽药违法案件分别为 215 件、160 件、135 件、110 件、89 件、62 件、32 起、33 起、50 起、31 起，查处假劣兽药数量分别为 1600 千克、660 千克、534 千克、346.3 千克、289.9 千克、1135.76 千克、230 千克、193.7 千克、233 千克、181.5 千克，有效净化了全区兽药市场。

（二）兽用抗菌药物专项整治

2011—2015 年，连续组织开展了"兽用抗菌药物专项整治"，2015 年制定《宁夏兽药（抗菌药）综合治理五年行动实施方案（2015—2019 年）》，专项整治覆盖兽药生产、经营、使用全过程，并加大兽药质量抽检和残留监控，强化执法办案，推进健康养殖，建立长效机制，重点对未经农业部批准使用的兽用抗菌药物和农业部第 193、560 号公告公布的禁用兽药、农业部查处通知中通报的假劣抗菌药物、盗用或套用批准文号产品及标签、说明书不符合规定产品和改变组方、规格、用法用量、夸大疗效的产品、涉嫌添加兽药标准以外药物成分的产品，以及未取得进口兽药注册证书或未办理"进口兽药通关单"等非法进口的兽用抗菌药及禁用和假劣兽药添加剂进行排查和专项整治。

(三)兽药经营企业清理规范行动

2012年,组织开展了"兽药经营企业清理规范行动",全区共出动执法人员967人次,检查兽药经营企业近400余家,注销经营企业148家,查处案件39起,没收假劣兽药360千克,罚款0.99万元,对不按兽药GSP规定经营的企业进行了警告,对经营假劣兽药、超范围经营兽药等违法违规行为进行了处理。

(四)兽药产品标签说明书规范行动

2014年,组织开展了"兽药产品标签说明书规范行动",共发放宣传资料及告知书2580份,举办培训班51期,培训兽药生产、经营和使用单位人员3600余人次;共出动执法人员2264人次,检查兽药生产企业9家、兽药经营企业393家、兽药兽用单位1168家,收缴销毁不符合规范的标签说明书0.59万份,处罚违规经营企业83家,立案查处27起,货值金额2.68万元,罚没金额1.16万元,全区市场上兽药产品标签说明书基本达到规范要求。

(五)宁夏兽药行业诚信自律活动

2014年,在全区组织开展了"宁夏兽药行业诚信自律活动"。自治区农牧厅先后制定下发《宁夏兽药行业诚信自律倡议书》《宁夏兽药行政管理部门及其工作人员告知书》《宁夏守法依规生产兽药告知书》《宁夏守法依规经营兽药告知书》《宁夏守法依规使用兽药告知书》《宁夏守法依规生产兽药承诺书》《宁夏守法依规经营兽药承诺书》《宁夏守法依规使用兽药承诺书》。各级兽药监管机构向参加单位发放《兽药行业诚信自律活动宣传培训手册》5000本、《宁夏兽药行业诚信自律倡议书》5000份、《宁夏兽药行政管理部门及其工作人员告知书》150份、《宁夏守法依规生产兽药告知书》30份、《宁夏守法依规经营兽药告知书》600份、《宁夏守法依规使用兽药告知书》5000份。全区兽药行业按照告知书的要求,全面开展诚信自律建设,完善提高守法依规和质量管理水平,建立完善管理制度和质量管理手册,开展经营质量承诺,质量管理人员到监管部门备案,签订质量保证责任书,严格按照兽药GMP、GSP和GUP的规定,守法依规生产、经营和使用兽药;完善从业信息公开制度,在经营场所公开企业从业人员、资质、证照、监督部门电话等信息。全区兽药生产、经营和使用单位签订《宁夏守法依规生产兽药承诺书》8份、《宁夏守法依规经营兽药承诺书》406份、《宁夏守法依规使用兽药承诺书》1300份,并在企业或养殖场显著位置进行张贴。通过此项活动,开启了宁夏兽药行业诚信自律建设的新阶段,为规范行业行为,深入开展行业诚信自律建设发挥了重要作用,使全区兽药行业诚信自律建设迈上新台阶。

(六)兽药经营使用双百创优示范活动

2017年,在全区选取100家兽药经营企业和100家GUP合格规模养殖场开展兽药经营使用双百创优示范活动,自治区农牧厅兽医局印发了《全区兽药经营使用双百创优示范活动方案》,制定了《宁夏兽药经营创优示范活动验收标准》和《宁夏兽药使用创优示范活动验收标准》。自治区农牧厅筹措资金104.8万元,为创优示范机构购置配发电脑、打印机和兽药二维码扫描设备,以兽药追溯管理和信息化监管为契机,全面提升兽药质量规范管理水平、兽药产品信息追溯管理水平、诚信自律守法依规经营水平和引领市场促进健康养殖水平。

(七)遏制动物源性细菌耐药行动

2017年,农业部发布《全国遏制动物源细菌耐药行动计划(2017—2020年)》。同年7月10日,自治区农牧厅兽医局发布了《宁夏遏制动物源性细菌耐药行动工作方案(2017—2020年)》。2019

年，宁夏兽药饲料监察所开展动物源细菌耐药性监测，共采集奶牛、蛋鸡、生猪、滩羊养殖场粪便样本550份，鉴定细菌分离株1153株，开展34种抗菌药物药敏试验，为养殖场科学合理使用抗菌药物提供技术支撑。2020年，完成动物源细菌耐药性监测抽样350份，完成任务的175%，完成细菌分离鉴定1136株、药敏检测3520次。

（八）兽用抗菌药使用减量化行动

2018年4月，农业农村部办公厅发布《关于开展兽用抗菌药物使用减量化行动试点工作的通知》，在全国开始养殖场抗菌药物使用减量化试点。同年5月，自治区农牧厅兽医局下发《宁夏兽用抗菌药使用减量化行动试点工作方案》。当年，富源牧业（吴忠）有限责任公司和宁夏顺宝现代农业股份有限公司2家企业参加全国兽用抗菌药使用减量化试点。2019年1月，农业农村部畜牧兽医局印发《养殖场兽用抗菌药物使用减量化效果评价方法和标准（试行）》。2019年，兴庆区湖城万头养殖场和盐池冯记沟滩羊养殖专业合作社被纳入全国第二批试点场。试点养殖场按照《养殖场兽用抗菌药物使用减量化效果评价方法和标准（试行）》，积极开展抗菌药使用减量化行动，并认真开展效果评价和自评。

2020年，继续开展兽用抗菌药物使用减量化试点工作，完成2020年全国兽用抗菌药物使用减量化试点养殖场筛选工作，确定宁夏贺兰山奶业有限公司平吉堡奶牛六场、宁夏农垦贺兰山奶业有限公司暖泉牧场2家试点企业，并组织试点场参加了中国兽药协会组织的"全国第三期使用抗菌药使用减量化试点场"视频培训；宁夏2018年首批参加全国兽用抗菌药物使用减量化试点的富源牧业（吴忠）有限责任公司、宁夏顺宝现代农业股份有限公司2家养殖场当年获得"全国兽用抗菌药物使用减量化行动试点达标养殖场"称号。

■ 第六节　兽药残留监控

一、兽药残留监控检测能力建设

2003年，宁夏回族自治区兽药饲料监察所实施农业部投资的"饲料安全工程项目"，购置了高效液相色谱仪（安捷伦1100）、气质联用仪（瓦里安SATUYN2200）、酶标仪（DRM9602）、旋转蒸发仪（德国LR4000/HB/G3）、高速冷冻离心机（CR22G）、高速离心机（德国B4I）等仪器设备，检测设施达到兽药残留检测方法及残留限量要求。

2006—2012年，宁夏兽药饲料监察所实施农业部"省级兽药饲料监察所建设项目"，购置了超高效液相色谱-串联质谱仪、高效液相色谱仪等仪器设备25台（套），兽药残留检测仪器设备进一步改善，检测覆盖面不断拓宽。

2014—2016年，宁夏兽药饲料监察所实施农业部西北畜禽产品质量安全监督检验中心项目，完成通风系统、机电及网络、供气系统、空调系统改造等实验室改造建安工程，购置仪器设备56台（套）。项目实施后，开展新检验参数扩项认证199项（兽药残留类80项），有效提升了宁夏兽药饲料监察所兽药残留检测能力。

2012—2020年，宁夏兽药饲料监察所参加了农业农村部畜牧兽医局组织的省级兽药残留检测实验室能力验证，全部通过所有检测项目的考核。详见表7-5-6。

表7-5-6　参加兽药残留检测实验室能力验证情况（2012—2020年）

年份	检测项目	结果
2012	1. 鸡蛋中尼卡巴嗪残留测定（液质法） 2. 猪肉中替米考星残留量测定（高效液相色谱法）	全部通过考核

（续）

年份	检测项目	结果
2013	1. 鸡肉中氯霉素残留量测定（液质法） 2. 猪肉中5种磺胺胺类残留量测定（高效液相色谱法）	全部通过考核
2014	1. 鸡肉中氟喹诺酮残留量测定（高效液相色谱法） 2. 鸡肉中金刚烷胺残留量测定（液质法）	全部通过考核
2015	1. 猪肝中克伦特罗、莱克多巴胺和沙丁胺醇残留量测定（液质法） 2. 鸡肉中氟喹诺酮类残留量测定（高效液相色谱法） 3. 牛肉中噻苯哒唑和氟苯哒唑残留测量测定（高效液相色谱法）	全部通过考核
2016	1. 猪肝中克伦特罗、莱克多巴胺和沙丁胺醇残留量测定（液质法） 2. 猪肉中5种磺胺胺类残留量测定（高效液相色谱法） 3. 鸡肉中甲硝唑和羟其甲硝唑残留量测定（液质法） 4. 牛肉中三氯苯唑和三氯苯唑酮残留量测定（高液液相色谱法）	全部通过考核
2017	1. 猪肉中克伦特罗、莱克多巴胺、沙丁胺醇、氯丙那林、西马特罗残留量测定 2. 鸡肉中恩诺沙星、环丙沙星、达氟沙星、沙拉沙星残留量测定 3. 猪肉中替米考星残留量测定 4. 鸡肉中氯苯胍残留量测定	全部通过考核
2018	1. 猪肉中克伦特罗、莱克多巴胺、沙丁胺醇残留量测定 2. 猪肉中5种磺胺类残留量测定 3. 牛奶中阿维菌素类残留量测定 4. 猪肉中头孢喹肟残留量测定	全部通过考核
2019	1. 牛肉中克伦特罗、莱克多巴胺、沙丁胺醇、氯丙那林残留量测定 2. 鸡肉中恩诺沙星、环丙沙星、达氟沙星、沙拉沙星残留量测定（2次）	全部通过考核
2020	1. 牛肉中克伦特罗、莱克多巴胺、沙丁胺醇残留量测定 2. 鸡肉中恩诺沙星、环丙沙星、达氟沙星、沙拉沙星残留量测定	全部通过考核

二、动物及动物产品中兽药残留监控

为加强兽药残留监控，促进养殖环节科学安全合理用药，保障动物源性食品安全，农业部从2003年开始，每年制定动物及动物产品中兽药残留监控计划。自治区农牧厅兽医局具体负责组织实施辖区动物及动物产品兽药残留监控工作，制定辖区年度监控计划，在配合完成国家监控计划的同时，制定并组织实施辖区兽药残留监控计划，监控数量不低于国家计划的20%，检测工作由宁夏兽药饲料监察所具体承担。

每年的兽药残留监控检测工作分四个季度完成，抽样活动按《官方取样程序》和农业部每年监控计划所附的动物及动物产品兽药残留抽样和检测技术操作要点执行。抽样由自治区农牧厅指导相关市县区畜牧兽医行政管理部门，安排官方兽医协助检测机构开展。宁夏兽药饲料监察所根据需要赴采样现场协助官方兽医开展采样。市县区官方兽医或官方兽医协助检验机构采样人员抽取样品，并在抽样单上签字后，分别由检测机构和被抽样单位保存（随留样保存）。附有抽样单的样品由检测机构采样人员带回检测机构，按照检验流程完成检测。检测标准按照农业部每年监控计划随附的动物及动物产品兽药残留检测方法及残留限量执行。宁夏兽药饲料监察所负责提供四个季度残留检测结果分析报告，编制检验结果汇总表，并上报全国兽药残留专家委员会办公室。

2003—2018年，共检测宁夏动物源性产品5196批次，检测样品涉及有牛奶、鸡肝、鸡蛋、牛肉、羊肉、猪肉、鸡肉等7种动物产品，检测参数由初期的4种兽药增加到后期的12大类45种兽药。检出的兽药残留主要有牛奶中的青霉素类、磺胺类，猪肉中的四环素类，鸡肉中的地克珠利、氯霉素，鸡蛋中的氟喹诺酮类，其中，鸡蛋中氟喹诺酮类、鸡肉中氯霉素存在检出不合格情况。详见表7-5-7。

表7-5-7　宁夏动物及动物产品兽药残留检测情况（2003—2018年）

年份	动物组织/检测参数	数量	检出情况
2003	牛奶：青霉素类 鸡肝：呋喃唑酮、土霉素、金霉素	156批	牛奶中检出青霉素类6批，未超标
2004	鸡蛋：磺胺二甲嘧啶 鸡肝：氯霉素	119批	未检出
2005	鸡蛋：磺胺二甲嘧啶 鸡肝：氯霉素	116批	未检出
2006	鸡肝：氯霉素 鸡蛋：磺胺二甲嘧啶	240批	未检出
2007	鸡肉：氯霉素 鸡蛋：氟喹诺酮类 猪肉：金霉素、土霉素	267批	鸡蛋中检出氟喹诺酮类11批，不合格
2008	鸡肉：氯霉素 鸡蛋：氟喹诺酮类 猪肉：四环素类	241批	猪肉中检出四环素类14批，未超标
2009	鸡肉：氯霉素 鸡蛋：氟喹诺酮类 猪肉：四环素类	245批	猪肉中检出四环素类27批，未超标
2010	鸡肉：氯霉素 鸡蛋：氟喹诺酮类 猪肉：四环素类	269批	鸡蛋中检出氟喹诺酮类1批，不合格
2011	猪肉：四环素类 鸡肉：氯霉素 鸡蛋：氟喹诺酮类 鸡肝：氟喹诺酮类 牛奶：β-内酰胺类、氟喹诺酮类	461批	鸡肉中检出氯霉素1批，不合格
2012	猪肉：四环素类 鸡肉：氯霉素、氟喹诺酮类 鸡蛋：氟喹诺酮类 牛奶：氟喹诺酮类、β-内酰胺类	455批	鸡蛋中检出氟喹诺酮类1批，不合格
2013	猪肉：四环素类 鸡肉：氟喹诺酮类、泰乐菌素 鸡蛋：氟喹诺酮类 牛奶：氟喹诺酮类、β-内酰胺类	448批	未检出
2014	猪肉：四环素类 鸡肉：泰乐菌素 鸡蛋：氟喹诺酮类 牛奶：氟喹诺酮类、β-内酰胺类、磺胺类	474批	牛奶中检出磺胺类1批，未超标
2015	鸡肉：地克珠利 猪肉：地塞米松 牛羊肉：β-受体激动剂 鸡蛋：氟喹诺酮类 牛奶：氟喹诺酮类、β-内酰胺类、磺胺类	480批	未检出
2016	牛肉：阿维菌素类 猪肉：氟喹诺酮类、四环素类、磺胺类、地塞米松 鸡肉：地克珠利 鸡蛋：氟喹诺酮类 牛奶：甲砜霉素、β-内酰胺类、磺胺类	483批	鸡蛋中检出氟喹诺酮类12批，不合格； 鸡肉中检出地克珠利1批，未超标

（续）

年份	动物组织/检测参数	数量	检出情况
2017	牛肉：阿维菌素类 鸡肉：地克珠利 鸡蛋：氟喹诺酮 牛奶：β-内酰胺类、磺胺类	392 批	未检出
2018	牛肉：头孢噻呋、阿维菌素 猪肉：四环素类 羊肉：β-受体激动剂 鸡肉：四环素类 鸡蛋：氟喹诺酮类 牛奶：磺胺类	350 批	鸡蛋中检出氟喹诺酮类 5 批，不合格

对于检测出的阳性样品（超标），执行阳性（超标）样品报告制度和阳性（超标）样品追溯制度，即在检出阳性样品后的 10 个工作日内，自治区农业农村厅畜牧兽医局根据检测结果，跟踪督办，各市县区畜牧兽医行政管理部门接到反馈的残留超标检测报告后，启动追溯程序，对被抽样单位连续跟踪抽样 2 次，抽样比例为 1∶5，即发现一个阳性样品，每次抽 5 个同类样品。

各市县兽医行政管理部门对养殖场用药情况进行核查，重点检查兽医处方、用药记录和库存兽药产品。发现养殖用药不规范、未执行休药期等问题，及时提出改正措施，并监督整改。依据《兽药管理条例》有关规定，对使用了禁用药物及其他化合物的动物及其产品，监督养殖场和屠宰企业进行无害化处理。将超标样品处理结果报自治区农业农村厅畜牧兽医局，并做好调查处理记录，记录存档 2 年以上。

2019 年，根据中央部门预算管理规定，农业农村部畜牧兽医局将动物及动物产品中兽药残留监控通过政府购买服务形式实施，由可承接政府购买服务的部分省级兽药检验机构和第三方检测机构承担该项任务。同年，宁夏兽药饲料监察所不再承担兽药残留检测工作。

第六章

畜 禽 屠 宰

■ 第一节　畜禽屠宰变迁

一、国营食品系统肉联厂阶段（1953—1984 年）

中华人民共和国成立后，引进苏联的经济和技术援助，在全国各主要核心城市将私营屠宰企业改建成规模化、工业化的屠宰加工厂，成立了国营和集体经济的肉联厂，在全国布局建设了 2000 多家肉联厂，屠宰方式主要是手工操作。1953 年，银川市食品公司投资兴建了宁夏第一个国营屠宰厂——银川市生猪肉类联合加工厂。

1955 年 2 月，全国开始实行猪、牛、羊、禽蛋商品"统购统销"政策。此后 30 年时间，在计划经济体制下，肉类食品的流通由国营商业实行集中统一经营，实行票（肉票）、证（副食本）制度。宁夏除农民自宰自食的部分畜禽外，其余畜禽均由国家食品部门按计划收购，由国营屠宰场或肉联厂统一屠宰，其生产的肉类由国营肉食商店统一凭票供应。当时国营肉联厂负责屠宰和加工生产猪、牛、羊、禽商品，由于产量低，对城市、工矿区和县城居民实行计划分配和定量供应办法。在计划经济体制下，生猪屠宰企业原料靠计划调进，产品靠计划调出，亏损靠政府补贴，产业发展缓慢。

宁夏牛羊屠宰企业起步较晚，回族群众的牛、羊、禽大多是自宰自食。1982 年，银川市食品公司新建牛羊肉冷库，银川市牛羊肉的购销业务都由银川市食品公司统一负责。

二、畜禽屠宰放开阶段（1985—1995 年）

20 世纪 80 年代，中国实行经济体制改革，全面放开生猪屠宰，"一把刀"变为"多把刀"，肉类企业被迫面向市场，自主经营、自负盈亏，大批个体、私营企业涌现，中国肉类屠宰加工业步入完全市场竞争的阶段。80 年代中期，银川、石嘴山、平罗、中卫、中宁、青铜峡、灵武、固原等 10 个市、县总共建国营和个体联营形式的屠宰场（点）21 个，个体户屠宰点 140 个，屠宰设施简单，大多为"三块石头一顶锅"的模式。

1987 年 2 月 11 日，《国务院办公厅转发商业部　财政部　物价局关于生猪产销情况和安排意见的通知》，提出对生猪屠宰实行"定点屠宰、集中检疫、统一纳税、分散经营"的十六字方针。第一次提出实行"定点屠宰"。1989 年，宁夏回族自治区人民政府根据国办发（1987）103 号文件和（1989）52 号文件的要求，下发宁政发（1989）103 号文件，要求自治区各市县积极开展生猪"定点屠宰、集中检疫、统一纳税、分散经营"工作。1990 年 8 月，银川市率先在城区北门、保伏桥、新城肉联厂及新市区氮肥厂设立了 4 家生猪定点屠宰场。1991 年，自治区商业、卫生、畜牧、工商等部门下发了《宁夏贯彻生猪"三统一分"补充规定》（宁政办发〔1991〕30 号），提出"方便群众、合理布局、以国营为主、集体个人一起上"的建点原则，在宁夏部分地区全面实施"定点屠宰、集中检疫"，要求宁夏市场销售的猪肉，一律在指定的屠宰场（点）屠宰加工。此后几年，由于定点不合理，点少不方便，服务跟不上等原因，生猪"定点屠宰、集中检疫"名存实亡。随着猪肉市场全面放开，原国营食品系统独家经营生猪及其产品的模式逐渐被国家、集体、个人多元化的经营模式所取代。众多的民营企业开始进入屠宰行业，国有肉联厂或倒闭或被兼并，屠宰行业步入新的发展时期。

三、依法定点屠宰阶段（1996 年以来）

1996 年 4 月，银川市人民政府关闭了卫生条件和屠宰设施差的银川新市区化肥厂生猪屠宰点、银川郊区保伏桥生猪屠宰点，并对银川北门屠宰点进行改（扩）建，进一步改善了屠宰设备和卫生状况。同年 9 月，中卫县在县城新建 2 家生猪屠宰场，在乡镇新建 6 家生猪屠宰场；固原县也在县城建成 1 家生猪定点屠宰场，生猪"定点屠宰、集中检疫"逐步开展。这一时期肉类屠宰业产品少、规模小、质量差、市场不发达，企业呈现出"小、乱、散、差"状态。屠宰加工开始由过去的手工操作向半机械化吊宰加工转变。

1997 年 12 月 19 日，国务院发布《生猪屠宰管理条例》，从法律上确定了定点屠宰管理制度，并一直实行至今，生猪屠宰开始步入法制化轨道。同年，宁夏也积极探索牛、羊、家禽定点屠宰工作，平罗宝丰、吴忠涝河桥、永宁纳家户和兴庆区金伯爵等牛、羊、禽定点屠宰场点也先后建立。2000 年、2002 年和 2004 年，自治区人民政府分别颁发了《宁夏回族自治区生猪屠宰管理办法》《宁夏回族自治区牛羊屠宰管理办法》《宁夏回族自治区家禽屠宰管理办法》，形成了全区较为完善的管理法规体系，生猪、牛羊、家禽屠宰实施"定点屠宰，集中检疫"管理。

2006 年，全区生猪、牛羊和家禽进厂定点屠宰率分别达到 96％、87％和 73％。截至 2007 年 5 月底，县级以上城区建成生猪定点屠宰厂 22 家、牛羊定点屠宰厂 23 家、家禽定点屠宰厂 15 家，个体户屠宰点逐步取消。2008 年 1 月 3 日，宁夏成为全国率先在定点屠宰企业建立统一台账的省份，成为西北第一个县级以上城区生猪定点屠宰率达到 100％，市场、超市、餐饮和集体单位 100％销售或使用定点屠宰猪肉的省份。

2015 年 6 月，宁夏共有畜禽定点屠宰厂（场）88 家，其中生猪 26 家、牛羊 44 家、家禽 18 家。有 24 家企业列入全国规模以上定点屠宰企业，占宁夏定点屠宰企业总数的 27％，机械化屠宰厂（场）已达到 22 家，大部分屠宰企业达到了半机械化水平，有 5 家牛羊定点屠宰厂注册了出口加工厂资质。

宁夏屠宰行业生产经营分自营、代宰和混宰形态。为规范屠宰企业"代宰"行为，全面落实屠宰企业"代宰"质量安全主体责任，2016 年，根据农业部统一要求，宁夏制定印发了《畜禽定点屠宰委托代宰加工协议书》，明确了"代宰"企业与委托代宰户之间的权利义务。

2011 年，自治区人民政府修订颁布《宁夏生猪屠宰管理办法》《宁夏牛羊屠宰管理办法》《宁夏家禽屠宰管理办法》。2017 年 11 月 30 日，宁夏十一届人大常委会第三十四次会议通过了《宁夏回族自治区畜禽屠宰管理条例》，于 2018 年 1 月 1 日起施行。

按照农业农村部统一部署，2019 年自治区开展依法合规屠宰企业审核清理，关停环保设施设备不符合要求、屠宰设施设备陈旧、屠宰工艺落后等问题企业。到 2020 年年底，全区依法合规的畜禽定点屠宰场（厂）41 家，其中生猪 14 家、牛羊 22 家、家禽 5 家，年设计屠宰生产能力生猪 200 万头、牛 45 万头、羊 520 万只、鸡 930 万只。详见表 7 - 6 - 1。

表 7 - 6 - 1　宁夏回族自治区依法合规畜禽定点屠宰企业名单（2020 年）

序号	企业名称	地址	屠宰许可证号
	生猪		
1	银川利丰顺屠宰加工有限公司	银川市西夏区赛马水泥厂东 1 千米处	A06010301

（续）

序号	企业名称	地址	屠宰许可证号
	生猪		
2	宁夏农垦灵农畜牧有限公司肉联厂	银川市灵武市灵武农场14号地北侧	A06010401
3	永宁县亨通达生猪定点屠宰场	银川市永宁县李俊镇金塔村	B06010506
4	宁夏湖城养殖有限公司	银川市贺兰县习岗镇新胜村	A06010602
5	宁夏永兴肉食品有限公司	石嘴山市大武口工业园区煤机一厂路口	A06020109
6	平罗县守江生猪定点屠宰场	宁夏石嘴山市平罗县城关镇前位村一队	A06020312
7	石嘴山市惠农区典浩生猪定点屠宰厂	宁夏石嘴山市惠农区煤炭路26号	A06020210
8	吴忠市利通区昌盛生猪定点屠宰场	宁夏吴忠市利通区金积西门桥头	A06030101
9	盐池县生猪定点屠宰有限公司	宁夏吴忠市盐池县花马镇德胜墩村	A06030401
10	宁夏古峡食品有限责任公司	宁夏吴忠市青铜峡市瞿靖镇瞿靖村	A06030201
11	隆德县生猪定点屠宰厂	宁夏固原市隆德县沙塘镇光联村	A06040320
12	中卫市鸿瑞肉食品有限公司	宁夏中卫市沙坡头区宣和镇商业北街	A06050122
13	宁夏中澳伟辉肉食品开发有限公司	宁夏中卫市中宁县新堡乡新水工业园区	A06050226
14	中卫市黄河肉食品有限公司	宁夏中卫市沙坡头区宣和镇工业园区	A06050130
	牛羊		
15	永宁宏祥牛羊肉加工有限公司	银川市永宁县杨和镇红星村	NY06010503
16	银川金顺友农林牧业有限公司	银川市永宁县闽宁镇	NY06010504
17	贺兰县四海综贸有限公司	贺兰县常信乡安渠村	NY06010601
18	宁夏伊顺园农工贸有限公司	贺兰县德胜园区虹桥北路	NY06010603
19	宁夏农垦贺兰山牛羊产业有限公司	贺兰县暖泉农场现代农业示范园区	NY06010604
20	石嘴山市艾力富食品有限责任公司	石嘴山市惠农区石大路西侧	NY06020201
21	平罗县鑫伟辉农牧开发有限公司	平罗县灵沙乡何家村一队	NY06020303
22	平罗县万嘉羊业有限公司	平罗县轻工业园区	NY06020302
23	宁夏涝河桥肉食品有限公司	吴忠市利通区郭家桥乡涝河桥村	NY06030102
24	宁夏盛源食品科技园发展有限公司	吴忠金积工业园区食品园	NY06030103
25	青铜峡市牧泉肉食品有限公司	青铜峡市峡口镇鸿乐府农贸市场	NY06030202
26	宁夏宗源滩羊食品有限公司	盐池县307国道城西城郊林场	NY06030402
27	宁夏盐池县鑫海食品有限公司	盐池县花马池镇刘八庄自然村	NY06030403
28	宁夏盐池县大夏牧场食品有限公司	吴忠市盐池县工业园区内	NY06030405
29	宁夏回达滩羊肉食品有限公司	同心县王团镇农贸市场内	NY06030502
30	宁夏瑞加祥肉食品有限公司	同心县丁塘镇杨家河湾村清水河桥畔	NY06030501
31	宁夏壹加壹农牧股份有限公司	红寺堡区南环路南侧三干渠西侧	NY06030301
32	宁夏六盘山泾河食品有限公司	泾源县轻工产业园区	NY06040401
33	宁夏中民恒丰农牧业有限公司	隆德县六盘山工业园区	NY06040301
34	宁夏夏华肉食品股份有限公司	中卫市沙坡头区迎水桥镇	NY06050101
35	中卫市伊斋源屠宰有限公司	中卫市沙坡头区兴仁镇东街	NY06050102
36	中宁县伊民牛羊定点屠宰厂	中宁县大战场镇红宝村	NY06050202
	家禽		
37	石嘴山市长协家禽定点屠宰厂	石嘴山市大武口区工业园区	JQ06020101

（续）

序号	企业名称	地址	屠宰许可证号
		家禽	
38	宁夏锦玉食品有限公司	青铜峡市瞿靖镇毛桥村	JQ06030204
39	宁夏顺宝食品有限公司	青铜峡市邵岗镇甘城子顺宝生态园	JQ06030203
40	宁夏好水川养殖有限公司	固原市开发区富宁路建业街	JQ06040101
41	宁夏万升实业有限公司	彭阳县城南门工业园区	JQ06040501

2020年，在全区40家正常运营的屠宰企业（中卫市黄河肉食品有限公司停宰）中，有5家是自营，31家代宰，4家混宰经营。全年共屠宰生猪51万头、牛6.4万头、羊121万只、家禽325万只，营业收入30.53亿元，其中生猪屠宰企业营业收入11.51亿元、牛羊屠宰企业营业收入18.06亿元、家禽屠宰企业营业收入0.96亿元，屠宰环节肉品质量安全抽检合格率达到98%以上。受消费者偏好热鲜肉的饮食习惯影响，自治区屠宰企业主要以生产热鲜肉为主，占比85%，冷鲜肉和冷冻肉占15%。屠宰企业多停留于初级加工、售卖原材料型产品的阶段，总体加工技术水平低，缺乏高附加值的精深加工产品，主要以胴体区内销售为主。

■ 第二节　屠宰工艺设施

一、屠宰方式

屠宰方式主要分为民间屠宰和定点屠宰两种。

民间屠宰：一般在露天进行卧宰，屠宰方式和屠宰设施比较落后。根据时节宰杀牲畜，汉族群众逢年过节或婚丧嫁娶时宰猪羊禽等，回族群众在开斋节、古尔邦节或婚丧嫁娶时宰牛羊禽等。生猪宰杀主要采取捆紧猪的四蹄，用刀刺进颈动脉放血的方式。汉族群众宰杀牛羊采取断牛羊颈动脉血管的方式；回族群众宰牲时，由阿訇宰杀放血，用断喉法从颈部切断被屠宰牛羊的气管、食管、静动脉血管，宰杀时，刀刃锋利、刀法快、放血干净。汉族群众宰杀家禽放血后水烫拔毛；回族群众宰杀家禽时，由阿訇宰杀放血、手工干拔毛清理完成。

定点屠宰：生猪屠宰主要采取吊宰刺杀放血，或在电麻致昏后输送流水线进行吊挂，从颈部刺杀放血的方式进行屠宰。牛羊屠宰主要采取颈部刺杀放血，将牛羊的后蹄挂在轨道上按流水线屠宰的方式进行。家禽屠宰主要采取断喉放血的方式。牛羊、家禽屠宰场刺杀放血由阿訇主刀。

二、屠宰工艺

民间宰杀生猪后，一般用大铁锅烧水烫毛。在20世纪90年代初，逐渐用胶皮桶替代了铁锅进行褪毛，将水温烧至70～80℃，倒入改造好的胶皮桶中，将放血后的猪装入胶皮桶中，烫10～15分钟，翻滚胶皮桶，能够彻底将猪毛退掉，比过去的大铁锅烫毛更方便。盐池县麻黄山、大水坑、惠安堡等地农村宰杀年猪都用此法褪毛。胶皮桶比较轻便，不易划伤胴体，热水温度不易流失。2004年随着塑料皮袋的普及，人们发现塑料皮袋成本低而且较胶皮桶更轻便、易操作，因此胶皮桶逐渐被塑料皮袋替代。民间宰杀羊只后，用刀从蹄系部皮肤割开小口吹气、捶气，使毛皮皮下充气，利于手工剥皮。

定点生猪屠宰厂屠宰工艺流程：健康猪进待宰圈停食饮水静养，采用麻电设备对猪的两侧头部、心脏进行麻电，致昏后立即用链钩套住猪左后蹄跗骨节，将其提升上轨道进行立式放血，通过蒸汽烫毛隧道或浸烫池进行烫毛，送入脱毛机脱毛，随后采用人工方式或抛光机将猪屠体体表残毛、毛灰清刮干净并进行清洗，割头去蹄，挑胸、剖腹，拉直肠、割膀胱，取出心、肝、肺，冲洗胸、腹腔，摘除内脏各部位的同时，由检验人员按《肉品卫生检验试行规程》进行同步检验，之后，手工劈半或自动劈半，劈半后的片猪肉应摘除肾脏，撕断腹腔板油，冲洗血污、浮毛等，按顺序修整腹部、修割乳头和放血刀口、割除护心油、暗伤、伤斑和遗漏病变腺体，整理副产品，将片猪肉送入冷却间进行预冷。

定点牛羊屠宰厂屠宰工艺流程：健康牛羊进待宰圈停食饮水静养，用扣脚链扣紧牛羊的右后小腿，匀速提升挂至轨道链钩上，从牛羊喉部下刀，横断食管、气管和血管，从跗关节下刀沿后腿内侧中线剥皮，割下头和前后蹄后，沿胸软骨处下刀割开胸腔及脖部，取出内脏后冲洗胸、腹腔，将劈半锯插入牛羊的两腿之间，从耻骨连接处下锯，从上到下匀速地沿牛羊的脊柱中线将胴体劈成二分体，清理胴体表面的淤血、淋巴结、污物和浮毛等不洁物，由上到下冲洗整个胴体内侧及锯口，检验人员按《肉品卫生检验试行规程》进行检验后，将胴体送入预冷间预冷。

家禽的屠宰工艺流程：健康活禽进待宰圈停食静养，轻抓、轻挂家禽，将禽的双腿同时挂在挂钩上，宰杀时准确切断动脉（按照宗教习惯宰杀的例外），沥血时间充分，浸烫水采用流动水，送入脱毛机后去除禽体残毛、爪皮和趾壳等，并用清水冲洗干净，用人工或机械划开腹部皮肤，完整去除嗉囊、食道、肠道等消化道及内脏，将去内脏后的体表及体腔冲洗干净后进行预冷胴体整理修复，对每只禽体表、内脏和体腔实施同步检疫。

三、屠宰设施

宁夏畜禽定点屠宰厂（场）的屠宰与分割车间的建筑面积、建筑设施与生产规模相适应；具有符合国家规定要求的待宰间、无害化处理间、屠宰间、急宰间；配备供水、排水、清洁消毒、温度控制、通风、照明、仓储、废弃物存放等基础设施，以及与屠宰规模相适应的生产设施、检疫检验设施、消毒设施无害化处理设施、符合环境保护要求的污染防治设施等。

2018年，宁夏建立定点屠宰监管视频监控系统，安装在线视频监控设备，并与县级以上监管部门联网运行，肉品品质检验合格证实现电子出证。

■ 第三节　畜禽产品加工

一、猪肉加工

1999年，宁夏农垦集团公司注册"灵农"商标，"灵农"猪肉成为西北地区第一家拥有商标名称的品牌猪肉产品，成为宁夏家喻户晓的"放心肉"。

二、牛羊肉加工

1992年，经自治区批准，泾源县通过丹麦政府混合贷款项目，兴建了宁夏第一家具备标准化屠宰流水线的肉牛屠宰场——泾河肉联厂，并注册"泾河"商标。

2005年盐池县注册了"盐池滩羊"产地证明商标，2008年荣获宁夏回族自治区著名商标，2010年被国家工商总局商标局认定为中国驰名商标，使滩羊产品具有了适应市场经济竞争的"金牌名片"。盐池县鑫海食品有限公司于2012年建立"宁鑫滩羊"商标（被评为自治区著名商标），生产了滩羊肉精品系列羊棒骨、羊排、臊子肉、精肉卷等产品。公司产品入驻京东、天猫等电商平台。盐池滩羊肉被指定为2016、2017、2018和2019年G20峰会、厦门"金砖五国峰会"、上海合作组织青岛峰会和大连夏季达沃斯年会专供食材。

宁夏涝河桥肉食品有限公司于2008年被认定为国家级农业产业化重点龙头企业，生产牛前腿肉、牛后腿肉、牛腱、牛尾、牛排、牛棒骨等牛肉产品25个品种，羔羊肉卷、法式羊排、羔羊肉砖、法式羊腿、网型后腿、法式八骨排、羊龙骨、羊里脊等羊肉产品 35 个品种；2012 年荣获牛羊肉"中国驰名商标"，与京东商城、天猫等著名电商合作创新销售模式。

宁夏夏华食品有限公司采用"从初级产品到深加工产品，从养殖场到餐桌"的全产业链发展模式，生产了宁夏牛肉、宁夏羊肉、宁夏雪花牛肉、宁夏牦牛肉系列产品。该公司的"穆和春"产品于 2010 年被评为"中国名牌农产品""宁夏名牌产品"，"穆和春"商标被认定为宁夏著名商标。公司先后在青海省海晏县、门源县和刚察县建立分公司，是宁夏第一家跨省发展的牛羊肉生产加工企业。2010 年，以龙头企业带农户的肉牛产业发展"夏华模式"在自治区推广，2013 年公司被认定为国家级"农业产业化重点龙头企业"。

三、禽肉加工

宁夏彭阳县万升家禽屠宰厂是以自宰经营为主的家禽定点屠宰企业，2015 年"朝那"商标荣获"宁夏著名商标"，2019 年"朝那鸡"荣获国家地理标志保护产品。

■ 第四节 畜禽屠宰监管

一、管理体制

为加强生猪屠宰管理，保证生猪产品质量安全，保障人民群众吃肉安全，1997 年 12 月，国务院发布实施《生猪屠宰管理条例》，明确县级以上地方人民政府商务主管部门负责本行政区域内生猪屠宰活动的监督管理。本案例明确规定国家实行生猪"定点屠宰、集中检疫"制度。国务院农业农村主管部门负责全国生猪屠宰的行业管理工作。县级以上地方人民政府农业农村主管部门负责本行政区域内生猪屠宰活动的监督管理。县级以上人民政府有关部门在各自职责范围内负责生猪屠宰活动的相关管理工作。生猪定点屠宰厂（场）由设区的市级人民政府根据设置规划，组织畜牧主管部门、畜牧兽医主管部门、环境保护部门以及其他有关部门，依照本条例规定的条件进行审查，经征求省、自治区、直辖市人民政府商务主管部门的意见确定，并颁发生猪定点屠宰证书和生猪定点屠宰标志牌。

2001 年 8 月 3 日，自治区机构编制委员会批准成立"宁夏回族自治区畜禽定点屠宰领导小组办公室"，为自治区国内贸易办公室所属事业单位。

2013 年，根据第十二届全国人大一次会议表决通过的《国务院机构改革和职能转变方案》和中央机构编制委员会办公室（简称"中央编办"）有关文件，将商务部的生猪屠宰监督管理职责划入农业部，结束了九个部门管"一头猪"的历史，从此，生猪屠宰管理进入了一个新阶段。2013 年 9 月 28 日，自治区畜禽定点屠宰管理职能移交座谈会暨机构交接仪式在自治区农牧厅举行。2014 年 7 月 11 日，自治区人民政府印发《自治区人民政府办公厅关于印发自治区农牧厅主要职责内设机构和人员编制规定的通知》，自治区商务厅的畜禽定点屠宰监督管理职责划入自治区农牧厅，自治区畜禽定点屠宰领导小组办公室整建制调整由自治区农牧厅管理。2015 年 7 月前，宁夏所有市、县（区）全部完成了畜禽屠宰职能移交工作。2017 年 9 月 15 日，自治区机构编制委员会将自治区畜禽定点屠宰领导小组办公室更名为"自治区畜禽定点屠宰工作站"。

2018 年 1 月 1 日起，施行《宁夏回族自治区畜禽屠宰管理条例》。该条例明确了县级以上人民政府畜牧兽医主管部门负责本行政区域内畜禽屠宰的监督管理。县级以上人民政府食品药品监督管理、卫生行政、环境保护、城乡规划、民族事务等主管部门，按照各自职责做好畜禽屠宰的监督管理工作。乡（镇）人民政府、街道办事处应当协助做好畜禽屠宰监督管理工作。设区的市级人民政府经征求自治区人民政府畜牧兽医主管部门的意见，作出是否同意建设畜禽定点屠宰厂（场）的决定。畜禽定点屠宰厂（场）建成、验收合格后，由设区的市级人民政府颁发畜禽定点屠宰证书和畜禽定点屠宰标志牌。

二、行业监管

宁夏畜禽定点屠宰工作自 1998 年开展以来取得了较大发展和进步。畜禽定点屠宰工作坚持"强化监管保安全、推动转型促发展"两条主线，加快建章立制、强化行业监管、推进转型升级。

2009 年 9 月 1 日，自治区启用了全国统一的"肉品品质检验相关证章"，包括肉品品质检验合格证、"肉品品质检验合格"标志（签）、"肉品品质检验合格"验讫印章、"种猪、晚阉猪和种公羊、种公牛"肉品专用检验标识印章、"病害畜禽及其产品无害化处理"印章五部分。

2018 年 8 月全国发生非洲猪瘟以后，宁夏严抓屠宰环节非洲猪瘟防控措施的落实。2019 年 1 月宁夏畜禽定点屠宰工作站组织举办了全区非洲猪瘟防控培训班，通报了非洲猪瘟防控政策，发放了《屠宰环节非洲猪瘟防控》宣传挂图，指导生猪屠宰企业做好非洲猪瘟防控工作。印发了《关于加强生猪屠宰企业非洲猪瘟防控保障猪肉质量安全的通知》，督促企业落实屠宰环节疫情防控责任，落实"六严格"（严格生猪入场、严格检验检疫、严格产品出厂、严格无害化处理、严格日常消毒、严格猪血处置）防控措施，加快屠宰行业转型升级。同时，联合公安、市场监管等部门严厉打击生猪私屠滥宰和违规屠宰行为，确保生猪产品质量安全。督促指导全区 13 家生猪屠宰场落实非洲猪瘟自检和官方兽医派驻"两项制度"，购置了非洲猪瘟 PCR 检测设备，改造完善实验室，建立非洲猪瘟检测记录，做到"头头采、批批检、全覆盖"，同时，根据企业屠宰量落实官方兽医派驻制度，共派驻官方兽医 46 人、协检员 11 人，2019 年 7 月，全区生猪屠宰场非洲猪瘟自检和官方兽医派驻"两项制度"达标率 100%。督促屠宰企业做到"五个落实"，即落实生猪入场查验、落实清洗消毒、落实屠宰检疫检验、落实无害化处理、落实生产记录和疫情报告。

为推动畜禽定点屠宰厂（场）向规模化、标准化、品牌化方向发展，提高畜禽定点屠宰厂（场）生产技术水平，保障畜禽产品质量安全，2018 年印发了《畜禽定点屠宰厂（场）分级管理实施办法》《屠宰厂（场）等级认定审核标准的通知》，推行畜禽定点屠宰厂（场）分级管理，明了分级认定的程序及要求。按照企业自评、市县初评、自治区审核的程序，对全区 40 家畜禽屠宰企业进行等级认定，2019 年，全区共认定屠宰企业一星级 15 家、二星级 16 家、三星级 9 家（宁夏农垦灵农畜牧有限公司肉联厂、宁夏中澳伟辉肉食品开发有限公司、宁夏盐池县鑫海食品有限公司、宁夏涝河桥肉食品有限公司、宁夏夏华肉食品股份有限公司、宁夏农垦贺兰山牛羊产业有限公司、永宁宏祥牛羊肉加工有限公司、平罗县鑫伟辉农牧开发有限公司、宁夏好水川养殖有限公司）。

为促进屠宰企业认真履行肉品质量安全主体责任，先后制定了《关于加强全区畜禽定点屠宰厂（场）台账管理的通知》《关于规范畜禽定点屠宰企业肉品品质检验工作的通知》，对畜禽进厂（场）验收和宰前检验记录台账、畜禽屠宰和宰后检验台账、畜禽产品出厂（场）记录台账和厂区卫生消毒记录台账的格式、内容和保管进行了规定，要求各台账保存期限不得少于 2 年。对建立健全肉品品质检验体系、严格执行肉品品质检验规程、加大肉品品质检验人员培训及加强监管、确保肉品品质检验工作落实方面，提出了明确要求。屠宰企业严格按照畜禽屠宰操作规程和产品品质检验规程，落实屠宰检疫检验"两证两章"、畜禽入场查验与待宰静养、肉品品质检验、"瘦肉精"自检、病害畜禽无害化处理等全过程质量安全防控制度，确保人民群众"舌尖上的安全"。

三、专项整治

2015—2019 年连续 5 年组织开展畜禽屠宰专项整治和"扫雷行动"，印发《关于建立完善畜禽屠宰投诉举报制度的通知》，公示投诉举报联系方式，对投诉举报受理和办理的程序及监督检查提出了要求。持续保持对违法屠宰行为高压严打态势，联合市场监管、公安等部门依法严惩私屠滥宰、屠宰病死畜禽、制售注水肉和添加"瘦肉精"及其他违禁物质等违法行为，严厉打击各类屠宰违法行为。自治区畜禽屠宰管理水平明显提高，定点屠宰率大幅度上升，屠宰市场整体环境明显改善。屠宰环节肉品质量安全抽检合格率达到98％以上。为防止病害畜禽（肉）流入市场，保障畜禽产品质量安全，保护消费者合法权益，宁夏于2016年制定印发了《宁夏畜禽定点屠宰环节病害畜禽（肉）无害化处理管理办法（暂行）》，明确了无害化处理的工作职责、程序和要求。

五年共安排专项资金455万元支持屠宰企业升级改造，拨付屠宰环节补贴资金450万元，用于病害生猪无害化处理补贴。加强畜禽屠宰法规标准培训，每年组织畜禽屠宰监管人员、驻场官方兽医、屠宰企业肉品品质检验人员、统计监测信息员参加业务培训，打造"懂法律、守纪律、专业精、作风硬"的监管和从业队伍。

按照农业农村部统一部署，2019年在全区开展依法合规屠宰企业审核清理，主要对屠宰企业的生猪定点屠宰证书、动物防疫条件合格证、排污许可证进行审核。通过县区上报、市级人民政府确认、自治区审核，2019年底，全区公布依法合规的畜禽定点屠宰场（厂）41家，其中生猪14家、牛羊22家、家禽5家。关停47家三证不全、设施落后、管理混乱的屠宰场。2019年7月全区统一推行生猪日间屠宰。在宁夏农业信息网和宁夏日报等媒体向社会公布了依法合规的屠宰企业名单，并将企业名单与屠宰检疫出证关联。

四、标准化建设

2010年10月29日，商务部办公厅印发关于确定2010年流通领域市场监管与"放心肉"服务体系项目重点推进单位的通知。中卫市鸿嘉肉食品有限责任公司、宁夏涝河桥肉食品有限公司、宁夏通达食品贸易有限公司、宁夏均旺食品有限公司、宁夏隆昊肉类有限公司、银川利丰顺屠宰加工有限公司、宁夏夏华肉食品有限公司、宁夏单家集牛羊产业有限公司、宁夏海原县伊尔通肉食品有限公司、宁夏湖城养殖有限公司、石嘴山市惠农区典浩生猪定点屠宰厂、石嘴山市宏信生猪屠宰厂等12家单位被商务部列为2010年屠宰企业标准化改造单位，重点对屠宰车间的单轨改为双轨，并对相应设备进行了调整，更新无害化处理设备，使屠宰车间设置更加合理，管理更加规范，技术更加先进。

为了进一步加强畜禽屠宰行业管理，规范畜禽屠宰行为，确保肉品质量安全，推动屠宰企业高质量发展。根据《宁夏回族自治区畜禽屠宰标准化建设实施方案（2018—2020）》，2018年推荐盐池鑫海食品公司在全国率先开展牛羊屠宰标准化建设试点，并取得了成功经验和成效。自治区畜禽屠宰企业围绕质量管理制度化、厂区环境整洁化、设施设备标准化、生产经营规范化、检测检验科学化、排放处理无害化"六化"要求，积极开展标准化屠宰企业创建工作。2019年经过企业申请、创建、自评，县级和地级市畜牧兽医主管部门审核，自治区畜禽定点屠宰工作站现场验收，评选出宁夏农垦灵农畜牧有限公司肉联厂、宁夏中澳伟辉肉食品开发有限公司、宁夏盐池县鑫海食品有限公司、宁夏农垦贺兰山牛羊产业有限公司、宁夏涝河桥肉食品有限公司、宁夏夏华肉食品股份有限公司、宁夏好水川养殖有限公司7家屠宰企业为自治区级畜禽屠宰标准化示范企业，树立了一批示范创建、转型升级的标杆企业。

五、信息化监管

2019年在全区各市、县屠宰监管部门和38家屠宰企业建设了畜禽屠宰信息化管理平台，具有电子出证、数据统计、远程监控等功能，对屠宰企业畜禽进场、待宰静养、检疫检验、无害化处理、产品出厂等环节安装了高清摄像头，实现自治区、市、县、屠宰企业四级联网，屠宰过程24小时远程视频监控，发现异常企业，及时抽查督办，提高了监管效率。实行肉品品质检验电子出证，自动生成二维追溯码，确保畜禽产品来源可查、去向可追、责任可究。

六、发展规划

2001年、2002年和2004年，自治区人民政府颁布《宁夏回族自治区生猪定点屠宰厂（场）设置规划》《宁夏回族自治区牛羊定点屠宰厂（场）设置规划》《宁夏回族自治区家禽屠宰厂（场）设置规划》，主要对屠宰厂（场）设立条件、设置规模及发证等内容进行了明确，规定银川市城区（兴庆、金凤、西夏）设2个定点屠宰厂（场），石嘴山市城区（大武口、惠农）设2个屠宰厂（场），其他设区的市、县（区）城区可设1个屠宰厂（场）。2017年10月，自治区人民政府废止了《宁夏回族自治区生猪定点屠宰厂（场）设置规划》等三个规划。

经过多年的发展，宁夏逐步规范委托屠宰行为，开展养殖场出栏与屠宰场直连对接产业模式试点，引导屠宰企业逐渐由"代宰"向"自宰"转变。同时鼓励企业引进全自动先进制冷系统和屠宰加工分割设备，建设集冷鲜肉、肉制品深加工和副产品综合利用为一体的生产线，建立规范化检测管理系统，完善冷链流通和配送体系，促进初级加工向精深加工和提高产品附加值转变，生产热鲜肉向冷鲜肉和冷链配送转变，普通产品向"大众＋高端"优质产品转变，单一屠宰向养殖、加工、销售全产业链融合发展和多元经营转变，传统营销向电商、连锁经营和餐饮体验店转变，手工屠宰向机械化屠宰、标准化生产转变，推动畜禽养殖、屠宰、加工、配送、销售一体化发展，逐步向"规模养殖、集中屠宰、冷链运输、冰鲜上市"过渡。

第八篇

渔业

宁夏得黄河灌溉之益，渔业资源相对丰富。银川平原沟渠纵横，湖泊星罗棋布，自古就有"塞上江南、鱼米之乡"的美誉。

1995年9月，自治区人民政府召开全区水产工作会议，出台了《关于进一步加快水产业发展的决定》（简称《决定》），提出要大力发展水产业，实施"水上小康"工程，建设银川、银北、银南、固原四大商品鱼基地，加快渔业产业化进程，再造农村经济新优势，把宁夏建设成为西北地区最重要的渔业生产基地和水产品集散中心。《决定》明确渔业经济体制改革要围绕"坚持所有权，放活使用权，提高资源利用率和产出率"的指导思想，建立养殖水面流转制度，允许租赁或转租，水产基地池塘使用权可公开拍卖，提高资源的利用率。1995年底，宁夏水产养殖面积达到15万亩，水产品产量达到1.84万吨，人均水产品占有量达到3.6千克，基本解决了城乡居民吃鱼难问题。

1996年以来，宁夏渔业坚持生态优先、市场导向、科技支撑、政策引领、项目带动，推动渔业长足发展。1996年，宁夏启动渔业综合开发利用韩国政府贷款项目，1998年正式立项实施，引进外资额度1200万元，到2000年底该项目所有建设内容顺利完工。1999年，启动水产良种世界银行贷款项目立项工作，2000年通过专家识别考察和社会评价，项目引进外资额度780万美元，折合人民币约6470万元，重点建设水产苗种生产体系、设施渔业基地和名特优新示范基地。

2001年，实施了宁夏农业产业化"三个十"工程渔业项目，突出新品种、新技术、新工艺、新经验的推广和应用，共落实各类名特优新水产品主、套养面积9万亩。2002年，以生态渔业为核心，宁夏开展新一轮渔业开发，在银北地区连片开发低洼盐碱荒地10005亩，吸引了浙江、天津、内蒙古、辽宁、江苏等地水产企业十多家来宁夏发展河蟹、彭泽鲫、团头鲂等名特优新水产品养殖，实现当年开发、当年投产、当年见效。启动"品牌渔业"战略，培育了一批具有地方特色和市场竞争能力的绿色水产品品牌。2003—2004年，重点实施灌区商品鱼基地基础配套改造示范工程、低洼盐碱荒地以渔改碱生态渔业示范工程、湖泊湿地以渔养水示范工程、灌区设施渔业科技示范工程"四大工程"，各地相继出台扶持政策加快渔业发展。

2005年9月9日，自治区人民政府召开"四水产业"现场观摩会，决定以银川市和石嘴山市为重点，发展水产养殖、水生植物种植、水禽养殖和水上旅游，提高渔业综合发展效益。银川市作出《关于提高农业综合生产能力促进农民增收》的决定，市财政提供150万元，引导和扶持全市完成池塘清淤改造15000亩；石嘴山市出台《加快发展渔业产业化的意见》，把水产业作为农业和农村经济的支柱产业加快发展，因地制宜地转变渔业养殖方式；青铜峡市委、政府出台《关于进一步加快水产养殖业发展的意见》，结合渠系合并，规划建设100500亩生态渔业基地。

2006年9月21—22日，自治区人民政府在平罗县召开宁夏"四水"产业工作会议，第二次专题研究"四水"产业。会议提出，要跳出渔业谋划渔业，跳出渔业发展渔业，大力发展'四水'产业。建设以水产养殖为主，集水生植物种植、水禽养殖和水上旅游为一体的'四水'产业示范基地30万亩。

2009年，宁夏整合农业产业化资金等3500多万元，通过"以奖代补"对"四水产业"基地建设、良种体系建设、无公害水体环境治理、水产良种繁育、渔业种质资源保护、重大技术推广等环节进行以奖代补和资金扶持；吸引和驱动包括宁夏、天津、内蒙古、江苏等地的社会和企业资金3亿元投入渔业产业中。宁夏实施"无公害水产养殖技术大面积推广"项目10万亩，完成宁夏水产技术推广站的"三检"中心及贺兰县、永宁县、平罗县、灵武市、中宁县、利通区、沙坡头区7个水生动物疫病防治站建设任务。2009年在贺兰县、青铜峡市、沙坡头区开展稻田养蟹试验示范1000亩，亩净增效益1000～1600元。

2010年9月19日，自治区政府召开适水产业工作会议，自治区副主席郝林海出席会议。会议指出，要充分利用宁夏适水产业资源优势，推进产业快速发展。10月，"沙湖"商标被认定为第七届宁夏著名商标（由宁夏工商行政管理局颁发）。11月11日，自治区人民政府办公厅下发《关于进一步加快全区适水产业发展意见的通知》（宁政办发〔2010〕168号），明确了今后几年全区适水产业发展的指导思想、基本原则、目标任务和重点工作。宁夏大力发展草鱼、鲢、鳙、鲤、鲫等适销对路的优质水产品，积极发展黄河鲶、黄河鲤、河蟹、虾类、泥鳅、黄颡鱼、斑点叉尾鮰、鳜等土著及名优品种养殖，进一步提高"黄河金岸"水产养殖的质量和效益。

2011年9月16日，自治区人民政府召开宁夏适水产业工作会议，提出要以"一优三高"（即优良品种、高新技术、高端市场、高效益）为引领，进一步转变渔业发展方式，推进宁夏现代渔业加快发展。

2012—2017年，宁夏渔业主要以"一优三高"为引领，进一步转变渔业发展方式，加大渔业新技术、新装备的示范应用力度，提出加快推进宁夏现代渔业发展步伐。2017年7月5日，全国水产技术推广工作会议暨生态健康养殖技术集成现场会在银川召开。

2018—2019年，宁夏渔业呈现出多元化发展构架，以绿色、生态、节本、高效为主要理念的养殖模式兴起。池塘养殖提档升级与水稻种植有机结合，形成立体多种技术模式，在引黄灌区示范推广；大水面生态增养殖模式被中卫市、石嘴山市相关渔业企业广泛应用；以设施渔业为主的名优品种健康养殖和池塘河蟹生态养殖成为渔民增收有效途径。

截至2020年，宁夏渔业水域面积稳定在50万亩，水产品产量16.15万吨，占西北五省（自治区）总量的28.2%；人均水产品占有量23.45千克，是西北五省（自治区）平均值的4.8倍；宁夏作为西北地区商品鱼生产基地和水产品集散中心的地位持续巩固。渔业经济总产值达到40亿元，池塘养殖平均产值超过7500元/亩（按平均单产684.5千克/亩、单价11元/千克计算）。累计创建国家级水产健康养殖示范场77个，辐射养殖水面16.38万亩；累计在黄河宁夏段主河道及重点湖泊河流等水域增殖放流经济鱼类约5.57亿尾。宁夏产地水产品抽检合格率持续保持在98%以上，水产品质量安全、渔业生态安全和渔业生产安全形势稳定。

第一章

渔业资源与区划

■ 第一节　渔业资源

一、宜渔水域资源

天下黄河富宁夏，黄河流经宁夏境内 397 千米，宁夏因黄河灌溉而兴，北部引黄灌区素有"塞上江南、鱼米之乡"的美誉。宁夏地表水资源空间分布极不均匀，除六盘山和引黄灌区外，其余地区地表水资源缺乏，宁夏中北部山丘尤为稀缺，人均占有水量 166 米^3，远低于重度缺水区人均 1000 米^3 的标准。

渔业水域类型

渔业水域类型依水域性质划分，可分为池塘、湖泊水库、河沟三种类型。截至 2020 年，宁夏宜渔水域面积池塘为 27.89 万亩，湖泊水库为 59.26 万亩。

1. 池塘

池塘面积 23.18 万亩，其中银川市池塘面积为 9.95 万亩，主要集中在兴庆区、西夏区、贺兰县、永宁县、灵武市。石嘴山市池塘面积为 6.25 万亩，水产养殖主要集中在平罗县和大武口区。吴忠市池塘面积为 3.26 万亩，其中利通区池塘面积为 0.39 万亩，主要集中在金银滩镇、高闸镇、吴忠国家农业科技园区、金积镇、古城镇、郭家桥乡、板桥乡、孙家滩等地。青铜峡市池塘面积为 2.76 万亩，主要集中在叶盛镇、陈袁滩镇、鸟岛、滨河大道、叶盛镇、小坝镇、树新林场等地。盐池县池塘面积为 0.11 万亩，主要集中在冯记沟乡、青山乡、王乐井乡、花马池镇等地。中卫市池塘面积为 3.72 万亩，其中沙坡头区池塘面积为 1.88 万亩，主要集中在迎水桥镇、滨河镇、文昌镇、柔远镇、镇罗镇、宣和镇等地。中宁县池塘面积为 1.84 万亩，主要集中在余丁乡、舟塔乡、宁安镇、石空镇、鸣沙镇、白马乡、渠口农场等地。

2. 湖泊水库

湖泊水库面积 59.26 万亩，其中银川市湖泊水库面积为 15.27 万亩，主要分布在兴庆区、金凤区、西夏区、灵武市、贺兰县和永宁县。石嘴山市湖泊水库面积为 14.67 万亩，主要包括沙湖、星海湖（东平海、南沙海、半岛湾、北龙洲、惠泽海、学海）、瀚泉海、镇朔湖、明月湖、饮马湖、威镇湖、高庙湖、盐湖、惠泽湖、银善湖等。吴忠市湖泊水库面积为 5.73 万亩，其中利通区湖泊湿地（含孙家滩开发区）水域面积为 1.15 万亩。青铜峡市主要湖泊水域面积为 1.07 万亩，青铜峡库区湿地自然保护区水域面积为 2.80 万亩，主要为鸟岛水域。盐池县湖泊水库面积为 0.38 万亩，包括马儿庄湖泊、冯记沟湖泊、杜窑沟水库等。哈巴湖国家级自然保护区水域面积为 0.33 万亩，包括哈巴湖、花马湖、城南林场等。中卫市湖泊水库面积为 5.51 万亩，其中沙坡头区湖泊水库面积为 2.48 万亩，包括腾格里湖、龙凤湖、大漠龙湖、童家湖、黄河湿地公园湖、小湖、千岛湖、香山湖、应里湖、五馆景观湖、中央大道景观渠以及照壁山水库等。中宁县湖泊水域面积为1.46万亩，包括天湖、亲河湖、雁鸣湖、亲水湖等。海原县水库面积为1.57万亩，包括大滩口水库、海子水库、下堡子水库、金佛水库、庙儿沟水库、中坪水库、撒台水库、吴湾（洪）水库、吴湾水库、蒿家湾水库、吴湾（清）水库、碱沟水库、死牛沟水库、王家树沟水库、苋麻河水库、海兴开发区1号橡胶坝、四营水库、盖牌水库、南坪水库、王家沟水库、三百户水库、老虎沟水库、曹洼水库、西梁水库等。固原市现有水库192座，水保骨干坝760座，水域总面积10.47万亩，其中宜渔面积8.84万亩，占总水域面积的84.4%。

3. 河沟

银川市下辖三区两县一市（灵武市），其中兴庆区辖区内河流水系主要有黄河流域及滨河水系。滨河水系为黄河支流水系，辖区内与黄河平行，由南自北贯穿，沿途共80多千米。沟道水系主要有银新干沟和银东干沟、第二排水沟、永二干沟、月牙湖东排碱沟、四三支沟兴庆区段等。渠道水系主要有唐徕渠、汉延渠、惠农渠、西干渠、红花渠、大新渠、孔北渠、洼路渠等。

金凤区辖区内河流水系主要有典农河金凤区段等；沟道水系主要有四二干沟段、四清沟、芦花沟段、解放沟、红旗沟、丰庆沟等；渠道水系主要有烈马渠、唐徕渠及第二唐徕渠段、西干渠、北渠等。

西夏区辖区内河流水系主要有典农河西夏区段；沟道水系主要有西大沟、东大沟、麻蒿湾沟、陈家圈沟、高家闸沟、芦花排洪沟、四清沟、平伏桥四清沟、四二干沟、桑园沟、平二支沟、兴泾镇一支沟、兴泾镇二支沟、甘沟、导洪沟等；渠道水系主要有西干渠、职业技术学院景观渠等。

贺兰县辖区内河流水系主要有黄河（贺兰段）、典农河（贺兰段）、滨河水系、正源街水系和金河路水系；沟道水系主要有第二排水沟、第三排水沟、第五排水沟、四二干沟、红旗沟、银新干沟、北大沟、民二沟、团结一号沟、苏峪口沟、李家沟、红柳沟、陈家沟、插旗口1号沟等；渠道水系主要有唐徕渠、汉延渠、惠农渠和第二农场渠等。

永宁县辖区内河流水系主要有黄河（永宁段）及西部水系；沟道水系主要有第一排水沟、第二排水沟、中干沟、永清沟等；渠道水系主要有唐徕渠、汉延渠、惠农渠和西干渠等。

灵武市辖区内河流水系主要有黄河（灵武段）及苦水河；沟道水系主要有水洞沟、小水水沟、庙梁子沟、长流水沟、青银高速两侧诸沟、大河子沟、小东沟、靳水沟、排水总干沟、东干沟（含城市新区水系）、龙须沟、沈二沟及西大沟等；渠道水系主要有汉渠、东干渠、秦渠、梧干渠及灵武农场渠等。

石嘴山市辖区内黄河自平罗县南端进入，至惠农区北端出境，全长108千米，多年平均实测流量998米³/秒，为石嘴山市的主要灌溉水源。都斯兔河，位于平罗县与内蒙古交界处，属于黄河水系，发源于内蒙古鄂托克旗海流兔八一农场，流经平罗县红崖子乡注入黄河，全长16千米。引黄干渠有唐徕渠、惠农渠、第二农场渠、昌渠、潜渠、官泗渠四条支干渠。境内排水沟主要为第三排水沟、第五排水沟、三二支沟、十二分沟、大风沟、大武口沟、汝箕沟、北武当河等。

吴忠市辖区内河流水系主要包括利通区辖区内黄河流域；沟道水系主要有清水沟、南干沟、拱碑沟、扁担沟、双吉沟、黄羊沟、苦水河等；渠道水系主要有秦渠、波浪渠、马莲渠、汉渠、东干渠等。青铜峡市辖区内有黄河、罗家河、南干沟、中干沟、红旗沟、第一排水沟、红卫沟、胜利沟、永涵沟、团结沟、反帝沟等，唐徕渠、汉延渠、惠农渠、西干渠、东干渠、大清渠、秦渠、泰宁渠、汉渠九大渠经过本市。盐池县辖区内主要有苦水河、红山沟、西沟、甜水堡沟等河沟，另外还包括扬水渠、城西支渠等渠道水系。

中卫市辖区内主要河流水系有黄河、洪水河和清水河；沟道水系主要有石墩水沟、第二排水沟、第九排水沟、长流水沟、第一排水沟、第四排水沟（含第七排水沟）、第六排水沟、第三排水沟、火石沟（含新水水库）、沙沟（含沙沟水库）、第八排水沟、三一支沟、中沟等。海原县辖区内主要有苋麻河、杨明河、郑旗河、杨坊河、西河、马营河、贺堡沟、双井子沟等河沟。

固原市辖区内主要河流水系有清水河、泾河、葫芦河、祖厉河、颉河、乃河、红河、茹河等，地表水主要以清水河、泾河、葫芦河、祖厉河四大河流为主，年平均径流量 7.28 亿米³。地下水总储量约 3.24 亿米³，其中有 0.8 亿米³ 因埋藏太深或矿化度高于 5 克/升而难以开采利用，真正能开发利用的约 2.44 亿米³。

二、水产种质资源

（一）宁夏鱼类资源

根据历史记录和近年调查发现，共记录宁夏黄河段鱼类 42 种，隶属 6 目 11 科 34 属。种类以鲤形目最多，有 30 种，占总数的 71.4%；鲈形目 6 种，占总数的 14.3%；鲇形目 2 种；鲑形目 2 种；鳉形目和鲟形目各 1 种。在全部的 11 科中，鲤科鱼类最多（24 种），分布于 6 亚科，占总数的 57.1%；鳅科 6 种，占总数的 14.3%；其他各科鱼类占总数的 28.6%。宁夏野生鱼类资源总量自 1996 年后，黄河鱼类种群结构主要变化是土著鱼类数量逐渐减少，如铜鱼、北方铜鱼和其他一些鮈亚科鱼类濒临灭绝。进入 21 世纪，从黄河中没有捕获过北方铜鱼和铜鱼。渔获物从数量来看最多的是鲫、黄河雅罗鱼、鲤、鲇。从生物量来看，鲇和鲤最多，其次是鲫和瓦氏雅罗鱼，鮈亚科鱼类数量很少。另一显著变化是低龄化，鲤以 1～3 龄鱼为主，其他几种主要大型经济鱼类以 1～2 龄鱼为主，体长、体重均以小个体为主。从宁夏野生鱼类资源组成来看，黄河中常可捕获到草鱼、鲢、鳙、团头鲂、南方大口鲇、鳊等，湖泊和其他水体的野生鱼类则以鲫、草鱼、鲢、鳙、麦穗鱼等鱼类为主。1996—2020 年，宁夏水产养殖引进的鱼类有虹鳟、香鱼、大银鱼、青鱼、银鲴、细鳞斜颌鲴、鲮、建鲤、锦鲤、彭泽鲫、湘云鲫、短盖巨脂鲤、胭脂鱼、斑点叉尾鮰、黄颡鱼、长吻鮠、梭鱼、鳜、大口黑鲈、尼罗罗非鱼和暗纹东方鲀等 30 余种，丰富了宁夏养殖鱼类资源。

（二）宁夏鱼类资源利用

从渔业资源利用的角度分析，宁夏水产研究所攻克兰州鲇、黄河鲤人工驯养人工繁育技术难题，每年繁育兰州鲇苗种接近 300 万尾，开展兰州鲇池塘养殖与网箱养殖试验研究。宁夏黄河段土著鱼类资源开发利用有限，仅限于黄河鲤、兰州鲇、泥鳅、鲫等鱼类养殖。

（三）宁夏鱼类种质资源保护

1. 休渔保护

宁夏把渔业资源管理摆在突出位置，加强黄河渔业资源保护，遏制黄河鱼类资源的减少和种群退化，水生生物资源得到休养生息。2003 年率先在黄河流域推行黄河宁夏段休渔期制度，自治区人民政府下发通告，规定每年 5 月 1 日到 7 月 31 日为休渔期。2004 年，自治区人大常委会颁布了《宁夏回族自治区实施〈中华人民共和国渔业法〉办法》（2004 年 7 月 29 日修订，2004 年 9 月 1 日施行）；贯彻《农业部关于实行黄河禁渔期制度的通告》（2018 年 2 月发布），宁夏 5 部门（自治区农业农村厅、自治区公安厅、自治区交通运输厅、自治区水利厅、自治区市场监督管理厅）联合印发《关于做好黄河宁夏段禁渔工作的通知》（宁农（渔）发〔2019〕3 号），规定每年 4 月 1 日 12 时至 7 月 31 日 12 时为禁渔时间，黄河宁夏段 397 千米河段及入河沟、渠口等附属水域实行禁渔期制度。各地渔政执法机构加强渔业管理，重点清理迷魂阵、地笼、刺网、抬网等捕捞渔具，查处电鱼、炸鱼和毒鱼等违法行为。

2. 建立国家级水产种质资源保护区

1996—2005 年，宁夏开展建立水产种质资源保护区的工作。2006 年 2 月 24 日，国务院印发《中国水生生物资源养护行动纲要的通知》（国发〔2006〕9 号），宁夏自 2006 年开始申请建立国家级水产种质资源保护区。

2007 年 12 月 12 日,《国家级水产种质资源保护区名单(第一批)》(农业部公告第 947 号)发布,宁夏的黄河卫宁段兰州鲇国家级水产种质资源保护区、黄河青石段大鼻吻鉤国家级水产种质资源保护区位列其中。黄河卫宁段兰州鲇国家级水产种质资源保护区,核心区特别保护期为每年的 4 月 1 日至 8 月 31 日,主要保护对象为兰州鲇,保护区内还栖息着黄河鲤、雅罗鱼、黄河鉤、赤眼鳟、达里湖高原鳅、中华鳖等物种。黄河青石段大鼻吻鉤国家级水产种质资源保护区,核心区特别保护期为每年的 3 月 1 日至 7 月 31 日,主要保护对象为大鼻吻鉤,保护区内还栖息着北方铜鱼、铜鱼、鲤、鲫、鲇、草鱼、鲢、鳙、团头鲂、赤眼鳟、高原鳅、大鲵、中华鳖等物种。

2010 年 11 月 25 日,《国家级水产种质资源保护区名单(第四批)》(农业部公告第 1491 号)发布,宁夏的西吉震湖特有鱼类国家级水产种质资源保护区位列其中。西吉震湖特有鱼类国家级水产种质资源保护区,特别保护期为每年的 5 月 1 日至 7 月 31 日,主要保护对象为西吉彩鲫,其他保护对象包括黄河鲤、鲫、棒花鱼、麦穗鱼、泥鳅、达里湖高原鳅、雅罗鱼、赤眼鳟等。

2011 年,编制完成了《宁夏水产种质资源保护区规划(2011—2020 年)》,开展了包兰线银川至兰州段扩能工程、西气东输三线天然气管道工程环境影响评价和生态补偿工作。

2012 年 12 月 7 日,《国家级水产种质资源保护区名单(第六批)》(农业部公告第 1873 号)发布,宁夏的沙湖特有鱼类国家级水产种质资源保护区位列其中。沙湖特有鱼类国家级水产种质资源保护区,特别保护期为每年的 4 月 1 日至 7 月 1 日,主要保护对象为兰州鲇和黄河鲤,其他保护对象包括雅罗鱼、赤眼鳟、红鳍原鲌、黄河鉤、棒花鱼、鲫、泥鳅。

2015 年 11 月 17 日,《国家级水产种质资源保护区名单(第九批)》(农业部公告第 2322 号)发布,宁夏的清水河原州段黄河鲤国家级水产种质资源保护区位列其中。清水河原州段黄河鲤国家级水产种质资源保护区,特别保护期为每年的 5 月 1 日至 7 月 31 日,主要保护对象为黄河鲤,其他保护对象包括鲫、草鱼、鲢、鳙、鲇、蛙、龟、中华鳖等物种。

截至 2020 年 12 月,宁夏已有国家级水产种质资源保护区 5 个,分别是黄河卫宁段兰州鲇国家级水产种质资源保护区、黄河青石段大鼻吻鉤国家级水产种质资源保护区、西吉震湖特有鱼类国家级水产种质资源保护区、沙湖特有鱼类国家级水产种质资源保护区、清水河原州段黄河鲤国家级水产种质资源保护区。

■ 第二节 渔业区划

一、1996—2000 年渔业区域分布

1996—2000 年,宁夏渔业按照区域化布局,加快了渔业基地的建设步伐,初步形成四大渔业基地:银北地区集约化主养和围垦精养基地、银川市城郊名特优新生产基地、银南地区生态渔业基地和宁南山区冷水性鱼类养殖基地。

二、2001—2014 年渔业区域分布

2001—2014 年,宁夏渔业充分利用国家支持渔业发展政策、渔业科技示范推广项目、民营资本投入、渔业新技术应用等条件,结合各地生产实际,将渔业区域分为宁夏平原池塘精养与湖泊增殖渔业区和宁夏中南部库塘增殖渔业区 2 个区域。

(一)宁夏平原池塘精养与湖泊增殖渔业区

1. 区域范围

本区主要包括石嘴山市的惠农区、大武口区、平罗县,银川市的贺兰县、兴庆区、金凤区、西夏

区、永宁县、灵武市，吴忠市的利通区、青铜峡市，中卫市的中宁县、沙坡头区，共13个县级行政区。

本区地处宁夏引黄灌区，沟渠纵横、稻田连片、池塘星罗棋布、湖泊如珠镶嵌。本区的水体主要包括黄河干流、清水河下游及其附属水体、城市景观水系和自20世纪80年代以来开发的养鱼池塘。其中较重要的水体有中卫市的腾格里湖、天湖，吴忠市的青铜峡库区湿地，银川市的西部水系、典农河、鹤泉湖、鸣翠湖、阅海湖、月牙湖，石嘴山市的沙湖、星海湖、惠泽湖、高庙湖等。该区有2个湿地自然保护区、3个国家级水产种质资源保护区和多个国家级湿地公园。

本区属典型的中温带大陆性气候，年平均气温8.5℃左右，水温3～30℃，年平均日照时数3000小时左右，是中国太阳辐射和日照时数最多的地区之一。无霜期185天左右，天气总体情况以晴为主。本区水资源丰富，地下水位相对较高，水质偏碱，pH8.2左右，自然条件对渔业发展有利。该区是宁夏渔业主产区，养殖、增殖、水产品加工、休闲渔业等产业体系基本健全，养殖效益较好。水产品供给不仅保障了宁夏消费需求，还远销甘肃、内蒙古、青海、西藏等地。

2. 功能定位

依托本区具备的良好渔业产业发展条件，大力发展池塘健康养殖、设施养殖和大水面增养殖，保障水产品有效供给和质量安全，大幅度提高从渔农民收入。

3. 主攻方向

以提质、增效、生态、安全为目标，大力发展水产健康养殖，促进渔业向高质、高端、高效方向加速发展。发展大水面生态增养殖，打造生态、绿色产品，创建宁夏渔业品牌，提高产业附加值。

（二）宁夏中南部库塘增殖渔业区

1. 区域范围

本区主要包括吴忠市的同心县、红寺堡区、盐池县和中卫市的海原县，以及固原市的原州区、西吉县、隆德县、泾源县、彭阳县，共9个县级行政区。

本区宜渔水域面积11.55万亩。水域面积常年保持在千亩以上的大水面有原州区的须弥湖、东至河水库、沈家河水库、杜庄水库、清水河湿地公园，西吉县的震湖、将台嘴头水库、王明二岔口水库，隆德县的桃山水库、张程水库、三里店水库，彭阳县的石头嶙岘水库，盐池的花马池湖和北马坊水库等。本区海拔较高，气候冷凉，年平均气温低于7℃，昼夜温差大，春季和夏初雨量偏少，区域降水差异大，绝对无霜期不足百天。水产养殖鱼类生长关键期只有5、6、7、8月四个月，水温低，鱼类生长缓慢，养殖生产周期较长，渔业发展缓慢。

2. 功能定位

本区虽不属宁夏渔业主产区，但渔业发展潜力大，可充分挖掘宜渔大水面生产潜力，开展生态增养殖，提高水资源利用率和产出率。同时发展休闲、文旅、餐饮渔业，推动渔业产业快速发展。

3. 主攻方向

发展大水面生态增养殖，打造六盘山无公害水产品，以绿色品牌促发展；推广泾河流域虹鳟等特种冷水鱼类精细化养殖，以名优产品求效益；适当推行大水面高效养殖技术，拓展休闲渔业；加强水生生物养护和湿地自然保护区及水产种质资源保护区的管理。

（三）发展成效

2001年，宁夏渔业稳定大宗水产品生产，试验名特优新水产品养殖，落实各类名特优新水产主、套养面积9万亩，产量占总产20%，名特优新比例比2000年提高5个百分点。发展池塘主养和多形式的池塘套混养、工厂化养殖、大水面围垦精养、低洼湖泊湿地围栏养殖、小网箱养殖、水库移植增殖等养殖模式大面积应用。

2002年，以生态渔业为核心的渔业新一轮开发在宁夏各地展开，其中宁夏灵汉渔业联合社发挥民间中介组织的龙头作用，组织联合社社员集中资金，在宁夏沿黄流域低洼盐碱荒地最集中的银北地区，建设优质水产品生态养殖示范基地10005亩，实现当年开发、当年投产、当年见效。宁夏独特的渔业资源条件，吸引了外省（直辖市、自治区）水产企业和养殖大户参与宁夏渔业新一轮开发。浙江、天津、内蒙古、辽宁、江苏等地水产企业12家，采取直接投资开发、租赁承包、合作养殖、技术入股等形式，发展河蟹、彭泽鲫、团头鲂等名特优新水产品养殖，养殖面积19500多亩。

2003年，宁夏围绕《宁夏渔业发展行动计划》，按照"特色产业化，产业特色化，特色产业规模化"的产业发展思路，把渔业开发建设作为优化农业产业结构、增加从渔农民收入、促进农村经济发展的一项重要措施来抓，推动宁夏渔业发展步入"快车道"。银川市结合"高原湖城"建设，发挥渔业"以渔养水"生态型产业功能，市县两级政府出台了渔业发展激励政策，财政列支300万元渔业开发建设专项资金，新发展以渔养水生态渔业基地15975亩，实现当年开发、当年生产、当年见效。石嘴山市充分利用宜渔低洼盐碱地、盐沼地，学习山东"上农下渔"先进经验，结合本地实际，大力发展"以渔改碱"生态渔业和节水型渔业，全市新发展"以渔改碱"生态渔业示范基地4950亩，走出了一条渔业生产与资源保护协调发展的新路子。

2004年，宁夏渔业积极推行大水面围垦养殖，发展节水渔业、生态渔业和绿色渔业。培植渔业主导产业，形成了各具特色的优势水产品产业带。石嘴山市以低洼盐碱地改造、围垦精养和大水面河蟹围栏养殖为龙头，发展以河蟹、草鱼、罗非鱼为主导产品的"绿色渔业"和"品牌渔业"。吴忠市丰富养殖品种，优化养殖方式，发展渔农林牧综合经营的生态渔业。

2005年，宁夏渔业以草鱼为主的优质水产品养殖面积达到9.2万亩，占养殖总面积的34.9%。湖泊养蟹面积达到5.6万亩，占湖泊养殖面积的44%。宁夏生态渔业面积发展到6.8万亩，占水产养殖面积的25.8%。以沙湖、阅海湖、星海湖、长山湖等为重点的湖泊湿地"以渔养水"面积12.6万亩。同时各地因地制宜地发展湖泊水产养殖、水生种植、水禽养殖、水上旅游的"四水产业"。

2006年，宁夏制定了《宁夏畜牧水产业增长方式转变行动方案》和《宁夏无公害水产养殖技术大面积推广项目实施方案》，通过健康养殖示范区建设，以点带面，转变渔业增长方式。开展生态养殖模式的示范推广，对传统老池塘，重点加强基础设施改造，优化养殖环境，推行无公害标准化养殖；对湖泊大水面资源，重点推广多品种互补，以及水产养殖、水生植物种植、水禽养殖、水上旅游等"四水产业"互动的立体产业，实现一水多用，一地多收的目标。

2007年，宁夏水产养殖面积比2006年增加64155亩，青铜峡市、平罗县、贺兰县、大武口区、中卫城区等产业大县新增近50250亩。优质水产品养殖规模继续扩大，异育银鲫、团头鲂、河蟹等名优水产品养殖面积达到154005亩。青铜峡市、平罗县通过招商引资，发展南美白对虾养殖。

2008年，宁夏渔业把"适水产业"作为现代渔业发展的重要突破口，水禽集约化养殖80万只，水生植物规模化种植10050亩，新建休闲观光渔业场点50个，休闲观光渔业场点达到156家，渔业开始由单纯的生产型产业向生态型产业、旅游文化型产业延伸和拓展。

2009年，宁夏沿黄生态渔业产业带水产养殖面积占宁夏全区水产养殖总面积的94%，水产品产量占宁夏全区水产品总产量的98%，形成了低洼盐碱荒地、湖泊湿地等多种资源合理开发利用，以渔改碱、以渔养水等多种养殖模式并存。

2010年，宁夏渔业把以水产养殖为主，水生植物种植、水上休闲旅游等协调发展的"适水产业"作为现代渔业发展的重要突破口，示范推广稻田养蟹54000亩，水生植物规模化种植10500亩，休闲观光渔业场点达到198家，渔业开始由单纯的生产型产业向生态型产业、旅游文化型产业延伸和拓展。

2011年，宁夏适水产业面积达到64.8万亩，水产养殖品种达到43个，水产品产量13.1万吨，乌克兰鳞鲤、草鱼、黄河鲇、河蟹等特色及名优水产品比重占到养殖总量的50%。其中乌克兰鳞鲤推广16.8万亩，亩利润达到1500元左右；斑点叉尾鲴、丁鱥等名优品种亩效益达3500元左右。

2012年，宁夏渔业按照宁夏"打造一带一廊"，培植适水、林果、休闲"三大产业集群"的新要求，以"黄河金岸"宜渔低洼盐碱荒地合理开发、湖泊湿地科学利用为重点，以适水产业基地建设、标准化养殖基地改造、休闲渔业基地创建为抓手，着力打造了"黄河金岸"生态渔业产业带。新建规模化、标准化适水产业示范基地 20 个，改造标准化养殖基地 1000 公顷，创建全国休闲渔业示范基地 2 个；集水产良种繁育、名优新水产品引进试验示范及鲜活水产品试产配送与营销为一体的灵汉渔业生态养殖物流配送综合示范基地全面建成，宁夏渔业向精品渔业、优质渔业、高效渔业迈出坚实步伐。

2013 年，宁夏渔业进一步推进百万亩适水产业建设，以生态、健康养殖基地为重点，坚持新塘建设与旧塘改造同步推进，由以往重池塘开挖、淤泥清理与完善水、电、路配套等基础设施变为加强基础设施建设，共改造养殖池塘 3.5 万亩，建设标准化养殖基地 22 个。

2014 年，宁夏渔业以贺兰县、平罗县、青铜峡市、大武口区等县（市、区）为主，建设黄河鲤、黄河鲇、斑点叉尾鮰、丁鱥、泥鳅、南美白对虾等特色新品种池塘健康高效养殖示范基地 15 个，亩效益在 2500～3500 元。以石嘴山市、平罗县、中卫市、农垦集团等为主，开展鲤、草鱼、河蟹、鲟、鲈等大水面生态养殖，带动宁夏名优水产品健康养殖，建立水产健康养殖示范点 185 个，落实科技入户 714 户。

三、2015—2020 年渔业区域分布

2015—2020 年，宁夏渔业形成以引黄灌区池塘稻田为主的生产主导区和以湖泊水库为主的生态增养殖区 2 个区域。

（一）生产主导区

1. 区域范围

沿"黄河金岸"的沙坡头区、青铜峡市、灵武市、永宁县、贺兰县、平罗县、大武口区等县（市、区），是宁夏大宗淡水鱼、名优水产品标准化池塘健康养殖和稻渔生态综合种养的优势区，基本形成了比较完善的产业基础。

2. 功能定位

依托该区域渔业经济相对发达，产业规模、生产基础、资源条件较好的优势，发挥促进从渔农民增收、保障水产品安全有效供给的重要作用。

3. 主攻方向

推进养殖池塘标准化改造，重点加强水产良种化、名优特品种引进示范推广等工程。发展以大宗淡水鱼及黄河鲇、河蟹、鲈、斑点叉尾鮰、对虾等名优品种为主的标准化池塘高效健康养殖、设施养殖等。在贺兰县、平罗县、青铜峡市、沙坡头区等传统养蟹稻田区，大力发展稻渔生态综合种养。

4. 发展成效

2015 年，宁夏渔业建设集中连片 200 亩以上标准化养殖基地 27 个，带动标准化改造养殖池塘 35550 亩，高标准打造了 5 个现代渔业示范基地，开展高产高效养殖试验示范，常规品种亩产 600～1000 千克，优特新品种亩效益 4200 元左右。以"银川鲤"为主的名优水产品健康养殖面积达到 25.05 万亩；示范稻渔综合种养 7.2 万亩，稻田养蟹、稻田养鱼、稻田养鸭综合种养模式亩均增收 1000 元以上。

2016 年，宁夏渔业加快"转方式、调结构"步伐，发展南美白对虾设施温棚养殖面积 20 万米^2，池塘低碳高效循环流水养殖示范企业 9 家，单体循环流水池（110 米^2）产量达到 1 万～1.5 万千克，示范推广福瑞鲤高效养殖、异育银鲫"中科 3 号"池塘主养等技术，推广"稻蟹""稻鱼""稻虾""稻鳅""稻螺""稻鸭"等种养模式。

2017 年，宁夏渔业以设施渔业、池塘健康高效养殖、稻渔综合种养为重点，新建、改造养殖基

地 1.8 万亩，配套物联网智能养殖等"互联网＋现代渔业"养殖技术和装备；推广稻渔生态综合种养2.64 万亩。

2018—2019 年，宁夏渔业在引黄灌区主要示范应用设施渔业、池塘健康养殖、稻渔综合种养、设施养鱼＋稻渔共作等养殖模式，推进渔业转方式调结构，其中工厂化车间、日光温室等面积达到53.3 万米^2，低碳高效池塘循环水流水槽达到 136 条，推广稻渔生态综合种养 3.25 万亩。

2020 年，宁夏渔业聚焦疫情防控和结构优化调整，组织专班深入灌区 4 市 8 县 32 个养殖合作社36 家国家级水产健康养殖示范场开展产业发展调研，撰写《全区渔业产业结构优化调整调研报告》，自治区农业农村厅印发《全区渔业产业结构优化调整工作推进方案的通知》（宁农（渔）发〔2020〕3号），安排部署相关工作。稻渔综合种养新获批 4 个国家级稻渔综合种养示范基地，总数达到 10 个。培育黄河鲇苗种 386 万尾，人工繁育甲鱼孵化率达到 92%。与清华大学国家重点实验室合作的加州鲈苗种培育试验成活率达到 85%，南美白对虾虾苗淡化试验成活率达到 90%。

（二）生态增养殖区

2015—2020 年，宁夏渔业在重要湖泊、水库、国家级水产种质资源保护区，开展水生生物资源增殖放流，实施水生生物资源养护工程，利用水生植物和滤食性动物改善和治理水域生态环境，促进渔业生态和生产协调发展。

1. 区域范围

主要包括黄河干流及滨河景观水体、沿黄重要湖泊、城市景观水体、黄河各级支流上的水库、各级湿地自然保护区、国家级水产种质资源保护区及湿地公园。

2. 功能定位

重点发挥其在修复水域生态环境、养护水生生物资源、建设水生生态文明中的作用，夯实现代渔业发展的资源承载基础，打造生态、绿色渔业品牌。

3. 主攻方向

提升资源养护水平，科学规划大力开展水生生物资源增殖放流，加快湿地自然保护区、水产种质资源保护区建设。发展增殖渔业，修复水域生态环境，促进渔业可持续发展。沿黄湖库以发展绿色、有机品牌为主，宁南山区以发展冷水鱼养殖为主，突出区域特色，打造品牌产品。

4. 发展成效

2015—2016 年，宁夏积极推进"以渔净水"生态养殖模式，创建大水面生态渔业基地 4 个，打造了腾格里湖等生态渔业养殖区；集中推广鲈、黄河甲鱼等名优新品种大水面生态养殖，湖泊湿地水域环境生态保护修复面积 4.95 万亩。

2017 年，宁夏对沙湖等重点河湖实施增殖滤食性鱼类、种植莲藕等的生物操控治理，增强大水面生态增养殖能力。沙湖大鱼头获"2017 百强农产品区域公用品牌"称号。

2018—2020 年，宁夏大力推进"以渔净水"生态绿色发展模式，对沙湖、腾格里湖等重点河湖继续实施增殖滤食性鱼类、种植水生植物等生物操控治理措施，提升以渔养水生态治理效果。

第二章

渔 业 生 产

■ 第一节 苗种繁育

一、苗种生产许可管理

1996—2004 年，宁夏各地具备一定规模的养殖场不断探索提升鲤鱼早期人工繁育技术，同时开展大宗淡水鱼类乌仔、夏花的培育。2005 年，根据水产苗种生产实际，经过广泛深入调研，宁夏依法全面推行水产苗种生产许可证管理制度，明确许可证核发范围、条件和权限，把苗种生产管理纳入法制化、制度化、规范化管理轨道，确立了水产苗种生产许可证制度。截至 2020 年，核发水产苗种生产许可证 11 本，其中省级核发 6 本，县级核发 5 本。

宁夏水产苗种生产许可证采取分级核发制度，年繁育苗种超过 1 亿尾的企业，水产苗种生产许可证由省级渔业主管部门核发；年繁育水产苗种数量 1 亿尾以下的企业，由企业注册地的县级农业农村部门核发。取得省级水产苗种生产许可证的苗种繁育场有 6 家，分别是全国现代渔业种业示范场、银川科海生物技术有限公司、贺兰县新明水产养殖有限公司、宁夏海永生态农牧科技有限公司、宁夏泰嘉渔业有限公司、宁夏绿方水产良种繁育有限公司。县级苗种生产企业包括贺兰县晶诚水产养殖有限公司、贺兰县兆丰生态渔业有限公司、青铜峡市奋进渔业养殖专业合作社、平罗县鱼种场等。地域分布上，银川市共有各类苗种繁育企业 8 家，石嘴山市有 2 家，吴忠市有 1 家，中卫市和固原市没有获得水产苗种生产许可证的企业。

二、苗种生产

1996 年，宁夏池塘主养鲤模式日趋成熟，养殖利润较高，市场对鲤、草鱼、鲢、鳙、彭泽鲫、团头鲂乌仔需求量大，具有一定规模和技术实力的养殖场开展苗种人工繁育。宁夏回族自治区水产研究所（有限公司）（以下称宁夏水产研究所）作为省级水产科研单位，具有较强的苗种繁育能力，可人工繁育建鲤、黄河鲤等苗种，利用自备亲鱼和流水孵化环道，可为市场提供草鱼、鲢、鳙水花近 1 亿尾。宁夏水产技术推广站、平罗县鱼种场、灵武大泉渔场、个别养殖大户等大小苗种场近 20 家，均能开展人工早期繁育鲤乌仔，数量接近 2 亿尾。受限于生产条件，本地培育的大宗淡水鱼水花、乌仔、夏花难以满足市场需求，个别养殖大户通过空运从湖北、四川、江苏、广东等省购进水花、乌仔等，解决苗种短缺问题。

1997 年，宁夏具备人工繁育鲤能力的养殖场有 20 家左右，年生产培育各类乌仔、夏花近 2.2 亿尾，外调水花、乌仔接近 4.5 亿尾。宁夏水产研究所利用温棚开展鲤早期人工繁育，3 月初，将鲤亲鱼雌雄分开放入不同的温棚人工培育，每天投喂大麦芽促进性腺成熟。4 月初选择晴好天气人工催产、孵化，5 月初开始给宁夏及内蒙古养殖户提供优质建鲤、黄河鲤乌仔，苗种供不应求。

1998 年，具备人工繁育鲤乌仔能力的本区水产苗种场，利用棕榈皮扎束或者篦赤眼子菜（札毛草）制作鱼巢，年生产乌仔、夏花近 2.5 亿尾。宁夏水产研究所利用温棚和流水孵化环道年产草鱼、鲢、鳙水花近 1 亿尾，贺兰县新明水产养殖有限公司人工繁育鲤乌仔接近 3000 万尾，青铜峡市二渔场、灵武市大泉渔场、永宁县的养殖大户均具备了年产千万尾鲤乌仔能力。宁夏通过空运从湖北等省调入各类水花、乌仔近 4 亿尾。

1999 年，宁夏各大苗种场共生产水花、乌仔、夏花等各类水产苗种近 3 亿尾。宁夏水产研究所利用位于贺兰县的养殖基地，借助塑料温棚和较强的科研生产能力，销售鲤、草鱼、鲢、鳙、彭泽鲫等乌仔近 0.4 亿尾，深受养殖户信赖。宁夏水产研究所首次从江苏引进团头鲂乌仔培育夏花出售，受到养殖户的好评。

2000 年，宁夏各大苗种场生产销售乌仔、夏花等各类水产苗种近 2.5 亿尾。宁夏水产技术推广站租用平罗县鱼种场早繁中心形成的试验示范基地，生产培育鲤、鲫、鲇、草鱼、鲢、鳙等乌仔近 1000 万尾。但受限于宁夏本地的气候条件和苗种生产技术设备，生产量不能满足市场需求，只能通过空运从湖北等省调入草鱼、鲢、鳙等鱼类水花、乌仔。鲤早期人工繁育技术中的棕榈皮扎束制作鱼巢已更新为两个竹板上下夹住棕榈皮制作成筏式鱼巢，这种鱼巢的特点是提高了附卵量和孵化率，鱼巢的改进提升了亲鱼利用效率，一定程度上实现了人工繁育技术的精准性和高效性。

2001—2003 年，宁夏水产苗种生产能力基本维持在 4 亿尾，个别养殖大户因地制宜，就地取材，不断提升鲤人工繁育能力，供应的乌仔和夏花数量足、质量优、时间早。宁夏水产研究所利用工厂化车间开展鲤脱黏流水孵化技术，年产水花、乌仔近 1 亿尾，体现出供苗期集中、苗种质量优的特点。

2004—2005 年，宁夏除开展大宗水产苗种繁育外，试验研究总结出了黄河鲤、黄河鲇、团头鲂、乌鳢、鳜、彭泽鲫等工厂化人工育苗和高效示范养殖技术规程，为规模化水产苗种繁育提供了技术储备。宁夏水产技术推广站在位于贺兰县习岗镇桃林村的良种繁育场具备了年产鲤、草鱼、鲢、鳙乌仔 1000 万尾的能力。

2006 年，宁夏启动良种工程建设，开展主要养殖品种良种补贴，重点支持自治区水产研究所苗种基地、自治区水产技术推广站良种繁育场以及贺兰、永宁、青铜峡、中卫等 6 个市县级苗种繁育基地，促进全区苗种繁育水平不断提高，水产苗种市场呈现出对大口鲇等名优水产苗种需求旺盛的势头。生产培育各类鱼苗近 9.5 亿尾，其中自繁 4.5 亿尾，苗种自给率达 47.3%，同比提高 7.5 个百分点。

2007 年，鲤商品鱼价格较低，广大养殖户对鲤乌仔需求量略有减少，苗种场 13 家，宁夏水产苗种生产能力维持在 3.5 亿尾，个别养殖大户不再进行鲤早期人工繁育，对水产良种需求日益迫切。

2008 年，宁夏各级水产苗种繁育场引进乌克兰鳞鲤亲本 5000 千克，共繁育乌克兰鳞鲤水花约 8000 万尾，培育乌仔近 2000 万尾，培育乌克兰鳞鲤后备亲鱼 2 万千克，在川区 13 个市、县（区）推广养殖 9486 亩，其中鱼种养殖 6846 亩，成鱼养殖 2640 亩。宁夏水产技术推广站在永宁县、贺兰县、中卫市、石嘴山市设立了 4 个建鲤和乌克兰鳞鲤养殖对比试验点，10 月 10 日组织专家验收。乌克兰鳞鲤试验池平均亩产 602 千克，饵料系数 1.32，鱼种平均尾重达 117 克，亩利润 1836 元；建鲤试验池平均亩产 528 千克，饵料系数 1.66，鱼种平均尾重 95 克，亩利润 1497 元。对比试验进一步说明了乌克兰鳞鲤相对于宁夏多年来养殖的建鲤具有明显的生长优势，这为乌克兰鳞鲤大面积推广打下了坚实的基础。

2009 年，宁夏 4 个水产苗种繁育场共繁育乌克兰鳞鲤水花近 2 亿尾，培育乌仔、夏花近 0.8 亿尾，实现苗种自繁自育，基本满足本自治区养殖需要，实现了当年繁殖成功、当年见效。同时在各县市设立多个建鲤和乌克兰鳞鲤养殖对比试验点，准确收集各项试验数据，及时掌握试验进程，总结试验成果，为大面积推广乌克兰鳞鲤养殖做技术支撑。在青铜峡市、中卫市、贺兰县和灵武市开展稻田河蟹种养示范。3 月下旬从辽宁盘山县调进苗种进行池塘暂养，蟹苗在池塘脱壳 1 次，个别出现第 2 次脱壳，5 月底完成蟹苗的田间投放工作，扣蟹规格 10 克左右，成活率达到 90%，表明宁夏池塘暂养河蟹苗种（扣蟹）取得成功。

2010年，宁夏培育各类水产苗种近4.95亿尾，全自治区苗种自给率达到60%，水产良种化率达到58%。宁夏水产良种繁育场引进乌克兰鳞鲤亲本3000千克，当年繁育乌克兰鳞鲤、建鲤、草鱼、鲫、花鲢、白鲢等各类乌仔3500万尾，其中鲤乌仔2000万尾，草鱼乌仔500万尾，花鲢、白鲢乌仔600万尾，鲫乌仔400万尾。在永宁县、灵武市开展稻田生态培育扣蟹试验示范，稻田亩产扣蟹20～75千克，为宁夏进一步开展稻田培育扣蟹提供了技术支撑。

2011年，宁夏各繁育场点已全面掌握了乌克兰鳞鲤的生物学特性，解决了繁殖关键技术，具备了年繁育乌克兰鳞鲤苗种（乌仔）近1亿尾的能力。繁育苗种时，宁夏水产技术推广站组织技术人员对乌克兰鳞鲤的催产、胚胎发育、苗种培育等关键技术进行了试验研究，总结出了一套适合宁夏的乌克兰鳞鲤繁育技术规范，为扩量繁殖和大面积推广提供了技术支撑。

2012年，宁夏加强水产苗种生产，提升水产苗种生产能力和水平。自治区级水产良种繁育场提高苗种供应质量，县级苗种繁育基地更新技术扩规模，个体苗种生产企业加强规范化管理，形成了以自治区级良种场为龙头、县级繁育基地为骨干、个体苗种场为补充的苗种生产体系。苗种生产由常规品种向名优品种拓展，黄河鲤、乌克兰鳞鲤等苗种实现规模化生产，满足本自治区苗种需求；黄河鲇攻破苗种二级培育难题；泥鳅、乌鳢突破关键繁育技术，苗种生产实现本地化，宁夏规模化苗种生产单位发展到15个，全年生产各类苗种近3亿尾。

2013年，宁夏坚持水产良种引进与自繁同步推进，积极培育国家级和突出加强自治区级水产原良种场建设。申报全国渔业种业示范场4个，新建自治区级良种繁育场2个。宁夏区市县三级苗种繁育场总数达到24个，苗种自给率达到65%。开展了黄河鲇、黄河鲤等当地品种良种选育与繁育，以及福瑞鲤、异育银鲫"中科3号"等优良品种扩繁与养殖，为7个重点苗种繁育场更换福瑞鲤、异育银鲫"中科3号"等亲本7000组，建立亲本档案，有效解决传统养殖品种混杂、退化严重的问题，育种、扩繁、推广三位一体的现代种业体系建设取得突破，良种覆盖率达到62%。

2014年，宁夏加强水产良种体系建设，稳步推进现代水产种业发展。以省级水产苗种场和黄河鲤等6个主导养殖品种为重点，继续加强水产良种保种、选育等基础设施建设，提高水产良种自给率，实现了鲤、鲫等主导品种良种的本地化生产，水产种业保障能力进一步增强。保存和选育黄河鲇良种亲本2000组，选育与培育黄河鲤、异育银鲫"中科3号"良种亲本17000组，更新换代黄河鲤良种亲本7000组，建立亲本档案，进一步提升水产苗种自给、良种生产能力。

2015年，宁夏创建了国家级现代渔业种业示范场，初步建立了宁夏水产良种"育繁推"一体化技术推广体系，使水产良种覆盖率达到75%；在苗种培育过程中引用物联网智能养殖技术，提高了苗种成活率，做到精准育苗。20多家水产苗种生产企业开展黄河鲤、福瑞鲤、黄河鲇、鲫、泥鳅等苗种繁育工作。外调草鱼、鲢、鳙、锦鲤、泥鳅、黄金鲫、超级鲤、扣蟹、蟹大眼幼体、凡纳滨对虾幼虾等苗种近3亿尾。2015年5月15日，宁夏农垦沙湖生态渔业有限公司利用人工催产技术首批繁育500万尾福瑞鲤鱼苗（乌仔）出塘销售，标志着农垦集团现代渔业苗种生产迈上了新台阶。2015年8月，平罗县张大华源水产有限公司收获六须鲇本地自繁苗种5万尾，规格达到10厘米，标志着宁夏六须鲇苗种本地自繁自育获得成功。

2016—2017年，宁夏渔业加快"转方式、调结构"步伐，发展南美白对虾设施养殖，宁夏泰嘉渔业有限公司开展南美白对虾虾苗本地淡化技术取得成功，为宁夏池塘、温棚养殖南美白对虾提供了苗种保障。福瑞鲤、异育银鲫"中科3号"成为宁夏苗种场重点繁育的对象，大宗淡水鱼与名优特苗种市场份额平分秋色，为渔业"转方式、调结构"奠定了苗种基础。

2018—2020年，宁夏水产苗种在稳定大宗水产苗种供应量基础上，利用设施温棚通过微孔增氧技术、尾水处理净化技术、微生态制剂水质调控等多项技术，加大了南美白对虾、罗非鱼、斑点叉尾鮰、黄河鲇、鳜、加州鲈、甲鱼等名优苗种培育力度，满足了宁夏部分养殖户对名优苗种需求。但受到生产条件等因素制约，仍然会从四川、湖北等省调入名优水产苗种及大宗淡水鱼的水花、乌仔。

宁夏泰嘉渔业有限公司的南美白对虾虾苗本地淡化技术稳定，解决了部分池塘、温棚养殖对南美白对虾苗种的需求问题。福瑞鲤、异育银鲫"中科3号"已成为宁夏水产苗种市场的主导品种。

截至2020年，宁夏基本形成以水产种质资源场为基础、省级水产苗种场为主体、县级苗种繁育场为补充的良种繁育体系；水产良种覆盖率达到90%以上，鲤、鲫良种自给率达100%，黄河鲇、甲鱼等人工繁育能力满足本自治区及周边省份水产苗种场的更换亲本和养殖需要。

三、苗种重点繁育场

1. 全国现代渔业种业示范场

全国现代渔业种业示范场的技术依托单位为宁夏水产研究所，该所是宁夏唯一的省级渔业科研机构，前身为宁夏水产试验场，成立于1954年，建有多个公共技术研发、中试转化和服务平台，分别是全国现代渔业种业示范场、国家淡水鱼产业技术体系银川综合试验站、全国现代渔业新技术综合示范点、宁夏渔业科技院士工作站、宁夏渔业工程技术研究中心和宁夏渔业科技创新团队。该所也是国家级黄河鲇原种场、国家黄河鲤良种场建设单位，宁夏现代农业示范基地和宁夏大学、甘肃农业大学研究生培养基地。承担着国家、宁夏濒危鱼类救护与繁育、良种新品种选育与繁育、名优新品种引进与健康养殖、鱼类病害诊断与防控、渔业资源调查评估与资源养护等领域的科技研究与开发任务。

多年来，宁夏水产研究所先后承担国家、省部级项目70多项，取得50多项科技成果，10多项成果达国内领先，渔业科研水平处于西部省区前列。"十五"期间重点承担了宁夏"8613"农业科技攻关重大专项，取得13项研究成果和4项国家发明专利。2016—2020年，共承担完成国家、省部级科技项目12项，取得了5项国内领先水平的重要科技成果，获省部级各类奖项3项，其中宁夏科技进步一等奖1项，省部级科技进步二等奖2项，取得国家发明专利4项。先后柔性引进中国科学院院士1名，现有专业技术人员26人，其中博士1人，硕士8人；研究员1人，高级工程师3人，工程师8人，助理工程师5人。先后有1人获"宁夏'313'学术技术带头人"、1人获"宁夏创新争先奖"、1人获"宁夏青年拔尖人才国家级后备人选"、2人获"宁夏青年托举人才"等荣誉称号。

宁夏水产研究所作为西北地区唯一的全国现代渔业种业示范场，按照国家战略需求，承担水产原良种亲本储备、良种选育、后备亲本培育并向县级水产良种繁育场提供亲本的任务。对各类亲本进行电子标记，建立了亲本可追溯的信息化档案，并累计向各级水产良种繁育场提供17000组亲本，初步建立了宁夏水产良种育繁推一体化技术体系。

2. 银川科海生物技术有限公司

该公司创建于2006年10月，位于贺兰县四十里店村，占地面积1230亩，下设贺兰县光明渔场基地一处，占地520亩，流转土地710亩，建设成稻渔综合种养示范基地。该公司主要以渔业技术服务为主，涉及饲料加工、渔药销售、商品鱼养殖、苗种繁育及销售、陆基生态渔场构建、稻渔综合种养、休闲农业示范等方面。2011年被农业部评为健康养殖示范场，宁夏科技厅确立在该公司基地创建宁夏贺兰渔业创新中心。2012年被农业部评为"休闲渔业示范基地"，2016年获评全国科普示范基地、宁夏级科技型中小企业，2017年获评国家级星创天地、农业产业化宁夏重点龙头企业、休闲农业四星级及乡村旅游四星级旅游示范基地，2018年被评为宁夏农业高新技术企业，2019年获评"宁夏先进企业"、第九批农业产业化宁夏重点龙头企业。

3. 贺兰县新明水产养殖有限公司

该公司成立于2005年4月，拥有自主科技研发机构（宁夏新明渔业技术创新中心），是宁夏渔业科技研发与技术服务型企业之一。该公司建立了"企业或合作社＋基地＋科技人员＋农户"经营模式，较好地带动了农户增收。现有养殖基地2000亩，资产总额4000万元，拥有水产养殖面积1500亩，储备各类亲鱼10000余组，年生产商品鱼100余万千克、生产各类苗种近1.23亿尾。2019年

3 月更名为宁夏新明润源农业科技有限公司。

4. 宁夏海永生态农牧科技有限公司

该公司成立于 2011 年，位于宁夏银川市贺兰县寇家湖现代渔业养殖示范区，是一家集"渔业养殖、饲料销售、鱼病防治、新技术示范与推广"为一体的农业产业化服务组织，是"贺兰县渔聚丰渔业产销联合体"的依托单位和主要成员，拥有员工 38 人，其中科研人员 8 人。主要开展福瑞鲤、草鱼、异育银鲫"中科 3 号"、泥鳅、南美白对虾、斑点叉尾鮰等的苗种繁育和商品鱼养殖，年销售收入 2000 万元以上，净利润 350 万元左右，辐射带动周边 300 名养殖户走上养鱼致富路。

5. 宁夏泰嘉渔业有限公司

该公司创建于 2009 年 4 月，主要从事大宗淡水鱼类苗种繁育和特种水产品养殖。该公司拥有平罗县"国家种质资源场"基地 500 亩；大武口区富民村高效稻渔综合种养示范基地 1800 亩，水产苗种繁育养殖设施温棚 10000 米²、水产育苗车间 1600 米² 及实验室、培训室、检测分析室、智能监控中控室、循环水养殖流水槽等设施。该公司先后获得国家级水产健康养殖示范场、宁夏农业产业化重点龙头企业、宁夏农业高新技术企业、宁夏科技型中小企业、国家级科技型中小企业、宁夏优秀农村科普示范基地、省级水产良种场、石嘴山市科技创新团队等多项荣誉称号。

6. 宁夏绿方水产良种繁育有限公司

该公司成立于 2006 年 10 月，位于永宁县黄羊滩农场八队，占地面积 1697 亩，基地内水产养殖面积 1060 亩，温室大棚 21 栋（52693 米²），苗种孵化车间 336 米²，配备 480 千伏变压器 3 台，分设进排水渠 7.2 千米，硬化道路 8.9 千米。该公司是宁夏规模较大的水产良种繁育及成鱼养殖示范基地之一，也是农业部挂牌的国家级水产健康养殖示范场。每年繁殖各类优质乌仔、夏花鱼苗 3.2 亿尾左右，供应优质鱼种 120 余吨、商品鱼 470 余吨、特种水产品约 25 吨。该公司 2003 年被宁夏农牧厅确定为"三个十"种子工程基地；2004 年被宁夏农牧厅确定为"无公害水产品养殖基地"，被银川市人民政府确定为"农业科技示范园区"；2007 年被银川市人民政府授予市级"农业产业化龙头企业"；2008 年被农业部确定为"水产健康养殖示范场"，同年公司负责人刘进被授予"中华全国农业神内基金农业技术推广奖"，并被银川市农业系统推选为"北京奥运会火炬手"；2013 年主持研究黄颡鱼繁殖项目并获宁夏科技厅科技成果认证；2016 年主持甲鱼生态养殖及人工驯化技术研究并获宁夏科技厅成果登记；2017 年主持研究杂交鳢——杭鳢一号引进及人工繁殖技术项目并获银川市科技局成果登记；2019 年被评为"银川市水产科技示范园区"。

第二节　水产养殖

一、设施养殖

1996—2000 年，宁夏通过实施名优品种引进、兴建设施渔业、旧池塘改造、新池塘开挖等一系列渔业重点项目，提出高效利用资源服务渔业理念。

2000 年，银川市养殖大户自发投入建设设施渔业，建设高标准控温、节能温棚 124.9 亩。同年，银川市宏坤置业有限公司投资 200 万元，建成循环封闭式工厂化水产生态养殖车间 2200 米²，加上原有面积，共计 2800 米²，人工控制养殖生产全过程，其设施的增温、增氧、水处理系统在宁夏乃至西北均属领先水平，被誉为宁夏设施渔业的"窗口"。宁夏灵汉实业百溪养殖场投资建设高标准控温节能温棚近 13000 米²，温棚内增温、增氧、水处理系统的应用，一定程度上节约了养殖用水总量。灵汉实业等部分养殖场点开始试验使用光合细菌等微生态制剂调节水质，客观上减轻了养殖内源性污染。

2001 年，宁夏水产研究所科研基地建有良种繁育、选育工厂化车间 2 座，共 5000 米²，收集保存黄河鲶、黄河鲤、赤眼鳟等重点保护鱼类种质资源 20000 余组，具备年繁育各类优质水产苗种 1 亿尾左右的能力。

2003 年，由宁夏水产研究所承担的自治区"8613"农业科技工程项目《水产优良品种引进繁育及高效养殖技术研究》通过中期验收，该项目在黄河鲤、黄河鲇、团头鲂、乌鳢、鳜、彭泽鲫等工厂化人工繁育研究和应用方面取得了重大进展，总结出一套现代工厂化人工育苗和高效示范养殖技术规程，年育苗量 1 亿尾。

2009 年 9 月，贺兰县晶诚水产养殖有限公司注册成立。该公司基地位于贺兰县立岗镇兰丰村，其中工厂化车间 3 栋，共 7500 米^2，先后引进福瑞鲤、斑点叉尾鲴、南美白对虾、加州鲈等 10 余个名优品种，示范设施温室高产高效养殖，重点进行加州鲈设施温室高产高效养殖示范，采取水源加热泵进行全年生产，利用液氧控制水体溶氧，水体 24 小时循环，利用臭氧杀灭水中生物控制透明度，利用微生物净化池分解氨、亚硝酸盐，利用过滤系统分离粪便和污物进入稻田。加州鲈实行全年分级养殖，单个小池密度控制在 3000、5000、8000 尾不等，每立方水体产量达 30～50 千克，平均规格 0.5～0.75 千克，每千克售价 11.5～13 元，每千克利润 4～5 元。

2010 年，宁夏天荣现代农业科技有限公司在贺兰县注册成立，建设南美白对虾工厂化养殖场 4150 米^2。宁夏养殖南美白对虾大部分利用露天开放式池塘和塑料温棚池塘，均存在生产稳定性差、产量低、易对周边环境造成污染的问题，且受天气和水质的影响较大。例如，4 月放苗，往往受寒潮影响，虾苗标粗成活率低；有时受渠水水质有害物质超标影响而致虾苗"全军覆没"。针对这些问题，该公司开展工厂化循环水养虾技术示范。

2016 年，宁夏共建设低碳池塘循环水流水槽 25 条，用于草鱼、斑点叉尾鲴、鲈等集约化养殖。新建渔业设施温棚近 14 万米^2，主要用于养殖南美白对虾。

2017 年，宁夏新建低碳池塘循环水流水槽 38 条，新建设施温棚 12 万米^2，其中工厂化养殖设施 1 万米^2，简易温棚 11 万米^2，开展大宗淡水鱼及名优特水产品集约化养殖，养殖对象有鲤、草鱼、鲈、斑点叉尾鲴、南美白对虾、锦鲤、泥鳅等。

2018—2020 年，全自治区工厂化养殖车间、设施温棚主要进行鲈鱼、斑点叉尾鲴、锦鲤、鲟、泥鳅、南美白对虾等养殖。低碳池塘循环水流水槽主要用于鲤、草鱼、鲈、斑点叉尾鲴等鱼类养殖，一般每立方水体养殖产量在 45～68 千克。

二、池塘养殖

池塘养殖是一种利用人工开挖或天然池塘进行水产经济动植物养殖的生产方式。养殖过程涉及水质管理、养殖品种选择、投喂管理和疾病预防等，养殖技术遵循"八字精养法"：水、种、饵、密、混、轮、防、管。

（一）养殖种类

1996—2020 年，宁夏池塘养殖的主要养殖种类有黄河鲤、建鲤、草鱼、鲢、鳙、彭泽鲫、乌克兰鳞鲤、福瑞鲤、异育银鲫"中科 3 号"、团头鲂"浦江 1 号"、河蟹、罗氏沼虾、南美白对虾、斑点叉尾鲴、罗非鱼、加州鲈、鳜、锦鲤、泥鳅、甲鱼、黄河鲇等。其中鳜、加州鲈、斑点叉尾鲴、罗非鱼、河蟹、南美白对虾、罗氏沼虾、黄河鲇、甲鱼等名优水产品比重逐年上升，2019 年中卫市养殖量最高，达到全区总量的 12.8%。

（二）养殖模式

1. 主养鲤或草鱼

1996—2000 年，商品鱼养殖以池塘主养鲤或草鱼为主，适当搭配养殖鲢、鳙、彭泽鲫、大口鲇，池塘安装增氧机和投饵机，养殖户多采用全价配合颗粒饲料，个别养殖户仍采用自配料。一般亩放规格 100～150 克的鲤种 800～1000 尾，亩产量 600～800 千克，商品鱼规格 0.6～0.8 千克。主养草鱼可适当降低放养密度，放养规格 200 克的草鱼鱼种，当年可达到 0.75～1 千克商品鱼规格上市出售。中卫县及中宁县属银南地区管辖，是卫宁平原主要水产品生产基地，池塘养殖水平较高。

2001—2006 年，宁夏各地加强池塘基础设施改造、提高渔业综合生产能力，应用 80：20、60：40 池塘鲤、草鱼、鲫等生态高效养殖技术，有效地改变了多年来鲤"一统天下"的单一局面；因地制宜示范推广"鱼-畜"型、"鱼-农"型、"鱼-禽"型、"鱼-畜-沼"型等生态养殖模式，在促进渔业经济发展和拓宽渔民增收渠道的同时，有效地改善了养殖水体生态环境，提高了水产品品质，促进了渔业可持续发展。

2009 年，草鱼池塘养殖规模接近全自治区养殖面积的 30%。2010 年，池塘养殖 21.04 万亩，认定无公害水产品基地面积 37.95 万亩，认证无公害、绿色水产品 82 个，加强名优鱼类健康养殖、良种繁育等主推技术的集成、示范与推广，全自治区落实水产健康养殖技术大面积推广 19.95 万亩。

2014—2015 年，新建、改造标准化养殖池塘 2330 公顷，池塘养殖采用微孔曝气增氧和池塘循环水生态净化等节能新技术，全自治区亩均增产 200 千克以上，净增效益 500 元以上，渔业养殖基础得到进一步巩固，实现池塘养殖增产、增收能力双提升。

2016 年 3 月，通威现代渔业科技有限公司在贺兰县常信乡新华村建设的 20 兆瓦光伏"渔光一体"现代渔业示范园区项目正式开工。该项目是在池塘里安装光伏发电设备，利用太阳能光伏发电技术，水面以上利用太阳能进行光伏发电，水面以下进行渔业养殖生产，实现池塘养殖和光伏发电并重的一种新模式，为宁夏渔业生产从传统的高耗电养殖模式向资源节约型、环境友好型转变探索出一条新路子。2017 年 8 月，固原市完成六盘山虹鳟标准化鱼塘建设项目，原州区池塘养殖甲鱼获得成功。

2017—2020 年，宁夏池塘养殖秉持"物质循环、能量流动"理念，遵循生态健康养殖以优化养殖生产环境、绿色高质量发展以确保养殖尾水达标排放、病害科学防控以保障生态环境和水产品质量安全的原则，部分养殖企业或合作社对池塘基础条件改造升级，在池塘内建设工程化流水槽，使原本在池塘中处于散养状态下的鲤或草鱼集中在流水槽中圈养，将传统池塘"开放式散养"革新为池塘循环流水"生态式圈养"，实现传统池塘养殖向资源节约、环境友好型转变。

2. 名特优新品种养殖

1996 年，银川市开工建设"银川市特种水产养殖中心"，改造开挖池塘 3727 亩，生态渔业 7154 亩，异育银鲫套养 5015 亩，小网箱养殖 136 米³，为银川市渔业提档升级快速发展注入新活力。虹鳟引种试验场在固原地区六盘山森林公园建成，虹鳟养殖试验获得成功。

2001 年，宁夏实施了低洼盐碱地连片池塘高产技术模式，如"混养大口鲇""主养彭泽鲫""混养鳜""混养大口胭脂鱼""混养斑点叉尾鮰"等养殖模式。

2002—2003 年，宁夏各地在以大宗淡水鱼类池塘高密度养殖的基础上，为提高综合养殖效益，名特优新品种养殖比重逐年上升。

2004 年，宁夏实施《特色水产养殖新产品引进及配套技术示范推广》项目，推广池塘主养团头鲂 2376 亩，2004 年测算从渔农民增收较 2003 年提高 30%。

2007 年，宁夏优质水产品养殖规模继续扩大，南美白对虾、团头鲂、河蟹等名优水产品比重不断上升，养殖面积达到 15.4 万亩，占全自治区养殖总面积的 44%。新引进的水产养殖品种乌克兰鳞鲤，经石嘴山、银川等地试养，表现出生长快、适应性强等特点，具有很好的推广前景。青铜峡、平罗通过招商引资，发展南美白对虾养殖 4995 亩，填补了宁夏虾类规模化养殖的空白，标志着宁夏渔业品种结构调整迈出了可喜的步伐。生产结构调整进程加快，渔业发展方式更加科学，"四水产业"、生态渔业、休闲渔业成为渔业经济的新亮点。

2008 年，宁夏各类名优水产养殖面积达到 18 万亩，落实"无公害水产养殖技术大面积推广"面积 11.89 万亩。

2009 年，宁夏水产养殖面积 50.1 万亩，其中池塘 18.15 万亩，同比增长 9.1%；水产品种结构实现重大转变，乌克兰鳞鲤、团头鲂、黄河鲇、河蟹等特色及名优水产品比重占到全自治区养殖总量的50%以上。

2010—2012年，宁夏继续加强品种结构调整，不断扩大土著及名优品种鱼类养殖规模，黄河鲤、乌克兰鳞鲤、黄河鲇、河蟹等特色及名优水产品养殖面积逐年提升，其中乌克兰鳞鲤推广6.8万亩，亩均利润1512元；斑点叉尾鮰、丁鱥亩均效益3537元。

2013—2014年，宁夏建立新品种新技术推广示范点16个，示范面积16000亩，斑点叉尾鮰、泥鳅、匙吻鲟、河鲈、河蟹、南美白对虾、甲鱼、鳜、梭鲈等名优水产品得到进一步推广。宁夏泰嘉渔业有限公司池塘养殖的南美白对虾，亩产达到252千克，亩均效益8540元。贺兰县晶诚渔业有限公司养殖的斑点叉尾鮰亩产达到1495千克，亩均效益7260元。生产适销对路的优质水产品已成为宁夏渔民增收、渔业增效和产业发展的新亮点。

2016—2017年，宁夏大力发展南美白对虾、鲈等名优品种设施养殖，利用设施温棚养殖南美白对虾近20万米^2。

2018年，宁夏天荣现代农业科技有限公司引进示范的"工厂化循环水内陆生物絮团技术"养殖南美白对虾取得成功，该品种能在优良的水环境中快速生长，实现1年2～3茬、3.5千克/米^{3}的高产稳产效益。

2019年，宁夏泰嘉渔业有限公司开展南美白对虾、澳洲龙虾、甲鱼、加州鲈等优新水产品的养殖示范，利用双层膜日光温室、简易钢丝塑料膜温棚、外塘等设施，通过棚塘接力模式进行加州鲈和海鲈示范养殖，可延长生长期4～5个月，利用名优水产品市场行情好的优势，实现鲈当年放养、当年销售、当年获利。

2020年，贺兰县晶诚水产养殖有限公司开展大口黑鲈"优鲈3号"池塘高效养殖示范，亩产772.5千克，10月上市销售，实现当年投苗、当年销售获利。

宁夏通过养殖企业、合作社、养殖大户示范南美白对虾、斑点叉尾鮰、河蟹、大口黑鲈"优鲈3号"等名优水产品养殖技术，改变了全自治区的传统水产养殖模式，带动了更多养殖户开展名优水产品养殖，增加了从渔农民收入，助力宁夏渔业绿色高质量发展。

三、大水面养殖

大水面增养殖是指利用水库、湖泊、江河等开展水产养殖的一种方式。除早期采取粗放型的增养殖，还包括网箱、网栏、围网等集约化养殖模式。粗放式大水面增养殖，主要以保持、恢复水域渔业资源为目的，依靠水体中的营养物质增殖，产量不稳定。网箱、网栏、围网等集约化养殖，应用人工投饵、施肥等技术，产量能得到较大提高，但受到水体养殖容量的限制，必须严格控制。

（一）养殖模式

1. 粗放增养殖模式

1996年起，宁夏渔业在池塘精养的基础上，不断探索大水面增养殖模式，充分利用湖泊、水库、塘堰等水域，挖掘渔业生产力，提高渔业产量，增加从渔农民收入。1996—1999年，宁夏大水面养殖基本采用粗放式增养殖模式，每年4月投放鲤、鲫、鲢、鳙、草鱼等鱼种，适时捕捞，捕大留小，轮捕轮放。

2000年，宁夏渔业重点实施了大水面套养南方大口鲇、黄河鲇等名优品种，湖泊放置小网箱养殖罗非鱼、湖泊围栏养殖河蟹的试验。2000年，宁夏农垦集团镇朔湖开始人工养殖河蟹，4月上旬投入扣蟹，10月中旬开始捕捞，开辟了宁夏能养蟹、养好蟹的先河。

2. 围栏养殖模式

2001年，大水面围垦精养、湖泊围栏养殖、小网箱养殖、水库移植增殖等技术大面积推广应用，水产养殖结构呈现多元化。石嘴山市以围垦精养和大水面河蟹围栏养殖为龙头，发展"绿色渔业"和"品牌渔业"；宁南山区依托丰富的库堰大水面及冷水资源，走渔业开发与脱贫致富相结合的路子，发展"扶贫渔业"，形成了渔业经济新的增长点。2002年，积极发展大水面围垦精养、河蟹湿地围栏养殖、生态渔业、绿色渔业成为宁夏渔业生产的主攻方向，河蟹围栏养殖2.4万亩。2003年，针对黄河限水造成的不利影响，宁夏各地改变传统高密度集约化养殖方式，积极推行大水面围垦养殖，发展节水渔业、生态渔业和绿色渔业。2004年，宁夏渔业在沙湖开展了河蟹、黄河鲇增养殖，投放各类大眼幼体、豆蟹、扣蟹100多万只，黄河鲇乌仔5万尾；在宁南山区的西吉县党家岔水库开展大银鱼增养殖。

3. 多产业融合生态模式

2005年，宁夏继续发展大水面养殖，完成湖泊大水面改造3万亩，建设以"水产养殖、水生植物种植、水禽养殖、水上旅游"为主的"四水产业"示范基地3万亩，以沙湖、阅海湖、星海湖、长山湖等为重点的湖泊湿地"以渔养水"面积12.6万亩。生态渔业的发展，为建设宁夏"资源节约型、环境友好型"渔业，实现渔业经济可持续发展探索出一条新路子。吴忠市水产工作站在孙家滩水库开展大水面养殖河蟹（1500亩）试验成功。2006年，在加强池塘基础改造、提高渔业综合生产能力的基础上，发展以"四水产业"为主要内容的生态渔业，进一步扩大了渔业的基本功能，丰富了渔业的发展内涵，千亩以上大水面养殖基地发展到37个，面积达9.9万亩。以生态渔业为主体的休闲、观光、垂钓渔业场点达到44家，开展湖泊湿地、大水面渔业资源增殖放流，重点在星海湖、沙湖、天湖、阅海湖、镇朔湖、罗家湖等投放鲤、草鱼、鲢、鳙、团头鲂及河蟹等各类鱼种1450万尾。

2007年，宁夏以沙湖、星海湖、阅海湖、长山湖为生态渔业发展重点示范区，促进湿地资源保护与渔业经济协调发展，大水面围养、多种类混养以及以渔改碱、以渔养水生态健康养殖成为发展的主方向。

2008年，宁夏新增"适水产业"面积6.79万亩，水禽集约化养殖80万只，水生植物规模化种植10.05万亩，宁夏渔业向"资源节约、环境友好"的可持续发展迈出了实质性步伐。

2009年，宁夏沿黄生态渔业产业带水产养殖面积占宁夏水产养殖总面积的94%，形成了低洼盐碱荒地、湖泊湿地等多种资源合理开发利用，以渔改碱、以渔养水等多种养殖模式广泛推广的新格局。

2010年，宁夏开展了湖泊湿地渔业水域环境调控、适水产业生态模式、大水面生态修复等主推技术的集成、示范与推广，水生植物规模化种植1.05万亩，渔业开始由单纯的生产型产业向生态型产业、旅游文化型产业延伸和拓展。

2011年，宁夏组织实施了沿黄湖泊湿地大面积生态修复与渔业健康增（养）殖、渔业病害综合防控等国家重大技术推广项目，大水面生态修复增养殖技术参数得到校验。

2012年，宁夏以"黄河金岸"宜渔低洼盐碱荒地合理开发、湖泊湿地科学利用为重点，以适水产业基地建设、标准化养殖基地改造、休闲渔业基地创建为抓手，着力打造"黄河金岸"生态渔业产业带，推进百万亩适水产业建设，示范推广沿黄灌区湖泊湿地生态修复与鱼类增养殖技术。

2013年，宁夏坚持池塘标准化养殖与大水面生态养殖同步推进，积极开展草鱼、鲢、鳙、乌克兰鳞鲤等适销对路的大宗水产品大水面生态养殖，提品质增效益。中卫市加强了标准化生态健康养殖技术的示范推广和水产品质量安全监管，注册了"冰川苍鳖"渔业品牌。宁夏灵汉实业有限公司申报阅海湖有机黄河鲤、有机鳙获得认证，建立了水产品物流配送中心和加工中心，生产水产品熟制半成品，通过物流中心送入市民家中和各大酒店，延长了产业链。

2014年，生态渔业和休闲渔业加快发展，渔业品牌效应逐步显现。宁夏实施了湖泊生态养殖基地建设，建立腾格里湖、阅海湖等生态化渔业养殖示范区，新创建水产品品牌5个，价格高于普通水产品1～4元/千克，市场需求旺盛。因地制宜地建设了一批不同类型的生态渔业和休闲观光渔业示范基地，新增各类休闲渔业场点11个，创建全国休闲渔业示范基地3个，有效拓展了渔业功能。沙湖

"大鱼头""沙湖谣"渔业品牌被评为宁夏第九届著名商标。

2015年，宁夏创建大水面生态渔业基地4个，以"银川鲤"为主的名优水产品健康养殖面积达到25.05万亩，建设国家级水产种质资源保护区3个，修复湖泊水域生态环境10.05万亩。2015年3月，宁夏农垦沙湖生态渔业有限公司生产的"沙湖"牌水产品中的鲤、鳙荣获北京中绿华夏有机食品认证中心的有机产品认证。2015年10月，中卫市腾格里湖出产的鲤、草鱼、鳙、河鲈、梭鲈等7种水产品通过绿色食品认证。

2016年，宁夏大力推进以渔净水，打造了腾格里湖等生态渔业养殖区；集中推广鲈、黄河甲鱼等名优新品种大水面生态养殖及湖泊湿地水域环境生态保护修复技术（面积达4.95万亩）。2017年6月，在2017中国国际现代渔业暨渔业科技博览会上，"冰川苍鳖"渔业品牌获得金奖，"沙湖"商标获得"可持续利用资源老字号品牌奖"，"沙湖大鱼头"荣获第十五届中国国际农产品交易会金奖。

2017—2020年，宁夏组织开展重点河湖生态保护红线和禁养区、限养区划定，积极推进"以渔净水"，对沙湖等重点河湖实施增殖滤食性鱼类、种植莲藕等的生物操控治理。截至2019年，在自2017年启动的"绿盾沙湖自然保护区人类活动清理整治"行动中，农垦沙湖区域退出养殖水面18000亩。

（二）大水面养殖典型案例

1. 科学放捕，构建水生生物生态系统模式

以腾格里湖为代表。该湖属人工湖泊，生物量较大但不平衡。通过水生生物定量分析和测定初级生产力，确定其渔产力，结合湖底环境条件确定了以鲢、鳙等滤食性鱼类为主，搭配草鱼等草食性鱼类和鲤、鲫等杂食性鱼类，引进河鲈、梭鲈等肉食性鱼类，按照"轮捕轮放，捕大留小，捕放平衡"的原则设计放养种类、规格、数量及捕捞量（每亩水面最大40千克水产品承载量、回捕率30%、亩均回捕产量10～12千克、总回捕产量100～120吨），在水体中形成较为稳定的食物链，在不投饲、不施肥的情况下保持了湖泊水质优良，提高了水产品品质，实现了效益最大化。2011年，引进的河鲈、梭鲈苗种已适应了腾格里湖的水质环境条件，并实现了在腾格里湖中自繁自育，形成了稳定的种群。河鲈、梭鲈商品鱼年产量3吨左右，鱼种年产量2吨左右，鲤、鲢、鳙等常规水产品每千克销售价格比普通养殖水产品高1～2倍，河鲈、梭鲈每千克售价60元左右，创建绿色食品品牌"冰川苍鳖"。腾格里湖模式成为宁夏乃至周边湖泊水域经营利用的典型。

2. 以渔净水，治理水体富营养化模式

以沙湖为代表。该湖水体富营养化较为严重。2012年，通过对沙湖水体环境分析，定量测定水体理化指标中主要污染因子及总氮、总磷负荷总量，不同季节浮游生物类型及数量，开展滤食性及不同生态位鱼类生态增养殖技术研究示范，并集成应用非经典生物操纵技术，通过种植荷花、芦苇等水生植物和实施增殖放流经济鱼类的方式，将水体中的氮、磷等营养元素吸收利用，或富集到鱼体通过捕捞形式输出到沙湖生态系统外，从而实现以渔净水，治理水域富营养化。根据沙湖饵料基础与水域特性、鱼类特性、水质、生物操纵技术要求，确定增殖放流主体鱼为鳙、鲢，搭配鲤、鲫和少量草鱼的"以渔净水"治理模式。种植荷花、芦苇等水生植物2000余亩。经过综合治理，2013年11月测定沙湖水质，已经由劣V类改善并稳定在Ⅳ类。2015年3月，"沙湖"牌系列水产品通过有机产品认证，并取得地理标志登记证书，品牌价格优势明显。

3. 以渔养水，治理水域荒漠化模式

以寺口子水库为代表。该水库水质清新，但长期闲置，水体荒漠化严重。2012年4月，遵循有效保护和合理开发的原则，投放黄河甲鱼（10克/只）、黄河鲤、鲢、鳙（8厘米以上）进行水体增养殖。2016—2019年，累计在固原地区的水库塘堰水域投放黄河甲鱼（稚鳖）15万只，投放黄河鲤、鲢、鳙等鱼种近1500万尾。跟踪调查显示，增殖放流水体鱼类生物量明显增加，治理水域荒漠化成效显著，水域生态环境得到有效恢复，形成稳定的生态系统。甲鱼自繁和池塘养殖试验已取得初步成功。监测显示，大水面甲鱼成活率达 70%，池塘养殖成活率达 90%。2019 年 8 月首批 136 只人工孵化黄河甲鱼（稚鳖）"问世"，孵化期 45 天左右，实现固原地区人工孵化甲鱼零突破。"以渔养水"水体荒漠化治理模式丰富了当地渔业资源，增加了从渔农民收入。

四、稻渔综合种养

（一）产业体系

1996 年开始，宁夏发展河蟹养殖，主要模式有稻田养蟹、池塘养蟹和湖泊养蟹，由于技术不到位，产量较低，河蟹规格较小，市场空间有限，发展速度较慢。自 2009 年后，宁夏党委、政府针对宁夏水稻种植和渔业生产特点，紧紧依托水、土、光、热等自然资源禀赋，以转方式调结构为主线，以"农业增效、农民增收、绿色发展"为目标，把水稻种植与稻田养鱼（蟹、鳅、鸭）结合，在引黄灌区实施稻渔综合种养工程，以此作为转变农业发展方式、推进现代农业提质增效和农民增收的重要抓手，按综合种养求创新、精准发力求突破、强化措施促增效的方针，促进现代渔业高质量快速发展。宁夏农牧厅按照自治区党委、政府发展"一特三高"现代农业要求，将稻渔综合种养列入《宁夏农业发展"十三五"规划》《宁夏渔业发展"十三五"规划》，把稻渔综合种养工作作为实施农业结构战略调整的切入点和宁夏农业重点工作，制定产业发展政策，成立"两组一会"，安排项目资金，支持开展稻渔综合种养试验示范、技术攻关、推广发展。从 2010 开始，宁夏出台扶持政策，每年安排农业产业化资金、财政支农资金、重大技术推广项目等资金，重点支持稻渔综合种养示范区建设。县（市、区）财政整合盐碱地治理、中低产田改造、农业综合开发、高标准农田建设等资金，对稻渔种养的标准化稻田建设、田间工程改造、新模式示范、技术培训等进行补助。2016 年，贺兰县常信乡四十里店村"稻渔空间"将 3600 亩土地集中整治，把原来农田的"二路夹一沟"改造为稻渔的"二沟夹一路"，减少了养鱼沟坑对稻田的占比，开展一二三产业融合发展，为高标准建设"宽沟深槽"稻渔综合种养基地提供了模板。2018 年，贺兰县立岗镇永华村集体流转本村土地 3000 亩，通过春秋季农田基本建设等，对养鱼沟、水渠、道路进行集中治理，反租倒包给企业进行规模化稻渔综合种养，为集中利用资金发展稻渔综合种养探索经验。2019 年，平罗县通伏乡 8 个村进行整村推进稻渔种养，将小块田平整为 50 亩的大块，配套环田沟、防逃设施，建设标准化的稻渔基地 10000 亩。

2019 年，宁夏农业农村厅等 10 厅局联合出台了《关于加快推进宁夏渔业绿色发展的实施意见》，按照"稳粮增效、绿色生态、以渔促稻"的现代生态高效农业发展要求，明确了稻渔综合种养发展任务。各级水产技术推广部门加强与农技（机）部门、科研院所、种养殖企业协作，引导合作经济组织、龙头企业和家庭农场流转土地进行规模经营，将有机水稻生产、水产品养殖等现代农技（机）、农艺、渔技结合起来，构建了政府引导、企业参与、市场运作的多元化产业发展格局，初步形成了稻渔综合种养产业体系。

（二）生产体系

宁夏稻渔综合种养在 10 余年的示范推广中，经历了初期粗放型的规模化到精细化的集约化、标准化过程。推广地区从 2009 年的中卫市沙坡头区、青铜峡市、银川市贺兰县辐射到引黄灌区水稻主产区。2013 年以后，稻渔综合种养主要分布在兴庆区、金凤区、西夏区、灵武市、永宁县、大武口区、平罗县、沙坡头区、中宁县、利通区、青铜峡市和农垦农场 4 个市 12 个县（市、区）的水稻主产区。种养面积 2009 年为 0.1 万亩，2010 年为 5.4 万亩，2011 年为 9.3 万亩，2012 年为 13.7 万亩，2013 年为 16.6 万亩，2014 年为 17 万亩，2015 年为 5.8 万亩，2016 年为 4.3 万亩，2017 年为 3.6 万亩，2018 年为 3.2 万亩，2019 年为 4.4 万亩，2020 年为 6 万亩。种养模式由 2009 年的"稻田养蟹"逐步向"稻田养蟹、鱼、鸭"等稻渔综合种养拓展，到 2016 年，稻渔综合种养主要有"稻田养蟹""稻田养鱼（鲤、草、鲫）""稻田养泥鳅""稻田养鸭""稻田养甲鱼""稻田养小龙虾"6 种模式。

稻田环田沟为上口宽 80 厘米、深 50 厘米的"窄沟浅槽"，2017 年开始向上口宽 5～8 米、深 1.5 米的"宽沟深槽"推进，环沟鱼凼占比控制在水稻种植面积 5% 左右，远低于全国稻渔综合种养 10% 的标准。

2018 年开始，宁夏水产技术推广站进一步将综合种养技术和设施养殖技术结合起来，创新出了"分散式"和"集中式"的"稻田镶嵌流水槽生态循环综合种养"模式。在灵武市建设"分散式"的"稻田镶嵌流水槽生态循环综合种养"模式，4 条流水槽配套 42 亩稻田；在贺兰县建设"集中式"的"稻田镶嵌流水槽生态循环综合种养"模式，4 条流水槽配套 100 亩稻田，每条流水槽长 22 米、宽 5 米、深 2.2 米，鱼产量控制在 10000 千克。2019 年，在中卫市沙坡头区、灵武市和贺兰县建设了"陆基玻璃缸配套稻渔生态循环综合种养"模式，每口玻璃缸 40 米^3 水体，鱼产量 2500～4000 千克，每口玻璃缸配套 5～10 亩稻田，共建设 40 口玻璃缸，配套稻田 400 亩；在大武口区建设了"陆基高位砼制养鱼池配合稻渔生态循环综合种养"模式，每个砼制养鱼池直径 30 米、深 2.5 米，鱼产量控制在 15000～20000 千克，4 口砼制养鱼池配套 200 亩稻田；在贺兰县建设了"流水槽池塘配套稻渔生态循环综合种养"模式，140 亩池塘建设了 11 条流水槽，配套稻田 600 亩。4 种"设施养鱼＋稻渔共作"综合种养技术新模式，是在稻渔综合种养稻田中或稻田岸边建设流水槽、玻璃缸、砼制养鱼池等养鱼设施，将优质鱼类高密度集中圈养在养鱼设施中进行高产高效养殖，养鱼设施中的养殖尾水进入稻田，有机质、氨氮、亚硝酸盐等通过水稻进行分解、降解，稻田净化水体再循环进入流水养鱼设施。这种模式从根本上解决了养殖水体富营养化和尾水不达标外排的问题，破解了池塘养殖面源污染的难题，提升了水稻和水产品的品质，亩产达到了"千斤稻、千斤鱼、万元钱"，实现了农业农村部提出的"稳粮、促渔、增效、提质、生态"的要求。

通过发展稻渔综合种养，种养效益做到了水稻平均亩产不低于常规水稻，商品蟹平均规格 100 克，河蟹平均亩产量大约 20 千克，亩新增收入 1000 元左右。2013 年，据宁夏稻蟹综合种养专家团队测产，"蟹田稻"平均亩产 567 千克，平均售价 4 元/千克，与单种同品种普通水稻比，平均每千克高 1.2 元，亩均增收 660 元。"稻田蟹"平均亩产 14.9 千克，平均售价每千克 85 元，河蟹亩均增收 600 元，每亩节约化肥、农药 20 元。发展稻田养蟹，每亩纯利润增加 1280 元。其中，贺兰县丰谷稻业产销合作社的稻田养蟹基地，按照有机稻生产标准组织水稻种植和河蟹生产，水稻亩产 526 千克，收购价每千克 7.1 元，河蟹平均亩产 21.2 千克，销售价最高每千克 160 元，平均每亩产值 4958 元，利润 1698 元。延长产业链条后，大米销售价格每千克 20 元，综合利润达 3500 元。

2019 年，发展稻渔综合种养水稻亩产 550～650 千克，做到了水稻不减产；每亩稻田还生产商品蟹 20 千克，或鱼（鲤、草鱼、鲫、泥鳅、虾）100～150 千克，或鸭 20 只。稻渔综合种养若按照绿色食品标准生产，每亩新增收入 2000 元；按照有机产品生产，每亩新增收入 3500 元，最高可达 5000 元，增产增收从水稻向稻渔双丰收推进。"设施养鱼＋稻渔共作"新模式，平均亩产值可达 15810 元，为稻渔综合种养（平均亩产值 4171 元）的 3.8 倍，为单种水稻（平均亩产值 1503 元）的 10.5 倍；平均亩利润可达 4069 元，为稻渔综合种养（平均亩利润 2167 元）的 1.9 倍，为单种水稻（平均亩利润 282 元）的 14.4 倍。2019 年宁夏稻渔综合种养新技术六大模式效益统计见表 8-2-1。

表 8-2-1　宁夏稻渔综合种养新技术六大模式效益统计

种养模式	水产品种	水稻产量（千克/亩）	水稻产值（元/亩）	水产品产量（千克/亩）	水产品产值（元/亩）	总产值（元/亩）	总利润（元/亩）
稻蟹	扣蟹	460	2760	40	2000	4760	2732
	商品蟹	500	3000	19	1900	4900	2872
稻鳅	台湾泥鳅	458	2748	60	1080	3828	2083
稻鸭	四川麻鸭	545	3270	15 只	750	4020	1593
稻鳖	中华鳖	600	3600	10	1200	4800	2433

（续）

种养模式	水产品种	水稻产量 （千克/亩）	水稻产值 （元/亩）	水产品产量 （千克/亩）	水产品产值 （元/亩）	总产值 （元/亩）	总利润 （元/亩）
稻虾	小龙虾	432	2592	10	1000	3592	1747
稻鱼	鲤	465	2790	60	720	3510	1865
	中科3号	402	2412	79	948	3360	1683
	青田鱼	536	3216	78	1552	4768	2503
单作		557	1504				200

发展稻渔综合种养，稻田化肥使用量可减少65.4%，农药使用量可减少48.6%，可节省人力50%。2018—2019年试验研究表明，稻田镶嵌流水槽生态循环综合种养模式，水稻亩产量稳定在500千克以上，水产品产量提高7.8倍。"集中式"模式流水槽和稻田平均亩总产值15479元，平均亩总利润4345元；"分散式"模式流水槽和稻田平均亩总产值16141元，平均亩总利润3792元。流水槽养殖尾水通过水稻净化后，可分别降低养殖水体中氨氮72%和70%、亚硝酸盐氮70%和69%、总磷35%和49%、总氮28%和40%（图8-2-1、图8-2-2）。

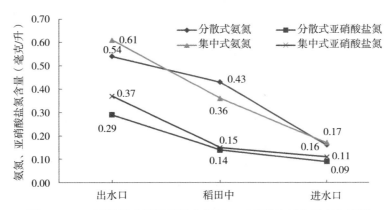

图8-2-1　两种模式不同采样点氨氮、亚硝酸盐氮含量变化情况

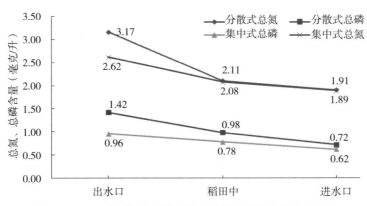

图8-2-2　两种模式不同采样点总氮、总磷含量变化情况

在相同养殖条件下，稻田流水槽水体pH为7.50～7.90，较池塘流水槽水体pH 8.30～8.90平均低0.88，更适宜水生动物生长。在高温期间，同期水温稻田流水槽较池塘流水槽低1℃左右，说明水稻的生长有改善水体pH和稳定水温的作用，可为稻田流水槽中的鱼类和稻田中的水生动物提供良好的生长环境。

（三）经营体系

宁夏在产业发展过程中，按照"产学研联合攻关，集约化、规模化、标准化生产，经营主体积极参与"的发展思路，积极引导农业龙头企业、渔业合作组织、家庭农场、村集体组织、大米加工企业等，通过流转土地，培育新型经营主体，发展稻渔综合种养。2014 年，宁夏共有 5 家农业部健康养殖示范场、40 个专业合作组织、3 个家庭农（渔）场、3 家省级农业龙头企业和 8 家大米加工企业参与稻渔综合种养。从 2017 年开始，每年建设"国家级稻渔综合种养示范基地"2 个，到 2020 年，宁夏共有 6 家"国家级稻渔综合种养示范基地"，共创建"蟹田米""稻田蟹""稻田鱼""稻田鸭"等品牌 23 个，认定有机产品生产基地 5 个。初步形成了龙头企业示范带动、社会化合作组织、家庭农场积极参与、品牌销售的稻渔综合种养经营体系。

发展稻渔综合种养能促进农民增收、推进产业融合、利于改良土壤、培肥地力，减少农业面源污染、废水废物排放和病虫草害发生，显著改善农村的生态环境。通过组织"春季农业嘉年华""秋季稻渔丰收节""稻蟹香·蟹王'争霸赛"和"中国农民丰收节"等活动，邀请中央农业频道"农广天地"栏目、"致富经"栏目，以宁夏为题材拍摄"稻渔综合种养"专题片和教学片，组织企业参加"中国国际现代渔业暨渔业科技博览会"推介宣传，打造"塞上江南、鱼米之乡"品牌，创建稻渔综合种养特色品牌。

（四）技术支撑体系

1. 技术推广机构

2005 年，宁夏共有水产技术推广机构 30 个，其中省级推广机构 1 个，地级市推广机构 5 个（独立站 4 个、综合站 1 个），县（区）级推广机构 15 个（独立站 6 个、综合站 9 个），乡（镇）级推广机构 9 个（全部为综合站）。宁夏水产技术推广在编人数 224 人，实有人数 224 人；专业技术人员 192 人，其中正高级 1 人、副高级 17 人、中级 91 人、初级 78 人，分别占专业技术人员总数的 0.5%、9%、47%、41%。专业技术人员中，本科及以上学历 98 人，专科 70 人，中专 24 人，分别占专业技术人员总数的 51%、36%、13%。

2010 年，宁夏共有水产技术推广机构 31 个，其中省级推广机构 1 个，地级市推广机构 5 个（独立站 2 个、综合站 3 个），县（区）级推广机构 14 个（独立站 5 个、综合站 9 个），乡（镇）级推广机构 11 个（全部为综合站）。宁夏共有水产技术推广机构人员 235 人，其中专业技术人员 207 人，占推广机构实有人员数的 88.1%；有高级职称 36 人（推广研究员 2 人、高级工程师 34 人）、中级职称 93 人、初级职称 76 人，分别占专业技术人员总数的 17.4%、44.9%、36.7%。专业技术人员中，大学本科及以上学历 128 人，大专 77 人，分别占专业技术人员总数的 61.8%、37.2%。

2014 年，宁夏共有水产技术推广机构 29 个，其中独立水产技术推广机构 7 个，占全自治区推广机构的 24.1%；综合服务机构 14 个，占全自治区推广机构的 48.3%；乡（镇）级农技（水产）服务站 8 个，占全区推广机构的 27.6%。宁夏水产技术推广机构为全额拨款事业性单位。按行政级别分类，宁夏有省级推广机构 1 个（为独立站），地级市推广机构 5 个（水产独立站 2 个、综合站 3 个），县（区）级推广机构 15 个（水产独立站 4 个、综合站 11 个），乡（镇）级推广机构 8 个（全部为综合站）。宁夏共有水产技术推广人员 213 人，其中省级推广机构人员 31 人，地级市推广机构人员 45 人，县（区）级推广机构人员 114 人，乡（镇）级推广机构人员 23 人。宁夏共有专业技术人员 181 人，占实有人数的比例为 85%，其中高级职称 44 人，占专业技术人员总数的 24.3%；中级职称 81 人，占专业技术人员总数的 44.7%；初级职称 55 人，占专业技术人员总数的 30.4%。在专业技术人员实有人数中，大学本科以上学历 124 人，占总数的 58.2%；大专学历 54 人，占总数的 25.3%；中专学历 16 人，占总数的 7.5%。

2. 技术团队

从 2009 年开始，宁夏水产技术推广站、宁夏水产研究所针对稻渔综合种养"瓶颈"性的技术难题，联合全国水产技术推广总站、中国农业大学、浙江大学、上海海洋大学、宁夏大学等院所的专家成立技术团队，开展科技攻关、模式创新、技术指导服务。采取"土地流转规模化发展、水稻水产优质品种种养、稻渔综合立体生态标准化生产、稻渔多种模式规范化管理、生产品种品牌化经营"5大措施，遵循"春季扣蟹池塘集中暂养、夏季水稻河蟹生产管理、秋季商品蟹育肥上市"3大生产管理阶段，重点推广具有宁夏本地特点的开口宽5米、底宽2米、深1.5米的"宽沟深槽"稻田养蟹（鱼、鸭、虾、鳖、鳅）6大种养模式，集成"田间改造、水稻种植、茬口衔接、水产养殖、种养施肥、水质调控、病虫草害综合防控、产品质量控制、产品收获加工销售"9项关键配套技术，主要解决"成活率低、规格小、效益低"3大问题。

2009—2014年，上海海洋大学王武教授6年8次到宁夏进行稻田养蟹技术指导。2010年，宁夏水产技术推广站组织人员编制了"宁夏稻田河蟹生态种养技术（商品蟹养殖）生产管理流程图"。2011年，宁夏水产研究所吴旭东等组织编撰了《稻田鱼蟹养殖技术》。2014年，稻田蟹首席专家（张朝阳）组织团队人员编撰了《稻田蟹（鱼）生态种养技术》培训教材，培训技术骨干、新型职业渔民3000余人次。2012年7月，农业部渔业局和全国水产技术推广总站在宁夏举办的"北方稻田综合种养技术专家巡回指导座谈会"上，农业部科技教育司、农业部渔业局、全国水产技术推广总站、上海海洋大学以及湖北省、四川省、浙江省的领导和专家为宁夏稻田养蟹生产者做了专题报告和科技讲座，提高了宁夏重点养殖大户的种养水平和技术人员服务稻田养蟹的业务能力。2016年，宁夏水产技术推广站成为中国稻田综合种养产业技术创新战略联盟成员单位和专家委员会委员，多次在全国稻渔综合种养工作会议上做典型交流。2017年，全国水产技术推广总站在宁夏召开"全国水产技术推广工作暨生态健康养殖技术集成现场会"，重点观摩了贺兰县"稻渔空间"的稻渔综合种养发展情况。2019年，宁夏"设施养鱼＋稻渔共作"生态循环综合种养模式，成为全国养殖尾水治理4大模式之一。

■ 第三节　捕　　捞

一、渔业捕捞许可制度

渔业实行捕捞许可制度，其法律依据主要是《中华人民共和国渔业法》《渔业捕捞许可管理规定》。根据《中华人民共和国渔业法》（以下简称《渔业法》）第二十三条规定，"国家对捕捞业实行捕捞许可证制度"。对未取得捕捞许可证从事捕捞的、违反捕捞许可证关于作业类型的规定进行捕捞的、违反捕捞许可证关于作业场所的规定进行捕捞的违法行为，均要受到行政处罚。宁夏自2004年7月开始实施渔业捕捞许可证制度。

二、渔业捕捞产量

1996—1999年，主要捕捞作业区为青铜峡库区及贺兰县、银川郊区、陶乐县、惠农县、永宁县、灵武市、中宁县、中卫县等河段和沟渠，尚无渔获物数量、种类的统计数据。

2000—2009年，随着各地农村集体所有制捕捞渔业解体，辽宁、吉林、湖南、四川等地的专业渔民陆续来到宁夏阅海湖、沙湖进行专业化捕鱼作业，挣取劳务费。禁渔期之外，个别渔民主要集中在银川市至石嘴山市黄河段进行捕鱼作业。

2010年，银川市至石嘴山市黄河段分布约有20艘采用小型柴油机作为动力的简易渔船，进行零星捕捞，通过对这些渔民的走访，每艘渔船即每户渔民年纯收入约1万元。根据渔获物种类和其平均价格推算，宁夏黄河野生鱼类资源年捕获总量1万千克左右。此外，野生鱼类的价格高于养殖鱼类，野生鲤、鲇的价格为养殖鱼类的2～3倍，产于前进湖（沙湖）的沙湖大鱼头（鳙头）已成为知名品牌。

2011—2016年，大宗淡水水产品价格持续低迷，捕捞收入不足以养活专业从事捕捞人员，在宁夏黄河段少有以捕捞为业的务工人员，只有在池塘集中出鱼时活跃着少量以提供专业捕捞服务的劳务人员，在腾格里湖、阅海湖、沙湖等大型湖泊售鱼时会出现以提供专业捕捞服务谋生的人员。2017年后，宁夏河流、湖泊、水库及其附属公共水域基本没有专门从事以出售捕捞渔获物谋生的从业人员。

三、渔业休渔禁渔制度

2003年4月，宁夏首次发布《关于实行黄河宁夏段休渔制度的通告》，自治区人民政府决定对黄河宁夏段实行休渔。休渔时间从2003年起的每年5月1日至7月31日，黄河宁夏段共含中卫县、中宁县、青铜峡市等11个县（市、区），长度为397千米。2003年5—7月，宁夏首次在黄河宁夏段实施为期3个月的休渔制度，得到了广大从渔农民的理解、支持和配合，为黄河休渔制度的全面实施奠定了基础。

禁渔期是指禁止渔业捕捞生产的时期，其具体划定根据目的不同而不同，同时因区域不同禁渔制度略不相同。自2019年起，宁夏实行禁渔期制度，为期4个月（每年4月1日12时至7月31日12时），禁渔区为黄河宁夏段397千米及入河沟、渠口等附属水域，在以上规定的禁渔期和禁渔区内，禁止一切捕捞作业，同时禁止任何单位和个人收购、运输、储藏、贩运和销售在黄河非法捕捞的渔获物。因科学研究和驯养繁殖等特殊原因需要在禁渔期和禁渔区捕捞的，必须经自治区渔业行政主管部门审批同意，并按照批准的数量、时间、区域、渔具和捕捞方法进行捕捞。

■ 第四节 渔用饲料

一、渔用饲料生产

宁夏渔用配合饲料始于1984年建设的商品鱼养殖基地，宁夏水产研究所养鱼场首先开始采用配合饲料养殖鲤。进入20世纪90年代，在"渔业丰收计划"和"星火计划"项目的带动下，引黄灌区大面积推广池塘主养鲤高产技术，鱼种和成鱼生产基本上采用硬颗粒饵料驯化投喂，大部分渔农购进小型颗粒饲料机自制颗粒饲料。

1997年，随着饲料行业发展，渔业养殖户购买饲料原料利用小型颗粒饲料机加工饲料的情况逐步转变为购买专业饲料厂生产的全价配合颗粒饲料。全价配合颗粒饲料具有配方科学、营养全面、保质期长、饵料系数低等特点。同时宁夏本地的渔用颗粒饲料小型代加工企业兴起，主要有永宁新宁饲料厂、贺兰海永饲料厂、宁夏悦海农牧开发有限公司饲料厂、宁夏发成饲料公司等，市场需求带动了饲料加工企业的发展，各大饲料企业纷纷在宁夏建厂生产渔用配合饲料。

1997—2005年，宁夏本地饲料生产企业快速发展，涌现出"大北农""星火""灵汉""精海""正通""隆昌""宏达""恒祥""莱福""新宁""马兰花""金西丰""正旺"等渔用饲料品牌，受到广大养殖户认可。1997年，宁夏星火科技有限公司成立，主要从事畜禽、水产饲料生产。1998年，银川正大有限公司成立，从事畜禽和水产饲料生产、销售及养殖技术服务。2001年11月，宁夏大北农科技实业有限公司成立，从事畜禽、水产饲料的生产经营。2003年，隆昌饲料加工厂在平罗县成立，具备年产渔用颗粒饲料3万吨的能力。2005年，宁夏中卫市本土渔用饲料企业逐步被"正大""通威""大北农"等一些大品牌渔用饲料生产厂家淘汰。

2006—2010年，全价配合颗粒鱼用饲料占全年鱼饲料消耗总量的80％以上。

2011年，宁夏海永生态农牧科技有限公司挂牌成立，该公司位于银川市贺兰县寇家湖现代渔业养殖示范区，是集"养殖、饲料加工销售、疾病防治、新技术示范与推广"为一体的科技型企业，具备年产牛、羊、鸡、猪、鱼等各类型饲料40万吨的生产能力，商品鱼饲料销量一度占宁夏鱼饲料消耗总量的 85％，达到 9 万吨。

2012 年，宁夏马兰花农业综合开发有限公司在平罗县建成渔用大型饲料加工生产线，具备年产渔用全价颗粒饲料 6 万吨的能力。宁夏琅峰饲料公司在平罗县工业园区投产，具备年产渔用全价颗粒饲料 2 万吨的能力。宁夏银川通威饲料有限公司在银川市贺兰县暖泉农场投产。

2013—2020 年，大宗淡水鱼价格持续低位徘徊，偶有上涨，但又很快回落，饲料原料价格逐年上涨，饲料销售市场竞争日益激烈，个别企业逐渐淡出市场。"大北农""正大""通威""宁信德""双鱼""新希望"等渔用饲料品牌，市场认可度较高。

二、渔用饲料使用

1996 年，宁夏精养池塘主养鲤、草鱼，开始逐步投喂全价配合饲料，兰州正大、通威饲料是两个知名品牌，受到广大养殖户的青睐。1997—2005 年，养殖户采购原料自己加工饲料和采购成品饲料（全价配合颗粒饲料）基本各占一半。

2006—2012 年，养殖户观念转变，养殖技术不断提高，同时饲料企业的销售人员能为养殖户提供产前、产中、产后各项技术服务。饲料企业一般采取年初将饲料赊销给养殖户，年终销售商品鱼抵扣饲料款的运营模式，使全价配合颗粒饲料逐步取代了自配饲料，同时提供来料加工业务。市场上销量较好的渔用饲料主要有"正大""通威""大北农""双鱼""宁信德""金希普""隆昌""川渝"等品牌。

2013—2014 年，宁夏大力发展设施渔业，膨化饲料得到进一步推广。膨化饲料具有水体污染小、鱼体消化吸收率高的特点，名优鱼类养殖一般使用膨化饲料，其市场销量占饲料销售总量的 15％，达到了 1 万吨。河蟹、对虾、鳜、泥鳅等专用饲料开始推广使用。

2015 年后，大宗淡水鱼价格持续低迷，"生态、绿色、健康、高效"养殖深入人心，开展绿色生态健康养殖，生产适销、安全、优质水产品，创建宁夏渔业品牌，提高产品附加值的理念逐渐得到广大养殖户、养殖企业、合作社的认可，高密度集约化及高产量高投入的养殖观念逐渐淡化，商品鱼饲料销量开始逐年下降。2020 年，宁夏渔用配合饲料用量约 5.2 万吨。其中膨化饲料 0.6 万吨，硬颗粒饲料 3.5 万吨，代加工饲料约 1.1 万吨。

■ 第五节　鱼病防治

一、常见鱼病

1996 年以后，宁夏池塘养鱼技术日臻完善，最高亩产量接近 1 吨，渔业病害呈现高发态势。截至 2020 年，宁夏地区发现鱼病 31 种，其中常见、多发、危害性较大的鱼病有 5 类 16 种。在这 16 种鱼病中，病毒性鱼病 4 种，包括草鱼出血病、痘疮病、病毒性出血性败血症、鲤春病毒血症；细菌性鱼病 6 种，包括细菌性烂鳃病、赤皮病、竖鳞病、细菌性肠炎、细菌性败血症、打印病；真菌性鱼病 1 种，即水霉病；寄生虫病 4 种，包括车轮虫病、指环虫病、黏孢子虫病、锚头鳋病；藻类引起鱼类中毒症 1 种，即小三毛金藻中毒症。

二、鱼病防治

坚持"全面预防、积极治疗、无病先防、有病早治"的原则，做好池塘清淤消毒、鱼种消毒、工具消毒。池塘消毒常用药物有生石灰、漂白粉等；鱼种消毒的常用药物有食盐、高锰酸钾等。在杀虫驱虫方面，抗原虫常用药有硫酸铜、硫酸亚铁合剂、高锰酸钾等；驱杀蠕虫药有阿维菌素、伊维菌素等。广谱杀虫药有晶体敌百虫，但不能用于鲈、鳜、虾、蟹等的疾病防治。在水质调节方面，有益微生物得到广泛应用，常用种类有光合细菌、芽孢杆菌、硝化细菌、EM 菌、酵母菌。1996—2020 年，宁夏每年结合渔业生产实际，加强渔业病害防控。

（一）渔业病害测报体系

1996—1999 年，受限于工作条件，宁夏各地发生的渔业病害一般由当地渔政部门、渔业技术推广部门派人现场处理，未能建立便捷、高效的在线渔业病害预报系统。2000 年，宁夏首次建立了鱼病预测预报制度，在鱼病多发季节，及时通过"科技简讯"发出预防措施及治疗方案，但该制度与全国水产技术推广总站要求建立的鱼病预测预报体系和鱼病防治网络还有较大差距。

2001—2003 年，宁夏结合渔业"丰收计划"的实施，建立鱼病防治服务点 18 个，以加强常见病害日常防控，使渔业病害未大面积暴发。2004 年，按照农业部关于在全国范围内开展水产养殖病害预测预报工作的要求，宁夏水产技术推广站结合实施"无公害食品行动"计划，制定了《宁夏水产养殖病害预测预报操作规范》，在银川市、贺兰县、永宁县、平罗县、青铜峡市等沿黄灌区 15 个县（市、区），设置了 49 个测报点，测报面积 2.6 万亩。2004 年 3—10 月，39 名基层测报员对所辖区域测报点养殖的鱼、虾、蟹等水生动物病害进行连续测报。测报出水生动物病害 11 种，其中细菌性鱼病 5 种，包括赤皮病、烂鳃病、竖鳞病、打印病、细菌性肠炎；寄生虫病 5 种，包括锚头鳋病、车轮虫病、指环虫病、杯体虫病、绦虫病；藻类鱼病 1 种，即小三毛金藻中毒症。测报结果通过病害防治专刊及时下发，为全自治区渔业病害防控提供技术支撑。

2005—2007 年，宁夏各县（区）进一步落实《宁夏水产养殖病害预测预报操作规范》，测报点增至 52 个。宁夏水产技术推广站通过病害防治专刊及时下发测报结果，做到有效防控，使渔业病害未大面积暴发。2008 年，宁夏在银川市、石嘴山市、吴忠市、中卫市等 13 个市、县（区）全面开展渔业病害预测预报工作，共设置测报点 55 个，监控测报面积 4.4 万亩，测报涉及鲤、草鱼、鲢、鳙、鲫、鲂等 9 个养殖鱼类，报送数据报表 562 张，全年无疫情和重大病害发生。利用水产养殖病害预测预报网络将商品鱼的检疫列入月报范围，实行按月报送制，规范和强化出省商品鱼检疫制度。

2009 年，灌区 13 个县（市、区）落实水产养殖病害测报点 55 个，面积 4.5 万亩，全年无疫情和重大病害发生。10 个新建县级水生动物疫病防治站进入建设阶段，使宁夏水产养殖病害预测预报网络体系进一步完善。2010 年，共设立水产病害预测预报点 55 个，监控测报面积 4.5 万亩，测报不同养殖模式的 10 个养殖鱼类，监测到病害 13 种，没有发生重大渔业病害和疫情。2011 年，在引黄灌区 13 个县（市、区）设置水产养殖病害预测预报点 56 个，建立档案 56 份，涉及池塘 2560 个，监控面积 5.3 万亩，监测到病害 15 种，没有发生重大渔业病害和疫情。2012 年，13 个县（市、区）设置测报点 58 个，测报面积 11.2 万亩（池塘 6.8 万亩，湖塘及围网养殖 4.4 万亩）。监测草鱼、鲤、鲢、鳙、鲫 5 种大宗淡水鱼类，全年监测到水生动物病害 15 种，其中细菌性疾病 7 种、寄生虫类疾病 6 种、真菌性疾病 1 种、藻类疾病 1 种。每月对测报结果汇总、分析，编印《宁夏水生动物病害通报》5 期 300 份，向有关部门及各县（市、区）水产中心通报，用于指导渔业病害防控。2013 年，在 15 个县（市、区）和企业设置水产养殖病害预测预报点 63 个，比 2012 年增加 5 个，测报面积 12.7 万亩，比 2012 年增加 1.5 万亩，涉及草鱼、鲤、鲢、鳙、鲫等，共监测到水生动植物病害 15 种，其中细菌性疾病 7 种、寄生虫类疾病 6 种、真菌性疾病 1 种、藻类疾病 1 种。从 3 月开始，每月对测报结果进行汇总、分析，编印《宁夏水生动物病害通报》10 期 2000 份，向有关部门及宁夏各市（县）通报，用于指导病害防控。2014 年，在 15 个县（市、区）设置水产养殖病害预测预报点 66 个，测报面积 11.9 万亩，共监测到水生动植物病害 17 种，包括细菌性疾病 7 种、寄生虫类疾病 6 种、病毒性疾病 3 种、藻类疾病 1 种。监测结果显示，对宁夏水产健康养殖影响较大的病害主要是细菌性败血症、草鱼出血病和小三毛金藻中毒症。从 2 月起，每月对测报结果汇总，对下月病害发生进行预测预报，提出病害防控措施，编发《宁夏水生动物病害通报》9 期 3600 份，指导渔业病害防控。

2015—2016 年，宁夏从每年 2 月开始，逐月对水产养殖病害测报结果进行汇总整理，对次月病害发生情况预测预报，提出病害防控措施，做到及时有效防控。2016 年，对主要养殖对象及重点养殖水面的疫病测报实行直报制度。2017 年，宁夏 43 个监测点监测面积共 12.76 万亩，监测 10 个养殖种类、12 种病害，编发《宁夏水产养殖病情预测预报》8 期。举办宁夏水产养殖病害预测预报暨水生动物病害防治员资格证培训班，共培训学员 63 人，58 人考取国家水生动物病害防治员资格证（国家职业资格三级证书）。2017 年 11 月，宁夏水产技术推广站申报编制 2018 年全国动植物保护能力提升工程项目——宁夏回族自治区水生动物疫病监控中心建设项目可行性研究报告，投资规模 1000 万元，获得自治区发展和改革委员会批复。

2018—2020 年，宁夏在 15 个水产养殖重点县（市、区）设置水产养殖病害预测预报点 48 个，监测养殖水生动物 9 类（鲤、草鱼、鲢、鳙、鲫、斑点叉尾鲴、鲇、鲈、河蟹），监测面积 10.47 万亩，共监测到 5 类 16 种疾病，其中细菌性疾病 6 种、真菌性疾病 1 种、寄生虫类疾病 6 种、病毒性疾病 2 种、其他不明病因疾病 1 种。有 6 种养殖鱼类在监测过程中发生鱼病，及时采取有效措施处置。通过网络终端将病害发病情况、流行趋势、防控措施、防控效果等信息报送至全国水产技术推广总站，每年报送 8 期。每月 20 日前，将次月《宁夏水生动物病害预测预报信息》报送至全国水产技术推广总站，并反馈给宁夏各养殖场点及主管部门，指导渔业病害防控。

（二）病害防控

1996 年，宁夏灌区池塘养殖鱼类发生暴发性出血病，经诊断由嗜水气单胞菌引起。该病流行速度快，受害面积 1.75 万亩，死鱼 33 万千克，直接经济损失 280 万元。宁夏水产局、宁夏水产技术推广站和各市、县水产部门紧急行动，组织专家和技术人员深入发病区域，巡回检查病因和流行状况，发出病情通报，及时诊治，使病害得到有效控制。

1997—1999 年，宁夏渔业病害频发，危害养殖鱼类夏花的主要病害是车轮虫病，草鱼出血病对草鱼危害严重。宁夏水产研究所承担部级课题"宁夏鱼病区系调查及生态防治研究"，提出宁夏渔业病害防控措施，在养殖户中广泛宣传，受到养殖户好评。

1998 年，宁夏水产技术推广站推广生态渔业健康养殖模式，科技人员深入现场，示范健康养殖技术，指导养殖户做好鱼病防控，并以"科技简讯"方式发出鱼病预警，介绍治疗方法和防控措施。

1999—2000 年，宁夏水产技术推广站在鱼病多发季节联合各县渔业部门深入养殖生产一线，指导渔民正确使用药物进行渔业病害防控，使鱼病未大面积暴发。

2001 年，宁夏结合渔业"丰收计划"的实施，建立鱼病防治服务点 12 个，集中诊病 80 余次，服务渔户 400 余户，推广综合防治鱼病面积 2.7 万亩。针对鲤暴发性出血症状，分析病理，提出了治疗新方法，仅此项技术就为渔民节省药物开支 15～20 元/亩，使鲤暴发性细菌性败血症得到有效控制。

2002—2005 年，宁夏各市、县（区）渔业部门深入基层，开展病害防控技术培训，现场指导养殖户做好常见病害的日常防控工作，使渔业病害得到有效控制，未大面积暴发鱼病。养殖户在养殖过程中发生病害时一般就近到各市、县（区）水产技术推广机构诊治，个别饲料企业的技术人员也提供鱼病诊治服务。

2006 年，宁夏启动了贺兰县、永宁县、平罗县三个县级水生动物疫病防治站建设；农业部批复了吴忠市、中卫市城区、灵武市、中宁县四个水生动物疫病防治站建设项目。宁夏水产技术推广站增挂宁夏鱼病防治中心标牌，承担宁夏渔业病害防控职能，专门从事鱼病防治研究工作。

2007 年，宁夏完成了自治区"三检"中心及贺兰县、永宁县、平罗县、灵武市、中宁县、利通区、沙坡头区 7 个水生动物疫病防治站建设，在全自治区形成相对完善的渔业病害预测预报、水域环境监测和质量检测网络体系，使渔业病害防控的时效性和精准性得到提升。

2007—2010 年，宁夏各市、县（区）水产技术推广部门技术人员深入渔业生产一线，开展产前、产中、产后养殖生产技术服务，发放科学用药宣传资料，在病害高发季节，指导养殖户加强水质调控和精准用药，强化病害预防意识，使渔业病害未大面积暴发。

2011年，宁夏实施沿黄湖泊湿地大面积生态修复与渔业健康增（养）殖、渔业病害综合防控等技术推广项目，使渔业病害发生率明显降低，从根本上缓解了高密度集约化养殖易发生病害的问题。

2012年，宁夏开展以"走进渔村、关爱渔民、关心渔业"为主题的"水产养殖规范用药科普下乡"活动，加大规范用药宣传，普及渔药使用知识，强化科学用药指导，规范水产养殖用药行为，提高从业人员病害防控技能。

2013年，示范推广草鱼病害防治"三联"疫苗。在平罗县、贺兰县、利通区、青铜峡市等草鱼养殖主产区，选择具有较高技术支撑和管理能力的健康养殖示范场，试点推广草鱼"三联"疫苗免疫接种技术10300亩，使草鱼出血病在草鱼鱼种期易暴发的势头得到有效遏制，降低了病害损失。

2014年，宁夏完善养殖安全监测系统，以9个水产品质量安全可追溯平台为依托，整合物联网水质监测、病害远程诊疗等系统，提升渔业病害远程诊断能力，具备了在线获得全国渔业病害专家诊断的能力。

2015—2016年，宁夏开展"水产养殖规范用药科普下乡活动"，指导养殖户科学用药，加强渔业病害防控。2016年5月，宁夏水产技术推广站、贺兰县畜牧水产技术推广服务中心与贺兰县渔业产业联合体充分发挥科技优势，率先在新明渔业园区养殖基地开展草鱼"四联"疫苗免疫注射试验示范，探讨评估草鱼免疫注射效果，预防草鱼出血病、细菌性烂鳃病、赤皮病和细菌性败血症等。完成一龄草鱼"四联"疫苗免疫注射50万尾，鱼种一般在成功接种2周后产生免疫保护，免疫效果可达90％。

2017年，宁夏首次开展鲤春病毒血症、草鱼出血病和锦鲤疱疹病毒病专项监测，3个批次采集5个县（市、区）10家水产养殖企业3900尾监测鱼类，制作26个样本，检测结果全部为阴性。在9个重点渔业县（市、区）集中开展水产养殖微生物制剂的使用情况调查和"水产养殖规范用药科普下乡活动"，指导从渔农民科学规范用药，加强病害防控。

2018—2020年，宁夏继续深入开展"水产养殖规范用药科普下乡活动"和水产养殖用药减量行动，坚持"以防为主、防治结合"的鱼病综合防控原则，应用水质调控、立体增氧、生态循环、生物净化等技术，采取生态防病、药物防病、免疫防病等方法，开展绿色健康养殖，使渔业病害发生率明显降低。

三、苗种检疫

苗种检疫主要是指水产苗种产地检疫。1996—1998年，宁夏渔政监督管理局对空运调入宁夏的水产苗种开展质量鉴评工作。

1999年，宁夏渔政监督管理局对空运调入宁夏的水产苗种开展质量鉴评和检疫查验工作，有效杜绝了外调苗种质量不高及可能携带病原给宁夏渔业带来损失的风险。

2000年，宁夏渔政监督管理局在总结前两年对引进调运鱼苗质量鉴评经验的基础上，加强了对输入型水产苗种质检、量检和疫检查验力度，在民航机场、联航机场设点，对集中进入宁夏的各类水产苗种进行质量、数量鉴评，并公开鉴评结果，提出客观、公正的处理意见，对数量不足的责令补足，对存在质量问题的苗种坚决退回，杜绝了宁夏苗种调运市场存在的苗种质量不高、数量不足的现象，维护了渔业生产者的合法权益。

2001—2003年，宁夏渔政监督管理局对进入宁夏的各类水产苗种进行质量、数量鉴评和疫病查验，保证外调苗种质量优、数量足。

2004年4—5月，宁夏渔政监督管理局对进入银川河东机场的46架次携带水产苗种航班中的8架次依法进行质量鉴评和检疫查验，鉴评各类苗种17批次，包括白鲢、花鲢、鲤、草鱼等苗种共计0.68亿尾，未发现OIE检疫名录中对水产动物要求严格控制的Ⅱ、Ⅲ类疫病。2006年4—6月，开展苗种鉴评检疫工作，共抽检各类水产苗种 6.8 亿尾。2008 年 5—6 月，共抽检空运、陆运、自繁苗种近 8 亿尾，未发现 OIE 检疫名录中对水产动物要求严格控制的 Ⅱ、Ⅲ 类疫病。2009 年，鉴评水产苗种 374 批次 13 个品种 9.1 亿尾，个别苗种存在水霉病较严重、报检数量与实检数量差距较大的现象，现场各方协调处理。

2010 年，宁夏渔政监督管理局鉴评外调水产苗种 287 批次 13 个品种 11.03 亿尾，未发现水生动物检疫名录中规定的 Ⅰ、Ⅱ 类重大疫病，但个别场家繁育的苗种寄生虫感染率较高，主要有车轮虫、三代虫、指环虫、杯体虫。2011 年，鉴评外调水产苗种 127 批次 11 个品种 8.3 亿尾，未发现水生动物检疫名录中规定的 Ⅰ、Ⅱ 类重大疫病。2012 年，鉴评外调水产苗种 114 批次 13 个品种 9.37 亿尾，发现部分苗种患有轻度车轮虫病等，技术人员现场指导养殖户正确防治。2013 年，鉴评外调水产苗种 128 批次 18 个品种 10.36 亿尾（头），未发现水生动物检疫名录中规定的 Ⅰ、Ⅱ 类重大疫病。2014 年，鉴评外调水产苗种 202 批次 18 个品种 11.64 亿尾（头），未发现水生动物检疫名录中的 Ⅰ、Ⅱ 类重大疫病。但本地人工繁育苗种车轮虫感染率较高，因此对养殖户进行了正确防治车轮虫病的现场指导。

2015—2020 年，宁夏渔政监督管理局持续开展水产苗种检疫鉴评工作，对本地生产苗种实行水产苗种产地检疫制度，对通过空运、陆运进入宁夏的水产苗种开展检疫查验和苗种质量鉴评，结果未发现国家水生动物疫病名录中要求上报的 Ⅰ、Ⅱ 类重大疫病，总体来讲苗种质量较好、数量充足，从源头上降低了渔业病害的发生风险。2020 年，宁夏农业农村厅确认渔业官方兽医 68 名，全自治区共设置 10 个水产苗种产地检疫申报点。

■ 第六节 渔业面源污染防治

一、渔业面源污染源普查

污染源普查是一次重要的国情调查，渔业污染源普查是全国污染源普查的重要内容之一，是农业资源环境的基础性工作。2018 年执行的《宁夏农业污染源普查水产养殖业抽样调查与原位监测项目》是全国农业（水产）污染源普查工作的重要组成部分，为全国的相关工作提供了技术支持。宁夏渔业按照农业农村部工作安排及第二次全国污染源普查项目任务要求，对宁夏水产业养殖信息、污染情况进行摸底调查，为行业规划布局、科学指导、做好污染源监管和面源污染治理提供了数据支撑。池塘养殖模式下，草鱼、鲤、鲫、鲫的氨氮、总氮、总磷和化学需氧量（COD）的产、排污系数见表 8-2-2。

表 8-2-2　2018 年宁夏各养殖品种产、排污系数监测结果

养殖品种	产污系数 K 值（克/千克）				排污系数 K 值（克/千克）			
	总氮	总磷	氨氮	COD	总氮	总磷	氨氮	COD
草鱼	6.397	1.097	6.711	18.646	2.697	0.628	2.079	11.892
鲤	3.149	0.173	2.715	17.669	1.394	0.127	1.343	10.523
鲴	8.035	0.318	1.340	11.775	5.261	0.226	0.216	6.359
鲫	4.491	1.782	0.663	29.382	3.548	1.029	0.349	17.752

二、渔业面源污染防治

（一）设施健康养殖

1996—2000 年，宁夏通过实施名优品种引进养殖、设施渔业、旧池塘改造、新池塘开挖等一系

列重点渔业项目，提出高效利用资源服务渔业。宁夏灵汉实业百溪养殖场及宏坤置业有限公司投资建设了高标准控温节能温棚近13000米²，设施的增温、增氧、水处理系统的应用，降低了单位水产品的污染物。宁夏灵汉实业百溪养殖场等部分养殖场点开始试验使用光合细菌等微生态制剂进行养殖水体水质调节，客观上减轻了养殖内源性污染。2001年，宁夏水产研究所科研基地建有良种繁育、选育工厂化车间2座共计5000米²，集固液分离、物理沉淀、紫外杀菌、生物净化、泡沫分离、水体增氧等技术对车间内养殖水体净化处理，实现循环利用。

2002—2008年，宁夏利用简易塑料大棚开展革胡子鲇、大口鲇、罗非鱼等名优新鱼类养殖，通过合理设置放养密度、科学投喂、物理沉淀过滤、定期加注新水等方式调节养殖水体，降低水体富营养化程度，最大限度地防止外排养殖尾水。

2009年9月，贺兰县晶诚水产养殖有限公司引进福瑞鲤、斑点叉尾鮰、南美白对虾、加州鲈等10余个名优品种，利用工厂化车间试验示范设施温室高产高效养殖，采取水源加热泵进行全年生产，利用液氧控制水体溶氧，水体24小时循环，利用臭氧杀灭水中生物控制透明度，利用微生物净化池分解氨氮、亚硝酸盐，利用过滤系统分离粪便和污物进入稻田，实现养殖水体循环利用。

2010年，宁夏天荣现代农业科技有限公司利用新建工厂化养殖车间开展工厂化循环水养殖南美白对虾试验示范，利用内陆生物絮团水处理技术，确保养虾水质安全，促进南美白对虾快速生长，实现养殖水体循环利用。

2016—2017年，宁夏建设低碳池塘循环水流水槽63条，将外界池塘、稻田与流水槽有机结合，利用粪污收集发酵、物理沉淀过滤、生物降解、微孔增氧等技术，实现养殖尾水循环利用。新建渔业设施温棚（主要用于南美白对虾养殖），利用物理过滤、微孔增氧、生化降解、紫外杀菌、微生态制剂调控等技术，基本实现养殖尾水循环利用。

2018—2020年，宁夏推广养殖尾水综合处理技术试验示范项目。银川市选择12个场点，面积8230亩，建设安装微生态制剂扩繁发酵罐200升罐体12个、100升罐体12个，共计24个。开展微生态制剂（包括光合细菌、EM菌、乳酸菌、芽孢杆菌等）扩繁技术对养殖尾水进行处理，实现预期目标。全自治区工厂化养殖车间、设施温棚主要进行鲈、锦鲤、斑点叉尾鮰、南美白对虾等优新品种养殖，低碳池塘循环水流水槽主要用于鲤、草鱼、鲈、锦鲤、斑点叉尾鮰等鱼类的养殖。各类养殖设施因地制宜，充分利用现有池塘、稻田或设施自身配备的水处理设备，利用粪污收集发酵、物理沉淀过滤、生物降解、紫外杀菌、锥体增氧、液氧注入等技术，对养殖水体净化处理，实现养殖尾水循环利用。

（二）池塘健康养殖

1. 提升养殖技术，降低面源污染

2001—2011年，宁夏在池塘养殖方面，示范推广了一系列多品种、多类型的主混养新技术，打破了池塘主养鲤的单一模式，以草鱼、鲫和团头鲂为主养鱼的新型养殖模式得到推广，客观上减轻了养殖尾水富营养化的程度。

2012年，宁夏水产技术推广站承担了宁夏科技支撑项目《池塘健康养殖关键技术研究》，重点开展了池塘主养模式下水资源利用、内源性污染状况、养殖容量的估算与界定研究，同时开展了循环、异位生态调控设施构建与技术工艺研究，提出节水型池塘水环境生态调控技术模式和节水型健康养殖技术规范。开展了水产养殖规范用药科普下乡活动，普及渔药使用知识，强化科学用药指导，规范水产养殖用药行为，减少用药量和频次，降低了水产药物对水环境的污染。

2013年，宁夏以54个农业部健康养殖示范场为重点，推广水产健康养殖技术，严格落实健康养殖的五项制度和两项登记，有效降低了渔业面源污染程度。标准化改造养殖池塘2.5万亩，示范福瑞鲤、草鱼、斑点叉尾鮰、异育银鲫"中科3号"等健康养殖技术，降低了尾水富营养化程度。

2016年，宁夏推广应用标准化健康养殖技术、物联网智能控制技术、池塘底部微孔增氧技术等

主推技术，提升饵料转化率，减少渔药使用量，提升水体自净能力，最大限度地降低了水体富营养化程度。引进国内先进的渔业物联网生产管理系统，集成微孔增氧、涌浪机水体循环、物联网微信监控、手机智能遥控增氧投饵等新技术，对养殖过程全程监控，准确及时地监测水体溶氧，做到科学投饵、精准用药，有效降低了水体面源污染程度。

2017年，宁夏引进示范名优品种集装箱陆基生态循环高效养殖技术，精养池塘大量应用物联网智能控制管理技术，降低了水体富营养化程度。在9个重点渔业县（市、区）集中开展微生物制剂的使用情况调查和水产养殖规范用药科普下乡活动，发放规范用药宣传资料12000余份，指导渔户科学规范用药，降低了渔药带来的水体污染。

2018年，宁夏示范推广先进健康养殖技术10项，示范推广设施养殖、养殖尾水无害化处理等先进技术，加快池塘传统养殖技术升级，积极开展养殖尾水达标排放、渔业资源循环利用、水产品质量安全控制等关键配套技术集成创新。

根据《国务院办公厅关于印发第二次全国污染源普查方案的通知》（国办发〔2017〕82号）和《第二次全国污染源普查部门分工》（国污普〔2017〕4号）的总体部署，宁夏水产技术推广站，宁夏水产研究所、灵武市水产中心、平罗县水产中心、银川科海生物技术有限公司共同参与，执行了2018年《宁夏农业污染源普查水产养殖业抽样调查与原位监测》项目。入户抽样调查117户，占辖区内2017年符合普查标准水产养殖场点的100%；灵武市完成调查场点24家；平罗县完成调查场点93家。池塘原位监测工作中，完成了池塘养殖模式下草鱼、鲤、斑点叉尾鮰、鲫4种鱼类的氨氮、总氮、总磷和COD的8个产、排污系数。

2. 项目带动，降低面源污染

2006年，宁夏依托《无公害基地环境治理项目》，按照无公害水质要求和生产性要求进行检测，针对个别水源大肠菌群、重金属铜超标的问题，提出分塘、消毒、注水等技术建议，同时使用微生态制剂进行水质调节，使水质情况明显改善。

2008年，宁夏在灌区继续实施《水产健康养殖技术大面积推广项目》，落实无公害、绿色水产品养殖面积11.90万亩，建立无公害水产养殖池塘档案3025册。

2009—2011年，宁夏以《水产健康养殖技术大面积推广项目》为依托，各市、县（区）重点发展以种植水生植物、养殖滤食性鱼类为主的生态渔业。38个农业部健康养殖示范场全面推行生产日志制度和投入品登记备案制度。

2014—2015年，宁夏建立标准化池塘改造示范点5个，带动宁夏标准化池塘改造面积3.5万亩。建设银川市西夏区犀牛湖休闲渔业养殖基地、沙湖生态渔业有限公司、中卫市腾格里渔业有限公司、中宁县水产中心基地、宁夏马兰花生态渔业有限公司5个生态渔业示范基地。

2016—2020年，宁夏开展设施流水槽生态健康节能减排养殖技术示范推广项目，进行池塘流水槽循环流水养鱼模式的示范推广，优化形成了推水增氧、水质净化、鱼种放养、饲养管理、粪污处理、冬季管理6大配套技术，流水槽以草鱼、黄河鲤、松浦镜鲤、斑点叉尾鮰、鲈等名优品种为主。新技术的引用提升了养殖尾水处理能力，有效降低了水体富营养化程度。

（三）大水面生态健康养殖

2001—2005年，宁夏先后出台实施了《宁夏优势特色农产品市域布局及发展规划》《宁夏农业农村经济跨越式发展规划》《关于加快四水产业发展的意见》，宁夏渔业进入以实施水面养禽、水中养鱼、水下种植、水上旅游的"四水产业"为主的生态渔业阶段。并以建立品牌渔业、高效渔业、生态渔业及渔业多种经营为措施，构建现代渔业产业体系；在沙湖基地、阅海湖基地、青铜峡市鸟岛、孙家滩水库进行鱼、蟹等生态养殖。

2007年，宁夏依托《无公害基地环境治理项目》，实施阅海湖"四水产业"示范面积17500亩，包括藕、鱼、蟹、鸭生态养殖模式。

2008 年，宁夏实施阅海湖大水面生态养殖与水生植物标准化种植示范研究，面积 1566 亩，包括藕、茭白、芡实、其他水生植物、鱼、蟹生态种养模式。银川市水产技术推广服务中心从江苏引种伊乐藻种植成功，为池塘生态养殖河蟹提供了条件。

2010 年，宁夏结合"黄河金岸"工程，各县（区）重点发展以种植沉水性植物、养殖滤食性鱼类、网箱养殖和生态养蟹为主的生态渔业。针对部分湖泊过度生产，水体出现荒漠化、富营养化的现象，宁夏水产技术推广站以《宁夏沿黄湖泊湿地生态渔业关键技术研究项目》为依托，以银川市阅海湖为研究对象，围扎围隔 4 个面积共 360 亩，投放鲢、鳙 6700 千克，种植以伊乐藻为主的沉水植物 100 亩，开展放养不同鱼类、不同养殖密度对水体生态环境影响的试验研究，探索适宜宁夏湖泊良性循环发展的高效生态保水型养殖技术。

2011 年，宁夏水产技术推广站在青铜峡市 120 亩的湖泊中开展宁夏小型湖泊湿地生态保护与渔业开发关键技术研究项目，通过种植水草，放养鲢、鳙和河蟹苗种，进行不同种类、不同密度对水体生态环境治理的试验研究，总结完善了宁夏大水面良性循环发展的高效生态保水型养殖技术。

2012—2018 年，宁夏以"黄河金岸"适水产业基地为重点，充分利用 20 多万亩的大水面资源，通过种植水草，放养鲢、鳙、河蟹苗种，探索以渔养水、以渔保水的新生态渔业发展模式，确保渔业水域环境良好。

2019 年，宁夏抽样检测沙湖、阅海湖、星海湖自然保护区和黄河宁夏段水质样本 245 个，累计监测参数近 2000 项次。检测结果显示，宁夏渔业资源水质情况明显好转。

一系列大水面高效生态健康养殖技术的应用，实现了以渔养水、以渔净水，使大水面水质保持良好，降低了渔业面源污染，维护了水生生物多样性和生态平衡。

（四）稻渔共作＋

2009 年，宁夏借鉴辽宁盘锦稻蟹综合种养的技术模式，形成了利用水稻田降低养殖尾水富营养化的思路。

2010—2012 年，宁夏推行稻田河蟹生态种养，基本实现了规模化、基地化、产业化，降低了化肥、农药使用量，利用稻田的自净作用，有效降低了渔业面源污染。青铜峡市设置了 17 个精品养殖示范区，实行工厂化育秧、机械化作业、规模化种植，实现了品种优质化、生产标准化、操作规范化、管理集约化、经营产业化，成为西北乃至全国典型的稻蟹生态种养展示区。

2013—2015 年，稻田养蟹覆盖宁夏水稻主产区 3 市 10 个县（市、区）60 个专业合作组织和 6 家企业。宁夏采取企业＋合作社＋农户的模式，把稻田养蟹（鱼、鸭、泥鳅）与优质粮工程、粮食创高产示范、水稻机械化作业、观光休闲等现代农技（农艺）有机结合，每亩节约化肥、农药成本 20 元，突显出稻渔综合种养对养殖尾水富营养化的降低作用。

2016—2017 年，宁夏组织实施稻渔综合种养技术集成示范与创新，示范推广稻蟹（鱼、鳅、鸭）4 种模式，创建国家级稻渔生态综合种养示范基地 2 个。

2018 年，宁夏因地制宜、科学准确推广"宽沟深漕"稻渔综合种养新模式、稻田流水槽养殖新技术新模式示范点 4 个，探索挖掘稻渔综合种养技术潜力，进一步提升了处理渔业养殖尾水的能力。

2019 年，宁夏在贺兰县丰谷稻业产销专业合作社基地等合作组织开展集中式稻田镶嵌流水槽生态循环综合种养、分散式稻田镶嵌流水槽生态循环综合种养、陆基玻璃钢配套稻田生态循环综合种养 3 种模式的示范推广。开展稻田流水设施综合种养后，稻田中部与槽（缸）内水质相比较：水温降低 2％，溶解氧升高 62.5％，氨氮降低 70％，亚硝酸盐降低 80％，总磷降低 52.9％，总氮降低 78.2％；每亩可节约农药、化肥、除草劳动力成本约 35 元。利用稻田对养殖尾水进行净化，实现了水体循环利用，解决了养殖尾水外排造成的周围水体富营养化问题。

2020 年，宁夏进一步加大稻田镶嵌流水槽生态循环种养、陆基玻璃缸＋稻田生态循环种养模式示范力度，开展陆基高位砼制鱼池＋稻田生态循环种养模式，为源头治理水产养殖面源污染探索出了新路子。贺兰县"稻渔空间"发展模式受到习近平总书记的肯定。

第七节 休闲渔业

一、休闲渔业发展

1996年，在宁夏个别养殖场点开始出现以休闲娱乐为主要特征的垂钓服务，养殖户专门安排池塘为垂钓爱好者提供钓鱼场所（5～7亩的池塘居多），以按天或渔获物的重量作为收费标准，赚取较高利润，休闲垂钓业雏形开始形成。

1997—2002年，宁夏休闲渔业的主要模式是养殖场点为垂钓爱好者提供池塘、设施温棚开展垂钓活动，垂钓对象包括鲤、草鱼、鲫、淡水白鲳、鲇等鱼类，同时养殖场点为垂钓爱好者提供钓具、饵料等钓鱼用品，按钓鱼的时间或渔获物的重量计费。此阶段垂钓场所设备简陋，服务单一。

2003—2007年，个别养殖场点开始兴建配套休闲设施，逐渐发展成为集餐饮、娱乐为一体的综合休闲场所，"农家乐"成为主流，可为消费者提供更加周到的服务。2006年，宁夏具有一定规模和水平的"渔家乐"共86个，以生态渔业为主体的休闲、观光、垂钓渔业场点达到44家。2007年底，各种规模的休闲渔业场点达125家。

2008年，宁夏的休闲渔业进入大发展时期，截至2008年底，有各种特色的休闲渔业基地156家。

2010年，宁夏休闲观光渔业场点达到198家，渔业开始由单纯的生产型产业向生态型产业、旅游文化型产业延伸和拓展。2011年，宁夏休闲观赏鱼养殖场点225家，成为带动宁夏从渔农民增收的新亮点。

2012年12月3日，农业部办公厅公布了全国休闲渔业示范基地名单，宁夏灵汉鱼米香休闲渔业示范基地和贺兰县光明渔村被列入，有效期自2013年1月1日至2016年12月31日。

2013年11月13日，农业部办公厅公布了全国休闲渔业示范基地名单，贺兰县洪广新明庄园、中卫市腾格里渔业有限公司、宁夏云乐生态旅游度假村、中宁县龙泉山庄生态农业有限公司和宁夏石嘴山市星海湖休闲渔业示范基地被列入，有效期自2013年11月13日至2017年12月31日。

2014年，宁夏的生态渔业和休闲渔业加快发展，渔业品牌效应逐步显现。宁夏结合标准化水产健康养殖基地、湖泊生态养殖基地建设，建立腾格里湖、阅海湖等生态化渔业养殖示范区，新创建水产品品牌5个，水产品价格高于普通水产品1～4元/千克，市场需求旺盛。宁夏结合全国休闲渔业示范基地创建工作，引导有资源条件、有资金实力的养殖大户及各类合作组织配套完善设施设备，因地制宜建设了一批不同类型的生态渔业和休闲观光渔业示范基地，2014年新增各类休闲渔业场点11个，创建全国休闲渔业示范基地3个，有效拓展了渔业功能。中卫市组织实施了腾格里湖万亩生态休闲观光渔业示范基地，指导企业建设垂钓台50个、补植荷花10亩，引进投放河鲈、梭鲈2个新品种10万尾，并结合"冰川苍鳌"渔业品牌市场推介，印制品牌包装箱3000个。

2014年12月11日，农业部办公厅公布了全国休闲渔业示范基地名单，宁夏吴忠市利通区扁担沟镇吉水湾度假村、吴忠市利通区扁担沟林枫生态园和宁夏农垦沙湖生态渔业有限公司被农业部办公厅授予"全国休闲渔业示范基地"称号，有效期自2014年12月12日至2018年12月31日止。截至2014年底，宁夏的全国休闲渔业示范基地达到10家。

2015年，宁夏新创建全国休闲渔业示范基地3个，休闲观赏渔业及养殖场点达到258家，成为带动渔民增收的新亮点。

2016年，宁夏全面推进涉渔一二三产业融合发展暨产业转型升级，创建全国休闲渔业示范基地12家。在2016年10月下旬举办的第九届中国（厦门）国际休闲渔业博览会上，宁夏获"最佳展台设计奖"。2017年，宁夏共有休闲渔业场点370家，其中规模以上经营主体数量26家，从业人员850

人；休闲渔业产值 3740 万元，其中垂钓营业额 1031 万元，旅游导向休闲渔业营业额 1845 万元，观赏鱼产业产值 439 万元，休闲渔业钓具、钓饵、观赏鱼渔药、水族设备等销售额 425 万元。

2017 年 10 月 25 日，农业部办公厅公布 2017 年休闲渔业品牌培育创建主体认定名单，宁夏贺兰县兆丰生态渔业有限公司（桃林又一村）被评为"全国休闲渔业示范基地"。

2018 年，宁夏共有休闲渔业 362 家，其中规模以上经营主体 27 家，从业人员 813 人，休闲渔业产值 3345 万元，其中垂钓营业额 902 万元，旅游导向休闲渔业营业额 1451 万元，观赏鱼产业产值 585 万元，休闲渔业钓具、钓饵、观赏鱼渔药、水族设备等销售额 407 万元。

2019 年 12 月，宁夏共有休闲渔业 359 家，其中规模以上经营主体 23 家，从业人员 790 人；休闲渔业产值 3481 万元，其中垂钓营业额 889 万元，旅游导向休闲渔业营业额 1764 万元，观赏鱼产业产值 477 万元，休闲渔业钓具、钓饵、观赏鱼渔药及水族设备等销售额 351 万元。

2020 年 12 月，宁夏共有休闲渔业 355 家，其中规模以上经营主体 23 家，从业人员 720 人；休闲渔业产值 3378 万元，其中垂钓营业额 1021 万元，旅游导向休闲渔业营业额 1486 万元，观赏鱼产业产值 502 万元，休闲渔业钓具、钓饵、观赏鱼渔药及水族设备等销售额 369 万元。

二、休闲渔业类型

（一）休闲垂钓型

该类型特点是休闲、垂钓、品尝。主要是利用一定规模的专业养殖池塘，放养各种鱼类，配备一定的设施，开展以垂钓为主，集娱乐、健身、餐饮为一体的休闲渔业。以银川市宏坤水产养殖场为例，2005 年该基地在风景秀丽的黄河岸边，利用现有的水产养殖场所，建成 2000 米² 的四季恒温垂钓温室，引进草鱼、鲤、黄金鲫、鲟、河蟹、罗非鱼、淡水白鲳等 20 多个种类进行垂钓活动，并种植草坪、花卉及紫穗槐等花木，形成立体绿化带和林荫道；建设各种形式的石拱桥、飞檐斗拱的石廊凉亭、绿地公园、餐厅等基础设施，为游客提供渔具和垂钓技术指导等服务。

（二）休闲观光型

该类型特点是捕鱼旅游。主要是利用渔业生产环境、自然生态资源和周边丰富的旅游资源，开展多种休闲项目，组织游客参加垂钓比赛、浅水手工抓鱼、周边风景探险等活动。中卫市城区的多家观光休闲渔业基地，如马长湖观光旅游区、腾格里沙漠观光旅游公司等，充分利用渔业基地在腾格里沙漠边缘的优势，实施环境整治，规范管理，完善交通、餐饮、娱乐等各项服务设施，开办休闲观光渔业旅游项目，让游客享受"大漠孤烟直，长河落日圆"的边塞风光。

（三）科普博览型

该类型特点是观赏、教育。主要建立各具特色的水族馆，展示鱼类的千姿百态，集科普教育和观赏娱乐为一体。沙湖旅游区是宁夏国家级 5A 级旅游景区，在旅游区内建成渔业博览馆，利用水族箱展示各种水生动物，如大鲵、青虾、甲鱼、河蟹、鲤、锦鲤、草鱼、彩鲫、团头鲂、马口鱼等物种，展示水生动物的千姿百态，同时制作各种水生动物图片并配以文字介绍，揭示鱼、虾、蟹、贝的生活习性，让广大游客了解渔业文化。

（四）渔家乐型

该类型特点是休闲、体验。主要是利用渔业设施和村舍以及专业渔民的技能，以兴办的"渔家乐"（渔家旅店）作为渔家风情游的龙头，让客人观赏养殖基地，直接参与驯鱼、喂鱼、捕捞等渔业生产和管理各环节，和渔民一起吃渔家饭，干渔家活，住渔家房，当一天真正的渔民，亲身体验渔民生活，领略渔乡、渔村风俗民情，在休闲度假中，回归大自然，丰富业余生活。永宁县、贺兰县的多家养殖场，依托毗邻银川市的地域优势，在基地开办了"渔家乐"服务，在节假日期间吸引了广大市民光顾。

（五）休闲渔排型

该类型特点是水上休闲、美食。主要是在渔排上品尝鱼鲜风味、观赏自然风景，体验渔区的风土人情，进行休闲夜间垂钓。如中卫黄河渔业游乐园，发挥毗邻黄河的优势，在水面上放置游船、羊皮筏子、竹排等各种水面船体，辅以浮桥、广场、帆船等景点，形成壮观的水上"浮城"，融自然景观与人文景观于一体，开展夜晚大排档、水上渔排和河滩大排档，让游客体验在水面上吃住行的乐趣。

（六）渔乐园型

该类型特点是综合休闲。主要是集各种休闲类型于一体，活动种类多样，服务内容丰富，配套设备齐全。如银川市阅海公园、石嘴山市星海湖、吴忠市黄河滨河公园等，集观光、娱乐、度假、餐饮等为一体，将渔业一三产业有机结合，发展成为集休闲性、娱乐性、生态性、观赏性、度假性、文化性为一体的"世外桃源"。

（七）渔业节

该类型特点是节庆休闲。主要是开展各种欢乐、繁荣的休闲渔业节活动，如开渔节、捕鱼节、钓鱼节、渔人节、休闲渔业节等形式多样的节庆，呈现欢乐的节日氛围，促进区域交流以及渔文化和经济的发展。例如，银川市广勤综合养殖场依托靠近银川市的区位优势，对养殖基地进行改造，举办各种规模的钓鱼节，邀请全国各地的垂钓高手，开展钓鱼比赛，增加渔业效益。

第三章

水产品流通、加工与质量安全

■ 第一节　水产品流通与加工

一、水产品流通

1996年，宁夏渔业生产主要集中在沿黄河市、县（区），是宁夏重要的商品鱼供应基地，也是西北地区重要的商品鱼生产基地和销售集散地，80％的商品鱼外销至甘肃、内蒙古、青海、西藏、陕西等地。水产品运销大户主要集中在银川市、石嘴山市、贺兰县、中卫县、吴忠市（现利通区）等地，生产的商品鱼运销至周边省份。

1997年，中卫县从事水产品外销的户数增加到4户8台车，市场也由甘肃省河西走廊一线扩展到青海省的格尔木市和西藏的拉萨市，单车载鱼量在1500～2500千克，年外销量约1200吨。

1998年，银川市水产品销售摊点有50多个，运销或中介户27个。1999年2月，宁夏第一个跨地区的渔业生产销售联合体——宁夏灵汉渔业联合社在银川郊区挂牌成立，带动发展7家联合体，养殖面积近6万亩。

2000年，贺兰县水产品运销协会成立，为宁夏第一家以水产品运销为主的经营主体。宁夏水产品运销市场以银川市为中心，辐射宁夏及甘肃、内蒙古、陕西、青海、新疆、西藏等周边省份，水产品外销量占水产品生产总量的70％以上，形成外向型渔业生产和水产品运销格局。

2000年9月6—10日，银川市首届水产品展示暨交易洽谈会在银川举行，由银川市人民政府主办，银川市水产局承办，全面展示了银川市渔业近20年来发生的巨大变化。宁夏已由一个渔业新区发展成为辐射我国西北地区重要的渔业生产基地和水产品集散中心，建立各种水产品运销协会5个，运销大户近100户，从业人员2000多人。银川市有规模化水产品流通企业4～5家，主要集中于银川市北环批发市场。

2001年，宁夏渔业协会成立。以"宁夏水产品营销协会""贺兰县水产品运销协会"等为代表的大型专业水产品运销组织继续扩大周边省份水产品销售市场份额，水产品外销量占水产品生产总量的80％以上。宁夏灵汉渔业联合社依托渔业协会，联合北京、天津、江西、广东、辽宁、内蒙古、甘肃等省份的水产企业、经纪人，成立了跨省的水产品营销协会，促进宁夏传统渔业向"市场渔业""订单渔业"转变。

2002年，银川市组建银川渔业协会，加强水产品流通体系建设，市政府出台鲜活水产品外销奖励政策（每销1吨政府奖励10元），为全市50多辆鲜鱼运输专用车辆发放"绿色通行证"，提高了水产品的外销量。

2003年，宁夏继续实施农业产业化"三个十"工程，一批"生产联合型""技术服务型""水产品运销型""行业自律型"中介组织和产业龙头不断发展壮大。中卫市鲜活水产品运输车配备液氧充氧设备，随着交通条件和运输车辆的更新，单车载鱼量达到10000～15000千克。

2005年，宁夏各类渔业协会、中介合作组织发展到10个，银川市各类渔业协会、专业中介合作组织发展到8个，常年从事鲜鱼运销专业车辆共50余辆。这些渔业专业经济合作组织在饲料供应、苗种采购、技术推广、病害防治、信息服务、产品销售等方面为广大从渔农民提供了社会化服务。例如，中卫市正通渔业合作社以中卫正通饲料公司为龙头，组织鲜鱼运销车14辆、水产养殖户近100户，形成了水产养殖、技术服务、饲料供应、水产品运销一体化的经营格局，壮大了市场主体，规范了市场经营秩序，为宁夏渔业产业化发展和市场开拓发挥了重要作用。

2006—2008年，宁夏的规模化水产品流通企业增加至15家。2009年8月29日，宁夏石嘴山市无公害优质水产品包头推介会在内蒙古自治区包头市召开。会上展示了石嘴山市生产的乌克兰鳞鲤、河蟹、黄河鲇等10个淡水鱼品种及莲藕、茭白等水生植物，受到当地消费者及各地客商的好评。会展期间，石嘴山市人民政府为包头华源水产品物流配送中心颁发了"宁夏石嘴山市优质水产品直销车"的"金钥匙"，同时在包头市设立了7个"宁夏石嘴山市无公害水产品直销窗口"。

2011年，银川市建成海吉星、四季鲜2家大型农产品批发市场，多数运输企业搬至海吉星批发市场，少量企业搬到四季鲜批发市场。宁夏海吉星农产品批发市场水产交易区形成，经营商户17户。中卫市从事水产品外销的户数达到8户，运输车辆达到20台，年运销量达到7000吨，稳定占据着河西走廊及西藏拉萨市场，为中卫市外销型渔业生产奠定了坚实基础。

2012—2013年，宁夏在北京、甘肃、西藏、青海等地设立品牌水产品直销店，市场销售价每千克比普通水产品高2～3元。2012年，外省水产品对中卫市传统水产品销售的市场冲击逐步显现，同时由于水产品运销队伍年龄偏大，外销队伍和销售市场逐步萎缩。2013年，中卫市加强了标准化生态健康养殖技术的示范推广和水产品质量安全监管，注册了"冰川苍鳌"渔业品牌，积极推进品牌高效渔业发展，在甘肃、西藏等地的主要水产品批发市场设立了4个品牌水产品直销店，开展了形式多样的"冰川苍鳌"渔业品牌市场推介活动，有效扩大了宁夏水产品市场知名度和销售份额。

2014—2018年，宁夏水产品流通企业数量逐渐增加，具备了较为完备的产业链条，形成了以个体私营水产企业和养殖大户为主体的生产经营体系和运销体系。

2019年，中卫市从事水产品外销的大户有4家，水产品外销市场也由过去的河西走廊沿线以及拉萨等地，萎缩到仅拉萨2家、酒泉1家、嘉峪关1家，拥有最大载鱼量15吨的鲜活水产品运输车10辆。在水产品运销量和运销品种方面，主销拉萨的2家水产品运销大户年销量在4000吨左右，其中花鲢约占总量的40%，鲤、草鱼约占总量的50%，鲫等其他品种约占总量的10%。主销酒泉、嘉峪关的2家运销大户，年水产品运销量在1500吨左右，其中鲤、草鱼约占总量的60%，花鲢、白鲢、鲫等约占总量的40%。受中卫市本地水产品出塘价格、品种结构等因素影响，4家水产品运销大户运销本地的水产品不足2000吨，主要拉运外省水产品。中卫市本地水产品主要依靠区内其他运销户拉运销售。

截至2020年，宁夏共有40家规模化水产品流通企业，组建较大规模合作经济组织和协会13家，从事本地及外省水产品流通业务。

二、水产品加工

1996—1998年，宁夏鲜活水产品供不应求，基本无水产品深加工企业。

1999—2008年，随着市场水产品供应逐渐充足，鲜活水产品销售难的问题逐渐突显，宁夏相关部门开始筹划建设水产品深加工企业。

2009年，宁夏各级党委、政府积极引导水产品深加工产业发展，2009年8月，宁夏水产研究所引进宁夏佳美渔业水产品深加工有限公司，在其科研基地开展水产品深加工试验示范，自主研发了以鲢、草鱼为主要原料鱼的多种速食产品。2010年7月，该公司因发展需要扩大生产规模，搬迁至贺兰县富兴北街全民创业基地标准化生产车间，在华中农业大学食品学院的技术指导下，不断研发新产品，从湖北水产品加工企业引进先进成熟技术，实现产品类别多样化，使产品质量得到保障，并取得绿色食品认证。后因资金及股东之间纠纷，该公司停产。

2009年9月，浙江野娇娇食品有限公司在宁夏平罗县注册成立了宁夏野娇娇食品有限公司，开展水产品深加工业务。计划在平罗县工业园区投资兴建水产品深加工车间等设施，占地面积110亩。2010年完成了项目可行性研究报告的编制、项目规划设计、项目招投标，办理完成税务登记证、工业企业入园许可证、建设项目环境影响评价、企业投资项目备案等手续。计划投资1亿元开展鲤、草鱼、鲢、鳙商品鱼深加工业务，预计年处理商品鱼10000吨，制作便于携带、风味独特的速食水产品，生产30多个系列的新产品，新增附加值70%以上。2011年，该公司计划投资5000万元建设两条生产线，2011年5月第一条生产线竣工，6月20日，宁夏野娇娇食品有限公司淡水鱼生产项目一期工程投产仪式在宁夏平罗县举行。自治区主席助理刘云、农业部农产品加工局副局长王秀忠、自治区农牧厅厅长赵永彪、宁夏伊斯兰教协会副会长兼秘书长马成才以及宁夏发改委、石嘴山市相关领导出席，中国农业科学院农产品加工研究所张波教授、野娇娇品牌代言人奥运冠军孟关良先生应邀出席投产仪式。淡水鱼生产项目的正式投产，标志着宁夏渔业开始突破以鲜活水产品外销为主的单一产业格局，进入深加工高附加值多元产业格局，产业发展进入了全面提升的新阶段，之后该公司更名为宁夏千娇食品有限公司。

2015年，宁夏渔业产业协会和银川市渔业产业联合体成立，进一步促进水产品加工业的发展。

2016—2020年，随着国内经济大环境及水产品市场行情变化等因素影响，宁夏辖区内基本无从事水产品深加工的企业。

■ 第二节　水产品质量安全

一、水产品质量检测机构

1996—2004年，宁夏无自治区级专业水产品质量安全检测机构，水产品质量安全检测任务主要由宁夏农产品质量安全检测中心及宁夏兽药饲料监督检验中心承担，宁夏回族自治区水产技术推广站（以下简称"宁夏水产站"）主要参与水产品质量安全培训、检查等工作。

2002年3月，宁夏水产站与宁夏水产研究所分离，核编25人，实有24人，内设办公室、推广开发科、鱼病防治办公室3个科室，其中鱼病防治办公室兼管水产品质量安全工作。11月，农业部下发了《关于北京市水产品质量安全中心等31个渔业检测中心项目可行性研究报告的批复》（农计函〔2002〕92号）文件，批准"宁夏渔业病害防治、环境监测和质量检验中心"项目建设。该项目投资金额604万元，其中中央预算内专项资金510万元。

2003年10月"宁夏渔业病害防治、环境监测和质量检验中心"项目开工建设，2005年10月项目建设完成。建成的检验实验室由鱼病防治办公室负责日常管理。该实验室配备专、兼职人员16人，其中合同制人员3人，中级以上技术人员6人，建成当年试检验运行，完成区内产地水产品、渔用配合饲料抽检数量20个。2005年12月21日，该实验室以"宁夏水产技术推广站"名称申请通过了宁夏实验室计量认证/审查认可（验收）。实验室可正常开展渔业病害防治、环境监测和水产品质量检测10大类88个产品，包括渔业水质、水产品、渔业饲料及原料共162个参数的检测检验。实验室计量认证证书编号为：（2005）量认（宁）字V0276号，有效期为2005年12月31日至2010年12月30日；授权证书编号为：（2005）宁质监认字（32）号，有效期为2005年12月31日至2010年12月30日。

2006年11月，宁夏水产站根据自治区机构编制委员会印发的《自治区水产站机构编制方案的通知》（宁编发〔2006〕580号），增设"宁夏回族自治区渔业环境与水产品质量监督检验中心"和"宁夏回族自治区鱼病防治中心"，实行"一套人马三块牌子"的管理体制，核编35人，下设5个科室，分别是办公室（业务室）、监测检验科、鱼病防治科、技术推广科、财务科。12月，宁夏水产站实验室管理体系文件转版，通过宁夏质量技术监督局审核，"宁夏渔业病害防治、环境监测和质量检验中心"变更为"宁夏回族自治区渔业环境与水产品质量监督检验中心"（以下简称"中心"），一直沿用至2020年12月。计量认证证书编号为：2006300109V，有效期为2006年12月8日至2009年12月7日；授权证书编号为：（2006）宁质监认字（32）号，有效期为2006年12月8日至2009年12月7日。宁夏回族自治区渔业环境与水产品质量监督检验中心承担全区水产品、养殖水域环境、渔用饲料的检测任务。

2007年8月，中心通过农业部农产品质量安全中心无公害水产品产地认定、产品认证的检测授权。

2008年5月，中心首次参加农业部农产品检验机构能力验证，通过了环丙沙星、氯霉素和孔雀石绿三参数能力验证考核。

2009年1月，中心对管理体系主要文件进行了换版。5月，中心通过了农业部孔雀石绿、五氯酚钠双参数能力验证考核。11月，自治区物价局批复了中心检测检验项目的收费标准。

2010年，中心通过了农业部氯霉素和孔雀石绿双参数能力验证考核。7月，中心申请加入全国渔业生态环境监测网，通过了入网考核。同时，中心通过了宁夏回族自治区实验室资质认定与审查认可双复审。资质认定计量认证证书编号为：2010300109V，有效期为2010年7月9日至2013年7月8日；审查认可授权证书编号为：（2010）宁质监认字（32）号，有效期为2010年7月9日至2013年7月8日。中心具备了渔业水质、水产品及渔业饲料3大类220个参数的检测能力。

2011年5月，中心通过了农业部五氯酚钠和孔雀石绿双参数能力验证考核。8月，经自治区农牧厅批准，原宁夏农业机械化总公司、宁夏农牧厅项目办办公大楼移交宁夏水产站使用，并进行实验室改造。2012年5月，中心通过了农业部组织的孔雀石绿、氯霉素双参数能力验证考核。6月，中心新办公大楼改造完成并开展检测工作。

2013年11月，中心通过宁夏实验室资质认定/审查认可双复审，具备开展渔业水质、水产品及渔业饲料共3大类88个项目（参数）的检测检验资质。资质认定计量认证证书编号为：2013300109V，有效期为2013年12月4日至2016年12月3日；审查认可授权证书编号为：（2013）宁质监认字（32）号，有效期为2013年11月21日至2016年11月20日。11月，中心顺利通过农业部渔业局专家组对执行全国水产品质量监督检验项目的现场审查。

2015年3月，石嘴山市农产品质量检测中心通过宁夏计量认证和农产品检测机构考核，具备孔雀石绿、喹诺酮类、重金属类等近10项检测能力，正式开展石嘴山市水产品质量安全检测工作。

2016年9月，中心投入项目资金19.5万元，购置高速离心机等仪器设备20台（件）。11月，中心通过农业部渔业局组织的2014—2016年执行全国项目情况复核；12月，中心完成《质量手册》《程序文件》的编制、转版工作。当年，中心被农业部渔业生态环境检测中心评为全国渔业生态环境检测先进集体。

2017年1月，银川市农产品质量检测中心通过宁夏计量认证和农产品检测机构考核，具备孔雀石绿、喹诺酮类、重金属类等近10项检测能力，正式开展银川市水产品质量安全检测工作。4月，中心获得宁夏质量技术监督局颁发的检验检测机构资质认定证书，具备开展渔业水质、水产品共2大类63个项目参数的检测检验资质。资质认定计量认证证书编号为：173004090109，有效期为2017年4月5日至2023年4月4日。5月，中心通过了农业部组织的氯霉素能力验证考核。9月，中心通过了宁夏质量技术监督局组织的2017年检验检测机构飞行检查。

二、水产品质量检测

2005年12月，宁夏水产站开始承担宁夏水产品质量安全日常监督检测工作，其他如无公害、绿色水产品认证检验等工作由宁夏农产品质量安全检测中心及宁夏兽药饲料监督检验中心承担。

2006 年 6 月，宁夏渔业病害防治、环境监测和质量检验中心正式开展水产品规模化检验工作，当年完成自治区内无公害水产品抽检样本数量 43 个、检测项目 860 项次，合格率 100％。2006 年 12 月，"宁夏渔业病害防治、环境监测和质量检验中心"变更为"宁夏回族自治区渔业环境与水产品质量监督检验中心"（以下简称"中心"）。

2007 年，中心完成宁夏无公害水产品抽检、喹乙醇专项抽检共 2 批 45 个样本，合格率 100％；6 月，完成渔用饲料喹乙醇专项抽检 1 批 30 个样本，合格率 100％。

2008 年，中心完成无公害水产品抽检 81 个样本 810 项次，合格率 100％；完成渔用饲料喹乙醇专项抽检 102 个，合格率 97％，喹乙醇阳性样本 3 个，其中宁夏大北农 931 饲料 2 个、青铜峡李耀斌鲤自配料 1 个；完成宁夏水产品药残专项整治抽检 65 个样本，合格率 93.85％，孔雀石绿阳性样本 4 个，分别为贺兰县新民水产养殖有限公司、贺兰县常信乡樊建军鱼场、石嘴山市大武口区新农村鱼种场李惠荣养殖点、兴庆区掌政乡赵东旭鱼场鲤样品各 1 例。中心将抽样检测结果上报并配合有关部门依法处理。

2009 年，中心完成无公害水产品抽检任务，合格率 100％；完成宁夏水产品药物残留专项抽检 154 个样本，合格率 98.05％，出现 3 个阳性样本（1 个喹乙醇阳性样本、2 个孔雀石绿阳性样本）；完成渔用饲料喹乙醇专项抽检 202 个样本，合格率 99.50％，喹乙醇阳性样本 1 个，为西夏区一名养殖户自配料。中心将检测结果上报并配合有关部门对涉事养殖场点依法进行追溯、警告、无害化处理。

2010 年，中心完成无公害水产品抽检 83 个样本 450 项次，合格率 100％；完成水产品专项抽检 152 个样本 456 项次，合格率 100％；完成水产苗种专项抽检 30 个样本 60 项次，合格率 100％；完成渔用饲料专项抽检 100 个样本，合格率 100％；配合河南省水产品质量检测中心抽检宁夏 2 批 55 个产地水产品样本，合格率 100％。

2011 年，中心完成水产品抽检 103 个样本 520 项次，合格率 100％；首次执行宁夏流通市场水产品抽检 54 个样本 270 项次，合格率 100％；完成水产苗种专项抽检 73 个样本，合格率 98.63％，出现 1 个孔雀石绿阳性样本，为永宁县望远镇丰盈村苏华鱼场鲤苗种；完成宁夏渔用饲料喹乙醇专项抽检 101 个样本，合格率 99.01％，喹乙醇阳性样本 1 个，为贺兰县常信乡小墩湾徐天祥鱼场鲤苗种自配料。中心配合有关县（区），对抽查的涉事养殖场点进行了追溯、警告、无害化处理。

2012 年，中心完成宁夏水产品抽检 109 个样本，合格率 97.24％，孔雀石绿阳性样本 3 个，分别为石嘴山市大武口区百花市场王老五鲤样本 1 个，中卫市雍楼市场张海斌、杨建华鲤样本各 1 个。中心配合有关县（区），对抽查的涉事养殖场点、经营网点进行了追溯、警告、无害化处理。完成宁夏渔业种质资源保护区水产品抽检 3 个样本，合格率 100％；完成水产苗种专项抽检 45 个样本，合格率 100％；完成渔用饲料喹乙醇专项抽检 51 个样本，合格率 100％。

2013 年，中心完成宁夏 5 个地级市的养殖场点和流通市场水产品抽检 193 个样本，合格率 100％；完成宁夏渔业种质资源保护区水产品抽检 3 个样本，合格率 100％；完成水产苗种专项抽检 90 个样本，合格率 100％；完成渔用饲料喹乙醇专项抽检 100 个样本，合格率 100％。5 月，中心通过了农业部组织的孔雀石绿、氯霉素双参数能力验证考核。

2014 年，中心完成宁夏 5 个地级市水产品抽检 223 个样本，其中产地水产品样本 166 个、市场水产品样本 57 个，合格率 100％；完成宁夏渔业种质资源保护区水产品抽检 3 个样本 15 项次，合格率 100％；完成水产苗种专项抽检 61 个样本 183 项次，合格率 98.36％，孔雀石绿阳性样本 1 个，为灵汉渔业公司朱新平鱼场广东外调鳙水花，与银川市水产技术推广服务中心对此进行了追溯，将相关结果上报并配合有关部门进行了依法处理。中心执行农业部、全国水产技术推广总站渔用配合饲料中使用违禁药物和添加剂的排查工作，抽检 31 个样本，合格率 100％。中心承担了 2014 年宁夏第一届农产品质量安全检测技能竞赛水产品考核任务。

2015年，中心完成宁夏5个地级市水产品抽检206个样本，其中产地水产品123个、市场水产品50个、出境运输水产品抽检33个（首次执行），合格率99.51%，硝基呋喃类代谢产物阳性样本1个，为贺兰县蓝湾养殖有限公司养殖的南美白对虾，中心对涉事养殖场点进行了追溯、警告、无害化处理。完成宁夏渔业种质资源保护区水产品抽检3个样本，合格率100%；完成水产苗种专项抽检105个样本，合格率100%。

2016年，中心完成宁夏5个地级市水产品抽检625个样本，其中产地水产品453个、市场水产品172个，合格率99.70%，恩诺沙星超标、氯霉素阳性样本各1个，分别为中卫市沙坡头区四季鲜市场小孟海鲜经销部的南美白对虾样本、石嘴山市平罗县农贸市场王金华店鲤样本，均为外省输入性产品，中心进行了追溯处理并将相关结果上报有关部门；完成宁夏渔业种质资源保护区水产品抽检3个样本，合格率100%；完成水产苗种专项抽检22个样本，合格率100%。3—6月，中心编印《宁夏水产品质量安全检测能力培训教材》1部，培训市、县（区）农产品质量安全检测技术人员2期7人。中心对宁夏参加2016年第三届全国农产品质量安全检测技能竞赛的选手进行赛前培训。

2017年，中心完成宁夏5个地级市水产品抽检403个样本，其中产地水产品280个、市场水产品100个、出境运输环节23个，合格率99.75%，出现产地水产品呋喃西林阳性样本1个，为平罗县姚伏镇沙渠村张千鱼场的鲤样本，中心将监测结果上报并配合有关部门进行了依法处理；完成宁夏渔业种质资源保护区水产品抽检3个样本，合格率100%；完成水产苗种专项抽检43个样本，合格率100%。2017年3月，宁夏水产养殖单位数据库系统完成上线，来自各县（区）水产技术推广服务中心的30人参加培训。

2018年，中心完成宁夏5个地级市水产品抽检645个样本，其中产地水产品541个、市场水产品104个，合格率100%；委托中国水产科学研究院长江水产研究所〔农业农村部淡水鱼类种质质量监督检验测试中心（武汉）〕完成宁夏渔业种质资源保护区增殖放流苗种黄河鲤、黄河鲇、黄河甲鱼的种质鉴定工作，共13个样本，合格率100%；完成水产苗种专项抽检39次，合格率100%。2018年9月，中心根据《检验检测机构资质认定管理办法》（总局令163号）和《检验检测机构资质认定能力评价检验检测机构通用要求》（RB/T 214—2017），对《质量手册》《程序文件》进行了转版。

2019年，中心完成宁夏5个地级市水产品抽检657个样本，其中产地水产品404个、市场水产品253个，合格率98.93%，7个阳性样本均为市场上销售的商品鱼，来源于自治区外，其中常规喹诺酮类（恩诺沙星、环丙沙星）超标样本2个，分别为银川市北环综合批发市场永顺鲜活水产经销部的乌鳢样本、彭阳县农贸市场李永兵鲜鱼店的鲫样本；禁用喹诺酮类（氧氟沙星）阳性样品5个，分别是石嘴山市大武口区百花市场小江鱼店、大武口区百花市场小马子鱼店、银川市北环批发市场小田水产、北环批发市场兴隆海鲜水产的乌鳢样本各1个，以及宁夏海吉星国际农产品物流中心胡三水产的1个斑点叉尾鮰样本。中心将抽样检测结果进行上报并配合有关部门依法处理。中心完成宁夏渔业种质资源保护区水产品抽检3个样本，合格率100%；委托中国水产科学研究院长江水产研究所〔农业农村部淡水鱼类种质质量监督检验测试中心（武汉）〕完成宁夏渔业种质资源保护区增殖放流苗种种质鉴定6个样本，合格率100%；完成水产苗种专项抽检46个样本，合格率100%。中心承担自治区农业农村厅主办的2019年"宁夏第二届农产品质量安全检测技能竞赛（水产）"考务工作。

2020年，中心完成产地、市场水产品抽检414个样本，其中产地水产品3批214个样本，检测项目包括孔雀石绿、氯霉素、硝基呋喃类代谢产物、喹诺酮类、喹乙醇，合格率99.53%，出现阳性样本1个，为宁夏农垦集团平罗县前进农场雷登双鱼场的鲤样本，检出氯霉素呈阳性。市场水产品4批200个样本，检测项目包括孔雀石绿、氯霉素、甲砜霉素、氟苯尼考、硝基呋喃类代谢产物、喹诺酮类、磺胺类，合格率97.50%，出现阳性样本5个，均是来自自治区外的商品鱼。其中喹诺酮类（恩诺沙星、环丙沙星）超标3个样本，分别为银川市新世纪冷链晨翔海鲜鲈经营店的鲈样本、中卫市四季鲜小黄大肉鲜鱼批发店的鲤样本、银川市海吉星批发市场老贺水产批发的斑点叉尾鮰样本；禁用喹诺酮类（氧氟沙星）超标2个样本，分别为银川市海吉星杨氏水产批发的乌鳢样本、银川市新世纪市场银川恒大水产 10-1 的大黄鱼样本。中心将抽样检测结果上报并配合有关部门依法处理。中心开展水产苗种药残专项检测，抽检水产苗种（含放流鱼种）56 个样本，合格率 100%；开展水产苗种种质鉴定，抽取黄河鲇、黄河鲤、中华鳖（黄河品系）共 5 个苗种样本送至中国水产科学研究院长江水产研究所进行种质鉴定，合格率 100%。

三、水产品质量监测与追溯

（一）质量监测

1996—2005 年，宁夏无自治区级专业水产品质量安全检测机构，未形成有效追溯制度。宁夏水产品质量安全检测任务主要由宁夏农产品质量安全检测中心及宁夏兽药饲料监督检验中心承担。2005 年 10 月，"宁夏渔业病害防治、环境监测和质量检验中心"建成，承担宁夏产地、市场水产品抽检任务。2006 年 6 月，该中心正式开展水产品规模化检验工作。2006 年 11 月，该中心名称变更为"宁夏回族自治区渔业环境与水产品质量监督检验中心"（以下简称"中心"），沿用至 2020 年。

2006—2007 年，中心开展水产品质量安全监测，完成宁夏无公害水产品及渔用饲料喹乙醇专项抽检任务，合格率均为 100%。

2008 年 9 月和 11 月，中心配合农业部渔业环境与水产品质量监督检验测试中心（西安）、河南省水产品质量检验中心对宁夏产地水产品开展质量安全监测，分别抽检 22 个、28 个样本，共抽检 50 个样本，出现 3 个孔雀石绿阳性样本，为贺兰县常信乡丁义村朱顺利鱼场的 1 例草鱼样本、贺兰县新明水产养殖有限公司的草鱼、鲤样本各 1 个。10—11 月，中心对这两个场点的饲料、水产品、水质、池塘底质进行了溯源性检验，最终确定是饲料孔雀石绿阳性。经查，这两个场点的饲料均为贺兰县新明水产养殖有限公司的自配饲料，因主要原料之一的国产鱼粉中使用孔雀石绿防治霉变而导致饲料中含有孔雀石绿。中心配合贺兰县等县（区），对涉事养殖场点进行了源头追溯、通报批评、行政处罚，有关鱼类进行无害化处理。

2009 年，中心配合中国水产科学研究院黑龙江水产研究所［农业部渔业环境及水产品质量监督检验测试中心（哈尔滨）］对宁夏产地水产品开展质量安全监测，完成 2 批 50 个样本的抽检任务，合格率 100%。

2010 年，中心配合河南省水产品质量检测中心完成对宁夏产地水产品开展质量安全监测，完成 2 批 55 个样本的抽检任务，合格率 100%。

2011 年，中心配合山西省水产品检验中心对宁夏产地水产品开展质量安全监测，完成 2 次 65 个样本的抽检任务，合格率 98.46%，出现 1 个呋喃唑酮代谢物（AOZ）阳性样本，经查，该阳性样本为青铜峡市叶盛镇龙门村张国军鱼场（实为龙门村王志刚渔场）鲤样本。中心将监测结果上报并配合有关部门依法调查处理。

2013 年，中心首次配合农业部渔业环境及水产品质量监督检验测试中心（西安）对银川市市场水产品开展质量安全监测，完成 80 个样本的抽检任务，合格率 100%。

2014 年，中心配合河南省水产品检验中心对宁夏产地水产品开展质量安全监测，完成 2 次 65 个样本的抽检任务，合格率 100%；配合农业部渔业环境及水产品质量监督检验测试中心（哈尔滨）对银川市、石嘴山市市场水产品开展例行监测，抽检水产品 4 次 140 个样本，合格率 98.60%，出现 2 个硝基呋喃类代谢物（AOZ）阳性样本，分别为宁夏海吉星国际农产品物流中心 D6-04 摊位的鲫样本、银川市北环综合批发市场夏琳水产批发的大黄鱼样本。中心将相关结果上报并配合有关部门依法处理。

2015 年，中心配合吉林省渔业监测中心对宁夏产地水产品开展质量安全监测，完成 2 次 65 个样本的抽检任务，合格率 100%。配合中国水产科学研究院黑龙江水产研究所［农业部渔业环境及水产品质量监督检验测试中心（哈尔滨）］对银川市、石嘴山市市场水产品开展例行监测，共抽检 4 次

140个样本，合格率98.57％，出现2个阳性样品，其中1个样本为孔雀石绿和硝基呋喃类代谢物同时超标，为银川市新华百货连锁超市老大楼店水产区的鲫样本；1个样本为硝基呋喃类代谢物超标，为银川市北环综合批发市场A1摊位的鳜样本。中心将监测结果上报并配合有关部门依法处理。

2016年，中心配合上海市水产品质量监督检验站对宁夏产地水产品开展质量安全监测，完成2次65个样本的抽检任务，合格率100％。配合农业部渔业环境及水产品质量监督检验测试中心（广州）对宁夏市场水产品开展例行监测，抽检水产品4次140个样本，合格率99.28％，出现1个硝基呋喃类代谢物超标样本，源于银川市综合批发市场西大厅1-2号摊点的大菱鲆样本。中心将监测结果上报并配合有关部门依法处理。

2017年，中心配合重庆市水产品检验中心对宁夏产地水产品开展质量安全监测，完成2次65个样本的抽检任务，合格率100％。配合农业部渔业环境及水产品质量监督检验测试中心（广州）对银川市、中卫市市场水产品开展例行监测，抽检水产品4次132个样本，合格率96.21％，5例阳性样本均为输入性产品，其中宁夏海吉星国际农产品物流中心D5-26摊位的鲤样本阳性，银川市北环综合批发市场36、37、38号摊位的乌鳢样本孔雀石绿阳性，北京华联购物中心银川悦海新天地店对虾样本呋喃唑酮代谢产物阳性。中心将监测结果上报并配合有关部门依法处理。配合农业部渔业环境及水产品质量监督检验测试中心（哈尔滨）对宁夏开展重点水产品毒死蜱等8种农药质量安全风险监测，抽检稻田蟹鱼样本10个，合格率100％；配合农业部渔业环境及水产品质量监督检验测试中心（西安）对宁夏开展持久性污染监测，抽检螃蟹样本15个，合格率100％。

2018年，中心配合中国水产科学研究院珠江水产研究所（农业部广州水产种质监督检验测试中心）对宁夏产地水产品开展质量安全监测，完成2次65个样本的抽检任务，合格率100％；配合农业部渔业环境及水产品监督检验测试中心（舟山）对银川市、中卫市市场水产品开展例行监测，完成4次132个样品的抽检任务，合格率100％。

2019年，中心配合农业农村部渔业环境及水产品质量监督检验测试中心（广州）对宁夏产地水产品开展质量安全监测，完成2次90个样本的抽检任务，合格率95.56％，出现4个呋喃唑酮代谢物阳性样本，分别为灵武市崇兴镇王东清鱼场的鲤、草鱼样本各1个，崇兴镇王东顺鱼场的1个鲤样本，梧桐树乡梧桐树村九队陶彦梅鱼场的1个鲤样本。对于产地水产品阳性问题，灵武市农业农村局组织相关单位，对涉事养殖场点的水产品、剩余饲料、渔药进行了查封，追溯了原因。经查，导致养殖鱼类呋喃唑酮代谢物阳性的原因为使用的饲料中含有较大量的呋喃唑酮。中心配合农业农村部淡水鱼类种质量监督检验测试中心（武汉）对宁夏市场水产品开展质量安全例行监测，抽检水产品4次140个样本，合格率98.57％，出现2个阳性样本，分别为宁夏海吉星国际农产品物流中心宁AR021Y运输车辆的鲤样本呋喃唑酮代谢物阳性、银川市北环批发市场李新良水产批发的乌鳢样本孔雀石绿阳性。中心将抽样监测结果上报并配合有关部门依法处理。

2020年，农业农村部对宁夏产地、市场水产品开展质量安全监测，抽检宁夏产地、市场水产品样本共208个。其中农业农村部渔业环境及水产品质量监督检验测试中心（广州）抽检宁夏产地水产品2批次85个样本，涉及兴庆区、贺兰县、灵武市、平罗县、大武口区、沙坡头区，样本合格率100％。农业农村部渔业环境及水产品质量监督检验测试中心（舟山）、农业农村部水产种质监督检验测试中心（广州）对宁夏市场水产品开展例行监测（风险监测），全年抽检4批次123个样本，涉及银川市、中卫市、吴忠市的批发市场和农贸市场，样本合格率96.75％，出现4个阳性样本。中心将抽样监测结果上报并配合有关部门依法处理。

（二）水产品质量追溯

1996—2012年，宁夏尚未建立水产品质量安全可追溯在线系统。2013年，宁夏被列入全国水产技术推广总站"水产品质量安全可追溯体系建设试点"省份后，于当年12月建设安装4个水产品养殖全程质量监管平台，9套水产品质量安全可追溯系统，整合相关水质监测、病害远程诊疗等系统，初步形成了由宁夏水产站负责组织和管理运行的自治区级、地市级和监控场点构成的三级水产品质量适时全程监控可追溯平台。其中宁夏灵汉渔业合作社安装配置四位一体追溯系统1套，该系统包括水质在线监测系统、养殖环境全程监控系统、水产品质量安全追溯系统信息录入客户端、水产品质量追溯系统卖场查询客户端4个模块。其余8个试点单位安装普通追溯系统，即水产品质量安全追溯系统信息录入客户端和水产品质量追溯系统卖场查询客户端2个模块。该系统对养殖生产进行全程监管，可为水产品质量安全可追溯提供辨识数据信息。

2014年，宁夏水产站组织开展宁夏水产品养殖全程质量监控技术和水产品质量安全可追溯信息系统建设，建设内容有三项：一是完善追溯信息的基本内容，按健康养殖示范场的要求，统一记录养殖场的基本信息、投入品使用信息、水产品质量安全检测信息、流通加工信息等；二是完善信息录入监管制度；三是完善水产品质量安全监控技术服务制度建设。

2015—2020年，宁夏建设的水产品质量可追溯在线系统正常运行使用，相关单位能够及时上报数据进行更新。新增鱼病远程诊断辅助系统8套，物联网技术集成、水产养殖全程监控、水质在线监测及智能管理系统50套，均能与水产品质量安全可追溯信息平台相连接，形成大数据平台。

第四章

渔业科技

■ 第一节　渔业科研

一、科研机构与队伍

（一）宁夏回族自治区水产研究所

宁夏回族自治区水产研究所（以下简称"宁夏水产研究所"）是宁夏唯一的省级渔业科研机构，成立于1954年，2002年转制为科技型企业，承担着宁夏渔业科技研究与开发、水产良种选育、名优新品种引进、名优鱼类健康养殖、鱼病防治、渔业资源养护等职能，以及人才培养、技术服务等公益性任务。建有国家淡水鱼产业技术体系银川综合试验站、国家级黄河鲇原种场和宁夏渔业工程技术研究中心等公共技术研发转化服务平台，是宁夏大学、甘肃农业大学研究生培养基地。

科研基地位于贺兰县习岗镇桃林村，面积1300亩，养殖池塘水面750亩，其中用于重点保护鱼类救护种质资源库及配套的苗种培育池塘350亩，水产良种新品种亲本库、配套的苗种繁育及科研试验池塘190亩，科研成果转化成鱼养殖池塘210亩。建有良种繁育、选育工厂化车间2座共5000米^2，科研实验室800米^2。实验室配备电子显微操作仪、倒置数码显微镜、PCR仪、水质监测仪、高速冷冻离心机等科研实验仪器设备300余台（套）。现有技术人员20人，其中高级工程师2人、工程师7人、助理工程师4人，高级工4人；硕士、博士研究生6人，其中2人获"宁夏青年托举人才"荣誉称号。

（二）宁夏大学生命科学学院

具体内容见第十篇第一章农业科技。

（三）宁夏渔业工程技术研究中心

2009年4月，宁夏根据地方经济发展需要和优势特色产业发展需要，组建宁夏渔业工程技术研究中心，2012年8月通过自治区科技厅组织的验收。该中心以宁夏水产研究所为依托单位，充分发挥学科、人才和设备等资源优势，联合宁夏大学、中国农业大学、宁夏水产技术推广站、贺兰县新明水产养殖有限公司、宁夏灵汉实业有限公司等单位，组建集渔业科学研究、成果转化与推广、人才培养于一体的现代化科技创新与科技转化平台。

（四）淡水鱼良种繁育专家团队

2012年，自治区农牧厅根据《自治区党委、人民政府关于加快推进农业科技创新与推广的若干意见》（宁党发〔2012〕9号）、《关于加快推进农业特色优势产业发展若干政策意见》（宁政发〔2013〕11号）等文件，牵头聚集一批研究水平高、创新能力强、实干精神足的水产学科专家，创建淡水鱼产业良种繁育专家团队。该团队在关键农时，深入基地、企业和农户，蹲点指导服务，推广主导品种和主推技术，解决生产中遇到的难题，2016年更名为自治区适水产业技术服务组。

（五）"淡水鱼良种繁育与高效养殖技术研发"创新团队

2013年，经宁夏科技厅批准，以宁夏水产研究所为依托单位，联合宁夏大学、中国农业大学、宁夏水产技术推广站组建"淡水鱼良种繁育与高效养殖技术研发"创新团队。

（六）宁夏渔业科技院士工作站

2017年1月24日，经自治区人民政府批复，宁夏水产研究所作为载体单位组建宁夏渔业科技院士工作站，聘请中国科学院桂建芳院士、中国科学院水生生物研究所周莉研究员和王忠卫研究员作为本工作站高级技术顾问。4月13日，该工作站揭牌成立并开始运行。以该工作站为平台，整合技术骨干力量构建由18人组成的科技创新团队，其中正高级职称2人、副高级职称4人、中级职称5人、其他7人；博士研究生2人、硕士研究生7人、本科6人、专科3人。

二、重点研究方向与主要内容

（一）种质资源保护

2002年，宁夏水产研究所实施《鸽子鱼人工增养殖与保护项目》，开展鸽子鱼（北方铜鱼）生物学特性、食性、种群组成调查；掌握鸽子鱼在自然条件下性腺成熟年龄、生长速度、性腺越冬期所处的时相，自然繁殖季节和繁殖的生态条件，开发鸽子鱼人工繁育、黄河放流增殖技术。

2003年，黄河宁夏段发现鮈属鱼类新纪录种——兰州鮈，开启了对黄河兰州鮈野生资源的收集和保护工作。

2006年，宁夏水产研究所实施了《北方铜鱼种质资源保护救助》，开展了北方铜鱼资源保存与救护工作。2006年开展的黄河宁夏段资源调查，未采集到北方铜鱼样本。

2003—2007年，宁夏水产研究所对宁夏黄河段水生生物资源开展调查，形成了《黄河卫宁段兰州鮈国家级水产种质资源保护区综合考察报告》《黄河青石段大鼻吻鮈国家级水产种质资源保护区综合考察报告》。2007年12月，农业部批准建立了黄河卫宁段兰州鮈国家级水产种质资源保护区和黄河青石段大鼻吻鮈国家级水产种质资源保护区［《关于公布国家级水产种质资源保护区名单（第一批）的公告》（农业部公告2007年第947号）］。

2008年，宁夏水产研究所主编《宁夏水生经济动植物原色图文集》，作为宁夏成立50周年大庆献礼图书，获第十七届（2008年度）中国西部地区优秀科技图书一等奖。

2011—2020年，宁夏水产研究所依据《中华人民共和国渔业法》、环保部和农业部联合发布的《关于进一步加强水生生物资源保护严格环境影响评价管理的通知》《水产种质资源保护区管理暂行办法》等法律法规和文件，编写《中石化新疆煤制天然气外输管道工程对黄河卫宁段兰州鮈国家级水产种质资源保护区环境影响专题评价报告》《城际铁路中卫南站黄河大桥工程对黄河卫宁段兰州鮈国家级水产种质资源保护区影响专题评价报告》《黄河中卫市沙坡头枢纽至中宁县白马乡段航运建设工程对黄河卫宁段兰州鮈国家级水产种质资源保护区影响专题评价报告》《宁夏天元锰业有限公司2×350兆瓦自备热电厂集中供热管网项目对黄河卫宁段兰州鮈国家级水产种质资源保护区影响专题评价报告》《宁夏石嘴山红崖子黄河公路大桥工程对黄河青石段大鼻吻鮈国家级水产种质资源保护区影响专题评价报告》《新建吴忠至中卫铁路工程对黄河卫宁段兰州鮈国家级水产种质资源保护区影响专题评价报告》《城际铁路中卫南站黄河大桥工程对黄河卫宁段兰州鮈国家级水产种质资源保护区影响专题论证报告》《黄河宁夏石嘴山段航运建设项目对黄河青石段大鼻吻鮈国家级水产种质资源保护区影响专题论证报告》《中卫市黄河大桥段防洪疏浚工程对黄河卫宁段兰州鲇国家级水产种质资源保护区影响专题论证报告》《银川都市圈中线供水工程对黄河青石段大鼻吻鮈国家级水产种质资源保护区影响专题论证报告》《银川都市圈城乡西线供水工程对黄河青石段大鼻吻鮈国家级水产种质资源保护区影响专题论证报告》《新建包头至银川铁路工程对黄河卫宁段兰州鲇国家级水产种质资源保护区影响专题论证报告》。

（二）种质资源

2011—2012年，宁夏水产研究所开展黄河宁夏段鱼类资源本底调查，基本摸清宁夏黄河流域鱼类种类、群类结构和外来物种情况。2011—2014年，宁夏水产研究所实施"黄河中上游特种优质土著鱼类资源开发利用"项目，通过在自然水域收集黄河鲇、黄河鲤野生亲本，利用群体选育技术，初步建立了黄河鲇、黄河鲤生长性状较为优良的亲本群体。

2013年，宁夏水产研究所实施国家自然科学基金项目"兰州鲇生长发育性状分子遗传学基础研究"、自治区科技支撑项目"特色水产良种选育与资源节约型健康养殖关键技术研究及集成示范"、宁夏对外科技合作项目"基于分子标记黄河鲇良种家系选育技术研究"，开展了黄河鲇遗传学保护研究和生长性状分子标记辅助选育。

2017年，宁夏水产研究所承担了中国土著鱼种生物多样性评价，内陆流域濒危水生动物种群评价，典型流域水产养殖结构和养殖方式变化监测，水产养殖生物种质资源鉴定、评价与种质核心监测4项长期性监测项目。其中对黄河青石段大鼻吻鮈、黄河卫宁段兰州鲇的野生种群现状进行了初步调查，标定了固定的观测点，完成了观测站点的初步数据采集。

2017—2020年，宁夏水产研究所在黄河宁夏段开展了赤眼鳟和大鼻吻鮈野生种质资源的收集和保护，共收集赤眼鳟60千克、大鼻吻鮈185千克，初步开展了这两个物种的生物学习性、繁殖学特征等方面的研究。

（三）鱼类人工繁育

1. 人工繁育技术

2006—2007年，宁夏水产研究所获得"黄河鲇良种选育及苗种工厂化规模繁育技术"成果，建立了黄河鲇优质亲本选择、亲鱼强化培育、规模化繁殖人工催产、人工授精、受精卵集卵与孵化、仔鱼中间暂养、苗种饵料应用与转食驯化、大规格苗种高密度培育8项关键技术，形成了黄河鲇规模化繁殖与大规格苗种培育技术操作规程，成果的应用首次实现了黄河鲇由野生变家养，并荣获宁夏科学技术进步奖一等奖。

2008年，宁夏水产研究所开展"黄河鲇及黄河鲤苗种繁育项目"研究。

2012年，宁夏水产研究所实施国家农业科技成果转化资金项目"异育银鲫'中科3号'北引繁育中试及产业化示范"，重点开展了亲本收集培育和苗种繁育，成功繁殖鱼苗200万尾，一定程度上缓解了苗种依靠外调，成活率不高的问题。

2013年，宁夏水产研究所开展异育银鲫"中科3号"人工繁殖研究，实现了异育银鲫"中科3号"苗种的本地化。实施"斑点叉尾鮰引进及规模化人工繁育技术研究"项目，首次开展斑点叉尾鮰人工繁育技术研究，实现了斑点叉尾鮰苗种的本地化。

2013—2015年，宁夏水产研究所依托宁夏淡水鱼良种繁育专家团队，应用PIT电子标记技术攻克了水产良种亲本个体信息化追溯技术难题，构建了西北首家水产种业"育繁推"一体化技术体系，完成了宁夏黄河鲇、黄河鲤及异育银鲫"中科3号"等主推品种共18200组良种亲本的更新换代，首次实现了主导品种全面更新换代，使良种覆盖率提高至75%。

2016年，适水产业技术服务组实施宁夏农业关键技术攻关研发项目"池塘高效生态养殖关键技术研究与示范"，优化建立了60组黄河鲇良种差异化选育种素材，探索建立了黄河鲇仔稚鱼分阶段驯养培育技术，在筛选多个与黄河鲶生长性状紧密连锁的微卫星标记位点的基础上，集成建立了黄河鲶综合育种技术。

2. 遗传育种

2013—2015年，宁夏水产研究所实施宁夏科技支撑项目"特色水产良种选育与资源节约型健康养殖关键技术研究及集成示范"，开展黄河鲶生长性状相关分子标记研究，从黄河鲶基因组 DNA 成功获得180个微卫星标记。开展黄河鲶群体家系选育，获得 F_2 代良种亲本群体2800组，建立48个选育家系，F_2 代黄河鲶良种选育系平均增长率11.6％；开展黄河鲤群体家系选育获得 F_2 代良种亲本群体2000组，F_2 代黄河鲤良种选育系平均增长率11.8％。

2013—2016年，宁夏水产研究所实施完成"宁夏特色优质鱼类产业化关键技术集成与示范"项目，集成与示范推广处于国内领先水平的黄河鲶、黄河鲤、福瑞鲤、异育银鲫"中科3号"、草鱼、斑点叉尾鮰等鱼类良种选育、苗种繁育及盐碱池塘高效养殖技术成果，构建了首家现代渔业种业"育繁推"一体化技术体系。

2016—2017年，宁夏水产研究所"基于分子标记黄河鲶良种家系选育技术研究"项目，应用现代遗传育种技术最佳线性无偏预测（BLUP）法，结合传统群体选育技术，筛选出与黄河鲶生长性状相关的基因，为进行黄河鲶的进一步良种选育奠定了基础。

2017—2020年，宁夏水产研究所联合中国科学院水生生物研究所实施宁夏重点研发项目"兰州鲶分子育种技术建立与应用"，针对国内外鲶属鱼类分子育种研究领域参考基因组空白、鱼类良种新品种选育周期长的困局，依托中国科学院桂建芳院士及其团队在宁夏建立的"宁夏渔业科技院士工作站"平台，发挥院士专家团队在全基因组选择育种、性别控制育种及细胞工程育种等领域先进成熟的技术优势，开展兰州鲶全基因组遗传解析、分子标记辅助选择育种技术研究、性别控制育种技术研究、分子设计育种研究4个研究课题。

3. 养殖新技术

2003—2007年，宁夏水产研究所开展"水产优良品种引进繁育及高效养殖技术研究"项目，完成彭泽鲫、团头鲂、黄河鲤、黄河鲶、乌鳢、鳜亲本的引进工作，选育形成可繁育群体，总结出亲本选育方法、放养模式和日常管理措施；制定《黄河鲤工厂化人工繁殖技术操作规程》《彭泽鲫工厂化人工繁殖技术操作规程》；开展黏性卵人工授精、人工脱黏、流水孵化技术研究，提高了受精率、孵化率、出苗率；开展宁夏土著经济鱼类黄河鲶胚胎发育研究；完成名优品种人工繁育中常见病害治疗药物的筛选和毒性试验，针对宁夏地区水域理化特性，提出人工繁育中常见病害的防治建议，总结提炼出适合推广的宁夏鱼苗高效培育技术措施；开展宁夏地区塑棚池塘南美白对虾养殖试验研究，提出了南美白对虾高产养殖技术方案；开展大宗淡水鱼不同放养模式、饲料营养标准的养殖效益比较，提出了效益较好的商品鱼养殖技术方案。

2008—2011年，宁夏水产研究所承担完成"稻蟹生态种养新技术研究与示范推广"项目，通过关键技术的攻关研究与集成组装，将水稻和渔业两个特色优势产业有机结合，形成了以种养结合为核心的优质、高效、生态、安全的稻蟹立体种养模式，为农业增效、农民增收开辟了新途径，被自治区人民政府称为"农民朋友的福音工程"。该养殖模式被农业部确定为"宁夏模式"。

2012年，宁夏水产研究所承担国家科技支撑计划项目"黄河流域水土节约型池塘生态养殖技术集成与示范"，该项目是宁夏水产研究所申请的宁夏唯一的国家"十二五"农村领域科技支撑项目，也是宁夏渔业历史上唯一的国家农业科技支撑项目。宁夏水产研究所实施中央农业科技推广示范财政招标项目"沿黄湖泊湿地大面积生态修复与渔业健康增（养）殖技术示范推广"，重点在腾格里湖、阅海湖、沙湖、星海湖4个项目试验区开展生态修复与渔业健康养殖技术示范推广。

2013年，宁夏水产研究所试验福瑞鲤池塘高效养殖技术和异育银鲫"中科3号"池塘高效养殖技术。2013—2015年，宁夏水产研究所实施自治区科技支撑项目"特色水产良种选育与资源节约型健康养殖关键技术研究及集成示范"，开展节水型池塘循环水环境生态调控技术研究，对宁夏地区主养鲤池塘水质指标变化规律、氮磷收支及浮游动物群落种类组成和现存量做了详细分析研究，试验池塘单位养殖产量用水量减少了30%，养殖尾水实现了零排放。

2015年，宁夏淡水鱼良种繁育专家团队开展了异育银鲫"中科3号"主养模式构建试验、河鲈池塘养殖及饲料驯化试验、福瑞鲤高产高效养殖模式构建试验等研究。

2016—2017年，宁夏水产研究所引进5个新品种，即长丰鲢、加州鲈、翘嘴红鲌、赤眼鳟、太阳鲈，开展池塘养殖试验示范。

2018年，宁夏水产研究所引进3个新品种，即异育银鲫"中科5号"、福瑞鲤2号、易捕鲤，试验示范养殖技术。

2019年，适水产业技术服务组实施农业关键技术研发项目"黄河鮎良种循环水生态高效培育及转食驯化技术研究"，开展黄河鮎水花苗种开口饲料配置技术、黄河鮎苗种工厂化循环水生态高效培育技术、池塘培育黄河鮎种采用人工配合饲料转食驯化技术三方面研究。

2020年，宁夏水产研究所构建兰州鮎全基因组序列图谱，创新建立了雌核发育、性逆转技术和基因编辑技术，分别成功创制雌核发育系、性逆转系和性别基因编辑嵌合体1080尾、2000尾、278尾；针对沙湖水域生态环境状况，创新建立了水生植被修复、水体藻相调控、水生生物操纵等核心技术，集成西北盐碱湖泊水域生态修复治理模式；基于鱼、菜（花）、微生物共生技术原理，应用养殖水质原位调控和异位净化技术措施，创新建立了设施温室菜鱼综合种养技术模式。

（四）水域生态环境

1. 养殖水体

2018—2020年，宁夏水产研究所联合宁夏大学实施了自治区重点研发项目"光伏温室立体高效生产关键技术研究与模式开发"，开展基于铂阳组件光伏温室的渔-菜-花设施装备的研发与引进配套；渔-菜-花共生系统水体修复技术；渔-菜共生高效高值生产技术；渔-花共生优质高产栽培技术；名优水产品引进与设施化高效养殖技术，探索渔-菜-花新型种养模式类型，构建了光伏温室集约化渔-菜-花生态循环种养高效生产技术体系。

2. 公共水域

2017年，宁夏水产研究所实施自治区重点研发项目"沙湖水环境质量改善与水生态功能提升技术研发与示范"，针对沙湖水环境污染现状，在沙湖污染源、水质及生态环境调查研究的基础上，通过构建沙湖水质与水生态系统诊断、水环境承载力、生态需水等5种模型，研发出湖体水质治理、入湖河道生态修复、水体负荷控制、湖内生态修复和保护、生态调控与渔业资源管理5项关键技术，集成沙湖水污染防控与综合管理技术体系，建成1套湖泊水环境综合管理平台，使沙湖生态需水满足率和水资源利用率提高了10%，水质指标达到地表水Ⅲ类标准，成为国内技术先进的半干旱区浅水型湖泊修复治理典型示范工程。实施全区农业关键技术研发项目《宁夏沙湖水域生态修复技术研究》，开展了沙湖浮游植物群落结构及多样性研究、沙湖浮游动物群落结构及多样性研究、水生植物种植及围隔设置、湖泊清水产流系统净化及生态治理效果评估等工作，并应用无人机航拍技术制作了沙湖全景超清晰航拍影像资料。

2018年，适水产业技术服务组实施农业关键技术研发项目"宁夏水产养殖池塘养殖用水循环利用节水模式研究与示范"，在宁夏水产研究所现代渔业种苗繁育示范基地构建池塘-生物浮床-潜流湿地三级养殖水体循环修复节水利用模式，建立了60亩的池塘养殖水体节水循环利用示范区，示范区养殖用水实现零排放。在贺兰县新明水产养殖有限公司构建池塘-生态沟渠-潜流湿地三级养殖水体循环修复节水利用模式，建立了200亩的池塘养殖水体节水循环利用示范区，示范区养殖用水实现零排放。

（五）饲料

2011—2012年，宁夏水产研究所开展了黄河鮎幼鱼对饲料蛋白和能量需要的初步研究，得出黄河鲇幼鱼对饲料粗蛋白的需要量为 42.48%～42.96%，对总能的需要量为 19.3～19.4 千焦/克。2017 年，研究了黄河鲇幼鱼对饲料中钙、磷的需要量，得出黄河鲇幼鱼对饲料中钙的适宜需要量为 0.54%，对非植酸磷的适宜需要量为 0.50%～0.53%。

（六）水产品加工

2003 年，宁夏水产研究所实施"水产品保鲜加工技术项目"。2009 年 8 月，引进了宁夏佳美渔业水产品深加工有限公司开展水产品深加工。2012 年，承担实施了自治区科技支撑计划"大宗淡水鱼深加工技术研究"项目，自主研发了以鲢、草鱼为主要原料鱼的多种速食产品，研制出 5 种不同口味的鱼类深加工产品。

三、取得的关键技术与获奖成果

1996—2020 年，宁夏水产研究所先后研发"西北地区罗氏沼虾池塘亩产 200 千克养殖技术""低洼盐碱地连片池塘高产养鱼技术"等先进实用的养殖技术，并获得如下奖项：

1995—1996 年，"西北地区罗氏沼虾池塘亩产 200 千克养殖技术"成果获宁夏科学技术进步奖三等奖。

1998—1999 年，"低洼盐碱地连片池塘高产养鱼技术"成果获全国农牧渔业丰收计划奖二等奖。

1998—2001 年，"淡水鱼类苗种繁育系统工艺及应用技术"成果获宁夏科学技术进步奖二等奖。

2003—2005 年，"水产优良品种引进繁育及高效养殖技术"成果获宁夏科学技术进步奖二等奖。

2004—2007 年，"砷及菊酯类农药对鱼类毒作用机理与抗毒相关基因克隆及功能研究"成果申请 4 项国家发明专利。

2008—2010 年，"稻蟹生态种养新技术研究与示范推广"成果获全国农牧渔业丰收奖二等奖、宁夏科学技术进步奖三等奖。

2009 年，"黄河鲶繁殖生物学和药物毒理与抗毒育种基因功能及良种规模化繁育研究与应用"获 2008 年度宁夏科学技术进步奖一等奖。

2009 年，《宁夏水生经济动植物原色图文集》获第十七届中国西部地区优秀科技图书一等奖。

2012—2016 年，"特色水产良种选育与资源节约型健康养殖关键技术研究及集成示范"成果获全国农牧渔业丰收奖三等奖。

■ 第二节 渔业技术推广

一、技术推广机构

（一）自治区水产技术推广机构

宁夏回族自治区水产技术推广站
具体见第三章第二节水产品质量检测机构。

（二）地级市水产技术推广机构

1. 银川市水产技术推广服务中心

2002 年，银川市水产工作站划归银川市农牧局。2006 年，自治区机构编制委员会办公室印发《关于印发银川市事业单位机构编制清理整顿方案的通知》（宁编发〔2006〕22 号），银川市水产工作站更名为银川市水产技术推广服务中心。2010 年，银川市机构编制委员会办公室印发银机编办发〔2010〕40 号文件，调整银川市水产技术推广服务中心事业编制数为 12 名。2014 年，银川市水产技术推广服务中心全额预算事业编制 11 名。2015 年，自治区机构编制委员会办公室印发《关于银川市事业单位分类的通知》（宁编办发〔2015〕200 号），确定银川市水产技术推广服务中心为公益一类事业单位。

2. 石嘴山市畜牧水产技术推广服务中心

2000 年，石嘴山市渔业技术服务机构为石嘴山市水产工作站，2006 年更名为石嘴山市水产技术推广服务中心。2012 年，根据《关于印发〈石嘴山市事业单位清理规范方案〉的通知》（宁编发〔2012〕114 号），石嘴山市水产技术推广服务中心、石嘴山市畜牧技术推广服务中心、石嘴山市动物疾病预防控制中心合并组建石嘴山市畜牧水产技术推广服务中心，核定全额预算事业编制 14 名。2015 年，根据《关于给市农牧局所属事业单位增加编制的通知》（石编发〔2015〕7 号），石嘴山市将市发改委所属事业单位市价格认证中心的 1 名全额预算事业编制调整给市畜牧水产技术推广服务中心，调整后该中心编制为 15 名。

3. 吴忠市畜牧水产技术推广服务中心

2000 年，吴忠市水产工作站（吴忠市渔业渔政管理局），编制 6 名。2005 年 4 月，吴忠市水产工作站与利通区水产工作站合并，成立吴忠市水产技术推广服务中心，编制 16 名。2010 年，吴忠市水产技术推广服务中心与吴忠市畜牧草原技术推广服务中心合并，分别组建吴忠市畜牧水产技术推广服务中心和利通区畜牧水产技术推广服务中心。吴忠市畜牧水产技术推广服务中心编制 12 名，2012 年调整为 11 名，2016 年调整为 10 名，2019 年调整为 6 名，2020 年调整为 5 名。

4. 固原市养蜂水产技术推广服务中心

1996—2005 年，固原市水产工作站承担固原市渔业技术服务等工作。2006 年，固原市水产工作站和固原市养蜂试验站合并成立固原市养蜂水产技术推广服务中心，核定全额预算事业编制 17 名，专业技术人员不低于编制员额总数的 75％，设置领导职数 1 正 2 副。

5. 中卫市畜牧水产技术推广服务中心

1996 年，中卫县水产工作站与中卫县鱼种场合并，经费形式由财政全额拨款事业单位转为差额拨款事业单位，主要职能：渔业生产经营、水产技术推广等。2004 年，中卫县撤县设市，中卫县水产工作站和中卫县鱼种场分别更名为中卫市水产技术推广站、中卫市鱼种场。2007 年，中卫市水产技术推广站与中卫市鱼种场分设，加挂中卫市渔政监督所牌子，核定人员编制 11 名，为财政全额拨款事业单位，主要职能：开展渔业行政执法检查、水产技术推广服务等。2010 年，中卫市水产技术推广站更名为中卫市水产技术推广服务中心，加挂中卫市渔政监督所牌子，为中卫市农牧林业局所属全额拨款正科级事业单位，编制 11 名。2015 年 3 月，中卫市水产技术推广服务中心、中卫市畜牧技术推广服务中心、中卫市草原工作站合并组建中卫市畜牧水产技术推广服务中心，编制 14 名，承担渔业行政执法监管、渔业行政执法检查、畜牧水产技术服务等工作。

（三）县（区）渔业技术推广机构

1. 兴庆区畜牧水产技术推广服务中心

2002 年，兴庆区机构编制委员会同意设立兴庆区畜牧水产技术服务指导中心，为银川市兴庆区农林牧业局所属事业单位，核定全额预算事业编制 13 名，其中水产专业技术干部 7 名。2006 年，该中心更名为兴庆区畜牧水产技术推广服务中心，编制 15 名，从事水产工作 3 名，主要职能：水产养殖新品种新技术的引进、试验示范推广、渔业安全生产检查、渔政执法和水生野生动物保护等。

2. 金凤区畜牧水产技术推广服务中心

2002 年，金凤区机构编制委员会同意设立金凤区畜牧水产技术服务指导中心，为银川市金凤区农林牧业局所属事业单位，核定全额预算事业编制 7 名，其中水产专业技术干部 1 名。2006 年，该中心更名为金凤区畜牧水产技术推广服务中心。

3. 西夏区畜牧水产技术推广服务中心

2002年12月，西夏区机构编制委员会同意设立西夏区畜牧水产技术服务指导中心，隶属西夏区农林牧业局。2006年，该中心更名为西夏区畜牧水产技术推广服务中心。至2020年，该中心机构编制5名，主要职能：负责畜牧业渔业结构调整、布局调整及标准化生产工作，开展畜牧业、渔业技术服务。

4. 贺兰县畜牧水产技术推广服务中心

1991年，贺兰县水产工作站变更为贺兰县水产局。2003年，贺兰县水产局整合到贺兰农牧局，同时成立贺兰县水产技术推广站，核定全额预算事业编制9名，主要职能：组织鱼病防治，开展水产新技术引进、试验示范和推广以及鱼苗鱼种繁殖培育等。2006年，贺兰县水产技术推广站与贺兰县畜牧工作站合并组建贺兰县畜牧水产技术推广服务中心，核定全额预算事业编制水产干部9名。2019年，贺兰县农业农村局成立贺兰县农业综合执法大队，从贺兰县畜牧水产技术推广服务中心划转编制5名，该中心全额预算事业编制水产干部变更为6名。

5. 永宁县畜牧水产技术推广服务中心

1987年，永宁县水产工作站更名为永宁县水产技术推广站。1991年，永宁县水产技术推广站隶属县水产局。2003年，永宁县水产技术推广站更名为永宁县水产技术推广服务中心。2006年，永宁县水产技术推广服务中心与永宁县畜牧工作站合并组建永宁县畜牧水产技术推广服务中心，全额预算事业编制水产干部2名。

6. 灵武市水产技术推广服务中心

1996年，灵武县撤县设市（县级市），灵武县水产工作站更名为灵武市水产工作站，隶属市农业局，主要职能：负责全市水产管理和水产养殖技术指导服务。2006年，灵武市水产工作站更名为灵武市水产技术推广服务中心，核定全额预算事业编制18名。2019年11月，灵武市水产技术推广服务中心和灵武市畜牧水产技术推广服务中心合并组建灵武市畜牧水产技术推广服务中心，全额预算事业编制水产干部14名。

7. 平罗县水产技术推广服务中心

2000年，平罗县渔业技术服务机构为平罗县水产工作站，并挂平罗县渔政监督管理站牌子，编制9名。2006年3月，平罗县机构编制委员会印发《关于印发〈平罗县水产技术推广服务中心机构编制方案〉的通知》（平编发〔2006〕46号），平罗县水产工作站更名为平罗县水产技术推广服务中心，为平罗县农牧局下属不定级别公益一类事业单位，编制9名，撤销平罗县渔政监督管理站。2017年，根据平编发〔2017〕8号文件，平罗县水产技术推广服务中心编制核减1名，变更为8名。2020年4月，平罗县机构编制委员会印发《关于成立平罗县农业综合执法大队机构编制方案的通知》（平编发〔2020〕9号），从平罗县水产技术推广服务中心划出编制2名，编制变更为6名。

8. 惠农区畜牧水产技术推广服务中心

2006年10月，惠农区动物疾病预防控制中心挂牌成立，隶属惠农区农牧和科技局。2008年，惠农区动物疾病预防控制中心归惠农区农业农村和水务局管理，机构规格为不定级、财政全额拨款事业单位。2009年，该中心增挂惠农区畜牧水产技术推广服务中心牌子，核定编制10名。

9. 大武口区动物卫生监督所

2005年，大武口区农业畜牧技术推广服务中心成立。2010年，根据《关于星海镇党政办公室等十一个行政事业机构工作人员及列编情况的通知》（石大人社发〔2010〕62号），宁夏隆湖扶贫经济开发区畜牧兽医站更名为大武口区畜牧兽医工作站。2012年，大武口区根据《关于印发石嘴山市大武口区沟口绿化养护中心等事业单位机构编制方案的通知》（石大编发〔2012〕3号），成立大武口区动物卫生监督所加挂大武口区畜牧兽医工作站。2012年，石嘴山市畜牧水产技术推广服务中心将大武口区水产技术推广相关工作划归大武口区农业技术推广服务中心。2018年8月，大武口区农业技术推广服务中心将水产技术推广相关工作交由大武口区动物卫生监督所承担。

10. 青铜峡市畜牧水产技术推广服务中心

2006 年，根据《自治区机构编制委员会关于印发青铜峡市事业单位机构编制清理整顿方案的通知》（宁编发〔2006〕14 号），青铜峡市水产技术推广服务中心为市农业局所属的不定级别全额预算事业单位，编制 16 名。2017 年，根据《关于整合部分事业机构及职能的通知》（青编办发〔2017〕2号），市水产技术推广服务中心与市畜牧技术推广服务中心合并，成立青铜峡市畜牧水产技术推广服务中心。

11. 利通区畜牧兽医技术服务中心

2005 年 4 月，吴忠市水产工作站与利通区水产工作站合并，成立吴忠市水产技术推广服务中心，核定事业编制 16 名。2010 年 3 月，利通区畜牧水产技术推广服务中心成立，2019 年变更为利通区畜牧兽医技术服务中心，核定事业编制 4 名。

12. 沙坡头区畜牧水产技术推广服务中心

2013 年，沙坡头区畜牧水产技术推广服务中心成立，核定事业编制 18 名，专业技术人员不低于单位编制员额总数的 70％，设置领导 2 名，主任 1 名，副主任 1 名。2019 年，沙坡头区疾控预防控制中心和畜牧水产中心职责合并，重新组建沙坡头区畜牧兽医技术服务中心。2020 年，沙坡头区畜牧兽医技术服务中心更名为沙坡头区畜牧水产技术推广服务中心，核定全额预算事业编制 17 名，主任 1 名，动物疾控预防控制中心并入沙坡头区农业综合行政执法大队。

13. 中宁县畜牧水产技术推广服务中心

1996—2005 年，中宁县渔业技术服务机构为中宁县水产工作站，2006 年 3 月更名为中宁县水产技术推广服务中心，为中宁县农业局（2008 年为农牧局）下属副科级公益一类事业单位，编制 12名，承担渔政管理、渔业新技术示范推广服务等工作。2019 年 12 月，县水产中心与县畜牧中心合并组建中宁县畜牧水产技术推广服务中心，承担畜牧水产技术推广等职能，编制 21 名。

截至 2020 年，宁夏共有水产技术推广机构 21 个，全部为全额拨款事业单位，其中省级机构 1 个，市级机构 5 个（独立站 1 个、综合站 4 个），县级机构 15 个（全部为综合站）。宁夏水产技术推广机构编制 153 名，从事渔业技术推广人员 138 人，其中省级机构推广人员 30 人，地市级 28 人，县级 80 人。从事水产技术推广的专业技术人员中，正高级职称 10 人，副高级职称 53 人，中级职称55 人，初级职称 20 人。文化程度方面，硕士学位 7 人，本科学历 99 人，大专学历 24 人，中专学历8 人。另有"塞上英才"1 名，"塞上农业"专家 4 名，"全国十佳农技推广标兵"1 名，"宁夏十佳农技推广标兵"2 名，"313 人才"1 名，青年拔尖人才 2 名。

二、主推技术

（一）名优水产品养殖

1. 主导品种为黄河鲤、福瑞鲤

主推技术：良种选择与繁育技术、高效生态"双倍增"技术、池塘标准化健康养殖技术、低碳高效循环水养殖技术。

2. 主导品种为异育银鲫"中科 3 号"、异育银鲫"中科 5 号"

主推技术：池塘标准化健康养殖技术、池塘主养技术、稻鲫生态综合种养技术、池塘循环水高效养殖技术、低碳高效循环水养殖技术。

3. 主养鱼类为草鱼

主推技术：草鱼大规格鱼种培育及两年养成技术、池塘循环水高效养殖技术、低碳高效循环水养殖技术。

4. 主养鱼类为黄河鲶

主推技术：人工繁殖技术、池塘套养技术、池塘标准化健康养殖技术、池塘高效主养技术。

5. 主养鱼类为斑点叉尾鮰

主推技术：斑点叉尾鮰人工繁殖技术、中低盐碱池塘健康养殖技术。

6. 主养鱼类为台湾泥鳅

主推技术：设施温棚养殖技术、稻鳅生态综合种养技术。

7. 养殖种类为河蟹

主推技术：稻蟹生态综合种养技术、大水面生态养殖技术、池塘标准化健康养殖技术。

8. 养殖种类为南美白对虾

主推技术：设施温棚高产高效养殖技术、棚塘接力高效养殖技术、鱼虾混养技术。

（二）稻渔综合种养

2009 年，宁夏开始稻田生态养蟹，形成了水稻种植和水产养殖紧密结合的多层次稻渔生态综合种养，截至 2019 年底，"设施养鱼＋稻渔共作"已成为稻渔综合种养的主要技术模式。

"设施养鱼"是在稻田中或稻田岸边建设流水槽、玻璃缸、砼制养鱼池等工程化养鱼设施，将优质鱼类苗种高密度集中在设施中圈养，养殖尾水进入稻田进行净化。"稻渔共作"是在稻田中建设宽 5 米、深 1.5 米的"宽沟深槽"（环田沟）和防逃设施，水稻插秧后，适时选择投放河蟹、鲤、鲫、草鱼、泥鳅、虾、鸭等动物中的一种或几种，进行稻田养河蟹、稻田养鱼、稻田养鸭等不同养殖模式的稻渔共作。

"设施养鱼＋稻渔共作"综合种养技术模式主要有 4 种类型："稻田镶嵌流水槽生态循环综合种养""陆基玻璃缸配套稻渔生态循环综合种养""陆基高位砼制养鱼池配合稻渔生态循环综合种养"和"池塘工程化流水槽配套稻渔生态循环综合种养"。

1. 稻田镶嵌流水槽生态循环综合种养

该类型是在稻田的一角处，每 10 亩稻田中建设一个长 22 米、宽 5 米、深 2.2 米、养殖水体积 220 米³ 的标准化流水槽进行综合种养。每个流水槽产鱼 1 万～1.5 万千克，每立方米水体产量在 45～68 千克。稻田种植水稻并养蟹（鸭、泥鳅、甲鱼等），流水槽集约化养殖鲤、草鱼、鲈等，养殖尾水直接进入稻田，为水稻生长提供营养，尾水净化后再进入流水槽循环利用，从根本上解决养殖水体富营养化的问题，降低水产病害发生率，提升水产品品质。

2. 陆基玻璃缸配套稻渔生态循环综合种养

该类型是在稻田岸边，每 8 亩稻田配套建设一个直径 5 米、深 2 米的圆形玻璃缸集中圈养鱼类，结合稻田开展生态循环综合种养。利用稻田对缸内富营养化水体进行净化，通过缸体自身设计特点，实现养殖水体持续循环利用。每个陆基玻璃缸产鱼 0.15 万～0.2 万千克，每立方米水体产量在 37.5～50 千克。

3. 陆基高位砼制养鱼池配合稻渔生态循环综合种养

该类型是在稻田岸边，每 20 亩稻田配套建设一个直径 16 米、深 3 米的陆地高位砼制圆形养鱼池进行生态循环综合种养。技术原理：在高出地面 1.5 米的平面建造圆形混凝土养殖池，安装进、排水系统，在池内高密度养殖罗非鱼、鲈等鱼类，养殖池水进入稻田，利用稻田的自净作用，对富营养化的养殖水体进行净化，实现水体重复循环利用，基本不向外界沟渠排水，节水效果好。每个陆基高位砼制养鱼池产量 1 万～1.5 万千克，折算成每立方米水体鱼产量 16～25 千克。

4. 池塘工程化流水槽配套稻渔生态循环综合种养

该类型是每 20 亩稻田配套池塘中建设一个养鱼流水槽进行生态循环综合种养，利用稻田对养殖水体进行净化，实现养殖尾水循环利用。该模式分为两部分：一是池塘工程化流水槽养殖，将传统池塘"开放式散养"模式革新为池塘循环流水"生态式圈养"模式。主要包括圈养系统、排泄物的收集系统和外围池塘水质净化系统三部分，即在流水养鱼槽中高密度"圈养"吃食性鱼类，并收集鱼类排泄物，与流水槽连通的池塘对水质进行一定程度的净化。二是与稻田结合，池塘水体进入稻田，利用稻田的过滤、沉淀、生化作用，使养殖尾水得到净化，实现水体循环利用。这种模式能及时有效地收集养殖鱼类排泄物和残饵并集中处理，减小了对养殖尾水的污染程度。同时利用水稻田解决了养殖水体富营养化的问题，降低了病害发生率和药物使用量，提升了水产品的质量。

三、推广技术与成效

1996—1999 年，宁夏水产养殖的主要模式是池塘主养黄河鲤、建鲤、草鱼，搭配鲢、鳙、彭泽鲫，池塘安装增氧机和投饵机，养殖户多采用全价配合颗粒饲料投喂，个别养殖户仍采用自配颗粒饲料投喂。宁夏渔业技术推广部门开始试验示范名优水产品养殖技术。1996 年 9 月 "大面积建鲤养殖技术试验推广" 项目获宁夏科学技术进步奖三等奖，1998 年 10 月，"鲇人工繁殖试验研究" 项目荣获宁夏农业厅技术进步类二等奖。

2000 年，宁夏进一步实施渔业 "丰收计划"，试验示范 "低洼盐碱地连片池塘高产养鱼技术" "套养大口鲇" "主养鲫" "套养鳜、大口胭脂鱼、美国斑点叉尾鮰" 等 8 个技术模式，主要安排在银川郊区、永宁县、贺兰县、银南及石嘴山市的养殖场点实施。2000 年 12 月 "低洼盐碱地连片池塘高产养鱼技术" 荣获农业部颁发的农牧渔业丰收奖二等奖。

2001 年，宁夏各地着力改变 "春放秋捕" 的传统模式，发展多样化的池塘主养和多品种、多形式的池塘套混养，以及工厂化养殖、大水面围垦精养、低洼湖泊湿地围栏养殖、小网箱养殖、水库移植增殖等生产技术模式。一些市（县）积极探索渔-粮、渔-菜、渔-牧、渔-林、渔-草等生态渔业养殖模式。

2002 年，宁夏渔业重点扩大 "草鲫鲂" 的养殖规模，加速名特优新水产品养殖步伐，着力培育宁夏渔业特色主导产品。在生产结构上，加强常规养殖品种与先进适用养殖技术的组装与集成，大力发展传统名优品种的主养和多品种、多形式的池塘套混养以及工厂化养殖模式。同时合理开发利用荒水、荒滩和宜渔荒地资源，积极发展大水面围垦精养、河蟹湿地围栏养殖，生态渔业、绿色渔业成为宁夏渔业生产的主攻方向。"鲇养殖技术大面积推广" 项目荣获宁夏科学技术进步奖三等奖。

2003 年，宁夏渔业在养殖品种上，本着集中化、集约化和标准化的原则，继续扩大草鱼、鲫、团头鲂优质水产品生产规模，大力发展黄河鲇、黄河鲤、河蟹养殖生产，因地制宜发展大口鲇、斑点叉尾鮰、罗非鱼、虹鳟、鮰、虾类等养殖。在养殖方式上，推行大水面围垦养殖，推广节水渔业、生态渔业和绿色渔业发展模式。重点开展了水产品健康养殖技术、养殖鱼类病害防治技术、以渔改碱渔业开发技术、生态渔业技术、设施渔业工程技术，推广普及节水渔业技术，指导从渔农民改变传统高密度集约化养殖方式，推广大水面生态养殖技术，科学核定养殖水体承载量，严格控制放养密度，最大限度地降低鱼病给渔业造成的损失。

2004 年，宁夏重点建设渔业 "四大示范工程"，即灌区商品鱼基地基础配套改造示范工程、低洼盐碱荒地以渔改碱生态渔业示范工程、湖泊湿地以渔养水示范工程、灌区设施渔业科技示范工程；配套 "三大支撑保障体系"，即水产苗种繁育体系、渔业标准和水产品质量安全保障体系、水产品市场体系，示范推广相应技术规程，学习山东 "上农下渔" 先进经验，示范推广 "以渔改碱" 生态渔业和节水型渔业技术模式。制订修改涉及鲤、草鱼、鲫、鲢的《宁夏无公害养殖技术规范》和《无公害水产品质量管理实施方案》。

2005 年，宁夏渔业在养殖方式上，大力倡导生态、健康水产养殖，推广生物互补养殖模式，开展了大水面增养殖和多品种混养。在产业结构上，因地制宜发展城郊型观赏、休闲、垂钓渔业，以及湖泊水产养殖、水生种植、水禽养殖、水上旅游的 "四水产业"，拓宽渔业增收渠道。

2006 年，宁夏积极发展以 "四水产业" 为主要内容的生态渔业，进一步扩大渔业基本功能，丰富渔业发展内涵，拓展渔业发展空间。以水产养殖、水生植物种植、水禽养殖、水上旅游为主要内容的 "四水产业"，成为宁夏渔业发展中探索出的一种新的生态养殖模式。在养殖方式上，宁夏各地积极推行健康养殖，大水面围养、多品种混养、"以渔改碱""以渔养水"生态渔业成为发展的主方向。一是80∶20、60∶40池塘鲤、草鱼、鲫等生态高效养殖技术，有效地改变了多年来鲤"一统天下"的单一局面，满足了市场需求，同时渔民增产不增收的矛盾也得到有效缓解。二是"鱼-畜"型、"鱼-农"型、"鱼-禽"型、"鱼-畜-沼"型等生态养殖模式，在促进渔业经济发展和拓宽渔民增收渠道的同时，有效地改善了生态环境尤其是养殖水体生态环境，提高了水产品品质，促进了渔业的可持续发展。

2006年，经自治区农牧厅渔业局的考核验收和农业部审核批准，贺兰县、平罗县、青铜峡市、中卫市、国营前进农场被农业部授予"农业部水产健康养殖示范区"（农办发〔2006〕50号）。宁夏有53个水产品通过农业部无公害产品认证，11个水产品通过了国家绿色食品发展中心认证。其中灵汉渔业联合社的5个水产品是西部地区率先获得"绿色食品"证书的产品，认证基地面积达到1.95万亩。

2007年，在渔业科技推广方面，引进的水产养殖新品种乌克兰鳞鲤，经石嘴山市、银川市等地养殖户试养，表现出生长快、适应性强等特点，具有很好的推广前景。青铜峡市、平罗县通过招商引资，发展南美白对虾养殖4995亩，填补了宁夏虾类规模化养殖的空白。宁夏实施"无公害水产养殖技术大面积推广"项目，落实推广面积10万亩，重点围绕草鱼、鲫、鲂、鲇等主要养殖鱼类开展高产技术模式示范。结合"百万农民培训工程"的实施，建立了科技人员直接到户、优良品种直接到塘、技术要领直接到人的渔业养殖技术推广新机制，科技入户工作成效明显，充分发挥科技在渔业发展中的支撑作用，助力渔业增效、从渔农民增收。2007年12月，灵武市灵汉渔业科技有限公司养殖场、中宁县兴宁渔业合作社养殖场、中宁县龙泉山庄水产养殖场、中宁县宁安镇殷庄村水产养殖场、银川市西湖农场水产养殖场被评为农业部第二批水产健康养殖示范场。12月20日，沙湖申报的"沙湖"牌鲢、鳙、鲤、草鱼、螃蟹、莲藕获得中国绿色食品认证。

2008年，自治区党委、政府以新的理念和思路破解渔业发展难题，充分发挥渔业在农业农村经济发展、生态保护、观光休闲、文化传承中的综合优势，把"适水产业"作为现代渔业发展的重要突破口，强力推进。坚定不移地推行渔业科技进步，先后组织实施了"8613"渔业科技攻关项目、"无公害水产养殖技术大面积推广"项目、渔业科技入户工程、新型农民培训工程。在新品种应用、黄河鲇人工繁殖、暴发性鱼病预测预报与防治、养殖水域环境治理、生态渔业等领域取得了重要进展。银川市水产技术推广服务中心从江苏引种伊乐藻种植成功。根据自治区副主席郝林海建议，宁夏"四水产业"改为"适水产业"。

2008年1月29日，宁夏回族自治区农牧厅发布2008年第3号公告：宁夏灵汉实业有限公司、宁夏阅海湿地旅游开发有限公司和宁夏沙湖旅游股份有限公司三家企业的17个水产品取得中国绿色食品发展中心绿色水产品认证，并有效使用绿色食品标志证书。12月，宁夏宏坤实业有限公司养殖场、宁夏广勤综合养殖有限公司养殖场、宁夏绿方水产良种繁育有限公司养殖场、石嘴山市星海湖产业有限公司养殖场、宁夏沙湖旅游股份有限公司养殖场、宁夏国营简泉农场、吴忠市金银滩镇何凤林渔场7家养殖场被评为农业部第三批水产健康养殖示范场。中卫市被全国水产技术推广总站列为全国100个综合推广模式示范县之一，贺兰县被列为50个主导品种和主推技术示范县之一。

2009年，乌克兰鳞鲤、草鱼、鲫、团头鲂、黄河鲇、河蟹等特色及名优水产品比重占到宁夏养殖总量的50％以上。在贺兰县、青铜峡市、中卫市等地试验示范的1005亩稻田养蟹生态种养模式获得成功，亩纯利润达到1000元以上。银川市成功申报了农业部"银川鲤"农产品地理标志。9月23日，宁夏召开了适水产业现场观摩会，会议提出，宁夏水产养殖力争在3年之内实现产量、效益翻一番，宁夏水产养殖发展到100万亩。12月15日，银川市鸣翠湖生态旅游开发有限公司水产养殖场、贺兰吉顺水产养殖有限公司、贺兰茂功水产养殖有限公司、中卫兴渔水产养殖合作社、中卫市渔业合作社、石嘴山市星科农业科技有限公司、石嘴山全丰生态渔业养殖园区、平罗翰苑农业综合开发公司水产养殖场、平罗农牧场、平罗劲松水产养殖有限公司、平罗丰源渔业养殖有限公司、平罗华源生态水产业有限公司、平罗万达水产有限公司、宁夏农垦渠口（农场）有限公司水产养殖场14家养殖场被评为农业部第四批水产健康养殖示范场。

2010年，宁夏加强名优鱼类健康养殖、良种繁育、稻蟹生态种养、大水面生态修复等主推技术的集成、示范与推广；落实水产健康养殖技术大面积推广19.95万亩。5月，"沙湖大鱼头"被评为农产品地理标志产品，农业部颁发证书。"主养草鱼综合技术试验示范推广"项目荣获宁夏科学技术进步奖二等奖。

2011年5月11日，自治区人民政府在青铜峡市叶盛镇召开水稻插秧及稻田养蟹现场会，对宁夏稻田养蟹发展提出要求。7月13—14日，农业部党组书记、部长韩长赋考察调研宁夏水产品加工企业和稻蟹生态种养，勉励企业进一步"做大基地、做强产业，做足市场、做好品牌"。自治区主席王正伟陪同调研并强调，宁夏宜渔资源丰富，水产养殖潜力巨大，要进一步挖潜增效，做大做强水产业。要紧紧依托"黄河金岸"的建设，大力发展水产养殖。2012年，自治区以宁夏水产研究所、宁夏水产技术推广站为主体，示范推广名优水产品养殖及繁育技术、稻蟹生态种养技术、渔业病害综合防控技术、沿黄灌区湖泊湿地生态修复与鱼类增养殖技术等。稻田培育扣蟹亩产20～75千克。与外调蟹种相比，本地蟹种适应性更强，成活率更高。稻田综合种养出现了稻田养鱼、稻田养鸭、稻田排水沟养鱼等多种新模式。攻克了异育银鲫"中科3号"池塘高密度苗种培育关键技术。12月7日，农业部办公厅公布了农业部水产健康养殖示范场（第七批）名单，宁夏11家水产养殖场名列其中，有效期自2013年1月1日至2017年12月31日，分别为银川赵府滩渔业专业合作社、银川市通西水产养殖专业合作社、宁夏庆昕源渔业有限公司、贺兰县新明水产养殖有限公司、石嘴山市大武口区隆湖富民水产养殖专业合作社、平罗县鱼种场、宁夏禄渔农业有限公司、宁夏马兰花生态农业开发有限公司、宁夏天源水产品有限公司、宁夏伊群水产养殖专业合作社、青铜峡市源泉生态渔业专业合作社。"稻蟹生态种养新技术研究与示范推广"项目荣获2011年度宁夏科学技术进步奖三等奖。

2013年，宁夏发展稻田生态种养16.65万亩，据测产计算，"蟹田稻"平均亩产567千克，"稻田蟹"平均亩产14.9千克，亩均增收1080元。同时启动亲本选育分子标记技术，加强病害防控和启动草鱼"三联"疫苗免疫接种技术，熟化黄河鲇大规格苗种培育技术，开展南美白对虾苗种梯度淡化技术试验示范等。6月13日，自治区党委副书记崔波专题调研渔业，提出应进一步拓展产业的内涵和外延，加快发展家庭鱼场，成立行业协会，着力解决科研与实践相结合的问题。12月25日，农业部办公厅公布了农业部水产健康养殖示范场（第八批）名单，宁夏8家水产养殖场名列其中，有效期自2014年1月1日至2018年12月31日，分别为中卫市天阔渔业农民专业合作社、中卫市惠大水产流通专业合作社、青铜峡市瑞丰种植养殖专业合作社、银川市辉瑞商贸有限公司、银川市西河滩渔业养殖专业合作社、宁夏蓝湾生态园林有限公司、宁夏海辰生态农业旅游开发有限公司、宁夏明博渔业有限公司。宁夏水产技术推广站、宁夏水产研究所等单位承担的稻渔综合种养项目荣获全国农牧渔业丰收奖农业技术推广成果类一等奖。

2014年，宁夏新建、改造标准化养殖池塘34950亩，亩均增产200千克，净增效益500元以上。建设集中连片千亩以上的稻田养蟹基地60个，建设稻鱼、稻鸭、水生植物种植等宜渔水体立体综合种养基地6个。据示范点测产计算，"稻田养蟹"亩均增收1120元，连续6年亩增效1000元以上，化肥、农药使用量下降，实现稻田生态、经济效益双提升。

12月25日，农业部办公厅公布了农业部水产健康养殖示范场（第九批）名单，宁夏5家水产养殖场名列其中，有效期自2015年1月1日至2019年12月31日，分别为宁夏兴胜水产养殖专业合作社、贺兰县富荣源渔业养殖专业合作社、贺兰县兆丰生态渔业有限公司、灵武市大泉湖吉成渔业专业合作社和青铜峡市永盛水产养殖专业合作社。截至2014年底，宁夏拥有农业部水产健康养殖示范场达到67家，面积1.693万公顷，占全自治区水产养殖面积的36.3%。"北方稻田种养（蟹）新技术示范与推广"项目荣获2011—2013年度全国农牧渔业丰收奖一等奖，"稻田综合种养技术集成与示范"项目获2011—2013年度全国农牧渔业丰收奖一等奖。

2015年，宁夏高标准打造了5个现代渔业示范基地，开展高产高效养殖模式试验示范。全自治区水产良种覆盖率达到 75％；引进示范物联网智能养殖技术、池塘底排污技术等现代渔业装备和先进技术，实现了节能降耗、绿色环保、增产增收。

2016 年，宁夏集中推广鲈、黄河甲鱼等名优新品种大水面生态增养殖技术，示范湖泊湿地水域环境生态保护修复技术 4.95 万亩；打造了青铜峡、贺兰 2 个稻渔立体综合种养样板基地。在贺兰等渔业重点县建设渔业信息化养殖基地 15 个，开展集物联网智能养殖、渔业水质安全、水产品质量安全、鱼病远程诊断、市场销售公共信息服务等多种功能于一体的"互联网＋渔业"模式试点，降低了养殖风险和生产成本，比常规养殖基地生产效益提高 8％～10％。

10 月 18 日，中国稻田综合种养产业技术创新战略联盟成立大会在杭州召开，宁夏水产技术推广站、宁夏广银米业有限公司、宁夏正鑫源现代农业发展集团公司、青铜峡市文润来农业合作社、青铜峡市盛禾农业种植合作社、灵武市金河渔业专业合作社、永宁县惠丰现代农业合作社、贺兰县黄河香农作物产销专业合作社共 8 家单位成为首批理事单位。10 月 29 日，在中国（厦门）第九届休闲渔业博览会上，宁夏组织参展并获得"最佳展台设计奖"。12 月 10 日，宁夏广银米业有限公司生产的"蟹田米"，在 2016 年稻田综合种养产业技术发展论坛暨第二届稻田养殖生态大米评比与农（水）产品展示会上，荣获 2016 年度"上海大"杯全国稻田综合种养优质大米评比最佳品质与口感奖银奖。12 月 31 日，宁夏贺兰县东湖丰谷源养殖专业合作社、灵武市灵水渔业专业合作社、石嘴山市睦群鱼种繁育专业合作社、宁夏云乐生态农业科技有限公司、青铜峡市四水水产养殖专业合作社、中卫市富丰渔业专业合作社、中卫市建宁渔业专业合作社和中卫市群赢水产养殖专业合作社共 8 家水产养殖场通过第十一批农业部水产健康养殖示范场省级考核验收和农业部审核，获得"农业部水产健康养殖示范场"称号；贺兰县科海渔业专业合作社、贺兰县晶诚水产养殖有限公司和中卫市腾格里渔业有限公司 3 家水产养殖场通过复查和农业部审核，"农业部水产健康养殖示范场（第六批）"称号继续有效；有效期自 2017 年 1 月 1 日至 2021 年 12 月 31 日。截至 2016 年底，宁夏拥有农业部水产健康养殖示范场达到 75 家，面积 19.05 万亩，占全自治区水产养殖面积的 26.7％。

2017 年，宁夏集成推广应用标准化健康养殖新技术 10 项，在精养池塘示范应用物联网智能控制管理技术。"宽沟深槽"稻虾（鱼、鳅、蟹、鸭）、陆基生态"稻渔共作"等种养新模式得到广泛应用。宁夏水产研究所、平罗县、贺兰县成功开展了集装箱工厂化高效生态养殖技术、漂浮式微流水养殖技术、渔业设施微流水循环尾水结合水稻种植异位修复生态种养新模式的试验示范；示范池塘流水槽循环水养殖模式、稻田镶嵌流水槽生态循环综合种养模式。以贺兰县、灵武市、平罗县、青铜峡市、沙坡头区等渔业重点县（市）为主，建设"互联网＋渔业"养殖场点 30 多家，试验示范池塘机械化捕捞技术，探索"四化"（装备工程化、技术现代化、生产工厂化、管理工业化）养殖技术，养殖管理水平、渔业预警和事故防范能力显著提升。

2017 年 6 月，"中国国际现代渔业暨渔业科技博览会"在安徽省合肥市举办，宁夏 9 家单位参展，荣获 10 个奖项，宁夏水产技术推广站获最佳组织奖和蟹稻产业推广贡献奖；经全国水产技术推广总站推荐，央视七套"农广天地"栏目组来宁夏制作了"稻鱼综合种养"和"池塘工程化循环水生态健康养殖"2 个专题片（每个专题片 35 分钟）。10 月，灵武市水产技术推广服务中心主任贾春艳和灵武市梧桐树乡李家圈村种养大户蒋克勤分别作为农技推广人员和农户获得神内基金农技推广奖。12 月，宁夏水产技术推广站站长李斌荣获第二届"宁夏最美科技人"荣誉称号。11 月 25—26 日，首届全国稻渔综合种养产业发展论坛暨稻渔综合种养模式创新大赛和优质渔米评介活动在上海海洋国家科技园隆重举办，宁夏水产技术推广站和宁夏水产学会推荐灵武市金河渔业专业合作社参赛的"长粒香"粳米荣获"最具人气奖"。"宁夏特色优质鱼类产业化关键技术集成与示范推广"获 2014—2016 年度全国农牧渔业丰收奖（农业技术推广成果）三等奖。"宁夏稻渔生态综合种养模式"在第二届中国国际现代渔业暨渔业科技博览会上荣获"全国稻蟹产业推广贡献奖"。

2018 年 1 月，贺兰县畜牧水产技术推广服务中心主任刘欣荣获全国第二届"十佳农技推广标兵"，宁夏水产技术推广人员首次获此殊荣。青铜峡市畜牧水产技术推广服务中心主任刘瑾冰荣获全国百名"最美渔技员"称号。渔业科技助推产业高质量发展，集成创新稻渔综合种养流水槽养鱼节能减排新技术新模式示范点2个，实现生态循环高效种养和养殖尾水零排放，该模式被称为稻渔综合种养"3.0版"在全国推介。宁夏积极推广集装箱循环水绿色高效养殖、人工潜流湿地养殖尾水处理、微孔增氧、底排污改造、粪污集中处理等技术模式。全自治区改造养殖池塘1.5万亩，配套养殖池塘底排污、微孔高效增氧、水质智能监控等设施。以贺兰县、灵武市、平罗县、青铜峡市、沙坡头区等渔业重点县（市）为主，建设"互联网＋渔业"养殖场点52家，试验示范池塘机械化捕捞技术，完善"四化"（装备工程化、技术现代化、生产工厂化、管理工业化）养殖技术，养殖生产管理水平和防范事故能力稳步提升。

6月21—23日，"第二届中国国际现代渔业暨渔业科技博览会"在安徽省合肥市举办，宁夏荣获8个奖项，其中荣获最佳组织奖2个（宁夏水产技术推广站、宁夏渔业产业协会）；创新奖2个（宁夏水产技术推广站的稻田中集成稻渔种养与流水槽养鱼双技术项目、贺兰县新明水产养殖有限公司的草鱼高产健康养殖技术）；绿色发展突出贡献奖2个（宁夏水产技术推广站的宁夏稻渔生态综合种养模式拓展及技术集成、灵武市金河渔业专业合作社的稻渔综合生态种养新模式）；产品金奖2个（宁夏镇朔渔业有限公司的"镇朔湖"牌大闸蟹、石嘴山新农村渔场的"枸杞鱼"牌生态黄河鲤和草鱼），赢得组委会的高度评价。12月27日，农业农村部发布116号公告，公布第二批全国稻渔综合种养示范区34个，宁夏生瑞米业有限公司、银川市西夏区军华种植农民专业合作社名列其中。截至2018年底，宁夏共创建4个全国稻渔综合种养示范区。

2019年，宁夏重点在贺兰县丰谷稻业产销专业合作社基地、灵武市金河渔业专业合作社基地、贺兰县旭日养殖专业合作社基地，开展"集中式"稻田镶嵌流水槽生态循环综合种养、"分散式"稻田镶嵌流水槽生态循环综合种养、陆基玻璃钢配套稻田生态循环综合种养三种模式的技术更新。开展"池塘流水槽循环水养鱼"养殖模式提档升级，配以养殖尾水处理设施（"三池两坝"模式），缩短尾水处理时间，提升水质净化效果，优化形成了"推水增氧、水质净化、鱼种放养、饲养管理、粪污处理、冬季管理"六大配套技术，流水槽以养殖草鱼、黄河鲤、松浦镜鲤、斑点叉尾鮰等名优鱼类为主。在贺兰县、灵武市、平罗县、青铜峡市、沙坡头区等渔业重点县，继续示范"四化"（装备工程化、技术现代化、生产工厂化、管理工业化）养殖技术，养殖生产信息化水平得到提升。5月20日，宁夏水产技术推广站站长李斌荣获"2018年度渔业科技服务领军人才"奖。8月2日，自治区农业农村厅联合生态环境厅等10厅局出台了《关于加快推进宁夏渔业绿色发展的实施意见》，对宁夏渔业绿色发展进行顶层设计。"工程化流水槽循环水生态养殖技术示范与推广"荣获全国2016—2018年度农牧渔业丰收奖三等奖。"宁夏稻渔生态综合种养新技术新模式示范推广"荣获第四届中国水产学会范蠡科学技术奖技术推广类二等奖。"宁夏优质水产品标准化健康养殖技术"荣获范蠡科学技术奖科学普及类奖。

2020年，宁夏聚焦优新品种高效养殖、养殖尾水生态治理，建立12个示范点进行技术攻关，"浮板微生物＋底质改良"池塘尾水生态处理、"三池两坝"池塘养殖尾水处理模式取得成效。与清华大学国家重点实验室合作的南美白对虾工厂化养殖实现了养殖全过程不换水、不施药、不外排一滴水的绿色高效养殖目标。与中国水产科学研究院渔业机械仪器研究所签订《"绿色种养设施农业"精准脱贫科技合作协议》。在固原市开展设施蔬菜温棚"鱼菜共作"试验示范。发布《水产养殖病害预测预报信息》7期，指导渔业生产。

截至2020年，宁夏先后创建3个院士工作站，分别是宁夏渔业科技院士工作站、宁夏水产动物饲料与营养技术创新院士工作站、宁夏水产养殖创新助力驱动工程院士专家工作站。建设国家大宗淡水鱼银川试验站1个，全国现代渔业技术综合示范点1个，全国水产科普教育示范基地1个，国家级稻渔综合种养示范基地10个，"稻渔空间"高效种养示范基地1个，宁夏渔业生物工程中心1个，宁夏渔业科技创新团队1个。

■ 第三节　渔业技术培训

一、主要培训方式

宁夏的渔业技术培训主要通过理论讲解、座谈交流、现场观摩等方式进行，学历教育与非学历教育相结合、系统培训与短期研修相结合。培训对象为国家级水产健康养殖示范场、自治区级产业化龙头企业、渔业合作社、家庭农场、养殖户等单位负责人及技术骨干，以及推广机构技术人员等。

二、主要培训内容与效果

2000年，宁夏水产技术推广站先后派出4批8人次到浙江、四川、黑龙江等省及赴美国培训考察。农业部渔业局养殖处、全国水产技术推广总站引种保种中心在宁夏举办"西部地区水产养殖技术研讨班"，来自全国各地渔业部门的90多人参加研讨，有10位来自北京、江苏、浙江、广东的专家学者讲授了"俄罗斯鲟""全雄罗非鱼""美国斑点叉尾鮰"等养殖新技术，全自治区水产专业技术人员60多人参加了研讨活动。通过培训学习，参训人员业务素养得到提升。

2001年，宁夏围绕宁夏渔业技术推广重点和渔业生产热点、难点及专业干部知识更新慢的现状，追踪国内外先进技术成果，举办讲座12场次，技术人员和从渔农民参训人数400人次。宁夏水产技术推广站派出2名技术人员参加全国水生动物防疫监督员培训班，取得了资格证。自治区及银川市、石嘴山市、平罗县、中卫县等各市县先后组织近百名水产技术骨干和渔业管理干部到北京、天津、黑龙江、辽宁、广东、福建、上海、湖北、四川等地学习考察，吸收借鉴发达地区先进经验，引进先进技术，开阔发展视野，启迪发展思路，提高水产养殖水平。相关渔业中介服务组织结合各自生产实际，采取现场观摩等方式，相互学习交流，促进了水产新技术的传播和推广。

2002年，自治区农牧厅渔业局与上海水产大学合作，在银川开办了渔业推广硕士研究生班，宁夏共有20余名渔业管理和技术骨干参加学习；11月，委托上海水产大学举办了一期"WTO与宁夏渔业"高级研修班，宁夏各地渔业管理和技术骨干共32人参加了培训，通过理论学习和参观考察，提高了学术理论水平、业务技能和创新能力。7月21日至23日，中国水产学会七届三次常务理事会暨"西部渔业科普行"活动在银川举行，中国水产学会名誉理事长涂逢俊，农业部原副部长张延喜，学会理事长、中国工程院院士唐启升，学会副理事长、中国工程院院士赵法箴，中国水产科学研究院院长王衍亮，上海水产大学校长周应祺，学会常务理事、农业部渔业局副局长张合成，农业部渔船检验局局长包盛清，以及有关水产单位、有关省份渔业部门、科研院所、大专院校的代表41人参加了会议。8月5—9日，由全国水产技术推广总站、自治区农牧厅渔业局共同组织，宁夏水产技术推广站承办的第十三期全国水生动物防疫检疫员暨全区渔政执法人员培训班在银川举行。来自陕西、新疆、深圳及宁夏各级水产部门从事水生动物防疫检疫工作的91名技术人员参加了培训。

2003年，宁夏共举办各类渔业技术培训班45次，重点开展了水产品健康养殖技术、养殖鱼类病害防治技术、以渔改碱渔业开发技术、生态渔业技术、设施渔业工程技术的普及推广应用培训。宁夏举办2003年全区水产养殖病害预测预报培训班，传达全国水产养殖病害预测预报工作会议精神，讲解无公害水产品检测技术和全国水产养殖病害预测预报的软件使用方法，印发《宁夏无公害水产品池塘养殖记录册》；8月12日，在贺兰县举办渔业养殖技术培训班，对"无公害水产品质量管理""无公害食品草鱼、鲤、鲫、鲂池塘养殖技术规范""渔业水域污染事故调查与处理""水生动物防疫、检疫及安全用药""非寄生虫鱼病防治及水质调控"等专题进行讲解，并就一些热点问题交流研讨，贺兰县水产部门的科技人员、管理人员和养殖大户参加了培训；邀请四川省成都市新津县水产良种场黄文开场长开设讲座，重点讲解大口鲇池塘养殖技术，并与参训人员交流，提升了参训人员的养殖水平。

2004年，宁夏开展大面积池塘主套养鲇养殖技术、特色水产养殖新产品引进及配套技术示范培训，无公害池塘主养草、鲤、鲫、鲂养殖技术培训，培训内容以产地环境、苗种生产、饲养管理等为主。

2005—2007年，宁夏开展有针对性的养殖生产管理培训，通过邀请知名专家进行理论讲解和现场观摩的方式，先后举办名特优新水产养殖新技术培训班9期，有力促进了从渔农民熟练掌握名特优新养殖技术，全区名特优新品种养殖技术得到较快提升，为提高养殖效益打下了基础。

2006年10月17日，自治区渔政监督管理局在银川举办了全区渔政执法培训班，来自宁夏各市、县（区）农牧（业）局、渔政站、水产站（中心）的渔政执法、渔业管理和水产技术人员共130人参加了培训。培训内容包括渔业法律法规、渔业行政执法程序及执法文书制作等。通过培训，提高了宁夏渔业行政执法人员的行政执法能力，规范了渔业行政执法行为，进一步推进了宁夏渔业执法队伍建设。

2008年，宁夏围绕主导品种和主推技术，针对技术人员和养殖户开展养殖实用新技术培训，围绕黄河鲤、黄河鲇、草鱼、团头鲂浦江1号、乌克兰鳞鲤、河蟹等主导品种和池塘健康养殖、大水面生态养殖、水质综合调控、鱼类病害综合防治等技术，开展宣传和培训；编发《宁夏水产技术推广信息》3期，提高从渔人员的科技素养。6月，银川市农牧局举办全市水产技术岗位练兵和技能大比武活动。活动分初赛和决赛两个阶段，初赛阶段为理论知识笔答，决赛阶段为现场技能操作。6月24日，决赛在贺兰县光明垂钓园进行，来自银川市、兴庆区、金凤区、西夏区、贺兰县、永宁县和灵武市的7支代表队的21名选手参加了水化学试验操作、鱼体解剖、饲料鉴别、水生植物鉴别、浮游生物鉴别以及撒网等环节的比赛。兴庆区农林牧业局、银川市水产技术推广服务中心、贺兰县农牧局分获一、二等奖。大比武活动提升了银川市渔业系统广大干部职工服务"三农"的业务素质和技能。9月2日，自治区农牧厅举办"宁夏水产业发展战略学术报告会"，上海海洋大学王武教授做了题为《宁夏渔业发展思路》的学术报告，李思发教授做了题为《淡水鱼类育种和保种》的学术报告，全自治区水产科技人员近百人参加了报告会。2008年12月26日，自治区农牧厅渔业局在银川召开纪念宁夏渔业改革开放30周年座谈会，会议总结了改革开放30年来宁夏渔业发展的成就和经验，探讨了进一步深化改革、扩大开放、促进宁夏现代渔业发展的思路和措施。

2009年4月11—20日，应台湾中华养殖渔业发展协会邀请，自治区农牧厅厅长赵永彪带领宁夏现代农业及渔业考察团一行，赴台进行为期9天的考察。考察团先后走访了中华养殖渔业发展协会、台湾大学、嘉义大学及多家台湾水产品加工企业，并分别与台湾大学、嘉义大学举行了宁台现代农业及渔业发展座谈会。本次考察提高了宁夏在台湾的认知度，达成了初步合作意向。4月13—22日，8名渔政执法快艇驾驶员参加由自治区地方海事局举办的船员技能培训班，全部取得合格证。6月17—18日，全国渔业科技服务年水产健康养殖专家组西部行活动在宁夏开展。专家组一行五人，深入自治区渔业环境与水产品质量监督检验中心、鱼病防治中心、部分县级水生动物防疫站等质量安全技术支撑单位考察，实地走访了银川市、贺兰县、平罗县、青铜峡市及前进农场的水产健康养殖示范场、稻蟹种养新技术示范基地，与当地渔业行政主管部门、水产技术推广部门及养殖生产者进行座谈交流。专家组对宁夏水产品质量监管、水产养殖结构调整、品牌创建、水产品加工方向、县级水生动物防疫站科学运行等提出了具体建议，并就基层水产部门和技术人员提出的关于渔业项目管理、新品种养殖、鱼病综合防治、实验室仪器设备的科学使用等问题进行了现场解答。8月4—9日，农业部渔业科技入户首席专家、上海海洋大学王武教授，应邀来宁夏考察指导渔业发展。王武教授深入各市、县（区）渔业养殖示范场点，与基层渔业技术人员深入交流，针对渔业生产中的技术难题答疑解惑，做了题为《宁夏河蟹生态养殖发展思路与对策》的专题报告。8月24日，国家大宗淡水鱼产业可持续发展学术研讨暨工作交流会在银川召开，来自全国各地的140余名专家齐聚一堂，共谋大宗淡水鱼产业发展。9月23日，适水产业现场观摩会在贺兰县召开，自治区主席王正伟同与会者观摩了位于贺兰县洪广镇高荣村的稻蟹生态种养示范点，就稻田养蟹技术、水稻增产、稻蟹种养效益等情况进行现场交流。

2010年，宁夏围绕黄河鲤、黄河鲇、草鱼、团头鲂、河蟹等主推品种和稻蟹生态种养、池塘健康养殖、乌克兰鳞鲤养殖、渔业规范用药指导、水产品质量安全控制、大水面生态养殖、水质综合调控、鱼类病害综合防治等主推技术，采取集中培训理论、现场观摩讲解等形式，对县、乡技术人员、种养大户和养殖户开展宣传和培训，提高了从渔人员的业务素质和管理水平。3月3—8日，应自治区农牧厅邀请，农业部渔业局科技入户首席专家、自治区人民政府特聘渔业专家、上海海洋大学王武教授到宁夏考察指导渔业工作，重点为宁夏示范推广稻田养蟹把脉问诊、释疑解惑。其间，自治区农牧厅举办全区稻田养蟹讲座，王武教授做了题为《当前宁夏稻田养蟹的问题与对策》的专题报告。8月19—26日，自治区农牧厅特邀王武教授来宁夏指导稻田养蟹工作，王武教授充分肯定了宁夏稻田养蟹取得的成效，并在深入调研的基础上，针对生产环节中存在的问题，从重视商品蟹营销、做好河蟹暂养、创新养殖模式、抓好"四个一"、发展订单农业、强化水稻生产、建立河蟹行业协会7个方面提出了对策建议。

2011年，宁夏针对养殖品种增加、养殖水体类型多样化、养殖模式发生变化的实际问题，渔业科技培训围绕黄河鲤、黄河鲇、草鱼、泥鳅、河蟹等主推品种和稻蟹生态种养、池塘健康养殖、质量安全控制、鱼病综合防治等主推技术，以县、乡技术人员和种养户为主要培训对象进行培训，全年编发《宁夏水产技术推广信息》6期，发放"技术简讯"3000份。银川市举办第二届水产技能大赛，举办提质增效科技培训班，提升了从渔农民的科技素质。

2012年，宁夏举办各类渔政执法培训8次，培训渔政执法人员和渔业管理人员324人次；组织开展渔业安全生产事故救援应急演练，提升了全自治区渔政队伍的应急能力；举办4期鱼病综合防控理论和实际操作培训班，各市、县（区）推广机构技术人员，合作社、养殖企业、养殖大户等技术负责人参加了培训；培训县级水生动物疫病防治站专业技术人员25人次。8个县级水生动物疫病防治站开展以"走进渔村、关爱渔民、关心渔业"为主题的水产养殖规范用药科普下乡活动，以加大规范用药宣传，普及渔药使用知识，提高从业人员病害防控技能。5月9日，自治区农牧厅在贺兰县召开全区稻田养蟹现场会，现场观摩了水稻新型插秧机械演示和稻田蟹沟及围栏设施，贺兰县介绍了稻田养蟹进展情况，自治区农牧厅安排部署2012年稻田养蟹工作。7月20日，自治区农牧厅在银川市举办宁夏渔业可持续发展与健康养殖技术高级研修班，各市、县（区）农牧局分管渔业领导、水产服务中心主任、中级以上职称水产技术人员、渔业龙头企业及水产养殖大户代表100余人参加培训。研修班邀请安徽水产研究所所长江河等全国知名专家，围绕宁夏新时期淡水渔业发展的新要求、新任务，以学习借鉴淡水渔业可持续发展与健康养殖的先进理念、先进模式和实践经验为主要内容，开展学术研讨，以进一步拓展渔业发展思路，提高渔业科技人员的专业技术水平。11月23日，自治区农牧厅在银川举办全区渔业统计培训班，培训内容主要有《中华人民共和国统计法》《中华人民共和国统计法实施细则》《统计违法违纪处分规定》《渔业统计工作规定》、渔业统计报表制度及指标解释等，以进一步提升渔业统计人员的业务素质。

2013年，宁夏在平罗县、贺兰县、利通区、青铜峡市等草鱼养殖主产区，选择具有较高技术支撑和管理能力的健康养殖示范场，现场教学开展"三联"疫苗免疫接种技术培训，试点推广草鱼"三联"疫苗免疫接种技术10300亩，草鱼出血病在草鱼鱼种期易暴发的势头得到有效遏制，降低了病害损失。

2014年11月12—14日，宁夏举办全区渔业行政执法培训，全区渔业行政执法骨干人员、各市（县、区）农牧局分管负责人参加了培训。12月5日，自治区农牧厅邀请中国水产科学院研究员、国家大宗淡水鱼类产业技术体系首席科学家戈贤平来宁夏做了题为《中国淡水养殖业发展概况及现代渔业建设》的专题报告。戈贤平研究员对我国淡水鱼发展现状、存在的问题及如何建设现代渔业技术体系等内容进行了分析讲解，来自全自治区渔业系统和农牧厅机关、企事业单位的200多名管理干部和技术人员聆听了讲座。

2015年5月14—15日，自治区农牧厅渔业局举办了一期中国渔业船员管理系统培训班。宁夏各市、县（区）渔业管理部门选派的20多名渔业船员管理系统管理员参加了培训。7月30日，宁夏召开南美白对虾养殖现场观摩暨座谈会，与会代表现场观摩了银川市兴庆区顺天然水产养殖场、银川虾之丰渔业专业合作社、贺兰县晶诚水产养殖有限公司、贺兰县蓝湾生态园林有限公司等南美白对虾养殖场点，座谈交流了南美白对虾养殖模式及下一阶段生产措施。8月5日，宁夏人力资源和社会保障厅、银川市兴庆区农林牧业局在银川市共同举办"宁夏南美白对虾养殖技术高级研修班"，研修班邀请来自中国水产科学研究院东海水产研究所、自治区水产研究所、上海顺鑫源南美白对虾养殖专业合作社的多位知名专家教授，针对全国南美白对虾产业发展现状及前景、宁夏盐碱水质改良调控、南美白对虾养殖模式生产管理病害防治和宁夏"十三五"对虾产业发展等内容进行培训。自治区水产研究所技术干部、银川市渔业系统中高级专业技术人员、渔政管理人员、银川市南美白对虾养殖企业（户）负责人等70余人参加了培训，弥补了技术人员在南美白对虾产业发展方面的短板和弱项。10月26日，由自治区农牧厅、自治区总工会联合主办，宁夏水产技术推广站承办的首届全区水产技术推广职业技能竞赛开赛，竞赛分为理论考试和实操考试两部分，以综合成绩高低确定竞赛名次。宁夏水产技术推广站代表队荣获团体总分第一名，并由自治区农牧厅和自治区总工会联合授予"全区水产技术推广先锋号"；自治区水产研究所代表队荣获团体总分第二名，石嘴山市代表队荣获团体总分第三名，银川市代表队和吴忠市代表队荣获优秀组织奖。祁萍荣获个人一等奖，并被授予"全区水产技术推广技能标兵"称号；连总强和黄晓晨荣获个人二等奖，并被授予"全区水产技术推广技术能手"称号；白维东、徐铖元和沈涛荣获个人三等奖。通过此次竞赛，进一步提升了宁夏渔业系统干部职工爱岗敬业、比拼技能、服务渔业的能力和意识，同时选拔出优秀选手组成宁夏代表队，赴北京参加11月20日举办的首届全国水产技术推广职业技能竞赛。10月30日至11月12日，宁夏水产技术推广站5名技术人员，携带鱼病检测样品到江苏省渔业技术推广总站进行为期13天的渔业病害技术培训，重点学习草鱼出血病和锦鲤疱疹病毒病的检测技术。草鱼出血病和锦鲤疱疹病毒病对池塘养鱼危害较重，易造成较大经济损失，被国家列入二类水生动物疫病名录，但受制于落后的检验技术和检测设备，宁夏尚不能开展精准检测。通过技术培训，为开展草鱼出血病和锦鲤疱疹病毒病的实验室精准检测创造了有利条件。11月30日至12月1日，宁夏水产技术推广站在银川举办2015年稻渔综合种养技术培训班，引黄灌区各县（区）水产中心的技术骨干、农垦集团前进农场技术人员、种养大户及渔业合作社技术负责人共120人参加培训。培训班总结了2015年自治区的稻渔综合种养工作，对稻蟹、稻渔生态种养过程中的技术难点进行了分析讲解。12月2日，宁夏水产技术推广站在银川举办2015年鱼病预测预报暨渔业病害防控技术培训班，宁夏各县（区）水产中心技术骨干、农垦集团下属企业测报员近100人参加了培训。培训班邀请江苏苏州捷安公司倪旸工程师、宁夏大学邱小琮教授、宁夏水产技术推广站鱼病防治科科长白维东等专家，分别讲解了宁夏渔业病害发生特点、鱼病防控技术、渔业病害诊断远程网络操作、水体富营养化的预防和治理、渔药的正确选择与使用、宁夏水生动植物病害月报表的填写方法等内容。

2016年3月23日，平罗县水产中心承办第三期"渔业技术创新推广交流培训班"。来自平罗县的养鱼户、养殖企业、渔业合作社的技术人员共100人参加了培训。在培训班上，宁夏水产技术推广站副站长祝卫东重点解读了2016年渔业产业化政策、全区渔业"十三五"规划和2016年渔业重点工作。宁夏水产技术推广站高级工程师张朝阳、宁夏泰嘉渔业有限公司经理王永利、石嘴山市渔业协会会长胡崇智及养殖大户代表，就大宗淡水鱼高产高效双倍增养殖模式、优质配合饲料的选择及精准投喂、大水面生态养殖、名优水产品无公害健康养殖和现代渔业生产管理新技术等方面进行了汇报交流，答疑解惑。在培训现场发放《宁夏名优水产品健康养殖技术》《2016年渔业主导品种和主推技术》《淡水鱼类养殖技术手册》等技术资料300多份，培训达到预期效果。

6月20日，由自治区农牧厅、石嘴山市人民政府、西北农林科技大学联合举办的"首届西部地区（宁夏·石嘴山）水产饲料实用技术论坛"在石嘴山市隆重召开。中国工程院院士、中国海洋大学麦康森教授，中国水产科学研究院戈贤平研究员，中国科学院武汉水生生物研究所解绶启研究员等17名国内知名水产和饲料领域专家应邀到会授课，全国各地饲料从业者、水产养殖者共300多人参加了此次论坛。9月20—22日，由全国水产技术推广总站主办，宁夏水产技术推广站承办的全国水生动物病情测报及专项监测信息报送技术培训班在银川开班。全国水产技术推广总站副站长张文、自治区农牧厅党组成员杨金龙、全国水产技术推广总站病防处处长李清以及宁夏水产技术推广站和自治区农牧厅渔业渔政管理局的领导出席开班仪式，全国各省、自治区、直辖市水产技术推广部门的水生动物病情测报及专项检测人员，宁夏各市、县（区）水产中心业务骨干及测报员，共140余人参加了培训。培训内容包括国家水生动物疫病监测计划、国家水生动物疫病监测信息管理系统使用技术、水生动物疫病监测样品采集与检测技术、国家水生动物疫病监测信息管理系统的使用。通过培训，进一步提高了测报员在全国水生动物病情测报及重大疫病监测方面的业务能力，确保了测报员能规范准确地填报国家疫病监测信息管理系统。

2017年3月30日，宁夏在中卫市腾格里湖秀水岛大酒店召开了2017年水产品质量安全知识培训考核会议，沙坡头区、中宁县、海原县的渔业主管部门、水产养殖户、水产品销售商户共130人参加了培训，内容涉及水产品质量安全法律法规、违禁药物、常用渔药休药期及有关典型案例。4月10—13日，农业部渔业船舶检验局和自治区农牧厅联合举办了宁夏渔业船舶检验人员上岗资格培训班，特邀江苏、河北渔业船舶检验局的两位讲师授课。宁夏渔业系统的55名学员参加了培训，为下一步规范渔业船舶检验工作和船舶安全源头监管奠定了理论基础。5月8—9日，宁夏水产技术推广站在银川市举办2017年宁夏水产养殖病害预测预报暨水生动物病害防治员培训班，宁夏各市、县（区）水产中心渔业病害测报人员共50余人参加培训。培训班邀请宁夏大学邱小琼、赵红雪教授主讲，培训内容涉及水生生物学基础知识及职业道德，水生动物疾病预防、诊断和治疗，水生动物检测样品的采集、固定和保存。此次培训帮助技术人员再次系统学习了水生动物病害防治的基础理论和实际操作技能，达到了预期效果。宁夏、江苏、浙江、湖北、安徽、广东等地的渔业部门负责人在会上做交流发言。与会者参观了宁夏水产技术推广站、宁夏水产研究所贺兰试验示范基地的渔业物联网追溯体系、水质净化模式、黄河鲇选育技术路线，观摩了宁夏广银米业有限公司稻渔综合种养基地示范的稻鱼、稻鸭、稻鳅、稻虾等综合种养模式，以及一二三产业融合发展等模式。10月24日至11月6日，宁夏组织基层渔业技术推广人员赴南京农业大学渔业学院学习，全自治区共50多名基层渔业技术推广人员参加培训，自治区农牧厅副厅长马新民参加开班仪式并讲话。

2018年4月25—26日，全国水产品市场信息员培训班在银川开班，全国水产技术推广总站副站长胡红浪、自治区农牧厅副厅长马新民参加开班仪式并讲话。此次培训班重点培训了水产品分类及识别方法、全国水产品市场信息采集系统报送方法、政企合作监控市场行情发展状况等内容，就全国水产品市场信息采集报送中存在的问题进行研讨，宁夏等8个省份的市场信息员代表做了交流发言。10月15日，为期7天的"2018年宁夏新型职业渔民培训"第一期在上海开班，本次培训由宁夏水产技术推广站主办，上海海洋大学成人教育学院承办。吴忠市、中卫市、固原市各县（区）的渔业新型经营主体负责人、水产养殖基地技术人员、渔业致富带头人等50人参加培训。上海海洋大学钟国防教授、马旭洲教授、罗国芝教授及中国水产科学研究院渔业机械仪器研究所刘兴国教授分别讲授了南美白对虾养殖新技术、水产品养殖生产过程中质量风险及其监控、稻田综合种养新技术、我国循环水养殖的现状和发展趋势、养殖池塘高效生态工程技术和池塘养殖尾水处理技术。在上海市松江区三泖水产基地、中国水产科学研究院渔业机械仪器研究所泖港中试基地、上海市松江区水产良种场浦南休闲渔业基地、上海开太鱼文化发展有限公司、上海海洋大学滨海基地进行观摩学习。并组织学员交流学习心得，完成培训调查问卷和结业考试。培训期间，宁夏水产技术推广站技术人员指导参训学员登录中国农村远程教育网"新型职业渔民申报系统"或手机下载"云上智农"App对个人信息和企业（合作社）信息进行录入。培训结束后，颁发宁夏新型职业渔民培训结业证书。10月22日，为期7天的宁夏新型职业渔民培训在四川省成都市开班，四川省水产局、四川省水产技术推广总站、四川省水产学校以及宁夏水产技术推广站有关领导及全体学员共计60多人参加了开班仪式。本次培训包括理论讲座和实地考察两个环节，理论讲座涉及美丽渔村建设、集装箱养殖、池塘内循环技术、疾病防控、微生物制剂应用、稻渔综合种养、水产品安全与转基因技术等；实地观摩长吻鮠原种场、万亩稻渔基地、家庭农场、通威水产示范场、锦鲤养殖公司，考察学习各单位的尾水处理技术、综合种养模式、生态循环水养殖、名优品种养殖与多元化销售等。通过观摩学习、座谈交流，了解振兴渔业的新理念新举措，取得了开阔眼界、拓展思路、取长补短、相互促进的效果。10月29日，第二次全国农业（水产）污染源普查抽样调查技术培训在银川市开班。本次培训由宁夏水产技术推广站主办，宁夏各级水产技术推广部门专业技术人员共计40余人参加了培训。宁夏水产技术推广站副站长苟金明讲解宁夏执行第二次全国农业污染源入户抽查工作实施方案、第二次全国农业污染源普查入户抽查App使用方法和第二次全国农业污染源普查入户抽查质量控制要求，指出入户抽查常见问题，授课完毕后进行现场测试。培训学员基本掌握了第二次全国农业（水产）污染源普查抽样调查技术，为保质保量完成普查工作打下了良好基础。

2019年4月8—17日，为期10天的宁夏新型职业渔民培训在四川省成都市开班。四川省水产局、四川省水产技术推广总站、四川省水产学校以及宁夏水产技术推广站有关领导及全体学员共计50多人参加了开班仪式。培训内容分为理论讲座、现场操作和观摩渔业科技企业三部分，通过实地观摩和座谈交流，培训学员对宁夏现代渔业未来的发展有了全新的认识。5月10日，宁夏水产技术推广站、宁夏水产学会在贺兰县举办流水槽生态健康节能减排养殖技术现场观摩培训，宁夏各市、县（区）水产中心、合作社、养殖企业的技术骨干50余人参加了培训。参训人员观摩了流水槽生态健康节能减排设备、物联网信息化智能监控设备、养殖尾水外塘循环净化处理设备，切身感受流水槽生态健康养殖技术在渔业生产实践中的应用效果。观摩现场，银川市水产技术推广服务中心高级水产工程师石伟针对流水槽中放养鱼种成活率较低的问题答疑解惑。此次培训紧贴渔业生产实际，现场分析解决实际生产中出现的问题，具有较强的生产指导性，培训达到预期效果。5月27—31日，为期5天的2019年宁夏基层渔业技术推广骨干人员培训在浙江省台州市开班，宁夏各有关市、县（区）农业农村局及水产技术推广服务中心的渔业技术干部共35人参加培训。本次培训包括理论讲座和实地观摩两个环节。理论讲座聘请中国水产科学研究院淡水渔业研究中心郏旭文和何义进研究员，分别讲授稻渔综合种养新技术与新模式、水产动物健康养殖技术和疾病生态防治；实地观摩了台州市家庭农场、国家级水产良种繁育场、渔业科技公司等单位的养殖生产经营情况。通过培训，广大学员开阔了视野、转变了观念、启发了思路，专业素养得到提升。9月24日，宁夏水产技术推广站、宁夏水产研究所（有限公司）、宁夏水产学会、宁夏渔业产业协会联合举办水产养殖技术培训班，中国水产科学研究院质量与标准研究中心主任马兵应邀到会指导，宁夏各市、县（区）水产中心、合作社、养殖企业的技术骨干100余人参加了培训。开班仪式后，国家大宗淡水鱼产业技术体系工程化养殖岗位侯杰教授、池塘养殖岗位李谷研究员和中国水产科学研究院质量与标准研究中心马兵研究员分别就池塘工程化养殖系统构建及养殖尾水处理、水产养殖绿色发展与尾水减排、水产品质量安全相关法律法规及限量标准进行授课，进一步提升了参训人员在科学指导渔业绿色健康发展，保障水产品质量安全方面的业务能力。

2020年9月23—24日，自治区农业农村厅在昊王国际饭店举办全区渔业结构优化调整观摩培训会。培训包括实地观摩和交流研讨两个环节。实地观摩平罗县通伏乡万亩绿色富硒稻渔综合种养基地、贺兰县晶诚水产养殖有限公司、宁夏天荣现代农业科技有限公司、银川科海生物技术有限公司；在交流研讨阶段，银川市、固原市、贺兰县、平罗县、青铜峡市、沙坡头区农业农村局围绕渔业结构优化调整做交流发言，宁夏水产技术推广站汇报水产绿色健康养殖技术推广"五大行动"推进落实情况，清华大学段云岭教授做宁夏黄河渔业高质量发展讲座。来自各市、县（区、市）农业农村局、水产技术推广服务中心，农业农村厅相关单位，自治区水产研究所，以及宁夏渔业产业协会的96名干部参加了培训。10月20—26日，由宁夏水产技术推广站主办、湖州师范学院承办的宁夏水产技术推广骨干人才培训班在湖州市开班。培训分为理论教学和实地观摩两个环节，培训内容包括斑点叉尾鮰、鲈、河蟹、南美白对虾等名优水产品养殖技术，稻渔综合种养新技术新模式，大水面生态增养殖技术，养殖基地尾水综合治理技术，渔业物联网智能管理技术，休闲渔业与农业一二三产融合发展模式等。来自市、县（市、区）农业农村局、畜牧水产中心的40名基层技术人员参加了培训。

第五章

渔 政 管 理

■ 第一节 渔政管理机构与职能

一、渔政管理机构

（一）自治区渔政管理机构

宁夏回族自治区农业农村厅渔业渔政管理局

1997年11月，根据宁编办（行）发〔1997〕31号文件，宁夏回族自治区农业厅内设机构水产局增挂宁夏回族自治区渔政监督管理局牌子，不增编、不升格。2000年7月，根据宁政办发〔2000〕86号文件，自治区农业厅水产局变更为自治区农牧厅渔业局（宁夏回族自治区渔政监督管理局）。2014年7月，根据宁政办发〔2014〕116号文件，自治区农牧厅渔业局变更为自治区农牧厅渔业渔政管理局。2018年10月，自治区农牧厅渔业渔政管理局变更为自治区农业农村厅渔业渔政管理局。

（二）地级市渔政管理机构

1. 银川市农业农村局

1997年，银川市渔政管理局成立，同银川市水产局合署办公，实行一个机构、两块牌子。2002年10月，银川市撤销银川市城区、新城区和郊区，设立银川市兴庆区、金凤区和西夏区，将灵武市由吴忠市代管变更为由银川市代管；将原银川市农业局、银川市水产局、银川市乡镇企业管理局、银川市蔬菜局合并成立银川市农牧局，下设水产科，负责全市水产工作。2015年，水产科、畜牧科合并组建养殖业处。2019年，银川市农牧局更名为银川市农业农村局，设立渔业渔政科。

2. 石嘴市农业综合执法支队

2004年，石嘴山市行政区划调整，撤销石嘴山市石嘴山区和惠农县，设立惠农区，原惠农县渔政工作纳入惠农区；撤销陶乐县，原陶乐县的渔政工作随行政区域变更纳入平罗县和兴庆区。2005年，石嘴山市农牧局成立农业执法大队，负责市直渔政管理工作。2019年12月，石嘴山市机构编制委员会下发了《关于印发石嘴山市农业综合执法支队等四个事业单位机构编制方案的通知》（石党编发〔2019〕46号），进一步明确了石嘴山市农业综合执法支队主要职责为包括渔业在内的农业行政处罚及与行政处罚相关的行政检查、行政强制等职能。

3. 吴忠市农业农村局

1997年12月30日，银南地区渔业渔政管理局挂牌成立，拥有渔政执法人员3名。1998年5月，银南地区和县级吴忠市撤销，设立地级吴忠市，县级吴忠市改称利通区，吴忠市农牧局承担渔政管理职能，下设畜牧渔业科。2019年，吴忠市农牧局变更为吴忠市农业农村局，下设畜牧渔业科，编制2名，主要职责拟定渔业发展政策和规划并组织实施，指导水产健康养殖和水产品加工流通，组织渔业水域生态环境及水生野生动植物保护和病害防控工作。

4. 固原市农业农村局

截至 2020 年，固原市农业农村局承担固原市渔政管理职能，具体工作由局内设机构固原市养蜂水产技术推广服务中心承担。

5. 中卫市农业农村局

2004 年，中卫县撤县设市，成立中卫市农牧林业局，承担渔政管理职能。2019 年，中卫市农牧林业局更名为中卫市农业农村局，渔政业务工作由局下属单位中卫市畜牧水产技术推广服务中心承担。

（三）县（区）渔政管理机构

1. 兴庆区农业农村和水务局

1996—2002 年，原银川市郊区水产局承担渔政管理职能。2002 年 10 月 25 日，根据《国务院关于同意宁夏回族自治区调整银川市辖区行政区划的批复》（国函〔2002〕95 号），银川市推行了三区区划重新调整：撤销银川市城区、郊区、新城区，设立银川市兴庆区、金凤区、西夏区。兴庆区农林牧业局承担渔政管理职能。2019 年，农林牧业局更名为兴庆区农业农村和水务局，渔政管理业务工作由兴庆区畜牧水产技术推广服务中心承担。

2. 金凤区农业农村和水务局

2002 年，金凤区农林牧业局承担渔政管理职能。2019 年，金凤区农林牧业局更名为金凤区农业农村和水务局，渔政管理业务工作由金凤区畜牧水产技术推广服务中心承担。

3. 西夏区农业农村和水务局

2002 年 12 月 16 日，根据银党发〔2002〕47 号文件，银川市组建西夏区农林牧业局，为西夏区人民政府负责西夏区农业和农村经济发展事务的工作部门，为淡水养殖业管理部门，承担渔政管理职能。2019 年，农林牧业局更名为西夏区农业农村和水务局。

4. 贺兰县农业农村局

1999 年 11 月，贺兰县渔业管理部门由原来的副科级单位变更为正科级单位贺兰县水产局，成立了贺兰县渔政监督管理局，和贺兰县水产局实行两块牌子、一个机构。2002 年，贺兰县将原贺兰县农业局、贺兰县水产局、贺兰县乡镇企业管理局、贺兰县畜牧局、贺兰县农机局合并成立贺兰县农牧局，管理全县水产工作，承担渔政管理职能。2019 年，贺兰县农牧局更名为贺兰县农业农村局。

5. 永宁县农业农村局

1999 年，永宁县渔政监督管理局成立，与永宁县水产局实行两块牌子、一个机构。2002 年 8 月，永宁县将原永宁县农业局、永宁县水产局、永宁县乡镇企业管理局、永宁县畜牧局、永宁县农经站合并成立永宁县农牧局，管理全县水产工作，承担渔政管理职能。2019 年，永宁县农牧局更名为永宁县农业农村局。

6. 灵武市农业农村局

2002 年 10 月，灵武市划归银川市代管，灵武市农业局承担渔政管理职能。2014 年 11 月，灵武市农业局、灵武市畜牧局合并组建灵武市农牧局，承担渔政管理职能。2019 年 2 月，灵武市农牧局更名为灵武市农业农村局，渔政管理业务工作由灵武市畜牧水产技术推广服务中心承担。

7. 平罗县农业农村局

2000 年，平罗县渔政管理机构为平罗县渔政监督管理站，同时挂平罗县水产工作站牌子，编制 9 名。2006 年 3 月，平罗县机构编制委员会印发《关于印发〈平罗县水产技术推广服务中心机构编制方案〉的通知》（平编发〔2006〕46 号），平罗县水产工作站变更为平罗县水产技术推广服务中心，撤销平罗县渔政监督管理站，平罗县农牧局承担渔政管理职能。2018 年，平罗县农牧局更名为平罗县农业农村局，渔政管理业务工作由下属单位平罗县水产技术推广服务中心承担。

8. 惠农区农业农村局

2017年前，惠农区农牧局承担渔政管理职能，2018年更名为惠农区农业农村局，渔政管理业务工作由内设惠农区畜牧水产技术推广服务中心承担。

9. 大武口区农业农村局

大武口区农业农村局承担渔政管理职能，渔政管理业务工作由内设大武口区动物卫生监督所承担。

10. 青铜峡市农业农村局

青铜峡市农业农村局承担渔政管理职能，渔政管理业务工作由下属单位青铜峡市畜牧水产技术推广服务中心承担。

11. 利通区农业农村局

1998年5月，银南地区和县级吴忠市撤销，设立地级吴忠市，县级吴忠市改称利通区，设立利通区农业局，承担渔政管理职能。2010年3月，利通区农业局、利通区畜牧局合并组建利通区农牧局，承担渔政管理职能。2019年2月，利通区农牧局更名为利通区农业农村局，渔政管理业务工作由下属单位利通区畜牧兽医技术服务中心承担。

12. 沙坡头区农业农村局

沙坡头区农业农村局承担渔政管理职能，具体工作由下属单位沙坡头区畜牧水产技术推广服务中心承担。

13. 中宁县农业农村局

中宁县农业农村局承担渔政管理职能，具体工作由下属单位中宁县畜牧水产技术推广服务中心承担。

截至2020年12月，宁夏涉渔市、县（区）22个，承担渔政执法职能机构23个，正处级独立渔政执法机构1个，正处级农业综合执法机构1个，副处级农业综合执法机构4个，科级农业综合执法机构17个。

二、渔政管理职能

渔政管理职能有6项：监督、检查渔业法规的贯彻执行；对渔业资源状况和与资源相关的有关事项，向本级或上级水产行政领导部门提出建议；负责渔业许可证的审核和发放；监督和检查国际渔业协定的执行，协助有关部门处理渔政管理方面的涉外事宜；维护渔业生产秩序，协助有关部门处理渔业生产纠纷；协助有关部门维护渔业水域生态环境，保护珍贵稀有水生动植物。

■ 第二节　渔政重点工作

一、水生生物资源养护

水生生物是人类重要的食物蛋白来源和渔业发展的物质基础。养护和合理利用水生生物资源对促进渔业可持续发展、维护国家生态安全具有重要意义。

1996—2005年，宁夏开展渔业资源养护工作，在黄河宁夏段及其附属公共水域放流鱼种，对修复渔业种群结构、增加水生生物多样性、改善水域生态环境及促进渔业可持续发展起到积极作用。放流鱼种包括鲤、鲢、鳙、草鱼、鲫等。

2006年2月，国务院印发《中国水生生物资源养护行动纲要的通知》（国发〔2006〕9号）（以下简称《纲要》），提出了今后相当一段时期内我国水生生物资源养护工作的指导思想、基本原则、奋斗目标以及重点行动和保障措施，体现了纲领性、前瞻性、指导性和宣示性的特点。《纲要》提出了三项水生生物资源养护行动措施：

一是渔业资源保护与增殖行动。包括重点渔业资源保护、渔业资源增殖、负责任捕捞管理三项措施，通过建立禁渔区和禁渔期制度、水产种质资源保护区等措施，对重要渔业资源实行重点保护；通过综合运用各种增殖手段，积极主动恢复渔业资源，改变渔业生产方式，提高资源利用效率，为渔民致富创造新的途径和空间；通过强化捕捞配额制度、捕捞许可证制度等各项资源保护管理制度，规范捕捞行为，维护作业秩序，保障渔业安全。

二是生物多样性与濒危物种保护行动。通过采取自然保护区建设、濒危物种专项救护、濒危物种驯养繁殖、经营利用管理以及外来物种监管等措施，建立水生生物多样性和濒危物种保护体系，全面提高保护工作能力和水平，有效保护水生生物多样性及濒危物种，防止外来物种入侵。

三是水域生态保护与修复行动。通过采取水域污染与生态灾害防治、工程建设资源与生态补偿、水域生态修复和发展生态养殖等措施，强化水域生态保护管理，逐步减少人类活动和自然生态灾害对水域生态造成的破坏和损失。同时，积极采取各种生物、工程和技术措施，对已遭到破坏的水域生态进行修复，重建水域生态平衡。

宁夏结合本区水生生物资源养护工作实际，积极宣传落实，建立和推行渔业资源增殖放流制度，开展渔业资源增养殖活动等。开展了湖泊湿地、大水面渔业资源增殖放流，重点在星海湖、沙湖、天湖、阅海湖、镇朔湖、罗家湖等投放鲤、草鱼、鲢、鳙、团头鲂及河蟹等各类苗种1450万尾。

2007年，宁夏开展渔业种质资源保护区划定工作，黄河卫宁段兰州鲇国家级水产种质资源保护区、黄河青石段大鼻吻鮈国家级水产种质资源保护区获农业部批准，启动了沙湖湿地自然保护区建设项目，宁夏渔业向"资源节约、环境友好"的可持续发展迈出了实质性步伐。全年在沙湖、星海湖、阅海湖等重点渔业水域投放各类经济鱼类鱼种3287万尾，对有效恢复黄河土著鱼类种群数量，促进宁夏特色渔业发展具有重要意义。

2007年8月26日，首次"黄河宁夏段渔业资源增殖放流活动仪式"在银川市隆重举行。农业部渔业局副局长崔利锋出席仪式并致辞，自治区农牧厅厅长赵永彪讲话，自治区党委副秘书长、政研室主任景智和宣布放流仪式开始。农业部黄渤海区渔政渔港监督管理局、黄河流域渔业资源管理委员会、全国水产技术推广总站、中国水产科学研究院以及甘肃、内蒙古渔业部门应邀参加。此次活动共向黄河放流鱼种150万尾，其中黄河鲇50万尾、黄河鲤100万尾。

截至2008年，宁夏共向黄河及沙湖、星海湖、阅海湖等重点湖泊水域累计投放各类经济鱼类近1.5亿尾，有效恢复了黄河及附属水域鱼类资源，也为宁夏渔业资源的科学化、规范化和法制化管理积累了经验，奠定了基础。

2009年，宁夏继续推行黄河宁夏段休渔期制度，进一步加大黄河休渔执法力度，加强水生生物资源养护。2009年3月，农业部颁布《水生生物增殖放流管理规定》（农业部第20号令），自2009年5月1日起施行。2009年8月20日，按照农业部部署，宁夏编制完成《宁夏水生生物资源增殖放流总体规划（2010—2015年）》。2009年9月23日，由农业部和宁夏回族自治区人民政府主办，黄河流域渔业资源管理委员会、农牧厅、财政厅和石嘴山市人民政府共同承办的"2009年宁夏渔业资源增殖放流行动"，在石嘴山市星海湖隆重举行。农业部渔业局副局长柳正致辞，自治区农牧厅厅长赵永彪讲话。自治区人大常委会副主任马秀芬、政府副主席郝林海、政协副主席解孟林，农业部黄渤海区渔政局党组书记、副局长孙有恒，全国水产技术推广总站副站长王德芬，黄河流域资源委员会办公室主任韩明轩，甘肃、青海等省份代表应邀参加了放流活动，内蒙古自治区农牧厅、陕西省渔业局分别发来贺电。宁夏累计在黄河及附属湖泊水域增殖放流黄河鲇、黄河鲤、鲢、鳙等各类经济鱼类4223万尾，渔业资源养护工作形成了政府主导、各界支持、社会参与的良好氛围，形成了经济效益、社会效益、生态效益协调发展的运行机制。

2010年，宁夏共向黄河及典农河等水域增殖放流黄河鲤、黄河鲇等经济鱼类4678万尾，举办大型增殖放流活动6次，其中自治区人民政府与农业部联合举办的黄河吴忠段大型渔业增殖放流活动取得圆满成功，引起了媒体和社会各界的广泛关注，产生了良好的社会效益。2010年6月，农业部渔业资源保护项目首次在固原市开展，惠及固原市四县一区的公共水域，投放鲴鱼种280万尾。2010年7月30日，自治区农牧厅与银川市人民政府举行2010年黄河银川段渔业资源增殖放流活动，共向黄河放流黄河鲤等经济鱼类400万尾。自治区人民政府主席助理屈冬玉，自治区农牧厅厅长赵永彪，银川市副市长梁积裕，自治区渔业部门相关人员，银川市三区两县农牧局领导、渔政人员，以及宁夏日报、银川晚报、新消息报、银川电视台、灵武电视台等媒体记者及当地群众100多人参加了放流仪式。

2010年9月19日，由农业部渔业局、自治区农牧厅、吴忠市人民政府在吴忠市共同举办2010年宁夏渔业资源增殖放流活动，共向黄河及其附属湖泊水域放流黄河鲇、黄河鲤、鲢、鲴等700万尾。农业部渔业局副局长崔利锋出席仪式并致辞，自治区农牧厅厅长赵永彪讲话，自治区人大常委会副主任马秀芬宣布放流活动开始。自治区有关部门，吴忠市委、人大、政府、政协、军分区、法院、检察院及市直各部门负责人，沿黄各市县政府分管渔业市、县长，农牧（业）局局长、水产中心主任，农垦系统有关农场负责人，全区渔业重点养殖企业、稻米加工龙头企业、中介组织负责人，渔政人员及当地群众参加了活动。全国水产技术推广总站、农业部黄渤海区渔政渔港监督管理局、黄河流域渔业资源管理委员会以及甘肃省渔业部门应邀参加。新华社宁夏分社、人民日报、新华网、宁夏日报、宁夏电视台等新闻媒体对放流活动进行了宣传报道，银川国信公证处公证员现场公证。

2011年，宁夏在黄河及沙湖、翠鸣湖、星海湖、西吉震湖等湖泊水域增殖放流黄河鲇、黄河鲤等经济鱼类3137万尾，与农业部渔业局成功联办"2011年黄河宁夏段渔业资源增殖放流活动"。石嘴山市农牧局被评为全国渔业资源养护先进单位。

2012年，宁夏申报沙湖特有鱼类国家级水产种质资源保护区1个，组织开展了中石化新疆煤制天然气外输管道工程穿越黄河卫宁段兰州鲇国家级水产种质资源保护区生态影响预评审；举办不同规格增殖放流活动6次，放流各类经济鱼类3870万尾。7月17日，自治区人民政府和农业部隆重举行了"2012年黄河渔业资源增殖放流活动"，共向黄河投放黄河鲇、黄河鲤等鱼类520万尾。农业部副部长牛盾及自治区领导出席，多家中央及地方媒体进行了广泛报道。一系列工作的开展，进一步提升了全社会保护水生生物资源和水域生态环境的意识。

2013年，宁夏扎实推进渔业资源和生态养护工作，坚持和完善黄河休渔禁渔制度，开展违规捕捞渔具清理专项整治，扩大水生生物资源增殖放流规模。宁夏共举办不同规格增殖放流活动21次，放流黄河鲤等鱼类3000余万尾，共投入各类资金1211.8万元；首次在泾河宁夏段开展大规模增殖放流活动。7月5日，农业部渔业局和自治区农牧厅在青铜峡市金沙湾联合举办"2013年黄河宁夏段渔业资源增殖放流活动"，共向黄河放流黄河鲤、黄河鲇、鲢、鲴等580万尾。灌区渔业、渔政人员及当地群众300余人参加活动。

2014年5月1日至7月31日，宁夏对黄河宁夏段397千米及其附属河沟湖渠实行休渔，严厉打击各类非法捕捞行为和各类非法经营、利用水生野生动物行为，实现了"水上无渔船、水下无网具、市场无销售"的休渔目标；在黄河宁夏段、泾河宁夏段及其附属湖泊水域放流各类经济鱼类3300万尾，严格规范放流程序，加大放流后执法监管力度，深入开展增殖放流效果评估，维护水域生物多样性和生态平衡。

2015年4月16日，黄河中宁段渔业资源增殖放流活动在中宁县举行，共向黄河中宁段及其附属水域投放黄河鲇、鲤、草鱼、鲢、鲴、鲫700万尾。6月6日"放鱼日"，自治区农牧厅与灵武市人民政府在灵武市联合举办主题为"增殖水生生物资源、促进生态文明建设"大型增殖放流活动，共向黄河灵武段放流黄河鲤340万尾。

2015年7月7日，2015年宁夏渔业资源保护补助项目依法进行了政府采购，采购方式为公开招标。宁夏水产研究所、宁夏绿方水产良种繁育有限公司和银川科海生物技术有限公司竞标成功。此次共采购黄河鲤、黄河鲇、鲢、鲴、草鱼和鲫等3410万尾，在黄河中卫段、惠农段、泾河固原段及其附属水域进行增殖放流。

2016年，宁夏与全国同步开展"放鱼日""全国水生野生动物保护宣传月"等活动，全年共向黄河、泾河宁夏段及其附属水域放流各类经济鱼类4100万尾。6月30日，石嘴山市举办黄河甲鱼放流活动，共向星海湖、镇朔湖等湖泊水域投放甲鱼苗种3万只。

2017年6月6日全国"放鱼日"，宁夏在沙湖举办以"增殖水生生物、促进绿色发展"为主题的同步增殖放流活动，共投放鲢、鳙、鲤等各类鱼种200万尾。7月16日，由农业部和自治区人民政府联合主办，农业部渔业渔政管理局、自治区农牧厅、银川市人民政府共同承办的"2017年黄河银川段水生生物增殖放流活动"在银川成功举办，共向黄河放流黄河鲤、黄河鲇、黄河甲鱼1000万尾。农业部办公厅、计划司、财务司及宁夏有关厅局、部门负责人，银川市人民政府领导及相关部门负责人，灌区各市、县（区）农牧局负责人，渔政人员及当地群众约400人参加活动。活动期间，渔政人员宣读了野生动物保护宣言，发放了水生野生动物保护知识科普宣传物品，中央及地方新闻媒体应邀参与报道，为保护黄河渔业资源，促进渔业可持续发展，营造了良好的社会氛围。

2018年，宁夏按照农业农村部统一部署，开展全国"放鱼日"、水生野生动物保护科普宣传月等活动。积极推进"以渔净水"，对沙湖等重点河湖实施增殖滤食性鱼类、种植莲藕等生物治理措施；开展国家级水产种质资源保护区涉渔工程生态补偿及增殖放流，放流各类经济鱼类4066万尾。6月5日，自治区农牧厅和银川市人民政府共同举办渔业资源增殖放流活动，共向银川市鸣翠湖放流经济鱼类3万多尾、10078千克。10月27日，自治区农业农村厅在灵武市与全国同步启动主题为"关爱水生生物，共建和谐家园"的水生野生动物保护宣传月活动，同时开展2018年黄河宁夏段鱼类资源增殖放流，宣读水生野生动物保护宣言，发放科普宣传材料，向黄河放流黄河鲤等鱼类240万尾。

2019年，自治区农业农村厅联合5个地级市人民政府举办主题为"养护水生生物资源 促进生态文明建设"的鱼类资源增殖放流活动，共放流各类水生生物经济物种2000万尾，包括黄河鲇、鲢、鳙、黄河鲤、草鱼、鲫、甲鱼等。活动期间，渔政人员宣读水生野生动物保护宣言，发放水生野生动物保护科普宣传彩页，地方新闻媒体应邀参与报道，营造出全社会共同关注水生生物资源，促进生态文明建设的良好氛围。

2020年，自治区农业农村厅在吴忠市举办"2020年宁夏黄河流域渔业资源增殖放流现场会及水生野生动物保护科普宣传月启动仪式"，以提高水生野生动物保护宣传力度，巩固增殖放流成果，促进黄河流域生态文明建设。全年共举办不同规格放流活动11次，共向黄河宁夏段、泾河宁夏段及其附属水域投放鲢、鳙、草鱼、黄河鲇、黄河鲤、中华鳖等各类水生生物经济物种2761万尾。

1996—2020年，宁夏共向宁夏黄河段及其附属水域放流黄河鲤、草鱼、鲫、鲢、鳙、黄河鲇、甲鱼等各类苗种约5.57亿尾（只）。宁夏各市、县（区）每年组织开展水生野生动物保护宣传月活动。

二、苗种检疫及渔业投入品监管

（一）苗种检疫

苗种检疫主要指水产苗种产地检疫。1996—1998年，宁夏对通过空运进入辖区内的水产苗种开展质量鉴评工作。

1999年，宁夏贯彻执行《中华人民共和国渔业法》《宁夏鱼苗鱼种繁殖周期调运检疫检查规定》，依法对水产苗种、鱼用饲料、药品生产销售实行许可证制度。

2000年，宁夏制定了《宁夏回族自治区水产苗种管理办法》，实行苗种调运许可证制度，对进入宁夏的各类水产苗种进行质检、量检和检疫查验。

2002年，宁夏针对主要养殖品种包括黄河鲤、黄河鲇等地方特色水产品，制定了无公害养殖技术规范和质量监控措施。2005年，宁夏确立水产苗种生产许可证制度。2006年，宁夏完善水产苗种管理制度，继续开展苗种质量鉴评和检疫查验工作。

2007—2020 年，宁夏重点在每年 5—6 月开展水产苗种产地检疫、外调苗种质量鉴评和检疫查验等工作。

（二）渔业投入品监管

2006 年，宁夏在全自治区范围内重点开展了水产养殖用药专项检查，全年共开展水产养殖用药专项检查 89 次，出动执法检查人员 225 人次，检查经营店 169 家、养殖场点 592 个；全面落实水产健康养殖五项制度和两项登记，养殖场点规范建立生产经营档案，逐步形成了生产有记录、产品可追踪、问题可追溯的管理体系，有效提高了从渔农民的水产品质量安全意识。

2008 年，针对从渔农民质量安全意识总体不强，个别地方、个别养殖场点的水产品禁用药超标问题，宁夏各级水产技术推广机构加大对水产养殖禁用药的宣传力度，指导养殖户规范用药；加强渔业病害防控，减少用药量；对苗种繁育、养殖生产、投入品使用等全程开展跟踪服务，全面推进水产健康养殖。各级渔业主管部门加大对渔业投入品使用监督检查，重点对主要养殖鱼类中的硝基呋喃类代谢物、孔雀石绿、氯霉素等禁用渔药进行残留检测和使用管理。

2009—2012 年，宁夏以县级渔业主管部门为水产品质量安全监管主体，强化养殖户的主体责任和属地主管部门的监管责任，建立水产品质量安全考核制度，层层签订质量安全目标责任书，强化生产环节全程监管，加大对渔业投入品的监督检查；深入开展水产品质量安全专项整治，严厉查处生产、销售、添加和使用各种违禁药品的不法行为。

2013—2017 年，宁夏各地农牧部门每年开展渔业投入品的监管和水产品质量安全的监督抽检工作，受理渔业违法行为、案件的投诉举报。

2018—2020 年，宁夏各地农业农村部门继续加强对渔业投入品的日常监管工作，对渔业投入品等开展执法检查，一般由农业农村局下属单位畜牧水产技术推广服务中心承担水产品质量安全监督抽查、渔业生产投入品执法检查等工作。

（三）休渔禁渔制度

1. 加强政策法律法规宣传

1996—2002 年，宁夏各地渔政管理部门服务于当地渔业生产，宣传《中华人民共和国渔业法》《中华人民共和国农业法》，严厉查处电鱼、毒鱼、炸鱼及非法捕捞等各类违法行为。2002 年，宁夏开展黄河渔业资源及渔业捕捞现状的调查研究和普查摸底，制定了 2003 年黄河宁夏段休渔计划。

2003 年 4 月，宁夏发布《关于实行黄河宁夏段休渔制度的通告》，决定对黄河宁夏段实行休渔期 3 个月（休渔时间为每年 5 月 1 日至 7 月 31 日），成为沿黄 9 省（自治区）中最先实施黄河休渔期制度的省份。黄河宁夏段含中卫县、中宁县、青铜峡市等 11 个县（区、市），全长 397 千米。休渔期间禁止一切捕捞作业，同时禁止任何单位和个人收购、运输、储藏、贩运和销售在黄河非法捕捞的渔获物。

2004 年 7 月 29 日，宁夏回族自治区第九届人民代表大会常务委员会第十一次会议修订《宁夏回族自治区实施〈中华人民共和国渔业法〉办法》，2004 年 9 月 1 日起实施。

2006 年，宁夏积极宣传《中国水生生物资源养护行动纲要》，加强渔业资源保护，继续开展黄河宁夏段休渔工作，各级渔业及渔政管理部门发放渔业资源保护"明白纸"6000 余份，提高全社会对渔业资源和环境的保护意识。

2007—2008 年，宁夏宣传贯彻落实《中国水生生物资源养护行动纲要》，加强渔业资源保护和水生生物资源养护，开展黄河宁夏段休渔工作，每年各级渔业及渔政管理部门发放水生生物资源养护宣传彩页 7000 余份，提升了广大人民群众保护水生生物资源的意识。

2009 年，宁夏推行黄河宁夏段休渔期制度，加强水生生物资源养护宣传工作。自治区人民政府与农业部联合在石嘴山市星海湖成功举办大型渔业增殖放流活动，对宁夏水生生物资源养护发挥了重要的示范带动作用。

2010年4月19日，根据农业部办公厅要求，自治区农牧厅安排部署渔业文明执法窗口单位创建活动，做好渔业行政执法督察；制定宁夏2010—2012年渔业文明执法窗口单位创建活动实施方案，明确创建执法窗口范围、条件、要求、考核内容以及评选时间安排。

2011—2017年，宁夏各级渔业主管部门加强黄河宁夏段休渔期政策宣传，重点在沿黄各市、县（区）黄河段刷写休渔宣传标语，悬挂宣传横幅，发放《珍爱水生生物　保护母亲黄河》《电鱼捕捞危害大　如有违反要坐牢》等宣传资料，制作悬挂黄河休渔宣传牌。

2018年，农业农村部制定出台黄河禁渔期制度。2019年，宁夏5部门联合印发《关于做好黄河宁夏段禁渔工作的通知》（宁农（渔）发〔2019〕3号）（详见第二章第三节捕捞之渔业休渔禁渔制度），全自治区各市、县（区）渔业主管部门通过广泛宣传、认真落实，使禁渔制度深入人心，并取得了良好的禁渔成效。

2019—2020年，宁夏通过政策宣传，不断提高全社会对保护渔业资源的关注度，鼓励人民群众积极参与禁渔工作，营造了良好的社会氛围。据跟踪调查显示，宁夏通过连续18年的黄河休/禁渔，使黄河宁夏段的鱼类生物量显著提高，大鼻吻鮈等濒危鱼类种群数量显著增加。

2. 加强执法装备建设

2005年，农业部为宁夏配备渔政执法车5辆，执法快艇2艘，并建设中国渔政管理指挥省级（宁夏）中心站，使宁夏的渔政执法履职能力得到提升。

2006年10月17日，中国渔政执法车宁夏交车仪式在银川举行，农业部授予宁夏回族自治区渔政监督管理局、宁夏水产技术推广站、银川市水产工作站、平罗县水产工作站、西夏区农林牧业局渔政执法用车各1辆。至此，农业部累计给宁夏配备渔政执法专用车13辆、渔政快艇4艘。

截至2008年，农业部为灌区各市（县）配备渔政执法车14辆、渔政执法快艇10艘，使宁夏渔政执法的现代化技术装备水平迈上新台阶。

3. 开展渔政执法行动

2003年5—7月，宁夏首次在黄河宁夏段实施为期3个月的休渔制度，取得了初步成效，为今后黄河休渔制度的全面实施奠定了基础，对有效保护黄河渔业资源、促进宁夏渔业经济可持续发展产生了重要作用。

2005年，宁夏贯彻《宁夏实施〈渔业法〉办法》，开展黄河宁夏段休渔工作，保护宁夏水产养殖业赖以发展的渔业种质资源。宁夏结合黄河休渔制度，会同自治区有关部门开展低质量船舶专项治理活动，全面清理"三无"渔业船舶，清理黄河各种渔业捕捞船只78条；加强休渔期间执法管理，组织专项执法检查近百人次，没收非法捕捞渔具520多件，没收并放流渔获物1500多千克。

2006年，休渔期间，宁夏共出动渔政执法船（艇）50艘次，组织专项执法检查152次，参加执法757人次，没收、取缔各种网具313件，没收并放流渔获物2740千克。

2007年11月，贺兰县渔政监督管理局荣获全国渔政工作先进集体，宁夏渔政监督管理局副局长王登科荣获全国渔政工作先进个人。

2008—2009年，宁夏在黄河宁夏段及其附属湖泊水域实行休渔制度，坚决取缔各种违规捕鱼行为，坚决打击炸鱼、毒鱼、电鱼等违法行为，使黄河休渔工作取得进一步成效。

2010年4月19日，根据农业部办公厅要求，自治区农牧厅安排部署渔业文明执法窗口单位创建活动，要求各地高度重视，切实加强渔政机构和队伍建设，加强渔政管理工作，积极开展文明执法窗口单位创建活动，全面做好渔业行政执法督察；制定宁夏2010—2012年渔业文明执法窗口单位创建活动实施方案，明确创建渔业文明执法窗口范围、条件、要求、考核内容，以及评选时间安排。

2012年，自治区农牧厅联合自治区公安厅、银川海关开展水生野生动物保护专项执法行动，集中检查餐饮饭店、集贸市场等285家（个），核发国家二级保护水生野生动物驯养繁殖证、经营利用证3个，规范水生野生动物经营利用行为。

2013年，宁夏重点加强渔业安全生产监管，全面推广养殖生产用船登记管理制度，加强对公共水域和养殖湖泊、池塘垂钓、水库安全生产及"三无"船只、养殖生产用船、渔政执法船舶安全排查；在全自治区开展"平安渔业示范县"创建工作，提升渔业安全管理水平；加强渔政执法管理，组织开展渔业安全生产、水生生物资源养护与保护等专项执法行动；强化水产养殖执法，保障水产品质量安全。

2014年8月19日，自治区农牧厅印发《关于开展渔业打非治违专项行动的通知》，制定了全自治区渔业打非治违专项行动实施方案，在全自治区深入开展渔业安全隐患排查治理，加大渔业安全生产监督检查和执法力度，严厉打击违法生产经营行为。

2017年5月18日，自治区农牧厅渔业渔政管理局组织银川市及永宁县、灵武市、兴庆区渔政及农业执法人员会同以上三地公安、海事等部门，联合开展了黄河银川段陆上、水上执法检查。

2017年8月，中卫市农牧局、白银市农牧局首次开展了黄河交界共管水域"联合渔政执法"。11月25日，宁夏渔业从业人员参加全国渔业行政执法资格统一考试，合格率98%。

2018年5月1日12时至7月31日12时，宁夏对黄河宁夏段397千米河段及入河沟、渠口等附属水域实行休渔期制度，严厉打击电鱼、毒鱼、炸鱼等违法行为，开展"绝户网"违规渔具清理整治等渔政执法工作。

2019年，宁夏各地将水产品质量安全、黄河禁渔等渔业行政执法工作与"扫黑除恶"专项斗争相结合，结合《"渔政亮剑2019"系列专项执法活动方案》，扎实开展法律法规宣传、线索摸排、专项整治，发放《深入开展扫黑除恶专项斗争严厉打击涉渔违法犯罪行为》公开信等宣传资料4000余份。4月1日，农业农村部在宁夏启动"中国渔政亮剑2019"黄河全流域禁渔期执法工作。

2020年，宁夏严格按照《农业农村部关于印发〈"中国渔政亮剑2020"系列专项执法行动方案〉的通知》（农渔发〔2020〕2号）要求，成立"亮剑"执法行动指挥部，负责全区执法行动组织、协调、督察、督办等工作，重点开展水生野生动物保护、黄河宁夏段禁渔、清理取缔涉渔"三无"船舶和"绝户网、打击电鱼活动"四项专项执法行动。"亮剑"系列专项执法行动出动执法船艇6艘次，水上巡查72海里；清理取缔涉渔"三无"船舶3艘，清理整治违规网具205张，查办违规违法案件2起。

三、养殖证及养殖滩涂水域规划

1. 核发养殖证

1998年，宁夏贯彻落实《中华人民共和国渔业法》（以下简称《渔业法》），开始登记核发水产养殖许可证，银川市首先启动登记核发水产养殖许可证工作。

2001年，宁夏全面清理渔业地方性法规、规章和各类规范性文件；按照《渔业法》的要求，完善水产养殖证制度。2002年，宁夏完成《宁夏实施〈渔业法〉办法》修订草案，制定《宁夏实施水域滩涂养殖证制度工作方案》，全面推行以养殖水面确权为特征的养殖证制度建设。

截至2005年，宁夏换发、核发水产养殖证1895本，发证面积9.8万亩，占应发证面积14.6万亩的67.1%，并建立了自治区、市、县三级养殖证数据库，入库渔户1231户。2005年8月23日，自治区农牧厅渔业局被农业部评为全国养殖证制度建设工作先进单位；贺兰县农牧局马金龙、中宁县水产工作站王春华2位同志被农业部评为全国养殖证制度建设工作先进个人。

2009—2020年，宁夏各级渔业主管部门不断改进服务方式，依法履行发证工作程序，及时给养殖户换发核发中华人民共和国水域滩涂养殖证，保障养殖户合法权益。截至2020年12月，宁夏计入中国渔政指挥管理系统中核发水域滩涂养殖证279本，确权登记水域、滩涂面积7947.83公顷，完成总任务的36.1%。

2. 编制养殖滩涂水域规划

2016 年，农业部印发《农业部关于印发〈养殖水域滩涂规划编制工作规范〉和〈养殖水域滩涂规划编制大纲〉的通知》，要求各省、自治区、直辖市及计划单列市渔业主管厅（局）编制本行政区域养殖水域滩涂规划。截至 2020 年 12 月，宁夏 13 个县、5 个地级市人民政府颁布实施本级养殖水域滩涂规划，自治区级养殖水域滩涂规划经自治区农业农村厅党组会议研究审议通过，呈报自治区人民政府审定后发布实施。

宁夏农业农村志
（1996—2020）

下　册

《宁夏农业农村志》编修委员会　编著

中国农业出版社
北京

下册目录

第九篇

葡萄酒产业

中国最早的有关葡萄酒的记录见于《史记》。公元前 138 年，西汉特使张骞出使西域，看到"宛左右以蒲桃为酒，富人藏酒至万余石，久者数十岁不败"，于是带回了葡萄种、种植技术和葡萄酒酿造技术，并将其从西域传到内地，经新疆、甘肃河西走廊至宁夏、陕西等西北地区。

葡萄在宁夏具有悠久的栽培历史。近代宁夏葡萄酒产业起步于 20 世纪 80 年代。1982 年，玉泉营农场从河北省昌黎县引进龙眼、玫瑰香、红玫瑰等酿酒与鲜食兼用葡萄品种，建立了宁夏第一个大型葡萄农场。1984 年，宁夏第一家葡萄酒企业建厂——玉泉营葡萄酒厂（西夏王酒业公司前身）。1994 年，全国第四次葡萄科学讨论会在宁夏召开。贺普超、罗国光、李华、晁无疾等国内知名专家赴宁考察，指出：宁夏是中国发展优质葡萄酒的一个很好的基地。从长远战略上看，葡萄酒产业一定要走向西部，特别是西北，西北地区是中国很有前途的高档葡萄酒基地。1997 年，宁夏政府将葡萄酒产业列为宁夏六大支柱产业之一，并明确由区财政厅牵头，成立了葡萄产业协调办公室，作为葡萄产业综合协调部门。从此宁夏的葡萄酒产业走上了规模化、现代化发展的道路，并相继吸引了御马、银广夏、石嘴山民族化工、香山酒业等七家企业兴建基地和酒厂。

2001 年，中国第一家省级葡萄产业协会——宁夏葡萄产业协会成立，宁夏葡萄产业步入新的发展阶段。截至 2001 年年底，宁夏已建成优质酿酒葡萄基地 6.5 万亩，占全国总面积的 17%，跃居国内九大葡萄产地之列。2003 年 4 月，国家质量监督检验检疫总局正式批准对贺兰山东麓葡萄酒实施原产地域保护。这是中国实施原产地域产品保护以来，继河北昌黎、山东烟台之后第三个获得"原产地域保护产品"的葡萄酒产区。同年，宁夏制定《宁夏优势特色农产品区域布局及发展规划》。2004 年，宁夏葡萄酒产业由自治区科技厅、财政厅划入宁夏林业局（宁夏果树技术工作站，后更名为宁夏林业产业发展中心，加挂宁夏葡萄酒产业办公室）归口管理，负责管理葡萄产业相关工作。宁夏政府出台了《关于加快宁夏葡萄产业发展的实施意见》，将葡萄产业列入宁夏农业产业化发展纲要；明确了宁夏林业局为葡萄酒产业业务主管部门。截至 2006 年底，宁夏酿酒葡萄基地面积达到 8 万多亩，约占全国酿酒葡萄种植总面积的十分之一；宁夏葡萄酒生产加工企业达到 14 家，年加工能力 5 万吨，年生产葡萄酒 5 万吨，年产值达 3.5 亿元左右，培育了西夏王、御马、贺兰山等产品品牌。宁夏随后相继吸引了张裕、中粮长城、保乐力加、轩尼诗等国内外知名葡萄酒企业落户宁夏。

2011 年，贺兰晴雪酒庄"加贝兰 2009"获得品醇客世界葡萄酒大赛（Decanter World Wine Awards）10 英镑以上波尔多风格红葡萄酒国际大奖，开启了宁夏葡萄酒走向世界的征程。2012 年，在原宁夏林业产业发展中心的基础上，宁夏成立宁夏葡萄花卉产业发展局，隶属宁夏林业局的二级局，主要负责宁夏葡萄酒产业发展，开启了宁夏葡萄产业发展新篇章。宁夏政府印发了《中国（宁夏）贺兰山东麓葡萄产业及文化长廊发展总体规划（2011—2020 年）》（宁政发〔2012〕88 号），规划了贺兰山东麓发展百万亩葡萄文化长廊的蓝图，制定了"一廊、一心、三城、五群、十镇、百庄"的发展规划，即：建设 1 个葡萄酒文化发展中心，3 个葡萄酒城，10 个各具特色的葡萄主题小镇和100 个以上的酒庄（堡）。宁夏葡萄酒进入快速发展阶段。宁夏还建立了由自治区农牧厅厅级干部担任组长的产业指导组，由首席专家、技术人员组成的技术服务组，由龙头企业牵头组建的产业协会，形成了"两组一会"农业特色优势产业发展推进机制。同年，宁夏被国际葡萄与葡萄酒组织（Organisation Internationale de la Vigne et du vin，简称 OIV）吸收为中国第一个省级观察员；中国第一个葡萄酒产区地方性法规《宁夏回族自治区贺兰山东麓葡萄酒产区保护条例》颁布。同年 9 月，首届贺兰山东麓葡萄酒节召开。2013 年，宁夏大学葡萄酒与园艺学院挂牌成立，成为中国第一所建在葡萄酒产区的葡萄酒学院。《贺兰山东麓葡萄酒酒庄列级暂行管理办法》发布实施，贺兰山东麓进入酒庄列级管理时代。宁夏产区被编入英国休·约翰逊（Hugh Johnson）和杰西斯·罗宾逊（Jancis Robinson）合著的《世界葡萄酒地图》（第七版）。这本书被誉为"葡萄酒圣经"。美国《纽约时报》评选的全球 2013 年"必去"的 46 个最佳旅游地，宁夏入选，理由是"在宁夏可以酿造出中国最好的葡萄酒"。2014 年，宁夏回族自治区成立了宁夏贺兰山东麓葡萄产业园区管理委员会，管委会主任由自治区政府分管领导兼任，设办公室，同时加挂自治区葡萄产业发展局牌子，与宁夏贺兰山东麓葡萄产业园区管理委员会办公室一个机构、两块牌子。宁夏贺兰山东麓葡萄产业园区管理委员会办公室（自治区葡萄产业发展局）内设综合处、产业发展处、规划建设处 3 个正处级机构。2015 年，宁夏贺兰山东麓葡萄产业园区管理委员会（以下简称宁夏贺兰山东麓葡萄产业园区管委会）、宁夏回族自治区葡萄产业发展局成立，是中国第一个省级葡萄产业发展管理机构。宁夏产区被世界葡萄酒大师丽兹·塔驰（Liz Thach）编入《全球葡萄酒旅游最佳应用》（*Best Practices in Global Wine Tourism*）一书中。2016 年 7 月，习近平总书记视察宁夏时指出，中国葡萄酒市场潜力很大，贺兰山东麓葡萄酒品质优良，发展葡萄酒产业的路子是对的，要坚持走下去。2018 年，自治区农业农村厅与宁夏贺兰东麓葡萄产业园区管委会组团赴潍坊国家农业开放发展综合试验区学习成功经验和先进举措，为宁夏国家葡萄及葡萄酒产业开放发展综合试验区创建打下坚实基础。宁夏推出中国第一套产区葡萄酒推广教程，分别为《宁夏贺兰山东麓葡萄酒产区葡萄酒初阶教程》和《宁夏贺兰山东麓葡萄酒产区葡萄酒初阶讲师教程》，开启了宁夏葡萄酒社会化教育。在 2018 年联合国中国美食节暨宁夏贺兰山东麓葡萄酒走进联合国活动上，宁夏贺兰山东麓葡萄酒产区 21 家酒庄走进联合国进行推介，得到各国驻联合国代表的高度称赞。"贺兰红"等 20 款葡萄酒被联合国代表餐厅选作 2019 年采购用酒，产区大单品——"贺兰红"葡萄酒被评为"25 国冠军侍酒师联合推荐——中国消费者最喜欢的葡萄酒"。

从 2019 年开始，宁夏葡萄酒产业进入高质量、品牌化发展阶段。2019 年，全国政协副主席梁振英带领香港经贸访问团考察宁夏葡萄产业，在位于闽宁镇的"启时园"栽种了 2 棵马瑟兰葡萄树，提出"国人喝国酒"理念。宁夏贺兰山东麓葡萄酒教育学院在闽宁镇成立，宁夏教育工委、宁夏教育厅党校和教师培训基地、中国酒业协会葡萄酒培训交流中心、国际葡萄与葡萄酒组织（OIV）葡萄酒管理硕士中国教育基地在宁夏贺兰山东麓葡萄酒教育学院挂牌。中国葡萄酒产业技术研究院项目启动建设。宁夏"贺兰山东麓移动酒庄"启程，与银川—北京 Z275/7 次列车同步运行，是中国首个"葡萄酒＋旅游"专属车厢。宁夏贺兰山东麓葡萄酒产区获得中国最佳葡萄酒旅游产区称号，将代表中国参加国际葡萄酒旅游产区投票选举活动。中国（宁夏）贺兰山东麓葡萄酒旅游智库落户宁夏。"贺兰山东麓葡萄酒"被纳入中欧地理标志协定附录。同年 5 月，原宁夏贺兰山东麓葡萄产业园区管委会办公室党组（自治区葡萄产业发展局）不再保留，调整为宁夏贺兰山东麓葡萄产业园区党工委、管委会，作为自治区党委、政府派出机构，暂由自治区农业农村厅党组代管。

2020 年 6 月，习近平总书记在宁夏考察时强调，随着人民生活水平不断提高，葡萄酒产业大有前景。宁夏要把发展葡萄酒产业同加强黄河滩区治理、加强生态恢复结合起来，提高技术水平，增加文化内涵，加强宣传推介，打造自己的知名品牌，提高附加值和综合效益。截至 2020 年底，宁夏酿酒葡萄基地规模达到 49.2 万亩，占全国的 1/4，建成、在建酒庄 211 家，年产葡萄酒 1.3 亿瓶，综合产值达到 261 亿元。

第一章

贺兰山东麓葡萄酒产区

■ 第一节　产区葡萄园

一、产区风土

贺兰山东麓葡萄酒产区平均海拔 1100～1450 米，属于大陆性干旱半干旱气候，日照时间长，太阳辐射强，降水较少，空气湿度小，气温日较差较大，无霜期 170 天左右。产区夏季干热，春秋季冷凉，冬季干冷。冬天产区的葡萄需要埋土防寒。

日照条件。贺兰山东麓葡萄酒产区年日照时数 2813～3049 小时。在葡萄转色期的 8 月，日平均气温在 20℃以上，昼夜温差大（气温日较差在 12.5～13.9℃）。

降水条件。贺兰山东麓葡萄酒产区年降水量为 173～261 毫米。9 月酿酒葡萄成熟期降雨量为 19～46 毫米。贺兰山东麓葡萄酒产区酿酒葡萄生长季相对湿度为 47.0％～54.2％，呈北低南高趋势。

气温条件。贺兰山东麓葡萄酒产区大部地区≥10℃活动积温都在 3300℃·天以上，呈北高南低趋势。6—8 月为酿酒葡萄生长关键期，贺兰山东麓葡萄酒产区 6—8 月平均气温为 19～24℃，呈北部高、西部和南部低趋势。

地质条件。宁夏贺兰山东麓位于宁夏黄河冲积平原和贺兰山洪积扇之间，土壤成土母质以洪积物为主，土壤含有砾石、砂粒，土壤类型以灰钙土为主，比例占到 70％以上。其他为风沙土、灰漠土和灌淤土，土层厚度为 20～60 厘米，pH 为 8.0～9.0，有机质含量相对低，通气透水性强。土壤通透利于葡萄根系下扎吸收深层土壤的矿质营养元素，适合优质酿酒葡萄生长。其中银川市地质地貌为贺兰山洪积扇山前平原，富含砾石，以砾质粗古灰钙土为主；青铜峡市地质地貌为贺兰山洪积扇山前平原和缓坡丘陵，以淡灰钙土和普通灰钙土为主；红寺堡区地势为三山环抱，中央盆地，南高北低，地质地貌主要为缓坡丘陵、洪积扇、沙地、洪积平原，土壤以黄绵土、普通灰钙土为主；农垦农场地质地貌为洪积扇山前平原、冲积平原，土壤以风沙土、淡灰钙土和砾质灰钙土为主；石嘴山市地质地貌为洪积扇冲积平原，土壤贫瘠、盐碱化程度高，以灰漠土和盐化灰钙土为主。

二、酿酒葡萄品种

宁夏酿酒葡萄种植最早始于农垦玉泉营农场。该场 20 世纪 80 年代初从河北省昌黎引进龙眼、玫瑰香、红玫瑰等酿酒与鲜食兼用的葡萄品种。1997 年，农垦玉泉营农场从法国引进了赤霞珠、美乐、品丽珠、黑比诺、西拉 5 个酿酒葡萄品种（18 个品系）；广夏（银川）贺兰山葡萄酒庄（简称银广夏）从法国引进了赤霞珠、品丽珠、梅鹿辄、神索、歌海娜、霞多丽、雷司令、贵人香等近 30 个酿酒葡萄品种。自此，宁夏开始繁育、种植世界主要酿酒葡萄品种。2009 年，宁夏德龙酒业有限公司（简称德龙公司）从意大利引进了 13 个酿酒葡萄品种和 5 个砧木品种，通过扩繁，截至 2019 年底，建设酿酒葡萄基地 3 万余亩。2013—2014 年，宁夏葡萄花卉产业发展局从法国引进了 13 个酿酒葡萄品种（品系）脱毒种条 82 万根，嫁接苗 9 万株，并在银川市永宁县建立了酿酒葡萄苗木繁育基地，每年可繁育酿酒葡萄苗木近千万株。2014 年，宁夏成功红葡萄酒产业股份有限公司从法国梅西集团引进 12 个酿酒葡萄品种，50 余万株优质脱毒葡萄苗木，并在吴忠市建立酿酒葡萄苗木繁育基地，每年可繁育酿酒葡萄近 500 万株。2014 年，美贺庄园从法国引进梅鹿辄、霞多丽、赤霞珠、维欧尼、西拉和雷司令品种，共计葡萄苗木 18 余万株，建设葡萄园 1500 亩。中粮长城天赋、张裕摩塞尔十五世、轩尼诗等酒庄先后从河北、山东等地引进优质酿酒葡萄品种。

截至 2020 年底，宁夏葡萄酒产区从国内外引进了 60 余个酿酒葡萄品种。产区主栽品种近 20 个，白葡萄品种有霞多丽、贵人香、雷司令、长相思、威代尔等，约占 10%；红葡萄品种有赤霞珠、美乐、蛇龙珠、品丽珠、西拉、黑比诺、马尔贝克、马瑟兰等，约占 90%（其中赤霞珠占 65%、美乐占 15%，蛇龙珠、马瑟兰等占 10%）。

（一）白色酿酒葡萄品种

霞多丽（Chardonnay）。该品种原产自法国勃艮第，属早熟品种，果穗呈圆柱形，有副穗，平均穗重为 150 克。果粒小、着生紧密、黄绿色，皮薄，汁多。葡萄植株每年 4 月下旬萌芽，6 月初开花，9 月中旬浆果成熟。植株生长势强，适应性强，早果性好，易丰产，抗灰霉病弱，成熟期遇降雨易造成灰霉病危害。

贵人香（Italian Riesling）。该品种原产意大利，于 20 世纪 80 年代引入中国，属中晚熟品种。果穗中等偏大，平均穗重 80～120 克，呈圆柱形或圆柱圆锥形，有副穗。果粒着生紧密或极紧，黄绿色，果脐明显，出汁率为 70%～80%，树势中等，适应性强，抗灰霉病弱，成熟期遇降雨易造成灰霉病危害。

雷司令（Rissling）。该品种起源于德国莱茵河，于 20 世纪 80 年代初引入国内，属中熟品种，果穗小，呈圆柱形；果粒着生紧，浆果小，圆形，黄绿色，百粒重 125～145 克，有清香。浆果含糖量为 170～210 克/升，酸含量为 6～8 克/升，出汁率高。植株生长势中等偏弱，芽眼萌发率中，产量中等偏低，易感白腐病，较抗寒，喜肥。

（二）红色酿酒葡萄品种

赤霞珠（Cabernet Sauvignon）。欧亚种，原产法国，又称苏维浓，国内早期常被音译为解百纳。果皮颜色深，穗小，穗型呈现圆锥形，果粒着生中等密度，圆形，紫黑色，有青草味，可溶性固形物含量 19%～25%，酸度 0.5%～0.7%。果味丰富、高单宁、高酸度，具有陈酿潜质。晚熟品种，长势强，适应性强，耐瘠薄土壤，较抗寒，抗病性较强。

蛇龙珠（Cabernet Gernischet）。1892 年张裕公司将该品种引入中国并得到了大力发展。果穗中等偏大，平均穗重为 232 克，呈圆锥形。果粒着生中等紧密，圆形，紫黑色，出汁率高；属中晚熟品种，品种树势强，4 月初萌芽，5 月中下旬始花，9 月中下旬果实成熟；生长期 150 天左右；抗病力强，耐旱，耐瘠薄，抗寒性弱，卷叶病毒带毒率较高，对白腐病、霜霉病的抗性中等。

梅鹿辄（Merlot），又叫作梅洛、梅乐、美乐，原产地法国。果穗呈圆锥形，有副穗，穗重为 200 克左右。穗梗长，果粒着生中等紧密或疏松。皮厚，色素丰富，汁多，糖度在 20%～25%，酸度 0.65%～0.72%，出汁率高。生长势中等，属中晚熟品种，生长期新枝和嫩芽的萌发率较高，长势较旺盛。品种易遭受霜冻和干旱等灾害影响，偏好黏土土壤，在炎热或凉爽的地区都能生长。

品丽珠（Cabernet Franc）。该品种源自法国波尔多地区。果穗呈圆柱形或短圆锥形，有副穗，穗长 9～12 厘米，平均穗重为 200～320 克。果粒圆形，皮厚，色素丰富，汁多，酸甜。糖度 19%～24%，酸度 0.65%～0.85%。植株长势旺盛，喜肥沃土壤，中短梢混合修剪。该品种株间变异明显，成熟期、果实色泽株间差异较大，栽培时应注意选用一致性较好的优良营养系类型。

马瑟兰（Marselan）。该品种源自法国地中海沿岸 Marseillan 小镇，由法国农业研究中心通过赤霞珠（Cabernet Sauvignon）和歌海娜（Grenache）杂交产生。该品种属中晚熟品种，单穗重为150～170 克，糖度为 23%～27%，酸度为 0.6%～0.8%，丰产，适宜中短枝修剪。植株抗旱、抗盐碱能力中等偏上，根系和芽的抗寒性较弱，尤其倒春寒抗冻性一般，在极限天气条件下，根部和芽易遭受冻坏，需要加大埋土防寒的厚度。植株抗霜霉病、灰霉病等抗病能力中等偏弱。

西拉（Syrah），又叫穗乐仙，原产于法国罗纳河谷。果穗中等大小，单穗重为 200 克，呈圆锥形，有副穗。果粒着生较紧密，平均粒重为 2.06 克，圆形，紫黑色；果皮中等厚，肉软汁多，味酸甜，可溶性固形物含量为 20%～24%，酸度为 0.65%～0.7%。该品种 9 月中下旬成熟，为中熟品种。植株抗旱、抗盐碱能力中等偏上，根系和芽的抗寒性较弱，在极限天气条件下，根部和芽易遭受冻坏，果皮薄，对灰霉病等抗病能力中等偏弱。

黑比诺（Pinot Noir）。该品种源自法国勃艮第产区。黑比诺对于种植环境非常挑剔，喜欢温和或冷凉的气候，属中熟品种。植株长势中等，结果早，产量中低，单穗重为 110 克左右，单粒重为 1.47 克左右，可溶性固形物含量为 22% 左右，酸度为 0.6%～0.7%。植株适宜在温凉气和排水良好的小气候环境栽培。植株抗病性较弱，极易感白腐病、灰霉病、卷叶病毒，适宜中、长梢修剪。浆果成熟期易落粒，在成熟期多雨年份易裂果，感染灰霉病，造成果实腐烂。

三、酿酒葡萄栽培

（一）苗木准备

1982 年，宁夏玉泉营农场首创火炕催根法繁育营养袋苗。由于宁夏冬季气温低，酿酒葡萄树抗冻性差，宜发生冬季冻害，2005 年，自治区发布实施了《宁夏酿酒葡萄栽培技术规程》（DB 64/T 204—2005），提倡采用贝达等抗寒砧木嫁接的种苗建设葡萄园。在几年的种植过程中，贝达嫁接苗普遍存在接穗长势良好、砧木生长缓慢以及"小脚病"现象，且贝达嫁接苗容易出现黄花，遂各产区又采用自根苗建园。21 世纪初前后，随着宁夏先后多次从国内外规模引进优质无毒酿酒葡萄苗木，以及农垦集团组培苗技术的研发，永宁县、吴忠市利通区、农垦集团都建立了脱毒优质酿酒葡萄苗木繁育基地。从 2014 年起，宁夏每年对计划出圃酿酒葡萄苗木进行质量和病毒检测，并将检测结果公示，引导种植户使用优质脱毒苗木建园。

（二）平田整地

定植前，挖宽 0.8～1.2 米、深 0.8～1.0 米定植沟。开沟时将表土与底土、沙石严格分开，将直径大于 8 厘米的粗石分拣运出田外。定植沟底部每亩按 200～400 千克加入秸秆（宜粉碎）；按每亩加入腐熟牛粪 15～30 米³，或腐熟羊粪 10～20 米³。回填后保持 10～15 厘米浅沟。表土与有机肥混匀回填，底土最后回填放入后及时浇水渗实，形成 20～30 厘米深的栽植沟。

（三）苗木定植

1. 定植时间

每年 4 月下旬至 6 月初，嫁接苗与一年生自根苗在 4 月下旬至 5 月中旬定植，营养袋苗在 5 月中旬～6 月上旬定植。

2. 定植密度

采用直立龙干架型时，行距为 3.0～3.2 米，株距 40～60 厘米。采用"厂"字形架型时，行距为 3.0～3.5 米，株距为 60～120 厘米。

3. 栽培模式

宁夏自 1982 年开始种植酿酒葡萄，采用的主要架式是直立龙干树型，葡萄出土后直立上架，但随着树龄增长，埋土难度逐年增加。2006 年，宁夏果树技术工作站发布《宁夏酿酒葡萄低产园改造提升方案》（宁果站发〔2006〕03 号），提出了"一清三改"改造技术，改直立上架为倾斜上架，对主蔓粗度在 3 厘米以下的，出土后将主蔓顺行呈 30°斜引，固定后再直立上架；对粗度超过 3 厘米的，出土时重清一侧土，强行斜引，以降低主蔓弯曲形成的高度，避免冬季埋土因压不倒而增加行间取土量。2011 年，自治区又提出"厂字形"树形，即葡萄主蔓基部与地面倾角不超过 45°，上扬到第一道丝后进行水平绑缚，结果枝均匀着生在主蔓上，并垂直向上生长；提出"居约"树形，即葡萄主干上直接着生一到多个结果枝组，每个结果枝组由一个长梢修剪的结果母枝或一个短梢修剪的更新枝组成。

4. 定植方法

在定植沟中心线打圆形定植穴，深度依据苗木高度确定。裸根苗定植前进行根系修剪，剪留 15 厘米，将苗木用 50% 多菌灵 1500 倍消毒液或 1% 硫酸铜溶液浸泡 10 小时，消毒后沾泥浆定植于定植穴内，覆土踩实，及时灌透水，采用地膜覆盖。

（四）灌水和施肥

宁夏开始种植酿酒葡萄时，采用漫灌灌水方式，后逐渐发展为采用沟灌或沟灌与滴灌相结合的方式灌水。全年灌水 5～7 次，其中萌芽水、催果水和封冻水是全年水分管理的关键。

（五）病虫害防治

宁夏产区酿酒葡萄主要病害有葡萄霜霉病、葡萄白粉病、葡萄灰霉病、葡萄酸腐病等。主要虫害有葡萄斑叶蝉、葡萄缺节瘿螨（毛毡病）、红蜘蛛类、金龟子类、胡峰虫害等。另外，葡萄溃疡病、斑衣蜡蝉、绿盲蝽等病虫害在产区局部发生，且有危害加重的趋势。但宁夏气候干燥少雨，病虫害发生较轻。防治方法为：病害以发生初期预防为主，虫害以诱杀及关键期药剂防治为主，一般年份全年用药次数 3～6 次。

四、产区优质葡萄园

为加强宁夏优质酿酒葡萄园建设，提升葡萄园管理水平，宁夏产区 2013 年开启了优质葡萄园评选活动，截至 2020 年底，共开展了 3 次评选活动。

2013 年，宁夏产区第一次举办优质葡萄园评选活动，旨在规范酿酒葡萄园建设及管理，推广先进的栽培技术，引导高标准新建酿酒葡萄基地。活动的评选对象为"贺兰山东麓葡萄酒"国家地理标志产品保护区域内集中连片 200 亩以上的酿酒葡萄园，奖项共分为金奖、银奖、铜奖三个等级。8 月，宁夏葡萄花卉产业发展局组织了宁夏 8 位葡萄栽培技术和管理方面的专家对上报的 47 家葡萄园进行了现场评选，推选出了 10 个优质葡萄园。

2015 年，宁夏葡萄产业发展局对优质葡萄园评选对象、评选标准、奖项设置等做了进一步优化调整，并制定了《宁夏产区优质葡萄园评选办法》。评选对象中增加了中卫沙坡头葡萄酒产区，2013 年已参加优质葡萄园评选的葡萄园可以继续参评，参评后不合格的取消优质葡萄园荣誉；在评选对象条件中增加了"5 年以上的成龄园"的范围限定。评选标准依旧侧重优质的栽培技术和管理水平，要求建园规范、原貌整齐、品种纯度为 90% 以上、管理规范、合理负载等。优质葡萄园的奖项设置调整为：一等奖 2 名、二等奖 6 名、三等奖 12 名，获奖比例为 1∶3∶6。同年 9 月，宁夏葡萄产业发展局委托宁夏贺兰山东麓葡萄与葡萄酒国际联合会组织宁夏 7 位葡萄方面的专家，依据《宁夏产区优质葡萄园评选办法》，对西夏区、金凤区、永宁县、贺兰县、红寺堡区、青铜峡市、沙坡头区、大武口区、农垦集团推荐的 41 个葡萄园进行了实地考评打分，评选出了二级园 8 个，三级园 12 个。2016 年 9 月，宁夏又组织了一次优质葡萄园评选，从相关市、县（区）以及农垦集团推荐的 38 个葡萄园中评选出了二级园 4 个，三级园 21 个。

三次评选活动带动了葡萄园管理者栽培理念的转变，葡萄园的改造提升。有的葡萄园甚至采用新的技术重新种植。新的种植模式、标准化的栽培技术也得到了广泛推广，葡萄的质量得到大幅提升，引领了葡萄园标准化栽培、高质量管理。

■ 第二节　贺兰山东麓葡萄酒地理标志

一、贺兰山东麓葡萄酒原产地域保护产品、地理标志保护产品形成的背景和过程

2002 年 6 月，宁夏原产地域产品保护申报委员会向国家原产地域产品保护办公室提交"贺兰山东麓葡萄酒"原产地域产品保护申请。同年 8 月，国家质量技术监督检验检疫总局第 78 号公告发布，依法受理了贺兰山东麓葡萄酒原产地域产品保护申请。

2003 年 4 月，国家质量监督检验检疫总局发布第 32 号公告，正式批准贺兰山东麓葡萄酒实施原产地域产品保护。贺兰山东麓葡萄酒原产地范围以宁夏回族自治区人民政府办公厅《关于贺兰山东麓葡萄酒原产地域划界补充说明的函》（宁政办函〔2002〕35 号）提出的范围为准，即贺兰山东麓洪积倾斜平原与黄河冲积平原交汇地带，北以大武口为界，南以渠口堡火车站为界，东以跃进渠、唐徕渠、新开渠、第二农场渠东侧两千米为界，西以贺兰山东麓洪积扇 1200 米等高线为界，总面积为199.5 万亩。

宁夏成为继河北昌黎、山东烟台之后，第三个被国家实行原产地地域产品保护的酿酒葡萄优质产区。

2005 年，国家质量监督检验检疫总局发布《地理标志产品保护规定》，将"原产地域产品保护"改为"地理标志产品保护"。2011 年，国家质量监督检验检疫总局重新划定了贺兰山东麓葡萄酒地理标志产品保护产地，发布《关于批准对淮土茶油、诸城绿茶、虎啸金针菜、简阳羊头、贺兰山东麓葡萄酒实施地理标志产品保护的公告》（总局 2011 年第 14 号公告），确定贺兰山东麓葡萄酒地理标志产品保护地域范围为贺兰山东麓洪积倾斜平原与黄河冲积平原交汇地带，北以大武口为界，南以渠口农场经白马乡至红寺堡境内中（宁）盐（池）公路（302 国道）两侧为界，东以跃进渠、唐徕渠、新开渠、第二农场渠东侧两千米为界，西以贺兰山东麓洪积扇 1200 米等高线为界，总面积为 300 万亩。按照行政区域划界，其主要包括平罗县崇岗乡、下庙乡、前进农场；贺兰县金山乡、暖泉农场；西夏区镇北堡镇、新泾镇、南梁农场、贺兰山农牧场、农垦科研所、平吉堡奶牛场；金凤区良田镇；永宁县望远镇、胜利乡、增岗乡、李俊镇、银川林场、黄羊滩农场、玉泉营农场；青铜峡市甘城子乡、树新林场、立新镇、大坝镇、广武乡、连湖农场分场；中宁县渠口农场、白马乡；红寺堡区红寺堡镇、大河乡、南川乡 30 个乡镇、农场、林场、科研所现辖行政区域。2003 年国家质量监督检验检疫总局第 32 号公告废止。2012 年，宁夏回族自治区葡萄产业花卉局向自治区工商局递交"贺兰山东麓酿酒葡萄""贺兰山东麓葡萄酒"两个地理标志证明商标的申请。2014 年 3 月，这两个商标获得国家工商总局的批准。

2018 年，国家机构改革后，国家质量监督检验检疫总局合并至国家市场监督管理总局，地理标志保护产品的审批管理权移交至国家知识产权局。

二、贺兰山东麓葡萄酒地理标志保护产品专用标志

贺兰山东麓葡萄酒地理标志保护产品专用标志的轮廓为椭圆形，淡黄色外圈，绿色底色。椭圆内圈中均匀分布四条经线、五条纬线，椭圆中央为中华人民共和国地图。在外圈上部标注"中华人民共

和国地理标志保护产品"字样；中华人民共和国地图中央标注"PGI"字样；地图下方标注原产地域产品名称"贺兰山东麓葡萄酒"，在外圈下部标注"PEOPLE'S REPUBLIC OF CHINA"字样。

三、贺兰山东麓葡萄酒地理标志标识管理的制度保障

2003 年，宁夏质量技术监督局向国家标准化管理委员会上报了制定贺兰山东麓葡萄酒强制性国家标准立项任务书，申请制定《原产地域产品贺兰山东麓葡萄酒》强制性国家标准，同期，国家标准化管理委员会正式批准列为国家标准制修订计划。

2004 年 3 月，宁夏回族自治区人民政府发布了《贺兰山东麓葡萄酒原产地域保护管理办法》（宁政发〔2004〕27 号），规定了贺兰山东麓葡萄酒原产地域范围、酿酒葡萄品种、产量、检验检疫及申请使用贺兰山东麓葡萄酒原产地域专用标志的申报程序等。5 月，国家质量监督检验检疫总局、国家标准化管理委员会发布《原产地域产品 贺兰山东麓葡萄酒》（GB 19504—2004）标准。本标准根据《原产地域产品保护规定》及《原产地域产品通用要求》（GB 17924—1999）制定，为规范贺兰山东麓葡萄产区生产标准及措施、检验规则、标志、包装、运输、贮存，提升宁夏葡萄酒质量，提高产品国内外竞争力起到支撑和推动作用。

2008 年，国家质量监督检验检疫总局对 2004 年发布的《原产地域产品 贺兰山东麓葡萄酒》（GB 19504—2004）标准进行修订，同年 7 月，发布了《地理标志产品 贺兰山东麓葡萄酒》（GB/T 19504—2008）国家标准。

2017 年 11 月，参照国家质量监督检验检疫总局《地理标志产品保护规定》，宁夏质量技术监督局和自治区葡萄产业发展局联合制定印发了《贺兰山东麓葡萄酒地理标志保护产品专用标志管理实施细则》。12 月，宁夏贺兰山东麓葡萄产业园区管委会办公室和自治区工商局联合制定印发了《贺兰山东麓葡萄酒地理标志证明商标管理办法》。宁夏质量技术监督局和自治区葡萄产业发展局成立了宁夏葡萄与葡萄酒产业标准化技术委员会。

四、贺兰山东麓葡萄酒地理标志产品的管理和使用

根据《贺兰山东麓葡萄酒地理标志保护产品管理办法》（宁政发〔2004〕27 号）规定和《贺兰山东麓葡萄酒地理标志保护产品专用标志管理实施细则》（宁质技监〔2017〕40 号），申请使用贺兰山东麓葡萄酒地理标志保护产品专用标志的企业必须向宁夏质监局提交以下材料：

（1）地理标志保护产品专用标志使用申请书。

（2）产品生产者营业执照等生产经营证明件复印件。

（3）由当地政府主管部门出具的产品及其原料产自特定地域的证明。

（4）提供产品质量检验机构依据原产地域的产品标准判定当年的《地理标志保护产品检验报告》。

原宁夏质监局依据提供的材料组织专家进行审核，审核合格的，报国家原产地域产品保护办公室注册登记后由原国家质量监督检验检疫总局向社会公告，企业获得使用资格后使用。

2020 年底，获准使用贺兰山东麓葡萄酒地理标志的酒庄企业共计 20 家。

五、贺兰山东麓葡萄酒纳入中欧地理标志协定

2020 年 9 月，《中华人民共和国政府与欧洲联盟地理标志保护与合作协定》正式签署，对地理标志设定了高水平的保护规则，并在附录中纳入双方各 275 项具有各自地区特色的地理标志产品，宁夏"贺兰山东麓葡萄酒"被纳入其中。

第二章

葡萄酒产品与酿造技术

■ 第一节　红葡萄酒

红葡萄酒一般泛指干性红葡萄酒（含糖量≤4克/升）。宁夏红葡萄酒通常采用赤霞珠、美乐、蛇龙珠、品丽珠、黑比诺、西拉等红色葡萄品种酿造而成，一般分为两种类型：果香型和陈酿型。干红葡萄酒的工艺基本如下。

（1）采收　依据产品最终类型和葡萄原料等级确定葡萄最佳采收期。宁夏大部分产区是采用手工采摘方式采收葡萄（手工采摘方式更有利于提高葡萄酒品质）。

（2）穗选　对葡萄进行整串穗选，排除二次果和烂果、生青果、霉果。

（3）除梗脱粒　利用除梗机进行除梗脱粒工作，对葡萄果实进行粒选，挑拣出干果、烂果、生青果、霉果以及叶片、杂草等。

（4）破碎　将除梗脱粒（粒选）后的葡萄轻微压榨或者完全压榨。如有特殊工艺，也可选择整粒发酵。

（5）葡萄醪入罐　将葡萄醪柔性泵送至发酵罐中，其间完成降温、惰性气体保护、添加二氧化硫等酿酒辅料工作。

（6）酒精发酵　葡萄醪完成浸渍后，添加酵母，启动酒精发酵，发酵温度控制在26～30℃，时间为5～9天，葡萄醪中的糖分将全部转化成为酒精。

（7）除皮渣　酒精发酵完成后，酿酒师根据酒体风格特点，利用专业柔性压榨设备，择机将葡萄原酒和皮籽进行分离。

（8）苹乳发酵　酒精发酵后期或者酒精发酵完成之后，接种乳酸菌，启动苹果酸乳酸发酵，将口感较尖锐的苹果酸转化为乳酸，同时改善酒的香气和口感。

（9）陈酿　发酵完成后进入陈酿阶段，依据酒的质量和风格选择在不锈钢罐、橡木桶等不同容器内完成。

（10）调配　品评定级，根据酿酒师对最终产品的定义进行不同品种、不同工艺、不同陈酿方式的酒体之间的调配。

（11）澄清　对酒体中不稳定的色素、单宁及蛋白质等可以选择胶体材料下胶5～10天，转罐除去酒脚。

（12）冷冻　对酒液做冷稳定处理，在-5～8℃低温环境下冷冻7～15天，保证酒石酸稳定。

（13）过滤灌装　冷冻结束后采用不同孔径的除菌膜进行过滤，然后完成贴标和封装工作。

■ 第二节　白葡萄酒

白葡萄酒按照含糖量可以分为：干型、半干型、半甜型、甜型白葡萄酒。宁夏产区酿造的白葡萄酒大多是干型白葡萄酒。其酿造工艺基本如下。

（1）采收 依据产品最终类型和葡萄原料等级确定葡萄最佳采收期。宁夏大部分地区是采用手工采摘方式采收葡萄（手工采摘方式更有利于提高葡萄酒品质）。

（2）穗选 对葡萄进行整串穗选，排除二次果和烂果、生青果、霉果。

（3）压榨 采用气囊柔性压榨方式对整串葡萄进行压榨，并确保全程进行惰性气体保护。

（4）汁液入罐 将压榨后的葡萄汁泵送至发酵罐中，添加二氧化硫、果胶酶等酿酒辅料，并迅速降温澄清。

（5）酒精发酵 葡萄汁完成澄清后接种酵母，启动酒精发酵，发酵温度控制在 10～22℃，发酵时间为 4～7 天。

（6）陈酿 发酵完成后进入陈酿阶段，依据酒的质量和风格选择在不锈钢罐或橡木桶等不同容器内完成陈酿。

（7）调配 品评定级，根据酿酒师对最终产品的定义，进行口感调配。

（8）澄清 对酒体中不稳定的蛋白质及其他浑浊物等选择胶体材料下胶 5～15 天，转罐除去酒脚。

（9）冷冻 对酒液做冷稳定处理，在 −5～8℃ 低温环境冷冻 10～15 天，保证酒石酸稳定。

（10）过滤灌装 冷冻结束后采用不同孔径的除菌膜进行过滤，完成贴标和封装工作。

■ 第三节 桃红葡萄酒

从理论上讲，用于酿造红葡萄酒的所有原料品种都可以用作桃红葡萄酒的原料品种。另外，酿造桃红葡萄酒也可以采用白葡萄酒与红葡萄酒进行混合。经典的酿造桃红品种主要有西拉、赤霞珠、品丽珠、美乐、神索等，而不同的品种会有不同的风格特点。其酿造工艺如下。

（1）采收 依据产品最终类型和葡萄原料等级确定葡萄最佳采收期。

（2）穗选 对葡萄进行整串穗选，排除二次果和烂果、生青果、霉果。

（3）压榨法 采用气囊柔性压榨方式对整串葡萄进行压榨，并确保全程进行惰性气体保护。

放血法：将葡萄按照红葡萄酒酿造的处理方式处理，以葡萄醪的形式进入发酵罐，待浸皮 4～6 小时后，抽出淡粉色的汁液。

注意，压榨法与放血法在可归于同一酿造工序范畴。本文在这里分开介绍。

（4）汁液入罐 将淡粉色葡萄汁通过果汁泵送至发酵罐中，添加二氧化硫等酿酒辅料，并迅速降温澄清。

（5）酒精发酵 葡萄汁完成澄清后，接种酵母，启动酒精发酵，发酵温度控制在 10～18℃，发酵时间为 4～7 天，完成酒精发酵。

（6）陈酿 酒精发酵完成后进入陈酿阶段，依据酒的质量和风格选择在不锈钢罐或旧橡木桶等不同容器内完成陈酿。

（7）澄清 对酒体中不稳定的花色苷、单宁、蛋白质及其他浑浊物等选择胶体材料下胶 7～15 天。如酒体颜色过深，可以选择脱色处理，随后转罐除去酒脚。

（8）冷冻 对酒液做冷热稳定试验，在 −5～8℃ 低温环境冷冻 10～15 天，保证酒石酸稳定。

（9）过滤灌装 冷冻结束后采用不同孔径的除菌膜进行过滤，然后完成贴标和封装工作。

■ 第四节 传统法起泡酒

起泡葡萄酒的传统法即"传统香槟酿造法"（Methode Champenoise），是指将葡萄酒基酒在酒瓶中进行"二次发酵"，把糖分转化为二氧化碳，经过瓶内陈酿，最终转变成起泡葡萄酒。这是顶级起泡酒酿造的必经之路。通常起泡酒气压在 5～7 个标准大气压。

宁夏规模化生产起泡酒的企业只有 1 家，采用的葡萄品种是霞多丽和黑比诺。酿造起泡酿造工艺步骤如下。

（1）采摘　临近葡萄成熟期的 20～30 天，开始对葡萄的成熟度进行监控，通常采收期在 8 月初期。起泡葡萄酒讲究口感清爽，因此采摘时间不宜过晚，以确保适当的糖度及较高的酸度。

（2）基酒酿造　将采摘后的葡萄轻柔压榨取汁，入罐酒精发酵酿制成葡萄酒基酒。不同酒庄的酿酒师把不同年份、品种、风味与特征的基酒混合，取长补短，创造出属于酒庄特有风格的起泡葡萄酒。

（3）装瓶　调配好的葡萄酒中加入酵母和糖液进行灌装，盖上皇冠盖封口。

（4）二次发酵　二次发酵在封闭的瓶内进行，发酵产生的二氧化碳融入酒液中，同时酵母菌发酵结束后死亡，形成酒泥沉淀。

（5）陈酿　酒液在瓶中带酒泥一起陈酿，发生一系列的生化反应，从而使其起泡特性及香气品质发生变化，赋予了圆润饱满的酒体、复杂度和持久度。

（6）转瓶　酒脚陈酿结束后，需要清除二次发酵后酵母及其产生的沉淀物，以恢复起泡酒酒体的清澈和稳定性。通常通过转瓶把酒泥沉淀（Lees）聚集到瓶子的细颈处，然后采用除渣工序清除沉渣。

（7）吐渣　将酒瓶倒置于超低温环境中，使瓶口凝成结冰，把聚集在此的沉渣冰封在里面，然后去除封口的皇冠瓶盖，瓶内二氧化碳所产生的压力瞬间将瓶口的结冻的酒泥喷出，完成吐渣。

（8）补液　由于除渣时喷掉了相当一部分葡萄酒，为了补充酒液，调整酒液的甜度，同时丰富起泡酒的风味，立即加入调味液并封装软木塞和丝扣固定。

（9）封瓶、装箱、贴标　传统香槟酿造法最重要的一个特点就是在酒瓶中将静态的葡萄酒转化成动态的起泡葡萄酒。其在 2015 年被联合国教科文组织列为香槟世界遗产文化。传统香槟酿造法酿造出来的起泡酒品质较高，但因其极其耗时，成本也相对较高。

第五节　白　兰　地

白兰地制作流程包括基酒发酵、蒸馏、勾兑调配、陈酿、储存等步骤。具体酿造工艺如下。

（1）原料准备　白兰地原料品种通常采用香气相对平和、酸度较高的葡萄品种，包括白玉霓、琼瑶浆等，基酒须避免添加二氧化硫，具有较高的滴定酸度，以保证发酵顺利进行，有益微生物能充分繁殖，有害微生物受到抑制。

（2）基酒发酵　发酵温度应控制在 30～32℃（白葡萄发酵温度控制在 15～18℃）。当发酵完全停止时，酒体残糖量降低至 3 克/升以下，挥发酸度须小于或者等于 0.05％。基酒在罐内静止澄清，然后将上部清酒与脚酒分开，取出清酒即可进行蒸馏，脚酒单独蒸馏。

（3）基酒第一次蒸馏　采用夏朗德壶式蒸馏方式或塔式蒸馏方式对基酒进行蒸馏，并掐去酒头和酒尾，保证蒸馏得到的原白兰地酒精度在 20％～30％（V/V）。

（4）基酒第二次蒸馏　对于酒头和酒尾可进行复蒸，并保证第二次蒸馏的原酒酒精度在 60％～70％（V/V）。

（5）白兰地陈酿　蒸馏好的原白兰地酒储存在专用橡木桶中。将橡木桶中的单宁、风味物质等物质溶入酒中，使酒的颜色由透明无色逐渐转变为金黄色甚至琥珀色，从而得到高雅、柔和、醇厚、成熟的白兰地。

（6）白兰地勾兑调配　调配法则是白兰地酿造的核心关键法则。酿酒师要通过品尝储藏在桶内的酒类来判断酒的品质和风格，通过不同年份、不同品种、不同酒精度的白兰地特点确定勾兑比例，确定添加焦糖色以及蒸馏水的比例，以调配出独有典型特色的白兰地。

（7）过滤、灌装　采用不同的过滤膜对调配好的白兰地进行过滤，保证酒液透亮，过滤合格后进行灌装工序，并完成贴标和封装工作。

第三章

品牌打造和市场推广

■ 第一节　品牌打造

1984年，宁夏第一家葡萄酒厂——宁夏玉泉葡萄酒厂在农垦玉泉营农场厂部建设落成。

1997年5月，刘忠敏在西夏王陵周边种下200亩酿酒葡萄园，一直到2013年，其儿子刘海接管后，建立留世酒庄，主打品牌"留世1246"。6月，广夏（银川）贺兰山葡萄酿酒有限公司和广夏（银川）贺兰山葡萄酒销售有限公司成立，上市"贺兰山"品牌葡萄酒。

1999年5月，加拿大籍华人尹向彬独家投资建成御马葡萄酒有限公司，上市品牌"御马"。8月，西夏王牌干红葡萄酒荣获巴黎国际名酒展金奖。

2000年6月，江泽民视察银广夏葡萄基地和发酵厂，品尝"贺兰山"葡萄酒后认为：葡萄酒的质量很好，酒的风味与欧洲的非常接近，进入欧洲市场没有任何问题。

2001年12月，宁夏葡萄产业协会成立。

2002年5月，宁夏类人首葡萄酒业有限公司在银川市永宁县建成，并主推"类人首"品牌。

2003年4月，贺兰山东麓通过国家质量监督检验检疫总局批准的"葡萄酒国家地理标志产品"保护区认证。

2005年6月，宁夏贺兰晴雪酒庄开工建设，主打品牌"加贝兰"葡萄酒。8月，宁夏银色高地酒庄启动建设，并确定主打"阙歌"葡萄酒和"庄主珍藏"葡萄酒两个产品，年产量仅2400瓶左右。

2006年5月，以精品酒庄酒为定位的宁夏巴格斯酒庄开工建设，市场品牌为"巴格斯"葡萄酒。

2007年，张裕进入宁夏同农垦黄羊滩农场合作建设了6000亩酿酒葡萄基地；10月，闽商陈德启在永宁县流转10万亩土地，建设集观光、休闲、会展及世界葡萄酒文化旅游为一体的贺兰神国际酒庄，主打品牌为"贺兰神"葡萄酒。

2008年，《国务院关于进一步促进宁夏经济社会发展的若干意见》中，将酿酒葡萄产业作为促进宁夏地区农业稳定发展的特色优势产业之一。同年6月，利用改造废弃的砂石矿区，将各类废弃建筑材料重新利用，具有汉代建筑风格的园林化葡萄酒庄——志辉源石酒庄开工建设。

2010年5月，中粮长城云漠酒庄在永宁县开工建设，并主打"云漠""长城"等系列品牌。

2011年4月，贺兰晴雪酒庄的"加贝兰2009"葡萄酒获得Decanter世界葡萄酒大赛10英镑以上波尔多风格红葡萄酒国际大奖，开启了宁夏葡萄酒走向世界的大门。9月，为了充分发挥贺兰山东麓独特的资源优势，宁夏回族自治区党委和政府提出打造具有重要影响的贺兰山东麓葡萄产业及文化长廊，制定《中国（宁夏）贺兰山东麓葡萄产业文化长廊发展总体规划》，旨在将贺兰山东麓葡萄酒产业形成整体空间布局结构，最终将贺兰山东麓打造成世界驰名的高端葡萄酒明星产区。12月，由法国《葡萄酒汇编》杂志举办的中法葡萄酒盲品比赛在北京召开，由中法两国的十名品酒师，对来自法国波尔多梅多克和中国宁夏贺兰山东麓葡萄酒产区葡萄酒进行盲评，其中前4名均被宁夏贺兰山东麓葡萄酒产区包揽。

2012年3月，宁夏成立自治区葡萄花卉产业发展局。7月，在土耳其举行的第35届世界葡萄与葡萄酒组织（OIV）成员国大会上，宁夏首次以观察员身份被邀请参会，这也是中国首个省级OIV观察员。世界酒业巨头法国保乐力加集团在宁夏成立保乐力加贺兰山（宁夏）葡萄酒业有限公司。9月，首届贺兰山东麓葡萄酒节暨第四届中国（宁夏）园艺博览会开幕，国际葡萄酒大师杰西斯·罗宾逊在品鉴了贺兰山东麓葡萄酒产区的8款白葡萄酒和32款红葡萄酒后，给出了"毋庸置疑，中国葡萄酒的未来在宁夏"这一令人鼓舞的评价。首届贺兰山东麓国际酿酒师挑战赛在银川开赛。12月，《宁夏贺兰山东麓葡萄酒产区保护条例》颁布，这是中国第一部葡萄酒产区地方性法规。

2013年3月，贺兰金山国际葡萄酒试验区启动建设，这也是世界葡萄与葡萄酒组织（OIV）在中国挂牌成立的第一个国际葡萄酒小镇。4月，美国《纽约时报》评选出当年全球"必去"的46个最佳旅游地，宁夏与法国巴黎、巴西里约热内卢、摩洛哥卡萨布兰卡等世界著名旅游景地荣列其中。评选方在称赞宁夏独特的美景之余还特别推荐：在神奇的宁夏贺兰山东麓，可以酿造出中国最好的葡萄美酒。5月，贺兰山东麓葡萄与葡萄酒国际联合会在银川正式成立，自治区政府特邀顾问郝林海被选举为联合会首届主席。宁夏贺兰山东麓葡萄酒产区被牛津大学编入《世界葡萄酒地图》，成为世界葡萄酒产区新板块。6月，酩悦轩尼诗路易威登（LVMH）在宁夏建设的夏桐酒庄正式投入运营，主要从事传统法高泡起泡酒的酿造生产，也是中国唯一的起泡酒专营公司。"西夏王·外交使节葡萄酒"全球首发仪式在中国香港盛大启动。7月，宁夏葡萄产业人才高地揭牌仪式在自治区林业局举行。8月，集葡萄种植、高档葡萄酒生产、葡萄酒文化展示、葡萄酒品鉴、会议接待和旅游观光于一体的高档综合型庄园宁夏张裕摩塞尔十五世酒庄正式开业。

2014年8月，贺兰山东麓葡萄酒产区荣膺世界葡萄大会"新兴产国之星"。9月，贺兰山东麓国际葡萄酒博览会举办期间，宁夏国际葡萄酒交易博览中心正式成立。

2015年8月，宁夏葡萄酒产区被世界葡萄酒大师丽兹·塔驰（Liz Thach）编入《全球葡萄酒旅游最佳应用》一书中，作为美国大学葡萄酒教材。宁夏成为进口葡萄种苗指定口岸，使得葡萄种苗的进口时间大大缩短，企业运行成本降低，从而避免"错过最佳种植期"。

2016年3月，在中华人民共和国外交部举行的以"开放的中国：从宁夏到世界"为主题的外交部首次省区市全球推介活动会上，外交部部长王毅与各国使节参观了"宁夏贺兰山东麓葡萄酒展"并评价"你们的葡萄酒不用尝我都知道好喝，宁夏是中国最好的葡萄酒产地"。7月，习近平总书记视察宁夏时指出，中国葡萄酒市场潜力很大，贺兰山东麓葡萄酒品质优良。宁夏发展葡萄酒产业，路子是对的，要坚持走下去。同年，中华人民共和国外交部部长王毅在外交部蓝厅向各国驻华使节推荐宁夏葡萄酒。8月，宁夏贺兰山东麓葡萄酒庄"品牌塑造与市场营销专题班"庄主培训班在北京大学光华管理学院西安分院开班。9月，由宁夏美御酒业有限公司投资建设的美贺庄园建成开业，美的集团正式进军宁夏贺兰山东麓葡萄酒产区，主打"美贺"系列葡萄酒品牌。

2017年5月，"宁夏贺兰山东麓葡萄酒"以品牌价值140.96亿元的优势从数百个国家地理标志产品中脱颖而出，强势荣登2016年中国品牌价值排行榜。RVF中国优秀葡萄酒大赛授予宁夏贺兰山东麓（银川子产区）年度中国葡萄酒明星产区。8月，宁夏贺兰山东麓葡萄酒产区京东官方旗舰店正式上线运营。

2018年，"宁夏贺兰山东麓葡萄酒"以品牌价值271.44亿元居国家地理标志产品区域品牌百强榜的第14位。2月，由中国酒业协会主办、中粮酒业承办的宁夏贺兰山东麓葡萄酒产区价值论坛暨长城天赋酒庄战略评审会在北京召开。众多行业专家参与并对宁夏贺兰山东麓葡萄酒产区的价值做了全面解读，确定了宁夏葡萄酒"甘润平衡"的典型风格。同年，宁夏贺金樽酒庄落地建成，酒庄主推

"贺兰红"品牌葡萄酒在宁夏回族自治区成立六十周年大庆期间上市。西鸽酒庄承包银广夏 2 万亩葡萄园，建设国际一流水平的酒庄，主打品牌为"西鸽""贺兰红"。8 月，宁夏贺兰山东麓葡萄酒产区获第十四届中国（深圳）国际文化产业博览交易会组委会办公室颁发的"优秀展示奖"。9 月，"宁夏贺兰山东麓葡萄酒"获自治区农业农村厅颁发的"十大农产品区域公用品牌"。宁夏贺兰山东麓青铜峡葡萄酒产区京东官方旗舰店正式开业。11 月，2018 年联合国中国美食节暨宁夏贺兰山东麓葡萄酒走进联合国活动在联合国总部代表餐厅举办，来自宁夏 21 家酒庄的葡萄酒供各国嘉宾品鉴。本次活动联合国代表餐厅将贺兰神等 20 款宁夏葡萄酒选作为联合国采购用酒，由人类健康组织（Human Health Organization，HHO）颁发"2018 联合国中国美食节系列定制酒款"和"专属定制酒款"证书，由联合国代表餐厅颁发"联合国代表餐厅采购用酒"证书。

2019 年 2 月，宁夏贺兰山东麓葡萄酒浙沪苏推介会在杭州、上海、苏州、南京分别召开，产区大单品"贺兰红"被评选为"江浙沪地区消费者最喜爱的宁夏贺兰山东麓葡萄酒"。同年 5 月，宁夏贺兰山东麓葡萄酒品牌价值居中国地理标志产品区域品牌排行榜第 10 位。6 月，国际葡萄与葡萄酒组织（Organisation Internationale de la Vigne et du vin，International Vine and Wine Organization，简称 OIV）葡萄酒管理硕士中国教育基地在银川闽宁镇贺兰山东麓葡萄酒教育学院揭牌，这是国际葡萄与葡萄酒组织在中国设立的首家国际葡萄酒管理硕士班教育基地。9 月，中国（宁夏）贺兰山东麓葡萄酒旅游智库在银川揭牌成立。宁夏在"国际侍酒师总会第 51 届会员大会"活动中获得"中国最佳葡萄酒旅游产区"殊荣。"一带一路"国际葡萄酒大赛举办之际，北京国际酒类交易所银川运营中心在银川中关村双创园揭牌。10 月，第四届法国尼斯中法文化论坛在法国南部蓝色海岸尼斯市举行，话题为"宁夏贺兰山东麓葡萄酒与艺术对话展"。

2020 年 3 月，新华社新闻信息中心向全球发布英文稿 *Ningxia，a rising star of world's wine map*（《宁夏——世界葡萄酒版图上崛起的"新星"》），稿件在欧美地区和亚太地区 9 个国家（美国、德国、英国、法国、澳大利亚、日本、韩国、巴基斯坦、泰国）以七种语言同时发布，截至目前已被当地主流媒体、门户网站及重点资讯网站广泛转载，总量逾 300 家。5 月，贺兰山东麓葡萄酒网红直播基地项目在宁夏法塞特酒庄揭牌。8 月，宁夏贺兰山东麓葡萄酒产区深圳推广中心揭牌，并在深圳举办"国人喝国酒"中国·宁夏贺兰山东麓葡萄酒产区精品葡萄酒品鉴分享会。10 月，第九届宁夏贺兰山东麓国际葡萄酒博览会在银川举办。11 月，宁夏贺兰山东麓葡萄产业园区管委会组织 60 余家酒庄（企业）携 180 余款参展第十八届中国国际农产品交易会，同时还举行了宁夏贺兰山东麓葡萄酒产区专场推介会。12 月，宁夏贺兰山东麓葡萄酒西安体验中心挂牌成立。

截至 2020 年年底，宁夏有 65 家酒庄的葡萄酒在品醇客葡萄酒国际大奖赛（简称 DWWA）、布鲁塞尔国际葡萄酒大赛（简称 CMB）、国际葡萄酒挑战赛（简称 IWC）、宁夏贺兰山东麓国际葡萄酒博览会等国内外知名葡萄酒大赛中共获得 1601 项大奖，其中 509 项为大金奖或金奖，比例达 32%，银奖及铜奖获奖比例达 63% 左右。

在奖项区域分布上，永宁县 15 家酒庄的葡萄酒共获奖总数为 701 项，金奖为 162 项，占比达 23%；贺兰县 8 家酒庄的葡萄酒获奖总数为 99 项，其中金奖为 41 项，占比达 41%。西夏区 19 家酒庄的葡萄酒获奖总数 388 项，其中金奖为 148 项，占比达 38%。金凤区 1 家酒庄的葡萄酒获奖总数为 92 项，其中金奖为 31 项，占比达 34%。青铜峡市 11 家酒庄的葡萄酒获奖总数为 131 项，其中金奖为 40 项，占比达 31%。红寺堡区 10 家酒庄的葡萄酒获奖总数为 130 项，其中金奖为 60 项，占比达 46%。石嘴山市 1 家酒庄的葡萄酒获奖总数为 60 项，其中金奖为 27 项，占比达 45%。

获得金奖的葡萄酒以红葡萄酒为主，占比达 90% 以上，白葡萄酒占比约 8%，其他为桃红葡萄酒。获奖红葡萄酒的酿酒葡萄品种以赤霞珠、美乐为主，其次为马瑟兰、蛇龙珠、西拉等；获奖白葡萄酒的酿酒葡萄品种主要为贵人香、霞多丽、雷司令。张裕摩塞尔十五世酒庄以赤霞珠酿酒葡萄品种酿制的白葡萄酒独具特色，获得了 10 项国际葡萄酒大赛奖项。表 9 - 3 - 1 为 1996—2020 年贺兰山东麓葡萄酒国内外顶级大赛（大）金奖统计情况。

表 9-3-1 1996—2020 年贺兰山东麓葡萄酒国内外顶级大赛（大）金奖统计

序号	县区	产区获奖酒庄占比			获奖酒庄名称	奖项情况		
		已建酒庄（个）	获奖酒庄（个）	占比（％）		获奖数量（项）	（大）金奖（项）	占比（％）
	合计	101	65	64		1601	509	32
1					立兰酒庄	23	7	30
2					中粮长城天赋酒庄	79	21	27
3					巴格斯酒庄	19	4	21
4					保乐力加酒庄	304	46	15
5					阳阳国际酒庄	18	5	28
6					贺兰神酒庄	36	9	25
7					酩悦轩尼诗夏桐酒庄	18	5	28
8	永宁县	20	15	75	圣·路易丁酒庄	28	7	25
9					长和翡翠酒庄	8	4	50
10					玉泉国际酒庄	44	14	32
11					西夏王酒厂	37	10	27
12					鹤泉酒庄	44	11	25
13					类人首酒庄	11	5	45
14					兰轩酒庄	15	6	40
15					新慧彬酒庄	17	8	47
					小计	701	162	23
16					银色高地酒庄	9	5	56
17					原歌酒庄	15	6	40
18					沃尔丰酒庄	7	4	57
19	贺兰县	13	8	62	宝石酒庄	3	1	33
20					贺金樽酒庄	6	5	83
21					澜德瑞酒庄	6	4	67
22					圆润酒庄	50	16	32
23					德沃酒庄	3	0	0
					小计	99	41	41
24					张裕摩塞尔十五世酒庄	35	11	31
25					留世酒庄	20	8	40
26					米擒酒庄	30	16	53
27					贺兰晴雪酒庄	91	22	24
28					志辉源石酒庄	31	9	29
29					云蔻酒庄	12	4	33
30					九月兰山酒庄	17	4	24
31					宝实酒庄	12	10	83
32					东麓缘酒庄	10	4	40
33	西夏区	26	19	73	贺兰珍堡酒庄	2	1	50
34					美贺庄园	14	10	71
35					名麓酒庄	8	1	13
36					格森纳酒庄	35	8	23
37					海香苑酒庄	7	1	14
38					新牛酒庄	10	8	80
39					兰一酒庄	7	5	71
40					铖铖酒庄	18	10	56
41					迦南美地酒庄	16	8	50
42					蓝赛酒庄	13	8	62
					小计	388	148	38
43	金凤区	2	1	50	利思酒庄	92	31	34

（续）

序号	县区	产区获奖酒庄占比			获奖酒庄名称	奖项情况		
		已建酒庄（个）	获奖酒庄（个）	占比（%）		获奖数量（项）	（大）金奖（项）	占比（%）
44	青铜峡市	18	11	61	御马酒庄	8	0	0
45					禹皇酒庄	43	10	23
46					华昊酒庄	17	3	18
47					西鸽酒庄	19	8	42
48					金沙湾酒庄	6	2	33
49					贺兰芳华酒庄	4	3	75
50					沙泉酒庄	8	2	25
51					维加妮酒庄	6	4	67
52					古城人家酒庄	7	5	71
53					容园美酒庄	9	2	22
54					甘麓酒庄	4	1	25
					小计	131	40	31
55	红寺堡区	18	10	56	紫尚酒庄	14	7	50
56					天得龙驿酒庄	9	4	44
57					中贺酒庄	5	0	0
58					罗山酒庄	20	9	45
59					汇达阳光酒庄	22	5	23
60					卓德酒庄	17	9	53
61					东方裕兴酒庄	11	10	91
62					鹏胜臻麓酒庄	17	8	47
63					罗兰酒庄	11	5	45
64					红寺堡酒庄	4	3	75
					小计	130	60	46
65	石嘴山市	2	1	50	贺东庄园	60	27	45
	其他	2						

注：统计时间截至2020年12月，奖项主要来自醇鉴葡萄酒国际大奖赛（简称DWWA）、布鲁塞尔国际葡萄酒大赛（简称CMB）、国际葡萄酒挑战赛（简称IWC）、宁夏贺兰山东麓国际葡萄酒博览会等国内外知名葡萄酒大赛。

■ 第二节 市场推广

一、国际活动

2012年5月，中法宁夏葡萄酒合作洽谈会及中欧葡萄与葡萄酒发展论坛在银川举行。农业部国际合作司与自治区农牧厅、自治区葡萄花卉产业发展局签订了《宁夏贺兰山东麓葡萄产业带和文化长廊建设战略合作框架协议书》，三方在优良葡萄品种培育及脱毒苗木"育、繁、推"一体化建设、培养葡萄产业人才与引进先进科技、葡萄酒文化和葡萄酒相关农业休闲旅游等领域开展合作。2012年6月，在法国《葡萄酒评论》杂志主办的"RVF中国优秀葡萄酒2012年度大奖"评选活动中，宁夏贺兰山东麓葡萄酒产区被评为中国唯一"明星产区"，产区红葡萄酒获得金、银、铜 6 项大奖，白葡萄酒获得银奖、铜奖。除此之外，产区还获得最佳酿酒师奖、最具发展潜力酒庄奖、年度黑马酒庄奖。2012—2016 年，宁夏贺兰山东麓葡萄酒产区连续 6 次以国际葡萄与葡萄酒组织（OIV）观察员身份参加世界葡萄与葡萄酒大会，将"认证服务业与饮品专家"（HBSC）课程引进中国。2013 年 6 月，在法国《葡萄酒评论》杂志主办的"2013 年度中国优秀葡萄酒年度大奖"评选活动中，宁夏贺兰山东麓葡萄酒产区蝉联中国葡萄酒明星产区。9 月，国际葡萄与葡萄酒组织（OIV）学术会议在银川召开，评选出贺兰神酒庄葡萄园等 10 个优质葡萄园，玉泉国际酒庄等 10 家五级列级酒庄，贺兰山东麓葡萄酒博览会 4 个金奖、6 个银奖。11 月，来自全国 15 家五星级酒店的侍酒师团队参加了首次在宁夏举行的"2013 贺兰山东麓杯"中国青年侍酒师团队大赛决赛，上海外滩 3 号餐厅集团、上海莎门餐厅、广州君悦酒店分别获得冠、亚、季军。2014 年7 月，宁夏贺兰山东麓葡萄酒产区参加在北京延庆举办的世界葡萄大会，在有"葡萄界奥运会"之称的葡萄酒巅峰挑战赛上，获得"新兴产国之星"大奖，宁夏禹皇酒庄的侯爵赤霞珠干红葡萄酒等 5 款葡萄酒获得大赛银奖、铜奖和最佳荣誉奖。2015 年，贺兰山东麓世界酿酒师邀请赛启幕，来自世界 23 个国家的 60 名酿酒师参加了邀请赛，邀请赛历时 3 年。2016 年 7 月，中美国际葡萄酒教育论坛在银川举办，宁夏产区的葡萄酒教育工作者、酒庄庄主、酿酒师与国际葡萄酒教育家协会专家沟通交流。2018 年 11 月，宁夏组织产区 21 家酒庄和宁夏厨师团队赴美国纽约联合国总部举办了 2018 年联合国中国美食节暨宁夏贺兰山东麓葡萄酒走进联合国活动。向联合国 193 个成员国展示宁夏葡萄产业的发展成果，举办了宁夏贺兰山东麓葡萄酒走进联合国活动大使论坛、中美葡萄酒友谊品评赛、宁夏贺兰山东麓葡萄酒推介、总结会等活动。贺兰红葡萄酒成为联合国2019 年指定用酒，被颁发了特别贡献奖，宁夏厨师团队成员则被颁发了功勋证书。2019 年 9 月，比利时布鲁塞尔国际酒类大赛组委会、北京国际酒类交易所合作支持的 2019"一带一路"国际葡萄酒大赛（BRWSC）在银川国际会展中心开幕。大赛主题为"品牌""交流""融合"。10 月，由布鲁塞尔国际葡萄酒大赛组委会、宁夏贺兰山东麓葡萄产业园区管委会办公室主办的宁夏贺兰山东麓葡萄酒产区比利时系列推介活动在布鲁塞尔举办。第四届中法文化论坛活动之一"宁夏贺兰山东麓葡萄酒与艺术对话展"在法国尼斯地中海大学文化中心举办，宁夏贺兰山东麓葡萄产业园区管委会与中法文化艺术研究中心签署了《中法葡萄酒大学合作协议书》。2020 年世界侍酒师大会授牌仪式暨贺兰山东麓葡萄酒产区专场推介会在法国香槟产区举办。世界侍酒师大会主席安德鲁向宁夏贺兰山东麓葡萄酒产区授予第 51 届世界侍酒师大会牌匾。

截至 2020 年底，宁夏已备案出口葡萄酒生产企业 30 家，葡萄酒产品已出口到法国、加拿大、香港和澳大利亚等 20 多个国家和地区。

二、国内活动

2002 年 9 月，宁夏贺兰山东麓葡萄酒产区参加由中国农学会葡萄分会、北京顺义区人民政府联合举办的第九届全国葡萄学术研讨会暨大孙各庄镇首届葡萄采摘节。2013 年、2015—2019 年，参加6 届香港国际美酒展，并举办了宁夏贺兰山东麓葡萄酒推介会。2013 年 1 月，参加在上海凯宾斯基饭店举行的"胡润百富 2012 至尚优品——中国千万富豪品牌倾向调查"颁奖盛典，宁夏贺兰山东麓葡萄酒产区荣获全球唯一"胡润百富 2013 年至尚优品全球优质葡萄产地新秀奖"。5 月，中国（银川）国际微电影"金脸谱奖"颁奖典礼在悦海宾馆举行。微电影《追梦贺兰山》入围年度最佳传播贡献奖。6 月，由贺兰山东麓葡萄与葡萄酒国际联合会主办的贺兰山东麓葡萄酒香港推介会在香港会议展览中心举行，产区的 12 款葡萄酒受到与会嘉宾好评。2014 年 3 月，在上海举办的"发现中国·2014中国葡萄酒发展峰会"上，世界葡萄酒大师杰西斯·罗宾逊、贝尔纳·布尔奇和伊安·达加塔向世界推荐了 7 款中国精品葡萄酒，其中 4 款产自宁夏贺兰山东麓葡萄酒产区。4 月，贺兰山东麓精品葡萄酒品鉴会在西北农林科技大学北校区绣山活动中心举办。此次品鉴会是贺兰山东麓葡萄酒第一次走进大学校园。2015 年 11 月，由宁夏回族自治区政府主办，宁夏葡萄产业发展局、宁夏贺兰山东麓葡萄与葡萄酒国际联合会承办的 2015 贺兰山东麓葡萄酒香港推介会在香港举办。在推介会上，宁夏国际葡萄酒交易博览中心与香港（宁夏）名特优产品中心有限公司、台湾百大葡萄酒集团分别签订了香港、台湾地区葡萄酒代理协议；宁夏贺兰山东麓葡萄与葡萄酒国际联合会与"联合佳酿"葡萄酒自酿协会、香港百本集团、广州久开商贸有限公司、澳门富景公司分别签订了葡萄酒自酿及旅游体验合作协议、房车旅游协议、广州地区葡萄酒代理协议、澳门地区代理协议。2016 年 3 月，宁夏回族自治区组织 14 家酒庄（企业）参加了"开放的中国：从宁夏到世界"外交部首次省区市全球推介活动。外交部部长王毅称赞贺兰山东麓葡萄酒是中国最好的葡萄酒，共有 11 个酒庄的 11 款葡萄酒成为外交部接待驻外使节的推介用酒。2016—2019 年，在中国深圳文化产业博览交易会期间，有关机构还举办了贺兰山东麓葡萄酒推介会。2019 年 2 月，由宁夏贺兰山东麓葡萄产业园区管委会办公室、宁夏商务厅主办的宁夏贺兰山东麓葡萄酒推介会分别在杭州、上海、苏州、南京举办。此次活动评选出最受杭州、上海、苏州、南京地区消费者喜欢的葡萄酒。活动期间，贺兰红酒庄、巴格斯酒庄、西夏王酒庄等酒庄与大客户签订了 230 万瓶葡萄酒的销售协议。4 月，宁夏贺兰山东麓葡萄酒推介会分别在福建泉州、福州、厦门举办，进行现场展示、品鉴、推介宁夏优质葡萄酒等活动，产区 30 家酒庄参加。6 月，第十二届烟台国际葡萄酒博览会在烟台国际博览中心启幕。宁夏贺兰山东麓银川葡萄酒产区携 14 家酒庄（企业）近百余款醇美佳酿参展。8 月，宁夏贺兰山东麓葡萄酒产区"国人喝国酒"活动在南京启动，签署了贺兰红葡萄酒南京市场区域代理协议、宁夏贺兰山东麓葡萄酒产区"研学游"项目城市合作伙伴合作协议、葡萄酒硕士研究生苏浙沪地区招生战略合作协议，并进行了贺兰山东麓葡萄酒酒款推介，餐酒搭配等活动。10 月，宁夏贺兰山东麓葡萄酒产区西鸽、容园美、天骏利思等 11 家酒庄集体亮相世界顶级葡萄酒与烈酒展览会 Vinexpo 酒展（上海）。

三、区内活动

1996—2011 年，宁夏葡萄酒产区在区内举办活动数量、频次较少，影响力也不大。从 2012 年开始，品牌推广及推介活动频繁开展。

2012—2019 年，贺兰山东麓国际葡萄酒博览会连续举办了 8 届，吸引了众多国际国内葡萄产业知名专家、学者、葡萄酒经销商、爱好者参展参会，有效提升了宁夏贺兰山东麓葡萄酒产区的知名度和美誉度，成为宁夏的品牌活动。其中：2012 年首届贺兰山东麓葡萄酒节暨第四届中国（宁夏）园艺博览会召开；2013 年由自治区人民政府与国际葡萄与葡萄酒组织（OIV）联合主办；2014 年列入自治区重大节会；2015 年列入中阿博览会主要活动；2016 年列入中美旅游高层对话 2 场博览会之一；2017 年贺兰山东麓葡萄酒健康发展高峰论坛、贺兰山东麓国际葡萄酒电影电视艺术节（第 25 届国际葡萄酒电影节）启动仪式、"一带一路"国际侍酒师大赛启动仪式、世界酿酒师贺兰山东麓邀请赛金奖葡萄酒中国行等活动组织召开；2018 年举办了贺兰山东麓葡萄酒品牌＋电影电视艺术论坛、首届"一带一路"国际冠军侍酒师挑战赛和贺兰山东麓葡萄健康体验活动；2019 年举办了中国葡萄酒品牌发展论坛、贺兰山东麓葡萄酒旅游嘉年华活动、葡萄酒及宁夏特色农产品展览展示、博览会金奖葡萄酒评选、中国（宁夏贺兰山东麓）葡萄酒教育与艺术对话等活动。

2015—2019 年，宁夏连续举办了 5 届宁夏贺兰山东麓葡萄春耕展藤节，成为传承葡萄文化、挖掘产区风土优势、彰显葡萄生长发育主要物候节点、提高葡萄园管理水平、宣传宁夏产区品牌的宁夏特有的活动。

2012—2019 年，宁夏连续举办了 4 届国际葡萄酒设备技术暨葡萄果蔬种植展览会，其中，每隔一年在宁夏银川市举办一次。展会吸引了来自法国、意大利、德国、以色列等国内外葡萄专业参展商参展，展示了葡萄园机械、酿酒设备等葡萄产业链各环节的设备，同时开展交流活动。

2013 年 4 月，由自治区林业局、宁夏葡萄花卉产业发展局、中国食品土畜进出口商会酒类进出口商分会共同主办的列级酒庄发展论坛在银川举行。2019 年 9 月，贺兰山东麓葡萄酒旅游嘉年华活动在西鸽酒庄开幕。在活动现场，全国政协副主席梁振英揭晓了中国最佳葡萄酒旅游产区评选活动结果，宁夏贺兰山东麓葡萄酒产区获得中国最佳葡萄酒旅游产区称号。

第四章

产区酒庄（企业）

■ 第一节　列级酒庄

2013 年，宁夏在全国开创性地提出酒庄列级化管理制度。宁夏回族自治区人民政府办公厅印发实施了《宁夏贺兰山东麓葡萄酒产区列级酒庄评定管理暂行办法》（宁政办发〔2013〕178 号），明确了列级酒庄的评选条件、等级划分、申报程序及评分标准。经过两年的实施后，结合实施过程中发现的问题及宁夏葡萄酒产业发展实际，自治区人民政府于 2015 年对《宁夏贺兰山东麓葡萄酒产区列级酒庄评定管理暂行办法》做了局部修订，2016 年 3 月，自治区人民政府办公厅印发实施了修订后的《宁夏贺兰山东麓葡萄酒产区列级酒庄评定管理办法》（宁政办发〔2016〕17 号），规定：列级酒庄施行五级制，分别为一级酒庄、二级酒庄、三级酒庄、四级（优质）酒庄、五级（旅游）酒庄，一级为最高级别。各酒庄每 2 年参加评选 1 次，实行逐级评定晋升；晋升到一级酒庄后，每 10 年参加评选 1 次。

截至 2020 年，自治区分别开展了 2013 年度、2015 年度、2017 年度、2019 年度共 4 次列级酒庄评定工作，共评定出 47 家列级酒庄，其中二级列级酒庄 3 家、三级列级酒庄 7 家、四级列级酒庄 21 家、五级列级酒庄 16 家。

一、列级酒庄历年评定结果

1. 2013 年度评定结果

2013 年共计 10 家酒庄被评定为五级列级酒庄：玉泉国际酒庄、志辉源石酒庄、贺兰晴雪酒庄、巴格斯酒庄、原歌酒庄、张裕摩塞尔十五世酒庄、兰一酒庄、禹皇酒庄、类人首酒庄、铖铖酒庄。

2. 2015 年度评定结果

2015 年新晋五级列级酒庄 11 家，晋级四级列级酒庄 5 家。

四级列级酒庄：贺兰晴雪酒庄、玉泉国际酒庄、铖铖酒庄、志辉源石酒庄、巴格斯酒庄。

五级列级酒庄：贺东庄园、立兰酒庄、迦南美地酒庄、森淼·兰月谷酒庄、长城云漠酒庄、天骏利思酒庄、阳阳国际酒庄、留世酒庄、御马酒庄、银泰酒庄、宝实酒庄。

3. 2017 年度评定结果

2017 年新晋五级列级酒庄 15 家，晋级四级列级酒庄 9 家，晋级三级列级酒庄 3 家。

三级列级酒庄：贺兰晴雪酒庄、志辉源石酒庄、巴格斯酒庄。

四级列级酒庄：贺东酒庄、兰一酒庄、天骏利思酒庄、张裕摩塞尔十五世酒庄、长城云漠酒庄、立兰酒庄、森淼·兰月谷酒庄、留世酒庄、迦南美地酒庄。

五级列级酒庄：米擒酒庄、蒲尚酒庄、名麓酒庄、金元酒庄、德龙酒庄、新牛酒庄、保乐力加酒庄、金沙湾酒庄、红粉佳荣酒庄、贺兰芳华酒庄、蓝赛酒庄、圣路易·丁酒庄、海香苑酒庄、美御酒庄、汇达酒庄。

4. 2019 年度评定结果

2019 年新晋五级列级酒庄 11 家，晋级四级列级酒庄 17 家，晋级三级列级酒庄 6 家，晋级二级列级酒庄 3 家。

二级列级酒庄：贺兰晴雪酒庄、志辉源石酒庄、巴格斯酒庄。

三级列级酒庄：立兰酒庄、留世酒庄、天骏利思酒庄、玉泉国际酒庄、铖铖酒庄、迦南美地酒庄。

四级列级酒庄：美贺庄园、贺兰神酒庄、米擒酒庄、蒲尚酒庄、保乐力加酒庄、名麓酒庄、蓝赛酒庄、汇达酒庄、圣·路易丁酒庄、金沙湾酒庄、宝实酒庄、新牛酒庄、海香苑酒庄、原歌酒庄、贺兰芳华酒庄、禹皇酒庄、御马酒庄。

五级列级酒庄：西鸽酒庄、长河翡翠酒庄、华昊酒庄、维加妮酒庄、和誉新秦中酒庄、新慧彬酒庄、沃尔丰酒庄、东方裕兴酒庄、罗山酒庄、天得酒庄、红寺堡酒庄。

二、列级酒庄名录

1. 二级列级酒庄（3 家）

贺兰晴雪酒庄、志辉源石酒庄、巴格斯酒庄。

2. 三级列级酒庄（7 家）

贺东庄园、立兰酒庄、留世酒庄、天骏利思酒庄、西夏王玉泉国际酒庄、铖铖酒庄、迦南美地酒庄。

3. 四级列级酒庄（21 家）

美贺庄园、贺兰神酒庄、米擒酒庄、蒲尚酒庄、保乐力加酒庄、名麓酒庄、蓝赛酒庄、汇达酒庄、圣路易·丁酒庄（法塞特）、金沙湾酒庄、宝实酒庄、新牛酒庄、海香苑酒庄、原歌酒庄、贺兰芳华酒庄、禹皇酒庄、张裕摩塞尔十五世酒庄、兰一酒庄、森淼·兰月谷酒庄、长城天赋酒庄、御马酒庄。

4. 五级列级酒庄（16 家）

西鸽酒庄、长河翡翠、华昊酒庄、维加妮酒庄、和誉新秦中酒庄、沃尔丰酒庄、东方裕兴酒庄、罗山酒庄、天得酒庄、红寺堡酒庄、新慧彬酒庄、红粉佳荣酒庄、类人首酒庄、阳阳国际酒庄、银泰酒庄、金元酒庄。

■ 第二节　获得国家、自治区农业产业化重点龙头企业及国家级旅游景区的酒庄名录

序号	企业（酒庄）名称	被认定为国家级农业龙头企业的年份	被认定为自治区级农业龙头企业的年份	被认定为国家级旅游景区的等级及年份
1	西夏王葡萄酒业	2002 年/2003 年/2006 年/2007 年/2009 年/2018 年	2001 年/2005 年/2007 年/2009 年/2011 年/2017 年/2019 年	
2	御马国际酒庄	2011 年/2018 年	2003 年/2005 年/2009 年/2011 年/2019 年	
3	长城天赋酒庄		2017 年/2019 年	3A 级旅游景区2019 年

（续）

序号	企业（酒庄）名称	被认定为国家级农业龙头企业的年份	被认定为自治区级农业龙头企业的年份	被认定为国家级旅游景区的等级及年份
4	类人首酒庄		2010 年/2013 年/2017 年/2019 年	
5	贺兰神酒庄		2019 年	
6	立兰酒庄		2017 年/2019 年	2A 级旅游景2018 年
7	华昊酒庄		2009 年/2011 年/2017 年/2019 年	
8	汇达酒庄		2017 年/2019 年	
9	贺东庄园酒庄		2017 年/2019 年	3A 级旅游景区2016 年
10	张裕摩塞尔十五世酒庄			4A 级旅游景区2015 年
11	志辉源石酒庄		2017 年/2019 年	4A 级旅游景区2020 年
12	玉泉国际酒庄			3A 级旅游景区2019 年
13	禹皇酒庄		2017 年	
14	罗山酒庄		2017 年/2019 年	
15	天得酒庄		2019 年	
16	德福酒庄		2011 年/2017 年/2019 年	
17	凯仕丽酒庄		2009 年/2011 年/2019 年	
18	红粉佳荣酒庄		2017 年/2019 年	
19	鹏胜臻麓酒庄		2019 年	
20	中贺酒庄		2017 年/2019 年	
21	紫尚酒庄		2017 年	
22	西鸽酒庄			3A 级旅游景区2019 年
23	原歌酒庄			2A 级旅游景区2017 年
24	贺东庄园（贺东葡萄酒小镇）		2019 年	3A 级旅游景区2016 年
25	贺金樽酒庄			2A 级旅游景区2020 年
26	格莉其酒庄			2A 级旅游景区2020 年

■ 第三节 产区酒庄（企业）介绍

一、石嘴山产区（2个）

1. 贺东庄园酒庄

贺东庄园酒庄位于大武口区大汝路西（长胜办事处大汝路 655 号），始建于 1997 年，总占地 3040 亩，酿酒葡萄面积 2000 亩，建筑面积 2 万米²，年葡萄酒加工能力 900 吨，已完成投资 3 亿元，种植赤霞珠、品丽珠等9个葡萄品种。贺东庄园用行动践行"打造国际最具收藏价值的红酒品牌"的理念，坚持按照有机标准实施基地管理，实现源头控制、过程控制和终端控制。"贺东庄园"品牌系列产品获得国际葡萄酒赛事大奖一百余项。

2. 西御王泉酒庄

西御王泉酒庄位于惠农区燕子墩乡罗家园，是集葡萄苗木研发、葡萄种植、葡萄采摘园、葡萄酒酿造加工、酒窖储藏、葡萄酒在休闲旅游、葡萄酒文化推广等为一体的特色休闲农业葡萄酒庄。酒庄从2012年开工建设，总规划面积5000亩，至今完成葡萄种植面积3000亩，建筑面积8000米²，年葡萄酒加工能力300吨，产品品牌为"西御王泉"，并经石嘴山市农牧局授权使用"珍硒石嘴山"品牌。2018年酒庄获自治区休闲农业示范点。

二、贺兰产区（13个）

1. 贺金樽酒庄

贺金樽酒庄位于贺兰金山国际葡萄产业试验区，葡萄种植面积为600亩，占地面积为15亩，建筑面积为5000多米²，年葡萄酒加工能力为700吨，是"贺兰红"大单品生产酒庄之一。酒庄秉承自然酿造的原则，在葡萄酒酿造工艺上集合了"重力酿造""低温浸渍""干冰酿造"等先进酿造技艺；采用法国、意大利等先进设备，精益求精、尊重自然与风土。酒庄打造的国际酿造团队对葡萄酒的酿造，重点在葡萄酒口感、香气、酒体等方面，并针对国内消费者饮用习惯，集中突破、匠心酿造，以求为国人的餐桌奉献健康之作。

2. 沃尔丰酒庄

沃尔丰酒庄成立于2013年，位于贺兰金山，规划面积为3300亩，酒庄建设用地为26亩，已建成酿酒车间、酒窖、品酒大厅等共计面积9000米²，年葡萄酒加工能力为300吨，已种植600亩酿酒葡萄，有赤霞珠、美乐、品丽珠、霞多丽等6个品种。酒庄共有"兰山图"等4个品牌葡萄酒，兰山图系列干红葡萄酒在国内外葡萄酒比赛中荣获15个奖项。2019年12月，酒庄获评"宁夏贺兰山东麓葡萄酒产区五级酒庄"。

3. 银色高地酒庄

银色高地酒庄成立于2007年，位于贺兰县洪广镇金山村，葡萄种植面积为800亩，年产能葡萄酒180吨。酒庄的经营理念是"要做就做最好的"，注重葡萄酒的品质和品牌的延续传承，是第一家被英国葡萄酒作家杰西斯·罗宾逊收录入《世界葡萄酒地图》的中国酒庄。酒庄葡萄酒已出口至法国、英国、加拿大等15个国家。作为宁夏第一家采用生物动力法的酒庄，银色高地酒庄正在探索一条具有亚洲特色，具备宁夏地域特征，吸纳法国传统酿造技艺的中国葡萄酒酿造之路。

4. 宁夏圆润酒庄

宁夏圆润酒庄位于贺兰金山林场，始建于2002年，总占地面积5000亩，已种植酿酒葡萄面积1500亩，有马瑟兰、品丽珠、赤霞珠等16个品种，年葡萄酒加工能力700吨。"圆融"品牌系列葡萄酒于2010年正式推向市场。多年来，酒庄秉承品质至上，坚持种好树、酿好酒、以品质铸就品牌的经营理念，产品遵循自然状态，极力表达葡萄本身拥有的潜力。酒庄所酿造的葡萄酒均是精选十年以上树龄葡萄，采用法国传统发酵工艺，并经橡木桶陈酿而成。葡萄酒颜色靓丽，果香馥郁、纯正，口感圆润、酒体平衡、回味绵长，彰显了风土特色。自2015年以来，"圆润"葡萄酒先后在国内外葡萄酒大赛中获得52项大奖，其中国际大金奖2项、金奖31项，国内大金奖2项、金奖15项。酒庄自行研发成果取得6项专利，硕果累累。

5. 宁爵酒庄

宁爵酒庄成立于2013年，位于贺兰县南梁台子典农河畔，距银川市中心13千米。酒庄主栽品种赤霞珠、蛇龙珠、品丽珠，树龄均超过10年。酒庄由宁夏海辰集团独家投资，目前已建成地下酒窖

2000 米², 生产车间 1950 米², 主楼 3300 米², 品酒中心 1500 米², 科研、综合办公楼 3500 米², 会所 3500 米², 辅助建筑 250 米²。酒庄年葡萄酒加工能力为 450 吨。生态园占地面积 3000 亩, 包括优质酿酒葡萄种植基地, 鲜食葡萄观光采摘园, 多种果木园林, 以及无公害水产养殖基地。

6. 金元酒庄

金元酒庄位于贺兰金山, 于 2016 年 1 月注册成立。酒庄自 2012 年开始与自治区农业综合开发办公室和中国农科院植物研究所合作, 在金元农场培育种植野生根北玫、北红酿酒葡萄, 面积为 300 亩。它具有抗逆、免埋、抗病能力强等特点。2015 年酒庄建成, 酿造车间面积为 2100 米², 地下酒窖面积为 1050 米², 年葡萄酒生产能力为 75 吨, 2016 年投入使用。

7. 原歌酒庄

原歌酒庄位于贺兰金山, 成立于 2010 年, 是一家集有机葡萄种植、葡萄酒酿造、销售及旅游观光为一体的生态葡萄酒庄园。酒庄占地 1100 亩, 建成酿酒车间及地下酒窖 2200 米², 品酒及展示大厅 350 米², 旅游接待中心为 1200 米²; 年葡萄酒加工能力为 250 吨; 拥有完善的葡萄酒评鉴、休闲垂钓、特色餐饮等旅游接待设施。2016 年 6 月 8 日酒庄成功在新三板挂牌, 2019 年晋升为贺兰山东麓四级列级酒庄。酒庄已在布鲁塞尔、英国品醇客等葡萄酒质量大赛上斩获 40 余项大奖。

8. 嘉地酒庄

嘉地酒庄, 英文名称 Jade Vineyard, 寓意一块美玉, 坐落在贺兰金山试验区。酒庄占地 330 亩, 葡萄园种植面积为 225 亩, 建筑面积为 6000 米², 年葡萄酒加工能力为 150 吨。嘉地酒庄始终以国际标准为标杆做中国好葡萄酒, 尊重自然, 力求展现中国风土特色。

9. 莱恩堡酒庄

莱恩堡酒庄由莱恩堡投资控股集团控股, 2015 年投资建设, 2019 年建成, 位于贺兰金山试验区。酒庄项目整体占地 220 亩, 酿酒葡萄种植区占地 180 亩、酒堡占地 10 亩。酒庄建设面积为 5920 米², 主要栽植赤霞珠、品丽珠、美乐等 5 个酿酒葡萄品种, 设计年生产能力为 200 吨, 主要品牌为 "莱恩堡"。

10. 夏木酒庄

夏木酒庄位于贺兰金山试验区, 于 2013 年开始, 建设人员拓荒垦地, 进行建设。目前酒庄占地 300 亩, 已建设葡萄园 220 亩, 种植有赤霞珠、美乐、马瑟兰、维欧尼 4 个品种。酒庄在坚持有机、科学种植的基础上追求自然农法精神, 亩产量严格控制在 300 千克左右。该酒庄包括重力法酿造车间、金字塔型能量酒堡以及 12 间星空民宿。在夏木酒庄, 人们可以看到贺兰山的著名景观 "佛面山"。此处还是贺兰山脉的日落点。夏秋时节, 夕阳的晖晕使佛面山呈现出别样的光影, 给夏木酒庄增添了魅力, 恰好暗合了夏木酒庄的法语名称 "Charme (魅力)" 这个词。

11. 塞北乐奇葡萄酒庄

塞北乐奇葡萄酒庄成立于 2014 年, 位于贺兰县金山乡。酒庄取得建设用地 5.96 亩, 已建成酒堡面积 2000 米², 生产酿造车间面积为 400 米², 酒窖为 300 米², 罐容为 100 吨, 年产葡萄酒为 50 吨。塞北乐奇葡萄酒庄秉持国产、纯酿、酒庄酒的宗旨, 不断提升葡萄酒品质, 主要满足市场专属定制需求。

12. 麓哲菲葡萄酒庄

麓哲菲葡萄酒庄位于贺兰县洪广镇金鑫村, 2013 年建园, 总面积为 235 亩, 主要品种有赤霞珠、马瑟兰、西拉, 全部采用有机种植。2018 年酒庄正式投产, 酒庄占地面积为 15 亩, 总建筑面积为 3000 米², 设计年葡萄酒产能为 85 吨, 并具备旅游接待功能。酒庄葡萄酒的生产严格按 ISO9001 国际质量体系和 HACCP (危害分析及关键控制点) 体系要求执行, 确保产品质量 100% 合格。"麓哲菲" 红酒多次荣获国际国内大赛金银奖。

13. 仁益源酒庄

仁益源酒庄位于贺兰金山试验区 7 号地, 占地约 30 亩, 已种植葡萄面积为 3000 亩, 葡萄树树苗为 10 年苗；主要种植品种有马瑟兰、赤霞珠、西拉、美乐、品丽珠、霞多丽等。酒庄始建于 2010 年，年葡萄酒加工能力为 800 吨。目前酒庄总投资已超过 2 亿元，建筑面积为 6000 米²。目前该酒庄已注册上市的葡萄酒品牌有画峰、湖城珍珠、樊素、兰玺等。酒庄的葡萄酒生产由中国农业大学段长青教授及其团队指导，已形成酒庄独有的葡萄酒风格。仁益源酒庄葡萄酒产品于 2018 年在法国吉尔伯特 & 盖拉德国际大奖赛中荣获两金一银三个奖项，2019 亚洲品醇客葡萄酒大赛银奖，2019 中国·国际马瑟兰葡萄酒大赛银奖，2019 年中国酒业金樽奖银奖，2019 酒业家年度单品及年度新品，中国商报、中国改革报先后整版报道了该酒庄发展典型事迹。

三、西夏产区（26 个）

1. 志辉源石酒庄

志辉源石酒庄位于银川市西夏区镇北堡镇昊苑小产区，由宁夏志辉实业集团投资，2008 年开始建设，逾时 6 年全力打造完成。酒庄占地面积为 2050 亩，其中葡萄种植园为 2000 亩，有赤霞珠等 5 个酿酒葡萄品种。酒堡占地面积为 50 亩，建筑总面积为 1.3 万米²，年葡萄酒产能为 400 吨。酒庄园区内种植 300 多种树木植物，是宁夏地区目前树木种类最丰富的园区。志辉源石酒庄是集葡萄种植、葡萄酒生产加工、销售、旅游为一体的综合性企业。酒庄自 2014 年投入运营以来，所产的葡萄酒共有"山"和"石岱"两个系列品牌，"山之魂"为主要产品。酒庄屡获殊荣，2014 年入选第六批国家文化产业示范基地目录。

2. 宁夏张裕摩塞尔十五世酒庄

宁夏张裕摩塞尔十五世酒庄位于宁夏银川经济技术开发区，自建葡萄园面积 900 亩，在青铜峡有联建基地面积 4500 亩，葡萄酒年产量为 6000 吨。酒庄由烟台张裕公司 2010 年建成投产，建筑面积为 1.5 万米²，是集葡萄种植、高档酒酿造、葡萄酒文化展示、葡萄酒品鉴、会议接待和旅游观光于一体的高档综合型葡萄酒庄园。

3. 贺兰晴雪酒庄

宁夏贺兰晴雪酒庄成立于 2005 年，是中国知名精品特色小酒庄之一，位于西夏区西夏广场西侧。酒庄引种法国 16 个品系的酿酒葡萄，种植面积为 200 多亩，年生产葡萄酒 50 吨。2011 年度品醇客世界葡萄酒大赛中，加贝兰 2009 荣获最高奖项——国际特别大奖。

4. 留世酒庄

留世酒庄成立于 2013 年，坐落于宁夏著名风景区西夏王陵旁。酒庄建筑面积为 800 米²，葡萄园面积为 300 亩，种植葡萄品种以赤霞珠和美乐为主，主要葡萄酒品牌为"留世"。酒庄葡萄酒年产量约为 9.3 万瓶。留世酒庄的葡萄园是产区极少数拥有超过 19 年树龄葡萄藤的庄园之一，是自治区乃至全国不可多得的酿酒葡萄基地。

5. 美贺庄园

美贺庄园由美的控股，于 2012 年投资建设，2016 年建成投产，位于银川市西夏区镇北堡镇西北影视城西侧四千米处，毗邻瑞信温泉小镇，处于银川市西部旅游的中心。酒庄项目整体占地面积为 1800 亩，酿酒葡萄种植区面积为 1500 亩，酒堡占地面积为 17.5 亩，酒庄建设面积为 1 万米²，主要栽植赤霞珠、马瑟兰等 7 个酿酒葡萄品种，设计年生产能力 500 吨，主要葡萄酒品牌为"美贺庄园"。

6. 米擒酒庄

米擒酒庄位于宁夏银川市北京路西夏风情园旅游区内，拥有 800 亩自主经营葡萄种植园，主要葡萄酒品种为赤霞珠等 3 个品种，葡萄酒年产量约为 8.4 万瓶，主要品牌为"米擒"。酒庄总建筑面积为 3658 米²，风格与西夏风情园旅游区整体建筑风格相呼应，由会员区、餐饮区、会议区及住宿区组成，可满足 60 人以内的餐饮及会议培训需求，是休闲度假的绝佳去处。

7. 迦南美地酒庄

迦南美地酒庄位于银川市西夏区北京西路西夏广场北侧，成立于 2011 年 6 月，酒庄占地 275 亩，建筑面积为 1500 米²，种植葡萄面积为 250 亩，主要按照良好农业规范（简称 GAP）进行种植管理，品种为赤霞珠、霞多丽、雷司 3 个经典品种，年生产各类葡萄酒 8.5 万瓶。酒庄的主要葡萄酒品牌"迦南美地"干红、干白葡萄酒多次在国内外酒展和酒评中获得各项大奖。迦南美地酒庄的干红、干白葡萄酒近年来已出口到了德国、英国、澳大利亚、加拿大，以及中国香港和澳门地区。

8. 铖铖酒庄

铖铖酒庄位于西夏区镇北堡镇昊苑村，总面积为 110.67 亩，其中酿酒葡萄种植面积约为 100 亩，酒庄占地面积约为 10.67 亩，建筑面积为 1100 米²。酒庄注册成立于 2006 年 3 月，本着小量生产精工酿造的原则，定位高端葡萄酒，打造中国宁夏高端酒庄品牌，主要品牌为"静嘉"。

9. 蒲尚酒庄

蒲尚酒庄于 2009 年建园，位于银川市西夏区镇北堡镇昊苑村，2013 年投入生产，总面积为 230 亩，种植酿酒葡萄 200 亩，酒庄功能区面积为 30 亩。酒庄建筑占地面积为 1000 米²，总建筑面积为 2000 米²，设计年葡萄酒产能 80 吨，目前产量为 40 吨。酒庄寓意为好的葡萄酒首先源于好的原料，因此葡萄必须为"尚"品。其次，酒庄在酿造中崇尚做好酒，做有特色的酒，做有贺兰山东麓葡萄酒产区代表性的酒，做有德行的企业。

10. 和誉新秦中酒庄

和誉新秦中酒庄地处西夏区影视城向南 2 千米云山路，占地面积为 600 多亩。酒庄建筑占地面积为 15 亩，总建筑面积为 2 万米²，年葡萄酒产量为 200 吨。酒庄筹建于 2012 年，于 2016 年正式投产，主要的葡萄酒品牌为"和誉"。酒庄拥有集葡萄栽培、葡萄酒酿造、葡萄酒文化传播于一体的产业链运营体系，是集种植、酿酒、旅游、住宿、餐饮、休闲度假为一体的综合性酒庄。

11. 嘉麓酒庄

嘉麓酒庄拥有优质酿酒葡萄种植基地 230 亩，主要种植赤霞珠、梅鹿辄等优质酿酒葡萄品种。葡萄酒基地占地面积为 230 余亩，酒庄建筑面积为 3000 米²，建设有 800 米² 的恒温酒窖，年产葡萄酒 2.5 万瓶。酒庄可为游客提供地道纯正的农家时尚餐饮和宁静舒适的休息客房。

12. 贺兰珍堡酒庄

贺兰珍堡酒庄建于 2010 年，位于西夏区镇北堡德林村北侧。酒庄总建筑面积为 9000 米²，地下酒窖面积为 3000 米²，年葡萄酒产能为 600 吨，主要葡萄酒品牌为"贺兰珍堡"。

13. 名麓酒庄

名麓酒庄全称为名麓·爱普斯卡酒庄（寓意为著名的贺兰山东麓葡萄产区内的有机葡萄酒庄园），成立于 2014 年，位于银川市西夏区镇北堡镇昊苑村，在 110 国道以西约 1.2 千米。酒庄总占地面积为 200 亩，种植葡萄面积为 150 亩，建筑面积为 2330 米²，年葡萄酒产能为 48 吨，主要葡萄酒品牌为"名麓"。

14. 九月兰山酒庄

九月兰山酒庄于 2009 年创立，位于西夏区西夏广场西侧 600 米处，有葡萄园 300 亩，是一个传统的家族式酒庄。酒庄葡萄酒年产量约 6.5 万瓶，主要品牌为"兰山玉卓"，还有"玉蕊""玉洁"品牌。"兰山玉卓"品牌寄托着酒庄创始人一份深厚的情感。

15. 蓝赛酒庄

蓝赛酒庄成立于 2014 年，位于西夏区镇北堡昊苑村，葡萄园面积为 200 亩，年产"蓝赛"系列葡萄酒约 6 万瓶。酒庄建筑面积为 2880 米²，由庄主亲自设计，风格上吸收了山西乔家大院的建筑风格，外表大气，细节入微讲究。庄园中的草木砖瓦无一不凝聚着庄主的心血和汗水。

16. 宝实酒庄

宝实酒庄建于 2012 年，位于银川市西夏区镇北堡镇昊苑村，葡萄园面积为 54 亩，酒庄建筑面积为 464 米^2。酒庄的主要葡萄酒品牌为"宝实·颂之"赤霞珠干红葡萄酒、"宝实·知之"马瑟兰干红葡萄酒、"宝实·倾之"干红葡萄酒、"昊苑宝石红"干红葡萄酒，年产葡萄酒约 4.5 万瓶。

17. 新牛酒庄

新牛酒庄于 2012 年建成并投产，位于银川市西夏区镇北堡林草试验场五号地南，南邻影视城，西靠 110 国道。酒庄总面积为 230 亩，葡萄种植面积为 200 亩。酒庄建筑总面积为 3600 米^2，同时规划建设休闲度假中心，占地面积约为 200 亩，可接待 100 人住宿，300 人就餐。园区内设置有餐饮娱乐、住宿、垂钓、篮球、足球、拓展训练、会议培训等内容。目前园区是国家五星休闲示范企业，自治区五星休闲农庄。

18. 海香苑酒庄

海香苑酒庄位于西夏区镇北堡镇昊苑村村委会北侧，建于 2011 年，总占地面积为 63 亩，葡萄种植面积为 55 亩，酒庄建筑面积为 2000 米^2，包括：生产车间 200 米^2，地下酒窖 300 米^2，葡萄酒陈列及葡萄酒文化展厅 100 米^2，专业葡萄酒品酒室 100 米^2，接待中心 200 米^2，餐厅及办公区 300 米^2。酒庄年葡萄酒产能为 15 吨。

19. 兰一酒庄

兰一酒庄位于西夏区镇北堡镇，于 2009 年投资建设，年葡萄酒产能为 100 吨，酒窖面积为 500 米^2，可储存葡萄酒 90 吨。酒庄拥有土地 1000 多亩，2012 年引进法国脱毒种苗，已种植酿酒葡萄 600 多亩，主要品牌"兰一"系列葡萄酒多次获国内外大奖。

20. 博纳佰馥酒庄

博纳佰馥酒庄建于 2011 年，位于西夏区北京西路旁，葡萄园面积为 100 亩，年葡萄酒产量约 1.6 万瓶。酒庄名字中的"博纳"取自法国勃艮第大区的葡萄酒核心小镇 Beaune，"佰馥"意指香气 Aroma。酒庄希望在宁夏贺兰山东麓可以酿造出具有这片土地特色的美酒。

21. 西夏开福酒庄

西夏开福酒庄成立于 2011 年，位于西夏区西夏广场东侧，葡萄园面积为 100 亩，年葡萄酒产量约 4 万瓶。酒庄名字中的"开福"，顾名思义源自中国的"福"文化，即以追求紫色梦想、开福醉心为理念，以健康、高雅、追求幸福、开门见山、开口即福、打开幸福之门为来源。

22. 贺兰亭酒庄

贺兰亭酒庄建于 2012 年，位于银川市西夏区昊苑村，总面积为 200 亩，葡萄种植面积为 192 亩，酒庄建筑总面积为 1500 米^2。酒庄地下一层为瓶储间及酒窖，地上一层用于生产系统，地上二层为办公、产品展示、洽谈等功能区。绿化、道路等其他用地面积为 30 亩。酒庄年产各类优质葡萄酒 15 吨。

23. 兰贝酒庄

兰贝酒庄位于银川市西夏区镇北堡镇昊苑村，总面积为 203 亩，其中葡萄种植园面积为 200 亩。酒庄区域主要分为有机葡萄种植园，葡萄酒发酵、灌装、储存、产业文化观光等功能区域。酒庄自 2010 年开始种植酿酒葡萄，2013 年酒堡开工建设，设计年葡萄酒产能 5 万瓶。酒庄坚持"大产区、小酒庄"的经营理念，主要致力于酒庄的酿造生产。

24. 尊尚酒庄

尊尚酒庄建于 2014 年，位于宁夏银川市西夏区镇北堡镇德林村村委会北侧 500 米处，占地面积为 210 亩，其中葡萄（赤霞珠）种植面积为 200 亩，酒庄占地为 10 亩，总建设面积为 3061 米^2（酒窖 400 米^2，酿造车间 420 米^2），年葡萄酒产能为 75 吨。

25. 贺麓酒厂

贺麓酒厂由北京圣达美隆投资管理有限公司和宁夏农林科学院枸杞研究所（有限公司）于 2010 年 7 月合资组建。厂区位于宁夏银川市西夏区芦花台宁夏枸杞研究所内，占地 40 余亩，建筑面积为 1720 米^2，罐储能力 7000 吨，年发酵葡萄原酒 4000 吨，拥有 2000 吨葡萄酒灌装生产线。贺麓酒厂依托枸杞研究所 8000 余亩近 20 年树龄的酿酒葡萄基地的优质葡萄和先进的管理技术，拥有"麓合缘"等自主葡萄酒品牌 4 个，年销售葡萄酒 300 吨。

26. 御坊酒庄

御坊酒庄成立于 2000 年，位于西夏区新小线 3.5 千米处宁夏森灏园艺旅游开发有限公司（原宁夏农林科学院园艺研究所）基地内，前期是手工小酒厂，属于国有企业。酒厂于 2014 年与宁夏东升科工贸有限公司共同出资建立宁夏御坊酒庄有限公司，建设用地面积为 12 亩，已建成 3600 米² 酒庄、酒窖，厂房面积为 996 米²。酒庄现有酿酒葡萄园栽培面积 500 亩。年葡萄酒生产规模为 200 吨。酒庄名字寓意为："御"即传承，"坊"即作坊，遵循古制。

四、金凤区（2 个）

1. 利思葡萄酒庄

利思葡萄酒庄位于银川市金凤区，占地面积约为 1200 亩，已种植葡萄 500 亩，有机葡萄栽植面积为 270 亩（在认证）；树苗为当年苗至 10 年苗；主要品种有马瑟兰、赤霞珠、西拉、梅乐、霞多丽等。酒庄始建于 2013 年；建筑面积为 4300 米²，年葡萄酒加工能力为 100 吨。截至 2019 年年底，酒庄总投资超过 9000 万元。葡萄酒生产严格按照 GB/T15037 标准及 ISO9001：质量体系认证标准，确保产品质量 100％合格。利思酒庄所酿"Li's"系列葡萄酒多次斩获包括国内外大赛金奖在内的百余项国内国际大奖。酒庄产品荣登法国"贝丹-德索"全球葡萄酒大师品鉴班用酒之列。截至 2019 年年底，利思葡萄酒庄可采摘原料基地为 500 亩，年均酿酒产能为 80 吨左右。

2. 森淼·兰月谷酒庄

森淼·兰月谷酒庄位于银川市金凤区森淼生态旅游区，有酿酒葡萄种植面积 300 余亩，主要品种为威代尔和赤霞珠；始建于 2010 年，现年葡萄酒生产能力为 400 吨，配套有前处理车间、发酵车间、灌装车间、酒窖、成品库、化验室等功能区，备有智能温控系统等设备，采用特殊工艺、精确控制工艺流程；建有集贺兰山东麓葡萄酒示范、展销、品鉴及旅游观光为一体的示范展销厅 5389 米²；投资规模达 5000 多万元；葡萄酒生产严格按照 GB/T19630 产品标准、ISO9001 标准要求执行，确保产品质量 100％合格。森淼·兰月谷酒庄的发展理念是：做"中国老百姓爱喝的葡萄酒"。酒庄在强化干红葡萄酒品牌的基础上，形成独特的国际一流的冰酒产品，逐步建成以"冰酒"为主题的特色酒庄。森淼·兰月谷酒庄所酿"兰月谷"系列葡萄酒多次斩获国内外大赛金奖等百余项。

五、永宁产区（20 个）

1. 中粮长城天赋酒庄

中粮长城天赋酒庄位于银川市永宁县闽宁镇云漠路 1 号，是中粮集团旗下的全资子公司，创立于 2010 年，总投资为 3.4 亿元。酒庄占地面积 2.26 万亩，主体建筑面积为 4.3 万米²，生产车间面积为 2 万米²，地下酒窖面积为 7000 米²，设计产能 2 万吨，年产葡萄酒 3000 吨，已建成葡萄园 5000 亩，栽培赤霞珠、马瑟兰、梅鹿辄等 20 余个品种，主要葡萄酒品牌为"天赋"系列。自 2013 年至今，酒庄葡萄酒获国内外各类葡萄酒赛事 130 余项大奖。

2. 贺兰神国际酒庄

贺兰神国际酒庄位于银川市永宁县闽宁镇，占地面积约为 10 万亩，已种植葡萄 5 万亩，有机葡萄栽植面积为 3 万亩；葡萄苗为当年苗至 10 年苗；主要葡萄酒品种有：马瑟兰、赤霞珠、贵人香、西拉、雷司令、梅乐、黑比诺、贺兰神 1 号、蛇龙珠、品丽珠、塔明娜等。酒庄始建于 2012 年；建筑面积为 3.5 万米²，年葡萄酒加工能力为 5000 吨。截至 2019 年年底，酒庄总投资超过 22 亿元；葡萄酒生产严格按照 GB/T19630 有机产品标准、JAS 日本有机农业标准、EC 834/2007 与 EC889/2008

欧盟等有机标准及 ISO9001：2008 国际质量体系认证标准要求执行，确保产品质量 100%合格。贺兰神国际酒庄所酿"贺兰神"系列葡萄酒多次斩获国内外大赛金奖等百余项。酒庄葡萄酒产品荣登法国"贝丹-德索"全球葡萄酒大师品鉴班用酒之列。截至 2019 年年底，贺兰神国际酒庄可采摘原料基地近 10000 亩，年均酿酒 2000 吨左右。

3. 西夏王酒业有限公司

西夏王酒业有限公司是宁夏农垦集团独资子公司企业，位于银川市永宁县玉泉营葡萄小镇，拥有葡萄园面积 6 万亩，葡萄树最长树龄达 30 年。酒庄始建于 1984 年，占地面积为 11.3 公顷，建筑总面积为 3.6 万米^2，葡萄酒加工能力为 4.5 万吨。多年来，酒庄的"西夏王"系列葡萄酒先后在国内外荣获 300 多项奖项。

4. 保乐力加（宁夏）葡萄酒酿造有限公司

保乐力加（宁夏）葡萄酒酿造有限公司位于永宁县玉泉营农场永黄公路南侧，是保乐力加集团在中国银川独资建立的生产型公司。酒庄始建于 1997 年，2012 年由保乐力加集团全资收购，总投资额为 16505.8 万元，年葡萄酒加工能力为 1.5 万吨，拥有 6000 亩葡萄园，葡萄树树龄达到 20 年以上，主要有赤霞珠、梅洛、霞多丽等 9 个品种。在 7 个国家和地区举行的知名国际比赛中，酒庄葡萄酒获得超过 300 项奖项，主要品牌为"贺兰山"，有经典、特选、霄峰三个系列。

5. 玉泉国际酒庄

玉泉国际酒庄是宁夏农垦集团独资子公司企业，始建于 2010 年，总投资为 1.3 亿元，位于银川市永宁县玉泉葡萄小镇，建筑面积为 11600 米^2，风格为宋代风格，是集葡萄种植、葡萄酒酿造、旅游、餐饮住宿、会议培训和品鉴观光为一体的精品酒庄。酒庄现有葡萄园 364 亩，树龄 4 年，主要种植品种为赤霞珠、黑比诺、马瑟兰、梅鹿辄 4 个。"外交使节"等系列产品 9 次在多次国际葡萄酒大赛中获得大奖。2014 年 12 月国务院副总理汪洋赴美国芝加哥参加中美商贸联委会，将酒庄奢藏级干红葡萄酒及其他物品作为国礼赠予美方。

6. 类人首葡萄酒庄

类人首葡萄酒庄成立于 2002 年 4 月，坐落于银川市永宁县玉泉营，有基地 1150 余亩，另有"公司＋农户"模式基地 4500 余亩。厂房面积为 7000 米^2，年葡萄酒加工能力为 2000 吨，产品有干红、干白、利口酒、冰酒及白兰地。"类人首"系列产品多次荣获国内外专业大奖。

7. 立兰酒庄

立兰酒庄成立于 2013 年，位于银川市永宁县闽宁镇原隆村，流转原隆村土地 2400 亩，建筑面积为 4800 米^2，年葡萄酒生产能力为 450 吨，种植有机葡萄园 1600 亩，主要葡萄品种有赤霞珠、美乐、霞多丽、西拉、马瑟兰，平均树龄 8 年。酒庄的"览翠"系列葡萄酒共获奖 40 余项。

8. 宁夏鹤泉葡萄酒有限公司（贺玉酒庄）

宁夏鹤泉葡萄酒有限公司（贺玉酒庄）始建于 2002 年 5 月，位于银川市永宁县玉泉营葡萄小镇，占地面积为 27600 米^2，建筑面积为 5980 米^2，设计生产能力 1 万吨。酒庄葡萄酒品种有"贺玉"牌系列干红、干白、桃红、葡萄蒸馏酒、枸杞蒸馏酒、白兰地。目前酒庄是全国最大的葡萄枸杞蒸馏酒生产企业。

9. 法塞特葡萄酒庄

法塞特葡萄酒庄坐落于贺兰山东麓黄羊滩农场，现有酿酒葡萄基地 5000 余亩。酒堡建筑风格为哥特式风格，建筑面积为 6336 米^2，年生产能力为 500 吨，"法塞特"品牌系列多次荣获国际大赛金奖。2016 年 2 月 15 日，酒庄正式在新三板挂牌，股票为宁夏地区首支登录新三板市场的酒庄股。

10. 长和翡翠酒庄

长和翡翠酒庄位于永宁县国营黄羊滩农场，始建于 2012 年，占地面积为 36 亩，总投资 1.6 亿元，建成产能 600 吨，可完成干白葡萄酒、干红葡萄酒、甜型葡萄酒、起泡葡萄酒的全过程生产。酒庄的葡萄园面积为 1236 亩，种有赤霞珠、马尔贝克、紫大夫、美乐等 12 个品种，葡萄树树龄为 8 年，是独特的多品种分地块葡萄园。酒庄建筑面积为 1 万米²，设计新颖、布局科学，用两个廊道配合上下两个空间将葡萄酒生产、储藏、艺术品展示、参观、办公、会议等功能有效地融入一个建筑物主体内，寓意"广漠平原上的巨石"。

11. 宁夏福海葡萄酒有限公司

宁夏福海葡萄酒有限公司坐落于银川市永宁县黄羊滩农场场部，成立于 2009 年 7 月，建筑面积为 5000 米²，年加工能力为 900 吨，资产总额 2800 万元。公司无自建基地，多年来一直与农垦集团黄羊滩农场公有基地达成葡萄原料供销关系。

12. 轩尼诗夏桐酒庄

轩尼诗夏桐酒庄占地面积为 1020 亩，建筑面积为 6300 米²。有别于传统酒窖，夏桐酒庄的酒窖建造于地面之上，屋顶覆盖数百吨土壤，令酒窖免受外界寒冷的侵袭，以维持恒定的温度与湿度。酒庄配备了国际一流的起泡葡萄酒生产设备，致力于在中国本土生产高端起泡葡萄酒，是国内唯一一家生产起泡酒的酒庄，年产起泡酒 50 万瓶，产品热销北京、上海、广州、深圳等一线城市。

13. 阳阳国际酒庄

阳阳国际酒庄成立于 2011 年，注册了贺牌、贺尊、贺逸、宁菲、鹊梅等品牌。贺牌葡萄酒被中国航空公司指定为国际航线的专供产品，同时成功出口日本、美国、法国等国家，获得了国际人士的一致好评。酒庄拥有 2800 亩葡萄种植基地，种植赤霞珠、蛇龙珠、梅鹿辄、黑比诺等品种，具有年 2000 吨发酵能力和 500 吨橡木桶陈酿能力，是集葡萄种植、葡萄酒酿造、生产、销售、葡萄酒文化展示、品鉴和旅游观光为一体的精品酒庄。

14. 兰轩酒庄

兰轩酒庄于 2009 年 8 月建庄，占地面积约为 10.3 亩，总建筑面积为 1100 米²。酒庄葡萄种植面积为 300 亩，葡萄品种有赤霞珠、梅鹿辄、马瑟兰等 5 个品种，投资额为 1800 万元，年加工能力为 90 吨。酒庄的"仙谷兰轩"系列葡萄酒连续 6 年在国内外获大赛金奖。

15. 新慧彬酒庄

新慧彬酒庄位于银川市永宁县玉泉营农场，有酿酒葡萄基地 2000 余亩，种植赤霞珠、品丽珠、西拉等 8 个品种，葡萄树树龄近 20 年。2014 年酒庄完成 5500 米² 酒庄建设，建成产能 500 吨，"尚颂堡"系列葡萄酒于 2018 年底投入市场，在多项国内外大奖赛中屡获殊荣，苏浙沪为其主要目标市场。

16. 郭公庄园

郭公庄园位于银川市永宁县玉泉营农场，于 1996 年建园，葡萄品种占比为赤霞珠 85%、美乐 15%，种植面积为 300 亩（树龄 15~23 年）。1998 年酒庄完成建设，占地面积为 10 亩，建筑面积为 7000 米²，年产木桶窖藏、珍藏、原浆系列干红 4 万瓶。

17. 兰山娇子酒庄

兰山娇子酒庄位于银川市永宁县玉泉营农场，是一家集葡萄种植、葡萄酒酿造、销售、葡萄栽培与酿造科学研究与葡萄酒文化推广于一体的酒业有限公司。酒庄葡萄基地始于 2002 年种植，种植面积为 134 亩，主要品种有蛇龙珠、赤霞珠、梅鹿辄、西拉和马瑟兰。酒庄于 2012 年建成，建筑面积为 1500 余米²，年葡萄酒生产能力为 75 吨，总投资为 280 万元。

18. 巴格斯酒庄

巴格斯酒庄位于银川市永宁县玉泉营农场，始建于 1999 年，为贺兰山东麓首家绿色人文酒庄，现为二级酒庄。酒庄拥有 2000 亩自主经营管理的优质酿酒葡萄种植园，最大树龄已有 21 年，主栽酿酒葡萄品种有赤霞珠、西拉、梅鹿辄和威代尔等。酒庄每年可酿造 20 多万瓶"巴格斯"正牌干红及冰葡萄酒，多次获得国内外各项大奖。酒庄总建筑面积为 1 万余米²，建有商务中心和金色音乐大厅，并拥有专业水平颇高的管乐团和国标舞俱乐部，定期举办"音乐节"，将高雅艺术与葡萄酒品鉴销售融为一体，对酒庄品牌建设与产品销售起了重大作用。酒庄已分别在北京、上海、珠海等一、二线城市建立了品鉴销售中心。

19. 大地吟酒庄

大地吟酒庄成立于 2011 年，位于永宁县镇沙渠，年葡萄酒生产能力为 100 吨，建成酿酒葡萄基地 100 亩，主要品种为赤霞珠、梅鹿辄。酒庄建成葡萄酒酿酒车间及酒窖 2106 米^2。

20. 贺兰红酒庄

贺兰红酒庄位于银川市永宁县闽宁镇核心区内。贺兰红葡萄园占地约 7 万亩，葡萄树树龄为当年苗至 20 年苗，主要品种有赤霞珠、马瑟兰、霞多丽、贵人香、梅乐、蛇龙珠等。酒庄始建于 2019 年，年产量为 1300 万瓶。葡萄酒生产严格按照 GB/T15037 产品标准、2008 国际质量体系认证标准要求执行。贺兰红酒庄所酿"贺兰红"干红葡萄酒入选 2019 年联合国代表餐厅采购用酒、宁夏回族自治区成立 60 周年指定用酒，被评为"25 国冠军侍酒师联合推荐—中国消费者最喜欢的葡萄酒"，荣获 2019"一带一路"国际葡萄酒大赛和第八届贺兰山东麓国际葡萄酒博览会大金奖，成为全国政协副主席梁振英提倡的"国人喝国酒"的首选葡萄酒，并荣登国宴酒单。

六、青铜峡产区（18 个）

1. 西鸽酒庄

西鸽酒庄位于吴忠青铜峡市鸽子山路一号，始建于 2017 年，建筑占地面积为 50 亩，建筑面积约为 2.5 万米^2。酒庄整体的建造理念是继承传统、与时俱进，风格为突显中国古城池特色，总投资为 4 亿元。现有葡萄园面积为 2 万亩，其中 1.5 万亩为 22 年以上树龄的老藤，主要种植品种为蛇龙珠、赤霞珠、美乐、马瑟兰、马尔贝克、霞多丽、长相思、西拉等十多个品种。酒庄产品获金奖 10 个，是"贺兰红"大单品生产酒庄，葡萄酒年产量为 1000 万瓶。

2. 密登堡葡萄酒庄

密登堡葡萄酒庄位于青铜峡市邵岗镇同富村荣欣路北侧，成立于 2013 年，酿酒基地面积为 3000 亩，葡萄种植面积为 2600 余亩。酒庄主要栽培赤霞珠、西拉、美乐、马瑟兰、霞多丽等葡萄品种。酒庄占地 40 余亩，建筑风格为哥特式建筑风格，总建筑面积为 2 万米^2，地下酒窖面积为 3000 米^2。酒庄年产高档葡萄酒 1000 吨，是一座集酿酒葡萄种植、高档葡萄酒生产、葡萄酒文化旅游、餐饮住宿于一体的综合性葡萄酒庄。

3. 贺兰芳华酒庄

贺兰芳华酒庄位于青铜峡市邵岗镇甘城子大沟村，占地面积为 700 亩，四级列级酒庄。酒庄种植葡萄始于 1998 年，主要品种有赤霞珠、蛇龙珠、梅麓辄等，第一瓶葡萄酒酿造于 2011 年。酒庄年酿酒量为 16 万瓶，葡萄树树龄为 22 年，正值"芳华"。贺兰芳华品牌自问世以来，屡获国际和国内大奖，深得 Jancis Robinson（杰西丝·罗宾逊）、Bernard Burtschy（贝尔纳·布尔奇）、Ian D'Agata（伊安·达加塔）三位世界级品酒大师的褒奖和推荐。

4. 御马酒庄

御马酒庄于 1998 年 8 月落户于宁夏青铜峡市甘城子，投资为 1.5 亿元，葡萄基地面积为 1.5 万亩，主要种植梅鹿辄、赤霞珠、黑比诺、西拉、霞多丽等酿酒葡萄品种，葡萄树的树龄在 20 年左右。酒庄建成产能 2 万吨，建筑面积约为 1.8 万米^2。酒庄的御马系列葡萄酒得到广大消费者的认可和青睐，在国内外各种比赛中屡获殊荣。

5. 禹皇酒庄

禹皇酒庄位于青铜峡市甘城子，成立于 2009 年，总投资为 1.69 亿元；酒庄集酿酒葡萄种植、酒庄酒酿造、销售、生态旅游功能于一体，现有酿酒葡萄 8205 亩，葡萄树的树龄为 11～21 年。酒庄属于古朴典雅的中式酒庄，占地面积为 50 亩，建筑面积为 16550 米^2，其中地下恒温酒窖面积为 3114 米^2，建成年葡萄酒产能为 1000 吨。禹皇酒庄始终坚持"尚德·治酒"的核心价值理念，主攻有机葡萄种植及葡萄酒生产。

6. 怡园酒庄

怡园酒庄为港商独资企业，由山西怡园酒庄有限公司投资建设，设计年优质葡萄酒产能为3000吨。酒庄位于青铜峡市大坝镇中庄村滨河大道西侧，占地面积为109亩，建筑面积为8500米²，总投资为5000万元，现已建成1000吨原酒生产规模。酒庄于2011年开始建园，葡萄基地占地面积为1097亩，于2017年投产。

7. 维加妮酒庄

维加妮酒庄成立于2014年，位于青铜峡市树新林场西沿山公路边，是集科研、葡萄种植、生产销售于一体的精品酒庄。酒庄建有葡萄园500亩，葡萄树的树龄为14年。酒庄占地10亩，建筑面积为3700米²，建成年葡萄酒产能180吨。酒庄拥有"兰山伯爵""甘鸽""维加妮"和"遇见妮"四大主营葡萄酒品牌，按照"出于自然，源于匠心"理念种好葡萄酿好酒。酒庄的"兰山伯爵"系列干红葡萄酒连续6年频获国际大奖。

8. 皇蔻酒庄

皇蔻酒庄位于青铜峡市甘城子核心小产区，地处110国道边。有葡萄基地800亩，主要品种赤霞珠、西拉、马瑟兰、佩特蒙森，树龄为12年，建设皇蔻酒庄及皇蔻葡萄与葡萄酒产学研综合楼一座，集办公、生产、科研等功能于一体。酒庄占地9.6亩，2018年9月建成，建筑面积5400米²，一期设计生产能力2200吨，地下酒窖600米²，完成投资3500万元。酒庄秉承"不做一瓶差酒"的理念，致力于将皇蔻葡萄酒打造成让国人骄傲的葡萄酒！

9. 容园美酒庄

位于青铜峡市邵刚镇甘城子村，自有酿酒葡萄基地1000亩，酒庄建成于2015年，总投资为4779万元，面积约为5000米²。酒庄酒窖面积为800米²，生产车间面积为1550米²，品鉴展览接待中心面积为2650米²。酒庄年产优质葡萄酒200多吨，品牌有"容园美""榜荣状元""兰山红"三大品牌，获国内外葡萄酒大赛金、银、铜奖等。

10. 金沙湾酒庄

金沙湾酒庄地处黄河坛的东边，现有酿酒葡萄基地500亩，葡萄树的树龄为3～10年，2014年投产，总建筑面积为3500米²，建成年葡萄酒产能500吨。酒庄地下酿造车间面积为1300米²，地下储藏酒窖面积为1200米²，地上标志性办公、会议、产品展示区面积为900米²，宿舍区域面积为200米²。酒庄将采摘、酿造、体验、品鉴、文化展示等功能充分融入葡萄酒庄中，充分依托黄河坛的五千年农耕文化和旅游资源，孕育了更加融洽的酒庄文化底蕴。

11. 古城人家酒庄

古城人家酒庄位于青铜峡市甘城子产区，紧邻甘城子古城堡。酒庄葡萄种植面积为600多亩，品种为赤霞珠、蛇龙珠、梅鹿辄，葡萄树的树龄为12年。酒庄建筑面积为3000米²，葡萄酒年产量为100吨。

12. 丹麓酒庄

丹麓酒庄坐落于青铜峡市邵岗镇东方红村，始建于2012年，现有680亩酿酒葡萄基地，葡萄树的树龄为8年，主要种植产品为赤霞珠。酒庄的建筑面积为6200米²，建成年葡萄酒产能为300吨。

13. 华昊酒庄

华昊酒庄创建于2006年9月，是宁夏首批酒庄之一。酒庄位于青铜峡市树新林场，占地面积为50亩，建筑面积为10000多米²。酒庄有葡萄园1050亩，其中12年生850亩，8年生200亩，主要种植葡萄品种为美乐、赤霞珠、马瑟兰、小味儿多、蛇龙珠和西拉等。酒庄年葡萄酒产能为400吨，葡萄酒年产量为30万瓶，所产葡萄酒先后在国内外赛事上获得奖项38项。

14. 大莫纳酒庄

大莫纳酒庄成立于2014年，位于青铜峡市青铜峡镇三趟墩村七队，生产销售优质高档葡萄酒，占地面积为 2000 亩。酒庄现有酿酒种植面积 400 亩,项目建筑面积为 4530 米²,年葡萄酒产能为 300 吨。

15. 美御酒庄（原温家酒堡）

美御酒庄位于青铜峡市邵岗镇甘城子,葡萄园面积为 1600 亩,葡萄树的树龄为 14 年,主要品种为赤霞珠、梅鹿辄、西拉、马瑟兰、品丽珠、贵人香、蛇龙珠。酒庄始建于 2012 年,建筑面积为 3560 米²,葡萄酒年产量为 300 吨。

16. 雅岱酒庄（紫晶酒庄更名）

雅岱酒庄创建于 2010 年,位于青铜峡市甘城子村,建筑占地面积约为 10 亩,拥有 1000 多亩优质酿酒葡萄园,主要种植品种为赤霞珠、美乐、马瑟兰、霞多丽、品丽珠,葡萄树的平均树龄近 20 年。酒庄建筑面积为 8000 米²,年生产优质葡萄酒约 300 吨。

17. 梦沙泉酒庄

梦沙泉酒庄位于青铜峡市树新林场西侧,有葡萄园 750 亩,葡萄树的树龄为 8~11 年,主要品种有赤霞珠、美乐、黑比诺等 9 个品种。酒庄始建于 2013 年,建筑面积为 2.4 万米²,葡萄酒年产量为 500 吨。

18. 甘城子酒庄

甘城子酒庄位于青铜峡市甘城子葡萄产区,成立于 2008 年 3 月。酒庄总建筑面积为 30682 米²,是一家集酿酒葡萄种植、生产、加工、科研、营销于一体的综合型专业化葡萄酒业公司。酒庄设计葡萄酒加工生产能力为 1000 吨、拥有 1000 米² 酒窖、1000 亩优质酿酒葡萄园。

七、红寺堡产区（18 个）

1. 汇达酒庄

汇达酒庄成立于 2013 年,位于红寺堡区城北滚新公路与定武高速交汇东北角。酒庄建设面积为 14073 米²,生产车间面积为 2059 米²,地下酒窖面积为 2200 米²,年加工葡萄酒能力为 500 吨。葡萄种植基地面积为 6400 亩。酒庄是一家集农业生态观光、有机葡萄种植、葡萄酒酿造及销售于一体的综合性企业,注册葡萄酒品牌"千红裕"7 个品系（钻石级、铂金级、黄金级、东一区、东二区、东三区、桃红）。截至 2019 年,酒庄葡萄酒获国际奖项 41 个、国内奖项 10 个。

2. 红寺堡酒庄

红寺堡酒庄成立于 2014 年,位于红寺堡区城北葡萄酒主题文化城紫光湖北。酒庄文化产业园占地面积为 133 亩,种植葡萄 3097 亩,已建成 14000 米² 产品会展、商务中心,3000 米² 的地下酒窖,6000 米² 的酒庄发酵生产、灌装车间。酒庄是一家集旅游观光、有机葡萄种植、葡萄酒酿造及销售为一体的综合性企业。酒庄注册葡萄酒品牌"红寺堡"12 个品系（紫丽赤霞珠干红、炫丽美乐干红、魔丽半甜红、赤霞珠干红、美乐干红、霞多丽干白、玫瑰香半甜桃红、半甜红、彩韵 187 毫升干红、半甜红、橡木桶干红 2015、橡木桶干红 2016）。截至 2019 年,酒庄葡萄酒获国际奖项 2 个、国内奖项 6 个。酒庄最负盛名的品牌为"红寺堡橡木桶 2015"葡萄酒。

3. 红粉佳荣酒庄

红粉佳荣酒庄成立于 2014 年,位于红寺堡区柳泉乡南部茅头墩（罗山北坡）。酒庄建设面积为 16600 米²,生产车间面积为 3000 米²,地下酒窖面积为 3000 米²,年加工葡萄酒能力为 1000 吨。酒庄现有葡萄种植基地 10000 亩,已种植酿酒葡萄 5000 亩,是一家集旅游观光、有机葡萄种植、葡萄酒酿造及销售于一体的综合性企业。酒庄注册葡萄酒品牌"红粉佳荣"13 个品系（水滴、塞上爵品、醇霞、葡锦、清韵、紫光、漠尊、紫云华庭、沙漠之王、一带一路、白兰地、干白、桃红）,截至 2019 年,获国际奖项 1 个、国内奖项 5 个。"红粉佳荣水滴 2013"为酒庄主打品牌葡萄酒。

4. 东方裕兴酒庄

东方裕兴酒庄成立于2014年，位于红寺堡区肖家窑产业园区。酒庄建设面积为6800米²，生产车间面积为600米²，地下酒窖面积为1500米²，年加工葡萄酒能力为400吨。酒庄的葡萄种植基地面积为600亩，注册葡萄酒品牌"戈蕊红""宁裕"（庄主、金樽、玉碗、夜光杯、金戈、紫韵、鸿运、桃红品系）。截至2019年，酒庄葡萄酒获国际奖项65个、国内奖项3个，主要品牌为"戈蕊红2017金樽"葡萄酒。

5. 鹏胜臻麓酒庄

鹏胜臻麓酒庄成立于2017年，位于红寺堡区北海子湖西侧，总建筑面积为6800米²，生产车间面积为2880米²，地下酒窖面积为2000米²，年加工葡萄酒能力为500吨。酒庄基地种植面积为1600亩，是一家集农业生态观光、有机葡萄种植、葡萄酒酿造及销售于一体的综合性企业。酒庄注册葡萄酒品牌"鹏胜"7个品系（九天、飞天、子爵、臻麓、国风、境界、桃红），目前共获国际奖项15个、国内奖项4个，最负盛名的品牌为"鹏胜臻麓2012"葡萄酒。

6. 中贺葡萄酒业有限公司

中贺葡萄酒业有限公司成立于2013年，位于红寺堡区弘德工业园区纬三路北。公司建筑用地面积为60亩，生产车间面积为1900米²，地下酒窖面积为1200米²，年加工葡萄酒能力为2000吨。葡萄种植合作社共有基地1200亩。酒庄注册葡萄酒品牌"中贺"5个品系（翠鸟有机干红、岩画赤霞珠、金奖蛇龙珠、白兰地、三不知葡萄蒸馏酒），目前已获国际奖项1个、国内奖项5个。"中贺白兰地2014"为公司拳头产品。

7. 卓德酒庄

卓德酒庄成立于2012年，位于红寺堡区劳动街与扬黄路交叉处。酒庄建设面积为4000米²，生产车间面积为2000米²，地下酒窖面积为2000米²，年加工葡萄酒能力为150吨。酒庄的葡萄种植基地面积为800亩，注册葡萄酒品牌"卓德"4个品系（珍藏干红、精选干红、珍酿干红、优选干红），共获国际奖项12个、国内奖项4个。酒庄最负盛名的品牌为"珍酿干红2017"葡萄酒。

8. 罗兰酒庄

罗兰酒庄成立于2014年，位于肖家窑酒庄园区328乡道。酒庄建设面积为5600米²，生产车间面积为2000米²，地下酒窖面积为800米²，年加工葡萄酒能力为500吨。酒庄的葡萄种植基地面积为800亩，注册葡萄酒品牌"罗兰玛歌"5个品系（橡木桶酒、庄园版、名片版、水墨画版、梅鹿辄混酿），获国际奖项12个、国内奖项4个。"罗兰玛歌庄园版2016"为酒庄首推产品。

9. 康龙葡萄酒有限公司

康龙葡萄酒有限公司成立于2012年，位于弘德工业园区经一路2号。酒庄建设面积为72亩，生产车间面积为1500米²，地下酒窖面积为2100米²，年加工葡萄酒能力为300吨。酒庄注册葡萄酒品牌"康龙啸鹰"5个品系（男爵蛇龙珠、骑士赤霞珠、霞多丽干白、小桃红、东方魅力黑比诺），获国际奖项2个、国内奖项5个。"康龙啸鹰骑士赤霞珠2014"品牌葡萄酒最负盛名。

10. 江源酒庄

江源酒庄成立于2015年，位于红寺堡区肖家窑。酒庄建设面积为6600米²，生产车间面积为1200米²，地下酒窖面积为1500米²，年加工葡萄酒能力为200吨。酒庄葡萄种植基地面积为1800亩，注册葡萄酒品牌"江源"5个品系（金麓级、银麓级、福麓级、新干红、桃红）。

11. 明雨酒庄

明雨酒庄成立于2014年，位于红寺堡区罗山葡萄文化产业示范园。酒庄建设面积为1970米²，生产车间面积为982米²，地下酒窖面积为580米²，年加工葡萄酒能力为300吨。酒庄注册葡萄酒品牌"雨醇"5个品系（限量级、珍藏级、甄选级、优选级、精选级）。

12. 兴宇酒庄

兴宇酒庄成立于2016年，位于肖家窑酒庄园区罗山大道和中航线交汇处。酒庄建筑面积为2100

米², 生产车间面积为 620 米², 地下酒窖面积为 480 米², 年加工葡萄酒能力为 150 吨, 葡萄种植基地面积为 800 亩。酒庄注册葡萄酒品牌"帝琦"4 个品系（脸谱、黑标、白标、赤霞珠桃红）。

13. 昱豪酒庄

昱豪酒庄成立于 2014 年, 位于红寺堡区肖家窑。酒庄建筑用地面积为 15 亩, 生产车间面积为 1500 米², 地下酒窖面积为 1200 米², 年加工葡萄酒能力为 500 吨。酒庄有葡萄种植基地 1600 亩, 注册葡萄酒品牌"碟缘双玉""卡漫堡（铂金干红、金樽干红、红玉干红等品系）"。

14. 凯仕丽酒庄（原宁夏科冕实业有限公司）

凯仕丽酒庄创立于 2002 年, 是一家集酿酒葡萄种植、加工、销售于一体的大型中外合资企业集团。酒庄位于红寺堡城北, 葡萄酒生产能力为 1.7 万吨, 种植酿酒葡萄 2 万多亩, 种有赤霞珠、品丽珠、蛇龙珠等 6 个品种, 已获国家有机认证。公司被中国食品工业协会授予"全国食品工业优秀龙头食品企业", 被中国果品流通协会授予"全国优质葡萄生产基地", 被自治区人民政府授予"农业产业化重点龙头企业"。

15. 天得酒庄

天得酒庄成立于 2013 年, 位于红寺堡区弘德工业园区经一路。酒庄建筑占地面积为 50 亩, 建筑面积为 1.2 万米², 地下酒窖面积为 3000 米², 年加工葡萄酒能力为 600 吨。酒庄葡萄种植基地面积为 8000 亩, 是一家集农业生态观光、有机葡萄种植、葡萄酒酿造及销售于一体的综合性企业。酒庄注册葡萄酒品牌"龙驿"4 个品系（龙驿赤霞珠混酿 2013、龙驿赤霞珠陶酿 2013、龙驿 2013 赤霞珠、罗德朗尼赤霞珠 2015）, 获国内奖项 6 个、国际奖项 1 个。

16. 罗山酒庄

罗山酒庄成立于 2010 年, 位于红寺堡区劳动街与扬黄路交叉处。酒庄建筑面积为 22000 米², 生产车间面积为 3200 米², 地下酒窖面积为 2000 米², 年加工葡萄酒能力为 500 吨。酒庄葡萄种植基地面积为 400 亩, 注册葡萄酒品牌"罗山"9 个品系（罗山红、之恋、传奇、神韵、丁香花、霞多丽干白、小桃红、醉青春、罗山 187）。目前酒庄获国际奖项 15 个、国内奖项 11 个。品牌"罗山传奇 2013"最负盛名。

17. 紫尚酒业有限公司

紫尚酒业有限公司成立于 2012 年, 位于红寺堡区弘德工业园区, 占地面积为 50 亩。公司自有高端酿酒葡萄面积为 1000 亩, 优质酿酒葡萄面积为 10000 亩, 年葡萄酒生产能力为 5000 吨, 注册葡萄酒品牌为"紫尚"。

18. 汉森葡萄酒有限公司

汉森葡萄酒有限公司种植基地位于红寺堡鲁家窑产区。基地始建于 2013 年, 面积为 4000 亩, 种植面积为 2800 亩, 其中梅鹿辄种植面积为 1500 亩, 赤霞珠种植面积为 1300 亩。基地加工车间位于红寺堡区弘德工业园区, 占地面积为 50 亩, 建筑面积为 4000 米², 加工能力为 5000 吨, 主要葡萄酒品牌为"汉森"。

八、利通区

宁夏阳阳国际塞城酒庄

宁夏阳阳国际塞城酒庄坐落于吴忠市金积镇, 始建于 2014 年。酒庄地理位置优越, 交通便利, 厂区距京藏高速、定武高速出口仅 1000 米。酒庄占地面积为 13320 米², 地下酒窖面积为 500 米², 干红葡萄酒发酵能力为 1000 吨。其诞生可以追溯到 1996 年, 至今已有 20 年的历史。在青铜峡市甘城子有 6300 亩葡萄基地, 有赤霞珠、蛇龙珠、梅鹿辄、黑比诺等葡萄品种, 葡萄树的树龄均在 15 年以上。酒庄从意大利引进了全套冷冻、过滤及灌装系统, 可年产成品干红、干白葡萄酒 3000 余吨。

九、沙坡头产区

漠贝酒庄

漠贝酒庄是宁夏逸悦葡萄酒业有限公司旗下公司。宁夏逸悦葡萄酒业有限公司成立于2002年，2018年公司投资5600万元建设漠贝酒庄。酒庄位于宁夏中卫市沙坡头区迎水镇，占地总面积为13333.3米²，建筑面积为8328米²。酒庄现有葡萄园1100亩，主要种植葡萄品种有蛇龙珠、赤霞珠、梅鹿辄、西拉、马瑟兰等品种。目前酒庄的葡萄酒产品主要有漠贝优选、金沙、源沙三大系列十几个品项，在第六届亚洲葡萄酒质量大赛中，漠贝蛇龙珠、漠贝梅鹿辄获得银奖。

第五章

产 区 科 技

■ 第一节 产区科技型企业

为全面提升宁夏农业科技创新能力，促进特色优势产业升级发展，2016 年，宁夏回族自治区党委农村工作领导小组办公室、科技厅、财政厅、农牧厅、林业厅、经济和信息化委员会、地税局共同印发了《宁夏回族自治区农业高新技术企业认定管理办法》（宁党农办〔2016〕39 号），对农业高新技术企业的认定条件、认定程序、监督管理以及扶持奖励政策做了明确规定，并于 2017 年正式启动了宁夏农业高新技术企业的认定工作。2018 年，宁夏科技厅会同自治区财政厅、农牧厅等部门对《宁夏回族自治区农业高新技术企业认定管理办法》（宁党农办〔2016〕39 号）进行了修订，进一步优化了认定程序，强化了政策激励，拓展了支持范围，将重点支持的农业高新技术领域细化为 8 大类35 个具体领域，并加大了政策宣传培训和申报动员力度，组织相关人员分赴各市开展政策解读，对重点企业实行一对一辅导。截至 2020 年底，宁夏共 6 家葡萄与葡萄酒企业被认定为自治区级农业高新技术企业。

2018 年，宁夏贺兰山东麓庄园酒业有限公司通过农业高新技术企业认定。2019 年，中粮长城葡萄酒（宁夏）有限公司、宁夏志辉源石葡萄酒庄有限公司、宁夏农垦西夏王实业有限公司葡萄苗木分公司、宁夏欣欣向荣苗木有限公司、宁夏沙泉葡萄酿酒有限公司通过农业高新技术企业认定。

贺兰山东麓庄园酒业有限公司，成立于 2002 年，位于石嘴山市大武口区境内。该企业先后获得自治区农业产业化重点龙头企业称号、自治区科技型中小企业、全国休闲农业与乡村旅游四星级企业、国家 AAA 级旅游景区、自治区优秀农村科普示范基地、自治区法人科技特派员、石嘴山市十佳休闲农庄、休闲农业先进集体、自治区农业高新技术企业、自治区专精特新示范企业、石嘴山市十佳农产品品牌、大武口区研学旅行基地等荣誉。企业通过 ISO9001：2015 质量管理体系认证、HACCP体系认证、知识产权管理体系认证，获得实用新型专利 14 项。

中粮长城葡萄酒（宁夏）有限公司，成立于 2012 年，是中粮集团旗下全资企业，位于银川市永宁县境内。该企业于 2016 年通过了 ISO9001 质量管理体系、ISO22000 食品安全管理体系的审核认证；2013 年获得了有机产品认证。该企业还先后获得中国黑马酒庄、宁夏农业产业化重点龙头企业、宁夏知名农业企业品牌、中国金牌酒庄、科技型中小企业等 50 余项荣誉；企业产品在品醇客世界葡萄酒大赛、布鲁塞尔葡萄酒大赛、亚洲葡萄酒质量大赛、德国柏林挑战赛等葡萄酒大赛中斩获大奖130 个。该企业先后完成自主研发项目 6 个，其中 2016 年《品丽珠酒庄级干红葡萄酒研制与开发》项目通过科技成果鉴定，并完成成果转化。企业酒泥污染综合治理节能工程和水源热泵中央空调新型节能环保工程获银川市创新示范科技奖励。目前，该企业累计获得发明专利 1 项，实用新型专利12 项。

宁夏志辉源石葡萄酒庄有限公司，成立于 2008 年，位于银川市西夏区境内，先后获得国家文化产业示范基地、国家 AAA 级旅游景区、自治区农业科技示范展示区、宁夏智慧农业科技成果示范企业等荣誉；2018 年获得了有机产品认证。该企业与中国农业大学合作建立了食品科学与营养工程学院研究生实践基地，重点示范应用了"增强果香的多品种混酿和碳浸渍关键技术"，实现了葡萄酒"保色增香"的生产目标，并获得发明专利 1 项。该企业开展了蒸馏酒研究，并获得"一种蒸酒设备"实用新型专利 1 项。

宁夏农垦西夏王实业有限公司葡萄苗木分公司，成立于 2012 年，位于银川市永宁县境内。公司先后主持或参与实施了国家科技支撑项目"宁夏葡萄栽培与产业化关键技术研究与示范"子课题"酿酒葡萄优质稳产绿色高效生产关键技术研究与示范"、自治区科技攻关重大专项"宁夏贺兰山东麓葡萄与葡萄酒产业关键技术研究与示范"项目子课题"酿酒葡萄优质高效生产关键技术研究与示范"等农业重大项目，其中参与的"葡萄脱毒与病毒检测技术体系研究与应用""贺兰山东麓酿酒葡萄优质高效栽培土肥水综合管理技术"项目获得了宁夏科技进步奖三等奖；累计获得发明专利 2 项，实用性专利 4 项，科技成果登记 2 项；参与制定宁夏地方标准 6 个。

宁夏欣欣向荣苗木有限公司，成立于 2012 年，位于银川市永宁县境内，是一家集酿酒葡萄苗木繁育、研究、开发、销售于一体的企业。公司先后获得农业产业化龙头企业、科技型中小企业、专精特新中小企业、农业高新技术企业、宁夏行业领军企业等 10 余项荣誉；先后完成自主研发项目 20 项，其中 2016 年"优质酿酒葡萄品种引进及育苗扩繁技术示范"项目通过科技成果鉴定，2017 年"欧洲优良酿酒葡萄品种（系）苗木繁育技术研究与示范"项目通过成果鉴定，并完成成果转化，"扦插育苗技术之催根系统研究""半木质化葡萄种条繁育技术""葡萄苗设施嫩枝扦插之苗床研究"等项目先后开展；累计获得实用新型专利 7 项，软件著作权 6 项。

宁夏沙泉葡萄酿酒有限公司，成立于 2007 年，位于吴忠市青铜峡市境内，先后被认定为宁夏农业高新技术企业、宁夏科技型中小企业。2016 年，该企业"梦沙泉"品牌被认定为宁夏著名商标；企业产品在亚洲葡萄酒质量大赛、德国柏林挑战赛等葡萄酒赛事中获得多个大奖；累计获得发明专利 1 项，实用新型专利 5 项。

■ 第二节　科技创新平台

2006 年，依托宁夏大学建立了葡萄与葡萄酒教育部工程研究中心，后又获批成立了宁夏葡萄与葡萄酒工程技术研究中心，建设了宁夏葡萄与葡萄酒研究院。中心（研究院）共建成 1000 余米^2 实验室和 400 余米^2、年葡萄酒生产能力 60 吨的葡萄酒中试车间。中心在青铜峡市、红寺堡区、永宁县、西夏区拥有 7 个共计约 4000 亩葡萄实验基地，为葡萄和葡萄酒科研、教学提供了必要的试验基地和中试条件。中心主要从事优质无毒抗寒葡萄嫁接苗工程化生产技术、葡萄酒新产品新技术的研究开发与应用，以及酿酒葡萄抗寒栽培技术、葡萄生态园建设及其配套技术、酿酒葡萄机械化栽培技术的研究与示范推广。中心自成立至 2020 年，团队成员在平台的支撑下，主持承担各类科研项目 60 余项，获批科研经费 4000 余万元；科研成果获得自治区科技进步奖一等奖 1 项、自治区科技进步奖二等奖 2 项、自治区科技进步奖三等奖 4 项；出版专著 6 部；发表学术论文 500 余篇；制定国家、地方标准 10 余个；获得国家专利 20 余项。

2009 年，国家葡萄产业体系贺兰山东麓综合试验站依托宁夏农林科学院启动建设。试验站主要由宁夏农林科学院植保所、种质所及宁夏大学农学院的植保、果树、植物营养专业等相关专业技术人员组成，核心任务是开展葡萄栽培技术的试验示范、数据库调查、品种区试工作，以及完成应急性任务等。试验站自成立至 2020 年，团队成员参与宁夏产区产业发展论证会议 60 余次，为行业及示范县等提供建议 30 余条；参与制定宁夏地方标准 7 个；发表论文 48 篇，其中核心期刊 23 篇；参编专业书籍 4 本；举办室内和田间技术培训与观摩 200 余次，分别培训技术人员、新型经营主体、农民 3668 名、420 个、8099 人次；开展集中调研 12 次，田间指导 200 余次。

2010 年，宁夏葡萄与葡萄酒技术创新中心获批在北方民族大学组建。中心拥有分析研究设备 186

件（套），以及年葡萄发酵能力 30 余吨、占地面积 640 米² 的葡萄酒中试车间和年葡萄酒生产能力 10 余吨、占地面积 653 米² 的发酵中试车间。中心形成了葡萄酒酿造、葡萄栽培生理、葡萄与葡萄酒厂废弃物开发利用等三个研究方向。中心自成立至 2020 年，累计获批各类科研项目 30 余项，获批经费近 1500 万元，发表论文 30 余篇，获批专利 5 项，出版专著 2 部。

2010 年，宁夏酿酒葡萄（农垦）技术创新中心获批成立，依托单位为宁夏农垦西夏王实业有限公司。中心主要开展葡萄抗寒栽培、病虫害统防统治、水肥一体化研究和优质稳产省工增效技术研究。中心自成立至 2020 年底，实施了国家科技支撑项目"宁夏葡萄栽培与产业化关键技术研究与示范"子课题"酿酒葡萄优质稳产绿色高效生产关键技术研究与示范"等农业重大项目；参与的"贺兰山东麓酿酒葡萄优质高效栽培土肥水综合管理技术"项目获宁夏科技进步奖三等奖；参与制定宁夏地方标准 7 个。

2011 年，宁夏葡萄苗木工程技术研究中心获批成立，依托单位为宁夏农垦玉泉营农场有限公司，是一家通过组培脱毒进行无毒苗繁育的葡萄苗木科研和规模化生产中心。中心有育苗温棚 148 栋、科技创新楼 1370 米²、科技培训中心 300 米²、育苗基地 526 亩，双效温室 10 栋、2000 米² 光伏热智能温室 1 栋；组培脱毒苗 22 个品种、30 个品系、43 个株系，年可扩繁组培脱毒苗木 50 万株左右。中心获得发明专利 2 项。

2019 年，宁夏回族自治区酿酒葡萄优质栽培（大武口）技术创新中心和宁夏回族自治区葡萄与葡萄酒（红寺堡）技术创新中心获批组建，分别依托宁夏贺兰山东麓庄园酒业有限公司和宁夏汇达阳光生态酒庄有限责任公司。

2020 年，宁夏葡萄脱毒苗木（永宁）技术创新中心、宁夏葡萄与葡萄酒（贺兰）技术创新中心、宁夏酿酒葡萄产业（青铜峡）技术创新中心获批组建，分别依托宁夏欣欣向荣苗木有限公司、宁夏嘉地酒园酒庄有限公司、宁夏皇蔻酒庄有限公司。

■ 第三节 产区葡萄与葡萄酒相关科研项目

国家级重点科技项目。2013—2016 年，国家科技支撑计划项目——"宁夏葡萄栽培与产业化关键技术研究与示范"启动实施。项目主要围绕酿酒葡萄优良品种引选与无毒苗木繁育技术、葡萄优质稳产绿色高效栽培技术研究与示范，以及葡萄酒质量提升技术等领域，开展全产业链研究，取得了阶段性成果，建立了脱毒苗繁育中心 2 个、检测中心 1 个；累计繁育脱毒组培苗 50 万株、脱毒扦插苗 875 万株；建立了酿酒葡萄高效绿色栽培核心示范区 3600 亩；研究制定了生产技术标准 18 个，申请专利 7 项；完成优质干红、干白葡萄酒中试生产 3000 吨。2019 年，国家重点研发计划——"宁夏贺兰山东麓葡萄酒产业关键技术研究与示范"项目启动实施，项目牵头单位为银川产业技术研究院。项目重点开展优质耐寒旱酿酒葡萄品种选育及分子育种平台建设，贺兰山东麓现代酿酒葡萄生产技术体系研究、集成与示范，贺兰山东麓本土微生物资源开发与商业化利用，贺兰山东麓葡萄酒工艺创新、产品研发及废物绿色利用，贺兰山东麓葡萄酒全产业链智慧化管理平台建立与应用等研究。

国家自然基金项目。自 1996 年以来，至 2020 年底，开展了"贺兰山东麓优质酿酒葡萄的气候形成机理及小气候调控""酿酒葡萄越冬冻害形成机理研究""基于 GIS 的中国北方不同品种酿酒葡萄优质生态区区划研究""贺兰山东麓酿酒葡萄晚霜冻预报方法研究'新浆果杯法'研究干旱荒漠气候条件葡萄果实糖分卸载机理""中国野生山葡萄抗寒转录因子的克隆与功能研究""设施葡萄萌芽期需热量规律与动力学模型研究""葡萄果实发育过程中白藜芦醇累积与诱导机制研究""宁夏贺兰山东麓多年连栽葡萄引起土壤退化的机理研究""调亏灌溉对贺兰山东麓半干旱区酿酒葡萄品质影响机制研究""宁夏贺兰山东麓红葡萄酒颜色对多酚构成与演化响应机理及稳定性预测研究""半干旱区砂质酿酒葡萄园土壤水氮运移规律与高效利用机制"等 20 余项国家自然基金项目。主要承担单位为宁夏大学、宁夏气象科学研究所等。

宁夏自然基金项目。自1996年以来，至2020年底，开展了"宁夏葡萄卷叶病毒的检测及其外壳蛋白介导的抗性基因的原核表达""宁夏贺兰山东麓葡萄酒产区葡萄酒产地鉴别研究""优质酿酒葡萄赤霞珠抗寒性状分子改良的研究""贺兰山东麓酿酒葡萄果栖产OTA真菌的分布""优质酿酒葡萄赤霞珠抗寒性状分子改良的研究""贺兰山东麓酿酒葡萄和葡萄酒白藜芦醇代谢及其调控研究""调亏灌溉对贺兰山东麓酿酒葡萄品质因子影响的研究""PAM配施对风沙土水肥保蓄及酿酒葡萄产量、品质的影响""不同铁形态对设施葡萄、油桃缺铁黄化的影响机理研究"等40余项宁夏自然基金项目。宁夏大学、宁夏农林科学院、北方民族大学、宁夏检验检疫局综合技术中心、宁夏气象科学研究所、宁夏农产品质量标准与检测等单位参与项目。

宁夏科技攻关重大项目。为推进宁夏葡萄酒产业科技创新能力提升，自2002年起，宁夏加大了对葡萄酒产业重大科技攻关项目的支持，重点开展了优质、抗冻酿酒葡萄新品种引进，葡萄园土壤培肥技术研究，绿色产品基地建设技术研究，宁夏干旱荒漠地区葡萄栽培技术研究和推广，酿酒葡萄综合栽培技术研究与示范，抗冻酿酒葡萄品种引进选育及配套技术，贺兰山东麓葡萄病毒病检测技术规程研究，葡萄抗寒砧木嫁接苗快繁及品种病毒病检测、脱毒和生产关键技术研究与示范，酿酒葡萄微气候及无架式栽培技术示范，贺兰山东麓半地下式温棚葡萄种植技术研究与示范，优质葡萄酒酿造工艺和质量检测评价研究，葡萄酒质量提升及综合开发利用技术研究等方面的研究。主要承担单位为宁夏大学、宁夏农林科学院、国家经济林木种苗快繁工程技术研究中心、北方民族大学等。

■ 第四节　技术交流与合作

1994年9月，宁夏玉泉葡萄酒厂与西北农林科技大学葡萄酒学院开展现代酿酒技术方面的全面合作，并着手研发生产干性葡萄酒。玉泉营农场为此被称为"贺兰山东麓葡萄酒产区"的发源地。

1998年9月15日，美国农业部葡萄试验站站长穆德考察宁夏酿酒葡萄基地后说，没想到在中国也有这种适宜栽植优良葡萄的干旱土地，并且具有采用现代科学技术管理的、西方经营模式的葡萄基地。10月16日，法国波尔多地区酒商联合会主席波杰考察广夏（银川）贺兰山葡萄酒庄万亩葡萄基地后说，走遍中国葡萄酒厂，没喝过这么好的酒，相信宁夏葡萄酒将会超过其他竞争对手，销往世界各地，成为具有宁夏特色的好酒。

1999年5月，加拿大籍华人尹向彬独家投资建成御马葡萄酒有限公司。6月，法国葡萄酒专家亨利·拉凡考察宁夏酿酒葡萄基地和西夏王玉泉葡萄酒厂，看到仅用一年建成的万亩酿酒葡萄基地时，感叹"如果大家按照这个速度，这个地方肯定会成为中国生产葡萄酒最多和最好的地区"。8月，西夏王牌干红葡萄酒荣获巴黎国际名酒展金奖。

2000年6月25日至7月15日，宁夏葡萄产业考察团一行13人赴法国培训，学习葡萄栽培技术、葡萄酒酿造技术、葡萄酒品尝技术、法定产区管理体系、市场营销等知识。考察团向中国驻法国马赛总领事馆总领事汇报宁夏与法国葡萄酒合作情况，签订中法技术培训和合作协议，参加广夏（银川）贺兰山葡萄酒庄向西班牙出口协议签字仪式。

2001年6月18日，宁夏"贺兰山葡萄酒"摘取由法国国际旅游协会颁发的法国波尔多葡萄酒节最高奖项——金葡萄酒奖。同年，广夏（银川）贺兰山葡萄酒庄从意大利引进了国际先进的成套葡萄酒酿造设备和生产工艺，着手研发现代优质葡萄酒酿造工艺。

2003年3月20日，宁夏葡萄产业协会代表赴法国出席国际葡萄与葡萄酒组织（OIV）年会。4月6—20日，宁夏葡萄产业协会代表赴意大利考察葡萄酒栽培生产及市场营销，出席意大利欧洲酒展。

2004年8月，由美籍华人投资的科冕公司进入宁夏，投资酿酒葡萄种植和加工项目。8月28日，法国葡萄栽培专家、蒙彼利埃国际葡萄酒学院教授阿兰·嘉贺贡依（Allan Carbonneau）考察宁夏葡萄酒产区。9月1日，宁夏大学与法国蒙彼利埃国际高等农业大学签订合作协议，开展技术合作和人才培养。

2007年7月29日，法国诺蒙集团工程师凯丽·雷诺、美国加州葡萄集团有限公司董事长一行出席了2007年国家级葡萄酒评委年会暨贺兰山东麓葡萄酒峰会。同日，宁夏葡萄产业协会与法国贝捷哈克酒商协会（Bergerac）签订加强合作意向书；西夏王集团和法国斐迪特派瑞斯酒庄签订新建3000吨葡萄架工企业协议书。10月，宁夏与泰国德胜集团合作，在永宁县贺兰山东麓地区有偿划拨约10万亩国有荒地，开发建设集葡萄和枸杞种植、酿酒、销售、旅游观光为一体的贺兰神十万亩葡萄生态产业园。

2009年5月，全球葡萄酒和烈酒行业巨头之一保乐力加集团，在宁夏成立保乐力加（宁夏）葡萄酒酿造有限公司，在贺兰山东麓葡萄酒原产地域产品保护区核心产区玉泉营建成6000亩优质葡萄种植基地，以及年生产能力1.5万吨的发酵厂1座和年生产能力2.0万吨的灌装厂1座。8月19日，中国商务部、中国国际贸易促进会、宁夏回族自治区人民政府联合举办"宁夏贺兰山东麓葡萄产业国际合作发展论坛"，国内外葡萄酒行业专家学者200人出席会议。

2011年4月，LVMH—路易威登·酩悦轩尼诗旗下酩悦轩尼诗酒业与宁夏农垦集团成立了酩悦轩尼诗夏桐（宁夏）葡萄园有限公司，占地总面积为6300米^2，种植酿酒葡萄70公顷，配备国际一流的起泡葡萄酒生产设备，生产中国本土高端起泡葡萄酒。9月20日，宁夏回族自治区代表团拜会国际葡萄与葡萄酒组织（OIV）总部，向时任OIV主席伊威·贝纳介绍宁夏葡萄产业发展情况和宁夏贺兰山东麓葡萄文化长廊建设项目，表达与OIV加强合作的愿望，并对宁夏成为中国首个省级观察员进行初步沟通。10月18日，时任宁夏回族自治区主席王正伟正式签发宁夏申请成为国际葡萄与葡萄酒组织（OIV）观察员的申请函。10月，应澳大利亚经济促进委员会和查尔斯特大学的邀请，宁夏林业局组团考察学习澳大利亚葡萄酒产业发展经验，扩大宁夏与澳大利亚在葡萄酒产业方面的广泛交流与合作。同年，宁夏林业学校升格为宁夏防沙治沙职业技术学院，下设防沙治沙工程系、环境与资源工程系、现代农业工程系、食品与生物工程系（葡萄酒工程技术方向）和风景园林系等院系。

2012年2月8日，国际葡萄与葡萄酒组织（OIV）执行委员会正式接纳宁夏回族自治区成为中国首个省级观察员，同年10月，宁夏回族自治区与国际葡萄与葡萄酒组织（OIV）签订了三年合作协议。5月8—9日，自治区葡萄花卉产业发展局联合法国国家葡萄与葡萄酒研究院及欧盟方面葡萄酒专家举办"中法宁夏葡萄酒产业合作洽谈会"和"中欧葡萄与葡萄酒发展论坛"，对提升贺兰山东麓葡萄与葡萄酒科技水平，促进与国际葡萄酒知名产区政府和行业的交流与合作起到积极促进作用。6月20—29日，应国际葡萄与葡萄酒组织邀请，宁夏政府代表团赴土耳其出席世界葡萄与葡萄酒组织（OIV）第35届成员国大会。这是宁夏成为世界葡萄与葡萄酒组织省级观察员以来的首次参会。会上，郝林海代表宁夏做了专题汇报，对提高宁夏葡萄种植与葡萄酒酿造技术标准和管理水平，促进世界与中国葡萄及葡萄酒文化的交流合作具有重要意义。9月，宁夏回族自治区人民政府举办首届贺兰山东麓葡萄酒节。其间，举办了"世界酿酒大师贺兰山东麓邀请赛"，最终选拔出了美国、澳大利亚、智利、南非、新西兰、西班牙、法国等10名酿酒大师参加"世界酿酒大师贺兰山东麓邀请赛"。

2013年1月26日至2月4日，宁夏葡萄花卉产业发展局组团考察法国Mercier公司和意大利VCR公司，与法国梅西集团签订苗木进口协议，与意大利VCR公司签订合作备忘录。此次出访实现了宁夏从法国进口苗木，构建了全新的国际化的葡萄苗木产业模式，提升了宁夏乃至全国的苗木技术标准和水平，具有重要意义。4月20—21日，波尔多葡萄酒行业协会代表团19人访问宁夏，考察贺兰山东麓葡萄酒产区。5月，宁夏葡萄花卉产业发展局从法国引进13个品种（品系）脱毒自根苗82万株，嫁接苗9万株。5月10日，宁夏大学、宁夏金龙集团、法国格勒诺布尔第二大学葡萄酒学院三方联合创办的宁夏大学葡萄酒学院在宁夏光彩职业技术学院挂牌成立。6月2—11日，应国际葡萄与葡萄酒组织（OIV）邀请，时任宁夏回族自治区政府特邀顾问、党组副书记郝林海率团出访罗马尼亚和法国，出席在罗马尼亚举办的第36届世界葡萄大会，与法国波尔多葡萄酒行业协会洽谈葡萄酒交易及旅游合作事宜，并就建设宁夏葡萄酒博物馆考察法国波尔多葡萄酒博物馆。9月23—25日，由世界葡萄与葡萄酒组织和宁夏回族自治区人民政府主办，宁夏葡萄花卉产业发展局承办的世界葡萄与葡萄酒组织学术会议在银川市召开，世界葡萄与葡萄酒组织（OIV）主席克劳迪娅·昆妮（Claudia Ines Quini）、国际葡萄与葡萄酒组织（OIV）执行总干事严·居邦（Yann Juban）应邀出席。9月24日，世界葡萄与葡萄酒组织主席克劳迪娅·昆妮授予贺兰金山葡萄试验区"葡萄酒小镇"牌匾。同日，宁夏葡萄花卉产业发展局主办的2013年贺兰山东麓葡萄博览会金奖评选活动举办。活动邀请了国际知名葡萄酒大师和葡萄酒评家对宁夏贺兰山东麓葡萄酒产区所产葡萄酒品评并给予评奖。11月，宁夏贺兰山东麓葡萄酒产区被列入被誉为"葡萄酒圣经"的《世界葡萄酒地图》第七版。

2014年6月，由贺兰山东麓葡萄与葡萄酒国际联合会和法国高美艾博展览共同主办的"2014中法葡萄酒设备技术展览会"在宁夏银川市举办。11月9日至11月16日，应世界葡萄与葡萄酒组织（OIV）邀请，时任宁夏回族自治区政府特邀顾问、党组副书记郝林海率团出访阿根廷，出席第37届世界葡萄大会，在大会上做专题报告，并应智利天主教大学的邀请，就引进和培养葡萄种植及葡萄酒酿造、营销高端人才与智利天主教大学座谈。

2015年3月，应澳大利亚南澳大学校长、新西兰马尔堡市市长的邀请，宁夏林业厅组织产区酒庄、管理人员22人赴澳大利亚、新西兰，围绕澳大利亚和新西兰葡萄酒旅游定位策略、市场策略、广告策略等开展交流。4月5—10日，格鲁吉亚农业科学研究院中心主任利万·维玛尤里泽、以色列国际酿酒葡萄种植学专家亚历山大·万斯汀和蜜尔·万斯汀考察贺兰山东麓葡萄产区，出席在银川市举办的"丝绸之路葡萄酒学术论坛"，加深了中外双方相互了解，建立了宁夏与新丝绸之路经济带国际间的合作。5月，应格鲁吉亚农业科学研究院和以色列耶路撒冷希伯来大学邀请，宁夏贺兰山东麓葡萄产业园区管委会办公室组团赴格鲁吉亚、以色列学习交流，搭建与"一带一路"丝绸之路经济带葡萄产业国家的沟通渠道。6月，经宁夏回族自治区人民政府批准，宁夏防沙治沙职业技术学院更名为宁夏葡萄酒与防沙治沙职业技术学院。中法葡萄酒设备技术展览会在宁夏银川开幕。7月5—10日，应国际葡萄与葡萄酒组织（OIV）邀请，时任宁夏回族自治区政府特邀顾问、党组副书记、宁夏贺兰山东麓葡萄产业园区管理委员会主任郝林海率团出访德国，出席第38届世界葡萄大会。9月9日，贺兰山东麓世界酿酒师邀请赛启动，整个大赛周期为3年，公开从全球筛选60位世界酿酒师，使用贺兰山东麓葡萄酒产区葡萄原料开展酿酒活动，与产区酒庄进行酿酒工艺交流、展示，加强了与国际间酿酒技术行业的交流。11月，贺兰山东麓葡萄酒产区被世界葡萄酒大师丽兹·塔驰编入《全球葡萄酒旅游最佳应用》，作为美国大学葡萄酒专业教材。11月10—20日，宁夏回族自治区党委组织部、人才办举办葡萄酒商务营销管理美国培训班，为宁夏培养一批具有葡萄酒营销策划管理等领域专业国际视野和较强实践能力的中高级管理人才。贺兰山东麓葡萄酒产区酒庄（企业）22人参加培训。12月，自治区"十三五"重大项目"贺兰山东麓特色优质葡萄与葡萄酒生产关键技术研究"项目获批，由中科院植物研究所李绍华研究员与宁夏大学葡萄酒学院张军翔教授联合组织实施。

2016年5月，自治区人民政府与国际葡萄与葡萄酒组织续签省级观察员协议。5月下旬，意大利葡萄籽衍生产品生产商Co.Der来宁考察贺兰山东麓葡萄产区酒庄，就酒庄引进意大利葡萄籽衍生产品技术进行交流。6月7—16日，应法国CAFA葡萄酒学院、英国品醇客、奥地利摩赛尔产区邀请，宁夏贺兰山东麓葡萄产业园区管委会办公室组织贺兰山东麓葡萄酒产区酒庄相关人员，拜访英国葡萄酒最大经销商Bibendum Plb Group、法国CAFA葡萄酒学院，考察维也纳葡萄酒产区，学习欧洲葡萄酒产业发展理念，促进贺兰山东麓葡萄酒生态链建设。7月，贺兰山东麓葡萄产业园区管委会办公室与法国波尔多葡萄酒城达成协议，每三年为法国葡萄酒城提供贺兰山东麓葡萄酒款，用于全球葡萄酒品鉴，当年就提供了酒款30个。7月11日，法国葡萄酒评论组织国际葡萄酒品质峰会—宁夏葡萄酒论坛举办，13名来自法国和国内的著名葡萄酒侍酒师、评论家、学者出席了论坛，围绕葡萄酒营销、酿酒技术、葡萄酒教育、侍酒礼仪、贺兰山东麓葡萄酒个性和风格等内容进行讲解和交流。8月，宁夏贺兰山东麓葡萄产业园区管委会办公室人员赴美国参加国际葡萄酒教育家协会大会，商讨葡萄酒人才交流合作事宜，签订葡萄酒教育行动计划，将世界葡萄酒认证服务业与饮品专家

（HBSC）课程引进中国。9月，由宁夏回族自治区人民政府、国际（美国）葡萄酒教育家协会主办，宁夏贺兰山东麓葡萄产业园区管委会办公室、自治区旅游发展委员会承办的第五届贺兰山东麓葡萄酒国际博览会暨中美葡萄酒教育论坛在银川举办。来自国际葡萄酒教育家协会的专家等出席了贺兰山东麓葡萄酒产区国际葡萄酒教育家论坛等活动。12月10—24日，宁夏贺兰山东麓葡萄产业园区管委会办公室组织贺兰山东麓葡萄产区管理人员一行16人赴法国波尔多、勃艮第地区实施为期14天的"法国多酒庄模式下产区管理与市场管控培训"项目。

2017年4月4—8日，农业部副部长屈冬玉率团出席在波黑举办的中国和东欧国家论坛。论坛期间举办了贺兰山东麓葡萄酒推介及展示活动，各国葡萄产业主管部门和酒庄企业参加了活动。6月17—24日，应法国波尔多国际葡萄酒和烈酒展览会组委会（Vinexpo）和意大利葡萄酒展览会（Vinitaly）组委会的邀请，宁夏葡萄产业园区管委会办公室率团出访法国、意大利，执行葡萄酒推介任务，贺兰山东麓葡萄酒产区22个酒庄（企业）参加推介活动。8月28—30日，第六届贺兰山东麓国际葡萄酒博览会在银川市举办。其间举办了"宁夏葡萄酒·健康醇中国"—宁夏贺兰山东麓葡萄酒健康发展高峰会议，国际葡萄与葡萄酒组织（OIV）主席莫妮卡·克里斯特曼（Monika Christmann）应邀出席并致辞。同期，举办了贺兰山东麓国际葡萄酒电影电视艺术节暨"一带一路"国家侍酒师邀请赛，国际葡萄酒电影节组委会、国际葡萄酒教育家协会、国际侍酒师协会总会代表，"一带一路"沿线各国侍酒师代表和葡萄酒行业协会主席等国际嘉宾出席活动。12月，银川产业技术研究院、中国葡萄酒产业技术研究院、贺兰山东麓葡萄酒产业技术研究院在银川一同揭牌成立。宁夏葡萄产业发展局与西北农林科技大学葡萄酒学院签订了宁夏贺兰山东麓葡萄酒产区科技创新校地合作协议。

2018年6月13日，第七届国际葡萄酒设备技术暨葡萄、果蔬种植展览会在银川国际会展中心D馆开幕。9月7—14日，第七届贺兰山东麓国际葡萄酒博览会在银川举办。联合国第六十三届大会副主席、2018联合国中国美食节执行主席库伊巴应邀出席，宣读11月在联合国总部举办中国宁夏贺兰山东麓美酒节的决定并授旗。9月7—14日，第七届贺兰山东麓国际葡萄酒博览会在银川市举办。世界葡萄与葡萄酒组织（OIV）新任主席雷吉娜·万德林德应邀出席，并考察贺兰山东麓葡萄与葡萄酒产业。9月7—11日，宁夏贺兰山东麓葡萄产业园区管委会办公室举办首届丝路经济带国际冠军侍酒师挑战赛初赛及品牌推介活动，邀请"一带一路"国家侍酒师协会会长和全球32个国家和地区的国际侍酒师冠军出席活动。9月9日，宁夏贺兰山东麓葡萄产业园区管委会办公室与32个国家国际侍酒师冠军签订贺兰山东麓葡萄酒产区推广大使协议，吸引更多的国内外葡萄酒产业发展资源，带动提升贺兰山东麓葡萄酒产区品牌影响力。11月5—11日，应联合国人类健康组织邀请，宁夏贺兰山东麓葡萄产业园区管委会办公室组团赴联合国总部举办中国美食节活动暨贺兰山东麓葡萄酒专场推介会活动，与世界各国在文化、美食和葡萄酒等方面开展深层次的合作交流，提高了贺兰山东麓葡萄酒产区葡萄酒品牌的国际影响力。12月17日，法国著名教育家、哲学家、作家，法国政府骑士勋章获得者、中法文化艺术研究中心副理事长、中法文化论坛法方副主席柯思婷·佳玥（Cayol Christine）一行考察葡萄酒产业和葡萄酒学院（中法大学），确定选址建设事宜。

2019年3月27日，国家农业高新技术产业示范区工作会在宁夏回族自治区银川市举办。宁夏依托葡萄酒产区创建国家农业高新技术产业示范区。5月，自治区人民政府向农业农村部正式递交申报国家级农业对外开放试验区的申请。7月，西北农林科技大学校外实践教学基地授牌仪式在宁夏西鸽酒庄举行。9月，德国盖森海姆大学一行考察贺兰山东麓葡萄酒产区，就合作开展葡萄酒人才培养，中国加入世界葡萄与葡萄酒组织事宜开展广泛交流。同月，第八届贺兰山东麓国际葡萄酒博览会在银川市永宁县闽宁镇举办，来自格鲁吉亚、德国、哈萨克斯坦、捷克等国家的嘉宾出席活动。10月6—8日，自治区党委常委、秘书长赵永清率团赴法国尼斯出席第四届中法文化论坛暨宁夏贺兰山东麓葡萄酒教育文化论坛活动，全国人大常委会副委员长陈竺、法国前总理让-皮埃尔·拉法兰出席并致辞。10月7日，贺兰山东麓葡萄产业园区管委会办公室与中法文化艺术研究中心主任佳玥签署《中法葡萄酒大学合作书》，确定在建设贺兰山东麓葡萄酒教育学院基础上，建设中法葡萄酒大学。10月8

日，贺兰山东麓葡萄产业园区管委会办公室率产区内部分酒庄（企业）出席在法国香槟举行的第 50 届世界侍酒师会员大会。大会向宁夏贺兰山东麓葡萄酒产区授予第 51 届世界侍酒师大会牌匾，确定 2020 年世界侍酒师大会在宁夏举办。11 月 5—8 日，来自俄罗斯、美国、澳大利亚、新西兰、意大利、法国等 13 个国家的媒体考察团 19 人考察贺兰山东麓葡萄酒产区。

2020 年，自治区财政安排 3000 万元贴息补助资金，用于疫情后酿酒葡萄种植和葡萄酒生产的关键环节贷款补贴。9 月 6 日，第 27 届比利时布鲁塞尔国际葡萄酒大奖赛在捷克布尔诺市正式落幕。同期，国际组委会正式宣布将 2021 年第 28 届大赛举办权授予宁夏银川。11 月 15 日，2020 "葡萄与葡萄酒产业高端论坛"暨"创新助力葡萄酒产业高质量发展科技服务活动论坛"在宁夏大学开幕。21 日，2020 年塞上学术月——宁夏贺兰山东麓葡萄酒产业高质量发展高峰论坛在宁夏银川市召开。

■ 第五节　科技创新成果

自 1996 年以来，至 2020 年底，宁夏关于葡萄与葡萄酒的研究项目获得成果登记近 60 项，其中获得宁夏科技进步奖的有 11 项。

2005 年，"酿酒葡萄优质、高效综合栽培技术研究"获宁夏科技进步奖二等奖，主要完成单位为宁夏农林科学院。该项目围绕贺兰山东麓葡萄酒产业发展的需求和存在的技术问题开展研究，筛选出 5 个适宜宁夏栽培的优质抗寒酿酒葡萄品种，建立采条资源圃 50 亩；优化集成了有关科技成果，制定了《酿酒葡萄栽培技术规程》，建立了优质高效栽培管理方面的人工智能化管理系统；总结提出以有机、无机快速培肥为核心的土壤改良技术措施，研发出酿酒葡萄专用肥和营养液产品；明确了贺兰山东麓酿酒葡萄病虫害发生种类和流行规律，研发了综合防治技术；研究分离出适用于枸杞和葡萄营养保健发酵工艺的干酵母；建立的示范区新增产值 170 万元，增收节支 440 万元。

2009 年，"宁夏贺兰山东麓葡萄酒产业关键技术体系研究与示范"获宁夏科技进步奖三等奖，主要完成单位为宁夏大学。项目人员组织技术材料，完成了"宁夏贺兰山东麓葡萄酒产品原产地域产品保护"申报工作，宁夏贺兰山东麓获批成为"葡萄酒产品原产地域产品保护"地区；制定了贺兰山东麓葡萄酒原产地域产品标准；开展了品种特性、抗寒技术、病虫害调查防治、葡萄酿造技术方面的研究，确定了产区优势品种，研发了"一清三改"技术和综合生产体系；摸清了产区的病虫害规律，研发了防治技术；优化了贺兰山东麓酿造技术，建立了葡萄酒质量优化工艺体系。栽培管理技术在宁夏产区 7 万余亩酿酒葡萄基地进行了示范应用；葡萄酒质量优化技术和控制体系在全区各大酒厂葡萄酒生产中被广泛采用。

2012 年，"酿酒葡萄材料覆盖防寒及配套省工栽培技术研究"获宁夏科技进步奖三等奖，主要完成单位为宁夏大学。项目人员开展了贺兰山东麓灰钙土、淡灰钙土和风沙土酿酒葡萄园生产中越冬覆盖材料、栽培密度、树冠管理等方面的研究；建立了试验示范园 6 处，面积为 3540 亩；筛选出再生保温棉化纤毯（被）、聚苯乙烯颗粒毯、简易埋土法（覆盖加薄覆土）的覆盖越冬防寒方法；总结提出了以斜干水平和 T 形树形为基础的省力综合配套技术。项目人员首次提出以"低温累积时数"评价覆盖材料的观点与方法，形成了《酿酒葡萄材料覆盖防寒越冬栽培技术规程》和《贺兰山东麓葡萄膜网覆盖防寒促成栽培技术规程》科研成果，应用该项技术可直接降低葡萄埋土、出土环节人工成本 32.9%～41.4%。

2013 年，"酿酒葡萄抗寒优质栽培技术研究"项目获宁夏科技进步奖三等奖，主要完成单位为宁夏大学。项目人员以解决葡萄冬季冻害为中心，针对国内外引进的 6 个酿酒品种和 14 个砧木品种，重点研究了其抗寒性和果实品质，初步选出了适合宁夏地区栽培的酿酒品种 Carmenere（佳美娜）和 Marselan（马瑟兰），砧木品种 Ruparia、3309、44-45Ma、96-17、402Mgt、110R、41Mbgt 和 1103p；以抗寒为主线，系统地研究了葡萄整形方式、根域限制节水抗寒栽培技术、行间生草沟内覆盖技术、配方施肥技术和埋土防寒技术，创立了"单古约特 L 形"整形方式；对"蛇龙珠"的起源做了有益探索，并选出了 3 个优良株系。

2014 年，"葡萄脱毒与病毒检测技术体系研究与应用"获宁夏科技进步奖三等奖，主要完成单位为宁夏林业研究院股份有限公司。项目人员针对宁夏贺兰山东麓葡萄产区葡萄病毒病发病严重的现状，从葡萄脱毒、葡萄病毒检测、葡萄脱毒组培苗工厂化繁育等方面开展研究与创新，通过集成开发与综合应用，实现了葡萄脱毒种苗与葡萄病毒检测技术在宁夏贺兰山东麓葡萄产区的广泛使用。

2014 年，"基于 GIS 的中国北方酿酒葡萄生态区划研究"获宁夏科技进步奖三等奖，主要完成单位为宁夏回族自治区气象科学研究所。该项目借鉴国内外相关研究成果，通过建立品种与环境因素的关系模型，结合实地调研、验证等方法，整理构建了不同熟性、不同品种、不同酒种酿酒葡萄生态区划指标体系。项目人员基于 GIS（地理信息系统）技术，利用气象、土壤以及地形等因素，采用循序渐进、分层推进、优中选优区划方案，完成了中国北方酿酒葡萄可种植区、早中晚 3 个熟性、干红干白等 5 个酒种，以及赤霞珠、霞多丽、黑比诺等 15 个酿酒葡萄品种的精细化生态区划；基于本项目构建的区划指标体系，采用 GIS 技术对中国北方及宁夏地区酿酒葡萄种植区品种、熟性、酒种进行生态区划。

2017 年，"贺兰山东麓酿酒葡萄优质稳产绿色高效栽培技术研究与产业化示范"获宁夏科技进步奖三等奖，主要完成单位为宁夏大学。该项目针对树形改良、肥水一体化、综合防寒越冬、机械化与省力化栽培、病虫害综合防控 5 个方面 16 项技术开展了系统研究、集成与示范。项目研发推广了"厂字""矮干单居约" 2 种树形；研发了贺兰山东麓酿酒葡萄水肥一体化栽培技术，开发了 3 种不同生育期的酿酒葡萄全营养滴灌专用肥；研制出四代葡萄出土机械 2 种，提高工效 62.7%；摸清了贺兰山东麓酿酒葡萄病虫害种类，建立了预测预报模型及数据库，筛选出了防控药剂，集成了防控技术。

2018 年，"贺兰山东麓酿酒葡萄优质高效栽培土肥水综合管理技术"获宁夏科技进步奖三等奖，主要完成单位为宁夏大学。项目人员针对宁夏酿酒葡萄优势特色产业战略发展需求，系统研究了酿酒葡萄园土壤物理、化学和微生物性状的时空变异及其与酿酒葡萄生长发育、产量及品质形成的相互关系；深入分析了贺兰山东麓酿酒葡萄及葡萄酒品质俱佳的土壤质量及其水分运移特征，确定了大、中、微量元素与有机肥对酿酒葡萄促生和环境综合效应，研究并建立了酿酒葡萄优质高效栽培的土肥水综合管理技术体系，为提升宁夏葡萄酒产业提供了应用基础及科技支撑。

2019 年，"宁夏贺兰山东麓葡萄酒产业技术体系创新与应用"获宁夏科技进步奖一等奖，主要完成单位为宁夏大学。该项目人员针对宁夏贺兰山东麓葡萄酒产业 30 余年发展过程中存在的产区区划不清、酿酒葡萄品种不合理、苗木带毒率高、抗寒旱优质栽培技术落后、优质葡萄酒酿造技术体系不健全等问题开展攻关；通过长期对引进品种酿酒学等特性的研究，筛选适宜品种（系） 22 个，成为产区主栽品种；建立了葡萄种苗脱毒及繁育技术体系，种植脱毒苗木 20 余万亩；提出并推广"浅沟法""一清三改"等技术，创建了贺兰山东麓酿酒葡萄优质抗寒栽培技术体系；通过对新工艺和产品的引进研发，创立了贺兰山东麓现代工艺技术体系并形成了产区产品系列。

2019 年，"葡萄种质资源引选与脱毒种苗示范推广"获宁夏科技进步奖三等奖，主要完成单位为宁夏林业研究院股份有限公司。该项目人员针对宁夏贺兰山东麓地区葡萄栽培品种相对单一，葡萄种苗质量良莠不齐等问题开展了系列研究；引进收集葡萄种质资源 135 个，其中 25 个酿酒葡萄品种资源为宁夏首次引进；筛选出 5 个可在宁夏推广的抗性酿酒葡萄品种和 4 个优质鲜食葡萄品种；形成了集酿酒葡萄"威代尔"品种引选、配套栽培、特色葡萄酒开发于一体的优良品种开发模式，推动了"威代尔"在产区的应用；建立了完善的葡萄脱毒技术体系，培育出 29 个葡萄品种的脱毒种苗，创新了葡萄脱毒种苗工厂化繁育技术，实现葡萄组培苗工厂化生产中细菌污染率控制在 1% 以下，提高组培苗移栽成活率 20%。

2019 年，"宁夏葡萄酒关键质量因子综合评价体系构建与创新应用"获宁夏科技进步奖三等奖，完成单位为宁夏农产品质量标准与检测技术研究所。该项目人员针对宁夏葡萄酒产地鉴别及质量评价标准化问题，开展了酿酒葡萄及葡萄酒全产业链关键品质因子识别及危害因子评估与控制的系统研究。项目构建了葡萄及葡萄酒28个品质指标和10个危害指标的检测方法技术体系，解决了葡萄酒品质及质量安全领域研究方法技术难题；构建了宁夏葡萄及葡萄酒关键品质因子基础数据库和综合评价体系，可准确甄别葡萄酒产地和品种信息，判断正确率达93.3%~100%，解决了葡萄酒质量品质评价标准化难题；形成了宁夏葡萄及葡萄酒中68种农药、6种重金属、2种生物毒素危害因子评估的科学方法及污染数据库，有效提升了宁夏葡萄酒质量安全风险预警、风险防控能力；筛选获得了一株抗铜酵母，探明了其吸附机制为离子交换和胞内吸收，同时建立了葡萄酒中纳他霉素、赭曲霉毒素A等真菌毒素的系列降解方法，有效控制了葡萄酒发酵过程中真菌毒素的危害。

第六章

产业政策与法规

第一节　地方法规

2012年12月5日，自治区第十届人民代表大会常务委员会第三十三次会议通过了《宁夏回族自治区贺兰山东麓葡萄酒产区保护条例》（以下简称《条例》），自2013年2月1日起施行，是全国第一个葡萄酒产区保护条例。

《条例》明确了自治区各级人民政府对产区开发、利用和保护的法定责任。自治区人民政府和产区所在地设区的市、县（市、区）人民政府应当加强对产区保护工作的领导，建立健全葡萄酒产业发展的协调和保护机制。产区所在地设区的市、县（市、区）人民政府应当鼓励和扶持产区葡萄酒产业的发展，支持产区水、电、气等基础设施和育苗基地、加工园区的建设，支持产区与酒庄品牌宣传和新品种、新技术的引进。

《条例》规定在产区酿酒葡萄种植区及其周边五千米范围内，禁止新建化工、建材、制药、采矿、规模养殖以及产生重金属排放等对土壤、水质、大气造成污染和对葡萄酒产业发展造成影响的项目。

《条例》明确产区内新建、改建、扩建的葡萄酒庄，建设用地面积不得超过酒庄酿酒葡萄种植基地总面积的百分之五。依法取得产区土地使用权的，应当按照土地利用总体规划确定的用途开发、利用土地，不得擅自改变土地用途。连续二年不开发、利用土地的，应当依法无偿收回。

《条例》提出自治区主管部门应当制定和发布苗木标准和产区酿酒葡萄品种区划，对酿酒葡萄苗木繁育、基地建设、信息化服务进行指导和监督。企业和个人应当遵守相关技术操作规范，保证酿酒葡萄品质。产区酿酒葡萄的采摘和加工，葡萄酒酿造、灌装以及运输过程中使用的各种工艺设备、器具、储罐、包装材料、产品标签，应当符合国家标准和相关法律、法规的规定。

《条例》规定在产区内种植酿酒葡萄、生产葡萄酒的企业和个人，应当申请使用贺兰山东麓葡萄酒地理标志保护产品专用标志、贺兰山东麓酿酒葡萄和葡萄酒地理标志证明商标。

第二节　产业政策

2006年之前，宁夏回族自治区政府将酿酒葡萄种植纳入国家造林工程予以补贴。自2006年起，自治区政府将葡萄产业纳入自治区特色优势产业，并出台政策意见，在国家造林工程补贴的基础上，自治区财政又拿出资金给予以奖代补。2010年国家造林政策调整，酿酒葡萄未被列入国家造林工程树种中，酿酒葡萄种植完全由自治区财政进行以奖代补，同时自治区逐年提高补贴标准，为葡萄酒产业发展提供了政策保障。颁布的具体政策如下。

2006年，《宁夏农业产业化协调领导小组办公室关于印发〈推进特色优势产业发展政策意见〉和〈加快农产品龙头企业发展若干政策意见〉实施细则及验收办法的通知》（宁农产（办）〔2006〕

04 号）。

2007 年，《关于印发〈2007 年推进特色优势产业促进农业产业化发展的若干政策意见〉的通知》（宁财（农）发〔2007〕266 号）。

2008 年，国家质检总局发布《地理标志产品 贺兰山东麓葡萄酒》（GB/T 19504—2008），替代原产地域产品保护标准；2014 年保护区范围进一步修订，红寺堡区扩入贺兰山东麓葡萄酒地理标志产品保护范围。《宁夏农业产业化协调领导小组办公室关于印发〈2008 年推进特色优势产业促进农业产业化发展的若干政策意见〉实施细则及检查验收办法的通知》（宁农产（办）发〔2008〕04 号）。

2009 年，《宁夏回族自治区财政厅、自治区农牧厅、自治区林业局等关于印发〈2009 年推进特色优势产业促进农业产业化发展的若干政策意见〉的通知》（宁农（产）发〔2009〕264 号）。

2010 年，《宁夏回族自治区农牧厅、自治区财政厅、自治区林业局等关于印发〈2010 年推进特色优势产业促进农业产业化发展的若干政策意见〉的通知》（宁农（产）发〔2010〕169 号）。

2011 年，《关于印发〈2011 年推进特色优势产业促进农业产业化发展的若干政策意见〉的通知》（宁农（办）发〔2011〕125 号）。

2012 年，自治区人民政府印发了《宁夏回族自治区人民政府关于促进贺兰山东麓葡萄产业及文化长廊发展的意见》（宁政发〔2012〕85 号）、《中国（宁夏）贺兰山东麓葡萄产业及文化长廊发展总体规划（2011—2020 年）的通知》（宁政发〔2012〕88 号），规划提出了"一廊、一心、三城、十镇、百庄"的发展总布局，标志着宁夏葡萄产业进入高速发展期。同年，自治区人民政府办公厅出台《关于加强贺兰山东麓葡萄酒地理标志产品产地环境保护工作的意见》（宁政办发〔2012〕130 号），进一步优化产区发展环境。自治区印发《关于印发〈关于扶持农业特色优势产业发展的意见（2012—2015 年）〉的通知》（宁农产发〔2012〕02 号）、《关于印发〈2012 年宁夏农业特色优势产业扶持方案〉的通知》（宁农（产）发〔2012〕211 号）、《关于印发〈支持贺兰山东麓葡萄产区建设财政政策〉的通知》（宁财（农）发〔2012〕954 号）。

2013 年，《宁夏回族自治区人民政府关于印发加快推进农业特色优势产业发展若干政策意见的通知》（宁政发〔2013〕11 号）。

2014 年，《自治区人民政府办公厅关于加强贺兰山东麓葡萄酒质量监管品牌保护及市场规范的指导意见》（宁政办发〔2014〕60 号），对产区葡萄酒质量进行全面监管，进一步保护产区品牌，规范市场准入。

2015 年，《宁夏贺兰山东麓葡萄产业园区管理委员会关于加强酿酒葡萄基地管理的指导意见》（宁葡委发〔2015〕3 号）、《关于开展宁夏产区优质葡萄园评选活动的通知》（宁葡局发〔2015〕28 号），全面规范酿酒葡萄基地生产管理，进一步提升基地经营水平。

2016 年，《宁夏回族自治区人民政府关于创新财政支农方式加快发展农业特色优势产业的意见》（宁政发〔2016〕27 号）、《创新财政支农方式加快葡萄产业发展的扶持政策暨实施办法》（宁葡委办发〔2016〕13 号）、《宁夏贺兰山东麓葡萄产业园区管委会办公室关于印发〈创新财政支农方式加快葡萄产业发展的扶持政策暨实施办法的实施细则（试行）〉的通知》（宁葡委办发〔2016〕50 号）、《自治区财政厅 自治区金融工作局 中国人民银行银川中心支行关于印发〈加快发展农业特色优势产业贷款担保基金管理办法（试行）〉〈加快发展农业特色优势产业贷款风险补偿基金管理办法（试行）〉和〈加快发展农业特色优势产业贷款贴息资金管理办法（试行）〉的通知》（宁财（农）发〔2016〕233 号）、《自治区人民政府办公厅关于印发宁夏贺兰山东麓葡萄酒产区列级酒庄评定管理办法的通知》（宁政办发〔2016〕17 号）。

2018 年，《关于进一步完善葡萄产业发展扶持政策的通知》（宁葡委办发〔2018〕11 号）。

2020 年，自治区农业农村厅、财政厅《关于支持做好 2020 年农业结构调整有关事宜的通知》（宁农（计）发〔2020〕19 号）。

第十篇

农业科技教育

1996—2020 年，宁夏认真贯彻落实党中央决策部署，在自治区党委和政府的坚强领导下，农业农村厅认真抓好贯彻实施，紧紧围绕农业增效、农民增收、农村繁荣的目标，以发展现代农业为重点，以政策扶持为抓手，以机制创新为动力，以科技创新为支撑，着力加强农业技术推广体系建设制度建设和机制创新，加大先进适用新品种、新技术推广应用，加快科技成果转化应用，为全区现代农业高质量发展提供有力支撑。2019 年，全区粮食总产达到 373.2 万吨，实现"十六连丰"，农村居民人均可支配收入达到 12858 元，增长 9.8%。全区主要农作物耕种收综合机械化水平达到 77%，主要农作物、畜禽良种化率达到 95% 以上，主推技术、主导品种覆盖率达到 95% 以上，农业科技进步贡献率达到 60%。

在农业技术推广服务体系建设方面，宁夏 2006 年率先在全国启动了基层农业科技推广体系改革，2007 年基本完成了全区 22 个县（市、区）乡镇农技推广机构"定编、定岗、定员"的改革任务，基本形成以种植业、畜牧业、水产业、农机化为主体，区、市、县、乡四级农业技术推广体系，创造"宁夏经验"。2009—2019 年实施农业农村部基层推广服务体系改革与建设示范县项目。

在农业技术推广方面，全区农业科技体制改革取得长足进展，农业科技创新平台不断完善，农业科技创新成果不断涌现，农业科技创新人才队伍不断壮大。在科技体制改革和创新驱动发展的引领下，全区加快农业先进适用技术、主导品种推广应用，全面提升科技对农业农村经济发展的支撑引领作用，农业科研项目承担、农业科技产出和农业科技成果转化效益等科技创新能力显著增强。

在农业科学研究方面，主要依托于宁夏农林科学院，主要围绕全区农业特色优势产业和农村经济发展中综合性、全局性、关键性科技问题组织攻关，推进农业科技创新和科技成果转化，开展农业相关软科学课题研究，建立农作物育种与栽培、农业生物技术、枸杞等 12 大学科 41 个研究领域，组建一批国家和自治区重点实验室。培育出"百瑞源枸杞""兴唐大米""盐池鑫海滩羊肉"等一批知名品牌。

在农业教育方面，高等教育、职业教育和农业广播电视教育齐头并进。高等教育主要依托宁夏大学农学院、葡萄酒学院和生命科学学院，主要从农学、植物保护、农业资源与环境、园艺、动物科学、草业科学、食品科学与工程、葡萄与葡萄酒工程、生物技术、生物科学等专业培养本科及研究生毕业生。职业教育主要依托宁夏职业技术学院、固原市民族职业技术学院和宁夏葡萄酒与防沙治沙职业技术学院，主要从农学、林学、畜牧兽医、材料与能源、化工技术、装备制造、制药、电子信息、财经旅游、现代纺织、艺术设计传媒、健康服务、水利水电工程施工等专业培养大专及中专毕业生。农业广播电视教育主要由宁夏农业广播电视学校开展，负责全区农民教育培训指导服务、督导检查及基础建设等工作，以及农艺工、沼气生产工、家畜饲养工等工种的职业技能鉴定。

在农民培训方面，从 20 世纪 90 年代农业部、财政部共同启动实施跨世纪农民培训工程开始，全区各级农业农村部门先后开展了农村劳动力阳光工程转移培训、农村劳动力阳光工程培训、新型职业农民培育、新型农民培训、高素质农民培育、农村实用人才培训等。

第一章

农 业 科 技

■ 第一节 农业科研

一、宁夏农林科学院

宁夏农林科学院（简称农科院）成立于1958年，是自治区人民政府直属事业单位，也是全区唯一的农业综合性科研机构。该学院担负着全区农业重大基础、应用研究和高新技术产业开发任务。学院的主要职能：贯彻执行党和国家有关农业科技工作的方针、政策以及自治区党委、人民政府的有关决议和决定；制定全院科技创新、科学研究、科技成果转化等发展规划和计划，并组织实施；围绕自治区农业特色优势产业和农村经济发展中综合性、全局性、关键性科技问题组织攻关，推进农业科技创新和科技成果转化，提供重大科技成果和先进适用技术，为促进全区农业发展、农村进步、农民增收提供科技支撑；开展农业相关软科学课题研究，为自治区党委、人民政府破解"三农"问题提供决策依据；开展科技合作与交流，引进智力和先进技术，开拓技术市场，开展成果转化和科技服务；为全区农业科研、教学、推广等单位提供立项检索、成果查新、图书资料、科技培训、科普宣传等服务；负责对院属各研究机构和企业进行监管，确保国有资产保值增值；完成自治区党委、人民政府交办的其他工作。

2019年，全院内设7个职能处（室）及机关党委，下属11个公益性研究机构，6个院监管企业及后勤服务中心，共有职工2026人，其中在职职工794人、离退休职工1232人；在职职工中，院机关及所属11个事业单位职工有472人，服务中心职工有28人，转制科技企业职工有294人；具有高级职称职工有292人，其中正高级的有104人，副高级的有188人；博士35人，硕士270人。学院获国家及自治区各类人才称号的有90余人次，其中列入自治区"院士后备人才"的有1人，列入"国家百千万人才工程"的有5人，"国家有突出贡献中青年专家"2人，享受国务院、自治区政府特殊津贴的专家有20人次；列入自治区"塞上英才"的有2人，获得"宁夏创新争先奖"的有6人；自治区特色产业首席专家8人，"海外引才百人计划"1人，自治区"青年拔尖人才"23人。

7个职能处（室）及机关党委分别为：办公室、科研处、科技成果转化与推广处、对外科技合作与交流处、人事处、计划财务处、离退休职工服务处、机关党委。

11个公益性研究机构分别为：宁夏农林科学院动物科学研究所（宁夏草畜工程技术研究中心）、宁夏农林科学院枸杞工程技术研究所、宁夏农林科学院荒漠化治理研究所（宁夏防沙治沙与水土保持重点实验室）、宁夏农林科学院农业生物技术研究中心（宁夏农业生物技术重点实验室）、宁夏农林科学院农业经济与信息技术研究所（宁夏农业科技图书馆）、宁夏农林科学院植物保护研究所（宁夏植物病虫害防治重点实验室）、宁夏农产品质量标准与检测技术研究所（宁夏农产品质量监测中心）、宁夏农林科学院园艺研究所（宁夏设施农业工程技术研究中心）、宁夏农林科学院农业资源与环境研究所（宁夏土壤与植物营养重点实验室）、宁夏农林科学院农作物研究所（宁夏回族自治区农作物育种中心）、宁夏农林科学院固原分院。

6个院监管企业分别为：宁夏农林科学院畜牧兽医研究所（有限公司）、宁夏农林科学院枸杞工程技术研究所（有限公司）、宁夏森灏园艺有限公司、宁夏科源农业科技有限公司、宁夏科苑农业高新技术开发有限责任公司、宁夏科泰种业有限公司。

截至2020年，宁夏农林科学院已建立起具有明显区域特色和一定优势、基本适应和满足全区农业和农村经济发展的农业科技创新体系，形成了农作物育种与栽培、农业生物技术、枸杞等领域的12大学科41个研究领域；组建国家及部委批准建立的重点实验室（工程中心）、质量检测中心等6个，设立有国家现代农业产业技术体系综合试验站14个、农业农村部科学观测实验站3个、自治区重点实验室（中心）13个、院士工作站6个、自治区科技创新团队12个，院地合作共建试验示范基地6个、院企合作基地35个、宁夏人才小高地2个。

学院设立自治区6项农业重大育种专项和12项一二三产业融合发展科技创新示范项目，构建科学的农业育种体系，形成产学研企推一体化协同创新机制，集中突破了一批影响产业提质增效瓶颈。实施财政稳定支持科技创新先导和科技成果孵化两项资金，自主安排项目，对支撑产业提质增效和转型升级起到重要促进作用。

"十三五"期间（2016—2020年），全院共取得登记科技成果213项，获国家科学技术进步奖二等奖2项（参与完成），"枸杞新品种选育及提质增效综合技术研究与示范"获自治区科学技术重大贡献奖，获科技进步一等奖4项（参与2项），二等奖7项（参与2项），三等奖34项（参与5项）。全院授权专利282项、软件著作权28项，审（鉴）定国家品种2个、非主要农作物品种登记20个、自治区品种27个，制定行业标准2项，地方标准137项。全院每年集成示范推广农业新品种、新技术、新装备等自主科技创新成果60项以上，建立核心示范面积10万亩以上，辐射带动面积120万亩以上，新品种、新技术覆盖率达到95%以上。

（一）宁夏农林科学院动物科学研究所

1. 机构与队伍

宁夏农林科学院动物科学研究所的前身是宁夏草畜工程技术研究中心。中心组建于2009年2月，人员主要由从种质资源研究所剥离的畜牧兽医学科专业技术人员构成。2011年6月宁夏科学技术厅批准挂牌成立宁夏草畜工程技术研究中心。2013年宁夏科研体制深化改革，由自治区编办批复成立"宁夏农林科学院动物科学研究所"（简称动科所）。动科所编制34人，内设办公室、家畜育种研究室、畜禽营养研究室、动物疫病防治研究室和牧草研究室共5个科室，主要职责为：开展畜禽品种保护与选育技术研究，培育优新品种（系）；开展草畜高效转化利用技术研究；引育优质牧草品种；开展饲草料营养价值评定及加工调制利用技术研究；研究高效养殖综合配套技术；开展动物疫病防治技术研究。2020年末，动科所在职职工31人，其中正高职称7人、副高职称9人，博士1人、硕士21人；享受国务院特殊津贴1人，国家肉牛牦牛产业技术体系岗位科学家1人，自治区"塞上农业专家"2人、科技创新领军人才1人、"313人才工程"1人、青年拔尖人才及后备人才5人、青年托举人才2人；获宁夏事业单位脱贫攻坚记功集体1次，"记大功"个人1人，宁夏脱贫攻坚先进个人1人。

2. 研究方向及研究内容、解决的关键问题和重点科研成果

（1）"十一五"期间（2006—2010年）（注：动科所2009年成立）

1）研究方向及研究内容。

肉羊产业领域：依托自治区科技攻关"滩羊种质资源保护开发利用与本品种选育""肉羊杂交改良及新品种培育"等项目，在盐池县研究明确了滩羊母羊空怀期绝食代谢及维持代谢能的需要量、滩羊生殖激素季节性变化规律等；提出滩羊肉裘兼用品系的选育技术路线及标准，制订滩羊两年三产技术规程、滩羊肉胴体分级标准及胴体分割技术规程等，合作开发"宁鑫"牌高档滩羊分割肉系列产

品，提升了滩羊产业的市场竞争力。在平罗县引进肉羊品种杜泊羊开展杂交改良技术研究，系统测定评价了杜泊×小尾寒羊、杜泊×滩羊、杜泊×滩寒杂 3 个杂交组合 F1 代生产性能、屠宰性能与肉品质，提出肉羊经济杂交改良技术路线，制订杜寒杂交标准化生产技术规程。

肉牛产业领域：依托自治区科技攻关"肉牛高效健康养殖技术体系建立及生产模式研究"项目，在引黄灌区研究集成示范肉牛全混合日粮（TMR）技术，提出高效育肥技术方案 3 套，制订出肉牛不同生理阶段日粮配方和饲喂工艺，建立肉牛规模化标准化育肥技术模式。

奶牛产业领域：依托银川市重大攻关"应用性控冻精快繁高产奶牛技术研究与示范"、自治区科技攻关"奶牛场环境综合控制技术研究与示范"等项目，研究突破了奶牛性控冻精情期受胎率低的技术瓶颈，示范推广 75280 支；制订了国内第一个"奶牛性控冷冻精液人工授精技术规程"，被生产厂家和养殖企业广泛采用，作为技术培训材料普遍应用。系统调研宁夏奶牛养殖环境污染现状，为养殖环境污染综合治理奠定基础。

牧草产业领域：依托科技部农业成果转化项目"美国优质牧草新品种新技术示范及产业化"、自治区科技攻关项目"优质牧草新品种良种繁育技术研究"，在盐池县引选出适生牧草新品种，研究明确了天然草场土壤水分时空演变规律、植被群落竞争共生机制，研发出荒漠化天然草场补播及栽培技术等；建立生态型牧草制种基地、立体复合草地生态园区、禾本科牧草防沙治沙示范区基地各 1 个，创建退化草场恢复重建新模式，累计示范推广 8 万亩。

2）解决的关键问题。

解决了滩羊本品种选育、肉羊杂交改良技术路线不清，缺乏标准化生产技术规程的突出问题，为宁夏羊产业提质增效健康发展提供了科技支撑。

解决了宁夏肉牛规模化育肥技术水平低、缺乏标准化生产模式的突出问题，为肉牛规模化产业化发展提供了路径和技术支撑。

突破了奶牛性控冻精受胎率低的技术瓶颈，为国内奶牛性控冻精产业化应用奠定了基础；明确了宁夏奶牛养殖环境污染现状，为综合治理提供了参考。

解决了宁夏中部干旱带退化草场适生牧草品种匮乏、补播栽培技术短缺等突出问题，为退化草场修复提供了强有力的科技支撑。

3）重点科研成果。

2009—2010 年，动科所共承担国家和自治区科研项目 25 项，到位科研经费 395 万元，发表论文43 篇（其中核心 23 篇），获宁夏科技进步奖三等奖 2 项，宁夏标准创新奖一等奖 1 项（奶牛性控冷冻精液人工授精技术规程），参加项目获宁夏科技进步奖二等奖 1 项（六盘山优质肉牛高效养殖技术开发与示范）。

（2）"十二五"期间（2011—2015 年）

1）研究方向及研究内容。

家畜育种领域：依托自治区"滩羊育种专项"，自治区科技攻关"滩羊标准化养殖关键技术研究与示范""肉羊杂交改良及新品种培育""特色畜种分子标记技术开发与应用"项目，自治区重大科技专项"舍饲生态养殖标准化关键技术研究"等项目，收集大型体滩羊 1092 只、引进湖羊 861 只，组建滩羊选育核心群；探明了舍饲滩羊的生长发育、肉品质与月龄的相关性，提出日粮中添加苜蓿皂苷、酵母培养物、共轭亚油酸等改善肉品质的技术，构建了滩羊标准化理想型胴体生产技术体系；确定了生长激素（GH）基因是控制滩羊生长性状的候选基因，提出滩羊裘肉兼用品系培育技术路线和选择指数，制定了鉴定标准；提出杜寒杂交肉羊母羊、羔羊、育肥羊的全舍饲标准化饲养管理技术规程；依托自治区科技攻关"固原鸡分子标记育种及规模化生态养殖技术研究"项目，系统测定固原乌鸡商品代生长发育和生产性能指标，测定分析了产蛋性状 SNP（单核苷酸碱基突变）分子标记候选基因卵细胞卵黄生成受体基因、催乳素基因、卵（类黏蛋白）抑制剂基因等三个功能基因，采用PCR-SSCP、PCR-RFLP 对 F0 和 F1 代实验群固原鸡个体的卵黄生成受体基因 1 个 SNP 位点、催乳素基因 6 个 SNP 位点、卵（类黏蛋白）抑制剂基因 1 个 SNP 位点基因型多态性进行变异研究，为固原鸡选育提供了技术支撑。

畜禽营养领域：依托自治区科技攻关"肉牛高效健康养殖技术体系建立及生产模式研究"项目，研究集成示范肉牛全混合日粮技术、生产高中档牛肉的差异化育肥新技术等，提出不同育肥方式下肉牛高效育肥方案 3 套，提出育肥牛验证配方 3 个。

动物疫病防治领域：依托科技部"应用性控快繁技术工厂化生产高产奶牛"项目、国家疫病重点实验室项目"奶牛衣原体病快速诊断技术研究"、自治区科技攻关"奶牛繁殖障碍性疾病的病因与防治技术研究""自治区科技创新领军人才"项目等，在国内率先明确定义奶牛繁殖障碍的概念，系统调研分析了宁夏规模化奶牛场因营养、产奶量、环境、病原等因子引发奶牛繁殖障碍的现状，建立了病原微生物快速分离鉴定技术，分离鉴定引起宁夏奶牛子宫内膜炎的病原菌有 19 种 111 株；提出不同能量、蛋白水平对高产奶牛（305 天单产水平 9000 千克以上）产后生殖激素变化和繁殖性能及泌乳性能的影响，揭示了奶牛子宫内膜炎和隐性乳房炎之间病原微生物的相关性，建立了 TaqMan MGB 探针实时荧光定量 PCR 快速检测牛鹦鹉热嗜衣原体的方法，研制出了快速诊断试剂盒；制定《奶牛繁殖障碍的判定和防治地方标准》《高产奶牛饲养管理技术规程》《荷斯坦奶牛主要血液生化指标与测定方法》《滩羊主要血液生化指标与测定方法》等地方标准，为奶牛滩羊健康养殖提供了技术支撑。

牧草领域：依托自治区"苜蓿新品种选育专项"、自治区科技攻关项目"人工草地建植技术研究与示范""牧草新品种选育研究与示范"等项目，收集苜蓿种质资源 100 份，通过温室育苗和扦插育苗的方法，加快了苜蓿轮回选择育种的进度；引进美国禾本科牧草新品种，在盐池县进行人工草场的建植，明确了补种牧草品种与原生植被共生竞争机制，提出退化草原补播、补种改良技术，建立了禾本科牧草繁种基地 1 个；在宁夏灌区引选苜蓿新品种，干草最高达 1.6 吨/亩；麦后复种一年生苜蓿，鲜草最高达 1.8 吨/亩。

"十二五"期间（2011—2015 年），动科所共承担国家、自治区等科研项目 105 项，到位科研经费 3345 万元。

2）解决的关键问题。

提出了肉羊杂交改良、滩羊本品种选育与开发利用的全产业技术，构建了标准化生产技术和优质优价体系，解决了宁夏羊产业舍饲养殖成本高、效益低的突出问题。

提出肉牛低成本高效育肥技术、中高档牛肉的差异化育肥技术，解决了育肥技术水平低、效益差的突出问题。

解决了高产奶牛繁殖障碍多发造成的高淘汰率、高死亡率、泌乳产量和乳品质下降的突出问题，为宁夏奶产业提质增效提供了技术支撑。

解决了中部干旱带饲草品种与栽培技术短缺并存，引黄灌区种植业"一季有余、两季不足"突出问题，丰富了优质饲草种类和供给途径。

3）重点科研成果。

动科所共获宁夏科技进步奖二等奖 1 项（滩羊种质资源保护开发利用及本品种选育），宁夏科技进步奖三等奖 7 项，取得成果登记 15 项，授权专利 2 项，发表论文 163 篇（其中核心 80 篇、SCI 1 篇），出版专著 1 部，制定地方标准 15 个。

（3）"十三五"期间（2016—2020 年）

1）研究方向及研究内容。

家畜育种领域：依托国家科技成果转化"宁夏优质滩羊标准化生产技术中试与示范"项目、自治区重大农业专项"滩羊品系选育"、自治区重点研发"宁夏高端滩羊肉关键技术集成示范"等项目，构建滩羊品种选育三级繁育体系，育种核心群达 9155 只；肉裘兼用品系 G1 代 6 月龄羔羊比 G0 代体重提高 19.38%，多胎品系 G1 代体重比同期滩羊提高 22.49%；研发出高密度基因芯片鉴定主配公羊亲缘关系、持续检测 *FecB* 多胎主效基因；在绵羊上首次扩增到 *KAP20-2B* 和 *KAP28* 基因，发现控制毛色的 *MC1R* 基因的 2 个位点存在等位基因特异表达，定位到控制尾型、肉质风味、生长性状相关基因各 1 个，筛选出与二毛相关的 miRNA 和 lnRNA 各 6 个；提出滩羊肉风味成因与肉质品质调控技术，初步探明 9 种挥发性化合物为宁夏滩羊指纹图谱，制定盐池滩羊全产业链管理标准 9 个；研发高端滩羊肉产品 15 个，开发"基于物联网＋大数据微服务"溯源系统；构建"母羊分户饲养、羔羊集中育肥、企业订单生产、精细分割上市"联农带农共同发展模式；累计向社会提供优质种公羊 8015 只，持续推进优质优价体系构建。

畜禽营养领域：依托国家肉牛牦牛产业技术体系"母牛带犊营养与饲养"岗位科学家专项、科技部与宁夏部省联动"科技支宁"东西部合作"宁夏深度贫困区肉牛产业提质增效技术集成示范"项目、宁夏农科院"十三五"期间（2016—2020 年）重大专项"宁夏草畜耦合与循环农业技术研究与示范"等项目，研发了西门达尔、安格斯和秦川牛等地方品种及其杂交牛基础母牛和犊牛的营养与饲养技术，为不同品种母牛节本增效养殖和犊牛培育提供了技术支撑；研究提出枸杞残次果、葡萄枝条、马铃薯秧薯渣、农作物秸秆、中药材等 30 余种农林加副产物饲料化利用技术，研发获认证免疫增强型饲料新产品 6 种，创制酶-菌复合生物发酵型、免疫增效型和颗粒型 3 类 12 个饲料产品，提出高效组合利用技术规范，丰富了饲草种类，拓展了供给路径；创制超微粉体饲料工艺技术，研制超细型饲料产品 5 个，提出经济日粮模式 12 套，降低饲料成本 8.6%，育肥日增重提高 6.2%～23.7%，为引领草畜产业高质量发展提供了强有力技术支撑；在六盘山深度贫困区针对制约肉牛产业发展科技短板，创建"种养结合、草畜耦合、绿色高效"生态养殖循环发展新业态，创新集成转化示范新技术 14 项、新产品 16 个、新装备 3 台，构建实用新型生产技术体系 3 个；研制推广了以牛粪为基料的粉状、粒状、掺混等有机肥产品，构建"集中发酵处理""分户发酵还田"肥料化利用模式，突出清洁化生产和藏粮于技，促进产业与生态协同发展；示范肉牛生态养殖 80 万头以上；形成了部区推动、政产学研用协同、典型示范带动、部区县乡村五级联动的东西部合作科技扶贫"宁夏模式"，成为全国科技扶贫典范。

动物疫病防治领域：依托区自然基金"宁夏牛病毒性腹泻病毒（BVDV）新亚型基因及变异性研究"、自治区科技攻关"宁夏地区奶牛病毒性腹泻/黏膜病（BVD/MD）检测及防控措施研究"、自治区重点研发"奶牛胎衣不下症中兽药新药创制与示范"等项目，在国际上首次建立基于 E^{rns}、$E2$ 基因的 BVDV 进化分析方法，分离获得 BVDV 亚型毒株 10 株，厘清了毒株的差异性，并定义 BVDV-1q 亚型，在全基因组水平厘定 BVDV-1c 亚型株；首次发表双峰驼自然感染 BVDV，被国际国内引用 61 次，为国内和国外防控 BVD 提供了技术支撑；首次分离和测定宁夏 BVDV-1m、BVDV-1v 新亚型代表性毒株（NX2019/01、NX2019/02）全基因组序列，并发现同亚型的 1m 株基因重组现象，同时筛查鉴定宁夏地区流行的 BVDV-1a、BVDV-1d、BVDV-1m、BVDV-1q、BVDV-1v 及 BVDV-2 型 6 种基因（亚）型毒株；创建 RT-PCR BVDV 基因分型、BVD/IBR 鉴别两个检测方法；建立 1 个 BVD 检测标准（DB64/T1605—2019）；挖掘 BVDV 流行毒株与新亚型株遗传密码，创制高安全性与免疫效果良好且适用于 BVD 净化的病毒样颗粒 1 种，获国家发明专利 1 项，为 BVD 检测、净化、精准防控提供技术支撑；研究提出了奶牛胎衣不下"本虚标实"的基本病机，明确了奶牛胎衣不下的辨证诊断、证型判定、治法及疗效评价标准，开展了归芎益母散质量、工艺、药效和安全性评价及临床应用，进行了围产期主要关联疾病的流行规律和相关性研究，丰富了奶牛疾病的中兽医临床诊疗技术；制订了《奶牛胎衣不下中兽医诊疗技术规范》《奶牛产后中兽药保健技术规程》，建立中试生产线 1 条，为中兽药防治奶牛围产期主要疾病奠定了技术基础。

牧草领域：依托自治区农业育种专项"苜蓿新品种选育""宁夏饲草及草原改良技术国际合作研究"等项目，建立高产优质、耐旱、耐盐碱苜蓿种质资源圃各 1 个，基础选育圃 3 个，田间保存育种材料 178590 份；利用轮回选择配置抗蓟马杂交组合 1730 个，鉴选出优良组合 113 个；利用雄性不育系配置杂交组合 2930 个，鉴选出优良组合 267 个；建立核心群体资源 12630 份。引进美国耐旱牧草品种 47 个，田间保存材料 15360 份，筛选出适宜宁夏荒漠草原补播改良牧草品种 5 个，建立草原改良示范区 2000 亩；筛选出适宜灌区种植牧草品种 7 个，培育出禾草新品系 3 个，为宁夏草原改良和优质禾草生产提供科技支撑。

"十三五"期间（2016—2020 年），动科所共承担国家、自治区各类科研项目 158 项，到位经费 7432 万元。

2）解决的关键问题。

解决了滩羊胴体和肉品质风味一致性、分割肉产品溯源难等技术难题，创新提出滩羊产业基于"品种、品质、品牌"的特色高质量发展之路，开辟了地方畜禽品种保护性开发利用之先河。

解决了宁夏中南部肉牛产业饲草总量不足与技术性浪费并存、养殖技术水平低、粪污污染环境等突出问题，创建"小群体、大规模"肉牛生态养殖技术模式，树立了科技扶贫新模式，为宁夏打赢脱贫攻坚提供科技支撑。肉牛生态养殖"马沟模式"入选全国科技扶贫典型案例。

解决了牛病毒性腹泻病毒、黏膜病检测净化与精准防控的技术难题；研制出归芎益母散、参芪气血康散、大胃王和产泻康 4 个中兽药产品，为中兽药防治奶牛围产期主要疾病奠定了技术基础。

解决了宁夏荒漠草原补播改良和灌区优质高产牧草生产中，品种短缺的突出问题，为宁夏生态修复和禾草生产提供了科技支撑。

3）重点科研成果。

"十三五"期间（2016—2020 年），动科所共获宁夏科技进步奖二等奖 1 项、三等奖 7 项，全国农牧渔业丰收奖一等奖 1 项（肉羊高效养殖综合配套技术示范与推广）；参加项目获宁夏科技进步奖一等奖 1 项（优质高产奶牛选育技术研究与应用，第 4 完成单位）；获全国农牧渔业丰收奖二等奖 1 项（六盘山深度贫困区特色优势种养业关键技术集成创新与示范推广，排第 2 名）；获全国农牧渔业丰收奖三等奖 2 项（非粮资源饲料化技术集成与推广应用，排第 5 名；盐碱地牧草丰产栽培和种子生产关键技术创新与应用，排第 7 名）；登记成果 15 项，授权专利 2 项，软件著作权 7 项，认证新产品 6 个，发表核心期刊论文 121 篇，SCI 4 篇，专著 4 部，制定地方标准 18 个，团体标准、企业标准 18 项。

（二）宁夏农林科学院枸杞科学研究所

1. 机构与队伍

2005 年，宁夏组建宁夏农林科学院枸杞工程发展技术研究中心，2006 年更名为宁夏农林科学院枸杞工程技术研究中心，2009 年经科技部批准挂牌国家枸杞工程技术研究中心。2013 年经自治区机构编制委员会办公室核定，该中心为全额预算事业编制单位，宁夏农林科学院枸杞工程技术研究中心更名为宁夏农林科学院枸杞工程技术研究所。2020 年宁夏农林科学院枸杞工程技术研究所变更为宁夏农林科学院枸杞科学研究所。目前研究所共有职工 33 人，其中高级职称的有 16 人，中级职称的有 13 人，初级职称的有 4 人。

2. 重点研究方向及研究内容

"十一五"（2006—2010 年）至"十三五"（2016—2020 年）期间，研究所重点围绕枸杞种质资源、品种选育、规范化种植、有效成分提取技术及功效评价、功能基因定位克隆、产品精深加工、新药研发等领域开展技术攻关。

枸杞种质创新研究：以枸杞种质资源收集、保存和新品种选育为主线，开展国内外枸杞种质资源收集、保护、鉴定、评价和利用研究，创建国家级枸杞种质资源圃和枸杞种质资源保存库；挖掘枸杞功能基因，构建枸杞高效育种技术体系，开展多用途枸杞新品种定向培育，建立良繁基地，繁育优良种苗，开展良种示范推广。

枸杞栽培与良种快繁研究：以枸杞高产、高效、安全、低成本为主线，开展枸杞良种的生长发育、生态适应、栽培生理等研究，研发枸杞施肥、修剪、植保、采收等专用装备，构建枸杞高效绿色生态区域化精细管理及农机农艺融合技术体系，并进行技术示范与推广。

功能成分研究：聚焦于枸杞营养与功效物质的发掘、评价、开发利用中的共性科学问题，以及枸杞储藏、加工过程中的品质控制技术瓶颈，开展枸杞功效成分的分离精制、结构鉴定、功效成分的化学合成与结构修饰，以及功能评价和作用机理研究；研究枸杞功效成分储藏、加工过程中的物理化学变化规律，开发稳态化品质控制技术和大健康产品。

枸杞产品加工研究：以枸杞储藏保鲜、品质控制和深加工产品研发为主攻方向，开展枸杞鲜果采后储藏特性及病原菌致病规律研究，建立枸杞采后储藏保鲜集成技术体系；研究枸杞在加工及储运过程中营养功能成分变化规律与关键控制技术，研发枸杞功效成分的多级联产稳态化、高值化加工技术，开发系列中间产品、大健康产品，建立多级联产加工技术体系。

3. 解决的关键问题

"十一五"期间（2006—2010年），研究所承担科研项目56项，争取科研资金987万元；首次发现了枸杞雄性不育单株，揭示了枸杞雄性不育的机理；应用花药离体培养技术和自然选优技术，选育出单倍体枸杞植株和枸杞新品种宁杞3号；研制出的第一代枸杞鲜果采收机，吹响了枸杞采收机械研制的号角；集成示范推广枸杞规范化栽培技术体系，解决了枸杞生产种源混杂、肥水管理不科学，管理技术落后、生产成本高等问题，为枸杞种植规模扩大提供了技术支撑。

"十二五"期间（2011—2015年），研究所承担科研项目80项，争取科研资金4087万元；承担枸杞育种专项，选育出宁杞5号、宁杞7号两个枸杞新品种，单果重突破1克，比宁杞1号增重67％，在生产中大面积推广应用，实现了枸杞第二次品种的更新换代；启动实施了枸杞基因组研究工作，使枸杞基础研究步入基因时代；制定《枸杞种质资源描述规范和数据标准》，规范种质资源性状描述；开展枸杞设施栽培技术研究，建立了枸杞春提前、秋延后的栽培技术体系，枸杞专用植保机、除草机等机械研制取得新的突破，解决了枸杞机械化种植的问题；在枸杞深加工领域取得新的突破，研发了枸杞多糖、黄酮、花色苷等功效物质成分的提取工艺，开发出枸杞蜂花粉、枸杞鲜汁饮料、枸杞酒等深加工产品；与中宁县联合共建中宁枸杞综合试验基地，开创性地探索出科企合作新模式，加速了枸杞科技成果的转化应用。

"十三五"期间（2016—2020年），研究所承担科研项目129项，争取科研资金11563万元；建成国家枸杞种质资源库，收集保存种质资源2000份，系统开展了枸杞资源的农艺、品质性状的评价鉴定工作，制定了首个枸杞DUS（特异性、一致性和稳定性）国际测试标准；枸杞基因组研究取得突破性进展，首次组装出枸杞染色体级的参考基因组，挖掘定位出40个功能基因，解析了枸杞属植物进化/演化规律，研究成果在 *Nature* 子刊 *Communications Biology* 上在线发表；建立了枸杞品种纯度分子鉴定技术体系，为枸杞种苗规范生产提供了技术保证，建成良种繁育基地3个；创立了枸杞篱架栽培新模式，开展了枸杞良种区域适应性评价，研究了枸杞园生草对水肥利用效率、病虫害以及根际微生物种群的影响，阐释了宁夏优质枸杞道地性的成因机制；在产品深加工领域，建立了枸杞抗坏血酸衍生物等活性成分提取工艺人工合成工艺，揭示了枸杞主要功效物质的功能作用及安全性评价；研发黑果枸杞花色苷泡腾片产品、枸杞精华胶囊美肤产品、枸杞葡萄混合发酵酒等系列产品。

4. 重点科研成果

研究所共完成成果登记47项，取得获国家科学技术进步奖二等奖1项（枸杞新品种培育及配套技术研究与示范），宁夏科学技术重大贡献奖1项（枸杞新品种选育及提质增效综合技术研究与示范）、重大创新团队奖1项（枸杞种质创制与遗传改良研究），宁夏科技进步奖一等奖2项（枸杞新品种宁杞7号选育及示范推广和枸杞基因组与重要农艺性状研究），二等奖3项，三等奖5项；发表论文248篇（其中SCI 28篇），出版专著12部、参编3部，编制标准20个，取得发明专利24项，国外专利11项，实用新型专利70项。

（三）宁夏农林科学院荒漠化治理研究所

1. 机构与队伍机构

2000年8月经宁夏回族自治区政府批准，宁夏农林科学院沙漠治理研究所成立，2004年改制后二级法人资格收回，单位名称更名为宁夏农林科学院荒漠化治理研究所，属宁夏农林科学院内设机构。"十三五"期间（2016—2020年），全所共有编制人员29人，恢复二级法人单位，设立了5个科级机构（科室），分别为综合办公室、防沙治沙研究室、水土保持研究室、生态修复工程研究室和中药材与沙旱生植物资源研究室。

2. 研究方向及研究内容、解决的关键问题和重点科研成果

（1）"十一五"期间（2006—2010年）

1）研究方向及研究内容。

重点方向：研究所按照宁夏农林科学院总体工作部署，围绕国家生态建设和自治区生态建设的中心工作，开展了四个方向的研究，即林业生态工程、防沙治沙、水土保持和资源植物开发利用；联合区内外知名专家，组建了自治区荒漠化防治创新团队。

研究内容：在防沙治沙方面，研究所开展了沙漠化土地综合治理基地的建设、沙产业的开发研究与示范、沙区生态农业的建设、沙化土地草场植被恢复技术研究、飞播造林治沙技术研究、风蚀沙化土地的综合防治技术研究；在宁夏盐池风沙区建立了长期性的沙化土地研究试验基地，研究揭示了宁夏中部干旱风沙区主要土地利用方式对土壤风蚀的影响程度，退化沙区防风固沙人工灌木林营建的适宜密度，沙区封育草场的适宜载畜强度和轮牧技术等。在水土保持方面，研究所开展了小流域综合治理、水源涵养林建设、雨水资源化工程技术、节水抗旱造林技术、生态农业建设技术、退化生态系统恢复、水土保持防护林网络体系建设、生态产业开发方面的研究；在宁夏彭阳县建立了宁南山区水土保持和生态农业综合实验基地1处；集成研发了以植被恢复为主的乔灌草多树种生态经济型防护林配置模式，半干旱黄土丘陵区雨水资源化高效集蓄及利用技术体系，土地利用结构优化配置方案，水土保持防护林的建设技术。在特色资源植物利用方面，研究所在柠条灌木平茬复壮粉碎加工利用技术，沙柳开发利用技术，以甘草、麻黄、苦豆子等为主的中药材种植技术，以及黄土丘陵水土流失区薪炭林资源开发利用，玉米和苜蓿为主的草畜产业模式开发等方面进行了研究。在林业生态工程方面，研究所开展了树种引选驯化技术研究，防风固沙林和水土保持林的生态效应研究，水土保持林的适宜密度研究，水土保持林的空间配置技术研究，不同墒情条件下的造林试验研究，华北落叶松优良无性系的繁殖及种子园的建立，宁南黄土丘陵区抗旱造林技术体系研究，六盘山及周边地区生态针阔混交林造林模式的研究，全区宜林地立地类型划分和造林适宜性研究。

2）解决的关键问题。

研究所建立了以植被恢复、重建为重点，加速提高环境质量，改善农民生存和生产条件的植被恢复技术体系；以畜牧业为中心，发展生态经济型草地畜牧业，提高农民收入的草地畜牧业发展技术体系；以节水为关键，发展节水型高效生态农业，提高农民的生活水平的沙地节水技术体系；以保护和合理利用沙地资源，开发沙产业，培植沙区新的经济增长点的沙漠化土地综合治理技术体系。研究所总结出了沙蒿胶提取工艺与技术；柠条的适宜平茬年限、平茬高度和平茬季节，筛选出了适宜柠条平茬的机具，研发出了柠条专用粉碎机，并开发出三类柠条饲料产品；提出了宁夏宜林地立地类型分类系统及评价方法，提出了不同立地类型的造林技术，研发了"宜林地立地类型划分及造林技术专家系统"软件，支撑了宁夏林业和生态建设。

3）重点科研成果。

研究所开发了沙区新的经济增长点、沙漠化土地综合治理技术体系；先后获得国家科学技术进步奖二等奖1项（宁夏沙漠化土地综合治理及沙产业开发）、自治区科技进步奖一等奖2项（半干旱退化山区生态农业建设技术与示范、宁夏盐池城西滩扶贫扬黄新灌区生态农业建设技术研究与示范）、二等奖2项、三等奖2项；出版专著《宁南山区生态农业建设技术研究》和《甘草研究》2部，制定了宁夏道地沙生药材甘草种子种苗质量标准及检验规程、银柴胡种子种苗质量标准及检验规程、黄芪种子种苗质量标准及检验规程、肉苁蓉种子种苗质量标准及检验规程、规范化种植技术规程（SOP）、甘草质量分级标准和水土流失区山杏高接改良技术规程等7个地方标准。

（2）"十二五"期间（2011—2015年）

1）研究方向及研究内容。

"十二五"期间（2011—2015年），研究所设有生态恢复和荒漠化防治1个一级学科，防沙治沙与草地生态、水土保持及生态产业、中药材与沙旱生植物资源、林业生态与资源保护4个二级学科方向；重点开展了南部山区坡耕地整治技术示范、水土保持耕作技术示范、低效经济林嫁接改良技术示范、林草植被空间配置格局示范、坡地雨水资源化工程与高效利用综合技术示范、灌草乔多树种生态经济型防护林体系配置模式示范研究；在中部干旱带开展了优势特色作物抗旱耐旱品种引选示范、旱地农田覆盖保墒节水栽培技术集成示范、旱地集雨补灌生产模式集成研究与示范；在干旱风沙区开展了退化沙地生态系统恢复及灌木资源利用技术、流动沙地快速固定技术、基于土壤水分平衡的不同沙地类型林草高效配置技术、沙地人工灌木林复壮更新技术及高效综合利用技术研究；在草地生态方面开展了退化草原免耕补播技术、宁夏优质苜蓿高效施肥关键技术研究；在中药材方面开展了甘草优质种苗繁育技术、甘草规范化移栽技术、甘草杂草无公害及生态防治技术研究。研究所累计承担执行各类项目42项；国家科技支撑课题"宁南山区脆弱生态系统恢复及可持续经营技术集成与示范"顺利启动，申报国家自然科学基金项目1项，完成"十三五"重大项目2项、参与1项。

2）解决的关键问题。

研究所在宁南山区开展山杏林提质增效技术研究，集成了山杏嫁接改良、高效管理系列技术，解决了杏产业发展中的部分问题；引种蒙古扁桃、灰榆、华北驼绒藜等抗旱植物进行生态修复试验，解决了生态修复中植物种少，搭配单一的问题；开展林木废弃物资源化、沙棘和百里香叶茶、种草养畜等方面的研究，集成了生态产业相关技术，解决了生态修复与产业发展相脱节的问题；在中卫，示范推广绿洲边缘植被恢复与生态产业开发技术，解决了绿洲边缘生态修复与产业协同发展的问题；开展了沙化草原补播改良技术研究，解决了部分沙地退化问题；开展了苜蓿良种引选及饲草生产研究，解决了牧草产业发展中饲草生产效率偏低的问题；开展了主要药用植物高效栽培技术研究，解决了甘草、黄芪、板蓝根种植中部分问题。

3）重点科研成果。

研究所完成科技成果登记3项、获自治区科技进步奖1项，制定技术规程《宁夏沙区飞播造林技术规程》《欧李嫩枝扦插育苗技术规程》2项；申报"甘草移栽机"实用新型专利1项；出版专著《半干旱黄土丘陵区退化生态系统恢复技术与模式》和《压砂地衰退机制及生态系统综合评价》2部。

（3）"十三五"期间（2016—2020年）

1）研究方向及研究内容。

研究方向：研究所围绕防沙治沙、水土保持、生态修复工程和中药材4个学科方向开展中药材产业化、沙化草地恢复与优质牧草产业、脆弱生态系统修复、多功能林业技术、杏树经济林提质增效方面的研究。

研究内容：在防沙治沙方面，研究所开展了干旱风沙区不同类型林地土壤、水分、气候的变化规律，贺兰山葡萄地开荒扰动对地表风蚀的影响，宁夏榛子品质、种苗繁育、病虫害发生规律，柠条发酵饲料菌株筛选，柠条发酵饲料饲喂效果方面的研究。在水土保持方面，研究所开展了黄土丘陵区植被结构对土壤侵蚀的影响、植被结构优化模式、红梅杏高效种植与产品开发及产业化发展，黄土丘陵区不同林分结构的生态功能定位、多功能林业技术集成模式，不同保护性水保覆盖措施下土壤水文理化性质、土壤抗冲性能及土壤培肥技术方面的研究。在生态修复方面，研究所开展了草地品种引选及生产技术、粮改饲模式、病虫草害生态调控、饲草料调制技术、人工混播放牧草地建植与控制放牧、沿黄城市带土壤重金属空间分布、主要绿化树种重金属富集能力和林分结构对土壤重金属分布的影响、欧李品种引选及良种繁育、欧李系列产品开发，荒漠草原降雨量及氮沉降对植物群落的影响方面的研究。在沙旱生植物资源方面，研究所开展了中部干旱带适生药材品种引进与优质种质繁育技术，中药材高效栽培关键技术，中药材病虫害防治技术，根茎类中药材收获装备改制，优良药用植物品种引进及选育等的研究与示范。

2）解决的关键问题。

在防沙治沙领域，研究所通过监测研究摸清了宁夏沙化土地分布及面积情况，建立了土地沙漠化的预警机制，摸清了不同风蚀环境近地表风沙结构和抗风蚀性能，科学评价了退耕还林生态工程的生态服务价值，有力地支撑了宁夏沙化土地治理工作。在水土保持领域，研究所摸清了宁南山区不同生态恢复模式下土壤抗冲性差异性和土壤抗冲性本底值情况，筛选出了适合于宁夏黄土丘陵区的土壤侵蚀预测模型，提出了小流域水土保持林防护体系空间配置模式，促进了黄土丘陵区生态建设和水土保持工作。在生态修复领域，研究所建立了宁夏草地资源数据库，提出了基于水资源承载力的荒漠草原生态修复模式，构建了生态系统监测与健康安全评价技术体系，集成了不同区域多功能林业技术模式，支持了地方林业建设和生态修复工作。在沙旱生植物资源领域，研究所摸清了宁夏主要药用植物资源现状，建立了药用植物资源圃，研发了主要药材规范化栽培技术，支撑了宁夏中药材产业的发展。

3）重点科研成果。

"十三五"期间（2016—2020 年），研究所先后获自治区科技进步奖二等奖 4 项、三等奖 3 项；完成成果登记 14 项，出版专著 7 部，发表论文 116 篇，颁布技术标准和规程 11 项，获授权专利 33 项。

（四）宁夏农林科学院农业生物技术研究中心

1. 机构与队伍

宁夏农林科学院农业生物技术研究中心共有固定科技人员 28 名，其中博士 3 人，硕士 21 人，具有高级职称的有 15 人，占比为 54%；国务院政府特殊津贴专家 1 人，国家百千万人才工程 1 人，国内引才"312" 1 人，自治区青年拔尖 1 人、青年科技人才托举工程 3 人。

2. 研究方向及研究内容、解决的关键问题和重点科研成果

（1）"十一五"期间（2006—2010 年）

1）研究方向及研究内容。

中心围绕服务"三农"，以应用基础研究为主，确定分子生物学与特色植物生物技术育种研究、特色植物抗逆机理研究、植物化学与特色植物利用研究三个主要研究方向；围绕三个主要研究方向，以宁夏主要优势作物的品种改良和特产植物资源的开发利用为重点，开展科技创新活动，为宁夏特色产业发展和生态环境建设提供技术支撑，对宁夏农业生物技术研究起了较大的带动和促进作用。中心承担研究项目共 12 项。其中，国际原子能机构项目 1 项、国家"973"项目子项目 1 个、国家自然科学基金项目 1 项、科技部中药现代化项目子课题 1 项、自治区"8613"项目 1 项、自治区科技攻关项目 1 项、自治区林业推广项目 1 项、自治区自然科学基金重点项目 1 项、自治区自然科学基金项目 4 项，人均研究经费 2.5 万元。

2）解决的关键问题。

中心针对宁夏农业经济发展需求和地方资源优势，通过各类项目的实施，在优质林木育种与快繁、农作物抗性育种、枸杞品种更新换代以及西部地区的产业发展、生态建设等相关领域提供了理论指导和技术储备，充分发挥了科技引领作用。

3）重点科研成果。

中心获得了自治区科技进步奖二等奖 3 项，三等奖 1 项，发表研究论文 80 余篇。

（2）"十二五"期间（2011—2015 年）

1）研究方向及研究内容。

中心围绕服务"三农"，紧密结合自治区"1＋4"产业发展，以应用基础研究为主，确定分子生物学与特色植物生物技术育种研究、特色植物抗逆机理研究、植物化学与特色植物利用研究三个主要研究方向；围绕三个主要研究方向，将脱毒快繁、病毒检测、基因工程技术及分子标记辅助育种等生物技术方法应用于宁夏农作物育种中，使宁夏农作物育种上升到分子水平，在经济作物品质改良、抗性育种及濒危植物资源保护等方面发挥了重要作用；在宁夏农作物、经济作物育种领域提供了重要的理论依据，为宁夏农业发展起到科技支撑作用。自 2011 年以来，中心承担各类科研项目 62 项，争取到位科研经费共计 1590 万元，国家项目 773 万元，地区项目 817 万元；完成各类科研项目 45 项、国家 11 项、地区 26 项，使用科研经费共计 1065 万元。

2）解决的关键问题。

中心针对宁夏农业经济发展需求和地方资源优势，通过各类项目的实施，在优质林木育种与快繁、农作物抗性育种、枸杞品种更新换代，以及西部地区的产业发展、生态建设等相关领域提供了理论指导和技术储备，充分发挥了科技引领作用。

3）重点科研成果。

中心获得自治区科技进步奖三等奖 5 项，取得自治区登记成果 14 项，申请受理国家专利 13 项，获得授权国家发明专利 3 项、实用新型专利 4 项；制定地方标准 8 个；在国内外公开发行的学术刊物发表研究论文 100 余篇，其中 SCI 收录文章 2 篇。

（3）"十三五"期间（2016—2020 年）

1）研究方向及研究内容。

中心以服务优势特色产业为目的，以应用基础研究为重点，以建设一流的生物技术人才队伍、切实服务应用研究和地方优势特色产业为发展目标，创建和打造宁夏及西部地区特色鲜明、优势明显的生物技术学科；针对宁夏优势特色产业发展中存在的关键问题，充分发挥农业生物技术学科优势，开展以植物生物技术育种、特色植物抗逆机理研究及应用、特色植物资源开发与利用三个研究方向为主的基础与应用基础研究，为宁夏现代农业特色产业和社会经济可持续发展提供理论基础与科技支撑。在植物生物技术育种方向上，中心继续开展分子标记辅助育种、植物基因编辑等现代生物技术在小麦、水稻、马铃薯、玉米等主要作物育种中的应用基础研究，优化作物分子育种平台，创制抗旱、耐盐碱、高产、优质新种质，完善马铃薯种质资源鉴定、评价和创制的生物技术育种体系，助推特色优势产业结构调整与高质量发展。在特色植物抗逆机理研究及应用方向上，中心开展了耐盐、水分利用效率相关基因发掘、遗传连锁图谱构建，功能分子标记开发，水分与品质相关模型构建等研究，全面解析主要农作物及经济植物抗逆分子机制。在特色植物资源开发与利用方向上，中心开展了特色资源植物沙米、金莲花规范化种植，肉苁蓉功能性产品开发，农作物废弃物资源化利用等研究，探索建立生物技术助力产业扶贫、特色优势产业新模式。2016—2020 年，中心承担各类科研项目 60 余项，争取到位科研经费共计 2800 余万元。

2）解决的关键问题。

中心通过各类项目的实施，在功能基因克隆、优异种质创制、新品种选育、新技术和新产品开发等方面形成了一系列具有原始创新和集成创新性的重要科技成果；构建了特色沙生植物资源优良种质筛选与评价体系，建立了人工高产栽培技术体系，筛选出了适合六盘山地区玉米中早熟、粮饲兼用型玉米新品种（系），建立了金莲花穴盘、平床育苗及规范化种植技术体系等，形成了"科研单位＋企业＋种植户"三位一体高质量发展模式，为助推黄河流域生态保护和高质量发展先行区建设、六盘山地区脱贫攻坚、特色优势产业提质增效提供了有力支撑。

3）重点科研成果。

中心获得自治区科技进步奖一等奖 3 项（优质高产抗逆水稻新品种选育与应用、优质广适小麦新品种选育与技术创新、玉米调结构转方式优质高效生产关键技术研究与示范），三等奖 2 项；审定新品种 2 个；取得自治区登记成果 12 项；申请受理国家专利 27 项，获得授权国家发明专利 8 项、实用新型专利 3 项、外观专利 1 项；制定地方标准 5 项；在国内外公开发行的学术刊物上发表研究论文80 余篇，其中 SCI 收录文章 7 篇。

（五）宁夏农林科学院农业经济与信息技术研究所

1. 机构与队伍

宁夏农林科学院农业经济与信息技术研究所从事农业信息技术相关研究的科技人员共计 11 人，其中研究员 1 人，副研究员 2 人，具有中级职称的人员 6 人，具有初级职称的人员 2 人，硕士研究生8 人；从事农业经济相关研究的科技人员共计 9 人，其中研究员 3 人，副研究员 3 人，具有中级职称的人员 3 人。研究所 1 人当选为中国农业情报学会常务理事，1 人当选为自治区、银川市和金凤区政协委员。研究所具有自治区"313"学术技术带头人 2 人、院一级学科带头人 1 人、青年拔尖人才 1人、青年科技托举人才 1 人。

2. 研究方向及研究内容、解决的关键问题和重点科研成果

（1）"十一五"期间（2006—2010 年）

1）研究方向及研究内容。

农业信息技术方向：研究所主要开展盐碱地改良利用辅助决策专家系统的研究与应用、苜蓿害虫种群动态的时空分析及模拟研究、农业综合开发地理信息系统研发、世界银行贷款 WUA 节水农业创新理论与实践研究、宁夏荒漠草原生物量卫星遥感估测模型研究等项目。

农业经济方向：研究所主要开展农业科技成果评价指标体系及智能化评审管理系统研究，以及宁夏优质农产品品牌创新战略及关键技术选择、中国西部新农村建设的路径选择、宁夏新农村建设路径设计、宁夏农业自主创新战略构想及其实现条件等项目研究。

2）解决的关键问题。

国家科技支撑计划课题："盐碱地改良利用辅助决策专家系统的研究与应用"项目基于各课题当前研究成果、历史研究成果及调查分析结果，建立盐渍化综合治理辅助决策专家系统知识库和辅助决策专家系统推理规则；建成黄河河套地区盐碱地改良利用网站，综合集成了国家科技支撑项目——"黄河河套地区脱硫废弃物资源化利用及盐碱地改良"研究成果、项目进展、国内外研究动态、图片、视频等多媒体信息。用户通过 IE 浏览器可以快速浏览、下载、查询盐碱地综合治理相关文献与数据，同时通过 BBS 可以采用在线和离线两种方式与多用户交流和讨论盐碱地综合改良技术。

国家自然科学基金项目：研究所开展了"农业科技成果评价指标体系及智能化评审管理系统研究"项目，为自治区及全国农业科技成果管理改革提供了重要参考；开展了自治区科技攻关项目（软课题）"宁夏优质农产品品牌创新战略及关键技术选择"，为促进宁夏农业品牌化建设产生了积极影响，宁夏注册了全国第一个地理标志农产品——中宁枸杞。研究所开展了自治区科技攻关项目（软课题）"宁夏农业自主创新战略构想及其实现条件"（2008—2009 年）；在全面调查研究基础上，分析了宁夏最重要的四类农业自主创新主体——宁夏农业科学技术研究组织、宁夏农业技术推广机构、农业高等院校和高校内的农业科研组织，宁夏农副产品加工企业的发展现状，自主创新过程中存在的问题，提出了有针对性的对策建议。

国家社科基金项目：研究所开展了"中国西部新农村建设的路径选择"和自治区科技攻关项目（软课题）"宁夏新农村建设路径设计"，为宁夏及我国新农村建设提供了重要参考。

自治区农发办课题：研究所开展了"宁夏遥感影像及基础地理信息集成和应用系统开发"，应用GPS 实地测量、栅格图扫描矢量化等方法，完成农业综合开发第七期（2007—2009 年）土地治理项目和产业化项目空间信息的采集；应用 VB 和 Supermap Object 组件式 GIS 开发平台，开发农业综合项目及财政支农项目的检索、统计、制图、分析、编辑、浏览和查询等模块。

3) 重点科研成果。

"十一五"期间（2006—2010 年），研究所承担国家及自治区各类科研项目 20 余项，获得自治区科技进步奖二等奖 3 项、三等奖 2 项、成果登记 12 项，参编著作 3 部，发表学术论文 110 余篇，提供调研报告、提案等 30 余份，大多被自治区各级相关部门采用，对促进自治区"三农"事业发展发挥了积极作用。

（2）"十二五"期间（2011—2015 年）

1) 研究方向及研究内容。

农业信息技术方向：研究所主要开展了宁夏县域耕地质量调查与评价、测土配方施肥系统研发、高标准农田精准施肥系统研究与示范、宁夏农业资源遥感调查研究、全区农田水利工程建设管理信息系统研发、农业信息技术在中宁枸杞优质高效栽培技术方面应用示范、西北区（宁夏）耕地地力评价、农产品产地土壤重金属污染防治普查、宁夏现代化农业示范区无公蔬菜标准化生产信息管理系统等项目。

农业经济方向：研究所主要开展了西部民族地区农业信息化集成创新模式研究与示范、西部农牧民致富之路——向江河库灌区收缩和分层次向农村城镇转移、宁夏高端精品农业培育发展研究城乡统筹战略中的宁夏沿黄城市带现代农业产业转型升级研究等项目。

2) 解决的关键问题。

科技部软科学项目："西部民族地区农业信息化集成创新模式研究与示范"（2008—2011 年）项目，通过对农业信息化建设目标等理论分析，提出农业信息化建设的构架模式和属地化信息资源整合模式；分析了农业信息化集成的战略、知识、资源、管理、服务和信息技术六大要素及其创新服务产品；研究提出农业信息化建设的四种模式：区域一体化整体推进模式，产业一体化物联网模式、城乡一体化纵向管理模式和区域间多元一体化互操作模式；提出的"建立乡/村信息服务站点"等建设目标在宁夏实现，"十二五"全区建成乡/村农业信息化服务站点 2802 个；关于产业一体化物联网模式等的研究结论为自治区制定关于宁夏农业物联网发展的意见提供了参考。

自治区科技攻关项目（软课题）："城乡统筹战略中的宁夏沿黄城市带现代农业产业转型升级研究"（2010—2011 年）项目，为宁夏沿黄城市带现代农业产业转型升级提供了参考。

自治区农发办课题："测土配方施肥信息系统研发"项目，构建了宁夏耕地质量大数据中心，建立宁夏三种不同生态类型区 23 个作物需肥模型，研发了云边端一体化测土配方施肥决策支持系统，研制了智能配肥机；在全区 22 个县（市、区）建立 144 个施肥查询服务网点和 138 个智能配肥站，实现了"电脑开处方、作物吃套餐"及测土—配方—配肥—施肥"四位一体"全流程智慧服务。

3) 重点科研成果。

"十二五"期间，研究所承担国家及自治区各类科研项目 20 余项，获得自治区科技进步奖一等奖 2 项（宁夏风沙区生态环境综合治理模式研究与技术集成示范、西部民族地区电子农务平台关键技术研究与应用），三等奖 2 项、成果登记 12 项，发表学术论文 50 余篇，形成调研报告、提案等 40 余份，5 篇被选为自治区、银川市或金凤区政协大会发言，许多建议被自治区各级相关部门采用；在财政部科技条件建设项目支持下，实施了"'三农'宁夏数字网络图书馆"等项目，累计服务各类用户 3 亿人次；累计举办科技资源使用培训及信息技术应用等培训、讲座 40 余次，线下培训 5000 余人次；咨询服务各类人员（含网络、通信等方式）约 10 万人次。

（3）"十三五"期间（2016—2020 年）

1) 研究方向及研究内容。

农业信息技术方向：研究所围绕枸杞、设施蔬菜、肉牛等宁夏农业主导产业高端化、智慧化开展科技攻关，研发智能装备 16 种、多端一体化系统 8 套、机理与模拟模型 4 个、大数据及云服务平台 1 个，实现智能决策模型、调控装备、生产管理系统及星空地一体化遥感大数据深度融合，引领宁夏智慧农业高质量发展。

农业经济方向：研究所围绕农业经济理论与政策、农业资源与环境经济、农村与区域发展等研究方向，开展了乡村振兴战略路径，科技助推乡村振兴战略典型案例与模式，小农户与农业现代化融合发展，枸杞、葡萄、粮食、蔬菜、畜牧等产业新型经营主体及效益，农业信息化集成创新模式，提升农产品加工、流通及品牌水平，农业科技协同创新机制，草地资源可持续发展等方面的研究攻关，为自治区党委政府科学决策提供了参考依据。

2）解决的关键问题。

物联网技术在宁夏特色优势农业产业中研究与示范应用：项目针对枸杞、肉牛产业发展中存在的智能装备缺乏、信息技术与农机农艺融合度低等问题，聚焦"模型-装备-系统-平台"智慧农业技术体系，通过产学研用协同创新，取得多项原创成果；首创枸杞病虫害高光谱遥感反演、生态位预测、智能识别等模型，实现枸杞蚜虫等主要病虫害星空地协同监测预警；率先构建肉牛神经网络称重模型，实现肉牛在行走状态下的动态称重；创制通用型水肥一体化智能设备，节水33％，节肥31％；研制系列农机智能管控部件，开沟机、定植机作业误差±2厘米/米，植保机、施肥机作业误差±3.5升/百升；研发集群式枸杞育苗智能装备，节省用工46％；研发肉牛生理信息采集仪，实现体温、脉搏、运动量等体征信息实时监测；创建物联网监控系统与大数据云平台、农机管理系统，实现作业质量、田间工况等信息远程监管；创建质量溯源系统，实现枸杞苗木产地与质量RFID、NFC多模一体追溯；创建肉牛健康饲养系统，实现TMR设备协同工作、饲草料精准投放、牛舍环境智能调控等。研究所开展的项目获科技成果5项、授权专利53项（发明专利5项）、软件著作权20项，发表论文31篇（SCI/EI 4篇）；在全区32个种养基地推广智能装备与系统300余套，示范枸杞8.4万亩、肉牛1.1万头，新增产值3.34亿元，引领支撑特色农业智能化生产、精准化作业、数字化管理和网络化服务，社会经济生态效益显著。项目成果获2021年度自治区科技进步奖二等奖。

宁夏特色优势农产品加工及品牌提升路径与实践：研究所提出宁夏"十三五"农产品加工及品牌发展整体思路和"五中心一集群"工程任务；提出实施品牌建设"六精战略"——精准定位、精确设计、精益生产、精细管理、精量流通、精诚服务；提出"文化化、生态化、网格化、网络化"提升建设路径；提出促进一二三产融合发展的模式；培育品牌联合主体——"政府（产业协会）＋集团公司（企业）＋专业合作社（农户）"；提出高端精品枸杞、大米等精品化培育及加工业布局等对策建议，为制定"十三五"自治区农产品加工业及休闲农业发展规划等政策文件提供参考，助力农业现代化发展，促进了产业增效和农民增收。研究所提供培训服务2万人次。项目于2019年获自治区科技进步奖三等奖。

宁夏农业特色优势产业发展中的"互联网＋"融合现状及模式研究：研究所在全面总结分析宁夏生产、销售、服务等产业链环节的"互联网＋农业特色优势产业"八种典型模式及国内外"互联网＋农业"创新模式的基础上，探索提出了宁夏"互联网＋农业特色优势产业"融合发展的四种模式创新途径，提出了进一步加快推动宁夏"互联网＋农业特色优势产业"深度融合发展的对策建议。项目研究成果在政府相关部门的政策制定、企业的经营管理决策过程中得到了积极的转化应用；公开发表论文4篇，实用新型专利2项、软件著作权3项。该成果获2019年度自治区科技进步奖三等奖。

中国工程咨询（宁夏）重大项目"宁夏引黄灌区乡村产业振兴战略路径研究"：研究所以乡村振兴战略实施为契机，从引黄灌区乡村产业振兴战略路径研究视角，研究本区主要农产品市场需求导向，针对集成传统产业优势、激活乡村产业资源、解决乡村产业发展问题、促进乡村产业转型与产品升级的工程措施，以及突破创新发展瓶颈等乡村发展战略进行咨询研究，提出引黄灌区乡村产业振兴战略的方向、目标和任务；提出乡村农产品升级战略路径对策；凝练乡村产业振兴的重大技术工程项目；形成引黄灌区乡村产业振兴发展的政策建议；提供乡村产业振兴的模式借鉴；形成宁夏乡村产业振兴综合解决方案的有益参考，为自治区党委政府决策提供高质量的对策建议。

3）重点科研成果。

"十三五"期间（2016—2020年），研究所获得自治区科学技术重大贡献奖1项（枸杞新品种选育及提质增效综合技术研究与示范）、二等奖 1 项、三等奖 2 项，取得科技成果 21 项，授权专利 67 项，软件著作权 39 项，专著 2 部，论文 116 篇，各类报告 42 份，大多被自治区各级相关部门采用。

（六）宁夏农林科学院植物保护研究所

1. 机构与队伍

宁夏农林科学院植物保护研究所是农业农村部首批农药药效试验认证单位、宁夏植物病虫害防治重点实验室、宁夏植物有害生物综合治理创新团队、农业农村部银川作物有害生物科学观测实验站、自治区科普教育基地及宁夏昆虫馆的依托单位，获宁夏农业重点特色产业（枸杞、酿酒葡萄）病虫害绿色防控人才小高地荣誉。研究所现有专职科研人员 28 名，高级职称的人员 20 名，培养博士 2 名；选派 5 名青年科技人员攻读博士学位，选派 50 余人次到国内外一流科研机构短期学习和培训，形成了中青年科技骨干为中坚力量的人才队伍格局；各学科方向培养了 2～4 名中青年科技骨干，确保学科队伍的持续稳定。研究所获得国务院特殊津贴 1 人、国家百千万人才工程 1 人，被聘为院一级学科带头人 2 人、院二级学科带头人 1 人，入选国家、自治区青年拔尖人才 3 人，人才队伍力量明显加强。

2. 研究方向及研究内容、解决的关键问题和重点科研成果

（1）"十一五"期间（2006—2010 年）

1）研究方向及研究内容。

研究所紧紧围绕宁夏农林科学院《"十一五"科技发展规划》，开展了以枸杞、马铃薯、压砂瓜、粮食等自治区确立的十大产业为主的，生物农药的开发与应用领域的研究工作，着力解决影响这十大产业的病虫害问题。"十一五"期间（2006—2010 年），全所获批项目 86 项，到位经费 1185 万元。研究所开展的项目层级也稳步提升，在国家级项目的争取上取得了突破，获批国家自然基金项目 2 项，国家科技支持计划课题及专题 4 项，国家现代农业产业体系综合试验站 2 个；在枸杞、马铃薯、压砂瓜、牧草、酿酒葡萄、中药材、瓜菜、小麦、水稻、荒漠昆虫及菌物资源等领域进行了深入的系统研究；在主要病虫害监测预报、综合防治及控害减灾等方面攻克了一批关键技术难关，取得了一系列创新性成果，为宁夏特色优势农业和产业化健康稳定发展提供了有力的科技支撑。

2）解决的关键问题。

研究所研发了治疗苜蓿病虫害的区域化预测预报技术，枸杞、甘草害虫农药安全防治技术。

3）重点科研成果。

"十一五"期间（2006—2010 年），研究所独立研发或联合研究成果获得各类奖项 11 项，包括自治区科技进步奖一等奖 1 项（有机枸杞生产树体保健和病虫可持续调控研究与示范），二等奖 4 项、三等奖 6 项；获批专利 3 项，制定地方标准 6 个；发表论文 130 余篇，出版《宁夏荒漠菌物志》1 部。

（2）"十二五"期间（2011—2015 年）

1）研究方向及研究内容。

研究所以植物保护学科主要分设的植物病理、农业昆虫、农药、杂草四个二级学科为研究方向，以服务于自治区优势特色产业为目标，建立了枸杞、马铃薯、牧草、瓜菜、园艺、中药材、优质粮食、红枣、苹果 9 个产业有害生物监测预报及防控技术研究团队。"十二五"以来，学科团队共承担国家、自治区级各类科研项目 58 项，其中国家级项目 14 项，自治区科技攻关、国际合作等省部级项目 13 项，自治区自然科学基金 19 项，院自主研发项目 8 项，自治区基础条件建设等项目 4 项。研究所开展了作物病害流行、监测预警和可持续防控技术研究与示范，昆虫资源、昆虫生态、监测预警和虫害综合治理，微生物农药和植物源农药的研发和示范，杂草区系、生物生态学特性及综合防除等方面的研究工作，对宁夏产业发展提供了强有力的技术支撑。

2）解决的关键问题。

研究所研发了枸杞病虫害替代化学农药的安全间隔期和安全使用技术、葡萄灰霉病花期药剂和农艺综合防治技术、苜蓿病虫害农药安全防治技术、马铃薯黑痣病综合防控技术、黄土高原丘陵区苜蓿全产业链机械化生产技术、葡萄田和马铃薯田杂草防控技术。

3）重点科研成果。

研究所获自治区科技进步奖二等奖2项、三等奖5项；授权专利10项；制定农业行业标准1个、地方标准45项；登记科研成果18项；发表科研论文近90篇，其中核心期刊发表87篇；出版专著《宁夏荒漠菌物志》1部，荣获第十八届（2009年度）中国西部地区优秀科技图书一等奖。

（3）"十三五"期间（2016—2020年）

1）研究方向及研究内容。

研究所紧紧围绕自治区"1＋4"（优质粮食、草畜、蔬菜、枸杞、葡萄）农业特色优势产业发展中的重大科技需求，瞄准植物保护学科前沿，协调统筹推动植物病理学、农业昆虫学、农药学和农田杂草学四个学科的研究发展。"十三五"以来，学科团队共承担国家、自治区级各类科研项目130项，到位经费共计5271万元，其中国家、自治区重点研发、国家自然科学基金等重大项目13个；在设施蔬菜枯萎病病原分子检测、荒漠真菌资源多样性研究、草地昆虫种群生态及与环境互作机制、害虫寄主定位及嗅觉神经感受机制、害虫抗药性评价、植物源农药活性物质作用机制、农田杂草群落结构特征等基础研究方面取得重要进展；在有害生物信息化监测预警、马铃薯与蔬菜土传病害微生态调控、枸杞与葡萄病虫害绿色防控、植物源农药研发、农田杂草防除等应用技术领域取得了重大成果。

2）解决的关键问题。

研究所研发了一批农业病虫草害防控关键技术，在产业高质量发展中不断发力，主要有马铃薯新型拌种剂＋自主研制微生物菌剂应用技术、设施蔬菜和压砂瓜枯萎病土壤微生态调控关键技术、葡萄病害绿色防控技术、枸杞病虫害"五步法"绿色防控技术、甘草胭珠蚧"三清一治"技术、草地害虫生物防治技术、果园益草利用和杂草综合防治技术等，支撑产业作用明显。

3）重点科研成果。

研究所获得自治区科学技术重大贡献奖1项（枸杞新品种选育及提质增效综合技术研究与示范）、自治区科技进步奖二等奖1项、全国农牧渔业丰收奖二等奖1项（宁夏马铃薯晚疫病数字化监测预警及绿色防控技术集成推广）、自治区科技进步奖三等奖9项；取得登记成果22项、专利授权9项、软件著作权5项，制定标准15个，出版专著1部，发表论文109篇。

（七）宁夏农产品质量标准与检测技术研究所

1. 机构与队伍

宁夏农产品质量标准与检测技术研究所以农业农村部枸杞产品质量监督检验测试中心、农药登记残留试验单位、农产品质量安全风险评估实验室、全国名特优新农产品营养品质评价鉴定机构为依托，以"农产品质量标准与检测"学科建设为统领，整合科技资源，加强团队建设，逐步完善了"农产品质量标准与检测技术"二级学科，明确了"农产品质量安全风险评估""农产品质量标准与检测""农产品产地环境监测与评价"三个研究方向，开展了特色农产品质量安全风险评估、农业标准与检测技术研究，获批组建了宁夏"特色农产品质量安全与检测技术创新团队"，为保证地方特色农产品的质量安全，开发应用提供了技术支撑。全所共有专业技术人员30人，其中研究员3人、副研究员和高级实验师10人，中级职称以上人员占73％，硕士研究生14人，涉及化学、农学、植物保护、植物营养学等专业。研究所培养了院一级学科带头人1名，二级学科带头人1名，在职博士研究生1名，在职硕士研究生1名；引进硕士研究生5名；以项目带动人才培养，培养西部之光访问学者1名、青年科技骨干5名、对外交流员5名，参加各类培训300余人次。该所与中国农业科学院农业质量标准与检测技术研究所、浙江省农业科学院农产品质量标准研究所、西北农林科技大学食品学院等院所建立了长期稳定的合作关系，搭建了良好的交流学习平台，逐步形成了结构合理的人才梯队，以适应科研与检测工作不断发展的要求。

2. 研究方向及研究内容、解决的关键问题和重点科研成果

（1）"十一五"期间（2006—2010 年）

1）研究方向及研究内容。

研究所围绕自治区战略主导产业，优势特色农产品区域布局，把枸杞道地性研究，农产品质量安全评价，农产品质量检验检测技术研究，农业标准制定，枸杞、红枣等产品的深加工技术研究，红枣、西甜瓜、葡萄等特色农产品保鲜、储运技术研究及农产品产后生理特性研究作为科研工作的主攻方向。

重点研究内容有：围绕自治区战略主导产业，优势特色农产品区域布局，建立健全检验检测技术体系，适应宁夏农业产业化发展的要求，以先进的检测手段、高水平的检测技术，为农业科研、农业生产提供准确可靠数据和优质服务；加强农产品质量安全关键控制技术和综合评价技术的研究，拓展检验业务范围，提高检测标准，加快农药残留、兽药残留等有毒有害物质快速检测仪器设备、方法的筛选比对和推广，以适应现场快速检验、检测工作的需要；力争在宁夏枸杞品质和道地性研究方面有大的突破，为地方特色农产品的开发应用提供技术支撑；以提高宁夏农产品质量安全为核心，建立农产品质量安全标准体系；突出储藏加工的学科优势，明确研究方向，抓住特色产业发展中的关键技术环节，集中优势资源，解决农产品深加工领域存在的技术难题。研究所在储藏保鲜方面开展枸杞鲜果、鲜食葡萄、鲜食枣、西甜瓜、名特优新蔬菜等果蔬类保鲜、储运技术的研究；在加工方面，承担了农业部蔬菜水果质量安全例行监测任务，以及"影响枸杞果实采后胡萝卜素降解因子研究""枸杞果酒发酵过程中生物活性物质的变化动力学研究""枸杞多糖化学指纹图谱的研究及在质量控制中的应用""宁夏特色农产品胡麻油的品质评价与界定""枸杞中二氧化硫及农药残留快速检测技术的研究""枸杞中重金属、农药残留检测技术研究""宁夏枸杞中甜菜碱检测方法的研究"等项目，申报各类项目 47 项，争取各类项目经费 425.7 万元。

2）解决的关键问题。

研究所开展枸杞、甘草、麻黄等地方特色农产品有效成分的分离、提取、鉴定方面的研究，确定其有效成分专属性检测方法，开展枸杞、马铃薯、脱水蔬菜、苜蓿等的深加工和综合利用，开发名特优产品和绿色产品，延长农业产业链。

3）重点科研成果。

研究所主持完成的国家级、部级、自治区级等各类项目有 34 个；参加完成的自治区科技攻关项目获得自治区科技进步奖二等奖和三等奖；主持制定的《无公害食品枸杞》（NY/T 5248—2004）行业标准获 2008 年宁夏标准创新贡献奖三等奖。

（2）"十二五"期间（2011—2015 年）

1）研究方向及研究内容。

研究所的重点研究方向是加强农产品质量安全关键控制技术、检测技术和综合评价技术的研究，拓展检验业务范围；开展枸杞、甘草、麻黄等地方特色农产品有效成分的分离、提取、鉴定方面的研究，力争在宁夏枸杞品质和道地性研究方面有大的突破；提升枸杞及农产品质量安全风险评估、检验检测和应急处理能力。

研究所的主要研究内容有：积极申请"农业部枸杞产品质量安全监督检验中心"项目二期建设支持，以提升枸杞产品质量安全关键技术研究能力和应对突发事件能力为目标，配备研究用高精尖仪器设备和自动化程度高的辅助设备，增强中心解决行业领域关键技术问题的手段能力；加强横向合作，积极申报国家、省、部级及银川市各类科研项目，在完成种植业农产品检验检测的同时，加强畜禽产品、加工制品质量安全监测；以"农业部枸杞产品质量安全监督检验中心"建设项目为基础，开展枸杞及其制品中农药多残留快速检测技术的研究，应对枸杞出口贸易技术壁垒；开展农产品中砷、汞、硒等金属元素形态分析方法研究，并形成相应检测方法；开展枸杞中功能性有效成分枸杞多糖、甜菜碱、黄酮、胡萝卜素等专属性检测方法的研究，并形成相应检测方法标准，为枸杞的道地性研究提供技术依据。

研究所完成了农业部蔬菜水果质量安全例行监测任务，以及"农产品质量安全风险评估项目""国家农产品质量安全监督抽查"项目，国家科技支撑项目"中药材枸杞资源研究与特色产品开发"的子专题"宁夏枸杞质量安全检测技术研究与应用"，国家自然基金项目"枸杞果酒发酵过程中生物活性物质的变化动力学研究"，自治区科技攻关项目"枸杞中农药多残留快速检测技术体系引进及应用研究""枸杞多糖化学指纹图谱的研究及在质量控制中的应用""枸杞中二氧化硫及农药残留快速检测技术的研究"，自治区自然基金项目"枸杞中总黄酮、黄酮类化合物测定方法研究""宁夏枸杞硒的吸收富集规律及形态研究""枸杞中农药多残留的色谱-串联质谱分析方法研究""宁夏设施土壤盐分组成及其含量变化规律研究""宁夏枸杞中高效氯氰菊酯残留的风险评估研究""铜素在土壤与枸杞子中的富集规律及其相关关系研究""盐碱地阳离子交换量及其组分特征研究"，农业财政农业行业标准制（修）定项目"枸杞及其制品中71种农药残留测定　凝胶色谱气相色谱质谱法""枸杞中甜菜碱含量　高效液相色谱和液相色谱-串联质谱法""农药在农产品中最大残留限量标准制定""枸杞农药残留限量标准制定"等检测技术、标准制（修）定、功能性成分方面的研究工作。研究所共申报各类项目79项，争取各类项目经费845.2万元。

2）解决的关键问题。

研究所以"农业部枸杞产品质量安全监督检验中心"建设项目为基础，开展枸杞及其制品中农药多残留快速检测技术的研究，应对枸杞出口贸易技术壁垒。

研究所开展了枸杞中农药登记残留试验研究，进行枸杞中农药残留风险评估，制定了枸杞中登记农药的残留限量标准。

研究所开展了农产品中砷、汞、硒等金属元素形态分析方法研究，并形成了相应检测方法。

3）重点科研成果。

研究所先后制（修）定了《枸杞（枸杞子）》《无公害农产品枸杞检测目录》《绿色食品　枸杞》《枸杞中二氧化硫快速测定方法》《枸杞热风制干技术规程》等国家、行业和地方标准；主持完成的国家级、部级、自治区级等各类项目49个，自治区登记成果7项，制（修）定行业、地方标准5个，发表科技论文65篇，核心期刊28篇。

（3）"十三五"期间（2016—2020年）

1）研究方向及研究内容。

研究所的重点研究方向是以宁夏特色农产品质量安全风险因子为研究对象，建立一套完整的检测方法和评估标准，具备对特色农产品农药残留进行快速筛查的能力，对其他有害污染物重金属、微生物等的检测能力，对特色农产品道地性和辨别真伪的研究和鉴定能力。研究所重点开展特色农产品质量安全检测技术、风险评估技术、标准控制技术研究，形成宁夏特色农产品质量评价体系。

研究所的主要研究内容有：一是质量标准与检测技术研究，开展农产品质量安全控制相关标准制定的研究；承担农产品国家、行业、地方标准的制（修）定及验证；开展农产品营养品质、食品添加剂、化学污染物等的检测、评价技术研究等。二是风险评估研究，开展农产品质量安全风险评估研究；开展化学污染物环境安全风险评估研究；开展农产品质量安全风险监测等。三是环境监测与评价研究，开展农产品产地环境监测与评价；开展农药残留及安全合理使用准则的试验研究；承担农药登记残留试验等。四是分析检验检测，承担相关部门下达的农产品质量安全风险监测与监督抽查；农产品质量认证和市场准入检验工作；开展检验检测技术服务；开展农产品质量安全技术交流、培训及咨询等。研究所先后承担了国家及自治区各类项目99项，项目总经费达2200余万元。

2）解决的关键问题。

研究所通过特色农产品质量标准与检测技术的研究，建立了枸杞、葡萄及葡萄酒、马铃薯、红枣、藜麦等农产品中甜菜碱、黄酮、花青素、吡嗪类及关键香气成分、龙葵素、环磷酸腺苷、皂苷等系列检测方法，形成了农业行业标准和地方标准，制定了枸杞中吡虫啉、氯氰菊酯、阿维菌素等 7 种农药最大残留限量标准。

研究所通过风险监测与评估研究，基本摸清了影响产品质量安全的农药、重金属、违禁添加物等危害因子，明确了宁夏特色农产品在生产、加工过程中的风险因子和关键控制点，建立了风险评估方法，形成了农产品质量安全评价标准体系。

研究所针对特色农产品产地环境研究，探明了农药残留、重金属等产地环境危害因子的污染现状及生产过程中土壤—农产品中矿质元素迁移规律，初步构建了特色农产品产地溯源和风险评估模型及方法，为宁夏特色农业绿色、安全、高质量发展提供科学依据。

3）重点科研成果。

研究所制定国家食品安全标准枸杞上农药最大残留限量值 7 项；制定行业标准 1 项，地方标准 4 项；主持获得自治区科学技术进步三等奖 1 项，参与获得自治区科学技术重大贡献奖和自治区科学技术进步三等奖各 1 项；主持完成登记成果 10 项；授权实用新型专利 5 项；发表科技论文 84 篇，其中核心期刊 43 篇。

（八）宁夏农林科学院园艺研究所

1. 机构与队伍

宁夏农林科学院园艺研究所是宁夏农林科学院的下属科研机构，前身为 1958 年成立的宁夏农业科学研究所园艺系。2002 年宁夏农林科学院科研体制改革，2003 年将园艺所果树学科、院蔬菜研究室蔬菜学科、畜牧兽医研究所畜牧兽医学科、枸杞研究所枸杞学科等科研骨干集中，于 2004 年正式成立了种质资源研究所（以下简称种质所），将园艺所转为科技型企业即宁夏农林科学院园艺研究所（有限公司）。随着宁夏农林科学院内设科研机构新建或重组，2008 年后其他非园艺专业学科陆续从种质所退出。2008 年 6 月，宁夏设施农业工程技术中心依托该所建设。2018 年宁夏农林科学院园艺研究所（有限公司）更名为宁夏森灏园艺旅游开发有限公司。2020 年 11 月，经自治区编办批准，宁夏农林科学院种质资源研究所正式更名为宁夏农林科学院园艺研究所（以下简称园艺所）。园艺所是宁夏园艺学科的公益性专业研究机构，主要围绕宁夏果树（含酿酒葡萄）、瓜菜、食用菌产业和学科发展的重大需求，开展应用基础研究、科技成果转化、科技示范等相关工作。具体工作内容为：开展果树、蔬菜、西甜瓜、食用菌、花卉等园艺作物资源的收集、保存与创新利用研究；开展园艺设施、环境调控新技术研究；开展露地和设施园艺作物生理及优质、高产、高效、安全生产技术研究与示范；开展园艺产品储藏加工等技术研究与示范等。

"十三五"期间，园艺所有在职科技人员 42 人，其中：正高级 7 人，副高级 11 人，博士 2 人、硕士 31 人、学士 5 人。园艺所享受国务院政府特殊津贴 1 人，宁夏"313"领军人才 2 人、国内引才 312 计划 1 人，院一、二级学科带头人 4 人，宁夏现代农业产业技术体系首席专家 4 人；依托建有国家现代农业产业技术体系试验站 4 个（2016 年国家葡萄产业体系贺兰山东麓试验站依托单位由农科院植保所更改为种质所）、辣椒育种院士工作站 1 个，自治区设施蔬菜技术研发科技创新团队 1 个；拥有园艺植物育种团队，瓜菜育种团队，人员 13 人，其中研究员 2 人，副研究员 4 人，在职博士 1 人；拥有葡萄育种团队，人员 7 人，其中高级职称 3 人；拥有果树育种团队，人员 6 人，其中研究员 1 人，副研究员 3 人。园艺所科技人员专业化水平有了很大提高，年龄梯度分布合理，基础研究工作扎实，同时为园艺作物种质资源工作的开展提供了稳定可靠的人才队伍。

2. 研究方向及研究内容、解决的关键问题和重点科研成果

（1）"十一五"期间（2006—2010 年）

1）研究方向、研究内容。

园艺所围绕设施园艺设计建设、优新品种选育、栽培技术应用研究、采后处理技术开展研究示范；保存有果树、蔬菜、西甜瓜、花卉等品种资源 200 多种，引进并示范推广主栽优新品种 268 个；

开展中部干旱带西砂瓜关键技术、精品无公害蔬菜规范化超高产栽培技术、日光温室蔬菜高效模式化栽培与环境综合调控技术、熊蜂人工繁殖基地建设与熊蜂授粉技术、有机蔬菜生产技术、瓢虫的工业化养殖技术等研究。园艺所在基础技术领域到应用生产领域，进行着不间断的科研和示范，使宁夏的蔬菜和果树产业随国家的大产业发展逐步升级，从无到有、从有到大，实现了品种的多次更新换代，产量、质量紧跟国内生产水平，产业优势在西北区域凸显。

2）解决的关键问题。

园艺所设计建造了不同结构的温室和大棚14种，提出宁夏日光温室结构优化参数，总结出宁夏主要蔬菜、果树栽培设施环境结构特点及环境调控措施；创建了日光温室蔬菜高效生产模式5个，创新采用了符合区域社会经济发展的低成本、高可靠性的新型日光温室新产品5类49种，实现了设施果蔬节水高效栽培技术的集成创新，为西北干旱冷凉区设施园艺产业整装技术的提升提供了技术支撑。

3）重点科研成果。

园艺所获得自治区科技进步奖一等奖1项（有机枸杞生产树体保健和病虫可持续调控研究与示范）；自治区科技进步奖二等奖3项，自治区科技进步奖三等奖5项；取得成果登记14项，颁布地方标准16个，发表论文117篇（其中SCI 2篇），出版专著6部；审定西瓜新品种1个。

（2）"十二五"期间（2011—2015年）

1）研究方向及研究内容。

园艺所围绕西甜瓜、蔬菜、果树等园艺产业生产需求，承担农业部、科技部支撑计划、国家自然基金及自治区等各类科研项目70余项。

瓜菜：园艺所收集辣椒资源38份，配置辣椒组合82个；培育出优良辣椒新品种4个，特色辣椒新品种1个；收集、鉴定评比国内外西瓜、甜瓜品种500余个；培育西瓜、甜瓜新品种、新品系8个；其中西瓜新品种宁农科3号已通过国家品种审定；针对彭阳拱棚辣椒连作障碍难题开展技术攻关；提出了日光温室主栽蔬菜节水及水肥一体化管理方案；开展非耕地设施蔬菜模式的研发。

果树：园艺所引进筛选出适宜各类果树品种5个；枣树利用雄性不育资源，实现免去雄杂交；继续扩大葡萄品种资源，开展杂交试验；在设施果树优质高效栽培方面集成创新了增温保温、CO_2施肥、打破休眠等新技术、新设备。园艺所研发出的苹果主干圆柱形整形修剪技术，加快了引黄灌区苹果的早果早丰进程；开展苹果郁闭园改造提质增效的五子登科技术的推广应用。

2）解决的关键问题。

园艺所以资源节约、优质安全、省工高效等为重点，开展园艺作物栽培技术攻关；建立了区域性周年苹果病虫害综合防控技术方案示范200亩，示范交替控灌和土壤注射施肥技术；开展设施大樱桃、冬枣促早栽培、设施葡萄T架改造技术研究示范，实现设施大樱桃设施栽培3月中旬成熟上市，较露地提前成熟80天；对酿酒葡萄开展了简易防寒试验、水肥调控、合理负载等试验，重点解决提高品质和产量的问题。在西甜瓜研究领域，园艺所在压砂地连作障碍机理及防治技术研究与示范项目上取得突破，即采用穴施基质的栽培模式，有望快速、经济有效地解决压砂地大面积老化和土壤退化不可耕作的问题。园艺所开展的日光温室蔬菜高质高产栽培技术模式集成示范项目集中展示了新品种、土壤（基质）培肥保育、快速缓苗定植、植株调控、病虫害轻简化防控等关键技术，质量产量显著提升；"冷凉蔬菜"在彭阳进行拱棚辣椒嫁接苗及水肥一体化技术示范推广，克服连年栽培障碍，缓苗整齐、健壮、上市早；在原州区推广露地冷凉蔬菜新品种展示及节水优质栽培技术示范，新品种配套滴灌水肥一体化，用工减少，缓苗整齐；开展装配式韭菜专用拱棚开发技术研究与结构优化，推进中部干旱带高效节水农业技术研发与利用应用基础研究。

3）重点科研成果。

园艺所获得了自治区科技进步奖二等奖2项，三等奖2项；取得成果登记15项，制定地方标准

30 个，发表科研学术论文 162 篇，出版专著 6 部，审定西瓜新品种 1 个。

（3）"十三五"期间（2016—2020 年）

1）研究方向及研究内容。

园艺所承担国家、自治区各类科研项目 126 项；在加强应用集成示范研究的同时，加强基础研究，先后获批 4 项国家自然基金项目，24 项自治区自然科学基金项目；重点围绕自治区"1＋4"（优质粮食、草畜、蔬菜、枸杞、葡萄）特色优势产业瓜菜、酿酒葡萄、果树组织产业论证并实施了 3 个全产业链"宁夏特色瓜菜产业关键技术创新示范""宁夏特色果树种质资源创新与现代集约栽培技术研究与示范""酿酒葡萄种质创新与现代栽培技术研究示范"工作。

2）解决的关键问题。

瓜菜产业：园艺所保存西瓜、甜瓜、辣椒创新材料 3200 余份，研发了"装配式韭菜专用拱棚""槽式温室"等新型设施结构，蔬菜及枸杞、葡萄枝条农林废弃物基质化利用技术；示范了自主研发的 10 余个瓜菜新品种；提出了设施黄瓜和番茄一年两茬水肥一体化管理技术、新型双膜塑料拱棚及配套辣椒栽培模式；创建了压砂地土壤连作障碍综合防治与压砂地轮作休耕相结合的种植模式，解决了制约瓜菜产业技术升级的关键技术问题，为瓜菜产业可持续发展提供了科技支撑。

酿酒葡萄产业：园艺所收集了种质资源 120 余种，并对已有资源进行抗性、生长、品质等评价；配置杂交组合 8 个，获得杂交实生苗 2000 余株；推广示范了"厂"字形整形技术、农机与农艺配套、酿酒葡萄水肥一体化及树体综合管理技术等。

果树产业：园艺所自主选育早熟毛桃、油桃品种，以及无核鲜食葡萄、早熟红枣等新品种，并部分推广示范；集成示范设施桃树主干型整形修剪技术、旱砂枣提质增效技术、苹果树体高光效整形修剪技术、矮砧苹果高纺锤形树形培育技术，以及压砂地骏枣富硒、彭阳杏树晚霜防治技术等。

食用菌产业：园艺所与福建农科院合作，引进筛选适合宁夏种植的双孢蘑菇、圆菇、大球盖菇、香菇等优良新品种；研发出适合宁夏食用菌栽培基质利用的农业废料循环利用技术。

3）重点科研成果。

园艺所获得省部级科技进步奖 4 项，其中自治区科技进步奖一等奖 1 项（宁夏特色瓜菜产业关键技术创新示范），三等奖 3 项；取得科研成果 44 项，授权专利 84 项，颁布地方标准 55 个，出版专著 3 部，发表科研学术论文 171 篇（其中 SCI 3 篇，EI 4 篇）；审定西甜瓜品种 1 个，非主要农作物登记 16 项。

（九）宁夏农林科学院农业资源与环境研究所

1. 机构与队伍

宁夏农林科学院农业资源与环境研究所（原宁夏农林科学院土壤肥料研究所）创建于 1951 年 11 月，是自治区专门从事土壤科学与土地资源管理、植物营养与新型肥料创制、水资源与高效节水农业、农业环境与生态保护、农业有机合成等领域研究与开发的非营利性科研机构。研究所实有编制 47 个，在编职工 47 人，具有博士学位 7 人，硕士 30 人，研究员 7 人，副研究员 14 人；在职人员中享受自治区政府特殊津贴专家 1 人，入选国家百千万人才工程 1 人，自治区"313 人才工程" 2 人，院级学科带头人 3 人；聘请 10 名国内外知名专家为客座教授。研究所下设功能科室 6 个，分别为办公室、土壤研究室、植物营养与肥料研究室、农业环境与生态研究室、土地资源与精准农业研究室、节水与旱作农业研究室；挂靠宁夏农业有机合成工程技术研究中心 1 个。研究所紧紧围绕自治区现代农业发展和农业产业科技需求，按照"4＋x"的学科布局，建立土壤、植物营养与肥料、节水与旱作农业、农业环境污染修复与可持续发展 4 个传统优势学科和 1 个农业有机合成新型交叉学科。

2. 研究方向及研究内容、解决的关键问题和重点科研成果

（1）"十一五"期间（2006—2010 年）

1）研究方向及研究内容。

研究所围绕测土施肥、节水农业、土壤改良与盐碱地综合治理，植物营养与新型肥料开发，农业信息化应用等方向开展研究，主要在土壤测土施肥技术、农业立体污染防治技术、盐碱地综合治理研究、农业精准管理与农业信息化、南部山区旱作农业与节水补灌等方面开展研究。研究所主持承担国家及省部级科研课题 111 余项，到位经费约 1582 万元，其中申报获批国家自然科学基金项目 4 项、国际合作项目 8 项，国家级项目课题 14 项、自治区自然科学基金项目 17 项、自治区科技攻关项目 17 项。

2）解决的关键问题。

农业精准管理与信息化方面：研究所研究建立特色农业规范化生产数据库、专题数据库和农业产业数据库，研究开发特色农产品规范化生产和流通过程中农业技术决策和管理软件。

盐碱地综合治理方面：研究所提出"工程措施＋农艺措施＋耐盐植物种植"的盐碱地改良集成技术，筛选出适于碱化土壤、盐化土壤、盐渍化土壤种植的 10 种耐盐植物，构建宁夏河套灌区耐盐植物格局配置。

植物营养与新型肥料开发方面：研究所建立了主要粮食作物营养诊断推荐施肥技术体系，筛选出了通用复合肥和专用复合肥配方。

节水农业方面：研究所提出的早覆膜、增施磷肥、重施基肥等主动抗旱关键配套技术可使旱地农作物产量提高 20％～50％，降水利用率提高 30％以上。

3）重点科研成果。

研究所获得自治区各类科技成果 5 项，其中自治区科技进步奖二等奖 4 项、三等奖 1 项；发表论文 80 余篇，出版专著 8 部，授权专利 4 项，获得国家软件著作保护 12 项。

（2）"十二五"期间（2011—2015 年）

1）研究方向及研究内容。

研究所围绕土壤肥力提升、盐碱地改良利用、植物营养与新型肥料、水资源高效利用、农业环境控制等领域进行了深入研究。主要研究内容有四个方面：一是深入开展水盐调控技术、有机无机复合培肥等集成技术以及湿地生态配置技术，构建起盐碱地综合改良模式。二是在引黄灌区优质水稻产业区，针对养分高效利用和降低成本研究侧条施肥机械应用的方法和技术，提出脲醛缓释复合肥配方和工艺 5 个。三是形成完善的黄河上游灌溉农业区农业面源生态防治综合技术，建立起枸杞产地环境指标及肥料减量高效安全施用技术。四是提出中部干旱带特色优势产业节水高效生产综合技术模式、马铃薯宽幅间套作机械化种植模式以及轮作倒茬制度。研究所主持承担国家及省部级科研课题 120 余项，到位经费约 2817 万元，获批项目 60 余项，其中国家科技支撑计划课题 1 项（600 万元）、国家科技支撑计划子课题 2 项（100 万元和 110 万元，2015 年）、国家自然科学基金 1 项、农业部行业专项 4 项（400 万元，2015 年）、环保部行业专项 1 项（200 万元，2015 年）、国家科技重大专项子课题 1 项（81.8 万元，2015 年）、中央财政农业科技示范推广项目 1 项（47.8 万元）。

2）解决的关键问题。

土壤科学方面：研究所针对青铜峡水稻生产中次生盐渍化影响出苗问题，提出土壤次生盐渍化阻控技术，提高水稻产量 20％～45％；在土壤肥力领域，针对玉米产业，明确生物炭影响水分利用效率和作物响应，提出扬黄灌区土壤碳库快速构建与肥力提升技术，提高水分利用效率 32.7％。

植物营养方面：研究所在新型肥料研发中，提出脲醛缓释复合肥配方和工艺 1 个、筛选微生物菌剂 1 个、研制开发冲施肥产品 2 个、枸杞滴灌专用肥产品 3 个，并与顺宝农业和沃野生物签订合作合同；提出有机无机复合肥的磷素促释技术 1 项、枸杞水溶肥技术规程 1 个及酿酒葡萄水肥一体化工作方案1套。

农业环境方面：研究所提出宁夏引黄灌区玉米、枸杞、露地及设施蔬菜氮磷流失系数；提出宁夏灌区露地蔬菜氮磷肥投入阈值，形成比较完善的黄河上游灌溉农业区农业面源生态防治综合技术。在产地质量研究中，研究所明确了中宁枸杞基地淡灰钙土碳库变化趋势，建立起枸杞产地环境指标以及肥料减量高效安全施用，肥料利用率提高23.5%。

旱作与节水农业学科方面：研究所提出中部干旱带特色优势产业节水高效生产综合技术模式、马铃薯宽幅间套作机械化种植模式以及轮作倒茬制度；创建了芹菜膜下滴灌水肥一体化管理技术，提出了作物多元化立体复合优化种植模式与全膜双垄沟种植技术；针对降水资源利用和马铃薯产量挖掘，以土壤物理结构改变和保水剂施用为手段，探讨土壤水库容变化规律与马铃薯生物学反馈机制，提高水分利用效率32.7%，提高肥料利用25.6%。

3）重点科研成果。

研究所获奖6项，其中自治区科技进步奖二等奖3项、三等奖3项；发表论文90余篇，出版专著3部，获得授权专利6项，制定地方标准14个。

（3）"十三五"期间（2016—2020年）

1）研究方向及研究内容。

研究所研究集成土地资源综合规划治理、土壤培肥与固碳增汇、节灌农艺改良盐碱地、土水肥协同精准管理、植物营养诊断与特色作物高产高效施肥、新型肥料施用、旱作与水资源高效利用、农田污染物阻控与土壤修复、清洁生产和农业持续发展、新型内酰胺类抗生素研发等多项先进实用的农业技术。主要研究内容有四个方面：一是开展土壤改良、作物合理施肥、农业水资源高效利用和节水农业等研究。二是开展农用土地资源和精准农业技术研究。三是开展农田污染物迁移和污染环境修复、农业废弃物资源化利用等研究。四是开展土壤改良剂、新型肥料、保水抗旱生物制剂等研究。研究所主持承担国家及省部级科研课题120余项，到位经费约7474万元，其中联合中国农业科学研究院、中国科学院南京土壤研究所、新疆农业科学院、福建农林大学、福建省农业科学院、中国（宁夏）奶业研究院、宁夏大学等科研院所申报获批国家自然科学基金区域联合基金项目2项、国家重点研发项目课题1项、自治区重点研发项目5项、自治区重点研发课题5项。

2）解决的关键问题。

研究所基于新型缓释/控释肥料的引黄灌区优质粮食作物侧条施肥农机农艺融合施肥技术，强化了废弃物资源化利用，养分利用率提高10个百分点，减少了养分损失30%并阻控农业面源污染，提升了产地环境质量和流域清洁。

在废弃物资源化利用方面，研究所研发了高效复合促腐菌剂及保氮型温室气体减排调理剂，突破有机肥保氮除臭快速发酵技术瓶颈，并且运用农村畜禽粪便生物发酵技术解决了环境治理与土壤培肥的有效结合问题。

研究所集成滴灌控盐、开槽定植、限根栽培、客沙土等技术，初步形成了4种碱化土壤改良技术集成模式，突破了枸杞种植过程中存在的土壤碱化障碍与产业生态化难关。

研究所在宁夏灌区典型农田土壤微生物资源开发与利用上取得重要进展，总结10多年的相关研究成果，获得自治区科技进步奖三等奖1项。

3）重点科研成果。

研究所参与获得国家科学技术进步奖二等奖1项（河套盐碱地生态治理及特色产业关键技术研究与示范），神农中华农业科技奖二等奖1项（西北黄灌区盐碱地高效改良利用关键技术），环境保护科技奖二等奖1项（宁夏灌区农田退水污染全过程控制技术及应用），自治区各类科技成果29项，其中自治区科技进步奖一等奖1项（河套盐碱地生态治理及特色产业关键技术研究与示范）、二等奖3项、三等奖9项；发表论文143篇，出版专著4部，获得授权专利32项，制定标准24个。

（十）宁夏农林科学院农作物研究所

1. 机构与队伍

宁夏农林科学院农作物研究所最初是 1950 年 3 月在永宁县王太堡筹建的宁夏省人民政府建设厅农事试验场。1954 年其合并到甘肃省农业厅农业试验总场，更名为甘肃省农业试验总场永宁农业试验区站。1958 年宁夏农业科学研究所作物系（对外统称王太堡农业试验场）在原试验站基础上成立，接受宁夏农业厅和宁夏农业科学研究所双重领导。宁夏农林科学院成立后，依照宁夏农林科学院党委机构改革要求，宁夏农业科学研究所作物系编制撤销，1979 年正式成立宁夏农林科学院农作物研究所。

2. 研究方向及研究内容、解决的关键问题和重点科研成果

（1）"十一五"期间（2006—2010 年）

1）研究方向和研究内容。

作物种质资源：研究所通过广泛收集、创新资源，充实资源基因库，为长期育种目标的实现提供基本种质源，发掘重要基因资源，不断为品种改良提供新、特、优亲本；重点收集国内外小麦、水稻和玉米资源，鉴定其在宁夏生态条件下的适应性、抗病性和抗逆性，对优异资源进行遗传力和配合力测定分析，筛选出适合宁夏生态条件下直接利用或间接利用的育种材料，建立宁夏农作物种质资源数据库；先后引进国内外种质资源 1300 余份，其中包括 CIMMYT 抗秆锈 Ug99 新材料、澳大利亚抗旱、糯小麦、黑和紫粒小麦种质 719 份，水稻 80 份，玉米自交系 400 份，大豆 19 份，向日葵 100 余份；向自治区内外育种单位提供育种材料 110 份（次），其中小麦 94 份（次），水稻 16 份（次），新入库保存种质 170 份，其中小麦 50 份，水稻 120 份；通过农艺性状观察鉴定和筛选，在引进的 593 份小麦和水稻资源中，筛选出了具有早熟、丰产、优质、抗逆性强的优良材料 328 份，繁殖更新库内资源 246 份，对外交流资源 236 份；通过农作物种质资源的交换和引进，特别是野生资源研究、利用和创新，创制新种质和桥梁材料；加强国内外的种质资源的研究与合作，提升农作物种质资源收集、保存、研究、创新和利用的水平，建立核心种质资源数据库，实现资源数据共享机制，提高作物遗传资源的利用效率，为作物育种提供基础材料和技术支撑；加快农作物新品种引进、选育速度，为确保粮食安全奠定坚实基础。

作物新品种选育：研究所紧紧围绕宁夏农业生产和产业发展的需求，开展小麦、水稻、玉米常规育种，生物技术、新技术育种（太空）；加强育种基础理论研究和品种选育的联合攻关，以选育优质、高产、高效和抗病的品种为育种目标，选育适合于宁夏乃至西北地区种植的小麦、水稻和玉米新品种；小麦（冬麦）育种实现重大突破，在西北春（冬）小麦种植区达领先水平；水稻育种继续保持优势，在全国北方粳稻种植区达到先进水平，在西北粳稻区达到领先水平；玉米育种突出自主创新，在西北春玉米种植区达到先进水平。

小麦育种方面：研究所在春小麦育种方面，在宁春 4 号产量的基础上，选育的新品种在产量、品质和抗病上有突破性进展；在冬麦育种方面，加强对品种的早熟性和品质性状的选育，为冬麦后复种作物提供充足的时间，同时加强与外单位的合作、交流和优异资源引进和交换，选育和审定小麦品种 4 个（春小麦 2 个，冬小麦 2 个），其中选育的新品种宁春 47 号、宁冬 10、宁冬 11 号被选为全区更新换代主栽品种，在国营渠口农场示范宁冬 11 号，有 3 亩地达到 718.4 千克/亩，刷新了农垦冬麦高产创建单产纪录，也创下宁夏 2010 年小麦最高纪录；小麦（春麦、冬麦）累计推广 160 万亩，实现了粮食生产和生态效益的双赢。

水稻育种方面：水稻育种继续保持现有品种选育优势，研究所加强超高产品种选育，突出高产高效优质抗病品种选育，在品质上有较大提升，主要经济性状指标达到部颁一级优质米标准，实现水稻品种的优质化和规模化生产；加强生物应用技术的研究和应用，提高应用基础理论研究水平，选育和审定水稻品种 6 个，获得植物新品种权 2 个，实现宁夏水稻品种的第七次更新；水稻累计推广 350 万亩，特别是宁粳 28 号、宁粳 35 号、宁粳 43 号等水稻新品种的选育和推广，继续保持了宁夏以该所自育品种为主要种植品种的水稻种植格局，在全国优质粳稻优良食味品评会上，宁粳 40 号、宁粳 38 号分别获得优良食味一、二等奖，肯定了宁夏在水稻品质育种上取得的新成效。

玉米育种方面：研究所利用从美国引进优异玉米自交系，挖掘现有自交系的遗传背景和潜力，加强新强优势组合的配置、选择与鉴定，提高资源的有效利用和品种选育效率，加快南繁北育进程，选育具有自主知识产权的玉米杂交种 2 个，引进、鉴定、筛选玉米杂交种 1 个，青贮玉米 1 个，争取在玉米自育品种上，灌区种植面积"三分天下有其一"；先后展示示范宁单 9 号、宁单 10 号、宁禾 1 号、宁单 11 号、宁禾 13 号等 15 余个玉米新品种，累计推广面积 90 万亩；玉米产业开发上有重大突破，通过玉米品种权的获得实现自身发展，进一步拓宽育种投资的多元化渠道。

经济作物育种方面：研究所继续加强向日葵、大豆、花生等品种的引进、鉴定与筛选，注重食用大豆和向日葵的引进与筛选，以及大豆的区域试验和大豆品种的筛选；特别在小杂粮的引进、研究和利用方面积极参与，引进和筛选经济效益高的小杂粮品种，通过经济作物和小杂粮的种植结构调整，实现农作物种植的多元化生产和农民增收。

作物栽培技术研究示范：为加强作物栽培学基础研究，促进作物栽培学科的发展，实现农作物生产技术的标准化和安全化，研究所大力开展农作物高产、超高产栽培技术研究，节水高效栽培技术研究，作物营养平衡施肥技术研究等，建立农作物标准化、模式化栽培技术体系，实现良种良法配套；重点建设三大作物的栽培基础性研究实验室及完善相关仪器设备，为作物栽培学研究提供基础，促进作物栽培学科的稳步发展。农作物新品种新技术在生产的应用，有力促进了农业科技成果的转化。通过农作物高产高效配套栽培技术的研究和新品种的生产应用，农作物新品种累计推广 600 多万亩。研究所研究集成了"粮食作物超高产栽培技术""冬麦种植北移技术""水稻保墒旱育秧技术""向日葵沟种垄植技术"等，在传统种植技术上有所创新。

超高产栽培技术研究：研究所开展了农作物栽培技术研究和耕作制度的变革，提出了超高产栽培关键技术，通过各种栽培方式的试验、示范和技术研究，形成实用配套的超高产栽培技术，使新品种在产量上实现了重大突破；春小麦宁春 47 号百亩平均单产为 568.3 千克，其中 27 亩达到亩产 611.5 千克，创永宁县王太地区大田春小麦栽培种植历史最高纪录；冬小麦宁冬 11 号万亩平均单产为 604.4 千克，最高亩产为 704.5 千克，创造了灌区万亩冬麦产量新纪录；麦套玉米平均单产为 1109.3 千克，实现了麦玉超"吨"，在全区创造了高产纪录；水稻宁粳 35 号百亩平均单产为 920.3 千克，最高达到 941.3 千克，使单产实现了突破性增长；玉米郑单 958、先玉 335 等百亩平均单产为 1168.69 千克，其中 38 亩平均单产为 1248.87 千克，创造了宁夏玉米单产最高纪录；超高产栽培技术的研究示范全面提高了宁夏三大粮食作物的产量和质量，促进了农村致富、农业增产、农民增收，确保了宁夏粮食安全。

节水灌溉技术研究：近年来，宁夏引用黄河水量明显减少，灌区用水限量，给农业粮食生产造成了一定的困难，尤其是对水稻生产的影响最为明显。为了克服用水量不足的困难，最大限度地保证粮食作物生产所需的水分，研究所开展粮食作物的节水灌溉技术试验、研究，开展作物覆膜技术、旱育稀植、小畦灌溉、垄作技术、喷灌技术、抗旱品种的应用研究等，减轻了农业水资源不足的压力；高效利用水资源，为农业生产提供先进实用的节水灌溉和栽培技术等，实现了水资源的高效利用和粮食增产。

病虫害抗病鉴定技术：研究所开展农作物抗病鉴定技术研究，对抗病品种的选育和应用起着关键性的作用；研究宁夏粮食作物主要病虫害的发病条件、危害机理，生理优势小种的演变，三大农作物主要病害的鉴定技术，病虫害的防治预防措施等，特别是加强对小麦和玉米主要病虫害的抗病鉴定，为抗病品种的选育提供科学的理论依据。

大豆、向日葵高产栽培技术与示范：研究所深入研究套区大豆套种高产栽培技术，对优良品种宁豆 4 号、承豆 6 号、晋豆 19 号等与小麦进行套种示范，在永宁县胜利乡和青铜峡市峡口乡建立了

500亩大豆套种高产技术核心示范区，同时在中卫、灵武、青铜峡、中宁、永宁、平罗等大豆区示范1万亩；针对宁南山区存在的干旱少雨问题，提出了向日葵秋覆膜、二次膜利用的种植技术，取得了很好效果，产量可达到300千克/亩以上；选用优良食葵杂交种LD5009，示范效果非常明显，农民亩增收500元，开创了宁夏食用向日葵种植杂交种的新格局，使食用向日葵大面积机械化精量播种成为现实。

研究所先后获批国家级科研项目7项，以及国家现代农业产业技术体系中小麦、水稻、向日葵和大豆4个综合试验站，每年科研项目研究经费平均达到400万元。

2）解决的关键问题。

立足解决小麦种质资源的鉴定条件差，种质资源库保存设施简陋，缺乏突破性种质资源，种质资源利用率低的问题，研究所围绕农作物种质资源收集、保存、研究、创新和利用，以小麦、水稻、玉米、大豆和向日葵等优势特色作物为对象，引进与创新相结合，保存与鉴定利用并举，加强与国外育种单位在种质资源交换、人才培养、合作研究等方面的合作，筛选出一批优良的小麦、水稻、玉米、大豆等，为新品种的选育打下坚实的基础。

研究所围绕自治区优势粮食产业，着力解决耕作制度、产业结构不均衡等问题，立足宁夏气候、土壤、灌溉等资源条件，集成示范主要农作物优质高产品种配套栽培技术，节水灌溉技术，套区大豆套种高产栽培技术，以及向日葵秋覆膜、二次膜利用技术等种植技术；建立适于宁夏稻、麦轮作免耕等保护性耕作体系，研发适合宁夏保护性农业发展的免耕机械，加快适应机械化的高产高效、可持续的作物耕作栽培技术体系构建，形成高质高效耕作栽培制度。

研究所主要解决在作物育种方面分子生物学技术落后等方面的问题，针对农业产业发展对作物新品种的需求，尝试构建并利用生物育种技术与常规育种相结合的技术体系，提高产量、抗病、品质等重要性状协同改良的效率，创制综合性状优良的优质抗病新材料，为定向培育优质、高产、广适、多抗的突破性新品种提供材料支撑。

3）重点科研成果。

研究所荣获自治区科技进步奖一等奖1项（优质高产冬小麦新品种宁冬10号、宁冬11号选育及推广），二等奖1项，三等奖4项，自治区气象局科技优秀一等奖1项；宁春47号获全国石磨面粉加工金奖，宁粳40号和宁粳43号获得全国优质粳稻食味品评一等奖，宁粳38号获得二等奖；"优质高产水稻宁粳28号、宁粳27号示范及产业化项目"在第三届中国-东盟博览会上，被科技部评选为中国星火计划20周年成果展优秀参展项目；选育和审定作物新品种18个（其中小麦5个，水稻10个，玉米3个），首次取得农作物新品种保护权2个，制定地方标准4个，科技成果奖励8项，发表科普文章及论文42篇，出版专著2本。

（2）"十二五"期间（2011—2015年）

1）研究方向和研究内容。

品种资源和种质资源：

"十二五"期间，研究所从国内外引进新资源材料5809份，其中小麦3392份，水稻841份，玉米1141份，向日葵306份，大豆129份；繁种入库资源材料2357份，其中小麦1509份，水稻848份；收集各类抗旱资源191份，其中收集地方麦类36份；注重抗病、抗旱耐盐、优质、早熟等资源的引进，这些资源收集与研究极大地丰富了育种基础材料，为优新品种的培育奠定了基础；美国育种家提供了与LD5009农艺性状相似的136个食用向日葵新组合，研究所开展黄萎病鉴定后发现大多数表现高感黄萎病，其中11V40、11V76、11V80、11V82、11V85、11V86、11V90、11V91、11V98、11V100、11V103田间对黄萎病免疫或高抗。

作物新品种选育：

育种基础研究方面：研究所加强了育种新技术的应用、新材料的创制，开展了植物生理生化、品质检测、基因检测、抗旱机理和病害生理小种致病机理等方面的基础性研究，为优新品种选育和高效栽培技术提供了理论支持；利用国家基金项目"基于 TILLING 技术的宁夏水稻耐盐种质创新研究"，首次将 TILLING（定向诱导基因组局部突变技术）技术用于耐盐种质创新，并获得了 29 份不同基因型供体的突变体材料；在"基于粳稻杂种优势群的宁夏水稻优异资源创新研究"项目中，筛选出粳稻不同生态型的特征分子标记，为建立基于分子标记辅助选择优异资源奠定基础；完成小麦矮秆基因 *Rht13* 标记 *Xgwm577* 的整合图谱和 218 份亲本材料 *Rht8* 和 *Rht-B1a* 矮秆基因检测；应用 82 对 SSR 引物对 59 份水稻种质标记，检测到 339 个等位基因，初步建立了宁夏水稻 SSR 标记指纹图谱；初步构建了小麦种质鉴定评价技术体系和水稻稻瘟病抗性鉴定技术体系。

新品种选育：研究所将常规育种与生物技术相结合，开展小麦、水稻、玉米新品种选育的联合攻关，以选育优质、高产、高效和抗病的品种为育种目标，选育适合于宁夏乃至西北地区种植的小麦、水稻、玉米和向日葵新品种，共审定农作物新品种 16 个。

小麦方面：研究所对新引进的"特异型材料"及创新型核心种质资源进行了重点观察评价和利用，注重将优质与高产、抗病有效结合起来，实现育种目标的均衡实现和突破；针对引黄灌区冬麦北移的生产实际情况，选育适于宁夏生态条件下种植的优质、高产、多抗及专用型冬小麦新品种；提升小麦育种能力共性技术研究，开展高产优质多抗适应性好的品种选育与应用，超高产品种选育及抗病抗逆的遗传改良——种质创新及其技术研究；培育出早熟、抗病、抗倒、丰产冬小麦新品系 07 冬－57；示范的宁春 50 号最高亩产达 649.89 千克，创宁夏春小麦历史最高纪录；宁春 50 号获宁夏优良食味小麦品评一等奖。2011 年，墨西哥国际玉米小麦改良中心主任托马斯·兰普金博士和刘荣光院长在《国际农学合作研究协议》上签字，挂牌成立了"国际玉米小麦改良中心（CIMMYT）宁夏农科院保护性耕作办公室"，并委派专家常驻宁夏，指导宁夏引黄灌区免耕播种技术的研究工作和小麦育种工作。

水稻方面：研究所采用优质、高产和节水并重措施，以优质为主，兼顾抗病、抗逆等性状，选育出适合宁夏种植的优质、高产节水型水稻新品种；示范的水稻新品系优育 41 号在吴忠马莲渠乡实产达到 947.5 千克，创宁夏水稻单产历史新高；早熟品种吉粳 105（节 3）和宁粳 43 号被自治区确定为 2011 年水稻五大主推品种之二，推广面积占全区整个水稻面积一半。

玉米方面：研究所针对宁夏玉米育种种质材料少、遗传基础狭窄、自我创新能力弱、自有产权品种推广面积较小等现状，利用引进的巴西、乌拉圭的群体材料，结合宁夏生态条件类型，开展了国内外引进材料的鉴定，选择外引优异种质杂交，应用多种杂交手段进行基因重组，拓宽核心自交材料的遗传基础，有目的、有计划地创新玉米基础材料；筛选出了耐密高产型玉米新品种农大 626；筛选出适宜宁南山区种植品种超玉 1 号；筛选出青贮新饲玉 12 号，保绿性好，抗性强，平均亩产高；筛选出适宜引黄灌区冬麦后茬复种的青贮玉米品种 ND4，满足了"两季不足、一季有余"生态特点的引黄灌区规模化养殖业对优质饲草的需求。2013 年研究所自主选育的玉米新杂交种宁玉 12 号，示范面积 100 亩，表现高产、抗病，优势明显，单种产量达到 950 千克以上，比先玉 335 增产 5％以上，为品种更新换代奠定了基础。

超高产栽培关键技术研究与示范：

小麦持续高产关键技术研究：在完善以"节种省肥、肥水高效"为核心的调优栽培的同时，研究所进一步明确小麦持续高产的关键技术和主推技术，加大示范推广力度。同时，研究所还对春小麦高产种子包衣效果、中后期"一喷三防"微肥增产效果及冬麦返青后头水、二水灌溉配水模式，铁锌硒微量元素施用对产量及品质的影响等进行了田间试验和研究。研究所发布了"宁夏北部灌区春小麦高产栽培技术规程"，制定了"春小麦高产栽培模式图"和"冬小麦高产栽培模式图"；研制出第十代小麦免耕播种机——涡轮式小麦免耕播种机，具有体积小、成本低、效率高、操作灵活特点，适用于家庭农场和土地流转合作社。

超高产精确定量栽培技术研究：研究所主要围绕水稻工厂化育秧全程机械超高产技术示范开展工作，对宁夏水稻工厂化育秧的关键技术进行了系统试验研究，为水稻工厂化育秧的推广提供技术支撑；通过开展保墒旱直播水稻出保苗影响试验，建立了保墒旱直播水稻技术示范千亩示范点。

超高产栽培技术研究与示范：研究所通过玉米超高产栽培群体结构及功能研究、玉米超高产栽培潜力研究和光热资源产量比较等研究，筛选出了耐密高产型玉米新品种农大626。研究所通过引黄灌区玉米播种期和密度研究，发现适宜宁夏引、扬黄灌区大面积高产栽培的最佳种植密度为6000株/亩，最佳播期为4月15—25日；宁南山区最佳种植密度为5000株/亩；宁夏光热资源丰富，选用耐密品种、增加种植密度增产效果显著。

研究所积极争取国家、自治区等的科研项目，积极申报项目169项，获批项目93项，到位经费5900.98万元。

2）解决的关键问题。

研究所开展宁夏小麦隐性灾害防控与抗逆稳产综合技术研究，创建了小麦病虫害防控技术模式；通过调研宁夏近3年小麦发生隐性灾害情况，掌握5个示范县（灌区）小麦面积、产量和生产技术（品种、机具、耕作、栽培、肥水资源等）情况，开展调研宁夏南部山区冬小麦相关隐性灾害的情况等，发现在宁夏目前耕作制度下，小麦主要病虫害发生规律为"一虫二病"，即小麦蚜虫、小麦白粉病、小麦锈病（以条锈为主），发生规律为地理上自南向北发生、流行、开展，发病流行次序各有不同，宁夏南部为锈病-白粉病-蚜虫，宁夏北部为白粉病-锈病-蚜虫；完成了《宁夏小麦隐性灾害发生及防控现状调研报告》。

3）重点科研成果。

研究所获得各种奖项12项，其中国家科学技术进步奖二等奖1项（"玉米田间种植系列手册与挂图"），自治区科技进步奖二等奖4项，三等奖1项；自主选育的"农科843"香米品系斩获第四届ICPE中国（北京）国际粮油产业博览会金奖，成为宁夏大米高端市场的新"宠儿"，成为企业创品牌、拓市场的首选品系；选育的水稻新品系节七获得2013年全国优良食味粳稻品评二等奖，宁春50号获宁夏优良食味小麦品评一等奖；《北方春玉米田间种植挂图与手册》（第二版）获得第三届"中国科普作家协会优秀科普作品奖"银奖。

研究所新品种成果转化3个，转化金额160万元；共展示新品种125个；成果登记16项；授权专利15项，其中发明专利10项，实用新型专利5项；制定地方标准12项；发表科技论文80篇，其中SCI一篇（影响因子5.391），核心论文32篇，获得第12届宁夏自然科学优秀学术论文一等奖1项、二等奖2项、三等奖2项；出版《宁夏玉米栽培》专著1部。

（3）"十三五"期间（2016—2020年）

1）研究方向和研究内容。

开展农作物种质资源收集、保存、研究、利用与创新，发掘和筛选各类遗传亲本材料：研究所加大种质资源收集与保存等基础性工作，从美国、墨西哥等地引进主要农作物种质资源材料16331份；扎实开展第三次全国种质资源普查与收集（宁夏）行动，摸清了宁夏18个县（市、区）的作物种质资源，明确了作物种质资源的演变规律和发展趋势，向国家种质库提交了859份宁夏本土种质；引进种质资源，极大丰富了自治区农作物种质资源库库存资源，为后期深入研究、发掘和利用种质资源的优异基因，加快培育突破性农作物新品种奠定了坚实基础。

开展高质、优质、多抗的小麦、水稻、玉米、大豆和向日葵等作物新品种选育：作为主要农作物育种与种质创新方面优势单位，研究所坚持以小麦、水稻、玉米、大豆和向日葵五大作物为主要对象，以创制培育重大战略性品种为目标，以"高产优质、抗逆广适、专用高效、适宜机械化"为主攻方向，审定农作物新品种56个（国审5个），审定的新品种均能适宜全程机械化和轻简化栽培，有助于节水增效，增幅3%以上，平均每年有10个新品种入选自治区主推品种；小麦品种宁春55号被列为西北春麦区年推广100万亩的品种，国审品种银玉439填补了农科院自育玉米国审品种的空白；水稻新品种宁粳48号经农业部专家组现场测产，在平均产量上，2017年为835.9千克/亩、2018年为805.9千克/亩，刷新了宁夏银北稻区水稻单产纪录，创造了宁夏直播水稻产量历史新高；新品种宁春58号、宁春59号同时通过国家和自治区"双审定",突破了宁夏自育小麦品种难以同时通过国家与自治区两级新品种审定的瓶颈,而且宁春58号连续三年创造了宁夏春小麦的高产新纪录,最高实收亩产达到711.58千克。

开展农作物高产、优质、高效、多抗、安全的耕作与栽培技术研究与示范:研究所坚持大力开展产业关键核心技术攻关,加强主要农作物种植农机农艺技术的研发,强化节水节本增产增效,每年迭代改进小麦耕播一体化匀播机、水稻精量穴播机等农机,不断研发完善(冬、春)麦后复种一年两熟制、水稻精量穴播、玉米低水分籽粒直收、青贮玉米提质增效等农艺,促进农机农艺深度融合,助力产业发展,使得宁夏农作物生产由高产走向绿色、轻简、高效,多次创造了农作物高产纪录,每年平均8项技术入选宁夏主推技术;2017年新品种宁粳48号采用插秧、保墒旱直播栽培技术在全区累计推广种植面积达到10万亩以上,平罗县保墒旱直播栽培技术百亩连片示范点连续3年平均亩产达到820.0千克以上。

"玉米密植高产低水分籽粒直收技术"生产示范,2020年亩产达1252.58千克,创造了宁夏玉米籽粒直收最高单产纪录,引领了玉米产业发展方向。研究所共承担国家、自治区等各类科研项目211项,到位经费1.47亿元。

2)解决的关键问题。

集中开展成果转化与展示示范:研究所长期聚焦"乡村振兴战略"和自治区"三大战略",围绕农业重点产业发展,充分发挥5个国家产业体系试验站、院地、院企合作项目的示范带动作用,加大优新品种和绿色、轻简、提质、增效技术转化与展示示范,转化新品种52个,转化金额1274万元,累计示范新技术91项、新品种(系)240个,核心示范面积累计39.99万亩;每年坚持开展培训50场次以上,培训5520余人,真正助力产业发展、农民得实惠。

新技术研究示范解决生产难题,推动产业发展:采用保墒旱直播栽培技术的新品种宁粳48号在平罗县种植、收获并进行机割实收测产,最高产量达840.9千克/亩,平均产量805.9千克/亩,连续4年实现亩产突破800千克,创宁夏直播稻和银川北部水稻历史新高。该品种种植采用插秧、保墒旱直播栽培技术,在全区累计推广种植面积达到20万亩以上。"玉米机械籽粒收获高效生产技术"突破了机械粒收比例低的瓶颈,促进玉米生产转方式、增效益和提升竞争力,入选2020年中国农业农村重大新产品、新技术、新装备——10大新技术之一。"玉米密植高产滴灌水肥精准调控技术"解决了宁夏水资源短缺、玉米密植后的低氮干旱胁迫、后期抗倒防早衰等问题,拓展了玉米种植范围,提升了玉米生产竞争力。截至2022年,宁夏年推广"玉米密植高产滴灌水肥精准调控技术",应用面积达150万亩以上,玉米平均亩产达到800千克以上,较传统生产增产15%以上。该技术入选了2022年中国农业农村重大新产品、新技术、新装备——10大新技术之一。

充分发挥科技力量助农增收:1名所领导常驻彭阳县古城镇丁岗堡村,开展脱贫攻坚;1名干部常驻红寺堡梨花村,巩固脱贫成果;7名乡村振兴指导员助力脱贫村产业发展。研究所充分发挥观赏用向日葵和特种稻、彩色稻种质资源优势,将"一产"农业与"三产"旅游业有机结合,目前长期为自治区妇联实践基地、"稻渔空间"和"王太村"等农业文旅产业发展提供高效科技支撑,其中王太村每年吸引游客平均11万人,壮大村集体收入50万元左右(其中包括门票、向日葵籽和榨油收入)。

3)重点科研成果。

研究所充分发挥五大综合试验站的优良带动作用,四个自治区创新团队的凝聚引领作用,三大综合科研试验基地的科技资源支撑作用,获得各种奖项13项,其中新疆维吾尔自治区科技进步奖一等奖1项(西北灌区玉米密植机械粒收关键技术研究与应用),自治区科技进步奖一等奖3项(优质高产抗逆水稻新品种选育与应用、优质广适小麦新品种选育与技术创新、玉米调结构转方式优质高效生产关键技术研究与示范),二等奖2项,三等奖2项,全国农牧渔业丰收奖一等奖2项(宁夏玉米优质高效生产关键技术集成与示范推广、玉米密植高产水肥精准调控技术研发与推广应用),二等奖1项(宁夏玉米增产增效综合技术集成与示范推广),合作奖1项(水稻机械化直播技术合作创新与推广应用），神农中华农业科技二等奖 1 项（西北旱区大豆新品种选育及配套栽培技术集成与应用）、科普奖 1 项（《小麦高产创建》及系列模式图）。研究所还获得非主要农作物品种登记 9 项；获得国家植物新品种保护权 9 项；成果登记 85 项；授权专利 117 项，其中发明专利 10 项；制定地方标准 7 个；出版科技专著 10 部，发表论文 189 篇，核心论文 76 篇；取得软件著作权 26 项。

（十一）宁夏农林科学院固原分院

1. 机构与队伍

宁夏农林科学院固原分院前身固原市农业科学研究所是 1959 年由农业部批准成立的全国第一批地方性农业科研机构。2014 年 6 月该所由固原市人民政府移交宁夏农林科学院管理。2015 年 2 月该所正式更名为宁夏农林科学院固原分院，为宁夏农林科学院所属正处级事业单位，核定全额预算事业编制 88 名。分院党委下设 7 个支部，内设办公室、科研科、计划财务科 3 个正科级管理机构，以及旱作农业与节水研究中心、马铃薯研究中心、冷凉蔬菜与花卉研究中心、草畜资源开发与利用研究中心、林业与生态研究中心 5 个正科级科研机构。分院另设有分院纪委、工会、团支部和妇委会。

分院现有在编在职人员 77 名；现聘专技人员 74 人：正高级职称 14 人，副高级职称 17 人，中级职称 23 人，初级职称 20 人，分别占比为 18.9％、23.0％、31.1％、27.0％；现聘工勤人员 3 人。分院设有管理岗位 27 个，其中处级 5 个，科级 22 个；现聘处级干部 4 人，科级干部 15 人，均为双肩挑人员。分院通过逐年招聘补充，引进和培养博士研究生，人才结构持续优化，逐步解决了人才队伍老龄化问题，人员结构趋于合理。分院现有硕士 25 人，博士 1 人，在读博士 2 人，硕士以上学历人员占比为 36.36％；40 岁以下科技人员 34 人，占比为 44.16％。

2. 研究方向及研究内容、解决的关键问题和重点科研成果

（1）"十一五"期间（2006—2010 年）

1）研究方向及研究内容。

"十一五"期间，固原市农业科学研究所围绕固原市农业发展需要，坚持以旱作节水生态农业为主线，以草畜、马铃薯产业和特色农业为重点，积极开展技术创新研究，稳步推进科技成果转化，努力发挥科技作用，支撑固原市旱作节水生态农业科技进步。

2）解决的关键问题。

分院紧紧围绕草畜、马铃薯、荞麦燕麦、糜子谷子、冬小麦和特色农业发展需要，完成农业技术创新研究项目 26 项，培育出一批丰产优质、抗逆性状突出的荞麦燕麦、牧草、糜子、冬小麦新品种；集成一批草畜、小杂粮、马铃薯产业和特色农业耕作栽培、抗旱节水技术和草畜转化、生态安全新技术；深入探讨了生态建设，草畜、小杂粮、马铃薯产业和特色农业发展战略。

3）重点科研成果。

"十一五"期间，分院选育新品种 8 个，分别为莜麦新品种"宁莜一号"、荞麦新品种"信农 1 号"，紫花苜蓿新品种"甘农 3 号""CW400""CW272"，糜子新品种"宁糜 14 号"，旱地春小麦新品种"宁春 45 号"和旱地冬小麦新品种"宁冬 13 号"；研发新技术 1 项，为蓄水保墒耕作抗旱技术；取得了一批宁夏中部干旱带和南部山区旱作节水农业迫切需要的科技成果；获得自治区科技进步奖 11 项，其中二等奖项 3 项、三等奖 8 项；登记科技成果 20 项，编撰出版专著 8 部，在国内外刊物上发表论文 110 篇。分院的 17 个农作物品种、8 个牧草品种和 1 个家禽品种通过自治区或国家品种审定委员会审定。

（2）"十二五"期间（2011—2015 年）

1）研究方向及研究内容。

分院围绕建设宁夏中部干旱带节水农业示范区和南部山区现代生态农业示范区、打造特色优势产业集群的科技需求，以旱作生态农业为主线，以马铃薯、草畜、冷凉蔬菜、油料、小杂粮、林业生态为重点，以技术创新研究、科技成果转化为途径，全面开展新品种选（引）育、农业新技术研发、科技示范、成果转化和应用等研究工作。

2）解决的关键问题。

分院以当地农林牧畜业产业中新品种匮乏及栽培技术落后等问题为导向，依托科研项目的实施，开展新品种新技术科技攻关，以新成果推广促进产业快速发展；先后收集、引进国内外马铃薯、糜子谷子、荞麦燕麦、豆类、胡麻、向日葵和林木新品种等作物种质资源材料 2000 余份，完成种质资源田间鉴定并建立档案；筛选出适宜宁夏干旱区推广种植、高产优质的优质新品种（系）100 多个；总结凝练农家肥优化施肥配方、洋葱节水栽培、旱地抗旱节水一膜多用高效轮作以及麦后复种糜子等技术 30 余项。

3）重点科研成果。

分院选育出适合中部干旱带和南部山区水旱地以及周边地区同类生态条件种植的新品种 7 个，即胡麻新品种宁亚 20 号、宁亚 21 号，马铃薯新品种宁薯 14 号、宁薯 15 号，冬小麦新品种宁冬 16 号，燕麦新品种固燕 4 号和荞麦新品种固荞 1 号；获得自治区科技进步奖三等奖 2 项，授权发明专利 2 项，实用新型专利 12 项，制定地方标准及获得科技成果 19 个，发表论文 143 篇。

（3）"十三五"期间（2016—2020 年）

1）研究方向及研究内容。

分院围绕建设宁夏中南部区域农业产业发展科技需求，以旱作生态农业为主线，以马铃薯、草畜、冷凉蔬菜、油料、小杂粮、林业生态为重点，全面开展新品种选（引）育、新技术研发、科技成果示范、技术咨询服务等研究工作。

2）解决的关键问题。

分院以科技成果为抓手，强力支撑地方脱贫攻坚工作。始终立足于宁夏南部山区，利用自身科技优势扎根山区，科技扶贫成效显著。"十三五"期间，在宁夏农林科学院鼎力支持下，分院充分发挥科技人员优势，积极配合自治区人民政府、固原市人民政府实施的脱贫攻坚政策，扎实推进定点帮扶、科技扶贫和科特派创业行动；累计派出 53 人（次）参加三批自治区科技扶贫指导员工作，扶贫指导员进驻深度贫困村，扎实开展新模式、新技术、新品种普及推广，服务成效显著；圆满完成了 7 个乡村振兴科技引领示范村建设任务，建立 10 种作物新品种、新技术核心示范 13177 亩，增产增效显著。

分院围绕宁南山区农林业发展实际，开展相关科技攻关工作；重点开展马铃薯、小杂粮、胡麻、洋葱、莴笋、百合、冬小麦和苜蓿等优异种质资源引进及创制，通过新品种选育及示范推广带动相关产业快速发展；围绕选育的新品种积极开展配套栽培技术研究，主要开展了马铃薯精准施肥、田间杂草药剂防控优化、晚疫病绿色防控、外源激素块茎调控、种薯微型化繁殖技术研究，以及小杂粮营养与施肥、抗旱轻简栽培技术、优势区域规划、烯效唑控制胡麻植株施用技术、胡麻田苜蓿盲蝽综合防控技术、冬小麦不同栽培技术、华北落叶松人工林抗旱造林技术、针叶大苗造林技术、六盘山野生食用菌的初步形态学鉴定、现代人工草地高效利用关键技术、南部山区生态肉牛肉羊草畜耦合关键技术、固原山区林下生态鸡高效养殖关键技术等方面的研究。

3）重点科研成果。

"十三五"期间，分院紧紧围绕旱作农业、马铃薯、林业与生态、冷凉蔬菜、草畜 5 大产业发展的科技需求，选育出胡麻新品种宁亚 22 号、宁亚 23 号、宁亚 24 号以及马铃薯新品种宁薯 16 号、宁薯 17 号、宁薯 18 号；获得自治区科技进步奖三等奖 3 项，授权发明专利 2 项，实用新型专利 30 项，澳大利亚革新专利 3 项，制定地方标准及获得科技成果 24 个，发表论文 172 篇。分院 11 人被推荐为自治区脱贫攻坚专项奖励获奖个人，分院被推荐为获奖集体，1 人获"宁夏创新争先奖"奖章；作为主力军积极参与院地合作，院地合作成效得到自治区党委常委及固原市委、市政府的充分肯定。

二、宁夏大学农学院

(一) 研究方向与研究内容

宁夏大学农学院建有西北土地退化与生态恢复省部共建国家重点实验室培育基地草地生态研究室、宁夏现代设施园艺工程技术研究中心、宁夏肉品加工与质量安全控制工程技术研究中心、宁夏食品微生物应用技术与安全部控制重点实验室、宁夏优势特色作物现代分子育种重点实验室 5 个自治区级创新平台，以及优势作物、草畜产业等 5 个院士工作站，特色畜禽资源遗传育种与高效利用等 8 个院级研究平台；重点建设了 12 个新农村研究院特色产业服务基地，参与建成 37 个校外教学科研实习基地。学院被确定为农业部现代农业技术培训基地、宁夏现代农业科普教育基地、银川市农业技术和实用人才培训基地。

学院紧紧围绕自治区农业特色优势产业和农村经济发展中急迫需要解决的关键性科技问题组织攻关，推进农业科技创新和科技成果转化，促进全区农业发展、农村进步、农民增收。

"十一五"期间，学院获批科研项目近 200 项，总经费 4559.3 万元。其中，国家级项目 40 余项（国家科技支撑计划 4 项，自治区科技攻关项目 8 项，教育部项目 7 项，农业部项目 5 项，国家自然基金 19 项），自治区级重大项目 30 余项。

"十二五"期间，学院获国家自然科学基金、科技支撑计划及区级科技支撑等项目 203 项，总经费 7929 多万元。其中，国家级 74 项，经费 4006 万元；省部级项目 86 项，经费 2950 万元；横向合作项目 37 项，经费 370 万元；其他各类项目 60 余万元。

"十三五"期间（2016—2020 年）期间，学院获批各类项目 324 项，总经费为 1.9776 亿元。其中，区级以上纵向项目 185 项（国家自然科学基金 72 项），立项经费 1.6754 亿元。

(二) 重点科技成果

"十一五"期间，学院共获各类科技成果累计 80 余项，其中获奖成果 36 项，包括省部级一等奖 2 项，自治区科技进步奖一等奖 1 项、二等奖 5 项、三等奖 30 项；共发表论文近 1000 多篇，其中 20 余篇论文被 SCI 收录，核心期刊 500 余篇，主编或参编著作 36 部；培育新品种 4 个，申请专利 20 余项；举办各类培训班 50 余期，培训农业技术人员 500 余人次，培训农民 2000 余人次。

"十二五"期间，学院共获科技成果奖 8 项，其中，教育部科学进步奖二等奖 1 项，自治区科技进步奖一等奖 1 项、二等奖 4 项、三等奖 2 项；专利 26 项；发表核心期刊以上论文 257 篇，出版学术专著 15 部，承办全国性学术会议 5 次；举办各类各级科技培训班 100 余期，共培训各类、技术员 2000 余人次、农民 8000 余人次。

"十三五"期间（2016—2020 年）期间，学院共获各类科技成果奖项 40 余项，其中自治区科技进步奖一等奖 2 项、二等奖 3 项、三等奖 12 项，宁夏青年科技奖 1 项；发表核心期刊及以上论文 500 余篇，出版学术专著 28 部；鉴定成果 30 余项，获得专利授权 28 项、软件著作知识产权 2 项，制定地方标准 14 个，承办全国性学术会议 6 次。

三、宁夏大学葡萄酒学院

(一) 研究方向与研究内容

宁夏大学葡萄酒学院设有葡萄与葡萄酒教育部工程研究中心、宁夏葡萄与葡萄酒研究院、宁夏葡萄与葡萄酒工程技术中心等科研机构。学院立足于宁夏葡萄产业发展现状，紧密围绕制约我国北方地区葡萄酒产业发展的"瓶颈"问题，以宁夏葡萄产业发展需求为主线，以技术创新为核心，研究制定宁夏葡萄栽培与葡萄酒酿造技术标准和规范，开展关键技术攻关、推动科技成果转化，为宁夏及周边地区葡萄产业发展提供技术支持和人才支撑。学院葡萄与葡萄酒团队在发展过程中确立了葡萄栽培、酿酒、土肥水管理、病虫害防治等科研方向，逐步成为宁夏葡萄产业科研、成果转化、对外技术服务领域重要的技术队伍。

（二）重点科研成果

"十三五"期间（2016—2020年），学院承担国家级项目（课题）8项，其中国家科技支撑计划课题1项、国家重点研发计划项目课题1项，国家自然科学基金6项；省部级重大科技项目2项；宁夏自然基金、教育厅以及其他项目等30余项，科研总经费达4000余万元。

学院获得自治区科技进步奖一等奖1项（宁夏贺兰山东麓葡萄酒产业技术体系创新与应用）、二等奖1项、三等奖3项；出版专著5部，发表学术论文300余篇，制订国家、地方标准10余个，申请国家专利10余项。

■ 第二节 农业技术推广

一、机构与队伍

（一）机构

1999年，宁夏回族自治区实现了乡级农技推广机构的定编、定员、定岗"三定"工作，基本形成了以种植业、畜牧业、水产业、农机化为主体，区、市、县、乡四级农业技术推广体系。

进入21世纪后，基层农业科技推广体系曾出现"线断、网破、人散"局面，一度引起社会各界的强烈反响，对农业和农村经济的发展造成了一定影响。

2006年，自治区党委和政府出台了《关于加快基层农业科技服务体系改革与建设的意见》（宁党发〔2006〕9号）。全区乡镇农业推广机构全部实行人、财、物"三权归县、县管乡用、三方（县、乡、农户）考核"的管理体制。宁夏在全国率先实现了"一个衔接，两个全覆盖"（乡镇农技人员工资待遇与当地事业单位的平均收入相衔接，基层农技推广体系改革与建设示范县项目基本覆盖所有农业县，农技推广机构条件建设项目覆盖全部乡镇）。宁夏基层农业科技推广体系改革与建设工作得到了财政部、科技部和农业部的充分肯定，创造了"宁夏经验"，《农民日报》《科技日报》《经济日报》先后予以报道。同年6月29日，农业部在银川召开了全国基层农业科技服务体系改革经验交流会，向全国推介了宁夏改革经验。截至2007年，宁夏基本完成了全区22个县（市、区）农技推广机构"定编、定岗、定员"的改革任务。

2007年7月16日，农业部在北京召开第二次基层农业科技推广服务体系改革经验交流会，宁夏在会上再次交流了基层农业科技推广体系改革经验。"宁夏经验"走向全国，中央许多媒体予以报道，全国十多个省、市（区）前来考察学习。

2008年，为适应新形势发展的要求，宁夏加快了农村合作经济组织发展进程，建立了农产品质量监管体系、土地流转服务（仲裁）体系、农村集体"三资"管理体系等。

2009年7月，农业部将宁夏定为基层农技推广体系改革与建设示范区，确定20个县（市、区）为示范县，开始实施基层推广服务体系条件建设项目。全区共新建扩建乡镇服务中心（站）175个，建立各类科技试验示范点330个；购买配套办公仪器设备2625台（辆、套），配备交通车辆175辆，完成总投资2.6877亿元，其中中央补助1.5057亿元、自治区补助1.182亿元。

2012年，自治区党委和政府出台了《关于加快推进农业科技创新与推广的若干意见》（宁党发〔2012〕9号），允许现有的农业科技人员在完成本职工作的情况下，创办和领办经营性农业科技服务组织，承包经营特色种养园区，与公益性服务组织一样给予相应的支持，经营收入归个人所有等，从而使农业科技推广工作获得了加速度和内驱力。截至2015年年底，全区有1032名农技人员开展技术承包服务，其中897名农技人员无偿开展技术指导服务、45名农技人员组建服务型农民专业合作组织、90名农技人员领办创办农业科技经营型服务组织。2015年12月，自治区纪委、党委组织部印发《关于开展对公职人员投资办企业问题清理整治的通知》，对全区公职人员投资办企业问题集中清理整顿。2019年年底，全区农技人员创办领办项目全部停止。

截至2019年年底，全区共有自治区级农技推广机构8个，市级农技推广机构19个，其中畜牧兽医机构8个，占比为29.63%；综合机构7个，占比为25.93%；种植业机构6个，占比为22.22%；农机化机构3个，占比为11.11%；水产机构3个，占比为11.11%。县级农技推广机构117个，其中种植业推广机构46个，占比为39.32%；畜牧兽医推广机构34个，占比为29.06%；综合站19个，占比为16.24%；农机化推广机构14个，占比为11.97%；水产推广机构4个，占比为3.42%。全区乡（镇）级农技推广机构274个，其中畜牧兽医118个，占比为43.07%；综合站推广机构86个，占比为31.39%；种植业推广机构69个，占比为25.18%；农机化推广机构1个，占比为0.36%。

（二）队伍

全区农技人员主要由自治区、市、县、乡（镇）四级农技人员组成。2011年，全区共有农技人员6397人，其中自治区级1892人、市级536人、县级3145人、乡（镇）级824人。

截至2019年，全区共有农技人员3940人，其中自治区级227人、市级251人、县级1994人、乡（镇）级1468人。

2019年与2011年相比，区级农技人员减少665人；市级农技人员减少285人；县级农技人员减少1151人；乡（镇）级农技人员增加644人。

二、主导品种与主推技术与工作成效

（一）主导品种与主推技术

2004年，农业部启动了全国农业科技入户示范工程，配合这一工程的实施，农业部制定了《农业主导品种和主推技术推介发布办法》，下发了《关于印发〈农业主导品种和主推技术推介发布办法〉的通知》（农科教发〔2004〕10号）。办法规定，农业部每年4月向各省、自治区、直辖市农业（农牧、农林）、农机、畜牧、兽医、农垦、渔业厅及新疆建设兵团农业局征集次年推介发布的农业主导品种和主推技术。各省（自治区、直辖市）农业行政主管部门在基层推荐和评选的基础上，于6月底前将推荐材料报送农业部相关行业司局，抄送科教教育司。农业部相关行业司局组织专家遴选评审，8月底以前由农业部推介发布次年的主导品种和主推技术信息。宁夏农牧厅（现农业农村厅）牵头组织自治区农科院、技术服务专家团队、自治区农技推广总站、种子工作站、畜牧工作站等技术推广单位的专家，每年遴选推介全区农业主导品种和主推技术。

2004—2013年，宁夏转发推介农业部每年发布的主导品种和主推技术，主导品种在四大作物的基础上陆续增加了奶牛和生猪等，主推技术增加了畜禽疫病综合防治技术、水产养殖水质调控技术、水产养殖病害防治技术等技术。

为深入实施科技强农、机械强农行动，加强农业生产新品种、新技术、新机具推广应用，以绿色优质、节本降耗、提质增效、生态环保和农产品质量安全为导向，引导农民科学选用优良品种和先进适用技术，2014年自治区农牧厅组织全区农业技术专家遴选发布主导品种和主推技术。

2014年自治区推广主导品种79个、主推技术65项。

2015年自治区推广主导品种105个、推广技术76项。

2016年自治区遴选发布主导品种138个，主推技术119项，涉及粮食、草畜、蔬菜、枸杞、葡萄、苹果、红枣、中药材和适水产业9大产业。

2017年自治区遴选推介主导品种139个、主推技术99项，创造了小麦单产638.8千克、水稻单产856千克和玉米单产1314千克的新纪录，滩羊新品系选育取得重大突破，农业科技进步贡献率达到59%。

2018年自治区遴选提出了2018年全区农业特色优势产业主导品种167个和主推技术121项，覆盖了粮食、草畜、蔬菜和地方特色产业4大板块。

2019年自治区实施乡村产业科技支撑行动，遴选推介全区农业特色优势产业主导品种208个和主推技术139项；畜禽良种覆盖率达到100%；累计培育审定农作物新品种396个，实现了水稻第7次、玉米第6次、小麦第5次、马铃薯第4次品种更新换代；马铃薯脱毒种薯三级繁育体系全面建成，脱毒化率达到85%，品种专用化率达到90%，确保了良种、良法、良技到田入户到人。

2020年自治区向全区遴选推介发布2020年全区农业特色优势产业主导品种132个和主推技术141项，发挥新品种、新技术示范引领、增产增收作用。

（二）工作成效

"九五"期间（1996—2000年），宁夏各级部门积极推广应用农业先进技术，大力推广水稻节水高产控灌、机插秧、抛秧、地膜玉米等农业新技术、新产品。2000年，全区优质小麦种植面积增加5万亩，优质稻种植面积增加10万亩，饲料玉米和优质牧草种植面积增加15万亩。宁夏在粮食作物新品种选育上，以优质为主要目标，引进、培育出稻、麦、玉米等新品种9个，其中以宁粳16号为主的水稻新品种的大面积推广应用实现了宁夏水稻品种的第六次更新，使宁夏水稻产量和品质迅速提高单产始终保持在540千克以上，平均单产588.5千克，比"八五"期间增加了72.9千克，提高14.14%。近年来种植的单季稻，均亩产达到630.7千克，居全国首位。"九五"期间自治区累计推广宁粳16号等水稻新品种500万亩，增加稻谷2亿多千克。"九五"期间全区小麦单产160千克以上，平均单产184.4千克，比"八五"期间增加11.8千克，提高6.8%。玉米单产保持在410千克以上，平均单产436.9千克，比"八五"期间增加40.1千克，提高10.1%。自治区引黄灌区改革作物种植模式，通过对冬麦种植研究，筛选出了"9186"等优质、早熟、高产冬麦品种，提出了一整套冬麦栽培、越冬和间种复种技术。"九五"期间，全区共推广以麦套玉米为主体的吨粮田301.4万亩，验收达标面积232.3万亩，平均亩产1019.6千克，较常规栽培方式亩产均增加172.8千克，提高20.58%。

"十五"期间（2001—2005年），自治区农业以科技为先导，以提高农业综合生产能力为目标，加大科技攻关和示范，推进农业产业化经营，取得了四个明显的突破。一是农业科技攻关与示范取得重要进展。实施了"8613"农业科技工程，解决了农业10大优势产业发展的关键技术，集成示范了30项重大农业新技术。5年来，全区审定作物新品种95个，蔬菜品种增加到近百个，水产品种增加到20多个，引进优质肉牛、奶牛、肉羊新品种20多个。全区农作物优良新品种应用率达到90%，农业新技术推广覆盖率超过75%，畜禽改良率达到90%以上。二是农业生产水平大幅提高。在开展农业科技攻关的同时，自治区加大了成果转化和农业技术的推广力度，大批先进适用的农业新技术得到应用。全区水稻节水控灌栽培技术推广面积达到播种面积的85%，亩均节水400米^3，节水幅度33.7%。冬麦北移技术示范推广取得重大突破，冬麦新品系列"5088"和配套膜侧技术及高产高效模式的示范推广，为冬麦大面积推广奠定了品种和技术基础。三是各类农业科技园区发展迅速。自治区围绕农业产业化布局，先后建立了吴忠国家农业科技园区，以及枸杞、肉羊、奶牛、马铃薯、淡水鱼、蔬菜、优质玉米、牧草、优质稻麦和酿酒、葡萄10个自治区级农业科技示范园区。四是生态农业建设及特色产业培育取得明显效果。"上黄模式"和盐池北部六乡荒漠化治理模式的示范推广，为中部干旱带及宁南山区生态治理和可持续发展提供了样板。自治区以"国家中药现代化科技（宁夏）中药材基地"建设为契机，制定了《六盘山中药材发展规划》，建立了六盘山区、中部干旱带、引黄灌区三个不同类型的重点中药材种子种苗基地和规范化种植基地，人工种植药材65万亩，围栏补植

325 万亩。

"十一五"期间（2006—2010 年），自治区农业响应"稳粮保供给、增收惠民生、改革促统筹、强基增后劲"的要求，以增加农民收入为核心，以发展现代农业为重点，大力发展特色优势产业、设施农业、现代畜牧水产业，推进农业产业化经营，加快实施百万亩设施农业、百万亩覆膜保墒集雨补灌旱作节水农业、百万亩扬黄补灌高效节水农业和百万亩适水产业建设工程，农业农村经济保持持续、健康、良好的发展态势。一是粮食综合生产能力大幅提升。2010 年粮食总产比"十五"末增长 18.8%，实现了连续七年增产，再创历史新高，人均粮食占有量达到 560 千克，位居全国前列。二是特色优势产业实现了高速增长。13 个特色优势产业每年保持两位数增长，特色产业产值占农业总产值比重达到 82%，呈现区域化布局、专业化分工、规模化生产、产业化经营的良好态势。三是"三个百万亩"工程引领了现代农业发展。设施农业面积发展到 105.8 万亩。覆膜保墒集雨补灌旱作节水农业发展到 130.3 万亩，对中南部山区抗旱增收发挥了不可替代的作用。扬黄补灌高效节水农业从无到有发展到 60 万亩，为生态移民区提供了强有力的产业支撑。四是畜牧水产业取得了突破性进展。全区肉牛、奶牛、羊只饲养量比"十五"末分别增长 62.1%、88.6% 和 30.3%。人均肉、奶占有量是全国平均水平的 1.2 倍和 7.4 倍。全区适水产业面积达到 65 万亩，比"十五"末增长 146.2%。

"十二五"期间（2011—2015 年），自治区在农业科技创新进步方面，一是深化改革创新支撑引领现代农业快速发展。自治区启动现代农业科技创新工程，实施农业物联网技术、现代生物技术、高效节水技术、农产品高值化加工等项目，带动特色产业转型升级。二是培养一批农业高水平技术推广服务人才，实现农业特色产业技术推广服务领域全覆盖。三是实施农村信息化提升工程助力智慧宁夏建设。实施农业物联网技术应用示范工程，开发应用特色种养业智能管理系统，建立从产地到餐桌的农产品质量安全溯源与监管的示范体系。四是推动科技特派员社会化管理，培养一批职业化农民。

"十三五"期间（2016—2020 年），自治区紧紧围绕自治区农业特色优势产业发展需求，坚持"围绕产业、聚焦瓶颈、重点突破"。一是持续稳定支持种业创新。截至 2020 年，自治区先后培育审定小麦、水稻、枸杞、马铃薯等新品种共 40 个，获得自治区科学技术进步奖 7 项；累计示范推广各类新品种 554 万亩，新增产值 229 亿多元；全区主要农作物优良品种覆盖率达到 90%，特色农作物良种化率达到 95% 以上。实现了枸杞 2 次、水稻 7 次、小麦 6 次、玉米 5 次更新换代。二是组织开展产业关键技术攻关。针对自治区科研力量薄弱的突出短板，自治区借助东西部科技合作机制，推动全方位的科技合作，绝大部分项目采用区内外"项目双首席专家、课题双主持人"的柔性引才机制，组织实施重点重大农业科技项 142 项，突破了一批关键核心技术，取得了农业科技成果 474 项。其中系统研究了枸杞功效物质及作用机理，初步构建起了宁夏贺兰山东麓葡萄酒产业技术体系，创建了宁夏奶牛早期选育技术，研发了人畜共患重大疫病基因芯片快速诊断和病原检测技术，创建了滩羊全产业链技术体系，研制出回收率达到 90% 以上的、处于国内先进水平的地表残膜回收机，突破了日光温室模块化建造技术和国产化番茄精准智慧生产管理系统等技术瓶颈，构建了开放的农业科技创新体系，创建了特色产业中一批高端化、智能化、绿色化技术体系，许多领域农业技术创新水平跨入国内先进水平或西北领先水平。

■ 第三节　农民教育培训

一、培训历程

2012 年以前，自治区农牧、财政、科技、水利、林业、扶贫、移民、团委、妇联等部门均开展农民技术培训，培训类型以农村劳动力转移培训、专业技能培训、农村实用技术培训等为主，管理上以行业组织管理为主,自主安排培训任务。2012 年,按照自治区党委的要求,自治区财政厅着手对各种农民培训资金进行整合归并,开展新型农民培训项目试点。2013 年,自治区人民政府办公厅印发了《关于转发自治区农民培训工作实施意见等文件的通知》(宁政办发〔2013〕22 号),按照"归口管理、整合任务、管培分离、重在监管、服务外包、社会培训"的原则,将农民培训工作的责任主体由部门提升为地方政府,明确将各部门牵头实施的各类农民实用技术培训项目整合为新型农民培训项目,变多头实施为自治区农牧厅牵头实施;将相关部门牵头组织实施的各类农村劳动力转移职业技能培训项目,整合为农村劳动力转移培训项目,由宁夏回族自治区人力资源和社会保障厅(人社厅)牵头,统筹培训计划、培训资金、培训机构、考核验收,增强了转移培训工作的针对性、协调性、主动性和实效性。2016 年后,自治区设立了精准脱贫能力培训项目,确定由扶贫部门牵头实施。2018 年,自治区人民政府再次明确了人力资源和社会保障、农牧和扶贫三大部门在农民教育培训中的职责分工。人社、农牧和扶贫部门按照资金渠道、培训对象、培训内容、培训方式、考核要求等,采取不同的管理模式和培训标准,基本形成了职责明确、归口管理、分工负责、分类实施的全区农民教育培训工作格局。

二、培训机构

宁夏农民培训机构主要以农业广播电视学校为主体,农技推广机构、大中专院校、科研院所为补充,农民合作社、农业企业、农民田间学校等市场主体充分参与。

宁夏农业广播电视学校体系建设始于 1981 年,是运用现代远程教育手段,对农民及农村从业者实施教育培训的农民教育培训专门机构,在业务上受中央农业广播电视学校指导,形成了中央、自治区、市、县四级办学体系。2001 年,经自治区编办批准,宁夏农业广播电视学校及部分市县农业广播电视学校加挂"农民科技教育培训中心"的牌子。全区农业广播电视学校(农广校)达 17 个,专职办学人员 160 人,主要承担学历教育和农民培训两大职能。2015 年以后,受机构改革影响,中等职业教育停止招生。全区农广校减少为 16 个,其中:独立办公 15 个,合署办公 1 个,专职办学人员减少到 120 人。近年来,农广校体系作为农民教育培训的主导力量,体系逐渐萎缩,人员逐年减少。截至 2020 年,全区共有农广校 16 个,工作人员 94 人,其中:独立办公 6 个、合署办公 10 个,承担了全区 23.3% 高素质农民培训任务。

截至 2020 年,全区共有定点培训机构 584 家,其中民办培训机构 322 家。全区年均培训农民 7 万人次,其中农广校体系承担了 23.3% 的培训任务,各类农技推广机构承担了 44.2% 的培训任务,科研院所和职业院校承担了 1.7% 的培训任务,农民合作社、农业企业等市场主体承担了 30.8% 的培训任务。

三、培训模式

根据成人学习特点和农业生产规律,自治区实行"分段式、重实训、参与式"培训,开展实地案例教学、情景教学;依托各类基地,建立"农广校+实训基地+农民田间学校"培训模式,形成"学员由基地组织,教室由基地准备,设备由基地提供,课程由宁夏农业广播电视学校安排,专家由宁夏农业广播电视学校邀请,教材由宁夏农业广播电视学校提供,信息统一管理,培训共同开展"的共建格局;推行农民田间学校全程培训模式,将农民田间学校设在产业链上,打造"一村一校、一园一校、一社一校、一企一校",开展全产业链育人;推广"菜单式"培训模式,依托各类培训基地,把培训班办到田间地头、畜禽圈舍,通过"农民点菜、专家下厨"的方式,有针对性地解决农民在生产经营中遇到的实际问题。

四、培训内容

全区农民农业技术培训主要内容根据不同阶段农业农村经济和社会发展需求而不断进行调整。2004 年以前，农民农业技术培训侧重技术技能及扫盲培训；2004—2009 年，围绕"农村劳动力转移阳光工程培训"，开展短期职业技能培训；2010—2013 年，开展以农业职业技能培训、农业创业培训、农业专项技术培训为主要内容的"农村劳动力培训阳光工程"；2014—2018 年，转型升级为"新型职业农民培育工程"，由培训转为培育，重点培养农业新型经营主体。2019 年，农业农村部传达了中央领导关于今后不再使用"新型职业农民"表述的批示，农民教育培训主要内容向高素质农民培训过渡。2020 年，按照农业农村部印发的高素质农民培训规范要求，农民教育培训统称为"高素质农民培训"。

（一）农村劳动力转移培训

农村劳动力转移培训主要通过"农村劳动力转移培训阳光工程"实施。此项工程是由中央财政支持，主要在粮食主产区、劳动力主要输出地区、贫困地区和革命老区开展的农村劳动力转移到非农领域就业前的职业技能培训示范项目。项目按照"政府推动、学校主办、部门监管、农民受益"的原则，采取"公开招标培训基地、财政资金直补农民、培训保证农民就业"的运行机制组织实施，旨在提高农村劳动力素质和就业技能，促进农村劳动力向非农产业和城镇转移，实现稳定就业和增加农民收入，推动城乡经济社会协调发展，加快全面建设小康社会的步伐。宁夏农村劳动力转移培训阳光工程于 2004 年启动，按照农业部和财政部要求，依托各类培训机构对农村劳动力转移就业人员开展短期非农职业技能培训，每年培训 5.8 万人，到 2009 年共培训农民工 29 万人，90％以上实现了转移就业。

（二）农村劳动力培训

2010 年开始，农业部和财政部将"农村劳动力转移培训阳光工程"调整为"农村劳动力培训阳光工程"。项目的重点培训领域包括农业职业技能培训：对从事农业产前、产中和产后服务，以及从事农业经营和农村社会管理的农民开展职业技能培训，培训对象为种养大户等农业农村生产和经营人才；农业创业培训：主要针对在农业领域有创业意愿和创业基础的青年农民，特别是对农村初中、高中毕业后未能升学的两后生、复转军人、返乡农民工开展创业培训；农业专项技术培训：以村为单位，围绕农业产业发展，开展主推品种、种植养殖技术、测土配方施肥、农产品质量安全等知识培训。宁夏每年培训 4 万人，至 2013 年底，共培训农民 16 万人。

（三）新型职业农民培育

2012 年，针对中央提出的解决好"未来谁来种地"问题，着力构建一支高素质的新型职业农民队伍，农业部在全国开展新型职业农民培育试点工作。根据农业部办公厅《关于印发新型职业农民培育试点工作方案的通知》（农办科〔2012〕56 号），自治区农牧厅在全区选择了永宁县、利通区、原州区、平罗县 4 个县开展试点工作，印发《自治区新型职业农民培训代金券试点县工作方案》，并按照要求采取培训代金券制度，即由自治区农牧厅统一印制代金券，统一发放到各试点县（市、区）农牧局，由各县（市、区）农牧局发到各乡（镇）政府，并印制各培训基地培训时间、地点和内容，由农民自行选择。每期培训班开班时，受训农民学员将代金券作为培训学费交给培训机构。代金券发放的标准是，职业农民培训：10 天为 1000 元，6 天为 600 元；专项农业实用技术培训：2 天为 100 元。创业培训：15 天为 3000 元。代金券发放的重点对象是生态移民、扶贫攻坚确定的 500 个重点村的农业从业人员，从事规模化种养的农业新型经营主体负责人，直接从事农业生产的种养能手、科技带头人，农业生产经营服务的经纪人、专业技术人员，务农初高中毕业生和返乡创业的农民工等。4个试点县每年培育新型职业农民2000人。

2014年，农业部和财政部正式将"农村劳动力培训阳光工程"转型升级为"新型职业农民培育工程"。全区按照"科教兴农、人才强农、新型职业农民固农"的总要求，坚持立足产业、政府主导、多方参与、注重实效的原则，以服务现代农业产业发展、服务新型农业经营主体发育、服务重大工程项目需要为导向，突出生产经营型（专业大户、家庭农场主、合作社骨干等），兼顾专业技能型（长期在农业企业、合作社、家庭农场中从事劳动作业的农村劳动力）和专业服务型（从事农业产前、产中、产后服务的农机、植保、动物防疫、农村信息、农村经纪人、土地仲裁调解、测土配方施肥等人员）开展新型职业农民培育。2014年，宁夏争取国家新型职业农民培育试点县12个，通过招投标选定了31家新型职业农民培训机构。2015年，培育工作实现了全区全覆盖，通过公开竞争确定了30家培训机构。2017年之后，逐步建立了以农业广播电视学校为主体，科研院校、农业技术推广机构及其他市场主体充分参与的"一主多元"的新型职业农民培育体系。培育对象为种养大户、家庭农场经营者、农民合作社骨干、农业企业骨干、返乡创业大学生、中高职毕业生、返乡农民工和退伍军人等新型经营主体。各地创新农民培训方式，依托农民田间学校和实训基地，按照"一点两线、全程分段"的要求，实行分段式、重实操、参与式新型职业农民培训。2014—2018年，中央财政共投入资金1.2931亿元，培训新型职业农民59122人。

2017年，全区开展新型职业农民认定工作，2017—2018年累计认定新型职业农民12035人，通过"云上智农"信息化管理，建立新型职业农民培训学员库，参加培训学员全部实现入库管理；建立新型职业农民培育基地库，入库基地达到235个；建立新型职业农民师资库，入库师资达到1540人。全区实施农民田间学校建设项目，在全区建立农民田间学校163所；认定国家级新型职业农民培育示范基地5家，自治区级新型职业农民培育示范基地37个。

（四）新型农民培训

2012年，依据自治区党委、人民政府《关于加快推进农业科技创新与推广的若干意见》（宁党发〔2012〕9号）文件精神，按照"归口培训管理，整合培训任务，实现管培分离，发挥培训资源优势，提高资金使用效益"的原则，宁夏农民培训工作的责任主体由部门提升为各级政府。宁夏将自治区农牧厅、财政厅、林业局、扶贫办、移民局、团委、妇联等部门（单位）牵头实施的各类农民实用技术培训项目整合为农民培训项目，严格按照"管培分离"原则，由农牧厅牵头组织实施，各部门不再具体组织培训工作。农牧厅制订培训方案，参照中等职业技术的要求，设置培训课程，确定培训对象和计划任务，培训任务由培训机构具体承担。自治区农牧厅、财政厅集合培训任务和工作目标、当地农业产业人才需求以及农民教育培训机构分布情况，按照资质条件和规定程序，本着公开、公平、公正的原则，面向社会招投标选择培训基地，并向社会公布。全区共确定了70所培训基地，其中农业广播电视学校承担了50％以上的培训任务。通过创新机制、整合资源，宁夏构建起了以农广校、农业院校和农业技术推广体系为主体的多元培训体系。

培训对象是长期稳定从事和有志从事农业种养加销，年龄在18～50岁，具有初中以上文化程度的种养能手，农产品经纪人和经营大户，农业专业合作社负责人和管理人员，现任建制村干部，以及在农村创业的大中专毕业生。全区每年遴选5000名学员。培训内容重点围绕自治区13个农业特色优势产业，设置课程，开展培训。培训时间以满足需求为准，原则上不少于10～15天，实际操作时间不得少于7～10天。培训实行动态管理，固定学员力争达到80％左右，中途有退出的择优替补，由第三方监管机构对培训进行全程监管。培训结束并经考核合格者予以颁发结业证书。凡培训国家农业行业准入工种的，鼓励学员参加职业技能鉴定，经鉴定考核合格者，由鉴定机构颁发相应专业的初、中级国家职业资格证书。2013—2019年，全区共培训新型农民30718人。

（五）高素质农民教育培训

2019 年，根据农业农村发展现状和农村劳动力结构变化，农业农村部将"新型职业农民培育工程"更名为"高素质农民教育培育工程"。高素质农民教育培育工程紧扣乡村振兴和产业兴旺总目标，以全力提升农民素质为核心，以全方位、多层次开展培训为手段，坚持面向产业、融入产业、服务产业，通过培训提高一批、吸引发展一批、培养储备一批，加快构建一支有文化、懂技术、善经营、会管理，能全面支撑全区现代农业发展的高素质农民队伍。全区按照农业农村部的有关要求，重点组织实施农业经理人培养、新型农业经营主体带头人轮训（含现代青年农场主）、现代创新创业青年培养、农业产业精准扶贫培训 4 个计划和农民培训教育师资及基地负责人培训。2019 年中央财政投入资金 3811 万元，共培训高素质农民 12778 人。

2019 年，全区深入落实国家职业教育改革，针对新型职业农民等四类生源群体，积极开展高职扩招工作。新型职业农民报名人数 279 人，实际录取 239 人，占四类人群招生数量的 6.2%。

（六）农村实用人才培训

农村实用人才培训是以"农村实用人才带头人和大学生村官示范培训项目"为依托开展的培训工作。农村实用人才带头人和大学生村官示范培训项目开始于 2006 年，由中共中央组织部办公厅和农业部（现农业农村部）办公厅联合组织实施，在全国举办不同主题的培训班。宁夏从 2014 年开始实施该项目，贺兰县新平村和西吉县龙王坝村为该项目培训基地。2014 年至 2019 年，宁夏共举办 13 期培训班，培训 1300 人，其中 2014 年至 2018 年，每年举办 2 期培训班；2019 年开始，每年在两个基地共举办 3 期培训班，每期培训班 100 人。2019 年以前，培训对象为 60 岁以下的村"两委"班子成员、农村各类致富带头人和大学生村官等。2019 年以后，培训对象为全区 8 个"国定"贫困县 60 岁以下的村"两委"班子成员、农村各类致富带头人和大学生村官等。项目培训内容以实用、实效为关键，设置专题讲座、经验传授、现场教学、研讨交流 4 个教学模块，每期培训班共培训 7 天。2019 年以前，培训资金为每人 2700 元，每期培训班培训资金为 27 万元，由自治区农业广播电视学校组织实施并支付培训资金。2019 年以后，培训资金为每人 3000 元，每期培训班培训资金为 30 万元，培训资金由自治区财政直接拨付项目培训基地所在县财政局，由县财政部门协调农业农村部门进行支付。

五、培训成效

通过技术培训、规范管理、政策扶持，一批爱农业、懂技术、善经营的高素质农民加速涌现，引领自治区现代农业发展。2016—2020 年，自治区在中南部 9 个贫困县（区）实施农业产业精准扶贫培训，五年累计举办培训班 5000 余场次，现场入户指导和培训贫困农民 100 多万人次，涌现出一大批产业扶贫领头雁、脱贫致富的先进典型，贫困农民自我发展能力大幅提升，为全区脱贫攻坚提供了有力的人才支撑。

截至 2020 年，全区共培养高素质农民 12.3 万人（含新型职业农民），占全区乡村人口总数的 4%（全国共培养高素质农民 1700 万人，占乡村人口总数的 3%）。在全区培训的高素质农民队伍中，40 岁以下的人数占 34.3%，41—50 岁的人数占 31.5%，有文化、懂技术、善经营、会管理、留得住、用得上的高素质农民队伍规模持续壮大。

自治区荣获全国和全区"十佳农民"称号的人员中，95% 以上是经过高素质农民培育工程培训的学员。

■ 第四节　农业科技成果与获奖成果

一、农业科技成果与自治区级获奖成果

（一）"九五"期间（1996—2000 年）

1996—2000 年，宁夏农业领域取得科教成果 208 项，其中自治区科技进步奖一等奖 6 项、自治区科技进步奖二等奖 29 项、自治区科技进步奖三等奖 86 项。

宁夏农业技术推广总站等单位完成的"节能日光温室及蔬菜新品种和高产高效栽培技术推广"，宁夏农业勘查设计院完成的"灌淤土形成性态与类型研究"，获 1996 年度自治区科技进步奖一等奖。

宁夏农科院农作物研究所完成的"水稻新品种宁粳 16 号"，宁夏农科院畜牧兽医研究所完成的"兔瘟、巴氏杆菌、波氏杆菌病三联苗的研制与应用"，获 1998 年度自治区科技进步奖一等奖。

宁夏农学院、中国人民解放军农牧大学等单位完成的"幼畜腹泻双价基因工程苗的研制"，获 1999 年度自治区科技进步奖一等奖。详见表 10-1-1。

（二）"十五"期间（2001—2005 年）

"十五"期间，自治区围绕农业产业结构调整和优势特色产业的培育，实施了"8613"农业科技工程，在高产、优质、抗逆动植物新品种的引进选育及栽培，主要农作物病虫害综合防治及控害减灾预测预报，区域农业综合开发和生态农业发展等方面攻克一批关键技术难关。全区实现了水稻品种第 6 次更新、玉米品种第 5 次更新、马铃薯品种第 4 次更新，粮食平均亩产比"九五"末提高了 48.8 千克，蔬菜品种发展到 100 余种，农作物良种覆盖率达到了 90％以上；引进优质肉牛、奶牛、肉羊新品种 20 多个，奶产量由"九五"末的 5000 千克提高到 5700 千克；培育出高产抗旱苜蓿新品种 5 个，水产品扩展到 8 个类型 20 多个品种，畜禽良种改良率在 90％以上；在枸杞无公害高效栽培、长红枣储藏保鲜、马铃薯脱毒及储藏加工、中药材药理药效研究及新药研发等技术方面取得重大进展，全区农业新技术推广覆盖率超过 75％，对推动全区优势特色农业发展和产业化进程作出了重要贡献。2001—2005 年，宁夏农业领域取得科教成果 234 项，其中自治区科技进步奖一等奖 12 项、自治区科技进步奖二等奖 43 项、自治区科技进步奖三等奖 76 项。

宁夏林业局等单位完成的"防护林杨树天牛灾害持续控制技术研究"，获 2001 年度自治区科技进步奖一等奖。

宁夏水利厅、河海大学等单位完成的"水稻节水高产控制灌溉技术应用研究与示范推广"，宁夏大学农学院、宁夏农业综合开发办公室完成的"宁夏大罗山植被及其退化与恢复研究"，获 2002 年度自治区科技进步奖一等奖。

宁夏农林科学院完成的"作物抗旱抗盐的生理学调控机制及其资源鉴定利用研究"，宁夏农林科学院、中国科学院微生物研究所、北京林业大学生物学院等单位完成的"抗虫转基因白杨派杨树品种培育研究"，获 2003 年度自治区科技进步奖一等奖。

宁夏农林科学院农作物研究所、宁夏种子管理站等单位完成的"宁夏优质专用玉米新品种及综合配套技术研究与推广"，宁夏农业技术推广总站等单位完成的"水稻旱育稀植规范化技术研究与示范推广"，宁夏林业研究所（有限公司）等单位完成的"宁夏主要造林树种工厂化育苗和造林技术研究"，宁夏大学、利通区农业技术推广中心等单位完成的"宁夏引黄灌溉区水稻节水灌溉优化配水技术研究"，获 2004 年度自治区科技进步奖一等奖。

宁夏大学、上海交通大学、上海市农业科学院生物技术研究中心等单位完成的"利用转基因马铃薯研制口蹄疫基因工程亚单位疫苗"，宁夏农林科学院畜牧兽医研究所（有限公司）完成的"肉羊杂交改良技术研究"，宁夏农林科学院荒漠化治理研究所、宁夏药物研究所（有限公司）、宁夏大学等单

位完成的"重点地道中药材开发技术研究",获 2004 年度自治区科技进步奖一等奖。详见表 10-1-1。

（三）"十一五"期间（2006—2010 年）

"十一五"期间是我国实施自主创新发展战略、建设创新型国家的时期，也是全区实现经济社会跨越式发展的重要战略机遇期。加强自主创新，努力建设创新型宁夏，是全区实现跨越式发展的必由之路，是全区广大科技工作者肩负的光荣而艰巨的历史使命。

全区农业科技创新和推广应用步伐加快，实施了"三大作物"品种更新工程，加快了小麦、水稻、玉米新品种选育推广步伐；启动了"马铃薯三级良种繁育体系建设"，马铃薯良种化率、脱毒化率达到 65% 和 25% 以上；肉牛、肉羊品种改良步伐加快，良种化率分别达到 65% 和 46%；水产良种化率达到 58% 以上；农机化综合作业水平达到 54%；水稻旱育稀植、"冬麦北移"、测土配方施肥、"三元"高效种植、瓜菜工厂化育苗、覆膜保墒、旱作节水农业、畜禽标准化规模养殖、饲草料加工调制、水产健康养殖、稻蟹生态共养、保护性耕作等高新技术和实用技术全面推广，农业科技贡献率达到 50%。

2006—2010 年，宁夏农业领域取得科教成果 276 项，其中农业基础科学 18 项、农业工程 22 项、农艺学 24 项、植物保护 21 项、农作物新品种 46 项、园艺、果树和蔬菜 50 项、林业 20 项，畜牧、水产、渔业、动物医学 33 项，农产品加工及储藏 20 项，水利工程 22 项。取得自治区科技进步奖一等奖 14 项、自治区科技进步奖二等奖 41 项、自治区科技进步奖三等奖 71 项。

宁夏农林科学院、中国科学院水利部水土保持研究所等单位完成的"半干旱退化山区生态农业建设技术与示范"，宁夏大学、宁夏畜牧工作站、宁夏农科院种质资源所等单位完成的"新型牛羊全日粮复合秸秆成型饲料开发与示范"，宁夏林业研究所（有限公司）等单位完成的"大银川城市绿化关键技术攻关与生态园林景观示范"，宁夏科技厅等单位完成的"宁夏农村卫生适宜技术推广示范研究"，宁夏大学、西部开发领导小组办公室等单位完成的"宁夏特色优势产业发展研究"，获 2006 年度自治区科技进步奖一等奖。

宁夏畜牧工作站、宁夏农林科学院畜牧兽医研究所、宁夏大学等单位完成的"奶业关键技术研究（集成）与产业化示范"，宁夏林业研究所（有限公司）、国家经济林木种苗快繁工程技术研究中心等单位完成的"抗干旱观赏植物在园林绿化中的应用研究与示范"，宁夏发展与改革委员会、中国人民大学环境学院、宁夏大学等单位完成的"中国退耕还林政策评估与实践研究"，获 2007 年度自治区科技进步奖一等奖。

宁夏水产研究所、中国农业大学、宁夏大学等单位完成的"黄河鲶繁殖生物学和药物毒理与抗毒育种基因功能及良种规模化繁育研究与应用"，宁夏农林科学院荒漠化治理研究所、宁夏盐池县农业局、宁夏农林科学院种质资源研究所等单位完成的"宁夏盐池城西滩扶贫扬黄新灌区生态农业建设技术研究与示范"，获 2008 年度自治区科技进步奖一等奖。

宁夏大学、中粮屯河惠农高新农业开发有限公司、宁夏中农金合农业生产资料有限公司等单位完成的"宁夏设施栽培土壤质量时空变化研究"，宁夏农林科学院种质资源研究所、宁夏农林科学院植物保护研究所等单位完成的"有机枸杞生产树体保健和病虫可持续调控研究与示范"，获 2009 年度自治区科技进步奖一等奖。

宁夏大学、宁夏农林科学院、西北农林科技大学等单位完成的"设施蔬菜现代节水高效优新技术研究与集成示范"，宁夏农林科学院农作物研究所、宁夏气象科学研究所等单位完成的"优质高产冬小麦新品种宁冬 10 号、宁冬 11 号选育及推广"，获 2010 年度自治区科技进步奖一等奖。详见表 10-1-1。

（四）"十二五"期间（2011—2015 年）

"十二五"期间，自治区的农业科技支撑能力进一步提升；创新"两组一会"推动机制，推进农科教联动、产学研结合、育繁推一体，加快农业新品种、新技术和新装备推广应用步伐，全区小麦、玉米、水稻分别实现新一轮更新换代，粮食、奶牛、肉牛、滩羊、枸杞良种化率分别达到89%、100%、90%、93%、90%；鼓励农技人员创办、领办经营性服务组织，农业科技入户率达到80%，科技进步贡献率达到57%；加快推进农机农艺融合，农业机械化综合作业水平达到69%。

2011—2015年，宁夏农业领域取得科教成果272项，自治区科技进步奖一等奖7项，自治区科技进步奖二等奖25项，自治区科技进步奖三等奖55项。

宁夏农林科学院、北京农业信息技术研究中心、北方民族大学等单位完成的"西部民族地区电子商务平台关键技术研究及应用"，宁夏回族自治区农业综合开发办公室、宁夏政府外债管理办公室、宁夏大学等单位完成的"宁夏风沙区生态环境综合治理模式研究与技术集成示范"，获2011年度自治区科技进步奖一等奖。

宁夏农牧厅、宁夏农业综合开发办公室、中国农科院蔬菜花卉研究所等单位完成的"宁夏马铃薯脱毒种薯三级繁育体系研究与推广"，宁夏农林科学院、中国科学院水土保持研究所、宁夏彭阳县林业与生态经济局等单位完成的"半干旱黄土丘陵区退化生态系统恢复技术研究"，获2012年度自治区科技进步奖一等奖。

宁夏大学、中卫压砂瓜研究所、宁夏金地来节水设备有限公司等单位完成的"压砂地西甜瓜水肥高效利用研究与持续利用集成示范"，获2013年度自治区科技进步奖一等奖。

宁夏农林科学院枸杞工程技术研究所、宁夏农业综合开发办公室、宁夏林业产业发展中心等单位完成的"枸杞新品种宁杞7号选育及示范推广"，获2013年度自治区科技进步奖一等奖。

宁夏农林科学院枸杞工程技术研究所、宁夏农业综合开发办公室、宁夏林业产业发展中心等单位完成的"枸杞新品种宁杞7号选育及示范推广"，获2014年度自治区科技进步奖一等奖。详见表10-1-1。

（五）"十三五"期间（2016—2020年）

2016年，习近平总书记在宁夏视察时指出，越是欠发达地区，越需要实施创新驱动发展战略。欠发达地区可以通过东西部联动和对口支援等机制来增加科技创新力量，以创新的思维和坚定的信心探索创新驱动发展新路。为贯彻习近平总书记重要指示精神，自治区第十二次党代会将创新战略列为三大战略之首，提出走开放、特色创新之路，打造风生水起的创新生态。自创新驱动战略实施以来，在自治区党委和政府的坚强领导下，全区先后与东部8个省（直辖市）、8家国家级院所和一流高校建立了东西部科技合作机制，广泛吸引国内优势科技资源向宁夏集聚。全区广大农业科技工作者坚持以需求为导向，以时不我待的奋斗精神锐意进取、开拓创新，取得了一批有重要影响力的科技创新成果，为助推自治区农业高质量发展提供了有力支撑。

2016—2020年，宁夏农业、林业、畜牧业、渔业领域取得各项科技成果434项，其中自治区科学技术重大贡献奖1项、自治区科技进步奖一等奖3项、自治区科技进步奖二等奖10项、自治区科技进步奖三等奖40项。

宁夏农林科学院枸杞工程技术研究所等单位完成的"枸杞新品种选育及提质增效综合技术研究与示范"，获2018年度自治区科学技术重大贡献奖。

宁夏农林科学院农作物研究所等单位完成的"优质高产抗逆水稻新品种选育与应用"，获2018年度自治区科技进步奖一等奖。宁夏农林科学院农作物研究所等单位完成的"玉米调结构转方式优质高效生产关键技术研究与示范"，宁夏农林科学院园艺研究所等单位完成的"宁夏特色瓜菜产业关键技术创新示范"，宁夏大学等单位完成的"河套盐碱地生态治理及特色产业关键技术研究与示范"，获2020年度自治区科技进步奖一等奖。详见表10-1-1。

二、部级获奖成果

1996—2002年，自治区共有7项畜牧科技成果获全国农牧渔业丰收奖，其中一等奖1项（黄牛冷配改良技术推广），二等奖 3 项，三等奖 3 项。

2003—2021 年，自治区共有 45 项农业科技成果获全国农牧渔业丰收奖，其中一等奖 4 项（宁夏设施蔬菜新技术集成推广、宁夏奶牛高效养殖关键技术推广、宁夏马铃薯机械化生产技术示范推广、宁夏玉米优质高效生产关键技术集成与示范推广），二等奖 19 项，三等奖 22 项。自治区的"宁夏设施蔬菜新技术集成推广"等 4 个项目成果为丰收奖成果一等奖，"专用型马铃薯脱毒种薯快繁及优质高产栽培技术"等 19 个项目成果为丰收奖成果二等奖，"宁南山区玉米机械覆膜种植技术"等 22 个项目成果为丰收奖成果三等奖。

2006 年，农业部、科技部批准设立面向全国农业行业的神农中华农业科技奖。宁夏中卫山羊选育场、宁夏大学完成的"中卫山羊营养需要与舍饲适应性研究"获 2014—2015 年度神农中华农业科技奖科研成果三等奖。宁夏回族自治区兽药饲料监察所完成的"畜产品兽药残留监控关键技术集成与应用"获 2016—2017 年度神农中华农业科技奖科研成果三等奖。详见表 10 - 1 - 2 和表 10 - 1 - 3。

表 10 - 1 - 1　宁夏农业科技成果获自治区科技进步奖汇总（1996—2020 年）

一、1996 年度获奖科技成果（54 项）

序号	获奖成果名称	成果获奖等级	主要完成单位	主要研究人员
1	引种杂交提高土种山羊绒毛生产性能研究与推广	一等奖	宁夏农科院畜牧兽医研究所、宁夏畜牧站、石嘴山市蔬菜局、灵武县农技中心、石嘴山市农技站、固原县农技中心	达文政、郭祥寿、尤文广、刘占明、孟克俭、吴宗山、康健、刘秀媛、刘自新、席永平、于洋、马跃进、李功佑、丁立华、王天新、刘丰乐、胡生文、杨自胜、李进、李秀、苏俊秀
2	节能日光温室及蔬菜新品种和高产高效栽培技术推广	一等奖	宁夏农业技术推广总站、青铜峡市农业局蔬菜站、银川市蔬菜局、灵武县农技中心、石嘴山市农技站、固原县农技中心	姜黛珠、刘福、左可友、吕鸿钧、金智慧、赖伟利、梁玉春、陈洪仓、杨长征、吴彦、王彦平、张桂芳、赵伟
3	灌淤土形成性态与类型研究	一等奖	宁夏农业勘查设计院	王吉智、马玉兰、金国柱、吴兴法、赵春、李健康、崔安良
4	宁南干旱半干旱山区窖蓄微灌农业技术研究与示范	二等奖	海原县农业新技术开发办公室、宁夏水利厅	黄正武、任振西、袁丕成、王昕华、张志林、李庆云、周会成、宋连义、马琼、张贻鼎、张兴军、崔永春、李兵、刘勇、倪海
5	ST 基因工程苗的研究及 K99 F41 基因工程亚单位苗的应用示范	二等奖	宁夏农学院、解放军农牧大学军事兽医研究所	王玉炯、冯书章、许崇波、徐桂珍、刘子、黄培堂、杨鹏、吕玉玲、王淑华、刘晓明
6	绵羊肺炎支原体和猪细小病毒单克隆抗体技术的研究	二等奖	宁夏农林科学院畜牧兽医研究所	陈祝三、谢琴、王东、何存利、郑忠发、余桂芳
7	用安哥拉山羊提高中卫山羊生产性能的研究	二等奖	宁夏畜牧工作站、中卫山羊选育场	龚伟宏、井玉平、严运朝、谭光兆、邵同俭、王进华、郭祥寿、徐德昌、张生润、刘宁强、宗燕凌、陈玉梅、陈巍、华惠敏、吴顺强
8	牛冷冻精液配种改良技术推广	二等奖	宁夏畜牧工作站、宁夏家畜改良站、泾源县畜牧站、固原县畜牧站、永宁县畜牧站、贺兰县畜牧站、吴忠市畜牧站、青铜峡市畜牧站	邵同俭、罗晓瑜、温万、赵维新、于维东、火耀歧、张玉忠、马学元、杨维川、胡振东、王伟中、高文基、胡生文、李忠祥、赵振林
9	彭阳果树基地开发技术研究	二等奖	宁夏农林科学院园艺研究所、彭阳县林业局	张一鸣、王世平、张全科、王春良、王劲松、高治军、杨挺、靳建军、刘效义、杨健

（续）

序号	获奖成果名称	成果获奖等级	主要完成单位	主要研究人员
10	中日关于沙漠化地区农用林业实验模式的研究	二等奖	宁夏林业厅、日本国海外林业咨询协会	兰泽松、张恩光、韩健俊、王有德、徐忠、杨俊峰、张玉忠、（日本：秋山智英、江藤素彦、土屋利昭、田丸正等）
11	盐池县沙漠化土地综合整治试验	二等奖	宁夏农林科学院、盐池县人民政府	戴秀章、曲志正、张国荣、王北、姬学仁、单新强、王峰、李生宝、冯建忠、孙德祥、陆永华、袁世杰、杨建国、吕建民、赵军、朱继平
12	宁夏主要速生用材林树种优良品种选育的研究	二等奖	宁夏农林科学院林业研究所	马国骅、李桂华、刘颖、高程达、时新宁、宋玉霞、马晖、王国义、张振文
13	宁夏旱涝的动力诊断模式试验及中长期预报	二等奖	宁夏气象台	陈晓光、金秀玲、吴敏先、朱乾根、徐祥德
14	甜菜新品种及高产优质栽培技术推广	二等奖	宁夏甜菜糖业研究所，银川糖厂、宁夏农科院土肥所、平罗县糖厂、青铜峡糖厂、宁夏农垦科研所	张雷、徐长警、李友宏、聂绪昌、童占英、贺永茂、刘毅平、马瑞华、李秀琴、石金和、李玉山、姜涛、姬文战、张占荣
15	发菜生物学特性及人工栽植途径的研究	二等奖	宁夏农学院生物系、发菜研究所	华振基、王俊、苏建宇、马文举、祝建、梁文裕、徐青、孙建芸、姚澎晖、马东华、李吉宁
16	宁夏荒漠草原昆虫种群、害情及区系研究	二等奖	宁夏农林科学院植物保护研究所、宁夏农学院、南开大学、北京农业大学、中国科学院动物研究所	刘育钜、杨彩霞、高兆宁、田畴、刘国卿、马成俊、高立原、李法圣、韩运发
17	黄河大柳树灌区土地资源开发系列研究	二等奖	宁夏农林科学院土肥研究所、中国科学院地理研究所、宁夏大柳树工程前期工作办公室、宁夏农业区划委员会办公室	梅成瑞、申元村、刘柏章、张钧超、魏光志、曲志正、梅晓阳、黄建成、李岳坤、张永涛、冯锐
18	墨西哥国际玉米小麦改良中心小麦种质资源研究	二等奖	宁夏农林科学院农作物研究所	袁汉民、吴淑筠、张富国、钱晓曦、范金平、杨生龙、赵晓明、薛国屏、董建力
19	宁夏两种有毒棘豆中毒性成分的研究	三等奖	宁夏分析测试中心	孟协中、胡向群、张如明、尤芝涛、王兴盛、殷延勃、马洪文、林克义、李华、沈宏刚
20	水稻新品种宁粳14号	三等奖	宁夏农林科学院农作物研究所	李云萍 李丁仁、强爱玲、曲文明、林克义、王学铭、王兆川、李云萍
21	小麦新品种宁冬1号选育	三等奖	中国科学院水利部水土保持研究所、彭阳县农业局	孙纪斌、程宝成、王德轩、邓西平、韩怀敏
22	啤酒大麦"法瓦维特"品种引种试验示范及推广	三等奖	宁夏农垦科研所、宁夏农垦局	仝攸、苗福银、覃强、王凤莲、何宗先、卢瑶珍、唐龙天、慈昌发、周银生、余茂兰、荀光生、薛国屏
23	井灌区春小麦高产栽培技术试验研究	三等奖	西吉县科学技术委员会、西吉县农业技术推广中心	宋杰、王永忠、张杰、何建栋、李占贵、穆加耀、张志高、建荣
24	小麦套种玉米间作苏子"两粮一油"宽幅立体套种技术	三等奖	中宁县农业局、中宁县农业技术推广中心	张福堂、张自敬、梁建安、王谦、宋德印、杨金珠、刘宝
25	宁夏固原北部灌区次生盐渍化土壤改良措施研究	三等奖	固原县农技推广中心，黑城、三营、杨郎乡（镇）农业技术推广站	杜守宇、姚文俊、王玉富、康有富、刘桂兰、潘俊、王维敬、陈莉萍、祁彦丰、黄占山、杨建勋

（续）

序号	获奖成果名称	成果获奖等级	主要完成单位	主要研究人员
26	扬黄新灌区省水高效农业综合开发研究	三等奖	宁夏农林科学院	蒋永前、丁有仁、靳力、殷骥、刘常青、麻作清、戴生礼
27	坡耕地改土蓄水保墒植沟耕作技术研究	三等奖	固原地区农科所、固原地区农业技术推广站、固原县农业技术推广中心	李永平、马国政、秦爱红、吕廷会、穆兰海、慕松、安祯、赵连喜
28	宁南山区农作物主要病虫发生规律预测预报研究	三等奖	西吉县农技推广中心、西吉县农业局、宁夏农技推广总站、固原地区农技站、固原县农业局、海原县农业局、隆德县农业局	谢成君、穆加耀、牛宝山、刘东海、王兴邦、丁建懿、司智杰、何建栋、张权、耿耀东、张学生、李燕
29	银川市郊区蔬菜规范化栽培及繁种技术研究	三等奖	宁夏农林科学院、银川市蔬菜局、银川市郊区人民政府	李爽、蒲盛凯、刘福、吴生林、穆淑云、姜福贵、裴燕琴、晏绍芬、李力平、彭宝龙、洪凤英、王秉强、梁玉春、丁桂荣、高艳明、汪珍
30	引黄灌区粮、菜、瓜立体复合栽培技术开发推广	三等奖	宁夏农业技术推广总站、灵武县、中卫县、吴忠市、陶乐县农业技推广中心、青铜峡市蔬菜站、贺兰县、惠农县、中宁县农技推广中心	黄天佑、刘刚、杨长征、李成林、吕鸿钧、王萍、马晓国、赵伟、刘光珍、金智慧、蒋万兵、张秀剑、王惠军、周世福、迟永伟
31	桑蚕新品种选育及饲养技术研究	三等奖	宁夏农学院、宁夏糖业甜菜研究所	唐丽华、史锁华、孙全友、王惠荣、马占鸿、康建宏、顾沛文
32	大面积建鲤养殖技术技术试验推广	三等奖	宁夏水产技术推广站、银川郊区水产局、贺兰县水产局、永宁县水产局、平罗县水站、灵武县局水产工作站、中卫县水产管理站	杨明忠、林金火、白晓宁、白维东、李力、王汉勤、付惠琴、侯占忠、朱德润、丁学荣、赵学文、刘欣、张钦、郭文瑞、任永斌
33	同工酶法在林木遗传育种中应用的研究	三等奖	宁夏农林科学院林业研究所	宋玉霞、李桂华、王立英
34	利用天敌昆虫及不育技术防治光肩星天牛的研究	三等奖	宁夏农林科学院林业研究所、宁夏农林科学院原子能应用研究所、宁夏化工研究所	唐桦、刘益宁、王立英、王学才、陈桂松、张剑
35	冷地型草坪草引选及草坪建植和养护技术的研究与推广	三等奖	宁夏农林科学院林业研究所，宁夏农学院、西北稀有金属材料研究院	徐荣、蒋齐、唐桦、郭思加、罗文、马世光
36	苹果新品种红富士、乔纳金开发研究	三等奖	宁夏林业厅、宁夏农学院、宁夏园艺研究所、中宁县林业局、灵武园艺场、彭阳县林业局、灵武新华桥种苗场	王银川、朱凤才、李玉鼎、魏象廷、陈邦俊、侯生舜、李志军、刘廷俊、苏东岩、郭玉堂、张全科
37	苹果新品种和矮化密植栽培技术及老果园改造技术推广	三等奖	宁夏林业厅、中宁县林业局、吴忠市林业局、银南地区绿化办	侯生舜、王银川、陈邦俊、朱凤才、李志军、赵世华、杨鉴普、刘廷俊、张国升、田秦龙、王新华、张权科、马永亮、刘吉顶、俞立华
38	核果类引种及栽培技术研究	三等奖	宁夏农林科学院园艺研究所	喻菊芳、贾惠娟、吕国华
39	优质商品苹果生产综合技术研究	三等奖	宁夏灵武园艺试验场	苏东岩、唐世雄、喻菊芳、雍文、魏卫东、王学梅、刘梅珍、芮欣虹、马振江
40	商品肉牛生产配套技术推广	三等奖	泾源县畜牧局、泾源县养牛开发中心、宁夏技术推广农学院、泾源县科委	禹锋、冯家保、郭德宝、梁志华、拜学英、常志福、李自强、刘建强、马全金、杨麦堆、李壁刚、禹志梅

（续）

序号	获奖成果名称	成果获奖等级	主要完成单位	主要研究人员
41	固原鸡的杂交改良试验研究	三等奖	固原地区农科所	孙兆军、马玉秀、杨红星、王秉龙、赵功强、杨文清、张永森、马克成、李明芳、穆存祥、剡宽江、高尊、张凤珍、刘秋香
42	宁夏部分家养野生动物疫病调查研究	三等奖	宁夏动物检疫站、宁夏林业厅自然保护区办公室、银川中山公园	邓如桂、张树勋、李晓梅、白新廉、博景文、缪风珍、王润莲
43	宁夏规范化塑膜暖棚养羊技术推广	三等奖	宁夏饲料牧机管理站、盐池县畜牧局、永宁县畜牧局、银川郊区畜牧中心、贺兰县畜牧局	谭光兆、司衍秀、张凌青、黄恒、吴宗山、吴国民、董兴安
44	羊多头蚴病药物治疗方法的研究	三等奖	宁夏农林科学院畜牧兽医研究所	张枋、李吉明、马乐天、张文义、魏正清、施进文、李存杰、李维玉
45	盐池半荒漠风沙区草畜资源协调发展研究	三等奖	宁夏农林科学院畜牧兽医研究所、中国科学院国家计委地理研究所、盐池县高沙窝乡人民政府	张国荣、申元村、冯建忠、张永涛、陆永华、孙德祥、吕建民、陆行舟、张晓辉、张继宏、温景禄、周立甫
46	鸡马立克氏病胚胎免疫的研究	三等奖	宁夏农学院	史宁花、张启珩 张贤、鲍恩东、孙海、许立华、任杰、
47	药物添加剂提高畜禽生产性能的试验研究	三等奖	宁夏农学院、国营灵武农场、吴忠市畜牧局	刘安之、张文斌、冯立红、赵学明、侯建功
48	盐池县半干旱农牧交错区优化生态农业体系的组建及先进实用技术的试验示范	三等奖	宁夏农学院、盐池县科委、盐池县农牧科研所	王宁、郭文远、马振中、田军仓、陈昕、李文虎、彭文栋、汪光孝、赵旭东
49	宁夏牧草病害调查及防治研究	三等奖	宁夏草原工作站、宁夏农学院	武新、马占鸿、李克昌、杨瑞全、李小川、负宁强、卢占江、任青峰
50	苏丹草良种选育及栽培技术研究	三等奖	盐池草原实验站、宁夏农学院草业研究所、吴忠市贮草站	邵生荣、耿本仁、嫒爱兴、王民杰、刘彩霞、姬福、王玲
51	西方蜜蜂杂种优势利用技术试验及推广	三等奖	固原县养蜂经营管理站、宁夏区畜牧工作站、固原地区养蜂试验站	王升、宗关云、杨志、沈关铃、李翔宇、杨佐文、陈洪琪、母志俊
52	平罗县永惠中低产田改造综合技术试验研究	三等奖	宁夏水文总站、宁夏农技推广总站、宁夏农林科学院盐改站	汪梅君、任振西、王昕华、李作桂、李明、田瑞兴、张万宝、张铎、徐红霞、艾成、张永升、曲强
53	惠农县暗管排水改良盐碱地技术示范推广	三等奖	惠农县农业综合开发项目办公室、宁夏水利科研所、宁夏农林科学院土肥研究所	张学信、周立华、苗济文、孙忠权、许元律、李明翔、何克朴
54	宁夏青铜峡河西灌区灌排模式及水资源调配研究	三等奖	宁夏水利科研所、河海大学	刘学军、吴安琪、曹万金、司建宁、陆立国、裴勇、贺光军

二、1998 年度获奖科技成果（40 项）

序号	获奖成果名称	成果获奖等级	主要完成单位	主要研究人员
1	兔瘟、巴氏杆菌病、波氏杆菌病三联苗的研制与应用	一等奖	宁夏农科院畜牧兽医研究所	蔡葵蒸、张晓东、阎红军、李作民、郝有奎

（续）

序号	获奖成果名称	成果获奖等级	主要完成单位	主要研究人员
2	水稻新品种宁粳16号	一等奖	宁夏农科院农作物研究所	王兴盛、殷延勃、马骥、武绍湖、马洪文、安永平、李华、林克义、荣琛
3	彭阳县白岔生态农业经济模式研究	二等奖	宁夏农学院、彭阳县科委	麻高云、郭富国、田军仓、孙权、王钧昌、谢应忠、王兴盛、殷延勃、马骥武、绍湖、马洪文、安永平、李华、林克义、荣韫琛、米占国、王锡林、冯家保、杨极武、常兆斌
4	宁夏扶贫扬黄灌溉工程一期固海扩灌区土壤及其物理化学性质研究	二等奖	宁夏农业勘查设计院	潘萍、王全祥、闫永利、董茂柱、毛立民、谢全良、赵春、赵涛、陆祖庆、张中华、栾维江
5	宁夏草原蝗虫群落特征及优势种防治研究	二等奖	宁夏农学院、陕西师范大学	贺答汉、郑哲民、田真、马锟、许升全、耿继勇
6	宁夏麦、稻田杂草调查及防除技术研究与开发	二等奖	宁夏农技推广总站，吴忠市、青铜峡市、银川郊区、彭阳县、永宁通桥乡农技推广中心	孙瑞文、罗占忠、王兴帮、刘江山、张志刚、李建如、赵刚、杨明进、王琦、田佳、宋玉斌、高慧、姚海军
7	贺兰山东麓部分旱生、超旱生灌木形态解剖学研究	二等奖	宁夏农科院林科所、西北大学植物研究所	宋玉霞、胡正海、于卫平、马洪爱、王立英、张放
8	灌区丰产桑园建立及其配套栽培技术研究	二等奖	宁夏农科院林科所、宁夏蚕业工作站、吴忠市高闸乡蚕桑站、青铜峡市蚕桑站、吴忠市科委	明方福、李学、徐万仁、谢联、王正义、朱学礼、朱海燕、赵全仁、徐晓潮、阎惠琴、王学才
9	猪瘟免疫程序的研究	二等奖	宁夏农科院畜牧兽医所、国营灵武农场	陈祝三、张文斌、何存利、谢琴、赵学铭、史建设、马学校、雍建华、李宁新
10	商品瘦肉型猪生产综合新技术示范与推广	二等奖	宁夏畜牧局、中宁县畜牧工作站	孙国斌、赵建忠、赵晓勇、周建仁、张存儒、邵同剑、李安良、王秉礼、张晓林、贺永峰、张建军
11	奶牛某些重要微量元素缺乏症的调查及防治方法的研究	二等奖	宁夏农科院畜牧兽医所、宁夏农学院、宁夏畜牧、东北农业大、平吉堡奶牛、银川乳品饮料总公司	梁俭、韩博、张一贤、许斌、何生虎、张秀陶、曹林、马继东、郝峰、史宁花、刘维华
12	中国滩羊区植物志（1～4卷）	二等奖	宁夏农业现代化基地办公室、中科院西北植物研究所、宁夏畜牧局	徐养鹏、王克制、于亮英、郭晓思、吴振海、陈彦生、徐洁、崔健民、徐存友、杨小春、张跃进
13	宁春18号品种选育	三等奖	中宁县农技推广中心	刘培英、肖玉宝、林雪娟、严天寿、黄菊霞、王存忠
14	春小麦高产高效综合技术	三等奖	宁夏农科院农作物研究所	许志斌、沈强云、张宁文
15	同工酶技术在作物育种中的应用研究	三等奖	宁夏农科院农作物研究所	李树华、魏亦勤、李建国、王学铭、何耀忠、陈东升、王敬东
16	玉米杂交种掖单19号引进	三等奖	宁夏农科院农作物研究所	彭军、廖善君、杨国虎、李丁仁、王学铭、马兆华、刘占国、杨兴忠、刘德忠
17	荞麦优良新品种美国甜荞的引进选育及推广应用	三等奖	固原地区农科研究所	马均伊、王建宇、穆兰海、张东明、李万春、王玉玺
18	宁南山区甘薯引进与地膜甘薯高产高效栽培技术研究	三等奖	宁夏农学院	党学斌、马军章、杨淑琴、王炳贵、陈自强

（续）

序号	获奖成果名称	成果获奖等级	主要完成单位	主要研究人员
19	宁南山区主要农作物高产优质高效综合栽培技术数学模型及优化方案的研究	三等奖	宁夏农技推广总站，彭阳、西吉、盐池、同心、隆德、泾源、固原、海原八县农技推广中心	杜守宇、温敏、田恩平、辛少仙、高国强、何建栋、戴生礼、陈世敏、程智平、胡秀智、冯前
20	马铃薯新品种——宁薯5号、宁薯6号	三等奖	固原地区农科所	王升华、吴林科、赵永峰、杨琳、谈曦晨、王峰、张佐、者金兰、张东明、祁学福
21	宁夏农垦耕地土壤养分、盐分调查研究	三等奖	宁夏农垦局勘测设计队	包祥福、杨德宪、丁建勋、夏学智、鲍举文、陈平、尹礼贤、陆延年、徐汝莹
22	罗氏沼虾引种及北方塑料池塘养殖技术试验	三等奖	宁夏水产研究所	张宝奎、李录、王跃进、于小妹、谭国桥、宋琨
23	宁夏辣椒疫病综合防治技术推广	三等奖	宁夏农科院植保所、中卫县（农业局、农技中心、科委、种子公司、东园乡农技站）、平罗县（农业局、农技中心、农广校）、惠农县农技中心	鲁占魁、宋安国、樊仲庆、鲁长财、李建如、王军元、沈瑞清、宋万才、吴恭信、白小军、韩克勤
24	宁南山区半干旱区甜菜高产节水栽培技术研究	三等奖	宁夏甜菜糖业研究所	陈彦云、万新伏、张自平、王登科、李玉明、潘建明、白武星
25	抗（耐）丛根病单（双）粒型甜菜品种宁甜单优1号、宁甜双优1号的选育	三等奖	宁夏甜菜糖业研究所	雍占元、龚建国、吕云英、王占强、武俊庆、闻庆光、张湘洲
26	苹果无病毒苗木繁育及高新栽培技术研究	三等奖	宁夏林业厅、宁夏果树技术工作站、灵武新华桥种苗场、中宁县林业局、青铜峡市林业局	侯生舜、朱凤才、王自新、刘廷俊、李志军、王庆华、赵世华、潘永祥、韩学贵、唐慧峰、陈邦俊
27	富硒枸杞	三等奖	宁夏枸杞企业集团公司南梁农场	张全武、亓伟、马平金、明亮、马建平、马继超、徐阿奎
28	新型植物生长调节剂及其混剂的研制与应用研究	三等奖	宁夏农学院、宁夏果树技术工作站	李再峰、罗富英、王自新、崔萍、高海滨、平吉成、杜荣、陆功成、杨玉国、毕秋香
29	银川植物园建立及其综合效益的研究	三等奖	宁夏农科院林科所	唐麓君、于卫平、明方福、徐荣、李建新、伍光林、李长海、唐桦、王学才、刘志、付渭清
30	"宁红"短枝型苹果新品种培育研究	三等奖	宁夏农学院、灵武县林业局	蒋金熊、刘秀兰、杨金福、乔生智、朱凤才、张朝良
31	滩羊多羔性能主基因研究	三等奖	宁夏农学院、山东农业大学	杜立新、陈如熙、王慧、张振汉、于洪川、魏智清、张慧茹、姜运良
32	家鸡血清蛋白质及酶多态性与杂种优势利用的研究	三等奖	宁夏农学院	顾亚玲、陈卫民、张慧如、闫宏、徐德昌
33	宁夏几种多发性鸡传染病多联异种动物抗血清的研制	三等奖	宁夏农科院畜牧兽医所、平罗县畜牧中心	王守智、李景水、张国玲、徐广贤、陈月芳

（续）

序号	获奖成果名称	成果获奖等级	主要完成单位	主要研究人员
34	农村奶牛高效养殖综合措施的研究与示范	三等奖	宁夏农科院畜牧兽医所、吴忠市畜牧局	李吉明、邢景才、孟军武、振华、杨兴国、王培柱、武乾明、郭大智、王焕勤、彭立刚、梁小军
35	肉仔鸡锰、硒、锌、碘缺乏症的试验研究	三等奖	宁夏畜牧局兽医工作站、宁夏农学院	何生虎、朱秀春、王立新、裴鸣、邵立新、田淑卿、卢伟业、彭家中
36	宁夏饲料原料真菌调查研究	三等奖	宁夏兽药饲料监察所、中科院微生物研究所、银川市饲料公司宁夏饲料总厂	高文基、马成礼、李敏、董振清、吕俊和、孙善美、吴英丽、邢泽光
37	半干旱地区水土流失综合治理建立高效草地生态农业结构模式试验研究	三等奖	宁夏固原云雾山草原自然保护区管理处、宁夏草原工作站、固原县水电局	张映瑞、古晓林、杨发林、曹宏国、王富裕、张信、姬秀云、石绘陆、赵德亮、赵爱桃、辛健
38	蜜蜂主要病虫害诊断及综合防治技术研究	三等奖	宁夏固原地区养蜂试验站、中国农科院蜜蜂研究所、陕西省农业学校	杨自平、董平、魏华珍、栗宏芳、雷耀鹏、权海涛、田建城、吴宏、王彪
39	经口补液技术在动物界的应用研究与推广	三等奖	宁夏农学院、银川市农业局、宁夏农科院、西北大学、宁夏农垦局	李鹤龄、俞正新、李汝州、俞茂春、李波、尹保新、李涛
40	宁南山区扶贫开发重大项目选择及政策措施研究	三等奖	宁夏农科院信息所、宁夏农业建设委员会、固原地委农工部固原地区农建委、宁夏农科院园艺所、宁夏农科院畜牧所	邝经邦、董宏林、郭占元、马长河、孙学超、王志成、李万华、张治华、张学俭

三、1999 年度获奖科技成果（22 项）

序号	获奖成果名称	成果获奖等级	主要完成单位	主要研究人员
1	幼畜腹泻双价基因工程苗的研制	一等奖	宁夏农学院、中国人民解放军农牧大学	王玉炯、许崇波、冯书章、朱平、股震、徐桂花、徐桂珍、白泉阳、田真、马文英
2	宁夏灌区吨粮田大面积推广	二等奖	自治区农业厅，宁夏农科院农作物所，青铜峡市、中卫县、吴忠市利通区、中宁县、灵武市、永宁县、平罗县、贺兰县、惠农县、银川市郊区农技中心	许文斌、罗学仁、张志刚、姚金库、李世林、李清、王学义、赵国辉、马福生、雍忠、鲁长才、沈强云、寇大勇、刘兴明、殷正勤
3	中国西北旱作地区宁夏持续农业体系的研究示范与推广	二等奖	宁夏农科院土肥所、畜牧所、生物重点实验室、西吉县农技中心、隆德县人民政府	马云瑞、李军、程志平、刘东海、惠开基、赵天成、张建明、魏玉清、司智杰、辛琪、赵国杰、黄湘宁、戴耀骞
4	旱地春小麦新品种——宁春20号	三等奖	固原地区农科所	景继海、苏改凤、王效瑜、杜艳萍、王收良、贺华邵、富宁、张东明、牛鸿明
5	宁南半干旱偏旱区农业综合发展研究	三等奖	西北农业大学、宁夏农科院土肥所	贾志宽、李友宏、王俊鹏、蒋骏、李青旺、王龙昌、韩清芳、胡建宏、王天宁、马林
6	密灌农业技术体系试验示范	三等奖	固原地区科技局，西吉县、海原县、固原县、隆德县、彭阳县、同心县六县科技局	万峻歧、王志成、马均章、曹广安、黄正武、徐彦仓、武万林、谢国平、赵克学、王立民、王世庆

（续）

序号	获奖成果名称	成果获奖等级	主要完成单位	主要研究人员
7	糜子新品种宁糜10号选育及推广应用	三等奖	固原地区农科所	王玉玺、程炳文、容霞、张东明、别基亮、王宗胜、李自举、李庭忠、康国荣、祁学福
8	水稻新品种宁糯4号	三等奖	宁夏农科院农作物所	王兴盛、安永平、武绍湖、殷延勃、李华、荣韫琛、张爱玲
9	大豆新品种宁豆3号	二等奖	宁夏农科院农作物所	罗瑞萍、赵志刚、王兆川、雍忠、曾宝安、杨坤学、姚金库、龚月娟
10	宁夏玉米种子包衣技术推广	二等奖	宁夏种子公司，平罗、中卫、青铜峡、中宁、永宁、吴忠、西吉等市县种子公司	李国凡、荣韫琦、薛国屏、李金平、赵兴成、雍忠、泰玉山、李世林、何耀忠、原建和、马军强、詹存忠、任作齐、金自强
11	冰草麦芽发生规律及生物型演化的研究	二等奖	宁夏农技推广总站、西吉县农技推广中心、银川市农技推广站	徐文忠、谢成君、李济宁、李建如、董凤林、洪林斯
12	引黄灌区中低产田改造土壤动态变化及土壤与作物产量关系研究	二等奖	宁夏农业勘察设计院	马玉兰、金国柱、赵春、张中华、孙和祥、张全、陆祖庆、柏永华、冯兴无
13	高效复合型生态温室技术研究	三等奖	中卫县科技局、中卫县西园乡	刘学信、韩克勤、常敬东、生长义、张建民、孟清荣、蒋生军
14	枣树优质丰产综合栽培技术研究	三等奖	宁夏林业技术推广总站、中卫县轿子山林场、青铜峡市树新林场	李丰、陈兰岭、杜晓明、祁伟、丰贡献、黄顺德、王忠
15	花卉组培繁殖技术及试管苗产业化研究	三等奖	宁夏农科院林科所	沈效东、张新宁、王立英、张生清、叶小曲、李永华、王国义
16	吴忠市利通区奶牛综合标准化示范区	三等奖	吴忠市利通区畜牧局	邢进才、邓建新、杨兴国、买霞、胡明、周云、柴升、武振华、张健、闫锡虎、贾玉玲、袁国军、马庭云、蔡志斌、王伟华
17	宁夏牛"猝死症"病因及综合防治的研究	三等奖	宁夏兽医工作站、宁夏兽药饲料监察所、泾源县畜牧兽医工作站	孔芳龄、张和平、唐昌茂、史宁花、裴鸣、白慧勤、于维东
18	牛地方性氟病的发病机理和防治对策研究	三等奖	宁夏农科院畜牧所、东北农业大学、南京农业大学、自治区畜牧局、青铜峡市畜牧局	韩博、马继东、史言、梁俭、张一贤、曹林、赵振林
19	牛环形泰勒焦虫裂殖体胶冻细胞苗推广应用	三等奖	宁夏农科院畜牧所	宋世荣、陈宝柱、赫崇礼、马继东、赵恒治、潘英武、孙效彪、高光顺、杨永宁、贾鸿莲、郭万喜
20	农业项目管理	三等奖	自治区农业厅	
21	宁夏农业志	三等奖	农业志编审委员会办公室	崔水庆、李盛荣、王文章、胡亚斌、普鸿礼、李奥、储常林、杨再林、李玉鼎、吕重光、王树林、郭占元、智秀芳、武通曹、韩尚义
22	宁夏环保产业发展及对策研究	三等奖	自治区环保局、自治区计委、自治区科委、自治区经委	何琼、赵勇、杨参军、李燕、马启兰、陈双凤、张杭勇

四、2001年度获奖科技成果（18项）

序号	获奖成果名称	成果获奖等级	主要完成单位	主要研究人员
1	防护林杨树天牛灾害持续控制技术研究	一等奖	宁夏林业局、北京林业大学、日本国农林水产省林综合研究所、宁夏农业项目综合开发办公室、南京林业大学森林资源与环境学院、国家林业局西北华北防护林建设局	骆有庆、刘荣光、许志春、孙长春、温俊宝、王卫东、严敖金、宝山、李德家、曹川健、金幼菊、张波、董锋、孙普、唐杰
2	高产抗病胡麻新育品种宁亚14、15号的选育推广	二等奖	固原地区农科所	安维太、岳国强、宿文军、呼芸芸、常克勤、秦爱红、关耀兵、黄如林、泉海学、郝军、孙成军、丰国福、孙斌善、王峰
3	小麦膜侧栽培技术开发研究与示范推广	二等奖	宁夏农业技术推广总站、彭阳、隆德、固原、西吉、海原、盐池县农业技术推广中心、固原地区农业技术推广站	杜守宇、温敏、田恩平、辛琪、宿文军、陈世敏、杨培军、高应升、刘东海、任万海、边卫国、王维敬、刘秉义、王伟、张青、马自清、马国政、董壮勇、杨尚智
4	宁夏半干旱地区及沙荒地蚕桑技术开发应用研究	二等奖	宁夏蚕业工作站、固原地区农业科学研究所	李学、崔秀梅、徐万仁、吴国平、王正义、周培晋
5	玉米主要病虫害发生规律及防治技术研究	三等奖	宁夏农学院、吴忠市农科所中宁县农技推广中心、银川市农技推广中心、贺兰县农技推广中心	贺达汉、李文强、韩吉军、王自荣、吴健龙、殷正勤、扬子强、赵月霞、姚金明、段心宁、王占云
6	宁夏引黄灌区"兴果富民"工程果树优新品种引进及优质高效栽培技术推广	三等奖	宁夏果树技术工作站、宁夏农学院园林系、宁夏农科院园艺所、中宁县林业局果树站	陈邦俊、赵世华、王文季、崔萍、侯生舜、王自新、唐慧锋、王华荣、王春、刘延俊、郭建华、史兰芹、李少红、王庆华、何民军、杨立平
7	白蜡嫁接水曲柳系列技术研究	三等奖	宁夏林业技术推广总站、中宁县林业局、中宁县轿子山林场、灵武新华桥种苗场、中宁县林业技术推广站	李丰、刘廷俊、冯远明、许明怡、刘立武、沈庆字、张效坪、周学军、吴空、张全科、鲜地志
8	沙地甘草品种引育和人工种植甘草配套技术研究与推广	三等奖	宁夏农林科学院、盐池县甘草良种繁殖场、宁夏农林科学院农产品贮藏加工所、盐池沙地旱生灌木园	王北、南炳辉、白水强、叶力勒、王广山、王力、刘伟泽、梁新华、扬宝林、冯禧、李文韩、彭洁华、郭海英
9	高产优质马铃薯新品种青薯168引进与推广	三等奖	隆德县种子公司	王峰、彭树忠、李映剑、李耿弼、雍伟基、李录梅、李浩学、王晓宁、张毓腾、张克平、刘世明、孙国强
10	研究与示范蔬菜防虫网覆盖栽培技术	三等奖	宁夏农学院、宁夏甜菜研究所	李建设、高艳明、孙玉斌、张靠稳、冯美、陈蕴丹、张桂芳、张兴荣、张建宁
11	马铃薯脱毒病毒检测及原种工厂化生产技术研究	三等奖	宁夏林业研究所（有限公司）	沈效东、王立英、张新宁、李永华、叶小曲、张飞宇、吴建华、郭志乾、俞鸿雁、于萍
12	旱地春小麦良种定西35号的试验示范及推广	三等奖	西吉县种子公司	宿文军、马尚明、马金山、田恩平、王淑芳、陈涵珍、吕荣贵、张颖萍、魏相军、马继荣、刘慧萍、康国荣、王彩霞
13	固原乌鸡改良选育及应用开发研究	三等奖	固原地区农业科学研究所	杨文清、杨红星、梁彩兰、朱星仲、钱爱萍、剡宽将、张凤珍、赵功强、王秉龙、先晨钟、高新运
14	蔬菜防虫网覆盖栽培技术研究与示范	三等奖	宁夏农学院、宁夏甜菜研究所	李建设、高艳明、孙玉试、张靠稳、冯美、陈蕴丹、张桂芳、张兴荣、张建宁
15	新型肥料（生物有机复合肥）引进试验示范	三等奖	宁夏玉泉化工厂	张建平、董斌生、关晓春、王润琴、沙玉霞、韩占强、徐万仁、邓志满、晁建勇、王永成、龚玉梅、贺西平

（续）

序号	获奖成果名称	成果获奖等级	主要完成单位	主要研究人员
16	宁南缓坡丘陵区（西吉）农牧综合发展研究	三等奖	北京林业大学、农业基地办、西吉县农建办、农业局、林业局、水利局、畜牧局	齐实、罗永红、徐小涛、史明昌、赵国杰、陈奇伯、郭建宁、吴晓伟、黄如林、马全忠、张宇清
17	草原沙化与恢复中植物与昆虫多样性变化及相互关系研究	三等奖	宁夏农学院、中卫铁路固沙林场	贺达汉、林庆功、田真、顾才东、张克智、洪波
18	中国荒漠半荒漠地区拟步甲科昆虫系统学研究	三等奖	宁夏农学院	于有志、任国栋、张大治、王新谱、侯文君、戴金霞、杨贵军、孙全友

五、2002 年度获奖科技成果（20 项）

序号	获奖成果名称	成果获奖等级	主要完成单位	主要研究人员
1	宁夏大罗山植被及其退化与恢复研究	一等奖	宁夏大学农学院、宁夏农业综合开发办公室	徐秀梅、董锋、马蒙静、谢应忠、马琼、季志刚、杨万仁、张新华、
2	工厂化林木种苗生产过程智能决策支持系统	二等奖	宁夏林业研究所（有限公司）、宁夏康迪特电脑技术公司	刘学锐、李健、陶铮、白桦、沈效东、陈琳、时新宁、马生录、林子键
3	中早熟玉米品种及地膜玉米高产技术试验	二等奖	宁夏西吉县种子公司、彭阳县种子管理站、宁夏种子管理站、西吉县农技推广中心、固原市种子公司、泾源县种子公司	宿文军、康国荣、司智杰、田恩平、常学文、徐润邑、虎东岳、牛鸿明、杨桂琴、马全保、拜志明、李奇锐、谢雄帮、王立新、王彩霞、王峰
4	优质多抗冬小麦品种宁冬 3 号的选育推广	二等奖	宁夏泾源县种子公司、彭阳县种子管理站、宁夏种子管理站、隆德县种子管理站、固原县种子公司、西吉县种子公司、固原县种子站	马全保、宿文军、杨世宏、虎东岳、徐润邑、杨桂琴、马存宝、者金兰、秦芳华、顾炳仁、者金萍、王峰、马江萍、陈勇、韩志杰
5	宁夏农业综合开发惠农县节水示范区节水农业试验与示范	二等奖	宁夏农业综合开发办公室、宁夏气象防灾减灾重点实验室、宁夏惠农县农业综合开发办公室	周斌、李凤霞、牛惠、刘伟、王连喜、苏占胜、任存东、黄峰、李剑萍、刘静、季志刚、魏茹萍、何克朴、董峰、马琼、马力文、徐阳春、周慧琴、张晓煜、戴小笠、刘新琴
6	无公害枸杞生产技术体系建设研究与示范	二等奖	宁夏果树技术工作站、中国农业大学农学与生物技术学院、中宁县林业局、枸杞管理局、惠农县林业局、固原市原州区林业局、宁夏枸杞研究所、平罗县林业局、中卫县林业局、同心县林业局、农垦南梁农场	唐慧锋、杜相革、赵世华、刘廷俊、许学禄、孙发宁、孙志勇、惠学东、丁汉福、石志刚、王慧敏、李月祥、胡忠庆、谢施治、吴红伟、金小平、崔萍、张友廷、苟金萍、闻国宏
7	沙荒地野生沙芥人工种植技术及产业化示范	二等奖	宁夏陶乐柯瑞农业综合开发有限公司	齐清、王辉、张建军、王永红、马春光
8	鸡 J 亚型白血病的诊断、扑灭及综合性防制的研究	二等奖	宁夏动物防疫站、全国畜牧兽医总站	裴鸣、陈国胜、张和平、马远行黄振亚、印联、王晓亮、王进香、张学军、李晓梅、段宏伟、马军
9	粮草"1+3"吨粮田栽培技术研究	三等奖	吴忠市农业科学研究所、利通区科委	阎慧琴、杨子强、韩吉军、徐广堂、王文国、刘嘉庆、张生忠、姚学军、邓俊、牛兵、王占云
10	麻黄细胞悬浮培养分离提取次生代谢产物（麻黄碱及其盐类）的研究	三等奖	宁夏农业生物技术重点实验室	曹有龙、高晓原

（续）

序号	获奖成果名称	成果获奖等级	主要完成单位	主要研究人员
11	蔬菜良种及高效种植技术示范	三等奖	宁夏农林科学院蔬菜花卉研究所	谢华、王学梅、崔静英、周华
12	五谷虫中药材工厂化养殖及产品综合开发	三等奖	宁夏农林科学院植物保护研究所、宁夏农学院、南开大学、北京农业大学、中国科学院动物研究所	张宗山、李锋、杨芳、南宁丽、吴炳泉、康萍芝、茹庆华
13	菜用枸杞新品种选育研究	三等奖	宁夏农林科学院枸杞研究所	李润淮、安巍、李云翔、焦恩宁、石志刚
14	鲶鱼养殖技术大面积推广	三等奖	宁夏水产技术推广站、永宁县水产技术推广站、银川郊区水产技术服务中心、平罗县水产站、中宁县水产工作站、贺兰县水产技术推广站、灵武市农业局水产工作站、中卫县水产管理站、青铜峡水产站	金满洋、范金成、王建勇、苟金明、白卫东、白晓宁、郭财增、张伟、李树哲、王万银、王春华、王汉勤、丁学荣、史学章、刘瑾冰
15	枸杞蚜虫（主要害虫）无害化防治技术研究	三等奖	宁夏农林科学院植物保护研究所、宁夏农林科学院枸杞所	张宗山、李锋、杨芳、张蓉、李云翔、康萍芝、安巍、石志刚、焦恩宁、南宁丽
16	"3S"技术在银川地区园林绿化中的应用研究	三等奖	宁夏林业研究所（有限公司）	叶小曲、张淑霞、董仁才、王国义、康忠、时新宁、于卫平、马慧、魏如萍
17	糯玉米系统技术开发与研究	三等奖	宁夏农业技术推广总站、银川市郊区农业技术推广中心、吴忠市利通区农业技术推广中心、贺兰县农业技术推广中心	马自清、董瑞宁、侯永佳、陈晓军、刘雪芹、王刚、丁桂荣、王金燕、崔亚玲、田恩平、王双喜
18	青铜峡灌区盐碱化与水盐平衡分析研究	三等奖	宁夏水文水资源勘测局	方树星、刘慧芳、魏礼宁、张学文、李海霞、麦山、范如山
19	牛蹄病综合防治措施的研究	三等奖	宁夏大学农学院、宁夏家畜繁育中心	袁凤林、孟华、华惠敏、田玉平、武乾明、王培柱、宁小波
20	鸡减蛋综合征与传染性支气管炎二联油佐剂灭活苗研究	三等奖	宁夏农林科学院畜牧兽医研究所	王东、张文义、卢汉礼、张皓弘

六、2003 年度获奖科技成果（25 项）

序号	获奖成果名称	成果获奖等级	主要完成单位	主要研究人员
1	作物抗旱抗盐的生理学调控机制及其资源鉴定利用研究	一等奖	宁夏农林科学院	许兴、李树华、魏玉清、惠红霞、米海莉、翁跃进、郑国琦、毛桂莲、何军、马雅琴、梁新华、龚红梅、董建力、杨涓
2	抗虫转基因白杨派杨树品种培育研究	一等奖	宁夏农林科学院、中国科学院微生物研究所、北京林业大学生物学院	宋玉霞、田颖川、郑彩霞、马洪爱、郭生虎、黄慧、李桂华
3	智能化农业信息处理系统	二等奖	宁夏农林科学院、宁夏康迪特电脑公司	陶铮、周涛、白桦、赵晓明、梁锦绣、刘立波、雷谨、任福聪、苏小宁、温淑萍、胡华、张小波、徐新福、胡忠庆、郝海云
4	林木良种繁育产业化	二等奖	宁夏林果花卉快繁中心	李健、沈效东、陈林、时新宁、王立英、张浩、王锦秀、张新宁、徐晓潮、于卫平、白永强、王力
5	宁夏六盘山及周边地区生态针阔混交林造林模式的研究	二等奖	宁夏林业研究所（有限公司）、自治区林业局、国家林业局"三北"防护林建设局、宁夏六盘山林业局	张源润、张浩、王双贵、张文明、苏亚红、夏固成、张晓娥、李永良、梅曙光

（续）

序号	获奖成果名称	成果获奖等级	主要完成单位	主要研究人员
6	复合型生化秸秆颗粒饲料的研究与开发	二等奖	宁夏大学、盐池县畜牧局、西夏糖酒工业（集团）公司	李爱华、陈卫民、孙兆军、王建宇、胡海英、任永先、谢永宁、黄玉帮、孙永武
7	马铃薯保鲜贮藏技术研究与示范	二等奖	宁夏大学、西吉县马铃薯研究所	陈彦云、郭志乾、郑学平、刘成敏、徐润邑、曹君迈、董风林、姚新灵、王光辉
8	应用授粉后外源DNA导入技术选育春小麦抗条锈新品系	二等奖	宁夏大学、宁夏农林科学院	刘势、许兴、马宏瑞、张立杰、刘生祥、李树华
9	脱水甜椒综合生产技术研究	三等奖	宁夏农业技术推广总站，宁夏天缘农业高新技术开发中心、石嘴山市、惠农县、固原市原州区、彭阳县、灵武市、盐池县、中卫县农业技术推广中心（站）、蔬菜站	吕鸿钧、朱雯清、段秉礼、王彦平、李学彬、王惠军、董壮勇、俞风娟、朱更生、李欣、王明国
10	高产高蛋白与高氮肥效率结合的小麦选择指标及其施肥模式	三等奖	宁夏大学	何文寿、郭瑞英、康建宏、代晓华、寇大勇、陈素生、田真
11	温室蔬菜生态基质栽培技术研究与示范	三等奖	宁夏农林科学院蔬菜花卉研究所	蒲盛凯、郭文忠、李程、何克朴、周华、晏绍芬、杨常新
12	豆类新品种选育及配套栽培技术	三等奖	西吉县种子公司、固原市农科所、区种子管理站、隆德县种子公司、泾源县种子公司、原州区种子公司	宿文军、宋刚、司智杰、丁明、康国荣、马尚明、徐玉明、李玉红、王峰、王淑芳、任希贵
13	宁夏新垦区昆虫生态演替及有害种预警系统研究	三等奖	宁夏大学、宁夏农业技术推广总站	贺达汉、王琦、田真、洪波、杨明进、马世谕、关小庆
14	外源抗条锈病基因导入春小麦的研究	三等奖	宁夏农林科学院、中国农业科学院作物育种栽培研究所	魏亦勤、叶兴国、李红霞、刘旺精、林志珊、张双喜、裘敏
15	红寺堡节灌区中药材试种研究	三等奖	中国医学科学院药用植物研究所、宁夏扶贫扬黄工程建设总指挥部	丁万隆、薛塞光、陈君、杨永华、桂林国
16	BuA生物农药示范推广	三等奖	宁夏农林科学院蔬菜花卉研究所、惠农县科技局、中宁县农业局	谢华、王学梅、崔静英、周华徐学宝、张晓辉、焦恩宁、曹瑾、王惠军
17	宁夏主要农业气象灾害监测与灾损评估研究	三等奖	宁夏气象防灾减灾重点实验室、宁夏气象科学研究所	刘静、张晓煜、马力文、刘玉兰、武万里、孙银川、李剑萍
18	马铃薯新品种——宁薯七号	三等奖	固原市农业科学研究所	吴林科、赵永峰、杨琳、李淑英、别基亮、常学文、陈勇、罗军科、宋秀玲、倪凤萍、丰国福
19	宁南山区冬麦扩种技术研究与示范推广	三等奖	宁夏农业技术推广总站，原州、西吉、海原、彭阳、同心、盐池、红寺堡等县区农业技术推广中心	马金虎、田恩平、杜守宇、刘玉兰、任万海、王永成、董壮勇、祁学福、禹建斌、张菊花、杨培军、张青、吴金铭、田振荣、宋立忠
20	枸杞鲜汁低温发酵技术的研究	三等奖	宁夏香山酒业（集团）有限公司	张金山、齐晓民、唐虎利、谢亚玲、聂永华、马学
21	羊胎及羊胎盘中活性物质的制取及稳定技术	三等奖	宁夏永康生物科学研究院、宁夏永康技术工程有限公司	白杰、曹晓虹、罗瑞明、李亚蕾、李文信、王金莲、平莉莉

（续）

序号	获奖成果名称	成果获奖等级	主要完成单位	主要研究人员
22	枸杞原汁常温保鲜技术的研究	三等奖	宁夏福德生物食品工程有限公司	潘泰安、潘国祥、王自贵、刘敦华、张慧玲、李俊杰、李敬谦
23	宁夏设施果树栽培技术研究与示范	三等奖	宁夏果树技术工作站、中卫县林业局、宁夏新华桥种苗场、银川市林技推广中心、青铜峡市林业局、永宁县林业局	唐慧锋、刘定、郭建华、扬利军、赵世华、刘廷俊、王创新、苏月玲、周涛、孟仿英、赵顺山、崔萍、林学芳、潘红芳、马军
24	中药材——宁夏枸杞规范化种植 GAP 研究	三等奖	宁夏农林科学院枸杞研究所	李润淮、安巍、李云翔、焦思宁、石志刚
25	宁南山区种桑养蚕技术开发与示范	三等奖	宁夏蚕业工作站、固原市农业科学研究所、泾源县科技中心	徐万仁、李学、崔秀梅、吴国平、朱海燕、王正义、冶冰花、杨治科、赵全仁、任立新、于雷、高正荣、吴战明、常志福、吴向伟

七、2004 年度获奖科技成果（37 项）

序号	获奖成果名称	成果获奖等级	主要完成单位	主要研究人员
1	宁夏优质专用玉米新品种及综合配套技术研究与推广	一等奖	宁夏农林科学院农作物研究所、宁夏种子管理站	许志斌、宿文军、常学文、王永宏、沈强云、李华、徐润邑、孙幸福、姜国先、何光银、张秀剑、寇大勇、杨国虎、田芳、虎东岳、李永福、黄菊震、丁明、罗湘宁、王承莲、顾建平
2	水稻旱育稀植规范化技术研究与示范推广	一等奖	宁夏农业技术推广总站、银川市农牧局、灵武市农业技术推广中心、青铜峡市农业技术推广中心、利通区农业技术推广中心、永宁县农业技术推广中心、中宁县农业技术推广中心、贺兰县农业技术推广中心、中卫市农业技术推广中心	张卫平、马金虎、马自清、马彦山、陶维新、姜国先、刘登彪、亢建斌、纳长林、陈天雄、沈宏刚、陈晓军、杨国龙、袁浩、张秀剑、王金燕、秦秀华、杨金明、董宁、李建如、刘学琴、杨生明
3	宁夏主要造林树种工厂化育苗和造林技术研究	一等奖	宁夏林业研究所（有限公司）、宁夏林业局、宁夏六盘山林业管理局、宁夏新华桥种苗场	孙长春、沈效东、余治家、王自新、赵江涛、梁咏亮、时新宁、樊亚鹏、岳金明、王力、白万全、余阳春、郭彩霞、王波、韩彩萍
4	宁夏引黄灌区水稻节水灌溉优化配水技术研究	一等奖	宁夏大学、利通区农业技术推广中心、宁夏渠首管理处、利通区水利局	田军仓、韩丙芳、王炳亮、刘团结、尹娟、赵国胜、杨建功、李培富、王艳芳、刘晓峰、郭建成、马文敏、姚青云、眭克俭、李应海
5	宁夏扶贫扬黄工程红寺堡灌区开发与可持续发展研究	一等奖	宁夏扶贫扬黄工程建总指挥部	张位正、袁进琳、刘桓、容健、薛塞光、杨新才、戈敢、沈家智、李盛荣、李赞成、王宁、王信铭、马赞林、李浩、陈刚、马任发、柳钧正、邵建华、马渊、翟军
6	优质水稻新品种宁粳 24 号选育	二等奖	宁夏农林科学院农作物研究所	殷延勃、安永平、王兴盛、武绍潮、强爱玲、王昕、学华、张俊杰、张振海、丁明
7	牛心朴子抗旱机制及其基因克隆研究	二等奖	宁夏农林科学院农业生物技术研究中心、中国农业大学	许兴、魏玉清、李树华、侯玉霞、米海莉、何军、王利勤、周俊、刘玉清
8	肉苁蓉繁育研究	二等奖	永宁县甘草种植场、中国医学科学院药用植物研究所	陈君、刘同宁、朱兴华、杨烈、孙家发、程惠珍、王全祥、王英华、于品

（续）

序号	获奖成果名称	成果获奖等级	主要完成单位	主要研究人员
9	温室蔬菜滴灌技术研究与示范	二等奖	宁夏大学、银川市农牧局、宁夏农业综合开发项目办公室、宁夏农业技术推广总站、盐池县水电局、利通区农业技术推广中心	田军仓、李建设、张伟、高艳明、韩丙芳、马文敏、刘西存、裴燕琴、白树敏
10	小麦全蚀病防治技术研究与推广	二等奖	宁夏农林科学院植物保护研究所、美国普渡大学、石嘴山市惠农区农业技术推广中心、美国孟山都公司	沈瑞清、DonM Huber、康萍芝、白小军、朱建祥、张丽荣、刘玉宏、哈金华、吴惠玲、南宁丽、李全新、张萍、李效禹、Mark Healsey、Peter Raymond
11	柠条饲料开发利用技术研究	二等奖	宁夏林业局、宁夏农林科学院荒漠化治理研究所	王峰、张浩、蒋齐、温学飞、左忠、何永、刘伟泽、郭永忠、潘占兵、余峰、吕海军、刘新、王维斌、王占军、王惠荣
12	宁夏枸杞新品种与深加工技术开发	二等奖	宁夏上实保健品有限公司、宁夏农林科学院枸杞研究所（有限公司）、宁夏林业研究所（有限公司）、宁夏杞乡生物食品工程有限公司、中宁县科技局、宁夏广夏枸杞产业开发有限公司	李建国、李健、安巍、李军、王自贵、武斌、王锦秀、张小波、石志刚
13	"3S"技术在宁夏农业生态系统建设工程中的应用研究	二等奖	宁夏农业综合开发办公室、国家林业局西北林业调查规划设计院	董锋、黄生、马琼、马胜利、张新华、王志红、张学俭、张敏中、顾志宁
14	中国宁夏南部山区生态重建与经济社会发展实证研究	二等奖	宁夏大学	陈育宁、高桂英、秦均平、胡霞、汪建敏
15	马铃薯优良品种大面积高产栽培技术研究与示范	三等奖	西吉县马铃薯研究所、固原市农科所、泾源县农牧与科学技术局、海原县农业局、隆德县农牧与科学技术局、原州区农牧局、彭阳县农牧与科学技术局	郭志乾、何建栋、苏林富、杨萍、蒙蕊学、于庆祥、雷彬、白建平、刘晓云、田树森
16	工厂化绿色蔬菜生产综合配套措施研究	三等奖	宁夏农业综合开发项目办公室、宁夏大学	刘团结、李建设、马琼、高艳明、沈振荣、张靠稳、刘富锦
17	引黄灌区种植业三元结构高效种植模式研究与推广	三等奖	宁夏农牧厅种植业处、宁夏大学农学院、宁夏农业综合开发项目办公室、宁夏农技推广总站、平罗县农技中心、灵武市农技中心、利通区农技中心、自治区原种场、惠农县农技中心、中卫市农技中心、贺兰县农技中心、永宁县农技中心、中宁县农技中心、银川市金凤区农技中心	许强、王凌、刘根红、亢建斌、刘伟、吴琪洪、马金虎、刘学琴、李建如、杨国龙、顾海燕
18	无公害蔬菜生产技术开发研究	三等奖	宁夏农林科学院种质资源研究所、吴忠国家农业科技园区管理委员会、银川郊区昆仑农业高科技开发有限公司、银川市农牧局、银川市金凤区农牧局	郭文忠、徐新福、王学梅、王春、刘声锋、张建平、梁玉春
19	中药现代化基地建设配套技术示范推广	三等奖	宁夏农林科学院农业资源与环境研究所、宁夏农林科学院畜牧研究所（有限公司）、宁夏隆德县农业技术推广中心	张源沛、赵天成、张守宗、罗昀、朱建宁、杨丽民、安明、张生、杨发林、赵树、杨德

（续）

序号	获奖成果名称	成果获奖等级	主要完成单位	主要研究人员
20	宁夏不同类型日光温室性能评价及效益分析研究	三等奖	宁夏大学、宁夏气象研究所	高艳明、黄峰、李建设、李风、王连喜、刘静、苏占胜
21	引黄灌区农艺节水抗旱综合配套技术示范推广	三等奖	宁夏农业技术推广总站、灵武市农业技术推广中心、利通区农业技术推广中心、惠农县农业技术推广中心、永宁县农业技术推广中心、贺兰县农业技术推广中心、中卫市农业技术推广中心、平罗县农业技术推广中心	马金虎、刘学琴、吴彦梅、李欣、周红玲、李冬瑞、丁明、张秀、王明国、张仲军、李建如
22	宁南旱区保墒抗旱和防风固土型保护性耕作技术研究与示范推广	三等奖	宁夏农业技术推广总站、彭阳县农业技术推广中心、原州区农业技术推广中心、西吉县农业技术推广中心、盐池县农业技术推广中心、泾源县农业技术推广中心	马金虎、田恩平、杨明进、眭克、董壮永、杨发、海生广、冯静、张久园、乔立俊、黄广龙
23	宁夏野生经济植物资源信息系统	三等奖	宁夏大学	章英才、张晋宁、侯子宁、张志、谢亚军
24	高产抗旱春小麦新品种宁春28号选育与推广	三等奖	隆都县沙塘良种场、隆德县种子管理站	王峰、李映剑、杨桂琴、陈晓、张志立、崔红艳、冯玉宝、罗军科、杨云飞、司智杰、卜常林
25	宁夏盐池沙区人工柠条灌木林对退化沙地改良效应的研究	三等奖	宁夏农林科学院荒漠化治理研究所	蒋齐、李生宝、徐荣、潘占兵、王占军、郭永忠、左忠
26	宁夏贺兰山东麓生态林业技术示范推广	三等奖	宁夏林业工程协作项目办公室	孙长春、何全发、殷月文、白万全、王智啸、陈渐宁、罗彦文、李志刚、苗勇、马晓平、佟束沛
27	瓢虫的工业化养殖技术	三等奖	宁夏农林科学院园艺研究所（有限公司）	王春良、靳力、李秋波、胡忠庆、李宪明、张靠稳、于洋
28	果树优新品种引进试验筛选研究	三等奖	宁夏新华桥种苗场、宁夏果树技术工作站、中宁县林场	王自新、崔萍、俞建中、张爱英、唐慧锋、赵世华、吴宏
29	蛋白胨系列产品生产工艺研究	三等奖	灵武市泰运生化制品有限公司	马相林、张巨才、芦斌、黄祥贤、马学礼、谢念铭、严德喜
30	农田草原鼠害综合防治技术研究	三等奖	宁夏草原工作站、宁夏疾病预防与控制中心、海原县草原工作站、盐池县草原工作站	李克昌、罗有仓、黄继荣、杨平、辛健、于钊、杨瑞全
31	枸杞商品化储藏技术研究与开发	三等奖	宁夏果树技术工作站、宁夏农林科学院植物保护研究所、农业部枸杞质量监督检验测试中心	赵世华、张蓉、唐慧锋、苟金萍、刘廷俊、刘浩、王晓静
32	花卉优新品种引进及产业化开发技术研究	三等奖	宁夏林业研究所（有限公司）	李健、沈效东、王立英、叶小曲、王国义、李永华、吴建华
33	宁夏河套灌区农业节水分区与不同类型节水模式示范、推广	三等奖	宁夏农业综合开发项目办公室、宁夏水利科学研究所	周华、马琼、杜历、司建宁、周立华、沈振荣、张伟、董锋、汪秀琴、仝炳伟
34	宁夏贺兰山国家级自然保护区岩羊种群动态及保护对策研究	三等奖	宁夏贺兰山国家级自然保护区管理局	刘楚光、李志刚、胡华、吕海军、翟昊、李涛、姬明周

（续）

序号	获奖成果名称	成果获奖等级	主要完成单位	主要研究人员
35	大厚度湿陷性黄土地区混凝土灌注桩荷载传递及负摩阻力特性试验研究	三等奖	宁夏扶贫扬黄工程建设总指挥部、甘肃省建筑科学研究院、武汉岩土力学院研究所	哈双、黄雪峰、薛塞光、孙树勋、翟军、徐毅明、范勋高、弗金龙
36	宁夏移民迁出区退耕还林的气候模拟与分析	三等奖	宁夏气象科学研究所、宁夏气象防灾减灾重点试验室	王连喜、刘建军、张晓煜、刘静、苏占胜、李风霞、李剑萍
37	奶牛改良系统(DHI)	三等奖	宁夏新华百货夏进乳业集团股份有限公司	郭新民、高英宁、郝峰、温万、王高峰、金风军、杨景芳

八、2005 年度获奖科技成果（22 项）

序号	获奖成果名称	成果获奖等级	主要完成单位	主要研究人员
1	利用转基因马铃薯研制口蹄疫基因工程亚单位疫苗	一等奖	宁夏大学、上海交通大学、上海市农科院生物技术研究中心	王玉炯、张大兵、李敏、梁婉琪、蒋玉文、周智爱、姚新灵、黄亚红、曾瑾、申慧峰、邓光存、周萍、徐金瑞、胡海、英杜军
2	肉羊杂交改良技术研究	一等奖	宁夏农林科学院畜牧兽医研究所（有限公司）	李颖康、许斌、吕建民吴宗山、云华、马青、达文政、刘自新、张秀陶、鲍嘉铭、何存利、梁小军、张晓辉、于洋、张建勋
3	重点地道中药材开发技术研究	一等奖	宁夏农林科学院荒漠化治理研究所、宁夏药物研究所（有限公司）、宁夏大学、宁夏药品检验所、宁夏农林科学院植保所、宁夏盐池县科技局	蒋齐冷、晓红、李明、刘钢、王英华、鲍瑞、王忠效、杨彩霞、张清云、雍晓静、李生彬、王坤、韦虹、王文超、犹卫
4	宁夏扶贫扬黄红寺堡灌区高效农业技术体系研究与示范推广	二等奖	宁夏农林科学院农业资源与环境研究所、宁夏农林科学院农作物研究所、红寺堡开发区农牧局、盐池县农业局、盐池县畜牧局	桂林国、王世荣、蒋永前、戴生礼、宋立忠、施德、李悦、谢永宁、周丽娜、王平、杨秀彦、李平
5	马铃薯专用品种引进选育与示范	二等奖	固原市农业科学研究所	吴林科、郭志乾、王峰、杨桂琴、杨琳、赵永峰、李淑英、王晓瑜、王收良
6	蔬菜工厂化穴盘育苗技术引进与研究开发	二等奖	宁夏农业技术推广总站、宁夏天缘农业高新技术开发中心、宁夏天缘园艺高新技术开发有限责任公司、青铜峡市蔬菜技术指导站、灵武市农业技术推广中心、原州区农业技术推广中心、兴庆区农林牧业局	吕鸿钧、吕春芳、俞风妍、秒志伟、张桂芳 朱更生、陈洪仓
7	宁夏引黄灌区耕地土壤盐渍化调查与研究	二等奖	宁夏农业综合开发领导小组办公室、宁夏遥感测绘勘查院	王和山、张伟、吴加敏、张学俭、姚建华、董锋、马玉兰、王志有、徐秀梅、张永庭、马琼、郑佳、沈振荣、眭克仁、周斌
8	水产优良品种引进繁育及高效养殖技术研究	二等奖	宁夏水产研究所、中国农业大学、宁夏灵汉渔业联合社、灵武市农业局水产工作站	张奇、侯玉霞、吴旭东、赵红雪、李力、王远吉、张宝奎、丁学荣、贾春艳
9	酿酒葡萄优质、高效综合栽培技术研究	二等奖	宁夏农林科学院	周涛、王国珍、梁锦秀、陈卫平、宋长冰、沈振荣、张晓煜、刘效义、范仲庆
10	宁夏苜蓿产业开发技术研究	二等奖	宁夏固原市农业科学研究所、宁夏绿洲草业公司、宁夏农科院植保所、宁夏茂盛产业公司、宁夏固原市草原站、宁夏同心县科技局	赵功强、张蓉、赵萍、何俊彦、张新勤 先晨钟、马建华、王秉龙、杨桂琴

（续）

序号	获奖成果名称	成果获奖等级	主要完成单位	主要研究人员
11	水稻新品种宁粳23号选育	三等奖	宁夏农林科学院农作物研究所	王兴盛、安永平、殷延勃、强爱玲、武绍湖、李华、张俊杰
12	宁夏杂交玉米制质量控制技术研究与推广	三等奖	宁夏种子管理站、宁夏农垦事业管理局、宁夏农垦局良种繁育经销中心、中宁县种子公司、青铜峡市种子公司、惠农县种子公司、平罗县种子公司	丁明、黄菊霞、陈洪仓、常学文、李玉红、李华、李春珍、孙云、闫文君、雍忠、李全新
13	宁夏侵蚀退化生态系统土壤质量指标体系的研究	三等奖	宁夏大学、宁夏农林科学院	孙权、冯锐、储燕宁、于大华、纪立东、冯鑫、毕江涛、姬福
14	无公害辣（甜）椒标准化栽培技术推广项目	三等奖	彭阳县农业技术推广中心	段秉礼、高昱、吴雪梅、虎晓梅、陈生军、余慧、高慧、李春燕、常国琴、孟苞、王伟
15	粳型水稻杂种优势群的研究及其应用	三等奖	宁夏农林科学院农作物研究所、中国农业大学农学与生物技术学院	刘炜、史延丽、王坚、李自超、马洪文、张洪亮、刘亚
16	北方半干旱集雨补灌旱作区（宁夏彭阳）节水农业技术体系集成与示范	三等奖	宁夏水利科学研究所、中科院水利部水土保持研究所、宁夏固原市农业科学研究所	吴安琪、刘学军、黄占斌、刘平、米超、程炳文、张煜明
17	盐池沙漠化土地综合治理技术示范推广	三等奖	宁夏农林科学院荒漠化治理研究所、盐池县环境保护与林业局、盐池县科技局、盐池县畜牧局	李生宝、王峰、蒋齐、温学飞、潘占兵、左忠、刘伟泽、张玉进、王占军、郭永忠、刘华
18	枸杞浓缩汁生产工艺研究	三等奖	宁夏杞乡生物食品工程有限公司	王自贵、潘太安、黎勇、黄凤琴、童玉祥
19	苹果优质高效配套生产技术研究与示范	三等奖	宁夏果树技术工作站、宁夏新华桥种苗场	李占才、赵世华、张爱英、崔萍、吴宏、李新志、刘高峰
20	灵武长枣品种特性及规范化栽培技术研究与示范	三等奖	宁夏农林科学院、灵武市林业局、灵武园艺试验场、宁夏果树技术工作站	喻菊芳、朱连成、魏天军、刘廷俊、雍文、周全良、魏卫东、陈卫军、袁志诚、武金荣、杜玉泉、杨振中
21	宁夏防沙治沙及沙产业技术开发	三等奖	宁夏林业研究所（有限公司）、北京林业大学、盐池县林业局、宁夏森丰林业有限责任公司、宁夏林业局	于卫平、孙向阳、马晖、黄利江、张广才、刘伟泽、牛长明
22	宁夏蚕桑产业开发技术研究	三等奖	固原市农业科学研究所、泾源县科技中心、原州区科技局	崔秀梅、杨向红、冶冰花、高正荣、周皓蕾、常志福、张信

九、2006年度获奖科技成果（28项）

序号	获奖成果名称	成果获奖等级	主要完成单位	主要研究人员
1	半干旱退化山区生态农业建设技术与示范	一等奖	宁夏农林科学院、中国科学院水利部水土保持研究所、彭阳县人民政府、固原市原州区人民政府、中国林业科学研究院林业研究所	李生宝、李壁成、蒋齐、赵世作、张潭洲、蔡进军、安翻山、任晓林、王月玲、季波、董文国、许涛、火勇、李摄永、李娜、赵庆丰、周泽福、余峰、王占军、王永成、张文军、尾建男、高生珠、马波、张文军、尾建勇、高生珠、马波

（续）

序号	获奖成果名称	成果获奖等级	主要完成单位	主要研究人员
2	新型牛羊全日粮复合秸秆成型饲料开发与示范	一等奖	宁夏大学、宁夏畜牧工作站、宁夏农科院种质资源所、宁夏兽药饲料监察所、宁夏犇牛饲料有限责任公司、灵武市力德牧原有限公司、盐池绿海苜蓿发展有限公司、盐池县畜牧站、吴忠国家农业科技示范园区	李爱华、姚爱兴、陈卫民、庞其艳、金奇志、郝峰、晁向阳、王建宇、张春珍、张凌青、张建助、赵丽料、回宏、柴君秀、李耀忠、李月年、马乐天、石学军、郭旭生、马文管、贾晓梅
3	大银川城市绿化关键技术攻关与生态园林景观示范	一等奖	宁夏林业研究所（有限公司）、国家经济林木种苗快繁工程技术研究中心、银川市园林局	沈效东、李健、王国义、叶小曲、时新宁、齐建国、徐晓潮、李永华、张振文、杨宗选、黄支全、魏耀锋、陈银芬、赵连邦、汪树根、郭宏玲、薛振中
4	抗蚜虫枸杞新品种培育的研究	二等奖	宁夏农业生物技术重点实验室、中国科学院微生物研究所、宁夏枸杞发展工程技术研究中心	曹有龙、许兴、田颖川、罗青、曲玲、李晓莺、何军、巫鹏举、袁海静
5	马铃薯专用品种脱毒与规范化栽培综合配套技术集成研究、示范与推广	二等奖	宁夏农牧厅、宁夏农技推广总站、西吉县马铃薯产业服务中心、原州区农业技术推广中心、彭阳县农业技术推广中心、隆德县农业技术推广中心、海原县农业技术推广中心、同心县农业技术推广中心、盐池县农业局	王凌、赖伟利、杨桂琴、亢建斌、何建栋、郭志乾、王彦平、田恩平、张增福、温敏、禹淑琴、康国荣、吴琪洪、蒋学勤、张生钰
6	宁夏林木害虫天敌姬蜂研究	二等奖	宁夏森林病虫防治检疫总站、国家林业局森林病虫害防治总站	盛茂领、许效仁、孙淑萍、李志强、李永成、杜小明、常国彬、王双贵、章英
7	牛羊特色饲料新产品开发研究与推广	二等奖	宁夏农林科学院畜牧兽医研究所（有限公司）	刘自新、梅宁安、马青、周桂云、许斌、沈志鹏、郑丽侠、王淑萍、曹忠良、李如冲、白庚辛、谢荣国、蒙英玲、云华、康晓东
8	旱作高效节水补灌系列设备及技术示范	二等奖	宁夏大学	孙兆军、田军仓、张峰举、秦萍、张汉宏、董良、苏字静、李茜、吕雯、王建宇、孙兆奎、陈卫民、王平、杨军、余永卫
9	宁夏中部干旱带人工种植梭梭试验示范研究	二等奖	宁夏林业局、宁夏农业生物技术重点实验室、宁夏大学	张浩、宋玉霞、郭生虎、魏耀锋、吕海军、王有德、刘立武、姚自亮、刘鲜兰、王晓天、李吉宁、马洪爱、李苗、许明怡、李自兵
10	宁夏半干旱黄土丘陵区生态型草业技术体系建设及产业化开发	二等奖	宁夏大学、固原市农业科学研究所、宁夏农林科学院、宁夏益农农业科技公司、盐池县农业科学研究所、彭阳县草原站	谢应忠、兰剑、马红彬、赵萍、赵功强、张晓刚、张蓉、沈艳、李云、彭文栋、刘库、马非、赵菲、张艳玲、刘亚兵
11	无公害蔬菜生产综合技术示范推广	二等奖	宁夏农林科学院种质资源研究所、吴忠国家农业科技园区管委会、中卫市农业技术推广中心	谢华、李程、王学梅、崔静英、徐福珍、杨常新、张桂芳、梁玉春、郑玉荣、王宏 宋万才、利维东、丁桂荣、常玉华
12	水稻新品种宁粳28号	三等奖	宁夏农林科学院农作物研究所	安永平、强爱玲、王兴盛、韩国敏、武绍期、张文银、王彩芬
13	"宁杞4号"枸杞新品种选育和推广	三等奖	中宁县枸杞产业管理局	胡忠庆、谢施祎、王金栋、周全良、金小平、吴广生、丁亮、王占全、赵倩、祁进华、马新生
14	荞麦莜麦新品种选育及应用推广	三等奖	固原市农业科学研究所	马均伊、王建宇、杜燕萍、常克勤、穆兰海、杨治科、牛鸿民、王峰、尚继红、司智杰、李万春

（续）

序号	获奖成果名称	成果获奖等级	主要完成单位	主要研究人员
15	宁夏土壤供钾能力及钾肥高效施用技术研究与示范	三等奖	宁夏农林科学院农业资源与环境研究所、灵武市良繁场、石嘴山市惠农区农业局、同心县预旺镇人民政府、海原县农业局	李友宏、王芳、赵天成、陈晨、李海洋、马文林、王根成、王致远、赵国辉、马绍国、宝治祥
16	优质、高产、抗旱春小麦优良新品种宁春27号、宁春29号、宁春34号选育及配套栽培技术研究与推广	三等奖	固原市农业科学研究所	景继海、赵佰图、祁学福、马国忠、别基亮、司智杰、曹奋清、王晓刚、苏改风、王效瑜、杜艳萍
17	优质水稻宁粳27号选育示范及推广	三等奖	永宁县种子公司、永宁县农技推广中心	吴耀明、刘登彪、张新利、魏树、寇大勇、张进宁、杨国龙、张志刚、罗少嘉、徐经宇、吴平
18	生物农药系列产品的研制与开发	三等奖	宁夏农林科学院植物保护研究所、德国康斯坦茨大学、德国霍恩海姆大学	查仙芳、王宽仓、南宁丽、沈瑞清、张萍、张怡、梅瑞峰、朱猛蒙、朱建祥、刘玉宏、K. Mendgen
19	枸杞红瘿蚊、蚜虫覆盖隔离物理防治技术研究	三等奖	宁夏农林科学院植物保护研究所、中宁县科学技术局	李锋、孙海霞、仵均祥、康本国、田建华、徐秀芳、李绍先
20	抗禽流感、新城疫、法氏囊三联高免卵黄抗体的研究	三等奖	宁夏大学、宁夏动物防疫站、宁夏农林科学院畜牧兽医研究所（有限公司）、宁夏博奥药业有限公司、中卫市兽医工作站、平罗县畜牧技术推广中心	王东、张和平、李元刚、周学章、鲍嘉铭、曾瑾、刘军红
21	甘肃鼢鼠生物学习性和生态学特性研究及综合防控技术	三等奖	宁夏森林病虫防治检疫总站、宁夏林业局、国家林业局森林病虫防治检疫总站、固原市原州区林业局	孙普、李志强、白杨、郎杏茹、李继光、安永平、王双贵
22	滩羊舍饲的生态适应性及品质改良研究	三等奖	宁夏大学、石嘴山市畜牧技术推广服务中心、石嘴山市动物疾病预防控制中心	阎宏、崔慰贤、杨星伟、马世昌、钱文熙、顾亚玲、杨凤宝
23	宁夏中部干旱带禁牧封育草原利用方式研究	三等奖	宁夏政协经济委员会、宁夏草原工作站、宁夏大学、海原县草原站、原州区草原站、盐池县农科所	李克昌、武新、王进华、王洪波、王宁、于钊、陈为民
24	宁夏引黄灌区结构节水型农作制度研究	三等奖	宁夏大学	许强、马文礼、康建宏、吴宏亮、代晓华、刘根红、黄辉
25	六盘山区双孢菇栽培技术研究与开发	三等奖	彭阳县科学技术局	祁登明、蔺建斌、米占国、赵强、王志强、王立民、任山青、海文春、张迪
26	宁南旱作农区集雨节水高效种植技术研究	三等奖	西北农林科技大学、宁夏固原市农业科学研究所	贾志宽、李永平、韩清芳、刘世新、廖允成、王俊鹏、李军
27	专用马铃薯高产、优质栽培技术体系研究与示范	三等奖	宁夏马铃薯工程技术研究中心	何建栋、康国荣、马尚明、杨俊炜、刘慧萍、甄继军、张涛、刘晓云、何亚兰、王志明、牛小宁、宿文霞、程旭锋、何国勤
28	宁夏地震诱发黄土滑坡的机制研究	三等奖	宁夏大学	袁丽霞、崔星

十、2007 年度获奖科技成果（27 项）

序号	获奖成果名称	成果获奖等级	主要完成单位	主要研究人员
1	奶业关键技术研究（集成）与产业化示范	一等奖	宁夏畜牧工作站、宁夏农林科学院畜牧兽医研究所、宁夏大学、宁夏夏进乳业集团股份有限公司、吴忠市畜牧局、宁夏平吉堡奶牛场、宁夏农垦贺兰山农牧场、银川市兴庆区农牧局、银川市金凤区农牧局	罗晓瑜、温万、何生虎、刘自新、洪龙、宁晓波、杨奇、张炜宁、曹兵海、王高峰、陈伟、王学峰、王瑜、陈玲、郝峰、蔡志斌、邵怀峰、王伟忠、黄霞丽、脱征军、李宏伟、张斌、杨学英、李宁潮、段钊、王永宏、周吉清 王伟华、王学礼、于洋、薛伟、云华、周桂云、陈亮、杨莉萍、张秀陶
2	中国退耕还林政策评估与实践研究	一等奖	宁夏发展与改革委员会、中国人民大学环境学院、宁夏大学、贵州省林业调查规划院	马忠玉、宋乃平、郭颖、李晓峰、巫若枝、刘艳华 蒋洪强、陶燕格、王磊、徐海、聂朝俊、罗春、张文雄、粟丹、吴银亮、欧青平、杨炼、纳巨波、虞崇文
3	抗干旱观赏植物在园林绿化中的应用研究与示范	一等奖	宁夏林业研究所（有限公司）、国家经济林木种苗快繁工程技术研究中心	沈效东、王立英、白永强、 李永华、叶小曲、赵健、王涵、黄利江、杨建平、沈军、杜宝山、郑琦、秦彬彬、魏耀锋、陈萍
4	肉苁蓉寄生生长机理及种质资源研究	二等奖	宁夏农业生物技术重点实验室、宁夏大学、中国科学院水利部水土保持研究所	宋玉霞、马永清、郭生虎、郑国琦、牛东玲、马洪爱、李苗、甘晓燕、陈晓军、李秀维、税军峰、吴忠兰、马学平、魏耀锋、田维荣、吕海军
5	黄河前套地区无公害蔬菜生产关键技术研究与产业化示范	二等奖	宁夏农林科学院种质资源研究所、吴忠国家农业科技园区管理委员会、吴忠市利通区蔬菜技术推广服务中心、青铜峡市农业技术推广服务中心、灵武市农业技术推广服务中心、吴忠市农业广播电视学校、宁夏金沙湾农业综合开发科技示范推广中心、吴忠市高闸镇马家湖村马兴西瓜种植协会、吴忠市设施蔬菜花卉协会	郭文忠、徐新福、刘伟、刘团结、杨冬艳、秦小军、徐永霞、蒋万兵、韩继军、杨常新、朱更生、杨学斌、贺学强、罗志成、赵志伟、何春花、赵小红、黄少军、候至军、张仲军、梁海燕
6	动物主要器官血管铸型技术的研究	二等奖	宁夏大学	袁凤林、于洪川、吴心华、马甫行、武乾明、陈顺艇、吴艳华、李晏、李洪兵
7	胡麻优良新品种宁亚 16、17 号选育及推广应用	二等奖	固原市农业科学研究所	安维太、岳国强、杨桂琴、秦爱红、呼芸芸、常克勤、关耀兵、曹秀霞、李明芳、买自珍、牛永岐、曹奋清、魏国宁、司治杰、王峰、马国忠
8	彭阳长城塬灌区节水高效农业技术体系研究与开发示范	二等奖	宁夏农林科学院农业资源与环境研究所、宁夏农林科学院农作物研究所、彭阳县科学技术局、彭阳县农牧与科学技术局、宁夏农林科学院种质资源研究所、彭阳县畜牧局、原州区农业技术推广服务中心	桂林国、王平、王天宁、许青、朱建军、王彦平、赵强、眭克仁、万韧、柴俊秀、米占国、黄建成、严德翼、马步朝、陈世敏、火勇
9	宁夏红枣标准化生产技术体系研究与应用	二等奖	宁夏经济林技术推广服务中心、灵武市林业局、中宁县林业局、中卫市农牧林业局、灵武园艺场、同心县林业局、海原县林业局、宁夏农业技术重点实验室	刘廷俊、赵世华、唐慧峰、陈卫军、祁伟、张勤、刘定斌、雍文、丁婕、杨学鹏、李占文、崔萍、杨玲、尚自华、苗吸旺
10	高产优质马铃薯新品种宁薯 10 号、宁薯 11 号的选育推广	三等奖	固原市农业科学研究所	李淑英、董凤林、呼芸芸、吴林科、王效瑜、王收良、于红玲、李海妮、赵永峰、杨琳、厚俊、贺毅、马全保、郭志乾、牛芳英

（续）

序号	获奖成果名称	成果获奖等级	主要完成单位	主要研究人员
11	中卫山羊舍饲适应性及生产潜质开发利用研究	三等奖	中卫山羊选育场、宁夏大学	李文波、闫宏、刘占发、叶勇、刘立刚、贾弟林、穆巍、张振伟、任万录、俞春山、万秀丽
12	精品无公害蔬菜规范化超高产栽培技术集成与示范	三等奖	宁夏农林科学院种质资源研究所、中卫市新阳光农业科技有限责任公司、中卫市科技局	谢华、崔静英、王学梅、利继东、刘声峰、常玉华、秦小军、杨利年、王洪、马立生、高建明
13	优质水稻新品种富源4号选育及推广应用	三等奖	宁夏原种场、宁夏种子管理站	沈宏刚、李华、常学文、郭江涛、赵忠、杨建忠、王占身、徐润邑、强爱玲、李瑞莲、李斌、雍伏宁、陈洪仓、韩生龙、耿万平、何广银、杨春玲、张光荣、张子平、张俊杰、叶长荣
14	糯性糜子新品种选育推广	三等奖	固原市农业科学研究所	容霞、程炳文、买自珍、李青梅、陆俊武、张菊花、王永成、马国忠、别基亮
15	向日葵新品种引进及配套技术研究示范与推广	三等奖	宁夏农业技术推广总站，宁夏农林科学院作物研究所，宁夏农垦事业管理局，原州正午向日葵种植技术指导站，原州区、平罗县、惠农区、盐池县、中宁县、红寺堡开发区、同心县、海原县、彭阳县农业技术推广服务中心	马金虎、山军建、杨发、田恩平、黄正午、马文礼、杨培军、董壮勇、刘福华、马绍国、王正海、陈广梅、谭政华、高鸿飞、朱建军
16	宁夏道地沙生中药材资源保护及可持续发展关键技术研究与示范	三等奖	宁夏农林科学院荒漠化治理研究所、宁夏药品检验所、中国医学科学院药用植物研究所、宁夏大学、宁夏农林科学院植保所、宁夏绿苑沙生药用植物研究所、盐池县科技局、宁夏农林科学院畜牧兽医研究所、宁夏遥感中心、宁夏医学院	蒋齐、李明、邢世瑞、王英华、杨彩霞、王俊、张清云、丁万隆、陈君、龙澍普、吴佳敏、马玲、高亦珑、张国荣、鲍瑞
17	牧草及秸秆饲料加工产业化技术研究与示范	三等奖	宁夏大学、宁夏农林科学院	李爱华、金奇志、于洋、李耀忠、邱小琮、杨易、孟军、吴彦龙、张春珍、刘学东、韩瑞玲、杨自胜、彭文东、张凌清、张云霞、赵灵生、薛伟
18	河东沙地灌木林水分高效利用及生命维持系统研究与示范	三等奖	宁夏大学、灵武白芨滩国家级自然保护区管理局、盐池县环境保护与林业局、盐池县水务局	张维江、王德全、王兴东、刘伟泽、周景前、张德龙、马小刚、王晓天、李娟、梁晓波
19	宁夏小麦条锈病测报及防治技术研究与应用	三等奖	宁夏农业技术推广总站、西吉县农业技术推广服务中心、彭阳县农业技术推广服务中心、原州区农业技术推广服务中心	杨明进、杨宁权、谢成君、高慧、朱玉斌、刘媛、李欣、黄秀芹、陆占军、王永成、牛宝山、高应奇、冯天梅、王荣华、仇正骍、陈生军、曹学海、柴中良、何建国、杨耀科
20	宁夏熊蜂驯化繁殖技术研究及授粉技术试验示范	三等奖	宁夏农林科学院种质资源研究所、盐池县科技局、盐池县农业局	冯志红、于蓉、王春良、陈雀民、王学梅、崔静英、郭守金、李秋波、李程、贾永华、李天鹏、吕志涛、牛创民、张宗山、张俊丽
21	农村新能源开发技术引进与示范项目	三等奖	西吉县农村能源工作站	刘志毅、田振荣、李华、蒙泽盛、樊磊、柯凤山、黎兆阳、马志桢、丁晓玲、闫晓丽、田淑琴、李艳梅、高宏基、王小丹、石进军、李丽
22	宁夏优质鲜食葡萄延迟栽培技术研究与示范	三等奖	宁夏农林科学院种质资源研究所、宁夏科技特派员办公室、银川市德远设施示范场	梁玉文、王春良、王正义、贾永华、岳海英、刘西存、董宏远、冯学梅、张华、金海平、冯彦彪、黄少军、蔡永森、陈雀民、戴建新、吴广生

（续）

序号	获奖成果名称	成果获奖等级	主要完成单位	主要研究人员
23	宁夏林木种苗生产体系建设的研究与应用	三等奖	宁夏林业技术推广总站、宁夏新华桥种苗场、固原市六盘山林业局、宁夏林业研究所（有限公司）、银川苗木实验场、平罗县林业局、中宁县林业局、盐池县环境保护与林业局、彭阳县林业局、银川市城市苗圃、吴忠林场、石嘴山市生态保护林场、盐池机械化林场、青铜峡市树新林场、中宁县枸杞产业管理局、灵武市大泉林场	薛继志、赵庆丰、惠学东、刘英、田海燕、唐建宁、周全良、魏晓宁、赵正峰、李怀珠、周浩蕊、杜小明、薛振华、郭宏玲、马廷贵
24	观叶观果型等彩叶灌木植物的引种驯化研究	三等奖	银川市银西生态防护林管理处、宁夏大学、银川市艾依河公园管理处、银川市花木公司、宁夏生态工程学校、银川市园林科学研究所	徐庆林、张光弟、俞晓艳、龚玉梅、郭玉琴、吴立卫、崔新琴、冯晓容、廉用奇、霍汝政
25	宁夏南部黄土丘陵沟壑区生态经济型防护林体系营建技术研究与综合示范	三等奖	宁夏林业技术推广总站、彭阳县林业局、宁夏林业调查规划院	张全科、薛继志、李怀珠、郭宏玲、周全良、李宝旗、赵正锋、杨健、窦建德、袁君、牛锦凤、耿峻、赵庆丰、李英武、唐建宁、冯运明、许畴、王凤海、魏耀锋、晁建勇、王玉有、郑小义、容玉祥、陈春玲、郭举国、王德林、苗吸旺
26	枣果保鲜剂开发及配套贮藏保鲜技术示范	三等奖	宁夏农林科学院农副产品贮藏加工研究所、灵武市临河镇二道沟长枣经济合作社、灵武市大泉林场、中宁县林业局	魏天军、窦云萍、王信、唐文林、祁伟、王淑梅

十一、2008 年度获奖科技成果（25 项）

序号	获奖成果名称	成果获奖等级	主要完成单位	主要研究人员
1	黄河鲶繁殖生物学和药物毒理与抗毒育种基因功能及良种规模化繁育研究与应用	一等奖	宁夏水产研究所、中国农业大学、宁夏大学、银川市水产技术推广服务中心、石嘴山市水产技术推广服务中心、青铜峡市水产技术推广服务中心、宁夏国营前进农场水产公司	吴旭东、侯玉霞、赵红雪、李力、侯士聪、王远吉、杨欣、连强强、杨英超、张锋、蒋雯、彭毓琴、刘巍、刘欣、白文贤
2	宁夏盐池城西滩扶贫扬黄新灌区生态农业建设技术研究与示范	一等奖	宁夏农林科学院荒漠化治理研究所、宁夏盐池县农业局、宁夏农林科学院种质资源研究所、宁夏盐池县环境保护与林业局、宁夏盐池县科学技术局	王峰、温学飞、左忠、郭守金、郭永忠、胡建军、刘华、高坚、尚自烨、张义科、杨峰、王金莲、牛创民、杨彩霞、吕志涛、李天鹏
3	宁夏测土配方施肥技术研究与示范推广	二等奖	宁夏农业技术推广总站，永宁县、灵武市、平罗县、中宁县、吴忠市、贺兰县、中卫市、原州区、西吉县、隆德县、宁夏农垦农技中心、青铜峡市农技中心	马玉兰、张卫平、马金虎、尹学红、孙伟国、王明国、张学俭、龚玉琴、季文、马建军、谭政华、冯静、马绍国、亢建斌、李广成
4	高产多抗优质冬小麦新品种宁冬 7、8 号的选育及推广应用	二等奖	固原市种子管理站、原州区种子管理站	王峰、王淑芳、杨桂琴、李映剑、宋秀玲、马全保、康国荣、陈晓婷、张权、王学山、何洁、刘师贤、陈雪峰、陈勇、石润萍、冶冰花
5	宁夏发展菌草产业关键技术的研究与应用	二等奖	福建农林大学菌草研究所、宁夏回族自治区扶贫办社会扶贫处	林占熺、黄国勇、唐宝山、陈有功、林冬梅、李文录、王永忠、马国林、马崇林、林辉、李立峰、陈自昌、张军成

（续）

序号	获奖成果名称	成果获奖等级	主要完成单位	主要研究人员
6	宁夏六盘山区道地中药材资源修复、再生与可持续发展关键技术研究与示范	二等奖	宁夏大学、中国医学科学院药用植物研究所、宁夏隆德县农牧局、宁夏隆德县科学技术局	王俊、丁万隆、许强、张守宗、厚忠良、李旭东、辛四辈、王鸿、梁文裕
7	基于GIS苜蓿病虫害区域化预测预报技术研究与应用	二等奖	宁夏农林科学院植物保护研究所、宁夏回族自治区草原工作站、宁夏固原市草原工作站、宁夏农林科学院科技信息研究所、固原市原州区草原工作站、彭阳县草原工作站、西吉县草原工作站	张蓉、王洪波、朱猛蒙、先晨钟、马建华、黄文广、张学俭、于钊、王芳
8	六盘山野生木本观赏植物筛选与繁育技术研究	二等奖	固原市六盘山林业局、宁夏林业局、宁夏林业研究所（有限公司）	余治家、赵世华、李永华、韩彩萍、袁彩霞、胡永强、王双贵、樊亚鹏、赵健
9	宁夏宜林地立地类型划分及造林适宜性评价	二等奖	宁夏枸杞工程技术研究中心、宁夏农林科学院植物保护研究所、宁夏农林科学院农业资源与环境研究所	张源润、蒋齐、张浩、李生宝、楼晓钦、许浩、蔡进军、魏耀锋、王月玲
10	枸杞产业化关键技术研究与示范	二等奖	宁夏枸杞工程技术研究中心、宁夏农林科学院植物保护研究所、宁夏农林科学院农业资源与环境研究所	曹有龙、沈瑞清、张学军、安巍、石志刚、秦垦、李晓莺、罗健航、杜玉宁
11	白蜡良种繁育技术体系研究与示范	二等奖	宁夏林木种苗管理总站、平罗县林场、银川市城市苗圃、惠农区治沙林场、平罗县林业局、惠农区林业局、贺兰县林业局	赵庆丰、薛继志、惠学东、李丰、唐建宁、刘英、姚农、霍汝政、赵文
12	宁夏优势农业产业智能化系统开发与应用	二等奖	宁夏农林科学院	周涛、梁锦秀、刘立波、王琛、陶铮、杨常新、任福聪、赵营、薛国屏、吴霞
13	马铃薯新品种宁薯13号选育	三等奖	宁夏马铃薯工程技术研究中心、固原市农业科学研究所	何建栋、苏林富、杨萍、甄继军、丁虎银、柴忠良、朱建斌、宿文霞、刘晓云、何亚兰、白建平
14	优质稻宁粳38号选育及应用	三等奖	宁夏农林科学院农作物研究所、中国农业科学院作物科学研究所	安永平、王彩芬、张文银、马静、强爱玲、韩龙植、庄海
15	应用性控冻精快繁高产奶牛技术研究与示范	三等奖	宁夏农林科学院种质资源研究所、银川市科学技术局、银川市生产力促进中心、宁夏贺清奶牛股份有限公司、宁夏平吉堡奶牛场畜牧公司	梁小军、董学礼、张振斌、刘祁、王长峰、马吉锋、鲍萍
16	宁夏设施农业土壤与环境调控技术研究和示范	三等奖	宁夏农林科学院农业资源与环境研究所、宁夏农业技术推广总站、宁夏银川市金凤区农林技术推广服务中心	张学军、陈晓群、罗健航、赵营、杨俊、崔亚玲、赵桂芳
17	旱地春小麦优良新品种宁春36号、宁春45号选育及大面积推广应用	三等奖	宁夏固原市农业科学研究所	景继海、赵佰图、杨琳、禹淑琴、徐玉民、苏改风、王效瑜、杜燕萍、张琴、曹风清
18	宁夏春小麦品质及HMW-GS遗传效应在育种中的应用研究	三等奖	宁夏农林科学院农作物研究所	李红霞、曾宝安、董建力、张双喜、魏亦勤、裘敏、刘旺清
19	禁牧政策的生态效益补偿与草地资源可持续利用	三等奖	宁夏大学	宋乃平、陶艳格、刘艳华、王磊、杨微、韦丽军、卜莹莹

（续）

序号	获奖成果名称	成果获奖等级	主要完成单位	主要研究人员
20	贺兰山东麓优质酿酒葡萄的气候形成机理及小气候调控	三等奖	宁夏气象科学研究所、宁夏农林科学院农业资源与环境研究所、宁夏经济林技术推广服务中心	张晓煜、杨建国、张磊、亢艳莉、刘玉兰、袁海燕、苏龙
21	宁夏引黄灌区森林生态网络体系建设研究	三等奖	宁夏农林科学院枸杞研究所（有限公司）、宁夏老科学技术工作者协会、宁夏亚乐农业科技有限公司	李建国、王文华、姜文胜、马金平、李军、郭延庆、杨刚
22	宁夏榆木蠹蛾生态特性及综合防控技术研究与示范	三等奖	石嘴山市林业技术推广服务中心、平罗县林业局、宁夏森林病虫防治检疫总站、盐池县林业局	高同义、何洪学、孙普、郎杏茹、雷银山、毛风华、李月华
23	沙地日光温室桃李一干双砧木倾斜式栽培技术研究	三等奖	宁夏征沙农业综合开发有限公司、永宁县科技局、永宁县林业局、永宁县现代农业发展中心	郑军义、谢臣、郑勃、李瑞鹏、司光义
24	科技对宁夏农民收入增长的作用与贡献研究	三等奖	宁夏调查总队	王旭明、刘瑛、赵川、孟光永、张晓东、杨志慧
25	我区优质农产品品牌创新战略及关键技术选择	三等奖	宁夏农林科学院农业科技信息研究所	温淑萍、赵晓明、郭荣、周蕾、梁小军、王波、谢静华

十二、2009 年度获奖科技成果（26 项）

序号	获奖成果名称	成果获奖等级	主要完成单位	主要研究人员
1	宁夏设施栽培土壤质量时空变化研究	一等奖	宁夏大学、中粮屯河惠农高新农业开发有限公司、宁夏中农金合农业生产资料有限公司、银川市西夏区农牧水务局	何文寿、何进勤、高艳明、王菊兰、王丽、屈兴红、雍文、何进宇、储燕宁、刘阳春、陈萍、李惠霞、严海霞、梁新华、于大华
2	有机枸杞生产树体保健和病虫可持续调控研究与示范	一等奖	宁夏农林科学院种质资源研究所、宁夏农林科学院植物保护研究所、银川市西夏区科学技术局、中宁县科学技术局、宁夏森林病虫防治检疫总站、宁夏早康枸杞有限公司、宁夏杞乡生物食品工程有限公司、中宁县双赢中小企业科技服务中心、中宁县大红枸杞科技开发有限公司、宁夏西夏贡饮品有限公司	李锋、王春良、李芳、李秋波、楼玉梅、刘春光、孙海霞、马建国、马廷贵、王劲松、陈茜、李绍先、徐秀芳、陈洁、温学华、刘冬梅、康本国、黄博、祁凤玲、田建华、魏淑花、安乐琪、徐秉信、刘磊、刘占贵、张生明、仵均祥
3	枸杞和甘草害虫生物控制与安全防治技术体系的建立	二等奖	宁夏农林科学院植物保护研究所、中国医学科学院药用植物研究所、宁夏农林科学院枸杞研究所（有限公司）、浙江大学农药与环境毒理研究所、盐池县科学技术局	张蓉、张宗山、何嘉、张治科、王芳、孙明舒、南宁丽、李少南、刘春光、陈君、张怡、刘浩、李建国、刘伟泽、姜文胜、王文华、雷银山、杨彩霞、杨春清、赵紫华、岳健、钱锋利
4	宁夏森林资源信息获取及管理系统研建	二等奖	宁夏林业局、宁夏林业调查规划院、国家林业局西北林业调查规划设计院	张全科、李月祥、黄生、汪泽鹏、楼晓钦、张敏忠、俞立民、陈茜、景耀春、赵惊奇、窦建德、杨健、马胜利、王照利、李党辉、石小华、曲中财、李亚娟、任佳、楼玉梅、朱丽娟、刘赛侠、李庆波、晋喜、黄维、余海燕、王淑萍、王秀霞、刘晓红、程国哲、路银山、李涌、王冲、冯小华、许立宏、李天跃、张龙、姜兴盛、韦存彦、赵元振、王得军、谢敏、乔枫

（续）

序号	获奖成果名称	成果获奖等级	主要完成单位	主要研究人员
5	宁夏维管植物资源及其系统分类研究	二等奖	宁夏农林科学院种质资源研究所、中国农业大学农学与生物技术学院、石嘴山市惠农区科技局、吴忠国家农业科技园区管理委员会、石嘴山市惠农区农牧局、石嘴山市惠农区农业技术推广中心、平罗县宏宝蔬菜脱水有限公司、宁夏中南工贸有限公司	马德滋、李吉宁、胡福秀、刘惠兰、楼晓钦、赵萍、周全良、楼丹、李志刚、吴彤
6	蔬菜产业化发展关键技术研究与集成示范	二等奖	宁夏农林科学院种质资源研究所、中国农业大学农学与生物技术学院、石嘴山市惠农区科技局、吴忠国家农业科技园区管理委员会、石嘴山市惠农区农牧局、石嘴山市惠农区农业技术推广中心、平罗县宏宝蔬菜脱水有限公司、宁夏中南工贸有限公司	郭文忠、李程、王春良、杨冬艳、高丽红、赵国辉、徐新福、曲继松、徐学保、张丽娟、郭守金、冯海萍、马绍国、杨自强、吴恭信、王惠军、王星琦、杨常新、邹新蕊、张惠琴、冯志红、金徽、何斌、任天喜
7	宁夏真菌资源研究	二等奖	宁夏农林科学院植物保护研究所、中国科学院微生物研究所、西北农林科技大学植物保护研究所	沈瑞清、查仙芳、南宁丽、张萍、张怡、胡小平、郭成瑾、卯晓岚、商文静、康萍芝、张丽荣、樊仲庆、张华普、陈宏灏、王宽仓
8	优质专用型马铃薯新品种宁薯12号的选育及青薯2号和陇薯6号的引进推广	二等奖	固原市农业科学研究所、固原市种子管理站	郭志乾、王峰、王效瑜、王淑芳、杨桂琴、郑维平、吴林科、王收良、董凤林、康国荣、陈彦云、李华、刘秉义、张权、何宪平、张菊花
9	主养草鱼综合技术试验示范推广	二等奖	宁夏水产技术推广站、宁夏灵汉渔业联合社、贺兰县畜牧水产技术推广服务中心、平罗县水产技术推广服务中心、青铜峡市水产技术推广服务中心、石嘴山市水产技术推广服务中心、中宁县水产技术推广服务中心、中卫市水产技术推广服务中心、永宁县畜牧水产技术推广服务中心、灵武市水产技术推广服务中心、吴忠市水产技术推广服务中心、金凤区畜牧水产技术推广服务中心、兴庆区畜牧水产技术推广服务中心	金满洋、范金成、马建立、张朝阳、白晓宁、白维东、苟金明、杨锐、曹根宝、朱汉诚、刘欣、任永斌、刘瑾冰、孙武、王春华、汪宏伟、郭文瑞、贾春艳、尹春、范慧香、孙红玲、郭财增、王春凤、张轶芳、刘巍、石伟、高振宏、亢小云、白淑萍、汪根成
10	宁夏引黄灌区冬麦北移技术研究与示范推广	二等奖	宁夏农业技术推广总站、宁夏农科院作物所、吴忠市农业技术推广中心、宁夏农垦事业管理局、贺兰县农业技术推广中心、灵武市农业技术推广中心、永宁县农业技术推广中心、青铜峡市农业技术推广中心	马金虎、袁汉民、马自清、陶卫新、卢占周、马文礼、吴建勋、马维新、李安金、陈东升、杨建功、杨健、杨进平、蒋万兵、刘登彪、冯前、朱更生、郭强、王双喜、杨自军、马金林、李如意、姜国先、马少兴、杨占喜、侯永佳、顾海燕、刘建宁、田俊霞、张伟
11	宁夏贺兰山国家级自然保护区岩羊保护生物学专项研究	二等奖	宁夏贺兰山国家级自然保护区管理局、东北林业大学	刘振生、胡天华、王小明、李志刚、李涛、翟昊、王继飞、滕丽微、宋国华、曹丽荣、崔多英、李新庆
12	4ZGB-30型便携式枸杞采摘机的研制	三等奖	宁夏枸杞工程技术研究中心、宁夏吴忠绿源科技有限公司	曹有龙、叶力勤、何军、安巍、雷泽民、石志刚、宋春喜、赵永峰、李强、陈渐宁、巫鹏举

（续）

序号	获奖成果名称	成果获奖等级	主要完成单位	主要研究人员
13	秋覆膜抗旱节水保墒技术研究与示范推广	三等奖	宁夏农业技术推广总站、同心县农业技术推广中心、彭阳县农业技术推广中心、原州区农业技术推广中心、盐池县农业技术推广中心、西吉县农业技术推广中心、海原县农业技术推广中心、隆德县农业技术推广中心	马金虎、杨发、李海阳、孙发国、张正学、杨国恒、王吉宁、郭忠富、董壮勇、张生钰、刘秉义、高鸿飞、杨晓忠、蒋学琴、金鑫、王荣华、刘春光、杜伟
14	宁夏沙生中药材种质资源利用和规范化种植技术研究与示范	三等奖	宁夏农林科学院荒漠化治理研究所、盐池县科学技术局、宁夏农林科学院植物保护研究所	蒋齐、李明、张清云、张治科、王占军、刘伟泽、龙潊普、杨彩霞、刘冰、安钰、康建宏、李生彬、何建龙、蔡俊、瞿捍择、温淑红、柳长春、郭新春、黄新国、南宁丽、杨朝霞、王锦芳、李永钢、鲍瑞、闫耀宗、纪庆文、张海波
15	美国优质牧草引种及在宁夏中部干旱带生态适应性研究	三等奖	宁夏农林科学院、宁夏益科农业科技有限公司、盐池县农牧科学研究所	高婷、张晓刚、朱建宁、纪立东、彭文栋、李凤霞、冯鑫、王顺霞、王峰、王天新、冯毅、杨炜迪、王川、柯英、李爱兰
16	宁南山区土壤团粒分形特征及其对植被恢复的响应	三等奖	宁夏农林科学院农业资源与环境研究所、西北农林科技大学水土保持研究所、中国科学院水利部水土保持研究所	杨建国、安韶山、李淑玲、黄懿梅、樊丽琴、刘梦云、尚红莺、王晗生、王长军、周丽娜、纪立东
17	生猪屠宰快速检疫检验技术集成研究与应用	三等奖	宁夏动物疾病预防控制中心、西北农林科技大学动物医学院、宁夏动物卫生监督所、银川市动物卫生监督所、石嘴山市动物卫生监督所	张彦明、武占银、郭抗抗、张和平、王晶钰、张玉玲、周海宁、宗亮泽、王晓亮、王进香、杨海生、李昕、玉贵平、倪泽成、乔垦、刘辛赟、宋华礼、王振华、强爱珍、韩丽萍、郎云霞、张菊芹、李莉娟、唐迪、杨红英、杨丽瑰、祁蓉
18	宁夏土地开发整理工程标准化建设技术与模式研究	三等奖	宁夏农业勘查设计院	王全祥、刘晓峰、李兆龙、王瑞清、刘文玲、雷晓萍、侯建英、高峰、孙建勋、高跃林、马孝林、王康宁、张大勇、王少波、于武本、宋晨、李秋燕、赵学菲、杨翠、陶家声、毛杰
19	宁夏土地开发整理工程标准化建设技术与模式研究	三等奖	宁夏农业勘查设计院	王全祥、刘晓峰、李兆龙、王瑞清、刘文玲、雷晓萍、侯建英、高峰、孙建勋、高跃林、马孝林、王康宁、张大勇、王少波、于武本、宋晨、李秋燕、赵学菲、杨翠、陶家声、毛杰
20	应用碳同位素分辨率鉴定技术选育小麦节水新品种的研究	三等奖	宁夏农业生物技术重点实验室、宁夏大学西北退化生态系统恢复与重建省部共建教育部重点实验室、固原市农业科学研究所	许兴、袁汉民、李树华、景继海、朱林、雍立华、赵佰图、董建力、白海波、王娜、杨琳、孔德杰、吕学莲、何军、王晓亮、惠红霞、张岩
21	宁南山区枸杞南移配套栽培技术研究与示范	三等奖	固原市农业科学研究所	崔秀梅、吴国平、金小平、杨治科、徐开晴、张西民、杜占文、石绍泉、沙凤英、周皓蕾、张国罗、杨向红
22	设施鲜切花关键生产技术集成研究与示范	三等奖	宁夏大学、宁夏周景世荣进出口有限公司、银川市兴庆区农牧局	张黎、闫永胜、周志强、史娟、杨海霞、杨平、王劲松、田晓东、周丽娜

（续）

序号	获奖成果名称	成果获奖等级	主要完成单位	主要研究人员
23	宁夏贺兰山东麓葡萄酒产业关键技术体系研究与示范	三等奖	宁夏大学、宁夏葡萄产业协会	张军翔、李玉鼎、王奉玉、李欣、顾沛雯、张新宁、刘廷俊、张光弟、张静、周淑珍、俞惠民、李建国、白稳红
24	设施果树优质高效综合配套栽培技术研究与应用	三等奖	宁夏农林科学院种质资源研究所、银川市天天鲜蔬菜果品有限责任公司、银川市小任果业有限责任公司、银川市德远设施示范场	梁玉文、岳海英、冯学梅、贾永华、李峰、张宁川、任爱民、李阿波、王正义、梁玉斌、纳文华、董宏远、李秋波、王星红、王学梅
25	枸杞种质资源规范化描述评价及种质鉴定技术研究	三等奖	宁夏枸杞工程技术研究中心	安巍、许兴、石志刚、赵建华、王亚军、樊云芳、李云翔、焦恩宁、曹有龙、戴国礼、王春良、王文华、马新生、王孝
26	牛心朴子生物碱高效提取技术与无公害生物农药研制	三等奖	宁夏枸杞工程技术研究中心	曹有龙、米海莉、张曦燕、李越鲲、张宗山、罗青、巫鹏举、李晓莺、何军

十三、2010 年度获奖科技成果（16 项）

序号	获奖成果名称	成果获奖等级	主要完成单位	主要研究人员
1	设施蔬菜现代节水高效优新技术研究与集成示范	一等奖	宁夏大学、宁夏农林科学院、西北农林科技大学、宁夏领鲜果蔬产业发展有限公司、银川籽润农林科技有限公司	李建设、谢华、孟焕文、孙权、高艳明、程智慧、王学梅、张光弟、崔静英、梁玉文、闫永胜、冯学梅、叶林、赵冰、曹云娥
2	优质高产冬小麦新品种宁冬 10 号、宁冬 11 号选育及推广	一等奖	宁夏农林科学院农作物研究所、宁夏气象科学研究所	袁汉民、陈东升、王小亮、孙建昌、赵桂珍、张富国、范金萍、袁海燕、张维军、亢玲、来长凯、白冰、何进尚
3	六盘山优质肉牛高效养殖技术开发与示范	二等奖	宁夏畜牧工作站、泾源县科学技术局、宁夏农林科学院草畜工程技术研究中心、西北农林科技大学、固原市畜牧技术推广服务中心	杨奇、李聚才、马云、张国坪、常志福、马乐天、陈宏、王建华、脱征军
4	马铃薯专用品种选育与配套栽培及贮藏技术研究示范	二等奖	宁夏大学、宁夏马铃薯工程技术研究中心、西吉县农业机械化技术推广中心、西吉县农业技术推广中心	陈彦云、何建栋、胡志魁、柴忠良、张涛、蒙蕊学、马兴华、何亚兰、刘慧萍
5	旱作补水高效农业技术集成与示范	二等奖	宁夏农林科学院荒漠化治理研究所、同心县农牧局、宁夏农林科学院种质资源研究所、同心县科学技术局	王峰、左忠、郭永忠、杜建民、刘华、李海洋、温学飞、马国忠、郭守金
6	宁夏扶贫扬黄灌溉工程水土保持监测与土壤侵蚀治理关键技术研究及应用	二等奖	宁夏农业勘查设计院	潘萍、王全祥、赵涛、柏永华、冯兴元、张中华、闫永利、李秋燕、王玉忠
7	设施果树、花卉节水高效生产关键技术研究示范及日光温室配套装备研发应用	二等奖	宁夏大学、宁夏林业研究所股份有限公司、中国农业大学、银川小任果业有限责任公司、永宁县现代农业发展中心、永宁县科学技术局、银川顶上盛夏农业技术有限公司	张亚红、李建设、王文举、贾克功、孙权、时新宁、李永华、吴素萍、平吉成

（续）

序号	获奖成果名称	成果获奖等级	主要完成单位	主要研究人员
8	濒危药材肉苁蓉种质资源评价、保护和利用	二等奖	中国医学科学院药用植物研究所、永宁县本草苁蓉种植基地	陈君、徐荣、刘同宁、周峰、于晶、刘友刚、王霞、徐常青、陈士林
9	宁夏出口鲜食葡萄优质丰产栽培及贮运保鲜关键技术合作研究与示范	二等奖	国家经济林木种苗快繁工程技术研究中心、宁夏林业研究所股份有限公司、宁夏金沙林场、宁夏科冕实业有限公司、宁夏玉泉营农场	沈效东、时新宁、李永华、王锦秀、秦彬彬、王娅丽、张新宁、李宏科、何怀华
10	六盘山无脊椎动物资源考察	二等奖	宁夏六盘山国家级自然保护区管理局、河北大学	任国栋、余治家、顾欣、巴义彬、董赛红、韩彩萍、王双贵、樊亚鹏、袁彩霞
11	村镇数字化技术研究与应用	二等奖	宁夏农林科学院、宁夏大学、北方民族大学、宁夏农牧厅信息中心、宁夏科技发展战略和信息研究所	周涛、梁锦秀、俞鸿雁、鲍小明、保文星、刘立波、吴霞、李剑蓓、张天赐
12	玉米新品种宁单11号选育与示范推广	三等奖	宁夏农林科学院农作物研究所	许志斌、杨国虎、李新、罗湘宁、常学文、李华、王学铭
13	新垦农田作物病害自然防治系统建立技术	三等奖	宁夏农林科学院植物保护研究所、美国普渡大学、石嘴山市惠农区农业技术推广服务中心、平罗县农业技术推广服务中心、美国孟山都公司	沈瑞清、康萍芝、张丽荣、张萍、郭成瑾、白小军、朱建祥
14	西部沙樱等灌木资源引进及开发应用	三等奖	宁夏林业研究所股份有限公司、种苗生物工程国家重点实验室	于卫平、赵健、倪细炉、王姮、杨建平、朱强、刘晓刚
15	设施园艺病虫害远程诊断和早期预警系统构建与应用	三等奖	中国农业大学、宁夏大学、永宁县现代农业发展中心、永宁设施园艺研究所、银川市小任果业有限责任公司	马占鸿、顾沛雯、王海光、迟永伟、任爱民、苏宁国、贺达汉
16	小额信贷风险防范技术研究与应用	三等奖	宁夏农牧厅农业国际合作项目管理中心	王宁兰、李筠、张吉忠、王梦樵、张峭、张旺、于萍

十四、2011 年度获奖科技成果（15 项）

序号	获奖成果名称	成果获奖等级	主要完成单位	主要研究人员
1	西部民族地区电子农务平台关键技术研究及应用	一等奖	宁夏农林科学院、北京农业信息技术研究中心、北方民族大学、宁夏农牧厅信息中心、宁夏大学、宁夏科技发展战略和信息研究所、宁夏农村科技发展中心、宁夏师范学院	周涛、秦向阳、赵晖、魏青、梁锦秀、王元胜、保文星、王仍春、高玉琢、蔺勇、杨永贤、张天赐、王政峰、温淑萍、俞鸿雁
2	宁夏风沙区生态环境综合治理模式研究与技术集成示范	一等奖	宁夏回族自治区农业综合开发办公室、宁夏政府外债管理办公室、宁夏大学、南京林业大学、宁夏农林科学院、宁夏农垦农业综合开发办公室、中国科学院地理科学与资源研究所、盐池县农业综合开发办公室、贺兰县农业综合开发办公室	陈延、马琼、张新华、杨万仁、张学俭、马甜、金永灿、宋乃平、马晓红、杨斌、杨益琴、沈振荣、刘伟、郭胜安、包长征

（续）

序号	获奖成果名称	成果获奖等级	主要完成单位	主要研究人员
3	牛羊三种重要传染病基因工程疫苗及免疫学特性研究	二等奖	宁夏大学	王玉炯、李敏、刘晓明、邓光存、曾瑾、谢琴、赵辉、杜军、龙德英
4	滩羊种质资源保护开发利用和本品种选育	二等奖	宁夏农林科学院草畜工程技术研究中心、宁夏农林科学院畜牧兽医研究所（有限公司）、盐池县滩羊肉产品质量监督检验站、宁夏畜牧工作站、宁夏职业技术学院、宁夏大学	李颖康、马青、许斌、黄玉邦、丁有仁、柴君秀、吕建民、梁小军、丁伟
5	宁夏中部干旱风沙区农田覆被固土保水耕作技术体系研究与示范	二等奖	宁夏大学、吴忠市红寺堡区科学技术和农牧局、中宁县科学技术局	许强、吴宏亮、康建宏、李成军、赵燕、强力、赵卫、刘根红、施建新
6	黄河河套地区盐碱地改良及脱硫废弃物资源化利用关键技术研究与示范	二等奖	宁夏大学、清华大学、宁夏农林科学院、宁夏农垦企业集团、内蒙古农业大学、中国农业大学、宁夏农业综合开发办公室	许兴、孙兆军、李彦、班乃荣、何文寿、肖国举、杨建国、桂林国、方树星
7	干旱风沙区设施结构优化及蔬菜关键技术体系研发与示范基地建设	二等奖	宁夏农林科学院种质资源研究所、北京农业智能装备技术研究中心、盐池县科学技术局、中国农业大学农学与生物技术学院、宁夏农林科学院植物保护研究所、盐池县农牧局、宁夏农业技术推广总站	郭文忠、曲继松、杨冬艳、冯海萍、汪光孝、张丽娟、彭文栋、冒秀凤、陈青云
8	农作物与经济植物分子育种	三等奖	宁夏农业生物技术重点实验室、宁夏农林科学院农作物研究所	宋玉霞、殷延勃、陈晓军、马洪文、甘晓燕、李苗、张丽
9	宁夏猪流感流行情况及防治措施研究	三等奖	宁夏动物疾病预防控制中心、西北农林科技大学动物医学院、宁夏动物卫生监督所、银川市动物卫生监督所、石嘴山市动物卫生监督所	王晓亮、王进香、刘华雷、李知新、周海宁、周秀玲
10	稻蟹生态种养新技术研究与示范推广	三等奖	宁夏回族自治区水产研究所、宁夏回族自治区水产技术推广站、宁夏回族自治区农牧厅渔业局、宁夏大学、宁夏农林科学院农作物所	张锋、吴旭东、金满洋、王远吉、张朝阳、连总强、李力
11	精准农业养分管理技术应用研究	三等奖	宁夏农林科学院农业资源与环境研究所、兰州大学资源环境学院、宁夏吴忠国家农业科技园区管理委员会、灵武市良种示范繁殖农场	王芳、李友宏、赵天成、陈晨、刘汝亮、洪瑜、冯鑫
12	荷兰马铃薯病虫害防治体系的引进和示范	三等奖	宁夏农林科学院植物保护研究所、荷兰瓦赫宁根大学、宁夏职业技术学院、宁夏西吉县农业技术推广服务中心、宁夏石嘴山市惠农区农业技术推广服务中心	沈瑞清、郭成瑾、张丽荣、张萍、康萍芝、刘浩、张华普

（续）

序号	获奖成果名称	成果获奖等级	主要完成单位	主要研究人员
13	压砂地病虫害监测预报及综合防控技术研究与示范	三等奖	宁夏农林科学院植物保护研究所、荷兰瓦赫宁根大学、宁夏职业技术学院、宁夏西吉县农业技术推广服务中心、宁夏石嘴山市惠农区农业技术推广服务中心	沈瑞清、郭成瑾、张丽荣、张萍、康萍芝、刘浩、张华普
14	压砂地病虫害监测预报及综合防控技术研究与示范	三等奖	宁夏农林科学院植物保护研究所、中卫市科学技术局、中宁县科学技术局	张蓉、张怡、陈宏灏、高立原、马建华、朱猛蒙、王芳
15	宁夏干旱区设施蔬菜综合节水技术研究与示范	三等奖	宁夏农林科学院农业生物技术研究中心、宁夏大学、宁夏水利科学研究所、原州区科学技术局、盐池县科学技术局	张源沛、鲍子云、王锐、郑国保、孔德杰、岳国军、仝炳伟

十五、2012年度获奖科技成果（22项）

序号	获奖成果名称	成果获奖等级	主要完成单位	主要研究人员
1	宁夏马铃薯脱毒种薯三级繁育体系研究与推广	一等奖	宁夏农牧厅、宁夏农业综合开发办公室、中国农科院蔬菜花卉研究所、宁夏农业技术推广总站、宁夏大学、固原市农科所、西吉县马铃薯工程技术研究中心、原州区农业技术推广服务中心、海原县农业技术推广服务中心、泾源县农业技术推广服务中心	屈冬玉、王凌、谢开云、亢建斌、陈延、杨发、金黎平、陈彦云、徐润邑、郭志乾、何建栋、杨国恒、马全保、周华、高鸿飞
2	半干旱黄土丘陵区退化生态系统恢复技术研究	一等奖	宁夏农林科学院、中国科学院水土保持研究所、宁夏彭阳县林业与生态经济局、彭阳县农牧局	李生宝、赵世伟、蔡进军、潘占兵、安韶山、李壁成、董立国、王月玲、许浩、季波、马璠、李娜、张源润、徐福利、马永清
3	西吉芹菜覆膜穴播压沙标准化栽培技术示范与推广	二等奖	西吉县农业技术推广服务中心	王荣华、宋永红、代国鹏、田振荣、苏存录、王霞、李文强、闫菊红、马培娟
4	优质食味米宁粳43号选育及产业应用	二等奖	宁夏农林科学院农作物研究所、宁夏农业技术推广总站、青铜峡市农业技术推广服务中心、宁夏中航郑飞塞外香食品有限公司	强爱玲、安永平、殷延勃、王兴盛、刘炜、徐润邑、张俊杰、杨生龙、冯伟东
5	冬麦后茬复种玉米品种筛选与高效栽培技术研究与示范	二等奖	宁夏农林科学院、中国农业大学国家玉米改良中心	王永宏、赵健、王彩芬、陈绍江、王新红、韩继军、赵如浪、王双喜、汪仲良、
6	固原鸡抗寒性状QTL的定位研究	二等奖	宁夏大学、西北农林科技大学	张建勤、孙兆军、陈宏、李茜、张峰举、何俊、刘希凤、刘吉利、陈卫民
7	落叶松叶蜂天敌调查及六盘山翠金小蜂生物学研究	二等奖	固原市林木病虫害检疫站、六盘山林业局森林植物检疫站、原州区林木检疫站、宁夏森林病虫防治检疫总站	安永平、夏固成、孙普、郎杏茹、李继光、程晓福、徐振贤、夏固萍、陈义杰
8	多功能覆膜机开发与示范应用	三等奖	宁夏农业机械化技术推广站、宁夏新大众机械有限公司、彭阳县农业机械化技术推广服务中心、原州区农业机械化技术推广服务中心、同心县农业机械化推广服务中心	万平、田建民、王洪兴、周建东、郭生海、田巧环、张廷璧

（续）

序号	获奖成果名称	成果获奖等级	主要完成单位	主要研究人员
9	胡麻新品种及丰产栽培综合配套技术研究与示范推广	三等奖	固原市农业科学研究所	安维太、曹秀霞、张炜、杨崇庆、张信、杨桂琴
10	优质饲草及非常规饲料资源开发利用技术研究与产业化示范	三等奖	宁夏畜牧工作站、宁夏大学、固原市畜牧技术推广服务中心、固原市原州区畜牧技术推广服务中心、盐池县畜牧技术推广服务中心	陈亮、张凌青、张建勇、刘彩凤、封元、马建成、金奇志
11	牛奶中抗生素降解剂快速检测试剂盒研制	三等奖	宁夏兽药饲料监察所、宁夏大学	吴彦虎、周学章、李莉、徐薇薇、高建龙、武晓宏、夏淑鸿
12	肉羊杂交改良及新品种培育	三等奖	宁夏农林科学院草畜工程技术研究中心、平罗县畜牧技术推广服务中心、宁夏宇泊科技有限公司	柴君秀、李颖康、马小明、王秀清、谭俊、杨炜迪、张鑫荣
13	奶牛隐性乳房炎病原微生物分离鉴定和防治技术的研究与示范	三等奖	宁夏农林科学院草畜工程技术研究中心	梁小军、马吉锋、黎玉琼、王建东、张俊丽、张淑萍、李艳艳
14	日光温室蔬菜滴灌施肥技术研究与滴灌专用复合肥研制	三等奖	宁夏农林科学院农业资源与环境研究所、银川市农业技术推广服务中心、宁夏农产品质量标准与检测技术研究所	杨建国、马晓红、白锦红、李淑玲、樊丽琴、纪立东、柯英
15	南部山区扬水补灌旱作高效节水农业配套技术集成示范	三等奖	固原市农业科学研究所、海原县科技局	买自珍、袁丕成、杨桂琴、崔建宗、樊亚妮、董风林、陆俊武
16	农林废弃物生物质转化及综合开发利用关键技术研究与应用	三等奖	种苗生物工程国家重点实验室、南京林业大学	彭励、田英、李志刚、郭军成、柳金凤、俞树伟、李彬彬
17	重大检疫性害虫苹果蠹蛾综合防控技术研究	三等奖	宁夏森林病虫防治检疫总站、宁夏农林科学院植物保护研究所、宁夏农林科学院种质资源研究所、中卫市林木检疫站、青铜峡市林木检疫站	宝山、曹川健、李锋、唐杰、雷银山、王锦林、杜小明
18	宁夏蚜虫及其天敌昆虫资源调查与研究	三等奖	宁夏农林科学院、中国林业科学研究院森林生态环境与保护研究所、银川市园林局、银川市银西生态防护林管理处、宁夏森林病虫防治检疫总站	王建义、唐桦、徐庆林、杨真、曾健、邹敏、宝山
19	宁夏罗山植物、昆虫及植被恢复研究	三等奖	宁夏大学、宁夏罗山国家级自然保护区管理局	曹兵、张永祥、王新谱、李涛、仇智虎、李小伟、杨贵军
20	酿酒葡萄材料覆盖防寒及配套省工栽培技术研究	三等奖	宁夏大学、宁夏葡萄产业协会	张光弟、李欣、李玉鼎、梁玉文、万仲武、尹谭、宁新华
21	枸杞活性成分提取工艺研究及精深产品开发	三等奖	宁夏枸杞工程技术研究中心	曹有龙、刘兰英、李越鲲、闫亚美、李晓莺、米海莉
22	科技支撑土地流转集约化组织化问题研究——基于宁夏土地流转模式与进程研究	三等奖	国家统计局宁夏调查总队	王旭明、张国芳、孟光永、赵川、杨志慧、唐波

十六、2013 年度获奖科技成果（16 项）

序号	获奖成果名称	成果获奖等级	主要完成单位	主要研究人员
1	压砂地西甜瓜水肥高效利用研究与持续利用集成示范	一等奖	宁夏大学、中卫压砂瓜研究所、宁夏金地来节水设备有限公司、中卫市科学技术局、中宁县科学技术局、中卫市天元锋农业机械制造有限责任公司、宁夏中青农业科技有限公司	田军仓、鲁长才、孙兆军、李王成、李应海、谭军利、沈晖、段雅丽、孟清荣、李明滨、马波、闫新房、赵小勇、王斌、张晓华
2	宁夏枸杞果酒酿造关键技术及应用	二等奖	宁夏红中宁枸杞制品有限公司	张金山、冶爱军、赵小艾、雍军、赵智慧、余昆、董建方、罗文华、郭宝芹
3	特色灌木资源收集保存与开发利用技术研究与应用	二等奖	宁夏林业研究院股份有限公司、种苗生物工程国家重点实验室、宁夏森森种业生物工程有限公司、北京森森种业有限公司、陕西杨凌森森种业有限公司	沈效东、朱强、倪细炉、赵健、田英、白永强、李彬彬、沈军、秦彬彬
4	压砂地可持续发展机理研究及生态系统综合评价	二等奖	宁夏农林科学院荒漠化治理研究所、中国科学院寒区旱区环境与工程研究所、宁夏气象科学研究所、宁夏大学	蒋齐、王占军、周海燕、马琨、何建龙、张晓煜、樊恒文、潘占兵、温淑红
5	玉米超高产栽培技术研究与示范	二等奖	宁夏农林科学院农作物研究所、宁夏农业技术推广总站、中国农业科学院作物科学研究所	王永宏、徐润邑、赵健、王克如、柳伟祥、马自清、赵如浪、李华、杨桂琴
6	绿色农业新技术集成研究与示范	二等奖	宁夏农业综合开发办公室、中国科学院成都生物研究所、中国科学院东北地理与农业生态研究所、宁夏大学、中国科学院大连化学物理研究所、自治区农垦局农发办、贺兰县农业综合开发办公室	陈延、肖亮、许艳丽、曹云娥、蒙静、谭红、刘团结、赵小明、沈振荣
7	中药材枸杞资源研究与特色产品开发	二等奖	宁夏农林科学院枸杞工程技术研究所、宁夏大学、宁夏医科大学、宁夏沃福百瑞生物食品工程有限公司、中宁县科学技术局、宁夏药品检验所、银川泰丰生物科技有限公司	曹有龙、石志刚、王俊、牛阳、潘泰安、安巍、韩义欣、张自萍、郝向峰
8	奶牛繁殖障碍性疾病的病因与防治技术的研究	三等奖	宁夏农林科学院动物科学研究所	梁小军、薛伟、马吉锋、王建东、张俊丽、于洋、杨春莲
9	宁夏引黄灌区耕地地力修复与养分综合管理关键技术研究与示范	三等奖	宁夏农林科学院农业资源与环境研究所、宁夏农业综合开发办公室、宁夏大学、青铜峡农业综合开发办公室、宁夏圣花米来生物工程有限公司	周涛、蒙静、梁锦秀、郭鑫年、王西娜、赵营、冯毅
10	肉牛高效健康养殖技术体系建立及生产模式研究与集成示范	三等奖	宁夏农林科学院畜牧兽医研究所、宁夏农林科学院动物科学研究所、银川市西夏区农牧水务局	刘自新、李聚才、梅宁安、殷骥、张作义、王川、马小明
11	马铃薯种薯有害生物监测及综合防控技术研究与集成示范	三等奖	宁夏农林科学院植物保护研究所、西北农林科技大学、宁夏农林科学院农业生物技术研究中心、宁夏职业技术学院、西吉县农业技术推广服务中心	沈瑞清、郭成瑾、康萍芝、张丽荣、张华普、刘浩、张萍
12	宁夏地区不同施氮量对水稻生产及田间温室气体排放的影响研究	三等奖	宁夏农林科学院农业生物技术研究中心	张源沛、孔德杰、朱金霞、郑国保、关雅静、刘宝山、聂峰杰

（续）

序号	获奖成果名称	成果获奖等级	主要完成单位	主要研究人员
13	宁夏农业野生近缘种植物资源调查监测与保护示范	三等奖	宁夏农业环境保护监测站、宁夏大学、盐池县农业技术推广中心、中宁县农业技术推广中心、吴忠市利通区农村能源工作站	陈天云、李吉宁、蒋旭亮、王君梅、王金保、马京军、杨俊
14	酿酒葡萄抗寒优质栽培技术研究	三等奖	宁夏大学、上海交通大学、广夏（银川）贺兰山葡萄酒销售有限公司、宁夏御马葡萄酒有限公司	振平、王文举、孙权、王世平、平吉成、张亚红、单守明
15	河套灌区宜林荒地植被快速恢复关键技术	三等奖	宁夏大学、北京林业大学	李茜、程艳霞、何俊、孙兆军、范秀华、金晓明、黄菊莹
16	西部民族地区农业信息化集成创新模式研究与示范	三等奖	宁夏农林科学院农业经济与信息技术研究所	温淑萍、周蕾、王琛、张冬、赵晓明、蒙进军、王银惠

十七、2014 年度获奖科技成果（16 项）

序号	获奖成果名称	成果获奖等级	主要完成单位	主要研究人员
1	枸杞新品种宁杞 7 号选育及示范推广	一等奖	宁夏农林科学院枸杞工程技术研究所、宁夏农业综合开发办公室、宁夏林业产业发展中心	秦垦、曹有龙、焦恩宁、刘俭、戴国礼、陈延、闫亚美、周旋、石志刚、何军、李瑞鹏、刘娟、蒙静、陈清平、李国
2	小麦新品种宁春 50 号选育、推广和育种技术创新	二等奖	宁夏农林科学院农作物研究所、中国农业科学院作物科学研究所	魏亦勤、叶兴国、刘旺清、沈强云、张双喜、李红霞、裴敏、樊明、方亮
3	引黄灌区苹果优质丰产配套技术研究	二等奖	宁夏农林科学院种质资源研究所、西北农林科大学园艺学院、宁夏林业产业发展中心、沙坡头区林业技术推广服务中心	王春良、贾永华、李秋波、李晓龙、李丙智、李锋、李国、祁伟、吴宏
4	马铃薯种薯保鲜贮运综合技术研究与集成示范	二等奖	宁夏大学、北方民族大学、宁夏马铃薯工程技术研究中心、甘肃省农科院农产品加工研究所、固原天启薯业有限公司、固原六盘山薯业有限公司、海原县科学技术局	陈彦云、曹君迈、宿文军、李国旗、郑学平、苏林福、陈科元、李吉宁、亢建斌
5	国家三类新兽药磷酸替米考星研究与开发	二等奖	宁夏泰瑞制药股份有限公司	王文超、任勇、奇乃、李小萍、陈德刚、包洁华、董媛、鲍恩东、王志强
6	马铃薯种薯节水高效生产关键技术研究与集成示范	三等奖	宁夏农林科学院农业资源与环境研究所、西北农林科技大学、固原市农业机械化技术推广服务中心、宁夏大学、西吉县农业技术推广服务中心	桂林国、杨福增、张权、陈智君、何进勤、王天宁、杨建国
7	植物源农药的研发与利用	三等奖	宁夏农林科学院植物保护研究所	张蓉、王芳、刘畅、南宁丽、何嘉、朱猛蒙、黄文广
8	宁夏引黄灌区稻田水肥耦合与生态调控的氮磷减排技术研究与示范	三等奖	宁夏农林科学院农业资源与环境研究所、宁夏农业技术推广总站、青铜峡农业技术推广服务中心、灵武市农业技术推广服务中心、平罗县农业技术推广服务中心	张学军、尹学红、罗健航、陈晓群、赵天成、刘汝亮、白建忠

（续）

序号	获奖成果名称	成果获奖等级	主要完成单位	主要研究人员
9	葡萄脱毒与病毒检测技术体系研究与应用	三等奖	宁夏林业研究院股份有限公司、国家经济林木种苗快繁工程技术研究中心、宁夏农垦西夏王实业有限公司葡萄苗木分公司、宁夏森森种业生物工程有限公司	沈效东、徐美隆、李永华、何金柱、陈春伶、谢军、秦彬彬
10	高产奶牛性控冻精产业化应用	三等奖	宁夏农林科学院动物科学研究所	梁小军、王秀琴、马吉锋、王建东、曹福顺、殷骥、李艳艳
11	利用 DNA 导入技术培育水稻抗逆新品种研究	三等奖	宁夏农林科学院农业生物技术研究中心、中国农业科学院作物科学研究所	李树华、杨庆文、吕学莲、白海波、朱永兴、马静、李华
12	中卫山羊种质特性与品种优化保护综合技术研究	三等奖	宁夏中卫山羊选育场、宁夏大学	李文波、冯登侦、刘占发、石绘陆、张振伟、徐小春、叶勇
13	基于 GIS 的中国北方酿酒葡萄生态区划	三等奖	宁夏气象科学研究所、宁夏农林科学院种质资源研究所、酩悦轩尼诗夏桐（宁夏）葡萄园有限公司、银川市气象局	张晓煜、李红英、张磊、王静、马国飞、苏龙、袁海燕
14	宁夏扬黄灌区枸杞节水高效技术研究与示范	三等奖	宁夏农林科学院农业生物技术研究中心、红寺堡区农牧和科学技术局	张源沛、曹晓虹、郑国保、朱金霞、周丽娜、郑国琦、吴国华
15	基于土壤水分平衡的宁夏干旱风沙区植被恢复模式研究	三等奖	宁夏农林科学院荒漠化治理研究所、宁夏草原工作站、盐池县环境保护和林业局	王占军、何建龙、蒋齐、王顺霞、刘华、石惠书、潘占兵
16	围栏封育对土壤碳库储量及稳定性影响机制	三等奖	宁夏大学	李学斌、杨新国、陈林、刘秉儒、李昕

十八、2015 年度获奖科技成果（15 项）

序号	获奖成果名称	成果获奖等级	主要完成单位	主要研究人员
1	甘草规范化种植基地优化升级及系列产品综合开发研究	二等奖	宁夏农林科学院荒漠化治理研究所、宁夏农林科学院植物保护研究所、甘肃农业大学、宁夏医科大学、甘肃泛植生物科技有限公司、盐池县中药材技术服务站、宁夏金太阳药业有限公司	蒋齐、李明、张蓉、蔺海明、付雪艳、邱黛玉、陈宏灏、左忠、高颖
2	宁夏引黄灌区农业面源污染阻控技术研究与示范	二等奖	宁夏农林科学院农业资源与环境研究所、宁夏环境科学研究院（有限责任公司）、兰州大学、宁夏环境监测中心站、利通区农业技术推广服务中心	王芳、刘汝亮、蒙静、张学军、洪瑜、刘锦霞、李友宏、张炳宏、罗昀
3	中国北方果树霜冻灾害防御关键技术研究与应用	三等奖	宁夏气象科学研究所、国家卫星气象中心、西北区域气候中心、陕西省经济作物气象服务台、银川市河东生态园艺试验中心	张晓煜、张磊、李红英、范锦龙、王静、马国飞、曲亦刚

（续）

序号	获奖成果名称	成果获奖等级	主要完成单位	主要研究人员
4	冷凉区拱棚辣椒连续丰产技术试验示范	三等奖	宁夏农林科学院种质资源研究所、彭阳县蔬菜产业发展服务中心	马守才、王学梅、谢华、海生广、马德俊、吴雪梅 李志仪
5	水稻新品种宁粳44号选育与示范	三等奖	宁夏农林科学院农作物研究所、宁夏种子工作站、宁夏农垦事业管理局农林牧技术推广服务中心	刘炜、史延丽、杨生龙、李玉红、王坚、路洁、李华
6	宁夏畜产品兽药残留监控技术规范体系创建及应用	三等奖	宁夏兽药饲料监察所、银川市农牧局、吴忠市农牧局、石嘴山市农牧局、中卫市农牧局	刘维华、吴彦虎、白庚辛、高建龙、陈娟、赵娟、夏淑鸿
7	草地建植管理技术研究与示范	三等奖	宁夏农林科学院动物科学研究所、宁夏草原工作站、彭阳县草原工作站	高婷、赵勇、王川、赵萍、杨炜迪、李云、吴韶儒
8	设施蔬菜生物活性物质应用技术研究与示范	三等奖	宁夏农林科学院种质资源研究所、北京农业智能装备技术研究中心、宁夏吴忠国家农业科技园区管理委员会、盐池县科学技术局、灵武市农业技术推广服务中心	曲继松、郭文忠、张丽娟、杨子强、张渊、王利春、朱倩楠
9	滩羊分子标记技术开发及应用研究	三等奖	宁夏农林科学院动物科学研究所、盐池县畜牧技术推广服务中心、宁夏朔牧盐池滩羊繁育有限公司	马青、马丽娜、周进勤、刘彩凤、杨炜迪、云华、岳彩娟
10	优质高产专用马铃薯新品种引进选育与示范推广	三等奖	固原市农业技术推广服务中心、宁夏丰禾种苗有限公司	王峰、王淑芳、李华、王俊珍、杨晓明、郑维平、康国荣
11	宁夏南部山区森林植被的生态水文影响及多功能管理技术	三等奖	中国林业科学研究院森林生态环境与保护研究所、中国科学院水利部水土保持研究所、固原市六盘山林业局、宁夏农林科学院固原分院、中国水利水电科学研究院	王彦辉、于澎涛、程积民、刘广全、熊伟、余治家、胡永强
12	宁夏贺兰山国家级自然保护区综合科学考察与生物多样性研究	三等奖	宁夏贺兰山国家级自然保护区管理局、内蒙古大学、东北林业大学、宁夏大学、内蒙古科技大学	李志刚、胡天华、杨贵军、赵春玲、刘鹏、王继飞、刘振生
13	宁夏灌区菜田面源污染监测预警和防控技术研究与集成示范	三等奖	宁夏农林科学院农业资源与环境研究所、宁夏农业技术推广总站、银川市兴庆区农业技术推广中心、吴忠市农业技术推广服务中心、沙坡头区农业技术推广服务中心	张学军、赵营、王明国、张桂芳、杨建功、郝忠华、马广福
14	精准滴灌水肥一体化与重度盐碱地农业利用理论与技术	三等奖	宁夏农业综合开发办公室、中国科学院地理科学与资源研究所	康跃虎、刘伟、万书勤、张新华、曲强、蒋树芳、杨万仁
15	宁夏干旱半干旱节水高效农业关键技术研究与示范	三等奖	宁夏水利科学研究院、宁夏农林科学院、宁夏大学、宁夏农村科技发展中心、宁夏农林科学院固原分院	杜历、徐利岗、蒋全熊、鲍子云、曲继松、杨勇军、汤英

十九、2016—2017 年度获奖科技成果（20 项）

序号	获奖成果名称	成果获奖等级	主要完成单位	主要研究人员
1	生物土壤结皮形成机理、生态作用及在防沙治沙中的应用	一等奖	中科院西北生态环境资源研究院沙坡头沙漠研究试验站	李新荣、刘立超、张志山、贾荣亮、谭会娟、潘颜霞、赵洋、王进、何明珠、回嵘、张鹏、胡宜刚、杨昊天、张亚峰、黄磊
2	蔬菜新品种选育及种子标准化生产技术研究与示范	二等奖	石嘴山市种子管理站、宁夏种子工作站、宁夏泰金种业股份有限公司、平罗县种子管理站、惠农区种子管理站、贺兰县种子管理站、青铜峡市种子管理站	丁明、吴国华、李玉红、王晓斌、郭凤萍、乔曡、裴卓强、马军强、倪英
3	激光平地机科学技术成果转化与推广	三等奖	宁夏智源农业装备有限公司	陈智、常丹华、赵建华、陈小婷、常跃智、田建民、万平
4	马铃薯绿色高效种植关键技术研究与应用	三等奖	中国科学院微生物研究所、宁夏回族自治区农业综合开发办公室、中国科学院合肥物质科学研究院、中国科学院兰州化学物理研究所、中国科学院寒区旱区环境与工程研究所	仲乃琴、张新华、蔡冬清、赵盼、刘团结、蒙静、黄新异
5	牛结核病分子流行病学及致病机理研究	三等奖	宁夏大学	王玉炯、李敏、刘晓明、邓光存、李勇、吴晓玲、马春燕
6	宁夏苦豆子种质资源及其内生菌生物学功能研究和开发利用	三等奖	宁夏大学、北方民族大学、宁夏农林科学院植物保护研究所、宁夏都顺生物科技股份有限公司、宁夏贺兰山东麓葡萄产业园区管委会办公室	顾沛雯、刘萍、张晓岗、杨晋、徐国前、田蕾、李鹏
7	贺兰山东麓酿酒葡萄优质稳产绿色高效栽培技术研究与产业化示范	三等奖	宁夏大学、宁夏农林科学院、宁夏林业研究院股份有限公司、宁夏葡萄产业发展局	张军翔、孙权、张怡、顾沛雯、王锐、李永华、时新宁
8	宁夏地源性资源开发与草畜产业链关联技术集成研究与示范	三等奖	宁夏大学、宁夏农林科学院畜牧兽医研究所（有限公司）、宁夏林业技术推广总站、宁夏回族自治区饲料工业办公室	马红彬、刘自新、王世博、张桂杰、崔竣岭、梅宁安、沈艳
9	宁夏麦蚜生态控制的景观生态学机制与模型	三等奖	宁夏大学、中宁县林业局、盐池县农业技术推广中心	贺达汉、洪波、关晓庆、刘军和、赵映书、马世瑜、辛明
10	中国沙漠鸣沙形成机理及其修复技术研究	三等奖	宁夏大学、中国科学院寒区旱区环境与工程研究所、中卫市林业生态建设局、中国极地研究中心、港中旅（宁夏）沙坡头旅游景区有限责任公司	屈建军、米文宝、谢胜波、孙波、唐希明、张家耕、张克存
11	优质稻宁粳 41 号、宁粳 45 号选育及应用	三等奖	宁夏农林科学院农作物研究所、宁夏回族自治区原种场	安永平、王彩芬、马静、常学文、张文银、强爱玲、杨桂琴
12	马铃薯新品种宁薯 14 号、15 号、16 号选育与示范推广	三等奖	宁夏农林科学院固原分院、宁夏马铃薯工程技术研究中心、固原天启薯业有限公司、宁夏佳立马铃薯产业有限公司	郭志乾、吴林科、王效瑜、张小川、王收良、张国辉、余帮强

（续）

序号	获奖成果名称	成果获奖等级	主要完成单位	主要研究人员
13	优质粮食作物农机农艺融合化肥减施增效技术集成与示范	三等奖	宁夏农林科学院农业资源与环境研究所、中国农业科学院农业环境与可持续发展研究所、吴忠市利通区农业综合开发办公室、灵武市农业技术推广服务中心、吴忠市利通区农业技术推广服务中心	王芳、张爱平、李友宏、刘汝亮、杨正礼、洪瑜、张新华
14	宁农科1号、3号西瓜新品种选育与示范推广	三等奖	宁夏农林科学院种质资源研究所、宁夏科泰种业有限公司、中卫市农业技术推广和培训中心、中卫市沙坡头区农业技术推广服务中心、中宁县农业技术推广服务中心	刘声锋、于蓉、田梅、王志强、郭松、董瑞、马立明
15	滩羊标准化生产关键技术研究与示范	三等奖	宁夏农林科学院动物科学研究所、宁夏盐池县鑫海食品有限公司、宁夏朔牧盐池滩羊繁育有限公司、宁夏农林科学院畜牧兽医研究所（有限公司）	马青、梁小军、周玉香、马丽娜、王锦、于洋、云华
16	宁夏草原虫害监测及防控技术研究与示范	三等奖	宁夏农林科学院植物保护研究所、宁夏回族自治区草原工作站	张蓉、魏淑花、朱猛蒙、黄文广、高立原、赵勇、于钊
17	枸杞果实重要营养物质形成分子机理及调控技术研究	三等奖	宁夏农林科学院枸杞工程技术研究所、北京林业大学、宁夏农林科学院荒漠化治理研究所、西南大学	赵建华、安巍、李浩霞、尹跃、席万鹏、周旋、李云翔
18	宁夏干旱半干旱区现代节水高效农业关键技术创新与示范	三等奖	宁夏回族自治区水利科学研究院、宁夏农林科学院、宁夏大学、宁夏回族自治区农村科技发展中心	杜历、鲍子云、何文寿、徐利岗、孙兆军、杜建民、陈智君
19	生态经济植物品种选育及开发利用	三等奖	宁夏林业研究院股份有限公司、种苗生物工程国家重点实验室、彭阳县林业局、宁夏灵武白芨滩国家级自然保护区管理局、中卫市压砂瓜研究所	王娅丽、朱强、田英、沈效东、李永华、方登伟、杨玉刚
20	荒漠草原区农牧复合生态系统构建与资源可持续利用技术集成与试验示范	三等奖	宁夏大学	宋乃平、许兴、李国旗、李学斌、杨新国、马琨、朱林

二十、2018年度获奖科技成果（20项）

序号	获奖成果名称	成果获奖等级	主要完成单位	主要研究人员
1	枸杞新品种选育及提质增效综合技术研究与示范	重大奖	宁夏农林科学院枸杞工程技术研究所、宁夏农林科学院植物保护研究所、宁夏农产品质量标准与检测技术研究所、宁夏农林科学院农业资源与环境研究所、宁夏农林科学院农业经济与信息技术研究所、中宁县枸杞产业发展服务局、宁夏中杞枸杞贸易集团有限公司、百瑞源枸杞股份有限公司、宁夏源乡枸杞产业发展有限公司、宁夏全通枸杞供应链管理股份有限公司	曹有龙、张蓉、闫亚美、秦垦、石志刚、戴国礼、张艳、安巍、何军、何嘉菁、刘兰英、张学军、王芳、李晓莺、罗青、王亚军、张学俭、贾占魁、郝万亮

（续）

序号	获奖成果名称	成果获奖等级	主要完成单位	主要研究人员
2	优质高产抗逆水稻新品种选育与应用	一等奖	宁夏农林科学院农作物研究所、宁夏大学、宁夏农林科学院农业生物技术研究中心、宁夏科泰种业有限公司、宁夏回族自治区原种场、宁夏旱田种业有限公司、宁夏钧凯种业有限公司、宁夏穗丰种业有限公司、宁夏塞外香食品有限公司	刘炜、安永平、殷延勃、李培富、张振海、孙建昌、李树华、史延丽、强爱玲、杨生龙、马静、王彩芬、王坚、王昕、杨淑琴
3	宁夏全域多端一体化测土配方施肥云平台建设与应用	二等奖	宁夏农业技术推广总站、宁夏农林科学院农业经济与信息技术研究所、夏智图思创科技有限公司、永宁县农业技术推广服务中心、贺兰县农业技术推广服务中心、青铜峡市农业技术和农机化推广服务中心、中宁县农业技术推广服务中心	王明国、徐润邑、张学俭、李欣、海云瑞、尹学红、王生明、王翰霖、张丽
4	沙漠腹地沙尘监测与信息获取技术合作研究	二等奖	宁夏大学、上海交通大学、中国科学院寒区旱区环境与工程研究所	李新碗、杨泽林、马鑫、春树、王贺升、彭宏利、李兴财、王旭明
5	宁夏南部山区水源涵养林多功能管理技术	二等奖	中国林业科学研究院森林生态环境与保护研究所、宁夏农林科学院固原分院、固原市六盘山林业局、原州区自然资源局	王彦辉、于澎涛、熊伟、余治家、胡永强、王绪芳、樊亚鹏、佘萍、李遇春
6	宁夏干旱风沙区退化草地恢复与适应性管理	二等奖	宁夏大学	谢应忠、许冬梅、沈艳、马红彬、曹兵、王红梅、马峰茂、邱开阳、宋丽华
7	宁夏土地沙漠化动态监测与农田防护林体系优化	二等奖	宁夏农林科学院荒漠化治理研究所、宁夏回族自治区林业调查规划院、国家林业和草原局西北华北东北防护林建设局、宁夏哈巴湖国家级自然保护区管理局、盐池县林业和草原局	左忠、温学飞、潘占兵、俞立民、许浩、王东清、魏永新、余殿、李浩霞
8	宁夏特色优势农产品加工和品牌提升路径与实践	三等奖	宁夏农林科学院农业经济与信息技术研究所、宁夏红枸杞产业集团有限公司、宁夏沃福百瑞枸杞产业股份有限公司、宁夏回族自治区乡镇企业经济发展服务中心	温淑萍、张治华、潘泰安、崔振华、郭涵、郭荣、辛健
9	枸杞营养复合饮料研发及产业化应用	三等奖	宁夏大学、宁夏厚生记食品有限公司、宁夏杞乡生物食品工程有限公司	刘敦华、阮世忠、全亚平、王自贵、谭勇、黄青松、李勇
10	胡麻新品种宁亚20、21号选育及轻简高效种植新技术与示范推广	三等奖	宁夏农林科学院固原分院	曹秀霞、张炜、杨崇庆、钱爱萍、陆俊武、剡宽将、常富德
11	宁南山区冷凉蔬菜产业优质高效生产关键技术研究与示范	三等奖	宁夏农林科学院农业资源与环境研究所、宁夏科泰种业有限公司、宁夏农产品质量标准与检测技术研究所、宁夏农林科学院种质资源研究所、宁夏农产品质量安全中心	桂林国、王学铭、李冬、何进勤、尹志荣、曲继松、郭松
12	宁夏旱作区枣树蔬菜病虫害灾变规律和绿色防控技术研究及应用	三等奖	宁夏农林科学院植物保护研究所、宁夏职业技术学院、同心县农业技术推广服务中心、盐池县农业技术推广服务中心、中卫市林木检疫站	沈瑞清、康萍芝、查仙芳、张华普、张丽荣、杜玉宁、张萍

（续）

序号	获奖成果名称	成果获奖等级	主要完成单位	主要研究人员
13	宁夏马铃薯晚疫病监测预警及综合防控技术集成推广项目	三等奖	宁夏马铃薯晚疫病监测预警及综合防控技术集成推广项目	杨明进、刘媛、杨宁权、沈瑞清、董凤林、何建国、王玲
14	贺兰山东麓酿酒葡萄优质高效栽培土肥水综合管理技术	三等奖	宁夏大学、宁夏润禾丰生物科技有限公司、宁夏国有林场和林木种苗工作总站、宁夏农林科学院农业资源与环境研究所、宁夏农垦玉泉营农场有限公司	孙权、王锐、孙纪元良、纪丽萍、纪静雯、黄越、何金柱
15	生物质能源植物柳枝稷引种试验示范研究	三等奖	宁夏大学、中国科学院水利部水土保持研究所、北京草业与环境研究发展中心、甘肃茂森生态环境建设有限责任公司、宁夏回族自治区国营前进农场	孙兆军、刘吉利、何俊、王芳、秦萍、马永清、范希峰
16	规模化畜禽养殖粪污厌氧处理及资源化利用技术研究与示范	三等奖	宁夏农林科学院农业资源与环境研究所、宁夏农业环境保护监测站、宁夏农村能源工作站、西北农林科技大学、宁夏五丰农业科技有限公司	张学军、马建军、贾向峰、李云翔、马京军、邱凌、王金保
17	宁夏肉牛支原体病及常发疾病防控技术研究与示范	三等奖	宁夏大学、华中农业大学、固原市动物疾病预防控制中心	何生虎、郭亚男、余永涛、郭爱珍、李继东、李昕、吴建宁
18	宁夏肉牛高效生产关键技术研究集成与应用	三等奖	宁夏回族自治区畜牧工作站、中国农业大学、宁夏大学、宁夏农林科学院动物科学研究所、宁夏夏华肉食品股份有限公司	罗晓瑜、洪龙、封元、陈亮、张凌青、吴彦虎、王瑜
19	肉羊舍饲养殖标准化关键技术研究与示范	三等奖	肉羊舍饲养殖标准化关键技术研究与示范	梁小军、柴君秀、丁伟、岳彩娟、周玉香、张国鸿、沈明亮
20	宁夏引黄灌区经济作物（酿酒葡萄）滴灌技术集成示范	三等奖	宁夏回族自治区水利科学研究院	杜历、刘学军、武慧芳、朱洁、雷筱、顾靖超、王永平

二十一、2019 年度获奖科技成果（27 项）

序号	获奖成果名称	成果获奖等级	主要完成单位	主要研究人员
1	优质高产奶牛选育技术研究与应用	一等奖	宁夏回族自治区畜牧工作站、中国农业大学、宁夏大学、宁夏农林科学院动物科学研究所、宁夏农垦贺兰山奶业有限公司、宁夏职业技术学院、宁夏美加农生物科技发展股份有限公司、贺兰中地生态牧场有限公司、吴忠市利通区畜牧水产技术服务中心	温万、张胜利、王雅春、邵怀峰、脱征军、顾亚玲、宁晓波、郝峰、许立华、张秀陶、王玲、田佳、李艳艳、秦春华、李毓华
2	优质广适小麦新品种选育与技术创新	一等奖	宁夏农林科学院农作物研究所、宁夏农林科学院农业生物技术研究中心、永宁县农作物种子育繁所、宁夏大学、中国农业科学院作物科学研究所、宁夏科泰种业有限公司、宁夏回族自治区原种场、宁夏法福来食品股份有限公司	魏亦勤、陈东升、李树华、李红霞、刘旺清、张双喜、李前荣、王掌军、张维军、亢玲、樊明、裴敏、白海波、何进尚、吕学莲

（续）

序号	获奖成果名称	成果获奖等级	主要完成单位	主要研究人员
3	宁夏贺兰山东麓葡萄酒产业技术体系创新与应用	一等奖	宁夏大学、宁夏贺兰山东麓葡萄产业园区管委会、西北农林科技大学、宁夏农林科学院种质资源研究所、银川产业技术研究院、宁夏西夏王葡萄酒业有限公司、中粮长城葡萄酒（宁夏）有限公司、宁夏志辉源石葡萄酒庄有限公司、宁夏立兰酒庄有限公司	李华、张军翔、赵世华、陈卫平、王锐、李玉鼎、俞惠明、王华、宋长冰、郭惠萍、马永明、王继杰、袁园、邵青松、王奉玉
4	马铃薯抗旱节水高效栽培关键技术研发与集成示范	二等奖	宁夏农业技术推广总站、平罗县农业技术推广服务中心、同心县农业技术推广服务中心、贺兰县农业技术推广服务中心、固原市原州区农业技术推广服务中心、永宁县农业技术推广服务中心、吴忠市红寺堡区农业技术推广服务中心	王明国、尹学红、马建军、魏固宁、高升、马金梅、刘学琴、吴伏全、赵东
5	宁夏苜蓿优质高产关键技术研究与示范	二等奖	宁夏农林科学院植物保护研究所、宁夏农林科学院荒漠化治理研究所、宁夏回族自治区草原工作站、宁夏农垦茂盛草业有限公司、彭阳县草原工作站、固原市原州区草原工作站、宁夏回族自治区气象科学研究所	马建华、王占军、朱猛蒙、魏淑花、成红、李东宁、张宇、王晓琴、高婷
6	新型资源化饲料产品研发及高效安全利用技术研究与示范	二等奖	宁夏农林科学院动物科学研究所、宁夏农林科学院畜牧兽医研究所（有限公司）、宁夏回族自治区兽药饲料监察所、宁夏回族自治区畜牧工作站、宁夏回族自治区饲料工作站	梁小军、王建东、刘自新、马吉锋、侯鹏霞、封元、李昕、何志军、高飞涛
7	宁夏东部沙地生态系统恢复重建与管理技术途径	二等奖	宁夏哈巴湖国家级自然保护区管理局、中国科学院寒区旱区环境与工程研究所、南开大学	赵文智、尤万学、常海军、何兴东、刘冰、罗维成、周海、陈国鹏、余殿
8	宁夏特色果类生物加工技术提升与高质化应用	二等奖	宁夏大学、宁夏红枸杞产业有限公司、宁夏盛康源红枣酒业生物科技有限公司、灵武市晋商人红枣醋业有限公司、百瑞源枸杞股份有限公司、宁夏米擒酒庄有限公司、宁夏志辉源石葡萄酒庄有限公司	张惠玲、刘慧燕、潘琳、张智锋、周学义、李冰峰、杨丽丽、王宏
9	宁夏农业特色优势产业发展中的"互联网＋"融合现状及模式研究	三等奖	宁夏农林科学院农业经济与信息技术研究所、西部电子商务股份有限公司、百瑞源枸杞股份有限公司	刘俭、苗冠军、李晓瑞、李季、王微、牛彦文、沈静
10	宁夏苹果主要病虫鸟害生态防控关键技术研究与示范	三等奖	宁夏农林科学院种质资源研究所、宁夏林权服务与产业发展中心、沙坡头区林业技术推广服务中心、吴忠林场、银川市河东生态园艺试验中心	李晓龙、贾永华、王春良、窦云萍、张国庆、张翠红、李秋波
11	葡萄种质资源引选与脱毒种苗示范推广	三等奖	宁夏林业研究院股份有限公司、宁夏农林科学院种质资源研究所、宁夏农垦西夏王实业有限公司葡萄苗木分公司、种苗生物工程国家重点实验室、宁夏贺兰山东麓葡萄产业园区管委会	徐美隆、牛锐敏、何金柱、谢军、刘玉娟、许泽华、章冉
12	宁夏空间规划（多规合一）试点中林地分类标准的建立与应用	三等奖	宁夏林业调查规划院、宁夏工程建设标准管理中心、宁夏自然资源勘测调查院、宁夏发展和改革委员会经济研究中心、宁夏生态环境工程评估中心	魏耀锋、李怀珠、张晓娟、赵革文、岳鹏、兰勇、折乐

（续）

序号	获奖成果名称	成果获奖等级	主要完成单位	主要研究人员
13	宁夏贺兰山国家级自然保护区森林生态系统服务功能评估研究	三等奖	宁夏贺兰山国家级自然保护区管理局、中国林业科学研究院生态环境与保护研究所	胡天华、王继飞、刘向才、牛香、王兵、李静尧、朱亚超
14	宁夏中北部地区生态系统林木固碳特征及碳储量研究	三等奖	宁夏农林科学院荒漠化治理研究所、宁夏回族自治区林业和草原局	许浩、季波、何建龙、许昊、汪泽鹏、王顺霞、张源润
15	宁夏贺兰山东麓荒漠草原区地衣物种多样性研究	三等奖	宁夏大学	牛东玲、王欣宇、石晶、白明生、郑学平
16	宁夏木本观果植物资源评价与开发利用	三等奖	宁夏林业研究院股份有限公司、种苗生物工程国家重点实验室、泾源县六盘山生态园林有限公司、宁夏森淼园林景观绿化工程有限公司	朱强、曾继娟、刘静、沈效东、白建国、左敏、王娅丽
17	宁夏灌区典型土壤微生物特征及其资源开发利用	三等奖	宁夏农林科学院农业资源与环境研究所、宁夏农林科学院荒漠化治理研究所	李凤霞、赵营、王长军、郭永忠、蔡进军、雷金银、樊丽琴
18	宁夏农田杂草综合治理技术研究与应用	三等奖	宁夏农林科学院植物保护研究所、永宁县农业技术推广服务中心、固原市原州区农业技术推广服务中心、沙坡头区农业技术推广服务中心、沙坡头区林业技术推广服务中心	张怡、宋双、姜彩鸽、迟永伟、张玉龙、禹云霞、刘晓超
19	宁南山区坡改梯耕地质量监测及提升关键技术研究与示范	三等奖	宁夏回族自治区水利科学研究院、宁夏回族自治区水土保持监测总站	岳自慧、刘平、王文、翟汝伟、李真朴、徐志友、何学良
20	宁夏地方品种静原鸡保护与利用关键技术研究与示范	三等奖	宁夏大学、彭阳县畜牧技术推广服务中心、宁夏万升实业有限责任公司	张娟、赵平、何生虎、杨彦军、王有、马天佑、李世臣
21	固原鸡选育及规模化生态养殖技术研究	三等奖	宁夏农林科学院动物科学研究所、宁夏农林科学院固原分院、宁夏万升实业有限责任公司	额尔和花、丁伟、王秉龙、岳彩娟、杨万升
22	L-异亮氨酸发酵高产菌种选育和发酵条件优化控制技术及应用	三等奖	宁夏大学、宁夏伊品生物科技股份有限公司、天津科技大学、山东省滨州畜牧兽医研究院	方海田、徐庆阳、程立坤、剧柠、罗玉龙、李万军、高晓航
23	宁夏葡萄酒关键质量因子综合评价体系构建与创新应用	三等奖	宁夏农产品质量标准与检测技术研究所、西北农林科技大学、酩悦轩尼诗夏桐（宁夏）酒庄有限公司	葛谦、张艳、马婷婷、孙翔宇、苟春林、赵子丹、苏龙
24	宁夏马铃薯分子育种基础研究与技术创新	三等奖	宁夏农林科学院农业生物技术研究中心	张丽、甘晓燕、聂峰杰、宋玉霞、巩檑、陈虞、超石磊
25	宁南山区小麦新品种宁春49号、宁冬13、16号选育及推广	三等奖	宁夏农林科学院固原分院	杨琳、邵千顺、王斐、王克雄、王峰、童志强、陈世平

（续）

序号	获奖成果名称	成果获奖等级	主要完成单位	主要研究人员
26	西夏骄子、西夏嘉年华和西夏绿龙西瓜新品种的选育及示范	三等奖	宁夏农林科学院种质资源研究所、平罗县农业技术推广服务中心、贺兰县农业技术推广服务中心、南陵县农业技术中心、银川市金凤区农业技术推广服务中心	王志强、李程、郭松、刘声锋、张庆华、梁朴、王峻枫
27	枸杞属植物 DNA 条形码研制及种质资源遗传多样性研究	三等奖	宁夏农林科学院枸杞工程技术研究所	石志刚、万如、周旋、王亚军、李云翔、安巍、张曦燕

二十二、2020 年度获奖科技成果（28 项）

序号	获奖成果名称	成果获奖等级	主要完成单位	主要研究人员
1	玉米调结构转方式优质高效生产关键技术研究与示范	一等奖	宁夏农林科学院农作物研究所、中国农业科学院作物科学研究所、宁夏回族自治区农业技术推广总站、宁夏回族自治区种子工作站、宁夏农林科学院农业生物技术研究中心、宁夏农林科学院固原分院、宁夏钧凯种业有限公司、宁夏润丰种业有限公司、宁夏农垦贺兰山种业有限公司	王永宏、杨国虎、赵如浪、李少昆、张文杰、李新、杨桂琴、刘春光、沈静、陈亮、康建宏、王峰、关耀兵、佘奎军、蔡启明
2	宁夏特色瓜菜产业关键技术创新示范	一等奖	宁夏农林科学院种质资源研究所、宁夏农林科学院固原分院、彭阳县蔬菜产业发展服务中心、原州区农业技术推广服务中心、中卫市农业技术推广与培训中心、吴忠国家农业科技园区管理委员会、兴庆区农业技术推广中心、平罗县农业技术推广服务中心	谢华、王学梅、高晶霞、杨冬艳、冯海萍、田梅、赵云霞、裴红霞、王克雄、桑婷、颜秀娟、刘声锋、张晓娟、陈德明、白生虎
3	宁夏主要粮食作物病虫草害农药减量控害技术示范推广项目	二等奖	宁夏回族自治区农业技术推广总站、平罗县农业技术推广服务中心、永宁县农业技术推广服务中心、贺兰县农业技术推广服务中心、中宁县农业技术推广服务中心、盐池县农业技术推广服务中心、青铜峡市农业和农机化推广服务中心	刘媛、李健荣、方秋香、马景、杨旭峰、段心宁、李绍先、王堃、蒋万兵
4	旱区玉米水肥一体化高产高效栽培关键技术研究与示范	二等奖	宁夏农垦农林牧技术推广服务中心、宁夏大学、宁夏润禾丰生物科技有限公司	马文礼、贾彪、陈永伟、孙纪元良、夏学智、迟海峰、陈萍、殷韶梅、王奇
5	河套盐碱地生态治理及特色产业关键技术研究与示范	二等奖	宁夏大学、清华大学、宁夏农林科学院、华清农业开发有限公司、宁夏农垦集团有限公司、内蒙古农业大学、中国农业大学、石嘴山市农业技术推广服务中心	许兴、李彦、杨建国、刘嘉、王彬、肖国举、张俊华、张峰举、李跃进、班乃荣、张新华、屈晓蕾、李贵桐、郭庆茹、罗昀
6	大豆新品种选育及高产高效技术集成与应用	二等奖	宁夏农林科学院农作物研究所、中国农业科学院作物科学研究所、四川农业大学、石嘴山市种子管理站、宁夏回族自治区农业技术推广总站、青铜峡市农业技术和农机化推广服务中心	罗瑞萍、赵志刚、姬月梅、连金番、吴存祥、刘章雄、吴国华、朱志明、雍太文

（续）

序号	获奖成果名称	成果获奖等级	主要完成单位	主要研究人员
7	枸杞质量标准及检测技术体系研究与应用	二等奖	宁夏农产品质量标准与检测技术研究所	牛艳、王晓菁、吴燕、赵子丹、杨静、张锋锋、王彩艳、陈翔、刘霞
8	滩羊肉质提升及营养调控关键技术研究与集成示范	二等奖	宁夏大学、宁夏大北农科技实业有限公司、吴忠市红寺堡区天源农牧业科技开发有限公司、宁夏农业广播电视学校、宁夏回族自治区畜牧工作站、宁夏科技特派员创业指导服务中心	张桂杰、周玉香、许迟、寇启芳、王丽慧、巫亮、于浩、蒋万、李海庆
9	畜禽养殖废弃物资源化循环利用关键技术研究与示范	二等奖	宁夏农林科学院农业资源与环境研究所、宁夏大学、中国科学院南京土壤研究所、宁夏顺宝现代农业股份有限公司、宁夏骏华月牙湖农牧科技股份有限公司、宁夏壹泰牧业有限公司、宁夏丰享农业科技发展有限责任公司	纪立东、孙权、王一明、司海丽、雷金银、杨洋、刘菊莲、纪静雯、吴涛
10	奶牛乳腺炎综合防控关键技术与应用	二等奖	宁夏大学、中国农业大学、南京农业大学、宁夏智弘生物科技有限公司、沙坡头区动物疾病预防控制中心、银川市畜牧技术推广服务中心、吴忠市利通区畜牧兽医技术服务中心	王东、韩博、周学章、唐姝、高健、张金宝、雍长福、段洪威、马建成
11	面向可持续经营的荒漠草原人工柠条林生态系统过程与稳定性研究	二等奖	宁夏大学、中国科学院空天信息创新研究院、二十一世纪窦间技术应用股份有限公司	王磊、杨新国、陈林、宋乃平、王兴、屈建军、高海亮、孙源、关盛勇
12	宁夏牛羊养殖模式及饲草料资源高效利用研究	三等奖	宁夏农林科学院动物科学研究所、宁夏科技发展战略和信息研究所、北方民族大学、宁夏回族自治区畜牧工作站、宁夏回族自治区饲料工作站	王秀琴、马小明、董丽华、康晓冬、马晓莉、张国坪、王琨
13	荞麦燕麦新品种信农1号、黔黑荞1号、燕科1号引育及推广	三等奖	宁夏农林科学院固原分院、盐池县嘉丰种业有限公司、宁夏兴鲜杂粮种植加工基地（有限公司）	常克勤、宋斌善、杜燕萍、穆兰海、杨崇庆、王建宇、尚继红
14	六盘山深度贫困典型区特色种养业关键技术研究与集成应用	三等奖	宁夏农林科学院农业资源与环境研究所、宁夏农林科学院动物科学研究所、西吉县马铃薯产业服务中心、西吉县畜牧水产技术推广服务中心	桂林国、李聚才、何进勤、金建新、施安、王自谦、马福莲
15	特色优势农产品功能成分检测技术标准研究与应用	三等奖	宁夏农产品质量标准与检测技术研究所、宁夏回族自治区食品检测研究院	杨春霞、张艳、马桂娟、石欣、王芳、李彩虹、开建荣
16	枸杞病虫害防治高效精准用药技术研究与应用	三等奖	宁夏农林科学院植物保护研究所、宁夏枸杞产业发展中心、宁夏回族自治区农业技术推广总站、宁夏回族自治区草原工作站	王芳、何嘉、刘畅、祁伟、于丽、黄文广、张蓉
17	水稻、玉米专用缓/控释肥工艺技术研发与应用	三等奖	宁夏农林科学院农业资源与环境研究所、宁夏农林科学院植物保护研究所、银川稼宝农业科技有限公司	赵营、姜彩鸽、冒辛平、柯英、洪瑜、李凤霞、刘汝亮

（续）

序号	获奖成果名称	成果获奖等级	主要完成单位	主要研究人员
18	枸杞产地土壤环境质量评价和水肥高效利用技术研究与应用	三等奖	宁夏农林科学院农业资源与环境研究所、中国农业科学院农业资源与农业区划研究所、中宁县枸杞产业发展服务中心	张学军、耿宇聪、刘晓彤、雷秋良、罗健航、陈清平、田学霞
19	宁夏高品质枸杞植保关键技术研究示范	三等奖	宁夏农林科学院植物保护研究所、中国农业大学、宁夏农林科学院种质资源研究所	李锋、刘晓丽、刘亚佳、仲崇山、王一、李俐、李晓龙
20	防治稻瘟病芽孢杆菌杀菌剂的研发与生防机制研究	三等奖	宁夏农林科学院植物保护研究所、中国农业大学、宁夏农林科学院农作物研究所、宁夏穗丰种业有限公司、平罗县农业技术推广服务中心	沙月霞、王琦、史延丽、任晓利、张怡、刘立峰、哈学虎
21	特色林果业高效节水综合生产技术集成研究	三等奖	宁夏林权服务与产业发展中心、宁夏枸杞工程技术研究中心、宁夏农林科学院种质资源研究所、宁夏金葡萄农林科技有限公司	李国、张国庆、牛锦凤、陈智、李文超、王亚军、贾永华
22	气温升高与干旱对灵武长枣光合产物分配与果实品质形成的影响机理	三等奖	宁夏大学	宋丽华、曹兵、田佳、姜文情、陈丽华、刘佳嘉、吴晓丽
23	宁夏不同生态区设施环境优化与栽培模式研究示范推广	三等奖	宁夏大学、宁夏农业综合开发中心、宁夏新起点现代农业装备科技有限公司、宁夏吴忠国家农业科技园区管理委员会、宁夏生产力促进中心	张亚红、白青、张雪艳、曹云娥、金鑫、杨常新、韦伟
24	宁夏设施蔬菜西花蓟马定殖及寄主定位嗅觉感受机制研究	三等奖	宁夏农林科学院植物保护研究所、中国农业科学院植物保护研究所	张治科、吴圣勇、雷仲仁、魏淑花、王海鸿、高玉林、杜玉宁
25	肉苁蓉人工控制寄生关键技术研究	三等奖	宁夏农林科学院农业生物技术研究中心	陈虞超、甘晓燕、张丽、宋玉霞、石磊、巩檑、聂峰杰
26	紫花苜蓿耐盐机理研究及应用	三等奖	宁夏大学、中国科学院青岛生物能源与过程研究所，中国农业大学、中国农业科学院北京畜牧兽医研究所、宁夏千叶青农业科技发展有限公司	麻冬梅、付春祥、孙彦、龙瑞才、韩千、朱林、马西青
27	宁夏中南部地区耕地土壤质量提升及配套作物栽培技术理论研究	三等奖	宁夏大学、宁夏回族自治区草原工作站、隆德县农业技术推广服务中心、同心县农业技术推广服务中心、宁夏回族自治区农垦事业管理局农林牧技术推广服务中心	马琨、刘萍、王顺霞、代晓华、仇正跻、马占旗、杨桂丽
28	宁夏枸杞药材质量形成对温度的响应机制研究	三等奖	宁夏大学、宁夏药品审评查验和不良反应监测中心	郑国琦、杨涓、刘根红、逯海龙、包晗、齐国亮、苏雪玲

表 10 - 1 - 2　宁夏农业科技成果获全国农牧渔业丰收奖汇总（2003—2021 年）

序号	项目名称	完成单位	获奖等级	获奖年度
1	专用型马铃薯脱毒种薯快繁及优质高产栽培技术	宁夏回族自治区农业技术推广总站	二	2003
2	优质肉羊品种及生产配套技术推广	宁夏回族自治区畜牧工作站	二	2003
3	优质水稻品种及配套节水高效栽培技术推广	宁夏回族自治区农技推广总站	二	2003
4	宁南山区玉米机械覆膜种植技术	宁夏回族自治区农机鉴定技术推广站	三	2003
5	瘦肉型猪杂交改良综合配套技术推广	宁夏回族自治区畜牧工作站	三	2003
6	宁夏秸秆养畜技术推广	宁夏回族自治区饲料牧机管理站	二	2004
7	农村能源生态模式技术推广	宁夏回族自治区农村能源工作站	二	2004
8	宁南山区地膜玉米综合增产增效技术	宁夏回族自治区农业技术推广总站	二	2005
9	旱作冬小麦机械沟播施肥技术推广	宁夏回族自治区农机鉴定技术推广站	三	2005
10	宁夏蜂业主产区西方蜜蜂良种引进及杂种优势利用综合增产增效技术	宁夏回族自治区畜牧工作站	三	2005
11	农村沼气"一池三改"生态模式技术推广	宁夏回族自治区固原市农村能源工作站	二	2006
12	专用型马铃薯脱毒种薯"四位一体，一步到位"繁育与推广	宁夏回族自治区农业技术推广总站	二	2006
13	宁夏脱水蔬菜高产综合栽培技术示范推广	宁夏回族自治区农业技术推广总站	三	2006
14	宁夏设施蔬菜新技术集成推广	宁夏回族自治区农业技术推广总站	一	2008—2010
15	灌区冬麦北移及套复种技术推广	宁夏回族自治区农业技术推广总站	二	2008—2010
16	宁夏测土配方施肥技术示范推广	宁夏回族自治区农业技术推广总站	二	2008—2010
17	宁夏压砂瓜抗旱节水技术示范推广	宁夏回族自治区农业技术推广总站	二	2008—2010
18	宁夏草地保护建设综合技术推广	宁夏回族自治区草原工作站	三	2008—2010
19	宁夏农村太阳能光热利用技术推广	宁夏回族自治区夏农村能源工作站	三	2008—2010
20	宁夏奶牛高效养殖关键技术推广	宁夏回族自治区畜牧工作站	一	2011—2013
21	宁夏马铃薯机械化生产技术示范推广项目	宁夏回族自治区农业机械化技术推广站	一	2011—2013

（续）

序号	项目名称	完成单位	获奖等级	获奖年度
22	宁夏蔬菜集约化穴盘育苗技术集成与示范	宁夏回族自治区园艺技术推广站	二	2011—2013
23	稻蟹生态种养新技术研究与示范推广	宁夏回族自治区水产研究所	二	2011—2013
24	宁夏覆膜保墒旱作农业技术创新集成与示范推广	宁夏回族自治区农业技术推广总站	三	2011—2013
25	沼肥有机肥在宁夏现代化农业中应用推广项目成果报告	宁夏回族自治区农村能源工作站	三	2011—2013
26	宁夏猪场猪流感防治技术推广示范	宁夏回族自治区动物疾控中心	三	2011—2013
27	马铃薯标准化贮藏技术示范推广	宁夏大学	三	2011—2013
28	宁夏玉米增产增效综合技术集成与示范推广	宁夏回族自治区农业技术推广总站	二	2014—2016
29	宁夏牛羊优质饲草高效利用关键技术示范推广	宁夏回族自治区畜牧工作站	二	2014—2016
30	宁夏设施蔬菜秸秆反应堆技术示范推广	宁夏回族自治区园艺技术推广站	二	2014—2016
31	宁夏特色优质鱼类产业化关键技术集成与示范	宁夏回族自治区水产研究所	三	2014—2016
32	农田残膜机械化回收与再生利用试验研究与示范推广	宁夏回族自治区农业机械化技术推广站	三	2014—2016
33	宁夏阳光沐浴工程系统设计与推广实施	宁夏回族自治区农村能源工作站	三	2014—2016
34	宁夏马铃薯晚疫病数字化监测预警及绿色防控技术集成推广	宁夏回族自治区农业技术推广总站	二	2016—2018
35	马铃薯抗旱节水高产栽培技术示范与推广	宁夏回族自治区种子工作站	三	2016—2018
36	蔬菜新品种示范推广及种子标准化生产技术应用	宁夏回族自治区种子工作站	三	2016—2018
37	工程化流水槽循环水生态健康养殖技术示范与推广	宁夏回族自治区水产技术推广站	三	2016—2018
38	非粮资源饲料化技术集成与推广应用	宁夏农林科学院畜牧兽医研究所（有限公司）	三	2016—2018
39	宁夏主要人畜共患病防控关键技术应用与示范推广	宁夏回族自治区动物疾病预防控制中心	三	2016—2018
40	宁夏耕地质量提升技术集成与推广	宁夏回族自治区农业技术推广总站	三	2016—2018
41	宁夏玉米优质高效生产关键技术集成与示范推广	宁夏回族自治区农业技术推广总站	一	2019—2021
42	宁夏化肥减量增效技术集成与示范推广	宁夏回族自治区农业技术推广总站	二	2019—2021

（续）

序号	项目名称	完成单位	获奖等级	获奖年度
43	六盘山深度贫困区特色优势种养业关键技术集成创新与示范推广	宁夏农林科学院农业资源与环境研究所	二	2019—2021
44	宁夏牛羊非常规饲料资源利用关键技术示范推广	宁夏大学	三	2019—2021
45	宁夏主要粮食作物病虫草害农药减量增效技术集成与示范推广	宁夏回族自治区农业技术推广总站	三	2019—2021

表 10 - 1 - 3　宁夏农业科技成果获神农中华科技奖汇总（2010—2020 年）

获奖年度	获奖成果名称	成果获奖等级	主要完成单位	主要研究人员
2014—2015	中卫山羊营养需要与舍饲适应性研究	三等奖	宁夏中卫山羊选育场、宁夏大学	李文波、闫宏、刘占发、石绘陆、张振伟、王金保、黄惠玲、原秦英、俞春山、马虎
2016—2017	畜产品兽药残留监控关键技术集成与应用	三等奖	宁夏兽药饲料监察所、银川市农业综合执法支队、利通区农业综合执法大队、石嘴山市畜牧水产技术推广服务中心、中卫市沙坡头区动物疾病预防控制中心	刘维华、吴彦虎、白庚辛、高建龙、陈娟、赵娟、夏淑鸿、李莉、付少刚、何继翔

■ 第五节　标准制修订

一、地方标准制修订

"十五"期间（2001—2005 年），自治区共制修订地方标准 138 个，其中制定马铃薯脱毒栽培技术规程、日光温室菜菇立体栽培技术规程、宁夏酿酒葡萄栽培技术规程等地方标准，修订农业机械作业质量、谷物机械收获、农业机械作业质量、机械播种、农业机械作业质量、机械耕整地、宁夏酿酒葡萄栽培技术规程等地方标准。截至 2005 年，自治区现行标准 26 个，废止 110 个，被替代 2 个。

"十一五"期间（2006—2010 年），自治区共制修订地方标准 215 个，数量较"十五"期间增加56％，其中制定小麦品种宁春 41 号、水稻品种宁粳 37 号、甘蓝品种宁甘 2 号、宁夏中部干旱带梭梭树种育苗技术规程等地方标准 212 个，修订苹果优质丰产栽培技术规程、宁夏南部土石质山区造林技术规程、梯田建设技术规范等地方标准 3 个。截至 2010 年，自治区现行标准 70 个，废止 139 个，被替代 6 个。

"十二五"期间（2011—2015 年），自治区共制修订地方标准 410 个，较"十一五"期间增加91％，其中制定马铃薯早疫病防治技术规程、盐碱土壤种植紫花苜蓿技术规程、宁杞 7 号枸杞栽培技术规程、肉牛全混合日粮（TMR）调制饲喂技术规范等地方标准 404 个，修订灵武长枣设施促成栽培技术规程、青贮饲料调制技术规程、枸杞热风制干技术规程、宁夏主要造林树种苗木质量分级、硒砂瓜松砂施肥机、激光平地机等地方标准 6 个。截至 2015 年，自治区现行标准 298 个，废止 110 个，被替代 2 个。

"十三五"期间（2016—2020 年），自治区共制修订地方标准 726 个，较"十二五"期间增加77％，其中制定小麦品种宁冬 10 号、糜子品种宁糜 17 号、马铃薯杂交育种技术规程、酿酒葡萄病虫害防治技术规程等地方标准 133 个，修订宁夏酿酒葡萄栽培技术规程、宁夏黄土丘陵区山杏高接换种技术规程、压砂地建设技术规范、宁杞7号枸杞栽培技术规程等地方标准140个。截至2020年，现行标准718个，废止8个。

二、团体标准制订

宁夏农业团体标准制定工作于2020年启动，宁夏农学会共发布农业团体标准9批次62个。

第二章

农 业 教 育

第一节　普通农业高等教育

一、宁夏大学农学院

（一）历史沿革

宁夏大学农学院前身为宁夏农学院，始建于 1958 年 9 月。1962 年 9 月，宁夏农学院与宁夏师范学院、宁夏医学院合并，成立宁夏大学。1971 年，宁夏大学农学系、畜牧系和林学系与永宁农校合并，重新组建宁夏农学院，从宁夏大学迁至永宁王太堡，独立办学 30 余载。2002 年 2 月，宁夏农学院与宁夏大学再次合并，由其中的农学系、园林系、动科系、食品系组建了宁夏大学农学院。2020 年 7 月，食品系与葡萄酒学院合并，组建了食品与葡萄酒学院。

（二）学科与专业设置

学科设置：学院有草学、畜牧学 2 个一级学科博士点、2 个二级学科博士点、1 个博士后科研流动站，作物学、园艺学、草学、畜牧学、兽医学、农业资源与利用 6 个一级学科硕士点、13 个二级学科硕士点，农业硕士、兽医硕士、林业硕士 3 个专业学位点；拥有 1 个国家重点学科、1 个自治区政府确定的国内一流建设学科，1 个自治区政府确定的西部一流建设学科；2 个 "211 工程" 重点学科建设项目、3 个自治区重点学科、3 个自治区优势特色学科、7 个校级重点学科，形成了 1-2-6-7 的国家—自治区（优势特色）—校级重点学科建设架构。

专业设置：学院设置农学、植物保护、农业资源与环境、园艺、林学、园林、动物科学、动物医学、草业科学 9 个本科专业和 4 个专业方向；有国家一流本科建设专业 1 个，有国家优势特色专业 2 个，自治区一流本科建设专业 2 个，优势特色专业 3 个；有国家级精品课程 1 门，国家级和自治区级资源共享课各 1 门，自治区级精品课程 8 门，校级精品课程 4 门；自治区级双语示范建设课程和优质公开视频课各 1 门；有 1 个国家教学团队，3 个自治区教学团队，3 个自治区科技创新团队；有 1 个自治区级农科实践实训教学示范中心，15 个专业实验室；有 1 个自治区级农科教合作人才培养基地，1 个校内农科实践实训基地和 49 个校外实习基地。

（三）师资队伍

学院现有教职工 154 人，其中专任教师 129 人，教授 46 人，副教授 58 人，讲师 25 人；教师中具有博士学位的有 99 人，占专任教师总数的 74.2%；现有博士生导师 15 人，硕士生导师 100 人。学院聘请兼职教授 11 人，柔性引进院士 5 人、著名专家 4 人；2 名教师享受国务院政府特殊津贴，2 名教师享受自治区政府特殊津贴；4 名教师入选国家百千万人才工程，2 名教师入选现代农业产业技术体系岗位科学家；2 名教师入选教育部 "新世纪优秀人才支持计划"；9 名教师入选自治区 "新世纪 313 人才工程",2 名教师入选自治区"国内引才 312 计划";1 名教师获"自治区教学名师"称号；1 名教师获"塞上农业专家"称号；3 名教师入选"自治区科技创新领军人才培养计划";6 名教师入选"青年托举人才工程"。

(四)人才培养

学院始终坚持实施本科"3+1"人才培养模式和国家卓越农林人才教育培养计划项目(拔尖创新型、复合应用型)；建成以自治区级农科实践实训教学示范中心和宁夏大学农科学生实训基地为核心,49 个校外教学实习实训基地为基础的学生实践教育平台,人才培养体系不断完善,学生培养质量明显提升。"十三五"期间(2016—2020 年),学院完成国家级大学生创新实验 14 项、自治区级大学生创新实验 41 项;本科生学分绩点超过 2.8 的人数达 50% 以上,大学英语四六级通过率达 40% 左右;本科生读研率超过 50%,毕业生就业率稳定保持在 98% 以上。目前学院在校全日制博士生 78 人、硕士生 677 人,非全日制硕士研究生 82 人、本科生 1027 人。

1962 年,宁夏农学院首届毕业生毕业。截至 1998 年,学院共毕业学生 8246 名,其中研究生 9 名、本科生 5442 名、专科生 2795 名。2003 年宁夏农学院合并到宁夏大学。

二、宁夏大学葡萄酒学院

(一)历史沿革

2013 年 5 月 10 日,宁夏大学葡萄酒学院挂牌成立,是由宁夏大学联合企业、法国高校组建成立的中国第二家葡萄酒学院。它是国内第一所建在世界著名产区——宁夏贺兰山东麓葡萄酒产区的葡萄酒学院,是国内唯一按照国际化模式办学,唯一开设两门外语,唯一用多种模式培养学生的葡萄酒学院。2019 年 8 月,葡萄酒学院回迁宁夏大学贺兰山校区科技楼并与宁夏葡萄与葡萄酒研究院合署办公,办公、教学和科研条件都得以改善。2020 年 7 月 24 日,宁夏大学发挥多学科综合优势,统筹食品科学与葡萄酒学科,宁夏大学葡萄酒学院改名为宁夏大学食品与葡萄酒学院。

(二)学科与专业设置

宁夏大学葡萄酒学院葡萄与葡萄酒工程专业起源于 2013 年开始招生的食品科学与工程专业(葡萄与葡萄酒工程方向),2016 年获批为葡萄与葡萄酒工程专业,同年以葡萄与葡萄酒工程专业、葡萄酒营销专业和葡萄酒文化旅游专业方向 3 个平行班招生。2016 年获批自治区级一流培育专业,2018 年获批自治区级产教融合示范专业,2020 年获批自治区一流本科专业建设点。

2015 年以来,学院承担国家级项目(课题)8 项,其中国家科技支撑计划课题 1 项、国家重点研发计划项目课题 1 项,国家自然科学基金 6 项,省部级重大科技项目 2 项,宁夏自然基金、教育厅以及其他项目等 30 余项,科研总经费达 4000 余万元;获得自治区科技进步奖一等奖 1 项、自治区科技进步奖二等奖 1 项、自治区科技进步奖三等奖 3 项;出版专著 5 部;发表学术论文 300 余篇;制定国家、地方标准 10 余个;申请国家专利 10 余项。

(三)师资队伍

学院现有专业教师 50 余名,包括享受国务院和自治区政府特殊津贴者、教育部普通高校学科教学指导委员会委员、自治区葡萄产业首席专家、自治区领军人才、自治区"塞上名师"、宝钢教育"优秀教师"、自治区青年拔尖人才培养工程自治区级学术技术带头人后备人选、宁夏青年科技人才托举工程人选;葡萄酒国际大赛评委、国家一级酿酒师、一级品酒师等"三能型"教师。学院每年还聘请行业专家、工程师、国外教授、学者给学生授课。

(四) 人才培养

学院与澳大利亚阿德莱德大学、美国密苏里州立大学、新西兰尼尔森马尔堡理工学院、法国昂热高等农学院、INSEEC 高等商学院等高校开展了 "2＋2" "2＋1＋1" "2.5＋1.5" "3＋1＋1" 和 1～3 个月的短期实习实训等联合培养学生的合作项目。学院在贺兰山东麓葡萄酒产区联合建设有 30 余家酒庄实训基地，同时在法国、新西兰、美国，我国云南、山东等葡萄酒产区，以及上海、北京等城市建立了实训基地，推行按年级分层、逐步递进的职业能力实践实训体系。学院按照学风最优、特色突出、国内一流、国际化色彩鲜明和为我国葡萄与葡萄酒产业培养高层次技术人才、提供技术支持的高地的办学定位，形成 "三协同四提升" 葡萄与葡萄酒全产业链人才培养模式，为区域葡萄与葡萄酒产业发展提供人才和智力支撑。

■ 第二节　农业职业教育

一、宁夏职业技术学院（宁夏广播电视大学）

（一）历史沿革

2002 年 5 月，宁夏广播电视大学、宁夏重工业职工大学、宁夏职工科技学院、宁夏机械技工学校合并组建宁夏职业技术学院。2006 年 11 月，宁夏农业学校并入学院合并办学。涉农专业有生物与制药技术系、生命科学技术系。

（二）学科与专业设置

1. 生物与制药技术系

生物与制药技术系的前身是生物工程系。该系为加快新专业建设，专业由 2006 年首届招生的 2 个增加到 6 个；形成了以生物技术及应用为主，辐射生物制药技术、中药制药技术、园林技术、设施农业技术的专业群；通过课程体系重构和教学内容改革，建成了 "葡萄酒生产技术与工艺" 国家级精品课程 1 门，"氨基酸生产技术与工艺" 等区级精品课程 2 门，"应用微生物技术" 等校级精品课程 2 门；自编教材 7 部（4 部正式出版），自编实训指导书 9 部（3 部正式出版）；获得区级以上教改项目 1 项，校级优秀教学成果奖 5 项，校级教学团队 1 个，国家级示范专业 1 个。

2010 年 7 月，生物工程系更名为生物与制药技术系，开设有生物技术及应用、生物制药技术、中药制药技术、园林技术、都市园艺、健康管理、健康管理（中医保健康复技术方向）、养老服务与管理等专业（方向），拥有 34 个专业实训室和 42 个校外实训基地。

2. 生命科学技术系

2007 年 10 月，动物科学系接受了教育部高职高专人才培养水平评估工作，动物科学系的各项工作受到了专家的好评。2007 年，畜牧兽医专业被确定为国家重点支持建设的专业之一。

2013 年 3 月 5 日，动物科学技术系更名为生命科学技术系。生命科学技术系原设畜牧兽医、动物防疫与检疫、兽药生产与销售 3 个专业，2011 年新增食品营养与检测专业，2012 年动物防疫与检疫专业停止招生，新设动物医学专业。

2020 年 6 月，生物与制药技术系与生命科学技术系两系合并组建 "生命科技学院"。学院基本建成符合职业教育特色的专业课程体系和实践教学体系，积极探索和创新 "项目导向，学训交替" "产学研多主体" "学校＋企业＋技术中心" 等专业人才培养模式，并在畜牧兽医（宠物诊疗技术方向）专业和中药制药技术专业探索与实践了现代学徒制人才培养模式。

学院与江苏农牧科技职业学院共同主持教育部高职高专畜牧兽医专业资源库升级改造建设项目；完成了江苏食品药品职业技术学院、江苏农林职业技术学院和天津现代职业技术学院主持的三个教育部高职专业资源库的 4 个子项目课程资源建设；完成了自治区人力资源和社会保障厅组织的农林牧食品专业的 20 个工种的技能鉴定标准的制作并已经发布实施；修改制定了 107 门课的课程标准；43 个微课通过验收；完成并通过验收自治区级教育教学质量工程项目 48 项，编写完成培训教材 2 部。

（三）师资队伍

1. 生物与制药技术系

2006 年该系下设一个办公室和两个教研室（生物制药技术、园林技术）。2007 年该系又新增生物技术及应用专业教研室；有专职教师 20 人，其中正高级工程师 1 名、副教授 7 人、讲师 3 人，高级职称占比达 52.2%；具有硕士研究生学位的教师 9 人，在读博士 1 人；外聘教师 15 人，"双师型"教师 15 人；有校级教学名师 1 人，专业带头人 5 名（引进了 1 名、培养了 4 名），骨干教师 12 人；培育了自治区"313"人才 1 人，享受政府特殊津贴者 1 人。

截至 2015 年底，该系有教工 43 人，其中包括教授 6 人，正高级工程师 2 人，副教授 4 人，高级工程师 1 人，副研究员 1 人，双师素质教师 28 人；同时常年聘请区内外大型企业、医院的专业技术人员和医生 40 余名作为专业兼职教师，以强化学生专业技能的培养。

2. 生命科学技术系

动物科学系下设办公室、畜牧兽医教研室、水产养殖教研室。2008 年 5 月该系取消水产养殖教研室，新成立饲料与兽药教研室。该系设有畜牧兽医、动物防疫与检疫、兽药生产与销售、渔业综合技术 4 个专业；有专业教师 13 人，其中学科带头人 2 人，畜牧兽医专业骨干教师 5 人。另外该系还聘请了来自畜牧业企业生产第一线和高校有教学经验的校外兼职教师 17 人。为推动示范院校重点专业建设，提高教师职业教育能力，加速"双师型"师资队伍建设，自 2006 年建系以来，动物科学系先后派出 14 人次到新疆职业技术学院、杨凌职业技术学院、宁波职业技术学院等学校参观学习，专任教师中"双师"素质比例达到 50% 以上。该系选派骨干教师 1 名到西北农林科技大学攻读硕士学位，从企业引进专业带头人 1 名，骨干教师 1 名，专业课教师的整体实力得到显著提高。

截至 2015 年 12 月底，专、兼职教师由初期的 37 人增加到 46 人，其中专职教师由 12 人增加到 16 人，外聘兼职教师由 25 人增加到 30 人。专职教师中有教授 2 人、副教授 6 人、讲师 7 人；博士 1 人，硕士 9 人。该系有国家执业兽医师 4 人，国家级职业资格鉴定考评员 10 人，"双师型"教师比例达 85%。团队先后荣获"区级优秀教学团队""全区高校党建先进集体""区教学质量工程先进集体""全国职业教育先进集体"等荣誉称号和宁夏"9.10"教育奖状。该系教师荣获"全国五一劳动奖章""黄炎培职业教育奖个人奖"和"区优秀教师"等荣誉称号。

截至 2020 年，生命科技学院有教工 57 人，外聘 1 人。其中教授 8 人，研究员 2 人，正高级工程师 2 人；副教授 13 人，副研究员 1 人，高级讲师 1 人，高级实验师 1 人；讲师 18 人，助教 9 人。学院有博士 5 人，硕士 38 人；国家执业药师 6 人、职业兽医 5 人，国家级职业资格鉴定考评员 30 人，"双师型"教师比例达 85% 以上。学院有"工匠型"教师 6 人，同时常年聘请 60 多名区内外多家大型企业、农科院等有丰富实践经验的专业技术人员作为学院专业兼职教师，以强化学生专业技能的培养。通过团队建设，学院促进了教师理念更新和能力提升，先后获得国家教学成果二等奖 1 项、自治区教学成果奖特等奖 1 项和二等奖 1 项，自治区民族教学成果一等奖 1 项、三等奖 1 项；有校级技能大师 2 人。学院获得自治区首批教师创新教学团队、自治区优秀教学团队和教育厅五星级党总支荣誉。

（四）人才培养

1. 生物与制药技术系

该系自 2006 年 6 月建系以来，在校生人数从 2006 年的 168 人（生物制药技术专业 141 人，园林技术专业 27 人）发展到 2020 年的 603 人。在技能大赛方面，该系共获得国家级二等奖 7 个、三等奖 2 个；校级一、二、三等奖各 1 名；在宁夏回族自治区创业办承办的"全民创业，青年先行"活动中，1人进入6强。科技培训方面，该系依托自身专业优势和完善的实验实训条件，积极为社会提供技术开发与服务，大力开展职业技能培训，为宁夏工商职业技术学院培养教师13人，培养学生30人；为宁夏固原农业学校培养教师15人，共同培养学生26人；坚持送教下乡，服务"三农"，为永宁县培训农民工271人。该系努力为提高劳动者素质、促进就业，以及转移农村劳动力提供服务，通过以上措施不仅带动了同类院校的共同发展，也为区域经济的发展作出了应有的贡献。

2. 生命科学技术系

生命科学技术系有在校学生200多人，2006级畜牧兽医和渔业综合技术两个专业采用"2.5＋0.5"的人才培养模式，即2.5年，学生在校进行职业基础课和职业专业技术课程的学习，0.5年在校外实训基地顶岗实习。2006级该系学生就业率达100％。2007级采用"2.25＋0.75"的人才培养模式，即27个月，学生在校进行职业基础课和专业技术课程学习，3个月，学生在校外实训基地顶岗实习，6个月进行岗前预就业。2008级人才培养采用顶岗实习—就业为特征的"四段式"人才培养模式，根据本专业人才培养的特点，针对学生基本技能、专业技能、综合技能和岗位技能分别采取四种培养方式；采取学训交替、典型任务训练、综合岗位训练和顶岗实习-就业的方式，完成面向"四大养"（即牛、羊、猪、禽的饲养），具有"养、防、繁、销"能力的人才培养模式。

该系面对社会对专业的认识误区和招生困局，在加强招生宣传的同时，以提高人才培养和就业质量作为工作重心，2014年打通了与中职的衔接，开设"五年一贯制"畜牧兽医和食品加工专业大专班，拓宽了生源渠道和稳定招生预期，2015年在校学生人数超过1000人。由于专业设置与产业人才需求吻合度高，学生综合素质突出，该系的学生就业率始终保持在96％以上，毕业生中考入事业单位6人、三支一扶12人，良好的就业前景也带动了招生工作稳中有升。在技能大赛方面，该系主持完成国家畜牧兽医专业教学资源库项目建设任务，通过项目建设，促进了教师理念更新和能力提升，成果获得国家和宁夏教学成果奖二等奖和一等奖，宁夏职教信息化教学大赛三等奖两项，显著提升了社会影响力。在社会服务方面，2010—2015年期间，该系面向社会开展胚胎移植技术服务、饲料行业特殊工种的培训和技能鉴定，总计133人，培训生态移民140余人次。

二、宁夏葡萄酒与防沙治沙职业技术学院

（一）历史沿革

学院为自治区林业和草原局管理的副厅级事业单位，实行院党委领导下的院长负责制，内设7个副处级党政机构，分别是党政办公室、组织宣传处（挂纪检委、监察室牌子）、人事保卫处、计划财务处、教务处、学生处（挂学生工作部、招生与就业指导中心牌子）、发展与规划处；9个教学教辅机构，分别是水利工程系、环境与资源工程系、园艺工程系、葡萄酒工程技术系、风景园林系、中专部（挂宁夏生态工程学校牌子）、公共学科部7个教学机构和实验实训部、图书馆2个教辅机构。2020年，学院挂牌成立宁夏葡萄酒现代产业学院、宁夏枸杞现代产业学院。

（二）学科与专业设置

学院设有11个涉农专业，酿酒技术（葡萄酒方向）、园林技术、林业技术、设施农业与装备、园林工程技术、园艺技术、风景园林技术7个高职专业，园林技术、葡萄酒生产技术、现代林业技术、设施农业生产技术4个中职专业；2016年停招设施园艺专业；建有专业实训室26个，1个中国（宁夏）现代葡萄与葡萄酒公共职业技能实训中心，校外实习基地15个。

（三）师资队伍

截至2020年12月底，学院有教职工149人，在编人员115人，聘用人员34人，专职教师120人，其中，教授7人，副教授22人，讲师54人。学院具有硕士及以上学位的教师57人，其中博士

2 人，占专职教师人数的 45％；"双师型"教师 47 人，宁夏"国内引才 312 计划人选"1 人，入选宁夏"青年拔尖人才培养工程"3 人；自治区教书育人楷模 1 人，全国优秀教师 1 人。

（四）人才培养

截至 2020 年 12 月，学院共培养涉农专业大专毕业生 1880 人。毕业生遍布葡萄酒、枸杞产业，广泛分布在林业、园林、园艺相关产业公司，为推进发展自治区特色产业贡献了重要力量。学院共培养中专毕业生 570 人，超过 95％的毕业生选择升入相关专业大专层次继续深造。2020 年，学院在校学生 2406 人，其中，高职学生 1837 人，中职学生 569 人。

三、固原市职业技术学校（宁夏六盘山高级技工学校）

（一）历史沿革

1958 年 7 月，宁夏回族自治区人民政府正在筹备中，由宁夏回族自治区筹备委员会农业厅、文教厅联合行文，拟在固原回族自治州（当时隶属甘肃省）建立一所中等农业技术学校，承担培养农、林、牧、水等专业的中级农业技术、管理和推广人才的任务。8 月，学校正式成立，命名为"固原地区农业学校"（简称"固原农校"）。同年 10 月，宁夏回族自治区人民政府正式成立，自此，固原农校隶属自治区农业厅、文教厅直辖管理。

1962 年 3 月，根据自治区党委宁党发〔1962〕28 号文件关于减少城镇人口的有关精神，经固原地委第 11 次常委会议决定：农校停办，全部学生（包括应届毕业生）回所在公社大队参加农业生产劳动。4 月，学校落实会议精神，给应届毕业生颁发了毕业证，一、二年级学生颁发了肄业证明。教职工调离或改行。

1972 年 3 月，固原地区革命委员会根据《关于在固原地区建立一所农牧学校》（宁革发〔1972〕15 号）的文件批复，报请有关部门，自治区农业厅同意将"固原地区农牧学校"更名为"固原地区农业中等专业学校"，恢复学校的教育教学工作，校址设在固原县头营乡徐家河、原固原地区"五七干校"校址上，距固原县城 25 千米左右。

1983 年，自治区人民政府第八次常委会决定撤销固原地区农业机械化学校，成立"农校、机校并校领导小组"，召开了由行署领导和两校负责人参加的并校会议。随后固原地区行政公署签发了《关于农校搬迁、机校移交工作会议纪要》，学校开始迁校到原农业机械化学校校址办学。

1998 年以后，随着国家普通中专招生就业制度的改革，面对生源下滑和校舍破旧且布局结构极不合理状况，在各级党委政府的亲切关怀和大力支持下，新一届校领导的不懈努力，占地 180 亩的新校址于 2000 年开始动工兴建，2002 年 11 月终于建成了农校人梦寐以求的新校园，成为学校发展的新动力，结束了农校办学史上无合格校舍的历史。

现固原市农业学校（简称固原农校）是 2003 年固原市人民政府为了整合职教资源，做大做强固原市职业教育，由固原市农业学校、固原市财贸技工学校、固原市职业高级中学（部分教职工）三校合并组建的学校（保留三校校牌）。

2019 年 11 月根据自治区党委编委《关于调整固原市部分事业单位机构编制事项的通知》（宁编发〔2019〕23 号）和自治区党委编办《关于调整固原市及辖区部分事业单位机构编制事项的通知》（宁编办发〔2019〕97 号）精神，学校正式更名为"固原市职业技术学校（宁夏六盘山高级技工学校）"。

（二）学科与专业设置

学校设有农学、林学、畜牧兽医和农业水利水电 4 个涉农专业；建有农学专业实训室 3 个，园林专业实训室 6 个，畜牧兽医专业实训室 8 个，农业水利水电专业实训室 5 个，校外实习基地 89 个。

1. 设施农业生产技术（农学）专业

农学专业开设于1958年，是学校建校之初开设的四大专业之一，1962年因学校停办而中断。后经地委同意，固原农科所在泾源、海原自办了农学67届、农学68届两个农学专业班，固原农校复校后，经学籍认证，给毕业学生颁发毕业证书。1972年该校复校后，农学专业正常招生。自建校以来，农学（种植）专业为学校支柱专业之一，先后开设了农学、农作物、种植、农业技术推广、农产品贮藏与加工、农机修理、园艺、设施农业生产技术等专业方向。2011年7月15日，"设施农业生产技术"专业被教育部、人力资源社会保障部和财政部三部确定为"国家中等职业教育改革发展示范学校建设"重点支持建设专业。2011年起该专业因生源不足而停招，截至2013年，共有毕业生2065人。

2. 园林技术（林学）专业

固原市农业学校林学专业开设于1958年，是学校建校之初开设的四大专业之一，1962年因学校停办而中断，1972年复校后，于1984年学校恢复专业招生。林学专业为固原及银南地区林业及园林绿化事业培养了一大批优秀技术人才。截至2018年，该专业累计为社会培养林学专业普通中专毕业生812人；期间，受六盘山林业局委托，于1988年招收林业成人中专班1个，30名学生，毕业生目前大都成为六盘山林业局中层管理及技术岗位的骨干。根据国家招生分配制度改革的精神，该专业于1993年、1994年每年招收林果班（不包分配）1个，培养林果技术人才56人；1996年、1998年、1999年每年招收林业技工班1个，累计培养林业技工人才114名。另有一年制林学成人中专毕业生616人（含园林专业8名），该专业于2003年起停招。

2003年，根据就业市场前景分析，为适应城乡园林绿化事业对园林技能人才的需求，学校及时调整专业设置，暂停林业专业招生，开设园林专业并招生；截至2019年12月，累计为社会培养林学专业普通中专毕业生1498人，为社会培养园林中等技术人才674人，园林职高生619人。

3. 畜牧兽医专业

畜牧兽医专业1958年开始招生，1962年停止招生，到1974年又恢复招生。首届毕业生是1961届，到2001届共毕业1126人（其中1977、1978届两个班97人，1994、1995届两个自主择业班79人，2000、2001届两个养殖技工班72人）。1998年国家中专招生分配制度改革，毕业生自主择业，2002—2018届共毕业478人（含2003届草原班20人）。截至2020年，畜牧兽医专业毕业生共计1462人。

4. 农业水利水电专业

该专业群前身可追溯于1958年水利专业，现招生专业有水利水电工程施工、建筑工程施工和建筑装饰。

该专业群自1958年建校以来已为宁夏地区输送了近3000名毕业生；先后招收的专业有水利（1958年9月招生，1962年停止招生，高中毕业生，学制三年、中专）、农田水利工程（1979年9月恢复招生、高中毕业生，学制三年、中专）、水土保持（2000年9月招生，初/高中毕业生，学制二/三年、中专）、农业与农村用水（2003年9月招生初/高中毕业生，学制二/三年、中专）、建筑工程施工（2003年9月招生初中毕业生，学制三年、中专）、水利水电工程施工（2012年9月招生）、建筑装饰（2017年9月招生）；1990—1993年招收两年制水利技工班（不分配）；2015—2017年，招收建筑工程施工、水利水电工程施工五年制高级技工班。水利水电工程施工专业从2012年9月招生，截至2019年12月，毕业生共计1976人。

（三）师资队伍

1958年固原农校建校时，学校有教师19人，教师中大专学历6人，中专学历13人。到1983年，在固原农校与固原农机学校并校之前，学校有教师55人，教辅人员5人；教师中讲师8人，教员10人；未评定职称人员38人；大专毕业生36人，中专毕业经过培训的19人。1988年，教师和各类专业技术人员取得职称和受聘者75人，其中高级讲师7人，讲师23人，实验师1人；初级职称

49 人，其中助理讲师 33 人，其他的 16 人。

2003 年，学校与固原财贸技工学校和固原职业中学合并，形成了强大的教师团队，共有 166 人，其中有来自固原农校教师 92 人，固原财贸技工学校 48 人，固原职业中学 26 人。

截至 2020 年底，学校有在编教职工 202 人，编外聘用人员 49 人，专任教师 219 人。其中，高级讲师 86 人，"双师型"教师 146 人，本科学历 177 人，硕士研究生 30 人，硕士在读 2 人；全国教育系统先进教育工作者 1 人，全国模范教师 1 人，全国农业职业教学名师 2 人，"塞上名师" 1 人，"六盘名师" 1 人，市级学科带头人 7 人，市级骨干教师培养对象 5 人。有"殷建宝国家级技能大师工作室"和"王秉海自治区技能大师工作室"。

(四) 人才培养

学校坚持以服务经济社会发展为办学宗旨，完善政府主导、依靠企业、充分发挥行业作用、社会力量积极参与的集团化办学模式，本着"一切为了学生的学业，一切为了学生的就业"的思想，在校内着力强化实验场所和实训基地建设，建成有食用菌生产车间、特种动物养殖场、连栋日光温室等实训设施，对学生进行实际技能培训；在教学领域，开展"模块式"教学，实行"2＋1""1＋2""1.5＋1.5"校校联合、校企结合的学制，推行学分制教学模式，注重操作技能的培养，做到使学生持"双证"毕业，以提高广大学生适应社会的能力。与此同时，学校主动抢抓机遇，与福建、江苏、深圳、北京等外省（直辖市）30 多家企业建立了良好的实习、就业等联合办学模式，增强学生参与社会竞争的实力和机会。学校立足现有条件，进一步调整布局，优化结构，巩固传统优势专业，开发市场急需专业，着力培育新的特色专业；立足固原市、服务宁夏全区、辐射周边地区，面向生产、建设、管理、服务一线，培养德、智、体、美全面发展的技术娴熟的中等职业技能应用型专业人才。

"十一五"期间，学校分别在中国经济出版社、世界图书出版社、宁夏人民出版社、西南财经大学出版社、阳光出版社出版教材 16 部；承接自治区科研项目 8 项；在省部级以上刊物发表论文 40 余篇，获得市级以上奖励 10 项；2006—2010 年，先后举办各类培训班 628 余期，培训农业技术人员 12000 余人次，培训农民 19372 余人次。

"十二五"期间，学校分别在中国农业出版社、黄河出版传媒集团阳光出版社等出版教材 68 部；承接自治区科研项目 13 项；在省部级以上刊物发表论文 70 余篇，获得市级以上奖励 13 项；举办各类各级科技培训班 414 余期，共培训各类技术员 7000 余人次、农民 13715 余人次。

"十三五"期间，学校分别在南开大学出版社、黄河出版传媒集团阳光出版社等出版教材 23 部；承接自治区科研项目 9 项；在省部级以上刊物发表论文 179 余篇，获得市级以上奖励 38 项；举办各类各级科技培训班 243 余期，共培训各类技术员 4000 余人次、农民 8144 余人次。

四、宁夏农业学校

(一) 历史沿革

宁夏农业学校始建于 1949 年，是一所立足培养中等农业职业技术技能人才的中职学校，是教育部认定的宁夏首批全国重点中等职业学校，是"国家中等职业教育改革发展示范校"，"国防教育"特色学校，"国家级高技能人才培训基地"立项建设单位；教育部"第三批现代学徒制"试点单位；教育部首批"1＋X 证书制度"试点院校，自治区"互联网＋教育"试点学校。2005 年以来，根据自治区人民政府的决定，学校并入宁夏职业技术学院。2014 年，宁夏轻工业学校与宁夏农垦职工中专学校并入宁夏农校办学。2015 年 10 月，学校获教育部、人力资源和社会保障部（人社部）、财政部三部委批复成为"国家中等职业教育改革发展示范校"。学校先后被自治区扶贫办确定为"自治区职业教育扶贫示范基地"，被银川市科协认定为"科普示范基地""科普教育基地"。学校与宁夏职业技术学院合署办公，校园占地面积 1583 亩，校外另建有 508 亩综合实训农场。

（二）学科与专业设置

学校常年开设畜牧兽医、设施农业生产技术、农产品保鲜与加工、农业机械使用与维护、酒店服务与管理、机电技术应用、汽车运用与维护专业等 16 个专业。多年的沉淀，学校形成了以"农、工、商"为核心的三大专业群；拥有 4 个国家级重点专业、3 个自治区级骨干特色专业；建有现代农业综合实训基地（食用菌菌种研发中心、农产品深加工中心）、现代农业装备职业技能鉴定中心、现代电子商务职业技能实训中心，广泛开展培训鉴定、职教扶贫、产业帮扶等形式的社会服务工作。

（三）师资队伍

学校历来重视教师队伍的建设，紧盯新时期中职教育的特点，不断提高教师素质，通过"内培外引"，打造了一支专业结构合理，素质优良的"双师型"教学团队。截至 2020 年 12 月底，学校有教职工 130 人，专任教师 112 人，其中正高级讲师 3 人，高级讲师 48 人。学校研究生及硕士学位获得者 46 人，在读博士 4 人；建有校内实训基地 9 个，专业实验实训室 68 个；固定资产总值 10859.38 万元，其中教学科研仪器设备总值 4974.64 万元。

（四）人才培养

2006—2020 年，学校先后举办各类培训班 120 余期，培训农业技术人员及农民近 33932 人次，完成技能鉴定 21472 人次，专本科函授毕业生 2221 人；出版教材 28 部，承接自治区科研项目 4 项，发表省部级以上论文 110 余篇，获得市级以上奖励 64 项；获得全国职业院校技能大赛中职组二等奖 2 项、三等奖 3 项；参加全区技能大赛、信息化大赛等，荣获一等奖 4 人次，二等奖 6 人次，三等奖 9 人次；参加全国首届涉农中职学校信息化教学比赛，获得二等奖 1 项，三等奖 1 项；在全国大学生动物防疫职业技能大赛中荣获三等奖；代表宁夏第一次参加全国中职学校班主任基本功大赛，获二等奖 1 人次，三等奖 4 人次；在全区职业院校信息化教学比赛中，教师取得一等奖 1 项，二等奖 1 项，三等奖 3 项；在全国首届涉农中职学校信息化教学比赛中获得二等奖 2 项，三等奖 5 项；在全区职业院校教师教学能力大赛中获得一等奖 2 项，二等奖 2 项；专业教师共申报完成微课建设项目 16 项，并在全国微课大赛中获得一等奖 2 项，二等奖 3 项。

第十一篇

农业机械化

1996年至2000年6月，宁夏农机化管理实行自治区、地（市）、县（市、郊区）、乡（镇）四级管理。自治区级管理机构为自治区农业机械化总公司（副厅级），归属自治区农业厅领导，由自治区人民政府赋予管理全区农业机械化的行政管理职能，统管自治区农机鉴定技术推广站和自治区农机安全监理总站。

2000年3月15日，中共中央、国务院印发《中共中央国务院〈关于宁夏回族自治区党委机构改革方案〉和〈宁夏回族自治区人民政府机构改革方案〉的通知》（中组〔2000〕65号），撤销宁夏回族自治区农业厅、畜牧局、乡镇企业管理局和自治区农业机械化总公司，组建宁夏回族自治区农牧厅，农牧厅内设农业机械化管理局（正处级），赋予全区农业机械化的行政管理职能，统管自治区农机鉴定技术推广站和自治区农机安全监理总站。

1996年以后，宁夏农业机械化发展顺应宁夏农业的发展规律和趋势，由先进农业机械和智能化农业机械逐步替代半机械化农机具及人或畜力小型农机具。

宁夏回族自治区人民政府十分重视农业机械化工作，投入大量的人力、物力和财力，持续加强和推进自治区农业机械化事业。自治区各级农机部门坚持分类指导、重点突破的原则，加快农业机械的改制、创新、引进和推广步伐，加快农业机械化和农业机械装备产业转型升级，加大引进、试验、示范先进适用、行业急需的农机产品，大力推广农业机械化技术，严守农机鉴定关，严把安全生产关，使全区的农业机械化工作实现了由机械化与半机械化并重向主要农作物生产全程机械化的转变，农业机械化发展从低中级发展阶段迈进高级发展阶段，为宁夏农业生产的发展发挥了不可取代的作用，作出了不可磨灭的巨大贡献。

截至2020年年底，全区农机化管理机构有30个，其中自治区级机构3个，市级机构5个，县（区）级机构22个。市、县（区）的27个农机化管理机构均隶属市、县（区）级农业农村局管理，在22个县（区）级农机管理机构中，挂农机推广服务中心牌子的有16个，挂农机安全监理站（所）牌子的有6个。

第一章

农机装备和农机化水平

■ 第一节 农机装备

一、农机装备结构

1996 年，宁夏农机总动力发展到 255.986 万千瓦，发展速度高于全国。随着农民个体投资购买农业机械的积极性持续高涨，宁夏农机装备水平快速提升。2000 年，全区农业机械总动力达到 380.633 万千瓦，比 1996 年末农机总动力增长了 124.647 万千瓦，增长 48.69%，年平均增长 9.74%。大中型拖拉机、小型及手扶拖拉机、联合收割机的数量大幅增加，2000 年比 1996 年净增 39650 台（其中：大中型拖拉机净增 1107 台，小型及手扶拖拉机净增 37181 台，联合收割机净增 1362 台），5 年增长 1.3 倍。

2005 年，宁夏开始实施农机购置补贴政策，全区农机装备数量大幅增加。2005 年末，全区农业机械总动力达到 555.144 万千瓦，比 2000 年末农机总动力增长 174.511 万千瓦，增长 45.85%，年平均增长 9.17%。大中型拖拉机、小型及手扶拖拉机、联合收割机的数量大幅增加，2005 年比 2000 年净增 20475 台（其中：大中型拖拉机净增 8471 台、小型及手扶拖拉机净增 11502 台、联合收割机净增 502 台），5 年增长 1.1 倍。

2010 年，全区大中型拖拉机、复式作业机械和联合收割机台数增加速度较快，全区农机总动力不断快速提升。2010 年末，全区农业机械总动力达到 729.125 万千瓦，比 2005 年末增长了 173.981 万千瓦，增长 31.34%，年平均增长 6.27%。大中型拖拉机、小型及手扶拖拉机、联合收割机的数量持续大幅增加，2010 年比 2005 年净增 30162 台（其中：大中型拖拉机净增 14717 台、小型及手扶拖拉机净增 11303 台、联合收割机净增 4142 台），5 年增长 1.2 倍。

2015 年，全区大中型拖拉机、复式作业机械和联合收割机台数继续保持大幅增加。2015 年末，全区农业机械总动力达到 831.26 万千瓦，比 2010 年末增长了 102.135 万千瓦，增长 14%，年平均增长 2.8%。大中型拖拉机、小型及手扶拖拉机、联合收割机的数量持续大幅增加，2015 年比 2010 年净增 45817 台（其中：大中型拖拉机净增 25284 台、小型及手扶拖拉机净减 18665 台、联合收割机净增 1868 台），5 年增长 1.04 倍。

2020 年末，全区农业机械化总动力达到 644.09 万千瓦（表 11 - 1 - 1），比 2015 年末减少了 187.17 万千瓦。按照《宁夏回族自治区人民政府办公厅关于转发自治区编办等部门〈全区三轮汽车、低速载货汽车管理职能及编制和人员移交工作方案〉的通知》要求，2007 年 11 月，全区三轮汽车、低速载货汽车管理职能移交公安交通管理部门管理，但农机统计数据一直未进行变更调整。为做好农机化统计管理工作，准确掌握农机总动力数，从 2016 年起，全区农机化统计中对三轮汽车、低速载货汽车的农机总动力进行了剔除调整，不再进行统计。

表 11-1-1　宁夏历年农业机械总动力

单位：万千瓦

年份	农业机械总动力	年份	农业机械总动力
1996	255.986	2009	702.548
1997	288.432	2010	729.125
1998	316.183	2011	768.74
1999	377.934	2012	811.291
2000	380.633	2013	801.982
2001	407.623	2014	813.018
2002	447.513	2015	831.26
2003	486.339	2016	580.54
2004	528.493	2017	605.377
2005	555.144	2018	621.875
2006	592.197	2019	632.15
2007	629.779	2020	644.09
2008	657.846		

宁夏历年拖拉机拥有量、宁夏历年联合收割机拥有量见表 11-1-2、表 11-1-3。

表 11-1-2　宁夏历年拖拉机拥有量

单位：台

年份	拖拉机数量			年份	拖拉机数量		
	合计	大中型拖拉机	小型及手扶拖拉机		合计	大中型拖拉机	小型及手扶拖拉机
1996	123547	3667	119880	2009	201056	22121	178935
1997	132611	3588	129023	2010	207828	27962	179866
1998	135955	3620	132335	2011	216233	32085	184148
1999	153367	3897	149470	2012	220794	37837	182957
2000	161835	4774	157061	2013	223443	42602	180841
2001	167946	4887	163059	2014	216881	49098	167783
2002	175590	5734	169856	2015	214447	53246	161201
2003	174539	7534	167005	2016	212954	57303	155651
2004	181234	12084	169150	2017	215273	60500	154773
2005	181808	13245	168563	2018	211478	38640	172838
2006	185158	15207	169951	2019	213132	42142	170990
2007	185741	15414	170327	2020	213887	45586	168301
2008	191814	18752	173062				

表 11-1-3 宁夏历年联合收割机拥有量

单位：台

年份	联合收割机	年份	联合收割机
1996	327	2009	4983
1997	473	2010	6333
1998	634	2011	6014
1999	1346	2012	6876
2000	1689	2013	7844
2001	1856	2014	7570
2002	1996	2015	8201
2003	1994	2016	8677
2004	1955	2017	9008
2005	2191	2018	9356
2006	2718	2019	9632
2007	3095	2020	9780
2008	3374		

　　自治区农机行业相关统计数据显示，全区种植业机械、农产品初加工机械、畜牧养殖机械、渔业机械、林果业机械增长速度较快，农机装备呈现多元化发展趋势。

二、农机装备生产

　　自 1996 年以后，随着农村劳动力向非农产业转移，国家燃油补贴、农机购置补贴政策的实施，激发了社会资本投入农业机械化，农户购置农业机械发展农业生产的热情，宁夏农机装备结构不断优化，农机装备水平快速提升。宁夏一批本地农机生产企业也抓住机遇，得到了迅速发展，加快了宁夏农机装备制造业发展的历史进程。宁夏农机装备生产技术不断进步，农机产品种类迅速增多，尤其是在枸杞、葡萄和压砂瓜等特色优势产业等的农业机械化薄弱领域，宁夏先后引进和开发了一批替代人畜力生产和常规机械作业的半机械化农机具、复式先进实用和智能化程度较高的农机装备。这些农机装备的推广应用，有效替代了传统农机具和半机械化农机具的应用，促进了宁夏由传统农机装备向现代农机装备的转型。

　　1996 年，农业部开始在全国范围内组织大规模小麦跨区机收服务，加快了以小麦联合收割机为代表的先进实用农机具的推广应用。宁夏也围绕粮食上台阶的目标，鼓励农机生产企业积极推进适合地域特征的农机具研发。其中，平罗农机化公司、吴忠农机厂、贺兰盛达联合收割机厂先后仿制生产了 2BDFX-10 型小麦覆膜穴播机、5FY-96 型扬场风扇、4L-0.7 型/1.2/1.5 型履带式稻麦联合收割机。因小型履带式稻麦联合收割机可实现原地转弯，使用轻巧灵活，套种小麦机械化收割技术得以迅速推广。原宁夏柴油机厂与江苏常柴股份有限公司合资组建的常柴银川柴油机有限公司在第三年引入技术和名牌商标后，柴油机年批量生产可达到 10 万台，是西北最大的柴油机生产基地。

　　2000 年，全区农机生产企业已经初具规模，拥有农机制造企业 16 家，其中中卫农牧机械厂、吴忠农机配件厂、银川喷灌机厂、银川拖拉机厂、常柴银川柴油机有限公司等为区属骨干企业，生产的农业机械由农机具扩展到了小型动力机械和农用运输机械。全区应用的国内农机生产企业生产的各种型号农机具达 2000 多种，其中宁夏生产的农用动力机械主要包括单缸柴油机、手扶拖拉机、小四轮拖拉机；农用运输机械主要包括农用三轮车、农用挂车；耕整地机械主要包括平地机、旋耕机、筑埂机、铧式犁、起垄机、圆盘耙；饲料（草）加工机械：饲料粉碎机、铡草机；种植施肥机械主要包括条播机、点播器、穴播机、薯类播种机、小麦覆膜穴播机;收获机械主要包括脱粒机、割晒机、薯类挖掘机等;粮食初加工机械则有粮食清选机。尽管各类农业机械在这个阶段快速提升,农机科技不断进步,但仍有相当比例半机械化作业机械在农业生产中使用,发挥了很大作用,包括固原县农机管理技术推广站研发设计的 2BFX-3 型种肥分层畜力播种机、平罗县农机化公司生产的 2BTXR-2 型人力穴播机、吴忠农机厂生产的 2BTXR-2 型人力穴播机、青铜峡市农机修造厂生产的 2BX-3 型和 2BX-4 型畜力播种机、彭阳福利农机厂生产的 2BX-3 型畜力播种机、陶乐农机厂生产的农用手动水泵等。

2001 年,西吉县农机管理站研制开发了 4UX-1 型马铃薯畜力挖掘机,在西吉县马莲乡等多地试验示范,适合南部山区坡台地马铃薯挖掘作业,经过宁夏农机鉴定技术推广站农机产品推广鉴定后大面积推广应用。

2002 年,中卫农牧机械厂破产,银川拖拉机厂被兼并转产,宁夏不再生产手扶拖拉机。

2003 年,宁夏农机鉴定技术推广站在引进德国饲料甜菜专用切块机的基础上,改制出适合民用两相电的甜菜切块机。但随着宁夏农业结构调整和宁夏糖厂的破产,甜菜种植面积急剧萎缩,该机型未能量产。除此之外,吴忠市无线电厂生产出圆盘耙,陶乐县农业机械厂生产出 9ZC-9 铡草机,灵武新华农机修造厂生产出铧式犁和圆盘耙。

2004 年,宁夏农机鉴定技术推广站与山东省高密市益丰机械有限公司合作研发了 9GPZ-45 型手扶式坡地自走割草机和悬挂式双圆盘割草机,适合宁夏南部山区坡台地苜蓿收割。虽然该机型在地区适应性和可靠性上还需进一步提升改进,但能有效缓解宁夏南部山区苜蓿依赖人工收割的问题。同年,宁夏研制生产的农机新产品还有:平罗县陶乐农业机械厂生产的 9ZC-6 铡草机、9-250 颗粒饲料压制机;宁夏灵武市梅源公司生产的 9FQ-40 和 9FQ-50 锤片式饲料粉碎机、9ZC-1 和 9ZC-2 铡草机、9ZF-4、9ZF-6 和 9ZF-10 青贮机铡草机;永宁县望远建明农具厂生产的 2BY-1 型多功能玉米施播机;宁夏吴忠雄鹰农机制造有限公司生产的 2BMY-3 和 2BMY-4 型免耕玉米播种机,9ZFN-60、9ZFN-40 和 9ZN-4 柠条铡粉机械;宁夏银川市昌鑫车辆厂生产的 7YDP-300 农用助力电瓶三轮车、7YQ-400 农用汽油载货三轮车;固原市通用机械有限责任公司生产的 9ZP-0.4 型两相电铡草机;青铜峡大众农机厂生产的 5TJ-700 稻麦脱粒机;吴忠洪兵机械厂生产的 9ZC-2.4 和 9ZC-4 铡草机。

2005 年,宁夏开始实施农机购置补贴政策,在补贴政策的推动下,全区农业机械化进入了快速发展时期,农机产品开发热情空前高涨。农机产品开发种类从常规圆盘耙、条播机、脱粒机、农用挂车、饲料粉碎机、铡草机等拓展到覆盖大田粮食作物的耕种管收和特色产业关键环节的机械化作业机具。

2006—2010 年,宁夏区内开发和生产农机具主要以常规作业机械为主,主要有:中卫市金虎机械制造厂、中卫市生明机械制造厂研发生产的 1.4～3.4m 幅宽的圆盘耙;宁夏梅源农牧机械制造有限公司、吴忠雄鹰农机制造有限公司、吴忠浩森机械制造有限公司研发生产的 4U-800 型/1000 型薯类挖掘机和 2CM-2/1 型马铃薯种植机;宁夏新大众机械制造有限公司、中卫市永康珠元农机有限公司、中卫建锋机械生产的 5T-90 型机动稻麦脱粒机、9HLP-800 型/1000 型/2000 型立(卧)式饲料混合机;陶乐农机修造厂研发生产的 9KW-15 型颗粒饲料压制机;灵武耘杰农业机械厂生产的 1.2～3m 幅宽旋耕机;平罗县金天一吸塑包装有限公司生产的 DPY28 系列水稻育秧盘等。青铜峡市民乐机械有限公司研制生产了适合小麦玉米间套作的单行人畜力玉米点播机,后因玉米精量播种技术的推广应用,逐步被淘汰。此后,宁夏区内农机生产企业不再生产以人畜力为动力的农机具。2008 年,全区农机工业稳定从业人员约有 545 人,多数企业员工人数不足 50 人。全区农机工业总产值约 1 亿元,其中:组装小四轮拖拉机产值 1000 万元、组装单缸柴油机产值 6000 万元,地方加工制造的农机工业产值实际为 3000 万元左右。

2012 年,宁夏通过招商引资引进宁夏威骏农业装备有限公司,生产 50～100 马力*拖拉机,但因国内动力机械市场竞争激烈,一直未能打开市场。同期,随着宁夏区内和周边省(自治区)畜牧业的

---

* 马力为我国非法定计量单位,1 马力＝0.735 千瓦。——编者注

发展，畜牧养殖机械开始占据主要市场，陶乐农机修造厂、固原通用机械有限公司、吴忠同发机械有限公司、吴忠洪兵机械有限公司、中卫市永康珠元农机有限公司、吴忠车辆厂、中卫建锋机械、宁夏梅源农牧机械制造有限公司、吴忠雄鹰农机制造有限公司、海原县农机修造厂纷纷转产畜牧养殖机械，生产的 40 型、40/28 型、50 型饲料粉碎机，5TY-55 型玉米脱粒机，以及生产效率分别为 0.4 吨、1 吨、1.5 吨、2.4 吨、6 吨、9 吨的铡草机，各类立式、卧式饲料搅拌机畅销区内及周边省（自治区），高峰时部分农机企业日生产饲料粉碎机近百台。

2012—2015 年，随着宁夏全区农业特色优势产业发展规模不断加大，区内开发和生产的农机具逐步转型为特色产业急需的机械装备。主要有：中卫建锋机械有限公司生产的 2FX-1.4 型松砂施肥机；宁夏风霸机电有限公司、宁夏普利特新能源开发有限公司研发生产的 TGSD-30W 型太阳能频振杀虫灯、3PLT-10/15 型太阳能频振杀虫灯，宁夏禾禾农机有限公司生产的 3PMT-100 葡萄埋藤机；宁夏金浩源工贸有限公司、宁夏新明珠纺织有限公司、银川顶上盛夏农业技术有限公司、银川阳光绿旺温棚设备有限公司、银川玉宁保温制品有限公司、永宁县望远镇鲁宁温棚保温设施加工厂生产的 10BW 系列温室保温被；宁夏万仕隆冷冻科技股份有限公司研发生产的 GK105 型组合冷库，宁夏新大众机械有限公司研制生产的 9HLZ-5000 饲料搅拌机等。宁夏区内农机生产企业总量达到了 25 家，农机产品研发生产能力涉及主要粮食作物耕种管收全过程和特色优势产业主要生产环节，其中由宁夏智源农机装备制造有限公司、中卫天元锋农业机械制造有限公司等区内农机生产企业生产的激光平地机远销新疆、甘肃等地，使激光平地机实现了国产化应用，销售价格也从最初的 13 万元下降到 4 万～5 万元。

2016 年，宁夏积极推进智能农机在农业生产中的应用，在宁夏原种场建设了综合智能农机示范园区，引进卫星平地机 2 套，在 13 台拖拉机上安装车辆监控系统和人工辅助驾驶导航系统，在深松机上安装深松监测系统 5 套，建成智能农业指挥中心 1 个，无线传输气象站 1 座，土壤环境观测系统 1 套；在灵武市建设了综合智能化生产示范园区，建设智能化农机作业指挥中心 1 座、固定基站 1 座、农机作业综合监管与服务系统 1 套、北斗农机自动导航驾驶系统 2 套、深松作业监控系统 1 套、深翻作业监控终端 22 套、播种作业监管终端 1 套、植保机作业监管终端 1 套、打捆作业监管终端 18 套。宁夏农机逐步由传统农机向智能农机迈进。

2017 年，宁夏区内农机企业生产的产品逐步向信息化农机产品方向发展。平地机开始采用卫星接收信号，林果株行间除草开始采用自动避障装置，全混合日粮制备机（TMR）开始加装自动称重设备，深松机、铧式犁等开始加装监测传感装置。2017—2020 年，区内农机生产企业生产的智能化农机装备主要有宁夏智源农业装备有限公司、宁夏力丰农机制造有限公司、中卫天元锋农业机械制造有限公司生产的各种幅宽的卫星平地机；宁夏智源农业装备有限公司生产的 3MTX-70 型葡萄埋藤机、3CHZD-1.8 型林果行株间单边除草机、3CZD 型林果株间单边除草机、3CZZ 型林果株间直刀除草机、3CH-3 型林果行间调幅除草机、3CZS-3 型林果株间双边除草机；宁夏新大众机械有限公司生产的 9JGL-5 全混合日粮制备机、9JGW-5 全混合日粮制备机。

2018 年 12 月 21 日，国务院办公厅发布了《关于加快推进农业机械化和农机装备产业转型升级的指导意见》（国发〔2018〕42 号），提出了"我国农业生产已由主要依靠人力畜力转为主要依靠机械动力，进入了机械化为主导的新阶段"的重要判断，明确了农业机械化已进入了引领农业生产方式的新时期。2019 年 7 月 16 日，宁夏回族自治区人民政府办公厅印发了《关于加快推进农业机械化和农机装备产业转型升级的实施意见》（宁政办发〔2019〕44 号），从 21 个方面明确了加快推进农业机械化和农机装备产业转型升级的具体目标和措施。自此，宁夏农机装备开始加速向高端、智能、复式作业机械转型升级。

三、农机市场

1996—2003 年，国有农机公司改制重组，国有经济成分逐步退出农机流通企业，股份制和民营农机流通企业逐步兴起并不断发展壮大。

2005—2008年，2005年银川市西北农资城建成，全区较大的农机流通企业集中于该市场。随着农机购置补贴政策的实施，宁夏农机市场进入黄金发展期。宁夏农机流通企业重点解决全程机械化过程中从无到有的问题。股份制和民营农机流通企业承担了宁夏及周边地区农机产品的供应主渠道任务，有效地满足了农民用户选机、购机的需要。

2009—2017年，宁夏农机市场的农机产品销售逐步形成以农机流通企业（经销商）经销和代理为主体的营销体制。经销商分为一级代理、二级代理等。以生产企业为起点，通过农机流通企业（经销商）这一中间流通环节，流向需要购买农机的农民、农机大户、农机作业服务公司、农机合作社、家庭农场等。农机流通企业的实力和规模得到快速发展。2013年，宁夏常宁农业机械有限公司、宁夏吉峰同德农机汽车贸易有限公司、石嘴山吉峰金辉农机汽车有限公司荣获中国农业机械工业协会和中国农业机械流通协会推荐的AAA级信用等级的农机流通企业。

2017年，银川市西北农资城、宁夏昊昇农机汽车城、固原市农资城、吴忠市利通区北方农资城、石嘴山农机农资城、青铜峡市成泰农机市场已具有一定规模和影响力，成为宁夏农机主要流通市场。销售的国内农机企业产品品牌有中国一拖"东方红"、福田雷沃、五征和常发等众多品牌；国外农机企业产品品牌有约翰·迪尔、凯斯纽荷兰、德国雷肯、克拉斯、久保田、井关农机等。大型拖拉机、联合收割机等先进农机装备数量快速增长。全区农机市场总交易额超过5.1亿元。

2018—2020年，农机流通企业有85家，其中，宁夏吉峰同德农机汽车贸易有限公司和宁夏润通达农业机械有限公司销售额在2亿元以上；宁夏常宁农业机械有限公司等销售额在1亿元以上。2020年宁夏农机市场总交易额近10亿元。

第二节　农机化水平

1996年，全区机耕面积为632.97万亩，占总耕地面积的51.9%，机耕水平为51.87%，低于全国平均6个百分点；机播面积为519.95万亩，占总播种面积的35.4%，机播水平为35.45%，高于全国平均水平14个百分点；机收面积为66.72万亩，占播种面积的4.55%，机收水平4.55%，低于全国平均水平7.5个百分点。

2020年，全区主要农作物耕种收综合机械化水平达到80%，高于全国9个百分点以上。其中，全区机耕面积为1612.6万亩，占总耕地面积的89.5%，机耕率为94.15%，高于全国8.66个百分点；机播面积为1348.67万亩，占总播种面积的83.6%，机播率为76.57%，高于全国17.59个百分点；机收面积为1115.54万亩，占播种面积的63.35%，机收水平64.71%，与全国持平。宁夏历年农机化水平见表11-1-4。

表11-1-4　宁夏历年农机化水平

年份	年末耕地面积（万亩）	农作物总播种面积（万亩）	机耕程度		机播程度		机收程度	
			机耕面积（万亩）	占总耕地比例（%）	机播面积（万亩）	占播种面积比例（%）	机收面积（万亩）	占播种面积比例（%）
1996	1219.5	1467	632.97	51.9	519.95	35.4	66.72	4.55
1997	1906.5	1467	650.12	34.1	564.33	38.5	89.16	6.08
1998	1912.5	1504.5	690	36.1	581.82	56.6	106.76	7.1
1999	1920	1546.5	740.64	38.6	618.59	40	121.19	7.84
2000	1939.5	1536	732.48	37.8	613.49	39.9	155.03	10.09
2001	1948.5	1471.5	774.24	39.7	647.46	44	149.06	10.13
2002	1818	1618.5	784.74	43.2	659.99	40.8	145.5	8.99

（续）

年份	年末耕地面积（万亩）	农作物总播种面积（万亩）	机耕程度		机播程度		机收程度	
			机耕面积（万亩）	占总耕地比例（%）	机播面积（万亩）	占播种面积比例（%）	机收面积（万亩）	占播种面积比例（%）
2003	1678.5	1693.5	804.9	48	617.82	36.5	109.08	6.44
2004	1657.5	1737	793.5	47.9	601.5	34.6	136.2	7.84
2005	1671	1648.5	788.5	47.2	594.8	36.1	180.51	10.95
2006	1674	1663.5	764	45.6	600	36.1	311	18.7
2007	1675.5	1791	908.5	54.2	620.1	34.6	240	13.4
2008	1692	1798.5	1021.11	60.3	831.8	46.2	373.38	20.76
2009	1704	1807.5	1160.07	68.1	875.1	48.4	482.1	26.67
2010	1702.5	1809	1235.37	72.6	968.7	53.5	572.52	31.65
2011	1699.5	1809	1268	74.6	1000.4	55.3	684.18	37.82
2012	1929	1764	1294.38	67.1	1024.71	58.1	776.46	44.02
2013	1926	1720.5	1334.7	69.3	1064.66	61.9	804.9	46.78
2014	1933.5	1690.5	1351.2	69.9	1027.55	60.8	830.96	49.15
2015	1939.5	1698	1377.74	71	1066.88	62.8	869.4	51.2
2016	1938	1678.5	1362.32	70.3	1076	64.1	882.68	52.59
2017	1939.5	1699.5	1419.48	73.2	1104.36	65	933.15	54.91
2018	1954.5	1747.5	1398.48	71.6	1076.22	61.6	915.6	52.39
2019	1938	1729.5	1496.9	77.2	1160.58	67.1	1019.86	58.96
2020	1801.5	1761	1612.60	89.5	1348.67	83.6	1115.54	63.35

■ 第三节　农机社会化服务

农机社会化服务作为农村经济体制改革和市场经济发展的必然产物，是传统农业向现代农业转化的关键要素之一。宁夏自1974年开始建设农机化服务体系以来，农机服务组织、农机户、农机专业户迅速发展。1996年，全区建成乡（镇）农机作业服务组织29个，建立村农机作业服务组织357个，农机户发展到152199户，其中农机专业户有23230个，乡村农机人员有172287人。

2000年，宁夏各地认真贯彻农业部《农机化跨区作业管理办法》，按照"加强管理，优化服务，规范市场，有序流动"的方针，加强组织协调，密切部门协作，优化配套服务。跨区作业的范围不断扩大，已由小麦的跨区（县）机收扩展到水稻的跨区（县）机收，并延伸到机耕、秸秆打捆等其他专业化服务。

2003年10月，中共十六届三中全会发布的《中共中央关于完善社会主义市场经济体制若干问题的决定》中明确：支持农民按照自愿、民主的原则，发展多种形式的农村专业合作组织，为建立农机社会化服务组织指明了方向。2004年11月1日，《中华人民共和国农业机械化促进法》对农机作业服务组织进行了明确的规定：国家鼓励和支持农民合作组织使用农业机械，提高农业机械利用率和作业效率，降低作业成本。农民、农业机械化组织可以按照双方自愿、平等协商的原则，为本地或外地的农民和农业生产经营组织提供各项有偿农业机械作业服务，有偿农机作业应当符合国家或者地方规定的农业机械作业标准。

2003年8月，宁夏党委、政府出台《关于引导和扶持农村专业合作社发展的意见》，提出了扶持农民专业合作社发展的指导思想、基本原则和工作着力点。宁夏农机部门印发了《关于进一步加快农机专业合作组织发展的意见》，积极争取资金，引导农机专业合作组织发展。自2004年以后，宁夏相继颁布实施了《宁夏回族自治区农机化促进条例》《宁夏回族自治区农业机械安全监督管理条例》，宁夏农牧厅、财政厅等单位联合下发了《推进农民专业合作社发展的扶持意见》，并制定了自治区农民专业合作社"十一五"发展规划。2004年，全区各级农机部门充分利用农机购置补贴政策，优先对专业合作社购置农机具给予补贴，除享受国家30%的农机购置补贴比例外，区财政再给予10%～20%的累加补贴，具体对农机化示范园区、农机或农业合作社、农机作业服务公司购置所需农机具，在国家补贴的基础上再累加补贴20%。宁夏农机主管部门争取自治区财政专项资金对农机作业服务公司新建的机具库棚，以"以奖代补"的形式给予补助。至2004年，全区县级农机服务组织有26个，乡（镇）以下农机服务组织有253个，农机户有310682户，其中农机专业户有47419户，乡村农机人员有347333人。

2006年，全国农业工作会议农机专业会议对加强基层农机推广体系的建设工作进行了部署，提出推进农机产业化发展与创新，逐步形成以县、乡为农机服务组织和作业队伍为依托，以中介组织为纽带，以农机大户为龙头的、功能齐全的农机化服务网络，全面推进农机服务产业化进程。2007年7月1日《中华人民共和国农民专业合作社法》施行，使农机服务组织能够作为独立的经济实体在农村经济中发挥作用，有效促进农机服务组织的迅速发展。宁夏各地依据各项相关法律法规和政策，逐步规范和加强农机合作社运行机制，为农机合作社发展提供了法律依据。2007年全区成立农机社会化服务组织72个。

自2009年起，宁夏农机主管部门按照组织规模化、运作企业化、服务市场化的运行方式，积极引导农机大户、农机合作社将农机作为资产经营，提升组建农机作业服务公司，共组建农机作业公司6家。自此，宁夏形成了主要以农机作业服务公司、农机专业合作社（协会）、农机作业大户为主体的农机社会化服务组织体系。

截至2011年底，宁夏共有农机社会化服务组织291个，其中，农机专业合作社（协会）有258个，农机专业合作社社员达6230人，从业人员达到9257人，专业技术人员有1020名，农机具有20829台（套），资产总额为43765.7万元；农机作业服务公司有33家。宁夏形成了"土地流转""土地托管""订单服务""菜单式服务""跨区服务"等服务模式，作业服务面积712.3万亩，服务农户数量达到198614户，农机化服务收入21170.5万元，服务领域从主要粮食作物生产的耕、种、管、收开始向经济作物、畜禽水产养殖等领域扩展。

为了加强对农机作业公司的规范化管理，宁夏农机主管部门先后出台了《关于加强农机作业服务公司建设管理的意见》；制定了《农机作业服务公司年度考核和安全生产监督管理办法》。2011年11月，宁夏农牧厅农业机械化管理局印发了《宁夏农机作业服务公司星级评定办法》，加快培育经营上规模、运行上水平的规范化农机作业服务公司，推进农机社会化服务。

2012年5月，宁夏农机主管部门在全区开展了农机作业公司星级评定工作，共有14个农机作业服务公司申请评星定级，其中：通过考核验收的有11家，新成立、未经考核验收的有3家；申请三星级的有10家，申请一星级的有2家，没有明确申请星级等级的有2家。至2012年底，宁夏共有农机社会化服务组织304个，社员人数有6530人，从业人员达到9278人，专业技术人员达到1150人，农机具有21329台（套），资产总额为48760.7万元。2012年，全区农机服务组织作业服务面积为730.4万亩，服务农户数量达到238614户，农机化服务收入为24170.5万元。

2013年底，全区农机社会化服务组织有337个，农机专业服务组织资产总额达到14.7亿元。其中，农机专业合作社（协会）有240个，包括农机大户联合型152家、村干部和能人带动型55家、乡村集体作业组织改制型27家、龙头企业领办型6家；入社社员户数为6788户，服务农户39万余户，拥有机具30483台（套），其中包括大中型拖拉机3118台，联合收割机械1359台，水稻插秧机612台，资产总计3.9亿元。2013年宁夏农机作业服务面积为721.5万亩；农机作业服务公司有52家。

2013—2020 年，宁夏持续培育农机社会化服务组织，按照总量适宜、布局合理、管理运行机制健全、装备设施完善、规模服务效益显著的要求，积极推进农机社会化服务组织培育和建设工作，积极引导农机作业服务组织开展土地托管、合同订单作业、"一条龙"作业服务等农机服务模式，实现农业生产规模化、标准化。

截至 2020 年底，宁夏共培育农机社会化服务组织 493 个。其中农机专业合作社 357 个，农机作业服务公司 136 家；拥有农机原值 50 万元（含 50 万元）以上的农机专业合作社达 298 个；拥有农机原值 100 万元以上的农机专业合作社 144 个。农机户规模保持稳定，乡村农机从业人员为 34.2 万人，2020 年农机作业服务收入为 24.68 亿元，各类农机社会化服务组织作业面积达 700 多万亩，已成为宁夏农业社会化服务中最具活力的市场主体。2020 年宁夏三星级农机作业公司有 50 家，二星级农机作业公司有 31 家。

■ 第四节　农机购置补贴

2005 年，中央农机购置补贴政策在全国全面实施。宁夏开始实施国家农机购置补贴政策，当年落实农机购置补贴专项资金 900 万元，其中中央补贴资金 300 万元，自治区财政配套资金 600 万元，重点在各市、县（区）及农垦系统对动力机械、播种机械、耕整地机械、收获机械等农业机械进行补贴；中央资金最高补贴 30%，单机最高补贴额不超过 3 万元，一户农民或一个农机服务组织年度内享受补贴的购机数量原则上不超过 1 套（4 台，即 1 台主机和与其匹配的 3 台作业机具）。全区共计补贴购置各类农业机械 8536 台（件），其中大中型拖拉机 355 台、联合收割机 154 台、水稻插秧机 35 台、耕整地机械 300 台、饲料加工机械 7692 台（件）；总购置资金 4541.2 万元，拉动农民投资 3641.2 万元，资金拉动比例达 1∶4.5，政策惠及全区 19 个县（市、区）7575 户农民和 12 个农机服务组织。

2006—2007 年，中央和自治区安排农机购置补贴资金 4000 万元，全区共计补贴购置各类农业机械 21310 台（件），受益农民户数为 20005 户，受益组织达 39 个。

2008 年，中央和自治区财政安排宁夏农机购置补贴专项资金共计 4200 万元，比上年增长了 68%，自治区农牧厅制定了《农机购置补贴工作纪律》和《农机购置补贴供货及验收办法》等。在中央和自治区补贴政策的带动下，各县（区）也加大了对农机化的投入，青铜峡市、西吉县分别投入 50 万元、60 万元，在中央和自治区补贴基础上进行累加补贴。全区全年补贴各类农业机械 18842 台（套），受益农户和农机合作社达到 1.5 万户。

2009 年，在农机购置补贴政策实施过程中，宁夏回族自治区始终坚持向农业主导产业、农机化示范园区、农机专业合作组织倾斜的原则，并将农机购置补贴政策同农机化项目进行捆绑，同安全监理结合，实行项目化管理；配合审计署对宁夏农机补贴进行了检查，细化了《农机购置补贴考核验收办法》《农机购置补贴供货及验收办法》等。宁夏回族自治区先后建立了农机购置补贴半月报、责任追究倒查、补贴机具编号管理规则等制度，严格实行补贴机具目录招标选型制、补贴政策公示制、补贴资金集中支付制、项目管理监督制和工作成效考核制 5 项制度。全区落实农机购置补贴专项资金 1.8 亿元，共补贴各类农业机械 5 万多台（套），实施范围覆盖全区 22 个县（市、区）和 14 个国有农场，受惠农户户数达到 5 万多户。

2010—2012 年，宁夏购机补贴资金持续加大，共落实购机补贴资金 6.24 亿元，共补贴各类农业机械 16 万多台（套），实施范围覆盖全区 22 个县（市、区）和 14 个国有农场，受惠农户户数达 15 万多户。

2013 年，全区落实农机购置补贴专项资金 2.2 亿元，补贴各类农业机械 36816 台（套），实施范围覆盖全区 22 个县（市、区）和 14 个国有农场，受惠农户户数达 2 万多户。宁夏积极推进补贴操作方式的创新完善，在石嘴山市开展农机购置补贴方式创新试点，资金结算由省级变为县级，补贴方式由"厂商结算"变为"直补到卡";深入开展农机购置补贴政策落实延伸绩效考核工作,建立农机购置补贴廉政风险防控机制。

2014—2015年,全区落实农机购置补贴专项资金5.04亿元,补贴各类农业机械8.59万台(套),实施范围覆盖全区22个县(市、区)和14个国有农场,受惠农户户数达4.34万多户。宁夏加大对马铃薯、玉米等重点农作物和植保、移栽、牧草收获等机械设备补贴力度,发挥购机补贴政策引导、激励作用,优化农机装备结构;积极推进操作方式创新,在全区全面推行"全价购机、县级结算、直补到卡"运行模式。

2016年全区落实农机购置补贴专项资金2.469亿元,对马铃薯生产机械、植保、覆膜、残膜回收、TMR等薄弱环节以及农机作业服务公司购机进行累加补贴;在宁夏农业机械化信息网农机购置补贴专栏设置了补贴资金使用、补贴情况公开和补贴机具实时查询系统,建立了全区规范统一的县级农机补贴公开专栏;在全区开展先购机后补贴方式,简化工作程序,方便农民办理;全面推行"去经销商"版农机购置补贴辅助管理系统;加强监管,规范实施,做到"见人、见机、见票"和"人机合影、签字确认",并对补贴额较高和供需矛盾突出的重点机具进行复核检查,确保补贴资金安全运行。全区共补贴各类农机具2.3万台(套),受益农户户数达1.47万户。

2017年,全区共落实农机购置补贴资金1.8749亿元,补贴政策覆盖全区所有县(区)和国有农场;共补贴各类农机具1.7万台(套),带动农民直接投资6.36亿元,受益农户户数达1.13万户。

2018年落实农机购置补贴资金1.746亿元,实施范围覆盖全区22个县(市、区)和农垦系统。在政策实施过程中,宁夏坚持"自主购机、定额补贴、先购后补、县级结算、直补到卡"运行模式,全区全面推广使用农机购置补贴手机App,全区共补贴各类农机具16059台(套),带动农民直接投资6.84亿元,受益农户户数达12373户。宁夏落实农机购置补贴延伸绩效考核,宁夏回族自治区农牧厅农业机械化管理局被农业农村部被评为2017年度落实强农惠农政策(农机购置补贴)延伸绩效管理优秀单位。

2019年,宁夏落实农机购置补贴专项资金1.265亿元,利用自治区农机补贴资金,对马铃薯生产机械、高效植保、残膜回收、TMR等薄弱环节以及农机作业服务组织购机进行累加补贴;启用了农机购置补贴产品自主投档平台,自动抓取鉴定平台相关信息,便利企业对参与购置补贴的机具信息实行网上投送;推进农机安全监理系统与农机购置补贴辅助管理系统、鉴定平台互联互通,实现已办牌证和已核准补贴的机具信息及时准确相互推送。全区共补贴各类农机具16477台(套),带动农民直接投资4.96亿元,受益农户12419户。落实农机购置补贴延伸绩效考核,宁夏回族自治区农业农村厅被农业农村部评为2018年度落实强农惠农政策(农机购置补贴)延伸绩效管理优秀单位。

2020年宁夏落实农机购置补贴专项资金1.7246亿元,利用自治区农机补贴资金,对马铃薯生产机械、高效植保、残膜回收、TMR等薄弱环节以及农机作业服务组织购机进行累加补贴;升级推广使用农机购置补贴App、二维码辅助管理系统、物联网辅助系统三合一项目,开展与作业量挂钩的补贴方式,对轮式拖拉机、谷物联合收割机、玉米联合收割机、青(黄)饲料收获机等机具实行实时作业监测。全区共补贴各类农机具31862台(套),带动农民直接投资12.3亿元,受益农户户数达21262户。

第二章

农机化技术推广

■ 第一节　农机化技术推广机构

一、历史沿革

自 1996 年以来，宁夏农机化技术推广机构相对稳定。宁夏设有农业机械化技术推广站，承担农业机械化技术推广与农机鉴定工作，各市、县区均设有农业机械化技术推广站。

2000 年，根据中央机构编制委员会《关于省级党委机构改革的意见》（中编发〔1999〕5 号）和《中共中央、国务院关于地方政府机构改革的意见》（中发〔1999〕2 号）的要求，宁夏回族自治区党委、人民政府印发《中共宁夏回族自治区委员会机构改革方案》和《宁夏回族自治区人民政府机构改革方案》。按照方案要求，宁夏回族自治区不再保留农业厅、畜牧局、乡镇企业局，三厅合并组建宁夏农牧厅，内设宁夏农机鉴定技术推广站，承担技术推广与农机鉴定工作。

2000—2006 年，在自治区级机构改革完成后，市县级机构改革随之开始。在这个阶段，市县级农机部门除了青铜峡市保留农业机械化管理局，同心县、西吉县、泾源县、灵武市、惠农区农业机械化推广服务中心与农机安全监理站单设，兴庆区、金凤区、西夏区、永宁县、贺兰县为农机安全监理站外，各市、县（区）改革后的农机部门均将农机推广、农机监理职能合并，名称统一为农业机械化技术推广服务中心。这期间，由于 2000 年宁夏设立红寺堡开发区，成立了红寺堡开发区农业机械管理站，隶属开发区经济发展局。2004 年，中卫县撤县设市，原中卫县农业机械化管理局升格为中卫市农业机械化管理局，后更名为中卫市农业机械化推广服务中心。

2007 年，在宁夏编办对事业单位"九审定"过程中，将宁夏农机鉴定技术推广站更名为宁夏农业机械化技术推广站，将宁夏畜牧站牧业机械科职能划入宁夏农业机械化技术推广站，人员编制数由 38 人增加到 42 人，内设科室增加为 6 个，承担农业机械化技术推广、农机产品研发、农机试验鉴定、农机化技术培训和农机化服务咨询职能。

2009 年，国务院批复设立了吴忠市红寺堡区，将红寺堡农业机械管理站并入红寺堡区农林水牧综合服务中心，承担农机化技术推广职能。

2010—2013 年，农业部提出农机农艺融合发展思路，技术集成逐步成为行业发展的共识。这期间，石嘴山市、中卫市先后在事业单位改革中将农业机械化推广服务中心并入农业技术推广服务中心。

2014 年，原正科级建制的青铜峡市农业机械化管理局并入青铜峡市农牧和科学技术局，农机化推广服务职能并入青铜峡市农牧和科学技术局局属副科级事业单位青铜峡市农业技术推广服务中心。自此，全区市县级农业机械化管理局全部并入农（牧）业局，名称统一为农机（农业）技术推广服务中心，2019 年后归农业农村局管理。

二、队伍建设

到 2020 年，全区共有农机化技术推广机构 118 个，其中，区级机构有 1 个，市级机构有 3 个，县级机构有 20 个，乡级机构有 94 个。

宁夏农业机械化技术推广站为自治区级独立机构，隶属宁夏农业农村厅；5 个地级市的农机推广职能均由市农业农村局管理，其中固原市专门设有农机化推广服务中心，其他地级市都未单独设立农机化技术推广服务中心。各县农机推广职能机构设置不一，其中，吴忠市农机推广职能划转至市农业机械安全监理所，石嘴山市农机推广职能划转至市农业技术推广服务中心，中卫市农机推广职能划转至辖区县级农业技术推广服务中心代管，银川市农机推广职能直接设科室进行管理。

20 个县级农机推广机构全部隶属县级农业农村局，其中直接挂农机推广服务中心牌子的 14 个，挂农机安全监理站牌子的 5 个，内设机构承担农机推广职能；挂农业技术推广服务中心牌子的 1 个，内设机构承担农机推广职能。

在全区 94 个乡级农机推广机构中，独立站有 10 个，区域站有 1 个，综合站有 83 个。其中，县级农机推广机构下派人员 16 人，农业农村局下派人员 21 人，其余人员都由乡镇统一安排。农业农村局及农机推广机构下派人员在完成各自对口单位工作的同时，兼顾完成乡镇其他工作。乡镇统一安排的人员则由乡镇统一调配，同时配合县农机推广机构完成一定的推广任务。

全区农机推广在编人数为 383 人，实有人数 366 人。全区有专业技术人员即编内科技人才 323 人，其中正高 3 人、副高 97 人、中级 161 人、初级 52 人，分别占专业技术人员总数的 0.9%、30.0%、49.8%、16.1%。在专业技术人员中，研究生学历的有 2 人、本科学历的有 174 人、专科学历的有 152 人，分别占专业技术人员总数的 0.6%、53.9%、47.1%。专业技术人员中，30 岁以下（含 30 岁）的有 17 人、31～40 岁（含 40 岁）的有 23 人、41～50 岁（含 50 岁）的有 158 人、51～59 岁（含 59 岁）的有 125 人，分别占专业技术人员总数的 5.3%、7.1%、48.9%、38.7%。

■ 第二节 农机化技术推广

1996 年，宁夏农机鉴定技术推广站在南部山区组织实施小麦机械覆膜穴播技术，经过几年的试验示范，节本增收效果明显，被宁夏农业厅列入"九五"期间农业重大技术推广项目之一，开始在全区各县（市）建立了示范点进行示范推广。1998 年，该项技术获全国农牧渔业丰收奖三等奖。

1999 年，宁夏提出重振宁夏大米雄风的战略构想，为了提升稻米品质，宁夏开始组织实施优质大米工程，扩大优质水稻种植面积。宁夏农机鉴定技术推广站开始全面推广水稻机械化旱育稀植规范化技术，大量引进水稻育秧设备、手扶步进式插秧机、高速插秧机和全喂入式及半喂入式水稻联合收获机等设备。到 2007 年，全区水稻机插秧技术示范推广面积占水稻种植面积的 30% 以上，水稻机械化收获水平达到了 90% 以上。

2003 年，宁夏农机部门开始执行农业部试验研究和示范推广保护性耕作技术项目。截至 2016 年年底，灵武市、平罗县、吴忠市利通区、盐池县、原州区、彭阳县、西吉县、中卫市等市、县（区）先后实施了农业部保护性耕作示范推广项目。

2005 年，为了解决畜牧养殖优质饲草不足的问题，宁夏农机鉴定技术推广站引进西安大田新天地机械有限公司生产的 9RS-10Z 型和 9RSJ-10 型揉丝机，在利通区示范推广玉米秸秆微贮技术，同时组织研发以农用柴油机为动力的压缩式秸秆打捆机，利用玉米秸秆揉丝添加微生物菌剂进行袋装微贮，解决了自治区奶牛养殖业优质饲草不足的问题，促进了玉米种植户增收。同年，宁夏农机鉴定技术推广站与宁夏电视台《塞上乡村》栏目组合作拍摄的《玉米秸秆袋装微贮草》系列节目在宁夏电视台播出。

2007 年，农业部开始在全国范围内推广保护性耕作技术，下达"宁夏引黄灌区稻旱轮作两年三熟高效栽培保护性耕作技术模式与推广机制研究"课题，开展保护性耕作技术研究。宁夏农机化技术推广站在利通区等畜牧养殖区示范推广了小麦收获后留茬免耕复种青饲玉米机械化生产技术，得到了基层技术人员和农户的认可；在盐池县、原州区等中部干旱带和南部山区有补灌条件的地区示范推广了免耕种植玉米、带状免耕种植冬小麦机械化生产技术，表现出了极强的抗旱优势，从试验情况看较常规种植模式增产 10％以上。宁夏当年保护性耕作技术示范推广面积达到 19.4 万亩。2008 年，农业部批复将保护性耕作示范推广范围扩大到 11 个县（区），示范推广面积扩大到 26.1 万亩。该项技术由于后期随着农作物秸秆综合利用技术的示范推广和秸秆禁烧规定的出台，未大面积推广应用。

2008 年，自治区党委书记陈建国在宁夏 50 大庆重点建设项目西吉县兴隆镇玉桥村马铃薯机械化示范区观摩马铃薯全程机械化生产作业现场时，提出了"要大力发展农业机械化、促进现代农业发展"的要求。宁夏农牧厅在全区围绕农业重点产业加快推进农机化示范园区建设，积极开展农机化示范县创建。宁夏财政每年支持农机化示范园区建设的项目资金为 600 万元，每年支持建设 60 个农机化示范园区，使一批重点农机化技术得到大面积推广应用，马铃薯机械化生产取得突破性进展。

2010 年，宁夏科技厅对适合南部山区坡台地生产作业，以小型动力机械为动力的马铃薯种植机、中耕机进行科技攻关立项支持，开展手扶拖拉机配套马铃薯起垄覆膜种植机、马铃薯中耕机技术研发工作。9—10 月，宁夏科技厅分别在永宁县胜利乡、原州区中河乡举办了宁夏首届"黄河—吉峰同德杯"水稻机械化收获技能大赛、宁夏首届"六盘山—龙平杯"马铃薯机械化收获技能大赛，同期组织对郑州山河等品牌马铃薯挖掘机的挖掘收获性能进行了对比试验，并将试验结果作为农民购机的重要推荐参考依据。2010 年，宁夏农机部门组织起草的《激光平地机》和《硒砂瓜松砂施肥机》等7 项地方农机化作业技术规范、产品技术标准获批。随着各项技术和作业规范的发布实施，配套作业机械的成熟，宁夏各项农业机械化生产技术加快普及。

2011 年，针对宁夏中部干旱带和六盘山地区旱作区玉米马铃薯覆膜种植没有适宜的覆膜作业机械的难题，宁夏农业机械化技术推广站争取宁夏科技立项支持，研发多功能全覆膜机。研发机械以适合丘陵山区全膜覆盖作业为主，配套动力为 35～55 马力，生产效率为 3～5 亩/小时。研发机械采用旋耕抛取土、螺旋输送、定点定量卸土等方式，解决了宁南山区全膜覆盖种植易被大风揭膜、膜侧覆土效果不好的问题，获得宁夏科技厅科技成果登记并取得 1 项国家发明专利和 1 项实用新型专利，累计在彭阳县、原州区、同心县等县区示范推广 200 多台。研发机械于 2013 年获得宁夏科技进步奖三等奖。同年，由宁夏农业机械化技术推广站组织实施的"马铃薯机械化生产技术示范推广"获得全国农牧渔业丰收奖一等奖。

随着覆膜面积的不断加大，农田白色污染逐步引起社会各界关注。2013 年，宁夏财政厅开始支持农机推广机构开展农田残膜机械化综合治理，安排专项资金 497 万元，立项支持"残膜机械化回收与造粒加工再生利用试验与示范项目"；引进新疆、甘肃、山东、河北及宁夏本区 9 家制造企业的 10 种型号的弹齿式、滚筒式、铲运分离式残膜回收机 114 台，开展多点试验示范。通过几年的试验示范，宁夏确定了弹齿式和滚筒式两种作业机械适合宁夏残膜机械化回收作业，形成了"政府推动＋企业带动＋农户参与＋市场运作"残膜综合治理机制，提出了"机械化覆膜种植→公司收购残膜→机械化残膜回收作业→造粒生产和销售"的技术路线，并研究形成了机械化覆膜面积与用膜量、机械化回收残膜面积与残膜收集量、残膜交售量与加工量相互约束的"三个双约束"监督机制。宁夏于 2014—2015 年形成了宁夏残膜机械化综合治理、宁夏畜禽粪污机械化资源化利用、宁夏农机农艺融合技术研究报告，连续两年被宁夏农业农村经济发展研究报告刊物收录，其中《宁夏农机农艺融合技术研究报告》获得宁夏农牧厅软课题研究报告一等奖。2016 年，农田残膜机械化回收与再生利用试验研究与示范推广项目成果获全国农牧渔业丰收奖三等奖。

2012—2015 年，随着水稻直播和轻简化栽培技术的应用，传统的机械育插秧种植模式逐步被机械旱直播技术取代。机械旱直播技术以其种植方式简单、种植成本大幅降低的优势迅速得到普及和应用。到 2015 年，水稻旱穴直播机械研发取得突破性进展，在宁夏财政农机引进研发项目的支持下，宁夏农业机械化技术推广站先后与宁夏洪栋机械有限公司、宁夏民乐机械有限公司研发生产了系列水稻旱穴播机械和水稻保墒旱穴直播机械，实现了条播变穴播，解决了常规条播不能成穴种植、下种量多、通风透光差、水稻生长后期易倒伏的难题，实现了机具结构的重大创新。特别在排种方式上，宁夏研发的螺旋槽排种器、隔板导流式分种机构作业性能稳定可靠，填补了国内空白。研发机械先后在青铜峡市、利通区、灵武市、贺兰县、平罗县、永宁县、沙坡头区等地推广应用，到 2019 年底示范推广 357 台，应用效果明显。

2015 年，宁夏党委、政府提出要加快现代农业建设的决策部署，为解决种植大户、家庭农场、专业合作组织、优质粮食基地等农业经营主体粮食收获后无法及时得到晾晒，霉变、长芽给种植基地造成的损失大，以及粮食烘干环节与其他生产环节机械化发展不平衡等"晒粮难，储粮难"难题，宁夏从 2015 年起出台对粮食烘干设备进行补贴的扶持政策。宁夏每年安排资金鼓励在全区建设区域性粮食烘干中心，弥补了粮食收获后烘干短板。到 2019 年，宁夏共安排项目资金 2450 万元，其中 2016 年安排项目资金 200 万元，2017 年安排项目资金 850 万元，2018 年安排项目资金 700 万元，2019 年安排项目资金 700 万元。项目先后在平罗县、永宁县、灵武市、青铜峡市等市县区补助购置粮食通风除湿设备 443 台（套），建成粮食烘干加工中心 70 个，其中水稻烘干中心 40 个，每个烘干中心日烘干能力 120 吨，配置仓容容量 1000 吨的粮仓；玉米烘干中心 30 个，每个烘干中心日烘干能力 300 吨，配置仓容容量 3000 吨的粮仓。

2015 年，农业部在全国组织开展了全程机械化示范县创建活动。经过各市、县（区）自评申报、自治区级农机化主管部门审核推荐，从 2016 年到 2020 年，宁夏平罗县、青铜峡市、吴忠市利通区、灵武市、贺兰县、惠农区、永宁县、中卫市沙坡头区、原州区、中宁县、石嘴山市 11 个市、县（区）先后被农业部确定为全国基本实现主要农作物生产全程机械化示范县（市、区）。

2017—2019 年，宁夏承担了农业部"农业技术试验示范与服务支持项目"，重点开展水稻精量穴直播技术试验示范和马铃薯机械化覆膜种植及膜上上土种植技术示范推广。通过项目的实施，到 2019 年年底，全区水稻机械化精量穴直播技术示范推广面积超过 30 万亩，占全区水稻种植面积的 30%，马铃薯覆膜种植及膜上上土面积超过 15 万亩。宁夏还制定了《水稻机械精量穴直播栽培技术规程》《马铃薯机械化捡拾技术规程》地方标准，编制了《宁夏回族自治区水稻生产全程机械化生产模式及解决方案》《自治区滴灌条件下马铃薯垄作种植技术模式及配套机具解决方案》和《自治区马铃薯机械化覆膜种植技术模式及配套机具解决方案》，引进了青岛洪珠马铃薯联合收获机、江苏丹阳马铃薯联合收获机。到 2019 年底，全区水稻、马铃薯耕种收机械化综合水平分别达到了 98% 和 68%。

2018 年，国务院办公厅印发了《关于加快推进农业机械化和农机装备产业转型升级的指导意见》，明确了我国农业生产已从主要依靠人力畜力转向主要依靠机械动力，进入了机械化为主导的新阶段的重大判断；提出了推动农机装备产业向高质量发展转型，推动农业机械化向全程全面高质高效升级的论断。

2019 年，宁夏人民政府办公厅在《关于加快推进农业机械化和农机装备产业转型升级的指导意见》的基础上印发了《关于加快推进农业机械化和农机装备产业转型升级的实施意见》（以下简称《实施意见》），提出了加快推进农业机械化和农机装备产业转型升级的具体措施，明确了到 2025 年，全区农机总动力达到 690 万千瓦以上。全区农作物耕种收综合机械化率达到 85%，小麦、水稻、玉米生产实现全程机械化，马铃薯耕种收综合机械化率达到 60%，枸杞、瓜菜、葡萄等经济作物主要生产环节机械化程度显著提升，设施农业、畜牧养殖、水产养殖和农产品初加工产业机械化率总体达到 50% 以上的具体目标。《实施意见》首次提出推动智慧农业示范应用，促进物联网、大数据、移动互联网、智能控制、卫星定位等信息化技术在农机装备和农机作业上的应用，标志着智能农机化技术的示范应用进入了快车道。宁夏农业机械化技术推广站从 2016 年开始建设的灵武市、宁夏原种场智能化农机示范平台受到各界关注。

在重大技术的示范推广方面，2018—2020 年，宁夏农机化技术推广站联合江苏大学镇江农机学院、西北农林科技大学机电工程学院、哈尔滨工业大学、宁夏大学机械工程学院、宁夏大学农学院联合申报了宁夏支撑重大专项葡萄智能化生产作业机械研发、宁夏菜心收获机械引进改制、饲料（绿肥）油菜关键技术研发等项目，联合开发了 3 种结构形式的葡萄清土起藤机、2 种葡萄防漂移植保机械，改制了 1 台饲料油菜收获机、1 台菜心收获机。

■ 第三节　农机装备引进与研制

2001—2003 年，宁夏农机化技术推广站先后与宁夏雄鹰机械有限公司研制了柠条揉丝机械，与宁夏中卫市建锋机械厂研制了玉米精量播种机。研发机械在盐池县、中卫市进行推广应用，在一定程度上解决了柠条加工利用和玉米精量播种没有适宜作业机械的问题。同期，宁夏还引进了德国产饲料甜菜专用切块机，并与宁夏雄鹰机械有限公司合作对甜菜切块机进行了国产化仿制。仿制机械价格较进口机械大幅降低，配套的 1.5 千瓦电机需要 220 伏民用电作为动力电源，经宁夏农机鉴定机构鉴定，每小时可加工甜菜 6～8 吨，产品性能达到进口机械水平。

2005 年，宁夏农业机械化技术推广站与山东省高密市益丰机械有限公司合作研发了 9GPZ-45 型坡地自走式割草机，先后在固原市原州区、彭阳县、银川市贺兰县、吴忠市盐池县进行试验改进。同年 10 月，研发的机械通过了宁夏农牧厅科教处组织的新产品定型鉴定，以及山东省农机试验鉴定站进行推广鉴定，获得推广鉴定证书。研发的机械配套动力为 3.7 千瓦汽油机，割幅 45 厘米，生产效率为 1.5～3 亩/小时，适合南部山区坡台地苜蓿机械化收割。

2006 年，宁夏农机鉴定技术推广站组织研发了幅宽为 60 厘米，以小四轮拖拉机为配套动力的振动筛选马铃薯挖掘机，首次采用振动铲、振动筛和侧输出集成系统设计。同年，宁夏从青海省引进了以 12～18 马力手扶拖拉机为配套动力的小型马铃薯收获机。研发引进的机型重点用于南部山区坡地、台地马铃薯挖掘作业，示范效果良好。

2008 年，玉米机械化收获加速推进，宁夏农业机械化技术推广站联合引进了山东荣成生产的海山牌 4YQW-2 茎穗兼收背负式玉米联合收获机，可一次性完成摘穗、切割、输送、收集、秸秆切碎、秸秆回收等作业，并在银川市、吴忠市、青铜峡市、彭阳县等地进行试验示范和推广。

2011—2014 年，宁夏农业机械化技术推广站组织开展了蔬菜机械化移栽和冬小麦收获后机械化移栽玉米试验示范，先后引进了 8 种蔬菜玉米移栽机，分别在惠农区、平罗县、贺兰县、利通区开展适应不同基质、不同作业季节、不同穴数育秧软盘的蔬菜和玉米机械移栽田间生产试验，试验取得初步成功，为后期蔬菜机械化移栽奠定了基础。

2015 年起，宁夏农业机械化技术推广站牵头申报了宁夏农机化新机械引进研发项目，获宁夏财政厅立项支持，自此宁夏农业机械的引进研发步入了快车道。当年，引进了宁津县金利达机械制造有限公司制造的 2ZBYJ-2 全自动移栽机、洋马农机（中国）有限公司制造的 PF2R 乘坐式全自动蔬菜移栽机、宝鸡市鼎铎机械有限公司制造的 2ZB-2 移植机、英国 Stanhay 公司制造的 870 型皮带式蔬菜精量播种机 4 台机械；围绕水稻、玉米、马铃薯产业研发了水稻穴播机、膜上玉米种植机、膜上马铃薯种植机、硒砂瓜砂石分离机、残膜回收机等 5 类 7 种新机械，有效解决了薄弱环节无适宜机具的问题。

2016 年，宁夏引进了聊城市华盛汽车零部件有限公司生产的 4YZ-5-F 型籽粒玉米收获机，洛阳福格森机械装备有限公司制造的适合地膜玉米收获的 4YZQ-4 型穗茎兼收机，西安新天地草业有限公司制造的柠条揉丝、打捆和包膜加工生产线，长沙碧野生态农业科技有限公司制造的 ZF-3 型秸秆生化处理制肥机，井关农机株式会社（日本）制造的设施农业开沟机，井关农机株式会社（日本）制造的设施农业起垄机，上海康博实业有限公司经销的 Mt-2001 型韭菜收割机（韩国进口），上海康博实业有限公司经销的 Jt-5500 型韭菜打捆生产线（韩国进口），上海康博实业有限公司经销的 2BS-Jt10

型蔬菜精密播种机（韩国进口），吉林康达农业机械有限公司生产的2BMZF-4型玉米免耕指夹式精量施肥播种机，北京盛恒天宝科技有限公司生产的IGS300型移动式基站，青州市东方环保机械制造有限公司生产的DFGC-85型全自动水草收割船。在新机械研发方面，组织研发了马铃薯捡拾机、螺丝菜挖掘机、葡萄除草机、葡萄开沟施肥机、葡萄埋藤机、小麦匀播机、枸杞烘干机和残膜回收机。

2017年，宁夏引进了西芹收获机、西红柿分级机、秸秆深埋式液压翻转犁、秸秆自动捡拾饲料揉搓打捆机；组织研发了水稻小苗旱长穴播机、葡萄清土放苗机、硒砂瓜挖窝机、叶菜杀青烘干机。

2018年，宁夏引进了胡萝卜播种机、背负式圆白菜收获机、马铃薯联合收获机、水稻双轴灭茬机，组织研发了螺丝菜播种机、硒砂瓜秧苗移栽机、空气源热泵杀青机和全自动精准投饵机。

2019年，宁夏引进了制种玉米去雄机、柠条揉搓粉碎机、螺丝菜自走式收获机，组织研发了林果自动捡拾碎枝机、枸杞移栽机。

2020年，宁夏引进进口叶菜收获机1台，有效解决了自治区叶菜类蔬菜完全依赖人工收获的问题；组织研发黄花菜杀青烘干流水线1套，有力解决了自治区黄花菜杀青和烘干商品性不高的问题。

■ 第四节　农机化技术培训

2006年，随着农机购置补贴政策的实施和各类农机化项目的不断增多，宁夏回族自治区、市、县三级农机推广机构围绕重点农机化技术、农机操作、农机故障处理等先后举办各类技术培训班28次，培训县、镇（乡）两级农机推广人员320人次，培训农机服务组织代表和农机大户1900人次。

2007—2011年，围绕水稻、牧草、马铃薯等重点农作物机械化生产及保护性耕作、激光平地节水等农机化实用技术，宁夏回族自治区、市、县三级农机推广机构共举办培训班132期，培训市、县（区）、镇（乡）农机（技）推广技术人员、农机合作服务组织人员、农机和农业专业生产大户和村组干部等1.5万人次，发放各类培训资料1.3万册。

2012年，针对公文写作、农机质量监督管理、农机化示范园区技术指导工作，宁夏开始对区、市、县三级农机推广机构的技术人员进行培训，共培训技术260人次。同年，全区农机推广机构在耕种收作业环节，结合园区建设组织技术培训52场（次），累计培训机手、农民3500人次，发放培训资料3500册。

2013年，宁夏农业机械化技术推广站对培训方式进行了创新，组织全区农机化技术推广骨干下乡镇村组及生产队，开展农机化实用技术巡回培训，收到良好效果；先后开展了4次巡回培训，累计组织培训63场（次），累计培训机手、农民4000人（次），发放培训资料3800册。

2015年，宁夏农业机械化技术推广站首次承担了宁夏人力资源和社会保障厅国家级高级研修项目1项，自治区级高级研修项目2项。举办集中培训5期，培训技术人员500人次。

2017—2019年，围绕玉米生产全程机械化技术、粮食烘干机械化技术、农机产品质量监督暨投诉业务等，宁夏回族自治区、市、县三级农机推广机构累计举办农机化技术培训班124场次，累计培训技术人员、农机手7800人次，其中：组织15名粮食烘干项目实施技术骨干赴浙江进行了粮食烘干设备操作、维修培训，各级农机推广机构组织新型职业农民培训28场次，培训新型职业农民1400人次。

2020年，宁夏召开了国家马铃薯技术体系成果发布会活动农业机械现场展示、全区"三秋"农业机械生产暨智能农机装备现场演示等20余场次现场演示推进会；组织全区特色产业机械化技术培训班、全区葡萄机械化生产技术培训班等4期，培训技术骨干等300余人次；承担实施了2020年宁夏高素质农民培育、全区基层农技推广人才培训和农村实用人才培训项目，采取理论教学和现场实训的形式，安排实训点40多个，培训400人，学员评价满意度均达到95%以上。

第三章

农机质量监督

■ 第一节　农机鉴定机构

一、历史沿革

1997年，经宁夏质量技术监督局计量认证和授权认可，宁夏农业机械鉴定技术推广站（简称农机鉴定技术推广站）增挂宁夏机动车产品质量监督检验站牌子，开始受理农机、机动车产品质量监督检验、农机新产品鉴定、推广鉴定及机动车仲裁检验等业务。

1998年，宁夏农业厅向宁夏发展计划委员会申报了农机鉴定检测推广中心立项申请报告，获宁夏发展计划委员会批准。同年10月，宁夏农机鉴定技术推广站向农业部申报了部级质量监督检验测试中心筹建项目，获农业部批准，开始在银川市兴庆区民族北街和上海路路口东南角筹建宁夏农机鉴定技术推广站办公新址和试验车间。

2002年，农业部国家计量认证和质检机构授权认可（双认证）专家组对宁夏农机鉴定检验站申报的农业部运输机械质量监督检验测试中心（银川）进行评审验收，同年8月，农业部正式授权宁夏农机鉴定检验站增挂农业部运输机械质量监督检验测试中心（银川）。承担三轮农用运输车、四轮农用运输车、小型拖拉机、拖拉机变型运输机、农用挂车、内燃机六大类产品的质量监督、检验、测试及技术服务。随着司法鉴定机构的逐步规范，该中心职能现在逐步弱化。同年，经宁夏消费者协会授权，宁夏农机鉴定技术推广站增挂宁夏回族自治区农业机械产品质量投诉监督站牌子，配合消协、质监、工商及人民法院等部门开展农机产品质量投诉的受理、调解以及仲裁检验工作。

2007年，经宁夏编办批准，宁夏回族自治区农业机械鉴定技术推广站更名为宁夏回族自治区农业机械化技术推广站，增挂宁夏回族自治区农业机械鉴定检验站牌子。

2008年，农业部双认证评审组对农业部运输机械质量监督检验测试中心（银川）进行资质认定复查评审。同年12月，中心更名为农业部马铃薯机械质量监督检验测试中心（银川），承担马铃薯种植、中耕、收获机械的监督检验职能。由于硬件设施条件的制约、业务发展方向的转变、业务量的锐减等因素，该中心于2014年停止运行。

2011年，宁夏农机鉴定检验站、宁夏机动车产品质量监督检验站通过宁夏质量技术监督局开展的计量认证/授权复评审，检测能力涉及12大类128项农机产品。同年9月，经农业部农业机械试验鉴定总站能力认定，宁夏农业机械鉴定检验站具备了旋耕机、微耕机、免耕播种机、精量播种机和玉米收获机等5种作业机械的部级农机推广鉴定能力资质。

2014年，宁夏机动车产品质量监督检验站、农业部马铃薯机械质量监督检验测试中心（银川）未提出到期复评审申请，至此宁夏机动车产品质量监督检验站、农业部马铃薯机械质量监督检验测试中心（银川）停止运行。

2016年，经宁夏农牧厅农业机械化管理局能力认定，宁夏农机鉴定检验站具备旋耕机等66种省级农业机械鉴定资质。2017年，宁夏农机鉴定检验站通过宁夏质量技术监督局资质认定复评审，检验检测能力涉及12大类89项农机产品。

2019年，新修订的《农业机械试验鉴定办法》（农业农村部令2018年第3号）发布实施。为了适应新时期农机试验鉴定工作，宁夏农机鉴定检验站修订了《宁夏回族自治区农业机械推广鉴定实施细则（试行）》《自治区农业机械推广鉴定报告编写规则》《自治区农业机械推广鉴定检验报告编写规则》《自治区农业机械推广鉴定换证报告编写规则》《自治区农业机械推广鉴定产品信息变更确认报告编写规则》等规范性文件，积极开展农机试验鉴定工作，农机试验鉴定工作迈上新台阶。

2020年，宁夏农业机械鉴定检验站制定印发了《宁夏回族自治区农业机械专项鉴定实施细则（试行）》，加强和规范了宁夏农业机械专项鉴定工作。经宁夏回族自治区市场监督管理厅宁夏质量技术评审中心检验检测能力评审，宁夏农业机械鉴定检验站通过了申请的38个产品的检验检测能力资质认定，获取检验检测机构资质认定证书。

二、队伍建设

宁夏农业机械鉴定检验站（简称鉴定检验站）是全区唯一的农机鉴定检验机构，与宁夏农业机械化技术推广站一套人马两块牌子，分别对外挂牌，隶属宁夏农业农村厅管理，接受农业农村部农机试验鉴定总站、宁夏市场监督管理厅业务指导。鉴定检验站为农业机械行业和农业机械用户提供产品质量咨询服务、试验鉴定，是一家社会公益性、非营利性的正处级全额拨款事业单位，也是具有第三方公证地位的法定产品鉴定检验机构。

宁夏农业机械鉴定检验站内设办公室、综合业务科、农机鉴定检验科、牧机鉴定检验科、宣传培训科和技术推广科6个科室，在编人员32人，其中中级以上技术人员20人，占总人数的62.5%；占地面积为3600米^2，试验室建筑面积为997.2米^2，固定资产为612.56万元；拥有各类标准、大纲近1000册，拥有各种进口、国产检测仪器180余台（件），价值457.65多万元。宁夏农业机械鉴定检验站经宁夏市场监督管理厅资质认定，能按有关标准和鉴定大纲要求对耕耘和整地机械、种植和施肥机械、田间作业机械、收获机械等12大类89种农机产品进行测试检验；经宁夏农业农村厅农业机械化管理处能力认定，具备66种省级农业机械推广鉴定资质，同时具备农业农村部能力认定的玉米收获机等5种产品部级推广鉴定资质。

■ 第二节　农机鉴定

一、农机鉴定制度建设

1997年，宁夏农业机械化管理局对《农业机械鉴定工作条例（试行）》进行了修订，取消了农机鉴定机构对企业的处罚权责。2001年，按照《农机产品质量评价技术规范》相关内容，又将鉴定内容从产品安全性、作业性能拓展到适用性、安全性、三包服务等方面。

2005年，农业部制定发布了《农业机械试验鉴定办法》，废止了《农业机械鉴定工作条例（试行）》，取消了农业机械推广许可证制度。《农业机械试验鉴定办法》对农机鉴定工作按类别划分为部级鉴定和省级鉴定，按鉴定目的划分为推广鉴定、选型鉴定、专项鉴定，对通过推广鉴定的产品颁发农业机械推广鉴定证书。2015年，农业部对《农业机械试验鉴定办法》进行了修订，明确了省级以上人民政府农业机械化主管部门不再审查鉴定报告、发布鉴定产品公告、颁发农业机械推广鉴定证书，农机鉴定证书的核发权下放到鉴定机构。2016年，宁夏农牧厅依据农业部《农业机械试验鉴定办法》，印发了《宁夏回族自治区农业机械推广鉴定实施办法》《宁夏回族自治区农业机械试验鉴定实施办法》。

2017 年，财政部印发《关于清理规范一批行政事业性收费有关政策的通知》，明确从当年 4 月 1 日起农机鉴定机构取消收取农机产品测试检验费，自治区内农机鉴定开始实行免费鉴定，鉴定经费由宁夏财政厅进行统筹预算。2018 年，根据新修订的《农业技术推广法》和国务院"放管服"改革要求，农业农村部再次对《农业机械试验鉴定办法》进行了修订，新办法不再按部级鉴定和省级鉴定分类，将农机鉴定划分为推广鉴定、专项鉴定两大类，明确了推广鉴定和专项鉴定的关系以及农业农村部和各省农业机械化行政管理部门的农机鉴定工作职责，优化了鉴定程序。

2019 年，宁夏农业机械鉴定检验站依据新修订的《农业机械试验鉴定办法》，印发了《宁夏回族自治区农业机械推广鉴定实施细则（试行）》《自治区农业机械推广鉴定报告编写规则》《自治区农业机械推广鉴定检验报告编写规则》《自治区农业机械推广鉴定换证报告编写规则》《自治区农业机械推广鉴定产品信息变更确认报告编写规则》，对宁夏农业机械试验鉴定工作进行了规范。

二、农机产品鉴定实施情况

1996—2020 年，宁夏农业机械鉴定检验站累计受理农机产品委托检验 461 项、农机新产品鉴定 405 项、省级推广鉴定 623 项、选型鉴定 16 项、推广鉴定续展 53 项、省级推广鉴定换证 10 项、部级推广鉴定换证 7 项。

其中受理的 623 项省级推广鉴定包括：耕耘和整地机械鉴定 139 项，种植和施肥机械鉴定 98 项，田间管理机械鉴定 25 项，收获机械鉴定 53 项，收获后处理机械鉴定 45 项，农产品初加工机械鉴定 10 项，排灌机械鉴定 3 项，畜牧机械鉴定 156 项，农业废弃物利用机械鉴定 29 项，农田基本建设机械鉴定 50 项，设施农业机械鉴定 15 项。

部级推广鉴定从 2012 年开始受理，累计受理 68 项，其中包括微耕机鉴定 9 项、旋耕机鉴定 30 项、玉米收获机鉴定 17 项、免耕播种机鉴定 13 项。

三、对获得农机推广鉴定证书产品的监督检查情况

依据《农业机械试验鉴定办法》等要求，2016—2020 年，宁夏农业机械鉴定检验站重点围绕获证产品一致性、证书和标志使用情况，对全区 39 家（次）企业的 136 个产品开展了省级农机推广鉴定证书有效期内的监督检查，其中 26 家（次）企业的 95 个产品合格，13 家（次）企业的 42 个产品整改后合格，4 家企业 9 个产品因停产自愿注销省级农机推广鉴定证书。宁夏农业机械鉴定检验站通过加强省级农机推广鉴定证书有效期内产品及其生产企业监督检查，及时掌握获证企业及产品动态，剔除不能持续满足要求的企业及产品，对规范农机推广鉴定证书和标志使用，保障获证农机产品质量的稳定和农机化政策的有效实施发挥了重要作用。

■ 第三节　农机质量监督

一、农机质量投诉监督

2002 年 10 月，经宁夏消费者协会授权，在宁夏农业机械鉴定检验站挂牌成立宁夏农机产品质量投诉监督站，负责全区农机质量投诉受理和调解处理工作。2012 年，宁夏农牧厅农业机械化管理局印发《自治区农业机械质量投诉监督管理办法（试行）》，明确了县级以上农业机械化行政主管部门负责农业机械质量投诉监督管理工作。自治区级农业机械质量投诉监督管理工作由宁夏农牧厅农业机械化管理局委托宁夏农业机械鉴定检验站负责，具体负责受理全区群体性农业机械质量投诉，定期分析汇总投诉情况，参与宁夏区域内农业机械质量监督检查工作，向农民提供农业机械产品的质量信

息和投诉咨询服务,对各市、县(区)农业机械质量投诉监督机构进行业务指导和培训。宁夏构建起了自治区、市、县三级农机质量投诉及农机监督管理网络,明确了"属地管理、首问负责、就近处理、无偿服务"的农机质量监督和投诉处理原则。宁夏农业机械鉴定检验站制定了《自治区农业机械质量投诉监督管理工作程序》《自治区农业机械质量群体投诉和重大质量事故报告程序》等制度。

自2003年起,在每年3月15日,宁夏农业机械鉴定检验站组织开展农机打假活动,在农机市场开展农机质量投诉宣传、咨询、受理和市场监督检查工作。自2018年起,根据农业农村部农业机械试验鉴定总站的要求,宁夏农业机械鉴定检验站参与部省联动"农机3·15"消费者权益日活动,逐步打造"农机3·15"品牌,提升农机用户质量维权意识。

2002—2020年,宁夏各级农机质量监督机构接到投诉电话、接待投诉来访者共计274起,受理90起,结案88起。其中:宁夏农机产品质量投诉监督站接到投诉电话、投诉来访者38起,受理30起,结案30起,妥善调解处理影响较大的群体性投诉案件9起,农机质量投诉总量趋于下降。

二、农机质量调查

根据《农业机械化促进法》和《自治区农业机械化促进条例》等法律法规,2015—2020年,宁夏农业机械化管理处和农业机械化技术推广站按照《农业机械质量调查办法》等要求,以农机推广鉴定大纲、国家标准、行业标准等为参照,开展了多种类型的农业机械质量调查工作。

2015—2020年,宁夏累计开展农业机械质量调查15项,涵盖故障多发、质量问题反映较集中、保有量基数大的玉米收获机(2项)、马铃薯收获机(2项)、覆膜机(1项)、残膜回收机(1项)、马铃薯种植机(1项)、秸秆还田机(1项)、铡草机(1项)、谷物干燥机(2项)、轮式拖拉机(1项)、微耕机(1项)、深松机(1项)、果蔬烘干机(1项)12类农业机械;累计对150个企业的1386台(套)农机产品进行了质量调查(表11-3-1)。调查内容重点围绕农机产品的安全性、可靠性、适用性、售后服务情况及作业质量。

表11-3-1 2015—2020年宁夏农机质量调查情况统计

调查产品	调查时间	调查范围	涉及企业(个)	机型数量(台)	调查用户数量(户)	主要结果
玉米收获机	2015	平罗县、同心县、青铜峡市、利通区	23	46	108	用户综合满意率94.4%
	2017	平罗县、同心县、青铜峡市、利通区、原州区、贺兰县、灵武市、永宁县、沙坡头区、盐池县、惠农区、海原县	16	20	93	用户综合满意率93%
马铃薯收获机	2016	原州区、西吉县、彭阳县、隆德县、同心县、海原县、盐池县	12	19	67	用户综合满意率72.75%
	2017	原州区、彭阳县、西吉县、海原县、同心县、贺兰县	5	8	84	用户综合满意率93%
覆膜机	2016	原州区、西吉县、彭阳县、隆德县、同心县、海原县、盐池县	12	16	91	用户综合满意率72.25%
残膜回收机	2016	原州区、西吉县、彭阳县、隆德县、同心县、海原县、盐池县	7	7	41	用户综合满意率70.25%
马铃薯种植机	2017	原州区、灵武市、彭阳县、西吉县、海原县、贺兰县	5	4	52	用户综合满意率95%
秸秆还田机	2017	贺兰县、青铜峡市、利通区、大武口区、灵武市	4	4	25	用户综合满意率97%

（续）

调查产品	调查时间	调查范围	涉及企业（个）	机型数量（台）	调查用户数量（户）	主要结果
铡草机	2017	利通区、大武口区、灵武市、原州区、贺兰县、彭阳县、西吉县、平罗县、沙坡头区、同心县、海原县、盐池县、惠农区	5	10	204	用户综合满意率97%
谷物干燥机	2017	贺兰县、青铜峡市、利通区、惠农区、灵武市、彭阳县、平罗县、沙坡头区、同心县、永宁县	12	15	51	用户综合满意率97%
	2018	永宁县、贺兰县、西夏区、灵武市、平罗县、惠农区、利通区、青铜峡市、同心县、沙坡头区、中宁县	8	10	19	用户综合满意率94.4%
轮式拖拉机	2018	贺兰县、永宁县、灵武县、平罗县、惠农区、利通区、盐池县、同心县、沙坡头区、中宁县、原州区、彭阳县、西吉县	16	16	136	用户综合满意率93%
微耕机	2019	贺兰县、永宁县、灵武市、平罗县、利通区、青铜峡市、盐池县、沙坡头区、海原县、彭阳县、西吉县	10	10	150	用户综合满意率72.75%
深松机	2020	兴庆区、永宁县、贺兰县、惠农区、平罗县、利通区、盐池县、同心县、红寺堡区、沙坡头区、彭阳县、原州区、海原县、西吉县、泾源县、隆德县	6	8	120	用户综合满意率80.99%
果蔬烘干机	2020	永宁县、红寺堡区、沙坡头区、中宁县、原州区、海原县	9	12	145	用户综合满意率76.72%

三、农机产品质量检查

2003 年，宁夏农业机械鉴定检验站配合市县执法部门对银川市、石嘴山市、隆德县、彭阳县农用运输车市场销售的农用车、拖拉机进行了专项抽查，抽查合格率为 66.2%，对抽查不合格的产品下达了产品质量整改通知。2007 年秋季，宁夏农业机械鉴定检验站在西北农资城对 13 家农机零配件经销企业经销的轴类、旋耕刀、滤芯、活塞销进行了产品质量监督抽检，共抽检 194 件，抽检合格率为 65.4%；对抽检不合格的产品下达了产品质量整改通知。2012 年，宁夏农业机械鉴定检验站对保温被产品开展了为期 2 个月的专项整治活动，对 26 家生产、销售保温被的农机企业进行了集中抽检，涉及 36 种产品型号，其中 1 家企业生产的产品质量不合格，宁夏农业机械化管理局取消了其农机补贴资格。2013—2020 年，农机主管部门加强了对财政资金补贴机具产品质量监督检查的力度，实行常态化监管，先后累计对全区各大农机市场销售的 2700 多台（件）农机产品进行了检查。

■ 第四节　农机标准制（修）定

1996—2020 年，宁夏农业机械化管理部门和技术推广部门按照农业机械化发展要求，深入贯彻实施《标准化法》，建立并逐渐完善了宁夏农业机械标准体系，持续增加农机标准的有效供给，先后制（修）定农机化地方标准 64 个，发挥了标准在推进农作物生产全程机械化和促进农业机械化绿色发展中的技术支撑、基础保障和战略引领作用。截至 2020 年底，由宁夏农业农村厅归口并实施的农业机械地方标准有 57 个，涉及主要作物机械化生产作业质量、重点机具产品质量评价和关键环节机械化生产规程等。其中，农业机械产品标准 7 个，农业机械化标准 50 个（表 11-3-2、表 11-3-3）。

表 11-3-2　1996—2020 年宁夏农业机械产品地方标准目录

序号	标准编号	标准名称
1	DB64/T 652—2010	压砂瓜精量播种覆膜机
2	DB64/T 708—2011	温室保温被
3	DB64/T 915—2013	葡萄埋藤机
4	DB64/T 655—2015	激光平地机
5	DB64/T 656—2015	硒砂瓜松砂施肥机
6	DB64/T 1156—2015	甘草挖掘机
7	DB64/T 1157—2015	蔬菜播前联合作业机

表 11-3-3　1996—2020 年宁夏农业机械化地方标准目录

序号	标准编号	标准名称
1	DB64/T 245—2002	农业机械作业质量　机械耕整地
2	DB64/T 246—2002	农业机械作业质量　谷物机械收获
3	DB64/T 247—2002	农业机械作业质量　机械播种
4	DB64/T 291—2004	苜蓿机械化收获作业方法　质量评定
5	DB64/T 292—2004	水稻机械化盘育秧技术规程
6	DB64/T 293—2004	苜蓿机械播种作业方法及质量评定
7	DB64/T 487—2007	稻插秧机操作技术规范
8	DB64/T 488—2007	半喂入联合收割机操作技术规范
9	DB64/T 657—2010	玉米机械化种植技术规程
10	DB64/T 658—2010	玉米机械化收获技术规程
11	DB64/T 661—2010	马铃薯机械化收获技术规程
12	DB64/T 870—2013	农用残膜回收利用技术规范
13	DB64/T 887—2013	水稻工厂化育秧技术规程
14	DB64/T 888—2013	水稻工厂化育秧大棚建设规范
15	DB64/T 908—2013	农田残膜机械化回收作业技术规程
16	DB64/T 909—2013	机械化铺膜作业　技术规程
17	DB64/T 910.1—2013	主要粮食作物机械化生产示范园区建设规范 第 1 部分：总则
18	DB64/T 910.2—2013	主要粮食作物机械化生产示范园区建设规范 第 2 部分：水稻
19	DB64/T 910.3—2013	主要粮食作物机械化生产示范园区建设规范 第 3 部分：玉米
20	DB64/T 910.4—2013	主要粮食作物机械化生产示范园区建设规范 第 4 部分：马铃薯
21	DB64/T 911—2013	马铃薯机械化种植技术规程
22	DB64/T 912—2013	马铃薯机械化中耕技术规程
23	DB64/T 913—2013	番茄机械化栽植技术规程
24	DB64/T 914—2013	复种玉米机械化栽植技术规程
25	DB64/T 916—2013	温室大棚卷帘机安全操作技术规范
26	DB64/T 988—2014	引黄灌区麦后复种青贮玉米全程机械化技术规程

（续）

序号	标准编号	标准名称
27	DB64/T 1065—2015	枸杞病虫害机械化防治技术规程
28	DB64/T 1066—2015	旋耕起垄覆膜机作业质量
29	DB64/T 1067.1—2015	坡台地苜蓿覆膜机械化生产技术规程 第1部分：耕整地
30	DB64/T 1067.2—2015	坡台地苜蓿覆膜机械化生产技术规程 第2部分：种植
31	DB64/T 1067.3—2015	坡台地苜蓿覆膜机械化生产技术规程 第1部分：收获
32	DB64/T 1107—2015	引黄灌区加工用番茄机械化生产技术规程
33	DB64/T 1146—2015	水稻机械精量穴直播栽培技术规程
34	DB64/T 1151—2015	枸杞机械化中耕技术规程
35	DB64/T 1152—2015	地膜玉米机械化播种技术规程
36	DB64/T 1153—2015	颗粒饲料压制机安全操作技术规范
37	DB64/T 1154—2015	柠条机械化平茬技术规程
38	DB64/T1155—2015	玉米机械化中耕技术规程
39	DB64/T 1288—2016	苜蓿机械化生产示范园区建设规范
40	DB64/T 1459—2017	马铃薯机械化膜上覆土栽培技术规程
41	DB64/T 1460—2017	马铃薯大垄宽行全程机械化栽培技术规程
42	DB64/T 1469—2017	芹菜机械化栽培与管理技术规程
43	DB64/T 1485—2017	玉米机械化铺管铺膜穴播作业技术规程
44	DB64/T 1486—2017	水稻旱地穴直播机作业质量
45	DB64/T 1487—2017	柠条收获机 质量评价技术规范
46	DB64/T 1579—2018	枸杞机械化生产示范园区建设规范
47	DB64/T 1717—2020	黄芪机械覆膜滴灌精量播种技术规程
48	DB64/T 1719—2020	宁南山区春菠菜机械化精播丰产栽培技术规程
49	DB64/T 1722—2020	宁南山区芹菜机械化精播丰产栽培技术规程
50	DB64/T 1735—2020	小茴香机械化覆膜精量穴播栽培技术规程

第四章

农机安全监理

■ 第一节 农机监理机构

一、体制

1996 年初，宁夏形成自治区、市、县、乡四级农机安全监理体系。1997 年 12 月，农业部修订颁布《农用拖拉机和驾驶员安全监理规定》等规章，农机安全监理的法律制度、安全技术标准逐步建立完善。农机监理机构作为农村农业机械安全生产、为农业机械化发展服务的执法机关，在社会效益和经济效益方面取得了一定成绩。

截至 2004 年，宁夏共设置农机安全监理机构 25 个，其中：自治区级机构 1 个，为宁夏回族自治区农业机械安全监理总站，隶属于宁夏农牧厅，为正处级全额拨款事业单位，内设机构 2 个（办公室、业务科），人员编制为 15 人；地级市机构 5 个（银川市、石嘴山市、吴忠市、固原市、中卫市），称为农机安全监理所；县（市、区）级（兴庆区、金凤区、西夏区、永宁县、贺兰县、灵武市、惠农区、平罗县、利通区、青铜峡市、盐池县、同心县、中宁县、海原县、原州区、西吉县、隆德县、泾源县、彭阳县）19 个，称为农机安全监理站；大武口区、红寺堡区、沙坡头区未设置机构。农机安全监理机构按行政区域划分，实行属地管理，均为全额事业单位。

2018 年 10 月，宁夏党委办公厅、人民政府发布《关于印发宁夏回族自治区机构改革方案实施意见的通知》和《中央编办关于地方机构改革期间推进和规范事业单位调整的通知》，在全区范围内开展了机构改革相关工作。至 2019 年底，自治区农机安全监理总站承担的执法职责剥离划入自治区农业农村厅内设的农业综合执法监督局，各级农机安全监理机构不再承担执法职责，或并入农业综合执法队，或并入农机化推广服务中心等，并根据地方机构改革方案进行了合并和人员分流。

二、队伍

1996 年初，宁夏各级农机监理机构配备专职农机监理员 262 人。

1997 年 5 月 13 日，农业部印发《关于开展"文明监理、优质服务"示范窗口活动的通知》，决定在全国农机监理系统开展创建"文明监理、优质服务"示范窗口活动，计划用 3～5 年，通过抓好示范窗口单位建设，提升全国农机监理系统精神文明建设；以服务农业、农村、农民为宗旨，提高农机监理队伍整体素质，加强执法人员职业道德教育和勤政廉政建设，增强服务意识，提升农机监理执法服务水平，改善服务质量，为农机安全生产创造良好环境，促进农业和农村经济发展。宁夏各级农机安全监理机构广泛开展示范窗口创建活动，1998 年 11 月 18 日，平罗县农业机械监理管理站被农业部评为全国首批"文明监理、优质服务"示范窗口单位。

2000 年 8 月 14 日，宁夏农牧厅召开马英同志事迹报告会，掀起全区各级农机监理机构、农机监理人员向农机化系统的优秀代表马英学习的热潮，全面展开了思想整顿教育工作。全区"文明监理、优质服务"示范窗口单位创建活动深入推进，农机监理队伍人员整体办事效率和服务水平逐步提高。2000年12月，中卫县农机安全监理站被农业部评为全国第二批"文明监理、优质服务"示范窗口单位。

2002年，《宁夏回族自治区农业机械安全监督管理条例》颁布实施5年。全区农机监理法规体系已基本形成，农机监理机构日臻完善，已形成五级安全管理网络，农机监理队伍不断加强，全区共有680名专职监理员经过专业培训，服务在农机监理第一线。2002年7月26日，全区"文明监理、优质服务"示范窗口单位经验交流会在固原市原州区召开，对进一步贯彻《宁夏回族自治区农业机械安全监督管理条例》，加强农机安全生产和监管工作，加强农机监理队伍建设，积极开展创建"文明监理、优质服务"示范窗口单位活动进行了部署。2002年12月，固原市原州区农机监理站和青铜峡市农机监理站被农业部评为第三批"文明监理、优质服务"示范窗口单位。

1997—2002年，宁夏在全区范围内积极开展"文明监理、优质服务"示范窗口单位创建活动，各地农机部门认真抓队伍建设，农机监理人员工作作风有了根本转变，共有16个农机监理所、站获得全区示范窗口单位称号。

2003年，宁夏话剧团以固原市优秀党员、原固原市农机监理所所长马宗义同志为原型，创作了话剧《农机站长》，在全区各乡镇上演。2007年，《农机站长》是宁夏唯一入选"中国话剧诞辰100年暨第五届全国优秀剧目展演"的话剧剧目。

2004年，《中华人民共和国道路交通法》实施，农机监理工作进入依法管理新阶段。宁夏农机安全监理机构队伍逐步稳定，全区农机监理人员达到999人，其中875人有编制，取得农业部和宁夏政府颁发的行政执法证的有380余人。

2005年，宁夏农机安全监理总站分别对全区考验员（考试员）、业务员、档案管理员等进行培训，对考验员队伍进行了清理整治和资格重新认定工作。

2007年11月，自治区人民政府办公厅发布的《全区三轮汽车、低速载货汽车管理职能及编制和人员移交工作方案》明确规定：编制部门依据工作需要及农机安全监理机构现有人员的实际状况连人带编划转全额预算事业编制，农机安全监理机构现有的离退休人员则仍由农机安全监理机构管理。农用三轮汽车、低速载货汽车管理职能及编制和人员移交后，农机安全监理机构隶属关系、机构级别、经费形式等维持不变。

2007年，宁夏农机监理机构面对业务移交、工作人员岗位调整、新的业务办理规定等问题，先后举办4期上岗资格培训班，对各县、区在岗农机监理人员进行了全员岗前培训考核，共培训农机监理人员365人、考试员97人、乡镇专干150人，重新确认了上岗资格，核发了上岗证。

2008年，宁夏各级农机安全监理人员按照人随事走、连编带人划转的原则，完成审定、移交工作。农机监理队伍人员减少至400余人。2009年2月10日，农业部印发《农机安全监理人员管理规范》和《农机安全监理机构建设规范》，明确了对规范农机安全监理人员的管理，建设高素质的农机安全监理人员队伍的各项要求。

2011年9月26日，农业部印发《关于在农业系统窗口单位深入开展"为民服务创先争优"活动的通知》。10月14日，农业部办公厅印发《关于开展农机安全监理"为民服务创先争优"示范窗口创建活动的通知》。2012年2月17日，农业部办公厅印发《全国农机安全监理"为民服务创先争优"示范窗口申报考评办法》。2013年7月3日，农业部办公厅印发《关于公布2012—2013年度全国农机安全监理"为民服务创先争优"示范窗口和示范岗位标兵的通知》，宁夏灵武市农机监理站、西吉县农机监理站获得示范窗口称号，3名农机监理人员获得示范岗位标兵称号。

2014年1月，为提高中卫市农机安全监理人员的业务技能，加强农机监理队伍建设，提升农机监理执法形象，推进农机监理执法工作深入开展，中卫市举办了首届农机安全监理业务知识竞赛。竞赛内容涵盖了《农业机械化促进法》《农业机械安全监督管理条例》《中华人民共和国道路交通安法》《道路交通安全法实施条例》，以及拖拉机、联合收割机业务办理、农机监理等方面的相关法律法规。

2014年4月起，宁夏农机安全监理总站在灵武市、石嘴山市、利通区、中卫市、原州区分期举办了农机安全监理无纸化考试系统培训，对拖拉机、联合收割机驾驶人员无纸化考试系统的使用、维护等知识进行了系统讲解，共培训农机监理人员、农机考试员247人。

2015年3—5月，宁夏农机安全监理总站组织了全区农机安全监理人员岗位大练兵、大比武活动。3月至5月初，各市、县（区）认真组织开展农机监理人员岗位培训、练兵，以及业务技能初赛选拔、汇报演练等活动。5月25—28日，宁夏农机安全监理总站在青铜峡市举办全区农机安全监理系统岗位练兵及业务技能竞赛。竞赛内容分队列（队形）、交通指挥手势、移动式安全检测线实操、拖拉机驾驶员科目二考试、科目三考试5项。全区约160名农机管理（监理）人员观摩。最终，固原市代表队荣获团体一等奖、银川市和吴忠市荣获团体二等奖、石嘴山市和中卫市荣获团体三等奖。

2016年，宁夏农机安全监理总站在青铜峡市共举办了全区农机监理员（检验员、考试员、事故处理员）培训班4期，针对农机安全监理相关法律法规、拖拉机和联合收割机安全技术检验规范、拖拉机和联合收割机考试评定标准，兼顾农机事故现场勘察及调查处理等方面进行了培训，培训农机监理业务人员450人次。

为快速、高效、有序应对和处置重特大生产安全事故，最大程度控制、减轻或消除事故及其造成的人员伤亡和财产损失，维护群众的生命安全和社会稳定，2017年7月10日，自治区人民政府办公厅印发《宁夏回族自治区生产安全事故应急救援预案》等17部宁夏专项应急预案，各地相继印发了《农机安全事故应急救援预案》。

2018年4月17—19日，为认真贯彻落实农业部颁布的《拖拉机和联合收割机登记规定》《拖拉机和联合收割机驾驶证管理规定》及其配套工作规范，宁夏农机安全监理总站在银川市举办了第一期全区农机安全监理规章宣贯培训班，全区85名农机监理人员参加培训，推进全区农机安全监理规范化、信息化建设。

2018年6月，宁夏农牧厅农业机械化管理局主办，宁夏农机安全监理总站、吴忠市农牧局、利通区农科局承办，在吴忠市利通区举行了全区农机事故应急管理培训和现场救援演练，各市、县（区）农机主管部门、农机中心、农机监理机构负责人、农机事故处理员200余人参加培训演练。2011—2019年，全区各市县积极开展农机事故应急救援演练培训和活动累计10余次，对全区农机监理执法人员熟练掌握较大以上农机事故现场处理的程序、方法和步骤，以及与其他单位的协同配合等方面起到了推动作用。

2018年10月，宁夏党委办公厅、人民政府印发《关于印发宁夏回族自治区机构改革方案实施意见的通知》和《中央编办关于地方机构改革期间推进和规范事业单位调整的通知》，各市、县（区）逐步开展机构改革，到2019年末，宁夏农机安全监理机构24个，农机监理人员减少至227人。

2019年《农业机械安全监督管理条例》实施10周年，为深入宣传贯彻《中华人民共和国安全生产法》《农业机械安全监督管理条例》等法律法规，增强农机安全监理人员学法用法守法意识，提高全行业依法行政、依法监理能力，规范农机安全监理工作，促进农机安全生产，农业农村部决定举办全国农机安全监理法规知识竞赛。8月29日，农业农村部办公厅印发《关于举办全国农机安全监理法规知识竞赛的通知》。9月26日—27日，宁夏农机安全监理总站在青铜峡市举行了全区农机安全监理法规知识和业务技能竞赛活动，五市农机安全监理代表参赛，固原市代表队最终荣获团体一等奖。10月15日，宁夏农机安全监理总站组织全区农机安全监理人员广泛参加农业农村部举办的农机安全法规知识网络竞赛，145名农机监理人员竞答成功，宁夏代表队进入全国决赛。10月24日，全国农机安全监理法规知识竞赛决赛在广西南宁举行，宁夏代表队荣获三等奖。

2020年，宁夏农机安全监理总站分别于6月、9月，在贺兰县和大武口区举办了2期农机安全监理人员培训班，对90名拟考取监理员证的农机安全监理人员和80名新申请农机安全监理员证和事故处理员证的在编在岗人员及业务骨干进行了培训。到 2020 年末，全区具有独立法人的农机安全监理机构 12 个，农机监理人员减少至 170 余人。

■ 第二节　农机监理装备与业务规范化建设

一、监理装备

农机监理装备包括农机监理人员对农业机械及其驾驶（操作）人员进行农机安全检查、农机事故处理、农机安全技术检验、驾驶（操作）人员考核和审验、农机牌证的办理、安全宣传教育等工作所需的仪器、交通工具和各种器材。

1996 年后，随着宁夏区、地、县、乡四级农机安全监理体系建立基本完成，农机监理装备建设逐步展开。1997 年 9 月，宁夏农机安全监理总站采购一批计算机和打印机，对农机监理业务程序进行编制，逐步建立了农用运输车、拖拉机、驾驶员档案数据库，提高了农用运输车、拖拉机年检率、驾驶员年审率，有效地防止了在办理牌证工作中的人为干预。全区建立起了统一的农机监理计算机信息管理系统软件。只是存在由于缺乏互联网，无法进行异地查询，机动车入户不能用发动机号、车架号查找，造成重复入户现象。至 2002 年，农机监理技术装备和设施条件继续完善，实现了全区农业机械及驾驶员的计算机联网管理。

2004 年，《中华人民共和国道路交通法》实施，农机监理工作进入依法管理新阶段，农机安全监理法律法规体系得以相对完善，农机监理装备建设初具规模，但农机监理信息化管理水平总体相对滞后。2006 年，宁夏各级农机安全监理机构全部实行计算机网络化管理，提高了办事效率，农机提交入户申请后，在 2 小时内即可办理完成全部手续拿到证件。

2012 年，宁夏农机安全监理总站争取宁夏财政支农专项资金 502 万元，在全区范围内开展农机安全监理能力建设工作，公开招标采购移动式拖拉机和联合收割机操作考试装备，拖拉机和联合收割机安全检测、维修一体化服务装置和农机监理执法装备。其中：采购移动式农机操作考试装备 203 万元，配置拖拉机、联合收割机电子桩考仪和考试用拖拉机共 19 套；采购移动式农机驾驶人科目一无纸化考试系统 105.6 万元，为全区各市、县（市、区）农机安全监理机构配置科目一无纸化考试设备 22 套（除固原市、兴庆区、金凤区和西夏区外）；采购农机监理执法装备 150 万元，为全区农机安全监理机构执法人员配备执法服装和标志 500 套；采购农机监理管理系统 43.4 万元，为全区农机安全监理机构配备拖拉机、联合收割机及驾驶操作人员管理系统设备及软件；为全区农机管理系统配备农机购置补贴管理系统及软件，实现全区农机安全管理和购机补贴联网管理。10 月 11 日，全国农机安全监管技术演示暨 2012 年农机具移动式安全监测装备配发仪式在宁夏农牧厅举行，向全国"平安农机"示范县农机安全监理机构配发了相关装备。2013 年 3 月，宁夏农机监理系统以向社会招标的形式采购 21 台雷沃 M454 拖拉机，作为拖拉机驾驶员培训与考试的专用车。

2014 年 4 月，宁夏农机安全监理总站在全区范围内组织开展拖拉机、联合收割机驾驶人员无纸化考试系统使用、维护培训，培训人员覆盖全区农机监理系统全部监理人员。截至 2015 年底，全区累计投入农机安全监理装备建设资金近 1500 万元，共配置移动式安全技术检测线 26 套、事故处理设备 24 套、移动式科目二电子桩考仪 22 套、农机驾驶人科目一无纸化考试系统 22 套、农机监理执法服装和标志 500 套、农机监理专用车 20 辆、农机监理业务标准化办证大厅设备 25 套、宣传培训设备 10 套。

2018 年 1—5 月，按照农业农村部新修订的《拖拉机和联合收割机驾驶证管理规定》《拖拉机和联合收割机驾驶证业务工作规范》《拖拉机和联合收割机登记管理规定》《拖拉机和联合收割机登记业务工作规范》要求，宁夏农机监理总站组织对原自治区农机监理业务信息系统进行升级改造，完善拖拉机和联合收割机登记业务管理、驾驶证业务管理、档案管理、农机事故报送、信息管理等功能模块，于 6 月 1 日正式上线运行。2019 年 5 月底，新版系统运行稳定，全区各级农机安全监理机构使用新版系统软件共办理拖拉机和联合收割机登记注册 4100 台、核发新驾驶证 3700 本、新行驶证 4100 本、新登记证书 700 本。

二、监理业务规范化建设

1994 年 3 月 10 日，自治区人民政府发布《宁夏回族自治区农业机械安全管理规定》（以下简称《规定》），规定由农机监理部门负责贯彻有关农机安全监督管理的法律、法规、规章和政策；负责办理拖拉机、联合收割机、脱粒机、挂车等大型农业机械入户手续、检验、号牌和行驶证或准用证的发放；负责组织农业机械驾驶操作人员的培训、考试、发证等管理工作；处理或协助有关部门处理农业机械事故，对违反《规定》的行为进行处罚。

1997 年 8 月 21 日，宁夏回族自治区第七届人民代表大会常务委员会第二十六次会议通过《宁夏回族自治区农业机械安全监督管理条例》（以下简称《条例》），明确规定：县级以上人民政府农机行政主管部门所属的农业机械安全监督管理机构负责农业机械安全监督管理的具体工作，主要职责包括贯彻有关农机监理的法律、法规、规章和政策；办理农业机械的登记入户、建档和管理工作；负责组织农业机械驾驶操作人员的安全教育、技术培训、考试和发证工作；负责农业机械及驾驶操作人员的安全检查和审验工作；负责农业机械事故处理和统计报告工作，对违反《条例》及有关规定的行为，依法予以纠正并处理。《条例》同时规定，农机监理人员应当秉公办事，文明执法，执行公务时应当着装整齐，出示执法证件。

1997 年 10 月 8 日，根据《宁夏回族自治区农业机械安全监督管理条例》，自治区人民政府发布《宁夏回族自治区农业机械事故处理办法》，规定县级以上人民政府的农机主管部门所属的农机监理机构具体负责农机事故处理工作；具体负责勘察处理事故现场，认定事故责任，对事故责任者给予处罚，对损害赔偿进行调解和作出事故处理决定。同时自治区人民政府发布了《宁夏回族自治区农业机械驾驶操作人员违章处罚办法》，规定由县级以上农机安全监理机构对农业机械驾驶操作人员违章行为进行处罚。

1997 年 12 月 1 日，自治区人民政府印发《宁夏回族自治区人民政府关于废止部分规章的通知》，原发布的《宁夏回族自治区农业机械安全管理规定》废止。

1998 年 1 月 1 日，宁夏回族自治区农业厅印发《宁夏回族自治区农业机械驾驶操作人员管理办法》《宁夏回族自治区农业机械安全管理办法》，规定农业机械驾驶操作人员的安全监督管理工作由宁夏农机安全监理总站统一管理，各地、市、县级农机安全监理机构负责具体实施。县级以上农机培训机构或农机安全监理机构负责农机驾驶操作人员的培训、考试、发放驾驶操作证；单位和个人新购置的拖拉机、农用三轮、四轮运输车、农业收获机械、农田基本建设机械、农副产品加工机械等农业机械的登记入户手续、检验、号牌和行驶证或准用证发放。对于农业机械转籍、过户、改型、封存、报废等，均由农机安全监理机构负责办理相关手续。

2000 年，宁夏各级农机监理部门广泛开展了"文明监理、优质服务"示范创建活动，加大贯彻《宁夏回族自治区农机监理管理条例》的宣传力度，基本做到农村家喻户晓。宁夏全区全年完成农业机械挂牌入户 1.7 万台（辆），驾驶员考证 1.5 万人，培训驾驶员 3.5 万人次。全区农业机械挂牌入户累计达到 13.3 万台，挂牌入户率达到 82.2%，持证驾驶员已达 18 万人，驾驶员持证率达到 92.3%。农用运输车挂牌入户 6.5 万辆，占宁夏农用运输车总数的 79%。

2001 年，宁夏各级农机监理部门以安全生产为中心，贯彻《自治区农业机械安全监督管理条例》，加大执法力度，开展农机安全监理工作。全区农用运输车新增挂牌入户 14296 辆，农用拖拉机新增挂牌入户 5750 台，拖拉机检验率达到 6%，农用运输车检验率达到 79%，联合收割机检验率达到 84.7%，驾驶员审检率达到 78.8%。农机监理部门参加了由自治区人民政府分管主席主持的农机、公安、交通等部门参加的交通安全协调会，建立了农机、公安、交通联席会议制度。自治区农牧厅成立了安全生产领导小组，下发了《关于开展全区农机百日安全大检查活动的通知》和《自治区农机驾驶操作人员监督管理办法》等文件，对黑车非驾、非法拼装、加高加宽、超速行驶、超载运行等进行了专项治理。

2002年，宁夏农机监理部门狠抓市场经济秩序整顿、安全生产和维修行业管理工作。按照农业部部署，在全区组织了"3·15农机统一行动"宁夏分会场活动，发放各种宣传品2万多份，接受农机户咨询3000多人次，调解有关农机质量方面的投诉40余件；各级农机局（站）对农机维修网点、修理工基本情况展开调查摸底工作，逐户、逐人建立档案卡，部分市县还开展了维修网点审定和修理工培训考核工作。2019年，全区全年组织了农机修理培训5批、105人次，100人通过了职业技能鉴定，全区获得职业技能资格证书的农机修理工已超过600人。宁夏成立了宁夏农机行业职业技能鉴定工作站，各级农机安全监理机构齐全，工作面已覆盖所有乡村集镇。宁夏纳入牌证管理的拖拉机有15.2万台、农用车有10.5万辆，各级农机安全监理机构负责培训、考试30多万农机驾驶操作人员。驾驶操作人员持证率达到90％以上。

2003年2月22日，自治区人民政府发布《宁夏回族自治区人民政府关于大力加强道路交通安全管理的通告》，3月5日召开了全区治理农用运输车违章载人工作会议。3月9日，全区农机监理工作会议在吴忠市召开，会议要求各地大力整治道路交通安全和农用车违章载人现象，提升农机监理工作水平。

2004年3月，农业部印发《关于集中开展拖拉机及其驾驶员整顿工作的通知》，明确规定从2004年5月1日起，农机安全监理机构不得举办或者参与举办驾驶培训学校、驾驶培训班。

2004年，宁夏在册农业机械31.1万台（辆），其中三轮、四轮运输车14万辆，约占总量的45％；管理农机驾驶人员31万多人，其中农用车驾驶员15万多人。2004年5—7月，《中华人民共和国道路交通安全法》《中华人民共和国道路交通安全法实施条例》（简称《道路交通安全法》）《中华人民共和国农业机械促进法》《中华人民共和国行政许可法》相继实施；6月29日，国务院第142号令公布《国务院对确需保留的行政审批项目设定行政许可的决定》。这些法律法规对农机管理部门的范围和职责进行了调整。《道路交通安全法》首次明确了农机安全监理机构执法主体地位，明确上道路行驶的拖拉机及驾驶员由农机安全监理机构管理，同时授权农机安全监理机构独立行驶牌证核发权和年检审权。农用运输车管理职能整体划归公安交管部门负责，农机管理部门不再对农用三轮、四轮运输车进行登记、挂牌、技术检验，对其驾驶员不再进行考核、发证和年度审验，也不再对县、乡道路及场院拖拉机和农用车进行安全检查、纠正违章及事故处理等工作。《道路交通安全法》的实施对宁夏农机监理工作产生较大影响。2004年7月，宁夏农机安全监理总站印发《关于停止办理六轮农用运输车的通知》，对办理入户的三轮、四轮农用车，要求整车长度不超过4.6m，发动机功率不得超过36.78kW（50马力）。9月6日，农业部颁发《拖拉机登记规定》《拖拉机驾驶证申领和使用规定》。

2005—2006年，宁夏农机安全监理总站按照规定指导各县（市、区）农机安全监理机构设置了登记审核岗、牌证管理岗、业务领导岗、档案管理岗，负责办理本辖区内拖拉机登记业务和拖拉机驾驶证业务，各级监理机构全部实行计算机信息化管理。

2007年5月21日，宁夏农牧厅召开全区农机安全监理工作会议，并印发《关于开展拖拉机登记和驾驶证申领专项整治工作的通知》，明确规定：5月21日起停止办理农用运输车（三轮汽车、低速载货汽车）的牌证和驾驶证业务。11月，宁夏人民政府办公厅颁布《关于转发自治区编办等部门〈全区三轮汽车、低速载货汽车管理职能及编制和人员移交工作方案〉的通知》，明确全区农机安全监理机构管理的三轮汽车（原三轮农用运输车）、低速载货汽车（原四轮农用运输车）管理职能及驾驶人实物档案整体移交公安交通管理部门管理，公安交通管理部门管理的拖拉机车辆档案及其驾驶人实物档案移交农机安全监理机构管理。

2008 年，宁夏三轮汽车、低速载货汽车档案和驾驶人员档案移交工作完成。6 月，宁夏农机安全监理总站印发《关于换发拖拉机联合收割机驾驶证工作有关事项的通知》，针对解决新旧管理规定衔接等问题。至 2009 年 7 月初，全区拖拉机联合收割机驾驶证换证工作完成。

2011 年 1 月 7 日，宁夏回族自治区第十届人民代表大会常务委员会第 22 次会议通过了《宁夏回族自治区农业机械安全监督管理条例》的再次修订，规定农机安全监理机构的主要职责为贯彻农机监理的法律法规、规章；负责办理农业机械的登记入户、建立档案和管理工作；负责组织农业机械驾驶操作人员的安全教育、技术培训、考试、发证工作；负责农业机械及驾驶操作人员的安全检查和审验工作；负责农业机械事故处理及统计报告工作。

2011 年 8 月 20 日，农业部印发《关于进一步加强农机安全工作的意见》，要求各地进一步完善配套规章制度和扶持政策，完善农机安全标准和操作规程，加快装备和信息系统建设，加强安全监理能力建设，强化安全和培训，提高上牌率、检验率、持证率，开展"平安农机"创建活动，规范安全监理执法工作等，对农机安全监理工作提出了新的任务目标。

2011 年，宁夏各地农机监理机构开展农机免费管理工作，免除了农机挂牌费、培训考试费、检审验费、补换牌证费。

2012 年 10 月 11 日，全国省级农机监理站站长会在银川市召开，旨在深入贯彻落实《农业机械安全监督管理条例》和《农业部关于进一步加强农机安全工作的通知》。会议期间举办了 2012 年首批农机具移动式安全技术检测设备配发和现场演示活动。宁夏农机安全监理工作作为典型在会上进行了经验交流，参会人员参观考察了石嘴山市农机监理所和灵武市农机监理站。

2018 年 1 月 15 日，农业部 2017 年第 11 次常务会议审议通过并颁布了《拖拉机和联合收割机驾驶证管理规定》《拖拉机和联合收割机登记管理规定》。农业部对《拖拉机驾驶证业务工作规范》《拖拉机登记工作规范》《拖拉机驾驶人各科目考试内容与评定标准》《联合收割机驾驶人考试内容与评定标准》《联合收割机驾驶证业务工作规范》《联合收割机登记工作规范》《拖拉机联合收割机牌证制发监督管理办法》《拖拉机、联合收割机牌证业务档案管理规范》进行修订整合，于 2018 年 2 月 5 日印发《拖拉机和联合收割机驾驶证业务工作规范》《拖拉机和联合收割机登记业务工作规范》，进一步规范了拖拉机和联合收割机安全监理业务，规范了拖拉机和联合收割机登记以及驾驶证的申领和使用。

2011—2020 年，宁夏各地农机安全监理机构认真贯彻落实《宁夏回族自治区农业机械安全监督管理条例》，监理业务工作主要有：贯彻执行国家农机化和安全生产方针政策、法律法规；负责农业机械（包括拖拉机、联合收割机等农业机械车辆）的安全技术检验，驾驶操作人员考核、核发牌证；开展农机安全宣传教育和驾驶操作人员培训；对农业机械及驾驶操作人员进行年度审验；负责处理农机事故，对农业机械及驾驶人员实施安全检查等。宁夏农机安全监理总站职责主要是宣传贯彻国家及自治区有关农机安全生产的法律、法规、业务规范和方针政策，制定农机安全生产政策、规章、发展规划和年度计划；负责实施农机免费管理，制定农机监理业务管理规范、安全技术标准及操作规程，指导督查拖拉机、联合收割机登记上牌、建档、检验和农业机械备案管理，以及农业机械驾驶操作人员安全教育、技术培训、考试发证、建档和审验工作；负责全区农机安全生产监督检查工作，组织开展农机隐患排查治理、"平安农机"创建及农机安全专项整治活动，依法组织开展对自治区境内道路外农机生产作业违规行为的检查和纠正，协调处理跨省行政区域的农机安全检查活动；负责全区农机监理人员（农机检验员、考试员、事故处理员）的培训、管理及审核发证；负责道路外农业机械事故处理、预防、应急救援、行政复议、统计报告等工作；负责全区农机监理装备建设工作，组织实施农业机械报废回收更新工作；协助完成自治区农牧厅（农业农村厅）交办的农机维修行业监管、农机行业职业技能鉴定、农机合作服务组织管理、农机综合性保险工作指导等工作。1996—2010 年宁夏农机监理情况见表 11 - 4 - 1。

表 11-4-1　1996—2010 年宁夏农机监理情况统计

年度	核发牌证（台）	核发驾驶证（含学习证）（本）	年度检审验	
			检验（台）	审验（人）
1996	92157	87280	76634	58555
1997	90509	91391	70048	59128
1998	89198	92511	57376	52345
1999	91977	95431	54115	57910
2000	94764	97257	40942	62019
2001	96618	105710	60308	61980
2002	105664	114978	73000	62923
2003	110899	124304	75441	83000
2004	110484	136494	68970	92818
2005	99245	139890	71200	93726
2006	95367	149065	87000	95401
2007	103573	145000	36250	82858
2008	109305	131163	39349	65583
2009	113699	136435	40932	61253
2010	138138	67892	30191	57914

注：2004 年以前，取得驾驶证的农机驾驶员允许驾驶大中型拖拉机和四轮农用运输车，或驾驶小型拖拉机和三轮农用运输车。2004 年 5 月《中华人民共和国道路交通安全法》实施后，按照《机动车运行安全技术条件》（GB7258—2004），四轮农用运输车更名为"低速载货汽车"，三轮农用运输车更名为"三轮汽车"。自 2007 年三轮、四轮农用运输车移交公安部门后，实施新的驾驶证规定，故核发驾驶证数目减少。自 2004 年起，小四轮和手扶拖拉机拥有量逐渐减少，随着农机购置补贴的实施，大中型拖拉机拥有量迅速增长。2006 年国家核发驾驶证学习证。自 2007 年起，核发牌证只包括大中小型拖拉机、联合收割机。

■ 第三节　农机安全联组建设

一、组建主体

宁夏农机安全监理工作总体基础薄弱，基层农机安全监管组织体系不健全。自 2014 年起，宁夏选择农机保有量较大、农机安全生产基础条件较好的平罗县、中卫市沙坡头区、中宁县、西吉县作为农机安全联组建设试点市（县）。

在各乡（镇），以建制村、自然村为单元，以农机作业公司、农机合作社、农机大户、家庭农场和乡（镇）农机专干为成员单位牵头组建农机安全联组，农机安全联组下设安全小组。各乡（镇）建制村、自然村的安全协管员、农机合作组织的安全员担任组长，组建由农机户主或驾驶员参加的安全小组，每个安全小组 30～50 人。

2015 年，宁夏农牧厅印发《关于加强农机安全联组建设构建农机安全监管长效机制的指导意见》，规范了农机安全联组组织机构、制度建设、人员配备、台账档案、安全员职责等，规定了农机安全联组开展宣传教育、学习培训、安全检查、隐患排查治理、信息报送等活动经费，以及将联组长误工补助列入当地财政预算。

2016 年底，全区范围内以乡镇农机站、建制村、自然村、农机作业公司、农机合作社、农机大户、家庭农场为牵头单位，建立农机安全联组共 3497 个，基层农机安全监管网络体系得到完善。2017 年，宁夏各地巩固建设农机安全联组 3667 个，覆盖全部乡（镇）、建制村、农机合作服务组织。2018—2020 年，因乡镇、村组换届选举，乡镇一级安全联组长变动频繁，作用发挥得不好，被自然淘汰，同时不再统计部分偏远乡村，宁夏各地安全联组数减少至2400个。

二、组建形式

农机安全联组的组建形式包括以下几种：全区乡镇农机站长或农机专干牵头组建；乡镇农业社会化综合服务站牵头组建；农机作业服务公司单独或联合周边农机合作社、农机大户、家庭农场组建；未设立农机站或农机专干的乡镇，直接由当地农机安全监理机构委派农机安全监理人员牵头组建；各建制村、自然村农机安全协管员牵头组建。

三、工作机制及成效

农机安全联组由市、县（区）农机安全监理机构和乡镇安全生产领导小组指导，按照"分级负责、属地管理"的原则，开展本乡镇、村及农机合作服务组织的农机安全监管工作。

宁夏农机监管部门制定农机安全联组管理、信息报送、日常巡查、宣传教育学习方面的四项制度，以及农机安全联组绩效考核办法，量化绩效考核打分标准；实行办公学习经费、误工补助与工作目标完成、绩效考核结果挂钩的以奖代补机制。各地农机安全监管机构每年对农机安全联组进行绩效考核，兑现绩效奖励。

农机安全联组负责对所辖乡镇各建制村、农机合作服务组织和驾驶员的安全生产责任书的签订工作；所辖乡镇、村的农村道路、农机田间作业安全监管工作，安全隐患检查、排查治理情况的记录并上报工作；积极推进农业机械牌证办理、培训、年度检验、档案管理和各类表册、信息报送等工作；协助当地农机安全监理机构对辖区内农民群众进行安全法律、法规以及安全规章、安全知识的宣传教育活动；定期组织召开农机安全生产联组（小组）成员学习农机安全监理有关法规政策、规范及安全知识，掌握本地农业机械及驾驶员的动态和年度检审验情况。农机安全联组的组建和运行，推动了宁夏农机安全监理工作的基层规范建设。

■ 第四节　"平安农机"示范创建

2006年5月15日，农业部、国家安全生产监督管理总局联合印发《关于开展"创建平安农机促进新农村建设"活动的通知》，在全国范围内组织开展"十百千万"平安农机示范创建活动。同年，宁夏农机主管部门主动指导各地农机安全监理部门积极申报创建。贺兰县被评为全区第一个自治区级"平安农机"示范市县（区）。2007年，平罗县评为自治区级"平安农机"示范市县（区）。

2008年12月，按照农业部、国家安全监管总局办公厅的《关于开展"平安农机"示范县（市、区）考评工作的通知》要求，经过县级自评、省级复评、两部局抽查和全国"平安农机"创建活动领导小组审定等程序，贺兰县、平罗县被评为全国首批"平安农机"示范县（市、区）。同年，中卫市、青铜峡市、隆德县经过县级自评、自治区验收，被评为自治区级"平安农机"示范市县（区）。

2009年9月17日，农业部、国家安全生产监督管理总局联合印发《关于深入开展"创建平安农机　促进新农村建设"活动的通知》，启动新一轮"平安农机"创建活动。2009—2016年，灵武市、泾源县、永宁县、彭阳县、大武口区、西吉县、盐池县、利通区、同心县、银川市、原州区先后被评为宁夏"平安农机"示范市县（区）；中卫市、灵武市、青铜峡市、隆德县、永宁县、彭阳县、大武口区、西吉县、盐池县、泾源县、利通区、同心县先后申报并被评为全国"平安农机"示范县（市、区）。同期，宁夏评选宁夏农机监理示范岗位标兵50人，申报并获评全国农机监理示范岗位标兵17人。

2017年3月20日，农业部、国家安全监管总局印发《"十三五"时期创建"平安农机"活动工作方案的通知》，吴忠市申报被评为宁夏"平安农机"示范市，银川市被评为全国"平安农机"示范市。

2018年宁夏农牧厅、宁夏安全生产监督管理局联合印发《关于开展2018年"平安农机"示范创建活动的通知》。吴忠市、原州区被评为全国"平安农机"示范县（市、区），同年评选宁夏农机监理示范岗位标兵5人，申报并获评全国农机监理示范岗位标兵3人。

2019年4月29日，宁夏农业农村厅、应急管理厅联合印发《关于开展2019年—2020年"平安农机"示范创建活动的通知》，惠农区申报并被评为自治区级"平安农机"示范县（市、区）；评选宁夏农机监理示范岗位标兵5人，申报并获评全国农机监理示范岗位标兵4人。

2020年，惠农区被评为全国"平安农机"示范县（市、区）。至2020年底，全区范围内创建自治区"平安农机"示范单位18个市、县（区），创建国家级"平安农机"示范单位18个市、县（区），覆盖全区66%的县区。全区累计获评宁夏农机安全监理示范岗位标兵60人，全国农机安全监理岗位示范标兵24人。

■ 第五节　农机免费管理

随着国家支农惠农政策特别是农机购机补贴政策的实施，在自治区党委、人大、政府和相关部门的支持配合下，农业机械化发展呈现持续、快速、健康发展的态势。通过解放思想、转变观念、创新管理机制、推行农机免费管理等一系列举措，农机安全生产法律法规得以贯彻，农机安全监理机构的职责得以更好地履行。

2009年初，宁夏农机安全监理总站和银川市农机监理所在综合分析农机安全隐患症结的基础上，提出开展农机免费管理试点方案。2009年6月，宁夏农牧厅党组和银川市政府同意在银川市设立试点区。2009年10月，宁夏农牧厅印发《关于推广银川市农机免费管理试点工作经验的通知》，在全区范围内开始推广农机免费管理。2009年至2010年上半年，全区农机免费挂牌2.62万台，免费培训驾驶操作人员1.21万名，农机检验率同比增长20%以上，农机事故发生起数同比下降了46%，致伤人数下降49%。

2010年7月，宁夏政府参事调研提出了《关于加强农机安全监管工作的建议》，建议在全区范围内推行农机免费管理。时任宁夏政府主席王正伟在《关于加强农机安全监管工作的建议》上作出"这几年我们侧重了支持农民购置机具及配套资金等问题。管理问题日渐突出，要提上日程，形成机制，使我区农机用的好，管的更好"的批示。7月6日，国务院摘编《宁夏实行农机免费管理的做法》专报信息，回良玉副总理在专报上批示"请农业部阅"，随后农业部主要领导分别作出批示，要求农业部农机化司认真组织调研，总结推广宁夏的好做法。7月17—19日，农业部调研组深入宁夏各地调研农机免费管理经验做法。2010年7月20日，农业部副部长张桃林在全国农业厅局长座谈会农机化行业分组讨论会议上，明确号召各省（自治区、直辖市）借鉴并推广宁夏农机免费管理的经验做法。2010年底，全区各县（市）政府累计筹措投入农机免费管理试点工作经费达595万元。2010年9月9日，农业部农机安全监理总站涂志强副站长在宁夏农机管理工作会议的讲话中明确指出："免费管理是农机安全监理工作发展的方向，是农机安全监理机构落实法律法规赋予农业机械化行政主管部门职责，更好地承担农机安全社会管理与公共服务任务的使然。"

2011年1月7日，宁夏回族自治区第十届人大常委会第二十二次会议审议通过新修订的《宁夏回族自治区农业机械安全监督管理条例》，规定县级以上人民政府应对农民购买农业机械给予补贴，对农业机械登记、检验以及使用操作的培训、考试、审验等实行免费管理。至此，宁夏农机免费管理内容正式写入地方法规，在全国首次以立法形式确立了农业机械免费管理制度。2011年，宁夏全面推开农机免费管理，成为全国首个在全省区范围内实施农机免费管理的省区。

自2012年起，宁夏各地区将免费管理经费纳入年度财政预算，农机监理人员深入乡镇、村，完成检验、上牌、审验、考试手续办理等工作，农机监理业务更加规范。2016年4月20日，财政部、国家发展改革委联合印发《关于扩大18项行政事业性收费免征范围的通知》，将"拖拉机号牌（含号牌架、固定封装置）费、拖拉机行驶证费、拖拉机登记证费、拖拉机驾驶证费、拖拉机安全技术检验费"列入免征范围。截至2020年底，全区拖拉机、联合收割机上牌率达96％、年度检验率达68.5％、驾驶员持证率达96.5％，较实施农机免费管理前分别增长69％、90.5％、176％。2011—2020年全区农机免费管理情况见表11-4-2。

表11-4-2　2011—2020年全区农机免费管理情况统计

年度	拖拉机联合收割机入户挂牌（台）	上牌率（%）	年度检验（台）	检验率（%）	驾驶员培训（人）	驾驶员审验（人）	持证率（%）
2011	51538	91	75115	55	39065	48693	86
2012	39400	91	101000	62	52000	76000	88
2013	22694	91.2	112916	63.5	47095	77061	90
2014	9565	91.5	136273	64.5	28421	55554	93
2015	8522	92	128000	65.5	21430	51922	95
2016	8351	92	130058	66.5	28184	30152	95.5
2017	5127	93	124000	67.5	20724	33397	96
2018	4705	95	103230	68	35211	30420	96.5
2019	4423	95	106748	68.5	30621	30982	96.5
2020	6716	96	91274	68.5	27758	28308	96.5

■ 第六节　农机综合保险

2009年，银川市围绕"五免、四优、一救助"开展农机免费管理试点工作，对农机牌证发放、安全检验审验、培训考试等费用给予财政补贴。2010—2013年农机免费管理实现全区覆盖，农机部门将农机免费管理一部分经费用于设立救助基金，为农机事故伤者垫付救治费用，对困难家属予以适当救助，形成宁夏政策性农机保险的最初形式。

2013年3月，国务院颁布《农业保险条例》，将农机保险纳入涉农保险范畴，鼓励地方采取财政补贴等措施支持发展农机保险。同年，中央一号文件明确提出开展农机保险保费补贴试点，加快农业机械综合保险政策发展步伐。

2015年，盐池县率先在全区将农业机械保险纳入农机免费管理。盐池县农牧局和县农机推广服务中心制定下发《盐池县开展农机政策性保险试点工作方案》，投入5万元，保费由政府补贴50％，开展农机政策性保险试点工作，共有43台大型联合收割机、86名农机操作人员参加保险。同年，宁夏农机安全监理总站带队与银川市农牧局、银川市农机监理所组成调研组，赴陕西省农机安全监理总站、西安市高陵区、渭南市临渭区农机监理所，调研学习陕西省农机联合执法和农机互助保险工作经验。同年，银川市推进农机互助保险试点工作。2015年7月，经银川市农牧局批准，银川市成立农机互助保险协会，在全区率先开展农机安全互助试点工作。

2016年7月，宁夏农牧厅与人保财险宁夏分公司联合印发《关于开展农业机械综合保险试点工作的通知》，在全区开展农机综合保险试点，加快推进全区农用机械保险工作。

2016年，银川市农机安全互助会员达到809户，按照农机手缴纳60％、市财政补贴40％的比例，共收缴互助会费30万元，财政补贴30万元。会员上报农机事故53起，符合理赔条件的33起，赔付资金共计114142.97元。9月，银川市人民政府印发《银川市2016年度政策性农业机械保险实施方案的通知》，率先在全区开展政策性农业综合保险工作。平罗、惠农和吴忠等市、县（区）实施商业性农业机械综合保险，农业机械综合保险工作有序推进。2016年农业机械综合保险投保拖拉机、联合收割机等各类农业机械222台。

2018年11月，宁夏回族自治区人民政府印发《自治区乡村振兴战略规划（2018—2022年）》，规划提出"完善政策性农业保险制度，支持市县（区）自主开展特色优势农产品、渔业、设施农业、农机使用保险等，扩大农业保险覆盖面和提高风险保障水平。"同年12月，国务院印发《关于加快推进农业机械化和农机装备产业转型升级的指导意见》，鼓励选择重点农机品种发展农机保险。

2018年，全区25个市、县（区）开展农业机械综合保险业务。其中，中卫市人民政府出台文件，明确农业机械保险保费财政补贴70％，同心县率先在全区将农业机械综合保险纳入政策性农业保险，政府补贴60％，实现了农业保险与农机保险的有机融合。全区全年共承保农业机械2798台，较2017年增长149％。

2019年，全区14个县（区）实现了财政补贴，承保各类农业机械25031台，其中大型农业机械（联合收割机、拖拉机）6058台，小型农业机械（铡草机、微耕机）18973台；承担风险保障28.67亿元，保费共计收取545.33万元，超过2016年和2018年的保费总和。隆德县将农机综合保险纳入农业保险；同心县对铡草机实行统保，承保铡草机18973台，农机综合保险覆盖面进一步扩大。

2020年，宁夏农机安全监理总站争取自治区财政资金260万元，实施农机综合保险保费补贴项目，范围覆盖全区22个县（市、区）。自治区财政保费补贴比例为45％，县级进行累加补贴；全年承包各类农业机械2.4万台，其中大型农业机械（拖拉机、联合收割机）6058台，小型农业机械（铡草机、微耕机）18973台。

■ 第七节　农机职业技能鉴定

2012—2016年，宁夏农机技能人才培养范围内的职业和工种涉及农机驾驶操作、维修、经营服务、技术指导等10个。主要农机职业技能鉴定工种为农机修理工和农机驾驶员，获证人数882人，其中初级工678人，中级工174人，高级工30人，获得初级工证书的比例为76.87％。2015年，宁夏组织全区选拔农机手参加中国技能大赛"中联重科杯"全国农业职业技能竞赛决赛和"2015年中国农机手大赛"西部联赛活动，并在2015中国技能大赛"中联重科杯"全国农业职业技能竞赛中获得大赛二等奖和三等奖各一名。同年，石嘴山市开展了"名师收徒"等农机职业技能竞赛活动，结合农机技能竞赛，对农机修理工、拖拉机和联合收获机驾驶员进行工种鉴定，发证115个。

2016年，自治区开展第一届宁夏农机手大赛暨第三届中国农机手大赛选拔赛。在第三届中国农机手大赛总决赛中，宁夏队17名选手晋级200强，6名选手入围全国百强。

2017年，自治区在青铜峡市组织举办第二届宁夏农机手大赛暨第四届中国农机手大赛宁夏选拔赛。在第四届中国农机手大赛总决赛中，自治区选拔的22名选手晋级200强，11名选手晋级100强，1名选手取得亚军。同年宁夏新增考评员33名。

2018年，自治区在银川市组织举办2018宁夏农业行业职业技能大赛农机驾驶操作员和修理工技能竞赛。在全国总决赛中，自治区4名选手获得"全国农业技术能手"称号，宁夏代表队获得团体第四名；组织选手参加"中化杯"第五届中国农机手大赛总决赛，6名农机手进入全国100强。同年宁夏新增考评员和质量督导员17名。

2019年，自治区在灵武市组织举办2019年中国技能大赛——宁夏农机职业技能竞赛；组织举办联合收割机、拖拉机和植保无人机驾驶员技能培训；800多位选手参加农机驾驶操作和植保无人机驾驶操作两个项目的竞赛选拔，农机从业人员技能水平进一步提升。全区各市、县（区）农机管理和技术人员40人参加全国农机职业技能鉴定考评员、农业行业职业技能竞赛裁判员资格认证，以及农机职业技能师资培训班。宁夏新增考评员和质量督导员18名，农机考评员督导员队伍建设不断加强。

2020年，自治区在贺兰县组织举办第三节全国农业行业职业技能大赛（农机修理工）宁夏选拔赛暨2020年宁夏农机修理工技能竞赛活动，五市代表队25名农机选手以及领队、技术指导、技术人员50余人参与竞赛。自治区对取得前10名的选手进行了职业技能鉴定和资格晋升，颁发高级农机修理工证书。

■ 第八节　农机事故

1978年以前，因无农机安全监理机构，宁夏回族自治区对所发生的事故无统计；自1979年起，农业机械事故作为农机监理业务，被逐步统计，统计内容包括发生在国家公路上和国家公路外大中型拖拉机事故、小型拖拉机事故，农用三轮运输车、农用四轮运输车事故，柴油机、电动机事故，脱粒机、联合收割机事故，以及其他农业机械事故。

1997年8月21日通过的《宁夏回族自治区农业机械安全监督管理条例》明确规定：农业机械事故是指农业机械在乡村道路、田间、场、区作业、停放过程中，因驾驶操作人员或其他人的违章行为，发生碰撞、碾压、翻覆、落水、火灾等造成人畜伤亡、机械损毁、财产损失的责任事故。10月8日，宁夏回族自治区人民政府发布《宁夏回族自治区农业机械事故处理办法》《宁夏回族自治区农业机械事故处理程序规定》。由于"乡村道路"一词缺乏明确的法学解释，致使各地农机安全监理机构在开展工作时对"乡村道路"的界定和范畴难以把握。

自2000年起，农机安全监理机构不再统计国家公路上发生的各类农业机械、农用车事故。2007年，农用车运输车管理职能全部移交公安交通管理部门，至此，农业机械事故统计范围只包含拖拉机、联合收割机及其他农业机械在国家公路外发生的事故。

2011年3月1日，《农业机械事故处理办法》实施，规定农机事故分为特别重大农机事故、重大农机事故、较大农机事故和一般农机事故。特别重大农机事故指造成30人以上死亡，或者100人以上重伤的事故，或者1亿元以上直接经济损失的事故；重大农机事故指造成10人以上30人以下死亡，或者50人以上100人以下重伤的事故，或者5000万元以上1亿元以下直接经济损失的事故；较大农机事故指造成3人以上10人以下死亡，或者10人以上50人以下重伤的事故，或者1000万元以上5000万元以下直接经济损失的事故；一般农机事故指造成3人以下死亡，或者10人以下重伤，或者1000万元以下直接经济损失的事故。1996—2020年宁夏农机事故情况见表11-4-3。

表11-4-3　1996—2020年全区农机事故统计

年度项目	起数（起）	一般事故（起）	死亡人数（人）	重伤人数（人）	直接经济损失（万元）
1996	99	99	26	67	18.13
1997	107	107	32	62	21.07
1998	237	237	48	108	62.20
1999	421	421	136	314	113.19
2000	14	14	6	8	6.25
2001	21	21	6	14	8.60
2002	24	24	16	13	15.60
2003	16	16	10	19	5.39
2004	4	4	8	4	1.30
2005	5	5	1	3	0.64
2006	2	2	1	1	0.05
2007	6	6	2	4	1.10

（续）

年度项目	起数（起）	一般事故（起）	死亡人数（人）	重伤人数（人）	直接经济损失（万元）
2008	1	1	1	0	0.00
2009	2	2	1	1	3.00
2010	1	1	0	1	0.90
2011	2	2	0	2	0.40
2012	6	6	2	5	2.00
2013	7	7	8	1	0.80
2014	15	15	3	8	25.95
2015	5	5	2	0	2.73
2016	2	2	1	1	10.00
2017	1	1	0	1	6.50
2018	12	12	2	1	29.51
2019	19	19	7	6	23.09
2020	24	24	4	4	112.181

注：1996—2020 年，全区无特别重大、重大、较大农机事故。

第十二篇

农业产业化

农业产业化和农村产业融合发展都属于农业经营制度创新。农业产业化主要指农业产业化经营，实现种养加、产供销、贸工农一体化经营。农村产业融合是指农村一二三产业融合发展，通过产业联动、体制机制创新等方式，跨界优化资金、技术、管理等生产要素配置，延伸产业链条，完善利益机制，发展新型业态，打破农村一二三产业相互分割的状态，形成一二三产业融合、各类主体共生的产业生态。宁夏立足资源优势，打造各具特色的农业全产业链，建立健全农民分享产业链增值收益机制，形成有竞争力的产业集群，推动农村一二三产业融合发展。

第一章

农业产业化政策与农业产业结构调整

■ 第一节　农业产业化政策

一、农业产业化政策原则

"十二五"后，宁夏按照"一个产业一个规划，一个产业一套扶持政策"的原则，制定实施了一系列促进农业特色优势产业发展的政策，建立起了更加符合区情和县域经济发展实际的特色优势产业体系。2013年，自治区人民政府出台了《加快推进农业特色优势产业发展若干政策意见》（宁政发〔2013〕11号），2014年自治区人民政府出台了《加快产业转型升级促进现代农业发展的意见》（宁政发〔2014〕43号），2016年自治区人民政府出台了《关于创新财政支农方式加快发展农业特色优势产业的意见》（宁政发〔2016〕27号），2017年自治区党委、区政府出台了《关于推进脱贫富民战略的实施意见》（宁党发〔2017〕33号）。

政府引导，多元投入。发挥市场在资源配置中的决定性作用，更好发挥政府引导作用，推动支农资金由财政直接补贴向财政与金融信贷相结合、主要依靠信贷支持转变，撬动吸引金融和社会资本投资农业，形成农业多元投入机制。

分类施策，区别支持。对不同经营主体采取不同的支持方式，涉农企业主要以贷款担保、贴息和引导基金支持为主；专业大户、家庭农场和农民专业合作社主要以风险补偿、贴息、实物租赁支持为主，兼顾直接补贴；普通农户主要以直接补贴支持为主，兼顾贷款、贴息。

突出重点，科技引领。集中有限资金，抓住制约产业发展的关键技术环节，加快农业科技成果转化与推广应用，提高农业物质技术装备水平，推动农业效益提升向依靠科技进步和劳动者素质提升转变。

联农带农，促进融合。注重支持利益联结机制完善、带动农户增收效果明显的新型经营主体，促进农村一二三产业融合发展，让农民从价值链提升中得到利益。

绩效考评，扶优扶先。坚持大干大支持、小干小支持、不干不支持，根据各市、县（区）产业实际和资金投入确定自治区支持力度，依据考评结果给予支持。

稳步增长，持续支持。保持"十三五"期间支持政策的稳定性和连续性，原则上一定五年，确需调整的，经论证后适当微调。

二、农业产业化政策支持形式

直接补贴环节。这包括开展关键技术攻关和实用技术推广，农业机械化全程全面应用，发展社会化服务组织，推进农产品全程可追溯体系建设，强化农业信息服务，支持农产品品牌建设，大力培育壮大经营主体，加强高素质农民和农技队伍建设，支持优质粮食、草畜、瓜菜、地方特色板块产业发展等内容。

贷款担保。扩大农业特色优势产业贷款担保基金支持范围，对从事农业产业生产的涉农企业，贷款用于技术攻关、产品研发、成果转化和市场开拓等关键环节；由于抵押物不足确需担保增信的，由县（市、区）农业主管部门推荐后给予贷款担保扶持。

贷款风险补偿。扩大农业特色优势产业贷款风险补偿金支持范围，对从事农业产业生产的农户、专业大户、家庭农场、合作社，贷款用于基础建设、设备购置、市场营销等关键环节；因不可抗力造成贷款损失的，由县（市、区）财政、农业主管部门和经办银行共同认定，给予风险补偿支持。

贷款贴息。扩大农业特色优势产业贷款贴息资金支持范围，各类经营主体贴息按照《加快发展农业特色优势产业贷款贴息资金管理办法（试行）》实施。

实物租赁。支持测土配方施肥。由政府购买测土配方配肥机，配发给农业综合服务站等社会化服务组织，签订相关协议，开展测土配方配肥社会化服务。

农业保险。农业保险实行农业保险保费补贴，鼓励农户、企业、农民专业合作组织参加农业保险，增强农业抗风险能力。

引导基金。引导基金用于枸杞、葡萄等产业。依托自治区政府产业引导基金建立，通过市场化手段，由专业基金公司运作，吸收社会资本投向农业。

■ 第二节　农业产业结构调整

一、建设现代化基地县

党的十一届三中全会后，自治区提出首先要集中精力发展农业，从建立各种形式的生产责任制入手，实施固原、盐池、平罗、西吉4个现代化基地县建设；以点带面，因地制宜地调整农业结构，稳定以大包干为主要形式的联产承包责任制；大力开发黄灌区，鼓励社员开荒，鼓励和积极扶持专业户（重点户），发展农林牧业生产。自治区由此迈出了农业结构调整的第一步。

二、实施"三五一一"工程

"七五"期间，宁夏组织实施科技兴农"三五一一"工程，即：水稻50万亩，单产650千克；套种玉米50万亩，单产350千克；马铃薯50万亩，单产折粮200千克；小麦100万亩（其中宁夏平原50万亩，单产350千克；山区旱地小麦50万亩，单产75千克）；温饱工程地膜玉米10万亩，单产400千克以上。宁夏"七五"期间发展速度是全国最快的4个省（自治区）之一，农业总产值12.6亿元，年均增长4.6%，粮食产量达到19.17亿千克，创历史最高水平。

三、发展"两高一优"农业

1993年，自治区提出"以市场为导向，调整和优化农业结构，发展高产优质高效农业"新目标和新任务，加快实现由温饱向小康跨越的总目标，加大农业结构调整力度。宁夏平原灌区大力发展"两高一优"农业，积极引进示范农业高新技术，推动种植结构向高产、优质、高效方向调整；加快"吨粮田""双千田"建设，采取多种形式的立体复合种植，发展以日光温室为代表的保护地栽培；优势、优质作物实行区域化布局，基地化生产初见雏形，种植、养殖、加工一体化开始起步。

四、实施粮食上台阶"四个一"工程

"九五"期间，自治区以创建国家级的"两高一优"农业示范区为契机，组织实施粮食上台阶

"四个一"工程，即到 1999 年在灌区推广以小麦套玉米为主的吨粮田栽培技术 100 万亩，推广以旱育稀植为主的水稻综合增产技术 100 万亩；在宁南山区推广以脱毒种薯为主的马铃薯综合增产技术 100 万亩，推广地膜玉米为主的玉米综合增产技术 100 万亩；在全区大力开展创建吨粮田示范村、示范乡、示范县活动。1995—2000 年，全区粮食播种面积由 1142.7 万亩扩大到 1210.5 万亩，粮食总产由 202.95 万吨提高到 252.7 万吨，单产由 177 千克/亩提高到 255.5 千克/亩。全区瓜菜面积由 1995 年 55.4 万亩扩大到 2000 年的 91.5 万亩。饲草作物由 1995 年的 57.4 万亩增加到 83.2 万亩。1995 年全区粮经饲比为 81.2∶14.7∶4.1。

五、发展五大战略性主导产业、六大区域性特色优势产业、两个地方性特色产业

2001 年，自治区党委、人民政府出台了《关于加快农业和农村经济结构战略性调整的意见》（宁党发〔2001〕29 号），拉开了 21 世纪农业和农村经济结构战略性调整的帷幕。根据农业结构调整的方向要适应区内外市场需求和变化的要求，宁夏提出了由主要追求数量向注重质量效益转变，由以种植业为主的传统农业向特色产业和畜牧业转变。重点抓好枸杞及中药材产业、优质牛羊肉及皮毛加工业、葡萄酿酒业、马铃薯及其加工业、淡水渔业、牛奶及乳制品加工业、优质专用粮食加工业、蔬菜产业等。

从 2003 年起，自治区先后制定出台了 3 期《宁夏优势特色农产品区域布局及发展规划》，每期 5 年，进一步明确了发展枸杞、优质牛羊肉、牛奶、马铃薯、瓜菜五大战略性主导产业，优质粮食、淡水鱼、葡萄、红枣、农作物制种、优质牧草六大区域性特色优势产业和苹果、道地中药材两个地方性特色产业，推动特色产业超常规、快速、健康发展。全区农业结构调整开始步入更加科学、有序的轨道。

六、大力发展 13 个特色产业

"十一五"期间，自治区首次提出并规划建设特色优势产业带，着力推进实施《宁夏农业特色优势产业发展规划（2008—2012 年）》，大力发展枸杞、牛羊肉、奶业、马铃薯、瓜菜、优质粮食、淡水鱼、葡萄、红枣、优质牧草、农作物制种、苹果、道地中药材 13 个特色产业，加快特色优势产业集聚；引导产业聚集和突出产业特色相结合，实施农业标准化和信息化工程，并把设施农业作为发展现代农业的突破口，大力推进现代农业建设；把农业结构调"优"，加快特色优势农产品产业带建设，推动农业生产向集约化、规模化、标准化方向发展。

七、发展"一特三高"现代农业

"十八大"以来，自治区提出围绕"一个目标、四个突破"，以"一特三高"为引领，加快农业结构调整，大力发展"一县一业"，推进产加销深度融合，促进全区农业产业进一步转型升级，努力打造宁夏农业的"升级版"；坚持以农民增收为核心，以市场为导向，进一步调整种植业结构，大力发展优势特色产业，全面提升农业标准化、集约化、产业化发展水平；立足引黄灌区、中部干旱带、南部山区，从重生产抓粮食，到抓特色抓产业，从"盯着饭碗种养"到"盯着市场经营"，从传统低效到"一特三高"（特色、高质、高端、高效），从规模扩张到集群发展。宁夏形成了"三区十三带"的产业发展格局。"三区"即引黄灌区现代农业示范区、中部干旱带旱作节水农业示范区和南部山区生态农业示范区；"十三带"即优质粮食产业带、枸杞产业带、优质牛羊肉产业带、奶牛产业带、马铃薯产业带、瓜菜产业带、淡水鱼产业带、葡萄产业带、红枣产业带、农作物制种产业带、优质牧草产

业带、苹果产业带、中药材产业带。

"十三五"期间，宁夏组织实施《农业结构调整产业优化升级推进方案》，紧紧围绕发展特色产业、高品质、高端市场、高效益"一特三高"现代农业，聚焦优质粮食、现代畜牧业、瓜菜、枸杞、葡萄"1+4"特色优势产业，大力实施特色优质农产品品牌工程，加快转变农业发展方式。宁夏在稳定粮食种植面积和产量的基础上，突出草畜产业、瓜菜产业、葡萄产业、枸杞产业等重点产业。葡萄产业，推进贺兰山东麓葡萄文化长廊建设，加快形成集葡萄种植、生产销售和产供销配套服务为一体的全产业链；枸杞产业，推广新品种、新技术，强化小产区管理、质量控制和精深加工；草畜产业，以牛羊肉和优质牛奶为重点，加大对基础母畜、标准化园区、养殖大户和优质饲草料基地建设的扶持力度，奶牛生产保持稳定；瓜菜产业，以建设永久性蔬菜基地为抓手，加大马铃薯种薯脱毒繁育及新品种推广，大力发展设施果菜、冷凉蔬菜和压砂瓜。截至2020年年底，全区粮食产量实现"十七连丰"，总产达380.5万吨，奶牛存栏61.1万头，肉牛、肉羊饲养量分别达182.3万头、1213万只，瓜菜种植面积275万亩，总产达748.2万吨，产值203.8亿元。特色产业占农业总产值的比例达87.6%。

第二章

农业产业化模式

■ 第一节　企业带动型模式

企业带动型模式是指以农副产品加工、营销为龙头，对外开拓国内外市场，对内连接生产基地和农户，采用合同、契约等形式与农户结成互惠互利的经济共同体。企业与农户的财产各自独立所有，互不参与管理与干涉其使用。企业负责技术、资金，为农户提供系列化服务，实行产品保护价收购政策，农户定向生产、定向销售，为龙头企业提供稳定的批量原料、资源。从形式上看，公司与农户双方只是一种外在的结合，经济关系实质上是一种纯粹的市场买卖关系。这种模式，真正的市场主体不是农户，而是企业。

这种模式的代表是中粮集团宁夏基地项目。中粮集团利用宁夏拥有的丰富农业资源，投资 15 亿元建设了大米、番茄、酒业、乳制品基地。根据当地实际，通过土地流转，中粮集团在生产管理上引入大量的现代化大型农机具，采用大批先进技术和优良品种配套应用，严格标准化生产；土地流转后，通过对农民的技能培训、创业培训等方式培训大批剩余劳动力，使农民再次投入企业生产过程中，增加农民收入。这种通过大企业参与规模化经营大面积土地，从耕种到加工实行机械化作业，实施科学管理的经营理念，改变了长期以来农业规模小、经营散、实力弱的落后局面，使农民的收入方式由单一的务农收入向财产性收入、工资性收入、产业性收入和转移性收入等多元化收入转变，创造了大型企业主导、土地集约经营、农业现代化管理、城乡一体化的特色优势产业发展模式。

农业产业化龙头企业（以下简称龙头企业）集成利用资本、技术、人才等生产要素，带动农户发展专业化、标准化、规模化、集约化生产，是构建现代农业产业体系的重要主体，是推进农业产业化经营的关键。

2000 年末到 2001 年初，自治区组织农业有关部门对全区农业产业基础、资源状况和发展前景进行了全面的调研和科学论证。2001 年 5 月宁夏开始组织实施农业产业化"三个十工程"，即建设十大农业科技示范园区、十大优质农产品基地，扶持十大重点龙头企业。全区已初步构建了农业产业化经营体系，有各类农业产业化组织 312 个，其中龙头企业带动型组织 156 个，占 50%，涉及产业包括以塞北雪、法福来和北方淀粉集团公司等为龙头企业带动的优质粮食、淀粉加工业，以夏进、北塔乳业为龙头企业带动的奶产业，以西夏王为龙头企业带动的酿酒葡萄业；中介组织带动型组织 117 个，占 37.5%，涉及产业包括以灵汉渔业合作社和兴民渔业技术协会等为龙头带动的水产业，以平惠脱水菜协会为龙头带动的脱水蔬菜加工业；专业市场带动型组织 39 个，占 12.5%，涉及产业包括以宁夏牛羊肉产销集团、灵武涝河桥和银川纳家户牛羊肉批发市场为龙头带动的优质羊牛肉产业，以中宁枸杞批发市场为龙头带动的枸杞产业。全区农业产业化组织拥有固定资产 14 亿元，实现销售收入 34.2 亿元；带动农户 41.5 万户，其中订单带动农户 37.21 万户，增加农民收入 1.7 亿元。

2001 年，宁夏回族自治区党委、人民政府印发《关于加快农业和农村经济结构战略性调整的意见》（宁党发〔2001〕29 号），要求大力培育农业产业化龙头企业。5 月 31 日，自治区农牧厅、计委、经贸委、财政厅、外经贸厅、人民银行银川中心支行、地税局、国土资源厅联合印发了《关于扶持农业产业化经营重点龙头企业发展的意见》(宁农企〔2001〕100号),加大对龙头企业的扶持力度。

2002年8月,自治区人民政府命名宁夏香山中宁枸杞制品有限公司等3家企业为第二批自治区农业产业化重点龙头企业。12月31日,农业部命名宁夏香山酒业集团有限公司、西夏王葡萄酒业(集团)公司、宁夏塞北雪面粉有限公司3家企业为第二批农业产业化国家重点龙头企业(农经发〔2002〕14号文件)。

2004年,自治区农牧厅印发《宁夏农业产业化重点龙头企业振兴工程实施方案》。同年,自治区人民政府命名宁夏金伯爵农牧产品有限公司、宁夏御马葡萄酒有限公司等8家企业为第三批自治区农业产业化重点龙头企业。

2006年1月,自治区人民政府命名宁夏宇华食品有限公司等34家企业为第四批自治区农业产业化重点龙头企业(宁政发〔2006〕7号文件)。

2007年4月,农业部命名宁夏新华百货夏进乳业集团股份有限公司等8家企业为第三批国家农业产业化重点龙头企业(农经发〔2007〕8号文件)。

2008年8月,农业部命名宁夏兴唐米业集团有限公司等5家企业为第四批国家农业产业化重点龙头企业(农经发〔2008〕3号文件)。

2009年2月,自治区人民政府命名宁夏大北农科技实业有限公司等138家企业为第五批自治区农业产业化重点龙头企业(宁政发〔2009〕31号文件)。

2010年,全区有农业产业化龙头企业470家,其中,国家级重点龙头企业13家,自治区重点龙头企业138家。

2011年5月,自治区人民政府命名宁夏银湖酒业有限公司等9家企业为第六批自治区农业产业化重点龙头企业(宁政发〔2011〕67号)。12月28日,农业部命名宁夏泰瑞制药股份有限公司等6家企业为第五批农业产业化国家重点龙头企业(农经发〔2011〕12号文件)。全区有农业产业化龙头企业580家,其中,国家级重点龙头企业19家,自治区级重点龙头企业220家。

2012年3月,国务院印发了《关于支持农业产业化龙头企业发展的意见》(国发〔2012〕10号)。自治区坚持把培育壮大龙头企业作为推进农业特色优势产业发展的关键环节,抓紧、抓实、抓好。自治区每年整合中央及自治区专项资金3000万元以上,支持龙头企业发展壮大。全区农业产业化龙头企业达到620家,其中国家级19家、自治区级220家。

2013年,自治区贯彻执行《国务院关于支持农业产业化龙头企业发展的意见》,按照引进嫁接培育一批、兼并重组做大一批、技术改造提升一批、完善企农利益联结机制规范一批的发展思路,积极创新扶持方式,培育发展农业产业化龙头企业。71家龙头企业融资16.2亿元,进行技术改造,扩大生产规模,延长产业链条,提高农产品精深加工水平;19家龙头企业流转土地8万亩,建设标准化原料生产基地;11家龙头企业与科研院所、高等院校合作,创建了农产品加工、开发、储藏、保鲜等科技研发中心,提升企业自身发展实力;10家龙头企业与当地农民专业合作组织、农户签订稳定的鲜活农产品购销合同,订单金额达到了2.5亿元。

2014年,自治区农牧厅制定出台《关于金融支持宁夏新型农业经营主体加快发展的意见》,进一步加大金融支持龙头企业的力度,龙头企业经营实力得到增强。全区农业产业化龙头企业达到650家,其中国家级龙头企业19家、自治区级龙头企业289家。自治区产业化龙头企业固定资产总额达到266亿元,平均每家9200万元;实现销售收入265.78亿元,平均每家9100万元;利润20.06亿元,缴纳税金5.88亿元。

2015年,宁夏大力实施农业走出去战略,宁夏香岩集团在澳大利亚建设奶牛养殖基地,宁夏香山酒业有限公司、宁夏懿丰投资控股集团分别在法国购置葡萄酒庄,固原六盘山薯业有限公司计划在约旦建设马铃薯种植地,宁夏中航郑飞塞外香食品有限公司计划在毛里塔尼亚建设水稻种植基地,开启了宁夏农业企业走出去先河。全区涉农企业主板上市1家、进入辅导期2家,新三板挂牌交易15

家，宁夏股权托管交易中心挂牌75家。全区农业产业化龙头企业达到682家，其中国家级龙头企业19家、自治区级龙头企业289家。销售收入亿元以上龙头企业达48家、5亿元以上的15家、10亿元以上的8家。全区主要农产品加工转化率达到60%，初步形成了以优质粮食、优质牛羊肉、乳制品、葡萄酒、枸杞为主导的农产品加工集群。自治区全年完成农产品加工产值520亿元，实现销售收入500亿元。

2016年，进入"十三五"开局之年，自治区进一步调整优化产业政策，自治区人民政府出台了《关于创新财政支农方式加快发展农业特色优势产业的意见》（宁政发〔2016〕27号）；农牧厅联合财政厅制定《关于创新财政支农方式加快发展农业特色优势产业的扶持政策暨实施办法》，配合自治区财政厅、金融局、中国人民银行银川中心支行制定了《加快发展农业特色优势产业贷款担保基金、风险补偿金、贷款贴息资金管理办法（试行）》等，进一步创新强农惠农政策，变原来单一的直接补贴扶持方式为直接补贴、贷款担保、贷款风险补偿、贷款贴息、实物租赁、产业基金、农业保险七种扶持方式，形成农业多元化投入机制。自治区大力引导龙头企业融入资本市场；举办了全区财政支农政策和融资辅导培训会，助推龙头企业做大做强。全区涉农企业主板上市1家、进入辅导期2家，新增新三板挂牌交易企业8家，新增宁夏股权托管交易中心挂牌59家；监测淘汰2家经营能力不佳的国家重点龙头企业，择优递补2家发展效益突出、带动作用明显的企业；自治区农业产业化龙头企业达到320家。自治区积极开展龙头企业培训。在四川大学、厦门大学举办2期宁夏农业产业化龙头企业高层管理人员研修班，120多家龙头企业负责人参加培训，重点学习了中小企业创新思维与创新管理，企业公关与危机管理，农产品贸易，理念变革与企业成长，龙头企业如何带动农业产业化发展等内容，开拓了宁夏龙头企业发展视野。

2017年，全区有国家级龙头企业19家，自治区级龙头企业366家，市级龙头企业720家，主要农产品加工转化率达到62%。自治区龙头企业经济实力稳步增强。自治区农业产业化龙头企业固定资产达到292.1亿元、销售收入达到436.8亿元、净利润为28.3亿元；亿元以上企业65家，涌现了宁夏伊品生物科技股份有限公司、宁夏伊利乳业有限责任公司2家资产超30亿元的大型龙头企业集团。全区涉农企业主板上市1家、进入辅导期2家，新三板挂牌交易26家，宁夏股权托管交易中心挂牌147家。有182家龙头企业建立了专门的研发中心，其中45家龙头企业建有区级以上研发机构，宁夏大北农科技实业有限公司、夏华集团肉食品有限公司研发机构被认定为国家技术研发中心。有17家企业产品获得中国驰名商标，110家企业产品获得宁夏著名商标。

2018年，自治区支持龙头企业通过兼并重组、收购控股等方式，打造产业领军企业，新增新三板挂牌交易3家，总数达到25家；新增宁夏股权托管交易中心挂牌交易20家，总数达到210家。自治区支持龙头企业引进新技术新装备新工艺，发展农产品精深加工。全区102家龙头企业已完成投资9.5亿元进行技术改造，其中宁夏厚生记食品有限公司投资1.2亿元建设休闲食品智能化工厂，宁夏佳立马铃薯产业有限公司投资5600万元建设马铃薯主粮化、马铃薯加工废弃物综合利用平台，宁夏夏进乳业集团股份有限公司投资4700万元建设生鲜乳生加工车间。

2019年，宁夏坚持把发展农业龙头企业作为推进农业产业发展的关键环节，加强监测认定，加大支持力度，提升发展质量。自治区制定了《全区农产品加工推动行动实施方案》，健全围绕全产业链的产业政策支持体系，培育壮大农业龙头企业。昊王米业集团、晓鸣农牧公司、宁夏九三零生态农牧有限公司、玺赞庄园枸杞有限公司、固原宝发农牧有限责任公司5家农业企业，被农业农村部、国家发展改革委、财政部等9部委认定为农业产业化国家重点龙头企业，至此全区农业产业化国家重点龙头企业总数达到24家，自治区级重点龙头企业有381家。有14家企业进入全国中小股份转让系统"新三板"。全区市级以上农业产业化龙头企业固定资产净值达280.04亿元，新增固定资产投资35.51亿元，净利润为33.6亿元。

2020年，宁夏积极探索和完善各种农业产业化利益联结机制，大力推广订单收购、股份合作等利益联结模式，通过定向供种、定向投入、定向服务、定向收购等方式同基地农户紧密合作，形成公司＋农户、公司＋中介组织＋农户等形式的经济利益共同体。全区市级以上农业产业化龙头企业有652家，其中：国家重点龙头企业24家，自治区级重点龙头企业381家。全区有14家企业在全国中小企业"新三板"挂牌上市。全区市级以上农业产业化龙头企业固定资产净值达280亿元，新增固定资产投资35.51亿元，净利润为33.42亿元。

■ 第二节　合作社联动型模式

合作社联动型模式（也称合作社带动型模式）是指公司和农户以合作社为平台，双方以资金、技术、土地和劳动入股，利润按股分红，按照自愿参加、民主管理、资本报酬适度，主要盈余返还社员，加强对社员教育等原则建立起来的合作经济组织形式，是通过合作社实现的横向一体化联合形式。

这种模式的代表是宁夏金河乳业公司。公司通过合作社，为农户提供担保资金，为农户添置设备、购买奶牛、修缮牛舍，配置专门的鲜奶制冷罐和奶车，从奶源地卫生和质量上提升农户养殖环境质量。合作社建设高标准的现代化养殖园区，引入农户进入园区进行规模养殖，通过标准化的养殖来帮助奶农提高奶牛单产，增加收入。由公司牵头，将饲草种植、奶牛养殖、产品加工和市场销售等环节连接起来构建一个完整的产业链。一方面，公司通过土地流转的办法将土地从农民手中流转出来，农民用土地入股成为股东并形成合作社，公司指导农户种植高品质的苜蓿等饲草专供企业使用；另一方面，奶农以奶牛或资金入股，与企业共同组成养殖公司，由企业统一饲养奶牛，提高奶牛养殖水平。同时，企业将剩余的农民转化成为产业工人，让农民到企业中工作，形成紧密型股份制的牧场。通过这样的模式，农民不仅可以参与分红，同时又可以挣到工资。通过合作社这一平台，奶农、公司结成了一个紧密合作的利益共同体，促进了奶产业健康、可持续发展。

2010年，围绕农业部"依法规范合作社，促进生产标准化"的指导思想，按照"民办、民管、民受益"的发展原则和"发展与提高并举"的思路，宁夏通过种养大户创办、龙头企业领办、农技组织牵头、村组干部带领等形式发展壮大农民专业合作社，引导全区农民专业合作社向规范化方向发展，使全区农民专业合作组织在制度建设上进一步得到完善和规范，利益联结机制不断完善，体制机制上有所创新，呈现出快速健康发展的态势。全区共有各类专业合作社1827个，入社成员15.7万户，其中普通农户15.4万户，占成员户数总数的98.1%。专业合作社按照产业类型划分，种植业的有798个，占总数的43.7%；畜牧业的有613个，占总数的33.6%；林业的有99个，占总数的5.4%；渔业的有27个，占总数的1.5%；服务业的有174个，占总数的9.5%；其他的有116个，占总数的6.3%。全区专业合作社全年统一组织销售农产品总值达23.99亿元，统一组织购买农业生产投入品总值达2.09亿元，可分配盈余为1.05亿元，按股分红总额为0.11亿元。全区累计培训成员19.2万人次，每个合作社平均培训105人次。

2011年，宁夏通过一系列的宣传培训活动，大力普及《农民专业合作社法》和《农民专业合作社示范社创建标准》，不断增强农民"合作求发展，联手御风险"的意识，在发展中遵循"依法规范合作社，促进生产标准化"的指导思想，按照"民办、民管、民受益"的发展原则和"发展与规范并举"的思路，紧紧围绕农业主导产业发展和农民增收的需求，促进农民专业合作组织发展，使宁夏农民专业合作组织在制度建设上进一步完善，在利益联结机制上不断创新，呈现出快速健康发展的态势。全区共有各类专业合作社2261个，入社成员近20.0万户，其中普通农户18.6万户，占成员户数总数的92.9%。专业合作社按照产业类型划分，种植业的有936个，占总数的41.4%；畜牧业的有792个，占总数的35.0%；林业的有162个，占总数的7.2%；渔业的有33个，占总数的1.5%；服务业的有192个，占总数的8.5%；其他的有146个，占总数的6.5%。全区专业合作社全年统一组织销售农产品总值达27.45亿元，统一组织购买农业生产投入品总值达2.53亿元，可分配盈余为1.23亿元，按股分红总额为0.13亿元。全区累计培训成员22.3万人次，每个合作社平均培训近百人次。

2012 年，全区各级农经部门按照"发展与规范并举"的思路，紧紧围绕当地农业主导产业发展和农民增收的需求，促进农民专业合作组织发展，使宁夏全区农民专业合作组织在制度建设上进一步完善，在利益联结机制上不断创新，呈现出快速健康发展的态势。全区共有各类专业合作社 2787 个，入社成员 22.4 万户，其中普通农户 20.3 万户，占成员户数总数的 90.6%。专业合作社按照产业类型划分，种植业的有 1110 个，占总数的 39.8%；畜牧业的有 1001 个，占总数的 35.9%；林业的有 237 个，占总数的 8.5%；渔业的有 46 个，占总数的 1.7%；服务业的有 230 个，占总数的 8.3%；其他的有 163 个，占总数的 5.8%。全区专业合作社全年统一组织销售农产品总值达 34.97 亿元，统一组织购买农业生产投入品总值达 5.77 亿元，可分配盈余为 1.68 亿元，按股分红总额为 0.24 亿元；累计培训成员 24.1 万人次，每个合作社平均培训 86.5 人次。

2013 年，全区各级农经部门紧紧围绕"稳步发展、逐步规范、典型引路、整体推进"的发展思路，开拓多种形式规模经营，构建集约化、专业化、组织化、社会化相结合的新型合作主体，推动合作社工作朝着有序、规范、创新、提升的方向健康发展。全区共有各类专业合作社 3410 个，入社成员 22.2 万户，其中普通农户 20.2 万户，占成员户数总数的 91.0%。专业合作社按照产业类型划分，种植业的有 1310 个，占总数的 38.4%；畜牧业的有 1278 个，占总数的 37.5%；林业的有 331 个，占总数的 9.7%；渔业的有 57 个，占总数的 1.7%；服务业的有 245 个，占总数的 7.2%；其他的有 189 个，占总数的 5.5%。全区专业合作社全年统一组织销售农产品总值达 44.85 亿元，统一组织购买农业生产投入品总值达 8.25 亿元，可分配盈余为 2.54 亿元，按股分红总额为 0.38 亿元。全区累计培训成员 25.7 万人次，每个合作社平均培训 75.5 人次。

2014 年，自治区党委、政府高度重视农民合作社发展，出台相关扶持政策，采取政府推动、项目拉动、典型带动、培训互动等举措，探索、创新、规范农民合作社发展模式，推进农民合作社发展壮大，促进全区"一特三高"现代农业发展和农民收入稳步增长。全区共有各类农民合作社 4187 个，入社成员 24.5 万户，其中普通农户 24.0 万户，占成员户数总数的 98.0%。专业合作社按照产业类型划分，种植业的有 1548 个，占总数的 37.0%；畜牧业的有 1580 个，占总数的 37.7%；林业的有 472 个，占 11.3%；渔业的有 72 个，占总数的 1.7%；服务业的有 306 个，占总数的 7.3%；其他的有 209 个，占总数的 5.0%。全区专业合作社全年统一组织销售农产品总值达 49.74 亿元，统一组织购买农业生产投入品总值达 8.70 亿元，可分配盈余为 3.21 亿元，按股分红总额为 0.44 亿元。

2015 年，为推动农民合作社工作朝着有序、规范、创新、提升的方向健康发展，自治区各级农经部门认真贯彻落实党的十八届四中全会、五中全会精神，按照"服务农民、进退自由、权利平等、管理民主"的要求，以构建新型农业经营体系为主线，以促进农业稳定发展和农民持续增收为目标，坚持发展与规范并举、数量与质量并重，健全规章制度，完善运行机制，加强民主管理，强化指导扶持服务，注重示范带动，不断加强农民合作社经济实力、发展活力和带动能力。各类农民合作组织特别是农民合作社已全面覆盖全区所有的农业特色优势产业及农村服务领域，在推进农业结构调整，带领农民进入市场，发展农业产业化经营，促进农业增效、农民增收等方面发挥了重要的引领作用，已经成为促进全区农业和农村经济发展的重要力量。农民合作社数量持续增长，但增速有所减缓。在国家政策支持鼓励下，农民合作社顺应农业农村经济和市场发展要求，逐步向规范、健康化发展。全区共有各类农民合作社 4726 个，入社成员 25.3 万户，其中普通农户 24.8 万户，占成员户数总数的 98.0%。专业合作社按照产业类型划分，种植业的有 1705 个，占总数的 36.1%；畜牧业的有 1845 个，占总数的 39.0%；林业的有 546 个，占总数的 11.6%；渔业的有 86 个，占总数的 1.8%；服务业的有 329 个，占总数的 7.0%；其他的有 215 个，占总数的 4.5%。全区专业合作社全年统一组织销售农产品总值达 51.44 亿元，统一组织购买农业生产投入品总值达 11.42 亿元，可分配盈余为 3.89 亿元，按股分红总额为 0.37 亿元。全区累计培训成员 29.4 万人次，同比增长 3.4%。

2016 年，宁夏认真贯彻落实党的十八届四中、五中、六中全会精神，按照"服务农民、进退自由、权利平等、管理民主"的要求，以构建新型农业经营体系为主线，以促进农业稳定发展和农民持续增收为目标，坚持发展与规范并举、数量与质量并重，健全规章制度，完善运行机制，加强民主管理，强化指导扶持服务，注重示范带动，不断加强农民合作社经济实力、发展活力和带动能力。各类农民合作组织特别是农民合作社已全面覆盖全区所有的农业特色优势产业及农村服务领域，在推进农业结构调整，带领农民进入市场，发展农业产业化经营，促进农业增效、农民增收等方面发挥了重要的引领作用，已经成为促进自治区农业和农村经济发展的重要力量。农民合作社数量持续增长，但增速有所减缓。在国家政策支持鼓励下，农民合作社顺应农业农村经济和市场发展要求，逐步向规范、健康化发展。全区共有各类农民合作社 5371 个，入社成员 26.1 万户，其中普通农户 25.5 万户，占成员户数总数的 97.7%。专业合作社按照产业类型划分，种植业的有 1888 个，占总数的 35.2%；畜牧业的有 2185 个，占总数的 40.7%；林业的有 617 个，占总数的 11.5%；渔业的有 95 个，占总数的 1.8%；服务业的有 352 个，占总数的 6.6%；其他的有 234 个，占总数的 4.4%。全区专业合作社全年统一组织销售农产品总值达 46.62 亿元，统一组织购买农业生产投入品总值达 12.45 亿元，可分配盈余为 3.81 亿元，按股分红总额为 0.44 亿元。

2017 年，为推进全区农民合作社工作继续朝着有序、规范、创新的方向健康发展，自治区各级农牧部门坚持发展与规范并举、数量与质量并重，健全规章制度，完善运行机制，加强民主管理，强化指导扶持服务，注重示范带动，促进农业增效、农民增收。全区共有各类农民合作社 6056 家，入社成员 27.3 万个，其中普通农户 26.3 万户，占成员户数总数的 96.3%。专业合作社按照产业类型划分，种植业的有 2112 个，占总数的 34.9%；畜牧业的有 2539 个，占总数的 41.9%；林业的有 660 个，占总数的 10.9%；渔业的有 101 个，占总数的 1.7%；服务业的有 376 个，占总数的 6.2%；其他的有 268 个，占总数的 4.4%。全区专业合作社全年统一组织销售农产品总值达 50.65 亿元，统一组织购买农业生产投入品总值达 13.63 亿元，可分配盈余为 4.61 亿元，按股分红总额为 0.51 亿元。全区累计培训成员 27.7 万人次，同比增加 0.7%。

2018 年，宁夏坚持发展与规范并举、注重示范带动，健全规章制度，完善运行机制，加强民主管理，参与扶贫攻坚等，进一步规范和提升农民专业合作社和家庭农场的培育；通过政策引导、项目扶持、培训指导等，引导农民专业合作社和家庭农场逐步从数量发展向质量提升转变。农民合作社数量增长减缓，支柱产业优势依然明显。全区共有各类农民合作社 6466 家，入社成员 27.6 万个，其中普通农户 26.8 万户，占成员户数总数的 97.1%。专业合作社按照产业类型划分，种植业的有 2288 个，占总数的 35.4%；畜牧业的有 2724 个，占总数的 42.1%；林业的有 675 个，占总数的 10.4%；渔业的有 105 个，占总数的 1.6%；服务业的有 385 个，占总数的 6.0%；其他的有 289 个，占总数的 4.5%。全区专业合作社全年统一组织销售农产品总值达 51.56 亿元，统一组织购买农业生产投入品总值达 13.99 亿元，可分配盈余为 5.11 亿元，按股分红总额为 0.54 亿元。全区累计培训成员 28.8 万人次，同比增加 4.1%。

2019 年，宁夏深入实施乡村振兴战略，坚持农业农村优先发展，围绕规范发展和质量提升，加强示范引领、指导服务、科技集成、产业融合、经营创新，不断增强合作社经营实力、发展活力和辐射带动能力；通过政策引导、项目扶持、培训指导等，引导农民专业合作社逐步从数量发展向质量提升转变。全区共有各类农民合作社 6162 家，入社成员 19.97 万个，其中普通农户 19.41 万户，占成员户数总数的 97.2%。专业合作社按照产业类型划分，种植业的有 2330 个，占总数的 37.8%；畜牧业的有 2534 个，占总数的 41.1%；林业的有 583 个，占总数的 9.5%；渔业的有 103 个，占总数的 1.7%；服务业的有 428 个，占总数的 6.9%；其他的有 184 个，占总数的 3.0%。全区专业合作社全年统一组织销售农产品总值达 42.89 亿元，统一组织购买农业生产投入品总值达 13.16 亿元，可分配盈余为 4.96 亿元，按股分红总额为 0.55 亿元。

2020 年，宁夏深入贯彻落实党中央、国务院关于突出抓好农民合作社发展的有关精神，以促进农民合作社规范提升为目标，不断完善合作社运营机制和经营模式，进一步增强了合作社整体经营实力、发展活力和辐射带动能力。全区共有各类农民合作社 6116 家，入社成员 19.7 万个，其中普通农户 19.1 万户，占成员户数总数的 97.0%。专业合作社按照产业类型划分，种植业的有 2356 个，占总数的 38.5%；畜牧业的有 2464 个，占总数的 40.3%；林业的有 560 个，占总数的 9.2%；渔业的有 99 个，占总数的 1.6%；服务业的有 410 个，占总数的 6.7%；其他的有 227 个，占总数的 3.7%。全区专业合作社全年统一组织销售农产品总值达 44.31 亿元，统一组织购买农业生产投入品总值达 14.47 亿元，可分配盈余为 5.58 亿元，按股分红总额为 0.62 亿元。

2007—2020 年宁夏农民专业合作社发展情况见表 12-2-1。

■ 第三节 家庭农场型模式

家庭农场是新型农业经营主体，是传统农业向现代农业转变的现实选择。家庭农场的快速发展，标志着宁夏全区"小农农业"向现代"农场农业"转型升级迈出了可喜的步伐，反映出全区农村家庭经营水平上了一个新台阶。随着农村产权制度改革的深化和农业经营体制机制创新，家庭农场这一新型农业经营主体必将焕发出更加强劲的生机与活力。

2013 年，宁夏按照自治区农村工作领导小组《关于促进家庭农场发展的指导意见》（宁党农发〔2013〕4 号）精神和自治区农牧厅、科技厅、林业局发布的《宁夏家庭农场经营起点规模标准》的要求，积极创新农业经营体制机制，大力培育家庭农场等新型农业经营主体，全区农业和农村经济发展呈现出经营主体多元化、经营方式多形式、生产要素自由流动、农村创造活力竞相迸发的生动局面。全区家庭农场共 581 个，其中，被县级以上农业部门认定为示范性家庭农场的有 88 个。家庭农场产业结构情况：种植业的有 314 个，占总数的 54.0%；畜牧业的有 91 个，占总数的 15.7%；渔业的有 13 个，占总数的 2.2%；种养结合的有 94 个，占总数的 16.2%；其他的有 69 个，占总数的 11.9%。家庭农场经营土地总面积 262430 亩，劳动力数量 2985 个，全年销售农产品总值 52611 万元，购买农业生产投入品总值 30676 万元。

2014 年，全区家庭农场共 1279 家，其中，被县级以上农业部门认定为示范性家庭农场 279 家。按照《关于开展家庭农场示范创建评星定级的通知》（宁农（经）发〔2014〕21 号）要求，宁夏在各地组织推荐的基础上，经自治区农牧厅组织专家进行现场复评和网上公示后，认定 81 家家庭农场为四星级示范家庭农场。

家庭农场产业结构情况：种植业的有 654 家，占总数的 51.1%；畜牧业的有 283 个，占总数的 22.1%；渔业的有 32 个，占总数的 2.5%；种养结合的有 186 个，占总数的 14.5%；其他的有 124 个，占总数的 9.7%。

家庭农场经营土地情况：经营土地面积 55.8 万亩。其中，耕地约 47.2 万亩，占总面积 84.6%（耕地中家庭承包经营土地面积约 4.1 万亩、流转经营面积约 43.0 万亩）；草地 4.0 万亩，占总面积的 7.2%；水面 1.9 万亩，占总面积的 3.4%；其他 2.7 万亩，占总面积的 4.8%。在种植农场中，粮食农场有 560 个，其中：经营土地面积为 200～500 亩的有 210 个，经营土地面积为 1000 亩以上的有 94 个。

家庭农场生产经营情况：家庭农场在当前土地承包经营体制下，从事农业生产的适度规模化、集约化、商业化生产经营，使农业由保障功能向赢利功能转变，将成为当前或今后与经营大户、农民专业合作社并存的农业生产经营主要组织形态。2014 年底，家庭农场年销售农产品总值为 82817 万元，平均 64.8 万元；年销售农产品总值在 100 万以上的有 268 个，占家庭农场总数的 21%；年销售农产品总值在 50 万～100 万元的有 318 个，占家庭农场总数的 25%；年销售农产品总值在 50 万元以下的有 693 个，占家庭农场总数的 54%。购买农业生产投入品总值达 44455 万元，平均 34.8 万元。

家庭农场劳动力情况：从事家庭农场的劳动力有 6135 个，其中：家庭成员劳动力 4079 个，占劳动力人数的 66.5%；常年雇工劳动力是 2056 个，占劳动力人数的 33.5%。有些家庭农场主要劳动力还是以家庭成员为主，生产规范不是很大，停留在培育发展初级阶段。大部分农场主产业规模都是从小到大，农场主专业知识、实践技能较强，懂技术、会管理。

表12-2-1 2007—2016年宁夏农民专业合作社发展情况

年度	农民专业合作社基本情况			农民专业合作社分类情况						农民专业合作社经营服务情况		农民专业合作社盈余及其他分配情况	
	农民专业合作社数（个）	农民专业合作社成员数（个）	普通农户数（个）	种植业（个）	林业（个）	畜牧业（个）	渔业（个）	服务业（个）	其他（个）	统一组织销售农产品总值（万元）	统一组织购买农业生产投入品总值（万元）	可分配盈余（万元）	按股分红总额（万元）
2007年	620	93413	93098	305	20	199	13	39	44	128368.22	5402.38	2899.45	143.05
2008年	936	115020	114142	466	37	275	13	91	54	138137.40	11357.70	3674.97	176.56
2009年	1354	134652	133597	638	55	442	27	107	85	181959.70	14425.40	5370.60	566.50
2010年	1827	157324	154387	798	99	613	27	174	116	239924.20	20920.30	10483.90	1142.70
2011年	2261	199735	185635	936	162	792	33	192	146	274470.50	25344.20	12348.00	1339.80
2012年	2787	223846	203151	1110	237	1001	46	230	163	349659.47	57743.70	16775.16	2353.76
2013年	3410	221930	202075	1310	331	1278	57	245	189	448542.30	82451.36	25413.06	3801.22
2014年	4187	245163	240432	1548	472	1580	72	306	209	497368.79	86957.43	32069.45	4354.82
2015年	4726	252787	248057	1705	546	1845	86	329	215	514430.93	114172.96	38864.41	3729.09
2016年	5371	261333	255493	1888	617	2185	95	352	234	466188.94	124506.37	38055.15	4425.24
2017年	6056	272937	263120	2112	660	2539	101	376	268	506532.51	136254.86	46063.58	5102.99
2018年	6466	275850	268200	2288	675	2724	105	385	289	515593.48	139922.30	51054.30	5412.97
2019年	6162	199668	194117	2330	583	2534	103	428	184	428863.60	131607.23	49591.21	5461.31
2020年	6116	197482	191794	2356	560	2464	99	410	227	443101.54	144737.44	55824.06	6221.57

数据来源：宁夏农经统计。

扶持家庭农场发展情况：获得财政扶持资金的家庭农场有 117 个，各级财政扶持资金总额为 297.7 万元。获得贷款资金总额 413 万元。

2015 年，全区家庭农场有 1791 家，其中，被县级以上农业部门认定为示范性家庭农场 393 个。按照《关于开展家庭农场示范创建评星定级的通知》〔宁农（经）发〔2014〕21 号〕要求，宁夏今年在各地组织推荐的基础上，经自治区农牧厅组织专家进行现场复评和网上公示后，决定认定 73 个家庭农场为四星级示范家庭农场，2013—2015 年累计评选出 212 个星级示范家庭农场。

家庭农场产业结构情况：种植业的有 922 个，占总数的 51.5%；畜牧业的有 457 个，占总数的 25.5%；渔业的有 38 个，占总数的 2.1%；种养结合的有 261 个，占总数的 14.6%；其他的有 113 个，占总数的 6.3%。

家庭农场经营土地情况：经营土地面积 67.0 万亩，其中：耕地约 57.4 万亩，占总面积的 85.7%（耕地中家庭承包经营土地面积约 6.7 万亩、流转经营面积约 50.6 万亩）；草地 4.5 万亩，占总面积的 6.7%；水面 2.2 万亩，占总面积的 3.3%；其他 2.8 万亩，占总面积的 4.2%。在种植农场中，粮食农场有 738 家，其中：经营土地面积为 200~500 亩的有 287 个，经营土地面积为 500~1000 亩的有 147 个，经营土地面积为 1000 亩以上的有 113 个。

家庭农场生产经营情况：家庭农场年销售农产品总值 113708 万元，平均每个农场年销售农产品总值为 63.5 万元。年销售农产品总值在 100 万元以上的有 304 个，占家庭农场总数的 17%；年销售农产品总值在 50 万~100 万元的有 403 个，占家庭农场总数的 22.5%；年销售农产品总值在 50 万元以下的有 777 个，占家庭农场总数的 43.4%；年销售农产品总值在 10 万元以下的有 307 个，占家庭农场总数的 17.1%。购买农业生产投入品总值达 66637 万元，每个农场平均投入 37.2 万元。

家庭农场劳动力情况：从事家庭农场的劳动力有 8130 个，其中：家庭成员劳动力为 5638 个，占劳动力人数的 69.3%；常年雇工劳动力为 2492 个，占劳动力人数的 30.7%。大多数家庭农场主要劳动力还是以家庭成员为主，生产规范不是很大，停留在培育发展初级阶段。农场主产业规模都是从小到大，农场主专业知识、实践技能较强，懂技术、会管理。

扶持家庭农场发展情况：获得财政扶持资金的家庭农场有 276 个，各级财政扶持资金总额为 1039.4 万元。获得贷款资金总额 186 万元。

2016 年，全区家庭农场有 2244 个，其中，被县级以上农业部门认定为示范性家庭农场的有 540 家。

家庭农场产业结构情况：种植业的有 1101 个，占总数的 49.1%；畜牧业的有 664 个，占总数的 29.6%；渔业的有 46 个，占总数的 2.0%；种养结合的有 319 个，占总数的 14.2%；其他 114 个，占总数的 5.1%。

家庭农场经营土地情况：经营土地面积 75.8 万亩，其中：耕地 66.0 亩，占总面积 87%（耕地中家庭承包经营土地面积 8.3 万亩、流转经营面积 57.5 万亩）；草地 4.3 万亩，占总面积的 5.7%；水面 2.5 万亩，占总面积的 3.3%；其他 3.0 万亩，占总面积的 4%。在种植农场中，粮食农场有 861 家，占种植农场的 78.2%；其中：经营土地面积为 50~200 亩的有 243 家，经营土地面积为 200~500 亩的有 328 个，经营土地面积为 500~1000 亩的有 177 个，经营土地面积为 1000 亩以上的有 113 个。

家庭农场生产经营情况：家庭农场年销售农产品总值为 113310.7 万元，平均每个农场年销售农产品总值为 50.5 万元。年销售农产品总值在 100 万元以上的有 294 个，占家庭农场总数的 13.1%；年销售农产品总值在 50 万~100 万元的有 442 个，占家庭农场总数的 19.7%；年销售农产品总值在 50 万~100 万元以下的有 1001 个，占家庭农场总数的 44.6%；年销售农产品总值在 10 万元以下的有 507 个，占家庭农场总数的 22.6%。购买农业生产投入品总值达 64628 万元，每个农场平均投入为 28.8 万元。

家庭农场劳动力情况：从事家庭农场的劳动力有 9763 个，其中：家庭成员劳动力为 6853 个，占劳动力人数的70.2%；常年雇工劳动力为2910个，占劳动力人数的29.8%。大多数家庭农场主要劳动力还是以家庭成员为主，生产规范适度，处在培育发展初级阶段。农场主产业规模大都是有小有大，专业知识、实践技能较强，懂技术、会管理。

扶持家庭农场发展情况：获得财政扶持资金的家庭农场有58个，各级财政扶持资金总额为156万元。获得贷款的家庭农场有74个，获得贷款资金总额848万元。

2017年，全区家庭农场有2706个，其中，被县级以上农业部门认定为示范性家庭农场的有653个，认定为四星级示范家庭农场的有272个。

家庭农场产业结构情况：种植业的有1201个，占总数的44.4%；畜牧业的有912个，占总数的33.7%；渔业的有62个，占总数的2.3%；种养结合的有402个，占总数的14.9%；其他的有129个，占总数的4.8%。

家庭农场经营土地情况：经营土地面积为81.2万亩，其中：耕地69.9万亩，占总面积的86%（耕地中家庭承包经营土地面积9.8万亩、流转经营面积60.1万亩）；草地4.0万亩，占总面积的4.9%；水面2.5万亩，占总面积的3%；其他4.9万亩，占总面积的6%。在种植农场中，粮食农场有904个，其中：经营土地面积为50～200亩的有327个，经营土地面积为200～500亩的有308个，经营土地面积为500～1000亩的有160个，经营土地面积为1000亩以上的有109个。

家庭农场生产经营情况：家庭农场年销售农产品总值126872万元，平均每个农场年销售农产品总值为46.9万元。购买农业生产投入品是最大的开支，达74102万元，占总产值的58.4%，每个农场平均投入27.4万元。

家庭农场劳动力情况：从事家庭农场的劳动力有10830个，其中，家庭成员劳动力为7849个，占劳动力人数的72.5%；常年雇工劳动力为2981个，占劳动力人数的38%。

扶持家庭农场发展情况：获得财政扶持资金的家庭农场有108个，占总数的4%；各级财政扶持资金总额为435.5万元，占总数的7%；获得贷款资金总额5287.5万元。

2018年，全区家庭农场有3060个，其中，被县级以上农业部门认定为示范性家庭农场的有732家。

家庭农场产业结构情况：种植业的有1290个，占总数的42.2%；畜牧业的有1117个，占总数的36.5%；渔业的有59个，占总数的1.9%；种养结合的有460个，占总数的15.0%；其他的有134个，占总数的4.4%。

家庭农场经营土地情况：经营土地面积为81.0万亩，其中：耕地75.3万亩，占总面积的93.0%；草地0.8万亩，占总面积的0.9%；水面2.1万亩，占总面积的2.6%；其他2.9万亩，占总面积的3.6%。在种植农场中，粮食农场972家，其中，经营土地面积为50～200亩的349家，经营土地面积为200～500亩的336个，经营土地面积为500～1000亩的173个，经营土地面积为1000亩以上的114个。

家庭农场生产经营情况：家庭农场年销售农产品总值134537万元，平均每个农场年销售农产品总值44万元；购买农业生产投入品达80953万元，每个农场平均投入26.5万元。

家庭农场劳动力情况：从事家庭农场的劳动力有11704个，其中：家庭成员劳动力为8583个，占劳动力人数的73.3%；常年雇工劳动力为3121个，占劳动力人数的38%。

扶持家庭农场发展情况：获得财政扶持资金的家庭农场有180个，各级财政扶持资金总额为713.5万元，获得贷款的家庭农场有197个，获得贷款资金总额1125万元。

2019年，全区家庭农场有3358个，其中，被县级以上农业部门认定为示范性家庭农场的有791个。

家庭农场产业结构情况：种植业的有1381个，占总数的41.1%；畜牧业的有1265个，占总数的37.7%；渔业的有58个，占总数的1.7%；种养结合的有531个，占总数的15.8%；其他的有123个，占总数的3.7%。

家庭农场经营土地情况：经营土地面积为 82.7 万亩，其中，耕地 77.3 万亩，占总面积的 93.6%；草地 0.7 万亩，占总面积的 0.8%；水面 2.2 万亩，占总面积的 2.7%；其他 2.4 万亩，占总面积的 2.9%。在种植业农场中，有粮食产业农场 1014 个，其中，经营土地面积为 50～100 亩的 283 个，经营土地面积为 100～200 亩的 290 个，经营土地面积为 200～500 亩的 267 个，经营土地面积为 500 亩以上的 174 个。

家庭农场生产经营情况：家庭农场年销售农产品总值 146775 万元，平均每个农场年销售农产品总值为 43.7 万元；购买农业生产投入品达 86490 万元，每个农场平均投入 25.8 万元。

家庭农场劳动力情况：从事家庭农场的劳动力为 12156 个，其中：家庭成员劳动力为 8964 个，占劳动力总数的 73.7%；常年雇工劳动力为 3192 个，占劳动力总数的 27.3%。

扶持家庭农场发展情况：获得财政扶持资金的家庭农场有 153 个，各级财政扶持资金总额为 759 万元，获得贷款的家庭农场有 216 个，获得贷款资金总额为 3685 万元。

2020 年，全区家庭农场 15615 个，其中，被县级以上农业部门认定为示范性农场 759 个。

家庭农场产业结构情况：种植业 7950 个，占总数的 50.9%；畜牧业 4749 个，占总数的 30.4%，渔业类 262 家，占总数的 1.7%；种养结合 2381 个，占总数的 15.2%；其他 139 个，占总数的 0.9%。

家庭农场经营土地情况：经营土地面积 189.9 万亩，其中：耕地 169.5 万亩，占总面积的 89.3%；草地 1.8 万亩，占总面积的 0.9%；水面 9 万亩，占总面积的 4.7%；其他 5.3 万亩，占总面积的 2.8%。

家庭农场生产经营情况：家庭农场年销售农产品总值 384195.62 万元，平均每个农场年销售农产品总值 24.6 万元。收入 10 万元以下 4317 个，10 万～30 万元的 7253 个，30 万～50 万元 2476 个，50 万元以上 759 个。

扶持家庭农场发展情况：获得财政扶持资金的家庭农场有 248 家，各级财政扶持资金总额为 1723.5 万元；获得贷款的家庭农场有 993 个，获得贷款资金总额为 36257.5 万元。

2013—2020 年宁夏家庭农场发展情况见表 12-2-2。

表 12-2-2　家庭农场发展情况

年份	家庭农场基本情况				家庭农场行业分布情况					家庭农场经营情况	
	家庭农场数量（个）	示范性家庭农场（个）	家庭农场经营土地面积（亩）	家庭农场劳动力数量（个）	种植业（个）	畜牧业（个）	渔业（个）	种养结合（个）	其他（个）	年销售农产品总值（万元）	购买农业生产投入品总值（万元）
2013	581	88	262430	2985	314	91	13	94	69	52611	30676
2014	1279	279	557848	6135	654	283	32	186	124	82817	44455
2015	1791	393	669567	8130	922	457	38	261	113	113708	66637
2016	2244	540	758387	9763	1101	664	46	319	114	113311	64628
2017	2706	653	811755	10830	1201	912	62	402	129	126872	74102
2018	3060	732	809898	11704	1290	1117	59	460	134	134537	80953
2019	3358	791	826581	12156	1381	1265	58	531	123	146775	86490
2020	15615	759	1899581	48406	7950	4749	262	2381	139	384195.62	—

数据来源：宁夏农经统计。

■ 第四节　基地促动型模式

基地促动型模式是指围绕某一项产业或某一种产品，由农产品加工或营销企业牵头建立基地，企业向基地的农户提供种苗、技术指导等服务，并且与农户签订农产品定购包销合同，农户按协议生产并销售农产品给龙头企业。

这种模式的代表有宁夏夏华肉食品有限公司。公司通过建立优质饲草料基地，与农户签订种植饲草订单，由公司统一供种、统一收割、集中加工储存，保证基础原料供应；建立良种繁育基地，组建基础母牛群，制订统一技术路线，开展优质肉牛繁育；建立标准化规模养殖基地，创建"夏华品牌"，实现生产由传统粗放型向现代质量效益型转变。公司还创办产销合作社，发展活畜流通领域的经纪人，对养殖户进行指导培训，采取企业信用担保、合作社社员内部联保等形式，向育肥场、养殖小区、规模养殖户提供贷款，解决养殖户发展资金不足的问题。公司通过建立基地，基地带动农户，促进肉牛养殖农户增收，形成了各环节统筹协调发展的"夏华模式"。

■ 第五节　农户联动型模式

农户联动型模式以农民专业合作社为纽带，组织产前、产中、产后全方位服务，形成产、加、销一体化经营的联合体，实行技术、资金、生产、供销等互助合作，把从事专业化生产的大量分散农户，在各环节上联结起来，使众多分散的小规模生产经营者联合进来形成统一的较大规模的经营群体，实现规模效益。

这种模式的代表有固原市原州区石羊肉牛合作社。合作社对入社农户以"统一管理、分散养殖"为基础，统一技术标准，从品种引进、饲养管理、饲料调制、疫病防治等方面为养殖户提供一体化养殖经营服务，有效解决了技术、饲料、销售等困难，形成了合作社内带农户、外联市场的机制，降低社员养牛成本，提高生产利润和应对市场风险的能力，入社人员比非社员农户多收益 25％以上。合作社充分发挥"中介搭桥"作用，以合作社名义和信誉，积极与当地信用社、邮政储蓄银行等部门达成担保协议，采取农户自筹一部分，合作社以资产和养殖户肉牛做抵押或合作社内部五户联保、合作社名誉担保等形式，成功破解了社员的资金难题，为社员养牛注入了极大活力。通过合作社的带动发展，石羊村实现了肉牛生产组织化程度提高、养殖科技水平提升、农民经济收益增加的目标，提高了抵御市场风险能力，带动了当地肉牛产业快速发展。

■ 第六节　农业产业化联合体模式

农业产业化联合体是龙头企业、农民合作社和家庭农场等新型农业经营主体以分工协作为前提，以规模经营为依托，以利益联结为纽带的一体化农业经营组织联盟。发展农业产业化联合体对于构建现代农业经营体系，推进农村一二三产业融合发展，提高农业综合生产能力，促进农民持续增收具有重要的意义。

2017 年 10 月 13 日，农业部、国家发展改革委、财政部、国土资源部、人民银行、税务总局联合下发了《关于促进农业产业化联合体发展的指导意见》（以下简称《指导意见》），要求各地落实中央决策部署，围绕推进农业供给侧结构性改革，以帮助农民、提高农民、富裕农民为目标，以发展现代农业为方向，以创新农业经营体制机制为动力，积极培育发展一批带农作用突出、综合竞争力强、稳定可持续发展的农业产业化联合体，成为引领农村一二三产业融合和现代农业建设的重要力量，为农业农村发展注入新动能。

为贯彻落实《指导意见》的意见精神，2018 年 4 月 16 日，自治区农牧厅、发展和改革委员会（简称发改委）、财政厅、林业厅、人民银行银川中心支行等 9 厅（局）印发了《关于加快农业产业化联合体发展的意见》，提出重点从培育多元联合体、促进资源要素融合、完善利益联结机制等方面加强工作。宁夏强化示范创建，制定了《自治区农业产业化示范联合体认定暂行办法》，规定联合体由 1 家自治区级以上农业产业化龙头企业牵头，3 个农民合作社、5 个家庭农场或专业大户共同发起。

联合体有共同的章程，围绕主导产业共同制订联合体建设方案，联合体内龙头企业、农民合作社、家庭农场、专业大户、农业社会化服务组织各成员之间建立紧密的产业、要素、利益联结机制。自治区农业产业化示范联合体享受联合体扶持政策，联合体成员优先享受各级政府出台的农业产业化龙头企业、农民合作社、家庭农场、农业社会化服务组织相应的扶持优惠政策。2018年8月8日，自治区农牧厅下发了《关于开展自治区农业产业化示范联合体认定工作的通知》，在全区开展自治区农业产业化示范联合体申报认定工作，由联合体牵头龙头企业向所在地县（市、区）农牧局提出申请，填写《自治区农业产业化示范联合体申报表》，并按《自治区农业产业化示范联合体认定暂行办法》的规定提供相关申报材料。经县（市、区）农牧局会同林业等职能部门进行初审，对符合条件的联合体向市农牧局推荐。市农牧局会同林业等职能部门进行审核，对符合条件的联合体向自治区农牧厅申报。自治区农牧厅对申报的示范联合体，组织相关单位进行实地考核、专家评审、会议研究，经公示无异后择优认定10家示范联合体，予以授牌奖励。2019年4月，农业农村厅印发了《关于公布2019年自治区农业产业化示范联合体名单的通知》，认定银川市优质水稻产业联合体、昊王优质大米产业化联合体、宁夏广银米业优质水稻产业联合体、法福来大米产业化联合体、灵武市蔬菜产业联合体、中卫市天瑞蔬菜产加销联合体、红寺堡区肉牛产业联合体、宁夏盐池滩羊产业联合体、中宁枸杞产业化联合体、银川市渔业产业联合体10家联合体为自治区示范联合体，每个给予30万元"以奖代补"支持。截至2020年底，全区农业产业化联合体达86家，带动353家龙头企业、631个农民合作社、281个家庭农场参与联合体经营，带动农户14.6万户，联合体销售收入达到31.2亿元，户均增收1497元。

■ 第七节　政府推动型模式

政府推动型模式是指政府及其相关部门为主导，以构建区域特色经济为重点，负责区域规划、组织宣传、政策支持，加大基础设施及相关配套设施建设力度，加强产品质量监管，依法保护各方利益的模式。

这种模式代表有中宁县枸杞管理局。为推动宁夏枸杞产业的发展，中宁县政府专门成立枸杞局，按照"市场导向、企业自主、政府推动、重点扶持"的原则，通过规划引导、园区集聚、制度创新和配套服务，着力培育枸杞产业。该局建设了占地1300亩的中国枸杞加工城，出台优惠政策，吸引了山东、陕西等区外企业入园投资置业；以"中宁枸杞"中国驰名商标无形资产和政府投入枸杞产业的资产、资本为主要纽带，对从事枸杞种植、生产、加工、包装、营销的企业和以枸杞科研、开发、科技服务为业务宗旨的中介组织、商会、合作组织、社会团体法人进行战略重组，集中资源优势，打造中宁枸杞产业集团，积极推进中宁枸杞产业结构、产品、信息、资金等资源的合理配置和优化组合，不断增强产业市场竞争力和抵御市场风险能力，实现产业增效、农民增收。

第三章

农业产业化进程

■ 第一节 自我探索

党的十一届三中全会后，宁夏从建立各种形式的生产责任制入手，迈出了农村改革的第一步：1979年初至1980年夏末为起步阶段，主要是从划分作业组入手，普遍推行以组为单位的初步联产计酬责任制，并允许部分经济长期落后、农民生活困难的生产队搞包产到户；从1980年秋至1981年底为深入阶段，主要是逐步全面推行家庭联产承包生产责任制，在试点经验的带动下，到1981年上半年，全区99%数量比例的生产队建立了各种形式的生产责任制；从1982年至1984年冬为巩固阶段，主要是巩固和完善以家庭联产承包为主的生产责任制，广大农民根据意愿选择家庭联产承包责任制并签订了第一轮土地承包经营合同。

从1984年开始，宁夏进行了以调整农业产业结构为中心的农村第二步改革，即从第一步改革的"包"（一包就灵）转向第二步改革的"放"（一放就活），使农村社会生产力得到了空前发展，并向专业化转化，专业户应运而生。

1985年2月，宁夏连续发布《关于大力发展和保护农村专业户的若干规定》和《贯彻执行中共中央〔1985〕1号文件的十项政策规定》等一系列文件，提出进一步活跃农村经济的10项政策和进一步调整农业产业结构的奋斗目标，促进了农村专业化多种经营的发展，带动了第一次农业结构的调整，使全区各地农业生产走上了农林牧副渔全面发展和农工商贸综合经营的道路。

1986年，随着农村产业结构的调整和乡镇企业的较快发展，农村商品流通中国营、集体和个体多种经济成分、多渠道流通体制逐步活跃。1989年后，宁夏初步建立和健全了农业生产全过程的服务体系，在促进农业科学技术的推广和应用，加快政技分离和发展技术经济实体等方面，迈出了坚实的步伐。

1988年1月，宁夏印发《关于1988年深化农村改革意见的通知》，要求各地在完善家庭联产承包责任制的同时，一定要搞好双层经营体制，努力做好"统"（"统"主要包括统一制定发展规划和调整种植业结构，组织农田基本建设，发展产前、产中、产后服务，兴办集体企业和事业）的工作。

1991年1月，宁夏印发《关于壮大村集体经济完善双层经营体制的意见》《自治区党委和人民政府关于加快农业开发的几项政策决定》，进一步完善双层经营体制，逐步壮大村集体经济，把集体经济的优越性和家庭经营的积极性都发挥出来。12月，自治区党委召开六届八次全体（扩大）会议，贯彻党的十三届八中全会通过的《中共中央关于进一步加强农业和农村工作的决定》精神。会后，各地从稳定农村政策、深化农村改革；发展宁夏"黄河经济"，搞好黄河治理、农田水利建设和农业综合开发；调整产业结构，发展多种经营，发展乡镇企业；实施"科技兴农"战略和"231"工程等方面加强农业发展。

在整个农村产业结构调整方面，宁夏大力发展乡镇企业和农村经济联合体。自1992年起，宁夏开展由承包租赁经营制向股份合作制转变的企业产权制度改革，提出乡镇企业要实现跳跃式发展和

"多轮驱动"由原来的"两个轮子"（即社办、队办）改变为"四个轮子"（即乡办、村办、联户办、户办）同时发展，由农副产品加工产业改变为六大产业（即农、工、商、建、运、服）同时并进。

20世纪90年代，宁夏农村专业户的经营水平普遍提高，经营规模也逐步扩大，其中一部分专业户逐渐成为农林牧副渔各业生产的经营大户，另一部分发展成为个体民营企业。进入21世纪，农村经营大户一部分转变为农业产业化龙头企业，一部分转变为农村专业合作经济组织，成为新阶段调整农业结构和发展农业产业化的重要力量。

宁夏这一阶段的农业产业化发展主要有三个特点：联合的自发性、联结的松散性、分布的集中性。在经济发展较快和农业生产力水平较高的银川平原地区，出现了"贸工农一体化""产加销一条龙"新的经营方式，在分散的农户小生产与社会化大市场之间架起了桥梁和纽带，初步实现了产销对接，使农工商贸产业结成风险共担、利益均沾的共同体，这就是农业产业化的雏形。

■ 第二节　完善创新

1993年1月，宁夏第一次提出"以市场为导向，调整和优化农业结构，发展高产优质高效农业"的目标和任务，农村改革逐步转向农产品流通体制改革和调整农村产业结构方面，实现了乡镇企业产值占农业总产值近50%的目标。

1994年1月，宁夏出台包括稳定土地承包关系，开发利用资源，发展庭院经济，发展高产优质高效农业等内容的《关于加快农业和农村经济发展的若干政策措施》。

"九五"后，随着市场经济体制的建立和完善，随着"星火计划""东西合作工程""强乡富民工程""乡镇工业园区建设"的实施，以及农村工业化、城镇化和农业产业化步伐的加快，宁夏乡镇企业进一步上档升级，有的发展成为跨国公司，有的发展成为出口创汇企业，有的发展成为自治区重点骨干企业，有的成为国家和自治区级农业产业化龙头企业，并融入城乡经济一体化发展格局。

1995年后，宁夏把农业产业化提到战略地位，认真部署，提出要充分发挥宁夏的农业优势，加快实施以粮食加工业、肉奶加工业、绒毛加工业、生物制药业、葡萄酿酒业、水产果菜业为主的优势支柱产业。

1996年6月，《宁夏回族自治区农村小康建设总体规划（1996—2000年）》出台，制定了"一手抓山，一手抓川，以川济山，共同发展"的方针，实施以银川市为中心，以石嘴山市、中卫市、吴忠市为骨干的集合城市群的"沿河开发战略"和贫困地区的扶贫攻坚计划；突出发展"两高一优"农业、乡镇企业和个体私营经济，走农村经济产业化、村镇建设城市化的道路。

1998年，自治区第八次党代会后，自治区党委和政府先后制定和实施了《宁夏1998—2002年农业产业化发展规划纲要》《宁夏创建国家级"两高一优"农业和畜牧业示范区规划》，进一步调整优化农业产业结构，加快发展"两高一优"农业和畜牧业，促进了农产品加工转化增值，使农民收入得到了更快的增长。

1999年，宁夏把调整农业产业布局，充分发挥区域比较优势；调整农产品产品结构，全面提高农产品质量和安全水平，加快实现农产品的优质化和专用化；调整农村产业结构，继续发展乡镇企业和农村二、三产业，加快发展农产品加工业，大幅度提高农产品的附加值；调整农村就业结构，加快转移农村富余劳动力，拓宽农民就业增收渠道，努力探索适合区情的城镇化道路作为工作重点。

2000年11月，自治区出台了《关于进一步加快农业结构战略性调整的意见》，拉开了新世纪农业和农村经济结构战略性调整的帷幕。

2001年5月，自治区党委和政府根据农业结构调整的方向要适应区内外市场需求和变化的要求，及时提出了由主要追求数量向注重质量效益转变，由以种植业为主的传统农业向特色产业和畜牧业转变，由初级农业品的生产向大力发展农产品加工转变，由以农业为主的单一型农村经济结构向一、二、三产业全面发展的复合型农村经济结构转变的思路；明确在农业结构战略性调整中，要重点抓好枸杞及中药材产业、优质牛羊肉及皮毛加工业、葡萄酿酒业、马铃薯及其加工业、淡水渔业、牛奶及乳制品加工业、优质专用粮食加工业、蔬菜产业等。

2002 年，宁夏以全面建设小康社会为目标，推进城乡统筹发展，重点实施新型工业化、城市化、农业产业化"三化"联动战略，以工业化推动城市化，以城市化带动农业产业化。

这一阶段，宁夏农业产业化发展主要有三个特点：覆盖面扩大，组织模式丰富多样，利益联结机制逐渐规范。全区上下充分认识到了发展农业产业化的重大意义和现实必要性，初步确立了农业产业化经营在解决"三农"问题上的战略地位。各地因地制宜，发挥优势，培育主导产业，完善产业链条，主攻关键和薄弱环节，农业产业化经营取得初步成效。

■ 第三节　快速发展

从 2003 年起，宁夏坚持把发展农业产业化作为促进农业结构战略性调整、统筹城乡经济协调发展、建设现代农业、促进农业增效和农民增收的重要抓手，先后制定出台《宁夏优势特色农产品区域布局及发展规划》《关于扶持农业产业化经营重点龙头企业发展的意见》《关于引导和扶持农村专业合作组织发展的意见》等，进一步确定了发展枸杞、优质牛羊肉、牛奶、马铃薯、瓜菜五大战略性主导产业，优质粮食、淡水鱼、葡萄、红枣、农作物制种、优质牧草六大区域性特色优势产业，以及苹果、道地中药材两个地方性特色产业。宁夏突出发展特色优势产业，坚持实施龙头企业振兴工程和市场开拓战略，构建利益联结机制。

2003 年 12 月之后，自治区政府在全区范围内启动实施了农业产业化"三个十工程"，全区农业结构调整开始步入更加科学、有序的轨道。

2005 年 10 月，农业产业化战略被提升为内容更为宽泛的社会主义新农村建设战略。

2006 年 1 月，自治区党委出台《关于推进社会主义新农村建设的若干意见》。10 月，宁夏首次提出并规划建设了特色优势产业带，首次提出并实施了农业标准化和信息化工程，把设施农业作为发展现代农业的突破口，使现代农业发展切实推进。宁夏新农村建设突破了单一抓经济建设的局限，扩展为全面抓农村社会建设。

2008 年 10 月党的十七届三中全会通过的《中共中央关于推进农村改革发展若干重大问题的决定》发布后，宁夏不断增加对农业的投入，全面深化农村改革，加快农业现代化步伐。到 2013 年，宁夏农业龙头企业带动作用日益增强，规模以上农产品加工企业共有 262 家，产值达到 317 亿元；国家级农业产业化龙头企业达到 19 家，自治区级的有 220 家（含国家级），销售收入过 10 亿元的达 5 家，过 5 亿元的有 10 家，过亿元的有 42 家。宁夏进一步优化建设引黄灌区现代农业先导示范区、中部干旱带旱作节水农业示范区、南部山区生态农业示范区"三大区域"，加大全区农业结构调整。

2009 年以后，宁夏农业产业化工作认真贯彻落实党的十七届三中全会和国务院《关于进一步促进宁夏经济社会发展的若干意见》精神，以农村改革发展总揽工作全局，紧紧抓住国家扩大内需的有利机遇，坚定不移地把特色优势产业作为发展现代农业的突破口，按照提质、扩量、增效的要求，着力推进实施《农业特色优势产业发展规划（2008—2012 年）》，加快特色优势产业集聚提升，努力实现高产、优质、高效、生态、安全的现代农业发展目标；坚持把推进农业产业化经营作为统筹城乡一体化发展的重要举措，加快农业经营体制机制创新，培育壮大龙头企业，扶持发展农民专业合作经济组织，完善农产品市场流通体系，健全农产品质量安全体系，确保农产品有效供给，保障农产品质量安全，促进农民持续增收。2010 年 5 月，宁夏实施了创建百个现代农业示范基地建设工程。

2013 年 1 月，宁夏印发《关于印发〈加快推进农业特色优势产业发展若干政策意见〉的通知》，共 7 个部分，涉及 13 个特色产业、79 个扶持环节。全区建立起了更加符合区情和县域经济发展实际的特色优势产业体系。首先，明确了一个目标，即以农民增收为核心。其次，确立了一个基本思路，即突出发展特色优势产业，推进农业产业化经营。再次，农业农村经济实现了"五个转变"：一是从"两分法"到"三分法"（从川区和山区转变为引黄灌区、中部干旱带、南部山区），使农业区划更加科学；二是从重生产抓粮食到抓特色抓产业化，使农业优势更加突出；三是从"盯着饭碗种养"到"盯着市场经营"，使农业效益更加明显；四是从传统低效到"一特三高"（走特色、高质、高端、高效的发展路子），使农业发展前景更加广阔；五是从规模扩张到集群发展，使农业发展根据活力。最后，形成了"三区十三带"的产业发展格局（三区，即引黄灌区现代农业示范区、中部干旱带旱作节水农业示范区和南部山区生态农业示范区；十三带，即优质粮食产业带、枸杞产业带、优质牛羊肉产业带、奶牛产业带、马铃薯产业带、瓜菜产业带、淡水鱼产业带、葡萄产业带、红枣产业带、农作物制种产业带、优质牧草产业带、苹果产业带、中药材产业带）。据统计，2013年宁夏特色优势产业产值在农业总产值的比重达到了85.1％。

这一阶段，宁夏农业产业化发展主要有三个特点：一是"订单农业"得到全面推行；二是产业化经营组织迅速发展壮大；三是农业产业化经营投资主体日趋多元化。通过几年的不断探索、创新、完善、发展，全区农业产业化发展取得了明显成效，形成了农业特色优势产业集群整体推进的新格局，构建起生产、加工、销售各环节协调发展的新体系，走出了依靠科技进步促进产业优化升级的新路子，打造出推行标准化生产，提高农产品质量安全水平的新模式。

■ 第四节 优化升级

根据2014年中央农村工作会议精神，宁夏党委和政府适时提出围绕"一个目标、四个突破"，以"一特三高"为引领，加快农业结构调整，大力发展"一县一业"，推进产加销深度融合，促进全区农业产业进一步转型升级，努力打造宁夏农业的"升级版"。宁夏先后制定出台了《加快产业转型升级促进现代农业发展意见》《关于金融支持新型农业经营主体加快发展的意见》。全区上下组织实施《农业结构调整产业优化升级推进方案》，紧紧围绕"五百三千"产业发展计划（全区葡萄、枸杞、设施蔬菜、越夏冷凉蔬菜种植面积均达到100万亩，奶牛饲养量100万头，优质饲草料基地稳定在1000万亩，发展肉牛肉羊专业村1000个，标准化规模养殖场1000个），突出草畜、瓜菜园艺产业、葡萄重点产业，明晰产业发展思路措施，充实完善政策支持环节，加大资金整合力度。宁夏制定出台《关于金融支持宁夏新型农业经营主体加快发展的意见》，拉动县（市、区）配套，撬动金融信贷，解决产业资金投入不足问题；加强政策、规划、项目、技术四个方面的引导，部门联动、市县实施，集中力量、合力推进。

2015年，宁夏围绕"三大示范区"建设，在统筹抓好13个特色优势产业基础上，进一步聚焦优质粮食、草畜、蔬菜、枸杞、葡萄产业，坚定不移走特色产业、高品质、高端市场、高效益"一特三高"发展路子，特色产业持续稳步健康发展。全区奶牛存栏达到58.5万头，肉牛、肉羊饲养量分别达到250万头、1700万只，人均牛奶和牛羊肉占有量居全国第2位和第3位。宁夏蔬菜产业坚持设施与露地并重、品种与市场适应，全区新建永久性蔬菜基地10万亩，瓜菜面积达到307.5万亩，总产量达到680万吨，人均占有量居全国第五位。宁夏强化龙头企业带动，加快发展农产品加工业，销售收入过亿元的企业达到50家，全区农产品加工转化率达到60％。特色产业占农业总产值比例达到86％。

2016年3月，自治区人民政府印发《关于创新财政支农方式加快发展农业特色优势产业的意见》（宁政发〔2016〕27号），进一步创新强农惠农政策，变原来单一的直接补贴扶持方式为直接补贴、贷款担保、贷款风险补偿、贷款贴息、实物租赁、产业基金、农业保险七种扶持方式，形成农业多元化投入机制，积极推进"1+4"特色优势产业快速发展。利通区和贺兰县列入国家奶牛养殖大县种养结合整县推进试点，蔬菜产业深入实施增供增收"双百工程"，沙坡头香山硒砂瓜等7个村镇被评为全国一村一品示范村镇。10月，根据农业部、国家发展改革委、财政部、国务院扶贫办、国家林业局等九部委《关于印发贫困地区发展特色产业促进精准脱贫指导意见的通知》（农计发〔2016〕59号）和自治区党委、政府《关于力争提前两年实现"两个确保"脱贫目标的意见》（宁党发〔2016〕9号），宁夏制定《宁夏特色产业精准扶贫规划（2016—2020年）》，推动贫困县区大力构建"一县一业""一村一品""一户一特"的产业扶贫格局。

2017年10月，为全面贯彻党的十八大和十八届三中、四中、五中、六中全会精神，深入贯彻落实习近平总书记系列重要讲话，特别是视察宁夏时的重要讲话精神，按照自治区第十二次党代会部署，振奋精神、实干兴宁，集中力量、优化资源、用足政策，大力实施脱贫富民战略，自治区党委、政府出台了《关于推进脱贫富民战略的实施意见》（宁党发〔2017〕33号），实施"四个一"示范带动工程，创新产业扶贫模式，形成了整村推进、订单农业、先赊后还、企农共赢、托管代养、资产收益分配、扶贫车间、新业态助推八个模式。自治区党委农办联合农牧厅、财政厅出台了《龙头企业带动大米、肉牛、滩羊、蔬菜、硒砂瓜产业融合发展推进方案》（宁党农办〔2017〕9号），支持龙头企业以订单方式收购农户水稻、肉牛、滩羊、蔬菜等特色农产品，探索财政直补农户资金通过龙头企业补贴的方式，延伸产业链、形成利益链、建立服务链，加快推进优质粮食、蔬菜、草畜产业现代化建设，标志着全区龙头企业带动特色产业融合发展工作全面启动实施。

2018年，宁夏制定《全区特色产业脱贫攻坚三年行动方案》《2018年全区特色产业精准扶贫工作要点》《关于帮助闽宁镇加快特色产业发展的实施方案》等政策文件，指导贫困县区立足发展实际和资源优势，宜农则农、宜牧则牧、宜林则林，大力发展草畜、马铃薯、冷凉蔬菜、小杂粮、油料、中药材、黄花菜、中蜂等特色富民产业，形成了各具特色的产业扶贫格局。宁夏聚焦建档立卡贫困户和产业发展关键环节，指导贫困县区精准创设产业扶贫政策，做到产业项目、技术培训、小额信贷、帮扶措施、农业保险"五到户"，形成特色产业精准扶贫政策体系。

2019年，宁夏聚焦优质粮食、草畜、瓜菜、枸杞、葡萄"1＋4"特色产业，深入推进农业供给侧结构性改革，大力实施"1＋5＋5＋X"行动，推动农业高质量发展。全区优质粮食总产量连续8年稳定在360万吨以上；奶牛存栏43.7万头，肉牛、肉羊、生猪饲养量分别达到169.1万头、1148.2万只和170.3万头，人均牛奶、牛肉、羊肉占有量分别居全国第1位、第6位和第5位，畜牧业总产值达到179亿元；瓜菜种植面积达295.5万亩，总产值达到116.9亿元；酿酒葡萄稳步发展，面积达到57万亩，特色产业产值占农业总产值的比例达到87.4％。宁夏培育国家级农业产业化重点龙头企业24家、自治区农业产业化联合体72家，认定第九批自治区级产业化龙头企业381家，全区农产品加工业总产值达到780.6亿元，加工转化率达到68％。

2019年12月，自治区党委十二届八次全会提出要大力发展高效种养业，走出一条高质量发展新路子。自治区党委十二届九次全会提出要促进高效种养业提质增效，以"优质粮食、现代畜牧、瓜菜、枸杞、酿酒葡萄"五大特色优势产业为重点，调优种养结构、调大经营规模、调强加工能力、调长产业链条，加快推进布局区域化、经营规模化、生产标准化、发展产业化，努力实现从卖原料向卖产品、小产业向全链条、创品牌向创标准转变。

自2020年以来，自治区党委和政府认真贯彻落实党的十九届五中全会精神和习近平总书记视察宁夏重要讲话精神。自治区党委十二届八次全会提出，坚持以水定城、以水定地，大力推进农业结构优化调整，切实提高土地产出率、劳动生产率、资源利用率，全面提高农业的质量效益和竞争力。自治区党委十二届十二次全会明确要求提质发展高效种养业，加快建设现代农业产业体系、生产体系、经营体系。这一年，自治区确定重点发展"枸杞、葡萄酒、奶产业、肉牛和滩羊、绿色食品"五大农业重点产业，进一步调优种养结构、调大经营规模、调强加工能力、调长产业链条，加快推进布局区域化、经营规模化、生产标准化、发展产业化，努力实现从卖原料向卖产品、小产业向全链条、创品牌向创标准转变，推动农业重点产业高质量发展。力争到2025年，宁夏实现枸杞产业综合产值500亿元，奶产业、葡萄酒、肉牛和滩羊产业全产业链产值1000亿元，绿色食品产业全产业链产值1500亿元的目标。

第四章

农产品加工

■ 第一节 农产品加工业发展

宁夏植根于农村的农产品加工业源于 20 世纪七八十年代，曾作为乡镇企业的一部分，随着乡镇企业的调整提升、快速发展而发展。从 20 世纪 90 年代初期开始，宁夏农产品加工业经历了改革调整期、快速发展期及提质增效期三个阶段。

一、改革调整期（1993—2000 年）

随着社会主义市场经济体制的确立，宁夏乡镇企业积极推进以股份制和股份合作制为主的经营管理体制改革。1993 年 8 月，自治区乡镇企业局召开全区乡镇企业股份合作制工作会议，成立由自治区党委政研室、体改委、乡企局、经委、工商局、税务局、农行等单位组成的股份合作制工作领导小组，制定了《宁夏乡镇企业股份合作制暂行办法》和《宁夏乡镇企业股份合作制资产评估折股暂行办法》，逐步使乡镇企业改变以前以承包责任制为主的单一经营管理形式，完善承包责任制，组建企业化集团，并对"小微亏"企业实行"关、停、并、转、租、卖、破"，淘汰低劣，实现产权转让和重组、盘活资产。

进入"九五"时期，宁夏乡镇企业发展的结构性问题逐步显现，加之受亚洲金融危机影响，国内发展不平衡带来的地区差距扩大，外部竞争压力加大，宁夏乡镇企业的产业和产品发展受限。顺应中央"坚持区域经济协调发展，逐步缩小地区发展差距"的方针政策，自治区把握东部地区向中西部地区产业转移的历史机遇，推动新一轮横向经济联合，决定实施"东西部合作工程"。1996 年，自治区政府《关于实施"东西合作工程"的政策规定》、自治区政府办公厅《关于区内企业参照执行"东西合作工程"政策规定有关问题的通知》、自治区政府办公厅转发《自治区科委等部门〈关于促进民营科技企业发展的若干意见〉的通知》等相继出台，民营企业、个体经济成为乡镇企业的活跃成分，与公有制企业并存互补、共同发展。1997 年 5 月，《中华人民共和国乡镇企业法》和《宁夏回族自治区乡镇企业条例》实施，国家开始依法对乡镇企业实施保护和规范管理，乡镇企业进入深化产权制度改革时期。1998 年 4 月，自治区党委、政府发布了《关于加快企业改革与发展的决定》，对优化经济发展环境，全面推进企业改革发展作出了更新、更全面的部署。

2000 年 5 月，自治区农业厅、畜牧局、乡镇企业局三厅（局）合并组成自治区农牧厅，下设乡镇企业管理局，后加挂农产品加工局牌子，乡镇企业的发展重心转向农产品加工业。借助国家西部大开发与东西合作机遇，自治区"强乡富民工程"及"乡镇企业园区建设"项目实施，围绕自治区确定培育的六大支柱产业（石化、冶金、机械、建筑建材、医药和农副产品加工），乡镇企业进行产业布局和结构调整，每个县市重点培育一个地域特色鲜明、集中规模度较高、竞争优势较强的特色产业，如吴忠的乳制品产业，灵武的绒毛产业，固原、西吉的马铃薯淀粉加工业，平罗、惠农的脱水菜加工业，永宁的淀粉及药品加工业等。

二、快速发展期（2001—2010 年）

进入 21 世纪，借中国加入世界贸易组织（WTO）、西部大开发战略深入实施及国家促进农产品加工业发展的东风，自治区积极落实农业部《农产品加工推进行动方案》，自治区党委、政府和农业主管部门高度重视发展农产品加工业。

2001 年，自治区党委、政府发布《关于加快农业和农村经济结构战略性调整意见》，指出要大力发展农产品加工业，实现农业由初级农产品生产向大力发展农产品加工转变，农村经济由以农业为主的单一型农村经济结构向一二三产业全面发展的复合型农村经济结构转变；明确在农业结构战略性调整中，重点抓好枸杞及中药材产业、优质牛羊肉及皮毛加工业、葡萄酿酒业、马铃薯及其加工业、淡水渔业、牛奶及乳制品加工业、优质专用粮食加工业、蔬菜、制种产业等十大产业。同年，全区"学生饮用奶计划"（即采取政府引导、政策扶持的方式，通过专项计划向在校中小学生提供由定点企业按国家标准生产的学生饮用奶）项目实施。

2002 年 2 月，自治区党委、政府出台《关于推进乡镇企业"二次创业"的决定》、自治区人民政府办公厅印发《乡镇企业"2321"行动计划实施方案》（即到"十五"末，在全区建成 20 个产值过亿元的乡镇企业工业园区；30 个产值过 5000 万元、利税过 500 万元的重点骨干企业；20 个乡镇企业产值过 4 亿元的强乡镇和 100 个二三产业专业村），通过规划引导和一系列的行政手段、经济措施推动乡镇企业二次创业。2003 年，宁夏出台了《关于大力扶持农产品加工业发展的意见》，自治区农牧厅实施"2321"行动计划，组织专家综合考察、筛选和评估，经自治区农业产业化领导小组批准，将 2 个工业园区、36 个农产品加工重点骨干企业、2 个专业协会列为重点扶持对象，对全区 20 家农产品加工企业的 ISO9000 质量认证给予补助。

2006 年 1 月，自治区财政厅、农牧厅、科技厅等 5 部门联合下发了《加快农产品龙头企业发展的若干政策意见》及《农业产业化重点龙头企业振兴工程实施方案》，对全区农产品加工企业从原料基地及加工设施建设，到技术、产品、市场开发、品牌建设等方面进行支持；以枸杞、牛羊肉、牛奶、马铃薯、瓜菜五大战略性主导产业和优质粮食、淡水鱼、葡萄、红枣、农作物制种、优质牧草六大区域性特色产业为重点的农产品加工行业得到迅速发展。2008 年 8 月，自治区政府第 11 次常务会议研究决定，以培育骨干龙头企业为突破口，重点培育发展一批特色鲜明、市场竞争力强的农产品加工产业集群。11 月，自治区政府印发《关于批转能源、煤化工、新材料、装备制造业、特色农产品加工业和高新技术产业集群发展规划的通知》，主要内容之一是《特色农产品加工产业集群发展规划（2008—2012 年）》。

2009 年，自治区人民政府办公厅印发《关于印发农业产业化龙头企业升级工程实施意见的通知》，目标是力争用 4 年时间培育年销售收入 10 亿元的龙头企业 10 家，超 5 亿元的企业 20 家，全区农产品加工业产值在 2008 年的基础上翻一番，达到 300 亿元以上，与农业总产值之比为 1.1：1，主要农产品加工转化率达到 60％以上。

2010 年，《宁夏回族自治区促进中小企业发展条例》出台，明确中小企业在创业阶段的扶持政策、中小企业的资金扶持及权益保护措施，依法保障中小企业健康快速发展。同年，宁夏 18 家农产品加工企业参加在河南省驻马店市举办的全国农产品加工投资贸易洽谈会，产品评奖活动中荣获金奖 2 个、优秀奖 14 个，获奖产品总数位居全国第二，开启了宁夏优质特色农产品及其加工制品"走出去"、赢得市场的序幕。

三、提质增效期（2011—2020 年）

宁夏贯彻落实国家农产品产地初加工设施补助政策，实施农产品产地初加工惠民工程和龙头企业振兴工程，多渠道推进东中西部经济交流与合作，积极建设农产品产地加工技术集成基地，合理布局、适当集中、突出特色，重点培育和发展一批特色明显、市场竞争力强的农产品加工业产业集群，促进农产品初级加工、精深加工及副产物综合利用协调发展。

2012 年 3 月，自治区人民政府办公厅印发《宁夏农产品加工业发展"十二五"规划》，全面谋划、促进农产品加工业。4 月，农业部、财政部办公厅印发《关于 2012 年农产品产地初加工补助项目实施指导意见》，"农产品产地初加工补助项目"开始实施。宁夏当年获得中央财政补助资金 4000 万元，以农户（包括农垦、林场种植户）和专业合作组织为建设主体，主要建设马铃薯储藏窖、果蔬储藏库和果蔬烘干设施，旨在改善项目区农民群众的生活条件，减少农产品产后损失，有效减少农产品产后二次污染，达到"减损增供、农业增效、农民增收、品质提升"的目标。2012 年自治区农牧厅印发《〈关于扶持农业特色优势产业发展的意见（2012—2015 年）〉的通知》，明确要"强化龙头带动和品牌引领，提升农产品精深加工水平"。

2013 年，自治区印发《加快推进农业特色优势产业发展若干政策意见》（宁政发〔2013〕11 号）。在政策的引导推动下，农业"三区十三带"（三区，即引黄灌区现代农业示范区、中部干旱带旱作节水农业示范区和南部山区生态农业示范区；十三带，即优质粮食产业带、枸杞产业带、牛羊肉产业带、奶牛产业带、马铃薯产业带、瓜菜产业带、淡水鱼产业带、葡萄产业带、红枣产业带、农作物制种产业带、优质牧草产业带、苹果产业带、中药材产业带）产业发展格局带动了农产品加工业规模化发展，基本形成了以宁夏吴忠市、银川市为主的乳品加工业区，以石嘴山市惠农区、平罗县为主的脱水菜加工业区，以西吉县、固原市原州区等为主的马铃薯淀粉加工业区，以中宁县为主的枸杞产品加工业区，以灵武市、永宁县、青铜峡市为主的优质大米加工业区，以贺兰山东麓为主的葡萄酒加工业区等。宁夏年主营业务收入 500 万元及以上的加工企业有 308 家，产值 276.5 亿元，占农产品加工业总产值的 71.6%。

2014 年，宁夏制定《2014 农产品初加工补助项目技术指导和服务工作方案》，组织人员参加农业部举办的农产品产地初加工设施补助政策培训班，强化"农产品初加工惠民工程补助项目"技术支撑；组织参展第十七届中国农产品加工业投资贸易洽谈会，57 个产品参与评奖，荣获金质产品奖 5 个、优质产品奖 12 个，宁夏回族自治区代表团获评为"组织工作先进单位"奖。

2015 年，即"十二五"末，宁夏聚焦优质粮食、草畜、蔬菜、枸杞、葡萄产业，强化龙头企业带动，加快发展农产品加工业。宁夏建成了惠农区红果子脱水蔬菜，平罗县长湖、贺兰县德胜和利通区金积食品，永宁县望远、青铜峡市叶盛粮食，盐池城西滩、利通区涝河桥、沙坡头区迎水桥牛羊肉，中宁县新水枸杞等一批专业化、集群化的农产品加工园区，培育出了昊王、兴唐、法福来、塞外香、塞北雪等粮食加工企业和伊品、启元、万胜生物发酵龙头企业。宁夏枸杞精深加工、葡萄酒酿造产业水平领先全国，优质牛羊肉加工、玉米生物发酵产业在全国占重要地位，基本建立起了具有宁夏特色的农产品加工业体系框架。

2016 年，自治区人民政府发布《关于推进工业园区提质增效的实施意见》，推动农产品加工业从数量增长向质量提升、要素驱动向创新驱动、分散布局向集群发展转变。

2017 年，自治区出台了《关于进一步促进农产品加工业发展的意见》（宁政办发〔2017〕180 号）、《全区农产品加工业发展"十三五"规划》（宁农加发〔2017〕3 号）等纲领性指导性文件。农业部农产品加工局"产业扶贫与主食加工（宁夏）提升行动"推进活动在银川举办，推动"主食加工提升行动"和"城市早餐工程"融合发展，推动预制菜肴集中配送、连锁经营。麦清香食品有限公司、沙湖月食品有限公司、平顺源食品有限公司和昊鑫现代农业开发有限公司、宏晨龙食品有限公司被授予"全国主食加工示范企业"称号。宁夏引导农产品加工企业开展区域合作交流，组织企业参展第二十届中国农产品加工业投资贸易洽谈会，获大会组委会金质产品奖 11 个、优质产品奖 31 个。

2018 年，宁夏开展农产品加工实用技术培训，组织加工主体学习农产品产地初加工项目实施技术、农产品加工新工艺新技术、农产品加工副产物综合利用技术等；举办农产品加工技术创新与管理培训研修班，邀请区内外农产品加工资深专家、农产品加工企业负责人、高级管理人员、技术人员、创业者等开展研讨交流。宁夏实施农业部农产品产地初加工项目，获得中央奖补金额2059.55万元。

2019年，宁夏聚焦优质粮食、草畜、瓜菜、枸杞、葡萄"1+4"特色产业，深入推进农业供给侧结构性改革，大力实施农产品加工推进行动，完善农产品加工业产业体系和产品链条，提高加工转化率，提升产品附加值，推动农业高质量发展。

2020年1月，《自治区人民政府关于推进农业高质量发展促进乡村产业振兴的实施意见（宁政发〔2020〕1号）》出台，指出要以优质粮食、枸杞、草畜、瓜菜、酿酒葡萄"五大特色优势产业"为重点，调优种养结构、调强加工能力、调大经营规模、调长产业链条，大力发展农产品加工流通服务业，推动农业产加销一体化发展，构建农业全产业链。3月，自治区农业农村厅制定《全区农产品加工推进行动实施方案（2020—2025年）》（宁农（产）发〔2020〕9号），支持重点做优做强粮油食品、畜禽肉类制品、乳制品、蔬菜、枸杞制品、葡萄酒、马铃薯、饲料（草）加工及其他农产品加工等"8+X"农产品加工业。7月，自治区党委十二届十一次全会提出大力发展绿色食品产业，推动功能食品、营养食品、保健食品等绿色食品产业发展壮大，延长深加工产业链。12月，《自治区党委办公厅、人民政府办公厅关于印发自治区九大重点产业高质量发展实施方案的通知》（宁党办〔2020〕88号）下发，提出重点发展包括绿色食品在内的九大产业，指出"坚持'高端化、绿色化、智能化、融合化'发展方向，大力发展农产品精深加工，打造绿色食品加工优势区"。同月，自治区人民政府批复同意建设吴忠自治区级农业高新技术产业示范区、石嘴山自治区级农业高新技术产业示范区。石嘴山市以绿色食品加工为主题，大力发展现代农业生产、农产品特色加工和生态农业体验旅游等主导产业。吴忠自治区级农业高新技术产业示范区建设农副产品加工核心区2000米^2。

■ 第二节　农产品加工企业和农产品加工能力

社会主义市场经济体制确立初期，私营经济、个体经济迅猛发展，到1996年，以农产品为原料的乡镇企业数达到顶峰16558个（其中个体企业16077个），工业产值较"八五"末翻番增长。同时，国有企业尝试建立现代企业制度，历经股份制试行、资产重组及兼并、破产等改革调整，从事农产品加工的乡镇企业从新的基点开始逐年稳步发展，1997年企业数量为2206个、完成产值11.3亿元。

2000年，全区从事农产品加工的乡镇企业1281个（其中年产值200万元以上的企业200个），实现产值近16亿元，农副产品加工总产值占农业生产总值的比例由"八五"末的20%提高到32%。详见表12-4-1。

2005年，即"十五"末，全区规模以上农产品加工企业171家（其中销售收入1000万元以上的有66家、过亿元的有10家），直接吸纳农村劳动力12万多人。宁夏已建成国家级重点龙头企业8家，自治区级重点龙头企业45家，规模以上农产品加工企业（即全部国有和年主营业务收入500万元及以上的非国有企业）的工业增加值是2001年的14.9倍。

2010年，全区有规模以上农产品加工企业439家，完成总产值185.2亿元，实现利润15.9亿元。销售收入5000万元以上的企业有80家，其中亿元以上的有44家。4家农产品加工企业进入了自治区30家重点骨干企业行列，15家进入了自治区30家非公有制重点企业行列。农产品加工产值与农业产值之比为1.04∶1，主要农产品加工转化率为52%。农产品加工企业出口羊绒、脱水菜、果汁、枸杞、淀粉加工产品等，创汇19.7亿元。

2011年，宁夏农产品加工业实现增加值90亿元，完成总产值300亿元，营业收入280亿元，实现利润27亿元，上缴税金8亿元，农产品加工企业用工达25万人。规模以上企业达到350家，完成总产值220亿元，实现营业收入200亿元，实现利润20亿元、税金5.5亿元。

宁夏马铃薯加工企业近300家，设计加工能力为35万吨，实际加工能力为15万吨左右。其中精淀粉占80%、变性淀粉5000吨、全粉5000吨。宁夏有3家企业拥有自营进出口权且产品出口到国外，如德国、墨西哥、意大利、印度尼西亚、芬兰、越南等。

宁夏枸杞加工企业完成营业收入61亿元。增势强劲的主要原因：一是2011年7月枸杞价格创历史新高，均价达26.2元/500克，干果收入增加；二是全区新增枸杞种植基地0.13万公顷，总产量增加；三是国外市场实现恢复性增长，出口量增加，前三季度共出口枸杞1026吨，高于2010年的出口量。

2012年，宁夏启动实施农业部、财政部农产品产地初加工补助项目惠民工程，以农户和专业合作组织为建设主体，在南部山区和中部干旱带主产区重点县建设马铃薯储藏窖，在沿黄河果蔬主产区重点县建设果蔬储藏库和果蔬烘干设施。全区共建马铃薯储藏窖1659个、冷藏库225个、烘房98个、多功能烘干窖46个，当年建成、当年使用，实现了"减损增供、农业增效、农民增收、品质提升"的项目目标。宁夏农产品加工业利润总额35亿元，上缴税金11亿元，出口交货总值达37亿元。农产品加工企业对乡镇企业工业的贡献率达53.4%。规模以上企业有262家。宁夏逐步形成枸杞、脱水菜、供港蔬菜、牛羊肉、马铃薯、羊绒制品等出口食品、农副产品生产基地。

2013年，全区农产品加工业总产值为386亿元（表12-4-1），实现利润41.2亿元，上缴税金11.4亿元，支付劳动者报酬18.3亿元，完成出口交货值27.6亿元。全区规模以上加工企业有308家，营业收入为275.3亿元。截至2013年，全区共建设农产品加工业园区30个，园区内入驻企业835家，从业人员4.7万人，完成总产值150.6亿元。全区实施农产品产地初加工补助项目，建设马铃薯储藏窖885个，果蔬通风库28个、冷藏库61个、烘房127个、多功能烘干窖26个，新增加工能力31025吨。

2014年，全区农产品加工企业实现产值442.5亿元（表12-4-1），实现利润44.8亿元，完成出口交货值31.9亿元，从业人员8万人；实施农业部农产品产地初加工补助项目，重点建设马铃薯储藏窖、果品储藏库和果品烘干设施，全年建设马铃薯储藏窖625个，果蔬通风库12个、组装式冷藏库58个、热风烘房101个、多功能烘干窖78个，新增加工能力21700吨。

2015年，全区规模以上农产品加工企业有489家，培育国家级农业产业化龙头企业19家、自治区级农业产业化龙头企业289家，销售收入过亿元的企业有50家。全区在岗职工突破8万人，季节性用工23万人；农产品加工转化率为60%，农产品加工业产值与农业总产值比例为1.5∶1。银川万利食品有限公司、吴忠市生利来食品有限公司、宁夏国圣食品有限公司、宁夏金瑞食品股份有限公司四家企业被农业部评为"全国主食加工业示范企业"。全区继续实施农产品产地初加工补助项目，建设马铃薯储藏窖391个，冷藏库210个、热风烘房157个、多功能烘干窖119个，新增加工能力32893吨。

2016年，宁夏农产品加工业实现总产值578亿元（表12-4-1），从业人员近8万人，季节性用工达25万人；农产品加工转化率年均增长2个百分点，达到63%；农产品加工业产值与农业总产值之比提高到1.6∶1。全区实施农产品产地初加工补助项目，建设马铃薯储藏窖288个、冷藏库187个、热风烘房206个、多功能烘干窖61个，新增加工能力32475吨。宁夏基本建立起了具有宁夏特色的农产品加工业体系框架。

2017年，宁夏农产品加工业产值达到约646亿元；农产品加工转化率为64%，加工业产值与农业总产值之比达到1.8∶1；出口农产品（食品）5336批次、18.61万吨，出口交货值达26.2亿元。宁夏昊鑫现代农业开发有限公司、麦清香食品有限公司等5家企业被农业部评为"主食加工示范企业"。全区实施农产品产地初加工补助项目，建设马铃薯储藏窖365个、冷藏库193个、各类烘房296个、多功能烘干窖4个，新增加工能力29140吨。

2018年，宁夏规模以上农产品加工企业达667家，销售收入2000万元以上的加工企业有355家、亿元以上的企业有128家；农产品加工总产值达700.3亿元（表12-4-1），农产品加工转化率达到68%，农产品加工业产值与农业总产值的比例为1.6∶1；农产品加工企业从业人员8.9万人，季节性用工25万人，上缴税金9.7亿元。宁夏初步形成了以粮油、生鲜乳、枸杞、畜禽、果蔬、果酒等制品为主的农产品加工产业体系。宁夏继续实施农产品产地初加工补助项目，建设马铃薯储藏窖、组装式冷藏库、烘房、多功能烘干窑、热风烘房等设施共计 468 个。

2019 年，宁夏粮食加工量 229.67 万吨，马铃薯 53.27 万吨，油料 15.22 万吨，蔬菜 11.05 万吨，猪肉 0.87 万吨，牛肉 0.74 万吨，羊肉 0.82 万吨，禽肉 0.34 万吨，原料奶 219.37 万吨，食用油 5.71 万吨，其他 46.46 万吨。全区培育国家级农业产业化重点龙头企业 24 家，自治区农业产业化联合体 72 家，自治区级农业产业化龙头企业 381 家，市级重点龙头企业 816 家。宁夏农产品加工转化率 68%，农产品加工业产值与农业总产值的比值为 1.8∶1。

2020 年，全区大力发展绿色食品产业，受新冠肺炎疫情影响，农产品加工开工生产企业减少，农产品加工转化率为 69%，农产品加工业与农业总产值比为 1.9∶1，从业人员 5.7 万人。宁夏年内先后组织 70 家农产品加工企业参加第二十三届中国农产品加工业投资贸易洽谈会、中国安徽名优农产品暨农业产业化交易会（2020·合肥）、全国农村创新创业博览会和第十八届中国国际农产品交易会。全区依托农业农村部高素质农民培育计划，培训农产品加工业高级职业经理人 100 人。

表 12-4-1　1996—2020 年全区农产品加工企业和加工能力统计情况

单位：个、亿元

年份	企业数量	完成产值	营业收入	备注
1996	16558	15.5	/	包括个体加工者
1997	2206	11.3	/	
1998	1390	12.4	/	
1999	1209	14.4	/	
2000	1281	15.9	/	
2001	1280	16.0	/	
2002	1530	42.0	/	
2003	/	/	/	无相应资料记载
2004	3575	42.2	/	
2005	6680	58.8	/	
2006	8936	80.8	/	
2007	8943	156.9	137.6	
2008	8138	205.5	185.3	
2009	5767	229.3	204.8	
2010	5890	266.2	241.3	
2011	5618	300.0	280.0	
2012	5036	323.5	316.0	
2013	5367	386.0	379.1	
2014	4783	442.5	393.9	
2015	5258	520.4	417.6	
2016	5189	578	542.4	
2017	5238	645.5	615.9	
2018	5245	700.3	625.3	
2019	/	/	/	无相应资料记载
2020	2517*	513.4	461.1	*新冠肺炎疫情影响下的开工生产企业数

注：次表内"/"表示无资料记载相应数据。

■ 第三节 农产品加工品牌建设

宁夏坚持走特色产业、高品质、高端市场、高效益"一特三高"发展路子，注重推进标准化生产，注重品牌培育，注重发展电商平台。全区集中打造了宁夏大米、供港蔬菜、盐池滩羊、固原黄牛、六盘山马铃薯、香山硒砂瓜、中宁枸杞、贺兰山东麓葡萄酒等一批区域品牌。"中国枸杞之乡""中国滩羊之乡""中国硒砂瓜之乡""中国甘草之乡"和"中国马铃薯之乡"的影响力不断增强，企业品牌、产品品牌的市场认可度不断提高，特色农产品的品牌影响力不断提升。

宁夏通过积极开展农产品加工业"走出去，请进来"活动，组织农产品加工企业参加全国农产品加工业投资贸易洽谈会、中阿博览会、中国国际园林博览会等展会，促进技术交流和信息共享，引导企业扩大品牌知名度。2010—2020年，宁夏351家农产品加工企业参加了11届中国农产品加工业投资贸易洽谈会，参展产品达1186种，参与评奖产品830种，涵盖了粮油类、果蔬类、畜禽水产品类、中草药、蜂产品等所有优势特色产品，共获各类奖项209个，其中金奖54个、优质奖155个，参评产品数、金奖数均居全国前列。通过产品展销、考察学习、科技交流、窗口设立、招商引资等方式，宁夏引进了伊利、蒙牛、中粮和美国辛普劳等一批国内外强势企业，带动了全区农产品加工业技术改造和转型升级，提高了"宁字号"农产品知名度和市场占有率。

自治区台办与中国台湾文创协会签订了合作协议，成立"宁台文创研究院"，对宁夏枸杞、宁夏大米、宁夏滩羊肉、宁夏葡萄酒、宁夏果品等"宁字号"农产品品牌包装进行创意设计。"百瑞源枸杞"将绿色、健康、时尚、原产地、原生态等文化元素融入包装设计中，让消费者接受了"好枸杞可以贵一点"的消费理念，线上线下销售额增长60％以上，品牌价值翻了一番。"云雾山庄"果脯的"杏好有你"系列产品火爆网上，并出口中东等地区。"昊王"大米、"百瑞源"枸杞、"鑫海"盐池滩羊肉、"金河"酸奶、"塞北雪"挂面、"厚生记"食品等被评定为中国驰名商标。贺兰山东麓葡萄酒、中宁枸杞、盐池滩羊品牌价值分别达到261亿元、173亿元、71亿元。宁夏广银米业有限公司有机水稻认证面积达到2000亩，"广银"有机米、生态蟹田米等系列产品先后通过了国家绿色食品认证和有机产品认证。吴忠市少武粮油有限公司投资3500万元建设富硒产品体验馆，加强富硒产品宣传，提高了产品知名度。

■ 第四节 农产品加工业融合发展与促农增收

一、融合发展

在农产品加工业带动下，宁夏实现了农业产加销一体化发展，进一步开发农业多功能性，促进了农村新产业、新业态发展。百瑞源枸杞股份有限公司先后建成中国枸杞馆、中国枸杞研发中心、1.2万亩有机枸杞示范种植基地，形成了专业从事枸杞科技研发、基地种植、生产加工、市场营销、文化旅游"五位一体"的全产业链科技型企业群，有产品70余种，品牌价值达1.4亿元。宁夏志辉实业集团有限公司投资8000万元建设志辉源石酒庄，在镇北堡镇昊苑村建立酿酒葡萄示范种植基地，以葡萄酒生产带动2000户农户种植酿酒葡萄1万亩，同时结合酒庄和基地建设发展休闲旅游和观光农业，年接待人数突破10万人，实现了葡萄酒加工、特色种养、休闲旅游、生态环境治理等多产业融合发展。

二、促农增收

全区农产品加工企业通过与农户共建基地、订单生产、资产收益分配等方式，采取"企业＋合作社＋农户"“企业＋农户＋订单"等模式，与农户建立企农共赢的利益联结机制，带动农民增收。宁夏盐池滩羊产业发展集团与全县6157户养殖户签订养殖合同，累计订单收购盐池滩羊55万只，使农户养殖滩羊每只增收100元，拉动山羊每只增收80元以上。宁夏天瑞产业集团现代农业有限公司从事蔬菜加工，公司通过"龙头企业＋合作社＋农户＋订单"的经营模式，带动2692户农户通过订单采购原料2035万元，户均增收3000元以上。宁夏壹加壹农牧股份有限公司从事高品质牛肉加工、销售，带动560余户农户养殖肉牛，户均年收益达6175元。

第五章

休 闲 农 业

■ 第一节　休闲农业发展历程

宁夏休闲农业起步较晚，但发展速度较快。形成了以贺兰山东麓葡萄酒为主题的生态休闲群，以沙坡头、沙湖旅游区为中心的"农家乐"群，以石嘴山-银川-吴忠沿河沿湖为中心的"渔家乐"群，以泾源县为主的"农家乐专业村"。

1998年，中卫县沙波头旅游景区诞生了第一家农家乐——童家园子，标志着宁夏休闲农业的开端。童家园子民俗村依靠中卫沙坡头景区独特的地理位置优势，充分发挥庭院经济优势，开启了体验农业。此后各地景区形成了以"农家乐"为主体的休闲农业的初级形态。

2011年6月28日，宁夏休闲农业行业协会在银川市成立，发展会员80多家。它的成立标志着宁夏休闲农业开始向规范化、优质化、产业化方向发展。

2011年，农业部首次制定《全国休闲农业发展"十二五"规划》。全区大规模举办休闲农业和乡村旅游各类培训班，先后培训人员共计1200多人，编印《宁夏休闲农业协会会员通讯录》。

2012年，在"首届全国休闲农业创意精品推介活动暨第八届中国·南京农业嘉年华"大赛中，宁夏获得6个金奖、10个银奖和19个优秀奖的佳绩。同年6月，首次组织申报全国休闲农业和乡村旅游星级示范创建工作，标志着宁夏休闲农业正式步入农旅融合发展阶段。

2013年，自治区人民政府出台《加快推进农业特色优势产业发展若干政策意见》（宁政发〔2013〕11号），"休闲农业"首次被写入其中，并列入自治区农业产业扶持政策目录，标志着宁夏休闲农业发展开始由自我发展向政府引导、零星分布向集约经营、单一功能向复合多功能的转变。

2013年，沿贺兰山东麓休闲农业企业（园区）被确认为国家精品线路。彭阳县旱作梯田（梯田景观）、盐池县哈巴湖草原（草原景观）被认定为"中国美丽田园"。

2014年3月，《全国关于开展2014年全国十佳休闲农庄和十大精品线路推荐评选活动的通知》发布，宁夏获全国休闲农业创意精品推介活动"最佳组织奖"。

2014年，宁夏全国休闲农业与乡村旅游点示范创建企业（园区）达到7家，农旅结合，以农促旅，以旅强农，促进了农民增收和美丽乡村建设。

2015年10月，在中国美丽休闲乡村评选中，宁夏四个村榜上有名，其中，西吉县大庄村为特色民居村，吴忠市利通区穆民新村为特色民俗村，银川市兴庆区掌政村及固原市彭阳县杨坪村为现代新村。

2015年，采取贴息补助形式支持休闲农业基础设施建设，贴息贷款补助41家，共计300万元，示范创建补助资金11家，共计200万元，以解决休闲农业发展模式和服务功能单一等问题。

2015年，举办休闲农业与农产品加工业现代市场营销培训班，参训人员达300人，提高从业人员的整体素质、服务技能和水平。

2016年，将"发展休闲农业和乡村旅游业"写入自治区政府《关于做好农村工作的意见》中。

2016年3月，开展休闲农业推进年系列活动，举办三十多场节会。在固原市彭阳县举办第十二届"六盘山山花节";在中宁举办"健康中国,养生宁夏"枸杞采摘节;在宁夏园艺产业园举行了"创意提升农业,休闲改变生活"休闲农业精品创意大赛。

2016年11月28日,宁夏休闲农业互联网平台建成,标志着休闲农业经营主体通过"互联网+"走出宁夏。

2016年12月28日,《宁夏休闲农业分类及休闲农庄分级规范》地方标准发布,标志着宁夏休闲农业步入规范发展、列级管理新阶段。

2016年,全区营业休闲农庄(园)达到684家,接待游客人数达到705万人次,营业收入达到13亿元。

2017年,《宁夏休闲农业发展"十三五"规划》出台,这是第一部宁夏休闲农业发展的纲领性文件,提出"两宜银川""绿色石嘴山""水韵吴忠""休闲中卫"和"生态固原"的发展理念,为休闲农业健康发展提供政策保障。

2017年1月10日,全国休闲农业精品线路发布,宁夏黄河金岸休闲农业线路、贺兰山葡萄长廊休闲农业线路入围。

2017年9月6日,首届以"创意提升农业,休闲改变生活"为主题的休闲农业精品创意大赛在宁夏园艺产业园举行。

2018年5月20日,同心县休闲农业推进年活动暨首届乡村旅游牡丹观赏节在王团镇沟南村举行,搭建"生态搭台子、文化展魅力、旅游聚人气、经贸唱大戏"的发展平台,树立对外开放的新形象。

2018年7月21日,"醉美硒砂瓜 休闲中卫行"全区首届休闲农业与乡村旅游文化节开幕,宁夏休闲农业推进年活动进入高潮。

2019年,开始建立、完善休闲农业数据库,准确把握休闲农业整体情况。宁夏休闲农业投资总额达17.1亿元,农民家庭投资占20%左右,民间私人资本和工商资本约占80%。宁夏电视台《新闻直播间》栏目、《宁夏日报》《经济日报》专访报道全区休闲农业发展情况,提升影响力。

2020年,举办首届宁夏美丽乡村休闲旅游行精品线路推介活动。印发《2020年宁夏休闲农业与乡村旅游精品景点线路手册》。

截至2020年年底,宁夏休闲农业经营主体达806家,年接待游客998万人次。年营业收入达10.57亿元,其中农副产品销售收入为5.48亿元,占总收入51.8%,实现利润总额达1.9亿元,从业人数为1.67万人,其中农民就业人数为1.4万人,占总人数83.8%,带动农户约2.97万户。详见表12-5-1。

表12-5-1 2011—2020年宁夏休闲农业发展主要指标统计

单位:个、万人次、亿元、户、人

年份	主要指标				
	经营主体个数	接待人次	年营业收入	带动农户数	从业人数
2011	509	635	6.0	7294	9094
2015	601	679.3	8.1	25000	7138
2017	750	900	17.6	45240	25571
2018	918	1385	15.1	35113	20800
2019	857	1041	11.1	33986	15100
2020	806	998	10.57	29708	16700

■ 第二节 休闲农业发展模式与发展方式转变

一、休闲农业发展模式

宁夏休闲农业根据资源环境、区位交通、市场需求、农业基础、投资实力等,因地制宜,形成了多元化、多层次、多类型的发展模式，典型代表有贺兰县广银米业"稻渔空间"模式、银川市西夏区源石酒庄"三产融合"模式、石嘴山市龙泉山庄"四季旅游度假"模式、西吉县龙王坝"旅游＋培训"模式、吴忠市牛家坊"民宿文化体验"发展模式。

二、休闲农业发展方式转变

宁夏休闲农业在发展主体上，从农民自发发展，向农民合作组织以及社会资本和工商企业热情参与转变；在空间布局上，从零星分布、分散经营向集群分布、集约经营转变；在服务设施上，从传统、简陋、功能单一向设施化、信息化、智能化转变；在权益共享上，从"老板乐"向"农家乐"转变，更加注重多方联动发展，建立起农民、政府、企业多方权益联结共享机制；在融资形式上，从以自有资金或直接借贷为主，向对接、登陆资本市场转变。休闲农业和乡村旅游产业实现了从单一向多元、粗放向精细、无序向有序转变的发展格局。

■ 第三节 休闲农业示范创建

宁夏累计培育创建国家级休闲农业与乡村旅游示范县 10 个、示范农庄 15 个，中国美丽休闲乡村 17 个，中国美丽田园 5 个，星级企业（园区）45 个（其中五星级 13 个、四星级 30 个、三星级 2 个）。哈巴湖、红柳湾山庄、五渡桥农庄、神林山庄、龙王坝村入选全国休闲农业与乡村旅游精选精品景点，黄河金岸和贺兰山东麓被确定为全国休闲农业精品线路。"中宁枸杞种植系统"和"灵武长枣种植系统"入选《国家重要农业文化遗产名录》。详见表 15-5-2。

表 12-5-2　宁夏入选全国休闲农业与乡村旅游示范县、示范农庄、
中国美丽休闲乡村和中国美丽田园统计情况

名称	数量	宁夏入选单位与时间
全国休闲农业与乡村旅游示范县	10 个	西夏区（2010 年）、贺兰县（2011 年）、永宁县（2012 年）、利通区（2013 年）、金凤区（2014 年）、平罗县（2015 年）、银川市（2016 年）、彭阳县（2016 年）、沙坡头区（2017 年）、隆德县（2017 年）
全国休闲农业与乡村旅游示范农庄	15 个	宁夏回族自治区宁夏万义生态园（2010 年）、宁夏银川鸣翠湖国家湿地公园（2010 年）、银川市金凤区盈南生态园（2011 年）、宁夏贺兰县宁夏园艺产业园（2011 年）、银川市西夏区红柳湾山庄（2012 年）、吴忠市利通区扁担沟林枫生态园（2012 年）、贺兰县宁夏西昱普罗旺斯薰衣草庄园（2013 年）、石嘴山市惠农区金岸红柳湾生态园（2013 年）、隆德县神林山庄（2014 年）、永宁县鹤泉湖生态度假区（2014 年）、银川市金凤区宁夏森森生态旅游区（2015 年）、吴忠市利通区吉水湾休闲村（2015 年）、平罗县陶乐天源复藏庙庙湖生态区（2015 年）、隆德县神林山庄（2017 年）、永宁县鹤泉湖生态度假区（2017 年）
中国美丽休闲乡村	17 个	隆德县红崖村（2013 年）、宁夏回族自治区西吉县龙王坝村（2014 年）、西吉县大庄村（2016 年）、吴忠市利通区穆民新村（2016 年）、彭阳县杨坪村（2016 年）、兴庆区掌政村（2016 年）、宁夏回族自治区吴忠市利通区牛家坊村（2017 年）、宁夏回族自治区隆德县新和村（2017 年）、宁夏回族自治区中卫市沙坡头区鸣沙村（2017 年）、宁夏回族自治区贺兰县四十里店村（2018 年）、宁夏回族自治区贺兰县新平村（2018 年）、宁夏回族自治区泾源县治家村（2018 年）、宁夏回族自治区石嘴山市大武口区龙泉村（2018 年）、宁夏回族自治区银川市金凤区良田镇园子村（2020 年）、宁夏回族自治区吴忠市青铜峡大坝镇韦桥村（2020 年）、宁夏回族自治区固原市原州区张易镇宋洼村（2020 年）、宁夏回族自治区石嘴山市惠农区红果子镇马家湾村（2020 年）
中国美丽田园	5 个	彭阳县梯田景观（2013 年）、盐池县哈巴胡草原景观（2013 年）、隆德县麦田景观（2014 年）、中卫市腾格里沙漠湿地（2014 年）、中卫市沙坡头区薰衣草景观（2014 年）

（续）

名称	数量	宁夏入选单位与时间	
星级企业（园区）	45 个	五星级 13 个	宁夏金岸红都湾生态园（宁夏天天为民文化旅游开发有限公司）、宁夏平罗县陶乐天源復藏农业开发有限公司、灵武市长枣庄园休闲旅游开发有限公司、银川市西夏区个体经营红柳湾山庄、隆德县神林山庄、宁夏森淼科技培训中心有限公司、隆德盘龙山庄、石嘴山市龙泉山庄度假有限公司、宁夏银湖狼皮子梁有机生态文化旅游有限公司、吴忠市利通区海军生态农家园、银川市新牛实业新牛庄园、宁夏瑞信龙王坝生态文化旅游股份有限公司（黄土塬牡丹山庄）、宁夏西部黄土情旅游开发有限公司
		四星级 30 个	宁夏茗秀园林科技有限公司、大武口区蓝孔雀山庄、宁夏贺兰山东麓庄园酒业有限公司、中宁县国盛生态旅游发展有限公司、宁夏灵武市丹碧农林牧有限公司、银川五渡桥农庄餐饮有限公司、宁夏西昱普罗旺斯薰衣草庄园、宁夏马莲湖文化旅游有限公司、宁夏雷牧高科农业发展有限公司、青铜峡市快活林休闲农业度假村、中卫市阳光怡然生态园、吴忠市利通区鑫源农家乐休闲服务中心、中宁县红景天休闲山庄有限公司、固原市原州区彭堡镇柳林休闲庄园农家乐、宁夏吉水湾生态文化旅游有限公司、宁夏罗山豪瑞祥农业开发有限公司、宁夏余家丰生物菇业有限公司、吴忠市桃园农庄生态观光有限公司、宁夏葡源生态观光有限公司、宁夏颐萃农业科技有限公司、宁夏美丽哈巴湖旅游开发有限公司、盐池县哈巴湖旅游开发有限公司、富汇龙门休闲农庄、宁夏青禾农牧科技开发有限公司、盐池县凤仙休闲农场有限公司、宁夏盐池县梦根喜农牧业开发有限公司、宁夏拉巴湖旅游产业发展有限公司、银川市西夏区晓光休闲观光园、柳泉山庄（宁夏柳泉农业有限公司）、彭阳县友联生态度假村
		三星级 2 个	宁夏创兴黄河湿地旅游开发有限公司、宁夏望山红生态庄园有限公司

第六章

农村创业创新

■ 第一节　农村创业创新政策

2015 年 11 月，自治区人民政府办公厅发布《关于支持农民工等人员返乡创业的实施意见》（宁政办发〔2015〕164 号），对返乡农民工等人员返乡投资兴办且从事国家不限制或鼓励发展的产业，企业自用地的城镇土地使用税和自用房产的房产税实行"三免三减半"优惠；对达到国家和自治区创业孵化园建设标准的返乡农民工创业园一次性给予 100 万元补贴资金；对符合条件的返乡创业人员个人给予最高额度 10 万元的创业担保贷款。

2016 年 8 月，自治区人民政府办公厅制定《关于推进农村一二三产业融合发展的实施意见》（宁政办发〔2016〕131 号），实施青年农场主培训计划，开展"百村万人乡村旅游创客行动"，优化农村创业孵化平台建设，鼓励大中专毕业生、返乡农民工回乡创业，发展农业生产经营，投身乡村旅游。

2017 年 9 月，自治区党委、政府出台《关于推进创新驱动战略的实施意见》，从做优特色产业品牌，提档发展现代服务业，加强国际创新交流合作，建设创新发展先导区，推进东西部共建创新园区，激发人才创新创造活力六个方面提出助推农村创新驱动战略实施意见。从 2018 年起，自治区每年统筹安排 1 亿元用于现代农业科技创新示范区建设。

2017 年 10 月，自治区人民政府发布《关于做好当前和今后一段时期就业创业工作的实施意见》，提出发展县域特色经济、魅力小镇、乡村旅游和农村服务业，为农村劳动力就地就近转移就业创造空间。

2020 年 3 月，自治区农业农村厅印发《全区农民工返乡创业行动实施方案》（宁农（产）发〔2020〕10 号），提出通过发展产业、产业融合、主体培育、基地创建、双创大赛，带动返乡农民工就业创业，激发农村创业创新活力。

2020 年 8 月，自治区农业农村厅联合自治区发改委、教育厅、科技厅、财政厅、人力资源和社会保障厅、自然资源厅、退役军人事务厅和银保监局 9 个部门印发《关于推进农村创新创业带头人培育行动的意见》（宁农（产）发〔2020〕16 号），对首次创业、正常经营 1 年以上的返乡创业农民工，按规定给予一次性创业补贴；对入驻创业示范基地、创新创业园区和孵化实训基地的农村创新创业带头人创办的企业，可对厂房租金等相关费用给予一定额度减免；对符合条件的农村创新创业带头人及其共同生活的配偶、子女和父母全面放开城镇落户限制，纳入城镇住房保障范围，增加优质教育资源、住房等供给。

■ 第二节　农村创业创新进展

一、农村创业创新园区（基地）建设

宁夏以各市、县（区）为主，依托现有工业园区、物流园区、慈善园区和农业产业园区等各类园

区、闲置土地，厂房、校舍、批发市场、楼宇、商业街和科研培训设施，整合发展农村创新创业园区（基地）。2017—2020年，全区共创建农村创新创业园区和孵化实训基地73个，其中，国家级农村创新创业园区（基地）21个，自治区级农村创新创业园区（基地）30个，市级农村创新创业园区（基地）11个，县级农村创新创业园区（基地）15个。名单详见表12-6-1。

表12-6-1　2017—2020年全区农村创业创新园区（基地）名单

序号	市	县（市、区）	基地名称	级别
1	银川市	兴庆区	银川爱必达园艺有限公司	自治区级
2			兴庆区月牙湖万亩奶牛养殖园	市级
3			兴庆区塞上花都创业孵化基地	市级
4			兴庆区月牙湖生态移民创业孵化基地	市级
5		金凤区	青源食药用菌创新创业园区	国家级
6			宁夏魅力良田智慧农业孵化园	国家级
7			银川市锦旺农业发展股份有限公司	自治区级
8		西夏区	宁夏科衡农业科技发展有限公司	自治区级
9			宁夏志辉源石葡萄酒庄有限公司	自治区级
10		永宁县	宁夏四季鲜果品蔬菜市场创业基地	国家级
11			闽宁镇红树莓扶贫产业园	国家级
12			创业谷中小企业产业新城创业基地	国家级
13			光伏农业科技示范园	国家级
14			宁夏绿方水产良种繁育有限公司	自治区级
15			宁夏青禾农牧科技开发有限公司	自治区级
16		贺兰县	宁夏丰植源花卉双创产业园	国家级
17			宁浙电商创业园孵化实训基地	国家级
18			宁夏祁源生态科技发展有限公司	自治区级
19			贺兰县兰光村现代农业创业园	市级
20			贺兰县习岗镇新平设施农业园区	市级
21		灵武市	灵武市三园草制品小微企业创业基地（三园草制品专业合作社联合社）	国家级、自治区级
22			新华桥粮食物流园区	国家级
23	石嘴山市	大武口区	绿丰源农产品流通联合专业合作社	自治区级
24			大武口区潮湖村返乡失地农民创业基地	市级
25			石嘴山绿丰源返乡农民工孵化创业基地	市级
26		惠农区	惠农区穗丰农贸有限公司	自治区级
27			宁夏石嘴山绿宝工贸有限责任公司	自治区级
28			惠农区绿色农产品加工科技创业园	市级
29			惠农区返乡农民创业园	县级
30			惠农区宝马牧业养殖科技示范园	县级
31		平罗县	长湖产业园	国家级
32			宁夏稻艺编织有限公司	自治区级
33			平罗县宝丰镇养殖创业基地	县级
34			平罗县生态移民创业基地	县级
35			平罗县和平返乡创业基地	县级

（续）

序号	市	县（市、区）	基地名称	级别
36			宁夏红双赢粮油食品种植加工园区	国家级
37		利通区	吴忠市孙家滩国家级现代农业示范基地	自治区级
38			宁夏君星坊食品科技有限公司	自治区级
39			吴忠市鑫鲜农副产品创业孵化基地	县级
40			青铜峡市富汇生态农庄	自治区级
41		青铜峡市	青铜峡市成泰返乡农民工创业孵化园	县级
42			青铜峡市精准扶贫创业孵化园	县级
43	吴忠市		盐池县返乡创业示范基地	县级
44		盐池县	宁夏盐池县民惠园农牧业开发有限责任公司标准化繁育基地	县级
45			盐池县绿林农业科技有限公司	自治区级
46		同心县	吴忠市同心县同德慈善产业园	国家级
47			吴忠市红寺堡区弘德慈善园区	国家级
48		红寺堡区	宁夏平头羊冷鲜肉有限责任公司	自治区级
49			吴忠市红寺堡区天源农牧业科技开发有限公司	自治区级
50			宁夏江南好电子商务交易创业孵化实训基地	国家级
51			中卫市小微企业创业孵化实训基地	国家级
52		沙坡头区	中卫市校育川育红种植农民专业合作社	自治区级
53			沙坡头区神聚农业融合发展基地	自治区级
54			中卫市农产品批发创业示范园区	市级
55			中卫市农村电子商务创业孵化园	市级
56	中卫市		中卫市中宁县新水农产品加工创业园区	国家级
57		中宁县	宁夏中宁国际枸杞交易中心	自治区级
58			全通枸杞创业示范基地	市级
59			宁夏海原四季鲜返乡农民工创业示范园	自治区级
60		海原县	宁夏老庄稼农业科技有限公司	自治区级
61			海原县青年电子商务创业孵化园区	县级
62			海原县红古万头牛养殖孵化基地	县级
63		固原市	固原市原州区农资城创业孵化园	自治区级
64			宁夏碧蜂源蜂产业有限公司	自治区级
65			西吉县心雨林下经济创业园区（西吉县心雨林下产业专业合作社）	国家级、自治区级
66		西吉县	西吉闽宁返乡农民工创业园区	自治区级
67			西吉县凯益达小微企业创业孵化基地	县级
68	固原市		田坪乡农民工创业园	县级
69			山河花卉苗木专业合作社基地	国家级
70		隆德县	宁夏国隆药业有限公司农村创新创业园（宁夏国隆药业有限公司）	国家级、自治区级
71				
72			宁夏圣缘菌类专业合作社	自治区级
73		彭阳县	彭阳县三泰科技实业有限责任公司	自治区级

注：目录名单来源于农业农村部官网及宁夏回族自治区就业与创业服务局统计数据。

二、农村创业创新示范创建

2016 年，农业部根据《国务院关于进一步做好新形势下就业创业工作的意见》（国发〔2015〕23号）和《国务院办公厅关于支持农民工等人员返乡创业的意见》（国办发〔2015〕47号）要求，在全国开展国家返乡创业试点县创建工作。2016 年 3 月，平罗县、同心县被纳入国家返乡创业试点县。2017 年 1 月，贺兰县、青铜峡市、盐池县被纳入国家返乡创业试点县。2017 年 12 月，彭阳县、银川市西夏区、吴忠市利通区，被纳入国家返乡创业试点县。

2018 年，农业部在全国开展农村创业创新典型县范例推介工作。按照《农业部办公厅关于开展全国农村创业创新典型县范例宣传推介工作的通知》（农办加〔2017〕25 号）要求，2018 年 5 月，利通区被评为全国农村创业创新典型县范例。2019 年 12 月，贺兰县、盐池县、隆德县、灵武市被评为全国农村创业创新典型县范例。

三、农村创业创新监测统计

2020 年以前，宁夏农村创业创新监测统计工作由自治区就业与创业服务局负责。监测统计内容主要包括本土创业农民、外来创业人员、返乡创业农民工三大类。详见表 12 - 6 - 2。

表 12 - 6 - 2　2018—2019 年宁夏农村创业创新情况统计

年份	监测内容	就业人数（人）	创业能力培训（人）	GYB证书（人）	SYB证书（个）	IYB证书（个）	网络创业培训（人）	培训结束当期实现自主创业（人）	自主创业带动就业人数（人）	创业带动就业人数（人）
2018	本土创业农民	13967	3003	8	2347	226	430	2061	5892	26281
	外来创业人员	1489	435	0	393	28	14	249	588	2345
	返乡创业农民工	1797	669	0	512	72	72	337	708	3247
	合计	17253	4107	8	3252	326	516	2647	7188	31873
2019	本土创业农民	14881	3525	0	1975	794	741	2484	5154	27188
	外来创业人员	2397	310	0	156	98	55	237	785	3463
	返乡创业农民工	934	378	0	167	95	116	203	359	1807
	合计	18212	4213	0	2298	987	912	2924	6298	32458

注：以上数据源自宁夏回族自治区就业与创业服务局。

2020 年，由各级农业农村部门牵头，统计部门和人力资源与社会保障部门配合，建立县、市、区三级统计监测机制及相应的季度上报制度，进行全区农村创业创新数据调查、采集分析及统计监测工作。据统计，截至当年年底全区新增农民工就地就近就业人数 27.91 万人，农村劳动力转移就业 7.69 万人次，返乡创业农民工人数 1.69 万人。

四、专项培训

2016—2020 年，自治区农牧厅（农业农村厅）在全区开展农村创新创业"百乡千名带头人"培育和万名人才培训行动。依托返乡创业培训、农民工教育培训工程、农村实用带头人和大学生村官示范培训、农村青年创业致富"领头雁"计划、农村创业致富带头人培育、高素质农民培训等项目，采取培训机构面授、实地观摩、组织与创业成功人士交流互动等方式开展创业培训，共举办返乡下乡人员创业创新培训班 6 期。

2018 年 5 月与 2019 年 8 月，自治区农牧厅（农业农村厅）农产品加工局与自治区乡镇企业经济发展服务中心分别对全区各市、县（区）农牧局（农业农村局）、乡企中心（产业办）负责人、统计监测人员、农村创业创新主体、带头人等进行农村创业创新统计监测培训，内容包括全区农村创业创新数据调查、采集分析及统计监测等。

五、农村创业创新大赛

2017 年，农业部办公厅下发《关于举办全国农村创业创新项目创意大赛的通知》，组织举办首届全国农村创业创新项目创意大赛。

2018 年，由自治区农牧厅主办、宁夏乡镇企业经济发展服务中心承办全区首届农村创业创新培训及项目竞赛。6 月大赛启动。8 月进入决赛的参赛者采用项目路演、项目答辩、演讲互动等方式进行项目创意展示，专家评委、大众评审根据项目创意、现场展示、项目成长性、商业模式、投资价值和社会效益等进行评分。贺兰县"宁夏稻渔空间乡村生态观光园"项目荣获一等奖，奖励 2.5 万元；青铜峡市"规模化养殖废弃物资源化肥料化利用新模式"项目与彭阳县"乡村物流——突破最后一公里"项目获得二等奖，分别给予奖励 1.5 万元；同心县"枸杞酵素的研究与开发"项目、"同心生态鸡——让贫困家庭都超过 3150"项目以及中宁县"枸杞超微粉工艺研究及设备研制"项目获得三等奖，分别给予奖励 0.5 万元。同年 11 月 15 日，由农业农村部主办的第二届全国农村创业创新项目大赛总决赛在江苏省南京市举办，宁夏代表项目"枸杞酵素的研究与开发"与"乡村物流——突破最后一公里"分别荣获总决赛成长组三等奖、初创组三等奖。

2019 年，自治区农业农村厅、团委、妇联以"激情创业创新梦圆乡村振兴"为主题联合举办第二届宁夏农村创业创新大赛。通过项目征集，各县（市、区）申报、遴选、初审、初评等环节，从 30 个初赛项目中综合评选出 15 个项目进入决赛。8 月 16 日，评选出一等奖"沙漠地带网纹蜜瓜节水"项目；二等奖"共享能源农业烘干服务"项目及"'土地托管＋智慧农业'服务模式创新与应用"项目；三等奖"大数据在牧草产业中的应用"项目、"春雪文化手工文创"项目及"畜禽粪污资源化利用新模式"项目，分别给予 5 万元、2 万元、1 万元的奖励。同年 11 月 18 日，第三届全国农村创业创新大赛在江苏省南京市举办，"共享能源农业烘干服务"项目获初创组三等奖，宁夏回族自治区农业农村厅被授予优秀组织奖。

2020 年，自治区农业农村厅与人力资源社会保障厅、总工会、团委、妇联 5 部门以"投身乡村振兴促进双创升级"为主题联合举办第三届宁夏农村创业创新大赛暨第十届青年创新创业大赛。大赛共征集项目 98 个，其中成长组项目 36 个，初创组项目 62 个。经过初赛、复赛、赛前培训等环节，8 月 25 日，决赛评选出一等奖"发挥区域优势打造'中药黄金'菟丝子产业"项目 1 个，二等奖"新农人直播带货""迷你玫瑰智能工厂"项目 2 个，三等奖"压砂地金银花""通乳专家奶瓜瓜""创新功能性系列八宝茶"项目 3 个。同年 9 月 22 日，省赛获奖项目"点砂成金做黄河流域高质量发展践行者——中卫金银花"荣获"农行杯"第四届全国农村创新创业项目创意大赛初创组二等奖，宁夏回族自治区农业农村厅获得大赛优秀组织奖。

六、全国农村创业创新"优秀带头人"

根据《国务院办公厅关于支持返乡下乡人员创业创新促进农村一二三产业融合发展的意见》（国办发〔2016〕84 号）"树立返乡下乡人员先进典型，宣传推介优秀带头人"的要求，全区先后有四批共 14 人被评为全国农村创业创新优秀带头人。2016 年 12 月，万齐农业发展集团董事长万立军（开发营养复合米支持大学生创业）、隆德县常鲜果蔬专业合作社理事长张小斌（勇当隆德县花卉果蔬产业的领头雁）、西吉县心雨林下产业专业合作社理事长焦建鹏（打造中国美丽休闲乡村），分别被评为首批全国农村创业创新优秀带头人。2018年3月，广银米业有限公司总经理赵建文（种植有机稻打造"稻渔空间"生态休闲观光园）、灵武市三园草制品专业合作社联合社理事长杨学云（秸秆回收利用铺就致富路）、天缘种业有限公司董事长李建国（繁育优质蔬菜种苗带动农民致富），分别被评为全国农村创业创新第二批优秀带头人。2019年12月，惠农区杞红枸杞专业合作社陈晓燕、灵武市宁夏昊鑫现代农业开发有限公司王建华、银川市西夏区军华种植农民专业合作社常树华、平罗县盈丰植保专业合作社蒋洪波分别被评为全国农村创业创新第三批优秀带头人。2020年，宁夏中卫鼎腾蔬菜流通专业合作社季媛媛、宁夏荟峰农副产品有限公司邱雪峰、宁夏绿先锋农业机械化服务有限公司王刚、宁夏志辉源石葡萄酒庄有限公司袁园，分别被评为全国农村创业创新第四批优秀带头人。

第十三篇

农业产业扶贫

　　农业产业扶贫是促进贫困地区发展、增加贫困户收入的有效途径，是扶贫开发的战略重点和主要任务。自治区农业扶贫开发历经"双百"扶贫攻坚、千村扶贫整村推进、百万贫困人口扶贫攻坚、决战决胜脱贫攻坚四个阶段。

　　1996—2000 年，宁夏实施"双百"扶贫攻坚。按照《国务院关于印发国家八七扶贫攻坚计划的通知》要求，自治区农业扶贫开发确立了"兴水治旱、以水为核心、以科技为重点、扶贫到村到户"的思路，打井窖、修梯田、铺地膜，实施村村通电工程，着力改善贫困地区基本生产生活条件；开发土地 40 万亩，安置移民 30 万人，基本解决了贫困群众的温饱问题。

　　2001—2010 年，宁夏实施千村扶贫整村推进。宁夏在全国率先提出并启动实施了以贫困村为开发单元的"千村扶贫开发工程"，实施了十万贫困户养殖工程、百万亩人工种草工程、宁南山区黄牛改良工程、"十一五"生态移民等易地扶贫搬迁工程。2010 年底，宁夏人均纯收入 1196 元以下的贫困人口由 2000 年的 30.5 万人减少到 10.2 万人，贫困面由 13.9％下降到 4.9％，贫困地区人民生产生活条件得到有效改善，自我发展能力进一步增强。

　　2011—2015 年，宁夏实施百万贫困人口扶贫攻坚。按照国务院《中国农村扶贫开发纲要（2011—2020 年）》要求，宁夏建设生态移民安置区 161 个、住房 7.75 万套，搬迁安置 7.65 万户32.9 万人，完成了 300 个重点贫困村整村推进脱贫销号。2015 年年底，全区建档立卡贫困户人口由101.5 万人下降至 58.12 万人，贫困发生率由 25.6％下降到 14.5％。中南部 9 县（区）农村居民人均可支配收入由 2010 年的 3612 元提高到 2015 年的 6818 元，年均增长 13.55％，增幅高于全区平均水平 1.35 个百分点。

　　2016—2020 年，宁夏实施决战决胜脱贫攻坚。按照《中共中央国务院关于打赢脱贫攻坚战的决定》《国务院关于印发"十三五"脱贫攻坚规划的通知》要求，自治区把培育产业作为推动脱贫攻坚的根本出路，农业产业扶贫立足贫困地区资源禀赋，以市场为导向，充分发挥农民合作组织、龙头企业等市场主体作用，建立健全产业到户到人的精准扶持机制，每个贫困县（区）建成一批脱贫带动能力强的特色产业。全区 80.3 万贫困人口全部脱贫，9 个贫困县全部摘帽，1100 个贫困村全部出列，历史性解决了绝对贫困问题，与全国同步全面建成小康社会。

第一章

特色产业扶贫

■ 第一节 农业产业扶贫相关政策文件

2016年3月，自治区党委、政府出台了《关于力争提前两年实现"两个确保"脱贫目标的意见》（宁党发〔2016〕9号），明确了时间表、路线图，并提出到2018年实现贫困县、贫困村和贫困人口摘掉贫困帽子。

2016年10月，自治区农牧厅、发改委、财政厅、林业厅、旅游发展委员会、葡萄花卉产业发展局、金融局、扶贫办、中国人民银行银川中心支行、银监局、保监局联合制定了《宁夏特色产业精准扶贫规划（2016—2020年）》（宁农（产）发〔2016〕10号），通过支持贫困县（区）培育优质粮食、草畜、瓜菜、枸杞、葡萄等特色主导产业，推动贫困县（区）大力构建"一县一业""一村一品""一户一特"的产业扶贫格局。2018年6月，自治区农牧厅、发改委、财政厅等11个厅局又重新进行了修改完善，进一步明确特色主导产业重点任务，促进一二三产业融合发展，完善利益联结机制。

2017年3月，自治区人民政府出台了《宁夏回族自治区"十三五"脱贫攻坚规划》，全面回顾总结了全区扶贫开发，特别是"十二五"时期的成就和经验，明确"十三五"时期脱贫攻坚的指导思想、基本原则、主要目标等，提出了产业发展、易地扶贫搬迁、生态补偿、发展教育和社会保障等贫困人口精准脱贫路径，突出金融扶贫、技能培训、闽宁协作重要抓手，明确提出通过发展壮大特色种养业、促进产业融合发展、扶持培育新型经营主体、组织开展资产收益扶贫等方式发展生产，脱贫一批。

2017年6月，自治区人民政府出台《关于加快推进产业扶贫的指导意见》（宁政办发〔2017〕112号），通过加大财政、金融、保险等支持力度，积极发展特色优势产业，依托新型农业经营主体带动，激发贫困群众内生动力，实现贫困人口持续稳定脱贫。全区实施"四个一"示范带动工程，即建设100个产业扶贫示范村、培育100家扶贫龙头企业、培育1000家扶贫产业合作社、发展10000名致富带头人。同时，自治区积极培育产业扶贫新业态，通过发展休闲农业和乡村旅游业，拓展农业多种功能；发展农产品现代流通业，构筑多层次、多类型、多功能、多业态的贫困乡村特色农产品供应链；落实鲜活农产品绿色通道优惠政策，支持贫困村建设农产品田头市场，降低流通消耗和成本。

2017年7月，自治区农牧厅制定了《特色产业精准扶贫"四个一"示范带动工程实施方案》（宁农（产）发〔2017〕6号），坚持精准扶贫、精准脱贫，创新产业扶贫机制，依托新型农业经营主体带动，大力发展特色优势产业，激发贫困群众内生动力，实现贫困人口持续稳定脱贫，为确保2020年现行标准下农村贫困人口全部脱贫，坚决打赢脱贫攻坚战奠定坚实基础。"十三五"期间，自治区在贫困地区实施"四个一"示范带动工程。

2017年7月，自治区农牧厅制定了《贫困县区产业扶贫技术帮扶方案》，提出充分发挥农业科技在产业扶贫中的助推作用。自治区农牧厅在9个贫困县每个县成立1个产业扶贫技术服务团队，总体负责贫困县产业扶贫技术指导；贫困县（区）在每个脱贫销号村成立1个产业扶贫技术服务组，具体在贫困村开展产业扶贫技术指导。

2017年10月，为全面贯彻党的十八大和十八届三中、四中、五中、六中全会精神，深入贯彻落实习近平总书记系列重要讲话特别是视察宁夏时的重要讲话精神，按照自治区第十二次党代会部署，振奋精神、实干兴宁，集中力量、优化资源、用足政策，大力实施脱贫富民战略，自治区党委、政府出台了《关于推进脱贫富民战略的实施意见》（宁党发〔2017〕33号），实施"四个一"示范带动工程，创新产业扶贫模式，形成了整村推进、订单农业、先赊后还、企农共赢、托管代养、资产收益分配、扶贫车间、新业态助推八个模式。

2018年10月，自治区农牧厅、发改委、财政厅、科技厅、商务厅、林业厅、旅游发展委员会、金融局、葡萄花卉产业发展局、扶贫办10厅局联合制定了《全区特色产业脱贫攻坚三年行动方案》，指导贫困县（区）立足发展实际和资源优势，宜农则农、宜牧则牧、宜林则林，大力发展草畜、马铃薯、冷凉蔬菜、小杂粮、油料、中药材、黄花菜、中蜂等特色富民产业，形成了各具特色的产业扶贫格局；聚焦建档立卡贫困户和产业发展关键环节，指导贫困县（区）精准创设产业扶贫政策，做到产业项目、技术培训、小额信贷、帮扶措施、农业保险"五到户"，构建了特色产业精准扶贫政策体系。

2020年1月，建立了自治区党委组织部、党委农办、财政厅、农业农村厅、审计厅、扶贫办等厅局协调推进扶持壮大村级集体经济工作机制，制定了《关于2020年全区扶持壮大村级集体经济有关事项的通知》（宁组通〔2020〕16号），在资金安排上重点向9个贫困县（区）倾斜，重点支持贫困地区189个建制村发展村级集体经济，数量占比为48.71％，全区1100个贫困村村均收益达5万元以上。

■ 第二节　特色产业扶贫

自治区把解决贫困问题作为首要任务，坚持精准扶贫、精准脱贫基本方略，按照科学决策、分类指导、精准施策原则，对具有劳动能力的贫困人口通过发展特色产业使其脱贫；坚持因村制宜、因户施策，根据贫困地区、贫困村的资源禀赋和建档立卡贫困户的致贫原因、脱贫需求，因地制宜发展扶贫特色产业；突出特色，不搞一刀切，不靠行政命令，宜农则农、宜林则林、宜牧则牧、宜蔬则蔬、宜果则果，以发展特色产业带扶贫、扩就业、促增收。

2015年，全区300个重点贫困村实现了整村脱贫销号，建档立卡贫困人口从2011年101.5万人下降到58.12万人，贫困发生率从25.6％下降到14.5％。中南部地区农村居民可支配收入由2011年的4193元提高到6818元，年均增长12.9％。贫困地区肉牛饲养量达到150万头、肉羊饲养量达到500万只、马铃薯种植面积达到260万亩、瓜菜种植面积达到85万亩、枸杞种植面积达到33.5万亩，特色产业收入占贫困群众收入的1/3以上。马铃薯良种化率、脱毒化率分别达到70％、50％，粮食、畜禽良种化率分别达到89％、75％，农业科技贡献率达到52％，农业综合机械化率达到55％。农田有效灌溉面积扩大20万亩，建设高标准农田80多万亩。旱作区发展覆膜保墒集雨补灌旱作节水农业200多万亩。

2019年，贫困地区农村居民可支配收入由2015年的6818元增长到10415元，其中40％以上的收入来自发展特色产业的收入。通过特色产业发展，宁夏实现36.06万人脱贫，其中盐池县1.5万人、同心县4.49万人、红寺堡区2.65万人、原州区3.32万人、西吉县7.70万人、彭阳县2.47万人、隆德县2.26万人、泾源县0.96万人、海原县5.51万人，灌区脱贫销号村及生态移民村5.2万人。

2020年，全区贫困地区农村居民人均可支配收入由2015年的6818元增至11450元，年均增长11％，其中农民人均经营性收入4516.8元，占人均可支配收入的39％，特色产业已成为带动贫困群众增收的支柱产业。通过特色产业发展，宁夏实现47.06万人脱贫，占全区建档立卡贫困人口的70％以上。

一、优质粮食产业

以保供增收为重点，宁夏大力发展覆膜保墒旱作节水农业，推广高产优新品种和配套技术，推进农机农艺深度融合，实现增产、节本、提质增效，提高贫困户收益。2015—2020 年贫困县（区）粮食生产情况见表 13 - 1 - 1。

表 13 - 1 - 1　2015—2020 年贫困县（区）粮食生产情况

年度	小麦		玉米		马铃薯	
	面积（万亩）	产量（万吨）	面积（万亩）	产量（万吨）	面积（万亩）	产量（万吨）
2015	128.2	21.0	201.0	88.0	255.8	37.2
2016	119.6	16.8	203.4	86.8	253.3	35.4
2017	116.2	14.4	251.6	87.2	178.0	35.2
2018	125.1	17.6	252.2	102.5	164.9	36.4
2019	106	15.3	245.3	103.6	139.1	39.5
2020	121	16.9	251.2	101.3	145.3	41.3

二、草畜产业

以节本增效为重点，宁夏加快肉牛肉羊杂交改良和滩羊保种选育，加强标准化规模养殖场建设，加大基础母畜扩群增量，加强农作物秸秆等农副资源饲料化利用，促进粮经饲三元种植结构协调发展和循环利用。2015—2020 年贫困县（区）主要畜禽生产情况见表 13 - 1 - 2。2020 年贫困县（区）肉牛、肉羊、牧草生产情况见表 13 - 1 - 3。

表 13 - 1 - 2　2015—2020 年贫困县（区）主要畜禽生产情况

年度	肉牛				肉羊			
	饲养量（万头）	存栏（万头）	出栏（万头）	产量（万吨）	饲养量（万只）	存栏（万只）	出栏（万只）	产量（万吨）
2015	95.2	54.5	40.7	6.1	690.4	353.1	337.3	5.9
2016	100.1	57.6	43.2	6.6	701.5	351.1	350.4	6.2
2017	93.4	53.3	40.1	6.2	619.3	291.7	327.6	5.8
2018	101.4	58.9	42.5	6.57	646.6	320.5	326.1	5.8
2019	104.8	64.8	40.0	6.5	698.2	346.8	351.4	6.2
2020	108.2	66.4	41.8	7.1	700.3	358.4	341.9	6.5

表 13 - 1 - 3　2020 年贫困县（区）肉牛、肉羊、牧草生产情况

县（区）	肉牛				肉羊				多年生苜蓿面积（万亩）	一年生牧草面积（万亩）
	饲养量（万头）	存栏（万头）	出栏（万头）	产量（万吨）	饲养量（万头）	存栏（万只）	出栏（万只）	产量（万吨）		
盐池县	1.5	1.1	0.4	0.1	233.6	118.2	115.4	2.2	79.8	16.5
同心县	10.9	5.5	5.4	0.9	161.8	73.6	88.2	1.5	48.4	9.0
红寺堡区	8.9	4.9	4.0	0.6	68.2	36.8	31.4	0.5	6.1	1.9
原州区	16.3	10.7	5.6	0.9	48.8	26.7	22.1	0.4	66.4	14.5

（续）

县（区）	肉牛				肉羊				多年生苜蓿面积（万亩）	一年生牧草面积（万亩）
	饲养量（万头）	存栏（万头）	出栏（万头）	产量（万吨）	饲养量（万头）	存栏（万只）	出栏（万只）	产量（万吨）		
西吉县	25.6	17.0	8.6	1.4	52.3	24.8	27.5	0.5	79.2	32.0
隆德县	7.4	4.8	2.6	0.4	4.9	2.2	2.7	0.01	94.8	3.2
泾源县	6.0	3.5	2.5	0.4	1.5	0.7	0.8	0	33.0	1.8
彭阳县	15.6	9.5	6.1	1.0	48.4	21.2	27.2	0.5	29.3	1.6
海原县	12.6	7.8	4.8	0.8	78.7	42.6	36.1	0.6	66.2	22.5
合　计	104.8	64.8	40.0	6.5	698.2	346.8	351.4	6.2	503.2	103.0

三、瓜菜产业

以增供增收为目标，以设施蔬菜、露地瓜菜为重点，宁夏加强新设施、新品种、新技术综合配套，完善冷链储运体系，打造六盘山冷凉蔬菜、香山硒砂瓜品牌，提升瓜菜产业发展水平和效益。贫困县（区）种植面积情况为：2015年89.5万亩；2016年91.3万亩；2017年95.6万亩；2018年98.2万亩；2019年102.2万亩；2020年106.3万亩。2020年贫困县（区）瓜菜生产情况见表13-1-4。

表13-1-4　2020年贫困县（区）瓜菜生产情况

单位：万亩

县（区）	设施蔬菜				露地蔬菜				西甜瓜		
	小计	日光温室	大中拱棚	小拱棚	小计	供港蔬菜	冷凉蔬菜	黄花菜	小计	露地地膜瓜	压砂瓜
盐池县	0.67	0.33	0.34	0	9.45	0	1.35	8.10	3.70	3.70	0
同心县	0.11	0.10	0.01	0	7.28	0	6.18	1.10	4.85	4.69	0.16
红寺堡区	0.85	0.69	0.16	0	8.96	0	1.76	7.20	0.10	0	0.10
原州区	1.79	1.28	0.21	0.30	19.29	1.23	18.06	0	0	0	0
西吉县	0.53	0.14	0.39	0	14.71	0	14.71	0	0	0	0
隆德县	1.16	0.06	0.98	0.12	5.32	0.14	5.18	0	0.05	0.05	0
泾源县	0	0	0	0	1.40	0	1.40	0	0	0	0
彭阳县	2.22	1.60	0.62	0	4.68	0.11	4.57	0	0.2	0.2	0
海原县	1.77	0.21	1.56	0	7.23	0	7.23	0	5.91	0	5.91
合　计	9.10				78.32				14.81		

四、枸杞产业

宁夏全面提升宁夏枸杞产业发展水平和市场竞争力，大力推动枸杞产业种植环节绿色化、基地建设标准化、链条拓展生态化、加工转化精细化、机械应用现代化、营销流通网络化、市场竞争国际化、助农增收常态化，着力提升枸杞产业综合效益，再造枸杞产业发展新优势。贫困县（区）枸杞种植面积情况为：2015年9.8万亩，2016年10.5万亩，2017年10.8万亩，2018年11.4万亩，2019年12.0万亩，2020年13.0万亩。

五、酿酒葡萄产业

宁夏坚持"小酒庄、大产区"发展模式，依托资源优势，强化政策、科技、设施、人才支撑，完善产业发展体系，提高葡萄酒产业竞争力。2020 年，贫困县（区）葡萄种植面积达到 12 万亩，建成酒庄 22 个，年产葡萄 3 万吨，可产葡萄酒 1.9 万吨；每年接待葡萄酒旅游人数达 11.8 万人次；初步形成了红寺堡肖家窑葡萄酒集中产区。2015—2020 年贫困县（区）酿酒葡萄生产情况见表 13-1-5。

表 13-1-5 2015—2020 年贫困县（区）酿酒葡萄生产情况

年度	种植面积（万亩）	年产葡萄（万吨）	建成酒庄（个）	年接待旅游人数（万人次）
2015	7	1.6	4	7.7
2016	9.2	2.0	6	8.3
2017	10.1	2.3	11	9.4
2018	11.0	2.5	15	9.7
2019	11.8	2.7	18	10.2
2020	12.0	3	22	11.8

六、地方特色产业

宁夏因地制宜、因户施策，围绕贫困地区资源禀赋、产业基础，积极发展红枣、中药材、小杂粮等地方特色产业。2020 年，贫困县（区）小杂粮种植面积达 155 万亩，油料种植面积达 20 万亩，红枣种植面积达 20 万亩，中药材种植面积达 63 万。2015—2020 年贫困县（区）地方特色产业生产情况见表 13-1-6。

表 13-1-6 2015—2020 年贫困县（区）地方特色产业生产情况

单位：万亩

年度	小杂粮	油料	中药材	红枣
2015	121	57	60	15
2016	126	41	62	17
2017	130	32	65	16
2018	147	26	67	16
2019	153	19	64	18
2020	155	20	63	20

第二章

"四个一"示范带动工程与农业产业技术帮扶

■ 第一节　扶贫示范村

宁夏立足贫困地区资源禀赋、群众意愿和已形成的产业优势，坚持市场导向，突出规划引领，聚焦"1+4"特色优势产业，积极发展富民产业，组装推广优良品种和先进农业实用技术，提高土地产出率和劳动生产率。截至2020年，宁夏集中打造了150个产业扶贫示范村，其中涉及优质粮食产业的有16个、草畜产业的有81个、瓜菜产业的有20个、枸杞产业的有2个、酿酒葡萄产业的有2个、地方特色产业的有29个，带动贫困户增收致富。主要措施是做好六大产业。

一、优质粮食产业

自治区优质粮食产业重点推广高产优新品种和配套技术，推进粮经饲统筹、种养加一体的农牧结合发展模式。马铃薯业，以西吉县、原州区、海原县、同心县为重点，加快马铃薯三级繁育体系建设，对贫困户实行马铃薯原种免费发放，自繁自用，加大马铃薯一级种薯推广应用，主食化等专用品种选育推广。玉米业，以同心县、原州区、彭阳县、西吉县等县区为重点区域，推广滴灌高效节水、覆膜保墒旱作节水实用技术，发展粮饲兼用型玉米生产。宁夏重点打造以马铃薯等优质粮食产业为主导产业的扶贫示范村16个。其中，西吉县7个，隆德县1个，海原县4个；非贫困县（区）贫困村4个。

二、草畜产业

宁夏草畜产业加大节本增效技术推广应用，加快肉牛肉羊杂交改良和滩羊保种选育，加大标准化规模养殖场建设和基础母畜扩群增量，推进饲草料加工调制，促进草畜结合。灌区生态移民村大力推广奶牛、肉牛托管模式，发展规模养殖。中部干旱带贫困户开展滩羊养殖，加快"两年三产"、优质羊肉生产和分级加工等技术推广。南部山区将养殖大户规模育肥与贫困户自繁自育相结合，引进安格斯、西门塔尔等肉牛品种，提高基础母畜比例。宁夏重点打造以肉牛产业、滩羊产业为主导产业的扶贫示范村81个。其中，盐池县6个，同心县7个，红寺堡区1个，原州区10个，西吉县15个，隆德县5个，泾源县9个，彭阳县11个，海原县6个；非贫困县（区）贫困村11个。

三、瓜菜产业

宁夏瓜菜产业以设施蔬菜、露地瓜菜为重点，加强新设施、新品种、新技术综合配套，完善冷链储运体系，打造六盘山冷凉蔬菜、香山硒砂瓜品牌。设施蔬菜业，优化棚型结构、种植结构、品种结构，合理安排茬口，推广生物秸秆反应堆、集约化育苗、节水灌溉等技术，发展以西红柿、辣椒、茄子、黄瓜等果菜类为主的设施农业。露地瓜菜业，大力推广测土配肥、绿色防控、机械化作业等技术，加强冷链体系建设，发展以西芹、娃娃菜、菜心、白菜等叶类蔬菜以及硒砂瓜为主的露地瓜菜产业。重点打造以设施蔬菜、冷凉蔬菜、露地蔬菜产业为主导产业的扶贫示范村 20 个。其中，同心县1 个，红寺堡区 1 个，原州区 1 个，隆德县 3 个，海原县 6 个；非贫困县（区）贫困村 8 个。

四、枸杞产业

宁夏枸杞产业以同心县、原州区、海原县、红寺堡区为重点区域，加快专用宁杞 7 号等优良品种选育推广，加大标准化生产技术应用，推广枸杞烘干设备和技术，实现减损增效；鼓励企业、合作社、家庭农场流转贫困户土地，整村推进枸杞规模化基地建设。宁夏重点打造有机枸杞产业为主导产业的扶贫示范村 2 个，其中同心县 1 个、中宁县 1 个。

五、酿酒葡萄产业

宁夏以红寺堡区、永宁县闽宁镇、青铜峡市甘城子为重点区域，加大优良品种繁育，加大标准化生产基地、特色酒庄建设力度，加强贫困户酿酒葡萄标准化种植技术培训，联户建设规模化葡萄种植基地。贫困户以土地（葡萄园）入股、租赁、托管等方式与企业（酒庄）合作经营。宁夏重点打造酿酒葡萄产业为主导产业的扶贫示范村 2 个（主要是在青铜峡市）。

六、地方板块产业

自治区因地制宜、因户施策，支持贫困户发展小杂粮、油料、中药材、黄花菜等特色种植业和中蜂、黑山羊、珍珠鸡等特色养殖业，加大新技术推广应用，多渠道增加农户收入。重点打造小杂粮、中药材、黄花菜等产业为主导产业的扶贫示范村 29 个。其中，盐池县 4 个，同心县 2 个，红寺堡区2 个，西吉县 5 个，隆德县 3 个，泾源县 2 个，彭阳县 3 个；非贫困县（区）贫困村 8 个。

■ 第二节　扶贫龙头企业

自治区创新企农利益联结机制，延长产业链、提升价值链，让贫困户更多分享产业增值收益。截至 2020 年，全区集中培育 166 个扶贫龙头企业，其中盐池县 9 个、同心县 9 个、红寺堡区 10 个、原州区 16 个、西吉县 15 个、隆德县 20 个、泾源县 10 个、彭阳县 8 个、海原县 12 个，非贫困县（区）57 个。宁夏推进一二三产融合发展，带动贫困户特色产业发展，主要采取了以下措施。

一、实施农产品初加工项目

自治区以果蔬、马铃薯、枸杞等特色农产品为重点，支持龙头企业建设储藏、保鲜、烘干等初加工设施，结合当地实际研究推广适合不同产品和季节特点的储藏加工技术，为贫困户提供免费或微利储藏、烘干服务，实现"一库多用""一窖多用""一房多用"，切实提高设施使用效率；围绕提高特色农产品附加值，支持贫困地区建设富硒特色农产品生产示范基地 8 个；开展富硒农产品开发，围绕宁夏菜心、宁夏枸杞等区域公用品牌打造 11 个富硒农产品品牌。

二、发展农产品精深加工

依托红寺堡弘德、同心同德、原州圆德、西吉吉德、海原厚德等农产品加工园区，龙头企业在贫困村订单采购牛羊肉、马铃薯、枸杞、葡萄等特色农产品，重点发展牛羊肉分割肉、冷鲜肉、熟肉制品、马铃薯淀粉、休闲食品、主食产品，枸杞原汁、饮料、枸杞酒、枸杞营养保健品，葡萄酒干型、半干型、甜型等多样化、个性化产品，苜蓿草捆、草粉、草饼、草颗粒、中药切片、饮片等精深加工产品；鼓励龙头企业在贫困村设立扶贫车间，带动贫困村进行全产业链开发；积极开展牛羊肉熟肉制品、马铃薯主食产品、中药切片（饮片）等精深加工产品，贫困县（区）农产品加工转化率达到 60%。

三、建立紧密企农利益联结机制

自治区推广海原华润集团基础母牛银行、盐池余聪公司承贷承还、永宁壹泰牧业肉牛托管、隆德国隆中药材公司订单带动等"龙头企业＋贫困户"发展经营模式，鼓励龙头企业根据生产经营需求，在贫困村开展订单农业、生产托管、土地流转、股份合作、产销对接，每个龙头企业带动贫困户 100 户以上。龙头企业牵头组建农业综合社会化服务站，为贫困户有针对性地提供统防统治、测土配肥、农机作业、信息咨询等社会化服务。宁夏对扶贫龙头企业贷款按照同期同档次基准利率的 60% 给予贷款贴息。海原县华润集团采取"公司＋基地＋合作社＋贫困户"的基础母牛银行养殖模式，为全县 7116 建档立卡贫困户赊销基础母牛 21682 头。

四、加大农产品产销对接

宁夏积极开展农产品产销对接，积极创新营销模式，大力开展"农企对接"。自治区在固原市开展了蔬菜产销对接活动，推进农业产业化龙头企业、蔬菜经销商发展订单生产，共同打造六盘山片区冷凉蔬菜生产基地；组织 30 多家贫困县（区）龙头企业参加在甘肃省临夏市举办的"三区三州"贫困地区农产品产销对接活动；组织贫困县（区）参加北京宁夏特色农产品展览展示推介会，宣传推介贫困县（区）特色优势农产品，签订农产品销售额超过 3.3 亿元。

■ 第三节　扶贫合作社

一、开展农民合作社提升行动

宁夏引导扶贫合作社积极开展标准化生产、集约化经营、社会化服务、品牌化销售，让贫困户参与特色产业生产的各环节；鼓励合作社积极吸纳贫困户入社，统一品种、统一技术、统一收购、统一品牌、统一销售，提高贫困户组织化程度；鼓励合作社申请认证无公害农产品、绿色食品、有机食品和农产品地理标志"三品一标"认证，积极开展农业标准化生产；支持合作社围绕特色优势产业，建设储藏保鲜和冷链物流体系，积极开拓农产品外销市场；鼓励合作社协同农业社会化服务站、专业技术协会、涉农企业等为贫困户生产经营提供低成本、便利化、全方位的服务。

二、推广"合作社＋贫困户"发展经营模式

宁夏鼓励合作社在贫困村开展订单农业、土地流转、产销对接，带动贫困户发展特色产业，形成

利益共享、风险共担的利益共同体,每个合作社带动贫困户 30 户以上。

三、积极引导在有条件的贫困村组建土地股份合作社

宁夏积极推进农村资源变资产、资金变股金、农民变股东"三变"改革,鼓励贫困户土地入股合作社,发展规模经营。

■ 第四节 致富带头人

自治区坚持分类指导、重点培养、典型示范,培育一批发展产业、率先致富、带动群众增收的农村致富带头人。从 2017 年开始,围绕种植、畜牧、林业、市场营销、休闲农业、务工创业 6 个方面,宁夏以农村种养大户、科技示范户、家庭农场主、复转军人、自主创业大学生、返乡创业农民等为重点,精准培育致富带头人,截至 2020 年共培育 7419 名。针对致富带头人工作,宁夏主要采取了以下措施。

一、坚持重点培养

宁夏围绕贫困县(区)产业发展布局规划,尊重个人意愿和创业需求,指导致富带头人合理确定创业致富方向和内容,加大在农业优新品种、优质高产高效、农产品产地初加工、农村电商经营、劳动力转移就业等方面的技术培训,以科技示范户、家庭农场主、自主创业大学生等为重点,逐步培养其成长为农村种养大户、营销大户、农村经纪人和农民企业家等致富带头人。

二、坚持分类指导

自治区积极开展市场、价格、保险、气象、电子商务等生产生活信息服务,建立多形式、多层次的指导服务体系,最大限度激发致富带头人创业创新活力。宁夏指导致富带头人合理确定创业方向,加大优新品种、初加工、电商经营等培训,激发创业创新活力。例如,盐池县王乐井村采取"互联网＋商务中心＋贫困户"经营模式,注册"盐池放羊娃"商标,将贫困户土特产高于市场价格进行线上销售,年销售额达 245 万元。

三、坚持典型示范

宁夏积极吸引本土人才回流,采取专人联系、利用传统节日返乡时机恳谈等方式,吸引在外创业的乡村人才回乡创业,逐步培养其成长为农村种养殖大户、营销大户、农村经纪人和农民企业家,推动科技、人才、资本等先进生产要素在贫困地区聚集,打造一支"不走的扶贫工作队"。例如,西吉县龙王坝村返乡大学生焦建鹏,积极发展休闲农业和乡村旅游,建成温室大棚、窑洞宾馆、餐饮中心、观光园等,年接待游客达 9 万人次,收入达 890 万元,带动 30 户贫困户民房变客房,每户月均收入 2800 元。

■ 第五节 农业产业技术帮扶

为贯彻落实农业农村部、国务院扶贫办《关于建立贫困户产业发展指导员制度的通知》(农规发〔2018〕4 号)的精神,2018 年 12 月 13 日,自治区农业农村厅、自治区扶贫办联合印发了《关于建

立贫困户产业发展指导员制度的通知》。指导各地加快建立一支指导到位、服务精准、贫困户全覆盖的产业指导员队伍，明确到户帮扶干部承担产业发展指导职责，帮助贫困户协调解决生产经营中的问题，有利于落实到村到户到人精准帮扶举措、解决当前产业扶贫"最后一公里"难题；有利于培养贫困群众自力更生意识、提高自我发展能力；有利于建立产业发展的带贫减贫机制，将贫困户精准嵌入产业链的各个环节中去。截至 2020 年底，全区主要措施是配置和选聘产业指导员，共培育产业发展指导员 2015 名，为推动农业产业扶贫发挥了重要作用。

一、配置产业指导员

宁夏以村为单位，配置产业指导员。贫困村"一村一品"发展基础好、贫困户产业集中度高的，每村综合配置 1～2 名产业指导员；贫困村主导产业有 2 个以上的，分产业配置，每个主导产业至少配置 1 名产业指导员；贫困村尚未形成主导产业、贫困户从事产业类型分散的，根据贫困户数量配置，按每 10～20 户贫困户配置 1 名产业指导员。

二、选聘产业指导员

产业指导员的选聘坚持就地就近原则，一是从贫困村驻村工作队队员和第一书记、结对帮扶干部、村组干部、科技特派员中选聘；二是从县乡基层农技推广队伍、大专院校和科研教学单位从事一线服务的专家、当地乡土专家、种养能手、致富带头人、特聘农技员、返乡创业人员、新型经营主体带头人中选聘。

第十四篇

农村社会事业

发展农村社会事业是提高农村公共服务水平的重要途径，是满足广大农村居民基本需求的重要手段，是改善农民生产生活条件、保障和提高农村人口素质的重要基础，是建设社会主义新农村的基础性工程，关系到社会公平公正原则的体现。农村社会事业主要包括农村住房与农村饮水、农村电力、农村公路等基础设施建设、农村人居环境（厕所、污水、垃圾）整治、农村精神文明（公共教育、公共卫生、社会保障、文化事业）体系建设等领域。

2019年自治区政府机构改革，农村社会事业职能划归农业农村部门，自治区农业农村厅成立农村社会事业促进处，全面扎实推进农村人居环境整治，统筹推动农村基础设施建设和公共服务改善。

近20年来，自治区政府把加快农村社会事业建设作为促进经济社会协调发展的着力点，在发展政策和投资安排上都加大了支持力度，宁夏农村社会事业取得长足发展。

一是下大力气开展农村住房与基础设施建设。全区共改造农村危窑危房49.25万户；解决了237.52万农村人口饮水安全问题；投资128.24亿元，重点解决了农村电网发展的薄弱环节问题，根治了结构不合理、设备重载过载、"低电压"等突出问题，满足了经济社会可持续发展的电力需求；全区农村公路通车里程达2.8万千米，实现了所有建制村通硬化路，所有乡镇、建制村通客车目标；将信息助农纳入每年民生计划和为民办实事内容，创新科技服务模式，拓展信息服务领域，率先在全国实现了电话、电视、网络"三网融合"，电信网和广电网覆盖全区所有建制村。信息化技术在促进农民增收、农业增效方面发挥了极大作用。

二是扎实开展农村人居环境整治。稳步推进农村"厕所革命"，全区农村卫生厕所普及率达到44.5%，其中一、二类县普及率达到66.4%，三类县普及率明显提高，全区所有建制村每个村至少有1座公共厕所；统筹推进农村污水及生活垃圾治理，环境卫生逐年改善，村庄面貌焕然一新。

三是持续强化农村精神文明体系建设。宁夏优先发展农村公共教育事业，办学条件不断改善，师资配置不断优化，财政保障机制不断完善，农村义务教育实现了从孩子"有学上"向"上好学"的历史性变革，人民群众的教育获得感明显提升，为宁夏早日实现教育现代化奠定了良好基础。宁夏成为我国西部地区首个全域通过国家义务教育发展基本均衡县督导评估的省域。全区加强农村公共卫生体系建设，增强抗击公共卫生突发事件基础。截至2020年，全区共设置乡镇卫生院205所、村卫生室2172所，在岗乡村医生3282名；乡镇卫生院基本建设、设备配置、人员配置达标率均为100%；村卫生室基本建设、设备配置、人员配置达标率分别为98.58%、99.7%、99.86%。全区农村最低生活保障制度快速完善，新型农村社会养老保险逐步扩大，农村社会保障体系框架基本形成；农民文化生活日益丰富，农村文化基础设施得到改善，农民群众文化活动蓬勃开展，农村劳动力文化程度不断提高，为建设社会主义新农村、实现国家长治久安打下了坚实基础。

第一章

农村基础设施建设

■ 第一节 农村住房

一、小城镇建设

宁夏小城镇建设坚持"从实际出发，因地制宜，突出重点，各具特色"的方针，选择具有交通、产业优势和发展潜力的小城镇 20 个，作为全区第一批小城镇建设试点。

2001 年，全区的 20 个试点小城镇基础设施建设全面铺开，李俊、宝丰、红果子、姚伏、金积、大水坑、三营、望远、石空、宣和等镇进行了道路两旁的房屋改造、绿化建设、住宅小区建设，以及文化中心、车站广场建设和环境整治工作。2001 年 9 月，经民政部门批准，"宁夏小城镇建设协会"正式成立。自治区以确定的重点镇和农宅建设示范工程为突破口，有序推进小城镇和村庄建设。

2004 年，丰登镇、立岗镇分别投入 1000 多万元，完善了供、排水设施和镇区主干道路建设。金积、宣和、望远、高闸、鸣沙、宝丰、姚伏、惠安堡等小城镇按规划建设了各具特色的文化广场和小游园，兴隆、联财、惠安堡等山区小城镇新建了镇区主干道路，拉开道路框架，扩大镇区规模，引导和带动了山区小城镇建设的发展。

2007 年，自治区将小城镇基础设施建设补助资金由 1999 年开始的每年 500 万元增加到每年 1000 万元，筛选出 31 个具有发展潜力和资源优势的乡镇进行重点扶持。

2009 年，全区开展了 16 个重点小城镇建设规划的编制工作，完成了平罗县渠口乡、惠农区红果子镇、燕子墩乡、中卫市兴仁镇、中宁县大战场乡、贺兰县常信乡、西夏区镇北堡镇、兴庆区通贵镇、青铜峡邵岗镇等 14 个小城镇的规划编制并通过审查，加快推进小城镇建设。

2010 年，自治区开工建设了中宁县石空镇、吴忠市金积镇、青铜峡市叶盛镇等 12 个沿黄特色小城镇和同心县下马关镇、泾源县泾河镇、彭阳县古城镇等 15 个南部山区重点小城镇。

2011 年，自治区开工建设红果子、青铜峡、叶升、沙湖、星海等 14 个沿黄特色小城镇和 12 个中南部重点中心镇。

宁夏各市、县按照"县城周边村落向县城集中，集镇周边村落向镇区集中，其他村落向中心村集中"的工作思路，制定了小城镇和幸福村庄建设标准，对项目选址、规划设计、建设改造、精细管理等提出了明确要求。

2013 年，全区开工建设重点小城镇 22 个，新修道路 51.5 千米、给排水管道 245 千米、供热管道 36.95 千米、天然气管道 23.46 千米，安装路灯 630 盏，绿化面积 25 万米²，种植树木 2.93 万株，建设公厕 26 座、文化广场 8.4 万米²，改造特色街区 22.46 万米²，实施建筑节能改造 2 万米²，新建农宅 1.5 万户，惠及 6 万多人。

2014 年，经国家审核批准，银川市兴庆区掌政镇、西夏区镇北堡镇，永宁县闽宁镇，贺兰县习岗镇，石嘴山市惠农区红果子镇，平罗县黄渠桥镇、姚伏镇、崇岗镇，吴忠市利通区金积镇、金银滩镇、高闸镇，盐池县大水坑镇、惠安堡镇，同心县豫海镇、下马关镇，青铜峡市青铜峡镇，固原市原州区三营镇，西吉县吉强镇、兴隆镇，隆德县城关镇，泾源县泾河源镇，彭阳县白阳镇，中卫市沙坡头区镇罗镇、宣和镇，中宁县石空镇、大战场镇，海原县西安镇、七营镇28个镇被列为全国重点镇，固原市三营镇被列为国家商贸镇试点镇。

2015年，自治区组织开展传统村落和国家级特色景观旅游名镇名村申报工作。中卫市沙坡头区南长滩村、北长滩村，隆德县红崖村、梁堡村被列入中国传统村落名录。银川市兴庆区掌政镇强家庙村被列为全国建设宜居示范村庄。银川市兴庆区掌政镇、银川市西夏区镇北堡镇、青铜峡市的青铜峡镇和峡口镇、泾源县的泾河源镇和六盘山镇、沙坡头区迎水桥镇、利通区东塔寺乡穆民新村、隆德县城关镇杨店村、中卫市沙坡头区迎水桥镇北长滩村、中卫市沙坡头区香山乡南长滩村被列入全国特色景观旅游示范名镇名村。

2016—2017年，全区共开工建设美丽小城镇45个、美丽村庄255个；硬化道路380.33千米，绿化786967米²，铺设给排水管道418.77千米，清理垃圾60635吨，完成投资66.1亿元。自治区制定宁夏绿色村庄建设标准，印发《关于加快特色小镇建设的若干意见》，认定第一批绿色村庄89个。5个小城镇（银川兴庆区掌政镇、永宁县闽宁镇、吴忠利通区金银滩镇、石嘴山惠农区红果子镇、吴忠同心县韦州镇）入选第二批全国特色小镇，特色小镇完成投资294亿元。

2018年，宁夏按照"四改、五化、六通"标准，建设美丽小城镇20个、美丽村庄126个，特色小镇12个，推进10个特色产业示范村建设，彭阳县长城村、利通区石佛寺村全国传统村落保护项目顺利推进。

2019年，宁夏制定《宁夏美丽乡村建设重点支持和禁止建设项目清单》，高质量建设20个美丽小城镇，完成固定资产投资4.53亿元；建设美丽村庄132个，完成固定资产投资6.2亿元；落实12个国家级和自治区级特色小（城）镇第三年培育创建计划，完成特色小城镇为期三年的培育建设任务。

2020年，巩固提升特色小城镇培育创建成果，落实特色小城镇自治区财政奖补资金5000万元，整合和吸引社会投资1.2亿元。

二、农宅建设

千户农宅建设示范工程自1999年开始实施以来，到2000年，试点村庄由原来的24个增加到31个，示范住宅由1400多户增加到1739户。此工程的实施，解决了过去的农民建房分散、单调、无规划的问题，实现了统一规划、统一管理、集中共建，开辟了宁夏村庄建设的新路子。

2001年，自治区确定银川市郊区华西村、平罗县前进农场、叶升镇和吴忠市利通区早元乡等6个点为全区新建"千户农宅"示范点，6个点全年共完成373户、46600米²的新型农宅建设。

2004年，自治区确定平罗县城关镇、银川市兴庆区上前城小康新村、西夏区芦花镇吴元村、平吉堡农场农民新村等14个经济条件好、交通方便的村庄为新村建设示范点，新建1000多户布局合理、美观大方的双坡屋顶农民新居。

2009年，自治区在青铜峡市陈袁滩镇开工建设了滨河抗震示范村，共建设抗震节能农宅600多套。作为全国第一个建设轻钢结构抗震节能体系农宅的省域，宁夏对建设轻钢结构、轻型墙体材料的抗震节能农宅每户补助1万元，为全国开展抗震农宅建设提供了示范，受到了住房和城乡建设部的高度重视和充分肯定。

2010年，全年共建成新村40个，综合整治旧村433个，改造农村危房3.38万户，新建轻钢抗震节能体系农宅1000多套。

从2003年至2009年，自治区多次组织开展优秀农宅设计和村庄建设规划竞赛活动，将专家设计的13个系列新型农宅设计方案和获奖的优秀设计方案印制成册，并赠送给全区各地农民使用，向农村发放彩色挂图 20 余万张，引导各地群众建设风格迥异、特色鲜明的新型农宅；组织编印《宁夏社会主义新农村建设文件汇编》《农村建筑工程预算定额》《村庄建设整治工作导则》《农宅屋面工程技术控制要点》《宁夏农村住宅抗震技术指导图解手册》《新农村住宅设计和施工图集》《农村危房改造工作导则》等技术规范，确保农宅建设质量。

三、塞上农民新居建设

2005 年，自治区政府制定印发《"塞上农民新居"五年建设计划》，"塞上农民新居"工程建设全面展开。2006 年，自治区政府制定印发了《关于加强村庄规划建设整治工作，促进社会主义新农村建设的意见》，并与 5 个地级市和农垦局签订了《2006 年村庄规划和"塞上农民新居"建设目标责任书》。2009 年，自治区对"塞上农民新居"和农村危房危窑改造每户补助 5000 元，对建设轻钢结构、轻型墙体材料的抗震节能农宅每户补助 1 万元，为"塞上农民新居"和农村危房改造两大工程建设提供了资金支持。

"塞上农民新居"建设工程坚持统一规划设计、统一制定政策、统一建设管理、统一技术服务、统一考核验收的"五统一"原则，把新村建设与旧村综合整治相结合，坚持由分散向集中转变，自然村适度向大村庄集中，边远村庄向小城镇集中，城郊村向沿黄城市带集中，把危房改造与生态移民、产业发展相结合。同时自治区大力实施水、电、路、气、房、优美环境"六进农家"工程，示范推广抗震节能新农宅，建成了一批布局合理、功能齐全、特色鲜明、环境优美的示范村，农村住房质量和抗震防灾能力显著提高，基础设施建设得到加强。

2005—2012 年，全区共建成"塞上农民新居"示范新村 389 个，整治改造旧村超过 1500 个，新建农宅 3 万多户；先后组织编制《宁夏特色农宅方案设计参考图集》《抗震示范农宅设计图集》，汇集了 56 种欧式、回族、现代等不同风格的建设方案和 30 个不同户型的设计平面图，发放给群众参考；制定下发《宁夏农村住房建设技术要点图解手册》《宁夏农村危房改造和生态移民住房建设技术导则》《质量管理办法》等，实施水泥等实物补助，指导各地做好塞上农民新居建设和农村危房改造工作，有效调动了广大农民群众的积极性。自治区完成了以砖瓦房、坡屋顶、水泥路、绿化带、垃圾池、健身场、太阳能热水器、自来水、沼气池为标志的一大批示范村，成为新农村建设的一大亮点，农村基础设施功能有所改善，农村环境面貌发生积极变化。"塞上农民新居"建设被国家住房和城乡建设部列为全国农村住房改造示范地区，在全国进行推广。

四、农村危房改造

宁夏危窑危房改造工程于 2005 年启动实施。工程确定了生活最困难、住房最危险的认定标准，共摸底排查出 3.9 万户危窑危房户，并按照家庭困难程度分为救助户、扶持户和自救户。

2007 年，救助户补助标准由 5000 元提高到 8000 元，自救户合并到扶持户中，扶持户补助标准提高到 3000 元。截至 2007 年底，宁夏共投资 1.59 亿元，完成 3.2 万户困难农民危窑危房改造，新建住房 96609 间。

2008 年，宁夏在危窑危房改造二期工程中，按照山区救助户每户 1.2 万元、扶持户每户 5000元、黄河灌区救助户每户 1 万元的标准安排补助金，其中，建房对象中的残疾人建房户还可获得残联一定数量的补助资金。

2009 年，宁夏被列入全国农村危房改造试点省域，争取补助资金 9800 万元，农村危房危窑改造每户补助 5000 元，轻钢结构、轻型墙体材料的抗震节能农宅每户补助 1 万元。

2011 年，自治区在统筹考虑农户危房改造需求、农户负担能力、建筑成本等因素的基础上，提高农村极度贫困户、低保户、山区贫困户农村危房改造资金补助标准。其中：川区极度贫困户每户补助 1.6 万元，山区极度贫困户每户补助 1.8 万元，补助资金较上年每户增加 0.6 万元；川区低保户每户补助 1.2 万元，山区低保户每户补助 1.4 万元，补助资金较上年每户增加 0.2 万元；山区其他贫困户每户补助 0.8 万元，较上年每户增加 0.2 万元。

2010 年，宁夏被确定为全国建材下乡两个试点省（区）之一，争取国家危房改造补助资金 1.66 亿元。自治区农垦局编制了《农垦危房改造三年规划和实施方案》，对不足 100 户且房屋陈旧、存在隐患的庄点进行了拆迁，共撤销整合庄点 31 个。

2011 年，宁夏在全国率先探索建立农村廉租住房制度，由各级政府实行全额救助，统一建设面积为 30 米² 左右的住房，建成后租给极度贫困群众居住。农村廉租房产权属于政府，可循环使用，流转解决新的极度贫困户的住房问题。

2011—2012 年，全区共建设农村廉租住房 8700 多套，其中 2012 年建成农村廉租住房 5700 套，优先把极度贫困户列入农村廉租住房建设计划，使住房最危险、经济最困难群众的住房问题首先得到解决。

2014 年，自治区政府制印发《宁夏农村危窑危房改造实施方案（2014—2017 年）》，按照"规划先行、整村推进，因地制宜、先易后难，坚持标准、分类实施，政府引导、农民参与，公开透明、公平公正"五大原则，采取"就地新建、异地迁建、政府统建、房屋置换四种改造方式，把农村危房改造与黄河金岸建设、生态移民、小城镇建设、城乡环境综合整治、主干道路大整治大绿化相结合，提升村庄综合服务功能。全年全区共改造农村危窑危房 47360 户，竣工 41847 户，完成投资 31.4 亿元。按照《严寒和寒冷地区农村住房节能技术导则（试行）》，宁夏在农村住房建设中推广轻钢结构、轻型复合保温墙体材料等先进适用的技术和产品，在有条件的县区建设建筑节能示范户 5000 多户。

2018 年，自治区制定印发《宁夏脱贫攻坚农村危窑危房改造三年行动方案（2018—2020 年）》，争取中央、区、市、县各级财政投入补助资金 5.49 亿元，开展传统建筑解析传承、农房清洁采暖等重点课题研究，推进"4 类重点对象"特别是突出建档立卡贫困户危房改造，倾斜支持"五县一片"深度贫困地区改造工作。自治区创新原址翻建一批、加固改造一批、移民搬迁一批、公租扩面一批、周转安置一批、补偿退出一批"六个一批"改造方式，提出并严格落实选址要科学、地基要牢靠、结构要安全、布局要合理、设施要完善、风貌要鲜明、体量要适当"七要"质量安全技术要点，引导建设适用、安全、经济、美观的新农房。

2019 年，全区按照"六个一批"改造方式，坚持设置"上下圈梁、构造柱、三七墙号"地震 8 度设防强制标准，传承"红墙、红瓦、挑檐"农房传统风貌，落实"人畜分离、卧室、厨房和卫生间独立设置"功能布局要求的住房建设。自治区出台《关于解决危窑危房改造脱贫攻坚特殊问题的指导意见》，狠抓对象认定、危房鉴定、面积控制、功能完善、质量安全、特色风貌、建新拆旧等环节工作，整体提升房屋改造质量和水平。全年危窑危房改造开工 37633 户，竣工 37544 户，完成固定资产投资 30 亿元。宁夏危窑危房改造被国家脱贫攻坚督查组誉为"美丽宁夏的一道美丽风景线"。

2020 年，宁夏建立并落实"日查周调月改季住半年评"即增即改、动态清零工作机制，排查核定的 1.74 万户贫困户危窑危房于 2020 年 6 月 30 日改造完成，如期实现脱贫攻坚贫困群众住房安全有保障目标。对 19.08 万户建档立卡贫困户住房安全有保障工作进行逐户核验，全部通过国家验收。危窑危房改造经验做法得到住房和城乡建设部肯定及推广。

2009—2015 年，全区累计完成农村危窑危房改造 36.5 万余户；"十三五"时期（2016—2020 年），各级财政累计支持补助 70.6 亿元，社会融资和群众自筹 350 亿多元，改造危房危窑 49.25 万户，近半数常住农户从危房搬进新房。宁夏先后制定了《宁夏农村住宅抗震技术指导图解手册》《新农村住宅设计和施工图集》《农村危房改造工作导则》《宁夏生态移民住房建设技术导则》《农村危房改造技术导则》《严寒和寒冷地区农村住房节能技术导则（试行）》《宁夏生态移民工程施工技术质量控制要求挂图》等一系列技术规范，使农村住房建设标准化、规范化，确保了农宅建设质量，群众住房条件和农村环境面貌得到改善。

五、美丽乡村建设

2014 年，自治区出台《宁夏美丽乡村建设实施方案》，全面启动美丽乡村建设，明确把城乡一体化作为美丽乡村建设的战略方向，以田园美、村庄美、生活美、风尚美四美同步为重点，以环境优美、农民富裕、民风和顺为目标，大力实施规划引领、农房改造、收入倍增、基础配套、环境整治、生态建设、服务提升、文明创建八大工程，构建布局合理、功能完善、质量提升的美丽乡村发展体系，全面提升农村建设水平。

2014—2020 年，全区共建设美丽小城镇 147 个、美丽村庄 809 个，新修农村公路 11500 多千米，硬化巷道 5160 千米，人行道铺装 1550 万米^2，整治沟渠 1000 多千米，改造给排水管网 5000 多千米，建设广场公园 670 个、面积 89 万多米^2，安装路灯 6.2 万盏，植树近 210 万株，新建改造农贸市场 200 多个，电商覆盖所有乡镇和 70% 建制村，各级文明村镇达到总数 50% 以上，镇村设施功能普遍提升，奠定美丽乡村的美丽底色。隆德县红崖村、梁堡村，沙坡头区南长滩村、北长滩村，利通区石佛寺村，彭阳县长城村被列入中国传统村落名录。西夏区镇北堡镇、永宁县闽宁镇、惠农区红果子镇、同心县韦州镇、泾源县泾河源镇 5 个自治区级首批特色小（城）镇及利通区金银滩镇、兴庆区掌政镇共 7 个小城镇入选为国家级特色小（城）镇。沙坡头区迎水桥镇、惠农区红果子镇被列入全国美丽宜居示范小镇，兴庆区掌政镇强家庙村、贺兰县常信乡谭渠村、贺兰县立岗镇永兴村、灵武市临河镇二道沟村、灵武市白土岗乡火城子村、平罗县陶乐镇庙庙湖村、沙坡头区迎水桥镇沙坡头村、中宁县余丁乡金沙村和黄羊村、西吉县吉强镇龙王坝村被列入全国美丽宜居示范村庄。银川兴庆区掌政镇、永宁县闽宁镇、吴忠利通区金银滩镇、石嘴山惠龙区红果子镇、吴忠同心县韦州镇入选第二批全国特色小镇。兴庆区掌政镇、西夏区镇北堡镇、青铜峡市青铜峡镇和峡口镇、泾源县泾河源镇和六盘山镇、沙坡头区迎水桥镇、利通区东塔寺乡穆民新村、隆德县城关镇杨店村、中卫市沙坡头区迎水桥镇北长滩村、中卫市沙坡头区香山乡南长滩村被列入全国特色景观旅游示范名镇名村。永宁县闽宁镇、金凤区丰登镇润丰村、灵武市临河镇二道沟村、贺兰县南梁台子管委会隆源村、隆德县凤岭乡李士村、泾源县大湾乡杨岭村、大武口区长胜街道龙泉村、惠农区礼和乡银河村、同心县石狮管委会惠安村、中宁县舟塔乡上桥村入选全国乡村治理示范村镇，认定第一批绿色村庄 89 个。

■ 第二节　农村饮水

一、早期供水

宁夏农村供水工作从中华人民共和国成立后就已经开始。早期主要针对中部干旱带和南部山区群众的饮水问题，采用应急抗旱打井和为群众拉水送水等措施，缓解农民的饮水困难。20 世纪 80 年代开始，宁夏建设了一批骨干供水工程，特别是在宁夏中部干旱带和南部山区兴建的固海、盐环定等大型扬黄工程和小型人畜饮水工程，使宁夏中部干旱带和南部山区扬黄灌区群众用上了水源比较可靠的黄河水，结束了该地区没有集中供水工程和饮水水源工程的历史。20 世纪 90 年代中期，宁夏在中部干旱带和南部山区建设了一批集雨工程，并把历史上单一解决人畜饮水的水窖拓展为微型灌溉水源，建立了以水窖建设为基础，集水-蓄水-用水为一体的干旱、半干旱地区雨水资源高效利用模式，为干旱地区探索了一条抗旱脱贫的新路子。与此同时，宁夏军区在宁夏南部山区的海原、固原、西吉、彭阳、隆德、泾源、同心、盐池 8 县打井 100 眼，解决了近 5 万人的饮水问题。

二、农村饮水解困项目

第一期：人畜饮水"生命工程"。2000年，自治区党委、政府下达关于3年解决农村饮水困难的要求，开始实施农村人畜饮水解困一期工程，将"生命工程"纳入并统一实施。是年，宁夏建成井窖2.1万眼，新建及改造人畜饮水工程15处，固原东山坡引水工程、彭阳长城塬引水二期工程、同海下徐引水工程等一批南部山区城乡水源工程开工建设，盐环定扬黄宁夏专用工程实现了通水到盐池县城西滩的目标。2001年，宁夏实施的"生命工程"建成各类引水工程67处，打井窖2.6万眼，建成集水场140万米³。2002年，农村饮水解困一期项目基本完成，共实施13个项目，覆盖干旱最严重、人畜饮水最困难的固原、吴忠和银川3个市12个县（市、区）167个乡1527个村。全区共完成投资2.12亿元，其中国债资金1.25亿元，地方配套0.64亿元，母亲水窖资金0.073亿元，群众自筹0.16亿元；共建成人畜饮水工程185处，泉水改造工程616处，建设水窖（土圆井）6.41万眼，解决了40万人的饮水困难。

2003年，宁夏启动第二期农村饮水解困项目，完成投资8060万元，开工建设了同心东部、彭阳红河川、西吉黄家川、隆德大水沟等的重点人畜引水工程，建成人饮工程44处，水窖1.9万眼，解决了21.59万人、7万头畜和50万只羊的饮水困难。2004年，宁夏编制了《宁夏农村饮水安全2004—2005年实施规划》，争取国家项目投资9180万元，其中农村人畜饮水解困项目投资6820万元，农村安全饮水项目投资1100万元，母亲水窖项目投资70万元。2005年，宁夏农村饮水解困项目全部完成，当年完成集中供水工程83处，水窖5500眼，泉水改造工程148处，砼集水场2800处，完成总投资8747万元，解决了14.5万人的饮水困难和4.8万人的饮水不安全问题。宁夏第二期农村饮水解困项目共完成投资2.37亿元，其中国债投资1.71亿元、地方配套及群众自筹0.66亿元；建成人畜饮水工程173处，水窖3.05万眼，泉水改造工程249处，解决了57万人、18万头畜和88万只羊的饮水困难问题。

三、农村饮水安全工程

2004年底开始，自治区水利厅牵头，自治区发改委、卫生、环保部门参加，首次对宁夏22个县（市、区）的425万农村人口进行了饮水现状调查评估。截至2004年底，宁夏农村饮水不安全人口数量为220万人，占农村总人口数量的52%，农村饮水安全普及率为48%，农村集中供水率为37%，农村自来水普及率为37%。通过调查，宁夏确定了饮水安全人口和工程底数，开启了贯穿"十一五""十二五"两个五年计划的安全饮水阶段；通过两个五年计划，解决宁夏220万农村人口饮用水中的高氟水、高砷水、苦咸水、水污染等严重影响身体健康的水质问题及局部地区严重缺水的问题。其中，"十一五"期间重点解决150万人饮水不安全问题，剩余70.4万农村人口饮水不安全问题在"十二五"期间得到解决。

（一）"十一五"期间

2006年，宁夏对全区城乡饮用水水源地现状进行了全面调查，完成了《宁夏城市饮用水水源地安全保障规划》。中部干旱带农村饮水安全规划得到了国家发展改革委和水利部的实施批准。是年，国家将宁夏的7项人饮安全工程列入了总盘子。2006年宁夏全年完成投资1.05亿元，建成同心王团、固原市原州区甘城等42处供水工程，改造泉水119处，建集水场3万处，实现了黄河水和当地水联用，库坝塘井窖互调；启动了固原东部、同心窑山和海原兴仁3项重点供水工程。

2007年，自治区开展"农村饮水安全工程建设管理年"活动，全年完成投资1.91亿元，建设了西吉县石山、海原县三岔河、彭阳草庙等38处供水工程，泉水改造82处，建砼集水场1.37万处，解决了 31.2 万人的饮水安全问题，惠农区在全区率先实现了"村村通"自来水。

2008 年，自治区全年完成投资 2.3 亿元，建成集中供水工程 40 处，泉水改造 61 处，砼集水场 9180 处，解决了 30.5 万人的饮水安全问题；为惠农渠、汉延渠、红寺堡等管理处的 70 个管理所、段、点和水利学校通上了自来水。

2009 年，固原地区城乡人饮安全水源工程秦家沟水库开工建设，全年共解决 38.8 万人的饮水安全问题。在对"十一五"农村饮水安全工程建设评估的基础上，自治区决定在"十二五"期间继续开展农村饮水安全工程建设。

2010 年，是"十一五"农村饮水安全工程建设收官之年。宁夏全年共完成投资 3.87 亿元，解决了 42 万农村人口的饮水安全问题。同心窑山、原州东部、西吉西部、原州-西吉、海原兴仁、海原八斗、海原南部七项重点供水工程基本建成，开始发挥效用。全区开工建设集中供水工程 47 处，其中建成 42 处，同时建成集雨水窖、砼集水场等分散供水工程 4800 处；同心东部重点供水工程主体工程建成，自来水入户 1.87 万户，9 万人受益；中卫兴仁重点供水工程主体工程基本建成，自来水入户 2120 户；完成了农村自来水"百村千户"入户工程 54 处，解决了 227 个村，23.7 万人自来水入户；基本建成中卫、隆德两个全国农村饮水安全示范县，银川市实现了农村饮水安全工程全覆盖；盐环定续建宁夏专用饮水工程完工通水，盐池县城 5 万人民结束了千百年喝苦咸水的历史。

"十一五"期间，宁夏农村饮水安全工程共建成集中供水工程 195 处、泉水改造工程 265 处、砼集水场 5.9 万处，共解决了 177.05 万人的饮水安全问题。

（二）"十二五"期间

2011 年，中卫兴仁重点供水工程全面建成，创新了统筹解决干旱地区农民生活生产用水问题的新途径；建成贺兰金鑫、原州区张易、西吉县大沙河和青铜峡甘城子等集中供水工程 30 处，解决了 34 万人的饮水安全问题，同时解决了 127 所农村中小学 4.07 万师生的饮水问题；建成隆德、沙坡头区、灵武市等 7 个县级水质检测中心。

2012 年，经过 3 年多努力，总投资达 17.1 亿元、历经近 40 年"四上三下"自治区头号民生水利工程——宁夏中南部城乡饮水安全工程获国家批准。6 月 3 日、11 月 2 日，自治区在中庄水库、大湾隧洞分别举行了奠基仪式和开工暨誓师大会，标志着"四十年祈盼，百万人心愿"的宁夏中南部地区城乡饮水安全工程全面开工建设。工程将从根本上解决包括固原市原州区、彭阳县、西吉县以及中卫市海原县部分地区共计 44 个乡镇、609 个自然村，110.8 万城乡居民饮水安全问题。与此同时，宁夏 2012 年完成投资 2.5 亿元，建成同心县西部、青铜峡市唐滩和西吉县西北部等 32 处集中供水工程，解决了 31.5 万农村居民的饮水安全问题，并注重水源保护和水质处理，农村供水工程水质达标率比国家下达目标任务提高了 5.5 个百分点。

2013 年，中南部城乡饮水安全工程全线开工建设，共下达投资 5.5 亿元，其中中央资金 2.5 亿元，地方配套资金 3 亿元。秦家沟水库已具备向东山坡年补水条件，西吉县城应急供水工程按期建成通水。自治区以中部干旱带和南部山区为重点，加快推进农村饮水安全建设，编制完成《宁夏农村自来水村村通规划》，建成隆德县大水沟、同心县王团、彭阳县米沟等集中供水工程和扩建工程 34 处，31.2 万群众用上了安全洁净水，保障了 8 万生态移民生产生活用水。宁夏注重水源保护和水质处理，编制完成《宁夏农村饮水安全工程水质检测中心实施方案》，建成了利通区、中卫等 7 个县级水质化验中心，饮水安全覆盖率达 89%，自来水入户率为 68%。

2014 年，宁夏中南部城乡饮水安全工程水源工程龙潭水库主体工程完成；建成西吉县葫芦河、彭阳县安家川片区连通工程，开工建设西吉县西部、固西、西北部和彭阳县中部茹河、红河 5 个片区连通工程；完成投资 2.03 亿元，新建盐池县麻黄山、隆德县十八里等 28 处集中供水工程，解决了 30.6 万人的饮水安全问题。自治区编制了《全区农村饮水安全水质检测化验中心建设方案》，建立县级水质检测化验中心 7 个，其中 2 个获得国家 CMA 检测质量认证。全区饮水安全覆盖率达 94%，自来水入户率为 70%。

2015 年，宁夏中南部城乡饮水安全工程取得突破性进展，水源工程中 12 条隧洞全部贯通，中庄水库坝体土方填筑完成，已具备蓄水条件；建成西吉县（西部西北部和固西片区）、彭阳（红河和黄河片区）和海原县（县城和李俊片区）共 7 个片区的连通工程，具备了向 29 万人供水的条件。自治区安排农村饮水安全项目资金 13064 万元，完成沙坡头区南长滩、原州区王木庄等 20 处集中供水工程建设，解决了 16.7 万农村居民和 1.38 万名学校师生的饮水安全问题，基本建成 23 个县级水质监测中心。全区基本实现农村饮水安全工程全覆盖，农村自来水入户率提高到 80.7%。

"十二五"期间，宁夏农村饮水安全工程国家下达计划投资 9.43 亿元，其中中央预算内专项资金 7.36 亿元，地方投资 2.07 亿元；共完成投资 9.9 亿元，其中中央预算内资金 7.36 亿元，地方配套资金 1.54 亿元，群众自筹资金 1 亿元，共建成农村饮水安全工程 148 处，解决了 139.3 万农村群众和 12.5 万师生的饮水安全问题。

2006—2015 年，宁夏农村饮水安全工程共建成集中供水工程 486 处，分散工程 2.36 万处，共解决 439 万人的饮水不安全问题，农村饮水安全普及率达 100%，农村集中供水率达 97%，农村自来水普及率达 80.7%。

四、农村饮水安全巩固提升工程

2016 年，宁夏编制完成《宁夏农村饮水安全巩固提升工程"十三五"规划》，启动了以贫困村为重点的农村饮水安全巩固提升工程；全年完成投资 1.39 亿元，巩固提升 38 处农村饮水工程，全区 26.41 万人受益，8.29 万建档立卡贫困人口的自来水入户问题得到解决，249 个贫困村的自来水普及率提高到 85%。是年，中南部城乡饮水安全工程建成通水，水源工程 12 条隧洞全部贯通，中庄水库蓄水 480 万米^3，连通工程中西吉县（县城、葫芦河中下游片区）、彭阳县（北部安家川片区）、海原县（县城、李俊片区）、原州区（固原市区、张易和开城片区）已通水。西吉县、彭阳县、原州区、海原县其余片区连通工程已完成，南郊水厂、五里山水厂、何西水厂、海原水厂完成调试并开机运行。

2017 年，宁夏全年完成总投资 3.38 亿元，实施 119 处农村饮水安全巩固提升项目，巩固提升了 49.8 万人的饮水安全水平，其中包括建档立卡贫困人口 9.1 万人。

2018 年，宁夏完成投资 3.95 亿元，实施了 39 处农村饮水安全巩固提升工程，巩固提升了 49.85 万人饮水安全水平。宁夏水利厅、卫生健康委员联合组织专家和技术人员到县（区）的乡、村、队现场调查核实农村饮水型氟超标情况，编制了《宁夏农村饮水型氟超标地方病防治工作实施方案》，计划总投资 1.1 亿元，通过替换水源、安装除氟设施等措施，到 2020 年底基本解决 5.48 万农村人口饮水型氟超标问题。全区农村集中供水率达到 97.5%，自来水普及率达到 84.3%。

2019 年，宁夏全年投资 4.45 亿元，实施了 26 处农村饮水安全巩固提升工程，提升了 56.5 万农村居民的饮水安全水平。全区农村集中供水率达到 98%，全区农村自来水普及率达到 90%。银川都市圈城乡西线一期工程建成通水。截至 2019 年年底，宁夏已完成对 200 余处工程进行巩固提升，214.13 万人受益，提升了 800 个贫困村、26.54 万建档立卡贫困人口饮水安全水平。

2020 年，宁夏推进"互联网＋城乡供水"示范省（区）建设。在充分发挥已建宁夏中南部城乡饮水安全工程效益基础上，采取延伸、联网、消缺、提标等措施，着力推进供水管网城乡打通、县县连通、区域互通。全区农村集中供水工程由"十三五"末的 486 处整合改造为目前的 227 处，71 处千吨万人供水工程优化布局，初步形成"覆盖全域、城乡一体、多源互补、丰枯互济"的城乡供水现代水网体系。全区农村集中供水率达到 98.5%，自来水普及率达到 95.8%，252.4 万农村居民喝上放心水。

五、农村饮水管理机制

2001 年，宁夏水务管理体制改革取得重大突破，贺兰县等 8 个县（市、区）先后成立了水务局。2003 年，宁夏下发《农村人畜饮水工程运行管理试行办法》，明确农村饮水工程管理主体和运行方式，建立有偿使用、以水养水的新机制。2005 年，全区全面推行农业供水管理体制改革，成立农民用水者协会 905 个，南部山区推行以承包、租赁、拍卖为主要形式的水利工程产权制度改革，对人饮工程进行承包、拍卖，将 45 万眼水窖及集水场落实到户。

"十一五"和"十二五"期间，自治区主要针对农村人畜饮水工程、农村饮水安全项目、供水管理等，创新管理机制、精准施策。宁夏于 2006 年初步制定了《宁夏农村饮水安全项目建设管理办法》；2008 年，完善了《农村饮水安全项目建设内部管理办法》；2009 年，全面推行城乡水务一体化管理进程，在全国率先完成成立县级以上水务局的改革；2011 年，全区 22 个县全部建立了农村饮水管理站，有 11 个县建立了维修基金；2012 年，出台了农村饮水安全工程供水用电执行贫困县农业灌排用电价格政策，制定了农村饮水安全工程水费免税票据的使用管理办法，开发了全区统一的农村饮水安全工程免税票据收费系统，积极推行"两部制"水价，建立农村饮水工程维修养护基金 812 万元，有效推动了农村饮水工程建得成、管得好、长受益；2013 年，加强和完善基层水利服务体系建设，推行村级水利管理员制度，统一全区农村饮水工程供水电价，开发全区农村饮水工程免税票据收费系统。

"十三五"期间，自治区加强信息化建设，开始应用"互联网＋"，探索"建管服"改革。自2016 年开始，彭阳县"互联网＋人饮"工程探索出了山区人饮工程建管服新途径，通过采用工程总承包（EPC）模式，开展水价改革，形成合理的城乡供水价格机制等，打破传统人饮系统建设管理模式，组建水利投融资平台，成立供水管理有限公司，负责全县农村人饮供水工程运行管理；大胆应用"互联网＋"手段，狠抓水费收缴难题，实行群众微信扫码缴费，使群众吃上"明白水、放心水"，基本形成了水费收得回、服务跟得上、供水有保障的农村人饮管理新格局。2017 年，盐池县试点建设农村饮水水质在线监测系统，安装 18 个自来水供水站出厂水水质、水量在线监测设备，实现随时随地查询实时水质指标、预警和其他管理工作，全面提升当地农村饮水安全的管理水平。隆德、红寺堡、沙坡头、中宁等县（区）加快人饮系统信息化完善并探索管理新模式。盐池、红寺堡、同心和沙坡头等 8 县（区）按照城乡一体化模式加强工程管理；彭阳县通过购买服务、组建县级专业化维修养护队等方式加强管理，不断推进专业化运行维护工作。

■ 第三节 农村电力

一、农村电网改造升级

1998 年下半年，按照《国务院办公厅转国家计委关于改造农村电网、改革农电管理体制、实现城乡同网同价请示的通知》要求，全区启动第一轮（1998—2003 年）农村电网改造工程，累计完成投资 20.74 亿元，累计新建、改造 110 千伏变电所 65 座，容量 110 万千伏安，线路 548 千米；新建、改造 35 千伏变电所 107 座，容量 27.6 万千伏安，线路 857 千米；新建、改造 10 千伏变压器容量 65 万千伏安，线路 10850 千米。本轮农村电网改造工程的实施，实现了每县至少有 1 座 110 千伏变电所供电的目标，结束了南部山区彭阳、泾源、隆德、海原四县由 35 千伏电压供电的历史。全区优化和完善 35 千伏网架结构，实现了变电所布点数量的翻番，主变容量新增 276 兆伏安；全面改造农村电网 10 千伏及以下系统，变电所之间重要线路实现了"手拉手"互供电，农村配网控制能力、供电能力和可靠性、电压质量明显提升，线路跳闸和设备事故大量减少，彻底解决了多年来供电卡脖子问题。全区全面实现"一户一表",并形成了"三公开""四到户""五统一"的农电管理模式。2016年,国务院召开电视电话会议,安排实施新一轮(2016—2020年)农村电网改造升级工程,同年《国务院办公厅转发国家发展改革委"十三五"期间实施新一轮农村电网改造升级工程意见的通知》中明确,"十三五"农村电网建设的主要目标是"两率一户"指标达到要求,即农村电网供电可靠率达到99.8%,综合电压合格率达到97.9%,户均配变容量不低于2千伏安。在新一轮农村电网改造升级中,国网宁夏电力有限公司在全国率先完成"十三五"新一轮农网改造升级工作任务,比国务院要求的2020年提前了一年半,比2019年全国两会工作报告要求的时间提前了半年。"十三五"期间,国网宁夏电力有限公司先后投资56.22亿元建设区内农村电网。其中投资7.6亿元,完成了永宁县、平罗县、中宁县和彭阳县4个小康电示范县建设,共建设35~110千伏变电站4座,新增配变容量9.4万千伏安,线路长度3896千米;投资3.5亿元,完成230个小城镇(中心村)电网改造升级任务,新增配变容量12.9万千伏安,线路长度2171千米;投资1.3亿元,完成2718眼"机井通电"配套电网建设任务,新增配变容量5.03万千伏安,线路长度815千米;投资1.86亿元,完成578个自然村"动力电不足"电网改造升级任务,新增配电容量18万千伏安,线路长度1125千米;投资14.5亿元,完成8个贫困地区农村电网建设任务,建设35~110千伏变电站7座,新增配变容量20.1万千伏安,线路长度5685千米;投资0.7亿元,完成4个贫困县(区)光伏扶贫项目配套电网建设任务,建设35千伏变电站1座,线路长度221千米;投资0.8亿元,完成1万余户农村地区清洁取暖"煤改电"配套电网建设任务,建设35千伏变电站2座,新增配变容量3.5万千伏安,线路长度213千米;投资0.3亿元,完成42个移民搬迁配套电网建设任务,新增配变容量1.2万千伏安,线路长度146千米;投资2.2亿元,完成73个农村地区设施农业配套电网建设任务,新增配变容量4.6万千伏安,线路长度681千米;投资0.32亿元,完成58个美丽乡村配套电网建设任务,新增配变容量0.26万千伏安,线路长度226公路;投资3亿元,完成16个新型城镇化配套电网建设任务,建设110千伏变电站1座,新增配变容量2.02万千伏安,线路长度363千米。全区全面完成了小康电示范县、小城镇(中心村)电网改造升级、机井通电、村村通动力电、提升贫困地区供电质量、煤改电、移民搬迁、设施农业、美丽乡村、新型城镇化等农村电网重点建设任务,宁夏农村电网供电能力和供电质量持续提升,设备装备水平进一步提高,网架结构更加坚强,运行方式更加灵活,供电可靠性大幅提升。截至2020年底,宁夏农村电网供电可靠率达99.8243%,综合电压合格率达99.935%,户均配变容量为2.35千伏安/户。

二、农村电网完善工程

中西部农村电网完善工程分为2005—2007年实施的西部农村电网完善工程与2007—2009年实施的农村电网继续完善工程。全区累计投资8.94亿元,共完成新建及改造110千伏变电所3座,容量31.5万千伏安,线路110千米;新建及改造35千伏变电所22座,容量9.24万千伏安,线路36.97千米;新建与改造10千伏变压器容量19.88万千伏安,线路2586.09千米。

三、"户户通电"工程

2006年,国家电网公司与自治区政府签署了《关于共同推进宁夏回族自治区农村"户户通电"工程建设会议纪要》。"户户通电"工程投资0.27亿元,新建10千伏变压器容量0.73万千伏安,新建10千伏线路180.86千米。该工程于2006年5月开工,2006年10月顺利通过自治区政府验收,对银川、吴忠、固原、中卫4市、14县的6985户无电农户26958名未通电人口全部实现了通电,全区农户通电率达到了100%,成为全国第三个、西部第一个完成"户户通电"工程的省域。

四、农村电网工程项目管理

宁夏在农村电网改造升级建设过程中，严格落实建设工程"五制"要求，严格执行基本建设程序，严格执行国家能源局《农村电网改造升级项目管理办法》和国家电网公司《农村电网建设与改造技术导则》，2003年制定《宁夏地区城乡电网建设与改造工程概（预）算编制若干问题规定实施细则》，2010年制定《宁夏电力公司农村电网配电工程设计实用手册》，2011年制定《宁夏电力公司农村电网改造升级项目管理实施细则》和《宁夏10千伏及以下农村电网建设与改造补充技术标准》等。

五、农村电力服务

2002年8月，国网宁夏电力有限公司开展"两改一同价"工作，农村居民生活平均承受电价由1998年的0.80元/千瓦时（最高达到2元/千瓦时），调整到户电价为0.447元/千瓦时，实现了城乡居民生活用电同价，2005年全区实现了城乡各类用电同网同价。宁夏农村电网管理模式与各项经济技术指标与农村电网改造前的1997年相比，有了显著改善。宁夏全区统一实现了城乡用电同网同价，农民用电负担迅速减轻。2006—2015年，"户户通电"工程实施、无电地区电力建设、农网改造升级的不断推进，有力支撑了宁夏农村重点民生工程，满足了宁夏161个生态移民点及塞上农民新居生产生活的用电需求，有效服务了宁夏一号民生工程；为宁夏各级政府开展的设施农业（现代化种植业和养殖业）配套建设高低压供电设施，给地区农业发展提供了可靠的电力保障。全区供电服务水平大幅提升，建设了一批标准化用电村，配套安装了自助购电设备，村民不出村即可缴费购电；不定期开展安全用电、电力设施保护等宣传工作，居民安全用电和电力设施保护意识大幅提高。自2016年以来，随着新一轮农网改造升级的不断推进，全区大力促进城乡供电服务一体化建设，完善供电服务品质评价管理标准体系，建立健全农村电网供电服务品质评价分析机制，依托供电服务品质评价系统，强化服务品质评价分析成果的深化应用，持续改进服务短板，缩小不同供电区域服务水平差距，提升客户满意度。

■ 第四节 农村公路

20世纪90年代以来，按照中共中央、国务院关于解决"三农"问题，加快农村特别是山区、贫困地区农村脱贫，改善农村基础设施，增强农村公共服务，推进社会主义新农村建设等一系列方针、政策，宁夏逐步加强农村公路修建和质量提升，呈现由民办为主转向政府主办为主，由重点改善、局部提高转向全面普及、整体提高，由低水平、粗放式建设转向标准化、高质量建设的特点。

1994年国务院制定下发《"八七"扶贫攻坚计划》，涉及宁夏8个国家级贫困县、3个省级贫困县。宁夏交通扶贫攻坚目标是从1994年开始，用7年时间，修通这11个县的联网路、通往集市贸易和商品集散地的公路，接通断头路，重点修建100多条对贫困县发展经济、脱贫致富有较大影响的公路；计划建设规模为新建三级路185千米，四级路1017千米，改建三级路508千米。总投资29780万元。截至2000年，宁夏共投入扶贫资金60827万元，新建公路1462千米（二级路170千米，三级路397千米，其余为四级路），改建公路5380千米（二级路92千米，三级路932.5千米，其余为四级路），使全区"三纵六横"干线公路基本达到三级以上水平，大力改善了农村公路通行条件，实现了县县通油路，所有乡镇通油路，建制村通公路的目标。至2000年底，宁夏农村公路总里程为11454千米，其中：县道2300千米，占公路总里程的20%；乡道5158千米，占公路总里程的45%，村道3996千米，占公路总里程35%。此外，宁夏还投入交通扶贫教育资金152.7万元，为贫困地区培养交通行业技术干部1762名。在大力建设主干公路的同时，宁夏加大了农村公路的建设力度，完成了国家安排的贫困县公路、通县油路、县际及农村公路改造项目，以及农村通达工程；完成 3 个贫困县公路项目，分别为：惠安堡至预旺 74 千米三级油路，海原至黑城 60 千米二级油路，固原至西吉 63 千米二级油路，总投资 3.23 亿元，其中安排中央国债资金 1.12 亿元；完成通县油路 7 条，分别为陶乐至横城 105 千米二级公路、黄沙窝至同心 118 千米三级公路、平罗至石嘴山 15 千米一级公路、兴仁至中卫 266 千米三级公路、予旺至王洼 116 千米三级公路、姚伏至西大滩 17 千米二级公路、西吉至毛家沟 60 千米三级公路，总里程 497 千米，总投资 4.23 亿元，其中中央预算内专项资金 1.3 亿元；完成县际及农村公路改造工程项目 35 条，总规模 1360 千米；完成国家安排农村通达工程 2000 多千米，其中，交通部投资 2.7 亿元。截至 2010 年底，全区农村公路里程为 17386 千米，较 2005 年增加了 2164 千米，其中县道 1615 千米、乡道 7740 千米、村道 8031 千米。建制村通沥青水泥路率由 2005 年的 60.6％上升到 2010 年 73％。经过这一时期的加快建设，广大农村无路可走和有路难行问题基本得到解决，初步实现广大农民有路走、走好路的愿望，促进社会主义新农村建设和农业产业化发展，农村公路持续向乡村延伸。

党的十八大以来，在习近平总书记"四好农村路"重要论述的科学指引下，面对农业比重大、贫困人口多的区情，自治区党委、政府从实施乡村振兴战略、打赢脱贫攻坚战的高度，认真贯彻落实总书记的重要指示，紧紧抓住国家深入实施西部大开发，开展集中连片特困地区交通扶贫开发等战略机遇，将"四好农村路"建设作为全区精准脱贫脱困的"先手棋"，聚焦突出问题，从"建、管、养、运"等方面全面推进"四好农村路"建设，完成新改建农村公路约 1 万千米。自治区安排农村公路补助资金 38 亿元，支持建设农村公路 8500 余千米。到 2015 年年底，全区农村公路总里程达到 2.6 万千米，全区建制村通客（班）车率达到 98.3％，超过全国平均水平。2016—2020 年，宁夏聚焦交通扶贫兜底性目标，围绕脱贫攻坚规划确定的 1100 个贫困村和 170 个深度贫困村销号任务，统筹推进剩余建制村和撤并建制村通硬化路、窄路基路面加宽、旅游路资源路产业路、农村安全生命防护工程和危桥改造等建设。全区新改建农村公路近 8000 千米。至 2020 年年底，全区农村公路通车里程达 2.85 万千米。其中：县道 824 千米，乡道 9079 千米，村道 18587 千米，实现了所有建制村通硬化路，所有乡镇、建制村通客车目标。全区 20 户及以上自然村通硬化路率达到 98.8％。十八大以来，是宁夏交通运输投资规模最大、发展速度最快、发展成效最显著的时期。全区交通运输实现了跨越式发展，有效支撑和引领了经济社会发展，交通运输初步适应了经济社会发展的要求，原州区、红寺堡区被评为"四好农村路"全国示范县，彭阳县韩财公路等 10 条农村公路荣膺宁夏"最美农村路"称号。全区农村公路服务群众便捷出行，助力乡村产业发展能力大幅提升，为脱贫攻坚提供了有力支撑。

此外，宁夏于 2017 年 9 月出台了《宁夏回族自治区农村公路条例》，2007 年 1 月出台了《宁夏农村公路工程技术标准》，2018 年 7 月出台了《宁夏乡村公路工程技术标准》，2013 年 8 月出台了《宁夏农村公路建设管理办法》，2010 年 12 月出台了《宁夏回族自治区农村公路养护管理办法》等一系列法规和政策性文件，对自治区行政区域内农村公路的责任主体、规划建设、技术标准、公路养护、路政管理、公路运营、资金筹集与管理、法律责任等进行了规定，明确并理顺了农村公路管理体制，推进了农村公路养护改革，稳定和扩大了农村公路筹资渠道，构建起了完备的农村公路法规体系框架，极大地促进了"四好农村路"建设，为服务"三农"经济，全面建成小康社会建设发挥积极作用。

■ 第五节　农村人居环境整治

一、农村厕所革命

（一）农村改厕历程

1996 年，从第九个五年计划开始，我国又将农村改厕列入国家经济社会发展规划。进入 21 世纪，农村改厕成为农村公共卫生重点工作，被纳入社会主义新农村建设中，各级政府农村卫生厕所建设经费投入不断增加。2009年，国家将农村改厕纳入深化"医改"的重大公共卫生服务项目。全国爱卫会印发了《农村改厕管理办法（试行）》和《农村改厕技术规范（试行）》。2010年，全国启动了以农村改厕为重点的全国城乡环境卫生整洁行动，促使农村的卫生厕所普及率迅速提升。宁夏结合新农村建设、"塞上新居"、农村危房危窑改造、生态移民和黄河金岸等工程项目，整合优势资源，积极筹措资金，以整村推进的方式抓好农村改厕工作。2009年，自治区制定《农村改厕项目实施方案》，确定在贺兰、彭阳、青铜峡等17个项目区实施农村卫生厕所建设工作。2010年，自治区将农村改厕作为一项重要民生工程列入政府重要议事日程，各县区分别成立了改厕工作领导小组，召开项目启动工作会议，全面部署项目工作。

2012—2018年，党的十八大以来，以习近平同志为核心的党中央高度重视"厕所革命"，习近平总书记多次就"厕所革命"批示强调：随着农业现代化步伐加快，新农村建设也要不断推进，要开展农村"厕所革命"，让农村群众用上卫生的厕所，努力补齐这块影响群众生活品质的短板，农村"厕所革命"被正式提出。2017年，习近平总书记主持召开十九届中央全面深化改革领导小组第一次会议。会议审议通过了《农村人居环境整治三年行动方案》，就推进农村"厕所革命"进行安排部署，农村厕所改造工作进入全新发展阶段，步伐明显加快。2018年2月，中共中央办公厅、国务院办公厅印发了《农村人居环境整治三年行动方案》，提出合理选择改厕模式，推进"厕所革命"。东部地区、中西部城市近郊区以及其他环境容量较小地区村庄，加快推进户用卫生厕所建设和改造，同步实施厕所粪污治理。其他地区要按照群众接受、经济适用、维护方便、不污染公共水体的要求，普及不同水平的卫生厕所。政府引导农村新建住房配套建设无害化卫生厕所，人口规模较大村庄配套建设公共厕所，加强改厕与农村生活污水治理的有效衔接。2018年9月，中共中央国务院印发《乡村振兴战略规划（2018—2022年）》，将农村"厕所革命"纳入乡村振兴战略，作为乡村振兴的第一场硬仗来抓。自治区党委办公厅、政府办公厅及时印发《宁夏农村人居环境整治三年行动实施方案》，提出到2020年，川区农村卫生厕所普及率达到85%左右，山区卫生厕所普及率明显提高的目标。截至2018年底，全区22个县（市、区）、193个乡镇、2258个建制村，共有农村户籍数123万，其中常住户97万户，存量农村卫生厕所31万座，其中无害化卫生厕所24万座。全区农村卫生厕所普及率为32%，其中川区的为50%、山区的为14%。

2019年，自治区按照"中央部署、省负总责、县抓落实"要求，调整加强了以自治区主席任组长的自治区改善农村人居环境工作领导小组，领导小组办公室设在农业农村厅，具体负责农村厕所革命工作。同时，川区农村卫生厕所普及率被列为自治区决胜全面建成小康社会的39项考核指标之一，成为必须完成的"硬任务"。2019年3月，自治区党委农办、农业农村厅等8部门联合印发了《关于推进农村"厕所革命"专项行动的实施意见》，按照"有序推进、整体提升、建管并重、长效运行"的基本思路，在试点示范的基础上，全面推广、整体提升。自治区先后组织召开全区农村人居环境整治工作会、全区农村人居环境整治工作暨"厕所革命"现场推进会等，进行工作部署，推动全区农村厕所革命。2019年，结合农村厕所革命整村推进、农村生活污水治理、美丽乡村建设等重点项目，全区改造建设农村卫生户厕25万座，农村公厕413座，农村生产生活条件得到有效改善、群众生活质量明显提升。2020年，全区新改建农村卫生厕所13.05万座，其中管网式户厕56181座、三格式户厕74291座，新建设农村公厕443座，农村卫生厕所普及率达到58%。

（二）主要改厕技术模式

宁夏地处西北内陆地区，气候和水资源是制约农村改厕的关键。自2019年起，自治区围绕制约宁夏农村改厕的节水、防冻两个技术关键，加大技术研发力度，成立宁夏农村改厕技术专家团队，组织技术人员对过去推广的双瓮式、粪尿分集式、双坑交替式、三联通沼气式等改厕模式进行专项调查研究，汲取历年来农村卫生厕所改造经验教训；同时，先后多次前往浙江、江苏、吉林、河北等先进省考察学习，学习借鉴农村厕所革命工作经验，为稳步推进宁夏农村厕所革命奠定了坚实基础。随后，自治区按照环保型、资源型、人工资源型三大改厕模式类型，有序推开农村卫生厕所改造工作。

2019年，自治区农业农村厅结合《农村户厕卫生规范》（GB19379—2012）、《农村生活污水处理工程技术规程》（DB64/T 1518—2017）、《宁夏农村生活污水处理及改厕技术导则》《宁夏农村生活污水处理及改厕技术性指导意见》等技术标准规范，先后制定印发了《宁夏农村厕所建设技术指导意见》《宁夏农村钢筋混凝土三格式化粪池建设技术指导意见》《宁夏农村节水防冻型地下储水式电动高压冲水厕所建设技术性指导意见》等技术性文件，要求各地能建水厕则不建旱厕、粪污能集中处理则不分散处理，能进主房不进侧房，能资源化利用不直排，能专业化维护不个别化，不具备建设户厕条件的地区以建公厕为主，健全完善了宁夏农村改厕政策意见和技术体系，科学指导各地因地制宜选择改厕技术模式。

自治区农业农村厅指导各市、县（市、区）结合实际，对靠近城镇的村庄，建设完整下水道式厕所，粪污直接接入城市管网；对居住集中的村庄，建设小型污水处理设施，主推室内水冲式厕所；对居住分散的村庄，大力推广钢筋混凝土三格式化粪池和节水防冻模式。其中节水防冻模式，由防冻便器、储水桶、潜水泵、电路开关和三格化粪池等部分构成，结构简单，群众容易接受，使用方便，节水、节电、防冻、防臭效果显著，每次用水0.5升左右，较常规水冲式厕所节约用水量75%以上，一年四季均可正常使用，有效破解了干旱寒冷地区水冲式厕所技术难题。将通过三格式化粪池处理后的粪渣用于堆肥还田，后端尾水用于绿化、农灌、景观湿地，科学推进厕污无害化处理和水资源循环利用。

2019年起，全区农村卫生厕所改造以水冲式厕所改造为主，主要有完整下水道卫生厕所、节水防冻型卫生厕所、三格式化粪池卫生厕所三种模式。

（三）主要改厕措施

1. 把好产品关

自治区农业农村厅联合自治区市场监督厅、住房和城乡建设厅，实行三格式化粪池产品备案制度。从2020年开始，按照《关于进一步加强全区农村"厕所革命"产品供应和施工企业管理的通知》要求，凡进入宁夏市场的所有三格式化粪池企业及产品须经宁夏有资质的第三方检验检测机构进行检测，检测合格、由自治区农业农村厅组织相关专家审核后，列入备案名录进入市场，不在备案名录中的不得使用。对入市企业产品招标后，由各地农业农村局与监理人员按批次抽样送检，对抽检不合格的化粪池企业和操作不规范的施工企业，直接列入诚信黑名单。凡进入黑名单的企业，其产品不得进入宁夏市场，施工企业不得在宁夏承揽农村改厕工程。宁夏从源头提高农村改厕质量。

2. 把好施工关

自治区农业农村厅通过公开招标方式，引入第三方质量监理机构，每个县派驻1名工程监理人员，驻村逐户进行全过程常态化监理监管。在现场巡查时，对发现的不合格产品或不规范施工，监理人员及时向当地农业农村局出具整改通知书。改厕任务完成后，监理机构对各县区农村改厕完成情况进行综合评估，提交监理档案、监理报告、评估报告等。同时，自治区成立2个改厕质量抽查小组，适时开展施工质量抽检。

3. 把好验收关

2019年11月，自治区农业农村厅制定《宁夏回族自治区农村厕所改造项目考核验收办法》，建立了乡镇初验、县级自验、市级核验、自治区抽验的分级验收制，把农村改厕技术规范和标准贯穿检查验收的全过程，以农户满意不满意作为最终评判标准，切实推进农村厕所改造工作落实落细。乡镇和县区实行逐村逐户自查验收、地级市和自治区分别按照不低于10%的比例开展核查验收，验收范围覆盖所有乡镇、建制村、改厕模式、产品类型、施工企业。对群众不满意不接受、冬季无法正常使用、厕屋选址不当、化粪池壁厚和埋深不达标的户厕实行一票否决。2019—2020年，自治区农业农村厅共抽查验收农村卫生厕所 2.38 万座，反馈验收问题清单 44 份。

4. 建立健全投入机制

宁夏实行中央支持、自治区补助、市县配套、农户自筹的资金筹措机制，2019—2020 年中央财政下达农村厕所革命整村推进奖补资金 11322 万元，在 520 个建制村实施整村推进，重点用于农村厕所粪污收集、储存、运输、资源化利用及后期管护能力提升等方面。自治区财政下达农村改厕补助资金 5 亿元，建设 25 万户厕，每座户厕补助 2000 元，主要支持农村卫生户厕施工建设。各市、县（市、区）将农村改厕纳入本级财政预算，市、县两级配套资金每户不低于 2000 元；积极引导农民群众通过投工投劳或自建厕屋等方式参与农村改厕，每户自筹或投工投劳 500 元左右。各地坚持政府监督、社会监督、舆论监督、群众监督相结合，管好用好改厕补助资金，做到任务未完成不补助，质量不合格不补助，群众不满意不补助，未实现粪污无害化处理或资源化利用的卫生厕所不补助，提高资金使用效率。

5. 探索厕所管护模式

自治区坚持建管并重，构建长效运行机制，把建立农村厕所粪污处理长效管护机制作为农村"厕所革命"的重要内容，充分发挥村级组织和农民主体作用。自治区在集中建设三格式化粪池的乡镇，组建专业化乡村服务队伍，统一配备吸粪车，实现厕所后期运行维护长效管理；在建设集中管网的乡镇，探索建立农户付费分担机制，将污水处理费用纳入自来水水费合并计算。自治区积极推行巷长制、义务工制、笑脸积分制、第三方运营制，张贴改造厕所标识牌，设立公开监督电话，引导农民组建专业运维队伍，充分发挥村规民约自我管理、自我约束作用，构建政府主导、农民为主体、企业参与的农村改厕监管运维长效机制，做到有制度管护、有资金维护、有人员看护，确保改好一个、用好一个、巩固一个。

二、农村污水治理

（一）污水治理政策与法规

自 2006 年开始，自治区党委、政府把农村环境保护工作纳入重要议事日程，试点小康行动计划和"以奖促治"示范工程。

2010 年，为了进一步深化"以奖促治"政策措施，加大农村环境保护投入，推进农村环境连片整治示范省区建设，自治区党委、政府成立了高规格领导班子，以自治区人民政府主席任组长，党委副书记和政府常务副主席任副组长，发展改革、财政、环保等部门负责同志为成员的农村环境连片整治示范工作领导小组，统一协调、指导开展农村环境连片整治工作。各市、县（市、区）也逐级成立了农村环境综合整治工作领导小组，并将农村人居环境整治工作纳入各级政府的管理职能和年度绩效考核内容。自治区人大、政协充分发挥监督议政作用，每年的建议提案办理、中华环保世纪行活动等均涉及农村环保工作，2013 年、2014 年连续将"加强农村环保，建设美丽乡村"作为中华环保世纪行的主题，切实推动整治工作"目标、责任、任务"三落实，形成了齐抓共管的工作格局。

2010 年，宁夏在全国率先出台了《宁夏回族自治区农村环境保护规划（2011—2020 年）》《宁夏农村环境保护条例》《关于加强农村环境保护工作的意见》《宁夏农村环境连片整治项目管理暂行办法》《宁夏农村环境连片整治项目专项资金管理暂行办法》《宁夏农村环境连片整治项目监督检查暂行办法》《宁夏农村环境连片整治项目招标投标管理暂行办法》《宁夏农村环境连片整治项目变更管理暂行办法》《宁夏农村环境连片整治项目工程监理管理暂行办法》《宁夏农村环境连片整治项目档案管理暂行办法》《宁夏农村环境连片整治项目竣工验收暂行办法》《宁夏农村环境连片整治项目绩效考评管理暂行办法》《宁夏农村环境整治项目实施方案审查管理暂行办法》《宁夏农村环境整治项目验收细则》等 14 项管理制度，规范了项目、资金、竣工验收等环节，通过推行项目法人制、招投标制、工程监理制、合同制、公示制和审计核查制，严把项目的方案审查关、质量关、验收关、监督关，使农村环境综合整治项目真正成为民生项目。

2014年，宁夏印发了《宁夏回族自治区农村生活废弃物处理设施运行管理暂行办法》，把美丽乡村建设、农村环境卫生整治作为地方效能目标考核的重要内容，并与奖补资金挂钩，对创建国家级生态乡镇和生态村的分别给予50万元和30万元的奖励，对创建自治区级生态乡镇和生态村的分别给予20万元和5万元的奖励。

2019年，宁夏出台了《2019年全区农村厕所改造及污水处理项目实施方案》《关于推进宁夏农村生活污水治理工作的实施意见》，坚持农村改厕和污水处理统筹考虑，按照以城带乡、就近联建、独立建设的做法，梯次推进农村生活污水治理。同时，自治区积极探索农村环境整治长效保障机制，同年4月，自治区农业农村厅、生态环境厅、财政厅联合印发了《2019年全区农村厕所改造及污水处理项目实施方案》，在农村污水处理设施建设上投入资金2.7亿元（占项目总经费的30%），在全区22个县（市、区）123个建制村开展污水治理，重点用于污水处理设施终端和管网建设等方面，惠及农户121881户。

（二）污水治理技术标准与技术模式

农村污水治理是一项技术性很强的工作，为切实指导开展农村污水治理工作，2011年，自治区在全国率先发布了《农村生活污水排放标准》（DB64/T 700—2011）、《农村生活污水处理技术规范》（DB64/T 699—2011）。2012年，自治区制定了《宁夏农村生活污水处理技术设计手册》（人工湿地、稳定塘、土地渗滤）。2013年，自治区又制定了《农村生活污水分散处理技术规范》（DB64/T 868—2013）、《农村生活污水处理设施运行操作规范》（DB64/T 869—2013）、《农村生活污水处理工程投资指南》（DB64/T 875—2013）、《农村生活污水处理技术指南》等6项农村生活污水处理技术标准及《农村生活污水处理设施运行操作规范》等农村污水处理技术规范，填补了宁夏乃至全国农村环保技术地方标准的空白。2017年，宁夏制定了《农村生活污水处理工程技术规程》。2019年，在2011年发布的《农村生活污水排放标准》（DB64/T 700—2011）基础上，宁夏修订了《宁夏农村生活污水处理设施水污染物排放标准》，制定了《宁夏农村厕所建设技术指导意见》《宁夏农村钢筋混凝土三格式化粪池建设技术指导意见》《宁夏农村节水防冻型地下储水式电动高压冲水厕所建设技术性指导意见》，实现了分区分级、宽严相济、回用优先、注重实效、便于监管的目的。

根据宁夏实际，按照"因地制宜、利用为先、生态循环、效果长远"和避免"一刀切"的原则，在沿黄区域和生态移民区，综合配套污水集中处理设施，在中南部山区，对居住集中、人口量大的村庄，采用低成本、易管护的污水处理设施。自治区通过先行先试，积极探索，形成了预处理＋人工湿地、地埋式一体化、无动力增氧滤池、三格厌氧化粪池、膜处理技术5种适合自然条件、管理简便、经济实用、可循环利用的生活污水处理技术模式。

（三）污水治理历程与治理成效

2006年以前，宁夏农村污水治理基本是一个空白区。自2006年国家实施农村小康环保行动计划开始，宁夏农村污水治理作为农村环境保护工作的内容之一提上政府重要议事日程，总体上可以划分为三个阶段。

一是起步阶段（2010年以前）。2006年，宁夏作为全国唯一试点省域在全国率先启动"农村小康环保行动"试点工作，重点开展农村饮用水水源地保护、生活污水和垃圾处理、畜禽养殖污染和历史遗留的农村工矿污染治理、农村面源污染和土壤污染防治等与村庄环境质量改善密切相关的整治，开启了宁夏农村环境治理篇章，农村污水治理也应运而生。自2007年起，自治区人民政府将"农村小康环保行动计划试点"列为自治区政府承诺的12件环保实事之一，并连续6年把农村环境综合整治列为为民办环保10件实事之一，制定下发了《自治区农村小康环保行动计划实施方案》《宁夏农村小康环保行动试点县（市、区）目标考核办法》，在全国率先建立省级农村环保专项资金，在兴庆区、永宁县、沙坡头区、原州区、同心县 5 个试点县（区）开展了 80 多个村庄的环境综合整治。

二是发展阶段（2010—2015 年）。2010 年，环保部、财政部与自治区政府签订了部区协议，将宁夏列为全国 8 个首批农村环境综合连片整治示范省区之一，在沿黄区域、生态移民区、南部山区黄河支流区域连续三年实施环境连片整治示范。2013 年，宁夏再次被国家确定为全国 2 个农村环境综合整治全覆盖省域之一，继续扩大农村环境连片整治范围，开展全区覆盖拉网式农村环境综合整治。2013 年 10 月 9 日，全国改善农村人居环境工作会议在浙江省桐庐县召开，宁夏作为 8 个省域之一做了书面交流发言。2015 年，根据住房城乡建设部、自治区人民政府、中国农业发展银行共同签署的"部区行"合作框架协议，宁夏引入建设融资、企业运营管理、政府购买服务等新模式，与中车集团、首创集团、北控水务等企业合作推进农村生活污水治理，在青铜峡、贺兰县、利通区开展试点示范。2010—2015 年，宁夏在全国率先实现了农村环境综合整治全覆盖，累计投入资金 19 亿元（中央专项资金 12.5 亿元，地方配套 6.5 亿元），对 2362 个建制村、242 个安置区、14 个国有农场开展了环境综合整治，完成农村环境综合整治的建制村比例达到 100%，其中，建设生活污水集中处理设施 148 套、分散处理设施 228 座，集污管网 1692 千米，全区农村生活污水处理率达到或超过 55%。

三是提升阶段（2016—2020 年）。2016 年，国家开展以"两处理、两改造"（污水处理、垃圾处理、改厨改厕）为重点的新一轮农村环境综合整治。自治区深入推进全国农村生活污水治理试点省（区）建设，组织编制了《宁夏农村污水治理及改厕可行性研究报告》《宁夏农村生活污水治理及改厕技术导则》和《宁夏农村生活污水治理工程技术规程》等技术规程和标准，对已建成的农村污水处理设施进行完善，共涉及村庄 293 个。2017 年 10 月，党的十九大召开，提出实施乡村振兴战略。改善农村人居环境，建设美丽宜居乡村，是实施乡村振兴战略的一项重要任务，农村污水治理与农村垃圾处理、村容村貌提升作为农村人居环境整治主攻方向的其中内容又一次被提上了重要议程。2018 年 5 月 21 日，自治区党委办公厅、政府办公厅印发《宁夏农村人居环境整治三年行动实施方案》（宁党办〔2018〕43 号），对宁夏农村人居环境整治作出具体安排，以农村垃圾、污水治理及改厕、改善村容村貌为主攻方向，以因地制宜、分类推进为基本原则，以"百村示范，千村整治"工程为工作抓手，集中力量开展农村人居环境整治，加快补齐农村人居环境短板，具体工作由自治区住建厅牵头开展。在农村生活污水治理方面，坚持集中与分散相结合、能集中不分散、能大集中不小集中的原则，因户施策，金凤区、西夏区采用"建、管、治"一体化模式，以特许经营的方式，依托污水、自来水、天然气管道"三管入地"等工程，对农村生活污水与厕所粪污协同治理。中宁县探索"互联网＋污水信息化平台"建设，实现农村生活污水物联网"一站式"集中监管。2018 年，全区全年完成农村生活污水处理及改厕 3.29 万户，占计划任务的 109.7%，农村人居环境整治取得阶段性成果，整治经验得到中央农办、住房城乡建设部的肯定和推广。2016—2018 年，全区共投入资金 4.17 亿元，对 216 个乡镇、8 个农场进行环境整治，农村污水处理率达到 59.3%，主要污染物 COD（化学需氧量）和氨氮排放量逐年减少。

2019 年 4 月 22 日，自治区农业农村厅、生态环境厅、财政厅联合印发了《2019 年全区农村厕所改造及污水处理项目实施方案》（宁农（计）发〔2019〕24 号），将农村生活污水治理与农村改厕结合起来，统筹考虑，一揽子推进。在对已建和拟建农村生活污水处理设施、覆盖的村庄数量、人口等基本信息进行全面摸底调查的基础上，自治区按照"因地制宜、尊重习惯，应治尽治、利用为先，就地就近、生态循环，梯次推进、建管并重，发动农户、效果长远"的基本思路，结合脱贫攻坚、特色小镇、美丽乡村建设，突出重点区域，优先对已建成的农村生活污水处理设施开展提标改造和扩建，梯次推进农村生活污水处理设施建设，对距城镇较近的村庄，将污水纳入城镇污水处理厂集中处理；对距城镇较远、地势较为平坦、人口居住集中的大村庄，新建集中式污水处理设施；对地形条件复杂、居住相对分散的村庄，按照能集中不分散，能大集中不小集中的原则，分区域建设集中处理设施，最大限度地降低建设成本，减少后期运营维护工作量；对人口较少，不具备污水收集处理条件的村庄，以卫生厕所改造为重点推进农村生活污水治理，在杜绝化粪池出水直排基础上，引导农户做好

粪污无害化处理和资源化利用。2019 年，全区建设集中式污水终端治理设施 116 座，铺设管网 1000
千米以上。自治区通过以奖代补的方式奖补地方项目建设资金 2.7 亿元，覆盖农户 121881 户。全区
建有集中式、分散式农村生活污水治理设施或纳入城镇污水管网的建制村数量比例达到 20％以上，
农村生活污水乱排乱放得到管控的建制村 1354 个，占总数的 60％。

2020 年，自治区制定了《宁夏农村生活污水治理实施意见》《宁夏农村生活污水处理设施建设运
维技术指导意见》《宁夏农村生活污水排放标准》，根据农村不同区位条件、村庄人口聚集程度、污水
产生规模，坚持集中治理与分散治理相结合，采取就近纳入城镇排污管网、相对集中污水治理或新建
一体化小型治理设施等方式，梯次推进农村生活污水治理。10 月 13 日，自治区改善农村人居环境工
作领导小组办公室对标三年行动方案各项目标任务，制定了《宁夏农村人居环境整治三年行动考核验
收工作方案》（宁农居办发〔2020〕5 号），细化考核指标、明确考核方法和工作步骤，重点围绕农村
改厕、农村生活垃圾和生活污水治理、村容村貌提升、建设运维机制、资金筹措、农民主体作用等
10 个大项、40 个子项内容，分一二三类县进行精准考核验收，验收采取县级自评、市级核查、自治
区验收三级验收方式开展。11 月 27 日至 12 月 10 日，自治区农业农村厅牵头组织住房城乡建设厅、
生态环境厅、自然资源厅等自治区改善农村人居环境工作领导小组成员单位，组成 4 个考核组，对各
县区农村人居环境整治三年行动任务完成情况进行全面验收，现场抽查 58 个乡镇、165 个建制村，
入户调查 825 户。验收结果显示：一类县（兴庆区、金凤区）农村生活污水治理率达到 51％，二类
县（西夏区、永宁县、贺兰县、灵武市、大武口区、惠农区、平罗县、利通区、青铜峡市）生活污水
乱排乱放得到管控，三类县（盐池县、同心县、红寺堡区、原州区、西吉县、隆德县、彭阳县、泾源
县、中宁县、沙坡头区、海原县）农村污水治理率明显提高。

2018—2020 年，全区共建设污水终端治理设施 218 座，铺设管网 2000 千米以上，一二类县农村
生活污水治理率达到 30％，三类县农村生活污水治理率达到 15％。全区 804 条河流、沟道和 118 个
湖泊全部纳入河湖长制管理，落实河长 3670 名、湖长 228 名，实现了河湖"全覆盖"和"应管尽
管"。兴庆区、中宁县、沙坡头区引入大数据、智慧云平台，实现农村生活污水处理设施自动运行、
远程控制。隆德县被评为全国农村生活污水治理示范县。

三、农村生活垃圾治理

（一）农村生活垃圾分类

2010—2018 年，按照《宁夏农村生活垃圾处理技术规范》要求，自治区开展农村生活垃圾分类
试点，在总结农村生活垃圾收集处置经验的基础上，逐步推广农村生活垃圾分类投放、分类收集、分
类运输、分类处理。新建生态移民安置区配套建设相应的垃圾分类收集设施，老旧居住庄点逐步增加
垃圾分类收集设施，减少混合垃圾直接处理。各市、县（市、区）积极推广农村生活垃圾分类处置，
加强农村环保宣传教育，倡导村民保持良好生活卫生习惯。在农村地区加快推广生活垃圾分类，制定
引导和奖励性政策，提高农民参与垃圾分类的积极性。

2019 年，宁夏制定了《关于构建以源头分类减量和资源化利用为导向的农村生活垃圾治理体系
的实施意见》，试行"两次六分、四级联动"垃圾治理模式，"两次"即农户初次对可变卖、可喂牲
畜、可生活使用等有用垃圾自主分类利用，弃用垃圾由保洁员收集后在工作场地进行二次专业分类；
"六分"即把农村生活垃圾总体分为 6 种类型，分别是有机垃圾、可回收垃圾、大件垃圾、沙土灰渣
垃圾、有毒有害垃圾、其他垃圾。自治区因村施策，不搞一刀切。"四级联动"即实行户分类、村收
集、乡（镇）转运、县处理的农村生活垃圾治理模式。全区逐步完善农村生活垃圾源头分类机制，逐
步建立低成本、高效益、模块化、可推广的垃圾分类减量和资源化利用体系。

2020 年，宁夏继续在全自治区 22 个县（市、区）探索推行"两次六分、四级联动"农村生活垃
圾治理模式，宁夏农村生活垃圾分类减量和资源化利用覆盖面达到 25％。

（二）生活垃圾治理历程

2002 年 11 月，自治区决定对全区城乡接合部的环境集中进行综合整治，逐步建立城乡接合部的环卫设施。各市、县（市、区）在城乡接合部（城郊村）设置了密闭式垃圾箱，建设了垃圾转运房，有条件的建设了垃圾中转站，彻底清理了城郊村和城市出入口乱堆乱放的垃圾和卫生死角，将河、沟、渠、湖周围的垃圾运送到城外指定的处理场处理。

2003 年，宁夏在实施城乡接合部环境综合整治中，赋予了城乡接合部各乡（镇）、村环境卫生管理的职责，明确了城乡接合部各乡（镇）、村要建立群众保洁组织，有条件的要建立环卫专业队伍，负责所辖区域的环境卫生工作；市、县（市、区）环卫部门要加强对乡镇环卫工作的指导和监督；明确划定城乡接合部的环境卫生责任区域。市、县（市、区）的环卫专业队伍和乡（镇）、村的群众保洁队伍，按照划定的卫生责任区域和统一的环境卫生标准，开展城乡接合部的环境卫生工作；要求城乡接合部农村的垃圾要做到日产日清和密闭化运输。

2006 年 4 月，自治区人民政府审议通过《宁夏环境保护"十一五"规划》，全面开展农村生活垃圾收集处置等基础设施的建设和管理。同年 3 月，国家环境保护总局启动了"农村小康环保行动计划"试点工作，同意将宁夏列入试点省域之一。自治区首批试点选定 4 区 1 县，先期推进，主要任务包含对农村生活垃圾污染问题的整治，建设生活垃圾收集设施等。自 2007 年起，自治区启动实施了乡村清洁工程建设，成立了由自治区发改委农经处、财政厅农财处和农牧厅科教处、计财处、农业环保站、农村能源站、畜牧站等单位为成员的宁夏农业面源污染防治及乡村清洁工程建设领导小组，各示范市、县同时成立了相应机构，确保项目的有效实施，通过新建垃圾池、处理场等基础设施，改善了农村环境，取得了较好的效果。

2008 年，宁夏按照环境保护部、财政部和自治区党委、政府的工作要求，以深入开展试点示范项目为契机，大力实施"以奖促治"工作，推进城乡环境综合整治全面开展，重点对农村生活垃圾等进行治理。

"十一五"期间，宁夏通过实施城乡接合部环境综合整治、农村小康环保行动、农村清洁工程示范点建设等重点项目，重点清理了农村乱堆乱放和积存的生活垃圾，对农村生活垃圾治理基础设施力度持续加大，城乡环境面貌有了很大改善。全区累计投入 10 多亿元，开展了以农村生活垃圾治理、基础设施建设等为主要内容的各类农村环境整治项目，累计建设农村垃圾池 3 万余个，发放垃圾清运转动车 185 辆，全自治区 22 个县（市、区）、800 多个村庄的 177 万农村居民受益，100 多个村庄的环境得到了改善。其中，银川市对 74 个村进行了农村生活垃圾等环境综合整治，直接受益农民达 20 余万人；石嘴山市实施农村环境综合整治项目 27 个；吴忠市建设农村垃圾收集池近 5000 座；固原市建成了一批农村垃圾处理设施；中卫市集中整治村庄 33 个。

2010 年，宁夏被环境保护部、财政部确定为全国 8 个农村环境连片整治示范省域之一，连续三年共投入资金 10 亿元（其中，中央财政 6.5 亿元、自治区财政配套 3.5 亿元），采取山川有别、因地制宜、试点先行的方式，重点建设垃圾填埋场、中转站（收集站）、垃圾池，配备转运车、收集车、垃圾箱（垃圾桶）等农村生活垃圾治理基础设施。全区将乡村环卫保洁纳入项目中，每年由实施项目的建制村、所在县（市、区）政府投入资金，主要用于建立村级环卫专业队伍和开展环卫保洁工作。2010—2012 年，自治区完成了 1040 个建制村环境连片整治任务，受益农民达到 110 万人。2013 年，宁夏再次被国家确定为全国 2 个全覆盖拉网式农村环境综合整治试点省域之一，2013—2015 年共计投入资金 9 亿元，实施了以农村生活垃圾和污水治理等为重点的农村环境整治项目，实现了全区 2362 个建制村环境综合整治全覆盖。

2013 年，宁夏在全国出台首部省级农村环保规划——《宁夏回族自治区农村环境保护规划（2011—2020 年）》（以下简称《规划》），将全区划分为沿黄灌溉区、中部干旱风沙区和南部山区 3 个农村环境管理片区，并分析了不同管理片区在农村生活垃圾方面存在的主要问题，提出了管理要求，明确了重点控制单元。沿黄灌溉区，主要问题为农村人口居住相对集中、人口规模较大，生态移民迁入区农村生活污染问题较重，管理要求为建立农村环境污染治理设施的长效运营管理机制，重点控制单元为沙坡头川区、中宁县川区、利通区、青铜峡市。中部干旱风沙区，主要问题为农村生活垃圾产生量大，处理设施不完善，生活垃圾污染问题突出，管理要求为全面推广农村生活垃圾"分类收集，就地资源化"处理模式，建立"低污染、低投资、低运行、易管理"的农村生活垃圾处置体系，重点控制单元为同心县、红寺堡区。南部山区，主要问题为农村生活垃圾产生量较大，农村人口居住分散，地形复杂，农村生活污染治理难度大，管理要求为以生活垃圾治理为重点，引导和培养垃圾源头分类处理的理念，因地制宜开展农村生活污染治理，重点控制单元为原州区、西吉县、海原县南部。

截至 2015 年，全区共建设农村垃圾填埋场 113 座、中转站（点）178 处，购建各种规格垃圾箱（桶）27.9 万多个，发放各种垃圾收转运车 14265 辆，全区农村垃圾处理率达到 55%。

2016 年，为贯彻落实国务院第二次改善农村人居环境工作会议精神，宁夏开始了以"两处理、两改造"（污水处理、垃圾处理、改厨改厕）为重点的新一轮农村环境综合整治，把改善农村基础设施和公共服务配套条件作为主攻方向，推进环保部下达的 300 个村庄农村环境综合整治提标完善工程，对已建成的农村污水处理设施和垃圾收转运设施进行完善，共涉及村庄 293 个。全区安排专项资金，开展美丽乡村建设和精准脱贫村庄环境整治，对全区农村 312 个污水垃圾处理转运设施进行提标改造；以美丽小城镇、美丽村庄项目建设为载体，继续开展农村生活垃圾治理，清理垃圾 60635 吨。

2017 年 7 月 11 日，自治区政府办公厅印发了《宁夏新一轮农村人居环境综合整治行动方案》，开展以农村生活垃圾处理为主要内容的新一轮农村环境综合整治。全区通过建立项目库的方式，对农村垃圾治理等重点工作进行实施；召开全区农村环境综合整治现场推进会，总结经验，部署统筹，开展垃圾处理等 9 项重点工程，推进全区农村人居环境改善。

2018 年 5 月 21 日，自治区党委办公厅、政府办公厅印发了《宁夏农村人居环境整治三年行动实施方案》，成立自治区工作领导小组，召开全区改善农村人居环境电视电话会议，分解落实各县（市、区）各年度环境整治指标任务，指导各县（市、区）全面完成农村人居环境整治方案制定和备核。全区按照"户分类、村收集、镇转运（或处理）、县处理"的模式，配全配齐垃圾收集转运等设施，建立健全高效运行体制机制，实现垃圾源头分类减量和资源化利用；开展农村人居环境整治调查摸底，制定环境整治资金需求计划、筹资方案、奖补政策和验收标准，自治区财政投入补助资金 1.6 亿元，推进 5 个试点县（市、区）、31 个试点乡镇、67 个试点村环境整治，其中隆德县、沙坡头区被列入国家试点县（市、区），全面落实垃圾、污水治理和改厕、改善村容村貌、乡村规划、体制机制建设等各项整治任务，全区农村生活垃圾治理率达到 65% 以上。

截至 2018 年底，全区已建设垃圾中转站（点）178 个、填埋场 113 座，购建垃圾箱（池）28.4 万个，发放垃圾收转运车 15045 辆。

2019 年，自治区开展农村可再生资源回收利用、有机垃圾堆肥或生态循环处理、惰性垃圾垫路或填埋、有害垃圾集中收集处理和垃圾源头分类减量、就近就地资源化利用试点，建立与农作物秸秆、畜禽粪污等处理相结合的垃圾堆肥场 182 个，建设垃圾填埋场 30 座、中转站 54 个，新配垃圾箱 2.5 万个、中转压缩收集箱 2000 个，收集及压缩转运车辆 2260 辆，新招聘保洁员和清运车辆司机 1900 多人，整治销号各类非正规垃圾堆放点 55 个。

截至 2019 年底，宁夏 22 个县（市、区）有生活垃圾收集点的建制村达到 1870 个，占总数的 94.54%；对生活垃圾进行处理的建制村 1678 个，占总数的 84.83%；全年生活垃圾清运量 82.43 万吨。

截至 2020 年底，宁夏 22 个县（市、区）均建立了农村垃圾收运处置体系，达到 100%；有生活垃圾收集点的建制村达到 1912 个，占总数的 98.76%；对生活垃圾进行处理的建制村 1865 个，占总数的 96.33%；全年生活垃圾清运量 944425.92 万吨，农村人居环境整治三年行动目标任务圆满完成。青铜峡、泾源等县（市、区）开展垃圾上门收集、垃圾积分兑换、有机垃圾堆肥等试点；盐池县建设垃圾分类回收中心，配套分类垃圾桶和收集车，推进垃圾分类和资源化利用；利通区引进成都"黄大姐"保洁服务公司；隆德县实行农村环卫保洁网格化管理，农村生活垃圾基本实现日产日清。各市、县（市、区）农村生活垃圾专业化治理、市场化运营、产业化发展迈出新步伐。

2019—2020年宁夏各市、县（市、区）农村生活垃圾治理情况见表14-1-1。

表14-1-1　2019—2020年宁夏各市、县（市、区）农村生活垃圾治理情况

市、县（区）	2019年					2020年				
	年生活垃圾清运量（吨）	有收集点的建制村		有处理的建制村		年生活垃圾清运量（吨）	有收集点的建制村		有处理的建制村	
		个数（个）	占比（%）	个数（个）	占比（%）		个数（个）	占比（%）	个数（个）	占比（%）
自治区	824340.14	1870	94.54	1678	84.83	944425.92	1912	98.76	1865	96.33
银川市	142426.91	221	91.70	218	90.46	166250.23	207	100.00	205	99.03
兴庆区	32652.00	33	100.00	33	100.00	31520.00	30	100.00	30	100.00
金凤区	8457.50	13	100.00	13	100.00	8457.50	10	100.00	10	100.00
西夏区	13410.84	12	70.59	11	64.71	14368.91	22	100.00	22	100.00
永宁县	24160.70	31	75.61	31	75.61	26542.15	27	100.00	27	100.00
贺兰县	24521.57	73	100.00	71	97.26	27747.07	56	100.00	54	96.43
灵武市	39224.30	59	92.19	59	92.19	55614.60	62	100.00	62	100.00
石嘴山市	84405.70	183	98.92	170	91.89	100435.50	179	100.00	173	96.65
大武口区	37160.00	12	100.00	12	100.00	25790.00	12	100.00	12	100.00
惠农区	10212.00	28	93.33	28	93.33	31908.50	30	100.00	28	93.33
平罗县	37033.70	143	100.00	130	90.91	42737.00	137	100.00	133	97.08
吴忠市	188383.65	419	96.54	378	87.10	249321.62	444	100.00	442	99.55
利通区	40891.00	77	100.00	77	100.00	57612.00	77	100.00	77	100.00
青铜峡市	36513.40	91	100.00	68	74.73	40535.30	88	100.00	86	97.73
盐池县	32768.00	82	84.54	82	84.54	43549.72	96	100.00	96	100.00
同心县	39591.25	107	100.00	89	83.18	67724.60	121	100.00	121	100.00
红寺堡区	38620.00	62	100.00	62	100.00	38900.00	62	100.00	62	100.00
固原市	249976.58	667	92.51	561	77.81	252649.50	702	97.50	681	94.58
原州区	92424.00	112	84.85	95	71.97	90019.00	121	92.37	118	90.08
西吉县	79259.00	235	88.35	174	65.41	88824.55	258	96.99	255	95.86
隆德县	13994.93	91	96.81	91	96.81	13840.12	94	100.00	94	100.00
泾源县	35390.00	86	100.00	58	67.44	31970.00	86	100.00	71	82.56
彭阳县	28908.65	143	100.00	143	100.00	27995.83	143	100.00	143	100.00
中卫市	159147.30	380	95.72	351	88.41	176769.07	380	98.45	364	94.30
沙坡头区	61568.00	132	93.62	132	93.62	60422.20	135	100.00	135	100.00
中宁县	51460.00	122	100.00	104	85.25	58893.54	121	100.00	111	91.74
海原县	46119.30	126	94.03	115	85.82	57453.33	124	95.38	118	90.77

第二章

农村公共教育与文化事业

■ 第一节　农村公共教育

一、"两基"攻坚

"两基"攻坚是党中央、国务院扶持西部地区基本普及九年制义务教育、基本扫除青壮年文盲，提高国民素质，缩小东西部差距，促进当地经济发展和社会进步的一项重大举措。宁夏自1994年正式开始"两基"攻坚，1995年11月，石嘴山、银川两市的5个县区，首批通过自治区的评估验收，成为宁夏完成基本扫除青壮年文盲，基本普及九年制义务教育目标的地区，实现了宁夏九年制义务教育零的突破。1997年10月中旬，宁夏在川区所有16个县（市、区）实现了普及九年制义务教育目标，在普及程度、师资水平、校舍面积、硬件设施及设备配备、教育经费投入等方面都达到了国家和自治区规定的标准，学校管理水平和整体办学条件迈上新台阶。至2000年底，宁夏南部山区各县基本完成了扫除青壮年文盲的目标任务。

2002年，川区12个县（市、区）完成了"两基"复查，覆盖243.4万人，比上年提高了57％。同年，宁夏在山区完成了对彭阳县、西吉县的"普初"（普及初等义务教育）验收，宁南山区8个县有6个县实现了普及初等义务教育，覆盖人口达168.1万，比上年提高了70％。2003年，全区实现普及初等义务教育目标，川区实现"两基"巩固提高目标。"普九"（基本普及九年制义务教育）覆盖人口占全区人口的68％。2004年，盐池县通过了自治区"普九"验收，率先在宁南山区实现了"两基"目标。全区以县为单位"两基"人口覆盖率达到59.6％，覆盖人口345.6万人，以乡为单位"两基"人口覆盖率超过了70％，全区小学适龄儿童入学率为98.5％，初中阶段入学率为90％。2005年，全区小学适龄儿童入学率达到99.04％，初中阶段毛入学率达到94.21％，比2000年提高了8个百分点；初中毕业生升学率达到77.28％，比2000年提高了18个百分点。其中，全区小学入学率为99.04％，小学毕业生升学率为77.28％，均居西部省（自治区）第3位，全自治区有16个县（市、区）实现"两基"攻坚目标，"普九"人口覆盖率达到70％，比2000年提高15个百分点。

2006年，宁夏全面实现"两基"目标，实现了教育的历史性跨越。2008年6月，国家"两基"督导检查组对宁夏"两基"工作进行了督导检查。检查认定："两基"所有指标均达到国家规定的标准，小学入学率达到99.64％，小学、初中专任教师学历合格率分别达到99.05％和98.48％；全区"两基"人口覆盖率达到100％，提前一年实现了"两基"目标。2008年7月20日，教育部正式致函宁夏回族自治区人民政府：宁夏"两基"工作高标准通过国家检查验收。至此，宁夏"两基"攻坚工作取得了丰硕的成果，是改革开放后宁夏所取得的最重要的历史成就之一，成为宁夏经济社会、教育文化发展的一个标志性工程。

二、义务教育均衡发展

2007 年，全区普及义务教育任务基本完成后，自治区人民政府及时调整工作重心，制定出台了一系列推进义务教育均衡发展的政策措施，印发了《宁夏义务教育均衡发展行动计划》；2008 年将落实此计划列入自治区政府为民办的 30 件实事之中；2009 年启动了创建义务教育均衡发展示范县工作。截至 2010 年底，全区共有 18 个县（市、区）实现了教育强县（区）目标，数量占全区县（市、区）总数的 81.8%，"教育强县（区）"创建活动推动了县（市、区）域内义务教育均衡发展，为实现教育公平奠定了良好的基础。

2011 年后，为认真贯彻落实全国教育大会和《国家中长期教育改革和发展规划纲要（2010—2020 年）》精神，宁夏制定了《宁夏中长期教育改革和发展规划纲要（2010—2020 年）》，将推进义务教育均衡发展作为教育政策的核心内容，进一步凸显了义务教育均衡发展的重中之重的战略地位；建立健全义务教育均衡发展保障机制，推进义务教育学校标准化建设，均衡配置教师、设备、图书、校舍等资源，提高义务教育质量。同时，为进一步缩小县域内义务教育阶段学校的城乡之间、校际办学差距，使薄弱学校的办学条件和教学水平得到较大幅度提高，宁夏明确提出到 2015 年，75% 以上的县（市、区）实现义务教育基本均衡发展，到 2017 年全区全面实现义务教育基本均衡发展。

2018 年 1 月，自治区认定红寺堡区、同心县、西吉县等 3 县（区）实现了义务教育基本均衡发展目标。2018 年 9 月，国家教育督导检查组对宁夏回族自治区申报的义务教育发展基本均衡县（市、区）进行了督导检查，宁夏 22 个县（市、区）均达到国家县域义务教育基本均衡认定标准，成为我国西部地区首个全域通过国家义务教育发展基本均衡县督导评估的省。至此，宁夏实现了县域内义务教育基本均衡发展目标，比国家规划提前 3 年，进入了优质均衡发展阶段。

三、教育惠民工程

（一）基础建设

1995 年以后，宁夏先后启动实施了"世界银行贷款项目"，以及"国家贫困地区义务教育工程"项目（以下简称"义教工程"）。"义教工程"项目于 1996 年正式启动，首先确定固原、隆德、中卫 3 个县为"义教工程"项目试点县。1998 年 5 月第一期"义教工程"项目在盐池、同心、固原、彭阳、海原、西吉、隆德、泾源 8 个国家级贫困县和中卫、陶乐 2 个省级贫困县全面启动，项目实施期为 3 年，覆盖了宁夏 10 个县（市、区）的 824 所学校。第一期"义教工程"促进了中卫县、陶乐县如期实现了"普九"目标，其他各县也大幅度地提高了初等义务教育的普及程度，提高了入学率，降低了辍学率，固原县、隆德县、泾源县在 2000 年跨入了普及初等义务教育的行列。

从 2001—2005 年，宁夏实施第二期"国家贫困地区义务教育工程""中小学危房改造工程""百所回民中小学标准化建设工程""国债项目建设工程""移民吊庄学校建设工程""西部地区基础教育贷款项目工程""教育信息化工程"等教育重点工程，极大地改善了宁南山区中小学的办学条件，学校面貌发生了翻天覆地的变化，校园校舍和教育设施建设跨上了新的台阶，形成了校园布局合理化、办学条件标准化、学校管理规范化的格局，巩固提高了农村中小学布局调整成果。这些工程是宁夏教育有史以来中央专项资金投入最多、规模最大的全国性教育扶贫工程。

"十一五"以后，自治区坚持把改善办学条件作为推进义务教育均衡发展的基础工程，全面落实国家有关义务教育投入政策，将义务教育全面纳入公共财政保障范围。2012—2017 年，宁夏地方义务教育经费总投入为 1104 亿元，2017 年比 2012 年增长了 58.8%。在改善办学条件工作中，宁夏注重优化中小学布局结构，编制了全区学校布局规划和化解义务教育阶段大班额专项规划、农村义务教育学校布局专项规划等，努力优先保障教育项目建设用地，先后实施了中小学校舍安全工程、"全面改薄"、农村中小学体育运动场和供暖设施改造等一系列重大工程和项目。校舍成为农村当地最漂亮的建筑，绝大多数乡镇中小学运动场所实现塑胶化，农村中小学彻底告别了火炉供暖时代，中小学校舍面貌发生了翻天覆地的变化。

2020年，宁夏争取中央支持全区各类教育项目资金39.4亿元，比上年增长1.6亿元，不断扩大各级各类教育优质资源配置。全区扩大学前教育资源与规模，全年下达资金4.54亿元，新建幼儿园40所，新增幼儿学位9900个，有效解决了全区农村"无园可上"和城市"有园难上"的问题；提升义务教育薄弱环节改善与能力，全年新建扩建城市中小学和乡镇学校70所，下达资金12亿元，建设校舍面积35万米²；改善普通高中办学条件，下达资金1.98亿元，改造普通高中学校办学条件45所，包括校舍建设项目学校14所，新建校舍7.25万米²；校舍及附属设施维修改造和设备购置项目学校31所，高考标准化考点改造学校32所，改造考场1963个；完善校舍安全保障长效机制，优化资金支出结构，对校舍维修改造和新建予以一定资金支持，协调财政统筹支持各地各校2亿余元。当年，自治区发改委下达2020年教育现代化推进工程资金1.94亿元，支持30所中小学校新建、改扩建校舍4.1万米²，其中建设教师周转房319套。自治区教育厅联合自治区发改委、财政厅等7部门印发《中小学校"厕所革命"工作方案》，组织编制项目建设方案，推进农村中小学校卫生厕所建设。

（二）学生资助

1. "两免一补"实现义务教育全覆盖

宁夏积极推进落实"两免一补"政策，从2006年秋季起，在西部地区率先将"两免一补"政策扩大到全区义务教育阶段所有城乡学校；安排财政专项资金为学生免费提供一套教辅材料。"免补"政策的实施，当年就使99万名中小学生受益。宁夏进一步探索了贫困地区、贫困家庭学生的政策资助，实现了宁夏义务教育阶段学生不因家庭经济困难而辍学的目标。

2. 教育资助体系实现全学段覆盖

宁夏健全和完善从学前教育到研究生教育各阶段全覆盖、无缝对接的学生资助政策链，解决家庭经济困难学生（幼儿）"入学（园）难"的问题。2015年，全区共资助高等学校、中等职业学校、普通高中、学前一年学生34.7万多人，国家、自治区、社会慈善组织（包括助学贷款在内）投入资金共计近10.9亿元。其中：列入2015年教育民生计划内容资助学生20.9万人，国家和自治区投入资金近3.9亿元。在中等职业学校学生资助方面，宁夏免除全区所有中等职业学校一、二、三年全日制在校生67893人学费，国家、自治区共投入1.3亿余元。全区共有25438人获得中职国家助学金资助，国家和自治区投入4730.4万元。从2015年春季学期起，全区国家助学金资助标准由每生每年1500元提高到2000元。在普通高中学生资助方面，全区全年共资助普通高中家庭经济困难学生47096人，国家和自治区投入资金9419.2万元。在学前幼儿资助方面，全区享受学前教育资助的幼儿共计有39705人，其中学前一年的学生共计有12344人，秋季学期扩大到学前二年后，学前二年有27361人，自治区及各市、县（区）投入资金1985.24万元。

2016年，全区全年资助从学前到研究生教育各阶段学生20万人，发放资金4.34亿元。在高校学生资助方面，全区全年发放各类奖、助学金11907.15万元，资助学生59229人。在中等职业学校学生资助方面，全区共下达资助资金19176.255万元，普通高中国家助学金下拨资金9196万元，资助人数45674人。在学前幼儿资助方面，全区在春季学期发放资助金1551.2万元，资助家庭经济困难儿童31024人；在秋季学期投入资助金1633.7万元，资助家庭经济困难儿童32674人。经摸底，全区2016年确定普通高中建档立卡家庭经济困难学生实际人数为1.6万人，全部纳入免除学杂费政策范围。从2016年秋季学期起，全区免除普通高中建档立卡等家庭经济困难学生（含非建档立卡的家庭经济困难残疾学生、农村低保家庭学生、农村特困救助供养学生）学杂费（不含住宿费）。从2015年秋季学期起，宁夏对固原地区中等职业学校全日制正式学籍在校一年级所有学生免住宿费

（800 元/生·年）、书本费（400 元/生·年），并增补生活补助费（500 元/生·年）。从 2016 年秋季学期起，各项政策覆盖固原地区中职学校全日制正式学籍在校一、二年级所有学生。

2017 年 4 月，自治区出台了《宁夏教育精准扶贫"十三五"行动方案》，主要聚焦 9 个贫困县（区）、843 所贫困村学校和 16 万建档立卡贫困学生（含农村低保家庭学生和特困供养学生），以全面提高贫困地区群众基本文化素质和劳动者职业技能为重点，先后实施了学前教育普及提高行动、义务教育均衡发展攻坚行动、贫困学生资助惠民行动、特殊困难儿童关爱行动、教育扶贫结对帮扶等十大行动，进一步落实责任、精准发力，定向倾斜、精准投入，定点包干、精准帮扶，形成推进教育精准扶贫的强大合力，着力提升贫困地区教育发展水平，全力保障贫困地区学生接受公平、有质量的教育。2017 年，全区各学段资助学生达 48.84 万人次，各级财政累计安排学生资助资金达 6.75 亿元（不含国家生源地信用助学贷款）。其中：高等教育领域发放国家奖助学金等 2 亿多元，资助学生 12 万人次；中等职业教育领域发放三免一补一助资金（国家助学金，免学费，山区九县中职免住宿费、书本费并增补生活费）1.85 亿元，资助学生 10.41 万人次；普通高中教育领域发放国家助学金、建档立卡等家庭经济困难学生免学费资金 1.1 亿元，资助学生 7 万人次；义务教育领域发放寄宿学生生活补助 1.13 亿元，资助学生 11.57 万人；学前教育领域下达资助专项资金 0.57 亿元，资助幼儿 7.73 万人次。

2018 年，国家和自治区财政下达 2018 年学生资助各级各类补助经费 7.36 亿元，资助受助学生 45 万人次。其中：高校资助，下达各类奖助学金、减免学费并国家助学贷款贴息、风险补偿金等 2.4 亿元，资助学生 12 万人次；中职资助，下达国家助学金、免学费和山区九县"9＋3"职业教育专项资金共计 2.04 亿元，资助学生 10.32 万人次；普通高中资助，下达资金 1.1 亿元，资助学生 7.1 万人次；义务教育资助，下达寄宿学生生活补助 1.1 亿元，资助学生 11.28 万人次；学前资助，下达资助专项资金共 0.72 亿元，资助 4.46 万人。

2019 年，宁夏各级财政共安排学生资助资金 8.33 亿元，资助各学段学生 50.56 万人次，确保对家庭经济困难学生"应助尽助"。其中：学前教育方面，学前两年教育资助共计 2844.15 万元、2.54 万人，建档立卡家庭经济困难儿童和残疾儿童"一免一补"资助共计 5275.8 万元、2.1 万人。

2020 年，宁夏累计下达中央和自治区学生资助补助经费 8.44 亿元，累计资助学生 73.47 万人，确保对各学段家庭经济困难学生应助尽助、应补尽补。其中：学前教育，资助补助资金 9689.08 万元、40371 人；义务教育，家庭经济困难学生生活补助 8664.83 万元、171049 人；普通高中教育，国家助学金资助 8896.33 万元、44482 人，免学杂费补助 1784.76 万元、22310 人；中等职业教育，国家助学金资助 6082.59 万元、30413 人，免学费补助 15158.99 万元、75795 人，国家奖学金奖励 63 万元、105 人，"9＋3"职业教育专项资金补助 1364.06 万元、12409 人；高等教育，高校国家助学金、国家奖学金、国家励志奖学金资金共计 21503.2 万元、42917 人，高校助学贷款奖补资金 1224 万元，高职农林师范生及建档立卡学生学费减免 7038.15 万元、16758 人，高等学校学生应征入伍服义务兵役和直接招收为士官国家资助 910 万元、700 人，高校毕业生赴基层就业补偿代偿 793 万元、600 人。全区落实自治区社会救助和保障标准与物价上涨挂钩联动机制，发放家庭困难大中专在校学生价格临时补贴 1277.82 万元，资助 27.68 万人次。全区完成国家助学贷款工作，全区贷款合同签订人数超过 8 万人，合同金额为 5 亿元。

（三）营养改善计划

2010 年，宁夏启动了"营养早餐工程"，决定在中南部地区 12 个县（区）的 1500 多所农村和县城（城市）义务教育阶段公办学校，为学生每天免费提供一个熟鸡蛋，当年约 37 万农村学生受益，每年所需近 5000 万元资金全部由自治区财政承担。

2011 年，宁夏启动实施了"营养午餐工程"国家试点工程，先期在中南部 9 个县（区）选取部分学校试点，2012 年春季学期在南部山区所有小学全面推行。自 2018 年春季开学，宁夏学生营养改善计划扩展到实施范围内的农村学校附设学前班，惠及 2 万余名学前班学生。

截至 2019 年，宁夏营养改善计划实施范围为 11 个县区，农村义务教育阶段的孩子中午可以在学校免费就餐，受益学生近 25.6 万人，每个贫困家庭每个孩子每年可以减轻负担 1120 元。全区学生营养改善计划工作得到了时任孙春兰副总理的高度评价。

根据宁夏医科大学对实施范围内的学生体质进行三年纵向追踪监测结果，实施范围内国家试点县学生平均身高增加了 0.8 厘米，营养不良率由 4.7％降低到 3.9％，贫血患病率由 8.6％降低到 7.6％，体重正常率由 42％提高到 43.9％。教育部组织的中央主流媒体采访团高度关注宁夏的营养改善计划实施情况，予以了大量报道宣传，社会反响巨大，宁夏营养改善计划工作走在了全国前列，实施效益得到了认可和显现。

四、"互联网＋教育"

从 2013 年开始，自治区财政每年安排专项资金 5000 万元，用于教育信息化建设，全面完成"宽带网络校校通"任务，率先在全国以省为单位建成"宁夏教育云"平台，提供优质教育资源 2300 多万个，实现了优质数字资源从学前教育到高等教育全覆盖；指导 1200 多所学校开展智慧校园管理，建成名师网络工作室 500 多个，让农村山区学生共享优质课。

2018 年 7 月，教育部批复宁夏开展"互联网＋教育"示范省（自治区）建设，先后统筹安排"互联网＋教育"示范区建设经费 6.65 亿元，打造"互联网＋教育"教育资源共享示范区、创新素养教育示范区、教师队伍建设示范区、学校党政思政示范区和现代教育治理示范区。经两年建设，示范区建设取得明显成效。根据教育部发布的《2019 年中国教育信息化发展报告》，宁夏教育信息化发展综合排名取得第 7 位的好成绩：宁夏的学校互联网接入率达 100％，出口带宽百兆以上达 100％，"班班通"覆盖率达 97％，在线互动教室覆盖率达 60％，数字校园覆盖率达 63％。"互联网＋教育"大平台服务成效明显，学校教学环境发生巨大变化，基本实现教育教学和管理全要素全流程全方位的数字化转型升级，缩小了区域、城乡、校际的数字鸿沟和因学校资金不足、家庭经济贫困等因素带来的教育资源获取能力的差距，保障了信息公平，促进了教育公平。尤其是自治区依托宁夏教育云建设了在线互动课堂平台，常态化开展"三个课堂"普及应用，累计开课达 30 万堂，惠及了全区 1/3 的学生，有效缩小了城乡、区域、校际办学质量差距，让优质教育资源惠及万千学子，使偏远地区农村学校的孩子也能听到好老师讲课，薄弱学校办学水平普遍提升，有力地促进了城乡义务教育的一体化发展。

■ 第二节　农村文化事业

一、管理机构

1996 年 1 月，自治区文化厅文物事业管理处改名为自治区文物局，代表文化厅领导全区文博工作。2018 年 10 月，宁夏机构改革，将原文化厅、旅游发展委员会合并为自治区文化和旅游厅；成立了自治区农业农村厅，增设了农村社会事业促进处，将原农牧厅乡村产业办指导农村精神文明和优秀农耕文化建设相应职责划入。

二、农村文化事业发展

自 1996 年以来，宁夏农村文化事业发展主要经历了三个发展阶段。

（一）文化体制改革阶段

1. 文化体制改革

1996 年 10 月，十四届六中全会提出了文化体制改革的方针和任务。次年 1 月，中共中央下发《关于进一步做好文艺工作的若干意见》。自治区按照中央精神，提出政企分离的思路，规定管办分离之后文化行政部门与文化企业间不再按隶属关系进行内部管理，而是依据法律法规进行外部管理和社会服务，解决好缺位和越位的问题。2000 年 10 月，党的十五届五中全会提出"要完善文化产业政策，加强文化市场建设和管理，推动有关文化产业发展"。次年 8 月，中共中央批转中宣部、国家广播电影电视总局、新闻出版总署《关于深化新闻出版广播影视业改革的若干意见》，提出"文化体制改革要以发展为主题，以结构调整为主线，以集团化建设为重点和突破口，着重在宏观管理体制、微观运行机制、政策法律体系、市场环境、开放格局 5 个方面进行探索创新"。按照中央精神，宁夏农村文化事业在改革中迅速发展，实力不断增强，焕发出了蓬勃活力。到 2002 年，宁夏按照党的十六大提出的"积极发展文化事业和文化产业，深化文化体制改革"要求，加大了基层农村文化建设投入，为乡镇文化中心配备设备，为区直文化单位配备业务用车。

2. 群众文化活动

1996 年春节，贺兰县举办全县春节文艺会演。贺兰县图书馆在 2 月 19—20 日（正月初一、初二）举办了两天春节灯谜游艺活动。元宵节期间，银川市中山公园举办了大型自贡巨型灯电动灯会，为宁夏制灯艺术提供了学习机会。1998 年元宵节，固原县举办固原城区"第九届元宵花灯会"。8 月 8—10 日，宁夏沙湖旅游区举办了"1998 中国西北'沙湖杯''花儿'歌手比赛"，宁夏共选拔了 7 名歌手参赛，其中评选一等奖 1 名，二等奖 3 名，三等奖 2 名，海原县农民歌手马生林获唯一的特别奖，宁夏代表团获组织奖。是年春节，吴忠市举办银南地区春节社火竞赛表演，灵武市分别获得组织奖、一等奖、二等奖、三等奖、表演奖、技能奖、造型奖。2000 年 8 月 5—12 日，宁夏沙湖旅游区举行了"第二届中国西部民歌（花儿）歌手邀请赛"，宁夏 67 名歌手参赛，评选出一等奖 9 名，二等奖 21 名，三等奖 27 名。获奖歌手至宁夏固原地区和泾源县各演出一场，15000 名观众观看，其中有的观众是从甘肃省邻县赶来的。

3. 民间工艺美术品

砖雕：建筑房屋的装饰品，一般镶嵌在砖木结构房屋的厅堂屋脊或大门脊上，起到镇宅的作用。其制作工艺复杂，需要经过选土、过筛、和泥、制坯、提骨架、雕刻、晒干、烘制，然后打磨、雕刻而成。砖雕作品形象生动，雕刻工艺精细。隆德县魏世祥创作的《狮子滚绣球》，1995 年在"95 万博杯全国艺术之乡艺术精品展示大赛"中获一等奖，被中国美术馆收藏。

剪纸：剪纸艺术在宁夏分布很广，特别是逢年过节，家家都要用异彩纷呈的剪纸美化环境。剪纸艺术品有门花、顶棚花、窗花、墙围花、礼品花，还有箱柜花、粮囤花、水缸花、灯笼花，以及刺绣花样用的兜肚花、枕顶花、鞋花等。

（二）文化产业发展阶段

1. 农村文化场和设施建设

（1）农村文化中心 2003 年，宁夏加强基层农村文化建设，完成首次全区群艺馆、文化馆评估定级工作。2006—2009 年，自治区文化厅相继出台公布了《关于进一步加强我区农村文化建设的实施细则》《公共文化服务体系运行保障机制建设方案》和《2008 年宁夏文化产业发展情况统计报告》等，推进了"一县两馆""一乡一站""一村一室"建设，整合近千万元的资金和资源，全面启动以"九个一批"为核心的"文化服务进农家"活动。在此期间，全区 100 个乡镇文化站被列入国家建设规划，以"九个一批"为核心的文化服务进农家活动全面推进。宁夏重点扶持建设了 300 个综合文化室、文化中心户、农民艺术团队，组织编写出版了"宁夏农村文化服务指南"系列丛书。2009 年按照文化部颁布的《乡镇综合文化站管理办法》，宁夏深入实施农村文化服务"187"项目和社区文化服务"365"项目，对首批50个村级文化示范点和一批社区文化活动室进行了全方位定点帮扶指导，扶持发展村级示范文化活动室87个、农民文化示范户105个、优秀农民文艺团队87个，到2010年全区形成了乡村和社区文化站（室）规范化管理制度体系。2005—2012年，宁夏为13个市县配置了流动舞台车，累计为2000多个乡镇文化中心（站）、社区文化中心（室）、农村文化室、农民文化户（大院）、优秀农民文艺团队等配置了设备，补充了文化活动器材和图书，累计新建农村文化中心156个，人民群众基本文化权益得到切实保障。

（2）文化信息资源共享工程 2003年自治区文化厅制定了《全区文化信息资源共享工程实施方案》，次年初步建成文化信息资源共享工程宁夏分中心，建立市、县（区）文化信息资源共享工程基层示范点8个。截至2005年，全区完成了文化信息资源工程69个基层服务站点建设，初步实现文化信息在全国全区共建共享，创造了文化信息资源共享工程建设的"宁夏模式"，被国家确定为首个"全覆盖"试点省域。2008—2010年，全区累计为883个各级文化信息资源共享工程支中心配送了设备。到2011年，全区文化信息资源共享工程特色内容资源总量达到600GB。

（3）农家书屋。宁夏农家书屋工程建设始于2007年，当年新建农家书屋1个。2008—2011年，全区农家书屋建成数分别为10个、200个、1100个和1475个。到2011年底，全区累计建成了2786个农家书屋。至此，宁夏农家书屋基础建设工作基本完成，总投资5000余万元，率先在中西部地区实现了农家书屋覆盖所有建制村的目标，并延伸至林场、农场、监狱等。

2. 农村文化产品

一是实施文艺精品工程。宁夏创排大型回族歌舞剧《花儿》《铁杆庄稼》等一批优秀剧目，其中《铁杆庄稼》获中宣部"五个一工程"提名奖；大型舞剧《花儿》实现宁夏舞台精品工程乃至全国舞剧创作的新突破。二是全面启动非遗普查工作。宁夏建立传承保护基地，公布自治区级名录，申报国家级名录，实施十大非遗产品开发性保护；持续扶持文化产业发展，加大砖雕、剪纸、刺绣、妇女手工制品等文化产品开发。三是开展系列品牌文化活动。宁夏于2004年启动宁夏民族民间文化保护工程，泾源县回族舞蹈"踏脚"被列为第二批全国民族民间文化保护试点项目；成功举办全区首届"四进社区"文艺展演及全区"群星奖"活动，庆祝新中国成立55周年全区群众歌咏大赛和首届中国56个民族青少年艺术人才大赛宁夏赛区活动，第五届中国西部民歌（花儿）歌手邀请赛，春节文化庙会暨中国百姓生活游宁夏区活动。2009年，宁夏开展了宁夏首批民间文化艺术之乡评选活动，命名22个。2011年，宁夏紧紧围绕庆祝建党90周年和纪念辛亥革命100周年重大主题，重点组织开展了党政军群企全部纳入、老中青少幼普遍参与的"颂歌献给党"红色广场文化活动。至此，全区完成"清凉宁夏"等特色品牌文化广场演出1450场，送戏进农村、进社区、进校园、进军营、进工地，演出1760场。2004—2012年主要年份宁夏群众文化活动情况见表14-2-1。

表14-2-1 2004—2012年主要年份宁夏群众文化活动情况

指标	2004年	2007年	2008年	2010年	2011年	2012年
送文艺下乡演出（场次）		400	1000	1627	1760	1600
"清凉宁夏"等演出（场次）	2000	600	1000	1611	1475	1500

3. 农村文化服务

宁夏坚持"清凉宁夏""全区社火大赛""中国西部民歌（花儿）歌手邀请赛"等品牌文化活动常态化、制度化，常年开展了送戏下乡演出服务；深入实施农村文化服务"187"项目和社区文化服务"365"项目；坚持一乡一品、一村一特、一特一优，对首批50个村级文化示范点和一批社区文化活动室进行了全方位定点帮扶指导。

（三）文化事业全面深化改革阶段

2012 年 11 月，党的十八大作出了深化文化改革的重大决策。次年 11 月，党的十八届三中全会提出紧紧围绕建设社会主义核心价值体系、社会主义文化强国深化文化体制改革，加快完善文化管理体制和文化生产经营机制，建立健全现代公共文化服务体系、现代文化市场体系，推动社会主义文化大发展大繁荣。这标志着宁夏农村文化事业进入了全面深化改革、大发展大繁荣时期。

1. 农村公共文化服务政策

2012 年后，自治区党委、人民政府相继出台了《宁夏回族自治区深化文化体制改革实施方案》《关于加快构建现代公共文化服务体系的实施意见》《关于做好政府向社会力量购买公共文化服务工作的实施意见》等政策性文件，逐步建立完善了农村公共文化服务运行协调机制；创建国家公共文化服务体系示范区，服务内容和形式得到了创新，部门联动、社会参与、共建共享机制基本形成，进一步增强了农村公共文化服务的活力。

2. 农村公共文化服务设施

2012 年后，全区确定了 1266 个村综合文化服务中心建设项目，争取中央国家部委和自治区财政支持资金超过 2.1 亿元，在贫困地区 9 县（区）建成 716 个村综合文化服务中心，完成 555 个村综合文化服务中心功能提升，实现了贫困地区村综合文化服务中心全覆盖、全达标。2018—2019 年，宁夏启动实施川区村综合文化服务中心功能提升项目，累计对川区 13 个县（区）790 个村综合文化服务中心进行了功能提升；扶持示范村文化室、民间文艺团队、农民文化大院 1400 余个；农村广播电视公共服务水平得到明显提升，文化信息资源共享和公共电子阅览覆盖城乡，农家书屋覆盖所有建制村，区、市、县、乡、村五级公共文化设施网络基本形成。到 2020 年底，全区乡镇（街道）文化站为 245 个，建制村（社区）综合文化活动室为 2638 个。2014—2020 年，宁夏乡镇综合文化站基础设施提升建设名录见表 14-2-2。

表 14-2-2 2014—2020 年宁夏乡镇综合文化站基础设施提升建设名录

年份	数量（个）	建设乡镇
2014	9	永宁县望洪镇、同心县张家源乡、红寺堡区太阳山镇、西吉县偏城乡、西吉县将台乡、隆德县沙塘镇、彭阳县冯庄乡、中宁县新堡镇，海原县三河镇
2015	10	平罗县陶乐镇、崇岗镇、高庄乡、惠农区礼和乡、庙台乡、利通区东塔寺乡、青铜峡市瞿靖镇，原州区黄铎堡镇、官厅镇、中宁县大战场镇
2016	10	贺兰县南梁台子管委会、红寺堡区太阳山镇、盐池县高沙窝镇、盐池县青山乡、原州区中河乡、隆德县杨河乡、隆德县凤岭乡、泾源县泾河源镇、沙坡头区宣和镇、中宁县石空镇
2017	8	同心县豫海镇、石狮管委会、西吉县兴隆镇、平峰镇、震湖乡、硝河乡、沙沟乡、泾源县香水镇
2018	10	利通区上桥镇、板桥乡、古城镇，同心县田老庄乡、西吉县兴平乡、吉强镇、白崖乡、新营乡，隆德县山河乡、沙坡头区兴仁镇
2019	12	红寺堡区新庄集乡、西吉县马建乡、马莲乡、红耀乡、田坪乡、沙坡头区滨河镇、文昌镇、柔远镇、香山乡、中宁县太阳梁乡、海原县海城镇、关桥乡
2020	0	"十三五"时期规划建设任务 40 个，2016—2019 年全部建设完成

3. 农村公共文化服务需求

2012 年后，全区加快建立健全免费开放运行管理制度，图书馆、文化馆、博物馆、文化站等公共文化场馆全面实现免费开放，年免费开放服务群众 100 万人次以上，丰富了农民群众公共文化服务需求。政府购买公共文化服务，打造"中国西部民歌（花儿）歌会""新春乐"全区社火大赛、"欢乐宁夏"全区群众文艺会演等多个群众文化活动品牌，培育发展了"清凉宁夏"等特色广场文化活动，形成了"群众演、演群众、演给群众看"活动机制常态化。全区每年开展送戏下乡 1600 场以上、广场文化演出 1500 多场；文艺精品创作推广引领群众文艺繁荣，先后有 4 部作品荣获中宣部"五个一工程奖"，2 部剧目摘得文化部"文华大奖"和"文化新剧目奖"，带动群众文艺创作不断繁荣；深入开展文化下乡活动，展演活动覆盖市、县（区）、延伸乡镇（街道）和建制村（社区），初步形成具有宁夏特色的群众文化活动品牌系列。2012 年起宁夏积极推进文化志愿服务活动，连续六年开展"春雨工程"全国文化志愿者宁夏行活动，组织全区各级文化单位围绕业务工作常年开展"传递书香·见证成长"等 9 个主题志愿服务活动；引导群众自办文化，推动农民文化大院特色化、民间文艺团队多样化发展，做到文化惠民、文化便民。

4. 农村文化服务人才队伍

2012 年后，宁夏建立了自治区、市、县三级培训网络，年均培训基层文化业务骨干 3000 人次以上，招募注册文化志愿者 8350 名，培养乡土文化能人 3537 名；累计选派 200 多人基层文化队伍专业人才到外省（自治区、直辖市）学习培训。累计举办贫困地区基层文化业务人员、非遗传承人群普及培训、乡土人才和特色文化产业技能等培训班 200 余班（次），年均参加培训 3 万多人次。培训公共文化业务人员与引导培养社会力量参与公共文化服务相结合，壮大了公共文化服务人才队伍。

5. 非物质文化遗产传承

2015 年后，自治区完成登记的不可移动文物 3818 处，历史文化名镇（村）1 处（中卫市南长滩村）。全区列入联合国教科文组织人类非物质文化遗产名录项目 1 项（六盘山花儿），有 18 项国家级和 99 项自治区级非遗代表性项目，9 名国家级和 143 名自治区级非遗代表性传承人，有国家级非物质文化遗产生产性保护示范基地 1 个、自治区级保护传承基地（点）62 个。2012—2020 年，宁夏先后组织开展了五批中国重要农业文化遗产发掘认定工作。2014 年 6 月、2015 年 6 月和 2017 年 6 月，灵武长枣种植系统、中宁枸杞种植业系统、盐池滩羊养殖系统分别被列为中国重要农业文化遗产。宁夏对非物质文化遗产进行了全面普查工作，建立了自治区、市、县三级非物质文化遗产名录，其中静原鸡、中卫山羊、宁夏平原引黄灌溉农业系统等被收录到《中国农业文化遗产名录》中。截至 2019 年，宁夏基本形成了自治区、市、县三级协调有效的工作机制，共有非遗保护工作机构 25 个。

第三章

农村公共卫生与社会保障

■ 第一节　农村公共卫生

一、农村公共卫生资源配置

（一）农村公共卫生体系建设

从 20 世纪 90 年代起，我国为改善农村卫生条件，设立了农村卫生和预防保健专项投资，重点支持"三项建设"工程即农村乡镇卫生、卫生防疫、妇幼保健设施建设项目工程。近年来，自治区不断加强对乡村卫生院（室）投资建设，逐步夯实基层卫生条件，"九五"期间（1996—2000 年），自治区农村卫生"三项建设"完成项目 111 个，竣工面积 46256 万米²，消除危房 22400 万米²，其中改扩建县（市、区）卫生防疫站 5 个、妇幼保健所 5 个、乡镇卫生院 101 个。到 2000 年，全区共有乡镇卫生院 284 所，其中中心卫生院 40 所，床位 1619 张，卫生技术人员 3496 人，村卫生室、村医疗点 2516 所，乡村医生和卫生员 4734 人，农村接生员 4018 人。"十五"期间（2001—2005 年），自治区农村卫生"三项建设"顺利开展，2001 年，以贫困地区为重点，宁夏完成了宁南山区 8 个贫困县 9 个卫生机构的基建项目和改善 6 个贫困县医院的设备。2004 年，自治区完成 22 个乡镇卫生院的翻扩建、维修工程和 30 个乡镇卫生院的建设工程，为 18 个县（市、区）医疗机构购置了农村巡回医疗车。2005 年自治区制定《关于加强村卫生室建设的意见》，完成 10 个县 70 个乡镇卫生院建设项目、建成标准化卫生室 46 个。"十一五"期间（2006—2010 年），自治区以村卫生室规范化建设为载体，切实加快农村医疗卫生服务基础设施建设，2006—2007 年，自治区两年累计完成 2399 所村卫生室规范化建设，提前一年实现乡村医疗机构服务规范化建设全覆盖。2008 年，自治区编制完善了《县乡村三级医疗卫生服务体系建设规划》，组织完成了全区剩余 36 所乡镇卫生院改扩建任务，并为县级医疗机构、中心卫生院、村卫生室配置医疗设备，一般乡镇医院配备救护车。2008 年全区撤乡并镇后，保留了 238 所乡镇卫生院，其中中心卫生院 45 所，一般卫生院 193 所，床位 1756 张，卫生人员共 3804 人。全区有村卫生室 2527 所，乡村医生 3498 人、村卫生员 322 人。2009 年，自治区新建、改建、扩建了 24 所中心乡镇卫生院、37 所一般乡镇卫生院、13 个农垦卫生院，积极争取到中华海外联谊会援建 60 所村卫生室。2010 年，自治区借助国家项目优先安排了塞上新居和移民新村的卫生院、村卫生室建设，新建、迁建、扩建 5 个县级医院、9 个中心乡镇卫生院和 70 个村卫生室，为 16 个中心卫生院、14 个农垦卫生院和 2474 所村卫生室配备了基本医疗设备，为 100 所乡镇卫生院配备了 100 台进口彩超机，农村医疗卫生机构基础设施条件明显改善。"十二五"期间（2011—2015 年），自治区完成村卫生室业务用房标准化建设任务，不断加快农村卫生服务网络建设。2011 年，自治区新建、改建、扩建 4 个县级医院、20 个中心乡镇卫生院、170 个村卫生室、14 个县级农村急救中心。另外，全区 2474 所村卫生室统一配置了高压消毒锅、便携式血糖仪、中频电疗仪、艾灸仪、神灯等新"十小件"设备。2012 年，自治区人民政府将全区标准化村卫生室建设任务纳入民生计划，在宁南山区 9 个县（区）新建 989 所标准化村卫生室，在川区 13 个县（市、区）新建 615 所标准化村卫生室，全区村卫生室基础设施建设明显改善。2013 年，自治区在川区新建 615 个标准化村卫生室。2014 年，自治区完成了 567 所村卫生室标准化建设。2015 年全区创建"群众满意"的乡镇卫生院 50 所。"十三五"期间（2016—2020 年），自治区更加注重提升质量，不断加强基层医疗卫生服务。2016 年，自治区创建"群众满意"的乡镇卫生院 70 所、村卫生室 300 所，22 所乡镇卫生院获"国家级群众满意乡镇卫生院"称号。2017 年，自治区印发《村卫生室标准化建设方案》，采取全区统一建设标准、统一规划设计，新建 267 所标准化村卫生室，实现全区村卫生室标准化建设全覆盖。2020 年，全区支持 17 个基层医疗卫生机构提升重大疫情救治能力，支持 9 个贫困县（区）的乡镇卫生院和村卫生室的业务用房、设备配置和人才培养。截至 2020 年，全区乡镇卫生院共有 205 个，乡镇卫生院人员总数 6040 人，乡镇卫生院基本建设、设备配置、人员达标率均为 100%；全区村卫生室共有 2172 个，在岗乡村医生 3282 人，村卫生室基本建设达标率为 99.58%，设配配置达标率为 99.7%，人员配置达标率为 99.86%。

（二）农村公共卫生活动

2001 年，自治区积极开展卫生下乡和医疗扶贫活动。全年全区各级医疗卫生单位共组织医疗卫生下乡活动 233 批 2200 人次，为群众义诊 66 万人次。2002 年，自治区接续组织开展了"下农村、进社区"卫生服务活动。2004 年，自治区组织开展"乡（镇）卫生院规范化服务达标"活动，各乡镇卫生院从管理入手，整章建制，健全制度，实施形象、质量、价格、环境"四大工程"。2005 年，自治区按照中央"万民医师下农村进社区"活动，组织实施了"千名医师支援农村卫生工程"。各级医疗卫生单位抽调千余名医师组成医疗队深入农村、山区，为群众免费送医送药，发放卫生宣传资料，举办健康知识讲座等。2006 年，自治区启动城市医疗机构支援农村卫生工程，集结多所二级以上医疗机构各科室医务人员，组成医疗队分别支援贫困县医院和乡镇卫生院。2007 年，自治区启动农民健康教育与健康促进行动，制定印发《自治区农民健康教育与健康促进行动实施方案（2007—2009 年）》，以逐步实现"健康教育有人教，四病防治有人包（肝病、结核病、包虫病、菌痢），农民身体有人检，环境卫生有人管"的目标。2010 年，自治区制定了《二级以上医疗卫生机构对口支援乡镇卫生院项目实施方案》，引导城市优质医疗卫生资源下沉，为广大农村居民就近提供质优、价廉、便捷的医疗卫生服务。2013 年，自治区卫生系统全面开展了"优美环境文明服务"创建活动，从卫生管理机制建设、室内外环境治理、卫生间治理、医疗垃圾管理、病害虫防治、食堂管理、卫生文明宣教及人文环境建设八个方面开展了环境卫生综合整治活动，旨在改善自治区医疗卫生机构特别是农村卫生机构环境卫生和提高服务质量。2015 年，自治区在全区范围内开展为期三年的"群众满意的基层医疗卫生机构"创建活动，截至 2018 年底，累计有 67 家乡镇卫生院获"国家级群众满意乡镇卫生院"称号，207 家乡镇卫生院、846 家村卫生室获自治区"群众满意的基层医疗卫生机构"称号。2017 年，自治区制定印发了《"千名医师下基层"对口支援活动实施方案》，全面开展"千名医师下基层"对口支援活动，活动覆盖全区 5 市 22 个县（区），支援单位涵盖全区所有二级以上综合医院、专科医院和专业公共卫生机构，受援单位涵盖 11 家县级公立综合医院、7 家中医院、212 家乡镇卫生院和 185 家城市社区卫生服务机构。2019 年，自治区全面启动"优质服务基层行"活动，推进全区乡镇卫生院、社区卫生服务中心对照能力标准提档升级。全区 32 个乡镇卫生院达到国家乡镇卫生院服务能力基本标准，1 个乡镇卫生院达到推荐标准。同年，自治区开展了新一轮"千名医师下基层"对口支援活动，选派 1000 名派驻队员，对口支援全区 5 家县级公立综合医院、5 家中医院、205 家乡镇卫生院和 210 家城市社区卫生服务机构，平均每个机构派驻 2 名队员。2020 年，全区以强化基层感染控制管理为专题，深入推进优质服务基层行活动，持续实施"千名医师下基层"对口支援活动，提升基层医疗卫生服务能力。

（三）农村公共卫生信息化

2007 年，自治区探索开展农村远程医疗信息化试点，建立数字化、信息化农村医疗卫生诊断和数字系统，开展远程网络会诊。2010 年，自治区农村医疗卫生信息化建设试点项目扩大到同心县等 5 个贫困县，争取国家投入 500 万元，构建信息化服务系统。2013 年，自治区将农村基层远程会诊系统建设列入自治区民生计划，由政府投资建设以自治区三甲医院为上端，县级综合医院为中端、乡镇卫生院为下端的远程会诊系统，会诊系统于 2014 年投入使用。2017 年，自治区制定印发了《2017 年基层医疗远程会诊系统建设实施方案》并实现全区乡镇卫生院远程会诊放射诊疗设备全覆盖。2018 年，自治区出台了《"互联网＋医疗健康"便民惠民行动计划》，确定了 30 条便民惠民措施，远程诊断中心已能为全区 93％的基层医疗卫生机构提供服务。2019 年，自治区加快推进农村地区"互联网＋医疗健康"，建成了覆盖全区农村居民的健康档案和基层卫生信息管理系统、预防接种信息系统、"120"急救网络指挥系统，农村基层慢病管理、儿童免疫接种、急诊急救全面实现信息化。2020 年，全区 2182 家村卫生室全部接入全域医疗健康信息专网，人工智能辅助诊疗系统建设覆盖 9 个贫困县（区）的全部基层医疗机构，累计为基层医务人员提出诊断建议近 18 万次，规范门诊电子病历近 14 万份。

（四）农村公共卫生队伍建设

2004 年开始，自治区对在村级医疗卫生机构从业的人员实行执业注册管理，进一步加强了全区乡村医生管理，保护乡村医生的合法权益，保障农村居民获得基本公共卫生服务的权利。全区有 3568 人依法获得《中华人民共和国乡村医生执业资格证书》。2006 年，自治区从每个乡镇卫生院抽调 1 名业务骨干进行为期 1 年的正规培训，为 106 个乡镇卫生院定向培养了 106 名三年制大专全科医生。从 2007 年开始，自治区每年从高等院校中选拔 150 名毕业生参加"支医"工作，带薪服务 2 年，充实基层卫生队伍。2007 年，自治区党委、人民政府出台《关于进一步加强医疗卫生人员职业道德和专业素质建设的意见》，提出经过三年的努力，总体要达到提高"两个素质"、建好"四个机制"、实现"一个目标"，即提高广大医务人员的职业道德素质和专业素质，建好医疗卫生机构的用人机制、分配机制、保障机制和奖惩机制，实现为群众提供安全、有效、方便、价廉的公共卫生和基本医疗服务，使人民群众对医疗卫生行业的满意率达到 85％的目标。2008 年，自治区医学院成立农村卫生人员培训基地，统一对全区乡镇卫生院和村卫生室人员进行集中培训，共培养乡镇卫生院业务骨干 600 名、乡村医生 2500 人。同年，全区开展将一技之长中医人员纳入乡村医生管理试点工作。2009 年，自治区实施"特岗见习医生"计划，招聘 1000 名"特岗医生"赴乡镇卫生院和社区卫生服务机构工作。2010 年，自治区招聘 50 名执业医师到贫困县卫生院工作，选拔 500 名高校毕业生到乡镇卫生院担任特岗见习医生。2010 年，自治区人民政府办公厅出台《宁夏回族自治区农村基层医疗卫生人员培养招聘使用实施方案》，实施"二补三定向"（对学历教育进行补助，对规范化培训进行补助，定向培训、定向招聘、定向就业），计划在三年内通过定向培养、招录的方式为全区培养 3000 名具有大专学历的乡村医生，通过订单定向、定向招聘的方式为全区乡镇卫生院培养 300 名医学本科生，使每个乡镇卫生院至少有 1 名医学本科毕业的全科医生，提升农村医疗卫生服务队伍素质。2013 年，自治区探索开展乡村医生签约服务试点，全区以县（区）为单位，选择三分之一的乡镇卫生院和村卫生室，探索开展了乡村医生签约服务试点工作，保障农村居民基本公共卫生和基本医疗服务。2015 年，自治区人民政府办公厅印发《关于进一步加强乡村医生队伍建设的若干意见》，提出建立乡村医生准入、收入补偿、培养和退出等机制，建设职业化的乡村医生队伍。2016 年，自治区作为试点在全国率先实行乡村全科执业助理医师资格考试，774 名乡村医生参加了考试。2018 年，自治区制定《医疗卫生人员廉洁从业若干规定》，从多个方面对医疗卫生从业人员的工作作风提出了严格规定，要求医疗卫生人员不得利用职务之便损害国家、单位和群众利益，不得收受红包、回扣等，并加大了对违规行为的惩罚力度，以规范医疗卫生人员从业行为，净化医疗环境，减轻群众就医负担，保障群众利益。2019年，自治区全面推进职业化乡村医生队伍建设，严格规范乡村医生的准入、退出、注册、再注册、绩效考核和离岗乡村医生的生活补助，组织辖区村医整体参加医疗责任保险和人身意外安全保险，化解乡村医生执业风险。同年，围绕分级诊疗制度要求，自治区对全区乡镇卫生院注册全科医生进行梳理排查，对没有全科医生的乡镇卫生院，通过社会招聘、县域内调岗、符合条件人员执业注册等方式调整，实现每个乡镇卫生院至少有1名注册全科医师。2020年，自治区持续强化基层卫生人才队伍建设，加快推行基层医疗卫生机构"一类保障，二类管理"，全区70%以上乡镇卫生院建立了收支结余奖励性绩效机制。同年，自治区将易地扶贫搬迁村卫生室建设纳入规划建设并配备合格的乡村医生。

二、农村公共卫生服务

（一）农村初级卫生保健

自20世纪90年代开始，自治区开展农村初级卫生保健工作，为农村居民提供与农村经济社会发展相适应的基本卫生保健服务。2003年，自治区出台了《宁夏回族自治区农村初级卫生保健发展规划（2003—2010年）》，通过深化改革，健全农村卫生服务体系，完善服务功能，实行多种形式的农民医疗保障制度，解决农民基本医疗和预防保健问题，努力控制危害严重的传染病、地方病，不断提高农民的健康水平和生活质量。到2005年，自治区农村初级卫生保健规划目标取得了阶段性进展，全区农村孕产妇住院分娩率由2000年的48.80%提高到68.01%，孕产妇死亡率、婴儿死亡率分别由101.70/10万、3.237%下降到65.35/10万、2.549%，5岁以下儿童死亡率从3.753%降到3.030%，5岁以下儿童中重度营养不良患病率从2.01%降到1.93%。全区儿童计划免疫保持了"三个85%"的目标，传染病总报告率为592.17/10万，报告死亡率为0.45/10万。通过农村初级卫生保健工作的开展，到2010年，自治区农村孕产妇住院分娩率达到97.69%，农村高危孕产妇住院分娩率为99.87%，农村孕产妇死亡率下降到18.51/10万，婴儿死亡率下降到0.364%，5岁以下儿童死亡率下降到0.546%。

（二）基本卫生服务均等化

2009年，自治区印发了《关于推进自治区基本公共卫生服务逐步均等化实施意见的通知》（宁卫妇社〔2009〕385号），决定在全区全面实施基本公共卫生服务项目，通过实施基本公共卫生服务项目，明确政府责任，对城乡居民健康问题实施干预措施，减少主要健康危险因素，有效预防和控制主要传染病及慢性病，提高公共卫生服务和突发公共卫生事件应急处置能力，使城乡居民逐步享有均等化的基本公共卫生服务。乡村基本公共卫生服务项目实施的主体是各县（市、区），由各县（市、区）人民政府承担主体责任，各县（市、区）卫生健康行政部门统一组织实施，具体服务内容主要由乡镇卫生院和村卫生室提供，原则上40%左右的工作任务由村卫生室承担，居民自愿、免费接受服务，主要通过入户随访、主动管理、家庭医生签约等方式提供各类健康管理。各级专业公共卫生机构承担技术指导和督导责任。2009年，自治区基本公共卫生项目共9大类33项，主要包括建立居民健康档案、健康教育、预防接种、儿童保健、孕产妇保健、老年人保健、慢性病患者管理、严重精神障碍患者管理等。2011年，该项目增加到10大类43项，国家新增了卫生监督协管服务一大类别，同时增加和调整了部分项目的服务内容，主要是儿童保健管理人群从0~3岁扩大到0~6岁，增加了孕产妇、65岁以上老年人等重点人群的检查项目，增加了健康教育服务内容，提高了服务频次。2013年，该项目增加到11大类50项，新增了中医药服务，国家主要增加了老年人中医健康管理和0~3岁儿童中医健康管理；自治区在此基础上，增加了中医体质辨识、高血压患者中医药健康管理、2型糖尿病（以下均简称糖尿病）患者中医药健康管理、孕产妇中医健康管理、惊厥型癫痫患者管理和死亡病例网络报告等内容。2015 年，该项目增加到 12 大类 52 项，新增了肺结核病患者健康管理。2017 年，该项目增加到 14 大类 54 项，新增了免费提供避孕药具和健康素养促进行动内容。2019 年，国家将原重大公共卫生服务和计划生育项目中的妇幼卫生、老年健康服务、医养结合、卫生应急、孕前检查等内容纳入基本公共卫生服务。2020 年，国家拓展基本公共卫生服务项目服务内涵和资金使用方向，以高血压、糖尿病患者等重点人群健康管理为突破口，强化慢性病防治。

（三）农民健康教育

2007 年，自治区全面启动农民健康教育与健康促进行动，出台了《自治区农民健康教育与健康促进行动实施方案》。自治区财政计划 3 年投入 2000 万元，用于全区农村居民健康教育和健康促进，逐步实现"健康教育有人教，四病（肝病、结核病、包虫病、菌痢）防治有人包，农民身体有人检，环境卫生有人管"的目标。到 2009 年，全区农民健康教育覆盖率，以家庭为单位达到 100％，共建立农民健康档案 75 万份，建立高血压、糖尿病、肝炎、结核病、包虫病专病档案 18.7 万份，开展妇女病普查 29.1 万人，建立妇女病专病档案 10.6 万份；医疗卫生惠民政策知晓率达到 70.8％，健康教育普及率达到 91.8％，基本健康知识知晓率达到 75.7％，健康行为形成率为 60.3％，45 岁以上农民健康体检率达到 72.7％，360 万农村居民得到项目提供的公共卫生服务。2010 年，自治区在总结"全区农民健康教育与健康促进行动"的基础上，投入 3800 万元，启动了"健康宁夏全民行动"项目，在全国率先明确提出通过健康知识传播和行为干预，帮助城乡居民掌握健康知识，树立健康理念，建立健康生活方式，掌握有益健康的基本技能，提高全民健康水平和生活质量。2013 年，自治区政府在往年"全区农民健康教育与健康促进行动""健康宁夏全民行动"基础上，继续实施为期八年的健康宁夏行动，制定印发了《健康宁夏行动 2013—2020 年规划》《健康宁夏行动 2013—2015 年实施方案》和《2013 年健康宁夏行动工作安排》。

三、农村公共卫生服务取得的成效

（一）基本公共卫生服务制度

自 2009 年基本公共卫生服务项目实施以来，全区各级政府不断强化财政保障，城乡居民基本公共卫生服务补助经费标准从人均 15 元稳步提高至人均 50 元，补助经费纳入各级政府财政预算并形成制度化。项目内容从 9 类 33 项扩展至 12 类 52 项，并作为公共产品由政府免费向城乡居民提供，服务项目覆盖全区 688 万城乡居民，服务内容免费走进千家万户。全区累计为 594.07 万城乡居民建立纸质健康档案（不区分城乡），为 590.02 万城乡居民建立电子健康档案；城乡居民电子健康档案建档率达到 86.54％，动态使用率达 50.36％；累计有 152 万重点人群免费享受健康管理服务。随着《自治区公共卫生服务促进条例》的颁布实施和项目的深入推进，自治区基本公共卫生服务制度已基本建立。

（二）城乡居民健康管理

2014 年，自治区在全区全面实施城乡居民普惠性健康体检，并组织体检人员所在地基层医疗机构依据体检结果为体检人员建立电子健康档案，纳入体检范围的对象为自治区 50 周岁以上、连续 3 年以上参保缴费的城乡居民和参加企业职工基本医疗保险的退休人员。其中，50~59 周岁的参保人员每 3 年体检一次，60 周岁以上的参保人员每 2 年体检一次。自治区初步确定了一般项目、查体项目、检验项目、辅助检查和眼科检查等 5 大类 35 项体检项目。同年，自治区以乡镇卫生院、城市社区卫生机构为服务平台，深入推进社区家庭医生服务和乡村医生签约服务，组建若干个家庭医生服务团队，设置不同的签约服务项目，满足签约居民基本医疗卫生服务需求，签订服务协议 100 多万份。2014—2016 年，全区城乡居民健康体检费用标准为 100 元/人·次，全部由基本医疗保险基金支付。

自治区城乡居民健康档案管理系统建立，将居民健康档案、全科诊疗、电子病历、医保结算、创新支付、慢性病管理、首诊签约七个方面业务整体结合在一起，实现全区基层医疗卫生机构不同业务领域之间的信息共享。2020年，全区共组建家庭医生团队2227个，常住人口、重点人群的签约覆盖率分别达到50.77%、78.95%，农村建档立卡贫困人口签约70.85万人，居民电子健康档案建档率为90.07%；累计为老年人、0～6岁儿童、孕产妇、严重精神障碍患者、高血压、糖尿病患者等重点人群免费提供健康管理服务，共计169万人次。

■ 第二节　农村社会保障

一、农村社会保险

（一）农村养老保险

1. 运行方式

2009年前，农村养老保险管理工作由民政部门负责。2009年机构改革，农村养老保险管理工作由自治区民政部门划转到新成立的自治区社会保险管理局（副厅级）部门管理机构，自治区人力资源社会保障厅管理。各市县均成立社会保险事业管理局，负责基本养老、失业保险参保登记、缴费核定、参保者权益记录、待遇发放等经办管理工作。农村社会养老保险管理体制基本理顺，业务划转移交工作顺利完成，基层工作机构逐步健全。2015年，自治区推行社会保险"五险合一"经办体制改革，将全区各级社会保险事业管理局、医疗保险事务管理中心整合为"五险合一"新的社会保险事业管理局。截至2019年，全区有社会保险经办机构27个（包括宁东社保中心）。

2. 农村社会养老保险

1992年，民政部颁布《县级农村社会养老保险基本方案（试行）》。这一时期政府的经济责任主要体现为给农民参保提供补贴性支持，规定"坚持以个人交纳为主，集体补助为辅，国家给予政策扶持的原则"；2004年，全区以个人身份参保和续保的人员（含个体工商户）已达4.3万人，呈增长趋势。2008年，自治区先后出台了《村干部养老保险试点工作指导意见》《被征地农民就业培训和社会保障工作实施意见》和《建立被征地农民社会保障机制的意见》，提出了目标任务和具体要求。全区15个市、县开展了村干部养老保险和被征地农民养老保险，共有38394人参保，9391人领取养老金，累计结余基金2.8亿元；当年全区6个市、县开展农村社会养老保险，参保10343人，535人领取养老金；15个市、县开展村干部养老保险，参保6329人，参保率为73.7%，76人领取养老金；5个市、县开展被征地农民养老保险，参保21722人，8779人领取养老金。

3. 新型农村养老保险

2009年，宁夏建立完善被征地农民养老保险制度，参保22623人。自治区首先在贺兰、平罗、盐池3个县启动了首批国家新型农村养老保险（简称"新农保"）试点，登记参保缴费的农民比例达77.4%，60周岁以上老年人基础养老金发放率达100%，高于当年国家10%的试点覆盖面3.6个百分点。自治区人民政府第46次常务会议原则通过了《宁夏回族自治区开展新农保试点实施意见》，9月23日正式发布，正式建立宁夏新农保制度。通过制度创新、养老金整合，自治区实现了新农保与老农保制度的衔接，与村干部养老制度的衔接，与农村计划生育奖励制度的衔接。自治区对农村重度残疾人和低保人员参保缴费分别予以全部或部分财政补贴。2010年，宁夏将南部山区8县（区）列入国家试点范围，总体覆盖面达到50%，比当年国家试点覆盖面23%高出27个百分点，同时在灵武等6个川区县开展自治区试点，在永宁等5个川区县开展地级市试点，通过开展国家、自治区和地市三级新农保试点，当年提前实现新农保制度全覆盖，比国家新调整到2012年实现新农保制度全覆盖目标提前了两年。2011年，国家又批准将宁夏自费开展新农保试点的11个县（市、区）全部纳入国家试点范围，比国家当年试点覆盖面60%高出40个百分点，使宁夏成为首批国家新农保试点全覆盖的省域之一。2017 年，自治区出台《关于进一步做好社会保险扶贫工作的实施意见》和《解决劳务移民社会保障有关问题的通知》，积极落实社会保险扶贫政策和劳务移民社会保障政策，支持帮助困难群体及其他社会成员参加社会保险，基本实现法定人员全覆盖，助力参保贫困人员精准脱贫；次年，自治区对建档立卡未标注脱贫的贫困人员首次实施政府代缴费；2019 年，印发了《关于做好城乡居民基本养老保险扶贫工作有关问题的通知》，对 2018 年建档立卡未标注脱贫的贫困人员脱贫后，当年继续为其全额代缴城乡居民养老保险费，放宽政策限制，对年满 60 周岁未领取国家规定的基本养老保险待遇的建档立卡贫困人员，直接领取城乡居民基本养老保险待遇；对户籍未迁转且具有建档立卡贫困人员身份没有参加城乡居民养老保险的劳务移民，在居住地参加城乡居民养老保险；对就业困难、未参加养老保险的劳务移民，采取由政府代缴费的方式帮助和引导其参加城乡居民养老保险；对已经领取城乡居民养老保险待遇的劳务移民，在户籍迁转的同时转移养老保险关系，享受迁入地城乡居民养老保险基础养老金，从根本上解决了宁夏 13 万劳务移民的社会保障问题。2011—2020 年宁夏城乡居民基本养老保险参保情况见表 14－3－1。

表 14－3－1　2011—2020 年宁夏城乡居民基本养老保险参保情况

指标	年份									
	2011	2012	2013	2014	2015	2016	2017	2018	2019	2020
参保人数（万人）	188.6	178.4	179.5	182.3	183.1	186.2	185.48	181.37	194.66	238.65
基础养老金（元）	55	70	85	—	115					
领取养老金人数（万人）	—	—	—	—	37.20	38.42	43.48	46.35	47.74	47.95

注：表中"—"表示当年未公布数据。

（二）农村医疗保险

1. 管理机构

1997—2009 年，自治区农村医疗保障工作由自治区卫生部门承担。2010 年，宁夏新型农村合作医疗（简称"新农合"）管理职能由卫生部门移交人力资源和社会保障部门，经过调整，各级医疗保险事务管理中心负责经办管理工作。自治区卫生厅按照政府赋予的新职能，对上与卫生部联系衔接，会同人力资源和社会保障部门做好项目资金筹措与政策支持工作。2011 年，自治区对各县（市、区）新农合经办机构进行资源整合，将其职能、人员编制整体并入同级医保中心、市辖区社会保险经办服务中心，在编工作人员近 900 人。2018 年，根据中共中央办公厅、国务院办公厅印发的《宁夏回族自治区机构改革方案》，自治区成立医疗保障局，为自治区政府直属机构（副厅级），承担医疗保险相应职能。

2. 农村合作医疗制度

1997 年，自治区召开了全区合作医疗会议，印发《自治区人民政府关于发展和完善农村合作医疗制度的决定》。次年，自治区卫生厅召开农村合作医疗试点县工作会议，研究永宁、平罗、中卫、彭阳等县合作医疗进展情况；与自治区农工民主党合作在银川郊区芦花乡进行了合作医疗试点工作。2000 年，银川市郊区在芦花乡和大新乡开展合作医疗试点工作，参加合作医疗人数为 2540 人，占两个乡农业人口数量的 11.96%；芦花乡有 30.% 农户、3.52% 农业人口参加合作医疗。平罗县成立合作医疗领导小组，对合作医疗工作进行安排。彭阳县在经费困难的情况下，县政府安排 1 万元，促进合作医疗试点工作开展。到 2002 年，自治区按照中央《关于农村卫生改革与发展的指导意见》，完成了《合作医疗问题与建议》调研报告。

3. 新型农村合作医疗制度

2003 年，宁夏按照国务院办公厅转发卫生部、财政部、农业部《关于建立新型农村合作医疗制度的意见》（国办发〔2003〕3 号），选择平罗、隆德为试点县，开始探索以政府组织引导、大病统筹为主的农民医疗互助共济制度。次年，自治区出台《宁夏回族自治区新型农村合作医疗管理办法》，在试点县开展新农合制度试点工作。2005年，自治区卫生厅、财政厅等厅局联合下发《宁夏回族自治区新型农村合作医疗试点工作的指导意见》，永宁、中宁等5个试点县农民报销医疗费达到1611.74万元，占总资金的52.3％。2007年，宁夏在18个农业县（市、区）全部实施新农合，比国家要求提前1年完成目标，基本实现全区制度覆盖。2008年，宁夏修订完善了《宁夏回族自治区新型农村合作医疗实施方案》，推进新农合"提标扩面"，参合农民人均筹资水平由50元提高到100元（山区90元），医疗资金使用率达85％，实现新农合增加补助全面覆盖。

2008年，自治区选取6个县（市、区）探索开展新农合门诊统筹工作，逐步取消个人家庭账户，建立门诊统筹补偿模式。次年，在试点县基础上，全区22个县（市、区）全面推行住院统筹加门诊统筹模式，参合农民普通门诊费用以乡、村两级定点医疗机构结报为主；新建县级新农合信息网络，实行统筹地区所有定点医疗机构即时结报，为农民提供住院费用一日清单和费用查询服务，方便农民就医和报销；提前两年完成国家2011年医改任务。2010年，按照自治区人民政府《关于新型农村合作医疗制度管理职能划转有关问题的通知》精神，卫生厅配合人力资源和社会保障厅下发《新型农村合作医疗制度管理职能划转实施方案》，督促各县（市、区）卫生部门厘清历年基金收支情况、财务账目、统计报表、数据信息等资料档案，分类归档登记造册，2011年初完成了整体移交。2010年，全区参合率达到95.9％，政策范围内住院费用报销比例达到69.4％。2017—2020年，宁夏连续4年实现贫困人口基本医疗保险参保率100％。

2004—2010年宁夏新型农村合作医疗试点县区推进情况见表14-3-2。

表14-3-2　2004—2010年宁夏新型农村合作医疗试点县区推进情况

年份	新增试点数（个）	新农合试点县（市、区）	试点总数（个）	参合率（％）	筹集资金（万元）	受益农民（万人）	参合人数（万人）
2004	2	隆德县、平罗县	2	80	472	—	—
2005	3	永宁县、中宁县、青铜峡市	5	89.41	3082.7	—	—
2006	6	灵武市、利通区、盐池县、原州区、彭阳县、沙坡头区	11	—	—	42.36	—
2007	7	海原县、西吉县、泾源县、同心县、惠农区、贺兰县、红寺堡区	18	85.23	28000	202.13	319.44
2008	4	实现全区覆盖	22	92.1	—	—	358.4
2009	—	全区覆盖	22	94.5	30000+	204.56	364.58
2010	—	全区覆盖	22	95.9	—	—	—

注：表中"—"表示当年未公布数据。

二、农村社会救助

宁夏于1998年开展社会救助制度试点，1999年全面建立。自治区民政厅社会救助处承担全区农村社会救助工作，主要经历两个阶段。

（一）建立农村社会救助制度

1. 建立农村低保制度

2002年，宁夏先行在银川市金凤区（原郊区）和彭阳县探索建立农村低保制度。2005年和2006年，宁夏相继将银川市兴庆区等7县（市、区）家庭年人均收入低于668元的3万农民和平罗县等7县（市、区）5万农民给予最低生活保障，人均月补差不低于35元。至此，全区纳入农村低保制度范围达到16个县（市、区）。2007年，全区实行农村低保制度，将农村家庭年人均收入低于693元以下的 23 万农民纳入保障范围，人均补差 23 元。次年，自治区人民政府颁布实施了《宁夏回族自治区农村居民最低生活保障办法》，标志着全区农村低保制度全面建立。2009—2010 年，自治区民政厅下发了《关于对农村低保工作进行全面核查清理整顿规范的紧急通知》和《关于提高农村低保对象中在校学生低保补助水平的通知》，依次对农村低保进行全面核查、清理整顿规范，对低保对象中义务教育、高中、大学阶段的在校学生补助水平每人每月提高 10 元、20 元、30 元。到 2012 年，全区保障农村低保对象 245786 户、366293 人，占全区农业人口数量的 9.2%，累计支出农村低保资金 2.9 亿元。

2. 建立城乡医疗救助制度

2003 年，民政部、卫生部、财政部出台《关于实施农村医疗救助的意见》。经过两年多的实践探索，2005 年，自治区民政厅、财政厅、卫生厅联合下发《宁夏回族自治区农村医疗救助实施办法》，规定凡是享受基本生活救助的农村特困户、五保户、孤老烈属和革命伤残军人为享受医疗救助的对象。2007 年，自治区人民政府办公厅转发了民政厅、财政厅、卫生厅制定的《宁夏农村特困户和特重大疾病医疗救助办法》，对农村医疗救助政策进行了完善。2009 年，自治区民政厅制定了《宁夏回族自治区农村医疗救助办法》，提请自治区政府办公厅转发各地执行。次年，自治区民政厅联合自治区财政厅、人力资源和社会保障厅、卫生厅出台了《关于规范和完善城乡医疗救助工作的意见》《关于加快推行医疗救助即时结算"一站式"管理服务的实施意见》，积极推进医疗救助"一站式"结算服务。2012 年，按照民政部、财政部、人力资源和社会保障部、卫生部下发的《关于开展重特大疾病医疗救助试点工作的意见》要求，自治区确定 10 个市、县（区）为重特大疾病医疗救助试点地区，指导各地提高重特大疾病医疗救助比例。

3. 农村五保供养制度改革

宁夏农村五保供养方式分集中敬老院供养和分散在村、组供养两种方式。农村税费改革以前的几十年，农村五保供养人员的供养经费从农民群众"三提五统"中提取。宁夏于 2003 年全面推行费改税，2004 年启动了降低农业税税率工作，2005 年全面取消农业税及附加，实现了历史性转变，农村五保供养经费从政府财政转移支付中列支，供养经费有了稳定可靠的渠道。2005 年，自治区党委、人民政府决定利用撤乡并镇后的闲置资源，新建和改扩建农村敬老院，从根本上提升农村五保集中供养水平。自治区民政厅、财政厅整合资源、集中财力，利用撤乡并镇后的闲置国有资产，在全区兴建 60 所建设规范、规模适中、设施完善、有一定种养场地的农村敬老院。2005—2006 年，宁夏多方筹集资金 4430 万元，新建和改扩建 38 所农村敬老院，2007 年，宁夏全面完成了敬老院建设任务，并开展"星级敬老院"评定活动，提高服务质量。2008 年，自治区民政厅、财政厅印发了《宁夏农村敬老院管理暂行办法》，五保人员供养经费由自治区财政给予补助，标准为集中供养人员按当地城市低保人员全额保障标准给予补助，分散供养人员按当地农村低保人员全额保障标准给予补助。2011 年，宁夏利用原陶乐撤县设镇后的闲置资产，建设了宁夏陶乐养老城试点改造项目，投资 3800 万元，建设面积 15200 米²，新增床位 500 张。同年，自治区人民政府颁布了《宁夏回族自治区农村五保供养办法》，12 月 29 日，自治区质量技术监督局发布实施《宁夏农村敬老院建设管理服务规范》，宁夏成为全国第一个颁布农村敬老院地方标准的省域。自治区民政厅制定了《宁夏农村星级敬老院评定标准》，积极开展创建星级敬老院评比活动。2012 年，自治区民政厅编制下发了《宁夏农村五保供养服务机构 2011—2015 年发展规划》，对农村五保供养服务机构建设作出统一规划。截至 2011 年年底，全区共有农村五保供养对象 13723 人（其中集中供养对象 4394 人、分散供养对象 9329 人），集中供养率达到 32%，五保供养机构 62 所，设置床位 5673 张。

4. 初步建立临时救助制度

城乡低保制度的建立，使城乡困难居民基本生活得到有效保障，但还存在着低保边缘人群临时性、突发性的生活困难得不到及时解决的问题。2010 年 11 月 3 日，自治区人民政府下发了《关于建立临时救助制度的通知》，将因就医、就学、自然灾害等临时性、突发性原因导致难以维持基本生活的困难群众家庭，如因遭遇车祸（非交通肇事者）、溺水、矿难等遭遇人身意外伤害的，因洪水、泥石流、火灾等突发性意外事件而造成家庭财产重大损失的，纳入临时救助范围，救助标准为每次500～5000元。临时救助制度的出台，保障了低保边缘家庭在遇到特殊困难时能得到及时有效救助，拓宽了社会救助范围。当年，自治区财政安排1000万元临时救助资金，确保临时救助工作有效开展。

5. 创立高龄老人津贴制度

2008年5月7日，自治区人民政府办公厅下发了《关于建立80岁以上低收入老年人基本生活津贴制度的通知》，决定在全区建立高龄老人津贴制度，成为全国第一个建立高龄老人津贴制度的省域，是对传统补缺型社会福利制度向适度普惠型转变的重大变革和创新，实现了由临时性、不确定性救济向常态化、制度性保障的重大突破，成为中国社会福利制度建设的里程碑。同年，自治区民政厅、财政厅联合下发《关于切实做好80岁以上低收入老年人基本生活津贴发放工作的通知》，对建立高龄老人津贴制度的指导思想、基本原则、发放范围、申请审核审批程序、资金筹集使用和高龄长效机制及发放管理措施等进行了明确。

（二）健全完善社会救助体系

2012年9月，国务院出台了《关于进一步加强和改进最低生活保障工作的意见》，就新时期加强和改进低保工作提出了新的要求。2013年，自治区政府下发了《关于进一步加强和改进最低生活保障工作的实施意见》。2014年2月，国务院颁布了《社会救助暂行办法》，第一次以法规的形式明确了社会救助体系的内容，为社会救助事业发展提供了法律依据，社会救助工作进入新阶段。2015年，自治区人民政府印发了《关于贯彻落实〈社会救助暂行办法〉的实施意见》，相继出台了一系列重要政策措施，健全完善制度体系，保障困难群众基本生活。

1. 城乡低保制度

2012年以后，自治区民政厅制定出台了《宁夏回族自治区最低生活保障审核审批实施办法》《最低生活保障工作绩效考评办法》《宁夏回族自治区城乡最低生活保障资金管理办法（试行）》和《关于进一步做好城乡低保资金发放工作的通知》等一系列规范性政策文件，健全完善制度体系，对低保工作从审核审批流程到资金管理使用，从对工作考核到对经办人员监管等方面进行规范。2018年1月，自治区民政厅与扶贫办印发了《关于进一步加强农村最低生活保障制度与扶贫开发政策有效衔接的通知》，明确要求重点做好建档立卡贫困人口核查，将完全或部分丧失劳动能力、无法靠产业扶持和就业帮助脱贫的家庭及时纳入低保范围。2019年，自治区修订出台了一系列最低生活保障政策文件，明确县级人民政府可以授权乡镇人民政府（街道办事处）对低保进行审批，进一步放宽低保家庭准入条件并明确低保家庭可实行就业渐退，初步建立了支出型贫困家庭救助机制。宁夏全面落实好最低生活保障、临时救助等社会救助制度，保障生活困难下岗失业人员基本生活，充分发挥社会救助托底线、救急难作用；同时推进城乡低保审核审批管理制度改革试点工作，在将固原市隆德县作为改革试点县的基础上，扩大试点范围，批准兴庆区、平罗县、原州区、沙坡头区、海原县、中宁县等六个县（区）开展低保审批权限下放改革试点工作，全区改革试点县（区）覆盖率达到32%。

2. 农村医疗救助制度

依据民政部、财政部、人力资源和社会保障部、卫生部印发的《关于开展重特大疾病医疗救助试点工作的意见》，结合宁夏区情，自治区民政厅2013年对医疗救助制度进行修改完善，并会同财政厅经过多次修改后报自治区政府审议。2015年，依据国务院办公厅《关于转发民政部等部门关于进一步完善医疗救助制度全面开展重特大疾病医疗救助工作意见的通知》，当年11月，自治区人民政府印发《宁夏回族自治区医疗救助办法》，从当年12月1日开始实行，实现了城乡统筹、标准统一，着重向重特大疾病倾斜，救助标准由原来最高5万元提高到了8万元。自治区民政厅下发了《关于贯彻落实〈宁夏回族自治区医疗救助办法〉的通知》，确保医疗救助政策落实。2020年，全区实现城乡医疗救助"一站式"结算，全区城乡医疗救助（包括：住院救助和门诊救助）人次数50.48万人，其中贫困患者住院费用实际报销比例为 87.5%。

3. 农村五保管理

2013 年，自治区民政厅制定了《宁夏农村五保供养服务机构等级评定办法（试行）》，建立敬老院等级评比长效机制，命名表彰了 41 所"星级敬老院"；2015 年又新命名 6 所和晋级 4 所"星级敬老院"，通过以评促管，有效提升了宁夏农村敬老院管理服务水平。2013 年，自治区民政厅与自治区档案局联合转发国家民政部、档案局印发的《农村五保供养档案管理办法》，进一步规范农村五保供养档案管理；与自治区财政厅联合印发《自治区财政农村五保供养补助资金管理办法》，对五保供养资金的筹集、管理和发放进行明确规定，为保障农村五保供养对象正常生活提供了政策保证。2015 年，自治区民政厅制定下发《关于开展农村敬老院社会化改革试点工作的通知》和《关于加强养老服务机构消防安全规范管理的实施意见》，积极探索社会化改革路径，进一步提升农村敬老院建设管理服务水平，加强对养老服务机构消防安全规范管理，确保养老服务机构老年人生命安全。

2019 年，自治区民政厅下发《关于进一步做好特困人员救助供养有关工作的通知》，严格按照《特困人员认定办法》指导县（区）对散居特困人员集中供养需求进行摸底排查，合理制订特困人员集中供养服务计划，按照"一人一档案"要求，进一步完善和规范特困人员档案；对自愿分散供养特困人员，明确委托照料人，签订委托照料服务协议，落实照料服务责任，确保"平日有人照应、生病有人看护"。2019 年，自治区民政厅、财政厅联合下发《关于进一步明确城乡特困人员救助供养标准的通知》，对全区城乡特困人员基本生活费不分集中、分散标准，明确按不低于当地城乡低保标准的1.3 倍实行，进一步提高城乡特困人员生活保障水平。自治区市场监督管理局于 2019 年 12 月 5 日发布《宁夏特困人员供养服务设施（敬老院）建设管理服务规范》，于 2020 年 2 月 5 日实施。

第十五篇

农田建设与农业综合开发

宁夏开渠屯田始自秦汉时期的屯垦戍边，有2200多年的历史。引黄灌区，干旱少雨，无灌溉就无农业，因此宁夏农耕历史就是一部农田水利史，也是一部屯垦开发史。汉武帝时期宁夏始置田官，开渠屯田有了一定规模，元朔二年（公元前127年）"并立朔方郡，募民徙者十万口，从事屯垦"，元鼎六年（公元前111年）"汉渡河自朔方以西至令居，往往通渠，置田官吏卒五六万人""朔方亦穿渠，作者数万人"，并在宁夏设典农都尉。后经东汉、南北朝等历代经营，至隋唐时宁夏有了"塞北江南"的美称。西夏时，已有"支渠大小共六十八条，计溉田九万余顷"，并设"农田司"管理农田水利。元代，世祖二十六年（1289年）四月复立营田司于宁夏府，管理屯田水利。郭守敬到宁夏后"浚唐徕、汉延诸渠溉田万余顷"。明代，宣德六年（1431年）九月宁夏设河渠提举司，专管水利兼收屯粮。嘉靖三十年（1551年）改为屯田都司，负责浚渠均徭都屯政。嘉靖时期，宁夏已有大小正渠十八条，全长一千四百里，溉田一百五十六万亩（此为宁夏历史上农田水利第一次记载较全面的数字）。清代嘉庆重修《大清一统志》，记载当时宁夏直接从黄河开口引水的大小干渠有23条，全长一千多千米，灌田210万亩。民国26年（1937年），政府用小三角测量，核实灌区耕地面积195万亩。到中华人民共和国成立前夕，宁夏共有大小干渠39条，灌溉面积192万亩。宁夏南部山区大部分为旱耕地，中华人民共和国成立前固原县在清水河上游干支流，海原县在园子河，西吉县在葫芦河沿岸，隆德县在沙塘川，同心县在红城水、喊叫水、长沙河一带都有引用河水及泉水的小片灌地，共计1.2万余亩。

中华人民共和国成立后，宁夏农田水利事业有了空前的发展。特别是1958年宁夏回族自治区成立，为宁夏农田水利事业开辟了广阔的发展前景。以发展水浇地为重点的全区农田建设大体经历了恢复扩整、全面建设和快速发展三个阶段。黄河水开始流向中部干旱带的干涸土地，流向"苦瘠甲天下"的中南部贫困山区高地。历代劳动人民用辛勤和智慧奋斗造就了宁夏"塞上江南、鱼米之乡"和"天下黄河富宁夏"的美誉。

1974年10月，自治区党委成立自治区农田基本建设指挥部，李学智同志任总指挥、王克同志任副总指挥（依据宁党发〔1974〕62号）。1978年9月，自治区党委调整、健全自治区农田基本建设指挥部，李学智同志任总指挥，薛宏福、马思忠、夏似萍、邓溪晨同志任副总指挥。指挥部下设办公室，康林同志任办公室主任。办公室设在区水电局（依据宁党发〔1978〕134号）。

1989年至1992年，宁夏开展了农田水利基本建设"六盘山杯"竞赛活动。2004年起，自治区及各市、县（区）人民政府先后成立了农田水利基本建设指挥部，加强了对农田水利基本建设工作的领导。每年，各级农建指挥部层层签订目标责任书，将农田水利建设目标任务纳入政府目标管理内容，实行严格的量化考核。同年，自治区启动全区农田水利基本建设"黄河杯"竞赛活动，通过党政推动、项目带动、竞赛促动、部门联动、干群互动，实施田、水、渠、林、路综合治理，全力打造"田成方、林成网、路顺直、灌排畅"的宁夏模式，被水利部誉为全国农田水利基本建设的一面旗帜。2019年机构改革后，自治区农田水利基本建设指挥部办公室转隶到农业农村厅。

从1986年到2018年，宁夏土地整治工作可简单划分为探索起步期（1986—1997年）、快速发展期（1998—2007年）和跨越发展期（2008—2018年）三个阶段。20世纪初，制定了《土地整理章程》，1986年6月25日，《中华人民共和国土地管理法》颁布，1987年1月1日施行。2008年，党的十七届三中全会提出"大规模实施土地整治，搞好规划、统筹安排、连片推进"。《国民经济和社会发展第十二个五年规划纲要》提出"严格保护耕地，加快农村土地整理复垦。加强以农田水利设施为基础的田间工程建设，改造中低产田，大规模建设旱涝保收高标准农田"。

国务院自1988年开始设立国家土地开发建设基金（依据国办发〔1988〕7号），1990年改为农业综合开发基金，后改为农业综合开发资金，专项用于农业综合开发。1988年，国家土地开发建设基金管理领导小组办公室成立，作为领导小组的办事机构。宁夏是1989年全国立项实施农业综合开发项目的省域之一。1989年，宁夏成立了土地开发建设基金管理领导小组（宁夏农业综合开发领导小组前身），领导小组组长由宁夏分管农业农村工作的政府副主席担任，成员由宁夏发展改革委、科技厅、财政厅、国土资源厅、水利厅、农业厅、林业厅、供销社、农科院、气象局、农发行宁夏分行、农行宁夏分行、农垦集团分管领导担任，领导小组在宁夏水利厅下设宁夏农业综合开发办公室。2001年，宁夏农业综合开发办公室由宁夏水利厅划归宁夏财政厅管理。宁夏农业综合开发办公室在 23 个农发项目县立项实施了土地治理项目、产业化发展项目、部门项目、外资项目和其他专项工程。

2018 年末，按照《自治区党委办公厅人民政府办公厅关于印发宁夏回族自治区机构改革实施意见》，农田建设项目管理职责划入自治区农业农村厅统一管理，自治区级健全了农田建设工作机构，与自治区农业综合开发办公室、水利厅农村水利处和农村水利建设管理中心、自然资源厅国土开发管理整治局整合，成立自治区农业农村厅农田建设管理处、自治区农业综合开发中心、自治区农田水利建设与开发整治中心。

农田建设管理处负责起草农田建设政策及发展规划；拟订农田建设有关标准和技术规范，指导高标准农田建设，提出农田建设项目需求建议；承担耕地质量管理相关工作，参与开展永久基本农田保护，承担农业综合开发项目、农田整治项目、农田水利建设项目管理工作。自治区农业综合开发中心负责全区耕地质量调查监测体系建设，开展全区耕地质量调查、监测、分等定级，组织实施退化耕地治理、盐碱地综合利用、耕地保护提升项目，完成自治区农业农村厅和自治区农田水利基本建设指挥部办公室交办的工作。自治区农田水利建设与开发整治中心承担全区农田整治项目，农田水利建设项目的技术规范编制、技术开发、示范推广、评估和基本农田保护等技术服务工作，完成自治区农业农村厅和自治区农田水利基本建设指挥部办公室交办的工作。各市县农田建设机构相继组建成立，改变了以往"五牛下田"的局面，开创了全区高标准农田和农田水利建设新的工作格局。

第一章

农田和高标准农田建设

■ 第一节　农田和基本农田保护

一、农田

1996年，宁夏耕地总面积为1902万亩。1996—2001年，连续五年每年面积均有所增加，均在1900多万亩。2002年开始，由于建设用地扩张、荒漠化、盐碱化、水土流失以及退耕还林还草政策等，耕地急剧减少。2002年，宁夏耕地总面积为1818万亩，2003年为1678.5万亩，此后连续五年均在1600多万亩。2007年7月1日起，第二次全国土地调查工作全面启动，调查组运用先进的航空、航天遥感技术手段，及时获取地面影像，作为调查的主要信息。2009年10月31日，调查工作完成，调查组汇总了相关信息。汇总后，宁夏2009年耕地总面积为1937.06万亩；2009—2018年，每年耕地总面积均维持在1900万亩以上；2019年下降到1797.64万亩；2020年增加到1802万亩。

2018年9月，按照国务院统一部署，第三次全国土地调查工作全面启动。调查组采用优于1米分辨率的高精度卫星遥感影像制作调查底图，历时3年，全面查清了全区国土利用状况。

1996—2020年宁夏耕地变化情况见表15-1-1。

表 15-1-1　1996—2020年宁夏耕地变化情况统计

单位：万亩

年份	年末面积	年份	年末面积	年份	年末面积
1996	1902.00	2005	1649.82	2014	1933.77
1997	1906.50	2006	1650.24	2015	1940.08
1998	1912.50	2007	1659.51	2016	1938.13
1999	1920.00	2008	1660.59	2017	1939.87
2000	1939.50	2009	1937.06	2018	1955.14
2001	1948.50	2010	1934.95	2019	1797.64
2002	1818.00	2011	1932.46	2020	1802
2003	1678.50	2012	1929.08		
2004	1654.89	2013	1926.64		

二、基本农田保护

1996年5月14日，宁夏回族自治区人民政府颁布《宁夏回族自治区实施〈基本农田保护条例〉

细则》（以下简称《细则》），明确：县级以上人民政府土地管理部门和农业行政主管部门按照《基本农田保护条例》和《细则》以及本级人民政府规定的职责分工，负责本行政区域内的基本农田保护管理工作。《细则》对自治区行政区域内基本农田保护区的划定、保护和监督管理做了相应的规定，划定基本农田保护区应当根据当地的土地资源状况，以及人口增长和经济发展对耕地的需要，进行科学预测，合理布局，集中连片，并统筹兼顾农业和非农业建设用地；县级以上人民政府与下一级人民政府签订基本农田保护责任书；乡（镇）人民政府应当与农村集体经济组织或者村民委员会签订基本农田保护责任书。

2000年11月17日，自治区第八届人大常委会第十六次会议通过《宁夏回族自治区基本农田保护条例》，自2001年1月1日起施行。

2014年，按照《自治区人民政府办公厅关于印发2014年度耕地保护责任目标考核办法的通知》和《2014年耕地保护目标责任书》要求，宁夏上下积极贯彻落实国家和自治区关于强化耕地保护、坚守耕地红线的决策部署，落实严格耕地保护和节约集约用地制度，全面履行耕地保护主体责任，实现了耕地数量和质量的动态平衡。全区耕地保有量和基本农田保护面积稳定在国家下达的1650万亩和1328万亩以上。

根据《全国土地利用总体规划（2006—2020年）》调整方案确定的自治区耕地保有量为1748万亩，基本农田面积为1399万亩。根据宁夏回族自治区2016年、2017年土地变更调查成果，2016年、2017年末宁夏永久基本农田面积为1400.23万亩。

2016年，自治区出台了《宁夏回族自治区城镇周边永久基本农田划定核查办法》，明确了全区各县（市、区）城市周边永久基本农田划定工作的技术要求。同年5月，全区完成城市周边永久基本农田划定核实举证审核工作。为确保将优质耕地划入基本农田，全区结合基本农田数据库建设，专门组织开展了基本农田清理工作，以实地核查和影像对比相结合的方式，清理并调出不稳定耕地和不符合永久基本农田划定要求的耕地8.09万亩。

2017年1月，国土资源部办公厅、农业部办公厅正式下达了宁夏全区永久基本农田划定方案通过论证审核的意见，经自治区国土资源厅、农牧厅批复了各地永久基本农田划定方案，永久基本农田划定成果纳入土地利用总体规划调整完善成果。2017年6月，全区22个县（市、区）的永久基本农田划定"落地块、明责任、建表册、设标志、入图库"五项工作全部完成并通过验收，永久基本农田划定数据库汇交国土资源部。全区共划定永久基本农田1400.23万亩，落实地块562941块，签订到村责任书2264份，到户明白卡749147份，设立各类宣传牌和保护碑4789个；编制村、乡、县、市各级保护表册2264册，更新完善了自治区、市、县三级永久基本农田数据库，数据库均已通过国土资源部质检，永久基本农田划定数据成果已纳入国土资源"一张图"审批管理系统。

2020年末，宁夏耕地总面积为1802万亩（表15-1-2），占土地总面积的30.23%。

表 15 - 1 - 2　2020 年宁夏各地级市耕地分布

行政辖区 地类	耕地 总面积 （万亩）	占比 （%）	水田、水浇地		水田 （万亩）	水浇地 （万亩）	旱地 （万亩）
			面积 （万亩）	占比 （%）			
合计	1802	100.0	807.9	100.0	231.93	575.97	994.1
银川市	209	11.57	206.92	25.61	92.68	114.24	1.55
石嘴山市	167	9.29	167.26	20.71	37.53	129.73	0.19
吴忠市	484	26.83	231.07	28.60	54.77	176.30	252.47
固原市	495	27.48	46.47	5.75		46.47	448.68
中卫市	447	24.83	156.18	19.33	46.95	109.23	291.21

三、基本农田保护措施

（一）建立健全耕地保护目标责任机制

一是形成了六级耕地目标保护责任体系。自治区制定了省级政府耕地保护责任目标管理制度，并逐年完善，建立了"双签体系"（签订耕地目标责任、效能目标责任），每年由自治区人民政府与五个地级市人民政府和自治区农垦集团签订年度耕地保护目标责任书，各市与县（区）、县（区）与乡（镇）、乡（镇）与村、村与农户逐级签订耕地保护目标责任书，形成了自治区、市、县（区）、乡（镇）、村组、农户六级基本农田保护责任体系，切实把耕地特别是永久基本农田保护责任与义务落到实处。二是严格耕地保护责任目标考核。自治区人民政府每年都将耕地保有量、基本农田保护面积等指标纳入地级市人民政府效能目标考核和耕地保护目标责任书中，与效能建设同部署、同考核；根据耕地保护的新形势、新任务、新要求，对考核目标和方法及时进行调整，实行年度耕地保护责任目标考核，组织国土资源、审计、农牧、统计等部门对各市及农垦集团公司耕地保护目标责任履行情况进行年中检查、年底考核，及时兑付奖罚，把保护责任落实到每一个田间、地块，落实到具体村组和农户。三是不断强化领导干部耕地保护责任离任审计工作。各县（市、区）均制定领导干部耕地保护责任离任审计制度，初步建立起有效的责任约束机制。四是健全了耕地保护社会监督制度。各地充分发挥行政执法监察、群众监督、舆论监督和社会监督作用，通过健全耕地保护社会监督员制度、群众举报信访制度、社情民意调查制度，设置举报电话和公开信箱，发挥新闻媒体作用，构建起全方位、多渠道、网络化的耕地保护监督管理机制，形成了全社会监管和保护耕地的良好局面。

（二）多措并举提升全区耕地质量

一是建立了补充耕地项目审核制度。自治区按照原国土资源部相关要求，对各县（市、区）上报国土资源部（现自然资源部）备案的补充耕地项目的位置、地类、面积等现状，以及补充耕地项目的立项、验收、资金管理等情况进行核实，确保了补充耕地真实、准确。二是开展耕地质量提升行动。自治区以农业供给侧结构性改革为主线，坚持"一特三高"发展方向，在稳定粮食生产面积的基础上，进一步调整优化种植结构，加大引黄灌区耕作制度改革，实施耕地质量提升行动，推进银北百万亩盐碱地改良，集成示范测土配方施肥、作物秸秆深翻还田、增施有机肥、节水灌溉、病虫害统防统治等耕地质量提升与保护技术，减少化肥农药用量，增强农业可持续发展水平。截至2020年，"化肥零增长行动"启动，全区持续加大中低产田改良力度，随着银北百万亩盐碱地改良、有机肥替代化肥、耕地质量提升与化肥减量增效等项目的深入实施，全区土壤有机质含量有了进一步提高，平均含量达到15.64克/千克。三是加强耕地质量监测。全区建立了覆盖全区主要耕地土壤类型的三级耕地质量监测网点417个，基本覆盖了全区主要生态类型、耕地土壤类型和主要粮食作物，构成了国家、自治区、县级三级耕地质量监测网络，形成了较为完善的耕地质量监测技术体系，为宁夏开展耕地地力培肥，指导农民合理施肥和科学种植提供数据支撑。四是加快推进国土整治工程，不断提高耕地综合生产能力。通过对项目区土地平整和农田水利设施的建设，全区缩短了灌溉周期，节约了水资源，促进了耕地数量、质量、生态全面提升，实现了项目区农民增收和农业增效。五是大力推进耕作层剥离再利用工作。全区将耕地耕作层剥离再利用纳入全区耕地保护目标责任书，加强对耕作层剥离再利用工作的监督检查，促使各地将耕作层剥离土壤用于耕地占补平衡项目及土壤改良工程，有效提高新开垦耕地质量。

（三）加大宣传力度，提高耕地保护意识

全区各市、县（区）结合"4.22"地球日、"6.25"土地日开展了多种形式的宣传活动。自治区每年在"6.25"土地日举办大型专题文艺演出活动，宣传耕地保护政策，各市、县国土资源部门通过法律知识问答、发放各类宣传册等方式，广泛开展宣传活动，向广大群众宣传保护耕地的重要意义，

进一步增强了社会各界依法用地和保护耕地的自觉性。

（四）加强动态巡查和执法监察

各地按照预防为主、事前防范和事后查处相结合的原则，加大了对城市规划区、乡村主要道路两侧、永久基本农田保护区的巡查力度，坚决打击违法占用耕地的行为。一是明确划分了执法巡查责任区。各市、县（区）及农垦集团公司建立了市、县、乡镇（农场）、村（场站、队）四级责任片区，逐级签订了《国土巡查责任书》，向社会公开执法责任区和责任人员，实行分片包干、责任到人，确保动态巡查落实到位。二是充分发挥信息协管员的作用。在基层建立耕地保护执法信息协管员队伍，及时查处违法占用耕地行为，努力实现"四个第一"，即：第一时间接到举报、第一时间到达现场、第一时间制止违法行为、第一时间立案查处。三是加大联合执法力度。各地级市均建立了由法院、检察院、公安、城管等部门参加的制止和查处国土资源违法犯罪行为联席会议制度，进一步加强协调沟通，形成了执法合力，有效遏制了违法用地行为。中卫市实施土地警察和"地长制"，构筑市、县（区）、乡、村组四级地长制组织体系，市长任总地长，分管副市长任副总地长，各县（区）主要领导任一级地长，各镇（乡）党委书记、镇（乡）长为二级地长，村党支部书记、村（居）委会主任、各自然村或村民小组组长为三级地长，以国土资源部门、公安部门为主，相关职能部门配合，在巡查中发现违法用地行为后及时报告给上级地长。

■ 第二节　高标准农田建设

一、土地开发整治重大工程

（一）宁夏中北部土地开发整理重大工程项目

该项目是自治区自成立以来实施的最大的涉农投资项目。2008 年 9 月，自治区人民政府公布《关于宁夏中北部土地开发整理重大工程项目立项的批复》，正式批准宁夏中北部土地开发整理重大工程项目立项，并向国土资源部、财政部上报项目实施方案。2009 年 5 月，国土资源部、财政部公布《关于同意宁夏回族自治区中北部土地开发整理重大工程项目实施方案的函》，批复重大项目建设规模 337.8 万亩，新增耕地 78.58 万亩，投资 366100 万元（其中中央资金 270000 万元，自治区配套资金 96100 万元），建设工期 5 年，自 2009 年开始至 2013 年结束。项目的主要建设内容为"田、水、路、林"的综合整治。

2010 年 2 月至 2013 年 3 月，自治区国土资源厅先后批准下达了五批项目计划，共 95 个子项目，计划整理土地 338.25 万亩，新增耕地 87.45 万亩，预算投资 400712.86 万元。2015 年 8 月底，所有子项目通过了自治区级验收审查，共实际完成规模 338.89 万亩，实际完成新增耕地 79.8 万亩，实际完成投资 355500 万元。

（二）宁夏"十二五"生态移民土地整治工程

为贯彻落实自治区党委、人民政府生态移民和扶贫开发战略部署，2011 年 8 月自治区人民政府公布了《关于宁夏"十二五"生态移民土地整治项目立项的批复》，财政部、国土资源部对宁夏给予了支持，两部印发了《关于下达宁夏回族自治区 2011 年生态移民土地整治项目预算的通知》。

2011—2016 年，自治区国土资源厅先后下达了 10 批项目计划，总共 34 个子项目，计划整理土地 36.67 万亩，新增耕地 5.35 万亩，资金规模 65900 万元〔其中中央资金 64700 万元，市、县（区）自筹及发改委配套资金 1200 万元〕。截至 2017 年 11 月 28 日，32 个子项目通过了自治区级验收，2 个子项目（2012 年度泾源县六盘山镇项目、2012 年度永宁县闽宁镇原隆村项目）被撤销，收回资金 1300 万元。实际建设规模 34.63 万亩，新增耕地 4.87 万亩，完成投资 55800 万元。

二、高标准农田建设工程

(一) 2012—2018 年高标准农田建设

2012 年，依据《宁夏回族自治区国民经济和社会发展第十二五规划纲要》《宁夏回族自治区土地利用总体规划（2006—2020 年）》，自治区启动土地整治规划编制。2012 年 5 月，自治区人民政府发布了《宁夏回族自治区土地整治规划（2011—2015 年）》，明确提出要通过实施高标准基本农田建设工程、中北部土地开发整理重大工程、生态移民土地整治工程，建设旱涝保收高标准基本农田，面积不少于 296 万亩。

"十二五"期间，宁夏共完成高标准农田建设项目 128 个，完成建设任务 302.06 万亩，总投资 406300 万元。所有项目都在国土资源部农村土地整治监测监管系统中报备。

2012—2014 年，由自治区国土资源厅组织实施完成高标准农田建设项目 69 个，建设任务 225.38 万亩，投资 280100 万元。2015 年，由自治区国土资源厅、农业综合开发办公室、水利厅、发改委等部门组织实施完成高标准农田建设项目 59 个，完成建设任务 76.68 万亩，投资 126200 万元。

2018 年 4 月自治区人民政府发布了《宁夏回族自治区土地整治规划（2016—2020 年）》，2018 年 9 月自治区发改委发布了《宁夏回族自治区高标准农田建设总体规划（2016—2020 年）（修订本）的通知》，明确提出由自治区国土资源厅、农业综合开发办公室、发改委和水利厅等部门，通过开展国土综合整治项目、高标准农田和中型灌区节水配套改造项目、高效节水灌溉项目及全国新增 1000 亿斤粮食生产能力规划项目等，共同确保建成高标准农田 478 万亩，力争建成 579 万亩。2012—2018 年宁夏高标准农田建设情况见表 15 - 1 - 3。

表 15 - 1 - 3 2012—2018 年宁夏高标准农田建设情况

时间	实施部门	数量（个）	建设规模（万亩）	实施年份	建设规模（万亩）	投资（万元）
	合计	571	593.6		593.6	892920.88
十二五	国土资源厅	80	251.03	2012	75.34	69746.73
				2013	79.29	100246.84
				2014	70.75	109956.68
				2015	25.65	57600.41
	水利厅	9	17.16	2015	17.16	25272
	农业综合开发办公室	39	33.87	2015	33.87	43279
十三五	国土资源厅	72	84.51	2016	29.55	40667.58
				2017	32.84	57124.98
				2018	22.12	37470.66
	水利厅	236	100.94	2016	34.4	55296
				2017	27.05	46898
				2018	39.49	70233
	农业综合开发办公室	119	87.19	2016	31.82	44728
				2017	29.45	52137
				2018	25.92	57591
	发改委	15	17.98	2016	5.85	7625
				2017	5.81	7515
				2018	6.32	8287
	财政厅	1	0.92	2017	0.92	1246

2016—2018 年，宁夏共完成高标准农田建设项目 443 个，完成建设任务 291.53 万亩，总投资 391600 万元。所有项目都在国土资源部农村土地整治监测监管系统中报备。

2016 年由国土、农发、水利、发改等部门组织实施完成高标准农田建设项目 114 个，完成建设任务 101.62 万亩，投资 126900 万元。2017 年由国土、农发、水利、发改等部门组织实施完成高标准农田建设项目 164 个，完成建设任务 96.07 万亩，投资 126300 万元。2018 年由国土、农发、水利、发改等部门组织实施完成高标准农田建设项目 165 个，完成建设任务 93.84 万亩，投资 138400 万元。

（二）2019 年高标准农田建设

2019 年是自治区农业农村厅全面履行农田建设和管理职能的第一年，各级农业农村部门在自治区党委、人民政府的坚强领导下，认真贯彻落实党中央、国务院决策部署，紧紧围绕乡村振兴战略，藏粮于地藏粮于技，扎实推进高标准农田建设。

2019 年初，自治区召开农业农村工作会议，对全区高标准农田建设工作进行安排部署。自治区人民政府印发了《关于成立合并规范撤销自治区有关议事协调机构的通知》，设立自治区农田水利基本建设指挥部。

2019 年 4 月 16 日，自治区人民政府在青铜峡市召开了全区高标准农田现场推进会。

2019 年 4 月，农业农村部印发了《关于下达 2019 年农田建设任务的通知》，下达宁夏高标准农田建设任务 110 万亩（其中高效节水 56 万亩）。自治区农业农村厅经充分调研，统筹考虑全区脱贫攻坚任务、市县（区）申报面积等因素，印发了《关于下达 2019 年全区农田建设任务的通知》《关于调整部分县（区）2019 年高标准农田建设任务的通知》，将 110 万亩建设任务落实到各市、县（区）。

2019 年自治区共审查审批项目 142 个，建设规模 108.7 万亩，总预算投资 164166 万元。其中自治区批复项目 57 个，建设规模 66.93 万亩，投资 96951 万元；市级审批项目 10 个，建设规模 3.41 万亩，投资 6022 万元；贫困县批复项目 75 个，建设规模 38.36 万亩，投资 61193 万元。

2019 年 9 月 29 日，自治区农田水利基本建设指挥部在平罗县召开了宁夏秋冬农田水利基本建设现场启动会。自治区于年底对 2019 年度农田水利基本建设"黄河杯"竞赛 18 个先进单位进行表彰奖励，奖励资金共 2920 万元。平罗县、青铜峡市、沙坡头区、盐池县获得 2019 年度全区农田水利基本建设"黄河杯"竞赛一等奖，各奖励"以奖代补"项目资金 300 万元；贺兰县、中宁县、灵武市、同心县、西吉县获得 2019 年度全区农田水利基本建设"黄河杯"竞赛二等奖，各奖励"以奖代补"项目资金 200 万元；利通区、永宁县、惠农区、彭阳县、隆德县、红寺堡区、自治区农垦集团有限公司获得 2019 年度全区农田水利基本建设"黄河杯"竞赛三等奖，各奖励"以奖代补"项目资金 100 万元；银川市、石嘴山市获得 2019 年度全区农田水利基本建设"黄河杯"竞赛组织奖，各奖励资金 10 万元。

2019 年 10 月 1 日，农业农村部颁布实施《农田建设项目管理办法》，全区农田建设实行集中统一管理体制，统一规划布局、建设标准、组织实施、验收评价、上图入库。

截至 2019 年 12 月底，全区完成招投标项目 243 个，开工建设 243 个，开工率为 98.4%。开工面积为 175.8 万亩，其中高效节水灌溉 63.2 万亩；完成面积 139.5 万亩（含结转 66.7 万亩），其中高效节水灌溉 47.5 万亩。

2019 年 12 月 22 日，全国农业农村厅局长会议召开，宁夏在会上做了"加快高标准农田建设、夯实农业农村高质量发展基础"的经验交流发言。

2019 年，全区举办 3 期高标准农田建设管理培训班，各市、县（区）农业农村局及自治区农垦集团有限公司负责人、业务骨干共 400 人次参加。培训围绕高标准农田项目管理、资金使用、初步设计方案编制、项目审查审批等内容进行，组织培训人员观摩了各地实施的项目，总结了好的经验，有效提升了基层干部业务素质。

2019 年，自治区先后制定了《宁夏回族自治区农田水利基本建设"黄河杯"竞赛考评方案》《宁夏回族自治区农田建设项目管理实施办法》《宁夏回族自治区农田建设补助资金管理实施细则》。

（三）2020年高标准农田建设

2020年初，自治区政府召开农业农村工作会议，对全区高标准农田建设工作进行安排部署。

2020年4月，农业农村部印发了《关于下达2020年农田建设任务的通知》，下达宁夏高标准农田建设任务90万亩。自治区农业农村厅将任务分解，印发了《关于下达2020年全区农田建设任务的通知》，把90万亩高标准农田建设任务落实到各县（市、区）。

2020年自治区共审查非贫困县8000亩以上项目29批次、30.26万亩，指导县（市、区）审查项目110个、50余万亩；全年建成高标准农田108.3万亩；前置开展项目范围查重和地类核实268项次、130万亩，出具报告82份；完成"十二五"以来943个、747万亩高标准农田项目清理检查及上图入库。

2020年9月10日，自治区农田水利基本建设指挥部在同心县召开了全区秋冬农田水利基本建设启动暨高效节水灌溉现场推进会，并于年底对2020年度农田水利基本建设"黄河杯"竞赛17个先进单位进行表彰奖励，奖励资金共2620万元。青铜峡市、贺兰县、同心县获得2020年度全区农田水利基本建设"黄河杯"竞赛一等奖，各奖励"以奖代补"项目资金300万元；平罗县、中宁县、灵武市、西吉县、盐池县获得2020年度全区农田水利基本建设"黄河杯"竞赛二等奖，各奖励"以奖代补"项目资金200万元；惠农区、永宁县、沙坡头区、兴庆区、彭阳县、红寺堡、原州区获得2020年度全区农田水利基本建设"黄河杯"竞赛三等奖，各奖励"以奖代补"项目资金100万元；银川市、吴忠市获得2020年度全区农田水利基本建设"黄河杯"竞赛组织奖，各奖励资金10万元。

2020年，自治区以引黄灌区高标准农田提升、中部干旱带高效节水灌溉、南部山区梯田化旱作农田"三大工程"建设和土壤盐渍化综合治理、数字农田、绿色农田"三大示范"为重点，完成《宁夏高标准农田建设规划》和《宁夏全省域高标准农田示范区建设实施方案》初稿，指导县（市、区）编制高标准农田建设规划。

2020年，自治区共举办3期高标准农田建设管理和新型经营主体领军人才培训班，培训全区农田建设工作者218人、高素质农民200人。

2020年，宁夏日报、农民日报、农业农村厅网站发布信息100余篇。

2020年，自治区制定《宁夏高标准农田建设项目验收办法》，编印《宁夏高标准农田建设管理工作手册》。

三、主要措施

（一）建立组织机构，严格落实责任

2008年9月，自治区人民政府成立了以政府主席为组长、两位分管副主席为副组长、15个相关厅局主要负责人为成员的土地开发整理工作领导小组；领导小组下设办公室和监督办公室；建立了联席会议制度，研究讨论项目实施过程中的重大问题；成立了专家组，负责对重大项目的技术问题进行审查论证，提供决策咨询意见。

（二）突出顶层设计，规范有序推进

自治区编制了《宁夏中北部土地开发整理重大工程项目总体规划》《宁夏土地整治规划》《生态移民土地整治专项规划》，制定了《宁夏中北部土地开发整理重大工程项目实施管理办法》《土地开发整理工程建设标准》，规范了项目勘测设计、项目实施管理、资金使用管理、招投标、设计变更、竣工验收、项目监管等各项工作。

（三）严格组织验收，打造优良工程

自治区研究编制了《宁夏国土整治项目竣工验收工作技术手册》和《宁夏中北部土地开发整理重

大项目验收细则》，统一验收标准、规范了工作流程。在验收中，自治区采取引入第三方中介机构和"成熟一个验收一个""内外业分步验收"等措施，推进验收进度，提高项目验收质量。

（四）完善监督机制，注重风险防控

自治区将传统的事后监督变为事前、事中监督，积极开展项目内部审计，紧盯审计问题的整改落实。

（五）创新工作机制，高效实施项目

自治区积极发动、引导群众参与工程建设、质量监督和验收全过程，提高项目建设的透明度；有针对性地研发了土地整治动态监测与管理信息系统，对工程信息数据全部进行上图入库，保证了项目建设质量。

四、建设成效

全区通过"田、水、路、林"的综合整治，达到了"节水增地、提质增效、改善生态"的目标，有力地推动了经济社会发展，经济、社会和生态效益显著。

（一）增加耕地面积，提升耕地质量

自治区通过对未利用土地、闲置土地、低效利用地整治，有效地节约了土地资源，实现了土地集约节约利用。全区新增耕地86.46万亩，耕地质量等级平均提升0.34个级别，为粮食连年增长奠定了基础。

（二）改善了农业基础设施，推动了现代农业发展

自治区通过对"田、水、路、林"基础设施的综合整治，提高了农业生产能力，田间道路通达率、农田灌溉保障率、农业生产机械化率普遍提高，推动了土地流转，为发展设施农业、生态农业奠定了基础。

（三）改善了农村生产生活条件，增加了农民收入

全区改善了农村基础设施，加快了现代农业发展步伐和城乡一体化进程。项目建设使全区190多万农民受益，项目区农民因粮食、蔬菜和经济作物增收及参与工程建设，人均年纯收入增加近千元。

（四）改善了区域生态环境，提高了水资源利用率

全区共治理沙化地5.6万亩，改良盐碱地13万亩，栽种各种树木792万株，初步形成了乔灌草结合的农田防护林体系；通过砌护灌溉渠道和推广节水灌溉技术，大幅提升了水资源利用率，提高了灌水效率，节省了灌水时间。

（五）群众满意，促进了社会和谐稳定

重大项目实施后，全区各地认真听取群众意见，组织、动员群众参加项目建设，不仅推动了新农村建设和扶贫开发，而且促进了基层党组织建设和民族地区的团结稳定。

■ 第三节　高效节水灌溉

一、基本情况

宁夏地处西北内陆干旱半干旱地区，水资源严重短缺，工农业生产和城乡居民生活用水主要依靠

过境黄河水。20世纪90年代，黄河上游来水持续偏枯，水资源利用方式粗放，用水效率不高，制约宁夏经济社会发展。1996年起，自治区发改委、水利厅等相关部门利用国家节水示范和节水增效等项目，在引黄灌区周边及扬水灌区、南部山区库井灌区探索引进滴灌、喷灌等高效节水灌溉技术，进行试验示范。

2004年，自治区党委、人民政府将节水型社会作为解决宁夏干旱缺水问题最根本、最有效的战略措施，制定了《宁夏建设节水型社会规划纲要》。2004年自治区启动灵武市、平罗县等县级试点和中卫市、灵武市和海原县3个节水型灌区试点建设，在设施蔬菜种植区优先发展滴灌等高效节水农业。由于资金投入不足，高效节水处于起步阶段，整体试点面积不大，技术和管理相对落后。

2009年，为贯彻落实中央关于扩大内需、促进经济平稳较快增长决策部署，财政部等部委在全国范围内通过集中资金投入，全面开展小型农田水利重点县建设。自治区结合小型农田水利重点县建设，优先建设高效节水灌溉项目，在葡萄、枸杞、玉米、瓜菜等特色优势作物种植区全面推进滴灌、喷灌等高效节水灌溉。同年起，自治区农业综合开发项目办公室积极推进高效节水灌溉，从国外引进大型指针式喷灌机，先后在利通区、红寺堡及盐池饲草种植区等地区发展高效节水灌溉。

2010年以后，宁夏高效节水灌溉迎来快速发展期。全区利用中央农田水利项目、农业综合开发项目和国土整治项目等，建设高效节水灌溉工程，特别是2016—2018年，年均建设高效节水灌溉40万亩。截至2018年年底，宁夏共建成高效节水灌溉农田600多处，发展高效节水灌溉面积352万亩，占全区总灌溉面积的40%。

2019年机构改革后，宁夏高标准农田建设项目（含高效节水灌溉项目）统一划归自治区农业农村厅负责实施，通过大力发展高效节水灌溉，加快推进水肥一体化、适度规模化、操控自动化等措施，有效促进农业现代化发展，全年发展高效节水灌溉，面积47.5万亩。

2020年，全区发展高效节水灌溉，面积为70.51万亩，发展数量为近年来最多的一年。

截至2020年末，宁夏已建成高效节水灌溉面积，按地理位置分，北部引黄灌区222.1万亩，中部干旱带185.8万亩，南部山区62.57万亩；按灌水方式分，滴灌方式的为387.67万亩，喷灌方式的为57.4万亩，管灌方式的为25.4万亩。按不同地理位置，中部干旱带扬水灌区形成了苜蓿喷灌，玉米、枸杞、红枣、硒砂瓜滴灌的节水灌溉模式；南部山区形成了马铃薯、瓜菜、中药材滴灌的节水灌溉模式；北部引黄灌区形成了瓜菜、葡萄、玉米滴灌的节水灌溉模式。2009—2020年宁夏高效节水灌溉面积见表15-1-4。

表15-1-4　2009—2020年宁夏高效节水灌溉面积统计情况

单位：万亩

序号	市、县（区）	总面积	年份		
			2009—2018	2019	2020
	全区合计	470.47	352.46	47.5	70.51
一	银川市	95.83	87.12	6.06	2.65
1	兴庆区	10.39	9.76	0.32	0.31
2	西夏区	11.73	10.94	0.36	0.43
3	金凤区	5.06	4.45	0.61	0.00
4	永宁县	31.87	29.97	1.42	0.48
5	贺兰县	22.53	20.29	0.81	1.43
6	灵武市	14.25	11.71	2.54	0.00
二	石嘴山市	25.68	22.45	1.78	1.45
7	大武口区	2.74	1.96	0.20	0.58
8	惠农区	7.65	6.72	0.08	0.85
9	平罗县	15.29	13.77	1.50	0.02
三	吴忠市	156.06	106.00	16.07	33.99

（续）

序号	市、县（区）	总面积	年份		
			2009—2018	2019	2020
10	利通区	26.02	21.06	4.23	0.73
11	红寺堡区	24.89	20.68	3.79	0.42
12	盐池县	43.82	29.00	4.23	10.59
13	同心县	41.58	20.53	1.95	19.10
14	青铜峡市	19.75	14.73	1.87	3.15
四	固原市	89.85	67.36	17.53	4.96
15	原州区	33.22	25.80	5.16	2.26
16	西吉县	19.74	13.86	4.92	0.96
17	隆德县	13.84	10.30	3.54	0.00
18	泾源县	7.33	6.33	1.00	0.00
19	彭阳县	15.72	11.07	2.91	1.74
五	中卫市	103.05	69.53	6.06	27.46
20	沙坡头区	32.83	25.60	0.00	7.23
21	中宁县	38	22.45	2.04	13.51
22	海原县	32.22	21.48	4.02	6.72

二、高效节水技术模式

（一）机井＋管道输水＋滴灌（喷灌）

该模式主要应用于银北自流灌区、盐池县、原州区、西吉县等地区。主要根据地域水源情况，选择"机井＋管道输水＋滴灌（喷灌）"技术模式，提升水资源利用效率。

（二）黄河水（自流）＋沉沙池＋滴灌（喷灌）

该模式主要应用于青铜峡和沙坡头自流灌区。由于黄河水自流灌区泥沙较大，运用该模式，通过沉沙池处理，提高了滴灌（喷灌）的使用效率。

（三）黄河水（扬水）＋调蓄水池＋滴灌（喷灌）

该模式主要应用于利通区、盐池县、同心县、红寺堡区、海原县和原州区。受水资源限制，将黄河水通过调蓄水池储水，保障了作物整个生长期的水源供给，闲时储水，高峰用水，促进了高效节水的快速发展。

（四）水库（塘坝）＋高位蓄水池＋滴灌（喷灌）

该模式主要应用在固原市和海原县，是固原地区主要采用的高效节水模式。其利用水库、塘坝作为水源，在高处修建蓄水池，可以因地制宜利用有限的水资源发展高效节水、种植经济价值较高的作物，增产增收效果十分明显。

■ 第四节 盐碱地改良

一、基本情况

宁夏地处西北内陆黄土高原温带干旱季风带，气候干旱，自然条件差，生态脆弱。但同时它也是我国宜农荒地较多的省域之一，按自然条件分为北部黄河平原自流灌区、中部丘陵台地干旱带扬黄节灌区和南部黄土丘陵区三个农业区。北部黄河平原自流灌区是宁夏重要的粮食生产基地，地处灌区下游，地形低洼，地下水埋深浅，大部分土地自流排水困难，加之农业设施老化，农田建设不配套，致使部分区域土壤盐渍化程度较为严重。土壤盐渍化一直是影响宁夏农业生产的重要问题之一，长期以来受到宁夏各级政府的高度关注。

1997—1999年，宁夏水利科学研究所在永宁、青铜峡、中宁、中卫四县区建设暗管排水试验区，开展暗管排水效果研究。

1999—2004年，宁夏农业综合开发办公室开展了大规模暗管排水工程建设，建成暗管排水面积近30万亩。

2003年，结合灌区抗旱，自治区水利厅建设地下水抗旱机井3000余眼，获得一定的盐渍化治理效果。

2005年，宁夏水利科学研究所等单位开展了全区土壤盐渍化调查，制订了分区治理方案。

2005—2012年，宁夏大学承担两期国家科技支撑计划项目，在西大滩、灵武，重点对碱化土壤进行治理研究。

2009—2013年，自治区国土资源厅实施了宁夏中北部土地开发整理重大工程项目，对银北区域部分盐渍化土地进行改造。

2013—2016年，自治区党委、人民政府作出实施北部地区百万亩盐碱地改造的重大决策。按照自治区水利厅组织编制的《宁夏银北地区百万亩盐碱地改良骨干排水工程治理规划》要求，宁夏对银川市兴庆区、金凤区、西夏区、贺兰县，石嘴山市大武口区、惠农区、平罗县等行政划范围内的灌区和农垦集团所属简泉农场、前进农场、暖泉农场、南梁农场、贺兰山农牧场、平吉堡农场进行盐碱地改良。自治区农田水利基本建设指挥部办公室牵头，各部门按照分工，具体负责实施：水利部门负责干沟治理，农业综合开发部门负责支干沟治理，国土资源部门负责支沟治理，集中连片治理盐碱地101.5万亩。

2016年，根据自治区党委、人民政府关于扎实做好"十三五"时期盐碱地改良项目建设，启动实施银南地区盐碱地改良的有关精神，自治区农田水利基本建设指挥部办公室组织编制了《宁夏银南地区盐碱地改良规划》，规划2017—2020年在银南自流灌区、银南扬黄灌区（涉及银川市、吴忠市、中卫市及农垦系统）完成盐碱地治理面积53.6万亩（其中银南自流灌区40.1万亩，银南扬黄灌区13.5万亩）。

二、耕地土壤盐渍化分级标准

耕地土壤盐渍化一般划分为非盐渍区（0级）、轻盐渍区（Ⅰ级）、中盐渍区（Ⅱ级）、重盐渍区（Ⅲ级），共四个等级。

非盐渍区（0级）：土壤无盐化或地表有盐化现象，盐斑面积占地比例小于1/10，作物能正常生长或局部生长受抑制。适宜种植多种作物，多属高产农田。

轻盐渍区（Ⅰ级）：地表有明显的盐霜和盐斑，盐斑面积占地比例为1/10～1/3，部分作物生长受抑制，盐斑处作物黄苗、死苗现象明显，一般为中产田。

中盐渍区（Ⅱ级）：地表有较多盐霜和盐斑，盐斑面积占地比例为1/3～1/2，作物生长明显受抑制，盐斑处死苗严重，多为低产田。

重盐渍区（Ⅲ级）：地表有浓厚盐霜和大量盐斑，盐斑面积占地比例大于1/2，为低产田。

根据上述分级标准，经农业部门调查，全区盐渍化耕地面积共248.7034万亩，占全区耕地总面积的12.84%。各级盐渍化耕地面积见表15-1-5。

表15-1-5 宁夏各市、县（区）各级盐渍化耕地面积统计情况

市县	合计		非盐渍化耕地		潜在盐渍化耕地		轻盐渍化耕地		中盐渍化耕地		重盐渍化耕地		盐渍化耕地合计
	面积（亩）	占比（%）	面积（亩）	占比（%）	面积（亩）	占比（%）	面积（亩）	占比（%）	面积（亩）	占比（%）	面积（亩）	占比（%）	（亩）
全区	19351543	100	16698426	86.29	166083	0.86	1398063	7.22	745763	3.85	343208	1.77	2487033.99
石嘴山市	1265102	6.54	526431	41.61			459723	36.34	174297	13.78	104650	8.27	738671.10
惠农区	297539	1.54	86936	29.22			159251	53.52	40220	13.52	11132	3.74	210602.26
平罗县	884939	4.57	404692	45.73			298137	33.69	96104	10.86	86006	9.72	480246.88
大武口区	82624	0.43	34803	42.12			2335	2.83	37974	45.96	7512	9.09	47821.96
银川市	2164826	11.19	1331743	61.52			463452	21.41	253104	11.69	116526	5.38	833082.79
贺兰县	656633	3.39	421957	64.26			137852	20.99	56998	8.68	39825	6.07	234675.10
兴庆区	218176	1.13	65869	30.19			54050	24.77	93135	42.69	5122	2.35	152306.68
金凤区	154205	0.80	132413	85.87			7407	4.80	9839	6.38	4546	2.95	21792.17
西夏区	267205	1.38	115368	43.18			79133	29.62	40042	14.99	32662	12.22	151837.12
永宁县	513592	2.65	407004	79.25			60500	11.78	28640	5.58	17448	3.40	106588.40
灵武市	355015	1.83	189132	53.27			124510	35.07	24450	6.89	16924	4.77	165883.33
吴忠市	5176683	26.75	4699790	90.79	94290	1.82	213782	4.13	107557	2.08	61264	1.18	382603.22
利通区	465468	2.41	298622	64.16	7344	1.58	86838	18.66	43687	9.39	28978	6.23	159501.94
青铜峡市	571059	2.95	441221	77.26			73530	12.88	42076	7.37	14232	2.49	129838.12
盐池县	1496817	7.73	1473287	98.43			19032	1.27	3202	0.21	1296	0.09	23529.82
同心县	2090194	10.80	2090194	100.00									0.00
红寺堡区	553145	2.86	396466	71.67	86946	15.72	34383	6.22	18593	3.36	16758	3.03	69733.35
中卫市	4594319	23.74	4189657	91.19	71793	1.56	124481	2.71	148639	3.24	59749	1.30	332869.38
沙坡头区	1069663	5.53	970929	90.77	71793	7.13	62915	5.88	22754	2.13	13065	1.22	98733.67
中宁县	1006334	5.20	841888	83.66			44086	4.38	24479	2.43	24089	2.39	92653.20
海原县	2518322	13.01	2376840	94.38			17480	0.69	101407	4.03	22596	0.90	141482.51
固原市	6150613	31.78	5950806	96.75			136624	2.22	62164	1.01	1019	0.02	199807.50
原州区	1579629	8.16	1379822	87.35			136624	8.65	62164	3.94	1019	0.06	199807.50
西吉县	2446748	12.64	2446748	100.00									0.00
彭阳县	1248802	6.45	1248802	100.00									0.00
隆德县	609679	3.15	609679	100.00									0.00
泾源县	265755	1.37	265755	100.00									0.00

三、盐碱地改良措施

（一）排水改良盐碱地

1. 明沟排水

明沟肩负着灌区的主要排水任务。明沟在排除大量地面水的同时，起着排除土壤水、降低地下水位的作用。良好的排水沟系是防治土壤盐化和改良盐碱地的重要工具。

2. 暗管排水

暗管排水具有快速降低地下水位的作用，因此对改良盐碱地的作用显著。2016年，宁夏农业综合开发办公室从荷兰引进EGS3000刀链式开沟铺管机，实现了铺设田间暗管机械化。截至2018年，全区累计推广铺设田间暗管50余万亩。采用地下排水暗管后，农田地下水位一般比对照区降低0.5～0.8米，土壤含盐量比使用前降低30%以上，平均粮食产量增加50～80千克/亩。

3. 机井排灌

银北灌区地势平缓，部分沟道不畅，需要利用电排站强排水；部分地势低洼区无自流排水条件，必须配套现有机井和其他强排措施才能达到排水目的。

渠灌可以引起地下水位上升，而井灌可以快速降低地下水位。井渠结合灌溉可快速调控地下水位，防治土壤盐渍化，并可使地下水埋深长期控制在适宜作物生长的区间。

宁夏水利科学研究所开展井渠结合灌溉试验，结果表明：在非盐渍地区进行井灌，初期土壤出现积盐，但经渠灌冲洗或井渠轮灌后，土壤盐分趋于稳定（仍属微盐渍化），土壤pH降低。在中、重盐渍区进行井渠结合灌溉，由于土壤盐分较高，土壤不会出现积盐，只会出现脱盐；进行井渠结合灌溉并结合冲洗，可在3～5年内将中、重盐渍区改造为非、轻盐渍区。

通过采用井渠结合灌溉，土壤盐分含量由0.12%下降为0.1%；渠灌井排脱盐率在44%，土壤含盐率越高，井渠结合灌溉土壤脱盐率越大。在荒地上进行试验，试验区内荒地0～20厘米土层盐分含量由抽水前的0.545%减少到0.187%，试验区外的低产田耕层盐分含量也由0.195%下降到0.15%。

4. 生物排水

种植牧草可减少地表水分蒸发，促进土壤脱盐和抑制土壤返盐；栽培牧草和绿肥，有茂密的茎叶覆盖地面，可减少地表水分蒸发，经叶面蒸腾和庞大的根系可吸收土壤下层水分，使地下水位下降，从而有效地防止土壤盐分向地表积累。紫花苜蓿整个生长期的叶面蒸腾量达395米^3/亩，约占总耗水量的57%，株间蒸腾量为193米^3/亩，占总耗水量的33%，种植3年紫花苜蓿，可降低地下水位0.9米，从而加大土壤脱盐率。

（二）节水灌溉改良盐碱地

宁夏引黄灌区土壤盐碱化的原因是地下水位高，蒸发强烈。地下水主要来源于渠道及灌溉水的田间渗漏。要防治土壤盐渍化，就必须减少灌溉水对地下水的渗漏补给，推广应用节水灌溉技术，降低地下水位。

1. 渠道防渗衬砌

宁夏引黄灌区渠道水利用系数为0.48，年引水量达70余亿米^3，存在大量的渠水渗漏补充地下水，引起地下水位上升，产生土壤次生盐碱化。采取渠道防渗衬砌可减少渗漏。混凝土板衬砌可减少渗漏量70%～75%，塑膜防渗可减少渗漏量85%左右，混凝土板与塑膜复合衬砌可减少渗漏量88%～90%。灌区内对干渠进行防渗砌护，年节水量达29～82米^3/米^2；对支渠进行防渗砌护，年节水量达18～52米^3/米^2；对斗渠进行防渗衬砌，年节水量达8～33米^3/米^2；对农渠进行防渗衬砌，年节水量达3～10米^3/米^2。

2. 畦田灌溉

畦田灌溉具有节约水量、降低灌溉成本、防止深层渗漏、灌水均匀、防止土壤板结的效果。宁夏水利科学研究所对畦田灌溉进行了多年的试验研究，结合引黄灌区条田格局，推荐采用长 42.5 米、宽 8 米的畦田规格，入畦流量 15～20 升/秒。在小麦生育期畦田可节水 33 米³/亩，畦灌田间水利用率达到 91.9%，灌水均匀度达到 91.45%。

3. 喷、滴灌

采用喷、滴灌，一次灌水量为 15～25 米³/亩，比地面灌溉省水 40%～70%，灌水量小不会引起地下水位上升。采用喷、滴灌，可极大地减少灌溉水量，防止地下水的上升，为盐碱地的改良创造条件，适宜在设施农业与经济作物的灌溉中推广应用。

4. 管灌

管灌可有效降低输水过程中的水渗漏损失，减少对地下水的入渗补给。

（三）冲洗改良盐碱地

冲洗改良盐碱地，在灌区应用已久。通过冲洗脱盐，降低耕层土壤的含盐量，减少土壤蒸发积盐，冲洗后及时将地下水埋深调控到 1.5 米以下，使其含盐量小于作物正常生长的耐盐极限。

（四）种稻改良盐碱地

"碱地生效、开沟种稻"是灌区群众改良盐碱地的成功经验总结。它具有投资小、收效快的特点，在有灌排条件下，适宜于盐荒地的改良利用。水稻作为强耐盐作物，能增加地表覆盖，调节小气候，减少水分蒸发，抑制盐分上升，通过灌水淋洗盐分，防止盐分向地表累积；水稻根系分泌的有机酸及植物残体经微生物分解产生的有机酸还能中和土壤碱性，可改善土壤物理性状；水稻的根、茎、叶返回土壤后又可以增加土壤有机质含量，改善土壤结构和根际微环境，有利于土壤微生物的活动，从而提高土壤肥力。

（五）农业改良盐碱地

盐碱地土壤含盐量大，成土过程中生物累积能力弱，有机质累积少，往往表现出土壤物理性状差，相对比较贫瘠，这些因素又加剧了表土盐分的积累。改良盐碱地时，不但要降低过量的盐碱，而且要不断培肥土壤、提高土壤肥力。盐碱地经过培肥，地力提高，有机质含量丰富，土壤结构和通透性有效改善，有利于盐分的淋洗，返盐也慢，能够有效地抑制盐分积累，使土壤向脱盐方向发展。

1. 种植绿肥

绿肥是土壤有机质的重要来源，是改良盐碱土壤的先锋作物。其主要作用是：绿肥在生长季节，枝叶繁茂，根系发达，能提高地面覆盖度，有效减少地面水分蒸发，抑制土壤返盐，改良土壤结构，降低地下水位，增加土壤养分，对治理盐碱土的瘦、板、冷、渍、盐有显著效果。种植绿肥是改良盐碱地的一项重要措施。

2. 秸秆还田

秸秆还田是宁夏普遍实施的一项培肥改土措施。作物秸秆中含有大量的有机质和营养物质，如麦秸含氮率为 0.5%、含磷率为 0.2%、含钾率为 0.6%。秸秆粉碎直接还田，堆沤还田，过圈还田或留高茬还田，对增加土壤有机质含量、改善土壤结构、抑制土壤盐化都有较好作用，同时可降低土壤容重，使土壤孔隙度和非毛管孔隙度增大，增加土壤的透水性，从而促进淋盐作用，提高作物产量。

3. 施用农家肥、有机肥

土壤有机质是土壤肥力的重要标志，是微生物能量和作物所需营养元素的主要来源，并能增强土壤缓冲性能，降低碱性，减轻盐碱危害。多施农家肥可以疏松土壤耕作层，提高地温，改善土壤物理性质，加强淋盐作用，减少蒸发，抑制返盐。

通过连续 3 年增施有机肥料，可以疏松土壤耕作层，提高土壤肥力、提高地温，改善土壤物理性质，加强淋盐作用，减少蒸发，抑制返盐。

（六）化学改良盐碱地

1. 燃煤脱硫废弃物改良盐碱地

燃煤脱硫废弃物具有提高土壤孔隙度、激活离子、增加养分和增强酶生物学活性等作用，可作为改良盐碱土壤的改良剂。

2. 腐殖酸类肥料改良盐碱地

腐殖酸类肥料是以风化煤、褐煤、草泥炭等为原料，经过粉碎过筛后掺入氮素肥料氨化而成的。它既是一种含有较多腐殖酸或腐殖酸盐的肥料，又是一种有效益的土壤改良剂。腐殖酸具有胶体的黏结性、吸收性、代换性和缓冲性，含有一定的营养元素，施用后能改善土壤结构、疏松土壤，提高土壤的通透性、保水保肥能力，降低土壤碱性和碱化度，减轻盐碱危害，改善土壤营养状况，增加磷素的有效性，促进作物生长。

3. 炉渣改良盐碱地

炉渣是含有多种矿物质的废料，可以用于改良盐碱地。施用炉渣后土壤变得疏松，容重减轻，通透性提高，保墒脱盐能力增强，还能提高地温，提高出苗率，促进作物生长。

4. 磷石膏改良盐碱地

磷石膏是一种化学改良剂，核心作用是降低盐碱土的碱化度。施用磷石膏可以降低土壤的 pH。经试验证明，施用磷石膏对土壤环境、农作物成长及农产品质量没有不良影响，还可增加农产品钙含量，农民示范田的 pH 普遍降低 0.6～0.7，作物出苗率提高 30%，粮食单产提高 100 千克左右。

四、土壤盐渍化治理技术集成模式

根据宁夏北部引黄灌区的具体特点，对土壤盐渍化治理进行有机配套组装，主要集成技术模式如下。

（一）渠灌、井、沟、站、暗管排水改良模式

这主要包括以下四种具体模式：

模式 1：渠道防渗衬砌＋大田沟畦灌溉＋明沟排水＋农业改良技术＋管理技术。

模式 2：渠道防渗衬砌＋大田沟畦灌溉＋暗管排水＋明沟排水＋农业改良技术＋管理技术。

模式 3：渠道防渗衬砌＋井渠结合＋大田沟畦灌溉＋明沟排水＋农业改良技术＋管理技术。

模式 4：渠道防渗衬砌＋大田沟畦灌溉＋井、暗管、沟、站联合排水＋农业改良技术＋管理技术。

（二）设施农业、经济作物井渠结合灌溉、井、沟、暗管排水改良模式

主要包括以下两种具体模式。

模式 1：设施农业、经济作物＋机井水喷灌、滴灌＋农业改良技术＋管理技术。

模式 2：渠道防渗衬砌＋井渠结合＋经济作物沟灌、畦灌、管灌＋机井、暗管、明沟排水＋农业改良技术＋管理技术。

五、土壤盐渍化改良取得的成效

在盐渍化土壤改良项目区，通过采取水利、农业、林业和科技等方面的综合措施治理，耕地土壤

平均脱盐率为 20.4％，地下水位埋深平均降低 18 厘米，地下水矿化度降至 1.79 克/升，林木覆盖率由 7％提高到 13％，盐渍化耕地面积每年平均以 7％的幅度下降，耕地表土平均含盐量年均降低了 6％，土壤盐渍化程度明显减轻。

第二章

宁夏农业综合开发

■ 第一节　土地治理项目

1989—2018 年，宁夏共投入资金 631291.07 万元，其中包括财政资金 524303.84 万元、银行贷款 7640.00 万元、自筹资金 99347.23 万元；改造中低产田 637.34 万亩，建设高标准农田 194.01 万亩，生态综合治理 39.37 万亩，实施中型灌区节水配套改造项目 15 个；新增主要农产品生产能力为：粮食 89349.74 万千克，蔬菜 739.69 万千克，油料 568.61 万千克，糖料 1844.00 万千克，饲料作物 2479.16 万千克，干草 715.44 万千克，其他农产品 8944.20 万千克。宁夏土地治理分为以下五个阶段。

一、第一阶段（1989—1994 年）

此阶段，开发重点和任务是通过山水田林路综合治理，进行大面积的中低产田改造，同时依法酌量开垦宜农荒地，确保主要农产品产量稳定增长。项目区涉及河套灌区平罗县、惠农县、贺兰县、银川郊区、永宁县、青铜峡市、灵武市、中宁县、原中卫县、利通区、陶乐县、农垦系统所属 6 个国有农场和监狱系统所属 3 个国有农场。宁夏共投入资金 30703.40 万元，改造中低产田 110.70 万亩，开垦宜农荒地 47.80 万亩；新增主要农产品生产能力为：粮食 21688.00 万千克，油料 135.00 万千克，糖料 1421.00 万千克。

二、第二阶段（1995—1997 年）

此阶段，开发重点是将农业增产与农民增收有机结合起来，在坚持改造中低产田，适宜开垦宜农荒地，提高农业综合生产能力的同时，加大对优质高效经济作物的扶持力度，提高农业种植效益。项目区涉及河套灌区 11 个县（市、区）和农垦、监狱系统所属的 10 个农场。宁夏共投入资金 27726.82 万元，改造中低产田 65.00 万亩，开垦宜农荒地 19.00 万亩；新增主要农产品生产能力为：粮食 20097.20 万千克，油料 20.00 万千克，糖料 423.00 万千克。

三、第三阶段（1998—2003 年）

此阶段，开发重点由改造中低产田和开垦宜农荒地相结合，转为以改造中低产田为主，做到提高农业综合生产能力与保护生态环境的有机结合；由以往追求提高主要农产品产量为主，转到积极调整结构、依靠科技进步、努力发展优质高产高效农业上来。项目实施区域在原河套灌区 11 个县（市、区）和农垦、监狱系统所属的 11 个农场基础上，新增了盐池县、同心县、原州区、彭阳县、红寺堡开发区 5 个开发县（区）。项目共投入资金 55894.00 万元，改造中低产田 174.30 万亩，开垦宜农荒地 13.63 万亩，生态综合治理土地 33.30 万亩，建设优质粮食基地 107.40 万亩、优质饲料基地 57.80 万亩、节水农业示范区 4.00 万亩。

四、第四阶段（2004—2013 年）

此阶段，开发工作坚持"区域化布局、规模化开发、基地化建设、标准化生产、产业化经营、外向化发展"原则，按照"集中资金办大事，突出重点抓关键"的总体思路，在加强统筹兼顾基础设施、推进产业化经营、支持生态建设的基础上，资金安排向高标准农田建设聚集，项目布局向粮食主产区聚焦。项目区涉及宁夏 5 个地级市 20 个县（市、区）及农垦和监狱系统的 15 个国有农（牧）场。项目共投入资金 307643.85 万元，改造中低产田 327.39 万亩，建设高标准农田 91.00 万亩，生态综合治理 22.36 万亩，实施中型灌区节水配套改造项目 4 个。新增主要农产品生产能力为：粮食 22730.85 万千克，油料 181.05 万千克，饲料作物 1824.20 万千克，干草 1502.00 万千克，其他农产品 6840.50 万千克。

五、第五阶段（2014—2018 年）

此阶段，开发工作坚持以实现农业现代化为目标，以促进农业可持续发展为主线，以提高农业综合生产能力、打造优势特色产业集群、推进农业适度规模经营、扶持农业新型经营主体等为着力点，创新农业综合开发机制，不断提高农业综合开发水平和效益。项目区涉及宁夏 5 个地级市 22 个县（市、区）及农垦系统。项目共投入资金 209323.00 万元，建设高标准农田 126.85 万亩，生态综合治理土地 17.16 万亩，实施中型灌区节水配套改造项目 11 个。新增主要农产品生产能力为：粮食 6702.64 万千克，蔬菜 739.69 万千克，油料 21.60 万千克，饲料作物 765.76 万千克，干草 205.44 万千克，其他农产品 2103.70 万千克。

1989—2018 年宁夏农业综合开发土地治理项目主要任务完成情况见表 15-2-1。

■ 第二节 产业化发展项目

一、产业化发展项目扶持对象

对农业综合开发产业化发展项目的扶持对象，从国有、集体企业，到能够带动农民增收的多种所有制、多种经营形式的龙头企业和具有独立法人地位的农民专业合作社等，均一视同仁地予以扶持。具体包括国家级和省级农业产业化龙头企业（含省级农业综合开发部门审定的龙头企业），以及正在成长上升、确能带动农民致富、小规模的涉农企业，以及农民专业合作社、专业大户、家庭农场等。

二、产业化发展项目范围和重点

自 1994 年以来，自治区实施产业化发展项目，始终紧紧围绕党中央、国务院赋予农业综合开发的任务，确定扶持范围，明确扶持的重点领域、重点产业、重点项目和重点环节。回顾历程，项目扶持范围适时拓展，大致经历了以围绕龙头企业建设高标准、高效种植养殖基地为主，到扶持种植养殖基地和农产品加工业并重，到增加对流通设施项目的扶持；扶持重点越来越突出，实现了向优势地区、优势产业的转变，以及由小而散向优、大、强，由单纯项目建设向提高农业产业的整体功能、带动能力的转变。

表 15－2－1 1989—2018 年宁夏农业综合开发土地治理项目主要任务完成情况

年份	资金投入				主要建设内容				新增主要农产品生产能力						
	小计（万元）	财政资金（万元）	银行贷款（万元）	自筹资金（万元）	中低产田改造（万亩）	高标准农田示范工程（万亩）	生态综合治理（万亩）	中型灌区节水配套改造项目（个）	粮食（万千克）	蔬菜（万千克）	油料（万千克）	糖料（万千克）	饲料作物（万千克）	干草（万千克）	其他农产品（万千克）
1989—2010	286165.07	202013.84	7640.00	76511.23	596.32	8.03	14.59	2	75414.59		385.08	1844.00			
2011	40464.00	37773.00		2691.00	12.07	18.48	3.00	1	2929.79				22.40		1890.50
2012	47237.00	44129.00		3108.00	14.79	20.85	3.12		1834.65		19.00			110.00	4950.00
2013	48102.00	44950.00		3152.00	14.16	19.80	1.50	1	2468.07		142.93		1691.00	400.00	
2014	50892.00	47944.00		2948.00		31.87	2.94	7	1686.25		21.60		725.84	115.44	
2015	51204.00	47942.00		3262.00		30.02	4.63	4	2533.00	218.00					1750.00
2016	45156.00	41950.00		3206.00		23.51	9.06		1092.00				32.40	90.00	
2017	27529.00	25459.00		2070.00		18.04	0.53		826.18	41.70			7.52		198.44
2018	34542.00	32143.00		2399.00		23.41			565.21	479.99					155.26
合计	631291.07	524303.84	7640.00	99347.23	637.34	194.01	39.37	15	89349.74	739.69	568.61	1844.00	2479.16	715.44	8944.20

确定扶持范围、明确扶持重点是一个科学决策的过程。同时,扶持范围和重点又是动态的。根据中央农村工作会议精神和国家产业政策发展需要,结合农业综合开发工作实际,国家农发办在每年的申报指南中对此均有明确要求。

三、产业化发展项目分类

(一)种植养殖基地项目

项目内容包括经济林及设施农业种植、畜牧水产养殖等;具体有水果、干果、蔬菜、茶叶、药材、蚕桑等种植项目,生猪、肉牛、奶牛、家禽等畜牧养殖项目,以及海水、淡水等水产养殖项目。

(二)农产品加工项目

项目内容包括粮油、果蔬、畜禽等主要农副产品加工。从建设性质上分为新建、扩建和改建项目,一般以扩建和改建项目为扶持重点。

(三)流通设施项目

项目内容涉及储藏保鲜、产地批发市场等。储藏保鲜包括建设气调库、恒温库等。产地批发市场则一般位于县(市、区)以下的行政区域,交易以初级农产品、初加工农产品的集散交易为主,交易规模大、带动作用强,农产品直接生产者受益多。

四、产业化发展项目扶持方式

1994—2008年,按照社会主义市场经济和公共财政管理体制要求,农业综合开发产业化发展项目扶持方式经历了全部有偿(1994—2000年),有偿无偿相结合(2001—2003年),有偿无偿相结合、投资参股经营(2004年),以及有偿无偿相结合、投资参股经营和贷款贴息(2005—2008年)等阶段。从2009年开始,实行财政补助和贷款贴息的扶持方式。

五、产业化发展项目发展历程

1995年至今,宁夏农业综合开发产业化发展项目(2017年前称产业化经营项目,以下皆称产业化发展项目)大致经历了四个发展阶段。

(一)政策引导和起步阶段(1995—1998年)

1994年5月国务院办公厅转发了财政部《关于农业综合开发的若干政策》(国办发〔1994〕72号),从政策和投入两个方面对农业综合开发产业化发展项目建设进行支持,首次作了明确规定。在政策的引导下,宁夏于1995年开始实施农业综合开发产业化发展项目。之后,宁夏农业综合开发扶持产业化发展项目的财政投入逐年增加,项目安排稳步增多,效益初显,标志着产业化发展项目建设正式起步。

1995—1998年,宁夏农业综合开发产业化发展项目在此阶段的项目名称为多种经营及龙头项目,主要是"带动农产品的系列开发,包括农林牧副渔各业优质高效产品的贸工农一体化、产加销一条龙的开发"(1994年6月《国家农业综合开发项目管理办法》)。项目涉及平罗县、惠农县、贺兰县、银川郊区、永宁县、青铜峡市、灵武市、中宁县、中卫县、利通区、陶乐县及自治区农垦系统和监狱系统。项目累计投入资金 2.29 亿元，其中中央财政资金 0.38 亿元、地方财政资金 0.28 亿元、银行贷款 1.14 亿元、企业自筹资金 0.44 亿元、其他资金 0.05 亿元。项目累计扶持产业化发展项目 35 个。

（二）规范及有序发展阶段（1999—2002 年）

1999 年 6 月颁发的《国家农业综合开发项目和资金管理暂行办法》进一步明确了支持产业化经营项目建设要"推进农业产业化经营，促进农村经济结构的调整和优化""带动农民显著增收"。为了进一步转变指导思想，推动农业产业化经营快速健康发展，2001 年国家农发办颁发了《国家农业综合开发办公室关于发展农业综合开发多种经营的指导意见》，强调产业化经营项目建设要围绕农民增收这一核心，积极推进农业产业化经营，促进农业结构调整，提高开发效益。这一时期农业综合开发产业化经营项目的地位和作用得到社会各界的广泛认可，呈现平稳、有序发展态势。

1999—2002 年，宁夏农业综合开发产业化发展项目在此阶段的项目名称为多种经营项目，主要包括种植业（粮棉油等主要农产品生产以外的）、养殖业、农副产品初加工等项目（《国家农业综合开发项目和资金管理暂行办法》财发字〔1999〕1 号）。项目除之前涉及的 11 个开发县（市、区）及自治区农垦系统和监狱系统，又增加了盐池县、同心县、原州区、彭阳县、红寺堡开发区 5 个开发县（市、区）。项目累计投入资金 2.37 亿元，其中中央财政资金 0.78 亿元、地方财政资金 0.33 亿元、银行贷款 0.87 亿元、企业自筹资金 0.39 亿元。项目累计扶持产业化发展项目 187 个。

（三）创新及快速发展阶段（2003—2008 年）

国家农发办于 2003 年底以财政部文件形式下发了《关于改革和完善农业综合开发若干政策措施的意见》，制定了农业综合开发改革的指导思想、基本原则、措施和具体内容，明确了产业化发展项目要从政府主导向政府引导转变，从计划经济管理体制为主向市场经济管理体制为主转变。从 2004 年开始，农业综合开发产业化发展项目开展了投资参股经营试点工作，至 2008 年试点工作结束。

2003—2008 年，宁夏农业综合开发产业化发展项目在此阶段的项目名称依旧为多种经营项目，项目涉及银川、石嘴山、吴忠、固原、中卫五市 18 个县（市、区）及自治区农垦系统。项目累计投入资金 11.20 亿元，其中中央财政资金 1.73 亿元、地方财政资金 0.72 亿元、银行贷款 3.62 亿元、企业自筹资金 5.13 亿元。项目累计扶持产业化发展项目 124 个，投资参股项目 1 个。

（四）政策调整和完善阶段（2009—2018 年）

该阶段，农业综合开发产业化发展项目在扶持产业化经营上力求体现公平性、引导性、安全性、可操作性、保持连续性，主要是为了保持政策的相对稳定性。同时，宁夏不断调整和完善政策，以贴息、补助等方式带动更多的社会资本投入，加大贷款贴息扶持力度，加强与金融部门的合作，更加注重对农民专业合作社、专业大户、家庭农场、农民合作社和涉农企业的扶持。

2009—2018 年，宁夏农业综合开发产业化发展项目经历两次名称更换，2009—2016 年项目名称为产业化经营项目，主要包括经济林及设施农业种植、畜牧水产养殖等种植养殖基地项目，农产品加工项目，储藏保鲜、产地批发市场等流通设施项目（财政部令 60 号）；2017—2018 年更名为产业化发展项目,主要包括种养殖基地项目,农产品加工项目,农产品储运保鲜、批发市场等流通设施项目(财政部令 84 号)。产业化发展项目涉及银川、石嘴山、吴忠、固原、中卫五市 20 个县(市、区)及自治区农垦系统和监狱系统。累计扶持产业化发展项目 845 个,其中产业化发展财政补助项目 512 个、产业化发展中央财政贷款贴息项目 333 个。项目累计投入资金 18.86 亿元,其中中央财政资金 6.03 亿元、地方财政资金 1.74 亿元、企业自筹资金 11.04 亿元、其他资金 0.05 亿元;引导撬动银行贷款 63.76 亿元。产业化发展财政补助项目累计投入资金 16.74 亿元,其中中央财政资金 4.07 亿元、地方财政资金 1.63 亿元、企业自筹资金 11.04 亿元;引导撬动银行贷款 1.40 亿元。项目 333 个。产业化发展中央财政贷款贴息项目累计投入资金 2.07 亿元,其中中央财政资金 1.96 亿元、地方财政资金 0.11 亿元;引导撬动银行贷款 62.36 亿元。

六、产业化发展项目取得的效益

(一)经济效益

1995—2018 年,宁夏农业综合开发产业化发展项目实施取得了较大产值效益。一是累计新增农产品生产能力,粮食 75414.59 万千克,油料 385.05 万千克,糖料 1844.00 万千克,干鲜果品 603.85 万千克,蔬菜 8950.41 万千克,药材 2.50 万千克,肉 5306.87 万千克,蛋 341.00 万千克,奶 32979.56 万千克,水产品 407.18 万千克,加工转化农产品 81915.16 万千克。二是累计新增总产值 953.38 亿元。三是累计新增增加值 349.77 亿元。四是累计新增利税 22.54 亿元。五是累计新增其他农产品产值 39.15 亿元。

(二)社会效益

1995—2018 年,宁夏农业综合开发产业化发展项目通过财政资金的投入,带动了企业大量自筹资金和银行贷款的投入,有力推动了宁夏农业产业化龙头企业和农民专业合作社的成长壮大,提升了宁夏特色农业产业化水平,助推农业经济高质量发展,促进了农民增收,累计带动直接受益农户 32.39 万户,累计受益农业人口 86.67 万人,累计新增就业人数 3.68 万人。

(三)生态效益

1995—2018 年,宁夏农业综合开发产业化发展项目坚持"产业生态化、生态产业化"的发展思路,实施农业特色产业提质增效工程,通过项目、资金、技术服务等支持方式,推动发展草畜产业和枸杞、葡萄、红枣、苹果、山杏等林果产业以及生态鸡、中药材等林下经济。一是建成了一批农产品加工园区,打造了一批知名品牌,加快推进了特色农产品的深加工。二是在养殖项目中严格按照减量化、无害化、可持续化的污染防治原则,极大地改变养殖环境,对粪污处理采用干清粪进行无害化处理,用于培肥耕地,提高土地生产力。三是种植项目中严格环境质量,实行无公害管理,改善和提高农产品品质。宁夏农业综合开发产业化发展项目的实施,使宁夏农业自然资源得到合理的开发、利用和保护,促进农业和农村经济持续稳定发展。

宁夏农业综合开发产业化发展项目的相关投入及补助项目效益情况见表 15-2-2 至表 15-2-6。

表15-2-2　1999—2008年宁夏农业综合开发有偿无偿相结合产业化发展项目投入情况

序号	年份	项目个数（个）	项目总投资（万元）	财政资金							自筹资金	银行贷款	其他资金
			总计	合计	中央财政投资		地方配套资金						
					小计	其中：无偿投资	小计	自治区财政资金		市县配套资金			
								小计	其中：无偿投资				
合计		346	158537.00	42122.00	28803.00	4808.00	13319.00	7433.00	2233.00	3067.00	59599.00	56319.00	500.00
1	1995	9	8047.00	2085.00	1291.00		794.00				1222.00	4740.00	
2	1996	9	5889.00	1695.00	940.00		755.00				1364.00	2330.00	500.00
3	1997	17	1359.00	215.00			215.00				314.00	830.00	
4	1998	53	7555.00	2555.00	1500.00		1055.00				1500.00	3500.00	
5	1999	49	3539.00	2219.00	1939.00	85.00	280.00			280.00	1320.00		
6	2000	39	3342.00	2642.00	2088.00		554.00	133.00	133.00	421.00	700.00		
7	2001	46	7534.00	2737.00	1649.00	273.00	1088.00	752.00	71.00	336.00	818.00	3979.00	
8	2002	43	9271.00	3504.00	2076.00	304.00	1428.00	987.00	75.00	441.00	1070.00	4700.00	
9	2003	10	9727.00	3744.00	2465.00	493.00	1279.00	880.00	86.00	399.00	1233.00	4750.00	
10	2004	15	34653.00	3452.00	2516.00	569.00	936.00	734.00	73.00	202.00	11668.00	19533.00	
11	2005	18	14785.00	3774.00	2696.00	674.00	1078.00	862.00	216.00	216.00	7511.00	3500.00	
12	2006	19	17354.00	4342.00	3101.00	775.00	1241.00	992.00	248.00	249.00	9512.00	3500.00	
13	2007	19	15454.00	4452.00	3180.00	795.00	1272.00	1017.00	255.00	255.00	7942.00	3060.00	
14	2008		20028.00	4706.00	3362.00	840.00	1344.00	1076.00	1076.00	268.00	13425.00	1897.00	

注：1. 由于1999年之前的部分数据无法统计，因此本表中未作统计。
2. 由于2008年扶持方式为有无偿结合和财政补助的过渡阶段，故统计在此表中。

表 15 - 2 - 3　2009—2018 年宁夏农业综合开发产业化发展财政补助项目投入情况

项目总投资（万元）

序号	年份	项目个数（个）	合计	财政资金					自筹资金	银行贷款	其他资金
				小计	中央财政投资	地方财政配套资金					
						小计	其中：省级资金				
合计		512	181406.00	56980.00	40696.00	16284.00	13024.00	110381.00	13995.00	50.00
1	2009	31	15146.00	2710.00	1936.00	774.00	620.00	9707.00	2729.00	
2	2010	30	14364.00	3304.00	2360.00	944.00	755.00	9593.00	1417.00	50.00
3	2011	27	7626.00	2184.00	1560.00	624.00	498.00	5243.00	199.00	
4	2012	32	11062.00	2534.00	1810.00	724.00	579.00	7878.00	650.00	
5	2013	43	28556.00	6067.00	4333.00	1734.00	1387.00	13489.00	9000.00	
6	2014	58	30199.00	9670.00	6907.00	2763.00	2210.00	20529.00		
7	2015	86	28243.00	11073.00	7909.00	3164.00	2531.00	17170.00		
8	2016	75	17925.00	6874.00	4910.00	1964.00	1571.00	11051.00		
9	2017	63	12676.00	5368.00	3832.00	1536.00	1227.00	7308.00		
10	2018	67	15609.00	7196.00	5139.00	2057.00	1646.00	8413.00		

注：2017—2018 年因政策调整，投入贫困县资金不含在内。

表 15 - 2 - 4　2009—2017 年宁夏农业综合开发产业化发展中央财政贷款贴息项目投入情况

序号	年份	项目个数（个）	项目贷款情况				贴息额（万元）			省级意见			
			固定资产贷款（万元）		流动资金贷款（万元）		合计	中央财政资金	地方财政资金	固定资产贷款（万元）		流动资金贷款（万元）	
			贷款额	付息额	贷款额	付息额				贴息贷款额	贴息额	贴息贷款额	贴息额
合计		303	153258.00	9240.93	470292.00	22111.01	20667.00	19552.00	1115.00	105008.00	4686.00	606430.00	15981.00
1	2009	11			23345.00	1249.15	744.00	744.00				23345.00	744.00
2	2010	16	27000.00	1362.00	35090.00	1183.70	1115.00	1115.00		8700.00	336.00	34100.00	779.00
3	2011	26	4900.00	279.36	54090.00	2512.87	1737.00	1737.00		4900.00	235.00	52300.00	1502.00

（续）

序号	年份	项目个数（个）	项目贷款情况								省级意见		
			固定资产贷款（万元）		流动资金贷款（万元）		固定资产贷款（万元）		流动资金贷款（万元）		贴息额（万元）		
			贷款额	付息额	贷款额	付息额	贷款额	贴息额	贷款额	贴息额	合计	中央财政资金	地方财政资金
4	2012	33	21100.00	1649.57	53190.00	2729.52	17100.00	1036.00	51400.00	1738.00	2774.00	2774.00	
5	2013	38	30300.00	1902.00	82046.00	4034.00	28700.00	1229.00	80761.00	1958.00	3187.00	3187.00	
6	2014	9	45700.00	3295.00			19500.00	1002.00	0.00	0.00	1002.00	1002.00	
7	2015	59	22150.00	612.00	129851.00	6691.00	10100.00	439.00	128231.00	3711.00	4150.00	4150.00	
8	2016												
9	2017	39	2108.00	141.00	92680.00	3710.77	2108.00	91.00	88688.00	1963.00	2054.00	2054.00	
10	2018	72	13900.00		147605.00		13900.00	318.00	147605.00	3585.00	3904.00	2789.00	1115.00

注：1. 2016年因政策变动，没有贷款贴息项目。
2. 因统计口径不同，部分数据不存在。

表15-2-5　1996—2017年宁夏农业综合开发产业化发展补助项目效益（1）

年份	新增主要农产品生产能力（万千克）								新增其他农产品产量（万千克）		
	粮食	油料	糖料	干鲜果品	蔬菜	药材	肉	蛋	奶	水产品	加工转化农产品
合计	75414.59	385.05	1844.00	603.85	8950.41	2.50	5306.87	341.00	32979.56	407.18	81915.16
1996—2010年	75414.59	385.05	1844.00	120.00	7374.96	2.50	2899.86	341.00	14907.30	307.50	
2011				52.00	45.00		66.90				3600.00
2012				400.00	17.00		843.20		3545.00		6250.00
2013					12.00		121.98		6751.00		17458.46
2014							183.60		1182.23		17460.00
2015				31.85	1120.00		871.56		3671.80	29.40	17460.00
2016					120.84		251.98		566.53	50.88	15666.70
2017					260.61		67.79		2355.70	19.40	4020.00

注：1. 因统计口径不同，部分数据为阶段性数据。
2. 因2018年机构改革，国家农业综合开发办公室机构被撤销，再未安排此项工作。

表 15-2-6 1996—2017 年宁夏农业综合开发产业化发展补助项目效益（2）

年份	年新增总产值（万元）	年新增增加值（万元）	新增利税（万元）	带动直接受益农户（户）	受益农业人口（人）	年新增就业人数（人）	新增其他农产品产值（万元）
合计	953383.93	349770.80	22540.00	323888	866657	36844	39150.44
1996—2010							39150.44
2011	20266.00	6833.00	3453.00	49367	105784	1339	
2012	71939.00	13599.00	6970.00	24181	86449	1037	
2013	263802.00	111128.30	12117.00	38448	129558	2827	
2014	125463.50	55599.76		49920	116496	5286	
2015	266397.61	91522.74		68103	219641	4401	
2016	143104.05	47632.00		73894	129910	4565	
2017	62411.77	23456.00		19975	78819	17389	

注：1. 因统计口径不同，部分数据为阶段性数据。

2. 因 2018 年机构改革，国家农业综合开发办公室机构被撤销，再未安排此项工作。

第三节 部门项目

一、农业部门项目

1994—2018 年，宁夏实施了农业综合开发农业部门项目，由农业综合开发部门筹措资金和监督管理，相关农业部门负责项目具体实施。通过对秸秆养畜、良种繁育、优势特色种养、循环经济示范等领域进行项目扶持，宁夏共计实施农业综合开发农业部门项目 101 个，总投资 56473.50 万元。宁夏农业综合开发农业部门项目情况汇总见表 15 - 2 - 7。

表 15 - 2 - 7　宁夏农业综合开发农业部门项目情况汇总

单位：万元

年份	项目名称	投资	中央财政资金		地方财政配套资金			自筹资金
			小计	有偿资金	小计	省级	县级	
1994	平罗县秸秆养牛项目	96.00	96.00	48.00				
1995	灵武市秸秆养牛羊项目	60.00	60.00	36.00				
1995	永宁县秸秆养牛羊项目	60.00	60.00	36.00				
1996	中卫县秸秆养羊项目	100.00	64.00	48.00	36.00			
1995—1996	吴忠市日光温室示范基地	120.00	40.00	20.00				80.00
1996	海原县种草项目	50.00	50.00	0.00				
1996	宁夏原种场建设	850.00	400.00	200.00				450.00
1996	灵陶水产良种场	160.00	80.00	40.00				80.00
1999—2001	西吉县秸秆养羊示范县	1110.00	90.00	54.00				1020.00
2000	宁夏水稻原原种基地	145.00	65.00	0.00	65.00			15.00
2000	水产鱼苗良种繁殖场	300.00	100.00	80.00				200.00
2001	牧草种子基地项目	500.00	200.00	0.00				300.00
2001	中宁县秸秆养羊示范县	269.00	100.00	70.00				169.00
2002—2003	青铜峡市秸秆养羊示范县	375.00	150.00	105.00				225.00
2002—2003	贺兰县秸秆养羊示范县	412.60	150.00	105.00				262.60
2002	宁夏水稻原原种基地	175.00	70.00	0.00				105.00
2002	灵武市蔬菜工厂化苗种繁育基地	330.00	130.00	91.00				200.00
2002	宁夏贺兰四正中心肉用种羊繁育场扩建	133.00	70.00	49.00				63.00
2002	青铜峡肉用羊繁育	133.00	70.00	49.00				63.00
2005	陶林园艺场精品黄元帅示范基地	285.92	150.00	105.00	60.00			75.92
2005	宁夏星火水产养殖公司（明水湖）	278.91	120.00	84.00	48.00			110.91
2005	灵武市金昊达奶牛养殖公司（荷斯坦奶牛）	342.00	180.00	126.00	72.00			90.00
2006	银川市兴庆区良种繁育及加工项目	535.00	250.00		100.00			185.00
2006	青铜峡水产养殖项目	342.68	160.00	112.00	64.00			118.68
2007	永宁县宁夏绿方水产良种繁育项目	370.13	180.00	126.00	72.00			118.13

（续）

年份	项目名称	投资	中央财政资金		地方财政配套资金			自筹资金
			小计	有偿资金	小计	省级	县级	
2008	良种繁育项目							
	脱毒马铃薯良种繁育项目	1064.00	560.00		224.00	179.20	44.80	280.00
	优势特色种养示范项目							
	西夏区万明肉牛养殖项目	316.58	150.00	105.00	60.00	48.00	12.00	106.58
2009	良种繁育项目3个							
	宁夏小杂粮原种扩繁基地建设项目	190.00	100.00		40.00	32.00	8.00	50.00
	宁夏农作物良种繁育及加工基地建设项目	456.00	240.00		96.00	96.00		120.00
	隆德县脱毒马铃薯良种基地	456.00	240.00		96.00	76.80	19.20	120.00
2009	优势特色种养示范项目6个							
	隆德县优质中药材（秦艽）种植示范	360.50	103.00		41.20	33.00	8.20	216.30
	盐池滩羊良种基地建设项目	560.00	160.00		64.00	51.20	12.80	336.00
	石嘴山水产良种繁育基地建设	420.00	120.00		48.00	38.40	9.60	252.00
	贺兰县秸秆养畜示范建设项目	350.00	100.00		40.00	32.00	8.00	210.00
	彭阳县秸秆养畜示范项目	350.00	100.00		40.00	32.00	8.00	210.00
	吴忠市利通区秸秆养畜示范项目	350.00	100.00		40.00	32.00	8.00	210.00
2010	优势特色种养示范项目2个							
	宁夏银川市灵武市秸秆养畜示范建设项目	352.20	100.00		40.00	32.00	8.00	212.20
	宁夏吴忠市红寺堡区秸秆养畜示范建设项目	350.00	100.00		40.00	36.00	4.00	210.00
2010	良种繁育项目10个							
	贺兰县玉米原种扩繁基地建设项目	190.00	100.00		40.00	32.00	8.00	50.00
	石嘴山市惠农区"金皇后"紫花苜蓿良种繁育基地建设项目	247.00	130.00		52.00	41.60	10.40	65.00
	宁夏海原县脱毒马铃薯良种繁育基地建设项目	570.00	300.00		120.00	108.00	12.00	150.00
	红寺堡区脱毒马铃薯良种繁育基地建设项目	494.00	260.00		104.00	93.60	10.40	130.00
	固原市西吉县脱毒马铃薯良种繁育基地建设项目	570.00	300.00		120.00	108.00	12.00	150.00
	固原市泾源县脱毒马铃薯良种繁育基地建设项目	570.00	300.00		120.00	108.00	12.00	150.00
	吴忠市盐池县脱毒马铃薯良种繁育基地建设项目	513.00	270.00		108.00	97.20	10.80	135.00
	吴忠市同心县脱毒马铃薯良种繁育基地建设项目	513.00	270.00		108.00	97.20	10.80	135.00
	宁夏农垦脱毒马铃薯脱毒种薯繁育基地建设项目	570.00	300.00		120.00	96.00	24.00	150.00
	宁夏固原市隆德县中药材种苗繁育建设项目	350.00	100.00		40.00	36.00	4.00	210.00

（续）

年份	项目名称	投资	中央财政资金		地方财政配套资金			自筹资金
			小计	有偿资金	小计	省级	县级	
2011	良种繁育项目4个							
	宁夏固原市原州区 2011 年脱毒马铃薯良种繁育基地项目	637.00	300.00		120.00	108.00	12.00	217.00
	宁夏固原市西吉县脱毒马铃薯良种繁育基地建设项目	570.00	300.00		120.00	108.00	12.00	150.00
	海原县 2011 年脱毒马铃薯良种繁育基地项目	570.00	300.00		120.00	108.00	12.00	150.10
	吴忠市盐池县 2000 亩甘农 4 号苜蓿种子繁育基地建设	342.00	180.00		72.00	64.80	7.20	90.00
2011	优势特色种养示范项目5个							
	永宁县 800 亩设施果树苗木繁育基地建设项目	347.00	120.00		48.00	38.40	9.60	179.00
	吴忠市利通区 2011 年秸秆养畜示范场项目	282.00	100.00		40.00	32.00	8.00	142.00
	青铜峡 2011 年汝鑫乳业有限公司秸秆养畜示范场项目	289.00	100.00		40.00	32.00	8.00	149.00
	固原市隆德县秸秆养畜联户示范项目	295.00	100.00		40.00	36.00	4.00	155.00
	中卫市海原县 2011 年秸秆养畜联户示范项目	281.00	100.00		40.00	36.00	4.00	141.00
2012	良种繁育项目4个							
	宁夏盐池脱毒马铃薯良种繁育基地建设项目	465.00	260.00		104.00	93.00	11.00	101.00
	宁夏原州区脱毒马铃薯良种繁育基地建设项目	477.56	260.00		104.00	93.60	10.40	113.56
	宁夏彭阳县脱毒马铃薯良种繁育基地建设项目	370.75	240.00		96.00	86.40	9.60	34.75
	宁夏石嘴山市平罗县"皇冠"紫花苜蓿良种繁育基地建设项目	405.06	200.00		80.00	64.00	16.00	125.06
2012	优势特色种养示范项目6个							
	宁夏隆德县鲜切花生产示范基地建设项目	495.00	150.00		60.00	54.00	6.00	285.00
	宁夏吴忠市盐池县源丰渊滩羊良种繁育建设项目	336.00	120.00		48.00	43.20	4.80	168.00
	宁夏银川市西夏区富源顺养殖场秸秆养畜示范场建设项目	387.00	100.00		40.00	32.00	8.00	247.00
	宁夏盐池县秸秆养畜联户示范项目	280.00	100.00		40.00	36.00	4.00	140.00
	宁夏同心县秸秆养畜示范场建设项目	282.85	100.00		40.00	36.00	4.00	142.85
	宁夏贺兰县洪广营秸秆养畜示范场建设项目	306.34	100.00		40.00	32.00	8.00	166.34
2013	良种繁育项目3个							
	宁夏农垦 1500 亩中苜三号苜蓿种子繁育基地建设项目	378.07	230.00		92.00	73.00		56.00

（续）

| 年份 | 项目名称 | 投资 | 中央财政资金 | | 地方财政配套资金 | | | 自筹资金 |
			小计	有偿资金	小计	省级	县级	
2013	宁夏吴忠市 2000 亩阿尔冈金苜蓿种子繁育基地建设项目	356.91	230.00		92.00	82.00	9.20	34.00
	宁夏隆德县名优花卉种苗繁育示范基地建设项目	394.00	140.00		56.00	44.00	11.20	198.00
	优势特色种养示范项目 5 个							
	宁夏银川市灵武市滩羊良种繁育建设项目	336.00	120.00		48.00	43.00	4.80	168.00
	宁夏农垦前进农场水产养殖示范场改扩建项目	350.00	125.00		50.00	40.00	10.00	175.00
2013	宁夏平罗县水产苗种繁育基地建设项目	355.00	125.00		50.00	40.00	10.00	180.00
	宁夏吴忠市盐池县秸秆养畜示范场项目	280.00	100.00		40.00	36.00	4.00	140.00
	宁夏中卫市沙坡头区秸秆养畜示范场项目	376.00	100.00		40.00	32.00		236.00
2014	良种繁育项目 1 个							
	贺兰县小麦原原种扩繁基地建设项目	231.29	120.00		48.00	38.40	9.60	63.29
	优势特色养殖项目 4 个							
	盐池县滩羊良种繁育基地建设项目	400.00	130.00		52.00	46.80	5.20	218.00
2014	永宁县水产苗种繁育基地建设项目	367.00	130.00		52.00	41.60	10.40	185.00
	红寺堡区秸秆养畜示范项目	283.00	100.00		40.00	36.00	4.00	143.00
	吴忠市孙家滩奶牛秸秆示范场建设项目	284.35	100.00		40.00	32.00	8.00	144.35
	盐池县中科 1 号优质羊草种子繁育基地建设项目	465.25	300.00		120.00	108.00	12.00	45.25
	原州区阿尔冈金紫花苜蓿种子繁育基地建设项目	455.00	300.00		120.00	108.00	12.00	35.00
	宁夏优质水稻原原种扩繁基地建设项目	336.00	200.00		80.00	64.00	16.00	56.00
	中卫市沙坡头区蔬菜良种繁育示范基地建设项目	449.60	200.00		80.00	64.00	16.00	169.60
2015	宁夏优质水产良种繁育基地改扩建项目	563.00	200.00		80.00	80.00		283.00
	宁夏利通区千头奶牛生态养殖园秸秆养畜示范场建设项目	563.00	200.00		80.00	64.00	16.00	283.50
	青铜峡市永康秸秆养畜示范场建设项目	573.90	200.00		80.00	64.00	16.00	293.90
	固原市原州区脱毒马铃薯良种繁育基地建设项目	570.00	300.00		120.00	108.00	12.00	150.00
	永宁县闽宁镇种养生态循环农业示范项目	1450.00	500.00		200.00	160.00	40.00	750.30
2016	宁夏固原市彭阳县阿尔冈金紫花苜蓿繁殖基地建设项目	572.00	300.00		120.00	108.00	12.00	152.00

（续）

年份	项目名称	投资	中央财政资金		地方财政配套资金			自筹资金
			小计	有偿资金	小计	省级	县级	
2016	宁夏吴忠红寺堡区滩羊良种繁育基地改扩建项目	841.20	300.00		120.00	108.00	12.00	421.20
	宁夏吴忠市利通区区域生态循环农业示范项目	1542.00	600.00		240.00	192.00	48.00	702.00
	宁夏银川市永宁县闽宁镇种养生态循环农业示范项目	1241.49	700.00		280.00	224.00	56.00	261.49
2016	宁夏吴忠市青铜峡市稻鱼共生综合种养基地建设项目	857.00	300.00		120.00	96.00	24.00	437.00
	宁夏银川市贺兰县稻鱼共生综合种养基地建设项目	845.00	300.00		120.00	96.00	24.00	425.00
2017	宁夏固原市西吉县马莲乡区域生态循环项目	2833.00	1000.00		400.00	360.00	40.00	1433.00
	宁夏中卫市迎水桥镇区域生态循环农业示范项目	2846.80	1000.00		400.00	320.00	80.00	1446.80
	宁夏吴忠市利通区区域生态循环农业示范项目（2016年续建）	1234.60	600.00		240.00	192.00	48.00	394.60
2018	宁夏银川市兴庆区月牙湖乡区域生态循环农业项目	2830.00	1000.00		400.00	320.00	80.00	1430.00
	宁夏石嘴山市平罗县高仁乡区域生态循环农业项目	2804.00	1000.00		400.00	320.00	80.00	1404.00
	宁夏吴忠市青铜峡市青铜峡镇区域生态循环农业项目	2829.00	1000.00		400.00	320.00	80.00	1429.00

二、水利部门项目

1999—2018年，宁夏实施了农业综合开发水利部门项目，主要包括中型灌区节水配套改造项目和水土保持项目，由农业综合开发部门筹措资金和监督管理，水利部门负责项目具体实施。中型灌区节水配套改造项目重点是加强大中型灌区骨干工程设施的节水改造和续建配套。1999—2018年，宁夏共计实施农业综合开发中型灌区节水配套改造项目23个，总投资37605.00万元。水土保持项目以小流域为单元，进行山、水、田、林、路综合治理开发；以改造坡耕地、兴修基本农田为重点，配套小型水利水保设施，建设沟道治理和坡面径流调蓄工程，减少进入河流泥沙，提高水土资源使用效益，增强农业综合生产能力，发挥大自然的自我修复能力；实施生态修复和封育保护，在退耕坡地、荒山荒坡恢复和重建林草植被。2001—2018年，宁夏共计实施农业综合开发水土保持项目20个，总投资55140.00万元。

宁夏农业综合开发水利部门中型灌区节水配套改造项目情况汇总见表15-2-8至表15-2-9。

表15-2-8　宁夏农业综合开发水利部门中型灌区节水配套改造项目情况汇总

单位：万元

年份	项目名称	总投资	中央财政资金		地方财政配套资金			自筹资金	其他资金
			小计	有偿资金	小计	省级	市县级		
1999	惠农渠水利骨干工程	2789.32	900.00		1889.32				
2003—2004	陶乐三棵柳灌区水利骨干工程	1772.00	600.00		600.00			572.00	
2006—2007	吴忠扁担沟中型灌区	1626.89	900.00		363.45			363.44	

（续）

年份	项目名称	总投资	中央财政资金		地方财政配套资金			自筹资金	其他资金
			小计	有偿资金	小计	省级	市县级		
2007—2008	中卫南山台子中型灌区	1618.42	900.00		360.00	288.00	72.00	358.42	
2009—2010	中宁县北滩长鸣中型灌区节水配套改造项目	1218.27	800.00		320.00	256.00		98.27	
	西吉县葫芦河中型灌区	1950.00	990.00		396.00	317.00		564.00	
2010—2011	平罗县陶乐中灌节水配套改造	1667.82	980.00		392.00	314.00	78.00	295.82	
	农垦黄羊滩中灌节水配套改造（先行投入）	1781.81	980.00		392.00	392.00		409.81	
2011—2012	青铜峡市甘城子中灌节水配套改造	1564.55	1000.00		400.00	320.00	80.00	164.55	
	隆德县渝河中型灌区节水配套改造	1509.90	1000.00		400.00	360.00	40.00	109.90	
2012—2013	灵武临河灌区	1579.61	1000.00		400.00	320.00	80.00	179.61	
	原州清水河灌区	1540.00	1000.00		400.00	360.00	40.00	140.00	
	海原西河灌区（先行投入）	1650.20	1000.00		400.00	360.00	40.00	250.20	
2013—2014	彭阳县茹河灌区	1459.55	1000.00		400.00	360.00	40.00	59.55	
	吴忠市孙家滩灌区	1814.71	1000.00		400.00	320.00	80.00	414.71	
	平罗县陶乐（2）扬黄干渠灌区	1576.85	1000.00		400.00	320.00	80.00	176.85	
	利通区五里坡灌区	1511.18	1000.00		400.00	320.00	80.00	111.18	
2015	吴忠市利通区扁担沟灌区	1532.00	1000.00		400.00	320.00	80.00	132.00	
	中卫市南山台子灌区	1480.00	1000.00		320.00	320.00		160.00	
2016	吴忠市利通区扁担沟中型灌区节水配套改造项目	1531.00	1000.00		400.00	320.00	80.00	131.00	
	吴忠市同心县东三支中型灌区节水配套改造项目	1462.00	1000.00		400.00	360.00	40.00	62.00	
2017	吴忠市利通区扁担沟中型灌区节水配套改造项目	1492.00	1000.00		400.00	320.00	80.00	92.00	
2018	银川市永宁县金沙渠中型灌区节水配套改造项目	1477.00	1000.00		400.00	320.00	80.00	77.00	

表 15-2-9　宁夏农业综合开发水利部门水土保持项目情况汇总

单位：万元

年份	项目名称	投资	中央财政资金		地方财政配套资金		自筹资金
			小计	有偿资金	小计	省级	
2001	农业综合开发水土保持项目	400.00	200.00	30.00	200.00		
	彭阳县		100.00	15.00			
	原州区		100.00	15.00			
2002	农业综合开发水土保持项目	400.00	200.00	30.00	200.00		
	彭阳县		100.00	15.00			
	原州区		100.00	15.00			
2003	马什好水土保持项目	1750.00	700.00	105.00	700.00		350.00
	西吉县		340.00	51.00			
	隆德县		120.00	18.00			
	原州区		240.00	36.00			

（续）

| 年份 | 项目名称 | 投资 | 中央财政资金 | | 地方财政配套资金 | | 自筹资金 |
			小计	有偿资金	小计	省级	
2004	马什好水土保持项目	980.00	700.00		280.00		
	西吉县		340.00				
	隆德县		120.00				
	原州区		240.00				
2005	马什好水土保持项目	980.00	700.00		280.00		
	西吉县		340.00				
	隆德县		120.00				
	原州区		240.00				
2006	水土保持项目	1782.00	800.00		320.00		662.00
	原州区		202.00				
	西吉县		193.00				
	彭阳县		217.00				
	盐池县		188.00				
2007	水土保持项目	1689.12	800.00		320.00		569.12
	原州区		202.00				
	西吉县		193.00				
	彭阳县		217.00				
	盐池县		188.00				
2008	水土保持项目	1875.07	800.00		320.00	256.00	755.07
	原州区		215.00				
	西吉县		192.00				
	彭阳县		218.00				
	盐池县		175.00				
2009	水土保持项目	1800.00	800.00		320.00	256.00	615.79
	原州区		200.00				
	西吉县		200.00				
	彭阳县		200.00				
	盐池县		200.00				
2010	黄河上中游水土保持项目	1763.23	800.00		320.00		643.23
	原州区		200.00				
	彭阳县		200.00				
	海原县		200.00				
	盐池县		200.00				
	陕甘宁地区水土流失综合治理项目	7097.98	3000.00		1200.00		2897.98
	原州区		420.00			1368.00	
	西吉县		430.00				
	彭阳县		420.00				
	隆德县		370.00				
	泾源县		320.00				

（续）

（续）

年份	项目名称	投资	中央财政资金		地方财政配套资金		自筹资金
			小计	有偿资金	小计	省级	
2010	海原县		390.00				
	同心县		350.00				
	红寺堡		300.00				
2011	黄河上中游水土保持项目	1730.37	800.00		320.00	287.02	610.37
	原州区		200.00				
	彭阳县		200.00				
	海原县		200.00				
	盐池县		200.00				
	陕甘宁地区水土流失综合治理项目	7093.20	3000.00		1200.00	1080.00	2893.20
	原州区		420.00				
	西吉县		430.00				
	彭阳县		420.00				
	隆德县		370.00				
	泾源县		320.00				
	海原县		390.00				
	同心县		350.00				
	红寺堡		300.00				
2012	黄河上中游水土保持项目	1500.00	1000.00		400.00	360.00	100.00
	原州区		200.00				
	盐池县		200.00				
	泾源县		200.00				
	隆德县		200.00				
	彭阳县		200.00				
	陕甘宁地区水土流失综合治理项目	4500.00	3000.00		1197.00	1080.00	300.00
	原州区		420.00				
	西吉县		430.00				
	彭阳县		420.00				
	隆德县		370.00				
	泾源县		320.00				
	海原县		390.00				
	同心县		350.00				
	红寺堡		300.00				
2013	黄河上中游水土保持项目	1800.00	1200.00		480.00	432.00	120.00
	原州区		240.00				
	盐池县		240.00				
	泾源县		240.00				
	隆德县		240.00				
	彭阳县		240.00				

（续）

年份	项目名称	投资	中央财政资金		地方财政配套资金		自筹资金
			小计	有偿资金	小计	省级	
2013	陕甘宁地区水土流失综合治理项目	3150.00	2100.00		840.00	756.00	210.00
	原州区		375.00				
	西吉县		530.00				
	彭阳县		345.00				
	海原县		530.00				
	同心县		320.00				
2014	水土保持项目	4950.00	3300.00				
	原州区	651.00	434.00				
	西吉县	630.00	420.00				
	隆德县	630.00	420.00				
	泾源县	540.00	360.00				
	彭阳县	688.50	459.00				
	海原县	573.00	382.00				
	同心县	450.00	300.00				
	盐池县	787.50	525.00				
2015	水土保持项目	4950.00	3300.00		1320.00	1188.00	132.00
	原州区		471.00				
	西吉县		285.00				
	泾源县		480.00				
	隆德县		336.00				
	彭阳县		498.00				
	海原县		300.00				
	同心县		435.00				
	盐池县		495.00				
2016	水土保持项目第一批	3712.50	2475.00		990.00	891.00	247.50
	陈家沟		120.00				
	王套		276.45				
	党家岔		120.00				
	园子		313.00				
	十里滩		208.62				
	下马湾		152.74				
	凤岭		226.50				
	李洼		229.69				
	前山		230.00				
	臭草沟		198.00				
	管记掌		100.00				
	魏庄子		300.00				
	水土保持项目第二批	1237.50	825.00		330.00	297.00	82.50
	陈家沟		197.99				

（续）

年份	项目名称	投资	中央财政资金		地方财政配套资金		自筹资金
			小计	有偿资金	小计	省级	
2016	王套	150.00					
	李洼	197.01					
	管记掌	100.00					
	魏庄子	180.00					

注：2017 年、2018 年没有实施相关项目。

三、国土资源部门项目

2002—2008 年，宁夏实施了农业综合开发土地复垦项目，由农业综合开发部门筹措资金和监督管理，国土部门进行项目具体实施工作。项目实施按照经济合理的原则和自然条件、土地破坏状态来确定，宜农则农、宜林则林、宜渔则渔、宜建则建，尽量将破坏的土地恢复利用。全区共计实施农业综合开发国土资源项目 10 个，总投资 2600.00 万元。宁夏农业综合开发国土资源部门项目情况汇总见表 15 - 2 - 10。

表 15 - 2 - 10　宁夏农业综合开发国土资源部门项目情况汇总

单位：万元

年份	项目名称	投资	中央财政资金		地方财政配套资金	自筹资金
			小计	有偿资金		
2002	盐池县土地复垦项目	300.00	100.00	30.00	100.00	100.00
2003	盐池县土地复垦项目	100.00	100.00			
2003	银川郊区土地复垦项目	100.00	100.00			
2004	盐池县土地复垦项目	220.00	100.00		120.00	
2004	西夏区土地复垦项目	220.00	100.00		120.00	
2005	盐池县土地复垦项目	150.00	150.00			
2006	盐池县土地复垦项目	250.00	150.00		60.00	40.00
2006	西夏区土地复垦项目	600.00	150.00		200.00	250.00
2007	西夏区镇北堡土地复垦项目	330.00	200.00		80.00	50.00
2008	西夏区镇北堡土地复垦项目	330.00	200.00		80.00	

四、林业部门项目

1993—2018 年，宁夏实施了农业综合开发林业部门项目，由农业综合开发部门筹措资金和监督管理，林业部门进行项目具体实施工作。自治区先后实施了以遏止沙漠化扩大，保护和扩大林草植被为核心，合理开发利用沙区资源的防沙治沙示范项目，重点进行水果、干果、木本油料、竹类、药材、茶叶等的中低产林改造，进行基地建设林业生态示范、名优经济林示范项目。宁夏共计实施农业综合开发林业部门项目 120 个，总投资 35581.00 万元。宁夏农业综合开发林业部门项目情况汇总见表 15 - 2 - 11。

表 15－2－11 宁夏农业综合开发林业部门项目情况汇总

单位：万元

年份	项目名称	总投资	中央财政资金		地方财政配套资金			自筹资金
			小计	有偿资金	小计	省级	县级	
1993	中宁县名优花卉	25.00	25.00	13.00				
1995	中宁县名优花卉	26.00	26.00	13.00				
	中宁县名优花卉	25.00	25.00	12.50				
2000	陶乐县防沙治沙	150.00	60.00		60.00			30.00
	中宁县防沙治沙	150.00	60.00		60.00			30.00
	中卫县防沙治沙	150.00	60.00		60.00			30.00
	灵武市防沙治沙	150.00	60.00		60.00			30.00
	盐池县防沙治沙	150.00	60.00		60.00			30.00
	彭阳县名优花卉	240.00	80.00	64.00	80.00			80.00
	中宁县名优花卉	180.00	60.00	48.00	60.00			60.00
	灵武市名优花卉	180.00	60.00	48.00	60.00			60.00
2001	永宁县防沙治沙	158.00	45.00		58.00			55.00
	陶乐县防沙治沙	155.50	50.00		77.00			28.50
	中卫县防沙治沙	163.00	50.00		60.00			53.00
	盐池县防沙治沙	152.00	55.00		58.00			39.00
	灵武市防沙治沙	154.10	50.00		55.00			49.10
	中卫县名优花卉	180.00	60.00	42.00	60.00			60.00
	中宁县名优花卉	180.00	60.00	42.00	60.00			60.00
	同心县名优花卉	240.00	80.00	56.00	80.00			80.00
2002	青铜峡市防沙治沙	300.00	100.00		100.00			100.00
	盐池县防沙治沙	300.00	100.00		100.00			100.00
2003	青铜峡市防沙治沙	180.00	80.00		80.00			20.00
	中卫县防沙治沙	160.00	70.00		70.00			20.00
	盐池县防沙治沙	180.00	80.00		80.00			20.00
	原州区防沙治沙	193.00	80.00		93.00			20.00
2004	灵武市防沙治沙	132.00	80.00		34.00			18.00
	同心县防沙治沙	123.00	80.00		30.00			13.00
2006	灵武生态示范	228.22	100.00		40.00			88.22
	吴忠生态示范	120.00	80.00		40.00			
	永宁生态示范	115.00	80.00		35.00			
2007	盐池县机械化林场生态示范	176.10	100.00		42.00			34.10
	中卫城区西风口生态示范	144.00	80.00		32.00			32.00
2008	生态项目	601.82	160.00		64.00	58.00		377.82
	中宁经济花卉项目	332.87	100.00	70.00	40.00	32.00		192.87
2009	林业生态示范项目 3 个	464.20	80.00		32.00	32.00		352.20
		236.10	80.00		32.00	25.60	6.40	124.10
		242.70	80.00		32.00	25.60	6.40	130.70

（续）

年份	项目名称	总投资	中央财政资金		地方财政配套资金			自筹资金
			小计	有偿资金	小计	省级	县级	
2009	宁夏石嘴山市温棚果树示范基地建设项目	353.31	80.00		32.00	25.60	6.40	241.31
	灵武长枣万亩优质高效示范基地建设项目	470.80	80.00		32.00	25.60	6.40	358.80
2010	林业生态示范项目5个	150.03	80.00		32.00	25.60	6.40	38.03
		178.33	80.00		32.00	25.60	6.40	66.33
		150.00	80.00		32.00	25.60	6.40	38.00
		154.00	80.00		32.00	25.60	6.40	42.00
		161.60	80.00		32.00	25.60	6.40	49.60
	吴忠金帅苹果采后处理设施建设项目	280.00	80.00		32.00	25.60	6.40	168.00
	原州区设施果树示范基地	457.00	80.00		32.00	25.60	6.40	345.00
	青铜峡优质酿酒葡萄示范基地	482.00	80.00		32.00	25.60	6.40	370.00
	盐池县有机枸杞示范基地	288.82	80.00		32.00	25.60	6.40	176.82
2011	林业生态示范项目6个	160.00	80.00		32.00	25.60	6.40	48.00
		216.00	80.00		32.00	25.60	6.40	104.00
		186.00	100.00		40.00	40.00		46.00
		160.00	80.00		32.00	26.60	6.40	48.00
		165.20	80.00		32.00	28.80	3.20	53.20
		159.00	90.00		36.00	28.80	7.20	33.00
	优质果树设施栽培示范区建设	350.00	80.00		32.00	25.60	6.40	238.00
	金沙林场酒葡萄深加工建设项目	321.00	90.00		36.00	36.00		195.00
	仁存渡护岸林场千亩有机苹果生产示范基地项目	322.00	80.00		32.00	32.00		210.00
	青铜峡市千亩核桃林示范基地建设项目	285.00	80.00		32.00	25.60	6.40	173.00
	优质果树设施栽培示范区建设	350.00	80.00		32.00	25.60	6.40	238.00
2012	林业生态示范项目6个	268.00	100.00		40.00	32.00	8.00	128.00
		198.12	100.00		40.00	36.00	4.00	58.12
		172.01	100.00		40.00	32.00	8.00	32.01
		277.99	100.00		40.00	32.00	8.00	137.99
		200.00	100.00		40.00	32.00	8.00	60.00
		264.17	100.00		40.00	32.00	8.00	124.17
	宁夏金沙林场酿酒葡萄深加工（扩建）项目	356.00	120.00		48.00	39.00	9.00	188.00
	宁夏仁存渡护岸林场恒温保鲜库建设项目	426.57	120.00		48.00	39.00	9.00	258.57
	宁夏银川市鲜切花新品种引进培育示范项目	421.34	120.00		48.00	38.00	10.00	253.34

（续）

年份	项目名称	总投资	中央财政资金		地方财政配套资金			自筹资金
			小计	有偿资金	小计	省级	县级	
2013		294.00	100.00		40.00	32.00	8.00	154.00
		172.30	100.00		40.00	32.00	8.00	32.30
		164.51	100.00		40.00	32.00	8.00	24.51
	林业生态示范项目7个	150.36	100.00		40.00	36.00	4.00	10.36
		153.40	100.00		40.00	32.00	8.00	13.40
		247.08	100.00		40.00	32.00	8.00	107.08
		156.80	100.00		40.00	36.00	4.00	16.80
	西吉林下资源开发与利用项目	343.48	120.00		48.00	43.20	4.80	175.48
	原州区红梅杏特色经济林示范基地项目	339.88	120.00		48.00	43.20	4.80	171.88
	灵武市北沙窝林场红枣示范基地建设项目	387.15	120.00		48.00	38.40	9.60	219.15
	红寺堡名优经济林枣草间作示范项目	401.78	120.00		48.00	43.20	4.80	233.78
2014		296.86	200.00		80.00	64.00	16.00	16.86
		200.35	130.00		52.00	46.80	5.20	18.35
		192.00	130.00		52.00	46.80	5.20	10.00
	林业生态示范项目6个	259.40	120.00		48.00	38.40	9.60	91.40
		168.00	120.00		48.00	38.40	9.60	
		168.00	120.00		48.00	43.20	4.80	
	宁夏仁存渡护岸林场花卉基地建设项目	432.86	150.00		60.00	48.00	12.00	222.86
	中宁县轿子山林场红枣示范基地项目	383.60	137.00		54.80	43.80	11.00	191.80
	西吉县林下资源开发与利用示范项目	374.00	120.00		48.00	43.20	4.80	206.80
	金沙林场酿酒葡萄优质高效示范基地建设项目	396.70	120.00		48.00	38.40	9.60	228.70
	平罗县反季节温室葡萄标准化生产示范基地建设项目	406.00	120.00		48.00	38.40	9.60	238.00
	永宁县巴格斯葡萄酒庄酿酒葡萄示范基地建设项目	445.00	150.00		60.00	48.00	12.00	235.00

（续）

年份	项目名称	总投资	中央财政资金		地方财政配套资金			自筹资金
			小计	有偿资金	小计	省级	县级	
2015		280.00	200.00		80.00	72.00	8.00	
		182.00	130.00		52.00	46.80	5.20	
	林业生态示范项目6个	182.00	130.00		52.00	41.60	10.40	
		182.00	130.00		52.00	41.60	10.40	
		214.32	130.00		52.00	41.60	10.40	32.32
		200.00	130.00		52.00	41.60	10.40	18.00
	隆德县林下中药材种植示范项目	475.00	160.00		64.00	57.60	6.40	251.20
	灵武市大泉林场长枣示范基地建设项目	453.50	160.00		64.00	51.20	12.80	229.50
	1000亩现代林果科技示范基地建设项目	505.72	160.00		64.00	57.60	6.40	281.72
	中宁3000亩旱地枣树品种改良示范基地建设项目	449.53	160.00		64.00	51.20	12.80	225.53
	宁夏金沙林场酿酒葡萄绿色栽培技术及产业链开发示范基地建设项目	448.40	160.00		64.00	51.20	12.80	224.40
2016		560.00	400.00		160.00	144.00	16.00	
	林业生态示范项目3个	420.00	300.00		120.00	96.00	24.00	
		420.00	300.00		120.00	96.00	24.00	
	宁夏仁存渡护岸林场优质苹果示范基地建设项目	560.00	200.00		80.00	64.00	16.00	280.00
	宁夏红梅杏示范基地建设项目	560.00	200.00		80.00	72.00	8.00	280.00
	灵武长枣示范基地建设项目	563.00	200.00		80.00	64.00	16.00	283.00
	西吉县林下中药材种植示范基地建设项目	560.00	200.00		80.00	72.00	8.00	280.00
2017	宁夏吴忠市精品苹果基地示范项目	840.00	300.00		120.00	96.00	24.00	420.00
	宁夏永宁县枸杞优新品种基地示范项目	566.00	200.00		80.00	64.00	16.00	286.00
	宁夏隆德县秦艽基地示范项目	844.00	300.00		120.00	108.00	12.00	424.00
	宁夏西吉县红梅杏基地示范项目	560.00	200.00		80.00	72.00	8.00	280.00
	宁夏灵武市鲜食葡萄基地示范项目	560.00	200.00		80.00	64.00	16.00	280.00
	宁夏中宁县有机枸杞标准化基地示范项目	576.00	200.00		80.00	64.00	16.00	296.00
2018	沙坡头区2018年400亩矮砧密植苹果基地示范新建项目	480.00	170.00		68.00	54.00	14.00	242.00
	永宁县鲜食葡萄优新品种新型栽培模式示范基地项目	467.60	166.00		67.00	54.00	13.00	234.60
	灵武市三颗枣灵武长枣示范基地建设项目	472.00	166.00		66.00	53.00	13.00	240.00
	彭阳县草庙林场2018年农业综合开发林下中药材种植示范项目	464.40	166.00		66.00	59.00	7.00	232.40
	贺兰县5000米²花卉繁育连栋温室新建项目	465.50	166.00		67.00	54.00	13.00	232.50

（续）

年份	项目名称	总投资	中央财政资金		地方财政配套资金			自筹资金
			小计	有偿资金	小计	省级	县级	
2018	红寺堡区枸杞标准化生产示范基地建设项目	465.00	166.00		66.00	59.00	7.00	233.00
	沙坡头区2018年400亩矮砧密植苹果基地示范新建项目	480.00	170.00		68.00	54.00	14.00	242.00

五、供销社部门项目

2010—2018年，宁夏实施了农业综合开发供销社部门项目，由农业综合开发部门筹措资金和监督管理，供销社部门进行项目具体实施工作。项目主要分为新型合作示范和产销对接等项目，在实施上探索新型合作示范、产销对接等形式，积极扶持新型农业经营主体发展。全区共计实施农业综合开发供销社部门项目68个，总投资53287.10万元。宁夏农业综合开发供销社部门项目情况汇总见表15-2-12。

表15-2-12 宁夏农业综合开发供销社部门项目情况汇总

单位：万元

年份	项目名称	总投资	中央财政资金	地方财政配套资金			自筹资金	其他资金
				小计	省级	市县级		
2010	彭阳县2000亩标准化蔬菜基地新建项目	507.61	45.00	18.00	16.20	1.80	444.61	
	盐池县5000吨马铃薯保鲜贮藏新建项目	274.29	55.00	22.00	19.80	2.20	197.29	
	青铜峡市1200米²葡萄保鲜库新建项目	288.92	55.00	22.00	17.60	4.40	126.92	85.00
	平罗县1400米²气调保鲜库新建项目	692.47	55.00	22.00	17.60	4.40	415.47	200.00
	吴忠市2000头标准化奶牛养殖基地新建项目	804.50	60.00	24.00	19.20	4.80	520.50	200.00
	隆德县5400吨马铃薯保鲜贮藏窖新建项目	216.82	55.00	22.00	19.80	2.20	139.82	
	中宁县1000吨出口有机枸杞加工新建项目	773.00	80.00	32.00	25.60	6.40	361.00	300.00
2011	平罗县标准化蔬菜制种基地新建项目	385.60	75.00	30.00	24.00	6.00	280.60	
	固原市彭阳县朝那鸡养殖基地新建项目	353.43	70.00	28.00	25.20	2.80	255.43	
	吴忠市奶牛养殖扩建项目	1070.00	75.00	30.00	24.00	6.00	965.00	
	贺兰县种子加工扩建项目	276.55	70.00	28.00	22.40	5.60	178.55	
	银川市西夏区胡麻子加工扩建项目	1100.00	160.00	64.00	51.20	12.80	576.00	300.00
	银川市果蔬冷链物流扩建项目	1160.00	80.00	32.00	25.60	6.40	818.00	230.00
2012	西吉县甜玉米加工新建项目	296.85	60.00	24.00	21.60	2.40	212.85	
	银川市永宁县鸭田水稻种植基地新建项目	276.00	60.00	24.00	19.20	4.80	192.00	
	银川市金凤区设施蔬菜种植基地新建项目	346.19	60.00	24.00	19.20	4.80	262.19	
	吴忠市盐池县滩羊养殖基地新建项目	280.00	60.00	24.00	21.60	2.40	196.00	
	中卫市中宁县枸杞种植基地新建项目	380.00	60.00	24.00	19.20	4.80	296.00	
	固原市原州区蔬菜批发市场新建项目	360.00	60.00	24.00	21.60	2.40	176.00	100.00
	同心县设施瓜菜种植基地改建项目	216.00	60.00	24.00	21.60	2.40	132.00	

（续）

年份	项目名称	总投资	中央财政资金	地方财政配套资金			自筹资金	其他资金
				小计	省级	市县级		
2012	吴忠市青铜峡市有机蟹田稻谷种植基地新建项目	270.00	50.00	20.00	16.00	4.00	200.00	
	固原市隆德县肉牛养殖基地新建项目	270.00	50.00	20.00	18.00	2.00	200.00	
	银川市贺兰县农作物种子仓储流通扩建项目	1085.00	150.00	60.00	48.00	12.00	575.00	300.00
2013	宁夏石嘴山市惠农区大田蔬菜种植新建项目	775.85	90.00	36.00	28.80	7.20	649.85	
	石嘴山市平罗县菠菜籽和大葱轮茬种植新建项目	281.30	75.00	30.00	24.00	6.00	176.30	
	吴忠市同心县同心圆枣预冷保鲜新建项目	283.00	75.00	30.00	27.00	3.00	178.00	
	2013年宁夏银川市灵武市河蟹稻田种植基地新建项目	320.00	75.00	30.00	24.00	6.00	215.00	
	2013年宁夏吴忠市奶牛养殖场扩建项目	328.00	75.00	30.00	24.00	6.00	223.00	
	2013年宁夏吴忠市青铜峡市果蔬保鲜冷藏库新建项目	362.00	75.00	30.00	24.00	6.00	257.00	
	2013年宁夏中卫市南长滩大枣干制加工新建项目	320.00	70.00	28.00	22.40	5.60	222.00	
	2013年宁夏固原市彭阳县古城镇鲜活农产品批发市场新建项目	667.28	135.00	54.00	48.60	5.40	478.28	
		845.19	240.00	96.00	76.80	19.20	509.19	
		292.71	72.00	28.80	23.04	5.76	191.91	
	2013年宁夏银川市宁夏四季鲜置业有限责任公司产销对接项目	292.71	72.00	28.80	23.04	5.76	191.91	
		292.71	72.00	28.80	23.04	5.76	191.91	
		311.86	72.00	28.80	23.04	5.76	211.06	
		311.86	72.00	28.80	23.04	5.76	211.06	
2014	海原县大蒜种植新建项目	222.00	70.00	28.00	25.20	2.80	124.00	0.00
	隆德县冷凉蔬菜种植基地新建项目	320.00	70.00	28.00	25.20	2.80	222.00	
	青铜峡市蟹田稻种植基地新建项目	335.00	70.00	28.00	22.40	5.60	237.00	
	惠农区生态水产养殖新建项目	315.43	70.00	28.00	22.40	5.60	217.43	
	中宁县枸杞干鲜果加工新建项目	693.00	70.00	28.00	22.40	5.60	465.00	130.00
	平罗县果蔬加工新建项目	360.00	60.00	24.00	19.20	4.80	276.00	
	原州区果蔬冷链物流配送中心新建项目	615.00	70.00	28.00	25.20	2.80	517.00	
	西吉县冷凉蔬菜仓储物流新建项目	375.00	70.00	28.00	25.20	2.80	277.00	
	灵武市鲜食甜玉米种植基地新建项目	1063.40	110.00	44.00	35.20	8.80	409.40	500.00
	西夏区浓香压榨胡麻油生产技术改扩建项目	1006.40	120.00	48.00	38.40	9.60	838.40	
		800.00	240.00	96.00	76.80	19.20	464.00	
		550.00	90.00	36.00	28.80	7.20	424.00	
	银川市宁夏四季鲜超市配送有限公司产销对接项目	316.00	90.00	36.00	28.80	7.20	190.00	
		318.00	90.00	36.00	28.80	7.20	192.00	
		418.00	90.00	36.00	28.80	7.20	292.00	

（续）

（续）

年份	项目名称	总投资	中央财政资金	地方财政配套资金			自筹资金	其他资金
				小计	省级	市县级		
2015	石嘴山市大武口区水产养殖基地新建项目	300.00	100.00	40.00	32.00	8.00	160.00	
	固原市原州区肉羊养殖基地基础设施建设新建项目	285.00	90.00	36.00	32.40	3.60	159.00	
	盐池县1万只滩羊养殖园区新建项目	264.00	85.00	34.00	30.60	3.40	145.00	
	中宁县速冻和保鲜枸杞流通基地新建项目	360.00	90.00	36.00	28.80	7.20	234.00	
	同心县鲜活农产品配送中心建设项目	365.40	95.00	38.00	34.20	3.80	232.40	
	银川市西夏区父母代种鸡养殖基地建设项目	800.00	200.00	80.00	64.00	16.00	520.00	
	银川市民为鲜农产品社区网点建设项目	1075.20	210.00	84.00	67.20	16.80	781.20	
	永宁县土地托管试点项目	1541.40	500.00	200.00	160.00	40.00	841.40	
		341.03	120.00	48.00	38.40	9.60	173.03	
	中卫市四季鲜农产品综合批发市场有限公司产销对接项目	346.63	120.00	48.00	38.40	9.60	178.63	
		339.18	120.00	48.00	43.20	4.80	171.18	
		730.00	240.00	96.00	76.80	19.20	394.00	
2016	银川市果蔬联盟产业融合新建项目	1933.04	600.00	240.00	192.00	48.00	1093.04	
	固原市西吉县特色农产品产业融合新建项目	1942.36	600.00	240.00	216.00	24.00	1102.36	
	彭阳县特色农产品产业融合新建项目	1901.42	600.00	240.00	216.00	24.00	1061.42	
	石嘴山市惠农区粮食种植土地托管新建项目	850.46	300.00	120.00	96.00	24.00	430.46	
2017	银川市万亩优质特色水稻土地托管新建项目	1683.08	500.00	200.00	160.00	40.00	983.08	
	宁夏固原市彭阳县万亩辣椒土地托管新建项目	1570.05	500.00	200.00	180.00	20.00	870.05	
	宁夏银川市鲜活农产品土地托管新建项目	1400.46	500.00	200.00	160.00	40.00	700.46	
	宁夏银川市贺兰县稻麦种子土地托管新建项目	1534.00	500.00	200.00	160.00	40.00	834.00	
	宁夏固原市原州区特色农产品产业融合新建项目	1430.81	1230.00	200.00	180.00	20.00	1770.10	
2018	宁夏中卫市沙坡头区8000亩水稻土地托管新建项目	1963.85	700.00	280.00	224.00	56.00	983.85	
	宁夏固原市彭阳县1.3万亩玉米土地托管新建项目	856.89	300.00	120.00	108.00	12.00	436.89	
	宁夏吴忠市盐池县1万亩青贮玉米土地托管新建项目	671.37	230.00	92.00	83.00	9.00	349.37	
	宁夏石嘴山市平罗县5000亩果蔬土地托管新建项目	1700.00	600.00	240.00	192.00	58.00	860.00	
	宁夏吴忠市利通区5000亩水稻土地托管新建项目	602.34	200.00	80.00	64.00	16.00	322.34	
	宁夏固原市西吉县小秋杂粮土地托管新建项目	660.00	200.00	80.00	72.00	8.00	380.00	
	宁夏银川市永宁县6000亩玉米土地托管新建项目	764.20	270.00	108.00	86.00	22.00	386.20	

■ 第四节 外资项目

一、荷兰政府贷款暗管排水工程建设项目

(一) 项目内容

以引进设备开展暗管排水工程建设，同时进行国内外技术培训为主要内容，建设范围覆盖宁夏河套灌区。项目合同于 1999 年 8 月 31 日开始生效，2007 年结束，总投资为 1250 万美元，其中国内配套 750 万美元，引进政府贷款 500 万美元。项目累计完成开挖治理骨干沟道 1200 千米，铺设 35 万亩地下管，国内外技术培训 120 人次。

(二) 取得的效益

1. 经济效益

项目通过实施 35 万亩地下管铺设任务，取得了较大的产值效益：一是因地制宜地选择出适合当地的优质管材，节约成本 279.00 万元；二是通过节水项目带来直接经济效益，尤其是中低产田每亩产值增加 10%；三是通过排水条件的改善，受益面积达到 178.05 万亩；四是上游排水给下游节水带来直接效益，每亩节水达到 30%；五是实施项目可以节地 4%，而且有效地节约劳动力。以上五个方面实现产值达 3.60 亿元。

2. 社会效益

项目实施后，采用外包新型合成过滤材料的排水管埋设面积达 35 万亩；清淤和改善干、支沟道长度 880 千米；项目区耕作层土壤含盐量小于 0.2%，排盐/进盐比值为（1.06～1.58）：1，土壤中的盐分得以有效排除；项目区的地下水位得到了有效控制。对实施地下排水工程前后农作物产量进行的调查结果表明，项目区中低产田平均亩粮食产量增加 6%～14%。

二、日元贷款宁夏重点风沙区生态环境综合治理项目

(一) 项目内容

以生态建设为主要内容，在保护现有土地植被不再被破坏的前提下，逐步恢复已破坏的自然生态植被，因地制宜地扩大林草面积，以生态效益为主的同时适当兼顾经济效益。项目建设范围覆盖了宁夏中北部地区盐池县、灵武市、陶乐县、中卫县、红寺堡开发区、利通区、青铜峡市、银川市、永宁县、贺兰县、平罗县、惠农区、石嘴山市及农垦系统的 5 个国有营农场。项目于 2002 年 10 月正式实施，2009 年 7 月全面竣工，总投资为人民币 7.09 亿元。其中：利用日元贷款为 79.77 亿日元，占总投资的 75%；国内配套人民币 1.80 亿元，占总投资的 25%。项目累计完成沙化土地治理 871260 亩，其中围栏封育 393150 亩、营造防风固沙林 196785 亩、营造生态经济林 146220 亩、人工种草 116805亩、种植固沙中药材 16800 亩。

(二) 取得的效益

1. 生态效益

经过几年的工程建设，项目区生态环境得到了明显改善。建设的防护林使项目区 120 多万亩的农田得到了保护，80 多万人的居住环境得到了明显改善。该项目产生的生态效益监测结果显示，银川地区森林覆盖度增加 8.47%，吴忠地区增加 2.4%，中卫地区增加 5.52%，石嘴山地区增加 4.91%，盐池地区增加 2.08%。

2. 经济效益

在有灌溉条件的区域，通过合理的水资源开发利用，实施灌溉造林、人工种草，阻挡了风沙，同时通过种植人工牧草、中药材，使项目区农户在短期内有了经济收入。项目区涵养水源效益每年为2519.00万元；每年可减少土地资源损失经济价值349.88万元；项目区5年保护土壤总效益为6.60亿元；项目区每年固定大气中二氧化碳产生总效益5.70亿元；按项目期40年计算，防风固沙林每年的直接经济收益32.00万元；项目区种植红枣、枸杞、桑树、中药材，以及人工种草，每年产生直接经济效益4757.00万元；项目区每年的围栏收入为430.00万元；苗、种生产基地直接纯经济收入146.00万元。

3. 社会效益

项目实施中建立的政府统一领导、财政归口管理、行业专家支持、社会群众参与、自我约束严格、报账支付简洁、检查监测有力的"宁夏模式"，得到了财政部、日本国际协力银行的高度评价。2007年9月6日，时任总理的温家宝在审计署关于日元贷款宁夏重点风沙区生态环境综合治理项目审计工作报告上作出重要批示，要宣传和推广宁夏的经验。2008年10月，日本国际协力事业团理事带领有关人员对宁夏利用日元贷款项目进行了实地考察，对项目实施效果给予了充分肯定，认为宁夏的项目进度快、质量高、效果好。项目的实施不但改善了生态、增加了农民收入，而且通过项目这条纽带建立起了中日友好往来的渠道。

三、世界银行贷款加强灌溉农业三期农民用水者协会项目

（一）项目内容

通过组建农民用水者协会，将供水公司和用水户联系起来，建立符合市场机制的供、用水管理制度，实现用水户自主管理灌排区水利设施和有偿用水，保证灌区的良性运行。项目建设以组建符合世界银行标准的农民用水者协会为主要内容，通过对农民进行培训，加强管理节水措施建设。项目建设范围覆盖了宁夏银川市、青铜峡市、农垦系统。项目执行期从2007年1月到2009年12月。总投资为：世界银行贷款99.75万美元（折合当时汇率为人民币691.14万元），贷款资金由中央财政统借统还；地方财政配套人民币471.26万元。项目累计完成93个用水者协会的组建及注册工作，控制灌溉面积524319亩；受益农户38385户、158758人；完成协会成员培训3486.9人次，项目管理人员和协会执委培训216.4人次。

（二）取得的效益

1. 经济效益

农民用水者协会的组建和运行使灌溉工程得到有效维护，为项目区改善生产条件和提高灌溉效益提供了保障，增产增收效益比较显著。典型监测表明，2009年平均亩产为626千克，比基线年的单产590千克增加36千克，比对比组单产增加167千克；2009年家庭人均收入为7129元，比基线年的5430元增加1699元，比对比组增加1113元；2009年家庭人均农业收入平均增加827元，非农收入增加562元；外出务工人数占当地人口比例由基线年的24％增加到30％，提高了6个百分点。

2. 社会效益

通过用水户的广泛参与，使用水户理解农民用水者协会是自己的组织，用水户拥有表达意愿、诉求，作出选择和决策的权利，维护和保障了用水户的合法权益。

四、全球环境基金赠款适应气候变化农业开发项目

（一）项目内容

通过在同心县进行适应气候变化的综合试点，调整项目区产业生产结构，科学合理利用水资源，

减少气候变化带来的不利影响，进一步加强宁夏农业综合开发应对气候变化的适应能力。项目实施期从 2009 年到 2011 年，总投资为人民币 1291.76 万元。其中：全球环境基金赠款 80.00 万美元（折合当时汇率为人民币 521.51 万元），地方财政配套人民币 770.25 万元。

项目累计在宁夏同心县实施有选择的适应性措施试点与人民币示范工程 4 项，建设集雨工程 223 座、集雨场 40140 米^2、集雨水窖 11150 米^3，采购适应性作物新品种推广与示范种子 100600 千克，建设沼气示范工程 80 座，铺设低压管道 244 千米、渠道防渗 303 千米^2，种植农田防护林 19500 亩，完成培训研讨及考察 146 人次等。

（二）取得的效益

1. 经济效益

通过集雨工程、渠道建设以及发展喷滴灌、地膜覆盖等节水技术，对项目区农作物旱情起到了缓解作用；粮食单产不断提高。项目实施前，2009 年旱区和喷灌区玉米平均单产水平分别为 220 千克/亩和 350 千克/亩；马铃薯单产水平为每亩 350 千克；谷子旱区和喷灌区平均单产水平分别为每亩 50 千克和 100 千克。随着项目的实施和示范种植实验的开展，2010—2011 年实验效果显示，旱区和喷灌区玉米平均单产水平分别为 280 千克/亩和 550 千克/亩，马铃薯平均单产水平为 450 千克，谷子在旱区和喷灌区玉米平均单产水平分别为 300 千克/亩和 450 千克/亩。同时，自 2009 年项目实施以来，项目区调整了种植业产业结构，农民人均收入得到了显著的提高。项目区实施前，2008 年农民人均收入约为 2214 元，项目实施后，2011 年农民人均收入超过 3415 元。

2. 社会效益

通过项目实施，自治区探索出农业适应气候变化的可行性措施；通过宣传、培训、研讨等方式，提高决策者和管理者对气候变化理念的认识并加强能力建设，提高公众特别是农民的参与意识，并形成自觉行动，促进农业和农村经济的可持续发展。以同心县下马关镇为例，项目实施前，此地的农户遇到自然灾害不知道如何应对。项目实施后，2010 年和 2011 年，虽然也持续了 3 个月的高温和干旱，但由于项目区采取了补灌措施，使得玉米和马铃薯的平均产量分别达到了 350 千克和 450 千克，而在非项目区，玉米和马铃薯的产量只有 100 千克和 250 千克。

3. 生态效益

通过项目的实施，项目区林木覆盖率不断增加。项目实施前，同心县下马关镇林木覆盖率为 10%，2009 年以后，随着政府官员和农户对气候变化认识的不断提高，下马关镇农田林网建设力度逐年加大，到 2011 年，该地区林木覆盖率达到了 20%。同时，通过开展农业生产领域与适应气候变化相关问题的课题研究，带动了项目区周边农业的发展和种植结构的调整，促进了当地农业综合生产能力和抗御自然灾害能力的提升。

五、亚洲开发银行贷款宁夏农业综合开发项目

（一）项目内容

项目为农业综合开发土地治理项目，以中低产田改造为主，以高标准农田建设为目标，主要进行农田基础设施建设，包括水利措施、农业措施、生态措施、现代农业示范、农民能力建设五个方面。项目建设范围覆盖了宁夏中卫市、青铜峡市、吴忠市、灵武市、永宁县、贺兰县、平罗县、农垦系统。项目建设期为 5 年，即 2013 年至 2017 年，总投资为人民币 29106.30 万元。其中：亚洲开发银行贷款资金 3000 万美元（折合当时汇率为人民币 18900.00 万元），占总投资的 64.93%，贷款资金由中央财政统借统还；地方财政配套资金为人民币 8160.00 万元，占总投资的 28.04%；自筹资金为人民币 2046.30 万元，占总投资的 7.03%。项目实施五年，累计改造中低产田和建设高标准农田 206697 亩，衬砌渠道 1208.88 千米，修建渠系建筑物 108087 座，开挖疏浚沟渠 1729.60 千米，改建

机电排灌站 9 座，铺设田间道路 138.18 千米，改良土壤 224810 亩，购置病虫害防治仪器设备 300 台套，购置农业机械 165 台套，农业技术示范推广 14 项；累计栽植农田防护林苗木 7.77 万株，造林面积 592 亩，秸秆还田 43140 亩；累计建设设施农业面积 132 亩，购置无公害农产品检测仪器 132 台套，扶持太阳能灌排站点 2 座；累计培训农民 17029 人、扶持农民合作社 9 个、用水者协会 9 个，资助合作社购置办公设备 107 台套。

（二）取得的效益

1. 经济效益

通过水利措施方面的建设，项目区的基础设施条件得到了显著的改善。农业新技术的推广应用，不仅提升了项目区农业综合能力，而且提高了单位面积产量、产值，增加了农民收入。自项目实施后，套种小麦每亩增加收入 96 元，增加幅度为 28.57%；玉米每亩增加收入 100 元，增加幅度为 71.4%；水稻每亩增加收入 60 元，增加幅度为 15.58%。

2. 社会效益

项目的实施有力地促进了农村产业结构的调整，增强了农民群众科学种田和多种经营发家致富的信心和门路，提高了农民专业合作组织的社会化水平，对发展项目区农村经济、增加农民收入起到了积极的促进作用。特别是采用社区参与方式进行平衡施肥、秸秆过腹还田，让农民直接参与项目建设，既发挥了农民参与项目建设的积极性，又给农民带来了实实在在的利益。

3. 生态效益

项目通过生态措施方面的建设，不仅提高了项目区抗御自然灾害的能力，直接或间接减少沙尘暴、干热风等自然灾害的发生，而且遏制了土质沙化、渠道渗漏，有效保障粮食增产、农民增收。

六、以色列政府贷款宁夏农田水利建设项目

（一）项目内容

通过引进以色列先进的农业节水技术和设备，建设具有示范意义和推广价值的农田水利设施，推动农业节水灌溉技术进步与创新。项目资金按照"相对集中、设施配套、严控风险、示范性强"的选项原则，结合地方产业结构调整，重点用于支持贺兰山东麓葡萄产业发展，项目区范围为北起石嘴山市的红果子镇，南到青铜峡市的邵岗镇甘城子，包括银川市的西夏区、贺兰县、永宁县，吴忠市的青铜峡市、红寺堡开发区，石嘴山市的惠农区和大武口区，农垦系统的玉泉营农场和黄羊滩农场。项目于 2013 年 5 月启动实施，2019 年 12 月项目全面竣工，总投资为人民币 48196.00 万元。其中：申请以色列政府贷款 6000.00 万美元（折合当时汇率为人民币 36780.00 万元），贷款资金由中央财政统借统还；地方配套资金为人民币 11416.00 万元。项目累计建设完成 13.80 万亩高效节水工程，其中石嘴山市 20340.00 亩、银川市 88260.00 亩、吴忠市 29400.00 亩。贷款主要用于采购以色列的滴灌控制器、过滤器、滴灌管、阀门以及土建工程费用等。

（二）取得的效益

1. 经济效益

通过引进以色列先进的节水灌溉设备和管理技术，项目区单位面积耕地的耗水量大幅下降，水的利用效率显著提高。经测算，每亩灌溉用水量比地面灌溉减少 310 米^3，节水率达到 50% 以上；亩均减少肥料费用 180 元以上，肥料利用率提高 30%～50%；每亩农田灌溉节省人工 40%。采用水肥一体的以色列滴灌设施种植产出的酿酒葡萄含糖量及其他芳香物质含量相比未采用的高，适宜于酿造优质的葡萄酒，种植户亩均增收达 700 元以上。采用滴灌种植的枸杞、玉米等农作物亩均产量普遍提高 20% 以上。

2. 社会效益

项目的实施受到了项目区农户的普遍好评。通过项目的实施，宁夏加深了与以色列农业技术的合作，促成了以色列耐特菲姆公司在宁夏投资建厂，这是国内首个以色列节水灌溉设备的生产厂，为今后宁夏乃至西北地区推行先进的节水灌溉技术提供了基础保障。

七、国际农业发展基金贷款优势特色产业发展示范项目

项目内容包括公共基础设施和气候智慧型生产基地建设、价值链建设和项目管理3个方面，涉及银川市兴庆区，吴忠市孙家滩、红寺堡区，固原市原州区、彭阳县5个县（市、区）。项目建设期为6年，自2019年开始至2024年结束，总投资为人民币48419.00万元。其中：国际农业发展基金贷款为人民币23397.00万元，贷款资金由中央财政统借统还；国内配套资金为人民币25022.00万元。

2019年3月15日，国际农业发展基金贷款优势特色产业发展示范项目在四川省成都市启动。2019年4月9日，财政部与农业农村部、四川省、宁夏回族自治区人民政府正式签订项目执行协定。

■ 第五节 其他专项工程

一、青铜峡灌区河西总排水干沟工程

为完善青铜峡河西灌区水资源调控体系，优化配置水资源，保障城市防洪安全，大面积改造中低产田，提高农业综合生产能力，恢复和改善银川市及其周边生态环境，根据自治区人民政府2006〔76号〕会议纪要，建设河西总排干阅海至沙湖段扩整改造工程，河西总排水干沟工程经金凤区、贺兰县（含农垦局所属农场）、平罗县等县（区），总长度29.06千米，起点为阅海公园湖北水闸，终点为沙湖运河南岸。工程建设内容包括水道开挖、道路桥梁建设、水利配套建筑物工程、沟道绿化等。其中，水道开挖由宁夏农业综合开发办公室负责，沟道设计底宽为40米，水面宽为56～200米；沟道上段水位海拔1103.5米，中段1102.3米，下段1099.5米，水深1.8～2.2米，边坡1：（4～40）；开挖转运土方1200多万米^3。

河西总排水干沟工程是实现洪水、沟水、湖泊、湿地资源化利用，优化配置水资源的一项综合利用工程。工程建设进一步完善典农河河西灌区水资源调控、防洪排水体系，畅通防洪和排水沟道，改善农田排水条件，改造中低产田，在提高农业综合生产能力、扭转湖泊湿地萎缩局面、提升城乡人居品位、保护生态环境、促进地区的经济发展等方面发挥了重要作用。

二、金沙湾农业综合开发科技示范园区建设

（一）示范区工作概况

为探索适合宁夏自然气候特点的灌溉方式、生产模式、品种选择、产业发展等，指导农业综合开发工作，宁夏农业综合开发办公室自1997年开始建设农业综合开发科技示范园区，2008年建设工作结束。金沙湾原为宁夏农业综合开发试验示范场，1997年建设示范基地3000亩，2003年结合日元贷款项目建设示范基地5000亩，也是日元贷款项目的综合示范区。1997—2002年，示范区主要示范内容以农业生产为主；2003—2008年，示范区主要示范内容以生态治理和旅游为主。2013年5月19日，自治区政府将示范区定名为"自治区现代化农业示范园区"，要求明确组织结构，成立示范区工作指导小组，农牧厅、农科院等有关部门参加，由宁夏农业综合开发办公室抽调专人做具体示范推广工作。示范区坚持以科技为先导，先后与中国科学院、水利部灌排中心、宁夏农科院、宁夏大学等科研单位进行合作，开展试验研究与示范工作。

1. 建设宁夏干鲜果类经济林及园林、绿化等优质苗木基地和示范园

建成优质干鲜果示范园 1206 亩，栽植果树 154.451 万株，各类优质水果品种 85 个；建成优质杂果苗圃 614 亩，培育四倍体刺槐、金丝柳等 50 余个品种的经济用材林苗圃 657 亩，产出名、特、优、新果树良种苗木 235 万株，尤其是四倍体刺槐、大果榛子、梨、杏、桃等品种，在西北地区退耕还林项目建设中发挥了示范作用。

2. 全套引进西班牙节水灌溉技术

该项技术包括自动控制和计算机管理系统，简明易懂、操作方便，特别是"水利银行"，既考虑了农户需求的分散性、不确定性和临时性，又兼顾了集体管理的统一性、集中性，方便了群众，保证了管理，对全面推进宁夏精准农业和节水农业的发展具有重要示范意义。引入大型圆盘式指针移动喷灌机，以及高低杆固定式喷灌、微喷、膜下滴、滴灌等节水灌溉方式，发展了 7000 余亩的喷、滴灌土地，使其成为该项目试验示范、成果展示、技术推广的一扇窗口。

3. 开展多项技术示范展示

所涉及的技术包括淡水滴灌土壤水盐调控技术、咸水滴灌土壤水盐调控技术、牧草和果树等喷微灌精确施肥灌溉技术和相应的农业栽培技术、以现代节水灌溉技术为核心的农业综合栽培技术、宁夏中部干旱带草畜一体化技术集成与示范技术、经济作物更新改造技术、无公害生产技术、酿酒葡萄节水抗寒优质高效栽培技术、绿色无公害枸杞种植示范技术、中药材种植示范技术等。

（二）示范取得的成果

一是成功开展了节水灌溉试验、果树延期开花防冻试验、蔬菜无公害有机栽培试验、农作物水肥耦合试验与研究，解决了园区林业、农业生产中的关键技术问题。

二是成功进行了经果林、农作物、蔬菜、牧草、中药材等不同种类、不同品种的引种试验研究，丰富了园区植物种类，增添了园区植物景观。

三是成功开展了干旱条件的作物栽培技术示范推广，特别是在马铃薯种植、中药材种植和中药材栽培等领域成功应用推广了随水施肥灌溉技术、随水喷药技术，节约了灌溉用水量和田间施肥量，使灌水和施肥得到了科学匹配，取得了良好的经济效益。

四是引进美国良种奶牛冷冻胚胎，利用当地黄牛成功进行胚胎移植，推广了优质奶牛繁育技术；采用高杆喷灌技术成功种植苜蓿，对宁夏退耕还林、退牧还草、奶牛良种推广发挥了示范促进作用。

五是引进法国指针式大型喷灌机，采用立管式喷淋灌技术和微喷技术，成功大面积种植了冬麦等作物，为中部干旱带开发荒地、发展节水农业提供了成功经验。

六是通过项目建设，形成了农业观光园和生态观光园，作为青铜峡黄河大峡谷旅游景区南入口的重要组成部分，加大园区旅游资源开发和基础设施建设。

三、孙家滩有机农业示范基地建设

2006 年，根据自治区党委"近两年要加大设施农业建设的力度"指示，经自治区领导现场查看，认为在孙家滩进行设施农业建设，具有得天独厚的自然条件和更大的示范推广作用。孙家滩生态综合治理项目是由宁夏财政厅主管，宁夏农业综合开发办公室建设的项目，建设规模为 5.55 万亩，项目建设总投资为 16301.94 万元，建设年限为 2009 年 1 月至 2011 年 12 月。通过项目建设，新增灌溉面积 3.33 万亩；种植优质牧草 1.66 万亩，亩产效益 800 元，年产值 1328 万元；种植温室瓜菜 5000 亩，亩产效益 1600 元，年产值 800 万元；种植防护林 1.17 万亩。以上项目产生总效益 2128.00 万元，其中灌溉效益为 1064.00 万元。发展设施农业 5000 亩，建设经果林、经济型作物等 1.1 万亩，建设生态防护林网 0.3 万亩，建设 5000 头规模养牛场一处。同时，以孙家滩为基地，以以色列的系统技术和市场网络为依托，宁夏建立了"孙家滩生态有机农业示范农场"（又称"莫沙夫有机农庄"）。

四、贺兰洪广营沙地生态综合治理

为改善河西总排水干沟两侧生态环境，遏制周边土地沙化，最大化发挥河西总排干沟工程效益，促进该区域生态环境与经济建设的持续发展，根据自治区党委〔2007〕7号会议纪要和时任自治区党委书记陈建国的批示，宁夏农业综合开发办公室负责对贺兰洪广营河西总排干沟两侧沙化土地进行生态综合治理。工程总投资为 7515.00 万元，其中造林及管护费用为 4485.00 万元，配套工程投资为 3030.00 万元。日元贷款投资为 4515.00 万元，土地整理项目投资为 3000.00 万元，规划治理土地总面积为 24940 亩。通过多种渠道融资，宁夏开展生态综合治理，治理固定流动沙丘 2040 亩，半固定沙丘 15543 亩，保护原生红柳区 4134 亩，治理低洼盐碱地 3223 亩，有效地改善了河西总排干沟两侧生态环境。

第十六篇

农业品牌、农产品市场与农业信息化

随着我国高水平对外开放和扩大内需步伐的加快，市场化、品牌化、信息化对现代农业的引领与支撑作用越来越明显，宁夏顺势而为，强力推进农业品牌、市场与信息化等工作。2007 年，农业部出台《中国名牌农产品管理办法》，明确了"中国名牌农产品"评选认定程序。同年，宁夏成立了中国名牌农产品推进委员会，开启了名牌农产品认定工作。2016 年，宁夏深入贯彻习近平总书记来宁视察重要讲话精神，加快构建"枸杞之乡""滩羊之乡""甘草之乡""硒砂瓜之乡""马铃薯之乡"。2017 年，自治区农牧厅深入贯彻中央一号文件精神，加快推进区域农产品公用品牌建设，打造区域特色品牌，改造提升传统名优品牌，将"品牌"建设推到一个新的高度。中宁枸杞、盐池滩羊肉获得"消费者最喜爱的 100 个中国农产品区域公用品牌"称号；贺兰山东麓葡萄酒在世界顶级葡萄酒博览会上屡获大奖，贺兰山东麓成为世界公认的酿酒葡萄最佳产区，被誉为"东方波尔多"；宁夏大米被评为"中国十大大米区域公用品牌"，2016 年、2018 年被评为"中国十大好吃米饭"；宁夏冷凉蔬菜直销香港，是港澳市场"高品质蔬菜"代表；宁夏牛奶被誉为"全国奶业优质安全发展的一面旗帜"；"盐池滩羊肉"被列为 G20 杭州峰会、厦门金砖五国峰会、青岛上合峰会和 2019 夏季达沃斯论坛指定供应食材。

1996—2020 年，宁夏举办和承办各类农业展会，主要包括"中国农民丰收节""中国（宁夏）西部特色农业展示合作洽谈会""中国（宁夏）园艺博览会""全国知名蔬菜销售商走进宁夏活动"等共百余个，屡获设计金奖、最佳组织奖等各类奖项。宁夏通过农业展会，发布农业招商引资信息，推荐优质特色农产品，宣传宁夏农业发展成就，展示农业优势资源，取得了显著的经济和社会效益，吸引了更多投资者参与宁夏农业发展，为宣传展示农业成就成果，加快发展现代农业作出了积极的贡献。

农业农村信息化是推进乡村振兴与现代农业发展的基石。自 1998 年以来，宁夏农业统计工作基本以双轨制方式运行，即：由自治区统计局牵头，农业部门和统计部门紧密配合，协调会商，形成统一上报口径，主要反映农业农村重要生产数据和农村经济发展数据。同时，宁夏延续农业基点县调查工作，确定贺兰县、灵武市、平罗县、青铜峡市、盐池县、沙坡头区、海原县、西吉县、彭阳县等 9 个县（市、区）为农业调查基点县。主要调查任务是调查粮食生产情况和全年粮食产量预计等工作。自 2005 年开始，由自治区农经站开展农产品市场价格和生产资料价格监测，在全区范围内建立了多条信息采集渠道和信息采集点，准确掌握和科学评价农村经济运行态势。自 2006 年以来，宁夏大力推进信息进村入户，先后在全区范围内开通了"三农呼叫中心""12316"农业公益服务热线、"联通农业新时空"和"移动农信通"等信息服务系统，实施了"三电合一""金农工程"等，采用热线电话、短信平台、农专互动以及"专家坐席"等方式帮助农民，提供信息服务。2007 年 9 月，宁夏被国务院信息化工作办公室确定为全国第一批新农村信息化省域试点。2013 年、2015 年、2017 年，宁夏先后有 6 家单位被农业部认定为全国农业农村信息化示范基地；2016 年启动了农业物联网示范项目；2017 年开始大力推进农村电子商务，提升农业电子政务工作水平；2019 年开设了"农业农村电商综合服务平台""乡味宁夏"公众号等，农村电商工作得到大幅提升，为农业信息服务常态化、长效化提供了有力保障。

第一章

农业品牌

■ 第一节　农业品牌概况

天下黄河富宁夏，塞上江南鱼米乡。宁夏是祖国西部的一块宝地，农耕历史悠久，引黄灌溉便利，生态类型多样、光照充足、温差适宜、土壤条件佳，光热配合好，为发展特色农业、生产高品质农产品提供了绝佳条件。贺兰山东麓葡萄酒色泽鲜明、甘润平衡、香气馥郁、酒体饱满，在国际葡萄酒大赛中获得上千个顶级大奖。宁夏枸杞名冠天下，果实形状好、多糖含量高，药食同源，是世界枸杞发源地和正宗原产地。宁夏牛奶浓郁香醇、口感顺滑、风味独特，主要质量和卫生指标达到欧盟标准，被誉为"全国奶业优质安全发展的一面旗帜"。六盘山牛肉色泽红润、结构致密，每百克谷氨酸、硒含量是普通牛肉的 3 倍，堪称肉中极品。盐池滩羊肉质细嫩、不膻不腥，曾 4 次登上国宴。宁夏冷凉蔬菜营养丰富、口感极佳、保鲜期长，是全国优质蔬菜的代表和粤港澳、苏浙沪居民的"首选菜"。

习近平总书记视察宁夏，对宁夏特色农产品给予充分肯定。总书记指出，宁夏是我国的"枸杞之乡""滩羊之乡""甘草之乡""硒砂瓜之乡""马铃薯之乡"，对这些历史悠久、享誉盛名的"原字号""老字号""宁字号"农产品要倍加珍惜、发挥优势，不断提高品质和市场占有率，把特色现代农业做实做强。总书记特别强调，要让宁夏更多特色农产品走向市场。

近年来，宁夏牢记总书记嘱托，认真做好"土特产"大文章，坚持产出来与管出来并举、主体培育与品牌塑造并重、宣传推介与营销推广并行，大力实施质量兴农、品牌强农战略，加快形成以农产品区域公用品牌、特色农产品品牌和企业品牌为核心的品牌体系。截至 2020 年，宁夏创建中国特色农产品优势区 7 个，累计培育盐池滩羊肉、香山硒砂瓜、中宁枸杞、六盘山马铃薯、贺兰山东麓葡萄酒、宁夏大米等农产品区域公用品牌 20 个，绿色、有机、地标农产品达到 377 个，116 家农业企业的 280 个产品获得中国绿色食品发展中心绿色食品认证，24 家农业企业的 35 个产品获得中绿华夏有机产品认证中心有机农产品认证，60 个产品获得农业农村部农产品地理标志登记保护，27 个产品纳入农业农村部全国名特优新农产品名录，逐步形成贺兰山东麓葡萄酒、中宁枸杞、盐池滩羊肉、宁夏牛奶、六盘山牛肉等特色地域名片，宁夏农业品牌正驶入健康发展"快车道"。

■ 第二节　农业品牌发展进程

宁夏传统意义上的农业品牌被誉为宁夏"五宝"，即"红黄蓝白黑"：枸杞、甘草、贺兰石、二毛皮和发菜。20 世纪 90 年代之后，随着产业发展、生态环境保护等原因，甘草、二毛皮、发菜从人们日常生活中逐步退出。

2006 年，自治区农牧厅组团参加了"中国绿色食品 2006 上海博览会"，以丰富优质的产品，具有民族特色的展区装饰吸引了大量的客商和消费者。宁夏有 9 家企业的 30 多个产品参加了展览展销活动。宁夏沙漠王子食品有限公司、宁夏新华百货夏进乳业股份有限公司和宁夏银春面粉有限公司以优质的产品，显著的销售额获得了 2006 年"上海中国绿色食品博览会畅销产品奖"。同年 5 月 6 日，时任国务院总理温家宝到中卫市香山地区视察压砂瓜产业，亲手种植了压砂瓜。

2007 年，农业部出台《中国名牌农产品管理办法》，明确了"中国名牌农产品"称号评选认定程序，规范了中国名牌农产品评选认定工作。同年，宁夏成立了中国名牌农产品推进委员会，负责中国名牌农产品评选认定工作，并对评选认定工作进行监督管理。2007 年，宁夏认定国家级重点龙头企业 8 家、自治区农业产业重点龙头企业 59 家，有 6 个农产品品牌跻身国家名牌农产品行列，65 个品牌荣获自治区名牌产品称号。同年 4 月 11 日，时任国家主席胡锦涛到中卫市永康镇压砂基地考察，对硒砂瓜产业的发展给予了充分肯定，并亲手同当地群众一起点下几颗硒砂瓜籽。

2008 年，宁夏推进"中国名牌农产品"和"地理标志"申报工作，2 个农产品获得中国名牌农产品认定，20 个农产品获得地理标志认定。其中，中卫硒砂瓜成为 2008 年北京奥运会指定供应食品。

2009 年，宁夏大米、沙湖大鱼头、盐池滩羊肉、西吉西芹等 43 个特色农产品获得了地理标志认定，宁夏登记认定地理标志总量居全国首位。宁夏枸杞、灵武长枣、盐池滩羊肉申请了原产地保护。

2010 年，宣和鸡蛋、穆和春牛肉、早康枸杞、灵武长枣等 4 个农业品牌被农业部评为"中国名牌农产品"。

2011 年，中宁枸杞、盐池滩羊肉、贺兰水产、中卫硒砂瓜、西吉马铃薯等一批具有宁夏地域特色、地理标志的"宁字号"名特优农产品行销全国、步入高端、走向海外，有力地拉动了特色农产品出口强劲增长。产品市场覆盖 30 多个国家和地区，出口总量达到 18.4 万吨，总货值达 6.4 亿美元。

2012 年，围绕 13 个特色优势产业，通过一系列的扶持引导政策，宁夏品牌农业发展取得显著成效。宁夏有各种农业品牌 300 多个，形成了以中宁枸杞、香山硒砂瓜、兴唐米业为代表的特色种植业品牌和以盐池滩羊为代表的特色畜牧业品牌；"小任果业""天天鲜""锦旺""沙坡头瓜菜""张亮香瓜"等品牌效应逐步显现。

2013 年，宁夏获得"中国驰名商标"19 个，"宁夏著名商标"139 个，"中国名牌产品"3 个，"宁夏名牌产品"94 个。百瑞源、宁夏红、中宁枸杞等获得"中国驰名商标"。

2014 年，宁夏实施"千万吨特色农产品外销行动"，在彭阳县、西吉县、固原市原州区、中卫市沙坡头区、中宁县、吴忠市、银川市、石嘴山市惠农区等地区选育 20 个外销型流通企业，以蔬菜马铃薯运销为重点，在北京、上海、广州、厦门、武汉、长沙、南昌、杭州、合肥、南京 10 个目标市场开设宁夏特色农产品专销摊位；以宁夏枸杞专卖店及涝河桥、夏华牛羊肉全国连锁店为基础，发展高端配送业务，扩大经销灵武长枣、硒砂瓜、宁夏大米等高端农产品。

2015 年，自治区农牧厅与宁垦电子商务公司共建"淘宝特色中国·宁夏馆"，与顺丰速运集团共建"顺丰优选·宁夏馆"，并推荐银川宁谷缘农牧科技公司成为京东商城"中国特产·宁夏馆"的总运营商，借力淘宝网"特色中国"、1 号店"特产中国"、京东馆等知名电商平台，拓展宁夏特色农产品销售渠道。

2016 年，宁夏持续推进特色现代农业做实做强。盐池滩羊肉被选为 2016 年 G20 杭州峰会国宴指定用肉，成为全国高端羊肉的代表品牌。2016 年 5 月 6 日至 22 日，自治区农牧厅会同商务厅、林业厅、葡萄产业发展局在厦门、泉州、福州三市举办了"宁夏特色优质农产品推介展销系列活动"，宁夏 100 余家企业携 500 余种农产品进行了推介、展示与洽谈合作，签订订单金额 7760 万元，取得了丰硕成果。宁夏还组织全区 40 家农业产业化龙头企业参加第十四届中国国际农产品交易会，签订销售订单金额 400 万元；组织"全国百个区域公用品牌""全国百家合作社百个农产品品牌"推荐评选。中卫硒砂瓜、吴忠扁担沟苹果、灵武长枣、贺兰山葡萄、彭阳杏子被评选为"全国百个区域公用品牌"，4 家企业入选全国百家合作社百个农产品品牌。宁夏还支持宁夏牛羊肉产业协会组织 89 种产品参加"第十七届中国国际食品和饮料展览会"。

2017 年 2 月，农业部印发《关于 2017 年农业品牌推进年工作的通知》，并举办了全国农业品牌推进大会，国务院将每年的 5 月 10 日确定为"中国品牌日"。5 月 2 日，宁夏回族自治区人民政府出台《关于加快推进宁夏特色优质农产品品牌建设的意见》（宁政办发〔2017〕85 号），建立宁夏特色优质农产品品牌动态目录制度，在顶层设计上为全区品牌建设提供了支撑。7 月，宁夏举办了首届中国（宁夏）特色优质农业品牌评选推介大会，成立宁夏特色优质农产品品牌目录评选专家组，发布宁夏特色优质农产品品牌目录及 6 个农产品区域公用品牌、20 个知名农业企业品牌、20 个特色优质农产品品牌和 10 个宁夏特色优质农产品外销窗口。9 月—12 月，自治区开展了宁夏知名品牌农产品网上行活动，组织 6 个行业近 60 家企业参加第十五届中国国际农产品交易会，实现现场贸易额 3.8 亿元，现场零售额 80 万元，网上销售额 220 万元。宁夏参展的盐池滩羊肉、中宁枸杞、沙湖大鱼头 3 个品牌获得 2017 年"中国百强农产品区域公用品牌"；兴唐米业、塞外香、昊王米业的种植基地荣获"中国优质稻米基地"称号；昊王牌大米、广银牌宁夏大米、麦清香牌马铃薯大麻花、夏进牌枸杞养生奶、宁鑫牌盐池滩羊肉、百瑞源枸杞、览翠牌葡萄酒、西夏王葡萄酒等 11 个产品获得本届农产品交易会金奖产品。盐池滩羊肉被授予国家级农产品地理标志示范样板，同时被选定为 2017 年厦门金砖国家领导人会晤国宴食材。农业农村部认定宁夏回族自治区盐池县盐池滩羊肉优势区、宁夏回族自治区中宁县中宁枸杞优势区为第一批中国特色农产品优势区。

2018 年，自治区农业农村厅大力实施特色产业品牌工程，新评选发布宁夏菜心、宁夏牛奶等区域公用品牌 7 个、知名农业企业品牌 10 个、产品品牌 20 个，各类特色农业品牌达到 317 个，"三品一标"农产品 687 个。贺兰山东麓葡萄酒、中宁枸杞、盐池滩羊肉品牌价值分别达到 271.44 亿元、172.88 亿元、68 亿元。自治区农业农村厅召开了全区特色优质农产品品牌建设座谈会，组织开展了盐池黄花菜、固原黄牛等 4 个区域公用品牌统一标识形象设计征集工作；组织开展了特色优质农产品品牌评审活动，宁夏菜心等 7 个农产品区域公用品牌被评为"2018 年宁夏农产品区域公用品牌"，宁夏塞北雪面粉有限公司等 10 家企业品牌评为"2018 年宁夏知名农业企业品牌"，原野蜂业等 20 家企业（合作社）产品品牌被评为"2018 年宁夏特色优质农产品品牌"。中国区域品牌影响力百强中，中宁枸杞、盐池滩羊肉列产业首位，盐池滩羊肉被选定为 2018 年青岛上合组织峰会的国宴食材。宁夏组织全区 60 多家农业龙头企业参加第十六届中国国际农产品交易会，别庄菜心、南月马铃薯、南山阳光苹果、润德庄园枸杞、罗山葡萄酒、泾源黄牛肉 6 个品牌获得本届农产品交易会金奖，泾源黄牛肉获得地理标志产品金奖。结合农产品品牌创建工作，农业农村厅与自治区党委组织部在中山大学联合举办"创响农业特色产业品牌专题培训班"，组织开展了全区农业品牌目录征集修订工作，推选出了具有一定影响力和价值的宁夏农业品牌目录 149 个，其中：农产品区域公用品牌 20 个、知名农业企业品牌 57 个、特色优质农产品品牌 72 个。农业农村部认定宁夏回族自治区中卫市中卫香山硒砂瓜优势区、宁夏回族自治区灵武市灵武长枣优势区、宁夏回族自治区西吉县西吉马铃薯优势区为第二批中国特色农产品优势区。

2019 年，自治区大力实施特色产业品牌工程，设立"乡味宁夏"微信公众号，在天猫、京东、苏宁易购等电商平台建设宁夏农村电商综合服务平台。围绕特色优质农产品品牌建设，宁夏继续做强 13 个农产品区域公用品牌，做大 30 个知名农业企业品牌，做优 40 个特色优质农产品品牌。宁夏大米、中宁枸杞、盐池滩羊肉、中卫硒砂瓜、沙坡头苹果、西吉马铃薯、固原黄牛肉、灵武长枣 8 个区域公用品牌入选 2019 年全国 300 个特色农产品区域公用品牌。农业农村部认定宁夏回族自治区盐池县盐池黄花菜优势区为第三批中国特色农产品优势区。

2020 年，自治区农业农村厅扎实推进质量兴农、绿色兴农、品牌强农，加快农业农村高质量发展。全区绿色、有机、地标农产品达到 377 个，主要农产品检测合格率达到 98%。中宁枸杞、盐池滩羊肉获得"消费者最喜爱的 100 个中国农产品区域公用品牌"称号；贺兰山东麓葡萄酒在世界顶级葡萄酒博览会上屡获大奖，贺兰山东麓成为世界公认的酿酒葡萄最佳产区，被誉为"东方波尔多"；宁夏大米被评为"中国十大大米区域公用品牌"；宁夏冷凉蔬菜直销香港，是港澳市场"高品质蔬菜"代表；宁夏牛奶被誉为"全国奶业优质安全发展的一面旗帜"。农业农村部认定宁夏回族自治区银川市贺兰山东麓酿酒葡萄中国特色农产品优势区为第四批中国特色农产品优势区。宁夏累计申报"中国特色农产品优势区"7个。

宁夏农业品牌名录见表16-1-1。

表16-1-1　宁夏农业品牌名录

目录	类别	名录
区域公用品牌	粮油类	宁夏大米、西吉马铃薯
	蔬菜类	西吉芹菜、宁夏菜心、盐池黄花菜
	瓜果类	灵武长枣、扁担沟苹果、中卫硒砂瓜、沙坡头苹果、彭阳杏子
	畜牧类	盐池滩羊肉、黄渠桥羊羔肉、泾源黄牛肉、泾源蜂蜜
	水产类	银川鲤、沙湖大鱼头
	枸杞类	中宁枸杞
	葡萄酒类	贺兰山东麓葡萄酒
	药材及其他类	盐池甘草、西海固药材
中国特色农产品优势区品牌		盐池滩羊、中宁枸杞、中卫香山硒砂瓜、灵武长枣、西吉马铃薯、盐池黄花菜、贺兰山东麓酿酒葡萄
企业品牌（第一批）	粮油类	宁夏广玉面粉有限公司（食用油、挂面、大米、面粉）、宁夏昊帅粮油有限责任公司（大米、面粉、食用植物油）、宁夏玉礼面粉有限公司（面粉、大米、挂面）、宁夏吴忠市国海粮油有限公司（胡麻油）、宁夏法福来食品股份有限公司（面粉、大米）、宁夏五谷丰生物科技发展有限公司（食用植物油加工）、宁夏加禾农业科技食品有限公司（粮油、五谷杂粮加工）、宁夏索米亚生态农业科技有限公司（食用植物油）、宁夏银泰粮油有限责任公司（食用油）、中宁县丰泽粮油贸易有限公司（粮食种植、粮油）、海原县鸿鑫马铃薯专业合作社（马铃薯）、宁夏瑞春杂粮股份有限公司（黄米、小米、荞麦粉）、宁夏黄土地农业食品有限公司（粉丝、宽粉）
	蔬菜类	宁夏小任果业发展有限公司（鲜果、蔬菜）、宁夏天天鲜菜篮子冷链物流有限公司（果品）、银川市锦旺农业发展有限公司（胡萝卜、辣椒、马铃薯、山药、番茄）、宁夏悦丰生态农业科技股份有限公司（菜心）、宁夏发途发蔬菜产业集团有限公司（蔬菜种植、脱水蔬菜）、宁夏华泰农业科技发展公司（菜心）
	瓜果类	宁夏八大庄生态科技有限公司（红提、阳光玫瑰）、宁夏圣峰百年农牧开发有限公司（圆枣）、宁夏万齐农业发展集团有限公司（水果、枸杞）、海原县砂甜宝硒砂瓜专业合作社（西甜瓜）
	畜牧类	银川湖城万头养殖有限公司（猪肉）、宁夏晓明农牧股份有限公司（蛋鸡）、宁夏宁羊农牧发展有限公司（羊肉加工）、宁夏盐池美雅滩羊裘皮有限公司（滩羊二毛皮饰品、服装）、宁夏夏华肉食品股份有限公司（牛羊肉）、宁夏荟峰农副产品有限公司（牧草种植、加工）、宁夏尚农生物科技产业发展有限公司（肉牛）
	水产类	宁夏泰嘉渔业有限公司（水产养殖、繁育）
	枸杞类	宁夏沃福百瑞枸杞产业股份有限公司（枸杞）、百瑞源枸杞股份有限公司（枸杞）、宁夏红枸杞商贸有限公司（枸杞）、宁夏红枸杞产业有限公司（枸杞）、早康枸杞股份有限公司（枸杞）、宁夏华宝枸杞产业有限公司（枸杞）、宁夏中宁县春杞枸杞科技有限公司（枸杞）、宁夏玺赞庄园枸杞有限公司（枸杞）、宁夏中宁枸杞产业发展股份有限公司（枸杞）、宁夏中杞枸杞贸易集团有限公司（枸杞）
	葡萄酒类	宁夏利思葡萄酒有限公司（葡萄酒）、宁夏贺兰晴雪酒庄有限公司（葡萄酒）、宁夏美域葡萄酒酿造有限公司（葡萄酒）、宁夏新牛葡萄酒酒庄有限公司（葡萄酒）、宁夏高源银色高地葡萄酒庄有限公司（葡萄酒）、中粮长城葡萄酒（宁夏）有限公司（葡萄酒）、宁夏贺兰山动麓庄园酒业有限公司（葡萄酒）、宁夏容园美酒庄有限公司（葡萄酒）、宁夏天得葡萄酒种植有限公司（葡萄酒）、宁夏红粉佳荣酒庄有限公司（葡萄酒）
	药材及其他类	宁夏海吉星国际农产品物流有限公司（蔬菜、果品、副食、日用百货、棉麻日杂、肉、禽、蛋、水产品、调味品销售）、宁夏宁杨食品有限公司（辣椒制品调味品等农副产品深加工）、宁夏泰杰农业科技有限公司（银柴胡）、隆德县葆易圣药业有限公司（黄芪）、宁夏天沐中蜂产业发展有限公司（蜂蜜）、宁夏沙湖食品有限公司（蔬菜加工，菌类加工，水果加工）

（续）

目录	类别	名录
企业品牌（第二批）	粮油类	宁夏金夏米业有限公司（大米）、银川原源食用油有限公司（亚麻籽油）、宁夏昊裕油脂有限公司（胡麻油）、宁夏生瑞米业有限公司（大米）、宁夏家家食用油有限公司（胡麻油）、宁夏山逗子杂粮绿色食品科技开发有限公司（荞麦面）、宁夏明翔有限公司（粮食、农副产品、食用油、面粉、杂粮）、宁夏广银米业有限公司（大米）、宁夏裕稻丰生态农业科技有限公司（水稻、大米）、永宁县伟国农业专业合作社（大米）、宁夏周福乐粮油有限公司（食用植物油加工）、宁夏马氏兄弟粮油产业发展有限公司（食用油加工）、宁夏日月新米业有限公司（大米加工）、宁夏西粮粮油集团有限公司（农副产品）、宁夏学林粮油精米有限公司（粮食加工）、宁夏中桦雪食品科技有限公司（面粉）、吴忠市少武粮油有限公司（粮食加工）、宁夏法福来食品股份有限公司（面粉、大米）、宁夏索米亚生态农业科技有限公司（食用植物油）、宁夏宏成粮油商贸有限公司（粮油加工）、海原县鸿鑫马铃薯专业合作社（马铃薯）、西吉县万里淀粉有限公司（马铃薯淀粉）、宁夏黄土地农业食品有限公司（粉丝、宽粉）
	蔬菜类	宁夏悦丰生态农业科技股份有限公司（菜心）、宁夏塞上春农产品物流有限公司（番茄、桃子、李子、辣椒、甜瓜、无花果、黄瓜）、宁夏中青农业科技有限公司（番茄、甜瓜、西瓜）、宁夏鑫茂原冷链物流专业合作社（菜心、西兰花）、盐池县阳春黄花菜购销有限公司（黄花菜）、同心县启秾瓜果蔬菜农民专业合作社（红葱）、宁夏欣丰现代农业科技有限公司（菜心）
	瓜果类	灵武市宁六宝果业专业合作社（长枣）、灵武市果业开发有限责任公司（长枣、枣产品深加工）、宁夏中玺枣业股份有限公司（长枣）、平罗县高仁乐海山西瓜专业合作社（西瓜）、青铜峡市先锋大青葡萄种植专业合作社（葡萄）、宁夏青铜峡市山果果业专业合作社（苹果）、宁夏沙坡头果业有限公司（苹果）、宁夏弘兴达果业有限公司（苹果）、宁夏南山阳光果业有限公司（苹果）、宁夏云雾山果品开发有限责任公司（红梅杏）
	畜牧类	宁夏北方乳业有限责任公司（乳制品）、宁夏夏华肉食品股份有限公司（牛羊肉）、宁夏万升实业有限责任公司（朝那鸡）、彭阳县益斌园农畜综合开发有限公司（鸡蛋）、宁夏尚农生物科技有限公司（肉牛）、宁夏天源牧场食品有限公司（肉牛）
	水产类	中卫市天阔渔业农民合作社（冰白斑狗鱼、河鲈、鳊鱼、草鱼、鲤鱼、梭鲈、鲢鱼）
	枸杞类	银川育新枸杞种业有限公司（枸杞）、宁夏润德生物科技有限责任公司（枸杞）、宁夏红枸杞商贸有限公司（枸杞）、宁夏中杞枸杞贸易集团有限公司（枸杞）、宁夏杞泰农业科技有限公司（枸杞）、早康枸杞股份有限公司（枸杞）、宁夏正杞红枸杞产业发展有限公司（枸杞）、宁夏农垦南梁农场有限公司（枸杞）
	葡萄酒类	宁夏志辉源石葡萄酒庄有限公司（葡萄酒）、宁夏迦南美地酒庄有限公司（葡萄酒）、宁夏原歌葡萄酒庄股份有限公司（葡萄酒）、宁夏贺兰红酒庄有限公司（葡萄酒）、宁夏立兰酒庄有限公司（葡萄酒）、宁夏贺兰山东麓庄园酒业有限公司（葡萄酒）、宁夏容园美酒庄有限公司（葡萄酒）、宁夏青铜峡市禹皇酒庄有限公司（葡萄酒）、宁夏汇达阳光生态酒庄有限责任公司（葡萄酒）、宁夏江源葡萄酒庄有限公司（葡萄酒）、宁夏恒生西夏王酒业有限公司（葡萄酒）
	药材及其他类	石嘴山市田园食品有限公司（食醋、酱油）、宁夏天香红食品有限公司（蔬菜制品及调味品）、宁夏雪泉乳业有限公司（乳制品、乳粉）、宁夏美丽哈巴湖生态旅游开发有限公司（酒制品生产、预包装食品）、宁夏泾源县泾六盘蜂业专业合作社（蜂蜜）

■ 第三节 农业品牌宣传

2006—2010年，宁夏连续举办了5届西部特色农洽会、2届园博会，宁夏园博会跻身全国大型农业品牌展会的行列。宁夏首次以自治区人民政府名义在北京成功举办了宁夏优质大米品牌推介会。宁夏农业坚持走精品农业之路，变"卖产品"为"卖品牌"，最大限度地激活了资源的价值和潜力。"宁粳43号"大米食味品质超过国际公认的日本"越光"米，中宁枸杞、盐池滩羊肉、贺兰水产、中卫硒砂瓜、西吉马铃薯等一批具有宁夏地域特色、地理标志的"宁字号"名特优农产品，行销全国、步入高端、走向海外。

2010—2016年，自治区农牧厅利用机场路口、高速公路两边的广告牌开展宁夏名特优农产品宣传，每年在宁夏日报推出 1—2 期宣传专版，拍摄专题片在宁夏电视台等媒体上播放。

2017 年，自治区农牧厅举办了中国（宁夏）特色优质农业品牌评选推介大会，发布了宁夏特色优质农产品品牌目录及 6 个宁夏特色优质农产品区域公用品牌、20 个知名农业企业品牌、20 个特色优质农产品品牌和 10 个宁夏特色优质农产品外销窗口；开展"宁夏大米"等农业品牌数字推广月活动，分别在腾讯网等 8 家知名网站 PC 端和腾讯新闻等 10 家新闻媒体手机端投放"塞上江南美特色农业优"宣传广告，总计曝光 11557946 人次，点击量 53381 人次，点赞及评论量 3758 人次；研究设计"宁夏大米""盐池滩羊"等一批特色农产品整体品牌形象标识，"盐池滩羊"品牌获 2017 年全国十大商标富农和地理标志产品精准扶贫典型案例。

2018 年，为了切实做好"枸杞之乡""滩羊之乡""甘草之乡""硒砂瓜之乡""马铃薯之乡"区域品牌宣传推介，打造"原字号""老字号""宁字号"农产品品牌，全面提升现代农业的整体效益。自治区农牧厅协调央视七套农业栏目《每日农经》开展宁夏特色优质农产品宣传周活动，拍摄制作了《中宁枸杞》《盐池滩羊》《六盘山马铃薯》《香山硒砂瓜》《贺兰山东麓葡萄酒》《宁夏大米》《宁夏菜心》《宁夏牛奶》《六盘山冷凉蔬菜》《固原黄牛》10 集专题片，并集中两周时间播出。自治区农牧厅联合北京保和艺术工作室创作并制作宁夏特色优质农产品宣传片《塞上花开香天外》和宁夏农业品牌（中国五大之乡）广告宣传片，进行全媒体推广传播。自治区农牧厅积极配合自治区党委宣传部，协调《宁夏枸杞》《酿酒葡萄》《中卫硒砂瓜》《盐池滩羊》《宁夏大米》《固原马铃薯》等专题片在中央电视台 1、2、4、7、8、10、13 套等频道播出；协助举办第七届贺兰山东麓葡萄酒博览会、宁夏中宁枸杞产业博览会、宁夏盐池滩羊美食文化旅游节等活动。

2019 年，"乡味宁夏"官方微信公众号上线，以"讲好宁夏农产品品牌故事，传播宁夏农产品品牌形象"为目标，以互联网新媒体为手段，通过图文内容、创意短视频、长图漫画等网民喜闻乐见的形式，传播宁夏特色优质农产品品牌，开展微发布、微宣传、微营销活动，推进质量兴农、品牌强农。"乡味宁夏"设置宁夏农产品品牌地图、乡味宁夏微商城、宁夏农产品及知名企业品牌目录等窗口，其中"信息大厅"包含农业要闻，全区区域公用品牌，全区产品品牌，品牌荣誉；"乡味宁夏"微商城整合天猫、京东、苏宁易购以及有赞、小程序等电商商家的宁夏原产地农产品，实现粉丝对宁夏农产品的一键跳转和下单，"一部手机购遍宁夏美味"。自治区农业农村厅协同三大电信运营商发送宣传宁夏特色农产品公益短信 800 多万条；协调央视农业农村频道、央视 4 套"走进中国栏目"、福建东南卫视拍摄宁夏特色农产品宣传片和区域公用品牌广告片；在新华网宁夏频道设立宁夏农产品品牌宣传网页，在宁夏日报开辟农产品品牌宣传专栏；与福建东南卫视合作拍摄宁夏特色优质农产品品牌 40 分钟专题片 6 集，20 分钟专题片 9 集，作为闽宁合作 23 周年、新中国成立 70 周年献礼片，8—10 月在福建东南卫视黄金时段播出。

2020 年，宁夏打造农村电商综合服务平台，为各类经营主体免费提供电商平台服务，助力宁夏特色优质农产品出村进城。自平台运营以来，累计入驻商家 154 家，上线农产品 850 款，涵盖 10 多个品类。宁夏还组织开展品牌营销推广与直播带货活动，完成营销策划和直播助农活动近 300 场；在天猫、京东、苏宁易购等国内知名电商平台建设宁夏特色优势农产品网上商城，累计销售额达到 8.4 亿元；在国内重点城市建设宁夏品牌农产品外销窗口、展示展销中心 93 个；成功举办中阿博览会农业板块、全国知名蔬菜销售商走进宁夏等系列活动；充分利用全国农产品交易会、农产品加工博览会等展览展示会，不断提高宁夏特色优质农产品知名度。

第二章

农 产 品 市 场

■ 第一节 农产品批发市场

1997年10月，宁夏中卫市宣和禽蛋批发市场开业。市场位于宁夏回族自治区中卫市沙坡头区，注册资金为32.5万元，资产总额为1300万元，占地面积为32634米^2，建筑面积为5367米^2，商品经营类别为综合类。

2001年4月，宁夏涝河桥牛羊肉批发市场开业。市场位于宁夏回族自治区吴忠市利通区，注册资金为6000万元，资产总额为34116.8万元，占地面积为78364米^2，建筑面积为31846米^2，商品经营类别为畜禽类，属于农业产业化国家重点龙头企业。

2004年10月，金三角现代物流市场（西北农资城市场）开业。市场位于宁夏回族自治区银川市兴庆区，注册资金为50万元，资产总额为450万元，占地面积为66667米^2，建筑面积为7600米^2，商品经营类别为综合类。

2005年8月，宁夏瑞加祥牛羊交易市场开业。市场位于宁夏回族自治区吴忠市同心县，注册资金为3000万元，资产总额为3600万元，占地面积为30525米^2，建筑面积为2040米^2，商品经营类别为畜禽类。

2006年6月，宁夏盐池县惠安堡牛羊肉批发市场开业。市场位于宁夏回族自治区吴忠市盐池县，注册资金为50万元，资产总额为960万元，市场占地面积为50000米^2，建筑面积为3360米^2，商品经营类别为畜禽类。

2007年10月，宁夏西吉县将台马铃薯批发市场开业。市场位于宁夏回族自治区固原市西吉县，注册资金为40万元，资产总额为1300万元，占地面积为37352米^2，建筑面积为14400米^2，商品经营类别为蔬菜类。

2007年12月，宁夏同心县预旺马铃薯批发市场开业。市场位于宁夏回族自治区吴忠市同心县，注册资金为115万元，资产总额为4467万元，占地面积为66700米^2，建筑面积为12158米^2，商品经营类别为综合类，属于农业产业化省级重点龙头企业。

2008年4月，平罗县富乐民蔬菜综合批发市场开业。市场位于宁夏回族自治区石嘴山市平罗县，注册资金为218万元，资产总额为3144万元，占地面积为113000米^2，建筑面积为75000米^2，商品经营类别为综合类，属于农业产业化国家重点龙头企业。

2009年9月，宁夏盐池县畜产品交易市场开业。市场位于宁夏回族自治区吴忠市盐池县，注册资金为2000万元，资产总额为12100万元，占地面积为203344米^2，建筑面积为17000米^2，商品经营类别为畜禽类，属于农业产业化省级重点龙头企业。

2010年9月，宁夏固原农副产品批发市场开业。市场位于宁夏回族自治区固原市原州区，注册资金为5000万元，资产总额为11841万元，占地面积为100000米^2，建筑面积为28000米^2，商品经营类别为综合类，属于农业产业化省级重点龙头企业。

2011 年 8 月，宁夏四季鲜农产品综合批发市场开业。市场位于宁夏回族自治区银川市兴庆区，注册资金为 26000 万元，资产总额为 55746 万元，市场占地面积为 480000 米^2，建筑面积为 48000 米^2，商品经营类别为综合类，属于农业产业化省级重点龙头企业。

2013 年 1 月，宁夏中宁国际枸杞交易中心开业。市场位于宁夏回族自治区中卫市中宁县，注册资金为 500 万元，资产总额为 65000 万元，市场占地面积为 623376 米^2，建筑面积为 180000 米^2，商品经营类别为特色产品类，属于农业产业化国家重点龙头企业。

2013 年 9 月，宁夏中卫四季鲜农产品综合批发市场开业。市场位于宁夏回族自治区中卫市沙坡头区，注册资金为 500 万元，资产总额为 16466 万元，占地面积为 160069 米^2，建筑面积为 127037 米^2，商品经营类别为综合类，属于农业产业化省级重点龙头企业。

2017 年 6 月，宁夏宁北鲜活农产品综合批发市场开业。市场位于宁夏回族自治区石嘴山市惠农区，注册资金为 50 万元，资产总额为 300 万元，市场占地面积为 32000 米^2，建筑面积为 12000 米^2，商品经营类别为综合类。

■ 第二节　农产品展销

一、中国西部特色农业（宁夏）展示合作洽谈会

中国西部特色农业（宁夏）展示合作洽谈会是一个旨在展示宁夏及其他西部地区的特色农业资源和优势产业的盛会，是对外宣传的窗口、招商引资的契机、交流合作的平台、信息沟通的渠道。中国西部特色农业（宁夏）展示合作洽谈会不仅是一个展示宁夏特色农业的平台，也是一个推动宁夏农业现代化、产业化的重要途径。

2005 年 10 月 25—30 日，第一届中国西部特色农业（宁夏）展示合作洽谈会（即农产品加工西部行动暨科技经贸合作活动）在银川市召开。本届洽谈会集中展示西部特色农业的最新理念、最新技术、最新产品，推动西部地区之间以及西部与中东部地区的合作交流、投资贸易和共赢发展。宁夏相关部门围绕宁夏农业农村经济发展和农业优势特色产业布局，宁夏农业产业化与农产品加工业发展现状，宁夏农业对外科技合作与技术引进等在会上做了详细介绍。11 个国家级、14 个省级龙头企业的代表，北京、山东、福建等省（自治区、直辖市）政府代表团成员、区内外 326 家企业参加此次活动。此次活动落实来宁投资置业、开展农产品贸易、科技合作签约项目 140 个，总投资金额 21.95 亿元，引进资金 16.26 亿元。

2006 年 9 月 7—10 日，第二届中国西部特色农业（宁夏）展示合作洽谈会在银川市召开。本届洽谈会以"展示成果、交流合作、促进贸易、推动发展"为主题，重点开展投资洽谈、特色农产品展示和科技合作。活动在宁夏回族自治区展览馆和西北农资城设立两个展示展销区，重点展销宁夏和外省（自治区、直辖市）的特色农产品，共 172 家企业参展。其中，宁夏 55 个国家级和自治区级农产品加工龙头企业全部参展，西北农资城 120 多家各类农机、农资企业参展。会议主要内容包括：开展特色农产品展览展示活动，举办宁夏特色产业项目推介会，举办新农村建设产业发展论坛，启动村企互动共建新农村活动，举行农产品经贸科技合作项目签约仪式。北京、黑龙江、辽宁、山东等 23 个省（自治区、直辖市）代表团和美国凯利金融、日本中央贸易株式会社、北京三元、天津王朝等 100 多家国内外财团及重点农产品加工企业参加经贸合作洽谈和农业考察。

2007 年 9 月 15—17 日，第三届中国西部特色农业（宁夏）展示合作洽谈会在银川市召开。本届洽谈会以"牵手西部、对接产地、合作共赢、推动发展"为主题，重点推动企业与产地对接、特色农产品展示、投资洽谈。会议期间，举办了中国西部特色农业产业高峰论坛、市场品牌营销创新论坛、农业科技论坛、设施农业发展专题报告会、宁夏特色优势产业项目和专项产品推介会、宁夏名牌农产品展示展销、经贸合作项目签约等活动。此次会议共签约项目 32 个，涉及特色种养业、农产品精深

加工等领域，涵盖宁夏枸杞、优质牛羊肉、奶牛、马铃薯、瓜菜五大战略性主导产业和优质粮食、淡水鱼、葡萄、红枣、农作物制种、优质牧草六大区域性特色优势产业，以及地方性"小板块"特色产业。本次洽谈会吸引了北京、天津、上海、西藏、广西等 27 个省（自治区、直辖市）组团参加，美国 MSC 公司、美国凯利金融国际集团公司、马来西亚美满物业有限公司、以色列亚洲集团公司以及中粮集团、伊利集团等 70 多家国内外企业来宁夏实地考察。

2008 年 9 月 10—13 日，第四届中国西部特色农业（宁夏）展示合作洽谈会在银川市召开。洽谈会的展区总面积为 4800 米²，分为特装展示区和展销区（标准展位）两部分。本届洽谈会组织区内外农业产业化龙头企业、专业协会、合作组织，以特色农产品及深加工、现代农业示范园区建设、设施农业、生态农业、市场流通为主，与国家级农业产业化龙头企业、农业部农产品定点批发市场开展对接、洽谈、合作，引进资金、技术、设备、品牌等，实现以产品、产地招商引资，以产销衔接促进流通，宣传和展示西部各省（自治区、直辖市）特色农业发展的新成果、新技术、新经验，进一步促进西部特色农业的产业化发展。

2009 年 10 月 10—12 日，第五届中国西部特色农业（宁夏）展示合作洽谈会在银川市召开。本届洽谈会以"绿色、现代、合作、发展"为主题，重点展示宁夏特色优势农产品，开展产销对接、科技咨询、贸易洽谈、交流合作、休闲农业等活动，提升宁夏特色优势农产品在国内外的影响力和知名度。参展的国内外企业达 300 多家，分别来自北京、天津、上海、四川、陕西、内蒙古、甘肃等 27个省（自治区、直辖市），以及美国、日本、澳大利亚、马来西亚和我国香港等 13 个国家和地区。

二、中国（宁夏）园艺博览会

2009 年 10 月 10 日，由农业部和宁夏回族自治区人民政府联合举办的首届中国（宁夏）园艺博览会暨第五届中国西部特色农业（宁夏）展示合作洽谈会在银川市开幕。本届园博会以"绿色、现代、合作、发展"为主题，集中展示国内的园艺产品、生产技术、设施装备、农机农资以及农业名、优、特新产品，共吸引国内外 300 多家企业参展。

2010 年 8 月 6 日，由农业部和宁夏回族自治区人民政府联合举办的第二届中国（宁夏）园艺博览会在宁夏园艺产业园开幕。本届园博会以"统筹、发展、绿色、创新"为主题，总展出面积约15000 米²，分设高新技术展馆、园艺投入品与装备展馆、特色优势农产品展馆、园艺产品展馆和综合展馆 5 个展馆，重点展示国内外农业高新科技成果、种子种苗、农资农机、园艺设施、温室材料、节灌设施和区内外特色优势农产品，开展农产品产销对接、科技咨询、贸易洽谈、交流合作、观光旅游等活动，并通过举办沙产业高峰论坛、园艺及特色优势农产品推介合作招商洽谈，以及投资贸易合作集中签约仪式等，全力促进宁夏与各省（自治区、直辖市）及国外的交流与合作，共同推动园艺产业和特色优势农业的快速健康发展。

2011 年 5 月 15 日，由农业部和宁夏回族自治区人民政府联合举办的第三届中国（宁夏）园艺博览会在宁夏园艺产业园开幕。本届园博会通过设立国家级、省级农业产业化龙头企业展区，宁夏特色优势农产品展区和园艺产品展区等 5 个展区，重点展销国内外农业高新科技成果、种子种苗、农资农机和区内外特色优势农产品等。另外，会议期间还举办了宁夏特色优势农产品及园艺花卉产品产销对接、科技咨询、贸易洽谈、交流合作等活动，充分展现宁夏丰富的农业资源和特色鲜明的农产品，同时搭建现代农业招商引资和农业科技交流合作平台，吸引国内外园艺尖端生产技术、设施设备和先进生产经营模式落户宁夏。

2012 年 8 月 30 日，由农业部、国家林业局、工商总局、质检总局和自治区人民政府联合主办的首届贺兰山东麓葡萄酒节暨第四届中国（宁夏）园艺博览会在银川市举行，重点开展葡萄与葡萄酒博览会、葡萄酒品鉴评比拍卖会、葡萄酒专题推介会、世界酿酒大师邀请赛、贺兰山东麓葡萄与葡萄酒发展高峰论坛等活动，招商项目达 106 个，总资金达 160 余亿元。

2013 年 8 月 10 日，第五届中国（宁夏）园艺博览会在宁夏园艺产业园举行。本届园博会围绕"加快特色优势产业发展，推进现代农业建设"主题，开展对外合作与招商引资、市场产销对接与营销贸易活动，进一步提升设施园艺及农业特色产业发展水平和市场竞争力。园博会的总展出面积为 18700 米²，分别设园艺综合展区、园艺科技展区、园艺装备与投入品展区、区内外龙头企业农产品展销区、宁夏特色优势农产品与园艺用品超市、园艺文化展览长廊、农机及园艺机械展区七个展区。

三、全国知名蔬菜销售商走进宁夏活动

2016 年 7 月 25 日，第一届"全国知名蔬菜销售商走进宁夏"产销对接洽谈会在银川拉开帷幕。活动邀请全国十多个省（自治区、直辖市）农产品批发市场负责人、蔬菜销售商 80 多人走进宁夏，与自治区规模以上蔬菜生产企业、合作社等开展产销对接。会议期间达成一批针对性和互补性强的基地建设、产销合作协议，协议总金额达到 10 亿元。

2017 年 7 月 13—16 日，自治区农牧厅、商务厅共同举办"全国知名蔬菜销售商走进宁夏"大型农产品产销对接活动。参加本次对接活动的代表近 900 人，农业部、商务部有关领导莅临大会，中国蔬菜协会、中国农产品市场协会、中国蔬菜流通协会给予大力支持，全国 16 个省（自治区、直辖市）的 15 家重点蔬菜批发市场及 108 位知名蔬菜销售商走进宁夏，寻找商机。本次对接活动通过五市政府的集中推介、区外部分市场对产品需求的重点介绍，以及网上蔬菜产销信息发布等方式，提高了宁夏种植户、专业合作社、家庭农场等对区外市场所需农产品生产标准、采收分级、加工包装、冷链运输、质量安全等方面要求的认识，为促进宁夏蔬菜产业逐步向科学化种植、标准化生产、集约化经营、信息化管理、全程可追溯、产业品牌化等方向发展，起到了示范引导和推动作用。本次活动累计签订蔬菜销售协议 52 项，签约金额约 7.5 亿元，总销量达 44 万吨。

2018 年 7 月 12—15 日，自治区农牧厅、商务厅联合主办"2018 年全国知名蔬菜销售商走进宁夏"产销对接活动，来自北京、上海、广州、深圳、珠海、福建等 17 个省（直辖市）的 120 名大型农产品批发市场负责人、连锁超市和蔬菜销售商代表走进宁夏，重点与蔬菜种植企业、专业合作社等开展产销对接。各地蔬菜客商考察了银川市贺兰县和固原市原州区、西吉县等蔬菜生产基地，走进田间地头现场观摩生产基地资源条件、规模化种植、标准化生产、新技术应用、质量控制、品牌建设、分级包装、冷链运输及基础设施情况。本次活动共签订协议 65 项，其中包括产销协议 52 项，基地共建协议 13 项，总销售量约为 54.19 万吨，签约金额达 12.67 亿元，主要蔬菜有番茄、辣椒、西兰花、韭菜、萝卜、菜心、芹菜等 13 种。

2019 年 7 月 16—18 日，由中国蔬菜协会、宁夏农业农村厅、宁夏商务厅、银川市政府共同主办的"2019 年中国蔬菜产业大会暨全国知名蔬菜销售商走进宁夏活动"在银川市举办。全国 19 个省（自治区、直辖市）和香港特区、中国台湾地区的蔬菜生产加工营销企业及合作社代表、科研单位专家及全国农技推广部门专家等 800 多人参加会议。会上，近 20 位国内外蔬菜行业专家和企业家分别就农产品质量安全管理、蔬菜品牌的建设、蔬菜种植的标准化与机械化、生鲜电商的发展及展望、废弃物的生态解决方案探讨、蔬菜保险的理论和实践等议题进行交流。本次活动共签订协议 89 项，销售金额 12.32 亿元，其中签订产销合作协议 62 项，销售量达 24.7 万吨，销售额为 9.34 亿元；签订基地共建协议 4 项，面积为 4300 亩，投资金额为 3440 万元；签订当年冬季及明年生产订单 23 项，销售金额达 2.64 亿元。种植及销售品种有宁夏菜心、芥蓝、番茄、辣椒、西兰花、硒砂瓜、甜瓜、南瓜、黄瓜、韭菜、萝卜、芹菜、香菜、黄花菜 14 个种类。

2020 年 7 月 28 日，"第五届全国知名蔬菜销售商走进宁夏云推介活动"在银川市启幕。宁夏各级农业农村部门相关人员、农业企业代表、区外特邀嘉宾、蔬菜销售商代表等 200 余人参加线上直播推介。本次活动采取"云推介发布会＋基地网红直播带货"形式，邀请全国知名蔬菜销售商线上走进宁夏，了解宁夏资源禀赋和蔬菜产业发展情况，感受宁夏自然环境和风土人情，进行产销对接。活动

通过云推介会让客户品味宁夏优质蔬菜、葡萄酒等特色农产品，从田间到舌尖讲好宁夏优质农产品故事，推广"宁夏的好东西"，拓宽销售渠道，促进质量兴农、绿色兴农、品牌强农，打造中国西部高标准蔬菜产业基地，助力农业结构优化调整和特色产业转型升级。本次活动共签订协议 146 项，销售金额达 10.86 亿元，其中签订订单生产协议 61 项，种植规模 5.22 万亩，销售金额达 5 亿元；签订产销合作协议 65 项，销售量达 14.03 万吨，销售金额达 4.62 亿元；签订基地共建协议 20 项，面积 2.29 万亩，销售金额达 1.23 亿元；签订种植及销售品种主要有番茄、辣椒、西甜瓜、菜心、黄花菜、西芹、西兰花等 38 个种类。

四、中国农民丰收节

2018 年 9 月 23 日至 10 月 15 日，宁夏举办 2018 年中国农民丰收节。自治区主会场活动于 9 月 23 日上午在贺兰县稻渔空间生态观光园举办，表彰全区"十佳种植能手""十佳养殖能手""十佳农机能手""十佳农民企业家"和"十大农产品区域公用品牌"，开展文艺演出、开镰节、蟹王争霸赛、稻渔生态休闲观光体验、特色农产品展示展销等系列活动。围绕"1＋4"特色优势产业和"五大之乡"农业品牌，"中国枸杞之乡"中宁县，"中国滩羊之乡""中国甘草之乡"盐池县，"中国马铃薯之乡"西吉县，以及永宁县、平罗县同步启动庆丰收活动。活动各具特色，非物质文化遗产"二十四节气"乡村文化艺术创作、农民歌手大赛、农村广场舞展演、农民书画摄影展、民俗特色乡村旅游、民俗体育活动等演绎了一场场汇聚民俗体育、文化、美食等于一体的丰收嘉年华，形成上下联动、遍地开花的节日氛围。

2019 年 9 月 1—30 日，宁夏举办 2019 年中国农民丰收节暨第八届贺兰山东麓国际葡萄酒博览会。活动以"庆祝丰收弘扬文化振兴乡村"为主题，总体安排为"1＋5＋N"。其中，自治区主会场活动于 9 月 23 日上午在永宁县闽宁镇红酒街举办，开展宁夏特色农产品展销、非物质文化遗产展示、农事活动体验、移民技能技艺大赛、乡村文化艺术活动等活动。灵武市、大武口区、青铜峡市、隆德县、海原县人民政府主办的 5 个分会场活动与自治区主会场活动同时启动。灵武市以"共庆农业丰收、弘扬农耕文化、推进乡村振兴"为主题，开展稻花"乡"里说丰收、赛果节等活动；大武口区以"花果飘香贺兰山，喜庆丰收龙泉村"为主题，开展花海巡游、农耕文化展示、农业农村成果展示等系列活动；青铜峡市以"贺兰山下、黄河金岸、醉美古峡"为主题，开展"黄河风情"葡萄酒节等活动；隆德县以"喜迎国庆、欢庆丰收、弘扬文化、振兴乡村"为主题，开展"画丰收、写丰收、展丰收"等活动；海原县以"弘扬传统文化、展示产业成果、创新发展理念、引领乡村振兴"为主题，举办宁夏（海原）第四届高端肉牛大赛，形成了农民节日农民办、农民节日农民乐、农民节日农民享的普天同庆的节日氛围。

2020 年 9 月 1 日至 10 月 15 日，宁夏举办 2020 年中国农民丰收节。活动以"庆丰收 迎小康——塞上江南美 特色农业优"为主题，总体安排为"5＋N"。其中，自治区主会场活动于 9 月 22 日上午在闽宁镇闽宁商城广场举办，开展名特优新农产品展销、农产品包装设计大赛、葡萄酒品鉴、摄影书画展、乡味宁夏美食节等活动；石嘴山市以"庆丰收、奔小康"为主题，开展特色农产品地方美食品尝及展销，农业机械机具、农资产品展销，以及农民趣味运动会等活动；吴忠市以"塞上丰收季·黄金乳飘香"为主题，举办奶牛养殖专业户评选大赛、2020 首届中国（宁夏）奶产业文化节交流推介会等活动；中卫市以"养好牛 牛养好 壮牛业 促增收"为主题，举办宁夏（海原）第五届高端肉牛大赛，开展观摩交流、产业成果展示、高端肉牛产业发展论坛等活动；固原市以"绿色瓜菜话丰收、助农增收迎小康"为主题，通过举办文艺展演、特色农产品展销、冷凉蔬菜推介订货大会和乡村越野大赛等活动，充分展示宁夏农村改革发展巨大成就和丰硕成果，喜迎全面建成小康社会。

五、全国新农民新技术创业创新博览会

2017 年 11 月 9—12 日，首届全国"互联网＋"现代农业新技术和新农民创业创新博览会在江苏省苏州市举办。宁夏展区面积为 145 米²，分设"智慧农业展""农产品追溯展""互联网＋特色农产品展""互联网＋休闲农业展"四个专项展，展示宁夏"双新双创"成果。

2018 年 11 月 15—18 日，全国新农民新技术创业创新博览会在江苏省南京市举办。宁夏展区面积为 396 米²，按"1＋4"产业及特色板块产业划分为六个区域，展示宁夏新农民新技术创业创新方面的成果成就。

2019 年 11 月 19—22 日，全国新农民新技术创业创新博览会在江苏省南京市举办。宁夏展区面积为 117 米²，组织 12 家企业参展，分设农村创业创新、农村卫生厕所新产品、智慧农业、特色产业新成果新技术、渔业新技术五个展区，集中展示宁夏农业机械、农业技术、环保、农作物品种、节水灌溉、水产养殖、互联网、农村卫生厕所等方面的新技术、新产品、新模式和新业态。

六、海峡两岸现代农业对接会

2016 年 10 月 26—27 日，海峡两岸（宁夏）现代农业对接会在银川市召开，对接会以"发挥两岸特色优势，打造现代精品农业"为主题，两岸专家学者、农业管理人员和企业协会代表 100 多人参加。30 多家中国台湾知名企业和机构负责人来宁进行农业考察，与宁夏 100 多家农业种植、加工、贸易企业进行项目推介和对接，在枸杞生产贸易、特色农产品加工、农业废弃物处理等领域达成多项合作意向，签署 14 项合作协议。对接会上，有关方面组织宁台农业知名专家，就精致农业、农产品深加工、休闲农业等领域开展专题研讨，增进了双方在农业科技领域的了解和合作意愿。同时，会议加强了大陆与中国台湾的台湾大学、台湾中州科技大学的农业科技交流，与台湾文教交流协会达成共同开拓供台特色农产品中高端市场的合作协议，选定了种植管理规范、产品质量达到出口标准的宁夏枸杞研究所、源乡枸杞基地，以及早康枸杞、林中木黑枸杞 4 家枸杞种植企业作为首批供台枸杞种植基地。此次会议还确定了台湾大陆商务中心股份有限公司、台湾欣欣生物科技有限公司、台湾惠安中药房 3 家企业作为宁夏优质枸杞在中国台湾供应中高端市场和中药材加工的批发营销渠道，对确定的首批供台基地和台湾营销机构颁发了牌匾；与台湾兴联农业生物科技有限公司达成了引进"无抗"禽蛋养殖技术协议，并建立宁台"无抗"禽蛋养殖生产示范基地。

2018 年 11 月 18—25 日，第十届海峡两岸现代农业博览会在福建省漳州市举办。宁夏展区为 96 米²，昊王米业、宁安堡土特产有限公司、菊花台庄园枸杞种植有限公司、宁夏青禾农牧开发有限公司等 10 家企业参展，展销宁夏大米、枸杞、红树莓加工产品、葡萄酒等具有代表性的特色产品。展会期间，在农业领域投资、劳务、农产品销售领域达成多项共识，中卫市万齐股份有限公司与厦门大学达成向学校食堂供应大米协议，永宁县闽宁镇青禾农牧开发有限公司与腾天生物科技有限公司（台商）达成红树莓酵素生产及市场开发合作意向。

七、中国西部（重庆）国际农产品交易会

2014 年 1 月 9—12 日，第十三届中国西部（重庆）国际农产品交易会在重庆国际会展中心举办。本届展会以"绿色、品牌、合作、发展"为主题，设立投资洽谈馆、省区市馆、展示展销馆，开展农产品展示交易、项目洽谈、农商对接等活动。宁夏展区面积为 54 米²，6 家龙头企业参展，展销优质粮食、枸杞、葡萄酒、优质牛羊肉、胡麻油及小杂粮等特色优质农产品。

2015 年 1 月 16—19 日，第十四届中国西部（重庆）国际农产品交易会在重庆国际会展中心举

办。宁夏展区面积为 72 米²，8 家企业参展，并荣获"优秀组织奖"。宁夏盐池山逗子杂粮绿色食品有限公司等 3 家企业的产品获得了组委会颁发的"消费者喜爱产品奖"。

2018 年 1 月 19—22 日，第十七届中国西部（重庆）国际农产品交易会在重庆国际会展中心举办。本届展会以"绿色、品牌、合作、发展"为主题，设立重庆综合展区、市外及境外展区、专业展区。展会期间举行农产品展示交易、项目合作洽谈及签约、农业投资与品牌论坛、特色农产品推介、消费者喜爱农产品评选等活动，着力推进省际、国际农业开放合作，实现共赢发展。宁夏 6 家企业参展，集中展示展销宁夏特色优质农产品。

八、中国安徽名优农产品暨农业产业化交易会

2017 年 9 月 15—17 日，中国安徽名优农产品暨农业产业化交易会（2017·合肥）在安徽合肥滨湖国际会展中心举办，重点展示农业产业化发展成就及中国台湾地区、国外名优特色农产品，以及农业产学研结合、农业物联网技术、电子商务应用、产业扶贫、金融机构金融产品创新、休闲农业与农耕文化、种子、新型肥料、生物农药、农业生产和农产品加工等方面的成果。宁夏展区面积为 108 米²，组织 16 家国家重点龙头企业和区级龙头企业参展，集中展示宁夏"1＋4"特色产业发展成果。

2018 年 9 月 15—17 日，中国安徽名优农产品暨农业产业化交易会（2018·合肥）在安徽合肥滨湖国际会展中心举办，重点开展项目合作、展示展销、国际交流和智慧农展等活动。宁夏展区面积为 135 米²，共有 12 家国家重点龙头企业和区级龙头企业参展，集中展示宁夏"1＋4"特色产业及特色小板块产业发展成果。

2019 年 10 月 11—13 日，中国安徽农业产业化交易会（2019·合肥）在安徽省合肥市滨湖国际会展中心举办。宁夏展区面积为 169 米²，18 家企业参展，并荣获"最佳组织奖"。

九、其他展会

（一）中国苜蓿发展大会

2019 年 6 月 13—15 日，第八届（2019）中国苜蓿发展大会在宁夏固原市隆重召开。本次大会由中国畜牧业协会和国家草产业科技创新联盟主办，中国畜牧业协会草业分会、宁夏回族自治区人民政府驻北京办事处、宁夏回族自治区农业农村厅以及固原市人民政府联合承办。会议期间，相关参会单位和专家针对苜蓿田间优质高产栽培技术、苜蓿种子生产的切叶蜂利用技术、黄土高原丘陵山地苜蓿机械加工等苜蓿关键技术分别进行汇报。本届大会历时 4 天，包括企业展览、培训会、会议论坛和实地考察参观。

（二）宁夏贫困地区特色农产品北京产销对接会

2019 年 8 月 18 日，宁夏贫困地区特色农产品北京产销对接会在北京宁夏大厦举行。会议以"推介名优特产，助力脱贫攻坚"为主题，聚焦宁夏贫困地区优质农产品产销扶贫，动员在京各商会协会、联盟组织和相关农产品采购机构等，各方共同携手，推动宁夏贫困地区优质农产品突破传统销售渠道和销售范围的局限，拓宽在京津冀地区的销售市场，助力农户及农产品企业切实增收，推进乡村振兴，助力全面建成小康社会。来自农业农村部、商务部、中央企业、各省（直辖市、自治区）驻京办、宁夏省市商会、宁夏农产品企业、京津冀各大农产品采购商、北京大型农产品物流经销平台、权威媒体等 300 余名各界嘉宾共同出席了本次盛会，宁夏本地 48 家企业参展，各类合作协议签约总额超过 3.3 亿元。

（三）农产品区域公用品牌热销暨中国品牌农产品展销庆丰收活动

2020 年 9 月 17—19 日，农产品区域公用品牌热销暨中国品牌农产品展销庆丰收活动在青岛世界

博览城国际展览中心开幕。活动以"产品热销、品牌强农、喜迎丰收、助力小康"为主题，旨在丰富农民丰收节的内涵，促进农产品产销两旺，推进我国农业品牌建设事业，助力全面建成小康社会。本次展会，宁夏共组织 10 家企业参加，展销枸杞、葡萄酒、乳制品和马铃薯系列农产品，现场销售达 20 万元，签订意向协议 200 万元。本次活动宁夏共有 8 个区域公用品牌入选 2020 中国农产品区域公用品牌目录，分别是灵武长枣、宁夏大米、盐池滩羊、固原黄牛、西吉马铃薯、中卫硒砂瓜、沙坡头苹果、中宁枸杞。

（四）全国特色农产品经销商宁夏行第二季活动

2020 年 9 月 25—28 日，自治区农业农村厅举办以"绿色·品牌·创新·融合"为主题的"2020 全国特色农产品经销商宁夏行第二季活动"。本次展会邀请全国特色农产品经销商、全国知名媒体和地方媒体观摩百瑞源枸杞产业基地、石嘴山特色农产品生产基地、贺兰山东麓葡萄酒基地、青铜峡优质农产品加工基地、固原市特色农产业生产基地等，全方位展示宁夏特色农产品的品质品位、文化内涵、实力活力，搭建便捷、通畅、高效的流通渠道，推动宁夏更多特色农产品出村进城、走向市场。此次展会通过走访生产基地、品鉴观摩等形式实现产销精准对接、面对面下单，签约金额高达 18.5173 亿元，包含蔬菜、水果、牛羊肉、牛奶、葡萄酒、马铃薯、硒砂瓜、苹果、亚麻籽油、大米、芹菜、枸杞原浆等宁夏特色农产品品类。

（五）"闽宁特色产品展示展销嘉年华"活动

2020 年 10 月 18—25 日，"闽宁特色产品展示展销嘉年华"在银川国际会展中心开幕。本次嘉年华活动采取"线上＋线下"模式进行，线下展会，福建参展企业 220 家、宁夏参展企业近 100 家、闽籍在宁企业 20 余家，向市民、采购商展销闽宁两地食品、茶叶、枸杞、葡萄酒、服装、鞋帽等 305 个品类的近 1000 种优质特色产品。其中：福建特色产品展示馆展区面积为 10000 米^2，共 239 个展位，涉及 239 个品类的上千种展品，展品种类包含茶叶、水果、竹笋、菌菇、海鲜等特色农产品，以及旅游商品、家用消费品、老字号特色食品、文创产品、美妆日化、服饰鞋帽等；乡味宁夏馆展区面积为 5000 米^2，共 66 个展位，涉及 66 个品类的近 500 种展品，主要展示展销宁夏牛奶、枸杞、葡萄酒、滩羊肉、瓜果蔬菜等特色优质农产品。展会开幕当日就吸引观展人流量 1.1 万人次，实现现场销售额近 600 万元。线上展示由福建省各地市精选的 80 家特色企业以及优质闽货供应商参与，在乡味宁夏严选店、微商城、宁夏原产地商品旗舰店等店铺上线，向宁夏及全国人民推荐福建茶叶、同心白莲、蜜柚、银耳、红菇、佛跳墙、鱼丸、休闲零食等特色产品。

第三章

农 业 信 息 化

第一节　信息进村入户

信息进村入户是"互联网＋"现代农业落地的一项基础性工程，也是推进乡村振兴战略和数字乡村建设的重要内容。2005年，农业部下发了《关于开展三电合一农业信息服务试点工作的通知》（农市发〔2005〕6号），在全国开展电话、电视、电脑"三电合一"的农业信息服务模式，推进农业信息入户。农业部财政支农专项补助每个试点项目资金15万元，项目补助资金通过农业部直补的方式，直接下达到各项目试点县，主要用于建立电话语音系统、电脑网络、电视节目制作系统。

2005年，银川市金凤区、吴忠市利通区被列为农业部"三电合一"农业信息服务试点项目县。2006年贺兰县和中宁县被列为农业部"三电合一"农业信息服务试点项目县；2008年永宁县、盐池县被列为农业部"三电合一"农业信息服务试点项目县；2009年中卫市、沙坡头区和隆德县被列为农业部"三电合一"农业信息服务试点项目市、县。截至2009年底，宁夏共落实"三电合一"农业信息服务试点县级项目9个，市级项目单位1个。自治区农牧厅按照农业部《"三电合一"农业信息服务试点项目资金管理办法》要求，组织对"三电合一"信息入户各项目实施单位进行了综合考评，项目执行和实施情况良好，全区三电合一农业信息入户项目基本达到了要求。

2006年，国家信息产业部向农业部配发了"12316"公益服务统一专用号〔《关于核配农业部全国农业系统公益服务统一专用号码的函》（信部电函〔2006〕66号）〕。2007年1月4日，自治区农牧厅与宁夏电信有限公司在银川签署《农业信息服务合作框架协议》，正式开通宁夏"12316"农业公益服务专用号码，建立了全区统一的宁夏"三农呼叫中心"。有300多位农林、畜牧、果蔬等领域的专家通过视频、语音和网络等方式为农村信息服务站和农民提供信息咨询服务。截至2009年底，自治区通过"三农呼叫中心"为农民解答各类问题1.5万次，专家讲课241次。

2007年，农牧厅与联通宁夏分公司合作开通了"宁夏农业新时空信息服务网"，联合开展以手机短信为主要形式的信息服务。联通农业新时空、移动农信通等信息服务系统，采用热线电话、短信平台、农专互动以及"专家坐席"等方式帮助农民解决技术难题，提供质量安全、市场价格等方面的信息服务，受到农民的欢迎。

2008年，自治区借助"12316""联通农业新时空"等通信平台和传统媒体等，向全区10万农户提供农业信息服务；按照农业部对"金农"工程总体部署，推进建设1个省级数据中心，完善12个县级平台，建设48个乡镇信息服务站的工作。2008年12月2日，自治区农牧厅与中国移动宁夏分公司启动了"移动农信通"系统，利用手机短信形式为农民朋友推送惠农政策、农村实用技术，发布农产品销售信息，服务农业生产。

2009年，宁夏无线宽带实现了全区189个乡镇、2165个建制村通宽带。"三农呼叫中心"有800多位农业科技专家为农民提供医疗卫生、社保、劳务输出、创业等方面的咨询服务。宁夏农村综合信息服务网内容涵盖农林技术、农产品供求、气象与防灾减灾等方面。

2010 年，自治区借助"12316""联通农业新时空""移动农信通"等通信平台和传统媒体等方式，积极向全区 15 万农户提供全方位农业信息服务。3 个专家座席系统正式启动，移动农信通手机报正式开通，质量安全追溯信息查询系统投入试运行。

2011 年，自治区按照"五个一标准"在全区 2362 个建制村建设了 2802 个农村信息服务站，基本形成信息网络基础设施齐全的农村信息服务体系。全区农村电视普及率已达到 95％以上；农村固定电话用户近 50 万户，占农户总数的 50％左右，农村电话普及率为每百人 17 线；电脑普及率为 34％；移动电话普及率 83％；广播综合人口覆盖率达到 98％以上。大多数县（市、区）农业部门配备了必要的上网和办公自动化、信息采编发布设备，计算机、传真机和电话机等逐步普及。

2012 年，自治区推进宁夏农业信息网站群建设，努力推进信息"进村入户到人"，建成了以"宁夏农业信息网"（含政务版、服务版）为主站，全区涉农系统 30 个子站加盟的网站群，成为宁夏农业信息交流服务的核心平台。其中"中宁枸杞之乡""利通农业信息网""平罗农业综合信息网"等县（市、区）的特色专业网站受到越来越多农村用户的关注。宁夏有 80 多个乡镇建立了农业信息服务站，占乡镇总数的 45％。在集镇、市场和村庄设立有 120 多个信息发布窗口，构成了宁夏全区综合农业信息网络服务系统，为开展基层农业信息服务提供了有力支撑。宁夏在全国率先实现了村村通网络、村村有信息服务站的目标，实现了信息化在农村的全覆盖。

2013 年，宁夏启动了"12316"省级平台建设。主要任务是构筑服务平台，构建"12316"后台软硬件系统，综合运用计算机电信集成（CTI）、互动式语音应答（IVR）、呼叫接入自动分配（ACD）等声讯技术，整合省级平台，实现对三农呼叫中心、联通农业新时空、电信 118114 和移动 12582 涉农专家咨询热线呼叫和短信服务的全面兼容支撑。

2014 年，全区农村信息服务体系逐步完善。全区 5 个地级市、22 个县（市、区）的农牧部门和 187 个乡镇全部建立了农业信息管理和服务机构，建成农村信息服务站 2802 个，配备专职和兼职农村信息员 4000 多人。

2015 年，宁夏农村电视普及率达到 95％以上，农村固定电话用户近 50 万户，占农户总数的 50％左右，移动电话用户达到 167 万户，移动电话普及率为每百人 35.4 部，广播综合人口覆盖率达到 98％以上，2362 个建制村通上了宽带，都可通过互联网与外界联系。

2016 年，农业部下发了《关于全面推进信息进村入户工程的实施意见》。自治区政府印发了《关于创新财政支农方式加快发展农业特色优势产业的意见》，建设全区农业信息服务平台。自 2016 年起，宁夏每年每县安排资金 30 万元，至 2019 年累计下拨建设资金 1980 万元，整体推进 22 个县级农业综合信息服务中心建设。农牧厅与中国电信宁夏分公司签署《全面战略合作框架协议》和《宁夏 12316 农业综合信息服务平台合作协议》，会同宁夏气象局印发了《关于联合推进气象信息进村入户的通知》，将气象监测预报预警、农业气象服务等公益信息纳入"宁夏 12316 三农综合信息服务平台"和手机"12316"服务应用 App。全区共组建坐席专家 326 人，完成"12316"与农技推广体系的融合，满足农民对政策、气象、农技、农资、市场等方面的信息需求；组织参加全国"互联网＋"现代农业百佳实践案例和新农民创业创新百佳成果活动，4 家企业入选百佳案例和百佳"双创"成果，并在全国性会议上集中展示推介。

2017 年，自治区农牧厅印发《关于扎实做好信息进村入户工作的通知》（宁农（市）发〔2017〕2 号），按照有场所、有人员、有设备、有宽带、有网页、有持续运营能力的"六有"标准，整体推进全区村级益农信息服务站建设，切实提高农民信息获取能力。按照"六有"标准，全区完成 439 个村级信息服务站建设任务；将气象监测预报预警、农业气象服务等公益信息纳入宁夏"12316"三农综合信息服务平台和手机"12316"服务应用 App。2017 年，吴忠市利通区金银滩镇团庄村益农信息社、银川市贺兰县新平村益农信息社获得全国"百佳益农信息社"称号。

2018 年，自治区以"宁夏 12316 三农综合信息服务平台"为载体，组建 300 多名座席专家队伍，完成全区 400 多个村级信息服务站建设任务，全区村级信息服务站建设覆盖率达到 60％，开展科技咨询服务，满足农民对政策、气象、农技、农资、市场等方面的信息需求。自治区组织召开了全区新农民"互联网＋"双创大会，征集双创成果和实践案例 198 个，发布优秀案例 20 个，展示双创成果 90 个，物联网企业现场成果展示 7 家；组织 10 家互联网企业参加全国"双新双创"博览会，宁夏展团荣获大会组委会评选的最佳组织奖和设计奖两项奖；贺兰县人民政府、西部电子商务股份有限公司、贺兰中地生态牧场股份有限公司、天朗现代农业股份有限公司、万齐农业发展集团等 5 家单位被评选为 2017 年度全国农业农村信息化示范基地；灵武市金河渔业专业合作社、西部电子商务股份有限公司、银川华信智信息技术有限公司入选全国农业农村大数据实践案例；吴忠市利通区金银滩镇团庄村益农信息社、银川市贺兰县新平村益农信息社获得全国"百佳益农信息社"称号。

截至 2019 年年底，全区共建成村级信息服务站 1096 个，覆盖率达到 68%；通过"宁夏 12316 三农综合信息服务平台"发布服务信息 12.6 万条，语音咨询人数达 5.8 万人次，极大地提高了农业信息指导生产、引导市场的水平；依托信息进村入户工程，在银川等 5 个地级市和 15 个县（市、区）开展农民手机应用技能培训 29 期，培训农民 3900 人；让手机成为农民发展生产、便利生活、增收致富的"新农具"，提升了农民利用手机发展生产、便利生活、增收致富的能力。

2020 年，自治区农业农村厅印发了《宁夏信息进村入户工程整区推进实施方案》（宁农（市）发〔2020〕9 号），在全区范围内全面实施信息进村入户工程，助力数字乡村建设和乡村全面振兴。全区新建村级益农信息社 430 个，开展便民服务 35.09 万人次，全区益农信息社服务覆盖率超过 76%。依托"宁夏 12316 三农综合信息服务平台"发布服务信息 14.2 万条，语音咨询人数 4.6 万人次，极大地提高了农业信息指导生产、引导市场的水平。

在新冠肺炎疫情防控期间，自治区运用"我的宁夏"App 以及微信健康码加强乡村防疫监测，做好重大决策部署的宣传解读，普及农村地区疫情防控、居家隔离、保护措施等基本知识，实时发布农资、农产品需求等涉农信息，引导农民及时恢复农业生产。自治区还采用线上招聘、线上培训等方式加强与用工企业信息对接，引导农民工安全有序外出务工，前后组织专车向广东、福建、浙江等地安全输送大批劳务人员；建成宁夏农村土地确权数据共享平台，创新了土地信用担保机制，向金融、保险等相关机构提供农村土地确权共享数据，解决银行放款难和农民贷款难的问题。

■ 第二节　农业物联网

为了加速新常态下农业"调结构、转方式"进程，2014 年，自治区政府办公厅印发了《关于加快推进全区物联网发展的若干意见》（宁政发〔2014〕85 号），从宁夏大学农学院、北方民族大学、宁夏农林科学院、宁夏农业物联网工程技术研究中心等相关单位聘请专家 20 余人，建立农业物联网技术应用专家服务队伍，加强重点产业物联网应用技术推广，获得农业物联网自主知识产权 12 项，软件著作权 24 项。

2015 年，宁夏实施农业物联网示范工程，围绕"1＋4"优势特色产业，以政府引导、企业为主体的市场化模式，支持、引导新型农业经营主体在大田种植、设施园艺、畜禽养殖、水产养殖等领域推广"节水、节肥、节药、节劳力"的农业物联网技术，促进农业物联网技术与智能装备的融合，提升种植养殖自动化和精准化水平。

2016 年，自治区人民政府印发了《关于创新财政支农方式加快发展农业特色优势产业的意见》（宁政发〔2016〕27 号），明确了在畜禽、蔬菜、水产标准化示范场配套完善物联网技术应用，对达到建设标准的奶牛、肉牛示范基地每个一次性补贴 30 万～50 万元，其他每个一次性补贴 10 万～30 万元。自治区农牧厅从农业部于 2015 年发布的成熟、可复制的 116 项节本增效农业物联网应用模式中遴选出适用的模式，在永宁等 16 个县（市、区）和农垦集团开展 32 个农业物联网技术应用示范项目建设任务，其中设施农业 6 个，畜牧养殖 11 个，水产养殖 15 个。通过开展农业物联网技术应用，宁夏促进了农业物联网技术与智能装备的融合，提升了种植养殖自动化和精准化水平。

2017 年，自治区农牧厅与财政厅下达农业物联网项目和农产品质量追溯体系建设资金 2900 万元，为实施农业物联网技术应用示范项目和农产品质量溯源系统建设提供了资金保障。自治区在永宁等 17 个县（市、区）和农垦集团实施 34 个农业物联网技术应用示范项目建设任务，引导新型农业经营主体加快推进农业物联网技术和产品的应用和普及。

2018 年，在贺兰等 17 个县（市、区）和农垦集团建设 66 个农业物联网技术示范基地，选择 23 个养殖规模奶牛达到 1000 头以上或肉牛母牛存栏量达到 300 头以上的标准化养殖场、13 个设施农业基地面积达到 200 亩以上的蔬菜标准园、30 个水产养殖面积达到 100 亩以上的水产健康养殖场实施物联网项目建设。

2019 年，宁夏加强区内外高校、IT 企业合作，聘请区内外农业信息化专家建立农业物联网技术应用专家服务队伍；支持引导 28 个新型农业生产经营主体在种植业、畜禽养殖业、水产养殖业开展物联网技术示范应用，提升了农业种植养殖自动化和精准化水平，逐步实现传统农业产业在线改造。

全区农业物联网主要应用于农牧渔业生产和管理两个方面，主要功能是农田保护，测土配方施肥，气象、墒情及病虫害监测预警，农业投入品监管，电子票证，质量安全追溯，远程监控等，应用主体多为农牧渔业生产、加工龙头企业或大型养殖场。全区已在宁夏金凤翔达奶牛牧业、宁夏贺兰中地奶牛牧业建成奶牛智能精准饲养物联网；在宁夏九三零鸡场、宁夏西夏昊惠蛋鸡养殖合作社建成蛋鸡远程生产管控物联网；在宁夏贺兰县新民水产养殖公司建成以水质监测、纳米增氧、远程饲喂控制为主的适水产业物联网；在宁夏贺兰新平设施蔬菜基地、贺兰雄英设施蔬菜基地、宁夏永宁农丰园区、灵武大泉农场、吴忠孙家滩现代农业基地、中卫万齐集团等建成设施农业物联网。全区建成的 17 套农业物联网设施功能齐全、技术先进、应用便捷。在农业农村信息服务领域，物联网技术的应用，初步实现了视频技术与传感器技术的整合，实现了专家直接面对农民开展技术指导和信息服务。

为深入贯彻落实中共中央、国务院关于《数字乡村发展战略纲要》，在深入调研的基础上，自治区农业农村厅联合自治区党委网信办、发改委、商务厅，四部门于 2020 年联合印发了《宁夏数字乡村三年行动计划（2020—2022 年）》，明确了三年期间宁夏数字乡村战略的发展目标、重点任务和推进措施，对重点工作进行了细化分工，以数字创新为驱动，加快构建宁夏乡村治理新模式、新形态、新业态，为宁夏全面建成小康社会提供强大的创新动力。经组织申报，平罗县、盐池县、利通区、西夏区被确定为全国数字乡村试点县。围绕农业农村高质量发展、农民持续增收，自治区制定印发了《宁夏智慧农业行动实施方案》，加快农业生产经营与管理服务的数字化改造，筑牢为农服务"信息高速公路"，推进全区现代农业向生产智能化、经营网络化、管理高效化、服务便捷化转变。自治区以提高劳动生产率和生产效益为目标，开展宁夏农垦大田数字农业试点工作、平罗 5G 数字化牧场试点工作、利通区数字乡村示范建设、灵武农机无人驾驶大田作业和无人机植保试点工作等，推进农业信息化技术集成应用，辐射带动全区农业生产自动化、智能化水平提升和数字化农村建设。

■ 第三节　农村电子商务

2013 年，宁夏建设了宁夏"绿色食品"电子商务销售平台，以绿色食品企业为依托，以枸杞、优质牛羊肉、长枣圆枣、大米和面粉等为重点，线上线下销售特色农产品 2000 多万元。

2014 年，财政部、商务部决定在全国 8 省 56 县开展首批电子商务进农村综合示范工作试点，创新农村商业模式，推动农民创业就业，开拓农村消费市场，带动农村扶贫开发。西北五省（自治区）不在试点范围。

2015 年，自治区人民政府印发了《关于促进电子商务发展加快培育经济新动力的实施意见》（宁政发〔2015〕77 号），提出建设农村电子商务综合示范县的目标，以国家级和自治区级电子商务进农村综合示范县、"千村电商"建设为抓手，完善基础设施和服务体系，加快电子商务在全区农村的推广应用，推动农村经济转型升级。自治区商务厅推荐将平罗、盐池、同心、西吉 4 县纳入国家级示范县行列，每个县获得中央财政支持资金 2000 万元。为了扩大电商进农村工作的规模效应，同年商务厅调剂整合出 3000 万元，确定贺兰、永宁、中宁 3 县为自治区级电子商务进农村综合示范县，每个县给予 1000 万元的资金支持。

2016 年，自治区政府办公厅印发《关于实施农村电子商务筑梦计划的意见》（宁政办发〔2016〕60 号），提出培育农村电商市场主体，加强农村电商人才队伍建设，健全农产品品牌和质量安全体系，完善农村快递和绿色通道网络，创新生鲜农产品同城配送服务，加大金融税收政策支持，搭建农村创业就业筑梦平台。2016 年，国家综合示范项目开始向老少边穷地区倾斜，灵武、中宁、青铜峡、海原、贺兰、泾源、彭阳、隆德、原州、红寺堡共 10 个县（市、区）进入国家级示范县行列，争取到中央财政资金 2 亿元。自此，宁夏在全国率先实现电子商务进农村省域全覆盖，中央和自治区累计投入资金 3.45 亿元，农村电商工作有了实实在在的政策抓手和资金保障。自治区人民政府印发了《办公厅关于印发 2016 年全区信息化重点工作实施方案的通知》（宁政办发〔2016〕83 号），提出加快农村电商发展，依托全区村级益农信息社建设与 1209 个村级电商服务站点，建设宁夏农村电商综合服务平台，拓展宁夏特色优质农产品外销渠道。全区活跃网店达 3700 余家，全区电子商务交易额达 203 亿元，较上年增长 15.8%。

2017 年，全区建成 15 个县级电商服务中心，1209 个村级电商服务站点，覆盖 70% 以上的建制村。全区示范县累计完成电商培训超 5.7 万人次。各县积极与京东、阿里等知名平台合作，搭建各具特色的农产品营销网络，建成京东、淘宝"地方馆"28 个。

2018 年，宁夏实现 9 个国家贫困县建成农村电商公共服务中心；村级电商服务站在建档立卡贫困村全覆盖；面向建档立卡贫困户开展"电商扶贫培训全覆盖"工程；电商累计带动建档立卡贫困户就业创业 1627 人，累计帮助建档立卡贫困户销售总金额 1441 万元；通过京东平台外销产品金额达 9.7 亿元，同比增长 220%，"百瑞源""杞里香""宁安堡""涝河桥""杞乐康""塞外香""昊王"等一批具有"宁字号"特色的网货品牌逐渐被网民熟知；围绕"1+4"特色产业，依托龙头企业打造 10 个特色农产品网货品牌，把宁夏"枸杞之乡""滩羊之乡""硒砂瓜之乡""马铃薯之乡"和葡萄酒等品牌通过电商做大做响。

2019 年 7 月 5 日，"宁夏农村电商综合服务平台"上线运营，发挥"互联网+"优势，打造宁夏农村电商服务体系，促进全区农产品产销顺畅、优质优价，建立涉农电子商务发展监测机制。一是集中开展"宁夏农村电商综合服务平台"宣传推广。修订宁夏特色优质农产品品牌目录，制作以"这是宁夏的好东西"为主题的宁夏特色优质农产品品牌名录。二是免费优选入驻平台。为企业、农户、商铺、网店、窗口等各类经营主体免费提供便捷高效的市场信息服务。"宁夏农村电商综合服务平台"自运行以来，成功入驻天猫、京东、苏宁、拼多多、抖音、快手、善融、云闪付 8 个平台，累计入驻商家 152 家，上线农产品 834 款，产品涵盖枸杞、葡萄酒、牛羊肉、小杂粮、马铃薯、蜂蜜、米面粮油等 40 多个品类，实现销售收入 6.55 亿元，揽收快递 761 万余单，快递揽件数量每年以 30% 的增量递增。三是积极组织开展网络营销活动。对接官方营销活动资源，实现日常活动引流。完成直播助农活动 135 场，销售 550 余万元；与天猫头部主播合作直播带货 84 场，销售 210 万元；为宁夏枸杞、羊肉、葡萄酒等 18 个品类农产品制作宣传视频 6 部、广告 12 部、短片 20 部，播放量达 40 余万次，点赞达 4 万人次，增加粉丝 7170 名。四是对宁夏农产品品牌进行了多维度的包装与宣传。天猫"宁夏原产地商品官方旗舰店"、京东"中国特色馆·宁夏馆"、苏宁易购"中华特色馆·宁夏馆"先后上线运营，共计带来 60 万以上人次进店访客，实现 200 万以上人次曝光。宁夏成立了宁夏农村电商联合会，会员企业达 94 家。2019 年 1 月 24 日，"乡味宁夏"公众号正式上线。"乡味宁夏"以互联网新媒体为手段，传播宁夏特色优质农产品，同时设置乡味宁夏微商城、宁夏农产品及知名企业品牌目录等窗口，开展微营销活动。"乡味宁夏"整合天猫、京东、苏宁易购以及有赞、小程序等电商商家的宁夏农产品，实现粉丝对宁夏农产品的一键跳转和下单，"一部手机购遍宁夏美味"。

2020 年，宁夏认真贯彻落实农业农村部《关于实施"互联网＋"农产品出村进城工程的指导意见》。结合信息进村入户项目的后续运营，自治区发改委、财政厅、商务厅制定了《推进"互联网＋"农产品出村进城工程的实施意见》（宁农（市）发〔2020〕4 号），推进"互联网＋"与农业农村深度融合。宁夏积极培育农产品出村进城试点县，推进贺兰县、中宁县、青铜峡市开展"互联网＋"农产品出村进城工程试点县建设，每县安排资金 100 万元，完善农产品电商基础设施，建立区县两级运营中心，进一步拓展农产品线上线下销售渠道。在新冠肺炎疫情防控期间，宁夏依托"乡味宁夏"搭建"e 点菜到家"和"e 点菜媒"，形成了"线上点单，基地直采，线下直配，快递到家"的"点对点"销售新模式，上连 40 家企业、100 多个生产基地，下接近 50 万居民家庭，累计销售 9.2 万单，销售蔬菜 5040 吨，解决了疫情防控期间鲜活农产品积压，农民"卖菜难"、市民"卖菜难"问题。"e 点菜到家"被中央应对疫情工作领导小组作为典型经验推广。宁夏建设了独具特色的"宁夏农村电商综合服务平台暨宁夏原产地商品官方旗舰店"，打造专业权威、特色鲜明、线上线下销售相结合，集渠道建设、信息发布、品牌培育、咨询服务于一体的综合电商平台。平台上线企业 121 家、465 款特色农产品，实现销售额 2.67 亿元。自治区积极推进与京东集团的战略合作，加快宁夏特色优质农产品产业带旗舰店的创建；组织"百企千村"直播带货 68 场，举办农村新型经营主体电商培训 6 期，培养了一批复合型、专业型农村电子商务人才，促进线上线下一体化营销，带动农产品线上销售 26 亿元。

第四节　农业电子政务

宁夏农业信息网于 2000 年 3 月开通运行，是农业部"中国农业信息网"子网站，也是宁夏第一个省级农业门户网站。2005 年该网站获得"全国农业百强网站"称号（第 15 名），2006 年获得全国政府农业网站测评第 13 名。

作为宁夏政府职能部门的门户网站，宁夏农业信息网已成为宁夏农业信息发布的权威平台。2009 年网站向农业部上报各类信息 1618 多篇，多篇被中共中央办公厅、国务院办公厅采用，被农业部采用率高居全国第八位。该网站被自治区政府和农业部评为电子政务信息先进集体、农业部信息优秀组织奖。

2010 年，自治区农牧厅继续对门户网站"宁夏农业信息网"进行完善，发布了自治区新农村建设、支农惠农政策、民声民情、农产品供求、市场行情、农业新技术应用、国家政策法规等相关信息。网站的"宁夏农产品价格供求分析系统"具有查询、自动生成农产品价格曲线图的功能，"特色农产品网上展厅"展示农产品品牌、宣传农业企业、促进宁夏农产品流通，发布各类信息 2 万多条。

2011 年，宁夏借助"金农工程"一期建设，结合宁夏实际，构建了统一标准、统一管理的网站建设模式，对原"宁夏农业信息网"进行全新改版。新网站增开了政务版与服务版两个板块，一级栏目从原有的 16 个栏目扩展到了 36 个，形成了以厅机关各有关处室、直属各有关单位以及部分市县 27 个子站为基础支撑的"宁夏农业信息网站群"。站群涵盖了种植业、畜牧业、农机、渔业、农业技术等各个行业的 31 个子站，发布了大量支农惠农政策、民声民情、市场行情、农业新技术等相关信息。网站年点击量超过 50 多万人次，超额完成目标任务的 66％。

2012 年，自治区农牧厅以改版升级的"宁夏农业信息网"为平台，逐步完善"宁夏农业信息网站群"，强化信息服务功能。农牧厅重点对"宁夏农业信息网"主站及 30 个子站的栏目进行了设置，部署政务公开、视频在线、信息报送、网上展厅、供求信息、招商引资、农技服务、农优企业推介等公共服务栏目和宁夏农业农村数据资源查询分析系统共计 13 个，比原来增加了 6 个。

2013—2014 年，自治区农牧厅整改"宁夏农业信息网"政务版和服务版版面内容，优化网站页面设计，丰富视频、图片、文字等多种信息宣传形式，及时更新网页内容，充实栏目信息。网站点击量不断攀升，2014 年超过 55 万人次，完成目标任务的 110％。

2015 年，自治区农牧厅对"宁夏农业信息网站群"主站政务版、服务版的各栏目进行了自查，更新了相关栏目内容，消除网站中存在的"僵尸""睡眠"等问题，同时对 24 个子站进行了检查，将无法连接的 13 个子站全部屏蔽。

2016 年，自治区农牧厅对全厅网站建设情况进行了摸底调研，提出新版"宁夏农业信息网站群"建设思路，完成结构设计与迁移方案；完成农牧厅内外网、自治区党政内网、自治区电子政务外网、农业部电子政务网、财政一体化专网、政务大厅行政审批专网等 10 个信息系统的运行维护；组织全厅信息系统网络安全攻防演练，保障全厅核心业务正常开展。

2017 年，自治区农牧厅建成了覆盖全区的农业电子政务综合服务平台及手机移动办公系统，集成了统一的农业农村系统办公门户；厅机关各 19 处室，30 个厅属事业单位，27 个市县区农牧局，区、市、县、乡镇四级农牧系统自动化办公系统实现了整合；与自治区政府自动化协同办公平台实现整体融合，实现了全区范围内电子政务信息共享，公文传输和政务信息报送。全区所有县（市、区）建成了农业信息平台，其中"中宁枸杞之乡""利通农业信息网""平罗农业综合信息网"等县（市、区）特色专业网站内容结构合理，信息服务领域日益拓展并接近用户需求，受到越来越多用户的关注；认真落实国办全国网站普查工作要求，对"宁夏农业信息网站群"主站和 11 个子站的内容建设进行了自查整改，对"宁夏农业信息网"主站各栏目进行了进一步的优化。

2018 年，自治区农业农村厅建成了覆盖全区的农业远程视频会议系统，将全国农业视频会议精神传达到全区各县（市、区）级农牧系统，每年保障召开农业农村部电视电话会议及自治区各类农业应急调度会议 30 余次，参会范围达 6000 多人次以上，为深入贯彻落实中央农业农村工作会议精神，全面推进实施"乡村振兴"战略提供了坚实的保障。

2019 年，宁夏农业农村厅门户网站审核发布农业农村经济工作动态信息 4202 条，向农业农村部"全国农业信息联播"栏目报送信息 233 条，网站点击量达 36.25 万人次；编发《宁夏农业信息》简报 200 期 226 条，《农村经济运行态势监测专刊》14 期；发布微信公众号消息 177 条，微博 10 条；发布政务公开类信息 467 条，编报党办、政办约稿 35 篇，在自治区党委办公厅政务信息考核中连续六个月政府系列排名第一。2019 年，自治区农业农村厅对网站版面进行改版设计，及时更新政务信息；按照农业农村部统一要求，对全区视频会议系统进行高清改造；开展农业农村厅信息系统等级保护备案定级等保测评，关键重点信息系统网络安全攻防演练，厅网络安全及信息保密工作执法检查，确保农业农村厅信息系统网络安全。

2020 年，宁夏农业农村厅门户网站向农业农村部"全国农业信息联播"栏目报送信息 503 条，被采用 213 条，通过微信公众号发布消息 784 条，微博发布 1000 余条，点击量超过 38.25 万人次；积极推进政务公开，在门户网站、微信公众号和微博上发布各类政务公开类信息 386 条；通过"三农"网络舆情监控平台开展网络舆情监测，全年共监测分析各类涉及"三农"的信息 57 万余条，编报网络舆情通报 200 余期，舆情分析报告 24 期；组织参加自治区"护网 2020"网络实战攻防演习，保障宁夏农业电子政务协同办公系统正常运行；组织完成全厅 2 个三级和 12 个二级系统的等级保护测评，指导全区各县（市、区）完成 2020 全国县域数字农业农村发展水平评价工作，银川市永宁县入选全国 100 个先进县名单。

■ 第五节 农业统计监测

为了增强农业宏观调控的前瞻性和主动性，宁夏农牧厅（宁夏农业农村厅）强化了农业综合统计调查、农产品价格调查、成本收益调查、农产品批发市场信息采集和监测分析，加强了马铃薯、牛羊肉全产业链部省联动信息分析预警体系建设，及时掌握农产品生产和市场运行情况，为领导决策管理提供依据，为农业生产经营者提供有效的信息服务。

一、农业综合统计

统计指标主要为历年来农作物总播种面积及产量，畜牧业发展情况，农业总产值、农业增加值以及农民人均纯收入等重要生产指标。

2000年，全区粮食总产量为252.7万吨；农民人均纯收入达到1724元；畜牧水产业产值增长10.2%，占农业总产值的比例达到35.5%，较上年提高4个百分点；全区农业增加值46亿元，占地区生产总值的17%。

2001年，全年粮食总产量为274.8万吨，增长8.7%；农民人均纯收入为1823元，较上年增加99元，增长5.6%；农业增加值49.5亿元，增长6.3%。全年肉类总产量为21万吨、增长10.5%；牛奶产量为27.6万吨，增长16.8%；禽蛋产量为8.7万吨，增长14.5%；水产品产量为4.1万吨，增长11.1%；畜牧业产值为30.3亿元，增长11%，占农业总产值的比例达到35.5%，净增2.4个百分点。

2002年，全区粮食总产量为301.9万吨，增长9.9%，肉类总产量达到22.4万吨，增长6.3%；牛奶产量为30.5万吨，增长10.5%；水产品产量为4.86万吨，增长17.7%。乡镇企业实现增加值51.4亿元，比上年增长16.8%。全年自治区农民人均纯收入为1917元，比上年增长5.2%。自治区全年农业增加值为53亿元，比上年增加6.1%。

2003年，全区粮食总产量为270万吨，农业总产值为99.5亿元，同比增长5.5%；全区农民人均纯收入为2043元，比上年增加126元，增长6.6%。

2004年，全区粮食总产量为290.5万吨，比上年增加20.5万吨；完成农林牧渔业总产值125.5亿元，增长8.4%；实现农业增加值67.2亿元，同比增长3.8%。乡镇企业完成总产值289亿元，增长15.2%，增加值为73亿元，同比增长15%。全区农民人均纯收入为2354元，比2003年增加311元，增长15.2%。

2005年，全区粮食总产量为299.8万吨，枸杞种植面积发展到38万亩，肉羊、肉牛养殖规模达到1058万只、110万头，奶牛存栏量为22.4万头，马铃薯种植面积为220万亩。农产品加工值占到农业总产值的38%。农民人均纯收入为2508元，比2004年增长8%。

2006年粮食播种面积为1193.4万亩，比上年增长2.5%，全年粮食总产量达到311万吨。全区枸杞种植面积达到44.5万亩，增长17.1%；肉牛饲养量达到132万头，增长17%；羊只饲养量达到1055万只，增长5.7%；奶牛存栏量达到27万头，增长18%；马铃薯种植面积达到300万亩，增长36.3%；瓜菜种植面积达到160万亩，增长23%；淡水鱼养殖面积达到28万亩，增长7.7%；葡萄种植面积达到17.4万亩，增长24.3%。自治区全年农业总产值为151.4亿元，比上年增长6.8%；实现农业增加值79.2亿元，比上年增长6.2%。全区农民人均纯收入为2710元，增长8%以上。

2007年，全区粮食播种面积为1292万亩，比上年增加98.7万亩；粮食总产量为316万吨，比上年增加5万吨；肉类总产量达到30万吨，比上年增长13%；禽蛋产量达到7万吨，比上年增长11%；牛奶产量达到94万吨，比上年增长29%；水产品产量达到7.5万吨，比上年增长11.9%。全区全年实现农业总产值165亿元，比2006年增长8%，完成农业增加值95亿元，增长6%；农民人均纯收入突破3000元大关，达到3100元，增长12%。

2008年，全区粮食总产量为329万吨，比上年增产13万吨，增长4.1%，农业增加值为120亿元，增长7.2%；农民人均纯收入为3682元，增长15.8%；肉、蛋、奶产量分别达到30万吨、8万吨、110万吨，同比增长7.6%、14.3%和17%；水产品产量达到8.5万吨，增长10.4%；瓜菜总产量达到624万吨，增长37.1%。

2009年，全区粮食播种面积达到1241万亩，粮食总产达到340.7万吨；肉牛饲养量达到174.4万头，增长8.7%；肉羊饲养量达到1160.8万只，增长12.7%；奶牛存栏量为38.1万头，与去年持平；马铃薯种植面积为 387 万亩，增长 10.6%；压砂瓜种植面积稳定在 100 万亩。全区全年完成农业增加值 131 亿元，同比增长 7.2%；全区农民人均纯收入达到 4108 元，增长 11.6%。

2010 年，全区粮食种植面积达 1266.1 万亩，总产量达 356.5 万吨；全区肉牛饲养量达到 189 万头，增长 8.5%；肉羊饲养量为 1300 万只，增长 12.1%；奶牛存栏量为 43.2 万头，增长 13.2%。自治区全年完成农业增加值 140 亿元，增长 7%；农民人均纯收入达到 4675 元，增长 15.5%，增幅连续六年高于全国平均水平。

2011 年，全区粮食播种面积达 1278.7 万亩，总产量达 358.9 万吨；全区肉牛饲养量达到 206 万头，增长 8.9%；肉羊饲养量达 1466 万只，增长 12.8%；奶牛存栏量为 46.5 万头，增长 7.6%。自治区全年完成农业总产值 359 亿元，增长 6%；农民人均纯收入为 5410 元，增长 15.7%。

2012 年，全区粮食播种面积为 1242.4 万亩，总产量达 375 万吨；全区农民人均纯收入为 6180 元，同比增长 14.2%；全区肉牛饲养量为 217.5 万头、肉羊饲养量为 1507 万只、奶牛存栏 50 万头；农业增加值突破 200 亿元，农产品加工产值达 320 亿元。

2013 年，全区粮食播种面积为 1202.4 万亩，总产量达 373.4 万吨；肉类产量为 45.6 万吨，同比增长 3.8%；禽蛋产量为 10 万吨，增长 5.3%；奶产量为 157 万吨，增长 7.5%；水产品产量为 15 万吨，增长 5.6%；瓜菜产量为 668.7 万吨，增长 2.9%。全区农业增加值为 223 亿元，同比增长 4.5%；农民人均纯收入达到 6931 元，增长 12.2%。

2014 年，全区粮食总产量达 377.9 万吨，较上年增产 4.5 万吨；新增肉牛 10 万头、肉羊 65 万只、奶牛 6 万头、瓜菜 10.5 万亩；肉类总产量达 48 万吨、奶产量为 176 万吨、瓜菜产量为 680 万吨；水产品产量为 16.2 万吨。全区农业增加值达 229.5 亿元，农村居民人均可支配收入达 8410 元。

2015 年，全区粮食面积为 1155.6 万亩，粮食总产量达 372.6 万吨；农业增加值为 252 亿元，增长 4.5%；农村居民人均可支配收入为 9167 元，增长 9%；奶牛存栏量为 58.5 万头，肉牛、肉羊饲养量分别达到 250 万头、1700 万只，人均牛奶和牛羊肉占有量居全国第 2 位和第 3 位；瓜菜面积达到 307.5 万亩，总产量达到 680 万吨。

2016 年，全区粮食总产量达 370.6 万吨，农业增加值增长 4.5%，农村居民人均可支配收入为 9939.7 元，增长 9%。全区奶牛存栏量为 59 万头，同比增长 0.9%；肉牛、肉羊饲养量达到 260 万头、1760 万只，同比增长 4% 和 3.5%；肉、蛋、奶产量分别达到 52.1 万吨、10.9 万吨和 202 万吨，同比增长 4.9%、3% 和 8.3%。

2017 年，全区粮食播种面积为 1163.3 万亩，粮食总产量达 368.2 万吨；全区特色优势产业产值占农业总产值的比例达到 87%；全区肉、蛋、奶总产量分别达到 54.2 万、11.3 万吨、218.7 万吨；瓜菜种植面积达到 315.9 万亩，总产量为 698.8 万吨，实现量价同增；水产品产量达到 17.5 万吨。全区农民人均可支配收入达到 10738 元，历史性跨上万元台阶。

2018 年，全年农业增加值增长 4%，农村居民人均可支配收入达到 11708 元，增长 9%；全年粮食播种面积达 1104 万亩，粮食总产量达到 393 万吨；奶牛存栏量稳定在 60 万头，肉牛、肉羊饲养量分别达到 280 万头、1870 万只；瓜菜种植面积为 317.8 万亩，总产量达到 702.8 万吨；枸杞、酿酒葡萄产业稳步发展，种植面积分别达到 100 万亩和 57 万亩。宁夏特色优势产业产值占农业总产值比例达到 87.2%。

2019 年，全区粮食总产量达 373.2 万吨；农村居民人均可支配收入达到 12858 元，增长 9.8%；奶牛存栏量为 43.7 万头，肉牛、肉羊、生猪饲养量分别达到 169.1 万头、1148.2 万只和 170.3 万头，畜牧业总产值达到 179 亿元；瓜菜种植面积为 295.5 万亩，总产值达到 116.9 亿元；酿酒葡萄稳步发展，种植面积达到 57 万亩；特色产业产值占农业总产值的比例达到 87.4%。

2020 年，全区粮食播种面积为 1018.8 万亩，粮食总产量达 380.5 万吨；农业增加值增长 3.5%，农村居民人均可支配收入增长 9.8%；建设蔬菜标准化"四好"园区 52 个，完成蔬菜播种面积 275.5 万亩，总产量达 634 万吨；全区肉牛存栏量为 131.4 万头、肉羊存栏量为 647.5 万只、生猪存栏量为

85.6万头、奶牛存栏量为59万头；全年蛋、奶总产量分别达到13.1万吨和244万吨，肉总产量达34.1万吨，水产品产量达15.97万吨。

二、农情调度监测

自治区农情调度监测工作始于1983年，共设8个基点县。2018年后，按照农业农村部农情调度定点监测工作安排，宁夏确定贺兰县、灵武市、平罗县、青铜峡市、盐池县、沙坡头区、海原县、西吉县、彭阳县9个县（市、区）为农业调查基点县。自治区每年完成农作物播种、春夏播作物和秋冬作物播种意向调查，以及冬春小麦、夏粮秋粮和全年粮食产量预计等工作。自治区五个地级市农牧局（农业农村局）负责收集审核辖区内基点县报表工作，推算本市农作物生产情况，并向农牧厅（农业农村厅）市场信息与对外合作交流处报送。农牧厅（农业农村厅）组织自治区农村经济经营管理站、农业技术推广总站等相关单位专家对报表进行审核会商，并按照要求报送农业部（农业农村部）。

三、农产品价格和生产资料价格监测

自2005年开始，为了准确掌握和科学评价宁夏农村经济运行态势，客观反映宁夏农村经济运行中的矛盾和问题，经自治区农牧厅、财政厅共同研究，制定了《宁夏农村经济运行态势固定态势监测方案》，开展农产品市场价格和生产资料价格监测，主要监测农贸市场主要农产品价格和农资市场的农资价格，每月15日采集上报一次。自治区农村经济经营管理站负责汇总并撰写信息送各级农业部门参考，报厅信息中心审核发布。同年，自治区在兴庆区、永宁县、平罗县、利通区、沙坡头区、原州区、隆德县等7个县（区）开始蔬菜主要品种生产者价格信息采集工作，主要对农民专业合作社生产的蔬菜初级产品在离开田间地头、未进入流通环节前第一次出售价的信息进行采集，并分月、季、半年、前三季度和全年对蔬菜主要品种价格及变化趋势进行分析和预测，编写分析报告，报送农牧厅市场信息与对外合作交流处。

2017年，农牧厅市场信息与对外合作交流处确定农业综合信息服务建设项目，委托自治区农村经济经营管理站组织每周三采集一次主要农畜产品价格信息，汇总后在"宁夏12316三农综合信息服务平台"发布。

2019年，宁夏主要农畜产品价格信息被"我的宁夏"App、"乡味宁夏"App平台引用。

自2005年开始，自治区农业经济经营管理站每天组织对银川北环、吴忠市鑫鲜两个农业部定点批发市场的鲜活农产品价格信息进行采集和发布，每天采集约50个品种价格数据在宁夏农业信息网主页面滚动播出。

■ 第六节　金农工程

1994年12月，为加速和推进农业和农村信息化，建立农业综合管理和服务信息系统，农业部启动实施了金农工程项目。其主要任务：一是网络的控制管理和信息交换服务，包括与其他涉农系统的信息交换与共享；二是建立和维护国家级农业数据库群及其应用系统；三是协调制定统一的信息采集、发布的标准规范，对区域中心、行业中心实施技术指导和管理；四是组织农业现代化信息服务及促进各类计算机应用系统如专家系统、地理信息系统、卫星遥感信息系统的开发和应用。项目共分两个阶段实施。

第一阶段：1995—2000年，主要建设内容是依托国家公共数据通信网，建设快速便捷、通达全国、连通世界的农业信息传输系统。

第二阶段：2000—2010年，主要建设内容是扩大信息采集点的规模，完善省级农业综合信息传输和处理中心建设，将第一阶段的中心建设内容扩展至省级。

宁夏"金农"工程于 2007 年开始，2010 年完成。项目总投资为 510 万元，其中中央预算投资为 400 万元，地方财政配套资金为 110 万元。主要建设内容是构建"两个数据中心"，即自治区级农业数据中心和自治区级粮食流通数据中心；部署"五个应用系统"，即农产品监测预警系统、农产品和生产资料市场监管信息系统、农业科技信息服务系统、农产品批发市场价格信息服务系统、农村市场供求系统；建设"两个工程"，即县及县以下农村信息服务网络延伸工程和农村信息员队伍建设工程（简称"252 工程"）。

第十七篇

农产品质量安全

农产品质量安全监管是 20 世纪末我国农业进入新阶段，政府从单纯追求数量发展向数量、质量、效益并重发展转变时赋予农牧部门的新职责，并由此逐步推行开来，主要经历四个阶段。

2002 年，农业部在全国推进《无公害食品行动计划》，拉开了农产品质量安全监管的帷幕，继而开始系统性地强化体系（标准体系、检验检测体系、认证认可体系、执法监督体系、监管体系）建设，完善法律法规，着力制度建设，落实政策引导，推进行政监管。

一是从无到有阶段（2001—2005 年）：2001 年 4 月，经国务院批准，农业部在全国启动了"无公害食品行动计划"，对北京、天津、上海、深圳和寿光 5 个城市试点开展蔬菜农药残留和生猪"瘦肉精"例行监测工作，提出以"菜篮子"产品为突破口，着力解决高毒农药、兽药违规使用和残留超标问题，保障农产品供给安全，由此拉开了农产品质量安全监管的帷幕。

二是良性发展阶段（2006—2009 年）：2006 年颁布实施《中华人民共和国农产品质量安全法》，标志着农产品质量安全进入依法监管阶段。这一时期，国务院授权农业部门建立国家农产品质量安全监测制度，明确要求县级以上人民政府农业行政主管部门制定并组织实施农产品质量安全监测计划，我国农产品风险监测体系初步建立起来，为提高农产品质量安全水平、保护消费者健康发挥了重要作用。

三是逐步提升阶段（2010—2020 年）：开始系统性强化五大体系（标准体系、检测体系、监管体系、追溯体系、认证体系）建设、完善法律法规、着力制度建设、落实政策引导、推进行政监管。随着《全国农产品质量安全检验检测体系建设规划》的实施完成，我国部、省、市、县四级检测能力迅速提升，检测产品种类、检测参数范围和检测时效性大幅提高。

四是改革创新阶段（2021 年至今）：我国在河北、黑龙江、浙江、山东、湖南、陕西省六个省试点开展食用农产品合格证管理工作的基础上，将食用农产品合格证制度有力有序向全国推广，全面压实农产品质量安全主体责任。在全国实施地理标志农产品保护工程，开展现代农业全产业链标准化示范基地创建，进一步推动优质农产品提质增效。

20 多年来，全区农产品质量安全条件保障从无到有，监管工作从试点先行到依法推动，从财政经费支持到基建项目投资，力度逐步加大，执法监管能力逐年提升，农产品质量安全形势稳中向好，近五年农产品质量安全监测合格率始终稳定在 98% 以上，有力保障人民群众"舌尖上的安全"。

第一章

农产品质量安全监管体系

■ 第一节 农产品质量安全监管机构与队伍

一、自治区级监管机构与队伍

2000年，自治区农业厅、自治区畜牧局和自治区乡镇企业局合并为自治区农牧厅。自治区农牧厅成立了市场与经济信息处，承担农产品质量安全监管职能。

2014年7月，根据《自治区人民政府办公厅关于印发自治区农牧厅主要职责内设机构和人员编制规定的通知》（宁政办发〔2014〕116号），自治区农牧厅农产品质量安全监管局成立，负责全区农产品质量安全监管工作。

2018年，自治区农牧厅农产品质量安全监管局更名为农产品质量安全监管处，主要职能是组织实施农产品质量安全监督管理有关工作。

2019年，根据《自治区党委办公厅人民政府办公厅关于印发自治区农业农村厅职能配置内设机构和人员编制规定的通知》（宁党办发〔2019〕6号），农产品质量安全监管处设正副处级领导职数各1名，主要职能是组织实施农产品质量安全监督管理有关工作；指导农产品质量安全监管、检验检测和信用体系建设；承担农产品质量安全标准、监测、追溯、风险评估等相关工作。

二、市县级监管机构与队伍

2001年以后，宁夏市级农产品质量安全监管机构逐步建立。

2010年，吴忠市成立经自治区编办确认的农产品质量安全管理机构；石嘴山市农牧局设立农产品质量安全监督科。

2011年，银川市成立农产品质量安全中心；同心县农牧局设立农产品质量安全中心；贺兰县在5个乡镇设立食品安全监督管理站；西吉县农牧局成立农产品质量安全中心；利通区、平罗县和灵武市在农技中心增挂质量安全监管站牌子，其他县（市、区）均由农业执法大队承担监管职责。

截至2020年，全区5个市、22个县（市、区）均成立了农业综合执法队或执法监管科，开展农产品质量安全执法和监管工作，在岗综合执法人员400余人。其中，银川市三区、吴忠市红寺堡区农业综合执法职能划入市级综合执法局，只保留了日常监管工作；石嘴山市统筹了惠农区、大武口区执法工作，设立了执法分队。大多数县（市、区）内设了农产品监管科、农产品安全办、检测中心等机构，从事农产品质量安全监管工作人员总计80多人。

三、乡镇级监管机构与队伍

2011 年，农业部下发《关于加快推进乡镇农产品质量安全监管公共服务机构建设的意见》，要求切实加强乡镇农产品质量安全监管公共服务机构、队伍、条件及运行机制建设，到 2012 年底，完成全国所有乡镇农产品质量安全监管公共服务机构建设任务。自治区农牧厅积极与编办、财政等部门沟通，主动申请，要求建立乡镇农产品质量安全监管公共服务机构。但地方机构编制部门批准难度大。为了不延误工作推进，全区在不增加人员编制的前提下，在各乡镇农业服务中心增挂乡镇农产品质量安全监管服务中心牌子，实行一个机构、两块牌子的管理模式。

2012 年年底，全区 189 个乡镇均挂牌成立农产品质量安全监管服务中心。在实际运行中，普遍存在"缺人员、缺职能、缺手段"等问题。

2020 年，全区只有兴庆区、原州区等 12 个县（市、区）保留了乡镇农产品质量安全监管站，因人员多为乡镇农技人员兼职，多忙于乡镇综合工作，无暇顾及监管工作，且快检设备老化严重，经费保障不足。

■ 第二节　农产品质量安全监测机构与队伍

一、监测机构与队伍

自《全国农产品质量安全检验检测体系建设规划》实施以来，自治区各级农检机构通过增加人员编制、人事代理、编外聘用等途径加强人才队伍建设，从业人员素质较建设初期有了明显提升。截至 2020 年，全区农检机构人员 272 人，其中在编人员 218 人，聘用人员 54 人。

二、监测机构基础设施建设

国家出台《农产品质量安全体系建设"十一五"规划》《全国现代农业发展规划（2011—2015 年）》和《全国农业和农村经济发展第十二个五年规划》，将农产品质量安全检验检测体系建设列为"十一五""十二五"时期的重大建设工程，投入了大量资金重点建设各级农产品质量安全检测机构。自 2008 年以来，在农业部农产品检验检测体系建设项目的支持下，农业部累计投资 3 亿多元，自治区投资近 5000 万元，支持全区农产品质量安全检验检测体系建设（全部用于仪器设备购置，实验室由地方政府配置并拨款改造装修）。

（一）部级及自治区农产品质量安全检测机构

1. 农业部农产品质量安全监督检验测试中心（银川）

2003 年，经农业部批准成立农业部农产品质量安全监督检验测试中心（银川），加挂宁夏农产品质量安全检测中心、银川土壤肥料测试中心、宁夏化肥产品质量监督检验站、宁夏农药产品质量监督检验站四块牌子，一套人马。该中心是宁夏农产品质量安全检测、土壤肥料测试、农药产品质量检测的社会公益型、非营利性事业单位，是具有第三方公证地位的法定产品质量监督检验机构。中心在行政上隶属宁夏农牧厅，业务上受宁夏质量技术监督局、宁夏农牧厅领导。2005 年 10 月，中心通过农业部组织的国家计量认证和部级质检中心授权资格评审验收，2009 年和 2012 年通过复查。中心授权承担绿色食品、蔬菜及制品、水果及制品、粮食及加工制品、无公害食品五大类产品的质量监督、检验、测试及技术服务。

中心先后承担了自治区无公害农产品、绿色食品和产品认证的检测工作，种植业农产品中农药残留状况调查，以及农药、化肥农业投入品的市场抽检等多项工作。在长期的检测研究工作中，中心逐步打造了一支拥有先进的检测设备和高素质的检测研究队伍，具备为科研部门和生产企业提供农业土壤、肥料、农产品及加工制品、农药及农药残留、农业环境检测等方面检测的服务能力，成为宁夏农业系统最具规模的权威性检测中心之一，为自治区农业的发展起到了有力的技术支撑作用。

2020 年，中心拥有仪器设备和固定资产 3500 余万元，其中仪器设备价值 2000 余万元，主要仪器有液-质-质联用仪、气相色谱仪、液相色谱仪、气质联用仪、原子吸收分光光度计、等离子发射光谱仪、荧光光度计、氨基酸分析仪、紫外分光光度计、微生物快速测定仪、定量 PCR 仪、油品分析仪、乳品分析仪、葡萄酒分析仪等主要仪器设备 29 台（套），具备对覆盖宁夏全区的重点农产品的检测能力。

2. 农业农村部枸杞产品质量检验测试中心

农业农村部枸杞产品质量检验测试中心暨宁夏农产品质量标准与检测技术研究所（宁夏农产品质量监测中心），是隶属于宁夏农林科学院的科研事业单位，始建于 1984 年，1993 年通过自治区计量、质量双认证，于 2002 年 4 月通过国家计量认证和农业部机构审查认可首次评审，授权为农业部枸杞产品质量监督检验测试中心（原名称）。

2003 年，中心被农业部授权为无公害农产品认证定点检测机构，2007 年获批为农业部农药登记残留试验单位，2008 年获得地理标志产品检测机构资质，2010 年获得绿色食品定点检测机构资质。2011 年 9 月，中心承担的国家"十一五"农产品质量安全检验检测体系建设规划项目顺利通过验收，中心的硬件设施、软件配备等条件得到了极大改善。2012 年，中心获得农业部农产品质量安全风险评估实验室（银川）资质，同年获批为宁夏农产品质量标准与检测技术研究所。2014 年，中心获得有机农产品检测机构资质。2016 年，中心（宁夏农产品质量标准与检测技术研究所）获批二级法人单位。2019 年，中心获得自治区"特色农产品质量安全与检测技术创新团队"称号。

2020 年，中心实验室占地面积为 1619 米²，其中恒温面积为 480 米²。中心固定资产为 3800 多万元，配备的仪器设备有气相色谱串联质谱仪、液相色谱串联质谱仪、等离子光谱-质谱联用仪、气相色谱仪、高效液相色谱仪、氨基酸分析仪、离子色谱仪、原子吸收分光光度计等主要仪器设备 170 余台（套）。中心授权检测农产品、农业环境 301 个参数，食品 253 个参数。

（二）自治区农产品质量安全检测机构

1. 农业农村部畜禽产品质量安全监督检验中心、宁夏动物食品质量安全检测中心

宁夏兽药饲料监察所是隶属宁夏农业农村厅的正处级公益一类事业单位，同时加挂"农业农村部畜禽产品质量安全监督检验中心""宁夏动物食品质量安全检测中心"牌子。

2000 年，中心筹措资金 70 万元，对实验室电路、水路进行改造，建立了无菌室，满足《中华人民共和国兽药典》中所要求的检测能力，通过农业部省级兽药监察所资格认证。

2003 年，中心实施农业部饲料工程项目，投资 280 万元购置了原子荧光光谱仪、高效液相色谱仪、全自动滴定仪等设备，检验硬件设施条件大幅改观。

2004 年，中心实施农业部省级兽药饲料监察所实验室项目，投资 700 万元购置了液质仪器设备等，具备兽药、饲料、兽药残留检测能力。

2006 年，中心获得农业农村部无公害农产品认证检测检验资质。

2008 年，中心获得农业农村部地理标志农产品认证检验资质，增加生鲜乳质量安全监测业务。

2009 年，自治区动物疾病预防控制中心和兽药饲料监察所综合大楼建成，实验室占据一、三、四层，建筑面积为 2470 米²，其中检验区面积为 1990 米²，办公区为 480 米²。

2014 年，中心被确定为自治区饲料免税检验唯一质检机构。

2015 年，中心筹建"农业农村部西北畜禽产品质量安全监督检验中心"，投资 2300 万元购置液质、气质仪器设备等，业务范围涵盖兽药、饲料、兽药残留、生鲜乳全领域。

2018年，中心实施兽药质量和兽药残留检测实验室项目，投资800万元购置飞行时间质谱、电感耦合离子质谱、微生物自动鉴别设备和药敏检测设备等，检测内容从养殖投入品和畜产品质量检测向安全评价转变。

2020年，中心购置质构仪、电子鼻等仪器设备，检测范围扩展到畜产品品质检测和细菌耐药性监测领域。中心内设办公室、化学药品检验室、抗生素检验室、残留物检验室、饲料检验室5个科室，固定资产为5175万元，拥有质谱仪、色谱仪、光谱仪、氨基酸分析仪、微生物鉴定仪等仪器设备366台（套）。中心多次通过省级兽药监察所资格认证、区市场监督管理厅计量认证和授权认可，授权检验参数587项，取得地理标志产品认证检验资质，是宁夏兽药检验和自治区饲料免税检验唯一质检机构。

2. 宁夏渔业环境与水产品质量监督检验中心

1996—2004年，水产品质量安全检测任务主要由宁夏农产品质量安全检测中心及宁夏兽药饲料监督检验中心承担。

2002年3月，经自治区编办批复，宁夏水产技术推广站与宁夏水产研究所分离，内设办公室、推广开发科、鱼病防治办公室3个科室。其中鱼病防治办公室兼管水产品质量安全工作。同年11月，农业部下发了《关于北京市水产品质量安全中心等31个渔业检测中心项目可行性研究报告的批复》（农计函〔2002〕92号）文件，批准宁夏渔业病害防治、环境监测和质量检验中心项目建设。

2003年10月项目开工建设，2005年10月项目建设完成。检验实验室由鱼病防治办公室负责日常管理。2005年12月，实验室以"宁夏水产技术推广站"名称申请通过了宁夏实验室计量认证/审查认可（验收）。实验室可正常开展渔业病害防治、环境监测和水产品质量检测，涉及10大类88个产品，包括渔业水质、水产品、渔业饲料及原料共162个项目参数的检测检验。

2006年11月，根据自治区机构编制委员会印发的《自治区水产技术推广站机构编制方案的通知》（宁编发〔2006〕580号）精神，宁夏水产技术推广站增设"宁夏回族自治区渔业环境与水产品质量监督检验中心"和"宁夏回族自治区鱼病防治中心"，实行一套人马、三块牌子的管理体制。12月，经过宁夏质监局审核，"宁夏渔业病害防治、环境监测和质量检验中心"名称变更为"宁夏回族自治区渔业环境与水产品质量监督检验中心"（简称宁夏渔业环境与水产品质量监督检验中心），一直沿用至2019年12月。中心承担全区水产品、养殖水域环境、渔用饲料的检测任务。

2007年，中心通过农业部农产品质量安全中心无公害水产品产地认定、产品认证的检测授权。

2008年，中心首次参加农业部农产品检验机构能力验证，通过了环丙沙星、氯霉素和孔雀石绿3个参数的考核。

2009年，中心通过了农业部孔雀石绿、五氯酚钠双参数能力验证考核。

2010年，中心通过了农业部氯霉素和孔雀石绿双参数能力验证考核。是年7月，中心申请加入全国渔业生态环境监测网，通过了入网考核。同时，中心通过了宁夏回族自治区实验室资质认定与审查认可双复审，具备渔业水质、水产品及渔业饲料3大类、220个参数检测能力。

2011年，中心通过了农业部五氯酚钠和孔雀石绿双参数能力验证考核。

2012年，中心通过了农业部组织的孔雀石绿、氯霉素双参数能力验证考核。

2013年，中心通过宁夏实验室资质认定/审查认可双复审，具备开展渔业水质、水产品及渔业饲料共3大类、88个项目（参数）的检测检验资质；通过农业部渔业局专家组对执行全国水产品质量监督检验项目的现场审查。

2016年，中心通过农业部渔业局组织的2014—2016年执行全国项目情况复核，被农业部渔业生态环境检测中心评为全国渔业生态环境检测先进集体。

2017年4月，中心获得宁夏质量技术监督局颁发的检验检测机构资质认定证书，具备开展渔业水质、水产品共2大类、63个项目参数的检测检验资质。中心通过了农业部组织的氯霉素能力验证考核；通过了宁夏质监局组织的2017年检验检测机构飞行检查。

（三）市级农产品质量安全检测机构

1. 银川市农产品质量安全检测中心

银川市农产品质量安全检测中心隶属银川市农业农村局，是正科级公益一类事业单位，同时加挂"银川市粮食质量安全检测中心"牌子。中心内设办公室、业务室、检测室3个科室，固定资产为2000万元，拥有质谱仪、色谱仪、光谱仪等先进检测仪器设备，共有专业技术人员18名，其中高级职称5人，中级职称7人，初级职称6人。

2006年，银川市农产品质量安全检测中心正式成立。

2010年，由于机构改革原因，中心和市疾控中心组建了银川市食品（药品）公共安全检验检测中心，隶属银川市卫生局管理。

2012年，根据《中华人民共和国农产品质量安全法》规定，中心连人带编整建制由市卫生局所属市疾病预防控制中心划归至银川市农牧局管理。

2014年，中心实施农业部市级农产品质量安全检测体系建设项目，共投资1000万元，其中800万元用于购置气质、气相、液相等182台（套）检测设备，200万元用于进行实验室改造，改造面积为1150米²，共建成色谱室、光谱室等15间符合农产品质量检测的高标准实验室。中心荣获第一届全区农产品质量安全监测技能大比武团体一等奖。

2016年，中心通过宁夏计量认证和农产品检测机构考核，获得检验检测机构资质认定证书及农产品质量安全检测机构考核证书，通过认证参数79项，涵盖蔬菜、畜禽、水产品等领域。中心具备孔雀石绿、喹诺酮类、重金属类等近10数项检测能力，正式开展银川市水产品质量安全检测工作。

2017年，中心增加"三品一标"认证及管理等相关职能。

2018年，中心荣获全区兽医大比武兽药残留检测技术大赛一等奖。

2019年，中心荣获第二届全区农产品质量安全监测技能大赛团体二等奖。

2020年，中心依托"地理标志农产品保护工程项目"，在全区率先推广"食用农产品合格证＋检测＋追溯"的智能电子合格证制度，于2020年8月成功入选农业农村部《全国使用农产品合格证制度试行典型案例》，《人民日报》《新华社·银川》《中国农网·国内》《银川发布》先后进行了报道，《新华网》以英文版向海外推介。

2. 石嘴山市农产品质量安全中心

石嘴山市农产品质量安全中心成立于2012年10月，挂石嘴山市农产品质量安全检测中心牌子，为石嘴山市农业农村局所属正科级公益一类事业单位。

2012年，依托国家农业农村部下达的《石嘴山市农产品质量安全检验检测中心建设项目》，石嘴山市农产品质量安全检验检测实验室建立。实验室面积为774.94米²，办公室面积为223.2米²，辅助设施面积为64.86米²。中心购置了气相色谱质谱仪（1台）、气相色谱仪（2台）、高效液相色谱仪（2台）、原子吸收分光光度计（1台）、原子荧光光度计7台（1台），以及其他辅助小型仪器共235台（套），固定资产为654.804万元。

2015年，中心通过宁夏计量认证和农产品检测机构考核，取得检验检测机构资质认定和农产品质量安全检验检测机构考核合格"双认证"，成为宁夏第一个取得双认证的地市级检测中心。中心具备孔雀石绿、喹诺酮类、重金属类等近10数项检测能力，正式开展石嘴山市水产品质量安全检测工作。

2018年，中心通过了"双认证"复评审，认证了农药残留、兽药残留、元素（土壤、食品、饲料）共三大类77个参数。

2016—2020年，中心先后参加了5次由自治区农业农村厅和市场监管厅联合组织的全区农产品质量安全检测技术能力验证工作，参加了种植业产品中农药残留、畜禽产品中兽药残留、水产品中药物残留三大类能力验证，全部通过考核。

3. 吴忠市农产品质量安全检测中心

吴忠市农产品质量安全检测中心隶属于吴忠市农业农村局，是具有独立法人资格的社会公益型、非营利性的财政全额拨款的社会公益性事业单位。中心为正科级单位，内设业务室、检测室等，主要承担全市农产品质量安全监测、检验及相关技术指导；绿色食品认证、续展、年检；农产品地理标志申报、备案；名特优新农产品及良好农业规范（GAP）认证等工作。

2010年，根据吴忠市机构编制委员会文件精神，吴忠市农产品质量安全检测中心组建。

2014年，吴忠市农产品质量安全检测中心项目经国家发展改革委批准立项和市财政配套资金支持，共投资1000万元，其中：中央财政800万元，地方配套200万元。

2015年，中心对办公大楼及实验室进行电路、水路等方面土建改造，土建改建工程面积为1400米^2。

2016年，实验室相继购置气相三重四极体色谱质谱仪、气相色谱仪、高效液相色谱仪、原子吸收分光光度计、离子色谱仪、紫外可见分光光度计等仪器设备66台（套），固定资产约780万元。实验室占地面积约800米^2，一层设有样品处理室；三层设有前处理室、气相室、液相室、光谱分析室；四层设有微生物室、综合分析室、综合实验室、天平室等。

2017年，中心获得宁夏回族自治区质量技术监督局颁发的"检验检测机构资质认定证书（CMA）"和宁夏回族自治区农牧厅颁发的"农产品质量安全检测机构考核合格证书（CATL）"，具有独立开展农产品质量安全检验检测的能力，可开展蔬菜、水果、食用菌产品中40种农残残留和7种重金属定量检验检测。

2020年，中心被农业农村部农产品质量安全中心确认为全区首家，也是唯一的全区农产品质量安全与营养健康科普试验站。

4. 固原市农产品质量安全监管中心

固原市农产品质量安全监管中心是隶属固原市农业农村局的正科级公益一类事业单位，同时加挂"固原市动物疾病预防控制中心"牌子。

2017年8月，根据固原市机构编制委员会《关于印发固原市农产品质量安全监管中心机构编制方案的通知》精神，固原市动物疾病预防控中心和固原市动物卫生监督所撤并为固原市农产品质量安全监管中心，履行农产品检验检测、动物疫病预防控制、动物卫生监督等职责。

5. 中卫市农产品质量安全检验检测中心

中卫市农产品质量安全检验检测中心隶属于中卫市农业农村局，为正科级公益一类事业编制单位，是以保障中卫市农产品质量安全为基础，协助中卫发展"六优六特"、功能农业等特色优势产业而建立的。

2012年，中心获国家发展改革委、农业部批准立项建设。

2014年12月，中心正式成立，总占地面积为1057米^2，其中检测室面积为710米^2，办公室及其他附属面积为347米^2，总投资为1020万元。

2016年，中心完成实验室工程建设。

2017年，中心仪器设备安装调试完毕，拥有气相色谱-质谱联用仪、高效液相色谱仪、气相色谱仪、原子吸收光谱仪、原子荧光光谱仪等大小型检测仪器设备93台（套）。

2018年，中心通过检验检测机构资质认定（CMA）和农产品质量安全检测机构考核（CATL）"双认证"评审，授权有机磷、有机氯、拟除虫菊酯和氨基甲酸酯类农药残留及元素检测参数61项。

2019—2020年，中心参加全区农产品质量安全检测技术能力验证、技能竞赛等专业技术能力提升考核，获评A类监管和团体奖项，检测参数及能力水平在全区地市级检测机构中位列前茅。

（四）县级农产品质量安全检验检测机构

2008年，国家发展改革委、财政部和农业部下拨资金，批准建立县级农产品质量安全检验监测站，正式拉开了宁夏农产品质量安全检测体系建设序幕。

2009年，中宁县、青铜峡市开工建设全区第一批县级农产品质量安全检验检测站，2010年完成实验室改扩建和仪器设备的配置。

2011年，平罗县、贺兰县、盐池县积极争取国家农产品质量检验检测体系一期规划建设项目，完成实验室改扩建和仪器设备的配置。

2015年，全区县级农产品质量安全检验检测站总数达到20个，其中银川市、永宁县等10个县级站率先通过"双认证"。

三、监测机构检测能力

2017年，在中央审计署的督查指导下，青铜峡市、中宁县、灵武市、平罗县、同心县、海原县、西吉县、泾源县、隆德县、彭阳县在农牧局机构内加挂农产品质量安全检验检测站牌子，明确农产品质量安全检测中心职责，核定编制人员，优先招录28个专业技术人员。全区17个中心（站）取得了"双认证"（资质认定和机构考核）资格，通过率为65.4%。

2018年，全区建成4个市级农产品质量安全检测中心，20个县级农产品检测站。20个市县级中心（站）取得了"双认证"资格，"双认证"率达到82.7%。省部级检测中心检测参数达到1899个、市级达到70个、县级达到25个。

2019年，全区累计建成农产品质量安全检测机构25个，其中部级检测中心2个、省级检测中心2个、市级检测中心4个、县（区、农垦）级检测中心17个。

2020年，全区农产品质量安全检测机构达到29个，其中部级检测中心2个、省级检测中心2个、市级检测中心5个、县（区、农垦）级检测中心20个。

四、检测人员培训

自治区通过采取"巡回带教"、能力验证、技能竞赛等多项措施有效提升了检测机构人员能力水平。

2014年，自治区举办了首届全区农产品质量安全检测技能竞赛。竞赛采取理论知识考试和定量检测现场操作考核两种形式进行，分选拔赛和决赛两个阶段，共决出个人一等奖3名、二等奖4名、三等奖8名和优秀奖15名，团体一等奖1名、二等奖2名。

2016年，自治区组织全区17家农产品检测机构参加能力验证考核，其中9家参加农产品中农药残留能力验证，4家参加畜禽产品中兽药残留能力验证，8家参加土壤中养分能力验证，考核结果均合格；组织3名参赛选手参加第三届全国农产品质量安全检测技能竞赛总决赛，获得个人三等奖1名。

2017年，自治区首次采取专家"巡回带教"培训方式，组织部级质检中心专家到各县（市、区）级农产品质量安全检测中心（站），进行为期一周的"巡回带教"培训，面对面开展技术指导及操作演练，有利推动各县（市、区）农产品质量安全检测中心（站）取得"双认证"工作的进程。自治区组织举办了"宁夏农产品质量安全检测技术与方法交流研讨会"，共征集论文77篇，择优选择23位代表在研讨会上做了交流发言，评出一等奖论文2篇，二等奖论文4篇，三等奖论文6篇，优秀奖论文11篇，并汇编成册。

2018年，自治区组织部级质检中心专家进行"巡回带教"培训；举办全区第二届农产品质量安全检测技能竞赛，决出集体一等奖1名、集体二等奖2名，个人一等奖3名、二等奖4名、三等奖8名；在沙坡头区举办农产品产地追溯检测方法内容研讨会，16位代表做交流发言。

2019年，自治区组织专家开展"巡回带教"培训工作，抽选各市农产品质量安全检测中心一名人员到部级质检中心进行脱产跟班实操训练，强化其检测水平。自治区对全区20家农产品检测机构进行了农产品质量安全检测技术能力验证；举办了第二届全区农产品检测技能竞赛，选拔6名选手参加全国第四届农产品检测技能竞赛，获得农业农村部农产品质量安全监管司颁发的"农业职业技能2019年中国技能大赛全国农业行业职业技能大赛——优秀组织奖"。

2020年，自治区进一步规范农产品质量安全检测管理，制定了全区农产品质量安全检测机构管理办法，对全区29家检测机构组织开展了能力验证；持续开展农产品质量安全机构考核认证，规范工作程序和标准，完成9家农产品检测机构考核评审。

第二章

农产品质量安全监管内容与方式

■ 第一节　农业投入品质量安全监管

一、种子

1996—2003年，宁夏加大对《中华人民共和国种子法》（简称《种子法》）等法律法规的宣传，对种子代售点进行不定期质量抽检。除了针对种子质量外，还针对种子的经营权限、经营档案等进行明确规定，发现违规单位，依法处罚、停业整顿，强化经营档案规范制作。

2004—2005年，宁夏采取查经营资格，看是否符合经营条件；查包装、标签，看是否符合法定要求；查品种审定，看是否通过品种审定；查经营档案，看种子经营档案是否健全；查种子质量，看种子质量是否达标；查代销手续，看委托代销手续是否齐全的措施，对种子市场进行清理整顿。

2006—2008年，为从源头上杜绝无证经营、未审先推、乱引乱推品种在市场上流通，宁夏对种子经营企业营业执照、经营许可证、委托书以及委托品种的审定、适应区域、包装标签等进行审核，资料不全或不符合条件的一律不予备案。自治区加强种子市场监管，规范种子市场经营秩序，开展种子质量监督抽查。

2009—2010年，宁夏组织开展种子执法年活动，联合公安、工商部门启动打击侵犯品种权和制售假劣种子专项行动，对种子市场经营活动进行集中检查。

2012年，宁夏加强种子市场监管，着重开展其他农作物新品种试验示范扩展鉴定，确保品种优良；加强种子监管队伍建设，加大联合执法，帮助网点搞好种子管理、技术服务等；加强经营网点规范化建设，加强种子从业人员技术培训，奖优罚劣。

2013年，宁夏制定完善全区种子管理法规，加强种子法制建设，开展"种子打假维权、种子经营秩序、种子生产基地"专项行动。

2014年，随着市场秩序不断规范，质量抽检逐渐成为发现违法线索，提供消费预警的手段。自治区种子领域违法行为明显减少，种子抽检合格率逐年上升。

2015—2016年，宁夏以平罗县、贺兰县、永宁县、中宁县及青铜峡市等粮食生产大县、国家级玉米制种基地为重点，对企业种子门市部销售的玉米、蔬菜、向日葵种子进行抽样检测；开展企业监督检查、市场专项检查、制种基地清查、种子质量监督抽查、品种清理退出、案件查处及公开、完善监管长效机制等工作。

2017—2018年，宁夏对不合格种子生产、经营企业进行清理；共出动执法车辆1379车次，组织市场检查1277个（次），检查企业138家，经营及代销门市部1986个，种子标签1427个，种子档案918个，查处违法行为15人次，查处种子案件7起；查处违法种子536千克，罚款3.44万元，挽回经济损失12万元。自治区全年种子案件数量较上年减少46%，未发生重特大及群体性种子案件。

2019年，宁夏按照"标本兼治、着力治本、检打联动、综合治理"要求和属地管理原则，以水稻、玉米、蔬菜以及进口农作物种子为主，重点抽查种子质量、品种真实性、标签、经营许可证、非持证经营者备案登记和经营档案等。全区共出动执法人员 3696 人次，组织整顿市场 792 个（次），检查企业 3457 个，查处违法行为 17 人，查处种子案件 11 起；查处违法种子 278 千克，罚款 103.75 万元。全年未发生重特大及群体性种子案件。

2020 年，宁夏紧盯品种、企业、市场、基地四个重点环节，严查主要农作物种子生产经营资质、种子质量等领域的违法违规行为；检查企业 209 家，经营门市部 1871 家，查处违法种子 675 千克；举办全区种子管理技术和转基因快速检测培训班，培训人员 355 人次。

二、农药

1996—1997 年，宁夏以加强农药监督检查，打击制售假劣农药行为为重点，提升农药产品质量，控制农药残留，保障农业生产安全、生态环境安全、农产品质量安全。

1998 年，宁夏加强定点经营门店对购买者的使用指导，强化农药生产经营和使用的监督管理；引导农药生产经营企业开展诚信体系建设，加强行业自律。

1999 年，国务院发布的《中华人民共和国农药管理条例》（简称《农药管理条例》）和农业部发布的《农药管理条例实施办法》（简称《实施办法》）的地方性配套规章——《宁夏回族自治区农药管理办法》以自治区人民政府令形式发布并施行。

2000 年，宁夏组织开展《农药管理条例》宣传活动，有针对性地组织宣传、培训座谈等宣贯活动使农药生产者、经营者、使用者、监管者知晓农药管理制度和相关基本知识。全区各地、市、县共组织市场检查 26 次，共检查农药经营单位 428 个，检查各类农药 228 种。全区共查出无证非法经营农药单位 107 个，不合格农药品种 71 种，占检查数量的 31.1%。根据检查结果，宁夏依法取缔不具备农药经营资格和条件的单位 19 家，处罚 10 起，罚款 0.81 万元。

2001 年，宁夏公布禁用、限用和推荐使用农药目录。

2002 年，宁夏开展农药市场执法检查，进一步规范农药标签；加强高毒农药的管理及安全使用工作，确保农产品安全生产。自治区农牧厅和自治区林业局联合下发了《关于开展清理规范农药市场专项行动的通知》（宁农（市）发〔2002〕84 号文件），重点是清理国家明令禁止生产销售使用和假冒伪劣及过期农药品种，并通报了禁止使用、限制使用和大力推广使用的农药名单，使经营者和使用者明确了经营和使用农药的方向。同年 11 月份，根据农业部《关于贯彻落实我部〈关于加强高毒农药及杀鼠剂管理工作的紧急通知〉的函》的精神，自治区农牧厅安排部署中宁县、中卫县和利通区重点进行了农药市场鼠药检查，没收"闻到死""快杀死""毒鼠灵""气死猫""碰到死""三步倒"六种禁用剧毒鼠药 9145 袋，假劣鼠药 2723 瓶（支），规范了全区鼠药市场。

2003 年，自治区农牧厅制定《宁夏农药市场执法检查活动实施方案》，在全区范围内开展了以农药标签抽查为重点的农药监督管理行动，对 163 家农药经营单位经营的 253 个农药品种进行了农药标签抽查。农药产品检查合格率为 61%，较 2002 年 51.5% 的合格率有明显提高。

2003 年，国家对"毒鼠强"等剧毒鼠药的危害高度重视，开展"毒鼠强"等剧毒鼠药专项整治工作。自治区农牧厅印发了《关于开展清理清缴违禁高毒农药和剧毒杀鼠剂专项整治活动的通知》《加强高毒农药和剧毒杀鼠剂的管理，做好安全防范工作的通知》及《开展清理清缴违禁高毒农药和剧毒杀鼠剂专项整治活动方案》，并于 2003 年 10 月 24 日召开了全区农区统一灭鼠示范现场观摩暨动员大会，示范了安全高效灭鼠技术，传达了"全国农区统一灭鼠现场观摩暨经验交流会"的会议精神，对"毒鼠强"专项整治工作进行了安排。重点做好各部门的协调工作；做好"毒鼠强"的清查收缴工作和"毒鼠强"置换工作；做好对涉嫌毒鼠强犯罪案件的督办工作；做好对收缴违禁剧毒鼠药的处置工作；要求按照方便群众的原则抓好鼠药经营资格的核准工作及加强宣传等工作。按照农业部等九部委发布的《关于清查收缴毒鼠强等禁用剧毒杀鼠剂的通告》要求，进一步加强了对"毒鼠强"等禁用杀鼠剂的清查收缴和置换工作，对全区各地特别是鼠害较重地区农药及农贸市场的剧毒急性鼠药进行清查清缴，特别是对非法销售剧毒急性鼠药的"黑窝点"，以及在城镇、农村摆摊设点和走村串巷兜售鼠药者坚决予以查封和取缔。全年组织出动执法人员 400 多人次，印发各种宣传资料 2.5 万份，检查各类市场 416 个，吊销非法证照 26 次，共取消摊点 94 个，收缴毒鼠强等国家禁用剧毒鼠药 1880 千克（毒饵），从农民群众手中置换剧毒鼠药 1974 千克；在办案过程中，因查处不力而被追究行政责任的有 5 人。自治区同时做好对收缴违禁剧毒鼠药的保管和销毁工作，防止造成二次流失。

2004 年，宁夏开展农药市场检查，农药经营秩序进一步得到规范。自治区农牧厅印发《关于做好 2004 年农资打假工作的通知》《关于开展农资市场清理整顿活动的紧急通知》。全区共检查农药经营单位 276 家，抽查农药产品标签 315 个，合格率为 88.5%，较 2003 年提高了 28 个百分点；抽查 92 个农药样品，进行质量检测，合格率为 73.9%；查处各类违法经营案件 31 起，查封各类不合格农药产品 2641 千克，没收国家明令禁止的高毒、高残留农药 310 千克；加强"毒鼠强"专项整治工作，取得阶段性成果。全区各级农业行政主管部门和农药管理部门针对宁夏"毒鼠强"来源为外地流入的特点，明确了"坚决堵住流通渠道，收缴置换同步实施，加快建立新的鼠药监管体制和经营机制"的工作方针，加大查处和宣传力度，加快定点核准经营工作，开展鼠药置换工作，开展秋季统一灭鼠行动，制订毒鼠强中毒救治预案、责任追究制度和处置销毁方案。全区共取缔非法经营摊点 90 个，收缴"毒鼠强"等各种剧毒鼠药 81.6 千克，鼠药经营秩序步入正轨。

2005 年，农业部加强对高毒农药的管理，陆续出台禁限用农药名录，规范高毒农药在蔬菜、果树、茶叶、中草药材上的使用，对高毒农药采取禁限用管理措施。自治区农牧厅印发《关于进一步加强高毒农药管理和规范农药经营工作的通知》，严格控制国家禁用限用高毒农药的销售和使用，对国家限用的高毒农药实行划区定点经营制度，推行农药经营单位建立经营台账制度和质量承诺追溯制度。全区完成了对高毒农药批发、零售网点的资格核准和定点工作，银川市核定了 3 家高毒农药批发单位和 13 家零售点，吴忠市核定了 2 家高毒农药批发单位和 55 家零售点；要求核定批发单位及零售网点建立农药营销档案，说明农药来源、数量，逐一登记购买者、数量和用途，建立可追溯制度。枸杞主产区中宁县全面禁止经营高毒农药。

2006—2010 年，宁夏建立规范的农药经营秩序，建立进销货监管制度，严格台账登记制度；选择青铜峡市作为放心农资下乡进村试点，通过发展连锁经营、物流配送，加强农药监管。

2011 年，自治区农牧厅印发《农药管理条例》和《实施农产品质量安全绿色行动方案》，开展"农药市场监管年"活动，共检查农药生产经营企业 2930 家，抽检农药 2 个批次 100 个农药品种，查处农药案件 21 起，货值金额 3.4 万元。

2012 年，宁夏对全区查出的 29 个非法添加隐性成分的假冒农药产品、24 家农药经营场所，依据相关法律、法规条款开展定性清除。

2013 年，宁夏编印《农药识假辩劣与维权手册》《农药安全使用知识》和《农药经营读本》等；对农药经营人员、种植大户进行农药法律、法规、规章及农药安全使用知识培训，共培训农药经营人员 2400 人次。

2014 年，按照全区《开展定性清除假冒农药方案》要求，全区对主要农药批发单位经营的农药进行质量抽检，共抽检农药品种 139 个；出动农业执法人员 2300 人次，检查农药经营门店 1100 家，共查处、收缴假冒农药 130 千克。

2015 年，全区开展假冒农药定性清除行动。各级农业主管部门组织农业执法大队，联合工商、公安等执法部门对非法添加隐性成分农药产品进行收缴，对相关人员和机构进行处罚。

2016 年，全区 22 个县（市、区）开展"投入品定性清除行动"和农药经营市场监督检查行动，共出动农业执法人员 1279 人次，检查农药经营单位 922 家，品种 340 个，查获假冒农药品种 12 个。

2017 年，国家实施限制使用农药定点经营许可制度。限制使用的农药品种主要包括高毒、高残留和高风险农药三类，以农业部正式公布的限制使用农药品种为主。全区实行专柜摆放、专人管理、实名制购买制度，严格执行禁限用农药名录。全区部署开展农药定性清除行动，共抽查农药样品 320 个，印发《农药管理条例》及相关宣传材料 2500 份。

2018 年，自治区农业农村厅种植业管理处加挂农药管理处牌子，行使农药行政管理职能。自治区农业技术推广总站负责农药登记、农药使用工作。至此，全区农药管理工作有了完善的法律体系、完备的管理体系、明确的属地监管责任，农药管理工作进入新阶段。在农药定性清除行动中，宁夏按照农业农村部农资打假专项治理行动部署，突出专项整治，严厉打击制售假冒农药等伪劣农资违法犯罪行为；登记农药品种 100 个，登记在册农药生产企业 10 家，农药经营门店 1416 家，农药质量抽检合格率为 94%。

2019 年，自治区开展农药企业安全生产大检查，发现安全隐患 1000 个，涉及安全管理规章制度的建立及落实、安全管理台账、安全设施设备维护等，完成整改 800 个；核发限制使用农药经营许可证 69 家，普通农药经营许可证 1330 家，并将农药经营许可证信息录入中国农药监督管理平台；建立农药减量控害示范区 188 个，开展专业化统防统治 380 万亩次，全区农药利用率达到 40% 以上。同时，全区开展农药包装废弃物回收工作。

2020 年，宁夏核发农药管理生产许可证 12 家、限用农药经营许可证 72 家，质量抽检 301 个产品，合格率为 98.7%；制定 40 种农药最大残留限量宁夏地方标准。

三、化肥

1996—2003 年，宁夏围绕完善管理制度、规范化肥市场秩序、规范化肥经营行为等重点工作，规范市场经营主体，保护合法经营户经营利益。对不符合标准的化肥产品，一经查处，予以没收，杜绝不合格化肥产品在市场流通。

2004 年，宁夏对化肥产品生产企业进行监督检查。以复混肥料（复合肥）、掺混肥料等为检查重点，对产品各种元素等作物生长所需要的养分进行检验。同时宁夏把检查与法制宣传有机地结合，加大宣传教育，推进企业主体责任落实，增强企业自律意识。

2005 年，宁夏以质量管理为核心，加大市场监管，针对劣质化肥，在立案查处的同时，责令生产、销售单位退货处理，并向全区通报抽检情况。

2008—2012 年，宁夏加强对化肥市场监管工作的组织领导，加大对不合格和劣质化肥农资产品的查处和抽检力度，打击不合格化肥农资和其他扰乱市场秩序、侵害农民利益行为，完善工商监管、行业自律、社会监督和消费者参与相结合的农资市场长效监管机制，把不合格化肥农资产品清除出农资市场，维护农民利益。

2013—2016 年，宁夏重点开展市场检查和植物生长调节剂整治、安全用药培训，做好化肥登记信息上报工作。在小麦、玉米、水稻、瓜菜等播种及用药高峰期，全区组织农业执法部门对化肥检疫进行专项检查，严厉打击各种生产、销售假冒伪劣化肥产品等坑农害农行为。

2017 年，宁夏以春耕备耕等农资购销、使用高峰时期为重点监管时段，以农资批发市场、专业市场和集散地、区域交界处、城乡接合部市场和农资展销会为重点监管区域，以大中型化肥生产经营企业、制售假劣农资窝点为重点打击对象，加强化肥市场整治行动。

2018 年，宁夏制定生产领域、流通领域监管措施，统计区内化肥市场、化肥经营者数量；监督化肥生产企业签订质量安全承诺书，督促企业落实主体责任；与供销、公安等部门协调沟通，实现信息共享，形成监管合力；开展肥料产品登记证、包装标签标识、产品质量的"三查"工作，共出动执法人员 3654 人次，检查企业 2602 个，整顿市场 815 个，严厉打击制售假冒伪劣产品违法行为。

2019 年，宁夏完善农业综合监管体系和工作流程，推进农资经营信息化建设；强化肥药双减行动，推进种植业绿色发展；按照化肥农药零增长行动，在全区建立测土配方施肥等化肥减量增效核心示范区 60 个，示范面积 14 万亩，带动全区测土配方施肥与化肥减量增效技术覆盖率达到 90% 以上，化肥利用率达到 40% 以上。

2020 年,宁夏建设测土配方施肥及化肥减量示范县 2 个、示范区 70 个,面积 25.15 万亩;有机肥应用示范区 33 个,面积 7.75 万亩。全区测土配方施肥及化肥减量技术覆盖率达到 93.6%;化肥用量为 104.46 万吨(农技部门统计),较上年减少 0.74 万吨;化肥利用率为 40.1%,较上年提高 0.7 个百分点。全区办理肥料管理登记证 52 个,质量抽检商品有机肥产品 35 个,合格率达到 88.6%。

四、兽药

1996—2001 年,宁夏按照农业部关于组织开展假兽药查处活动的通知精神,将已列入农业部通报的非法企业名单及不合格兽药名单印发给各县(市、区)及兽药经营单位,督促兽药经营使用单位清理非法企业生产的假兽药产品,使其不再经营、使用不合格兽药。全区每年开展兽药经营、使用情况整治行动,对检查中发现的违法行为,依据《兽药管理条例》有关规定给予查处。

2002 年,宁夏公布禁用、限用和推荐使用兽药目录。

2003—2006 年,宁夏按照国家《兽药管理条例》等法律法规,创新监管制度,打假与扶优并举,引导与查处并重,加强对农业投入品市场执法检查和监管,集中开展兽药整顿工作。

2007—2008 年,宁夏对农业部规定禁止使用的 29 种兽药实行严禁销售;联合工商、质检、公安等部门,组织专门力量,严格农业投入品市场准入制度,严厉打击制售假冒伪劣农资、坑农害农行为和经营、使用违禁兽、渔药违法行为;在无公害农产品和绿色食品生产基地、农业标准化生产基地坚决杜绝剧毒、高毒、高残留兽(渔)药的使用;在继续做好高毒、高残留兽药定点经营、台账经销、索证索票的同时,建立健全农业投入品质量追溯机制。

2009 年,宁夏以农(兽)药等农业投入品为重点,加强农业投入品生产经营管理,监督检查农业投入品登记、审定制度落实情况,监督检查生产经营档案和索证索票制度实施情况,依法查处违法生产经营农业投入品行为,开展质量监督抽查,依法公布不合格农产品及其生产经营企业。对违法使用国家明令禁止的兽药和其他有毒有害物质的行为,由相关部门进行依法查处;对非法生产经营企业,由相关部门依法吊销其生产、经营、产品登记等证照或移交有关部门处理;清查农产品生产过程中未经许可使用的投入品类别、名称、来源、用途、用法等情况。为查处养殖环节使用禁限用兽药及化学物质行为,自治区先后安排 2300 批次畜禽尿样检测,检测结果,兽药残留合格率为 99.6%,水产品合格率为 99.5%。生产者、经营者和广大群众对蛋白精等禁用兽药、渔药禁用意识增强。

2011 年,宁夏通过联合执法、清理整顿,掌握全区兽药经营户资料信息,完善对所有经营户的经营基本情况登记造册,建立数据库;建立健全兽药记录和休药期制度,加强畜禽产品兽药残留监控,查处假劣兽药案件 25 起,没收假劣兽药 546 千克。

2013—2015 年,宁夏实施农药监管与法制建设年活动,以及兽药经营清理规范行动,严格投入品审批、生产、流通和使用各环节管理;强化高毒兽药监管,对 135 家高毒农(兽)药定点经营单位和网点进行挂牌管理,明确销售时间、销售对象、销售品种、销售数量、使用对象及作物,实现质量安全责任追溯;出台《宁夏兽药使用质量管理规范》,完成兽药抽样检验 303 批,进行盐酸噻拉嗪等兽用化学保定药清缴整治工作;检查兽药经营企业及规模养殖场(园区)2054 个,查处假劣兽药 534 千克,案件 135 起,注销非兽药 GSP 企业 148 家,取缔无证经营企业数量 12 家,吊销经营许可证 2 家,净化兽药市场。

2016 年,宁夏推行兽药休药期证明制度。全区加强兽药休药期管理,落实定点屠宰企业动物产品质量安全责任,建立健全畜产品质量安全控制体系;严把畜禽"入场关",检疫人员及屠宰场必须查验兽药休药期证明和兽药使用报告,形成"出栏上市、检疫监督、定点屠宰"三管齐下的兽药联动管理机制,做到各项台账记录、活畜禽来源、肉品去向清晰可查,确保畜产品质量安全,实现畜产品兽药残留监管可追溯；组织抽检兽药产品 328 批次、动物及动物产品残留监测抽样 439 批，涉及兽药生产单位 9 家。

2017 年，宁夏印发《宁夏牛羊肉质量安全生产须知》，出台《关于加强农药兽药管理保障食品安全的意见》。全区出动执法人员 4900 余人次，检查生产经营使用单位 3447 家，生产经营企业检查的覆盖率为 100%，使用单位检查的覆盖率达 90% 以上；办理案件 32 起，查处假劣兽药 193.7 千克，罚没金额 4.9 万元。全区创建兽药经营使用"双百创优"示范活动，推行兽药产品信息化监管，实现兽药经营使用可追溯管理。

2018 年，农业农村部专门印发《关于加强农兽药和实验室安全管理工作的通知》，自治区印发《宁夏回族自治区兽药使用质量管理规范》（简称兽药 GUP），要求严厉打击制售假冒伪劣兽药等行为。全区出动执法人员 4261 余人次，检查生产经营使用单位 2561 家，生产经营企业检查的覆盖率达 100%，使用单位检查的覆盖率达 90% 以上；办理案件 16 起，查处假劣兽药 41 千克。

2019 年，宁夏落实兽药生产许可制度，审核企业生产条件，严把生产准入关；落实质量监测监管制度，实行 GMP（兽药生产质量管理规范）标准管理，开展原料药、辅料及产品质量抽检，规范生产行为；依照标准组织生产，规范使用行为；加强农产品农药、兽药残留抽检监测，落实兽药残留检验主体责任。全区全年共出动执法人员 2384 人次，检查企业 2335 家，办理案件 14 起，查处假劣兽药 15 千克，罚没金额 1.74 万元。

2020 年，宁夏印发《2020 年全区兽药监管工作要点》，开展检打联动，对农业农村部通报的假劣兽药进行清缴并立案查处；开展"全区兽药追溯专项检查"等 4 个专项行动；完成 50 个兽药产品批准文号技术审查和 2 家企业 GMP 复验工作；举办"全区兽药监管培训班"和"全区兽药行业高素质农民培训班"，组织相关人员和机构学习宣贯新版兽药 GMP 并督导企业改造升级；优化宁夏兽药信息化监管平台，全面推进兽药追溯管理；开展兽用抗菌药物使用减量化试点，做好兽药行业疫情防控和复工复产指导服务。全区出动执法人员 4719 人次，检查兽药生产经营使用企业 2536 家；培训生产企业人员 40 人次，经营企业人员 760 人次，养殖场人员 2344 人次，发放宣传资料 6.6 万余份；办理兽药执法案件 31 件，有效净化了兽药市场。

五、饲料及饲料添加剂

1996—2001 年，自治区贯彻落实《饲料和饲料添加剂管理条例》，落实饲料监管责任，逐步建立健全责任到人、监管到位的工作机制，对全区饲料生产经营企业和规模养殖户（自配料）进行责任分解，建立健全乡镇包（场）点、县级包乡、市级包县的责任监管网格化体系；开展饲料质量安全整治行动，制定《饲料质量安全整治实施方案》和《饲料质量安全事件应急处置预案》，开展饲料企业年度备案、现场核实，以及"瘦肉精"、含"瘦肉精"饲料清查收缴工作；对全区饲料生产、经营、使用企业进行集中检查，严厉打击非法添加"瘦肉精""三聚氰胺"等违法行为。

2002—2006 年，自治区加强对专业养殖场（户）自配饲料的监管，建立健全添加剂使用申报制度；检查专业养殖场（户）943 家，未发现添加使用"瘦肉精"等违禁物品的违法行为。

2007—2008 年，自治区对饲料及饲料添加剂中的重点环节、重点领域、重点问题进行整治。全区出动农业执法人员 2541 人次，检查经营主体 1277 家，查处违法案件 58 件，取缔无证照企业 33 家，吊销证照 11 家，立案查处案件 7 起，查获假冒伪劣饲料和饲料添加剂 3000 千克。全区对饲料添加剂生产许可证企业的检查率达到 100%。

2009 年，自治区安排 3270 批次饲料检测，未发现三聚氰胺和"瘦肉精"。

2011 年，自治区以饲料和生鲜乳专项整治为重点，强化蛋白饲料原料和养殖环节使用"瘦肉精"等非法添加物监管，严格生鲜乳收购站日常监管与标准化管理。全区整改生鲜乳收购站 68 个，取缔 33 个，吊销生鲜乳收购许可证 29 个；取缔生鲜乳运输车 63 辆，吊销运输准运证 63 个。

2012 年，自治区依法严厉查处违法违规产品以及在饲料中非法使用违禁添加物违法行为，开展教育培训工作，宣传"瘦肉精"、三聚氰胺对人体的危害性，提高养殖户、贩运户安全意识和守法诚信意识。

2013 年，自治区加强蛋白饲料原料和养殖环节使用"瘦肉精"等非法添加物的监管，完成各项饲料监测 673 批，饲料检测合格率达到 99.1％；检测动物尿液 550 份，涉及 263 个养殖场户，"瘦肉精"检测合格率达 100％。全区完成监测收购站生鲜乳样品 826 批，运输车生鲜乳样品 176 批，监测合格率达 99％；水产品整治突出养殖环节监测，完成水产养殖面积监测 28.1 万亩，检测水质、饲料、苗种样本 388 个，其中检测水产苗种样本 90 个，重点检测孔雀石绿、氯霉素、硝基呋喃类代谢产物，合格率达到 100％。

2016 年，自治区签署北方七省及内蒙古周边省（自治区）区域合作协议，健全区域间信息线索通报，联合执法、案件协办、应急处置等协调联动工作机制。

2018 年，自治区组织开展"瘦肉精"大排查行动，在加大检测的同时，集中开展线索排查工作。全区检测牛羊猪养殖场、屠宰场样品共 52898 份，均为阴性，未发现"瘦肉精"污染线索。

2019 年，自治区重点对农资批发市场、运销大户和乡村流动商贩进行整治，加强对走街串巷、上门直供、互联网销售等模式的监管。全区协调工商、公安、质监、商务等部门，加强执法，协作监管，共出动执法人员 15905 人次，检查企业 14564 个，整顿市场 3904 个，受理举报案件 93 起，印发资料 8607.7 万份，维护了农民的合法权益。

2020 年，自治区组织开展饲料质量安全年活动。全年共出动饲料监管人员 1220 人次，对全区 67 家饲料企业、324 家饲料经销店和 150 家规模养殖场（户）开展 2 次饲料产品质量安全专项整治行动和 3 次企业安全生产大检查，现场检查发现安全隐患 11 个，提出整改意见 9 条，全部整改到位；组织专家审核新（换）发生产许可证 16 家；发布《2020 年全区饲料质量安全监管监测计划的通知》，采取联合执法和专项整治等方式，持续开展饲料产品质量安全、饲料使用环节违禁添加物等 4 项监测，对检测不合格样品，依法对相关单位进行处罚和跟踪限期整改；开展了全区饲料质量安全专项整治"绿剑"行动，对饲料原料、自配料、药物饲料添加剂退出、信息核查五方面进行专项整治。

六、农机具

1996—2005 年，宁夏健全农机产品监管机制；加强对《产品质量法》《农业机械产品修理、更换、退货责任规定》的宣传与实施；明确农机打假的具体办事机构；重点查处无厂名、厂址、合格证，以及有关法律法规规定应取得相应许可证书而未取得的农机及零配件；查处不执行国家标准，偷工减料，使用旧件拼装的农机产品；查处以次充好、以假充真，盗用厂名、厂址、商标的农机零配件；扶持优质农机产品发展，加强优质农机产品示范推广。

2006 年，自治区按照"谁主管，谁负责"的要求，与相关责任人签订农机安全生产责任书，使农机安全生产责任制得到落实，保证了农机安全监管责任横向到边，纵向到底，不留死角。全区建立完善规章制度，完善相关业务规范，为广大农机手提供公开、透明、高效、便捷的公共服务。

2010 年，自治区开展无牌无证、违法载人、脱检漏审治理活动；建立健全农机事故应急处理预案和农机事故上报制度。

2012 年，自治区建立和完善农机质量投诉监督体系，协助有关部门打击制售假冒伪劣农机产品行为；组织工商、质监等部门，加强对农机生产企业、农机经营门店的检查，严厉查处假冒制作农业机械推广许可证或农业机械推广鉴定证的违法行为。

2013 年，自治区开展"打非治违"及农机隐患排查和农机安全执法检查，开展创建"平安农机"示范县、乡（镇）村和户（合作社、农机作业公司）活动以及农机执法人员培训及岗位练兵活动。

2014—2015 年，自治区完善农机安全生产各级政府的领导责任、主管部门的监管责任和农机业主的主体责任，建立"三位一体"的责任体系；将农机化质量监管纳入市县考核指标中，全年开展农机质量专项活动 102 次。

2016 年，自治区组织开展银川农资城、固原农资城、吴忠农机市场等农机经销市场检查活动；开设全区农机质量监督管理培训班，培训内容涉及农机质量调查方法，《农机推广鉴定实施办法》解读，农机推广鉴定证书、证章的使用和管理；加强农机产品质量投诉案件受理，接待投诉案件 8 起、调解处理 3 起；健全农机试验鉴定制度建设；修订《宁夏农机试验鉴定实施办法》《宁夏农机推广鉴定实施办法》；开展农机产品质量监督抽检和质量调查。

2017 年，自治区向农机企业传达国家各级标准主管部门标准化工作的方针、政策、任务和部署，提供标准制定、修订、废止等方面信息，指导企业制修订标准 20 个。

2018 年，自治区推进农机标准化，提升农机综合生产能力；编制《撒肥机》《旋耕施肥铺膜一体机质量评价技术规范》等 6 个地方标准制（修）定项目申报书；开展农用机械销售点、农机维修站专项检查。

2019 年，自助区编制《蔬菜机械化耕整地作业技术规范》《硒砂瓜机械化移栽作业技术规范》《马铃薯机械化覆膜种植及膜上覆土技术规程》《黄芪机械化移栽技术规程》《葡萄开沟施肥机》《葡萄机械化生产示范园区建设规范》等 16 个地方标准制（修）定项目申报书，提高农业机械标准化工作水平。

2020 年，自治区扎实开展农机安全生产专项整治，聚焦农机生产重点领域、重点环节和重点区域，深入开展农机安全生产检查和隐患排查治理，"打非治违"。全区开展安全检查 1610 次，检查农机作业公司、农机合作社、农机维修网点等 388 家，检查拖拉机、联合收割机 32954 台次；纠正违法违章行为 3000 余起，整改 1565 起，及时消除安全隐患。

■ 第二节　农业产出品质量安全监管

一、作物产品（蔬菜、水果）

1996—2000 年，宁夏各市完善农产品质量安全检测机构，开展对果蔬生产基地环境、农业投入品、初级农产品的检测；重点对果蔬生产基地及各大农贸市场鲜菜水果农药残留含量进行抽检，实行月报制度。

2001 年，自治区开展推进农产品质量安全市场准入制度工作。

2002—2004 年，银川市开展蔬菜市场准入试点工作。

2004 年，自治区委托宁夏农产品质量安全检测中心、自治区兽药饲料监察所、宁夏农业环境保护监测站对银川市、石嘴山市、吴忠市、固原市、中卫市等全区 5 个地级市"菜篮子"产品中的农药残留水平及农产品产地环境质量状况开展季度例行监测。

2005 年，农业部例行监测结果显示，银川市列全国 37 个被监测城市蔬菜农药残留由低到高排名第一位。银川市、石嘴山市、吴忠市、固原市、中卫市等全区五个地级市农药残留超标率控制在 6% 以内。

2006 年，针对例行监测不规范等问题，自治区在各市、县加大监测范围和频次，严格农产品质量安全准入，强化标准化服务和生产过程管理，加强标识管理，全区菜篮子产品农药残留超标率控制在 5% 以内。2006 年，全区完成农产品质量安全例行监测抽检 800 批次，合格率为 97.2%。

2007 年，惠农区、平罗县、贺兰县、灵武市、永宁县、青铜峡市、盐池县、中宁县、隆德县、彭阳县等 10 个县（市、区）开展农产品质量安全市场准入工作。全区省级城市农产品批发市场（2 个）和地市级以上城市农产品批发市场（7 个）已纳入监测范围。盐池县、中宁县、青铜峡市等县、市还将监管工作延伸至县级农贸市场。全区全年完成农产品质量安全例行监测抽检 800 批次，合格率为 96.5%。

2008 年，全区 29 家农产品批发市场和 33 家超市实行农产品质量安全市场准入，开展蔬菜农药残留日检公布制度，对农药残留超标的农产品依法禁止入场（市）销售。全区完成农产品质量安全例行监测抽检 800 批次，合格率为 99.5%。

2009 年，自治区严查种植环节使用禁限用农药及化学物质的行为，安排 8200 批次的蔬菜检测。农业部例行监测结果显示，全区蔬菜监测合格率达到 97.5%。

2010 年，自治区完善监管标准和检测手段，制定实施细化行政处罚自由裁量权的法律法规；完成农产品质量安全例行监测抽检 800 批次，合格率为 99.2%。

2011 年，自治区完成农产品质量安全例行监测抽检 800 批次，合格率为 99.2%。

2012 年，农业部办公厅印发《关于贯彻落实〈农产品质量安全监测管理办法〉的通知》和《关于做好县级农产品质量安全检测机构考核和实验室计量认证的通知》，要求完善农产品质量安全监管制度。

2013 年，自治区推行"入市验证、无证抽检、信息公示、安全承诺、不合格产品依法处理"五项制度，规范市场准入和产地准出。全区完成农产品质量安全例行监测抽检 800 批次，合格率为 97.9%。

2014 年，自治区完成农产品质量安全例行监测抽检 952 批次，合格率为 98.1%。

2015 年，自治区完成农产品质量安全例行监测抽检 952 批次，合格率为 97.4%。

2016 年，自治区完成农产品抽检 1385 批次。2017 年，完成全区农产品抽检 1385 批次，合格率为 95%。

2018 年，自治区完成宁夏农产品可追溯体系建设项目基地 525 批次样品的抽检工作。

2019 年，自治区完成农产品抽检 1946 批次，合格率为 99.1%。

2020 年，自治区开展全区农产品质量安全例行监测 4 次，抽检蔬菜、水果 1320 批次，覆盖全区 5 市 22 个县（市、区），合格率达为 99.3%；开展全区农产品质量安全监督抽查 3 次，抽检蔬菜 600 批次，合格率为 98.2%。

二、畜禽产品（肉类、鲜奶、禽蛋）

1996—2001 年，自治区依照相关法律法规和国家相关标准，争取资金投入，充实机构配置人员，购置仪器等，建立和完善畜禽产品检验检测体系。

2003—2004 年，自治区每年对银川市、石嘴山市、吴忠市、固原市、中卫市生产基地、批发市场、农贸市场和超市进行农产品质量安全例行监测。

2005 年，自治区集中开展了畜禽水产品抗生素、禁用化合物及兽药残留超标整治行动，重点整治违法添加、滥用"瘦肉精""苏丹红""莱克多巴胺"等非法添加物及违禁药物行为，未发现违法使用滥用"瘦肉精""苏丹红""莱克多巴胺"等违禁药物行为。自治区建立了农产品质量安全监测系统，对银川市各个兽药残留监测点的检测数据实现计算机管理。

2009—2010 年，自治区加强对奶牛养殖的监管和指导，对所使用的原料、兽药等投入品进行检查登记，建立原料、兽药使用登记台账，规范投入品监管；建立生鲜乳销售台账，强化奶牛养殖至生鲜乳销售的全程监管，杜绝不合格兽药、"三聚氰胺"的使用，生鲜乳合格率达 100%。全区开展打击畜禽水产品中违法添加非食用物质和滥用食品添加剂整治工作，确保了畜禽水产品质量安全。农业部例行监测结果，全区畜禽及水产品监测合格率达到 97.5%。全区安排 28300 批次抽检任务，其中鲜奶 2800 批次、牛羊肉 1920 批次、畜禽尿样 4600 批次。

2011 年，自治区利用"瘦肉精"快速检测试纸、"莱克多巴胺"测试卡对生猪养殖场（户）和各生猪收购点进行同步不定期抽查。

2012 年，自治区开展畜禽、水产品安全生产执法检查，重点检查养殖大户用药情况；检查畜禽养殖环节使用"瘦肉精""莱克多巴胺"等禁用兽药和"苏丹红"等化学物质的违规违法行为。

2016 年，自治区以肉牛、肉羊、生猪产品为重点，抓好饲料生产经营环节、养殖环节、收购贩运环节非法添加使用"瘦肉精"的行为。全区以婴幼儿配方乳粉奶源为监管重点，加强生鲜乳收购站和运输车监管，清理审查收购站和运输车资质条件，取缔不合格收购站和运输车，注销关停 5 家收购站；将正常运行的收购站和运输车信息录入"生鲜乳收购站运输车监督管理系统"并实时监控，进行精准化管理。全年全区开展区内外 6 项子任务监测，涉及违禁物、残留物、微生物、重金属、营养指标等 18 项参数，完成生鲜乳监测 1263 批次，覆盖全区所有奶站和运输车，检测合格率均达到 100％。2016 年，自治区农产品质量安全监测任务安排 3039 批次，其中畜禽产品 811 批次。根据农业部监测数据，全区主要农产品检测合格率为 99％，其中畜禽类的为 100％，高出国家控制指标 4 个百分点。生产基地监测合格率为 99.4％，其中畜禽类的为 100％。

2017 年，自治区以农产品质量安全例行监测、飞行抽检为抓手，对蔬菜、食用菌、水果、枸杞、畜禽、水产品每季度开展一次例行监测，对全区菜篮子产品生产基地开展三次飞行检测风险排查，监测产品涉及 57 个农产品消费种类，检测参数严格依照国家标准执行。全年全区共开展例行监测 1832 批次、飞行检测 1627 批次，主要农产品监测合格率达到 98.0％，高出国家控制指标 2 个百分点，位居全国前列，其中抽检畜禽产品 707 批次。

2018 年，自治区实施农产品例行监测和飞行抽检计划，开展飞行检测 3 次，风险监测 4 次，共抽检畜禽产品 716 批次，合格率为 98.9％；抽检水产品 354 批次，合格率为 100％；印发《2018 年宁夏畜禽屠宰环节"瘦肉精"检测工作方案》，加大对"瘦肉精"的检测力度。

2019 年，自治区针对农产品质量安全隐患，每季度开展一次农产品质量安全例行监测和监督抽查；开展自治区农产品质量安全监测 3638 批次，其中畜禽产品 843 批次，合格率为 99.1％。全区全年共检测"瘦肉精"77500 批次，均为阴性，未发现"瘦肉精"污染线索。

2020 年，自治区开展畜禽产品质量安全例行监测 4 次，抽检畜禽产品 314 批次，不合格 4 批次，合格率达到 98.7％；开展畜禽产品质量安全监督抽查 3 次，抽检畜禽产品 401 批次，不合格 3 批次，合格率达到 99.2％。

三、生鲜乳质量安全监测

2008 年，我国发生奶制品三聚氰胺污染食品安全事故。为加强生鲜乳质量安全监管，提高我国生鲜乳质量安全水平，农业部组织在全国范围内开展生鲜乳质量安全监测。宁夏生鲜乳质量安全监测工作主要由宁夏回族自治区兽药饲料监察所承担，主要监测生鲜乳收购奶站和运输环节。截至 2020 年年底，全区共监测约 15477 批。

2008 年，自治区完成农业部下达生鲜乳质量安全监测任务 360 批，主要监测对象是三聚氰胺，监测合格率为 100％。

2009 年，自治区完成农业部下达生鲜乳质量安全监测任务 363 批，主要监测对象是三聚氰胺、皮革水解蛋白、硫氰酸钠、温度，检测合格率为 98.9％。

2010 年，自治区实施生鲜乳质量安全监测任务共 1469 批。监测分四部分：一是，农业部下达生鲜乳质量安全监测任务共 301 批。主要监测三聚氰胺、皮革水解蛋白、碱类物质。二是，自治区下达生鲜乳质量安全监测任务共 300 批。主要监测三聚氰胺、β-内酰胺酶、总抗生素残留。三是，农业部下达全国生鲜乳收购站拉网式检查监测任务共 468 批。主要监测三聚氰胺、碱类物质、黄曲霉毒素 M1。四是，农业部下达生鲜乳抗生素残留专项监测任务共 400 批。主要监测氨基糖苷类抗生素、四环素类抗生素、氟喹诺酮类抗生素、β-内酰胺类抗生素、林克胺类及大环内酯类抗生素。检测合格率为 99.7％。

2011 年，自治区实施生鲜乳质量安全监测任务共 1230 批。一是，农业部下达生鲜乳质量安全监测任务共 545 批。主要监测三聚氰胺、皮革水解蛋白、碱类物质、β-内酰胺酶、硫氰酸钠。二是，自治区下达生鲜乳质量安全监测任务共 300 批。主要监测三聚氰胺、β-内酰胺酶、β-内酰胺类抗生素类残留、黄曲霉毒素。三是，农业部下达生鲜乳质量安全拉网式飞行抽检任务，共监测样品 385 批。主要监测三聚氰胺、皮革水解蛋白、碱类物质、β-内酰胺酶、硫氰酸钠。监测合格率为98.8%。

2012年，自治区实施生鲜乳质量安全监测任务共928批。一是，农业部下达生鲜乳质量安全监测任务共598批。主要监测三聚氰胺、革皮水解物、碱类物质、β-内酰胺酶、硫氰酸钠。二是，自治区下达奶产业提质增效生鲜乳监测任务共330批。主要监测三聚氰胺、β-内酰胺酶、碱类物质、β-内酰胺类抗生素类残留、冰点。监测合格率为98.5%。

2013年，自治区实施生鲜乳质量安全监测任务共1006批。一是，农业部下达宁夏生鲜乳违禁添加物专项监测任务共576批。主要监测三聚氰胺、革皮水解物、β-内酰胺酶、碱类物质、硫氰酸钠。二是，自治区下达生鲜乳质量安全监测任务共230批，主要监测三聚氰胺、β-内酰胺酶、碱类物质、过氧化氢、淀粉、冰点、亚硝酸盐、硝酸盐、黄曲霉毒素M1、β-内酰胺类抗生素、氟喹诺酮类抗生素。三是，生鲜乳菌落总数及部分理化指标监测任务共200批，主要监测菌落总数、蛋白质、脂肪。监测合格率为99.1%。

2014年，自治区实施生鲜乳质量安全监测任务共1547批。一是，农业部下达生鲜乳违禁添加物专项监测任务共641批。主要监测三聚氰胺、革皮水解物、β-内酰胺酶、碱类物质、硫氰酸钠。二是，农业部下达生鲜乳质量安全异地抽检监测任务共131批。其中四川省40批，新疆维吾尔自治区91批。主要监测三聚氰胺、革皮水解物、β-内酰胺酶、碱类物质、硫氰酸钠。三是，农业部下达婴幼儿配方乳粉奶源基地质量安全专项监测任务共60批。主要监测三聚氰胺、革皮水解物、β-内酰胺酶、碱类物质、硫氰酸钠、黄曲霉毒素M1、铅、汞。四是，农业部下达生鲜乳部分理化及国家标准指标监测任务共121批。主要监测菌落总数、乳蛋白质、乳脂肪。五是，农业部下达质量安全指标隐患摸底监测任务共112批。主要监测碘、硒、亚硝酸盐、肠毒素、苯甲酸。六是，自治区下达农产品质量安全监测任务共416批。主要监测三聚氰胺、冰点、碱类物质、氯离子、β-内酰胺酶、β-内酰胺类抗生素。七是，自治区下达生鲜乳跟踪执法监测任务共30批。主要监测冰点、菌落总数、碱类物质、氟喹诺酮类抗生素。八是，自治区下达生鲜乳风险研究任务共36批。主要监测菌落总数、乳蛋白质、乳脂肪、硝酸盐、亚硝酸盐。监测合格率为97.5%。

2015年，自治区实施生鲜乳质量安全监测任务共1806批。一是，农业部下达生鲜乳违禁添加物专项监测任务共652批。主要监测三聚氰胺、革皮水解物、β-内酰胺酶、碱类物质、硫氰酸钠。二是，农业部下达生鲜乳质量安全异地抽检监测任务共220批，其中黑龙江省180批，湖北省40批。主要监测三聚氰胺、革皮水解物、β-内酰胺酶、碱类物质、硫氰酸钠、黄曲霉毒素M1、铅、汞、砷、铬。三是，农业部下达婴幼儿配方乳粉奶源基地质量安全专项监测任务共139批，其中黑龙江省114批、宁夏回族自治区25批。主要监测三聚氰胺、革皮水解物、β-内酰胺酶、碱类物质、硫氰酸钠、黄曲霉毒素M1、铅、汞。四是，农业部下达生鲜乳部分理化及国家标准指标监测任务共152批。主要监测菌落总数、乳蛋白质、乳脂肪。五是，农业部下达质量安全因素隐患排查监测任务共161批。主要监测苯甲酸、山梨酸、舒巴坦、肠毒素、蜡样芽孢杆菌。六是，自治区下达农产品质量安全监测任务共416批。主要监测三聚氰胺、冰点、碱类物质、氯离子、β-内酰胺酶、β-内酰胺类抗生素。七是，生鲜乳跟踪执法监测任务共30批。主要监测冰点、菌落总数、碱类物质、氟喹诺酮类抗生素。八是，生鲜乳风险研究任务共36批。主要监测菌落总数、乳蛋白质、乳脂肪、硝酸盐、亚硝酸盐。监测合格率为99.45%。

2016年，自治区实施生鲜乳质量安全监测任务共1266批。一是，农业部下达生鲜乳违禁添加物专项监测任务共310批。主要监测三聚氰胺、革皮水解物、β-内酰胺酶、碱类物质、硫氰酸钠。二是，农业部下达生鲜乳质量安全异地抽检监测任务共220批，其中，黑龙江省180批、四川省40批。主要监测三聚氰胺、革皮水解物、碱类物质、β-内酰胺酶、硫氰酸钠、黄曲霉毒素M1、铅、汞、砷、铬。三是，农业部下达婴幼儿配方乳粉奶源基地质量安全专项监测任务共210批，其中，黑龙江省200批，宁夏回族自治区10批。主要监测三聚氰胺、β-内酰胺酶、碱类物质、革皮水解物、硫氰酸钠、黄曲霉毒素M1、铅、汞。四是，农业部下达生鲜乳国家标准指标监测任务共80批，主要监测菌落总数、乳蛋白质、乳脂肪、酸度，非脂乳固体。五是，农业部下达生乳国家标准修订监测任务共

394 批。主要监测菌落总数、乳蛋白质、乳脂肪、酸度、非脂乳固体、冰点、体细胞、相对密度、杂质度、β-内酰胺酶、黄曲霉毒素 M1。六是，生鲜乳跟踪执法监测任务 52 批。主要监测菌落总数、黄曲霉毒素 M1、碱类物质、乳蛋白质、冰点、乳脂肪、体细胞。监测合格率为 98.7%。

2017 年，自治区实施生鲜乳质量安全监测任务共 2440 批。一是，农业部下达生鲜乳违禁添加物专项监测任务 561 批。主要监测三聚氰胺、革皮水解物、β-内酰胺酶、碱类物质、硫氰酸钠。二是，农业部下达生鲜乳质量安全异地抽检监测任务任务共 223 批，其中，陕西省 152 批，云南省 71 批。主要监测三聚氰胺、革皮水解物、碱类物质、β-内酰胺酶、硫氰酸钠、黄曲霉毒素 M1、铅、汞、砷、铬。三是，农业部下达婴幼儿配方乳粉奶源基地质量安全专项监测任务共 120 批，其中，陕西省 100 批，宁夏 20 批。主要监测三聚氰胺、β-内酰胺酶、碱类物质、革皮水解物、硫氰酸钠、黄曲霉毒素 M1、铅、铬、汞、砷。四是，农业部下达生鲜乳国家标准指标监测任务共 242 批。主要监测菌落总数、乳蛋白质、乳脂肪、酸度、非脂乳固体、冰点、体细胞、杂质度、相对密度、黄曲霉毒素 M1。五是，完成生乳国家标准修订监测任务 394 批。主要监测菌落总数、乳蛋白质、乳脂肪、酸度、非脂乳固体、冰点、体细胞、相对密度、杂质度、β-内酰胺酶、黄曲霉毒素 M1。六是，农业部下达生鲜乳指标摸底监测任务共 820 批，其中，宁夏 510 批，陕西省 150 批，甘肃省 80 批，贵州省 80 批。主要监测乳蛋白质、乳脂肪、非脂乳固体、酸度、体细胞、菌落总数、冰点。七是，农业部下达散养户生鲜乳质量安全监测任务共 80 批。主要监测乳蛋白质、乳脂肪、非脂乳固体、菌落总数、黄曲霉毒素 M1、碱类物质、β-内酰胺酶、冰点、体细胞、相对密度、铅、苯甲酸。监测合格率为 91.8%。

2018 年，自治区实施生鲜乳质量安全监测任务共 870 批。一是，农业部下达生鲜乳违禁添加物专项监测任务共 308 批。主要监测三聚氰胺、革皮水解物、β-内酰胺酶、碱类物质、硫氰酸钠。二是，农业部下达生鲜乳质量安全异地抽检监测任务 202 批，其中，内蒙古自治区 110 批，辽宁省 92 批。主要监测三聚氰胺、碱类物质、β-内酰胺酶、硫氰酸钠、黄曲霉毒素 M1、铅、汞、砷、铬。三是，农业部下达婴幼儿配方乳粉奶源基地质量安全专项监测任务共 14 批。主要监测三聚氰胺、β-内酰胺酶、碱类物质、革皮水解物、硫氰酸钠、黄曲霉毒素 M1、铅、铬、汞、砷。四是，农业部下达生鲜乳国家标准指标监测任务共 161 批，主要监测菌落总数、乳蛋白质、乳脂肪、酸度，非脂乳固体、冰点、体细胞、杂质度、相对密度、黄曲霉毒素 M1。五是，农业部下达散养户生鲜乳质量安全监测任务共 185 批。主要监测乳蛋白质、乳脂肪、菌落总数、黄曲霉毒素 M1、碱类物质、β-内酰胺酶、体细胞、苯甲酸。监测合格率为 96.4%。

2019 年，自治区实施生鲜乳质量安全监测任务共 856 批。一是，自治区下达生鲜乳质量安全监测任务共 423 批。主要监测三聚氰胺、β-内酰胺酶、碱类物质、乳蛋白质、乳脂肪、体细胞、冰点。二是，自治区下达生鲜乳国家标准理化指标监测任务共 83 批，主要监测菌落总数、乳蛋白质、乳脂肪、酸度、非脂乳固体、冰点、体细胞、苯甲酸。三是，自治区下达生鲜乳风险预警监测任务共 80 批。主要监测黄曲霉毒素 M1。四是，生鲜乳中免疫球蛋白 G（IgG）监测任务共 200 批。主要监测生鲜乳中 IgG 含量。五是，生鲜乳中氨基酸含量分布研究监测任务共 70 批。主要监测生鲜乳中 16 种常见氨基酸的含量及分布情况。监测合格率为 96.35%。

2020 年，自治区实施生鲜乳质量安全监测任务共 1336 批。一是，自治区下达生鲜乳违禁添加物监测任务共 290 批，主要监测三聚氰胺、β-内酰胺酶、碱类物质 3 项。二是，生鲜乳国家标准理化指标监测任务共 292 批，主要监测蛋白质、脂肪、酸度、非脂乳固体、冰点、体细胞、菌落总数 7 项。三是，生鲜乳风险预警监测任务共 370 批。主要监测黄曲霉毒素 M1、铅、铬、砷、汞、氯离子 5 项。四是，生鲜乳品质指标监测任务共 384 批，主要监测蛋白组分、脂肪酸、氨基酸、微量元素等。监测合格率为 100%。

四、水产品

2005 年 12 月，宁夏水产技术推广站开始承担宁夏水产品质量安全日常监督检测工作。

2006 年，全区开展水产品质量安全抽检，完成无公害水产品产地认证工作；查处水产苗种生产、成鱼养殖过程中违规使用氯霉素、硝基呋喃类药物、孔雀石绿等违法行为，检查和督促养殖者建立生产记录、用药记录、销售记录；完成区内无公害水产品抽检数量 43 个、检测项目 860 项次，合格率达 100%。

2007 年，全区完成宁夏无公害水产品抽检、喹乙醇专项抽检共 2 批，样品 45 个，合格率为 100%；完成渔用饲料喹乙醇专项抽检 1 批、30 个样品，合格率为 100%。全区认定畜禽产地养殖规模占全区畜禽养殖规模总量的 85% 以上；认定渔业产地养殖面积占全区养殖水面面积的 80% 以上。

2008 年，全区完成无公害水产品抽检 81 个、810 项次，合格率达 100%；完成渔用饲料喹乙醇专项抽检 102 个，合格率达 97%。

2009 年，全区完成无公害水产品抽检任务，合格率达 100%；完成水产品药物残留专项抽检 154 个，合格率为 98.05%；完成水产苗种药物残留专项抽检 23 个，合格率为 100%；完成渔用饲料喹乙醇专项抽检 202 个，合格率为 99.50%。

2010 年，全区完成无公害水产品抽检 83 个、450 项，合格率为 100%；完成水产品专项抽检 152 个、456 项，合格率为 100%；完成水产苗种专项抽检 30 个、60 项，合格率为 100%；完成渔用饲料专项抽检 100 个，合格率为 100%。2011 年，全区完成水产品抽检 103 个、520 项，合格率为 100%；首次执行了宁夏流通市场水产品抽检 54 个、270 项，合格率 100%；完成宁夏渔业种质资源保护区水产品抽检、水产苗种专项抽检、渔用饲料喹乙醇专项抽检。

2012 年，全区完成宁夏 5 个地级市的养殖场点和流通市场水产品抽检 109 个，合格率为 97.24%；完成宁夏渔业种质资源保护区水产品抽检 3 个，合格率为 100%；完成水产苗种专项抽检 45 个，合格率为 100%；完成渔用饲料喹乙醇专项抽检 51 个，合格率为 100%。

2013 年，全区完成宁夏 5 个地级市的养殖场点和流通市场水产品抽检 193 个，合格率 100%；完成宁夏渔业种质资源保护区水产品抽检 3 个，合格率为 100%；完成水产苗种专项抽检 90 个，合格率 100%；完成渔用饲料喹乙醇专项抽检 100 个，合格率 100%。

2014 年，全区完成宁夏 5 个地级市水产品抽检 223 个，其中产地水产品样本 166 个、市场水产品样本 57 个，合格率为 100%；完成宁夏渔业种质资源保护区水产品抽检 3 个 15 项次，合格率为 100%；完成水产苗种专项抽检 61 个 183 项次，合格率为 98.36%；执行农业部、全国水产技术推广总站渔用配合饲料中使用违禁药物和添加剂的排查工作，抽检样品 31 个，合格率为 100%。宁夏水产技术推广站承担了 2014 年宁夏第一届农产品质量安全检测技能竞赛水产品考核任务。

2015 年，全区完成宁夏五个地级市水产品抽检 206 个，其中产地水产品 123 个、市场水产品 50 个；执行宁夏出境运输水产品抽检 33 个，合格率为 99.51%；完成宁夏渔业种质资源保护区水产品抽检 3 个，合格率为 100%；完成水产苗种专项抽检 105 个，合格率为 100%。

2016 年，全区完成宁夏 5 个地级市水产品抽检样品 625 个，其中产地水产品 453 个、市场水产品 172 个，合格率为 99.70%；完成宁夏渔业种质资源保护区水产品抽检 3 个，合格率为 100%；完成水产苗种专项抽检 22 个，合格率为 100%。

2017 年，全区完成宁夏 5 个地级市水产品抽检样本 403 个，其中产地水产品 280 个、市场水产品 100 个、宁夏出境运输环节 23 个，合格率为 99.75%；完成宁夏渔业种质资源保护区水产品抽检 3 个，合格率为 100%；完成水产苗种专项抽检 43 个样本，合格率为 100%；宁夏水产养殖单位数据库系统完成上线。

2018 年，全区完成宁夏 5 个地级市水产品抽检样本 645 个，其中产地水产品样本 541 个、市场水产品样本 104 个，合格率为 100%。

2019 年，全区完成宁夏 5 个地级市水产品抽检样本 657 个，其中产地水产品样本 404 个、市场水产品样本 253 个，合格率为 98.93%；完成宁夏渔业种质资源保护区水产品抽检 3 个样本，合格率为 100%。宁夏水产技术推广站承担农业农村厅主办的 2019 年"宁夏第二届农产品质量安全检测技能竞赛（水产）"考务工作。

2020年，全区开展水产品质量安全例行监测4次，抽检水产品200批，不合格5批，合格率达到97.5%；开展水产品质量安全监督抽查3次，抽检水产品184批，全部合格。

第三节 农产品质量安全监管方式

一、监测抽查

例行监测（风险监测）：是指为了全面、及时、准确地掌握和了解农产品质量安全状况，及时掌控风险隐患，定期对影响农产品质量安全的有害因素进行检验、分析和评价的活动。其方式为随机抽选监测地，主要为种植基地、禽类养殖场、屠宰场、水产养殖场、产地运输车、水产品暂养池、农产品批发市场及农贸市场等；主要抽检种植业产品（包括蔬菜、食用菌、水果）、畜禽产品和水产品3个农产品大类。

监督抽查：是指为了查处农产品质量安全违法行为，对生产或销售的农产品进行抽样检测的活动。实施监督抽查的产品是来源于农业的初级产品，监督抽查的生产经营主体是农产品生产者和销售者。主要针对问题突出的产品进行监督抽查，以特定农产品禁用农兽药、禁用药品及其他化合物、停用兽药为重点对象。抽检范围主要包括种植养殖基地、农产品生产企业、农民专业合作经济组织、种植养殖大户、屠宰场。

二、网格化监管

2015年，根据《中华人民共和国农产品质量安全法》和《宁夏回族自治区实施〈中华人民共和国农产品质量安全法〉办法》，自治区印发了《宁夏回族自治区农产品质量安全网格化监管实施方案（试行）》。

（一）"三级"网格管理机构

1. 一级网格

各市农牧局局长为第一责任人，指导协调考核二级网格监管工作，负责本区域农产品质量安全网格化监管的组织领导、农产品质量安全网格化监管的实施与管理，定期向自治区农产品质量安全监管局报告监管工作情况。

2. 二级网格

各县（市、区）农牧局局长为第一责任人，负责组织实施农产品质量安全网格化监管方案，负责三级网格考核问责工作。班子成员按照"投入品监管、标准化生产、产品检测准出、收贮运环节监管"四个环节分段分工负责。

3. 三级网格

各乡镇农产品质量安全监管站负责人为第一责任人，农业技术推广站（服务中心）、畜牧兽医站等技术推广机构及其全体成员为网格责任人。

（二）"四段"网格化监管

1. 农业投入品监管

各市农牧局分管执法的副局长作为一级网格第一责任人，县农牧局分管执法的副局长作为二级网格第一责任人，市、县农业综合执法大队监管人员、专业技术人员实行划镇包点（农资、兽药店）定岗定员，乡镇农产品质量安全监管站指定直接责任人。本段一级网格定岗5名，二级网格定岗5~8名，三级网格按乡镇数乘以3定岗。

2. 农业标准化生产监管

各市农牧局分管种植、畜牧、水产生产的副局长作为一级网格第一责任人，县农牧局分管种植、畜牧、水产生产的副局长作为二级网格第一责任人，市、县农技推广中心（站）、畜牧疾控中心（站）、水产站等专业技术人员划镇包片定岗定员，乡镇农牧渔业技术推广服务站指定直接责任人。本段一级网格定岗 10 名，二级网格定岗 40 名，三级网格按乡镇数乘以 3 定岗。

3. 产地检测准出监管

市级农产品质量安全检验检测中心主任、县级农产品质量安全检验检测站站长、动物卫生监督所所长及乡镇农产品质量安全监管站站长作为所属网格第一责任人。本段一级网格定岗 5 名，二级网格定岗 6 名，三级网格按乡镇数乘以 3 定岗。

4. 收购、贮藏、运输环节监管

各市农牧局分管执法的局长作为一级网格第一责任人，县农牧局分管执法的局长作为二级网格第一责任人，根据收购、储藏、运输环节划立岗位，确定网格直接责任人。本段一级网格定岗 3 名，二级网格定岗 3 名。

（三）"三个"网格化责任

1. 建立农产品质量安全责任考核体系

将农产品质量安全工作责任与相应责任人年度考核、职称晋升、评选先进直接挂钩。同一网格 2 次抽检农产品不合格，农牧厅农产品质量安全监管局点名通报；3 次抽检农产品不合格，相关部门及责任人年度考核不得评优，不得评选先进工作者；发生农产品质量安全事件，按照相关规定，追究责任人政纪责任。

2. 建立农产品生产企业（合作社、家庭农场）质量安全责任挂钩体系

对于发生重大农产品质量安全事故，未建立生产记录档案和经营进销台账不健全，质量监督检测抽检不合格，违法使用禁用农兽药和添加剂的，实行一票否决，依法查处并在一年内不得给予财政性项目和资金支持；对于农产品质量安全责任制和承诺制不落实，生产经营记录档案记载不完整或不真实，超范围或超剂量使用投入品，对农业行政主管部门依法行使农产品质量安全监管职责不配合的，进行依法查处，整改完成前一律不给予财政性项目和资金支持。

3. 建立农产品质量安全信用信息体系

对依法查处的农产品质量安全违法违规行为，记入黑名单，经过乡镇农产品质量安全监管站对涉事经营店进行信息采集，县农牧局农产品质量安全监管室（站）及相关职能部门进行信息核实后，按相关规范程序上报并发布。

（四）运行及成效

2016 年，自治区印发《宁夏农产品质量安全网格化管理手册》，落实属地管理责任，以岗位责任制和责任追究制为切入点，水平维度上从市县乡三级管理事权铺开，垂直维度上由投入品监管、标准化生产、产地检测检疫、收储运环节备案四段专业职责界定。全区 5 个地级市 22 个县（市、区）189 个乡镇 3200 名监管人员的监管网格全面建成运行。

2017—2018 年，自治区制定了《宁夏农产品质量安全网格化监管管理实施方案》，进一步完善了市、县、乡三级网格管理机构，落实各层级网格管理主体责任。

2019 年，自治区更新了全区 5 个地级市 22 个县（市、区）189 个乡镇 3200 名监管人员的监管网格管理体系信息。

2020 年，自治区修订《宁夏农产品质量安全网格化管理手册》，在全区推动乡镇网格化监管信息公示。

图 17-2-1、图 17-2-2 所示为宁夏农产品质量安全岗位责任网格情况。

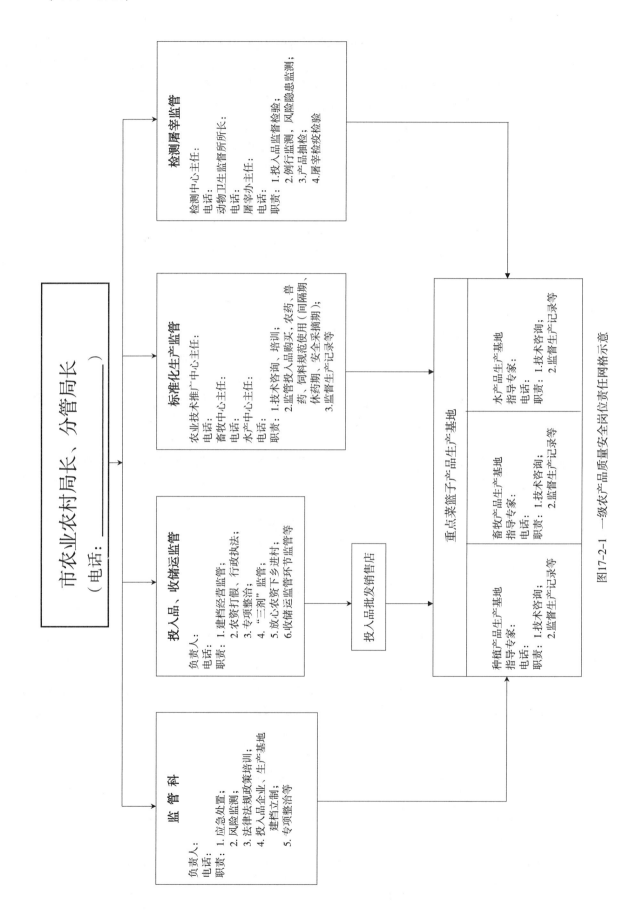

图17-2-1 一级农产品质量安全岗位责任网格示意

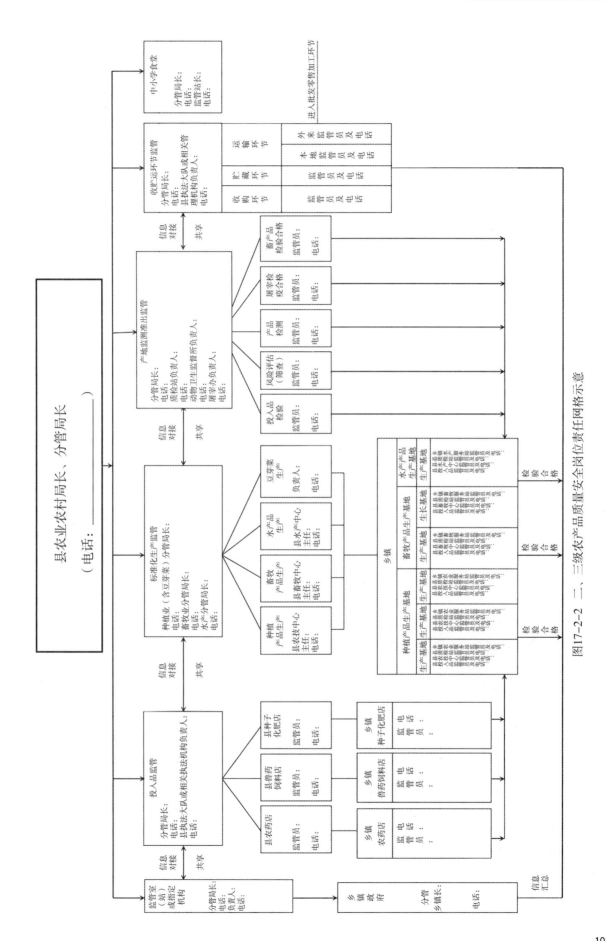

图17-2-2 二、三级农产品质量安全岗位责任网格示意

三、农资打假

自治区围绕全区春耕备耕、夏种夏管、秋种秋管等农资使用旺季关键时间节点，聚焦农资市场突出问题，以问题突出区域和主体、农村和城乡接合部、农资经营集散地、种植养殖生产基地、"菜篮子"产品主产区、网络领域等为重点，加强对农资批发市场、集贸市场和农资展销会的巡查监管，组织开展抽样检测，依法查处生产销售禁用农药、假劣兽药违法案件，严厉打击查处农资市场各类违法行为，坚决维护农户合法权益，为农业生产和稳产丰产保驾护航。

四、检打联动

（一）质量检测

2008年，三鹿奶粉事件发生后，自治区组织开展原奶和饲料专项检查，成立督察组分赴5市开展工作；对全区奶牛养殖户、养殖场、养殖园区、挤奶站和收购站的原奶抽检样品313个，均未检出三聚氰胺；召开新闻发布会，宣布检测结果，稳定消费市场。

2011年，自治区落实国务院《关于加快推进现代农作物种业发展的意见》，通过扩大抽检范围，增加抽样数量，扩充检测内容来加强种子质量检测。

2012年，自治区对全区各县（市、区）农资经销门店进行专项检查，重点检查拌种剂、播前土壤处理剂、苗期杀虫剂及除草剂的登记证号、商标名称、使用期限，以及国家明令禁止生产销售及限用农药的销售行为。

2013年，根据《中华人民共和国农产品质量安全法》《农产品质量安全监测管理办法》等有关规定，自治区在全区开展农产品质量安全检打联动；在农业系统内部实行农业投入品和农产品质量投诉受理、监督检查、各类监测检验鉴定、案件取证以及查处等工作的互动衔接。

2014年，自治区实施农产品质量安全监测计划，强化农产品质量安全隐患排查，摸清底数、防范风险；组织开展常态化监督抽查，抽检范围覆盖生产基地、销售企业、批发、零售市场及主要农产品，依法查处不合格产品及其生产经营单位；落实乡镇农产品质量安全监管机构职责，开展日常巡查、速测和指导服务等；督促农产品生产销售企业和农民专业合作经济组织落实产品自检制度。

2015年，自治区把农业投入品质量抽检作为农资打假的重要手段。全年全区各级农牧部门抽检种子、农药、肥料800批次，检出添加隐形违禁成分的51类，假冒伪劣比例达到26%。全区收缴伪劣农药1340千克，将生产厂家列入黑名单，备案禁售，严格将假冒农药从市场清除，完善"检打联动"机制建设。

2018年，自治区对全区189个乡镇监管机构进行充实和完善，鼓励建立村级农产品质量安全监管服务站点，作为乡镇农产品质量安全监管站的延伸和补充；结合农资市场特点，提高监督抽检的针对性，全年共抽检种子产品210个、农药309个、兽药330个、肥料31个、饲料334批次，检查企业202家（次）、经销门店3120个（次），农资产品合格率95%以上。

2019年，自治区从生产环节、投入品使用、农产品农药残留、畜产品瘦肉精检测、企业进销货台账、生产记录档案方面入手，落实监督责任和生产经营户主体责任；将群众投诉多、媒体曝光多、问题隐患多的农资产品和企业列为监管对象，加大抽查数量，加密抽查频次，对不合格生产经营主体依法予以清理。

2020年，在新冠肺炎疫情防控期间自治区全力做好农产品质量安全工作指导、巡察检查工作，全区上下联动，围绕关键节点、重点农资品种及重点违法违规行为开展大排查、大清理，共检查农资经营店和企业2897个。

（二）案件查处

2002 年，自治区落实全国整顿和规范市场经济秩序领导小组会议、全国整顿和规范市场经济秩序电视电话会议精神，开通农资案件投诉举报渠道，建立问题发现机制；完善农资案件处理体系，明确由一个部门负责形成案件处理制度，建立问题解决机制。

2003—2011 年，自治区公安、工商、质检等执法部门联合深入生产基地、企业和种子集散地，组织排查和明察暗访，将乡镇和农资市场作为重点区域，查企业资质、查品种审定、查质量指标、查标签广告、查经营档案；建立市（区）联合督办机制，抓典型案例。

2012—2015 年，自治区重点对假劣、标识不规范的种子进行查处。2014 年，自治区加大案件查办和惩处，加强农业行政执法、食品安全监督执法与刑事司法有效衔接，建立健全行政执法与刑事司法衔接信息共享平台，建立线索发现和通报、案件协查、联合办案等机制，严惩违法犯罪行为；对各种违法犯罪行为，及时移送公安机关，案件移送率达到 100%。

2016 年，自治区建立健全违法犯罪线索通报、案件移交、联合执法、研判会商机制；对线索明显、事实清楚的案件，商请公安机关提前介入；对涉嫌犯罪的，及时移送公安机关，依法追究其刑事责任，确保 100% "行刑衔接"。

2017—2018 年，自治区全面查处农业部通报的假兽药及不合格兽药；对监督抽检不合格的食用农产品和农业投入品启动执法程序，固定证据、追踪溯源、严肃查处；强化信用监管，对造成恶劣影响的重大失信违法行为，将其列入 "黑名单"，依法向社会公开曝光。

2019 年，自治区树立 "发现问题是成绩，解决问题是业绩，主动作为是政绩" 的理念，积极发现问题隐患，检打联动；针对检出的不合格产品，下发属地案件查处函，要求相关市、县（区）依法依规处置；对超标农产品进行无害化处理，查处相关生产主体。

2020 年，自治区发挥部、区、市、县四级监测网络作用，开展区级农产品质量安全例行监测、监督抽查，对不合格产品全部下发属地案件查处函，强化监管执法，推进风险联防联控，共处置质量安全问题 17 批（次），移送公安机关案件 4 起。

五、专项整治

1996—2002 年，落实《农业部农业生产资料打假举报奖励办法》，持续开展农资打假专项整治。全区专项整治工作的重点主要是健全组织，完善机构；建立制度，查处案件；加强抽检，强化监管。

2003 年，自治区农牧厅印发《关于对全区毒鼠强专项整治工作进行督查的通知》，坚决打击制贩毒鼠强违法犯罪行为，建立健全预警和应急处理机制，对毒鼠强进行清查收缴，对杀鼠剂经营资格进行核准。

2004—2008 年，针对农资价格上涨，假劣农资充斥市场的状况，自治区组织开展农资打假护农专项治理行动，严厉打击非法制售假劣农资违法犯罪活动；制定《整顿规范农资市场秩序实施方案》，开展农业投入品专项整治，加大对农业投入品市场执法检查和监管力度，从源头上把住农业投入品市场准入关。

2009—2010 年，自治区进行专项整治，将 1277 家农资生产企业、32 家批发市场、1430 家农兽渔药经销点纳入整顿范围；共出动农业执法人员 2541 人次，查出违规经营企业 186 家，立案查处 17 起，收缴禁用农药 70 千克，兽药 1300 多盒，未经审批种子 26 吨，假化肥 125 吨，为农民挽回经济损失 300 万元。

2011 年，自治区围绕打假专项治理、农药市场监管和 "打四黑除四害" 专项行动，查处非法生产、销售和使用甲胺磷等 5 种高毒有机磷农药违法行为，以及掺杂高毒剧毒农药违法行为，推进农药诚信经营体系建设。

2012 年，自治区开展农资打假"绿剑护农"行动，重点检查城乡接合部以及无证照生产经营问题突出的区域，共查获不合格农资 1600 多千克，为农民挽回经济损失 380 万元。

2013 年，自治区按照农业部部署，在全区范围开展 6 个专项整治行动，共出动执法人员 1800 人次，抽检种子、化肥、农药样品 500 多个，检查企业和经营网点 5114 场（次），查处种子、化肥、农药等各类案件 118 件，其中大案要案 6 件；查获不合格农资数量 1600 千克，挽回经济损失 380.92 万元，农资经销市场总体运行平稳。

2014—2015 年，自治区加强农药专项整治。2015 年，自治区开展投入品专项整治检查 10 次，对全区 5 个地市的农资市场、经营门店和市场摊点进行清理清查；发放《假冒伪劣化肥、农药识别》《农药管理条例》《兽药管理条例》《种子法》等宣传资料 35 万份，检查市场 724 次、企业 202 家，为群众挽回经济损失 63.47 余万元。

2016 年，自治区成立农产品质量安全专项整治工作领导小组，下设种植业、畜牧业、渔业、农资等七个专项整治小组，明确责任分工。自治区农牧厅印发《自治区农资打假法律法规汇编》《自治区畜禽抗生素、禁用化合物及兽药残留超标专项整治工作方案》《自治区兽药（抗菌药）综合治理五年行动实施方案（2015—2019 年）》。全年统一组织抽检农药产品 400 个、兽药产品 328 批次、饲料产品 240 批次，涉及农药生产单位 137 个，兽药生产单位 9 个，农资经营单位 400 个；对检测不合格的 56 种农药、28 批次不合格兽药进行封存清缴，备案禁售。

2017 年，自治区贯彻落实中央一号文件及农业部农资打假专项治理行动电视电话会议精神，结合"放心农资下乡进村宣传周"活动，协调工商、公安、质监、商务、知识产权局等部门开展农资专项打假和执法监管活动；出动执法人员 5105 人，检查企业 2575 家（次），发放宣传资料 11.4 万份，办结案件 7 起，涉及金额 4.5 万元，保障农业生产安全运行。

2018 年，自治区农牧厅印发《自治区农业质量年具体行动方案》，开展"放心农资进万村千乡，质量兴农保消费安全"宣传周、"绿色生产、绿色消费、绿色发展"宣传月及"绿剑护农"行动。全区全年组织开展专项检查 11 次、市场检查 724 次，出动执法人员 19065 人次，发放宣传资料 35 万份，举办现场咨询及培训 266 场，接待咨询群众 6.35 万人次，受理投诉举报 86 人次，兽药、饲料等产品合格率稳中向好，农药合格率年均提高 3.8%。

2019 年，自治区农业农村厅联合有关部门开展农村假冒伪劣食品专项整治行动，共检查农村经营场所 850 个，涉及问题食品经营点 421 个；销毁不合格农产品 6.7 吨，收缴假劣农兽药、投入品 17.2 吨；移交公安机关刑事案件 3 起 5 人；打击制售假冒农药、肥料、兽药、饲料、种子等假冒伪劣农资行为，共出动执法人员 14925 人次，检查企业 13548 家（次），整顿市场 3533 个（次），受理举报案件 90 起，印发资料 8605.87 万份，净化农资市场。

2020 年，自治区扎实开展农资打假"春雷"行动，发现问题 82 个（次），曝光案件 11 起；深入开展农产品质量安全专项整治"利剑"行动，先后开展生鲜产品溯源专项检查、"利剑行动"飞行检查、农产品质量安全督导、畜产品质量安全工作督查等专项督查，共处置质量安全问题 17 批（次）。

六、质量追溯

2002 年，国家开始推动农产品质量安全追溯体系建设。

2004 年，农业部试点探索建立种植业、农垦、动物标识及疫病、水产品四个专业追溯体系。

2005 年，自治区把专销区、店、柜、点的产品准入范围扩大到已通过产品认证检测的产品和无公害农产品生产基地生产的经检测合格的产品，鼓励实行产销直挂、标明产地和配送等现代营销方式，按照从生产到销售每个环节可相互追查的原则，推行了产地与销地、市场与基地、市场与养殖场屠宰场的对接和互认，要求经营者与生产者签订质量安全保证书和责任书，实行供货进货检验制度和质量安全追溯制度，拒绝销售来源不明的农产品，向消费者作出质量安全承诺。

2006 年，农业部建立"农业部种植业产品质量追溯系统"。

2007 年，自治区农牧厅启动农产品"身份证制度"，加强了农产品标识管理，提高了已认证农产品的贴标率，实现农产品质量安全可追溯；按照"先简后难、突出重点产品、有可操作性"的原则，以"三个率先标识"，即认证产品率先标识，农业标准化示范区、加工企业和专业合作经济组织率先标识，特色优势产业率先标识为重点，开展农产品质量安全追溯体系建设。

2008 年，农业部农垦局建立"农垦农产品质量追溯展示平台"。

2009—2010 年，自治区农牧厅通过推行农业投入品经营台账制度、索证索票和质量承诺追溯制度，对农业部规定禁止使用的农药、兽药和渔药严禁销售，对限制使用的农药进行划区定点销售；通过农产品质量安全追溯系统的建立，在全区 4 个地级市、7 家超市实现了部分农产品质量安全可追溯，中宁生态猪肉、盐池羊肉、天天鲜果菜、青铜峡塞上鸡蛋等产品纳入追溯系统。

2011 年，商务部下发《关于"十二五"期间加快肉类蔬菜流通追溯体系建设的指导意见》（商部发〔2011〕376 号），要求"加快建设完善的肉类蔬菜流通追溯体系"。

2012 年，农业部发布《关于进一步加强农产品质量安全监管工作的意见》（农质发〔2012〕3 号），提出"加快制定农产品质量安全可追溯相关规范，统一农产品产地质量安全合格证明和追溯模式，探索开展农产品质量安全产地追溯管理试点"。宁夏农垦事业管理局积极申报农产品质量追溯体系建设，追溯面积达到 20 万亩，追溯产品达到 10 个以上；为产地、农贸市场和直销店配置农残速测设备 50 台（套）；配套完善农产品检验检测设备，提升农垦农产品质量检验检测中心的检测能力，确保农产品质量安全。

2013 年，农业部发布的《关于做好 2013 年农业农村经济工作的意见》中强调，要加快农产品质量安全检验检测体系建设，完善县乡两级监管机构，推动农产品质量安全监管示范市（县）创建，推进农产品质量安全追溯管理试点和全程控制。

2014 年，农业部依据《国务院办公厅关于加强农产品质量安全监管工作的通知》要求，全面开展农产品质量安全监管年活动。农业部、食品药品监管总局联合印发《关于加强食用农产品质量安全监督管理工作的意见》，要求加快建立食用农产品质量安全追溯体系，率先在"菜篮子"产品主产区推动农业产业化龙头企业、农民专业合作社、家庭农场开展质量追溯试点，优先将生猪和"三品一标"食用农产品纳入追溯试点范围，推动食用农产品从生产到进入批发、零售市场或生产加工企业前的环节可追溯。

2016 年，自治区农牧厅制定《宁夏农产品全程可追溯体系建设实施方案》，对农产品全程可追溯体系建设的指导思想、主要目标、建设范围、规模、内容、资金及管理、进度、措施等提出具体要求；在兴庆区、金凤区、永宁县等 12 个"菜篮子"产品县（市、区）初步建立农业投入品在线管理系统和农产品质量追溯系统；体系覆盖 1486 个投入品经销店和 270 个主要蔬菜和枸杞生产基地、畜禽屠宰和水产品捕捞点；通过利用二维码实现农业投入品交易、来源、流向、质量全程信息化监管和农产品来源、流向、质量检测报告全程信息化管理。

2017 年，农业部印发《"十三五"全国农产品质量安全提升规划》的通知（农质发〔2017〕2 号），提出推动各地、各行业已建的追溯平台与国家追溯信息平台实现对接，实现追溯体系上下贯通、数据融合。自治区农牧厅提升完善兴庆区、永宁县、贺兰县、灵武市、平罗县、利通区、青铜峡市、中宁县、西吉县、彭阳县、沙坡头区 11 个县（市、区）登记备案工作，在金凤区、西夏区、原州区、盐池县、同心县、隆德县 6 个县（区）建设农业投入品在线管理系统，将农资经营店和经营主体纳入投入品在线管理平台，新增在线管理主体 1300 家。自治区扩展完善农产品追溯系统，扩展建设兴庆区、金凤区、永宁县、贺兰县、灵武市、平罗县、利通区、青铜峡市、彭阳县、西吉县、沙坡头区、中宁县 12 个县（市、区）菜篮子产品生产基地追溯系统，新建西夏区、原州区、盐池县、同心县、隆德县 5 个县（区）生产基地追溯系统；将主要蔬菜和枸杞生产基地、畜禽屠宰和水产品捕捞点纳入质量追溯系统，利用二维码实现农产品生产过程、流向、"三品一标"认证、质量检测报告全程信息化管理。在追溯系统运行基础上，贺兰县、永宁县、利通区、中宁县试点实施产地合格证明制度。自治区进一步完善动物休药期证明制度，落实饲养者的主体责任。

2018年，自治区农牧厅建设自治区级农业投入品在线管理系统调度平台；按照生产过程有记录、信息可查询、流向可跟踪、质量可追溯、责任可追究的要求，将主要蔬菜和枸杞生产基地、畜禽屠宰场和水产品捕捞点纳入质量追溯系统。农业投入品在线管理系统上线运行，由县级农业执法部门实施农业投入品登记备案制度，重点对生产许可证、产品登记证、质量合格证核查备案，实现了违规非法销售假冒伪劣投入品的预警功能，落实实名购买制度。全区15个县（市、区）实现与自治区级农业投入品在线管理系统调度平台对接，上传数据35952条。全区农产品生产基地启动建设产地追溯系统，共有946家生产基地纳入产地追溯系统，系统覆盖率达到80%以上。在产地追溯系统运行基础上，贺兰县、永宁县、利通区、中宁县试点实施产地合格证明制度。全区进一步完善动物休药期证明制度，落实饲养者的主体责任。全区共有2782家农资店纳入在线管理系统，实现系统全覆盖。宁夏成为全国首个全省域农业投入品在线管理全覆盖的自治区。

2019年，自治区农业农村厅按照"质控有制度、人员有责任、产品有标准、用药有台账、生产有记录、售前有检测、准出有证明、信息可查询"要求，加强基地管理、生产过程管控、投入品管理使用，实现农产品从生产到餐桌全程可追溯；建设自治区级农产品质量安全追溯指挥平台，将全区各农产品质量追溯系统有效连接，将数据分析整理，实现区、市、县三级平台交互运行、互联互通，落实"追溯"四挂钩机制，成为首批国家平台对接省域。全区2782家农资经营主体、641家蔬菜生产基地、64家枸杞生产基地、385家畜禽养殖场、69家屠宰场和192家水产品捕捞点被纳入质量安全追溯系统。系统覆盖全区所有"1+4"特色优势产业及地方板块产业农产品，生产经营主体累计使用追溯码63万张，数据超过100万条。自治区实现产品带码上市、带证上市，形成全过程可追溯体系。

2020年，自治区农业农村厅印发《关于进一步做好全区农产品质量安全追溯系统工作的通知》，从加快追溯系统对接，全面落实追溯挂钩意见，广泛开展业务培训，加强追溯系统组织管理4个方面推进追溯体系建设；加快推进自治区农产品质量追溯系统与各县（市、区）农产品质量追溯系统互联互通和有效衔接，实现各级追溯系统与国家追溯平台信息共享，有力提升了宁夏农产品质量安全智慧监管能力和大数据分析决策水平。

七、舆论宣传

为提高农民的质量法治意识和识假辨假能力，打击制售假冒伪劣农资产品坑农害农违法行为，自治区舆论引导重点在"农资打假下乡"、查办大案要案、标本兼治措施，以及"12365"打假投诉举报咨询台维护农民利益等为农民群众排忧解难办实事方面进行宣传和报道，形成有利于专项打假的舆论氛围。

（一）农业投入品安全宣传

自治区围绕种子、农药、肥料、农膜等重点产品，采取现场咨询、电子屏宣传、宣传资料印发等方式开展放心农资下乡进村宣传活动，向农民宣传法律法规、识假辨假、消费维权等知识。

1996—2002年，自治区结合工作实际，因地制宜地开展农资产品打假下乡集中宣传活动；设立农资产品真假鉴别台和举报投诉台，现场为农户演示、教授鉴别假冒伪劣种子、农药、肥料、农膜简易方法，受理和解答农民群众投诉，指导农资产品的正确使用。

2005—2011年，印发张贴《关于加强种子市场管理的通告》《种子法规选编》及《购买种子应注意的问题》等材料。通过法律法规和农资知识的宣传教育，农民的法律意识得以提高，为整顿农资市场营造了良好环境。

2012年，自治区结合"农资打假""农产品质量安全宣传月""放心农资下乡进村"活动开展群众性宣传教育和培训，将重点监管的农药、兽药和非法添加物名单向农民群众发放，让农民群众了解在农产品生产过程中使用高毒、高残留农兽药和非法添加物造成的危害，充分发挥群众的监督作用。全区共发放明白纸等各类宣传资料18万份，展出宣传展板500块，展销农资产品220万千克。

2013年，自治区配合开展"食品安全宣传周""食品安全在行动"等活动，参加宁夏新闻广播《民生热线》食品安全进社区在线访谈活动。

2018年，自治区农业农村厅组织种子、农药、肥料、农膜等专业人员，开展送法下乡，宣传农业法律法规，并将使用优质农资产品、主要农作物主推品种和购种须知等内容编写成宣传材料进行发放。

2019—2020年，自治区农业农村厅制作辨别假冒农资动漫，印制禁限用农兽药名录，张贴假冒伪劣农资识假辨假海报，印发至各县区农业农村局，在农资打假、放心农资下乡活动中，开展农产品质量安全宣传周及宣传月等活动，并进行常态化宣传，指导农民辨识假冒伪劣农资产品，科学规范使用农资产品。

（二）农业投入品生产经营主体使用宣传

自治区主要对农资生产企业、农资仓库、农资批发市场及经营门店、农村城乡接合部、执法专项行动中被查出的不合格产品企业、消费者投诉与媒体曝光较多的企业、屡查屡犯以及重点监控的农资生产企业进行重点宣传。

1999年，自治区邀请报纸、电视媒体进行跟踪报道，向媒体提供素材，正面报道农资经营诚信企业的先进事迹，曝光查处坑农、害农典型案件，震慑不法分子，引起社会关注。

2006年，自治区开展以贯彻《农产品质量安全法》为内容的宣传活动；采取召开新闻发布会、电视电台专访、报刊专栏、节假日广场宣传、制作街头公益广告灯箱、悬挂宣传横幅等形式，加强对农产品质量安全工作的宣传。宁夏电视台、银川电视台、吴忠电视台还通过《塞上农村》《绿色田园》等栏目，制作《农产品质量安全法》宣传专题。

2007年，自治区对开展市场准入的县（市、区），采取制作展板、印发传单、安全小册子等宣传形式加大宣传力度，提升安全农产品公信力和认可度；宣传贯彻《农产品质量安全法》，倡导安全生产、健康消费理念。

2017年，自治区组织执法人员及全区诚信农资经营企业，在大型农贸市场进行集中开展宣传，提高农民识假辨假和农产品安全知识。

（三）重点区域的宣传

自治区针对主要农资销售和使用区域，区域交界处假冒伪劣农资产品和游商游贩活动活跃区域进行重点宣传；对农资问题突出、反复发生、群众投诉强烈、市场秩序混乱、假冒伪劣农资重大案件多发的区域开展集中曝光行动。

2000—2005年，自治区通过在农资产品重点使用销售区域设立农村集市咨询服务点、农业信息中心"农技110"热线和板报、墙报及编印小册子等方式，发布农资产品信息，宣传推荐优质农资产品及使用方法、销售渠道、售后服务事项和识假辨劣知识；对违法案件进行曝光，将查处结果向社会公布，接受舆论监督。

2006—2008年，自治区通过举办各类培训，加强对农资生产经营者的业务培训和职业道德法规教育，提高其业务素质、法制观念和职业道德水平，实现由单纯管理向服务管理的转变，使农资市场秩序明显好转。

2009年，自治区将农产品质量安全纳入"百万农民培训工程"和"阳光工程"，印制发放《农产品健康消费知识》《农产品质量安全培训教材》5万册，提高生产者和消费者的质量安全意识。

2013年，自治区对农药、种植重点区域进行农药相关法律及安全使用知识宣传。全区全年开展宣传活动 120 场次，编印、发送《假劣农药识别手册》《农药安全使用手册》等各类农药挂图和宣传资料 2 万份；将不合格农药黑名单上的农药产品名称、生产厂家、经营单位等信息及时通过邮件、网络等形式发布给相关人员；对农药经营人员进行农药法律、法规、规章及农药安全使用知识培训，共培训 32 场次，培训农药经营人员 2400 人次，发放《农药科学选购和使用》手册 3200 余份；在农资案件多发区域组织开展"农资打假宣传服务团进乡镇""3.15 消费者权益保护""放心农资下乡，保障春耕生产"宣传活动。

2015—2020 年，自治区利用电视、网络、标语、宣传牌、宣传资料、实物等形式，以科技进村入户培训、深入田间地头指导、开展执法检查、送"放心农资下乡"、签订粮食订单等为核心工作内容，对农民进行全方位、多层次的宣传和技术指导，确保农民购买、使用放心农资产品，保证农业生产安全。

（四）重要环节的宣传

自治区主要围绕种子包装标签、品种审定（认定）、进销货台账、登记备案及相关合同履行情况、经营门店证照办理情况、档案建立以及肥料的品种来源、标签标识、包装规格、登记备案、残留超标等，重点宣传识假辨假、科学使用农资知识和普及农资打假等方面的相关法律、法规知识。

第三章

农产品质量认证

■ 第一节　无公害农产品认证

一、认证概况

2002年，国家启动实施"无公害食品行动计划"，农业部印发《全面推进"无公害食品行动计划"的实施意见》，自治区启动无公害农产品产地认定工作，依据《无公害农产品管理办法》（农业部、国家质量监督检验检疫总局令2002年第12号），认定无公害农产品产地14个。

2003年，无公害食品行动计划在全区实施，全区正式启动无公害农产品认证工作，认证无公害农产品10种，其中种植业产品7种，畜牧业产品3种；认定无公害农产品产地15个。

2004年，全区认证无公害农产品27种，均为种植业产品；认定无公害农产品产地131个。

2005年，全区认证无公害农产品198种，其中种植业产品155种，畜牧业产品28种，渔业产品15种；认定无公害农产品产地101个。

2006年，全区认证无公害农产品229种，其中种植业产品167种，畜牧业产品49种，渔业产品13种；认定无公害农产品产地56个。

2007年，全区认证无公害农产品326种，其中种植业产品222种，畜牧业产品67种，渔业产品37种；认定无公害农产品产地33个。

2008年，全区认证无公害农产品284种，其中种植业产品232种，畜牧业产品49种，渔业产品3种；认定无公害农产品产地64个。

2009年，全区认证无公害农产品313种，其中种植业产品275种，畜牧业产品28种，渔业产品10种；认定无公害农产品产地25个。

2010年，全区认证无公害农产品330种，其中种植业产品227种，畜牧业产品64种，渔业产品39种；认定无公害农产品产地37个。

2011年，全区认证无公害农产品379种，其中种植业产品303种，畜牧业产品71种，渔业产品5种；认定无公害农产品产地61个。全区大力宣传和普及农产品质量安全知识，无公害农产品消费认知度上升，受到消费者的欢迎。

2012年，全区认证无公害农产品349种，其中种植业产品283种，畜牧业产品34种，渔业产品32种；认定无公害农产品产地17个。全区开展宣传贯彻《宁夏〈实施农产品质量安全法〉办法》，开展认证企业采风、无公害绿色食品展销、现场咨询、市场打假等宣传月活动。全区编制印发《无公害农产品认证公告》，连续三年开展中国西部（宁夏）特色农业展示合作洽谈会，加大无公害农产品市场推介宣传力度，提升农产品市场竞争力。

2013年，全区认证无公害农产品75种，其中种植业产品57种，畜牧业产品14种，渔业产品4种；认定无公害农产品产地37个。全区组织无公害农产品生产经营主体企业参加中国国际农产品交易会等各种农产品展示展销、品牌推介活动。

2014年，全区认证无公害农产品50种，其中种植业产品37种，畜牧业产品13种；认定无公害农产品产地106个；开展"技术服务、技术指导、技术咨询"活动；开通"三品一标"认证技术服务热线，建立"三品一标"认证QQ工作群。

2015年，全区认证无公害农产品112种，其中种植业产品81种，畜牧业产品25种，渔业产品6种；认定无公害农产品产地124个；在中国农产品质量安全网、宁夏农业信息网发布信息16篇；利用宁夏农业信息网对"三品一标"企业进行宣传。

2016年，全区认证无公害农产品72种，其中种植业产品60种，畜牧业产品9种，渔业产品3种；认定无公害农产品产地126个。全区加大对"三品一标"的宣传力度，健全信息发布，产品查询、追溯系统，维护农产品质量声誉，为全面提高"三品一标"社会公信力营造良好的社会环境。

2017年，认证无公害农产品119种，其中种植业产品83种，畜牧业产品32种，渔业产品4种；认定无公害农产品产地54个；利用手机建立宁夏"三品一标"微信群，及时共享新规定、新技术、新模式、新成果；组织机构和人员参加自治区食品安全宣传周活动，努力提高"三品一标"农产品的市场占有率（表17-3-1）。

2018年，农业农村部办公厅印发《关于做好无公害农产品认证制度改革过渡期间有关工作的通知》（农办发〔2018〕15号），原无公害农产品产地认定和产品认证工作合二为一，下放由省级农业农村行政部门承担。2018年11月20日，为贯彻落实中共中央办公厅、国务院办公厅《关于创新体制机制推进农业绿色发展的意见》中关于改革无公害农产品认证制度的要求，加快推进建立食用农产品合格证制度，农业农村部农产品质量安全监管司在北京组织召开了无公害农产品认证制度改革座谈会。会上明确了停止无公害农产品认证工作，在全国范围启动食用合格证制度试行工作。

表17-3-1　2002—2017年无公害农产品认证（产地认定）统计

年份	产品认证				产地认定（个）	备注
	合计（种）	种植业（种）	畜牧业（种）	渔业（种）		
2002	0	0	0	0	14	
2003	10	7	3	0	15	
2004	27	27	0	0	131	
2005	198	155	28	15	101	
2006	229	167	49	13	56	
2007	326	222	67	37	33	
2008	284	232	49	3	64	
2009	313	275	28	10	25	
2010	330	227	64	39	37	
2011	379	303	71	5	61	
2012	349	283	34	32	17	
2013	75	57	14	4	37	
2014	50	37	13	0	106	
2015	112	81	25	6	124	
2016	72	60	9	3	126	
2017	119	83	32	4	54	

二、认证后监管

2003—2011 年，自治区农牧厅依托食用农产品检测专业机构，每年对无公害认证农产品开展不少于 30 批次的检测，监测合格率保持在 95％以上。

2011 年，农业部农产品质量监督检验部门对自治区 65 种无公害农产品进行了抽样检查，检测合格率为 100％；开展无公害农产品培训工作，全区 115 人具备无公害农产品检查员资格，每个市、县都有 2～3 名检查员。

2012 年，自治区开展全区"三品一标"（无公害农产品、绿色食品、有机农产品和农产品地理标志）品牌农产品质量安全专项检查活动。全区在农业部农产品质量安全中心抽检数量任务上增加 60％的抽检数量，产品合格率为 100％。

2013—2014 年，全区加强无公害农产品投入品监管和市场检查。2014 年，自治区开展无公害农产品专项检查工作，检查各类无公害农产品批发市场、农贸市场和超市 94 家。农业部农产品质量安全中心对自治区 26 家企业 63 种无公害种植业农产品进行抽检，产品合格率为 100％。

2015 年，农业部农产品质量安全中心对自治区开展无公害农产品综合检查。全区开展无公害农产品年度跟踪监测、节假日期间"菜篮子"产品检测工作。

2016 年，自治区开展全区无公害农产品和农产品地理标志专项检查。全区各级工作机构共检查无公害农产品生产单位 185 个、销售单位 88 个，出动检查 251 人次，发放各类宣传资料 98000 余份；抽检粮食、蔬菜、水果、畜禽等 66 种无公害农产品，产品合格率为 100％。

2017 年，自治区组织开展全区无公害农产品和地理标志农产品标志使用检查和投入品重点监管；督促农兽药经营者和农产品生产者做好农业投入品经营档案及农产品生产记录。

■ 第二节　绿色食品审核许可

一、认证概况

（一）绿色食品审核许可

1990 年，农业部对绿色食品名称、标准及标志进行规范。定性为按特定生产方式生产，并经国家有关专门机构认定，准许使用绿色食品标志的无污染、无公害、安全、优质、营养型的食品。

1993 年，农业部颁布《绿色食品标志管理办法》。宁夏农业厅成立宁夏绿色食品领导小组办公室，主要负责管理全区绿色食品标志工作，机构设在农业厅科教处，编制为 2 人。

1994 年，宁夏绿色食品领导小组成立，由 15 个厅局组成，办公室设在农业厅。

1997 年，宁夏加大以优质农产品开发为重点的产品申报活动，先后有枸杞、啤酒大麦、葡萄、蘑菇、大米、淀粉 6 种产品被开发为绿色食品，全区获标产品共有 10 个。自治区组织编印的《绿色食品标志申报指南》《绿色食品枸杞栽培技术规程》上报国家绿色食品发展中心，被定为国家行业标准。

1998 年，自治区开展绿色食品开发与管理，全年共受理 5 家企业申报，其中一家企业产品被授予绿色食品称号。

1999 年，自治区先后开发了华丰面粉、西夏葡萄酒、夏进牛奶等 14 个绿色食品。

2000—2004 年，自治区围绕全区特色优势产业，稳步推进绿色食品产业的发展。

2005 年，全区规模以上农产品加工企业有 136 家。自治区培育出夏进乳业、香山酒业、西夏王葡萄酒、塞北雪面粉、贺兰山牛羊肉产业集团等国家级龙头企业 8 家，以及宇华牛羊肉、早康枸杞等自治区级龙头企业 55 家。

2006 年，自治区确定将枸杞、牛羊肉、马铃薯、牛奶作为宁夏农业主导产品，将淡水鱼、蔬菜、稻麦、牧草、瓜果、小杂粮等作为区域优势特色产品，给予重点扶持，将推行绿色食品认证作为扶持原则和关键环节。

2007—2008 年，自治区农牧厅陆续印发《推进特色优势产业发展政策意见》和《加快农产品龙头企业发展若干政策意见的实施细则和验收办法》，出台农业产业化扶持政策，规定每申报一个绿色食品系列产品补助 8000 元。2008 年，自治区成立宁夏农产品质量安全中心（宁夏绿色食品办公室），设立绿色食品认证与监管科，负责绿色食品和有机食品认证与监管。全区共完成绿色食品认证 46 个，申报中国名牌农产品 4 个。

2009—2010 年，全区完成绿色食品认证 72 个，续展 62 个。2010 年，全区有效使用绿色食品标志的生产企业有 84 家，产品有 246 种，绿色食品商品量达 85.35 万吨，销售额达 28 亿元。绿色食品出口企业 3 家，产品 15 种，出口总额达 440.15 万美元。在绿色食品生产企业中，国家级龙头企业有 9 家，自治区级龙头企业有 40 家。

2011 年，全区有效使用绿色食品标志及绿色食品生产资料标志的生产企业有 76 家，产品有 233 种；绿色食品商品量达 84.83 万吨，销售额达 23.56 亿元。绿色食品出口企业有 4 家，产品有 14 种，出口总额达 560.15 万美元。在绿色食品生产企业中，国家级龙头企业有 9 家，自治区级龙头企业有 45 家。

2012—2015 年，自治区围绕全区特色优势产业，持续稳步推进绿色食品产业发展。到 2015 年年底，全区绿色食品生产企业有 86 家、产品有 179 种。

2016—2017 年，宁夏绿色食品生产企业有 100 家、232 种产品。

2018 年，宁夏绿色食品生产企业有 108 家、271 种产品，绿色食品企业续展率达 90.9%，产品续展率达 85.1%，均高于全国平均水平。

2019 年，全区共有绿色食品生产企业 109 家、产品 282 种。

2020 年，全区共有绿色食品生产企业 116 家、产品 283 种。

（二）全国绿色食品原料标准化生产基地创建

2005 年，农业部绿色食品管理办公室印发《关于创建全国绿色食品标准化生产基地的意见》（农绿〔2005〕2 号），启动全国绿色食品标准化生产基地建设工作，为绿色食品生产企业提供优质原料。

2006—2007 年，全区共创建全国绿色食品原料标准化生产基地 10 个，涉及 9 个县、23.4 万农户、146 万亩农田，农作物年总产量达 147.3 万吨，带动产业化经营单位增效 1.26 亿元。

2008—2010 年，全区共创建全国绿色食品原料生产基地 14 个。

2011—2015 年，全区共创建全国绿色食品原料标准化生产基地 15 个，涉及 11 个市（县），基地规模达 209 万多亩，年均生产绿色食品原料 161.7 万吨。2012 年，农业部绿色食品管理办公室和中国绿色食品发展中心印发《全国绿色食品原料标准化生产基地验收办法》（农绿科〔2012〕14 号）。

2019 年，全区创建全国绿色食品原料标准化生产基地 14 个，面积 196.7 万亩，可提供生产原料 155 万吨。自治区农业农村厅印发《培育国家级自治区级绿色食品原料标准化生产基地及有机农产品标准化生产基地实施方案》，安排专项资金 130 万元，用于自治区级绿色食品原料标准化生产基地和有机农产品标准化生产基地及有机农业试验站建设，共培育自治区级绿色食品原料标准化生产基地 16 个。

2000—2020 年，自治区连续 21 年组织绿色食品企业参加绿色食品博览会。其中，2015—2020 年的获奖情况如下：

2015 年第十六届绿博会获得博览会金奖 20 个，优秀商务奖 2 个。

2016 年第十七届绿博会获得博览会金奖 15 个，优秀商务奖 2 个。

2017 年第十八届绿博会获得博览会金奖 19 个，优秀商务奖 2 个。

2018 年第十九届绿博会获得博览会金奖 5 个，优秀商务奖 3 个。

2019 年第二十届绿博会获得博览会金奖 9 个，优秀商务奖 2 个。

2020 年第二十一届绿博会获得博览会金奖 8 个，优秀商务奖 3 个。

二、认证后监管

1997 年，自治区对获得绿色食品标志的 4 家企业进行检查，抽取样品 6 个，化验结果全部达到优级标准。

2000—2005 年，农业部印发《农业部关于加快绿色食品发展的意见》等文件，自治区开通"中国宁夏绿色食品港"，宣传绿色食品知识、申报程序等，公布获得"绿色食品标志"企业及产品，提供绿色食品政策、市场分析等信息；开展"绿色食品行动宣传月"活动。

2005 年，国务院出台《关于进一步加强食品安全工作的意见》。自治区农牧厅围绕《自治区优势特色农产品区域布局及发展规划》，制定《全区绿色食品认证工作方案》；按照《认证认可条例》和《绿色食品标志管理办法》及《绿色食品企业年度检查工作规范》规定，对绿色食品生产企业进行年度检查；开展农业产业化"三个十工程"，在北京、香港、广东等地举办"宁夏绿色食品展"，在银川举办"农产品加工西部行"活动。

2006—2010 年，自治区每年举办"宁夏《农产品质量安全法》宣传周暨绿色食品展览展销活动"。其间，自治区农牧厅印发《推进特色优势产业发展政策意见》和《加快农产品龙头企业发展若干政策意见的实施细则和验收办法》，出台农业产业化扶持政策，对创建一个 10 万亩以上绿色食品原料标准化生产基地的补助 20 万元；对全区获得绿色食品标志的 20 家企业进行检查，抽取样品 24 个，化验结果全部达到优级标准。

2010—2015 年，自治区在农业信息网设立"农产品质量安全数据库"，将绿色食品标准规范、管理制度等纳入库中，为经营者提供便利；按期编制绿色食品认证公告；颁布《宁夏回族自治区实施〈中华人民共和国农产品质量安全法〉办法》并实施；开展无公害农产品、绿色食品、有机农产品和农产品地理标志，即"三品一标"品牌提升行动；向"三品一标"企业发放《"三品一标"产品质量安全监管手册》。

2012 年，自治区对 11 个绿色食品进行了检测，合格率为 100%；对全区 6 大超市、1 个农贸市场销售的 254 个绿色食品进行市场监察，检查结果是用标规范率达到 96% 以上。2014 年，自治区为加强市、县（区）农产品质量安全职能，强化绿色食品的认证与监管，提高工作效率，根据农业部《绿色食品标志管理办法》《农产品质量安全法》和《宁夏实施〈农产品质量安全法〉办法》规定，将绿色食品认证监管职责下放到市级农产品质量安全工作机构；争取农业产业化资金扶持农产品质量安全体系建设项目 1050 万元，参加全国绿色食品博览会和有机食品博览会扶持资金 50 万元。

2016 年，自治区对全区固定市场和流动市场共六大超市抽取监察样本 399 个，共抽检绿色食品 27 个，产品合格率为 100%；对全区 52 家绿色食品企业 122 种产品进行了年检。

2018 年，自治区对银川市、吴忠市两市的大型超市和批发市场绿色食品标志使用情况进行监督检查，抽检合格率为 100%；对全区 59 家绿色食品企业、150 种产品进行了年检。

2019 年，自治区委托区内检测机构开展产品抽检，抽检品鉴产品 148 批次，其中绿色食品 60 批次、绿色食品原料标准化生产基地农产品 16 批次，抽检合格率为 100%。

2020 年，自治区对全区固定市场和流动市场共六大超市抽取监察样本 112 个，检查结果是用标规范率达到 97.32%；5 月、8 月，配合甘肃省分析测试中心两次对宁夏绿色食品进行监督抽检，抽取样品 16 个，全部合格；通过农业农村部备案的第三方检测机构对全区认证的 59 个绿色食品，13 个宁夏绿色食品原料标准化生产基地进行了监督抽检，全部合格。

■ 第三节 有机农产品认证

一、认证概况

（一）有机农产品认证

2002 年，农业部开启有机农产品认证工作。

2006 年，宁夏开展有机农产品认证工作。全区有 5 家企业 5 种产品获得中绿华夏有机食品认证中心认证；有机农产品种植面积为 5820.3 亩，批准产量为 8025 吨，实现零的突破。

2007—2008 年，全区有 6 家企业 9 种产品获得中绿华夏有机食品认证中心认证。

2009 年，认证规模扩大，全区共认证有机农产品 10 种，商品量为 2.5 万吨，国内年销售额达 0.74 亿元，出口 3500 吨，出口额达 249.2 万美元。有机农产品产地监测面积 2.24 万亩；认证有机产品生产资料（有机肥）生产企业 1 家、1 种产品，可年供应有机肥 5000 吨。

2012 年，全区申报有机产品生产企业 29 家，有机农产品 34 种。国家认监委发布"有机产品认证目录"，取消枸杞和生产投入品的认证，全区 10 家企业（包括有机肥生产厂 4 家、枸杞生产企业 4 家）、17 种产品放弃认证资格。

2013 年，永宁县和贺兰县创建的全国有机农业（水稻）示范基地通过农业部和中绿华夏有机食品认证中心专家组现场检查认定。

2014 年，全区共有有机产品生产企业 38 家，产品 44 种，种植面积达 14.15 万亩，产品总产量达 5.34 万吨。

2015 年，全区共有有机产品企业 39 家，产品 49 种；创建全国有机农业示范基地 2 个，面积为 3.23 万亩。

2016 年，全区有有机食品生产企业 34 家，48 种产品；创建全国有机农业示范基地 2 个，面积为 3.23 万亩。

2017 年，全区共有有机农产品生产企业 33 家，44 种产品；创建全国有机农业示范基地 2 个，面积为 3.23 万亩。

2018 年，全区共有有机农产品生产企业 28 家，33 种产品；创建全国有机农业示范基地 2 个，面积为 3.23 万亩。

2019 年，全区共有有机农产品生产企业 25 家，35 种产品；创建全国有机农业示范基地 2 个，面积为 3.23 万亩；培育自治区级有机农产品标准化生产基地 7 个；委托区内 3 家检测机构开展有机农产品抽检共 31 批次、有机农产品标准化生产基地农产品抽检共 8 批次，合格率均为 100％。

2020 年，全区共有有机农产品生产企业 20 家，30 种产品；创建全国有机农业示范基地 3 个，面积为 3.3 万亩；通过农业部备案的第三方检测机构对全区认证的 30 个有机农产品，6 个宁夏有机农产品原料标准化生产基地及 7 个有机蔬菜示范基地进行了监督抽检，全部合格。

（二）宣传推介

2007—2020 年，宁夏连续 14 年组织有机农产品生产经营主体参加有机博览会。其中，2015—2020 年的获奖情况如下：

2015 年，第九届有机博览会金奖产品 3 个，银奖 3 个。

2016 年，第十届有机博览会金奖产品 3 个，优秀产品奖 4 个。

2017 年，第十一届有机博览会金奖产品 3 个，优秀产品奖 3 个。

2018 年，第十二届有机博览会金奖产品 4 个，优秀产品奖 2 个。

2019 年，第十三届有机博览会金奖产品 6 个，优秀产品奖 2 个。

2020 年，第十四届有机博览会金奖产品 6 个，优秀产品奖 5 个。

（三）激励机制

2014 年，自治区安排农业产业化资金 1050 万元，扶持农产品质量安全体系建设，对获证农产品给予资金补助。其中，安排资金 300 万元，以县（市、区）为单位，实施"三品一标"农产品认证整建制推进项目。项目规定，当年获自治区认证"三品一标"农产品数量达到 10 种，其中绿色食品、有机食品、地理标志农产品共不少于 2 种，每县（市、区）补助 10 万元；当年获自治区认证"三品一标"农产品数量达到 15 种，其中绿色食品、有机食品、地理标志农产品共不少于 4 种，每县（市、区）补助 15 万元；当年获自治区认证"三品一标"农产品数量达到 20 种，其中绿色食品、有机食品、地理标志农产品共不少于 6 种，每县（市、区）补助 20 万元。自治区对有机农产品再认证，视其产品发展规模、营销状况、质量管理、生产过程控制、产品质量监测、标识征订和使用等方面的情况，通过主管部门考核评定，给予资金补助。

自治区实施以奖代补，对创建企业进行奖励扶持；对首次获得国家级以及自治区级各类名牌农产品的企业，获得国家级名牌农产品的给予适当奖励，并在项目立项、企业技术改造、技术创新、职业培训、优惠贷款和自治区农业产业化龙头企业的认定等方面给予政策倾斜。

自治区对获得有机农产品的单位，在项目、资金支持等方面给予重点安排并倾斜。2007 年，自治区农业产业化扶持政策规定，申报一个绿色食品系列产品补助 8000 元，申报一个有机农产品补助 2 万元。

自治区对农业标准化和品牌建设工作进行奖励；把农产品品牌建设工作纳入绩效考核体系，对各单位进行单项考核并排名，予以通报，对完成目标任务较好的单位给予奖励。

二、认证后监管

2006—2020 年，自治区对取得有机农产品认证的生产单位的产品、产地采取定期和不定期的方式进行监督检查。

（一）管理和生产

自治区结合有机农产品年检、续展认证、复查换证、保持认证和专项检查等工作，重点检查获证单位在产地环境、投入品使用、生产操作、档案记录、产品检测、包装标识、标志使用和质量追溯管理方面的相关制度落实情况。

（二）检查认证基地

自治区检查产地环境质量状况是否符合相关标准；是否使用了国家明令禁限用的农药；病虫害的发生、防治、肥料施用等生产过程是否有记录，记录是否清晰；是否建立了产品生产、销售记录档案；农药、肥料等农业投入品的使用是否符合相关准则，是否执行了原料订购合同；产品的采收是否符合农药安全间隔期或休药期的要求。

（三）证书检查

自治区检查是否有伪造、盗用、超范围使用有机农产品认证证书等违法行为。通过严格的监管和检查，全区提升了生产者标准化生产能力和诚信度，提升了管理者认证监管能力和公信度，提升了获证产品质量竞争力和知名度，提升了消费者科学消费能力和对消费产品的认可度。

■ 第四节　农产品地理标志登记保护

一、登记概况

2007年，中华人民共和国农业部以第11号农业部令的形式颁布了《农产品地理标志管理办法》，自2008年2月1日起，全面启动农产品地理标志登记及保护工作。宁夏农产品质量安全中心作为省级工作机构承担该项工作，明确由全区各县（市、区）农业农村局、自治区农垦事业管理局承担各辖区产品的组织申报审核工作。申请登记的产品应当是来源于农业的初级产品，即在农业活动中获得的植物、动物、微生物及其产品，为农产品地理标志登记保护目录所涵盖的产品，在《农产品地理标志审查准则》规定的3大行业、22个小农产品地理标志登记保护目录中。根据《中华人民共和国农产品质量安全法》《农产品地理标志管理办法》，其农产品符合农产品地理标志登记条件的申请人可提出登记申请。具体申报程序为：主要分为5个关键环节，即申请—受理—初审—复审（评审）—公告颁证。

2008年，全区共申报并通过农业部农产品地理标志登记保护产品21个，其中种植业产品14个，畜产品7个。

2009年，全区共申报了1个畜产品："涝河桥羊肉"，获得农业部农产品地理标志登记保护。

2010年，全区共申报并通过农业部农产品地理标志登记保护产品12个，其中种植业产品9个，畜产品1个，渔业产品2个。

2011年，全区共申报并通过农业部农产品地理标志登记保护产品3个，其中种植业产品1个，畜产品1个，渔业产品1个。

2012年，全区共申报了2个种植业产品："金银滩李子""彭阳杏子"，获得农业部农产品地理标志登记保护。

2013年，全区共申报了3个种植业产品："盐池胡麻""盐池甘草""六盘山秦艽"，获得农业部农产品地理标志登记保护。

2014年，全区共申报并通过农业部农产品地理标志登记保护产品7个，其中种植业产品5个，畜产品2个。

2015年，全区共申报了3个种植业产品："南长滩大枣""南长滩软梨子""彭阳辣椒"，获得农业部农产品地理标志登记保护。同年，农业部在第十三届中国国际农产品交易会上首次设置农产品地理标志展区。宁夏组织全区14家企业40余种地理标志农产品参加首届农产品地理标志专展。

2016年，全区未申报农业部农产品地理标志登记保护产品。2016年4月"盐池滩羊肉"申报国家级农产品地理标志示范样板创建，6月创建资格获批，创建期2年。在第十四届中国国际农产品交易会暨第二届农产品地理标志专展会上，宁夏农产品质量安全中心获"优秀组织奖"，宁夏兴唐米业有限公司、宁夏万齐农业发展集团有限公司获"优秀参展单位"。

2017年，全区共申报了2个种植业产品："中宁枸杞""灵武长枣"，获得农业部农产品地理标志登记保护。"泾源黄牛肉"被列为国家级农产品地理标志示范创建样板，创建期2年。"宁夏大米"入选为全国首批地理标志中欧互认的35个农产品之一。在第十五届中国国际农产品交易会暨第三届农产品地理标志专展会上，宁夏农产品质量安全中心获"优秀组织奖"，"盐池滩羊肉"被授予国家级农产品地理标志示范样板。

2018年，全区共申报并通过农业部农产品地理标志登记保护产品6个，其中种植业产品5个，畜产品1个。第十六届中国国际农产品交易会特设农产品地理标志专业展区，宁夏9个产品、18个企业参加地标专展。

2019年，全区未申报农产品地理标志登记保护产品。"泾源黄牛肉"被中国绿色食品发展中心正式授予国家级农产品地理标志示范样板。"中宁枸杞"成为全国第二批获得地理标志中欧互认的 175 个产品之一。第十七届中国国际农产品交易会特设农产品地理标志专业展区，同时举办"全国农产品地理标志品牌推介会"，宁夏共计 10 个产品、24 家企业参加地标专展。农业农村部开始开始实施地理标志农产品保护工程，首批地理标志农产品保护工程项目中，宁夏有 6 个产品（盐池滩羊肉、中宁枸杞、西吉马铃薯、中卫硒砂瓜、泾源黄牛肉、朝那乌鸡）开展项目实施，每个产品获保护资金 100 万元，效果显著。

2020 年，全区未申报农产品地理标志登记保护产品。第十八届中国国际农产品交易会特设农产品地理标志专业展区，宁夏组织 18 个地理标志农产品，42 家企业参展。宁夏农产品质量安全中心获"优秀组织奖"。农业农村部继续实施地理标志农产品保护工程，分别对盐池滩羊肉、西吉马铃薯、宁夏菜心、宁夏大米、中宁枸杞、沙坡头苹果、盐池黄花菜、灵武长枣、中卫硒砂瓜和吴忠牛乳 10 个地理标志农产品进行保护提升，由地理标志农产品证书持有人及所属农业农村局共同实施。中央下达保护资金 1834 万元，效果显著。

全区登记保护农产品地理标志产品达 60 个，产品品类日益丰富，涉及自治区"1＋4"特色优势产业，涵盖了"五大之乡"品牌。其中以省域命名的农产品地理标志产品有 2 个（全国共计 6 个），分别为"宁夏大米"和"宁夏菜心"。"盐池滩羊肉"入选全国十大运用地理标志精准扶贫典型案例。

2008—2020 年宁夏农产品地理标志登记保护产品名录见表 17-3-2。

表 17-3-2　2008—2020 年宁夏农产品地理标志登记保护产品名录

序号	产品名称	登记年份	行业	登记申请主体	证书编号
1	中宁硒砂瓜	2008	种植业	中宁县硒砂瓜生产营销协会	AGI00025
2	西吉马铃薯	2008	种植业	西吉县马铃薯产业服务中心	AGI00027
3	贺兰螺丝菜	2008	种植业	贺兰县农牧局乡镇企业培训服务中心	AGI00028
4	大武口小公鸡	2008	畜牧业	石嘴山市大武口区农业畜牧技术推广服务中心	AGI00057
5	青铜峡西瓜	2008	种植业	青铜峡市农业技术推广服务中心	AGI00059
6	盐池滩羊肉	2008	畜牧业	盐池县滩羊肉产品质量监督检验站	AGI00061
7	盐池滩鸡	2008	畜牧业	盐池县滩羊肉产品质量监督检验站	AGI00062
8	海原硒砂瓜	2008	种植业	兴仁硒砂瓜市场流通协会	AGI00086
9	六盘山蚕豆	2008	种植业	隆德县农业技术推广服务中心	AGI00087
10	朝那乌鸡	2008	畜牧业	彭阳县养鸡专业合作社	AGI00089
11	同心马铃薯	2008	种植业	同心县农业技术推广服务中心	AGI00090
12	青铜峡番茄	2008	种植业	青铜峡市农业技术推广服务中心	AGI00091
13	盐池荞麦	2008	种植业	盐池县科技服务中心	AGI00093
14	原州马铃薯	2008	种植业	固原市原州区农业技术推广服务中心	AGI00094
15	原州油用亚麻	2008	种植业	固原市原州区农业技术推广服务中心	AGI00095
16	宁夏大米	2008	种植业	宁夏优质稻米产业化协会	AGI00116
17	青铜峡辣椒	2008	种植业	青铜峡市农业技术推广服务中心	AGI00117
18	吴忠牛乳	2008	畜牧业	吴忠市乳业协会	AGI00118
19	盐池西瓜	2008	种植业	盐池县科技服务中心	AGI00119
20	同心滩羊肉	2008	畜牧业	同心县养羊协会	AGI00120
21	涝河桥牛肉	2008	畜牧业	吴忠市畜牧草原技术推广服务中心	AGI00121
22	涝河桥羊肉	2009	畜牧业	吴忠市畜牧草原技术推广服务中心	AGI00058
23	马家湖西瓜	2010	种植业	吴忠市利通区蔬菜技术推广服务中心	AGI00088

（续）

序号	产品名称	登记年份	行业	登记申请主体	证书编号
24	张亮香瓜	2010	种植业	贺兰县农牧局乡镇企业培训服务中心	AGI00092
25	盐池滩鸡蛋	2010	畜牧业	盐池县滩羊肉产品质量监督检验站	AGI00284
26	固原葵花	2010	种植业	固原市农业技术推广服务中心	AGI00304
27	银川鲤鱼	2010	渔业	银川市水产技术推广服务中心	AGI00323
28	李岗西甜瓜	2010	种植业	惠农区创益西甜瓜专业合作社	AGI00324
29	沙湖大鱼头	2010	渔业	宁夏回族自治区农垦事业管理局	AGI00325
30	西吉西芹	2010	种植业	西吉县农业技术推广服务中心	AGI00326
31	海原马铃薯	2010	种植业	海原县鸿鑫马铃薯专业合作社	AGI00357
32	丁北西芹	2010	种植业	贺兰县农牧局乡镇企业培训服务中心	AGI00358
33	海原小茴香	2010	种植业	海原县永鑫小茴香专业合作社	AGI00359
34	隆德马铃薯	2010	种植业	隆德县种子管理站	AGI00435
35	黄渠桥羊羔肉	2011	畜牧业	平罗县动物卫生监督所	AGI00830
36	盐池二毛皮	2011	畜牧业	盐池县滩羊肉产品质量监督检验站	AGI00831
37	扁担沟苹果	2011	种植业	吴忠市扁担沟玉果果品购销专业合作社	AGI00832
38	彭阳杏子	2012	种植业	宁夏茹阳林果专业合作社	AGI00992
39	金银滩李子	2012	种植业	吴忠林场	AGI01049
40	盐池胡麻	2013	种植业	盐池县惠众小杂粮产业化合作社	AGI01231
41	六盘山秦艽	2013	种植业	隆德县中药材办公室	AGI01366
42	盐池甘草	2013	种植业	盐池县中药材服务站	AGI01367
43	盐池甜瓜	2014	种植业	盐池县科技服务中心	AGI00060
44	盐池黄花菜	2014	种植业	盐池县种子管理站	AGI01185
45	盐池蜂蜜	2014	畜牧业	盐池县种子管理站	AGI01186
46	六盘山黄芪	2014	种植业	隆德县中药材产业办公室	AGI01451
47	泾源黄牛肉	2014	畜牧业	泾源县畜牧技术推广服务中心	AGI01452
48	盐池谷子	2014	种植业	盐池县种子管理站	AGI01585
49	盐池糜子	2014	种植业	盐池县种子管理站	AGI01586
50	彭阳辣椒	2015	种植业	彭阳县红河辣椒专业合作社	AGI00026
51	南长滩大枣	2015	种植业	中卫市梨枣协会	AGI01790
52	南长滩软梨子	2015	种植业	中卫市梨枣协会	AGI01791
53	灵武长枣	2017	种植业	灵武长枣协会	AGI02059
54	中宁枸杞	2017	种植业	中宁县枸杞产业发展服务局	AGI02060
55	沙坡头苹果	2018	种植业	中卫市沙坡头区苹果协会	AGI02372
56	宁夏菜心	2018	种植业	宁夏蔬菜产销协会	AGI02373
57	中卫硒砂瓜	2018	种植业	中卫市农业技术推广中心	AGI02445
58	泾源蜂蜜	2018	畜牧业	泾源县科技中心	AGI02446
59	吴忠亚麻籽油	2018	种植业	吴忠市农产品质量检测中心	AGI02519
60	同心银柴胡	2018	种植业	同心县农业技术推广中心	AGI02593

二、登记后监管

宁夏回族自治区农产品质量安全中心作为省级农产品地理标志主管部门，负责全区农产品地理标志证后监管工作，各县（市、区）农业综合执法大队负责辖区农产品地理标志证后监管工作。省级农业行政主管部门每年1月底前向中国绿色食品发展中心报送上一年度农产品地理标志使用及监督检查情况。除常规监管外，宁夏每年进行监督抽检、检验检测、市场检查等工作。

农产品地理标志登记证书持有人定期向所在地县级以上农业行政主管部门报告农产品地理标志使用情况。

县级以上农业行政主管部门加强农产品地理标志监督管理工作，定期对登记的地理标志农产品的地域范围、标志使用等进行监督检查，每年12月底前将情况报省级农业行政主管部门。

2018年，宁夏农业农村厅出台《宁夏农产品地理标志授权使用规范程序》，用以规范全区地理标志农产品标识使用和监管；每年举办农产品地理标志核查员培训班，发挥各县（市、区）工作机构核查员作用；开展监管及培训，增强相关监管机构的风险防范、应急处置能力，提高监管工作规范化水平，指导基层调查挖掘和组织申报，扩大农产品地理标志规模。

■ 第五节 名特优新农产品名录收集登记

一、收录概况

名特优新农产品是指在特定区域（以县域为单元）内生产，具备一定生产规模和商品量，具有显著地域特征和独特营养品质特色，有稳定的供应量和消费市场，公众认知度和美誉度高的农产品。

2018年，农业农村部农产品质量安全中心在全国开展名特优新农产品名录收集登录工作。2019年，自治区结合《关于进一步加强农产品质量安全工作的实施意见》和《2019年宁夏农产品质量安全工作要点》，把开展名特优新农产品名录收集登录作为提升农产品质量安全的重要抓手；确定宁夏农产品质量标准与监测技术研究所和宁夏农产品质量安全检测中心为全国名特优新农产品鉴定机构。

2019—2020年，通过对全区优质农产品的地域范围、产地环境、独特营养品质特性、生产规模、产业发展、消费认可和市场需求等方面审核，全区有26个农产品、130家企业被纳入全国名特优新农产品名录，其中，种植业产品21个：宁夏菜心、宁夏大米、中宁枸杞、盐池黄花菜、沙坡头苹果、西吉马铃薯、马家湖西瓜、同心银柴胡、上滩韭菜、青铜峡西兰花、青铜峡芥蓝、中卫硒砂瓜、彭阳红梅杏、彭阳辣椒、灵武长枣、扁担沟苹果、青铜峡先锋大青葡萄、青铜峡甘城子苹果、同心圆枣、同心芦笋、同心红葱，累计生产规模360万亩；畜牧业产品5个：盐池滩羊肉、泾源黄牛肉、泾源蜂蜜、彭阳朝那鸡、固原鸡。

2019—2020年，全区26个名特优新农产品在中国农产品质量安全网、中国农产品质量安全微信公众号上陆续展播，同时编入《全国名特优新农产品生产消费指南（第一卷）、（第二卷）》并出版。

2019—2020年全区名特优新农产品汇总见表17-3-3。

表17-3-3 2019—2020年全区名特优新农产品汇总

年份	序号	申报单位	产品名称	证书编号
	1	宁夏蔬菜产销协会	宁夏菜心	CAQS-MTYX-20190229
	2	宁夏优质稻米产业化协会	宁夏大米	CAQS-MTYX-20190069
2019	3	灵武市农业农村局	上滩韭菜	CAQS-MTYX-20190070
	4	吴忠市利通区农业技术推广服务中心	马家湖西瓜	CAQS-MTYX-20190230

（续）

年份	序号	申报单位	产品名称	证书编号
2019	5	青铜峡市农业农村局	青铜峡西兰花	CAQS-MTYX-20190232
	6		青铜峡芥蓝	CAQS-MTYX-20190233
	7	盐池县农业农村局	盐池滩羊肉	CAQS-MTYX-20190071
	8	盐池县农业农村局	盐池黄花菜	CAQS-MTYX-20190072
	9	同心县农业技术推广服务中心	同心银柴胡	CAQS-MTYX-20190231
	10	中宁县枸杞产业发展服务局	中宁枸杞	CAQS-MTYX-20190074
	11	中卫市沙坡头区农业农村局	沙坡头苹果	CAQS-MTYX-20190073
	12	中卫市沙坡头区农业农村局	中卫硒砂瓜	CAQS-MTYX-20190234
	13	彭阳县农业农村局	彭阳红梅杏	CAQS-MTYX-20190235
	14	彭阳县农业农村局	彭阳辣椒	CAQS-MTYX-20190236
	15	西吉县农业农村局	西吉马铃薯	CAQS-MTYX-20190075
	16	泾源县农业农村局	泾源黄牛肉	CAQS-MTYX-20190237
2020	17	灵武市农业农村局	灵武长枣	CAQS-MTYX-20200797
	18	利通区农业技术推广服务中心	扁担沟苹果	CAQS-MTYX-20200798
	19	青铜峡市农业农村局	青铜峡先锋大青葡萄	CAQS-MTYX-20200799
	20	青铜峡市农业农村局	青铜峡甘城子苹果	CAQS-MTYX-20200800
	21	同心县农业技术推广服务中心	同心圆枣	CAQS-MTYX-20200426
	22	同心县农业技术推广服务中心	同心芦笋	CAQS-MTYX-20200427
	23	同心县农业技术推广服务中心	同心红葱	CAQS-MTYX-20200428
	24	原州区农业农村局	固原鸡	CAQS-MTYX-20200429
	25	泾源县农业农村局	泾源蜂蜜	CAQS-MTYX-20200430
	26	彭阳县农业农村局	彭阳朝那鸡	CAQS-MTYX-20200431

二、收录后监管

全国名特优新农产品证书长期有效，并实行年度确认制度，逾期未进行年度确认的登录产品将自动退出全国名特优新农产品名录。证书持有人自行登录电子信息系统，申请年度确认。获证产品出现重大产品质量安全问题或者不再符合全国名特优新农产品登录条件的，由省级工作机构确认后以正式文件报国家中心注销名录，收回其全国名特优新农产品证书。

省级工作机构负责组织实施对本地区、本行业获证产品的跟踪检查和独特营养品质稳定性跟踪评价。县级以上农业农村部门农产品质量安全（优质农产品）工作机构加强对获证产品生产经营情况的日常巡查。地市级工作机构结合年度确认工作，开展现场核查和检查督导。

■ 第六节　良好农业规范认证

一、认证概况

2005 年，国家标准化管理委员会发布首批《良好农业规范》GB/T 20014.1—2005 至 GB/T 20014.11—2005 共 11 个国家标准。

2006 年，国家正式实施上述 11 个国家标准，涵盖大田作物、水果、蔬菜、牛羊、奶牛、生猪、家禽等种植业、养殖业主要产品。

2006 年，经中国国家认证认可监督管理委员会（简称国家认监委）批准，农业部优质农产品开发服务中心获得良好农业规范认证机构资质。

2008 年，国家发布第二批标准茶叶、水产等 13 个良好农业规范国家标准。

2013 年，为确保认证制度适应不断发展的农业现状，同时为继续保持与全球良好农业操作认证（GLOBALGAP）的互认，国家认监委委托中国良好农业规范工作组对认证标准和实施规则分别进行了修订，将烟草、花卉和蜜蜂纳入认证范围，从而使标准数量提升至 27 个，于 2014 年 6 月份正式实施。

2017 年，农业部优质农产品开发服务中心同农业部农产品质量安全中心合并。2018 年，新组建的农业农村部农产品质量安全中心开始承担并推动此项工作。

2018 年，农业农村部开始在全国开展农产品全程质量控制技术体系（CAQS-GAP）试点推广工作，通过试点，对符合良好农业规范的农产品生产经营主体，鼓励其申请国家良好农业规范认证。

2019 年，宁夏农产品质量安全中心作为省级工作机构正式承担良好农业规范（GAP）推广培育暨配合认证工作。截至 2019 年年底，宁夏共申报农产品全程质量控制技术体系（CAQS-GAP）试点的经营主体共有 42 个。

2020 年，宁夏全年申报国家良好农业规范证书的企业有 19 家，其中 9 家种植企业首获证书，实现全区零的突破，10 家畜产品企业向农业农村部农产品质量安全中心提交申请。

二、认证后监管

宁夏农产品质量安全中心作为省级农产品良好农业规范主管部门，负责全区良好农业规范认证主体证后监管工作，各县（市、区）农业综合执法大队负责辖区良好农业规范认证主体监管工作。省级农业行政主管部门、各县（市、区）农业综合执法大队，负责每年进行监督抽检、检验检测、市场检查等工作。

第十八篇

农业国际交流与合作

　　宁夏回族自治区是内陆型自治区，不沿边、不靠海，迫切需要通过开放合作拓宽农业发展新空间。"九五"以来，宁夏农业国际交流与合作，从单一交流互访，发展到包括农业品种、技术和装备、农产品贸易、人员培训及大型农业国际交流活动的举办等的全方位的交流与合作。尤其随着"一带一路"倡议的提出，宁夏作为陆上丝绸之路的重要节点，积极融入"一带一路"，坚持"走出去"和"引进来"相结合，统筹利用国际国内两个市场、两种资源，不断拓宽、深化农业国际交流合作渠道及领域，对于宁夏加快缩小与世界农业科技差距，弥补农业投入不足，加快农业转型发展起到了重要作用。宁夏农业国际交流与合作主要经历了以下三个阶段。2005年以前为起步兴起阶段，主要承担实施世界粮食计划署（World Food Programme，WFP）、国际农业发展基金（International Fund for Agricultural Development，IFAD）等国际组织的扶贫和环境改良援助项目，开展奶牛等领域的农业技术交流。2005—2015年为增速发展阶段，宁夏加大马铃薯、瓜菜、肉牛、苜蓿等农业优良品种和节水农业等先进技术及现代农业管理理念的引进力度，促进国际人才交流和农产品贸易；依托东北亚园艺研讨会、中国—阿拉伯国家经贸论坛和中国—阿拉伯国家博览会等平台，深化农业国际交流与合作。2015年以来，随着宁夏《关于融入"一带一路"加快开放宁夏建设的意见》（宁党发〔2015〕22号）出台，宁夏农业国际交流与合作步入全面发展阶段。宁夏重点打造农业"引进来""走出去"并行的全方位开放格局，在巩固提升的基础上，依托农业部授予宁夏"中国—阿拉伯国家农业技术转移中心"职能优势，在毛里塔尼亚、约旦等7个国家建立海外分中心，推动宁夏乃至全国农业先进技术、产能参与全球合作与交流。

第一章

农 业 引 进

■ 第一节 农业引进概况

一、资金项目引进

（一）世界粮食计划署（WFP）援助宁夏南部山区扶贫和环境改良项目（4071 项目）

世界粮食计划署（WFP）援助中国宁夏南部山区扶贫和环境改良项目，即 WFP 中国 4071 项目，由中国政府与世界粮食计划署于 1994 年签署项目实施协议，同年 5 月 16 日开工实施，项目实施期 5 年。项目中央主管单位为中华人民共和国农业部，宁夏回族自治区主管部门为自治区农业厅。

（二）世界粮食计划署（WFP）援助宁夏中部干旱带农村综合开发项目（9998 项目）

世界粮食计划署（WFP）援助宁夏中部干旱带农村综合开发项目于 2002 年 9 月 1 日正式启动，项目实施期 6 年。该项目与国际农业发展基金（IFAD）联合投资，由于 WFP 于 2005 年退出中国，项目实际于 2005 年底结束。

（三）国际农业发展基金（IFAD）贷款宁夏中部干旱带环境改良与扶贫项目（CN-600 项目）

国际农业发展基金（IFAD）宁夏中部干旱带环境改良与扶贫项目是国际农业发展基金、世界粮食计划署和中国政府联合投资的综合农业开发项目，也是宁夏与山西两地的打捆项目，于 2005 年 2 月正式启动，实施期 7 年。

（四）神内宁夏品牌肉牛产地形成综合援助项目

2006 年 8 月 18 日，宁夏农牧厅与日本国际协力财团在北京进行会谈，就实施"神内宁夏品牌肉牛产地形成综合援助项目（以下简称神内项目）"达成共同愿望。2007—2019 年，双方共签订了四期神内项目合作协议。

（五）中加合作宁夏草原立法调研项目

中加合作宁夏草原立法调研项目，即宁夏向加拿大国际发展署申请的宁夏回族自治区草原管理条例立法调研项目，由加拿大阿尔伯达省可持续资源发展部与宁夏农牧厅项目管理办公室具体实施。该项目于 2006 年 9 月正式启动，实施期为 1 年。

（六）中美合作牧草调制中心建设项目

2011 年，宁夏农牧厅农业国际合作项目管理中心与美国威斯克（WESCO）国际牧草公司确定在宁夏吴忠市孙家滩开发区投资建设牧草调制中心。6 月 7 日，双方分别签署了《孙家滩牧草调制中心建设项目合作意向书》《孙家滩牧草调制中心建设协议》。8 月至 10 月，宁夏正式引进牧草加工调制设备，对相关人员进行相应的工艺和技术指导和培训。

二、种植品种与技术引进

（一）马铃薯新品种新技术引进

自 2007 年开始，宁夏与荷兰瓦赫宁根大学、荷兰食品加工与包装机械制造商协会（GMV）以及美国百事（中国）食品有限公司、美国辛普劳公司围绕马铃薯产业领域开展了一系列合作，引进试验马铃薯品种 6 个和荷兰资深马铃薯种植和种薯繁育专家 6 名，开展种薯繁育技术和病虫害防治技术等培训，共培训管理人员、技术人员和农民 400 余人次。

（二）瓜菜新品种引进

"十二五"时期，宁夏农业对外开放进程进一步加快，加大了与农业先进国家间的交流合作，先后引进美国、德国、荷兰、西班牙、以色列、日本和韩国抗病毒鲜食番茄、茄子、玉米、南瓜、甘薯、辣椒、甜椒、甜瓜、葡萄、樱桃及苜蓿草、花卉等国外新品种 200 余个，筛选出适应宁夏种植的优质瓜果蔬菜品种 49 个，在银川市兴庆区、西夏区、贺兰县和永宁县、吴忠市盐池县、中卫市中宁县、石嘴山市平罗县等地建立中外农业新品种试验示范基地 10 个，示范面积为 500 亩。

三、草畜品种与技术引进

（一）苜蓿新品种新技术引进

"十一五"期间，宁夏先后实施了牧区开发示范工程、天然草原植被恢复及退耕还草工程、牧草种植繁育基地和南部山区草产业工程。为推动宁夏牧草规模化、标准化、产业化发展，宁夏与联合国粮食及农业组织（Food and Agriculture Organization of the United Nations，FAO）开展了苜蓿草管理能力建设方面的技术合作，实施了"宁夏苜蓿管理能力建设项目"，外聘美国西部蒙大拿州立大学苜蓿草栽培管理专家丹尼斯·凯士（Dennis Cash），开展培训 56 期，引进美国苜蓿优新品种和先进生产技术，示范推广面积 2000 亩。

（二）奶牛新品种新技术引进

1999 年，农业部与加拿大先马士联合体（Semex Alliance）实施的"中国—加拿大奶牛综合育种项目"中奶牛生产性能测定（DHI）技术在宁夏试点，共测定奶牛 6523 头，累计测定奶样 44499 份。奶牛品种的引进时期主要在 2002 年以后。宁夏相继引进美国、加拿大、乌拉圭、澳大利亚、新西兰、智利等国家的荷斯坦牛 15 万余头，冻精 450 万余支，主要用于选配改良和良种扩繁。

（三）肉牛品种引进

1996 年后，宁夏先后引进美国、加拿大、阿根廷、澳大利亚、日本等国家的肉牛品种、胚胎和冻精。引进品种主要包括西门塔尔、利木赞、安格斯、海福特等，总数达到 4 万余头，胚胎 150 余个，冻精 12 万余支，主要用于品种改良和纯种繁育。

（四）肉羊品种引进

自 2002 年开始，宁夏陆续从新西兰、澳大利亚等国家引进杜泊、萨福克、陶赛特、美利奴、新多福、特克萨尔等品种肉羊，总数达到 1 万余只，主要用于肉羊品种改良、纯繁育种。

（五）种猪品种引进

2001—2002 年，宁夏引进长白、大白和杜洛克种猪共计 470 头，主要用于推广繁育。

（六）鸡品种引进

1996—2016 年，宁夏九三零生态农牧有限公司、宁夏恒泰源种禽有限公司、宁夏晓鸣农牧股份有限公司累计引进海兰、罗曼父母代蛋种鸡 380 多万只，引进 AA 型、罗斯 308、艾维茵父母代肉种鸡 110 多万只，进行繁育推广。2000 年以后，宁夏主要引进的蛋种鸡有海兰褐、罗曼褐、伊莎褐等品种，其中以海兰褐的市场占有率最高，占 70％以上，肉鸡品种以 AA 型、罗斯 308、科宝 500 为主。

四、农业设备与技术引进

（一）农业节水灌溉设备及技术引进

自 2013 年起，宁夏加强与以色列在旱作农业、节水灌溉、农艺技术装备等方面的合作，相继签署首期《宁夏—以色列灌溉试验田的谅解备忘录》《中国（宁夏）—以色列现代农业（二期）合作备忘录》，建立以色列耐特菲姆公司银川国际工厂、中国（宁夏）—以色列现代农业技术合作示范基地和中国（宁夏）—以色列农业技术培训中心，召开中国（宁夏）—以色列现代农业科技合作对接会。在银川市西夏区、吴忠市利通区、中卫市中宁县、石嘴山市平罗县等地区建设中国—以色列高效节水灌溉智慧农业示范基地 10 个，引进、熟化和集成示范以色列水肥一体化管理、物联网控制技术，以及购买耐特菲姆"耐碧特"数字化高效节水灌溉设备 4 套，试验示范面积近万亩。

（二）农业机械设备引进

自 2015 年起，针对农业生产中机械化方面的薄弱环节，宁夏农业机械化技术推广站通过实施宁夏回族自治区财政厅立项支持的"农业新机械引进项目"，逐步有针对性地引进国外机械在宁夏进行示范引导，共引进了英国、日本、韩国等国家的蔬菜精量播种机、设施农业开沟机、设施农业起垄机、蔬菜精密播种机和收获机等 10 台。

五、农药与化肥引进

"九五"后，宁夏引进国外的农药种类日益丰富，主要有瑞士先正达公司的种子处理悬浮剂"噻虫嗪·溴氰虫酰胺"，杀菌剂"精甲·咯菌腈""氟酰羟·苯甲唑"，除草剂"唑啉草酯""精异丙甲草胺"，杀虫剂"联苯肼酯"，德国拜耳公司的杀菌剂"氟菌·肟菌酯""氟菌·戊唑醇"，杀虫剂"溴氰菊酯""四唑虫酰胺"，德国巴斯夫集团的杀菌剂"烯酰·吡唑酯""吡唑醚菌酯"，美国科迪华农业科技公司的杀菌剂"三环唑""代森锰锌"，杀虫剂"三氟苯嘧啶"，除草剂"五氟磺草胺""高效氟吡甲禾灵"，美国孟山都公司的除草剂"丁草胺"，杀菌剂"硅噻菌胺"，意大利世科姆公司的杀菌剂"咯菌腈"，美国富美实公司的杀虫剂"氯虫苯甲酰胺""噻虫胺"，日本石原产业株式会社的杀菌剂"氟啶胺""噻唑磷"等产品。

"九五"后，宁夏的复合肥、新型肥料等主要依靠进口，主要品种为磷酸二铵、NPK 三元复合肥等产品。2011 年 7 月，中国石油自主开发、自主建设的最大化肥项目——宁夏石化国产化年产 45 万吨合成氨/80 万吨尿素工程在银川市启动。项目正式投入生产后，结束了中国大型氮肥技术长期依赖进口的局面，对于推进中国石油炼化业务战略结构调整，促进宁夏和银川经济社会发展具有重要意义。截至 2020 年，全区氮肥能够自给自足，磷肥少量靠进口和外省企业调入。宁夏正常运营的复混肥生产企业有 15 家，新型肥料企业有 28 家，其中包括各类水溶肥料生产企业 14 家，各类生物肥料生产企业 12 家，土壤调理剂生产企业 2 家。

■ 第二节　农业引进主要内容与过程

一、"九五"时期（1996—2000 年）

1994 年，中国政府与世界粮食计划署签署"世界粮食计划署（WFP）援助中国宁夏南部山区扶贫和环境改良项目"实施协议，同年 5 月 16 日实施，项目实施期 5 年。项目中央主管单位为中华人民共和国农业部，宁夏回族自治区主管部门为自治区农业厅。项目区位于宁夏南部山区的固原、彭阳、隆德 3 个县，三县均为国务院确定的重点扶持贫困县。项目区选择在三县最贫困的 13 个乡、146 个建制村，土地面积为 12.7 万公顷，总人口为 22.3 万，其中回族占比为 46%，劳动力 9.2 万个。项目实施内容涉及水利与灌溉、水土保持、人畜饮水、乡村道路、梯田、造林、种草养畜、农业发展、退耕补偿、扫盲、技术培训、妇女参与发展、妇幼保健与微量元素缺乏疾病防治，共 13 个子项目。世界粮食计划署无偿提供援粮 84119 吨，政府配套资金 80200 万元。项目共完成水库加固 12 座，灌区配套 20 处；衬砌引水渠 83 千米、配水渠 228 千米；建水保塘坝 17 座，谷坊 3353 座，供水工程 4761 座；修筑乡村道路 77 千米，田间道路 500 多千米；新修水平梯田 12424 公顷；营造水保林、薪炭林、经济林、苗圃共 6633 公顷；改良草场 1588 公顷；退耕 4726 公顷；扩建和完善乡农技推广站 13 处，畜牧技术服务站 13 处；新建供种站 3 处，良种繁育基地 6 处；实施扫盲与技术培训 92648 人次；向 6378 名农村妇女提供创收贷款 720 万元；培训妇幼保健医务人员 500 人，发放碘盐 1092.7 吨，健康教育 15 万人次，儿童筛查 2 次、43535 人次，采购药品 39.6 万元，治疗患儿 11822 人，县乡医务室补配 19 处，建设饮水工程 1200 处。

1996 年，宁夏家畜改良站与内蒙古家畜改良站合作从加拿大进口利木赞胚胎 150 余枚，繁育利木赞种公牛、种子母牛 70 余头。

1996—2000 年，宁夏九三零生态农牧有限公司、宁夏恒泰源种禽有限公司分别从山东益生种畜股份有限公司和北京爱拔益加家禽育种有限公司、北京京垦祖代鸡场累计引进海兰、罗曼父母代蛋种鸡 21 万只和 AA＋、海赛克斯父母代种鸡 4 万只进行繁育推广。

1999 年，农业部与加拿大先马士联合体（Semex Alliance）实施的"中国—加拿大奶牛综合育种项目"中的奶牛生产性能测定（DHI）项目开始在宁夏进行试点。在该项目技术支撑下，2001 年，宁夏夏进乳业公司筹建 DHI 测定实验室，在宁夏平吉堡奶牛场等 8 个奶牛场启动实施 DHI 测定。2001—2005 年，宁夏共测定奶牛 6523 头，累计测定奶样 44499 份。通过试点阶段的工作，参加 DHI 测定牛场的牛奶产量、质量和经济效益均有较大提高。

二、"十五"时期（2001—2005 年）

2001—2002 年，宁夏引进长白、大白、杜洛克种猪 470 头，用于推广繁育。

2001—2005 年，宁夏九三零生态农牧有限公司、宁夏恒泰源种禽有限公司引进海兰、罗曼、海兰褐、罗斯褐父母代蛋种鸡 61 万只，引进 AA 型、罗斯 308、艾维茵父母代肉种鸡 15 万只。

2002 年 9 月 1 日，世界粮食计划署（WFP）援助宁夏中部干旱带农村综合开发项目正式启动，项目实施期 6 年。该项目与国际农业发展基金（IFAD）联合投资、打捆设计，由于 WFP 于 2005 年退出中国，项目实际于 2005 年底结束。项目区位于宁夏中部干旱带的海原、红寺堡、同心、西吉、盐池 5 个县（区），覆盖 58 个乡镇、482 个建制村、2320 个自然村，涉及 16 万农户、农村人口 80.98 万，其中回族人口占比为 51%。项目区土地总面积为 13877 千米^2。项目实施期间，由于乡镇和建制村的合并，项目区的乡镇为 39 个，建制村为 385 个。项目内容涉及大田作物、土地改良、草场和畜牧业、植树、健康、教育、创收和人畜饮水 8 个方面。依据实施协议，世界粮食计划署承诺无偿援助小麦 32617 吨，折合 424 万美元（3500 万元），中国政府配套资金按照 1∶2.33 配套。因世界粮食计划署于 2005 年底撤出中国，项目实际到位援粮 29463 吨，到位率为 90.3％。该项目首次在项目区引进了参与式农村评估法（PRA），充分调动农民的参与积极性，同时通过"以粮代赈"，开展了改良土壤，新建和整修水库（包括塘坝），新建和修复渠道，灌溉系统，植树造林等，建成了一批农业和农村基础设施；通过扫盲和农业实用技术培训、妇女病查治和卫生保健宣传活动、修缮学校，促进项目区文化、卫生、健康、教育事业的发展。

2002 年，宁夏农垦贺兰山牛羊产业集团良种繁育中心建成，引进杜泊羊，用于肉羊品种改良。

2002—2004 年，宁夏畜牧工作站组织在宁兰垦牧有限公司、吴忠市利通区金银滩镇和银川市兴庆区掌政乡引进加拿大冻精 1000 支，用于选配改良。

2002—2015 年，宁夏引进国内外优质荷斯坦牛冻精 440.34 万支，用于奶牛改良。

2003 年，宁夏家畜繁育中心引进美国荷斯坦活体种公牛 22 头、单产 10 吨的母牛 35 头。该批种公牛年生产优质冻精 50 万支以上，销售到宁夏乃至周边省域，用于奶牛群改良。

2003 年，宁夏引进美国种公牛 27 头，用于实施畜牧种子工程，加快肉牛品种改良；从新西兰引进无角陶赛特、萨福克、新多福等 4 个品种肉羊 1087 只，用于品种改良。

2003—2004 年，银川市金凤区从乌拉圭、澳大利亚引进荷斯坦牛 3200 头，用于良种扩繁。

2003—2017 年，银川市贺兰县从新西兰、美国、澳大利亚引进荷斯坦牛 10947 头，用于良种扩繁。

2004—2020 年，石嘴山市平罗县从澳大利亚、新西兰、智利引进荷斯坦牛 5121 头，用于良种扩繁。

2005 年 2 月，宁夏中部干旱带环境改良与扶贫项目正式启动，项目实施期 7 年。该项目是国际农业发展基金、世界粮食计划署和中国政府联合投资的综合农业开发项目，也是宁夏与山西两省（自治区）的打捆项目。项目区域包括宁夏中部干旱带的海原、红寺堡、同心、西吉和盐池 5 个县（区），覆盖 58 个乡镇、482 个建制村、2320 个自然村，涉及 16 万农户、80.98 万农村人口，其中回族占比为 51％。项目区土地总面积为 13877 千米²。项目建设内容主要有大田作物、土地改良、畜牧（草场改良）、林业（植树）、农村金融服务、卫生（健康）、教育、妇女发展（创收）、人畜饮水和项目管理 10 个类别，涉及农、林、牧、水、农村信用社、妇联、教育、卫生、财政等行业部门。国际农业发展基金贷款总额为 1105 万特别提款权，折合 1757 万美元。截至项目竣工，项目累计完成 IFAD 贷款资金 1125.9 万特别提款权，折合 1731.7 万美元，完成总目标的 102％。通过项目实施，项目区共有 15.2 万户、60 万人从中受益，直接受益农户数为 15.2 万户，直接受益人口 23.7 万，直接受益女性人口 15 万多人，占直接受益人总数的 64％。项目实施期间，共发放小额信贷资金 246 万美元，覆盖 286 个建制村、15279 户。

2005—2019 年，中卫市中宁县从新西兰、澳大利亚引进荷斯坦牛 8020 头，用于良种扩繁。

三、"十一五"时期（2006—2010 年）

自 2005 年开始，日本国际协力财团援华项目负责人在对宁夏南部山区农民生产生活条件、肉牛产业发展情况详细考察的基础上，同有关部门就援助宁夏发展品牌肉牛的思路、模式、计划、措施等进行了深入细致的探讨。

2006 年 8 月 18 日，宁夏回族自治区农牧厅与日本国际协力财团在北京进行会谈，就实施"神内宁夏品牌肉牛产地形成综合援助项目"达成共同愿望。

2006 年 9 月，"中加合作宁夏草原立法调研项目"（即宁夏向加拿大国际发展署申请的宁夏回族自治区草原管理条例立法调研项目）正式启动。项目由加拿大阿尔伯达省可持续资源发展部与宁夏农牧厅项目管理办公室具体实施，实施期为 1 年。加拿大国际发展署提供 20 万加元资金，主要用于开展草原立法政策调研、技术交流和考察培训等，形成符合宁夏的草原规范管理制度，促进草场资源合理开发、有效利用。项目实施期间，双方专家在草原制度建设和技术管理领域开展了考察交流、培训研讨，制定了与《宁夏回族自治区草原管理条例（修正案）》相配套实施的草原管理规章草案 4 个，即《宁夏回族自治区草原禁牧、轮牧、休牧管理办法》《宁夏回族自治区甘草等固沙野生植物采集收购管理办法》《宁夏回族自治区基本草原管理规定》《宁夏回族自治区草畜平衡责任制》。

2006—2010 年，宁夏九三零生态农牧有限公司、宁夏恒泰源种禽有限公司引进海兰、罗曼、海兰褐、罗曼褐、伊莎褐父母代蛋种鸡 70 万只，引进 AA 型、罗斯 308、岭南黄、艾维茵父母代肉种鸡 30 万只。

2007 年 4 月 24 日，宁夏回族自治区农牧厅厅长赵永彪和日本国际协力财团理事长神内良一在日本东京签署了《神内宁夏品牌肉牛产地形成综合援助项目协定书》（即项目一期协议）。一期项目执行期为 3 年（2007 年 5 月至 2010 年 5 月），总投资 640 万元。其中，日本国际协力财团出资 400 万元，宁夏回族自治区配套 240 万元。项目内容主要是利用安格斯牛冻精改良当地秦川母牛，导入和转化日本品牌肉牛饲养管理、育肥和屠宰加工技术，探索建立符合宁夏实际的高档肉牛生产模式、操作方法和运行机制。

2007 年，宁夏回族自治区与福建省、荷兰瓦赫宁根大学建立马铃薯产业领域合作关系，逐步走出通过利用荷兰马铃薯产业发展先进技术和理念，提升宁夏、福建马铃薯产业发展能力的合作之路，进一步提升马铃薯种薯繁育、贮藏、加工、包装等能力。

2007 年，宁夏引进萨福克等国外良种肉羊 1700 多只，用于良种推广。

2007—2010 年，宁夏农牧厅农业国际合作项目管理中心实施联合国粮食及农业组织（FAO）技术合作项目"宁夏苜蓿管理能力建设项目"，聘任美国西部蒙大拿州立大学苜蓿草栽培管理专家和引进先进生产技术，与美国蒙大拿州建立良好的合作关系及长期的国际交流合作机制。美国蒙大拿州立大学教授丹尼斯·凯士作为粮农组织专家组组长，会同专家组成员，协助宁夏地方项目管理机构开展了苜蓿新品种引进试验、苜蓿种子扩繁、苜蓿栽培技术应用等工作。在宁夏首次引进"田间学校"培训方式，围绕牧草引种、田间试验等领域先后开展了 56 期培训；首次引进美国抗旱、抗寒苜蓿品种"SHAW"，在石嘴山市惠农区、吴忠市盐池县开展了试验示范，并成功推广 2000 亩；完成了近 30 万字的《宁夏苜蓿生产手册》，该手册结合宁夏实际，对苜蓿草产前、产中、产后及种子管理各个环节进行了全面的技术分析和指导。

2007—2010 年，宁夏依托国家外专局引进国外智力技术项目和国家马铃薯改良中心固原分中心、西吉马铃薯研究所等平台，连续 3 年聘任 6 名荷兰资深马铃薯种植和种薯繁育专家，开展了马铃薯种薯繁育、病虫害防治技术培训，累计培训管理人员、技术人员和农民 300 余人次，有效解决了宁夏南部山区马铃薯产业发展中生产技术支撑不足的问题。

2008 年 11 月，宁夏回族自治区、福建省和荷兰瓦赫宁根大学三方正式签署《宁夏与荷兰、福建开展马铃薯产业领域合作框架协议》。按照"突出重点、发挥优势、提升水平、共同发展"的原则，重点开展 6 个方面的合作：一是联合制定马铃薯产业发展规划；二是引进马铃薯种薯质量控制管理技术；三是引进马铃薯淀粉加工废水处理技术；四是引进马铃薯便捷食品生产、加工和包装技术；五是建立专供福建的马铃薯种薯基地；六是引进科学的决策支持系统，指导病虫害防治、科学用药、植物保护和灌溉等生产技术应用。

2008 年，宁夏四正生物工程技术有限公司从澳大利亚引进西门塔尔种公牛 10 头，用于改良品种。

2008—2012 年，宁夏畜牧工作站从日本引进安格斯和牛冻精共 2200 支，用于肉牛冷配改良。

2009 年 9 月 9 日，宁夏回族自治区副主席郝林海代表自治区人民政府与日本国际协力财团理事长神内良一在日本签订了神内项目二期合作协议。二期项目执行期 5 年（2009—2013 年），总投资 1000 万元人民币。其中，日本国际协力财团出资 700 万元，宁夏回族自治区人民政府配套 300 万元。二期项目在巩固一期项目成果的基础上，开展高档肉牛生产技术研究示范，建立高档肉牛生产技术体系，提高养殖生产水平和收入。

2009 年，宁夏四正生物工程技术有限公司引进利木赞种公牛 3 头，用于改良品种。

2009—2010 年，根据宁夏回族自治区、福建省和荷兰瓦赫宁根大学三方合作计划，宁夏开展了专供福建的马铃薯种薯试验、技术交流、企业对接、市场开拓和商贸交流等活动；在田间试验种植了荷引 1 号和 2 号、费乌瑞特、荷兰 7 号、克新 10 号及克新 2-3-1 等 6 个品种，并向福建省提供冬种马铃薯品种。其间，自治区多次邀请荷兰专家对宁夏当地技术推广人员、科研人员进行马铃薯种薯繁育技术培训。在福建省开展的供闽马铃薯冬种种薯适应性试验获得成功，并向与福建地理气候条件类似的两广地区推广。宁夏回族自治区与福建省、荷兰瓦赫宁根大学围绕马铃薯产业建立了多领域的合作，在马铃薯良种引进繁育、产前种植、管理及病虫害防治、产品加工等方面取得了良好成效，宁夏马铃薯生产逐渐步入品种良种化、种植规模化、管理规范化的发展道路。

2009—2013 年，宁夏累计引进萨福克、陶赛特、特克萨尔等肉羊种公羊 2900 只，用于肉羊改良品种。

2010 年，宁夏农牧厅农业国际合作项目管理中心实施了联合国粮农组织宁夏苜蓿草能力建设项目（TCP 项目），引进了美国蒙大拿州立大学丹尼斯·凯士教授的智力成果，引进了美国抗旱、抗寒苜蓿新品种"SHAW"、雷达克之星、金皇后等分别在宁夏干旱带、半干旱带地区的苜蓿草生产基地进行了试验示范。试验效果良好，并成功推广 2000 亩。

四、"十二五"时期（2011—2015 年）

自 2010 年开始，宁夏回族自治区农牧厅曾三次邀请美国威斯克（WESCO）国际牧草公司总裁唐·席林（Don Schilling）来宁，就当地投资环境、市场状况、资源条件及牧草种植和畜牧养殖情况开展实地考察，双方围绕对宁夏投资合作进行商讨。2011 年 6 月，吴忠市人民政府、吴忠市农牧局与美国威斯克国际牧草公司正式签署了《孙家滩牧草调制中心建设项目合作意向书》。威斯克公司投资 1 亿元，建设现代化的牧草加工调制中心和 2000 亩优质牧草示范基地。同时，宁夏农牧厅农业国际合作项目管理中心、吴忠市农牧局和吴忠市孙家滩开发区管委会签署了《孙家滩牧草调制中心建设协议》，并在 2011 年 8—10 月正式引进牧草加工调制设备，以及相应的工艺和技术。

2010—2016 年，宁夏晓鸣农牧股份有限公司分别从美国、西班牙、加拿大累计引进海兰褐、海兰白祖代鸡 23.5 万只，繁育父母代种鸡，面向全国推广商品代雏鸡。

2011 年 9 月，宁夏与美国在马铃薯繁育领域开展了广泛的交流合作。美国百事食品有限公司与农业部签署了战略合作备忘录，在中国北方建立可持续种植示范农场。同年，宁夏回族自治区农牧厅积极申报了中美薯片加工型马铃薯种植试验示范基地建设项目，并获得批准。

2011—2013 年，宁夏畜牧工作站引进和牛冻精共 3000 支、引进推广德系西门塔尔种公牛冻精 11700 支，用于肉牛冷配改良；引进推广乳肉兼用德系西门塔尔牛冻精 5000 支，用于实施优质高档肉牛生产技术示范推广项目。

2011—2016 年，宁夏九三零生态农牧有限公司累计引进海兰、罗曼父母代蛋种鸡 270 万只。

2012 年 6 月，美国农业部官员吴达纯和美国威斯克国际公司总裁唐·席林实地考察了立地条件不同的吴忠市孙家滩旱作苜蓿生产基地和石嘴山市灌溉苜蓿生产加工基地。吴达纯就苜蓿生产技术、青贮包膜技术及高密度草捆加工技术进行专题讲座，指导和培训苜蓿草技术人员、产业管理人员和加工企业相关人员 45 人。

2012 年 10 月，国际马铃薯专家实地考察了中国马铃薯之乡固原市西吉县，给当地技术人员、产业管理人员、企业人员和薯农传授马铃薯种薯繁育、田间管理、储藏等方面的新技术、新工艺和新方法，开展了马铃薯晚疫病防治技术讲座，共 30 人参加培训。

2012 年，宁夏农牧厅农业国际合作项目管理中心与美国威斯克国际牧草公司合作，在吴忠市孙家滩开发区建立了集新品种引进、集约化种植、病虫害防治、加工调制为一体的国际化苜蓿草试验示范基地。

2012 年，美国百事食品（中国）有限公司与宁夏巨丰源农业开发有限公司签订协议，在吴忠市盐池县试种马铃薯 500 亩，并提供种薯及相应农艺技术指导。该基地的建成为宁夏引进美国先进加工型马铃薯品种、栽培种植、病虫害防治及加工技术和设备奠定了良好基础，为下一步拓展马铃薯产业合作领域搭建了平台。

2012 年，依托国家外国专家局项目，宁夏在全区示范推广苜蓿品种"SHAW"，石嘴山市惠农区简泉村示范推广种植 500 亩，吴忠市孙家滩牧草基地示范推广种植 500 亩。经测产，"SHAW"苜蓿亩产种了 65 千克，且籽粒饱满匀称。在惠农区示范推广种植"SHAW"苜蓿割草田 1000 亩，高密度草捆加工示范区 1000 亩，每年亩产干草约 2000 千克。该品种表现出的抗病虫害能力及产种能力强。

2012—2019 年，中卫市沙坡头区从乌拉圭、新西兰、美国、澳大利亚引进荷斯坦牛 23700 头，用于良种扩繁。

2012—2020 年，石嘴山市惠农区从澳大利亚、新西兰、智利引进荷斯坦牛 2914 头，用于良种扩繁；宁夏农垦集团从乌拉圭、新西兰、澳大利亚引进荷斯坦牛 35162 头，用于良种扩繁。

2013 年 12 月 8 日，宁夏回族自治区党委书记李建华在北京会见了以色列驻华大使马腾（Matan Vilnai）。之后，以色列驻华使馆农业参赞尤博恩（Eitan Neubauer）到宁夏进行实地考察。2014 年 12 月 7—10 日，宁夏回族自治区副主席屈冬玉率团访问了以色列。宁夏与以色列双方达成共识，力促建设水肥一体化示范区和农业国际交流培训中心，打造农业合作平台，实现互利共赢。

2013 年，宁夏与荷兰合作实施马铃薯种苗组培和商品薯储藏技术交流合作项目，主要建设内容：一是引进荷兰马铃薯种苗组培技术，开展宁夏种苗组培新品种的引进、试验示范，提供检测合格的优质基础种苗，扩大原种生产能力；二是引进荷兰马铃薯商品薯储藏技术和规范化储藏标准，并邀请荷方专家给予技术支持；三是邀请 2 位荷方专家在马铃薯生产区围绕马铃薯种苗组培繁育、商品薯储藏技术与规范化操作，对当地技术推广人员和科研人员进行为期一周的培训；四是进行马铃薯种苗组培繁育技术试验及商品薯储藏技术示范工作总结，制定了马铃薯种苗组培繁育及商品薯储藏技术规范。

2013 年，宁夏引进乳肉兼用德系西门塔尔牛冻精 5200 支，用于在引黄灌区和奶业发展新区同心县、沙坡头区等县（区）10 个养殖场开展乳肉兼用牛繁育示范。

2013—2020 年，银川市永宁县从新西兰、澳大利亚引进荷斯坦牛 2530 头，吴忠青铜峡市从新西兰、澳大利亚引进荷斯坦牛 7818 头，吴忠市利通区从新西兰、澳大利亚引进荷斯坦牛 12200 头，吴忠市孙家滩从新西兰、澳大利亚引进荷斯坦牛 13200 头，用于良种扩繁。

2014 年 5 月 21 日，宁夏回族自治区农牧厅厅长张柱代表自治区人民政府与日本国际协力财团理事长秋山进在银川市签订了神内项目三期合作协议。三期项目执行期 6 年（2014 年至 2019 年），项目总投资 320 万元，其中日方出资 160 万元，宁夏回族自治区配套 160 万元。该项目的实施进一步完善了宁夏高档肉牛生产技术体系和产业化运行模式，宣传、推广了品牌牛肉与牛肉饮食文化。

2014 年，宁夏从澳大利亚引进安格斯母牛 3.8 万头，用于品种改良。

2014 年，农业部部长韩长赋出访以色列，与以色列农业和农村开发部部长沙弥尔（Shamir）就宁夏与以色列开展农业合作进行了会谈，并将会谈内容写入《中国以色列农业合作会谈备忘录》。同年，宁夏回族自治区水利厅与以色列耐特菲姆公司签订战略合作协议，在宁夏银川市建立以色列耐特菲姆公司全资国际工厂。银川国际工厂厂房占地面积 2000 米^2，主要引进、安装以色列先进滴灌管生产线，是中国当时唯一集生产、研发、检验、培训于一体的节水技术综合基地。

2014年，宁夏农垦集团平吉堡基地引进以色列抗病毒鲜食番茄、樱桃番茄、茄子及甜椒等品种共14个，建立新品种和节水示范展示区。

自2014年以来，宁夏紫花天地农业有限公司作为美国威斯克国际投资公司在宁夏投资落地的专业从事苜蓿种植、收获、加工、销售的企业，被列为国家苜蓿草引智、引技合作示范基地。公司先后引进美国优质苜蓿草品种12个，在中部干旱带的盐池县和孙家滩开展了2个耐寒、耐旱新品种种植示范，面积达到3500亩，辐射带动在引黄灌区的惠农区盐碱地种植2500亩，形成了涵盖播种、出苗、田间管理、施肥、收获、加工等产业链各环节的成套操作技术及规程。其中，应用干播湿出保苗技术，出苗率达到90%，深垄沟种植越冬成活率达到95%；应用喷灌水肥一体化技术，连片规模化种植苜蓿，干草产量达到700千克/亩。结合宁夏苜蓿草干草初级草捆的实际规格，以及大多数奶牛场对苜蓿干草规格的需求习惯，美国俄勒冈州西部牧草加工机械设备制造商共同投资130万美元，合作开发了适应宁夏本地牧草干草生产和需求实际的双挤压苜蓿干草加工调制设备，有效地提高了苜蓿干草加工调制的质量水平。围绕苜蓿播种、催苗、灌溉、施肥、刈割、加工等关键环节，结合品种试验，宁夏相关机构与美国专家及技术人员，共同开展了现场指导和技术培训，培养了一批具有较强实践操作技能的人员。

2015年10月26日，以色列外交部国际合作中心与宁夏回族自治区农牧厅在银川市签署了首期《宁夏—以色列灌溉试验田的谅解备忘录》，以宁夏农垦平吉堡现代农业示范园区为基础，以节水灌溉、水肥一体化合作项目为切入点，正式开展现代农业领域的合作。在宁夏农垦平吉堡现代农业示范园区，中国—以色列（宁夏）农业高效节水示范基地和中国—以色列（宁夏）农业技术培训中心启动建设。

2015年，宁夏中牧亿林畜产股份有限公司从澳大利亚购进杜泊羊836只、萨福克羊411只、美利奴羊18只，用于纯繁育种；吴忠市犇腾养殖专业合作社从美国购进冻精（荷斯坦奶牛）1600支，用于牛只繁育。

2015—2019年，吴忠市盐池县从澳大利亚引进荷斯坦牛2926头，用于良种扩繁。

五、"十三五"时期（2016—2020年）

2016年3月，美国辛普劳公司在宁夏全资设立辛普劳（中国）食品有限公司，是辛普劳公司在中国设立的唯一的生产加工中心和战略管理中心。辛普劳（中国）食品有限公司从欧美引进了国际最先进的马铃薯精深加工设备，主要加工生产速冻薯条和薯饼，填补了宁夏马铃薯综合精深加工产业领域的空白，并配套相应规模的车间、冷库及公用、辅助工程，建成国内最先进的马铃薯原料储藏库。

2016年6月，中国、以色列两国农业部召开第一次农业合作工作组机制会议，将中国（宁夏）—以色列现代农业合作示范项目正式纳入两国农业部共同支持的合作项目。8月，中国（宁夏）—以色列现代农业技术合作示范基地和中国（宁夏）—以色列农业技术培训中心在宁夏农垦集团平吉堡农场建成并正式揭牌运营。依托建成的合作示范基地，宁夏开展了高效节水栽培模式试验示范，中国、以色列专家共同规划设计了246亩的高效节水栽培模式试验项目，主要集成示范以色列先进的滴灌设备、宽窄行合理密植技术、高效精准滴灌水肥一体化技术、病虫草害综合防控技术等，解决玉米、苜蓿和蔬菜生产中灌溉水不足、水资源利用率低、肥料用量大且利用率低等问题。依托中国（宁夏）—以色列农业技术培训中心，宁夏每年不定期选派农业科技人员赴以色列参加旱作节水、现代农业等领域的技术培训。同时，以色列每年派遣农业专家来宁夏开展旱作节水、作物栽培等农业技术培训。

2016年12月，宁夏引进英国870型皮带式蔬菜精量播种机1台，在固原市西吉县进行地区适应性试验和应用推广，试验示范面积1220亩。

2016年，吴忠市犇腾养殖专业合作社从美国购进冻精（荷斯坦奶牛）1830支，用于牛的繁育。

青铜峡市恒源林牧有限公司从澳大利亚引进西门塔尔母牛350头，中卫市沐沙畜牧科技有限公司从澳大利亚引进西门塔尔母牛400头，用于品种改良。

2016—2019年，在宁夏农垦集团平吉堡农场建设现代农业技术合作示范核心区，以实施节水灌溉、水肥一体化合作项目为切入点，建设了中国（宁夏）以色列农业高效节水示范基地和现代农业技术合作示范基地，先后开展了奶牛养殖、精准农业、沙漠设施农业、以色列滴灌和水肥一体化技术等领域的多方位合作示范，推广应用了现代节水灌溉施肥、无土栽培、工厂化穴盘无土育苗、园艺作物新品种栽培及现代温室环境自动化控制等技术。基地以春小麦、玉米、苜蓿、设施瓜菜等作物为重点，持续开展了12项高效节水技术试验研究，推广应用面积达到2.3万亩。在黄羊滩、长山头、简泉、暖泉等农垦系统农场，以酿酒葡萄、玉米、水稻、设施瓜果、枸杞等作物为主，水肥一体化技术推广应用面积达到20万亩以上，进一步推动宁夏高效节水农业发展，取得良好的社会效益、生态效益和经济效益。

2016—2020年，宁夏畜牧工作站引进国外验证优秀安格斯牛冻精7.6万支，德系西门塔尔种公牛冻精6000支，用于安格斯牛核心群扩繁。

2017年4月，宁夏引进日本设施农业开沟机和设施农业起垄机各1台，在中卫市沙坡头区进行地区适应性试验和应用推广，其中设施农业开沟机试验示范面积855亩，设施农业起垄机试验示范面积2710亩。

2017年5月，宁夏引进韩国韭菜收割机、韭菜打捆机和蔬菜精密播种机各1台，在中卫市沙坡头区进行地区适应性试验和应用推广，其中韭菜收割机、韭菜打捆机试验示范面积712亩，蔬菜精密播种机试验示范面积1550亩。

2017年11月，宁夏引进了德国西芹收获机1台，在固原市西吉县进行地区适应性试验和应用推广，试验示范面积1130亩。

2017年，吴忠市犇腾养殖专业合作社从美国购进冻精（荷斯坦奶牛）2000支，用于牛的繁育；宁夏金谷禾川牧业公司从新西兰购进荷斯坦奶牛1000头，用于牛的繁育及产奶。

2017年、2019年，宁夏回族自治区农牧厅（农业农村厅）与日本寿物产株式会社分别签署《中国（宁夏）—日本牡丹优良品种技术引进试验示范及农业合作备忘录》《共同开展日本甘薯、果树瓜菜新品种引进协议》，主要引进日本瓜菜、水果、甘薯等品种。

2017—2020年，银川灵武市从新西兰、澳大利亚引进荷斯坦牛11719头，用于良种扩繁。

2018年初，以色列外交部国际合作中心（马沙夫）来宁夏实地考察，与宁夏回族自治区农牧厅共同商讨中国（宁夏）—以色列现代农业第二个三年合作计划。11月，双方在南京中国以色列部长级会议上签署了《中国（宁夏）—以色列现代农业（二期）合作备忘录》。为进一步落实备忘录合作内容，2018年、2019年连续两年在宁夏回族自治区人民政府与以色列使馆、以色列外交部国际合作中心（马沙夫）的共同推动下，以色列驻华使馆、以色列经济与产业部和宁夏回族自治区农业农村厅在银川市共同主办召开了中国（宁夏）以色列现代农业科技合作对接会，26家以色列知名企业到会参加推介，并与宁夏及外省300多家农业龙头企业进行对接交流，达成合作意向60余项。

2018年11月，宁夏引进德国背负式圆白菜收获机1台，在固原市原州区和银川市贺兰县进行地区适应性试验和应用推广，试验示范面积为1080亩。

2018年，宁夏农垦集团平吉堡基地引进以色列鲜食红果番茄品种"贝蒂"，紫色长茄"米西"，在设施温室开展以色列蔬菜品种对比试验，全程采用水肥一体化技术，并开展无土（河沙）栽培技术试验示范，建成246亩集中连片的现代农业高效节水试验示范基地。

2018年，宁夏盛唐牡丹农业开发有限公司引进日本西瓜新品种5个（夏枕、夏枕Jr、姬甘泉S、姬枕、颇晴）和甜瓜品种2个（月露G、月露W），试验示范面积50亩。经试验示范、优选品种后，2019年种植面积扩大到200亩，取得较好收益。同年公司引进日本观赏牡丹5个色系15个品种（其中红色系品种3个、粉色系品种3个、白色系品种3个、紫色系品种3个和黄色系品种3个）进行试种，成活率达 100%，并进行了第一次嫁接繁殖。2019 年，通过已建立的新品种引进通道，公司从日本引进红薯品种 2 个、南瓜品种 11 个、毛豆品种 1 个、香葱品种 2 个进行试种，并筛选出多个优良品种扩大试种。

2018 年，吴忠市犇腾养殖专业合作社从美国购进冻精（荷斯坦奶牛）2230 支，宁夏兴垦牧业有限公司从澳大利亚购进荷斯坦牛 4000 只，用于牛的繁育、良种扩繁。

2018—2019 年，在宁夏农林科学院种质资源研究所基地，宁夏盛唐牡丹农业开发有限公司和中卫市红香山瓜果流通农民专业合作社开展试验示范，筛选出适应性强的高附加值水果、甘薯品种，促进了宁夏农业优势特色产业发展。

2018—2019 年，宁夏盛唐牡丹农业开发有限公司引进以色列中早熟杂交一代烧烤蒸食兼用茄子品种，进行试种。试验结果表明，该品种植物生长势强，根系发达，连续坐果力强，采收期长；果实呈长条形，果形顺直，不弯果，果长 20~25 厘米，平均单果重 300 克左右；果色呈紫色，无青头顶，商品性优，口感好，耐储运，耐高温，抗逆性强；高产、早熟、优质特性显著，具有良好的种植、示范、推广前景。

2018—2019 年，宁夏农林科学院种质资源研究所引进日本甘薯品种 2 个（金石和高系 14），在吴忠市孙家滩园区建立甘薯种质资源圃 10 亩；对新引进的甘薯品种及优异种质资源，进行田间栽培观察，对形态特征、耐旱、抗病、结薯习性等主要特性和经济特性等重要性状进行调查、分类鉴定和差异性比较研究，筛选出具有优良性状的种质材料，初步确定其栽培的适应性，并保存优异特质种质资源；筛选出性状及产量表现均较为突出的品种，通过种薯繁育及脱毒苗扩繁开展甘薯种苗繁育试验示范，示范自繁脱毒种苗 25 万株以上，新品种与脱毒种苗应用率均达到 100%。

2018—2019 年，中卫市红香山瓜果流通农民专业合作社开展了 50 亩露地作物的种植、示范，引进新品种 5 个，实施 3 个日本樱桃品种（织姬、月山锦、爱华香）和 2 个苹果品种（百年富士、甜红宝石）的引进、扩繁种植、露地栽培及安全越冬示范。

2019 年 6 月 18 日，宁夏回族自治区农业农村厅首席兽医师罗晓瑜代表自治区人民政府与日本国际协力财团理事长秋山进在银川市签订了神内项目四期合作协议。四期项目执行期 4 年（2020 年至 2023 年）。经中日双方商讨，决定将项目前三期结余资金作为第四期项目实施资金，中日双方不再另配套资金。项目重点针对宁夏肉牛产业发展中存在的问题，开展技术研究和交流合作，联合宁夏红酒产业，加强品牌培育与产地品牌牛肉宣传推介，稳步提升宁夏肉牛产业的综合效益和市场竞争力。自项目实施以来，中日双方技术人员立足项目目标任务，围绕高档肉牛养殖、产品加工和市场营销等，全面深入开展了技术交流与合作，取得了一定成效：一是建立了具有宁夏特色的高档肉牛生产技术体系，培养了一支高素质人才队伍；二是提高了农民养殖积极性，实现了养殖业增效和农民增收；三是建立了高档肉牛产业化生产体系，促进了肉牛产业发展方式的转变。

2019 年 10 月，宁夏引进法国制种玉米去雄机 1 台，在吴忠青铜峡市进行地区适应性试验和应用推广，试验示范面积为 860 亩。

2019 年 11 月，宁夏引进澳大利亚种羊共 900 余只，其中山羊 500 余只，品种为"萨能""波尔"，绵羊 400 余只，品种为"美利奴""杜泊"，产奶量高、奶质优良、营养价值较高，每只羊价格在 0.9 万元左右，货值近 800 万元。

2019 年，吴忠市犇腾养殖专业合作社从美国购进冻精（荷斯坦奶牛）2270 支，固原市隆德县从美国购进冻精 1000 支，用于牛的繁育和品种改良。

2019 年，宁夏源乡枸杞产业发展有限公司引进以色列高效节水灌溉技术和先进的"生物炸弹"虫害防控技术，达到了降低农药残留、提高品质的目的。宁夏盛唐牡丹农业开发有限公司引进以色列水肥一体化技术，应用于西瓜、甜瓜、番茄、茄子等作物水肥管理，形成了完整的技术方案。

2019 年，中以双方为进一步推动以色列先进农业技术与宁夏农业技术的融合，采用"政府＋以色列耐特菲姆＋宁夏企业"共同出资的方式，在宁夏玺赞枸杞庄园（中宁鸣沙）、宁夏华泰龙农业科技开发有限公司（平罗县庙庙湖）、宁夏昊润昇生态农业科技开发有限公司（吴忠市孙家滩）建设中以智慧农业合作示范区3个；围绕枸杞、瓜菜、甘薯等高效作物引进、吸收，推广以色列先进农业技术、管理理念等，试验示范面积为4000亩，推动以色列智慧农业数字化管理成套技术与宁夏现代农业深度融合，提高土地、水资源利用率和劳动生产率。

2019—2020年，中卫市海原县从澳大利亚引进荷斯坦牛3657头，用于良种扩繁。

2020年3月，宁夏新澳农牧有限公司在灵武白土岗养殖基地引进2000头澳大利亚荷斯坦奶牛品种。

2020年10月，宁夏引进意大利叶菜收获机1台，在中卫市中宁县进行地区适应性试验和应用推广，试验示范面积为927亩。

2020年，吴忠市犇腾养殖专业合作社从美国购进冻精（荷斯坦奶牛）2500支，宁夏金宇浩兴农牧业股份有限公司从美国购进荷斯坦性控冻精3055支，用于牛的繁育、自繁改良。宁夏杨河牧业发展有限公司从澳洲购进海福特、安格斯牛共3000头，用于肉牛培育。

2020年，宁夏农业国际合作项目服务中心实施"以色列水肥一体化管控技术在甘薯栽培种植的试验示范项目"，在宁夏农垦集团平吉堡农场、宁夏农科院及耐特菲姆银川国际工厂，建设以色列优质蔬菜品种和高效节水灌溉水肥一体化技术相结合的种植示范点2个，试验示范面积610亩，推广应用3000亩以上，进一步提升宁夏水肥利用效率。

2020年，在吴忠市孙家滩园区和宁夏农垦平吉堡农场，宁夏引进日本甘薯、日本樱桃、以色列蔬菜和番茄等新品种13个，示范面积300余亩，建立中以、中日农业新品种试验示范点2个，通过种质资源更新换代，建立规范化的甘薯和瓜菜栽培种植体系，助推宁夏农业产业发展。

第二章

农　业　输　出

■ 第一节　农业输出概况

一、农产品输出

（一）枸杞出口

2000 年以前，枸杞产品主要出口至东南亚、日本等传统消费地区和国家，出口量占全国出口总量的 95% 以上，至 2000 年降到 88%。枸杞产品以干果为主，食用特点为药食两用。2001 年后，枸杞产品逐步进入欧盟、美国、澳大利亚、加拿大等西方市场，出口量占全国出口总量的比例由 2001 年的 2.78% 逐步增加到 2012 年的 36.66%。枸杞产品以干果为主，也出现了枸杞原汁、枸杞粉、枸杞籽油等新产品，食用特点由传统的药食两用逐步转变为食药两用，尤其在欧盟、美国，宁夏枸杞干果以其特有的保健功效，受到消费者青睐。2012—2020 年，枸杞出口企业又开发了南美、俄罗斯、东欧、中欧等新兴市场，出口呈良好态势。

（二）羊绒出口

羊绒产业是宁夏优势特色产业之一，作为资源依托型产业，是宁夏出口创汇的支柱产业之一，在宁夏的经济发展中起着举足轻重的作用。20 世纪 90 年代，"圣雪绒"就是国家首批重点支持和发展的 33 个名牌出口产品之一，也是第一个获此殊荣的羊绒品牌。1996 年，该产品荣获过第六届世界山羊大会金奖。从 2011 年起，宁夏羊绒产业工业总产值达上百亿元，逐渐成为宁夏优势特色产业和支柱产业之一。宁夏羊绒企业在生产工艺、设计研发水平提升的情况下，开始了自主品牌创建之路，逐渐延伸到国际羊绒产品高端市场。

（三）脱水蔬菜出口

宁夏脱水蔬菜产业起步于 20 世纪 80 年代，主要产地集中在石嘴山市惠农区、平罗县两地。产品主要用于出口，历经几十年，形成了"产业有基地，加工有企业，销售有市场"的一、二、三产业高度融合的发展格局。截至 2020 年，全区共有 10 家脱水蔬菜生产企业通过了出口食品生产企业备案，主要出口欧盟、东盟、南美以及美国、加拿大、澳大利亚和俄罗斯等地区和国家。

二、农业技术与智力输出

（一）技术输出

2015 年，中国科技部下达了对发展中国家科技援助项目"中国—阿拉伯国家技术转移服务平台构建"，拨付专项经费 510 万元支持中阿中心建设，2020 年项目顺利通过验收。中阿中心先后布局建设了阿盟、沙特、阿联酋（迪拜）、约旦、阿曼、埃及、摩洛哥、苏丹 8 个技术转移海外双边中心，培育了一批科技创新平台，借助该平台，积极拓展了中国与阿拉伯国家的科技合作交流领域。建成沙特技术转移中心，推动宁夏好水川食品有限公司与沙特阿布加达叶尔餐饮有限公司在沙特联合建设食品生产线，依托迪拜园林农业局和阿联酋国家农业学会，共建迪拜技术转移中心，在椰枣产业、农业物联网、节水技术应用等领域开展了一系列务实合作；建成约旦技术转移中心，在约旦建立了 1500 亩马铃薯种薯与商品薯示范基地；依托阿曼科委与卡布斯大学共建阿曼技术转移中心，示范推广风光互补智能地下节水灌溉技术与装备，辐射面积达 2000 亩；依托埃及科学研究技术院共建埃及技术转移中心，在植物药材与节水技术联合开发等方面开展了深入合作。

宁夏先后在约旦、阿曼、迪拜、埃及等国家共建了联合实验室和科技示范园区，建成宁夏（中阿）旱区资源评价与环境调控重点实验室、中埃旱区农业节水联合实验室，建立了椰枣虫害治理、马铃薯高产机械化种植、农业物联网应用等科技示范园区（基地）；推动一批中阿科技合作项目成功实现商业化、产业化。宁夏大学节水设备技术转移产业化配套研发项目，顺利在阿曼 10 余个皇家农场的 2000 亩耕地示范推广；智能地下节水灌溉技术与装备较当地滴灌技术，节水量高出 34％以上，得到阿曼政府官员及农场主的肯定，成为中阿科技交流合作的典型案例。2015 年 8 月，由农业部和宁夏回族自治区人民政府合作设立"中国—阿拉伯国家农业技术转移中心"，旨在加强与阿拉伯国家及共建"一带一路"国家的农业交流与合作，成为宁夏农业技术走出去的重要载体。根据工作开展需要，截至 2020 年，该中心分别在毛里塔尼亚、约旦、吉尔吉斯斯坦、肯尼亚、乌兹别克斯坦、摩洛哥、巴基斯坦建立了海外分中心。

（二）智力输出

在"南南合作"框架下，中国配合联合国粮食及农业组织、世界粮食计划署等国际机构，与阿尔及利亚、毛里塔尼亚、埃及等 100 多个发展中国家开展农业合作及援助性技术培训。自 2009 年以来，宁夏先后选派 17 名农业专家赴埃塞俄比亚、博茨瓦纳、毛里塔尼亚、安哥拉、津巴布韦、柬埔寨、吉尔吉斯斯坦、圣多美和普林西比等国家，围绕蔬菜、畜牧、农机、水利等领域开展技术指导。

■ 第二节 农业输出主要内容与过程

一、"九五"时期（1996—2000 年）

"九五"末期，全区农产品进出口总额为 8151.9 万元，其中，出口 8018.6 万元，进口 133.3 万元。农产品贸易国有德国、日本、美国、荷兰、墨西哥等 24 个国家和地区。

2000 年，宁夏圣雪绒股票在深圳证券交易所成功上市。宁夏羊绒加工企业拥有品质最优良的羊绒资源，拥有国际一流的先进生产设备。宁夏无毛绒产量占到世界产量的 50％，原绒收购量占到全球总量的 60％。

二、"十五"时期（2001—2005 年）

"十五"初期，全区农产品进出口总额为 7726.4 万元，其中，出口额为 7711.8 万元，进口额为 14.6 万元；"十五"末期，全区农产品进出口总额为 18282.3 万元，其中，出口额为 14079.9 万元，进口额为 4202.4 万元。农产品贸易国由 2001 年的 25 个发展到 2005 年的 49 个，主要贸易国家有蒙古、荷兰、美国、比利时、德国、印度尼西亚等。

三、"十一五"时期（2006—2010 年）

"十一五"初期，全区农产品进出口总额为 23241.9 万元，其中，出口额为 20496 万元，进口额为 2745.9 万元；"十一五"末期，全区农产品进出口总额为 46840.4 万元，其中，出口额为 46443.7 万元，进口额为 396.7 万元。农产品贸易国由 2006 年的 50 个发展到 2010 年的 67 个，主要贸易地区和国家有中国台湾、德国、美国、俄罗斯联邦、日本、韩国、印度尼西亚等。

2009 年，宁夏羊绒企业的"领头羊"宁夏中银绒业集团，成功收购英国百年老店道森贸易下属的邓肯纱厂后，销售网络已覆盖欧洲、美国、日本等 20 多个地区和国家。

2009—2010 年，宁夏回族自治区农牧厅选派宁夏农机专家万平、兽医专家沙勇波研究员赴津巴布韦执行援外项目。

2010—2011 年，宁夏回族自治区农牧厅选派宁夏农业专家石春太赴安哥拉执行农业援外项目。

四、"十二五"时期（2011—2015 年）

"十二五"初期，全区农产品进出口总额为 50973.1 万元，其中，出口额为 50910.5 万元，进口额为 62.6 万元；"十二五"末期，全区农产品进出口总额为 79960.8 万元，其中，出口额为 70842.9 万元，进口额为 9117.9 万元。农产品贸易国由 2011 年的 65 个发展到 2015 年的 68 个，主要贸易国家和地区有美国、荷兰、德国、法国、日本、印度、日本、中国台湾等。

2011 年 7 月 10 日至 12 日，宁夏组织农业企业赴美国参加由美国专业食品贸易国家协会主办的第 57 届美国夏季国际优质食品展览会（Fancy Food Show）。宁夏部分重点特色农产品企业生产的枸杞干果、枸杞鲜汁、优质大米、营养强化米、灵武长枣、水晶贡枣、果酒、果醋等特色农产品亮相展会。

2011—2012 年，宁夏回族自治区农牧厅选派宁夏大学教授孙占鹏参加埃塞俄比亚支教项目。

2013—2014 年，宁夏回族自治区农牧厅选派宁夏兽医专家武占银赴津巴布韦执行援外项目。

2015 年以来，宁夏回族自治区科技厅建成沙特技术转移中心，推动宁夏好水川食品有限公司与沙特阿布加达叶尔餐饮有限公司在沙特联合建设食品生产线；依托迪拜园林农业局和阿联酋国家农业学会，共建迪拜技术转移中心，在椰枣产业、农业物联网、节水技术应用等领域开展了一系列务实合作；建成约旦技术转移中心，在约旦建立了 1500 亩马铃薯种薯与商品薯示范基地；依托阿曼科委与卡布斯大学共建阿曼技术转移中心，示范推广风光互补智能地下节水灌溉技术与装备，辐射面积达 2000 亩；依托埃及科学研究技术院共建埃及技术转移中心，在植物药材与节水技术联合开发等方面开展了深入合作；先后在约旦、阿曼、迪拜、埃及等国家与相关机构共建了联合实验室和科技示范园区，建成宁夏（中阿）旱区资源评价与环境调控重点实验室、中埃旱区农业节水联合实验室，建立了椰枣虫害治理、马铃薯高产机械化种植、农业物联网应用等科技示范园区（基地）；推动一批中阿科技合作项目成功实现商业化、产业化；宁夏大学节水设备技术转移产业化配套研发项目，顺利在阿曼 10 余个皇家农场的 2000 亩耕地示范推广，智能地下节水灌溉技术与装备较当地滴灌技术，节水量高出 34% 以上，得到阿曼政府官员及农场主的肯定，成为中阿科技交流合作的典型案例。

五、"十三五"时期（2016—2020 年）

"十三五"初期，全区农产品进出口总额为 102234.5 万元，其中，出口额为 83126.6 万元，进口额为 19107.9 万元；"十三五"末期，全区农产品进出口总额为 120589.6 万元，其中，出口额为 108842.7 万元，进口额为 11746.9 万元。农产品贸易国由 2016 年的 80 个减少到 2020 年的 71 个，主要贸易国家有美国、马来西亚、阿根廷、新加坡、德国、日本等。

2016年，在中国—中东欧国家农业贸易合作论坛上，宁夏成功举办了中宁枸杞专场推介会，以开拓东盟、港澳和国内东南市场为目标，在中国—东盟农业国际合作展，组织企业推出特色产品枸杞展。宁夏组织了9家企业的31种优质产品进入中国辽宁农产品加拿大展示中心，进行长期、便捷、低成本地展示。

2017年9月7日，宁夏回族自治区农牧厅与毛里塔尼亚畜牧部共同签署了《中国（宁夏）—毛里塔尼亚共建农业技术合作中心协议》，成立中阿农业技术转移中心宁夏—毛里塔尼亚农业技术合作海外分中心，在毛里塔尼亚开展畜牧养殖、设施农业等领域的试验示范、技术培训等方面的交流合作，并以中毛畜牧养殖示范中心为依托，共同开展水稻种植、加工及贸易等活动，建设生产基地、储藏仓库、销售平台，以及开展相应的展览展销活动，惠及双方及周边国家。

2017年9月7日，宁夏回族自治区农牧厅与约旦哈希姆王国阿格里马特科（AGRIMATCO）有限公司签署了《中国（宁夏） 约旦哈希姆王国共建农业技术合作中心协议》，共同组建中阿农业技术转移中心—宁夏约旦哈希姆王国农业技术合作海外分中心，在约旦哈希姆王国开展农作物制种、设施农业等领域的试验示范、技术培训等方面的交流合作，确定并推广先进实用技术，提升约旦哈希姆王国农业科技水平。

2017年9月7日，宁夏回族自治区农牧厅与吉尔吉斯斯坦共和国楚河州政府共同签署了《中国（宁夏）吉尔吉斯斯坦共建农业技术合作中心协议》，共同组建中阿农业技术转移中心—宁夏吉尔吉斯斯坦农业技术合作海外分中心，在吉尔吉斯斯坦开展设施农业等领域的试验示范、技术培训等方面的交流合作，共同扶持双方反季节蔬菜的生产和贸易活动。

2017年，宁夏回族自治区农牧厅与宁夏葡萄产业发展局共同组织宁夏天启薯业、誉景食品、早康枸杞以及华昊、留世、美御、类人首酒庄共7家企业参加在波黑举办的第20届莫斯塔尔经贸博览会，首次以中国展团身份亮相"中国—中东欧国家特色农产品和葡萄酒博览会"。在博览会上，宁夏通过搭建特装展览展示宁夏15个酒庄的18款酒，其中包括获得贺兰山东麓金奖的10款葡萄酒。宁夏展品以优质、特色参展引起参展商的普遍关注。

自2017年以来，毛里塔尼亚海外分中心在当地开展肉牛品种改良、水稻引种试验示范、苜蓿种植及全程机械化作业技术示范；荷斯坦奶牛胚胎移植开创了该国奶牛产业发展的先河，在撒哈拉沙漠实现紫花苜蓿规模化种植。约旦海外分中心建设蔬菜种子境外示范区，将宁夏的种子送上世界大舞台，产品远销欧美及中东27个国家和地区。

2017—2018年，宁夏回族自治区农牧厅（农业农村厅）选派宁夏农机专家万平、农产品与食品安全专家牛艳赴柬埔寨参加高级别农业专家顾问项目。

2017—2020年，宁夏回族自治区农牧厅（农业农村厅）选派宁夏畜牧专家封元、顾自春、公双平、李毓华，牧草种植专家沈宏刚、任学山赴毛里塔尼亚执行援外项目。

2018—2020年，宁夏回族自治区农牧厅（农业农村厅）选派宁夏畜牧专家姚代银、蔬菜专家石春太赴圣多美和普林西比执行第二期援圣普农牧业技术援助项目。

2019年9月6日，宁夏回族自治区农业农村厅与中非发展基金有限公司、宁夏晓鸣农牧股份有限公司签署了《共同推进宁夏晓鸣农牧股份有限公司在肯尼亚禽蛋产业开发合作框架协议》，组建中阿农业技术转移中心宁夏肯尼亚农业技术合作海外分中心，发挥中阿博览会和国家"向西开放"平台优势，推动宁夏特色优势产业在肯尼亚落地，加快蛋鸡品种更新换代，改善营养状况，共同提升肯尼亚蛋禽产业综合生产水平，深化宁夏与非洲的农业合作。

2019年9月6日，宁夏回族自治区农业农村厅与乌兹别克斯坦鹏盛工业园佳盛国际农业有限公司、上海孙桥溢佳农业技术股份有限公司共同签署《中阿农业技术转移中心乌兹别克斯坦海外分中心建设协议》，联合组建中国—阿拉伯国家农业技术转移中心乌兹别克斯坦海外分中心，在乌兹别克斯坦开展现代农业新设施、新设备、新技术的集成示范与推广工作，示范应用连栋塑料大棚、潮汐式槽栽、智能水肥灌溉系统、新材料保温系统等现代农业新技术。

2019年9月6日，宁夏回族自治区农业农村厅与摩洛哥中国合作会签署《中阿农业技术转移中心摩洛哥海外分中心建设协议》，共同组建中阿农业技术转移中心摩洛哥海外分中心，在摩洛哥开展水产品生产加工贸易、粮食蔬菜种植、畜牧养殖等农业领域的交流合作，通过开展试验示范、技术培训，确定并在当地推广先进实用的农业技术，提升两国农业科技合作水平。

2019年9月6日，宁夏回族自治区农业农村厅与巴基斯坦食品安全与研究部、巴中环球国际农业投资开发有限公司共同签署了《中阿农业技术转移中心巴基斯坦海外分中心建设协议》，共同组建中阿农业技术转移中心巴基斯坦海外分中心，在巴基斯坦开展粮食、蔬菜种植加工等农业领域的交流合作。

2019年，宁夏组织农业企业赴波斯尼亚和黑塞哥维那莫斯塔尔市参加第二十二届莫斯塔尔国际经贸博览会。所展出的宁夏葡萄酒、枸杞、羊绒制品等特色农产品受到采购商的高度评价。

自2019年以来，巴基斯坦海外分中心在当地电视台、报刊及Facebook等媒体积极开展宣传报道，并搭建电商平台，展示推介宁夏特色优质农产品及先进农机装备。乌兹别克斯坦海外分中心利用潮汐式灌溉技术开展番茄、黄瓜等作物高效农业栽培技术示范推广，并得到广泛应用。

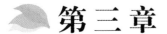

第三章

农业国际交流活动

第一节　农业国际交流活动概况

一、中国—阿拉伯国家经贸论坛农业合作分会

2010年5月，国务院正式发文同意从2010年起在宁夏举办"中国—阿拉伯国家经贸论坛"，掀开了中阿经贸合作的崭新篇章。同年10月，宁夏回族自治区银川市被国家确定为中国—阿拉伯国家经贸论坛的永久性会址。2010—2012年，中国连续举办了三届中国—阿拉伯国家经贸论坛农业合作分会，由农业部国际合作司、宁夏回族自治区人民政府主办，宁夏回族自治区农牧厅承办。

二、中国—阿拉伯国家博览会农业板块活动

中国—阿拉伯国家博览会是经国务院批准，由中国商务部、国际贸易促进委员会和宁夏回族自治区人民政府共同主办的国家级、国际性经贸会展活动。其前身是中国（宁夏）国际投资贸易洽谈会暨中国—阿拉伯国家经贸论坛。2013年，习近平总书记先后提出共建"丝绸之路经济带"和"21世纪海上丝绸之路"倡议，同年，中国—阿拉伯国家经贸论坛升格为中国—阿拉伯国家博览会，每两年举办一届。2013—2019年，中国—阿拉伯国家博览会农业板块活动在宁夏成功举办四届，由农业部（农业农村部）、宁夏回族自治区人民政府主办，宁夏回族自治区农牧厅（农业农村厅）承办。

三、中国国际农产品交易会

中国国际农产品交易会是由农业部（农业农村部）主办、商务部重点引导支持的大型综合性农业盛会，自2003年起每年举办一届，到2020年已连续举办十八届。交易会期间，宁夏回族自治区农牧厅（农业农村厅）每年搭建宁夏展区，组织宁夏企业携带中宁枸杞、贺兰山东麓葡萄酒、中卫硒砂瓜、盐池滩羊肉制品、西吉马铃薯、宁夏大米、宁夏菜心等名优特色农产品参展，集中展示宣传宁夏特色农产品。宁夏展团先后获得"最佳组织奖""设计金奖""贸易统计优秀奖""网络宣传一等奖"等奖项。

四、宁夏贺兰山东麓国际葡萄酒博览会

宁夏贺兰山东麓国际葡萄酒博览会是以葡萄酒为主题，规模较大、层次较高、影响广泛的行业盛会，自2012年开始，每年举办一届，到2020年，连续举办了九届。展会邀请法国、美国、阿根廷、澳大利亚、西班牙、德国、新西兰、新加坡等国内外政府官员、商协会代表、专家学者、酿酒师，以

及企业参展，主要举办项目签约、列级酒庄评选、专业自酿体验、金奖葡萄酒评选、专业论坛、葡萄旅游、葡萄酒展览等活动。

五、其他农业国际交流活动

（一）东北亚园艺产业研讨会

东北亚园艺产业研讨会于 2012 年 7 月 24—27 日在宁夏银川市举办。由宁夏回族自治区人民政府和东北亚地区地方政府联合会主办，宁夏回族自治区农牧厅承办。来自日本、韩国、俄罗斯及中国宁夏、辽宁等国内 22 个省（自治区、直辖市）的农业官员、园艺专家和企业代表近 200 人参会。

（二）第四届中国欧洲农业研讨会

第四届中国欧洲农业研讨会于 2013 年 9 月 25—27 日在宁夏银川市举办。由中国人民对外友好协会和宁夏回族自治区人民政府共同主办，来自欧洲丹麦、德国、法国、荷兰、罗马尼亚、乌克兰、英国 7 个国家，以及中国云南、四川、重庆、青海、广西、宁夏和北京 7 个省（自治区、直辖市）的 161 名代表出席了会议。会议围绕"农业可持续发展与农产品安全体系建设"主题，共同研讨现代农业产业可持续发展的新模式、新途径和农产品安全，并形成了《宁夏宣言》。

（三）上海合作组织粮食安全论坛

上海合作组织粮食安全论坛于 2015 年 11 月 11 日在宁夏银川市举办。由农业部主办，以"推进农业科技创新·提高粮食安全水平"为主题，来自上合组织成员国农业部、上合组织秘书处、国内部分省（自治区、直辖市）农业部门和相关企业的代表共计 60 余人参会。

（四）国际葡萄酒设备技术及葡萄果蔬种植展览会

第七届国际葡萄酒设备技术暨葡萄果蔬种植展览会于 2018 年 6 月 13—15 日在宁夏银川市举办。展会由高美艾博集团中国公司主办，国际葡萄与葡萄酒组织（OIV）协办，目的是引进推广国内外先进的葡萄种植、葡萄酒酿造机械设备、先进工艺，促进葡萄产业标准化种植、机械化生产、科学化管理，进一步提高产区发展质量和效益。

■ 第二节 农业国际交流活动主要内容与过程

一、"九五"时期（1996—2000 年）

暂未查到"九五"时期宁夏重大农业国际交流活动的相关记载。

二、"十五"时期（2001—2005 年）

2003 年 11 月 11—16 日，第一届中国国际农产品交易会在北京举办。这是中国在举办了 5 届"中国国际农业博览会"之后，为适应加入世贸组织后国际农产品贸易竞争日趋激烈的新形势而推出的一项重大举措。展会形式由过去以政府为主体集中展示农业发展新成果、新技术、新产品的农博会形式，转变为以企业为主体，政府搭台，企业直接与采购商进行贸易洽谈、交易的展会形式。宁夏组织 11 家龙头企业携带绿色食品、无公害农产品参展，展出的产品有乳制品、"塞北雪"面粉、兴唐大米、枸杞、红枣、"宁夏红"枸杞果酒、"西夏王"牌系列葡萄酒等。展会期间，4 家参展龙头企业现场成交 6 项交易，总交易额为 417 万元，11 家销售企业总销售额为 30 多万元。同时，在本届农交会上，宁夏回族自治区人民政府成功举办了由北京 40 多家新闻单位、近百家国内外采购商参加的"宁夏枸杞及特色产品推介会"。宁夏展团获得"最佳组织奖"。

2004 年 10 月 11—15 日，第二届中国国际农产品交易会在北京举办。宁夏共有 16 家企业参展，其中 9 家龙头企业设置 14 个展位，6 家企业参加了展览销售活动，产品主要包括枸杞制品、乳制品、优质牛羊肉、粮油、瓜果 5 大类，近百个品种。展会期间达成销售额近 20 万元，宁夏参会企业与美国、巴基斯坦、新加坡等国家，以及北京、上海、辽宁等地客商签订意向性协议 16 个，成交合同金额为 1000 多万元。宁夏展团获得"优秀组织奖"。

2005 年 10 月 17—21 日，第三届中国国际农产品交易会在北京举办。宁夏组织了 16 家企业参加展会，展会期间成功举办了"宁夏绿色农产品推介会"，达成协议 8 项，总额为 800 多万元，企业销售总额为 22 万元。宁夏展厅获得"设计金奖""最佳组织奖"，4 家企业 15 种产品荣获"畅销产品奖"。

三、"十一五"时期（2006—2010 年）

2006 年 10 月 16—20 日，第四届中国国际农产品交易会（农交会）在北京举办。宁夏农业宣传教育展览中心承担了宁夏回族自治区人民政府组团参展的具体工作，及对综合展区、盐池滩羊"一村一品"专业展区的组织策划、设计、布展和展览展示工作。宁夏组织 11 家企业参展，展品有枸杞、"塞北雪"面粉、"银春"面粉、兴唐大米、"沙漠王子"牛羊肉、"山逗子"杂粮、"宁夏红"枸杞果酒、香山瓜果，现场签订成交协议 12 项，总金额为 1100 万元，销售收入达 35 万元。宁夏展厅和"一村一品"专业展区获"设计金奖""最佳组织奖""银奖"和"优秀展示奖"。中央电视台第 7 频道《每日农经》和《聚焦三农》栏目对宁夏展团的重要活动和展览展示盛况进行了专题报道；宁夏电视台、宁夏日报对农交会进行全程宣传报道。宁夏农业宣传教育展览中心还承办了宁夏回族自治区人民政府在展会上举办的"宁夏优质特色农产品推介会"。

2007 年 10 月 12—16 日，第五届中国国际农产品交易会在山东省济南市举办。宁夏农业宣传教育展览中心承担了宁夏综合展区、"一村一品专业合作社"展区的策划设计布展和展览展示、企业交易区、销售区的全部工作。宁夏组织宁夏国家级、自治区级龙头企业 36 家携带枸杞干果、粮油、枸杞茶叶、乳制品、二毛皮产品、蜂蜜、羊肉臊子七大类百余种名优特色农产品参展。宁夏综合展区、一村一品专业合作社展区均获"设计金奖"，宁夏展团获"最佳组织奖"，网络宣传获"全国农业网络联播优秀奖"，贸易统计工作获"优秀奖"。宁夏参展企业销售总额达 28.6 万元，签约协议 16 项，协议金额为 860 万元。

2008 年 10 月 16—19 日，第六届中国国际农产品交易会在北京举办。宁夏组织 16 家重点龙头企业参展，精选 30 多家企业 100 多个品种的名优特色产品参加展示。展区面积达 200 米^2，展示的产品主要有优质面粉及其制品、优质大米、特色小杂粮、枸杞系列产品、方便食品、蜂蜜、乳制品、硒砂瓜、羊肉臊子、螺丝菜、葡萄酒等。参展产品均获省、部级无公害农产品认证，绿色食品认证，有机农产品认证，被评为中国名牌农产品的特色优质产品；协议签约 30 项，成交合同签约 2100 万元。宁夏展团获"设计金奖""最佳组织奖"。宁夏回族自治区人民政府副主席郝林海率宁夏代表团参加了展会。

2009 年 9 月 7—11 日，第七届中国国际农产品交易会在吉林省长春市举办。本届农交会由农业部、吉林省人民政府、长春市人民政府主办，来自各省（自治区、直辖市）、新疆生产建设兵团和中国台湾共 33 个展团以及国外近 2000 家企业参展。宁夏展区展示面积为 144 米^2，共有 16 家具有独特优势的农产品生产企业参加展示，以及精选出的 30 多家企业 100 多个品种的名优新特产品参加展示。主要产品有优质面粉及其制品、优质大米、特色小杂粮、枸杞系列产品、肉制品、方便食品、蜂蜜、乳制品、硒砂瓜、牛羊肉臊子等；签约成交合同金额为 777.25 万元，达成意向性协议金额为

5068.05 万元。宁夏展厅获得"设计金奖"和"最佳组织奖";参展企业的 6 个特色农产品获得"金奖"。

2010 年 9 月 26—28 日,第一届中国—阿拉伯国家经贸论坛宁夏农业经贸合作洽谈研讨会在宁夏银川市举办。来自约旦、也门等国家的政府官员、农业企业代表近 180 人参会。会议围绕"深化农业合作·实现共同发展"主题,参会国家驻华使馆官员分别就各自国家的农业发展、农产品贸易状况及开展合作领域进行推介;来自宁夏领鲜果蔬产业发展有限公司等优势特色农产品企业的代表进行了企业和产品推介;开展了以民族、特色农产品为主的商贸展示活动,展出产品涉及牛羊肉、枸杞及其深加工制品、食制品、羊绒皮毛制品、民族工艺品等 11 个大类上千个品种。

2010 年 10 月 18—22 日,第八届中国国际农产品交易会在河南省郑州市举办。宁夏组织 15 家龙头企业携带近 200 种产品参展,参展面积 180 米^2。展会期间,宁夏签订贸易协议 402 万元。"塞北雪"牌挂面、小麦粉、"兴唐"牌大米、"沙湖"牌大鱼头、"碧宝"牌枸杞、"塞外香"牌农科 843 珍品免淘香米、"红色健康"牌无果枸杞芽茶、"沙坡头"牌番茄 8 个产品获得"金奖"农产品。宁夏展团获得"最佳组织奖"和"设计金奖"。农产品交易会期间共发布宁夏农业优势特色产业、产品和企业的宣传报道信息 40 多条。

四、"十二五"时期（2011—2015 年）

2011 年 9 月 20—22 日,第二届中国—阿拉伯国家经贸论坛宁夏农业经贸合作洽谈研讨会在宁夏银川举办。也门、埃及等国家政府官员、农业企业代表近 180 人参会。会议以"深化农业合作·实现共同发展"为主题,围绕中阿农产品贸易和农业投资途径分析和展望,中阿农业生产、经营领域推介和洽谈对接,宁夏优势特色农业产业园区,以及农产品种植、加工、销售企业考察等 3 个方面议题,农业部农业贸易促进中心信息网络处负责人及丝绸之路国际商务（北京）有限公司总裁等进行主旨演讲、交流研讨;开展以民族特色农产品为主的商贸展示活动,组织宁夏 16 家企业展示马铃薯、宁夏大米等优势特色农产品。宁夏回族自治区农牧厅与苏丹签署了《中国（宁夏）—苏丹农业领域合作备忘录》。

2011 年 10 月 29 日至 11 月 1 日,第九届中国国际农产品交易会在四川省成都市举办。交易会以"转变发展方式·推进现代农业"为主题,宁夏展区展示面积为 234 米^2。宁夏组织具有优势和特色的 20 家左右企业参加展示、展销和贸易活动,并举办了名优特色产品推介和相关宣传活动,为宁夏特色优质产品宣传推介、开拓市场、培育品牌作出了努力。

2012 年 7 月 24—27 日,东北亚园艺产业研讨会在宁夏银川市举办。由宁夏回族自治区人民政府和东北亚地区地方政府联合会主办,宁夏回族自治区农牧厅具体承办。来自日本、韩国、俄罗斯及中国宁夏、辽宁等国内 22 个省（自治区、直辖市）的农业官员、园艺专家和企业代表近 200 人参会。此次研讨会以"绿色·创新·合作·共赢"为主题,围绕园艺产业尖端生产技术、高新设施设备、先进生产经营模式、贸易与交流合作等内容,中国农业科学院蔬菜花卉研究所研究员蒋卫杰、俄罗斯农科院远东农业科学研究所果木实验室主任米哈伊里琴科·奥利嘉·阿纳托利耶夫娜（Михайличенко Ольга Анатольевна）等 8 位来自东北亚各国的专家学者做了深入的交流发言。宁夏回族自治区副主席郝林海以"园艺产业为纽带·携手书写东北亚合作新篇章"为主题发表演讲,提出 4 点倡议:一是以园艺产业研讨会为突破口,加强宁夏与东北亚各国的经贸合作,开创宁夏与东北亚地区经贸合作的新局面;二是实现优势互补,不断寻求宁夏与东北亚地区经济、贸易、科技、现代农业发展合作的新途径;三是积极开拓探索,不断创建宁夏与东北亚地区经济合作的新模式;四是创新合作机制,找出宁夏与东北亚地区合作的新亮点。

2012 年 8 月 30 日至 9 月 2 日,首届贺兰山东麓葡萄酒节暨第四届中国（宁夏）园艺博览会在宁夏银川市举办,由农业部、国家林业局、国家工商总局、国家质量监督检验检疫总局和宁夏回族自治区人民政府主办。展会围绕葡萄、葡萄酒主线，体现"特色·精品·高端·合作"主题，邀请国内外嘉宾 700 余人参会。展会以开幕式、葡萄与葡萄酒博览会、葡萄酒专题推介会、葡萄酒品评鉴赏、葡萄酒大赛、葡萄酒大师赛、葡萄酒高峰论坛、专场音乐会、观摩考察等 12 项活动为主要内容，布设了贺兰山东麓葡萄产业规划主题展示、交流洽谈拍卖、葡萄酒展示、酒具及酒堡设备展示、园艺产业展示五个展馆，张裕、中粮、巴格斯、贺兰晴雪、西夏王等 76 家著名葡萄酒企业参加了展览。参展企业现场签订酿酒、储存设备及酒具销售协议 88 项，协议金额 4550 万元，参观人数超过 2 万人次。

2012 年 9 月 11—15 日，第三届中国—阿拉伯国家经贸论坛宁夏农业经贸合作洽谈研讨会在宁夏银川市举办，邀请毛里塔尼亚、加纳等国家政府官员、农业企业代表近 230 人参会。会议以"互赢互利·合作共赢·促进发展"为主题，南苏丹农业部副部长贝达·马夏尔·丁格（Beda Machar Deng）等 11 位中外官员及企业代表就农业经贸投资进行交流发言。与会代表围绕设施农业、水稻种植、畜牧养殖技术等方面，实地考察宁夏特色优势农业产业。宁夏回族自治区农牧厅分别与毛里塔尼亚、南苏丹签署合作协议 2 项。

2012 年 9 月 27—30 日，第十届中国国际农产品交易会在北京市举办，以"加快现代农业建设·推进三化同步发展"为主题。宁夏展区获得"最佳组织奖""设计金奖""贸易统计优秀奖""网络宣传一等奖"等奖项。11 家参展企业的 16 个农产品荣获本届农交会"金奖农产品"。

2013 年 9 月 15—19 日，第一届中国—阿拉伯国家博览会农业板块活动在宁夏银川市举办。来自巴勒斯坦等 35 个国家、地区和国际机构的代表，以及 150 多家区内外农业企业的代表共计 280 人参会。农业部党组成员、中纪委驻农业部纪检组组长朱保成，毛里塔尼亚农业部秘书长、加纳沃尔特省省长、伊斯兰贸易发展中心总干事应邀出席。活动围绕"农业发展及粮食安全"主题，参会人员交流共享中阿各国农业贸易、投资与技术领域的信息，积极促成农业先进适用技术领域的合作。活动期间，重点开展了中阿农业合作论坛、中阿农业机械及装备展等 5 项活动。围绕畜牧养殖、农业产业园建设等方面，宁夏回族自治区农牧厅与毛里塔尼亚、马来西亚签署合作协议 2 项。

2013 年 9 月 24—26 日，国际葡萄与葡萄酒组织（OIV）学术会议在宁夏银川市举办，由国际葡萄与葡萄酒组织（OIV）与宁夏回族自治区人民政府联合主办，宁夏回族自治区林业局、宁夏回族自治区葡萄花卉产业发展局、宁夏贺兰山东麓葡萄与葡萄酒国际联合会承办，邀请国内外嘉宾、区内主产市（县、区）代表及国内知名新闻媒体记者 500 余人参加会议。会议以"胁迫条件下的贺兰山东麓葡萄栽培与葡萄酒酿造"为主题，围绕宁夏实施百万亩葡萄产业及文化长廊建设规划，开展开幕式、学术报告会、2013 贺兰山东麓葡萄酒赛事颁奖大会、贺兰山东麓优质葡萄园评选、贺兰山东麓葡萄酒博览会金奖评比、列级酒庄第五级（旅游酒庄）评选、苗木体系建设论坛、列级酒庄论坛、葡萄酒旅游论坛、贺兰山东麓葡萄健康休闲旅游等 13 项活动，评选出了优质葡萄园 10 个、金奖 4 个、银奖 6 个，列级酒庄第五级（旅游酒庄）10 家。

2013 年 9 月 25—27 日，第四届中国欧洲农业研讨会在宁夏银川市举办，来自欧洲丹麦、德国等 7 个国家，以及中国云南、四川、宁夏等 7 个省（自治区、直辖市）的 161 名代表出席会议。研讨会以"深化农业合作·促进互利共赢"为主题，宁夏回族自治区副主席屈冬玉在开幕式上以"深化中欧农业合作·促进农业可持续发展"为主题做主旨演讲。与会代表围绕"农业可持续发展与农产品安全体系建设"主题，就农业产业可持续发展的新模式、新途径和农产品安全、质量控制等议题，进行了交流与研讨。欧洲 14 名农业专家与国内 16 名农业专家在会上交流了研究成果，欧洲 23 名农业企业家与国内 26 名企业家进行了对接。会议成果主要包括三个方面：一是实地考察了农业企业。通过参观奶牛养殖、马铃薯育种、现代设施农业以及稻田养蟹示范点等，欧洲专家进一步了解了宁夏在农业科技的使用，农业产品质量的保护等方面的最新情况。二是确定了合作项目。中欧双方在农产品种植和加工、消费市场的培育、产品质量监督、人员互派等方面确定合作项目 15 个。三是印制项目资料与论文册。评选出优秀论文 18 篇，以中英文两种文字印制成册并在大会上分享。

2013 年 11 月 8—11 日，第十一届中国国际农产品交易会在湖北省武汉市举办，以"精品·绿色·科技"为主题。宁夏展团在本届农交会中获得"设计金奖"和"最佳组织奖"。

2014 年 6 月 18 日，2014 中法葡萄酒设备技术展览会在宁夏银川市举办，由宁夏贺兰山东麓葡萄与葡萄酒国际联合会和法国高美艾博展览（上海）有限公司共同主办。展会以"葡萄产业机械化发展"为主题，举办"贺兰山东麓葡萄产业机械化应用""法国代表团技术展示""国外先进设备展商演示"和"酿造精品葡萄酒元素"4 场专业性论坛，邀请国内外著名专家、法国设备技术商等领域相关人士，就贺兰山东麓葡萄产业设备技术的发展应用、招商合作、人才引进等展开了学术报告、对话交流。此次展会展出面积 6000 米²，邀请中法两国 150 余家葡萄与葡萄酒设备和机械制造商参展，涵盖了葡萄苗木、葡萄园机械、酿酒设备、葡萄酒储、包装及酒器具展览展示，以及小型田间农机、橡木桶清洗、有机农药及先进的电渗析等世界先进设备和技术展览展示。

2014 年 9 月 27—29 日，2014 贺兰山东麓国际葡萄酒博览会在宁夏银川市举办，由宁夏回族自治区人民政府主办，宁夏回族自治区林业厅、宁夏回族自治区葡萄花卉产业发展局、宁夏贺兰山东麓葡萄与葡萄酒国际联合会承办。来自吉尔吉斯斯坦、哈萨克斯坦等国的驻华大使，法国、美国等国的世界酿酒师，国内葡萄酒业界、葡萄酒交易所、主要葡萄产区的专家、代表，以及贺兰山东麓葡萄产区投资商参加。展会以"健康·高端·诚信·体验"为主题，举办了贺兰山东麓葡萄酒专业自酿体验、金奖评选、葡萄酒品鉴、微气候条件下葡萄品种区域化论坛和"美丽宁夏·醉美葡萄"主题摄影大赛等系列活动。酩悦轩尼诗夏桐酒庄传统工艺天然高泡葡萄酒 2012、长城云漠酒庄珍藏级贵人香干白 2012、立兰酒庄览翠赤霞珠干红 2013、宁夏红沙坡头酒庄蛇龙珠干红 2012、志辉源石酒庄山之魂干红 2012、兰一酒庄珍藏赤霞珠干红 2012、阳阳国际酒庄贺尊窖藏蛇龙珠干红 2012、森淼兰月谷酒庄珍藏级干红 2012 共 8 款葡萄酒获金奖。

2014 年 10 月 25—28 日，第十二届中国国际农产品交易会在山东省青岛市举办。本届农交会秉承"展示成果、推动交流、促进贸易"的办展宗旨。宁夏展团在本届农交会中获得"设计金奖"和"最佳组织奖"。宁夏小任果业发展有限公司的小任南瓜、宁夏红双赢粮油食品有限公司的世纪红双赢米、宁夏金双禾粮油公司的塞上金双禾米、宁夏正鑫源现代农业发展集团有限公司的叶盛米、吴忠市富胜粮油商贸有限公司的富胜米、御马国际葡萄酒业（宁夏）有限公司的御马葡萄酒、宁夏红山河食品股份有限公司的红山河老火锅底料共 7 个产品获金奖。

2015 年 9 月 7—9 日，2015 贺兰山东麓国际葡萄酒博览会在宁夏银川市举办，由宁夏回族自治区人民政府主办，宁夏贺兰山东麓葡萄产业园区管委会办公室、宁夏葡萄与葡萄酒国际联合会承办。博览会以"高端诚信·合作交流"为主题，以列级酒庄评选、专业自酿体验活动、金奖葡萄酒评选、专业论坛、葡萄旅游、葡萄酒展览等为主要内容，邀请法国、美国、阿根廷、澳大利亚、西班牙、德国、新西兰、新加坡等国家的近 50 名专家学者、酿酒师与会，180 家国外企业参展，国内 12 名葡萄酒专家学者与会，区内外 225 家参展企业参展。共有 32 个国家、405 家企业、约 630 款葡萄酒和附属及衍生产品亮相博览会，评选金奖产品 7 个，签订经销合作协议 40 多个，金额为 1.5 亿元。

2015 年 9 月 11—13 日，第二届中国—阿拉伯国家博览会农业板块活动在宁夏银川市举办，主要包括"2015 中阿农业高端研讨会"和"2015 中阿现代农业展暨园艺博览会"2 项活动。"2015 中阿农业高端研讨会"邀请了来自阿尔及利亚等 16 个国家的驻华外交官、埃及等 40 个国家的农业官员、企业代表和 8 个国际机构的代表等，共计 525 人参会。宁夏回族自治区党委副书记崔波、农业部副部长屈冬玉致辞，约旦农业部秘书长拉迪·塔拉瓦奈（Radi Tarawneh）、苏丹投资部次长艾哈迈德·沙瓦尔（Ahmad Shawar）、国际粮农组织驻华代表帕西·米斯卡（Percy Misika）、中国工程院院士吴孔明等出席会议并发表主旨演讲。会议围绕"农业科技创新与农业可持续发展"主题，参会方在农业技术等领域签署协议 7 项。"2015 中阿现代农业展暨园艺博览会"参会嘉宾共计 1100 余人，农业部副部长屈冬玉在开幕式上宣布在宁夏建立"中国—阿拉伯国家农业技术转移中心"并授牌。展会以"神奇宁夏、丝路驿站、塞上江南、园艺博览"为主题，在农业技术、高科技园区建设等方面，与南苏丹、美国、毛里塔尼亚等国家签订合作项目6个。

2015年11月10—14日，第十三届中国国际农产品交易会在福建省福州市举办。宁夏展团展台面积为648米²，共53家企业携枸杞、乳制品、牛羊肉、粮油、葡萄酒、特色食品6大类产品参加。

2015年11月11日，上海合作组织粮食安全论坛在宁夏银川市举办。由农业部主办，来自上合组织成员国农业部、上合组织秘书处、国内部分省（自治区、直辖市）农业部门和相关企业的代表共计60余人参会。论坛以"推进农业科技创新，提高粮食安全水平"为主题，农业部国际合作司副司长唐盛尧、上合组织秘书处顾问歌德尔别阔夫·阿迪尔（Gordelbecoff Adil）出席会议并致辞。成员国代表重点分享了各自在促进农业科技进步，推动农业和农村可持续发展方面的经验，探讨了加强农业科技创新合作的重点领域和方式。中国对今后上海合作组织成员国开展农业科技合作提出了3点建议：一是推动落实上海合作组织第三次农业部长会议达成的各项共识，探讨制订农业科技交流与合作行动计划和举措。二是立足保障区域粮食安全，创新合作方式，促进知识共享。鼓励通过联合研究、合作开发、交流互访和人员培训等，加强重大动植物疫病防控、农机、农产品加工与贸易等领域的合作。三是鼓励和支持农业科研机构和企业建立直接的合作关系，积极开展技术交流和投资合作。

五、"十三五"时期（2016—2020年）

2016年6月23日至9月10日，2016中美葡萄酒文化旅游论坛暨第五届贺兰山东麓国际葡萄酒博览会在宁夏银川市举办，由宁夏回族自治区人民政府、国际葡萄酒教育家协会、国际旅游学会共同主办，宁夏贺兰山东麓葡萄产业园区管委会办公室（宁夏回族自治区葡萄产业发展局）、宁夏回族自治区旅游发展委员会、农牧厅、林业厅、宁夏贺兰山东麓葡萄与葡萄酒国际联合会承办。此次活动邀请到国际国内葡萄酒、农牧界专家和国际酿酒师、国内外相关企业代表以及侍酒师团队和宁夏葡萄酒产区酒庄（企业）负责人等1000余人参加。活动以"教育·友谊·合作"为主题，举办列级酒庄、优质葡萄园、金奖葡萄酒评选、中美葡萄酒教育论坛、中美葡萄酒文化旅游论坛、中美（贺兰山东麓）葡萄健康休闲交流体验活动、第五届贺兰山东麓国际葡萄酒博览会颁奖晚会暨"贺兰山东麓"杯中国青年侍酒师之夜等活动，以及葡萄酒及衍生产品展览展示等系列活动，共有32个国家、412家企业、约830款葡萄酒和附属及衍生产品亮相博览会，评选出葡萄酒金奖产品6款，四级列级酒庄5个，二级优质葡萄园4个，三级优质葡萄园21个。

2016年11月5—8日，第十四届中国国际农产品交易会在云南省昆明市举办。本届农交会以"供给改革·产业融合·绿色共享·创新发展"为主题。宁夏参加了综合展、扶贫展区和地理标志产品展区的展示活动，组织了40家农业产业化龙头企业携200多种优质农产品参展，参展面积为400余米²，展示宣传了枸杞、牛羊肉、葡萄酒、优质粮油、牛奶、马铃薯等宁夏特色产品。中卫硒砂瓜、吴忠扁担沟苹果、灵武长枣、贺兰山葡萄、彭阳杏子被评为"2016年全国名优果品区域公用品牌"。宁夏杞泰农业科技有限公司的杞之龙枸杞、吴忠青铜峡市禹皇酒庄有限公司的干红葡萄酒、宁夏中卫市香山瓜果流通有限责任公司的香山硒砂瓜、宁夏法福来食品股份有限公司的富硒大米、宁夏余聪食品有限公司的盐池滩羊肉、宁夏盐池县鑫海食品有限公司的宁鑫盐池滩羊肉6个农产品被评选为金奖产品。宁夏贺兰县丰谷稻业产销合作社的广银牌生态蟹田米、中卫市夏华肉牛羊产销农民专业合作社的穆和春牌牛肉、宁夏汇丰源有机水稻种植专业合作社的叶盛牌贡米、吴忠市扁担沟玉国果品购销专业合作社的扁担沟牌红富士苹果4家合作社及其品牌入选"2016年全国百个合作社百个农产品品牌"。该展会上，宁夏企业现场销售各类农产品52万元，签订销售订单金额400万元。宁夏荣获"最佳组织奖"。

2017年6月1日至9月1日，第六届贺兰山东麓国际葡萄酒博览会分别在银川、北京、上海、南京、泉州成功举办。展会由宁夏回族自治区人民政府支持，宁夏回族自治区党委宣传部、宁夏贺兰山东麓葡萄产业园区管委会、国际葡萄与葡萄酒组织（OIV）主办，宁夏国际葡萄酒交易博览中心承办，以"品牌·健康·生态"为主题，开展"宁夏葡萄酒·健康醇中国"—宁夏贺兰山东麓葡萄酒健康发展高峰会议、贺兰山东麓国际葡萄酒电影电视艺术节（第 25 届国际葡萄酒电影节）暨"一带一路"国际侍酒师大赛启动仪式、世界酿酒师贺兰山东麓邀请赛金奖葡萄酒中国行等活动，邀请了国际葡萄酒教育家协会、国际侍酒大师公会、国际葡萄酒电影节组委会、亚洲葡萄酒学会、布鲁塞尔大赛组委会、"一带一路"沿线各国侍酒师协会等国际组织相关领导、专家，来宁酿酒的世界酿酒师团队，以及国内相关专家、区内代表共计 1100 余人参加。展会期间举办了宁夏产区金奖葡萄酒、列级酒庄、国际酿酒师贺兰山东麓邀请赛葡萄酒 3 项评选活动，评选金奖葡萄酒 7 款，3 家四级列级酒庄晋升为三级列级酒庄，9 家酒庄从五级列级酒庄晋升为四级列级酒庄，五级列级酒庄 15 家。

2017 年 9 月 7—9 日，第三届中国—阿拉伯国家博览会农业板块活动在宁夏银川举办，主要包括"中阿农业合作论坛"和"中阿现代农业展暨中国（宁夏）园艺博览会"2 项活动。中阿农业合作论坛期间，来自境外的政府农业官员、企业代表等共计 340 人参会，以"'一带一路'与现代农业"为主题，开展了主旨演讲、高端论坛和合作签约活动；围绕农业科技、贸易和可持续发展等方面，中国与埃及、约旦等国家签署合作协议 7 项。中阿现代农业展暨中国（宁夏）园艺博览会在宁夏园艺博览园举行，农业部党组成员、中国农科院院长唐华俊，毛里塔尼亚国民议会第一副议长穆罕默德·叶海亚·哈尔希（Muhammad Yahya Halsey），宁夏回族自治区人大常委会副主任王儒贵等出席开幕式。博览会农业展示方面，分别设现代园艺展、农业信息化等 5 个展区，来自埃及、吉尔吉斯斯坦等国的重要嘉宾，国内外农业部门代表、专家、企业家代表，以及观展、购物、咨询的游客达到 3 万余人，咨询和购买的人数达 3000 余人次/天。

2017 年 9 月 21—24 日，第十五届中国国际农产品交易会在北京举办。本届农交会以"绿色发展·生态优先·品牌引领·产业升级"为主题，宁夏回族自治区农牧厅组织了首届宁夏 6 大区域公用品牌、20 家知名农业企业，以及 20 家知名农产品品牌企业，携 200 多种特色优质农产品参加了本次农交会。宁夏参展展台面积为 300 余米²，围绕宁夏枸杞、滩羊肉、甘草、硒砂瓜等特色产业，集中展示宣传宁夏特色产品。宁夏展团参加综合展区、优质农产品销售区、扶贫展区、现代农业示范展区、农产品地理标志展区、马铃薯主食开发成果展示区、农民合作示范社展区等展区活动。宁夏参展的盐池滩羊肉、中宁枸杞、沙湖大鱼头 3 个品牌获得 2017 年"中国百强农产品区域公用品牌"；宁夏兴唐米业集团有限公司种植基地、宁夏塞外香食品有限公司高端大米种植基地、宁夏昊王米业集团有限公司五优万亩水稻种植基地 3 家大米龙头企业种植基地荣获"中国优质稻米基地"称号；宁夏昊王米业集团有限公司的昊王牌大米、宁夏广银米业有限公司的广银牌大米、银川麦清香食品有限公司的麦清香牌马铃薯大麻花、宁夏夏进乳业集团股份有限公司的夏进牌枸杞养生奶、宁夏盐池县鑫海食品有限公司的宁鑫牌盐池滩羊肉、宁夏百瑞源枸杞股份有限公司的百瑞源牌锁鲜枸杞、宁夏源乡枸杞产业发展有限公司的玺赞牌枸杞、宁夏枸杞企业（集团）有限公司的碧宝牌枸杞干果、宁夏农垦沙湖生态渔业有限公司的沙湖牌沙湖大鱼头、宁夏立兰酒庄有限公司的览翠牌葡萄酒、宁夏西夏王葡萄酒业有限公司的西夏王牌干红葡萄酒 11 个农产品获得金奖。盐池滩羊肉被授予国家级农产品地理标志示范样板。宁夏展团荣获"优秀组织奖"和"设计金奖"。此外，宁夏还参加了 2017 中国大米品牌大会，围绕"粮食也要打品牌"主题进行宁夏大米区域公用品牌建设、提升与保护的圆桌对话。

2018 年 6 月 13 日，第七届国际葡萄酒设备技术暨葡萄果蔬种植展览会在宁夏银川市举办。国内外葡萄酒知名专家学者，宁夏、北京、河北、山东、甘肃、新疆、辽宁等葡萄产区行业主管部门和协会及企业代表，国内外参展商，产区酒庄（企业）负责人，以及关心支持葡萄产业发展的各界人士参加了展览会。本届展览会展出面积为 10000 米²，吸引了来自德国、法国、西班牙、以色列等国家的97 个葡萄种植、葡萄酒酿造、葡萄酒灌装、果蔬种植设备参展商参展。展出的内容主要有葡萄种植设备，葡萄酒酿造设备及材料，酒瓶制造、装饰及瓶塞，储存装备，酒标及酒庄设计，果蔬种植及加工设备。展会期间，主办方还主办了金牌酒庄酒（CFWC）品鉴会、Clovitis 第三方酿酒师论坛、RIEDEL 品杯会、展商论坛、飞行酿酒师亚洲葡萄酒指南大师班 & 盲品、"酒庄酒中国风，我们在行动"技术巡演第五季等活动。

2018年9月7—14日，第七届贺兰山东麓国际葡萄酒博览会在银川、北京、上海、深圳、武汉、杭州、长沙、南京、泉州成功举办。展会由宁夏贺兰山东麓葡萄产业园区管委会主办，宁夏贺兰山东麓葡萄产业园区管委会办公室、宁夏贺兰山东麓葡萄与葡萄酒国际联合会、宁夏国际葡萄酒交易博览中心承办。展会以"品牌·品位·品鉴"为主题，举行开幕式、贺兰山东麓葡萄酒品牌论坛、首届丝路经济带25国冠军侍酒师挑战赛、中国青年侍酒师决赛、2018首届餐酒搭配中国名菜邀请赛、品牌酒庄新品发布会、博览会总结会、贺兰山东麓葡萄健康体验等系列活动，邀请国外嘉宾60余人、国内嘉宾200余人、区内代表200余人与会。展会期间，宁夏葡萄产业发展局与国际葡萄酒电影节组委会合作，启动了首届贺兰山东麓国际葡萄酒电影电视艺术节，并评选出贺兰山东麓优秀电影电视剧本二等奖1部、三等奖3部、优秀奖20部、鼓励奖31部，一等奖空缺。陈本学创作的《日出贺兰山》获得二等奖，北京大学光华管理学院创作的《贺兰山东麓传奇》、安杰创作的《金蒲酒》、朱迪·莫里斯创作的《葡萄之王》获得三等奖。美国、英国、阿根廷、澳大利亚、奥地利等全球25个国家的冠军侍酒师团队参加首届丝路经济带25国冠军侍酒师挑战赛，1个团队获得冠军，2个团队获得亚军，5个团队获得季军，组委会分别授予获得挑战赛冠、亚、季军的国际侍酒师团队"贺兰山东麓推广大使"称号。贺兰红赤霞珠干红葡萄酒被评为"25国冠军侍酒师联合推荐—中国消费者最喜欢葡萄酒"，成为自治区成立60周年大庆活动指定用酒和联合国指定用酒。宁夏国际葡萄酒博览中心获得首届餐酒搭配中国名菜邀请赛特金奖。

2018年11月1—5日，第十六届中国国际农产品交易会在湖南省长沙市举办。宁夏回族自治区农业农村厅组织宁夏60余家企业，携带中宁枸杞、硒砂瓜、沙坡头苹果、宁夏菜心、贺兰山东麓葡萄酒、泾源蜂蜜、盐池黄花菜等近百种商品亮相交易会，达成供销协议金额382万元。经过大会组委会综合评定，宁夏兴唐米业集团有限公司的兴唐牌宁粳43号大米、宁夏欣丰现代农业科技有限公司的别庄牌菜心、海原县鸿鑫马铃薯专业合作社的南月牌马铃薯、宁夏南山阳光果业有限公司的南山阳光牌苹果、宁夏润德生物科技有限公司的润德庄园牌枸杞、宁夏罗山酒庄有限公司的罗山牌盛世干红葡萄酒、宁夏尚农生物科技产业发展有限公司的"宁草之苑"泾源黄牛肉7个产品荣获"第十六届中国国际农产品交易会参展农产品金奖"。

2019年9月5—8日，第四届中国—阿拉伯国家博览会农业板块活动在宁夏银川市举办，主要包括现代农业展、企业对接洽谈会、农业产业合作对话会和农业高级官员圆桌会4部分。来自联合国世界粮食计划署、联合国粮食及农业组织等国际机构和毛里塔尼亚等36个国家，以及国内13个省（自治区、直辖市）的代表，共计500余人参会。活动以"品牌引领·绿色安全·开放合作"为主题，突出宁夏农业特色，促进农产品贸易，聚焦农业交流对话。现代农业展览设乡村振兴、宁夏特色优质农产品等国际、区外7个展区，参展企业共161家，其中区内企业84家，集中展示宁夏"五大之乡"、优质粮食、现代畜牧、瓜菜等特色优势产业及地方特色优质农产品，产品涉及13大类300余种；来自四川、山东等国内企业56家，展示农产品230余种；来自马来西亚等"一带一路"相关国家企业21家，涉及农产品50余种；国际展区集中展示了宁夏依托"中阿农业技术转移中心"平台在毛里塔尼亚、约旦、吉尔吉斯斯坦建立海外分中心的运行情况。展会期间，区内外群众、客商、嘉宾等10万余人次观展。在农业产业合作对话会上，各方共签约合作项目23个。其中，围绕农业新品种、新技术、新装备及贸易合作等方面，签署"走出去"合作协议9个，农业"引进来"合作协议2个，农产品贸易协议12个。首次举办的中阿农业高级官员圆桌会，巴基斯坦等国家及企业代表共24人出席，围绕"提升农业综合生产能力·深化农业多双边合作"主题，进行交流研讨并达成合作共识11条。

2019年9月23—27日，第八届贺兰山东麓国际葡萄酒博览会在宁夏银川市闽宁镇成功举办。展会由世界烹饪协会、亚洲葡萄酒学会、中国酒业协会、香港葡萄酒商会支持，由宁夏回族自治区农业农村厅、宁夏贺兰山东麓葡萄产业园区管委会办公室、银川市人民政府共同主办，由银川市永宁县人民政府（闽宁镇政府）、宁夏国际葡萄酒交易博览中心（宁夏闽宁情葡萄酒有限公司）承办。展会以"国人喝国酒"为主题，法国为国际会场，南京为国内会场，邀请到国外嘉宾 260 余人、国内嘉宾 420 余人、区内代表 600 余人与会，各项活动先后有 6000 余人次参加。展会期间，先后举办了开幕式及贺兰红酒庄开工仪式、中国葡萄酒品牌发展论坛、宁夏贺兰山东麓葡萄酒教育学院 2019 年开学典礼暨葡萄酒教育论坛、宁夏贺兰山东麓葡萄酒产区招商信息发布会、贺兰山东麓葡萄酒旅游嘉年华活动、"国人喝国酒"南京启动活动、葡萄酒及宁夏特色农产品展览展示、贺兰山东麓葡萄酒遇上八大菜系活动、博览会金奖葡萄酒评选、中国（宁夏贺兰山东麓）葡萄酒教育与艺术对话、总结会等 11 项活动。法国、美国、澳大利亚、新西兰、格鲁吉亚等 16 个国家、100 多款葡萄酒，国内十大产区 300 余款葡萄酒，以及国内外产区酒瓶、酒塞、酿造设备、辅料和葡萄酒面膜、香皂、乳液、洁面奶等衍生产品以及葡萄酒文化创意产品共 100 多种参展，评选金奖葡萄酒 14 款。

2019 年 11 月 15—18 日，第十七届中国国际农产品交易会在江西省南昌市举办。本届农产品交易会以"喜迎七十华诞·做强农业品牌·助力乡村振兴"为主题，举办了中国农产品市场协会代表大会、数字农业农村发展论坛、中国农业品牌建设高峰论坛等活动，重点展示了中国农业农村发展成就、产业扶贫重要举措、国际交流新成果、各农业行业新业态新产品。宁夏组织 39 家企业品牌携带宁夏大米、中宁枸杞、宁夏贺兰山东麓葡萄酒、盐池滩羊肉、泾源黄牛肉、泾源蜂蜜、同心银柴胡、沙坡头苹果、盐池黄花菜、盐池小杂粮、吴忠亚麻籽油、西吉马铃薯等特色农业产品参展。

2020 年 10 月 21—23 日，第九届宁夏贺兰山东麓国际葡萄酒博览会在宁夏银川市举办，由农业农村部和宁夏回族自治区人民政府主办，以"荟聚葡萄酒之都·共圆紫色梦想"为主题，国际葡萄与葡萄酒组织（OIV）和法国、比利时、阿根廷、澳大利亚等 96 个国家和地区的葡萄酒组织，国内有关协会组织，国内外葡萄酒学术领域，香港酒类协会和 20 个省（自治区、直辖市）酒类管理部门（协会），国内 11 个葡萄酒主要产区，各地宁夏商会，酒类企业，主要葡萄酒经销企业，海内外媒体的 856 名代表以线上线下参会形式参展，举办了 2 项国际级论坛、2 项国际级评选、展览展销、投资订货等系列活动。展会期间共签约合作协议 68 个，总签约金额达 155.6 亿元。贺兰山东麓葡萄酒产区荣膺"世界十大最具潜力葡萄酒旅游产区"称号，获得大金奖、金奖、银奖 83 枚。

2020 年 11 月 27—30 日，第十八届中国国际农产品交易会在重庆市举办，以"品牌强农·巩固脱贫成果·开放合作·共迎全面小康"为主题。宁夏组团参展，共设置宁夏贺兰山东麓葡萄酒展区、宁夏产业扶贫展区、宁夏绿色地标农产品展示区，20 多家企业、87 种特色农副产品参加了产业扶贫展，18 个地理标志农产品授权的 42 家企业参加了地理标志农产品专展，60 余家酒庄（企业）参加宁夏贺兰山东麓葡萄酒展。参展产品有盐池荞麦枕头、二毛皮马甲、泾源蜂蜜、西吉马铃薯、中宁枸杞、盐池滩羊肉、宁夏菜心、宁夏大米、吴忠牛乳、盐池黄花菜、泾源黄牛肉、葡萄酒等。宁夏还参加全国农产品地理标志品牌推介会、数字农业论坛、全国农业企业品牌推介专场等系列活动。

第十九篇

农业环境与农村能源

　　1996年至今，宁夏农业环境保护工作受到国家和社会各界的广泛关注，工作取得了长足的发展。全区开展了基本农田保护区土壤与农产品环境质量监测、扬黄灌溉区土壤与农产品环境质量监测、农村土壤环境质量监测、农产品产地土壤重金属污染普查、污水灌溉区水环境质量监测、农村水环境质量监测、入黄排水沟水环境质量监测；完成了农业野生植物资源的监测与保护，开展了农业外来入侵生物调查、监测与防治；完成了宁夏第一次和第二次全国农业污染源普查。党的十八大以来，农业生态文明建设得到了前所未有的重视，化肥、农药减量增效，农用残膜回收利用，畜禽粪污资源化利用，农作物秸秆综合利用，渔业尾水达标排放等农业面源污染防治工作持续推进，宁夏农业环境得到了明显改善。

　　1996年以后，宁夏在开发利用生物质能方面进行了有益的探索与实践，发展了以生物质燃料、沼气为主的两大生物质能类型；在太阳能利用方面，开发、推广、实施了太阳能热水器、太阳灶、太阳房三大类型，均取得了显著成效。

第一章

农 业 环 境

■ 第一节　农业资源环境

一、土壤与农产品环境质量

（一）基本农田保护区土壤与农产品环境质量

1999—2003 年，宁夏农业环境保护监测站开展了宁夏基本农田保护区土壤环境质量监测，确定银川市（永宁、贺兰、郊区）、中等城市（中卫、中宁、利通区、青铜峡、灵武、平罗）郊区，以及工矿企业区（平罗火车站、中卫镇罗乡）为重点监测区域，监测对象是土壤和农作物小麦、水稻、玉米及蔬菜。土壤监测代表面积为 33000 亩，农作物监测代表面积为 62250 亩，代表产量为 35275 吨。监测结果表明：监测区域土壤所评价的各污染因子检测值都低于国家标准控制指标，没有超标，环境无污染属清洁水平。农作物中，除工矿企业区内中卫镇罗乡春小麦铅含量略超标外，其他区域各类农作物评价因子均未超标。

（二）扬黄灌溉区土壤与农产品环境质量

1999 年起，宁夏农业环境保护监测站开展宁夏扶贫扬黄灌溉工程（也称"1236"工程）农业环境质量监测工作。1999—2003 年，监测站对红寺堡灌溉区 75 万亩土地开展农业环境质量监测。监测结果表明：灌溉区土壤环境质量为清洁级，土壤肥力偏低。红寺堡灌溉区有 10% 的面积存在盐化和受盐化威胁的土地。全灌溉区土壤盐化面积每年以 3000～4000 亩的速度增加。截至 2003 年年底，全灌溉区盐化面积已达 1 万多亩。2000—2005 年，监测站对固海扩灌溉区 55 万亩土地开展农业环境质量监测。监测结果显示：年际间扬黄灌溉区和旱耕地土壤有机质含量、碱解氮含量、土壤速效磷含量呈下降趋势；扬黄灌溉农田的表土及亚表土含盐量均在 0.7 克/千克以下，扬黄淡水灌溉淋洗土壤盐分效果明显，井灌农田表土及亚表土含盐量 1.5 克/千克左右，旱耕地表土及亚表土含盐量在 1 克/千克以下；土壤有害成分含量符合《土壤环境质量标准》（GB 15618—1995）二级标准的要求，土壤环境质量为清洁级。小麦等 8 类农畜产品有害成分含量均未超过相应的评价标准，符合国家卫生和无公害食品标准要求。2006—2010 年，监测站对马家塘灌溉区 11.2 万亩新开发区的土地开展监测，监测结果显示：灌溉区土壤环境质量属清洁级。主要农产品玉米、马铃薯、红枣和葵花中的汞、镉、砷、铅、铬、铜、锌、氟化物、六六六、DDT 含量的监测评价结果表明：除红枣中的锌含量略超标外，其他监测评价指标的含量均不超标。

（三）农村土壤环境质量

"十一五"期间，2005—2006 年，宁夏农业环境保护监测站对全区 9 个放心食品"菜篮子"种植基地土壤环境质量进行监测，监测结果表明："菜篮子"种植基地土壤环境质量符合《土壤环境质量标准》(GB 15618—1995)中Ⅱ级"pH＞7.5"段标准，综合污染指数为0.29～0.70，等级划分为Ⅰ级，污染等级为安全，属清洁水平。2009—2010年，监测站对13个"以奖促治"和综合整治试点村庄土壤环境质量进行监测，监测结果显示：各村庄土壤环境质量均符合《土壤环境质量标准》(GB 15618—1995)Ⅱ级"pH＞7.5"段标准，综合污染指数在0.35～0.70，等级划分为1级，污染等级为安全级，属清洁水平（表19-1-1）。

表19-1-1　"十一五"期间宁夏农村土壤检测结果

单位：毫克/千克

序号	检测指标	2005—2006年 种植基地	2005—2006年 污水灌溉区	2009—2010年 农村土壤环境质量监测
1	pH	7.86～8.37	8.15～8.58	7.84～9.45
2	阳离子交换量	—	—	10.9～13.9
3	铜	22.6～74.9	24.1～31.2	9.50～73.7
4	锌	39.5～115.3	59.5～73.7	12～173
5	铅	14.9～48.2	17.1～19.2	0.06～78.3
6	镉	0.04～0.56	0.05～0.25	0.006～0.333
7	汞	0.018～0.107	0.057～0.158	0.009～0.270
8	砷	3.97～18.5	8.99～13.4	0.414～15.0
9	铬	50.4～89.2	52.6～66.5	8.74～88.8
10	镍	—	—	0.06～57.4
11	硒	—	—	0.027～0.336
12	钴	—	—	0.8～24.1
13	氯化物	—	—	499～824
14	铁	—	—	2570～3289
15	锰	—	—	125～668
16	六六六	—	—	未检出
17	DDT			未检出
18	乐果	未检出	未检出	—
19	甲胺磷	未检出	未检出	—

"十二五"期间，2011—2014年，监测站累计对85个村庄开展土壤环境质量监测，共布设土壤监测点位633个。监测指标有阳离子交换量，土壤pH，镉、汞、砷、铅、铬等元素的含量。监测结果显示：所有土壤环境监测点各个监测指标均符合《土壤环境质量标准》(GB 15618—1995)Ⅱ级标准限值要求，综合污染指数为0.21～0.73。其中，631个土壤环境监测点综合污染指数≤0.7，按《土壤环境监测技术规范》(HJ/T 166—2004)土壤污染等级划分，等级划分为Ⅰ级，污染等级为安全级，属清洁水平，约占所监测土壤样品数的99.7％。2个土壤环境监测点综合污染指数分别为0.73、0.72，等级划分为Ⅱ级，污染等级为警告限级，属尚清洁水平，约占所监测土壤环境样品数的0.3％。

2015年，监测站在全区30个试点监测村庄布设143个土壤环境监测点，共获得1009个监测数据，监测结果显示：各个监测指标均符合《土壤环境质量标准》(GB 15618—1995)Ⅱ级标准限值要求。单个污染指数均小于1，按《土壤环境监测技术规范》(HJ/T 166—2004)土壤污染等级划分为Ⅰ级，污染等级为安全级，属清洁水平，土壤质量达标率为100％。

"十三五"期间，2016年，全区30个试点监测村庄共布设土壤监测点143个，共上报监测数据

1009 个。30 个村庄的土壤 pH 均大于 7.5，土壤环境质量评价执行《土壤环境质量标准》(GB 15618—1995) 中 Ⅱ 级 "pH>7.5" 段各污染物标准。监测结果显示：各个监测指标单个污染指数均小于 1，按照《土壤环境监测技术规范》(HJ/T 16—2004) 划分等级为 1 级，污染等级为安全级，土壤环境质量属清洁水平，土壤环境质量达标率为 100%。

2017 年，全区 30 个试点监测村庄共布设土壤监测点 143 个，共上报监测数据 1009 个。监测结果显示：30 个村庄的单个污染指数均小于 1，划分等级为 Ⅰ 级，土壤污染等级为安全级，土壤环境质量属清洁水平，土壤质量达标率为 100%。

2018 年，监测站根据《2018 年国家土壤环境监测网土壤环境监测工作技术要求》，对 22 个背景点位深层土壤进行监测，其中银川市 1 个点位，石嘴山市 2 个点位，吴忠市 8 个点位，固原市 6 个点位，中卫市 5 个点位，按要求采集土壤样品 66 个，实际采集有效样品 65 个。监测指标包括阳离子交换量、土壤 pH、有机质含量、六六六、DDT、多环芳烃以及镉、铅等 8 个常规指标。结果分别见表 19-1-2 至表 19-1-6。

表 19-1-2　2018 年土壤 pH 监测结果

单位：无量纲

监测点位	银川市 (n=3)	石嘴山市 (n=6)	吴忠市 (n=23)	固原市 (n=18)	中卫市 (n=15)
范围	8.73~9.10	8.51~9.27	8.33~10.15	6.84~9.33	8.09~9.13

表 19-1-3　2018 年土壤阳离子交换量监测结果

单位：厘摩尔/千克

监测点位	银川市 (n=3)	石嘴山市 (n=6)	吴忠市 (n=23)	固原市 (n=18)	中卫市 (n=15)
范围	2.2~6.2	1.9~14.2	2.7~13.6	5.2~15.3	3.7~16.8
均值	3.8	8.2	6.1	10.3	9.0

表 19-1-4　2018 年土壤有机质含量监测结果

单位：克/千克

监测点位	银川市 (n=3)	石嘴山市 (n=6)	吴忠市 (n=23)	固原市 (n=18)	中卫市 (n=15)
范围	2.52~2.91	0.99~18.00	1.24~12.90	4.12~19.40	1.74~26.90
均值	2.75	6.68	4.59	11.29	11.28

表 19-1-5　2018 年土壤无机元素项目监测结果

单位：毫克/千克

指标		监测点位				
		银川市 (n=1)	石嘴山市 (n=2)	吴忠市 (n=8)	固原市 (n=8)	中卫市 (n=5)
镉	范围	0.056~0.069	0.074~0.221	0.052~0.163	0.073~0.305	0.098~0.322
	均值	0.064	0.136	0.99	0.199	0.193
	标准差	0.001	0.05	0.03	0.06	0.07
汞	范围	0.010~0.017	0.009~0.099	0.011~0.029	0.013~0.072	0.014~0.068
	均值	0.013	0.036	0.020	0.034	0.043
	标准差	0.00	0.03	0.01	0.01	0.02
砷	范围	6.52~18.0	4.35~20.4	5.65~12.3	36.36~14.2	9.78~15.1
	均值	11.3	11.7	10.1	12.7	12.6
	标准差	4.9	6.2	1.8	1.1	1.4

（续）

指标		监测点位				
		银川市（n=1）	石嘴山市（n=2）	吴忠市（n=8）	固原市（n=8）	中卫市（n=5）
铅	范围	18.4～23.4	14.4～30.6	10.4～24.7	15.5～28.5	14.8～33.6
	均值	20.7	21.3	16.7	20.7	23.2
	标准差	2.1	7.0	4.6	4.0	6.0
铬	范围	38.2～51.5	40.2～78.5	44.5～71.8	49.5～84.2	60.1～77.2
	均值	44.8	59.3	57.4	66.8	68.5
	标准差	5.4	15.9	6.1	9.4	5.5
铜	范围	10.8～21.6	11.2～36.2	10.5～26.9	20.6～30.6	18.3～31.7
	均值	16.0	22.2	19.5	25.4	26.5
	标准差	4.4	10.3	3.7	2.8	3.4
锌	范围	33.4～51.8	38.5～91.3	31.4～70.5	53.2～80.8	51.0～81.3
	均值	42.7	66.9	52.7	67.1	68.2
	标准差	7.5	20.5	10.0	7.7	7.7
镍	范围	13.6～22.5	15.1～36.2	14.4～28.9	21.1～35.2	21.6～34.6
	均值	19.4	24.9	23.6	29.3	29.9
	标准差	4.1	8.8	4.4	3.4	2.9

表 19-1-6　2018 年土壤有机项目监测结果

单位：克/千克

监测点位		污染物					
		六六六			DDT		
		范围	均值	标准差	范围	均值	标准差
银川市	采样区（n=1）	—	1.8×10^{-4}	0.0	—	4.87×10^{-3}	0.0
石嘴山市	采样区（n=2）	—	1.8×10^{-4}	0.0	—	4.87×10^{-3}	0.0
吴忠市	采样区（n=8）	—	1.8×10^{-4}	0.0	—	4.87×10^{-3}	0.0
固原市	采样区（n=6）	—	1.8×10^{-4}	0.0	—	4.87×10^{-3}	0.0
中卫市	采样区（n=5）	$1.8 \times 10^{-4} \sim 7.7 \times 10^{-4}$	3.5×10^{4}	3.0×10^{-4}	$4.87 \times 10^{-3} \sim 4.44 \times 10^{-3}$	4.87×10^{-3}	9.0×10^{-4}

监测点位		污染物					
		多环芳烃			苯并[a]芘		
		范围	均值	标准差	范围	均值	标准差
银川市	采样区（n=1）	—	5.68×10^{-2}	0.0	—	3.3×10^{-3}	0.0
石嘴山市	采样区（n=2）	$4.83 \times 10^{-3} \sim 4.13 \times 10^{-2}$	231×10^{-2}	1.83×10^{-2}	$1.2 \times 10^{-4} \sim 2.4 \times 10^{-3}$	1.2×10^{-3}	1.2×10^{-3}
吴忠市	采样区（n=8）	$4.66 \times 10^{-3} \sim 3.87 \times 10^{-2}$	231×10^{-2}	1.28×10^{-2}	$1.2 \times 10^{-4} \sim 1.9 \times 10^{-3}$	8.7×10^{-4}	7.0×10^{-4}

（续）

监测点位		污染物					
		多环芳烃			苯并［a］芘		
		范围	均值	标准差	范围	均值	标准差
固原市	采样区 ($n=6$)	$1.30 \times 10^{-3} \sim$ 6.50×10^{-2}	3.06×10^{-2}	1.91×10^{-2}	$2.4 \times 10^{-4} \sim$ 4.3×10^{-3}	1.3×10^{-3}	1.4×10^{-3}
中卫市	采样区 ($n=5$)	$7.77 \times 10^{-3} \sim$ 9.40×10^{-2}	4.96×10^{-2}	2.86×10^{-2}	$1.2 \times 10^{-4} \sim$ 5.0×10^{-3}	2.2×10^{-3}	1.7×10^{-3}

"十三五"期间，宁夏按照全国土壤环境例行监测的要求，布设 556 个点位开展土壤环境质量监测，选择 8 种重金属污染物和 23 种有机污染物（其中，多环芳烃 15 种组分，六六六 4 种组分，DDT4 种组分）对土壤环境污染状况进行总体评价，结果表明：轻微、轻度、中度和重度污染点位数量均为 0 个。无机和有机污染物超标点位均为 0 个。

二、水环境质量

（一）污水灌溉区和扬黄灌溉区水环境质量

1996—1997 年，宁夏农业环境保护监测站对全区污水灌溉区进行了调查工作。结果表明：全区污水灌溉区水源为排水沟污水，水质污染以有机类污染为主；污水灌溉区主要分布在引黄灌溉区的中卫县镇罗乡、灵武市临河乡、贺兰县立岗乡、平罗县农牧场、惠农县庙台乡。截至 1996 年年底，自治区污水灌溉面积为 62463 亩，其中清污混灌面积为 32499 亩，纯污水灌溉面积为 29964 亩；污水灌溉区属被迫使用污水灌溉区，灌溉水体是唯一的农灌水源；污水灌溉区农田土壤盐分增加，农作物存在不同程度减产，部分元素有积累趋势，纯污水灌溉区土壤环境质量有所下降，潜在威胁不容忽视。随着宜农荒地的开发，污水灌灌面积有扩大的趋势。

1999—2010 年，宁夏农业环境保护监测站开展宁夏扶贫扬黄灌溉工程（1236）农业环境质量监测工作。监测结果显示灌溉区的地表水均不宜饮用（沟水和库水）或不宜直接饮用（渠水），但适宜灌溉；灌溉区的浅层地下水，由于氟化物、总大肠菌群、细菌总数、矿化度、总硬度等严重超标，均不宜饮用和灌溉。

（二）入黄排水沟水环境质量

1. 四二干沟

四二干沟自西向东流经原新城区南侧，后自南向北、向东流经贺兰、平罗后入黄河，全长 66.75 千米，主要接纳银川市工业废水和部分生活污水。

1983—1990 年，四二干沟设置 3 个断面，即银巴公路桥断面、银川石油站断面、新城（宁城大队）断面。

1991—1995 年，四二干沟设置 4 个断面，即银巴公路桥、宁城村、安渠五队、入黄口。自 1996 年起，各入黄排水沟仅监测评价入黄口断面水质状况。因此，对四二干沟的记述不采用逐个断面分年度进行。

1983 年，四二干沟新城（宁城大队）断面：氨氮平均值为 52.73 毫克/升，超标 9.5 倍，最高值达 160 毫克/升，超标 21 倍多。酚最高值为 0.031 毫克/升，超标 5.2 倍。从监测结果看，氨氮和酚的平均浓度值和最高浓度值都随着水体流动方向而逐渐增大。

1984 年，四二干沟 3 个监测断面 100％检出率的有 pH、悬浮物、总硬度、耗氧量、溶解氧、硝酸盐氮、亚硝酸盐氮、酚。银川石油站断面、新城（宁城大队）断面氨氮、砷的检出率为 100％；新城（宁城大队）断面六价铬和油检出率也为 100％；3 个断面耗氧量年均值分别为 27.94 毫克/升、

60.61毫克/升和241.16毫克/升，超标率均为100％；银川石油站断面、新城（宁城大队）断面氨氮超标率为100％，年均值分别为46.6毫克/升和39.97毫克/升；油超标率，银巴公路桥断面为50％、银川石油站断面为71.4％、新城（宁城大队）断面为100％，年均值分别为12.92毫克/升、2.94毫克/升、3.06毫克/升；溶解氧超标率，银川石油站断面为50％、新城（宁城大队）断面为62.5％；亚硝酸盐氮超标率，银川石油站断面和新城（宁城大队）断面均为75％；酚的超标率，3个断面分别为37.5％、50％、62.5％；铜的超标率，3个断面分别为40％、60％、60％。

1985年，四二干沟3个断面水质监测结果全年统计超标率100％的指标是耗氧量、生化需氧量和铜，全年统计年均值分别为176.2毫克/升、634.5毫克/升、0.134毫克/升；氨氮、亚硝酸盐氮、挥发酚超标率分别为95.2％、76.2％、75.0％，全年统计平均值分别为39.72毫克/升、0.327毫克/升、0.048毫克/升。与上年相比，氨氮污染加重，酚的污染程度稍有提升。

1986年，银巴公路桥断面超标率50％以上的指标有生化需氧量、悬浮物和亚硝酸盐氮，年均值分别为10.6毫克/升、669.3毫克/升、0.34毫克/升，其中生化需氧量超标率为100％。年度综合污染指数为0.89，污染级别为轻污染。

1987年，银巴公路桥断面超标的指标有化学需氧量，平均值为23.2毫克/升，超标率为50％，年度综合污染指数为0.37，污染级别为清洁。

1988年，银巴公路桥断面超标的指标有亚硝酸盐氮和总磷，平均值分别为0.718毫克/升、0.128毫克/升，超标率均为50％，年度综合污染指数为0.83，污染级别为轻污染。

1989—1994年，银巴公路桥断面年度综合污染指数为0.19～0.47，污染级别均为清洁。

1996—2000年，"九五"期间，四二干沟入黄口断面在监测的25个指标中，超标指标有13个，其中氨氮、悬浮物、生化需氧量、总磷、高锰酸盐指数、总硬度总超标率分别为96.7％、70.0％、50.3％、57.1％、73.3％、21.4％，分别超标12.87倍、3.46倍、1.68倍、0.94倍、0.52倍、0.16倍。"九五"期间，首要污染指标是氨氮，其次为悬浮物、生化需氧量、总磷、高锰酸盐指数和总硬度。水质为劣Ⅴ类，未达到国家Ⅴ类水质标准。污染类型为有机污染、无机盐类污染。与"八五"期间相比，氨氮、悬浮物下降了0.27倍、0.91倍，生化需氧量、总磷上升了2.23倍和0.73倍。

2001—2005年，"十五"期间，主要污染指标为氨氮、总磷、氟化物，最大超标倍数为16.7倍、4.7倍、2.2倍，超标率分别为100％、100％和73.3％。

2006—2010年，"十一五"期间，四二干沟主要污染指标为氨氮、化学需氧量、总磷、总氮、粪大肠菌群，平均值分别为7.99毫克/升、46毫克/升、0.72毫克/升、13.5毫克/升、4300000个/升，超标率依次为66.7％、63.9％、54.3％、100％、50.0％。"十一五"期末与"十五"期末相比，化学需氧量和氨氮年均浓度分别下降了36.3％、94.7％。

2011—2015年，"十二五"期间，四二干沟2011年超标指标为化学需氧量、氨氮、生化需氧量，最大超标倍数为1.0倍、0.1倍和0.3倍，超标率分别为50％、10％和20％，年度水质类别为Ⅳ类。2012年超标指标为氨氮、总磷和氟化物，最大超标倍数为0.6倍、0.8倍和0.6倍，超标率分别为45.5％、45.5％和9.1％。年度水质类别为Ⅴ类。与上年相比，水质类别下降一个级别。2013年，四二干沟超标指标为氨氮和总磷，最大超标倍数为2.2倍和2.1倍，超标率均为50％，年度水质类别为劣Ⅴ类。与上年相比，水质类别下降了一个级别。2014年，四二干沟超标指标为氨氮、总磷和阴离子表面活性剂，最大超标倍数为5.3倍、2.7倍和0.6倍，超标率为72.7％、54.5％和9.1％，年度水质类别为劣Ⅴ类。2015年超标指标为氨氮、生化需氧量、总磷、氟化物，最大超标倍数分别为9.0倍、0.01倍、2.9倍、0.7倍，超标率依次为83.3％、8.3％、50.0％和41.7％，年度水质类别为劣Ⅴ类。"十二五"期末与"十一五"期末相比，水质类别由Ⅳ类降为劣Ⅴ类，水质明显下降。

2016年，四二干沟主要污染指标氨氮、总磷、生化需氧量，浓度值分别为6.04毫克/升、0.663毫克/升、7.8毫克/升，超考核目标地表水Ⅳ类水质标准的倍数依次为3.03倍、1.21倍、0.30倍，年度水质类别为劣Ⅴ类。主要污染指标氨氮年均浓度下降0.4个百分点，总磷、生化需氧量年均浓度分别上升 31.0 个百分点、32.2 个百分点。

2017 年，四二干沟主要污染指标为氨氮、总磷和生化需氧量，浓度值分别为 5.47 毫克/升、0.74 毫克/升、6.7 毫克/升，超过考核目标地表水Ⅳ类水质标准的倍数依次为 2.65 倍、1.47 倍、0.12 倍，水质类别为劣 V 类重度污染水质。主要污染指标氨氮和生化需氧量年均浓度分别下降 9.4 个百分点、14.1 个百分点，总磷年均浓度上升 11.6 个百分点。

2018 年，四二干沟金凤区与贺兰县交接断面为劣 V 类重度污染水质。影响水质类别的主要指标为氨氮，浓度值为 2.03 毫克/升，超过地表水Ⅳ类水质标准的倍数为 0.35 倍。四二干沟入黄口断面为 V 类中度污染水质。影响水质类别的主要指标为总磷，浓度值为 0.314 毫克/升，超过地表水Ⅳ类水质标准的倍数为 0.05 倍。与上年相比，水质类别由劣 V 类提高为 V 类，水质有所好转；主要指标总磷监测浓度下降 57.7 个百分点。

2019 年，四二干沟金凤区与贺兰县交接断面为Ⅳ类水质，水质同比明显好转。银川市与石嘴山交界为Ⅳ类水质。入黄口为Ⅳ类水质，水质同比有所好转。

2020 年 12 月，四二干沟金凤区与贺兰县交接断面为Ⅲ类水质。银川市与石嘴山交界断流未监测。入黄口为Ⅳ类水质。

2. 银新干沟

银新干沟起始于新城北侧的四二干沟，向东流经银川市及贺兰县，于通伏农场处入黄河，全长 33.4 千米，排水能力 36.5 米³/秒，排水面积 65 万亩。

1984 年，银新干沟设置水质监测断面 2 个（罗家庄九队断面和通伏农场入黄口断面）。

（1）罗家庄九队断面。

1984 年，罗家庄九队断面水质主要污染指标为耗氧量、氨氮、悬浮物和油，平均值分别为 150.73 毫克/升、12.42 毫克/升、70.49 毫克/升、808.9 毫克/升，超标率依次为 100%、100%、87.5%、78.5%。

1985 年，罗家庄九队断面主要污染指标为耗氧量、氨氮、铜、亚硝酸盐氮、挥发酚，平均值分别为 125.7 毫克/升、13.03 毫克/升、0.033 毫克/升、0.198 毫克/升、0.008 毫克/升，超标率依次为 100%、100%、100%、62.5%、62.5%。

1986—1990 年，"七五"期间，罗家庄九队断面主要污染指标为氨氮、亚硝酸盐氮、化学需氧量。5 个年度断面综合污染指数变化为 1.66、0.87、2.20、2.68、1.49，污染级别分别为中污染、轻污染、中污染、重污染和中污染。

1991 年，罗家庄九队断面监测执行《地面水环境质量标准》（GB 3838－2002），主要污染指标为氨氮、石油类、总磷、生化需氧量、化学需氧量，平均值分别为 14.541 毫克/升、3.52 毫克/升、0.40 毫克/升、30.76 毫克/升、15.30 毫克/升，超标率依次为 100%、100%、75%、66.67%、50%。与上年相比，生化需氧量最高值、平均值分别升高了 11.3 倍和 20.5 倍；硝酸盐氮最高值、平均值分别上升了 8.3 倍和 6.3 倍。

1992 年，罗家庄九队断面枯水期干涸。主要污染指标为氨氮、石油类、铅、悬浮物、化学需氧量、生化需氧量，平均值分别为 28.3 毫克/升、15.63 毫克/升、0.125 毫克/升、568.50 毫克/升、25.78 毫克/升、34.65 毫克/升，超标倍数分别为 27.33 倍、14.63 倍、0.25 倍、2.79 倍、1.58 倍、2.46 倍，超标率依次为 100%、100%、75%、50%、50%、50%。年度综合污染指数为 2.82，污染级别为重污染。

1993 年，罗家庄九队断面主要污染指标为氨氮、化学需氧量、生化需氧量、氟化物、总磷，平均值分别为 18.3 毫克/升、50.88 毫克/升、63.58 毫克/升、1.51 毫克/升、0.79 毫克/升；超标率氨氮为 100%，其他 4 个均为 50%；综合污染指数为 1.81，污染级别为中污染。

1994 年，罗家庄九队断面主要污染指标为悬浮物、氨氮、总磷、化学需氧量、生化需氧量、挥发酚、氟化物，平均值分别为 412.0 毫克/升、22.6 毫克/升、0.44 毫克/升、10.03 毫克/升、22.7

毫克/升、0.064 毫克/升、1.97 毫克/升；超标率前三个均为 100%，后 4 个均为 50%；污染级别为重污染。

1995 年，罗家庄九队断面主要污染指标为氨氮、化学需氧量、生化需氧量、总磷，超标率分别为 100%、25%～100%、25%～100%、25%～83.3%。

1996—2000 年，"九五"期间及以后时期，排水沟评价主要以入黄口断面评价为主，其他断面不再阐述。

自 1996 年起，银新干沟监测评价断面为通伏农场入黄口断面。

（2）通伏农场入黄口断面。

1996—2000 年，"九五"期间，通伏农场入黄口超标指标共 16 个，其中首要污染指标为氨氮，其次为悬浮物、生化需氧量、高锰酸盐指数和总磷，总超标率分别为 100%、83.3%、95.1%、97.4% 和 79.8%，五年平均值超标倍数分别为 11.50 倍、6.76 倍、5.53 倍、4.11 倍、2.89 倍；水质为劣 V 类水质。

2001—2005 年，"十五"期间，通伏农场入黄口断面主要污染指标超标率在 50% 以上，由高至低为氨氮 100%、总磷 100%、生化需氧量 96.7%、高锰酸盐指数 96.7%、化学需氧量 93.3%、挥发酚 73.3%、溶解氧 63.3%；总平均值依次为 17.5 毫克/升、2.031 毫克/升、114 毫克/升、118 毫克/升、478 毫克/升、0.292 毫克/升、0.60 毫克/升；生化需氧量、化学需氧量、溶解氧最大超标倍数分别为 57.8 倍、18.4 倍、9.0 倍。

2006—2010 年，"十一五"期间，通伏农场入黄口断面主要污染指标超标率在 50% 以上的有 10 个，其中超标率在 80% 以上的有 8 个，依次为化学需氧量、总氮，为 100%；生化需氧量，为 96.7%；粪大肠菌群，为 96.2%；高锰酸盐指数，为 93.1%；氨氮，为 90%；溶解氧和总磷，均为 80%。8 个主要污染指标平均值（粪大肠菌群排后）分别为 581 毫克/升、23.2 毫克/升、149 毫克/升、184 毫克/升、20.8 毫克/升、0.9 毫克/升、1.01 毫克/升，粪大肠菌群为 120000000 个/升；综合污染指数，2005 年为 64.5、2006 年为 44.5、2007 年为 56.7、2008 年为 50.6、2009 年为 43.3、2010 年为 29.0，均为劣 V 类水质。

2011—2015 年，"十二五"期间，通伏农场入黄口断面主要污染指标超标率在 50% 以上的有 5 个，依次为氨氮 100%、总磷 94.8%、生化需氧量 86.2%、化学需氧量 84.5%、高锰酸盐指数 77.6%；主要污染指标平均值分别为 17.4 毫克/升、1.393 毫克/升、28.8 毫克/升、117 毫克/升、23.8 毫克/升；最大超标倍数依次为 13.8 倍、6.6 倍、14.2 倍、14.6 倍、4.0 倍；挥发酚、氟化物、阴离子表面活性剂、氯化物也存在超标现象。5 年水质类别均为劣 V 类水质。

2016 年，通伏农场入黄口断面主要污染指标为氨氮、总磷、生化需氧量，浓度值分别为 23.7 毫克/升、2.18 毫克/升、30.9 毫克/升，超过考核目标地表水 Ⅳ 类标准的倍数依次为 14.8 倍、6.27 倍、4.15 倍，为劣 V 类水质。

2017 年，通伏农场入黄口断面主要污染指标为氨氮、总磷和生化需氧量，浓度值分别为 17.96 毫克/升、1.67 毫克/升、18.4 毫克/升，超过考核目标地表水 Ⅳ 类水质标准的倍数依次为 10.97 倍、4.56 倍、2.07 倍，为劣 V 类水质。

2018 年，通伏农场入黄口断面为劣 V 类重度污染水质。影响水质类别的主要指标为氨氮和总磷，浓度值分别为 10.38 毫克/升、1.167 毫克/升，超过地表水 Ⅳ 类水质标准的倍数依次为 5.92 倍、2.89 倍。

2019 年，监测兴庆区与贺兰县交界段面 Ⅲ 类水质。入滨河湿地水系前 Ⅲ 类水质，水质同比明显好转。

2020 年 12 月，监测兴庆区与贺兰县交界段面 Ⅲ 类水质。入滨河湿地水系前 Ⅲ 类水质。

3. 第三排水沟

第三排水沟使用功能为农业排水、接纳工业废水和城市生活污水，部分兼有景观功能。

从 1978 年开始，宁夏水利部门对该沟进行连续性监测至 1983 年，监测指标为 pH 等 11 个，其中被检出有统计记录的有 pH、总硬度、氯化物、氨氮、酚、氰化物、砷。1983 年宁夏水利部门选择了能反映水质污染状况、数据系统性、可比性较好的氨氮、酚、氰、砷、汞和六价铬 6 个参数进行水质评价。酚平均值在 1980 年出现高峰，氰化物自 1980 年后下降，1983 年又有所上升。

通过评价分析，第三排水沟此时段的综合污染指数为 1.76，属中度污染。主要污染指标酚、氨氮的最高检出值分别超标 1.4 倍和 1.22 倍，污染负荷比分别为 56.82% 和 42.05%。

1986—1990 年，"七五"期间，第三排水沟主要污染指标为化学需氧量、生化需氧量、氨氮和亚硝酸盐氮，个别时段石油类、悬浮物、pH 均有不同程度的超标。其中，化学需氧量超标率为 100%，生化需氧量的超标率均在 50% 以上，个别断面为 100%，污染严重。

1991—1995 年，"八五"期间，第三排水沟主要污染指标为悬浮物、氨氮、化学需氧量，不同断面悬浮物的超标率为 25%~67%，氨氮、化学需氧量超标，从 25% 到 100%。

1996—2000 年，"九五"期间，第三排水沟入黄口断面超标指标共有 12 个，首要污染指标是氨氮，其次是高锰酸盐指数、悬浮物、生化需氧量，超标率分别为 92.6%、65.4%、80.8%、66.7%，五年均值分别超标 13.1 倍、1.68 倍、1.25 倍、1.01 倍。水质类别均为劣 V 类，水质污染类型为无机氮污染和有机污染。

2001—2005 年，"十五"期间，第三排水沟入黄口断面超标指标共有 12 个，超标率由高到低排列依次为氨氮、生化需氧量、化学需氧量、高锰酸盐指数、溶解氧、总磷、挥发酚、石油类、砷、pH、氟化物、六价铬，分别为 90.0%、83.3%、82.8%、80.0%、76.7%、73.3%、46.7%、30.0%、20.0%、13.3%、13.3%、3.3%；污染负担率依次为 27.83%、10.59%、12.59%、13.06%、13.12%、5.17%、4.83%、4.11%、0.63%、1.43%、2.79%、0.76%；主要污染指标氨氮、溶解氧和化学需氧量，最大超标倍数分别为 13.7 倍、8.1 倍、4.6 倍。

2006—2010 年，"十一五"期间，第三排水沟与第五排水沟入黄口整合为一个入黄口，监测断面为第三、第五排水沟汇合入黄河口断面。

2006 年，第三、第五排水沟汇入黄河口断面主要污染指标为氨氮、高锰酸盐指数、化学需氧量、生化需氧量、挥发酚，年均浓度值分别为 10.0 毫克/升、22 毫克/升、14.5 毫克/升、1.3 毫克/升、0.086 毫克/升，超标率分别为 100%、66.7%、66.7%、50%、13.3%；最大超标倍数依次为 10.5 倍、2.4 倍、5.4 倍、1.0 倍、1.4 倍。

2007 年，第三、第五排水沟汇入黄河口断面主要污染指标为氨氮、生化需氧量、化学需氧量、石油类，年均浓度值分别为 6.68 毫克/升、10.6 毫克/升、43 毫克/升、1.33 毫克/升，超标率依次为 100%、66.7%、66.7%、50.0%；最大超标倍数依次为 5.1 倍、1.2 倍、1.1 倍、4.2 倍。

2008 年，第三、第五排水沟汇入黄河口断面主要污染指标为氨氮、总磷、化学需氧量，年均浓度值分别为 3.16 毫克/升、4.54 毫克/升、49 毫克/升，超标率分别为 100%、83.3%、50%；最大超标倍数分别为 4.5 倍、23.4 倍、1.2 倍。

2009 年，第三、第五排水沟汇入黄河口断面主要污染指标为氨氮、总氮、化学需氧量、铅、镉，年均浓度值分别为 7.87 毫克/升、10.0 毫克/升、52 毫克/升、0.201 毫克/升、0.02 毫克/升；超标率分别为 100%、100%、60%、40.0%、40.0%；最大超标倍数分别为 4.4 倍、7.1 倍、1.1 倍、4.0 倍、4.0 倍。

2010 年，第三、第五排水沟汇入黄河口断面主要污染指标为化学需氧量、总氮、氨氮、总磷、挥发酚，年均浓度值分别为 73 毫克/升、6.90 毫克/升、4.75 毫克/升、0.53 毫克/升、0.063 毫克/升；超标率分别为 100%、100%、60%、40%、20%；最大超标倍数分别为 1.1 倍、4.8 倍、3.3 倍、2.7 倍、1.7 倍。

"十一五"期间，第三、第五排水沟汇入黄河口断面主要污染指标，超标率由高至低为总氮 100%、化学需氧量 64.3%、氨氮 44.8%、生化需氧量 35.7%。5 年断面水质类别均为劣 V 类。

"十一五"末与"十五"末相比,化学需氧量和氨氮年均浓度分别下降29.8%、30.1%。

2011—2015年,"十二五"期间,第三、第五排水沟汇入黄河口断面主要污染指标为化学需氧量、氨氮和总磷,超标率分别为66.7%～100%、55.6%～100%、44.4%～70%;年均浓度值最大超标倍数分别为9.2倍、9.2倍、4.5倍。

"十二五"期间,第三、第五排水沟汇入黄河口断面水质类别均为劣 V 类水质。

2016年,第三、第五排水沟汇入黄河口断面,主要污染指标为化学需氧量、氨氮、总磷、高锰酸盐指数和挥发酚,超标率分别为91.7%、91.7%、66.7%、16.7%和8.3%,年均浓度值分别为57.0毫克/升、7.90毫克/升、0.436毫克/升、8.0毫克/升和0.0064毫克/升;主要污染指标前三个超过地表水考核目标IV类水质标准的倍数依次为0.90倍、4.27倍、0.45倍,为劣 V 类水质。

2017年,第三、第五排水沟汇入黄河口断面,主要污染指标为氨氮、化学需氧量、总磷(第三排水沟和第五排水沟在银川市与石嘴山市界处各设置了监测断面,在此本年度水质监测结果仍以第三、第五排水沟汇入黄河口断面主要污染指标来加以阐述),超标率分别为100%、90.9%、90.9%,年均浓度值分别为9.09毫克/升、56毫克/升、0.48毫克/升,超过考核目标地表水IV类水质标准的倍数依次为5.06倍、0.87倍、0.60倍,为劣 V 类水质。

2017年,第三排水沟(银川市—石嘴山市界)水质为劣 V 类重度污染水质。影响水质类别的主要指标为总磷、化学需氧量,浓度值分别为0.46毫克/升、35毫克/升,超过地表水IV类水质标准的倍数依次为0.13倍、0.17倍。

2018年,银川与石嘴山交接断面水质为 V 类中度污染水质。影响水质类别的主要指标为化学需氧量和总磷,浓度值分别为35.3毫克/升、0.316毫克/升,超过地表水IV类水质标准的倍数依次为0.18倍、0.05倍。与上年相比,水质类别由劣 V 类提高到 V 类,水质有所好转;主要指标化学需氧量监测浓度持平,总磷监测浓度下降31.6个百分点。

第三排水沟与第五排水沟汇合前断面水质为劣 V 类重度污染水质。影响水质类别的主要指标为氨氮、总磷和化学需氧量,浓度值分别为11.84毫克/升、0.609毫克/升、41.9毫克/升,超过地表水IV类水质标准的倍数依次为6.89倍、1.03倍、0.40倍。

2018年,第三、第五排水沟汇入黄河口断面水质为劣 V 类重度污染水质。影响水质类别的主要指标为氨氮,浓度值为5.52毫克/升,超过地表水IV类水质标准的倍数为2.68倍。与上年相比,水质类别无明显变化;主要指标氨氮监测浓度下降39.3个百分点。

2019年,银川市—石嘴山市交界水质为 V 类水质,与上年相比,水质类别无明显变化。平罗县—惠农区交界水质为劣 V 类水质。

2020年12月,银川(贺兰县)—石嘴山(平罗县)市界水质为Ⅲ类水质。平罗县—惠农区交界水质为Ⅳ类水质。

4. 第五排水沟

第五排水沟使用功能以农业排水为主,沿途还接纳了平罗县姚伏镇、原惠农县县城生活污水和一部分企业排放的工业废水。

从1978年开始,宁夏水利部门对其进行连续性监测至1983年,列入污染物年度变化统计表的有11个,其中被检出有统计记录的有pH、总硬度、氯化物、氨氮、酚、氰化物、砷。氯化物检出率为100%,超标率为40%～100%;酚的检出率为16%～60%;氰化物有4年被检出;氨氮后3年被检出,检出率在80%～100%;砷只有1981年和1982年被检出。

第五排水沟只有氯化物含量高,砷含量在1982年出现了一个高峰。

通过评价分析,1983年,第五排水沟综合污染指数为0.29,属尚清洁。主要污染指标酚的污染负荷比68.97%,氨氮为31.03%。

1984年,石嘴山市环境监测站对第五排水沟水质进行监测,pH、溶解氧超标率为25%,镉、铅为33.33%,耗氧量为100%。与1983年相比,酚的平均值和最高值下降趋势比较明显,可满足地表水水质标准要求；汞的污染程度有所减轻，未出现超标；铅的污染加重，指标增加；镉有检出，且有超标。

1986—1990年，"七五"期间，第五排水沟沿程共设两个断面，即入口断面和出口断面。主要污染指标为生化需氧量，入口断面和出口断面生化需氧量年超标率分别为75%～100%、33%～50%。出口断面在不同水期还出现石油类、氨氮、挥发酚超标。

1991年，第五排水沟设两个断面，即平罗姚伏桥断面和良繁场大桥断面。平罗姚伏桥断面主要污染指标为总硬度、氨氮，超标率分别为50%和25%，综合污染指数为0.361。良繁场大桥断面主要污染指标为悬浮物、总硬度和氨氮，超标率分别为33.3%、66.6%和33.3%，综合污染指数为0.42。

1992年，平罗姚伏桥断面丰水期主要污染指标为化学需氧量和亚硝酸盐氮，超标率均为100%，综合污染指数为0.62。良繁场大桥断面主要污染指标为悬浮物、氨氮和亚硝酸盐氮，超标率分别为33.33%、100.0%和66.67%，综合污染指数为0.58。与上年度相比，悬浮物、亚硝酸盐氮分别增加了2.46倍、54.32倍。

1993年，平罗姚伏桥断面主要污染指标为氨氮、生化需氧量、悬浮物，超标率分别为80%、20%、16.67%，平均值分别为1.31毫克/升、6.85毫克/升、156.50毫克/升，综合污染指数为0.50；良繁场大桥断面主要污染指标为悬浮物、氨氮，平均值分别为342.33毫克/升、1.47毫克/升，超标率均为66.67%，最大单个污染指数分别为2.28、1.47。

1994年，良繁场大桥断面主要污染指标是悬浮物、总硬度，年均值分别为238.75毫克/升、392.5毫克/升，超标率均为100%，与上年度相比，悬浮物、总硬度均有所升高，其他无明显变化。

1996—2000年，"九五"期间，第五排水沟入黄口断面监测指标25个，超标指标10个，其中悬浮物、高锰酸盐指数、总硬度超标率分别为70.4%、55.6%、66.7%，五年均值分别超标1.44倍、1.13倍、0.30倍。"九五"期间，首要污染指标是悬浮物，其次为高锰酸盐指数、总硬度。水质类别为劣Ⅴ类。

2001—2005年，"十五"期间，第五排水沟入黄口断面主要污染指标，五年超标率由高至低依次为化学需氧量、总磷、生化需氧量和氨氮，分别为29.3%、26.7%、10%、6.7%；总平均值分别为52毫克/升、0.307毫克/升、6.4毫克/升、1.0毫克/升；单个污染指数分别为1.30、0.77、0.64、0.50。"十五"期间，主要污染指标化学需氧量，最大超标倍数为1.1倍，超标率为29.3%。

"十一五""十二五"和2016年第五排水沟水质评价采用第三排水沟、第五排水沟会合后入黄口进行评价，故在第三排水沟中已进行，在此不再记述。

2017年，第五排水沟（银川与石嘴山交接断面）水质为Ⅴ类中度污染水质。影响水质类别的主要指标为化学需氧量和总磷，浓度值分别为34毫克/升、0.39毫克/升，地表水Ⅳ类水质标准的倍数依次为0.13倍、0.30倍。

2018年，第五排水沟（银川与石嘴山交接断面）水质为劣Ⅴ类重度污染水质。影响水质类别的主要指标为总磷，浓度值为0.474毫克/升，超过地表水Ⅳ类水质标准的倍数为0.58。与上年相比，水质类别由Ⅴ类降为劣Ⅴ类，水质有所下降；主要指标总磷监测浓度上升22.2个百分点。

2019年，石嘴山（平罗县）上游段水质为Ⅳ类水质，同比明显好转，平罗县—惠农区交界水质为Ⅳ类水质，同比有所下降。

2020年12月，石嘴山（平罗县）上游段水质为Ⅲ类水质。平罗县—惠农区交界水质为Ⅲ类水质。

5. 灵武东排水沟

灵武东排水沟流经灵武，全长30.8千米，排水能力为12.6米³/秒，排水面积为16.2万亩，使用功能为农业排水、接纳工业废水等。

1978年起，水利部门对其进行监测。

"七五"期间，该沟沿程共设3个断面，由原银南地区环境监测站负责监测。"八五""九五"期间，由环境保护部门监测。"九五"期间主要以入黄口断面进行水质现状评价和变化趋势分析。

1978年开始，水质监测的指标有酚、氰化物、砷、汞和六价铬，其中汞和六价铬在1978—1983年均无检出。

1979年、1980年，监测指标除上述5个外，增加了pH、总硬度和氯化物，1982年又增加了对氨氮的监测。1978—1983年，酚、砷均被检出，酚含量6年均超标，超标率为20％～40％；砷含量不超标；氰化物除1982年未被检出外，其余5年均被检出，但不超标；氯化物在1979—1983年检出率为100％，超标率为16.7％～40％。氨氮在1981—1983年检出率为100％，但无超标。灵武东排水沟综合污染指数为2.54，属中度污染级。主要污染指标酚，最高检出值超标4倍，污染负荷比为86.61％。

1986年，银南地区环境监测站只监测了灵武东排水沟丰水期水质，设置了4个监测断面。主要污染指标：化学需氧量、氰化物、石油类，检出率、超标率均为100％；酚检出率为100％，超标率两个断面为33.33％、两个断面为100％；硫化物各断面均有检出并有一定程度的超标。

1987年，灵武东排水沟3个断面主要污染指标（悬浮物除外）：I断面为化学需氧量、生化需氧量，超标率均为100％，铜为50％，酚、石油类均为33.33％；II断面为生化需氧量，超标率为100％，化学需氧量、酚、铜，均为66.67％，氨氮和石油类，均为33.33％；III断面为化学需氧量，超标率为77.78％，溶解氧、氨氮、酚，均为44.44％，石油类为16.67％，单个污染指数分别为5.32、2.04、2.77、2.61、0.66。

1989年，灵武东排水沟I断面主要污染指标为生化需氧量、化学需氧量、酚、溶解氧，超标率分别为100％、83.33％、83.33％、33.33％，年度综合污染指数为5.55，污染级别属重污染；II断面主要污染指标为溶解氧、化学需氧量、生化需氧量、酚、亚硝酸盐氮、六价铬和氨氮，超标率分别为100％、100％、100％、100％、83.33％、50％和16.67％，年度综合污染指数为8.51，污染级别重污染；III断面主要污染指标为溶解氧、化学需氧量、生化需氧量、酚、六价铬、亚硝酸盐氮、氨氮，超标率分别为100％、100％、100％、100％、50％、33.33％、16.67％，年度综合污染指数为7.14，污染级别重污染。

1990年，灵武东排水沟I断面主要污染指标为总硬度、溶解氧、化学需氧量、生化需氧量、挥发酚、亚硝酸盐氮和氨氮，超标率分别为100％、100％、100％、100％、100％、50％和33.33％，综合污染指数为4.50，污染级别为重污染；II断面主要污染指标为溶解氧、化学需氧量、生化需氧量、酚、氨氮、总硬度、亚硝酸盐氮，超标率分别为100％、100％、100％、83.33％、66.67％、50％和50％，年度综合污染指数为5.14，污染级别为重污染；III断面主要污染指标为溶解氧、化学需氧量、生化需氧量、氨氮、酚、总硬度和亚硝酸盐氮，超标率分别为100％、100％、100％、66.67％、66.67％、50％和50％，年度综合污染指数为4.19，污染级别为重污染。

1991年，灵武东排水沟断面主要污染指标是悬浮物、化学需氧量、生化需氧量和氨氮，除氨氮在两个断面超标率为50％～83.3％外，其他3个在3个断面的超标率均为100％。各断面综合污染指数分别为1.25、1.27、1.33，以有机污染为主。

1994年，灵武东排水沟设置监测断面3个（I、II、III），主要污染指标是生化需氧量、化学需氧量，其次是悬浮物、氨氮、六价铬、氯化物和溶解氧。超标率，生化需氧量均为100％；化学需氧量，I、II断面为88.9％、77.8％，III断面为100％；悬浮物，I、II断面为55.6％，III断面为66.7％；氨氮，I、III断面为33.3％，II断面为55.6％；六价铬在其中一个断面为33.3％；氯化物和溶解氧3个断面均有不同程度的超标。

1995年，灵武东排水沟主要污染指标是化学需氧量、生化需氧量和氯化物，超标率分别为66.7％、44.4％～55.6％、50.0％。与上年相比，氯化物普遍升高1.84～2.59倍。

1996—2000年，"九五"期间，灵武东排水沟主要污染指标共11个，首要污染指标是化学需氧量，其次是生化需氧量、氨氮、悬浮物和氟化物，超标率分别为90.9％、90.0％、77.3％、72.7％和75.0％；五年均值分别超标4.96倍、3.26倍、3.14倍、2.13倍和0.65倍。污染类型为有机污染、无机盐类污染，水质类别为劣Ⅴ类。

2001—2005年，"十五"期间，灵武东排水沟主要污染指标为化学需氧量、生化需氧量、氨氮和总磷，超标率均值分别为87.5％、72.7％、66.7％和70.8％；单个污染指数分别为2.75、3.45、2.76、2.71；超标倍数除总磷外，分别为3.8倍、6.0倍、4.1倍。水质类别均为劣Ⅴ类。

2006—2010年，"十一五"期间，灵武东排水沟主要污染指标为化学需氧量、氨氮。化学需氧量五年超标率，前四年均为83.3％，第五年为50.0％；氨氮超标率，2006年、2008年为50％，2007年、2009年为33.3％，2010年为66.7％。五年的水质监测结果，24个指标中超标指标有12个，五年水质类别均为劣Ⅴ类。"十一五"末与"十五"末相比，化学需氧量和氨氮年均浓度分别下降78.2％和34.6％，污染相对有所减轻。

2011—2015年，"十二五"期间，监测的23个指标中，灵武东排水沟主要污染指标有7个，高锰酸盐指数、化学需氧量、氨氮、生化需氧量、总磷、氟化物和阴离子表面活性剂存在超标现象，五年超标率依次为1.8％、5.3％、71.9％、5.3％、36.8％、5.3％和1.8％；最大超标倍数分别为0.6倍、0.5倍、13.2倍、0.3倍、5.7倍、0.2倍和0.1倍；主要污染指标为氨氮、总磷和化学需氧量，超标倍数最大依次为13.2、5.7、0.5。五年水质均为劣Ⅴ类水质。

2015年，主要污染指标氨氮、总磷浓度值分别为9.427毫克/升、0.674毫克/升，超过地表水Ⅴ类水质标准的倍数依次为3.71倍、0.68倍；与2014年相比，水质类别无明显变化，氨氮、总磷年均浓度分别上升46.7个百分点和11.2个百分点。

2016年，灵武东排水沟主要污染指标为氨氮、总磷、生化需氧量，浓度值分别为4.38毫克/升、0.467毫克/升、7.0毫克/升，水质为劣Ⅴ类重度污染水质，超过地表水Ⅳ类水质标准的倍数依次为1.92倍、0.56倍、0.17倍。与上年相比，水质类别无明显变化；主要污染指标氨氮、总磷和生化需氧量年均浓度分别下降53.6个百分点、30.7个百分点和2.8个百分点。

2017年，灵武东排水沟（入黄口断面）主要污染指标为氨氮、总磷，浓度值分别为2.59毫克/升、0.33毫克/升，水质为劣Ⅴ类重度污染水质，超过考核目标地表水Ⅳ类水质标准的倍数0.73倍、0.10倍；与上年相比，水质类别无明显变化，主要指标氨氮、总磷监测浓度分别下降40.9个百分点和29.3个百分点。

2018年，灵武东排水沟（入黄口断面）水质为劣Ⅴ类重度污染水质。主要污染指标为氨氮，浓度值为2.28毫克/升，超过地表水Ⅳ类水质标准的倍数为0.52倍。与上年相比，水质类别无明显变化；氨氮浓度下降12个百分点。

2019年，灵武东排水沟（入黄口断面）水质为Ⅴ类水质，同比有所好转。

2020年12月，灵武东排水沟（入黄口断面）水质为Ⅲ类水质。

6. 吴忠清水沟

吴忠清水沟全长26.5千米，流经吴忠、灵武等地，排水能力为30米³/秒，排水面积为31.4万亩，使用功能为农业排水、接纳吴忠市等地的工业及城市污水，部分兼有景观功能。

1978—1983年，对吴忠清水沟水质的监测主要由水利部门负责，主要监测断面是新华桥断面，监测pH、总硬度、氯化物、氨氮、酚、氰化物、砷7个指标。

1986年，宁夏环境监测机构对吴忠清水沟进行定期水质监测，但当时仅限于在丰水期进行。

1986—1990年，"七五"期间，监测站共设Ⅰ、Ⅱ、Ⅲ、Ⅳ、Ⅴ五个监测断面，而常年监测的为前三个断面。1988年度末监测结果：Ⅰ断面的挥发酚，平均值为1.347毫克/升，超标133.7倍，最高值为1.92毫克/升，超标191倍；氰化物、砷和六价铬、化学需氧量、生化需氧量超标率均达100％；汞、铜、石油类、氨氮、亚硝酸盐氮、硝酸盐氮等超标严重，均在33.33％和66.67％以上，4年污染级别均为重污染。Ⅱ断面和Ⅲ断面的主要污染指标，悬浮物、总硬度、化学需氧量、生化需氧量、挥发酚、石油类、氰化物、镉、铜、六价铬和汞等均超标严重。Ⅲ断面除1986年为中污染外，其他3年均为重污染。

"七五"期间，吴忠清水沟水质污染非常严重，已成为宁夏之最，挥发酚超标数百倍，化学需氧量超标数十倍，属典型有机物污染类型；各水期均污染严重，多年综合污染指数为14.55，属重污染级。

1991年，吴忠清水沟沿程设3个断面（高闸乡韩桥断面、秦渠清水沟渡槽断面、银吴公路清水沟桥断面），主要污染指标为悬浮物、化学需氧量、生化需氧量、氨氮，前三个超标率均为100%，氨氮超标率在50%以上。清水沟3个断面的综合污染指数分别为5.96、1.41、2.10，属以有机污染为主的污染类型。

1994年，吴忠清水沟主要污染指标为化学需氧量、生化需氧量、挥发酚、氯化物、氨氮、悬浮物和总硬度，3个断面化学需氧量、生化需氧量超标率均为100%；挥发酚，Ⅰ断面和Ⅲ断面为100%、Ⅱ断面为88.9%；氯化物，Ⅰ和Ⅲ断面为83.3%、Ⅱ断面为100%；氨氮，Ⅰ断面为88.9%、Ⅱ和Ⅲ断面为66.7%；悬浮物和总硬度超标率也在55.6%～77.8%、55.6%～66.7%；化学需氧量、生化需氧量、氨氮、挥发酚、砷、氯化物分别超标48.9倍、32.3倍、9.5倍、8.8倍、4.3倍、0.8倍；清水沟中的挥发酚、砷是全区地表水同类污染指标中污染最严重的。

1995年，吴忠清水沟主要污染指标是化学需氧量、生化需氧量、氨氮、挥发酚、氯化物，超标率前4个均在66.7%～100%，氯化物超标率在33.3%～50%；除氯化物外，其他4个在高闸乡韩桥断面污染程度属于最严重程度。

1996—2000年（"九五"期间），吴忠清水沟超标指标共10个，首要污染指标是悬浮物，其次是化学需氧量、生化需氧量、氨氮和挥发酚，超标率分别为77.3%、90.9%、90%、68.2%和40%。五年均值分别超标15.58倍、10.96倍、6.47倍、2.31倍和0.42倍，水质为劣Ⅴ类水质。

2001—2005年（"十五"期间），吴忠清水沟主要污染指标为生化需氧量、化学需氧量、溶解氧，最大超标倍数分别为57.8倍、18.4倍、9.0倍，超标率分别为100%、96.2%、100%。污染负荷比分别为50.67%、19.89%、14.61%。

2006—2010年，"十一五"期间，吴忠清水沟各年度主要污染指标略有不同，主要为生化需氧量、化学需氧量和挥发酚，只是前两个的排序不同，2010年增加了氨氮超标倍数指标。年度主要污染指标的超标倍数，2006年分别为30倍、19倍和6.6倍；2007年为4.7倍、4.6倍和0.9倍；2008年为13倍、7.5倍和3.9倍；2009年为17倍、14倍和9倍；2010年为34.8倍、22.6倍和7.3倍，氨氮超标0.86倍。综合污染指数分别为64.0、15.8、31.7和37.2。

"十一五"期末与"十五"期末相比，化学需氧量的年均浓度上升56.6%，氨氮的年均浓度下降22.3%。

2011—2015年（"十二五"期间），在监测的23个指标中，吴忠清水沟主要污染指标为高锰酸盐指数、化学需氧量、氨氮、生化需氧量、挥发酚、总磷、氟化物和阴离子表面活性剂，均超标。最大值，2011年10月有4个，分别为高锰酸盐指数184毫克/升、化学需氧量688毫克/升、生化需氧量343毫克/升、阴离子表面活性剂0.64毫克/升；2011年3月有两个，分别为氨氮19.9毫克/升、总磷10.0毫克/升；2012年1月有两个，分别为挥发酚1.57毫克/升、氟化物25.4毫克/升。最大超标倍数，2011年10月分别为11.3倍、16.2倍、33.3倍、1.1倍，2011年3月为9.0倍、24.0倍，2012年1月为14.7倍、15.9倍。

2015年，吴忠清水沟水质为劣Ⅴ类重度污染水质。主要污染指标为总磷、氟化物，浓度值分别为0.676毫克/升、1.69毫克/升，超过地表水Ⅴ类水质标准的倍数依次为0.7倍、0.1倍；与上年相比，水质类别无明显变化，总磷、氟化物年均浓度分别上升7.5个百分点和23.4个百分点。

2016年，吴忠清水沟水质为劣Ⅴ类重度污染水质。主要污染指标为总磷、化学需氧量、生化需氧量，浓度值分别为0.72毫克/升、7.0毫克/升、38毫克/升，超过地表水Ⅳ类水质标准的倍数依次为 1.4 倍、0.27 倍、0.17 倍。与上年相比，水质类别无明显变化；3 个主要指标的年均浓度分别上升 6.5 个百分点、65.2 个百分点和 9.4 个百分点。

2017 年，吴忠清水沟（入黄口）水质为劣 V 类重度污染水质，不符合考核目标地表水Ⅳ类水质标准要求。主要污染指标为总磷、生化需氧量和化学需氧量，浓度值分别为 0.98 毫克/升、8.5 毫克/升、38 毫克/升，超过考核目标地表水Ⅳ类水质标准的倍数依次为 2.27 倍、0.42 倍、0.27 倍；主要指标总磷、生化需氧量的监测浓度分别上升 36.1 个百分点、21.4 个百分点，化学需氧量监测浓度持平。与上年相比，水质类别无明显变化。

2018 年，吴忠清水沟（入黄口）断面水质为Ⅳ类水质。与上年相比，水质类别由劣 V 类提高为Ⅳ类，水质明显好转。

2019 年，吴忠清水沟（入黄口）断面水质为Ⅲ类水质。与上年相比，水质类别由Ⅳ类提高为Ⅲ类，水质明显好转。

2020 年 12 月，吴忠清水沟（入黄口）断面水质为Ⅳ类水质。

7. 吴忠南干沟

吴忠南干沟自 2005 年开始，由吴忠市环境监测站负责进行水质监测。

2005 年，吴忠南干沟主要污染指标为生化需氧量、化学需氧量、氨氮、高锰酸盐指数和挥发酚，前 4 个超标率达 100%，挥发酚为 50%；超标倍数，生化需氧量为 12 倍，化学需氧量为 7.8 倍，挥发酚为 0.6 倍，年度综合污染指数为 25.6。

2006 年，吴忠南干沟主要污染指标为生化需氧量、化学需氧量、氨氮、挥发酚、高锰酸盐指数和溶解氧；超标率，生化需氧量、化学需氧量和氨氮均为 83.3%，挥发酚和高锰酸盐指数均为 66.7%，溶解氧 50%；超标倍数，前三个分别为 31 倍、21 倍和 9.3 倍，年度综合污染指数为 75.6。

2007 年，吴忠南干沟主要污染指标为生化需氧量、氨氮、化学需氧量、高锰酸盐指数、溶解氧和挥发酚；超标率，除挥发酚是 33.3% 外，其他 5 个均为 100%；超标倍数，氨氮为 37 倍，生化需氧量为 30 倍，化学需氧量为 23 倍，年度综合污染指数为 100。

2008 年，吴忠南干沟主要污染指标为生化需氧量、氨氮、化学需氧量、挥发酚和溶解氧；超标率，挥发酚 33.3%，其他 4 个均为 100%；超标倍数，氨氮为 24 倍，生化需氧量为 21 倍，化学需氧量为 9.5 倍，年度综合污染指数为 59.9。

2009 年，吴忠南干沟主要污染指标为生化需氧量、氨氮、化学需氧量、挥发酚和总磷；超标率，挥发酚和总磷均为 80%，其他 3 个均为 100%；超标倍数，化学需氧量为 19 倍，生化需氧量为 16 倍，氨氮为 3.5 倍，年度综合污染指数为 43.0。

2010 年，吴忠南干沟主要污染指标为生化需氧量、氨氮、化学需氧量、溶解氧、总磷和挥发酚；超标率，除挥发酚为 50% 外，其他 5 个均为 100%；超标倍数，化学需氧量为 15.5 倍，生化需氧量为 35.8 倍，氨氮为 51 倍。

"十一五"期末与"十五"期末相比，化学需氧量年均浓度上升 86.7%，"十一五"南干沟水质类别均为劣 V 类，未达到考核目标 V 类标准。

2011—2015 年，"十二五"期间，监测的 23 个指标中，吴忠南干沟主要污染指标为高锰酸盐指数、化学需氧量、氨氮、生化需氧量、挥发酚、总磷、氟化物、阴离子表面活性剂和硫化物，均存在超标现象。其中，2011 年 1 月有 3 个最大值、超标率，分别为：生化需氧量 618 毫克/升、50.0%，氟化物 4.16 毫克/升、1.7%，总磷 4.33 毫克/升、53.4%；2011 年 11 月有 3 个最大值、超标率，分别为：高锰酸盐指数 328 毫克/升、35.7%，化学需氧量 1152 毫克/升、50.0%，硫化物 4.83 毫克/升、1.8%；2012 年 2 月有 1 个最大值、超标率，为挥发酚 1.69 毫克/升、13.8%；2012 年 3 月有 1 个最大值、超标率，为阴离子表面活性剂 0.59 毫克/升、14.3%；2014 年 4 月有 1 个最大值、超标率，为氨氮 148 毫克/升、69.0%。最大超标倍数，2011 年 1 月为生化需氧量、氟化物、总磷，依次为

60.8 倍、9.8 倍、1.8 倍；2011 年 3 月为生化需氧量、氟化物、总磷，依次为 20.9 倍、27.8 倍、3.8 倍；2012 年 2 月为挥发酚，15.9 倍；2011 年 3 月为阴离子表面活性剂，1.0 倍；2014 年 4 月为氨氮，73.0 倍。

2015 年，南干沟水质为 V 类中度污染水质，主要污染指标为总磷、生化需氧量，年均浓度值分别为 0.36 毫克/升、6.4 毫克/升；与 2014 年相比，水质类别由劣 V 类提高为 V 类，水质有所好转。

2016 年，吴忠南干沟水质为劣 V 类重度污染水质，超标指标为总磷、生化需氧量、溶解氧、氨氮、高锰酸盐指数和化学需氧量；超标率，依次为 66.7%、25.0%、16.7%、16.7%、8.3%、8.3%；最大超标倍数，除溶解氧外依次为 4.6 倍、0.6 倍、0.3 倍、0.01 倍、0.03 倍；主要污染指标总磷浓度值为 0.421 毫克/升，超过考核目标地表水 IV 类水质标准的倍数为 0.40 倍。与上年相比，水质类别由 V 类降为劣 V 类，水质有所下降；主要指标总磷年均浓度上升了 17.9 个百分点。

2017 年，吴忠南干沟为 V 类中度污染水质，超标指标为总磷、化学需氧量、生化需氧量；超标率，依次为 25%、25%、8.3%；最大超标倍数，分别为 2.03 倍、0.20 倍和 1.17 倍；主要污染指标总磷浓度值为 0.31 毫克/升，超过考核目标地表水 IV 类水质标准的倍数为 0.03 倍。与上年相比，水质类别由劣 V 类提高为 V 类，水质有所好转，主要指标总磷监测浓度下降 26.4 个百分点。

2018 年，吴忠南干沟设置了两个监测断面，即青铜峡与利通区交界断面和入黄口断面。青铜峡与利通区交界断面水质为 IV 类轻度污染水质，入黄口断面水质为 IV 类轻度污染水质。与上年相比，水质类别由 V 类提高为 IV 类，水质有所好转。

2019 年，青铜峡—利通区交界断面水质为 III 类水质，与上年相比，水质有所好转。入黄口断面水质为 IV 类水质，与上年相比，水质无明显变化。

2020 年 12 月，青铜峡—利通区交界断面水质为 IV 类水质。入黄口断面水质为 IV 类水质。

8. 吴忠罗家河

2011 年，宁夏环境监测机构开始对吴忠罗家河进行水质监测，但结果未列入当年主要入黄排水沟水质监测结果统计。2012 年，吴忠罗家河水质监测结果被正式列入主要入黄排水沟水质监测结果统计。

2012 年，吴忠罗家河水质类别为 IV 类，监测的 21 个指标中，有 4 个指标，按 V 类水质评价超标。污染超标指标的超标率，由高到低为总磷、生化需氧量、化学需氧量和氨氮，超标率依次为 16.7%、8.3%、8.3%、8.3%；最大超标倍数，依次为 0.90 倍、0.80 倍、0.15 倍、0.53 倍；年度断面无主要污染指标。

2013 年，吴忠罗家河水质类别为劣 V 类，超标指标与 2012 年的相同，仍为氨氮、生化需氧量、总磷和化学需氧量，超标率依次为 25.0%、16.7%、16.7% 和 8.3%；最大超标倍数依次为 7.5 倍、0.9 倍、0.4 倍、0.1 倍；主要污染指标氨氮超标 0.5 倍，其他污染指标数据有效性不足，不做变化分析。

2014 年，吴忠罗家河水质类别为 IV 类，超标指标只有 2 个，为氨氮和总磷，超标率分别为 18.2% 和 9.1%，最大超标倍数分别为 1.0 倍和 0.7 倍。

2015 年，吴忠罗家河水质为 III 类良好水质，年度超标率为 0，最大超标倍数也为 0。与 2014 年相比，水质类别由 IV 提高为 III 类，水质有所好转。

2015 年，吴忠罗家河水质为 III 类良好水质，与 2014 年相比，水质类别由 IV 类提高为 III 类，水质有所好转。

2016 年，吴忠罗家河水质为 III 类良好水质，在监测结果所列 21 个指标中，氨氮年度超标率为 18.2%，最大超标倍数为 0.2 倍。与上年相比，水质类别无明显变化。

2017 年，吴忠罗家河水质（入黄口）水质为 III 类良好水质，在监测结果所列 21 个指标中，氨氮超标，超标率为 10%，最大超标倍数为 1.17 倍。水质类别符合考核目标地表水 IV 类标准要求。与上年相比，水质类别无明显变化。

2018年，吴忠罗家河（入黄口）水质为Ⅲ类良好水质。与上年相比，水质类别无明显变化。

2019年，吴忠罗家河（入黄口）水质为Ⅲ类水质。与上年相比，水质类别无明显变化。

2020年12月，吴忠罗家河（入黄口）水质为Ⅱ类水质。

9. 中卫第四排水沟

2011—2013年，中卫第四排水沟水质监测结果统计，在21个指标中，有效指标有6个；2014年和2015年的有效指标为7个，其余指标有效性不足，不做变化分析。

2011年，中卫第四排水沟水质类别为劣Ⅴ类，超标指标为化学需氧量、高锰酸盐指数、氨氮、生化需氧量、总磷和阴离子表面活性剂，平均值依次为55毫克/升、16.5毫克/升、6.225毫克/升、33.3毫克/升、0.65毫克/升和0.511毫克/升；超标率依次为50.0%、37.5%、37.5%、37.5%、37.5%和25.0%，最大超标倍数依次为3.5倍、2.5倍、11.1倍、14.4倍、2.6倍和6.9倍。主要污染指标为氨氮、化学需氧量和高锰酸盐指数。年度水质未达到考核目标地表水Ⅴ类水质标准要求。

2012年，中卫第四排水沟水质类别为劣Ⅴ类，超标指标为总磷、氨氮、生化需氧量、化学需氧量、阴离子表面活性剂和高锰酸盐指数，平均值依次为0.70毫克/升、8.20毫克/升、15.8毫克/升、53毫克/升、0.636毫克/升和9.7毫克/升；超标率依次为75.0%、66.7%、58.3%、50.0%、41.7%和33.3%；最大超标倍数依次为3.0倍、12.0倍、4.0倍、2.8倍、5.4倍和0.2倍。主要污染指标为氨氮、阴离子表面活性剂和总磷。年度水质未达到考核目标地表水Ⅴ类水质标准要求。

2013年，中卫第四排水沟水质类别为劣Ⅴ类，超标指标为总磷、溶解氧、化学需氧量、生化需氧量、高锰酸盐指数、氨氮、阴离子表面活性剂，平均值依次为1.108毫克/升、2.1毫克/升、45毫克/升、11.8毫克/升、13.9毫克/升、3.766毫克/升、0.263毫克/升；超标率依次为66.7%、58.3%、50.0%、50.0%、41.7%、41.7%、25.0%；最大超标倍数，除溶解氧外，其他分别为5.0倍、1.2倍、1.3倍、1.1倍、3.0倍、2.5倍。主要污染指标总磷、氨氮和生化需氧量。年度水质未达到考核目标地表水Ⅴ类水质标准要求。

2014年，中卫第四排水沟水质类别为劣Ⅴ类，超标指标为氨氮、溶解氧、总磷、高锰酸盐指数、化学需氧量、阴离子表面活性剂和生化需氧量，平均值依次为4.283毫克/升、2.5毫克/升、1.002毫克/升、10.6毫克/升、57毫克/升、0.320毫克/升、7.6毫克/升；超标率依次为66.7%、66.7%、50.0%、33.3%、33.3%、33.3%、16.7%；最大超标倍数依次为4.2倍、3.2倍、8.6倍、0.3倍、2.6倍、2.6倍、0.6倍。主要污染指标总磷、氨氮和化学需氧量，超标倍数分别为1.5倍、1.1倍和0.4倍。年度水质未达到考核目标地表水Ⅴ类水质标准要求。

2015年，中卫第四排水沟水质类别为劣Ⅴ类，超标指标为氨氮、化学需氧量、总磷、生化需氧量、溶解氧、阴离子表面活性剂和高锰酸盐指数，平均值依次为4.53毫克/升、50.7毫克/升、0.458毫克/升、14.7毫克/升、1.9毫克/升、0.603毫克/升和8.2毫克/升；超标率依次为100%、75.0%、75.0%、58.3%、50.0%、33.3%和8.3%；最大超标倍数依次为1.8倍、2.5倍、0.7倍、3.4倍、7.3倍、3.6倍和0.2倍。主要污染指标氨氮、阴离子表面活性剂和生化需氧量，超标倍数分别为1.3倍、1.0倍、0.5倍。年度水质未达到考核目标地表水Ⅴ类水质标准要求。

2016年，中卫第四排水沟水质类别为劣Ⅴ类，超标指标为氨氮、化学需氧量、生化需氧量、高锰酸盐指数和挥发酚，平均值依次为11.0毫克/升、41毫克/升、9.7毫克/升、6.4毫克/升和0.0046毫克/升；超标率依次为100%、36.4%、36.4%、18.2%和18.2%；最大超标倍数依次为15.2倍、3.5倍、3.6倍、0.3倍和0.2倍。主要污染指标氨氮、总磷和生化需氧量，超过地表水Ⅳ类水质标准的倍数分别为6.33倍、1.87倍和0.62倍。年度水质未达到考核目标地表水Ⅳ类水质标准要求。

2017年，中卫第四排水沟水质类别为劣Ⅴ类，超标指标为氨氮、生化需氧量和化学需氧量，平均值依次为4.4毫克/升、4.4毫克/升和22毫克/升；超标率依次为50.0%、8.3%和8.3%；最大超标倍数依次为7.45倍、0.62倍和0.54倍。主要污染指标为氨氮，超过地表水Ⅳ类水质标准的

1.94倍，与上年相比，水质类别无明显变化，主要污染指标氨氮监测浓度下降59.9个百分点。年度水质类别未达到考核目标地表水Ⅳ类水质标准要求。

2018年，中卫第四排水沟（与原七排交汇处）水质为Ⅳ类轻度污染水质。与上年相比，水质类别由劣Ⅴ类提高为Ⅳ类，水质明显好转。

2019年，中卫第四排水沟（与原七排交汇处）水质为Ⅲ类水质。与上年相比，水质明显好转。

2020年12月，中卫第四排水沟（与原七排交汇处）水质为Ⅳ类水质。

10. 中卫第一排水沟

从2012年开始，中卫环境监测站对中卫第一排水沟进行水质监测结果统计。

2012—2015年，中卫第一排水沟水质类别为Ⅲ类，水质为良好水质，无超标现象，故不做变化分析。

2016年，中卫第一排水沟水质类别为Ⅲ类，水质为良好水质，与上年相比，水质类别无明显变化。

2017年，中卫第一排水沟水质类别为Ⅲ类，水质为良好水质，符合考核目标地表水Ⅲ类标准要求。与上年相比，水质类别无明显变化。

2018年，中卫第一排水沟（入黄口断面）水质为Ⅱ类优水质。与上年相比，水质类别由Ⅲ类提高为Ⅱ类，水质有所好转。

2019年，中卫第一排水沟（入黄口断面）水质为Ⅱ类优水质。与上年相比，水质类别无明显变化。

2020年12月，中卫第一排水沟（入黄口断面）水质类别为Ⅳ类。

11. 中宁北河子沟

2016年，中卫环境监测站开始监测中宁北河子沟水质，2016年1月纳入常规评价。

2016年，中宁北河子沟水质为劣Ⅴ类水质，超标指标为总磷、氨氮、化学需氧量、生化需氧量、溶解氧、高锰酸盐指数、镉和阴离子表面活性剂，平均浓度值依次为0.94毫克/升、8.79毫克/升、30毫克/升、5.0毫克/升、5.92毫克/升、5.7毫克/升、0.0011毫克/升和0.110毫克/升；超标率，依次为90.9％、81.8％、36.4％、27.3％、18.2％、9.1％、9.1％和9.1％；最大超标倍数，除溶解氧外，分别为6.6倍、16.1倍、1.2倍、1.1倍、0.02倍、0.6倍和0.4倍。主要污染指标总磷、氨氮浓度值分别为0.936毫克/升、8.79毫克/升，超过地表水Ⅳ类水质标准的倍数依次为2.12倍、4.86倍。

2017年，中宁北河子沟水质为劣Ⅴ类水质，超标指标为氨氮、化学需氧量、生化需氧量、高锰酸盐指数、总磷和阴离子表面活性剂，平均浓度值依次为14.74毫克/升、29毫克/升、4.8毫克/升、5.5毫克/升、0.19毫克/升和0.119毫克/升；超标率依次为66.7％、33.3％、16.7％、8.3％和8.3％和8.3％；最大超标倍数分别为28.5倍、1.45倍、1.47倍、0.28倍、0.17倍和0.47倍。主要污染指标氨氮浓度值为14.74毫克/升，超过考核目标地表水Ⅳ类水质标准的倍数为8.83倍；与上年相比，水质类别无明显变化，主要指标氨氮监测浓度上升67.7个百分点。

2018年，中宁北河子沟（入黄口断面）水质为Ⅳ轻度污染水质。与上年相比，水质类别由劣Ⅴ类提高为Ⅳ类，水质明显好转。

2019年，中宁北河子沟（入黄口断面）水质为Ⅲ类水质。与上年相比，水质类别由Ⅳ类提高为Ⅲ类，水质明显好转。

2020年12月，中宁北河子沟（入黄口断面）水质为Ⅱ类水质。

12. 银川中干沟

银川中干沟成为2012年新增加的监测干沟（断面）。

2012年，由于银川中干沟的有效数据不足，不参与评价。

2013年，银川中干沟水质类别为劣Ⅴ类，超标指标为氨氮、总磷、化学需氧量、生化需氧量、高锰酸盐指数和阴离子表面活性剂，平均浓度值依次为5.677毫克/升、2.334毫克/升、140毫克/升、35.7毫克/升、39.9毫克/升和0.259毫克/升；超标率依次为91.7％、83.3％、75.0％、75.0％、66.7％和41.7％；最大超标倍数分别为6.5倍、14.7倍、6.4倍、7.9倍、5.7倍和1.2倍。主要污染指标总磷、生化需氧量、化学需氧量，超标倍数分别为4.8倍、2.6倍、2.5倍。

2014 年，银川中干沟水质类别为劣 V 类，超标指标为氨氮、化学需氧量、生化需氧量、高锰酸盐指数、溶解氧、总磷和阴离子表面活性剂，超标率依次为 100%、91.7%、91.7%、91.7%、66.7%、58.3%和 58.3%，最大超标倍数分别为 4.0 倍、3.2 倍、4.5 倍、3.0 倍、5.7 倍、1.6 倍和 0.9 倍；主要污染指标生化需氧量、化学需氧量和氨氮，超标倍数分别是 2.0 倍、1.9 倍和 1.8 倍。

2015 年，银川中干沟水质为劣 V 类重度污染水质，超标指标为高锰酸盐指数、化学需氧量、生化需氧量、氨氮、溶解氧和总磷，平均浓度值依次为 22.9 毫克/升、81 毫克/升、22.1 毫克/升、3.802 毫克/升、3.4 毫克/升和 0.337 毫克/升；超标率依次为 75.0%、66.7%、66.7%、50.0%、33.3%和 33.3%；最大超标倍数，除溶解氧外，其他分别为 1.6 倍、3.0 倍、3.2 倍、2.6 倍和 0.7 倍；主要污染指标生化需氧量、化学需氧量和氨氮，浓度值分别为 22.1 毫克/升、81 毫克/升和 3.802 毫克/升，超过考核目标地表水 V 类水质标准的倍数依次为 1.2 倍、1.0 倍和 0.9 倍；与上年相比，水质类别无明显变化，主要污染指标生化需氧量、化学需氧量和氨氮年均浓度值分别下降 25.8、31.4 和 32.3 个百分点。

2016 年，银川中干沟水质为劣 V 类水质，超过考核目标地表水 Ⅳ 类水质标准的指标为氨氮、化学需氧量、高锰酸盐指数、生化需氧量和氰化物，平均浓度值依次为 4.90 毫克/升、63 毫克/升、19.3 毫克/升、19.0 毫克/升和 73 毫克/升；超标率依次为 90.0%、90.9%、90.9%、81.8%和 18.2%；最大超标倍数分别为 6.5 倍、2.6 倍、2.2 倍、4.3 倍和 0.2 倍。主要污染指标氨氮、生化需氧量和化学需氧量浓度值分别为 4.90 毫克/升、19.0 毫克/升、63 毫克/升，超标倍数分别为 2.26 倍、2.16 倍、1.10 倍。与上年相比，氨氮年均浓度上升 28.9 个百分点，生化需氧量和化学需氧量年均浓度分别下降 14.0 个百分点、22.2 个百分点。

2017 年，银川中干沟（入黄口）水质为劣 V 类水质，超过考核目标地表水 Ⅳ 类水质标准的指标为氨氮、溶解氧、生化需氧量、总磷、化学需氧量、高锰酸盐指数和阴离子表面活性剂，平均浓度值依次为 7.20 毫克/升、1.26 毫克/升、19.2 毫克/升、1.09 毫克/升、62 毫克/升、16.7 毫克/升和 0.311 毫克/升；超标率依次为 100%、83.3%、75.0%、75.0%、66.7%、58.3%和 50.0%；最大超标倍数，除溶解氧外，其他指标分别为 8.80 倍、5.78 倍、9.20 倍、2.57 倍、2.76 倍和 1.37 倍。主要污染指标为氨氮、总磷和生化需氧量，浓度值分别为 7.20 毫克/升、1.09 毫克/升、19.2 毫克/升，超过考核目标地表水 Ⅳ 类水质标准的倍数依次为 3.80 倍、2.64 倍、2.20 倍；与上年相比，水质类别无明显变化，以上 3 项指标监测浓度分别上升 46.8 个百分点、114 个百分点和 1.1 个百分点。

2018 年，银川中干沟（入黄口）水质为劣 V 类重度污染水质。影响水质类别的主要指标为氨氮、总磷和化学需氧量，浓度值分别为 5.68 毫克/升、0.634 毫克/升、41.1 毫克/升，超过考核目标地表水 Ⅳ 类水质标准的倍数依次为 2.87 倍、1.11 倍、0.37 倍。与上年相比，水质类别无明显变化；主要指标氨氮、总磷、化学需氧量监测浓度分别下降 21.1 个百分点、42.0 个百分点和 33.2 个百分点。

2019 年，银川中干沟（入滨河湿地水系前）水质为劣 V 类重度污染水质。与上年相比，水质类别无明显变化。

2020 年 12 月，银川中干沟（入滨河湿地水系前）水质为 Ⅲ 类水质。

13. 银川永二干沟

银川永二干沟为 2011 年新增加水质监测的排水沟，由于有效数据不足，不参加 2011 年水质评价。

2012 年，银川永二干沟水质为劣 V 类重度污染水质，超过考核目标地表水 V 类水质标准的指标为化学需氧量、氨氮、生化需氧量、总磷、高锰酸盐指数和阴离子表面活性剂，平均浓度值依次为 139 毫克/升、14.5 毫克/升、29.2 毫克/升、0.84 毫克/升、27.3 毫克/升和 0.142 毫克/升；超标率依次为 100%、100%、100%、75.0%、66.7%和 16.7%；最大超标倍数分别为 8.8 倍、13.6 倍、5.2 倍、6.1 倍、3.3 倍和 0.2 倍。主要污染指标氨氮、化学需氧量和生化需氧量，超标倍数依次为 6.2 倍、2.5 倍和 1.9 倍。

2013 年，银川永二干沟水质为劣 V 类重度污染水质，超过考核目标地表水 V 类水质标准的指标为氨氮、化学需氧量、生化需氧量、高锰酸盐指数、总磷和阴离子表面活性剂，平均浓度值依次为16.065 毫克/升、155 毫克/升、34.3 毫克/升、36.8 毫克/升、0.941 毫克/升和 0.193 毫克/升；超标率依次为 91.7％、75.0％、66.7％、58.3％、50.0％和 33.3％；最大超标倍数分别为 27.7 倍、11.2 倍、11.7 倍、8.1 倍、6.7 倍和 0.8 倍。主要污染指标氨氮、化学需氧量、生化需氧量，超标倍数依次为 7.0 倍、2.9 倍、2.4 倍。

2014 年，银川永二干沟水质为劣 V 类重度污染水质，超过考核目标地表水 V 类水质标准的指标为氨氮、生化需氧量、总磷、化学需氧量、高锰酸盐指数和阴离子表面活性剂、平均浓度值依次为5.470 毫克/升、10.1 毫克/升、0.335 毫克/升、45 毫克/升、11.1 毫克/升和 0.123 毫克/升；超标率依次为 83.3％、33.3％、33.3％、25.0％、16.7％和 8.3％；最大超标倍数分别为 5.3 倍、1.3倍、1.6 倍、0.6 倍、0.4 倍和 0.04 倍。主要污染指标氨氮、化学需氧量、生化需氧量超标倍数依次为 1.7 倍、0.1 倍、0.01 倍。

2015 年，银川永二干沟水质为劣 V 类重度污染水质，超过考核目标地表水 V 类水质标准的指标为氨氮、化学需氧量、生化需氧量、总磷、高锰酸盐指数和阴离子表面活性剂，平均浓度值依次为10.0 毫克/升、49.3 毫克/升、12.2 毫克/升、0.657 毫克/升、14.2 毫克/升和 0.245 毫克/升，超标率依次为 100％、63.6％、63.6％、54.5％、45.5％和 27.3％；最大超标倍数分别为 14.0 倍、0.9倍、0.9 倍、3.8 倍、0.5 倍和 1.4 倍。主要污染指标氨氮、总磷、化学需氧量的超标倍数依次为 4.0倍、0.6 倍、0.2 倍。与上年相比，水质类别无明显变化，上述 3 个主要污染指标年均浓度分别上升82.8 个百分点、96.1 个百分点和 8.9 个百分点。

2016 年，银川永二干沟水质为劣 V 类重度污染水质，超过考核目标地表水 Ⅳ 类水质标准的污染指标为化学需氧量、总磷、氨氮、生化需氧量、高锰酸盐指数、溶解氧和阴离子表面活性剂，平均浓度值依次为 67 毫克/升、1.09 毫克/升、19.3 毫克/升、18.8 毫克/升、18.3 毫克/升、5.81 毫克/升和 0.152毫克/升，超标率依次为 90％、90％、80.0％、70.0％、70.0％、30.0％、20.0％；最大超标倍数，除溶解氧外依次为 3.9 倍、10.0 倍、33.8 倍、7.6 倍、3.0 倍、0.1 倍。主要污染指标氨氮、总磷、生化需氧量，超标倍数依次为 11.9 倍、2.63 倍、2.13 倍。与上年相比，水质类别无明显变化；主要指标氨氮、生化需氧量和总磷年均浓度分别上升 93.0 个百分点、54.1 个百分点和 65.2 个百分点。

2017 年，银川永二干沟（入黄口）水质为劣 V 类重度污染水质。超过考核目标地表水 Ⅳ 类水质标准的主要污染指标为氨氮、化学需氧量、高锰酸盐指数、总磷、生化需氧量、阴离子表面活性剂、溶解氧、挥发酚，平均浓度值依次为 10.7 毫克/升、73 毫克/升、18.2 毫克/升、0.84 毫克/升、18.0 毫克/升、0.286 毫克/升、4.40 毫克/升、0.0041 毫克/升，超标率依次为 100％、91.7％、75.0％、75.0％、58.3％、41.7％、16.7％、8.3％；最大超标倍数，除溶解氧外依次为 15.00 倍、3.23 倍、2.44 倍、6.03 倍、6.55 倍、1.60 倍、0.67 倍。主要污染指标氨氮、生化需氧量、总磷超过考核目标地表水 Ⅳ 类水质标准的倍数分别为 6.11 倍、2.00 倍、1.80 倍；与上年相比，水质类别无明显变化，以上 3 项指标监测浓度分别下降 44.8 个百分点、4.3 个百分点和 22.9 个百分点。

2018 年，银川永二干沟（入黄口断面）水质为劣 V 类重度污染水质。主要污染指标为氨氮、化学需氧量和总磷，浓度值分别为 3.77 毫克/升、53.3 毫克/升和 0.486 毫克/升，超过考核目标地表水 Ⅳ 类水质标准的倍数依次为 1.51 倍、0.78 倍和 0.62 倍。与上年相比，三项指标分别下降 64.6 个百分点、27.4 个百分点和 42.1 个百分点。

2019 年，银川永二干沟永宁县与兴庆区交界处水质为 Ⅳ 类水质。入滨河湿地水系前为 V 类水质。

2020 年 12 月，银川永二干沟永宁县与兴庆区交界处水质为 Ⅲ 类水质。入滨河湿地水系前为 Ⅲ 类水质。

14. 银川市第二排水沟

银川市第二排水沟是 2016 年新增加的水质监测排水沟。

2016 年，银川市第二排水沟水质为劣Ⅴ类重度污染水质，超过考核目标地表水Ⅳ类水质标准的主要污染指标为氨氮、生化需氧量、高锰酸盐指数、化学需氧量、氰化物、溶解氧和挥发酚，平均浓度值依次为 7.33 毫克/升、10.1 毫克/升、9.1 毫克/升、35 毫克/升、0.177 毫克/升、4.74 毫克/升和0.0021 毫克/升；超标率依次为 100%、63.6%、27.3%、27.3%、27.3%、9.1%和 9.1%；最大超标倍数，除溶解氧外，依次为 9.9 倍、3.4 倍、0.7 倍、1.4 倍、0.1 倍、0.3 倍。主要污染指标氨氮、总磷和生化需氧量，超过考核目标地表水Ⅳ类水质标准的倍数分别为 3.88 倍、1.56 倍和 0.68 倍。

2017 年，银川市第二排水沟水质为劣Ⅴ类重度污染水质，超过考核目标地表水Ⅳ类水质标准的主要污染指标为氨氮、总磷、生化需氧量、化学需氧量、高锰酸盐指数、阴离子表面活性剂和溶解氧，平均浓度值依次为 8.22 毫克/升、0.87 毫克/升、8.1 毫克/升、31 毫克/升、9.6 毫克/升、0.351 毫克/升和 3.87 毫克/升；超标率依次为 100%、92%、58.3%、58.3%、58.3%、50.0%和33.3%；最大超标倍数，除溶解氧外依次为 7.47 倍、4.93 倍、1.33 倍、0.43 倍、1.28 倍、1.83倍。主要污染指标氨氮、总磷和生化需氧量，超过地表水Ⅳ类水质标准的倍数分别为 4.48 倍、1.90倍和 0.35 倍；与上年相比，水质类别无明显变化，以上 3 项指标监测浓度分别上升 12.2 个百分点、13.4 个百分点，生化需氧量下降 19.8 个百分点。

2018 年，银川市第二排水沟（入黄口断面）水质为劣Ⅴ类重度污染水质。影响水质类别的主要指标为总磷和氨氮，浓度值分别为 0.848 毫克/升和 2.32 毫克/升，超过考核目标地表水Ⅳ类标准的倍数依次为 1.83 倍和 0.55 倍。与上年相比，水质类别无明显变化；主要指标氨氮、总磷，监测浓度分别下降 71.8 个百分点、2.6 个百分点。

2019 年，银川市第二排水沟兴庆区与贺兰县交界处水质为Ⅲ类水质。入滨河水系前为Ⅲ类水质，与上年相比，水质类别明显好转。

2020 年 12 月，银川市第二排水沟兴庆区与贺兰县交界处水质为Ⅳ类水质。入滨河水系前为Ⅳ类水质。

（三）农村水环境质量

2005—2006 年，宁夏对放心食品"菜篮子"种植基地灌溉用水（地表水）进行监测。2009—2010 年，对"以奖促治"综合整治试点示范村庄地表水与地下水进行监测。监测结果见表 19‐1‐7、表 19‐1‐8。

表 19‐1‐7　2005—2006 年宁夏农村地表水监测结果

单位：毫克/升

序号	监测指标	2005—2006 年种植基地	2005—2006 年污水灌溉区	2009—2010 年农村环境质量监测
1	pH（无量纲）	7.49～8.18	7.66～8.58	7.10～8.82
2	溶解氧	—	—	3.55～8.40
3	化学需氧量（高锰酸盐指数）	8.49～69.0（化学需氧量）	13.3～235（化学需氧量）	1.25～7.85（高锰酸盐指数）
4	五日生化需氧量	1～8.87	9.12～30.0	1～3.73
5	氨氮	—	—	0.086—1.2
6	挥发酚	—	—	0.002—0.004
7	石油类	—	—	0.01—0.066
8	汞	0.00049～0.00001	—	0.00002～0.00009
9	砷	0.001～0.004	0.004～0.022	0.0005～0.007
10	铜	—	—	0.006—0.0005
11	锌	—	—	0.004～0.047
12	氟化物	—	—	0.20～2.78

（续）

序号	监测指标	2005—2006 年种植基地	2005—2006 年污水灌溉区	2009—2010 年农村环境质量监测
13	硒	—	—	0.000005～0.00025
14	铅	0.0006～0.004	0.002～0.004	0.009～0.02
15	铬（六价）	0.002～0.014	0.002	0.002～0.035
16	氰化物	—	—	0.001～0.004
17	阴离子表面活性剂	—	—	0.02～0.07
18	硫化物	0.010	0.010～0.018	0.0025～0.02
19	总磷	—	—	0.034～0.317
20	总氮	—	—	0.415～2.40
21	粪大肠菌群（个/升）	—	—	20～350000
22	镉	0.00002～0.002	0.001～0.002	0.0001～0.001
23	氯化物	61.0～340	96.8～98.6	—

表 19-1-8　2009—2010 年宁夏农村地下水监测结果

单位：毫克/升

序号	监测指标	监测结果	序号	监测指标	监测结果
1	pH	7.38～8.76	15	汞	0.00001～0.00009
2	总硬度	175～1096	16	砷	0.00001～0.002
3	硫酸盐	39.4～639	17	镉	0.0001～0.002
4	氯化物	28.2～187	18	六价铬	0.004～0.040
5	高锰酸盐指数	0.25～2.75	19	铅	0.009～0.010
6	氨氮	0.013～0.961	20	硒	0.0005～0.001
7	氟化物	0.220～0.990	21	硝酸盐（以 N 计）	0.020～7.83
8	总大肠菌群（个/升）	3	22	亚硝酸盐	0.001～0.016
9	铁	0.013～0.762	23	阴离子合成洗涤剂	0.025
10	锰	0.002～0.134	24	硫酸盐（以 SO_4^{2-} 计）	39.4～639
11	铜	0.001～0.008	25	氯化物（以 Cl^- 计）	28.2～187
12	锌	0.005～0.040		铁	0.013～0.762
13	挥发酚	0.001～0.002	27	锰	0.002～0.134
14	氰化物	0.001～0.002			

　　监测结果表明，"十一五"时期，宁夏农村水环境质量总体保持良好。村庄集中水源地中，部分水源地总硬度、硫酸盐等略有超标。银川市永宁县杨和乡纳家户村、兴庆区掌政镇茂盛村和吴忠市孙家滩吊庄村地下水水源地氨略有超标，其他监测指标全部达标，基本能保障农村饮用水安全。各村庄地表水监测断面水质均为Ⅰ～Ⅳ类水质，能够满足农田灌溉的要求。

　　"十二五"期间，宁夏累计有 85 个村庄开展饮用水源地水质监测，其中地下水型水源地村庄有 74 个，地表水型水源地村庄有 10 个，1 个村庄既有地下水型水源地又有地表水型水源地。75 个地下水型水源地村庄中，有 33 个村庄水源地水质达到《地下水质量标准》（GB/T 14848—1993）Ⅲ类标准，占 44.0%；27 个村庄水源地水质达到Ⅳ类水质，占 36.0%；15 个村庄水源地水质达到Ⅴ类水质，占 20.0%。有 42 个村庄水源地水质受水文地质因素影响，总硬度、硫酸盐、氯化物、氟化物、铁、锰等指标超标（超过Ⅲ类标准）；有 11 个村庄水源地水质的氨氮指标超标，其余村庄地下水水源地水质达标（Ⅲ类水质）。按照《地表水环境质量标准》（GB 838—2002）评价，11 个地表水型水源地中，有 6 个水源地水质达到Ⅲ类标准，占比为 54.5%，Ⅳ类水质有 3 个，占比为 27.3%，Ⅴ类水质有 2 个，占比为 18.2%，主要超标指标为高锰酸盐指数和总氮。

"十二五"期间，开展地表水监测的 85 个村庄共布设河流（湖库）监测断面（点位）62 个。其中，水质达到或优于地表水环境质量Ⅲ类标准的断面（点位）有 35 个，占比为 56.4%；达到Ⅳ类标准的断面（点位）有 18 个，占比为 29.0%；达到Ⅴ类标准的断面（点位）有 6 个，占比为 9.7%；劣于Ⅴ类标准的断面（点位）有 3 个，占比为 4.8%。各试点村庄周边地表水水质能够满足农业用水标准要求的Ⅱ~Ⅴ类水质水体占比为 95.2%。按照行政区域划分，银川市、石嘴山市、吴忠市、中卫市辖区试点村庄周边 100% 的地表水体水质能够满足农业用水要求。固原市试点村庄周边 76.9% 的地表水体水质能够满足农业用水要求。

2016—2018 年，宁夏对试点村庄地表水、饮用水源地进行监测。2016 年，对全区 5 个地级市 27 个试点村庄周边县域地表水进行监测，共布设河流（湖库）监测断面（点位）22 个，累计上报监测数据 2184 个。根据试点村庄周边地表水体监测情况，水质达到或优于地表水环境质量Ⅲ类标准的断面（点位）有 14 个，占比为 63.5%；达到Ⅳ类标准的断面（点位）有 1 个，占比为 4.5%；达到Ⅴ类标准的断面（点位）有 2 个，占比为 9.2%；劣于Ⅴ类水质的断面（点位）有 5 个，占比为 22.8%，劣Ⅴ类水体分别为石嘴山平罗县沙湖、吴忠市同心县清水河、固原市西吉县夏寨水库、党家岔堰塞湖和隆德县渝河联财断面。各断面主要超标因子为化学需氧量、高锰酸盐指数、五日生化需氧量、氨氮、氟化物（表 19-1-9）。

表 19-1-9 2016 年全区试点监测村庄县域地表水监测结果

所属市	县（区）	断面名称	水质类别	主要超标因子（超标倍数）
银川市	贺兰县	汉延渠	Ⅲ	—
		黄河大桥	Ⅲ	—
石嘴山市	平罗县	平罗黄河大桥	Ⅲ	—
		麻黄沟黄河出境	Ⅲ	—
		沙湖	劣Ⅴ	化学需氧量（1.2），高锰酸盐指数（0.3）总磷（0.7）
吴忠市	红寺堡	鲁家窑水库	Ⅲ	—
	盐池县	刘家沟水库	Ⅲ	—
	同心县	清水河	劣Ⅴ	化学需氧量（4.1），五日生化需氧量（4.1），氨氮（0.6）
固原市	西吉县	夏寨水库	劣Ⅴ	化学需氧量（11.2），五日生化需氧量（23.6），高锰酸盐指数（7.3），氨氮（14.8），总磷（18.8）
		葫芦河玉桥断面	Ⅳ	氨氮（0.2）
		下坪水库	Ⅲ	—
		党家岔堰塞湖	劣Ⅴ	化学需氧量（3.4），五日生化需氧量（6.7），高锰酸盐指数（0.3）
		渝河峰台断面	Ⅲ	—
	隆德县	三里店水库	Ⅴ	化学需氧量（0.4），高锰酸盐指数（0.2）五日生化需氧量（1.0）
		渝河联财断面	劣Ⅴ	氨氮（1.4）
		桃山水库	Ⅱ	—
		乃河水库	Ⅱ	—
	彭阳县	茹河沟圈断面	Ⅲ	—
		石头崾岘水库	Ⅴ	化学需氧量（0.1），五日生化需氧量（0.6）
		龙潭水库	Ⅱ	—
	泾源县	泾河弹筝峡断面	Ⅱ	—
		西峡水库	Ⅱ	—

2017年，对银川市贺兰县境内黄河、汉延渠，石嘴山市平罗县境内黄河、沙湖，吴忠市红寺堡区鲁家窑水库等试点监测村庄周边地表水体进行监测，共布设河流（湖库）监测断面（点位）22个，监测指标24项，累计上报监测数据2110个，评价标准执行《地表水环境质量标准》（GB 3838—2002）Ⅲ类标准。试点村庄周边地表水监测中水质达到或优于地表水环境质量Ⅲ类标准的断面（点位）有15个，占比为68.2%；达到Ⅳ类标准的断面（点位）有2个，占比为9.1%；达到劣Ⅴ类水质的断面（点位）有4个，占比为18.2%。劣Ⅴ类水质的水体分别为石嘴山平罗县沙湖、吴忠市同心县清水河、固原市西吉县夏寨水库、党家岔堰塞湖。各断面主要超标指标为氟化物、化学需氧量、高锰酸盐指数、五日生化需氧量、石油类、氨氮和总磷等（表19-1-10）。

表19-1-10　2017年全区试点监测村庄县域地表水监测结果

所属市	县（区）	断面名称	水质类别	主要超标因子（超标倍数）
银川市	贺兰县	汉延渠	Ⅲ	—
		黄河大桥	Ⅲ	—
石嘴山市	平罗县	平罗黄河大桥	Ⅲ	—
		麻黄沟黄河出境断面	Ⅲ	—
		沙湖	劣Ⅴ	化学需氧量（1.00），氟化物（1.00），高锰酸盐指数（0.3）
吴忠市	红寺堡	鲁家窑水库	Ⅲ	—
	盐池县	刘家沟水库	Ⅲ	—
	同心县	清水河	劣Ⅴ	化学需氧量（3.35），五日生化需氧量（1.90），石油类（1.60）
固原市	西吉县	夏寨水库	劣Ⅴ	五日生化需氧量（28.0），氨氮（23.7），化学需氧量（14.75），高锰酸盐指数（8.15），石油类（0.40），总磷（0.30）
		葫芦河玉桥断面	Ⅲ	—
		下坪水库	Ⅲ	氟化物（0.22）
		党家岔堰塞湖	劣Ⅴ	化学需氧量（3.4），五日生化需氧量（6.7），高锰酸盐指数（0.3）
	隆德县	渝河峰台断面	Ⅲ	—
		三里店水库	水库干涸未监测	
		渝河联财断面	Ⅲ	—
		桃山水库	Ⅲ	—
	彭阳县	乃河水库	Ⅲ	—
		茹河沟圈断面	Ⅳ	氨氮（0.48），化学需氧量（0.40），氟化物（0.05）
		石头崾蚬水库	Ⅳ	氟化物（0.63）
		龙潭水库	Ⅲ	—
	泾源县	泾河弹筝峡断面	Ⅲ	—
		西峡水库	Ⅲ	—

2016年，宁夏对全区5个地级市30个试点村庄共31个饮用水水源地进行监测，累计上报监测数据2532个。其中，23个村庄饮用水源为地下饮用水源，评价标准执行《地下水质量标准》（GB/T 14848—1993）Ⅲ类标准。7个村庄饮用水源为地表水（湖库）型饮用水源，评价标准执行《地表水质量标准》（GB 3838—2002）Ⅲ类标准。1个村庄既有地下饮用水源又有地表饮用水源。30个试点村庄的饮用水水源地水质达标比例为58.1%。其中，地表水饮用水水源地达标率为100%，地下水饮用水源地达标率为56.5%（表19-1-11）。

表 19 - 1 - 11　2016 年全区试点村庄饮用水源监测结果

城市	县（区）	村庄名称	水源类型	水质类别	主要超标因子（超标倍数）
银川市	贺兰县	金贵村	地下水	劣 V	总硬度（0.01）
		兰光村	地下水	IV	总硬度（0.01），氨氮（1.5）
		雄英村	地下水	IV	总硬度（0.06）
石嘴山市	平罗县	高路村	地下水	V	氨氮（5.7）
		头闸村	地下水	II	—
		东园村	地下水	III	—
吴忠市	红寺堡	东源村	地下水	IV	氯化物（0.2），总硬度（0.03）
		红源村	地下水	IV	氯化物（0.2），总硬度（0.03）
		中圈塘村	地下水	IV	氯化物（0.2），总硬度（0.03）
	同心县	沟南村	地下水	III	—
		丁塘村	地下水	III	—
		城北村	地下水	III	—
	盐池县	佟记圈村	地表水（水库型）	III	—
		皖记沟村	地表水（水库型）	III	—
		宝塔村	地表水（水库型）	III	—
固原市	隆德县	光联村	地表水（水库型）	劣 V	
		光联村	地下水	III	
		杨家店村	地表水（水库型）	III	
		大庄村	地下水	劣 V	
		车路湾村	地下水	劣 V	硫酸盐（0.3），总硬度（0.4）
	西吉县	小川村	地下水	II	—
		万崖村	地下水	劣 V	硫酸盐（0.9），总硬度（0.3）
		海口村	地下水	IV	硫酸盐（0.05）
	彭阳县	沟圈村	地下水	II	
		韩堡村	地下水	III	
	泾源县	红旗村	地表水（河流型）	II	
		龙潭村	地表水（河流型）	III	
		大庄村	地表水（河流型）	II	
中卫市	海原县	王井新村	地下水	II	—
		高台村	地下水	II	—
		西安小河村	地下水	II	—

　　2017 年，宁夏对全区 5 个地级市 30 个试点村庄共 31 个饮用水源地进行监测，累计上报监测数据 3071 个。其中，23 个村庄饮用水源为地下饮用水源，7 个村庄饮用水源地为地表水（湖库）型饮用水源，隆德县光联村既有地下饮用水源又有地表饮用水源。30 个试点村庄的饮用水源地水质达标比例为 54.8%，其中地表水饮用水水源地达标率为 100%，地下水饮用水源地达标率为 39.1%。受地质因素影响，地下水饮用水源地主要超标指标为总硬度、硫酸盐、锰等；其他超标指标为氨氮、氯化物、氟化物、高锰酸盐指数、阴离子合成洗涤剂和硝酸盐氮等。氨氧超标出现在引黄灌溉区和银川市贺兰县和石嘴山市平罗县（表 19 - 1 - 12）。

表 19 - 1 - 12　2017 年全区试点村庄饮用水源监测结果

城市	县（区）	村庄名称	水源类型	水质类别	主要超标因子（超标倍数）
银川市	贺兰县	金贵村	地下水	V	氨氮（2.90），总硬度（0.11）
		兰光村	地下水	V	氨氮（1.5），总硬度（0.01）锰（1.06），硫酸盐（0.06）
		雄英村	地下水	V	氨氮（2.90），总硬度（0.11）
石嘴山市	平罗县	高路村	地下水	V	氨氮（5.0）
		头闸村	地下水	II	高锰酸盐指数（8.15）
		东园村	地下水	III	—
吴忠市	红寺堡	东源村	地下水	IV	总硬度（0.03），氟化物（0.1）
		红源村	地下水	IV	总硬度（0.03），氟化物（0.1）
		中圈塘村	地下水	IV	总硬度（0.03），氟化物（0.1）
	同心县	沟南村	地下水	III	—
		丁塘村	地下水	III	—
		城北村	地下水	III	—
	盐池县	佟记圈村	地表水	III	—
		皖记沟村	地表水	III	—
		宝塔村	地表水	III	—
固原市	隆德县	光联村	地表水	II	—
		光联村	地下水	III	—
		杨家店村	地表水	III	—
		大庄村	地下水	III	—
		车路湾村	地下水	V	硫酸盐（0.38），总硬度（0.22）
	西吉县	小川村	地下水	II	—
		万崖村	地下水	V	硫酸盐（0.54），总硬度（0.27）
		海口村	地下水	IV	硫酸盐（0.05）
	彭阳县	沟圈村	地下水	II	—
		韩堡村	地下水	II	—
		红旗村	地表水	II	—
	泾源县	龙潭村	地表水	III	—
		大庄村	地表水	II	—
中卫市	海原县	王井新村	地下水	II	阴离子合成洗涤剂（2.67）
		高台村	地下水	II	阴离子合成洗涤剂（1.67），硫酸盐（0.14），总硬度（0.01）
		西安小河村	地下水	II	阴离子合成洗涤剂（1.67），硫酸盐（0.14），总硬度（0.01）

　　2018 年，宁夏境内有 9 个县（区）村庄周边地表水体环境质量开展监测，共布设地表水（湖库）监测断面 22 个，监测指标 24 个，评价标准执行《地表水环境质量标准》（GB 3838—2002）III 类标准。22 个监测断面（点位）中，水质达到或优于地表水环境质量 III 类标准的断面（点位）有 12 个，占比为 54.5%；达到 IV 类标准的断面（点位）有 5 个，占比为 22.7%；达到 V 类标准的断面（点位）有 4 个，占比为 18.2；劣于 V 类标准的断面（点位）有 1 个，占比为 4.5%。全年度水质状况最差的季节在 3～4 月，各断面主要超标指标为氟化物、化学需氧量、高锰酸盐指数等（表 19 - 1 - 13）。

表 19 - 1 - 13　2018 年全区试点监测村庄县域地表水监测结果

城市	县（区）	断面名称	水质类别				年度水质类别
			1 季度	2 季度	3 季度	4 季度	
银川市	贺兰县	汉延渠	Ⅲ类	Ⅲ类	Ⅱ类	Ⅱ类	Ⅲ类
		黄河大桥	Ⅲ类	Ⅲ类	Ⅴ类	Ⅱ类	Ⅴ类
石嘴山市	平罗县	平罗黄河大桥	Ⅲ类	Ⅱ类	Ⅱ类	Ⅱ类	Ⅲ类
		麻黄沟黄河出境断面	Ⅲ类	Ⅱ类	Ⅲ类	Ⅱ类	Ⅲ类
		沙湖生态观测站取水口	Ⅴ类	Ⅳ类	Ⅳ类	Ⅲ类	Ⅴ类
吴忠市	红寺堡	鲁家窑水库	Ⅲ类	Ⅲ类	Ⅲ类	Ⅲ类	Ⅲ类
	盐池县	刘家沟水库	Ⅱ类	Ⅲ类	Ⅲ类	Ⅲ类	Ⅲ类
	同心县	清水河	Ⅳ类	Ⅳ类	Ⅲ类	Ⅳ类	Ⅳ类
固原市	西吉县	夏寨水库	Ⅴ类	劣Ⅴ类	Ⅳ类	Ⅴ类	劣Ⅴ类
		葫芦河玉桥断面	Ⅲ类	Ⅲ类	Ⅲ类	Ⅲ类	Ⅲ类
		下坪水库	Ⅲ类	Ⅳ类	Ⅳ类	Ⅴ类	Ⅴ类
		党家岔堰塞湖	Ⅴ类	Ⅴ类	Ⅲ类	Ⅴ类	Ⅴ类
	隆德县	渝河峰台断面	Ⅱ类	Ⅳ类	Ⅱ类	Ⅴ类	Ⅳ类
		三里店水库	Ⅱ类	Ⅳ类	Ⅲ类	Ⅴ类	Ⅳ类
		渝河联财断面	Ⅲ类	Ⅲ类	Ⅲ类	Ⅲ类	Ⅲ类
		桃山水库	Ⅲ类	Ⅲ类	Ⅲ类	Ⅲ类	Ⅲ类
		乃河水库	Ⅲ类	Ⅲ类	Ⅱ类	Ⅲ类	Ⅲ类
	彭阳县	茹河沟圈断面	Ⅳ类	Ⅳ类	Ⅳ类	Ⅴ类	Ⅳ类
		石头崾岘水库	Ⅳ类	Ⅳ类	Ⅳ类	Ⅳ类	Ⅳ类
		龙潭水库	Ⅱ类	Ⅲ类	Ⅲ类	Ⅲ类	Ⅲ类
	泾源县	泾河弹筝峡断面	Ⅳ类	Ⅲ类	Ⅱ类	Ⅲ类	Ⅳ类
		西峡水库	Ⅲ类	Ⅲ类	Ⅱ类	Ⅱ类	Ⅲ类

　　2018 年，在全区 5 个地级市 30 个村庄监测的 32 个饮用水水源中，有 24 个为地下水饮用水源，监测执行《地下水质量标准》（GB/T 14848—2017）中基本指标 23 个；8 个为地表水（湖库）型饮用水源，监测执行《地表水环境质量标准》（GB 3838—2002）中基本指标 24 个及补充指标 5 个，共 29 个。监测频次为每季度监测 1 次，全年监测 4 次。8 个村庄地表水（湖库）型饮用水源地，水质均达到《地表水环境质量标准》（GB 3838—2002）Ⅲ类标准。其中盐池县佟记圈村、宝塔村、皖记沟村的水质，第一和第四季度达到Ⅱ类水质标准（表 19 - 1 - 14）。24 个地下水型饮用水源地中，有 13 个村庄的水源地水质达到Ⅲ类水质标准；5 个村庄的水源地水质达到Ⅳ类水质标准，为头闸村、东源村、红源村，中圈塘村、车路湾村；5 个村庄的水源地水质达到Ⅴ类水质标准，为雄英村、金贵村、兰光村、高路村和西安小河村；水质劣于Ⅴ类标准的村庄 1 个，为西吉县万崖村（表 19 - 1 - 15）。

表 19 - 1 - 14　2018 年宁夏农村村庄地表饮用水水源监测结果

城市	县（区）	村庄	断面名称	湖库	水质类别				年度水质类别
					1 季度	2 季度	3 季度	4 季度	
吴忠市	盐池县	佟记圈村	刘家沟水库	是	Ⅱ类	Ⅲ类	Ⅲ类	Ⅱ类	Ⅲ类
		宝塔村	刘家沟水库	是	Ⅱ类	Ⅲ类	Ⅲ类	Ⅱ类	Ⅲ类
		皖记沟村	刘家沟水库	是	Ⅱ类	Ⅲ类	Ⅲ类	Ⅱ类	Ⅲ类

（续）

城市	县（区）	村庄	断面名称	湖库	水质类别				年度水质类别
					1季度	2季度	3季度	4季度	
固原市	隆德县	杨家店村	杨家店村水源地	是	Ⅲ类	Ⅲ类	Ⅲ类	Ⅱ类	Ⅲ类
		光联村	黄家峡水源地	是	Ⅲ类	Ⅲ类	Ⅲ类	Ⅲ类	Ⅲ类
	泾源县	大庄村	香水河水源地	是	Ⅲ类	Ⅲ类	Ⅲ类	Ⅲ类	Ⅲ类
		龙潭村	龙潭村水源地	是	Ⅲ类	Ⅲ类	Ⅲ类	Ⅲ类	Ⅲ类
		红旗村	红旗村水源地	是	Ⅲ类	Ⅲ类	Ⅲ类	Ⅲ类	Ⅲ类

表 19-1-15　2018 年宁夏农村村庄地下水水源地监测结果

城市	县（区）	村庄	断面名称	水质类别				年度水质类别
				1季度	2季度	3季度	4季度	
银川市	贺兰县	雄英村	雄英村地下水	Ⅴ类	Ⅳ类	Ⅲ类	Ⅳ类	Ⅴ类
		金贵村	金贵村地下水	Ⅴ类	Ⅳ类	Ⅲ类	Ⅳ类	Ⅴ类
		兰光村	兰光村地下水	Ⅴ类	Ⅳ类	Ⅳ类	Ⅳ类	Ⅴ类
石嘴山市	平罗县	高路村	高路村地下水	Ⅴ类	Ⅲ类	Ⅳ类	Ⅳ类	Ⅴ类
		东园村	东园村地下水	Ⅲ类	Ⅲ类	Ⅲ类	Ⅲ类	Ⅲ类
		头闸村	头闸村地下水	Ⅳ类	Ⅲ类	Ⅲ类	Ⅲ类	Ⅳ类
吴忠市	红寺堡区	东源村	沙泉水源地	Ⅳ类	Ⅲ类	Ⅲ类	Ⅲ类	Ⅳ类
		红源村	沙泉水源地	Ⅳ类	Ⅲ类	Ⅲ类	Ⅲ类	Ⅳ类
		中圈塘村	沙泉水源地	Ⅳ类	Ⅲ类	Ⅲ类	Ⅲ类	Ⅳ类
	同心县	沟南村	小洪沟水源地	Ⅲ类	Ⅲ类	Ⅲ类	Ⅲ类	Ⅲ类
		丁塘村	小洪沟水源地	Ⅲ类	Ⅲ类	Ⅲ类	Ⅲ类	Ⅲ类
		城北村	小洪沟水源地	Ⅲ类	Ⅲ类	Ⅲ类	Ⅲ类	Ⅲ类
	盐池县	皖记沟村	骆驼井水源地	Ⅲ类	Ⅲ类	Ⅲ类	Ⅲ类	Ⅲ类
固原市	西吉县	车路湾村	新营村水源地	Ⅳ类	Ⅴ类	Ⅳ类	Ⅳ类	Ⅳ类
		小川村	小川村水源地	Ⅱ类	Ⅱ类	Ⅲ类	Ⅲ类	Ⅲ类
		万崖村	万崖村水源地	Ⅴ类	Ⅴ类	劣Ⅴ类	Ⅳ类	劣Ⅴ类
	隆德县	光联村	西沟水源地	Ⅲ类	Ⅲ类	Ⅲ类	Ⅲ类	Ⅲ类
	泾源县	大庄村	北联池水源地	Ⅲ类	Ⅲ类	Ⅲ类	Ⅲ类	Ⅲ类
		黑口村	火龙沟水源地	Ⅲ类	Ⅲ类	Ⅲ类	Ⅲ类	Ⅲ类
	彭阳县	沟圈村	沟圈水源地	Ⅲ类	Ⅲ类	Ⅲ类	Ⅲ类	Ⅲ类
		韩堡村	宽坪水源地	Ⅲ类	Ⅲ类	Ⅲ类	Ⅲ类	Ⅲ类
中卫市	海原县	王井新村	王井新村	Ⅲ类	Ⅲ类	Ⅱ类	Ⅲ类	Ⅲ类
		高台村	高台村水源地	Ⅲ类	Ⅲ类	Ⅲ类	Ⅲ类	Ⅲ类
		西安小河村	西安小河	Ⅴ类	Ⅲ类	Ⅱ类	Ⅴ类	Ⅴ类

2019 年，在 30 个村庄的 32 个水源地中，8 个地表水型饮用水水源地水质均达标；24 个地下水型饮用水水源地水质达标 12 个，未达标 12 个。30 个村庄周边地表水水体水质介于Ⅲ～Ⅳ类，其中，Ⅲ类水体占 68.2%；Ⅳ类占 31.8%。

2020 年，在全区 10 个县（区）开展的 25 个地表水监测断面（点位中），水质达到或优于地表水Ⅲ类标准的断面（点位）有 13 个，占比为 52.0%；Ⅳ类水质断面（点位）有 7 个，占比为 28%；Ⅴ类水质断面（点位）有 1 个，占比为 4.0%；劣Ⅴ类水质断面（点位）有 4 个，占比为 16.0%。全区监测的 30 个村庄中，8 个地表水型饮用水水质均达到《地表水环境质量标准》（GB 3838—2002）Ⅲ级标准；24 个地下型饮用水水源地水质中，达到《地下水质量标准》（GB/T 14848—2017）Ⅲ级标准的有 6 个，达标率为 25%。

三、农业野生植物资源

宁夏农业环境保护监测站先后完成 60 余种宁夏特有、濒危、渐危农业野生植物资源调查，基本摸清了这些植物在全区的地理分布、种类、种群数量、生物多样性丰富程度、生态环境状况等情况，并针对威胁其生存的经济、社会、环境等方面的主要因素，提出了保护建议。在调查过程中，监测站调查人员先后发现了 2 个野生枸杞新种（清水河枸杞、小叶黄果枸杞）和 1 个野生枸杞变种（密枝枸杞）。根据调查结果，宁夏在全国率先建立了农业野生近缘种植物物理隔离式和开放式原生境两种保护模式，对宁夏特有的野生植物资源进行保护，建立国内保护区（点）4 个、国际示范保护点 1 个、推广保护点 4 个，保护区（点）面积 1 万多亩。

2002 年 12 月，宁夏原农牧厅根据农业部颁布的《农业野生植物保护办法》，决定成立自治区农业野生植物保护管理办公室。办公室挂靠在宁夏农业环境保护管理站。办公室的主要职责是：依据《中华人民共和国农业野生植物保护条例》和农业部《农业野生植物保护办法》的规定，负责全区农业野生植物监督管理工作。

2006 年，宁夏第一个国家级农业野生植物保护区——贺兰县小麦野生近缘植物原生境保护区建成。

2007 年，国家级农业野生植物保护区——盐池县国家级小麦野生近缘植物原生境保护区建成。

2008—2013 年，宁夏完成了联合国全球环境基金（GEF）农业野生近缘植物保护与可持续利用项目（宁夏盐池县小麦野生近缘植物保护与可持续利用项目）建设。此项目为全球环境基金资助在中国实施的 8 个示范点之一，实施期 6 年，投资为 100 万美元。

2009 年，宁夏发现两个新种（清水河枸杞、小叶黄果枸杞）和一个变种（密枝枸杞），于 2010 年 10 月通过中国科学院植物研究所系统与进化植物学国家重点实验室的分子鉴定，为中国野生枸杞家族再添新成员。

2010 年，《宁夏主要农业野生植物》由黄河出版传媒集团阳光出版社出版，填补了宁夏主要农业野生植物保护工具书的空白。

2011 年，国家级农业野生植物保护点——中宁县野生黄果、黑果枸杞原生境保护点建成。

2012 年，国家级农业野生植物保护点——中卫市沙坡头区野生蒙古扁桃原生境保护点建成。

2011—2013 年，联合国全球环境基金（GEF）农业野生近缘植物保护与可持续利用项目，在宁夏新增了中宁野生枸杞，灵武甘草、发菜，利通沙冬青，永宁草麻黄 4 个推广点。

2013 年，宁夏农业环境保护监测站组织实施完成的"宁夏农业野生近缘种植物资源调查监测与保护示范"项目，获得宁夏回族自治区科技进步奖三等奖。

2016 年，国家级农业野生植物保护点——吴忠市利通区五里坡发菜原生境保护点建成。

2017 年，宁夏农业环境保护监测站委托宁夏大学在兴庆区、金凤区、大武口区、红寺堡区开展野大豆、小麦野生植物近缘种、野生蔬菜、野生花卉和野生果树，以及其他重要野生经济作物、自治区特有的农业野生植物物种资源调查；对自治区已建成的贺兰县小麦野生近缘植物，盐池县小麦野生近缘植物，中宁县野生黄果、黑果枸杞，中卫香山寺口子蒙古扁桃，吴忠市利通区五里坡发菜 5 个原生境保护点进行了动态监测。

2018—2020 年，农业农村部科教司委托宁夏大学开展自治区农业野生植物资源调查与监测。

四、外来有害生物

（一）外来有害生物调查

2009—2020 年，宁夏农业环境保护监测站对全区的农业外来有害生物开展调查，调查结果见表 19 - 1 - 16。

表 19-1-16 宁夏外来有害生物发生情况调查结果

年份	有害生物名称	寄主植物种类	发现地及时间	现发生地域	存在危险隐患面积（万亩）	发展趋势
	苹果蠹蛾（Cydia pomomella）	核果类	中卫沙坡头2007年	中卫、中宁、青铜峡	100	局地危害加重
	双斑萤叶甲（Momolepta hieroglyphica）	大田瓜菜	彭阳县2006年	青铜峡以南	100	局地危害加重
	葵花螟（Homoeosoma nebulella）	向日葵	惠农2004年	全区	20	局地危害加重
	斯氏泛菌（Pantoea stewartii）	玉米	盐池2007年	全区	100	加重趋势
2009	黄瓜圆叶枯菌（Helminthosporium cucumerinum）	黄瓜（日光温室）	原州区2007年	原州区	1	局地危害加重
	燕麦后酸菌（Acidovorax avenae）	瓜类	中卫2007年	中卫香山	10	随时传入
	根结线虫（Meloidogyne incognita）	番茄、黄瓜（日光温室）	惠农2005年	惠农、中卫、原州区	20	加重趋势
	沟眶象（Eucryptorrhynchus chinensis）	臭椿	贺兰2005年	全区	100	加重趋势
	臭椿沟眶象 [Eucryptorrhynchus brandti（Harold）]	臭椿	贺兰2005年	全区	20	加重趋势
	斑衣蜡蝉（Lycorma delicatula）	臭椿	银川2010年	前进街居民区	27	局地危害
2010	杂草稻（Oryza sativa）	水稻	中宁、中卫、2010年	中宁、中卫、吴忠、永宁、平罗	100	局地危害加重
	向日葵黑斑病菌（Alternaria helianthi）	向日葵食葵KD208，油葵343DM2，油葵NTC90	惠农区2010年	惠农区燕子墩乡西永固村、黄渠拐子村、宁夏实验农场、永宁县李俊镇	30	局地危害加重
	玉米粗缩病毒（MRDV）	引进玉米品种	中宁县2010年	中宁县新堡镇创业村	100	局地危害加重

（续）

年份	有害生物名称	寄主植物种类	发现地及时间	现发生地域	存在危险隐患面积（万亩）	发展趋势
2011	烟粉虱（Bemisia tabaci）	蔬菜、花卉	全区 2001 年	全区	100	逐渐加重
	沙棘木蠹蛾（Holcocerus hippophaecolus）	沙棘	六盘山 2011 年	中卫、海原、六盘山	20	逐渐加重
	黄萎轮枝孢（Verticillium albo-atrum）	向日葵	固原 2011 年	同心、固原	50	局地加重
	大丽轮枝菌（Verticillium dahliae）	茄科	固原 2011 年	固原	300	逐渐加重
	立枯丝核菌（Rhizoctonia solani）	茄科	固原 2011 年	固原	300	逐渐加重
	白生盘蚧（Crescoccus candidus）	果树	银川 2011 年	银川	20	点状发生
2013	美洲斑潜蝇（Liriomyza sativae）	瓜类、蔬菜	银川市 2012	全区	200	局地危害加重
2014	西花蓟马	瓜类、蔬菜	银川市 2012	全区	200	局地危害加重
2015	稻水象甲（Lissorhoptrus oryzophilus）	水稻	吴忠市 2015	吴忠市、银川市	100	局地危害加重
2016	刺苍耳（Xanthium spinosum）	侵占农田	同心县 2005	吴忠市、同心县	60	局地危害加重
	黄瓜绿斑驳花叶病毒（CGMMV）	黄瓜、西瓜	中卫香山 2017	中卫市、吴忠市	150	局地危害加重
2017	山斑大头泥蜂（Philanthus triangulum）	捕食蜜蜂	银川市 2015	银川市、石嘴山市	20	局地危害加重
	草地贪夜蛾（Spodoptera frugiperda）	农田	固原市 2019	全区	1 000	局地暴发
2019	意大利苍耳（Xanthium italicum）	农田、林网	银川市 2019	银川市	1	点状分布
	刺苍耳（Xanthium spinosum）	农田、林地	同心县 2005	同心县、海原县	70	局地危害加重
2020	双斑萤叶甲（Momolepta hieroglyphica）	大田瓜菜	彭阳县 2006 年	全区	89	局地危害加重
	山斑大头泥蜂（Philanthus triangulum）	捕食蜜蜂	银川市 2015	银川市、石嘴山市、吴忠市	1	局地暴发

（二）农业检疫性有害生物危害及分布

根据自治区农业技术推广总站监测数据，一些重大的农业检疫性有害生物及病害如苹果蠹蛾、瓜类果斑病、稻水象甲、黄瓜绿斑驳花叶病毒病、黄瓜黑星病等已入侵宁夏并定殖。其中，苹果蠹蛾于2008年首次在中卫市沙坡头区迎水桥镇发现，发生面积为19.5亩，现已入侵至兴庆区、西夏区、贺兰县、永宁县、灵武市、大武口区、惠农区、平罗县、利通区、青铜峡市、盐池县、沙坡头区、中宁县13个县（市、区），发生面积为65591亩；瓜类果斑病于2008年首次在中卫市海原县高崖乡发现，发生面积为4518亩，现已入侵至永宁县、惠农区、利通区、红寺堡区、青铜峡市、沙坡头区、中宁县、海原县8个县（市、区）；稻水象甲于2014年首次在银川市灵武市河忠堡和中滩一带稻田发现，发生面积为50亩，现已入侵至兴庆区、西夏区、金凤区、永宁县、贺兰县、平罗县、灵武市、利通区、青铜峡市、沙坡头区、中宁县11个县（市、区），发生面积为15万亩；黄瓜绿斑驳花叶病毒于2018年首次在中卫市沙坡头区、中宁县硒砂瓜上发生，发生面积为5201亩，现已入侵至沙坡头区、中宁县、海原县3个县（区）；黄瓜黑星病于2020年首次在固原市原州区温室黄瓜上发现，发生面积为42亩。

（三）农业外来有害生物监测与防治

2017年至今，宁夏农业环境保护监测站与宁夏农林科学院植物保护研究所合作，对周边省（自治区）发生、有高风险入侵宁夏的刺萼龙葵（*Solanum rostratum*）、印加孔雀草（*Tagetes minuta*）、少花蒺藜草（*Cenchrus pauciflorus*）、毒麦（*Lolium temulentum*）、节节麦（*Aegilops tauschii*）、马铃薯甲虫（*Leptinotarsa decemlineata*）、豚草（*Ambrosia artemisiifolia*）、三裂叶豚草（*Ambrosia trifida*）等外来入侵物种进行布点监控，并对已经发生的刺苍耳（*Xanthium spinosum*）、双斑萤叶甲（*Monolepta hieroglyphica*）、烟粉虱（*Bemisia tabaci*）、美洲斑潜蝇（*Liriomyza sativae*）、稻水象甲（*Lissorhoptrus oryzophilus*）、苹果蠹蛾（*Cydia pomonella*）、沟眶象（*Eucryptorrhynchus chinensis*）、山斑大头泥蜂（*Philanthus triangulum*）、草地贪夜蛾（*Spodoptera frugiperda*）等外来入侵生物开展研究和防治，在刺苍耳的防除上成效显著，达到了发生面积、严重程度双下降。

■ 第二节 农业面源污染防治

一、宁夏农业面源污染类型

随着农村经济社会的快速发展，农业集约化程度不断提高，化肥、农药、农膜等农用外部投入品使用量以及畜禽粪便、秸秆等农业废弃物呈过量增长态势，加上水产养殖业尾水的排放等，成为导致自治区农业面源污染的主要因素。主要表现为：种植业，在追求粮食最大效益的进程中，存在化肥过量施用、盲目施用等问题；随着种植业结构的调整、气候的变化、病虫草害发生危害程度加重，农药使用量逐年上升；随着地膜使用面积和应用范围不断扩大，地膜残留和丢弃数量增加；秸秆废弃后违规焚烧带来的资源浪费和环境污染。畜禽养殖业，随着自治区畜禽养殖产业的快速发展，畜禽养殖规模化程度的不断提高，畜禽粪尿排泄物集中产生、畜禽粪污排放、畜禽粪便未经腐熟施用农田等方面的问题日益严重。水产养殖业，高密度集约化养殖生产过程中，投入饲料、肥料、渔用药物，导致氨、磷、渔药以及其他有机或无机物质在养殖生态系统中的含量超过了水体的自然净化能力限度，对水体环境造成污染，恶化水质。农业在宁夏国民经济中占有重要地位：一方面，宁夏农业投入低，经营粗放，农业发展总体相对落后；另一方面，宁夏地处干旱、半干旱、半湿润地带，水资源严重短缺，生态环境非常脆弱。宁夏面临着农业发展与生态环境保护的双重压力。

二、宁夏农业面源污染调查

（一）宁夏第一次农业污染源普查

根据国务院通知精神和国家环保总局的要求，2007年3月29日，自治区人民政府决定在全区开展第一次污染源普查工作。自治区人民政府办公厅印发《关于成立自治区第一次污染源普查工作领导小组的通知》，明确领导小组组长由自治区党委常委、政府常务副主席王正伟担任，副组长由自治区人民政府副秘书长梁积裕、自治区环境保护局局长邸国卫、自治区统计局局长马学如担任，成员由自治区党委宣传部和自治区发改委、财政、经委、环保、水利、农牧、建设、卫生、工商、食药等部门领导组成，领导小组办公室设在自治区环境保护局，副局长马利民兼任办公室主任。

同年5月17日，国务院办公厅下发《关于印发第一次全国污染源普查方案的通知》（以下简称《普查方案》），明确了本次普查工作目标，普查时点、对象、范围和内容，普查技术路线和步骤、普查组织及实施，普查经费，普查资料的填报管理等。

本次普查的时间节点为2007年12月31日，即从2008年1月1日起，全面开展污染源普查工作；污染源普查对象为区域内所有排放污染物的工业源、农业源、生活源和集中式污染治理设施，要"全面普查、突出重点"；普查技术路线，按照现场（实际）监测与物料衡算及排污系数计算相结合，技术手段与统计手段相结合，国家指导、地方调查和企业自报相结合的原则来确定；普查步骤，采取"先行试点、再全面普查"的方式，分三个阶段进行，即准备试点阶段、全面普查阶段和总结发布阶段。

1. 普查范围与内容

普查范围为宁夏境内5个地级市、22个县（市、区）、202个乡镇及涉农街道办事处，以及58个规模化农场第一产业中的种植业、畜禽养殖业和水产养殖业。

（1）种植业污染源

1）普查范围。

种植业污染源（种植业源）主要针对粮食作物（包括谷类、薯类和豆类作物）、经济作物（包括水果、枸杞等）和蔬菜作物（包括叶菜类、瓜果类、茄果类、根菜类、豆类、花菜类蔬菜）的主产区，开展肥料、农药、秸秆和农膜污染调查。

2）普查内容。

地块基本情况：包括地块面积、类型、坡度、种植方向、耕作方式、排水去向等。

肥料：包括化肥和有机肥两大类。化肥包括氮肥、磷肥、钾肥、复合肥；有机肥包括商品有机肥、人畜粪便、土杂肥、厩肥、沼肥等。调查内容包括肥料名称、有效成分及其含量、施用量、施用方法、施用时期等。

农药：包括杀虫剂、除草剂、杀菌剂等。调查内容包括农药名称、剂型、有效成分及其含量、农药用量、施用方法、施用时期等。

农膜：本次普查主要针对地膜开展调查。调查内容包括地膜使用量、回收量等。

秸秆：调查内容包括产生量、直接还田量、露天焚烧量、随意丢弃量、饲料利用量、燃料利用量、堆肥利用量、原料利用量等。

3）普查污染物种类。

这包括总磷、总氮，以及毒性高、用量大、难降解的农药如毒死蜱、2,4-D-丁酯；地膜残留量。

（2）畜禽养殖业污染源

1）普查范围。

畜禽养殖业污染源（畜禽养殖业源）以舍饲、半舍饲规模养殖业为调查对象，主要普查猪、奶牛、肉牛、蛋鸡、肉鸡在规模养殖条件下污染物的产生、排放情况。依据养殖组织模式的不同，将畜禽养殖业分为规模化养殖场、养殖小区和养殖专业户三类。

2）普查内容。

畜禽养殖基本情况：包括饲养目的、畜禽种类、养殖组织模式、存栏量、出栏量、饲养阶段、畜禽体重、采食量、精粗饲料主要成分含量。

污染物产生和排放情况：包括清粪方式、污水产生量、粪便和污水处理利用方式、粪便和污水处理利用量、排放去向等。

3）普查污染物种类。

这包括畜禽养殖污水化学需氧量（COD）、总氮、总磷、铜、锌等。

（3）水产养殖业污染源

1）普查范围。

水产养殖业污染源（水产养殖业源）普查主要是普查鱼、虾、贝、蟹类等在规模养殖条件下污染物的产生情况。养殖对象分为规模化养殖场和养殖专业户两类。

2）普查内容。

养殖基本情况：包括养殖品种、养殖模式、养殖水体、养殖类型、养殖面积/体积、投放量、产量、排水去向及排放量、水体交换情况、换水频率、换水比例等。

投入品使用情况：包括饲料名称、主要成分及含量、使用量，肥料名称、主要成分及含量、施用量、施用方法，渔药名称、主要成分及含量、使用量、使用方法等。

3）普查污染物种类。

这包括养殖水体中的化学需氧量（COD）、总氮、总磷、铜、锌等。

2. 区域内建制镇情况

宁夏现辖银川、石嘴山、吴忠、固原、中卫5个地级市，青铜峡、灵武2个县级市和永宁、贺兰、平罗、盐池、同心、西吉、泾源、隆德、彭阳、中宁、海原11个县，兴庆、金凤、西夏、大武口、惠农、利通、原州、沙坡头和红寺堡开发9个区，93个乡，98个镇，40个街道办事处，430个居委会和2311个村委会。

3. 普查人员与培训

全区共选聘1148名农业源普查人员，其中普查员942名，普查指导员206名。截至2007年12月，全区组织人员参加国家培训4期，先后组织23人次参加国家级污染源普查培训。

为了保证培训质量，宁夏第一次农业污染源普查办根据培训内容及相关要求，组织技术人员编制了宁夏第一次农业污染源普查培训教材；按计划安排各地分六批对各市（县、区）选聘的农业污染源普查指导员和普查员进行了培训；每期培训班都进行统一考试，考试合格者发给普查指导员、普查员证，做到持证上岗。在普查工作开展过程中，各市（县、区）农业源普查办根据需要，又培训和聘用了农业污染源普查员近300名。

4. 主要结论

（1）畜禽养殖污染　宁夏畜禽养殖污水产生量和污水排放量分别为5593735米³、4521837米³，分别占农业源污水产生总量和排放总量的2.95%、2.40%；畜禽养殖业源污染物产生量占农业源污染物产生总量的99.11%，畜禽养殖业源污染物排放量占农业源污染物排放总量的88.28%，表明畜禽养殖业源是宁夏农业源各种污染物产生和排放的主要污染源。

（2）水产养殖污染　宁夏水产养殖方式以池塘养殖为主。养殖水源主要来自黄河。水产养殖业污水产生量占农业源污水产生总量的97.05%；污水排放量占农业源污水排放总量的97.60%，其中有98.87%的污水直接排入外部水体，最终流入黄河。在水产养殖中，化学需氧量排放量占水产养殖污染物排放总量的81.18%。宁夏水产养殖主要集中在银川市和中卫市，其污水排放量分别占全区水产养殖污水排放总量的43.47%和28.46%。

（3）肥料流失　宁夏肥料总使用量（折纯量）为358674.03吨。其中，氮肥（折纯量）

207342.57 吨，磷肥（折纯量，五氧化二磷）151331.46 吨，分别占肥料总使用量的 57.81%、42.19%。宁夏肥料流失总量为 6143.08 吨，其中总氮、氨氮、总磷的流失量分别占肥料流失总量的 88.41%、6.70%、4.89%。从肥料流失途径看，地下淋溶和地表径流量分别占肥料流失总量的 67.65%、32.35%。氮肥流失类型以地下淋溶为主，磷肥流失类型以地表径流为主。种植业源中，肥料的氨氮流失量占农业源氨氮排放总量的 41.40%，总磷流失量占农业源总磷排放总量的 49.30%。

（4）农药残留　宁夏农药使用总量为 3094299.85 千克，农药流失总量为 5.38 千克。农药使用种类以其他类农药和其他有机磷类农药为主，使用量分别占农药总用量的 76.26%、14.19%；农药残留有乙草胺、2,4-D-丁酯、毒死蜱，流失量分别占农药流失总量的 84.20%、15.24%、0.56%。

（5）地膜残留　宁夏地膜总用量为 5677.58 吨，残留总量为 1217.68 吨，地膜残留量占地膜总用量的 21.45%。

（6）秸秆综合利用率　宁夏秸秆总产量为 472.37 万吨，主要用作畜禽饲料、肥料、原料、燃料，分别占总量的 55.59%、12.82%、10.79% 和 5.52%。宁夏秸秆田间焚烧量占秸秆总量的 9.25%，而堆肥量仅占秸秆总量的 0.30%。

（二）宁夏第二次农业污染源普查

2017 年，国务院决定开展第二次全国污染源普查，成立了以张高丽副总理为组长的国务院第二次全国污染源普查领导小组，并于 2016 年 10 月 20 日印发《国务院关于开展第二次全国污染源普查的通知》（以下简称《通知》），明确了普查目的和意义、普查对象和内容、普查时间安排、普查组织和实施、普查经费保障及普查工作要求。

宁夏党委、人民政府对普查工作高度重视、紧密部署。2017 年 1 月，自治区人民政府印发《关于开展第二次全国污染源普查的通知》，指出开展第二次污染源普查是加强自治区环境保护的一项重要基础性工作，决定于 2017 年开展全区污染源普查工作。普查对象是自治区境内有污染源的单位和个体经营户，包括：工业源、农业源、生活源、集中式污染治理设施、移动源及其他产生、排放污染物的设施。

普查标准时点为 2017 年 12 月 31 日，时期资料为 2017 年度资料。2017 年为前期准备阶段，重点是做好普查方案编制、普查工作试点、普查工作人员培训和宣传工作；2018 年为全面开展普查阶段，各地遵循"全面覆盖、应查尽查、不重不漏"原则，组织开展排查，通过逐级审核，汇总形成普查数据库；2019 年为总结发布阶段，重点做好普查工作验收、数据汇总和结果发布等工作。

宁夏第二次全国污染源普查领导小组由自治区一名副主席任组长，自治区环境保护厅厅长、自治区统计局局长、自治区人民政府办公厅副主任任副组长，成员由自治区发改委、经信、公安、财政、国土、环保、住建、交通、水利、农牧、地税、工商、国税、质检等部门的领导组成，领导小组办公室设在自治区环境保护厅。

2017 年 12 月，自治区人民政府办公厅印发了《关于印发第二次全国污染源普查工作实施方案的通知》，进一步强调了本次普查的目的意义、工作目标、时点、对象、范围和内容、技术路线和步骤、组织及实施、经费保障等。

2018 年 12 月，自治区通过成立工作机构、制订工作方案、落实工作经费，开展宣传培训、组织入户调查、加强数据审核和档案建立等工作。通过两年的努力，所有普查数据于 2019 年 12 月 12 日之前通过环保专网提交至数据库，按时保质完成了污染源普查前两个阶段对工业源、农业源、生活源、集中式污染治理设施和移动源的 11921 家调查对象的数据采集等普查年度工作任务，并得到分管副主席的表扬。

本次普查工作总结报告、数据分析报告、技术报告和公报，经自治区普查办在 2019 年和 2020 年实施的多种核查、会审、整改和国家普查办的视频验收，于 2020 年 9 月正式通过验收，普查工作顺利完成。

本次普查涉及农业种植业的县（市、区）23个（含宁东基地），水产养殖业的县（市、区）22个，畜禽养殖业的县（市、区）23个（含宁东基地），入户调查畜禽规模养殖场2157个。普查结论如下。

水污染物排放量，化学需氧量为10.78万吨，总氮为0.54万吨，氨氮为733.80吨，总磷为1139.26吨。其中，种植业水污染物排放（流失）量为：总氮0.03万吨，氨氮23.14吨，总磷20.55吨。

秸秆产生量为421.58万吨，秸秆可收集资源量为373.48万吨，秸秆利用量为342.98万吨。

种植业地膜使用量为2.05万吨，多年累积残留量为0.82万吨。

畜禽养殖业水污染物排放量，化学需氧量为10.62万吨，总氮为0.46万吨，氨氮为654.51吨，总磷为992.62吨。

畜禽规模养殖场水污染物排放量，化学需氧量为7.19万吨，总氮为0.26万吨，氨氮为306.72吨，总磷为723.27吨。

水产养殖业水污染物排放量，化学需氧量为0.16万吨，总氮为0.05万吨，氨氮为56.15吨，总磷为126.09吨。

（三）宁夏农产品产地土壤重金属污染普查

宁夏农产品产地土壤重金属污染普查工作是依据农业部、财政部印发的《农产品产地土壤重金属污染防治实施方案》（农科教发〔2012〕3号）的统一安排部署和要求进行的。普查工作严格按照普查各阶段的时限和内容开展。农产品产地土壤重金属污染普查工作是农业环境保护工作开展30多年来投入最大、范围最广、要求最严的一次土壤环境普查。

1. 普查范围

本次普查基准年为2010年，普查范围为全部农产品产地（自留地除外），包括工矿企业周边农区、污水灌溉区、大中城市郊区三类重点区域和其他农产品产地（即一般农区）。

2. 普查主要内容

（1）详细调查、收集、整理农产品产地安全质量状况、污染源、农业生产、自然及社会经济情况等历史和现状资料，并结合土壤样品采集对采样点位资料进行详细登记。

（2）对宁夏全部农产品产地（自留地除外），包括工矿企业周边农区、污水灌区、大中城市郊区三类重点区域和其他农产品产地（即一般农区）的布点采集土壤样品并检测分析样品中重金属铅（Pb）、汞（Hg）、镉（Cd）、铬（Cr）和砷（As）5项指标，配套监测土壤pH和阳离子交换量（CEC）。

（3）根据普查结果，建立宁夏农产品产地土壤安全质量档案，绘制农产品产地土壤安全质量状况等级分布图；建立宁夏农产品产地土壤样品库。

（4）提出农产品产地监测国控点位优化设置方案，在全区农产品产地重金属污染发生风险大的敏感区域预设国控点，开展农产品产地土壤重金属污染监测预警，做到重金属污染早发现、早处置，提升农产品质量安全保障水平。

3. 任务量

（1）完成全区1833.5万亩（三类重点区域58.5万亩，一般农区1775.0万亩）农产品产地9053个（三类重点区域3864个，一般农区5189个）监测点位土壤样品的调查与采样、分析测试，主要检测铅（Pb）、汞（Hg）、镉（Cd）、铬（Cr）、砷（As）5种重金属及土壤pH、阳离子交换量（CEC）。

（2）完成全区192个乡镇背景资料、农田土壤基本情况、农业投入品使用信息，以及22个县（市、区）背景资料、人口经济数据、水文气象信息等基础资料和信息的调查填报。

（3）进行现场调查，完成三类重点区域的确认。

（4）对所有调查、检测的数据资料进行录入、汇总、统计、评价、产地安全分级、区划、国控点设置、图表制作、土壤样品库建设、产地安全质量档案建档，以及工作总结报告、技术报告、质控报告编写等工作。

4. 主要普查内容落实情况

宁夏农产品产地土壤重金属污染防治普查内容落实情况如表 19 - 1 - 17 所示。

表 19 - 1 - 17　宁夏农产品产地土壤重金属污染防治普查内容落实情况统计

任务内容		任务量	完成情况
普查面积（万亩）	重点区域	58.5	94.14
	一般农区	1775	1739.78
监测点位数（个）	重点区域	3864	3864
	一般农区	5189	5190
测试指标（项）		Pb、Hg、Cd、Cr、As、pH、CEC	Pb、Hg、Cd、Cr、As、pH、CEC
检测土样数（个）		9053	9493
点位登记表（份）		9053	9054
乡镇基本情况调查表（份）		192	192
县域自然及社会经济状况调查表（份）		22	22
三类重点区域确认登记表（份）	工矿企业周边	21	21
	污水灌溉区	40	40
	大中城市郊区	5	5
全省一般农区农作物统计表（份）		1	1

5. 机构设立与队伍组建

本次普查，宁夏共投入工作人员 409 人（名），其中：领导小组 15 人，工作办公室 17 人，技术组 13 人，质控小组 32 人，技术支撑单位 20 人，资料调查 25 人，样品采集 136 人，样品制备 6 人，数据录入 30 人，数据审核 39 人，全程质控 76 人。

6. 普查主要结论

宁夏农产品产地土壤重金属污染普查工作按照实施方案确定的时间、步骤和内容有序进行，总体比较顺利，工作质量和进度都走在了全国前列，普查工作达到了预期目的。

（1）基本摸清了全区农产品产地土壤重金属污染状况。通过普查，明晰了宁夏农产品产地土壤重金属污染状况、分布、特征等基础信息，确定了风险区分布、风险元素、风险来源等，建立了宁夏农产品产地土壤重金属数据信息库、基础资料档案，共绘制各类图件 40 张，各类表格 49 个，建成了 41 米^2 的样品库，收集保存土壤样品 9054 个。普查工作为开展产地安全等级划分，保护和合理利用土地资源，保障农产品质量安全，保证人体健康提供科学依据。

（2）基本摸清了环境底数。基本摸清了宁夏农产品产地及其周围环境污染历史与现状、农业生产有关情况，以及自然、社会经济状况等，为开展农产品产地安全区划，科学设置国控点，开展动态预警监测，及时掌握产地安全变化动态提供科技支撑。

（3）完善了普查方案。本次农产品产地土壤重金属污染普查是在没有先例可借鉴的情况下，通过不断摸索、不断改进完成的。通过普查，验证了一系列实施方案、技术规范、普查表格的科学性、可行性、便利性，也验证了数据录入和上报、信息管理等软件的实用性、可行性，探索了农产品产地土壤重金属污染普查的体制、机制和工作程序，完善和补充了现有普查方案和制度。

（4）锻炼了队伍，培养了骨干。通过这次高强度、高精度的工作，培养、锻炼了普查队伍。参加此次普查工作的人员经过严格培训，提高了普查业务工作能力，同时在普查过程中也更加全面、更加客观、更加科学地认识了宁夏农产品产地土壤重金属的污染情况，为今后更好地开展工作打下了基础。

（5）发现了问题，积累了经验。在普查工作中，各级普查机构深入基层，挖掘问题，摸索了很多经验，探索出在新形势下解决新问题的办法，对今后污染源普查具有一定的参考价值。同时，通过普查也发现不少问题，普查工作人员经过分析研讨，加深了对普查工作的认识，对于在调查中遇到的各种问题，提出了具体的解决意见和办法，积累了解决问题的经验。

（四）耕地土壤环境质量类别划分

根据农业农村部《关于做好耕地土壤环境质量类别划分的通知》和《关于进一步做好受污染耕地安全利用的通知》要求，自治区农业农村厅于2018年印发了《宁夏耕地土壤污染防治工作方案》，布置了全区2019年耕地土壤环境质量分类工作，并于2019年4月组织人员参加了农业农村部举办的耕地土壤环境质量划分技术培训班，6月制定了《宁夏耕地土壤环境质量分类划分实施方案》。2019年11月，农业农村厅向各县（市、区）同期转发了生态环境部联合农业农村部制定的《农用地土壤环境质量类别划分技术指南》，并与12月召开了全区耕地土壤环境质量分类划分技术培训班，组成了工作领导小组和专家组，积极与相关单位协调协作，收集与整理相关资料和数据。2020年，自治区农业农村厅、生态环境厅印发了《关于加快推进耕地土壤环境质量类别划定相关工作的紧急通知》（宁农（科）发〔2020〕9号），要求在2020年底前完成耕地土壤环境质量类别划分，建立优先保护类、安全利用类和严格管控类分类清单，绘制类别划分图件，制订耕地土壤环境质量分类管理方案，并审核报送类别划分成果。

2019年底，宁夏完成了灵武市、平罗县、红寺堡区、隆德县和中宁县五个试点县（市、区）耕地土壤环境质量类别划分技术报告的编制工作；从2020年4月下旬至7月上旬，完成了全区22个县（市、区）（包括五个试点县）的耕地环境质量类别划分工作；于2020年7月8—9日顺利召开了宁夏回族自治区耕地土壤环境质量类别划分成果验收会，完成了全区耕地土壤环境质量类别划分工作。

根据农业农村部耕地土壤环境质量类别划分数据汇总、提交的相关规定，宁夏完成了自治区耕地土壤环境质量类别划分成果集成，建立了宁夏回族自治区耕地土壤环境质量类别分类清单和数据库，绘制了全区耕地土壤环境质量类别划分图件，编制了全区耕地土壤环境质量类别划分技术报告，提出分类管理对策。

三、面源污染防治

党的十八大以来，宁夏坚持生态优先、系统治理、绿色发展，深入实施蓝天、碧水、净土"三大行动"，研究出台《自治区党委关于落实绿色发展理念加快美丽宁夏建设的意见》（宁党发〔2016〕25号）、《关于推进生态立区战略的实施意见》（宁党发〔2017〕35号）、《关于建设黄河流域生态保护和高质量发展先行区的实施意见》（宁党发〔2020〕17号）、《全区农业面源污染防治实施意见》（宁政发〔2016〕161号），以及《自治区农业面源污染防治实施方案》《宁夏农业面源污染治理与监督指导实施方案（试行）》《自治区农业农村污染治理攻坚战行动计划实施方案》等政策意见和实施方案，为全面促进农业面源污染防治和农村人居环境整治工作指明了发展方向，规划了技术路线，完善了推进机制，奠定了政策基础。全区污染防治攻坚战取得了阶段性成效，生态治理和修复成效明显，生态环境发生了历史性、转折性、全局性变化，生态系统质量整体改善，农业绿色发展格局逐步形成，高质量发展的可持续性稳步增强。根据2020年全国农业农村污染治理工作进展排名，宁夏农村环境整治已完成建制村比例达100%，在沿黄九省（自治区）位居第一；化肥利用率为39.4%，位居第二；农药利用率为40.2%，位居第一位；农用残膜回收率为84%，位居第四；畜禽粪污综合利用率为

90％，位居第二；农作物秸秆综合利用率为 86％，位居第六。从整体数据情况来看，宁夏农业农村污染治理工作在沿黄九省（自治区）处于中上水平。

（一）化肥面源污染防治

2015 年，农业部制定了《到 2020 年化肥使用量零增长行动方案》，提出到 2020 年，主要农作物化肥使用量实现零增长的工作目标。为全面贯彻落实农业部化肥使用量零增长行动，宁夏农牧厅制定了《到 2020 年宁夏化肥使用量零增长行动工作落实方案》。宁夏各级农业部门以提高农户科学施肥水平和耕地综合生产能力为目标主线，转变发展方式，以新型经营主体为抓手，大力实施测土配方施肥、水肥一体化、机械深翻、机械施肥、秸秆还田、有机肥替代、一次性施肥等技术。到 2019 年，全区测土配方施肥技术覆盖率达到 92.8％，施肥方式加快转变，施肥结构明显优化，肥料利用率显著提升，化肥施用量自 2017 年开始连续四年实现负增长，测土配方施肥与化肥减量增效取得显著成效。

1. 化肥用量连续四年负增长

据统计，2020 年自治区化肥使用量为 99.08 万吨，较 2019 年减少 6.11 万吨，较 2015 年减少 7.9 万吨。2017 年起连续 4 年，全区化肥使用量实现负增长。

2. 肥料利用率显著提升

2020 年，自治区主要粮食作物化肥利用率为 40.1％，较 2019 年提高 0.7 个百分点，较 2015 年提高 5.5 个百分点。

3. 施肥结构明显优化

高效新型肥料和一次性施肥技术规模逐年扩大，应用面积为 148 万亩，施用量为 6.6 万吨；有机肥应用面积为 588.8 万亩。

4. 施肥方式及施肥品种加速转变

施肥方式进一步加速转变。施肥品种由单一的氮、磷、钾三要素向氮、磷、钾＋中微量元素转变，主要粮食作物机械施肥面积为 830 万亩，水肥一体化面积为 148 万亩。

（二）农药面源污染防治

2015 年，农业部制定《到 2020 年农药使用量零增长行动方案》，农牧厅制定了《到 2020 年宁夏农药使用量零增长行动方案》。全区以加强病虫害预测预报，推进农作物病虫害专业化统防统治与绿色防控融合示范区建设，农企合作共建示范基地，植保社会化服务等为抓手，全面推进全区农药减量控害工作，取得了明显成效。

1. 农药使用量明显减少

据统计，2020 年全区农药实际用量为 2570.55 吨，较 2019 年减少了 79.38 吨，较 2015 年减少了 409.33 吨。农药实际用量实现"五连降"。

2. 农药利用率明显提高

据测算，全区 2017 年、2018 年、2019 年、2020 年，小麦、玉米和水稻三大粮食作物总体农药利用率分别为 38.66％、39.16％、40.2％、40.8％。农药利用率实现"四连增"。

3. 统防统治面积逐年上升

据统计，全区 2020 年专业化统防统治面积为 805.64 万亩次，较 2019 年增加 41.67 万亩次，较 2015 年增加 532.64 万亩次。统防统治面积实现"四连升"。

4. 植保服务能力明显提升

2020 年，全区共建设农业综合服务站、公司、协会、合作社等各类形式的专业化防治组织 469 家，较 2015 年增加 268 家；注册登记并在农业部门备案的组织有 276 家，较 2015 年增加 176 家；大型施药机械社会保有量为 2462 台，其中植保无人机 674 架；无人机作业面积 460.22 万亩次，占专业化统防统治面积的 57.12%。

5. 农药科学使用水平明显提高

自农药零增长行动实施以来，全区各地以预防为主的植保理念为主线，科学采用种子、土壤、秧苗处理等预防措施，减少中后期农药施用次数，对症用药，合理添加助剂，促进农药减量增效，提高防治效果；以试验示范为主体，积极争取低毒生物农药补贴示范项目，示范推广高效、低毒、低残留农药，并逐步开展枸杞、长红枣、硒砂瓜等区域特色作物用药试验，制定使用技术标准；以"植保服务进百家"活动为抓手，重点对农药经营企业、新型农业经营主体及病虫防治专业化服务组织开展科学用药知识培训，培养了一批科学用药技术骨干，辐射带动农民正确选购农药，科学使用农药。

（三）农用残膜面源污染防治

2015 年，根据《宁夏回族自治区人民政府办公厅转发自治区农牧厅关于全区农业面源污染防治实施意见的通知》（宁政办发〔2016〕161 号）精神，农牧厅开展农用地膜回收利用工作。

1. 构建回收网络体系

形成了"农户+作业公司+回收网点+加工企业"的残膜回收网络。截至 2020 年底，宁夏建设回收网点 220 个，加工企业 28 家。据统计，2020 年，全区农用地膜年使用量为 2.16 万吨，覆膜面积为 358.95 万亩，回收 1.84 万吨，农用残膜回收利用率达到 85%。

2. 强化回收补贴政策

全区推广使用可降解农膜和厚度为 0.010～0.012 毫米的抗拉强度性能好的地膜。旱作节水农业区回收网点分别按照每千克残膜 0.8～1.4 元的价格回收，回收网点每回收 1 吨残膜给予回收人200～600 元的运输补助，回收加工企业建厂给予 10～15 万元的补贴，回收加工造粒 1 吨再生颗粒给予600～1000 元的补助；将定型的残膜回收机械纳入国家购机补贴，自治区对覆膜和残膜回收机械给予20% 的累加补贴。

3. 开展降解地膜试验示范

自 2019 年开始，委托宁夏大学开展生物降解膜试验与示范，探索全生物降解地膜大田应用适宜性，筛选适宜宁夏栽培的全生物降解地膜产品。全生物降解地膜仍处于试验示范阶段，需要进一步验证其大规模应用的可行性，评价其环境安全性。

4. 探索残膜治理新模式

2011 年，自治区农机化技术推广站引进机具试点试验和研发改进。2012 年，在试点试验的基础上，推广站在固原市五县区及同心县采用机械化铺膜，并引进 28 种残膜回收机进行选型试验，对残膜机械化回收和造粒加工再生利用治理模式进行研究。2020 年，推广站利用搂耙式和滚筒式两种作业方式的残膜回收机进行残膜回收作业，并总结出了适合自治区的"机械化覆盖种植+公司收购残膜+机械化残膜回收作业+造粒生产和销售"的残膜治理模式。

（四）畜禽养殖业面源污染防治

2017 年，按照国务院办公厅《关于加快推进畜禽养殖废弃物资源化利用的意见》（国办发〔2017〕48 号），自治区政府办公厅制定了《宁夏加快推进畜禽养殖废弃物资源化利用工作方案（2017—2020 年）》。

2018 年，全区全面杜绝了 13 条入黄河重点排水沟沿线畜禽养殖场粪污直接排放，黄河流域宁夏段 15 个国控断面水质优良比例稳定在 73.3% 以上。全区共培育有机肥生产企业 74 家，有机肥广泛运用到林果、蔬菜等产业中，并逐步向大田作物产业延伸，为解决长期积累的耕地退化、化肥污染等问题开辟了新途径。全区推广应用农家肥和商品有机肥 300.6 万吨，有机肥施用面积达 424.3 万亩，占耕地总面积的 21.9%，化肥使用量减少 6.4 万吨，降低 6.0%。全区畜禽粪污综合利用率达到83% 以上，规模养殖场粪污处理设施装备配套率达到 80% 以上，有机肥料施用面积达到 240 万亩。

利通区、贺兰县、兴庆区、青铜峡市、沙坡头区、灵武市 6 个畜牧"大县"畜禽粪污综合利用率达到 85％以上，规模养殖场粪污处理设施装备配套率达到 85％以上。

2019 年，全区实施配合河长制治污工作，以入黄排水沟沿岸为重点，做好规模养殖场治污工作，加强巡查，杜绝养殖场有入黄排污口。全区配合生态环境厅开展禁养区划定调整工作，对超范围划定的禁养区进行调整，核定禁养区 285 块 6702.88 千米²，缩减 1605.54 千米²。全区推广应用农家肥和商品有机肥 337.3 万吨，比上年增长 12.3％，有机肥施用面积达到 658.7 万亩，占耕地总面积的 34％，化肥使用量减少 1.06 万吨，比上年降低 1％，为提升农产品品质和效益奠定了坚实基础。全区畜禽粪污综合利用率达到 85％以上，规模养殖场粪污处理设施装备配套率达到 90％以上，大型规模养殖场粪污处理设施装备配套率达到 100％，有机肥料施用面积达到 270 万亩；利通区、贺兰县、兴庆区、青铜峡市、沙坡头区、灵武市 6 个畜牧大县畜禽粪污综合利用率达到 88％以上，规模养殖场粪污处理设施装备配套率达到 92％以上。

2020 年，宁夏畜禽粪污产生总量为 3025.3 万吨，资源化利用总量为 2961.6 万吨，其中生产商品有机肥 307.7 万吨，液体肥料化利用等 543.5 万吨，沼气能源利用 104.6 万吨，牛床垫料、栽培基质、无害化处理后回用等 44.1 万吨，其余 1961.7 万吨经堆肥发酵还田利用；累计完成 59 家有机肥厂、163 家第三方粪污处理机构、1533 家规模养殖场（其中大型规模养殖场 960 家）配套堆肥发酵、污水储存池、厌氧发酵池、氧化塘、污水深度处理等设施和装备建设，改（扩）建雨污分流、暗沟污水收集、漏缝地板和防渗、防雨、防溢流粪污储存等设施，购置清粪机、固液分离机等设备及建设粪污集中处理利用设施装备。全区开展禁养区划定工作，核定禁养区 285 块 6702.88 千米²，缩减 1605.54 千米²。

（五）水产养殖业面源污染防治

水产养殖业面源污染方面，渔业面源污染主要源于在高密度集约化养殖生产过程中，投入饲料、肥料、渔用药物后，造成氨、磷、渔药以及其他有机或无机物质在养殖生态系统中的含量超过了水体的自然净化能力限度，导致对水体环境的污染，造成水质恶化。1996—2000 年，宁夏充分发挥资源优势，发展生态健康渔业、稻渔综合生态种养、大水面增养殖和开展渔业资源增殖放流活动，支持渔业节能减排技术的推广应用，应用节能环保养殖设施，发展低碳循环水养殖。1996—2020 年，宁夏在降低渔业面源污染方面主要采取了以下措施。

1. 改变投喂技术

1996 年，宁夏重点推广了大面积建鲤高产养殖技术和池塘大面积主养、套养鲫鱼技术。渔用饲料主要为全价配合商品颗粒饲料或农户采购原料自制的颗粒饲料；全价配合商品颗粒饲料投喂技术开始推广应用，投饵机被引入养殖场点，逐步实现机械化精准投喂。全价配合商品颗粒饲料及投饵机的结合使用，做到了精准投喂，提高了饵料利用率，降低了饲料残渣对池塘水质的污染。

2. 改造池塘基础设施

1996—2000 年，宁夏通过实施粗养塘改造增产增收、名优品种引进养殖、设施渔业、旧池塘改造、新池塘开挖等一系列重点渔业项目，改造基础设施，提高资源高效利用。

3. 推广池塘健康养殖模式

2001—2005 年，宁夏在池塘养殖上，示范推广了一系列多品种、多类型的主混养模式、新技术，打破了池塘主养鲤鱼单一模式，以草鱼、鲫和团头鲂为主导的新型养殖模式得到推广，客观上减轻了养殖尾水富营养化程度。2006 年，宁夏依托无公害基地环境治理项目，按照无公害水质要求和生产性要求进行水质检测，存在个别水源大肠菌群、重金属铜超标的问题，提出分塘、消毒、注水等技术建议，同时使用微生态制剂进行水质调节，水质情况明显改善。2008 年，灌区继续实施了水产健康养殖技术大面积推广项目，落实无公害、绿色水产品养殖面积 11.90 万亩，建立无公害水产养殖池塘档案 3025 册。2009—2011 年，以水产健康养殖技术大面积推广项目为依托，宁夏各县（市、区）重点发展以种植水生植物、养殖滤食性鱼类为主的生态渔业。38个农业部健康养殖示范场全面推行生产日志制度和投入品登记备案制度。2012年，宁夏水产技术推广站提出节水型池塘水环境生态调控技术模式和节水型健康养殖技术规范。2013年，宁夏以54个农业部健康养殖示范场为重点，推广水产健康养殖技术，严格对照健康养殖的五项制度和二项登记，有效降低渔业面源污染的程度。2014—2015年，宁夏建立标准化池塘改造示范点5个，带动宁夏标准化池塘改造面积3.5万亩；建设银川市西夏区犀牛湖休闲渔业养殖基地、沙湖生态渔业有限公司、中卫市腾格里渔业有限公司、中宁县水产中心基地、宁夏马兰花生态渔业有限公司5个生态渔业示范基地。2016年，宁夏水产站引进了国内先进的渔业物联网生产管理系统，集成微孔增氧、涌浪机水体循环、物联网微信监控、手机智能遥控增氧投饵管理等新技术，通过计算机、手机等现代通信设备对养殖管理进行全程监控，准确及时监测水体的溶氧情况，科学投饵、精准用药，有效降低水体富营养化。2018年，宁夏在全区示范推广先进健康养殖技术10个，示范推广设施养殖、养殖尾水无害化处理等先进技术，加快池塘传统养殖技术升级，积极开展养殖尾水达标排放、渔业资源循环利用、水产品质量安全控制等关键配套技术集成创新。2019年，宁夏开展设施流水槽生态健康节能减排养殖技术示范推广项目，进行池塘流水槽循环流水养鱼模式的示范推广，优化形成了推水增氧、水质净化、鱼种放养、饲养管理、粪污处理、冬季管理六大配套技术；流水槽养殖品种以草鱼、黄河鲤、松浦镜鲤、斑点叉尾鮰等名优品种为主；新技术的引用提升了养殖尾水处理能力，有效降低了水体富营养化程度。截至2020年，全区设施温棚及工厂化养殖面积达到81.6万米²，建设流水槽196条1960亩，以斑点叉尾鮰、鲈、虾蟹等市场需求看好、价值高的优新品种为重点，发展设施渔业，实现养殖水循环利用。

4. 实施大水面生态健康养殖模式

2001—2005年，宁夏先后出台实施了《宁夏优势特色农产品市域布局及发展规划》《宁夏农业农村经济跨越式发展规划》《关于加快四水产业发展的意见》，宁夏渔业建设进入以实施水面养禽、水中养鱼、水下种植、水上旅游的四水产业为主的生态渔业阶段，以建立品牌渔业、高效渔业、生态渔业及渔业多种经营为措施，构建现代渔业产业体系。自治区在沙湖基地、阅海基地、青铜峡市鸟岛、孙家滩水库进行鱼、蟹等生态养殖。2007年，宁夏依托无公害基地环境治理项目，实施阅海四水示范面积17500亩，实施藕、鱼、蟹、鸭生态养殖模式。2008年，宁夏实施阅海大水面生态养殖与水生植物标准化种植示范研究，面积1566亩，实施藕、茭白、芡实、其他水生植物、鱼、蟹生态种养模式。2010年，结合黄河金岸工程，宁夏各县（市、区）重点发展以种植沉水性植物、养殖滤食性鱼类、网箱养殖和生态养蟹为主的生态渔业。针对部分湖泊过度生产，水体出现荒漠化、富营养化的现象，宁夏水产技术推广站以银川市阅海湖为研究对象，围扎围隔4个面积360亩区域，投放鲢、鳙鱼6700千克，种植以伊乐藻为主的沉水植物100亩，开展放养不同鱼类、不同养殖密度对水体生态环境影响的试验研究，探索适宜宁夏湖泊良性循环发展的高效生态保水型养殖技术。2011年，宁夏水产技术推广站在青铜峡市120亩的湖泊中开展宁夏小型湖泊湿地生态保护与渔业开发关键技术研究项目，通过种植水草，放养鲢鱼、鳙鱼和养殖河蟹苗种，进行不同种类、不同种植密度、不同养殖密度对水体生态环境治理影响的试验示范，总结完善宁夏大水面良性循环发展的高效生态保水型养殖技术。2012—2018年，宁夏以黄河金岸适水产业基地为重点，充分利用20多万亩的大水面资源，通过种植水草，放养鲢鱼、鳙鱼、河蟹苗种，探索以渔养水、以渔保水新的生态渔业发展模式。2019年，宁夏抽样检测沙湖、阅海湖、星海湖自然保护区和黄河宁夏段水域水质样本245个，累计监测参数近2000项次以上，检测结果显示，宁夏渔业资源水质情况有所好转。2020年，宁夏以1000亩以上湖泊、水库为重点，实施"一湖一策、一库一策"，科学增养殖鲢、鳙等滤食性鱼类和黄河鲶鱼、黄河甲鱼等生态修复品种，采取"捕大留小"轮捕轮放方式，构建湖库生态平衡系统，实现净水、增收。目前，全区生态养殖面积占总养殖面积的比例为52.8%。

5. 利用稻渔共作＋设施渔业模式

2009年，宁夏借鉴辽宁盘锦稻蟹综合种养的技术模式，迈出了宁夏稻田养蟹的第一步，开启了利用水稻生长降低养殖尾水富营养化的思路。2011—2012 年，宁夏推行稻田河蟹生态种养，基本实现了规模化、基地化、产业化发展，充分利用稻田的自净作用，实现一水两用、一地双收，降低了化肥、农药使用量，有效降低了渔业面源污染。青铜峡市设置了 17 个精品养殖示范区，实行工厂化育秧、机械化作业、规模化种植，实现了品种优质化、生产标准化、操作规范化、管理集约化、经营产业化，成为西北乃至全国典型的稻蟹生态种养展示区。2014—2015 年，稻田养蟹覆盖宁夏水稻主产区 3 市 10 个县（区）60 个专业合作组织和兴唐等 6 家企业，采取"企业＋合作社＋农户"的模式，把稻田养蟹（鱼、鸭、泥鳅）与优质粮工程、粮食创高产示范、水稻机械化作业、观光休闲等现代农技（农艺）结合起来，实现了集约化、规模化、基地化发展，稻渔综合种养对降低渔业养殖尾水富营养化作用突显。2017 年，宁夏继续抓好稻渔综合种养技术集成创新，示范推广稻蟹（鱼、鳅、鸭）四种模式，创建国家级稻渔生态综合种养示范基地 2 个。2018 年，宁夏因地制宜推广"宽沟深槽"稻渔综合种养新模式，稻田流水槽养殖新技术、新模式示范点 4 个，探索挖掘稻渔综合种养技术潜力，进一步提升处理养殖尾水的能力。2019 年，宁夏开展稻田流水设施综合种养后，稻田中部与槽（缸）内水质相比较的结果是：水温降低 2%，溶解氧升高 62.5%，氨氮降低 70%，亚硝酸盐降低 80%，总磷降低 52.9%，总氮降低 78.2%。每亩可节约农药、化肥、除草劳动力成本约 35 元，稻田的自净作用得到进一步发挥。2020 年，宁夏进一步加大稻田镶嵌流水槽生态循环种养、"陆基玻璃缸＋稻田"生态循环种养模式示范力度，开展"高位砼制鱼池＋稻田"生态循环种养模式，以"宽沟深槽"稻渔工作模式为重点，试验节水 25%，降低农药化肥用量 35% 左右，为源头治理水稻种植面源污染探索出新路子。贺兰县"稻渔空间"发展模式受到中央领导的肯定。

（六）农作物秸秆面源污染防治

"十一五"期间，根据《国务院办公厅关于加快推进农作物秸秆综合利用的意见》（国办发〔2008〕105 号），自治区人民政府办公厅印发《关于加快推进农作物秸秆综合利用的意见》（宁政办发〔2008〕194 号），提出主要目标为：秸秆资源得到综合利用，解决由于秸秆废弃后违规焚烧带来的资源浪费和环境污染问题，在全区基本建立秸秆综合利用长效机制，形成布局合理、多元利用的秸秆综合利用产业化格局。重点任务为：一是努力拓宽秸秆综合利用渠道。大力发展草食畜牧业，推进机械化秸秆还田，发展以秸秆为原料的户用沼气，发展以秸秆为基料的食用菌产业，发展以秸秆为原料的加工业，加快秸秆能源化利用步伐。二是加强秸秆综合利用技术研发和推广工作。组织科技攻关，加强技术与设备研发，积极开展技能培训和技术推广。三是加大政策扶持力度。加大财政支持力度，完善各项补贴政策，加快调整种植结构，落实税收优惠政策。四是加强组织领导。建立厅际联席会议机制，落实地方政府推进秸秆综合利用和秸秆焚烧工作的主体责任，加强部门分工协作，广泛开展宣传教育，加强督促检查和考核。这期间，围绕秸秆饲料化加工利用，自治区制定并发布实施了《酶贮饲料调制技术规程》（DB64/T 494—2007）、《氨化饲料调制技术规程》（DB64/T 495—2007）《秸秆加工调制技术规范》（DB64/T 578—2010）等秸秆加工调制技术标准。

"十二五"期间，根据国家发展改革委、农业部、财政部《关于印发"十二五"农作物秸秆综合利用实施方案的通知》（发改环资〔2011〕2615 号），自治区发展改革委、农牧厅制定了《宁夏回族自治区秸秆综合利用规划（2010—2015 年）》，提出发展目标为：通过拓宽秸秆资源利用方式，优化利用结构，以饲料化、工业化、肥料化、能源化、生物转化等利用方式为重点，以提高秸秆综合利用的机械化和社会化服务水平为支撑，示范推广具有区域特色的秸秆循环利用模式，把农村秸秆资源高效利用与社会主义新农村建设有机结合，大幅度提高农业农村环境质量，逐步将宁夏建设成为秸秆资源高效利用示范区。这期间，宁夏加大秸秆加工调制标准化技术的研究制定及示范应用，建立了较为完整的宁夏秸秆加工调制技术标准体系，制定并发布实施了《饲草料加工配送中心建设规范》（DB64/T 751—2012）、《饲草包膜青贮加工调制技术规程》（DB64/T 752—2012）、《青贮饲料调制技术规程》（DB64/T 104—2013）、《微贮饲料调制技术规程》（DB64/T 848—2013）、《日光温室秸秆还田技术规程》（DB64/T 931—2013）、《设施蔬菜秸秆生物反应堆技术规程》（DB64/T 972—2014）、《尿素、硫酸铵、糖蜜复合处理秸秆饲料调制技术规程》（DB64/T 1090—2015）等多项秸秆加工调制技术标准，其中《饲草料加工配送中心建设规范》和《饲草包膜青贮加工调制技术规程》填补了国内技术标准的空白。

"十三五"期间，根据《国家发展改革委办公厅　农业部办公厅关于印发编制"十三五"秸秆综合利用实施方案的指导意见的通知》（发改办环资〔2016〕2504号），自治区发改委、农牧厅制定了《"十三五"秸秆综合利用实施方案》（宁发改资环函〔2017〕512号），提出到2020年农作物秸秆综合利用率达到85％的发展目标。这期间，在中央和自治区财政的支持下，全区农作物秸秆综合利用补助资金逐年增加，从2015年不足3000万元，到2019年最高达1.4亿元，4年增长了3.6倍。在政策扶持方面，一是实施农作物秸秆综合利用补助项目，从2018年开始，每年预算安排8000多万元，对全区水稻秸秆机械化灭茬深翻还田和玉米等主要农作物秸秆机械化捡拾打捆、粉碎深翻还田和秸秆收储加工等给予补助；机械化灭茬深翻还田每亩补助20元，玉米等主要农作物秸秆机械捡拾打捆、秸秆收储加工利用每吨补助50元。二是实施银北盐碱地农艺改良项目，安排银北百万亩盐碱地秸秆培肥改良资金2200万元，每亩补助40元。三是实施蔬菜产业项目，对应用秸秆生物反应堆技术的示范推广项目，每年安排资金500万元，每亩补助500元。四是对饲草料收储加工经营主体，收储秸秆100吨以上的新型农业经营主体和种养户，每吨给以100元补助。五是安排自治区发改委根据国家和自治区能源发展规划，先后批复了宁夏源林5万千瓦、灵武华电3万千瓦生物质发电项目，对秸秆综合能源化利用起到了积极推动作用。在技术支撑方面，在多年实践经验的基础上，宁夏制定出台了《草本秸秆生产园艺基质技术规程》（DB64/T 1246—2016）等标准，形成了一批秸秆黄储窑储技术、机械化秸秆捡拾打捆（包膜）技术、生物反应堆技术、粉碎深翻还田技术、沼气沼肥技术、生物质成型燃料加工技术、生物质供暖技术、生物酶造纸预处理技术等农业废弃物利用典型示范技术模式。全区建设了一批饲草料加工配送中心，初步形成了"种植户＋加工配送＋养殖户"的饲草料加工生产供应体系。市场化利用机制进一步完善，初步形成了多领域、多形式秸秆综合利用格局。截至2020年，全区农作物秸秆综合利用率达到87.6％，全面完成了"十三五"末达到85％的规划目标。

第二章

农 村 能 源

■ 第一节 生物质能

生物质能是太阳能以化学能形式储存在生物质中的能量形式。它直接或间接地来源于绿色植物的光合作用，可转化为常规的固态、液态及气态燃料，是一种取之不尽、用之不竭的可再生能源，也是唯一可再生的碳源。1996年后，宁夏在开发利用生物质能方面进行了有益的探索与实践，发展了以生物质燃料、沼气为主的两大生物质能类型。

一、生物质燃料

宁夏农作物秸秆资源丰富，除了用于饲料、肥料、工业原料及农户的炊事用能外，还有大量剩余的秸秆四处堆放或在田间焚烧，不仅有害环境，资源也被白白浪费。为了有效利用农业废弃物（秸秆）和林木废弃物，宁夏在开发利用生物质燃料方面进行了有效探索，形成了以秸秆气化形式为主，以及以生物质颗粒燃料为主要能源利用物质的模式，效果良好。

2000年，青铜峡市叶盛镇建成宁夏第一座秸秆气化集中供应站，可供200户农户全年的炊事用能。2001年，农业部"农村小型公益设施建设补助金"项目实施，分别在沙坡头区夹道村、利通区金积镇、平罗县马场建设3座秸秆气化站，供气规模均为200户。

2012年，宁夏在青铜峡市广武生态移民区建设大型牛粪—秸秆混合发酵集中供气工程一处。

2012年，宁夏瑞威尔能源工程有限公司、宁夏荣华生物质新材料科技有限公司、盐池县春浩林草产业专业合作社建成生物质固体成型燃料生产线，生产商品生物质成型燃料，年产56500吨，在青铜峡市、利通区、银川市等地的乡镇政府、中小学校、幼儿园、卫生院、敬老院、村委会、医院、农村社区等农村公共领域，采用"生物质成型燃料＋生物质锅炉清洁"分布式供暖模式，供暖面积30万米^2。生物质固体成型燃料生产线如图19-2-1所示。

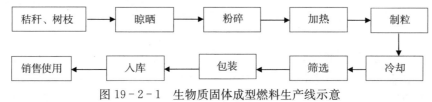

图19-2-1 生物质固体成型燃料生产线示意

二、沼气

（一）农村户用沼气

宁夏的户用沼气建设自1996年后，经历了再次从外省引进，试验、示范，局部推广到全面建设的三个阶段。

第一阶段：在之前推广户用沼气的基础上，1996年，针对宁夏户用沼气池原料缺乏，进出料困难，冬季池温低不产气，以及只单一产气，沼气发酵后产生的沼泥不能利用而造成新的污染，沼气池的综合效益不高等问题，宁夏回族自治区农村能源工作站（以下简称自治区农村能源工作站）从陕西省户县和辽宁省营口市引进"北方'四位一体'生态农业模式"。该模式结合生态学、经济学、系统工程学原理，以土地资源为基础，以太阳能为动力，以沼气为纽带，种植业和养殖业相结合，通过生物质能转换技术，在全封闭状态下，将沼气池、畜禽舍、厕所和日光温室等组合在一起。北方"四位一体"生态农业模式（简称"四位一体"）是一种庭院经济形态与生态农业相结合的生产模式。具体形式是：在一个150米^{2}日光温室的一侧，建一个8～10米^{2}的地下沼气池，其上建一个面积约为20米^{2}的畜禽舍和一间厕所，形成一个封闭状态的能源生态系统。温室内，圈舍的温度在冬天可提高3～5℃，为禽畜提供适宜的生活温度条件，可缩短畜禽的饲养周期，圈舍因此而提高利用率，增加饲养量。饲养量的增加，又为沼气池提供了充足的原料，且圈舍下的沼气池也因得到了太阳热辐射而增温，初步解决了北方地区在寒冷的冬季产气难的技术难题。同时，畜禽呼出的大量二氧化碳，使日光温室内的二氧化碳浓度比室外提高了4～5倍，大大改善了温室内蔬菜等农作物的生长条件，蔬菜的产量可获增加，品质也有明显提高，成为绿色无污染的农产品。北方"四位一体"生态农业模式如图19-2-2所示。

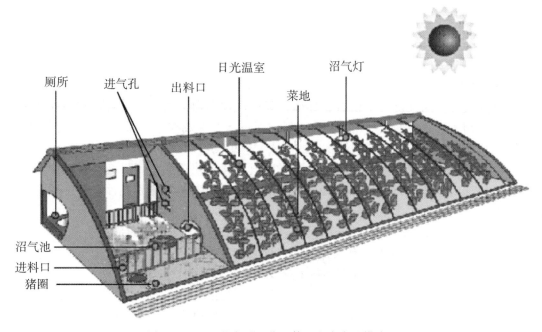

图19-2-2　北方"四位一体"生态农业模式

1996年，宁夏在固原县、隆德县、盐池县和中卫县进行试验、示范。1997年，扩大到西吉、海原、灵武和银川郊区等县（市、区）。至2001年，宁夏共建成北方"四位一体"生态农业模式沼气池1209座。经济效益：一是作物增产，如冬季黄瓜、茄子每平米可增产2～5千克，增收5～6元，温室大棚年可提高效益1000元以上；二是年均可节省化肥开支约200元；三是温室养殖的畜禽比常规养殖的畜禽可提前出栏。以养猪为例，每头猪可降低成本40～50元；四是沼气作燃料和照明等，年均可节电费60元，节煤130元。社会效益：一是改变了北方地区半年种田半年闲的状况；二是农村庭院整洁有序，改变了"人无厕所猪无圈，房前屋后多粪便，烧火做饭满屋烟，杂草垃圾堆满院"的脏乱差的面貌。

与此同时，自治区农村能源工作站组织区内外专家，及时总结宁夏各地建造户用沼气池的经验，并做了大量试验，汇集相关数据，编制出《宁夏农村能源生态模式设计规范》《家用沼气池施工规范》

和《农村家用沼气池发酵工艺规范》等，从规划设计、施工建造、沼气发酵以及日常管理、维护等方面制定出一整套规范体系，为宁夏推广建设户用沼气工作提供了技术和质量标准。

第二阶段：从 2001 年起，农业部的"生态家园富民"项目在宁夏开始实施。项目以村为单位，旨在提高农民的生活水平，增加收入，改善环境。项目分别在平罗县姚伏镇曙光村、盐池县城郊乡佟记圈村和青山乡盘营台村、中卫县东台乡曹山村进行，共建沼气池 158 座。其中"四位一体"沼气池 76 座、"三位一体"沼气池 82 座（"三位一体"在构成上比"四位一体"少了日光温棚）。农业部"农村小型公益设施补助金农村能源"项目于 2001 年进入实施阶段，宁夏有 6 个县（市、区）被纳入项目建设，共新建沼气池 5910 座。其中建"四位一体"沼气池 910 座，"三位一体"沼气池 5000 座。2001—2003 年，宁夏举办了农村能源模式（主要是"四位一体"模式和"三位一体"模式）培训班 41 期，培训县一级技术人员 350 人（次），农民约 8000 人，并着手建立宁夏农村能源特有工种职业技能鉴定站。自治区农村能源工作站编制了《宁夏生物质能沼气利用规划》和《2002—2005 年宁夏农村能源建设规划及 2010 年发展目标》，编辑印发了《宁夏农村能源》内部动态双月刊。这一时期，为适应农村能源事业的壮大发展，宁夏各县（市、区）均从管理机构及人员配备和职能等方面做了相应的调整和充实。从 1996 年起，宁夏各地积极开展"三沼"（沼气、沼液、沼渣）的综合利用试验。

第三阶段：从 2003 年下半年起到 2010 年，宁夏以"农村沼气建设国债"项目中的户用沼气建设为主，"塞上农民新居""巩固退耕还林""扶贫开发""农村环境整治""农业开发""生态移民"等项目中的户用沼气建设内容并举，共建成户用沼气池 232943 座，建设联户沼气池 240 座。项目遍及宁夏境内的所有县（市、区）及乡镇，项目户数量占宁夏农业总户数的 34%，并延伸到农垦及林业系统的各农、林场。

"农村沼气建设国债"项目自始至终坚持"一池三改"［改厕、改灶、改畜（禽）舍］，在有条件的农户中建设"四位一体"生态模式，其他农户建设"三位一体"。在项目推广建设的同时，宁夏还将沼气池的建造与农户的种植和养殖业务有机结合起来，形成以沼气生产为中心的一整套生态循环利用的技术模式，发挥出了多种产业、多种样态的综合效益。

按照农业部"农村沼气建设国债"项目的建设要求，在项目实施期间，宁夏分别对项目管理人员、沼气池施工技术人员、技工和沼气户等分门别类进行培训；共举办各级各类培训班近百期，培训人数逾十万，其中经过职业技能鉴定、持有合格证书的沼气生产工 3963 人，物管员 141 人，解决了沼气用户的日常使用和维护问题；全区共建有 8 个县级沼气服务站，2458 个乡村服务站，并配备抽渣车等设备；服务覆盖了所有的沼气项目户，达到了专业化施工建设，物业化管理和社会化服务的目标。

宁夏 2003—2010 年"农村沼气建设国债项目"实际完成投资建设情况见表 19 - 2 - 1。

表 19 - 2 - 1　2003—2010 年"农村沼气建设国债项目"实际完成投资建设情况

年份	户用沼气建设数量（台）	中央投资（万元）	乡村服务网点（个）	中央投资（万元）	养殖小区联户沼气（处）	中央投资（万元）
2003	22959	2755.08				
2004	22707	2724.84				
2005	22300	2676				
2006	48111	5773.32				
2007	38902	4668.24	116	220.4		
2008	25952	3114.24	637	1212		
2008 新增	31680	4752	790	1501	143	375
2009 新增	16932	2539.8	915	4116	97	541

（续）

年份	户用沼气建设数量（台）	中央投资（万元）	乡村服务网点（个）	中央投资（万元）	养殖小区联户沼气（处）	中央投资（万元）
2010	3400	510				
合计	232943	29513.52	2458	7049.4	240	916

经济效益：一个 8～10 米³ 户用沼气池，一年可产生沼气 380～450 米³，经测算，提供的热能可解决 3～5 口人的农户 10～12 个月的生活燃料，年均可节省柴草 2000 千克以上，节约电 200 度左右，可节约农户 200～400 元开支。户用沼气池一年生产的沼肥相当于 50 千克硫酸铵、40 千克过磷酸钙和 15 千克氯化钾，化肥节支 200 元。日光温室施用二氧化碳气肥，黄瓜增产 30%，芹菜增产 25%，番茄增产 20%，叶菜类增产 35%；沼液浸种，小麦增产 5%～15%，水稻增产 5%～20%。

（二）规模化沼气工程

宁夏规模化沼气工程建设与全国其他地方相比起步较晚，于 1999 年在固原县开始试验。选择的池型为地下水压式沼气池，发酵池容积为 50 米³，分别在四个养殖专业户中进行。试验结果，产气和消化粪污均达到了预期目标，但工程一次性投入高，三沼（沼气、沼渣、沼液）不能充分利用，难以在养殖户中推广。2003 年，宁夏在实施农业部"小型公益农村能源建设"项目过程中建设了 50 座发酵池，发酵池容积均为 50 米³，虽达到了产气和处理粪污的目的，但"三沼"无法尽用，综合效益平平。

2005 年 5 月，宁夏第一座大型沼气工程在中卫市万国种猪场开工，标志着宁夏规模化沼气工程建设拉开了序幕。工程总投资 338 万元，沼气池的发酵池容积为 300 米³，为半地下自动循环池型，采用能源环保发酵工艺。设计年处理养殖粪污 3500 吨，产沼气 21000 米³，产有机肥（干物质）350 吨，沼液 2400 吨，每年所产沼气量换算成标准煤为 300 吨，可增收节支 63 万元，为宁夏解决大型养殖场的粪便污染问题开辟出了一条新路。

从 2005 年起，在此后的 13 年里，宁夏平均每年建设 10 座以上规模化沼气工程，其中建设最多的年份是 2011 年，建了 30 座。到 2018 年，宁夏共建成规模化沼气工程 133 座，总的发酵池容积达到 11.16 万米³，设计年产沼气 702.48 万米³，供气 3900 户，发电 703.43 万度，可消化处理畜（禽）粪污 27.94 万吨。发酵池年产沼液肥 25.9 万吨，其中加工成商品的沼液肥为 2.58 万吨，直接用于还田的为 23.31 万吨；年产沼渣肥 2.11 万吨，其中商品固体肥为 0.31 万吨，直接还田的为 1.8 万吨。

宁夏 22 个县（市、区）均建有规模化沼气工程，利通区的数量最多，有 19 处，其次是青铜峡市、西夏区、兴庆区、永宁县和沙坡头区，各有 10 处以上。1 万米³ 以上的特大型沼气工程有 5 处，分布在银川市、中卫市和吴忠市，总发酵池容积为 6.9 万米³，年可产沼气 362.16 万米³，发电 693.48 万度。宁夏以供气为主的规模化沼气工程有 3 处，分别建在青铜峡市、利通区和沙坡头区，总发酵池容积为 0.74 万米³，年可产沼气 118.32 万米³，供气 2200 户，发电 10 万度。其余的 125 处规模化沼气工程，发酵池容积总计为 6.25 万米³，设计年产气 222 万米³，供气 1600 户，发电装机容量 3880 千瓦。

宁夏建设的规模化沼气工程受到了农业部调研组的肯定和好评，认为工程建设规范，标准高，产业链完整，生态循环的资源化利用效果显著。青铜峡市 1.2 万米³ 发酵池容积的特大型沼气工程利用沼气发电，并成功输入国家电网，成为宁夏第一个并入国家电网的沼气发电工程项目，中卫市沙坡头区日产 1 万米³ 生物天然气工程建设水平达到全国领先水平。这些工程的建成和运营，有效地提升了宁夏种植业和养殖业废弃物的无害化处理和资源化利用能力，所产沼肥应用于特色优质农产品生产，不但促进了沼气工程的稳定运行，还推动了农村人居环境整治，对改善农村环境和农业生态起到了积极的促进作用。

第二节　太　阳　能

宁夏立足太阳能光热资源一类区的资源禀赋和农村饮水工程水源条件的改善，在太阳能利用开发推广领域实施了太阳能热水器、太阳灶、太阳房三大类型，取得了显著成效。

一、太阳能热水器

宁夏太阳能热水器的使用推广经历了简易装置和真空管太阳能热水器两个阶段，销售使用从无到有，覆盖农户范围从零到2018年底实现了全覆盖。

第一阶段：1996年至1998年，宁夏在农户中推广的主要是用黑色红泥塑料制成的袋式简易太阳能热水器。袋式简易太阳能热水器是一种由耐老化的红泥塑料经高频热合而成，利用自来水注水或用人工方法加水，上下水共用一条输水管道，配有阀门和开关，靠自身压力放水的淋浴太阳能热水器装置。1米^{3}袋式简易太阳能热水器可日产40～50℃热水67～130千克，供3～5人淋浴需要。该装置具有结构简单、使用方便、安全可靠、经济适用、节约能源等特点，受到农户欢迎。宁夏平均每年安装面积为4000米^2。

第二阶段：该阶段可以分为"阳光工程"推广时期和"宁夏农村阳光沐浴工程"两个推广时期。

"阳光工程"推广时期：1998年10月9日，自治区政府主要领导主持召开政府办公会议，决定成立宁夏风能、太阳能领导小组，充分利用宁夏的太阳能和风能资源，在宁夏大力推广包括太阳能热水器在内的风能和太阳能利用装置，并将太阳能的示范推广行动命名为"阳光工程"。自治区政府主要领导和分管领导分别担任该领导小组组长、副组长，宁夏计委、科委、财政厅、农业厅、建设厅、环保局为成员单位，农业厅厅长为自治区领导小组办公室主任。太阳能热水器分三期进行示范推广。

1999年，第一期示范推广在银川市兴庆区塔桥村和高台寺村，贺兰县习岗镇和金贵镇，青铜峡市张岗村，永宁县杨和镇以及银川市教委所属教师住宅楼开展，共示范安装了1000台真空管太阳能热水器（14～15支真空管，水箱容积75升）。自治区人民政府利用广播、电视、报纸等媒体，并组织自治区及各县（市、区）相关部门的工作人员走街串户，宣传利用太阳能的优越性和重要性。在"阳光工程"带动下，1999年宁夏共推广安装真空管太阳能热水器10000台。

2001年，第二期示范推广在宁夏的11个县（市、区），20个示范点开展，共安装真空管太阳能热水器1000台。两期"阳光工程"的实施，极大地提高了宁夏广大干部群众对开发利用太阳能的认识。2001年，除"阳光工程"外，宁夏还引领带动全区共安装太阳能热水器25000台。

2002年，"阳光工程"第三期继续在宁夏的8个县的19个小康村开展，共示范安装真空管太阳能热水器1000台。在此后的多年里，太阳能热水器在宁夏山川各地越来越被农户广泛认可。在宁夏"扶贫""移民吊庄""退耕还林还草""生态移民"等项目中，也都安排实施了太阳能热水器的推广使用，多由农村能源机构负责或参与实施。太阳能热水器成为宁夏农户改善生活条件的首选产品。到2014年，宁夏总计已在乡村推广安装太阳能热水器24.99万台，集热面积达38.14万米^2。

宁夏农村阳光沐浴工程推广时期：2015—2018年，宁夏农村阳光沐浴工程在宁夏全域实施，得到了农户的极大欢迎，实现了全覆盖。

2014年3月，自治区政府主要领导到固原市调研，村民提出"家家洗热水澡"的愿望，引起自治区政府重视。政府主要领导指出，洗澡难的问题，涉及千家万户农民的切身利益，一定要踏踏实实办好。自此，解决农民洗澡难的问题被自治区政府提上日程。按照自治区政府主要领导的指示，2014年农牧厅在原州区张易镇驼巷村和隆德县联财乡张楼村进行整村推进太阳能热水器的试点示范，编制了《宁夏农村太阳能热水器户户通工程建设项目可行性研究报告》（2015—2018年）和《宁夏农村太阳能热水器户户通工程项目建设实施方案》。2015年1月，经自治区第十一届人民代表大会第四次会议审议通过，定名为"宁夏阳光沐浴工程"，列入宁夏地方财政预算。2015 年 2 月，自治区人民政府印发《关于 2015 年 10 项民生计划为民办 30 件实事的通知》，将此项目列为宁夏"三重一改"任务，之后，每年经自治区人大审议通过，自治区政府印发文件实施。

2015 年 4 月 30 日，农牧厅印发了《关于阳光沐浴工程的实施意见》，明确了实施的政策和原则以及程序和措施，凡户籍、住房、生活和就业均在农村的农户和农林牧场户全部纳入工程实施范围，一户一台（套）。太阳能热水器的安装标准为 130 升水箱、16 支真空管（管径 58 毫米、管长 1.8 米）。每户太阳能热水器由宁夏财政给予补助 1000 元。

在实施过程中，按照沿路沿水优先，农户民居设施条件先易后难，统筹规划整村推进，对新型村庄及农村社区，平房、楼房不同住宅类型等分类实施，根据水源保证和农居基础条件等不同情况进行安装，对不具备条件的积极创造和改善条件后进行安装，安装一户成功一户，受益一户。

建立分级负责齐抓共管的体制机制，由农牧厅牵头，发展改革委、财政厅、住房城乡建设厅、水利厅、扶贫办等部门分工协作，县（市、区）为实施主体，自治区能源站具体负责。

自治区农村能源工作站制定《宁夏阳光沐浴工程产品及安装系统设计》，具体设计太阳能热水器整机系统、管路系统、保温系统、固定系统、控制系统、洗浴间设施设备系统、给排水设施系统、供电系统等 8 大系统，确定配置、技术参数、材质、施工规范、安装服务等标准，报请主管部门审核同意，在自治区政府采购主管部门的协助下，在全国范围进行产品、安装和售后服务一揽子公开采购，确定入围企业及产品品牌、价格，向社会公布。县（市、区）严格按自治区采购确定的企业和产品目录，结合本地实际资源对接，公开选取中标企业和产品。2016 年以后采购权限下放至各县（市、区）。

2015 年 7 月，在大规模安装实施伊始，自治区农村能源工作站举办了"阳光沐浴工程"安装和质量培训班，并制作《施工安装规范》专题片，编印《家用真空管太阳能热水器系统设计》《家用真空管太阳能热水器的使用与维修》等丛书，在各县（市、区）层层培训。自治区农村能源工作站制定完善了领导包片、工作人员联系服务到县的责任制，以目标任务和问题为导向，与各县（市、区）协同推行"一线工作法"，盯政策、盯质量、盯进度、盯安全、盯措施、盯管理，着力做好县、企和农户的沟通协调，不间断地巡回指导服务督查，农牧厅及时通报进度质量和问题，推动各县（市、区）、各企业比学赶超。2017 年 3 月，农牧厅印发了《关于对农村阳光沐浴工程和农村沼气工程全面检查的通知》，4 月农牧厅组成 3 个检查督导组，开展了为期百日的大检查、大督导活动。逐县（市、区）对 2015 年和 2016 年实施情况进行检查，对 2017 年实施工作，围绕政府采购、实施政策落实、工程质量等重点环节，逐县进行了督查指导和服务，对存在的问题印发整改通报，及时采取措施整改落实，推进工程实施。同年，农牧厅组织"阳光沐浴工程"培训会和现场观摩，对质量进度、政策纪律、技术路线等进行了专题培训，严控工程实施的政策和质量关口。几年来，自治区农村能源工作站编辑《农村阳光沐浴信息专刊》、组建宁夏农村能源工作系统微信群编辑短信等形式加强宣传。宁夏阳光沐浴工程的实施引起了中央、地方和行业媒体的关注报道，新华社发表《让百万农民告别洗澡难》，《农民日报》刊发了《宁夏农户告别洗澡难》，《宁夏日报》刊发了《"种"在屋顶的"太阳"》《再圆 100 万农民"洗澡梦"》等，道出了农户对太阳能热水器发自内心的喜爱，引起社会极大反响。2016 年自治区农村能源工作站被农业部授予"全国农业先进单位"，"宁夏阳光沐浴工程系统设计与推广实施"项目获 2014—2016 年度全国农牧渔业丰收奖三等奖，农牧厅《宁夏农业信息》仅 2017 年就刊登"阳光沐浴工程"专刊 16 期，推动了信息和工作交流。

从 2015 年到 2018 年，自治区财政投入"宁夏阳光沐浴工程"资金 7.13 亿元，县级以下地方补助 1149.43 万元，农户自筹 18098.73 万元，总投资近 10 亿（表 19-2-2）。前三年每年在宁夏农户中安装近 20 万台真空管太阳能热水器，2018 年 9 月工程结束，为宁夏 713204 户农户安装太阳能热水器 713204 套，使宁夏回族自治区率先成为全国第一个省级全域乡村农户太阳能热水器使用全覆盖地区。

表 19 - 2 - 2　2015—2018 年"宁夏阳光沐浴工程"投资建设情况

年份	建设数量（万台）	自治区财政资金（万元）	自筹资金（万元）	地方补助（万元）
2015	20	20000	9169.76	196.42
2016	20	20000	3821.51	413.19
2017	20	20000	3272.09	309.67
2018	11.3204	11320.4	1835.37	230.15
合计	71.3204	71320.4	18098.73	1149.43

"宁夏农村阳光沐浴"工程项目的实施，有效减少薪柴和煤炭等能源消耗，减少农村环境污染。经测算，每台太阳能热水器户均可节约煤炭 148 千克，年均增收节支 160 元，减排二氧化碳 394 千克，减排二氧化硫 3.32 千克，对改善农村居民生活条件，提高农民生活质量，保护农村生态环境意义重大。

二、太阳灶

1997 年"全国农村能源综合建设县隆德县农村能源综合建设项目"示范应用水泥太阳灶 2000 台，2005 年"宁夏中部干旱带太阳灶示范推广项目"在隆德县示范应用菱苦土太阳灶 10000 台。宁夏通过对水泥太阳能灶、玻璃钢太阳能灶、铸铁太阳能灶、菱苦土太阳能灶的实验试点及示范推广应用，确定选择推广应用水泥太阳能灶。

1999 年，自治区农牧厅、计委和科委联合在西吉县召开了宁夏太阳灶观摩推广现场会，通过现场示范和检测，与会的自治区领导和专家对西吉县生产的太阳灶给予了高度评价。现场会后西吉县半年生产太阳灶 2000 台，西吉县城郊乡上堡村 300 多户农民用上了太阳灶。2000 年，宁夏"阳光工程"推广太阳灶 14851 台，2002 年推广 13000 台。2006 年，农业部在宁夏中部干旱带推广 10000 台。2007 年，农业部在宁夏推广 25000 台。2008—2010 年，农业部在宁夏推广 200000 台。"退耕还林"项目于 2008—2015 年在宁夏推广 88500 台，CDM 项目（瑞士再保险公司、芬兰外交部与宁夏丰联世贸有限公司合作实施清洁发展机制太阳灶项目）推广 34000 台，项目有力地推动了太阳灶在宁夏的普及。

太阳灶以户为单元进行安装。每户安装 1 台采光面积为 1.7 米^2 以上、功率 700 瓦以上的聚光型太阳灶。在项目推广中，相关人员研究改进创新太阳灶技术 6 项，包括太阳灶技术参数的选取及改进、太阳灶灶壳材料的优选、太阳灶镜片粘贴技术的改进、太阳灶灶架材料及工艺改进、太阳灶运输大架的改进、CDM 太阳灶减排技术创新。其中，太阳灶技术参数、太阳灶灶壳材料，太阳灶灶架材料等工艺被农业部采用，在农业部招标"2008 年青海等四省藏区太阳能温暖工程和宁夏太阳灶示范推广项目"及"2009 年宁夏太阳灶示范推广项目"时应用。宁夏南部山区各县不仅能生产、制作适合当地光照条件的太阳灶，还生产出适用于周边地区的太阳灶，产品辐射陕、甘两省多个县。

在项目推广过程中，自治区农村能源工作站负责项目的组织实施和建设管理工作。自治区成立太阳灶质量监督监理领导小组，制定出宁夏太阳灶示范推广项目产品质量监督规程。在太阳灶生产前和出厂前，对每个批次（原则上 3000 台为一个批次）太阳灶生产的原料、模具、构件进行检查；同时，在每个批次产品完成，出厂前检测太阳灶的聚光性能，以及支架的稳定性、操作机构的灵活性、镜片粘接的规范性、产品外观、项目建设的标志，并进行太阳灶强度破坏性试验等质量综合检查；对投放到项目村的太阳灶，在各县验收的基础上，进行跟踪性质量检查，确保太阳灶产品质量。项目县由专人负责太阳灶产品的供应、安装、调试、维修及技术指导工作，并结合投放的太阳灶对农户进行安全使用培训。

据测算，一台正常使用的聚光型太阳灶，在全区一年按使用 6 个月计，晴日一天可烧 2～3 壶水和做一些焖煮的食品。每台太阳灶年节柴量 400 千克，年节支 120 元，即节省原煤开支 120 元。

三、太阳房

宁夏推广建造的太阳房均为被动式太阳能暖房，是在普通建筑物建造时，增加南立面采光面积（扩大玻璃窗）和集热（如在南墙加装吸热材料）装置，并辅以蓄热设施，在建筑物的外墙和屋面填充保温材料作为保温层，利用太阳能光热使建筑物更多地集热、蓄热和保温，达到较高的温室效应，以此增加建筑物在冬季的室温，降低能耗。

1983 年起，宁夏南部山区开始试验推广太阳能暖房。先是在农户中建造，1991 年，隆德县温堡中心小学建成了 700 米² 的教室，节能保温效果明显。教室、办公室等白天使用夜晚不用的公共建筑，更适合建造太阳房，不仅能耗和污染减少明显，且室内光线充足，尤其在冬季有光照的白天，室内增温显著，广受师生的称赞。1995 年 9 月，宁夏第二栋太阳能暖房教学楼在隆德县神林乡建造完成，建筑面积 1300 米²。此后四年里，隆德县连续在乡镇学校每年建一栋太阳能暖房教学楼。彭阳县从 1996—1998 年，三年建成四栋太阳能暖房教学楼，包括县城第一小学和第二小学的教学楼两栋，合计面积为 3452 米²；红河和城阳两乡两栋教学楼，合计面积为 3400 米²。中宁县舟塔乡 1998 年建成的太阳能暖房教学楼面积为 1600 米²。宁夏 1996 年至 1998 年共建成太阳能暖房教学楼面积 20368 米²，其中隆德县 6100 米²，彭阳县 6812 米²，盐池县 5756 米²，中宁县 1700 米²。

1995 年后，宁夏的太阳能暖房在农户和乡镇学校同时展开建设。太阳能农舍建设面积在 2012 年达到峰值，9.31 万米²；太阳能暖房教室在 2008 年为最高值，有 34 处，共计 6.57 万米²。此后，由于宁夏各地用能方式多元化，太阳能暖房建设步伐逐渐减缓。截至 2020 年，宁夏共有 225 户，5.78 万米² 的太阳能农舍及多处太阳能暖房教室在使用。

据短期测试，在无辅助热源的条件下，环境平均温度为 4.5℃，室内平均温度为 8.5℃，最高为 13℃，最低为 6℃；室内外极限温差为 33℃，太阳能供暖率为 70%；用户调查结果显示，用户普遍反映"一幢太阳能暖房，一盘节能炕，即可过冬不需再生火炉"，基本达到生活居住条件的温度（14～18℃）要求。

2010 年，"宁夏农村太阳能光热利用技术推广项目"获 2008—2010 年度全国农牧渔业丰收奖三等奖。

■ 第三节　农村能源高效低耗循环利用

一、节能灶、炕、炉

宁夏南部山区和中部干旱带的固原、海原、西吉、隆德、彭阳以及盐池、同心等县（市、区），面积约 3.5 万千米²，农业人口数量超过两百万，有四十多万户，长期以来能源贫乏，生活燃料奇缺。受经济和运输条件所限，该区域商品能源用量只占农村生活用能总量的 1/3，生活燃料以薪柴、秸秆和畜粪为主。据西吉县 1998 年的调查统计，每年全县农户用于炊事和采暖的燃料有 37 万吨，其中灶占 38.4%，炕占 61.6%。传统的灶和炕的热效率均不足 10%，每年户均耗费燃料达 6000 千克，浪费惊人。自 1983 年开始，宁夏农村能源建设启动，首先从宁夏南部山区及中部干旱带各县（市、区）的灶、炕节能改造入手，到 1995 年，已推广节能灶 35.76 万台，节能炕 10.09 万铺，平均热效率达到 30%。

1996 年，继西吉县和盐池县先后实施"全国农村能源综合建设县"项目后，隆德县又被列入"九五"期间"国家百县农村能源综合试点县"项目，节能灶、节能炕是主要建设内容。项目建设 4 年，共建节能灶 2.5 万台，节能炕 3 万铺。隆德县及宁夏南部山区及中部干旱带各县（市、区）在原有节能灶和节能炕的基础上又不断研制开发出新的灶、炕型，热效率普遍在35%以上。此后，凡在宁夏落地的国家及宁夏有关南部山区和中部干旱带的农业、林业和环境建设项目，节能灶、节能炕均被列为项目的主要内容，并以每年10000台灶、6000铺炕的速度推广和普及。2012年，节能炕的使用量为209679铺，为历年最高；2013年，节能灶的使用量达到509800台，为历年最高。随着宁夏南部山区及中部干旱带人口大量移民到引黄灌区，以及退耕还林、还草等措施实施，地区生态得以逐步恢复，经济也有了空前的发展，商品能源所占生活燃料的比例大幅上升，超过了燃料总量的一半以上。加之2010年后，新型炉具和众多的新节能技术的广泛应用，生活燃料和生态环境之间的紧张矛盾得到有效缓解。到2018年，宁夏有436200台节能灶和187000铺节能炕在农户中使用。

据测算，2007年之前，由于节能灶、炕、炉的使用，宁夏每年共可节约煤炭1.38万吨，节约资金1104万元；农村能源建设规划完成后，每年节约煤炭10.18万吨，节约资金8144万元。

二、生态循环利用

宁夏自1996年起开展"三沼"综合利用，农户使用沼肥进行作物种植已非常普遍，收效明显。

沼肥（由沼液及沼渣组成）的规模化、商品化生产是在宁夏规模化沼气工程兴建后开始的。2012年7月18日至22日，由宁夏政府参事室、科协和农牧厅组成调研组，对"沼气产业化"进行了专题调研，形成了《关于宁夏农村沼气建设的调研报告》，鼓励宁夏规模化沼气工程企业积极开展沼肥试验，研发生产沼肥，并通过考察、筛选，推荐宁夏明瑞农村新能源服务专业合作社、宁夏灵武市飞泰农村能源沼气专业合作社、吴忠市宗发可再生能源技术开发服务有限公司三家沼肥生产企业参加全国沼肥田间施用对比试验。2012年9月，在全国沼肥综合利用现场交流会上，宁夏明瑞农村新能源服务专业合作社做了交流发言。该合作社在以往直接施用沼肥的基础上，通过液渣分离、沉淀过滤、搅拌复配、计量灌装等工艺，生产出肥效更高，运输和施用更方便的沼肥，并已具备规模化生产商品沼肥的能力。2013年，宁夏农村能源开发以"三沼"综合利用为突破点，大力开发沼肥，指导农民充分利用沼渣和沼液，革新农业生产用肥和用药方式，发展生态农业、绿色高效农业。自2013年以来，沼肥已广泛施用于设施蔬菜、硒砂瓜、苹果、葡萄、枸杞、红枣、有机水稻、玉米等特色优质农作物和瓜果蔬菜等，施用面积在2019年达到18万亩。2013年，"沼肥有机肥在宁夏现代农业中应用推广项目"获2011—2013年度全国农牧渔业丰收奖三等奖。

2014年8月21日，宁夏召开了"沼液复合微生物肥料加工应用现场观摩会"。天津等地的区外代表和宁夏沼肥生产应用企业代表实地多点观摩了沼液复合微生物肥生产过程和在蔬菜等生产领域上应用的效果，农业部微生物肥质检中心主任对此给予高度评价。2015年，宁夏聘请农业部微生物肥料首席专家，并与中国农业大学、宁夏大学、北方民族大学合作，研发出获得多项专利的沼肥生产技术和设备。2016年7月，在全国"三沼"综合利用现场经验交流会上，宁夏作了典型交流发言，宁夏沼肥亮相延安梁家河现场，《农民日报》及宁夏电视台均做了报道。

从2016年起，宁夏生态循环农业综合技术示范项目连续4年被列入自治区20项重大农业实用技术推广项目。2016年，兴庆区、西夏区、永宁县、贺兰县、灵武市、利通区、中宁县、平罗县8个县（市、区）及农垦系统共6个专业合作社和5个农业公司（农业服务中心）设立硒砂瓜、树莓、有机枸杞、设施蔬菜、有机水稻、玉米、酿酒葡萄、设施冬枣、苹果等作物示范种植点20个，实施规模为3850亩；示范推广了喷（滴）灌沼液复合微生物施用技术，冲施沼泥复合微生物肥施用技术，沼渣生物有机肥施用技术等生态循环农业综合技术；初步总结了畜—沼—菜、畜—沼—果、畜—沼—瓜、畜—沼—粮等循环应用模式，沼肥有机肥—特色种植业、沼肥有机肥—设施农业等产业结合模式，沼液肥与水肥一体化、沼肥施用与农艺栽培等技术融合模式，养殖园—沼气工程—沼肥研发生产—沼肥推广服务—种植基地联动模式；施用各类沼肥，亩均节约化肥60千克，减少农药用量70%，每亩增加收入1000元，节支增收明显。

2017年，自治区按照农业部沼气工程"以肥为先"，着力推动沼气工程转型升级的要求，利用农业微生物技术等研发沼液发酵剂2种，沼渣沼液有机肥配方10多种，研发生产出8种沼液复合微生物肥料，可满足不同农作物在不同生长期的需要。自治区农村能源工作站编写了《以沼气为纽带的技术读本》并刻印示范光盘，在宁夏全区推广生态循环农业综合技术，探索构建养殖业（农业废弃物）—沼气工程（沼肥）—种植业（有机肥替代化肥）—养殖业（饲料）的生态循环模式；采取"推广机构＋公司＋基地（园区）＋农户"等形式，建示范基地20个、7600亩。

项目分别在利通区、沙坡头区、青铜峡市等7个县（市、区）进行，总结形成了沼肥有机肥—设施农业等产业结合模式，沼液肥有机肥一体化，沼肥施用与农艺栽培等技术融合模式。

2018年，宁夏在5个县（市、区）设立示范推广点15个，在设施蔬菜、拱棚西瓜、硒砂瓜、苹果、葡萄、长枣、有机水稻等种植物18048亩；总结完成了"养殖基地＋规模化沼气工程＋种植基地"的种养结合循环利用模式，"家庭农场＋联户沼气＋设施农业"的生态农场综合利用模式，"农家肥＋沼渣沼液混合物＋商品有机肥＋配方肥替代化肥"生产模式，粪污—沼气池—沼渣沼液肥—肥料配送的生态循环应用模式。

2019年，宁夏依托以沼气工程为纽带的农业废弃物循环利用技术，在沙坡头区、青铜峡市、金凤区、盐池县设立示范推广点10个，示范推广面积11200亩；在硒砂瓜、设施蔬菜和经济林果种植区推广沼渣沼液肥施用技术和沼液复合微生物施用技术。形成了"养殖基地＋规模化大型沼气工程＋种植基地和养殖业（农业废弃物）＋中小型沼气工程＋休闲农业"等综合利用模式，实现了农业废弃物的循环利用。沼气工程年处理畜（禽）粪污等农业废弃物超过20万吨，年生产销售沼肥2万吨。

2020年，宁夏在沙坡头区、青铜峡市、利通区、金凤区、盐池县等县（市、区），以规模化沼气工程为纽带，示范推广畜禽粪污无害化处理和绿色有机肥料生产、施用资源化利用技术，年处理畜禽粪污等农业废弃物超过20万吨，年生产销售沼肥超过2万吨，并总结形成了农村能源开发利用技术，收录在《2020年全区农业主导品种主推技术和绿色技术模式》中，主要有如下几种。

（1）沼气工程无害化处理粪污技术　此技术为沼气工程基本技术。规模化养殖场畜禽养殖粪污在密闭的规模化沼气工程中（在沼气池内），在一定温度、湿度、酸碱度和厌氧条件下被种类繁多的微生物分解转化，产生沼气，发酵后排出的料液和沉渣为沼液和沼渣，含有较丰富的营养物质，可用作肥料和饲料。

（2）沼气工程资源化利用有机废弃物技术　该技术与上述技术原理一致，只是原料发生了变化。原料来源于规模化养殖场畜禽粪污、农作物废弃物秸秆、厕所革命中人类排出的粪污、尾菜等各种有机物。

（3）沼液复配浓缩生产有机肥技术　该技术以沼气工程为纽带，为沼液的后处理技术，用于解决农田消纳能力不足、冬季利用量小、远距离运输成本过高等利用时空分布不均和经济性问题。通过沼液浓缩高值利用技术，运用高效的预处理技术及多级膜处理技术，对沼液进行浓缩，提高液肥中有机质和营养物质含量，浓缩倍数为2～20倍。测定沼液中营养物质，比对沼肥行业标准添加微量元素和营养物质，生产商品性沼液有机肥。在此基础上，根据土壤和不同作物对微量元素和营养物质的需求相应添加，生产专用沼液有机肥。

（4）沼渣畜粪好氧反应有机肥生产技术　该技术将堆积初步好氧发酵的畜粪及沼渣与物理处理过的秸秆混合好氧发酵，水分含量控制在60%左右，控制农作物秸秆、沼渣与畜粪比例，发酵后形成初级有机肥产品，加入添加剂，经过制粒、干燥、包装后成为生物有机肥。总结形成了宁夏五丰微生物沼液沼渣复合肥服务技术模式。该模式由宁夏五丰农业科技有限公司（以下简称五丰公司）提供技术支持、肥料配方、微生物菌种，并进行质量检测和监控。由沼气生产单位负责沼液肥的生产。五丰公司和种植大户对接，推广五丰绿色种植模式，销售沼液复合微生物肥。沼液肥生产厂家主要为规模化沼气工程业主单位，发酵罐体积在600米³左右。2015年，该项技术获得农业部颁发的全国第一个"沼液复合微生物肥料"登记证。此项技术作为"宁夏模式"，在陕西延川县梁家河召开的全国"三沼"综合利用现场经验交流会上进行交流推广。宁夏生产的沼肥除在本区农业种植使用，还在新疆、山东等地用于农业生产，还在青海三江源林业植被恢复中被广泛使用。

"规模化畜禽养殖粪污厌氧处理及资源化利用技术研究与示范项目"获 2018 年度宁夏科学技术进步奖三等奖。2022 年，"基于农业废弃物能源化利用的低碳宜居乡村建设技术模式创新与示范推广项目"获 2019—2021 年度全国农牧渔业丰收奖农业技术推广合作奖。

第二十篇

农业机构与农业人物

21世纪以来，我国农业农村发展处在一个比较好的历史时期。作为承担自治区农业农村行政管理、推广、科研、教育、培训工作的农业机构，包括自治区农业农村厅及厅属企事业单位、农业科研机构、农业院校及培训机构，所承担职责分工也随着"三农"工作的发展作出了相应的调整。

2000年7月，根据中共中央、国务院关于《中共宁夏回族自治区委员会机构改革方案》和《宁夏回族自治区人民政府机构改革方案》（中委〔2000〕65号），宁夏组建自治区农牧厅。农牧厅是自治区主管农业和农村经济发展的政府部门。

2019年1月，根据《中共中央办公厅印发〈关于地方机构改革有关问题的指导意见〉的通知》（中办发〔2018〕32号）和中共中央办公厅、国务院办公厅《关于印发〈宁夏回族自治区机构改革方案〉的通知》（厅字〔2018〕102号），宁夏组建自治区农业农村厅，作为自治区政府部门。农业农村厅负责统筹研究和组织实施"三农"工作的发展战略、中长期规划、重大政策，统筹推动发展农村社会事业、农村公共服务、农村文化、农村基础设施和乡村治理等，推动乡村振兴战略实施，推进农业农村现代化。

在服务"三农"工作中，宁夏农业行业涌现出一批先进人物，荣获"百千万""塞上英才""两贴"等受表彰人才。

第一章

自治区级农业行政主管部门

■ 第一节　历史沿革和行政职能

一、历史沿革

1958 年 10 月，自治区畜牧局成立，为自治区农业厅的下属机构。1968 年 10 月，畜牧工作划归自治区革委会农林局领导。1978 年 11 月，自治区畜牧局成立。1983 年 2 月，畜牧局与农业局合并为自治区农牧厅。1984 年 7 月，自治区畜牧局分设。2000 年 5 月，由原农业厅、畜牧局、乡企局组建成新的农牧厅，畜牧局撤销。截至 2000 年 5 月，农牧厅内设办公室、人事劳动处、政治处、计财处、经营管理处、科教处、畜牧处、畜医处、草原处、法规处、机关党委、纪检室，核定行政编制 38 人。

1958 年 11 月，自治区农业厅成立，前身为中共宁夏工委农业处。1968 年 10 月，经自治区革委会批准，成立农业厅革命领导小组，归属自治区革委会生产指挥部。1970 年 4 月，自治区革委会农林局成立。1978 年 11 月，自治区革委会农林局更名为自治区农业局。1983 年 4 月，自治区农牧厅成立，1984 年 6 月，自治区农牧厅分设，成立自治区农业厅和自治区畜牧局。农业厅内设办公室、劳人处、计财处、农业处、农机处、科教处、水产局、机关党委、纪检组。1984 年 9 月，自治区畜牧局、自治区乡镇企业管理局分设后，自治区农业厅人员编制重新核定为 90 人，仍列行政费开支，内部机构设置暂不动。

自治区农业机械管理局，前身为自治区农业厅农机局。1961 年，其改为自治区直属职能部门，1966 年后改为自治区农林局农机处。1974 年，农林局农机处改为农业厅厅属农机局。1977 年 7 月，农业厅厅属农机局与自治区社队企业管理局同时成立，两块牌子，一套人员。1978 年 9 月，农机局和社队企业管理局分设。1983 年，农机局撤销，并入自治区农牧厅，原内设有办公室、政治处、修造处、管理处、监理处、计财处、科教处、社队企业处。

1977 年 7 月，自治区社队企业局和自治区农机局成立，社企局与农机局两块牌子，一套人员。1978 年 9 月，两局分设。1983 年 3 月，自治区社队企业局撤销，职能合并到自治区农牧厅农村经济管理处。1984 年 2 月，自治区农牧厅社队企业管理局成立。1984 年 7 月，自治区乡镇企业管理局成立，2000 年撤销。截至 1996 年，自治区乡镇企业管理局内部设办公室、综合法规处、计划财务处、科教信息处、企业管理处、质量环保安全处、纪检组（监察室）、机关党委，下辖乡镇企业培训中心、经济技术服务中心、产品质量监督检测站等事业单位。

1992 年 7 月，农业厅农机处撤销，成立宁夏农业机械化总公司，为农业厅所属的相当于行政副厅级规格的经济实体，代行全区农机化管理工作职能，内设一室、二处（副处级）。农业厅下属的农机鉴定技术推广站、农机监理站划转给农业机械化总公司直接管理。1992 年 9 月 5 日，自治区农业厅党组召开会议，研究决定先成立宁夏农机化总公司筹备小组，做好总公司的筹备事宜，同时运转全区农机工作。

2000年7月，自治区农牧厅组建，主管全区农业和农村经济发展工作，将草原野生动物保护职能、村镇建设规划职能、农村环境保护职能划出，分别划转至自治区林业局、建设厅、环境保护局。自治区农业厅、畜牧局、乡镇企业局、农机化总公司撤销，其原来承担的行政职能全部划入自治区农牧厅；原自治区计划委员会承担的农业区划职能划入自治区农牧厅；农机供油和维修网络建设方面的职能划入自治区农牧厅。

自治区农牧厅内设办公室、人事劳动处、产业政策与法规处、计划财务处、农村经济体制与经营管理处、科技教育处、市场与经济信息处、种植业管理处、农业机械化管理局、畜牧局（自治区饲料工业办公室）、兽医处、乡镇企业局、渔业局（自治区渔政监督管理局）13个行政职能处（局、室），设直属机关党委。机关设置行政编制69名，其中厅长1名、副厅长4名、总农艺师1名、正处级领导职数14名（含机关党委专职副书记1名），副处级领导职数15名。

2000年8月，自治区农牧厅内设离退休干部服务处，核定离退休干部服务人员编制6名，其中处级领导职数1正1副。原核定畜牧局、乡镇企业局的离退休干部服务人员编制数由自治区机构编制委员会收回。

2009年4月，农牧厅职能职责进行调整。取消国家和自治区人民政府已公布取消的行政审批事项；新增加强农产品和农业生产资料的质量安全监管职责，以提升农产品质量安全水平；新增加强对生态农业、循环农业和农业生物质产业的指导服务和监督管理的职责，促进农业资源合理配置和农业可持续发展。

自治区农牧厅内设人事劳动处与离退休干部服务处合并，组建人事与老干部处。

2009年7月，自治区农牧厅内设乡镇企业局（挂农产品加工局牌子），承担乡镇企业管理职能和指导农产品加工业的协调、服务等相关工作，核定处级领导职数1正1副。调整后，自治区农牧厅内设机构13个，处级领导职数14正16副。

2014年7月，自治区农牧厅职能职责进行调整。取消、下放国家和自治区人民政府已公布取消、下放的行政审批事项；将自治区商务厅的畜禽定点屠宰监督管理职责划入自治区农牧厅。

自治区农牧厅内设农村经济管理处与产业政策法规处合并，成立农村经营管理与法规处（行政审批办公室）。

2017年9月，自治区农牧厅撤销自治区农业产业化办公室，增设农业产业化发展处，增加处级领导职数1正2副。农业产业化发展处主要负责组织拟订产业发展政策意见及总体规划，编制年度计划；负责产业化项目的申报、实施和监督管理；负责农业产业化龙头企业的培育；指导做好产业间、产业各环节的衔接协调工作。调整后，自治区农牧厅设置14个内设机构，核定处级领导职数15正（含机关党委专职副书记1名）18副。

2018年4月，自治区农牧厅核增行政编制8名，用于承担行政职能事业单位改革试点工作。调整后，自治区农牧厅机关行政编制87名。

2019年1月，自治区农业农村厅成立，自治区党委农村工作领导小组办公室、自治区农牧厅原职责，以及自治区发改委的农业投资项目、自治区财政厅的农业综合开发项目、自治区国土资源厅的农田整治项目、自治区水利厅的农田水利建设项目等管理职责进行整合。自治区党委农村工作领导小组办公室设在自治区农业农村厅，接受自治区党委农村工作领导小组的直接领导，承担自治区党委农村工作领导小组具体工作，组织开展"三农"重大问题的政策研究，协调督促有关方面落实自治区党委农村工作领导小组决定事项、工作部署和要求等，并设置自治区党委农办秘书处，负责处理自治区党委农办日常事务。

自治区农业农村厅内设办公室、人事与老干部处、规划财务处、法规处（农业综合执法监督局）、农村改革与经济指导处、乡村产业发展处、农村社会事业促进处、市场信息与对外合作交流处、科技教育处（农业转基因生物安全管理办公室）、农产品质量安全监管处、种植业管理处（农药管理处）、畜牧兽医局、渔业渔政管理局、农业机械化管理处、农田建设管理处15个处（局、办），设机关党委。机关设置行政编制 90 名，其中厅长 1 名、副厅长 3 名，正处级领导职数 20 名（含党委农办秘书处处长 1 名、总经济师 1 名、总农艺师 1 名、总畜牧兽医师 1 名、机关党委专职副书记 1 名），副处级领导职数 20 名（含党委农办秘书处副处长 1 名）。

二、主要职责

统筹研究和组织实施"三农"工作的中长期规划、重大政策；组织起草农业农村相关地方性法规、政府规章草案，指导农业综合执法；参与制定涉农的财税、价格、收储、金融保险、进出口等政策措施；统筹推动发展农村社会事业、农村公共服务、农村文化、农村基础设施和乡村治理；牵头组织改善农村人居环境；指导农村精神文明和优秀农耕文化建设；拟订深化农村经济体制改革和巩固完善农村基本经营制度的政策措施；负责农民承包地、农村宅基地改革和管理有关工作；负责农村集体产权制度改革，指导农村集体经济组织发展和集体资产管理工作；指导农民合作经济组织、农业社会化服务体系、新型农业经营主体建设与发展；指导乡村特色产业、农产品加工业、休闲农业发展工作；提出促进农产品流通的建议，培育、保护农业品牌；发布农业农村经济信息，监测分析农业农村经济运行；承担农业统计和农业农村信息化有关工作；负责种植业、畜牧业、葡萄产业、渔业、农业机械化等农业各产业的监督管理；指导粮食等农产品生产；组织构建现代农业产业体系、生产体系、经营体系，指导农业标准化生产；负责渔业和渔政监督管理；负责农产品质量安全监督管理；组织开展农产品质量安全监测、追溯、风险评估；参与制定农产品质量安全地方标准并会同有关部门（单位）组织实施；指导农业检验检测体系建设；组织农业资源区划工作；指导农用地、渔业水域及农业生物物种资源的保护与管理，负责水生野生动植物保护、耕地及永久基本农田质量保护工作；指导农产品产地环境管理和农业清洁生产；指导设施农业、生态循环农业、节水农业发展以及农村可再生能源综合开发利用、农业生物产业发展；牵头管理外来物种；负责有关农业生产资料和农业投入品的监督管理；组织农业生产资料市场体系建设，拟订有关农业生产资料地方标准并监督实施；制定农药质量、兽药质量、兽药残留限量和残留检测方法地方标准并按规定发布；负责农药生产、登记经营及质量监督管理；组织兽医医政、兽药药政药检工作，负责执业兽医和畜禽屠宰行业管理；负责农业防灾减灾、农作物重大病虫害监测防控工作；指导动植物防疫检疫体系建设，组织、监督区内动植物防疫检疫工作，组织扑灭疫情；负责农业投资管理；提出农业投融资体制机制改革建议；编制农业投资项目建设规划，提出农业投资规模和方向、扶持农业农村发展财政项目的建议，按规定权限审批农业投资项目，负责农业投资项目资金安排和监督管理；推动农业科技体制改革和农业科技创新体系建设；指导农业产业技术体系和农技推广体系建设，组织开展农业领域的高新技术和应用技术研究、科技成果转化和技术推广；负责农业转基因生物安全监督管理和农业植物新品种保护；牵头负责农业农村人才工作；负责农业产业人才培养、引进、使用和管理工作；负责农业和农村人才工作的政策研究、宏观指导和综合协调工作；指导农业教育和农业职业技能开发，指导高素质农民培育、农业科技人才培养和农村实用人才培训工作；牵头开展农业对外合作交流工作；承办农业涉外事务，组织开展农业贸易促进和有关国际经济、技术交流合作，具体执行有关农业援外项目；指导农业行业安全生产工作；负责种植业、畜牧业、渔业等农业行业安全生产工作；承担农药、农村沼气、农业机械和农村合作经济组织等的安全生产监督管理；完成自治区党委和政府及自治区党委农村工作领导小组交办的其他任务；统筹实施乡村振兴战略，深化农业供给侧结构性改革，提升农业发展质量，扎实推进美丽乡村建设，推动农业全面升级、农村全面进步、农民全面发展，加快实现农业农村现代化；加强农产品质量安全和相关农业生产资料、农业投入品的监督管理，坚持最严谨的标准、最严格的监管、最严厉的处罚、最严肃的问责，严防、严管、严控质量安全风险，让人民群众吃得放心、安心；深入推进简政放权，加强对行业内交叉重复以及性质相同、用途相近的农业投资项目的统筹整合，最大限度缩小项目审批范围，进一步下放审批权限，加强事中事后监管，切实提升支农政策效果和资金使用效益；与银川海关相互衔接，密切配合，推进落实农业农村部和海关总署相关规定，共同做好出入境动植物检疫工作；与自治区市场监督管理厅有关职责分工，一是农业农村厅负责食用农产品从种植养殖环节到进入批发、零售市场或生产加工企业前的质量安全监督管理，食用农产品进入批发、零售市场或生产加工企业后，由自治区市场监督管理厅监督管理，二是农业农村厅负责动植物疫病防控、畜禽屠宰环节、生鲜乳收购环节质量安全的监督管理，三是两部门建立食品安全产地准出、市场准入和追溯机制，加强协调配合和工作衔接，形成监管合力。

■ 第二节　内设机构

一、办公室

2000年7月设立自治区农牧厅办公室；2019年1月设立自治区农业农村厅办公室。主要职责是负责机关日常运转工作，承担信息、安全、保密、信访、政务公开、新闻宣传等工作；牵头指导协调厅系统和农业行业安全生产工作。

二、人事与老干部处

2000年7月设立自治区农牧厅人事劳动处；2000年8月设立自治区农牧厅离退休干部服务处；2009年4月设立自治区农牧厅人事与老干部处；2019年1月设立自治区农业农村厅人事与老干部处。主要职责是承担机关及直属单位的干部人事、机构编制、劳动工资和职称评聘、教育培训工作；指导农业农村人才队伍建设；负责离退休干部工作。

三、规划财务处

2000年7月设立自治区农牧厅计划财务处（自治区农业资源区划办公室）；2019年1月设立自治区农业农村厅规划财务处。主要职责是提出实施乡村振兴战略的政策建议；起草农业农村经济发展规划；承担推动农业绿色发展有关工作；组织农业资源区划工作，指导农业区域协调发展；提出扶持农业农村发展的财政政策和项目建议，组织提出农业投资规模、方向的建议并监督实施；编报部门预算并组织执行；参与农村金融、农业保险的政策制定；指导监督厅系统财务、资产和政府采购管理工作，组织开展内部审计。

四、法规处

2000年7月设立自治区农牧厅产业政策法规处；2014年7月设立自治区农牧厅农村经营管理与法规处（行政审批办公室）；2019年1月设立自治区农业农村厅法规处（农业综合执法监督局）。主要职责是组织起草农业农村有关地方性法规、政府规章草案，承担执法监督工作；指导农业行政执法体系建设，组织全区农业执法检查活动，查处重大违法问题；承担农业行政审批、行政复议、行政应诉和规范性文件合法性审查工作；组织普法宣传工作。

五、农村改革与经济指导处

2000年7月设立自治区农牧厅农村经济体制与经营管理处；2014年7月设立自治区农牧厅农村经营管理与法规处（行政审批办公室）；2019年1月设立自治区农业农村厅农村改革与经济指导处。

主要职责是提出农业农村改革发展相关重大政策建议；提出巩固完善农村基本经营制度的政策建议，指导发展农村多种形式适度规模经营；承担农民承包地改革和管理、农村宅基地和农村集体产权制度改革工作；协调推进乡村治理体系建设；监督减轻农民负担和村民"一事一议"筹资筹劳管理；指导农村集体资产和财务管理；落实农村宅基地管理和使用相关法律法规及政策，指导宅基地分配、使用、流转、纠纷仲裁管理和宅基地合理布局、用地标准、违法用地查处，指导闲置宅基地和闲置农房利用。

六、乡村产业发展处

2000 年 7 月设立自治区农牧厅乡镇企业局；2009 年 7 月设立自治区农牧厅乡镇企业局（挂农产品加工局牌子）；2014 年 7 月设立自治区农牧厅农产品加工局；2017 年 9 月增设自治区农牧厅农业产业化发展处；2019 年 1 月设立自治区农业农村厅乡村产业发展处。主要职责是负责组织协调乡村产业发展工作；起草促进乡村特色产业、农产品加工业、休闲农业和龙头企业发展的政策措施；提出农业产业化经营、一二三产业融合发展的政策建议；指导开展农村创业创新、产业化联合体及"一村一品"培育工作；指导农业产业扶贫开发工作。

七、农村社会事业促进处

2019 年 1 月设立自治区农业农村厅农村社会事业促进处。主要职责是牵头组织改善农村人居环境，统筹指导村庄整治、村容村貌提升；协调推动农村社会事业发展、公共服务体系建设和基础设施建设；指导农村精神文明和优秀农耕文化建设。

八、市场信息与对外合作交流处

2000 年 7 月设立自治区农牧厅市场与经济信息处；2014 年 7 月设立自治区农牧厅市场信息与对外合作交流处；2019 年 1 月设立自治区农业农村厅市场信息与对外合作交流处。主要职责是编制农业农村经济信息体系、农产品市场体系建设规划；承担农业品牌建设有关工作；组织开展农产品和农业生产资料供求、价格分析和监测预警；发布农业农村经济信息，指导农业信息服务；承担农业统计和农业农村信息化有关工作；承担农业涉外事务、农业贸易促进和有关国际经济、技术交流合作，农业援外项目实施，承担协调管理自治区与有关国际组织或机构的农业合作交流事务。

九、科技教育处（农业转基因生物安全管理办公室）

2000 年 7 月设立自治区农牧厅科技教育处；2019 年 1 月设立自治区农业农村厅科技教育处（农业转基因生物安全管理办公室）。主要职责是承担推动农业科技体制改革及相关体系建设、科研、技术引进、成果转化和技术推广工作；监督管理农业转基因生物安全；指导农用地、农业生物物种资源及农产品产地环境保护和管理；指导农村可再生能源开发利用、节能减排、农业清洁生产和生态循环农业建设；承担外来物种管理相关工作；指导农业教育和职业农民培育。

十、农产品质量安全监管处

2014 年 7 月设立自治区农牧厅农产品质量安全监管局；2019 年 1 月设立自治区农业农村厅农产品质量安全监管处。主要职责是组织实施农产品质量安全监督管理有关工作；指导农产品质量安全监管体系、检验检测体系和信用体系建设；承担农产品质量安全标准、监测、追溯、风险评估等相关工作。

十一、种植业管理处（农药管理处）

2000年7月设立自治区农牧厅种植业管理处；2014年7月设立自治区农牧厅种植业管理局；2019年1月设立自治区农业农村厅种植业管理处（农药管理处）。主要职责是负责种植业行业和农作物种业管理；起草种植业和农作物种业政策、规划；指导种植业结构和布局调整及标准化生产工作，发布农情信息；承担发展节水农业和防灾抗灾救灾相关工作；承担肥料有关监督管理以及农药生产、登记、经营和质量监督管理，指导肥料、农药科学合理使用；承担国内和出入境植物检疫、农作物重大病虫害监测防控有关工作；组织实施农作物种质资源保护和管理；监督管理农作物种子、种苗；组织抗灾救灾和救灾备荒种子的储备、调拨；承担农业植物新品种保护工作。

十二、畜牧兽医局

2000年7月设立自治区农牧厅畜牧局（自治区饲料工业办公室）和兽医处；2019年1月设立自治区农业农村厅畜牧兽医局。主要职责是起草畜牧业、饲料饲草业、兽医事业、畜禽种业、畜禽屠宰行业发展政策和规划并组织实施；指导畜牧业结构调整和布局调整及标准化生产工作；提出畜牧业、饲料饲草业重大技术措施；指导畜禽粪污资源化利用；指导畜牧兽医行业体系建设；组织实施畜禽遗传资源保护和管理；监督管理兽医医政、兽药及兽医器械；监督管理畜禽屠宰、饲料及其添加剂、生鲜乳生产收购环节质量安全；组织监督区内动物防疫检疫，并扑灭动物疫情；负责动物治疗管理、动物病原微生物和实验室生物安全管理；承担兽用生物制品安全管理。

十三、渔业渔政管理局

2000年7月设立自治区农牧厅渔业局（渔政监督管理局）；2019年1月设立自治区农业农村厅渔业渔政管理局。主要职责是起草渔业发展政策、规划；保护和合理开发利用渔业资源，指导水产健康养殖和水产品加工流通，组织水生动植物病害防控；组织渔业水域生态环境及水生野生动植物保护；指导渔业安全生产。

十四、农业机械化管理处

2000年7月设立自治区农牧厅农业机械化管理局；2019年1月设立自治区农业农村厅农业机械化管理处。主要职责是起草农业机械化发展政策和规划、农机作业规范和技术标准；指导农业机械化技术推广应用，组织农机安全监理；组织对在用的特定种类农业机械产品进行调查；指导农机作业安全。

十五、农田建设管理处

2019年1月设立自治区农业农村厅农田建设管理处。主要职责是起草农田建设政策及发展规划；拟订农田建设有关标准和技术规范，指导高标准农田建设；提出农田建设项目需求建议；承担耕地质量管理相关工作；参与开展永久基本农田保护；承担农业综合开发项目、农田整治项目、农田水利建设项目管理工作。

十六、机关党委

2000 年 7 月设立自治区农牧厅机关党委；2019 年 1 月设立自治区农业农村厅机关党委。主要职责是负责机关和直属单位的党群工作。

第二章

农业农村厅属企事业单位

第一节　参公事业单位

一、自治区产业化办公室

2006年11月，自治区农业产业化办公室成立，为自治区农牧厅所属正处级事业单位，核定全额预算事业编制12名，其中工勤人员可配备1名，核定领导职数为：主任1名（正处级），副主任2名（副处级）。

2007年4月，经自治区人民政府批复，自治区农业产业化办公室设为参照《中华人民共和国公务员法》管理的事业单位。

2010年5月，自治区农业产业化办公室内设综合科、产业发展科2个科级机构，核定科级领导职数为2正2副。

2017年9月，自治区农业产业化办公室撤销，注销事业单位法人，原核定的1正2副处级领导职数和2正2副科级领导职数核销。

主要职责： 参与制定产业发展政策及总体规划，编制年度计划，负责产业化项目的储备、开发和管理工作；负责农业产业之间、产业各环节之间的衔接协调工作；引进和培育农业龙头企业，研究推进企业和农户的利益连接机制，及时掌握农业产业化发展态势；完成自治区农牧厅交办的与业务相关的其他工作任务。

二、自治区饲料工作站

1986年1月，自治区饲料工业办公室成立，为自治区经济委员会所属处级事业单位，核定编制5名；1998年划归原自治区畜牧局管理。

2000年9月，自治区饲料工业办公室整建制划归给自治区农牧厅管理，机构级别、人员编制、领导职数和经费形式维持不变。

2006年11月，确定自治区饲料工业办公室为自治区农牧厅所属正处级事业单位，核定全额预算事业编制5名。核定领导职数：主任1名（正处级），副主任1名（副处级）。

2007年4月，经自治区人民政府批复，将自治区饲料工业办公室设为参照公务员法管理的事业单位。

2016年6月，自治区饲料工业办公室被划分为公益一类事业单位。

2017年9月，自治区饲料工业办公室更名为自治区饲料工作站，其承担的"参与饲料及饲料添加剂生产企业设立登记和审核工作"等行政职能剥离，划归自治区农牧厅畜牧局承担。

2019年5月，自治区饲料工作站整体划入自治区农业农村厅，机构编制、职责不变。

主要职责：指导全区饲料行业布局和结构调整；参与饲料及饲料添加剂生产企业设立登记和审核工作；参与饲料产品的检测工作；完成自治区农业农村厅交办的与其业务相关的其他工作任务。

三、自治区畜禽定点屠宰工作站

2006年6月，自治区党委、自治区人民政府确定自治区畜禽定点屠宰领导小组办公室为自治区商务厅所属不定级别事业单位，核定编制5名，其中主任1名（副处级）。

2007年7月，自治区畜禽定点屠宰领导小组办公室增加正处级领导职数1名，办公室设主任1名（正处级），副主任1名（副处级），机构性质、隶属关系、行政级别、人员编制等维持不变。

2011年、2013年，自治区畜禽定点屠宰领导小组办公室共增加3名全额预算事业编制，增加后编制共有8名。

2014年7月，自治区畜禽定点屠宰领导小组办公室整建制调整由自治区农牧厅管理，调整后机构性质、行政级别、人员编制维持不变。

2016年6月，自治区畜禽定点屠宰领导小组办公室被划分为公益一类事业单位。

2017年9月，自治区畜禽定点屠宰领导小组办公室承担的"受理处置生猪、牛羊、家禽屠宰违法行为投诉举报事项"等行政职能剥离，划归自治区农牧厅兽医局承担；自治区畜禽定点屠宰领导小组办公室更名为自治区畜禽定点屠宰工作站，更名后机构性质、隶属关系、行政级别、人员编制等维持不变。

2019年5月，自治区畜禽定点屠宰工作站整体划入自治区农业农村厅，机构编制、职责不变。

主要职责：贯彻执行国务院《生猪屠宰管理条例》和自治区畜禽定点屠宰工作的法律、法规和政策；负责畜禽定点屠宰工作的地方性法规、规章和技术标准的起草报批工作，并组织实施；负责畜禽定点屠宰专业技术人员的技术培训工作；完成自治区农业农村厅交办的其他工作任务。

■ 第二节 事业单位

一、自治区农业农村厅信息中心

1996年11月，自治区农业信息中心成立，核定事业编制5名。自治区农业信息中心的主要职责为：在自治区农业厅的领导下，研究制定全区农业信息发展战略、规划和农业信息工作标准、制度、办法，并组织实施；指导全区农业信息网络体系建设和农业信息工作；负责向社会发布农业信息，承担农业政务信息的收集、分析、加工、报送等工作；协同有关部门向社会各界提供农业政策、技术、市场信息等咨询服务，承担与农业部、自治区党委、政府及有关部门计算机联网工作；协同有关单位建设农业系统计算机信息网络和软件开发；完成自治区农业厅交办的其他工作。自治区农业信息中心的业务工作归口自治区农业厅农业处领导。

2000年9月，自治区农业厅信息中心整建制划给自治区农牧厅管理，机构级别、人员编制、领导职数和经费形式维持不变。

2006年，确定宁夏回族自治区农牧厅信息中心为自治区农牧厅所属不定级别事业单位，核定全额预算事业编制7名。

2010年5月，自治区农牧厅信息中心增加2名编制，调整后，编制为9名全额预算事业编制。

2010年12月，自治区农牧厅信息中心编制调整为8名全额预算事业编制，1名为聘用编制。

2016年6月，自治区农牧厅信息中心被划分为公益一类事业单位。

2019年5月，自治区农牧厅信息中心更名为自治区农业农村厅信息中心，机构编制、职责不变。

2019年12月，自治区农业农村厅信息中心编制调整为全额预算事业编制7名，聘用编制3名，其他机构编制事项维持不变。

主要职责：负责全区农业信息服务体系建设；负责向社会发布农业信息，开展农村经济信息服务工作；承担农业政务信息的收集、整理和报送工作；承担全区农业门户网站和农村经济数据库建设工作；完成自治区农业农村厅交办的与其业务相关的其他工作任务。

二、自治区农业农村厅机关服务中心

1995年，自治区畜牧局机关服务中心成立，核定事业编制6名。1997年9月，从局属其他事业单位编制中划转6名，共12名编制，其中处级领导1正1副。

1996年11月，自治区农业厅机关服务中心成立，核定事业编制9名。

2001年7月，自治区农牧厅机关服务中心成立，为自治区农牧厅所属事业单位，不定级别，核定后勤服务事业编制13名，处级职数不再保留。

2006年11月，自治区农牧厅机关服务中心暂保留，不定级别，不再重新确定机构编制方案。重新核定其全额预算事业编制19名，其中主任1名（副处级）。

2009年10月，自治区农牧厅机关服务中心编制调整为18名全额预算事业编制，1名聘用编制。

2012年12月，编制调整为16名全额预算事业编制，3名为聘用编制。

2016年6月，自治区农牧厅机关服务中心核减3名全额预算事业编制，核减后全额预算事业编制13名，聘用编制3名。

2016年6月，自治区农牧厅机关服务中心被划分为不分类事业单位。

2017年9月，自治区农牧厅机关服务中心编制调整为12名全额预算事业编制，4名聘用编制。

2019年5月，自治区农牧厅机关服务中心更名为自治区农业农村厅机关服务中心，收回1名事业空编。调整后其全额预算事业编制11名，聘用编制4名。

三、自治区农业技术推广总站

宁夏于1971年重建自治区农业技术推广站，隶属自治区农林局；1978年分设自治区农技推广站、土壤肥料工作站、植物保护站、植物检疫站，隶属自治区农业局；1983年12月合并农技推广站、土壤肥料工作站、植物保护站、植物检疫站，组建成自治区农业技术推广总站，隶属自治区农牧厅。1985年自治区农业技术推广总站隶属自治区农业厅。

2000年9月，自治区农业技术推广总站（区植物检疫站、区植物保护站、区土壤肥料工作站）整建制划给自治区农牧厅管理，机构级别、人员编制、领导职数和经费形式维持不变。

2006年，宁夏回族自治区农业技术推广总站挂宁夏回族自治区植物检疫站和宁夏回族自治区土壤肥料工作站牌子，为自治区农牧厅所属正处级事业单位。总站内设办公室、农业科技与体系管理科、粮油作物科、园艺作物科、植物检疫科、植物保护科、土壤肥料科、农药检定科8个科级机构，核定全额预算事业编制52名（含划入的自治区农学会2名全额预算事业编制）。核定领导职数为：站长1名（正处级），副站长3名（副处级），总农艺师1名（副处级），科室领导职数8正8副。

2010年12月，自治区农业技术推广总站编制调整为49名全额预算事业编制，1名聘用编制。

2011年3月，自治区农业技术推广总站增加1名副站长（副处级）领导职数，增加后，处级领导职数为1正4副，总农艺师1名（副处级）。

2015年2月，自治区农业技术推广总站编制调整为48名全额预算事业编制，2名聘用编制。

2016年6月，自治区农业技术推广总站被划分为公益一类事业单位。

2017年9月，将自治区农牧厅委托由该站承担的"农药广告审批，复混肥、配方肥、精制有机肥、床土调酸剂登记审批，引进国外植物种苗检疫审批"等行政职能剥离，划归自治区农牧厅种植业管理局承担。

2018年2月，自治区农业技术推广总站编制调整为46名全额预算事业编制，2名聘用编制。

2019年5月，自治区农业技术推广总站整体划入自治区农业农村厅，机构编制、职责不变。

主要职责： 参与制定并组织实施全区农业技术推广规划、计划；负责农业技术的引进、试验、示范和推广；负责农业植物病虫害的监测、预报、防治和处置；负责执行农业植物检疫任务；负责农业资源、农业生态环境和农业投入品使用监测；完成自治区农业农村厅交办的与其相关的其他工作任务。

四、自治区园艺技术推广站

2005年10月，西北生态与现代农业工程研究中心办公室成立，为西北生态与现代农业工程研究中心常设办事机构，全额预算事业编制5名，处级领导职数为1正1副。

2015年2月，西北生态与现代农业工程研究中心办公室（全额预算事业编制5名，处级领导职数1正1副）更名为宁夏回族自治区园艺技术推广站与自治区农业技术推广总站园艺作物科合并，核定全额预算事业编制15名，内设综合科、设施蔬菜花卉瓜果园艺技术推广科、苗种繁育科3个正科级机构。核定领导职数为：站长1名（正处级），副站长2名（副处级），科级领导职数为3正2副。

2016年6月，自治区园艺技术推广站被划分为公益一类事业单位。

2019年5月，自治区园艺技术推广站整体划入自治区农业农村厅，机构编制、职责不变。

主要职责： 参与制定并组织实施全区园艺技术推广规划、计划；负责园艺技术和新品种引进、试验、示范、转化应用，开展园艺技术咨询、培训、宣传和普及工作；承担园艺产业发展国内外科技合作与交流以及园艺产业建设相关信息收集、统计分析及效益监测，全区蔬菜、花卉、瓜果等产业发展技术服务保障工作；完成自治区农业农村厅交办的与其相关的其他工作任务。

五、自治区种子工作站

2000年9月，自治区种子管理站整建制划归自治区农牧厅管理，机构级别、人员编制、领导职数和经费形式维持不变。

2006年，宁夏回族自治区种子管理站挂宁夏回族自治区种子检验站牌子，为自治区农牧厅所属正处级事业单位，内设办公室、品种管理科、种业发展科、质量检验科4个科级机构，核定全额预算事业编制23名。核定领导职数为：站长1名（正处级），副站长2名（副处级），科室领导职数为4正4副。主要职责为：承担自治区品种审定委员会办公室具体工作，负责种子新品种审定工作；负责种子新品种、新技术的引进、开发和推广工作；负责种子质量检验工作；承担国家及自治区种子工程项目的实施工作；负责落实国家及自治区备荒救灾种子收储计划；完成自治区农牧厅交办的与业务相关的其他工作任务。

2009年7月，该站编制调整为24名全额预算事业编制。

2010年7月，宁夏回族自治区马铃薯产业发展局成立，归口自治区农牧厅管理；核定全额预算事业编制8名（从自治区农业技术推广总站、自治区农业勘察设计院各调整2名，增加4名），领导职数为：局长1名（副厅级），副局长1名（正处级），业务负责人2名（副处级）。主要职责为：制定马铃薯产业发展规划和年度计划并组织实施，研究提出马铃薯产业发展扶持政策；负责马铃薯产业发展指导，产业开发等工作；负责马铃薯种薯生产体系与质量控制体系建设；组织实施马铃薯产业化重大项目；负责马铃薯产业新品种、新技术引进、试验、示范、推广等工作。

2012年2月，自治区种子管理站并入自治区马铃薯产业发展局，并更名为自治区种子管理局（副厅级），内设办公室、品种管理科、质量检验科、种业发展科、市场监管科，核定全额预算事业编制 31 名，聘用编制 1 名。核定领导职数为：局长 1 名（副厅级），副局长 2 名（正处级），科级领导职数为 5 正 5 副。

2013 年 12 月，自治区政府常务会议决定撤销自治区种子管理局。

2014 年 6 月，设置自治区种子工作站，为自治区农牧厅所属正处级事业单位，内设办公室、品种管理科、质量检验科、种业发展科、良种繁育科 5 个科级机构，核定全额预算事业编制 29 名、聘用编制 1 名，站长领导职数 1 名（正处级），副站长领导职数 2 名（副处级），科级领导职数 5 正 5 副。

2016 年 6 月，自治区种子工作站被划分为公益一类事业单位。

2017 年 9 月，自治区种子工作站承担的"负责种子新品种审定工作"的行政职能和自治区农牧厅委托由该站承担的"农作物种子生产经营许可，农作物种子、草种、食用菌菌种质量检验机构及检验员资格认定，采集或采伐国家重点保护的农作物天然种质资源批准"等行政职能剥离，划归自治区农牧厅种植业管理局承担。

2018 年 2 月，自治区种子工作站编制调整为 28 名全额预算事业编制，1 名聘用编制。

2019 年 5 月，自治区种子工作站整体划入自治区农业农村厅，机构编制、职责不变。

主要职责：负责农作物新品种引进、试验、审定、鉴定、示范、推广、退出和保护工作；负责种子良种繁育、南繁指导及种子加工、包衣、包装、储藏等新技术的引进、试验、示范、推广工作；承担农作物种子质量监督、仲裁及标准样品的保管利用工作，开展种子质量纠纷田间现场鉴定工作；负责全区农作物种子供需形势调度、价格监测、信息收集及统计分析工作；负责国家及自治区备荒救灾种子储备工作；负责种子技术人员培训、考核及指导。

六、自治区畜牧工作站

1985 年 8 月，自治区畜牧工作站成立，隶属自治区畜牧局。

2000 年 9 月，自治区畜牧工作站、自治区饲料牧业机械管理站整建制划归自治区农牧厅管理，机构级别、人员编制、领导职数和经费形式维持不变。

2006 年，自治区畜牧工作站与自治区饲料牧业机械管理站合并，组建宁夏回族自治区畜牧工作站，为自治区农牧厅所属正处级事业单位。自治区畜牧工作站内设办公室、饲草料加工调能科、牛羊繁殖实验室、养牛技术推广科、养羊技术推广科、猪禽养殖技术推广科 6 个科级机构，核定全额算事业编制 33 名。核定领导职数为：站长 1 名（正处级），副站长 3 名（副处级），科级领导职数为 6 正 6 副。

2009 年 7 月，自治区畜牧工作站编制调整为全额预算事业编制 35 名。

2010 年 5 月，自治区畜牧工作站编制调整为 32 名全额预算事业编制。

2015 年 9 月，自治区畜牧工作站编制调整为 28 名全额预算事业编制，2 名聘用编制。

2016 年 6 月，自治区畜牧工作站被划分为公益一类事业单位。

2018 年 2 月，自治区畜牧工作站编制调整为 27 名全额预算事业编制，2 名聘用编制。

2019 年 5 月，自治区畜牧工作站整体划入自治区农业农村厅，机构编制、职责不变。

主要职责：参与制订全区畜牧业技术推广计划、规划和行业技术标准并组织实施；负责畜禽良种引进和繁育推广、种质资源监测及品种保护、开发和利用；负责畜牧科技成果、高新技术的引进、试验、示范和推广；开展畜牧技术培训和信息服务工作；完成自治区农业农村厅交办的与其业务相关的其他工作任务。

七、自治区农村能源工作站

1980 年，自治区沼气太阳能建设领导小组及其办公室成立；1984 年，该领导小组撤销，办公室更名为自治区农村能源工作站，隶属自治区农牧厅，定编10人；1985年，隶属自治区农业厅。

2000年9月，自治区农村能源工作站整建制划归自治区农牧厅管理，机构级别、人员编制、领导职数和经费形式维持不变。

2006年11月，自治区农村能源工作站被确定为自治区农牧厅所属正处级事业单位。

2009年7月，该站增加1名副处级领导职数，增加编制4名。增加后，该站处级领导职数为1正3副，增加4名编制，增加后，自治区农村能源工作站全额预算事业编制25名。

2009年10月，该站编制调整为全额预算事业编24名，聘用编1名。

2010年5月，该站编制调整为全额预算事业编22名，聘用编3名。

2015年9月，该站编制调整为全额预算事业编20名，聘用编3名。

2016年6月，该站被划分为公益一类事业单位。

2018年2月，该站编制调整为19名全额预算事业编制，3名聘用编制。

2019年5月，该站整体划入自治区农业农村厅，机构编制、职责不变。

自治区农村能源工作站内设办公室、技术科、培训信息科3个科级机构，核定19名全额预算事业编制、3名聘用编制。核定领导职数为：站长1名（正处级），副站长3名（副处级），科级领导职数为3正3副。

主要职责：负责全区农村能源、生态农业的科研和技术推广项目的筛选、实施及技术试验、示范推广工作；负责全区农村能源生态农业的技术培训和职业技能鉴定工作；完成自治区农业农村厅交办的其他工作任务。

八、自治区农村经济经营管理站

1981年，自治区人民公社经营管理站成立，隶属自治区农业局；1983年，更名为自治区农牧厅农村经营管理站；1984年，更名为自治区农村合作经济经营指导站，编制27名，隶属自治区农牧厅；1985年，隶属自治区农业厅。

2000年9月，自治区农村合作经济经营指导站整建制划归自治区农牧厅管理，机构级别、人员编制、领导职数和经费形式维持不变。

2006年11月，宁夏回族自治区农村合作经济经营指导站更名为宁夏回族自治区农村经济经营管理站，加挂宁夏回族自治区农村固定观察点办公室牌子，为自治区农牧厅所属正处级事业单位。其内设办公室、农村土地合同管理科、农村财务管理科、农村经营指导科、农村专业合作科5个科级机构，核定全额预算事业编制35名。核定领导职数为：站长1名（正处级），副站长3名（副处级），科室领导职数为5正5副。

2009年7月，自治区农村经济经营管理站编制调整为36名全额预算事业编制。

2009年10月，自治区农村经济经营管理站编制调整为35名全额预算事业编制，1名聘用编制。

2012年12月，自治区农村经济经营管理站编制调整为33名全额预算事业编制，3名聘用编制。

2015年9月，自治区农村经济经营管理站编制调整为30名全额预算事业编制，3名聘用编制。

2016年6月，自治区农村经济经营管理站被划分为公益一类事业单位。

2018年2月，自治区农村经济经营管理站编制调整为30名全额预算事业编制，3名聘用编制。

2019年5月，自治区农村经济经营管理站整体划入自治区农业农村厅，机构编制、职责不变。

主要职责：指导全区农村土地承包、经营权流转和农村集体经济各类承包合同管理工作；指导全区农村集体资产与财务管理工作；组织对农村经济运行、农民收入及农民负担情况的调查统计；负责全区农村专业合作组织人员的培训和监测分析工作，参与研究制定农村专业合作组织发展的政策及农业社会化服务体系建设工作；开展农村合作经济组织经营管理的咨询与信息服务工作；承担农村固定观察点的调查与统计分析工作；负责主要农产品成本的调查与分析工作；负责农业和农村经济问题、农业资源的调查、政策调研工作；负责农业经济学术交流及相关刊物的编辑工作；完成自治区农业农村厅交办的其他工作任务。

九、自治区动物疾病预防控制中心

1953年，宁夏省畜牧厅成立，下辖防疫工作队和诊断实验研究室。

1957年4月，宁夏省建设厅畜牧兽医处成立，下辖兽疫防治大队。

1958年，自治区农业厅畜牧局下设兽疫防治队（17人）和兽医诊断室（7人）。

1978年11月，自治区畜牧局成立，原农村局畜牧兽医工作站牌子保留，业务并入畜牧局兽医处，有兽医干部11人。

1983年6月，自治区畜牧兽医工作站改为畜牧兽医总站，编制65人。

1985年3月，兽医、畜牧单独设站，成立宁夏回族自治区兽医工作站，定编35人，隶属自治区畜牧局。

2000年9月，自治区兽医工作站整建制划归自治区农牧厅管理，机构级别、人员编制、领导职数和经费形式维持不变。

2002年3月，宁夏回族自治区兽医工作站更名为宁夏回族自治区动物防疫站，原核定单位机构规格、人员编制、领导职数及经费形式不变。

2006年，自治区动物防疫站更名为宁夏回族自治区动物疾病预防控制中心，为自治区农牧厅所属正处级事业单位。

自治区动物疾病预防控制中心内设办公室、防治科、动物疫病诊断室、血清学及分子生物学实验室、疫情测报及网络管理室5个科级机构，核定全额预算事业编制35名。核定领导职数为：主任1名（正处级），副主任3名（副处级），科室领导职数为5正5副。

2016年6月，自治区动物疾病预防控制中心被划分为公益一类事业单位。

2018年2月，自治区动物疾病预防控制中心编制调整为34名全额预算事业编制。

2019年5月，自治区动物疾病预防控制中心整体划入自治区农业农村厅，机构编制、职责不变。

主要职责：参与制定并实施全区动物疫病防治规划、计划和技术规程；负责全区动物防疫工作的技术指导，全区动物防疫员的培训、考核、资格认定工作；参与组织全区重大动物疫情的封锁、控制和扑灭工作以及动物疫病的基础免疫工作；负责全区动物疫情普查、区域联防、疫情监测、预警、预报和报告工作；负责全区动物疫病防控物资及动物防疫标识的采购、储备、供应工作；完成自治区农业农村厅交办的其他工作任务。

十、自治区动物卫生监督所

1970年11月，宁夏回族自治区动植物检疫站、中华人民共和国银川动植物检疫站同时成立，一套人马，两块牌子，直属自治区农林局领导，共13人。

1980年12月，自治区动植物检疫站调整后，动物检疫部分归自治区畜牧局管理，成立动物检疫站，与自治区畜牧兽医站合署办公，编制9人。

1983年12月，自治区动物检疫站由处级降为科级，归自治区畜牧兽医工作站管理，中华人民共和国银川动物检疫站只保留牌子。

1986年10月，自治区动物检疫站从总站分出，升格为处级单位，编制12人，归自治区畜牧局领导，对外挂中华人民共和国农业部银川检疫站牌子。

1988年，自治区畜牧局下设自治区兽医卫生监督检验所，启用印章对外挂牌，与自治区动物检疫站一套机构、两块牌子。

1989 年，中华人民共和国银川动物检疫站改名为中华人民共和国银川动物检疫所。

2000 年 9 月，宁夏回族自治区动物检疫站（宁夏回族自治区兽医卫生监督检疫所）整建制划归自治区农牧厅管理，机构级别、人员编制、领导职数和经费形式维持不变。

2002 年 3 月，宁夏回族自治区动物检疫站更名为宁夏回族自治区动物防疫监督所，原核定机构规格、人员编制、领导职数及经费形式不变。

2006 年，宁夏回族自治区动物防疫监督所更名为宁夏回族自治区动物卫生监督所，为自治区农牧厅所属正处级事业单位。自治区动物卫生监督所内设办公室、防疫监督科、检疫监督科、证章管理科 4 个科级机构，核定全额预算事业编制 25 名。核定领导职数为：所长 1 名（正处级），副所长 2 名（副处级），科级领导职数为 4 正 4 副。

2007 年 10 月，自治区动物卫生监督所增加 1 名副所长（副处级）领导职数，增加后，领导职数为 1 正 3 副。

2008 年 1 月，自治区动物卫生监督所增设诊疗监督科，增加"负责全区动物诊疗活动的监督管理工作；负责执业兽医和乡村兽医服务人员的业务培训和考核工作"的职能；增加科级领导职数 1 正 1 副。增加后，科级领导职数为 5 正 5 副。

2010 年 5 月，自治区动物卫生监督所编制调整为 23 名全额预算事业编制，2 名聘用编制。

2010 年 12 月，自治区动物卫生监督所编制调整为 22 名全额预算事业编制，3 名聘用编制。

2016 年 6 月，自治区动物卫生监督所被划分为公益一类事业单位。

2017 年 9 月，该所承担的"负责动物防疫、检疫证、章、照的管理工作"等行政职能剥离，划归自治区农牧厅兽医局承担。

2018 年 2 月，自治区动物卫生监督所编制调整为 21 名全额预算事业编制，3 名聘用编制。

2019 年 5 月，自治区动物卫生监督所整体划入自治区农业农村厅，机构编制、职责不变。

主要职责：负责动物防疫法及其配套法规的宣传和贯彻实施工作；对涉及动物的生产、经营、加工、储运过程中的单位和个人进行监督检查；对违反动物防疫法律、法规有关条款的行为依法查处；负责动物产地检疫、屠宰检疫工作；负责动物检疫员、动物卫生监督员的业务培训和考核工作；负责动物防疫、检疫证、章、照的管理工作；负责全区省界公路动物防疫监督检查站的业务管理工作；完成自治区农业农村厅交办的其他工作任务。

十一、自治区兽药饲料监察所

1985 年 7 月，宁夏回族自治区兽药饲料检查检验所正式成立，属自治区兽医工作站领导的科级单位，定编 15 人，同年 8 月改名为自治区兽药饲料监察所。

1990 年 2 月，自治区兽药饲料监察所升格为处级单位。

2000 年 9 月，自治区兽药饲料监察所整建制划归自治区农牧厅管理，机构级别、人员编制、领导职数和经费形式维持不变。

2003 年 4 月，宁夏兽药饲料监察所增挂宁夏动物食品质量安全检测中心牌子，主要职责是：承担全区养殖业投入品、动物源性食品的质量监督检验、仲裁检验工作；承担全区动物源性无公害食品、绿色食品的检验检测工作。

2006 年 11 月，宁夏回族自治区兽药饲料监察所挂宁夏回族自治区动物食品质量安全检测中心牌子，为自治区农牧厅所属正处级事业单位。中心内设办公室、化学药品检验室、抗生素检验室、残留物检验室、饲料检验室 5 个科级机构。核定全额预算事业编制 28 名，其中配备专业技术人员的编制不少于 21 名，配备工勤人员的编制不得多于 3 名。核定领导职数为：所长 1 名（正处级），副所长 2 名（副处级），科级领导职数为 5 正 5 副。

2009 年 7 月，自治区兽药饲料监察所处级领导职数 1 正 3 副，事业编制由 28 名调整编制为

30 名。

2012 年 2 月，自治区兽药饲料监察所全额预算事业编制 28 名，聘用编制 2 名。

2018 年 2 月，自治区兽药饲料监察所事业编制数由 28 名减为 27 名，聘用编制 2 名。

2019 年 5 月，自治区兽药饲料监察所整体划入自治区农业农村厅，机构编制、职责不变。

主要职责：负责全区兽药、饲料、添加剂、动物源性食品中残留物的质量安全检验和仲裁检验工作；负责本辖区内兽药、饲料、添加剂、畜产品生产、经营和使用企业质量保证体系中质检人员的培训工作；参与兽药、饲料、添加剂、无公害动物源性食品、兽药残留物等领域标准的起草、修订工作，并开展有关研究工作；参与兽药、饲料、添加剂、畜产品的经营和使用单位的日常质量监督工作；调查、了解本辖区的兽药、饲料、添加剂、畜产品的生产、经营和使用情况，参与兽药质量案件的查处工作；完成自治区农业农村厅交办的其他工作任务。

十二、自治区农机安全监理总站

1983 年，自治区农业机械安全监理总站（自治区农机安全监理总站）成立，隶属自治区农牧厅；1985 年，隶属自治区农业厅。

2000 年 9 月，自治区农业机械安全监理总站整建制划归自治区农牧厅管理，机构级别、人员编制、领导职数和经费形式维持不变。

2007 年 8 月，自治区农业机械安全监理总站被确定为自治区农牧厅所属正处级事业单位，核定全额预算事业编制 15 名。核定领导职数为：站长 1 名（正处级），副站长 2 名（副处级）。

2010 年 5 月，自治区农业机械安全监理总站核定内设办公室、业务科 2 个科级机构，核定科级领导职数 2 正 2 副。

2012 年 12 月，自治区农业机械安全监理总站编制调整为 14 名全额预算事业编制，1 名聘用编制。

2016 年 6 月，自治区农机安全监理总站被划分为公益一类事业单位。

2017 年 9 月，自治区农机安全监理总站承担的"负责农业机械的登记入户、建立档案和管理工作"等行政职能剥离，划归自治区农牧厅农业机械化管理局承担。

2019 年 5 月，自治区农机安全监理总站整体划入自治区农业农村厅。

2019 年 5 月，将自治区农业机械安全监理总站承担的执法职责剥离，划入农业农村厅内设的农业综合执法监督局。

主要职责：贯彻有关农机监理的法律、法规、规章；负责办理农业机械的登记入户、建立档案和管理工作；负责组织农业机械驾驶操作人员的安全教育、技术培训、考试、发证工作；负责农业机械及驾驶操作人员的安全检查和审验工作，负责农业机械事故处理及统计报告工作；完成自治区农业农村厅交办的其他工作任务。

十三、自治区农业环境保护监测站

1983 年 12 月，自治区农业环境保护监测站成立，定编 10 人，隶属自治区农牧厅；1985 年，隶属自治区农业厅。

2000 年 9 月，自治区农业环境保护监测站整建制划归自治区农牧厅管理，机构级别、人员编制、领导职数和经费形式维持不变。

2006 年，宁夏回族自治区农业环境保护监测站被确定为自治区农牧厅所属正处级事业单位，人员编制为 15 名全额预算事业编，设站长 1 名（正处级）、副站长 2 名（副处级），内设办公室、监测评价科、监察管理科 3 个科室，核定科级领导职数为 3 正 3 副，加挂宁夏回族自治区农业环境保护管理站牌子。

2010 年，自治区农业环境保护监测站内设科室改为办公室、业务科 2 个科级，核定科级领导职数为 2 正 2 副，其他不变。

2013 年 7 月，自治区农业环境保护监测站编制人数由原来 15 名全额预算事业编调整为 14 名，1 名改设聘用编制。

2016 年，自治区农业环境保护监测站被划分为公益一类事业单位。

2019 年 5 月，该站整体划入自治区农业农村厅。

主要职责： 参与制定实施全区农业环境监测规划、计划；开展无公害农产品、绿色食品、有机食品产地的环境质量监测、保护以及技术培训、技术咨询、技术服务工作；开展农业环境监测评价和农业开发建设项目环境影响评价工作；承担农业环境污染事故的调查、监测，对农业环境污染造成的损害进行评估；负责监视、监测环境质量变化对重点保护野生植物生长情况的影响；完成自治区农业农村厅交办的其他工作任务。

十四、自治区水产技术推广站

1984 年 1 月，自治区水产技术推广站成立，定编 10 人，隶属自治区农牧厅；1985 年，隶属自治区农业厅。

2000 年 9 月，自治区水产研究所（水产技术推广站、鱼病研究防治中心）整建制划入自治区农牧厅，原机构级别、人员编制、领导和经费形式维持不变。

2002 年 3 月，宁夏回族自治区水产技术推广站与自治区水产研究所实行站所分离，为自治区农牧厅所属处级事业单位，挂宁夏回族自治区鱼病防治中心牌子，重新核定事业编制 25 名，处级领导职数为 1 正 2 副；内设办公室、推广开发科、鱼病防治办公室 3 个科级机构，核定科级领导职数为 3 正 3 副。

2006 年 11 月，宁夏回族自治区水产技术推广站挂宁夏回族自治区鱼病防治中心和宁夏回族自治区渔业环境与水产品质量监督检验中心牌子，为自治区农牧厅所属正处级事业单位，内设办公室、财务科、技术推广科、鱼病防治科、监测检验科 5 个科级机构，核定全额预算事业编制 35 名。核定领导职数为：站长 1 名（正处级），副站长 2 名（副处级），科室领导职数为 5 正 4 副。

2009 年 10 月，自治区水产技术推广站编制调整为 33 名全额预算事业编制，2 名聘用编制。

2010 年 5 月，自治区水产技术推广站增加 1 名副处级领导职数。

2015 年 9 月，自治区水产技术推广站编制调整为 29 名全额预算事业编制，3 名聘用编制。

2016 年 6 月，自治区水产技术推广站被划分为公益一类事业单位。

2018 年 2 月，自治区水产技术推广站编制调整为 28 名全额预算事业编制，3 名聘用编制。

2019 年 5 月，自治区水产技术推广站整体划入自治区农业农村厅。

主要职责： 负责渔业新品种、新技术的引进、试验、示范、推广工作；负责水生动植物病虫害及灾情的监测、预报、防治和处置；负责水产品生产的质量安全检测、监测、检疫和渔业资源、渔业生态环境、渔业投入品使用监测工作；负责渔业公共信息服务和渔民的培训教育工作；负责渔业水域种质资源保护、渔业资源的增殖放流工作；完成自治区农业农村厅交办的其他工作任务。

十五、自治区农业机械化技术推广站

1977 年 6 月，自治区农业机械鉴定技术推广站（自治区农机鉴定技术推广站）成立，隶属自治区农机局；1983 年，隶属自治区农牧厅；1985 年，隶属自治区农业厅。

1997 年 11 月，自治区农业机械鉴定技术推广站增挂宁夏回族自治区机动车产品质量监督检验站牌子，承担农机、机动车产品质量监督检验，农机新产品鉴定、推广鉴定，以及机动车仲裁检验等工作。

2000年9月，自治区农业机械鉴定技术推广站整建制划入自治区农牧厅，原机构级别、人员编制、领导和经费形式维持不变。

2006年11月，自治区农业机械鉴定技术推广站更名为自治区农业机械化技术推广站，增挂宁夏回族自治区农业机械鉴定检验站牌子，为自治区农牧厅所属正处级事业单位，内设办公室、技术推广科、农业机械鉴定检验科6个科级机构；核定全额事业编制42名，设站长1名（正处级）、书记1名（正处级）、副站长3名（副处级）、科室领导职数6正6副。

2010年5月，自治区农业机械化技术推广站编制调整为40名全额预算事业编制。

2012年12月，自治区农业机械化技术推广站编制调整为全额预算事业编制38名，聘用编制2名。

2015年9月，自治区农业机械化技术推广站编制调整为全额预算事业编制36名，聘用编制2名。

2016年6月，自治区农业机械化技术推广站被划分为公益一类事业单位。

2018年2月，自治区农业机械化技术推广站编制调整为35名全额预算事业编制，2名聘用编制。

2019年4月，自治区农业机械化技术推广站整体划入自治区农业农村厅，属正处级事业单位；内设办公室、技术推广科、农业机械鉴定检验科6个科级机构；核定全额事业编制35名、2名聘用编制，设站长1名（正处级）、书记1名（正处级）、副站长3名（副处级）、科室领导职数6正6副，工作职能维持不变。

主要职责： 承担农业机械新技术的引进、试验、示范、推广、技术培训和技术咨询工作；负责农业机械的试验鉴定工作；负责农牧业机械、农牧业交通运输机械和机动车产品质量检验、仲裁检验工作；完成自治区农业农村厅交办的其他工作任务。

十六、自治区农业勘查设计院

1958年10月，自治区农业厅综合勘查队成立；1985年5月，更名为自治区农业勘查设计院，隶属自治区农业厅。

2000年9月，自治区农业勘查设计院（银川土壤肥料测试中心）整建制划入自治区农牧厅，原机构级别、人员编制、领导职数和经费形式维持不变。

2002年11月，自治区农业勘查设计院增挂宁夏农产品质量安全检测中心牌子。

2006年11月，自治区农业勘查设计院核定全额预算事业编制150名，其中院长1名（正处级）、书记1名（正处级）、副院长3名（副处级）。

2009年7月，自治区农业勘查设计院编制调整为130名全额预算事业编制。

2009年10月，自治区农业勘查设计院编制调整为128名全额预算事业编制，2名聘用编制。

2010年12月，自治区农业勘查设计院编制调整为124名全额预算事业编制，4名聘用编制。

2012年12月，自治区农业勘查设计院编制调整为119名全额预算事业编制，9名聘用编制。

2015年9月，自治区农业勘查设计院编制调整为110名全额预算事业编制，9名聘用编制。

2016年6月，自治区农业勘查设计院被划分为暂不分类事业单位。

2018年2月，自治区农业勘查设计院编制调整为105名全额预算事业编制，9名聘用编制。

2019年5月，自治区农业勘查设计院整体划入自治区农业农村厅。

主要职责： 承担全区农业资源调查、监测、评价及研究工作；承担全区农业大数据平台建设及农业遥感技术应用工作；承担全区农业农村区划和产业发展规划工作；承担国家和自治区农产品质量安全监督检验、风险评估，农产品市场准入及认证检验，农业投入品监督检验、仲裁检验，农业环境检测工作；承担全区农业农村建设项目评审论证、监督检查、验收及绩效评价工作；承担全区农业资源调查、农业项目技术服务、农产品质量安全检测等技术培训及相关国家、地方、行业标准制定工作；完成自治区农业农村厅交办的其他工作。

十七、自治区农业国际合作项目服务中心

1992年3月，自治区世界粮食计划署粮援项目办公室、欧共体技术援助项目办公室、农业厅项目办公室成立。办公室设在自治区农业厅，为一套机构、三块牌子，定编10人，为自治区农业厅正处级事业单位。

2002年7月，自治区农牧厅项目办公室增挂宁夏回族自治区农业高新技术引进示范中心牌子，编制调整为全额拨款事业编制8名，自收自支事业编制5名。

2006年11月，自治区农牧厅项目办公室（自治区农业高新技术引进示范中心）更名为宁夏回族自治区农牧厅农业国际合作项目管理中心，为自治区农牧厅所属正处级事业单位；核定全额预算编制12名；核定领导职数为：主任1名（正处级），副主任1名（副处级）；核销原自治区农业高新技术引进示范中心自收自支编制5名。

2010年5月，自治区农牧厅农业国际合作项目管理中心调整增加3名全额预算事业编制，核定全额预算事业编制14名，聘用编制1名；增加1名副处级领导职数，核定领导职数为1正2副；内设综合科、项目管理科、国际合作与贸易促进科3个科级机构，核定正科级领导职数为3名。

2017年3月，自治区农牧厅农业国际合作项目管理中心接收安置军队转业干部增加编制1名，核定事业编制15名，聘用编制维持不变。

2019年5月，自治区农牧厅农业国际合作项目管理中心更名为自治区农业国际合作项目服务中心，其他机构编制事项维持不变。

主要职责：负责宁夏农业利用外资项目的管理实施工作；负责农业高新技术的引进、试验示范工作；完成自治区农业农村厅交办的与其业务相关的其他工作任务。

十八、自治区农业宣传教育展览中心

1958年10月，自治区农业展览馆成立，隶属自治区农业厅；1962年撤销；1978年1月重建，隶属自治区政府农业办公室；1983年12月，划转为隶属自治区农牧厅，定编15人；1985年，隶属自治区农业厅。

2000年9月，自治区农业展览馆整建制划入自治区农牧厅，原机构级别、人员编制、领导和经费形式维持不变。

2006年，自治区农业展览馆更名为宁夏回族自治区农业宣传教育展览中心，为自治区农牧厅所属正处级事业单位，核定全额预算事业编制18名。核定领导职数为：主任1名（正处级），副主任2名（副处级）。

2009年7月，自治区农业宣传教育展览中心编制调整为20名全额预算事业编制。

2009年10月，自治区农业宣传教育展览中心编制调整为19名全额预算事业编制，1名聘用编制。

2010年5月，自治区农业宣传教育展览中心内设办公室、宣传科、展览科3个科级机构，核定科级领导职数3正3副；编制调整为18名全额预算事业编制、2名聘用编制。

2010年12月，自治区农业宣传教育展览中心编制调整为17名全额预算事业编制，3名聘用编制。

2016年6月，自治区农业宣传教育展览中心被划分为公益一类事业单位。

2019年4月，自治区农业宣传教育展览中心整体划入自治区农业农村厅。

主要职责：负责全区农村经济、文化、科技信息，农业农村方针政策、发展成就与经验的宣传交流工作；承担全区农业对外宣传任务，负责向国内外宣传推介宁夏农业优势产业、优势特色农产品及合作项目；承办自治区重大农业展览活动；完成自治区农业农村厅交办的其他工作任务。

十九、宁夏农业广播电视学校

1981年4月，宁夏农业广播电视学校成立，隶属于自治区农业厅，随后改名为中央农业广播学校宁夏分校；1987年12月，改名为中央农业广播电视学校宁夏分校；1988年10月，又改名为宁夏农业广播电视学校。

1996年1月，宁夏农业广播电视学校增挂宁夏农业231工程学校牌子。

2000年9月，自治区农业广播电视学校（宁夏农业231工程学校）整建制划入自治区农牧厅，原机构级别、人员编制、领导和经费形式维持不变。

2001年1月，宁夏农业广播电视学校增挂宁夏回族自治区农民科技教育培训中心的牌子，原加挂的宁夏农业231工程学校牌子予以摘除。其主要负责具体组织实施农民教育、绿色证书工程、农科教结合、跨世纪青年农民培训工程、农村基层干部培训和农业实用技术培训等工作。

2006年11月，宁夏农业广播电视学校挂宁夏回族自治区农民科技教育培训中心牌子，为自治区农牧厅所属正处级单位。学校核定全额预算事业编制14名，其中配备专业技术人员的编制不少于11名，工勤人员可配备1名，核定领导职数为校长1名（正处级）、副校长2名（副处级）。

2008年1月，宁夏农业广播电视学校增加编制3人，增编后，全额预算编制17人。

2009年7月，宁夏农业广播电视学校调整编制数为19人。

2010年5月，宁夏农业广播电视学校内设办公室、教务科、培训科3个科级机构，核定科级领导职数为3正3副，调整编制数为事业编制数18人，聘用编制数1人。

2016年6月，宁夏农业广播电视学校被划分为公益一类事业单位。

2019年5月，宁夏农业广播电视学校整体划入自治区农业农村厅。

主要职责：承担农民、农村基层干部的学历教育、继续教育工作；组织开展农民、农村基层干部实用技术教育培训工作；完成自治区农业农村厅交办的其他工作任务。

二十、自治区乡镇企业经济发展服务中心

1986年7月，自治区乡镇企业经济技术服务中心成立，为事业单位，级别未定，人员编制4名，隶属自治区乡镇企业管理局；1990年，人员编制7名；1991年2月，定为处级单位；1995年，人员编制17人，隶属自治区乡镇企业管理局。

2000年9月，自治区乡镇企业经济技术服务中心、自治区乡镇企业培训中心整建制划入自治区农牧厅，原机构级别、人员编制、领导和经费形式维持不变。

2006年11月，经批准，自治区乡镇企业经济技术服务中心和自治区乡镇企业培训中心合并，组建宁夏回族自治区乡镇企业经济发展服务中心。

2007年3月，自治区乡镇企业经济技术服务中心和自治区乡镇企业培训中心正式合并，隶属农牧厅，为正处级财政全额拨款事业单位，核定事业编制31名。核定领导职数为：主任1名（正处级），副主任3名（副处级），科级领导4正4副。2007年10月，该机构增加副处级领导职数1名，领导职数为处级领导1正4副。

2010年5月，自治区乡镇企业经济发展服务中心编制调整为事业编制30名，聘用编制1名。

2016 年 6 月，事业单位分类改革，自治区乡镇企业经济发展服务中心划分为公益一类事业单位。

2018 年 2 月，自治区乡镇企业经济发展服务中心核减事业编制 1 名，核减后事业编制 29 名、聘用编制 1 名。

2019 年 5 月，自治区乡镇企业经济发展服务中心整体划入自治区农业农村厅，机构编制、职责不变。

主要职责：为全区乡镇企业提供经济技术、招商引资、对外交流、市场开拓和信息服务；开展乡镇企业东西合作和经贸洽谈活动；协助有关部门进行劳务技能培训鉴定工作，参与全区农村劳动力转移就业培训工作；完成自治区农业农村厅交办的其他工作任务。

二十一、自治区乡镇企业培训中心

1988 年 5 月，依据自治区人民政府 1987 年第 31 次常务会议纪要精神，自治区乡镇企业培训中心成立，为自治区乡镇企业局下属科级事业单位，配备事业编制 5 名，所需教学专业人员从乡镇企业局技术顾问中聘用。

1991 年 1 月，经自治区机构编制委员会 1991 年 1 月 19 日会议研究，同意自治区乡镇企业培训中心由科级单位升格为处级单位。

1992 年 8 月，经同意，自治区乡镇企业培训中心设置办公室、教务科、总务科（均为正科级），核定事业编制 13 名。

2000 年 9 月，自治区乡镇企业经济技术服务中心、自治区乡镇企业培训中心整建制划入自治区农牧厅，原机构级别、人员编制、领导和经费形式维持不变。

2006 年 11 月，经批准，自治区乡镇企业经济技术服务中心和自治区乡镇企业培训中心合并，组建宁夏回族自治区乡镇企业经济发展服务中心。

2007 年 3 月，自治区乡镇企业经济技术服务中心和自治区乡镇企业培训中心正式合并，隶属农牧厅，为正处级财政全额拨款事业单位，核定事业编制 31 名。核定领导职数为：主任 1 名（正处级），副主任 3 名（副处级），科级领导 4 正 4 副。2007 年 10 月，该机构增加副处级领导职数 1 名，领导职数为处级领导 1 正 4 副。

二十二、自治区农产品质量安全中心

1992 年，经自治区编制委员会办公室（宁编事发〔1992〕41 号）文件批复，宁夏乡镇企业产品质量监督检测站成立，为自治区乡镇企业局直属事业单位。其主要任务是对乡镇企业产品质量实施监督和检测，为乡镇企业产品质量管理提供全面的技术服务。该单位暂不定级别，暂核定事业编制 4 名，经费实行差额补贴。

1997 年 7 月，自治区农业厅科教处挂自治区绿色食品办公室牌子，核定事业编制 2 名。

1997 年 9 月，宁夏乡镇企业产品质量监督检测站更名宁夏乡镇企业产品质量环保监测中心，核定事业编制 8 名，核定处级领导职数为 1 正 1 副。

2000 年 9 月，自治区乡镇企业产品质量环保监测中心、自治区优质产品开发服务中心整建制划入自治区农牧厅，原机构级别、人员编制、领导和经费形式维持不变。

2006 年自治区乡镇企业产品质量环保监测中心、自治区优质产品开发服务中心合并，组建自治区农产品质量安全中心，挂自治区绿色食品办公室牌子，为自治区农牧厅所属正处级事业单位。该中心核定全额预算事业编制 17 名，领导职数为：主任 1 名（正处级），副主任 2 名（副处级）。自治区优质产品开发服务中心 3 名自收自支事业编制核销。

2009 年 7 月，自治区农产品质量安全中心增加 2 名编制，调整后，全额预算事业编制 19 名。

2009年10月，自治区农产品质量安全中心编制调整为18名全额预算事业编制，1名聘用编制。

2010年5月，自治区农产品质量安全中心内设办公室、绿色食品认证管理科、无公害农产品认证管理科3个科级机构，核定科级领导职数为3正3副。

2016年6月，自治区农产品质量安全中心被划分为公益一类事业单位。

2019年5月，自治区农产品质量安全中心整体划入自治区农业农村厅，原挂牌的自治区绿色食品办公室更名为自治区绿色食品发展中心，其他机构编制事项维持不变。

主要职责：研究制定自治区农产品质量安全的工作规范、技术标准；负责无公害农产品、绿色食品、有机食品认证的相关工作及参与质量控制、市场监管、基地建设、标准化建设工作；负责农产品质量安全检测工作；负责全区名牌优质农产品开发工作；完成自治区农业农村厅交办的其他工作任务。

二十三、自治区农业综合开发中心

2006年5月，自治区农业综合开发建设领导小组办公室更名为宁夏回族自治区农业综合开发办公室，为自治区财政厅所属正处级事业单位。办公室内设综合科、计划财务科、土地治理项目科、多种经营项目管理科、外资项目管理科、科技开发项目管理科、项目评估科7个正科级机构，核定全额预算事业编制29名，主任1名（正处级）、副主任2名（副处级）、正科级领导职数为7名。

2014年7月，自治区农业综合开发办公室增加1名聘用编制，增加后，共有全额预算事业编制29名、聘用编制1名。

2014年9月，自治区农垦事业单位管理局农业综合开发办公室及8名全额预算事业编制、1正1副科级领导职数移交自治区农业综合开发办公室管理。

2016年4月，自治区农垦事业单位管理局农业综合开发办公室撤销，其职责及8名全额预算事业编制整体划入自治区农业综合开发办公室。调整后，该机构全额预算事业编制37名，聘用编制1名。

2016年8月，自治区农业综合开发办公室增加1名总会计师（副处级）领导职数。

2017年1月，自治区农业综合开发办公室被确定为自治区财政厅所属正处级公益一类事业单位。

2017年1月，自治区农业综合开发办公室增加1名全额预算事业编制，核定全额预算事业编制38名，聘用编制1名。

2018年2月，自治区农业综合开发办公室核减1名全额预算事业编制，核定全额预算事业编制37名，聘用编制1名。

2019年5月，自治区财政厅所属自治区农业综合开发办公室及36名全额预算事业编制、1名聘用编制，1正3副处级领导职数、7名正科级领导职数划入自治区农业农村厅，更名为自治区农业综合开发中心。

2019年12月，自治区农业综合开发中心将1名聘用编制调整到自治区农业农村厅信息中心。调整后，中心全额预算事业编制36名。

2019年12月，自治区农业综合开发中心核定7名副科级领导职数。调整后，科级领导职数为7正7副，其他机构编制事项维持不变。

主要职责：负责管理和指导全区农业综合开发工作；拟定全区农业综合开发具体政策和发展规划；负责全区农业综合开发资金分配；组织开展农业综合开发项目管理；对本地区农业综合开发资金和项目进行监管。

二十四、自治区农田水利建设与开发整治中心

2019 年 5 月，自治区国土资源厅的土地整治项目职能和自治区水利厅的农田水利建设项目等管理职责整合划转至自治区农业农村厅，自治区农田水利建设与开发整治中心成立，为自治区农业农村厅所属正处级公益一类事业单位。

自治区农田水利建设与开发整治中心内设综合科、农田水利科、质量评价科、信息服务科 4 个正科级机构，核定全额预算事业编制 25 名（划入原自治区国土开发整治管理局 19 名，自治区农村水利建设管理中心 6 名），处级领导职数为主任 1 名（正处级）、副主任 2 名（副处级）、科级领导职数为 4 正 4 副。

主要职责：承担全区农田建设项目技术指导与培训服务工作；承担全区农田建设技术规范及标准编制工作；承担全区农田建设项目技术开发、示范推广工作；承担全区农田建设项目绩效评价、信息报备、上图入库工作；承担全区耕地保护与质量提升工作；完成自治区农业农村厅和自治区农田水利基本建设指挥部办公室交办的工作。

二十五、自治区原种场

1978 年 2 月，贺兰县园艺场移交自治区农林局主管，并更名为自治区原种场；1983 年，隶属自治区农牧厅；1985 年，隶属自治区农业厅。

2000 年 9 月，自治区原种场整建制划入自治区农牧厅，原机构级别、人员编制、领导和经费形式维持不变。

2006 年 11 月，自治区原种场定额补助事业编制重新核定为 430 名，其中场长 1 名（正处级）、书记 1 名（正处级）、副场长 3 名（副处级）。另核定聘用农业技术工人控制数 60 名。

2009 年 10 月，自治区原种场编制调整为定额补助事业编制 356 名，聘用编制 40 名。

2010 年 12 月，自治区原种场编制调整为定额补助事业编制 355 名，聘用编制 41 名。

2012 年 6 月，自治区原种场核减 23 名空编及 60 名人员控制数，核减后，定额补助事业编制 332 名，聘用编制 41 名。

2015 年 2 月，自治区原种场核减 20 名定额补助事业编制，核减后，定额补助事业编制 312 名，聘用编制 41 名。

2015 年 9 月，自治区原种场核减定额补助编制 74 名，调整后，定额补助事业编制 238 名，聘用编制 41 名。

2016 年 6 月，自治区原种场划分为公益二类事业单位。

2018 年 2 月，自治区原种场核减编制 11 名定额事业编制，调整后，调编制为 222 名定额补助事业编制，41 名聘用编制。

2018 年 4 月，自治区原种场核减 3 名定额补助事业编制，核减后定额补助事业编制 219 名，聘用编制 41 名。

2019 年 5 月，自治区原种场整体划入自治区农业农村厅，将撤销的自治区农牧厅所属定额补助事业单位宁夏种禽场 8 名定额补助事业编制、1 正 1 副科级领导职数划入自治区原种场。调整后，自治区原种场定额补助事业编制 227 名、聘用编制 41 名，处级领导职数为 2 正 3 副，科级领导职数为 1 正 1 副。

主要职责：承担农作物新优品种引进、试验、示范、展示、推广工作；承担农业新技术及耕作制度改革创新引进、试验、示范、展示、推广工作；承担农作物新优品种选育及种质资源保护工作；承担农作物审定品种的"三圃"提纯复壮及原种繁育工作；承担农作物审定品种原

（良）种繁育推广工作；承担农机农艺深度融合试验示范工作；完成自治区农业农村厅交办的其他工作。

二十六、自治区中卫山羊选育场

1956 年 6 月，宁夏回族自治区中卫山羊选育场成立，为正处级事业单位，编制数 208 名，隶属于宁夏回族自治区畜牧局。

1991 年 7 月，根据宁编发〔1991〕43 号文件通知，经自治区畜牧局党组研究，同意自治区中卫山羊选育场内部机构各设一室三科，即：政办室、计划财务科、牧业科、多种经营科。

2000 年 9 月，自治区中卫山羊选育场整建制划入自治区农牧厅，原机构级别、人员编制、领导和经费形式维持不变。

2006 年 11 月，自治区中卫山羊选育场暂保留，不再重新确定机构编制方案；重新核定定额补助事业编制 110 名，其中场长 1 名（正处级）、副场长 3 名（副处级）。

2009 年 10 月，自治区中卫山羊选育场编制调整为定额补助事业编制 97 名，聘用编制 6 名。

2012 年 6 月，自治区中卫山羊选育场核减 12 名空编，核减后，定额补助事业编制 85 名，聘用编制 6 名。

2015 年 9 月，自治区中卫山羊选育场核减定额补助事业编制 23 名，核减后，定额补助事业编制 62 名，聘用编制 6 名。

2016 年 6 月，自治区中卫山羊选育场划分为公益二类事业单位。

2018 年 2 月，自治区中卫山羊选育场编制调整为 59 名定额补助事业编制，6 名聘用编制。

2019 年 5 月，自治区中卫山羊选育场整体划入自治区农业农村厅，机构编制、职责不变。

主要职责：遵照执行《中华人民共和国畜牧法》《畜禽遗传资源保种场保护区基因库管理办法》等法律法规和政策规定，负责国家级畜禽遗传资源保护品种——中卫山羊保种工作；贯彻落实《中国生物多样性保护战略与行动计划（2011—2030 年）》，完善国家级中卫山羊保种场，进一步加大对中卫山羊的保护力度；对辖区居民生产生活的社会化管理与服务。

二十七、自治区盐池滩羊选育场

1959 年 4 月，盐池县滩羊选育场成立；1964 年，盐池县经济牧场与盐池县滩羊选育场合并，成立牧场管理委员会；1969 年，牧场管理委员会更名为盐池县滩羊选育场革命委员会；1974 年，盐池县滩羊选育场革命委员会划归自治区农林局管辖，更名为宁夏回族自治区盐池滩羊选育场革命委员会；1984 年，宁夏回族自治区盐池滩羊选育场革命委员会划归自治区畜牧局管辖；1991 年 2 月，自治区盐池滩羊选育场由科级单位升格为处级单位。

1991 年 7 月，根据宁编发〔1991〕43 号文件通知，经自治区畜牧局党组研究，同意自治区盐池滩羊选育场内部机构各设一室三科，即：政办室、计划财务科、牧业科、多种经营科。

2000 年 9 月，自治区盐池滩羊选育场整建制划入自治区农牧厅，原机构级别、人员编制、领导和经费形式维持不变。

2006 年 11 月，自治区盐池滩羊选育场暂保留，不再重新确定机构编制方案；重新核定定额补助事业编制 70 名，其中场长 1 名（正处级），副场长 2 名（副处级）。

2009 年 10 月，自治区盐池滩羊选育场编制调整为定额补助事业编制 61 名，聘用编制 6 名。

2010 年 12 月，自治区盐池滩羊选育场编制调整为定额补助事业编制 60 名，聘用编制 7 名。

2015 年 9 月，自治区盐池滩羊选育场核减定额补助事业编 3 名，核减后，定额补助事业编制 57 名，聘用编制 7 名。

2016 年 6 月，自治区盐池滩羊选育场划分为公益二类事业单位。

2018 年 2 月，自治区盐池滩羊选育场编制调整为 55 名定额补助事业编制，7 名聘用编制。

2019 年 5 月，自治区盐池滩羊选育场整体划入自治区农业农村厅。

主要职责：负责国家级畜禽遗传资源保护品种——滩羊种质资源保护工作；开展滩羊基础性研究，深入挖掘种质特性；向社会提供滩羊良种。

二十八、自治区种禽场

1983 年 12 月，宁夏回族自治区银川种禽场成立，为正科级事业单位，编制数 35 名，隶属于自治区畜牧局。

1990 年 8 月，为便于业务的开展和区别于银川地区同类场，宁夏回族自治区银川种禽场改名为宁夏回族自治区种禽场。

2000 年 9 月，自治区种禽场整建制划入自治区农牧厅，原机构级别、人员编制、领导和经费形式维持不变。

2006 年 11 月，自治区种禽场暂保留，不再重新确定机构编制方案，重新核定定额补助事业编制 20 名，其中场长 1 名（正科级），副场长 1 名（副科级）。

2012 年 6 月，自治区种禽场核减 8 名空编，核减后，定额补助事业编制 12 名。

2015 年 9 月，自治区种禽场核减定额补助事业编 3 名，核减后，定额补助事业编制 9 名。

2016 年 6 月，自治区种禽场划分为不分类事业单位。

2019 年 5 月，自治区种禽场撤销，将 8 名定额补助事业编制、1 正 1 副科级领导职数划入自治区原种场。

业务范围：引进、繁殖、生产、推广优良种禽、种蛋；开展试验研究，提高种禽、种蛋质量，提供优质配合饲料。

二十九、自治区草原工作站

1979 年，宁夏回族自治区畜牧局（厅级）成立，内设草原管理处。

1983 年 12 月，草原管理处改名为宁夏回族自治区草原工作站，为自治区畜牧局下属的正处级事业单位，内设 4 个科室。

2000 年 9 月，自治区草原工作站整建制划入自治区农牧厅，原机构级别、人员编制、领导和经费形式维持不变。

2006 年，自治区草原工作站加挂宁夏回族自治区草原监理中心牌子，为自治区农牧厅所属正处级事业单位，内设办公室（防火办公室）、人工种草科、草原建设科、草原监理科、牧草种子检验科 5 个科级机构，核定全额预算事业编制 37 名。核定领导职数为：站长 1 名（正处级），副站长 3 名（副处级），科级领导职数为 5 正 5 副。

2009 年 7 月，自治区草原工作站编制调整为 39 名全额预算事业编制。

2010 年 5 月，自治区草原工作站编制调整为 38 名全额预算事业编制。

2016 年 6 月，自治区草原工作站划分为公益一类事业单位。

2017 年 9 月，自治区农牧厅将委托自治区草原工作站承担的"收集收购国家重点保护野生植物许可，进口草种、食用菌菌种审批，草原征占用审核审批"等行政职能剥离，划归自治区农牧厅畜牧局承担。

2018 年 2 月，自治区草原工作站编制调整为 34 名全额预算事业编制，2 名聘用编制。

2019 年 5 月，自治区草原工作站（自治区草原监理中心）及 33 名全额预算事业编制、2 名聘用编制、1 正 4 副处级领导职数、5 正 5 副科级领导职数划转到自治区林业和草原局，收回 1 名事业空编。

主要职责： 负责草原资源调查和草地生产力动态监测，提出建设、利用和保护草原的技术措施；负责全区草原建设改良和利用技术的引进、试验和示范推广工作；参与全区人工草地规划、建设和牧草种子监督检验工作；依法开展草原监理工作；参与草原保护与建设重大项目的规划、设计和组织实施工作；负责草原鼠虫害预测预报工作、承担草原防火工作；完成自治区林草局交办的与其业务相关的其他工作任务。

三十、宁夏云雾山国家级自然保护区管理局

1982 年 4 月，经固原县人民政府批准，县级云雾山自然保护区建立。

1985 年，经自治区人民政府批准，县级云雾山自然保护区升格为省（区）级自然保护区，隶属自治区畜牧局领导，为科级事业单位。

1991 年，自治区人民政府以宁编发〔1991〕57 号文件形式，将云雾山自然保护区由科级事业单位升格为处级事业单位。

2000 年 9 月，宁夏固原云雾山草原自然保护区管理处整建制划入自治区农牧厅，原机构级别、人员编制、领导和经费形式维持不变。

2006 年，宁夏固原云雾山草原自然保护区管理处为自治区农牧厅所属正处级事业单位，内设办公室、资源保护科、科研室 3 个科级机构，核定全额预算事业编制 22 名。核定领导职数为：处长 1 名（正处级），副处长 2 名（副处级），科级领导职数为 3 正 3 副。

2009 年 7 月，宁夏固原云雾山草原自然保护区编制调整为 24 名全额预算事业编制。

2010 年 5 月，宁夏固原云雾山草原自然保护区编制调整为 22 名全额预算事业编制，2 名聘用编制。

2012 年 12 月，宁夏固原云雾山草原自然保护区编制调整为 21 名全额预算事业编制，3 名聘用编制。

2015 年 9 月，宁夏固原云雾山管理处更名为宁夏云雾山国家级自然保护区管理局，科研科更名为科研宣教科；增设马场管理站，增加正科级领导职数 1 正 1 副。调整后，管理局内设办公室、资源保护科、科研宣教科、马场管理站 4 个正科级机构，科级领导职数为 4 正 4 副。

2018 年 2 月，宁夏云雾山国家级自然保护区管理局编制调整为 20 名全额预算事业编制，3 名聘用编制。

2019 年 5 月，宁夏云雾山国家级自然保护区管理局及 19 名全额预算事业编制、3 名聘用编制、1 正 2 副处级领导职数、4 正 4 副科级领导职数划转到自治区林业和草原局，收回 1 名事业空编。

主要职责： 负责监测、保护黄土高原长芒草草原及其生态系统；研究制定保护区生态发展规划；开展黄土高原植被气象、水土、动物等研究和各种优质牧草的试验、示范、推广工作；完成自治区林业和草原局交办的与业务相关的其他工作任务。

三十一、宁夏回族自治区盐池草原实验站

1959 年 7 月，经自治区农牧厅批准，在盐池县建立宁夏回族自治区盐池草原工作站，隶属自治区、县双重领导。

1964 年 6 月，自治区人民委员会发文将站名改为宁夏回族自治区盐池草原试验站，而后又更名为宁夏回族自治区盐池草原实验站。

1973 年，该站交自治区畜牧局管理。

2000 年 9 月，自治区盐池草原实验站整建制划入自治区农牧厅，原机构级别、人员编制、领导和经费形式维持不变。

2006 年 11 月，自治区盐池草原实验站暂保留，不再重新确定机构编制方案，重新核定全额预算事业编制 41 名，暂不核定领导职数。

2007 年 5 月，自治区盐池草原实验站和自治区盐池滩羊选育场子弟学校移交属地管理。自治区盐池草原实验站整建制移交给盐池县，更名为盐池县草原实验站，为盐池县人民政府直属正科级事业单位。

主要职责：指导并开展相关的草原建设与保护、草原生产力定位监测、科学研究工作；负责辖区人工牧草栽培区域试验示范及推广种植优良牧草工作；引进改良适宜优良牧草品种，制订实施品种繁育和改良计划；开展以滩羊为主的草畜产业科技示范工作；负责组织草畜产业科研和推广项目的论证、立项、申报、实施工作；为科研院所和广大高校提供教学和科研实习基地；承办主管部门和上级业务部门交办的其他事项。

三十二、宁夏回族自治区海原甘盐池种羊场

1948 年，西北羊毛改进处在海原县甘盐池设立陇东推广站。

1950 年，该站改称为甘盐池羊场。

1959 年，自治区农业厅畜牧局决定将甘盐池羊场改名为甘盐池种羊场。

1963 年 10 月，农业部批复甘盐池羊场为种羊场。

2000 年 9 月，宁夏回族自治区海原甘盐池种羊场整建制划入自治区农牧厅，原机构级别、人员编制、领导和经费形式维持不变。

2006 年 11 月，自治区甘盐池种羊场暂保留，不再重新确定机构编制方案，重新核定定额补助事业编制 118 名，暂不核定领导职数。

2007 年 5 月，自治区甘盐池种羊场及其子弟学校移交属地管理。自治区甘盐池种羊场整建制移交给中卫市，更名为海原甘盐池种羊场，为中卫市人民政府直属正处级事业单位。

主要职责：制定本场优良羊引进、改良、培育、推广的短、中、长期发展规划和年度计划并负责实施；贯彻党中央、国务院和自治区等党委政府关于推广种羊的评审和鉴定工作；负责全场草原、土地资源的建设和管理工作；代管盐池村。

三十三、宁夏回族自治区吴忠贮草加工实验站

1984 年 6 月，宁夏回族自治区吴忠贮草加工实验站成立，为正科级事业单位，编制数 80 名，隶属自治区畜牧局。

2000 年 9 月，宁夏吴忠贮草站整建制划入自治区农牧厅，原机构级别、人员编制、领导和经费形式维持不变。

2006 年 11 月，自治区吴忠贮草加工实验站暂保留，不再重新确定机构编制方案，重新核定全额预算事业编制 60 名，暂不核定领导职数。

2007 年 5 月，自治区吴忠贮草加工实验站移交属地管理，整建制移交给吴忠市，更名为吴忠市贮草加工实验站，为吴忠市（利通区）农牧局所属正科级事业单位。

主要职责：开展饲草料的生产、收储和加工利用的试验研究，开展饲草料配方的研究和推广，为局属种羊场提供饲草料。

三十四、宁夏回族自治区同心白绒山羊种羊场

1959 年，宁夏回族自治区同心白绒山羊种羊场成立，为正科级事业单位，编制数 30 名，隶属于自治区畜牧局。

2000 年 9 月，自治区同心白绒山羊种羊场整建制划入自治区农牧厅，原机构级别、人员编制、领导和经费形式维持不变。

2006 年 11 月，自治区同心白绒山羊种羊场暂保留，不再重新确定机构编制方案，重新核定定额补助事业编制 14 名，暂不核定领导职数。

2007 年 5 月，自治区同心白绒山羊种羊场移交属地管理，整建制移交给同心县，更名为同心县白绒山羊种羊场，为同心县所属正科级事业单位。

主要职责：认真贯彻执行国家和自治区有关工作的方针、政策、法规，加强对全县畜牧业的服务；团结和动员畜牧技术工作者开展学术交流，活跃学术思想，繁荣学术园地，促进全县畜牧业的繁荣、发展和创新；繁殖选育及推广优良的宁夏黑滩羊，推进畜牧业发展；承办县委、县政府交办的其他工作。

三十五、宁夏回族自治区灵武园艺试验场

1951 年，在灵武县，宁夏灵武园艺试验场重建；1954 年，试验场隶属宁夏省建设厅；1955 年至1957 年，试验场隶属吴忠回族自治州；1958 年至 1962 年，试验场隶属自治区农科所；1966 年至1972 年，试验场隶属灵武县农村局；1972 年，试验场移交自治区农林局主管；1978 年 11 月，试验场隶属自治区农业局；1983 年 4 月，试验场隶属自治区农牧厅；1985 年，试验场隶属自治区农业厅；1986 年，灵武园艺试验场分场（陶林园艺场）建设。

2000 年 9 月，自治区灵武园艺试验场整建制划入自治区农牧厅，原机构级别、人员编制、领导和经费形式维持不变。

2006 年 11 月，经自治区事业单位机构编制清理整顿工作办公室审核，自治区机构编制委员会同意，自治区灵武园艺实验场暂保留，不再重新确定机构编制方案，重新核定定额补助事业编制 359名，暂不核定领导职数。

2007 年 5 月，自治区灵武园艺实验场整建制移交给银川市，更名为灵武园艺试验场，为银川市人民政府直属正处级事业单位。

主要职责：承担全市长枣、苹果、葡萄等果树新品种选育、推广及果树矮化密植等试验课题；承担果树病虫害防治工作；承担植被造林、防沙治沙、森林管护等任务。

三十六、宁夏回族自治区陶林园艺试验场

陶林园艺场于 1986 年建场，是灵武园艺场的分场。

2007 年 2 月，自治区陶林园艺试验场共有 192 名园艺职工，为不核定事业编制，人员经费按差额经费形式核拨，人员只出不进，人员减少后核减控制数和人员经费。

2007 年 5 月，自治区灵陶水产良种试验场与陶林园艺试验场整合，组建宁夏回族自治区农牧厅河东生态园艺试验中心，为自治区农牧厅所属正处级事业单位。原自治区灵陶水产良种试验场核定的15 名自收自支事业编制核销。

自治区农牧厅河东生态园艺试验中心内设办公室、计划财务科、良种苗木繁育科、防沙治沙科4 个科级机构，核定全额预算事业编制 30 名。核定领导职数为：主任 1 名（正处级），副主任 2 名

（副处级），科级领导职数为 4 正 4 副。

2011 年 4 月，自治区农牧厅河东生态园艺试验中心整建制移交银川市兴庆区管理。

主要职责：负责生态园艺的试验、示范和技术咨询服务及推广工作；承办主管部门和上级业务部门交办的其他工作任务。

三十七、宁夏回族自治区农业机械化学校

1952 年，西北军政委员会农业部机械化学校成立。1954 年，西北军政委员会农业部机械化学校更名为宁夏灵武农业机械化学校，同年迁址银川，更名为甘肃省银川农机学校。1958 年，甘肃省银川农机学校更名为宁夏银川农机学校。1969 年，宁夏银川农机学校撤销，内设办公室、教务处、总务处。

1979 年 1 月，经同意，宁夏回族自治区农业机械化学校恢复，为县团级事业单位，隶属自治区农机管理局，暂给事业编制 100 人。

2000 年 9 月，宁夏农业机械化学校整建制划入自治区农牧厅，原机构级别、人员编制、领导和经费形式维持不变。

2006 年，经确定，宁夏回族自治区农业机械化学校挂宁夏回族自治区机电工程学校牌子，为自治区农牧厅所属正处级事业单位。

学校内设办公室、教务科、学生科（挂招生就业指导中心牌子）、总务科、培训科（职业技能鉴定科）、财务科、保卫科 7 个科级机构，核定全额预算事业编制 149 名。核定领导职数为：校长 1 名（正处级）、书记 1 名（正处级），副校长 2 名（副处级），纪委书记 1 名（副处级），科室领导职数为 7 正 7 副。

2009 年 8 月，宁夏回族自治区农业机械化学校整建制移交自治区教育厅管理。

主要职责：贯彻落实中央和自治区关于中等职业教育、技工教育发展的方针、政策；负责中等专业教育和本、专科函授教育以及高职、高级技工教育工作；开展农业行业职业技能培训和鉴定工作。

三十八、宁夏农业学校

2002 年 10 月，宁夏农业学校整建制移交自治区教育厅管理。

宁夏农业学校是教育部认定的宁夏首批全国重点中等职业学校，学校开设畜牧兽医、机电一体化技术等 6 个五年一贯制专业。

2006 年 3 月，宁夏农业学校为宁夏职业技术学院所属正处级事业单位，内设办公室、财务科、学生科（招生就业办公室）、教务科、总务科 5 个科级机构；核定全额预算事业编制 160 名，其中配备教学人员编制不少于 128 名，配备工勤人员的编制不得多于 10 名；领导职数为：校长 1 名（正处级）、副校长 3 名（副处级），科室领导职数为 5 正 5 副。

2014 年，宁夏轻纺技工学校于正式并入宁夏农业学校，与宁夏农业学校合并办学，是专门承担技工教育、职业培训、技能鉴定等工作的综合性技工教育培训基地。

2015 年 7 月，宁夏农业学校增挂宁夏生物工程技工学校牌子，增设函授站、技能鉴定科，核定科级领导职数为 2 正 2 副。调整后，宁夏农业学校全额预算事业编制 180 名、聘用编制 1 名，处级领导职数为 2 正 4 副，科级领导职数为 8 正 8 副。

2015 年，宁夏农业学校被评定为国家中等职业教育改革发展示范学校。

主要职责：负责中等专业教育，培养中等农业职业技术和经济管理人才。

三十九、宁夏回族自治区畜牧兽医药械供应站

1983 年 12 月，宁夏回族自治区畜牧局成立事业单位性质的宁夏回族自治区畜牧兽医药械供应站，为科级事业单位，核定编制 7 人。

1989 年，宁夏回族自治区畜牧兽医药械供应站完全实行企业化管理，成为自收自支的事业单位。

2000 年 8 月，宁夏回族自治区畜牧兽医药械供应站退出自治区机构编制部门管理的事业单位序列。

2002 年 3 月，宁夏回族自治区畜牧兽医药械供应站划归自治区动物防疫站管理。

2003 年 2 月，经批准，宁夏回族自治区畜牧兽医药械供应站办理企业法人登记申请，固定职工 7 人，退休职工 5 人。

2003 年 6 月，宁夏回族自治区畜牧兽医药械供应站投资组建成立了宁夏宇宁动物防疫站，为独立核算的国有企业。

2008 年 11 月，自治区农牧厅所属企业宁夏畜牧兽医药械供应站改制退出。

2012 年 6 月，自治区畜牧兽医药械供应站归自治区农牧厅直属管理。

2015 年 12 月，自治区畜牧兽医药械供应站整体划入宁夏农业科教仪器公司，归属宁夏农业投资集团。

主要职责：承担自治区计划内兽用疫苗的供应、调配和管理；承担自治区重大动物疫病防治应急储备物资库的管理及货物的保管、发放；组织供应营销兽用生物制品、兽药、畜牧兽医专用器械、饲料、实验室设备、仪器及防护用品、办公室自动化设备、专用车辆。

四十、宁夏回族自治区农业经济研究所

宁夏回族自治区农业经济研究所是 1984 年成立的农业软科学研究机构，根据宁科改字〔2003〕（002 号）文件，2003 年宁夏农业经济研究所退出自然科研系列，纳入全区事业单位改革。

2007 年 3 月，经中共宁夏回族自治区农牧厅党组研究决定：撤销自治区农业经济研究所，将自治区农业经济研究所人、财、物及工作职责并入自治区农村经济经营管理站。

主要职责：从事农业经济研究。

■ 第三节　企业单位

一、宁夏回族自治区种子有限公司

宁夏回族自治区种子有限公司成立于 1978 年，1978—1997 年为农业厅下属全额事业单位；1998—2000 年逐步过渡到差额补贴、自收自支的事业单位；2001 年正式退出事业单位编制序列，成为自主经营、自负盈亏的国有种子公司，隶属自治区农牧厅；2015 年 12 月，脱钩改革后移交自治区国资委监管；2016 年 11 月，重组改革，成为宁夏农业投资集团有限公司权属子公司。

公司先后被评为"农业战线先进集体""中国质量万里行承诺单位""A＋＋级信誉企业""自治区农业产业化龙头企业""消费者诚信单位"等荣誉称号。

经营范围：从事各类农作物种子繁育、生产、销售，农业生产资料、农业服务工作，以及对外玉米制种以及新品种的引进、试验、示范、推广工作。

二、宁夏回族自治区水产研究所

1983年12月，成立宁夏回族自治区水产研究所（同时挂宁夏回族自治区水产技术推广站的牌子，原水产试验场作为研究所下的科级单位）。核定编制110名，含试验场75名。

2001年12月，经自治区科研院所改革转制工作领导小组研究同意，自治区水产研究所与其下属实体单位——银川游乐园一并转制为科技型企业，退出自治区机构编制部门管理的事业单位序列，转制为科技型企业，原核定的115名事业编制核销。

2015年12月，按照自治区党委、政府深化国有企业改革和区直机关所属企业脱钩改革的要求，自治区水产研究所转入自治区国资委代为管理。

三、宁夏回族自治区农业科教仪器物资公司

1978年5月，自治区科教仪器服务站成立，为正处级单位，主要职责是：供应农业科研、教育、技术推广所需仪器设备；组织和协助有关部门研制、鉴定、推广农业专用仪器；培训仪器使用维修人员，维修仪器设备；收集、提供信息资料，进行技术咨询；组织农业仪器出口创汇，引进国外先进仪器和技术。单位编制数为25名，实有人员25名，其中行政管理人员5名、专业技术人员9名、生产工人10名、工勤人员1名。

1978年11月，自治区科教仪器服务站更名为自治区农业科教仪器公司，隶属自治区农业局；1984年11月，自治区农业科教仪器公司更名为自治区农业科教仪器物资公司，定编25人，隶属自治区农牧厅；1985年隶属自治区农业厅。

2000年8月，经自治区编委会议决定，原自治区农业科教仪器物资公司退出自治区机构编制部门管理的事业单位序列，办理相关注销登记，隶属自治区农牧厅。

2015年12月，该单位与自治区农牧厅脱钩，转入自治区国资委代为管理。

四、宁夏牧工商联合公司

1981年4月，宁夏回族自治区畜牧局成立宁夏牧工商联合公司。

1985年，宁夏牧工商联合公司开始兽用化学药品生产业务。

1999年起，由于生产设备老化、工艺落后，宁夏牧工商联合公司彻底停产。

2005年，宁夏牧工商联合公司被认定为区属困难企业。截至2008年12月，公司在职职工25人，离退休人员38人；公司资产总额为112万元，负债总额为130万元。

2008年底，宁夏牧工商联合公司清算注销。

五、宁夏回族自治区四正生物工程研究中心

1976年6月，自治区计委批准在贺兰城北郊建立宁夏回族自治区种公牛站，1978年建成投产。

1982年，宁夏回族自治区种公牛站更名为宁夏回族自治区家畜改良站，为隶属于宁夏回族自治区畜牧局的正科级事业单位。

2000年9月，自治区家畜改良站整建制划入自治区农牧厅，原机构级别、人员编制、领导和经费形式保持不变。后家畜改良站更名为四正生物工程研究中心。

2015年6月，四正生物工程研究中心改制成立四正生物科技有限公司，位于贺兰县原种场场部东部，注册资本为50万元。

其经营范围：生物制品储藏与销售；低温冷藏设备，生物溶剂的购进与销售；日用生活用品的销售；生物胚胎的技术开发与应用；种牛的养殖和繁殖。

六、宁夏回族自治区农丰房地产开发有限责任公司

宁夏回族自治区农丰房地产开发有限责任公司成立于 1995 年 5 月，是自治区农业厅下属企业。2007 年，公司有职工 24 人，专业技术人员数量占比为 60%，其中高级职称 4 人，中级职称 8 人，初级职称 4 人。公司设置财务部、工程部、营销部、办公室及一个子公司（宁夏农丰物业管理有限责任公司）。

2015 年 12 月，按照自治区党委、政府深化国有企业改革和区直机关所属企业脱钩改革的要求，公司转入自治区国资委代为管理。其经营范围：房地产开发；房屋租赁，房地产代理销售、二手房中介；场地租赁、经营；停车收费、酒店服务。

第三章

市县乡农业机构与队伍

第一节 市县农业机构与队伍

一、银川市农业机构与队伍

1996年1月，银川市农业局内设办公室、人事保卫科、农业科、林业科、畜牧科、农机管理科、纪委、监察室7个科室，机关行政编制26名。

1998年11月，银川市农业广播学校办公室并入农技推广中心站（保留农广校牌子），市农技推广中心站人员编制由27名增加为29名。

2002年1月，银川市农牧局设置，作为银川市政府负责全市农业和农村经济发展的工作部门，设办公室、组织人事科、综合科、计划财务科、农业科、畜牧科、蔬菜科、乡镇企业科、水产科、农业机械化管理科10个内设科室，机关行政编制31名，机关后勤服务事业编制4名。

2006年10月，在银川市农业机械安全监理所、银川市农村合作经营指导站、银川市动物卫生监督所基础上，组建银川市农业综合执法支队，内设办公室、执法监督科，下设4个执法大队，事业编制59名。

2006年11月，银川市农业技术推广中心更名为银川市农业技术推广服务中心，为银川市农牧局所属正科级事业单位，事业编制24名；银川市水产工作站更名为银川市水产技术推广服务中心，为银川市农牧局所属正科级事业单位，事业编制4名；银川市畜牧兽医工作站更名为银川市畜牧技术推广服务中心，为银川市农牧局所属正科级事业单位，事业编制15名。银川市农业信息中心为银川市农牧局所属正科级事业单位，事业编制5名；银川市农产品质量检测中心为银川市农牧局所属正科级事业单位，事业编制6名。

2007年5月，银川市畜牧技术推广服务中心增挂银川市动物疾病预防控制中心牌子，事业编制15名。

2008年6月，银川市食用菌研究所、银川市蔬菜科学研究所、银川市农业技术推广服务中心撤销，在此基础上重新整合组建银川市农业技术推广服务中心，隶属市农牧局管理，为正科级事业单位，事业编制37名。

2009年11月，银川市农牧局作为银川市人民政府工作部门，内设综合处、种植业处、养殖业处、政策法规处4个科室，行政编制30名，机关后勤服务事业编制5名。

2010年5月，为妥善解决个别事业单位由于机构改革（合并）造成的政策性超编等问题，银川市水产技术推广服务中心调整事业编制数8个，调整后银川市水产技术推广服务中心事业编制12名。

2014年2月，将银川市农业技术推广服务中心6名、银川市畜牧技术推广服务中心1名、银川市水产技术推广服务中心1名、银川市农业综合执法支队1名，共计9名全额预算事业编制连人带编调整至市农产品质量检测中心。调整后，银川市农产品质量检测中心事业编制15名，银川市农业技术推广服务中心事业编制 31 名，银川市畜牧技术推广服务中心事业编制 14 名，银川市水产技术推广服务中心事业编制 11 名，银川市农业综合执法支队事业编制 58 名。

2015 年 1 月，银川市农牧局作为银川市人民政府工作部门，设综合处（农产品质量监管处）、种植业处、养殖业处、政策法规处 4 个内设科室，机关行政编制 29 人，机关后勤服务事业编制 5 名。

2019 年 3 月，银川市农业农村局组建，将银川市委农村工作领导小组办公室设在农业农村局，设置银川市委农办秘书科，负责处理银川市委农办日常事务。银川市农业农村局下设办公室、组织人事科（机关党建科）、规划财务科、政策法规科、乡村产业发展科、农产品质量安全监管科、种植业管理科、畜牧兽医科、渔业渔政管理科、农田建设和农业机械化管理科、农村社会事业促进科 11 个内设科室，成立银川市农业综合执法支队、银川市农业技术推广服务中心、银川市畜牧技术推广服务中心、银川市水产技术推广服务中心、银川市农产品质量检测中心 5 个事业单位，机关行政编制 31 名，事业编制 129 名。

2019 年 7 月，银川市农业综合开发办公室由银川市财政局所属事业单位调整为银川市农业农村局所属单位，更名为银川市农业综合开发服务中心，事业编制 5 名。

2020 年 4 月，根据银川市执法机构改革精神，银川市农业综合执法支队连人带编划转银川市综合执法监督局 20 名执法人员，划转后银川市农业综合执法支队事业编制 38 名。

2020 年 8 月，根据银川市执法机构改革精神，银川市农业综合执法支队连人带编划转银川市畜牧技术推广服务中心工作人员 8 名，划转后银川市农业综合执法支队事业编制 30 名，银川市畜牧技术推广服务中心事业编制 22 名。

二、金凤区农业机构与队伍

2002 年 12 月，金凤区农林牧业局组建，下设办公室、畜牧水产技术推广服务中心、农村合作经济经营管理站、农林牧综合执法大队、农林技术推广服务中心、种子公司、林业生态中心等科室单位，机关行政编制 5 名，事业编制 27 名。

2006 年 7 月，金凤区农林牧业局组建，下设办公室、畜牧水产技术推广服务中心、农村合作经济经营管理站、农林牧综合执法大队、农林技术推广服务中心、良田镇农业综合服务中心、丰登镇农业综合服务中心等 8 个单位，机关行政编制 5 名，事业编制 46 名，工勤编 1 名。

2009 年，金凤区农林牧业局与金凤区水务局合并，更名为金凤区农牧水务局，下设畜牧水产技术推广服务中心、农村合作经济经营管理站、农林牧综合执法大队、农林技术推广服务中心、良田镇畜牧中心、丰登镇畜牧中心、良田镇水利工作站、丰登镇水利工作站 8 个单位，机关行政编制 8 名，事业编制 46 名，机关工勤服务编 1 名。

2012 年，金凤区农牧水务局下设畜牧水产技术推广服务中心、农村合作经济经营管理站、农林牧综合执法大队、农林技术推广服务中心、良田镇农业技术服务中心、丰登镇农业技术服务中心、金凤区良田畜牧工作站等 12 个单位，机关行政编制 6 名，事业编制 63 名。

2019 年，金凤区农牧水务局，下设畜牧水产技术推广服务中心、农村合作经济经营管理站、农林牧综合执法大队、农林技术推广服务中心、良田镇农业技术服务中心、丰登镇农业技术服务中心、金凤区良田畜牧工作站等 8 个单位，机关行政编制 5 名，事业编制 39 名。

三、兴庆区农业机构与队伍

2002 年 11 月，银川市区划调整后，兴庆区农林牧业局组建，下设兴庆区农林技术推广指导服务中心、畜牧水产技术推广指导中心、农林综合执法大队、农村合作经济经营指导站、大新镇农业技术推广服务中心、大新镇畜牧兽医站、掌政镇农业技术推广服务中心、掌政镇畜牧兽医站、通贵乡农业技术推广服务中心、通贵乡畜牧兽医站、月牙湖乡农业技术推广服务中心、月牙湖乡畜牧兽医站12个单位，机关行政编制7名，事业编制59名。

2003年4月8日，银川市兴庆区农机监理站成立，与银川市兴庆区农林牧综合执法大队合署办公，一个机构，两块牌子。

2003年4月14日，兴庆区农林牧业局下属事业单位银川市兴庆区农业技术服务指导中心更名为银川市兴庆区农林技术指导服务中心。

2004年2月，兴庆区绿化队由原兴庆区城乡市容管理局整建制移交兴庆区农林牧业局管理。2004年3月，兴庆区绿化委员会成立。

2004年3月，兴庆区农林技术指导服务中心人员编制由15名调整为18名；畜牧水产技术服务指导中心人员编制由14名调整为13名；农村合作经济经营指导站人员编制由11名调整为8名；农林牧综合执法队人员编制由8名调整为12名；蔬菜园艺场人员编制由11名调整为8名。以上5个事业单位编制总数计59名。

2006年10月，兴庆区农林技术指导服务中心更名为兴庆区农林技术推广服务中心，核定全额预算事业编制18名；兴庆区畜牧水产技术服务指导中心更名为兴庆区畜牧水产技术推广服务中心，核定全额预算事业编制13名；兴庆区绿化队核定差额预算事业编制73名。同年11月，兴庆区农林牧综合执法大队核定全额预算事业编制12名；兴庆区农村合作经济经营指导站更名为兴庆区农村合作经济经营管理站，核定全额预算事业编制8名；兴庆区月牙湖治沙林场为兴庆区农林牧业局所属事业单位，核定差额预算事业编制57名。

2008年7月，兴庆区蔬菜花卉技术服务中心、兴庆区农林技术推广服务中心撤销，设立兴庆区农业技术推广服务中心、兴庆区林业技术推广服务中心，均为农林牧业局所属不定级别的事业单位。

2009年8月，兴庆区农林牧业局更名为兴庆区农牧局，原兴庆区农林牧业局管理的所属事业单位兴庆区绿化队、兴庆区林业技术服务中心整建制移交兴庆区园林管理局管理。

2011年8月，兴庆区农牧局增加行政编制1名，增加后兴庆区农牧局行政编制5名。

2019年1月，兴庆区农业农村和水务局组建，加挂兴庆区扶贫开发办公室牌子。区委农村工作领导小组办公室设在区农业农村和水务局。不再保留区农牧局，不再保留区水务局及区防汛抗旱指挥部办公室牌子。7月，兴庆区水政监察大队更名为兴庆区水资源保护中心，兴庆区农业综合开发办公室更名为兴庆区扶贫和农业综合开发服务中心，由兴庆区财政局所属不定级别事业单位调整为兴庆区农业农村和水务局所属单位。同年10月，农业农村和水务局下属农业技术推广服务中心划转7名编制到兴庆区综合执法局。调整后农业农村和水务局农业技术推广服务中心事业编制为27名。

2020年5月，兴庆区农业技术推广服务中心事业编制核减4名，核减后农业技术推广服务中心事业编制为23名。兴庆区畜牧水产技术推广服务中心事业编制核减1名，核减后畜牧水产技术推广服务中心事业编制为14名。同年9月，兴庆区林业技术推广服务中心2名人员，连人带编调整至兴庆区农业技术推广服务中心。调整后兴庆区农业技术推广服务中心编制为25名。

四、西夏区农业机构与队伍

2002年12月，银川市西夏区国土资源水务局成立，下设西夏区国土资源水政执法大队、西夏区沟道管理所、西夏区矿产资源管理所、西夏区农机监理站、西夏区农村合作经济经营管理指导站、西夏区林木种苗管理站、西夏区农机监理站、西夏区畜牧水产技术服务指导中心8个事业单位；核定行政编制4名，核定事业编制22名。

2008年8月，西夏区水务局成立，原银川市西夏区国土资源水务局撤销。西夏区水务局下设银川市西夏区水政监察大队，核定行政编制5名，核定事业编制32名。

2010年4月，银川市西夏区农牧水务局成立，银川市西夏区农林牧业局、银川市西夏区水务局撤销。西夏区农牧水务局下设不定级别事业单位银川市西夏区农牧综合执法大队、农村合作经济经营管理站、农业技术推广服务中心、水政监察大队（挂农村供水工程管理总站牌子）；核定行政编制5名，核定事业编制36名。

2019年1月，西夏区农牧水务局改名为西夏区农业农村和水务局，下设党政综合办公室、项目管理办公室、农业技术推广服务中心、葡萄产业发展服务中心、水务综合岗、畜牧水产技术推广服务中心、乡村振兴服务中心7个单位，机关行政编制6名，事业编制45名。

五、贺兰县农业机构与队伍

1996年1月，贺兰县植物检疫站设立。植物检疫站设在县农技推广服务中心，不增加编制。

1996年9月，贺兰县种子管理站设立，隶属贺兰县农业局，核定事业编制3名。

1998年12月，贺兰县农业局设立，下设办公室、农业广播电视学校、农业技术推广中心，种子、农药管理站；机关行政编制10名，事业编制38名。

2002年8月，贺兰县农牧局组建，下设综合办公室、农业技术推广中心、畜牧草原站、兽医站、农机监督管理站、水产技术推广站、农村合作经济经营管理站；机关行政编制14名，事业编制86名。

2009年11月，贺兰县农牧渔业局组建，下设综合办公室、农业技术推广中心、畜牧草原站、兽医站、农机监督管理站、水产技术推广站、农村合作经济经营管理站；机关行政编制13名，事业编制86名。

2019年3月，贺兰县农业农村局组建，下设农业技术推广服务中心、农业机械安全监理站、农业综合执法大队、农村能源环保工作站、农村合作经济经营管理站、动物疾病预防控制中心、畜牧水产技术推广服务中心；机关行政编制14名，事业编制78名。

六、永宁县农业机构与队伍

1996年5月，永宁县农业局成立。

1999年，永宁县农业局调整为永宁县农牧局。

2002年7月，农业局、畜牧局、水产局、乡镇企业管理局不再保留，永宁县农业局组建。农工部、农经局不再保留，农经总站成立，隶属农牧局。畜牧局、水产局和乡镇企业管理局并入农牧局。永宁县农牧局内设办公室、业务股，下设事业机构：乡镇企业服务中心、动物检疫站，水产技术服务中心，共有行政编制11名，事业编制24名。

2004年，永宁县农牧局系统共有13个单位，在职职工254名。其中：行政单位1个，公务员11名，事业单位11个，职工237名，企业1个，职工6名。

2017年12月，永宁县农牧局所属事业单位为永宁县农业机械安全监理站、永宁县畜牧水产技术推广服务中心、永宁县农业技术推广服务中心、永宁县农村合作经济经营管理站、永宁县农作物种子育繁所、永宁县农业综合执法大队、永宁县动物卫生监督所、永宁县良种繁殖场、永宁县乡镇农业服务中心、永宁县畜牧兽医工作站。

2017年，永宁县乡镇畜牧兽医站成立。

2018年，永宁县农业产业化服务中心成立。

2019年，永宁县农牧局调整为永宁县农业农村局（加挂县扶贫开发办公室牌子），内设机构共6个，分别为办公室、农村社会事业室、乡村产业发展室、种植和养殖室管理室、农田建设管理室、农产品质量安全监管室；行政编制19名，事业编制157名。

2020年11月，永宁县农业产业化服务中心增挂永宁县葡萄酒产业服务中心牌子。

截至2020年底，永宁县农业农村局现有机关行政编制14名，事业编制124名。

七、灵武市农业机构与队伍

1996年，灵武撤县设市改为市畜牧局，内设办公室、统计室、财务室、乡（镇）畜牧兽医管理室，下设草原管理站、畜牧站、畜牧技术推广服务中心、动物检疫站、种鸡场、兽医工作站等单位；机关行政编制14名，事业编制136名。

1996年，灵武撤县设市改为市农业局，内设办公室、生产股、财务股，下设农业技术推广中心、中央农业广播学校灵武分校、种子公司、良种示范繁殖农场、水产站、渔场等事业单位；机关行政编制10名，事业编制284名。

2002年，市畜牧局内设办公室、统计室、财务室、畜牧行政执法室、畜牧业项目生产管理室，下设草原管理站、畜牧站、畜牧技术推广服务中心、动物检疫站、种鸡场、兽医工作站和乡镇畜牧兽医站等事业单位；机关行政编制8名，事业编制137名。

2002年，市农业局内设办公室、生产股、财务股、乡镇企业股、农业行政执法室，下设农业技术推广中心、中央农业广播学校灵武分校、种子公司、良种示范繁殖农场、水产站、渔场等事业单位；机关行政编制10名，事业编制285名。

2007年，机构合并，市畜牧局内设办公室、统计室、财务室、畜牧行政执法室、畜牧业项目生产管理室，下设动物疾病预防控制中心、草原管理站、动物卫生监督所、畜牧技术推广服务中心；机关行政编制8名，事业编制113名。

2006年，机构合并，农经局并入农业局，种子公司改制，农业局下设农村经营管理指导站、农业技术推广中心、农业广播电视学校、良种示范繁殖农场、水产站等事业单位；机关行政编制10名，事业编制370名。

2007年，农机局撤销，农机业务划归市农业局管理。市农业局内设办公室、生产股、财务股、乡镇企业股、农业行政执法室，下设农业机械化技术推广服务中心、农业机械安全监理站、农村经营管理指导站、农业技术推广中心、良种示范繁殖农场、水产技术推广服务中心、农村能源工作站等事业单位；机关行政编制10名，事业编制445名。

2008年，良种示范繁殖农场退出事业单位序列，市农业局内设办公室、生产股、财务股、乡镇企业股、农业行政执法室，下设农业机械化技术推广服务中心、农业机械安全监理站、农村经营管理指导站、农业技术推广中心、良种示范繁殖农场、水产技术推广服务中心、农村能源工作站等事业单位；机关行政编制10名，事业编制245名。

2014年11月，市农业局与市畜牧局合并，成立市农牧局。下设农业技术推广服务中心、农村合作经济经营管理站、农业机械推广服务中心、水产技术推广服务中心、畜牧技术推广服务中心、草原管理站、农业机械监理站、动物疾病预防控制中心、动物卫生监督所、农村能源工作站和农业广播电视学校11个事业单位及4个区域农业服务中心、7个乡镇兽医工作站；机关行政编制20名，事业编制336名。

2018年，灵武市扶贫开发办公室与农牧局合并，农牧局下设市扶贫开发工作领导小组办公室，市农田建设项目服务中心并入市农牧局。农牧局下设农业技术推广服务中心、农村合作经济经营指导站、畜牧技术推广服务中心、农业机械技术推广服务中心、水产技术推广服务中心、农业机械安全监理站、动物疫病预防控制中心、动物卫生监督所、农村农源站、农业行政执法大队、农产品质量检测安全站、草原管理站、农田建设项目服务中心、扶贫服务中心14个事业单位和4个区域性农业服务中心、7个乡镇畜牧兽医工作站；共有干部职工338名，机关行政编制25名，事业编制313名。

2019年2月，灵武市农业农村局组建，市草原站从农牧局划出并入市林业局。11月，市畜牧技术推广服务中心与市水产技术服务中心合并，成立市畜牧水产技术服务中心。年末，农业农村局下设办公室、农村工作室等内设科室 5 个，同年年末，市农业农村局下设灵武市农业技术推广服务中心、农村合作经济经营指导站、畜牧水产技术推广服务中心、农业机械技术推广服务中心、农业机械安全监理站、动物疫病预防控制中心（乡镇畜牧兽医工作站）、动物卫生监督所、农村能源工作站、农业行政执法大队、农田建设项目服务中心和扶贫服务中心 11 个事业单位；共有干部职工 347 名，机关行政编制 20 名，事业编制 327 名。

八、石嘴山市农业机构与队伍

1996 年，石嘴山市农业局组建，内设政工办事科、农业科、畜牧水产科、财务审计科 4 个职能科室；核定机关行政编制 17 名，后勤事业编制 1 名。

2002 年 2 月，在原石嘴山市农业局和原石嘴山市乡镇企业局基础上合并成立石嘴山市农牧局，内设政工办事科、农业农机科、畜牧兽医渔业科、农村经营管理科、市场信息科教科、乡镇企业科 6 个职能科室，下设农业技术推广服务中心、畜牧兽医站、草原站、动物卫生监督所、农业机械推广服务中心、农业机械安全监理所、水产技术推广服务中心、农村合作经济经营管理站、农业广播电视学校 9 个事业单位，下设乡企培训中心、沙巴台联办煤矿、清水沟煤管站、渔场、鸡场 5 家企业；核定行政编制 23 名，后勤事业编制 2 名，事业编制 108 名。

2006 年 6 月，石嘴山市农牧局组建，内设政工办事科、农业农机科、畜牧兽医渔业科、农村经营管理科、市场信息科教科、乡镇企业科 6 个科室，下设石嘴山市农业技术推广服务中心、畜牧技术推广服务中心、动物卫生监督所、动物疾病预防控制中心、农业机械化推广服务中心、农业机械安全监理所、水产技术推广服务中心、农村合作经济经营管理站、农业广播电视学校、农业综合执法支队、沙巴台矿区服务中心 11 个事业单位；核定机关行政编制 24 名，事业编制 131 名。

2009 年，石嘴山市农牧局部分职责调整，机构重新核定，内设立政工办事科、农产品质量监督科、规划与科教科、养殖业管理科、种植业管理科 5 个科室；下设石嘴山市农业技术推广服务中心、农业机械化推广服务中心、农机安全监理所、动物卫生监督所、畜牧技术推广服务中心、动物疾病预防控制中心、水产技术推广服务中心、农村合作经济经营管理站、农业广播电视学校、农业综合执法支队 10 个事业单位；核定机关行政编制 17 名，事业编制 130 名。

2012 年 8 月，石嘴山市农牧局组建，内设政工办事科、农产品质量监督科、规划与科教科、养殖业管理科、种植业管理科 5 个科室，下设石嘴山市农业综合执法支队、农业技术推广服务中心、畜牧水产技术推广服务中心、农产品质量安全检测中心 4 个事业单位；核定机关行政编制 17 名，事业单位编制 74 名。

2014 年 12 月，石嘴山市农牧局设立（挂石嘴山市扶贫开展办公室牌子），内设办公室、规划与农产品加工发展科、农业农机科、畜牧兽医渔业科、农产品质量安全监管科、农村经营管理与政策法规科、扶贫移民开发与科技教育科 7 个机构，下设石嘴山市农业综合执法支队、农业技术推广服务中心、畜牧水产技术推广服务中心、农产品质量安全检测中心 4 个事业单位；核定机关行政编制 23 名，事业编制 74 名。

2015 年 5 月，石嘴山市农牧局设立，内设办公室、规划与农产品加工发展科、农业农机科、畜牧兽医渔业科、农产品质量安全监管科、农村经营管理与政策法规科、扶贫移民开发与科技教育科 7 个机构，下设石嘴山市农业综合执法支队、农业技术推广服务中心、畜牧水产技术推广服务中心、农产品质量安全检测中心 4 个事业单位；核定机关行政编制 23 名，事业编制 76 名。

2019 年 3 月，石嘴山市农业农村局组建（挂石嘴山市扶贫开展办公室牌子），内设办公室、规划与农田建设科、农村社会事业促进科、乡村产业发展科、种植业管理科、畜牧兽医渔业科、扶贫开发科、机关党委 8 个职能科室，下设石嘴山市农业综合执法支队、农业技术推广服务中心、畜牧水产技术推广服务中心、农产品质量安全中心、农村经济发展服务中心、农业综合开发中心 6 个事业单位；

核定机关行政编制 25 名，事业编制 88 名。

九、大武口区农业机构与队伍

2002 年之前，大武口区涉农单位仅有大武口乡，区政府未设立农业管理机构，农业主要由大武口乡政府管理，乡政府设有农技站、农经站、畜牧兽医工作站、水利站，负责全乡的农业管理和服务。

2002 年年底，由于行政区划调整，原属平罗县崇岗乡的三个村划归大武口区管辖。

2003 年 4 月，隆湖扶贫经济开发区划归大武口区管辖，农村土地面积和农村人口增加。同年，大武口区政府成立了大武口区农牧水务局，负责大武口区的农业管理。原隆湖开发区农业局更名为隆湖开发区农业办公室，负责隆湖开发区农业管理和服务工作。

2004 年 6 月，大武口区农牧水务局更名为大武口区农牧水务科技局，增加了科技工作职能。

2005 年 10 月，大武口区农技畜牧中心设立，属于大武口区农牧水务局下属事业单位，承担大武口区的农业、牧业、水利方面的技术服务工作。

2009 年 10 月，大武口区农牧水务科技局撤并到大武口区园林局，撤并后更名为大武口区园林和农牧水务局，负责全区的农业管理。

2010 年 3 月，隆湖开发区农业办公室撤销，其相关职能由大武口区园林和农牧水务局直接承担。大武口区农业畜牧技术推广服务中心更名为大武口区农业技术推广中心，原隆湖开发区农林站更名为大武口区林业技术推广中心，隆湖开发区畜牧兽医工作站更名为大武口区畜牧兽医工作站，隆湖开发区水利站更名为大武口区水利工作站。上述两中心、两站均为大武口区园林和农牧水务局下属的事业单位，负责大武口区农牧业、林业、水利技术服务。

2012 年 11 月，大武口区动物卫生监督所成立，工作由大武口区畜牧兽医工作站承担，同时保留大武口区畜牧兽医工作站牌子；大武口区农业技术推广中心增挂大武口区农村经济经营管理站和大武口区水产养殖服务中心牌子，服务职能进一步强化。

2019 年 12 月，大武口区园林和农牧水务局更名为大武口区农业农村和水务局，下设办公室、扶贫办、大武口区农业技术推广服务中心、大武口区动物卫生监督所、大武口区水利工作站、大武口区农村经济发展服务站等单位。

十、平罗县农业机构与队伍

1996 年 1 月，平罗县农牧渔业局组建，下设农业广播电视学校、农村经营管理指导站、农业技术推广中心、鱼种场、水产站、明水湖渔场、种子公司、畜牧技术推广中心、园艺场等 10 个事业单位；核定机关行政编制 13 名，后勤事业编制 3 名，事业编制 345 名。

1996 年 4 月，平罗县农牧渔业局设立平罗县植物检疫站，编制数 3 名，为农业技术推广中心内设机构。

1997 年 8 月，平罗县农牧渔业局更名为平罗县农业局，新增事业单位 1 个，名称为农业区划办公室。增加后，平罗县农业局机关行政编制 13 名，后勤事业编制 3 名，事业编制 347 名。

1998 年 6 月，平罗县农业局成立平罗县蔬菜技术推广站，核定编制 7 名，挂靠平罗县农业技术推广中心。至此，平罗县农业局机关行政编制 13 名，后勤事业编制 3 名，事业编制 347 名。

1999 年 12 月，平罗县畜牧技术推广中心从平罗县农业局分离出来，挂平罗县畜牧事业发展局牌子，隶属平罗县人民政府管理直属事业单位，核定全额事业编制 50 名；园艺场划转至平罗县林业局管理，园艺场的其他一切性质不变。至此，平罗县农业局机关行政编制 13 名，后勤事业编制 3 名，事业编制 211 名。

2001年12月，平罗县农业局下设农业广播电视学校、水产站、鱼种场、明水湖渔场、良种繁殖场、农业技术推广中心、农村经营管理指导站、种子公司、农业区划办公室9个事业单位；共有机关行政编制11名，后勤事业编制3名，事业编制211名。

2002年4月，平罗县农业局内设办公室、财务股、业务股3个科室，下设农业广播电视学校、水产站、鱼种场、明水湖渔场、良种繁殖场、农业技术推广中心、农村经营管理指导站、种子公司、农业区划办公室9个事业单位；共有机关行政编制11名，后勤事业编制3名，事业编制211名。

2002年7月，由农业机械化管理局、畜牧事业发展局、农业局组建平罗县农牧局（挂牌乡镇企业管理局）；新增乡镇企业发展中心、农业机械化监理管理站、畜牧技术推广中心3个全额事业单位。至此，平罗县农牧局共有机关行政编制11名，后勤事业编制3名，事业编制307名。

2002年8月，平罗县农业广播电视学校加挂县农民科技教育培训中心和县农业技术人员继续教育基地牌子。

2002年11月，平罗县农业经济信息中心增设。至此，平罗县农牧局共有机关行政编制11名，后勤事业编制3名，事业编制308名。

2002年12月，平罗县农业经济信息中心增加4名编制。至此，平罗县农牧局共有机关行政编制11名，后勤事业编制3名，事业编制312名。

2003年1月，平罗县农业机械化监理管理站更名为平罗县农业机械化服务中心。

2003年3月，平罗县乡镇企业发展中心核定编制数为8个；县种子公司与县种子管理站分设，县种子管理站为隶属平罗县农牧局管理的全额副科级事业单位，县种子公司改制为企业。至此，平罗县农牧局共有机关行政编制11名，后勤事业编制3名，事业编制315名。

2003年6月，平罗县农业广播电视学校并入平罗县农业综合技术学校，为隶属县农牧局管理的全额正科级事业单位。至此，平罗县农牧局下设农业经济信息中心、乡镇企业发展中心、农业机械化服务中心、畜牧技术推广中心、农业综合技术学校、水产站、鱼种场、明水湖渔场、良种繁殖场、农业技术推广中心、农村经营管理指导站、种子管理站、农业区划办公室13个事业单位；共有机关行政编制11名，后勤事业编制3名，事业编制328名。

2003年11月，平罗县农牧局加挂平罗县农业行政综合执法大队牌子，挂牌后不增编，工作人员局内部调剂；平罗县农业机械化服务中心加挂平罗县农业机械监理站牌子。至此，平罗县农牧局共有机关行政编制11名，后勤事业编制3名，事业编制317名。

2004年6月，原陶乐县良繁场更名为平罗县陶乐良繁场，隶属平罗县农牧局管理，属于差额事业编，核定编制数51名；原陶乐县草原管理站更名为平罗县草原管理站，隶属平罗县农牧局管理，属于全额事业编，核定编制8名；原陶乐县种子公司更名为平罗县陶乐种子公司，隶属平罗县农牧局管理，属于差额事业编，核定编制数10名。至此，平罗县农牧局下设16个事业单位，共有机关行政编制11名，后勤事业编制3名，事业编制386名。

2004年7月，平罗县农牧局加挂平罗县扶贫开发办公室牌子，挂牌后不另行增编，所需工作人员局内部调剂。

2005年6月，平罗县陶乐种子公司撤销，人员移交平罗县种子公司管理，暂保留差额事业编身份。至此，平罗县农牧局下设15个事业单位，共有机关行政编制11名，后勤事业编制3名，事业编制376名。

2006年3月，平罗县农业区划办公室撤销，职能交农牧局；平罗县农业经济信息中心并入县信息中心，为县人民政府办公室所属事业单位；平罗县明水湖渔场、渔种场退出事业单位序列，不再作为事业单位；蔬菜技术推广站和植物检疫站并入农业技术推广中心，农业技术推广中心更名为平罗县农业技术推广服务中心，核定编制50名；平罗县种子管理站重组为平罗县农业综合执法大队，核定编制20名；农村经营管理站更名为农村合作经济经营管理站，核定编制8名；农业综合技术学校更名为农业技术培训中心，挂农业广播电视学校牌子；畜牧技术推广中心更名为畜牧技术推广服务中心，核定编制 20 名；农业机械化服务中心更名为农业机械化推广服务中心，核定编制 46 名；水产站更名为水产技术推广服务中心，核定编制 9 名；乡镇企业发展中心更名为乡镇企业服务中心，核定编制 8 名；动物卫生监督所组建，核定编制 22 名；动物疾病预防控制中心组建，核定编制 12 名；陶乐良种繁殖场并入县良种繁殖场，暂保留事业单位，人员只进不出。至此，平罗县农牧局下设动物疾病预防与控制中心、动物卫生监督所、良种繁殖场、农业综合执法大队、草原管理站、乡镇企业服务中心、农业机械化推广服务中心、畜牧技术推广服务中心、农业技术培训中心、水产技术推广服务中心、农业技术推广服务中心、农村合作经济经营管理站 12 个事业单位，共有机关行政编制 11 名，后勤事业编制 3 名，事业编制 312 名。

2006 年 12 月底，平罗县农牧局共有机关行政编制 14 名，后勤事业编制 3 名，事业编制 309 名。

2007 年 12 月底，平罗县农牧局共有机关行政编制 16 名，后勤事业编制 3 名，事业编制 309 名。

2008 年 4 月，平罗县农业机械化推广服务中心 6 名全额事业编制划转至县公安局交警队；全县撤销各乡镇原有农业服务中心、畜牧站，新设置农业服务中心 11 个（含城关农业服务中心、崇岗农业服务中心、姚伏农业服务中心、通伏农业服务中心、渠口农业服务中心、头闸农业服务中心、灵沙农业服务中心、宝丰农业服务中心、黄渠桥农业服务中心、高庄农业服务中心、陶乐农业服务中心），核定事业编制 99 名；设置畜牧兽医工作站 13 个（含城关畜牧兽医工作站、崇岗畜牧兽医工作站、姚伏畜牧兽医工作站、通伏畜牧兽医工作站、渠口畜牧兽医工作站、头闸畜牧兽医工作站、灵沙畜牧兽医工作站、宝丰畜牧兽医工作站、黄渠桥畜牧兽医工作站、高庄畜牧兽医工作站、陶乐畜牧兽医工作站、红崖子畜牧兽医工作站、高仁畜牧兽医工作站），核定编制 67 名，机构和编制全部划归县农牧局管理，为其所属事业单位。至此，平罗县农牧局下设 36 个事业单位，共有机关行政编制 16 名，后勤事业编制 3 名，事业编制 469 名。

2009 年 3 月，原宁夏广播电视大学平罗县工作站（平罗县师资培训中心）、平罗县农业技术培训中心（平罗县农业广播电视学校）和平罗县卫生技术培训中心的 39 名全额事业编制及所有人员整建制划入平罗县职业教育学校，隶属平罗县教体局管理。至此，平罗县农牧局共有机关行政编制 11 名，后勤事业编制 3 名，事业编制 453 名。

2009 年 12 月，平罗县农牧局共有机关行政编制 11 名，后勤事业编制 3 名，事业编制 406 名。

2012 年 4 月，农村合作经济经营管理站增加 4 名全额预算事业编制，从县农牧局内部调剂 2 名，从平罗县农业技术推广服务中心、平罗县渠口农业服务中心各划转 1 名。至此，平罗县农牧局共有机关行政编制 11 名，后勤事业编制 3 名，事业编制 408 名。

2012 年 9 月，乡镇企业发展服务中心更名为农副产品加工流通服务中心；核减良种繁殖场定额事业编制 15 名；农产品加工流通服务中心 1 名全额事业编制置换为聘用编制，共核定全额事业编制 8 名，聘用编制 1 名。至此，农牧局共有机关行政编制 11 名，后勤事业编制 3 名，事业编制 394 名。

2013 年 8 月，核减农业机械化推广服务中心 1 名全额预算事业编制，共核定全额事业编制 38 名，置换编制 1 名；核减良种繁殖场定额事业编制 3 名，共核定编制 37 名；核减农业技术推广服务中心全额事业编制 1 名，共核定编制 48 名。至此，平罗县农牧局共有机关行政编制 11 名，后勤事业编制 3 名，事业编制 389 名。

2014 年 11 月，核减农业机械化推广服务中心 1 名全额预算事业编制，共核定全额事业编制 37 名，置换编制 1 名；核减良种繁殖场定额事业编制 6 名，共核定定额事业编制 31 名；核减农业技术推广服务中心全额事业编制 2 名，共核定编制 46 名。至此，平罗县农牧局共有机关行政编制 11 名，后勤事业编制 3 名，事业编制 380 名。

2014 年 12 月底，平罗县农牧局共有机关行政编制 13 名，后勤事业编制 3 名，事业编制 380 名。

2015 年 2 月，核减平罗县农业技术推广服务中心 3 名全额预算事业编制，共核定全额事业编制 43 名。

2015 年 4 月，平罗县农业综合执法大队 1 名全额事业编制置换为聘用编制，共核定全额事业编制 19 名，聘用编制 1 名。

2015 年 9 月，核减良种繁殖场定额事业编制 7 名，剩余核定定额事业编制 24 名。

2016 年 2 月，核减农业技术推广服务中心全额事业编制 4 名，剩余核定全额事业编制 39 名；核减农业机械化推广服务中心全额事业编制 2 名，剩余核定全额事业编制 35 名，聘用编制 1 名；核减农村合作经济经营管理站全额事业编制 1 名，剩余核定全额事业编制 11 名；核减城关镇农业服务中心全额事业编制 1 名，剩余核定全额事业编制 7 名；核减黄渠桥农业服务中心全额事业编制 1 名，剩余核定全额事业编制 7 名；核减姚伏镇农业服务中心全额事业编制 1 名，剩余核定全额事业编制 7 名；核减通伏乡农业服务中心全额事业编制 1 名，剩余核定全额事业编制 7 名。

2016 年 12 月底，平罗县草原管理站 1 名编制调整至平罗县不动产登记事务中心。

2017 年 5 月，核减农业技术推广服务中心全额事业编制 4 名，剩余核定全额事业编制 35 名；核减农业机械化推广服务中心全额事业编制 4 名，剩余核定全额事业编制 31 名，聘用编制 1 名；核减畜牧技术推广服务中心全额事业编制 2 名，剩余核定全额事业编制 18 名；核减水产技术推广服务中心全额事业编制 1 名，剩余核定全额事业编制 8 名；核减动物卫生监督所全额事业编制 2 名，剩余核定全额事业编制 20 名；核减农业综合执法大队全额事业编制 2 名，剩余核定全额事业编制 17 名，聘用编制 1 名；核减农牧局机关后勤全额事业编制 1 名，剩余核定行政编制 13 名，全额后勤事业编制 2 名。

2017 年 9 月，核减良种繁殖场定额事业编制 1 名，剩余定额事业编制 23 名。

2017 年 12 月，农业综合执法大队 4 名全额预算事业编调整至平罗县农业技术推广服务中心，平罗县农业技术推广服务中心核定全额事业编制 39 名，农业综合执法大队核定全额事业编制 13 名，聘用编制 1 名。

2018 年 2 月，农牧局核减 1 名编制用于全县编制周转使用。至此，农牧局共有机关行政编制 12 名，后勤事业编制 2 名，事业编制 342 名。

2018 年 4 月，核减农村合作经济经营管理站 3 名全额预算事业编制，为农牧局核增行政编制 2 名，农村合作经济经营管理站核定全额编制 8 名，平罗县农牧局核定行政编制 14 名，机关工勤全额事业编制 2 名。

2019 年 1 月，平罗县农牧局更名为平罗县农业农村局，内设办公室、计划财务室、农业产业化室、政策与乡村振兴室、农业综合执法室、农田建设管理室 6 个科室。平罗县扶贫开发办公室由县政府直属事业单位划至平罗县农业农村局，更名为平罗县扶贫开发服务中心，核定全额预算事业编制 12 名；平罗县农业综合开发办公室由平罗县财政局调整为平罗县农业农村局所属事业单位，调整后机构编制不变，事业编制 12 名；平罗县草原管理站调整平罗县自然资源局所属事业单位，调整后，其他机构编制不变；将农业综合执法大队、农业机械化推广服务中心、农业技术推广服务中心、动物卫生监督所、动物疾病预防控制中心、畜牧技术推广服务中心、农村合作经济经营管理站、水产技术推广服务中心、农服产品加工流通服务中心、良种繁殖场及派驻各乡镇农业服务中心、畜牧兽医工作站的主管部门由原农牧局变更为平罗县农业农村局。至此，农牧局共有机关行政编制 17 名，后勤事业编制 2 名，事业编制 356 人。

2019 年 9 月，核减良种繁殖场 2 名定额事业编制，调整后，良种繁殖场共核定定额事业编制 21 名。至此，平罗县农牧局共有机关行政编制 17 名，后勤事业编制 2 名，事业编制 354 名。

2020 年 4 月，从动物卫生监督所、农业机械化推广服务中心、水产技术推广服务中心、畜牧技术推广服务中心分别划入全额事业编制 9 名、9 名、2 名、3 名，调整后，农业综合执法大队共核定全额事业编制 36 名，聘用编制 1 名；动物卫生监督所核定全额事业编制 11 名；农业机械化推广服务中心核定全额事业编制 22 名，聘用编制 1 名；水产技术推广服务中心核定全额事业编制 6 名；畜牧技术推广服务中心核定全额事业编制 15 名；动物疾病预防控制中心 1 名全额预算事业编划入平罗县生态环境综合执法大队；农业机械化推广服务中心 1 名全额事业编制划入平罗县农业综合开发办公室；平罗县农业技术推广服务中心1名全额预算事业编制调整至平罗县农产品质量流通服务中心，调整后，动物疾病预防控制中心共核定全额事业编制11名，农业机械化推广服务中心共核定全额事业编制21名，聘用编制1名，农业技术推广服务中心共核定全额事业编制38名，农产品加工流通服务中心共核定全额事业编制10名，聘用编制1名。至此，平罗县农牧局共有机关行政编制17名，后勤事业编制2名，事业编制352名（其中聘用编制3名）。

十一、惠农区农业机构与队伍

1996年，石嘴山市惠农县农业局组建，内设农广校，下设农技中心、畜牧中心、农机监理站、农经站、种子公司、水产站、良繁场7个事业单位，核定编制137名。

2002年5月，惠农县农牧局组建，内设办公室、财务股、业务股、政策法规信息科教股、项目办公室5个职能股（室），下设农技中心、畜牧中心、农机监理站、农经站、种子公司、水产站、良繁场7个事业单位，增设乡企办、种子管理站；核定机关行政编制13名，其中行政编制12名，后勤编制1名。

2003年2月，惠农县农业机械化管理局组建，内设农机管理推广站、农机监理站、办公室、财务室，核定编制27名。

2003年2月，石嘴山市惠农县农牧局组建，内设5个职能股（室），具体为办公室、财务股、业务股、政策法规信息科教股、项目办公室；下设农广校、农技中心、畜牧中心、农机监理站、农经站、种子公司、水产站、良繁场、惠农区乡镇企业办公室、种子管理站10个事业单位；核定编制138名。

2004年，惠农区农牧局所属事业机构进行调整，保留原有13个下属事业单位：畜牧兽医技术中心、动物防疫监督站、农业机械化管理局、农业技术推广站、蔬菜技术推广站、水产工作站、农村合作经济经营指导站、种子公司、良种繁育场、乡镇企业办公室、种子管理站、农业广播电视学校、农技推广中心农业技术服务公司；定编124名；新增设事业单位1个，为农村能源工作站，定编10名。

2006年，惠农区农业技术推广服务中心组建，为隶属惠农区农牧和科技局管理的副科级事业单位，加挂农业广播电视学校的牌子；核定全额预算事业编制17名，主任1名（副科级）。

2006年，惠农区动物卫生监督所组建，核定全额预算事业编制8名，主任1名（副科级）；设置惠农区动物疾病预防控制中心，核定全额预算事业编制14名；设置惠农区农业综合执法大队，核定全额预算事业编制3名，队长1名（副科级）；设置惠农区农村合作经济经营管理站，核定全额预算事业编制5名；设置惠农区林业技术推广服务中心，核定全额预算事业编制8名，主任1名（副科级）；设置惠农区农业机械安全监理站，核定全额预算事业编制15名；设置惠农区林木检疫站，核定全额预算事业编制3名；设置惠农区枸杞工作站，核定全额预算事业编制3名；设置惠农区黄河湿地保护林场，核定全额预算事业编制30名，主任场长1名（副科级）。以上所有单位均为隶属惠农区农牧和科技局管理的副科级事业单位。

2009年，惠农区农牧局设立，为惠农区人民政府工作部门。职责调整为：原区农牧和科技局承担的农牧管理职责整合划入；取消国家、自治区已公布取消的行政审批事项；强化农产品和农业生产资料的质量安全监管职责，提升农产品质量安全水平；强化对生态农业、循环农业和农业生物产业的指导服务和监督管理职责，促进农业资源的合理配置和农业可持续发展。惠农区农牧局设置10个行政岗位，后勤事业编制（司机）1名。科级领导职数为：局长1名，副局长2名。

2012年，惠农区农业执法大队增挂惠农区种子管理站牌子。

2012年，原石嘴山市动物卫生监督所承担的石嘴山市黄河大桥、110国道落石滩边卡检疫，以及惠农区定点屠宰场检疫，兽药店、动物诊所管理职责交由惠农区动物卫生监督所承担。市动物卫生监督所10名全额预算事业编制及人员划入惠农区动物卫生监督所管理。

2015 年，惠农区农牧水务局设立，并挂扶贫开发办公室牌子，为惠农区人民政府工作部门。职责调整为：取消国家、自治区、市和惠农区人民政府已公布取消的行政审批事项，将原农牧局和水务局工作职责划入现农牧水务局；将区商务和文化旅游局承担的畜禽定点屠宰监督管理职责划入区农牧水务局；将区发展和改革局承担的扶贫开发职责划入区农牧水务局；强化农产品和农业生产资料的质量安全监管职责。惠农区农牧水务局设行政岗位 8 个：综合管理岗位、行政管理岗位、信息管理岗位、产业项目管理岗位、农产品加工发展岗位、扶贫开发管理岗位、农产品质量安全管理岗位、农业环境保护管理岗位；核定行政编制 13 名，工勤人员编制 2 名，聘用编制 1 名，局长 1 名（正科级），副局长 4 名（副科级）。

2016 年 2 月，惠农区农牧水务局下设 10 个事业编制业务站所，核定事业编制 145 名。

2019 年 2 月，惠农区农业农村和水务局组建，作为区政府工作部门，保留区扶贫开发办公室牌子。区委农村工作领导小组办公室设在区农业农村和水务局。惠农区农业农村和水务局内设扶贫开发办公室、区委农村工作领导小组办公室、综合办公室、项目办、财务室，下设农业技术推广服务中心、动物疾病预防控制中心、农业机械安全监理站、动物卫生监督所、农村合作经济经营管理站、农业综合执法大队、河道管理所、水利灌排及技术推广服务中心、农村供水站、农业综合开发中心、良繁场 11 个事业单位；机关行政编制 13 名。职责调整上，将区委农村工作领导小组办公室的职责、区农牧水务局的职责，以及区发展和改革局的农业投资项目、区财政局的农业综合开发项目、市国土资源局惠农区分局的农田整治项目等管理职责整合。

2020 年 6 月，根据惠农区农业综合行政执法改革工作要求，撤销惠农区农业综合执法大队，人员编制整建制上划市农业综合执法支队，成立石嘴山市农业综合执法支队惠农大队，将局属各事业单位涉及的兽医兽药、畜禽屠宰、渔业、种子、化肥、农药、农机、农产品质量、动植物检（防）疫等方面的行政处罚职能，以及与之相关的行政检查、行政强制职能一并整合移交至市农业综合执法支队惠农大队。

十二、吴忠市农业机构与队伍

1996 年 8 月，银南地区农林牧业局组建，下设办公室 1 个职能科室，机关行政编制 16 名。

1999 年 8 月，吴忠市农牧局组建，下设办公室、业务科、财务科、蔬菜技术推广站、农业信息服务中心、动物检疫站、农业广播电视学校、农技站、畜牧兽医站、农业机械推广站、监理所、经管站、水产站 13 个单位，机关行政编制 24 名，事业编制 110 名，机关后勤编制 2 名。

2002 年 6 月，吴忠市农牧局组建，下设办公室、农业农机科、畜牧水产科、政策法规科、市场信息科 5 个职能科室，机关行政编制 14 名，机关后勤服务编制 2 名。

2004 年 10 月，吴忠市农牧局组建，下设办公室、农业农机科、畜牧水产科、政策法规科、市场信息科，乡镇企业管理局 6 个职能科室，核定机关行政编制 24 名（其中：乡镇企业局原划转编制 10 名），机关后勤服务编制 2 名。

2005 年 4 月，吴忠市农牧局组建，下设办公室、纪检监察室、组织人事科、计划财务科、政策法规科、农业经济体制与经营管理科、农业科、畜牧水产科、农机科、市场与经济信息科、乡镇企业管理科 9 科 2 室，机关行政编制 45 名，机关后勤服务编制 7 名。

2008 年 8 月，吴忠市农牧局下属正科级事业单位共 14 个，乡镇农业服务中心 10 个，乡镇畜牧兽医工作站 11 个，核定人员编制共计 479 名。

2009 年 12 月，吴忠市农牧局组建，下设办公室、产业信息科、种植业科、畜牧渔业科 4 个科室，机关行政编制 30 名，机关后勤服务事业编制 3 名。

2015 年 4 月，吴忠市农牧局组建，内设办公室、农业农机科、产业信息科、畜牧渔业科、市场与法规科 5 个科室，下设动物疾病预防控制中心、农产品质量安全检测中心、农业广播电视学校、农业技术推广服务中心、农业机械安全监理所、农村合作经济经营管理站、畜牧水产技术推广服务中心、农业综合开发办公室、国土资源整治开发中心9个事业单位；核定机关行政编制26名，机关后勤服务事业编制3名，事业编制76名。

2016年6月，吴忠市农牧局组建，内设办公室、农业农机科、产业信息科、畜牧渔业科、市场与法规科5个科室，下设农业广播电视学校、农业综合执法支队、农业机械安全监理所、动物疾病预防控制中心、农业技术推广服务中心、农产品质量安全检测中心、农村合作经济经营管理站、畜牧水产技术推广服务中心8个事业单位；核定机关行政编制26名，事业编制88名，机关后勤服务事业编制3名。

2019年1月，吴忠市农业农村局组建，内设办公室、法规科、产业发展科、农村社会事业科、种植业科、畜牧渔业科、市委农办综合协调科7个科室，下设动物疾病预防控制中心、农产品质量安全检测中心、农业广播电视学校、农业技术推广服务中心、农业机械安全监理所、农村合作经济经营管理站、畜牧水产技术推广服务中心、业综合开发办公室、国土资源整治开发中心9个事业单位；核定机关行政编制25名，事业编制73名，机关后勤服务事业编制1名。

十三、利通区农业机构与队伍

1998年5月，银南地区和县级吴忠市撤销，设立地级吴忠市，县级吴忠市改称利通区，组建利通区农业局。该局下设蔬菜技术推广站、农业技术推广服务中心、农业广播电视学校、执法大队（加挂利通区种子站牌子）、种子公司5个事业单位。

1998年9月，利通区畜牧局组建，内设办公室，下设畜牧工作站、动物卫生监督所、草原站3个事业单位，管辖15个乡镇兽医站；核定机关行政编制8名，事业编制120名。

2005年3月，吴忠市与利通区合署办公，进行事业单位机构改革，原利通区农机局、农业机械管理推广站、农业机械化学校、农业机械安全监理站和原吴忠市农机推广站合并，成立吴忠市农机化管理推广服务中心；原利通区农业技术推广服务中心、农村合作经济经营管理站、农业广播电视学校、执法大队（加挂利通区种子站牌子）、种子公司和原吴忠市农业技术推广服务中心合并，成立吴忠市农业技术推广服务中心；原利通区蔬菜技术推广站与吴忠市农业科学研究所合并，成立吴忠市蔬菜技术推广中心。

2005年7月，吴忠市畜牧局组建，内设办公室，下设吴忠市畜牧草原技术服务中心、吴忠市利通区动物卫生监督所、吴忠市动物疾病预防控制中心3个事业单位，管辖11个乡镇兽医站；核定机关行政编制9名，事业编制91名。

2009年11月，利通区农牧局组建，下设畜牧水产技术推广服务中心、农业机械化推广服务中心、农村合作经济经营管理站、农业技术推广服务中心、农业执法大队、动物卫生监督所、动物疾病预防控制中心、农村能源工作站、林业技术推广服务中心、森林病虫害防治检疫站、林业工作站11个事业单位；核定机关行政编制9名，事业编制327名。

2014年，利通区农牧和科学技术局设立（挂科学技术协会牌子），下设农业机械化推广服务中心、农村合作经济经营管理站、农业技术推广服务中心、农村能源工作站、农业执法大队、畜牧水产技术推广服务中心、动物卫生监督所、动物疾病预防控制中心、林业技术推广服务中心，乡镇农业工作站、林业工作站、畜牧兽医工作站12个事业单位；核定机关行政编制11名，机关后勤服务事业编制1名，事业编制329名。

2019年，利通区农业农村局设立，加挂利通区扶贫开发办公室牌子。区委农村工作领导小组办公室设在农业农村局，承担区委农村工作领导小组具体工作。利通区农业农村局下设扶贫开发服务中心、农业农村综合建设服务中心、畜牧兽医技术服务中心、农村合作经济经营服务中心、农业机械化推广服务中心、农业技术推广服务中心（加挂利通区农产品质量安全检验中心牌子），10个乡镇农业工作站、11 个畜牧兽医工作站等 27 个事业单位；核定行政编制 10 名，机关后勤服务事业编制 1 名，事业编制 236 名。

十四、青铜峡市农业机构与队伍

1997 年，青铜峡市农业局成立，农业局下辖农业技术推广中心、种子公司、食用菌开发中心、甜菜管理站、水产站 5 个事业单位。

2002 年 3 月，青铜峡市畜牧局成立，下设办公室、动物防疫监督所、动物防疫站、动物检疫站、畜牧工作站、草原工作站和设施养殖办公室，以及 8 个镇畜牧兽医站。

2002 年 3 月，青铜峡市农牧局组建，下设农业技术推广服务中心、农业广播电视学校、水产技术推广服务中心、乡镇企业发展服务中心、农村合作经济经营管理站、农业综合执法大队、农业产业化服务中心、畜牧技术推广服务中心、草原站、动物卫生监督所、动物疾病预防控制中心 11 个事业单位。

2005 年，机构改革，设立局属畜牧工作站、市草原工作站、市动物防疫站、市动物检疫站 4 个事业站和 8 个镇畜牧兽医站。

2006 年 7 月，机构改革，撤销畜牧工作站、市动物防疫站、市动物检疫站，组建畜牧技术推广服务中心、动物卫生监督所、动物疾病预防控制中心，保留市草原工作站（同草原执法大队一套人马，两块牌子）。

2009 年 11 月，青铜峡市农牧局组建，下设办公室、农村经济管理站、农业技术推广服务中心、扶贫开发办公室、农业广播电视学校、乡镇企业发展服务中心、农业综合执法大队、水产技术推广服务中心、农村能源工作站，畜牧技术推广服务中心、动物疾病控制中心、动物卫生监督所、草原站 13 个机构。全局共有编制 286 名。

2014 年 12 月，青铜峡市农牧和科学技术局组建，下设办公室、农村经济管理站、农业技术推广服务中心、扶贫开发办公室、农业广播电视学校、乡镇企业发展服务中心、农业综合执法大队、水产技术推广服务中心、农村能源工作站，畜牧技术推广服务中心、动物疾病控制中心、动物卫生监督所、草原站 13 个机构。

2019 年 1 月，青铜峡市农业农村局组建，下设办公室、农村经济经营合作管理站、农业技术和农机化推广服务中心、农业广播电视学校、农业综合执法大队、畜牧水产技术推广服务中心、农田建设服务中心、农村能源工作站、动物疾病预防控制中心、动物卫生监督所，以及 6 个乡镇畜牧兽医工作站共 16 个单位；机关行政编制 25 名，事业编制 235 名，机关工勤编制 4 名。

十五、盐池县农业机构与队伍

1990 年，盐池县畜牧局设立，下设盐池县草原工作站、盐池县兽医工作站、盐池县畜牧工作站、盐池县动物检疫站 4 个事业单位，机关核定全额事业编制 10 名，领导职数 3 名。其间，动物检疫站更名为盐池县家畜病院。

2002 年 5 月，农业与科学技术局组建，下设农业机械化发展服务中心（挂农业机械安全监理站牌子）、农业科技与市场信息中心、扶贫与环境改造中心、沙边子治沙研究基地（2002 年 6 月更名为中药材技术服务站）、农村能源农业环保工作站（2002 年 9 月更名为农村能源工作站）5 个事业单位。农业与科学技术局核定行政编制 10 名，领导职数 5 名，机关后勤事业编制 2 名，总核定事业编制 74 名。

2004 年 9 月，盐池县农业局组建，下设农业广播电视学校、农牧科学研究所、中药材技术服务站、农村能源工作站、农村合作经济经营管理站、盐池县乡镇企业发展服务中心、农业技术推广服务中心、科技服务中心、外资项目管理中心、农业机械化推广服务中心（挂农业机械安全监理站牌子）、种子管理站 11 个事业单位。农业局核定行政编制 7 名，领导职数 4 名，机关后勤服务事业编制 2 名，下设单位核定事业编制 220 名。

2005 年 7 月，盐池县畜牧局保留下设畜牧工作站、兽医工作站、草原工作站、家畜病院 4 个事业单位，核定事业编制 10 名，领导职数 3 名，下设单位核定事业编制 68 名。

2006 年 3 月，盐池县畜牧局下设动物卫生监督所、动物疾病预防控制中心、畜牧技术推广服务中心、滩羊肉产品质量监督检验站（挂盐池县滩羊产业发展中心牌子）4 个事业单位，核定事业编制 10 名，领导职数 3 名，下设单位核定事业编制 58 名。

2009 年 9 月，盐池县农牧局组建，下设动物疾病预防控制中心、草原实验站、农村合作经济经营管理站、农业机械化推广服务中心（挂农业机械安全监理站牌子）、农村能源工作站、农业技术推广服务中心、种子管理站、滩羊肉产品质量监督检验站（挂盐池县滩羊产业发展中心牌子）、畜牧技术推广服务中心、草原工作站、农业广播电视学校（挂农民科技教育培训中心牌子）11 个事业单位。盐池县农牧局核定行政编制 7 名，暂定全额预算事业编制 10 名，领导职数 5 名，后勤服务事业编制 2 名，下设单位核定事业编制 213 名，领导职数 6 名。

2018 年 2 月，农村合作经济经营管理站核减编制 1 名，农业机械化推广服务中心核减编制 2 名，草原实验站核减编制 3 名，农村能源工作站核减编制 2 名，农业广播电视学校核减编制 1 名，农业技术推广服务中心核减编制 2 名；调整后下设事业单位核定事业编制 202 名，领导职数 6 名。

2019 年 1 月，盐池县农业农村局组建，下设农村合作经济经营管理站、农业机械化推广服务中心（挂农业机械安全监理站牌子）、草原实验站、农村能源工作站、农业广播电视学校、农业技术推广服务中心、种子管理站、农产品质量安全检验检测中心、畜牧技术推广服务中心、动物疾控和卫生监督服务中心、农田建设服务中心 11 个事业单位。盐池县农业农村局核定行政编制 10 名，领导职数 4 名，暂核定全额预算事业编制 3 名（锁定 3 名参公身份人员，人员编制"退一减一"），下设单位核定事业编制 174 名，其中领导职数 7 名。

2020 年 2 月，农业综合执法大队设置，按照"编随事走、人随编走"原则，整合下设各站所编制，核定事业编制 30 名。种子管理站撤销，保留种子管理站牌子。整合后，盐池县农业农村局下设事业单位核定事业编制 183 名，领导职数 7 名。

十六、同心县农业机构与队伍

1996 年以前，同心县设有畜牧局。2000 年 4 月，按照同心县编制委员会文件，县畜牧局确定职能配置和人员编制，核定行政编制 10 名，机关后勤服务人员从原机关划转，核定事业编制 1 名。2005 年 1 月，按照同心县编制委员会文件，县畜牧局确定职能配置和人员编制，核定行政编制 8 名，定后勤服务编制 1 名。2006 年 8 月，经同心县事业单位机构编制清理整顿工作领导协调小组办公室审核，县编委会批准，下设同心县畜牧技术推广服务中心、同心县动物卫生监督所、同心县动物疾病预防控制中心、同心县草原工作站 4 个单位，核定机关行政编制 8 名，事业编制 93 名。

1996 年以前，同心县设有农业局，下设农业技术推广服务中心、种子公司、农广校、良繁场、农村能源站 5 个单位，核定机关行政编制 11 名，事业编制 207 名。

2003 年 4 月，原同心县农业局、科学技术委员会、农业机械化管理局、乡镇企业局合并，组建同心县农业与科学技术局，下设农业技术推广服务中心、农村合作经济经营管理站、农业机械化推广服务中心、农业机械安全监理站、农村能源工作站、乡镇企业发展服务中心、农业广播电视学校、种子管理站，以及河西、丁糖、王团、下马关、预旺、兴隆农业服务中心 14 个单位，核定机关行政编制 9 名，后勤服务编制 1 名，事业编制 236 名。2006 年 8 月，经同心县事业单位机构编制清理整顿工作领导协调小组办公室审核，县编委会批准，下设农村合作经济经营管理站、农业技术推广服务中心、农业机械化服务中心、农业机械安全监理站、农村能源工作站、乡镇企业发展服务中心、农业广播电视学校、种子管理站、良种繁育场9个单位，机关行政编制9名，事业编制197名。

2009年10月，农业局、畜牧局、农业与科学技术局撤销，同心县农牧局成立，下设农业技术推广服务中心、畜牧技术推广服务中心、农村合作经济经营管理站、农业机械化推广服务中心、农业机械安全监理站、种子管理站、草原工作站、动物卫生监督所、动物疾病预防控制中心、乡镇企业发展服务中心、农业广播电视学校、农村能源工作站、良种繁育场13个单位，核定机关行政编制11名，事业编制188名。

2014年10月，同心县农牧和科学技术局成立。2015年3月，经县机构编制委员会审核，县人民政府批准，下设畜牧技术推广服务中心、农业技术推广服务中心、农村经营管理站，草原工作站、动物疫病预防控制中心、动物卫生监督所、种子站、农产品质量安全中心、农业广播电视学校，农业机械化服务中心、农业机械安全监理站、乡镇企业服务中心、良繁场、白绒山羊场14个单位，核定机关行政编制16名，事业编制344名。

2019年2月，同心县农业农村局成立，内设办公室、规划财务室、农业综合业务室、市场监管室4个机构，下设农业技术推广服务中心、畜牧技术推广服务中心、农村合作经济经营管理站、农田建设中心、乡村产业和社会事业发展中心、良种繁育场、农业综合执法大队、葡萄酒产业服务中心、动物疾病预防控制中心、动物卫生监督所、农业机械化推广服务中心11个单位，机关行政编制11名，事业编制309名。

十七、红寺堡区农业机构与队伍

2000年11月，成立红寺堡开发区农业机械管理站、红寺堡开发区农业机械监理站、红寺堡开发区农业机械化培训学校、红寺堡开发区农业技术推广中心、红寺堡开发区畜牧技术推广中心，属股级事业单位，隶属开发区经济发展局管理。

2002年1月，经寺堡区农牧局成立。

2003年8月，红寺堡开发区农牧局调整（挂科技局牌子），核定机关行政编制8名。农业综合服务中心成立，核定行政编制4名，事业编制26名，领导职数为1正3副。

2009年10月，红寺堡区科学技术和农牧局组建（挂科学技术协会牌子），行政编制数额暂按自治区编委核定的执行。

2010年11月，红寺堡区科学技术和农牧局下设红寺堡区农业技术推广服务中心，核定事业编制10名；下设红寺堡区蔬菜技术推广服务中心，核定事业编制3名；下设红寺堡区农村合作经济经营管理站，核定事业编制5名；下设红寺堡区农业执法大队，核定事业编制3名；下设红寺堡区畜牧草原技术推广服务中心，核定事业编制3名；下设红寺堡区动物疾病预防控制中心，核定事业编制4名；下设红寺堡区动物卫生监督所，核定事业编制4名；下设红寺堡区太阳山农业服务中心，核定事业编制4名；下设红寺堡区红寺堡农业服务中心，核定事业编制4名；下设红寺堡区大河农业服务中心，核定事业编制4名；下设红寺堡区南川农业服务中心，核定事业编制4名；下设红寺堡区太阳山畜牧兽医工作站，核定事业编制4名；下设红寺堡区红寺堡畜牧兽医工作站，核定事业编制4名；下设红寺堡区大河畜牧兽医工作站，核定事业编制4名；下设红寺堡区南川畜牧兽医工作站，核定事业编制4名。

2015年2月，红寺堡区农牧和科学技术局组建，设置办公室及农业产业化、农业、畜牧水产、农业信息及农产品质量安全监督、科技及科普5个工作岗位；机关行政编制8名，机关后勤服务事业编制2名。

2019年2月，红寺堡区农业农村局组建，下设农业技术推广服务中心、农田水利建设服务中心、乡村产业和社会事业发展服务中心、畜牧兽医技术推广服务中心、农村经济经营管理站5个事业单位。

十八、固原市农业机构与队伍

1996年10月，固原地区农牧局成立，系固原地区行政公署主管全地区农村经济和综合管理种植业、渔业、畜牧业、农业机械化的职能部门，机关行政编制15名，内设5个科室，分别为办公室（挂农村经济政策法规科）、农业生产科、畜牧兽医综合科、农业机械化科；下设局属事业单位5个，具体为畜牧兽医站、种子工作站、农村合作经济经营管理站、农业技术推广站、农业广播电视学校领导小组办公室。

2002年12月，固原地区农牧局更名为固原市农业畜牧局，机关行政编制26名，后勤服务3名，内设6个科室，分别为办公室、种植业生产管理科、畜牧兽医管理科、乡镇企业管理科、农业机械化管理科、市场信息服务科；下设局属事业单位5个，具体为畜牧兽医工作站、种子工作站、农村合作经济经营管理站、农业技术推广站、农业广播电视学校（挂农民科技培训中心牌子）。

2009年11月，固原市农业畜牧局更名为固原市农牧局，行政编制25名（含纪检监察编制2名），后勤服务人员事业编制3名，内设6个科室，分别为办公室（农村经济政策法规科）、种植业生产管理科、畜牧兽医管理科、农业产业化办公室（乡镇企业管理科）、农业机械化管理科、市场信息服务科（农业综合执法支队）；下设局属事业单位9个，具体为畜牧技术推广服务中心、养蜂水产技术推广服务中心、种子工作站、动物疾病预防控制中心、动物卫生监督所、农村合作经济经营管理站、农业技术推广服务中心（挂植物检疫站牌子和农产品质量安全监测站牌子）、农业广播电视学校、农业机械安全监理所。

2015年2月，固原市农牧局核定行政编制25名（含纪检监察编制2名），后勤服务人员事业编制3名，内设6个科室，分别为办公室、种植业管理科、畜牧兽医管理科（畜禽定点屠宰办公室）、农业产业化办公室（产业规划科）、农产品质量监管科（行政审批科）、农业科技教育科；下设局属事业单位9个，具体为畜牧技术推广服务中心、养蜂水产技术推广服务中心、种子工作站（增挂农业综合执法支队牌子）、动物疾病预防控制中心、动物卫生监督所、农村合作经济经营管理站、农业技术推广服务中心（挂植物检疫站牌子和农产品质量安全监测站牌子）、农业广播电视学校、农业机械安全监理所。

2019年1月，固原市农业农村局组建，作为固原市政府工作部门，将市委农村工作领导小组办公室的职责，固原市农牧局的职责，市发改委的农业投资项目、市财政局的农业综合开发项目、市国土资源局的农田整治项目、市水务局的农田水利建设项目等管理职责整合。市委农村工作领导小组办公室设在市农业农村局，将市农牧局的渔船检验和监督管理职责划入市交通运输局。

2019年3月，固原市农业农村局核定行政编制20名，内设8个职能科室，分别为政策法规科（市委农村工作领导小组办公室）、办公室、乡村产业发展科、农村社会事业科、农业科技教育科（农业信息中心）、农产品质量监管科、种植业管理科（农田农机管理科）、畜牧兽医管理科；下设局属事业单位7个，具体为畜牧技术推广服务中心（挂养蜂试验站牌子）、种子工作站、农产品质量安全监管中心（挂动物疾病预防控制中心牌子）、农村合作经济经营管理站、农业技术推广服务中心（挂农业机械化推广服务中心牌子和农村能源工作站牌子）、农业综合培训服务中心（挂农业广播电视学校牌子）、农牧综合执法大队（挂农机监理所牌子和动物监督所牌子）。

十九、原州区农业机构与队伍

1996年7月，固原县农业局成立，固原县农业局内设6个股室，具体为办公室、政工股、生态农业股、种子管理股、审计股、财务会计股。原州区农牧局行政编制22名，后勤服务事业编制3名，领导职数为：局长1名，副局长2名。

2002 年，原州区农业畜牧局组建，由固原县农业局和固原县畜牧局合并成立。原州区农业畜牧局行政编制 18 名，领导职数为：局长 1 名，副局长 3 名。

2006 年，原州区农牧局组建，内设办公室、农业种植、畜牧兽医、农业综合执法大队、项目管理及财务审计、科教信息培训、企业管理及农产品加工 7 个机构；下设 13 个事业单位，具体为农业技术推广服务中心、畜牧技术推广服务中心、农业机械化推广服务中心、农村合作经济经营管理站、动物卫生监督所、草原工作站、动物卫生疾病预防控制中心、种子管理站、农村能源工作站、农村实用技术培训中心、防雹工作站、乡镇农业服务中心、畜牧兽医站；核定行政编制 18 名，后勤服务事业编制 3 名，领导职数为：局长 1 名，副局长 4 名。

2009 年 8 月，原州区农牧局组建，内设办公室、农业股、畜牧股、市场信息股、乡镇企业股、农业综合执法股、财务审计股 7 个机构；下设农业技术推广服务中心、畜牧技术推广服务中心、农业机械化推广服务中心、农村合作经济经营管理站、动物卫生监督所、草原工作站、动物疾病预防控制中心、种子管理站、能源工作站、农村实用技术培训中心、防雹工作站、乡镇农业服务中心、乡镇畜牧兽医站 13 个事业单位；核定行政编制 17 名，后勤服务事业编制 3 名，领导职数为：局长 1 名，副局长 3 名。

2019 年 1 月，原州区农业农村局挂牌成立。将区委农村工作领导小组办公室、区农牧局的职责，区发展和改革局的农业投资项目、区财政局的农业综合开发项目、区水务局的农田水利建设项目等管理职责整合，组建区农业农村局，作为区政府工作部门，区委农村工作领导小组办公室设在区农业农村局。将区农牧局的渔船检验和监督管理职责划入区住房城乡建设和交通局，不再保留区农牧局。原州区农业农村局内设办公室（区委农村工作领导小组办公室秘书）、规划财务、种植农机、畜牧兽医、执法改革、产业发展、科教社会事业、农田建设等方面的 8 个机构；下设农村合作经济经营管理站、农村实用技术培训中心、动物疾病预防控制中心、防雹工作站、农业机械化推广服务中心、畜牧技术推广服务中心、动物卫生监督所、农业技术推广服务中心、种子管理站、能源工作站 10 个事业单位；核定行政编制 18 名，机关工勤 2 名，事业编制 314 名，领导职数为：局长 1 名，副局长 3 名。

2019 年 8 月，新农业综合开发服务中心成立。

2020 年 3 月，原州区农业综合行政执法大队成立。截至 2020 年年底，原州区农业农村局下属单位共计 12 个。原州区农业农村局核定行政编制 18 名，设局长 1 名，副局长 3 名，事业编制 313 名。

二十、西吉县农业机构与队伍

1996 年以前，西吉县设有畜牧局。1996 年 6 月，西吉县畜牧局确定职能配置和人员编制。西吉县畜牧局是西吉县人民政府主管全县畜牧工作的职能部门，内设办公室、党务管理、财会办、内审股、后勤服务 5 个股室，行政编制 10 名，领导职数为 4 名，其他岗位配置人员 6 名。

1996 年以前，西吉县设有农业局。1996 年 8 月，西吉县农业局确定职能配置和人员编制。西吉县农业局是西吉县人民政府主管农村经济和综合管理种植业、农业机械、农村能源的职能部门，内设办公室及农业广播电视学校，行政编制 12 名，后勤服务人员 2 名。

1997 年 1 月，按照建立社会主义市场经济体制和转变职能，理顺关系、精兵简政、提高效率的原则，西吉县农业局调整编制。西吉县农业局是西吉县人民政府主管农村经济和综合管理种植业、农业机构、农业能源的职能部门（挂农业广播电视学校牌子），核定行政编制 13 名，领导职数为 3 名（局长 1 名，副局长 2 名），后勤服务人员从原机关划转 2 名，定为事业编制。

2002 年 12 月，西吉县农牧局组建，原农业局、畜牧局行政职能划入该局。农牧局是主管全县农业、农村经济发展的县人民政府的组成部门，内设综合股、农业股、畜牧股、乡企股。农牧局行政编制 12 名，后勤服务事业编制 2 名，配备局长 1 名，副局长 3 名。

2009 年 12 月，西吉县农牧局设立，为主管全县农业、畜牧业的县人民政府工作部门；行政编制

14 名，其中局长 1 名，副局长 4 名，后勤服务事业编制 3 名。

2019 年 2 月，西吉县农业农村局组建，内设办公室、乡村产业发展室、农村社会事业促进室、种植业管理室、畜牧业管理室、科技教育室、项目管理室、财务室 8 个机构；下辖二级事业单位 11 个，分别为动物疾病预防控制中心、农业技术推广服务中心、农业机械化技术推广服务中心、农村合作经济经营管理站、畜牧技术推广服务中心、农业综合执法大队、马铃薯产业服务中心、种子工作站、农业综合开发办公室、农村能源工作站、动物卫生监督所；机关行政编制 15 名。

二十一、隆德县农业机构与队伍

1996 年 12 月，隆德县农牧局组建，下设办公室、农技推广中心、种子站、农机管理站、广总站、家畜病院、水产能源站、沙塘良种场、乡镇农技推广站、乡镇畜牧站、乡镇农机管理站等 30 个单位，机关行政编制 13 名，事业编制 344 名。

2003 年 5 月，隆德县农牧与科学技术局成立，下设办公室、种子管理站、沙塘良种场、水产能源站、农业机械监理站、农业机械管理站、农经站、畜牧兽医技术推广总站、家畜病院、农技推广中心、乡镇企业管理中心、乡镇农技推广站、乡镇畜牧站等 31 个单位，机关行政编制 13 名，事业编制 357 名。

2006 年 7 月，隆德县农牧与科学技术局成立，下设办公室、农业技术推广服务中心、畜牧技术推广服务中心、农村合作经济经营管理站、农业机械化推广服务中心、种子管理站、水产能源工作站、动物卫生监督所、动物疾病预防控制中心、乡镇企业发展服务中心、防雹工作站、乡镇农业科技服务中心、乡镇畜牧兽医工作站等 33 个单位，机关行政编制 13 名，事业编制 363 名。

2008 年 11 月，隆德县农牧局成立，下设办公室、农业技术推广服务中心、畜牧技术推广服务中心、动物疾病预防控制中心、种子管理站、农村合作经济经营管理站、农业机械化推广服务中心、水产能源工作站、乡镇企业发展服务中心、防雹工作站、乡镇农业综合服务中心、镇畜牧兽医工作站等 32 个单位，机关行政编制 13 名，事业编制 360 名。

2014 年 11 月，隆德县农牧局成立，下设办公室、农业技术推广服务中心、畜牧技术推广服务中心、动物疾病预防控制中心、种子管理站、农村合作经济经营管理站、农业机械化推广服务中心、水产能源工作站、乡镇企业发展服务中心、防雹工作站、乡镇农业科技服务中心、镇畜牧兽医工作站等 32 个单位，机关行政编制 10 名，事业编制 329 名。

2019 年 5 月，隆德县农业农村局成立，下设办公室、农业技术推广服务中心、畜牧技术推广服务中心、动物疾病预防控制中心、农村合作经济经营管理站、农业机械化推广服务中心、乡镇农业科技服务中心、乡镇畜牧兽医工作站等 30 个单位，机关行政编制 11 名，事业编制 289 名。

2020 年 8 月，隆德县农业农村局成立，下设办公室、农业技术推广服务中心、畜牧技术推广服务中心、动物疾病预防控制中心、农村合作经济经营管理站、农业机械化推广服务中心、乡镇畜牧兽医工作站等 21 个单位，机关行政编制 10 名，事业编制 223 名。

二十二、彭阳县农业机构与队伍

1996 年 11 月 12 日，彭阳县农牧局挂牌成立，是彭阳县人民政府主管全县农村经济和综合管理种植业、渔业、畜牧业、农业机械化的职能部门。彭阳县农牧局主要负责指导全县农村经济体制改革和农村经济组织建设和发展，制定全县农业科技、教育、技术政策和规划，主管县入内出外动植物检疫工作等。彭阳县农牧局共有行政编制 18 名，机关后勤服务人员，从原机关划转 5 名，定为事业编制。

2002 年 9 月 15 日，彭阳县农牧与科学技术局挂牌成立，原县乡镇企业管理局的行政职能、原县教育科学技术局的科技工作行政职能、原县农业机械化管理局的行政职能调整到县农牧与科学技术局，下设农业机械化管理办公室、乡镇企业管理办公室、科学技术办公室。县农牧与科学技术局加挂畜牧局牌子，负责拟定全县畜牧业生产发展中长期规划和年度计划，制定全县畜牧技术推广及其队伍建设的发展规划，组织实施畜产资源、草地资源、饲料资源保护、建设及管理等工作。县农牧与科学技术局共有行政编制17名，后勤服务事业编制4名。

2004年5月10日，彭阳县农牧与科学技术局改组为农业与科学技术局（挂科技局牌子）、畜牧局。

2009年11月23日，彭阳县农牧和科学技术局挂牌成立，具体职责是：承担农村土地承包、耕地使用权流转和承包纠纷仲裁管理工作；承担重大种养业新技术、新品种引进试验示范和推广，农产品质量检测，农作物病虫害防止工作；承担农村能源建设和农业农村节能减排，农业气象服务等工作。县农牧和科学技术局共有行政编制14名，后勤服务事业编制4名。

2015年1月3日，彭阳县农牧和科学技术局更名为彭阳县农牧局，挂彭阳县科学技术局牌子，具体职责是：承担本行政区域畜禽屠宰活动的监督管理工作；承担农村土地承包、耕地使用权流转和承包纠纷仲裁管理工作；承担农产品质量安全监测，指导农业产业化经营，引导农业产业结构调整，负责农业机械化发展和农机安全监理等具体工作。彭阳县农牧局共有行政编制13名，后勤服务人员事业编制4名。

2019年1月30日，彭阳县农业农村局挂牌成立。具体职责是：在原农牧局职责基础上，划入县委农村工作领导小组办公室的职责，县发展和改革局的农业投资项目、县财政局的农业综合开发项目、县国土局的农田整治项目、县水务局的农田水利建设项目等职责。县农业农村局共核定公务员编制10名，事业编制181名。

二十三、泾源县农业机构与队伍

1997年以前泾源县分设畜牧局和农业局。1998年9月7日，泾源县农牧局组建，下设办公室、财务室，核定行政编制9名，事业编制2名（其中1名兼任畜牧中心主任），设局长1名，副局长3名（其中1名兼任畜牧中心主任）。

2006年，泾源县农牧与科学技术局组建，内设办公室、财务室，核定行政编制9名，设局长1名，副局长3名。设置事业单位13个，核定编制173名，各乡（镇）畜牧站编制30名，合计203名；下设农村合作经济经营管理站、畜牧技术推广服务中心（泾源县水产工作站）、动物疫病预防控制中心、动物卫生监督所、科技中心、农村能源工作站、农业广播电视学校（泾源县农民科技教育培训中心）、农业机械安全监理站、农业机械化技术推广服务中心、农业技术推广服务中心、农业综合执法大队、植物检疫站。

2009年12月14日，泾源县农牧局组建（挂泾源县科学技术局牌子），内设办公室、财务室，核定行政编制9名，设局长1名，副局长3名，后勤服务事业编2名；下设农业技术推广服务中心、畜牧技术推广服务中心等12个事业法人单位，以及7个乡镇畜牧兽医工作站、5个乡镇农业科技服务中心，核定事业编制199名。

2018年2月8日，农牧局进行机构设置和人员编制调整，撤销县农村能源工作站，职责移交县科技中心；撤销县植物检疫站，职责移交县农业技术推广服务中心；撤销合并县农业机械安全监理站和县农业机械化技术推广服务中心，组建县农业机械化推广服务中心，职责整体移交县农业机械化推广服务中心；设立泾源县农业产业化服务中心、泾源县中华蜜蜂产业发展服务中心。

2019年1月13日，泾源县农业农村局组建，内设综合办公室、综合股、财务室，核定行政编制12名，设局长1名，副局长3名；下设农业技术推广服务中心、畜牧技术推广服务中心、农村合作经济经营管理站、中华蜜蜂产业发展服务中心、农业产业化服务中心、农业机械化推广服务中心、农业综合执法大队、动物疫病预防控制中心、动物卫生监督所、农业广播电视学校等10个财政全额拨款事业单位，以及7个乡镇畜牧兽医工作站，核定事业编制134名，安置同工同酬（退伍士兵）9名。

二十四、中卫市农业机构与队伍

2004 年，地级市中卫市成立，原中卫县农牧局、林业局、农经局合并，组建成立中卫市农牧林业局，内设农业经济科、畜牧水产科、林业经济科、乡镇企业科、市场法规科、计划财务科、办公室 7 个科室，下设 24 个事业机构和生产经营单位、18 个技术服务单位、4 个国营农林场、1 个林业派出所、1 个草原派出所。

2009 年，中卫市农牧局设立，为中卫市人民政府工作机构，并将林业从农业中分出，设立中卫市林业和生态建设局。中卫市农牧局内设办公室、农村经济管理科、计划财务项目科、种植业管理科、畜牧水产管理科、市场监管科 6 个科室；下设农业技术推广与培训中心、畜牧水产技术推广服务中心、农业综合开发服务中心、动物疾病预防控制中心、动物卫生监督所、农产品质量安全检验检测中心、农村合作经济经营管理站、市定点屠宰办公室、良种繁殖场 9 个事业单位。

2014 年，中卫市动物疾病预防控制中心和中卫市动物卫生监督所机构整合，组建中卫市动物疾病预防控制与卫生监督中心。

2019 年 1 月，中卫市农业农村局组建，内设办公室、规划财务科、市场监管科、种植业管理科、畜牧水产管理科、乡村经济管理科、农村事业管理科 7 个科室；下设定点屠宰办公室、农业技术推广与培训中心、畜牧水产技术推广服务中心、农业综合开发服务中心、动物疾病预防控制与卫生监督中心、农产品质量安全检验检测中心、农村合作经济经营管理站、良种繁殖场 8 个事业单位；机关行政编制 14 名，参照公务员编制 2 名，事业编制 84 名。

二十五、沙坡头区农业机构与队伍

2012 年 8 月，中卫市沙坡头区农村工作部组建，机关行政编制 18 名，事业编制 1 名。

2013 年 1 月，中卫市沙坡头区农牧科技局组建，下设办公室、农村合作经济经营管理站、农业技术推广服务中心、林业技术推广服务中心（林木检疫站）、畜牧水产技术推广服务中心、动物疾病预防控制中心（动物卫生监督所）、水利技术服务中心（抗旱服务队）、河北灌溉管理所、河南灌溉管理所、北干渠灌溉管理所、南山台电灌站、农村人畜饮水管理站 12 个单位，机关行政编制 29 名，事业编制 461 名。

2014 年，沙坡头区农业技术推广服务中心成立，事业编制 64 名。

2015 年，沙坡头区农业技术推广服务中心事业编制增加至 74 名。

2016 年 8 月，沙坡头区农业和科技委员会组建，机关行政编制 11 名。

2016 年 12 月，沙坡头区农业和科技委员会成立，下设办公室、农村合作经济经营管理站、农业技术推广服务中心、林业技术推广服务中心（林木检疫站）、畜牧水产技术推广服务中心、动物疾病预防控制中心（动物卫生监督所）、水利技术服务中心、河北灌溉管理所、河南灌溉管理所、北干渠灌溉管理所、南山台电灌站、农村人畜饮水管理站 12 个单位，机关行政编制 32 名，事业编制 486 名。

2016 年，沙坡头区农业技术推广服务中心成立，事业编制 79 名。

2017 年 6 月，沙坡头区农业和科技委员会成立，设立农村产权交易服务中心，机关行政编制 1 名，事业编制 7 名。

2017 年 9 月，沙坡头区农业和科技委员会成立，撤销沙坡头区水利技术服务中心，设立沙坡头区水利技术服务和水库沟道管理中心，机关行政编制 3 名，事业编制 32 名。

2017 年 10 月，沙坡头区农村产权交易服务中心更名为沙坡头区农村产权流转服务中心。

2017 年 12 月，沙坡头区农村产权交易服务中心核减全额预算事业编制 1 名，编制变为 6 名。

2017 年 12 月，沙坡头区农业和科技委员会设立沙坡头区河长制工作服务中心，在沙坡头区水利技术服务和水库沟道管理中心挂牌。

2017年至2018年，沙坡头区农业技术推广服务中心成立，事业编制83名。

2018年2月，沙坡头区农牧林业科技局组建，下设办公室，机关行政编制9名。

2018年，沙坡头区农村合作经济经营管理站将5名事业编制置换过渡为3名局属公务员编制，编制变为6名。

2019年1月，沙坡头区农业农村局组建，下设办公室，核定机关行政编制7名。农业技术推广服务中心、动物疾病预防控制中心、农村合作经济经营管理站、畜牧水产技术推广服务中心、农村产权流转服务中心由原农牧林业科技局所属事业单位调整为农业农村局所属事业单位。2019年，沙坡头区农业技术推广服务中心成立，事业编制86名。

2019年9月，沙坡头区畜牧兽医技术服务中心组建，挂沙坡头区动物疾病预防控制中心牌子，不再保留动物疾病预防控制中心、沙坡头区畜牧水产技术推广服务中心。

2019年9月，沙坡头区农村合作经济经营管理站和沙坡头区农村产权流转服务中心合并，组建沙坡头区农业农村综合建设服务中心，挂沙坡头区农村产权流转服务中心的牌子，核定全额预算事业编制人员12名。

2020年8月，沙坡头区农业农村局成立，下设办公室、畜牧水产技术推广服务中心、农业农村综合建设服务中心、农业综合行政执法大队（挂中卫市沙坡头区动物疾病预防控制中心、中卫市沙坡头区动物卫生监督所牌子），机关行政编制9名，事业编制88名。

2020年，沙坡头区农业技术推广服务中心成立，事业编制80名。

2020年1月，沙坡头区农业综合行政执法大队组建，将沙坡头区农业农村综合建设服务中心划转编制2名，调整后核定编制为10名。

2020年2月，沙坡头区农业综合行政执法大队组建，核定全额预算事业编制18名，核定大队长1名，副大队长1名（副科级）。

2020年5月，沙坡头区动物疾病预防控制中心并入沙坡头区农业综合行政执法大队，加挂沙坡头区动物卫生监督所、沙坡头区动物疾病预防控制中心牌子，为沙坡头区农业农村局所属副科级事业单位，核定全额预算事业编制59名，核定大队长1名，副大队长3名（副科级）。

2020年5月，沙坡头区畜牧兽医技术服务中心更名为沙坡头区畜牧水产技术推广服务中心，核定主任1名（不定级别），核定全额预算事业编制17名。

二十六、中宁县农业机构与队伍

1970年11月5日，中宁县农业局组建。1979年10月11日，中宁县畜牧局组建。截至1996年，农业局、畜牧局机构无变化。

2003年12月，根据县委印发的《关于县级机构调整与设置的通知》，不再保留乡镇企业管理局、农村经济管理局，其职能并入农业局；畜牧局由政府工作机构改为承担职能的政府直属事业单位。

2009年8月，中宁县农业局和中宁县畜牧局合并，组建中宁县农牧局，内设办公室、农村经济经营管理办公室、农牧业生产管理办公室3个机构，下设管理农村能源工作站、农业技术推广服务中心、农村合作经济经营管理站、乡镇企业发展服务中心、农业机械化推广服务中心、水产技术推广服务中心、动物疾病预防控制中心和派驻乡镇的农业服务中心、畜牧兽医工作站等31个事业单位；核定机关行政编制20名，事业编制294名。

2019年3月，中宁县农业农村局组建，内设办公室、规划财务室、种植业管理室、畜牧水产管理室、农经管理室、市场监管室、农村社会事业管理室7个机构；下设农业技术推广服务中心、畜牧水产技术推广服务中心、农业综合执法大队、农田建设服务中心、动物疾病预防控制中心和派驻乡镇的12个农牧服务中心等25个事业单位；核定机关行政编制20名，事业编制318名。

二十七、海原县农业机构与队伍

1996年，海原县农业局下设农业技术推广中心、种子公司、农业广播电视学校、良种繁殖场、农村能源工作站，核定行政编制13名，事业编制2名。

2000年3月，海原县种子公司更名为海原种子管理站。2002年，因机构改革，海原县乡镇企业发展中心、海原县农业机械化服务中心、海原县农村合作经济经营指导站一起划归农业局管理。2003年，海原县农村合作经济经营指导站更名为海原县村合作经济经营指导中心。

2005年3月，因机构改革，海原县科学技术服务中心整建制划转原农业局，海原县农业局更名为海原县农业与科学技术局，下设农业技术推广中心、农业机械化服务中心、农村合作经济经营管理指导中心、乡镇企业发展中心、种子管理站、农村能源工作站、农业广播电视学校、良种繁殖场；核定行政编制8名。

2006年3月，海原县事业单位机构编制清理整顿，海原县农业机械化服务中心更名为海原县农业机械化推广服务中心；海原县农业技术推广中心更名为海原县农业技术推广服务中心；海原县农村经济经营指导中心更名为海原县农村合作经济经营管理站。

2008年5月，海原县科技服务中心划出海原县农业与科学技术局，同时海原县农业与科学技术局更名为海原县农业局。

2009年8月，海原县农业局、海原县畜牧局撤销，成立海原县农牧局，下设乡镇企业发展服务中心、农业广播电视学校、农业机械化推广服务中心、农村能源工作站、农业技术推广服务中心、农村合作经济经营管理站、动物卫生监督所、动物疾病预防控制中心、畜牧站、草原工作站、种子管理站11个事业单位；核定行政编制9名，后勤服务编制2名。

2015年1月，海原县农牧局划入原科学技术局的职责，挂科学技术局牌子。下设畜牧技站、农业技术推广服务中心、农村经营管理站、草原工作站、动物疾病预防控制中心、动物卫生监督所、农业综合执法大队、农业机械化推广服务中心、农业科技服务中心、农业产业化办公室；核定机关行政编制9名，后勤服务编制2名。

2019年2月，海原县农业农村局成立，下设农业技术推广服务中心、畜牧产业发展服务中心、农业机械化推广服务中心、农村合作经济经营管理站、农业综合开发服务中心、农业综合执法大队、动物卫生监督所、农村能源工作站8个事业单位；核定机关行政编制11名，事业编制239名。原海原县畜牧站、动物疾病预防控制中心合并成立海原县畜牧产业发展服务中心；农业综合开发办公室的职责、农业产业化办公室职责以及水利工作站的实施农田水利建设项目职责、土地储备中心的农田整治职责整合，成立海原县农业综合开发服务中心。

■ 第二节　乡（镇）农业机构与队伍

一、涉农县（市、区）乡镇农业机构与队伍概况

1996年，宁夏共有20个涉农县（市、区），即银川郊区、贺兰县、永宁县、平罗县、惠农县、陶乐县、大武口区、吴忠市、青铜峡市、中卫县、中宁县、灵武市、盐池县、同心县、固原县、彭阳县、隆德县、西吉县、海原县、泾源县。

2003年，宁夏共有22个涉农县（市、区），即兴庆区、金凤区、西夏区、贺兰县、永宁县、灵武市、平罗县、惠农县、陶乐县、大武口区、利通区、青铜峡市、中卫县、中宁县、盐池县、同心县、原州区、彭阳县、隆德县、西吉县、海原县、泾源县。

2010年至2020年，宁夏共有22个涉农县（市、区），即兴庆区、金凤区、西夏区、贺兰县、永

宁县、灵武市、平罗县、惠农区、大武口区、利通区、青铜峡市、盐池县、同心县、红寺堡区、原州区、彭阳县、隆德县、西吉县、泾源县、沙坡头区、中宁县、海原县。

1996—2020年，宁夏各涉农县（市、区）经多次行政区划调整和机构改革，其乡镇农业机构的数量、名称、职能和人员编制不断发生变化。

二、涉农县（市、区）乡镇农业机构与队伍

（一）兴庆区乡镇农业结构与队伍

2003年，乡镇农业机构共有8个，包括大新镇、掌政镇、通贵乡、月牙湖乡4个乡镇畜牧兽医站，4个农林技术推广服务中心；人员编制49名。

2010年，乡镇农业机构共有8个，包括大新镇、掌政镇、通贵乡、月牙湖乡4个乡镇畜牧兽医站，4个农林技术推广服务中心；人员编制29名。农业综合服务中心主要职能为：参与研究制定本乡镇蔬菜、粮食等农业的发展规划并做好相关生产技术指导服务工作；抓好农业生产新技术、新品种引进、试验、示范、推广，按时上报种植产业统计报表；做好农业生产主要病虫害预测、预报、检疫、防治工作和耕地质量检测及培肥地力科学施肥技术指导；参与编制种植业重点建设项目报告并组织实施；加强政治理论和业务知识学习，不断提高政治理论水平和业务素质；做好无公害农产品质量安全工作；完成上级业务部门及局交办的其他工作。

畜牧兽医工作站主要职能为：拟定乡镇畜牧业生产、动物防疫及畜产品质量安全监管年度工作计划；贯彻执行国家、自治区、银川市和兴庆区党政各项支农惠农政策，使扶持畜牧业发展的各项政策落实到场（户）；负责畜牧新技术、新项目、新品种的引进、推广、示范及应用；负责辖区畜牧业重大项目的实施工作；负责辖区动物防疫工作，做好辖区动物疫病监测、诊断，流行病学调查，疫情报告以及其他预防、控制等技术工作；具体实施动物疫病的强制免疫、消毒、隔离、封锁、扑杀、无害化处理等综合性防控措施；负责宣传、贯彻、落实有关法律、法规和规章；实施辖区动物和动物产品的检疫、动物规模养殖场（户）、活畜禽交易市场、病死畜禽无害化处理、畜禽屠宰、兽药、饲料等投入品监管等工作；负责乡镇畜牧业安全生产工作；负责畜牧业生产情况统计、上报工作；负责动物免疫进度周报表和月报表统计、上报等工作；承办兴庆区农牧局交办的其他事项。

（二）金凤区乡镇农业机构与队伍

2002年，乡镇农业机构共有4个，包括良田镇和丰登镇畜牧兽医工作站2个，水利工作站2个，人员编制7名。畜牧兽医工作站主要职能为：畜禽新品种引进、改良示范和新技术推广；养殖技术的宣传、培训和指导；新型饲料资源开发利用和秸秆加工调制技术推广；禽畜资源普查管理；草原的利用、保护和统计；农村清洁能源的开发和利用；辖区内动物防疫和动物防疫监督；产地检疫及化验室监测；对违反动物防疫法规定的行为依法给予行政处罚；承办农林牧业局交办的其他工作。

水利工作站主要职能为：负责辖区水资源管理、防汛抗旱、节水型社会建设、堤防、泵站管理、农田水利及高标准农田建设、农村饮水安全保障、水土保持、水利法规宣传及协助水行政执法等工作；负责提供农村水利公益性服务，及时上下沟通水事信息及协助行政执法；指导灌溉排水泵站、排水沟道的常规管理；指导干支斗渠灌溉管理，保障农业生产种植日常灌溉；编制农田基本建设规划方案，并指导实施公益性建设项目；负责辖区防汛抗旱及参加防汛值班；指导水土保持和水土流失治理等；通过法律程序，基层水利服务管理站由金凤区农牧水务局统一领导，力求完成金凤区农牧水务局所下达的各项任务；负责提供公益性服务，包括辖区农田水利发展规划编制，农村防汛抗旱与排涝技术指导，河、沟道堤防泵站的日常管理，农村小型水利工程的施工、质量监督检查、水土流失监督与防治、农村水资源保护与污染治理等技术指导，全面实施辖区农村安全饮水工程施工、监督，农村水利新技术的推广与应用、水利法规的宣传与培训及其他涉水事务；全面完成镇党委、政府所交办的其

他工作任务。

2006 年，乡镇农业机构数量、名称、职能与人员编制与 2002 年的相同。

2009 年，乡镇农业机构数量、名称、职能与人员编制与 2002 年的相同。

2012 年，乡镇农业机构数量、名称、水利工作站职能与 2002 年的相同；人员编制 15 名。畜牧兽医工作站主要职能有所调整，职能为：全面抓好辖区畜牧业生产，宣传贯彻执行《中华人民共和国畜牧法》《中华人民共和国动物防疫法》《种畜禽管理条例》《兽药管理条例》《饲料和饲料添加剂管理条例》等法律、法规和有关发展畜牧业的方针、政策；抓好畜牧示范园区、养殖小区建设指导，认真落实畜牧技术推广项目的组织、实施、总结；组织实施现代畜牧业生产方式的建立和畜牧兽医新技术的推广、指导、服务；落实《兽医工作目标管理责任书》，加强兽医工作规范化管理，建立乡村级兽医工作目标管理考核责任制；动物计划免疫、强制免疫的组织实施；动物疫情的普查、调查、监测，完成疫情报告和畜禽圈舍环境的消毒；政府购买服务外包公司动物防疫员的业务培训、指导、监督管理；坚持疫情报告制度，掌握辖区疫情动态，不得谎报、瞒报重大疫情，发生重大疫情必须 24 小时报告，并采取严格处理措施，控制疫情传播流行；加大动物产地检疫工作力度，切实扩大产地检疫的开展面和提高检疫出证率；实施动物产地检疫，相关车辆、场所等消毒，以及死亡动物、染疫动物及动物产品、污染物及畜禽粪污等无害化处理的实施、指导、监督；动物卫生监督执法；动物诊疗活动的监督管理，兽药、饲料和饲料添加剂等使用的监督管理；指导、督促畜禽养殖（场）户落实重大动物疫病免疫等防控措施，做好养殖备案、养殖和免疫档案的建立。

2019 年，乡镇农业机构数量、名称、职能与 2012 年的相同；人员编制 8 名。

（三）永宁县乡镇农业机构与队伍

1998 年，乡镇农业机构共有 40 个，包括增岗乡、李俊镇、望洪乡、杨和乡、仁存乡、望远镇、通桥乡、胜利乡 8 个乡镇农经管理站，8 个农业机械管理站，8 个农业技术推广站，8 个水产站，8 个乡镇企业管理办公室；人员编制 144 名。

农经管理站主要职能为：做好农民负担的监督管理，做好农村集体资产的管理，做好农业承包合同的管理及农村合作基金会和农村内部财务审计，做好农村收益分配和基账户的工作，做好农村公务用工的管理和使用的监督核算，代理农业综合保险业务。

农业机械管理站主要职能：受政府所托，行使农机管理职能，做好技术推广，传递科技信息，搞好自办实体；实施农机安全生产，监督安全生产和教育；负责农机新技术、新机具推广使用；开展农机手培训和代耕，做好社会化服务工作。

农业技术推广站主要职能：制定农业发展的长期规划和年度计划；吸收引进新技术，新成果及示范推广；促进农业向高产、优质、高校方向发展；完成试验、示范、推广和培训任务，做好技术指导，为农民提供生产信息，解决生产难题。

水产站主要职能：做好水产科技推广和渔政管理工作，广泛宣传新技术、新成果；引导探索各种形式的产业化发展，组织实施渔业，"中收计划"推广渔业综合养殖技术，加强渔病防治和旧池塘改造，做好水产服务工作。

乡镇企业管理办公室主要职能：抓好乡镇企业的全面发展，尤其抓好乡办企业，抓好四级企业；引导支持个体私营经济发展；负责各类项目的调研、论证、立项工作；做好乡镇企业统计报表及四级企业的统计；抓好企业内部管理及安全，产品质量工作。

2002 年，乡镇农业机构共有 8 个，包括增岗乡、李俊镇、望洪乡、金沙乡、望远镇、仁存乡、通桥乡、胜利乡 8 个乡镇农业服务中心；人员编制 51 名。

农业服务中心主要职能：承担辖区农业科技服务；负责种植业新技术、新品种、新材料的引进、示范、推广；承担设施农业、特色农业产业的发展服务工作；负责蔬菜生产的技术指导和病虫害防治；承担农作物病虫害、鼠害预测预报及防治；承担农业信息的采集、分析，为乡镇政府和农牧局决策提供依据；承担为辖区农业技术人员和农民技术培训提供政策咨询服务工作；承办乡镇党委、政府和农牧局交办的其他各项工作。

2017年，乡镇农业机构共有12个，包括望远镇、胜利乡、杨和乡、望洪乡、李俊镇、闽宁镇6个乡镇农业服务中心，6个畜牧兽医工作站；人员编制36名。农业服务中心主要职能同2002年的相同。畜牧兽医工作站主要职能为：承担家禽、家畜新品种的引进、改良示范和推广工作；承担养殖技术的宣传、培训和指导工作；承担新型饲料资源开发利用和秸秆加工调制技术推广工作；承担禽畜资源普查管理工作；承担草原的利用、保护和统计工作；承担动物疫病防治工作；承担乡镇党委、政府和农牧局交办的其他各项工作。

（四）贺兰县乡镇农业机构与队伍

2002年，乡镇农业机构共有5个，包括常信乡、洪广镇、金贵镇、立岗镇、习岗镇5个乡镇农业综合服务中心；人员编制45名。农业综合服务中心主要职能：负责示范推广农业新技术、新成果；为农民提供信息、技术服务；完成上级业务部门下达的实验项目；负责农机新技术、新机具的推广使用，开展农机手培训和代耕服务工作，做好社会化服务工作；做好水产科技推广工作，开展水产服务工作，引导水产产业化；搞好本镇畜牧业发展及服务工作；举办农业各类培训班，开展现场培训活动。

2007年，乡镇农业机构共有10个，包括常信乡、洪广镇、金贵镇、立岗镇、习岗镇5个乡镇农业服务中心，5个畜牧兽医工作站；人员编制70名。

农业服务中心主要职能：示范推广农业新技术、新成果，为农民提供信息、技术服务，完成上级业务部门下达的实验项目；负责农机新技术、新机具的推广使用，开展农机手培训和代耕服务工作，做好农机社会化服务；做好水产科级推广工作，开展水产技术服务，引导水产产业化；举办各种农业培训班。

畜牧兽医工作站主要职能：负责对《中华人民共和国草原法》《中华人民共和国动物防疫法》《种畜禽管理条例》《饲料和饲料添加剂管理条例》《兽药管理条例》的贯彻落实；参与重大动物疫情的封锁、控制和扑灭工作，做好动物疫情的基础免疫工作；负责对动物强制性免疫、建议、动物疫病的诊疗；负责疫情监测和预报、畜产品的安全监测、检测和检疫；负责主要畜禽良种的繁育和推广；负责农民相关技术培训；为畜牧业产前、产中、产前提供有偿服务。

（五）灵武市乡镇农业结构与队伍

1996年，乡镇农业机构共有25个，包括城镇、东塔镇、梧桐树乡、新华侨乡、崇兴镇、杜木桥乡、郝家桥乡、郭家桥乡、大泉乡、临河乡、白土岗乡、五里坡乡、磁窑堡镇、马家滩镇、羊泉墩乡15个乡镇农技站，10个水产站；人员编制74名。农技站主要职能：负责辖区农业新技术的示范、推广；负责辖区内农作物病虫害及农业灾害的预防和处置；负责辖区内农民技术培训和技术指导。水产站主要职能：负责辖区内水产养殖业的技术示范推广。

2004年，乡镇农业结构共有8个，包括东塔镇、临河镇、崇兴镇、郝家桥镇、马家滩镇、磁窑堡镇、白土岗乡、梧桐树乡8个乡镇农业服务中心；人员编制106名。

农业服务中心主要职能：负责乡村振兴、农林畜牧水产养殖、林草管理、农田水利建设，长枣产业发展等方面工作；负责制定农业、农村经济发展规划和年度计划，并组织实施；承担农业产业化示范引导，推进产业结构调整和农产品质量安全监管等；研究制定本镇扶贫中长期规划和年度计划，提出扶贫开发目标、任务和措施，并组织实施；负责防汛、森林草原防火等自然灾害监测、预警和综合防治工作；负责上级各对口业务单位开展的专项调研安排、汇报材料撰写、文件起草、信息报送、人事管理考核、业务档案资料收集存档等工作；完成镇党委、政府及上级业务部门交办的其他工作。

2009年，乡镇农业结构共有8个，包括东塔镇、临河镇、崇兴镇、郝家桥镇、马家滩镇、磁窑堡镇、白土岗乡、梧桐树乡8个乡镇经济发展和特色产业服务中心；人员编制45名。经济发展和特色产业服务中心主要职能：负责制定镇的国民经济发展和农业农村经济发展规划，完成各项经济和社会发展任务；贯彻执行国家涉农财政补贴政策；负责村级财务审计及财务公开、农民负担、土地流转、农业承包活动的监督管理等工作；承担设施农业、特色产业发展服务等工作；强化生态草原管理、封山禁牧等职能。

（六）大武口区乡镇农业机构与队伍

1996年，乡镇农业机构共有4个，包括大武口乡农机站1个、农技站1个、林业站1个、畜牧站1个；人员编制4名。4个站主要负责全乡农业、林业、畜牧兽医等各项工作任务。

2003年，乡镇农业机构共有2个，包括隆湖畜牧兽医站1个、大武口区街道办事处农业岗1个；人员编制9名。2个农业机构主要负责农经、农业、林业、水利、畜牧、动物防疫等工作任务。

2010年，乡镇农业机构共有4个，包括星海镇、长兴街道、长胜街道3个乡镇街道畜牧兽医工作站，1个大武口区街道办事处农业岗；人员编制19名。其具体职能与2003年的相同。

2020年，乡镇农业机构数量、名称、人员编制与2010年的相同。具体职能调整为：负责落实有关农业和农村工作的法律、法规和政策，农村产权制度改革等；负责编制街道的农业、农村工作发展规划；负责推广先进农业生产技术和农业机械化；负责农村电商、大气污染防治、秸秆禁烧、土壤污染行动、农村人居环境整治；负责土地管理、征地拆迁及"两违"查处、农田水利基本建设、动物防疫、农机安全工作；负责林业建设、林木管护及林木病虫害防疫工作。

（七）惠农区乡镇农业机构与队伍

2006年，乡镇农业机构共有12个，包括红果子镇、礼和乡、庙台乡、尾闸镇、燕子墩乡、园艺镇6个乡镇农业服务中心，6个畜牧兽医工作站；人员编制56名。农业服务中心主要职能为：宣传贯彻落实国家和自治区有关农业、农业机械、林业的法律、法规、条例区各项方针政策；拟定本乡种植业、农业机械化、林业发展规划及年度工作计划，并组织实施；做好本乡种植业、农业机械、林业技术引进试验、技术推广与服务工作及数据统计上报工作；做好本乡种植业、农业机械、林业技术宣传与培训工作；负责本乡林木管护、安全作业及质量监管工作；承办乡党委、政府交办的其他工作。

畜牧兽医工作站主要职能为：宣传贯彻落实国家和自治区有关畜牧业的法律、法规及各项方针政策；拟定本乡畜牧业发展的规划和年度计划，并组织实施；负责本乡畜牧兽医技术引进、试验、推广与服务工作及数据统计上报工作；做好本乡畜牧、兽医技术宣传与培训工作；负责本乡动物疫病预防控制和畜产品的安全监测工作；承办乡党委、政府交办的其他工作。

2018年，乡镇农业机构共有10个，包括红果子镇、礼和乡、庙台乡、尾闸镇、燕子墩乡5个乡镇农业服务中心，5个畜牧兽医工作站；人员编制37名。农业服务中心主要职能：负责辖区内关键农业、农机新技术的示范、推广；负责辖区内农作物病虫害及农业灾害的预防和处置；负责辖区内农业机械的管理、维护；负责辖区内农民技术培训和技术指导；承办区农牧水务局交办的其他工作。

畜牧兽医工作站主要职能：负责辖区内畜牧业的技术推广、信息和生产统计、建档等工作；负责辖区内动物的基础免疫和强制免疫工作，参与重大动物疫情的封锁、控制和扑灭；负责辖区内的畜牧兽医技术服务等公益性服务工作；负责村级防疫员的管理、指导和技术培训工作；协助做好辖区内畜牧生产、动物防疫、动物及其产品的检疫工作，以及兽药、兽用生物制品、饲料、种畜禽等的监管工作；承办区农牧水务局交办的其他工作。

（八）平罗县乡镇农业机构与队伍

1996年，乡镇农业机构共有40个，包括惠北、灵沙乡、六中、渠口乡、通伏乡、头闸镇、五香乡、宝丰镇、黄渠桥镇、周城、崇岗镇、下庙、汝箕沟镇、前进乡、城关镇、高庄乡、姚伏镇17个乡镇农技站，21 个畜牧站，2 个水产站；人员编制 67 名。

农技站主要职能：负责辖区内关键农业、农机新技术的示范、推广；负责辖区内农作物病虫害及农业灾害的预防和处置；负责辖区内农业机械的管理、维护；负责辖区内农民技术培训和技术指导；承办区农牧水务局交办的其他工作。

畜牧站主要职能为：负责辖区内畜牧业的技术推广、信息和生产统计、建档等工作；负责辖区内动物的基础免疫和强制免疫工作，参与重大动物疫情的封锁、控制和扑灭；负责辖区内的畜牧兽医技术服务等公益性服务工作；负责村级防疫员的管理、指导和技术培训工作；协助做好辖区内畜牧生产、动物防疫、动物及其产品的检疫，以及兽药、兽用生物制品、饲料、种畜禽等监管工作；承办区农牧水务局交办的其他工作。

2003 年，乡镇农业机构共有 10 个，包括灵沙乡、渠口乡、通伏乡、头闸镇、宝丰镇、黄渠桥镇、崇岗镇、城关镇、高庄乡、姚伏镇 10 个乡镇农业服务中心；人员编制 67 名。农业服务中心主要职能为：负责农业新科技、农机新机械的推广、应用，负责农机具的管理做好农业病虫害的防治；负责乡村企业的发展服务工作；负责畜牧、水产新技术的推广、应用，做好畜牧业疾病和传染病的防治；参与重大动物疫情的封锁、控制和扑灭工作以及动物疫病的免疫工作。

2004 年，乡镇农业机构共有 26 个，包括灵沙乡、渠口乡、通伏乡、头闸镇、宝丰镇、黄渠桥镇、崇岗镇、城关镇、高庄乡、姚伏镇、陶乐镇、红崖子乡、高仁乡 13 个乡镇农业服务中心，13 个畜牧兽医工作站。

农业服务中心主要职能：负责农业新科技、农机新机械的推广、应用；负责农机具的管理，做好农业病虫害的防治；负责乡村企业的发展服务工作。

畜牧兽医工作站主要职能：负责畜牧、水产新技术的推广、应用，做好畜牧业疾病和传染病的防治；参与重大动物疫情的封锁、控制和扑灭工作，以及动物疫病的免疫工作；负责疫情的监测和汇报，畜产品的安全监测、检疫；负责农民相关技术培训；为畜牧业产前、产中、产后提供有偿服务。

2007 年，乡镇农业机构共有 24 个，包括灵沙乡、渠口乡、通伏乡、头闸镇、宝丰镇、黄渠桥镇、崇岗镇、城关镇、高庄乡、姚伏镇、陶乐镇、红崖子乡、高仁乡 13 个乡镇农业服务中心，13 个畜牧兽医工作站；人员编制 95 名。具体职能与 2004 年的相同。

2008 年，乡镇农业机构数量、名称、职能与 2007 年的相同，人员编制 166 名。

（九）利通区乡镇农业机构与队伍

1996 年，乡镇农业机构共有 31 个，包括上桥乡、东塔寺乡、古城乡、早元乡、陈袁滩乡、板桥乡、金积镇、秦渠乡、马家湖乡、马莲渠乡、汉渠乡、杨马湖乡、高闸乡、金银滩镇、扁担沟乡、黄沙窝乡 16 个乡镇农业技术推广站，15 个畜牧兽医站；人员编制 148 名。

农业技术推广站主要职能：负责农业实验示范及技术推广工作。

畜牧兽医站主要职能：负责畜牧、水产新技术的推广、应用，做好畜牧业疾病和传染病的防治；参与重大动物疫情的封锁、控制和扑灭工作，以及动物疫病的免疫工作；负责疫情的监测和汇报，畜产品的安全监测、检疫；负责农民相关技术培训；为畜牧业产前、产中、产后提供有偿服务。

2000 年，乡镇农业机构共有 17 个，包括金星镇、金积镇、上桥乡、东塔寺乡、古城乡、早元乡、陈袁滩乡、板桥乡、秦渠乡、马家湖、马莲渠乡、汉渠乡、高闸乡、杨马湖乡、扁担沟乡、黄沙窝乡 17 个乡镇农业技术推广站，人员编制数量、职能与 1996 年的相同。

2003 年，乡镇农业机构共有 10 个，包括上桥街道、古城街道、金积镇、金银滩镇、高闸镇、扁担沟镇、东塔寺乡、板桥乡、马莲渠乡、郭家桥乡 10 个街道（乡镇）农经站；人员编制 70 名。

农经站主要职能：负责辖区内关键农业、农机新技术的示范、推广；负责辖区内农作物病虫害及农业灾害的预防和处置；负责辖区内农业机械的管理、维护；负责辖区内农民技术培训和技术指导；承办区农牧水务局交办的其他工作。

2005 年，乡镇农业机构共有 21 个，包括金积镇、板桥乡、金银滩镇、马莲渠乡、高闸镇、扁担沟镇、东塔寺乡、郭家桥乡、古城镇、上桥镇、孙家滩 11 个乡镇（农业开发区）的 10 个农业服务中心，11 个畜牧兽医站；人员编制 109 名。

农业服务中心主要职能：负责农业技术、农业机械技术推广工作。

畜牧兽医站主要职能：负责畜牧、水产新技术的推广、应用，做好畜牧业疾病和传染病的防治；参与重大动物疫情的封锁、控制和扑灭工作，以及动物疫病的免疫工作；负责疫情的监测和汇报，畜产品的安全监测、检疫；负责农民相关技术培训；为畜牧业产前、产中、产后提供有偿服务。

2010 年，乡镇农业机构共有 22 个，包括金积镇、板桥乡、金银滩镇、马莲渠乡、高闸镇、扁担沟镇、东塔寺乡、郭家桥先、古城镇、上桥镇、孙家滩 11 个乡镇（农业开发区）农业服务中心，11 个畜牧兽医站；人员编制 102 名。

农业服务中心主要职能：贯彻落实党和国家有关农业的方针、政策，制定本乡（镇）农技、农机工作年度计划与长远规划，并组织实施；负责本乡（镇）农技、农机、能源等方面的推广项目的立项、编报、设计、申报，并组织实施；负责本乡（镇）农技、农机新技术、新品种的引进与试验、示范和推广；落实农资、良种、农机购置补贴等工作；负责农民的培训工作；负责指导农村"三资"管理工作；承办主管部门交办的其他事项。

畜牧兽医站主要职能与 2005 年的相同。

（十）盐池县乡镇农业机构与队伍

1998 年，乡镇农业机构共有 8 个，包括花马池镇、大水坑镇、惠安堡镇、高沙窝镇、冯记沟乡、王乐井乡、青山乡、麻黄山乡 8 个乡镇畜牧兽医站；人员编制 54 名。

畜牧兽医站主要职能：贯彻执行国家、区、市、县有关畜牧兽医事业发展的方针政策和法律法规；负责本辖区内动物和动物产品检疫，动物疫病监测、预防、控制和扑灭工作；参与拟订本乡镇畜牧兽医技术推广计划，开展畜牧兽医社会化服务；指导、督促畜禽养殖户（场）落实重大动物疫病免疫等防控措施，做好养殖备案，养殖和免疫档案建立工作；负责动物免疫标识及有关证章等领取发放、使用管理工作；负责村级动物防疫人员的业务技术培训、指导和监管；负责乡镇畜牧兽医建设项目的申报和组织实施工作；完成上级业务部门交办的其他工作任务。

2004 年，乡镇农业机构数量、名称、职能与人员编制与 1998 年的相同。

2010 年，乡镇农业机构共有 16 个，包括花马池镇、大水坑镇、惠安堡镇、高沙窝镇、冯记沟乡、王乐井乡、青山乡、麻黄山乡 8 个乡镇畜牧兽医站，8 个农业服务中心；人员编制 134 名。

畜牧兽医站主要职能：贯彻执行国家、区、市、县有关畜牧兽医事业发展的方针政策和法律法规；负责本辖区内动物和动物产品检疫，动物疫病监测、预防、控制和扑灭工作；参与拟订本乡镇畜牧兽医技术推广计划，开展畜牧兽医社会化服务；指导、督促畜禽养殖户（场）落实重大动物疫病免疫等防控措施，做好养殖备案，养殖和免疫档案的建立工作；负责动物免疫标识及有关证章等领取发放、使用管理工作；负责村级动物防疫人员的业务技术培训、指导和监管；负责乡镇畜牧兽医建设项目的申报和组织实施工作；完成上级业务部门交办的其他工作任务。

农业服务中心主要职能：建立健全农业社会化服务体系，负责农业、设施农业、农业机械等方面的新品种、新技术的引进、示范和推广；负责农作物病虫害及农业灾害的预防和处置；负责农民技术培训工作；培育农机新机具作业示范户和专业户；负责发布科技信息、经济发展信息以及各种劳务用工信息，提供科技、信息服务；承办乡镇和上级业务主管部门交办的其他任务。

2020 年，乡镇农业机构数量、名称、职能与 2010 年的相同，人员编制 125 名。

（十一）同心县乡镇农业机构与队伍

2004 年，乡镇农业机构共有 20 个，包括豫海镇、河西镇、王团镇、韦州镇、预旺镇、下马关镇、丁塘镇、张家塬乡、田老庄乡、马高庄乡 10 个乡镇畜牧兽医站，10 个农林工作站；人员编制 126 名。

畜牧兽医站主要职能：负责畜牧技术推广和畜牧业资源保护工作；负责畜禽产品的监督检验工作；负责畜禽疾病测报、控制、防治和数据统计上报工作。

农林工作站主要职能为：负责农业新技术的示范、引导、推广及农作物病虫害预测、预报和防治工作；负责农业机械的检审验及农用车辆的挂牌工作；负责林业种植及管护工作；按照管理权限负责专项资金的管理和使用。

2006 年，乡镇农业机构共有 11 个，包括豫海镇、韦州镇、张家塬乡、田老庄乡、马高庄乡、兴隆乡、河西镇、丁塘镇、王团镇、下马关镇、预旺镇 11 个乡镇的 6 个农牧服务中心，5 个农业服务中心；人员编制 126 名。

农牧服务中心主要职能：负责畜牧技术推广和畜牧业资源保护，负责畜禽产品的监督检验；负责畜禽疾病测报、控制、防治和数据统计上报。

农业服务中心主要职能：负责农业新技术的示范、引导、推广及农作物病虫害预测、预报和防治工作；负责农业机械的检审验及农用车辆的挂牌工作；负责林业种植及管护工作；按照管理权限负责专项资金的管理和使用。

2019 年，乡镇农业机构共有 17 个，包括豫海镇、韦州镇、张家塬乡、田老庄乡、马高庄乡、兴隆乡、河西镇、丁塘镇、王团镇、下马关镇、预旺镇 11 个乡镇畜牧兽医工作站，6 个农业综合服务中心；人员编制 86 名。

畜牧兽医工作站主要职能：负责动物疫病防控、动物检疫、畜牧技术推广工作。

农业综合服务中心主要职能：负责农业新技术的示范、引导、推广及农作物病虫害预测、预报和防治工作；负责农业机械的检审验及农用车辆的挂牌工作；负责林业种植及管护工作；按照管理权限负责专项资金的管理和使用。

（十二）红寺堡区乡镇农业机构与队伍

2010 年，乡镇农业机构共有 8 个，包括太阳山镇、红寺堡镇、大河乡、南川乡 4 个乡镇农业服务中心，4 个畜牧兽医工作站；人员编制 32 名。

农业服务中心主要职能：贯彻落实党和国家有关农业的方针、政策，制订本乡（镇）农技、农机工作年度计划与长远规划并组织实施；负责本乡（镇）农技、农机、能源等工作推广项目的立项、编报、设计、申报，并组织实施；负责本乡（镇）农技、农机新技术、新品种的引进与试验、示范和推广；落实农资、良种、农机购置补贴等工作；负责农民的培训工作；负责指导农村"三资"管理工作；承办主管部门交办的其他事项。

畜牧兽医工作站主要职能：负责制订本乡（镇）畜牧兽医工作年度计划并组织实施；负责本乡（镇）动物产地检疫、出证工作，动物产品检疫工作和兽药、饲料及饲料添加剂的协调管理工作；负责本乡（镇）动物疫病的强制免疫和计划免疫的组织实施和动物疫情调查、监测、疫情报告工作，协助处置突发疫情；负责动物诊疗活动的监督管理，村级动物防疫员的业务培训、指导、监督、管理；指导、督促畜禽养殖户（场）落实重大动物疫病免疫等防控措施，做好养殖和免疫档案工作；负责本乡（镇）畜牧兽医技术推广、指导、服务，以及畜牧业生产情况、动物及动物产品的防疫检疫、疫情报表等统计上报工作；承办主管部门交办的其他事项。

2015 年，乡镇农业机构共有 10 个，包括太阳山镇、红寺堡镇、大河乡、南川乡、柳泉乡 5 个乡镇农业服务中心，5 个畜牧兽医工作站；人员编制 41 名。农业服务中心和畜牧兽医工作站主要职能均与 2010 年的相同。

2019 年，乡镇农业机构共有 10 个，包括太阳山镇、红寺堡镇、大河乡、柳泉乡、新庄集乡 5 个乡镇农业服务中心，5 个畜牧兽医工作站；人员编制 44 名。农业服务中心和畜牧兽医工作站主要职能均与 2010 年的相同。

（十三）原州区乡镇农业机构与队伍

1996 年，乡镇农业机构共有 50 个，包括黑城镇、七营镇、三营镇、什字路镇、大战场乡、大湾乡、甘城乡、高台乡、河川乡、红庄乡、黄铎堡乡、开城乡、马渠乡、南郊乡、彭堡乡、炭山乡、头营乡、西郊乡、杨郎乡、寨科乡、中河乡、张易乡、官厅乡、蒿店乡、程儿山乡 25 个乡镇畜牧工作站，25 个农科站；人员编制 111 名。

畜牧兽医站主要职能：负责对《中华人民共和国草原法》《中华人民共和国动物防疫法》《种畜禽管理条例》《饲料和饲料添加剂管理条例》《兽药管理条例》的贯彻落实；参与重大动物疫情的封锁、控制和扑灭工作，以及动物疫病的基础免疫工作；负责对动物强制性免疫、检疫、动物疫病的诊疗，负责疫情监测和预报，畜产品的安全监测、检测和检疫；负责主要畜禽良种的繁育和推广；负责农民的相关技术培训工作；为畜牧业产前、产中、产后提供有偿服务。

农科站主要职能：负责实施辖区内农业技术推广服务工作；做好田间记录，收集、整理农情日记、月记及总结等资料。

2001 年，乡镇农业机构共有 48 个，包括黑城镇、七营镇、三营镇、什字路镇、大湾乡、甘城乡、高台乡、河川乡、红庄乡、黄铎堡乡、开城乡、马渠乡、南郊乡、彭堡乡、炭山乡、头营乡、西郊乡、杨郎乡、寨科乡、中河乡、张易乡、官厅乡、蒿店乡、程儿山乡 24 个乡镇畜牧兽医站，24 个农技服务中心；人员编制 112 名。

畜牧兽医站主要职能：负责动物防疫、检疫工作；动物疫情监测工作；负责兽医诊疗工作；负责畜牧技术推广工作；负责兽药饮料监督检查工作；负责畜牧业生产业务统计工作。

农技服务中心主要职能：负责实施辖区内农业技术推广服务工作；做好田间记录，收集、整理农情日记、月记及总结等资料。

2003 年，乡镇农业机构共有 28 个，包括三营镇、七营镇、黑城镇、清河镇、开城镇、张易镇、彭堡镇、头营镇、中河乡、河川乡、官厅乡、甘城乡、炭山乡、寨科乡 14 个乡镇畜牧兽医站 14 个、农技服务中心 14 个；人员编制 93 名。畜牧兽医站和农技服务中心主要职能均与 2001 年的相同。

2006 年，乡镇农业机构共有 13 个，包括清河镇、开城镇、张易镇、彭堡镇、头营镇、三营镇、黑城镇、七营镇、炭山乡、寨科乡、河川乡、甘城乡、官厅乡 13 个乡镇农业服务中心；人员编制 83 名。农业服务中心主要职能与 2003 年农技服务中心主要职能相同。

2008 年，乡镇农业机构共有 21 个，包括三营镇、清河镇、开城镇、张易镇、彭堡镇、头营镇、中河乡、河川乡、官厅乡、炭山乡、寨科乡 11 个乡镇畜牧兽医站，10 个农业服务中心；人员编制 116 名。

畜牧兽医站主要职能：负责实施辖区内动物的基础免疫和强制工作；参与重大动物疫情的封锁、控制和扑灭；负责主要畜禽良种的繁育和推广；负责对村级防疫员的指导和管理。

农业服务中心主要职能与 2008 年的相同。

2017 年，乡镇农业机构数量、名称、职能与 2008 年的相同，人员编制 116 名。

2019 年，乡镇农业机构数量、名称、职能与 2008 年的相同，人员编制 93 名。

2020 年，乡镇农业机构数量、名称、职能与 2008 年的相同，人员编制 97 名。

（十四）西吉县乡镇农业机构与队伍

2012 年，乡镇农业机构共有 19 个，包括什字乡、田坪乡、白崖乡、偏城乡、平峰镇、新营乡、西滩乡、震湖乡、将台乡、马建乡、兴隆镇、吉强镇、马莲乡、沙沟乡、兴平乡、硝河乡、王民乡、红耀乡、火石寨乡 19 个乡镇农牧技术服务中心；人员编制 156 名。

农牧技术服务中心主要职能：负责辖区内关键农业、农机新技术的示范、推广工作；负责农作物新品种示范推广工作；负责农作物病虫害及农业灾害的预防和处置工作；负责国有大型农业机械的管理、维护工作；负责农民技术培训工作；负责实施辖区内动物的基础免疫和强制免疫工作；参与重大动物疫情的封锁、控制和扑灭；负责主要畜禽良种的繁育和推广工作；负责对村级防疫员的指导和管理工作。

2017年，乡镇农业机构数量、名称与2012年的相同，人员编制151名。农牧技术服务中心主要职能调整为：负责做好动物疫情月报、科技培训服务工作；受主管部门委托，严格执行市场准入制度，加强对所辖区蔬菜、水果、"三品"的监督管理；加强所辖区农药残留检测工作；将所辖区蔬菜批发市场、蔬菜超市、专销柜、专销区蔬菜纳入检测范围，定期检测各种蔬菜农药残留情况；负责辖区内动物疫病防治、黄牛改良、产地检疫、饲草料调制服务工作；负责全乡镇农牧业技术服务推广的其他服务工作。

（十五）隆德县乡镇农业机构与队伍

1996年，乡镇农业机构共有22个，包括城关镇、陈靳乡、山河乡、奠安乡、温堡乡、凤岭乡、沙塘镇、神林乡、联财镇、张程乡、杨河乡、观庄乡、好水乡13个乡镇畜牧兽医站，9个农科站；人员编制183名。

畜牧兽医站主要职能：负责畜牧技术推广和畜牧业资源保护工作；负责畜禽产品的监督检验工作；负责畜禽疾病测报、控制、防治和数据统计上报工作。

农科站主要职能：负责农业技术试验、示范、农机推广等工作。

2006年，乡镇农业机构共有22个，包括城关镇、陈靳乡、山河乡、奠安乡、温堡乡、凤岭乡、沙塘镇、神林乡、联财镇、张程乡、杨河乡、观庄乡、好水乡13个乡镇畜牧兽医站，9个农业科技服务中心；人员编制126名。

畜牧兽医工作站主要职能：宣传贯彻执行《中华人民共和国畜牧法》《中华人民共和国动物防疫法》《中华人民共和国重大动物疫情应急条例》等法律法规和政府有关发展畜牧业的方针、政策；负责辖区内畜禽品种改良、饲草料加工调制、动物程序化免疫、饲养管理、人工种草等畜牧兽医领域先进实用技术的推广服务；负责辖区内畜牧业生产情况的数据统计、收集、整理和上报工作；负责辖区内动物及其产品的产地检疫工作，执行市场准入制度；负责辖区内畜禽疫病疫情预报、监测等工作；负责畜牧业发展公益设施建设和服务工作；负责辖区内所有畜禽均为专业技术人员；负责对畜禽疾病的诊断和治疗工作；完成上级主管部门交办的其他工作。

农业科技服务中心主要职能：

农技岗位：宣传贯彻《中华人民共和国农业法》《中华人民共和国农业技术推广法》及有关发展农业科技和农业产业化的方针政策；参与制订农业技术推广计划并组织实施，向群众推广和普及农业科技；收集和传递科技信息，提供农业技术信息服务；根据需要组织好农业技术的专业培训，指导群众性农业科技组织和农民技术人员农业技术推广活动；从当地实际需要出发，引进当地需要的新技术、新成果、新经验，进行试验、示范和推广，并及时总结、推广本地的增产经验；搞好田间调查和农业技术推广的管理和服务工作，制订农业科技的试验、示范、推广计划和生产管理；做好病虫害测报，植物检疫和病、虫、草、鼠的综合防治；开展土壤普查，进行土壤肥力和肥料监测，提出土壤防治、改良和施肥配方建议；开展技术承包，做好产前、产中、产后系列化综合服务工作。

农机岗位：宣传贯彻《中华人民共和国农业机械化促进法》《中华人民共和国道路交通安全法》和有关农业机械管理的法律、法规、政策；引导农业机械产品的结构调整，提高农业机械化普及和应用水平，负责农业机构产品质量的监督管理工作；拟定农业机械作业规范和技术标准，负责农业机械作业质量监督和农业机械监督管理工作；负责办理农业机械的登记入户、建档和管理工作；组织农业机械驾驶操作人员的安全教育、技术培训、考试、发证和安全检验、审验工作；配合交管部门做好国、省、县道路农业机械及驾驶操作人员的违章查处工作和乡村道路、田间场院农业机械及驾驶操作人员的安全检查及事故处理；负责农业机械化技术的科技示范、技术推广和教育培训；负责农业机械数量、结构、使用效益的调查和统计工作；指导乡镇农机推广服务机构和农机作业服务组织开展农业机械社会化服务。

2020年，乡镇农业机构数量、人员编制与2006年的相同。兽医工作站名称和职能与2006年的相同。农业科技服务中心更改为农业综合服务中心，主要职能调整为：负责农业新技术的示范、引导、推广及农作物病虫害预测、预报和防治工作；负责农业机械的检审验及农用车辆的挂牌工作；负责林业种植及管护工作；按照管理权限负责专项资金的管理和使用。

（十六）泾源县乡镇农业机构与队伍

1997年，乡镇农业机构共有18个，包括东峡乡、白面镇、惠台乡、黄花乡、香水镇、新民乡、兴盛乡、园子乡、芦草洼吊庄开发区9个乡镇畜牧兽医站，9个农林工作站；人员编制54名。

畜牧兽医站主要职能：负责畜牧技术推广和畜牧业资源保护，负责畜禽产品的监督检验工作；负责畜禽疾病测报、控制、防治和数据统计上报工作。

农林工作站主要职能：负责农业新技术的示范、引导、推广及农作物病虫害预测、预报和防治工作；负责农业机械的检审验及农用车辆的挂牌工作；负责林业种植及管护工作；按照管理权限负责专项资金的管理和使用。

2002年，乡镇农业机构共有8个，包括东峡乡、惠台乡、黄花乡、泾河源镇、香水镇、新民乡、兴盛乡、园子乡8个乡镇农业科技服务中心；人员编制22名。

农业科技服务中心主要职能：面向农村、服务群众，贯彻执行农业、农村工作的各项方针政策；负责农业技术应用、示范、推广和服务工作；负责农业机械管理和安全生产工作；负责畜禽防疫、高效饲养技术推广等涉农工作；完成乡镇党委、政府交办的其他工作。

2007年，在新民乡、黄花乡、香水镇、新民乡、兴盛乡、大湾乡、泾河源镇7个乡镇设立畜牧兽医工作站；人员编制30名。

畜牧兽医工作站主要职能：负责对《中华人民共和国草原法》《中华人民共和国动物防疫法》《种畜禽管理条例》《饲料和饮料添加剂管理条例》《兽药管理条例》的贯彻落实；参与重大动物疫情的封锁、控制和扑灭工作，以及动物疫病的基础免疫工作；负责对动物强制性免疫、检疫、动物疫病的诊疗，负责疫情监测和预报，畜产品的安全监测、检测和检疫工作；负责主要畜禽良种的繁育和推广工作；负责农民相关技术培训工作；为畜牧业产前、产中、产后提供有偿服务。

2019年，乡镇农业机构共有7个，包括新民乡、黄花乡、香水镇、新民乡、兴盛乡、大湾乡、泾河源镇7个乡镇农业综合服务中心；人员编制72名。

农业综合服务中心主要职能：负责乡村振兴、农业、土地管理、地质灾害、农村土地征用和房屋拆迁、农林畜牧水产种植养殖及技术推广、林草管理、农田水利建设等方面的工作；负责农业产业化经营，农村合作经济组织建设工作，承担农业产业化示范引导，推进产业结构调整和农产品质量安全监管等工作；负责水利防汛、森林草原防火和地质灾害等自然灾害监测、预警和综合防治工作；负责做好辖区内自然资源管理工作；完成镇党委、政府交办的其他工作。

（十七）彭阳县乡镇农业机构与队伍

1997年，乡镇农业机构共有48个，包括白阳镇、古城镇、红河镇、王洼镇、新集乡、城阳乡、冯庄乡、孟塬乡、草庙乡、交岔乡、罗洼乡、小岔乡12个乡镇农业技术推广站，12个农业机械化管理站，12个农村合作经营经济管理站，12个畜牧兽医站；人员编制507名。

农业技术推广站主要职能：负责在本行政区域推广新技术、新产品，指导农民生产，增加农民收入、发展农业生产、振兴农村经济服务等工作。

农业机械化管理站主要职能：负责农机维修、管理工作；负责组织农机维修，人员职业技能培训、考核等工作。

农村合作经营经济管理站主要职能：负责规范村合作经济组织的财务制度和会计核算，强化村级"资产、资金、资源"三资管理；贯彻有关承包合同的法律、法规，办理承包合同的订立和签证，检查监督承包合同的履行，调解承包合同纠纷，提供承包合同的咨询服务等。

畜牧兽医站主要职能为：负责动物计划免疫、强制免疫的组织实施；负责实施动物和动物产品检疫，死亡动物、染疫动物及动物产品、污染物等无害化处理的实施、指导、监督等工作。

2007年，乡镇农业机构共有24个，包括白阳镇、古城镇、红河镇、王洼镇、新集乡、城阳乡、冯庄乡、孟塬乡、草庙乡、交岔乡、罗洼乡、小岔乡12个乡镇农业科技服务中心，12个乡镇兽医站。

农业科技服务中心主要职能：负责农业新技术的示范、引导、推广工作；负责农业机械推广服务等工作。

乡镇兽医站主要职能：负责乡镇动物养殖、动物防疫等具体工作。

2020年，乡镇农业机构共有12个，包括白阳镇、古城镇、红河镇、王洼镇、新集乡、城阳乡、冯庄乡、孟塬乡、草庙乡、交岔乡、罗洼乡、小岔乡12个乡镇农业综合服务中心。

农业综合服务中心主要职能：负责乡村振兴、农业、生态环境、土地管理、地质灾害、农村土地征用和房屋拆迁、农林畜牧养殖、林草管理、水利防汛等工作；负责农业产业化经营，农村合作经济组织建设，农业新技术推广应用等工作；负责自然灾害防治、监测、预警等防灾救灾减灾工作；完成党委、政府交办的其他任务。

（十八）沙坡头区乡镇农业机构与队伍

2004年，乡镇农业机构共有30个，包括文昌镇、滨河镇、迎水桥镇、东园镇、柔远镇、镇罗镇、宣和镇、永康镇、常乐镇、香山乡10个乡镇农村经济服务中心，10个农业技术服务中心，10个畜牧兽医服务中心；人员编制303名。

农村经济服务中心主要职能：负责农村经济发展的规划、村级财务的审计及财务公开、农民负担的监督工作；负责农业承包活动的监督管理工作。

农业技术服务中心主要职能：负责农、林、渔、乡镇企业等领域新技术、新品种、新产品、新机械、新工艺、新管理方法的引进、示范和推广工作；负责科技知识和实用技术的宣传、教育和普及工作；负责科技承包、科技服务、科技信息的服务管理工作；负责农业承包活动的监督管理工作。

畜牧兽医服务中心主要职能：负责辖区畜牧业发展总体规划的实施；负责畜牧业新品种的引进、推广，畜牧业生产经营信息的提供；负责畜禽的防病、治病，畜禽屠宰的防疫、监督管理；指导养殖园区的规模化、规范化建设。

2008年，乡镇农业机构共有33个，包括文昌镇、滨河镇、迎水桥镇、东园镇、柔远镇、镇罗镇、宣和镇、永康镇、常乐镇、香山乡、兴仁镇11个乡镇畜牧兽医技术服务站，11个农村经济服务站，11个农业技术服务站；人员编制298名。

畜牧兽医技术服务站主要职能与2004年畜牧兽医服务中心主要职能相同；农村经济服务站主要职能与农村经济服务中心主要职能相同；农业技术服务站主要职能与农业技术服务中心主要职能相同。

2017年，乡镇农业机构共有11个，包括文昌镇、滨河镇、迎水桥镇、东园镇、柔远镇、镇罗镇、宣和镇、永康镇、常乐镇、香山乡、兴仁镇11个乡镇科技推广服务中心；人员编制220名。

科技推广服务中心主要职能：负责国家农业、农村工作政策、扶贫政策的宣传、贯彻，制定乡镇农业发展规划、扶贫开发工作规划；负责种植业、农业机械、畜牧水产、水利、林业的管理工作；负责农业社会化服务体系建设，推动农村商品生产发展；负责监督检查农业、农村政策法规贯彻执行情况；负责农田建设、国土绿化、防汛抗旱、疾病防控、林地林权管理、扶贫开发等工作；负责扶贫项目的编制、申报、实施、监督、管理工作；负责开展各类科普宣传，做好各类科普服务工作。

（十九）中宁县乡镇农业机构与队伍

2004年，乡镇农业机构共有10个，包括宁安镇、新堡镇、白马乡、鸣沙镇、大战场镇、恩和镇、余丁乡、石空镇、舟塔乡、喊叫水乡10个乡镇畜牧兽医工作站；人员编制44名。

畜牧兽医工作站主要职能：参与重大动物疫情的封锁、控制和扑灭工作，以及动物疫病的基础免疫工作；负责动物强制性免疫、检疫，动物疫病的诊疗；负责疫情监测和预报，畜产品的安全监测、检测和检疫；负责主要畜禽良种的繁育和推广；负责农民相关技术培训；为畜牧业产前、产中、产后提供有偿服务。

2008年，乡镇农业机构共有16个，包括宁安镇、新堡镇、白马乡、鸣沙镇、大战场镇、恩和镇、余丁乡、石空镇、舟塔乡、喊叫水乡10个乡镇畜牧兽医工作站，6个农业综合服务中心；人员编制88名。

畜牧兽医工作站主要职能调整为：参与重大动物疫情的封锁、控制和扑灭；开展畜禽繁育、改良，畜禽优良品种推广工作；搞好本乡镇畜牧业的发展规划、计划、生产统计；负责辖区内各类养殖示范园、养殖专业户的技术服务、技术指导工作；开展饲草料的生产、加工利用和资源开发工作；进行草原建设和管理；负责对村级防疫员的指导和管理。

农业综合服务中心主要职能：负责关键农业、设施农业、硒砂瓜特色产业、农机新技术的示范、推广；负责农作物病虫害及农业灾害的预防和处置工作；负责农田作业机械的管理、维护工作；负责农民技术培训工作；负责培育农机新机具作业示范户和专业户工作。

2010年，徐套乡设1个畜牧兽医工作站，1个农业综合服务中心；人员编制6名。畜牧兽医工作站和农业综合服务中心主要职能均与2008年的相同。

2011年，乡镇农业机构共有11个，包括宁安镇、新堡镇、白马乡、鸣沙镇、大战场镇、恩和镇、余丁乡、石空镇、舟塔乡、喊叫水乡、徐套乡11个乡镇农牧服务中心；人员编制96名。

农牧服务中心主要职能：负责辖区种植业、设施农业、现代农业及特色农业技术的推广及新品种的推广、示范工作；负责辖区畜禽新技术、新品种的实验、示范、推广和畜牧建设及重大动物疫情监测、防控、上报及捕杀工作；负责肉制品检疫督查工作；负责禁牧封育、退耕还草、草原围栏防护、草原防火、草原执法工作；负责辖区"资产、资金、资源"三资管理、土地确权及流转服务工作；负责农业科技培训，农业综合执法工作。

2017年，太阳梁乡设立农牧服务中心1个，人员编制7名。农牧服务中心主要职能与2011年的相同。

2020年，乡镇农业机构共有24个，包括宁安镇、新堡镇、白马乡、鸣沙镇、大战场镇、恩和镇、余丁乡、石空镇、舟塔乡、喊叫水乡、徐套乡、太阳梁乡12个乡镇农业综合服务中心，12个畜牧兽医工作站；人员编制143名。

农业综合服务中心主要职能：负责制订农业、农村经济发展规划的年度计划，并组织实施；负责乡村振兴、农业、土地管理、地质灾害、农村土地征用和房屋拆迁、农林畜牧水产养殖、林草管理、农田水利建设、枸杞产业发展等方面的工作；负责承担农业产业化示范引导，推进产业结构调整和农产品质量安全监管等工作；负责防汛、森林草原防火和地质灾害等自然灾害监测、预警和综合防治工作；负责做好辖区自然资源管理工作。

畜牧兽医工作站主要职能：负责动物疫病防控、动物检疫、畜牧技术推广工作。

（二十）海原县乡镇农业机构与队伍

2002年，乡镇农业机构共有48个，包括海城镇、兴仁镇、李旺镇、高台乡、兴隆乡、贾塘乡、郑旗乡、树台乡、关桥乡、西安乡、李俊乡、史店乡、高崖乡、双河乡、徐套乡、盐池乡、曹洼乡、罗川乡、杨明乡、关庄乡、罗山乡、红羊乡、蒿川乡、九彩乡 24 个乡镇农业科技服务中心，24 个林业服务中心；人员编制 186 名。

农业科技服务中心主要职能：负责全乡镇农业技术推广、农业机械管理等工作。

林业服务中心主要职能：负责全乡镇植树造林和林木管护工作，畜牧兽医防治工作。

2008 年，乡镇农业机构共有 28 个，包括贾塘乡、西安镇、李旺镇、海城镇、关桥乡、高崖乡、郑旗乡、树台乡、红羊乡、李俊乡、九彩乡、史店乡、曹洼乡、关庄乡 14 个乡镇畜牧兽医工作站，14 个农业科技服务中心；人员编制 155 名。

畜牧兽医工作站主要职能：负责积极宣传畜牧政策法规及安全生产，承担畜牧兽医生产技术指导与技术培训，做好畜牧生产的调查、规划，疫情的监测和动物防疫工作。

农业科技服务中心主要职能：负责积极宣传农业政策法规及安全生产，负责农业新技术、新品种的引进、试验、示范及推广，提供生产指导、技术培训和咨询服务，承担农机技术推广管理、业务指导、技术培训和信息服务。

2020 年，乡镇农业机构共有 17 个，包括海城镇、李旺镇、西安镇、贾塘乡、关桥乡、高崖乡、郑旗乡、树台乡、红羊乡、史店乡、李俊乡、九彩乡、曹洼乡、甘城乡、关庄乡、三河镇、七营镇 17 个乡镇畜牧兽医站；人员编制 59 名。

畜牧兽医站主要职能：负责全县各乡镇畜牧兽医诊疗、动物疫病防控、畜牧技术推广、宣传等工作。

第四章

农业农村人物

■ 第一节　人物简介

一、自治区农业行政主管部门主要负责人

潘润清　1936年12月出生，甘肃靖远人，中共党员，专科学历。1954年8月参加工作，曾任西吉县审干办公室、文教科文卫部干事、秘书，西吉县人委办公室副主任，宁夏贫协、农办、农林局、革委会群工组学员、干事，宁夏贫协办公室副主任，中宁县委、革委会副书记、书记、县革命委员会副主任，宁夏回族自治区区直机关党委副书记，宁夏回族自治区党委农村工作部副部长。1984年10月至1998年6月任宁夏畜牧局党组书记、局长。

崔永庆　1940年12月出生，宁夏中卫人，中共党员，毕业于宁夏大学农学系，大学学历，高级农艺师。1962年7月参加工作。历任平罗县农机站、种子站技术员，农业局基地技术员、副主任，农业局副局长，平罗县委常委、副县长，平罗县委副书记、县长，自治区政府办公厅副主任、党组成员。1993年5月至2000年5月任自治区农业厅党组书记、厅长。

樊金明　1943年10月出生，宁夏中宁人，中共党员，毕业于吴忠师范中师班，中专学历，高级政工师。1963年参加工作。历任中宁县彰恩完全小学教师、校长，中宁中学教师，中宁县白马中学校长，中宁县"五七"大学副校长，中宁县教育局副局长，中宁县组织部副部长、部长，县委常委，中宁县委副书记、县长，中宁县委书记，银南地委副书记。1997年12月至1998年6月任宁夏畜牧局党组成员、副局长，1998年6月至2000年4月任宁夏畜牧局党组成员、副局长，主持畜牧局工作，2000年4月至2003年5月任自治区农牧厅党组副书记、副厅长，巡视员。

高万里　1946年3月出生，宁夏中卫人，中共党员，毕业于兰州大学，大学学历，高级农经师。1968年8月参加工作，历任中卫县委农工部副部长、中卫县长乐乡党委书记、中卫县委副书记，青铜峡市委副书记、市长，青铜峡市委书记，银南地委委员、吴忠市委书记，石嘴山市委常委、副市长。2000年5月至2006年2月任自治区农牧厅党组书记、厅长。

赵永彪　1952年10月出生，宁夏海原人，中共党员，高级经济师，毕业于中央党校，大学学历。1970年9月参加工作，历任海原县商业局团委书记，海原县饮食公司、食品公司、民族贸易总公司经理、总经理，海原县政府驻银川办事处主任，自治区粮食局黄河商厦副总经理、总经理，自治区粮食局宁丰集团党委书记、总经理、董事长，自治区粮食局党组成员、副局长，自治区粮食局党组书记、局长。2006年3月至2012年2月任自治区农牧厅党组书记、厅长，2012年2月至2013年1月任自治区农牧厅厅长。

张　柱　1968年1月出生，宁夏同心人，中共党员，农艺师，毕业于西北农业大学，中央党校研究生学历。1989年7月参加工作，历任自治区农业厅农业处副主任科员、办公室秘书科科长、办公室副主任，自治区农牧厅农经处处长。2006年12月至2007年8月任自治区农牧厅副巡视员，

2007 年 8 月至于 2009 年 1 月任自治区农牧厅党组成员、副厅长，2009 年 1 月至 2011 年 4 月任自治区农牧厅党组副书记、副厅长，2012 年 2 月至 2013 年 1 月任自治区农牧厅党组书记，2013 年 1 月至 2015 年 4 月任自治区农牧厅党组书记、厅长。后调往其他部门任职。

　　王文宇　1963 年 3 月出生，宁夏中宁人，中共党员，中教一级、政工师，毕业于宁夏大学，大学学历。1984 年 7 月参加工作，历任中宁县中学教师、中宁县政府办公室秘书、副主任科员、副主任，中宁县副县长，中宁县委常委、副县长，中宁县委副书记，中卫市政府秘书长、办公室主任，盐池县委副书记、副县长、代县长，盐池县委书记，固原市委常委、原州区委书记，中卫市委常委、海原县委书记，固原市委副书记、政法委书记、组织部部长，自治区林业厅厅长、党组书记。2015 年 4 月至 2018 年 10 月任自治区农牧厅党组书记、厅长。后调往其他部门任职。

　　王　刚　1969 年 9 月出生，宁夏同心人，中共党员，毕业于北京农业大学，研究生学历。1991 年 7 月参加工作，历任自治区畜牧局家畜改良站秘书，自治区畜牧局办公室秘书，自治区畜牧局人事劳动处科员、主任科员，自治区党委组织部农村组织处干部、主任科员、副处长，自治区党委组织部组织一处处长、干部三处处长、干部二处处长、办公室主任，自治区民政厅副厅长、党组成员，固原市委常委、组织部部长，固原市委副书记，固原市委副书记（正厅级），自治区政府副秘书长，自治区政府驻北京办事处主任、党组书记。2018 年 10 月至 2021 年 3 月任自治区党委农办主任，自治区农业农村厅党组书记、厅长。后调往其他部门任职。

二、自治区农业行政主管部门班子成员

　　1996 年 1 月 1 日至 2020 年 12 月 31 日，在自治区农业厅、自治区畜牧局、自治区农机化总公司、自治区农牧厅、自治区农业农村厅任职的班子成员，共计 58 人（表 20-4-1）。

表 20-4-1　自治区农业行政主管部门班子成员情况简介

姓名	性别	民族	籍贯	党派	职务	任职时间段	备注
田中人	男	蒙古族	内蒙古阿拉善左旗	中国共产党	副局长、党组成员	1984.11—1996.08 1996.08	退休
李盛荣	男	汉族	宁夏中卫	中国共产党	党组成员、副厅长，巡视员	1985.03—2004.01	退休
金泽安	男	汉族		中国共产党	党组成员、副厅长	1984.04—2000.05	
杨怀瑞	男	汉族	宁夏永宁	中国共产党	党组成员、副厅长	1995.03—2000.11 2000.11	退休
邹长润	男	汉族	宁夏永宁	中国共产党	助理巡视员	1996.07—1997.01	退休
刘卉	女	汉族	河北丰润	中国共产党	党组成员、副局长 党组成员、副厅长	1997.02—2000.05 2000.05—2006.03	
万力生	男	汉族	湖南衡阳	中国共产党	助理巡视员	1997.06—1999.10 1999.10	退休
郭秉晨	男	汉族	天津	中国共产党	党组成员、总农艺师 党组成员、副厅长、总农艺师 党组成员、副厅长	2002.10—2004.09 2004.09—2004.12 2006.01—2007.08	
王凌	男	满族	河南郑州	中国共产党	助理巡视员 党组成员、总农艺师 党组成员、副厅长	2004.09—2006.01 2006.01—2011.08 2011.08—2015.03	

（续）

姓名	性别	民族	籍贯	党派	职务	任职时间段	备注
马斌武	男	回族	宁夏银川	中国共产党	党组成员、副局长兼任劳人处长 党组成员、副局长	1991.06—1994.09 1994.09—1998.08 1998.08	退休
宋维善	男	汉族	陕西武功	中国共产党	党组成员纪检组长	1992.11—1999.06 1999.06	退休
杨林	男	汉族	陕西榆林	中国共产党	副局长、党组成员	1984.11—2006.01 2006.01	退休
张琪	男	汉族	陕西榆林	中国共产党	助理巡视员、副厅长	2001.01—2006.04 2006.04	退休
冯龙江	男	汉族	陕西大荔	中国共产党	纪检组长党组成员	1992.07—2000.11 2000.11	退休
陈运邦	男	汉族	河南	中国共产党	机关党委书记（副厅）	1985.09—2002.02 2002.02	退休
马永胜	男	回族	山东	中国共产党	助理巡视员	2000.08—2002.09 2002.09	退休
郭思加	男	汉族	山东潍坊	民盟	副局长	1991.04—2004.07 2004.07	退休
李志仁	男	汉族		中国共产党	党组成员、副厅长	2000.05—2004.01	
张俊民	男	汉族	陕西渭南	中国共产党	党组成员、纪检组长	2000.11—2009.01	
马继东	男	回族	宁夏平罗	中国共产党	党组成员、副厅长	2004.09—2008.03	
马明	男	回族	宁夏银川	中国共产党	党组成员、副厅长 党组副书记、副厅长 巡视员	2007.08—2011.08 2011.08—2012.02 2012.02—2018.10 2018.10	退休
徐玉山	男	汉族	宁夏中卫	中国共产党	副巡视员	2006.12—2010.01	
赵晓俊	男	回族	北京	中国共产党	副巡视员	2007.09—2010.01	
刘荣光	男	汉族		中国共产党	党组副书记、副厅长	2007.01—2007.05	
周东宁	男	汉族	宁夏中宁	中国共产党	党组成员、副厅长	2008.03—2012.08	
晁向阳	男	汉族	陕西扶风	中国共产党	党组成员、首席兽医师 党组成员、副厅长	2008.03—2017.02 2017.02—	
王喜元	男	汉族	陕西吴堡	中国共产党	党组成员、纪检组长	2008.12—2010.05	
韩学仁	男	汉族	宁夏银川	中国共产党	副巡视员	2009.12—2017.02	
孙瑛	女	回族	江苏苏州	中国共产党	党组成员、纪检组长	2010.05—2013.10	
宿文军	男	汉族	甘肃会宁	中国共产党	副巡视员 党组成员、总农艺师	2011.04—2012.01 2012.01—	
马新明	男	回族	宁夏银川	中国共产党	党组成员、副厅长 巡视员	2011.05—2019.06 2019.06—2019.09 2019.09	退休

（续）

姓名	性别	民族	籍贯	党派	职务	任职时间段	备注
周生俊	男	汉族	甘肃静宁	中国共产党	副巡视员	2012.08—2018.01	
金万宏	男	汉族	宁夏惠农	中国共产党	党组成员、副厅长	2013.07—2016.10	
杨金龙	男	回族	宁夏贺兰	中国共产党	农牧厅党组成员	2013.12—2017.01	
赖伟利	男	汉族	四川成都	中国共产党	党组成员、副厅长	2014.01—	
刘文斌	男	汉族	山西运城	中国共产党	党组成员、纪检组长	2014.03—2018.10	
杨明红	男	汉族	宁夏中宁	中国共产党	党组成员、副厅长	2015.03—	
王华	男	汉族	宁夏永宁	中国共产党	副巡视员	2015.12—2016.04	
孙国斌	男	汉族	宁夏平罗	中国共产党	副巡视员	2016.03—2016.08	
许学禄	男	满族	山西灵石	中国共产党	宁夏农业综合开发办公室主任	2016.11—	
罗晓瑜	男	汉族	湖南新化	中国共产党	党组成员、首席兽医师	2017.02—	
曹凯龙	男	汉族	宁夏海原	中国共产党	党组副书记、副厅长	2018.10—2022.12	
金韶琴	女	回族	宁夏永宁	中国共产党	巡视员	2018.10—2019.06	
					一级巡视员	2019.06—	
李辉	男	回族	宁夏同心	中国共产党	党组成员、纪检监察组组长	2018.10—	
罗全福	男	汉族	宁夏中卫	中国共产党	党组成员、副厅长	2018.10—	
王生林	男	回族	宁夏平罗	农工党	副厅长	2018.10—	
王宝庄	男	汉族	河北饶阳	中国共产党	副巡视员	2018.10—2019.06	
					二级巡视员	2019.06—	
虞景龙	男	汉族	山东莘县	中国共产党	副巡视员	2018.12—	
王洪波	男	汉族	宁夏银川	中国共产党	党组成员、总经济师	2019.09—	
外派挂职领导干部情况简介							
张林	男	汉族	四川泸州	中国共产党	党组成员、厅长助理	2000.06—2001.06	
袁建湘	男	汉族	湖南株洲	中国共产党	厅长助理	2002.10—2003.10	
刘开昌	男	汉族	山东章丘	中国共产党	党组成员、厅长助理	2004.10—2005.10	
杨章平	男	汉族	江苏扬州	中国共产党	党组成员、厅长助理	2005.09—2006.10	
罗绪刚	男	汉族	四川金堂	中国共产党	党组成员、副厅长	2006.10—2007.10	
孙东升	男	汉族	河南商水	中国共产党	党组成员、副厅长	2007.10—2008.09	
曹光乔	男	汉族	湖北宜昌	中国共产党	党组成员、厅长助理	2014.11—2015.11	
毛德志	男	汉族	湖北天门	中国共产党	党组成员、厅长助理	2015.12—2016.12	
邓先德	男	汉族	新疆阿勒泰	中国共产党	党组成员、厅长助理	2017.12—2018.12	

三、正高级专业技术人员

殷允相 1936年出生，江苏南京人，中共党员，农业技术推广研究员；1956年7月参加工作，先后在水利部北京勘查设计院、宁夏水电局、宁夏农业厅综合勘察队、宁夏农业厅综合勘察队化验室、宁夏农勘院银川土壤测试中心工作；历任化验室主任、测试中心主任；1997年从宁夏农业环境保护监测站退休，时任副站长；享受国务院特殊津贴；获宁夏科技进步奖二等奖1项、三等奖1项，获全国农牧渔业丰收奖三等奖1项；获农业部全国农业环保先进工作者称号1次。

蒙养学 1936年6月出生，陕西定边人，中共党员，农业技术推广研究员；1964年7月毕业于西北农学院，农机化专业，1964年9月参加工作，1996年12月退休；1964年9月至1981年10月先后在灵武县拖拉机站、灵武县农机修造厂、自治区农业机械化局修造厂工作；1981年10月调入自治区农业机械鉴定技术推广站（现自治区农业机械化技术推广站）工作，历任科长、副站长、站长；获全国农牧渔业丰收奖二等奖1项；1993年获国务院特殊津贴；1996年被评为全区科普先进工作者。

丁玉成 1936年12月出生，回族，宁夏平罗人，中共党员，农业技术推广研究员；1958年7月毕业于宁夏农校，植保专业，同年同月参加工作，2000年9月退休；工作期间，先后在固原农校，固原地区农科所、平罗县农技站、农业综合学校、科学技术委员会、农业技术研究室等单位工作，担任教师、科研人员、副站长、校长、主任等职务；1998年9月获宁夏回族自治区党委、政府颁发表彰的宁夏回族自治区成立40周年革命和建设事业突出贡献奖；2008年在宁夏回族自治区成立50周年时被宁夏回族自治区党委、人民政府表彰为自治区有突出贡献专家；1996年4月出版著作1篇，发表论文2篇；2016年7月2日去世。

左可友 1937年1月出生，湖南茶邱人，中共党员，农业技术推广研究员；1965年7月毕业于北京农业大学，园艺学专业，1963年9月参加工作，1997年12月退休；1995年1月至1997年1月任石嘴山市农业技术推广站党支部书记职务；获得自治区科技进步奖一等奖2项、二等奖1项，发表论文15篇，编写培训教材10余部；1993年享受国务院特殊津贴；被自治区党委授予"八五"期间全区农业先进个人奖。

杨明忠 1937年出生，浙江绍兴人，中共党员，教授级高级工程师；1961年8月毕业于舟山水产学院，水产养殖专业，1952年5月在上海当学徒工；1998年7月退休；1965年8月至1984年1月在自治区农业厅水产处工作；1984年1月调入自治区水产研究所工作，先后任副所长、所长兼党委书记；1991年3月调入自治区水产技术推广站工作，任站长，兼宁夏水产学会第四届理事会理事长、全国水产学会第六届理事会理事；主持多项科技项目，获自治区科技进步奖4次，农业科技推广成果奖2次；参编著作2部，发表论文20余篇；1990年12月，被农业部授予先进个人称号；1993年享受国务院政府特殊津贴；2008年11月获"自治区有突出贡献专家"荣誉证书。

郭祥寿 1937年9月出生，内蒙古人，中共党员，农业技术推广研究员；1958年毕业于内蒙古农学院，畜牧专业，同年8月参加工作，1997年9月退休；1958年在固原农业局工作；1959年调入固原农校任教；1962年调入海原畜牧站工作；1974年调入海原甘盐池种羊场工作；1980年调入盐池滩羊场工作；1983年调入宁夏农业学校任教；1985年调入宁夏畜牧工作站工作，任养羊科科长；主持国家级课题1项，自治区级课题3项，获自治区级科技进步奖4项，其中一等、二等、三等、四等将各1项，发表学术论文9篇，被农牧渔业部评为"全国羊改先进工作者"。

金　珏 1937年10月出生，浙江临海人，中共党员，研究馆员；1957年毕业于华东分院美术附中，1957年参加工作，1998年3月退休；1957年在浙江台州中心文化馆工作，任浙江临海桃渚文化站站长；1960年5月起，历任宁夏林业中学教师、宁夏农科院生物绘图员、农展馆副馆长，同时兼任宁夏美术家协会副主席、宁夏版画家协会主席等职；获中国农业博览会设计一等奖1项、二等奖1项、最佳设计装修奖1项；获全国农业综合开发成果展览设计二等奖，获全国治沙规划展—沙坡头规划模型设计造型二等奖，获全国首届林业名特优产品博览会设计三等奖；美术作品获省部级一等奖2幅，优秀奖1幅，二等奖3幅，三等奖7幅；获自治区劳动人事厅科学技术委员会颁发的特殊荣誉证书，获自治区人民政府颁发自治区突出贡献专家荣誉证书；享受国务院特殊津贴。

王充沛 1937年12月生，甘肃甘谷人，中共党员，农业技术推广研究员，毕业于甘肃农业大学，兽医专业，本科学历；1963年9月参加工作，1997年9月退休；先后在自治区农业厅畜牧局、自治区生物药厂、自治区兽医工作站工作，主要从事动物疫病防控工作；获自治区科技进步奖三等奖1项、四等奖1项；获农业部科技进步奖三等奖1项，国家教委科技进步二等奖1项；获全国优秀方志二等奖 1 项，参编著作 1 部，发表论文 7 篇。

杜守宇　1938 年 10 月生，宁夏中宁人，中共党员，农业技术推广研究员；1962 年毕业于宁夏农学院，农学专业；1962 年 8 月参加工作，2001 年 3 月退休；1962 年 7 月至 1992 年 4 月在固原县农技推广中心工作，任中心主任；1992 年 4 月至 2000 年 12 月在宁夏农技推广总站工作，历任副站长、站长、党支部书记；主持全区旱作农业技术试验示范推广项目；获全国农牧渔业丰收奖二等奖 4 项、三等奖 1 项；获宁夏科技进步奖一等奖 1 项、二等奖 2 项、三等奖 6 项；获国家星火科技三等奖 1 项，宁夏"金桥奖" 1 项；发表论文 40 余篇，主编和参与编写著作 6 部；1983 年获国家民委先进个人称号；1986 年被人事部评为中青年有突出贡献专家；1989 年获自治区先进工作者荣誉称号。

高文基　1938 年 11 月出生，河北高阳人，中共党员，农业技术推广研究员；1960 年 7 月毕业于宁夏大学，农学学士，1963 年 7 月参加工作，1998 年 11 月退休；1963 年 8 月至 1964 年 9 月在吴忠县草原站劳动锻炼；1964 年 9 月至 1970 年 8 月在简泉劳动农场工作；1970 年 8 月至 1984 年 4 月在自治区畜牧兽医总站工作；1984 年 4 月至 1985 年 6 月任自治区畜牧兽医总站猪禽科科长；1985 年 6 月至 1990 年 4 月任自治区畜牧局经营管理处副处长；1990 年 4 月至 1998 年 11 月任自治区兽药饲料监察所所长；获自治区科技进步奖二等奖 1 项、三等奖 2 项、星火科技三等奖 1 项；发表论文 9 篇。

唐昌茂　1938 年 12 月出生，重庆市潼南县人，中共党员，农业技术推广研究员；毕业于四川农学院兽医系；1962 年参加工作，1999 年 6 月退休；历任宁夏回族自治区兽医工作站副站长、中国畜牧兽医学会兽医学分会第四届理事会理事、西北地区中兽医学术研究会第四届理事会副理事长、宁夏畜牧兽医学会常务理事；共发表论文 8 篇，获自治区科技进步奖三等奖 2 项，四等奖 2 项；获西北地区中兽医学术研究会颁发的中兽医科技先进工作者荣誉证书。

林金火　1939 年 10 月出生，福建仙游人，中共党员，农业技术推广研究员；1959 年 7 月毕业于集美水产学校，养殖专业，分配到全国水产部工作；1962 年 7 月为支援边疆建设，调到宁夏农业厅水产试验场工作；1969 年 11 月调入宁夏农业厅水产处工作；1983 年 12 月调入宁夏水产技术推广站工作，担任副站长；1999 年 12 月退休；先后主持制定、组织实施项目课题 13 项，获得全国农牧渔业丰收奖一等奖 1 项、二等奖 1 项，获得自治区科技进步奖二等奖 1 项、三等奖 2 项；撰写出版专著 2 部，发表论文 8 篇；1993 年享受国务院特殊津贴；2008 年获自治区党委颁发有突出贡献专家荣誉证书。

潘清炘　1939 年 11 月出生，湖北沙市人，农业技术推广研究员，毕业于宁夏农学院农学系，农学专业；1964 年 9 月参加工作；1999 年 11 月退休；先后在宁夏农科院农作物研究所、自治区种子公司、自治区种子管理站工作。获自治区科技进步奖二等奖 1 项；1995 年获国务院特殊津贴。

杨希贤　1940 年 1 月出生，宁夏平罗人，中共党员，研究馆员；1964 年 8 月毕业于宁夏大学，畜牧专业；1965 年 9 月参加工作；2002 年 1 月退休；1965 年在自治区畜牧处工作；1983 年在农牧厅科教处工作，任副处长；1985 年在自治区农业展览馆工作，任馆长；获自治区科技进步奖四等奖 1 项。编著科普著作 1 部。

季希明　1940 年 3 月出生，江苏盐城人，中共党员，农业技术推广研究员；1965 年毕业于北京农业大学，农学专业；1965 年 8 月参加工作；2001 年 4 月退休；1968 年 9 月至 1971 年 1 月任中国农科院土肥所技术员；1971 年 2 月至 1980 年 1 月任宁夏区农业局农技推广站土壤肥料工作站干事；1984 年 2 月至 2001 年 3 月任宁夏农业技术推广总站副站长；主持宁夏测土配方施肥技术、宁夏耕地地力评价技术、宁夏土壤调查研究等课题，获全国农牧渔业丰收奖二等奖 1 项；获自治区科技进步奖一等奖 1 项、二等奖 2 项、三等奖 1 项；主编及参与编写著作 2 部。

邓如桂　女，1940 年 7 月生，甘肃临洮人，民盟盟员，农业技术推广研究员，青海农牧学院兽医专业毕业，本科学历；1962 年 8 月参加工作；2001 年 2 月退休；先后在宁夏畜牧局、宁夏动物检疫站工作，发表论文 30 余篇；1988 年获自治区科技进步奖四等奖；1996 年获自治区科技进步奖三等奖；1999 年获自治区先进工作者称号。

伍尚贤 1940 年 10 月出生，宁夏永宁人，农业技术推广研究员；1963 年 7 月毕业于宁夏大学农学系，同年 8 月参加工作；1979 年 2 月加入中国共产党，2001 年 8 月从自治区农牧厅项目办公室退休；先后就职于固原行署农业局、固原地区电厂、固原地区农机局、永宁县李俊公社、永宁县农技站、永宁县科委、永宁县农业局、宁夏农业厅农业处、项目办等单位；历任副局长，局长，副处长、副主任、主任；参与主持多项省部级项目；获农业部科技进步奖 1 项，全国农牧渔业丰收奖 1 项，自治区科技进步奖 5 项，自治区先进工作者 3 次，1996 年记二等功 1 次；2019 年 3 月逝世。

谭光兆 1940 年 11 月出生，重庆万县人，中共党员，农业技术推广研究员；1964 年毕业于四川农学院，畜牧专业，同年 8 月参加工作，2001 年 3 月退休；1964 年 8 月在四川农学院任教，1975 年调入宁夏农业技术推广站工作，1979 年调入宁夏区畜牧局，历任养羊科科长、副站长；主持、参与国家级项目 2 个，自治区课题 3 项，参与中国教育协会项目 1 个；获全国农牧渔业丰收奖一等奖 1 项、二等奖 1 项；获自治区科技进步奖二等奖 1 项、三等奖 2 项；获中国教育协会三等奖 1 项，主编著作 2 部，参编著作 1 部，发表论文 9 篇。

敬明森 1941 年 1 月出生，四川省三台县人，中共党员，农业技术推广研究员；毕业于北京农业机械化学院，农田水利专业；1965 年 8 月参加工作，2001 年 6 月退休；1965 起在宁夏农业勘查设计院工作，历任副院长，总工程师；参与国家自治区级项目 10 多项，获自治区级以上奖项多项，发表论文 30 篇，合著 5 部。

陶家声 1941 年 6 月出生，湖北新洲人，中共党员，农业技术推广研究员；毕业于中山大学化学系；1968 年参加工作，2002 年 12 月退休；1968 年至 1978 年在青铜峡铝厂当工人，1978 年至 1981 年在宁夏化工研究所任技术员，1981 年至 2002 年在宁夏农业勘查设计院任副总工程师；主持自治区级项目 7 个，获自治区科技进步奖 1 项，农业部工程咨询奖 1 项，发表论文 13 篇。

司衍秀 女，1941 年 9 月出生，山西屯留人，农业技术推广研究员；1965 年毕业于宁夏大学畜牧系，同年 8 月参加工作，2001 年 9 月退休；1965 年分配到宁夏回族自治区畜牧局工作；获自治区科学技术进步奖一等奖和二等奖各 1 项、三等奖 2 项，发表论文 10 篇，制定地方标准 1 个；1989 年被农业部评为推广青贮饲料先进工作者。

马玉秀 女，1941 年 11 月出生，回族，宁夏西吉人，中共党员，农业技术推广研究员；1964 年 7 月毕业于宁夏大学畜牧系，1964 年 8 月参加工作，1999 年 12 月退休；1964 年在宁夏回族自治区畜牧局实习，1965 年调入同心县畜牧局工作，1974 年调入宁夏回族自治区畜牧局工作，1976 年调入宁夏畜牧工作站工作；历任猪禽科科长、副站长；先后担任自治区青年联合会常委、中国家禽业协会理事、秘书长，中国蜂业协会副理事长；主持自治区级课题 2 项，获全国农牧渔业丰收奖三等奖 1 项，获自治区科技进步奖二等奖 1 项、四等奖 1 项，发表论文 57 篇。

李慧英 女，1941 年 12 月出生，甘肃镇原人，中共党员，农业技术推广研究员；1966 年 7 月毕业于甘肃农业大学，畜牧专业，同年 9 月参加工作，2001 年 12 月退休；1966 年在宁夏回族自治区农科所工作，1973 年调入石嘴山市大武口区，历任人大常委会办公室主任、党委常委兼党委办公室主任；1985 年调入宁夏畜牧工作站；主持自治区课题 1 项，获全国农牧渔业丰收奖二等奖 3 项；1993 年享受国务院政府特殊津贴。

马成礼 1942 年 6 月出生，回族，宁夏西吉人，中共党员，农业技术推广研究员；1965 年 7 月毕业于宁夏大学，农学学士，1965 年 7 月参加工作，2002 年 6 月退休；1965 年 9 月至 1974 年 4 月在西吉县畜牧站工作；1974 年 4 月至 1978 年 9 月在自治区农林局畜牧处工作；1978 年 9 月至 1991 年 3 月在自治区畜牧局、畜牧站工作，任政办室主任；1991 年 3 月至 2002 年 6 月任自治区兽药饲料监察所副所长；获自治区科技进步奖三等奖 1 项、四等奖 1 项；发表论文 7 篇。

孔芳龄 女，1943 年 3 月出生，甘肃兰州人，中共党员，农业技术推广研究员；1967 年 7 月参加工作，2002 年 3 月退休；毕业于甘肃农业大学兽医系；先后在甘肃省华池县兽医站、宁夏畜牧局兽医处、宁夏兽医工作站工作，主要从事动物疫病防控工作；发表论文 1 篇；获农牧渔业部科技进步奖三等奖 1 项、自治区科技进步奖三等奖 1 项。

李进一 1943 年 11 月出生，宁夏永宁人，中共党员，农业技术推广研究员；1967 年毕业于宁夏农学院，作物栽培专业；1967 年 6 月参加工作，2003 年 12 月退休；1967 年 7 月至 1972 年 4 月在宁夏回族自治区革委会专案审查小组工作；1972 年 4 月至 2003 年 11 月在宁夏农业技术推广总站工作；主持、参与水稻薄膜保温卷秧育苗、水稻冷害研究与防御措施、作物高产栽培技术等项目研究；获全国农牧渔业丰收奖一等奖 1 项、二等奖 1 项；获自治区科技进步奖二等奖 2 项、三等奖 1 项。

刘丰乐 1943 年 12 月出生，宁夏平罗人，中共党员，农业技术推广研究员；1968 年 7 月毕业于宁夏大学，畜牧专业，同年同月参加工作，2004 年 3 月退休；工作期间，先后在平罗县畜牧站、农牧场、畜牧技术推广中心等单位工作，担任专业技术干部、站长、副主任等职务；获全国农牧渔业丰收奖一等奖 1 项、二等奖 8 项；获自治区科技进步奖一等奖和三等奖各 1 项，发表论文 5 篇。

岳克俭 1944 年 1 月出生，宁夏吴忠人，中共党员，农业技术推广研究员；1967 年 7 月毕业于宁夏大学农学系，1967 年 7 月参加工作，2005 年 2 月退休；1967 年 7 月至 1972 年 4 月在自治区革委会工作；1972 年 4 月至 1978 年 9 月在自治区农业局推广站工作；1978 年 9 月至 1991 年 12 月在自治区种子公司工作，历任副科长、副主任、主任；1991 年 12 月至 2005 年 2 月在自治区农牧厅项目办公室工作，任副主任；参与实施多项国家级和自治区级项目；主持制定 60 多个种子标准；获自治区科技进步奖一等奖 1 项、自治区科技进步奖四等奖 1 项，发表论文 5 篇。

姜黛珠 女，1944 年 4 月生，北京市人，中共党员，农业技术推广研究员；1967 年毕业于北京农业大学，园艺系蔬菜专业；1967 年 7 月参加工作，2001 年 9 月退休；1967 年 7 月至 1970 年 3 月在宁夏军区独立师农场劳动锻炼；1970 年 3 月至 1972 年 3 月在宁夏灵武县革委会待分配；1972 年 3 月至 1982 年 10 月年任宁夏灵武县一中、二中教师；1982 年 10 月至 1986 年 5 月任宁夏灵武县农业局园艺技术推广站、农业技术推广站技术干部；1986 年 5 月至 2001 年 9 月在宁夏农业技术推广总站工作，历任副科长、科长、副站长；获国家和省部级科技进步奖一、二等奖 7 项；获国务院特殊津贴；获自治区十大科技明星、全国三八红旗手、巾帼建功标兵、全国先进工作者、自治区先进工作者、自治区"科技金桥奖"等称号和奖励；2009 年获"100 位为宁夏建设做出突出贡献英雄模范"称号。

邵同俭 1944 年 8 月生，安徽蚌埠人，中共党员，农业技术推广研究员；1966 年 7 月毕业于安徽农学院，畜牧专业，同年 8 月在安徽农学院参加工作，1968 年调入宁夏海原甘盐池种羊场工作，1976 年调入宁夏家畜改良站，任副站长，1986 年调入宁夏畜牧工作站，任科长，1991 年调入宁夏畜牧局科教处，任科教处副处长，1994 年调入宁夏畜牧工作站，任站长；主持参与国家级项目 2 个、自治区级课题 7 项，主持制定地方标准 2 个；获全国农牧渔业丰收奖一等奖 1 项、二等奖 3 项、三等奖 3 项，获自治区科技进步奖二等奖 3 项、三等奖 1 项，主编著作 3 部，发表论文 10 篇；被农业部评为先进工作者、全国黄牛改良先进工作者；被中国畜牧兽医学会授予荣誉奖，评为自治区优秀科技工作者；1997 年享受国务院特殊津贴；2002 年 8 月逝世。

张维智 1944 年 11 月出生，宁夏隆德人，农业技术推广研究员；1967 年 7 月毕业于宁夏大学农学系，1967 年 7 月参加工作，2013 年 2 月退休；先后在自治区种子公司、自治区农业厅农业处、自治区种子管理站工作；历任自治区农业厅农业处副处长、自治区种子公司副经理，种子管理站站长；主持、参与多项自治区项目，获自治区科技进步奖二等奖 1 项，三等奖 1 项、四等奖 1 项；参与编写多项检验技术标准和管理文件；获全国产品质量监督检验先进工作者称号。

席全忠 1944 年 12 月出生，宁夏青铜峡人，中共党员，农业技术推广研究员；1961 年 7 月毕业于宁夏永宁农校，同年 7 月参加工作；先后在解放军总后贺兰山军马场、区种子公司、宁夏平罗糖厂、宁夏农业勘察设计院工作，2005 年 12 月在宁夏农业环境保护监测站退休；历任军马场副队长、宁夏平罗糖厂办公室主任、宁夏农业环境保护监测站科长职务；参与主持了宁夏农业环保条例起草修改，2 篇论文被中国农业生态环保协会评为优秀论文；1992 年 2 月被农业部环能司评为全国农畜产品质量调查先进工作者；2018 年 10 月逝世。

陈义忠 1945年1月出生，宁夏贺兰县人，中共党员，农业技术推广研究员；1970年毕业于宁夏大学畜牧系，1970年参加工作，2005年退休；1970—1974年在贺兰县任中学教师；1974—2005年在自治区畜牧局草原处自治区草原工作站工作，历任副站长、站长；主持国家级项目5个，自治区级项目多个；获自治区科技进步奖一等奖1项，二等奖1项，四等奖1项；参与编写著作2部，发表论文4篇；获农业部草场资源调查先进个人。

邵全喜 1945年1月出生，宁夏平罗人，中共党员，农业技术推广研究员；1969年7月毕业于宁夏大学畜牧系，同年同月参加工作，2005年1月退休；长期致力于农业技术推广服务工作，退休前为原陶乐县畜牧局副局长；获全国农牧渔业丰收奖二等奖1项，获自治区科技进步奖三等奖1项，发表论文3篇。

雷升天 1945年9月出生，宁夏惠农人，农业技术推广研究员；1968年毕业于宁夏大学，畜牧专业，同年7月参加工作，2005年6月退休；1968年在永宁县望洪畜牧站工作，1974年调入永宁县畜牧站工作，1986年调入宁夏畜牧工作站工作；主持参与自治区级课题6项；获全国农牧渔业丰收奖三等奖2项，自治区星火科技三等奖1项，主编著作2部，参编著作7部。

徐彦云 1945年12月出生，宁夏平罗人，中共党员，农业技术推广研究员；1968年7月毕业于宁夏大学，畜牧专业，同年8月参加工作，2006年1月退休；1968年分配到固原宁夏林建三师马东山畜牧连工作，1971年调入师部工作，1973年调入固原市农业局工作，任畜牧站站长，1988年12月调入宁夏畜牧局畜牧站；获全国农牧渔业丰收奖二等奖2项，发表论文3篇。

徐文忠 1946年5月出生，山西朔州人，中共党员，农业技术推广研究员；1968年毕业于宁夏大学，农学系作物栽培专业；1968年7月参加工作，2006年7月退休；1968年7月至1976年3月在海原西安中学任教；1976年3月至2006年6月在宁夏农业技术推广总站工作，历任副科长、科长、总农艺师；主持参与宁夏农作物害虫天敌资源调查，内蒙古阿拉善荒漠草原新害虫沙蒿金叶甲的研究，宁南山区脱毒马铃薯繁育与推广等项目；获省部级科技成果奖5项，参与编写著作2部。

田玉平 1947年2月出生，宁夏中宁人，中共党员，农业技术推广研究员；北京农业大学兽医专业毕业，大专学历；1967年8月参加工作，2007年7月退休；历任自治区动物检疫站检疫科科长、副站长、站长；主持或参与完成多项农业科技研究与推广项目，先后获得自治区科技进步奖二等奖1项、三等奖2项、四等奖1项；主编出版专著3部；获农牧渔业部"全国畜牧兽医事业显著贡献金牌奖"。先后被特聘为专家服务团首批专家、宁夏农业科技"110"农业专家（并任专家组组长）、宁夏三农呼叫中心农业专家；2008年，被中国科协评为全国农村科普工作先进个人；2011年，被自治区人民政府评为全区科普工作先进个人。

曹炳文 1947年4月出生，宁夏平罗人，中共党员，农业技术推广研究员；毕业于宁夏农业机械化学校，1968年12月参加工作，2007年4月退休。1968年12月至1980年9月在宁夏盐池县城郊公社工作；1980年9月至1983年2月在盐池县农机局工作；1983年3月至1991年7月在盐池县农机管理站、农业局工作，历任站长、副局长、局长；1991年7月至1992年9月在自治区农业厅工作；1992年9月至2007年4月在宁夏农机安全监理总站工作，历任副站长、站长；主持和参加农机化科研项目13个；参与编著著作4部。2009年10月荣获农业部"新中国成立60周年农机安全监理功勋人物"；1998年获自治区人民政府"二五普法先进个人"称号。

王明理 1947年4月出生，宁夏平罗人，中共党员，农业技术推广研究员；毕业于宁夏农学院，畜牧兽医系兽医专业，1968年11月参加工作，2007年4月退休；长期从事农业技术推广服务工作，先后在平罗县二闸乡畜牧兽医工作站、县畜牧技术推广中心等单位工作；获全国农牧渔业丰收奖二等奖1项、三等奖1项；研究成果《介绍一种混合青贮的新方法》为我国"九五"期间优秀科技成果，在《中国"九五"科学技术成果选》（第二卷）予以公布；发表论文14篇。

王文秀 1948年1月出生，宁夏平罗人，农业技术推广研究员；1982年1月毕业于宁夏农学院，兽医专业，本科学历，同年同月参加工作，2008年1月退休；长期从事农业技术推广服务工作，先后在平罗县畜牧技术推广中心、动物疾病预防控制中心等单位工作；获全国农牧渔业丰收奖二等奖1项，先后发表论文4篇。

田国民　1948年8月出生，宁夏平罗人，中共党员，农业技术推广研究员；1982年7月毕业于宁夏农学院，畜牧专业，1968年10月参加工作，2008年8月退休；先后在平罗县前进乡新民五队下乡插队，在奶牛场、农牧场、县畜牧技术推广中心等单位工作，任技术员、场长、办公室主任、站长等职务；获全国农牧渔业丰收奖一等奖1项、二等奖2项、三等奖1项，合著出版著作7部，独著1部，发表论文2篇。

王兴邦　1949年3月出生，宁夏永宁县人，中共党员，农业技术推广研究员；1966年毕业于宁夏永宁农校，植物保护专业；1966年7月参加工作，2009年2月退休。1966年7月至1986年11月在永宁县农技站、农技推广中心工作，任中心主任；1986年12月至2000年12月在宁夏农业技术推广总站工作，历任科长、副站长；2001年1月至2008年10月在宁夏种子公司工作，任经理；2008年10月至2009年3月在宁夏农业技术推广总站工作；主持并参与农作物病虫害预报、防治及杂草分布调查等农业技术研究推广项目；获国家科学技术进步奖二等奖1项，自治区科技进步奖一等奖1项，三等奖3项，自治区星火科技三等奖2项；1998年获国务院特殊津贴。

张国才　1949年6月出生，宁夏中宁人，农业技术推广研究员，毕业于宁夏农学院，兽医专业；1960年8月参加工作，2004年8月退休；先后在贺兰山军马场、宁夏兽医工作站工作，从事兽医技术推广科研工作，是自治区寄生虫学科带头人之一；先后主持或参加完成自治区重点科研攻关课题10余项，获自治区科技进步奖二等奖1项、三等奖3项；参与编写《宁夏畜禽疫病调查研究及疫病志》，并获自治区科技进步奖三等奖及国家新编地方志二等奖；撰写和发表科研论文、调查报告30余篇。

崔　伟　1949年6月出生，甘肃静宁人，中共党员，农业技术推广研究员；1982年7月毕业于宁夏农学院，农学专业，1977年9月参加工作，2009年6月退休；获全国农牧渔业丰收奖一等奖5项，发表论文11篇。

马利华　女，1950年12月出生，回族，宁夏泾源人，无党派人士，农业技术推广研究员；1977年毕业于西安交通大学，机械系金相专业，1968年10月参加工作，2014年4月退休；1968年至1969年在隆德县神林公社插队（知青）；1969年至1974年在固原地区拖拉机配件厂当工人；1974年在西安交通大学上大学；1978—2006年在宁夏农机鉴定技术推广站工作，历任副主任、主任、副站长；2006年至2009年任农牧厅生态办副主任；2010年至2014年在农村能源站工作；历任区政协七届委员、八届常委、兴庆区二届人大代表、银川市十三届人大代表；2011年受聘为自治区人民政府参事；获全国农牧渔业丰收奖二等奖1项、三等奖1项；获自治区科技进步奖三等奖1项；发表论文17篇，获参事优秀论文奖1篇，合著英文版专业论文1篇。

赵子龙　1951年11月出生，内蒙古包头人，中共党员，农业技术推广研究员；毕业于天津大学自动化系，仪表专业，1968年12月参加工作，2011年11月退休；1972年至1975年在天津大学学习；1975年至1985年在宁夏农机研究所工作；1985年至1998年在宁夏农业机械鉴定技术推广站工作，任副站长；1998年至2011年在宁夏农机安全监理总站工作，任副站长；主持农业部农业丰收计划项目2个；获全国农牧渔业丰收奖三等奖2项。

杜有亮　1952年4月出生，宁夏中宁人，中共党员，农业技术推广研究员；1976年9月毕业于宁夏农学院，牧医系兽医专业；1976年9月参加工作，2012年4月退休。先后在中宁县畜牧兽医站、草原工作站、畜牧局、农牧局等单位工作，历任副站长、站长、副局长、书记等职务。获全国农牧渔业丰收二等奖1项、三等奖1项，自治区科技进步奖一等奖2项、二等奖1项、三等奖1项。发表论文5篇，主编和参与编写著作11部。获自治区畜牧工作先进工作者、自治区科技承包先进个人、自治区草业先进工作者等称号。

张文升　1952年11月出生，宁夏银川人，中共党员，农业技术推广研究员；1976年8月毕业于宁夏农学院畜牧兽医系，兽医专业，1969年3月参加工作，2012年11月退休；长期从事专业技术推广服务工作，先后在贺兰县立岗兽医站、畜牧兽医站、良种繁殖场，银川市畜牧兽医站等单位工作；出版著作7部、发表论文20余篇。

殷正勤 1952年11月出生，宁夏贺兰人，中共党员，农业技术推广研究员；1977年7月毕业于宁夏农学院，农学专业，同年同月参加工作，2012年11月退休；工作期间，先后在贺兰县农业技术推广站、良种繁殖场、农业技术推广服务中心、科学技术局、农牧局等单位工作，担任专业技术干部、副场长、副主任、主任、局长、总农艺师等职务；获得全国农牧渔业丰收奖2项、自治区科技进步奖2项；2020年被自治区党委老干部局表彰为"自治区离退休干部先进个人"；2020年被中国关心下一代工作委员会、中央精神文明建设指导委员会办公室表彰为"全国关心下一代工作先进工作者"；出版著作1部，发表论文6篇。

张廷柱 1953年2月出生，宁夏永宁人，中共党员，农业技术推广研究员；毕业于宁夏农学院园林系，园林专业，1974年11月参加工作，2013年2月退休；先后在贺兰县园林场、自治区农业厅综合勘察队、农业技术推广总站、陶林园艺试验场、自治区种子管理站工作，历任陶林园艺试验场副场长、种子管理站副站长；主持参与红富士苹果在宁夏引种栽培及推广等课题，获自治区科技进步奖三等奖3项、四等奖2项；参与编写《宁夏小杂粮》工作。

王洪兴 1953年3月出生，辽宁省辽阳县人，中共党员，农业技术推广研究员；1970年9月参加工作，1978年7月毕业于吉林工业大学，农机专业，2013年3月退休；1970年9月至1975年9月在石嘴山市农机修造厂工作；1975年9月至1978年7月在吉林工业大学农机专业学习；1978年8月起在自治区农机鉴定技术推广站、自治区农业机械化技术推广站工作，历任副科长、科长、副站长、站长职务；主持参与国家级项目2个，自治区科技攻关项目5个，获国家科学技术进步奖二等奖1项、农机节能技术推广优秀奖1项、全国农牧渔业丰收奖三等奖2项、自治区科技进步奖三等奖1项；获批技术专利8项，发表论文20余篇；获国家质量技术监督局标准化先进工作者、全国农业科技年活动先进工作者、自治区党委组织部专家服务团先进个人、"新中国成立60年百名三农模范"称号；享受自治区人民政府特殊津贴。

杨 平 1953年9月出生，宁夏盐池县人，中共党员，农业技术推广研究员；1978年毕业于甘肃农业大学，草原专业，1978年1月参加工作，2013年9月退休；1978年1月至1985年7月在盐池县草原站工作；1985年7月至1992年6月在盐池县畜牧局工作，任副局长，兼任盐池县治沙办副主任；1992年6月至1996年7月任宁夏盐池滩羊选育场副场长；1996年7月至2013年9月任自治区草原工作站副站长，其中2009年12月至2013年9月兼任宁夏农业科教仪器物资有限公司支部书记；主持自治区级重点课题3项；获自治区科技进步奖二等奖1项，三等奖1项，四等奖1项；参与编写著作5部，发表论文11篇。

卢占江 1953年10月出生，宁夏同心人，中共党员，农业技术推广研究员；1978年1月毕业于甘肃农业大学，草原专业，1978年1月参加工作，2013年11月退休；1978年1月至1986年2月在同心县畜牧局草原工作站工作，历任技术干部、站长；1986年2月至1986年11月在同心县委农村工作部工作；1986年11月至1987年7月在同心县韦州镇工作，任副镇长；1987年7月至1989年10月在同心县畜牧科工作，任副科长；1989年10月至2013年10月在自治区草原工作站工作，历任办公室主任、防火办主任；主持自治区级项目2个；获自治区科技进步奖三等奖1项，自治区科技成果登记1项；主编著作1部，参与编写著作5部，发表论文7篇；获全国草原防火先进个人称号，全国草原资源调查先进个人称号，自治区安全生产先进个人称号。

马宗义 1953年10月出生，宁夏西吉人，中共党员，农业技术推广研究员；1979年12月毕业于宁夏农学院，农机专业，同年同月参加工作，2014年1月退休；先后在西吉县农机修造厂，固原地区农机校、农机站、农机监理所等单位工作，担任专业技术干部、教师、所长等职务；获得全国农牧渔业丰收奖二等奖1项、三等奖1项，自治区科技进步奖三等奖1项；出版著作1部，论文13篇。

王　琦　1954年1月出生，宁夏贺兰人，中共党员，农业技术推广研究员；1982年毕业于宁夏农学院，农学专业，1982年7月参加工作，2014年2月退休；1982年7月至1984年12月在贺兰县农业技术推广站工作；1985年1月至2014年2月在宁夏农业技术推广总站工作，历任副科长、科长、副站长；主持参加科研项目20多个，获自治区科技进步奖一等奖1项，二等奖1项，三等奖4项；发表论文20多篇，主编或参与编写著作3部；2000年获国务院政府特殊津贴；被农业部评为先进工作者、全国测报先进工作者；被评选为"313"跨世纪人才；2008年被评为宁夏有突出贡献专业技术优秀人才；2009年被评为"100位为宁夏建设做出突出贡献英雄模范人物"之一。

黄菊霞　女，1954年7月出生，宁夏中宁人，中共党员，农业技术推广研究员；毕业于宁夏农学院，农学专业，1973年7月参加工作，2009年7月退休；先后在中宁县种子站、自治区种子公司、自治区种子管理站工作；获自治区科技进步奖二等奖1项，三等奖1项，全国农牧渔业丰收奖二等奖1项；出版专著1部，发表论文2篇；获全国质量先进工作者称号。

金满洋　1955年1月出生，宁夏固原人，中共党员，农业技术推广研究员；1980年1月毕业于厦门水产学院，淡水渔业专业，1975年10月在固原县黄铎堡公社文化站参加工作，2015年1月退休；1980年1月调入固原县水电局工作，历任固原县水电局党委委员兼人秘股股长、固原县水产站站长，农业局副局长，固原县政协委员；1994年11月调宁夏水产研究所工作，历任科研室主任、副所长；1998年7月调入宁夏回族自治区水产技术推广站，任站长；先后获得全国农牧渔业丰收奖3项，自治区科技进步奖3项；发表著作3部，论文30篇。

李春珍　女，1955年2月出生，宁夏盐池人，中共党员，农业技术推广研究员；毕业于宁夏农学院，农学专业，1971年4月参加工作，2010年3月退休；先后在盐池县农技种子站、盐池县检疫站、盐池县种子公司、自治区种子公司、自治区种子管理站工作；主持参与自治区级项目8个，获省部级二等奖2项，三等奖1项；参编著作8部，发表学术论文7篇并获优秀奖。

武　新　1955年4月出生，宁夏盐池人，中共党员，农业技术推广研究员；1977年1月毕业于甘肃农业大学，1977年1月参加工作，2015年4月退休；1977年1月至1983年3月在宁夏盐池草原实验站工作，任科研室主任；1983年4月至1995年12月在自治区草原工作站工作，历任科长、副站长；1996年1月至2000年2月在宁夏养殖业扶贫公司工作，任经理；2000年3月至2015年4月在自治区草原工作站工作；2015年5月至今在宁夏草原学会工作，任秘书长（法人）；主持自治区级项目5个，获得自治区科技进步奖二等奖1项、三等奖6项，重大科学技术成果登记1项；主编和参编专著5部，撰写成果报告及论文26篇，获宁夏第九届自然科学优秀学术论文二等奖2篇；获省部级优秀党员和先进工作者称号3次。

杨北桥　1955年7月出生，陕西长安人，中共党员，正高职高级工程师；1982年毕业于宁夏大学物理系，1976年10月参加工作，2015年7月退休。1976年至1978年在宁夏地矿局测绘队工作，1978年至1982年在宁夏大学物理系学习，1982年至1984年在宁夏地矿局水文一队工作，1984年至2015年在宁夏农村能源工作站工作，任总工程师；从事生物质能沼气，太阳能，风能推广工作；获全国农牧渔业丰收奖二等奖1项、三等奖1项；获国家能源科技进步奖三等奖1项，取得国家实用新型专利4项；出版著作3部，教材1部，发表专业论文近20篇；担任农业部太阳能利用专家，自治区专家服务团成员，科技特派员，百万农民培训区级专家，中国沼气协会会员，宁夏农学会会员。

李怀生　1955年9月出生，宁夏平罗人，中共党员，农业技术推广研究员；1981年7月毕业于宁夏农学院农学系，1982年1月参加工作，2015年10月退休；先后在平罗县农业综合试验站、经济技术信息中心、五香乡人民政府、科委、农牧渔业局、农业推广中心等单位工作，担任专业技术干部、科技副乡长、股长、副主任、研究员等职务；获全国农牧渔业丰收奖二等奖1项；获自治区科技进步奖三等奖1项、自治区科学技术成果奖1项，发表论文12篇。

孙尚忠　1955年10月出生，宁夏平罗人，中共党员，农业技术推广研究员；1978年7月毕业于宁夏农学院，农学专业，1980年4月参加工作，2014年10月退休；一直在平罗县农业技术推广服务中心，长期致力于农业技术推广服务工作；2012 年 4 月获中华全国总工会颁发的"全国五一劳动奖章"；出版著作 2 部、共同编写论文 6 篇。

史明学　1955 年 10 月出生，宁夏平罗人，中共党员，农业技术推广研究员；1976 年 9 月毕业于宁夏农学院，牧医系兽医专业，1971 年 7 月参加工作；先后在平罗县家畜院、畜牧站、农业农村局、草原管理站、畜牧中心、惠北乡、畜牧事业发展局、农牧局、科技局、动物卫生监督所、农村工作领导小组办公室等单位工作，担任专业技术干部、乡党委书记、中心主任、畜牧事业发展局局长、农牧局副局长、科技局局长、副主任等职务；获全国农牧渔业丰收奖二等奖 1 项，发表论文 4 篇；1995 年获评共青团中央、国家科委全国青年星火带头人；1996 年被农业部表彰为长期坚持农牧渔业技术推广工作先进个人；1999 年被农业部评为全国农业技术推广先进工作者。

王广山　1956 年 2 月出生，宁夏陶乐人，中共党员，农业技术推广研究员；毕业于宁夏农学院，畜牧专业，本科学历，1982 年 8 月参加工作，2016 年 2 月退休；先后在陶乐县牧场、陶乐县农牧科、陶乐县种畜禽场、陶乐县高仁镇、宁夏畜牧工作站、宁夏畜牧局办公室、宁夏盐池滩羊选育场、宁夏兽药饲料监察所、宁夏动物卫生监督所工作，曾先后任乡长、副场长、副所长等职；先后获全国农牧渔业丰收奖一等奖、自治区科技进步奖一等奖、自治区科技进步奖三等奖；编著出版专著 3 部，发表论文 45 篇；推广自治区科技成果 4 项，《小尾寒羊饲养技术》电视科教片获全国优秀电视科教片二等奖。

王　华　1956 年 2 月出生，宁夏永宁人，中共党员，农业技术推广研究员，副巡视员；1982 年 1 月毕业于宁夏农学院，农学专业，1996 年获中国政法大学法学学历证书，2004 年获中国农业大学推广硕士，1982 年 1 月参加工作，2016 年 4 月退休；先后在贺兰县金山草原试验站、贺兰县科委、银川市农技推广中心站、永宁县农业局、银川市农业局、自治区农业厅项目办、自治区饲料工业办公室、自治区农牧厅等单位工作，担任专业技术干部、股长、副局长、党委书记兼局长、党委委员、副局长、主任、副巡视员等党内和行政职务；2000 年获自治区跨世纪学术与技术带头人称号，被农业部和自治区人民政府先后表彰为先进个人 3 次；先后主持、参与各类项目 13 个，成功引进叶单 13 号玉米新品种与 4 个饲草新品种；主持联合国世界粮食计划署、国际农业发展基金和欧洲联盟大型国际无偿援助项目 3 个，主持联合国粮农组织、加拿大政府等国际技术合作与技术引进项目 5 个；联合国世界粮食计划署援助的扶贫开发与环境改良项目（即 4071）被联合国粮食计划署评为优秀项目；获自治区科技进步奖 3 项，全国农牧渔业丰收奖 7 项；出版科技论著 1 部，发表论文 22 篇；登记科技成果 3 项，制定地方标准 4 个。

李茂廷　1956 年 3 月出生，宁夏平罗人，中共党员，农业技术推广研究员；1978 年 7 月毕业于宁夏农学院，农学专业，1980 年 4 月参加工作，2016 年 1 月退休；长期致力于农业技术推广服务工作，退休前为平罗县农技中心经作组及粮经组组长；获全国农牧渔业丰收奖二等奖 1 项；合著出版著作 3 部，发表论文 34 篇。

冯生智　1956 年 3 月出生，陕西子长人，农业技术推广研究员；1982 年 1 月毕业于宁夏农学院，兽医专业，1975 年参加工作（下乡知青），2016 年 3 月退休；先后在吴忠县家畜病院、畜牧兽医站、吴忠市兽医工作站、畜牧局、动物检疫站、动物卫生监督所等单位工作，担任专业技术干部、副站长、站长、办公室主任、动物检测站副站长、所长等职务；获全国农牧渔业丰收奖一等奖 1 项，获自治区科技进步奖一等奖、三等奖各 1 项；发表学术论文 13 篇，参编著作 1 部。

冯立红　1957 年 6 月出生，山西新降人，农业技术推广研究员；1982 年 1 月毕业于宁夏农学院，兽医专业，1975 年参加工作（下乡知青），2012 年 6 退休；先后在固原县三营镇畜牧兽医工作站、吴忠市畜牧兽医工作站、利通区畜牧兽医工作站、利通区动物疾病预防控制中心从事动物疫病监测与防控工作；获自治区科技进步奖一等奖和三等奖各 1 项；在《中国兽医杂志》等核心期刊发表论文 8 篇，参编著作 2 部。

金国柱　1956 年 6 月出生，回族，宁夏银川市人，中共党员、农业技术推广研究员；毕业于宁夏农学院，农学专业，2016年退休；1982—2016年在宁夏农业勘查设计院工作，主持和参与国家和自治区项目20多个，获省部级奖3项；出版专著2部，合著3部；发表论文10余篇。

王进华 1956年7月出生，宁夏中卫人，中共党员，农业技术推广研究员；1975年参加工作，2016年退休；1975年3月至1976年9月在中卫县文化馆工作；1976年9月至1978年10月在甘肃农业大学草原系上学；1978年10月至1988年10月在中卫县草原站工作，历任副站长、站长；1988年10月至1991年11月在中卫县红泉乡任副乡长，乡长；1991年11月至1999年11月在自治区中卫山羊场任副书记，副场长；1999年11月至2016年11月在自治区草原站工作，任副站长；主持并参加自治区级项目2个；获自治区和农业部科技进步奖5次，其中二等奖1项、三等奖2项、四等奖1项、取得成果登记1项；参与编写著作4部，发表论文20多篇；获自治区先进个人称号。

孙幸福 1956年10月出生，宁夏青铜峡人，中共党员，农业技术推广研究员；1982年1月毕业于宁夏农学院，农学专业，1974年3月参加工作，2016年10月退休；先后在吴忠市农技中心、利通区蔬菜技术推广站、利通区农业局、利通区蔬菜技术推广站、利通区农业技术推广服务中心等单位工作，担任专业技术干部、副站长、站长、副局长、党支部书记等党内和行政职务；获全国农牧渔业丰收奖4项，自治区科技进步奖2项，发表论文8篇。

蒋安文 1956年11月出生，宁夏中卫人，中共党员，农业技术推广研究员；1982年1月参加工作，2016年1月退休；先后在宁夏农学院牧医系、宁夏兽医工作站、宁夏兽药饲料监察所、宁夏动物疾病预防控制中心工作，任宁夏兽药饲料监察所副所长、宁夏动物疾病预防控制中心副主任；共主持科研项目2个，获宁夏科技进步奖三等奖1项；在国家级、省级等刊物上共发表论文87篇，其中8篇获优秀论文奖；主编著作5部，参编2部；1990年被评为全区扶贫先进工作者；2003年、2004年连续两年被自治区党委组织部评为支教先进工作者。

李克昌 1956年12月出生，宁夏隆德人，中共党员，农业技术推广研究员；2003年毕业于宁夏大学，畜牧兽医专业，自考本科学历，1980年1月参加工作，2016年1月退休；1980年1月至1985年12月在固原行署农业局畜牧兽医工作站工作，任技术员；1986年1月至1987年6月调固原地区农业综合研究所畜牧兽医研究室工作，任副主任；1987年7月至2016年12月，调自治区草原工作站工作，历任科长、副站长；先后主持国家和自治区重点课题10项，获全国农牧渔业丰收奖二等奖1项、三等奖1项，获自治区科技进步奖三等奖3项、四等奖2项；主编专著3部，副主编2部，参编9部，发表论文41篇；获农业部全国草原资源调查先进工作者、农业部草原监理系统先进个人、中国科协全国优秀科技工作者称号。

卢伟业 1957年2月出生，宁夏平罗人，中共党员，农业技术推广研究员；1982年1月毕业于宁夏农学院畜牧兽医系，兽医专业，同年同月参加工作，2017年2月退休；长期从事农业技术推广服务工作，先后在灵武市畜牧局兽医工作站，平罗县兽医工作站、畜牧中心、动物卫生监督所等单位工作；合著出版著作1部，发表论文5篇。

马世昌 1957年3月出生，河南伊川人，中共党员，正高级畜牧师；1982年7月毕业于宁夏农学院，畜牧专业，1975年10月参加工作，2017年3月退休；先后在石嘴山市郊区庙台公社下乡插队，在市畜牧兽医站、大武口渔场、动物疾病预防控制中心、畜牧水产技术推广服务中心等单位工作，担任专业技术干部、副场长、副站长、副主任等职务；获得全国农牧渔业丰收奖二等奖1项、自治区科技进步奖一等奖1项、天津市科技成果奖二等奖1项，发表论文40余篇。

王晓金 1957年4月出生，宁夏固原人，正高级农业工程师；1973年3月参加工作，1983年9月至1987年7月在河南农业大学能源专业脱产学习，1987年7月毕业，2017年5月退休；长期从事农业技术推广服务工作，先后在固原地区良种场、沼气办，固原市农村能源工作站等单位工作；获得全国农牧渔业丰收奖二等奖2项、三等奖1项；出版著作1部，发表论文5篇。

贺亚雄 1957年5月出生，陕西榆林人，中共党员，农业技术推广研究员；毕业于中共中央党校经济管理本科班，1974年3月参加工作，2017年5月退休；1974年3月至1977年1月在贺兰县金山园林场知青下乡劳动锻炼；1977年2月至1979年12月在宁夏农学院学习；1979年12月至2017年5月，先后在贺兰县畜牧科、宁夏种禽场、宁夏牧工商联合公司、宁夏畜牧兽医药械供应站、自治区动物检疫站、自治区动物防疫监督所、自治区兽药饲料监察所工作，历任副科长、场长、经理、站长、所长、副所长；获自治区科技进步奖集体一等奖1项，三等奖1项，四等奖1项；获全国农牧渔业丰收奖一等奖1项；发表论文27篇，主编专著2部，参编2部；获全国家禽品种改良先进个人称号、全区民族团结进步先进个人称号。

潘 萍 女，1957年5月出生，浙江温州人，农业技术推广研究员；1982年1月毕业于宁夏农学院农学系，1975年8月参加工作，2012年5月退休；1982年1月在宁夏回族自治区农业勘查设计院工作，任农业资源队队长；主持参与国家和地方120多个（项）大、中、小型项目及课题；获自治区科技进步奖二等奖3项、行业优秀成果奖3项；编写专著2部，发表学术论文20余篇，科研报告120余个；2010年获"全区第二次土地调查（农村调查）"工作先进个人称号；2011年获"全区土地利用总体规划"先进个人称号。

马金虎 1957年7月出生，回族，宁夏银川人，中共党员，农业技术推广研究员；1982年毕业于宁夏农学院，农学专业，1982年7月参加工作，2017年8月退休；1982年7月至1989年3月在银川市农业技术推广站工作，任副站长；1989年3月至2000年12月任自治区农业厅农业处主任科员、副处长；2000年12月至2010年11月任自治区农业技术推广总站站长；2010年11月至2017年8月任自治区农业勘查设计院党委书记；主持多项国家级和自治区级课题；获全国农牧渔业丰收奖一等奖1项、二等奖8项，全国重大科技成果推广奖1项，发表学术论文36篇；享受自治区人民政府特殊津贴、国务院特殊津贴；获"三北"地区水稻旱育稀植技术推广先进个人、全区科技成果推广计划工作先进个人、全区水稻旱育稀植规范化技术推广工作先进个人、全国优秀科技工作者称号。

张平智 1957年7月出生，宁夏固原人，中共党员，农业技术推广研究员；1979年12月毕业于固原地区农业机械化学校，农机化专业，1994年7月毕业于北京农业工程大学，函授本科学历，1979年12月参加工作，2017年7月退休；工作期间，先后在固原地区农业机械化学校、农牧处农机科、农机化技术推广站，固原市能源站等单位工作，担任教师、专业技术干部、站长等职务；获全国农牧渔业丰收奖二等奖1项、三等奖2项，自治区科技进步奖三等奖2项；出版著作1部、发表论文11篇。

马玉兰 女，1957年8月出生，回族，宁夏银川人，中共党员，农业技术推广研究员。1982年7月毕业于宁夏农学院农学专业。1982年8月参加工作，2012年8月退休。1982年至2005年在宁夏农业勘查设计院工作，任副总工程师；2006年至2012年在宁夏农业技术推广站工作，历任土壤肥料科科长、总农艺师；主持和参与国家和自治区项目20多个，获自治区科技进步奖7项；发表论文20余篇，主编和参与编写专著10部；1997年享受国务院特殊津贴，1998年获"全国三八红旗手"称号，2005年荣获"全国民族团结进步模范个人"称号，2007年当选为中国共产党第十七次全国代表大会代表。

张巨顺 1957年8月出生，宁夏中卫人，中共党员，农业技术推广研究员；1982年7月毕业于宁夏农学院，畜牧专业，同年同月参加工作，2017年10月退休；工作期间，获全国农牧渔业丰收奖2项、自治区科技进步奖2项；出版著作1篇，发表论文36篇。

孙正凤 1957年9月出生，宁夏银川人，中共党员，农业技术推广研究员；1982年7月毕业于宁夏农学院，1974年3月参加工作；先后在国营南梁农场、国营平吉堡农场修造场、宁夏农垦磷肥厂、宁夏甜菜研究所工作，1984年调入宁夏农业环境保护监测站工作，2017年9月退休；主编、参编技术报告150多篇，起草宁夏地方标准1个；主持多项课题，获农业部科技进步奖三等奖1项，被评为全国农畜产品质量调查先进工作者；发表论文10篇，参编著作2部。

蔡金升 1957年9月出生，宁夏中卫人，中共党员，正高职高级工程师；1982年7月毕业于宁夏农学院农学系，1976年9月参加工作，2017年10月退休；1982年7月至1985年4月在宁夏农垦研究所工作；1985年4月至2007年4月在宁夏农业经济研究所工作，从1994年6月起兼职负责宁夏农经学会日常工作，主编《宁夏农业经济》；2007年4月至2017年10月在宁夏乡镇企业经济发展服务中心工作，兼研究"三农"问题；主持或重点参与完成近20项省级以上研究课题及农业农村发展规划编制，发表论文30余篇，编著出版著作6本；获省级社科和自然科技奖二等奖及三等奖5项；自治区学术技术带头人，中国农业经济学会常务理事，入选农业部高级专家库。

王立新　1957年9月出生，宁夏石嘴山人，中共党员，农业技术推广研究员；1982年1月毕业于宁夏农学院，牧医系兽医专业，1976年8月参加工作，2017年9月退休；先后在石嘴山市郊区下营子乡下乡插队，在石嘴山市农业局畜牧科、畜牧兽医工作站、草原管理站、动物疾病预防控制中心、农产品质量安全检测中心等单位工作，担任专业技术干部、局团委副书记、副站长、站长等职务；获全国农牧渔业丰收奖1项、自治区科技进步奖1项，发表论文30多篇；2010年被农业部表彰为全国动物防疫工作先进个人。

刘福华　1957年10月出生，宁夏平罗人，农业技术推广研究员；1982年7月毕业于宁夏农学院，农学专业，1980年4月参加工作，2017年11月退休；一直在平罗县农业技术推广服务中心长期致力于农业技术推广服务工作；获全国农牧渔业丰收奖三等奖1项，自治区科技进步奖三等奖1项；发表论文43余篇。

何建栋　1957年10月出生，宁夏西吉人，中共党员，农业技术推广研究员；1981年7月于甘肃兰州化工学校毕业，1987年7月在宁夏农学院毕业，大专学历，2002年5月中央党校固原函授本科毕业，1981年7月参加工作，2017年10月退休；先后在西吉县农业技术推广中心、农牧局、马铃薯产业服务中心等单位工作，担任专业技术干部、副局长、主任等职务；获全国农牧渔业丰收奖二等奖1项，自治区科技进步奖一等奖1项、二等奖2项、三等奖10项，发表论文20篇；1991年被农业部表彰为全国"有机肥料"工作先进个人；1995年被农业部表彰为全国"地膜玉米"示范推广先进个人；1997年被自治区农业厅、人事劳动厅评为"全区农业战线先进工作者"；1997年被自治区农业厅、农建委评为实施"温饱工程"先进个人；1999年被农业部表彰为全国农业技术推广先进工作者；2008年被自治区人民政府表彰为全区有突出贡献专业技术人才；2009年享受国务院政府特殊津贴。

赵桂芳　女，1957年11月出生，宁夏银川人，中共党员，农业技术推广研究员；1982年7月毕业于宁夏农学院，农学专业，1975年7月参加工作，2012年12月退休；历任宁夏农业技术推广总站农业科技与体系管理科副科长、科长；参与马铃薯脱毒种薯技术、优质稻品种及配套节水高效栽培技术推广等项目10余个；获全国农牧渔业丰收奖二等奖2项，三等奖1项；获自治区科技进步奖二等奖3项，三等奖2项；发表论文10余篇；2004年获国家标准化管理委员会标准化工作20年以上工作者荣誉称号。

温　敏　1957年11月出生，宁夏银川人，中共党员，农业技术推广研究员；1982年7月毕业于宁夏农学院，农学专业，1975年7月参加工作，2017年8月退休；曾任宁夏农业技术推广总站粮油作物科科长；主持多项课题项目，获全国农牧渔业丰收奖二等奖7项，国家星火科技三等奖1项，自治区科技进步奖一等奖1项、二等奖2项、三等奖2项；主编或参编专著2部；享受自治区特殊津贴、国务院特殊津贴；1992年获科技部成果司成果推广荣誉表彰，1996年被评为"313"跨世纪人才，1998年获全国农技中心先进工作者表彰，1999获亚洲农业发展基金会农业贡献奖，2000年获科技部、科学院、中国科协科技扶贫先进个人称号。

裴　鸣　女，1957年11月出生，山东定陶人，农业技术推广研究员；毕业于宁夏农学院，兽医专业，本科学历，1973年11月参加工作，2012年11月退休；曾任宁夏专家服务团隆德县团长、永宁县副团长、自治区百万农民培训工程自治区级专家、兽医专业技能高级考证员、科技特派员等；2000年入选"313人才工程"，2003年3月享受政府特殊津贴；先后主持和参加了16个科研项目，获省部级科技进步二、三、四等奖9项；先后在国内期刊发表论文48篇，获西北地区一、二等优秀论文奖6篇；参与编写12部著作及培训教材；2001年被评为宁夏动物防疫先进个人。

何三强 1957年11月出生，宁夏盐池人，中共党员，农业技术推广研究员；1982年1月毕业于宁夏农学院，农学专业，同年同月参加工作，2017年11月退休；2007年1月至2017年11月任盐池县农牧局专业技术干部；在36年的工作实践中，主要从事农业技术推广、农业教育培训和农业外资项目的管理与实施等工作；获自治区科技进步奖一等奖1项，发表论文8篇；获中国管理科学研究院学术成果一等奖1项；2005年获全国水利水电科技成果二等奖1项。

贺广霖 1957年11月出生，陕西清涧人，无党派人士，农业技术推广研究员；1982年1月毕业于宁夏农学院，兽医专业，1975年8月参加工作，2017年12月退休；先后在固原县什字乡东山坡五队下乡插队，在西吉县畜牧兽医工作站、固原市动物疾病预防控制中心（原固原地区畜牧兽医工作站）等单位工作，担任专业技术干部、副主任、主任等职务；出版著作11部，发表论文13篇。

丁 明 1958年1月出生，回族，宁夏同心县人，中共党员，农业技术推广研究员；毕业于宁夏农学院农学系，农学专业，1982年1月参加工作，2018年1月退休；先后在同心县科协、同心县农业局、自治区农业厅项目办公室、自治区种子工作站工作，历任农业局局长、厅项目办副主任，种子站站长；主持参与多项自治区重大项目，获自治区科技进步奖一等奖1项、二等奖1项、三等奖5项，全国农牧渔业丰收奖三等奖1项；主编著作5部，起草地方标准26个，发表论文8篇；享受自治区人民政府特殊津贴，为宁夏高层次人才（D类）。

赵 卫 1958年1月出生，陕西省澄城人，农业技术推广研究员；1979年毕业于宁夏农学院农学系，1974年12月参加工作，2018年1月退休；1974年12月至1977年2月在宁夏明水湖农场农业机械修理工作；1977年2月至1979年11月在宁夏农学院学习；1979年11月至1983年6月分配在简泉农场工作；1983年6月至1992年3月在西北煤机二厂从事农业技术推广服务工作；1992年3月至1994年12月在石嘴山农业技术推广站工作；1994年12月至1998年4月在石嘴山市园林局蚕桑办工作；1998年4月至2007年5月在宁夏优质农产品开发服务中心工作；2007年5月至退休，在宁夏农产品质量安全中心工作，任副科长；获全国农牧渔业丰收奖三等奖1项，自治区科学技术进步奖二等奖1项；发表学术论文12篇。

李希善 1958年2月出生，宁夏海原人，中共党员，农业技术推广研究员；1981年7月毕业于固原农校，畜牧兽医专业，中专学历，2000年7月毕业于宁夏农学院，畜牧兽医专业，函授大专学历，1981年7月参加工作，2018年3月退休；先后在固原地区农牧处畜牧科、固原市畜牧兽医站、畜牧技术推广服务中心等单位工作，担任专业技术干部、主任等职务；获得全国农牧渔业丰收奖一等奖1项、二等奖1项、三等奖1项；2002年7月被农业部表彰为全国动物防疫工作先进个人，2004年5月被评选为宁夏"313人才工程"新世纪学术、技术带头人，2008年11月被自治区党委、人民政府授予"自治区有突出贡献专业技术优秀人才奖"；2012年1月享受自治区人民政府特殊津贴。

关晓春 1958年3月出生，山西临汾人，农业技术推广研究员；1982年毕业于宁夏农学院，农学专业，1982年7月参加工作，2018年3月退休；历任宁夏农业技术推广总站土壤肥料科副科长、科长；主持参与中低产田改造、测土配方施肥等项目；获全国农牧渔业丰收奖一等奖1项；获中国科学院科技进步特等奖1项，自治区科技进步奖三等奖2项、四等奖1项；参编专著1部。

朱玉斌 1958年7月出生，宁夏彭阳人，农业技术推广研究员；1982年7月毕业于宁夏农学院，农学专业，同年同月参加工作，2017年11月退休；一直在原州区农业技术推广服务中心长期从事农业技术推广工作，担任专业技术干部、副主任；获全国农牧渔业丰收奖3项、自治区科技进步奖5项；发表论文14篇；被评为先进工作者1次。

马维新 1958年9月出生，回族，宁夏贺兰人，中共党员，农业技术推广研究员；1980年7月毕业于宁夏农学院，农学专业，同月参加工作，2018年9月退休；先后在贺兰县农业科、农业技术推广服务中心、种子公司、金山乡人民政府、农业技术推广服务中心等单位工作，担任专业技术干部、股长、副经理、副乡长、副主任等职务；获全国农牧渔业丰收奖二等奖1项、自治区科学技术进步奖二等奖2项；出版著作3部，发表论文4篇。

先晨钟 1958年9月出生，宁夏隆德人，中共党员，农业技术推广研究员；1980年1月毕业于固原农校，畜牧兽医专业，1977年10月参加工作，2018年10月退休；曾在隆德县温堡公社建国三队下乡插队，先后在固原地区畜牧兽医工作站、彭阳县崾岘乡、固原市草原工作站等单位工作，担任专业技术干部、副乡长、站长等职务；获自治区科技进步奖二等奖2项、三等奖1项；发表论文19篇；2003年4月被科技部、农业部表彰为"星火计划先进个人"，2005年12月被农业部表彰为"全国森林草原防火工作先进个人"。

杨建功 1958年10月出生，宁夏吴忠人，中共党员，农业技术推广研究员；1982年7月毕业于宁夏农学院，农学专业，1976年7月参加工作，2018年10月退休；工作期间，在灵武市新华桥乡下乡插队，先后在利通区农业技术推广服务中心、马莲渠乡农业技术推广服务中心、吴忠市农业技术推广服务中心等单位工作，担任专业技术干部、副乡长、副主任、研究员等职务；获全国农牧渔业丰收奖一等奖、三等奖各1项；获自治区科技进步奖一等奖、二等奖各1项；获自治区科技成果登记奖8项；参与制定地方标准4个，发表论文20余篇，出版专著2部；2000年9月获全国农业技术推广服务中心水稻抛秧技术推广先进工作者称号；2010年12月获自治区优秀专家称号；2015年4月获自治区劳动模范称号。

周宗和 1958年10月出生，宁夏中宁人，中共党员，正高职高级农机工程师；1981年7月毕业于宁夏银南农业机械化学校，1988年就读于中央农业干部管理学院南京农机化分院农机专业，1981年7月参加工作，2018年10月退休；长期致力于农业技术推广服务工作，先后在中宁县良种繁场、农机管理站等单位工作；获全国农牧渔业丰收奖1项，制定地方标准2个；发表论文20余篇，发表科普、宣传等文章200余篇。

俞学惠 女，1958年11月出生，宁夏平罗人，中共党员，农业技术推广研究员；1982年7月毕业于宁夏农学院，农学专业，1976年7月参加工作，2013年11月退休；一直在平罗县农业技术推广服务中心长期致力于农业技术推广服务工作；发表论文10余篇。

朱秀春 女，1958年12月出生，宁夏银川人，中共党员，农业技术推广研究员；1982年1月毕业于宁夏农学院，本科，农学学士，1982年1月参加工作，2013年12月退休；1982年1月至1984年5月在自治区原种场工作；1984年5月至1990年10月在自治区畜牧局工作；1990年10月至1996年9月在自治区种禽场工作；1996年9月至2013年12月在自治区兽药饲料监察所工作；主持科研项目1项；获自治区科技进步奖三等奖1项，全国农牧渔业丰收奖一等奖1项；主笔撰写并组织拍摄科教片，获全国优秀科教节目评选二等奖；取得发明专利1项、实用新型专利1项；参编著作1部，发表论文9篇；被农业部聘为兽药GMP检查员，并担任组长；主持研发新兽药1个。

刘丰亮 1959年1月出生，陕西省绥德人，无党派人士，农业工程研究员；1981年8月毕业于甘肃省农业机械化学校，农机化专业，同年参加工作，2019年1月退休；1981年8月至1989年12月在甘肃省临夏州农机化学校、临夏州农具研究所、临夏州农机推广站工作；1990年1月调入宁夏农机鉴定技术推广站工作，任副科长；先后主持实施省部级科技项目20余个，获全国农牧渔业丰收奖一等奖1项、三等奖6项，自治区科技进步奖一等奖1项；取得发明专利1项、实用新型专利5项；发表论文13篇，制（修）定地方标准8个；主编论著3部、参编论著及培训教材7部；2006年获农业部先进工作者称号，2010年被农业部特聘为第二届全国水稻生产机械化专家组成员，2014年被聘为自治区农业特色产业专家团队技术服务组农机化技术推广专家。

贾向峰 1959年9月出生，陕西省靖边人，中共党员，农业技术推广研究员；毕业于中国农业大学，1975年12月参加工作，2019年12月退休；1975年至1978年在陕西省靖边县任乡村教师；1981年至1984年在陕西省华县农机管理站任技术员；1984年至1996年在宁夏农机鉴定技术推广站工作，任办公室主任；1996年至2005年自治区农业厅、农牧厅任助理调研员；2005年至2013年在宁夏农业展览馆、宁夏农业宣传教育展览中心任馆长（主任）；2013年至2019年在宁夏农村能源工作站任站长；主持自治区级项目2个、课题1项；获全国农牧渔业丰收奖二等奖1项、三等奖2项；

获自治区科技进步奖三等奖 1 项、四等奖 2 项；获国家实用新型专利 3 项；出版著作 4 部，发表专业论文近 40 篇；获自治区人民政府和农业部、文化部先进个人奖励各 1 次；2016 年起，连续四年被聘为自治区生态循环农业技术推广首席专家；2018 年 1 月，获得自治区"塞上农业专家"称号。

韩　飞　1959 年 10 月出生，中共党员，农业技术推广研究员；1982 年 1 月毕业于兰州大学生物系，1982 年 1 月参加工作，2019 年 11 月退休；1982 年至 1993 年任宁夏农村能源工作站技术员、工程师；1993 年至 2000 年历任宁夏农业厅科教处主任科员、副处长；2001 年至 2013 年任宁夏农村能源工作站站长；2013 年至 2019 年任宁夏农产品质量安全中心（宁夏绿色食品办公室）主任；2005 年获自治区人民政府特殊津贴；2010 年被自治区党委和自治区人民政府授予自治区先进工作者称号；2010 年被自治区人民政府授予全区危房改造工作先进个人；被农业部农产品质量安全中心聘请为全国名特优新农产品首席专家和全国农产品包装标识领域技术应用岗位专家；主持或参与多项农业项目规划编制编写、农业项目技术试验示范推广；获省部级科技奖励 5 项，发表论文 30 多篇；参与编写 2 本著作。

石绘陆　1959 年 10 月出生，宁夏隆德人，中共党员，农业技术推广研究员；1986 年 7 月毕业于宁夏农学院，大学本科，1981 年 7 月参加工作，2019 年 10 月退休；1981 年 7 月分配到宁夏固原农业学校工作；1989 年 5 月调入宁夏回族自治区固原云雾山管理处工作，先后任副科长，科长；2008 年调入宁夏回族自治区中卫山羊选育场任副场长；参与自治区科技攻关项目 2 个，获得自治区科技进步奖三等奖 2 项、中华农业科技奖三等奖 1 项；在国内期刊发表专业论文 12 篇。

王富裕　1959 年 11 月出生，宁夏隆德人，中共党员，农业技术推广研究员；2003 年 12 月毕业于西北政法学院，法律专业，自考大学本科学历，1980 年 1 月参加工作，2019 年 11 月退休；1980 年至 1991 年，先后在泾源县畜牧站、农林局、农牧科、草原站工作，任草原站副站长；1991 年至 1996 年在固原云雾山自然保护区管理局工作，历任办公室副主任、主任；1996 年至 2007 年在宁夏甘盐池种羊场工作，历任副场长、场长；2008 年至 2019 年在自治区草原工作站工作，任副站长；承担和主持自治区研究课题和科技攻关项目 10 个，获自治区科技进步奖三等奖 3 项，成果登记 1 项；主持制定行业技术规程 1 项，主编与参编专著 8 部，发表论文 7 篇；主持、参加完成重大技术项目调研报告 15 篇；获 1990 年农业部畜牧兽医司全国草原治虫灭鼠先进工作者称号。

龚卫红　1960 年 1 月出生，宁夏中宁人，中共党员，农业技术推广研究员；1982 年 7 月毕业于宁夏农学院，畜牧专业，1982 年 8 月参加工作，2020 年 2 月退休；曾任自治区首届跨世纪科学与技术带头人、中国畜牧业学会理事、全国养羊学会常务理事、宁夏畜牧兽医学会理事；先后在宁夏中卫山羊场任技术员、助理畜牧师，在宁夏畜牧工作站任副科长、科长、副站长，在宁夏盐池滩羊场任副场长、研究员，在宁夏农产品质量安全中心任副主任、研究员，在宁夏农业机械化技术推广站任副站长、研究员，在宁夏动物疾病控制预防控制中心任研究员；主持和参与项目五个，获自治区科技进步奖二等奖 1 项，成果登记 1 项，全国农牧渔业丰收奖三等奖 1 项；发表论文 70 余篇，参编著作 4 部。

任学山　1960 年 2 月出生，宁夏平罗人，农业技术推广研究员；1982 年 7 月毕业于宁夏农学院畜牧专业，1982 年 7 月参加工作，2020 年 2 月退休；1982 年 7 月至 1984 年 7 月在宁夏回族自治区畜牧局直属黑滩羊选育场工作，1984 年 8 月至 2019 年 12 月在自治区草原工作站工作，历任人工种草科科长、办公室主任；主持自治区级项目 4 个，获得自治区科技进步奖二等奖 1 项、三等奖 2 项，成果登记 1 项；参与编写著作 5 部，发表论文 14 篇；获得自治区厅局级先进个人奖励 3 次；2017 年至 2019 年参加中国援毛里塔尼亚国家畜牧业技术示范中心建设工作，获得毛里塔尼亚国家贡献勋章。

潘庆华　1960 年 5 月出生，四川省资中人，中共党员，农业技术推广研究员；毕业于西南农学院土壤农业化学专业，1982 年 8 月参加工作，2020 年 5 月退休；在宁夏农业勘查设计院工作，任质检中心主任等职务；获自治区科技进步奖三等奖 1 项、二等奖 1 项、四等奖 1 项，编写合著 1 部；发表论文 10 余篇，其中 1 篇获宁夏自然科学优秀学术论文二等奖，1 篇被评为全国第二届青年农学会学术年会优秀论文；主持制定农业行业标准 1 个；2013 年评为全国农业先进个人；2015 年被授予自治区质量贡献奖。

杨东风 1960年7月出生，浙江宁波人，中共党员，正高职高级农业工程师；1982年7月毕业于宁夏农学院，畜牧专业，1977年10月参加工作，2019年7月退休；1982年至1991年在自治区农业综合勘察院工作，任植被队副队长；1991年2月至今在自治区农业国际合作项目服务中心工作，历任综合科副科长、科长、对外合作交流科科长、项目管理科科长；参与实施世界粮食计划署援助宁夏南部山区扶贫与环境改良项目、欧共体援助宁夏的土地改造项目——银南灌区中低产田改造综合农业技术示范项目、世界粮食计划署援助宁夏中部干旱带农村综合开发项目、国际农业发展基金宁夏中部干旱带环境改良与扶贫项目的管理工作；获全国农牧渔业丰收奖农业技术推广合作奖；参与编写著作2本，发表论文3篇。

边卫国 1960年9月出生，宁夏隆德人，中共党员，农业技术推广研究员；1983年7月毕业于宁夏农学院，农学专业，同年同月参加工作，2020年8月退休；一直在隆德县农业技术推广服务中心长期从事农业技术推广服务工作；获全国农牧渔业丰收奖1项，自治区科技进步奖1项，发表论文10余篇；2005年被国务院表彰为全国先进工作者，被自治区党委、人民政府表彰为自治区先进工作者。

李军 1960年10月出生，河北省顺平人，中共党员，正高职高级农机工程师；1982年7月毕业于洛阳农机学院农机工程系，农机设计与制造专业，1977年7月参加工作，2020年10月退休；从1982年7月起，先后在自治区农机鉴定技术推广站、自治区农业机械化技术推广站工作，历任副科长、科长职务；主持参与自治区重大科技推广项目9个，获全国农牧渔业丰收奖一等奖1项、二等奖2项、三等奖3项；参编论著5部、主持制定地方标准5个，发表论文16篇；2006年被自治区百万农民培训工程领导小组聘为自治区级专家，2013年被自治区农牧厅聘为自治区23个特色优质产业农机化专家组成员。

陈玉林 1960年10月出生，江苏扬州人，中共党员，农业技术推广研究员；1995年12月毕业于中央党校函授学院，经济管理专业，1975年参加工作，2020年10月退休；1975年在宁夏灵武县新华桥乡农机站工作，1981年在灵武县农机局工作，历任临河乡农机专干，县农机学校校长，农机监理站副站长，站长；1986年后在自治区农机监理总站工作，历任办公室主任，副站长；2004年任自治区乡镇企业发展中心主任；2013年任自治区农业宣传教育展览中心主任；获全国农牧渔业丰收奖一等奖1项；发表论文4篇；参编著作7篇，主编著作2篇；2005年获农业部全国乡镇企业教育工作先进个人称号，2014年获全国新型城镇化突出贡献人物称号，2015年获自治区党委、自治区人民政府表彰的中阿博览会先进个人称号。

徐润邑 1960年11月出生，宁夏灵武人，中共党员，农业技术推广研究员；1983年7月毕业于宁夏农学院，农学专业，1983年7月参加工作，2020年11月退休；1983年至1984年在灵武县梧桐树乡农技站工作；1985年至1990年在灵武县农业技术推广中心工作；1990年至1994年在灵武市农业局工作；1994年至1999年任灵武市种子公司副经理；1999年至2007年任宁夏种子管理站品种管理科副科长；2007年至2010年任宁夏种子公司经理；2010年12月起任宁夏农业技术推广总站站长；主持参与多项国家级和自治区级课题；获全国农牧渔业丰收奖二等奖3项、三等奖4项，自治区科技进步奖一等奖1项、二等奖3项、三等奖5项；发表论文16篇，主编及参与编写著作9部；2019年享受国务院特殊津贴，2003年入选自治区"新世纪313人才工程"，2007年被农业部授予全国农业科技推广标兵，2012年被评为"宁夏十大经济人物"。

黄红卫 1960年11月出生，宁夏中卫人，中共党员，农业技术推广研究员；1982年7月毕业于宁夏农学院，畜牧专业，1982年7月年参加工作，2020年11月退休；1982年后在中卫县畜牧工作站工作，任副站长；2005年调入宁夏回族自治区畜牧工作站，历任办公室主任、猪禽养殖技术推广科科长；2010年至2019年被聘任为宁夏生猪产业首席专家，先后参加和主持实施了自治区课题30余项，获全国农牧渔业丰收奖三等奖3项，宁夏科技成果登记2项；参编著作20余部，发表论文40

余篇；主持参与制定国家和宁夏地方标准9部。

梁玉春 女，1961年3月出生，宁夏中宁人，中共党员，农业技术推广研究员；1983年7月毕业于宁夏农学院，农学专业，同年同月参加工作，2016年3月退休；先后在银川市郊区蔬菜技术推广站、金凤区农业技术推广服务中心等单位工作，担任专业技术干部、站长、副主任等职务；获全国农牧渔业丰收奖3项；获国家级科技进步奖1项，自治区科技进步奖6项；编著著作1部；2010年4月被自治区党委、人民政府授予自治区先进工作者荣誉称号。

李晓梅 女，1961年4月出生，陕西华县人，中共党员，农业技术推广研究员；1984年7月毕业于宁夏农学院畜牧兽医系，兽医专业，同年7月在宁夏农学院工作；1986年调入宁夏贺兰县计划经济委员会；1989年调入宁夏动物检疫站，任科长；2007年调入宁夏畜牧工作站，任副站长；参与自治区级课题等6项，获得全国农牧渔业丰收奖二等奖1项，自治区科技进步奖二等奖1项、三等奖1项；参编著作2部，发表论文20篇。

吴素琴 女，1961年4月出生，回族，宁夏吴忠人，中共党员，农业技术推广研究员；1983年7月毕业于甘肃农业大学草原系，草原专业，1983年7月参加工作；1983年7月至1989年1月在中国农科院草原所工作；1989年2月至2007年4月在宁夏草原工作站，任科长；2007年5月调入宁夏种子工作站工作，任副站长；参与农业部及自治区项目课题多项，获全国农牧渔业丰收奖二等奖1项；获得国家品种审定委员会审定品种一个；2002—2003年，技术指导宁夏卉丰农林牧场建植大型紫花苜蓿草场一个；参编著作5部；发表生产研究学术论文30余篇。

刘德荣 1961年6月出生，河北沧县人，中共党员，农业技术推广研究员；1982年7月毕业于宁夏农学院农学系，农学专业，同年同月参加工作；先后在灵武县农技站、吴忠市农技推广中心、利通区蔬菜站、农业综合服务中心等单位工作，担任专业技术干部、主任、站长、中心主任兼局机关工会主席等职务；获全国农牧渔业丰收奖一等奖3项，二等奖2项，三等奖2项；获自治区科技进步奖4项，出版专著2部，发表论文15篇；被农业部表彰为全国优秀工作者1次。

张奇 1961年7月出生，宁夏中宁人，中共党员，农业技术推广研究员；1986年7月毕业于宁夏农学院干部培训部农学专科班，1998年12月毕业于中央党校，经济管理专业，2007年7月毕业于上海水产大学，渔业专业，获得农业推广硕士学位，1980年11月参加工作，2020年3月退休；1980年11月至1986年7月在自治区农村合作经济经营指导站工作；1986年7月至1991年2月在自治区农业厅科技教育处和水产局工作，担任副主任科员、办公室主任；1991年2月在自治区水产技术推广站工作，任副站长；1992年9月在自治区农业厅水产局工作，任副局长；1998年6月在自治区水产研究工作，任党委书记、所长；2008年4月任自治区农业综合勘查设计院党委书记；2010年11月至2020年3月在自治区农牧厅、自治区农业农村厅工作，任调研员、二级调研员、一级调研员；获自治区科技进步奖二等奖、三等奖各1项；发表论文20余篇；2000年获自治区先进科技工作者荣誉，享受自治区人民政府专家津贴。

李建如 1961年7月出生，回族，宁夏平罗人，中共党员，农业技术推广研究员；1982年7月毕业于宁夏农学院，农学专业，1982年8月参加工作；先后在平罗县农业技术推广服务中心、农业局、农业技术推广服务中心等单位工作，担任专业技术干部、副局长、主任等职务；担任平罗县政协七届委员，八届、九届县政协常委，石嘴山市人大代表，自治区人大代表；获全国农牧渔业丰收奖二等奖1项、三等奖1项；合作出版著作1部，发表论文17余篇；2005年获农业部全国农业植物有害生物普查工作先进个人称号；获得2007年度全国粮食生产先进工作者称号；2008年获中国科学技术协会中国科协西部开发突出贡献奖；2009年8月被国家农业技术推广服务中心表彰为全国土壤肥料检测先进个人；获得2012年度全国粮食生产突出贡献农业科技人员奖。

高新华 1961年11月出生，宁夏中卫人，农业技术推广研究员；1986年7月毕业于宁夏农学院农学系，同年同月参加工作；在中卫市农业技术推广服务中心工作；获全国农牧渔业丰收奖二等奖1项、自治区科技进步奖1项；参与撰写专著3部，发表论文8篇；2005年12月被农业部表彰为全国农业植物有害生物普查工作先进个人，2007 年、2009 年、2012 年 3 次被评为全区农业技术推广先进工作者。

刘秉义　1961 年 11 月出生，宁夏固原人，中共党员，农业技术推广研究员；1982 年 7 月毕业于固原农校，农学专业，2001 年 10 月毕业于宁夏农学院农学专业，成人自考本科学历，1982 年 7 月参加工作；先后在固原地区病虫害测报站、固原市农业技术推广服务中心、农业机械化技术推广服务中心等单位工作，担任专业技术干部、副主任、主任等职务；获全国农牧渔业丰收奖二等奖 1 项，自治区科技进步奖二等奖 1 项、三等奖 3 项，实用新型专利 4 项；出版著作 4 部，发表论文 24 篇。

吴瑞芹　女，1961 年 12 月出生，河北唐山人，农业技术推广研究员；1983 年 7 月毕业于宁夏农学院，畜牧专业，1983 年 7 月参加工作；1983 年在宁夏盐池滩羊选育场任技术员；1984 年调入宁夏种禽场任技术员；1985 年调入自治区畜牧工作站任助理畜牧师、畜牧师、高级畜牧师、研究员、副科长、科长；主持自治区级课题 3 项，获得全国农牧渔业丰收奖三等奖 2 项；参编著作 2 部，发表论文 15 篇。

蒙　静　女，1961 年 12 月出生，陕西定边人，中共党员，正高职高级工程师；1984 年 7 月毕业于宁夏农学院水利系农田水利工程专业，1984 年 7 月参加工作；1984 年 7 月至 1989 年 4 月在宁夏水利水电工程局工作；1989 年 4 月至 1999 年 12 月在宁夏农业综合开发办公室工作；1999 年 12 月至 2004 年 12 月在宁夏水利厅经济管理局工作；2004 年 12 月至 2019 年 12 月在宁夏农业综合开发办公室工作；参与国家重点研发计划、自治区科技计划项目等，课题 10 余项；获自治区科技成果登记 18 项，自治区科技进步奖 8 项，省部级奖励 5 项；出版专著 9 部（其中主编 4 部、副主编 1 部、参编 4 部）；获发明专利 1 项，发表论文 40 余篇；被自治区人民政府评为国家百千万人才工程第三层次新世纪学术、技术带头人。

王　彪　1962 年 2 月出生，宁夏隆德人，中共党员，农业技术推广研究员；1982 年 7 月毕业于陕西农林学校，养蜂专业；2009 年 6 月毕业于宁夏大学，畜牧兽医专业，成人自考本科学历，1982 年 7 月参加工作；先后在隆德县养蜂管理站、固原市养蜂试验站、养蜂水产技术推广服务中心等单位工作，担任专业技术干部、站长、副站长、副主任、主任等职务；获得全国农牧渔业丰收奖一等奖 1 项、三等奖 1 项，神农中华农业科技奖二等奖 1 项，自治区科技进步奖一等奖 1 项、三等奖 1 项，陕西省科学技术奖二等奖 1 项；出版著作 8 部，发表论文 33 篇。

郭忠富　1962 年 3 月出生，宁夏固原人，中共党员，农业技术推广研究员。2003 年 7 月毕业于宁夏农学院，农学专业，1983 年 6 月参加工作；一直在固原县（原州区）农业技术推广中心从事农业技术推广服务工作；获全国农牧渔业丰收奖 4 项、自治区科技进步奖 1 项、全国节水科技奖 1 项、中华神内基金农技推广奖 1 项、锌肥研究与推广杰出贡献奖 1 项；撰写研究报告 60 余篇，在核心期刊公开发表学术论文 14 篇，合著出版专著 5 部，参与编写专著 1 部；成果登记 12 项，制定栽培技术地方标准 4 个，撰写技术规程 20 余项、培训教材 5 部。

史宁花　女，1962 年 5 月出生，山西省孝义人，农业技术推广研究员，1983 年 7 月毕业于宁夏农学院，本科，农学学士，1983 年 7 月参加工作，2017 年 5 月退休；1983 年 7 月至 1986 年 4 月在银川市郊区畜牧兽医工作站工作；1986 年 4 月至 2017 年 5 月在自治区兽药饲料监察所工作，2007 年起任副所长；获全国农牧渔业丰收奖一等奖 1 项；自治区科技进步奖一等奖 1 项、二等奖 1 项、三等奖 2 项；主持完成制（修）定宁夏兽药地方标准 22 个；主持完成《中国兽药典》标准 26 个，发表学术论文 27 篇。

刘　毅　1962 年 5 月出生，宁夏永宁人，中共党员，农业技术推广研究员，1983 年 8 月毕业于宁夏农学院畜牧兽医系，畜牧专业，同年同月参加工作；先后在贺兰县畜牧局、种鸡场、畜牧站、农牧渔业局、农发移民办、农业农村局等单位工作，担任专业技术干部、场长、副站长、站长、总畜牧师等职务；获得全国农牧渔业丰收奖二等奖 1 项、全国农牧渔业丰收奖农业技术推广贡献奖 1 项，出版著作 1 部，发表专业技术论文 8 篇；2012 年"自治区五一劳动者奖章"获得者。

徐永霞　女，1962 年 5 月出生，宁夏吴忠人，中共党员，农业技术推广研究员；1982 年 7 月毕业于宁夏农学院农学系，同年同月参加工作；先后在银南地区农科院、乡镇企业局，吴忠市农业广播电视学校、农业技术推广服务中心等单位长期从事农业技术推广服务工作；获自治区科技进步奖二等奖 1 项；2010 年获"自治区三八红旗手"光荣称号。

沙湧波　1962 年 7 月出生，辽宁北镇人，民进会员，农业技术推广研究员；毕业于西北农林科技大学，兽医内科学专业，研究生学历；1984 年 7 月参加工作，先后在同心县畜牧局、宁夏农科院、自治区动物检疫站、自治区动物防疫监督所、自治区畜牧工作站、自治区动物疾病防控中心、自治区动物卫生监管所工作，历任技术干部、助教、科长、自治区畜牧工作站副站长，自治区动物疾病预防控制中心主任、自治区动物卫生监督所所长；中国民主促进会会员（科技文卫委员会副主任），自治区第十一届政协委员（农业农村委员会副主任）；第一届全区动物防疫和动物卫生评估专家委员会副主任委员，宁夏动物疫病防控首席专家；主持参与自治区级科技项目 3 个，获全国农牧渔业丰收奖三等奖 1 项，农业部科技进步奖三等奖 1 项，自治区科技进步奖二等奖 1 项；取得专利 2 项，成果登记 2 项；主编专著 1 部，发表论文 32 篇；多次获得全区动物防疫先进个人称号，作为全国百名"高级农业专家"赴津巴布韦援非工作 1 年，获得中津农业领域合作突出贡献荣誉证书。

吴彦虎　1962 年 8 月出生，宁夏盐池人，中共党员，农业技术推广研究员；1991 年毕业于西北农林科技大学，动物遗传育种专业，硕士研究生，1982 年 8 月参加工作；1982 年至 1988 年在盐池县畜牧站工作，1991 年在宁夏畜牧工作站工作，2001 年调入自治区产业化领导小组办公室，2004 年调入宁夏畜牧工作站，2007 年调入宁夏兽药饲料监察所，任所长，2015 年调入宁夏畜牧工作站，任站长，先后兼任全区滩羊产业首席专家、科技部科技成果评审专家等；先后主持参与国家级或自治区级项目 30 余个，获省部级科技奖励 6 项；发明专利 1 项；主编著作 3 部、参编著作 6 部；发表论文 20 余篇；2009 年获农业部全国饲料质量安全整治先进个人，农业部农产品质量安全工作先进个人、全国农业先进工作者、全国兽药监察系统先进个人称号，2018 年获全区民族团结进步模范个人称号，2019 年获国务院全国民族团结进步模范个人称号；享受自治区人民政府特殊津贴。

李文波　1962 年 9 月出生，宁夏盐池人，中共党员，农业技术推广研究员；1988 年 7 月毕业于宁夏农业学校，农学专业，1980 年 10 月参加工作；先后在盐池草原实验站、同心白绒山羊场、中卫山羊场、宁夏农业环境保护监测站工作，历任副站长、场长、副站长；主持科研项目 5 个，获自治区科技进步奖三等奖 4 次；出版专著 1 部，发表论文 4 篇；获自治区劳动模范荣誉称号。

张增福　1962 年 9 月出生，河北定州人，中共党员，农业技术推广研究员；1987 年 7 月毕业于西北农林科技大学，植物保护专业；1987 年 7 月至 2019 年 10 月在自治区农业技术推广总站工作，历任副科长、科长、副站长职务；2019 年 10 月调入自治区农业机械化技术推广站工作，任副站长；先后主持自治区级项目 5 个，获全国农牧渔业丰收奖二等奖 3 项、农业节水科技三等奖 1 项、自治区科技进步奖二等奖 1 项；主编论著 1 部，参编论著 8 部，发表论文 8 篇；1997 年获全国动植物检疫局优秀工作者奖励，2013 年获自治区扶贫开发领导小组"定点帮扶先进个人"称号。

沈彦平　女，1962 年 9 月出生，浙江杭州人，中共党员，农业技术推广研究员；1982 年 7 月毕业于宁夏农学院，牧医系畜牧专业，同年同月参加工作；先后在陶乐县畜牧兽医站，银川郊区畜牧局、良田乡畜牧站、畜牧局，银川市金凤区农牧和水务局、农业农村和水务局等单位长期从事专业技术推广服务工作；获全国农牧渔业丰收奖二等奖 1 项，发表论文近 30 篇；2009 年 9 月获"全国三八红旗手"称号。

罗晓瑜　1962 年 11 月出生，湖南新化人，中共党员，农业技术推广研究员；1984 年 7 月毕业于宁夏农学院畜牧兽医系，大学学历，1984 年 7 月参加工作；1984 年至 1986 年在中卫畜牧站工作站工作；1986 年至 2015 年在宁夏畜牧站工作站工作，历任大家畜科副科长、科长、副站长、站长；2015 年至 2017 年调入宁夏农牧厅畜牧局，任局长；2017 年至今任宁夏农牧厅党组成员、首席兽医师；1997 年入选自治区跨世纪学术、技术带头人（"313 人才工程"），1998 年享受国务院政府特殊津贴；

先后被评为全国优秀奶业工作者、宁夏"60位新中国成立以来感动宁夏人物""宁夏回族自治区先进工作者"、宁夏首届"塞上英才"等；2007年被农业部聘为国家肉牛产业技术体系岗位科学家，主要从事奶牛和肉牛生产、饲草料加工等技术研究和推广方面工作；主持或参加国家、自治区重大关键技术研究、示范和推广项目30个；获省部级科技奖励8项，其中，一等奖3项、二等奖4项、三等奖2项；出版专著6部（110万字），发表论文30余篇，制定地方标准4项，获发明专利2项。

杨万仁　1962年11月出生，宁夏平罗人，中共党员，正高职高级工程师；1987年毕业于陕西机械学院，农田水利工程专业，本科，学士学位，1987年7月参加工作；1987年7月至1989年4月在宁夏汉延渠管理处工作；1989年4月至1999年12月在水利厅农业综合开发办公室工作，任工程师；1999年12月至今在自治区农业综合开发办公室工作，历任高级工程师、正高职高级工程师；获自治区级科技进步奖一等奖1项、二等奖1项，发表论文1篇，主编专著2部，参编专著3部；获实用新型专利证书1项，参与编写地方标准1个。

韩继军　1962年11月出生，宁夏利通区人，中共党员，农业技术推广研究员；1983年7月毕业于宁夏农学院，农学专业，同年同月参加工作；先后在同心县农技站、吴忠市农科所、利通区蔬菜站、利通区农业技术推广中心等单位工作，担任专业技术干部、所长、主任等职务；获全国农牧渔业丰收奖2项，自治区科技进步奖6项；出版专著2部，编写科普读物、农民培训教材20万字，发表论文13篇。

关今悦　1962年12月出生，宁夏吴忠人，中共党员，农业技术推广研究员；1983年7月毕业于宁夏农学院，同年分配到宁夏灵武市农业技术推广中心工作；1991年8月至1996年9月在宁夏农业厅农业处工作，历任科员、科长；1996年9月至1997年11月任宁夏环境保护监测站工作副站长；1997年11月至2012年9月历任自治区农业信息中心副主任、主任，自治区农业展览馆馆长，宁夏农产品质量安全中心主任；获全国农牧渔业丰收奖一等奖1项、二等奖3项、三等奖1项；获自治区科技进步奖四等奖1项、科技进步优秀成果奖1项；先后荣获农业部"先进个人"称号，全区党委系统信息调研先进工作者，自治区党委、人民政府授予先进工作者；参编和主编著作共12部，发表论文7篇；2012年9月逝世。

拓守珍　1962年12月出生，宁夏沙坡头区人，中共党员，农业技术推广研究员；1982年7月毕业于宁夏固原农校，畜牧兽医专业，同年同月参加工作；先后在中卫县畜牧兽医工作站、畜牧工作站，中卫市畜牧工作站、畜牧工作站暨畜牧技术推广服务中心，沙坡头区畜牧水产技术推广服务中心等单位工作，担任专业技术干部、副主任等职务；获得全国农牧渔业丰收奖一等奖1项，发表论文14篇；2008年被自治区农牧厅评为年度全区农作物秸秆加工综合利用"山川互动"技术服务先进个人；2009年被自治区农牧厅评为全区秸秆加工调剂利用先进个人；2017年3月被中共中卫市委、中卫市人民政府授予2016年度"十佳"农业科技推广标兵称号。

宿文军　1963年1月出生，甘肃会宁人，中共党员，农业技术推广研究员；1986年7月毕业于宁夏农学院，农学专业、本科学历、学士学位；2009年毕业于中央党校经济管理专业，在职研究生学历；1986年7月参加工作；1986—1997年在西吉县种子公司、农业局工作，任经理、副局长；1997—1998年在自治区农业厅办公室工作，任秘书；1998—2005年在宁夏种子管理站工作，任副站长；2005—2007年在宁夏种子公司工作，任经理、兼任自治区马铃薯产业首席专家；2007—2010年在自治区农牧厅农业产业化办公室工作，任主任；2010—2011年在自治区农牧厅计划财务处工作，任处长；2011—2018年在自治区农牧厅工作，任副巡视员，党组成员，总农艺师，自治区科协副主席（不住会）；2018—2020年在自治区农业农村厅工作，任党组成员、总农艺师；先后主持参与国家级或自治区级等项目30余个，获省部级科技成果20余项、省部科技成果奖15项；出版著作5部，发表论文30余篇，获优秀论文奖5篇；1996年4月被自治区党委、人民政府授予"八五"期间全区农业战线先进个人称号；2001年12月获自治区人民政府特殊津贴；2002年10月获第八届宁夏青年科技奖；2005年8月获国务院政府特殊津贴。

倪泽成 1963 年 1 月出生，宁夏中卫人，中共党员，农业技术推广研究员；1983 年 7 月毕业于宁夏农学院畜牧兽医系，兽医专业，同年同月参加工作，2019 年 1 月退休；先后在西吉县畜牧兽医工作站、银川市动物检疫站、动物卫生监督所、农业综合执法支队、畜牧技术推广服务中心等单位工作，担任专业技术干部、副站长、站长、所长、副队长等职务；2005 年 4 月被自治区党委、人民政府授予"先进工作者"称号；编写专著 5 部，发表论文 30 篇。

雍长福 1963 年 1 月出生，宁夏沙坡头区人，农业技术推广研究员；1983 年 7 月毕业于宁夏农学院兽医专业，同年同月参加工作；先后在中卫县畜牧兽医站、兽医站、动物检疫站、中卫市兽医站、动物疾病预防控制中心、沙坡头区动物疾病预防控制中心、畜牧兽医技术服务中心等单位长期从事农业技术推广服务工作；获全国农牧渔业丰收奖农业技术推广贡献奖 1 项，自治区科技成果 2 项；主编出版著作 1 部、发表论文 67 篇；享受自治区人民政府特殊津贴。

沈宏刚 1963 年 2 月出生，河南商丘人，中共党员，农业技术推广研究员；1987 年 7 月毕业于西北农业大学，农学专业，1987 年 7 月参加工作；1987 年 7 月至 2015 年 2 月在自治区原种场工作，历任技术员、科长、副场长、场长；2015 年 2 月至 2016 年 1 月在自治区种子公司工作，任党支部书记；2016 年 1 月至今在自治区种子工作站工作；获自治区科技进步奖一等奖 1 项，三等奖 2 项；先后成功引育 4 个水稻品种，1 个玉米单交种；发表论文 10 余篇。

徐怀忠 1963 年 2 月出生，宁夏中卫人，农业技术推广研究员；1983 年 7 月毕业于宁夏农学院，畜牧专业，同年同月参加工作；先后在泾源县畜牧兽医工作站、固原地区草原工作站、固原市草原工作站、动物卫生监督所等单位工作，担任专业技术干部、副站长、所长；获全国农牧渔业丰收奖三等奖 1 项，自治区科技进步奖二等奖 1 项；参编著作 1 部，发表论文 26 篇。

田建民 1963 年 3 月出生，宁夏银川人，中共党员，农业推广研究员；在职研究生学历，毕业于宁夏党校，工商管理专业，1985 年 7 月参加工作；1985 年 7 月至 2010 年 10 月在宁夏农机安全监理总站工作，历任副科长、办公室主任、副站长；2010 年 10 月至 2019 年 7 月在宁夏农机化技术推广站工作，历任副站长、站长；2019 年 7 月至今在宁夏农业勘查设计院工作，任院长；先后主持研发项目 10 多个，获全国农牧渔业丰收奖 2 项、自治区科技进步奖 1 项；获国家专利 14 个；主持参与编制大纲、地方标准、规程等 15 个；参与编写著作、培训教材，发表论文等，共 15 部（篇）；2016 年获国务院特殊津贴，多次受到自治区人民政府及相关部门表彰奖励。

姜国先 1963 年 3 月出生，宁夏青铜峡人，农业技术推广研究员；1987 年 7 月毕业于宁夏农学院农学系，同年同月参加工作；一直在青铜峡市农业技术和农机化推广服务中心长期从事农业技术推广服务工作；获全国农牧渔业丰收奖 3 项、自治区科技进步奖 2 项、自治区科技成果奖 4 项，发表论文 29 篇。

杨发林 1963 年 4 月出生，回族，宁夏灵武人，中共党员，农业技术推广研究员；1988 年毕业于甘肃农业大学，草业专业，硕士研究生，1988 年 8 月参加工作；1988 年 8 月至今在自治区草原工作站工作，历任草原建设科科长、副站长；主持国家级项目 1 个、自治区级项目 2 个，获得全国农牧渔业丰收奖三等奖 1 项，自治区科技进步奖三等奖 1 项；主编专著 2 部，参与编写著作 4 部，发表论文 40 余篇；2000 年入选自治区"313 人才工程"，2016 年至今任自治区牧草产业首席专家。

周 华 1963 年 4 月出生，江苏南通人，九三学社社员，正高职高级工程师；2008 年毕业于河海大学，水文水资源管理专业，博士学位，1984 年 8 月参加工作；1984 年至 1990 年在宁夏水利科学研究所工作；1990 年至 2019 年在自治区农业综合开发办公室、自治区农业综合开发中心工作，历任科技开发项目科科长、项目评估科科长、监督监查科科长；参与完成国家级和自治区级项目 30 余个；发表论文 70 余篇，编写专著 1 部，参编著作 15 部；参与修订行业标准 1 个、地方标准 5 个；获省部级一等奖 2 项、二等奖 6 项、三等奖 3 项、四等奖 1 项；获优秀论文奖 6 次；荣获自治区党委组织部专家服务团先进个人奖 1 次；荣获全国"九三"学社中央委员会先进个人奖 1 次、自治区"九三"学社工作先进个人奖及参政议政先进奖 10 次；2016 年享受自治区人民政府特殊津贴。

黄兆鸿 1963年4月出生，陕西蒲城人，中共党员，农业技术推广研究员；1986年7月毕业于西北农业大学，本科，农学学士，1986年7月参加工作；1986年7月至今在自治区兽药饲料监察所工作；获自治区科技进步奖一等奖1项、三等奖1项；发表论文14篇；参编著作1部；参与研发新兽药1个；制修订地方标准30余个。

庄　海 1963年4月出生，宁夏青铜峡人，中共党员，农业技术推广研究员；1985年7月毕业于宁夏农业学校，农学专业，同年同月参加工作；先后在宁夏农科院、青铜峡市农业技术和农机化推广服务中心等单位长期从事农业技术推广服务工作；获全国农牧渔业丰收奖3项，发表论文15篇。

周　斌 1963年5月出生，浙江宁波人，中共党员，正高职高级工程师；1984年毕业于宁夏农学院，农田水利工程专业，本科，学士学位，1984年7月参加工作；1984年7月至1991年7月任宁夏水利工程处机械队副队长；1991年7月至2019年5月任宁夏农业综合开发办公室外资项目管理科科长；2019年5月至今在宁夏农业综合开发中心工作，任外资项目管理科科长；获国家科学技术进步奖二等奖1项，自治区科技进步奖二等奖1项，中国气象学会科技进步成果二等奖1项；发表论文10余篇，主编专著2部；享受国务院特殊津贴。

韩映辉 1963年5月出生，宁夏海原人，中共党员，农业技术推广研究员；1986年7月毕业于宁夏农学院，畜牧专业，同年同月参加工作；先后在固原县官厅细毛种羊场、畜牧兽医工作站、畜牧局肉牛基地领导小组办公室、原州区农业畜牧局项目办公室、畜牧技术推广服务中心等单位工作，担任专业技术干部、副主任、副站长、项目办副主任、中心副主任；获全国农牧渔业丰收奖2项，出版著作2部，发表论文8篇。

牛文智 1963年6月出生，宁夏西吉人，农业技术推广研究员；1986年7月毕业于西北农业大学，1986年6月参加工作；至今在宁夏畜牧工作站工作，任养羊科科长、国家绒毛用羊产业技术体系银川综合试验站站长；主持或参与国家级项目等4个，主持自治区级课题5项；获自治区科技进步奖三等奖1项，主编著作6部，发表论文11篇。

赵振林 1963年6月出生，江苏阜宁人，中共党员，农业技术推广研究员；1985年7月毕业于宁夏农学院，畜牧兽医专业，同年同月参加工作；一直在青铜峡市动物卫生监督所长期从事农业技术推广服务工作；获全国农牧渔业丰收奖1项、自治区科技进步奖2项，出版著作2篇，发表论文12篇；2002年7月被农业部表彰为全国动物防疫工作先进个人。

杨国恒 1963年6月出生，宁夏原州区人，九三学社社员，农业技术推广研究员；1984年7月毕业于宁夏农学院农学系，同年同月参加工作；先后在原州区黑城农科站、七营农科站、农业技术推广服务中心等单位工作，担任专业技术干部、副主任；担任原州区政协第三届、第四届常委；获全国农牧渔业丰收奖二等奖2项、三等奖2项，获自治区科技进步奖一等奖、二等奖、三等奖各1项；合作出版著作4部，发表论文10篇。

沈明亮 1963年7月出生，宁夏惠农人，中共党员，农业技术推广研究员；1985年7月毕业于宁夏农学院，畜牧兽医专业，同年同月参加工作；先后在石嘴山市畜牧兽医站、动物检疫站、动物卫生监督所、畜牧技术推广服务中心、畜牧水产技术推广服务中心等单位工作，担任过专业技术干部、副所长、主任、党支部书记等行政和党内职务；获自治区科技进步奖三等奖1项，中华农业科技奖三等奖1项；出版著作6部，发表论文20篇；2015年获得自治区先进工作者称号；2010年获得科技部、中国技术市场协会"三农科技服务"金桥奖；2017年12月被自治区农牧厅评为"塞上农业专家"。

曾黎生 1963年7月出生，湖南武冈人，九三学社会员，农业技术推广研究员；1987年7月毕业宁夏农学院，农学专业（专科），1980年10月参加工作；先后在平罗县农业综合试验站、农业技术推广服务中心、姚伏镇农科站、农牧渔业局、农业技术推广服务中心等单位工作，担任专业技术干部、副主任；获全国农牧渔业丰收奖二等奖1项，合作出版著作3部，发表论文12余篇。

杨子强 1963年8月出生，回族，宁夏吴忠人，中共党员，农业技术推广研究员；1983年7月毕业于宁夏农学院，农学专业，1983 年 7 月参加工作；从事基层农业科研推广工作 35 年，先后三次赴日本研修学习；历任吴忠市农科所副所长、所长，吴忠市农牧局业务科科长、市场信息科长，吴忠国家农业科技园区主任助理、工委委员、副主任，自治区园艺站副站长，自治区种子工作站副站长；主持参与多项课题；获自治区科技进步奖二等奖 2 项、三等奖 3 项，全国农牧渔业丰收奖二等奖 2 项、三等奖 1 项，区级科研成果 2 项；发表科研论文多篇，参编著作 4 本；先后被评为吴忠市"十大"专业技术人才、吴忠市优秀专业技术人才。

高鸿飞 1963 年 8 月出生，宁夏海原人，农业技术推广研究员；1983 年 7 月毕业于宁夏农学院，农学专业，同年同月参加工作；一直在海原县农业技术推广服务中心长期致力于农业技术推广服务工作，担任技术干部、主任；获全国农牧渔业丰收奖 3 项、自治区科技进步奖 1 项，出版著作 4 部，发表论文 38 篇。

王 利 1963 年 8 月出生，宁夏彭阳人，中共党员，农业技术推广研究员；1989 年 7 月毕业于宁夏农机校，农机管理专业，同年同月参加工作；一直在彭阳县农业综合开发服务中心长期从事农业技术推广服务工作，担任技术干部、主任；获全国农牧渔业丰收奖 3 项、自治区科技进步奖 1 项，出版著作 4 部，获国家专利 4 项，主持制订宁夏地方标准 5 个，在省部级核心刊物发表论文 8 篇；2018 年享受国务院特殊津贴。

晁向阳 1963 年 9 月出生，陕西扶风人，大学学历，中共党员，农业技术推广研究员；1980 年 9 月就读于西北农学院畜牧兽医系，畜牧专业，1984 年 7 月毕业，同年同月参加工作；先后在宁夏农学院、宁夏畜牧局经营管理处、人事劳动处、自治区家畜改良站、宁夏家畜繁育中心、宁夏兽药饲料监察所、宁夏农牧厅人事劳动处、宁夏农牧厅等单位工作，担任过助教、讲师、主任科员、副处长、党支部书记、主任、所长、处长、党组成员、首席兽医师、副厅长等职务；工作期间，先后兼任农业部兽药 GMP 检查员、全国兽医学会副理事长、宁夏质量检验协会常务理事、中国奶牛协会会员、中国家畜生态研究会会员、宁夏优势特色产业专家组成员；先后主持或参与完成国家级、自治区科研项目 10 余个，获省部级科技成果一等奖 1 项、二等奖 2 项、三等奖 2 项；参编著作 7 部，发表论文 16 篇。

刘国华 1963 年 9 月出生，宁夏沙坡头区人，农业技术推广研究员；1984 年 7 月毕业于宁夏农学院，兽医专业，同年同月参加工作，2005 年取得吉林大学兽医硕士学位；先后在中卫县畜牧兽医工作站、中卫市动物疾病控制中心、农村经济经营管理站长期致力于农业技术推广服务工作，担任技术干部、主任、站长；2001 年被农业部表彰为全国动物防疫工作先进个人；被农业部聘任为第一届全国动物防疫专家委员会委员，中国畜牧兽医学会禽病学分会第八、九届理事会理事；担任中卫市第一、二、三届人大代表、常委会委员；发表论文 110 篇。

康涌涛 1963 年 10 月出生，宁夏银川人，中共党员，农业技术推广研究员；1985 年 7 月毕业于宁夏农学院，畜牧专业，同年同月参加工作；先后在银川郊区畜牧站、永固乡畜牧站、兴庆区畜牧水产技术推广中心、农产品质量安全监管中心等单位工作，担任专业技术干部、站长、主任；获得全国农牧渔业丰收奖推广奖 1 项、自治区科技进步奖 3 项，发表论文 21 篇。

张建勋 1963 年 10 月出生，甘肃兰州人，中共党员，农业技术推广研究员；1985 年 7 月毕业于宁夏农学院牧医系，畜牧专业，同年同月参加工作；先后在灵武县（市）种鸡场、马家滩镇、畜牧技术推广服务中心、动物疾病预防控制中心等单位工作，担任专业技术干部、科技副镇长、主任；2006 年、2007 年分别获得自治区人民政府颁发的突出贡献科技人员奖；发表论文 13 篇，出版著作 1 部，起草地方标准 2 项。

吴 彦 1963 年 10 月出生，安徽萧县人，中共党员，农业技术推广研究员；1983 年 7 月毕业于宁夏农业学校，农学专业，同年同月参加工作；先后在石嘴山市农业技术推广站、农业技术推广服务中心等单位工作，担任专业技术干部、副站长、站长、党支部书记等行政和党内职务；获得全国农牧渔业丰收奖 2 项，国家科学技术进步奖 1 项，农业部科技进步奖 1 项，自治区科技进步奖一等奖

1 项，自治区农业科技成果推广一等奖 1 项，山东省科技进步奖 1 项；1992 年 3 月被自治区党委、人民政府授予实施"231 工程"先进个人称号；1999 年被农业部农技推广中心授予全国农技推广先进工作者称号；发表论文 10 余篇。

　　孙文华　1963 年 10 月出生，宁夏中卫人，中共党员，农业技术推广研究员；1984 年 7 月毕业于陕西省农林学校，养蜂专业，同年同月参加工作；先后在吴忠市畜牧兽医工作站、畜牧草原技术服务中心，吴忠市利通区畜牧水产技术服务中心、畜牧兽医中心等单位工作，担任专业技术干部、副站长、站长、主任、研究员；获中华农业科教基金会颁发的"神内基金农技推广奖" 1 项，农业部颁发的"中华农业科技奖" 1 项，全国农牧渔业丰收奖一等奖 1 项；2013 年 6 月，获得中国奶业协会授予的"全国优秀奶业工作者"称号；2013 年 12 月，获得自治区党委组织部等五部门颁发的"塞上农业专家"称号；获授权发明专利 1 项、实用新型专利 1 项；发表论文 5 篇，主编或合著专著 4 部。

　　王全祥　1963 年 11 月出生，宁夏中卫人，中共党员，农业技术推广研究员；1986 年 6 月毕业于西北农业大学，土壤农化专业，1986 年 7 月参加工作；1986 年至 2017 年在自治区农业勘查设计院工作，历任副队长、队长、副院长、院长、党委副书记；2017 年 11 月调入自治区农业机械化技术推广站工作，任站党支部书记；主持参与国家级及自治区级项目 41 个；获全国优秀工程咨询成果二等奖 1 项，省（部）级科技进步一等奖 1 项、二等奖 3 项、三等奖 2 项，自治区级优秀工程设计行业二等奖 1 项、三等奖 1 项；被评为"首届全区优秀科技工作者""自治区第三批专家服务团优秀专家""全区土地利用总体规划修编工作先进个人"；2015 年被自治区授予"塞上农业专家"荣誉称号；主编论著 6 部、参编论著 3 部、主持制定地方标准 2 个，发表论文 26 篇。

　　李　敏　女，1963 年 12 月出生，辽宁黑山人，中共党员，农业技术推广研究员；1985 年 7 月毕业于宁夏农学院，本科，农学学士，1985 年 7 月参加工作，2018 年 12 月退休；1985 年 7 月至 2018 年 12 月在自治区兽药饲料监察所工作；任农业部第五届、第六届、第七届兽药审评专家组中药审评专家；农业部兽药 GMP 检查员；自治区兽药 GMP 检查员；中国畜牧兽医学会动物药品学分会第五届理事会常务理事；国家职业技能鉴定兽用化学药品检验员、兽用中药制剂工高级考评员；主持科研项目 1 个，获自治区科技进步奖三等奖 1 项；主持制（修）定《中国兽药典》标准 22 个；发表论文 23 篇。

　　杨　俊　女，1963 年 12 月出生，四川富顺人，中共党员，硕士研究生，农业技术推广研究员；1984 年 7 月毕业于宁夏农学院农学系，农学专业，大学本科，同年 7 月在宁夏农业环境保护监测站参加工作，其间在浙江农业大学环保系主修农业环境保护和环境监测等相关课程 1 年；比利时国根特大学公派留学 3 年，主要攻读农业环境保护与土地自然资源管理、土壤荒漠化治理硕士学位；2018 年退休。历任宁夏农业环境保护监测站副科长、科长、副站长；获自治区科技进步奖三等奖 1 项、四等奖 1 项，主持并撰写完成的宁夏污染源普查技术报告荣获国务院第一次污染源普查工作领导小组、环保部和农业部二等奖；发表论文数十篇，专著 1 部，合著 1 本。

　　黄霞丽　女，1963 年 12 月出生，满族，宁夏银川人，无党派人士，农业技术推广研究员；1984 年毕业于宁夏农学院，畜牧专业，同年 7 月参加工作；1984 年在自治区畜牧工作站工作，1985 年调入自治区畜牧局科教处工作，1990 年调入自治区家畜改良站工作，1992 年调入自治区畜牧工作站工作；参与自治区课题 5 项，获得全国农牧渔业丰收奖一等奖 2 项、二等奖 2 项，自治区科技进步奖一等奖 1 项；主编著作 2 部，参编著作 5 部，发表论文 16 篇；参与制定标准 4 个。

　　龚玉琴　女，1963 年 12 月出生，宁夏中宁人，农业技术推广研究员；1984 年 7 月毕业于吉林农业大学，土壤农化系农学专业，同年同月参加工作，2016 年 7 月退休；一直在银川市农业技术推广服务中心从事专业技术推广工作；获全国农牧渔业丰收奖二等奖 1 项、自治区科技进步奖二等奖 1 项；出版著作 1 部，参编著作 3 部，发表学术论文 11 篇。

　　陶卫新　1963 年 12 月出生，宁夏中卫人，中共党员，农业技术推广研究员；1983 年 7 月毕业于宁夏农校，农学专业，同年同月参加工作；先后在吴忠市陈袁滩农技站、古城镇农技站，吴忠市黄沙窝乡、马莲渠乡，利通区农业中心，农技中心、农业技术推广服务中心等单位工作，担任专业技术干部、科技副乡长、农业中心主任、农技中心副主任兼利通区农牧局总农艺师、农业技术推广服务中心副主任；获全国农牧渔业丰收奖 2 项，自治区科技进步奖 6 项；出版合著 1 部，发表学术论文 20 多篇；被农业部表彰为先进个人。

张和平　1964 年 1 月出生，宁夏平罗人，中共党员，农业技术推广研究员；1986 年 7 月毕业于西北农业大学，兽医系兽医专业，大学学历，农学学士学位；2005 年获得吉林大学畜牧兽医学院预防兽医学硕士学位（在职）；先后在宁夏兽医站、宁夏动物卫生监督所、宁夏动物疾病预防控制中心、自治区农牧厅兽医局、自治区农业农村厅畜牧兽医局等单位工作，担任过专业技术干部、兽医诊断室副主任、防治科科长、副站长；担任动物卫生监督所、动物疾病预防控制中心党支部书记、所长（主任）；担任自治区农牧厅兽医局、自治区农业农村厅畜牧兽医局党支部书记、局长；从事动物防疫技术及畜牧兽医管理工作 37 年；第一届、第三届国家动物防疫专家委员会委员；获得农业部"四五"普法先进个人荣誉，2005 年入选国家百千万人才工程第三层次专家，2015 年获得宁夏"塞上农业专家"称号；获得省部级二等奖 1 项、三等奖 5 项，获得国家新编优秀方志二等奖 1 项；发表学术论文 46 篇，出版专著 6 部。

祝卫东　1964 年 1 月出生，宁夏中宁人，中共党员，农业技术推广研究员；1985 年 7 月毕业于宁夏农学院，兽医专业；1985 年 7 月分配到自治区畜牧局同心黑滩羊选育场工作；1987 年 12 月调入自治区兽药饲料监察所工作，历任饲料检验科副科长、残留检验室主任；2016 年 4 月调入自治区水产技术推广站工作，任副站长；先后获得全国农牧渔业丰收奖一等奖、自治区科技进步奖二等奖、中国水产学会范蠡科学技术二等奖、中国水产学会范蠡科学技术优秀奖、全国兽药饲料监察系统先进个人、自治区农产品质量安全工作先进个人等荣誉称号；被农业部和自治区有关部门选聘为全国兽药残留委员会专家委员、宁夏名牌产品战略推进委员会专家组专家及自治区食品安全专家委员会委员；编写出版著作 3 部，发表科技论文 30 余篇。

郭永宁　1964 年 1 月出生，宁夏中宁人，中共党员，农业技术推广研究员；1985 年 7 月毕业于宁夏农学院，兽医专业，同年同月参加工作；先后在吴忠市家畜病院、动物检疫站、秦渠乡兽医站、畜牧草原技术服务中心、利通区畜牧水产技术服务中心等单位长期从事农业技术推广服务工作；获全国农牧渔业丰收奖成果奖一等奖 1 项、三等奖 1 项；被自治区科协授予"全区农村优秀科普带头人"称号；出版著作 4 部，发表论文 12 篇。

吕鸿钧　1964 年 2 月出生，宁夏中卫人，中共党员，农业技术推广研究员；1987 年 7 月毕业于西北农业大学，蔬菜专业，同年参加工作；1987 年至 2013 年在自治区农业技术推广总站工作，历任副科长、科长、副站长；2010 年 3 月至 2017 年 10 月任自治区农业广播电视学校（自治区农民科技教育培训中心）校长（其间：2013 年 7 月至 2014 年 7 月在天津市西青区挂职，任区长助理）；2017 年 10 月起任自治区农业勘查设计院党委书记；组织实施科技项目 20 余个，获国家级和省部级科技成果奖一等奖 3 项（主持一项），二等奖 9 项，三等奖 3 项；享受国务院特殊津贴，入选自治区"313人才工程"，自治区第九届政协委员，农业部蔬菜专家指导组成员；获第七届宁夏青年科技奖、第七届中国农学会青年科技奖、"自治区五一劳动奖章"；获宁夏第六届十大杰出青年称号；2010 年起被聘为"宁夏农业特色优势产业设施蔬菜首席专家"。

段亚莉　女，1964 年 4 月出生，陕西蒲城人，中共党员，正高职高级工程师；1986 年 7 月毕业于西北农业大学，农机化专业；1986 年 7 月至 1991 年 12 月在自治区农业机械化学校工作；1992 年 12 月在自治区农机鉴定技术推广站、自治区农业机械化技术推广站工作，历任副主任、科长职务；参与国家科技计划项目 1 个，主持参与自治区级科技计划项目 6 个；合著论著 1 部，参编论著 3 部，编制培训教材 50 多万字，发表论文 16 篇；参与研制 16 种农机产品，主持参与鉴定检验 500 多项；编制质量管理体系文件 100 多万字，制（修）定地方标准和农业机械鉴定大纲 70 余个，培训各类人员 2450 多人次；2008 年获自治区农业标准化先进个人称号。

段洪威 1964 年 4 月出生，回族，宁夏银川人，中共党员，农业技术推广研究员；1984 年 7 月毕业于宁夏农学院畜牧兽医系，兽医专业，同年同月参加工作；先后在国营灵武农场、银川市畜牧兽医工作站、水产技术推广服务中心、畜牧技术推广服务中心等单位工作，担任专业技术干部、主任、党支部书记等行政和党内职务；获得全国农牧渔业丰收奖 1 项、自治区科技进步奖 4 项；出版著作 6 部，发表论文 8 篇。

马世文 1964 年 4 月出生，宁夏原州区人，中共党员，正高级农机工程师；1982 年 6 月毕业于固原地区农业机械化学校，农机管理专业，2014 年 7 月毕业于宁夏大学，农学专业，1982 年 6 月参加工作；先后在固原县大湾公社、农机监理站，原州区农村实用技术培训中心、农业机械化技术推广服务中心、畜牧技术推广服务中心、农村能源工作站等单位工作，担任专业技术干部、副站长、副主任、党支部书记等行政和党内职务；出版著作 3 部，发表论文 18 篇；获实用新型专利 4 项，获自治区科技成果奖 1 项；研制农业机械新产品 4 种（其中双驱动薯类收获机属国内首创），并被纳入国家农机购置补贴产品目录。

田牧群（曾用名：田彦虎） 1964 年 4 月出生，回族，宁夏海原人，中共党员，农业技术推广研究员；1984 年 7 月毕业于西北民族学院畜牧兽医系，兽医专业，同年同月参加工作；先后在海原县畜牧兽医工作站、动物防疫监督所等单位长期从事农业技术推广服务工作，担任专业技术干部、所长；出版著作 2 部，制定地方技术标准（技术规程）4 个，发表论文 23 篇；2020 年 4 月被中国科协评为全国科技助力精准扶贫先进个人。

高 扬 女，1964 年 5 月出生，宁夏银川人，中共党员，农业技术推广研究员；1987 年 7 月毕业于大连水产学院，淡水渔业专业，同年同月参加工作；先后在河南省水产研究所、银川郊区水产局、银川兴庆区农牧局、农业农村和水务局等单位长期从事水产技术推广和农产品质量安全监管工作；获全国农牧渔业丰收奖 1 项、自治区科技进步奖 1 项、银川市科技进步奖 1 项；出版著作 3 部、发表论文 11 篇；发表的论文于 2011 年获宁夏第十一届自然科学优秀论文二等奖；2015 年获宁夏首届农产品质量安全检测技能竞赛个人优秀奖。

赵晓勇 1964 年 5 月出生，四川西充人，中共党员，农业技术推广研究员；1986 年 7 月毕业于西北农业大学，畜牧专业，同年同月参加工作；先后在中宁县畜牧工作站、畜牧技术推广服务中心、农牧局、农村经济发展服务中心等单位工作，担任专业技术干部、副站长、副主任、局办公室主任、研究员；获得全国农牧渔业丰收奖 5 项、自治区科技进步奖 1 项；获中华农业科教基金会神内农技推广奖 1 项，起草地方标准 4 个，发表论文 85 篇，编写实用技术科普专著 4 部，撰写技术规划报告 15 篇。

张建军 1964 年 5 月出生，宁夏中宁人，农业技术推广研究员。1986 年 7 月毕业于宁夏农学院，畜牧专业，同年同月参加工作。先后在中宁县畜牧工作站、畜牧技术推广服务中心、动物疾病预防控制中心、动物卫生监督所等单位工作，担任专业技术干部、副主任、所长；获全国农牧渔业丰收奖 3 项、自治区科技进步奖 1 项；出版著作 2 篇，发表论文 6 篇；2006 年被自治区百万农民培训工程领导小组表彰为农村劳动力转移阳光培训先进个人。

武占银 1964 年 6 月出生，宁夏盐池人，农业技术推广研究员；毕业于西北农业大学，兽医微生物学及免疫学专业，研究生学历，农学硕士学位；1985 年 7 月参加工作，历任宁夏农学院牧医系助教，宁夏兽医工作站、宁夏动物防疫站、宁夏动物疾病预防控制中心科长，宁夏兽药饲料监察所副所长，现任宁夏动物卫生监督所副所长；曾赴澳大利亚墨尔本大学担任访问学者，曾赴津巴布韦担任中国援非农业技术专家；主持农业部计划项目 1 个、宁夏东西部科技合作项目 1 个、宁夏科技攻关国际合作专项 2 个，国家实用新型专利 2 项；获自治区科技进步奖三等奖 2 项；主编或参编专著 6 部，发表科研论文 50 余篇；获农业部优秀援非农业技术专家称号；多次获全区动物防疫先进个人、全区兽医工作先进个人称号。

杨晓芳 女，1964 年 7 月出生，甘肃甘谷人，农业技术推广研究员；1984 年 7 月毕业于宁夏农学院畜牧兽医系，兽医专业，同年同月参加工作，2019 年 7 月退休；先后在吴忠市畜牧局、银川郊区种禽场、畜牧局，银川市兴庆区畜牧水产技术推广中心等单位长期从事农业技术推广服务工作；出版著作 2 篇、发表论文 26 篇。

蒽　贤　1964 年 7 月出生，宁夏固原人，中共党员，正高级农机工程师；1982 年 6 月毕业于固原地区农业机械化学校，农机管理专业，2004 年 7 月毕业于中国农业大学，农业机械化及其自动化专业，2015 年 7 月毕业于宁夏大学，农学专业，1982 年 6 月参加工作；先后在固原县甘城乡农机管理站、农机局，原州区农机推广服务中心、农村实用技术培训中心等单位工作，担任农机专干、股长、副主任、主任、支部书记等行政和党内职务；获全国农牧渔业丰收奖 1 项，获中华农业科教神内基金农技推广奖 1 项；出版著作 10 部，发表论文 6 篇，其中独著 4 篇；2019 年被农业部表彰为全国100 名农民教育培训优秀基层农广校校长。

张桂芳　女，1964 年 8 月出生，宁夏银川人，中共党员，农业技术推广研究员；1988 年 7 月毕业于西北农业大学园艺系，蔬菜专业，同年同月参加工作；先后在银川郊区红花乡、大新乡蔬菜站，银川市兴庆区蔬菜花卉技术服务中心、农业技术推广中心等单位工作，担任专业技术干部、站长、主任；获得全国农牧渔业丰收奖 8 项、自治区科技进步奖 5 项；出版著作 3 部，发表论文 23 篇；2015年被国务院授予国务院特殊津贴，2000 年被自治区人民政府授予"313 人才工程"人才，2009 年被自治区人民政府授予自治区人民政府特殊津贴，2018 年被银川市政府授予银川市劳模（先进工作者）荣誉，2019 年被自治区总工会授予"自治区五一劳动奖章"。

崔亚玲　女，1964 年 8 月出生，陕西定边人，中共党员，农业技术推广研究员；1988 年 7 月毕业于宁夏农学院，农学专业，同年同月参加工作，2019 年 8 月退休；先后在银川市郊区掌镇乡、大兴乡农业技术推广服务中心，银川市郊区农业技术推广服务中心，金凤区农林牧业局、农业技术推广服务中心等单位工作，担任专业技术干部、农业产业化办公室主任等职务；获全国农牧渔业丰收奖2 项、自治区科技进步奖 3 项；出版著作 3 部，发表论文 16 篇。

郭致林　1964 年 8 月出生，甘肃民勤人，农业技术推广研究员；1987 年 6 月毕业于宁夏农学院，兽医专业，同年同月参加工作；先后在青铜峡市邵岗乡农技站、农业救灾办、新桥养殖场、畜牧站、动物防疫站、家畜病院、动物疾病控制中心等单位长期从事农业技术推广和动物疾病防治工作，担任专业技术干部、副场长、站长、院长、副主任；主编出版著作 1 部，发表论文 30 篇，发明新型实用技术专利 18 项；荣获自治区"塞上农业专家"荣誉称号。

李宏平　1964 年 9 月出生，宁夏银川人，中共党员，正高职高级工程师；毕业于中国农业大学，农业推广专业，在职硕士学位，1988 年 7 月参加工作；1988 年 7 月至 2004 年 2 月在自治区农业勘查设计院工作，历任副队长、总工程师、办公室主任；2004 年 2 月调入自治区农牧厅项目办公室；2004 年至 2019 年任自治区农牧厅农业国际合作项目管理中心副主任；2019 年 10 月任自治区农田水利建设与开发整治中心副主任；主要从事农业外资项目的实施与管理工作，参加实施多个项目；发表专业技术论文 4 篇；2012 年被农业部农产品贸易办公室评为农业产业损害监测预警体系优秀工作者；2015 年被自治区农牧厅评为中阿博览会农业板块先进个人；2016 年被农业农村部评为全国农业先进个人。

沈振荣　1964 年 9 月出生，宁夏永宁人，中共党员，正高职高级工程师；1986 年 7 月毕业于宁夏农学院农田水利系，同年参加工作；1986 年至 1995 年在宁夏农垦勘测设计队工作；1995 年至2009 年在宁夏农垦局农业综合开发办公室工作，历任副主任、主任；2009 年至 2013 年在宁夏农垦农林牧技术推广中心任主任；2013 年至 2014 年任宁夏农垦贺兰山实业公司总经理；2014 年至 2016 年，在宁夏农垦局农业综合开发办公室任主任；2016 年至 2019 年在宁夏农业综合开发办公室工作；获自治区科技进步奖一等奖 1 项、二等奖 2 项、三等奖 3 项；发表论文 19 篇，主编专著 2 部，参编 9 部。

谢荣国　1964 年 9 月出生，宁夏西吉人，中共党员，农业技术推广研究员；1987 年 7 月毕业于西北农业大学，本科，农学学士，1987 年 7 月参加工作；1987 年 7 月至今在自治区兽药饲料监察所工作；获自治区科技进步奖一等奖1项、二等奖1项；获全国农牧渔业丰收奖一等奖1项；发表论文8篇；制（修）订地方标准、企业标准102个；制定技术操作规程15个。

闫天宏 1964年9月出生，宁夏青铜峡人，中共党员，农业技术推广研究员；1983年7月毕业于西北农林科技大学，农机化专业，1987年7月参加工作；现为青铜峡市农业农村局专业技术干部；获全国农牧渔业丰收奖1项、自治区科技进步奖1项，发表论文23篇，荣获全国农业技术推广先进工作者称号。

杨国龙 1964年9月出生，回族，中共党员，农业技术推广研究员，1983年7参加工作；先后任灵武市农技中心技术员、副主任、主任，杜木桥乡乡长，农业局副局长，梧桐树乡党委书记、人大主席，农业局、农牧局党委书记、局长，灵武市政府党组成员、副市长，白芨滩管理局党委副书记、副局长；获全国农牧渔业丰收奖、自治区科技进步奖共12项；发表论文13篇，起草技术规程4个，参与编写著作2部，起草优势区域规划报告等10余份；1992年被农业部表彰为"振兴农业先进个人"，2001年被全国总工会表彰为"全国五一劳动奖章"获得者，2008年被自治区党委、人民政府评为"自治区人民满意的公务员"。

李秋燕 女，1964年10月出生，辽宁黑山人，正高职高级工程师；1987年7月毕业于北京农业工程大学，农业建筑与环境工程专业，1987年7月参加工作；一直在自治区农业勘查设计院工作，担任过设计室专业技术干部、副主任，咨询室副主任、主任等职；主持完成自治区级重大工程项目3个，获自治区科学技术进步奖二等奖1项；合著著作4部，发表论文7篇。

温 万 1964年10月出生，宁夏盐池人，中共党员，农业技术推广研究员；1987年毕业于西北农业大学，畜牧专业，同年7月参加工作；1987年至今在宁夏畜牧工作站从事养牛技术科研、推广和生产管理工作，历任副科长、科长、副站长；主持或参与省部级重点科技项目13个，获得全国农牧渔业丰收奖一等奖3项、二等奖2项，获自治区科技进步奖一等奖2项、二等奖1项、三等奖1项，院士基金奖1项，标准创新贡献奖二等奖1项，其他奖励11项；发表论文70余篇，参编著作6部，主编著作2部，主笔起草标准8个；获实用技术发明专利3项，软件著作权2项；2001年享受自治区人民政府特殊津贴，2015年入选"塞上农业专家"，2019年入选自治区高层次人才（C类）。

王进香 女，1964年11月出生，宁夏隆德人，农业技术推广研究员；1983年7月毕业于宁夏固原农校，2003年毕业于宁夏大学农学院，1983年7月参加工作；先后在宁夏西吉县畜牧兽医工作站、宁夏动物防疫站、宁夏动物疾病预防控制中心工作；历任中国动物传染病学分会第七至九届理事会理事；主持和参与完成科研项目8个；获自治区科技进步奖二等奖1项、三等奖2项，全国农牧渔业丰收奖三等奖1项；主编专著10部，主持起草地方标准6个，发表和交流论文40余篇，其中获全国动物传染病等学会优秀论文奖12篇。

王淑萍 女，1964年11月生，宁夏中宁人，中共党员，农业技术推广研究员；1986年7月毕业于宁夏农业学校，2003年10月毕业于宁夏大学，自考本科畜牧兽医专业，1986年7月参加工作；先后在永宁县畜牧科、银川市动物检疫站、动物防疫监督所、农业综合执法支队三大队、畜牧技术推广服务中心等单位长期从事专业技术推广服务工作；获自治区科技进步奖1项，发表论文10篇。

陈 玲 女，1964年11月出生，宁夏银川人，中共党员，农业技术推广研究员；1985年7月毕业于宁夏农学院，畜牧专业，同年同月参加工作，2018年11月退休；先后在银川市郊区畜牧局、银川市金凤区农牧水务局等单位长期从事农业技术推广服务工作；获全国农牧渔业丰收奖一等奖、二等奖和三等奖各1项，自治区科学技术进步一等奖1项，宁夏标准创新贡献奖二等奖1项；出版著作1部，发表论文10余篇。

陈天喜 1964年12月出生，宁夏隆德人，中共党员，农业技术推广研究员；2009年7月毕业于宁夏大学，农学专业，1985年7月参加工作；一直在泾源县农业技术推广服务中心长期致力于农业技术推广服务工作，担任专业技术干部、副主任；获全国农牧渔业丰收奖1项、自治区科技进步奖三等奖1项，出版著作2部，发表论文5篇。2005年被自治区党委、人民政府表彰为宁夏回族自治区先进工作者。

孙发国 1965 年 1 月出生，宁夏中宁人，农业技术推广研究员；1988 年 7 月毕业于宁夏农学院，植保专业，同年同月参加工作；一直在同心县农业技术推广服务中心长期从事农业技术推广服务工作，担任农业技术推广服务中心专业技术干部、副主任等职务；获全国农牧渔业丰收奖二等奖 1 项、三等奖 1 项，自治区科技进步奖二等奖 1 项、三等奖 2 项；出版著作 4 篇，发表论文 36 篇。

李自强 1965 年 1 月出生，宁夏隆德人，农业技术推广研究员；1985 年 7 月毕业于宁夏固原农校畜牧兽医专业，2009 年 6 月毕业于宁夏大学牧医专业，成人自考本科学历，1985 年 7 月参加工作；先后在泾源县畜牧中心，固原市良种繁育推广服务中心、农村能源工作站等单位工作，担任过专业技术干部、站长等职务；获全国农牧渔业丰收奖一等奖 1 项、自治区科技进步奖三等奖 1 项，发表论文 9 篇。

马自清 1965 年 2 月出生，回族，宁夏吴忠人，中共党员，农业技术推广研究员；1987 年 7 月毕业于西北农业大学，农学专业，同年 7 月参加工作；1987 年 7 月至 1995 年 10 月在吴忠市农业技术推广中心工作；1995 年 10 月至今在宁夏农业技术推广总站工作，历任宁夏农业技术推广总站粮油作物科副科长、科长、总农艺师；主持和参加多项自治区科技攻关课题和重大技术推广项目，获得全国农牧渔业丰收奖二等奖 2 项、三等奖 2 项，获自治区科技进步奖一等奖 1 项、二等奖 4 项、三等奖 2 项；发表论文 20 余篇，主编和参编著作 7 部；2006 年获科技部"星火科技二传手"荣誉称号，2007 年被农业部评为全国粮食生产先进工作者，2009 年被评为国家百千万人才工程及自治区"313 人才工程"人才，2011 年 12 月获国务院全国粮食生产突出贡献农业科技人员称号。

杨明进 1965 年 2 月出生，回族，宁夏平罗人，中共党员，农业技术推广研究员；1988 年 7 月毕业于西北农业大学，植物保护专业，2006 年 7 月毕业于中国农业大学，植物保护专业，1988 年 7 月参加工作；历任宁夏农业技术推广总站副科长、科长、自治区农技协会副理事长、宁夏植物保护协会秘书长，2015 年 4 月任宁夏农业技术推广总站副站长；主持和参加中央和自治区多项植物保护工程项目，获全国农牧渔业丰收奖二等奖 1 项，自治区科技进步奖二等奖 2 项、三等奖 6 项，取得科技成果登记 5 项；发表论文 20 余篇，出版著作 5 部，编写行业发展规划和可研报告十多份。

吕志涛 1965 年 2 月出生，宁夏盐池人，中共党员，农业技术推广研究员；1986 年 7 月毕业于宁夏农学院农学系，同年同月参加工作；一直在农业生产第一线从事农业技术示范、推广、科研工作；获得全国农牧渔业丰收奖一等奖 1 项，自治区科技进步奖一、二、三等奖各 1 项；发表论文 10 余篇；获得区级先进工作者、优秀党员、"十大杰出青年科技标兵"等荣誉称号。

黄玉邦 1965 年 3 月出生，宁夏盐池人，农业技术推广研究员；1986 年 7 月毕业于宁夏农业学校，畜牧兽医专业，同年同月参加工作；先后在盐池县畜牧站、滩羊肉产品质量监督检验站、农牧局等单位工作，担任专业技术干部、站长、副局长等职务；获全国农牧渔业丰收奖 2 项、自治区科技进步奖 4 项，出版著作 1 部，发表论文 8 篇，组织和参与标准编写 18 个，为"盐池滩羊"证明商标注册人；2009 年被全国总工会授予"全国五一劳动奖章"；入选自治区"313 人才工程"。

张志明 1965 年 4 月出生，回族，宁夏平罗人，中共党员，农业技术推广研究员；1988 年 7 月毕业于西北农业大学，蔬菜专业，同年同月参加工作；先后在平罗县高庄乡农技站、种子公司、农技中心蔬菜站等单位长期从事农业技术推广服务工作；获全国农牧渔业丰收奖一等奖 1 项、二等奖 1 项；合作出版著作 1 部，发表论文 9 余篇。

吴旭东 1965 年 5 月出生，宁夏银川中共党员，中国农业大学理学博士毕业，研究员。历任国家淡水鱼产业技术体系银川试验站站长、宁夏回族自治区水产研究所所长、宁夏回族自治区渔业首席专家、宁夏回族自治区渔业局局长、宁夏回族自治区科协党组成员、副主席、宁夏农业农村厅二级巡视员等职务。甘肃农业大学、宁夏大学研究生导师。科技部、农业农村部、教育部、国家自然基金委及广东等省（自治区、直辖市）评审专家。主主持完成国家自然基金项目 2 项、国家及省部级重大科技项目 30 余项，获省部级科技进步奖 15 项，其中一等奖 2 项（主持）、二等奖 8 项，国家发明专利 8

项，制定发布地方标准6项，主编出版专著8部，发表论文50余篇。享受国务院特殊津贴专家。获宁夏回族自治区党委和政府"塞上英才""五一劳动奖章""跨世纪学术技术带头人"等荣誉称号。

郭 荣 女，1965年6月出生，宁夏中宁人，中共党员，农业技术推广研究员；1986年7月毕业于宁夏农学院，农学系；1986年至1989年在宁夏农林科学院农作物研究所工作；1989年至1997年在宁夏银河仪表厂工作；1997年至2007年在宁夏农业信息中心工作；2007年至2019年任宁夏农产品质量安全中心副主任；2019年10月至今任宁夏农业广播电视学校副校长；获全国农牧渔业丰收奖二等奖2项、自治区科技进步奖二等奖1项、三等奖1项；主编著作2部，参编著作2部，参与制定地方标准2个、行业标准1个，发表论文19篇；被农业部评为全国农业系统优秀有机食品检查员4次；被自治区食品安全委员会评为全区食品安全先进个人1次；获自治区人民政府自治区质量贡献奖1次。

张 权 1965年6月出生，宁夏西吉人，中共党员，农业技术推广研究员；1988年7月毕业于宁夏农学院，植物保护专业，同年同月参加工作；先后在固原地区农技站、黑城良种场，固原市农业机械化技术推广服务中心、种子管理站等单位工作，担任专业技术干部、副场长、主任、站长等职务；获得全国农牧渔业丰收奖一等奖1项，自治区科技进步奖二等奖2项、三等奖1项；出版著作4部，编写地方技术规程2项，发表论文7篇；2018年享受自治区人民政府特殊津贴。

张淑凤 女，1965年7月出生，宁夏中卫人，中共党员，农业技术推广研究员；1987年7月毕业于宁夏农学院畜牧兽医系，兽医专业，同年同月参加工作；先后在中卫县城关镇畜牧局，吴忠市畜牧兽医站、动物卫生监督所、动物疾病预防控制中心等单位长期从事农业技术推广服务工作；获自治区科技进步奖一等奖1项，取得实用新型专利2项；出版著作1部，发表论文7篇。

张国坪 1965年7月出生，宁夏隆德人，中共党员，农业技术推广研究员；1986年7月毕业于固原农校，畜牧兽医专业，2002年7月毕业于宁夏大学，畜牧兽医专业，成人自考本科学历，1986年7月参加工作；一直在固原市畜牧技术推广服务中心工作，担任专业技术干部、主任等职务；获得全国农牧渔业丰收奖三等奖1项，自治区科技进步奖二等奖1项、三等奖3项，陕西省科学技术一等奖1项，国家发明专利2项、实用新型专利4项，自治区科技成果登记1项；主持制定各类规划、方案、技术规范、规程等40余项，发表论文43篇，出版著作9部；2018年9月被自治区党委、人民政府表彰为"自治区第八次民族团结进步模范个人"。

侯建英 女，1965年8月出生，山西交城人，农业技术推广研究员；1988年7月毕业于宁夏农学院农学专业，1988年7月参加工作；1988年7月至今在宁夏农业勘查设计院工作，主持参与并完成国家级和自治区级项目100多个，获自治区科技进步奖三等奖1项，行业优秀成果奖4项，合著著作一部，发表学术论文十余篇。

眭克仁 1965年8月出生，宁夏永宁人，中共党员，正高职高级工程师；1988年7月毕业于河海大学水文系，陆地水文专业，2003年11月获西安理工大学在职水利工程硕士学位，1988年7月参加工作；1988年7月至1989年5月在宁夏水利厅水文总站工作；1989年5月至2000年11月在宁夏水利厅农业综合开发办公室工作；2000年11月至2018年11月任宁夏农业综合开发办公室科长；2018年11月至2020年12月任宁夏农业农村厅农业综合开发中心科长；获自治区科技进步奖二等奖1项、三等奖1项；发表论文15篇，参编专著2部。

程 岚 女，1965年10月出生，浙江海宁人，中共党员，农业技术推广研究员；1986年7月毕业于西北农业大学，农机设计制造专业，1986年7月参加工作；1986年7月至2010年10月在宁夏农业机械化技术推广站工作，任副站长；2010年10月至2020年10月在宁夏农机安全监理总站工作，任副站长；主持多项科技攻关项目；参与编写著作7部；获第十二届宁夏青年科技奖和2019年全国农业农村系统先进个人称号。

张 信 1965年11月出生，宁夏固原人，中共党员，农业技术推广研究员；2005年毕业于宁夏大学，畜牧兽医专业，1987年7月参加工作；1987年7月至1989年5月在固原县草原工作站工作；

1989年5月调入宁夏云雾山国家级自然保护区管理局工作，历任云雾山派出所副所长、云雾山管理处办公室主任、副处长、处长、局长；主持自治区级项目4个，获陕西省科学技术奖一等奖1项，自治区科技进步奖三等奖2项；发表论文30余篇，参与编写著作5部，参与制定地方标准4个，获国家发明专利2项；被环境保护部、农业部、国土资源部等七部局授予"全国自然保护区先进个人"称号。

张树海 1965年11月出生，宁夏原州区人，中共党员，农业技术推广研究员；1987年7月毕业于宁夏农学院，畜牧专业，同年同月参加工作；先后在固原县草原工作站、原州区草原工作站、农业技术推广服务中心、畜牧技术推广服务中心等单位工作，担任专业技术干部、站长、主任、支部书记等行政和党内职务；获全国农牧渔业丰收奖1项；2010年被农业部表彰为全国草原防火工作先进个人，2013年和2016分别被农业部表彰为全国农业先进个人；出版著作4部，发表论文8篇。

董凤林 女，1965年12月出生，山西万荣人，农业技术推广研究员；1989年7月毕业于宁夏农学院，植物保护专业，同年同月参加工作；先后在西吉县农业技术推广服务中心、固原市农业技术推广服务中心等单位长期从事农业技术推广服务工作；获得自治区科技进步奖二等奖2项、三等奖5项，获实用新型专利5项；参与制定地方标准2个，出版著作4部，发表论文30余篇。

任向红 女，1966年1月出生，湖北黄陂人，中共党员，正高职高级工程师；毕业于宁夏大学，应用数学专业，在职硕士学位，1988年10月参加工作；1988年10月至2010年1月在自治区测绘局第二测绘院制图中队任副中队长；2010年1月至2018年12月调入自治区国土开发整治管理局，历任副科长、科长；2018年12月机构改革，调入自治区农田水利建设与开发整治中心；2015年获宁夏国土资源科技成果个人三等奖，2011年度所带领的科室获得自治区总工会颁发的五一巾帼奖；发表专业技术论文8篇。

张卫平 1966年3月出生，宁夏中卫人，中共党员，农业技术推广研究员；1989年7月毕业于西北农业大学植保学院，农技推广硕士，1989年7月参加工作；先后在永宁县增岗乡农技站、杨和乡农技站、农牧局工作，担任杨和乡农技站站长、永宁县农牧局副局长、农广校校长；1998年调入宁夏农技推广总站、农牧厅种植业管理处，历任副站长、副处长，现在宁夏种子工作站工作；先后主持参与国家、自治区重大科技推广项目3个；获国家科学技术进步奖二等奖，全国农牧渔业丰收奖二等奖、三等奖，自治区科技进步奖一等奖、二等奖、三等奖；获自治区"313人才工程"百千万第三梯度国家储备人才；享受国务院津贴；获自治区人民政府节水先进个人、农业农村部科技入户先进个人称号；出版著作1部。

张凌青 1966年7月出生，宁夏平罗人，中共党员，农业技术推广研究员；1988年7月毕业于北京农业大学畜牧系，畜牧专业，1988年7月参加工作；1988年至今在宁夏畜牧工作站工作，历任宁夏饲料牧机管理站副站长、宁夏畜牧工作站饲草调制科科长、宁夏滩羊选育场副场长、宁夏畜牧工作站副站长；主持、承担完成国家和自治区科研推广项目近20个；获得全国农牧渔业丰收奖二等奖3项，中华农业科技奖三等奖1项，自治区科技进步奖一等奖1项、三等奖3项；获得实用新型专利1项，编著著作9部、技术培训教材5部，发表论文40余篇，主持制定地方标准18个；获第九届"宁夏青年科技奖"，入选自治区"313人才工程"；2019年被授予宁夏"塞上农业专家"称号；被聘为宁夏农业特色优势产业技术支撑体系（饲草加工）首席专家、宁夏农业特色产业饲草料良种繁育基地建设首席专家。

刘文玲 女，1966年8月出生，陕西清涧人，民盟党员，正高职高级工程师；1989年7月毕业于宁夏农学院，农田水利工程专业，1989年7月在宁夏农业勘查设计院参加工作，从事规划、设计、可行性研究等工作；先后主持完成了100多个农业工程、农田建设规划、国土整治、矿山治理等项目，编制农业产业化发展规划15项；获全国农牧渔业丰收奖农业技术推广合作奖1项、自治区科技进步奖1项、全国农业优秀工程咨询成果奖2项、全区勘察设计"四优"评选奖1项；与他人合作出版著作4部，参与课题研究3项，发表论文10余篇。

张新华　1966年8月出生，河北枣强人，中共党员，正高职高级工程师；1988年7月毕业于宁夏农学院，水利专业；1988年8月至1991年12月在宁夏水利工程处工作；1991年12月至2000年12月在宁夏水利厅农业综合开发办公室工作；2000年12月至2019年12月在宁夏农业综合开发办公室工作，历任外资项目科科长、土地治理项目科科长；获自治区科技进步奖一等奖2项、二等奖1项、三等奖2项，林业部优秀设计二等奖1项，农业节水科技二等奖1项；发表学术论文23篇，参编专著7部，获实用新型发明专利1项；获全区"塞上农业专家"称号。

秦秀华　女，1966年8月出生，宁夏中卫人，农业技术推广研究员；1989年7月毕业于宁夏农学院，植物保护专业，同年同月参加工作；先后在中卫县农业技术推广站、沙坡头区农业技术推广服务中心长期致力于农业技术推广服务工作，担任专业技术干部；获全国农牧渔业丰收奖二等奖2项，自治区科技进步奖一等奖1项；参与出版著作1部，发表论文15篇；2010年被农业部表彰为全国第一次农业污染源普查先进个人。

赵　玮　1966年9月出生，宁夏青铜峡人，农业技术推广研究员；1989年7月毕业于宁夏农学院，植物保护专业，2016年7月获得宁夏大学农学专业函授本科，1989年7月参加工作；1989年7月至1993年3月任宁夏青铜峡市农业技术推广中心技术干部；1993年至2016年在宁夏农业技术推广总站工作，历任技术干部、经作科副科长、园艺作物科科长；2016年至2017年任宁夏园艺技术推广站苗种繁育科科长；2017年至今任宁夏园艺技术推广站副站长；主持或参与省部级科研及推广项目10个；获自治区科技进步奖一等奖2项、二等奖2项、三等奖1项；获全国农牧渔业丰收奖一等奖1项、二等奖6项、三等奖2项；参与编写著作10部，发表论文20篇，制定地方标准6个；享受自治区人民政府特殊津贴，自治区西瓜产业体系首席专家。

刘　欣　女，1966年10月出生，宁夏贺兰人，中共党员，农业技术推广研究员；1987年7月毕业于湖北省水产学校，淡水养殖专业，同年同月参加工作；先后在贺兰县水产技术推广工作站、水产局、水产技术推广站、畜牧水产技术推广服务中心等单位工作，担任专业技术干部、水产站站长；获全国农牧渔业丰收奖二等奖和三等奖各1项；获全国农牧渔业丰收奖"农业技术推广贡献奖"，自治区科技进步奖一等奖和二等奖各1项；出版著作4部，发表论文4篇，编写培训资料50余篇；2016年享受自治区人民政府特殊津贴；2005年、2017年、2018年分别被农业部表彰为"全国农业技术推广先进工作者""最美农技员""2017年度全国十佳农技推广标兵"；2009年被自治区精神文明建设指导委员会表彰为"自治区敬业奉献模范"，2013年被自治区妇女联合会表彰为"自治区三八红旗手"。

张学军　1966年11月出生，回族，宁夏永宁人，中共党员，农业技术推广研究员；1988年7月毕业于西北民族学院畜牧兽医系；毕业后分配到宁夏兽医工作站工作，先后任副科长、科长、宁夏动物防疫站副站长、宁夏动物疾病预防控制中心副主任；主持参与多项课题，获得自治区科技进步奖二等奖1项、三等奖2项、四等奖1项；主编参编专著7部。

蒋学勤　女，1966年11月出生，宁夏中宁人，中共党员，农业技术推广研究员；1988年7月毕业于西北农业大学，蔬菜专业，同年同月参加工作；1988年至2007年在自治区种子公司工作，历任技术干部、副科长；2007年至2010年任自治区种子管理站科长；2010年至2016年任自治区农业技术推广总站副站长；2016年6月至今任自治区园艺技术推广站站长；主持参加省部级科研及推广项目22个；获自治区科技进步奖二等奖2项，全国农牧渔业丰收奖一等奖1项、二等奖6项、三等奖1项；参与编写著作2部，发表论文18篇，取得国家专利4项，制定地方标准5个；先后被评为中国蔬菜产业杰出人物、国务院特殊津贴专家，入选自治区"313人才工程"；被聘为农业农村部蔬菜产业指导组专家、自治区蔬菜产业首席专家；2015年被中共中央、国务院授予全国先进工作者；被自治区党委、人民政府授予自治区塞上英才、自治区先进工作者；当选自治区第十一次党代会代表。

王星红　1966年11月出生，宁夏平罗人，中共党员，农业技术推广研究员；1990年7月毕业于宁夏农学院，农学专业，同年同月参加工作；先后在平罗县姚伏镇政府、石嘴山市农业技术推广站、农业技术推广服务中心、农牧局等单位工作，担任专业技术干部、副站长、站长、主任、总农艺师；

获全国农牧渔业丰收奖 2 项，自治区科技成果推广一等奖 1 项，自治区科技进步奖二等奖 1 项、三等奖 2 项，自治区科技厅科技成果登记 4 项；独著及合著发表论文 30 篇以上，编写培训教材 30 余部。

马振敏　1966 年 11 月出生，回族，宁夏惠农人，中共党员，农业技术推广研究员；1991 年 7 月毕业于西北民族学院畜牧兽医系，兽医专业，同年同月参加工作；先后在惠农县畜牧兽医工作站、惠农区动物疾病预防控制中心等单位长期从事农业技术推广服务工作，担任专业技术干部、主任；获全国农牧渔业丰收奖一等奖 2 项，石嘴山市自主创新和科技进步奖 2 项；出版著作 3 部，发表论文 10 余篇。

康国荣　1966 年 11 月出生，宁夏西吉人，中共党员，农业技术推广研究员；1987 年 7 月毕业于宁夏固原农校，农学专业，2011 年 7 月毕业于宁夏大学，农学专业，1987 年 7 月参加工作；先后在西吉县种子公司、马铃薯产业服务中心、农业机械安全监理站等单位长期从事农业技术推广工作；获自治区科技进步奖二等奖 5 项、三等奖 5 项；出版著作 2 部，发表论文 11 篇；2009 年被自治区"313 人才工程"领导小组评选为"宁夏新世纪学术、技术带头人"。

杨春莲　女，1966 年 11 月出生，回族，甘肃会宁人，中共党员，农业技术推广研究员；1990 年 7 月毕业于西北民族学院，畜牧专业，同年同月参加工作；先后在彭阳县畜牧站、畜牧技术推广服务中心，固原市畜牧站、动物卫生监督所、畜牧技术推广服务中心等单位工作，担任专业技术干部、副主任；获全国农牧渔业丰收奖一等奖 1 项，自治区科技进步奖三等奖 2 项；出版著作 3 部，发表论文 14 篇。

马　军　女，1966 年 12 月出生，回族，宁夏银川人，中共党员，农业技术推广研究员；1989 年 7 月毕业于西北民族学院，1989 年 7 月参加工作；先后在贺兰县兽医站化验室、兽医站和畜牧局办公室工作，从事化验、动物防疫管理和行政管理工作；2001 年 9 月调入宁夏动物防疫站工作，先后任办公室副主任、主任，现任宁夏动物疾病预防控制中心副主任；主持参与完成的科研项目 7 个，获全国农牧渔业丰收奖一、三等奖各 1 项，自治区科技进步奖一、二、三等奖及成果登记 5 项，国家专利 1 项；制定颁布地方标准 2 个，获实用新型专利 2 项；在国内期刊发表专业论文 4 篇，主编和参编专著 6 部。

刘学琴　女，1966 年 12 月出生，陕西定边人，农业技术推广研究员；1988 年 7 月毕业于宁夏农学院，农学专业，1988 年 7 月参加工作；历任宁夏农业技术推广总站农业科技与体系管理科副科长、科长；参与 16 个重点项目实施；获全国农牧渔业丰收奖二等奖 4 项，自治区科技进步奖一等奖 1 项、二等奖 1 项、三等奖 3 项；发表学术论文 18 篇，合著著作 3 部，参与制定标准 2 个；获全区农技推广、全区农业信息等领域先进个人表彰 7 次。

刘维华　1967 年 2 月出生，甘肃会宁人，中共党员，农业技术推广研究员；1990 年西北农业大学兽医专业毕业，分配至宁夏回族自治区兽药饲料监察所工作，历任办公室副主任、检验室主任、副所长。见证建成兽用抗生素、兽药残留、生鲜乳检验室和畜产品质量安全监测技术体系。1991—1993 年在海原县甘盐池种羊场基层锻炼；2002—2003 年在日本岛根县畜产试验场技术研修。2019 年兼农志办副主任，负责《宁夏农业农村志》《中国农业百科全书·宁夏卷》编修。主持基础设施建设和重点科研项目 16 项，获省部级二等奖 1 项、三等奖 4 项；登记科技成果 8 项，授权专利 7 件，软件著作权 5 件；主编著作 3 部，制定标准 21 项，发表论文 58 篇。

范慧香　女，1967 年 2 月出生，宁夏平罗人，中共党员，农业技术推广研究员；1988 年 7 月毕业于湖北省水产学校，淡水养殖专业，同年同月参加工作；先后在银川市郊区水产站、银新乡水产站、水产局，金凤区畜牧水产技术推广服务中心等单位工作，担任专业技术干部、站长、办公室主任、主任；获全国农牧渔业丰收奖 2 项，自治区科技进步奖 2 项；出版著作 5 部，发表论文 20 余篇。

王瑞清　1967 年 3 月出生，宁夏海原人，中共党员，正高职高级工程师；毕业于陕西机械学院，农田水利工程专业，1989 年 7 月工作；1996 年至 2007 年 2 月在固原市水利勘测设计院工作，历任副院长、总工程师；2007 年 3 月至今在自治区农业勘查设计院工作，任规划测量队队长；主持自治区级项目 21 个；获自治区科学进步奖 2 项；编写合著 3 部，发表论文 4 篇。

李素棉　女，1967 年 3 月出生，河北武强人，中共党员，农业技术推广研究员；1989 年 7 月毕业于北京农业大学，植物遗传育种专业，1989 年 7 月参加工作；1989 年 7 月至 1990 年 6 月在宁夏平罗县种子公司任技术员；1990 年 7 月至 2019 年任宁夏农产品质量安全检测中心〔农业农村部农产品质量安全监督检验测试中心（银川）〕第一检测室主任；获全国农牧渔业丰收奖二等奖 2 项；主持制定农业行业标准 1 个；合作出版著作 2 部，编写培训教材 6 部，在全国各级专业刊物上发表专业论文近 20 篇。

杨正义　1967 年 5 月出生，宁夏同心人，中共党员，农业技术推广研究员；1989 年 7 月毕业于宁夏农业学校，畜牧兽医专业，同年同月参加工作；先后在同心县畜牧工作站、畜牧技术推广服务中心、农业技术推广服务中心工作，担任专业技术干部、站长、主任、党支部书记等行政和党内职务；获全国农牧渔业丰收奖一等奖 1 项、二等奖 2 项，神内基金农技推广奖 1 项，第五届中国技术市场协会"金桥奖" 1 项，中华农业科技奖 1 项；出版著作 7 部，发表论文 15 篇。

陈晓军　1967 年 6 月出生，宁夏石嘴山人，农业技术推广研究员；1989 年 7 月毕业于宁夏农学院，农学专业，1989 年 7 月参加工作，至今在宁夏农业技术推广总站工作；参与水稻旱育稀植规范化技术研究与示范推广、水稻无纺布覆盖育苗技术等推广课题；获全国农牧渔业丰收奖一等奖 1 项、二等奖 2 项、三等奖 4 项，自治区科技进步奖一等奖 1 项、三等奖 2 项；主编及参编著作 2 部，发表学术论文 10 余篇。

杨奇　1967 年 6 月出生，回族，新疆伊犁人，中共党员，农业技术推广研究员；1991 年 7 月毕业于西北农业大学，1991 年 7 月参加工作；1991 年至 1996 年在新疆伊犁州畜牧兽医总站工作；1996 年至 2003 年在西北农业大学上学；2003 年 7 月至 2003 年 12 月在宁夏四正生物工程技术中心工作；2003 年 12 月至 2015 年 4 月在自治区畜牧工作站工作，2007 年 8 月起任副站长；2015 年 4 月至今任自治区兽药饲料监察所所长；主持自治区科技攻关、863、948 等项目 20 余个，获自治区科技进步奖一等奖 1 项、二等奖 1 项、三等奖 9 项，发表论文 30 余篇；获得发明专利 2 项；主持起草地方标准 15 个；获得省部级突出贡献奖 1 项；被自治区党委、人民政府授予 60 年感动宁夏人物；入选自治区"313 人才工程"；享受自治区人民政府特殊津贴和国务院特殊津贴；被科技部授予全国优秀科技特派员；被自治区党委人民政府授予"塞上英才"荣誉称号。

朱建祥　1967 年 7 月出生，宁夏惠农人，中共党员，农业技术推广研究员；1988 年 7 月毕业于宁夏农学院，植物保护专业，同年同月参加工作；在惠农区农村经济经营管理站等单位长期从事农业技术推广服务工作，担任专业技术干部；获全国农牧渔业丰收奖 1 项，自治区科技进步奖 7 项，石嘴山市科技进步奖 4 项，国家发明专利奖 6 项；出版著作 3 部，合著专著 3 部，发表论文 30 余篇。

王峰　1967 年 10 月出生，宁夏隆德人，中共党员，农业技术推广研究员；1987 年 7 月毕业于宁夏农学院，农学专业，同年同月参加工作；先后在隆德县农业技术推广服务中心、种子管理站、沙塘良种场、固原市种子工作站、农业技术推广服务中心等单位工作，担任专业技术干部、副站长、站长、主任；获得全国农牧渔业丰收奖 3 项，省部级科技进步奖 17 项；自主选育宁冬系列冬小麦品种 8 个；出版著作 9 部，发表论文 20 余篇；2013 年 12 月被自治区党委、人民政府表彰为"宁夏民族团结模范先进个人"；2020 年 11 月被中共中央、国务院表彰为全国先进工作者；2020 年 12 月享受国务院特殊津贴。

马建军　1968 年 1 月出生，回族，宁夏平罗人，中共党员，农业技术推广研究员；1989 年 7 月毕业于北京农业大学，农业推广硕士，1989 年 7 月参加工作；先后在宁夏农业勘察设计院、自治区农业厅、自治区农牧厅科教处、自治区农牧厅畜牧局、宁夏草原工作站、自治区农业环境保护监测站工作，历任科员、副主任科员、主任科员、农牧厅畜牧局副局长、草原工作站站长，现任宁夏农业环境保护监测站站长；主持 20 余个重大农业技术推广项目；获全国农牧渔业丰收奖二等奖 5 项、三等奖 1 项，自治区科技进步奖三等奖 1 项；获得全国农业农村系统先进个人称号；主编 2 部著作，发表论文9篇。

李 华 女，1968年1月出生，宁夏贺兰人，中共党员，农业技术推广研究员；1991年7月毕业于宁夏农学院，农业教育专业，2002年7月毕业于河北师范大学职业技术学院，农学专业，1991年7月参加工作；1991年7月至1996年8月在宁夏种子公司工作；1996年8月至2016年4月在宁夏种子管理站工作，历任副科长、科长；2016年至2019年任宁夏种子工作站副站长；2019年9月至今任宁夏农业技术推广总站副站长；主持多项国家级和自治区级项目，获全国农牧渔业丰收奖一等奖1项、二等奖2项、三等奖2项，自治区科技进步奖一等奖1项、二等奖2项、三等奖6项；主编及参编著作9部，发表学术论文6篇；获得专利1项；制定并已发布农作物品种技术标准66个；获"九五"期间国家级农作物品种区域试验先进个人奖，获全区农作物区区域试验先进个人奖12次。

田黛君 女，1968年1月出生，蒙古族，内蒙古阿拉善左旗人，民革党员，农业技术推广研究员；1990年毕业于西北民族学院，畜牧专业，1990年6月参加工作；1990年至今在宁夏畜牧工作站工作，其间，1990年至1992年在宁夏种禽场基层锻炼，2004年至2005年在中国农科院畜牧研究所工作，2009年至2012年担任宁夏农牧厅政务服务窗口首席；历任第八、九届自治区政协委员，第七、八、九届民革宁夏委员会委员，区直机关工委第二届青年联合会委员、常委；主持参与自治区级课题7项，获全国农牧渔业丰收奖二、三等奖各1项，获得宁夏科技成果登记1项，获宁夏第十一届青年科技奖；制定行业标准3个；参编著作3部，发表论文10余篇。

李金潮 1968年1月出生，宁夏平罗人，中共党员，正高级农机工程师；1990年7月毕业于西北农林科技大学，农机设计与制造专业，同年同月参加工作；先后在平罗县农机监管站、农机化服务总公司农机推广站、农业机械管理局农机推广站、农业机械化综合服务中心等单位工作，担任专业技术干部、主任；获自治区级先进个人奖5次，自治区级农机技术推广奖2项；发表论文5篇。

刘晓峰 1968年2月出生，宁夏中宁人，中共党员，正高职高级工程师；1990年7月毕业于西北农业大学水利系农业建筑与环境工程专业，1990年7月参加工作；1990年7月至2019年12月在宁夏农业勘查设计院工作，历任副队长、队长、副院长；参与主持自治区级示范推广、研究、科技基金等课题11项，获全国农牧渔业丰收奖二等奖1项，自治区科技进步奖三等奖1项，全国农业优秀工程咨询成果一等奖1项，全国农业优秀工程咨询成果三等奖1项，自治区勘察设计"四优"评选二等奖1项，自治区优秀工程勘察设计三等奖1项，取得自治区科技厅科技成果登记4项；主编行业标准1个；主编专著1部，参编专著4部，发表论文20篇。

亢建斌 1968年3月出生，宁夏中宁人，中共党员，农业技术推广研究员；1990年7月毕业于西北农业大学植保系，1990年7月参加工作；先后在中卫县新北乡、中卫县农技中心、自治区农技推广总站、种子管理局、种子工作站、自治区农牧厅（农业农村厅）种植业管理处工作，历任推广站副站长、种子局副局长、种子站站长、种植业处处长；获自治区科技进步奖一等奖2项、二等奖4项、三等奖2项，全国农牧渔业丰收奖一等奖1项、二等奖2项、三等奖2项；先后主持实施自治区级项目10个；制定发布技术标准7个，编写技术培训教材2部，发表学术论文18篇；2011年获国家百千万人才工程第三层次新世纪学术、技术带头人称号，2015年享受自治区人民政府特殊津贴；2010年至2020年担任自治区马铃薯产业首席专家。

高 圭 1968年3月出生，宁夏彭阳人，正高职高级工程师；1989年7月毕业于西北林学院，水土保持专业，1989年7月参加工作；1989年7月至2008年8月在彭阳县水土保持工作站工作；2008年8月至今在宁夏农业勘查设计院工作；先后参与完成项目70多个；获自治区科技进步奖2项；出版专著1部，发表学术论文20余篇。

雷晓萍 女，1968年3月出生，安徽桐城人，正高职高级水利工程师；1992年7月毕业于西北农业大学，农田水利专业，1992年7月参加工作；1992年7月至1996年12月在宁夏盐池县惠安堡镇政府工作；1996年12月至今在宁夏农业勘查设计院工作；主持国家级自治区级项目3个，获全国农业优秀工程咨询成果奖2项，自治区科技进步奖1项；合著著作2部，发表论文20篇。

文玉琳 1968 年 3 月出生，回族，宁夏同心人，中共党员，农业技术推广研究员；1990 年 7 月毕业于宁夏农学院，农学专业，同年同月参加工作；先后在同心县农业技术推广服务中心、王团镇等单位工作，担任专业技术干部、科技副镇长、中心主任；获全国农牧渔业丰收奖一等奖 1 项、二等奖 1 项，自治区科技进步奖二等奖 1 项；出版著作 1 部，发表论文 7 篇。

马京军 1968 年 4 月出生，回族，宁夏银川人，中共党员，农业技术推广研究员；1991 年 6 月毕业于西北师范大学地理系，地理专业，2007 年 6 月获中国农业大学农业推广硕士学位；1991 年至 2007 年在宁夏农业环境保护监测站工作，历任办公室副主任、办公室主任、副站长，其间，2005 年挂职任中共山东省平阴县委副书记；2007 年任宁夏农村能源工作站副站长；担任宁夏公共机构节能专家和科技评价专家库专家；先后主持多个项目和课题；主持和参与编制宁夏新能源规划 5 个；获全国农牧渔业丰收奖三等奖 3 项，宁夏科技进步奖三等奖 2 项，取得实用新型专利 2 项，宁夏科技成果登记 5 项；编写合著著作 2 部，发表学术论文十余篇。

张淑萍 女，1968 年 4 月出生，内蒙古阿左旗人，中共党员，农业技术推广研究员；1991 年 7 月毕业于宁夏农学院畜牧兽医系，畜牧专业，同年同月参加工作；先后在贺兰县种鸡场、畜牧站、畜牧水产技术推广服务中心等单位工作，担任专业技术干部、技术场长、站长；获全国农牧渔业丰收奖 2 项，自治区科技进步奖 1 项；出版著作 3 部，发表专业技术论文 15 篇；2018 年被评为自治区第二批"塞上农业专家"。

张朝阳 1968 年 5 月出生，宁夏中宁人，中共党员，农业技术推广研究员；1991 年 7 月毕业于上海水产大学水产养殖系，淡水渔业专业；1991 年 7 月分配到中宁县农业局工作；历任中宁县水产工作站副站长兼渔种场副场长、能源站副站长、局办公室主任；2008 年 5 月调入宁夏水产技术推广站工作，历任办公室主任、技术推广科科长，现任宁夏水产技术推广站副站长；主持参与国家级和自治区级项目，获得全国农牧渔业丰收奖一等奖 1 次、二等奖 1 次、三等奖 2 次，范蠡科学技术奖二等奖 1 次和科普奖 1 次，自治区科技进步奖二等奖 1 次、三等奖 1 次；主持制定地方标准 3 个，获得实用新型专利 2 项；主编参编专著及培训教材共 13 部，发表论文 14 篇；先后被自治区及地方政府聘任为自治区优势特色产业专家组成员、现代渔业产业技术支撑体系专家，2018 年获"塞上农业专家"称号。

王秀清 女，1968 年 5 月出生，宁夏中宁人，中共党员，农业技术推广研究员；1989 年 7 月毕业于宁夏农学院，食品科学专业，同年同月参加工作；先后在银川白酒厂、银川郊区畜牧局、金凤区农牧和水务局（农业农村和水务局）等单位工作，担任技术员、专业技术干部，长期从事专业技术推广工作；获全国农牧渔业丰收奖一等奖 1 项，自治区科技进步奖二等奖 1 项、三等奖 1 项；合著出版著作 2 部，发表论文 20 余篇。

李忠杰 1968 年 7 月出生，宁夏西吉人，中共党员，农业技术推广研究员；1992 年 7 月毕业于宁夏农业机械化学校，同年同月参加工作；先后在西吉县草原工作站、畜牧技术推广服务中心等单位工作，担任专业技术干部，长期从事农业推广工作；获得全国农牧渔业丰收奖农业技术推广贡献奖 1 项；出版著作 2 部，发表论文 8 篇；2007 年、2010 年 2 次被自治区防治重大动物疫病指挥部评为全区动物防疫工作先进个人，2009 年被自治区农牧厅评为全区草原保护与建设先进个人。

李 斌 1968 年 10 月出生，安徽太和人，中共党员，农业技术推广研究员；2009 年 7 月在职毕业于中国农业大学，农学专业，1990 年 7 月参加工作；历任自治区原种场团委书记、场长助理、副场长、党委书记；2013 年 5 月调入宁夏水产研究所工作，任党委书记，同年 11 月调入自治区水产技术推广站，任站长；先后获全国农牧渔业丰收奖一、二、三等奖，自治区科技进步奖三等奖和中国水产学会范蠡科学技术奖一、二等奖，科学普及奖 7 个；主持创建示范基地 10 个，主持制定 6 个地方标准，参与研发 4 个实用新型专利，出版著作 1 部，参与编写著作 4 部，主编培训教材 6 部，发表论文 15 篇；先后荣获宁夏"第二届最美科技人"和全国"渔业科技服务领军人才"称号，2019 年享受自治区人民政府特殊津贴。

张　青　女，1968 年 10 月出生，回族，宁夏彭阳人，中共党员，农业技术推广研究员；1990 年 7 月毕业于宁夏农学院，农学专业，本科，农学学士，1990 年 7 月参加工作；1990 年 7 月至 2005 年 10 月在宁夏彭阳县农业技术推广中心工作；2005 年 10 月至今在宁夏农业勘查设计院工作；先后主持完成重大农业技术推广项目 10 个；获宁夏回族自治区科技进步奖二等奖 1 项、三等奖 2 项，全国农牧渔业部丰收奖 1 项；编写操作技术规范 16 本、培训教材 4 部，发表论文 20 多篇；获"全国三八红旗手"称号，"自治区三八红旗手"称号，全区农产品质量安全监管先进个人称号。

魏固宁　女，1968 年 10 月出生，陕西西安人，中共党员，农业技术推广研究员；1990 年 7 月毕业于宁夏农学院，食品科学专业，2007 年 10 月毕业于西北农林科技大学，农学专业，1990 年 7 月参加工作；先后在固原县食品厂化验室、原州区农业技术推广中心、宁夏农业技术推广总站等单位工作，担任专业技术干部、试验室主任、土壤肥料工作站站长，中心副主任、党支部副书记，农技中心检验检测中心主任，以及马铃薯首席专家等职务；主持参与多个项目，获全国农牧渔业丰收奖二等奖 4 项、三等奖 1 项，自治区科技进步奖二等奖 2 项；主编及参与编写著作 7 部，发表学术论文 30 余篇；获授"宁夏农作物施肥决策智能化系统"等五项计算机软件著作权；制定技术标准 4 个。

孙红玲　女，1968 年 10 月出生，宁夏银川人，中共党员，农业技术推广研究员；1988 年 7 月毕业于大连水产学院，淡水渔业专业，同年同月参加工作；先后在银川郊区水产工作站、银川市兴庆区畜牧水产技术推广中心等单位工作，担任专业技术干部、主任；获全国农牧渔业丰收奖 2 项，自治区科技进步奖 1 项；出版著作 3 部，发表论文 30 余篇。

郭胜安　1968 年 10 月出生，陕西定边人，中共党员，正高职高级林业工程师；1990 年 7 月毕业于宁夏农学院，果蔬专业，同年同月参加工作；2011 年 9 月至 2019 年 3 月任盐池县农业综合开发办公室主任，2020 年 6 月任盐池县农村合作经济经营管理站站长；获自治区科技进步奖一等奖 1 项；出版著作 1 部，发表论文 18 篇；获发明专利 2 项。

火　勇　1968 年 10 月出生，宁夏彭阳人，九三学社社员，农业技术推广研究员；1992 年 7 月毕业于宁夏农学院，作物专业，同年同月参加工作；先后在彭阳县新集乡农技站、农业技术推广服务中心等单位长期从事农业技术推广服务工作，担任专业技术干部；获全国农牧渔业丰收奖二等奖 1 项，自治区科技进步奖一等奖 2 项；出版著作 2 部，发表论文 20 余篇。

柯良备　1968 年 11 月出生，回族，宁夏西吉人，中共党员，农业技术推广研究员；1992 年 7 月毕业于西北民族学院畜牧兽医系，畜牧专业，同年同月参加工作；先后在西吉县畜牧兽医工作站、农建办、扶贫开发办公室、什字乡政府、动物疾病预防控制中心等单位工作，担任专业技术干部、副乡长、主任；获全国农牧渔业丰收奖 2 项；出版著作 3 部，发表论文 6 篇；2011 年被自治区农牧厅表彰为全区动物防疫工作先进个人，2017 年被自治区扶贫开发领导小组评为驻村帮扶工作先进个人。

赵　萍　女，1968 年 12 月出生，宁夏泾源人，农业技术推广研究员；1990 年 7 月毕业于宁夏农学院，生物专业，2002 年取得宁夏农学院农学本科学历，2008 年 1 月取得宁夏大学农业推广专业硕士学位，1990 年 7 月参加工作；1990 年 7 月至 2008 年 5 月在固原市农业科学研究所、宁夏农科院固原分院工作；2008 年 5 月至今在自治区草原工作站工作；主持国家级项目 1 个，自治区级项目 14 个；获农牧渔业丰收奖一等奖 1 项，自治区科技进步奖二等奖 3 项、三等奖 2 项；参与编写著作 3 部，发表论文 20 篇。

王海燕　女，1968 年 12 月出生，宁夏海原人，农业技术推广研究员；1990 年 7 月毕业于宁夏农学院，农学专业，同年同月参加工作；在海原县农业技术推广服务中心等单位长期致力于农业技术推广服务工作，担任专业技术干部、副主任；获全国农牧渔业丰收奖二等奖 4 项、三等奖 3 项，自治区科技进步奖一等奖 2 项、二等奖 4 项、三等奖 3 项；编写技术手册 5 部，参与编写著作 2 部，发表论文 36 篇。

张惠霞　女，1968 年 12 月出生，陕西汉中人，中共党员，正高级畜牧师；1992 年 7 月毕业于宁夏农学院畜牧系，动物营养与饲料加工专业，同年同月参加工作；先后在石嘴山市畜牧兽医站、动物疾病预防中心、畜牧水产技术推广服务中心、农业综合执法支队等单位工作，担任专业技术干部、副主任、副支队长；发表论文 10 余篇；2019 年 12 月被农业农村部表彰为全国农业农村系统先进个人。

　　陈　洁　女，1969 年 2 月出生，宁夏沙坡头区人，中共党员，农业技术推广研究员；1990 年 7 月毕业于宁夏农学院，农业教育专业，同年同月参加工作；先后在中卫市农业技术推广与培训中心等单位工作，担任专业技术干部；获自治区科学技术进步奖 2 项，发表论文 30 多篇，参与制定标准 10 余个；先后被授予"宁夏优秀青年""宁夏优秀青年岗位能手""全区先进农业技术推广工作者""全区优秀科技特派员"等荣誉称号。

　　王金保　1969 年 3 月出生，回族，宁夏银川人，中共党员，正高职农业工程师，国家环境影响评价工程师；1993 年 7 月毕业于西南农业大学，同年 7 月参加工作；在宁夏农业环境保护监测站工作，历任业务科副科长、科长、办公室主任，现任宁夏农业环境保护监测站副站长；参与多项课题，主持编制各类建设项目环境影响评价报告 300 余份；获得中华农业科技奖一等奖、三等奖各 1 次，全国农牧渔业丰收奖三等奖 1 次，自治区科技进步奖三等奖 2 次；参编著作 3 部；参加宁夏第一次全国污染源普查项目，被国务院污染源普查领导小组评为先进个人；被自治区人民政府授予减排先进个人。

　　刘慧萍　女，1969 年 3 月出生，宁夏西吉人，中共党员，农业技术推广研究员；2003 年 7 月毕业于河北科技师范学院，农学专业，1989 年 7 月参加工作；先后在西吉县马莲乡农科站、种子繁育管理站、马铃薯研究所、农业综合执法大队、马铃薯产业服务中心等单位长期从事农业技术推广工作，担任专业技术干部；获得全国农牧渔业丰收奖三等奖 1 项，自治区科技进步奖二等奖 1 项、三等奖 2 项，发表论文 26 篇；2008 年被自治区农牧厅评为全区粮食高产示范创建工作先进个人。

　　杨极乾　1969 年 3 月出生，宁夏彭阳人，中共党员，正高级农机工程师；1990 年 7 月毕业于宁夏农业机械化学校，农机化专业，2011 年毕业于中国农业大学，农业机械及其自动化专业，1990 年 7 月参加工作；先后在彭阳县农机修造厂、乡镇企业管理局、乡镇企业发展服务中心、农业机械化推广服务中心、农业综合开发服务中心等单位工作，担任专业技术干部、农业综合开发服务中心副主任；获全国农牧渔业丰收奖 2 项，获发明专利 5 项；发表论文 12 篇。

　　于建勇　1969 年 3 月出生，回族，宁夏泾源人，中共党员，农业技术推广研究员；1990 年 7 月毕业于宁夏农学院，畜牧专业，同年同月参加工作；先后在泾源县草原站、动物疾控中心、畜牧技术推广服务中心等单位工作，担任专业技术干部、主任；获全国农牧渔业丰收奖 2 项；出版著作 3 部，发表论文 11 篇。

　　谭　俊　1969 年 4 月出生，宁夏平罗人，中共党员，农业技术推广研究员；1993 年 7 月毕业于西北农业大学，兽医专业，同年同月参加工作；先后在宁夏平吉堡奶牛场，平罗县前进乡兽医站、畜牧技术推广中心、动物卫生监督所等单位工作，担任技术员、专业技术干部、主任、所长；获全国农牧渔业丰收奖农业技术推广合作奖 1 项，全国农牧渔业丰收奖一等奖、二等奖、三等奖各 1 项；获自治区科学技术成果登记 1 项，发表论文 14 篇；2013 年被农业部表彰为全国农业先进个人。

　　仇正跻　1969 年 6 月出生，宁夏隆德人，农业技术推广研究员；1994 年 7 月毕业于宁夏农学院，农学专业，2012 年 12 月获宁夏大学农业推广硕士学位，1994 年 7 月参加工作；先后在隆德县联财镇农科站、农业技术推广服务中心、宁夏六盘山（隆德）花卉研究所、林业局花卉产业发展服务中心、农村经济经营管理站等单位工作，担任专业技术干部、副主任、副所长、副站长；2007 年当选固原市第二届市人大代表；获全国农牧渔业丰收奖一等奖 1 项，自治区科技进步奖三等奖 1 项，登记科技成果 1 项，出版论著 2 部，发表论文 20 篇，其中合著 SCI 论文 5 篇。

　　马全保　1969 年 7 月出生，回族，宁夏泾源人，中共党员，农业技术推广研究员；1992 年 7 月毕业于宁夏农学院，农学作物专业，同年同月参加工作；先后在泾源县农业技术推广服务中心、种子站等单位工作，担任专业技术干部、经理、中心主任；担任固原市第三届和自治区第十一届党代会代表；获自治区科技进步奖一等奖 3 项、二等奖 4 项、三等奖 2 项，获自治区科技成果奖 3 项，撰写科技论文 20 余篇；2005 年享受固原市专项人才津贴，2009 年入选自治区新世纪学术技术带头人，2010 年获全国土壤肥料信息普查先进个人奖，2011 年被评为固原市优秀技术人员，2012 年获评全区农技推广先进主任；荣获首届"塞上农业专家"称号。

王　瑜　女，1969 年 8 月出生，宁夏中卫人，农业技术推广研究员；1991 年 7 月毕业于宁夏农学院，畜牧专业，同年 7 月参加工作；1991 年在中卫县饲料公司工作，1993 年调入宁夏种禽场工作；2004 年考入宁夏畜牧工作站，任副科长；先后主持和参与国家、自治区奶牛生产性能测定、奶牛及肉牛良种补贴等重大技术示范推广、研究和攻关项目 20 多个；获得全国农牧渔业丰收奖一等奖 1 项，自治区科技进步奖一等奖 1 项、三等奖 1 项，获吴常信院士奖励基金 1 项；主编著作 2 部，参编著作 2 部，发表论文 20 余篇；2011 年获全国优秀奶业工作者称号。

杨桂琴　女，1969 年 8 月生，宁夏西吉人，农业技术推广研究员；1988 年 7 月毕业于宁夏农学院，农学专业，1988 年 7 月参加工作；1988 年 7 月至 2001 年 7 月在西吉县中医院担任干部；2001 年 8 月至今在宁夏种子工作站工作；参与实施自治区农业技术推广项目 11 个，获省部级奖 9 项，其中农牧渔业丰收奖二等奖 1 项，自治区科技进步奖二等奖 5 项、三等奖 3 项；参编著作 6 部，发表论文 8 篇；参编标准 13 个；2011 年获全区农业行政执法工作先进个人奖。

郑维平　1969 年 8 月出生，宁夏海原人，中共党员，农业技术推广研究员；1987 年 7 月毕业于宁夏固原农校，农学专业，1999 年 12 月于宁夏农学院专科毕业，2002 年 12 月于宁夏大学农学院本科毕业，1987 年 7 月参加工作；在海原县农业技术推广服务中心等单位长期致力于农业技术推广服务工作，担任专业技术干部、副主任；获全国农牧渔业丰收奖二等奖 2 项，自治区科技进步奖二等奖 1 项、三等奖 1 项，甘肃省科技进步奖三等奖 1 项，获国家知识产权局专利 1 项；出版著作 3 部，发表论文 16 篇。

万　平　1969 年 9 月出生，宁夏中宁人，中共党员，正高职高级工程师；1991 年 7 月本科毕业于西北农业大学农业工程系农业机械专业，2005 年 3 月硕士毕业于中国农业大学推广硕士专业，获农业推广硕士学位。1991 年 7 月参加工作；1991 年至 1998 年在中宁县农机管理站工作；1998 年至 2017 年在自治区农业机械化技术推广站工作，历任副科长、科长、副站长，其间，借调至宁夏农牧厅项目办公室工作 5 年，受农业部、商务部选派至博茨瓦纳农业部担任高级农机专家 1 年，在柬埔寨农业部担任高级农业专家顾问 3 个月；2017 年至 2019 年任自治区农机安全监理总站站长；2019 年 7 月任自治区农田水利建设与开发整治中心主任；主持参与省部级项目 20 余个；发表论文 20 余篇，获发明专利 6 项、实用新型专利 20 余项，登记自治区科技成果 4 项；获全国农牧渔业丰收奖一等奖 1 项、三等奖 2 项，自治区科技进步奖三等奖 2 项；享受自治区人民政府特殊津贴，荣获自治区青年科技奖，入选自治区"313 人才工程"，获自治区"塞上农业专家"称号。

郝忠华　1969 年 12 月出生，宁夏中卫人，中共党员，农业技术推广研究员；1993 年 7 月毕业于吉林农业大学，农化专业，同年同月参加工作；一直在沙坡头区农业技术推广服务中心致力于农业技术推广服务工作，担任专业技术干部、副主任；获全国农牧渔业丰收奖二等奖 2 项、自治区科技进步奖二等奖 1 项；出版著作 1 部，发表论文 10 篇。

田振荣　1969 年 9 月出生，宁夏西吉人，中共党员，农业技术推广研究员；1990 年 7 月毕业于固原农校，2007 年 1 月毕业于宁夏大学，农学专业，1990 年 7 月参加工作；先后在西吉县偏城乡农技站、火石寨农技站、农业技术推广服务中心、农村能源工作站等单位长期从事农业技术推广服务工作；获全国农牧渔业丰收奖二等奖 3 项，自治区科技进步奖二等奖 1 项、三等奖 5 项；获成果登记 7 项，参与制定地方标准 2 个，出版著作 5 部，发表论文 50 余篇；2016 年 1 月被农业部授予"全国十佳农技推广标兵"称号，2016 年 12 月享受国务院特殊津贴；2018 年 1 月被自治区人才工作领导办公室、农牧厅、财政厅、人力资源和社会保障厅授予第二批"塞上农业专家"称号，2020 年 4 月被自治区人社厅和人才领导小组认定为自治区高层次 C 类人才。

张永科　1969 年 12 月出生，宁夏中宁人，中共党员，农业技术推广研究员；1992 年 7 月毕业于宁夏农学院牧医系，动物营养与饲料加工专业，同年同月参加工作；先后在中宁县种畜场、动物检疫站、家畜病院、水产技术推广服务中心、畜牧水产技术推广服务中心等单位工作，担任专业技术干部、站长、院长、主任，担任中卫市第四次党代会代表；获全国农牧渔业丰收奖一等奖1项；参与编写著作2部，发表论文3篇。

王惠军 1970年2月出生，宁夏惠农人，中共党员，农业技术推广研究员；1990年7月毕业于宁夏农业学校，农学专业，同年同月参加工作；先后在惠农县农业技术推广服务中心、蔬菜技术推广站、农业技术推广中心，石嘴山市农业技术推广服务中心、农业综合执法支队、农产品质量安全中心等单位工作，担任专业技术干部、站长、副主任、副支队长、主任等职务；获全国农牧渔业丰收奖4项，自治区科技进步奖4项，自治区科技成果推广一等奖1项；出版著作1部，发表论文35篇；2003年4月被农业部、科技部评为"星火计划先进个人"；2003年12月被农业部、共青团中央评为"服务农村青年增收成才先进个人"。

李 强 1970年2月出生，宁夏盐池人，中共党员，农业技术推广研究员；1992年7月毕业于宁夏农学院，农学系农业教育专业，同年同月参加工作；先后在农业农村局办公室、产业办、执法大队、种子管理站、农业技术推广服务中心，农产品质量监督检验中心（滩羊站）等单位工作，担任过主任（站长、队长）；获全国农牧渔业丰收奖1项，自治区科技进步奖3项；出版著作1篇，发表论文6篇。

马自荣 1970年3月出生，回族，宁夏同心人，中共党员，农业技术推广研究员；1994年7月毕业于西北民族学院食品科学与动物科学系，兽医专业，同年同月参加工作；先后在同心县动物疾病预防控制中心、畜牧技术推广服务中心、畜牧局、动物卫生监督所、草原工作站、农业农村局等单位工作，曾担任专业技术干部、副主任、畜牧局办公室主任、所长、站长、农业农村局办公室主任；获全国农牧渔业丰收奖二等奖1项，自治区科技进步奖三等奖2项；出版著作5部，发表论文22余篇。

苏林富 1970年4月出生，回族，宁夏西吉人，中共党员，农业技术推广研究员；1989年7月毕业于固原农校，农学专业，2010年7月毕业于宁夏大学，农学专业，1989年7月参加工作；先后在海原县李俊乡农科站、西吉县沙沟乡农科站、马铃薯研究所、能源工作站、马铃薯产业服务中心等单位从事农业技术推广服务工作；获全国农牧渔业丰收奖3项，自治区科技进步奖二等奖、三等奖各2项；发表论文12篇。2003年被自治区农牧厅评为先进个人；2006年、2011年被固原市委、市政府表彰为优秀科技人员；2007年被西吉县委、政府表彰为先进工作者、民族团结先进个人；2016年被固原市畜牧局评为先进工作者；2019年被固原市人才领导小组授予"六盘农业专家"荣誉称号；为国家马铃薯产业体系团队成员，自治区马铃薯产业专班成员。

鲍兴智 1970年5月生，宁夏中卫人，农业技术推广研究员；1995年7月毕业于宁夏农学院，牧医系兽医专业，同年同月参加工作；先后在中卫县畜牧食品公司、畜产品经销服务公司，沙坡头区镇罗镇畜牧兽医技术服务站、宣和镇畜牧兽医技术服务站等单位工作，担任专业技术干部；获全国农牧渔业丰收奖农业技术推广合作奖1项，自治区科学技术进步奖1项；2016年获中卫市动物防疫职业技能竞赛"技术能手"称号，2012年获中卫市兽医大比武动物防疫知识竞赛三等奖；2020年获宁夏回族自治区农学会论文优秀奖。

肖学祥 1970年7月出生，宁夏青铜峡人，中共党员，正高职高级工程师；1992年7月毕业于北京农业工程大学，农机化专业，1992年7月参加工作；1992年7月至2010年11月在宁夏农业机械化技术推广站工作，任技术干部、科长；2010年11月至今在宁夏农机安全监理总站工作，任副站长；先后主持或参与实施20多个农机化项目，获全国农牧渔业丰收奖二等奖1项、三等奖1项，获实用新型专利1项、科技成果1项，参与编写地方标准3个；主编及参编专著4部，发表论文14篇。

王君梅 女，1970年8月出生，回族，宁夏平罗人，中共党员，正高职高级工程师；1992年7月毕业于宁夏大学，1992年7月参加工作；先后在平罗县物资局、平罗县环保局、宁夏农业环境保护监测站工作，历任平罗县环保局监测站站长，宁夏农业环境保护监测站办公室主任、业务科科长；参与多项课题，获国家科学技术进步奖二等奖1项，中华农业科技奖一等奖1项，自治区科技进步奖三等奖 1 项，自治区科技成果登记 1 项；发表论文 6 篇。

王伟华　女，1970 年 9 月出生，宁夏吴忠人，中共党员，农业技术推广研究员；1995 年 7 月毕业于宁夏农学院，动物营养及饲料工程专业，同年同月参加工作；先后在吴忠市畜牧工作站、利通区畜牧工作站、吴忠市畜牧草原技术推广服务中心、畜牧水产技术推广服务中心、农业广播电视学校、农产品质量安全检测中心等单位工作，担任专业技术干部、副站长、副主任、校长、主任；主持编写项目实施方案、总结和技术标准等 28 个；主持或参与编写专著和技术规范、专利 6 部（项）；被中央农广校聘为农民教育培训师资库讲师，被吴忠市委组织部聘为党员教育师资库讲师，获得"塞上农业专家"称号。

何宪平　1970 年 9 月出生，宁夏彭阳人，中共党员，农业技术推广研究员；1994 年 7 月毕业于宁夏农学院，农学专业，同年同月参加工作；先后在彭阳县王洼乡农业技术推广站、红河乡农业技术推广站、王洼镇农业技术推广服务中心，固原市农业技术推广服务中心、农村能源工作站、种子工作站、农业广播电视学校等单位工作，担任专业技术干部、副校长等职务；获自治区科技进步奖二等奖 1 项，参与编写出版著作 3 部，发表论文 26 篇。

赵志伟　1970 年 10 月出生，宁夏利通区人，中共党员，农业技术推广研究员；1991 年 7 月毕业于宁夏农学院，园林系果蔬专业，2008 年毕业于西北农林科技大学，园艺专业，1991 年 7 月参加工作；先后在吴忠县农业技术推广中心、吴忠市利通区蔬菜技术推广站、利通区农业技术推广服务中心等单位工作，担任专业技术干部、副主任；获全国农牧渔业丰收奖 3 项、自治区科技进步奖 2 项；参与地方标准的起草与审定 6 个，出版合著 2 部，编写科普读物、农民培训教材 20 余万字，发表论文 8 篇。

杨雨翠　女，1970 年 11 月出生，宁夏泾源人，中国民主建国会会员，农业技术推广研究员；1991 年 7 月毕业于宁夏农学院，植物保护专业，2012 年毕业于西北农林科技大学，农业技术推广专业，硕士研究生，1991 年 7 月参加工作；先后在石嘴山农技站、农业技术推广服务中心等单位长期从事农业技术推广服务工作，担任专业技术干部；获得全国农牧渔业丰收奖 2 项，自治区科技成果推广一等奖 1 项，首届全区三农名师二等奖 1 项；发表论文 30 余篇；2015 年 2 月被中华全国总工会表彰为"全国五一巾帼标兵"；2005 年至 2009 年被评为民主建国会石嘴山优秀会员、自治区民建优秀会员。

刘师贤　女，1970 年 10 月出生，宁夏隆德人，九三学社社员，农业技术推广研究员；1993 年 7 月毕业于宁夏大学，农学专业，1993 年 7 月参加工作；1993 年至 1996 年任固原地区农业技术推广站农技员；1996 年至 2010 年任固原市农业广播电视学校副校长；2010 年至 2017 年任固原市农村合作经济经营管理站副站长；2017 年 11 月至今在宁夏乡镇企业经济发展服务中心工作；先后从事农业科研与推广、教育培训、农村经济管理等领域工作；实施完成自治区级课题 5 项，获全国农牧渔业丰收奖三等奖，自治区科技进步奖二等奖、三等奖共 3 项；发表论文 10 余篇，编写培训讲义 3 册。

何洁　女，1971 年 1 月出生，陕西蒲城人，中共党员，农业技术推广研究员；1990 年 7 月毕业于宁夏农学院，畜牧专业，同年同月参加工作；先后在固原地区草原站，固原市农业广播电视学校、农业机械安全监理所等单位工作，担任专业技术干部、副校长、校长、所长；获自治区科技进步奖二等奖 1 项；出版著作 8 部，发表论文 10 篇。

武乾明　1971 年 1 月出生，宁夏中卫人，民盟盟员，执业兽医师，农业技术推广研究员；1994 年 7 月毕业于宁夏农学院，兽医专业，同年同月参加工作；先后在利通区金积镇、东塔寺乡、扁担沟镇等基层畜牧兽医站从事农业技术推广服务工作；获自治区科技进步奖二等奖 1 项、三等奖 2 项。

尹学红　女，1971 年 3 月出生，宁夏青铜峡人，中共党员，农业技术推广研究员；1995 年 7 月毕业于宁夏农学院，农学专业，1995 年 7 月参加工作；历任宁夏农业技术推广总站土壤肥料科副科长、科长；主持参与测土配方施肥、耕地质量提升与化肥减量增效、一次性施肥、富硒农产品试点开发等课题项目 7 项；获全国农牧渔业丰收奖二等奖 2 项、三等奖 1 项，中科院科技进步特等奖 1 项，自治区科技进步奖二等奖 3 项、三等奖 1 项；发表论文 12 篇，参与编写著作 12 部，编写地方标准 8 个，取得专利 12 项。

谢文青 1971 年 3 月出生，宁夏海原人，农业技术推广研究员；1991 年 7 月毕业于宁夏固原农校，畜牧兽医专业，同年同月参加工作；在海原县畜牧产业发展服务中心等单位长期致力于农业技术推广服务工作，担任专业技术干部、中心主任；获全国农牧渔业丰收奖一等奖 1 项；出版著作 4 部，发表论文 8 篇。

李玉红 女，1971 年 9 月出生，甘肃张掖人，中共党员，农业技术推广研究员；1997 年 7 月毕业于宁夏农学院，植物保护专业，1997 年 7 月参加工作；至今在自治区种子工作站工作，历任自治区种子工作站专业技术干部、质量检验科副科长、科长；获全国农牧渔业丰收奖三等奖 3 项，自治区科技进步奖二等奖 2 项、三等奖 3 项；发表论文 10 篇，参编著作 2 部，主编著作 1 部；2007 年被全国农业技术推广服务中心评为"全国种子检验先进个人"，1998 年荣获全区"支教先进工作者"称号，2019 年被农业农村部评为"全国农业植物新品种保护先进个人"。

张仲军 1971 年 11 月出生，宁夏灵武人，中共党员，农业技术推广研究员；1994 年 7 月毕业于宁夏农学院，农学系植保专业，同年同月参加工作；一直在灵武县（市）农业技术推广服务中心工作，历任专业技术干部、副主任、主任；获全国农牧渔业丰收奖 4 项，发表论文 10 余篇。

于仙萍 女，1971 年 11 月出生，回族，宁夏泾源人，中共党员，农业技术推广研究员；1993 年 7 月毕业于宁夏农学院，农学作物专业，同年同月参加工作；先后在泾源县白面镇农科站、农业技术推广服务中心等单位工作，担任专业技术干部、党支部书记等行政和党内职务；获全国农牧渔业丰收奖二等奖 1 项，自治区科技进步奖三等奖 1 项；发表论文 10 余篇，出版著作 1 部；2012 年获固原市"巾帼建功"标兵荣誉称号和固原市建市 10 周年"民族团结进步先进个人"荣誉称号。

刘彩凤 女，1971 年 12 月出生，宁夏盐池人，农业技术推广研究员；1993 年 8 月毕业于宁夏农学院，畜牧专业，同年同月参加工作；2007 年 1 月至 2017 年 3 月任盐池县畜牧技术推广服务中心主任；2017 年 4 月至 2019 年 9 月任盐池县农业广播电视学校校长；2019 年 10 月至今任盐池县动物疾病预防控制中心主任；获全国农牧渔业丰收奖 4 项，自治区科技进步奖 2 项；出版著作 3 部，发表论文 11 篇。

马 虎 1972 年 1 月出生，宁夏原州人，中共党员，正高职高级工程师；1994 年 7 月毕业于宁夏固原师范学院，数学教育专业，1994 年 8 月参加工作；1994 年 8 月至 1995 年 7 月在铁道部兰州铁路局中卫铁路中学任教；1995 年 7 月至 2007 年 5 月在兰州铁路局固原车务段工作，历任技术员、专职团委书记、专职党支部书记；2007 年 5 月至 2016 年 6 月在自治区农村能源工作站工作；2016 年 6 月至 2019 年 10 月在自治区农产品质量安全中心工作，任无公害农产品认证管理科科长；2019 年 10 月至 2019 年 12 月在自治区农业综合开发中心工作，任总会计师；获农业农村部专项课题一等奖 1 项，省部级奖励 5 项；获实用新型专利 8 项；主编专著 3 部，参编技术规程 6 部、规划 7 部，发表论文 12 篇；2017 年为自治区级学术技术带头人（后备人选）。

王自谦 1972 年 1 月出生，宁夏西吉人，中共党员，正高级农机工程师；1990 年 7 月毕业于宁夏农学院畜牧兽医系，1990 年 7 月参加工作；先后在西吉县农机局（站）、农机监理站、畜牧水产技术推广服务中心等单位工作，担任专业技术干部、站长、主任；出版著作 5 部，发表论文 8 篇，参与制定地方标准 5 个；获国家专利 5 项；2012 年被农业机械学会授予"全国农机科普先进工作者"称号，2013 年 7 月被农业部授予"全国农机监理为民服务岗位示范标兵"称号，2017 年获中华农业科教基金会"中华神内基金（农技推广人员）推广奖"。

刘 媛 女，1972 年 2 月出生，河北景县人，农业技术推广研究员；1992 年 7 月毕业于宁夏农学院，植物保护专业，1992 年 7 月参加工作；至今在宁夏农业技术推广总站工作，历任宁夏农业技术推广总站专业技术干部、植保科副科长、科长，自治区农作物病虫害防控首席专家；先后主持和参与省部级项目 30 余个；获全国农牧渔业丰收奖 3 项，自治区科技进步奖 4 项，科技部中国植保学会科技奖 1 项；出版专业书籍 22 部，发表论文 34 篇，制定国家行业标准 1 个、地方标准 6 个；获国家版权中心计算机软件权 1 项，国家知识产权局实用新型专利 1 项；为自治区"313 人才工程"新世纪学术、技术带头人，获"第十四届宁夏青年科技奖"和"中国植保学会青年科技奖"。

马金国 1972年3月出生，回族，宁夏平罗人，中共党员，农业技术推广研究员；1996年7月毕业于宁夏农学院，植物保护专业，同年同月参加工作；先后在平罗县农技推广服务中心植保组、蔬菜站、能源站，农技推广服务中心等单位工作，担任专业技术干部、站长、副主任、主任、党支部书记等行政和党内职务；获全国农牧渔业丰收奖农业技术推广合作奖1项、一等奖1项，发表论文15篇。

洪 龙 1972年4月出生，宁夏永宁人，中共党员，农业技术推广研究员；1994年7月毕业于北京农业大学动物科技学院，同年7月在永宁县畜牧技术推广服务中心工作；2004年调入宁夏畜牧工作站工作，任副站长，其间，在福建省安溪县挂职副县长1年；2017年调入宁夏农牧厅畜牧局，任副局长；2019年调入宁夏农业国际合作项目服务中心，任主任；参与或主持国家级和自治区级项目20余个；获全国农牧渔业丰收奖一等奖1项、二等奖1项，自治区科技进步奖一等奖1项、三等奖1项，获科技成果5项，实用新型专利2项；主持制定地方标准12个，主编著作9部、培训教材8部，发表论文30余篇；2013年入选自治区"313人才工程"；2017年享受自治区人民政府特殊津贴。

周 磊 1972年4月出生，回族，宁夏青铜峡人，中共党员，农业技术推广研究员；1995年7月毕业于西北民族学院，畜牧专业，同年同月参加工作；先后在吴忠市畜牧兽医工作站、农业综合执法支队、畜牧水产技术推广服务中心等单位工作，担任专业技术干部、支队长、主任；获全国农牧渔业丰收奖一等奖1项、三等奖1项；出版著作2部，发表论文5篇；2019年被农业农村部表彰为全国农业农村系统先进个人；为自治区级学术技术带头人（后备人选），自治区畜牧业专家库首批专家；获得吴忠市"全市优秀党务工作者"、第三届"吴忠英才"称号。

王晓亮 1972年10月出生，满族，四川金堂人，中共党员，农业技术推广研究员；1996年7月毕业宁夏农学院，兽医博士，1996年7月参加工作；毕业后分配到宁夏兽医工作站工作，先后任副科长、科长、副主任，现任宁夏动物疾病预防控制中心主任；主持和参与自治区科技攻关、科技支撑和重点研发项目8个，获自治区科技进步奖二等奖1项、三等奖2项，全国农牧渔业丰收奖三等奖2项，获成果登记2项，制定并已颁布地方标准5个，获实用新型专利3项；在国内期刊发表专业论文26篇，发表SCI论文3篇，主编和参编专著9部。

郭庆茹 女，1972年10月出生，宁夏惠农人，中共党员，正高级农艺师；1997年7月毕业于宁夏农学院农学系，植物保护专业，同年同月参加工作；先后在石嘴山市农业技术推广站、农业技术推广服务中心、国家农业科技园区管委会等单位工作，担任专业技术干部、局团委书记、副主任、主任等职务；担任自治区第九届、第十届青联委员，市政协第十一届、第十二届委员，市第九届、第十届党代表；获自治区科技进步奖一等奖1项，自治区科技成果登记3项；在国家核心刊物上发表论文18篇；2015年被中华全国妇女联合会表彰为"全国巾帼建功标兵"。

蒙蕊学 女，1972年12月出生，甘肃会宁人，中共党员，农业技术推广研究员；1993年7月毕业于固原农校，2003年7月毕业于宁夏大学，农学专业，1993年7月参加工作；先后在西吉县农业技术推广服务中心、马铃薯产业服务中心等单位长期从事农业技术推广工作；获得全国农牧渔业丰收奖二等奖1项，自治区科技进步奖二等奖2项、三等奖2项；制定地方标准2个，出版著作1部，发表学术论文24篇；2007年被评为固原市全市学科带头人；2016年被评选为自治区优秀青年后备骨干人选。

闫雪琴 女，1973年5月出生，回族，宁夏泾源人，正高级农机工程师；2011年6月毕业于中国农业大学，农机化及其自动化专业，1992年7月参加工作；先后在泾源县农机管理站、农业机械化技术推广服务中心、中华蜜蜂产业发展服务中心等单位工作，担任专业技术干部、主任；获全国农牧渔业丰收奖2项，自治区科技成果登记2项，实用新型专利2项，参与地方标准制定3项；参与编写著作3部，发表论文13篇。

刘占发 1974年出生，宁夏中卫人，农业技术推广研究员；2009年毕业于西北农林科技大学，动物医学专业；1994年在自治区中卫山羊选育场参加工作，历任牧业科副科长、办公室副主任、农牧科科长、副场长（2016年9月至2017年8月作为农业部第十三批"西北之光"访问学者在中国农业科学院北京畜牧兽医研究所学习）；主持参与多项课题研究；获自治区科技进步奖三等奖 3 项，中华农业科技奖三等奖 1 项；2005 年、2016 年分别获中卫市、自治区农牧厅优秀共产党员荣誉称号；被评为 2018 年自治区优秀青年拔尖人才，自治区级学术技术带头人（后备人选）。

王淑芳　女，1974 年 9 月出生，宁夏西吉人，中共党员，农业技术推广研究员；1993 年 7 月毕业于固原农校，农学专业，同年同月参加工作；先后在西吉县种子繁育管理站，固原市种子管理站、农业广播电视学校等单位工作，担任专业技术干部、副站长、校长；获全国农牧渔业丰收奖一、二、三等奖各 1 项，自治区科技进步奖二、三等奖各 3 项，全国商业科技进步奖二等奖 1 项；出版著作 3 部，发表论文 20 余篇；2011 年被自治区人社厅评为自治区"313 人才工程"新世纪学术、技术带头人。2015 年被中国青年科技工作者协会评为首届"全国最美青年科技工作者"，2016 年享受自治区人民政府特殊津贴，2017 年当选为自治区第十二次党代会代表；2020 年被认定为自治区高层次 D 类人才，2018 年被自治区人才工作领导小组评为"塞上农业专家"。

俞风娟　女，1975 年 1 月出生，宁夏中卫人，中共党员，农业技术推广研究员；1998 年 7 月毕业于宁夏农学院，农学专业，1998 年 9 月参加工作；1998 年至 2000 年任宁夏农技总站天缘基地蔬菜推广技术员；2000 年至 2016 年在宁夏农业技术推广总站工作，历任技术干部、园艺作物科副科长；2016 年 6 月至今在宁夏园艺技术推广站工作，历任园艺技术推广科科长、副站长；获全国农牧渔业丰收奖二等奖 3 项、三等奖 1 项，自治区科技进步奖二等奖 1 项、三等奖 1 项；参与编写专著 17 部，发表论文 31 篇，获国家专利 4 项，制定地方标准 12 个；自治区第十二次党代会代表，先后被评选为全国"巾帼建功标兵"，自治区"塞上农业专家"；入选自治区"313 人才工程"，获自治区"青年科技奖"，享受自治区人民政府特殊津贴。

刘学军　1975 年 1 月出生，宁夏青铜峡人，正高级兽医师；1997 年 7 月毕业于宁夏农学院，动物医学专业，1999 年 10 月参加工作；先后在青铜峡市畜牧工作站、动物疾病预防控制中心等单位工作，担任专业技术干部、副站长、站长、主任；获全国农牧渔业丰收奖三等奖 1 项，出版著作 2 部，发表论文 8 篇，获实用新型专利 2 项；2017 年被评为"自治区级青年拔尖人才"。

李艳梅　女，1975 年 4 月出生，宁夏西吉人，中共党员，农业技术推广研究员；1995 年 7 月毕业于宁夏固原农校，农学专业，在职宁夏大学本科学历，农学专业，1995 年 7 月参加工作；先后在西吉县苏堡乡农科站、马铃薯生产研究所、农村能源工作站、马铃薯产业服务中心等单位工作，担任专业技术干部、副主任、党支部书记；获全国农牧渔业丰收奖 3 项，自治区科技进步奖 1 项；出版著作 1 部，发表论文 26 篇；2019 年被农业农村部评为全国农业农村系统先进个人。

王必强　1977 年 11 月出生，宁夏固原人，中共党员，农业技术推广研究员，全国执业兽医师；2006 年 7 月毕业于宁夏大学，畜牧兽医专业，1999 年 7 月参加工作；先后在泾源县蒿店乡畜牧兽医站、六盘山畜牧兽医工作站、香水畜牧兽医工作站等单位工作，担任专业技术干部、站长；获全国农牧渔业丰收奖农业技术推广贡献奖 1 项、农业技术推广成果奖二等奖 1 项，第三届三农科技服务金桥奖 1 项；出版著作 2 部，发表论文 45 篇，编写在线课程 15 套，新闻稿件 10 篇；2006 年被共青团中央、农业部表彰为"服务农村青年增收成才先进个人"；2013 年被评为第四届"振兴中国畜牧贡献奖"十大杰出人物；2016 年被评为全国十佳最美基层兽医、中国十大农村新闻人物；2017 年被评为自治区青年拔尖人才；2018 年被评为中国畜牧业行业先进工作者、宁夏十大科学传播人物；2019 年被评为宁夏最美科技人。

■ 第二节　先进人物

1996 年至 2020 年，全区受中共中央、国务院、国家各部委表彰的全国劳动模范、先进工作者等共计 70 人次；受自治区党委、自治区政府表彰的劳动模范、先进工作者等共计 37 人次。1996 年至 2020 年全区农业先进人物见表 20 - 4 - 2。

表20-4-2 1996—2020年全区农业先进人物

姓名	性别	获奖时所在单位	获奖称号	授奖时间和机关
何建栋	男	西吉县马铃薯产业服务中心	全国有机肥料工作先进个人;在贫困地区推广地膜玉米栽培技术、实施国家"温饱工程"工作中做出突出贡献先进工作者;全国农业技术推广先进工作者;自治区有突出贡献专业技术优秀人才奖	1991年，农业部;1995年，农业部;1999年，农业部;2008年，自治区党委、人民政府
周占国	男	青铜峡市农业农村局	全国星火科技带头人	1992年，国家科委、共青团中央
郭英汉	男	西夏区农牧局	自治区劳动模范	1995年，自治区人民政府
史明学	男	平罗县农牧渔业局平罗县农业局	全国青年星火带头人;长期坚持农牧渔业技术推广工作先进个人;全国农业技术推广先进工作者	1995年，共青团中央、国家科委;1996年，农业部;1999年，农业部
王淑兰	女	银川市农业技术推广服务中心	"八五"期间全区农业战线先进个人	1996年，自治区党委、人民政府
牛文山	男	青铜峡市农业技术推广服务中心	"八五"期间全区农业战线先进个人	1996年，自治区党委、人民政府
李银辉	男	泾源县农业农村局	计划生育宣传工作先进个人	1996年，国家计生委
姜黛珠	女	宁夏农业技术推广总站	三八红旗手;先进工作者	1998年，全国妇联;2000年，国务院
马玉兰	女	宁夏农业技术推广总站	三八红旗手;民族团结进步模范	1998年，全国妇联;2005年，国务院
丁玉成	男	平罗县农业技术研究室	自治区成立40周年革命和建设事业突出贡献奖;自治区成立50周年突出贡献专家荣誉	1998年，自治区党委、人民政府;2008年，自治区党委、人民政府
李建秀	女	吴忠市科学技术协会	全国农村党员、基层干部实用技术培训工作先进个人;全国"双学双比"优秀科技服务工作者	1998年，中组部、中国科学技术协会;2002年，全国各族农村妇女"双学双比"竞赛活动领导小组
王国仁	男	青铜峡市农业农村局	"吨粮市"先进个人	1999年，自治区人民政府
陈志宏	男	原州区三营镇畜牧兽医站	全国农业技术推广先进工作者	1999年，农业部
胡志荣	男	海原县农业农村局	全国农业技术推广先进工作者	1999年，农业部
王振海	男	同心县农业农村局	1999年度物价信息工作先进个人	2000年，农业部
禹海学	男	泾源县农业技术推广服务中心	科技扶贫先进工作者	2000年，国家科委
李希善	男	固原市畜牧技术推广服务中心	全国动物防疫工作先进个人;自治区有突出贡献专业技术优秀人才奖	2001年，农业部;2008年，自治区党委、人民政府

（续）

姓名	性别	获奖时所在单位	获奖称号	授奖时间和机关
杨国龙	男	灵武市农业技术推广服务中心 灵武市农业局	全国五一劳动奖章; 人民满意的公务员	2001年中华全国总工会; 2008年，自治区党委、人民政府
王立新	男	石嘴山市农产品质量安全检测中心	全国动物防疫工作先进个人	2001年，农业部
刘国华	男	中卫县兽医工作站	全国动物防疫工作先进个人	2001年，农业部
张全清	男	海原县西安镇人民政府	自治区劳动模范	2001年，自治区党委、人民政府
赵振林	男	青铜峡市动物卫生监督所	全国动物防疫工作先进个人	2002年，农业部
先晨钟	男	固原市草原工作站	星火计划先进个人; 全国草原防火工作先进个人	2003年，科学技术部、农业部; 2005年，农业部
王惠军	男	石嘴山市农产品质量安全检测中心	星火计划先进个人; 服务农村青年增收成才先进个人	2003年，科学技术部、农业部; 2003年，共青团中央、农业部
白诚山	男	盐池县农村能源工作站	先进个人	2004年，农业部
吴义明	男	利通区扁沟镇黄沙窝村 吴忠市黄沙窝义明奶牛养殖合作社	全区优秀农村支部书记; 自治区劳动模范; 全国农业劳动模范	2004年，自治区党委; 2015年，自治区党委、人民政府; 2017年，人力资源和社会保障部、农业部
付新红	女	银川市农业技术推广服务中心	全国农业植物有害生物普查工作先进个人	2005年，农业部
倪泽成	男	银川市畜牧技术推广服务中心	宁夏回族自治区先进工作者	2005年，自治区党委、人民政府
李建如	男	平罗县农业技术推广服务中心	全国粮食生产先进工作者; 全国粮食生产突出贡献农业科技人员	2005年，农业部; 2007年，农业部; 2012年，农业部
马兴	男	利通区高闸镇马家湖村马兴西瓜种植协会	全国劳动模范; 全国优秀科技特派员; 自治区劳动模范	2005年，国务院; 2005年，科学技术部; 2005，自治区党委、人民政府
李文波	男	宁夏回族自治区中卫山羊选育场	先进工作者	2005年，自治区党委、人民政府
宋金仓	男	青铜峡市科学技术局	宁夏回族自治区先进工作者	2005年，自治区党委、人民政府
王波	男	利通区东塔寺乡农业技术推广站	农业科技入户先进技术指导员	2005年，农业部
边卫国	男	隆德县农业技术推广服务中心	全国先进工作者; 宁夏回族自治区先进工作者	2005年，国务院; 2005年，自治区党委、人民政府

（续）

姓名	性别	获奖时所在单位	获奖称号	授奖时间和机关
兰保国	男	灵武市农业技术推广服务中心	全国农业技术推广先进工作者；星火科技二传手荣誉称号	2005年，农业部；2006年，科学技术部
高新华	男	中卫市农业技术推广服务中心	全国农业植物有害生物普查工作先进个人	2005年，农业部
刘欣	女	贺兰县畜牧水产技术推广服务中心	全国农业技术推广先进工作者；最美农技员；全国十佳农技推广标兵	2005年，农业部；2017年，农业部；2018年，农业部
陈天喜	男	泾源县农业技术推广服务中心	自治区先进工作者	2005年，自治区党委、人民政府
王春华	男	中宁县水产技术推广服务中心	全国养殖证制度建设先进个人	2005年，农业部办公厅
田进吉	男	海原县金融工作站	自治区先进工作者	2005年，自治区党委、人民政府
王必强	男	泾源县六盘山畜牧兽医工作站	服务农村青年增收成才先进个人	2006年，共青团中央、农业部
杨奇	男	宁夏兽药饲料监察所	60年感动宁夏人物；宁夏"塞上英才"	2018年，自治区党委、人民政府；2015年，自治区党委、人民政府
温学华	男	中宁县农业技术推广服务中心	全国测土配方先进个人	2007年，农业部
杨占喜	男	利通区金银滩农业服务中心	全区农业技术推广先进工作者	2009年，农业部
沈彦平	女	金凤区农业农村水务局	全国三八红旗手	2009年，中华全国妇女联合会
黄玉邦	男	盐池县畜牧局	全国五一劳动奖章	2009年，全国总工会
程国昌	男	隆德县农业技术推广服务中心	全国优秀科技特派员；宁夏回族自治区先进工作者	2009年，科学技术部；2010年，自治区党委、人民政府
樊银仓	男	隆德县农业综合执法大队	全国农业综合执法先进个人	2009年，农业部
李学斌	男	石嘴山市农业技术推广服务中心	全国先进工作者；宁夏回族自治区先进工作者	2010年，国务院；2010年，自治区党委、人民政府
梁玉春	女	金凤区农业技术推广服务中心	宁夏回族自治区先进工作者	2010年，自治区党委、人民政府
田生虎	男	惠农区农业农村水务局	全国污染源普查工作先进个人	2010年，国务院第一次全国污染源普查领导小组办公室、环境保护部、国家统计局、农业部
马吉芳	男	同心县农牧局	全国粮食生产先进工作者；全国粮食生产先进工作者	2010年，农业部；2011年，国务院
杨宝虎	男	同心县王团镇联合村	自治区劳动模范	2010年，自治区党委、人民政府

（续）

姓名	性别	获奖时所在单位	获奖称号	授奖时间和机关
张树海	男	原州区草原工作站	全国草原防火工作先进个人；全国农业先进工作者；全国农业先进个人	2010年，农业部；2013年，农业部；2016年，农业部
杨茂红	男	宁夏兴唐米业集团有限公司	自治区劳动模范	2010年，自治区党委、人民政府
蒋万兵	男	青铜峡市农业技术推广服务中心	自治区先进工作者	2010年，自治区党委、人民政府
禹爱莲	女	泾源县新民乡杨堡村四组	全国劳动模范	2010年，国务院
秦秀华	女	沙坡头区农业技术推广服务中心	全国污染源普查工作先进个人	2010年，国务院第一次全国污染源普查领导小组办公室、环境保护部、国家统计局、农业部
马自清	男	宁夏农业技术推广总站	粮食生产突出贡献	2011年，国务院
孙尚忠	男	平罗县农业技术推广服务中心	全国五一劳动奖章	2012年，中华全国总工会
谭俊	男	平罗县畜牧技术推广中心	全国农业劳动模范	2013年，农业部
马鹏燕	女	吴忠市农业农村局	"2012年度污染减排"先进个人	2013年，自治区人民政府
王玲	女	宁夏罗山酒庄有限公司	全国五一劳动奖章	2013年，中华全国总工会
王峰	男	固原市农业技术推广服务中心	自治区民族团结进步模范个人；全国农业先进工作者；全国先进工作者	2013年，自治区党委、人民政府；2017年，人力资源和社会保障部、农业部；2020年，中共中央、国务院
王自谦	男	西吉县农机监理站	为民服务创先争优示范岗位标兵	2013年，农业部
孙文华	男	利通区畜牧水产技术服务中心	全国优秀奶业工作者	2013年，中国奶业协会
陈素娟	女	中卫市红果果蔬农民专业合作社	全国农村科技致富女能手	2013年，全国妇女联合会
蒋波	男	原州区农业机械化推广服务中心	全国农机安全监理示范标兵	2014年，农业部
蒋学勤	女	宁夏园艺技术推广站	先进工作者	2015年，国务院
王晓斌	男	石嘴山市农业综合执法支队	第十四届"全国职工职业道德建设先进个人"；全国农业先进个人；"中国渔政亮剑2020"先进个人	2015年，全国职工道德建设指导协调小组、农业部；2016年，农业部；2020年，农业农村部
郭庆茹	女	石嘴山市农业技术推广服务中心	全国巾帼建功标兵	2015年，中华全国妇女联合会
杨雨翠	女	石嘴山市农业技术推广服务中心	全国五一巾帼标兵	2015年，中华全国总工会

（续）

姓名	性别	获奖时所在单位	获奖称号	授奖时间和机关
沈明亮	男	石嘴山市农业技术推广服务中心	自治区先进工作者	2015年，自治区党委、人民政府
季存	男	灵武市梧桐树乡李家圈村	自治区劳动模范	2015年，自治区党委、人民政府
冠启芳	女	红寺堡区天源农牧业科技开发有限公司	自治区劳动模范；全国劳动模范	2015年，自治区党委、人民政府；2020年，国务院
张素芳	女	中卫市柔远镇柔远村	自治区劳动模范	2015年，自治区党委、人民政府
王颖	女	银川市农业技术推广服务中心	全国农业先进个人	2016年，农业部
丁秀琴	女	吴忠市秀琴奶牛养殖专业合作社	全区优秀共产党员；宁夏回族自治区劳动模范；抗击新冠肺炎疫情全国三八红旗手	2016年，自治区党委；2020年，自治区党委、人民政府；2020年，中华全国妇女联合会
张宏熹	男	原州区农业技术推广服务中心	全国农业先进个人	2016年，农业部
范钧	男	盐池县麻黄山乡	全区优秀乡镇党委书记	2016年，自治区党委
田振荣	男	西吉县农业技术推广服务中心	全国十佳农技推广标兵	2016年，农业部
吴彦虎	男	宁夏畜牧工作站	个人先进工作者；全国民族团结进步模范	2017年，人力资源和社会保障部、农业部；2019年，国务院
刘超	男	自治区农业农村厅人事与老干部处	先进工作者	2017年，人力资源和社会保障部、农业部
伏守吉	男	西吉县农业机械安全监理站	全国农机安全监理示范岗位标兵	2018年，农业部
张国坪	男	固原市畜牧技术推广服务中心	全区民族团结进步模范个人	2018年，自治区党委、人民政府
李建军	男	宁夏能生物科技有限公司	全国科普惠农先进个人	2018年，中国科协、财政部
王林	男	自治区农业农村厅人事与老干部处	全区人民满意公务员	2019年，自治区党委、人民政府
张惠霞	女	石嘴山市农业综合执法支队	全国农业农村系统先进个人	2019年，农业农村部
王斌	男	平罗县农业综合执法大队	全国农业农村系统先进个人	2019年，农业农村部
周学林	男	吴忠市农业农村局	全国渔业执法先进个人	2019年，农业农村部
周磊	男	吴忠市农业农村局	全国农业农村系统先进个人	2019年，农业农村部
姚代银	男	原州区动物疫病预防控制中心	特殊贡献奖	2019年，普林西比政府
李艳梅	女	西吉县农业农村局	全国农业农村系统先进个人	2019年，农业农村部

（续）

姓名	性别	获奖时所在单位	获奖称号	授奖时间和机关
陈永国	男	惠农区农机安全监理站	全国农机安全监理示范岗位标兵	2020年，农业农村部、应急管理部
安云	男	银川市农业技术推广服务中心	全区抗击新冠肺炎疫情优秀共产党员	2020年，自治区党委
王刚	男	宁夏绿先锋农业科技发展有限公司	自治区劳动模范	2020年，自治区党委、人民政府
刘学锋	男	郝家桥镇渠口村村民委员会	自治区劳动模范	2020年，自治区党委、人民政府
马建林	男	宁夏兴唐米业集团有限公司	自治区劳动模范	2020年，自治区党委、人民政府
王云	男	平罗县农村合作经济经营管理站	全国农村承包地确权登记颁证工作先进个人	2020年，农业农村部
徐钺元	男	平罗县农业农村局	"中国渔政亮剑2020"系列专项执法行动先进个人	2020年，农业农村部
蒯淑霞	女	吴忠市农业农村局	宁夏回族自治区先进工作者	2020年，自治区党委、人民政府
任俊林	男	原州区农机安全监理中心	全国农机安全监理示范岗位标兵	2020年，农业农村部
樊磊	男	西吉县农村能源工作站	先进工作者	2020年，自治区党委、人民政府
白静	女	平罗县农村经济经营管理站	年度基层科普人物；入选"中国好人榜"	中国科协办公厅；中央文明办
丁建华	男	同心县河西镇旱天岭村	自治区劳动模范	2020年，自治区党委、人民政府
赵建浦	男	同心县张家源乡赵卷槽村	自治区劳动模范	2020年，自治区党委、人民政府
任强	男	西吉县农业机械化技术推广服务中心	第二次全国污染源普查表现突出个人	2020年，国务院第二次全国污染源普查领导小组办公室
王国涛	男	夏进昊尔乳品有限公司	自治区劳动模范	2020年，自治区党委、人民政府
殷正勤	男	贺兰县农牧局	全国关心下一代工作先进工作者	2020年，中国关心一代工作委员会、中央精神文明建设指导委员会办公室
曹辉	男	原州区齐力种植合作社	自治区劳动模范	2020年，自治区党委、人民政府
胡长青	男	彭阳县农业农村局	全国农村承包地确权登记颁证工作先进个人	2020年，农业农村部
丁晓龙	男	宁夏艺恒农业发展有限公司	自治区劳动模范	2020年，自治区党委、人民政府

后　记

本志编修启动于 2019 年 9 月，成书于 2025 年 3 月，历时 5 年。

2017 年，自治区人民政府印发《宁夏回族自治区地方志事业发展实施方案（2016—2020 年）》，明确由自治区农牧厅承担宁夏农业志续志编修，2018 年自治区农牧厅更名为农业农村厅。作为中华人民共和国成立后首部《宁夏农业志》的续编，接续记述 1996—2020 年宁夏农业农村 25 年改革发展历程。

为加强组织领导，农业农村厅成立宁夏农业志续志编修委员会，编委会主任由厅主要领导同志担任，副主任由分管厅领导担任，委员由厅领导和机关各处室主要负责人组成。对出现工作调整变动的编委会组成人员，由接任同志自然替补。宁夏农业志续志编委会主任由三任农业农村厅主要领导担任，2019 年、2021 年、2023 年分别为王刚厅长、滑志敏厅长、王建厅长（2021 年王刚调离、2023 年滑志敏调离）。副主任由同期 30 位分管厅领导担任，委员共 70 位。编委会下设办公室（农志办），负责组织和协调具体编修工作。时任厅党组成员、总经济师王洪波同志兼任农志办主任，从厅属事业单位抽调自治区兽药饲料监察所刘维华副所长任农志办副主任，抽调自治区农业技术推广总站田恩平研究员、自治区农机安全监理总站胡文奇副科长（2022 年回原单位）为工作人员。除农业自然资源和农业区划、农业发展规划与农业项目、农业国际交流与合作 3 篇由厅属事业单位自治区农业勘察设计院和自治区农业国际合作项目服务中心牵头组织编写外，包括大事记在内的其他篇目均由相关对应处室牵头组织编写。厅系统 410 人参与该志编修，队伍庞大，堪称众手成书，是一部自治区农业农村人集体智慧的结晶。

本志成书主要经历五个阶段。**一是总体部署阶段（2019 年 9 月至 12 月）**。在认真研究、反复讨论的基础上，以厅正式文件制定印发了《关于组织编修宁夏农业志续志的通知》及其编修工作方案（宁农（办）发〔2019〕32 号）和《关于印发宁夏农业志续志目录的通知》（宁农（办）发〔2019〕42 号），明确了修志指导思想、总体要求、体例规范、篇目设定、章节内容和进度安排等。创新思路，按照"自己历史自己写"的分工方式，各篇目具体编写工作实行主编负责制，分管厅领导担任篇目主编，牵头处室站所主要负责人担任副主编，遴选专业人员组成编写组，承担资料收集、整理及初稿编写工作。**二是技能提升和资料收集阶段（2020 年 1 月至 9 月）**。组织人员赴自治区有关厅局交流学习，借鉴修志经验。2020 年 6 月 16 日，邀请自治区地方志办公室副主任张明鹏副编审，围绕志书编修体例要求、编写规则、资料收集整理、图表应用等内容，对全体参编人员进行系统培训，为提高编修规范化和科学化水平奠定了基础。整理编印《宁夏农业志续志编修工作手册》和《宁夏农业志续志质量规定》，明确了编写细则。广泛征集到有关史志、年鉴、专著等资料 60 余册，为编写提供参考依据。督导调度各篇目编写组根据各自主题和内容，面向全区农业农村系统和涉农部门，通过各种途径，广泛系统收集资料，并按规范要求核实考订、建档立卡、参考引用，为保证志书内容全面完整、翔实科学创造了前提条件。**三是初稿编写阶段（2020 年 10 月至 2023 年 2 月）**。根据记述主题和内容，按篇目制定进度表，约束时间节点，加强调度，跟踪督促，推动初稿编写进程。建立同步审读修正工作机制，组织行业和修志专家召开审读会 16 场，对各篇章初稿编写进行阶段性审读检查，随时发现问题，提出意见，指导帮助修正完善，避免走弯路浪费时间。**四是"一支笔"修订统稿阶段（2023年3月至2024年3月）**。遴选熟悉行业发展脉络、具有志书编写经验、文字功底扎实、作风严谨踏实的退休老领导，原农牧厅副巡视员孙国斌同志，对志书初稿进行"一支笔"统稿修改，历时一年"字斟句酌"，对接会同编写人员反复沟通讨论，对各篇目文字进行了3轮修改、补充、统稿，对前置图片和随文插图完成了编辑审查，保证了全志内容完整，体例规范，章法统一。**五是审查修订阶段（2024年4月至11月）**。对志书统稿按行业（产业）分组，分别邀请厅系统相关领域老领导老专家，先后进行函送书面评审和会议现场评审，按篇目"一对一"反馈意见，补充修订形成征求意见稿。征求意见稿呈送自治区地方志办公室、农业农村系统老领导老专家，农业农村厅领导、厅机关各处（局、办）和厅属各单位，广泛征求意见建议，修改校正后形成送审稿。2024年11月8日提交宁夏农业志续志编委会（厅务会）研究审定，随后报自治区地方志办公室业务审核，报送自治区党委宣传部意识形态审查，11月底前定稿提交中国农业出版社，按程序进行"三审三校"，正式出版发行。

本志共包含插图、序、凡例、目录、概述、大事记、记述、后记等8部分，总字数258万字，图片125幅。记述是全志主体部分共计21篇、73章、261节。篇章名称依次为农业自然资源和农业区划，农业发展规划与农业项目，农业农村经济与农业农村改革，农业政策与法规，种植业，畜牧业，兽医事业，渔业，葡萄酒产业，农业科技教育，农业机械化，农业产业化，农业产业扶贫，农村社会事业，农田建设与农业综合开发，农业品牌、农产品市场与农业信息化，农产品质量安全，农业国际交流与合作，农业环境与农村能源，农业机构与农业人物。

关于插图设置。本志图片全部前置，未设随文插图。因涉及出版物审核权限问题，曾担任自治区党、政主要领导后升任党和国家领导人的照片未收录。全部插图由厅机关各处（局、办）、厅属各单位和有关个人提供，均未注明出处，在此顺致谢忱！**关于机构人物收录**。本志收录了自治区级农业行政主管部门及其隶属企事业单位，全区5个地级市、22个县（市、区）、193个乡（镇）农业机构与队伍。人物收录记述断限时期自治区农业行政主管部门在任主要领导及班子成员70名，全区各级农业部门在职正高级专业技术人员329名，全区农业农村工作先进人物37名。**关于记述时限**。上版《宁夏农业志》时间下限为1995年。本志时间上限多数篇章起自1996年，对前志未设之篇章，包括畜牧、兽医、葡萄酒产业、农业产业化、农田建设、农业综合开发、农村社会事业等内容，记述时间上限不定，从远古或事物发端写起，下限统一截至2020年。**关于署名排序**。本志编修历经5年，受机构改革和岗位调整的影响，人员变动幅度较大。为体现编修工作的连续性和完整性，本志书分块翔实罗列了各类参与人员。编委会主任、副主任，各篇目主编、副主编，按照2019年以来担任相应职务的时间由近及远排序；编委会委员按姓氏笔画排序；各篇目编写人员按编写贡献大小和牵头单位核定的人员名单排列。**关于书名变更**。本志自记述时间上限以来，自治区农口部门机构改革不断推进，职能职责经历了多次调整。根据发展实际，按照《关于组织编修宁夏农业志续志的通知》要求，宁夏农业志续志出版书名变更为宁夏农业农村志，编修主体相应变更为宁夏农业农村志编修委员会。

由于记述时间断限较长、涵盖行业门类宽泛，加之建制调整和机构改革等因素，给本志编修带来一定困难。全体参编人员虽经努力，但因认知和水平参差不齐，以致不足、疏漏在所难免，恳请批评指正。